Ina Haag (Bearb.)

Krankenhausrecht kompakt 2024

KHG, KHEntgG, FPV, VBE, BPflV, PEPPV, PpUGV, SGB V

34., aktualisierte Auflage

Verlag W. Kohlhammer

34., aktualisierte Auflage 2024

Gesamtherstellung: W. Kohlhammer GmbH, Stuttgart

Print:
ISBN 978-3-17-044324-2

Kohlhammer

Inhaltsverzeichnis

Vorwort

zur 34. Auflage

Ebenso wie die Vorauflage zeichnet sich auch die 34. Auflage der Ausgabe „**Krankenhausrecht kompakt 2024**“ durch eine Fülle weitreichender Gesetzesänderungen aus. Als wesentliche Gesetze seien das Gesetz zur Unterstützung und Entlastung in der Pflege (Pflegeunterstützungs- und -entlastungsgesetz – PUEG) vom 19. Juni 2023, das Gesetz zur Bekämpfung von Lieferengpässen bei patentfreien Arzneimitteln und zur Verbesserung der Versorgung mit Kinderarzneimitteln (Arzneimittel-Lieferengpassbekämpfungs- und Versorgungsverbesserungsgesetz – ALBVVG) vom 19. Juli 2023 sowie das Gesetz zur Stärkung der hochschulischen Pflegeausbildung, zu Erleichterungen bei der Anerkennung ausländischer Abschlüsse in der Pflege und zur Änderung weiterer Vorschriften (Pflegestudiumstärkungsgesetz – PflStudStG) vom 12. Dezember 2023 genannt, wodurch sich insbesondere weitreichende Änderungen des SGB V ergeben haben.

Neben der Fallpauschalenvereinbarung 2024 (**FPV 2024**; nur Vereinbarungstext) und der Vereinbarung zur Bestimmung von Besonderen Einrichtungen für das Jahr 2024 (**VBE 2024**) wurden des Weiteren wiederum die **Pflegebudgetverhandlungsvereinbarung** sowie die **Pflegepersonalkostenabgrenzungsvereinbarung** mit abgedruckt.

Außerdem wurden wiederum die Vereinbarung zum pauschalierenden Entgeltsystem für psychiatrische und psychosomatische Einrichtungen für das Jahr 2024 (**PEPPV 2024**; nur Vereinbarungstext) sowie die Pflegepersonaluntergrenzen-Verordnung (**PpUGV**) aufgenommen.

Wie in den Vorauflagen sind sämtliche Gesetzesänderungen, die erst zu einem späteren Zeitpunkt in Kraft treten, in die einzelnen Gesetzestexte mit eingearbeitet worden. An den entsprechenden Stellen findet sich neben dem aktuellen Gesetzeswortlaut ein Bearbeiterhinweis, der das genaue Datum des Inkrafttretens nennt und die Neuregelung beinhaltet. Zur besseren Erkennbarkeit sind diese Hinweise grau unterlegt worden.

Die 34. Auflage berücksichtigt sämtliche Änderungen, die bis zum 31. Dezember 2023 im Bundesgesetzblatt veröffentlicht worden sind. Damit befindet sich die Gesamtausgabe auf dem Stand des Bundesgesetzblattes Jahrgang 2023 Teil I Nr. 415, ausgegeben am 29. Dezember 2023.

Die Bearbeiterin hofft, dass die Ausgabe „**Krankenhausrecht kompakt 2024**“ den Anwender in seiner täglichen Praxis begleitet und ihm hilft, schnell die für ihn entscheidenden Regelungen zu finden, welche er für seine Arbeit benötigt.

Rechtsanwältin Ina Haag

Berlin, im Januar 2024

Gesetz zur wirtschaftlichen Sicherung der Krankenhäuser und zur Regelung der Krankenhauspflegesätze (Krankenhausfinanzierungsgesetz – KHG)

In der Fassung der Bekanntmachung vom 10. April 1991 (BGBl. I S. 886), zuletzt geändert durch Artikel 5 des Haushaltsfinanzierungsgesetzes 2023 vom 22. Dezember 2023 (BGBl. 2023 I Nr. 406)

1. Abschnitt
Allgemeine Vorschriften

§ 1
Grundsatz

(1) Zweck dieses Gesetzes ist die wirtschaftliche Sicherung der Krankenhäuser, um eine qualitativ hochwertige, patienten- und bedarfsgerechte Versorgung der Bevölkerung mit leistungsfähigen digital ausgestatteten, qualitativ hochwertig und eigenverantwortlich wirtschaftenden Krankenhäusern zu gewährleisten und zu sozial tragbaren Pflegesätzen beizutragen.

(2) [1]Bei der Durchführung des Gesetzes ist die Vielfalt der Krankenhausträger zu beachten. [2]Dabei ist nach Maßgabe des Landesrechts insbesondere die wirtschaftliche Sicherung freigemeinnütziger und privater Krankenhäuser zu gewährleisten. [3]Die Gewährung von Fördermitteln nach diesem Gesetz darf nicht mit Auflagen verbunden werden, durch die die Selbständigkeit und Unabhängigkeit von Krankenhäusern über die Erfordernisse der Krankenhausplanung und der wirtschaftlichen Betriebsführung hinaus beeinträchtigt werden.

§ 2
Begriffsbestimmungen

Im Sinne dieses Gesetzes sind

1. Krankenhäuser

   Einrichtungen, in denen durch ärztliche und pflegerische Hilfeleistung Krankheiten, Leiden oder Körperschäden festgestellt, geheilt oder gelindert werden sollen oder Geburtshilfe geleistet wird und in denen die zu versorgenden Personen untergebracht und verpflegt werden können,

1a. mit den Krankenhäusern notwendigerweise verbundene Ausbildungsstätten

   staatlich anerkannte Einrichtungen an Krankenhäusern zur Ausbildung für die Berufe

   a) Ergotherapeut, Ergotherapeutin,
   b) Diätassistent, Diätassistentin,
   c) Hebamme, Entbindungspfleger,
   d) Krankengymnast, Krankengymnastin, Physiotherapeut, Physiotherapeutin,
   e) Pflegefachfrau, Pflegefachmann,
   f) Gesundheits- und Kinderkrankenpflegerin, Gesundheits- und Kinderkrankenpfleger,
   g) im Bereich der Pflegehilfe und -assistenz, insbesondere für die Berufe Krankenpflegehelfer, Krankenpflegehelferin, Pflegehelfer, Pflegehelferin, Pflegeassistent, Pflegeassistentin, Pflegefachassistent, Pflegefachassistentin,
   h) medizinischer Technologe für Laboratoriumsanalytik, medizinische Technologin für Laboratoriumsanalytik,
   i) medizinischer Technologe für Radiologie, medizinische Technologin für Radiologie,
   j) Logopäde, Logopädin,
   k) Orthoptist, Orthoptistin,
   l) medizinischer Technologe für Funktionsdiagnostik, medizinische Technologin für Funktionsdiagnostik,
   m) Anästhesietechnische Assistentin, Anästhesietechnischer Assistent,
   n) Operationstechnische Assistentin, Operationstechnischer Assistent,

   wenn die Krankenhäuser Träger oder Mitträger der Ausbildungsstätte sind,

2. Investitionskosten

   a) die Kosten der Errichtung (Neubau, Umbau, Erweiterungsbau) von Krankenhäusern und der Anschaffung der zum Krankenhaus gehörenden Wirtschaftsgüter, ausgenommen der zum Verbrauch bestimmten Güter (Verbrauchsgüter),
   b) die Kosten der Wiederbeschaffung der Güter des zum Krankenhaus gehörenden Anlagevermögens (Anlagegüter);

   zu den Investitionskosten gehören nicht die Kosten des Grundstücks, des Grundstückserwerbs, der Grundstückserschließung sowie ihrer Finanzierung sowie die in § 376 Satz 1 des Fünften Buches Sozialgesetzbuch genannten Ausstattungs- und Betriebskosten für die Telematikinfrastruktur,

3. für die Zwecke dieses Gesetzes den Investitionskosten gleichstehende Kosten

   a) die Entgelte für die Nutzung der in Nummer 2 bezeichneten Anlagegüter,

   b) die Zinsen, die Tilgung und die Verwaltungskosten von Darlehen, soweit sie zur Finanzierung der in Nummer 2 sowie in Buchstabe a bezeichneten Kosten aufgewandt worden sind,

   c) die in Nummer 2 sowie in den Buchstaben a und b bezeichneten Kosten, soweit sie gemeinschaftliche Einrichtungen der Krankenhäuser betreffen,

   d) Kapitalkosten (Abschreibungen und Zinsen) für die in Nummer 2 genannten Wirtschaftsgüter,

   e) Kosten der in Nummer 2 sowie in den Buchstaben a bis d bezeichneten Art, soweit sie die mit den Krankenhäusern notwendigerweise verbundenen Ausbildungsstätten betreffen und nicht nach anderen Vorschriften aufzubringen sind,

4. Pflegesätze

   die Entgelte der Benutzer oder ihrer Kostenträger für stationäre und teilstationäre Leistungen des Krankenhauses,

5. pflegesatzfähige Kosten

   die Kosten des Krankenhauses, deren Berücksichtigung im Pflegesatz nicht nach diesem Gesetz ausgeschlossen ist.

§ 2a
Definition von Krankenhausstandorten

(1) [1]Der Spitzenverband Bund der Krankenkassen und die Deutsche Krankenhausgesellschaft vereinbaren im Benehmen mit den Ländern, den Kassenärztlichen Bundesvereinigungen und dem Verband der Privaten Krankenversicherung bis zum 30. Juni 2017 eine bundeseinheitliche Definition, die die Kriterien für den Standort oder die Standorte eines Krankenhauses und dessen Ambulanzen festlegt. [2]Sie haben sicherzustellen, dass diese Definition des Standorts eines Krankenhauses und dessen Ambulanzen eine eindeutige Abgrenzung von Versorgungseinheiten insbesondere in räumlicher, organisatorischer, medizinischer, wirtschaftlicher und rechtlicher Hinsicht ermöglicht. [3]Die Definition soll insbesondere für Zwecke der Qualitätssicherung, der Abrechnung, für die Krankenhausplanung und die Krankenhausstatistik geeignet sein. [4]Die Möglichkeit, Vereinbarungen nach § 11 des Krankenhausentgeltgesetzes oder nach § 11 der Bundespflegesatzverordnung einheitlich für alle Standorte eines Krankenhauses zu schließen, bleibt unberührt. [5]Die Definition ist für den Spitzenverband Bund der Krankenkassen, die Unternehmen der privaten Krankenversicherung, die Deutsche Krankenhausgesellschaft, die Kassenärztlichen Bundesvereinigungen und deren Mitglieder und Mitgliedskassen sowie für die Leistungserbringer verbindlich. [6]Das Benehmen mit den Ländern nach Satz 1 wird mit zwei von der Gesundheitsministerkonferenz der Länder benannten Vertretern der Länder hergestellt.

(2) Kommt die Vereinbarung nach Absatz 1 Satz 1 ganz oder teilweise nicht fristgerecht zustande, legt die Schiedsstelle nach § 18a Absatz 6 ohne Antrag einer Vertragspartei innerhalb von sechs Wochen die Kriterien für den Standort oder die Standorte eines Krankenhauses und dessen Ambulanzen fest.

§ 3
Anwendungsbereich

[1]Dieses Gesetz findet keine Anwendung auf

1. (aufgehoben)

2. Krankenhäuser im Straf- oder Maßregelvollzug,

3. Polizeikrankenhäuser,

4. Krankenhäuser der Träger der allgemeinen Rentenversicherung und, soweit die gesetzliche Unfallversicherung die Kosten trägt, Krankenhäuser der Träger der gesetzlichen Unfallversicherung und ihrer Vereinigungen; das gilt nicht für Fachkliniken zur Behandlung von Erkrankungen der Atmungsorgane, soweit sie der allgemeinen Versorgung der Bevölkerung mit Krankenhäusern dienen.

[2]§ 28 bleibt unberührt. [3]§ 26f findet hinsichtlich der Krankenhäuser der Träger der gesetzlichen Unfallversicherung und ihrer Vereinigungen auch Anwendung, soweit die gesetzliche Unfallversicherung die Kosten trägt.

§ 4
Wirtschaftliche Sicherung der Krankenhäuser

Die Krankenhäuser werden dadurch wirtschaftlich gesichert, dass

1. ihre Investitionskosten im Wege öffentlicher Förderung übernommen werden und sie
2. leistungsgerechte Erlöse aus den Pflegesätzen, die nach Maßgabe dieses Gesetzes auch Investitionskosten enthalten können, sowie Vergütungen für vor- und nachstationäre Behandlung und für ambulantes Operieren erhalten.

§ 5
Nicht förderungsfähige Einrichtungen

(1) Nach diesem Gesetz werden nicht gefördert

1. Krankenhäuser, die nach den landesrechtlichen Vorschriften für den Hochschulbau gefördert werden; dies gilt für Krankenhäuser, die Aufgaben der Ausbildung von Ärzten nach der Approbationsordnung für Ärzte vom 27. Juni 2002 (BGBl. I S. 2405), zuletzt geändert durch Artikel 71 des Gesetzes vom 21. Juni 2005 (BGBl. I S. 1818), erfüllen, nur hinsichtlich der nach den landesrechtlichen Vorschriften für Hochschulen förderfähigen Maßnahmen,
2. Krankenhäuser, die nicht die in § 67 der Abgabenordnung bezeichneten Voraussetzungen erfüllen,
3. Einrichtungen in Krankenhäusern,
   a) soweit die Voraussetzungen nach § 2 Nr. 1 nicht vorliegen, insbesondere Einrichtungen für Personen, die als Pflegefälle gelten,
   b) für Personen, die im Maßregelvollzug auf Grund strafrechtlicher Bestimmungen untergebracht sind,
4. Tuberkulosekrankenhäuser mit Ausnahme der Fachkliniken zur Behandlung von Erkrankungen der Atmungsorgane, soweit sie nach der Krankenhausplanung des Landes der allgemeinen Versorgung der Bevölkerung mit Krankenhäusern dienen,
5. Krankenhäuser, deren Träger ein nicht bereits in § 3 Satz 1 Nr. 4 genannter Sozialleistungsträger ist, soweit sie nicht nach der Krankenhausplanung des Landes der allgemeinen Versorgung der Bevölkerung mit Krankenhäusern dienen,
6. Versorgungskrankenhäuser,
7. Vorsorge- oder Rehabilitationseinrichtungen nach § 107 Abs. 2 des Fünften Buches Sozialgesetzbuch, soweit die Anwendung dieses Gesetzes nicht bereits nach § 3 Satz 1 Nr. 4 ausgeschlossen ist,
8. die mit den Krankenhäusern verbundenen Einrichtungen, die nicht unmittelbar der stationären Krankenversorgung dienen, insbesondere die nicht für den Betrieb des Krankenhauses unerlässlichen Unterkunfts- und Aufenthaltsräume,
9. Einrichtungen, die auf Grund bundesrechtlicher Rechtsvorschriften vorgehalten oder unterhalten werden; dies gilt nicht für Einrichtungen, soweit sie auf Grund des § 30 des Infektionsschutzgesetzes vom 20. Juli 2000 (BGBl. I S. 1045) vorgehalten werden,
10. Einrichtungen, soweit sie durch die besonderen Bedürfnisse des Zivilschutzes bedingt sind,
11. Krankenhäuser der Träger der gesetzlichen Unfallversicherung und ihrer Vereinigungen.

(2) Durch Landesrecht kann bestimmt werden, dass die Förderung nach diesem Gesetz auch den in Absatz 1 Nr. 2 bis 8 bezeichneten Krankenhäusern und Einrichtungen gewährt wird.

§ 6
Krankenhausplanung und Investitionsprogramme

(1) Die Länder stellen zur Verwirklichung der in § 1 genannten Ziele Krankenhauspläne und Investitionspläne auf; Folgekosten, insbesondere die Auswirkungen auf die Pflegesätze, sind zu berücksichtigen.

(1a) [1]Die Empfehlungen des Gemeinsamen Bundesausschusses zu den planungsrelevanten Qualitätsindikatoren gemäß § 136c Absatz 1 des Fünften Buches Sozialgesetzbuch sind Bestandteil des Krankenhausplans. [2]Durch Landesrecht kann die Geltung der planungsrelevanten Qualitätsindikatoren ganz oder teilweise ausgeschlossen oder eingeschränkt werden und können weitere Qualitätsanforderungen zum Gegenstand der Krankenhausplanung gemacht werden.

(2) Hat ein Krankenhaus auch für die Versorgung der Bevölkerung anderer Länder wesentliche Bedeutung, so ist die Krankenhausplanung insoweit zwischen den beteiligten Ländern abzustimmen.

(3) Die Länder stimmen ihre Krankenhausplanung auf die pflegerischen Leistungserfordernisse nach dem Elften Buch Sozialgesetzbuch ab, insbesondere mit dem Ziel, Krankenhäuser von Pflegefällen zu entlasten und dadurch entbehrlich werdende Teile eines Krankenhauses nahtlos in wirtschaftlich selbständige ambulante oder stationäre Pflegeeinrichtungen umzuwidmen.

(4) Das Nähere wird durch Landesrecht bestimmt.

§ 6a

(weggefallen)

§ 7
Mitwirkung der Beteiligten

(1) [1]Bei der Durchführung dieses Gesetzes arbeiten die Landesbehörden mit den an der Krankenhausversorgung im Lande Beteiligten eng zusammen; das betroffene Krankenhaus ist anzuhören. [2]Bei der Krankenhausplanung und der Aufstellung der Investitionsprogramme sind einvernehmliche Regelungen mit den unmittelbar Beteiligten anzustreben.

(2) Das Nähere wird durch Landesrecht bestimmt.

2. Abschnitt

Grundsätze der Investitionsförderung

§ 8
Voraussetzungen der Förderung

(1) [1]Die Krankenhäuser haben nach Maßgabe dieses Gesetzes Anspruch auf Förderung, soweit und solange sie in den Krankenhausplan eines Landes und bei Investitionen nach § 9 Abs. 1 Nr. 1 in das Investitionsprogramm aufgenommen sind. [2]Die zuständige Landesbehörde und der Krankenhausträger können für ein Investitionsvorhaben nach § 9 Abs. 1 eine nur teilweise Förderung mit Restfinanzierung durch den Krankenhausträger vereinbaren; Einvernehmen mit den Landesverbänden der Krankenkassen, den Ersatzkassen und den Vertragsparteien nach § 18 Abs. 2 ist anzustreben. [3]Die Aufnahme oder Nichtaufnahme in den Krankenhausplan wird durch Bescheid festgestellt. [4]Gegen den Bescheid ist der Verwaltungsrechtsweg gegeben.

(1a) [1]Krankenhäuser, die bei den für sie maßgeblichen planungsrelevanten Qualitätsindikatoren nach § 6 Absatz 1a auf der Grundlage der vom Gemeinsamen Bundesausschuss nach § 136c Absatz 2 Satz 1 des Fünften Buches Sozialgesetzbuch übermittelten Maßstäbe und Bewertungskriterien oder den im jeweiligen Landesrecht vorgesehenen Qualitätsvorgaben nicht nur vorübergehend eine in einem erheblichen Maß unzureichende Qualität aufweisen, dürfen insoweit ganz oder teilweise nicht in den Krankenhausplan aufgenommen werden. [2]Die Auswertungsergebnisse nach § 136c Absatz 2 Satz 1 des Fünften Buches Sozialgesetzbuch sind zu berücksichtigen.

(1b) Plankrankenhäuser, die nach den in Absatz 1a Satz 1 genannten Vorgaben nicht nur vorübergehend eine in einem erheblichen Maß unzureichende Qualität aufweisen, sind insoweit durch Aufhebung des Feststellungsbescheides ganz oder teilweise aus dem Krankenhausplan herauszunehmen; Absatz 1a Satz 2 gilt entsprechend.

(1c) Soweit die Empfehlungen des Gemeinsamen Bundesausschusses nach § 6 Absatz 1a Satz 2 nicht Bestandteil des Krankenhausplans geworden sind, gelten die Absätze 1a und 1b nur für die im Landesrecht vorgesehenen Qualitätsvorgaben.

(2) [1]Ein Anspruch auf Feststellung der Aufnahme in den Krankenhausplan und in das Investitionsprogramm besteht nicht. [2]Bei notwendiger Auswahl zwischen mehreren Krankenhäusern entscheidet die zuständige Landesbehörde unter Berücksichtigung der öffentlichen Interessen und der Vielfalt der Krankenhausträger nach pflichtgemäßem Ermessen, welches Krankenhaus den Zielen der Krankenhausplanung des Landes am besten gerecht wird; die Vielfalt der Krankenhausträger ist nur dann zu berücksichtigen, wenn die Qualität der erbrachten Leistungen der Einrichtungen gleichwertig ist.

(3) Für die in § 2 Nr. 1a genannten Ausbildungsstätten gelten die Vorschriften dieses Abschnitts entsprechend.

§ 9
Fördertatbestände

(1) Die Länder fördern auf Antrag des Krankenhausträgers Investitionskosten, die entstehen, insbesondere

1. für die Errichtung von Krankenhäusern einschließlich der Erstausstattung mit den für den Krankenhausbetrieb notwendigen Anlagegütern,
2. für die Wiederbeschaffung von Anlagegütern mit einer durchschnittlichen Nutzungsdauer von mehr als drei Jahren.

(2) Die Länder bewilligen auf Antrag des Krankenhausträgers ferner Fördermittel

1. für die Nutzung von Anlagegütern, soweit sie mit Zustimmung der zuständigen Landesbehörde erfolgt,
2. für Anlaufkosten, für Umstellungskosten bei innerbetrieblichen Änderungen sowie für Erwerb, Erschließung, Miete und Pacht von Grundstücken, soweit ohne die Förderung die Aufnahme oder Fortführung des Krankenhausbetriebs gefährdet wäre,
3. für Lasten aus Darlehen, die vor der Aufnahme des Krankenhauses in den Krankenhausplan für förderungsfähige Investitionskosten aufgenommen worden sind,
4. als Ausgleich für die Abnutzung von Anlagegütern, soweit sie mit Eigenmitteln des Krankenhausträgers beschafft worden sind und bei Beginn der Förderung nach diesem Gesetz vorhanden waren,
5. zur Erleichterung der Schließung von Krankenhäusern,
6. zur Umstellung von Krankenhäusern oder Krankenhausabteilungen auf andere Aufgaben, insbesondere zu ihrer Umwidmung in Pflegeeinrichtungen oder selbständige, organisatorisch und wirtschaftlich vom Krankenhaus getrennte Pflegeabteilungen.

(3) [1]Die Länder fördern die Wiederbeschaffung kurzfristiger Anlagegüter sowie kleine bauliche Maßnahmen durch feste jährliche Pauschalbeträge, mit denen das Krankenhaus im Rahmen der Zweckbindung der Fördermittel frei wirtschaften kann; § 10 bleibt unberührt. [2]Die Pauschalbeträge sollen nicht ausschließlich nach der Zahl der in den Krankenhausplan aufgenommenen Betten bemessen werden. [3]Sie sind in regelmäßigen Abständen an die Kostenentwicklung anzupassen.

(3a) [1]Der vom Land bewilligte Gesamtbetrag der laufenden und der beiden folgenden Jahrespauschalen nach Absatz 3 steht dem Krankenhaus unabhängig von einer Verringerung der tatsächlichen Bettenzahl zu, soweit die Verringerung auf einer Vereinbarung des Krankenhausträgers mit den Landesverbänden der Krankenkassen und den Ersatzkassen nach § 109 Abs. 1 Satz 4 oder 5 des Fünften Buches Sozialgesetzbuch beruht und ein Fünftel der Planbetten nicht übersteigt. [2]§ 6 Abs. 3 bleibt unberührt.

(4) Wiederbeschaffung im Sinne dieses Gesetzes ist auch die Ergänzung von Anlagegütern, soweit diese nicht über die übliche Anpassung der vorhandenen Anlagegüter an die medizinische und technische Entwicklung wesentlich hinausgeht.

(5) Die Fördermittel sind nach Maßgabe dieses Gesetzes und des Landesrechts so zu bemessen, dass sie die förderungsfähigen und unter Beachtung betriebswirtschaftlicher Grundsätze notwendigen Investitionskosten decken.

§ 10
Entwicklungsauftrag zur Reform der Investitionsfinanzierung

(1) [1]Für in den Krankenhausplan eines Landes aufgenommene Krankenhäuser, die Entgelte nach § 17b erhalten, sowie für in den Krankenhausplan eines Landes aufgenommene psychiatrische und psychosomatische Einrichtungen nach § 17d Absatz 1 Satz 1 wird eine Investitionsförderung durch leistungsorientierte Investitionspauschalen ermöglicht. [2]Dafür werden Grundsätze und Kriterien für die Ermittlung eines Investitionsfallwertes auf Landesebene entwickelt. [3]Die Investitionsfinanzierung der Hochschulkliniken ist zu berücksichtigen. [4]Die näheren Einzelheiten des weiteren Verfahrens legen Bund und Länder fest. [5]Das Recht der Länder, eigenständig zwischen der Förderung durch leistungsorientierte Investitionspauschalen und der Einzelförderung von Investitionen einschließlich der Pauschalförderung kurzfristiger Anlagegüter zu entscheiden, bleibt unberührt.

(2) [1]Die Vertragsparteien auf Bundesebene nach § 17b Absatz 2 Satz 1 vereinbaren die Grund-

strukturen für Investitionsbewertungsrelationen und das Verfahren zu ihrer Ermittlung, insbesondere zur Kalkulation in einer sachgerechten und repräsentativen Auswahl von Krankenhäusern; § 17b Absatz 3 Satz 4 und 5, Absatz 3a und 7 Satz 6 ist entsprechend anzuwenden. [2]In den Investitionsbewertungsrelationen ist der Investitionsbedarf für die voll- und teilstationären Leistungen pauschaliert abzubilden; der Differenzierungsgrad soll praktikabel sein. [3]Die Vertragsparteien nach Satz 1 beauftragen das Institut für das Entgeltsystem im Krankenhaus, für das DRG-Vergütungssystem und für Einrichtungen nach § 17d Abs. 1 Satz 1 bundeseinheitliche Investitionsbewertungsrelationen zu entwickeln und zu kalkulieren. [4]Für die Finanzierung der Aufgaben gilt § 17b Abs. 5 entsprechend. [5]Die erforderlichen Finanzmittel sind mit dem DRG-Systemzuschlag zu erheben; dieser ist entsprechend zu erhöhen. [6]Für die Befugnisse des Bundesministeriums für Gesundheit gilt § 17b Abs. 7 und 7a entsprechend. [7]Für die Veröffentlichung der Ergebnisse gilt § 17b Absatz 2 Satz 8 entsprechend.

§ 11
Landesrechtliche Vorschriften über die Förderung

[1]Das Nähere zur Förderung wird durch Landesrecht bestimmt. [2]Dabei kann auch geregelt werden, dass Krankenhäuser bei der Ausbildung von Ärzten und sonstigen Fachkräften des Gesundheitswesens besondere Aufgaben zu übernehmen haben; soweit hierdurch zusätzliche Sach- und Personalkosten entstehen, ist ihre Finanzierung zu gewährleisten.

§ 12
Förderung von Vorhaben zur Verbesserung von Versorgungsstrukturen

(1) [1]Zur Förderung von Vorhaben der Länder zur Verbesserung der Strukturen in der Krankenhausversorgung wird beim Bundesamt für Soziale Sicherung aus Mitteln der Liquiditätsreserve des Gesundheitsfonds ein Fonds in Höhe von insgesamt 500 Millionen Euro errichtet (Strukturfonds). [2]Im Fall einer finanziellen Beteiligung der privaten Krankenversicherungen an der Förderung nach Satz 1 erhöht sich das Fördervolumen um den entsprechenden Betrag. [3]Zweck des Strukturfonds ist insbesondere der Abbau von Überkapazitäten, die Konzentration von stationären Versorgungsangeboten und Standorten sowie die Umwandlung von Krankenhäusern in nicht akutstationäre örtliche Versorgungseinrichtungen; palliative Versorgungsstrukturen sollen gefördert werden. [4]Von dem in Satz 1 genannten Betrag, abzüglich der Aufwendungen nach Absatz 2 Satz 6 und nach § 14 Satz 4, kann jedes Land den Anteil abrufen, der sich aus dem Königsteiner Schlüssel mit Stand vom 1. Januar 2016 ergibt. [5]Soweit durch die von einem Land bis zum 31. Juli 2017 eingereichten Anträge die ihm nach Satz 4 zustehenden Fördermittel nicht ausgeschöpft werden, werden mit diesen Mitteln Vorhaben anderer Länder gefördert, für die Anträge gestellt worden sind. [6]Fördermittel können auch für die Finanzierung der Zinsen, der Tilgung und der Verwaltungskosten von Darlehen gewährt werden, soweit diese zur Finanzierung förderungsfähiger Vorhaben nach Satz 3 aufgenommen worden sind.

(2) [1]Voraussetzung für die Zuteilung von Fördermitteln nach Absatz 1 ist, dass

1. die Umsetzung des zu fördernden Vorhabens am 1. Januar 2016 noch nicht begonnen hat,
2. das antragstellende Land, gegebenenfalls gemeinsam mit dem Träger der zu fördernden Einrichtung, mindestens 50 Prozent der förderungsfähigen Kosten des Vorhabens trägt,
3. das antragstellende Land sich verpflichtet,
   a) in den Jahren 2016 bis 2018 jährlich Haushaltsmittel für die Investitionsförderung der Krankenhäuser mindestens in der Höhe bereitzustellen, die dem Durchschnitt der in den Haushaltsplänen der Jahre 2012 bis 2014 hierfür ausgewiesenen Haushaltsmittel abzüglich der auf diesen Zeitraum entfallenden durchschnittlichen Zuweisungen nach Artikel 14 des Gesundheitsstrukturgesetzes oder den im Haushaltsplan des Jahres 2015 für die Investitionsförderung der Krankenhäuser ausgewiesenen Haushaltsmitteln entspricht, und
   b) die in Buchstabe a genannten Mittel um die vom Land getragenen Mittel nach Nummer 2 zu erhöhen und
4. die in Absatz 3 genannten Kriterien erfüllt sind.

[2]Beträge, mit denen sich die Länder am Volumen des öffentlichen Finanzierungsanteils der förderfähigen Kosten nach § 6 Absatz 1 des Kommu-

nalinvestitionsförderungsgesetzes beteiligen, dürfen nicht auf die vom Land zu tragenden Kosten nach Satz 1 Nummer 2 und auf die in den Jahren 2016 bis 2018 bereitzustellenden Haushaltsmittel nach Satz 1 Nummer 3 Buchstabe a angerechnet werden. [3]Mittel aus dem Strukturfonds zur Förderung der Schließung eines Krankenhauses dürfen nicht gewährt werden, wenn der Krankenhausträger gegenüber dem antragstellenden Land auf Grund der Schließung zur Rückzahlung von Mitteln für die Investitionsförderung verpflichtet ist; für Mittel der Investitionsförderung, auf deren Rückzahlung das antragstellende Land verzichtet hat, gilt Satz 2 entsprechend. [4]Das Bundesamt für Soziale Sicherung prüft die Anträge und weist die Mittel zu, bis der in Absatz 1 Satz 1 genannte Betrag abzüglich der Aufwendungen nach Satz 6 und nach § 14 Satz 4 ausgeschöpft ist. [5]Nicht zweckentsprechend verwendete oder überzahlte Mittel sind unverzüglich an das Bundesamt für Soziale Sicherung zurückzuzahlen, wenn eine Verrechnung mit Ansprüchen auf Auszahlung von Fördermitteln nicht möglich ist. [6]Die für die Verwaltung der Mittel und die Durchführung der Förderung notwendigen Aufwendungen des Bundesamtes für Soziale Sicherung werden aus dem in Absatz 1 Satz 1 und 2 genannten Betrag gedeckt. [7]Fördermittel, die nach Durchführung des Verfahrens nach Absatz 1 Satz 5 verbleiben, werden der Liquiditätsreserve des Gesundheitsfonds zugeführt.

(3) Das Bundesministerium für Gesundheit bestimmt durch Rechtsverordnung mit Zustimmung des Bundesrates insbesondere das Nähere

1. zu den Kriterien der Förderung und zum Verfahren der Vergabe der Fördermittel,
2. zur Verteilung der nicht ausgeschöpften Mittel nach Absatz 1 Satz 5,
3. zum Nachweis der Förderungsvoraussetzungen nach Absatz 2 Satz 1,
4. zum Nachweis der zweckentsprechenden Verwendung der Fördermittel und zur Rückzahlung überzahlter oder nicht zweckentsprechend verwendeter Fördermittel.

§ 12a Fortführung der Förderung zur Verbesserung der Versorgungsstrukturen ab dem Jahr 2019

(1) [1]Zur Fortführung der Förderung von Vorhaben der Länder zur Verbesserung der Strukturen in der Krankenhausversorgung werden dem beim Bundesamt für Soziale Sicherung errichteten Strukturfonds in den Jahren 2019 bis 2024 weitere Mittel in Höhe von insgesamt bis zu 2 Milliarden Euro aus der Liquiditätsreserve des Gesundheitsfonds zugeführt. [2]Im Fall einer finanziellen Beteiligung der privaten Krankenversicherungen an der Förderung nach Satz 1 erhöht sich das Fördervolumen um den entsprechenden Betrag. [3]§ 12 Absatz 1 Satz 3 und 6 gilt entsprechend. [4]Über die Förderung der in § 12 Absatz 1 Satz 3 genannten Zwecke hinaus können auch die folgenden Vorhaben gefördert werden:

1. wettbewerbsrechtlich zulässige Vorhaben zur Bildung von Zentren zur Behandlung von seltenen, komplexen oder schwerwiegenden Erkrankungen an Hochschulkliniken, soweit Hochschulkliniken und nicht universitäre Krankenhäuser an diesen Vorhaben gemeinsam beteiligt sind,
2. wettbewerbsrechtlich zulässige Vorhaben zur Bildung von Krankenhausverbünden, Vorhaben zur Bildung integrierter Notfallstrukturen und telemedizinischer Netzwerkstrukturen,
3. Vorhaben zur Verbesserung der informationstechnischen Sicherheit der Krankenhäuser und
4. Vorhaben zur Schaffung zusätzlicher Ausbildungskapazitäten in den mit den Krankenhäusern notwendigerweise verbundenen Ausbildungsstätten nach § 2 Nummer 1a Buchstabe e bis g.

[5]Vorhaben nach Satz 4 Nummer 2 zur Bildung von telemedizinischen Netzwerkstrukturen können auch insoweit gefördert werden, als Hochschulkliniken an diesen Vorhaben beteiligt sind.

(2) [1]Von dem in Absatz 1 Satz 1 und 2 genannten Betrag, abzüglich der jährlichen notwendigen Aufwendungen des Bundesamtes für Soziale Sicherung für die Verwaltung der Mittel und die Durchführung der Förderung sowie der jährlichen Aufwendungen nach § 14, kann jedes Land in den Jahren 2019 bis 2024 insgesamt bis zu 95 Prozent des Anteils beantragen, der sich aus

dem Königsteiner Schlüssel mit Stand vom 1. Oktober 2018 ergibt. [2]Fördermittel, die von einem Land bis zum 31. Dezember 2024 durch vollständig und vorbehaltlos eingereichte Anträge nicht vollständig beantragt worden sind, verbleiben beim Gesundheitsfonds; der auf die Beteiligung der privaten Krankenversicherungen entfallende Anteil ist an diese zurückzuzahlen. [3]Mit den verbleibenden 5 Prozent des Betrags nach Satz 1 können Vorhaben gefördert werden, die sich auf mehrere Länder erstrecken und für die die beteiligten Länder einen gemeinsamen Antrag stellen (länderübergreifende Vorhaben). [4]Soweit die Mittel nach Satz 3 bis zum 31. Dezember 2024 durch vollständig und vorbehaltlos gestellte Anträge nicht vollständig beantragt worden sind, verbleiben sie beim Gesundheitsfonds; der auf die Beteiligung der privaten Krankenversicherungen entfallende Anteil ist an diese zurückzuzahlen.

(3) [1]Voraussetzung für eine Zuteilung von Fördermitteln nach Absatz 2 ist, dass

1. die Umsetzung des zu fördernden Vorhabens am 1. Januar 2019 noch nicht begonnen hat,
2. das antragstellende Land, gegebenenfalls gemeinsam mit dem Träger der zu fördernden Einrichtung, mindestens 50 Prozent der förderungsfähigen Kosten des Vorhabens (Ko-Finanzierung) trägt, wobei das Land mindestens die Hälfte dieser Ko-Finanzierung aus eigenen Haushaltsmitteln aufbringen muss,
3. das antragstellende Land sich verpflichtet,
   a) in den Jahren 2019 bis 2024 jährlich Haushaltsmittel für die Investitionsförderung der Krankenhäuser mindestens in der Höhe bereitzustellen, die dem Durchschnitt der in den Haushaltsplänen der Jahre 2015 bis 2019 hierfür ausgewiesenen Haushaltsmittel entspricht, und
   b) die in Buchstabe a genannten Mittel um die vom Land getragenen Mittel nach Nummer 2 zu erhöhen und
4. die in Absatz 4 genannten Kriterien erfüllt sind.

[2]Beträge, mit denen sich die Länder am Volumen des öffentlichen Finanzierungsanteils der förderfähigen Kosten nach § 6 Absatz 1 des Kommunalinvestitionsförderungsgesetzes beteiligen, dürfen nicht auf die vom Land zu tragenden Kosten nach Satz 1 Nummer 2 und auf die in den Jahren 2019 bis 2024 bereitzustellenden Haushaltsmittel nach Satz 1 Nummer 3 Buchstabe a angerechnet werden. [3]Mittel aus dem Strukturfonds dürfen nicht gewährt werden, soweit der Krankenhausträger gegenüber dem antragstellenden Land auf Grund der zu fördernden Maßnahme zur Rückzahlung von Mitteln für die Investitionsförderung verpflichtet ist. [4]Für Mittel der Investitionsförderung, auf deren Rückzahlung das Land verzichtet hat, gilt Satz 2 entsprechend. [5]Das Bundesamt für Soziale Sicherung prüft die Anträge und weist die Mittel zu, bis der in Absatz 2 Satz 1 genannte Anteil des Landes ausgeschöpft ist. [6]Nicht zweckentsprechend verwendete oder überzahlte Mittel sind unverzüglich an das Bundesamt für Soziale Sicherung zurückzuzahlen, wenn eine Verrechnung mit Ansprüchen auf Auszahlung von Fördermitteln nicht möglich ist. [7]Die für die Verwaltung der Mittel und die Durchführung der Förderung notwendigen Aufwendungen des Bundesamtes für Soziale Sicherung werden aus dem in Absatz 1 Satz 1 und 2 genannten Betrag gedeckt. [8]Dies gilt auch für die Aufwendungen des Bundesamtes für Soziale Sicherung, die nach dem 31. Dezember 2020 für die Durchführung der Förderung nach § 12 entstehen. [9]Die Sätze 1 bis 6 gelten entsprechend für länderübergreifende Vorhaben.

(4) In der Rechtsverordnung nach § 12 Absatz 3 kann auch das Nähere geregelt werden

1. zu den Kriterien der Förderung nach Absatz 1 und zum Verfahren der Vergabe der Fördermittel,
2. zum Nachweis der Förderungsvoraussetzungen nach Absatz 3 Satz 1 und
3. zum Nachweis zweckentsprechender Verwendung der Fördermittel und zur Rückzahlung überzahlter oder nicht zweckentsprechend verwendeter Fördermittel.

§ 13
Entscheidung zu den förderungsfähigen Vorhaben

[1]Im Einvernehmen mit den Landesverbänden der Krankenkassen und den Ersatzkassen treffen die Länder die Entscheidung, welche Vorhaben gefördert werden sollen und für die dann ein Antrag auf Förderung beim Bundesamt für Soziale Sicherung gestellt werden soll. [2]Sie können andere Institutionen an der Auswahlentscheidung beteiligen. [3]Ein Anspruch auf Förderung besteht nicht. [4]Die Länder prüfen die zweckentsprechende Verwendung der Fördermittel.

§ 14
Auswertung der Wirkungen der Förderung

[1]Das Bundesamt für Soziale Sicherung gibt in Abstimmung mit dem Bundesministerium für Gesundheit und dem Bundesministerium der Finanzen eine begleitende Auswertung des durch die Förderung nach den §§ 12 und 12a bewirkten Strukturwandels in Auftrag. [2]Die hierfür erforderlichen nicht personenbezogenen Daten werden ihm von den antragstellenden Ländern auf Anforderung zur Weiterleitung an die mit der Auswertung beauftragte Stelle zur Verfügung gestellt. [3]Zwischenberichte über die Auswertung sind dem Bundesministerium für Gesundheit und dem Bundesministerium der Finanzen jährlich, für die Förderung nach § 12a erstmals zum 31. Dezember 2020, vorzulegen. [4]Die bis zum 31. Dezember 2020 entstehenden Aufwendungen für die Auswertung der Förderung nach § 12 werden aus dem Betrag nach § 12 Absatz 1 Satz 1 und 2 gedeckt. [5]Die nach diesem Zeitpunkt entstehenden Aufwendungen für die Auswertung nach § 12 und die Aufwendungen für die Auswertung nach § 12a werden aus dem Betrag nach § 12a Absatz 1 Satz 1 und 2 gedeckt. [6]Auf der Grundlage der Auswertung legt das Bundesministerium für Gesundheit dem Deutschen Bundestag einen Bericht über den durch die Förderung bewirkten Strukturwandel vor.

§ 14a
Krankenhauszukunftsfonds

(1) [1]Beim Bundesamt für Soziale Sicherung wird aus Mitteln der Liquiditätsreserve des Gesundheitsfonds ein Krankenhauszukunftsfonds in Höhe von insgesamt 3 Milliarden Euro errichtet. [2]Die Mittel werden der Liquiditätsreserve bis zum ersten Bankarbeitstag im Jahr 2021 vom Bund zur Verfügung gestellt.

(2) [1]Zweck des Krankenhauszukunftsfonds ist die Förderung notwendiger Investitionen in Krankenhäusern in

1. die technische und insbesondere die informationstechnische Ausstattung der Notaufnahmen,
2. die digitale Infrastruktur zur Förderung der internen, innersektoralen und sektorenübergreifenden Versorgung von Patientinnen und Patienten, insbesondere, um die Ablauforganisation, Dokumentation und Kommunikation zu digitalisieren, sowie zur Einführung oder Verbesserung von Telemedizin, Robotik und Hightechmedizin,
3. die Informationssicherheit und
4. die gezielte Entwicklung und die Stärkung wettbewerbsrechtlich zulässiger regionaler Versorgungsstrukturen, um die Versorgungsstrukturen sowohl im Normalbetrieb als auch in Krisenzeiten konzeptionell aufeinander abzustimmen.

[2]Gefördert werden können auch Vorhaben von Hochschulkliniken und Vorhaben, an denen Hochschulkliniken beteiligt sind. [3]Für die Förderung der in Satz 2 genannten Vorhaben darf ein Land höchstens 10 Prozent des ihm nach Absatz 3 Satz 1 zustehenden Anteils der Fördermittel verwenden.

(3) [1]Von dem in Absatz 1 Satz 1 genannten Betrag, abzüglich der Aufwendungen nach Absatz 6 Satz 3 und der dem Bundesministerium für Gesundheit für die Auswertung nach § 14b entstehenden Aufwendungen, kann jedes Land den Anteil beantragen, der sich aus dem Königsteiner Schlüssel mit Stand vom 6. November 2018 ergibt. [2]Mit dem Betrag nach Satz 1 können auch länderübergreifende Vorhaben gefördert werden. [3]Die einem Land nach Satz 1 zustehenden Fördermittel, die nicht durch die von einem Land bis zum 31. Dezember 2021 vollständig gestellten Anträge ausgeschöpft werden, können vom Bundesamt für Soziale Sicherung zur Deckung seiner Aufwendungen gemäß Absatz 6 Satz 3 verwendet werden. [4]Spätestens mit Ablauf des Jahres 2025 werden durch das Bundesamt für Soziale Sicherung die durch die Länder nicht ausgeschöpften oder durch das Bundesamt für Soziale Sicherung nicht für andere Aufgaben verwendeten Mittel an den Bund zurückgeführt. [5]Das Bundesamt für Soziale Sicherung berichtet dem Bundesministerium für Gesundheit beginnend zum 31. Dezember 2022 halbjährlich über die entstandenen und voraussichtlich entstehenden Aufwendungen. [6]Fördermittel können auch für die Finanzierung der Zinsen, der Tilgung und der Verwaltungskosten von Darlehen gewährt werden, soweit diese zur Finanzierung förderungsfähiger Vorhaben aufgenommen worden sind. [7]Mindestens 15 Prozent der gewährten Fördermittel sind für technische und organisatorische Maßnahmen zur Verbesserung der Informationssicherheit zu verwenden.

(4) [1]Die Krankenhausträger melden ihren Förderbedarf, unter Angabe insbesondere des Vorhabens und der Fördersumme, unter Nutzung der vom Bundesamt für Soziale Sicherung bereitgestellten, bundeseinheitlichen Formulare bei den Ländern an (Bedarfsanmeldung). [2]Die Länder kön-

nen weitere Anforderungen an die Ausgestaltung der Förderanträge der Krankenhausträger festlegen. [3]Die Länder, bei länderübergreifenden Vorhaben die betroffenen Länder gemeinsam, treffen die Entscheidung, für welche Vorhaben eine Förderung beim Bundesamt für Soziale Sicherung beantragt werden soll, innerhalb von drei Monaten nach Eingang der Bedarfsanmeldung; vor der Entscheidung ist den Landesverbänden der Krankenkassen und den Ersatzkassen Gelegenheit zur Stellungnahme zu geben. [4]Ein Anspruch auf Förderung besteht nicht. [5]Die Länder prüfen die zweckentsprechende Verwendung der Fördermittel. [6]Soweit dies für die Prüfungen nach Satz 5 erforderlich ist, sind die Länder befugt, Unterlagen einzusehen und zu den üblichen Geschäfts- und Betriebszeiten die Geschäftsräume, insbesondere Serverräume, des geförderten Krankenhauses nach Ankündigung zu betreten und zu besichtigen.

(5) Voraussetzung für die Zuteilung von Fördermitteln nach Absatz 3 ist, dass

1. die Umsetzung des zu fördernden Vorhabens frühestens am 2. September 2020 begonnen hat,
2. das antragstellende Land, der Krankenhausträger oder beide gemeinschaftlich mindestens 30 Prozent der Fördersumme tragen,
3. das antragstellende Land sich verpflichtet,
   a) in den Jahren 2020 bis 2022 jährlich Haushaltsmittel für die Investitionsförderung der Krankenhäuser mindestens in der Höhe bereitzustellen, die dem Durchschnitt der in den Haushaltsplänen der Jahre 2016 bis 2019 hierfür ausgewiesenen Haushaltsmittel entspricht, und
   b) die in Buchstabe a genannten Haushaltsmittel um den Betrag der von dem Land nach Nummer 2 zu tragenden Kosten zu erhöhen,
4. das Krankenhaus an der Auswertung nach § 14b Satz 3 teilnimmt und
5. die auf Grundlage des Absatzes 7 geregelten Voraussetzungen erfüllt sind.

(6) [1]Das Bundesamt für Soziale Sicherung prüft die Anträge und weist die Mittel zu, bis der in Absatz 3 Satz 1 genannte Anteil des Landes ausgeschöpft ist. [2]Nicht zweckentsprechend verwendete oder überzahlte Mittel sind unverzüglich an das Bundesamt für Soziale Sicherung zurückzuzahlen, wenn eine Verrechnung mit Ansprüchen auf Auszahlung von Fördermitteln nicht möglich ist. [3]Die für die Verwaltung der Mittel und für die Durchführung der Förderung notwendigen Aufwendungen des Bundesamtes für Soziale Sicherung werden aus dem in Absatz 1 Satz 1 genannten Betrag gedeckt. [4]Für die Rechnungslegung des Krankenhauszukunftsfonds gelten die für die Rechnungslegung der Sozialversicherungsträger geltenden Vorschriften entsprechend. [5]Das Bundesamt für Soziale Sicherung kann nähere Bestimmungen zur Durchführung des Förderverfahrens und zur Übermittlung der nach § 22 Absatz 2 der Krankenhausstrukturfonds-Verordnung vorzulegenden Unterlagen in einem einheitlichen Format oder in einer maschinell auswertbaren Form treffen.

(7) Das Bundesministerium für Gesundheit regelt in der Rechtsverordnung nach § 12 Absatz 3 auch das Nähere zu

1. den Voraussetzungen für die Gewährung von Fördermitteln und zum Verfahren der Vergabe der Fördermittel, einschließlich der Verwaltungsaufgaben des Bundesamtes für Soziale Sicherung sowie der Beauftragung der Kreditanstalt für Wiederaufbau mit einem den Krankenhauszukunftsfonds begleitenden Kreditprogramm durch das Bundesamt für Soziale Sicherung,
2. dem Nachweis der Fördervoraussetzungen nach Absatz 5 Satz 1 und
3. dem Nachweis der zweckentsprechenden Verwendung der Fördermittel während und nach dem Ende der Vorhaben und zur Rückzahlung überzahlter oder nicht zweckentsprechend verwendeter Fördermittel.

§ 14b
Evaluierung des Reifegrades der Krankenhäuser hinsichtlich der Digitalisierung und Begleitforschung für die digitale Transformation im Rahmen des Krankenhauszukunftsfonds

[1]Das Bundesministerium für Gesundheit führt zur Evaluation des Krankenhauszukunftsfonds eine Auswertung hinsichtlich der Digitalisierung aller Krankenhäuser und insbesondere der nach § 14a geförderten Vorhaben sowie eine Begleitforschung zur digitalen Transformation der Krankenhäuser durch. [2]Aus der Evaluation soll sich ergeben, inwieweit die Digitalisierung der Krankenhäuser, der Umgang mit technologischen Innovationen und die Versorgung von Patientinnen und Patienten durch die Förderung verbessert sowie zukünftige Bedarfe zur digitalen Transformation im Kranken-

hausbereich identifiziert und geeignete Weiterentwicklungsstrategien entwickelt werden. [3]Im Rahmen einer Auswertung durch eine durch das Bundesministerium für Gesundheit beauftragte Forschungseinrichtung ist der Reifegrad aller Krankenhäuser hinsichtlich der Digitalisierung jeweils zum Stichtag 30. Juni 2021 und 30. Juni 2024 unter Berücksichtigung von Bewertungskriterien anerkannter Reifegradmodelle festzustellen. [4]Das Bundesministerium für Gesundheit wird ermächtigt, in der Rechtsverordnung nach § 12 Absatz 3 einen weiteren Stichtag festzulegen. [5]Die Empfänger von Fördermitteln nach § 14a übermitteln der vom Bundesministerium für Gesundheit mit der Reifegradmessung beauftragten Forschungseinrichtung auf deren Anforderung in elektronischer Form die für die Auswertung erforderlichen strukturierten Selbsteinschätzungen hinsichtlich des Umsetzungsstands digitaler Maßnahmen. [6]Den teilnehmenden Krankenhäusern wird ein Teilnahmezertifikat durch die mit der Reifegradmessung beauftragte Forschungseinrichtung ausgestellt. [7]Die Länder prüfen, ob diejenigen Krankenhäuser, die nach § 14a eine Förderung in dem jeweiligen Land erhalten, an der Reifegradmessung teilgenommen haben und bestätigen die Teilnahme gegenüber dem Bundesamt für Soziale Sicherung.

§ 15
Beteiligung an Schließungskosten

[1]Die Vertragsparteien nach § 18 können vereinbaren, dass sich die in § 18 Absatz 2 genannten Sozialleistungsträger an den Kosten der Schließung eines Krankenhauses beteiligen. [2]Die Unternehmen der privaten Krankenversicherung können sich an der Vereinbarung beteiligen. [3]Hierbei ist zu berücksichtigen, ob und inwieweit die Schließung bereits nach den §§ 12 bis 14 gefördert wird. [4]Eine Vereinbarung nach Satz 1 darf nicht geschlossen werden, wenn der Krankenhausträger auf Grund der Schließung zur Rückzahlung von Mitteln für die Investitionsförderung verpflichtet ist, die für dieses Krankenhaus gewährt worden sind.

3. Abschnitt
Vorschriften über Krankenhauspflegesätze

§ 16
Verordnung zur Regelung der Pflegesätze

[1]Die Bundesregierung wird ermächtigt, durch Rechtsverordnung mit Zustimmung des Bundesrates Vorschriften zu erlassen über

1. die Pflegesätze der Krankenhäuser,
2. die Abgrenzung der allgemeinen stationären und teilstationären Leistungen des Krankenhauses von den Leistungen bei vor- und nachstationärer Behandlung (§ 115a des Fünften Buches Sozialgesetzbuch), den ambulanten Leistungen einschließlich der Leistungen nach § 115b des Fünften Buches Sozialgesetzbuch, den Wahlleistungen und den belegärztlichen Leistungen,
3. die Nutzungsentgelte (Kostenerstattung und Vorteilsausgleich sowie diesen vergleichbare Abgaben) der zur gesonderten Berechnung ihrer Leistungen berechtigten Ärzte an das Krankenhaus, soweit diese Entgelte pflegesatzmindernd zu berücksichtigen sind,
4. die Berücksichtigung der Erlöse aus der Vergütung für vor- und nachstationäre Behandlung (§ 115a des Fünften Buches Sozialgesetzbuch), für ambulante Leistungen einschließlich der Leistungen nach § 115b des Fünften Buches Sozialgesetzbuch und für Wahlleistungen des Krankenhauses sowie die Berücksichtigung sonstiger Entgelte bei der Bemessung der Pflegesätze,
5. die nähere Abgrenzung der in § 17 Abs. 4 bezeichneten Kosten von den pflegesatzfähigen Kosten,
6. das Verfahren nach § 18,
7. die Rechnungs- und Buchführungspflichten der Krankenhäuser,
8. ein Klagerecht des Verbandes der privaten Krankenversicherung gegenüber unangemessen hohen Entgelten für nichtärztliche Wahlleistungen.

[2]Die Ermächtigung kann durch Rechtsverordnung auf die Landesregierungen übertragen werden; dabei kann bestimmt werden, dass die Landesregierungen die Ermächtigung durch Rechtsverordnung auf oberste Landesbehörden weiter übertragen können.

§ 17
Grundsätze für die Pflegesatzregelung

(1) [1]Die Pflegesätze und die Vergütung für vor- und nachstationäre Behandlung nach § 115a des Fünften Buches Sozialgesetzbuch sind für alle Benutzer des Krankenhauses einheitlich zu berechnen. [2]Die Pflegesätze sind im Voraus zu bemessen. [3]Bei der Ermittlung der Pflegesätze ist

der Grundsatz der Beitragssatzstabilität (§ 71 Abs. 1 des Fünften Buches Sozialgesetzbuch) nach Maßgabe dieses Gesetzes und des Krankenhausentgeltgesetzes zu beachten. [4]Überschüsse verbleiben dem Krankenhaus; Verluste sind vom Krankenhaus zu tragen. [5] Eine Einrichtung, die in räumlicher Nähe zu einem Krankenhaus liegt und mit diesem organisatorisch verbunden ist, darf für allgemeine, dem Versorgungsauftrag des Krankenhauses entsprechende Krankenhausleistungen keine höheren Entgelte verlangen, als sie nach den Regelungen dieses Gesetzes, des Krankenhausentgeltgesetzes und der Bundespflegesatzverordnung zu leisten wären. [6]Für nichtärztliche Wahlleistungen gilt § 17 Absatz 1, 2 und 4 des Krankenhausentgeltgesetzes entsprechend.

(1a) Für die mit pauschalierten Pflegesätzen vergüteten voll- oder teilstationären Krankenhausleistungen gelten im Bereich der DRG-Krankenhäuser die Vorgaben des § 17b und im Bereich der psychiatrischen und psychosomatischen Einrichtungen die Vorgaben des § 17d.

(2) Soweit tagesgleiche Pflegesätze vereinbart werden, müssen diese medizinisch leistungsgerecht sein und einem Krankenhaus bei wirtschaftlicher Betriebsführung ermöglichen, den Versorgungsauftrag zu erfüllen.

(2a) (aufgehoben)

(3) Im Pflegesatz sind nicht zu berücksichtigen

1. Kosten für Leistungen, die nicht der stationären oder teilstationären Krankenhausversorgung dienen,
2. Kosten für wissenschaftliche Forschung und Lehre, die über den normalen Krankenhausbetrieb hinausgehen.

(4) Bei Krankenhäusern, die nach diesem Gesetz voll gefördert werden und bei den in § 5 Abs. 1 Nr. 1 erster Halbsatz bezeichneten Krankenhäusern sind außer den in Absatz 3 genannten Kosten im Pflegesatz nicht zu berücksichtigen

1. Investitionskosten, ausgenommen die Kosten der Wiederbeschaffung von Wirtschaftsgütern mit einer durchschnittlichen Nutzungsdauer bis zu drei Jahren,
2. Kosten der Grundstücke, des Grundstückserwerbs, der Grundstückserschließung sowie ihrer Finanzierung,
3. Anlauf- und Umstellungskosten,
4. Kosten der in § 5 Abs. 1 Nr. 8 bis 10 bezeichneten Einrichtungen,
5. Kosten, für die eine sonstige öffentliche Förderung gewährt wird;

dies gilt im Falle der vollen Förderung von Teilen eines Krankenhauses nur hinsichtlich des geförderten Teils.

(4a) (aufgehoben).

(4b) [1]Instandhaltungskosten sind im Pflegesatz zu berücksichtigen. [2]Dazu gehören auch Instandhaltungskosten für Anlagegüter, wenn in baulichen Einheiten Gebäudeteile, betriebstechnische Anlagen und Einbauten oder wenn Außenanlagen vollständig oder überwiegend ersetzt werden. [3]Die in Satz 2 genannten Kosten werden pauschal in Höhe eines Betrages von 1,1 vom Hundert der für die allgemeinen Krankenhausleistungen vereinbarten Vergütung finanziert. [4]Die Pflegesatzfähigkeit für die in Satz 2 genannten Kosten entfällt für alle Krankenhäuser in einem Bundesland, wenn das Land diese Kosten für die in den Krankenhausplan aufgenommenen Krankenhäuser im Wege der Einzelförderung oder der Pauschalförderung trägt.

(5) [1]Bei Krankenhäusern, die nach diesem Gesetz nicht oder nur teilweise öffentlich gefördert werden, sowie bei anteilig öffentlich geförderten Maßnahmen mit Restfinanzierung durch den Krankenhausträger dürfen von Sozialleistungsträgern und sonstigen öffentlich-rechtlichen Kostenträgern keine höheren Pflegesätze gefordert werden, als sie von diesen für Leistungen vergleichbarer nach diesem Gesetz voll geförderter Krankenhäuser zu entrichten sind. [2]Krankenhäuser, die nur deshalb nach diesem Gesetz nicht gefördert werden, weil sie keinen Antrag auf Förderung stellen, dürfen auch von einem Krankenhausbenutzer keine höheren als die sich aus Satz 1 ergebenden Pflegesätze fordern. [3]Soweit bei teilweiser Förderung Investitionen nicht öffentlich gefördert werden und ein vergleichbares Krankenhaus nicht vorhanden ist, dürfen die Investitionskosten in den Pflegesatz einbezogen werden, soweit die Landesverbände der Krankenkassen und die Ersatzkassen der Investition zugestimmt haben. [4]Die Vertragsparteien nach § 18 Abs. 2 vereinbaren die nach den Sätzen 1 und 2 maßgebenden Pflegesätze. [5]Werden die Krankenhausleistungen mit pauschalierten Pflegesätzen nach Absatz 1a vergütet, gelten diese als Leistungen vergleichbarer Krankenhäuser im Sinne des Satzes 1.

§ 17a
Finanzierung von Ausbildungskosten

Bearbeiterhinweis:
Vom 02.08.2018 bis 31.12.2018 geltende Fassung von § 17a Absatz 1 (in der Fassung von Artikel 1 des PpSG):

(1) [1]Die Kosten der in § 2 Nummer 1a genannten mit den Krankenhäusern notwendigerweise verbundenen Ausbildungsstätten, die Ausbildungsvergütungen für die in § 2 Nummer 1a genannten Berufe und die Mehrkosten des Krankenhauses infolge der Ausbildung, insbesondere die Mehrkosten der Praxisanleitung infolge des Krankenpflegegesetzes vom 16. Juli 2003, sind nach Maßgabe der folgenden Vorschriften durch Zuschläge zu finanzieren, soweit diese Kosten nach diesem Gesetz zu den pflegesatzfähigen Kosten gehören und nicht nach anderen Vorschriften aufzubringen sind (Ausbildungskosten); der von dem jeweiligen Land finanzierte Teil der Ausbildungskosten ist in Abzug zu bringen. [2]Abweichend von Satz 1 sind bei einer Anrechnung nach den Sätzen 3 und 4 nur die Mehrkosten der Ausbildungsvergütungen zu finanzieren. [3]Bei der Ermittlung der Mehrkosten der Ausbildungsvergütung sind Personen, die in der Krankenpflege oder Kinderkrankenpflege ausgebildet werden, im zweiten und dritten Jahr ihrer Ausbildung im Verhältnis 9,5 zu 1 auf die Stelle einer in diesen Berufen voll ausgebildeten Person anzurechnen. [4]Personen, die in der Krankenpflegehilfe ausgebildet werden, sind nach dem ersten Jahr ihrer Ausbildung im Verhältnis 6 zu 1 auf die Stelle einer in den Berufen der Krankenpflege oder der Kinderkrankenpflege voll ausgebildeten Person anzurechnen.

Bearbeiterhinweis:
Am 01.01.2019 geltende Fassung von § 17a Absatz 1 (in der Fassung von Artikel 6 des PflBRefG):

(1) [1]Die Kosten der in § 2 Nummer 1a genannten mit den Krankenhäusern notwendigerweise verbundenen Ausbildungsstätten, die Ausbildungsvergütungen für die in § 2 Nummer 1a genannten Berufe und die Mehrkosten des Krankenhauses infolge der Ausbildung sind nach Maßgabe der folgenden Vorschriften durch Zuschläge zu finanzieren, soweit diese Kosten nach diesem Gesetz zu den pflegesatzfähigen Kosten gehören und nicht nach anderen Vorschriften aufzubringen sind (Ausbildungskosten); der von dem jeweiligen Land finanzierte Teil der Ausbildungskosten ist in Abzug zu bringen. [2]Abweichend von Satz 1 sind bei einer Anrechnung nach Satz 3 nur die Mehrkosten der Ausbildungsvergütungen zu finanzieren. [3]Bei der Ermittlung der Mehrkosten der Ausbildungsvergütung sind Personen, die in der Krankenpflegehilfe ausgebildet werden, im Verhältnis 6 zu 1 auf die Stelle einer voll ausgebildeten Person nach Teil 2 des Pflegeberufegesetzes anzurechnen.

Bearbeiterhinweis:
Vom 02.01.2019 bis 31.12.2019 geltende Fassung von § 17a Absatz 1 (in der Fassung von Artikel 3 des PpSG):

(1) [1]Die Kosten der in § 2 Nummer 1a genannten mit den Krankenhäusern notwendigerweise verbundenen Ausbildungsstätten, die Ausbildungsvergütungen für die in § 2 Nummer 1a genannten Berufe und die Mehrkosten des Krankenhauses infolge der Ausbildung sind nach Maßgabe der folgenden Vorschriften durch Zuschläge zu finanzieren, soweit diese Kosten nach diesem Gesetz zu den pflegesatzfähigen Kosten gehören und nicht nach anderen Vorschriften aufzubringen sind (Ausbildungskosten); der von dem jeweiligen Land finanzierte Teil der Ausbildungskosten ist in Abzug zu bringen. [2]Abweichend von Satz 1 sind bei einer Anrechnung nach Satz 3 nur die Mehrkosten der Ausbildungsvergütungen zu finanzieren. [3]Bei der Ermittlung der Mehrkosten der Ausbildungsvergütung sind Personen, die in der Krankenpflegehilfe ausgebildet werden, nach dem ersten Jahr ihrer Ausbildung im Verhältnis 6 zu 1 auf die Stelle einer voll ausgebildeten Person nach Teil 2 des Pflegeberufegesetzes anzurechnen.

Bearbeiterhinweis:
Vom 01.01.2020 bis zum 31.12.2021 geltende Fassung von § 17a Absatz 1:

(1) [1]Die Kosten der in § 2 Nummer 1a Buchstabe a, b und d bis l genannten mit den Krankenhäusern notwendigerweise verbundenen Ausbildungsstätten, die Ausbildungsvergütungen für die in § 2 Nummer 1a genannten Berufe und die Mehrkosten des Krankenhauses infolge der Ausbildung sind nach Maßgabe der folgenden Vorschriften durch Zuschläge zu finanzieren, soweit diese Kosten nach diesem Gesetz zu den pflegesatzfähigen Kosten gehören und nicht nach anderen Vorschriften aufzubringen sind (Ausbildungskosten); der von dem jeweiligen Land finanzierte Teil der Ausbildungskosten ist in Abzug zu bringen. [2]Abweichend von Satz 1 sind bei einer

Anrechnung nach Satz 3 nur die Mehrkosten der Ausbildungsvergütungen zu finanzieren. [3]Bei der Ermittlung der Mehrkosten der Ausbildungsvergütung sind Personen, die in der Krankenpflegehilfe ausgebildet werden, nach dem ersten Jahr ihrer Ausbildung im Verhältnis 6 zu 1 auf die Stelle einer voll ausgebildeten Person nach Teil 2 des Pflegeberufegesetzes anzurechnen. [4]Zu den Ausbildungsvergütungen nach Satz 1 gehören auch die Vergütungen der Hebammenstudierenden nach § 34 Absatz 1 des Hebammengesetzes. [5]Zu den Mehrkosten des Krankenhauses infolge der Ausbildung nach Satz 1 gehören auch die Kosten der berufspraktischen Ausbildung von Hebammenstudierenden durch ambulante hebammengeleitete Einrichtungen oder durch freiberufliche Hebammen nach § 13 Absatz 1 Satz 1 Nummer 2 des Hebammengesetzes.

Bearbeiterhinweis:
Seit dem 01.01.2023 geltende Fassung von § 17a Absatz 1:

(1) [1]Die Kosten der in § 2 Nummer 1a Buchstabe a, b und d bis n genannten mit den Krankenhäusern notwendigerweise verbundenen Ausbildungsstätten, die Ausbildungsvergütungen für die in § 2 Nummer 1a genannten Berufe und die Mehrkosten des Krankenhauses infolge der Ausbildung sind nach Maßgabe der folgenden Vorschriften durch Zuschläge zu finanzieren, soweit diese Kosten nach diesem Gesetz zu den pflegesatzfähigen Kosten gehören und nicht nach anderen Vorschriften aufzubringen sind (Ausbildungskosten); der von dem jeweiligen Land finanzierte Teil der Ausbildungskosten ist in Abzug zu bringen. [2]Abweichend von Satz 1 sind bei einer Anrechnung nach Satz 3 nur die Mehrkosten der Ausbildungsvergütungen zu finanzieren. [3]Bei der Ermittlung der Mehrkosten der Ausbildungsvergütung sind Personen, die im in § 2 Nummer 1a Buchstabe g genannten Bereich der Pflegehilfe und -assistenz ausgebildet werden, nach dem ersten Jahr ihrer Ausbildung im Verhältnis 6 zu 1 auf die Stelle einer voll ausgebildeten Person nach Teil 2 des Pflegeberufegesetzes anzurechnen. [4]Zu den Ausbildungsvergütungen nach Satz 1 gehören auch die Vergütungen der Hebammenstudierenden nach § 34 Absatz 1 des Hebammengesetzes. [5]Zu den Mehrkosten des Krankenhauses infolge der Ausbildung nach Satz 1 gehören auch die Kosten der berufspraktischen Ausbildung von Hebammenstudierenden durch ambulante hebammengeleitete Einrichtungen oder durch freiberufliche Hebammen nach § 13 Absatz 1 Satz 1 Nummer 2 des Hebammengesetzes.

(2) [1]Mit dem Ziel, eine sachgerechte Finanzierung sicherzustellen, schließen

1. die Vertragsparteien nach § 17b Abs. 2 Satz 1 auf Bundesebene eine Rahmenvereinbarung insbesondere über die zu finanzierenden Tatbestände und über ein Kalkulationsschema für die Verhandlung des Ausbildungsbudgets nach Absatz 3;
2. die in § 18 Abs. 1 Satz 2 genannten Beteiligten auf Landesebene ergänzende Vereinbarungen insbesondere zur Berücksichtigung der landesrechtlichen Vorgaben für die Ausbildung und zum Abzug des vom Land finanzierten Teils der Ausbildungskosten, bei einer fehlenden Vereinbarung nach Nummer 1 auch zu den dort möglichen Vereinbarungsinhalten.

[2]Die Vereinbarungen nach Satz 1 sind bei der Vereinbarung des Ausbildungsbudgets nach Absatz 3 zu beachten. [3]Kommt eine Vereinbarung nach Satz 1 nicht zu Stande, entscheidet auf Antrag einer Vertragspartei bei Satz 1 Nr. 1 die Schiedsstelle nach § 18a Abs. 6 und bei Satz 1 Nr. 2 die Schiedsstelle nach § 18a Abs. 1.

(3) [1]Bei ausbildenden Krankenhäusern vereinbaren die Vertragsparteien nach § 18 Abs. 2 für einen zukünftigen Zeitraum (Vereinbarungszeitraum) ein krankenhausindividuelles Ausbildungsbudget, mit dem die Ausbildungskosten finanziert werden; § 11 Abs. 2 des Krankenhausentgeltgesetzes gilt entsprechend. [2]Bei ausbildenden Krankenhäusern, die nach § 15 des Hebammengesetzes für die Durchführung des berufspraktischen Teils des Hebammenstudiums verantwortlich sind, umfasst das Ausbildungsbudget nach Satz 1 auch die nach § 134a Absatz 1e des Fünften Buches Sozialgesetzbuch vereinbarten Pauschalen. [3]Die Vertragsparteien nach § 18 Absatz 2 stellen bei der Vereinbarung des Ausbildungsbudgets Art und Anzahl der voraussichtlich belegten Ausbildungsplätze fest. [4]Das Budget soll die Kosten der Ausbildungsstätten bei wirtschaftlicher Betriebsgröße und Betriebsführung decken und wird in seiner Entwicklung nicht durch den Veränderungswert nach § 9 Absatz 1b Satz 1 des Krankenhausentgeltgesetzes begrenzt. [5]Die für den Vereinbarungszeitraum zu erwartenden Kostenentwicklungen sind zu berücksichtigen. [6]Ab dem Jahr 2010 sind bei der

Vereinbarung des Ausbildungsbudgets auch die Richtwerte nach Absatz 4b zu berücksichtigen. [7]Soweit Richtwerte nicht vereinbart oder nicht durch Rechtsverordnung vorgegeben sind, vereinbaren die Vertragsparteien nach § 18 Abs. 2 entsprechende Finanzierungsbeträge im Rahmen des Ausbildungsbudgets. [8]Es ist eine Angleichung der krankenhausindividuellen Finanzierungsbeträge an die Richtwerte oder im Falle des Satzes 7 eine Angleichung der Finanzierungsbeträge im Land untereinander anzustreben; dabei sind krankenhausindividuelle Abweichungen des vom Land finanzierten Teils der Ausbildungskosten zu berücksichtigen. [9]Soweit erforderlich schließen die Vertragsparteien Strukturverträge, die den Ausbau, die Schließung oder die Zusammenlegung von Ausbildungsstätten finanziell unterstützen und zu wirtschaftlichen Ausbildungsstrukturen führen; dabei ist Einvernehmen mit der zuständigen Landesbehörde anzustreben. [10]Die Ausbildung in der Region darf nicht gefährdet werden. [11]Soweit eine Ausbildungsstätte in der Region erforderlich ist, zum Beispiel weil die Entfernungen und Fahrzeiten zu anderen Ausbildungsstätten nicht zumutbar sind, können auch langfristig höhere Finanzierungsbeträge gezahlt werden; zur Prüfung der Voraussetzungen sind die Vorgaben zum Sicherstellungszuschlag nach § 17b Absatz 1a Nummer 6 in Verbindung mit § 5 Abs. 2 des Krankenhausentgeltgesetzes entsprechend anzuwenden. [12]Weicht am Ende des Vereinbarungszeitraums die Summe der Zahlungen aus dem Ausgleichsfonds nach Absatz 5 Satz 5 und den verbleibenden Abweichungen nach Absatz 6 Satz 5 oder die Summe der Zuschläge nach Absatz 9 Satz 1 von dem vereinbarten Ausbildungsbudget ab, werden die Mehr- oder Mindererlöse vollständig über das Ausbildungsbudget des nächstmöglichen Vereinbarungszeitraums ausgeglichen. [13]Steht bei der Verhandlung der Ausgleichsbetrag noch nicht fest, sind Teilbeträge als Abschlagszahlungen auf den Ausgleich zu berücksichtigen.

(4) aufgehoben

(4a) Der Krankenhausträger hat den anderen Vertragsparteien rechtzeitig vor den Verhandlungen Nachweise und Begründungen insbesondere über Art und Anzahl der voraussichtlich belegten Ausbildungsplätze, die Ausbildungskosten und für die Vereinbarung von Zuschlägen nach Absatz 6 vorzulegen sowie im Rahmen der Verhandlungen zusätzliche Auskünfte zu erteilen.

(4b) [1]Als Zielwert für die Angleichung der krankenhausindividuellen Finanzierungsbeträge nach Absatz 3 Satz 7 ermitteln die Vertragsparteien nach § 17b Abs. 2 Satz 1 jährlich für die einzelnen Berufe nach § 2 Nr. 1a die durchschnittlichen Kosten je Ausbildungsplatz in den Ausbildungsstätten und die sonstigen Ausbildungskosten und vereinbaren für das folgende Kalenderjahr entsprechende Richtwerte unter Berücksichtigung zu erwartender Kostenentwicklungen; die Beträge können nach Regionen differenziert festgelegt werden. [2]Zur Umsetzung der Vorgaben nach Satz 1 entwickeln die Vertragsparteien insbesondere unter Nutzung der Daten nach § 21 Abs. 2 Nr. 1 Buchstabe c des Krankenhausentgeltgesetzes und von Daten aus einer Auswahl von Krankenhäusern und Ausbildungsstätten, die an einer gesonderten Kalkulation teilnehmen, jährlich schrittweise das Verfahren zur Erhebung der erforderlichen Daten und zur Kalkulation und Vereinbarung von Richtwerten. [3]Kommt eine Vereinbarung nach Satz 1 nicht zustande, kann das Bundesministerium für Gesundheit das Verfahren oder die Richtwerte durch eine Rechtsverordnung nach § 17b Abs. 7 vorgeben. [4]Für die Veröffentlichung der Ergebnisse gilt § 17b Absatz 2 Satz 8 entsprechend.

(5) [1]Mit dem Ziel, eine Benachteiligung ausbildender Krankenhäuser im Wettbewerb mit nicht ausbildenden Krankenhäusern zu vermeiden, vereinbaren die in § 18 Abs. 1 Satz 2 genannten Beteiligten auf Landesebene

1. erstmals für das Jahr 2006 einen Ausgleichsfonds in Höhe der von den Krankenhäusern im Land angemeldeten Beträge (Sätze 3 und 4),
2. die Höhe eines Ausbildungszuschlags je voll- und teilstationärem Fall, mit dem der Ausgleichsfonds finanziert wird,
3. die erforderlichen Verfahrensregelungen im Zusammenhang mit dem Ausgleichsfonds und den in Rechnung zu stellenden Zuschlägen, insbesondere Vorgaben zur Verzinsung ausstehender Zahlungen der Krankenhäuser mit einem Zinssatz von 8 vom Hundert über dem Basiszins nach § 247 Abs. 1 des Bürgerlichen Gesetzbuchs.

[2]Der Ausgleichsfonds wird von der Landeskrankenhausgesellschaft errichtet und verwaltet; sie hat über die Verwendung der Mittel Rechenschaft zu legen. [3]Zur Ermittlung der Höhe des

Ausgleichsfonds melden die ausbildenden Krankenhäuser die jeweils nach Absatz 3 oder 4 für das Vorjahr vereinbarte Höhe des Ausbildungsbudgets sowie Art und Anzahl der Ausbildungsplätze und die Höhe des zusätzlich zu finanzierenden Mehraufwands für Ausbildungsvergütungen; im Falle einer für den Vereinbarungszeitraum absehbaren wesentlichen Veränderung der Zahl der Ausbildungsplätze oder der Zahl der Auszubildenden kann ein entsprechend abweichender Betrag gemeldet werden. [4]Soweit Meldungen von Krankenhäusern fehlen, sind entsprechende Beträge zu schätzen. [5]Die Landeskrankenhausgesellschaft zahlt aus dem Ausgleichsfonds den nach Satz 3 gemeldeten oder nach Satz 4 geschätzten Betrag in monatlichen Raten jeweils an das ausbildende Krankenhaus. [6]Ein ausbildendes Krankenhaus, das nach § 15 des Hebammengesetzes für die Durchführung des berufspraktischen Teils des Hebammenstudiums verantwortlich ist, leitet den Anteil, der von dem nach Satz 3 gemeldeten oder nach Satz 4 geschätzten Betrag auf die Pauschalen nach § 134a Absatz 1e des Fünften Buches Sozialgesetzbuch entfällt, monatlich an die jeweiligen ambulanten hebammengeleiteten Einrichtungen oder an die jeweiligen freiberuflichen Hebammen weiter.

(6) [1]Der Ausbildungszuschlag nach Absatz 5 Satz 1 Nr. 2 wird von allen nicht ausbildenden Krankenhäusern den Patienten oder Patientinnen oder deren Sozialleistungsträger in Rechnung gestellt. [2]Bei ausbildenden Krankenhäusern wird der in Rechnung zu stellende Zuschlag verändert, soweit der an den Ausgleichsfonds gemeldete und von diesem gezahlte Betrag von der Höhe des nach Absatz 3 oder 4 vereinbarten Ausbildungsbudgets abweicht. [3]Die sich aus dieser Abweichung ergebende Veränderung des Ausbildungszuschlags und damit die entsprechende Höhe des krankenhausindividuellen, in Rechnung zu stellenden Ausbildungszuschlags wird von den Vertragsparteien nach § 18 Abs. 2 vereinbart. [4]Alle Krankenhäuser haben die von ihnen in Rechnung gestellten Ausbildungszuschläge in der nach Absatz 5 Satz 1 Nr. 2 festgelegten Höhe an den Ausgleichsfonds abzuführen; sie haben dabei die Verfahrensregelungen nach Absatz 5 Satz 1 Nr. 3 einzuhalten. [5]Eine Erlösabweichung zwischen dem in Rechnung gestellten krankenhausindividuellen Zuschlag nach Satz 3 und dem abzuführenden Zuschlag verbleibt dem ausbildenden Krankenhaus.

(7) [1]Das Ausbildungsbudget ist zweckgebunden für die Ausbildung zu verwenden. [2]Der Krankenhausträger hat für die Budgetverhandlungen nach Absatz 3 eine vom Jahresabschlussprüfer bestätigte Aufstellung für das abgelaufene Jahr über die Einnahmen aus dem Ausgleichsfonds und den in Rechnung gestellten Zuschlägen, über Erlösabweichungen zum vereinbarten Ausbildungsbudget und über die zweckgebundene Verwendung der Mittel vorzulegen.

(8) [1]Kommt eine Vereinbarung nach Absatz 3 oder eine Vereinbarung nach Absatz 5 zur Höhe des Ausgleichsfonds, den Ausbildungszuschlägen und den Verfahrensregelungen nicht zu Stande, entscheidet auf Antrag einer Vertragspartei die Schiedsstelle nach § 18a Abs. 1 innerhalb von sechs Wochen. [2]Die Genehmigung der Vereinbarung oder die Festsetzung der Schiedsstelle ist von einer der Vertragsparteien bei der zuständigen Landesbehörde zu beantragen. [3]Gegen die Genehmigung ist der Verwaltungsrechtsweg gegeben. [4]Ein Vorverfahren findet nicht statt; die Klage hat keine aufschiebende Wirkung.

(9) [1]Kommt die Bildung eines Ausgleichsfonds nach Absatz 5 nicht zu Stande, werden die Ausbildungsbudgets nach Absatz 3 durch einen krankenhausindividuellen Zuschlag je voll- und teilstationärem Fall finanziert, der den Patienten oder Patientinnen oder deren Sozialleistungsträger in Rechnung gestellt wird. [2]Ist zu Beginn des Kalenderjahres dieser Zuschlag krankenhausindividuell noch nicht vereinbart, wird der für das Vorjahr vereinbarte Zuschlag nach Satz 1 oder der für das Vorjahr geltende Zuschlag nach Absatz 6 Satz 2 und 3 weiterhin in Rechnung gestellt; § 15 Abs. 1 und 2 Satz 1 des Krankenhausentgeltgesetzes ist entsprechend anzuwenden. [3]Um Wettbewerbsverzerrungen infolge dieser Ausbildungszuschläge zu vermeiden, werden für diesen Fall die Landesregierungen ermächtigt, durch Rechtsverordnung einen finanziellen Ausgleich zwischen ausbildenden und nicht ausbildenden Krankenhäusern und Vorgaben zur Abrechnung der entsprechenden Zuschläge für die Jahre vorzugeben, für die ein Ausgleichsfonds nicht zu Stande gekommen ist.

(10) [1]Kosten der Unterbringung von Auszubildenden sind nicht pflegesatzfähig, soweit die Vertragsparteien nach § 18 Abs. 2 nichts anderes vereinbaren. [2]Wird eine Vereinbarung getroffen, ist bei ausbildenden Krankenhäusern der Zu-

schlag nach Absatz 6 Satz 3 entsprechend zu erhöhen. [3]Der Erhöhungsbetrag verbleibt dem Krankenhaus.

(11) Für ausbildende Krankenhäuser, die der Bundespflegesatzverordnung unterliegen, gilt § 21 des Krankenhausentgeltgesetzes mit der Maßgabe, dass die Daten nach Absatz 2 Nr. 1 Buchstabe a und c zu übermitteln sind.

§ 17b
Einführung eines pauschalierenden Entgeltsystems für DRG-Krankenhäuser, Verordnungsermächtigung

(1) [1]Für die Vergütung der allgemeinen Krankenhausleistungen gilt ein durchgängiges, leistungsorientiertes und pauschalierendes Vergütungssystem, soweit Absatz 4 keine abweichenden Regelungen enthält. [2]Das Vergütungssystem hat Komplexitäten und Komorbiditäten abzubilden; sein Differenzierungsgrad soll praktikabel sein. [3]Mit den Entgelten nach Satz 1 werden die allgemeinen voll- und teilstationären Krankenhausleistungen für einen Behandlungsfall vergütet. [4]Die Fallgruppen und ihre Bewertungsrelationen sind bundeseinheitlich festzulegen. [5]Die Bewertungsrelationen sind als Relativgewichte auf eine Bezugsleistung zu definieren; sie sind für Leistungen, bei denen in erhöhtem Maße wirtschaftlich begründete Fallzahlsteigerungen eingetreten oder zu erwarten sind, gezielt abzusenken oder in Abhängigkeit von der Fallzahl bei diesen Leistungen abgestuft vorzugeben. [6]Um mögliche Fehlanreize durch eine systematische Übervergütung der Sachkostenanteile bei voll- und teilstationären Leistungen jährlich zu analysieren und geeignete Maßnahmen zum Abbau vorhandener Übervergütung zu ergreifen, sind auf der Grundlage eines Konzepts des Instituts für das Entgeltsystem im Krankenhaus sachgerechte Korrekturen der Bewertungsrelationen der Fallpauschalen zu vereinbaren; die Korrekturen der Bewertungsrelationen sind erstmals für die Weiterentwicklung des Vergütungssystems für das Jahr 2021 ausschließlich innerhalb der Fallpauschalenvergütung durchzuführen. [7]Soweit dies zur Ergänzung der Fallpauschalen in eng begrenzten Ausnahmefällen erforderlich ist, können die Vertragsparteien nach Absatz 2 Satz 1 Zusatzentgelte für Leistungen, Leistungskomplexe oder Arzneimittel vereinbaren, insbesondere für die Behandlung von Blutern mit Blutgerinnungsfaktoren oder für eine Dialyse, wenn die Behandlung des Nierenversagens nicht die Hauptleistung ist. [8]Sie vereinbaren auch die Höhe der Entgelte; diese kann nach Regionen differenziert festgelegt werden. [9]Nach Maßgabe des Krankenhausentgeltgesetzes können Entgelte für Leistungen, die nicht durch die Entgeltkataloge erfasst sind, durch die Vertragsparteien nach § 18 Absatz 2 vereinbart werden. [10]Besondere Einrichtungen, deren Leistungen insbesondere aus medizinischen Gründen, wegen einer Häufung von schwerkranken Patienten oder aus Gründen der Versorgungsstruktur mit den Entgeltkatalogen noch nicht sachgerecht vergütet werden, können zeitlich befristet aus dem Vergütungssystem ausgenommen werden; unabhängig davon, ob die Leistungen mit den Entgeltkatalogen sachgerecht vergütet werden, ist bei Palliativstationen oder -einheiten, die räumlich und organisatorisch abgegrenzt sind und über mindestens fünf Betten verfügen, dafür ein schriftlicher oder elektronischer Antrag des Krankenhauses ausreichend. [11]Entstehen bei Patientinnen oder Patienten mit außerordentlichen Untersuchungs- und Behandlungsabläufen extrem hohe Kostenunterdeckungen, die mit dem pauschalierten Vergütungssystem nicht sachgerecht finanziert werden (Kostenausreißer), sind entsprechende Fälle zur Entwicklung geeigneter Vergütungsformen vertieft zu prüfen. [12]Zur Förderung der palliativmedizinischen Versorgung durch Palliativdienste ist die Kalkulation eines Zusatzentgelts zu ermöglichen; im Einvernehmen mit der betroffenen medizinischen Fachgesellschaft sind die hierfür erforderlichen Kriterien bis zum 29. Februar 2016 zu entwickeln. [13]Zur sachgerechten Abbildung der Kosten von telekonsiliarärztlichen Leistungen haben die Vertragsparteien nach Absatz 2 Satz 1 auf der Grundlage eines Konzepts des Instituts für das Entgeltsystem im Krankenhaus spätestens bis zum 30. September 2024 Entgelte zu vereinbaren.

(1a) Soweit allgemeine Krankenhausleistungen nicht oder noch nicht in die Entgelte nach Absatz 1 Satz 1 einbezogen werden können, weil der Finanzierungstatbestand nicht in allen Krankenhäusern vorliegt, sind bundeseinheitliche Regelungen für Zu- oder Abschläge zu vereinbaren, insbesondere für

1. die Notfallversorgung,
2. die besonderen Aufgaben nach § 2 Absatz 2 Satz 2 Nummer 4 des Krankenhausentgeltgesetzes,
3. (aufgehoben)

4. die Beteiligung der Krankenhäuser an Maßnahmen zur Qualitätssicherung auf der Grundlage der §§ 136 und 136b des Fünften Buches Sozialgesetzbuch und die Beteiligung ganzer Krankenhäuser oder wesentlicher Teile der Einrichtungen an einrichtungsübergreifenden Fehlermeldesystemen, sofern diese den Festlegungen des Gemeinsamen Bundesausschusses nach § 136a Absatz 3 Satz 3 des Fünften Buches Sozialgesetzbuch entsprechen,
5. befristete Zuschläge für die Finanzierung von Mehrkosten auf Grund von Richtlinien des Gemeinsamen Bundesausschusses,
6. die Finanzierung der Sicherstellung einer für die Versorgung der Bevölkerung notwendigen Vorhaltung von Leistungen,
7. die Aufnahme von Begleitpersonen nach § 2 Absatz 2 Satz 2 Nummer 3 des Krankenhausentgeltgesetzes und § 2 Absatz 2 Satz 2 Nummer 3 der Bundespflegesatzverordnung,
8. den Ausbildungszuschlag nach § 17a Absatz 6,
9. den Aufwand, der den verantwortlichen Gesundheitseinrichtungen im Sinne des § 2 Nummer 5 Buchstabe a des Implantateregistergesetzes auf Grund ihrer Pflichten nach den §§ 16 und 17 Absatz 1 des Implantateregistergesetzes sowie den §§ 18, 20, 24 und 25 des Implantateregistergesetzes und für die zu zahlenden Gebühren nach § 33 Absatz 1 Nummer 1 des Implantateregistergesetzes entsteht.

(2) [1]Der Spitzenverband Bund der Krankenkassen und der Verband der privaten Krankenversicherung gemeinsam vereinbaren entsprechend den Vorgaben der Absätze 1, 1a und 3 mit der Deutschen Krankenhausgesellschaft ein Vergütungssystem, das sich an einem international bereits eingesetzten Vergütungssystem auf der Grundlage der Diagnosis Related Groups (DRG) orientiert, seine jährliche Weiterentwicklung und Anpassung, insbesondere an medizinische Entwicklungen, Kostenentwicklungen, Verweildauerverkürzungen und Leistungsverlagerungen zu und von anderen Versorgungsbereichen, und die Abrechnungsbestimmungen, soweit diese nicht im Krankenhausentgeltgesetz vorgegeben werden. [2]Sie orientieren sich dabei unter Wahrung der Qualität der Leistungserbringung an wirtschaftlichen Versorgungsstrukturen und Verfahrensweisen; insbesondere wirken sie mit den Abrechnungsbestimmungen darauf hin, dass die Voraussetzungen, unter denen bei Wiederaufnahme von Patientinnen und Patienten eine Zusammenfassung der Falldaten zu einem Fall und eine Neueinstufung in eine Fallpauschale vorzunehmen sind, dem Wirtschaftlichkeitsgebot hinreichend Rechnung tragen. [3]Die Prüfungsergebnisse nach § 137c des Fünften Buches Sozialgesetzbuch sind zu beachten. [4]Der Bundesärztekammer ist Gelegenheit zur beratenden Teilnahme an den Sitzungen der Vertragsparteien nach Absatz 2 Satz 1 zu geben, soweit medizinische Fragen der Entgelte und der zu Grunde liegenden Leistungsabgrenzung betroffen sind; dies gilt entsprechend für einen Vertreter der Berufsorganisationen der Krankenpflegeberufe. [5]Die betroffenen Fachgesellschaften und, soweit deren Belange berührt sind, die Spitzenorganisationen der pharmazeutischen Industrie und der Industrie für Medizinprodukte erhalten Gelegenheit zur Stellungnahme. [6]Für die gemeinsame Beschlussfassung des Spitzenverbandes Bund der Krankenkassen und des Verbandes der privaten Krankenversicherung haben der Spitzenverband Bund der Krankenkassen zwei Stimmen und der Verband der privaten Krankenversicherung eine Stimme. [7]Das Bundesministerium für Gesundheit kann an den Sitzungen der Vertragsparteien teilnehmen und erhält deren fachliche Unterlagen. [8]Die Vertragsparteien veröffentlichen in geeigneter Weise die Ergebnisse der Kostenerhebungen und Kalkulationen; die der Kalkulation zugrunde liegenden Daten einzelner Krankenhäuser sind vertraulich.

(3) [1]Die Vertragsparteien nach Absatz 2 Satz 1 vereinbaren bis zum 30. Juni 2000 die Grundstrukturen des Vergütungssystems und des Verfahrens zur Ermittlung der Bewertungsrelationen auf Bundesebene (Bewertungsverfahren), insbesondere der zu Grunde zu legenden Fallgruppen, sowie die Grundzüge ihres Verfahrens zur laufenden Pflege des Systems auf Bundesebene. [2]Die Vertragsparteien vereinbaren die Bewertungsrelationen und die Bewertung der Zu- und Abschläge nach Absatz 1a. [3]Die Bewertungsrelationen werden auf der Grundlage der Fallkosten einer sachgerechten und repräsentativen Auswahl von Krankenhäusern kalkuliert. [4]Auf der Grundlage eines vom Institut für das Entgeltsystem im Krankenhaus zu entwickelnden Vorschlags vereinbaren die Vertragsparteien nach Absatz 2 Satz 1 bis spätestens zum 31. Dezem-

ber 2016 ein praktikables Konzept für eine repräsentative Kalkulation nach Satz 3; zur Gewährleistung einer repräsentativen Kalkulation der nach Absatz 4 auszugliedernden Pflegepersonalkosten hat das Institut für das Entgeltsystem im Krankenhaus das Konzept anzupassen. [5]Das Institut für das Entgeltsystem im Krankenhaus bestimmt auf der Grundlage des Konzepts nach Satz 4, welche Krankenhäuser an der Kalkulation teilnehmen; diese Krankenhäuser sind zur Übermittlung der für die Durchführung der Kalkulation erforderlichen Daten an das Institut für das Entgeltsystem im Krankenhaus verpflichtet.

(3a) [1]Das Institut für das Entgeltsystem im Krankenhaus hat für jede nicht erfolgte, nicht vollständige oder nicht fristgerechte Übermittlung der für die Durchführung der Kalkulation nach Absatz 3 Satz 4 erforderlichen Daten einen Abschlag von den pauschalierten Pflegesätzen nach § 17 Absatz 1 je Standort eines Krankenhauses festzulegen. [2]Eine Übermittlung gilt als nicht vollständig, wenn die Daten von weniger als 95 Prozent der für den jeweiligen Standort eines Krankenhauses an das Institut für das Entgeltsystem im Krankenhaus übermittelten voll- und teilstationären Krankenhausfälle verwertbar sind. [3]Der Abschlag nach Satz 1 ergibt sich aus der Multiplikation der Anzahl der voll- und teilstationären Krankenhausfälle, deren Daten durch das Krankenhaus je Krankenhausstandort nicht übermittelt werden oder zwar übermittelt werden, aber durch das Institut für das Entgeltsystem im Krankenhaus nicht verwertbar sind, mit einem fallbezogenen Abschlagswert. [4]Der fallbezogene Abschlagswert beträgt im ersten Jahr der Datenübermittlung, in dem eine Übermittlung nicht, nicht vollständig oder nicht fristgerecht erfolgt, 20 Euro je voll- und teilstationären Krankenhausfall, dessen Daten nicht übermittelt werden oder zwar übermittelt werden, aber durch das Institut für das Entgeltsystem im Krankenhaus nicht verwertbar sind. [5]Für jedes weitere Jahr der Datenübermittlung, in dem eine Übermittlung nicht, nicht vollständig oder nicht fristgerecht erfolgt, erhöht sich der fallbezogene Abschlagswert nach Satz 4 um jeweils 10 Euro. [6]Abweichend von den Sätzen 3 bis 5 beträgt der Abschlag nach Satz 1 mindestens 20 000 Euro und höchstens 500 000 Euro pro Jahr der Datenübermittlung. [7]Das Institut für das Entgeltsystem im Krankenhaus unterrichtet jeweils die Vertragsparteien nach § 18 Absatz 2 über Verstöße und die Höhe des jeweiligen Abschlags nach Satz 1. [8]Die Vertragsparteien nach § 18 Absatz 2 berücksichtigen den Abschlag nach Satz 1 bei der Vereinbarung nach § 11 des Krankenhausentgeltgesetzes und § 11 der Bundespflegesatzverordnung.

(4) [1]Die Vertragsparteien nach Absatz 2 Satz 1 haben auf der Grundlage eines Konzepts des Instituts für das Entgeltsystem im Krankenhaus die Pflegepersonalkosten für die unmittelbare Patientenversorgung auf bettenführenden Stationen und in Kreißsälen aus dem Vergütungssystem auszugliedern und eine neue Pflegepersonalkostenvergütung zu entwickeln; ab dem Jahr 2025 haben die Vertragsparteien nach Absatz 2 Satz 1 auf der Grundlage eines angepassten Konzepts des Instituts für das Entgeltsystem im Krankenhaus die Pflegepersonalkosten für die unmittelbare Patientenversorgung auf bettenführenden Stationen und in Kreißsälen nach den Vorgaben des Absatzes 4a aus dem Vergütungssystem auszugliedern und die Pflegepersonalkostenvergütung weiterzuentwickeln. [2]Hierfür haben sie insbesondere erstmals bis zum 31. Januar 2019 eine eindeutige, bundeseinheitliche Definition der auszugliedernden Pflegepersonalkosten zu vereinbaren und dabei auch Regelungen für die Zuordnung von Kosten von Pflegepersonal festzulegen, das überwiegend in der unmittelbaren Patientenversorgung auf bettenführenden Stationen tätig ist. [3]Die Krankenhäuser haben die Vorgaben zur Ausgliederung und zur bundeseinheitlichen Definition nach Satz 1 erster Halbsatz und Satz 2 für die Abgrenzung ihrer Kosten und Leistungen rückwirkend ab dem 1. Januar 2019 anzuwenden; für die Vereinbarungen ab dem Jahr 2025 haben die Krankenhäuser ab dem 1. Januar 2023 die Vorgaben zur Ausgliederung und zur bundeseinheitlichen Definition nach Absatz 4a für die Abgrenzung ihrer Kosten und Leistungen anzuwenden. [4]Die Vertragsparteien nach Absatz 2 Satz 1 haben die Bewertungsrelationen für das DRG-Vergütungssystem erstmals für das Jahr 2020 um die Summe der Bewertungsrelationen der nach Satz 1 auszugliedernden Pflegepersonalkosten und die Zusatzentgelte um die pflegerelevanten Kosten zu vermindern sowie auf dieser Grundlage die Fallpauschalenvereinbarung bis zum 30. September 2019 abzuschließen. [5]Sie haben die nach Satz 1 auszugliedernden Pflegepersonalkosten bis zum 30. September 2019 in einem Katalog mit bundeseinheitlichen Bewertungsrelationen je voll oder teilstationärem Belegungstag auszuweisen und den Katalog jährlich weiterzuentwickeln. [6]Der Katalog ist erstmals für das Jahr 2020 von den Vertragsparteien nach § 18 Absatz 2 für die Abzahlung des Pflegebud-

gets nach § 6a des Krankenhausentgeltgesetzes anzuwenden. [7]Für die Ausgliederung der Pflegepersonalkosten und die Entwicklung einer neuen Pflegepersonalkostenvergütung nach Satz 1 sowie für die Vereinbarung einer bundeseinheitlichen Definition nach Satz 2 oder Absatz 4a Satz 1 gelten die Regelungen nach Absatz 2 Satz 4 bis 7 zur Einbindung der Berufsorganisationen der Krankenpflegeberufe, zur Beschlussfassung sowie zu den Teilnahme- und Zugangsrechten des Bundesministeriums für Gesundheit entsprechend. [8]Für die Ausweisung der auszugliedernden Pflegepersonalkosten in einem Katalog mit bundeseinheitlichen Bewertungsrelationen und die Weiterentwicklung des Katalogs nach Satz 5 gelten die Veröffentlichungspflichten nach Absatz 2 Satz 8 entsprechend. [9]Die Vertragsparteien nach Absatz 2 Satz 1 berichten dem Bundesministerium für Gesundheit über die Auswirkungen, die die Einführung des Pflegebudgets nach § 6a des Krankenhausentgeltgesetzes auf die Entwicklung der Pflegepersonalstellen und -kosten in den Jahren 2020 bis 2024 hat. [10]Sie haben hierzu zum 31. August 2022 einen Zwischenbericht und zum 31. August 2025 einen abschließenden Bericht vorzulegen.

(4a) [1]Für die Jahre ab 2025 haben die Vertragsparteien nach Absatz 2 Satz 1 erstmals bis zum 31. Dezember 2022 zu vereinbaren, dass in der eindeutigen bundeseinheitlichen Definition der auszugliedernden Pflegepersonalkosten nach Absatz 4 Satz 2 ausschließlich das Pflegepersonal und die Pflegepersonalkosten der folgenden Berufsgruppen zu berücksichtigen sind:

1. als Pflegefachkräfte Personen, die über die Erlaubnis zum Führen einer Berufsbezeichnung nach § 1 des Pflegeberufegesetzes oder § 58 Absatz 1 oder Absatz 2 des Pflegeberufegesetzes verfügen oder deren Erlaubnis zum Führen der Berufsbezeichnung nach dem Krankenpflegegesetz in der am 31. Dezember 2019 geltenden Fassung oder nach dem Altenpflegegesetz in der am 31. Dezember 2019 geltenden Fassung nach § 64 des Pflegeberufegesetzes fortgilt,

2. als Pflegehilfskräfte

   a) Personen, die erfolgreich eine landesrechtlich geregelte Assistenz- oder Helferausbildung in der Pflege von mindestens einjähriger Dauer abgeschlossen haben, die die von der 89. Arbeits- und Sozialministerkonferenz 2012 und der 86. Gesundheitsministerkonferenz 2013 als Mindestanforderungen beschlossenen Eckpunkte für die in Länderzuständigkeit liegenden Ausbildungen zu Assistenz- und Helferberufen in der Pflege (BAnz AT 17.02.2016 B3) erfüllt,

   b) Personen, die erfolgreich eine landesrechtlich geregelte Ausbildung in der Krankenpflegehilfe oder in der Altenpflegehilfe von mindestens einjähriger Dauer abgeschlossen haben,

   c) Personen, denen auf der Grundlage des Krankenpflegegesetzes in der am 31. Dezember 2003 geltenden Fassung eine Erlaubnis als Krankenpflegehelferin oder Krankenpflegehelfer erteilt worden ist,

   d) Medizinische Fachangestellte, die erfolgreich eine Ausbildung nach der Verordnung über die Berufsausbildung zum Medizinischen Fachangestellten/zur Medizinischen Fachangestellten abgeschlossen haben oder eine Qualifikation vorweisen, die dieser Ausbildung entspricht,

   e) Anästhesietechnische Assistentinnen und Anästhesietechnische Assistenten, die über die Erlaubnis zum Führen der Berufsbezeichnung nach § 1 Absatz 1 des Anästhesietechnische- und Operationstechnische-Assistenten-Gesetzes verfügen, und

   f) Notfallsanitäterinnen und Notfallsanitäter, denen die Erlaubnis zum Führen einer Berufsbezeichnung nach § 1 Absatz 1 des Notfallsanitätergesetzes erteilt worden ist, und

3. als Hebammen Personen mit einer Erlaubnis zum Führen der Berufsbezeichnung nach § 5 Absatz 1 des Hebammengesetzes, auch in Verbindung mit den §§ 73 und 74 Absatz 1 des Hebammengesetzes.

[2]In der Vereinbarung haben sie auch Regelungen für die Zuordnung von Kosten von Pflegepersonal festzulegen, das überwiegend in der unmittelbaren Patientenversorgung auf bettenführenden Stationen oder in Kreißsälen tätig ist.

(5) [1]Zur Finanzierung der ihnen übertragenen Aufgaben nach den Absätzen 1 bis 4 sowie § 10

Abs. 2 und § 17d vereinbaren die Vertragsparteien nach Absatz 2 Satz 1

1. einen Zuschlag für jeden abzurechnenden Krankenhausfall, mit dem die Entwicklung, Einführung und laufende Pflege des Vergütungssystems finanziert werden (DRG-Systemzuschlag); der Zuschlag dient der Finanzierung insbesondere der Entwicklung der DRG-Klassifikation und der Kodierregeln, der Ermittlung der Bewertungsrelationen, der Bewertung der Zu- und Abschläge, der Ermittlung der Richtwerte nach § 17a Abs. 4b, von pauschalierten Zahlungen für die Teilnahme von Krankenhäusern oder Ausbildungsstätten an der Kalkulation und der Vergabe von Aufträgen, auch soweit die Vertragsparteien die Aufgaben durch das Institut für das Entgeltsystem im Krankenhaus wahrnehmen lassen oder das Bundesministerium für Gesundheit nach Absatz 7 anstelle der Vertragsparteien entscheidet,
2. Maßnahmen, die sicherstellen, dass die durch den Systemzuschlag erhobenen Finanzierungsbeträge ausschließlich zur Umsetzung der in diesem Absatz genannten Aufgaben verwendet werden,
3. das Nähere zur Weiterleitung der entsprechenden Einnahmen der Krankenhäuser an die Vertragsparteien,
4. kommt eine Vereinbarung nicht zustande, entscheidet auf Antrag einer Vertragspartei die Schiedsstelle nach § 18a Abs. 6 KHG.

[2]Die Vertragsparteien vereinbaren pauschalierte Zahlungen für die Teilnahme von Krankenhäusern oder Ausbildungsstätten an der Kalkulation, die einen wesentlichen Teil der zusätzlich entstehenden Kosten umfassen sollen; sie sollen als fester Grundbetrag je Krankenhaus und ergänzend als Finanzierung in Abhängigkeit von Anzahl und Qualität der übermittelten Datensätze gezahlt werden. [3]Über die Teilnahme des einzelnen Krankenhauses entscheiden prospektiv die Vertragsparteien nach Absatz 2 Satz 1 auf Grund der Qualität des Rechnungswesens oder der Notwendigkeit der zu erhebenden Daten; ein Anspruch auf Teilnahme besteht nicht. [4]Für die Vereinbarungen gilt Absatz 2 Satz 6 entsprechend. [5]Ein Einsatz der Finanzmittel zur Deckung allgemeiner Haushalte der Vertragsparteien oder zur Finanzierung herkömmlicher Verbandsaufgaben im Zusammenhang mit dem Vergütungssystem ist unzulässig. [6]Die vom Bundesministerium für Gesundheit zur Vorbereitung einer Rechtsverordnung nach Absatz 7 veranlassten Kosten für die Entwicklung, Einführung und laufende Pflege des Vergütungssystems sind von den Selbstverwaltungspartnern unverzüglich aus den Finanzmitteln nach Satz 1 zu begleichen; die Entscheidungen verantwortet das Bundesministerium. [7]Der DRG-Systemzuschlag ist von den Krankenhäusern je voll- und teilstationärem Krankenhausfall dem selbstzahlenden Patienten oder dem jeweiligen Kostenträger zusätzlich zu den tagesgleichen Pflegesätzen oder einer Fallpauschale in Rechnung zu stellen; er ist an die Vertragsparteien oder eine von ihnen benannte Stelle abzuführen. [8]Der Zuschlag unterliegt nicht der Begrenzung der Pflegesätze durch § 10 Absatz 4 des Krankenhausentgeltgesetzes oder § 10 Absatz 3 der Bundespflegesatzverordnung; er geht nicht in den Gesamtbetrag und die Erlösausgleiche nach dem Krankenhausentgeltgesetz oder der Bundespflegesatzverordnung ein.

(6) (aufgehoben)

(7) [1]Das Bundesministerium für Gesundheit wird ermächtigt, durch Rechtsverordnung ohne Zustimmung des Bundesrates

1. Vorschriften über das Vergütungssystem einschließlich Vorschriften über die Pflegepersonalkostenvergütung nach Absatz 4 zu erlassen, soweit eine Einigung der Vertragsparteien nach Absatz 2 ganz oder teilweise nicht zustande gekommen ist und eine der Vertragsparteien insoweit das Scheitern der Verhandlungen erklärt hat; die Vertragsparteien haben zu den strittigen Punkten ihre Auffassungen und die Auffassungen sonstiger Betroffener darzulegen und Lösungsvorschläge zu unterbreiten,
2. abweichend von Nummer 1 auch ohne Erklärung des Scheiterns durch eine Vertragspartei nach Ablauf vorher vorgegebener Fristen für Arbeitsschritte zu entscheiden, soweit dies erforderlich ist, um die Einführung des Vergütungssystems einschließlich der Pflegepersonalkostenvergütung nach Absatz 4 und die jährliche Weiterentwicklung fristgerecht sicherzustellen,
3. Leistungen oder besondere Einrichtungen nach Absatz 1 Satz 9 und 10 zu bestimmen, die mit dem DRG-Vergütungssystem noch nicht sachgerecht vergütet werden können;

für diese Bereiche können die anzuwendende Art der Vergütung festgelegt sowie Vorschriften zur Ermittlung der Entgelthöhe und zu den vorzulegenden Verhandlungsunterlagen erlassen werden,

4. unter den Voraussetzungen nach den Nummern 1 und 2 Richtwerte nach § 17a Abs. 4b zur Finanzierung der Ausbildungskosten vorzugeben.

[2]Von Vereinbarungen der Vertragsparteien nach Absatz 2 kann abgewichen werden, soweit dies für Regelungen nach Satz 1 erforderlich ist. [3]Das Institut für das Entgeltsystem im Krankenhaus ist verpflichtet, dem Bundesministerium zur Vorbereitung von Regelungen nach Satz 1 unmittelbar und unverzüglich nach dessen Weisungen zuzuarbeiten. [4]Das Bundesministerium kann sich von unabhängigen Sachverständigen beraten lassen. [5]Das Institut für das Entgeltsystem im Krankenhaus ist auch im Falle einer Vereinbarung durch die Vertragsparteien nach Absatz 2 verpflichtet, auf Anforderung des Bundesministeriums Auskunft insbesondere über den Entwicklungsstand des Vergütungssystems, die Entgelte und deren Veränderungen sowie über Problembereiche und mögliche Alternativen zu erteilen. [6]Kommt eine Vereinbarung nach Absatz 1 Satz 6 oder Absatz 3 Satz 4 nicht zustande, entscheidet auf Antrag einer Vertragspartei die Schiedsstelle nach § 18a Absatz 6.

(7a) Das Bundesministerium für Gesundheit wird ermächtigt, durch Rechtsverordnung mit Zustimmung des Bundesrates Vorschriften über die Unterlagen, die von den Krankenhäusern für die Budgetverhandlungen vorzulegen sind, zu erlassen.

(8) [1]Die Vertragsparteien nach Absatz 2 führen eine Begleitforschung zu den Auswirkungen des neuen Vergütungssystems, insbesondere zur Veränderung der Versorgungsstrukturen und zur Qualität der Versorgung, durch; dabei sind auch die Auswirkungen auf die anderen Versorgungsbereiche sowie die Art und der Umfang von Leistungsverlagerungen zu untersuchen. [2]Sie schreiben dazu Forschungsaufträge aus und beauftragen das Institut für das Entgeltsystem im Krankenhaus, insbesondere die Daten nach § 21 des Krankenhausentgeltgesetzes auszuwerten. [3]Die Kosten dieser Begleitforschung werden mit dem DRG-Systemzuschlag nach Absatz 5 finanziert. [4]Die Begleitforschung ist mit dem Bundesministerium für Gesundheit abzustimmen.

(9) (aufgehoben)

(10) [1]Über die nach Absatz 1 Satz 11 vorzunehmende vertiefte Prüfung von Kostenausreißern hinausgehend beauftragen die Vertragsparteien nach Absatz 2 bis zum 31. Dezember 2013 das Institut für das Entgeltsystem im Krankenhaus mit der Festlegung von Kriterien zur Ermittlung von Kostenausreißern und einer auf dieser Grundlage erfolgenden systematischen Prüfung, in welchem Umfang Krankenhäuser mit Kostenausreißern belastet sind. [2]Das Institut für das Entgeltsystem im Krankenhaus entwickelt ein Regelwerk für Fallprüfungen bei Krankenhäusern, die an der DRG-Kalkulation teilnehmen. [3]Zur sachgerechten Beurteilung der Kostenausreißer hat das Institut für das Entgeltsystem im Krankenhaus von den an der Kalkulation teilnehmenden Krankenhäusern über den Kalkulationsdatensatz hinausgehende detaillierte fallbezogene Kosten- und Leistungsdaten zu erheben. [4]Das Institut für das Entgeltsystem im Krankenhaus veröffentlicht die Prüfergebnisse jährlich im Rahmen eines Extremkostenberichts, erstmals bis zum 31. Dezember 2014. [5]In dem Bericht sind auch die Gründe von Kostenausreißerfällen und Belastungsunterschieden zwischen Krankenhäusern darzulegen. [6]Auf der Grundlage des Berichts sind geeignete Regelungen für eine sachgerechte Vergütung von Kostenausreißern im Rahmen des Entgeltsystems zu entwickeln und durch die Vertragsparteien nach Absatz 2 zu vereinbaren.

§ 17c
Prüfung der Abrechnung von Pflegesätzen, Statistik

(1) [1]Der Krankenhausträger wirkt durch geeignete Maßnahmen daraufhin, dass

1. keine Patienten in das Krankenhaus aufgenommen werden, die nicht der stationären Krankenhausbehandlung bedürfen, und bei Abrechnung von tagesbezogenen Pflegesätzen keine Patienten im Krankenhaus verbleiben, die nicht mehr der stationären Krankenhausbehandlung bedürfen (Fehlbelegung),

2. eine vorzeitige Verlegung oder Entlassung aus wirtschaftlichen Gründen unterbleibt,

3. die Abrechnung der nach § 17b vergüteten Krankenhausfälle ordnungsgemäß erfolgt.

[2]Die Krankenkassen können durch Einschaltung des Medizinischen Dienstes (§ 275 Absatz 1 des Fünften Buches Sozialgesetzbuch) die Einhaltung der in Satz 1 genannten Verpflichtungen prüfen.

(2) [1]Der Spitzenverband Bund der Krankenkassen und die Deutsche Krankenhausgesellschaft regeln das Nähere zum Prüfverfahren nach § 275c Absatz 1 des Fünften Buches Sozialgesetzbuch; in der Vereinbarung sind abweichende Regelungen zu § 275c Absatz 1 Satz 1 des Fünften Buches Sozialgesetzbuch möglich. [2]Dabei haben sie insbesondere Regelungen über

1. den Zeitpunkt der Übermittlung zahlungsbegründender Unterlagen an die Krankenkassen,
2. eine ab dem 1. Januar 2021 erfolgende ausschließlich elektronische Übermittlung von Unterlagen der gesamten zwischen den Krankenhäusern und den Medizinischen Diensten im Rahmen der Krankenhausabrechnungsprüfung ablaufenden Vorgänge sowie deren für eine sachgerechte Prüfung der Medizinischen Dienste erforderlichen Formate und Inhalte,
3. das Verfahren zwischen Krankenkassen und Krankenhäusern bei Zweifeln an der Rechtmäßigkeit der Abrechnung im Vorfeld einer Beauftragung des Medizinischen Dienstes,
4. den Zeitpunkt der Beauftragung des Medizinischen Dienstes,
5. die Prüfungsdauer,
6. den Prüfungsort,
7. die Abwicklung von Rückforderungen und
8. das Verfahren zwischen Krankenkassen und Krankenhäusern für die einzelfallbezogene Erörterung nach Absatz 2b Satz 1

zu treffen; die §§ 275 bis 283a des Fünften Buches Sozialgesetzbuch bleiben im Übrigen unberührt. [3]Bei der Regelung nach Satz 2 Nummer 2 ist der Medizinische Dienst Bund zu beteiligen. [4]Die Vertragsparteien nach Satz 1 haben bis zum 31. Dezember 2020 gemeinsame Umsetzungshinweise zu der Vereinbarung nach Satz 1 zu vereinbaren; die Umsetzungshinweise gelten als Bestandteil der Vereinbarung nach Satz 1. [5]Die Regelung nach Satz 2 Nummer 8 ist bis zum 30. Juni 2020 zu treffen und hat insbesondere vorzusehen, innerhalb welcher angemessenen Frist Tatsachen und Einwendungen schriftlich oder elektronisch geltend gemacht werden müssen, die im Rahmen der Erörterung zu berücksichtigen sind, unter welchen Voraussetzungen eine nicht fristgemäße Geltendmachung von Einwendungen oder Tatsachenvortrag zugelassen werden kann, wenn sie auf nicht zu vertretenden Gründen beruht, und in welcher Form das Ergebnis der Erörterung einschließlich der geltend gemachten Einwendungen und des geltend gemachten Tatsachenvortrags zu dokumentieren sind. [6]Kommt eine Vereinbarung nach Satz 1 oder Satz 5 ganz oder teilweise nicht oder nicht fristgerecht zu Stande, trifft auf Antrag einer Vertragspartei die Schiedsstelle nach § 18a Absatz 6 die ausstehenden Entscheidungen. [7]Die Vereinbarung oder Festsetzung durch die Schiedsstelle ist für die Krankenkassen, den Medizinischen Dienst der Krankenversicherung und die zugelassenen Krankenhäuser unmittelbar verbindlich. [8]Die Vertragsparteien nach Satz 1 geben das Datum des Inkrafttretens der Vereinbarung nach Satz 5 oder der Festsetzung nach Satz 6 in Verbindung mit Satz 5 unverzüglich nach dem Abschluss der Vereinbarung oder nach der Festsetzung im Bundesanzeiger bekannt.

(2a) [1]Nach Übermittlung der Abrechnung an die Krankenkasse ist eine Korrektur dieser Abrechnung durch das Krankenhaus ausgeschlossen, es sei denn, dass die Korrektur zur Umsetzung eines Prüfergebnisses des Medizinischen Dienstes oder eines rechtskräftigen Urteils erforderlich ist. [2]Nach Abschluss einer Prüfung nach § 275 Absatz 1 Nummer 1 des Fünften Buches Sozialgesetzbuch erfolgen keine weiteren Prüfungen der Krankenhausabrechnung durch die Krankenkasse oder den Medizinischen Dienst. [3]In der Vereinbarung nach Absatz 2 Satz 1 können von den Sätzen 1 und 2 abweichende Regelungen vorgesehen werden.

(2b) [1]Eine gerichtliche Überprüfung einer Krankenhausabrechnung über die Versorgung von Patientinnen und Patienten, die nach Inkrafttreten der Vereinbarung nach Absatz 2 Satz 5 oder der Festsetzung nach Absatz 2 Satz 6 in Verbindung mit Absatz 2 Satz 5 aufgenommen werden, findet nur statt, wenn vor der Klageerhebung die Rechtmäßigkeit der Abrechnung einzelfallbezogen zwischen Krankenkasse und Krankenhaus erörtert worden ist. [2]Die Krankenkasse und das Krankenhaus können eine bestehende Ungewissheit über die Rechtmäßigkeit der Abrechnung durch Abschluss eines einzelfallbezogenen Vergleichsvertrags beseitigen. [3]Einwendungen und Tatsachenvortrag in Bezug auf die Rechtmäßigkeit der Krankenhausabrechnung können im gerichtlichen Verfahren nicht geltend gemacht werden, wenn sie im Rahmen der Erörterung nach Satz 1 nicht oder nicht innerhalb der in der Verfahrensregelung nach Absatz 2 Satz 2 Nummer 8 vorgesehenen Frist, deren Lauf frühestens mit dem Inkrafttreten der Verfahrensregelung beginnt, schriftlich oder elektronisch gegenüber der anderen Partei geltend gemacht worden sind, und die nicht fristgemäße Geltendmachung auf von der Krankenkasse oder vom Krankenhaus zu vertretenden Gründen beruht. [4]Die Krankenhäuser sind befugt, personen- und einrichtungsbezogene Daten für die Erörterung der Rechtmäßigkeit der Abrechnung im erforderlichen Umfang zu verarbeiten. [5]Für die Durchführung der Erörterung und für eine gerichtliche Überprüfung der Abrechnung hat der Medizinische Dienst die für die Prüfung der Rechtmäßigkeit einer Abrechnung bei dem Krankenhaus erhobenen Daten und Unterlagen an die Krankenkasse zu übermitteln. [6]Die Krankenkassen dürfen die erhobenen Daten und Unterlagen nur für die in Satz 5 genannten Zwecke verarbeiten; eine Zusammenführung ist nur mit Daten des die Erörterung oder die gerichtliche Überprüfung betreffenden Einzelfalles zulässig. [7]Die von dem Medizinischen Dienst übermittelten Daten und Unterlagen sind nach Abschluss der Erörterung oder der gerichtlichen Überprüfung von der Krankenkasse zu löschen. [8]Das Nähere zum Verfahren der Übermittlung vereinbart der Spitzenverband Bund der Krankenkassen mit dem Medizinischen Dienst Bund mit Wirkung für die Krankenkassen und die Medizinischen Dienste.

(3) [1]Zur Überprüfung der Ergebnisse der Prüfungen nach § 275c Absatz 1 des Fünften Buches Sozialgesetzbuch können die beteiligten Parteien gemeinsam eine unabhängige Schlichtungsperson bestellen. [2]Die Bestellung der Schlichtungsperson kann für einzelne oder sämtliche Streitigkeiten erfolgen. [3]Gegen die Entscheidung der Schlichtungsperson ist der Sozialrechtsweg gegeben. [4]Die Kosten der Schlichtungsperson tragen die am Schlichtungsverfahren beteiligten Parteien zu gleichen Teilen.

(4) [1]Gegen die Entscheidungen der Schiedsstelle nach Absatz 2 Satz 5 ist der Sozialrechtsweg gegeben. [2]Ein Vorverfahren findet nicht statt; die Klage hat keine aufschiebende Wirkung.

(5) [1]Das Krankenhaus hat selbstzahlenden Patienten die für die Abrechnung der Fallpauschalen und Zusatzentgelte erforderlichen Diagnosen, Prozeduren und sonstigen Angaben mit der Rechnung zu übersenden. [2]Sofern Personen, die bei einem Unternehmen der privaten Krankenversicherung versichert oder nach beamtenrechtlichen Vorschriften beihilfeberechtigt oder berücksichtigungsfähig sind, von der Möglichkeit einer direkten Abrechnung zwischen dem Krankenhaus und den für die Personen zuständigen Kostenträgern Gebrauch machen, sind die Daten entsprechend § 301 des Fünften Buches Sozialgesetzbuch im Wege des elektronischen Datenaustausches an die für die Person zuständigen Kostenträger zu übermitteln, wenn die Person hierzu ihre Einwilligung erteilt hat. [3]Die Deutsche Krankenhausgesellschaft und der Verband der Privaten Krankenversicherung haben eine Vereinbarung zu treffen, die das Nähere zur Übermittlung der Daten entsprechend § 301 Absatz 2a des Fünften Buches Sozialgesetzbuch regelt. [4]Die Übermittlung der Daten nach Satz 3 setzt die Einwilligung der Person hierzu voraus.

(6) [1]Der Spitzenverband Bund der Krankenkassen erstellt jährlich bis zum 30. Juni, erstmals bis zum 30. Juni 2020, jeweils für das vorangegangene Jahr eine Statistik insbesondere zu folgenden Sachverhalten:

1. Daten nach § 275c Absatz 4 Satz 2 und 3 des Fünften Buches Sozialgesetzbuch,
2. Anzahl und Ergebnisse der Verfahren zwischen Krankenkassen und Krankenhäusern bei Zweifeln an der Rechtmäßigkeit der Abrechnung im Vorfeld einer Beauftragung des Medizinischen Dienstes nach Absatz 2 Satz 2 Nummer 3 sowie die durchschnittliche Höhe der Rückzahlungsbeträge,
3. Prüfanlässe nach Art und Anzahl der beim Medizinischen Dienst eingeleiteten Prüfungen,
4. Ergebnisse der Prüfungen bei Schlussrechnungen für vollstationäre Krankenhausbehandlung nach § 275c Absatz 1 des Fünften Buches Sozialgesetzbuch, die durchschnittliche Höhe der zurückgezahlten Differenzbeträge sowie die durchschnittliche Höhe der Aufschläge,
5. Anzahl und Ergebnisse der Nachverfahren gemäß der Vereinbarung nach Absatz 2 und

der einzelfallbezogenen Erörterungen nach Absatz 2b,

6. Anzahl und Gründe der Anzeigen nach § 275c Absatz 2 Satz 7 des Fünften Buches Sozialgesetzbuch,

7. Anzahl und Ergebnisse der Prüfungen nach § 275d des Fünften Buches Sozialgesetzbuch.

[2]Die Sachverhalte nach Satz 1 sind bundesweit und nach Medizinischen Diensten zu gliedern. [3]Für Zwecke der Statistik nach Satz 1 sind die Krankenkassen verpflichtet, bis zum 30. April des Folgejahres die erforderlichen Daten ohne Versichertenbezug an den Spitzenverband Bund der Krankenkassen zu übermitteln. [4]Für die erste Datenlieferung zum 30. April 2020 für das Jahr 2019 sind die in Satz 1 Nummer 1, 6 und 7 genannten Daten und die in Satz 1 Nummer 4 genannte durchschnittliche Höhe der Aufschläge sowie die in Satz 1 Nummer 5 genannte Anzahl und die Ergebnisse der einzelfallbezogenen Erörterungen nach Absatz 2b nicht zu übermitteln; für die Datenlieferung zum 30. April 2021 für das Jahr 2020 sind die in Satz 1 Nummer 7 genannten Daten und die in Satz 1 Nummer 4 genannte durchschnittliche Höhe der Aufschläge nicht zu übermitteln. [5]Die näheren Einzelheiten, insbesondere zu den zu übermittelnden Daten, deren Lieferung, deren Veröffentlichung sowie den Konsequenzen, wenn Daten nicht oder nicht fristgerecht übermittelt werden, legt der Spitzenverband Bund der Krankenkassen bis zum 31. März 2020 fest. [6]Bei der Festlegung nach Satz 5 sind die Stellungnahmen der Deutschen Krankenhausgesellschaft und der Medizinischen Dienste einzubeziehen.

(7) [1]Der Spitzenverband Bund der Krankenkassen und die Deutsche Krankenhausgesellschaft legen dem Bundesministerium für Gesundheit bis zum 30. Juni 2025 einen gemeinsamen Bericht über die Auswirkungen der Weiterentwicklung der Krankenhausabrechnungsprüfung vor. [2]Der Bericht hat insbesondere die Auswirkungen der Einzelfallprüfung nach § 275c des Fünften Buches Sozialgesetzbuch, der Strukturprüfung nach § 275d des Fünften Buches Sozialgesetzbuch, der Tätigkeit des Schlichtungsausschusses auf Bundesebene nach § 19 sowie der erweiterten Möglichkeiten der Erbringung und Abrechnung ambulanter Leistungen und stationsersetzender Eingriffe zu untersuchen. [3]Für die Erstellung des Berichts haben die Vertragsparteien nach Satz 1 die statistischen Ergebnisse nach Absatz 6 und nach § 275c Absatz 4 des Fünften Buches Sozialgesetzbuch sowie eine Stellungnahme des Medizinischen Dienstes Bund einzubeziehen. [4]Die in Satz 1 genannten Vertragsparteien haben gemeinsam zur Erstellung des Berichts fachlich unabhängige wissenschaftliche Einrichtungen oder Sachverständige zu beauftragen.

§ 17d
Einführung eines pauschalierenden Entgeltsystems für psychiatrische und psychosomatische Einrichtungen

(1) [1]Für die Vergütung der allgemeinen Krankenhausleistungen von Fachkrankenhäusern und selbständigen, gebietsärztlich geleiteten Abteilungen an somatischen Krankenhäusern für die Fachgebiete Psychiatrie und Psychotherapie, Kinder- und Jugendpsychiatrie und -psychotherapie (psychiatrische Einrichtungen) sowie Psychosomatische Medizin und Psychotherapie (psychosomatische Einrichtungen) ist ein durchgängiges, leistungsorientiertes und pauschalierendes Vergütungssystem auf der Grundlage von tagesbezogenen Entgelten einzuführen. [2]Dabei ist zu prüfen, ob für bestimmte Leistungsbereiche andere Abrechnungseinheiten eingeführt werden können. [3]Ebenso ist zu prüfen, inwieweit auch die im Krankenhaus ambulant zu erbringenden Leistungen der psychiatrischen Institutsambulanzen nach § 118 des Fünften Buches Sozialgesetzbuch einbezogen werden können. [4]Das Vergütungssystem hat den unterschiedlichen Aufwand der Behandlung bestimmter, medizinisch unterscheidbarer Patientengruppen abzubilden; dabei muss unter Berücksichtigung des Einsatzzwecks des Vergütungssystems als Budgetsystem sein Differenzierungsgrad praktikabel und der Dokumentationsaufwand auf das notwendige Maß begrenzt sein. [5]Die Bewertungsrelationen sind als Relativgewichte zu definieren. [6]Die Definition der Entgelte und ihre Bewertungsrelationen sind bundeseinheitlich festzulegen. [7]Die Bewertungsrelationen werden auf der Grundlage der Kosten einer sachgerechten und repräsentativen Auswahl von psychiatrischen und psychosomatischen Einrichtungen kalkuliert, die ab dem 1. Januar 2020 die vom Gemeinsamen Bundesausschuss nach § 136a Absatz 2 des Fünften Buches Sozialgesetzbuch festgelegten Anforderungen erfüllen sollen; § 17b Absatz 3 Satz 4 und 5 und Absatz 3a ist entsprechend anzuwenden. [8]Soweit an der Kalkulation teilnehmende Einrich-

tungen die vom Gemeinsamen Bundesausschuss nach § 136a Absatz 2 des Fünften Buches Sozialgesetzbuch festgelegten Anforderungen nicht erfüllen, haben die Vertragsparteien nach § 17b Absatz 2 Satz 1 eine geeignete Übergangsfrist zu bestimmen. [9]Vor dem 1. Januar 2020 soll für die Kalkulation eine umfassende Umsetzung der Vorgaben der Psychiatrie-Personalverordnung zur Zahl der Personalstellen erfolgen. [10]Für die Dauer einer Übergangsfrist nach Satz 8 gelten die bisherigen Vorgaben der Psychiatrie-Personalverordnung zur Personalausstattung weiter. [11]Zur sachgerechten Abbildung der Kosten von telekonsiliarärztlichen Leistungen haben die Vertragsparteien nach § 17b Absatz 2 Satz 1 auf der Grundlage eines Konzepts des Instituts für das Entgeltsystem im Krankenhaus spätestens bis zum 30. September 2024 Entgelte zu vereinbaren.

(2) [1]Mit den Entgelten nach Absatz 1 werden die voll- und teilstationären sowie stationsäquivalenten allgemeinen Krankenhausleistungen vergütet. [2]Soweit dies zur Ergänzung der Entgelte in eng begrenzten Ausnahmefällen erforderlich ist, können die Vertragsparteien nach Absatz 3 Zusatzentgelte und deren Höhe vereinbaren. [3]Entgelte für Leistungen, die auf Bundesebene nicht bewertet worden sind, werden durch die Vertragsparteien nach § 18 Abs. 2 vereinbart. [4]Die Vorgaben des § 17b Absatz 1a für Zu- und Abschläge gelten entsprechend. [5]Für die Finanzierung der Sicherstellung einer für die Versorgung der Bevölkerung notwendigen Vorhaltung von Leistungen gelten § 17b Absatz 1a Nummer 6 und § 5 Abs. 2 des Krankenhausentgeltgesetzes entsprechend. [6]Im Rahmen von Satz 4 ist auch die Vereinbarung von Regelungen für Zu- oder Abschläge für die Teilnahme an der regionalen Versorgungsverpflichtung zu prüfen.

(3) [1]Die Vertragsparteien nach § 17b Abs. 2 Satz 1 vereinbaren nach den Vorgaben der Absätze 1, 2 und 4 das Entgeltsystem, seine grundsätzlich jährliche Weiterentwicklung und Anpassung, insbesondere an medizinische Entwicklungen, Veränderungen der Versorgungsstrukturen und Kostenentwicklungen, und die Abrechnungsbestimmungen, soweit diese nicht gesetzlich vorgegeben werden. [2]Es ist ein gemeinsames Entgeltsystem zu entwickeln; dabei ist von den Daten nach Absatz 9 und für Einrichtungen, die die Psychiatrie-Personalverordnung anwenden, zusätzlich von den Behandlungsbereichen nach der Psychiatrie-Personalverordnung auszugehen. [3]Mit der Durchführung der Entwicklungsaufgaben beauftragen die Vertragsparteien das Institut für das Entgeltsystem im Krankenhaus. [4]§ 17b Abs. 2 Satz 2 bis 8 ist entsprechend anzuwenden. [5]Zusätzlich ist der Bundespsychotherapeutenkammer Gelegenheit zur beratenden Teilnahme an den Sitzungen zu geben, soweit psychotherapeutische und psychosomatische Fragen betroffen sind.

(4) [1]Die Vertragsparteien auf Bundesebene vereinbaren die Grundstrukturen des Vergütungssystems sowie des Verfahrens zur Ermittlung der Bewertungsrelationen auf Bundesebene, insbesondere zur Kalkulation in einer sachgerechten Auswahl von Krankenhäusern. [2]Nach Maßgabe der Sätze 3 bis 6 ersetzt das neue Vergütungssystem die bisher abgerechneten Entgelte nach § 17 Absatz 2. [3]Das Vergütungssystem wird bis zum 1. Januar 2017 auf Verlangen des Krankenhauses eingeführt. [4]Das Krankenhaus hat sein Verlangen zum Zeitpunkt der Aufforderung zur Verhandlung durch die Sozialleistungsträger den anderen Vertragsparteien nach § 18 Absatz 2 Nummer 1 oder Nummer 2 schriftlich oder elektronisch mitzuteilen. [5]Verbindlich für alle Krankenhäuser wird das Vergütungssystem zum 1. Januar 2018 eingeführt. [6]Bis Ende des Jahres 2019 wird das Vergütungssystem für die Krankenhäuser budgetneutral umgesetzt. [7]Ab dem Jahr 2020 sind der krankenhausindividuelle Basisentgeltwert und der Gesamtbetrag nach den näheren Bestimmungen der Bundespflegesatzverordnung von den Vertragsparteien nach § 18 Absatz 2 anzupassen. [8]Die Vertragsparteien auf Bundesebene legen dem Bundesministerium für Gesundheit bis zum 30. Juni 2019 einen gemeinsamen Bericht über die Auswirkungen des neuen Entgeltsystems, die ersten Anwendungserfahrungen mit dem neuen Entgeltsystem sowie über die Anzahl von Modellvorhaben nach § 64b des Fünften Buches Sozialgesetzbuch und über die ersten Erkenntnisse zu diesen Modellvorhaben vor. [9]In den Bericht sind die Stellungnahmen der Fachverbände der Psychiatrie und Psychosomatik einzubeziehen. [10]Das Bundesministerium für Gesundheit legt den Bericht dem Deutschen Bundestag vor.

(5) [1]Für die Finanzierung der den Vertragsparteien auf Bundesebene übertragenen Aufgaben gilt § 17b Abs. 5 entsprechend. [2]Die erforderlichen Finanzierungsmittel sind mit dem DRG-Systemzuschlag zu erheben; dieser ist entsprechend zu erhöhen.

(6) [1]Das Bundesministerium für Gesundheit wird ermächtigt, durch Rechtsverordnung ohne Zustimmung des Bundesrates

1. Vorschriften über das Vergütungssystem zu erlassen, soweit eine Einigung der Vertragsparteien nach Absatz 3 ganz oder teilweise nicht zustande gekommen ist und eine der Vertragsparteien insoweit das Scheitern der Verhandlungen erklärt hat; die Vertragsparteien haben zu den strittigen Punkten ihre Auffassungen und die Auffassungen sonstiger Betroffener darzulegen und Lösungsvorschläge zu unterbreiten;

2. abweichend von Nummer 1 auch ohne Erklärung des Scheiterns durch eine Vertragspartei nach Ablauf vorher vorgegebener Fristen für Arbeitsschritte zu entscheiden, soweit dies erforderlich ist, um die Einführung des Vergütungssystems und seine jährliche Weiterentwicklung fristgerecht sicherzustellen;

3. Leistungen nach Absatz 2 Satz 3 zu bestimmen, die mit dem neuen Vergütungssystem noch nicht sachgerecht vergütet werden können; für diese Bereiche können die anzuwendende Art der Vergütung festgelegt sowie Vorschriften zur Ermittlung der Entgelthöhe und zu den vorzulegenden Verhandlungsunterlagen erlassen werden.

[2]Das Bundesministerium für Gesundheit kann von Vereinbarungen der Vertragsparteien nach Absatz 3 abweichen, soweit dies für Regelungen nach Satz 1 erforderlich ist. [3]Es kann sich von unabhängigen Sachverständigen beraten lassen. [4]Das Institut für das Entgeltsystem im Krankenhaus ist verpflichtet, dem Bundesministerium für Gesundheit zur Vorbereitung von Regelungen nach Satz 1 unmittelbar und unverzüglich nach dessen Weisungen zuzuarbeiten. [5]Es ist auch im Falle einer Vereinbarung durch die Vertragsparteien nach Absatz 3 verpflichtet, auf Anforderung des Bundesministeriums für Gesundheit Auskunft insbesondere über den Entwicklungsstand des Vergütungssystems, die Entgelte und deren Veränderungen sowie über Problembereiche und mögliche Alternativen zu erteilen. [6]Kommt eine Vereinbarung nach Absatz 1 Satz 7 nicht zustande, entscheidet auf Antrag einer Vertragspartei die Schiedsstelle nach § 18a Absatz 6.

(7) Das Bundesministerium für Gesundheit wird ermächtigt, durch Rechtsverordnung mit Zustimmung des Bundesrates Vorschriften über die Unterlagen, die von den Krankenhäusern für die Budgetverhandlungen vorzulegen sind, zu erlassen.

(8) [1]Die Vertragsparteien auf Bundesebene führen eine Begleitforschung zu den Auswirkungen des neuen Vergütungssystems, insbesondere zur Veränderung der Versorgungsstrukturen und zur Qualität der Versorgung, durch. [2]Dabei sind auch die Auswirkungen auf die anderen Versorgungsbereiche sowie die Art und der Umfang von Leistungsverlagerungen zu untersuchen. [3]§ 17b Abs. 8 Satz 2 bis 4 gilt entsprechend. [4]Erste Ergebnisse sind im Jahr 2017 zu veröffentlichen.

(9) Für Einrichtungen nach Absatz 1 Satz 1 gilt § 21 des Krankenhausentgeltgesetzes mit der Maßgabe, dass die Daten nach seinem Absatz 2 Nr. 1 Buchstabe a und e und Nr. 2 Buchstabe a bis h zu übermitteln sind.

§ 18
Pflegesatzverfahren

(1) [1]Die nach Maßgabe dieses Gesetzes für das einzelne Krankenhaus zu verhandelnden Pflegesätze werden zwischen dem Krankenhausträger und den Sozialleistungsträgern nach Absatz 2 vereinbart. [2]Die Landeskrankenhausgesellschaft, die Landesverbände der Krankenkassen, die Ersatzkassen und der Landesausschuss des Verbandes der privaten Krankenversicherung können sich am Pflegesatzverfahren beteiligen. [3]Die Pflegesatzvereinbarung bedarf der Zustimmung der Landesverbände der Krankenkassen und des Landesausschusses des Verbandes der privaten Krankenversicherung. [4]Die Zustimmung gilt als erteilt, wenn die Mehrheit der Beteiligten nach Satz 3 der Vereinbarung nicht innerhalb von zwei Wochen nach Vertragsschluss widerspricht.

(2) Parteien der Pflegesatzvereinbarung (Vertragsparteien) sind der Krankenhausträger und

1. Sozialleistungsträger, soweit auf sie allein, oder

2. Arbeitsgemeinschaften von Sozialleistungsträgern, soweit auf ihre Mitglieder insgesamt

im Jahr vor Beginn der Pflegesatzverhandlungen mehr als fünf vom Hundert der Belegungs- und Berechnungstage des Krankenhauses entfallen.

(3) [1]Die Vereinbarung soll nur für zukünftige Zeiträume getroffen werden. [2]Der Krankenhausträger

hat nach Maßgabe des Krankenhausentgeltgesetzes und der Rechtsverordnung nach § 16 Satz 1 Nr. 6 die für die Vereinbarung der Budgets und Pflegesätze erforderlichen Unterlagen über Leistungen sowie die Kosten der nicht durch pauschalierte Pflegesätze erfassten Leistungen vorzulegen. [3]Die in Absatz 1 Satz 2 genannten Beteiligten vereinbaren die Höhe der mit Bewertungsrelationen bewerteten Entgelte nach § 17b, sofern nicht das Krankenhausentgeltgesetz oder die Bundespflegesatzverordnung eine krankenhausindividuelle Vereinbarung vorsehen, mit Wirkung für die Vertragsparteien nach Absatz 2.

(4) [1]Kommt eine Vereinbarung über die Pflegesätze oder die Höhe der Entgelte nach Absatz 3 Satz 3 innerhalb von sechs Wochen nicht zustande, nachdem eine Vertragspartei schriftlich oder elektronisch zur Aufnahme der Pflegesatzverhandlungen aufgefordert hat, so setzt die Schiedsstelle nach § 18a Abs. 1 auf Antrag einer Vertragspartei die Pflegesätze unverzüglich fest. [2]Die Schiedsstelle kann zur Ermittlung der vergleichbaren Krankenhäuser gemäß § 17 Abs. 5 auch gesondert angerufen werden.

(5) [1]Die vereinbarten oder festgesetzten Pflegesätze werden von der zuständigen Landesbehörde genehmigt, wenn sie den Vorschriften dieses Gesetzes und sonstigem Recht entsprechen; die Genehmigung ist unverzüglich zu erteilen. [2]Gegen die Genehmigung ist der Verwaltungsrechtsweg gegeben. [3]Ein Vorverfahren findet nicht statt; die Klage hat keine aufschiebende Wirkung.

§ 18a
Schiedsstelle, Verordnungsermächtigung

(1) [1]Die Landeskrankenhausgesellschaften und die Landesverbände der Krankenkassen bilden für jedes Land oder jeweils für Teile des Landes eine Schiedsstelle. [2]Ist für ein Land mehr als eine Schiedsstelle gebildet worden, bestimmen die Beteiligten nach Satz 1 die zuständige Schiedsstelle für mit landesweiter Geltung zu treffende Entscheidungen.

(2) [1]Die Schiedsstellen bestehen aus einem neutralen Vorsitzenden sowie aus Vertretern der Krankenhäuser und Krankenkassen in gleicher Zahl. [2]Der Schiedsstelle gehört auch ein von dem Landesausschuss des Verbandes der privaten Krankenversicherung bestellter Vertreter an, der auf die Zahl der Vertreter der Krankenkassen angerechnet wird. [3]Die Vertreter der Krankenhäuser und deren Stellvertreter werden von der Landeskrankenhausgesellschaft, die Vertreter der Krankenkassen und deren Stellvertreter von den Landesverbänden der Krankenkassen bestellt. [4]Der Vorsitzende und sein Stellvertreter werden von den beteiligten Organisationen gemeinsam bestellt; kommt eine Einigung nicht zustande, werden sie von der zuständigen Landesbehörde bestellt.

(3) [1]Die Mitglieder der Schiedsstellen führen ihr Amt als Ehrenamt. [2]Sie sind in Ausübung ihres Amtes an Weisungen nicht gebunden. [3]Jedes Mitglied hat eine Stimme. [4]Die Entscheidungen werden mit der Mehrheit der Mitglieder getroffen; ergibt sich keine Mehrheit, gibt die Stimme des Vorsitzenden den Ausschlag.

(4) Die Landesregierungen werden ermächtigt, durch Rechtsverordnung das Nähere über

1. die Zahl, die Bestellung, die Amtsdauer und die Amtsführung der Mitglieder der Schiedsstelle sowie die ihnen zu gewährende Erstattung der Barauslagen und Entschädigung für Zeitverlust,
2. die Führung der Geschäfte der Schiedsstelle,
3. die Verteilung der Kosten der Schiedsstelle,
4. das Verfahren und die Verfahrensgebühren

zu bestimmen; sie können diese Ermächtigung durch Rechtsverordnung auf oberste Landesbehörden übertragen.

(5) Die Rechtsaufsicht über die Schiedsstelle führt die zuständige Landesbehörde.

(6) [1]Der Spitzenverband Bund der Krankenkassen und die Deutsche Krankenhausgesellschaft bilden eine Schiedsstelle; diese entscheidet in den ihr durch Gesetz oder auf Grund eines Gesetzes zugewiesenen Aufgaben. [2]Die Schiedsstelle besteht aus Vertretern des Spitzenverbandes Bund der Krankenkassen und der Deutschen Krankenhausgesellschaft in gleicher Zahl sowie einem unparteiischen Vorsitzenden und zwei weiteren unparteiischen Mitgliedern. [3]Der Schiedsstelle gehört ein vom Verband der privaten Krankenversicherung bestellter Vertreter an, der auf die Zahl der Vertreter der Krankenkassen angerechnet wird. [4]Die unparteiischen Mitglieder werden von den beteiligten Organisationen gemeinsam

bestellt. [5]Die unparteiischen Mitglieder werden durch das Bundesministerium für Gesundheit berufen, soweit eine Einigung nicht zustande kommt. [6]Durch die Beteiligten zuvor abgelehnte Personen können nicht berufen werden. [7]Absatz 3 gilt entsprechend. [8]Der Spitzenverband Bund der Krankenkassen und die Deutsche Krankenhausgesellschaft vereinbaren das Nähere über die Zahl, die Bestellung, die Amtsdauer, die Amtsführung, die Erstattung der baren Auslagen und die Entschädigung für den Zeitaufwand der Mitglieder der Schiedsstelle sowie die Geschäftsführung, das Verfahren, die Höhe und die Erhebung der Gebühren und die Verteilung der Kosten. [9]Wird eine Vereinbarung nach Satz 8 ganz oder teilweise beendet und kommt bis zum Ablauf der Vereinbarungszeit keine neue Vereinbarung zustande, bestimmt das Bundesministerium für Gesundheit durch Rechtsverordnung das Nähere über die Zahl, die Bestellung, die Amtsdauer, die Amtsführung, die Erstattung der baren Auslagen und die Entschädigung für Zeitaufwand der Mitglieder der Schiedsstelle sowie die Geschäftsführung, das Verfahren, die Höhe und die Erhebung der Gebühren und die Verteilung der Kosten. [10]In diesem Fall gelten die Bestimmungen der bisherigen Vereinbarung bis zum Inkrafttreten der Rechtsverordnung fort.[11]Die Rechtsaufsicht über die Schiedsstelle führt das Bundesministerium für Gesundheit. [12]Gegen die Entscheidung der Schiedsstelle ist der Verwaltungsrechtsweg gegeben. [13]Ein Vorverfahren findet nicht statt; die Klage hat keine aufschiebende Wirkung.

§ 18b

(aufgehoben)

§ 19
Schlichtungsausschuss auf Bundesebene zur Klärung strittiger Kodier- und Abrechnungsfragen

(1) [1]Der Spitzenverband Bund der Krankenkassen und der Verband der Privaten Krankenversicherung gemeinsam bilden mit der Deutschen Krankenhausgesellschaft einen Schlichtungsausschuss auf Bundesebene. [2]Das Institut für das Entgeltsystem im Krankenhaus und das Bundesinstitut für Arzneimittel und Medizinprodukte sind Mitglieder ohne Stimmrecht. [3]Für den Schlichtungsausschuss ist § 18a Absatz 6 Satz 2 bis 5 und 7 entsprechend anzuwenden; bei der Auswahl der Vertreter der Krankenkassen und der Krankenhäuser für die Bildung des Schlichtungsausschusses sollen sowohl medizinischer Sachverstand als auch besondere Kenntnisse in Fragen der Abrechnung der Entgeltsysteme im Krankenhaus berücksichtigt werden. [4]Kommen die für die Einrichtung des Schlichtungsausschusses erforderlichen Entscheidungen ganz oder teilweise nicht zustande, trifft auf Antrag einer Vertragspartei die Schiedsstelle nach § 18a Absatz 6 die ausstehenden Entscheidungen. [5]Für die Geschäftsführung des Schlichtungsausschusses wird eine Geschäftsstelle errichtet, die insbesondere die Vorbereitung der Entscheidungen des Schlichtungsausschusses und die Information über dessen Entscheidungen vornimmt. [6]Die Geschäftsstelle wird von dem Institut für das Entgeltsystem im Krankenhaus geführt, das zu diesem Zweck eine Geschäftsordnung erlässt. [7]Die Kosten der Geschäftsstelle sind aus dem Zuschlag nach § 17b Absatz 5 Satz 1 zu finanzieren, der entsprechend zu erhöhen ist. [8]Die Vertragsparteien nach Satz 1 vereinbaren das Nähere über die Zahl, die Bestellung, die Amtsdauer, die Amtsführung, die Erstattung der baren Auslagen und die Entschädigung für den Zeitaufwand der Mitglieder des Schlichtungsausschusses sowie das Verfahren, die Höhe und die Erhebung der Gebühren.

(2) Aufgabe des Schlichtungsausschusses auf Bundesebene ist die verbindliche Klärung von Kodier- und Abrechnungsfragen von grundsätzlicher Bedeutung.

(3) Der Schlichtungsausschuss kann vom Spitzenverband Bund der Krankenkassen, von dem Verband der Privaten Krankenversicherung, der Deutschen Krankenhausgesellschaft, den Landesverbänden der Krankenkassen und den Ersatzkassen, den Landeskrankenhausgesellschaften, den Krankenkassen, den Krankenhäusern, den Medizinischen Diensten, den mit Kodierung von Krankenhausleistungen befassten Fachgesellschaften, dem Bundesministerium für Gesundheit und dem unparteiischen Vorsitzenden angerufen werden.

(4) [1]Der Schlichtungsausschuss hat innerhalb von acht Wochen nach Anrufung eine Entscheidung zu treffen. [2]Bei der Entscheidung sind die Stellungnahmen des Instituts für das Entgeltsystem im Krankenhaus und des Bundesinstituts für Arzneimittel und Medizinprodukte zu berücksichtigen. [3]Die Entscheidungen des Schlichtungsausschusses gelten für die zugelassenen Krankenhäuser, die Krankenkassen und die Medizinischen Dienste für die Erstellung oder

Prüfung von Krankenhausabrechnungen für Patientinnen und Patienten, die ab dem ersten Tag des übernächsten auf die Veröffentlichung der Entscheidung folgenden Monats in das Krankenhaus aufgenommen werden, und für die Krankenhausabrechnungen, die zum Zeitpunkt der Veröffentlichung der Entscheidung bereits Gegenstand einer Prüfung durch den Medizinischen Dienst nach § 275 Absatz 1 Nummer 1 des Fünften Buches Sozialgesetzbuch sind.

(5) Der Schlichtungsausschuss entscheidet bis zum 31. Dezember 2020 über die zwischen der Sozialmedizinischen Expertengruppe Vergütung und Abrechnung der Medizinischen Dienste und dem Fachausschuss für ordnungsgemäße Kodierung und Abrechnung der Deutschen Gesellschaft für Medizincontrolling bis zum 31. Dezember 2019 als strittig festgestellten Kodierempfehlungen.

(6) Die Entscheidungen des Schlichtungsausschusses sind zu veröffentlichen und gelten als Kodierregeln.

(7) [1]Gegen die Entscheidungen des Schlichtungsausschusses auf Bundesebene ist der Sozialrechtsweg gegeben. [2]Ein Vorverfahren findet nicht statt. [3]Die Klage hat keine aufschiebende Wirkung. [4]Klagebefugt sind die Einrichtungen nach Absatz 3, die den Schlichtungsausschuss angerufen haben, mit Ausnahme des Bundesministeriums für Gesundheit.

§ 20
Nichtanwendung von Pflegesatzvorschriften

[1]Die Vorschriften des Dritten Abschnitts mit Ausnahme des § 17 Abs. 5 finden keine Anwendung auf Krankenhäuser, die nach § 5 Abs. 1 Nr. 2, 4 oder 7 nicht gefördert werden. [2]§ 17 Abs. 5 ist bei den nach § 5 Abs. 1 Nr. 4 oder 7 nicht geförderten Krankenhäusern mit der Maßgabe anzuwenden, dass an die Stelle der Pflegesätze vergleichbarer nach diesem Gesetz voll geförderter Krankenhäuser die Pflegesätze vergleichbarer öffentlicher Krankenhäuser treten.

4. Abschnitt
Sonderregelungen

§ 21
Ausgleichszahlungen an Krankenhäuser aufgrund von Sonderbelastungen durch das neuartige Coronavirus SARS-CoV-2

(1) Soweit zugelassene Krankenhäuser zur Erhöhung der Bettenkapazitäten für die Versorgung von Patientinnen und Patienten, die mit dem neuartigen Coronavirus SARS-CoV-2 infiziert sind, planbare Aufnahmen, Operationen und Eingriffe verschieben oder aussetzen, erhalten sie für die Ausfälle der Einnahmen, die seit dem 16. März 2020 dadurch entstehen, dass Betten nicht so belegt werden können, wie es vor dem Auftreten der SARS-CoV-2-Pandemie geplant war, Ausgleichszahlungen aus der Liquiditätsreserve des Gesundheitsfonds.

(1a) [1]Soweit die nach den Sätzen 2 und 4 bestimmten zugelassenen Krankenhäuser zur Erhöhung der Verfügbarkeit von betreibbaren intensivmedizinischen Behandlungskapazitäten planbare Aufnahmen, Operationen oder Eingriffe verschieben oder aussetzen, erhalten sie für Ausfälle von Einnahmen, die seit dem 18. November 2020 bis zum 31. Januar 2021 dadurch entstehen, dass Betten auf Grund der SARS-CoV-2-Pandemie nicht so belegt werden können, wie es geplant war, Ausgleichszahlungen aus der Liquiditätsreserve des Gesundheitsfonds. [2]Sofern in einem Landkreis oder einer kreisfreien Stadt die 7-Tage-Inzidenz der Coronavirus-SARS-CoV-2-Fälle je 100 000 Einwohnerinnen und Einwohner über 70 liegt und sich auf Grund der nach Satz 8 übermittelten Angaben ergibt, dass der Anteil freier betreibbarer intensivmedizinischer Behandlungskapazitäten in dem Landkreis oder der kreisfreien Stadt in einem ununterbrochenen Zeitraum von sieben Tagen durchschnittlich

1. unter 25 Prozent liegt, kann die für die Krankenhausplanung zuständige Landesbehörde Krankenhäuser in dem Landkreis oder in der kreisfreien Stadt bestimmen, die Ausgleichszahlungen nach Satz 1 erhalten, wenn diese
   a) einen Zuschlag für die Teilnahme an der umfassenden oder erweiterten Notfallversorgung gemäß § 9 Absatz 1a Nummer 5 des Krankenhausentgeltgesetzes für das Jahr 2019 oder für das Jahr 2020 vereinbart haben oder

b) noch keine Zu- oder Abschläge für die Teilnahme oder Nichtteilnahme an der Notfallversorgung gemäß § 9 Absatz 1a Nummer 5 des Krankenhausentgeltgesetzes vereinbart haben und eine Versorgungsstruktur aufweisen, die nach Feststellung der für die Krankenhausplanung zuständigen Landesbehörde mindestens den Anforderungen des Beschlusses des Gemeinsamen Bundesausschusses nach § 136c Absatz 4 Satz 1 des Fünften Buches Sozialgesetzbuch über ein gestuftes System von Notfallstrukturen in Krankenhäusern für eine Teilnahme an der erweiterten Notfallversorgung entspricht,

2. unter 15 Prozent liegt, kann die für die Krankenhausplanung zuständige Landesbehörde nachrangig zu den Krankenhäusern nach Nummer 1 und nachrangig zu Krankenhäusern in den angrenzenden Landkreisen oder kreisfreien Städten, die die Voraussetzungen nach Nummer 1 erfüllen, weitere Krankenhäuser im Landkreis oder in der kreisfreien Stadt bestimmen, die Ausgleichszahlungen nach Satz 1 erhalten, wenn diese gemäß § 9 Absatz 1a Nummer 5 des Krankenhausentgeltgesetzes einen Zuschlag für die Teilnahme an der Basisnotfallversorgung für das Jahr 2019 oder für das Jahr 2020 vereinbart haben.

[3]Die Feststellung nach Satz 2 Nummer 1 Buchstabe b entfaltet keine bindende Wirkung für die Vertragsparteien nach § 18 Absatz 2. [4]Befindet sich im Fall des Satzes 2 Nummer 1 in dem Landkreis oder in der kreisfreien Stadt kein Krankenhaus, das die Voraussetzungen nach Satz 2 Nummer 1 erfüllt, kann die für die Krankenhausplanung zuständige Landesbehörde Krankenhäuser in den angrenzenden Landkreisen oder den angrenzenden kreisfreien Städten bestimmen, die die Voraussetzungen nach Satz 2 Nummer 1 erfüllen; in begründeten Ausnahmefällen kann sie auch Krankenhäuser bestimmen, die die Kriterien nach Satz 2 Nummer 2 erfüllen. [5]Die Krankenhäuser nach den Sätzen 2 und 4 sind unter Berücksichtigung der regionalen Gegebenheiten grundsätzlich nach dem Umfang ihrer intensivmedizinischen Behandlungskapazitäten und ihrer Erfahrung in der intensivmedizinischen Beatmungsbehandlung zu bestimmen. [6]Sind die Voraussetzungen nach Satz 2 in dem Landkreis oder in der kreisfreien Stadt 14 Tage in Folge nicht mehr erfüllt, hat die für die Krankenhausplanung zuständige Landesbehörde die Bestimmung nach den Sätzen 2 und 4 am 15. Tag aufzuheben. [7]Der Anspruch auf die Ausgleichszahlungen endet am 14. Tag nach der Aufhebung. [8]Das Robert Koch-Institut übermittelt, auf der Grundlage der von den Krankenhäusern an das DIVI Intensiv-Register übermittelten Angaben, an die für die Krankenhausplanung zuständigen Landesbehörden wöchentlich, erstmals für die 47. Kalenderwoche des Jahres 2020, für die Landkreise und kreisfreien Städte des Landes sowie für die Länder Berlin, Bremen und Hamburg für die Stadtbezirke eine tagesbezogene Übersicht über das Verhältnis der im Durchschnitt der der Übermittlung vorausgehenden sieben Tage freien betreibbaren intensivmedizinischen Behandlungskapazitäten zu den insgesamt betreibbaren intensivmedizinischen Behandlungskapazitäten.

(1b) Zugelassene Krankenhäuser, deren Leistungen nach dem Krankenhausentgeltgesetz vergütet werden und die zur Erhöhung der Verfügbarkeit von betreibbaren Behandlungskapazitäten für die Versorgung von Patientinnen und Patienten, die mit dem Coronavirus SARS-CoV-2 infiziert sind, planbare Aufnahmen, Operationen oder Eingriffe verschieben oder aussetzen, erhalten für Ausfälle von Einnahmen, die seit dem 15. November 2021 bis zum 31. Dezember 2021 dadurch entstehen, dass Betten auf Grund der SARS-CoV-2-Pandemie nicht so belegt werden können, wie es geplant war, Ausgleichszahlungen aus der Liquiditätsreserve des Gesundheitsfonds, wenn diese Krankenhäuser

1. einen Zuschlag für die Teilnahme an der Notfallversorgung gemäß § 9 Absatz 1a Nummer 5 des Krankenhausentgeltgesetzes für das Jahr 2019, das Jahr 2020 oder das Jahr 2021 vereinbart haben oder

2. noch keine Zu- oder Abschläge für die Teilnahme oder Nichtteilnahme an der Notfallversorgung gemäß § 9 Absatz 1a Nummer 5 des Krankenhausentgeltgesetzes vereinbart haben und eine Versorgungsstruktur aufweisen, die mindestens den Anforderungen des Beschlusses des Gemeinsamen Bundesausschusses nach § 136c Absatz 4 Satz 1 des Fünften Buches Sozialgesetzbuch über ein gestuftes System von Notfallstrukturen in Krankenhäusern für eine Teilnahme an der Basisnotfallversorgung entspricht und dies gegenüber der für die Krankenhausplanung zuständigen Landesbehörde nachweisen.

(2) [1]Die Krankenhäuser ermitteln die Höhe der Ausgleichszahlungen nach Absatz 1, indem sie täglich, erstmals für den 16. März 2020, von der Zahl der im Jahresdurchschnitt 2019 pro Tag voll- oder teilstationär behandelten Patientinnen und Patienten (Referenzwert) die Zahl der am jeweiligen Tag stationär behandelten Patientinnen und Patienten abziehen. [2]Sofern das Ergebnis größer als Null ist, ist dieses mit der tagesbezogenen Pauschale nach Absatz 3 zu multiplizieren. [3]Die Krankenhäuser melden den sich für sie jeweils aus der Berechnung nach Satz 2 ergebenden Betrag differenziert nach Kalendertagen wöchentlich an die für die Krankenhausplanung zuständige Landesbehörde, die alle von den Krankenhäusern im Land gemeldeten Beträge summiert. [4]Die Ermittlung nach Satz 1 ist letztmalig für den 30. September 2020 durchzuführen. [5]Die Ausgleichszahlungen nach Satz 1 gehen nicht in den Gesamtbetrag oder die Erlösausgleiche nach dem Krankenhausentgeltgesetz oder der Bundespflegesatzverordnung ein.

(2a) [1]Die vom Land nach Absatz 1a Satz 2 oder Satz 4 bestimmten Krankenhäuser ermitteln die Höhe der Ausgleichszahlungen nach Absatz 1a Satz 1, indem sie täglich, erstmals für den 18. November 2020, vom Referenzwert nach Absatz 2 Satz 1 die Zahl der am jeweiligen Tag behandelten Patientinnen und Patienten abziehen; die Ermittlung hat nur für den Leistungsbereich des Krankenhausentgeltgesetzes zu erfolgen. [2]Ist das Ergebnis größer als Null, sind für die nach Absatz 1a bestimmten Krankenhäuser 90 Prozent dieses Ergebnisses mit der sich für das Krankenhaus nach § 1 Absatz 1 Nummer 2 der COVID-19-Ausgleichszahlungs-Anpassungs-Verordnung vom 3. Juli 2020 (BGBl. I S. 1556) oder in der Anlage zu dieser Verordnung ergebenden tagesbezogenen Pauschale zu multiplizieren. [3]Die Krankenhäuser melden den sich für sie nach Satz 2 ergebenden Betrag differenziert nach Kalendertagen wöchentlich an die für die Krankenhausplanung zuständige Landesbehörde, die die von den Krankenhäusern im Land gemeldeten Beträge prüft und summiert. [4]Die Ermittlung nach Satz 1 ist letztmalig für den 31. Januar 2021 durchzuführen. [5]Absatz 2 Satz 5 gilt entsprechend. [6]Bei Krankenhäusern, die Ausgleichszahlungen nach Absatz 1a erhalten, gilt gegenüber den übrigen Vertragsparteien nach § 18 Absatz 2 das Vorliegen der Voraussetzungen des § 7 Satz 1 Nummer 2 der Pflegepersonaluntergrenzen-Verordnung für das Jahr 2021 für den jeweiligen Zeitraum des Erhalts von Ausgleichszahlungen als nachgewiesen.

(2b) [1]Krankenhäuser, die nach Absatz 1b Ausgleichszahlungen erhalten, ermitteln die Höhe der Ausgleichszahlungen nach Absatz 1b, indem sie täglich, erstmals für den 15. November 2021, vom Referenzwert nach Absatz 2 Satz 1 die Zahl der am jeweiligen Tag stationär behandelten Patientinnen und Patienten abziehen. [2]Ist das Ergebnis größer als Null, sind 90 Prozent dieses Ergebnisses mit der für das jeweilige Krankenhaus geltenden tagesbezogenen Pauschale nach § 1 Absatz 1 Nummer 2 der COVID-19-Ausgleichszahlungs-Anpassungs-Verordnung vom 3. Juli 2020 (BGBl. I S. 1556) oder der sich aus der Anlage zu dieser Verordnung ergebenden tagesbezogenen Pauschale zu multiplizieren. [3]Die Krankenhäuser melden den sich für sie jeweils aus der Berechnung nach Satz 2 ergebenden Betrag differenziert nach Kalendertagen wöchentlich an die für die Krankenhausplanung zuständige Landesbehörde, die alle von den Krankenhäusern im Land gemeldeten Beträge prüft und summiert. [4]Die Ermittlung nach Satz 1 ist letztmalig für den 31. Dezember 2021 durchzuführen. [5]Bei Krankenhäusern, die Ausgleichszahlungen nach Absatz 1b erhalten, gilt gegenüber den übrigen Vertragsparteien nach § 18 Absatz 2 das Vorliegen der Voraussetzungen des § 7 Satz 1 Nummer 2 der Pflegepersonaluntergrenzen-Verordnung für das Jahr 2021 für den jeweiligen Zeitraum des Erhalts von Ausgleichszahlungen als nachgewiesen. [6]Absatz 2 Satz 5 gilt entsprechend.

(3) Die Höhe der tagesbezogenen Pauschale nach Absatz 2 Satz 2 beträgt 560 Euro, solange sie nicht durch Rechtsverordnung nach § 23 Absatz 1 Nummer 2 für Gruppen von Krankenhäusern nach der Zahl der Krankenhausbetten oder anderen krankenhausbezogenen Kriterien in der Höhe unterschiedlich ausgestaltet wird.

(4) [1]Die Länder übermitteln die für ihre Krankenhäuser aufsummierten Beträge nach Absatz 2 Satz 3 jeweils unverzüglich an das Bundesamt für Soziale Sicherung; dabei sind die Beträge nach Absatz 5 Satz 1 gesondert auszuweisen. [2]Das Bundesamt für Soziale Sicherung zahlt auf Grundlage der nach Satz 1 angemeldeten Mittelbedarfe die Beträge an das jeweilige Land zur Weiterleitung an die Krankenhäuser aus der Liquiditätsreserve des Gesundheitsfonds. [3]Um eine schnellstmögliche Zahlung zu gewährleisten, kann das Land beim Bundesamt für Soziale Si-

cherung ab dem 28. März 2020 Abschlagszahlungen beantragen. [4]Das Bundesamt für Soziale Sicherung bestimmt das Nähere zum Verfahren der Übermittlung der aufsummierten Beträge sowie der Zahlung aus der Liquiditätsreserve des Gesundheitsfonds einschließlich der Abschlagszahlungen.

(4a) [1]Die Länder übermitteln die für ihre Krankenhäuser aufsummierten Beträge nach Absatz 2a Satz 3 jeweils unverzüglich an das Bundesamt für Soziale Sicherung. [2]Zur Sicherstellung der Liquidität der Krankenhäuser können die Länder ab dem 19. November 2020 beim Bundesamt für Soziale Sicherung Abschlagszahlungen beantragen. [3]Das Bundesamt für Soziale Sicherung zahlt auf Grundlage der nach Satz 1 angemeldeten Mittelbedarfe die Beträge an das jeweilige Land zur Weiterleitung an die Krankenhäuser aus der Liquiditätsreserve des Gesundheitsfonds. [4]Absatz 4 Satz 4 gilt entsprechend.

(4b) [1]Die Länder übermitteln die für ihre Krankenhäuser aufsummierten Beträge nach Absatz 2b Satz 3 jeweils unverzüglich an das Bundesamt für Soziale Sicherung. [2]Das Bundesamt für Soziale Sicherung zahlt auf Grundlage der nach Satz 1 angemeldeten Mittelbedarfe die Beträge an das jeweilige Land zur Weiterleitung an die Krankenhäuser aus der Liquiditätsreserve des Gesundheitsfonds. [3]Zur Sicherstellung der Liquidität der Krankenhäuser können die Länder beim Bundesamt für Soziale Sicherung ab dem 13. Dezember 2021 Abschlagszahlungen beantragen. [4]Absatz 4 Satz 4 gilt entsprechend.

(5) [1]Zugelassene Krankenhäuser, die mit Genehmigung der für die Krankenhausplanung zuständigen Landesbehörden zusätzliche intensivmedizinische Behandlungskapazitäten mit maschineller Beatmungsmöglichkeit durch Aufstellung von Betten schaffen oder durch Einbeziehung von Betten aus anderen Stationen vorhalten, erhalten für jedes bis zum 30. September 2020 aufgestellte oder vorgehaltene Bett einmalig einen Betrag in Höhe von 50 000 Euro aus der Liquiditätsreserve des Gesundheitsfonds. [2]Die Krankenhäuser führen den sich für sie jeweils nach Satz 1 ergebenden Betrag gesondert als Teil der Meldung nach Absatz 2 Satz 3 auf. [3]Das Bundesamt für Soziale Sicherung zahlt den Betrag nach Satz 1 als Teil der Zahlung nach Absatz 4 Satz 2.

(6) [1]Zur pauschalen Abgeltung von Preis- und Mengensteigerungen infolge des neuartigen Coronavirus SARS-CoV-2, insbesondere bei persönlichen Schutzausrüstungen, rechnen zugelassene Krankenhäuser für jeden Patienten und jede Patientin, der oder die zwischen dem 1. April 2020 und einschließlich dem 30. Juni 2020 zur voll- oder teilstationären Behandlung in das Krankenhaus aufgenommen wird, einen Zuschlag in Höhe von 50 Euro ab. [2]Die Abrechnung des Zuschlags erfolgt gegenüber dem Patienten oder der Patientin oder ihren Kostenträgern.

(7) [1]Die Vertragsparteien nach § 17b Absatz 2 vereinbaren bis zum 3. Dezember 2020 das Nähere zum Verfahren des Nachweises der Zahl der täglich voll- oder teilstationär behandelten Patientinnen und Patienten im Vergleich zum Referenzwert für die Ermittlung und Meldung nach Absatz 2a. [2]Kommt eine Vereinbarung nach Satz 1 nicht innerhalb dieser Frist zustande, legt die Schiedsstelle nach § 18a Absatz 6 den Inhalt der Vereinbarung ohne Antrag einer Vertragspartei innerhalb von weiteren zwei Wochen fest.

(7a) [1]Die Vertragsparteien nach § 17b Absatz 2 vereinbaren bis zum 19. Dezember 2021 das Nähere zum Verfahren des Nachweises der Zahl der täglich voll- oder teilstationär behandelten Patientinnen und Patienten im Vergleich zum Referenzwert für die Ermittlung und Meldung nach Absatz 2b. [2]Kommt eine Vereinbarung nach Satz 1 nicht innerhalb dieser Frist zustande, legt die Schiedsstelle nach § 18a Absatz 6 den Inhalt der Vereinbarung ohne Antrag einer Vertragspartei innerhalb von weiteren zwei Wochen fest.

(8) [1]Das Bundesamt für Soziale Sicherung teilt dem Bundesministerium für Gesundheit ab dem 30. April 2020 unverzüglich, die Höhe des an die Länder jeweils nach Absatz 4 Satz 2 überwiesenen Betrags ohne den auf Absatz 5 Satz 1 entfallenden Anteil mit. [2]Das Bundesministerium für Gesundheit übermittelt dem Bundesministerium der Finanzen wöchentlich die Mitteilungen des Bundesamtes für Soziale Sicherung nach Satz 1. [3]Der Bund erstattet den Betrag an die Liquiditätsreserve des Gesundheitsfonds innerhalb von einer Woche nach der Mitteilung gemäß Satz 1.

(8a) [1]Das Bundesamt für Soziale Sicherung teilt dem Bundesministerium für Gesundheit unverzüglich die Höhe des nach Absatz 4a Satz 3 an jedes Land gezahlten Betrags mit. [2]Der Bund erstattet den Betrag an die Liquiditätsreserve des

Gesundheitsfonds innerhalb von einer Woche nach der Mitteilung gemäß Satz 1.

(8b) [1]Das Bundesamt für Soziale Sicherung teilt dem Bundesministerium für Gesundheit unverzüglich die Höhe des an die Länder jeweils nach Absatz 4b gezahlten Betrags mit. [2]Der Bund erstattet den Betrag an die Liquiditätsreserve des Gesundheitsfonds innerhalb von einer Woche nach der Mitteilung gemäß Satz 1.

(9) [1]Nach Abschluss der Zahlungen nach Absatz 4 Satz 2 durch das Bundesamt für Soziale Sicherung übermitteln die Länder dem Bundesministerium für Gesundheit bis zum 31. Dezember 2020 eine krankenhausbezogene Aufstellung der ausgezahlten Finanzmittel. [2]Innerhalb der in Satz 1 genannten Frist übermitteln die Länder zudem dem Spitzenverband Bund der Krankenkassen eine krankenhausbezogene Aufstellung über die ausgezahlten Ausgleichszahlungen nach Absatz 1. [3]Der Spitzenverband Bund der Krankenkassen übermittelt den Vertragsparteien nach § 18 Absatz 2 die Höhe der Ausgleichszahlungen nach Absatz 1, die einem Krankenhaus ausgezahlt wurden, wenn der Krankenhausträger verlangt, dass eine Vereinbarung nach Absatz 11 Satz 1 getroffen wird.

(9a) [1]Die Länder übermitteln dem Bundesministerium für Gesundheit wöchentlich eine Aufstellung über die nach Absatz 1a Satz 2 und 4 bestimmten Krankenhäuser sowie über die Aufhebung der Bestimmung nach Absatz 1a Satz 6. [2]Die Länder veröffentlichen diese Angaben zusätzlich in geeigneter Weise auf der Internetseite der für die Sozialversicherung zuständigen obersten Landesbehörde. [3]Die Länder übermitteln dem Bundesministerium für Gesundheit und dem Spitzenverband Bund der Krankenkassen bis zum 31. Januar 2021 für das Jahr 2020 und bis zum 28. Februar 2021 für das Jahr 2021 eine krankenhausbezogene Aufstellung der nach Absatz 4a Satz 3 ausgezahlten Finanzmittel. [4]Der Spitzenverband Bund der Krankenkassen übermittelt den Vertragsparteien nach § 18 Absatz 2 die Höhe der Ausgleichszahlungen nach Absatz 1a, die einem Krankenhaus ausgezahlt wurden, differenziert nach den Jahren 2020 und 2021, wenn eine der Vertragsparteien verlangt, dass eine Vereinbarung zu einem Erlösausgleich nach diesem Gesetz oder einer Verordnung nach § 23 Absatz 2 Nummer 4 getroffen wird.

(9b) [1]Die Länder übermitteln dem Bundesministerium für Gesundheit und dem Spitzenverband Bund der Krankenkassen bis zum 31. Januar 2022 eine aktualisierte krankenhausbezogene nach Monaten differenzierte Aufstellung der nach Absatz 4a Satz 3 und Absatz 4b Satz 2 für das Jahr 2021 ausgezahlten Finanzmittel. [2]Der Spitzenverband Bund der Krankenkassen übermittelt den Vertragsparteien nach § 18 Absatz 2 die Höhe der Ausgleichszahlungen nach den Absätzen 1a und 1b, die einem Krankenhaus für das Jahr 2021 ausgezahlt wurden, wenn eine der Vertragsparteien verlangt, dass eine Vereinbarung zu einem Erlösausgleich nach diesem Gesetz oder einer Verordnung nach § 23 Absatz 2 Nummer 4 getroffen wird.

(10) [1]Die Vertragsparteien nach § 17b Absatz 2 vereinbaren bis zum 31. Dezember 2020 das Nähere über den Ausgleich eines aufgrund des Coronavirus SARS-CoV-2 entstandenen Erlösrückgangs, insbesondere

1. Einzelheiten für die Ermittlung der Erlöse für allgemeine stationäre und teilstationäre Krankenhausleistungen für die Jahre 2019 und 2020,
2. Kriterien, anhand derer ein im Jahr 2020 gegenüber dem Jahr 2019 aufgrund des Coronavirus SARS-CoV-2 entstandener Erlösrückgang festgestellt wird,
3. Einzelheiten zum Nachweis der Erfüllung der nach Nummer 2 vereinbarten Kriterien und
4. die Höhe des Ausgleichssatzes für einen im Jahr 2020 gegenüber dem Jahr 2019 aufgrund des Coronavirus SARS-CoV-2 entstandenen Erlösrückgang.

[2]Bei der Ermittlung der Erlöse für das Jahr 2020 sind auch die Ausgleichszahlungen nach den Absätzen 1 und 1a, soweit sie das Jahr 2020 betreffen zu berücksichtigen, soweit sie entgangene Erlöse für allgemeine stationäre und teilstationäre Krankenhausleistungen ersetzen; variable Sachkosten sind bei der Erlösermittlung für die Jahre 2019 und 2020 mindernd zu berücksichtigen. [3]Die Beträge nach Absatz 5 Satz 1, die Zuschläge nach Absatz 6 Satz 1 und die Zusatzentgelte nach § 26 Absatz 1 Satz 1 sowie die tagesbezogenen Pflegeentgelte nach § 7 Absatz 1 Satz 1 Nummer 6a des Krankenhausentgeltgesetzes sind nicht zu berücksichtigen. [4]Kommt eine Vereinbarung nach Satz 1 nicht

fristgerecht zustande, legt die Schiedsstelle nach § 18a Absatz 6 den Inhalt der Vereinbarung auch ohne Antrag einer Vertragspartei bis zum Ablauf des 14. Januar 2021 fest. [5]Das Institut für das Entgeltsystem im Krankenhaus veröffentlicht für die Vereinbarung der Erlöse nach Absatz 11 Satz 1 um die variablen Sachkosten bereinigte Entgeltkataloge für die pauschalierenden Entgeltsysteme nach den §§ 17b und 17d für die Jahre 2019 und 2020 barrierefrei auf seiner Internetseite.

(11) [1]Auf Verlangen eines Krankenhausträgers sind die Vertragsparteien nach § 18 Absatz 2 Nummer 1 oder Nummer 2 verpflichtet, mit dem Krankenhausträger aufgrund der Vereinbarung nach Absatz 10 Satz 1 oder der Festlegung nach Absatz 10 Satz 4 die Erlöse für die Jahre 2019 und 2020, den im Jahr 2020 gegenüber dem Jahr 2019 aufgrund des Coronavirus SARS-CoV-2 entstandenen Erlösrückgang sowie einen Ausgleich für den Erlösrückgang zu vereinbaren. [2]Die Vereinbarung nach Satz 1 kann unabhängig von den Vereinbarungen nach § 11 Absatz 1 Satz 1 des Krankenhausentgeltgesetzes und § 11 Absatz 1 Satz 1 der Bundespflegesatzverordnung getroffen werden. [3]Die Vertragsparteien nach § 18 Absatz 2 multiplizieren den ermittelten Erlösrückgang mit dem nach Absatz 10 Satz 1 Nummer 4 vereinbarten oder nach Absatz 10 Satz 4 festgelegten Ausgleichssatz. [4]Der nach Satz 3 errechnete Ausgleichsbetrag wird durch Zuschläge auf die Entgelte des laufenden oder eines folgenden Vereinbarungszeitraums ausgeglichen. [5]Kommt eine Vereinbarung nach Satz 1 nicht oder nicht vollständig zustande, entscheidet die Schiedsstelle nach § 18a Absatz 1 auf Antrag einer der Vertragsparteien nach Satz 1 innerhalb von sechs Wochen. [6]Die Genehmigung der Vereinbarung nach Satz 1 oder der Festsetzung nach Satz 5 ist von einer der Vertragsparteien nach Satz 1 bei der zuständigen Landesbehörde zu beantragen. [7]Die zuständige Landesbehörde erteilt die Genehmigung innerhalb von vier Wochen nach Eingang des Antrags, wenn die Vereinbarung oder die Festsetzung den Regelungen in diesem Absatz und in Absatz 10 sowie sonstigem Recht entspricht. [8]§ 14 Absatz 2 Satz 1 und 3 und Absatz 3 des Krankenhausentgeltgesetzes gilt entsprechend. [9]Unabhängig davon, ob eine Vereinbarung nach Satz 1 getroffen wird, sind Erlösausgleiche nach § 4 Absatz 3 des Krankenhausentgeltgesetzes oder § 3 Absatz 7 der Bundespflegesatzverordnung für das Jahr 2020 ausgeschlossen.

§ 21a
Versorgungsaufschlag an Krankenhäuser auf Grund von Sonderbelastungen durch das Coronavirus SARS-CoV-2

(1) [1]Zugelassene Krankenhäuser erhalten für jede Patientin und jeden Patienten, die oder der zwischen dem 1. November 2021 und dem 19. März 2022 zur voll- oder teilstationären Behandlung in das Krankenhaus aufgenommen wird und bei der oder dem eine Infektion mit dem Coronavirus SARS-CoV-2 durch eine Testung labordiagnostisch durch direkten Virusnachweis bestätigt wurde, einen Versorgungsaufschlag aus der Liquiditätsreserve des Gesundheitsfonds. [2]Satz 1 gilt nicht für Patientinnen und Patienten, die am Tag der Aufnahme oder am darauf folgenden Tag entlassen oder in ein anderes Krankenhaus verlegt werden.

(2) Die Höhe des Versorgungsaufschlags nach Absatz 1 Satz 1 je Patientin und je Patient ergibt sich aus der Multiplikation

1. der für das jeweilige Krankenhaus geltenden tagesbezogenen Pauschale nach § 1 der COVID-19-Ausgleichszahlungs-Anpassungs-Verordnung oder der sich aus der Anlage zur COVID-19-Ausgleichszahlungs-Anpassungs-Verordnung ergebenden tagesbezogenen Pauschale,
2. des Prozentsatzes 90 und
3. des Faktors 13,9.

(3) [1]Die Krankenhäuser melden

1. die Höhe des für das Krankenhaus maßgeblichen Versorgungsaufschlags nach Absatz 2,
2. jeweils die Zahl der in der vorhergehenden Kalenderwoche entlassenen, mit dem Coronavirus SARS-CoV-2 infizierten Patientinnen und Patienten ohne die in Absatz 1 Satz 2 genannten Patientinnen und Patienten sowie
3. den sich jeweils aus der Multiplikation der Nummern 1 und 2 ergebenden Betrag

an die für die Krankenhausplanung zuständige Landesbehörde, die die von den Krankenhäusern gemeldeten Beträge prüft und summiert. [2]Die für die Krankenhausplanung zuständige Landesbehörde kann für die Prüfung der Richtigkeit der Mittelanforderungen Unterlagen von den Krankenhäusern anfordern. [3]Die Ermittlung nach

Satz 1 ist erstmalig für die 44. Kalenderwoche des Jahres 2021 und letztmalig für die elfte Kalenderwoche des Jahres 2022 durchzuführen. [4]§ 21 Absatz 2a Satz 5 und 6 gilt entsprechend.

(4) [1]Die Länder übermitteln die für ihre Krankenhäuser aufsummierten Beträge nach Absatz 3 Satz 1 unverzüglich, spätestens innerhalb von drei Tagen nach Abschluss der Prüfung der Meldung nach Absatz 3 Satz 1, an das Bundesamt für Soziale Sicherung. [2]Das Bundesamt für Soziale Sicherung zahlt auf Grund der nach Satz 1 angeforderten Mittelbedarfe die Beträge an das jeweilige Land unverzüglich aus der Liquiditätsreserve des Gesundheitsfonds. [3]Die Länder leiten die Beträge spätestens innerhalb von drei Tagen nach Eingang der Mittel nach Satz 2 an die Krankenhäuser weiter. [4]Das Bundesamt für Soziale Sicherung bestimmt das Nähere zum Verfahren der Übermittlung der aufsummierten Beträge sowie der Zahlung aus der Liquiditätsreserve des Gesundheitsfonds.

(5) [1]Die Vertragsparteien nach § 17b Absatz 2 vereinbaren bis zum 30. November 2021 das Nähere zum Verfahren des Nachweises der Zahl der mit dem Coronavirus SARS-CoV-2 infizierten im jeweiligen Krankenhaus voll- oder teilstationär behandelten Patientinnen oder Patienten. [2]Kommt eine Vereinbarung nach Satz 1 nicht innerhalb dieser Frist zustande, legt die Schiedsstelle nach § 18a Absatz 6 den Inhalt der Vereinbarung ohne Antrag einer Vertragspartei innerhalb von weiteren zwei Wochen fest.

(6) [1]Das Bundesamt für Soziale Sicherung teilt dem Bundesministerium für Gesundheit unverzüglich die Höhe des nach Absatz 4 Satz 2 gezahlten Betrags mit. [2]Der Bund erstattet den Betrag an die Liquiditätsreserve des Gesundheitsfonds innerhalb von einer Woche nach der Mitteilung nach Satz 1.

(7) [1]Die Länder übermitteln dem Bundesministerium für Gesundheit und dem Spitzenverband Bund der Krankenkassen bis zum 15. Januar 2022 für das Jahr 2021 und bis zum 20. April 2022 für das Jahr 2022 eine krankenhausbezogene Aufstellung der nach Absatz 4 Satz 3 ausgezahlten Finanzmittel. [2]Der Spitzenverband Bund der Krankenkassen übermittelt den Vertragsparteien nach § 18 Absatz 2 die Höhe der einem Krankenhaus nach Absatz 4 Satz 3 ausgezahlten Beträge, differenziert nach den Jahren 2021 und 2022.

(8) [1]Die Länder übermitteln dem Bundesministerium für Gesundheit bis zum 29. April 2022 jeweils das Ergebnis ihrer krankenhausbezogenen Prüfung der Meldungen nach Absatz 3 Satz 1. [2]Dabei ist insbesondere darzustellen, welche zusätzlichen Unterlagen für die Prüfung angefordert worden sind und in wie vielen Fällen und in welcher Höhe Mittelanforderungen der Krankenhäuser als unplausibel zurückgewiesen worden sind.

§ 22
Behandlung in Vorsorge- und Rehabilitationseinrichtungen

(1) [1]Die Länder können Vorsorge- und Rehabilitationseinrichtungen bestimmen, in denen Patientinnen und Patienten, die einer nicht aufschiebbaren akutstationären Krankenhausversorgung nach § 39 des Fünften Buches Sozialgesetzbuch bedürfen, vollstationär behandelt werden können, wenn mit diesen Einrichtungen

1. ein Versorgungsvertrag nach § 111 Absatz 2 des Fünften Buches Sozialgesetzbuch besteht,
2. ein Vertrag nach § 15 Absatz 2 des Sechsten Buches in Verbindung mit § 38 des Neunten Buches Sozialgesetzbuch besteht oder wenn sie von der gesetzlichen Rentenversicherung selbst betrieben werden, oder
3. ein Vertrag nach § 34 des Siebten Buches Sozialgesetzbuch besteht.

[2]Die in Satz 1 genannten Einrichtungen gelten für die Behandlung von bis zum 31. Januar 2021 aufgenommenen Patientinnen und Patienten als zugelassene Krankenhäuser nach § 108 des Fünften Buches Sozialgesetzbuch.

(2) [1]Die Vertragsparteien nach § 17b Absatz 2 vereinbaren bis zum 31. Dezember 2021 Pauschalbeträge für

1. die Vergütung der von den in Absatz 1 genannten Einrichtungen erbrachten Behandlungsleistungen,
2. Zuschläge für entstehende Mehraufwendungen und
3. das Nähere zum Verfahren der Abrechnung der Vergütungen.

[2]Kommt eine Vereinbarung nach Satz 1 nicht innerhalb dieser Frist zustande, legt die Schieds-

stelle nach § 18a Absatz 6 den Inhalt der Vereinbarung ohne Antrag einer Vertragspartei innerhalb von weiteren vier Wochen fest.

§ 23
Verordnungsermächtigung

(1) Das Bundesministerium für Gesundheit kann durch Rechtsverordnung im Einvernehmen mit dem Bundesministerium der Finanzen mit Zustimmung des Bundesrates

1. die in § 21 Absatz 2 Satz 4, Absatz 5 Satz 1 und Absatz 6 sowie § 22 Absatz 1 Satz 2 genannten Fristen jeweils um bis zu sechs Monate verlängern,
2. die Höhe des Betrages nach § 21 Absatz 5 Satz 1 und der Pauschale nach § 21 Absatz 3 und des Zuschlags nach § 21 Absatz 6 abweichend regeln.

(2) Das Bundesministerium für Gesundheit kann durch Rechtsverordnung im Einvernehmen mit dem Bundesministerium der Finanzen ohne Zustimmung des Bundesrates

1. die Voraussetzungen für die Anspruchsberechtigung der Krankenhäuser nach § 21 Absatz 1a entsprechend der Entwicklung der Zahl von mit dem Coronavirus SARS-CoV-2 Infizierten und dem Schweregrad ihrer Erkrankung abweichend regeln,
2. den in § 21 Absatz 2a Satz 2 genannten Prozentsatz abweichend regeln,
3. einen von § 21 Absatz 1a Satz 1 abweichenden Zeitraum für die Berücksichtigung von Einnahmeausfällen der Krankenhäuser und einen von § 21 Absatz 2a Satz 4 abweichenden Zeitraum für die Durchführung der Ermittlungen nach § 21 Absatz 2a Satz 1 vorsehen, der spätestens am 31. März 2022 endet, sowie von § 21 Absatz 9a Satz 3 abweichende Zeitpunkte für die Übermittlung der krankenhausbezogenen Aufstellungen vorsehen,
4. von den Vorgaben des § 21 Absatz 10 und 11 abweichende Regelungen für die Durchführung eines Ausgleichs von Erlösrückgängen für das Jahr 2021 und erforderlichenfalls für das Jahr 2022 vorsehen und Vorgaben für die Durchführung eines Ausgleichs von Erlösanstiegen für das Jahr 2021 und erforderlichenfalls für das Jahr 2022 regeln, einschließlich der Regelung weiterer Zeiträume für die Durchführung dieser Ausgleiche,
5. einen von § 22 Absatz 1 Satz 2 abweichenden Zeitraum regeln und
6. vorsehen, dass die Übermittlung der Daten nach § 24 Absatz 2 Satz 1 auch für das Jahr 2022 erfolgt.

(3) Das Bundesministerium für Gesundheit kann im Einvernehmen mit dem Bundesministerium der Finanzen durch Rechtsverordnung ohne Zustimmung des Bundesrates

1. die Voraussetzungen für die Anspruchsberechtigung der Krankenhäuser nach § 21a Absatz 1 Satz 1 entsprechend der Entwicklung der Belastung der Krankenhäuser auf Grund der Zahl der mit dem Coronavirus SARS-CoV-2 Infizierten und dem Schweregrad ihrer Erkrankung abweichend regeln,
2. die in § 21a Absatz 2 genannte Höhe des Versorgungsaufschlags abweichend regeln,
3. einen von § 21a Absatz 1 Satz 1 abweichenden Zeitraum für die Zahlung des Versorgungsaufschlags regeln,
4. die in § 21a Absatz 1 Satz 1, Absatz 3 Satz 3, Absatz 7 Satz 1 und Absatz 8 Satz 1 genannten Fristen abweichend regeln.

(4) Das Bundesministerium für Gesundheit kann im Einvernehmen mit dem Bundesministerium der Finanzen durch Rechtsverordnung ohne Zustimmung des Bundesrates

1. die Voraussetzungen für die Anspruchsberechtigung der Krankenhäuser nach § 21 Absatz 1b entsprechend der Entwicklung der Belastung der Krankenhäuser auf Grund der Zahl der mit dem Coronavirus SARS-CoV-2 Infizierten und dem Schweregrad ihrer Erkrankung abweichend regeln,
2. den in § 21 Absatz 2b Satz 2 genannten Prozentsatz abweichend regeln und
3. einen von § 21 Absatz 1b abweichenden Zeitraum für die Berücksichtigung von Einnahmeausfällen der Krankenhäuser, einen von § 21 Absatz 2b Satz 4 abweichenden Zeitraum für die Durchführung der Ermittlungen nach § 21 Absatz 2b Satz 1 und weitere von § 21 Absatz 9b Satz 1 abweichende Zeitpunkte für die Übermittlung der krankenhausbe-

zogenen Aufstellungen nach § 21 Absatz 9b Satz 1 über die nach Absatz 4b Satz 2 ausgezahlten Finanzmittel regeln.

§ 24
Überprüfung der Auswirkungen

[1]Das Bundesministerium für Gesundheit überprüft die Auswirkungen der Reglungen in den §§ 21 bis 23 auf die wirtschaftliche Lage der Krankenhäuser. [2]Bei der Überprüfung der Auswirkungen der Regelung des § 21a ist insbesondere die Belastung der Krankenhäuser auf Grund der Entwicklung der Zahl der mit dem Coronavirus SARS-CoV-2 Infizierten zu berücksichtigen. [3]Es kann hierfür einen Beirat von Vertreterinnen und Vertretern aus Fachkreisen einberufen, die insoweit über besondere Erfahrung verfügen.

§ 25
Ausnahmen von Prüfungen bei Krankenhausbehandlung und von der Prüfung von Strukturmerkmalen, Verordnungsermächtigung

(1) [1]Behandelt ein Krankenhaus zwischen dem 1. April 2020 und einschließlich dem 30. Juni 2020, zwischen dem 1. November 2020 und einschließlich dem 30. Juni 2021 sowie zwischen dem 1. November 2021 und einschließlich dem 19. März 2022 Patientinnen und Patienten, die mit dem neuartigen Coronavirus SARS-CoV-2 infiziert sind oder bei denen der Verdacht einer solchen Infektion besteht, darf der zuständige Kostenträger die ordnungsgemäße Abrechnung der von diesem Krankenhaus zwischen dem 1. April 2020 und einschließlich dem 30. Juni 2020, zwischen dem 1. November 2020 und einschließlich dem 30. Juni 2021 sowie zwischen dem 1. November 2021 und einschließlich dem 19. März 2022 erbrachten Leistungen nicht daraufhin prüfen oder prüfen lassen, ob die in der Liste nach Absatz 2 genannten Mindestmerkmale erfüllt sind. [2]Die Ausnahme von der Prüfung der erbrachten Leistungen erstreckt sich jeweils auf den gesamten Behandlungsfall unabhängig vom Datum der Aufnahme, der Entlassung oder der Verlegung der Patientin oder des Patienten in ein anderes Krankenhaus.

(2) [1]Das Deutsche Institut für Medizinische Dokumentation und Information erstellt eine Liste der Mindestmerkmale der von ihm bestimmten Kodes des Operationen- und Prozedurenschlüssels nach § 301 Absatz 2 Satz 2 des Fünften Buches Sozialgesetzbuch, die nach Absatz 1 von der Prüfung ausgenommen sind, und veröffentlicht diese Liste barrierefrei bis zum 30. Mai 2020 auf seiner Internetseite. [2]Das Deutsche Institut für Medizinische Dokumentation und Information kann Anpassungen der Liste vornehmen und hat diese Anpassungen auf seiner Internetseite barrierefrei zu veröffentlichen. [3]Ab dem 26. Mai 2020 nimmt das Bundesinstitut für Arzneimittel und Medizinprodukte die Anpassungen nach Satz 2 vor und veröffentlicht diese barrierefrei. [4]Die barrierefreie Veröffentlichung nach den Sätzen 1 bis 3 erfolgt ab dem 26. Mai 2020 auf der Internetseite des Bundesinstituts für Arzneimittel und Medizinprodukte. [5]Ab dem 1. Januar 2021 kann die Liste nach Satz 1 auch Strukturmerkmale enthalten.

(3) Das Bundesministerium für Gesundheit kann durch Rechtsverordnung ohne Zustimmung des Bundesrates von Absatz 1 abweichende Zeiträume regeln.

(4) [1]Im Rahmen der Prüfung von Strukturmerkmalen sind die in Absatz 1 genannten Zeiträume von dem Nachweis auszunehmen, dass ein in Absatz 1 genanntes Krankenhaus die Strukturmerkmale einhält, die in der Liste nach Absatz 2 genannt sind. [2]Das Nähere ist in der Richtlinie nach § 283 Absatz 2 Satz 1 Nummer 3 des Fünften Buches Sozialgesetzbuch zu regeln. [3]Ist der Nachweis eines Strukturmerkmals wegen der Vorgaben in Satz 1 nicht zu erbringen, darf der Medizinische Dienst nicht nach § 275d Absatz 1 Satz 1 des Fünften Buches Sozialgesetzbuch begutachten, ob das Krankenhaus dieses Strukturmerkmal einhält.

§ 26
Zusatzentgelt für Testungen auf das Coronavirus SARS-CoV-2 im Krankenhaus

(1) [1]Kosten, die den Krankenhäusern für Testungen auf eine Infektion mit dem Coronavirus SARSCoV-2 bei Patientinnen und Patienten entstehen, die zur voll- oder teilstationären Krankenhausbehandlung in das Krankenhaus aufgenommen werden, werden mit einem Zusatzentgelt finanziert. [2]Das Krankenhaus berechnet das Zusatzentgelt bei Patientinnen und Patienten, die ab dem 14. Mai 2020 zur voll- oder teilstationären Krankenhausbehandlung in das Krankenhaus aufgenommen werden und bei denen Testungen nach Satz 1 durchgeführt werden.

(2) [1]Die Vertragsparteien nach § 17b Absatz 2 vereinbaren bis zum 29. Mai 2020 die Höhe des Zusatzentgelts nach Absatz 1 Satz 1. [2]Kommt eine Vereinbarung nach Satz 1 nicht innerhalb dieser Frist zustande, legt die Schiedsstelle nach § 18a Absatz 6 die Höhe des Zusatzentgelts ohne Antrag einer Vertragspartei innerhalb einer weiteren Woche fest.

§ 26a
Sonderleistung an Pflegekräfte aufgrund von besonderen Belastungen durch die SARS-CoV-2-Pandemie

(1) [1]Zugelassene Krankenhäuser, die im Zeitraum vom 1. Januar 2020 bis zum 31. Mai 2020 durch die voll- oder teilstationäre Behandlung von mit dem Coronavirus SARS-CoV-2 infizierten Patientinnen und Patienten besonders belastet waren, haben für ihre im genannten Zeitraum beschäftigten Pflegekräfte in der unmittelbaren Patientenversorgung auf bettenführenden Stationen, soweit diese durch die Versorgung von mit dem Coronavirus SARS-CoV-2 infizierten Patientinnen und Patienten einer erhöhten Arbeitsbelastung ausgesetzt waren, Anspruch auf eine Auszahlung aus den in Absatz 3 Satz 1 genannten Mitteln, mit der sie diesen Beschäftigten eine Prämie als einmalige Sonderleistung zu zahlen haben. [2]Als besonders belastet gelten Krankenhäuser mit weniger als 500 Betten mit mindestens 20 voll- oder teilstationär behandelten Patientinnen und Patienten, die mit dem Coronavirus SARS-CoV-2 infiziert waren, sowie Krankenhäuser ab 500 Betten mit mindestens 50 voll- oder teilstationär behandelten Patientinnen und Patienten, die mit dem Coronavirus SARS-CoV-2 infiziert waren. [3]Der Betrag nach Absatz 3 Satz 1 wird unter den nach den Sätzen 1 und 2 anspruchsberechtigten Krankenhäusern zu 50 Prozent nach der jeweiligen Anzahl der voll- oder teilstationär behandelten Patientinnen und Patienten, die im Zeitraum nach Satz 1 mit dem Coronavirus SARS-CoV-2 infiziert waren, sowie zu 50 Prozent nach der Anzahl der im Jahr 2019 beschäftigten Pflegekräfte in der unmittelbaren Patientenversorgung auf bettenführenden Stationen, umgerechnet in Vollkräfte, verteilt. [4]Der jedem anspruchsberechtigten Krankenhaus nach Maßgabe des Satzes 3 zustehende Betrag wird durch das Institut für das Entgeltsystem im Krankenhaus auf der Grundlage der Daten ermittelt, die dem Institut für das Entgeltsystem im Krankenhaus nach § 24 Absatz 2 Satz 1 Nummer 1 sowie nach § 21 Absatz 2 Nummer 1 Buchstabe e des Krankenhausentgeltgesetzes zur Verfügung stehen. [5]Das Institut für das Entgeltsystem im Krankenhaus veröffentlicht für jedes anspruchsberechtigte Krankenhaus unter Angabe des Namens und des Kennzeichens nach § 293 Absatz 1 des Fünften Buches Sozialgesetzbuch das Prämienvolumen nach Satz 3 bis zum 5. November 2020 barrierefrei auf seiner Internetseite.

(2) [1]Die Auswahl der Prämienempfängerinnen und Prämienempfänger sowie die Bemessung der individuellen Prämienhöhe entsprechend der Belastung durch die Versorgung von mit dem Coronavirus SARS-CoV-2 infizierten Patientinnen und Patienten obliegt dem Krankenhausträger im Einvernehmen mit der Arbeitnehmervertretung. [2]Zudem sollen neben den in Absatz 1 Satz 1 Genannten auch andere Beschäftigte für die Zahlung einer Prämie ausgewählt werden, die aufgrund der Versorgung von mit dem Coronavirus SARS-CoV-2 infizierten Patientinnen und Patienten besonders belastet waren.

(3) [1]Zur Finanzierung der Prämien nach Absatz 1 werden folgende Mittel zur Verfügung gestellt:

1. 93 Millionen Euro aus der Liquiditätsreserve des Gesundheitsfonds und
2. zusätzlich 7 Millionen Euro von den privaten Krankenversicherungsunternehmen.

[2]Das Bundesamt für Soziale Sicherung zahlt den Betrag nach Satz 1 Nummer 1 bis zum 12. November 2020 an den Spitzenverband Bund der Krankenkassen aus der Liquiditätsreserve des Gesundheitsfonds. [3]Der Verband der Privaten Krankenversicherung zahlt den Betrag nach Satz 1 Nummer 2 bis zum 12. November 2020 an den Spitzenverband Bund der Krankenkassen. [4]Der Spitzenverband Bund der Krankenkassen leitet die Beträge nach den Sätzen 2 und 3 auf Grundlage der Veröffentlichung nach Absatz 1 Satz 5 an die anspruchsberechtigten Krankenhäuser weiter. [5]Das Bundesamt für Soziale Sicherung bestimmt das Nähere zum Verfahren der Zahlung aus der Liquiditätsreserve des Gesundheitsfonds nach Satz 2. [6]Der Verband der Privaten Krankenversicherung bestimmt das Nähere zur Zahlung der Beträge der privaten Krankenversicherungsunternehmen nach Satz 3.

(4) Nach Abschluss der Zahlungen nach Absatz 3 Satz 2 und 3 durch das Bundesamt für Soziale

Sicherung und durch den Verband der Privaten Krankenversicherung übermittelt der Spitzenverband Bund der Krankenkassen dem Bundesministerium für Gesundheit bis zum 31. März 2021 eine krankenhausbezogene Aufstellung der ausgezahlten Mittel und stellt diese Übersicht auch dem Bundesamt für Soziale Sicherung und dem Verband der Privaten Krankenversicherung zur Verfügung.

(5) [1]Die Krankenhausträger haben die Prämien nach Absatz 2 bis zum 31. Dezember 2020 an die Beschäftigten nach Absatz 2 auszuzahlen. [2]Den Vertragsparteien nach § 18 Absatz 2 Nummer 1 oder Nummer 2 ist bis zum 30. September 2021 eine Bestätigung über die zweckentsprechende Verwendung der Mittel des Jahresabschlussprüfers vorzulegen. [3]Werden die Bestätigungen nicht oder nicht vollständig vorgelegt oder wurden die Mittel nicht zweckentsprechend verwendet, ist der entsprechende Betrag an den Spitzenverband Bund der Krankenkassen zurückzuzahlen. [4]Dieser zahlt 93 Prozent des Betrags über das Bundesamt für Soziale Sicherung an die Liquiditätsreserve des Gesundheitsfonds und 7 Prozent des Betrags über den Verband der Privaten Krankenversicherung an die privaten Krankenversicherungsunternehmen zurück.

§ 26b
Kostentragung für durch den Bund beschaffte Arzneimittel mit dem Wirkstoff Remdesivir

(1) Die Beschaffung von Arzneimitteln mit dem Wirkstoff Remdesivir für den Zeitraum Oktober 2020 bis März 2021 erfolgt zentral über den Bund im Rahmen des Joint Procurement Agreement der Europäischen Kommission.

(2) [1]Die Kosten für nach Absatz 1 beschaffte Arzneimittel sind aus der Liquiditätsreserve des Gesundheitsfonds sowie von den privaten Krankenversicherungsunternehmen zu erstatten. [2]Das Bundesministerium für Gesundheit teilt dem Bundesamt für Soziale Sicherung und dem Verband der Privaten Krankenversicherung die Höhe der für die Beschaffung nach Absatz 1 entstandenen Kosten mit. [3]Auf Grundlage des nach Satz 2 mitgeteilten Betrages zahlen

1. das Bundesamt für Soziale Sicherung 93 Prozent des Betrages nach Satz 2 aus der Liquiditätsreserve des Gesundheitsfonds und
2. der Verband der Privaten Krankenversicherung 7 Prozent des Betrages nach Satz 2

innerhalb von fünf Wochen nach Mitteilung des Betrages nach Satz 2 an das Bundesministerium für Gesundheit. [4]Die privaten Krankenversicherungsunternehmen zahlen an den Verband der Privaten Krankenversicherung Beträge in der Gesamthöhe des Betrages nach Satz 3 Nummer 2. [5]Der Verband der Privaten Krankenversicherung bestimmt das Nähere zur Zahlung dieser Beträge der privaten Krankenversicherungsunternehmen.

(3) [1]Die Vertragsparteien nach § 17b Absatz 2 Satz 1 vereinbaren bis zum 26. November 2020

1. den Zeitpunkt, ab dem die Krankenhäuser die Anwendung der nach Absatz 1 beschafften Arzneimittel zu dokumentieren haben,
2. das Nähere zur Dokumentation der Anwendung der nach Absatz 1 beschafften Arzneimittel bei voll- oder teilstationär behandelten Patientinnen und Patienten, insbesondere zur Dokumentation der angewendeten Mengen und der jeweiligen Kostenträger in maschinenlesbarer Form, und
3. das Verfahren zur Erstellung einer über alle Krankenhäuser zusammengefassten Statistik, insbesondere über die angewendeten Mengen der nach Absatz 1 beschafften Arzneimittel und die Verteilung nach Kostenträgern.

[2]Die Vertragsparteien nach § 17b Absatz 2 Satz 1 übermitteln bis zum 31. Oktober 2021 die nach Satz 1 Nummer 3 erstellte Statistik dem Bundesministerium für Gesundheit.

(4) [1]Auf der Grundlage der Statistik nach Absatz 3 Satz 2 ermittelt das Bundesministerium für Gesundheit die Kosten für die gesetzliche Krankenversicherung und die privaten Krankenversicherungsunternehmen und teilt den jeweiligen Betrag dem Bundesamt für Soziale Sicherung und dem Verband der Privaten Krankenversicherung mit. [2]Liegt der nach Satz 1 ermittelte jeweilige Betrag unter dem nach Absatz 2 Satz 3 gezahlten Betrag, erstattet das Bundesministerium für Gesundheit dem Bundesamt für Soziale Sicherung oder dem Verband der Privaten Krankenversicherung den jeweiligen Differenzbetrag. [3]Liegt der nach Satz 1 ermittelte jeweilige Betrag über dem nach Absatz 2 Satz 3 gezahlten Betrag, zahlt das Bundesamt für Soziale Sicherung oder der Verband der Privaten Krankenversicherung dem

Bundesministerium für Gesundheit den jeweiligen Differenzbetrag. [4]Die bis zu dem nach Absatz 3 Satz 1 Nummer 1 vereinbarten Zeitpunkt angewendeten und nach Absatz 1 beschafften Arzneimittel werden auf Grundlage der von den Krankenhausapotheken an die Krankenhäuser abgegebenen Mengen ermittelt. [5]Die Kosten für die Arzneimittel nach Satz 4 werden nach den Anteilen nach Absatz 2 Satz 3 von dem Bundesamt für Soziale Sicherung und dem Verband der Privaten Krankenversicherung an das Bundesministerium für Gesundheit erstattet. [6]Der Verband der Privaten Krankenversicherung erstattet den privaten Krankenversicherungsunternehmen den an ihn gezahlten Betrag nach Satz 2. [7]Die privaten Krankenversicherungsunternehmen erstatten dem Verband der Privaten Krankenversicherung die von ihm zu zahlenden Beträge nach den Sätzen 3 und 5. [8]Der Verband der Privaten Krankenversicherung bestimmt das Nähere zu den Erstattungen nach den Sätzen 6 und 7.

§ 26c
Kostenerstattung für durch den Bund beschaffte Produkte

(1) Für nicht anderweitig finanzierte Kosten, die den Krankenhäusern für Produkte entstehen, die während einer vom Deutschen Bundestag nach § 5 Absatz 1 Satz 1 des Infektionsschutzgesetzes festgestellten epidemischen Lage von nationaler Tragweite durch den Bund zentral beschafft, vorfinanziert und kostenpflichtig an die Krankenhäuser abgegeben werden, berechnen die Krankenhäuser bei Patientinnen und Patienten, die zur voll- oder teilstationären Krankenhausbehandlung in das Krankenhaus aufgenommen werden und bei deren Versorgung die Produkte zum Einsatz kommen, Zusatzentgelte nach Absatz 2.

(2) [1]Die Vertragsparteien nach § 17b Absatz 2 Satz 1 vereinbaren innerhalb von zwei Wochen, nachdem das Bundesministerium für Gesundheit ihnen die Beschaffung der Produkte mitgeteilt hat, die Höhe und die näheren Einzelheiten zur Abrechnung eines Zusatzentgelts nach Absatz 1. [2]Die Höhe der Zusatzentgelte entspricht den nicht anderweitig finanzierten Kosten, die den Krankenhäusern durch den Bezug der Produkte entstanden sind. [3]Kommt eine Vereinbarung nach Satz 1 nicht innerhalb dieser Frist zustande, legt die Schiedsstelle nach § 18a Absatz 6 die Höhe und die näheren Einzelheiten zur Abrechnung eines Zusatzentgelts ohne Antrag einer Vertragspartei innerhalb von zwei weiteren Wochen fest.

§ 26d
Erweiterte Sonderleistung an Pflegekräfte aufgrund von besonderen Belastungen durch die SARS-CoV-2-Pandemie

(1) [1]Zugelassene Krankenhäuser, die ihre Leistungen nach dem Krankenhausentgeltgesetz abrechnen und die im Zeitraum vom 1. Januar 2020 bis zum 31. Dezember 2020 durch die voll- oder teilstationäre Behandlung von mit dem Coronavirus SARS-CoV-2 infizierten Patientinnen und Patienten besonders belastet waren, haben für ihre Pflegekräfte in der unmittelbaren Patientenversorgung auf bettenführenden Stationen, soweit diese durch die Versorgung von mit dem Coronavirus SARS-CoV-2 infizierten Patientinnen und Patienten einer erhöhten Arbeitsbelastung ausgesetzt waren, Anspruch auf eine Auszahlung aus den in Absatz 3 Satz 1 genannten Mitteln, mit der sie diesen Beschäftigten eine Prämie als einmalige Sonderleistung zu zahlen haben. [2]Als besonders belastet gelten Krankenhäuser mit weniger als 500 Betten mit mindestens 20 voll- oder teilstationär behandelten Patientinnen und Patienten, die mit dem Coronavirus SARS-CoV-2 infiziert waren, sowie Krankenhäuser ab 500 Betten mit mindestens 50 voll- oder teilstationär behandelten Patientinnen und Patienten, die mit dem Coronavirus SARS-CoV-2 infiziert waren. [3]Krankenhäuser, die nach § 26a Absatz 1 anspruchsberechtigt waren, werden bei der Verteilung berücksichtigt, wenn sie im Zeitraum vom 1. Juni 2020 bis zum 31. Dezember 2020 die Voraussetzungen der Sätze 1 und 2 erfüllt haben. [4]Unter den nach den Sätzen 1 bis 3 anspruchsberechtigten Krankenhäusern werden 150 Millionen Euro nach der jeweiligen Summe der Verweildauertage der voll- oder teilstationär behandelten Patientinnen und Patienten, die in den in den Sätzen 1 und 3 genannten Zeiträumen in den besonders belasteten Krankenhäusern mit dem Coronavirus SARS-CoV-2 infiziert waren und entlassen wurden, sowie 150 Millionen Euro nach der Anzahl der im Jahr 2019 beschäftigten Pflegekräfte in der unmittelbaren Patientenversorgung auf bettenführenden Stationen, umgerechnet in Vollkräfte, verteilt. [5]Zusätzlich werden 150 Millionen Euro unter den nach den Sätzen 1 bis 3 anspruchsberechtigten Krankenhäusern verteilt, in denen im Zeitraum nach Satz 1 mit dem Coronavirus SARS-CoV-2 infizierte Patientinnen und Patienten mehr als 48 Stunden gemäß der Anlage zur Vereinbarung über die Übermittlung von Daten nach § 21 Absatz 4 und Absatz 5

des Krankenhausentgeltgesetzes – Version 2020 für das Datenjahr 2019, Fortschreibung vom 4. Dezember 2019 – beatmet wurden; die Anspruchshöhe wird nach der Anzahl dieser Fälle im jeweiligen Krankenhaus bemessen. [6]Der jedem anspruchsberechtigten Krankenhaus nach Maßgabe der Sätze 4 und 5 zustehende Betrag wird durch das Institut für das Entgeltsystem im Krankenhaus auf der Grundlage der Daten ermittelt, die dem Institut für das Entgeltsystem im Krankenhaus nach § 24 Absatz 2 Satz 1 Nummer 1 sowie nach § 21 Absatz 2 Nummer 1 Buchstabe e des Krankenhausentgeltgesetzes zur Verfügung stehen. [7]Das Institut für das Entgeltsystem im Krankenhaus veröffentlicht für jedes anspruchsberechtigte Krankenhaus unter Angabe des Namens und des Kennzeichens nach § 293 Absatz 1 des Fünften Buches Sozialgesetzbuch das Prämienvolumen nach den Sätzen 4 und 5 bis zum 7. April 2021 barrierefrei auf seiner Internetseite.

(2) [1]Die Auswahl der Prämienempfängerinnen und Prämienempfänger sowie die Bemessung der individuellen Prämienhöhe entsprechend der Belastung durch die Versorgung von mit dem Coronavirus SARS-CoV-2 infizierten Patientinnen und Patienten obliegt dem Krankenhausträger im Einvernehmen mit der Arbeitnehmervertretung. [2]Zudem sollen neben den in Absatz 1 Satz 1 Genannten auch andere Beschäftigte für die Zahlung einer Prämie ausgewählt werden, die aufgrund der Versorgung von mit dem Coronavirus SARS-CoV-2 infizierten Patientinnen und Patienten besonders belastet waren.

(3) [1]Zur Finanzierung der Prämien nach Absatz 1 zahlt das Bundesamt für Soziale Sicherung einen Betrag von 450 Millionen Euro bis zum 14. April 2021 aus der Liquiditätsreserve des Gesundheitsfonds an den Spitzenverband Bund der Krankenkassen. [2]Der Bund erstattet den Betrag nach Satz 1 unverzüglich an die Liquiditätsreserve des Gesundheitsfonds. [3]Der Spitzenverband Bund der Krankenkassen leitet den Betrag nach Satz 1 auf Grundlage der Veröffentlichung nach Absatz 1 Satz 7 an die anspruchsberechtigten Krankenhäuser weiter. [4]Nach Abschluss der Zahlungen nach Satz 3 übermittelt der Spitzenverband Bund der Krankenkassen dem Bundesministerium für Gesundheit bis zum 30. September 2021 eine krankenhausbezogene Aufstellung der ausgezahlten Mittel.

(4) [1]Die Krankenhausträger haben die Prämien nach Absatz 2 bis zum 30. Juni 2021 an die Beschäftigten nach Absatz 2 auszuzahlen. [2]Den Vertragsparteien nach § 18 Absatz 2 Nummer 1 oder Nummer 2 und dem Spitzenverband Bund der Krankenkassen ist bis zum 31. März 2022 eine Bestätigung des Jahresabschlussprüfers über die zweckentsprechende Verwendung der Mittel vorzulegen. [3]Werden die Bestätigungen nicht oder nicht vollständig vorgelegt oder wurden die Mittel nicht zweckentsprechend verwendet, ist der entsprechende Betrag bis zum 30. April 2022 an den Spitzenverband Bund der Krankenkassen zurückzuzahlen. [4]Dieser leitet die Beträge nach Satz 3 unverzüglich an die Liquiditätsreserve des Gesundheitsfonds weiter. [5]Das Bundesamt für Soziale Sicherung erstattet die Summe der Beträge nach Satz 4 bis zum 30. Juni 2022 aus der Liquiditätsreserve des Gesundheitsfonds an den Bund. [6]Soweit die Zahlungen nach Satz 1 zur Folge haben, dass der Betrag nach § 3 Nummer 11a des Einkommensteuergesetzes für einzelne Beschäftigte überschritten wird, können die Krankenhäuser auch Arbeitgeberanteile an den Sozialversicherungsbeiträgen für die Zahlungen nach Satz 1 aus den Mitteln nach Absatz 3 Satz 3 decken.

(5) [1]Die nach Absatz 1 Satz 1 bis 3 anspruchsberechtigten Krankenhäuser berichten dem Spitzenverband Bund der Krankenkassen bis zum 31. März 2022 in anonymisierter Form über die Anzahl der Prämienempfängerinnen und Prämienempfänger, die jeweilige Prämienhöhe und die der Verteilung nach Absatz 2 zugrunde liegenden Kriterien. [2]Der Spitzenverband Bund der Krankenkassen kann den Krankenhäusern weitere Vorgaben zum Inhalt der Berichte machen und erstellt auf der Grundlage der Berichte einen Abschlussbericht, den er bis zum 31. August 2022 dem Bundesministerium für Gesundheit vorlegt.

§ 26e
Erneute Sonderleistung an Pflegefachkräfte aufgrund von besonderen Belastungen durch die SARS-CoV-2-Pandemie

(1) [1]Ist ein zugelassenes Krankenhaus, das seine Leistungen nach dem Krankenhausentgeltgesetz abrechnet, im Zeitraum vom 1. Januar 2021 bis zum 31. Dezember 2021 besonders belastet gewesen durch die vollstationäre Behandlung von Patientinnen und Patienten, die mit dem Coronavirus SARS-CoV-2 infiziert gewesen sind, so hat es Anspruch auf eine Auszahlung aus Bun-

desmitteln in der nach Absatz 6 ermittelten Höhe. [2]Als besonders belastet gilt ein Krankenhaus, in dem im Zeitraum nach Satz 1 mehr als zehn Patientinnen und Patienten behandelt worden sind, die

1. mit dem Coronavirus SARS-CoV-2 infiziert gewesen sind und
2. mehr als 48 Stunden gemäß der Anlage zur Vereinbarung über die Übermittlung von Daten nach § 21 Absatz 4 und 5 des Krankenhausentgeltgesetzes – Version 2021 für das Datenjahr 2020, Fortschreibung vom 24. November 2020 – beatmet worden sind.

[3]Welches Krankenhaus Anspruch auf die Auszahlung aus Bundesmitteln hat, ermittelt das Institut für das Entgeltsystem im Krankenhaus auf der Grundlage der Daten, die ihm nach § 21 Absatz 3b Satz 1 Nummer 3 des Krankenhausentgeltgesetzes für das Datenjahr 2021 zur Verfügung stehen. [4]Das Institut für das Entgeltsystem im Krankenhaus veröffentlicht bis zum 1. Juli 2022 eine Übersicht über alle Krankenhäuser, die einen Anspruch auf die Auszahlung aus Bundesmitteln haben, barrierefrei auf seiner Internetseite. [5]In der Veröffentlichung sind jeweils der Name des Krankenhauses und sein Kennzeichen nach § 293 Absatz 1 des Fünften Buches Sozialgesetzbuch anzugeben.

(2) [1]Erhält ein Krankenhaus die Auszahlung aus Bundesmitteln, muss es mit dem ausgezahlten Betrag eine Prämie als einmalige Sonderleistung an diejenigen Pflegefachkräfte zahlen, die im Jahr 2021 für mindestens 185 Tage in der unmittelbaren Patientenversorgung auf bettenführenden Stationen in dem Krankenhaus beschäftigt gewesen sind. [2]In Satz 1 genannte Pflegefachkräfte, die als Intensivpflegefachkräfte im Jahr 2021 für mindestens drei Monate in der Intensivpflege tätig waren, erhalten eine um den Faktor 1,5 erhöhte Prämie. [3]Die Zahlung soll innerhalb von vier Wochen erfolgen, nachdem das Krankenhaus seine Auszahlung vom Spitzenverband Bund der Krankenkassen nach Absatz 7 Satz 4 erhalten hat. [4]An Pflegefachkräfte nach den Sätzen 1 und 2, die im Jahr 2021 an mindestens einem Tag in Teilzeit in dem Krankenhaus beschäftigt waren und an Pflegefachkräfte nach den Sätzen 1 und 2, die nicht im gesamten Jahr 2021 in dem Krankenhaus beschäftigt waren, muss das Krankenhaus die Prämie anteilig in der Höhe zahlen, die dem Verhältnis ihrer vertraglichen Arbeitszeit zu der Arbeitszeit in Vollzeitbeschäftigung und dem Verhältnis der Dauer ihrer Beschäftigung in dem Krankenhaus zur Ganzjahresbeschäftigung entspricht.

(3) [1]Pflegefachkräfte im Sinne des Absatzes 2 sind Personen, die über die Erlaubnis zum Führen der Berufsbezeichnung nach § 1, § 58 Absatz 1 oder Absatz 2 oder § 64 des Pflegeberufegesetzes, auch in Verbindung mit § 66 Absatz 1 oder Absatz 2 des Pflegeberufegesetzes, verfügen. [2]Intensivpflegefachkräfte im Sinne des Absatzes 2 Satz 2 sind Pflegefachkräfte im Sinne des Satzes 1, die über eine abgeschlossene landesrechtliche Weiterbildung als Fachkrankenpflegerin für Intensivpflege und Anästhesie oder als Fachkrankenpfleger für Intensivpflege und Anästhesie verfügen.

(4) [1]Das Institut für das Entgeltsystem im Krankenhaus fordert die Krankenhäuser, die Anspruch auf die Auszahlung aus Bundesmitteln haben, bis zum 4. Juli 2022 auf, ihm bis zum 31. Juli 2022 die folgenden Angaben mitzuteilen:

1. die Anzahl der in Absatz 2 Satz 1 genannten Pflegefachkräfte, umgerechnet in Vollkräfte,
2. die Anzahl der in Absatz 2 Satz 2 genannten Intensivpflegefachkräfte, umgerechnet in Vollkräfte,
3. die Anzahl der nach § 21 Absatz 2 Nummer 1 Buchstabe e des Krankenhausentgeltgesetzes für das Datenjahr 2021 an das Institut für das Entgeltsystem im Krankenhaus gemeldeten Pflegefachkräfte, die im Jahr 2021 insgesamt in der Intensivpflege eingesetzt waren, umgerechnet in Vollkräfte.

[2]Das Institut für das Entgeltsystem im Krankenhaus kann den Krankenhäusern weitere Vorgaben zum Inhalt und zur Ausgestaltung der Mitteilung machen. [3]Das Institut für das Entgeltsystem im Krankenhaus prüft die ihm nach Satz 1 mitgeteilten Daten auf der Grundlage der Daten, die ihm nach § 21 Absatz 2 Nummer 1 Buchstabe e des Krankenhausentgeltgesetzes für das Datenjahr 2021 zur Verfügung stehen, auf Plausibilität.

(5) [1]Das Institut für das Entgeltsystem im Krankenhaus ermittelt die Prämienhöhe für die in Absatz 2 Satz 1 genannten Pflegefachkräfte, umgerechnet in Vollkräfte, indem es

1. von der Gesamtzahl aller nach Absatz 4 Satz 1 Nummer 1 mitgeteilten Pflegefachkräfte die Gesamtzahl aller nach Absatz 4 Satz 1 Nummer 2 mitgeteilten Intensivpflegefachkräfte abzieht,

2. die Gesamtzahl aller nach Absatz 4 Satz 1 Nummer 2 mitgeteilten Intensivpflegfachkräfte mit 1,5 multipliziert,

3. die nach Nummer 1 ermittelte Zahl zu der nach Nummer 2 ermittelten Zahl addiert und

4. einen Betrag von 500 Millionen Euro durch die nach Nummer 3 ermittelte Zahl dividiert.

[2]Bei der Ermittlung sind die nach Durchführung der Plausibilitätsprüfung nach Absatz 4 Satz 3 ermittelten Werte zu Grunde zu legen. [3]Das Institut für das Entgeltsystem im Krankenhaus ermittelt die Prämienhöhe für die in Absatz 2 Satz 2 genannten Intensivpflegefachkräfte, umgerechnet in Vollkräfte, indem es die nach Satz 1 ermittelte Prämienhöhe mit 1,5 multipliziert.

(6) [1]Das Institut für das Entgeltsystem im Krankenhaus ermittelt für jedes Krankenhaus die Höhe der Auszahlung aus Bundesmitteln, auf die das Krankenhaus nach Absatz 1 Satz 1 einen Anspruch hat, indem es

1. die nach Absatz 5 Satz 1 für Pflegefachkräfte ermittelte Prämienhöhe mit der nach Absatz 4 Satz 1 Nummer 1 mitgeteilten Anzahl der Pflegefachkräfte abzüglich der nach Absatz 4 Satz 1 Nummer 2 mitgeteilten Anzahl der Intensivpflegefachkräfte multipliziert,

2. die nach Absatz 5 Satz 3 für Intensivpflegefachkräfte ermittelte Prämienhöhe mit der nach Absatz 4 Satz 1 Nummer 2 mitgeteilten Anzahl der Intensivpflegefachkräfte multipliziert und

3. die nach den Nummern 1 und 2 ermittelten Beträge addiert.

[2]Bei der Ermittlung sind die nach Durchführung der Plausibilitätsprüfung nach Absatz 4 Satz 3 ermittelten Werte zu Grunde zu legen. [3]Das Institut für das Entgeltsystem im Krankenhaus erlässt für jedes Krankenhaus, das Anspruch auf die Auszahlung aus Bundesmitteln hat, bis zum 30. September 2022 einen Bescheid nach § 31 Absatz 2, der den Namen des Krankenhauses und sein Kennzeichen nach § 293 Absatz 1 des Fünften Buches Sozialgesetzbuch enthält und Folgendes festlegt:

1. die Höhe des Auszahlungsbetrags,

2. die nach Absatz 5 ermittelte Prämienhöhe für Pflegefachkräfte und Intensivpflegefachkräfte,

3. die Anzahl der seiner Berechnung nach Absatz 5 zu Grunde gelegten in Vollkräfte umgerechneten Pflegefachkräfte und Intensivpflegefachkräfte.

[4]Das Institut für das Entgeltsystem im Krankenhaus übermittelt dem Spitzenverband Bund der Krankenkassen sowie dem Bundesministerium für Gesundheit bis zum 4. Oktober 2022 unter Angabe der Namen der Krankenhäuser und ihrer Kennzeichen nach § 293 Absatz 1 des Fünften Buches Sozialgesetzbuch eine krankenhausbezogene Aufstellung der Angaben nach Satz 3 Nummer 1 bis 3. [5]Krankenhäuser, die die Angaben nach Absatz 4 Satz 1 nicht oder nicht rechtzeitig mitgeteilt haben, erhalten keine Auszahlung aus Bundesmitteln und zahlen keine Prämien nach Absatz 2.

(7) [1]Das Bundesamt für Soziale Sicherung zahlt einen Betrag in Höhe von 500 Millionen Euro bis zum 4. Oktober 2022 aus der Liquiditätsreserve des Gesundheitsfonds an den Spitzenverband Bund der Krankenkassen. [2]Das Bundesamt für Soziale Sicherung unterrichtet das Bundesministerium für Gesundheit unverzüglich über die Auszahlung. [3]Der Bund erstattet den gezahlten Betrag innerhalb von einer Woche nach der Unterrichtung nach Satz 2 an die Liquiditätsreserve des Gesundheitsfonds. [4]Der Spitzenverband Bund der Krankenkassen leitet den Auszahlungsbetrag in der Höhe, der in dem Bescheid nach Absatz 6 Satz 3 für das jeweilige Krankenhaus festgelegt wurde, an das jeweilige Krankenhaus weiter. [5]Nach Abschluss der Weiterleitungen nach Satz 4 übermittelt der Spitzenverband Bund der Krankenkassen dem Bundesministerium für Gesundheit bis zum 31. Januar 2023 eine krankenhausbezogene Aufstellung der weitergeleiteten Beträge. [6]Die notwendigen Aufwendungen des Instituts für das Entgeltsystem im Krankenhaus für die Erfüllung der Aufgaben nach dieser Vorschrift sind aus dem Zuschlag nach § 17b Absatz 5 Satz 1 Nummer 1 zu finanzieren, der erforderlichenfalls entsprechend zu erhöhen ist.

(8) [1]Jedes Krankenhaus, das die Auszahlung aus Bundesmitteln erhalten hat, muss den Vertragsparteien nach § 18 Absatz 2 Nummer 1 oder Nummer 2, dem Spitzenverband Bund der Krankenkassen und dem Institut für das Entgeltsystem im Krankenhaus bis zum 30. September 2023 eine Bestätigung des Jahresabschlussprüfers über die zweckentsprechende Verwendung der Mittel vorlegen, die auch die Anzahl der in Absatz 2 Satz 1 genannten Pflegefachkräfte, die nach Absatz 4 Satz 1 Nummer 2 mitgeteilte Anzahl der Intensivpflegefachkräfte und die Anzahl der im Jahr 2021 insgesamt in der Intensivpflege eingesetzten Pflegefachkräfte beinhalten muss. [2]Werden die Bestätigungen nicht oder nicht vollständig vorgelegt oder wurden die Mittel nicht zweckentsprechend verwendet, ist der entsprechende Betrag bis zum 31. Dezember 2023 an den Spitzenverband Bund der Krankenkassen zurückzuzahlen. [3]Dieser leitet die zurückgezahlten Beträge an die Liquiditätsreserve des Gesundheitsfonds weiter. [4]Das Bundesamt für Soziale Sicherung erstattet die Summe der zurückgezahlten Beträge bis zum 31. Juli 2024 aus der Liquiditätsreserve des Gesundheitsfonds an den Bund.

§ 26f
Ausgleich für Steigerungen der Kosten für den Bezug von Erdgas, Wärme und Strom

(1) [1]Zugelassene Krankenhäuser erhalten für den Zeitraum vom 1. Oktober 2022 bis zum 30. April 2024 aus der Liquiditätsreserve des Gesundheitsfonds zwei krankenhausindividuelle Ausgleichszahlungen zum pauschalen Ausgleich von mittelbar durch den Anstieg der Energiepreise verursachten Kostensteigerungen und krankenhausindividuelle Erstattungsbeträge zum Ausgleich ihrer gestiegenen Kosten für den Bezug von leitungsgebundenem Erdgas, leitungsgebundener Fernwärme und leitungsgebundenem Strom. [2]Der Bund stellt der Liquiditätsreserve des Gesundheitsfonds zur Verfügung:

1. bis zum 17. Januar 2023 einen Betrag für das Jahr 2023 in Höhe von bis zu 4,5 Milliarden Euro und

2. bis zum 29. Dezember 2023 einen Betrag für das Jahr 2024 in Höhe von bis zu weiteren 1,5 Milliarden Euro.

[3]Mittel aus der Liquiditätsreserve des Gesundheitsfonds, die im Jahr 2023 nicht an die Länder oder die benannten Krankenkassen gezahlt worden sind, stehen für Zahlungen aus der Liquiditätsreserve des Gesundheitsfonds im Jahr 2024 zur Verfügung. [4]Nach Abschluss der Zahlungen an die Länder und an die benannten Krankenkassen nach dieser Vorschrift nicht gezahlte Mittel werden an den Bund zurückgeführt.

(2) [1]Für die Ermittlung der Höhe der ersten krankenhausindividuellen Ausgleichszahlung nach Absatz 1 Satz 1 übermitteln die zugelassenen Krankenhäuser der Träger der gesetzlichen Unfallversicherung und ihrer Vereinigungen bis zum 10. Januar 2023 die Anzahl ihrer auf die akutstationäre Versorgung der gesetzlichen Unfallversicherung entfallenden Betten und Intensivbetten an die für die Krankenhausplanung zuständigen Landesbehörden, die diese Anzahl und die Summe der ihnen nach § 21 Absatz 3 Satz 1 Nummer 3 des Krankenhausentgeltgesetzes zum 31. März 2022 durch die Datenstelle jeweils übermittelte Anzahl der aufgestellten Betten und Intensivbetten der Krankenhäuser addieren und das Ergebnis bis zum 15. Januar 2023 an das Bundesamt für Soziale Sicherung übermitteln. [2]Das Bundesamt für Soziale Sicherung teilt einen Betrag in Höhe von 1,5 Milliarden Euro auf die Länder entsprechend dem Verhältnis der von diesen jeweils fristgerecht übermittelten Bettenanzahlen auf und zahlt den hiernach auf jedes Land entfallenden Betrag am 31. Januar 2023, am 28. Februar 2023 und am 31. März 2023 in drei gleichen Teilbeträgen aus der Liquiditätsreserve des Gesundheitsfonds an das jeweilige Land zur Weiterleitung an die Krankenhäuser entsprechend dem Verhältnis der jeweiligen Bettenanzahl. [3]Nach dem 15. Januar 2023 übermittelte Daten zur Bettenanzahl bleiben bei der Aufteilung nach Satz 2 unberücksichtigt.

(2a) [1]Für die Ermittlung der Höhe der zweiten krankenhausindividuellen Ausgleichszahlung nach Absatz 1 Satz 1 addieren die für die Krankenhausplanung zuständigen Landesbehörden die Anzahl der ihnen nach Absatz 2 Satz 1 übermittelten auf die akutstationäre Versorgung der gesetzlichen Unfallversicherung entfallenden Betten und Intensivbetten der zugelassenen Krankenhäuser der Träger der gesetzlichen Unfallversicherung und ihrer Vereinigungen und die Summe der ihnen nach § 21 Absatz 3 Satz 1 Nummer 3 des Krankenhausentgeltgesetzes zum 1. Juli 2023 durch die Datenstelle für das Kalenderjahr 2022 jeweils übermittelten Anzahl der aufgestellten Betten und Intensivbetten der Krankenhäuser und übermitteln das Ergebnis bis zum 15. August 2023 an das Bundesamt für Soziale Sicherung. [2]Das Bundesamt für Soziale Sicherung teilt einen Betrag in Höhe von 2,5 Milliarden Euro auf die Länder entsprechend dem Verhältnis der von diesen jeweils fristgerecht übermittelten Bettenanzahlen auf und zahlt den hiernach auf jedes Land entfallenden Betrag am 29. September 2023, am 30. November 2023 und am 31. Mai 2024 in drei gleichen Teilbeträgen aus der Liquiditätsreserve des Gesundheitsfonds an das jeweilige Land zur Weiterleitung an die Krankenhäuser entsprechend dem Verhältnis der jeweiligen Bettenanzahl, soweit sich aus Absatz 6 Satz 7 keine abweichende Berechnung des am 31. Mai 2024 zu zahlenden Teilbetrages ergibt. [3]Nach dem 15. August 2023 übermittelte Daten zur Bettenanzahl bleiben bei der Aufteilung nach Satz 2 unberücksichtigt.

(3) Die Krankenhäuser ermitteln die Höhe der krankenhausindividuellen Erstattungsbeträge nach Absatz 1 Satz 1 für folgende Zeiträume getrennt:

1. Oktober 2022 bis Dezember 2022,
2. Januar 2023 bis Dezember 2023 und
3. Januar 2024 bis April 2024.

(4) [1]Die Krankenhäuser ermitteln die Höhe des krankenhausindividuellen Erstattungsbetrags für den Zeitraum nach Absatz 3 Nummer 1, indem sie von ihren auf die Monate Oktober 2022 bis Dezember 2022 entfallenden Kosten für den Bezug von leitungsgebundenem Erdgas, leitungsgebundener Fernwärme und leitungsgebundenem Strom die Summe abziehen, die dem dreifachen Betrag der für den Monat März 2022 gezahlten Abschläge für leitungsgebundenes Erdgas, leitungsgebundene Fernwärme und leitungsgebundenen Strom entspricht, und das Ergebnis gemäß Absatz 7 Satz 1 Nummer 1 mindern. [2]Soweit in den Bezugskosten nach Satz 1 Kosten von Einrichtungen des Krankenhauses enthalten sind, die nicht der akutstationären Versorgung dienen, insbesondere Kosten medizinischer Versorgungszentren, von Vorsorge- oder Rehabilitationseinrichtungen oder stationärer Pflegeeinrichtungen, sind die Bezugskosten nach Satz 1 um die rechnerisch auf diese Einrichtungen entfallenden Anteile zu verringern. [3]Ist der sich aus der Berechnung nach den Sätzen 1 und 2 ergebende Differenzbetrag größer als null, übermitteln die Krankenhäuser den Differenzbetrag an die für die Krankenhausplanung zuständige Landesbehörde oder an eine von dieser Landesbehörde benannte Krankenkasse und weisen gegenüber dieser Landesbehörde oder Krankenkasse durch Vorlage der entsprechenden Abrechnungen die Höhe der Bezugskosten nach Satz 1 nach. [4]Nach Prüfung der nach Satz 3 übermittelten Differenzbeträge und vorgelegten Nachweise addiert die für die Krankenhausplanung zuständige Landesbehörde oder die benannte Krankenkasse die übermittelten Differenzbeträge und übermittelt das Ergebnis bis zum 15. Februar 2023 an das Bundesamt für Soziale Sicherung. [5]Das Bundesamt für Soziale Sicherung zahlt die entsprechenden Beträge aus der Liquiditätsreserve des Gesundheitsfonds an das jeweilige Land oder an die benannte Krankenkasse zur Weiterleitung an die Krankenhäuser.

(5) [1]Die Krankenhäuser ermitteln die Höhe des krankenhausindividuellen Erstattungsbetrags für den Zeitraum nach Absatz 3 Nummer 2, indem sie

1. von den auf die Monate Januar 2023 bis Dezember 2023 voraussichtlich entfallenden Kosten für den Bezug von leitungsgebundenem Erdgas, leitungsgebundener Fernwärme und leitungsgebundenem Strom die Summe abziehen, die dem zwölffachen Betrag der für den Monat März 2022 gezahlten Abschläge für leitungsgebundenes Erdgas, leitungsgebundene Fernwärme und leitungsgebundenen Strom entspricht,
2. das Ergebnis nach Nummer 1 gemäß Absatz 7 Satz 1 Nummer 2 mindern und
3. das Ergebnis nach Nummer 2 um den Teil eines sich aus den Jahresrechnungen für leitungsgebundenes Erdgas, leitungsgebundene Fernwärme und leitungsgebundenen Strom für das Jahr 2022 ergebenden Nachzahlungsbetrags erhöhen oder eines sich ergebenden Rückzahlungsbetrags verringern, der auf die Monate Oktober 2022 bis Dezember 2022 entfällt.

[2]Bei der Ermittlung nach Satz 1 sind die Abschläge zu Grunde zu legen, die die Versorgungsunternehmen den Krankenhäusern nach den §§ 4 und 7 des Strompreisbremsegesetzes sowie nach den §§ 6 und 14 des Erdgas-Wärme-Preisbremsengesetzes in Rechnung gestellt haben. [3]Absatz 4 Satz 2 und 3 gilt entsprechend. [4]Nach Prüfung der übermittelten Differenzbeträge und

der vorgelegten Nachweise addiert die für die Krankenhausplanung zuständige Landesbehörde oder die benannte Krankenkasse die übermittelten Differenzbeträge und übermittelt das Ergebnis bis zum 30. April 2023 an das Bundesamt für Soziale Sicherung, das die übermittelten Beträge addiert. [5]Nach dem 30. April 2023 dem Bundesamt für Soziale Sicherung übermittelte Beträge bleiben unberücksichtigt. [6]Das Bundesamt für Soziale Sicherung berechnet nach dem 4. August 2023 einen Höchstbetrag der Erstattungsbeträge für den Zeitraum nach Absatz 3 Nummer 2 als Differenz zwischen dem Betrag nach Absatz 1 Satz 2 Nummer 1 und der Summe der nach den Absätzen 2, 2a und 4 im Jahr 2023 an die Länder oder an die benannten Krankenkassen gezahlten Beträge. [7]Unterschreitet die nach Satz 4 berechnete Summe der fristgerecht übermittelten Beträge den nach Satz 6 berechneten Höchstbetrag, zahlt das Bundesamt für Soziale Sicherung die fristgerecht übermittelten Beträge in Abständen von jeweils zwei Monaten in drei gleichen Teilbeträgen aus der Liquiditätsreserve des Gesundheitsfonds an die Länder oder an die benannten Krankenkassen zur Weiterleitung an die Krankenhäuser. [8]Überschreitet die nach Satz 4 berechnete Summe der fristgerecht übermittelten Beträge den nach Satz 6 berechneten Höchstbetrag, kürzt das Bundesamt für Soziale Sicherung die auf die Länder entfallenden Beträge in dem Verhältnis, in dem die Summe der fristgerecht übermittelten Beträge zu dem Höchstbetrag steht, und zahlt den sich jeweils ergebenden Betrag in Abständen von jeweils zwei Monaten in vier gleichen Teilbeträgen aus der Liquiditätsreserve des Gesundheitsfonds an die Länder oder an die benannten Krankenkassen zur Weiterleitung an die Krankenhäuser.

(6) [1]Die Krankenhäuser ermitteln die Höhe des krankenhausindividuellen Erstattungsbetrags für den Zeitraum nach Absatz 3 Nummer 3, indem sie

1. von den auf die Monate Januar 2024 bis April 2024 voraussichtlich entfallenden Kosten für den Bezug von leitungsgebundenem Erdgas, leitungsgebundener Fernwärme und leitungsgebundenem Strom die Summe abziehen, die dem vierfachen Betrag der für den Monat März 2022 gezahlten Abschläge für leitungsgebundenes Erdgas, leitungsgebundene Fernwärme und leitungsgebundenen Strom entspricht,
2. von dem Ergebnis nach Nummer 1 den Wert nach Absatz 7 Satz 1 Nummer 3 abziehen und
3. das Ergebnis nach Nummer 2 um einen sich aus den Jahresrechnungen für leitungsgebundenes Erdgas, leitungsgebundene Fernwärme und leitungsgebundenen Strom für das Jahr 2023 ergebenden Nachzahlungsbetrag erhöhen oder einen sich ergebenden Rückzahlungsbetrag verringern.

[2]Absatz 4 Satz 2 und 3 gilt entsprechend. [3]Nach Prüfung der übermittelten Differenzbeträge nach Satz 1 und der vorgelegten Nachweise addiert die für die Krankenhausplanung zuständige Landesbehörde oder die benannte Krankenkasse die übermittelten Differenzbeträge und übermittelt das Ergebnis bis zum 30. April 2024 an das Bundesamt für Soziale Sicherung, das die übermittelten Beträge addiert. [4]Nach dem 30. April 2024 dem Bundesamt für Soziale Sicherung übermittelte Beträge bleiben bei der Berechnung unberücksichtigt. [5]Das Bundesamt für Soziale Sicherung berechnet einen Höchstbetrag der Erstattungsbeträge für den Zeitraum nach Absatz 3 Nummer 3, indem es den Betrag nach Absatz 1 Satz 2 Nummer 2 und den für das Jahr 2023 nicht gezahlten Betrag nach Absatz 1 Satz 2 Nummer 1 addiert und von dieser Summe die nach Absatz 2a Satz 2 im Jahr 2024 vorgesehenen und die nach Absatz 8 Satz 6 im Jahr 2024 an die Länder gezahlten Beträge abzieht. [6]Unterschreitet die Summe der fristgerecht übermittelten Beträge den nach Satz 5 berechneten Höchstbetrag, zahlt das Bundesamt für Soziale Sicherung die fristgerecht übermittelten Beträge aus der Liquiditätsreserve des Gesundheitsfonds an die Länder oder die benannten Krankenkassen zur Weiterleitung an die Krankenhäuser. [7]Überschreitet die Summe der fristgerecht übermittelten Beträge den Höchstbetrag, kürzt das Bundesamt für Soziale Sicherung den für das Jahr 2024 vorgesehenen Teilbetrag nach Absatz 2a Satz 2 um den Betrag, um den die fristgerecht übermittelten Beträge den Höchstbetrag übersteigen und zahlt die fristgerecht übermittelten Beträge aus der Liquiditätsreserve des Gesundheitsfonds an die Länder oder die benannten Krankenkassen zur Weiterleitung an die Krankenhäuser; überschreitet die Summe der fristgerecht übermittelten Beträge den Höchstbetrag einschließlich des für das Jahr 2024 vorgesehenen Teilbetrags nach Absatz 2a Satz 2, kürzt das Bundesamt für Soziale Sicherung die auf die Län-

der entfallenden Beträge in dem Verhältnis, in dem die Summe der übermittelten Beträge zu dem Höchstbetrag einschließlich des für das Jahr vorgesehenen Teilbetrags nach Absatz 2a Satz 2 steht und zahlt den sich jeweils ergebenden Betrag aus der Liquiditätsreserve des Gesundheitsfonds an die Länder oder an die benannten Krankenkassen zur Weiterleitung an die Krankenhäuser.

(7) [1]Bei der Ermittlung der krankenhausindividuellen Erstattungsbeträge nach den Absätzen 4 bis 6 ist durch die Krankenhäuser mindernd zu berücksichtigen:

1. bei der Ermittlung der krankenhausindividuellen Erstattungsbeträge nach Absatz 4 der Veränderungswert nach § 9 Absatz 1b des Krankenhausentgeltgesetzes für das Jahr 2022,
2. bei der Ermittlung der krankenhausindividuellen Erstattungsbeträge nach Absatz 5 der Veränderungswert nach § 9 Absatz 1b des Krankenhausentgeltgesetzes für das Jahr 2023 und
3. bei der Ermittlung der krankenhausindividuellen Erstattungsbeträge nach Absatz 6 der Veränderungswert nach § 9 Absatz 1b des Krankenhausentgeltgesetzes für das Jahr 2024.

[2]Die jeweils aufgrund der Verminderung nach Satz 1 abzuziehenden Beträge gehen nicht in den Gesamtbetrag oder die Erlösausgleiche nach diesem Gesetz oder der Bundespflegesatzverordnung ein.

(8) [1]Krankenhäuser, die Zahlungen nach Absatz 2 oder Absatz 2a oder den Absätzen 4 bis 6 erhalten haben, sind verpflichtet, eine Energieberatung durch einen Gebäudeenergieberater durchführen zu lassen und der für die Krankenhausplanung zuständigen Landesbehörde oder der benannten Krankenkasse bis zum 15. Januar 2024 die erfolgte Beratung und die konkreten Maßnahmen zur Umsetzung der Empfehlungen der Energieberatung nachzuweisen. [2]Bei Krankenhäusern, die den Nachweis nach Satz 1 nicht oder nicht rechtzeitig vorlegen, kürzt die für die Krankenhausplanung zuständige Landesbehörde oder die benannte Krankenkasse den nach Absatz 6 Satz 3 an das Bundesamt für Soziale Sicherung zu übermittelnden Betrag um 20 Prozent. [3]Die Kosten der Energieberatung nach Satz 1 werden den Krankenhäusern bis zu einer Höhe von 10 000 Euro je Krankenhaus aus den Mitteln nach Absatz 1 Satz 2 erstattet, sofern die Energieberatung im Zeitraum vom 1. Dezember 2022 bis zum 31. Dezember 2023 durchgeführt wird. [4]Förderungen aus anderen öffentlichen Mitteln sind anzurechnen. [5]Die Krankenhäuser legen die entsprechenden Abrechnungen und eine Bestätigung, dass die geltend gemachten Kosten der Energieberatung nicht aus anderen öffentlichen Mitteln gefördert werden, der für die Krankenhausplanung zuständigen Landesbehörde oder der von dieser Landesbehörde benannten Krankenkasse bis zum 15. Februar 2024 vor. [6]Nach Prüfung der vorgelegten Nachweise addiert die für die Krankenhausplanung zuständige Landesbehörde oder die von dieser Landesbehörde benannte Krankenkasse die geltend gemachten Kosten und übermittelt das Ergebnis bis zum 15. März 2024 an das Bundesamt für Soziale Sicherung. [7]Nach dem 15. März 2024 dem Bundesamt für Soziale Sicherung übermittelte Beträge bleiben unberücksichtigt. [8]Das Bundesamt für Soziale Sicherung zahlt die entsprechenden Beträge aus der Liquiditätsreserve des Gesundheitsfonds an das jeweilige Land oder an die benannte Krankenkasse zur Weiterleitung an die Krankenhäuser.

(9) [1]Die Vertragsparteien nach § 17b Absatz 2 Satz 1 vereinbaren bis zum 15. Januar 2023 das Nähere zum Nachweis der Bezugskosten für leitungsgebundenes Erdgas, leitungsgebundene Fernwärme und leitungsgebundenen Strom. [2]Kommt eine Vereinbarung nicht innerhalb dieser Frist zustande, legt die Schiedsstelle nach § 18a Absatz 6 ohne Antrag einer Vertragspartei den Inhalt der Vereinbarung innerhalb von zwei Wochen fest.

(10) [1]Das Bundesamt für Soziale Sicherung bestimmt das Nähere zum Verfahren der Übermittlung der von den für die Krankenhausplanung zuständigen Landesbehörden oder den benannten Krankenkassen addierten Differenzbeträge sowie zum Verfahren der Zahlung aus der Liquiditätsreserve des Gesundheitsfonds nach den Absätzen 2, 2a und 4 bis 6. [2]Das Bundesamt für Soziale Sicherung teilt dem Bundesministerium für Gesundheit unverzüglich die Höhe der an die jeweiligen Länder oder benannten Krankenkassen nach den Absätzen 2, 2a und 4 bis 6 gezahlten Beträge mit.

(11) [1]Die Länder oder die benannten Krankenkassen übermitteln dem Bundesministerium für Gesundheit und dem Spitzenverband Bund der Krankenkassen jeweils zum 30. Juni 2023, zum 30. Juni 2024 und zum 30. September 2024 eine krankenhausbezogene Aufstellung über die krankenhausindividuellen Ausgleichszahlungen nach den Absätzen 2 und 2a, über die krankenhausindividuellen Erstattungsbeträge nach den Absätzen 4 bis 6 und über die Erstattung der Kosten der Energieberatung nach Absatz 8. [2]Der Spitzenverband Bund der Krankenkassen übermittelt den Vertragsparteien nach § 18 Absatz 2 die Höhe der einem Krankenhaus gezahlten krankenhausindividuellen Ausgleichszahlungen nach den Absätzen 2 und 2a, der krankenhausindividuellen Erstattungsbeträge nach den Absätzen 4 bis 6 und der Erstattung der Kosten der Energieberatung nach Absatz 8.

5. Abschnitt

Sonstige Vorschriften

§ 27
Zuständigkeitsregelung

Die in diesem Gesetz den Landesverbänden der Krankenkassen zugewiesenen Aufgaben nehmen für die Ersatzkassen die nach § 212 Abs. 5 des Fünften Buches Sozialgesetzbuch benannten Bevollmächtigten, für die knappschaftliche Krankenversicherung die Deutsche Rentenversicherung Knappschaft-Bahn-See und für die Krankenversicherung der Landwirte die Sozialversicherung für Landwirtschaft, Forsten und Gartenbau wahr.

§ 28
Auskunftspflicht und Statistik

(1) [1]Die Träger der nach § 108 des Fünften Buches Sozialgesetzbuch zur Krankenhausbehandlung zugelassenen Krankenhäuser und die Sozialleistungsträger sind verpflichtet, dem Bundesministerium für Gesundheit sowie den zuständigen Behörden der Länder auf Verlangen Auskünfte über die Umstände zu erteilen, die für die Beurteilung der Bemessung und Entwicklung der Pflegesätze nach diesem Gesetz benötigt werden. [2]Unter die Auskunftspflicht fallen insbesondere die personelle und sachliche Ausstattung sowie die Kosten der Krankenhäuser, die im Krankenhaus in Anspruch genommenen stationären und ambulanten Leistungen sowie allgemeine Angaben über die Patienten und ihre Erkrankungen. [3]Die zuständigen Landesbehörden können darüber hinaus von den Krankenhausträgern Auskünfte über Umstände verlangen, die sie für die Wahrnehmung ihrer Aufgaben bei der Krankenhausplanung und Krankenhausfinanzierung nach diesem Gesetz benötigen.

(2) [1]Die Bundesregierung wird ermächtigt, für Zwecke dieses Gesetzes durch Rechtsverordnung mit Zustimmung des Bundesrates jährliche Erhebungen über Krankenhäuser einschließlich der in den §§ 3 und 5 genannten Krankenhäuser und Einrichtungen als Bundesstatistik anzuordnen. [2]Die Bundesstatistik auf Grundlage dieser Erhebungen kann insbesondere folgende Sachverhalte umfassen:

1. Art des Krankenhauses und der Trägerschaft,
2. im Krankenhaus tätige Personen nach Geschlecht, Beschäftigungsverhältnis, Tätigkeitsbereich, Dienststellung, Aus- und Weiterbildung,
3. sachliche Ausstattung und organisatorische Einheiten des Krankenhauses,
4. Kosten nach Kostenarten,
5. in Anspruch genommene stationäre und ambulante Leistungen,
6. Patienten nach Alter, Geschlecht, Wohnort, Erkrankungen nach Hauptdiagnosen,
7. Ausbildungsstätten am Krankenhaus.

[3]Auskunftspflichtig sind die Krankenhausträger gegenüber den statistischen Ämtern der Länder; die Rechtsverordnung kann Ausnahmen von der Auskunftspflicht vorsehen. [4]Die Träger der nach § 108 des Fünften Buches Sozialgesetzbuch zur Krankenhausbehandlung zugelassenen Krankenhäuser teilen die von der Statistik umfassten Sachverhalte gleichzeitig den für die Krankenhausplanung und -finanzierung zuständigen Landesbehörden mit. [5]Dasselbe gilt für die Träger der nach § 111 des Fünften Buches Sozialgesetzbuch zur Vorsorge- oder Rehabilitationsbehandlung zugelassenen Einrichtungen.

(3) Die Befugnis der Länder, zusätzliche, von Absatz 2 nicht erfasste Erhebungen über Sachverhalte des Gesundheitswesens als Landesstatistik anzuordnen, bleibt unberührt.

(4) Das Statistische Bundesamt führt unter Verarbeitung der von der Datenstelle nach § 21 Absatz 3 Satz 1 Nummer 4 des Krankenhausentgeltgesetzes übermittelten Daten jährlich eine Auswertung als Bundesstatistik zu folgenden Sachverhalten durch:

1. Identifikationsmerkmale der Einrichtung,
2. Patienten nach Anlass und Grund der Aufnahme, Weiterbehandlung, Verlegung und Entlassung sowie Gewicht der unter Einjährigen bei der Aufnahme, Diagnosen einschließlich der Nebendiagnosen, Beatmungsstunden, vor- und nachstationäre Behandlung, Art der Operationen und Prozeduren sowie Angabe der Leistungserbringung durch Belegoperateur, -anästhesist oder -hebamme,
3. in Anspruch genommene Fachabteilungen,
4. Abrechnung der Leistungen je Behandlungsfall nach Höhe der Entgelte insgesamt, der DRG-Fallpauschalen, Zusatzentgelte, Zu- und Abschläge, sonstigen Entgelte und der tagesbezogenen Pflegeentgelte,
5. Zahl der DRG-Fälle, Summe der Bewertungsrelationen sowie Ausgleichsbeträge nach § 5 Absatz 4 des Krankenhausentgeltgesetzes,
6. Anzahl der Ausbildenden und Auszubildenden, jeweils gegliedert nach Berufsbezeichnung nach § 2 Nr. 1a sowie die Anzahl der Auszubildenden nach Berufsbezeichnungen zusätzlich gegliedert nach jeweiligem Ausbildungsjahr.

§ 29

(aufgehoben)

§ 30
Darlehen aus Bundesmitteln

[1]Lasten aus Darlehen, die vor der Aufnahme des Krankenhauses in den Krankenhausplan für förderungsfähige Investitionskosten aus Bundesmitteln gewährt worden sind, werden auf Antrag des Krankenhausträgers erlassen, soweit der Krankenhausträger vor dem 1. Januar 1985 von diesen Lasten nicht anderweitig freigestellt worden ist und solange das Krankenhaus in den Krankenhausplan aufgenommen ist. [2]Für die in § 2 Nr. 1a genannten Ausbildungsstätten gilt Satz 1 entsprechend.

§ 31
Beleihung des Instituts für das Entgeltsystem im Krankenhaus

(1) Das Institut für das Entgeltsystem im Krankenhaus nimmt die Aufgaben als Beliehener wahr, die ihm

1. nach diesem Gesetz, dem Krankenhausentgeltgesetz, dem Fünften Buch Sozialgesetzbuch und den auf Grundlage dieser Gesetze jeweils erlassenen Rechtsverordnungen übertragen sind oder
2. die Vertragsparteien auf Bundesebene nach § 9 Absatz 1 des Krankenhausentgeltgesetzes übertragen, soweit dieses Gesetz, das Krankenhausentgeltgesetz, das Fünfte Buch Sozialgesetzbuch und die auf Grundlage dieser Gesetze jeweils erlassenen Rechtsverordnungen die Aufgabenübertragung vorsehen.

(2) Die Wahrnehmung der Aufgaben nach Absatz 1 schließt die Befugnis zum Erlass von Verwaltungsakten und zu deren Vollstreckung, zur Rücknahme und zum Widerruf der erlassenen Verwaltungsakte sowie den Erlass der Widerspruchsbescheide ein.

(3) Widerspruch und Anfechtungsklage gegen Entscheidungen des Beliehenen haben keine aufschiebende Wirkung.

§ 32
Eignung zur Aufgabenwahrnehmung

(1) Der Gegenstand der Gesellschaft des Beliehenen darf vorbehaltlich des Absatzes 2 nur auf die Erfüllung der ihm übertragenen Aufgaben und der damit im Zusammenhang stehenden Aufgaben gerichtet sein.

(2) [1]Der Gegenstand der Gesellschaft darf auf andere Aufgaben ausgedehnt werden. [2]Die Erweiterung des Gegenstandes der Gesellschaft bedarf der Zustimmung des Bundesministeriums für Gesundheit. [3]Sie ist zu erteilen, soweit die beabsichtigte Erweiterung des Gegenstandes der Gesellschaft nicht die Aufgabenerfüllung nach Absatz 1 beeinträchtigt.

(3) [1]Die Bestellung und Abberufung des Geschäftsführers oder der Geschäftsführer des Beliehenen erfolgt in Abstimmung mit dem Bundesministerium für Gesundheit. [2]Es kann der Bestellung oder der Abberufung widersprechen,

wenn durch die Bestellung oder die Abberufung die Eignung des Beliehenen zur Erfüllung der ihm übertragenen Aufgaben in Frage gestellt wird.

(4) Der Beliehene ist verpflichtet, alle personellen, technischen und organisatorischen Voraussetzungen zur ordnungsgemäßen Erfüllung der ihm übertragenen Aufgaben fortlaufend sicherzustellen.

(5) Der Beliehene hat dem Bundesministerium für Gesundheit

1. beabsichtigte Änderungen des Gesellschaftsvertrages, die sich auf die Wahrnehmung seiner Aufgaben auswirken können, mitzuteilen sowie
2. den festgestellten Jahresabschluss unverzüglich nach seiner Feststellung zusammen mit dem Lagebericht und dem Prüfungsbericht nach § 321 des Handelsgesetzbuchs zu übermitteln.

(6) Die Gesellschafter können das Institut für das Entgeltsystem im Krankenhaus nur mit Zustimmung des Bundesministeriums für Gesundheit auflösen.

§ 33 Aufsicht über den Beliehenen

(1) Der Beliehene unterliegt bei der Wahrnehmung der ihm übertragenen Aufgaben der Rechtsaufsicht des Bundesministeriums für Gesundheit.

(2) Der Beliehene hat dem Bundesministerium für Gesundheit auf Verlangen alle Unterlagen vorzulegen und alle Auskünfte zu erteilen, die zur Ausübung des Aufsichtsrechts auf Grund pflichtgemäßer Prüfung von diesem gefordert werden.

(3) [1]Wird durch das Handeln oder Unterlassen des Beliehenen das Recht verletzt, kann das Bundesministerium für Gesundheit den Beliehenen verpflichten, die Rechtsverletzung zu beheben. [2]Die Verpflichtung kann mit den Mitteln des Verwaltungsvollstreckungsrechts durchgesetzt werden, wenn ihre sofortige Vollziehung angeordnet worden oder sie unanfechtbar geworden ist. [3]Das Bundesministerium für Gesundheit kann die Zwangsmittel für jeden Fall der Nichtbefolgung androhen. [4]§ 13 Absatz 6 Satz 2 des Verwaltungs-Vollstreckungsgesetzes ist nicht anwendbar.

§ 34 Rückgriff

Wird der Bund wegen eines Schadens in Anspruch genommen, den der Beliehene bei der Erfüllung der ihm übertragenen Aufgaben oder von damit im Zusammenhang stehenden Aufgaben einem Dritten durch eine vorsätzliche oder fahrlässige Amtspflichtverletzung zugefügt hat, so kann der Bund gegenüber dem Beliehenen Rückgriff nehmen.

§ 35 Finanzierung

Die Aufwendungen des Beliehenen werden durch den DRG-Systemzuschlag nach § 17b Absatz 5 Satz 1 Nummer 1 ausgeglichen.

§ 36 Unterstützung und Beratung durch das Institut für das Entgeltsystem im Krankenhaus

[1]Das Institut für das Entgeltsystem im Krankenhaus unterstützt und berät das Bundesministerium für Gesundheit nach dessen Weisung bei der Wahrnehmung seiner Aufgaben hinsichtlich der Krankenhausversorgung und -finanzierung, insbesondere durch die Übermittlung und Erläuterung von Datenauswertungen, soweit nicht Geschäfts- oder Betriebsgeheimnisse betroffen sind. [2]Das Bundesministerium für Gesundheit kann diese Auswertungen auch den für die Krankenhausplanung zuständigen Landesbehörden übermitteln; es setzt die Vertragsparteien nach § 17b Absatz 2 Satz 1 über die Art der Unterstützungsleistungen des Instituts in Kenntnis. [3]Die Aufwendungen des Instituts werden durch den Zuschlag nach § 17b Absatz 5 Satz 1 Nummer 1 ausgeglichen.

Gesetz über die Entgelte für voll- und teilstationäre Krankenhausleistungen (Krankenhausentgeltgesetz – KHEntgG)

Artikel 5 des Gesetzes zur Einführung des diagnose-orientierten Fallpauschalen-Systems für Krankenhäuser (Fallpauschalengesetz – FPG) vom 23. April 2002 (BGBl. I S. 1412), zuletzt geändert durch Artikel 3a des Gesetzes zur Bekämpfung von Lieferengpässen bei patentfreien Arzneimitteln und zur Verbesserung der Versorgung mit Kinderarzneimitteln (Arzneimittel-Lieferengpassbekämpfungs- und Versorgungsverbesserungsgesetz – ALBVVG) vom 19. Juli 2023 (BGBl. 2023 I Nr. 197)

Abschnitt 1

Allgemeine Vorschriften

§ 1
Anwendungsbereich

(1) Die vollstationären und teilstationären Leistungen der DRG-Krankenhäuser werden nach diesem Gesetz und dem Krankenhausfinanzierungsgesetz vergütet.

(2) [1]Dieses Gesetz gilt auch für die Vergütung von Leistungen der Bundeswehrkrankenhäuser, soweit diese Zivilpatienten behandeln, und der Krankenhäuser der Träger der gesetzlichen Unfallversicherung, soweit nicht die gesetzliche Unfallversicherung die Kosten trägt. [2]Im Übrigen gilt dieses Gesetz nicht für

1. Krankenhäuser, auf die das Krankenhausfinanzierungsgesetz nach seinem § 3 Satz 1 keine Anwendung findet,
2. Krankenhäuser, die nach § 5 Abs. 1 Nr. 2, 4 oder 7 des Krankenhausfinanzierungsgesetzes nicht gefördert werden,
3. Krankenhäuser und selbständige, gebietsärztlich geleitete Abteilungen für die Fachgebiete Psychiatrie und Psychotherapie, Kinder- und Jugendpsychiatrie und -psychotherapie sowie Psychosomatische Medizin und Psychotherapie, soweit im Krankenhausfinanzierungsgesetz oder in der Bundespflegesatzverordnung nichts Abweichendes bestimmt wird.

(3) [1]Die vor- und nachstationäre Behandlung wird für alle Benutzer einheitlich nach § 115a des Fünften Buches Sozialgesetzbuch vergütet. [2]Die ambulante Durchführung von Operationen und sonstiger stationsersetzender Eingriffe wird für die gesetzlich versicherten Patienten nach § 115b des Fünften Buches Sozialgesetzbuch und für sonstige Patienten nach den für sie geltenden Vorschriften, Vereinbarungen oder Tarifen vergütet. [3]Die nach § 115f Absatz 1 Satz 1 Nummer 2 des Fünften Buches Sozialgesetzbuch vereinbarten oder nach § 115f Absatz 4 Satz 1 des Fünften Buches Sozialgesetzbuch bestimmten Leistungen werden für alle Benutzer und Benutzerinnen des Krankenhauses einheitlich nach § 115f des Fünften Buches Sozialgesetzbuch vergütet.

§ 2
Krankenhausleistungen

(1) [1]Krankenhausleistungen nach § 1 Abs. 1 sind insbesondere ärztliche Behandlung, auch durch nicht fest angestellte Ärztinnen und Ärzte, Krankenpflege, Versorgung mit Arznei-, Heil- und Hilfsmitteln, die für die Versorgung im Krankenhaus notwendig sind, sowie Unterkunft und Verpflegung; sie umfassen allgemeine Krankenhausleistungen und Wahlleistungen. [2]Zu den Krankenhausleistungen gehören nicht die Leistungen der Belegärzte (§ 18) sowie der Beleghebammen und -entbindungspfleger.

(2) [1]Allgemeine Krankenhausleistungen sind die Krankenhausleistungen, die unter Berücksichtigung der Leistungsfähigkeit des Krankenhauses im Einzelfall nach Art und Schwere der Krankheit für die medizinisch zweckmäßige und ausreichende Versorgung des Patienten notwendig sind. [2]Unter diesen Voraussetzungen gehören dazu auch

1. die während des Krankenhausaufenthalts durchgeführten Maßnahmen zur Früherkennung von Krankheiten im Sinne des Fünften Buches Sozialgesetzbuch,
2. die vom Krankenhaus veranlassten Leistungen Dritter,
3. die aus medizinischen Gründen notwendige Mitaufnahme einer Begleitperson des Patienten oder die Mitaufnahme einer Pflegekraft nach § 11 Absatz 3 des Fünften Buches Sozialgesetzbuch,
4. die besonderen Aufgaben von Zentren und Schwerpunkten für die stationäre Versorgung von Patienten, insbesondere die Aufgaben von Tumorzentren und geriatrischen Zentren sowie entsprechenden Schwerpunkten,

5. die Frührehabilitation im Sinne von § 39 Abs. 1 Satz 3 des Fünften Buches Sozialgesetzbuch,
6. das Entlassmanagement im Sinne des § 39 Absatz 1a des Fünften Buches Sozialgesetzbuch.

[3]Nicht zu den Krankenhausleistungen nach Satz 2 Nummer 2 gehören

1. eine Dialyse, wenn hierdurch eine entsprechende Behandlung fortgeführt wird, das Krankenhaus keine eigene Dialyseeinrichtung hat und ein Zusammenhang mit dem Grund der Krankenhausbehandlung nicht besteht,
2. bei der Krankenhausbehandlung von Menschen mit Hörbehinderung Leistungen der Dolmetscherassistenz zum Ausgleich der behinderungsbedingten Kommunikationsbeeinträchtigungen.

[4]Besondere Aufgaben nach Satz 2 Nummer 4 setzen deren Ausweisung und Festlegung im Krankenhausplan des Landes oder eine gleichartige Festlegung durch die zuständige Landesbehörde im Einzelfall gegenüber dem Krankenhaus voraus. [5]Die besonderen Aufgaben umfassen nur Leistungen, die nicht bereits durch die Fallpauschalen, nach sonstigen Regelungen dieses Gesetzes oder nach Regelungen des Fünften Buches Sozialgesetzbuch vergütet werden; sie können auch Leistungen, die nicht zur unmittelbaren stationären Patientenversorgung gehören, umfassen.

(3) Bei der Erbringung von allgemeinen Krankenhausleistungen durch nicht im Krankenhaus fest angestellte Ärztinnen und Ärzte hat das Krankenhaus sicherzustellen, dass diese für ihre Tätigkeit im Krankenhaus die gleichen Anforderungen erfüllen, wie sie auch für fest im Krankenhaus angestellte Ärztinnen und Ärzte gelten.

(4) [1]Die Deutsche Krankenhausgesellschaft prüft bis zum 31. Dezember 2021, ob zwischen Krankenhäusern erbrachte telekonsiliarärztliche Leistungen sachgerecht vergütet werden. [2]Dabei ist auch zu prüfen, ob eine Anpassung der Vergütung notwendig ist. [3]Die Deutsche Krankenhausgesellschaft veröffentlicht das Ergebnis der Prüfung barrierefrei auf ihrer Internetseite. [4]Die Deutsche Krankenhausgesellschaft veröffentlicht bis zum 31. Dezember 2023 die Höhe von Vergütungen für telekonsiliarärztliche Leistungen, die zwischen Krankenhäusern erbracht werden.

Abschnitt 2

Vergütung der Krankenhausleistungen

§ 3
Grundlagen

Die voll- und teilstationären allgemeinen Krankenhausleistungen werden vergütet durch

1. ein von den Vertragsparteien nach § 11 Abs. 1 gemeinsam vereinbartes Erlösbudget nach § 4,

1a. ein Erlösvolumen für die Versorgung von Kindern und Jugendlichen nach § 4a,

2. eine von den Vertragsparteien nach § 11 Abs. 1 gemeinsam vereinbarte Erlössumme nach § 6 Abs. 3 für krankenhausindividuell zu vereinbarende Entgelte,

3. Entgelte nach § 6 Abs. 2 für neue Untersuchungs- und Behandlungsmethoden,

3a. ein Pflegebudget nach § 6a,

4. Zusatzentgelte für die Behandlung von Blutern,

5. Zu- und Abschläge nach § 7 Abs. 1.

§ 4
Vereinbarung eines Erlösbudgets

(1) [1]Das von den Vertragsparteien nach § 11 Abs. 1 zu vereinbarende Erlösbudget umfasst für voll- und teilstationäre Leistungen die Fallpauschalen nach § 7 Abs. 1 Satz 1 Nr. 1 und die Zusatzentgelte nach § 7 Abs. 1 Satz 1 Nr. 2. [2]Es umfasst nicht das Erlösvolumen nach § 4a, nicht die krankenhausindividuell zu vereinbarenden Entgelte nach § 6 Abs. 1 bis 2a, nicht die Zusatzentgelte für die Behandlung von Blutern, nicht die Zu- und Abschläge nach § 7 Absatz 1, nicht die Entgelte für Modellvorhaben nach § 63 des Fünften Buches Sozialgesetzbuch und nicht die Vergütung nach § 140a des Fünften Buches Sozialgesetzbuch für die integrierte Versorgung.

(2) [1]Das Erlösbudget wird leistungsorientiert ermittelt, indem für die voraussichtlich zu erbringenden Leistungen Art und Menge der Entgelte nach Absatz 1 Satz 1 mit der jeweils maßgeblichen Entgelthöhe multipliziert werden. [2]Die Entgelthöhe für die Fallpauschalen wird ermittelt, indem diese nach den Vorgaben des Entgeltkatalogs und der Abrechnungsbestimmungen mit den effektiven Bewertungsrelationen und mit dem

Landesbasisfallwert nach § 10 bewertet werden. [3]Bei Patientinnen und Patienten, die über den Jahreswechsel im Krankenhaus stationär behandelt werden (Überlieger), werden die Erlöse aus Fallpauschalen in voller Höhe dem Jahr zugeordnet, in dem die Patientinnen und Patienten entlassen werden.

(2a) [1]Abweichend von Absatz 2 Satz 2 ist für mit Fallpauschalen bewertete Leistungen, die im Vergleich zur Vereinbarung für das laufende Kalenderjahr zusätzlich im Erlösbudget berücksichtigt werden, ein jeweils für drei Jahre zu erhebender Vergütungsabschlag von 35 Prozent (Fixkostendegressionsabschlag) anzuwenden. [2]Der für das Krankenhaus anzuwendende Abschlag nach Satz 1 gilt

1. nicht bei
   a) Transplantationen, Polytraumata, schwer brandverletzten Patientinnen und Patienten, der Versorgung von Frühgeborenen und bei Leistungen der neurologisch-neurochirurgischen Frührehabilitation nach einem Schlaganfall oder einer Schwerstschädelhirnverletzung der Patientin oder des Patienten,
   b) Leistungen mit einem Sachkostenanteil von mehr als zwei Dritteln,
   c) zusätzlich bewilligten Versorgungsaufträgen, für die bislang keine Abrechnungsmöglichkeit bestand,
   d) Leistungen von nach § 2 Absatz 2 Satz 4 krankenhausplanerisch ausgewiesenen Zentren sowie
   e) Leistungen, deren Bewertung nach § 9 Absatz 1c abgesenkt oder abgestuft wurde,
   f) Leistungen zur Behandlung von Patientinnen und Patienten mit einer SARS-CoV-2-Infektion oder mit Verdacht auf eine SARS-CoV-2-Infektion,
   g) Leistungen, die von den Vertragsparteien nach § 11 Absatz 1 von der Erhebung des Abschlags ausgenommen werden, um unzumutbare Härten zu vermeiden,
2. hälftig für Leistungen, die in dem Katalog nicht mengenanfälliger Leistungen nach § 9 Absatz 1 Nummer 6 aufgeführt sind.

[3]Abweichend von Satz 1 ist für Leistungen, die durch eine Verlagerung von Leistungen zwischen Krankenhäusern begründet sind, die nicht zu einem Anstieg der Summe der effektiven Bewertungsrelationen im Einzugsgebiet des Krankenhauses führt, der für das Krankenhaus anzuwendende Abschlag nach Satz 1 in halber Höhe anzuwenden; diese Leistungsverlagerungen zwischen Krankenhäusern sind vom Krankenhaus auf der Grundlage von Informationen, die den Beteiligten nach § 18 Absatz 1 Satz 2 des Krankenhausfinanzierungsgesetzes im Einzugsgebiet des Krankenhauses vorliegen, glaubhaft darzulegen. [4]Der Vergütungsabschlag ist durch einen einheitlichen Abschlag auf alle mit dem Landesbasisfallwert vergüteten Leistungen des Krankenhauses umzusetzen. [5]Ein während der maßgeblichen Abschlagsdauer vereinbarter Rückgang der mit Fallpauschalen bewerteten Leistungen ist bei der Ermittlung der Grundlage der Bemessung des Abschlags mindernd zu berücksichtigen. [6]Für die Umsetzung des Fixkostendegressionsabschlags sind die Vorgaben, die die Vertragsparteien auf Bundesebene nach § 9 Absatz 1 Nummer 6 vereinbaren, anzuwenden. [7]Der Fixkostendegressionsabschlag gilt nicht für die Vereinbarung des Erlösbudgets für das Jahr 2020. [8]Abweichend von Satz 1 ist der Fixkostendegressionsabschlag, der

1. für das Jahr 2018 vereinbart wurde, nur in den Jahren 2018 und 2019 zu erheben,
2. für das Jahr 2019 vereinbart wurde, nur in den Jahren 2019 und 2021 zu erheben,
3. sich auf die für das Jahr 2020 gegenüber dem Jahr 2019 zusätzlich im Erlösbudget berücksichtigten Leistungen bezieht, die mit Fallpauschalen bewertet werden, nur in den Jahren 2021 und 2022 zu erheben,
4. für das Jahr 2021 vereinbart wurde, auf die mit Fallpauschalen bewerteten Leistungen anzuwenden, die im Vergleich zur Vereinbarung für das Jahr 2019 zusätzlich im Erlösbudget berücksichtigt werden.

[9]Abweichend von Satz 1 ist der Fixkostendegressionsabschlag, der für die Jahre ab dem Jahr 2022 vereinbart wird, jeweils auf die mit Fallpauschalen bewerteten Leistungen anzuwenden, die im Vergleich zur Vereinbarung für das Jahr 2019 zusätzlich im Erlösbudget berücksichtigt werden. [10]Satz 8 Nummer 4 und Satz 9 finden keine Anwendung, sobald für das jeweilige Vorjahr mehr

Leistungen, die mit Fallpauschalen bewertet werden, im Erlösbudget vereinbart wurden als für das Jahr 2019.

(3) [1]Das nach den Absätzen 1 und 2 vereinbarte Erlösbudget und die nach § 6 Abs. 3 vereinbarte Erlössumme werden für die Ermittlung von Mehr- oder Mindererlösausgleichen zu einem Gesamtbetrag zusammengefasst. [2]Weicht die Summe der auf das Kalenderjahr entfallenden Erlöse des Krankenhauses aus den Entgelten nach § 7 Abs. 1 Satz 1 Nr. 1 und 2 und nach § 6 Abs. 1 Satz 1 und Abs. 2a von dem nach Satz 1 gebildeten Gesamtbetrag ab, werden die Mehr- oder Mindererlöse nach Maßgabe der folgenden Sätze ausgeglichen. [3]Mindererlöse werden ab dem Jahr 2007 grundsätzlich zu 20 vom Hundert ausgeglichen; Mindererlöse aus Zusatzentgelten für Arzneimittel und Medikalprodukte werden nicht ausgeglichen. [4]Mehrerlöse aus Zusatzentgelten für Arzneimittel und Medikalprodukte und aus Fallpauschalen für schwerverletzte, insbesondere polytraumatisierte oder schwer brandverletzte Patienten werden zu 25 vom Hundert, sonstige Mehrerlöse zu 65 vom Hundert ausgeglichen. [5]Für Fallpauschalen mit einem sehr hohen Sachkostenanteil sowie für teure Fallpauschalen mit einer schwer planbaren Leistungsmenge, insbesondere bei Transplantationen oder Langzeitbeatmung, sollen die Vertragsparteien im Voraus einen von den Sätzen 3 und 4 abweichenden Ausgleich vereinbaren; für Mehr- oder Mindererlöse, die auf Grund einer Epidemie entstehen, können die Vertragsparteien auch nach Ablauf des Vereinbarungszeitraums einen von den Sätzen 3 und 4 abweichenden Ausgleich vereinbaren. [6]Mehr- oder Mindererlöse aus Zusatzentgelten für die Behandlung von Blutern sowie auf Grund von Abschlägen nach § 8 Abs. 4 werden nicht ausgeglichen. [7]Zur Ermittlung der Mehr- oder Mindererlöse hat der Krankenhausträger eine vom Jahresabschlussprüfer bestätigte Aufstellung über die Erlöse nach § 7 Absatz 1 Satz 1 Nummer 1, 2 und 5 vorzulegen. [8]Der nach diesen Vorgaben ermittelte Ausgleichsbetrag wird im Rahmen des Zu- oder Abschlags nach § 5 Abs. 4 abgerechnet. [9]Steht bei der Budgetverhandlung der Ausgleichsbetrag noch nicht fest, sind Teilbeträge als Abschlagszahlung auf den Ausgleich zu berücksichtigen.

(4) Auf Verlangen des Krankenhauses werden Leistungen für ausländische Patienten, die mit dem Ziel einer Krankenhausbehandlung in die Bundesrepublik Deutschland einreisen, sowie Leistungen für Empfänger von Gesundheitsleistungen nach dem Asylbewerberleistungsgesetz nicht im Rahmen des Erlösbudgets vergütet.

(5) [1]Die Vertragsparteien nach § 11 sind an das Erlösbudget gebunden. [2]Auf Verlangen einer Vertragspartei ist bei wesentlichen Änderungen der der Vereinbarung des Erlösbudgets zu Grunde gelegten Annahmen das Erlösbudget für das laufende Kalenderjahr neu zu vereinbaren. [3]Die Vertragsparteien können im Voraus vereinbaren, dass in bestimmten Fällen das Erlösbudget nur teilweise neu vereinbart wird. [4]Der Unterschiedsbetrag zum bisherigen Erlösbudget ist im Rahmen des Zu- oder Abschlags nach § 5 Abs. 4 abzurechnen.

(6) Solange die Vertragsparteien auf Bundesebene nach § 9 für die Nichtteilnahme von Krankenhäusern an der Notfallversorgung dem Grunde nach einen Abschlag nach § 17b Absatz 1a Nummer 1 des Krankenhausfinanzierungsgesetzes vereinbart, diesen jedoch in der Höhe nicht festgelegt haben, oder solange ein Zu- oder Abschlag durch Rechtsverordnung nach § 17b Abs. 7 des Krankenhausfinanzierungsgesetzes nicht festgelegt wurde, ist ein Betrag in Höhe von 50 Euro je vollstationärem Fall abzuziehen.

(7) [1]Werden von der Anwendung des DRG-Vergütungssystems bisher ausgenommene besondere Einrichtungen nach § 6 Abs. 1 im Vereinbarungszeitraum in das Erlösbudget einbezogen, wird die Differenz zwischen dem Anteil dieser Leistungen an der zuletzt vereinbarten Erlössumme nach § 6 Abs. 3 und dem neuen im Rahmen des Erlösbudgets vereinbarten Vergütungsanteil in einem Zeitraum von drei Jahren schrittweise abgebaut. [2]War der bisher nach § 6 Abs. 3 vereinbarte Vergütungsanteil höher, wird das Erlösbudget nach Absatz 2 im ersten Jahr um zwei Drittel und im zweiten Jahr um ein Drittel der für das jeweilige Jahr ermittelten Differenz erhöht; war der bisher vereinbarte Vergütungsanteil niedriger, wird das Erlösbudget nach Absatz 2 entsprechend vermindert. [3]Die Fallpauschalen werden mit dem Landesbasisfallwert bewertet und in entsprechender Höhe in Rechnung gestellt. [4]Die sich hierdurch ergebende Unter- oder Überdeckung des vereinbarten Erlösbudgets wird durch einen Zu- oder Abschlag auf die abgerechnete Höhe der DRG-Fallpauschalen und die Zusatzentgelte (§ 7 Abs. 1 Satz 1 Nr. 1 und 2) sowie auf die sonstigen Entgelte nach § 6 Abs. 1 Satz 1 und Abs. 2a finanziert und gesondert in der Rechnung

ausgewiesen. [5]Die Höhe des Zuschlags ist anhand eines Prozentsatzes zu berechnen, der aus dem Verhältnis des Unter- oder Überdeckungsbetrags einerseits sowie des Gesamtbetrags nach Absatz 3 Satz 1 andererseits zu ermitteln und von den Vertragsparteien zu vereinbaren ist. [6]Ausgleiche für Vorjahre und für einen verspäteten Beginn der Laufzeit nach § 15 sind über die Zuschläge nach § 5 Abs. 4 zu verrechnen.

(8) (aufgehoben)

(8a) [1]Mit dem Ziel, Neueinstellungen oder Aufstockungen vorhandener Teilzeitstellen von ausgebildetem Pflegepersonal oder von Hebammen und Entbindungspflegern zusätzlich zu fördern, werden für die Jahre 2019 bis 2024 geeignete Maßnahmen zur Verbesserung der Vereinbarkeit von Pflege, Familie und Beruf zu 50 Prozent finanziell gefördert. [2]Zu diesem Zweck vereinbaren die Vertragsparteien nach § 11 auf Verlangen des Krankenhauses einen zusätzlichen Betrag, der im Jahr 2019 0,1 Prozent und in den Jahren 2020 bis 2024 jährlich 0,12 Prozent des Gesamtbetrags nach Absatz 3 Satz 1 nicht überschreiten darf. [3]Wurde für ein Kalenderjahr ein Betrag nicht vereinbart, so kann für das Folgejahr ein zusätzlicher Betrag bis zur Summe der für beide Jahre geltenden Beträge vereinbart werden. [4]Voraussetzung für diese Förderung ist, dass das Krankenhaus nachweist, dass es aufgrund einer schriftlichen oder elektronischen Vereinbarung mit der Arbeitnehmervertretung Maßnahmen zur Verbesserung der Vereinbarkeit von Pflege, Familie und Beruf ergreift. [5]Der dem Krankenhaus nach den Sätzen 2 bis 4 insgesamt zustehende Betrag wird durch einen Zuschlag auf die abgerechnete Höhe der DRG-Fallpauschalen nach § 7 Absatz 1 Satz 1 Nummer 1 und auf die Zusatzentgelte nach § 7 Absatz 1 Satz 1 Nummer 2 sowie auf die sonstigen Entgelte nach § 6 Absatz 1 Satz 1 und Absatz 2a finanziert und gesondert in der Rechnung des Krankenhauses ausgewiesen; für die Ermittlung der Höhe des Zuschlags, für die Konfliktlösung durch die Schiedsstelle nach § 13 und für die Vorgaben zur Rückzahlung von nicht in Anspruch genommenen Mitteln oder die Minderung von nur zeitweise in Anspruch genommenen Mitteln gilt Absatz 8 Satz 6 bis 8 entsprechend. [6]Der Krankenhausträger hat den anderen Vertragsparteien eine Bestätigung des Jahresabschlussprüfers vorzulegen, aus der hervorgeht, inwieweit die zusätzlichen Mittel zweckentsprechend für die geförderten Maßnahmen nach Satz 1 verwendet wurden. [7]Der Spitzenverband Bund der Krankenkassen berichtet dem Bundesministerium für Gesundheit jährlich bis zum 30. Juni, erstmals im Jahr 2020, über die Art und die Anzahl der geförderten Maßnahmen nach Satz 1 sowie über den Umfang von Neueinstellungen und Aufstockungen vorhandener Teilzeitstellen, zu denen es aufgrund der geförderten Maßnahmen kommt. [8]Die Vorgaben nach Absatz 8 Satz 11 zur Übermittlung von Informationen für die Berichterstattung des Spitzenverbandes Bund der Krankenkassen sowie nach § 5 Absatz 4 Satz 5 zum vollständigen Ausgleich von entstehenden Mehr- oder Mindererlösen gelten entsprechend.

(9) [1]Die folgenden Maßnahmen zur Erfüllung von Anforderungen des Infektionsschutzgesetzes an die personelle Ausstattung werden finanziell gefördert, wenn die Maßnahmen die Anforderungen zur Qualifikation und zum Bedarf einhalten, die in der Empfehlung der Kommission für Krankenhaushygiene und Infektionsprävention zu personellen und organisatorischen Voraussetzungen zur Prävention nosokomialer Infektionen (Bundesgesundheitsblatt 2009, S. 951) sowie der Empfehlung zum Kapazitätsumfang für die Betreuung von Krankenhäusern und anderen medizinischen Einrichtungen durch Krankenhaushygieniker/-innen (Bundesgesundheitsblatt 2016, S. 1183) genannt sind:

1. Neueinstellungen, interne Besetzungen neu geschaffener Stellen oder Aufstockungen vorhandener Teilzeitstellen:
   a) von Hygienefachkräften: in Höhe von 90 Prozent der zusätzlich entstehenden Personalkosten für die Jahre 2013 bis 2019,
   b) von Krankenhaushygienikerinnen oder Krankenhaushygienikern mit abgeschlossener Weiterbildung zur Fachärztin oder zum Facharzt für Hygiene und Umweltmedizin oder für Mikrobiologie, Virologie und Infektionsepidemiologie: in Höhe von 75 Prozent der zusätzlich entstehenden Personalkosten für die Jahre 2013 bis 2022,
   c) von Krankenhaushygienikerinnen oder Krankenhaushygienikern mit strukturierter curricularer Fortbildung Krankenhaushygiene und mit Fortbildung im Bereich der rationalen Antibiotikatherapieberatung in Anlehnung an die Fortbildung der Deutschen Gesellschaft für Infektiologie, sofern die Neueinstellung, interne Besetzung neu geschaffener Stellen oder Aufsto-

ckung bis zum 31. Dezember 2019 vorgenommen worden ist: in Höhe von 50 Prozent der zusätzlich entstehenden Personalkosten für die Jahre 2013 bis 2022,

d) von Krankenhaushygienikerinnen oder Krankenhaushygienikern mit strukturierter curricularer Fortbildung Krankenhaushygiene, sofern die Neueinstellung, interne Besetzung neu geschaffener Stellen oder Aufstockung nach dem 31. Dezember 2019 vorgenommen worden ist: in Höhe von 50 Prozent der zusätzlich entstehenden Personalkosten für die Jahre 2020 bis 2022 und

e) von hygienebeauftragten Ärztinnen oder Ärzten: in Höhe von 10 Prozent der zusätzlich entstehenden Personalkosten für die Jahre 2013 bis 2016,

2. Fort- oder Weiterbildungen für die Jahre 2013 bis 2022:

   a) Weiterbildung zur Fachärztin oder zum Facharzt für Hygiene und Umweltmedizin für die Dauer von maximal fünf Jahren durch einen pauschalen Zuschuss in Höhe von jährlich 30 000 Euro, ab dem Jahr 2020 in Höhe von jährlich 40 000 Euro, auch über den Eigenbedarf des jeweiligen Krankenhauses hinaus; spätestens im Jahr 2022 begonnene Weiterbildungen werden auch über das Jahr 2022 hinaus gefördert,

   b) Weiterbildung zur Fachärztin oder zum Facharzt für Mikrobiologie, Virologie und Infektionsepidemiologie zur Befähigung und zum Einsatz in der klinisch-mikrobiologischen Beratung im Krankenhaus für die Dauer von maximal fünf Jahren durch einen pauschalen Zuschuss in Höhe von jährlich 15 000 Euro, auch über den Eigenbedarf des jeweiligen Krankenhauses hinaus; spätestens im Jahr 2022 begonnene Weiterbildungen werden auch über das Jahr 2022 hinaus gefördert,

   c) Fortbildung zur Krankenhaushygienikerin oder zum Krankenhaushygieniker durch strukturierte curriculare Fortbildung Krankenhaushygiene für die Dauer von maximal zwei Jahren durch einen pauschalen Zuschuss in Höhe von jährlich 5000 Euro; spätestens im Jahr 2022 begonnene Fortbildungen werden auch über das Jahr 2022 hinaus gefördert und

   d) strukturierte curriculare Fortbildung »Antibiotic Stewardship (ABS)« von Ärztinnen, Ärzten, Krankenhausapothekerinnen und Krankenhausapothekern durch einen pauschalen Zuschuss in Höhe von 5000 Euro,

3. vertraglich vereinbarte externe Beratungsleistungen durch Krankenhaushygienikerinnen oder Krankenhaushygieniker mit abgeschlossener Weiterbildung zur Fachärztin oder zum Facharzt für Hygiene und Umweltmedizin oder für Mikrobiologie, Virologie und Infektionsepidemiologie pauschal in Höhe von 400 Euro je Beratungstag für die Jahre 2013 bis 2026.

[2]Unabhängig von den in Satz 1 genannten Voraussetzungen werden die folgenden Maßnahmen finanziell gefördert:

1. nach dem 31. Dezember 2019 vorgenommene Neueinstellungen, interne Besetzungen neu geschaffener Stellen oder Aufstockungen vorhandener Teilzeitstellen von

   a) Fachärztinnen oder Fachärzten für Innere Medizin und Infektiologie in Höhe von 75 Prozent der zusätzlich entstehenden Personalkosten für die Jahre 2020 bis 2025,

   b) Fachärztinnen und Fachärzten mit Zusatz-Weiterbildung Infektiologie in Höhe von 75 Prozent der zusätzlich entstehenden Personalkosten für die Jahre 2020 bis 2022,

   c) Fachärztinnen und Fachärzten als Expertinnen oder Experten für Antibiotic Stewardship mit strukturierter curricularer Fortbildung „Antibiotic Stewardship (ABS)“ in Höhe von 50 Prozent der zusätzlich entstehenden Personalkosten für die Jahre 2020 bis 2022 und in Höhe von 30 Prozent der zusätzlich entstehenden Personalkosten für die Jahre 2023 bis 2025,

2. in den Jahren 2016 bis 2025 begonnene Weiterbildungen zur Fachärztin oder zum Facharzt für Innere Medizin und Infektiologie durch einen pauschalen Zuschuss in Höhe von jährlich 30 000 Euro, ab dem Jahr 2023 in Höhe von jährlich 40 000 Euro,

3. in den Jahren 2016 bis 2025 begonnene Zusatz-Weiterbildungen Infektiologie für Fach-

ärztinnen und Fachärzte durch einen pauschalen Zuschuss in Höhe von einmalig 30 000 Euro,

4. vertraglich vereinbarte externe Beratungsleistungen im Bereich Antibiotic Stewardship durch Fachärztinnen und Fachärzte für Innere Medizin und Infektiologie oder mit abgeschlossener Zusatz-Weiterbildung Infektiologie pauschal in Höhe von 400 Euro je Beratungstag für die Jahre 2016 bis 2026.

[3]Kosten im Rahmen von Satz 1 Nummer 1, die ab dem 1. August 2013 entstehen, werden auch übernommen für nach dem 4. August 2011 vorgenommene erforderliche Neueinstellungen oder Aufstockungen zur Erfüllung der Anforderungen des Infektionsschutzgesetzes. [4]Voraussetzung für die Förderung nach Satz 2 Nummer 1 ist eine schriftliche oder elektronische Bestätigung der Leitung des Krankenhauses, dass die Person klinisch und zu mindestens 50 Prozent ihrer Arbeitszeit im Bereich Antibiotic Stewardship oder Infektiologie tätig ist, sowie ein Nachweis, dass das Personal im Förderzeitraum über das bestehende Beratungsangebot im Bereich Antibiotic Stewardship informiert wurde. [5]Für Maßnahmen nach den Sätzen 1 bis 3 haben die Vertragsparteien jährlich einen zusätzlichen Betrag als Prozentsatz des Gesamtbetrags nach Absatz 3 Satz 1 zu vereinbaren. [6]Neueinstellungen, interne Besetzungen neu geschaffener Stellen oder Aufstockungen vorhandener Teilzeitstellen, die nach Satz 1 Nummer 1 und Satz 2 Nummer 1 Buchstabe b vorgenommen wurden, sind bei der Ermittlung des Betrags nach Satz 5 unter Beachtung von Tariferhöhungen zu berücksichtigen. [7]Der dem Krankenhaus nach den Sätzen 5 und 6 insgesamt zustehende Betrag wird durch einen Zuschlag auf die abgerechnete Höhe der DRG-Fallpauschalen und die Zusatzentgelte nach § 7 Absatz 1 Satz 1 Nummer 1 und 2 sowie auf die sonstigen Entgelte nach § 6 Absatz 1 Satz 1 und Absatz 2a finanziert; der Zuschlag wird gesondert in der Rechnung ausgewiesen. [8]Absatz 8 Satz 3 und 6 bis 11 in der am 31. Dezember 2020 geltenden Fassung sowie § 5 Absatz 4 Satz 5 gelten entsprechend, wobei der Nachweis über die Stellenbesetzung und die zweckentsprechende Mittelverwendung berufsbildspezifisch zu erbringen ist. [9]Der Betrag nach den Sätzen 5 und 6 darf keine Pflegepersonalkosten enthalten, die über das Pflegebudget finanziert werden.

(10) [1]Die Personalkosten, die bei der Neueinstellung oder Aufstockung vorhandener Teilzeitstellen von Hebammen mit einer Erlaubnis zum Führen der Berufsbezeichnung nach § 5 Absatz 1 auch in Verbindung mit den §§ 73 und 74 Absatz 1 des Hebammengesetzes in der Versorgung von Schwangeren in Fachabteilungen für Geburtshilfe und Gynäkologie von Krankenhäusern in den Jahren 2021, 2022 und 2023 zusätzlich entstehen, werden bis zur Höhe der Kosten für 0,5 Vollzeitstellen pro 500 Geburten in einem Krankenhaus finanziert. [2]Die Anzahl der Geburten wird für jedes Krankenhaus einmalig auf Grundlage der durchschnittlichen Anzahl an jährlichen Geburten in den Jahren 2017 bis 2019 bestimmt. [3]Zur Entlastung von Hebammen werden die Personalkosten, die für zusätzliche Personalstellen für Hebammen unterstützendes Fachpersonal in Fachabteilungen für Geburtshilfe und Gynäkologie in den Jahren 2021, 2022 und 2023 entstehen, finanziert, wobei die Gesamtzahl der geförderten Personalstellen für Hebammen unterstützendes Fachpersonal auf bis zu 25 Prozent der in Vollzeitkräfte umgerechneten Gesamtzahl der zum 1. Januar 2020 beschäftigten Hebammen begrenzt ist. [4]Zum Hebammen unterstützenden Fachpersonal gehören

1. medizinische Fachangestellte, die eine Ausbildung nach der Verordnung über die Berufsausbildung zum Medizinischen Fachangestellten/zur Medizinischen Fachangestellten abgeschlossen haben und

2. Fachangestellte, die eine Ausbildung nach der Verordnung über die Berufsausbildung zum Fachangestellten für Medien- und Informationsdienste/zur Fachangestellten für Medien- und Informationsdienste in der Fachrichtung Medizinische Dokumentation abgeschlossen haben.

[5]Zur Umsetzung der Sätze 1 und 3 vereinbaren die Vertragsparteien nach § 11 jährlich einen zusätzlichen Betrag. [6]Voraussetzung für die Finanzierung ist, dass im Vergleich zum 1. Januar 2020 zusätzliche Stellen für Hebammen oder für Hebammen unterstützendes Fachpersonal geschaffen oder dass entsprechende Teilzeitstellen aufgestockt werden. [7]Die Schaffung neuer Stellen im Sinne von Satz 6 hat das Krankenhaus durch eine schriftliche Vereinbarung mit der Arbeitnehmervertretung zu belegen. [8]Zudem ist zu belegen, dass das neue oder aufgestockte Personal entsprechend der schriftlichen Vereinbarung mit der Arbeitnehmervertretung beschäftigt wird und nicht in der unmittelbaren Patientenversorgung

auf bettenführenden Stationen tätig ist. [9]Der dem Krankenhaus nach den Sätzen 5 und 6 insgesamt zustehende Betrag wird durch einen Zuschlag auf die abgerechnete Höhe der DRG-Fallpauschalen nach § 7 Absatz 1 Satz 1 Nummer 1 und auf die Zusatzentgelte nach § 7 Absatz 1 Satz 1 Nummer 2 sowie auf die sonstigen Entgelte nach § 6 Absatz 1 Satz 1 und Absatz 2a finanziert und gesondert in der Rechnung des Krankenhauses ausgewiesen. [10]Die Höhe des Zuschlags ist anhand eines Prozentsatzes zu berechnen, der aus dem Verhältnis des nach Satz 5 für die Neueinstellungen oder Aufstockungen vorhandener Teilzeitstellen insgesamt vereinbarten Betrags einerseits sowie des Gesamtbetrags nach Absatz 3 Satz 1 andererseits zu ermitteln und von den Vertragsparteien zu vereinbaren ist. [11]Bei der Vereinbarung sind nur Löhne und Gehälter bis zur Höhe tarifvertraglich vereinbarter Vergütungen zu berücksichtigen; Maßstab für die Ermittlung ist jeweils diejenige tarifvertragliche Vereinbarung, die in dem Krankenhaus für die meisten Beschäftigten maßgeblich ist. [12]Kommt eine Vereinbarung nicht zustande, entscheidet die Schiedsstelle nach § 13 auf Antrag einer Vertragspartei. [13]Soweit die mit dem zusätzlichen Betrag finanzierten Neueinstellungen oder Aufstockungen vorhandener Teilzeitstellen nicht in der Versorgung von Schwangeren in Fachabteilungen für Geburtshilfe und Gynäkologie umgesetzt werden, ist der darauf entfallende Anteil der Finanzierung zurückzuzahlen; wird die zum 1. Januar 2020 festgestellte Stellenbesetzung in dem nach Satz 1 geförderten Bereich gemindert, ist der zusätzliche Betrag entsprechend dem darauf entfallenden Anteil der Finanzierung zu mindern. [14]Für die Prüfung einer notwendigen Rückzahlung oder Minderung hat der Krankenhausträger den anderen Vertragsparteien folgende Bestätigungen des Jahresabschlussprüfers vorzulegen:

1. einmalig eine Bestätigung über die Anzahl der Geburten in den Jahren 2017 bis 2019,
2. einmalig eine Bestätigung über die zum 1. Januar 2020 festgestellte Stellenbesetzung auf Stationen für Geburtshilfe insgesamt und unterteilt nach Hebammen und den in Satz 4 genannten Berufsgruppen, jeweils differenziert in Voll- und Teilzeitkräfte und umgerechnet in Vollzeitkräfte,
3. eine Bestätigung über die im jeweiligen Förderjahr zum 31. Dezember festgestellte jahresdurchschnittliche Stellenbesetzung auf Stationen für Geburtshilfe, unterteilt nach Hebammen und den in Satz 4 benannten Berufsgruppen, jeweils differenziert in Voll- und Teilzeitkräfte und umgerechnet in Vollzeitkräfte, und
4. eine Bestätigung über die zweckentsprechende Verwendung der Mittel.

[15]Werden die Bestätigungen nach Satz 14 nicht oder nicht vollständig vorgelegt, ist der zusätzliche Betrag vollständig zurückzuzahlen. [16]Die Vorlage der Bestätigungen nach Satz 14 hat durch das Krankenhaus gegenüber den Vertragspartnern bis zum 28. Februar des jeweiligen Folgejahres zu erfolgen. [17]Der Spitzenverband Bund der Krankenkassen berichtet dem Bundesministerium für Gesundheit jährlich, erstmals zum 30. Juni 2022 über die Zahl der Vollzeitkräfte und den Umfang der aufgestockten Teilzeitstellen gesondert für Hebammen und für das Hebammen unterstützende Fachpersonal, die auf Grund der Finanzierung nach den Sätzen 1 und 3 in den Jahren 2021, 2022 und 2023 neu eingestellt oder deren vorhandene Teilzeitstellen aufgestockt wurden. [18]Die Krankenkassen sind verpflichtet, dem Spitzenverband Bund der Krankenkassen die für die Berichterstattung nach Satz 17 erforderlichen Informationen über die Vereinbarungen der Vertragsparteien zur Neueinstellung oder Aufstockung vorhandener Teilzeitstellen von nach den Sätzen 1 und 3 finanziertem Personal zu übermitteln. [19]Der Spitzenverband Bund der Krankenkassen legt das Verfahren für die Übermittlung fest.

§ 4a
Ermittlung eines Erlösvolumens für die Versorgung von Kindern und Jugendlichen

(1) [1]Als Grundlage der Ermittlung eines Erlösvolumens für die Versorgung von Kindern und Jugendlichen für die Jahre 2023 und 2024 (Anwendungsjahre) berechnet das Institut für das Entgeltsystem im Krankenhaus auf der Grundlage der ihm nach § 21 Absatz 1 übermittelten Daten die im Jahr 2019 für die maßgeblichen Fälle nach Satz 3 erbrachte Summe der effektiven Bewertungsrelationen je Krankenhaus. [2]Dabei sind die tagesbezogenen Pflegeentgelte nach § 7 Absatz 1 Satz 1 Nummer 6a nicht zu berücksichtigen. [3]Maßgebliche Fälle sind alle voll- oder teilstationär behandelten Patientinnen und Patienten, die zum Zeitpunkt der Aufnahme in das Krankenhaus über 28 Tage und unter 16 Jahre alt sind. [4]Für die Ermittlung eines krankenhausindividuellen Erlösvolumens für die Versorgung von Kindern

und Jugendlichen für das jeweilige Anwendungsjahr ist die nach Satz 1 berechnete Summe der effektiven Bewertungsrelationen jeweils vom Institut für das Entgeltsystem im Krankenhaus mit dem für das jeweilige Anwendungsjahr vereinbarten oder festgesetzten Landesbasisfallwert zu multiplizieren; wurde ein Landesbasisfallwert für das jeweilige Anwendungsjahr noch nicht vereinbart oder festgesetzt, ermittelt das Institut für das Entgeltsystem im Krankenhaus das jeweilige krankenhausindividuelle Erlösvolumen für die Versorgung von Kindern und Jugendlichen, indem es die nach Satz 1 berechnete Summe der effektiven Bewertungsrelationen mit dem Landesbasisfallwert multipliziert, der für das dem jeweiligen Anwendungsjahr vorausgehende Jahr vereinbart oder festgesetzt worden ist und der um den für das jeweilige Anwendungsjahr maßgeblichen Veränderungswert nach § 9 Absatz 1b Satz 1 zu erhöhen ist. [5]Das nach Satz 4 ermittelte krankenhausindividuelle Erlösvolumen für das Jahr 2023 ist vom Institut für das Entgeltsystem im Krankenhaus um den Prozentsatz nach Absatz 2 Satz 1 und das nach Satz 4 ermittelte krankenhausindividuelle Erlösvolumen für das Jahr 2024 ist vom Institut für das Entgeltsystem im Krankenhaus um den Prozentsatz nach Absatz 2 Satz 2 zu erhöhen. [6]Das Institut für das Entgeltsystem im Krankenhaus veröffentlicht das nach Satz 5 für das Jahr 2023 ermittelte krankenhausindividuelle Erlösvolumen und den Prozentsatz nach Absatz 2 Satz 1 bis zum 29. Dezember 2022 sowie das nach Satz 5 für das Jahr 2024 ermittelte krankenhausindividuelle Erlösvolumen und den Prozentsatz nach Absatz 2 Satz 2 bis zum 15. Dezember 2023 barrierefrei auf seiner Internetseite. [7]Das Institut für das Entgeltsystem im Krankenhaus ermittelt ein aktualisiertes krankenhausindividuelles Erlösvolumen für das Jahr 2023, indem es die nach Satz 1 berechnete Summe der effektiven Bewertungsrelationen jeweils mit dem Landesbasisfallwert für das Jahr 2023 multipliziert und das sich ergebende Erlösvolumen um den Prozentsatz nach Absatz 2 Satz 3 erhöht, und veröffentlicht das aktualisierte krankenhausindividuelle Erlösvolumen für das Jahr 2023 bis zum 15. Mai 2023 barrierefrei auf seiner Internetseite. [8]Das Institut für das Entgeltsystem im Krankenhaus ermittelt ein aktualisiertes krankenhausindividuelles Erlösvolumen für das Jahr 2024, indem es die nach Satz 1 berechnete Summe der effektiven Bewertungsrelationen jeweils mit dem Landesbasisfallwert für das Jahr 2024 multipliziert und das sich ergebende Erlösvolumen um den Prozentsatz nach Absatz 2 Satz 4 erhöht, und veröffentlicht das aktualisierte krankenhausindividuelle Erlösvolumen für das Jahr 2024 bis zum 15. Mai 2024 barrierefrei auf seiner Internetseite.

(2) [1]Das Institut für das Entgeltsystem im Krankenhaus berechnet einen Prozentsatz für das Jahr 2023 als Verhältnis eines Betrages in Höhe von 300 Millionen Euro und der Summe der für das Jahr 2023 nach Absatz 1 Satz 4 ermittelten krankenhausindividuellen Erlösvolumina, die um 90 Millionen Euro zu erhöhen ist. [2]Das Institut für das Entgeltsystem im Krankenhaus berechnet einen Prozentsatz für das Jahr 2024 als Verhältnis eines Betrages in Höhe von 300 Millionen Euro und der Summe der für das Jahr 2024 nach Absatz 1 Satz 4 ermittelten krankenhausindividuellen Erlösvolumina, die um 90 Millionen Euro zu erhöhen ist. [3]Das Institut für das Entgeltsystem im Krankenhaus berechnet einen aktualisierten Prozentsatz für das Jahr 2023, indem es jeweils die nach Absatz 1 Satz 1 berechnete Summe der effektiven Bewertungsrelationen je Krankenhaus mit dem Landesbasisfallwert für das Jahr 2023 multipliziert, die Ergebnisse dieser Multiplikation addiert, die sich ergebende Summe mit einem Betrag in Höhe von 90 Millionen Euro zu einem Gesamtbetrag addiert und den Betrag in Höhe von 300 Millionen zu diesem Gesamtbetrag ins Verhältnis setzt. [4]Das Institut für das Entgeltsystem im Krankenhaus berechnet einen aktualisierten Prozentsatz für das Jahr 2024, indem es jeweils die nach Absatz 1 Satz 1 berechnete Summe der effektiven Bewertungsrelationen je Krankenhaus mit dem Landesbasisfallwert für das Jahr 2024 multipliziert, die Ergebnisse dieser Multiplikation addiert, die sich ergebende Summe mit einem Betrag in Höhe von 90 Millionen Euro zu einem Gesamtbetrag addiert und den Betrag in Höhe von 300 Millionen zu diesem Gesamtbetrag ins Verhältnis setzt. [5]Die nach den Sätzen 1 bis 4 berechneten Prozentsätze sind kaufmännisch auf drei Nachkommastellen zu runden.

(3) [1]Die nach Absatz 1 Satz 7 und 8 ermittelten und aktualisierten Erlösvolumina sowie die nach Absatz 4 Satz 3 und 4 berechneten Zuschläge sind zweckgebunden für die Versorgung von Kindern und Jugendlichen zu verwenden. [2]Der Krankenhausträger hat den anderen Vertragsparteien nach § 11 bei Abschluss der nächsten nach Ablauf des jeweiligen Anwendungsjahres zu treffenden Vereinbarung nach § 11 eine Bestätigung des Jahresabschlussprüfers vorzulegen, aus der

hervorgeht oder für die das Krankenhaus glaubhaft dargelegt hat, inwieweit die Mittel zweckentsprechend verwendet wurden. [3]Mittel, die nicht zweckentsprechend verwendet wurden, sind zurückzuzahlen; die näheren Einzelheiten vereinbaren die Vertragsparteien nach § 11.

(4) [1]Zur Auszahlung des nach Absatz 1 Satz 5 für das Jahr 2023 ermittelten krankenhausindividuellen Erlösvolumens berechnet das Krankenhaus für die maßgeblichen Fälle nach Absatz 1 Satz 3, die im Zeitraum vom 1. Januar 2023 bis 31. Dezember 2023 zur voll- oder teilstationären Behandlung aufgenommen wurden, einen Zuschlag in Höhe des Prozentsatzes nach Absatz 2 Satz 1 auf die im auf Bundesebene vereinbarten Entgeltkatalog bewerteten Fallpauschalen nach § 7 Absatz 1 Satz 1 Nummer 1 und weist diesen jeweils gesondert in der Rechnung aus. [2]Zur Auszahlung des nach Absatz 1 Satz 5 für das Jahr 2024 ermittelten krankenhausindividuellen Erlösvolumens berechnet das Krankenhaus für die maßgeblichen Fälle nach Absatz 1 Satz 3, die im Zeitraum vom 1. Januar 2024 bis 31. Dezember 2024 zur voll- oder teilstationären Behandlung aufgenommen wurden, einen Zuschlag in Höhe des Prozentsatzes nach Absatz 2 Satz 2 auf die im auf Bundesebene vereinbarten Entgeltkatalog bewerteten Fallpauschalen nach § 7 Absatz 1 Satz 1 Nummer 1 und weist diesen jeweils gesondert in der Rechnung aus. [3]Besondere Einrichtungen nach § 17b Absatz 1 Satz 10 des Krankenhausfinanzierungsgesetzes, die im Jahr 2023 von der Anwendung der DRG-Fallpauschalen und Zusatzentgelte ausgenommen sind, berechnen für die maßgeblichen Fälle nach Absatz 1 Satz 3, die im Zeitraum vom 1. Januar 2023 bis 31. Dezember 2023 zur voll- oder teilstationären Behandlung aufgenommen wurden, einen Zuschlag in Höhe des Prozentsatzes nach Absatz 2 Satz 1 auf die nach § 6 Absatz 1 Satz 1 vereinbarten fall- oder tagesbezogenen Entgelte und weisen diesen jeweils gesondert in der Rechnung aus. [4]Besondere Einrichtungen nach § 17b Absatz 1 Satz 10 des Krankenhausfinanzierungsgesetzes, die im Jahr 2024 von der Anwendung der DRG-Fallpauschalen und Zusatzentgelte ausgenommen sind, berechnen für die maßgeblichen Fälle nach Absatz 1 Satz 3, die im Zeitraum vom 1. Januar 2024 bis 31. Dezember 2024 zur voll- oder teilstationären Behandlung aufgenommen wurden, einen Zuschlag in Höhe des Prozentsatzes nach Absatz 2 Satz 2 auf die nach § 6 Absatz 1 Satz 1 vereinbarten fall- oder tagesbezogenen Entgelte und weisen diesen jeweils gesondert in der Rechnung aus.

(5) [1]Weicht die Summe der auf das Kalenderjahr 2023 oder 2024 entfallenden Erlöse aus im auf Bundesebene vereinbarten Entgeltkatalog bewerteten Fallpauschalen nach § 7 Absatz 1 Satz 1 Nummer 1 für die Versorgung der maßgeblichen Fälle nach Absatz 1 Satz 3 einschließlich des jeweiligen Zuschlags nach Absatz 4 von dem nach Absatz 1 Satz 7 oder Satz 8 ermittelten und aktualisierten Erlösvolumen des jeweiligen Kalenderjahres ab, werden Mindererlöse bei einer Unterschreitung des nach Absatz 1 Satz 7 oder Satz 8 ermittelten und aktualisierten Erlösvolumens von bis zu 20 Prozent vollständig und Mehrerlöse zu 65 Prozent ausgeglichen. [2]Mindererlöse bei einer Unterschreitung des nach Absatz 1 Satz 7 oder Satz 8 ermittelten und aktualisierten Erlösvolumens von mehr als 20 Prozent sind in Höhe von 65 Prozent auszugleichen. [3]Vollständig auszugleichen sind abweichend von Satz 1 Mehrerlöse,

1. die daraus resultieren, dass das nach Absatz 1 Satz 5 für das Jahr 2023 ermittelte krankenhausindividuelle Erlösvolumen das nach Absatz 1 Satz 7 ermittelte und aktualisierte Erlösvolumen übersteigt,
2. die daraus resultieren, dass das nach Absatz 1 Satz 5 für das Jahr 2024 ermittelte krankenhausindividuelle Erlösvolumen das nach Absatz 1 Satz 8 ermittelte und aktualisierte Erlösvolumen übersteigt oder
3. die aus der Erhebung des Zuschlags nach Absatz 4 resultieren.

[4]Die Vertragsparteien nach § 11 Absatz 1 können eine von den Sätzen 1 und 2 abweichende Ausgleichshöhe vereinbaren, um unzumutbare Härten zu vermeiden. [5]Die Mehr- und Mindererlöse sind über den Zu- oder Abschlag für Erlösausgleiche nach § 5 Absatz 4 im nächstmöglichen Vereinbarungszeitraum auszugleichen. [6]Für den Ausgleich von Mehr- und Mindererlösen von besonderen Einrichtungen nach § 17b Absatz 1 Satz 10 des Krankenhausfinanzierungsgesetzes gilt § 6 Absatz 3 Satz 6 mit der Maßgabe, dass Mehrerlöse, die aus der Erhebung der Zuschläge nach Absatz 4 Satz 3 und 4 resultieren, nicht auszugleichen sind.

(6) Die Vertragsparteien nach § 17b Absatz 2 Satz 1 des Krankenhausfinanzierungsgesetzes

berichten dem Bundesministerium für Gesundheit bis zum 31. Dezember 2024 unter Berücksichtigung der Bestätigungen der Jahresabschlussprüfer nach Absatz 3 Satz 2 für das Jahr 2023 gemeinsam über die Auswirkungen des nach Absatz 1 Satz 7 ermittelten und aktualisierten Erlösvolumens.

§ 5 Vereinbarung und Abrechnung von Zu- und Abschlägen

(1) [1]Die nach § 9 Abs. 1 Satz 1 Nr. 3 vereinbarten Regelungen für bundeseinheitliche Zu- und Abschläge nach § 17b Absatz 1a des Krankenhausfinanzierungsgesetzes sind für die Vertragsparteien nach § 11 verbindlich. [2]Auf Antrag einer Vertragspartei ist zu prüfen, ob bei dem Krankenhaus die Voraussetzungen für einen Zu- oder Abschlag vorliegen. [3]Wurde für einen Tatbestand ein bundeseinheitlicher Zu- oder Abschlagsbetrag festgelegt, der für die Zwecke der Berechnung gegenüber den Patienten oder den Kostenträgern auf eine krankenhausindividuelle Bezugsgröße, beispielsweise die Fallzahl oder eine Erlössumme, umgerechnet werden muss, so vereinbaren die Vertragsparteien gemäß den bundeseinheitlichen Vereinbarungen den sich daraus ergebenden krankenhausindividuellen Abrechnungsbetrag oder -prozentsatz.

(2) [1]Zur Sicherstellung einer für die Versorgung der Bevölkerung notwendigen Vorhaltung von Leistungen, die auf Grund des geringen Versorgungsbedarfs mit den auf Bundesebene vereinbarten Fallpauschalen und Zusatzentgelten nicht kostendeckend finanzierbar ist, vereinbaren die Vertragsparteien nach § 11 bei Erfüllung der Vorgaben nach den Sätzen 2, 4 und 5 sowie der Vorgaben des Gemeinsamen Bundesausschusses nach § 136c Absatz 3 des Fünften Buches Sozialgesetzbuch Sicherstellungszuschläge nach § 17b Absatz 1a Nummer 6 des Krankenhausfinanzierungsgesetzes. [2]Die Landesregierungen werden ermächtigt, durch Rechtsverordnung ergänzende oder abweichende Vorgaben zu erlassen, insbesondere um regionalen Besonderheiten bei der Vorhaltung der für die Versorgung notwendigen Leistungseinheiten Rechnung zu tragen; dabei sind die Interessen anderer Krankenhäuser zu berücksichtigen. [3]Die Landesregierungen können diese Ermächtigung durch Rechtsverordnung auf oberste Landesbehörden übertragen. [4]Voraussetzung für die Vereinbarung eines Sicherstellungszuschlags ist zudem, dass das Krankenhaus für das Kalenderjahr vor der Vereinbarung ein Defizit in der Bilanz ausweist. [5]Die zuständige Landesbehörde prüft auf Antrag einer Vertragspartei nach § 11, ob die Vorgaben für die Vereinbarung eines Sicherstellungszuschlags nach Satz 1 erfüllt sind, und entscheidet, ob ein Sicherstellungszuschlag zu vereinbaren ist; sie hat dabei auch zu prüfen, ob die Leistung durch ein anderes geeignetes Krankenhaus, das diese Leistungsart bereits erbringt, ohne Zuschlag erbracht werden kann. [6]Im Falle einer Krankenhausfusion erfolgt bei Krankenhäusern mit unterschiedlichen Betriebsstätten die Prüfung der Weitergewährung eines Sicherstellungszuschlags durch die zuständige Landesbehörde betriebsstättenbezogen, sofern folgende Kriterien erfüllt sind:

1. die Betriebsstätte ist im Krankenhausplan als gesonderter Standort ausgewiesen,
2. an diesem gesonderten Standort werden mindestens drei im Krankenhausplan ausgewiesene, organisatorisch selbständig bettenführende Fachgebiete betrieben und
3. das negative wirtschaftliche Ergebnis der Betriebsstätte ist aus der Bilanz des Krankenhauses eindeutig ersichtlich und wird von einem Jahresabschlussprüfer im Auftrag der Krankenkassen bestätigt;

der Sicherstellungszuschlag kann in diesem Fall für bis zu drei Jahre weiter vereinbart werden. [7]Klagen gegen das Ergebnis der Prüfung nach den Sätzen 5 oder 6 haben keine aufschiebende Wirkung.

(2a) [1]Ein Krankenhaus, das in die Liste nach § 9 Absatz 1a Nummer 6 aufgenommen wurde, hat für das der Auflistung folgende Jahr Anspruch auf eine zusätzliche Finanzierung in Höhe von 400 000 Euro jährlich; hält ein Krankenhaus mehr als zwei Fachabteilungen vor, die die Vorgaben des Gemeinsamen Bundesausschusses gemäß § 136c Absatz 3 Satz 2 des Fünften Buches Sozialgesetzbuch erfüllen, hat das Krankenhaus darüber hinaus Anspruch auf eine zusätzliche Finanzierung in Höhe von 200 000 Euro jährlich je weiterer vorgehaltener Fachabteilung, die die Vorgaben des Gemeinsamen Bundesausschusses nach § 136c Absatz 3 Satz 2 des Fünften Buches Sozialgesetzbuch erfüllt. [2]Die Berechnung gegenüber den Patientinnen oder Patienten oder den Kostenträgern erfolgt, indem der jährliche Betrag nach Satz 1 durch die voraussichtliche Summe der voll- und teilstationären Fälle des Krankenhauses geteilt wird. [3]Der Betrag nach Satz 2 ist erstmals bei Patientinnen oder Patienten abzurechnen, die ab dem 1. Januar 2020 zur Behandlung in das Krankenhaus aufgenommen wurden. [4]Ist ein Krankenhaus nicht mehr in die Liste nach § 9 Absatz 1a Nummer 6 aufgenommen, so ist der Betrag nach Satz 2 letztmalig bei Patientinnen oder Patienten abzurechnen, die vor dem 1. Januar des auf die letztmalige Auflistung folgenden Jahres zur Behandlung in das Krankenhaus aufgenommen wurden.

(2b) [1]Zur Förderung der geburtshilflichen Versorgung in Krankenhäusern erheben Krankenhäuser für ihre Standorte, für die die für Krankenhausplanung zuständige Landesbehörde nach Satz 2 die Höhe eines standortindividuellen Förderbetrages festgelegt hat, in den Jahren 2023 und 2024 gegenüber den Patientinnen oder Patienten oder den Kostenträgern einen vom Krankenhausträger zu ermittelnden Zuschlag nach Absatz 2c. [2]Die für die Krankenhausplanung zuständige Landesbehörde legt bis zum 31. März der Jahre 2023 und 2024 jeweils die Höhe eines standortindividuellen Förderbetrages zur Förderung der geburtshilflichen Versorgung in Krankenhäusern für Krankenhausstandorte fest, die eine Fachabteilung für Geburtshilfe oder eine Fachabteilung für Gynäkologie und Geburtshilfe vorhalten und die von der für die Krankenhausplanung zuständigen Landesbehörde als bedarfsnotwendig bestimmt werden. [3]Dabei sind für die Krankenhausstandorte im Gebiet des jeweiligen Landes für die Jahre 2023 und 2024 jeweils insgesamt Förderbeträge in folgender Höhe festzulegen:

Baden-Württemberg	15 648 732 Euro
Bayern	18 672 864 Euro
Berlin	6 227 940 Euro
Brandenburg	3 635 844 Euro
Bremen	1 144 548 Euro
Hamburg	3 124 116 Euro
Hessen	8 924 508 Euro
Mecklenburg-Vorpommern	2 376 540 Euro
Niedersachsen	11 274 396 Euro
Nordrhein-Westfalen	25 291 104 Euro
Rheinland-Pfalz	5 782 176 Euro
Saarland	1 437 924 Euro
Sachsen	5 978 496 Euro
Sachsen-Anhalt	3 235 344 Euro
Schleswig-Holstein	4 086 936 Euro
Thüringen	3 158 532 Euro.

[4]Bei der Festlegung nach Satz 2 sind zu berücksichtigen:

1. die Vorhaltung einer Fachabteilung für Pädiatrie am jeweiligen Krankenhausstandort,
2. die Vorhaltung einer Fachabteilung für Neonatologie am jeweiligen Krankenhausstandort,
3. der Anteil vaginaler Geburten am jeweiligen Krankenhausstandort,
4. die Geburtenanzahl am jeweiligen Krankenhausstandort,
5. die Durchführung von Praxiseinsätzen im Rahmen des berufspraktischen Teils des Hebammenstudiums am jeweiligen Krankenhausstandort.

[5]Die für die Krankenhausplanung zuständige Landesbehörde hat den Vertragsparteien nach § 11 und dem Bundesministerium für Gesundheit die Höhe des aufgrund der Festlegung nach Satz 2 auf den einzelnen Krankenhausstandort entfallenden Förderbetrages und die Information, inwieweit die von ihr für die Festlegung des standortindividuellen Förderbetrages zugrunde gelegten Kriterien maßgeblich waren, jeweils bis zum 31. März der Jahre 2023 und 2024 mitzuteilen.

(2c) [1]Die Abrechnung des nach Absatz 2b Satz 2 festgelegten standortin dividuellen Förderbetrages erfolgt gegenüber den Patientinnen oder Patienten oder den Kostenträgern durch einen vom Krankenhausträger zu ermittelnden Zuschlag, der sich ergibt, indem die nach Absatz 2b Satz 2 für den jeweiligen Krankenhausstandort festgelegte Höhe des standortindividuellen Förderbetrages durch die Anzahl der voll- und teilstationären Fälle des Krankenhausstandortes in dem dem Jahr 2023 oder 2024 jeweils vorangegangenen Kalenderjahr geteilt wird. [2]Der nach Satz 1 berechnete Zuschlag für das Jahr 2023 ist bei Patientinnen oder Patienten abzurechnen, die zwischen dem 1. Januar 2023 und dem 31. Dezember 2023 zur Behandlung in das Krankenhaus aufgenommen werden. [3]Der nach Satz 1 berechnete Zuschlag für das Jahr 2024 ist bei Patientinnen oder Patienten abzurechnen, die zwischen dem 1. Januar 2024 und dem 31. Dezember 2024 zur Behandlung in das Krankenhaus aufgenommen werden. [4]Abweichend von den Sätzen 2 und 3 sind Zuschläge, die auf die Fälle entfallen, die für das Jahr 2023 oder 2024 vor der jeweiligen Festlegung der Höhe des standortindividuellen Förderbetrages durch die für die Krankenhausplanung zuständige Landesbehörde abgerechnet worden sind, nicht für diese Fälle abzurechnen, sondern durch entsprechende Erhöhung des Zuschlags für die Fälle des verbleibenden Kalenderjahres abzurechnen; hierzu ermittelt der Krankenhausträger die Höhe des Zuschlags für die Fälle des verbleibenden Kalenderjahres, indem er den standortindividuellen Förderbetrag durch die erwartete Zahl der Fälle des verbleibenden Kalenderjahres teilt. [5]Sofern die abgerechnete Summe der Zuschläge für das jeweilige Kalenderjahr von der nach Absatz 2b Satz 2 festgelegten Höhe des standortindividuellen Förderbetrages abweicht, werden die Mehr- oder Mindererlöse über den Zu- oder Abschlag für Erlösausgleiche nach Absatz 4 Satz 1 im nächstmöglichen Vereinbarungszeitraum vollständig ausgeglichen. [6]Der nach Absatz 2b Satz 2 festgelegte standortindividuelle Förderbetrag ist zweckgebunden für die Finanzierung von voll- und teilstationären Leistungen der Geburtshilfe zu verwenden. [7]Der Krankenhausträger hat den anderen Vertragsparteien nach § 11 bei Abschluss der nächsten nach Ablauf des Jahres 2023 oder 2024 jeweils zu treffenden Vereinbarung nach § 11 eine Bestätigung des Jahresabschlussprüfers vorzulegen, aus der hervorgeht oder für die das Krankenhaus glaubhaft dargelegt hat, inwieweit der nach Absatz 2b Satz 2 festgelegte standortindividuelle Förderbetrag zweckentsprechend verwendet wurde. [8]Mittel, die nicht zweckentsprechend verwendet wurden, sind zurückzuzahlen. [9]Der Spitzenverband Bund der Krankenkassen und der Verband der Privaten Krankenversicherung gemeinsam vereinbaren mit der Deutschen Krankenhausgesellschaft bis zum 31. März 2023 das Nähere zur Abrechnung und zur Nachweisführung der zweckentsprechenden Mittelverwendung des nach Absatz 2b Satz 2 festgelegten standortindividuellen Förderbetrages.

(3) Die Vertragsparteien nach § 11 vereinbaren die Zuschläge für besondere Aufgaben von Zentren und Schwerpunkten nach § 2 Absatz 2 Satz 2 Nummer 4 auf der Grundlage der Vorgaben des Gemeinsamen Bundesausschusses nach § 136c Absatz 5 des Fünften Buches Sozialgesetzbuch.

(3a) (aufgehoben)

(3b) [1]Für klinische Sektionen ist bei Erfüllung der Anforderungen nach § 9 Absatz 1a Nummer 3 ein Zuschlag je voll- und teilstationären Fall zu vereinbaren; hierbei ist Absatz 1 Satz 3 anzuwenden. [2]Bei der Ermittlung des durch den Zuschlag zu finanzierenden Betrages sind die für den Vereinbarungszeitraum vom Institut für das Entgeltsystem im Krankenhaus nach § 9 Absatz 1a Nummer 3 kalkulierten Kosten einer klinischen Sektion in voller Höhe zugrunde zu legen.

(3c) [1]Bis zu einer Berücksichtigung bei der Kalkulation der Fallpauschalen und Zusatzentgelte vereinbaren die Vertragsparteien nach § 11 unter Berücksichtigung der Vorgaben nach § 9 Absatz 1a Nummer 1 befristete Zuschläge für die Finanzierung von Mehrkosten, die durch Mindestanforderungen an die Struktur- oder Prozessqualität in Richtlinien des Gemeinsamen Bundesausschusses zur Qualitätssicherung nach § 92 Absatz 1 Satz 2 Nummer 13 in Verbindung mit § 136 Absatz 1 Satz 1 Nummer 2 des Fünften Buches Sozialgesetzbuch entstehen. [2]Die Vereinbarung von Zuschlägen ist für Krankenhäuser, die die zusätzlichen Anforderungen des Gemeinsamen Bundesausschusses nicht erfüllen, insoweit zulässig, als der Gemeinsame Bundesausschuss keine entsprechenden zeitlichen und inhaltlichen Einschränkungen vorgegeben hat. [3]Zuschläge sind auch für Mehrkosten zu vereinbaren, wenn diese dem Krankenhaus ab dem 5. November 2015 auf Grund von Maßnahmen zur Erfüllung der zum 1. Januar 2014 in Kraft getretenen zusätzlichen Anforderungen der Qualitätssicherungs-Richtlinie Früh- und Reifgeborene des Gemeinsamen Bundesausschusses entstehen und die Maßnahmen nach dem 1. Januar 2014 vorgenommen wurden. [4]Die Finanzierung der in den Sätzen 1 und 3 genannten Mehrkosten erfolgt bei besonderen Einrichtungen nach § 17b Absatz 1 Satz 10 des Krankenhausfinanzierungsgesetzes durch eine Berücksichtigung in den krankenhausindividuellen Entgelten. [5]Die Begrenzung des Anstiegs der Erlössumme nach § 9 Absatz 1b Satz 1 in Verbindung mit § 6 Absatz 3 Satz 4 gilt insoweit nicht. [6]Bei einer Vereinbarung von Zuschlägen auf Grund einer Rahmenvereinbarung nach § 137i Absatz 6 des Fünften Buches Sozialgesetzbuch sind die Sätze 1, 4 und 5 entsprechend anzuwenden.

(3d) Für implantatbezogene Maßnahmen im Sinne des § 2 Nummer 4 des Implantateregistergesetzes vereinbaren die Vertragsparteien nach § 11 auf der Grundlage der Vereinbarung nach § 9 Absatz 1a Nummer 7 die Abrechnung eines Zuschlags.

(3e) [1]Die Vertragsparteien nach § 11 vereinbaren für die Zeit ab dem 1. Januar 2022 einen Abschlag in Höhe von 1 Prozent des Rechnungsbetrags für jeden voll- und teilstationären Fall, sofern ein Krankenhaus seiner Verpflichtung zum Anschluss an die Telematikinfrastruktur nach § 341 Absatz 7 Satz 1 des Fünften Buches Sozialgesetzbuch nicht nachkommt; Zu-und Abschläge nach § 7 Absatz 1 Satz 1 Nummer 4 sind bei der Berechnung des Abschlags nicht zu berücksichtigen. [2]Das Nähere zur Umsetzung des Abschlages nach Satz 1 regeln der Spitzenverband Bund der Krankenkassen und die Deutsche Krankenhausgesellschaft bis zum 30. September 2021 in der Vereinbarung nach § 377 Absatz 3 Satz 1 des Fünften Buches Sozialgesetzbuch.

(3f) Sind die Voraussetzungen für die nach § 9 Absatz 1a Nummer 8 vereinbarten Abschläge erfüllt, ist der Abschlagsbetrag vom Krankenhaus in der Rechnung mindernd auszuweisen oder, wenn keine Rechnungsminderung durch das Krankenhaus erfolgt, von der Krankenkasse einzubehalten.

(3g) [1]Ein Krankenhaus hat für jeden voll- und jeden teilstationären Fall, für den es im Rahmen der Krankenhausbehandlung entstandene Daten in der elektronischen Patientenakte nach § 341 des Fünften Buches Sozialgesetzbuch speichert, Anspruch auf einen Zuschlag in Höhe von 5 Euro. [2]Ausschließlich im Jahr 2021 hat ein Krankenhaus einen Anspruch auf einen weiteren Zuschlag in Höhe von 10 Euro für jeden voll- oder teilstationären Fall, für den es eine Unterstützung des Versicherten leistet bei der erstmaligen Befüllung der elektronischen Patientenakte im aktuellen Behandlungskontext gemäß § 346 Absatz 3 Satz 1 des Fünften Buches Sozialgesetzbuch. [3]Zur Berechnung gegenüber den Patientinnen und Patienten oder anderen Kostenträgern vereinbaren die Vertragsparteien nach § 11 jährlich ein Zuschlagsvolumen und einen Zuschlagsbetrag. [4]Das Zuschlagsvolumen ist die Summe aus

1. der Multiplikation
   a) der Höhe des Zuschlags nach Satz 1 und
   b) der voraussichtlichen Anzahl der Zuschläge nach Satz 1 für das Vereinbarungsjahr und
2. der Multiplikation
   a) der Höhe des Zuschlags nach Satz 2 und
   b) der voraussichtlichen Anzahl der Zuschläge nach Satz 2 für das Vereinbarungsjahr.

[5]Der Zuschlagsbetrag ist das Zuschlagsvolumen, dividiert durch die voraussichtliche Anzahl aller voll- und teilstationären Fälle in dem Krankenhaus für das Vereinbarungsjahr. [6]Das Krankenhaus stellt den Zuschlagsbetrag in allen voll- und teilstationären Fällen in Rechnung.

(3h) [1]Die Vertragsparteien nach § 11 vereinbaren für die Zeit ab dem 1. Januar 2025 einen Abschlag in Höhe von bis zu 2 Prozent des Rechnungsbetrags für jeden voll- und teilstationären Fall, sofern ein Krankenhaus nicht sämtliche in § 19 Absatz 1 Satz 1 Nummer 2 bis 6 der Krankenhausstrukturfonds-Verordnung aufgezählten digitalen Dienste bereitstellt. [2]Zu- und Abschläge nach § 7 Absatz 1 Satz 1 Nummer 4 sind bei der Berechnung des Abschlags nicht zu berücksichtigen. [3]Das Nähere zur Umsetzung des Abschlags nach Satz 1 regeln der Spitzenverband Bund der Krankenkassen und die Deutsche Krankenhausgesellschaft bis zum 30. Juni 2023 in der Vereinbarung nach § 377 Absatz 3 des Fünften Buches Sozialgesetzbuch. [4]Dabei haben sie auch Regelungen zu vereinbaren, die die konkrete Höhe des Abschlags danach festlegen, wie viele der in § 19 Absatz 1 Satz 1 Nummer 2 bis 6 der Krankenhausstrukturfonds-Verordnung aufgezählten digitalen Dienste nicht bereitgestellt sind und wie oft die bereitgestellten digitalen Dienste tatsächlich genutzt werden. [5]Kommt die Vereinbarung nach Satz 1 ganz oder teilweise nicht fristgerecht zustande, legt die Schiedsstelle nach § 18a Absatz 6 des Krankenhausfinanzierungsgesetzes ohne Antrag einer Vertragspartei innerhalb von zwölf Wochen den Inhalt der Vereinbarung fest.

(3i) Für die Finanzierung von nicht anderweitig finanzierten Mehrkosten, die auf Grund des Coronavirus SARS-CoV-2 im Rahmen der voll- oder teilstationären Behandlung von Patientinnen und Patienten entstehen, die vom 1. Oktober 2020 bis einschließlich 31. Dezember 2021 in das Krankenhaus aufgenommen werden, vereinbaren die Vertragsparteien nach § 11 unter Berücksichtigung der Vereinbarung nach § 9 Absatz 1a Nummer 9 einen Zuschlag je voll- oder teilstationären Fall.

(4) [1]Die Erlösausgleiche nach § 4 Abs. 3 und § 15 Abs. 3 sowie ein Unterschiedsbetrag nach § 4 Abs. 5 werden über einen gemeinsamen Zu- und Abschlag auf die abgerechnete Höhe der DRG-

Fallpauschalen und die Zusatzentgelte (§ 7 Abs. 1 Satz 1 Nr. 1 und 2) sowie auf die sonstigen Entgelte nach § 6 Abs. 1 Satz 1 und Abs. 2a verrechnet und unter der Bezeichnung „Zu- oder Abschlag für Erlösausgleiche“ gesondert in der Rechnung ausgewiesen. [2]Die Höhe des Zu- oder Abschlags ist anhand eines Prozentsatzes zu berechnen, der aus dem Verhältnis des zu verrechnenden Betrags einerseits sowie des Gesamtbetrags nach § 4 Abs. 3 Satz 1 andererseits zu ermitteln und von den Vertragsparteien zu vereinbaren ist; wird die Vereinbarung erst während des Kalenderjahres geschlossen, ist ein entsprechender Prozentsatz bezogen auf die im restlichen Kalenderjahr zu erhebenden Entgelte zu vereinbaren. [3]Würden die voll- und teilstationären Entgelte durch einen Zuschlag nach Satz 1 insgesamt um mehr als 15 Prozent erhöht, sind übersteigende Beträge in nachfolgenden Vereinbarungszeiträumen mit Hilfe des Zu- oder Abschlags nach Satz 1 bis jeweils zu dieser Grenze zu verrechnen; für die Jahre 2020, 2021 und 2022 gilt abweichend eine Grenze von 30 Prozent. [4]In seltenen Ausnahmefällen können die Vertragsparteien nach § 11 einen höheren Zuschlag vereinbaren, wenn dies erforderlich ist, um eine ansonsten hierdurch entstehende wirtschaftliche Gefährdung des Krankenhauses abzuwenden. [5]Weicht die Summe der für das Kalenderjahr tatsächlich abgerechneten Zu- oder Abschlagsbeträge von dem zu verrechnenden Betrag nach Satz 2 ab, werden die Mehr- oder Mindererlöse vollständig ausgeglichen, indem sie über die Gesamtsumme und den Zu- oder Abschlag für das nächstmögliche Kalenderjahr verrechnet werden; dabei sind die Verrechnungen in die Grenze nach Satz 3 einzubeziehen.

(5) [1]Kann ein Zu- oder Abschlag nach Absatz 4 wegen der Schließung des Krankenhauses nicht oder nicht im notwendigen Umfang abgerechnet werden, wird der auf die gesetzliche Krankenversicherung entfallende Anteil des noch auszugleichenden Betrags den gesetzlichen Krankenkassen, deren Versicherte im Vorjahr im Krankenhaus voll- und teilstationär behandelt wurden, gesondert in Rechnung gestellt oder an diese zurückgezahlt. [2]Auf die einzelne Krankenkasse entfällt davon der Teilbetrag, der ihrem entsprechenden Anteil an der Summe der Entgelte im Vorjahr entspricht. [3]Die Vertragsparteien nach § 11 können eine abweichende Vereinbarung schließen.

(6) (aufgehoben)

§ 6
Vereinbarung sonstiger Entgelte

(1) [1]Für Leistungen, die noch nicht mit den DRG-Fallpauschalen und Zusatzentgelten sachgerecht vergütet werden können, und für besondere Einrichtungen nach § 17b Absatz 1 Satz 10 des Krankenhausfinanzierungsgesetzes vereinbaren die Vertragsparteien nach § 11 fall- oder tagesbezogene Entgelte oder in eng begrenzten Ausnahmefällen Zusatzentgelte, sofern die Leistungen oder besonderen Einrichtungen nach Feststellung der Vertragsparteien nach § 9 oder in einer Verordnung nach § 17b Abs. 7 Satz 1 Nr. 3 des Krankenhausfinanzierungsgesetzes von der Anwendung der DRG-Fallpauschalen und Zusatzentgelte ausgenommen sind. [2]Die Entgelte sind sachgerecht zu kalkulieren; die Empfehlungen nach § 9 Abs. 1 Satz 1 Nr. 4 sind zu beachten.

(2) [1]Für die Vergütung neuer Untersuchungs- und Behandlungsmethoden, die mit den Fallpauschalen und Zusatzentgelten nach § 7 Satz 1 Nr. 1 und 2 noch nicht sachgerecht vergütet werden können und die nicht gemäß § 137c des Fünften Buches Sozialgesetzbuch von der Finanzierung ausgeschlossen worden sind, sollen die Vertragsparteien nach § 11 zeitlich befristete, fallbezogene Entgelte oder Zusatzentgelte außerhalb des Erlösbudgets nach § 4 Abs. 2 und der Erlössumme nach Absatz 3 vereinbaren. [2]Die Entgelte sind sachgerecht zu kalkulieren; die Empfehlungen nach § 9 Abs. 1 Satz 1 Nr. 4 sind zu beachten. [3]Vor der Vereinbarung einer gesonderten Vergütung hat das Krankenhaus bis spätestens zum 31. Oktober vom Institut für das Entgeltsystem im Krankenhaus eine Information einzuholen, ob die neue Methode mit den bereits vereinbarten Fallpauschalen und Zusatzentgelten sachgerecht abgerechnet werden kann; für eine neue Methode, die die Gabe von Arzneimitteln für neuartige Therapien im Sinne von § 4 Absatz 9 des Arzneimittelgesetzes enthält, kann ein Krankenhaus zusätzlich bis spätestens zum 30. April eine Information einholen. [4]Die Vertragsparteien nach § 11 haben die Information bei ihrer Vereinbarung zu berücksichtigen. [5]Liegt bei fristgerecht erfolgter Anfrage nach Satz 3 bis zur Budgetvereinbarung für das Krankenhaus eine Information nicht vor, kann die Vereinbarung ohne diese Information geschlossen werden; dies gilt nicht, wenn die Budgetvereinbarung vor dem 1. Januar geschlossen wird sowie im Hinblick auf die Vereinbarung für Arzneimittel für neuartige Therapien

im Sinne von § 4 Absatz 9 des Arzneimittelgesetzes, für die zum 30. April eine Information eingeholt wurde, wenn diese Vereinbarung vor dem 1. Juli geschlossen wird. [6]Die Entgelte sollen möglichst frühzeitig, auch unabhängig von der Vereinbarung des Erlösbudgets, nach § 4 vereinbart werden. [7]Wird ein Entgelt vereinbart, melden die an der Vereinbarung beteiligten gesetzlichen Krankenkassen Art und Höhe des Entgelts an das Institut für das Entgeltsystem im Krankenhaus; dabei haben sie auch die der Vereinbarung zu Grunde liegenden Kalkulationsunterlagen und die vom Krankenhaus vorzulegende ausführliche Beschreibung der Methode zu übermitteln. [8]Die Vertragsparteien nach § 9 können eine Bewertung der Untersuchungs- und Behandlungsmethode nach § 137c des Fünften Buches Sozialgesetzbuch veranlassen; § 137c Abs. 1 Satz 1 des Fünften Buches Sozialgesetzbuch bleibt unberührt. [9]Für das Schiedsstellenverfahren nach § 13 kann eine Stellungnahme des Gemeinsamen Bundesausschusses nach § 137c des Fünften Buches Sozialgesetzbuch eingeholt werden. [10]Sofern nach der Information nach Satz 3 eine Vereinbarung nach Satz 1 nur deshalb nicht zulässig ist, weil die neue Untersuchungs- oder Behandlungsmethode die Gabe eines noch nicht zugelassenen Arzneimittels enthält, soll eine Vereinbarung nach Satz 1 getroffen werden, die ab dem Zeitpunkt der Zulassung des Arzneimittels gilt; das Institut für das Entgeltsystem im Krankenhaus hat dafür seine Information nach Satz 3 anzupassen. [11]Sofern für eine neue Untersuchungs- und Behandlungsmethode, die die Gabe eines Arzneimittels mit einem neuen Wirkstoff enthält, für das ein Erstattungsbetrag nach § 130b des Fünften Buches Sozialgesetzbuch gilt, ein Entgelt vereinbart wurde, ist das Entgelt mit Wirkung ab dem Zeitpunkt der Geltung des Erstattungsbetrags nach § 130b Absatz 3a oder Absatz 4 Satz 3 des Fünften Buches Sozialgesetzbuch unter Berücksichtigung der Höhe des Erstattungsbetrags neu zu vereinbaren.

(2a) [1]In eng begrenzten Ausnahmefällen können die Vertragsparteien nach § 11 für Leistungen, die den Fallpauschalen und Zusatzentgelten aus den Entgeltkatalogen nach § 7 Satz 1 Nr. 1 und 2 zwar zugeordnet, mit ihnen jedoch nicht sachgerecht vergütet werden, im Rahmen der Erlössumme nach Absatz 3 ein gesondertes Zusatzentgelt vereinbaren, wenn

1. diese Leistungen auf Grund einer Spezialisierung nur von sehr wenigen Krankenhäusern in der Bundesrepublik Deutschland mit überregionalem Einzugsgebiet erbracht werden,
2. auf Grund der Komplexität der Behandlung die Behandlungskosten, die um die vom Pflegebudget nach § 6a erfassten Kosten zu mindern sind, die Höhe der DRG-Vergütung einschließlich der Zusatzentgelte um mindestens 50 vom Hundert überschreiten und
3. das Krankenhaus sich an den Maßnahmen nach den §§ 136 und 136b des Fünften Buches Sozialgesetzbuch beteiligt.

[2]Nach Vereinbarung des Zusatzentgelts melden die an der Vereinbarung beteiligten gesetzlichen Krankenkassen Art und Höhe des Entgelts an das Institut für das Entgeltsystem im Krankenhaus. [3]Dabei haben sie auch die der Vereinbarung zu Grunde liegenden Kalkulationsunterlagen und die vom Krankenhaus vorzulegende ausführliche Begründung zu den Voraussetzungen nach Satz 1 zu übermitteln. [4]Soweit für die palliativmedizinische Versorgung durch Palliativdienste noch kein Zusatzentgelt nach § 7 Absatz 1 Satz 1 Nummer 2 kalkuliert werden kann, ist hierfür ab dem Jahr 2017 unter Beachtung der nach § 17b Absatz 1 des Krankenhausfinanzierungsgesetzes für Palliativdienste entwickelten Kriterien ein gesondertes krankenhausindividuelles Zusatzentgelt zu vereinbaren; Satz 2 gilt entsprechend. [5]Solange für eine längerfristige Beatmungsentwöhnung noch kein Zusatzentgelt nach § 7 Absatz 1 Satz 1 Nummer 2 kalkuliert werden kann, ist hierfür ab dem Jahr 2021 ein gesondertes krankenhausindividuelles Zusatzentgelt zu vereinbaren; Satz 2 gilt entsprechend.

(3) [1]Werden krankenhausindividuelle Entgelte für Leistungen oder besondere Einrichtungen nach Absatz 1 Satz 1 und Absatz 2a vereinbart, ist für diese Entgelte eine Erlössumme zu bilden. [2]Sie umfasst nicht die Entgelte nach Absatz 2 und die Zusatzentgelte für die Behandlung von Blutern. [3]Für die Vereinbarung der Entgelte und der Erlössumme sind Kalkulationsunterlagen nach Absatz 1 Satz 2 vorzulegen. [4]Für besondere Einrichtungen oder Einrichtungen, deren Leistungen weitgehend über krankenhausindividuell zu vereinbarende Entgelte abgerechnet werden, gelten darüber hinaus die Vorschriften zur Vereinbarung des Gesamtbetrags nach § 6 und zu den vorzulegenden Unterlagen nach § 17 Abs. 4 in Verbindung mit den Anlagen 1 und 2 der Bundespflegesatzverordnung in der am 31. Dezember 2012

geltenden Fassung entsprechend, wobei anstelle der Veränderungsrate als maßgebliche Rate für den Anstieg der Erlössumme der Veränderungswert nach § 9 Absatz 1b Satz 1 gilt; die Unterlagen sind nur bezogen auf den Bereich der Einrichtung und nur insoweit vorzulegen, wie die anderen Vertragsparteien nach § 11 nicht darauf verzichten. [5]Wird eine Erhöhungsrate für Tariferhöhungen nach § 9 Absatz 1 Nummer 7 vereinbart, so ist die von den Vertragsparteien vereinbarte Erlössumme um die nach § 9 Absatz 1 Nummer 7 vereinbarte anteilige Erhöhungsrate nach § 10 Absatz 5 Satz 5 zu erhöhen, erstmals für das Jahr 2020, wobei der Erhöhungsbetrag über das Budget des nächstmöglichen Pflegesatzzeitraums abzuwickeln ist; für diese Erhöhung der Erlössumme gilt keine Begrenzung durch den Veränderungswert nach § 9 Absatz 1b Satz 1. [6]Weichen die tatsächlich eintretenden Erlöse von der vereinbarten Erlössumme ab, sind die Mehr- oder Mindererlöse nach den Vorgaben des § 4 Abs. 3 zu ermitteln und auszugleichen. [7]Die Erlössumme ist insoweit zu vermindern, als sie Pflegepersonalkosten umfasst, die über das Pflegebudget nach § 6a finanziert werden.

(4) Auf Verlangen der besonderen Einrichtung werden Leistungen für ausländische Patientinnen und Patienten, die mit dem Ziel einer Krankenhausbehandlung in die Bundesrepublik Deutschland einreisen, sowie Leistungen für Empfängerinnen und Empfänger von Gesundheitsleistungen nach dem Asylbewerberleistungsgesetz nicht im Rahmen der Erlössumme vergütet.

§ 6a
Vereinbarung eines Pflegebudgets

(1) [1]Die Vertragsparteien nach § 11 vereinbaren zur Finanzierung der Pflegepersonalkosten nach § 17b Absatz 4 des Krankenhausfinanzierungsgesetzes, die dem einzelnen Krankenhaus entstehen, ein Pflegebudget. [2]Das Pflegebudget umfasst nicht

1. die Entgelte, die im Erlösbudget nach § 4 oder in der Erlössumme nach § 6 Absatz 3 berücksichtigt werden,
2. die Zu- und Abschläge nach § 7 Absatz 1 Satz 1 Nummer 4,
3. die Entgelte nach § 6 Absatz 2 und
4. die Zusatzentgelte für die Behandlung von Blutern.

[3]Das Pflegebudget ist zweckgebunden für die Finanzierung der Pflegepersonalkosten nach Satz 1 zu verwenden. [4]Nicht zweckentsprechend verwendete Mittel sind zurückzuzahlen.

(2) [1]Ausgangsgrundlage für die Ermittlung des Pflegebudgets ist die Summe der im Vorjahr für das jeweilige Krankenhaus entstandenen Pflegepersonalkosten, die den für das Vereinbarungsjahr geltenden Vorgaben zur bundeseinheitlichen Definition der auszugliedernden Pflegepersonalkosten nach § 17b Absatz 4 Satz 2 oder Absatz 4a des Krankenhausfinanzierungsgesetzes entsprechen; abweichend hiervon können die Vertragsparteien nach § 17b Absatz 2 Satz 1 des Krankenhausfinanzierungsgesetzes in der Vereinbarung nach § 17b Absatz 4 Satz 2 des Krankenhausfinanzierungsgesetzes bestimmen, dass die Anzahl der Vollkräfte ohne pflegerische Qualifikation des Jahres 2018 zugrunde zu legen ist, die die Krankenhausträger an das Statistische Landesamt gemäß der Verordnung über die Bundesstatistik für Krankenhäuser für das Jahr 2018 gemeldet haben. [2]Bei der Ermittlung sind weiterhin die für das Vereinbarungsjahr zu erwartenden Veränderungen gegenüber dem Vorjahr zu berücksichtigen, insbesondere bei der Zahl und der beruflichen Qualifikation der Pflegevollkräfte sowie bei der Kostenentwicklung; soweit dies in der Vereinbarung nach § 17b Absatz 4 Satz 2 des Krankenhausfinanzierungsgesetzes bestimmt ist, sind bei der Zahl und der beruflichen Qualifikation der Vollkräfte ohne pflegerische Qualifikation stattdessen die für das Vereinbarungsjahr zu erwartenden Veränderungen gegenüber dem Jahr 2018 zu berücksichtigen. [3]Weichen die tatsächlichen Pflegepersonalkosten von den vereinbarten Pflegepersonalkosten ab, sind die Mehr- oder Minderkosten bei der Vereinbarung der Pflegebudgets für das auf das Vereinbarungsjahr folgende Jahr zu berücksichtigen, indem das Pflegebudget für das Vereinbarungsjahr berichtigt wird und Ausgleichszahlungen für das Vereinbarungsjahr geleistet werden; die Pflegepersonalkosten der Jahre 2023 und 2024 für die von den Vertragsparteien nach § 11 auf der Grundlage des Jahres 2018 vereinbarte Anzahl der Vollkräfte ohne pflegerische Qualifikation gelten mit der Bestätigung des Jahresabschlussprüfers nach Absatz 3 Satz 4 als nachgewiesen. [4]Das Pflegebudget ist in seiner Entwicklung nicht durch den Veränderungswert nach § 9 Absatz 1b Satz 1 begrenzt. [5]Die Wirtschaftlichkeit der dem einzelnen Krankenhaus entstehenden Pflegepersonalkosten wird nicht geprüft und § 275c Absatz 6

Nummer 1 des Fünften Buches Sozialgesetzbuch ist zu beachten; die Bezahlung von Gehältern bis zur Höhe tarifvertraglich vereinbarter Vergütungen gilt als wirtschaftlich, für eine darüber hinausgehende Vergütung bedarf es eines sachlichen Grundes. [6]Sofern das Krankenhaus ab dem Jahr 2020 Maßnahmen ergreift oder bereits ergriffene Maßnahmen fortsetzt, die zu einer Entlastung von Pflegepersonal in der unmittelbaren Patientenversorgung auf bettenführenden Stationen führen, ist von den Vertragsparteien nach § 11 zu vereinbaren, inwieweit hierdurch ohne eine Beeinträchtigung der Patientensicherheit Pflegepersonalkosten eingespart werden. [7]Die Höhe der eingesparten Pflegepersonalkosten ist im Pflegebudget in einer Höhe von bis zu 4 Prozent des Pflegebudgets erhöhend zu berücksichtigen. [8]Die ergriffenen Maßnahmen nach Satz 6 sowie die Pflegepersonalkosten einsparende Wirkung dieser Maßnahmen sind vom Krankenhaus gegenüber den anderen Vertragsparteien nach § 11 zu benennen und die Durchführung der Maßnahmen ist den anderen Vertragsparteien nach § 11 durch Vorlage einer Vereinbarung mit der Vertretung der Arbeitnehmerinnen und Arbeitnehmer des Krankenhauses und, soweit möglich, durch die Vorlage von Rechnungen nachzuweisen. [9]Bei Beschäftigung von Pflegepersonal ohne direktes Arbeitsverhältnis mit dem Krankenhaus, insbesondere von Leiharbeitnehmern im Sinne des Arbeitnehmerüberlassungsgesetzes, ist der Teil der Vergütungen, der über das tarifvertraglich vereinbarte Arbeitsentgelt für das Pflegepersonal mit direktem Arbeitsverhältnis mit dem Krankenhaus hinausgeht, und damit auch die Zahlung von Vermittlungsentgelten, nicht im Pflegebudget zu berücksichtigen.

(3) [1]Der Krankenhausträger hat vor der Vereinbarung des jeweiligen Pflegebudgets den anderen Vertragsparteien nach § 11 Absatz 1 die jahresdurchschnittliche Stellenbesetzung in Pflegevollkräften, gegliedert nach Berufsbezeichnungen, sowie die Pflegepersonalkosten nachzuweisen. [2]Dazu hat der Krankenhausträger jeweils die entsprechenden Ist-Daten des abgelaufenen Jahres, die Ist-Daten des laufenden Jahres sowie die Forderungsdaten für den Vereinbarungszeitraum vorzulegen; zusätzlich sind Daten und Nachweise für das Jahr 2018 vorzulegen, sofern diese nach der Vereinbarung nach § 17b Absatz 4 Satz 2 des Krankenhausfinanzierungsgesetzes für die Zuordnung von Kosten von Pflegepersonal zugrunde zu legen sind. [3]Das vereinbarte Pflegebudget einschließlich der jahresdurchschnittlichen Stellenbesetzung der Pflegevollkräfte, gegliedert nach Berufsbezeichnungen, ist von den Vertragsparteien nach § 11 Absatz 1 zu dokumentieren; aus der Dokumentation müssen die Höhe des Pflegebudgets sowie die wesentlichen Rechengrößen zur Herleitung der vereinbarten, im Pflegebudget zu berücksichtigenden Kosten und der Höhe des Pflegebudgets hervorgehen. [4]Der Krankenhausträger hat den anderen Vertragsparteien nach § 11 Absatz 1 und dem Institut für das Entgeltsystem im Krankenhaus für die Weiterentwicklung des Entgeltsystems nach § 17b des Krankenhausfinanzierungsgesetzes unabhängig von der Vereinbarung oder Festsetzung eines Pflegebudgets nach Absatz 1 Satz 1 jährlich jeweils bis zum 1. Juni, soweit für das Jahr 2020 oder für das Jahr 2021 bis zum 30. Juni 2022 nicht vereinbart oder festgesetzt bis zum 31. Juli 2022, eine Bestätigung des Jahresabschlussprüfers für das vorangegangene Kalenderjahr vorzulegen über

1. die jahresdurchschnittliche Stellenbesetzung der Pflegevollkräfte insgesamt, gegliedert nach Berufsbezeichnungen,
2. die Pflegepersonalkosten insgesamt,
3. die Überprüfung der nach den Vorgaben der Vereinbarung nach § 17b Absatz 4 Satz 2 oder Absatz 4a des Krankenhausfinanzierungsgesetzes und der Vereinbarung nach Absatz 1 Satz 1, sofern diese vorliegt, im Pflegebudget
    a) zu berücksichtigenden jahresdurchschnittlichen Stellenbesetzung der Pflegevollkräfte, gegliedert nach Berufsbezeichnungen, und
    b) zu berücksichtigenden Pflegepersonalkosten,
4. die Überprüfung einer Aufstellung der Summe der Erlöse des Krankenhauses aus den tagesbezogenen Pflegeentgelten nach § 7 Absatz 1 Satz 1 Nummer 6a und
5. die Überprüfung der zweckentsprechenden Verwendung der Mittel im Sinne des Absatzes 1 Satz 3, sofern jeweils bis zum 31. März eines Jahres ein Pflegebudget für das vorangegangene Kalenderjahr vereinbart oder von der Schiedsstelle nach § 13 Absatz 1 festgesetzt wurde.

[5]Für die Vorlage der Daten nach Satz 2, die Dokumentation nach Satz 3 und die nach Satz 4 vorzulegende Bestätigung sind die Vorgaben der

Vereinbarung nach § 9 Absatz 1 Nummer 8 zu beachten. [6]Die Krankenkassen, die Vertragsparteien nach § 11 sind, übermitteln dem Institut für das Entgeltsystem im Krankenhaus unverzüglich nach der Vereinbarung des Pflegebudgets die Daten nach Satz 2 und die Dokumentation nach Satz 3 elektronisch; das Institut für das Entgeltsystem im Krankenhaus veröffentlicht die in den Sätzen 3 und 4 Nummer 1 bis 3 und 5 genannten Angaben krankenhausbezogen barrierefrei auf seiner Internetseite. [7]Die näheren Einzelheiten zur Übermittlung der Angaben nach Satz 6 und zu Maßnahmen im Falle der nicht oder nicht unverzüglich erfolgenden Übermittlung sowie einer nicht erfolgten, nicht vollständigen oder nicht fristgerechten Vorlage der Bestätigung des Jahresabschlussprüfers nach Satz 4 und der gesonderten Bestätigung des Jahresabschlussprüfers nach Satz 7 legt das Institut für das Entgeltsystem im Krankenhaus im Benehmen mit dem Spitzenverband Bund der Krankenkassen fest. [8]Sofern ein Pflegebudget für das vorangegangene Kalenderjahr nach dem 31. März eines Jahres vereinbart oder von der Schiedsstelle nach § 13 Absatz 1 festgesetzt wird oder sofern ein Pflegebudget für das Jahr 2020 oder 2021 nach dem 30. Juni 2022 vereinbart oder von der Schiedsstelle nach § 13 Absatz 1 festgesetzt wird, hat der Krankenhausträger den anderen Vertragsparteien nach § 11 Absatz 1 und dem Institut für das Entgeltsystem im Krankenhauseine gesonderte Bestätigung des Jahresabschlussprüfers über die Überprüfung der zweckentsprechenden Verwendung der Mittel im Sinne des Absatzes 1 Satz 3 innerhalb von acht Wochen nach Abschluss der Vereinbarung des Pflegebudgets oder der Festsetzung des Pflegebudgets durch die Schiedsstelle vorzulegen; sofern ein Pflegebudget für das Jahr 2020 oder 2021 zwischen dem 31. März 2022 und dem 30. Juni 2022 vereinbart oder von der Schiedsstelle nach § 13 Absatz 1 festgesetzt wird, hat der Krankenhausträger den anderen Vertragsparteien nach § 11 Absatz 1 und dem Institut für das Entgeltsystem im Krankenhaus eine gesonderte Bestätigung des Jahresabschlussprüfers über die Überprüfung der zweckentsprechenden Verwendung der Mittel im Sinne des Absatzes 1 Satz 3 innerhalb von acht Wochen nach dem 30. Juni 2022 vorzulegen. [9]Die Bestätigung des Jahresabschlussprüfers nach Satz 4 ersetzt weder eine Vereinbarung nach Absatz 1 Satz 1 noch die nach den Sätzen 1 und 2 zu erbringenden Nachweise oder die in der Verhandlung nach Absatz 1 Satz 1 vorzunehmende Zuordnung von Kosten von Pflegepersonal gemäß der Vereinbarung nach § 17b Absatz 4 Satz 2 des Krankenhausfinanzierungsgesetzes und der Vereinbarung nach § 9 Absatz 1 Nummer 8.

(4) [1]Die Abzahlung des Pflegebudgets erfolgt über einen krankenhausindividuellen Pflegeentgeltwert. [2]Der krankenhausindividuelle Pflegeentgeltwert wird berechnet, indem das für das Vereinbarungsjahr vereinbarte Pflegebudget dividiert wird durch die nach dem Pflegeerlöskatalog nach § 17b Absatz 4 Satz 5 des Krankenhausfinanzierungsgesetzes ermittelte voraussichtliche Summe der Bewertungsrelationen für das Vereinbarungsjahr. [3]Der für das jeweilige Jahr geltende krankenhausindividuelle Pflegeentgeltwert ist der Abrechnung der mit Bewertungsrelationen bewerteten tagesbezogenen Pflegeentgelten nach § 7 Absatz 1 Satz 1 Nummer 6a für voll- und teilstationäre Belegungstage zugrunde zu legen. [4]Ist der krankenhausindividuelle Pflegeentgeltwert für das Jahr 2020 niedriger als der nach § 15 Absatz 2a Satz 1 für den Zeitraum vom 1. April 2020 bis zum 31. Dezember 2020 geltende Pflegeentgeltwert in Höhe von 185 Euro, ist für den Zeitraum vom 1. April 2020 bis zum 31. Dezember 2020 der Pflegeentgeltwert in Höhe von 185 Euro bei der Abrechnung der tagesbezogenen Pflegeentgelte nach § 7 Absatz 1 Satz 1 Nummer 6a zugrunde zu legen; die für das Jahr 2020 in § 15 Absatz 2a Satz 3 Nummer 2 getroffenen Regelungen gelten entsprechend.

(5) [1]Weicht die Summe der auf das Vereinbarungsjahr entfallenden Erlöse des Krankenhauses aus den tagesbezogenen Pflegeentgelten nach § 7 Absatz 1 Satz 1 Nummer 6a von dem vereinbarten Pflegebudget ab, so werden Mehr- oder Mindererlöse vollständig ausgeglichen. [2]§ 4 Absatz 3 Satz 7 und 9 ist entsprechend anzuwenden. [3]Der ermittelte Ausgleichsbetrag ist über das Pflegebudget für den nächstmöglichen Vereinbarungszeitraum abzuwickeln.

(6) [1]Abweichend von Absatz 1 Satz 1 gehen bei der Vereinbarung des Pflegebudgets für das Jahr 2020 die Summe der krankenhausindividuell vereinbarten Mittel nach § 4 Absatz 8 und die Mittel nach § 4 Absatz 9 in dem Pflegebudget für das Jahr 2020 auf. [2]Die Mittel nach § 4 Absatz 9 gehen nur dann in dem Pflegebudget für das Jahr 2020 auf, soweit diese den Pflegepersonalkosten nach Absatz 1 Satz 1 zuzuordnen sind und es sich um laufende Kosten handelt. [3]Ist die für das Jahr 2020 zu vereinbarende Summe aus dem

Gesamtbetrag nach § 4 Absatz 3 Satz 1 und dem zu vereinbarenden Pflegebudget um mehr als 2 Prozent und für das Jahr 2021 um mehr als 4 Prozent niedriger als der jeweils vereinbarte Vorjahreswert, ist für diese Jahre das Pflegebudget so zu erhöhen, dass damit die Minderung der Summe aus Gesamtbetrag und Pflegebudget für das Jahr 2020 auf 2 Prozent und für das Jahr 2021 auf 4 Prozent begrenzt wird. [4]Diese Erhöhung des Pflegebudgets unterliegt nicht der Pflicht zur Rückzahlung für nicht zweckentsprechend verwendete Mittel nach der Vereinbarung nach § 9 Absatz 1 Nummer 8. [5]Satz 3 findet keine Anwendung bei einer Minderung der Summe aus Gesamtbetrag und Pflegebudget auf Grund von Leistungsrückgängen.

(7) Sofern die Vertragsparteien nach § 11 bis zum 20. Juli 2021 noch kein Pflegebudget nach Absatz 1 Satz 1 für das Jahr 2020 vereinbart haben, legen sie hierfür die nach § 17b Absatz 4 Satz 2 des Krankenhausfinanzierungsgesetzes vereinbarte Definition der auszugliedernden Pflegepersonalkosten und der Zuordnung von Kosten von Pflegepersonal für das Vereinbarungsjahr 2021 zugrunde.

Abschnitt 3

Entgeltarten und Abrechnung

§ 7
Entgelte für allgemeine Krankenhausleistungen

(1) [1]Die allgemeinen Krankenhausleistungen werden gegenüber den Patienten oder ihren Kostenträgern mit folgenden Entgelten abgerechnet:

1. Fallpauschalen nach dem auf Bundesebene vereinbarten Entgeltkatalog (§ 9),
2. Zusatzentgelte nach dem auf Bundesebene vereinbarten Entgeltkatalog (§ 9),
3. gesonderte Zusatzentgelte nach § 6 Abs. 2a,
4. Zu- und Abschläge nach § 17b Absatz 1a des Krankenhausfinanzierungsgesetzes und nach diesem Gesetz sowie nach § 33 Absatz 3 Satz 1 des Pflegeberufegesetzes,
5. Entgelte für besondere Einrichtungen und für Leistungen, die noch nicht von den auf Bundesebene vereinbarten Fallpauschalen und Zusatzentgelten erfasst werden (§ 6 Abs. 1),
6. Entgelte für neue Untersuchungs- und Behandlungsmethoden, die noch nicht in die Entgeltkataloge nach § 9 Abs. 1 Satz 1 Nr. 1 und 2 aufgenommen worden sind (§ 6 Abs. 2),

6a. tagesbezogene Pflegeentgelte zur Abzahlung des Pflegebudgets nach § 6a,

7. Pflegezuschlag nach § 8 Absatz 10.

[2]Mit diesen Entgelten werden alle für die Versorgung des Patienten erforderlichen allgemeinen Krankenhausleistungen vergütet. [3]Darüber hinaus werden der DRG-Systemzuschlag nach § 17b Abs. 5 des Krankenhausfinanzierungsgesetzes, der Systemzuschlag für den Gemeinsamen Bundesausschuss und das Institut für Qualität und Wirtschaftlichkeit im Gesundheitswesen nach § 91 Abs. 3 Satz 1 in Verbindung mit § 139c des Fünften Buches Sozialgesetzbuch und der Telematikzuschlag nach § 377 Absatz 1 und 2 des Fünften Buches Sozialgesetzbuch abgerechnet.

(2) [1]Die Höhe der Entgelte nach Absatz 1 Satz 1 wird wie folgt ermittelt:

1. Fallpauschalen nach Absatz 1 Satz 1 Nr. 1; die sich aus dem bundeseinheitlichen Entgeltkatalog ergebende Bewertungsrelation einschließlich der Regelungen zur Grenzverweildauer und zu Verlegungen (effektive Bewertungsrelation) wird mit dem Landesbasisfallwert multipliziert;
2. Zusatzentgelte nach Absatz 1 Satz 1 Nr. 2; die bundeseinheitliche Entgelthöhe wird dem Entgeltkatalog entnommen;
3. Fallpauschalen, Zusatzentgelte und tagesbezogene Entgelte nach Absatz 1 Satz 1 Nummer 3, 5, 6 und 6a; die Entgelte sind in der nach den §§ 6 und 6a krankenhausindividuell vereinbarten Höhe abzurechnen;
4. Zu- und Abschläge nach Absatz 1 Satz 1 Nr. 4; die Zu- und Abschläge werden krankenhausindividuell vereinbart.

[2]Die auf der Bundesebene vereinbarten Abrechnungsbestimmungen nach § 9 Abs. 1 Satz 1 Nr. 3 sind anzuwenden.

§ 8
Berechnung der Entgelte

(1) [1]Die Entgelte für allgemeine Krankenhausleistungen sind für alle Benutzer des Krankenhauses

einheitlich zu berechnen; § 17 Abs. 5 des Krankenhausfinanzierungsgesetzes bleibt unberührt. [2]Bei Patienten, die im Rahmen einer klinischen Studie behandelt werden, sind die Entgelte für allgemeine Krankenhausleistungen nach § 7 zu berechnen; dies gilt auch bei klinischen Studien mit Arzneimitteln. [3]Die Entgelte dürfen nur im Rahmen des Versorgungsauftrags berechnet werden; dies gilt nicht für die Behandlung von Notfallpatienten. [4]Der Versorgungsauftrag des Krankenhauses ergibt sich

1. bei einem Plankrankenhaus aus den Festlegungen des Krankenhausplans in Verbindung mit den Bescheiden zu seiner Durchführung nach § 6 Abs. 1 in Verbindung mit § 8 Abs. 1 Satz 3 des Krankenhausfinanzierungsgesetzes sowie einer ergänzenden Vereinbarung nach § 109 Abs. 1 Satz 4 des Fünften Buches Sozialgesetzbuch,
2. bei einer Hochschulklinik aus der Anerkennung nach den landesrechtlichen Vorschriften, dem Krankenhausplan nach § 6 Abs. 1 des Krankenhausfinanzierungsgesetzes sowie einer ergänzenden Vereinbarung nach § 109 Abs. 1 Satz 4 des Fünften Buches Sozialgesetzbuch,
3. bei anderen Krankenhäusern aus dem Versorgungsvertrag nach § 108 Nr. 3 des Fünften Buches Sozialgesetzbuch.

(2) [1]Fallpauschalen werden für die Behandlungsfälle berechnet, die in dem Fallpauschalen-Katalog nach § 9 Abs. 1 Satz 1 Nr. 1 bestimmt sind. [2]Für die Patienten von Belegärzten werden gesonderte Fallpauschalen berechnet. [3]Zusätzlich zu einer Fallpauschale dürfen berechnet werden:

1. Zusatzentgelte nach dem Katalog nach § 9 Abs. 1 Satz 1 Nr. 2 oder nach § 6 Abs. 1 bis 2a, insbesondere für die Behandlung von Blutern mit Blutgerinnungsfaktoren sowie für eine Dialyse, wenn die Behandlung des Nierenversagens nicht die Hauptleistung ist,
2. Zu- und Abschläge nach § 17b Absatz 1a des Krankenhausfinanzierungsgesetzes und nach diesem Gesetz,
3. eine nachstationäre Behandlung nach § 115a des Fünften Buches Sozialgesetzbuch, soweit die Summe aus den stationären Belegungstagen und den vor- und nachstationären Behandlungstagen die Grenzverweildauer der Fallpauschale übersteigt; eine vorstationäre Behandlung ist neben der Fallpauschale nicht gesondert berechenbar; dies gilt auch für eine entsprechende Behandlung von Privatpatienten als allgemeine Krankenhausleistung,
4. Zuschläge nach den §§ 139c, 91 Abs. 2 Satz 6 und § 377 Absatz 1 und 2 des Fünften Buches Sozialgesetzbuch,
5. tagesbezogene Pflegeentgelte nach § 6a je voll- oder teilstationären Belegungstag.

(3) Hat nach dem Ergebnis einer Prüfung nach § 275c Absatz 1 des Fünften Buches Sozialgesetzbuch eine vollstationäre Behandlungsbedürftigkeit nicht vorgelegen, sind die vom Krankenhaus erbrachten Leistungen nach den für vorstationäre Behandlungen nach § 115a des Fünften Buches Sozialgesetzbuch getroffenen Vereinbarungen zu vergüten, soweit keine andere Möglichkeit zur Abrechnung der erbrachten Leistung besteht.

(4) [1]Hält das Krankenhaus seine Verpflichtungen zur Qualitätssicherung nicht ein, sind von den Fallpauschalen und Zusatzentgelten Abschläge nach § 137 Absatz 1 oder Absatz 2 oder nach § 137i Absatz 5 des Fünften Buches Sozialgesetzbuch vorzunehmen. [2]Entgelte dürfen für eine Leistung nicht berechnet werden, wenn ein Krankenhaus die Vorgaben für Mindestmengen nach § 136b Absatz 1 Satz 1 Nummer 2 des Fünften Buches Sozialgesetzbuch nicht erfüllt, soweit kein Ausnahmetatbestand nach § 136b Absatz 5a des Fünften Buches Sozialgesetzbuch geltend gemacht werden kann oder keine berechtigte mengenmäßige Erwartung nach § 136b Absatz 5 des Fünften Buches Sozialgesetzbuch nachgewiesen wird. [3]Ferner dürfen Entgelte für Leistungen nicht berechnet werden, wenn die Prüfung nach § 275d des Fünften Buches Sozialgesetzbuch ergibt, dass die für die Leistungserbringung maßgeblichen Strukturmerkmale nicht erfüllt werden.

(5) [1]Werden Patientinnen oder Patienten, für die eine Fallpauschale abrechenbar ist, wegen einer Komplikation im Zusammenhang mit der durchgeführten Leistung innerhalb der oberen Grenzverweildauer wieder aufgenommen, hat das Krankenhaus eine Zusammenfassung der Falldaten zu einem Fall und eine Neueinstufung in eine Fallpauschale vorzunehmen. [2]Näheres oder Abweichendes regeln die Vertragsparteien nach

§ 17b Abs. 2 Satz 1 des Krankenhausfinanzierungsgesetzes oder eine Rechtsverordnung nach § 17b Abs. 7 des Krankenhausfinanzierungsgesetzes. [3]In anderen als den vertraglich oder gesetzlich bestimmten Fällen ist eine Fallzusammenführung insbesondere aus Gründen des Wirtschaftlichkeitsgebots nicht zulässig.

(6) Werden die mit einer Fallpauschale vergüteten Leistungen ohne Verlegung des Patienten durch mehrere Krankenhäuser erbracht, wird die Fallpauschale durch das Krankenhaus berechnet, das den Patienten stationär aufgenommen hat.

(7) [1]Das Krankenhaus kann eine angemessene Vorauszahlung verlangen, wenn und soweit ein Krankenversicherungsschutz nicht nachgewiesen wird. [2]Ab dem achten Tag des Krankenhausaufenthalts kann das Krankenhaus eine angemessene Abschlagszahlung verlangen, deren Höhe sich an den bisher erbrachten Leistungen in Verbindung mit der Höhe der voraussichtlich zu zahlenden Entgelte zu orientieren hat. [3]Die Sätze 1 bis 2 gelten nicht, soweit andere Regelungen über eine zeitnahe Vergütung der allgemeinen Krankenhausleistungen in für das Krankenhaus verbindlichen Regelungen nach den §§ 112 bis 114 des Fünften Buches Sozialgesetzbuch oder in der Vereinbarung nach § 11 Abs. 1 getroffen werden.

(8) [1]Das Krankenhaus hat dem selbstzahlenden Patienten oder seinem gesetzlichen Vertreter die für ihn voraussichtlich maßgebenden Entgelte so bald wie möglich schriftlich oder in Textform bekannt zu geben, es sei denn, der Patient ist in vollem Umfang für Krankenhausbehandlung versichert. [2]Im Übrigen kann jeder Patient verlangen, dass ihm unverbindlich die voraussichtlich abzurechnende Fallpauschale und deren Höhe sowie voraussichtlich zu zahlende, ergänzende Entgelte mitgeteilt werden. [3]Stehen bei der Aufnahme eines selbstzahlenden Patienten die Entgelte noch nicht endgültig fest, ist hierauf hinzuweisen. [4]Dabei ist mitzuteilen, dass das zu zahlende Entgelt sich erhöht, wenn das neue Entgelt während der stationären Behandlung des Patienten in Kraft tritt. [5]Die voraussichtliche Erhöhung ist anzugeben.

(9) [1]Die Rechnungen des Krankenhauses für selbstzahlende Patientinnen oder selbstzahlende Patienten sind in einer verständlichen und nachvollziehbaren Form zu gestalten. [2]Dabei sind die Fallpauschalen und Zusatzentgelte mit der Nummerierung und den vollständigen Texten aus dem jeweils anzuwendenden Entgeltkatalog, den maßgeblichen Diagnose- und Prozedurenschlüsseln sowie bei Fallpauschalen den effektiven Bewertungsrelationen und dem Landesbasisfallwert auszuweisen. [3]Zu den Diagnose- und Prozedurenschlüsseln sind außerdem die entsprechenden Textfassungen anzugeben. [4]Weitere Entgelte sowie Zu- oder Abschläge sind mit kurzen verständlichen Texten zu bezeichnen. [5]Die Zuschläge nach § 7 Abs. 1 Satz 3 werden in der Rechnung zusammengefasst und gemeinsam als »Systemzuschlag« ausgewiesen. [6]Die Deutsche Krankenhausgesellschaft gibt zur Gestaltung der Rechnung eine entsprechende Empfehlung im Benehmen mit dem Verband der privaten Krankenversicherung ab. [7]Das Verfahren nach § 301 des Fünften Buches Sozialgesetzbuch bleibt unberührt.

(10) [1]Zur Förderung der pflegerischen Versorgung ist bei Patientinnen oder Patienten, die zur vollstationären Behandlung in das Krankenhaus aufgenommen werden, für Aufnahmen ab dem 1. Januar 2017 ein Pflegezuschlag abzurechnen und gesondert in der Rechnung auszuweisen. [2]Die Höhe des Pflegezuschlags ist zu ermitteln, indem die jährliche Fördersumme für das Krankenhaus durch die vollstationäre Fallzahl geteilt wird, die für den Vereinbarungszeitraum des Erlösbudgets und der Erlössumme vereinbart oder festgesetzt wurde. [3]Die jährliche Fördersumme für das Krankenhaus ist von den Vertragsparteien nach § 11 zu ermitteln, indem der Anteil der Personalkosten des Krankenhauses für das Pflegepersonal an den Personalkosten für das Pflegepersonal aller Krankenhäuser im Anwendungsbereich dieses Gesetzes errechnet wird und dieser krankenhausindividuelle Anteil auf die jährlich bundesweit zur Verfügung stehende Fördersumme von 500 Millionen Euro bezogen wird. [4]Grundlage für die Personalkosten für das Pflegepersonal aller Krankenhäuser nach Satz 3 sind jeweils die vom Statistischen Bundesamt in der Fachserie 12 Reihe 6.1 ausgewiesenen Vollzeitstellen in der Pflege mit und ohne direktem Beschäftigungsverhältnis mit dem Krankenhaus. [5]Von diesen Vollzeitstellen sind die ausgewiesenen Vollzeitstellen in Einrichtungen der Psychiatrie und der Psychosomatik sowie in Krankenhäusern ohne Versorgungsvertrag abzuziehen. [6]Die nach den Sätzen 4 und 5 ermittelte Zahl der Vollzeitstellen ist zu multiplizieren mit den in der Fachserie 12 Reihe 6.3 ausgewiesenen bundesdurchschnittlichen Kosten pro Pflegekraft jeweils für das Jahr, das zwei Jahre vor dem Jahr liegt, in dem der Pflegezu-

schlag für das Folgejahr zu vereinbaren ist. [7]Grundlage für die Personalkosten für Pflegepersonal des einzelnen Krankenhauses sind die Vollzeitstellen in der Pflege mit und ohne direktem Beschäftigungsverhältnis mit dem Krankenhaus, die für dasselbe Jahr vom Krankenhaus an das Statistische Landesamt übermittelt wurden und die Eingang in die Statistik gefunden haben. [8]Von diesen Vollzeitstellen sind die ausgewiesenen Vollzeitstellen in seinen Fachabteilungen der Psychiatrie und der Psychosomatik abzuziehen. [9]Die nach den Sätzen 7 und 8 ermittelte Zahl der Vollzeitstellen ist zu multiplizieren mit den in der Fachserie 12 Reihe 6.3 ausgewiesenen durchschnittlichen Kosten pro Pflegekraft im jeweiligen Land. [10]§ 5 Absatz 4 Satz 5, § 11 Absatz 4 Satz 3 und 4 sowie § 15 Absatz 2 gelten entsprechend. [11]Der Pflegezuschlag ist bei Patientinnen oder Patienten abzurechnen, die vor dem 1. Januar 2020 zur vollstationären Behandlung in das Krankenhaus aufgenommen werden.

(11) [1]Das Krankenhaus berechnet bei Patientinnen und Patienten, die im Zeitraum vom 1. Mai 2020 bis zum 31. Dezember 2020 zur voll- oder teilstationären Krankenhausbehandlung in das Krankenhaus aufgenommen werden, einen Zuschlag in Höhe von 0,42 Prozent des Rechnungsbetrags und weist diesen gesondert in der Rechnung aus. [2]Der Zuschlag wird bei der Ermittlung der Erlösausgleiche nicht berücksichtigt.

Abschnitt 4

Vereinbarungsverfahren

§ 9
Vereinbarung auf Bundesebene

(1) Der Spitzenverband Bund der Krankenkassen und der Verband der Privaten Krankenversicherung gemeinsam vereinbaren mit der Deutschen Krankenhausgesellschaft (Vertragsparteien auf Bundesebene) mit Wirkung für die Vertragsparteien nach § 11 insbesondere

1. einen Fallpauschalen-Katalog nach § 17b Absatz 1 Satz 4 des Krankenhausfinanzierungsgesetzes einschließlich der Bewertungsrelationen sowie Regelungen zu Verlegungsfällen und zur Grenzverweildauer und der in Abhängigkeit von diesen zusätzlich zu zahlenden Entgelte oder vorzunehmenden Abschläge (effektive Bewertungsrelationen),
2. einen Katalog ergänzender Zusatzentgelte nach § 17b Absatz 1 Satz 7 des Krankenhausfinanzierungsgesetzes einschließlich der Vergütungshöhe,

2a. einen Pflegeerlöskatalog nach § 17b Absatz 4 Satz 5 des Krankenhausfinanzierungsgesetzes einschließlich der Bewertungsrelationen für die tagesbezogene Abzahlung des vereinbarten Pflegebudgets nach § 6a,

3. die Abrechnungsbestimmungen für die Entgelte nach den Nummern 1, 2 und 2a sowie die Regelungen über Zu- und Abschläge,
4. Empfehlungen für die Kalkulation und die Vergütung neuer Untersuchungs- und Behandlungsmethoden, für die nach § 6 gesonderte Entgelte vereinbart werden können,
5. den einheitlichen Aufbau der Datensätze und das Verfahren für die Übermittlung der Daten nach § 11 Absatz 4 Satz 1 sowie erstmals bis zum 26. Januar 2023 das Nähere zur Dokumentation des Eingangs von Daten, Unterlagen und Auskünften und zur Abrechnung des Abschlags nach § 11 Absatz 4 Satz 6,
6. erstmals bis zum 31. Juli 2019 die näheren Einzelheiten zur Verhandlung des Pflegebudgets nach § 6a, insbesondere zu den vorzulegenden Unterlagen und zu dem Verfahren der Rückzahlungsabwicklung von nicht zweckentsprechend verwendeten Mitteln, bis zum 17. August 2021 zu der einheitlichen Form der Dokumentation der Höhe des vereinbarten Pflegebudgets sowie der wesentlichen Rechengrößen zur Herleitung der vereinbarten, im Pflegebudget zu berücksichtigenden Kosten und der Höhe des Pflegebudgets sowie bis zum 31. Mai 2023 eine Anpassung der Vereinbarung an die Vorgaben des § 17b Absatz 4a des Krankenhausfinanzierungsgesetzes,
7. die Erhöhungsrate für Tariferhöhungen nach § 10 Absatz 5 Satz 4, eine anteilige Erhöhungsrate unter Berücksichtigung, dass Kostensteigerungen für das Pflegepersonal in der unmittelbaren Patientenversorgung auf bettenführenden Stationen über das Pflegebudget zu finanzieren sind, sowie bis zum 31. März 2019 die Einzelheiten für einen Nachweis, dass die zusätzlichen Mittel für Tariferhöhungen von Pflegepersonal zweckentsprechend für dessen Finanzierung verwendet werden, und ein Verfahren, das gewährleistet, dass Krankenhäuser Mittel zurückzuzahlen haben, die sie nicht zweckentsprechend verwendet haben,

8. erstmals bis zum 31. Juli 2019 die näheren Einzelheiten zur Verhandlung des Pflegebudgets nach § 6a, insbesondere zu den vorzulegenden Unterlagen und zu dem Verfahren der Rückzahlungsabwicklung von nicht zweckentsprechend verwendeten Mitteln, bis zum 17. August 2021 zu der einheitlichen Form der Dokumentation der Höhe des vereinbarten Pflegebudgets sowie der wesentlichen Rechengrößen zur Herleitung der vereinbarten, im Pflegebudget zu berücksichtigenden Kosten und der Höhe des Pflegebudgets sowie bis zum 31. Mai 2023 eine Anpassung der Vereinbarung an die Vorgaben des § 17b Absatz 4a des Krankenhausfinanzierungsgesetzes,
9. bis zum 28. Februar 2019 die Benennung von Prozedurenschlüsseln nach § 301 Absatz 2 Satz 2 des Fünften Buches Sozialgesetzbuch, die zu streichen sind, da sie nach Einführung des Pflegebudgets nach § 6a für das Vergütungssystem nach § 17b des Krankenhausfinanzierungsgesetzes nicht mehr benötigt werden.

(1a) Die Vertragsparteien auf Bundesebene vereinbaren auf der Grundlage von Absatz 1 Nummer 3

1. Vorgaben, insbesondere zur Dauer, für befristete Zuschläge für die Finanzierung von Mehrkosten auf Grund von Richtlinien des Gemeinsamen Bundesausschusses sowie auf Grund von Rahmenvereinbarungen nach § 137i Absatz 6 des Fünften Buches Sozialgesetzbuch;
2. (aufgehoben)
3. bis zum 31. Oktober 2021 Anforderungen an die Durchführung klinischer Sektionen zur Qualitätssicherung; insbesondere legen sie für die Qualitätssicherung erforderliche Mindestanforderungen fest und machen Vorgaben für die Berechnung des Zuschlags; das Institut für das Entgeltsystem im Krankenhaus ist mit der jährlichen Kalkulation der Kosten einer klinischen Sektion zu beauftragen, wobei die für die Kalkulation entstehenden Kosten aus dem Zuschlag nach § 17b Absatz 5 Satz 1 Nummer 1 des Krankenhausfinanzierungsgesetzes zu finanzieren sind;
4. (aufgehoben)
5. bis zum 30. Juni 2018 die Höhe und die nähere Ausgestaltung der Zu- und Abschläge für eine Teilnahme oder Nichtteilnahme von Krankenhäusern an der Notfallversorgung, wobei bei der Ermittlung der Höhe der Zu- und Abschläge eine Unterstützung durch das Institut für das Entgeltsystem im Krankenhaus vorzusehen ist; die Zu- und Abschläge müssen sich auf das Stufensystem zu den Mindestvoraussetzungen für eine Teilnahme an der Notfallversorgung beziehen, das gemäß § 136c Absatz 4 des Fünften Buches Sozialgesetzbuch vom Gemeinsamen Bundesausschuss zu entwickeln ist;
6. jährlich zum 30. Juni, erstmals bis zum 30. Juni 2019, eine Liste der Krankenhäuser, welche die Vorgaben des Gemeinsamen Bundesausschusses zu § 136c Absatz 3 Satz 2 des Fünften Buches Sozialgesetzbuch erfüllen; die Liste ist bis zum 31. Dezember 2020 um Kinderkrankenhäuser und Krankenhäuser mit Fachabteilungen für Kinder- und Jugendmedizin zu erweitern, welche die Vorgaben des Gemeinsamen Bundesausschusses zu § 136c Absatz 3 Satz 2 des Fünften Buches Sozialgesetzbuch erfüllen;
7. bis zum 31. Dezember 2020 die Höhe und die nähere Ausgestaltung des Zuschlags nach § 17b Absatz 1a Nummer 9 des Krankenhausfinanzierungsgesetzes sowie seine regelmäßige Anpassung an Kostenentwicklungen;
8. bis zum 31. März 2021 das Nähere zu den Voraussetzungen, zur Höhe und zur Ausgestaltung von Abschlägen für Krankenhäuser, die
   a) entgegen § 39 Absatz 1 Satz 6 des Fünften Buches Sozialgesetzbuch keine Einschätzung des Beatmungsstatus vornehmen oder
   b) im Falle einer erforderlichen Anschlussversorgung zur Beatmungsentwöhnung entgegen § 39 Absatz 1a Satz 7 des Fünften Buches Sozialgesetzbuch keine Verordnung vornehmen;
9. bis zum 31. Dezember 2020 Vorgaben für Zuschläge nach § 5 Absatz 3i zur Finanzierung von nicht anderweitig finanzierten Mehrkosten, die den Krankenhäusern auf Grund des Coronavirus SARS-CoV-2 im Zusammenhang mit der voll- oder teilstationären Behandlung von Patientinnen und Patienten entstehen; insbesondere vereinbaren sie,

welche Kosten durch den Zuschlag nach § 5 Absatz 3i zu finanzieren sind und Anforderungen an den Nachweis des Vorliegens der Kosten und geben Empfehlungen für die Kalkulation der Kosten.

(1b) [1]Die Vertragsparteien auf Bundesebene vereinbaren mit Wirkung für die Vertragsparteien auf Landesebene bis zum 31. Oktober jeden Jahres den Veränderungswert nach Maßgabe des § 10 Absatz 6 Satz 2 oder Satz 3 für die Begrenzung der Entwicklung des Basisfallwerts nach § 10 Absatz 4, wobei bereits anderweitig finanzierte Kostensteigerungen zu berücksichtigen sind, soweit dadurch die Veränderungsrate nach § 71 Absatz 3 des Fünften Buches Sozialgesetzbuch nicht unterschritten wird; im Falle des § 10 Absatz 6 Satz 3 ist die Veränderungsrate nach § 71 Absatz 3 des Fünften Buches Sozialgesetzbuch unter Berücksichtigung der Gewährleistung der notwendigen medizinischen Versorgung und von Personal- und Sachkostensteigerungen um bis zu ein Drittel dieser Differenz zu erhöhen. [2]Die Vertragsparteien auf Bundesebene können Empfehlungen an die Vertragsparteien auf Landesebene zur Vereinbarung der Basisfallwerte und der zu berücksichtigenden Tatbestände, insbesondere zur Ausschöpfung von Wirtschaftlichkeitsreserven nach § 10 Absatz 3 Satz 1 Nummer 3, abgeben und geben vor, welche Tatbestände, die bei der Weiterentwicklung der Bewertungsrelationen nicht umgesetzt werden können und deshalb nach § 10 Absatz 3 Satz 1 Nummer 1 und Satz 2 bei der Vereinbarung des Basisfallwerts umzusetzen sind, in welcher Höhe zu berücksichtigen oder auszugleichen sind.

(1c) Zur Umsetzung von § 17b Absatz 1 Satz 5 zweiter Halbsatz des Krankenhausfinanzierungsgesetzes haben die Vertragsparteien auf Bundesebene bis zum 31. Mai 2016 bei Leistungen, bei denen es Anhaltspunkte für im erhöhten Maße wirtschaftlich begründete Fallzahlsteigerungen gibt, eine gezielte Absenkung oder Abstufung der Bewertung der Leistungen vorzugeben, die bei der Kalkulation des Vergütungssystems für das folgende Kalenderjahr zu berücksichtigen ist.

(2) [1]Kommt eine Vereinbarung zu Absatz 1 Satz 1 Nummer 1 und 2 ganz oder teilweise nicht zustande, gilt § 17b Absatz 7 des Krankenhausfinanzierungsgesetzes; in den übrigen Fällen entscheidet auf Antrag einer Vertragspartei die Schiedsstelle nach § 18a Absatz 6 des Krankenhausfinanzierungsgesetzes; eine Entscheidung zu Absatz 1b Satz 1 hat die Schiedsstelle bis zum 15. November des jeweiligen Jahres zu treffen. [2]Kommt eine Vereinbarung nach Absatz 1a Nummer 5 oder Nummer 8 nicht zustande, kann auch das Bundesministerium für Gesundheit die Schiedsstelle anrufen. [3]Kommt eine Vereinbarung nach Absatz 1c nicht fristgerecht zustande, entscheidet die Schiedsstelle abweichend von Satz 1 ohne Antrag einer Vertragspartei innerhalb von sechs Wochen.

§ 10
Vereinbarung auf Landesebene

(1) [1]Zur Bestimmung der Höhe der Fallpauschalen nach § 9 Abs. 1 Satz 1 Nr. 1 vereinbaren die in § 18 Abs. 1 Satz 2 des Krankenhausfinanzierungsgesetzes genannten Beteiligten (Vertragsparteien auf Landesebene) mit Wirkung für die Vertragsparteien nach § 11 jährlich einen landesweit geltenden Basisfallwert (Landesbasisfallwert) für das folgende Kalenderjahr. [2]Dabei gehen sie von den Vereinbarungswerten der Krankenhäuser im Land für das laufende Kalenderjahr nach Anlage 1 Abschnitt B1 aus, insbesondere von der Summe der effektiven Bewertungsrelationen und der Erlössumme für Fallpauschalen (B1 laufende Nummer 3), und schätzen auf dieser Grundlage die voraussichtliche Entwicklung im folgenden Kalenderjahr; soweit Werte für einzelne Krankenhäuser noch nicht vorliegen, sind diese zu schätzen. [3]Sie vereinbaren, dass Fehlschätzungen des Basisfallwerts bei der Vereinbarung des Basisfallwerts für das Folgejahr berichtigt werden. [4]Die Vertragsparteien haben in der Vereinbarung festzulegen, zu welchen Tatbeständen und unter welchen Voraussetzungen im Folgejahr eine Verhandlung über eine Berichtigung aufgenommen wird. [5]Bei einer Berichtigung ist zusätzlich zu der Berichtigung des vereinbarten Erlösvolumens (Basisberichtigung) ein entsprechender Ausgleich durchzuführen. [6]Die Berichtigung nach den Sätzen 3 bis 5 ist nur durchzuführen, soweit im Rahmen der Vorgaben zur Beitragssatzstabilität bei der zu ändernden Vereinbarung des Vorjahres auch ohne eine Fehlschätzung eine Berücksichtigung des Betrags der Basisberichtigung zulässig gewesen wäre. [7]Eine Veränderung der Summe der effektiven Bewertungsrelationen, die aus § 17b Absatz 4 des Krankenhausfinanzierungsgesetzes in Verbindung mit § 6a entsteht, ist im Erlösvolumen entsprechend verändernd zu berücksichtigen, so dass hieraus keine Veränderung des zu vereinbarenden Landesbasisfallwerts entsteht.

(2) (aufgehoben)

(3) [1]Bei der Vereinbarung sind insbesondere zu berücksichtigen:

1. der von den Vertragsparteien nach § 9 Absatz 1b Satz 2 vorgegebene Veränderungsbedarf auf Grund der jährlichen Kostenerhebung und Neukalkulation, der nicht mit den Bewertungsrelationen umgesetzt werden kann,
2. voraussichtliche allgemeine Kostenentwicklungen,
3. Möglichkeiten zur Ausschöpfung von Wirtschaftlichkeitsreserven, soweit diese nicht bereits durch die Weiterentwicklung der Bewertungsrelationen erfasst worden sind,
4. (aufgehoben)
5. (aufgehoben)
6. absenkend die Summe der Zuschläge nach § 7 Absatz 1 Satz 1 Nummer 4, soweit die Leistungen bislang durch den Basisfallwert finanziert worden sind oder die Zuschläge auf ergänzenden oder abweichenden Vorgaben des Landes nach § 5 Absatz 2 Satz 2 beruhen; dabei werden die Zuschläge nach § 4 Absatz 8 und 9 und § 5 Absatz 3, 3b und 3c sowie Zuschläge für die Teilnahme an der Notfallversorgung nicht einbezogen,
7. erhöhend die Summe der befristeten Zuschläge nach § 5 Absatz 3c, soweit diese nicht mehr krankenhausindividuell erhoben werden und nicht durch Zusatzentgelte vergütet werden.

[2]Soweit infolge einer veränderten Kodierung der Diagnosen und Prozeduren Ausgabenerhöhungen entstehen, sind diese vollständig durch eine entsprechende Absenkung des Basisfallwerts auszugleichen.

(4) [1]Die nach Absatz 3 vereinbarte Veränderung des Basisfallwerts darf die sich bei Anwendung des Veränderungswerts nach § 9 Absatz 1b Satz 1 ergebende Veränderung des Basisfallwerts nicht überschreiten. [2]Satz 1 gilt nicht, soweit eine Erhöhung des Basisfallwerts infolge der Weiterentwicklung des DRG-Vergütungssystems oder der Abrechnungsregeln lediglich technisch bedingt ist und nicht zu einer Erhöhung der Gesamtausgaben für Krankenhausleistungen führt oder soweit eine Berichtigung von Fehlschätzungen nach Absatz 1 durchzuführen ist. [3]Soweit eine Überschreitung des Veränderungswerts durch die erhöhende Berücksichtigung von befristeten Zuschlägen nach § 5 Absatz 3c im Rahmen von Absatz 3 Satz 1 Nummer 7 begründet ist, ist abweichend von Satz 1 ein höherer Basisfallwert zu vereinbaren. [4]Satz 2 findet im Zusammenhang mit der Einführung und Weiterentwicklung des Pflegebudgets nach § 6a keine Anwendung.

(5) [1]Bei der Vereinbarung des Basisfallwerts sind erstmals für das Jahr 2020 nach Maßgabe der folgenden Sätze Tariferhöhungen für Löhne und Gehälter über den Veränderungswert nach Absatz 4 Satz 1 hinaus zu berücksichtigen; eine Erhöhung wirkt als Basiserhöhung auch für die Folgejahre. [2]Bezogen auf die Personalkosten werden für den Pflegedienst ohne Pflegepersonal in der unmittelbaren Patientenversorgung auf bettenführenden Stationen 100 Prozent sowie für den übrigen nichtärztlichen Personalbereich und für den ärztlichen Personalbereich jeweils 50 Prozent des Unterschieds zwischen dem Veränderungswert und der Tarifrate berücksichtigt. [3]Maßstab für die Ermittlung der Tarifrate ist für

1. den Bereich des Pflegepersonals ohne Pflegepersonal in der unmittelbaren Patientenversorgung auf bettenführenden Stationen,
2. den übrigen nichtärztlichen Personalbereich und
3. den ärztlichen Personalbereich

jeweils diejenige tarifvertragliche Vereinbarung, die in dem jeweiligen Bereich für die meisten Beschäftigten maßgeblich ist; maßgeblich dabei sind für den Bereich nach Nummer 1 die durchschnittlichen Auswirkungen der tarifvertraglich vereinbarten linearen und strukturellen Steigerungen sowie Einmalzahlungen und für die Bereiche nach den Nummern 2 und 3 jeweils die durchschnittlichen Auswirkungen der tarifvertraglich vereinbarten linearen Steigerungen und Einmalzahlungen. [4]Die Vertragsparteien auf Bundesebene nach § 9 vereinbaren in Höhe des Unterschieds zwischen beiden Raten eine Erhöhungsrate. [5]Der zu vereinbarende Basisfallwert ist unter Berücksichtigung des Zeitpunkts der erstmaligen Abrechnung von den Vertragsparteien auf Landesebene um die nach § 9 Absatz 1 Nummer 7 vereinbarte anteilige Erhöhungsrate zu erhöhen. [6]Sofern der Basisfallwert bereits vereinbart oder festgesetzt ist, ist die anteilige Erhöhungsrate nach Satz 5 bei der Vereinbarung des Basisfallwerts für das Folgejahr erhöhend zu berücksichtigen. 7Neben der Berichtigung des Basisfallwerts des Vorjahres ist ein einmaliger Ausgleich infolge der verspäteten Anwendung der anteiligen Erhöhungsrate vorzunehmen.

(6) 1Das Statistische Bundesamt hat jährlich einen Orientierungswert, der die tatsächlichen Kostenentwicklungen der Krankenhäuser ohne die Kostenentwicklung des Pflegepersonals in der unmittelbaren Patientenversorgung auf bettenführenden Stationen wiedergibt, zu ermitteln und spätestens bis zum 30. September jeden Jahres zu veröffentlichen; die hierfür vom Statistischen Bundesamt zu erhebenden Daten werden vom Bundesministerium für Gesundheit durch Rechtsverordnung ohne Zustimmung des Bundesrates festgelegt. 2Unterschreitet der Orientierungswert die Veränderungsrate nach § 71 Absatz 3 des Fünften Buches Sozialgesetzbuch, entspricht der Veränderungswert der Veränderungsrate. 3Überschreitet der Orientierungswert die Veränderungsrate nach § 71 Absatz 3 des Fünften Buches Sozialgesetzbuch, ermitteln die Vertragsparteien auf Bundesebene die Differenz zwischen beiden Werten und vereinbaren den Veränderungswert gemäß § 9 Absatz 1b Satz 1 und § 9 Absatz 1 Nummer 5 der Bundespflegesatzverordnung. 4Für die Zeit ab dem Jahr 2018 ist die Anwendung des vollen Orientierungswerts als Veränderungswert sowie die anteilige Finanzierung von Tarifsteigerungen, die den Veränderungswert übersteigen, zu prüfen.

(7) 1Soweit in dem in Artikel 3 des Einigungsvertrags genannten Gebiet die Höhe der Vergütung nach dem Tarifvertrag für den öffentlichen Dienst (TVöD) unter der im übrigen Bundesgebiet geltenden Höhe liegt, ist dies bei der Vereinbarung des Basisfallwerts zu beachten. 2Die Veränderungsrate nach Absatz 4 darf überschritten werden, soweit eine Angleichung dieser Vergütung an die im übrigen Bundesgebiet geltende Höhe dies erforderlich macht.

(8) 1Zur schrittweisen Angleichung der unterschiedlichen Basisfallwerte der Länder wird ein einheitlicher Basisfallwertkorridor in Höhe von +2,5 Prozent bis −1,02 Prozent um den einheitlichen Basisfallwert nach Absatz 9 eingeführt. 2Jeweils zum 1. Januar der Jahre 2016 bis 2021 werden die Basisfallwerte oberhalb des einheitlichen Basisfallwertkorridors in sechs gleichen Schritten in Richtung auf den oberen Grenzwert des einheitlichen Basisfallwertkorridors angeglichen. 3Der für die Angleichung jeweils maßgebliche Angleichungsbetrag wird ermittelt, indem der nach den Absätzen 1 bis 7, 11 und 12 verhandelte Basisfallwert ohne Ausgleiche von dem oberen Grenzwert des einheitlichen Basisfallwertkorridors abgezogen wird, wenn der Basisfallwert höher ist, und von diesem Zwischenergebnis

1. 16,67 Prozent im Jahr 2016,
2. 20,00 Prozent im Jahr 2017,
3. 25,00 Prozent im Jahr 2018,
4. 33,34 Prozent im Jahr 2019,
5. 50,00 Prozent im Jahr 2020,
6. 100 Prozent im Jahr 2021

errechnet werden. 4Für das Jahr 2017 ist vor der Ermittlung des Angleichungsbetrags nach Satz 3 der Grenzwert nach Satz 3 um den Betrag zu erhöhen, der nach Maßgabe des Absatzes 12 beim Landesbasisfallwert zusätzlich berücksichtigt worden ist. 5Zur Ermittlung des Basisfallwerts werden für das jeweilige Kalenderjahr der verhandelte Basisfallwert und der entsprechende Angleichungsbetrag nach Satz 3 unter Beachtung des Vorzeichens addiert. 6Das Rechenergebnis ist von den Vertragsparteien auf Landesebene als Basisfallwert, der der Abrechnung der Fallpauschalen zu Grunde zu legen ist, zu vereinbaren. 7Basisfallwerte unterhalb des einheitlichen Basisfallwertkorridors nach Satz 1 werden ab dem 1. Januar 2016 jeweils an den unteren Grenzwert angeglichen; die nach Absatz 3 Satz 1 Nummer 6 vorzunehmende absenkende Berücksichtigung von Sicherstellungszuschlägen, die auf ergänzenden oder abweichenden Vorgaben des Landes beruhen, bleibt hiervon unberührt. 8Nach der vollständigen Angleichung nach Satz 3 oder Satz 7 sind Verhandlungsergebnisse, die außerhalb des einheitlichen Basisfallwertkorridors nach Satz 1 liegen, jährlich in vollem Umfang an den jeweiligen Grenzwert dieser Bandbreite anzugleichen; Fehlschätzungen nach Absatz 1 Satz 3 sind nur insoweit umzusetzen, als dies der vollen Erreichung des jeweiligen Grenzwerts nicht entgegensteht. 9Die Vertragsparteien ermitteln die nach Absatz 9 Satz 3 zu meldenden Daten.

(9) 1Die Vertragsparteien auf Bundesebene beauftragen das Institut für das Entgeltsystem im Krankenhaus, einen einheitlichen Basisfallwert

und einen einheitlichen Basisfallwertkorridor nach Maßgabe der folgenden Sätze auf der Grundlage der in den Ländern jeweils geltenden, abzurechnenden Basisfallwerte zu berechnen. [2]Dabei werden die einzelnen Basisfallwerte einschließlich Berichtigungen und ohne Ausgleiche mit der Summe der effektiven Bewertungsrelationen, die bei ihrer Vereinbarung zu Grunde gelegt wurden, gewichtet. [3]Für die Berechnung meldet die an der Vereinbarung des Basisfallwerts beteiligte Landeskrankenhausgesellschaft bis zum 28. Februar jeden Jahres den für das laufende Jahr vereinbarten oder festgesetzten Basisfallwert einschließlich Berichtigungen und ohne Ausgleiche, das bei seiner Vereinbarung zu Grunde gelegte Ausgabenvolumen und die Summe der effektiven Bewertungsrelationen an das Institut für das Entgeltsystem im Krankenhaus. [4]Sind diese Werte für ein Land bis zu diesem Termin nicht vereinbart und übermittelt, berechnet das Institut für das Entgeltsystem im Krankenhaus den einheitlichen Basisfallwert mit den Vorjahreswerten für dieses Land. [5]Das Berechnungsergebnis des Instituts für das Entgeltsystem im Krankenhaus ist den Vertragsparteien auf Bundesebene spätestens bis zum 15. März jeden Jahres vorzulegen; die Vertragsparteien auf Bundesebene vereinbaren das Berechnungsergebnis als einheitlichen Basisfallwert und davon ausgehend den einheitlichen Basisfallwertkorridor bis zum 31. März jeden Jahres. [6]Kommt eine Vereinbarung nicht zustande, entscheidet auf Antrag einer Vertragspartei die Schiedsstelle nach § 18a Abs. 6 des Krankenhausfinanzierungsgesetzes.

(10) [1]Die Vereinbarung des Basisfallwerts oder des angeglichenen Basisfallwerts nach Absatz 8 Satz 5 und 7 ist bis zum 30. November jeden Jahres zu schließen. [2]Die Vertragsparteien auf Landesebene nehmen die Verhandlungen unverzüglich auf, nachdem eine Partei dazu schriftlich oder elektronisch aufgefordert hat. [3]Die Vereinbarung kommt durch Einigung zwischen den Parteien zustande, die an der Verhandlung teilgenommen haben; sie ist schriftlich oder elektronisch abzuschließen und auf maschinenlesbaren Datenträgern zu dokumentieren. [4]Kommt eine Vereinbarung bis zu diesem Zeitpunkt nicht zustande, setzt die Schiedsstelle nach § 13 den Basisfallwert auf Antrag einer Vertragspartei auf Landesebene unverzüglich fest. [5]Abweichend von Satz 4 setzt ab dem 1. Januar 2020 die Schiedsstelle den Basisfallwert ohne Antrag einer Vertragspartei innerhalb der Frist gemäß § 13 Absatz 2 fest, wenn eine Vereinbarung bis zum 30. November nicht zustande kommt.

(11) [1]Liegt der vereinbarte oder festgesetzte Basisfallwert nach Absatz 10 außerhalb des einheitlichen Basisfallwertkorridors nach Absatz 9 Satz 5, ermitteln die Vertragsparteien auf Landesebene unter Beachtung des Vorzeichens die Differenz zwischen der maßgeblichen Korridorgrenze nach Absatz 8 Satz 2 oder Satz 7 und dem Basisfallwert. [2]Sie vereinbaren bis zum 30. April jeden Jahres einen Betrag zum Ausgleich der Differenz innerhalb des laufenden Jahres. [3]Dieser Betrag ist von den Krankenhäusern unter Beachtung des Vorzeichens zusätzlich zu dem Basisfallwert abzurechnen; § 15 Absatz 3 ist entsprechend anzuwenden. [4]Als Ausgangsgrundlage für die Vereinbarung des Basisfallwerts des Folgejahres ist der vereinbarte oder festgesetzte Basisfallwert des laufenden Jahres von den Vertragsparteien unter Beachtung des Vorzeichens um die Differenz nach Satz 1 zu verändern.

(12) [1]Zur pauschalen Überführung der Mittel des Pflegezuschlags, die nicht für die pflegerische Versorgung von Patientinnen oder Patienten verwendet werden, ist für die Verhandlung des Basisfallwerts 2020 eine Erhöhung von 0,3 Prozent auf den vereinbarten oder festgesetzten Basisfallwert 2019 ohne Ausgleiche einzurechnen. [2]In den Basisfallwert, der ab dem 1. Januar 2026 gilt, sind die Finanzierungsbeträge für die Neueinstellung, die interne Besetzung neu geschaffener Stellen oder Aufstockung vorhandener Teilzeitstellen in Höhe der von den Krankenhäusern im Land insgesamt für das Jahr 2025 nach § 4 Absatz 9 Satz 1 Nummer 1 und Satz 2 Nummer 1 abgerechneten Zuschläge einzurechnen; soweit die Finanzierungsbeträge noch nicht feststehen, sind diese zu schätzen und Fehlschätzungen sind bei der Vereinbarung des Basisfallwerts für das Folgejahr zu berichtigen. [3]Absatz 4 gilt insoweit nicht.

(13) (aufgehoben)

§ 11 Vereinbarung für das einzelne Krankenhaus

(1) [1]Nach Maßgabe der §§ 3 bis 6a und unter Beachtung des Versorgungsauftrags des Krankenhauses nach § 8 Absatz 1 Satz 3 und 4, der Beachtung der Prüfergebnisse nach § 275d des Fünften Buches Sozialgesetzbuch und der Ein-

haltung der Vorgaben des Mindestmengenkatalogs nach § 136b Absatz 1 Satz 1 Nummer 2 des Fünften Buches Sozialgesetzbuch regeln die Vertragsparteien nach § 18 Abs. 2 des Krankenhausfinanzierungsgesetzes (Vertragsparteien) in der Vereinbarung das Erlösbudget nach § 4, die Summe der Bewertungsrelationen, die sonstigen Entgelte nach § 6, die Erlössumme nach § 6 Absatz 3, das Pflegebudget nach § 6a, die Zu- und Abschläge und die Mehr- und Mindererlösausgleiche. [2]Die Vereinbarung ist für einen zukünftigen Zeitraum (Vereinbarungszeitraum) zu schließen. [3]Die Vereinbarung muss Bestimmungen enthalten, die eine zeitnahe Zahlung der Entgelte an das Krankenhaus gewährleisten; hierzu sollen insbesondere Regelungen über angemessene monatliche Teilzahlungen und Verzugszinsen bei verspäteter Zahlung getroffen werden. [4]Die Vereinbarung kommt durch Einigung zwischen den Vertragsparteien zustande, die an der Verhandlung teilgenommen haben; sie ist schriftlich oder elektronisch abzuschließen und unter Verwendung der in Absatz 4 Satz 1 genannten Unterlagen auf maschinenlesbaren Datenträgern zu dokumentieren. [5]In der Vereinbarung ist zu regeln, dass Mittel, die nicht zweckentsprechend für die Finanzierung der Tariferhöhungen von Pflegepersonal verwendet werden, zurückzuzahlen sind.

(2) [1]Der Vereinbarungszeitraum beträgt ein Kalenderjahr, wenn das Krankenhaus ganzjährig betrieben wird. [2]Ein Zeitraum, der mehrere Kalenderjahre umfasst, kann vereinbart werden.

(3) [1]Die Vertragsparteien nehmen die Verhandlung unverzüglich auf, nachdem eine Vertragspartei dazu schriftlich oder elektronisch aufgefordert hat. [2]Die Verhandlung soll unter Berücksichtigung der Sechswochenfrist des § 18 Absatz 4 des Krankenhausfinanzierungsgesetzes so rechtzeitig abgeschlossen werden, dass das neue Erlösbudget, das neue Pflegebudget und die neuen Entgelte mit Ablauf des Jahres, das dem Jahr vorausgeht, für das die Vereinbarung gelten soll, in Kraft treten können.

(4) [1]Der Krankenhausträger übermittelt zur Vorbereitung der Verhandlung spätestens bis zum 31. Dezember des Jahres, das dem Jahr vorausgeht, für das die Vereinbarung gelten soll, den anderen Vertragsparteien, den in § 18 Absatz 1 Satz 2 des Krankenhausfinanzierungsgesetzes genannten Beteiligten und der zuständigen Landesbehörde die Abschnitte E1 bis E3 und B1 nach Anlage 1 dieses Gesetzes, die Unterlagen nach § 6a Absatz 3 Satz 1 und 2 und den Nachweis nach § 9 Absatz 1 Nummer 7; soweit zum 31. Dezember des Jahres, das dem Jahr vorausgeht, für das die Vereinbarung gelten soll, ein Landesbasisfallwert für das Jahr, für das die Vereinbarung gelten soll, noch nicht nach § 14 Absatz 1 genehmigt wurde, sind die Unterlagen innerhalb von sechs Wochen nach der Genehmigung dieses Landesbasisfallwerts nach § 14 Absatz 1 zu übermitteln. [2]Die Daten sind auf maschinenlesbaren Datenträgern vorzulegen. [3]Soweit dies zur Beurteilung der Leistungen des Krankenhauses im Rahmen seines Versorgungsauftrags im Einzelfall erforderlich ist, können die anderen Vertragsparteien nach § 18 Absatz 2 Nummer 1 und 2 des Krankenhausfinanzierungsgesetzes innerhalb von sechs Wochen nach Vorlage der Daten gemeinsam einmalig die Vorlage von zusätzlichen Unterlagen und die Erteilung von Auskünften verlangen. [4]Das Krankenhaus hat innerhalb von sechs Wochen nach Eingang des Verlangens nach Satz 3 die zusätzlichen Unterlagen vorzulegen und die Auskünfte zu erteilen. [5]Bei dem Verlangen nach Satz 3 muss der zu erwartende Nutzen den verursachten Aufwand deutlich übersteigen. [6]Die anderen Vertragsparteien nach § 18 Absatz 2 Nummer 1 und 2 des Krankenhausfinanzierungsgesetzes vereinbaren für die Zeit vom 1. Juli des Jahres, für das die Vereinbarung nach Absatz 1 Satz 1 gelten soll, bis einen Monat nach der Vereinbarung nach Absatz 1 Satz 1 oder nach der Festsetzung nach § 13 Absatz 1 oder Absatz 3 einen Abschlag in Höhe von 1 Prozent des Rechnungsbetrags für jeden voll- oder teilstationären Fall, sofern der Krankenhausträger seinen Pflichten nach Satz 1 oder Satz 4 nicht nachkommt und die anderen Vertragsparteien für die Zeit vor einer möglichen Erhebung eines Abschlags dem Krankenhaus mindestens drei zumutbare Termine für die Verhandlung angeboten haben. [7]Der Zeitpunkt des Abschlusses der Vereinbarung nach Absatz 1 Satz 1 ist von den Vertragsparteien schriftlich oder elektronisch zu dokumentieren; bei einer Festsetzung nach § 13 Absatz 1 oder Absatz 3 gilt das Datum der Entscheidung der Schiedsstelle. [8]Die Genehmigung des vereinbarten Abschlags ist von den anderen Vertragsparteien nach § 18 Absatz 2 Nummer 1 und 2 des Krankenhausfinanzierungsgesetzes bei der für die Krankenhausplanung zuständigen Landesbehörde zu beantragen. [9]Die anderen Vertragsparteien nach § 18 Absatz 2 Nummer 1 und 2 des Krankenhausfinanzierungsgesetzes haben den Krankenhausträger und die Schiedsstelle nach § 18a Absatz 1 des Krankenhausfinanzie-

rungsgesetzes zum Zeitpunkt der Antragstellung über den Antrag zu informieren. [10]Die für die Krankenhausplanung zuständige Landesbehörde genehmigt die Erhebung des Abschlags innerhalb von vier Wochen ab dem Eingang des Antrags, wenn die Vereinbarung dem geltenden Recht entspricht.

(5) Die Vertragsparteien sind verpflichtet, wesentliche Fragen zum Versorgungsauftrag und zur Leistungsstruktur des Krankenhauses sowie zur Höhe der Zu- und Abschläge nach § 5 so frühzeitig gemeinsam vorzuklären, dass die Verhandlung zügig durchgeführt werden kann.

(6) [1]Für die Vereinbarungszeiträume bis einschließlich des Vereinbarungszeitraums 2025, für die bis zum 29. Dezember 2022 noch keine Vereinbarung nach Absatz 1 Satz 1 geschlossen wurde, sind von dem Krankenhausträger die in Absatz 4 Satz 1 genannten Daten zu übermitteln

1. bis zum 31. Oktober 2023 für die Vereinbarungszeiträume bis einschließlich des Vereinbarungszeitraums 2021,
2. bis zum 31. März 2024 für den Vereinbarungszeitraum 2022,
3. bis zum 30. September 2024 für den Vereinbarungszeitraum 2023,
4. bis zum 31. März 2025 für den Vereinbarungszeitraum 2024 und
5. bis zum 30. September 2025 für den Vereinbarungszeitraum 2025.

[2]Für die Vorlage der Unterlagen und für die Erteilung von Auskünften gilt Absatz 4 Satz 2 bis 9 mit der Maßgabe, dass der Abschlag nach Absatz 4 Satz 6 wie folgt zu vereinbaren ist:

1. im Fall von Satz 1 Nummer 1 vom 1. Mai 2024 an,
2. im Fall von Satz 1 Nummer 2 vom 1. Oktober 2024 an,
3. im Fall von Satz 1 Nummer 3 vom 1. April 2025 an,
4. im Fall von Satz 1 Nummer 4 vom 1. Oktober 2025 an und
5. im Fall von Satz 1 Nummer 5 vom 1. April 2026 an.

[3]§ 13 Absatz 1, 2 und 3 Satz 3 gilt entsprechend.

§ 12 Vorläufige Vereinbarung

[1]Können sich die Vertragsparteien insbesondere über die Höhe des Erlösbudgets, des Pflegebudgets oder über die Höhe sonstiger Entgelte nicht einigen und soll wegen der Gegenstände, über die keine Einigung erzielt werden konnte, die Schiedsstelle nach § 13 angerufen werden, schließen die Vertragsparteien eine Vereinbarung, soweit die Höhe unstrittig ist. [2]Die auf dieser Vereinbarung beruhenden Entgelte sind zu erheben, bis die endgültig maßgebenden Entgelte in Kraft treten. [3]Mehr- oder Mindererlöse des Krankenhauses infolge der erhobenen vorläufigen Entgelte werden durch Zu- oder Abschläge auf die Entgelte des laufenden oder eines folgenden Vereinbarungszeitraums ausgeglichen.

§ 13 Schiedsstelle

(1) [1]Kommt eine Vereinbarung nach § 10 oder § 11 ganz oder teilweise nicht zustande, entscheidet die Schiedsstelle nach § 18a Abs. 1 des Krankenhausfinanzierungsgesetzes auf Antrag einer der in § 10 oder § 11 genannten Vertragsparteien. [2]Sie ist dabei an die für die Vertragsparteien geltenden Rechtsvorschriften gebunden.

(2) Die Schiedsstelle entscheidet innerhalb von sechs Wochen über die Gegenstände, über die keine Einigung erreicht werden konnte.

(3) [1]Kommt eine Vereinbarung nach § 11 für Vereinbarungszeiträume ab dem Vereinbarungszeitraum 2026 nicht bis zum 31. Juli des Jahres, für das die Vereinbarung gelten soll, zustande, legt die Schiedsstelle nach § 18a Absatz 1 des Krankenhausfinanzierungsgesetzes den Inhalt der Vereinbarung abweichend von Absatz 1 ohne Antrag einer Vertragspartei innerhalb von sechs Wochen ab dem 1. August des Jahres fest. [2]Die Fristen nach Satz 1 verlängern sich jeweils um sechs Wochen, wenn die Vertragsparteien nach § 18 Absatz 2 des Krankenhausfinanzierungsgesetzes vor Ablauf der Frist nach Satz 1 gegenüber der Schiedsstelle gemeinsam schriftlich oder elektronisch anzeigen, dass sie innerhalb der solchermaßen verlängerten Frist eine Vereinbarung nach § 11 abschließen werden. [3]Die im Schiedsverfahren zu berücksichtigenden Daten, Unterlagen und Auskünfte des Krankenhausträgers oder der anderen Vertragsparteien nach § 18 Absatz 2 des Krankenhausfinanzierungsgesetzes sind innerhalb der in § 11 Absatz 4 Satz 1 und 4

genannten Fristen zu übermitteln, vorzulegen oder zu erteilen; nach Ablauf dieser Fristen übermittelte, vorgelegte oder erteilte Daten, Unterlagen und Auskünfte dürfen von der Schiedsstelle nicht berücksichtigt oder im Falle von Klagen gegen die Genehmigung des Beschlusses der Schiedsstelle von dem Gericht nicht zugelassen werden, wenn die Zulassung nach der freien Überzeugung der Schiedsstelle oder des Gerichts die Erledigung des Rechtsstreits verzögern würde und die Nichteinhaltung der Fristen auf von dem Krankenhausträger oder von einer der anderen Vertragsparteien nach § 18 Absatz 2 des Krankenhausfinanzierungsgesetzes zu vertretenden Gründen beruht.

§ 14
Genehmigung

(1) [1]Die Genehmigung des vereinbarten oder von der Schiedsstelle nach § 13 festgesetzten landesweit geltenden Basisfallwerts nach § 10, des Erlösbudgets nach § 4, der Entgelte nach § 6, des Pflegebudgets nach § 6a und der krankenhausindividuell ermittelten Zu- und Abschläge ist von einer der Vertragsparteien bei der zuständigen Landesbehörde zu beantragen. [2]Die zuständige Landesbehörde erteilt die Genehmigung, wenn die Vereinbarung oder Festsetzung den Vorschriften dieses Gesetzes sowie sonstigem Recht entspricht. [3]Sie entscheidet über die Genehmigung des landesweit geltenden Basisfallwerts innerhalb von vier Wochen nach Eingang des Antrags.

(2) [1]Die Vertragsparteien und die Schiedsstellen haben der zuständigen Landesbehörde die Unterlagen vorzulegen und die Auskünfte zu erteilen, die für die Prüfung der Rechtmäßigkeit erforderlich sind. [2]Im Übrigen sind die für die Vertragsparteien bezüglich der Vereinbarung geltenden Rechtsvorschriften entsprechend anzuwenden. [3]Die Genehmigung kann mit Nebenbestimmungen verbunden werden, soweit dies erforderlich ist, um rechtliche Hindernisse zu beseitigen, die einer uneingeschränkten Genehmigung entgegenstehen.

(3) Wird die Genehmigung eines Schiedsspruches versagt, ist die Schiedsstelle auf Antrag verpflichtet, unter Beachtung der Rechtsauffassung der Genehmigungsbehörde erneut zu entscheiden.

(4) [1]Im Hinblick auf die Genehmigung des landesweit geltenden Basisfallwerts ist der Verwaltungsrechtsweg nur für die Vertragsparteien auf Landesebene gegeben. [2]Ein Vorverfahren findet nicht statt; die Klage hat keine aufschiebende Wirkung.

§ 15
Laufzeit

(1) [1]Die für das Kalenderjahr vereinbarten Fallpauschalen und Zusatzentgelte nach § 7 Abs. 1 Satz 1 Nr. 1 und 2 werden bei Patientinnen und Patienten abgerechnet, die ab dem 1. Januar in das Krankenhaus aufgenommen werden, soweit die Vertragsparteien auf Bundesebene nichts Abweichendes vereinbart haben. [2]Die Fallpauschalen werden mit dem Landesbasisfallwert für das Kalenderjahr bewertet. [3]Wird der Landesbasisfallwert für das Kalenderjahr erst nach diesem Zeitpunkt genehmigt, ist er ab dem ersten Tag des Monats anzuwenden, der auf die Genehmigung folgt. [4]Bis dahin sind die Fallpauschalen mit dem bisher geltenden Landesbasisfallwert zu bewerten und in der sich ergebenden Entgelthöhe abzurechnen. [5]Werden die Entgeltkataloge für die Fallpauschalen oder Zusatzentgelte nach § 7 Abs. 1 Satz 1 Nr. 1 und 2 so spät vereinbart oder durch Rechtsverordnung nach § 17b Abs. 7 des Krankenhausfinanzierungsgesetzes vorgegeben, dass eine erstmalige Abrechnung erst nach dem 1. Januar möglich ist, sind bis zum Inkrafttreten der neuen Entgeltkataloge die bisher geltenden Fallpauschalen oder Zusatzentgelte weiter abzurechnen.

(2) [1]Die für das Kalenderjahr krankenhausindividuell zu vereinbarenden Entgelte werden vom Beginn des neuen Vereinbarungszeitraums an erhoben. [2]Wird die Vereinbarung erst nach diesem Zeitpunkt genehmigt, sind die Entgelte ab dem ersten Tag des Monats zu erheben, der auf die Genehmigung folgt, soweit in der Vereinbarung oder Schiedsstellenentscheidung kein anderer zukünftiger Zeitpunkt bestimmt ist. [3]Bis dahin sind die bisher geltenden Entgelte der Höhe nach weiter zu erheben; dies gilt nicht, wenn

1. ein bisher krankenhausindividuell vereinbartes Entgelt ab dem 1. Januar nicht mehr abgerechnet werden darf, weil die Leistung durch ein bundeseinheitlich bewertetes Entgelt aus den neuen Entgeltkatalogen vergütet wird, oder
2. die Vertragsparteien auf Bundesebene in den Abrechnungsbestimmungen festlegen, dass hilfsweise ein anderes Entgelt abzurechnen ist.

[4]Sie sind jedoch um die darin enthaltenen Ausgleichsbeträge zu bereinigen, wenn und soweit dies in der bisherigen Vereinbarung oder Festsetzung so bestimmt worden ist.

(2a) [1]Kann der krankenhausindividuelle Pflegeentgeltwert nach § 6a Absatz 4 auf Grund einer fehlenden Vereinbarung des Pflegebudgets für das Jahr 2020 noch nicht berechnet werden, sind für die Abrechnung der tagesbezogenen Pflegeentgelte nach § 7 Absatz 1 Satz 1 Nummer 6a die Bewertungsrelationen aus dem Pflegeerlöskatalog nach § 17b Absatz 4 Satz 5 des Krankenhausfinanzierungsgesetzes wie folgt zu multiplizieren:

1. bis zum 31. März 2020 mit 146,55 Euro,
2. vom 1. April 2020 bis zum 31. Dezember 2020 mit 185 Euro,
3. vom 1. Januar 2021 bis zum 30. Juni 2022 mit 163,09 Euro,
4. vom 1. Juli 2022 bis zum 31. Dezember 2022 mit 200 Euro und
5. ab dem 1. Januar 2023 mit 230 Euro.

[2]Für krankenhausindividuelle voll- und teilstationäre Entgelte gemäß § 6, für die in dem Pflegeerlöskatalog Bewertungsrelationen ausgewiesen sind, ist bis zum Wirksamwerden der Vereinbarung des Pflegebudgets für das Jahr 2020 abweichend von Absatz 2 Satz 3 die bisher geltende Entgelthöhe abzurechnen, die um die Höhe der nach Satz 1 ermittelten tagesbezogenen Pflegeentgelte zu mindern ist. [3]Führt die Erhebung des Pflegeentgeltwerts nach Satz 1

1. zu einer Unterdeckung der Pflegepersonalkosten, gilt Absatz 3 entsprechend,
2. zu einer Überdeckung der Pflegepersonalkosten verbleiben die Mittel aus dem Pflegeentgeltwert dem Krankenhaus und es sind für das Jahr 2020 keine Ausgleichszahlungen zu leisten; § 6a Absatz 2 Satz 3 und Absatz 5 finden für das Jahr 2020 keine Anwendung, für die Jahre ab 2021 gilt Absatz 3 entsprechend.

(3) [1]Mehr- oder Mindererlöse infolge der Weitererhebung des bisherigen Landesbasisfallwerts und bisheriger Entgelte nach den Absätzen 1 und 2 werden grundsätzlich im restlichen Vereinbarungszeitraum ausgeglichen. [2]Der Ausgleichsbetrag wird im Rahmen des Zu- oder Abschlags nach § 5 Abs. 4 abgerechnet. [3]Die Sätze 1 und 2 sind auch auf Entgelte nach § 6 Absatz 2 anzuwenden, die erstmalig vereinbart werden oder für die aufgrund eines nach § 130b des Fünften Buches Sozialgesetzbuch geltenden Erstattungsbetrags für ein Vereinbarungsjahr eine abweichende unterjährige Höhe vereinbart wurde.

Abschnitt 5

Gesondert berechenbare ärztliche und andere Leistungen

§ 16 Gesondert berechenbare ärztliche und andere Leistungen

(aufgehoben)

§ 17 Wahlleistungen

(1) [1]Neben den Entgelten für die voll- und teilstationäre Behandlung dürfen andere als die allgemeinen Krankenhausleistungen als Wahlleistungen gesondert berechnet werden, wenn die allgemeinen Krankenhausleistungen durch die Wahlleistungen nicht beeinträchtigt werden und die gesonderte Berechnung mit dem Krankenhaus vereinbart ist. [2]Diagnostische und therapeutische Leistungen dürfen als Wahlleistungen nur gesondert berechnet werden, wenn die Voraussetzungen des Satzes 1 vorliegen und die Leistungen von einem Arzt oder bei psychotherapeutischen Leistungen von einer Psychotherapeutin oder einem Psychotherapeuten, von einer Psychologischen Psychotherapeutin oder einem Psychologischen Psychotherapeuten oder von einer Kinder- und Jugendlichenpsychotherapeutin oder einem Kinder- und Jugendlichenpsychotherapeuten erbracht werden. [3]Die Entgelte für Wahlleistungen dürfen in keinem unangemessenen Verhältnis zu den Leistungen stehen. [4]Die Deutsche Krankenhausgesellschaft und der Verband der privaten Krankenversicherung können Empfehlungen zur Bemessung der Entgelte für nichtärztliche Wahlleistungen abgeben. [5]Verlangt ein Krankenhaus ein unangemessen hohes Entgelt für nichtärztliche Wahlleistungen, kann der Verband der privaten Krankenversicherung die Herabsetzung auf eine angemessene Höhe verlangen; gegen die Ablehnung einer Herabsetzung ist der Zivilrechtsweg gegeben.

(2) [1]Wahlleistungen sind vor der Erbringung schriftlich zu vereinbaren; der Patient ist vor Ab-

schluss der Vereinbarung schriftlich über die Entgelte der Wahlleistungen und deren Inhalt im Einzelnen zu unterrichten. [2]Abweichend von Satz 1 können Wahlleistungen vor der Erbringung auch in Textform vereinbart werden, wenn der Patient zuvor in geeigneter Weise in Textform über die Entgelte der Wahlleistung und deren Inhalt im Einzelnen informiert wird. [3]Die Art der Wahlleistungen ist der zuständigen Landesbehörde zusammen mit dem Genehmigungsantrag nach § 14 mitzuteilen.

(3) [1]Eine Vereinbarung über wahlärztliche Leistungen erstreckt sich auf alle an der Behandlung des Patienten beteiligten angestellten oder beamteten Ärzte des Krankenhauses, soweit diese zur gesonderten Berechnung ihrer Leistungen im Rahmen der vollstationären, stationsäquivalenten, tagesstationären und teilstationären sowie einer vor- und nachstationären Behandlung (§ 115a des Fünften Buches Sozialgesetzbuch) berechtigt sind, einschließlich der von diesen Ärzten veranlassten Leistungen von Ärzten und ärztlich geleiteten Einrichtungen außerhalb des Krankenhauses; darauf ist in der Vereinbarung hinzuweisen. [2]Ein zur gesonderten Berechnung wahlärztlicher Leistungen berechtigter Arzt des Krankenhauses kann eine Abrechnungsstelle mit der Abrechnung der Vergütung für die wahlärztlichen Leistungen beauftragen oder die Abrechnung dem Krankenhausträger überlassen. [3]Der Arzt oder eine von ihm beauftragte Abrechnungsstelle ist verpflichtet, dem Krankenhaus umgehend die zur Ermittlung der nach § 19 Abs. 2 zu erstattenden Kosten jeweils erforderlichen Unterlagen einschließlich einer Auflistung aller erbrachten Leistungen vollständig zur Verfügung zu stellen. [4]Der Arzt ist verpflichtet, dem Krankenhaus die Möglichkeit einzuräumen, die Rechnungslegung zu überprüfen. [5]Wird die Abrechnung vom Krankenhaus durchgeführt, leitet dieses die Vergütung nach Abzug der anteiligen Verwaltungskosten und der nach § 19 Abs. 2 zu erstattenden Kosten an den berechtigten Arzt weiter. [6]Personenbezogene Daten dürfen an eine beauftragte Abrechnungsstelle außerhalb des Krankenhauses nur mit Einwilligung der betroffenen Person übermittelt werden. [7]Für die Berechnung wahlärztlicher Leistungen finden die Vorschriften der Gebührenordnung für Ärzte oder der Gebührenordnung für Zahnärzte entsprechende Anwendung, soweit sich die Anwendung nicht bereits aus diesen Gebührenordnungen ergibt.

(4) Eine Vereinbarung über gesondert berechenbare Unterkunft darf nicht von einer Vereinbarung über sonstige Wahlleistungen abhängig gemacht werden.

(5) Bei Krankenhäusern, für die die Bundespflegesatzverordnung gilt, müssen die Wahlleistungsentgelte mindestens die dafür nach § 7 Abs. 2 Satz 2 Nr. 4, 5 und 7 der Bundespflegesatzverordnung in der am 31. Dezember 2012 geltenden Fassung abzuziehenden Kosten decken.

§ 18
Belegärzte

(1) [1]Belegärzte im Sinne dieses Gesetzes sind nicht am Krankenhaus angestellte Vertragsärzte, die berechtigt sind, ihre Patienten (Belegpatienten) im Krankenhaus unter Inanspruchnahme der hierfür bereitgestellten Dienste, Einrichtungen und Mittel stationär oder teilstationär zu behandeln, ohne hierfür vom Krankenhaus eine Vergütung zu erhalten. [2]Leistungen des Belegarztes sind

1. seine persönlichen Leistungen,
2. der ärztliche Bereitschaftsdienst für Belegpatienten,
3. die von ihm veranlassten Leistungen nachgeordneter Ärzte des Krankenhauses, die bei der Behandlung seiner Belegpatienten in demselben Fachgebiet wie der Belegarzt tätig werden,
4. die von ihm veranlassten Leistungen von Ärzten und ärztlich geleiteten Einrichtungen außerhalb des Krankenhauses.

(2) [1]Für Belegpatienten werden gesonderte pauschalierte Pflegesätze nach § 17 Absatz 1a des Krankenhausfinanzierungsgesetzes vereinbart, für das Entgeltsystem nach § 17d des Krankenhausfinanzierungsgesetzes frühestens für das Jahr 2017. [2]Soweit für Belegpatientinnen und -patienten gesonderte Entgelte nach Satz 1 nicht oder noch nicht vereinbart wurden, werden gesonderte sonstige Entgelte nach § 6 oder nach § 6 der Bundespflegesatzverordnung vereinbart.

(3) [1]Krankenhäuser mit Belegbetten, die nach § 121 Abs. 5 des Fünften Buches Sozialgesetzbuch zur Vergütung der belegärztlichen Leistungen mit Belegärzten Honorarverträge schließen, rechnen für die von Belegärzten mit Honorarver-

trägen behandelten Belegpatientinnen und -patienten die mit Bewertungsrelation bewerteten Entgelte für Hauptabteilungen in Höhe von 80 Prozent ab. [2]Bei diesen Krankenhäusern ist bei der Vereinbarung sonstiger Entgelte nach § 6 oder nach § 6 der Bundespflegesatzverordnung die Vergütung des Belegarztes einzubeziehen.

§ 19
Kostenerstattung der Ärzte

(1) [1]Soweit Belegärzte zur Erbringung ihrer Leistungen nach § 18 Ärzte des Krankenhauses in Anspruch nehmen, sind sie verpflichtet, dem Krankenhaus die entstehenden Kosten zu erstatten; dies gilt nicht in den Fällen des § 18 Absatz 3. [2]Die Kostenerstattung kann pauschaliert werden. [3]Soweit vertragliche Regelungen der Vorschrift des Satzes 1 entgegenstehen, sind sie anzupassen.

(2) [1]Soweit ein Arzt des Krankenhauses wahlärztliche Leistungen nach § 17 Abs. 3 gesondert berechnen kann, ist er, soweit in Satz 2 nichts Abweichendes bestimmt ist, verpflichtet, dem Krankenhaus die auf diese Wahlleistungen entfallenden, nach § 7 Abs. 2 Satz 2 Nr. 4 der Bundespflegesatzverordnung in der am 31. Dezember 2012 geltenden Fassung nicht pflegesatzfähigen Kosten zu erstatten. [2]Beruht die Berechtigung des Arztes, wahlärztliche Leistungen nach § 17 Abs. 3 gesondert zu berechnen, auf einem mit dem Krankenhausträger vor dem 1. Januar 1993 geschlossenen Vertrag oder einer vor dem 1. Januar 1993 auf Grund beamtenrechtlicher Vorschriften genehmigten Nebentätigkeit, ist der Arzt abweichend von Satz 1 verpflichtet, dem Krankenhaus die auf diese Wahlleistungen entfallenden, nach § 7 Abs. 2 Satz 2 Nr. 5 der Bundespflegesatzverordnung in der am 31. Dezember 2012 geltenden Fassung nicht pflegesatzfähigen Kosten zu erstatten.

(3) [1]Soweit Ärzte zur Erbringung sonstiger vollstationärer oder teilstationärer ärztlicher Leistungen, die sie selbst berechnen können, Personen, Einrichtungen oder Mittel des Krankenhauses in Anspruch nehmen, sind sie verpflichtet, dem Krankenhaus die auf diese Leistungen entfallenden Kosten zu erstatten. [2]Absatz 1 Satz 2 und 3 gilt entsprechend.

(4) Soweit ein Krankenhaus weder nach dem Krankenhausfinanzierungsgesetz noch nach den landesrechtlichen Vorschriften für den Hochschulbau gefördert wird, umfasst die Kostenerstattung nach den Absätzen 1 bis 3 auch die auf diese Leistungen entfallenden Investitionskosten.

(5) Beamtenrechtliche oder vertragliche Regelungen über die Entrichtung eines Entgelts bei der Inanspruchnahme von Einrichtungen, Personal und Material des Krankenhauses, soweit sie ein über die Kostenerstattung hinausgehendes Nutzungsentgelt festlegen, und sonstige Abgaben der Ärzte werden durch die Vorschriften der Absätze 1 bis 4 nicht berührt.

Abschnitt 6

Sonstige Vorschriften

§ 20
Zuständigkeit der Krankenkassen auf Landesebene

Die in diesem Gesetz den Landesverbänden der Krankenkassen zugewiesenen Aufgaben nehmen für die Ersatzkassen die nach § 212 Abs. 5 des Fünften Buches Sozialgesetzbuch benannten Bevollmächtigten, für die knappschaftliche Krankenversicherung die Deutsche Rentenversicherung Knappschaft-Bahn-See und für die Krankenversicherung der Landwirte die Sozialversicherung für Landwirtschaft, Forsten und Gartenbau wahr.

§ 21
Übermittlung und Nutzung von Daten

(1) Das Krankenhaus übermittelt auf einem maschinenlesbaren Datenträger jeweils zum 31. März für das jeweils vorangegangene Kalenderjahr die Daten nach Absatz 2 an die vom Institut für das Entgeltsystem im Krankenhaus geführte Datenstelle auf Bundesebene.

(2) Zu übermitteln sind folgende Daten:

1. je Übermittlung einen Datensatz mit folgenden Strukturdaten
   a) Institutionskennzeichen des Krankenhauses, Art des Krankenhauses und der Trägerschaft sowie Anzahl der aufgestellten Betten und Intensivbetten,
   b) Merkmale für die Vereinbarung von Zu- und Abschlägen nach § 17b Absatz 1a des Krankenhausfinanzierungsgesetzes,
   c) Anzahl der Ausbildungsplätze, Kosten des theoretischen und praktischen Unterrichts, Kosten der praktischen Aus-

bildung, Kosten der Ausbildungsstätte, gegliedert nach Sachaufwand, Gemeinkosten und vereinbarten Gesamtkosten sowie Anzahl der Ausbildenden und Auszubildenden, jeweils gegliedert nach Berufsbezeichnung nach § 2 Nr. 1a des Krankenhausfinanzierungsgesetzes; die Anzahl der Auszubildenden nach Berufsbezeichnungen zusätzlich gegliedert nach jeweiligem Ausbildungsjahr,

d) Summe der vereinbarten und abgerechneten DRG-Fälle, der vereinbarten und abgerechneten Summe der Bewertungsrelationen des Fallpauschalen-Katalogs und des Pflegeerlöskatalogs sowie der Ausgleichsbeträge nach § 5 Absatz 4 sowie der Zahlungen zum Ausgleich der Abweichungen zwischen den tatsächlichen und den vereinbarten Pflegepersonalkosten nach § 6a Absatz 2, jeweils für das vorangegangene Kalenderjahr,

e) die Anzahl des insgesamt beschäftigten Pflegepersonals und die Anzahl des insgesamt in der unmittelbaren Patientenversorgung auf bettenführenden Stationen beschäftigten Pflegepersonals, jeweils aufgeteilt nach Berufsbezeichnungen, umgerechnet auf Vollkräfte, gegliedert nach dem Kennzeichen des Standorts nach § 293 Absatz 6 des Fünften Buches Sozialgesetzbuch und nach den Fachabteilungen des Standorts; für die in einer Vereinbarung nach § 137i Absatz 1 des Fünften Buches Sozialgesetzbuch oder in einer Rechtsverordnung nach § 137i Absatz 3 des Fünften Buches Sozialgesetzbuch festgelegten pflegesensitiven Bereiche sind die Anzahl des insgesamt beschäftigten Pflegepersonals und die Anzahl des insgesamt in der unmittelbaren Patientenversorgung auf bettenführenden Stationen beschäftigten Pflegepersonals zusätzlich gegliedert nach den jeweiligen pflegesensitiven Bereichen zu übermitteln;

2. je Krankenhausfall einen Datensatz mit folgenden Leistungsdaten

a) unveränderbarer Teil der Krankenversichertennummer nach § 290 Absatz 1 Satz 2 des Fünften Buches Sozialgesetzbuch oder, sofern eine Krankenversichertennummer nicht besteht, das krankenhausinterne Kennzeichen des Behandlungsfalles,

b) Institutionskennzeichen des Krankenhauses, ab dem 1. Januar 2020 dessen Kennzeichen nach § 293 Absatz 6 des Fünften Buches Sozialgesetzbuch für den aufnehmenden, den weiterbehandelnden und den entlassenden Standort sowie bei einer nach Standorten differenzierten Festlegung des Versorgungsauftrags bis zum 30. Juni 2020 zusätzlich Kennzeichen für den entlassenden Standort,

c) Institutionskennzeichen der Krankenkasse,

d) Geburtsjahr und Geschlecht des Patienten sowie die Postleitzahl und der Wohnort des Patienten, in den Stadtstaaten der Stadtteil, bei Kindern bis zur Vollendung des ersten Lebensjahres außerdem der Geburtsmonat,

e) Aufnahmedatum, Aufnahmegrund und -anlass, aufnehmende Fachabteilung, bei Verlegung die der weiter behandelnden Fachabteilungen, und der dazugehörigen Zeiträume, Zeiträume der Intensivbehandlung, Entlassungs- oder Verlegungsdatum, Entlassungs- oder Verlegungsgrund, bei Kindern bis zur Vollendung des ersten Lebensjahres außerdem das Aufnahmegewicht in Gramm,

f) Haupt- und Nebendiagnosen sowie Datum und Art der durchgeführten Operationen und Prozeduren nach den jeweils gültigen Fassungen der Schlüssel nach § 301 Abs. 2 Satz 1 und 2 des Fünften Buches Sozialgesetzbuch, einschließlich der Angabe der jeweiligen Versionen, bei Beatmungsfällen die Beatmungszeit in Stunden entsprechend der Kodierregeln nach § 17b Abs. 5 Nr. 1 des Krankenhausfinanzierungsgesetzes und Angabe, ob durch Belegoperateur, -anästhesist oder Beleghebamme erbracht,

g) Art aller im einzelnen Behandlungsfall abgerechneten Entgelte,

h) Höhe aller im einzelnen Behandlungsfall abgerechneten Entgelte.

(3) [1]Die Datenstelle prüft die Daten nach Absatz 1 auf Plausibilität und übermittelt jeweils bis zum 1. Juli die

1. Daten nach Absatz 2 Nr. 1 und Nr. 2 Buchstabe b bis h zur Weiterentwicklung des DRG-Vergütungssystems nach § 17b des Krankenhausfinanzierungsgesetzes sowie zur Weiterentwicklung des Entgeltsystems nach § 17d des Krankenhausfinanzierungsgesetzes und der Investitionsbewertungsrelationen nach § 10 Abs. 2 des Krankenhausfinanzierungsgesetzes an die Vertragsparteien nach § 17b Absatz 2 Satz 1 des Krankenhausfinanzierungsgesetzes,
2. Landesbezogenen Daten nach Absatz 2 Nr. 1 Buchstabe c und d und Nr. 2 Buchstabe g und h zur Vereinbarung des Basisfallwerts nach § 10 Abs. 1 an die Vertragsparteien auf der Landesebene,
3. Landesbezogenen Daten nach Absatz 2 Nr. 1 Buchstabe a bis c und Nr. 2 Buchstabe b und d bis g für Zwecke der Krankenhausplanung sowie zusätzlich nach Absatz 2 Nummer 2 Buchstabe h für Zwecke der Investitionsförderung, sofern das Land hierfür Investitionspauschalen nach § 10 des Krankenhausfinanzierungsgesetzes verwendet oder dies beabsichtigt, und, sofern ein gemeinsames Landesgremium nach § 90a des Fünften Buches Sozialgesetzbuch besteht, für Empfehlungen zu sektorenübergreifenden Versorgungsfragen an die zuständigen Landesbehörden; die Datennutzung für Zwecke der Empfehlungen zu sektorenübergreifenden Versorgungsfragen, insbesondere die Wahrung der Betriebsgeheimnisse der Krankenhäuser, regeln die Länder unter Einbeziehung des Datenschutzbeauftragten des jeweiligen Landes in einer Verordnung,
4. Daten nach Absatz 2 Nr. 1 Buchstabe a, c und d und Nr. 2 Buchstabe b und d bis h für Zwecke der amtlichen Krankenhausstatistik an das Statistische Bundesamt; dieses kann landesbezogene Daten an die Statistischen Landesämter übermitteln.

[2]Nach Abschluss der Plausibilitätsprüfung darf die Herstellung eines Personenbezugs nicht mehr möglich sein. [3]Die Datenstelle veröffentlicht zusammengefasste Daten nach Absatz 1 jeweils bis zum 1. Juli, gegliedert nach bundes- und landesweiten Ergebnissen; eine Nutzung der veröffentlichten Daten durch Dritte ist ausschließlich zu nicht-kommerziellen Zwecken zulässig. [4]Dem Bundesministerium für Gesundheit sind auf Anforderung unverzüglich Auswertungen für seine Belange und für empfohlene Auswertungen nach Satz 5 zur Verfügung zu stellen; diese Auswertungen übermittelt das Bundesministerium für Gesundheit auch den für die Krankenhausplanung zuständigen Landesbehörden. [5]Die Länder können dem Bundesministerium für Gesundheit zusätzliche Auswertungen empfehlen. [6]Die Datenstelle übermittelt oder veröffentlicht Daten nach diesem Absatz nur, wenn ein Bezug zu einzelnen Patienten nicht hergestellt werden kann. [7]Die Datenempfänger nach Satz 1 Nr. 3 und 4 dürfen die Postleitzahl und den Wohnort, in den Stadtstaaten den Stadtteil, nur für die Erstellung von Einzugsgebietsstatistiken für ein Krankenhaus oder bei nach Standorten differenziertem Versorgungsauftrag für einen Standort verarbeiten; dabei dürfen nur folgende Daten verbunden werden: Postleitzahl, Wohnort, in den Stadtstaaten Stadtteil, Patientenzahl und Fachabteilung in Verbindung mit DRG-Fallpauschalen oder Hauptdiagnose oder Prozedur. [8]Dem Bundeskartellamt sind auf Anforderung für ausgewählte Krankenhäuser Daten nach Absatz 2 Nummer 1 Buchstabe a und d und Nummer 2 Buchstabe b, d, e, g und h zur Fusionskontrolle nach dem Gesetz gegen Wettbewerbsbeschränkungen zur Verfügung zu stellen, soweit die Krankenhäuser von einem jeweils zu benennenden Fusionskontrollverfahren betroffen sind. [9]Andere als die in diesem Absatz und in § 17b Abs. 8 des Krankenhausfinanzierungsgesetzes genannten Verarbeitungen der Daten sind unzulässig.

(3a) [1]Das Institut nach § 137a des Fünften Buches Sozialgesetzbuch oder eine andere vom Gemeinsamen Bundesausschuss nach § 91 des Fünften Buches Sozialgesetzbuch beauftragte Stelle kann ausgewählte, gemäß Absatz 1 übermittelte Leistungsdaten nach Absatz 2 Nummer 2 Buchstabe a bis f anfordern, soweit diese nach Art und Umfang notwendig und geeignet sind, um Maßnahmen der Qualitätssicherung nach § 137a Absatz 3 des Fünften Buches Sozialgesetzbuch durchführen zu können. [2]Das Institut oder eine andere nach Satz 1 beauftragte Stelle kann entsprechende Daten auch für Zwecke der einrichtungsübergreifenden Qualitätssicherung auf Landesebene anfordern und diese an die jeweils zuständige Institution auf Landesebene übermitteln. [3]Die Datenstelle übermittelt die Daten, soweit die Notwendigkeit nach Satz 1 vom Institut oder einer anderen nach Satz 1 beauftragten Stelle glaubhaft dargelegt wurde. [4]Absatz 3 Satz 9 gilt entsprechend.

(3b) [1]Für die Überprüfung nach § 24 des Krankenhausfinanzierungsgesetzes sowie für ergänzende Analysen zum Zweck der Weiterentwicklung der Entgeltsysteme übermittelt das Krankenhaus die Daten gemäß Absatz 2 Nummer 1 Buchstabe a und Nummer 2 an die vom Institut für das Entgeltsystem im Krankenhaus geführte Datenstelle auf Bundesebene auf maschinenlesbaren Datenträgern zusätzlich zur Übermittlung nach Absatz 1

1. bis zum 15. Juni jeden Jahres für Patientinnen und Patienten, die zwischen dem 1. Januar und dem 31. Mai des laufenden Kalenderjahres nach voll- oder teilstationärer Behandlung aus dem Krankenhaus entlassen worden sind,
2. bis zum 15. Oktober jeden Jahres für Patientinnen und Patienten, die zwischen dem 1. Januar und dem 30. September des laufenden Kalenderjahres nach voll- oder teilstationärer Behandlung aus dem Krankenhaus entlassen worden sind, und
3. bis zum 15. Januar jeden Jahres für Patientinnen und Patienten, die zwischen dem 1. Januar und dem 31. Dezember des vorangegangenen Kalenderjahres nach voll- oder teilstationärer Behandlung aus dem Krankenhaus entlassen worden sind.

[2]Die Datenstelle legt das Nähere zur Datenübermittlung fest; die Festlegung der Datenstelle ist barrierefrei auf der Internetseite des Instituts für das Entgeltsystem im Krankenhaus zu veröffentlichen. [3]Die Datenstelle prüft die übermittelten Daten auf Plausibilität. [4]Nach Abschluss der Plausibilitätsprüfung darf die Herstellung eines Personenbezugs nicht mehr möglich sein. [5]Die Datenstelle übermittelt die geprüften Daten an das Institut für das Entgeltsystem im Krankenhaus innerhalb von zwei Wochen nach Ablauf der jeweiligen Frist nach Satz 1. [6]Die Datenstelle veröffentlicht die Daten nach Satz 1 innerhalb von vier Wochen nach Ablauf der jeweiligen Frist nach Satz 1 in anonymisierter und zusammengefasster Form barrierefrei auf der Internetseite des Instituts für das Entgeltsystem im Krankenhaus; eine Nutzung der veröffentlichten Daten durch Dritte ist ausschließlich zu nicht-kommerziellen Zwecken zulässig. [7]Die Datenstelle stellt dem Bundesministerium für Gesundheit auf Anforderung unverzüglich Auswertungen für seine Belange und für die Überprüfung nach § 24 des Krankenhausfinanzierungsgesetzes zur Verfügung. [8]Die Datenstelle stellt dem Robert Koch-Institut innerhalb von vier Wochen nach Ablauf der jeweiligen Übermittlungsfrist nach Satz 1 eine Aufstellung aller Standorte sowie eine standortbezogene Aufstellung der Anzahl der aufgestellten Betten zur Verfügung. [9]Die Kosten für die Erstellung der Auswertungen nach Satz 7 sind aus dem Zuschlag nach § 17b Absatz 5 Satz 1 Nummer 1 des Krankenhausfinanzierungsgesetzes zu finanzieren. [10]Andere als die in diesem Absatz genannten Verarbeitungen der nach Satz 1 übermittelten Daten sind unzulässig.

(4) [1]Die Vertragsparteien nach § 17b Abs. 2 Satz 1 des Krankenhausfinanzierungsgesetzes vereinbaren im Benehmen mit dem Bundesbeauftragten für den Datenschutz und dem Bundesamt für die Sicherheit in der Informationstechnik die weiteren Einzelheiten der Datenübermittlung. [2]Die Vereinbarung nach Satz 1 wird ab dem 1. Januar 2019 von der Datenstelle nach Absatz 1 den gesetzlichen Erfordernissen entsprechend angepasst.

(5) [1]Die Vertragsparteien nach § 17b Abs. 2 Satz 1 vereinbaren einen Abschlag von den pauschalierten Pflegesätzen nach § 17 Absatz 1 des Krankenhausfinanzierungsgesetzes für die Krankenhäuser, die ihre Verpflichtung zur Übermittlung der Daten nach Absatz 1 oder Absatz 3b nicht, nicht vollständig oder nicht rechtzeitig erfüllen; im Fall einer nicht, nicht vollständigen oder nicht rechtzeitigen Übermittlung der Daten nach Absatz 3b hat der zu vereinbarende Abschlag mindestens 20 000 Euro für jeden Standort des Krankenhauses zu betragen, soweit hierdurch für das Krankenhaus keine unbillige Härte entsteht; die Datenstelle regelt das Nähere zu den Voraussetzungen unbilliger Härtefälle. [2]Darüber hinaus hat die Datenstelle für jede nicht erfolgte, nicht vollständige oder nicht fristgerechte Übermittlung der Daten nach Absatz 2 Nummer 1 Buchstabe e einen pauschalen Abschlag je Standort eines Krankenhauses festzulegen; dies gilt auch, wenn die übermittelten Daten im Rahmen der Plausibilitätsprüfung von der Datenstelle nicht akzeptiert werden; die Datenstelle legt das Nähere zur Plausibilitätsprüfung fest und veröffentlicht die Festlegungen auf ihrer Internetseite. [3]Der Abschlag nach Satz 2 beträgt mindestens 20 000 Euro und höchstens 500 000 Euro. [4]Zur Ermittlung des Abschlags nach Satz 2 wird ein Abschlagsfaktor gebildet, indem die Gesamtanzahl der Pflegevollkräfte eines Krankenhausstandorts durch die Anzahl der Pflegevollkräfte, für die voll-

ständig und rechtzeitig Daten übermittelt wurden, dividiert wird, wobei als Nenner mindestens die Zahl 1 anzunehmen ist. [5]Der Abschlagsfaktor ist kaufmännisch auf drei Nachkommastellen zu runden und mit dem Mindestabschlagsbetrag von 20 000 Euro zu multiplizieren. [6]Übermittelt ein Krankenhaus für einen Standort nicht die Gesamtanzahl der Pflegevollkräfte, hat die Datenstelle die Anzahl der Pflegevollkräfte für die Ermittlung des Abschlags nach Satz 2 auf der Grundlage von verfügbaren Leistungsdaten nach Absatz 2 Nummer 2 sachgerecht zu schätzen. [7]Die Datenstelle unterrichtet jeweils die Vertragsparteien nach § 18 Absatz 2 des Krankenhausfinanzierungsgesetzes über Verstöße und die Höhe des jeweiligen Abschlags nach Satz 2. [8]Die Vertragsparteien nach § 18 Absatz 2 des Krankenhausfinanzierungsgesetzes berücksichtigen die Abschläge nach den Sätzen 1 und 2 und den Abschlag bei der Vereinbarung des krankenhausindividuellen Basisentgeltwerts.

(6) Kommt eine Vereinbarung nach Absatz 5 ganz oder teilweise nicht zustande, entscheidet auf Antrag einer Vertragspartei die Schiedsstelle nach § 18a Abs. 6 des Krankenhausfinanzierungsgesetzes.

Anlage

Aufstellung der Entgelte und Budgetermittlung (AEB) nach § 11 Abs. 4 des Krankenhausentgeltgesetzes (KHEntgG)

E Entgelte nach § 17b KHG

E1 Aufstellung der Fallpauschalen

E2 Aufstellung der Zusatzentgelte

E3 Aufstellung der nach § 6 KHEntgG krankenhausindividuell verhandelten Entgelte

B Budgetermittlung

B1 Erlösbudget nach § 4 KHEntgG

Krankenhaus:

Seite:
Datum:

E1 Aufstellung der Fallpauschalen für das Krankenhaus *) 1) 2)

DRG Nr.	Fallzahl (Anzahl der DRG)	Bewertungsrelation nach Fallpauschalen-Katalog	Summe der Bewertungsrelationen ohne Zu- und Abschläge (Sp. 2x3)	davon Verlegungen				davon Kurzlieger				davon Langlieger				Summe der effektiven Bewertungsrelationen (Sp. 4 - (Sp. 8+12) + Sp. 16)
				Anzahl der Verlegungsfälle	Anzahl der Tage mit Abschlag bei Verlegung	Bewertungsrelation je Tag bei Verlegung	Summe der Abschläge für Verlegungen (Sp. 6x7)	Anzahl der Kurzliegerfälle	Anzahl der Tage mit uGVD-Abschlag	Bewertungsrelation je Tag bei uGVD-Abschlag	Summe der uGVD-Abschläge (Sp. 10x11)	Anzahl der Langliegerfälle	Anzahl der Tage mit oGVD-Zuschlag	Bewertungsrelation je Tag bei oGVD-Zuschlag	Summe der oGVD-Zuschläge (Sp. 14x15)	
1	2	3	4	5	6	7	8	9	10	11	12	13	14	15	16	17
Jahresfälle:3)																
Summe Jahresfälle3)																
Summe Überlieger4)																
Summe insgesamt																

*) Musterblatt; EDV-Ausdrucke möglich.

1) Die Aufstellung ist unter Beachtung der Vorgaben von Fußnote 2 für die folgenden Zeiträume jeweils gesondert wie folgt aufzustellen und vorzulegen:
- für das abgelaufene Kalenderjahr die Ist-Daten nach dem DRG-Katalog des abgelaufenen Jahres (Ziel: u. a. Ermittlung der endgültigen Erlösausgleiche),
- für das laufende Kalenderjahr die Ist-Daten nach dem DRG-Katalog des laufenden Jahres (Ziele: Darstellung der Ist-Daten sowie Ermittlung der vorläufigen Erlösausgleiche),
- für das laufende Kalenderjahr die Ist-Daten nach dem DRG-Katalog für den Vereinbarungszeitraum (Ziel: Grundlage für die Vereinbarung von Budget und Mehr- oder Minderleistungen),
- für den Vereinbarungszeitraum die Forderung des Krankenhauses nach dem DRG-Katalog für den Vereinbarungszeitraum (Ziel: Grundlage für die Budgetvereinbarung).

Für die Leistungen von Belegabteilungen ist eine gesonderte Aufstellung vorzulegen. Für noch ausstehende Ist-Daten des laufenden Kalenderjahres ist eine Hochrechnung zulässig.

2) Für die Vorlage der Ist-Daten des abgelaufenen Kalenderjahres und die Vorlage der Ist-Daten des laufenden Kalenderjahres sind alle Spalten auszufüllen. Für die Forderung des Vereinbarungszeitraums brauchen die markierten Spalten 5 – 6, 8 – 10, 12 – 14 und 16 nicht ausgefüllt werden; für diese sind lediglich die jeweiligen Endsummen zu schätzen. Für noch ausstehende Ist-Daten des laufenden Kalenderjahres ist eine Hochrechnung zulässig.

3) Aufnahmen und Entlassungen im jeweiligen Kalenderjahr, ohne Überlieger am Jahresbeginn.

4) Die Bewertungsrelationen für Überlieger sind jeweils nach dem im jeweiligen Vorjahr geltenden DRG-Katalog vorzulegen, d. h. bei Vorlage für den Vereinbarungszeitraum sind für die Überlieger die Bewertungsrelationen des DRG-Katalogs des laufenden Jahres anzuwenden.

Krankenhaus:	Seite:
	Datum:

E2 Aufstellung der Zusatzentgelte für das Krankenhaus *) [1])

ZE-Nr.	Anzahl der ZE	Entgelthöhe lt. ZE-Katalog	Erlössumme
1	2	3	4
Jahresfälle: [2])			
Summe der ZE bezogen auf die Jahresfälle			
Summe der ZE bezogen auf die Überlieger			
Summe ZE insgesamt			

*) Musterblatt; EDV-Ausdrucke möglich.

[1]) Die Aufstellung ist für die folgenden Zeiträume jeweils gesondert wie folgt aufzustellen und vorzulegen:

- für das abgelaufene Kalenderjahr die Ist-Daten nach dem ZE-Katalog des abgelaufenen Jahres (Ziel: u. a. Ermittlung der endgültigen Erlösausgleiche),
- für das laufende Kalenderjahr die hochgerechneten Ist-Daten nach dem ZE-Katalog des laufenden Jahres (Ziele: Darstellung der Ist-Daten sowie Ermittlung der vorläufigen Erlösausgleiche),
- für den Vereinbarungszeitraum die Forderung des Krankenhauses nach dem ZE-Katalog für den Vereinbarungszeitraum (Ziel: Darstellung für die Budgetvereinbarung).

[2]) Ohne Überlieger am Jahresbeginn.

Krankenhaus:

Seite:
Datum:

E3 Aufstellung der nach § 6 KHEntgG krankenhausindividuell verhandelten Entgelte *) 1) 2)

E3.1 Aufstellung der fallbezogenen Entgelte 3)

								davon Verlegungen				davon Kurzlieger				davon Langlieger				
Entgelt nach § 6 KHEntgG	Untere Grenzverweildauer: Erster Tag mit Abschlag	Mittlere Verweildauer	Obere Grenzverweildauer: Erster Tag zusätzliches Entgelt	Fallzahl	vereinbarte Bewertungsrelation	Entgelthöhe (in €)	Bruttoerlössumme ohne Zu- und Abschläge (in €) (Sp. 5x7)	Anzahl der Verlegungsfälle	Anzahl der Tage mit Abschlag bei Verlegung	Abschlag je Tag bei Verlegung (in €)	Summe der Abschläge für Verlegungen (in €) (Sp. 10x11)	Anzahl der Kurzliegerfälle	Anzahl der Tage mit uGVD-Abschlag	Abschlag je Tag bei uGVD-Unterschreitung (in €)	Summe der uGVD-Abschläge (in €) (Sp. 14x15)	Anzahl der Langliegerfälle	Anzahl der Tage mit oGVD-Zuschlag	Zuschlag je Tag bei oGVD-Überschreitung (in €)	Summe der oGVD-Zuschläge (in €) (Sp. 18x19)	Nettoerlössumme inkl. Zu- und Abschläge (in €) (Sp. 8 - (Sp. 12+16) + Sp. 20)
1	2	3	4	5	6	7	8	9	10	11	12	13	14	15	16	17	18	19	20	21
Summe:																				

*) Musterblatt; EDV-Ausdrucke möglich.

1) Die Aufstellung ist unter Beachtung der Vorgaben von Fußnote 2 für die folgenden Zeiträume jeweils gesondert wie folgt aufzustellen und vorzulegen:
- für das abgelaufene Kalenderjahr die Ist-Daten nach den vereinbarten Entgelten des abgelaufenen Jahres (Ziel: u. a. Ermittlung der endgültigen Erlösausgleiche),
- für das laufende Kalenderjahr die hochgerechneten Ist-Daten nach den vereinbarten Entgelten des laufenden Jahres (Ziele: Darstellung der Ist-Daten sowie Ermittlung der vorläufigen Erlösausgleiche),
- für den Vereinbarungszeitraum die Forderung des Krankenhauses nach den geforderten Entgelten für den Vereinbarungszeitraum (Ziel: Darstellung für die Budgetvereinbarung).

Für die Leistungen von Belegabteilungen ist eine gesonderte Aufstellung vorzulegen.

2) Für die Vorlage der Ist-Daten des abgelaufenen Kalenderjahres und die Vorlage der Ist-Daten des laufenden Kalenderjahres sind grundsätzlich alle Spalten auszufüllen. Für die Forderung des Vereinbarungszeitraums brauchen die markierten Spalten 9 – 10, 12 – 14, 16 – 18 und 20 nicht ausgefüllt werden; für diese sind lediglich die jeweiligen Endsummen zu schätzen.

3) Jeweils gesonderte Aufstellung und Vorlage für Entgeltvereinbarungen nach § 6 Abs. 1 oder § 6 Abs. 2 KHEntgG.

E3.2 Aufstellung der Zusatzentgelte [4])

Zusatzentgelt nach § 6 KHEntgG	Anzahl	Entgelt-höhe	Erlössumme (Sp. 2x3)
1	2	3	4
Summe:			

E3.3 Aufstellung der tagesbezogenen Entgelte

Entgelt nach § 6 Abs. 1 KHEntgG	Fallzahl	Tage	Entgelt-höhe	Erlössumme (Sp. 3x4)
1	2	3	4	5
Summe:				

[4]) Jeweils gesonderte Aufstellung und Vorlage für Entgeltvereinbarungen nach § 6 Abs. 1 oder Abs. 2 oder Abs. 2a KHEntgG.

Krankenhaus:	Seite:
	Datum:

B1 Erlösbudget nach § 4 KHEntgG

lfd. Nr.	Berechnungsschritte	Vereinbarung für das laufende Kalenderjahr	Vereinbarungs-zeitraum
	1	2	3
	Ermittlung des Erlösbudgets		
1	Summe der effektiven Bewertungsrelationen [1]		
2	x abzurechnender Landesbasisfallwert nach § 10 Abs. 8 Satz 7		
3	= Zwischensumme		
4	+ Zusatzentgelte nach § 7 Abs. 1 Satz 1 Nr. 2		
5	Erlösbudget [2]		

1) Summe der effektiven Bewertungsrelationen für alle im Kalenderjahr entlassenen Fälle einschließlich der Überlieger am Jahresbeginn.

2) Erlösbudget einschließlich der Erlöse bei Überschreitung der oberen Grenzverweildauer, der Abschläge bei Unterschreitung der unteren Grenzverweildauer und der Abschläge bei Verlegungen.

Vereinbarung zum Fallpauschalensystem für Krankenhäuser für das Jahr 2024 (Fallpauschalenvereinbarung 2024 – FPV 2024)

zwischen

dem GKV-Spitzenverband, Berlin, sowie

dem Verband der Privaten Krankenversicherung, Köln, gemeinsam und einheitlich

und

der Deutschen Krankenhausgesellschaft, Berlin

Präambel

Gemäß § 17b Absatz 1 und 3 Krankenhausfinanzierungsgesetz (KHG) ist für die Vergütung der allgemeinen Krankenhausleistungen ein durchgängiges, leistungsorientiertes und pauschalierendes Vergütungssystem eingeführt worden. Seit dem Gesetz zur Stärkung des Pflegepersonals (Pflegepersonal-Stärkungsgesetz, PpSG) erfolgt die Vergütung der Pflegepersonalkosten für die unmittelbare Patientenversorgung auf bettenführenden Stationen außerhalb des G-DRG-Systems in einem Pflegebudget. Gegenüber der Vorjahresfassung erfolgten zur Berücksichtigung diverser Effekte Korrekturen des DRG-Volumens. Die in diesem Jahr gefundene Lösung zur Ausgliederung des Kostenvolumens für Hybrid-DRG-Fälle aus dem DRG-Katalog stellt kein Präjudiz für zukünftige Ausgliederungen für den Hybrid-Leistungsbereich dar. Unterschiedliche Auffassungen der Vertragspartner bestehen insbesondere nach wie vor beim Thema der Ausgliederung von Gemeinkosten.

Der GKV-Spitzenverband und der Verband der Privaten Krankenversicherung vereinbaren gemeinsam mit der Deutschen Krankenhausgesellschaft gemäß § 17b Absatz 2 KHG auch dessen jährliche Weiterentwicklung und Anpassung, insbesondere an medizinische Entwicklungen, Kostenentwicklungen, Verweildauerverkürzungen und Leistungsverlagerungen zu und von anderen Versorgungsbereichen, und die Abrechnungsbestimmungen, soweit diese nicht im Krankenhausentgeltgesetz (KHEntgG) vorgegeben werden. In diesem Zusammenhang vereinbaren sie gemäß § 9 Absatz 1 Nummern 1 bis 3 KHEntgG einen Fallpauschalenkatalog nach § 17b Absatz 1 Satz 4 KHG, einen Katalog ergänzender Zusatzentgelte nach § 17b Absatz 1 Satz 7 KHG, einen Pflegeerlöskatalog nach § 17b Absatz 4 Satz 5 KHG sowie die Abrechnungsbestimmungen für diese Entgelte.

In Erfüllung dieses gesetzlichen Auftrages vereinbaren die Parteien das Folgende:

ABSCHNITT 1: ABRECHNUNGSBESTIMMUNGEN FÜR DRG-FALLPAUSCHALEN

§ 1 Abrechnung von Fallpauschalen

(1) [1]Die Fallpauschalen werden jeweils von dem die Leistung erbringenden Krankenhaus nach dem am Tag der voll- oder teilstationären Aufnahme geltenden Fallpauschalen-Katalog und den dazu gehörenden Abrechnungsregeln abgerechnet. [2]Im Falle der Verlegung in ein anderes Krankenhaus rechnet jedes beteiligte Krankenhaus eine Fallpauschale ab. [3]Diese wird nach Maßgabe des § 3 gemindert; dies gilt nicht für Fallpauschalen, die im Fallpauschalen-Katalog als Verlegungs-Fallpauschalen gekennzeichnet sind; für diese Verlegungsfälle sind die Regelungen des Absatzes 3 entsprechend anwendbar. [4]Eine Verlegung im Sinne des Satzes 2 liegt vor, wenn zwischen der Entlassung aus einem Krankenhaus und der Aufnahme in einem anderen Krankenhaus nicht mehr als 24 Stunden vergangen sind.

(2) [1]Ist die Verweildauer eines Patienten oder einer Patientin länger als die obere Grenzverweildauer, wird für den dafür im Fallpauschalen-Katalog ausgewiesenen Tag und jeden weiteren Belegungstag des Krankenhausaufenthalts zusätzlich zur Fallpauschale ein tagesbezogenes Entgelt abgerechnet. [2]Dieses wird ermittelt, indem die für diesen Fall im Fallpauschalen-Katalog ausgewiesene Bewertungsrelation mit dem Basisfallwert multipliziert wird. [3]Die Zahl der zusätzlich abrechenbaren Belegungstage ist wie folgt zu ermitteln:

Belegungstage insgesamt (tatsächliche Verweildauer nach Absatz 7) + 1

– erster Tag mit zusätzlichem Entgelt bei oberer Grenzverweildauer

= zusätzlich abrechenbare Belegungstage

(3) [1]Ist die Verweildauer von nicht verlegten Patienten oder Patientinnen kürzer als die untere Grenzverweildauer, ist für die bis zur unteren Grenzverweildauer nicht erbrachten Belegungstage einschließlich des im Fallpauschalen-Katalog ausgewiesenen ersten Tages mit Abschlag ein Abschlag von der Fallpauschale vorzunehmen. [2]Abweichend von Satz 1 gilt die Abschlagsregelung auch für die Abrechnung von Verlegungs-Fallpauschalen. [3]Die Höhe des Abschlags je Tag wird ermittelt, indem die für diesen Fall im Fallpauschalen-Katalog ausgewiesene Bewertungsrelation mit dem Basisfallwert multipliziert wird. [4]Die Zahl der Abschlagstage ist wie folgt zu ermitteln:

Erster Tag mit Abschlag bei unterer Grenzverweildauer + 1

– Belegungstage insgesamt (tatsächliche Verweildauer nach Absatz 7)

= Zahl der Abschlagstage

(4) [1]Erfolgt die Behandlung sowohl in Hauptabteilungen als auch in belegärztlichen Abteilungen desselben Krankenhauses, ist die Höhe der Fallpauschale nach folgender Rangfolge festzulegen:

1. nach der Abteilungsart mit der höheren Zahl der Belegungstage
2. bei gleicher Zahl der Belegungstage in Haupt- und Belegabteilungen nach der Hauptabteilung

[2]Ist im Ausnahmefall eine Fallpauschale für belegärztliche Versorgung nicht vorgegeben, ist die Fallpauschale für Hauptabteilungen abzurechnen. [3]Ist bei einer belegärztlichen Versorgung im Rahmen der Geburtshilfe (MDC 14) für eine Fallpauschale eine Bewertungsrelation für die Beleghebamme in den Spalten 6 bzw. 7 nicht vorgegeben, so sind die Bewertungsrelationen der Spalte 4 bzw. 5 maßgeblich.

(5) [1]Für jedes Neugeborene, das nach der Versorgung im Kreißsaal weiter im Krankenhaus versorgt wird, ist ein eigener Fall zu bilden und eine eigene Fallpauschale abzurechnen. [2]In diesem Falle ist für die Mutter und das Neugeborene jeweils eine Rechnung zu erstellen. [3]Die Fallpauschale für das gesunde Neugeborene ist mit dem für die Mutter zuständigen Kostenträger abzurechnen. [4]In diesem Fall ist auf der Rechnung für das Neugeborene die Versichertennummer der Mutter anzugeben. [5]Die Fallpauschale für das krankheitsbedingt behandlungsbedürftige Neugeborene ist mit dessen Kostenträger abzurechnen. [6]Nicht krankheitsbedingt behandlungsbedürftig in diesem Sinne sind alle Neugeborenen, für welche die DRG-Fallpauschale P66D, P67D oder P67E abgerechnet werden kann. [7]Ist im Fallpauschalen-Katalog für das Krankenhaus, in dem die Geburt stattfand, eine Mindestverweildauer für die Fallpauschale vorgegeben und wird diese nicht erreicht, ist die Versorgung des Neugeborenen mit dem Entgelt für die Mutter abgegolten und nicht als eigenständiger Fall nach § 9 zu zählen. [8]Im Falle einer Verlegung gilt Absatz 1 Sätze 2 bis 4. [9]Erfolgt ein Verbleib der gesunden Mutter aufgrund des krankheitsbedingt behandlungsbedürftigen Neugeborenen oder des Neugeborenen in der DRG-Fallpauschale P67D, so ist ab Erreichen der abgerundeten mittleren Verweildauer der vollstationären DRG-Fallpauschale für die Mutter der Zuschlag für Begleitpersonen abzurechnen; § 1 Absatz 2 findet in diesem Fall für die Fallpauschale der gesunden Mutter keine Anwendung.

(6) [1]Zur Einstufung in die jeweils abzurechnende Fallpauschale sind Programme (Grouper) einzusetzen, die vom Institut für das Entgeltsystem im Krankenhaus zertifiziert sind. [2]Für Art und Höhe der nach dieser Vereinbarung abzurechnenden Entgelte ist der Tag der voll- oder teilstationären Aufnahme in das Krankenhaus maßgeblich. [3]Für die Abrechnung tagesbezogener teilstationärer Leistungen gilt als Aufnahmetag in diesem Sinne jeweils der erste Behandlungstag im Quartal. [4]Ist bei der Zuordnung von Behandlungsfällen zu einer Fallpauschale auch das Alter der behandelten Person zu berücksichtigen, ist das Alter am Tag der Aufnahme in das Krankenhaus maßgeblich. [5]Soweit und solange vor- bzw. nachstationäre Behandlungen nicht gesondert vergütet werden, sind deren Diagnosen und Prozeduren bei der Gruppierung und der Abrechnung der zugehörigen vollstationären Behandlung zu berücksichtigen (Neugruppierung); dies gilt nicht für Diagnosen und Prozeduren im Rahmen belegärztlicher Leistungen. [6]Ergibt sich aus der Neugruppierung eine andere Fallpauschale, ist diese für die Abrechnung sowie für weitere Prüfungen maßgeblich.

(7) [1]Maßgeblich für die Ermittlung der Verweildauer ist die Zahl der Belegungstage. [2]Belegungstage sind der Aufnahmetag sowie jeder weitere Tag des Krankenhausaufenthalts ohne

den Verlegungs- oder Entlassungstag aus dem Krankenhaus; wird ein Patient oder eine Patientin am gleichen Tag aufgenommen und verlegt oder entlassen, gilt dieser Tag als Aufnahmetag. [3]Für den Fall von Wiederaufnahmen gilt § 2 Absatz 4 Satz 4. [4]Vollständige Tage der Beurlaubung sind gesondert in der Rechnung auszuweisen und zählen nicht zur Verweildauer. [5]Eine Beurlaubung liegt vor, wenn ein Patient oder eine Patientin mit Zustimmung des behandelnden Krankenhausarztes die Krankenhausbehandlung zeitlich befristet unterbricht, die stationäre Behandlung jedoch noch nicht abgeschlossen ist. [6]Bei Fortsetzung der Krankenhausbehandlung nach einer Beurlaubung liegt keine Wiederaufnahme im Sinne von § 2 vor.

(8) In der Rechnung des Krankenhauses sind der sich nach dem Fallpauschalen-Katalog ergebende Betrag für die Fallpauschale sowie Abschläge, weitere Entgelte und Zuschläge gesondert auszuweisen; das Verfahren nach § 301 des Fünften Buches Sozialgesetzbuch (SGB V) bleibt unberührt.

§ 2
Wiederaufnahmen in dasselbe Krankenhaus

(1) [1]Das Krankenhaus hat eine Zusammenfassung der Falldaten zu einem Fall und eine Neueinstufung in eine Fallpauschale vorzunehmen, wenn

1. ein Patient oder eine Patientin innerhalb der oberen Grenzverweildauer, bemessen nach der Zahl der Kalendertage ab dem Aufnahmedatum des ersten unter diese Vorschrift zur Zusammenfassung fallenden Krankenhausaufenthalts, wieder aufgenommen wird und
2. für die Wiederaufnahme eine Einstufung in dieselbe Basis-DRG vorgenommen wird.

[2]Eine Zusammenfassung und Neueinstufung nach Satz 1 wird nicht vorgenommen, wenn die Fallpauschalen dieser Basis-DRG bei Versorgung in einer Hauptabteilung in Spalte 13 oder bei belegärztlicher Versorgung in Spalte 15 des Fallpauschalen-Katalogs gekennzeichnet sind.

(2) [1]Eine Zusammenfassung der Falldaten zu einem Fall und eine Neueinstufung in eine Fallpauschale ist auch dann vorzunehmen, wenn

1. ein Patient oder eine Patientin innerhalb von 30 Kalendertagen ab dem Aufnahmedatum des ersten unter diese Vorschrift zur Zusammenfassung fallenden Krankenhausaufenthalts wieder aufgenommen wird und
2. innerhalb der gleichen Hauptdiagnosegruppe (MDC) die zuvor abrechenbare Fallpauschale in die „medizinische Partition“ oder die „andere Partition“ und die anschließende Fallpauschale in die „operative Partition“ einzugruppieren ist.

[2]Eine Zusammenfassung und Neueinstufung nach Satz 1 wird nicht vorgenommen, wenn einer der Krankenhausaufenthalte mit einer Fallpauschale abgerechnet werden kann, die bei Versorgung in einer Hauptabteilung in Spalte 13 oder bei belegärztlicher Versorgung in Spalte 15 des Fallpauschalen-Katalogs gekennzeichnet ist.

(3) [1]Werden Patienten oder Patientinnen, für die eine Fallpauschale abrechenbar ist, wegen einer in den Verantwortungsbereich des Krankenhauses fallenden Komplikation im Zusammenhang mit der durchgeführten Leistung innerhalb der oberen Grenzverweildauer, bemessen nach der Zahl der Kalendertage ab dem Aufnahmedatum des ersten unter diese Vorschrift zur Zusammenfassung fallenden Aufenthalts, wieder aufgenommen, hat das Krankenhaus eine Zusammenfassung der Falldaten zu einem Fall und eine Neueinstufung in eine Fallpauschale vorzunehmen. [2]Eine Zusammenfassung und Neueinstufung wird nicht vorgenommen bei unvermeidbaren Nebenwirkungen von Chemotherapien und Strahlentherapien im Rahmen onkologischer Behandlungen. [3]Die Absätze 1 und 2 gehen den Vorgaben nach den Sätzen 1 und 2 vor. [4]Die Sätze 1 und 2 ergänzen die Vorgaben nach § 8 Absatz 5 KHEntgG.

(4) [1]Bei der Anwendung der Absätze 1 bis 3 ist für jeden Krankenhausaufenthalt eine DRG-Eingruppierung vorzunehmen. [2]Auf dieser Grundlage hat das Krankenhaus eine Neueinstufung in eine Fallpauschale mit den Falldaten aller zusammenzuführenden Krankenhausaufenthalte durchzuführen. [3]Hierbei ist eine chronologische Prüfung vorzunehmen. [4]Zur Ermittlung der Verweildauer sind dabei die Belegungstage der Aufenthalte in diesem Krankenhaus zusammenzurechnen. [5]Die obere Grenzverweildauer, die nach Absatz 1 Satz 1 Nummer 1 für die Fallzusammenführung maßgeblich ist, ergibt sich aus dem Aufnahmedatum und der DRG-Eingruppierung des ersten unter diese Vorschrift zur Zusammenfassung fal-

lenden Aufenthalts in diesem Krankenhaus. [6]Hat das Krankenhaus einen der zusammenzuführenden Aufenthalte bereits abgerechnet, ist die Abrechnung zu stornieren. [7]Maßgeblich für die zusätzliche Abrechnung von tagesbezogenen Entgelten ist die Grenzverweildauer, die sich nach der Fallzusammenführung ergibt; für die Ermittlung der Verweildauer gilt Satz 3 entsprechend. [8]Die Sätze 1 bis 7 gelten nicht für Krankenhausaufenthalte, bei denen der Tag der Aufnahme außerhalb der Geltungsdauer dieser Vereinbarung nach § 12 liegt oder soweit tagesbezogene Entgelte nach § 6 Absatz 1 KHEntgG abzurechnen sind.

(5) Sind mehrere Aufenthalte in einem Krankenhaus aufgrund der Regelungen zur Wiederaufnahme nach den Absätzen 1 bis 3 zusammenzuführen und erfolgte bei mindestens einem Aufenthalt eine Verlegung, sind vom zusammengeführten Fall Verlegungsabschläge nach den Vorgaben des § 1 Absatz 1 Satz 3 in Verbindung mit § 3 zu berechnen.

§ 3
Abschläge bei Verlegung

(1) [1]Im Falle einer Verlegung in ein anderes Krankenhaus ist von dem verlegenden Krankenhaus ein Abschlag vorzunehmen, wenn die im Fallpauschalen-Katalog ausgewiesene mittlere Verweildauer unterschritten wird. [2]Die Höhe des Abschlags je Tag wird ermittelt, indem die bei Versorgung in einer Hauptabteilung in Spalte 11 oder bei belegärztlicher Versorgung in Spalte 13 des Fallpauschalen-Katalogs ausgewiesene Bewertungsrelation mit dem Basisfallwert multipliziert wird. [3]Die Zahl der Tage, für die ein Abschlag vorzunehmen ist, wird wie folgt ermittelt:

Mittlere Verweildauer nach dem Fallpauschalen-Katalog, kaufmännisch auf die nächste ganze Zahl gerundet

– Belegungstage insgesamt (tatsächliche Verweildauer nach § 1 Absatz 7)

= Zahl der Abschlagstage

(2) [1]Im Falle einer Verlegung aus einem anderen Krankenhaus ist von dem aufnehmenden Krankenhaus ein Abschlag entsprechend den Vorgaben des Absatzes 1 vorzunehmen, wenn die im Fallpauschalen-Katalog ausgewiesene mittlere Verweildauer im aufnehmenden Krankenhaus unterschritten wird. [2]Dauerte der vorangegangene voll- oder teilstationäre Aufenthalt im verlegenden Krankenhaus nicht länger als 24 Stunden, so ist im aufnehmenden Krankenhaus kein Verlegungsabschlag nach Satz 1 vorzunehmen; bei einer frühzeitigen Entlassung durch das aufnehmende Krankenhaus ist die Regelung zur unteren Grenzverweildauer nach § 1 Absatz 3, bei einer Weiterverlegung die Abschlagsregelung nach Absatz 1 anzuwenden.

(3) [1]Wird ein Patient oder eine Patientin aus einem Krankenhaus in weitere Krankenhäuser verlegt und von diesen innerhalb von 30 Kalendertagen ab dem Entlassungsdatum eines ersten Krankenhausaufenthalts in dasselbe Krankenhaus zurückverlegt (Rückverlegung), hat das wiederaufnehmende Krankenhaus die Falldaten des ersten Krankenhausaufenthalts und aller weiteren, innerhalb dieser Frist in diesem Krankenhaus aufgenommenen Fälle zusammenzufassen und eine Neueinstufung nach den Vorgaben des § 2 Absatz 4 Sätze 1 bis 7 in eine Fallpauschale durchzuführen sowie Absatz 2 Satz 1 anzuwenden. [2]Kombinierte Fallzusammenführungen wegen Rückverlegung in Verbindung mit Wiederaufnahmen sind möglich. [3]Hierbei ist eine chronologische Prüfung vorzunehmen. [4]Prüffrist ist immer die des ersten Falles, der die Fallzusammenführung auslöst. [5]Die Sätze 1 bis 4 finden keine Anwendung für Fälle der Hauptdiagnosegruppe für Neugeborene (MDC 15). [6]Die Sätze 1 bis 5 gelten nicht für Krankenhausaufenthalte, bei denen der Tag der Aufnahme außerhalb der Geltungsdauer dieser Vereinbarung nach § 12 liegt oder für die anstelle einer Fallpauschale tagesbezogene Entgelte nach § 6 Absatz 1 KHEntgG abzurechnen sind.

(4) [1]Ist in einem Krankenhaus neben dem Entgeltbereich der DRG-Fallpauschalen einerseits noch ein Entgeltbereich nach der Bundespflegesatzverordnung (BPflV) oder für besondere Einrichtungen nach § 17b Absatz 1 Satz 10 KHG andererseits vorhanden, sind diese unterschiedlichen Entgeltbereiche im Falle von internen Verlegungen wie selbstständige Krankenhäuser zu behandeln. [2]Für den Entgeltbereich der DRG-Fallpauschalen sind die Absätze 1 bis 3 entsprechend anzuwenden.

(5) [1]Abschläge nach den Absätzen 1 bis 3 sind nur dann vorzunehmen, insofern beide an der Verlegung beteiligten Krankenhäuser dem Geltungsbereich des Krankenhausfinanzierungsgesetzes unterliegen. [2]Hiervon abweichend sind bei

Leistungen, für die eine schriftliche Kooperationsvereinbarung zwischen den Krankenhäusern besteht, Abschläge nach Absatz 1 bis 3 vorzunehmen.

(6) Abschläge nach den Absätzen 1 und 2 sind nicht vorzunehmen, wenn ein invasiv beatmeter Patient oder eine invasiv beatmete Patientin in ein aufnehmendes Krankenhaus auf eine spezialisierte Beatmungsentwöhnungseinheit verlegt wird, das über eine Bescheinigung über eine bestandene Strukturprüfung gemäß § 275d Absatz 2 SGB V für die OPS-Kodes 8-718.8 oder 8-718.9 verfügt.

§ 4
Fallpauschalen bei bestimmten Transplantationen

(1) [1]Mit Fallpauschalen nach Anlage 1 bzw. Entgelten nach Anlage 3a bei Transplantationen von Organen nach § 1a Nummer 1 des Transplantationsgesetzes (TPG), bei Transplantationen von Geweben nach § 1a Nummer 4 TPG sowie bei Transplantationen von hämatopoetischen Stammzellen werden die allgemeinen Krankenhausleistungen nach § 2 KHEntgG für die stationäre Versorgung eines Transplantatempfängers, einer Transplantatempfängerin oder bei der Lebendspende vergütet. [2]Nicht mit den Fallpauschalen nach Anlage 1 bzw. Entgelten nach Anlage 3a vergütet und folglich gesondert abrechenbar sind insbesondere folgende Leistungen:

1. Leistungen des Krankenhauses für eine Organentnahme bei möglichen postmortalen Organspendern oder Organspenderinnen
2. Leistungen der Koordinierungsstelle nach § 11 TPG für die Bereitstellung eines postmortal gespendeten Organs zur Transplantation einschließlich eines dafür erforderlichen Transports des Organs
3. Leistungen der Vermittlungsstelle nach § 12 TPG für die Vermittlung eines postmortal gespendeten Organs
4. Gutachtenerstellung durch die Kommission nach § 8 Absatz 3 Satz 2 TPG vor einer möglichen Lebendorganspende
5. ambulanten Voruntersuchungen gemäß § 8 Absatz 1 Satz 1 Nummer 1 Buchstabe c TPG, die im Hinblick auf die Transplantation eines bestimmten Transplantatempfängers durchgeführt werden, bei möglichen Lebendspendern oder Lebendspenderinnen, nicht jedoch die entsprechenden Untersuchungen bei tatsächlichen Lebendspendern oder Lebendspenderinnen
6. Transport von Knochenmark oder hämatopoetischen Stammzellen
7. Kontrolluntersuchungen nach § 115a Absatz 2 Satz 4 SGB V bei einem Transplantatempfänger oder einer Transplantatempfängerin; § 8 Absatz 2 Satz 3 Nummer 3 KHEntgG bleibt unberührt
8. Kontrolluntersuchungen nach § 115a Absatz 2 Satz 7 in Verbindung mit Satz 4 SGB V bei einem Lebendorganspender oder einer Lebendorganspenderin; § 8 Absatz 2
9. Satz 3 Nummer 3 KHEntgG bleibt unberührt

[3]Krankengeld bzw. Verdienstausfallerstattung sowie Fahrkosten für Lebendspender oder Lebendspenderinnen sind keine allgemeinen Krankenhausleistungen und daher weder mit den Fallpauschalen nach Anlage 1 bzw. Entgelten nach Anlage 3a vergütet noch gesondert seitens des Krankenhauses abrechenbar.

(2) Für Transplantationen nach Absatz 1 Satz 1 ist jeweils eine Fallpauschale nach Anlage 1 bzw. ein Entgelt nach Anlage 3a gegenüber den Transplantatempfängern, den Transplantatempfängerinnen oder deren Sozialleistungsträgern abzurechnen.

(3) [1]Für zum Zwecke einer Organ- oder Gewebeentnahme für einen bestimmten Transplantatempfänger stationär aufgenommene Lebendspender oder Lebendspenderinnen, bei denen

1. eine Organ- oder Gewebeentnahme vorgenommen wird oder sich erst während der Entnahme herausstellt, dass das Organ oder das Gewebe nicht entnommen werden kann, oder
2. sich erst nach der Organ- oder Gewebeentnahme herausstellt, dass das Organ oder Gewebe nicht transplantiert werden kann,

ist eine Fallpauschale nach Anlage 1 bzw. ein Entgelt nach Anlage 3a abzurechnen. [2]Bei erfolgter Transplantation ist die jeweilige Fallpauschale nach Anlage 1 bzw. das jeweilige Entgelt nach Anlage 3a gegenüber den Transplantatempfängern, den Transplantatempfängerinnen oder deren Sozialleistungsträgern abzurechnen. [3]Kommt es nicht zur Transplantation, ist die jeweilige Fallpauschale nach Anlage 1 bzw. das jeweilige Entgelt nach Anlage 3a gegenüber der Person, die zum Transplantatempfang vorgesehen war, oder gegenüber deren Sozialleistungsträger abzurechnen. [4]Auf der Rechnung ist die Versichertennummer der Person, die das Transplantat empfangen hat oder für die Transplantation vorgesehen war, anzugeben. [5]Werden hämatopoetische Stammzellen bei Familienspendern aus dem Ausland oder bei nicht-verwandten Spendern über in- oder ausländische Spenderdateien bezogen, wird anstelle der Fallpauschale nach Anlage 1 bzw. dem Entgelt nach Anlage 3a ein entsprechendes Zusatzentgelt abgerechnet.

(4) [1]Die Leistungen des Krankenhauses nach Absatz 1 Satz 2 Nummer 1 sind gegenüber der Koordinierungsstelle nach § 11 TPG abzurechnen. [2]Die Leistungen des Krankenhauses nach Absatz 1 Satz 2 Nummer 5 sind gegenüber den Personen, die zum Transplantatempfang vorgesehen waren oder gegenüber deren Sozialleistungsträgern abzurechnen.

ABSCHNITT 2: ABRECHNUNGSBESTIMMUNGEN FÜR ANDERE ENTGELTARTEN

§ 5 Zusatzentgelte

(1) [1]Zusätzlich zu einer Fallpauschale oder zu den Entgelten nach § 6 Absatz 1 KHEntgG dürfen bundeseinheitliche Zusatzentgelte nach dem Zusatzentgelte-Katalog nach Anlage 2 bzw. 5 abgerechnet werden. [2]Die Zusatzentgelte nach Satz 1 sind mit Inkrafttreten der Vereinbarung (§ 13) abrechenbar.

(2) [1]Für die in Anlage 4 bzw. 6 benannten, mit dem bundeseinheitlichen Zusatzentgelte-Katalog nicht vergüteten Leistungen vereinbaren die Vertragsparteien nach § 11 KHEntgG krankenhausindividuelle Zusatzentgelte nach § 6 Absatz 1 KHEntgG. [2]Diese können zusätzlich zu den DRG-Fallpauschalen oder den nach § 6 Absatz 1 KHEntgG vereinbarten Entgelten abgerechnet werden. [3]Für die in Anlage 4 bzw. 6 gekennzeichneten Zusatzentgelte gilt § 15 Absatz 2 Satz 3 KHEntgG entsprechend. [4]Können für die Leistungen nach Anlage 4 bzw. 6 auf Grund einer fehlenden Vereinbarung für den Vereinbarungszeitraum 2024 noch keine krankenhausindividuellen Zusatzentgelte abgerechnet werden, sind für jedes Zusatzentgelt 600,00 Euro abzurechnen. [5]Wurden für Leistungen nach Anlage 4 bzw. 6 für das Jahr 2024 keine Zusatzentgelte vereinbart, sind im Einzelfall auf der Grundlage von § 8 Absatz 1 Satz 3 KHEntgG für jedes Zusatzentgelt 600,00 Euro abzurechnen.

(3) Zusatzentgelte für Dialysen können zusätzlich zu einer DRG-Fallpauschale oder zu einem Entgelt nach § 6 Absatz 1 KHEntgG abgerechnet werden; dies gilt nicht für die Fallpauschalen der Basis-DRG L60 oder L71 oder der DRG L90B/L90C und dem nach Anlage 3b krankenhausindividuell zu vereinbarenden Entgelt L90A, bei denen die Behandlung des Nierenversagens die Hauptleistung ist.

§ 6 Teilstationäre Leistungen

(1) Teilstationäre Leistungen sind mit tagesbezogenen teilstationären Fallpauschalen oder mit Entgelten abzurechnen, die nach § 6 Absatz 1 Satz 1 KHEntgG krankenhausindividuell vereinbart worden sind.

(2) [1]Werden Patienten oder Patientinnen, für die zuvor eine vollstationäre DRG-Fallpauschale abrechenbar war, zur teilstationären Behandlung in dasselbe Krankenhaus wieder aufgenommen oder wechseln sie in demselben Krankenhaus von der vollstationären Versorgung in die teilstationäre Versorgung, kann erst nach dem dritten Kalendertag ab Überschreiten der abgerundeten mittleren Verweildauer, bemessen ab dem Aufnahmedatum des stationären Aufenthalts der zuvor abgerechneten Fallpauschale, eine tagesbezogene teilstationäre Fallpauschale oder ein tagesbezogenes teilstationäres Entgelt nach § 6 Absatz 1 KHEntgG berechnet werden. [2]Die bis dahin erbrachten teilstationären Leistungen sind mit der zuvor abgerechneten Fallpauschale abgegolten. [3]Wurden bei der Abrechnung der vollstationären Fallpauschale Abschläge nach § 1 Absatz 3 oder § 3 vorgenommen, sind zusätzlich zu den Entgelten nach Satz 1 für jeden teilstationären Behandlungstag tagesbezogene teilstationäre Entgelte zu berechnen, höchstens jedoch bis zur Anzahl der vollstationären Abschlagstage. [4]Die teilstationären Prozeduren sind nicht bei der Gruppierung der zuvor abgerechneten Fallpauschale zu berücksichtigen. [5]Die Sätze 1 bis 3 gelten nicht für tagesbezogene teilstationäre Entgelte für Leistungen der Onkologie, der

Schmerztherapie, die HIV-Behandlung, für Dialysen sowie für Leistungen, die im Anschluss an die Abrechnung einer expliziten Ein-Belegungstag-DRG erbracht werden. Die Regelung nach Satz 1 findet für tagesbezogene Pflegeentgelte keine Anwendung.

(3) Wird ein Patient oder eine Patientin an demselben Tag innerhalb des Krankenhauses von einer tagesbezogen vergüteten teilstationären Behandlung in eine vollstationäre Behandlung verlegt, kann für den Verlegungstag kein tagesbezogenes teilstationäres Entgelt abgerechnet werden.

§ 7
Sonstige Entgelte

(1) [1]Sonstige Entgelte nach § 6 Absatz 1 KHEntgG können krankenhausindividuell vereinbart werden für

1. voll- und teilstationäre Leistungen, die nach den Anlagen 3a und 3b noch nicht mit DRG-Fallpauschalen vergütet werden,
2. unbewertete teilstationäre Leistungen, die nicht in Anlage 3b aufgeführt sind, und
3. besondere Einrichtungen nach § 17b Absatz 1 Satz 10 KHG.

[2]Werden fallbezogene Entgelte vereinbart, müssen auch Vereinbarungen zu den übrigen Bestandteilen der Aufstellung für fallbezogene Entgelte nach Abschnitt E3.1 der Anlage 1 KHEntgG getroffen werden, damit die Entgelte von den Abrechnungsprogrammen verarbeitet werden können, die für die DRG-Fallpauschalen vorgesehen sind. [3]Für den Fall der Verlegung eines Patienten oder einer Patientin in ein anderes Krankenhaus sind Abschlagsregelungen zu vereinbaren; dies gilt nicht, soweit Verlegungs-Fallpauschalen im Sinne des § 1 Absatz 1 Satz 3 vereinbart werden. [4]Für den Fall der Wiederaufnahme eines Patienten oder einer Patientin in dasselbe Krankenhaus sollen für fallbezogene Entgelte Vereinbarungen getroffen werden, die den Vorgaben nach § 2 Absatz 1, 2 und 4 entsprechen.

(2) Für die Abrechnung von fallbezogenen Entgelten gelten die Abrechnungsbestimmungen nach § 8 Absatz 2 und 4 KHEntgG und nach § 2 Absatz 3 entsprechend.

(3) Tagesbezogene Entgelte werden für den Aufnahmetag und jeden weiteren Tag des Krankenhausaufenthalts abgerechnet (Berechnungstage); der Entlassungs- oder Verlegungstag, der nicht zugleich Aufnahmetag ist, wird nur bei tagesbezogenen Entgelten für teilstationäre Behandlung nach § 6 Absatz 1 Satz 1 abgerechnet.

(4) [1]Für die in den Anlagen 3a und 3b gekennzeichneten Entgelte gilt § 15 Absatz 2 Satz 3 KHEntgG entsprechend. [2]Können für die Leistungen nach Anlage 3a auf Grund einer fehlenden Vereinbarung für den Vereinbarungszeitraum 2024 noch keine krankenhausindividuellen Entgelte abgerechnet werden, sind für jeden Belegungstag 600,00 Euro abzurechnen. [3]Können für die Leistungen nach Anlage 3b auf Grund einer fehlenden Vereinbarung für den Vereinbarungszeitraum 2024 noch keine krankenhausindividuellen Entgelte abgerechnet werden, sind für jeden Belegungstag 300,00 Euro abzurechnen. [4]Wurden für Leistungen nach Anlage 3a für das Jahr 2024 keine Entgelte vereinbart, sind im Einzelfall auf der Grundlage von § 8 Absatz 1 Satz 3 KHEntgG für jeden Belegungstag 450,00 Euro abzurechnen. [5]Zusätzlich zu den ungeminderten Entgelten nach den Sätzen 2 bis 4 sind die tagesbezogenen Pflegeentgelte nach § 7 Absatz 1 Nummer 6a KHEntgG abrechenbar.

§ 8
Tagesbezogene Pflegeentgelte

(1) [1]Zusätzlich zu vollstationären und teilstationären Entgelten sind für alle ab dem 01.01.2024 aufgenommenen Patienten oder Patientinnen tagesbezogene Pflegeentgelte gemäß § 7 Absatz 1 Nummer 6a KHEntgG abzurechnen. [2]Die Pflegeentgelte werden jeweils von dem die Leistung erbringenden Krankenhaus nach dem am Tag der voll- oder teilstationären Aufnahme geltenden Pflegeerlöskatalog und den dazu gehörenden Abrechnungsregeln abgerechnet.

(2) [1]Das tagesbezogene Pflegeentgelt wird ermittelt, indem die maßgebliche Bewertungsrelation jeweils mit dem krankenhausindividuellen Pflegeentgeltwert multipliziert und das Ergebnis kaufmännisch auf zwei Nachkommastellen gerundet wird. [2]Für die Rechnungsstellung wird der Entgeltbetrag nach Satz 1 mit der Anzahl der Berechnungstage je tagesbezogenem Entgelt multipliziert und in der Rechnung ausgewiesen.

(3) [1]Für die Ermittlung der für den Pflegeerlös relevanten Bewertungsrelation ist die Zuordnung zu einem Entgelt gemäß den Vorgaben dieser Vereinbarung in der jeweils gültigen Fassung maßgeblich. [2]Die Zahl der Berechnungstage richtet sich nach den Vorgaben zur Ermittlung der Verweildauer nach § 1 Absatz 7 und § 7 Absatz 3. [3]Die Fallzählung bleibt von der neuen Pflegepersonalkostenfinanzierung ab dem Jahr 2020 unberührt und ergibt sich weiterhin aus den Vorgaben des § 9. [4]Sofern die Höhe von Zu- oder Abschlägen anhand eines Prozentsatzes zu berechnen ist, richtet sich die Ermittlung nach den hierfür maßgeblichen gesetzlichen Vorgaben.

(4) Kann auf Grund einer fehlenden Vereinbarung für das Jahr 2020 noch kein krankenhausindividueller Pflegeentgeltwert angewendet werden, erfolgt die Abrechnung von Patienten oder Patientinnen, die ab dem 01.01.2024 in das Krankenhaus aufgenommen werden, nach den Vorgaben des § 15 Absatz 2a KHEntgG.

(5) Für Leistungen, die unter die Regelung nach § 7 Absatz 1 Satz 1 Nummer 2 und Nummer 3 (teilstationäre Leistungen, die nicht in Anlage 3b aufgeführt sind und besondere Einrichtungen) fallen, gilt eine Pflegebewertungsrelation von 1,0 für vollstationäre Fälle und 0,5 für teilstationäre Fälle, sofern die Vertragsparteien nach § 11 KHEntgG keine abweichenden Festlegungen treffen.

(6) Sofern die Budgetvereinbarung nach § 11 KHEntgG für das jeweilige Kalenderjahr unterjährig oder nach Ablauf des Vereinbarungszeitraums genehmigt wird, erfolgt die Abrechnung mit dem neuen genehmigten krankenhausindividuellen Pflegeentgeltwert für alle Aufnahmen ab dem Tag des Wirksamwerdens der Budgetvereinbarung.

(7) Die Regelungen zum Kostenträgerwechsel nach § 10 Satz 2 und 3 bleiben durch die Abrechnung von Pflegeentgelten unberührt.

ABSCHNITT 3: SONSTIGE VORSCHRIFTEN

§ 9 Fallzählung

(1) [1]Jede abgerechnete vollstationäre Fallpauschale zählt im Jahr der Entlassung als ein Fall. [2]Dies gilt auch für Neugeborene sowie für vollstationäre Fallpauschalen, die mit nur einem Belegungstag ausgewiesen sind. [3]Bei einer Wiederaufnahme nach § 2 und einer Rückverlegung nach § 3 Absatz 3 ist jeweils nur die Fallpauschale zu zählen, die nach der Neueinstufung für die zusammengefassten Krankenhausaufenthalte abgerechnet wird. [4]Bei Abrechnung von tagesbezogenen teilstationären Fallpauschalen wird für jeden Patienten oder jede Patientin, der oder die wegen derselben Erkrankung regelmäßig oder mehrfach behandelt wird, je Quartal ein Fall gezählt.

(2) Leistungen, für die Entgelte nach § 6 Absatz 1 KHEntgG abgerechnet werden, sind wie folgt zu zählen:

1. Jedes fallbezogene Entgelt für eine voll- oder teilstationäre Leistung zählt als ein Fall.
2. a) Bei Abrechnung von tagesbezogenen vollstationären Entgelten zählt jede Aufnahme als ein Fall.

   b) Bei Abrechnung von tagesbezogenen teilstationären Entgelten wird für jeden Patienten oder jede Patientin, der oder die wegen derselben Erkrankung regelmäßig oder mehrfach behandelt wird, je Quartal ein Fall gezählt.

§ 10 Kostenträgerwechsel

[1]Vorbehaltlich einer anderweitigen gesetzlichen Regelung gilt: [2]Tritt bei Fallpauschalenpatienten oder -patientinnen während der stationären Behandlung ein Zuständigkeitswechsel des Kostenträgers ein, wird der gesamte Krankenhausfall mit dem Kostenträger abgerechnet, der am Tag der Aufnahme leistungspflichtig ist. [3]Tritt hingegen während der mittels tagesbezogener Entgelte nach § 6 Absatz 1 KHEntgG sowie tagesbezogener teilstationärer Fallpauschalen vergüteten Behandlung ein Zuständigkeitswechsel des Kostenträgers ein, sind die Kosten der einzelnen Belegungstage mit dem Kostenträger abzurechnen, der am Tag der Leistungserbringung leistungspflichtig ist.

§ 11 Laufzeit der Entgelte

(1) [1]Die Fallpauschalen nach Anlage 1 und die Zusatzentgelte nach Anlage 2 bzw. 5 sind abzurechnen für Patienten oder Patientinnen, die ab dem 01.01.2024 in das Krankenhaus aufgenommen werden. [2]Können die Fallpauschalen noch nicht mit der für das Jahr 2024 vereinbarten oder

festgesetzten Höhe des Landesbasisfallwerts gewichtet werden, sind sie nach Maßgabe des § 15 Absatz 1 KHEntgG mit der bisher geltenden Höhe des Landesbasisfallwerts zu gewichten und in der sich ergebenden Entgelthöhe abzurechnen.

(2) Bis zum Beginn der Laufzeit der nach § 6 Absatz 1 KHEntgG zu vereinbarenden Entgelte für teilstationäre Leistungen, die nicht in Anlage 3b aufgeführt sind und im Jahr 2024 nicht mit DRG-Fallpauschalen abgerechnet werden können, werden die für diese Leistungen bisher nach § 6 Absatz 1 KHEntgG vereinbarten Entgelte weiter abgerechnet.

ABSCHNITT 4: GELTUNGSDAUER, INKRAFTTRETEN

§ 12 Geltungsdauer

[1]Die Vorschriften der Abschnitte 1 bis 3 gelten vom 01.01.2024 bis zum 31.12.2024. [2]Können die Entgeltkataloge 2025 erst nach dem 01.01.2025 angewendet werden, sind nach Maßgabe des § 15 Absatz 1 und 2 KHEntgG die Leistungen weiterhin nach den Anlagen 1 bis 8 abzurechnen. [3]Solange noch keine neuen Abrechnungsregeln vereinbart oder in Kraft getreten sind, gelten die Abrechnungsbestimmungen nach dieser Vereinbarung weiter.

§ 13 Inkrafttreten

Diese Vereinbarung tritt zum 01.01.2024 in Kraft.

Berlin/Köln, 06.11.2023

Anlagen

Anlage 1 Fallpauschalen-Katalog gemäß § 1 Absatz 1 Satz 1 und Pflegeerlöskatalog gemäß § 8 Absatz 1 Satz 2

Teil a Bewertungsrelationen bei Versorgung durch Hauptabteilungen

Teil b Bewertungsrelationen bei Versorgung durch Belegabteilungen

Teil c Bewertungsrelationen bei teilstationärer Versorgung

Teil d Bewertungsrelationen mit gezielter Absenkung in Abhängigkeit der Median-Fallzahl bei Versorgung durch Hauptabteilung

Teil e Bewertungsrelationen mit gezielter Absenkung in Abhängigkeit der Median-Fallzahl bei Versorgung durch Belegabteilung

Anlage 2 Zusatzentgelte-Katalog (Liste) gemäß § 5 Absatz 1

Anlage 3a Nicht mit dem Fallpauschalen-Katalog vergütete vollstationäre Leistungen gemäß § 7 Absatz 1 Satz 1 Nummer 1 und Pflegeerlöskatalog gemäß § 8 Absatz 1 Satz 2

Anlage 3b Nicht mit dem Fallpauschalen-Katalog vergütete teilstationäre Leistungen gemäß § 7 Absatz 1 Satz 1 Nummer 1 und Pflegeerlöskatalog gemäß § 8 Absatz 1 Satz 2

Anlage 4 Zusatzentgelte nach § 6 Absatz 1 KHEntgG (Liste) gemäß § 5 Absatz 2

Anlage 5 Zusatzentgelte-Katalog (Definition und differenzierte Beträge) gemäß § 5 Absatz 1

Anlage 6 Zusatzentgelte nach § 6 Absatz 1 KHEntgG gemäß § 5 Absatz 2

Anlage 7 Zusatzentgelte nach § 6 Absatz 1 KHEntgG gemäß § 5 Absatz 2 (Blutgerinnungsstörungen)

Anlage 8 Ergänzende Informationen zur Abrechnung von bewerteten Zusatzentgelten aus dem Zusatzentgelte-Katalog (Anlage 2 bzw. Anlage 5)

Bearbeiterhinweis:
Vom Abdruck der oben genannten Anlagen 1 bis 8 zur Fallpauschalenvereinbarung 2024 (Fallpauschalen-Katalog, Katalog ergänzender Zusatzentgelte und Pflegeerlöskatalog) wird in diesem Werk abgesehen. Hierfür wird verwiesen auf das Werk „aG-DRG Fallpauschalenkatalog und Pflegeerlöskatalog 2024“ (Kohlhammer Verlag, 2024, ISBN 978-3-17-044007-4).

Vereinbarung von Zuschlägen für die Aufnahme von Begleitpersonen nach § 17b Abs. 1 Satz 4 KHG

Stand: 16.09.2004

zwischen

dem AOK-Bundesverband, Bonn

dem BKK Bundesverband, Essen

dem IKK-Bundesverband, Bergisch Gladbach

der See-Krankenkasse, Hamburg

dem Bundesverband der landwirtschaftlichen Krankenkassen, Kassel

der Bundesknappschaft, Bochum

dem Verband der Angestellten-Krankenkassen e.V., Siegburg

dem AEV-Arbeiter-Ersatzkassenverband e.V., Siegburg und

dem Verband der Privaten Krankenversicherung, Köln

gemeinsam und einheitlich

sowie

der Deutschen Krankenhausgesellschaft, Berlin

Präambel

§ 17b Abs. 1 Satz 4 des Krankenhausfinanzierungsgesetzes (KHG) in Verbindung mit § 7 Satz 1 Nr. 4 des Krankenhausentgeltgesetzes (KHEntgG) sieht eine bundeseinheitliche Regelung über Zuschläge für die Aufnahme von Begleitpersonen ab dem 01. Januar 2005 vor. Die Einzelheiten hierzu werden in dieser Vereinbarung geregelt.

§ 1
Aufnahme von Begleitpersonen

(1) Zu den allgemeinen Krankenhausleistungen gehört gemäß § 2 Abs. 2 Satz 2 Nr. 3 KHEntgG auch die aus medizinischen Gründen notwendige Mitaufnahme einer Begleitperson des Patienten. Die Unterbringung der Begleitperson soll in unmittelbarer Nähe zum Patienten erfolgen.

(2) Über die medizinische Notwendigkeit entscheidet der Krankenhausarzt und dokumentiert diese in den Krankenunterlagen.

§ 2
Zuschlagshöhe

Für den Aufnahmetag und jeden weiteren Tag des vollstationären Krankenhausaufenthalts (Berechnungstage) können 45,00 Euro für Unterkunft und Verpflegung abgerechnet werden. Entlassungs- und Verlegungstage, die nicht zugleich Aufnahmetag sind, können bei vollstationären Behandlungen nicht abgerechnet werden.

§ 3
Inkrafttreten/Kündigung

(1) Die Vereinbarung tritt am 01.01.2005 in Kraft. Diese kann von jedem Vereinbarungspartner mit einer Frist von sechs Monaten zum Ende eines Kalenderjahres durch eingeschriebenen Brief – allerdings von den Spitzenverbänden der Krankenkassen und dem Verband der privaten Krankenversicherung nur gemeinsam und einheitlich – gekündigt werden.

(2) Die Vereinbarungspartner erklären ihre Bereitschaft, nach erfolgter Kündigung an der Verabschiedung einer Anschlussvereinbarung mitzuwirken.

Ergänzungsvereinbarung zur Vereinbarung von Zuschlägen für die Aufnahme von Begleitpersonen nach § 17 b Abs. 1 Satz 4 KHG vom 16. September 2004

Stand: 06.11.2012

zwischen

dem GKV-Spitzenverband, Berlin

sowie

dem Verband der Privaten Krankenversicherung e. V., Köln gemeinsam

und

der Deutschen Krankenhausgesellschaft e. V., Berlin

§ 1
Mitaufnahme einer Pflegekraft

Nach der Neufassung des § 2 Abs. 2 Satz 2 Nr. 3 KHEntgG durch das GKV-Versorgungsstrukturgesetz gehört neben der aus medizinischen Gründen notwendigen Mitaufnahme einer Begleitperson des Patienten auch die Mitaufnahme einer Pflegekraft nach § 11 Absatz 3 des Fünften Buches Sozialgesetzbuch zu den allgemeinen Krankenhausleistungen. Die Vertragsparteien stellen vor diesem Hintergrund klar, dass bei stationärer Behandlung in einem Krankenhaus nach § 108 des Fünften Buches Sozialgesetzbuch auch die Mitaufnahme einer Pflegekraft, soweit Versicherte ihre Pflege nach § 66 Absatz 4 Satz 2 des Zwölften Buches Sozialgesetzbuch durch von ihnen beschäftigte besondere Pflegekräfte sicherstellen, nach den Vorgaben des § 2 der Vereinbarung von Zuschlägen für die Aufnahme von Begleitpersonen nach § 17 b Abs. 1 Satz 4 KHG vom 16. September 2004 abgerechnet werden kann.

§ 2
Inkrafttreten

Diese Vereinbarung tritt mit Unterzeichnung durch die Vertragspartner in Kraft.

Vereinbarung zur Bestimmung von Besonderen Einrichtungen für das Jahr 2024 (VBE 2024)

zwischen

dem GKV-Spitzenverband, Berlin,

dem Verband der Privaten Krankenversicherung e. V., Köln,

– gemeinsam –

und

der Deutschen Krankenhausgesellschaft e. V., Berlin

Präambel

Gemäß § 17b Absatz 1 Satz 10 des Krankenhausfinanzierungsgesetzes (KHG) können besondere Einrichtungen zeitlich befristet aus dem pauschalierenden Entgeltsystem ausgenommen werden. Näheres hierzu vereinbaren gemäß § 17b Absatz 2 KHG der GKV-Spitzenverband und der Verband der Privaten Krankenversicherung gemeinsam mit der Deutschen Krankenhausgesellschaft.

Aufgrund der mit dem Gesetz zur Stärkung des Pflegepersonals (Pflegepersonal-Stärkungsgesetz – PpSG) vom 11.12.2018 eingeführten Regelung des § 17b Absatz 4 KHG zur Ausgliederung der Pflegepersonalkosten für die unmittelbare Patientenversorgung auf bettenführenden Stationen aus dem DRG-Vergütungssystem gilt ab dem Jahr 2020, dass unabhängig von der Einstufung als besondere Einrichtung für jedes Krankenhaus ein Pflegebudget zu vereinbaren ist. Über das Pflegebudget werden die für die unmittelbare Patientenversorgung auf bettenführenden Stationen anfallenden Pflegepersonalkosten finanziert. Die Regelungen der Vereinbarung zu den Besonderen Einrichtungen (VBE) gelten daher nur für den ab 2020 um die Pflegepersonalkosten reduzierten Bereich der Fallpauschalen (aG-DRG-Bereich).

In Erfüllung des gesetzlichen Auftrages vereinbaren die Parteien für das Jahr 2024 das Folgende:

§ 1
Ausnahme von besonderen Einrichtungen

(1) Krankenhäuser oder Teile von Krankenhäusern, deren Leistungen insbesondere aus medizinischen Gründen, wegen einer Häufung von schwerkranken Patienten oder Patientinnen oder aus Gründen der Versorgungsstruktur mit den Entgeltkatalogen noch nicht sachgerecht vergütet werden, können für das Jahr 2024 nach Maßgabe der folgenden Vorschriften als besondere Einrichtung nach § 17b Absatz 1 Satz 10 des Krankenhausfinanzierungsgesetzes von der Anwendung der DRG-Fallpauschalen (Diagnosis Related Groups) ausgenommen werden.

(2) [1]Ein Krankenhaus kann als besondere Einrichtung von der DRG-Anwendung insgesamt ausgenommen werden, wenn von den im Jahr 2023 entlassenen Fällen des Krankenhauses

1. mit einer Verweildauer von der unteren bis zur oberen Grenzverweildauer einer Fallpauschale (Inlier) mehr als drei Viertel eine Verweildauer hatten, die oberhalb der mittleren Verweildauer der jeweiligen Fallpauschale liegt, oder
2. mehr als die Hälfte aller Fälle eine Verweildauer hatten, die oberhalb der oberen Grenzverweildauer der jeweiligen Fallpauschale liegt (Langlieger),

und das Krankenhaus den Nachweis nach § 2 erbringt. [2]Grundlage für die Ermittlungen nach Satz 1 sind die Fälle des Jahres 2023, die der Anlage 1 (Fallpauschalen-Katalog) der Vereinbarung zum Fallpauschalensystem für Krankenhäuser für das Jahr 2024 (Fallpauschalenvereinbarung 2024 – FPV 2024) zugeordnet werden können.

(3) Als besondere Einrichtung kann auf Antrag des Krankenhauses eine Palliativstation oder -einheit ausgenommen werden, die räumlich und organisatorisch abgegrenzt ist und über mindestens fünf Betten verfügt, unabhängig davon, ob die Leistungen mit den Entgeltkatalogen sachgerecht vergütet werden.

(4) [1]Ausgenommen werden können auch ein Krankenhaus oder eine Fachabteilung für

1. Kinder- und Jugend-Rheumatologie oder
2. die Behandlung von Tropenerkrankungen.

[2]Eine Fachabteilung mit Schwerpunkt zur Behandlung von Patientinnen und Patienten mit Multipler Sklerose (DRG: B42B, B43Z, B44B, B44C, B48Z, B68A, B68B, B68C, B68D) kann ausgenommen werden, wenn auf die Patientinnen und Patienten in Verbindung mit den genannten Fallpauschalen nach den Sätzen 2 und 3 insgesamt mindestens 40 vom Hundert der Fälle dieser Einrichtung entfallen. [3]Ein Krankenhaus oder eine Fachabteilung mit Schwerpunkt zur Behandlung von Patientinnen und Patienten mit Morbus Parkinson (DRG: B42B, B43Z, B44B, B44C, B49Z, B67A, B67B, B85A, B85B, B85C, B85D) kann ausgenommen werden, wenn auf die Patientinnen und Patienten in Verbindung mit den genannten Fallpauschalen nach den Sätzen 2 und 3 insgesamt mindestens 40 vom Hundert der Fälle dieser Einrichtung entfallen. [4]Ein Krankenhaus oder eine Fachabteilung mit Schwerpunkt zur Behandlung von Patientinnen und Patienten mit Epilepsie (DRG: B13Z, B76A, B76B, B76C, B76D, B76E) kann ausgenommen werden, wenn auf die Patientinnen und Patienten in Verbindung mit den dort genannten Fallpauschalen jeweils mindestens 40 vom Hundert der Fälle dieser Einrichtung entfallen. [5]Fachabteilung im Sinne der Sätze 2 bis 4 ist eine organisatorisch selbstständige bettenführende Abteilung, die von einem Arzt oder einer Ärztin geleitet wird, der oder die fachlich nicht weisungsgebunden ist. [6]Weitere Voraussetzung für eine Ausnahme nach den Sätzen 1 bis 4 ist, dass das Krankenhaus den Nachweis nach § 2 erbringt. [7]Ein selbstständiges Kinderkrankenhaus kann ausgenommen werden, wenn insgesamt mindestens 40 vom Hundert der Fälle dieser Einrichtung auf die Fallpauschalen (DRG: B13Z, B46Z, B61A, B61B, B76A, B76B, B76C, B76D, B76E, I66A, I66B, I66C, I66D, I66E, I66F, I66G, I66H, I79Z, I97Z, U41Z) entfallen. [8]Ein Krankenhaus mit Schwerpunkt zur Behandlung von Patientinnen und Patienten mit Multipler Sklerose (DRG: B42B, B43Z, B44B, B44C, B48Z, B68A, B68B, B68C, B68D), für das eine eigenständige Budgetverhandlung zu führen ist, kann ausgenommen werden, wenn der fiktive krankenhausindividuelle Basisfallwert für das Jahr 2024 um mindestens 10 vom Hundert höher wäre als der nach § 10 des Krankenhausentgeltgesetzes vereinbarte oder festgesetzte und genehmigte Landesbasisfallwert des Jahres 2024.

(5) [1]Als besondere Einrichtung kann auch ein organisatorisch abgrenzbarer Teil eines Krankenhauses ausgenommen werden, wenn ein besonderes Leistungsangebot mit hohen pflegesatzfähigen Vorhaltekosten zur Sicherstellung der Versorgung der Bevölkerung notwendig ist und die Finanzierung dieser Vorhaltekosten auf Grund einer sehr niedrigen und nicht verlässlich kalkulierbaren Fallzahl mit den Fallpauschalen nicht gewährleistet werden kann, zum Beispiel bei Isolierstationen, Einrichtungen für Schwerbrandverletzte oder neonatologischen Satellitenstationen. [2]Intensivabteilungen können nicht als besondere Einrichtung ausgenommen werden; Satz 1 bleibt unberührt.

(6) [1]Erfüllt ein Krankenhaus oder ein organisatorisch abgrenzbarer Teil eines Krankenhauses die Voraussetzungen nach den Absätzen 2 bis 5 nicht, liegt jedoch in seltenen Ausnahmefällen tatsächlich eine Besonderheit im Sinne des Absatzes 1 vor, die mit den Fallpauschalen und Zusatzentgelten nicht sachgerecht vergütet wird, kann das Krankenhaus oder der Teil eines Krankenhauses als besondere Einrichtung von der Anwendung des DRG-Vergütungssystems ausgenommen werden, wenn das Krankenhaus den Nachweis nach § 2 erbringt. [2]Die Schiedsstelle entscheidet über diese Ausnahme nur bei spezialisierten Krankenhäusern mit ein oder zwei Fachabteilungen. [3]Die Schiedsstelle entscheidet ebenfalls bei selbstständigen Kinderkrankenhäusern, die im Jahr 2023 aufgrund der Regelung in § 1 Absatz 6 Satz 1 der VBE 2023 ausgenommen wurden.

§ 2
Nachweis der Besonderheit der Einrichtung

[1]Das Krankenhaus hat mit Ausnahme von Palliativstationen oder -einheiten nach § 1 Absatz 3 gegenüber den anderen Vertragsparteien nach § 11 des Krankenhausentgeltgesetzes die Besonderheit der Einrichtung und der von ihr erbrachten Leistungen sowie das Vorliegen der Voraussetzungen nach § 1 schriftlich zu begründen. [2]Dabei sind die Ist-Daten des Jahres 2023 nach den Katalogen der Anlagen der FPV 2024 vorzulegen; werden im Jahr 2024 Leistungen voraussichtlich erstmalig erbracht, sind diese Daten entsprechend vorzulegen. [3]Für besondere Einrichtungen nach § 1 Absatz 2, 4 oder 6 ist bezogen auf die für die Einrichtung abrechenbaren Fallpauschalen nach Art und Umfang schriftlich darzulegen, insbesondere durch welche Diagnosen und Prozeduren die besondere Gruppe von Patienten und Patientinnen gekennzeichnet ist und dass bei Vorliegen langer Verweildauern die-

se auf die besondere Gruppe und somit nicht auf Unwirtschaftlichkeit zurückzuführen sind.

§ 3
Entgelte für besondere Einrichtungen

(1) [1]Nach Maßgabe des § 6 Absatz 1 des Krankenhausentgeltgesetzes können für die Leistungen besonderer Einrichtungen fall- oder tagesbezogene Entgelte vereinbart werden. [2]Dabei können auch fallbezogene Entgelte vereinbart werden, die der Abgrenzung der DRG-Fallpauschalen entsprechen, jedoch mit einer anderen Vergütungshöhe abgerechnet werden. [3]Zusätzlich zu den Entgelten nach den Sätzen 1 und 2 dürfen nur Zusatzentgelte nach den Katalogen der Anlagen 2, 4, 5 und 6 der FPV 2024 abgerechnet werden. [4]Palliativstationen oder -einheiten nach § 1 Absatz 3 dürfen die Zusatzentgelte ZE 60 und ZE 145 der Anlage 2 der FPV 2024 nicht in Verbindung mit den nach § 3 Absatz 1 Satz 1 für das Jahr 2024 vereinbarten Entgelten abrechnen.

(2) 1Für besondere Einrichtungen nach § 1 Absatz 5 Satz 1 ist ein fall- oder tagesbezogenes Entgelt zu vereinbaren, mit dem nur die fallabhängigen Kosten der Behandlung finanziert werden. 2Zur Finanzierung der hohen pflegesatzfähigen Vorhaltekosten ist zusätzlich ein Zuschlag zu vereinbaren, der bei allen vollstationären Fällen des Krankenhauses zusätzlich in Rechnung gestellt wird.

§ 4
Vereinbarungen über besondere Einrichtungen

(1) [1]Auf Antrag des Krankenhauses können die Vertragsparteien nach § 11 des Krankenhausentgeltgesetzes unter den Voraussetzungen nach § 1 vereinbaren, dass eine besondere Einrichtung zeitlich befristet für das Jahr 2024 von der Anwendung des DRG-Vergütungssystems ausgenommen wird. [2]Im Falle der Nichteinigung entscheidet die Schiedsstelle nach § 18a Absatz 1 des Krankenhausfinanzierungsgesetzes auf Antrag des Krankenhauses in den Fällen des § 1 Absätze 2, 4, 5 und Absatz 6 Sätze 2 und 3; für besondere Einrichtungen nach § 1 Absatz 3 ist der schriftliche Antrag des Krankenhauses ausreichend.

(2) [1]Für besondere Einrichtungen, die ausgenommen werden sollen, sind die Informationen nach § 5 Absatz 1 Satz 1 Nummern 2 und 5 und die Unterlagen nach Maßgabe des § 6 Absatz 3 des Krankenhausentgeltgesetzes vorzulegen sowie krankenhausindividuelle Entgelte nach § 6 Absatz 1 des Krankenhausentgeltgesetzes zu vereinbaren. [2]Die vereinbarten Entgelte sind der gesonderten Erlössumme nach § 6 Absatz 3 des Krankenhausentgeltgesetzes zuzuordnen.

§ 5
Informationen über besondere Einrichtungen

(1) [1]Zur Unterstützung einer sachgerechten Weiterentwicklung des DRG-Vergütungssystems auf Bundesebene übermitteln die Krankenkassen, die Vertragsparteien nach § 11 des Krankenhausentgeltgesetzes sind, für eine besondere Einrichtung unverzüglich nach der entsprechenden Budgetvereinbarung folgende Informationen an das Institut für das Entgeltsystem im Krankenhaus:

1. die nach § 6 Absatz 3 Sätze 3 und 4 des Krankenhausentgeltgesetzes in Verbindung mit § 17 Absatz 4 der Bundespflegesatzverordnung in der am 31. Dezember 2012 geltenden Fassung vorzulegenden Verhandlungsunterlagen,
2. eine Beschreibung der Einrichtung nach Strukturmerkmalen, Versorgungsauftrag, den zu behandelnden Patientinnen und Patienten sowie eine Begründung für die Ausnahme aus dem DRG-Vergütungssystem,
3. den Nachweis der Besonderheit der Einrichtung nach § 2,
4. Art, Höhe und Anzahl der vereinbarten Entgelte, sowie
5. auf Grund welcher, deutlich höherer Kosten die Leistungen der Einrichtung mit der Erlössumme aus den Fallpauschalen, den zusätzlichen Erlösen für langliegende Patientinnen und Patienten und den Zusatzentgelten nicht sachgerecht vergütet werden.

[2]Das Krankenhaus übermittelt zeitgleich an das Institut für das Entgeltsystem im Krankenhaus die Datensätze nach § 21 des Krankenhausentgeltgesetzes für das Krankenhaus und im Falle des § 1 Absätze 3 bis 5 gesondert für die besondere Einrichtung, soweit es nicht nach Absatz 2 Satz 2 von der Lieferung befreit wird.

(2) [1]Das Institut für das Entgeltsystem im Krankenhaus hat die Daten im Hinblick auf besondere Leistungsstrukturen, die Höhe der Kosten sowie Art und Höhe der Entgelte auszuwerten und die besonderen Einrichtungen zu vergleichen. [2]Es kann auch die nach § 21 des Krankenhausentgeltgesetzes an die DRG-Datenstelle gelieferten Datensätze des Krankenhauses auswerten; in diesem Falle kann das Institut für das Entgeltsystem im Krankenhaus das Krankenhaus von einer erneuten Datenlieferung befreien. [3]Das Institut für das Entgeltsystem im Krankenhaus unterrichtet in zusammengefasster Form die Selbstverwaltungspartner nach § 17b Absatz 2 des Krankenhausfinanzierungsgesetzes und das Bundesministerium für Gesundheit über Art und Umfang der Ausnahmen und deren Begründung; es zeigt Möglichkeiten zur Weiterentwicklung des Vergütungssystems auf.

§ 6
Inkrafttreten, Außerkrafttreten

Diese Vereinbarung tritt am 01.01.2024 in Kraft und mit Ablauf des 31.12.2024 außer Kraft.

Vereinbarung nach § 9 Absatz 1 Nummer 8 des Krankenhausentgeltgesetzes (KHEntgG) über die näheren Einzelheiten zur Verhandlung des Pflegebudgets für den Vereinbarungszeitraum 2023 und 2024 (Pflegebudgetverhandlungsvereinbarung 2023 und 2024)

zwischen

dem GKV-Spitzenverband, Berlin

und dem Verband der Privaten Krankenversicherung e. V., Köln gemeinsam

sowie

der Deutschen Krankenhausgesellschaft e. V., Berlin

Präambel

Der GKV-Spitzenverband und der Verband der Privaten Krankenversicherung vereinbaren gemeinsam mit der Deutschen Krankenhausgesellschaft (nachfolgend: die Vertragsparteien) gemäß § 9 Absatz 1 Nummer 8 KHEntgG die näheren Einzelheiten zur Verhandlung des Pflegebudgets nach § 6a KHEntgG. Dazu gehören insbesondere Vorgaben zu den vorzulegenden Unterlagen und zu dem Verfahren der Rückzahlungsabwicklung von nicht zweckentsprechend verwendeten Mitteln, zur einheitlichen Form der Dokumentation der Höhe des vereinbarten Pflegebudgets sowie der wesentlichen Rechengrößen zur Herleitung der vereinbarten, im Pflegebudget zu berücksichtigenden Kosten und der Höhe des Pflegebudgets. Die Vertragsparteien kommen mit der vorliegenden Vereinbarung diesem gesetzlichen Auftrag nach. Mit dem GKV-Finanzstabilisierungsgesetz vom 07.11.2022 hat der Gesetzgeber die Vertragsparteien beauftragt, bis zum 31.05.2023 eine Anpassung der Vereinbarung an die Vorgaben des § 17b Absatz 4a KHG vorzunehmen. Die hierfür nötige Anpassung der Anlagen dieser Vereinbarung werden im weiteren Verlauf umgesetzt.

§ 1
Geltungsbereich und Grundsätze

(1) [1]Diese Vereinbarung findet Anwendung bei DRG-Krankenhäusern, für die gemäß § 17b Absatz 4 KHG die Pflegepersonalkosten für die unmittelbare Patientenversorgung auf bettenführenden Stationen aus dem Vergütungssystem auszugliedern sind. [2]Dazu zählen auch die besonderen Einrichtungen nach § 17b Absatz 1 Satz 10 KHG.

(2) [1]Für die Vergütung der dem einzelnen Krankenhaus entstehenden Pflegepersonalkosten nach § 17b Absatz 4 KHG wird gemäß § 6a KHEntgG von den Vertragsparteien nach § 11 KHEntgG ein Pflegebudget vereinbart. [2]Grundlagen für die Ermittlung des Pflegebudgets sind die gesetzlichen Vorgaben und die Pflegepersonalkostenabgrenzungsvereinbarung in Verbindung mit dieser Vereinbarung. [3]Für die Ermittlung der pflegebudgetrelevanten Kosten und Vollkräfte sind die Tabellenblätter der Anlage 4 anzuwenden und den anderen Vertragsparteien vor der Vereinbarung des Pflegebudgets mit Ausnahme der Anlage 4.4 vorzulegen.

(3) [1]Das Pflegebudget ist zweckgebunden für die Finanzierung der Pflegepersonalkosten nach § 6a Absatz 1 Satz 1 KHEntgG zu verwenden. [2]Nicht zweckentsprechend verwendete Mittel sind gemäß § 6 Absatz 2 zurückzuzahlen.

§ 2
Ermittlung des Pflegebudgets und vorzulegende Unterlagen

(1) [1]Gemäß § 6a Absatz 2 Satz 1 KHEntgG ist die Ausgangsgrundlage für die Ermittlung des Pflegebudgets die Summe der im Vorjahr für das jeweilige Krankenhaus entstandenen pflegebudgetrelevanten Pflegepersonalkosten. [2]Unter dem Vorjahr nach Satz 1 ist das unmittelbar vor dem Vereinbarungszeitraum liegende Jahr zu verstehen. [3]Für die Abgrenzung pflegebudgetrelevanter von nicht-pflegebudgetrelevanten Pflegepersonalkosten sind die Vorgaben der Vereinbarung nach § 17b Absatz 4 Satz 1 in Verbindung mit § 17b Absatz 4a KHG (Pflegepersonalkostenabgrenzungsvereinbarung) anzuwenden.

(2) [1]Der Krankenhausträger hat vor der Vereinbarung des jeweiligen Pflegebudgets den anderen Vertragsparteien nach § 11 KHEntgG die jahresdurchschnittliche Stellenbesetzung in Pflegevollkräften, gegliedert nach Berufsbezeichnungen, sowie die Pflegepersonalkosten nachzuweisen. [2]Dazu hat der Krankenhausträger jeweils entsprechend der Struktur der Anlage 4 die Ist-Daten des abgelaufenen Jahres (Anlage 4.1), die Ist-Daten des laufenden Jahres (ggf. als Hochrechnung) (Anlage 4.2) und die Forderungsdaten für

den Vereinbarungszeitraum (Anlage 4.3) vorzulegen und Auskunft über den der Vergütung zugrundeliegenden Tarifvertrag zu erteilen. [3]In Abhängigkeit vom Verhandlungszeitpunkt können bereits vorliegende Ist-Daten des Vereinbarungszeitraums gemäß Anlage 4 berücksichtigt werden. [4]Für die Vorlage ergänzender Unterlagen gilt § 11 Absatz 4 Sätze 3 und 5 KHEntgG entsprechend. [5]Zur Ermittlung der Pflegebewertungsrelationen sind die zur Verhandlung des Gesamtbetrages vorzulegenden Formulare E1, E3.1 und E3.3 um die Spalten „Anzahl der Berechnungstage", „Bewertungsrelationen/Tag" sowie „Summe der Pflegebewertungsrelationen" für den „Pflegeerlös" zu ergänzen und an die anderen Vertragsparteien nach § 11 KHEntgG zu übermitteln (vergleiche Anlage 3).

(4) [1]Gemäß § 6a Absatz 3 Satz 4 KHEntgG hat der Krankenhausträger entsprechend den dortigen Vorgaben den anderen Vertragsparteien nach § 11 KHEntgG und dem Institut für das Entgeltsystem im Krankenhaus zudem eine Bestätigung des Jahresabschlussprüfers unter Berücksichtigung der Festlegungen gemäß § 6a Absatz 3 Satz 7 KHEntgG vorzulegen. [2]Mit der Anlage 5 wird ein Muster für die zu testierenden Daten vorgegeben. [3]Für die Übermittlung nach Satz 1 ist das vorliegende Format der Anlage 5 zu nutzen.

(4) [1]Für die Dokumentation des vereinbarten Pflegebudgets gemäß § 6a Absatz 3 Satz 3 KHEntgG ist die Anlage 4.4 zu verwenden. [2]In der Verhandlung zwischen den Vertragsparteien nach § 11 KHEntgG einvernehmlich festgestellte objektiv falsche oder unvollständige Daten der Anlagen 4.1 bis 4.4 und 6 sind vor Abschluss der Vereinbarung zu korrigieren bzw. zu ergänzen. [3]Die in den Anlagen 4 bis 6 erfassten Daten sind auf zwei Nachkommastellen gerundet zu erfassen.

§§ 3
Konkretisierung zur tarifvertraglichen Vergütung

[1]Die Wirtschaftlichkeit der dem einzelnen Krankenhaus entstehenden Pflegepersonalkosten wird nicht geprüft; die Bezahlung von Gehältern bis zur Höhe tarifvertraglich vereinbarter Vergütungen gilt als wirtschaftlich, für eine darüberhinausgehende Vergütung bedarf es eines sachlichen Grundes. [2]Zu der tarifvertraglich vereinbarten Vergütung im Sinne des § 6a Absatz 2 Satz 5 KHEntgG gehören auch Elemente, die nach den tarifvertraglichen Regelungen im Einzelfall gewährt werden können.

§ 4
Krankenhausindividuelle Entgelte (E3) und Besondere Einrichtungen

(1) Die vereinbarten krankenhausindividuellen Entgelte enthalten ab dem Jahr 2020 keine Erlösanteile für Pflegepersonalkosten mehr, die über das Pflegebudget nach § 6a KHEntgG vergütet werden.

(2) [1]Die Entgelte sind sachgerecht zu kalkulieren. [2]Für die Vereinbarung der Entgelte sind Kalkulationsunterlagen vorzulegen.

§ 5
Pflegeentlastende Maßnahmen

(1) Sofern ein Krankenhaus ab dem Jahr 2020 Maßnahmen ergreift oder bereits ergriffene Maßnahmen fortsetzt, die zu einer Entlastung von Pflegepersonal in der unmittelbaren Patientenversorgung auf bettenführenden Stationen führen, ist von den Vertragsparteien nach § 11 KHEntgG zu vereinbaren, inwieweit hierdurch ohne eine Beeinträchtigung der Patientensicherheit Pflegepersonalkosten eingespart werden.

(2) [1]Die im Vereinbarungszeitraum 2023 und 2024 eingesparten Pflegepersonalkosten sind im Pflegebudget in einer Höhe von bis zu vier Prozent des Pflegebudgets erhöhend zu berücksichtigen. [2]Die Pflegepersonalkosten einsparende Wirkung von Maßnahmen ist vom Krankenhaus zu begründen und die Durchführung der Maßnahmen ist nachzuweisen. [3]Die Rückführung der Mittel für nicht durchgeführte Maßnahmen ist über das Pflegebudget für den nächstmöglichen Vereinbarungszeitraum abzuwickeln.

(3) [1]Für die Vereinbarung der pflegeentlastenden Maßnahmen benennt das Krankenhaus die Pflegepersonalkosten einsparende Wirkung dieser Maßnahmen und weist die Durchführung der Maßnahme durch die Vorlage einer Vereinbarung mit der Vertretung der Arbeitnehmerinnen und Arbeitnehmer nach. [2]Soweit möglich, können zum Nachweis auch Rechnungen vorgelegt werden.

(3) Für die Vereinbarung pflegeentlastender Maßnahmen hat das Krankenhaus die folgenden Informationen zu übermitteln:

a. Beschreibung der konkreten Entlastung des Pflegepersonals durch die Maßnahme im Vereinbarungszeitraum (inklusive Anzahl entlasteter Pflegekräfte in VK)

b. Kurzbeschreibung der Maßnahme/betroffene Organisationseinheit/-en

c. Startzeitpunkt und Laufzeit der Maßnahme

d. Einsparung in Euro und in VK durch die Maßnahme pro Jahr (erstmals ab dem Vereinbarungszeitraum 2020)

(4) Im Jahr 2023 und 2024 beschäftigtes über den Referenzwert 2018 hinausgehendes Pflegepersonal aus den Rubriken „sonstige Berufe" und „ohne Berufsabschluss" ist bei den pflegeentlastenden Maßnahmen in Höhe der hierdurch eingesparten Personalkosten zu berücksichtigen.

§ 6
Verfahren der Rückzahlungsabwicklung

(1) [1]Weicht die Summe der auf das Vereinbarungsjahr entfallenden Erlöse des Krankenhauses aus den tagesbezogenen Pflegeentgelten nach § 7 Absatz 1 Satz 1 Nummer 6a KHEntgG von dem vereinbarten Pflegebudget ab, so werden Mehr- oder Mindererlöse gemäß § 6a Absatz 5 KHEntgG vollständig ausgeglichen. [2]§ 4 Absatz 3 Satz 7 und 9 KHEntgG ist entsprechend anzuwenden. [3]Der ermittelte Ausgleichsbetrag ist über das Pflegebudget für den nächstmöglichen Vereinbarungszeitraum abzuwickeln.

(2) [1]Eine Abweichung der tatsächlichen Pflegepersonalkosten von den vereinbarten Pflegepersonalkosten wird gemäß § 6a Absatz 2 Satz 3 KHEntgG vollständig ausgeglichen. [2]Der ermittelte Ausgleichsbetrag ist über das Pflegebudget für den nächstmöglichen Vereinbarungszeitraum abzuwickeln.

§ 7
Berechnung des krankenhausindividuellen Pflegeentgeltwerts

(1) [1]Die Abzahlung des Pflegebudgets erfolgt über einen krankenhausindividuellen Pflegeentgeltwert, der gemäß § 6a Absatz 4 Satz 2 KHEntgG berechnet wird, indem das für das Vereinbarungsjahr vereinbarte Pflegebudget durch die nach dem Pflegeerlöskatalog nach § 17b Absatz 4 Satz 5 KHG ermittelte voraussichtliche Summe der Bewertungsrelationen für das Vereinbarungsjahr dividiert wird. [2]Dies umfasst auch die Pflegebewertungsrelationen für Leistungen nach § 8 Absatz 5 FPV. [3]Zugrunde zu legen sind alle Berechnungstage der im Vereinbarungszeitraum entlassenen Fälle.

(2) [1]Die Pflegebewertungsrelationen der Patienten, die über den Jahreswechsel behandelt werden (Überlieger), sind vollständig dem Pflegebudget des Entlassungsjahres zuzuordnen. [2]Bei der Berechnung des krankenhausindividuellen Pflegeentgeltwerts 2023 werden die abgerechneten Fälle der Überlieger 2022/2023 mit den abgerechneten Pflegebewertungsrelationen 2022 berücksichtigt. [3]Eine Überleitung auf den im Vereinbarungszeitraum 2023 geltenden Entgeltkatalog ist insofern nicht erforderlich.

(3) [1]Die Pflegebewertungsrelationen der Patienten, die über den Jahreswechsel behandelt werden (Überlieger), sind vollständig dem Pflegebudget des Entlassungsjahres zuzuordnen. [2]Bei der Berechnung des krankenhausindividuellen Pflegeentgeltwerts 2024 werden die abgerechneten Fälle der Überlieger 2023/2024 mit den abgerechneten Pflegebewertungsrelationen 2023 berücksichtigt. [3]Eine Überleitung auf den im Vereinbarungszeitraum 2024 geltenden Entgeltkatalog ist insofern nicht erforderlich.

(4) Der für das jeweilige Jahr geltende krankenhausindividuelle Pflegeentgeltwert ist nach § 6a Absatz 4 Satz 3 KHEntgG der Abrechnung der mit Bewertungsrelationen bewerteten tagesbezogenen Pflegeentgelten nach § 7 Absatz 1 Satz 1 Nummer 6a KHEntgG für voll- und teilstationäre Belegungstage zugrunde zu legen.

§ 8
Erlöszuordnung und Ausgleiche für Überlieger

(1) Die Erlöse aus tagesbezogenen Pflegeentgelten für Überlieger sind in voller Höhe dem Pflegebudget des Entlassungsjahres zuzuordnen.

(2) [1]Für den Vereinbarungszeitraum 2023 gelten die folgenden Ausgleichsregelungen:

1. [2]Die Erlöse aus tagesbezogenen Pflegeentgelten für Überlieger 2022/2023 sind in voller Höhe dem Pflegebudget des Jahres 2023 zuzuordnen. [3]Die Überlieger 2022/2023 werden nicht auf den Pflegeerlöskatalog 2023 übergeleitet. [4]Die Erlösausgleichsberechnung nach § 6a Absatz 5 KHEntgG hat unter Berücksichtigung der Erlöse für die Überlieger

2022/2023 anhand des Pflegeerlöskatalogs 2022 zu erfolgen.

2. [5]Für die Berechnung der Mehr- oder Minderkosten nach § 6a Absatz 2 Satz 3 KHEntgG werden die dem Krankenhaus im Jahr 2023 tatsächlich entstandenen Pflegepersonalkosten mit den vereinbarten pflegebudgetrelevanten Personalkosten (entsprechend Anlage 4.4, Zeile 15) für das Jahr 2023 verglichen. [6]Das Krankenhaus legt hierzu eine Bestätigung des Jahresabschlussprüfers über die vom 01.01.2023 bis zum 31.12.2023 entstandenen Pflegepersonalkosten gemäß § 6a Absatz 3 Satz 4 KHEntgG vor.

(3) [1]Für den Vereinbarungszeitraum 2024 gelten die folgenden Ausgleichsregelungen:

1. [2]Die Erlöse aus tagesbezogenen Pflegeentgelten für Überlieger 2023/2024 sind in voller Höhe dem Pflegebudget des Jahres 2024 zuzuordnen. [3]Die Überlieger 2023/2024 werden nicht auf den Pflegeerlöskatalog 2024 übergeleitet. [4]Die Erlösausgleichsberechnung nach § 6a Absatz 5 KHEntgG hat unter Berücksichtigung der Erlöse für die Überlieger 2023/2024 anhand des Pflegeerlöskatalogs 2023 zu erfolgen.

2. [5]Für die Berechnung der Mehr- oder Minderkosten nach § 6a Absatz 2 Satz 3 KHEntgG werden die dem Krankenhaus im Jahr 2024 tatsächlich entstandenen Pflegepersonalkosten mit den vereinbarten pflegebudgetrelevanten Personalkosten (entsprechend Anlage 4.4, Zeile 15) für das Jahr 2024 verglichen. [6]Das Krankenhaus legt hierzu eine Bestätigung des Jahresabschlussprüfers über die vom 01.01.2024 bis zum 31.12.2024 entstandenen Pflegepersonalkosten gemäß § 6a Absatz 3 Satz 4 KHEntgG vor.

(4) Die Vertragsparteien nach § 11 KHEntgG können, insbesondere auf Grundlage einer gemeinsamen Empfehlung auf Landesebene, im Einvernehmen abweichende Regelungen vereinbaren.

§ 9
Inkrafttreten, Geltungsdauer

[1]Die Vereinbarung tritt mit Unterzeichnung der Vertragsparteien in Kraft und findet Anwendung für die Vereinbarungszeiträume 2023 und 2024. [2]Die Vertragsparteien schließen eine Neuvereinbarung bis zum 31.10.2024. [3]Können sich die Vertragsparteien bis zu diesem Zeitpunkt nicht einigen, entscheidet auf Antrag einer Vertragspartei die Bundesschiedsstelle nach § 18a KHG. [4]Solange keine Neuvereinbarung abgeschlossen oder festgesetzt wurde, gelten für das Jahr 2024 die Bestimmungen dieser Vereinbarung entsprechend weiter.

§ 10
Salvatorische Klausel

[1]Sollte eine Bestimmung dieser Vereinbarung unwirksam sein oder werden, so wird hierdurch die Wirksamkeit der Vereinbarung im Übrigen nicht berührt. [2]Die Vereinbarungsparteien werden die ungültige Bestimmung durch eine wirksame Bestimmung ersetzen, die dem Zweck der ungültigen Bestimmung möglichst nahekommt.

Anlagen:

1. Herleitung der pflegebudgetrelevanten Kosten (aufgehoben)

   1.1 Tabellenblatt 1: IST-Daten des abgelaufenen Kalenderjahres (aufgehoben)

   1.2 Tabellenblatt 2: IST-Daten des laufenden Kalenderjahres (aufgehoben)

   1.3 Tabellenblatt 3: Forderung (aufgehoben)

2. Muster zur Übermittlung der testierten Daten nach § 6a Absatz 3 Satz 3 KHEntgG (Anwendung entfällt)

3. Ergänzung ausgewählter AEB-Formulare (E1, E3.1 und E3.3)

4. Herleitung der pflegebudgetrelevanten Kosten

   4.1 Tabellenblatt 0: Zusätzliche Hinweise für das InEK zum Pflegebudget

   4.2 Tabellenblatt 1: IST-Daten des abgelaufenen Kalenderjahres

   4.3 Tabellenblatt 2: IST-Daten des laufenden Kalenderjahres

   4.4 Tabellenblatt 3: Forderung

   4.5 Tabellenblatt 4: Dokumentation des vereinbarten Pflegebudgets (Vereinbarungsblatt)

5. Muster zur Übermittlung der testierten Daten nach § 6a Absatz 3 Satz 3 KHEntgG

6. Referenzwerte 2018 (nachrichtlich)

7. Weitere Vorgaben zur Umsetzung

8. Herleitung der pflegebudgetrelevanten Kosten ab dem Jahr 2025 (soll bis zum 31.05.2023 in einer Ergänzungsvereinbarung geregelt werden)

   4.1 Tabellenblatt 0: Zusätzliche Hinweise für das InEK zum Pflegebudget

   4.2 Tabellenblatt 1: IST-Daten des abgelaufenen Kalenderjahres

   4.3 Tabellenblatt 2: IST-Daten des laufenden Kalenderjahres

   4.4 Tabellenblatt 3: Forderung

   4.5 Tabellenblatt 4: Dokumentation des vereinbarten Pflegebudgets (Vereinbarungsblatt)

Bearbeiterhinweis:
Vom Abdruck der Anlagen wird aus Gründen der Darstellbarkeit der Tabellengrößen abgesehen. Die Anlagen stehen auf der Internetseite der Deutschen Krankenhausgesellschaft (www.dkgev.de, Suche nach „Pflegebudgetverhandlungsvereinbarung") zum Download zur Verfügung.

Vereinbarung nach § 17b Absatz 4 Satz 1 in Verbindung mit § 17b Absatz 4a des Krankenhausfinanzierungsgesetzes (KHG) zur Definition der auszugliedernden Pflegepersonalkosten und zur Zuordnung von Kosten von Pflegepersonal ab dem Vereinbarungszeitraum 2023 (Pflegepersonalkostenabgrenzungs-vereinbarung 2023)

in der Fassung vom 22.05.2023

zwischen

dem GKV-Spitzenverband, Berlin, und

dem Verband der Privaten Krankenversicherung e. V., Köln, gemeinsam

sowie

der Deutschen Krankenhausgesellschaft e. V., Berlin

Präambel

Mit dem Gesetz zur Stärkung des Pflegepersonals (Pflegepersonal-Stärkungsgesetz – PpSG) vom 11.12.2018 hat der Gesetzgeber den GKV-Spitzenverband und den Verband der Privaten Krankenversicherung beauftragt, gemeinsam mit der Deutschen Krankenhausgesellschaft (nachfolgend: die Vertragsparteien) bis zum 31.01.2019 eine eindeutige, bundeseinheitliche Definition der auszugliedernden Pflegepersonalkosten zu vereinbaren und dabei auch Regelungen für die Zuordnung von Kosten von Pflegepersonal festzulegen, das überwiegend in der unmittelbaren Patientenversorgung auf bettenführenden Stationen tätig ist. Mit dem GKV-Finanzstabilisierungsgesetz vom 07.11.2022 hat der Gesetzgeber die Vertragsparteien beauftragt, für die Jahre ab 2025 erstmals bis zum 31.12.2022 zu vereinbaren, dass in der eindeutigen bundeseinheitlichen Definition der auszugliedernden Pflegepersonalkosten ausschließlich das Pflegepersonal und die Pflegepersonalkosten der in § 17b Absatz 4a benannten Berufsgruppen zu berücksichtigen sind. Diese Berufsgruppen wurden mit dem Krankenhauspflegeentlastungsgesetz vom 20.12.2022 um die Hebammen erweitert. Die Vertragsparteien kommen mit der vorliegenden Vereinbarung diesem gesetzlichen Auftrag aus § 17b Absatz 4 Satz 2 in Verbindung mit § 17b Absatz 4a KHG nach. Ziel dieser Vereinbarung ist die Sicherstellung der größtmöglichen Kongruenz zwischen der Ausgliederung der Pflegepersonalkosten auf Bundesebene und der Abgrenzung der Pflegepersonalkosten auf Ebene der Krankenhäuser (Ortsebene).

§ 1
Grundsätze

(1) Bei der Abgrenzung der Pflegepersonalkosten für die unmittelbare Patientenversorgung auf bettenführenden Stationen von den verbleibenden DRG-relevanten Kosten erfolgt eine Orientierung an den Vorgaben der Krankenhaus-Buchführungsverordnung (KHBV) unter Berücksichtigung der Vorgaben des Handbuchs zur Kalkulation von Behandlungskosten der Selbstverwaltung auf Bundesebene in seiner jeweils aktuellen Fassung (nachfolgend: Kalkulationshandbuch). Bei Abweichungen der Vorgaben gelten die Regelungen des Kalkulationshandbuches. Weitergehende Regelungen dieser Vereinbarung sind zu berücksichtigen.

(2) Gemäß § 17b Absatz 4 Satz 3 2. Halbsatz in Verbindung mit § 17b Absatz 4a KHG haben die Krankenhäuser die Vorgaben zur Ausgliederung und zur bundeseinheitlichen Definition für die Abgrenzung ihrer Kosten und Leistungen ab dem 01.01.2023 anzuwenden. Damit soll die Datengrundlage hergestellt werden, auf deren Basis das Institut für das Entgeltsystem im Krankenhaus (InEK) die bundeseinheitliche Definition der auszugliedernden Pflegepersonalkosten der abschließend in § 17b Absatz 4a KHG aufgeführten Berufsgruppen bei der Kalkulation eines Fallpauschalenkatalogs einschließlich eines Pflegeerlöskatalogs ab dem Jahr 2025 berücksichtigen kann. Übergangsweise wird in den Jahren 2023 und 2024 Personal ohne pflegerische Qualifikation der Berufsgruppen „Personal ohne Berufsabschluss" sowie „sonstige Berufe" wie bisher über das Pflegebudget finanziert, soweit dieses Personal in der unmittelbaren Patientenversorgung auf bettenführenden Stationen tätig ist. Ab dem Jahr 2025 werden die Personalkosten der Hebammen vollständig im Pflegebudget berücksichtigt. Insoweit wird zusätzlich die Beschäftigung von Hebammen in den Kreißsälen einer unmittelbaren Patientenversorgung auf bettenführenden Stationen gleichgestellt.

§ 2
Regelungen für die Zuordnung von Kosten von Pflegepersonal

(1) Für die Vereinbarungszeiträume 2023 und 2024 sind alle in der unmittelbaren Patientenversorgung auf bettenführenden Stationen entstehenden Kosten für Pflege- und Pflegehilfspersonal im stationären Bereich den pflegebudgetrelevanten Kosten zuzuordnen. Ausgangspunkt für die Bestimmung der pflegebudgetrelevanten Pflegepersonalkosten für die unmittelbare Patientenversorgung auf bettenführenden Stationen sind die Kosten, die auf den Konten 6001, 6101, 6201, 6301 und 6401 gemäß dem Musterkontenplan zur KHBV gebucht werden. Bei der Zuordnung von Pflegepersonalkosten nach Satz 1 und 2 sind abweichend von der KHBV die Vorgaben der Anlage 3 und deren Anhang verbindlich von allen Krankenhäusern zu beachten.

(2) Für die Vereinbarungszeiträume ab 2025 sind alle in der unmittelbaren Patientenversorgung auf bettenführenden Stationen und in Kreißsälen entstehenden Kosten für die Berufsgruppen gemäß § 17b Absatz 4a KHG im stationären Bereich den pflegebudgetrelevanten Kosten zuzuordnen. Ausgangspunkt für die Bestimmung der pflegebudgetrelevanten Pflegepersonalkosten sind die Kosten der in Satz 1 genannten Berufsgruppen, die auf den Konten 6001, 6101, 6201, 6301, 6401, 6003, 6103, 6203, 6303 und 6403 gemäß dem Musterkontenplan zur KHBV gebucht werden. Bei der Zuordnung von Pflegepersonalkosten nach Satz 1 und 2 sind abweichend von der KHBV die Vorgaben der Anlage 3 und deren Anhang verbindlich von allen Krankenhäusern zu beachten.

§ 3
Systementwicklung

(1) Im Datenjahr 2023 werden die Personalkosten für die Berufsgruppen gemäß § 17b Absatz 4a KHG in der unmittelbaren Patientenversorgung auf bettenführenden Stationen und in Kreißsälen, die auf den Kostenstellengruppen Normalstation, Intensivstation, Dialyse, Kreißsaal und der Patientenaufnahme zu buchen sind, entsprechend den Vorgaben der Anlage 3 und deren Anhang abgegrenzt. Dies betrifft im Kalkulationshandbuch in der Version 4.0 vom 10.10.2016 die Module 1.2, 1.3, 2.2, 3.2, 6.3 und 13.2 gemäß der Anlage 1.

(2) Das InEK prüft jährlich im Rahmen eines lernenden Systems die Notwendigkeit von Konkretisierungen bzw. Präzisierungen zur Abgrenzung von Pflegepersonalkosten und in diesem Zusammenhang die Höhe und Art der auszugliedernden Kosten.

(3) Die durch die Ausgliederung der Pflegepersonalkosten entstehende Veränderung der Summe der effektiven Bewertungsrelationen in einem Bundesland darf nicht zu einer Veränderung des zu vereinbarenden Landesbasisfallwertes führen. Durch die Ausgliederung der Pflegepersonalkosten sollen keine Doppelfinanzierungen von Leistungen oder Mehrausgaben jenseits der Finanzierung des Pflegepersonalaufwands in der Patientenversorgung entstehen. Bei der Ausgliederung der Pflegepersonalkosten ist entsprechend auch zu verhindern, dass pflegesatzfähige Kosten weder im DRG-finanzierten Vergütungsbereich noch im Pflegebudget finanziert werden. Im Rahmen der jährlichen Weiterentwicklung hat das InEK sowohl im Bereich der künftigen DRG- als auch im Bereich der Pflegepersonalkostenvergütung diese Veränderungen zu vermeiden und jährlich vor der Verabschiedung der Entgeltkataloge zu berichten.

§ 4
Inkrafttreten

Die Vereinbarung tritt mit Unterzeichnung der Vertragsparteien in Kraft und gilt ab dem Vereinbarungszeitraum 2023. Die Vereinbarung kann von jeder Vertragspartei bis zum 31.07. des laufenden Jahres zum Ende des Jahres schriftlich gekündigt werden. Die Vertragsparteien verpflichten sich, die Verhandlungen über eine Neuvereinbarung unverzüglich aufzunehmen. Falls innerhalb von drei Monaten nach Wirksamkeit der Kündigung keine Einigung erzielt werden kann, entscheidet die Bundesschiedsstelle nach § 18a Absatz 6 KHG auf Antrag einer Vertragspartei. Bis zu einer Neuvereinbarung oder Festsetzung durch die Bundesschiedsstelle gilt die bisherige Vereinbarung fort.

§ 5
Salvatorische Klausel

Sollte eine Bestimmung dieses Vertrages unwirksam sein oder werden, so wird hierdurch die Wirksamkeit des Vertrages im Übrigen nicht berührt. Die Vereinbarungspartner werden die ungültige Bestimmung durch eine wirksame Bestimmung ersetzen, die dem Zweck der ungültigen Bestimmung möglichst nahekommt.

Anlagen:

1. Kontenabgrenzung – auszugliedernde Module gemäß InEK-Matrix
2. – entfällt –
3. Vorgaben der Vertragsparteien für die Zuordnung der Pflegepersonalkosten nach § 3 Absatz 2 der Pflegepersonalkostenabgrenzungsvereinbarung vom 22.05.2023

Anhang zur Anlage 3: Vorgaben der Vertragsparteien für die Zuordnung der Pflegepersonalkosten nach § 3 Absatz 2 der Pflegepersonalkostenabgrenzungsvereinbarung vom 22.05.2023

Anlage 1: Kontenabgrenzung – auszugliedernde Module gemäß InEK-Matrix

		Kostenartengruppe										
		Personalkosten			Sachkosten						Infrastruktur	
		Personalkosten Ärztlicher Dienst	Personalkosten Pflegedienst	Personalkosten med.-tehcn. Dienst / Funktionsdienst	Sachkosten Arzneimittel	Sachkosten Arzneimittel	Sachkosten Implantate / Transplantate	Sachkosten übriger medizinischer Bedarf	Sachkosten übriger medizinischer Bedarf	Sachkosten übriger medizinischer Bedarf	Personal- und Sachkosten med. Infrastruktur	Personal- und Sachkosten nicht med. Infrastruktur
Kostenstellengruppe		1	2	3	4a	4b	5	6a	6b	6c	7	8
Normalstation	1		☒	▩								
Intensivstation	2		☒									
Dialyseabteilung	3		☒									
OP-Bereich	4											
Anästhesie	5											
Kreißsaal	6			▩								
Kardiologische Diagn. /Ther.	7											
Endoskopische Diagn. /Ther.	8											
Radiologie	9											
Laboratorien	10											
Diagn. Bereiche	11											
Therap. Verfahren	12											
Patientenaufnahme	13		▧									

Legende:

☒ Relevant sind die Personalkosten der Berufsgruppen nach § 17b Absatz 4a KHG.

▧ Relevant sind nur die Personalkosten der Berufsgruppen nach § 17b Absatz 4a KHG auf bettenführenden Aufnahmestationen.

▩ Relevant sind die Kosten für Hebammen (Personen mit einer Erlaubnis zum Führen der Berufsbezeichnung nach § 5 Absatz 1 des Hebammengesetzes, auch in Verbindung mit dem §§ 73 und 74 Absatz 1 des Hebammengesetzes), die Berücksichtigung im Pflegebudget erfolgt ab dem Jahr 2025.

Vorgaben der Vertragsparteien
für die Zuordnung der Pflegepersonalkosten
nach § 2 Absatz 1 der
Pflegepersonalkostenabgrenzungsvereinbarung
ab dem Vereinbarungszeitraum 2023 vom 22.05.2023
(Konkretisierung Anlage 3)

1. Grundsätze

Die Vertragsparteien auf Bundesebene haben sich am 22.05.2023 auf die Vereinbarung nach § 17b Absatz 4 i. V. m. Absatz 4a KHG (Pflegepersonalkostenabgrenzungsvereinbarung) ab dem Vereinbarungszeitraum 2023 geeinigt. Mit der Vereinbarung treffen die Vertragsparteien Regeln für die Abgrenzung der Kosten von Pflegepersonal, das überwiegend in der unmittelbaren Patientenversorgung auf bettenführenden Stationen tätig ist.

Ziel der konkretisierenden Vorgaben ist die Zuordnung von Pflegepersonalkosten zu

(a) Pflegebudgetrelevanten Kosten: Pflegepersonalkosten der unmittelbaren Patientenversorgung auf bettenführenden Stationen, die nach den geltenden rechtlichen Bestimmungen unter den Anwendungsbereich des KHEntgG fallen. Diese Kosten sind zukünftig im Pflegebudget zu berücksichtigen.

(b) Nicht-pflegebudgetrelevanten Kosten: Pflegepersonalkosten außerhalb der unmittelbaren Patientenversorgung auf bettenführenden Stationen oder außerhalb des Anwendungsbereichs des KHEntgG, sind den nicht-pflegebudgetrelevanten Pflegepersonalkosten zuzuordnen. Hierbei handelt es sich um Kosten, die nicht im Pflegebudget zu berücksichtigen sind.

Die in diesen Vorgaben getroffenen Festlegungen gelten für die Abgrenzung der Pflegepersonalkosten nach § 17b Absatz 4 Satz 2 i. V. m. Absatz 4a KHG sind Grundlage für die Vereinbarung nach § 9 Absatz 1 Nummer 8 KHEntgG und für den Nachweis nach § 6a Absatz 3 KHEntgG i. V. m. der Vereinbarung nach § 9 Absatz 1 Nummer 8 KHEntgG.

Die bundeseinheitliche Definition der pflegebudgetrelevanten Kosten ist für die Vereinbarung des Pflegebudgets nach § 6a KHEntgG durch die Vertragsparteien vor Ort maßgeblich.

Die Vertragsparteien prüfen die in dieser Konkretisierung vorgenommenen Vorgaben im Rahmen eines lernenden Systems und nehmen bei Bedarf Anpassungen vor.

Sofern nachfolgend nicht abweichend definiert, umfassen die Pflegepersonalkosten gemäß Krankenhaus-Buchführungsverordnung (KHBV) folgende Kontengruppen:

- 60 Löhne und Gehälter
- 61 Gesetzliche Sozialabgaben
- 62 Aufwendungen für Altersversorgung
- 63 Aufwendungen für Beihilfen und Unterstützungen
- 64 Sonstige Personalaufwendungen

Übergangsweise wird in den Jahren 2023 und 2024 Personal ohne pflegerische Qualifikation der Berufsgruppen „Personal ohne Berufsabschluss“ sowie „sonstige Berufe“ weiterhin bis zur Höhe des vereinbarten Referenzwerts 2018 über das Pflegebudget finanziert, soweit dieses in der unmittelbaren Patientenversorgung auf bettenführenden Stationen tätig ist.

Die Personalkosten der Hebammen in Kreißsälen werden erst ab dem Jahr 2025 vollständig im Pflegebudget berücksichtigt, sind aber bereits ab dem Jahr 2023 abzugrenzen.

Zum Zwecke der Kalkulation der Entgeltkataloge für das Jahr 2025 sind die Personalkosten der Hebammen in den Dienstarten 01 und 03 in der unmittelbaren Patientenversorgung auf bettenführenden Stationen und in Kreißsälen abzugrenzen und gesondert auszuweisen. Der nachrichtliche Ausweis der Kosten der Hebammen für die Jahre 2023 und 2024 erfolgt in der Bestätigung des Jahresabschlussprüfers gemäß § 6a Absatz 3 Satz 4 KHEntgG. Zur Abgrenzung der Kosten der Hebammen in der unmittelbaren Patientenversorgung auf bettenführenden Stationen und in Kreißsälen sind neben den grundsätzlichen Vorgaben zur Kostenabgrenzung insbesondere die Regelungen der Kapitel 2.2, 3.3, 4.4 und 4.5 analog anzuwenden.

2. Ermittlung der Ausgangsbasis

2.1. Ermittlung der pflegebudgetrelevanten Kosten [Positionen 1, 1a, 1b und 2]

Nach Anlage 4 der KHBV gehören zu den Pflegepersonalkosten der unmittelbaren Patientenversorgung auf bettenführenden Stationen (pflegebudgetrelevante Pflegepersonalkosten) die Vergütung an die Pflegedienstleitung (im Sinne einer Bereichs - und Stationsleitung) und an Pflege- und Pflegehilfspersonal im stationären Bereich (Dienst am Krankenbett). Dazu gehören auch Pflegekräfte in Intensivpflege- und Behandlungseinheiten sowie Dialysestationen, ferner Vergütungen an Schüler(-innen) und Stationssekretärinnen, soweit diese auf die Besetzung der Stationen mit Pflegepersonal angerechnet werden (siehe auch Konto 6011 »Sonstiges Personal«). Pflegedienstleitungen auf den Konten 6x01 sind im Sinne einer Bereichs- und Stationsleitung zu verstehen.

Ausgangsgrundlage für die Ermittlung des Pflegebudgets ist die Summe der im Vorjahr für das jeweilige Krankenhaus entstandenen Pflegepersonalkosten. Sofern die Pflegepersonalkosten in der Ausgangsgrundlage Kosten außerhalb des Anwendungsbereichs des Krankenhausentgeltgesetzes enthalten, sind diese entsprechend der in Kapitel 3 dargestellten Regelungen abzugrenzen. Zur Ermittlung der pflegebudgetrelevanten Kosten sind die gebuchten Pflegepersonalkosten für die Berufsgruppen gemäß § 17b Abs. 4a KHG in der unmittelbaren Patientenversorgung auf bettenführenden Stationen in den Konten 6001, 6101, 6201, 6301 und 6401 zu summieren. Sofern Gestellungsgelder für Pflegekräfte ohne direktes Beschäftigungsverhältnis in der unmittelbaren Patientenversorgung auf bettenführenden Stationen unter Sachkosten verbucht wurden, sind diese der Nummer 2 in der Berechnungstabelle zuzuordnen.

Ermittlung der Ausgangsbasis pflegebudgetrelevanter Kosten	
1	Kosten in der Dienstart 01 (Pflegedienst, einschließlich Auszubildende) nach KHBV
1a	davon: Bezahlte Überstunden und Bereitschaftsdienste
1b	davon: Ausländische Pflegekräfte in der Anerkennungsphase nach dem Fachkräfte-Einwanderungsgesetz (Personalkosten ohne öffentliche Zuschüsse, Beschaffungs- und Qualifikationskosten)
2	Gestellungsgelder, sofern unter Sachkosten verbucht

Umrechnung in Vollkräfte:

1 VK ergibt sich nach der im Tarifvertrag des Krankenhauses festgelegten wöchentlichen Stundenzahl für Vollbeschäftigte. Maßgeblich sind die jeweils geltenden tarif- oder arbeitsvertraglichen Regelungen.

2.2 Berücksichtigung von Rückstellungen [Position 3]

Zuführungen zur Bildung von Rückstellungen für Pflegepersonal in der unmittelbaren Patientenversorgung auf bettenführenden Stationen sind grundsätzlich nicht zu berücksichtigen. Sofern diese auf den relevanten Aufwandskonten der Dienstart 01 gebucht sind, sind diese zur Ermittlung der pflegebudgetrelevanten Kosten abzuziehen.

Inanspruchnahmen von Rückstellungen sind in Höhe der tatsächlichen Auszahlungsbeträge im Jahr der Auszahlung als pflegebudgetrelevante Kosten zu berücksichtigen.

Zu den pflegebudgetrelevanten Kosten zählen insofern die Auszahlungen für nicht in Anspruch genommenen Urlaub, für nicht in Freizeit ausgeglichene Mehrarbeit oder Dienste (Bereitschaftsdienste, Rufbereitschaft), für Altersteilzeit und andere Versorgungsverpflichtungen und für variable bzw. leistungsbezogene Vergütungsbestandteile.

2.3 Kappung des Personals mit direktem Beschäftigungsverhältnis (Position 5):

Die Vertragsparteien auf Bundesebene haben sich im Rahmen der Konkretisierung der Abgrenzung der Pflegepersonalkosten darauf verständigt, dass als Pflegepersonal der unmittelbaren Patientenversorgung auf bettenführenden Stationen in den Rubriken »sonstige Berufe« und »ohne Berufsabschluss« nur die Anzahl der Vollkräfte (VK) im Jahresdurchschnitt 2018 mit direktem und ohne direktes Beschäftigungsverhältnis bei der Vereinbarung des Pflegebudgets berücksichtigt werden kann.

Die Vollkräfte (VK) des Personals mit direktem Beschäftigungsverhältnis können in den Rubriken »sonstige Berufe« und »ohne Berufsabschluss« bis zur Höhe des Referenzwerts 2018 als pflegebudgetrelevant berücksichtigt werden (lfd. Nummer 6).

Die Differenz von diesem berücksichtigten VK-Wert zu den Ist-VK wird als Abzugsbetrag ausgewiesen (lfd. Nummer 5); die Bewertung erfolgt zu den (aktuellen) durchschnittlichen Ist- Kosten je VK der jeweiligen Rubrik (wie in lfd. Nummer 4 ausgewiesen).

Verbleibt nach der Berücksichtigung im direkten Beschäftigungsverhältnis ein Restwert des Referenzwerts 2018, ist dieser als pflegebudgetrelevanter VK-Wert für Personal ohne direktes Beschäftigungsverhältnis berücksichtigungsfähig (lfd. Nummer 32).

Die als nicht pflegebudgetrelevant berücksichtigten VK für das Personal ohne direktes Beschäftigungsverhältnis sind als Abzugsbeträge auszuweisen, die Bewertung der Pflegepersonalkosten ist Gegenstand der Verhandlung (lfd. Nummer 31).

Eine weitere Abgrenzung nach erfolgter Kappung in der Anlage 4.2 (lfd. Nummer 7 bis 26) ist nur durchzuführen, wenn das gem. lfd. Nummer 7 bis 26 abzugrenzende Personal Bestandteil des Referenzwertes war. Anderenfalls können negative Werte auftreten, da nach Kappung nicht zu berücksichtigendes Personal nicht erneut abgezogen werden kann.

Eine Abgrenzung in den lfd. Nummer 7-26 bei sonstigen Berufen und ohne Berufsabschluss ist in Höhe des noch nicht im Abzugsbetrag (lfd. Nummer 5) berücksichtigten Umfangs bis zum Referenzwert (lfd. Nummer 6) möglich. Ergibt sich infolgedessen in Zeile 28 ein niedrigerer Wert als der Referenzwert, können weitere VK in der lfd. Nummer 32 bis zum Referenzwert angerechnet werden.

Die Referenzwerte 2018 der jeweiligen Rubrik sind nach der Kappung und Abgrenzung in Anlage 4.2 lfd. Nummer 6 und lfd. Nummer 32 bei der Erstellung der Forderung in Anlage 4.3 erneut anzuwenden.

3. Abgrenzung der nicht-pflegebudgetrelevanten Kosten

Für die Ermittlung der abzugrenzenden Pflegepersonalkosten nach § 6a Absatz 2 Satz 1 KHEntgG auf der Ortsebene sind erforderliche Kostenstellengliederungen gemäß KHBV und den im Folgenden benannten Erweiterungen auf Basis der Anlage 7 des Kalkulationshandbuches für die Kostenstellen 9271 Dialyse, 93xx – 96xx (ohne 956 Psychiatrie, ohne 966 Nachsorge) und 971x Ausbildung anzuwenden.

Zu den nicht-pflegebudgetrelevanten Kosten im Anwendungsbereich des Krankenhausentgeltgesetzes gehören die Pflegepersonalkosten für Funktionspersonal im Operationsbereich, in der Anästhesie, den diagnostischen und therapeutischen Bereichen oder der medizinischen Infrastruktur. Vergütungen für Pflegepersonal, das im medizinisch- technischen Dienst, Funktionsdienst, Wirtschafts- und Versorgungsdienst oder Verwaltungsdienst eingesetzt wird, sind auf die entsprechenden Konten (6x02, 6x03, 6x05 und 6x07) zu buchen und sind den nicht-pflegebudgetrelevanten Pflegepersonalkosten zuzuordnen. Abweichend davon sind die Vergütungen für Hebammen die auf den entsprechenden Konten 6x03 verbucht sind, als pflegebudgetrelevante Kosten im Pflegebudget ab dem Vereinbarungszeitraum 2025 berücksichtigungsfähig.

Sofern Vergütungen an Hygienefachkräfte der Dienstart 01 zugeordnet sind und im Rahmen des Hygieneförderprogramms nach § 4 Absatz 9 KHEntgG vereinbart werden, sind die hierauf entfallenden Anteile als nicht-pflegebudgetrelevante Kosten abzugrenzen. Diese Kosten sind gemäß § 10 Absatz 12 Satz 2 KHEntgG bei der vorzunehmenden Einrechnung der Zuschlagsbeträge aus dem Hygiene-Förderprogramm in den Landesbasisfallwert 2026 zu berücksichtigen.

Eine Abgrenzung von Pflegepersonalkosten ist nur erforderlich, sofern Pflegepersonalkosten, die der Dienstart 01 zugeordnet sind (lfd. Nummer 1), nicht den pflegebudgetrelevanten Kosten zuzurechnen sind. Grundsätzlich erfolgt die Abgrenzung von nicht-pflegebudgetrelevanten Kosten gemäß dem anteiligen Tätigkeitsumfang. Hierzu sind geeignete Unterlagen (z. B. Stellenpläne/Stellenübersicht, Dienstpläne, Zeiterfassung, Leistungsstatistiken) als Grundlage heranzuziehen. Sofern keine Abgrenzung auf Basis des anteiligen Tätigkeitsumfangs vorgenommen werden kann, sind die in den nachfolgenden Kapiteln dargestellten Verfahren der Abgrenzung von nicht-pflegebudgetrelevanten Pflegepersonalkosten anzuwenden.

In der Tabelle sind dazu alternative Verrechnungsschlüssel angegeben, die einer abgestuften Priorität in der Anwendung unterliegen. Die höchste Prioritätsstufe ist durch die niedrigste Ziffer gekennzeichnet und in Abhängigkeit von der krankenhausindividuellen Datenlage, soweit in geeigneter Form vorliegend, in dieser Priorität anzuwenden. Der verwendete Schlüssel ist zu dokumentieren. Sofern abweichende Verrechnungsschlüssel verwendet werden, ist dies zu begründen. Die Abgrenzung eines Bereiches kann auch per Kostenstelle erfolgen, sofern die dort gebuchten Pflegepersonalkosten vollständig auszugliedern sind (z. B. Kostenstelle 956 Psychiatrie).

3.1. Einrichtungen gemäß § 17d KHG (Psychiatrie und Psychosomatik) [Position 7]

Das in psychiatrischen und psychosomatischen Einrichtungen nach § 17d KHG (inkl. stationsäquivalenter psychiatrischer Behandlung und psychiatrischer Ambulanzbereiche) tätige Pflegepersonal ist nicht pflegebudgetrelevant. Pflegepersonalkosten, die in Einrichtungen gemäß § 17d KHG entstehen, sind nicht pflegebudgetrelevant. Sofern diese Pflegepersonalkosten der Dienstart 01 zugeordnet sind, sind diese abzugrenzen.

In Abhängigkeit von der krankenhausindividuellen Datenlage können in folgender Priorität verschiedene Abgrenzungsverfahren angewandt werden.

Bezeichnung	Priorität 1	Priorität 2	Priorität 3
Einrichtungen gemäß § 17d KHG (Psychiatrie und Psychosomatik)	Stundenaufzeichnungen	(gewichtete) Pflegetage	

Sofern für die Abgrenzung der nicht-pflegebudgetrelevanten Kostenanteile andere geeignete Schlüssel verwendet wurden, sind diese in den vorzulegenden Unterlagen anzugeben.

3.2. Vorsorge- oder Rehabilitationseinrichtungen gemäß § 111 SGB V [Position 8]

Das anteilig zugeordnete Pflegepersonal für die Leistungsbereiche der Vorsorge- oder Rehabilitationseinrichtungen gemäß § 111 SGB V ist abzugrenzen, sofern das Personal auch im pflegebudgetrelevanten Leistungsbereich des KHEntgG tätig ist. Pflegepersonalkosten, die bei der Erbringung rehabilitativer Leistungen entstehen, sind nicht pflegebudgetrelevant. Sofern hierfür Pflegepersonalkosten der Dienstart 01 zugeordnet sind, muss eine Abgrenzung erfolgen.

In Abhängigkeit von der krankenhausindividuellen Datenlage können in folgender Priorität verschiedene Abgrenzungsverfahren angewandt werden.

Bezeichnung	Priorität 1	Priorität 2	Priorität 3
Vorsorge- oder Rehabilitationseinrichtungen gemäß § 111 SGB V	Stundenaufzeichnungen	Minuten gemäß PPR oder LEP	(gewichtete) Pflegetage

Sofern für die Abgrenzung der nicht-pflegebudgetrelevanten Kostenanteile andere geeignete Schlüssel verwendet wurden, sind diese in den vorzulegenden Unterlagen anzugeben.

3.3. Personalkosten der Ausbildungsstätten nach § 17a KHG, sofern dem Ausbildungsbudget zuzurechnen und in Dienstart 01 enthalten [Positionen 9, 9a, 9b und 9c]

Das haupt- und nebenberufliche Lehrpersonal der Ausbildungsstätte ist gemäß KHBV in der Dienstart 10 (Personal der Ausbildungsstätte) zu führen. Sollte es sich um Pflegepersonal handeln, das in der Grundgesamtheit der im Krankenhaus zugeordneten Vollkräfte in der Dienstart 01 – Pflegedienst nach KHBV aufgeführt ist, so ist es ggf. anteilig in dieser Position aufzuführen, um es zu korrigieren.

Die Anteile des Pflegepersonals eines Krankenhauses, das Schüler ausbildet (Praxisanleiter), sind als nicht pflegebudgetrelevant abzugrenzen, da sie über die Ausbildungsstätte finanziert werden. Der Anteil für Stunden der praktischen Anleitung und Arbeitsausfälle für die Teilnahme an Weiterbildungs- und Qualifizierungsmaßnahmen zur Praxisanleiterin oder zum Praxisanleiter sind in dieser Position aufzuführen.

Sofern Personalkosten der Ausbildungsstätten nach § 17a KHG in der Dienstart 01 enthalten sind, sind diese Personalkosten als nicht-pflegebudgetrelevante Kosten abzugrenzen. Dabei erfolgt ein getrennter Ausweis der Personalkosten der Praxisanleiter sowie der Schüler.

Bezeichnung	Priorität 1	Priorität 2	Priorität 3
Personalkosten der Ausbildungsstätten nach § 17a KHG und § 27 PflBG, sofern dem Ausbildungsbudget zuzurechnen und in DA 01 enthalten	gemäß der Zuordnung des Personals für die Ausbildungsstätte		
- davon Praxisanleitung [Kosten für Praxisanleitung inkl. Fort- und Weiterbildung (Ausfallzeiten und Reisekosten)]	siehe Vereinbarung Ausbildungsbudget	Stundenaufzeichnung	
- davon Auszubildende (Bruttopersonalkosten für Pflegeschüler)	siehe Vereinbarung Ausbildungsbudget		
- davon Personalkosten für haupt- und nebenberufliches Lehrpersonal der Ausbildungsstätte, soweit in der Dienstart 01 berücksichtigt	siehe Vereinbarung Ausbildungsbudget		

Die Beschreibung der Vorgehensweise bei der Zurechnung des anzurechnenden Personalkostenanteils der Auszubildenden erfolgt in Abschnitt 4.1.

Bei den Kosten für Praxisanleitung sind Anteile für Sachkosten nicht zu berücksichtigen.

3.4. Pflegeeinrichtungen außerhalb des KHEntgG [Position 10]

Pflegepersonalkosten, die bei der Erbringung von Pflegeleistungen außerhalb des KHEntgG (z. B. stationäre Kurzzeitpflegeeinrichtungen gemäß SGB XI) entstehen, sind nicht pflegebudgetrelevant. Sofern diese Pflegepersonalkosten der Dienstart 01 zugeordnet sind, muss eine Abgrenzung erfolgen.

In Abhängigkeit von der krankenhausindividuellen Datenlage können in folgender Priorität verschiedene Abgrenzungsverfahren angewandt werden:

Bezeichnung	Priorität 1	Priorität 2	Priorität 3
Pflegeeinrichtungen außerhalb KHEntgG	Stundenaufzeichnungen	Minuten gemäß PPR oder LEP	(gewichtete) Pflegetage

Sofern für die Abgrenzung der nicht-pflegebudgetrelevanten Kostenanteile andere geeignete Schlüssel verwendet wurden, sind diese in den vorzulegenden Unterlagen anzugeben.

3.5. Pflegedienstleitung im Krankenhausdirektorium (sofern in Dienstart 01 enthalten) [Position 11]

Sofern Pflegepersonalkosten der Pflegedienstleitung (KoSt 90103) im Krankenhausdirektorium in der Dienstart 01 enthalten sind, sind diese als nicht-pflegebudgetrelevant abzugrenzen.

In Abhängigkeit von der krankenhausindividuellen Datenlage können in folgender Priorität verschiedene Abgrenzungsverfahren angewandt werden:

Bezeichnung	Priorität 1	Priorität 2	Priorität 3
Pflegedienstleitung (inkl. hauptamtliche Stellvertretung) im Krankenhausdirektorium (sofern in Dienstart 01 enthalten)	gemäß der Zuordnung zum Führungspersonal der Krankenhausleitung (z. B. Krankenhausdirektorium, Pflegedirektion, Vorstand)		Stellenplan

Sofern für die Abgrenzung der nicht-pflegebudgetrelevanten Kostenanteile andere geeignete Schlüssel verwendet wurden, sind diese in den vorzulegenden Unterlagen anzugeben.

3.6 Ambulante Leistungsbereiche (z. B. Ambulantes Operieren nach § 115b SGB V) und § 115f SGB V [Positionen 12 und 13]

Ambulante Leistungsbereiche gehören nicht zu den Bereichen, in denen allgemeine Krankenhausleistungen erbracht werden. Nach Anlage 4 der KHBV sind die Personalkosten von Krankenpflegepersonal in der Ambulanz grundsätzlich in der Dienstart 03 zu buchen. Zu den abzugrenzenden Leistungsbereichen zählen beispielsweise:

- Medizinische Versorgungszentren nach § 95 SGB V
- Ambulantes Operieren nach § 115b SGB V
- Ambulante Behandlungsbereiche nach § 116 SGB V [Krankenhausärzte], § 116a SGB V [Krankenhäuser bei Unterversorgung], § 116b SGB V [Ambulante spezialfachärztliche Versorgung]
- Hochschulambulanzen nach § 117 SGB V

- Geriatrische Institutsambulanzen nach § 118a SGB V
- Sozialpädiatrische Zentren nach § 119 SGB V
- Medizinische Behandlungszentren nach § 119c SGB V
- Behandlung in Praxiskliniken nach § 122 SGB V
- Spezielle sektorengleiche Vergütung nach § 115f SGB V (in Abhängigkeit von der Berücksichtigung der Pflegepersonalkosten in der Vereinbarung/Verordnung gemäß § 115f SGB V)

Gleiches gilt auch für das Pflegepersonal in der Notfallambulanz, Notaufnahme, Rettungsstelle, im Schockraum, der Rettungstransporte, in der nicht bettenführenden Patienten- oder Notaufnahme. Sofern Pflegepersonal für ambulante Leistungsbereiche dennoch der Dienstart 01 zugeordnet ist, erfolgt eine Abgrenzung in Abhängigkeit von der krankenhausindividuellen Datenlage.

Bezeichnung	Priorität 1	Priorität 2	Priorität 3
Ambulante Leistungsbereiche (z. B. ambulantes Operieren nach § 115b SGB V)	Stundenaufzeichnungen	Ø Zeitaufwand × Anzahl	
- Pflegepersonal in der Notfallambulanz/Notaufnahme/Rettungsstelle/ Schockraum/Rettungstransporte/ nicht bettenführenden Aufnahmestation	Stundenaufzeichnungen	Ø Zeitaufwand × Anzahl	

Sofern für die Abgrenzung der nicht-pflegebudgetrelevanten Kostenanteile andere geeignete Schlüssel verwendet wurden, sind diese in den vorzulegenden Unterlagen anzugeben.

3.7. Personenkreis nach § 4 Absatz 4 KHEntgG (nur bei Ausübung der Option) [Position 14]

Pflegepersonalkosten, die bei der Behandlung der folgenden Patientengruppen entstehen und deren Erlöse gemäß § 4 Absatz 4 KHEntgG aus dem Budget nach KHEntgG ausgegliedert wurden, sind als nicht-pflegebudgetrelevante Kosten abzugrenzen:

(a) Ausländische Patienten, die mit dem Ziel der Krankenhausbehandlung nach Deutschland einreisen

(b) Empfänger von Gesundheitsleistungen nach dem Asylbewerberleistungsgesetz

In Abhängigkeit von der krankenhausindividuellen Datenlage können in folgender Priorität verschiedene Abgrenzungsverfahren angewandt werden.

Bezeichnung	Priorität 1	Priorität 2	Priorität 3
Personenkreis nach § 4 Abs. 4 KHEntgG	Stundenaufzeichnungen	Minuten gemäß PPR oder LEP	(gewichtete) Pflegetage

Sofern für die Abgrenzung der nicht-pflegebudgetrelevanten Kostenanteile andere geeignete Schlüssel verwendet wurden, sind diese in den vorzulegenden Unterlagen anzugeben.

3.8. Vor- und nachstationäre Leistungsbereiche (soweit gesondert berechenbar) [Positionen 15 und 16]

Sofern Pflegepersonalkosten, die bei der Erbringung von vor- und nachstationären Leistungen entstehen, der Dienstart 01 zugeordnet sind, sind diese als nicht-pflegebudgetrelevant abzugrenzen.

Bezeichnung	Priorität 1	Priorität 2	Priorität 3
Vorstationäre Leistungen nach § 115a SGB V, soweit gesondert berechenbar	Ø Zeitaufwand × Anzahl		
Nachstationäre Leistungen nach § 115a SGB V, soweit gesondert berechenbar	Ø Zeitaufwand × Anzahl		

Sofern für die Abgrenzung der nicht-pflegebudgetrelevanten Kostenanteile andere geeignete Schlüssel verwendet wurden, sind diese in den vorzulegenden Unterlagen anzugeben.

3.9. Strukturierte Behandlungsprogramme nach § 137f SGB V (Disease Management Programme) [Position 17]

Sofern Pflegepersonalkosten, die außerhalb des KHEntgG finanziert werden, für strukturierte Behandlungsprogramme in der Dienstart 01 enthalten sind, sind diese als nicht-pflegebudgetrelevant abzugrenzen.

In Abhängigkeit von der krankenhausindividuellen Datenlage können in folgender Priorität verschiedene Abgrenzungsverfahren angewandt werden:

Bezeichnung	Priorität 1	Priorität 2	Priorität 3
Strukturierte Behandlungsprogramme nach § 137f SGB V [Disease Management Programme]	Stundenaufzeichnungen	Minuten gemäß PPR oder LEP	(gewichtete) Pflegetage

Sofern für die Abgrenzung der nicht-pflegebudgetrelevanten Kostenanteile andere geeignete Schlüssel verwendet wurden, sind diese in den vorzulegenden Unterlagen anzugeben.

3.10. Besondere Versorgung nach § 140a SGB V (Integrierte Versorgung) [Position 18]

Sofern Pflegepersonalkosten, die außerhalb des KHEntgG finanziert werden, für die Besondere Versorgung nach § 140a SGB V in der Dienstart 01 enthalten sind, sind diese als nicht-pflegebudgetrelevant abzugrenzen.

In Abhängigkeit von der krankenhausindividuellen Datenlage können in folgender Priorität verschiedene Abgrenzungsverfahren angewandt werden:

Bezeichnung	Priorität 1	Priorität 2	Priorität 3
Besondere Versorgung nach § 140a SGB V [Integrierte Versorgung]	Stundenaufzeichnungen	Minuten gemäß PPR oder LEP	(gewichtete) Pflegetage

Sofern für die Abgrenzung der nicht-pflegebudgetrelevanten Kostenanteile andere geeignete Schlüssel verwendet wurden, sind diese in den vorzulegenden Unterlagen anzugeben.

3.11. Pflegeleistungen im Rahmen der Wahlleistung für gesondert berechenbare Unterkunft [Position 19]

Sofern Pflegepersonalkosten für Pflegeleistungen im Rahmen der Wahlleistung für gesondert berechenbare Unterkunft in der Dienstart 01 enthalten sind, sind diese als nicht- pflegebudgetrelevant abzugrenzen.

In Anlage 2 der Gemeinsamen Empfehlung gemäß § 22 Absatz 1 BPflV/§ 17 Absatz 1 KHEntgG zur Bemessung der Entgelte für eine Wahlleistung Unterkunft wird im Abschnitt 5 unter der Leistungsdefinition zu Komfortelement 29 (persönlicher Service) definiert: »Täglich einmal Abfrage persönlicher Wünsche und Erledigung mit einem Zeitaufwand bis ca. 6 Min. je Pat. und Tag durch einen Hol- und Bringedienst / Servicedienst des Krankenhauses«. Sofern diese und ähnliche Leistungen durch Pflegepersonal erbracht werden, sind sie abzugrenzen.

In Abhängigkeit von der krankenhausindividuellen Datenlage können in folgender Priorität verschiedene Abgrenzungsverfahren angewandt werden:

Bezeichnung	Priorität 1	Priorität 2	Priorität 3
Pflegeleistungen im Rahmen der Wahlleistung für gesondert berechenbare Unterkunft	Ø Zeitaufwand × Anzahl		

Sofern für die Abgrenzung der nicht-pflegebudgetrelevanten Kostenanteile andere geeignete Schlüssel verwendet wurden, sind diese in den vorzulegenden Unterlagen anzugeben.

3.12. Pflegerische Leistungen für externe Dritte [Position 20]

Enthalten Leistungen an Dritte (z. B. Dialyse) relevante Kosten für Pflegepersonal in der unmittelbaren Patientenversorgung auf bettenführenden Stationen, sind diese grundsätzlich abzugrenzen und stellen bezogen auf den Leistungserbringer keine pflegebudgetrelevanten Kosten dar.

3.13. Pflegepersonal, deren Leistungen über Zentrumszuschläge nach § 2 Absatz 2 Satz 2 Nummer 4 KHEntgG finanziert werden [Position 21]

Sofern Leistungen des Pflegepersonals der unmittelbaren Patientenversorgung auf bettenführenden Stationen über Zentrumszuschläge nach § 2 Absatz 2 Satz 2 Nummer 4 KHEntgG finanziert werden (z. B. Tumorzentren, geriatrische Zentren sowie entsprechende Schwerpunkte), ist in dieser Position der pflegerische Aufwand dafür anzusetzen. Sofern der G-BA im Rahmen der Konkretisierung der besonderen Aufgaben von Zentren und Schwerpunkten gemäß § 136c Absatz 5 SGB V Leistungen festlegt, die Pflege in der unmittelbaren Patientenversorgung umfassen, und zuschlagsfähig ausgestaltet, sind auch diese Kosten in geeigneter Form sachgerecht abzugrenzen.

3.14 Pflegepersonal in Forschung und Lehre [Position 22]

Pflegepersonalkosten, die im Leistungsbereich von Forschung und Lehre (z. B. für Studienpatienten, die außerhalb des KHEntgG vergütet werden) anfallen, sind als nicht- pflegebudgetrelevant abzugrenzen. Sofern diese Pflegepersonalkosten in der Dienstart 01 enthalten sind, sind diese als nicht-pflegebudgetrelevant abzugrenzen.

In Abhängigkeit von der krankenhausindividuellen Datenlage können in folgender Priorität verschiedene Abgrenzungsverfahren angewandt werden:

Bezeichnung	Priorität 1	Priorität 2	Priorität 3
Pflegepersonal in Forschung und Lehre (z. B. Leistungen für Studienpatienten außerhalb des KHEntgG)	Stundenaufzeichnungen	Ø Zeitaufwand × Anzahl	

Sofern für die Abgrenzung der nicht-pflegebudgetrelevanten Kostenanteile andere geeignete Schlüssel verwendet wurden, sind diese in den vorzulegenden Unterlagen anzugeben.

3.15. Innerbetriebliche Patiententransportdienste (KoSt 9141) [Position 23]

Innerbetriebliche Patiententransportdienste (KoSt 9141) sind Teil der medizinischen Infrastruktur und somit nicht dem Pflegedienst der unmittelbaren Patientenversorgung auf bettenführenden Stationen zuzuordnen. Sofern hier Kosten in der Dienstart 01 gebucht wurden, sind diese abzugrenzen.

3.16. Neue Untersuchungs- und Behandlungsmethoden (NUB) nach § 6 Absatz 2 KHEntgG [Position 24]

Pflegepersonalkosten, die im Leistungsbereich der NUB anfallen, sind nicht- pflegebudgetrelevant. Sofern diese Pflegepersonalkosten in der Dienstart 01 enthalten sind, sind diese als nicht-pflegebudgetrelevant abzugrenzen.

In Abhängigkeit von der krankenhausindividuellen Datenlage können in folgender Priorität verschiedene Abgrenzungsverfahren angewandt werden:

Bezeichnung	Priorität 1	Priorität 2	Priorität 3
Neue Untersuchungs- und Behandlungsmethoden (NUB) nach § 6 Absatz 2 KHEntgG	Ø Zeitaufwand × Anzahl		

Sofern für die Abgrenzung der nicht-pflegebudgetrelevanten Kostenanteile andere geeignete Schlüssel verwendet wurden, sind diese in den vorzulegenden Unterlagen anzugeben.

3.17. Qualitätsverträge nach § 110a SGB V i. V. m. § 136b Absatz 1 Nummer 4 SGB V [Position 25]

Pflegepersonalkosten, die für im Rahmen von Qualitätsverträgen vereinbarte Leistungen anfallen, sind nicht-pflegebudgetrelevant. Sofern diese Pflegepersonalkosten in der Dienstart 01 enthalten sind, sind diese als nicht-pflegebudgetrelevant abzugrenzen.

In Abhängigkeit von der krankenhausindividuellen Datenlage können in folgender Priorität verschiedene Abgrenzungsverfahren angewandt werden:

Bezeichnung	Priorität 1	Priorität 2	Priorität 3
Qualitätsverträge nach § 110a SGB V i.V.m. § 136b Abs. 1 Nr. 4 SGB V.	Stundenaufzeichnungen	Ø Zeitaufwand × Anzahl	

Sofern für die Abgrenzung der nicht-pflegebudgetrelevanten Kostenanteile andere geeignete Schlüssel verwendet wurden, sind diese in den vorzulegenden Unterlagen anzugeben.

3.18. Übergangspflege nach § 39e SGB V [Position 25_1]

Bei Leistungen der Übergangspflege nach 39e SGB V, die nach § 132m SGB V vergütet werden, sind die im Rahmen der Leistungserbringung entstehenden Pflegepersonalkosten nicht pflegebudgetrelevant und entsprechend abzugrenzen. Die Vertragsparteien nach § 11 KHEntgG können im Einvernehmen zur Abgrenzung auch auf die relevanten Erlösanteile gemäß der Vereinbarung nach § 132m SGB V abstellen.

Bezeichnung	Priorität 1	Priorität 2	Priorität 3
Übergangspflege nach § 39e SGB V	Stundenaufzeichnungen	Ø Zeitaufwand × Anzahl	siehe Vereinbarung nach § 132m SGB V

3.19. Sonstiges [Position 26]

An dieser Position sind erhaltene Erträge und Erstattungen von Dritten (Mutterschutz (U2 - Verfahren), Berufliche Eingliederung, Kurzarbeitergeld oder Quarantänemaßnahmen nach § 56 Infektionsschutzgesetz); Sonderleistungen an Pflegekräfte nach § 26 a und d KHG; in der Dienstart 01 enthaltene Beträge, die bereits über § 4 Absatz 8a und Absatz 9 KHEntgG finanziert werden; nicht berücksichtigungsfähige Beträge nach § 6a Absatz 2 Satz 5 2. HS KHEntgG abzuziehen.

4. Zurechnung weiterer pflegebudgetrelevanter Kostenanteile

4.1. Anzurechnender Anteil der Personalkosten für Auszubildende in der Pflege (sofern nicht in Dienstart 01 enthalten) [Position 29]

Der nach § 17a Absatz 1 Satz 3 KHG und § 27 Absatz 2 PflBG anzurechnende Anteil der Kosten der Ausbildungsvergütungen nach § 2 Nummer 1a lit. e, f und g KHG ist bei den Pflegepersonalkosten für die unmittelbare Patientenversorgung entsprechend zu berücksichtigen. Es handelt sich dabei um pflegebudgetrelevante Kosten. Für den anzurechnenden Anteil der Kosten der Ausbildungsvergütungen von Auszubildenden gemäß § 2 Nummer 1a lit. e und f KHG in der am 31.12.2018 geltenden Fassung gilt § 17a Absatz 1 Satz 3 KHG in der am 31.12.2018 geltenden Fassung.

Zurechnung weiterer pflegebudgetrelevanter Kosten	
Anzurechnender Anteil der Personalkosten für Auszubildende in der Pflege (sofern nicht bereits in Dienstart 01 enthalten)	Ermittlung gemäß Ausbildungsbudget

4.2. Sachkosten für Leiharbeiter und Honorarkräfte (ohne direktes Beschäftigungsverhältnis – nur pflegebudgetrelevante Leistungsbereiche) [Position 30]

Personal ohne direktes Beschäftigungsverhältnis am Krankenhaus wird in der Zuordnung hinsichtlich der von ihnen erbrachten Leistungen wie im Krankenhaus angestellte Mitarbeiter behandelt. Sofern Aufwendungen für Personal ohne direktes Beschäftigungsverhältnis als Sachaufwand gebucht (z. B. analog Konto 6618 des KHBV-Musterkontenplans) wurden, sind diese für die Abgrenzung auf das der Dienstart entsprechende Aufwandskonto für Löhne und Gehälter umzugliedern.

Sofern das Krankenhaus mit einer Pflegekraft Einzelverträge über die Erbringung bestimmter Leistungen gegen Honorarvergütung schließt, sind diese Kosten im Rahmen der Personalkostenverrechnung analog zur Arbeitnehmerüberlassung umzugliedern und auf das der Dienstart entsprechende Aufwandskonto für Löhne und Gehälter zuzuordnen.

Zurechnung weiterer pflegebudgetrelevanter Kosten	
Sachkosten für Leiharbeiter und Honorarkräfte (ohne direktes Beschäftigungsverhältnis – nur für pflegebudgetrelevante Leistungsbereiche)	Gemäß gebuchter Rechnungsbeträge

An dieser Position sind auch die Kosten von pflegebudgetrelevantem Personal aus Service- und Tochtergesellschaften zu berücksichtigen.

4.3. Pflegerische Leistungen von externen Dritten [Position 33]

Enthalten Leistungen von Dritten (z. B. Dialyse) Kosten für Pflegepersonal in der unmittelbaren Patientenversorgung auf bettenführenden Stationen und sind diese gesondert in der Rechnung ausgewiesen, sind diese Kosten als pflegebudgetrelevante Kosten zu berücksichtigen.

4.4. Beiträge zur berufsgenossenschaftlichen Unfallversicherung, Umlage Mutterschutz (U2-Verfahren) und Insolvenzgeldumlage [Position 34]

Die Beiträge zur berufsgenossenschaftlichen Unfallversicherung, U2-Umlage und Insolvenzgeldumlage gehören zu den gesetzlichen Sozialabgaben. Der auf den Pflegedienst in der unmittelbaren Patientenversorgung entfallende Anteil ist insofern pflegebudgetrelevant.

Sofern dieser Anteil nicht der Dienstart 01 zugeordnet und damit den pflegebudgetrelevanten Kosten zugerechnet ist, wäre dies an dieser Stelle nachzuholen. Der Anteil ergibt sich aus den gebuchten pflegebudgetrelevanten Beträgen für Pflegekräfte in den Konten 60XX und 61XX im Verhältnis zu allen beitragsrelevanten Berufsgruppen. Die Ermittlung ist im Rahmen einer Nebenrechnung darzustellen.

Zurechnung weiterer pflegebudgetrelevanter Kosten	
Beiträge zur berufsgenossenschaftlichen Unfallversicherung und Beiträge zur U2-Umlage und Insolvenzgeldumlage (sofern nicht in DA 01 verbucht) (Anteil für Pflegekräfte)	Anteilig entsprechend der gebuchten pflegebudgetrelevanten Beträge in den Konten 60XX und 61XX

4.5. Zusatz- und Sanierungsbeiträge zur ZVK (Anteil für Pflegekräfte) [Position 35]

Die Zusatz- und Sanierungsbeiträge zur Zusatzversorgungskasse (ZVK) gehören zu den Aufwendungen für Altersversorgung. Der auf den Pflegedienst in der unmittelbaren Patientenversorgung entfallende Anteil ist insofern pflegebudgetrelevant. Sofern dieser Anteil noch nicht der Dienstart 01 zugeordnet und damit den pflegebudgetrelevanten Kosten zugerechnet ist, wäre dies an dieser Stelle nachzuholen. Der Anteil ergibt sich aus den gebuchten pflegebudgetrelevanten Beträgen für Pflegekräfte in den Konten 62XX im Verhältnis zu allen beitragsrelevanten Berufsgruppen.

Zurechnung weiterer pflegebudgetrelevanter Kosten	
Zusatz- und Sanierungsbeiträge zur ZVK (sofern nicht in DA01 verbucht) (Anteil für Pflegekräfte)	Anteilig entsprechend der gebuchten pflegebudgetrelevanten Beträge in den Konten 62XX

Anhang zur Anlage 3

Vorgaben der Vertragsparteien für die Zuordnung der Pflegepersonalkosten nach § 3 Absatz 2 der Pflegepersonalkostenabgrenzungsvereinbarung 2023 vom 22.05.2023

Konkretisierung der Abgrenzung der Pflegepersonalkosten

1. Zuordnung der Pflegepersonalkosten der unmittelbaren Patientenversorgung auf bettenführenden Stationen für das Jahr 2023 und 2024

Alle in der unmittelbaren Patientenversorgung auf bettenführenden Stationen entstehenden Kosten für Gesundheits- und Krankenpflege, Gesundheits- und Kinderkrankenpflege, Altenpflege, Krankenpflegehilfe, zukünftig von Pflegefachfrauen und Pflegefachmännern, Gesundheits- und Pflegeassistenz, Pflegefachhilfe, Altenpflegehilfe, Sozialassistenz und Kinderpflegehelfer pflegebudgetrelevant und damit vollständig zu refinanzieren. Die Personalkosten der nachfolgend genannten Berufsgruppen sind als pflegebudgetrelevante Kosten im Pflegebudget vollständig berücksichtigungsfähig:

1. Pflegefachkräfte:

   Pflegefachkräfte sind Personen, denen die Erlaubnis zum Führen einer Berufsbezeichnung nach dem Krankenpflegegesetz, dem Altenpflegegesetz oder dem Pflegeberufegesetz erteilt wurde.

2. Pflegehilfskräfte:

   a. Pflegehilfskräfte, die erfolgreich eine landesrechtlich geregelte Assistenz- oder Helferausbildung in der Pflege von mindestens einjähriger Dauer abgeschlossen haben, die die »Eckpunkte für die in Länderzuständigkeit liegenden Ausbildungen zu Assistenz- und Helferberufen in der Pflege« (BAnz AT 17.02.2016 B3) erfüllen, die von der Arbeits- und Sozialministerkonferenz 2012 und von der Gesundheitsministerkonferenz 2013 als Mindestanforderungen beschlossen wurden,

   b. Pflegehilfskräfte, die erfolgreich eine landesrechtlich geregelte Ausbildung in der Krankenpflegehilfe oder in der Altenpflegehilfe von mindestens einjähriger Dauer abgeschlossen haben, oder

   c. Pflegehilfskräfte, denen auf der Grundlage des Krankenpflegegesetzes vom 04.06.1985 (BGBl. I S. 893) in der bis zum 31.12.2003 geltenden Fassung eine Erlaubnis als Krankenpflegehelferin oder Krankenpflegehelfer erteilt worden ist.

   d. Medizinische Fachangestellte, die erfolgreich eine Ausbildung nach der Verordnung über die Berufsausbildung zum Medizinischen Fachangestellten/zur Medizinischen Fachangestellten vom 26.04.2006 (BGBl. I S. 1097) abgeschlossen haben oder eine Qualifikation vorweisen, die dieser entspricht,

   e. Anästhesietechnische Assistentinnen und Anästhesietechnische Assistenten, die erfolgreich eine entsprechende bundesrechtlich geregelte oder der Empfehlung der Deutschen Krankenhausgesellschaft vom 17.09.2013 entsprechende Ausbildung abgeschlossen haben, und

   f. Notfallsanitäterinnen und Notfallsanitäter[1], denen auf Grundlage des Notfallsanitätergesetzes vom 22.05.2013 (BGBl. I S. 1348) eine Erlaubnis zum Führen der entsprechenden Berufsbezeichnung erteilt worden ist.

---

1 Dies umfasst auch Rettungsassistenten/-innen.

2. Zuordnung der Pflegepersonalkosten der unmittelbaren Patientenversorgung auf bettenführenden Stationen ab dem Jahr 2025

1. als Pflegefachkräfte Personen, die über die Erlaubnis zum Führen einer Berufsbezeichnung nach § 1 Absatz 1 des Pflegeberufegesetzes oder § 58 Absatz 1 oder Absatz 2 des Pflegeberufegesetzes verfügen oder deren Erlaubnis zum Führen der Berufsbezeichnung nach dem Krankenpflegegesetz in der am 31. Dezember 2019 geltenden Fassung oder nach dem Altenpflegegesetz in der am 31. Dezember 2019 geltenden Fassung nach § 64 des Pflegeberufegesetzes fortgilt,

2. als Pflegehilfskräfte

   a) Personen, die erfolgreich eine landesrechtlich geregelte Assistenz- oder Helferausbildung in der Pflege von mindestens einjähriger Dauer abgeschlossen haben, die die von der 89. Arbeits- und Sozialministerkonferenz 2012 und der 86. Gesundheitsministerkonferenz 2013 als Mindestanforderungen beschlossenen Eckpunkte für die in Länderzuständigkeit liegenden Ausbildungen zu Assistenz- und Helferberufen in der Pflege (BAnz AT 17.02.2016 B3) erfüllt,

   b) Personen, die erfolgreich eine landesrechtlich geregelte Ausbildung in der Krankenpflegehilfe oder in der Altenpflegehilfe von mindestens einjähriger Dauer abgeschlossen haben,

   c) Personen, denen auf der Grundlage des Krankenpflegegesetzes in der am 31. Dezember 2003 geltenden Fassung eine Erlaubnis als Krankenpflegehelferin oder Krankenpflegehelfer erteilt worden ist,

   d) Medizinische Fachangestellte, die erfolgreich eine Ausbildung nach der Verordnung über die Berufsausbildung zum Medizinischen Fachangestellten/zur Medizinischen Fachangestellten abgeschlossen haben oder eine Qualifikation vorweisen, die dieser Ausbildung entspricht,

   e) Anästhesietechnische Assistentinnen und Anästhesietechnische Assistenten, die über die Erlaubnis zum Führen der Berufsbezeichnung nach § 1 Absatz 1 des Anästhesietechnische- und Operationstechnische-Assistenten-Gesetzes verfügen, und

   f) Notfallsanitäterinnen und Notfallsanitäter, denen die Erlaubnis zum Führen einer Berufsbezeichnung nach § 1 Absatz 1 des Notfallsanitätergesetzes erteilt worden ist, und

3. als Hebammen Personen mit einer Erlaubnis zum Führen der Berufsbezeichnung nach § 5 Absatz 1 des Hebammengesetzes, auch in Verbindung mit den §§ 73 und 74 Absatz 1 des Hebammengesetzes.

3. Rubrik „Sonstige Berufe" und Rubrik „ohne Berufsabschluss" der Anlagen 4 und 5 der Pflegebudgetverhandlungsvereinbarung und der Pflegepersonalkostenabgrenzungsvereinbarung für die Jahre 2023 und 2024

Als Pflegepersonal der unmittelbaren Patientenversorgung auf bettenführenden Stationen ist in den Rubriken „sonstige Berufe" und „ohne Berufsabschluss" in den Anlagen der Pflegebudgetverhandlungsvereinbarung die Anzahl der Vollkräfte (VK) im Jahresdurchschnitt 2018 mit direktem und ohne direktes Beschäftigungsverhältnis bei der Vereinbarung des Pflegebudgets 2023 und 2024 bis zur Höhe des vereinbarten Referenzwertes 2018 entsprechend dem Vorgehen in den Vereinbarungszeiträumen 2021 und 2022 berücksichtigungsfähig.

Übergangsweise wird damit in den Jahren 2023 und 2024 Personal ohne pflegerische Qualifikation der Berufsgruppen „Personal ohne Berufsabschluss" sowie „sonstige Berufe" weiterhin im Rahmen der Festlegungen in den Vereinbarungen nach § 17b Absatz 4 Satz 2 KHG und § 9 Absatz 1 Nummer 8 KHEntgG über das Pflegebudget finanziert, soweit dieses Personal in der unmittelbaren Patientenversorgung auf bettenführenden Stationen tätig ist.

Darüber hinausgehendes Pflegepersonal (der Dienstart 01 – DA 1) aus den Rubriken „sonstige Berufe" und „ohne Berufsabschluss", das 2023 und 2024 über den Jahresdurchschnitt 2018 hinaus beschäftigt wird, ist stattdessen bei den pflegeentlastenden Maßnahmen (lfd. Nr. 16 Anlage 4.3 der Pflegebudgetverhandlungsvereinbarung vom 22.05.2023) in Höhe der hierdurch eingesparten Pflegepersonalkosten zu berücksichtigen.

Für Krankenhäuser, für die noch kein Referenzwert 2018 vereinbart oder festgesetzt wurde, gelten die folgenden Regelungen:

Der Krankenhausträger hat gemäß § 6a Absatz 2 KHEntgG für die Festlegung des Referenzwertes 2018, die Anzahl der Vollkräfte ohne pflegerische Qualifikation des Jahres 2018 zugrunde zu legen, die der Krankenhausträger an das Statistische Landesamt gemäß der Verordnung über die Bundesstatistik für Krankenhäuser für das Jahr 2018 gemeldet hat:

Die Meldung oder die Meldebestätigung für das Personal im Pflegedienst des Krankenhauses nach Anhang E3 der Krankenhausstatistik 2018 ist den anderen Vertragsparteien nach § 18 Absatz 2 KHG vorzulegen.

Zudem ist eine weitergehende Darlegung des Krankenhausträgers sowie eine Prüfung durch die anderen Vertragsparteien erforderlich, da die an das Statistische Landesamt gemeldete Anzahl der Vollkräfte im Pflegedienst nicht zwingend mit der Anzahl der Vollkräfte in der unmittelbaren Patientenversorgung auf bettenführenden Stationen übereinstimmt.

Die Vereinbarung des Referenzwertes 2018 erfolgt gemäß den Vorgaben der Anlage 6. Die Zuordnung der Berufsgruppen zu den Rubriken „sonstiger Berufsabschluss“ und „ohne Berufsabschluss“ ergibt sich aus Spalte 1 der folgenden Tabelle.

Rubrik	Lfd Nr.	Bezeichnung
MFA	7	Medizinische Fachangestellte
ZFA	8	Zahnmedizinische Fachangestellte
ATA	12	Anästhesietechnische Assistenten/-innen
NotfS	31	Notfallsanitäter/-innen und Rettungsassistent/-innen[2]
ASI		Pflegeassistenz und Sozialassistenz
sonstige Berufe	9	Medizinisch-technische Assistenten/-innen in der Funktionsdiagnostik
	10	Medizinisch-technische Laboratoriumsassistenten/-innen
	11	Medizinisch-technische Radiologieassistenten/-innen
	17	Pharmazeutisch-technische Assistenten/-innen
	18	Pharmazeutisch-kaufmännische Angestellte
	13	Operationstechnische Assistenten/-innen
	14	Psychologisch-technische Assistenten/-innen
	15	Arztassistenten/-innen
	32	Rettungshelfer/-innen
	16	Apotheker/-innen
	24	Psychologen
	25	Psychologische Psychotherapeuten
	26	Kinder- und Jugendlichenpsychotherapeuten/-innen

2 Notfallassistenten und Rettungssanitäter sind unter der Rubrik »sonstige Berufe« mit auszuweisen.

Rubrik	Lfd Nr.	Bezeichnung
sonstige Berufe	33	Hebammen und Entbindungspfleger
	19	Krankengymnasten/-innen, Physiotherapeuten/-innen (3-jährige Ausbildung oder gleichwertig anerkannt)
	20	Masseure/-innen und medizinische Bademeister/-innen
	21	Logopäden/-innen
	22	Orthoptisten/-innen
	23	Heilpädagogen/-innen, Heilerziehungspfleger/-innen
	29	Sozialarbeiter/-innen, Sozialpädagogen/-innen
	30	Ergotherapeuten/-innen
	27	Diätassistenten/-innen, Ernährungstherapeuten/-innen
	28	Diabetesberater/-innen, Diabetesassistenten/-innen (mit Anerkennung der Deutschen Diabetesgesellschaft)
	39	Famuli
	44	Arzt/Ärztin in den Ausbildungsstätten
	40	Freiwillige im FSJ
	41	Freiwillige im Bundesfreiwilligendienst
	42	sonstiger anerkannter Berufsabschluss
ohne Berufsabschluss	43	ohne Berufsabschluss

Bei der Aufstellung ist Personal nach Absatz 1, welches nach Nr. 1 dieser Klarstellung als pflegebudgetrelevant berücksichtigungsfähiges Personal gilt (z. B. Medizinische Fachangestellte) und bereits 2018 unter der Rubrik „sonstiger Berufsabschluss" oder „ohne Berufsabschluss" im Pflegedienst beschäftigt und in der Dienstart 01 von dem Krankenhausträger erfasst war, von den im Pflegebudget 2021 berücksichtigungsfähigen VK in diesen Rubriken abzuziehen. Das in den Rubriken MFA, ZFA, ATA, NotfS, ASI an das Statistische Landesamt für 2018 gemeldete Personal im Pflegedienst (in VK) ist den anderen Vertragsparteien nach § 18 Absatz 2 KHG darzulegen.

4. Auszubildende in der Pflege:

Da der Aufbau der Auszubildenden in der Pflege nicht durch die Regelungen für die Rubrik „Sonstige Berufe" und Rubrik „ohne Berufsabschluss" unter Nr. 2 dieser Vereinbarung begrenzt werden soll, vereinbaren die Vertragsparteien, die Auszubildenden in den Anlagen zur Pflegebudgetverhandlungsvereinbarung separat darzustellen.

5. Ausländische Pflegekräfte:

Ausländische Pflegekräfte, die sich in der Anerkennungsphase nach dem Fachkräfteeinwanderungsgesetz befinden, sind bei der Vereinbarung des Pflegebudgets nicht in der Rubrik „ohne Berufsabschluss", sondern entsprechend der behördlichen Bestätigung in der jeweiligen Berufsgruppe zu berücksichtigen.

Verordnung zur Regelung der Krankenhauspflegesätze (Bundespflegesatzverordnung – BPflV)

Vom 26. September 1994 (BGBl. I S. 2750), zuletzt geändert durch Artikel 5 des Gesetzes zur Pflegepersonalbemessung im Krankenhaus sowie zur Anpassung weiterer Regelungen im Krankenhauswesen und in der Digitalisierung (Krankenhauspflegeentlastungsgesetz – KHPflEG) vom 20. Dezember 2022 (BGBl. I, S. 2793, 2812)

Erster Abschnitt

Allgemeine Vorschriften

§ 1 Anwendungsbereich

(1) [1]Nach dieser Verordnung werden die vollstationären, stationsäquivalenten und teilstationären Leistungen der Krankenhäuser und selbständigen, gebietsärztlich geleiteten Abteilungen für die Fachgebiete Psychiatrie und Psychotherapie, Kinder- und Jugendpsychiatrie und -psychotherapie sowie Psychosomatische Medizin und Psychotherapie vergütet, die nicht in das DRG-Vergütungssystem einbezogen sind. [2]Krankenhaus im Sinne dieser Verordnung ist auch die Gesamtheit der selbstständigen, gebietsärztlich geleiteten Abteilungen für die Fachgebiete Psychiatrie und Psychotherapie, Kinder- und Jugendpsychiatrie und -psychotherapie (psychiatrische Einrichtungen) und für die Psychosomatische Medizin und Psychotherapie (psychosomatische Einrichtungen) an einem somatischen Krankenhaus.

(2) Diese Verordnung gilt nicht für

1. die Krankenhäuser, auf die das Krankenhausfinanzierungsgesetz nach seinem § 3 Satz 1 Nr. 1 bis 4 keine Anwendung findet,
2. die Krankenhäuser, die nach § 5 Abs. 1 Nr. 2, 4 oder 7 des Krankenhausfinanzierungsgesetzes nicht gefördert werden.

(3) Die vor- und nachstationäre Behandlung wird für alle Benutzer einheitlich nach § 115a des Fünften Buches Sozialgesetzbuch vergütet.

§ 2 Krankenhausleistungen

(1) [1]Krankenhausleistungen nach § 1 Abs. 1 sind insbesondere ärztliche Behandlung, auch durch nicht fest angestellte Ärztinnen und Ärzte, Krankenpflege, Versorgung mit Arznei-, Heil- und Hilfsmitteln, die für die Versorgung im Krankenhaus oder durch das Krankenhaus notwendig sind, sowie Unterkunft und Verpflegung; sie umfassen allgemeine Krankenhausleistungen und Wahlleistungen. [2]Zu den Krankenhausleistungen gehören nicht die Leistungen der Belegärzte (§ 18 des Krankenhausentgeltgesetzes).

(2) [1]Allgemeine Krankenhausleistungen sind die Krankenhausleistungen, die unter Berücksichtigung der Leistungsfähigkeit des Krankenhauses im Einzelfall nach Art und Schwere der Krankheit für die medizinisch zweckmäßige und ausreichende Versorgung des Patienten notwendig sind. [2]Unter diesen Voraussetzungen gehören dazu auch

1. die während des Krankenhausaufenthalts durchgeführten Maßnahmen zur Früherkennung von Krankheiten im Sinne des Fünften Buches Sozialgesetzbuch,
2. die vom Krankenhaus veranlassten Leistungen Dritter,
3. die aus medizinischen Gründen notwendige Mitaufnahme einer Begleitperson des Patienten oder die Mitaufnahme einer Pflegekraft nach § 11 Absatz 3 des Fünften Buches Sozialgesetzbuch,
4. das Entlassmanagement im Sinne des § 39 Absatz 1a des Fünften Buches Sozialgesetzbuch.

[3]Nicht zu den Krankenhausleistungen gehören

1. eine Dialyse,
2. bei der Krankenhausbehandlung von Menschen mit Hörbehinderung Leistungen der Dolmetscherassistenz zum Ausgleich der behinderungsbedingten Kommunikationsbeeinträchtigungen.

(3) Bei der Erbringung von allgemeinen Krankenhausleistungen durch nicht im Krankenhaus fest angestellte Ärztinnen und Ärzte hat das Krankenhaus sicherzustellen, dass diese für ihre Tätigkeit im Krankenhaus die gleichen Anforderungen erfüllen, wie sie auch für fest im Krankenhaus angestellte Ärztinnen und Ärzte gelten.

(4) [1]Die Deutsche Krankenhausgesellschaft prüft bis zum 31. Dezember 2021, ob zwischen Krankenhäusern erbrachte telekonsiliarärztliche Leistungen sachgerecht vergütet werden. [2]Dabei ist auch zu prüfen, ob eine Anpassung der Vergü-

tung notwendig ist. [3]Die Deutsche Krankenhausgesellschaft veröffentlicht das Ergebnis der Prüfung barrierefrei auf ihrer Internetseite. [4]Die Deutsche Krankenhausgesellschaft veröffentlicht bis zum 31. Dezember 2023 die Höhe von Vergütungen für telekonsiliarärztliche Leistungen, die zwischen Krankenhäusern erbracht werden.

Zweiter Abschnitt
Vergütung der Krankenhausleistungen

§ 3
Vereinbarung eines Gesamtbetrags

(1) [1]Das Vergütungssystem nach § 17d des Krankenhausfinanzierungsgesetzes wird für die Jahre 2013 bis 2019 budgetneutral für das Krankenhaus eingeführt. [2]Für die Jahre 2013, 2014, 2015, 2016 oder 2017 (Optionsjahre) erfolgt die Einführung auf Verlangen des Krankenhauses. [3]Das Krankenhaus hat sein Verlangen zum Zeitpunkt der Aufforderung zur Verhandlung durch die Sozialleistungsträger, frühestens jedoch zum 31. Dezember des jeweiligen Vorjahres, den anderen Vertragsparteien nach § 18 Absatz 2 Nummer 1 oder 2 des Krankenhausfinanzierungsgesetzes schriftlich oder elektronisch mitzuteilen. [4]Ab dem 1. Januar 2018 ist die Anwendung des Vergütungssystems für alle Krankenhäuser verbindlich. [5]Für die Jahre 2013 bis 2019 dürfen die nach § 11 Absatz 4 vorzulegenden Nachweise über Art und Anzahl der Entgelte nach § 7 Satz 1 Nummer 1 und 2 nur verwendet werden, um den krankenhausindividuellen Basisentgeltwert nach den Vorgaben des Absatzes 5 zu ermitteln und die Veränderung der medizinischen Leistungsstruktur zu erörtern.

(2) [1]Ab dem krankenhausindividuellen Einführungsjahr bis zum Jahr 2019 ist für ein Krankenhaus ein Gesamtbetrag in entsprechender Anwendung des § 6 Absatz 1 der Bundespflegesatzverordnung in der am 31. Dezember 2012 geltenden Fassung zu vereinbaren; ab dem 1. Januar 2017 bildet der Veränderungswert nach § 9 Absatz 1 Nummer 5 die maßgebliche Rate für den Anstieg des Gesamtbetrags. [2]Ausgangsgrundlage der Vereinbarung ist der für das jeweilige Vorjahr vereinbarte Gesamtbetrag. [3]Dieser wird bei der Vereinbarung nach Satz 1 insbesondere

1. vermindert um
   a) anteilige Kosten für Leistungen, die im Vereinbarungszeitraum in andere Versorgungsbereiche verlagert werden,
   b) darin enthaltene Kosten für Leistungen für ausländische Patientinnen und Patienten sowie Leistungen für Empfänger von Gesundheitsleistungen nach dem Asylbewerberleistungsgesetz, soweit sie nach Absatz 8 aus dem Gesamtbetrag ausgegliedert werden,
2. bereinigt um darin enthaltene Ausgleiche sowie Ausgleichszahlungen aufgrund von Berichtigungen für Vorjahre,
3. verändert um die Ausgliederung oder Wiedereingliederung von
   a) sonstigen Zu- und Abschlägen nach § 7 Satz 1 Nummer 3,
   b) Kosten für Leistungen, die im Vereinbarungszeitraum erstmals im Rahmen von Modellvorhaben nach § 63 des Fünften Buches Sozialgesetzbuch oder von Verträgen zur integrierten Versorgung nach § 140a des Fünften Buches Sozialgesetzbuch oder erstmals im Rahmen des Krankenhausbudgets vergütet werden.

[4]Der vereinbarte Gesamtbetrag ist sachgerecht aufzuteilen auf

1. Erlöse für Entgelte nach § 7 Satz 1 Nummer 1 und 2 (Erlösbudget), einschließlich noch nicht ausgegliederter sonstiger Zu- und Abschläge nach § 7 Satz 1 Nummer 3; das Erlösbudget umfasst auch die effektiven Bewertungsrelationen,
2. Erlöse für Entgelte nach § 7 Satz 1 Nummer 4 (Erlössumme).

[5]Der Gesamtbetrag und das Erlösbudget nach Satz 4 Nummer 1 sind um Ausgleiche und Berichtigungen für Vorjahre zu verändern; bei einer Berichtigung ist zusätzlich zu der Berichtigung des bisherigen Budgets (Basisberichtigung) ein entsprechender Ausgleich durchzuführen.

(3) [1]Für die Jahre ab 2020 ist für ein Krankenhaus ein Gesamtbetrag nach den folgenden Vorgaben zu vereinbaren; Besonderheiten der Versorgung von Kindern und Jugendlichen sind zu berücksichtigen. [2]Ausgangsgrundlage für die Vereinbarung des Gesamtbetrags für das Jahr 2020 ist der nach Absatz 2 vereinbarte Gesamtbetrag für das Jahr 2019. [3]In den Folgejahren ist Ausgangsgrundlage der für das jeweilige Vorjahr vereinbar-

te Gesamtbetrag. [4]Bei der Vereinbarung sind insbesondere zu berücksichtigen:

1. Veränderungen von Art und Menge der Leistungen des Krankenhauses, die von den auf Bundesebene vereinbarten Katalogen nach § 9 Absatz 1 Nummer 1 und 2 umfasst sind,
2. Veränderungen von Art und Menge der krankenhausindividuell zu vereinbarenden Leistungen, einschließlich regionaler oder struktureller Besonderheiten in der Leistungserbringung,
3. Kostenentwicklungen sowie Verkürzungen von Verweildauern, Ergebnisse von Fehlbelegungsprüfungen und Leistungsverlagerungen, zum Beispiel in die ambulante Versorgung,
4. die Ergebnisse des leistungsbezogenen Vergleichs nach § 4,
5. die Umsetzung der vom Gemeinsamen Bundesausschuss nach § 136a Absatz 2 des Fünften Buches Sozialgesetzbuch festgelegten Anforderungen zur Ausstattung mit dem für die Behandlung erforderlichen therapeutischen Personal sowie eine darüber hinausgehende erforderliche Ausstattung mit therapeutischem Personal,
6. eine Anpassungsvereinbarung nach Satz 6,
7. für die Dauer der praktischen Tätigkeit die Vergütungen der Ausbildungsteilnehmerinnen und Ausbildungsteilnehmer nach Maßgabe des § 27 Absatz 4 des Psychotherapeutengesetzes in Höhe von 1 000 Euro pro Monat.

[5]Der Gesamtbetrag darf den um den Veränderungswert nach § 9 Absatz 1 Nummer 5 veränderten Gesamtbetrag des Vorjahres nur überschreiten, soweit die Tatbestände nach Satz 4 Nummer 5 oder 7 dies erfordern oder im Rahmen einer Anpassungsvereinbarung nach Satz 6 eine entsprechende Überschreitung als notwendig vereinbart wurde; eine Überschreitung aufgrund der Tatbestände nach Satz 4 Nummer 1 oder Nummer 2 ist nur zulässig, wenn die Veränderung von Art und Menge der Leistungen durch zusätzliche Kapazitäten für medizinische Leistungen aufgrund der Krankenhausplanung oder des Investitionsprogramms des Landes begründet oder wenn dies aufgrund von Veränderungen der medizinischen Leistungsstruktur oder der Fallzahlen erforderlich ist. [6]Sofern die Vertragsparteien unter Berücksichtigung der Erkrankungsschwere der Patientinnen oder Patienten, möglicher Leistungsverlagerungen, regionaler oder struktureller Besonderheiten in der Leistungserbringung sowie der Ergebnisse des Vergleichs nach § 4 vereinbaren, dass der Gesamtbetrag zu vermindern oder zu erhöhen ist, haben sie für die Jahre ab 2020 über Umfang, Dauer und weitere Einzelheiten der Anpassung eine Anpassungsvereinbarung zu treffen. [7]Entgelte, die die maßgeblichen Vergleichswerte nach § 4 deutlich überschreiten, dürfen nur vereinbart werden, wenn der Krankenhausträger schlüssig darlegt, aus welchen Gründen die Überschreitung unabweisbar ist. [8]Sofern sich auf Grundlage der Nachweise nach § 18 Absatz 2 ergibt, dass eine vereinbarte Stellenbesetzung nicht vorgenommen wurde, haben die Vertragsparteien zu vereinbaren, inwieweit der Gesamtbetrag abzusenken ist. [9]Eine Absenkung des Gesamtbetrags nach Satz 8 ist nicht vorzunehmen, wenn das Krankenhaus nachweist, dass nur eine vorübergehende und keine dauerhafte Unterschreitung der vereinbarten Stellenzahl vorliegt. [10]Wird nach einer Absenkung des Gesamtbetrags eine Stellenbesetzung vorgenommen, ist der Gesamtbetrag für den nächsten Vereinbarungszeitraum in Höhe der entstehenden zusätzlichen Kosten zu erhöhen. [11]Der vereinbarte Gesamtbetrag ist sachgerecht aufzuteilen auf

1. das Erlösbudget und
2. die Erlössumme.

[12]Der Gesamtbetrag und das Erlösbudget nach Satz 9 Nummer 1 sind um Ausgleiche und Berichtigungen für Vorjahre zu verändern; bei einer Berichtigung ist zusätzlich zu der Basisberichtigung ein entsprechender Ausgleich durchzuführen.

(4) [1]Bei der Vereinbarung einer Erhöhungsrate für Tariferhöhungen nach § 9 Absatz 1 Nummer 7 des Krankenhausentgeltgesetzes ist der von den Vertragsparteien vereinbarte Gesamtbetrag nach Absatz 2 oder Absatz 3 um 55 Prozent der nach § 9 Absatz 1 Nummer 7 des Krankenhausentgeltgesetzes vereinbarten Erhöhungsrate für Tariferhöhungen erhöhend zu berichtigen, wobei der Berichtigungsbetrag über das Budget des nächstmöglichen Pflegesatzzeitraums abzuwickeln ist; Absatz 2 Satz 5 zweiter Halbsatz und Absatz 3 Satz 12 sind zu beachten. [2]Eine Begrenzung nach Absatz 3 Satz 5 gilt insoweit nicht.

(5) [1]Für die Abrechnung der Entgelte nach § 7 Satz 1 Nummer 1 ist ein krankenhausindividueller Basisentgeltwert zu ermitteln. [2]Dazu wird von dem jeweiligen veränderten Erlösbudget nach Absatz 2 Satz 5 oder Absatz 3 Satz 12 die Summe der Zusatzentgelte abgezogen und der sich ergebende Betrag wird durch die vereinbarte Summe der effektiven Bewertungsrelationen dividiert. [3]Der für das jeweilige Jahr geltende Basisentgeltwert ist der Abrechnung der mit Bewertungsrelationen bewerteten Entgelte zugrunde zu legen.

(6) [1]Auf Antrag eines nicht nach dem Krankenhausfinanzierungsgesetz geförderten Krankenhauses sind Investitionskosten für neue Investitionsmaßnahmen in dem Gesamtbetrag nach Absatz 2 Satz 1 oder Absatz 3 Satz 1 zusätzlich zu berücksichtigen, soweit der krankenhausindividuelle Basisentgeltwert niedriger ist als der geschätzte durchschnittliche Basisentgeltwert der Krankenhäuser in dem Land. [2]Die Berücksichtigung erfolgt nach Maßgabe des § 17 Absatz 5 Satz 3 des Krankenhausfinanzierungsgesetzes in Verbindung mit § 8 der Bundespflegesatzverordnung in der am 31. Dezember 2012 geltenden Fassung. [3]Die Sätze 1 und 2 gelten entsprechend für Krankenhäuser, die aufgrund einer Vereinbarung nach § 8 Absatz 1 Satz 2 des Krankenhausfinanzierungsgesetzes nur teilweise gefördert werden.

(7) [1]Weicht die Summe der auf das Kalenderjahr entfallenden Erlöse des Krankenhauses aus Entgelten nach § 7 Satz 1 Nummer 1, 2 und 4 von dem veränderten Gesamtbetrag nach Absatz 2 Satz 5 oder Absatz 3 Satz 12 ab, so werden die Mehr- oder Mindererlöse wie folgt ausgeglichen:

1. Mindererlöse werden für die Jahre 2013, 2014, 2015 und 2016 zu 95 Prozent und ab dem Jahr 2017 zu 50 Prozent ausgeglichen,

2. Mehrerlöse, die infolge einer veränderten Kodierung von Diagnosen und Prozeduren entstehen, werden vollständig ausgeglichen,

3. sonstige Mehrerlöse werden für die Jahre 2013, 2014, 2015 und 2016 zu 65 Prozent ausgeglichen, ab dem Jahr 2017 werden sonstige Mehrerlöse bis zur Höhe von 5 Prozent des veränderten Gesamtbetrags nach Absatz 2 Satz 5 oder Absatz 3 Satz 12 zu 85 Prozent und darüber hinaus zu 90 Prozent ausgeglichen.

[2]Die Vertragsparteien können im Voraus abweichende Ausgleichssätze vereinbaren, wenn dies der angenommenen Entwicklung von Leistungen und deren Kosten besser entspricht. [3]Für den Bereich der mit Bewertungsrelationen bewerteten Entgelte werden die sonstigen Mehrerlöse nach Satz 1 Nummer 3 vereinfacht ermittelt, indem folgende Faktoren miteinander multipliziert werden:

1. Anzahl der Berechnungs- und Belegungstage, die zusätzlich zu denjenigen Berechnungs- und Belegungstagen erbracht werden, die bei der Ermittlung des krankenhausindividuellen Basisentgeltwerts nach Absatz 5 Satz 3 zugrunde gelegt werden,

2. Mittelwert der vereinbarten Bewertungsrelationen je Berechnungs- und Belegungstag; der Mittelwert wird ermittelt, indem die Summe der effektiven Bewertungsrelationen nach Absatz 5 Satz 2 durch die vereinbarten Berechnungs- und Belegungstage dividiert wird, und

3. krankenhausindividueller Basisentgeltwert nach Absatz 5 Satz 3.

[4]Soweit das Krankenhaus oder eine andere Vertragspartei nachweist, dass die sonstigen Mehrerlöse nach Satz 1 Nummer 3 infolge von Veränderungen der Leistungsstruktur mit der vereinfachten Ermittlung nach Satz 3 zu niedrig oder zu hoch bemessen sind, ist der Betrag der sonstigen Mehrerlöse entsprechend anzupassen. [5]Die Mehrerlöse nach Satz 1 Nummer 2 werden ermittelt, indem von den insgesamt angefallenen Mehrerlösen für Entgelte, die mit Bewertungsrelationen bewertet sind, die Mehrerlöse nach Satz 3 oder Satz 4 abgezogen werden. [6]Zur Ermittlung der Mehr- oder Mindererlöse hat der Krankenhausträger eine vom Jahresabschlussprüfer bestätigte Aufstellung über die Erlöse des Krankenhauses aus Entgelten nach § 7 Satz 1 Nummer 1, 2 und 4 vorzulegen.

(8) [1]Auf Verlangen des Krankenhauses werden Leistungen für ausländische Patientinnen und Patienten, die mit dem Ziel einer Krankenhausbehandlung in die Bundesrepublik Deutschland einreisen, sowie Leistungen für Empfänger von Gesundheitsleistungen nach dem Asylbewerberleistungsgesetz nicht im Rahmen des Gesamtbetrags vergütet. [2]Das Verlangen kann für im Jahr 2015 zusätzlich erbrachte Leistungen für Empfänger von Gesundheitsleistungen nach dem

Asylbewerberleistungsgesetz, die in einem nachfolgenden Vereinbarungszeitraum zu Mehrerlösausgleichen führen, nachträglich geäußert werden.

(9) [1]Die Vertragsparteien sind an den Gesamtbetrag gebunden. [2]Auf Verlangen einer Vertragspartei ist bei wesentlichen Änderungen der Annahmen, die der Vereinbarung des Gesamtbetrags zugrunde liegen, der Gesamtbetrag für das laufende Kalenderjahr neu zu vereinbaren. [3]Die Vertragsparteien können im Voraus vereinbaren, dass in bestimmten Fällen der Gesamtbetrag nur teilweise neu vereinbart wird. [4]Der Unterschiedsbetrag zum bisherigen Gesamtbetrag ist über den neu vereinbarten Gesamtbetrag abzurechnen; § 15 Absatz 2 Satz 3 gilt entsprechend.

§ 4
Leistungsbezogener Vergleich

(1) [1]Zur Unterstützung der Vertragsparteien nach § 11 bei der Vereinbarung eines leistungsgerechten Gesamtbetrags, eines leistungsgerechten krankenhausindividuellen Basisentgeltwerts und sonstiger leistungsgerechter krankenhausindividueller Entgelte, erstellen die Vertragsparteien auf Bundesebene einen leistungsbezogenen Vergleich. [2]In die Ermittlung der Ergebnisse des leistungsbezogenen Vergleichs sind insbesondere einzubeziehen

1. die der letzten Budgetvereinbarung zugrunde gelegten Leistungen,
2. die regionalen oder strukturellen Besonderheiten in der Leistungserbringung nach § 6 Absatz 2,
3. die vereinbarten Entgelte sowie
4. die personelle Ausstattung für die Erbringung der jeweiligen Leistungen.

[3]Auf der Grundlage der Daten nach Satz 2 und der Vorgaben der Vereinbarung nach § 9 Absatz 1 Nummer 9 sind als Ergebnisse des leistungsbezogenen Vergleichs insbesondere auszuweisen

1. nach Leistungen oder Leistungsgruppen differenzierend die Bandbreite der vereinbarten Entgelte und statistische Lage- und Streumaße zu diesen Entgelten,
2. die regionalen oder strukturellen Besonderheiten in der Leistungserbringung nach § 6 Absatz 2 sowie
3. der Umfang der personellen Ausstattung.

[4]Die Ergebnisse des leistungsbezogenen Vergleichs sind grundsätzlich bundes- und landesweit auszuweisen und unter gesonderter Berücksichtigung der Kinder- und Jugendpsychiatrie nach Fachgebieten zu untergliedern.

(2) [1]Die Krankenhäuser übermitteln die Daten nach Absatz 1 Satz 2 an das Institut für das Entgeltsystem im Krankenhaus. [2]Dieses ermittelt die Ergebnisse des leistungsbezogenen Vergleichs nach Absatz 1 Satz 3 und stellt sie den Vertragsparteien nach § 11 und den Beteiligten nach § 18 Absatz 1 Satz 2 des Krankenhausfinanzierungsgesetzes zur Verfügung. [3]Die Ergebnisse sind so rechtzeitig zu übermitteln, dass sie für die Vorklärung nach § 11 Absatz 5 genutzt werden können. [4]Kommt das Krankenhaus seiner Übermittlungspflicht nach Satz 1 nicht, nicht vollständig oder nicht fristgerecht nach, übermitteln die anderen Vertragsparteien nach § 11 Absatz 1 Satz 1 die Daten nach Absatz 1 Satz 2 auf dessen Anforderung an das Institut für das Entgeltsystem im Krankenhaus.

§ 5
Vereinbarung von Zu- und Abschlägen

(1) [1]Die nach § 9 Absatz 1 Nummer 3 vereinbarten Regelungen für bundeseinheitliche Zu- und Abschläge nach § 17d Absatz 2 Satz 4 des Krankenhausfinanzierungsgesetzes sind für die Vertragsparteien nach § 11 verbindlich. [2]Auf Antrag einer Vertragspartei ist zu prüfen, ob bei dem Krankenhaus die Voraussetzungen für einen Zu- oder Abschlag vorliegen. [3]Wurde für einen Tatbestand ein bundeseinheitlicher Zu- oder Abschlagsbetrag festgelegt, der für die Zwecke der Abrechnung gegenüber den Patientinnen und Patienten oder den Kostenträgern auf eine krankenhausindividuelle Bezugsgröße umgerechnet werden muss, so vereinbaren die Vertragsparteien gemäß den bundeseinheitlichen Vereinbarungen den sich daraus ergebenden krankenhausindividuellen Abrechnungsbetrag oder -prozentsatz.

(2) Für die Vereinbarung von Sicherstellungszuschlägen gilt § 17d Absatz 2 Satz 5 des Krankenhausfinanzierungsgesetzes.

(3) (aufgehoben)

(4) Für die Vereinbarung von befristeten Zuschlägen für die Finanzierung von Mehrkosten auf

Grund von Richtlinien des Gemeinsamen Bundesausschusses ist § 5 Absatz 3c des Krankenhausentgeltgesetzes entsprechend anzuwenden.

(5) Für die Vereinbarung eines Abschlags wegen Nichteinhaltung der Verpflichtung zum Anschluss an die Telematikinfrastruktur nach § 341 Absatz 7 Satz 1 des Fünften Buches Sozialgesetzbuch gilt § 5 Absatz 3e des Krankenhausentgeltgesetzes entsprechend.

(6) Für die Vereinbarung eines Zuschlags für das Speichern von Daten in einer elektronischen Patientenakte nach § 341 des Fünften Buches Sozialgesetzbuch gilt § 5 Absatz 3g des Krankenhausentgeltgesetzes entsprechend.

(7) [1]Die Vertragsparteien nach § 11 vereinbaren für die Zeit ab dem 1. Januar 2025 einen Abschlag in Höhe von bis zu 2 Prozent des Rechnungsbetrags für jeden voll- und teilstationären Fall, sofern ein Krankenhaus nicht sämtliche in § 19 Absatz 1 Satz 1 Nummer 2 bis 6 der Krankenhausstrukturfonds-Verordnung aufgezählten digitalen Dienste bereitstellt. [2]Zu- und Abschläge nach den Absätzen 3 bis 5 und nach § 7 Satz 1 Nummer 3 und Satz 3 sind bei der Berechnung des Abschlags nicht zu berücksichtigen. [3]Das Nähere zur Umsetzung des Abschlags regeln der Spitzenverband Bund der Krankenkassen und die Deutsche Krankenhausgesellschaft in der Vereinbarung nach § 377 Absatz 3 des Fünften Buches Sozialgesetzbuch. [4]Dabei haben sie auch Regelungen zu vereinbaren, die die konkrete Höhe des Abschlags danach festlegen, wie viele der in § 19 Absatz 1 Satz 1 Nummer 2 bis 6 der Krankenhausstrukturfonds-Verordnung aufgezählten digitalen Dienste nicht bereitgestellt sind und wie oft die bereitgestellten Dienste tatsächlich genutzt werden.

§ 6
Vereinbarung sonstiger Entgelte

(1) Für Leistungen, die mit den nach § 17d des Krankenhausfinanzierungsgesetzes auf Bundesebene bewerteten Entgelten noch nicht sachgerecht vergütet werden können, vereinbaren die Vertragsparteien nach § 11 tages-, fall- oder zeitraumbezogene Entgelte, sofern die Leistungen nach Feststellung der Vertragsparteien nach § 9 oder in einer Verordnung nach § 17d Absatz 6 Satz 1 Nummer 3 des Krankenhausfinanzierungsgesetzes von der Anwendung der auf Bundesebene bewerteten Entgelte ausgenommen sind.

(2) [1]Für regionale oder strukturelle Besonderheiten in der Leistungserbringung, die nicht bereits mit den Entgelten nach § 7 Satz 1 Nummer 1 bis 3 und 5 sachgerecht vergütet werden, vereinbaren die Vertragsparteien nach § 11 tages-, fall- oder zeitraumbezogene Entgelte oder ergänzende Zuschläge; hierzu hat das Krankenhaus die Besonderheiten und die damit verbundenen Zusatzkosten darzulegen. [2]Nach der Vereinbarung eines Entgelts für eine regionale oder strukturelle Besonderheit in der Leistungserbringung haben die an der Vereinbarung beteiligten gesetzlichen Krankenkassen Art und Höhe des Entgelts an das Institut für das Entgeltsystem im Krankenhaus zu melden; dabei haben sie auch die der Vereinbarung zugrunde liegenden Kalkulationsunterlagen und die vom Krankenhaus vorzulegende Darlegung der Besonderheit zu übermitteln.

(3) [1]Die Entgelte nach den Absätzen 1 und 2 sind sachgerecht zu kalkulieren. [2]Das Krankenhaus hat die Empfehlungen nach § 9 Absatz 1 Nummer 4 zu beachten und den anderen Vertragsparteien nach § 11 entsprechende Kalkulationsunterlagen vorzulegen. [3]In eng begrenzten Ausnahmefällen vereinbaren die Vertragsparteien Zusatzentgelte.

(4) [1]Für die Vergütung neuer Untersuchungs- und Behandlungsmethoden, die mit den nach § 17d des Krankenhausfinanzierungsgesetzes auf Bundesebene bewerteten Entgelten noch nicht sachgerecht vergütet werden können und nicht gemäß § 137c des Fünften Buches Sozialgesetzbuch von der Finanzierung ausgeschlossen worden sind, sollen die Vertragsparteien nach § 11 erstmals für das Kalenderjahr 2020 zeitlich befristete Entgelte außerhalb des Gesamtbetrags nach § 3 Absatz 3 vereinbaren. [2]Für die Einzelheiten des Verfahrens ist § 6 Absatz 2 Satz 2 bis 10 des Krankenhausentgeltgesetzes entsprechend anzuwenden.

(5) Werden krankenhausindividuelle Entgelte nach Absatz 1, Absatz 2 oder Absatz 3 Satz 3 vereinbart, so ist für diese Entgelte im Rahmen des Gesamtbetrags nach § 3 Absatz 2 oder Absatz 3 eine Erlössumme zu bilden.

Dritter Abschnitt

Entgeltarten und Abrechnung

§ 7
Entgelte für allgemeine Krankenhausleistungen

[1]Die allgemeinen Krankenhausleistungen werden gegenüber den Patientinnen und Patienten oder ihren Kostenträgern mit folgenden Entgelten abgerechnet:

1. mit Bewertungsrelationen bewertete Entgelte nach dem auf Bundesebene vereinbarten Entgeltkatalog (§ 9),
2. Zusatzentgelte nach dem auf Bundesebene vereinbarten Entgeltkatalog (§ 9),
3. Ausbildungszuschlag (§ 17a Absatz 6 des Krankenhausfinanzierungsgesetzes sowie § 33 Absatz 3 Satz 1 des Pflegeberufegesetzes) und sonstige Zu- und Abschläge (§ 17d Absatz 2 Satz 4 und 5 des Krankenhausfinanzierungsgesetzes und Qualitätssicherungsabschläge nach § 8 Absatz 3),
4. Entgelte für Leistungen, die noch nicht von den auf Bundesebene vereinbarten Entgelten erfasst werden (§ 6 Absatz 1 oder Absatz 3 Satz 3), und für regionale oder strukturelle Besonderheiten in der Leistungserbringung (§ 6 Absatz 2),
5. Entgelte für neue Untersuchungs- und Behandlungsmethoden, die noch nicht in die Entgeltkataloge nach § 9 aufgenommen worden sind (§ 6 Absatz 4).

[2]Mit diesen Entgelten werden alle für die Versorgung der Patientinnen und Patienten erforderlichen allgemeinen Krankenhausleistungen vergütet. [3]Darüber hinaus werden folgende Zuschläge abgerechnet:

1. der DRG-Systemzuschlag nach § 17b Absatz 5 des Krankenhausfinanzierungsgesetzes,
2. der Systemzuschlag für den Gemeinsamen Bundesausschuss und das Institut für Qualität und Wirtschaftlichkeit im Gesundheitswesen nach § 91 Absatz 3 Satz 1 in Verbindung mit § 139c des Fünften Buches Sozialgesetzbuch und
3. der Telematikzuschlag nach § 377 Absatz 1 und 2 des Fünften Buches Sozialgesetzbuch.

§ 8
Berechnung der Entgelte

(1) [1]Die Entgelte für allgemeine Krankenhausleistungen sind für alle Patientinnen und Patienten des Krankenhauses einheitlich zu berechnen; § 17 Absatz 5 des Krankenhausfinanzierungsgesetzes bleibt unberührt. [2]Bei Patientinnen und Patienten, die im Rahmen einer klinischen Studie behandelt werden, sind die Entgelte für allgemeine Krankenhausleistungen nach § 7 zu berechnen; dies gilt auch bei klinischen Studien mit Arzneimitteln. [3]Die Entgelte dürfen nur im Rahmen des Versorgungsauftrags berechnet werden; dies gilt nicht für die Behandlung von Notfallpatientinnen und -patienten. [4]Der Versorgungsauftrag des Krankenhauses ergibt sich

1. bei einem Plankrankenhaus aus den Festlegungen des Krankenhausplans in Verbindung mit den Bescheiden zu seiner Durchführung nach § 6 Absatz 1 in Verbindung mit § 8 Absatz 1 Satz 3 des Krankenhausfinanzierungsgesetzes sowie aus einer ergänzenden Vereinbarung nach § 109 Absatz 1 Satz 4 des Fünften Buches Sozialgesetzbuch,
2. bei einer Hochschulklinik aus der Anerkennung nach den landesrechtlichen Vorschriften, aus dem Krankenhausplan nach § 6 Absatz 1 des Krankenhausfinanzierungsgesetzes sowie aus einer ergänzenden Vereinbarung nach § 109 Absatz 1 Satz 4 des Fünften Buches Sozialgesetzbuch,
3. bei anderen Krankenhäusern aus dem Versorgungsvertrag nach § 108 Nummer 3 des Fünften Buches Sozialgesetzbuch.

(2) [1]Tagesbezogene Entgelte für voll- oder teilstationäre Leistungen werden für den Aufnahmetag und jeden weiteren Tag des Krankenhausaufenthalts berechnet (Berechnungstag); der Verlegungstag, der nicht zugleich Aufnahmetag ist, wird nur bei teilstationärer Behandlung berechnet. [2]Satz 1 erster Halbsatz gilt entsprechend bei internen Verlegungen; wird ein Patient oder eine Patientin an einem Tag mehrfach intern verlegt, berechnet nur die zuletzt aufnehmende Abteilung das tagesbezogene Entgelt. [3]Für die zusätzlich zu tagesbezogenen Entgelten berechenbaren Entgelte gelten die Vorgaben des § 8 Absatz 2 Satz 3 Nummer 1, 2 und 4 des Krankenhausentgeltgesetzes entsprechend. [4]Sofern fallbezogene Entgelte zu berechnen sind, gelten die Vorgaben des § 8 Absatz 2 Satz 3, Absatz 5 und 6 des Kranken-

hausentgeltgesetzes entsprechend. [5]Näheres oder Abweichendes wird von den Vertragsparteien nach § 17b Absatz 2 Satz 1 des Krankenhausfinanzierungsgesetzes vereinbart oder in einer Rechtsverordnung nach § 17d Absatz 6 des Krankenhausfinanzierungsgesetzes geregelt. [6]Für die Patientinnen und Patienten von Belegärzten werden gesonderte Entgelte berechnet.

(3) [1]Hält das Krankenhaus seine Verpflichtungen zur Qualitätssicherung nicht ein, so sind von den Entgelten nach § 7 Satz 1 Nummer 1 und 2 Abschläge nach § 137 Absatz 1 oder Absatz 2 des Fünften Buches Sozialgesetzbuch vorzunehmen. [2]Entgelte für Leistungen dürfen nicht berechnet werden, wenn die Prüfung nach § 275d des Fünften Buches Sozialgesetzbuch ergibt, dass die für die Leistungserbringung maßgeblichen Strukturmerkmale nicht erfüllt werden.

(4) [1]Das Krankenhaus kann von Patientinnen und Patienten eine angemessene Vorauszahlung verlangen, soweit ein Krankenversicherungsschutz nicht nachgewiesen wird. [2]Ab dem achten Tag des Krankenhausaufenthalts kann das Krankenhaus eine angemessene Abschlagszahlung verlangen, deren Höhe sich an den bisher erbrachten Leistungen in Verbindung mit den voraussichtlich zu zahlenden Entgelten orientiert. [3]Die Sätze 1 bis 2 gelten nicht, soweit andere Regelungen über eine zeitnahe Vergütung der allgemeinen Krankenhausleistungen in für das Krankenhaus verbindlichen Regelungen nach den §§ 112 bis 114 des Fünften Buches Sozialgesetzbuch oder in der Vereinbarung nach § 11 Absatz 1 getroffen werden.

(5) [1]Das Krankenhaus hat selbstzahlenden Patientinnen und Patienten oder deren gesetzlichem Vertreter die voraussichtlich maßgebenden Entgelte so bald wie möglich schriftlich oder elektronisch bekannt zu geben, es sei denn, die Patientin oder der Patient ist in vollem Umfang für die Krankenhausbehandlung versichert. [2]Im Übrigen kann jede Patientin und jeder Patient verlangen, dass die voraussichtlich abzurechnenden Entgelte unverbindlich mitgeteilt werden. [3]Stehen bei der Aufnahme einer selbstzahlenden Patientin oder eines selbstzahlenden Patienten die Entgelte noch nicht endgültig fest, so ist hierauf hinzuweisen. [4]Dabei ist mitzuteilen, dass das zu zahlende Entgelt sich erhöht, wenn das neue Entgelt während der stationären Behandlung der Patientin oder des Patienten in Kraft tritt. [5]Die voraussichtliche Erhöhung ist anzugeben.

(6) Hat nach dem Ergebnis einer Prüfung nach § 275c Absatz 1 des Fünften Buches Sozialgesetzbuch eine vollstationäre Behandlungsbedürftigkeit nicht vorgelegen, sind die vom Krankenhaus erbrachten Leistungen nach den für vorstationäre Behandlungen nach § 115a des Fünften Buches Sozialgesetzbuch getroffenen Vereinbarungen zu vergüten, soweit keine andere Möglichkeit zur Abrechnung der erbrachten Leistung besteht.

(7) [1]Das Krankenhaus berechnet bei Patientinnen und Patienten, die im Zeitraum vom 1. Mai 2020 bis zum 31. Dezember 2020 zur voll- oder teilstationären Krankenhausbehandlung in das Krankenhaus aufgenommen werden, einen Zuschlag in Höhe von 0,42 Prozent des Rechnungsbetrags und weist diesen gesondert in der Rechnung aus. [2]Der Zuschlag wird bei der Ermittlung der Erlösausgleiche nicht berücksichtigt.

Vierter Abschnitt

Vereinbarungsverfahren

§ 9
Vereinbarung auf Bundesebene

(1) Der Spitzenverband Bund der Krankenkassen und der Verband der privaten Krankenversicherung gemeinsam vereinbaren mit der Deutschen Krankenhausgesellschaft (Vertragsparteien auf Bundesebene) mit Wirkung für die Vertragsparteien nach § 11 insbesondere

1. einen Katalog nach § 17d Absatz 1 des Krankenhausfinanzierungsgesetzes mit insbesondere tagesbezogenen Entgelten einschließlich der Bewertungsrelationen sowie in geeigneten Fällen Regelungen zu Zu- oder Abschlägen, die nach Über- oder Unterschreitung erkrankungstypischer Behandlungszeiten vorzunehmen sind,

2. einen Katalog ergänzender Zusatzentgelte nach § 17d Absatz 2 Satz 2 des Krankenhausfinanzierungsgesetzes einschließlich der Vergütungshöhe,

3. die Abrechnungsbestimmungen für die Entgelte nach den Nummern 1 und 2 sowie die Regelungen zu Zu- und Abschlägen; 9 Absatz 1a Nummer 1, 2 und 5 des Krankenhausentgeltgesetzes gilt entsprechend,

4. Empfehlungen für die Kalkulation und die krankenhausindividuelle Vergütung von Leis-

tungen, von regionalen oder strukturellen Besonderheiten in der Leistungserbringung und von neuen Untersuchungs- und Behandlungsmethoden, für die nach § 6 gesonderte Entgelte vereinbart werden können,

5. bis zum 31. Oktober jeden Jahres den Veränderungswert nach Maßgabe des § 10 Absatz 6 Satz 2 oder Satz 3 des Krankenhausentgeltgesetzes, wobei bereits anderweitig finanzierte Kostensteigerungen zu berücksichtigen sind, soweit dadurch die Veränderungsrate nach § 71 Absatz 3 des Fünften Buches Sozialgesetzbuch nicht unterschritten wird; im Falle des § 10 Absatz 6 Satz 3 des Krankenhausentgeltgesetzes ist die Veränderungsrate nach § 71 Absatz 3 des Fünften Buches Sozialgesetzbuch um 40 Prozent dieser Differenz zu erhöhen,

6. den einheitlichen Aufbau der Datensätze und das Verfahren für die Übermittlung der Daten nach § 11 Absatz 4 Satz 1 und erstmals bis zum 26. Januar 2023 das Nähere zur Dokumentation des Eingangs von Daten, Unterlagen und Auskünften und zur Abrechnung des Abschlags nach § 11 Absatz 4 Satz 5 sowie die Weiterentwicklung der von den Vertragsparteien auf Bundesebene vereinbarten Aufstellung der Entgelte und Budgetermittlung, wobei den Zwecken des leistungsbezogenen Vergleichs nach § 4 Rechnung zu tragen ist,

7. erstmals zum 31. März 2017 und ab 2018 bis zum 28. Februar jeden Jahres die Beschreibung von Leistungen, die für den Zweck des Vergütungssystems nach § 17d des Krankenhausfinanzierungsgesetzes in den Prozedurenschlüssel nach § 301 Absatz 2 des Fünften Buches Sozialgesetzbuch einzuführen sind, sowie die Benennung von Schlüsseln, die zu streichen sind, da sie sich für diesen Zweck als nicht erforderlich erwiesen haben; das Bundesinstitut für Arzneimittel und Medizinprodukte soll erforderliche Änderungen im Prozedurenschlüssel nach § 301 Absatz 2 des Fünften Buches Sozialgesetzbuch zum nächstmöglichen Zeitpunkt umsetzen,

8. bis zum 31. März 2017 die Ausgestaltung des Nachweises nach § 18 Absatz 2 Satz 2 und 3, insbesondere den einheitlichen Aufbau der Datensätze sowie das Verfahren für die Übermittlung der Daten,

9. bis zum 1. Januar 2019 auf der Grundlage eines Konzepts des Instituts für das Entgeltsystem im Krankenhaus die näheren Einzelheiten des leistungsbezogenen Vergleichs nach § 4, insbesondere zu dessen Ausgestaltung, Organisation, Durchführung, Finanzierung und Anwendung; in die Vereinbarung ist eine Regelung zum Verfahren für die Übermittlung der Daten nach § 4 Absatz 1 Satz 2 an das Institut für das Entgeltsystem im Krankenhaus zum Zweck der Ermittlung der Ergebnisse des leistungsbezogenen Vergleichs und zum Verfahren für die Übermittlung der Ergebnisse des leistungsbezogenen Vergleichs nach § 4 Absatz 1 Satz 3 an die Vertragsparteien nach § 11 und die Beteiligten nach § 18 Absatz 1 Satz 2 des Krankenhausfinanzierungsgesetzes aufzunehmen.

(2) [1]Kommt eine Vereinbarung zu Absatz 1 Nummer 1 und 2 sowie die Abrechnungsbestimmungen nach Nummer 3 ganz oder teilweise nicht zustande, gilt § 17d Absatz 6 des Krankenhausfinanzierungsgesetzes. [2]In den übrigen Fällen entscheidet auf Antrag einer Vertragspartei die Schiedsstelle nach § 18a Absatz 6 des Krankenhausfinanzierungsgesetzes; eine Entscheidung zu Absatz 1 Nummer 5 hat die Schiedsstelle bis zum 15. November des jeweiligen Jahres zu treffen.

§ 10
Vereinbarung auf Landesebene

(aufgehoben)

§ 11
Vereinbarung für das einzelne Krankenhaus

(1) [1]Nach Maßgabe der §§ 3 bis 6 und unter Beachtung des Versorgungsauftrags des Krankenhauses nach § 8 Absatz 1 Satz 3 und 4 sowie unter Beachtung der Prüfergebnisse nach § 275d des Fünften Buches Sozialgesetzbuch regeln die Vertragsparteien nach § 18 Absatz 2 des Krankenhausfinanzierungsgesetzes (Vertragsparteien) in der Vereinbarung den Gesamtbetrag, das Erlösbudget, die Summe der Bewertungsrelationen, den krankenhausindividuellen Basisentgeltwert, die Erlössumme, die sonstigen Entgelte, die Zu- und Abschläge und die Mehr- und Mindererlösausgleiche. [2]Die Vereinbarung ist für einen zukünftigen Zeitraum (Vereinbarungszeitraum) zu treffen. [3]Die Vereinbarung muss auch Bestimmungen enthalten, die eine zeitnahe Zahlung der Entgelte an das Krankenhaus gewährleisten; hierzu sollen insbesondere Regelungen zu angemessenen monatlichen Teilzahlungen und Verzugs-

zinsen bei verspäteter Zahlung getroffen werden. [4]Die Vereinbarung kommt durch Einigung zwischen den Vertragsparteien zustande, die an der Verhandlung teilgenommen haben; sie ist schriftlich oder elektronisch abzuschließen und unter Verwendung der in Absatz 4 Satz 1 genannten Unterlagen auf maschinenlesbaren Datenträgern zu dokumentieren. [5]In der Vereinbarung ist zu regeln, dass Mittel, die nicht zweckentsprechend für die Finanzierung der Tariferhöhungen von Pflegepersonal verwendet wurden, zurückzuzahlen sind.

(2) [1]Der Vereinbarungszeitraum beträgt ein Kalenderjahr, wenn das Krankenhaus ganzjährig betrieben wird. [2]Ein Zeitraum, der mehrere Kalenderjahre umfasst, kann vereinbart werden.

(3) [1]Die Vertragsparteien nehmen die Verhandlung unverzüglich auf, nachdem eine Vertragspartei dazu schriftlich oder elektronisch aufgefordert hat. [2]Die Verhandlung soll unter Berücksichtigung der Sechswochenfrist des § 18 Absatz 4 des Krankenhausfinanzierungsgesetzes so rechtzeitig abgeschlossen werden, dass das neue Budget und die neuen Entgelte mit Ablauf des Jahres, das dem Jahr vorausgeht, für das die Vereinbarung gelten soll, in Kraft treten können.

(4) [1]Der Krankenhausträger übermittelt zur Vorbereitung der Verhandlung spätestens bis zum 31. Dezember des Jahres, das dem Jahr vorausgeht, für das die Vereinbarung gelten soll, den anderen Vertragsparteien, den in § 18 Absatz 1 Satz 2 des Krankenhausfinanzierungsgesetzes genannten Beteiligten und der zuständigen Landesbehörde

1. ab dem krankenhausindividuellen Einführungsjahr des Vergütungssystems und bis einschließlich des Jahres 2019 die Unterlagen der Vereinbarung nach § 9 Absatz 1 Nummer 6 in ihrer jeweils aktuellen Fassung sowie die Leistungs- und Kalkulationsaufstellung nach Anlage 1 in der am 31. Dezember 2012 geltenden Fassung mit Ausnahme der Abschnitte V1, V4, L4 und K4,

2. für die Jahre ab 2020 die Unterlagen der Vereinbarung nach § 9 Absatz 1 Nummer 6 in ihrer jeweils aktuellen Fassung,

3. den Nachweis, dass die zusätzlichen Mittel für Tariferhöhungen von Pflegepersonal zweckentsprechend für die Finanzierung des Pflegepersonals verwendet wurden.

[2]Die Daten sind auf maschinenlesbaren Datenträgern vorzulegen. [3]Die anderen Vertragsparteien nach § 18 Absatz 2 Nummer 1 und 2 des Krankenhausfinanzierungsgesetzes können innerhalb von sechs Wochen nach Vorlage der Daten gemeinsam einmalig die Vorlage von zusätzlichen Unterlagen und die Erteilung von Auskünften verlangen, soweit dies zur Beurteilung der Leistungen des Krankenhauses im Rahmen seines Versorgungsauftrags im Einzelfall erforderlich ist und wenn der zu erwartende Nutzen den verursachten Aufwand deutlich übersteigt. [4]Das Krankenhaus hat innerhalb von sechs Wochen nach Eingang des Verlangens nach Satz 3 die zusätzlichen Unterlagen vorzulegen und die Auskünfte zu erteilen. [5]Die anderen Vertragsparteien nach § 18 Absatz 2 Nummer 1 und 2 des Krankenhausfinanzierungsgesetzes vereinbaren für die Zeit vom 1. Juli des Jahres, für das die Vereinbarung nach Absatz 1 Satz 1 gelten soll, bis einen Monat nach der Vereinbarung nach Absatz 1 Satz 1 oder nach der Festsetzung nach § 13 Absatz 1 oder Absatz 3 einen Abschlag in Höhe von 1 Prozent des Rechnungsbetrags für jeden voll- oder teilstationären Fall, sofern der Krankenhausträger seinen Pflichten nach Satz 1 oder Satz 4 nicht nachkommt und die anderen Vertragsparteien für die Zeit vor einer möglichen Erhebung eines Abschlags dem Krankenhaus mindestens drei zumutbare Termine für die Verhandlung angeboten haben. [6]Der Zeitpunkt des Abschlusses der Vereinbarung nach Absatz 1 Satz 1 ist von den Vertragsparteien schriftlich oder elektronisch zu dokumentieren; bei einer Festsetzung nach § 13 Absatz 1 oder Absatz 3 gilt das Datum der Entscheidung der Schiedsstelle. [7]Die Genehmigung des vereinbarten Abschlags ist von den anderen Vertragsparteien nach § 18 Absatz 2 Nummer 1 und 2 des Krankenhausfinanzierungsgesetzes bei der für die Krankenhausplanung zuständigen Landesbehörde zu beantragen. [8]Die anderen Vertragsparteien nach § 18 Absatz 2 Nummer 1 und 2 des Krankenhausfinanzierungsgesetzes haben den Krankenhausträger und die Schiedsstelle nach § 18a Absatz 1 des Krankenhausfinanzierungsgesetzes zum Zeitpunkt der Antragstellung über den Antrag zu informieren. [9]Die für die Krankenhausplanung zuständige Landesbehörde genehmigt die Erhebung des Abschlags innerhalb von vier Wochen ab dem Eingang des Antrags, wenn die Vereinbarung dem geltenden Recht entspricht.

(5) Die Vertragsparteien sind verpflichtet, wesentliche Fragen zum Versorgungsauftrag und zur

Leistungsstruktur des Krankenhauses, einschließlich regionaler oder struktureller Besonderheiten in der Leistungserbringung, sowie zur Höhe der Zu- und Abschläge nach § 5 so frühzeitig gemeinsam vorzuklären, dass die Verhandlung zügig durchgeführt werden kann.

(6) [1]Für die Vereinbarungszeiträume bis einschließlich des Vereinbarungszeitraums 2025, für die bis zum 29. Dezember 2022 noch keine Vereinbarung nach Absatz 1 Satz 1 geschlossen wurde, sind von dem Krankenhausträger die in Absatz 4 Satz 1 genannten Daten zu übermitteln

1. bis zum 31. Oktober 2023 für die Vereinbarungszeiträume bis einschließlich des Vereinbarungszeitraums 2021,
2. bis zum 31. März 2024 für den Vereinbarungszeitraum 2022,
3. bis zum 30. September 2024 für den Vereinbarungszeitraum 2023,
4. bis zum 31. März 2025 für den Vereinbarungszeitraum 2024 und
5. bis zum 30. September 2025 für den Vereinbarungszeitraum 2025.

[2]Für die Vorlage der Unterlagen und für die Erteilung von Auskünften gilt Absatz 4 Satz 2 bis 9 mit der Maßgabe, dass der Abschlag nach Absatz 4 Satz 5 wie folgt zu vereinbaren ist:

1. im Fall von Satz 1 Nummer 1 vom 1. Mai 2024 an,
2. im Fall von Satz 1 Nummer 2 vom 1. Oktober 2024 an,
3. im Fall von Satz 1 Nummer 3 vom 1. April 2025 an,
4. im Fall von Satz 1 Nummer 4 vom 1. Oktober 2025 an und
5. im Fall von Satz 1 Nummer 5 vom 1. April 2026 an.

[3]§ 13 Absatz 1, 2 und 3 Satz 3 gilt entsprechend.

§ 12 Vorläufige Vereinbarung

[1]Können sich die Vertragsparteien insbesondere über die Höhe des Gesamtbetrags, des Erlösbudgets, des krankenhausindividuellen Basisentgeltwerts oder über die Höhe sonstiger Entgelte nicht einigen und soll deswegen die Schiedsstelle nach § 13 angerufen werden, schließen die Vertragsparteien eine Vereinbarung, soweit die Höhe unstrittig ist. [2]Die auf dieser Vereinbarung beruhenden Entgelte sind so lange zu erheben, bis die endgültig maßgebenden Entgelte verbindlich werden. [3]Mehr- oder Mindererlöse des Krankenhauses infolge der erhobenen vorläufigen Entgelte werden durch Zu- oder Abschläge auf die Entgelte des laufenden oder eines folgenden Vereinbarungszeitraums ausgeglichen.

§ 13 Schiedsstelle

(1) [1]Kommt eine Vereinbarung nach § 11 ganz oder teilweise nicht zustande, entscheidet die Schiedsstelle nach § 18a Abs. 1 des Krankenhausfinanzierungsgesetzes auf Antrag einer der in § 11 genannten Vertragsparteien. [2]Sie ist dabei an die für die Vertragsparteien geltenden Rechtsvorschriften gebunden.

(2) Die Schiedsstelle entscheidet innerhalb von sechs Wochen über die Gegenstände, über die keine Einigung erreicht werden konnte.

(3) [1]Kommt eine Vereinbarung nach § 11 für Vereinbarungszeiträume ab dem Vereinbarungszeitraum 2026 nicht bis zum 31. Juli des Jahres, für das die Vereinbarung gelten soll, zustande, legt die Schiedsstelle nach § 18a Absatz 1 des Krankenhausfinanzierungsgesetzes den Inhalt der Vereinbarung abweichend von Absatz 1 ohne Antrag einer Vertragspartei innerhalb von sechs Wochen ab dem 1. August des Jahres fest. [2]Die Fristen nach Satz 1 verlängern sich jeweils um sechs Wochen, wenn die Vertragsparteien nach § 18 Absatz 2 des Krankenhausfinanzierungsgesetzes vor Ablauf der Frist nach Satz 1 gegenüber der Schiedsstelle gemeinsam schriftlich oder elektronisch anzeigen, dass sie innerhalb der solchermaßen verlängerten Frist eine Vereinbarung nach § 11 abschließen werden. [3]Die im Schiedsverfahren zu berücksichtigenden Daten, Unterlagen und Auskünfte des Krankenhausträgers oder der anderen Vertragsparteien nach § 18 Absatz 2 des Krankenhausfinanzierungsgesetzes sind innerhalb der in § 11 Absatz 4 Satz 1 und 4 genannten Fristen zu übermitteln, vorzulegen oder zu erteilen; nach Ablauf dieser Fristen übermittelte, vorgelegte oder erteilte Daten, Unterlagen und Auskünfte dürfen von der Schiedsstelle nicht berücksichtigt oder im Falle von Klagen gegen die Genehmigung des Beschlusses der Schiedsstelle von dem Gericht nicht zugelassen

werden, wenn die Zulassung nach der freien Überzeugung der Schiedsstelle oder des Gerichts die Erledigung des Rechtsstreits verzögern würde und die Nichteinhaltung der Fristen auf von dem Krankenhausträger oder von einer der anderen Vertragsparteien nach § 18 Absatz 2 des Krankenhausfinanzierungsgesetzes zu vertretenden Gründen beruht.

§ 14
Genehmigung

(1) [1]Die Genehmigung des vereinbarten oder von der Schiedsstelle nach § 13 festgesetzten krankenhausindividuellen Basisentgeltwerts, des Erlösbudgets, der Erlössumme, der sonstigen Entgelte und der krankenhausindividuell ermittelten Zu- und Abschläge ist von einer der Vertragsparteien bei der zuständigen Landesbehörde zu beantragen. [2]Die zuständige Landesbehörde erteilt die Genehmigung, wenn die Vereinbarung oder Festsetzung den Vorschriften dieser Verordnung sowie sonstigem Recht entspricht.

(2) [1]Die Vertragsparteien und die Schiedsstellen haben der zuständigen Landesbehörde die Unterlagen vorzulegen und die Auskünfte zu erteilen, die für die Prüfung der Rechtmäßigkeit erforderlich sind. [2]Im Übrigen sind die für die Vertragsparteien bezüglich der Vereinbarung geltenden Rechtsvorschriften entsprechend anzuwenden. [3]Die Genehmigung kann mit Nebenbestimmungen verbunden werden, soweit dies erforderlich ist, um rechtliche Hindernisse zu beseitigen, die einer uneingeschränkten Genehmigung entgegenstehen.

(3) Wird die Genehmigung eines Schiedsspruches versagt, ist die Schiedsstelle auf Antrag verpflichtet, unter Beachtung der Rechtsauffassung der Genehmigungsbehörde erneut zu entscheiden.

(4) (aufgehoben)

§ 15
Laufzeit

(1) [1]Die mit Bewertungsrelationen bewerteten Entgelte und sonstigen Entgelte werden in der für das Kalenderjahr vereinbarten krankenhausindividuellen Höhe vom Beginn des neuen Vereinbarungszeitraums an erhoben. [2]Wird die Vereinbarung erst nach diesem Zeitpunkt genehmigt, so sind die Entgelte ab dem ersten Tag des Monats zu erheben, der auf die Genehmigung folgt, sofern in der Vereinbarung oder Schiedsstellenentscheidung kein anderer zukünftiger Zeitpunkt bestimmt ist. [3]Bis dahin sind die bisher geltenden Entgelte weiter zu erheben; dies gilt auch bei der Einführung des Vergütungssystems nach § 17d des Krankenhausfinanzierungsgesetzes im Jahr 2013, 2014, 2015, 2016, 2017 oder 2018. [4]Sie sind jedoch um die darin enthaltenen Ausgleichsbeträge zu bereinigen, wenn und soweit dies in der bisherigen Vereinbarung oder Festsetzung so bestimmt worden ist.

(2) [1]Mehr- oder Mindererlöse infolge der Weitererhebung der bisherigen Entgelte werden durch Zu- und Abschläge auf die im restlichen Vereinbarungszeitraum zu erhebenden neuen Entgelte ausgeglichen. [2]Wird der Ausgleichsbetrag durch die Erlöse aus diesen Zu- und Abschlägen im restlichen Vereinbarungszeitraum über- oder unterschritten, so wird der abweichende Betrag über die Entgelte des nächsten Vereinbarungszeitraums ausgeglichen; es ist ein einfaches Ausgleichsverfahren zu vereinbaren. [3]Würden die Entgelte durch diesen Ausgleich und einen Betrag nach § 3 Absatz 9 insgesamt um mehr als 30 Prozent erhöht, sind übersteigende Beträge bis jeweils zu dieser Grenze in nachfolgenden Budgets auszugleichen. [4]Ein Ausgleich von Mindererlösen entfällt, soweit die verspätete Genehmigung der Vereinbarung von dem Krankenhaus zu vertreten ist. [5]Die Sätze 1 bis 3 sind auch auf erstmalig vereinbarte Entgelte nach § 6 Absatz 4 anzuwenden.

Fünfter Abschnitt

Sonstige Vorschriften

§ 16
Gesondert berechenbare ärztliche und andere Leistungen

[1]Die Berechnung belegärztlicher Leistungen richtet sich nach § 18 des Krankenhausentgeltgesetzes. [2]Die Vereinbarung und Berechnung von Wahlleistungen auch für stationsäquivalente Behandlung richten sich nach den §§ 17 und 19 des Krankenhausentgeltgesetzes.

§ 17
Zuständigkeit der Krankenkassen auf Landesebene

Die in dieser Verordnung den Landesverbänden der Krankenkassen zugewiesenen Aufgaben nehmen für die Ersatzkassen die nach § 212 Abs. 5 des Fünften Buches Sozialgesetzbuch benannten Bevollmächtigten, für die knappschaftliche

Krankenversicherung die Deutsche Rentenversicherung Knappschaft-Bahn-See und für die Krankenversicherung der Landwirte die Sozialversicherung für Landwirtschaft, Forsten und Gartenbau wahr.

§ 18
Übergangsvorschriften

(1) Krankenhäuser, die in den Jahren 2013, 2014, 2015, 2016 oder 2017 nach § 3 Absatz 1 Satz 2 das Vergütungssystem nach § 17d des Krankenhausfinanzierungsgesetzes nicht einführen, haben in diesen Jahren die Bundespflegesatzverordnung in der am 31. Dezember 2012 geltenden Fassung mit der Maßgabe anzuwenden, dass

1. anstelle der Veränderungsrate nach § 6 Absatz 1 Satz 3 ab dem Jahr 2013 der Veränderungswert nach § 9 Absatz 1 Nummer 5 der Bundespflegesatzverordnung in der ab dem 1. Januar 2013 jeweils geltenden Fassung als maßgebliche Rate für den Anstieg des Gesamtbetrags gilt,
2. § 6 Absatz 2 zum 31. Dezember 2012 aufgehoben wird,
3. § 15 Absatz 1 Satz 1 letztmalig für das Jahr 2012 gilt,
4. § 3 Absatz 4 Satz 1 auf Leistungen für Empfänger von Gesundheitsleistungen nach dem Asylbewerberleistungsgesetz entsprechend anzuwenden ist, wobei das Verlangen für im Jahr 2015 zusätzlich erbrachte Leistungen für Empfänger von Gesundheitsleistungen nach dem Asylbewerberleistungsgesetz, die in einem nachfolgenden Vereinbarungszeitraum zu Mehrerlösausgleichen führen, nachträglich geäußert werden kann und
5. § 3 Absatz 4 in der ab dem 1. Januar 2017 jeweils geltenden Fassung entsprechend anzuwenden ist.

(2) [1]Für die Jahre 2013 bis 2019 haben die Krankenhäuser, die eine Vereinbarung nach § 6 Absatz 4 in der am 31. Dezember 2012 geltenden Fassung abschließen, den anderen Vertragsparteien nach § 11 eine Bestätigung des Jahresabschlussprüfers über die tatsächliche jahresdurchschnittliche Stellenbesetzung in Vollkräften sowie über die zweckentsprechende Mittelverwendung vorzulegen; nicht zweckentsprechend verwendete Mittel sind zurückzuzahlen. [2]Für die Jahre 2016, 2017, 2018 und 2019 hat das Krankenhaus dem Institut für das Entgeltsystem im Krankenhaus und den anderen Vertragsparteien nach § 11 nachzuweisen, inwieweit die Vorgaben der Psychiatrie-Personalverordnung zur Zahl der Personalstellen eingehalten werden. [3]Für die Jahre ab 2020 hat das Krankenhaus dem Institut für das Entgeltsystem im Krankenhaus und den anderen Vertragsparteien nach § 11 die Einhaltung der von dem Gemeinsamen Bundesausschuss nach § 136a Absatz 2 des Fünften Buches Sozialgesetzbuch festgelegten Vorgaben zur Ausstattung mit dem für die Behandlung erforderlichen therapeutischen Personal sowie eine darüber hinausgehende, im Gesamtbetrag vereinbarte Besetzung mit therapeutischem Personal nachzuweisen. [4]Für den Nachweis nach den Sätzen 2 und 3 hat das Krankenhaus eine Bestätigung des Jahresabschlussprüfers über die zweckentsprechende Mittelverwendung vorzulegen. [5]Aus dem Nachweis nach den Sätzen 2 und 3 müssen insbesondere die vereinbarte Stellenbesetzung in Vollkräften, die tatsächliche jahresdurchschnittliche Stellenbesetzung in Vollkräften, jeweils gegliedert nach Berufsgruppen, sowie der Umsetzungsgrad der personellen Anforderungen hervorgehen. [6]Das Krankenhaus übermittelt den Nachweis nach den Sätzen 2 und 3 zum 31. März jeden Jahres für das jeweils vorangegangene Kalenderjahr an die anderen Vertragsparteien nach § 11 und an das Institut für das Entgeltsystem im Krankenhaus für die Weiterentwicklung des Entgeltsystems nach § 17d des Krankenhausfinanzierungsgesetzes und für die Ermittlung der Ergebnisse des leistungsbezogenen Vergleichs nach § 4; die Angaben für das Jahr 2016 sind bis zum 1. August 2017 zu übermitteln.

(3) [1]Soweit der Nachweis nach Absatz 2 Satz 2 bei der tatsächlichen jahresdurchschnittlichen Stellenbesetzung für das Jahr 2016 eine Unterschreitung der Vorgaben der Psychiatrie-Personalverordnung zur Zahl der Personalstellen ausweist, ist der Gesamtbetrag nach § 3 Absatz 2 für die Jahre 2017 bis 2019 in Höhe der entstehenden Kosten für zusätzlich zu besetzende Stellen zur Erreichung der Vorgaben der Psychiatrie-Personalverordnung zu erhöhen. [2]Die Begrenzung des Anstiegs des Gesamtbetrags durch den Veränderungswert nach § 9 Absatz 1 Nummer 5 findet keine Anwendung. [3]Eine Rückzahlung von Mitteln und eine Absenkung des Gesamtbetrags sind für die Jahre 2017 und 2018 nicht vorzunehmen, wenn das Krankenhaus nachweist, dass die nach Satz 1 im Gesamtbetrag vereinbarten Mittel für Personal vollständig für die Finanzierung von

Personal verwendet wurden; für das Jahr 2019 sind eine Rückzahlung von Mitteln und eine Absenkung des Gesamtbetrags nicht vorzunehmen, wenn das Krankenhaus nachweist, dass die nach Satz 1 vereinbarten Mittel vollständig für die Finanzierung von Personal zur Erreichung der Vorgaben der Psychiatrie-Personalverordnung verwendet wurden. [4]Wurden Personalmittel abweichend von Satz 3 nicht zweckentsprechend verwendet, ist § 3 Absatz 3 Satz 8 entsprechend anzuwenden. [5]Die Sätze 1 bis 4 gelten entsprechend für Krankenhäuser nach Absatz 1.

§§ 19–26

(aufgehoben)

Vereinbarung zur Weiterentwicklung der Aufstellung der Entgelte und Budgetermittlung gemäß § 9 Abs. 1 Nummer 6 der Bundespflegesatzverordnung (AEB-Psych-Vereinbarung 2022)

vom 06.12.2021

zwischen

dem GKV-Spitzenverband, Berlin sowie

dem Verband der Privaten Krankenversicherung e. V., Köln

– gemeinsam –

und

der Deutschen Krankenhausgesellschaft e. V., Berlin

Präambel

Gemäß § 9 Absatz 1 Nummer 6 BPflV vereinbaren der GKV-Spitzenverband und der Verband der Privaten Krankenversicherung gemeinsam mit der Deutschen Krankenhausgesellschaft (Vertragsparteien auf Bundesebene) mit Wirkung für die Vertragsparteien nach § 11 BPflV die Weiterentwicklung der Aufstellung der Entgelte und Budgetermittlung (AEB-Psych). In Erfüllung dieses gesetzlichen Auftrags vereinbaren die Vertragsparteien den einheitlichen Aufbau der vorzulegenden Unterlagen zur Vorbereitung der Budgetverhandlung gemäß § 11 Absatz 4 Satz 1 BPflV in den Anlagen zu dieser Vereinbarung sowie das Verfahren für die Übermittlung der Daten, wobei den Zwecken des leistungsbezogenen Vergleichs nach § 4 BPflV Rechnung getragen wird.

§ 1
Grundsätze

(1) Der Krankenhausträger übermittelt den anderen Vertragsparteien nach § 18 Absatz 2 KHG, den in § 18 Absatz 1 Satz 2 KHG genannten Beteiligten und der zuständigen Landesbehörde die Abschnitte gemäß Anlage 1 zur Vorbereitung der Verhandlung.

(2) Die Abschnitte gemäß Anlage 1 sind nach § 11 Absatz 1 Satz 4 BPflV auch zur Dokumentation der Vereinbarung für den Vereinbarungszeitraum zu nutzen. Dies gilt auch, wenn die Schiedsstelle gemäß § 13 BPflV zu nicht geeinten Tatbeständen entscheidet. Der Versorgungsauftrag des Krankenhauses ist bei der Vereinbarung gemäß § 11 Absatz 1 Satz 1 BPflV zu beachten, jedoch stellen die Abschnitte E1 bis E3 keine Konkretisierung des in § 8 Absatz 1 Satz 4 BPflV definierten Versorgungsauftrags dar.

(3) Die Vertragsparteien sind sich einig, dass für die Verhandlung auf Ortsebene mit der Aufnahme von Angaben zu den Kosten und zum Personal des Krankenhauses keine automatische Fortschreibung der bisherigen Daten verbunden ist.

(4) Die in dieser Vereinbarung definierten zeitlichen Bezüge gehen von dem in § 11 Absatz 1 Satz 2 BPflV festgelegten Grundsatz aus, dass die Vereinbarung für einen zukünftigen Zeitraum zu treffen ist. Das Kalenderjahr unmittelbar vor dem Vereinbarungszeitraum wird entsprechend als „laufendes Kalenderjahr" bezeichnet. Das Kalenderjahr zwei Jahre vor dem Vereinbarungszeitraum wird als „abgelaufenes Kalenderjahr" bezeichnet. Die Bezeichnung „Vorjahr" bezieht sich gemäß § 3 Absatz 3 Satz 3 BPflV auf das Jahr der letzten Vereinbarung.

§ 2
Aufstellung der Entgelte und Budgetermittlung

(1) Bei den Angaben zu den Fallzahlen und Berechnungstagen sind die Vorgaben der Abrechnungsbestimmungen zu berücksichtigen.

(2) Die Abschnitte E1 sind als Aufstellungen der mit Bewertungsrelationen bewerteten Entgelte für die folgenden Zeiträume jeweils gesondert wie folgt aufzustellen und vorzulegen:

1. für das abgelaufene Kalenderjahr die Ist-Daten nach dem Entgeltkatalog des abgelaufenen Jahres (Ziel ist insbesondere die Ermittlung der endgültigen Erlösausgleiche)
2. für das laufende Kalenderjahr die Ist-Daten nach dem Entgeltkatalog des laufenden Jahres (Ziele sind insbesondere die Darstellung der Ist-Daten sowie Ermittlung der vorläufigen Erlösausgleiche)
3. für das laufende Kalenderjahr die Ist-Daten nach dem Entgeltkatalog für den Vereinbarungszeitraum (Ziel ist insbesondere die Verwendung als Grundlage für die Vereinbarung

von Budget und Mehr- oder Minderleistungen)

4. für den Vereinbarungszeitraum die Forderung des Krankenhauses nach dem Entgeltkatalog für den Vereinbarungszeitraum (Ziel ist insbesondere die Verwendung als Grundlage für die Budgetvereinbarung)

(3) Soweit in den Abrechnungsbestimmungen vorgegeben wird, dass die Jahresüberlieger nach dem am Aufnahmetag geltenden Entgeltkatalog abgerechnet werden, sind diese bei der Aufstellung der Ist-Daten nach Absatz 2 Nummern 1 und 2 zusätzlich gesondert in der Struktur des Abschnitts E1.1 bzw. des Abschnitts E1.2 auszuweisen:

- bei der Aufstellung für das abgelaufene Kalenderjahr gemäß Absatz 2 Nummer 1 nach dem für die Abrechnung maßgeblichen Katalog (Katalog des Vorjahres) und nach dem Entgeltkatalog des abgelaufenen Jahres (nach Überleitung)
- bei der Aufstellung für das laufende Kalenderjahr gemäß Absatz 2 Nummer 2 nach dem für die Abrechnung maßgeblichen Katalog (Katalog des Vorjahres) und nach dem Entgeltkatalog des laufenden Jahres (nach Überleitung)

(4) Die Abschnitte E2 sind als Aufstellungen der bewerteten Zusatzentgelte für die folgenden Zeiträume jeweils gesondert wie folgt aufzustellen und vorzulegen:

1. für das abgelaufene Kalenderjahr die Ist-Daten nach dem Zusatzentgelt-Katalog des abgelaufenen Jahres (Ziel ist insbesondere die Ermittlung der endgültigen Erlösausgleiche)
2. für das laufende Kalenderjahr die (ggf. hochgerechneten) Ist-Daten nach dem Zusatzentgelt-Katalog des laufenden Jahres (Ziele sind insbesondere die Darstellung der Ist-Daten sowie Ermittlung der vorläufigen Erlösausgleiche)
3. für den Vereinbarungszeitraum die Forderung des Krankenhauses nach dem Zusatzentgelt-Katalog für den Vereinbarungszeitraum (Ziel ist insbesondere die Verwendung als Grundlage für die Budgetvereinbarung)

(5) Die Abschnitte E3 sind als Aufstellungen der nach § 6 BPflV krankenhausindividuell verhandelten Entgelte für die folgenden Zeiträume jeweils gesondert wie folgt aufzustellen und vorzulegen:

1. für das abgelaufene Kalenderjahr die Ist-Daten für die vereinbarten Entgelte des abgelaufenen Jahres (Ziel ist insbesondere die Ermittlung der endgültigen Erlösausgleiche)
2. für das laufende Kalenderjahr die (ggf. hochgerechneten) Ist-Daten für die vereinbarten Entgelte des laufenden Jahres (Ziele sind insbesondere die Darstellung der Ist-Daten sowie Ermittlung der vorläufigen Erlösausgleiche)
3. für den Vereinbarungszeitraum die Forderung des Krankenhauses für die geforderten Entgelte für den Vereinbarungszeitraum (Ziel ist insbesondere die Verwendung als Grundlage für die Budgetvereinbarung)

Die Entgelte nach § 6 Absatz 1 BPflV, die unbewerteten Entgelte bei stationsäquivalenter Behandlung nach § 115d SGB V, die Entgelte nach § 6 Absatz 2 BPflV und die Entgelte nach § 6 Absatz 4 BPflV sind jeweils gesondert darzustellen.

(6) Für die Leistungen von Belegabteilungen sind gesonderte Aufstellungen vorzulegen. Für noch ausstehende Ist-Daten des laufenden Kalenderjahres ist eine Hochrechnung zulässig.

(7) Der Abschnitt B2 ist gesondert wie folgt aufzustellen und vorzulegen:

- die Vereinbarung des Vorjahres (laufendes Kalenderjahr), beginnend mit dem Vereinbarungszeitraum 2020
- die Forderung des Krankenhauses für den Vereinbarungszeitraum

(8) Die Abschnitte L1 und L2 sind gesondert wie folgt aufzustellen und vorzulegen:

- für das abgelaufene Kalenderjahr die Ist-Daten
- die Vereinbarung des Vorjahres (laufendes Kalenderjahr), beginnend mit dem Vereinbarungszeitraum 2020
- für die Forderung des Krankenhauses für den Vereinbarungszeitraum

Die Aufstellungen sind als L1 für das Krankenhaus und gemäß L2 jeweils gesondert für die einzelnen Fachabteilungen darzustellen. Bei Verhandlungsbeginn im zweiten Quartal des Vereinbarungszeitraumes sind alternativ zu den Ist-Daten des abgelaufenen Kalenderjahres die Ist-Daten des laufenden Kalenderjahres (Vorjahr) aufzustellen und vorzulegen.

(9) Die Abschnitte K1 und K2 sind als Aufstellungen gesondert wie folgt aufzustellen und vorzulegen:

- für die Vereinbarung des Vorjahres (laufendes Kalenderjahr), beginnend mit dem Vereinbarungszeitraum 2020
- für die Forderung des Krankenhauses für den Vereinbarungszeitraum

Die Aufstellungen sind als K1 für das Krankenhaus und gemäß K2 jeweils gesondert für die einzelnen Fachabteilungen gemäß Absatz 12 darzustellen.

(10) Die Abschnitte P1 und P2 sind als Aufstellungen gesondert wie folgt aufzustellen und vorzulegen:

- für die Vereinbarung des Vorjahres (laufendes Kalenderjahr), beginnend mit dem Vereinbarungszeitraum 2020
- für die Forderung des Krankenhauses für den Vereinbarungszeitraum

Die Aufstellungen sind als P1 für das Krankenhaus und gemäß P2 jeweils gesondert für die einzelnen Fachabteilungen gemäß Absatz 12 darzustellen.

(11) Für die Abschnitte E1, E2, E3, B2, L1, L2, K1, K2, P1 und P2 sind gesonderte Aufstellungen vorzunehmen. Dies umfasst auch eine Aufstellung für den Vereinbarungszeitraum zur Dokumentation der getroffenen Vereinbarung. Die jeweilige Variante der Aufstellung ist in dem dafür vorgesehenen Feld entsprechend zu nennen.

(12) Für die Abschnitte K1, K2, P1 und P2 sind für die Angaben zum therapeutischen Personal nach § 18 Absatz 2 Satz 3 BPflV die Vorgaben der Psych-Personalnachweis-Vereinbarung zu berücksichtigen. Der gesonderte Ausweis für einzelne Fachabteilungen nach den Absätzen 9 und 10 richtet sich nach den Vorgaben des Gemeinsamen Bundesausschusses (G-BA) in der Personalausstattung Psychiatrie und Psychosomatik-Richtlinie (PPP-RL) und erfolgt insofern differenziert nach Erwachsenenpsychiatrie, Psychosomatik sowie Kinder- und Jugendpsychiatrie.

(13) Die Vertragsparteien nach § 11 BPflV können sich im Einvernehmen auf eine standortbezogene Differenzierung der Abschnitte nach Anlage 1 verständigen.

(14) Die Angaben in den Formularen sind wie folgt kaufmännisch zu runden und anzugeben:

- Fallzahlen und Berechnungstage ohne Nachkommastellen,
- Euro-Beträge in den Abschnitten B2, K1, K2, P1 und P2 ohne Nachkommastellen,
- Euro-Beträge für die krankenhausindividuellen Entgelte mit 2 Nachkommastellen,
- Vollkräfte und Verweildauer mit 2 Nachkommastellen,
- Bewertungsrelationen mit 4 Nachkommastellen,
- Nutzungsgrad als Prozentwert mit 2 Nachkommastellen,
- Höhe des Basisentgeltwertes mit 2 Nachkommastellen.

In den Formularen angegebene Zwischenwerte sind gerundet weiterzuverwenden.

§ 3
Jahresüberlieger

(1) Die Jahresüberlieger sind nach der für den jeweiligen Vereinbarungszeitraum (01.01. bis 31.12.) geltenden PEPP-Version darzustellen. Soweit in den Abrech¬nungsbestimmungen vorgegeben wird, dass die Jahresüberlieger nach dem am Aufnahmetag geltenden Entgeltkatalog abgerechnet werden, ist eine Überleitung der abgerechneten Fälle auf den im Vereinbarungszeitraum geltenden Entgeltkatalog und die geltenden Abrechnungsbestimmungen erforderlich.

(2) Die sich infolge der Überleitung nach Absatz 1 im Vereinbarungszeitraum (01.01. bis 31.12.) ergebenden Mehr- oder Minderlöse, die allein auf die Unterschiede zwischen abgerechneten und übergeleiteten Bewertungsrelationen zurückzu-

führen sind, sind in entsprechender Anwendung des § 15 Absatz 2 Satz 1 BPflV vollständig auszugleichen. Mehr- oder Mindererlöse infolge der Weitererhebung bisheriger Zahlbeträge oder Entgelte werden gemäß § 15 Absatz 2 Satz 1 BPflV ausgeglichen.

§ 4
Übermittlung

Die Daten sind gemäß § 11 Absatz 4 Satz 2 BPflV auf maschinenlesbaren Datenträgern vorzulegen bzw. gemäß § 11 Absatz 1 Satz 4 BPflV auf maschinenlesbaren Datenträgern zu dokumentieren. Die Vertragsparteien auf Bundesebene legen eine elektronische Dokumentenvorlage fest, die für die Übermittlung der Daten an die Empfänger nach § 11 Absatz 4 Satz 1 BPflV zu verwenden ist. Die Möglichkeit der Vertragsparteien nach § 11 BPflV, sich außerhalb der bundeseinheitlich vorgegebenen Abschnitte im Einvernehmen auf ergänzende Absprachen zu verständigen, beispielsweise auch auf der Grundlage von Abstimmungen auf Landesebene, bleibt davon unberührt. Die Vertragsparteien auf Bundesebene veröffentlichen die elektronische Dokumentenvorlage jeweils auf ihrer Homepage im Internet.

§ 5
Inkrafttreten, Geltungsdauer

Diese Vereinbarung tritt mit Unterzeichnung durch die Vertragsparteien in Kraft und gilt ab dem Vereinbarungszeitraum 2022. Die Vertragsparteien werden die Vereinbarung bei geänderten gesetzlichen Rahmenbedingungen, bei grundsätzlichen Änderungen der Entgeltkataloge und der Vorgaben des G-BA zur Ausstattung mit dem für die Behandlung erforderlichen therapeutischen Personal gemäß § 136a Absatz 2 SGB V auf Anpassungsbedarf hin überprüfen.

§ 6
Salvatorische Klausel

Sollte eine Bestimmung unwirksam sein oder werden, so wird hierdurch die Wirksamkeit im Übrigen nicht berührt. Die Vertragsparteien auf Bundesebene werden die ungültige Bestimmung durch eine wirksame Bestimmung ersetzen, die dem Zweck der ungültigen Bestimmung möglichst nahekommt.

§ 7
Kündigung

Die Vereinbarung kann bis zum 31.10. für den Vereinbarungszeitraum des folgenden Jahres gekündigt werden. Die Vertragsparteien verpflichten sich, die Verhandlungen über eine Neuvereinbarung unverzüglich nach erfolgter Kündigung aufzunehmen. Falls innerhalb von sechs Monaten nach Wirksamkeit der Kündigung keine Einigung erzielt werden kann, entscheidet die Schiedsstelle nach § 18a Absatz 6 KHG auf Antrag einer Vertragspartei. Bis zu einer Neuvereinbarung oder Festsetzung durch die Schiedsstelle gilt die bisherige Vereinbarung fort.

Anlage 1: Abschnitte

Übersicht:

A1	Angaben zum Krankenhaus
A2	Übersicht der enthaltenen Tabellen
E1	Aufstellung der mit Bewertungsrelationen bewerteten Entgelte für das Krankenhaus:
E1.1	Aufstellung der tagesbezogenen pauschalierenden Entgelte für die Psychiatrie und Psychosomatik (PEPP)
E1.2	Aufstellung der ergänzenden Tagesentgelte (ET)
E2	Aufstellung der bewerteten Zusatzentgelte für das Krankenhaus
E3	Aufstellung der nach § 6 Bundespflegesatzverordnung krankenhausindividuell verhandelten Entgelte:
E3.1	Aufstellung der fallbezogenen Entgelte
E3.2	Aufstellung der Zusatzentgelte
E3.3	Aufstellung der tagesbezogenen Entgelte
E3.4	Aufstellung der Zuschläge bei regionalen oder strukturellen Besonderheiten gemäß § 6 Absatz 2 BPflV
B2	Gesamtbetrag und Basisentgeltwert für die Kalenderjahre ab 2020
L1	Belegungsdaten des Krankenhauses
L2	Belegungsdaten der Fachabteilung
K1	Kostenaufstellung des Krankenhauses
K2	Kostenaufstellung der Fachabteilung (K2E, K2K und K2P)
P1	Personal des Krankenhauses
P2	Personal der Fachabteilung (P2E, P2K und P2P)

Vereinbarungszeitraum:	
Datum:	
Krankenhaus:	
Einzelblatt:	A1

A1 - Angaben zum Krankenhaus

Haupt-IK des KH:

Standort-IDs
1

Vereinbarungszeitraum:
Datum:
Krankenhaus:
Einzelblatt: A2

A2 - Übersicht der enthaltenen Tabellen [1)]

Kurz	Kategorie	Titel	Untertitel	Fachabteilung	Entgeltart	Variante
1	2	3	4	5	6	7

Vereinbarungszeitraum:
Datum:
Krankenhaus:
Einzelblatt: E11X

E1 - Aufstellung der mit Bewertungsrelationen bewerteten Entgelte für das Krankenhaus

E1.1 - Aufstellung der tagesbezogenen pauschalierenden Entgelte für die Psychiatrie und Psychosomatik (PEPP)

Variante:

PEPP	Vergütungs-klasse	Fallzahl [1]	Berechnungs-tage [2]	Bewertungs-relation/Tag	Summe der Bewertungsrelationen (Sp. 4 x Sp. 5)
1	2	3	4	5	6
Summe					
k.A.	k.A.			k.A.	
Einzelwerte					

Vereinbarungszeitraum:
Datum:
Krankenhaus:
Einzelblatt: E12X

E1 - Aufstellung der mit Bewertungsrelationen bewerteten Entgelte für das Krankenhaus

E1.2 - Aufstellung der ergänzenden Tagesentgelte (ET)

Variante:

ET-Nr.	Anzahl/ Berechnungs-tage [2]	Bewertungs-relation/Tag	Summe der Bewertungs-relationen (Sp. 2 x Sp. 3)
1	2	3	4
Summe			
k.A.		k.A.	
Einzelwerte			

Vereinbarungszeitraum:
Datum:
Krankenhaus:
Einzelblatt: E2X

E2 - Aufstellung der bewerteten Zusatzentgelte für das Krankenhaus
Variante:

Zusatzentgelt-Nr. (ZP nach Entgeltkatalog)	Anzahl der Zusatzentgelte	Entgelthöhe lt. Zusatzentgeltkatalog	Erlössumme (Sp. 2 x Sp. 3)
1	2	3	4
Summe			
k.A.		k.A.	
Einzelwerte			

Vereinbarungszeitraum:
Datum:
Krankenhaus:
Einzelblatt: E311X / E312X / E313X / E314X

E3 - Aufstellung der nach § 6 BPflV krankenhausindividuell verhandelten Entgelte

E3.1 - Aufstellung der fallbezogenen Entgelte

Engeltart: *

Variante:

Entgelt nach § 6 BPflV	Entgelt-schlüssel nach § 301 SGB V [3]	Fallzahl (fallbezogene Entgelte)	Entgelthöhe (in €)	Bruttoerlös-summe ohne Zu- und Ab-schläge (in €) (Sp. 3 x Sp. 4)	davon Fälle mit patientenbezogenen Abschlägen				davon Fälle mit patientenbezogenen Zuschlägen				Nettoerlös-summe inkl. Zu- und Ab-schläge (in €) (Sp. 5 - (Sp. 9) + Sp. 13)
					Anzahl der Fälle mit Abschlägen	Anzahl der Tage mit Abschlägen	Abschlag je Tag (in €)	Summe der Abschläge (Sp. 7 x Sp. 8)	Anzahl der Fälle mit Zuschlägen	Anzahl der Tage mit Zuschlägen	Zuschlag je Tag (in €)	Summe der Zuschläge (Sp. 11 x Sp. 12)	
1	2	3	4	5	6	7	8	9	10	11	12	13	14
Summe													
k.A.	k.A.		k.A.				k.A.				k.A.		
Einzelwerte													

* E3.1.1 - Aufstellung der fallbezogenen Entgelte nach § 6 Abs. 1 BPflV
E3.1.2 - Aufstellung der fallbezogenen unbewerteten Entgelte bei stationsäquivalenter Behandlung nach § 115d SGB V
E3.1.3 - Aufstellung der fallbezogenen Entgelte nach § 6 Abs. 2 BPFlV
E3.1.4 - Aufstellung der fallbezogenen Entgelte nach § 6 Abs. 4 BPFlV

Vereinbarungszeitraum:
Datum:
Krankenhaus:
Einzelblatt: E321X / E324X

E3 - Aufstellung der nach § 6 BPflV krankenhausindividuell verhandelten Entgelte
E3.2 - Aufstellung der Zusatzentgelte
Entgeltart: *
Variante:

Zusatzentgelt nach § 6 BPflV	Entgelt-schlüssel nach § 301 SGB V [3]	OPS-Kode	Anzahl [4]	Entgelt-höhe	Erlös-summe (Sp. 4 x 5)
1	2	3	4	5	6
Summe					
k.A.	k.A.	k.A.		k.A.	
Einzelwerte					

* E3.2.1 - Aufstellung der Zusatzentgelte nach § 6 Abs. 1 BPflV
E3.2.4 - Aufstellung der Zusatzentgelte nach § 6 Abs. 4 BPflV

Vereinbarungszeitraum:
Datum:
Krankenhaus:
Einzelblatt: E331X / E332X / E333X / E334X

E3 - Aufstellung der nach § 6 BPflV krankenhausindividuell verhandelten Entgelte

E3.3 - Aufstellung der tagesbezogenen Entgelte

Entgeltart: *

Variante:

Entgelt nach § 6 BPflV	Entgelt-schlüssel nach § 301 SGB V [3)]	Fallzahl	Tage	Entgelthöhe	Erlös-summe (Sp. 4 x 5)
1	2	3	4	5	6
Summe					
k.A.	k.A.	k.A.		k.A.	
Einzelwerte					

* E3.3.1 - Aufstellung der tagesbezogenen Entgelte nach § 6 Abs. 1 BPflV
E3.3.2 - Aufstellung der tagesbezogenen unbewerteten Entgelte bei stationsäquivalenter Behandlung nach § 115d SGB V
E3.3.3 - Aufstellung der tagesbezogenen Entgelte nach § 6 Abs. 2 BPflV
E3.3.4 - Aufstellung der tagesbezogenen Entgelte nach § 6 Abs. 4 BPflV

Vereinbarungszeitraum:
Datum:
Krankenhaus:
Einzelblatt: E34X

E3 - Aufstellung der nach § 6 BPflV krankenhausindividuell verhandelten Entgelte
E3.4 - Aufstellung der Zuschläge bei regionalen oder strukturellen Besonderheiten gemäß § 6 Abs. 2 BPflV
Variante:

Zuschlag nach § 6 Abs. 2 BPflV	Entgeltschlüssel nach § 301 SGB V [3]	Bezugsgröße (z.B. Fall)	Anzahl	Zuschlagshöhe	Erlössumme (Sp. 4 x 5)
1	2	3	4	5	6
Summe					
k.A.	k.A.	k.A.		k.A.	
Einzelwerte					

Vereinbarungszeitraum:
Datum:
Krankenhaus:
Einzelblatt: B2

B2 - Gesamtbetrag und Basisentgeltwert für die Kalenderjahre ab 2020

lfd.Nr.	Berechnungsschritte	Vereinbarung Vorjahr	Forderung	Vereinbarung
	Ermittlung des berichtigten Gesamtbetrages			
1	Gesamtbetrag für das Vorjahr (laufende Kalenderjahr) ohne Ausgleiche			
2	+/- Berichtigungen für Vorjahre nach § 3 Abs. 3 Satz 12 BPflV			
3	**= berichtigter Gesamtbetrag**			
	Ermittlung eines Gesamtbetrages nach § 3 Abs. 3 Satz 4 BPflV ohne Berücksichtigung einer Obergrenze [1)2)]			
4	+/- Veränderungen von Art und Menge der Leistungen der auf Bundesebene vereinbarten Kataloge (Nr. 1)			
5	+/- Veränderungen von Art und Menge der krankenhausindividuell zu vereinbarenden Leistungen (Nr. 2)			
6	+/- Kostenentwicklungen (Nr. 3) [3)]			
7	+/- Verkürzungen von Verweildauern (Nr. 3)			
8	+/- Ergebnisse von Fehlbelegungsprüfungen (Nr. 3)			
9	+/- Leistungsverlagerungen (Nr. 3)			
10	+/- Ergebnisse des leistungsbezogenen Vergleichs (Nr. 4)			
11	+/- Umsetzung der Personalanforderungen des G-BA (Nr. 5) [4)]			
12	+/- Umsetzung einer Anpassungsvereinbarung (Nr. 6)			
13	+/- Vergütung für praktische Tätigkeit nach § 27 Abs. 4 Psychotherapeutengesetz (Nr. 7)			
14	+/- Weitere Tatbestände nach § 3 BPflV [5)]			
15	**= Gesamtbetrag nach § 3 Abs. 3 Satz 4 BPflV ohne Berücksichtigung einer Obergrenze** [6)]			
	Ermittlung der erweiterten Obergrenze nach § 3 Abs. 3 Satz 5 BPflV [1)]			
16	Berichtigter Gesamtbetrag des Vorjahres aus lfd. Nr. 3			
17	+ Veränderungswert (§ 9 Abs. 1 Nr. 5 BPflV)			
18	+ Überschreitung von lfd.Nr. 17, soweit aufgrund der Ausnahmetatbestände nach § 3 Abs. 3 erforderlich: [7)]			
19	• Überschreitung aufgrund zusätzlicher Leistungen, wenn diese Mehrleistungen aus zusätzlichen Kapazitäten aufgrund der Krankenhausplanung oder des Investitionsprogramms des Landes resultieren oder wenn dies aufgrund von Veränderungen der medizinischen Leistungsstruktur oder der Fallzahlen erforderlich ist			
20	• Umsetzung der Personalanforderungen des G-BA (Nr. 5)			
21	• Umsetzung einer Anpassungsvereinbarung (Nr. 6)			
22	• Vergütung für praktische Tätigkeit nach § 27 Abs. 4 Psychotherapeutengesetz (Nr. 7)			
23	**= Erweiterte Obergrenze nach § 3 Abs. 3 Satz 5 BPflV** [6)]			
	Ermittlung des veränderten Erlösbudgets nach § 3 Absatz 3 Satz 12 BPflV			
24	Gesamtbetrag für den Vereinbarungszeitraum			
25	+/- neue Ausgleiche und Ausgleichsbeträge aus Berichtigungen für Vorjahre [8)]			
26	**= Veränderter Gesamtbetrag nach § 3 Absatz 3 Satz 12**			
27	- Entgelte nach § 6 Absatz 1 BPflV			
28	- Entgelte nach § 6 Absatz 2 BPflV			
29	**= Verändertes Erlösbudget nach § 3 Absatz 3 Satz 12**			
	Ermittlung des Basisentgeltwerts nach § 3 Abs. 5 BPflV			
30	Erlösbudget aus lfd. Nr. 29			
31	- Erlöse aus bewerteten Zusatzentgelten			
32	= Summe mit Bewertungsrelationen bewertete Entgelte einschl. lfd. Nr. 25			
33	Summe der Bewertungsrelationen (Anlage E1)			
34	**= krankenhausindividueller Basisentgeltwert mit Ausgleichen**			
35	Basisentgeltwert ohne Ausgleiche und Ausgleichsbeträge aus Berichtigungen			

Nur in Forderung des Krankenhauses für den Vereinbarungszeitraum verpflichtend

Vereinbarungszeitraum:
Datum:
Krankenhaus:
Einzelblatt: L1

L1 - Belegungsdaten des Krankenhauses

lfd.Nr.	Belegungsdaten	Ist-Daten <Y-2>	Ist-Daten <Y-1>	Vereinbarung Vorjahr	Forderung	Vereinbarung
1	**Planbetten / Planplätze**					
2	davon: vollstationär					
3	davon: stationsäquivalent (sofern im Krankenhausplan gesondert ausgewiesen)					
4	davon: teilstationär					
5	**Nutzungsgrad der Planbetten / Planplätze** [1)]					
6	Teilbereich: vollstationär					
7	Teilbereich: stationsäquivalent (sofern im Krankenhausplan gesondert ausgewiesen)					
8	Teilbereich: teilstationär					
9	**Berechnungstage gesamt (Summe aus lfd. Nr. 10, 12 und 13)**					
10	davon: vollstationär [2)]					
11	davon: vollstationäre Entlassungstage [3)]					
12	davon: teilstationär					
13	davon: stationsäquivalent					
14	**Fälle gesamt**					
15	davon: vollstationär					
16	davon: teilstationär					
17	davon: stationsäquivalent					
18	**Verweildauer gesamt** [4)]					
19	Teilbereich: vollstationär					
20	Teilbereich: teilstationär					
21	Teilbereich: stationsäquivalent					

Vereinbarungszeitraum:
Datum:
Krankenhaus:
Einzelblatt [5]: L2X

L2 - Belegungsdaten der Fachabteilung

Fachabteilung:

lfd.Nr.	Belegungsdaten	Ist-Daten <Y-2>	Ist-Daten <Y-1>	Vereinbarung Vorjahr	Forderung	Vereinbarung
1	**Planbetten / Planplätze**					
2	davon: vollstationär					
3	davon: stationsäquivalent (sofern im Krankenhausplan gesondert ausgewiesen)					
4	davon: teilstationär					
5	**Nutzungsgrad der Planbetten / Planplätze** [1]					
6	Teilbereich: vollstationär					
7	Teilbereich: stationsäquivalent (sofern im Krankenhausplan gesondert ausgewiesen)					
8	Teilbereich: teilstationär					
9	**Berechnungstage gesamt (Summe aus lfd. Nr. 10, 12 und 13)**					
10	davon: vollstationär [2]					
11	davon: vollstationäre Entlassungstage [3]					
12	davon: teilstationär					
13	davon: stationsäquivalent					

Vereinbarungszeitraum:
Datum:
Krankenhaus:
Einzelblatt: K1

K1 - Kostenaufstellung des Krankenhauses

lfd.Nr.	Kostenarten	Vereinbarung Vorjahr	Forderung	Vereinbarung
		Betrag in Euro	Betrag in Euro	Betrag in Euro
Therapeutisches Personal nach § 18 Abs. 2 Satz 3 BPflV [1]				
1	Ärzte			
2	Pflegefachpersonen			
3	Psychotherapeuten, Psychologen			
4	Spezialtherapeuten			
5	Bewegungstherapeuten, Physiotherapeuten			
6	Sozialarbeiter, Sozialpädagogen			
7	Genesungsbegleiter			
8	Kosten des therapeutischen Personals insgesamt (Nr. 1 bis 7)			
Weiteres Personal des Krankenhauses				
9	Ärztlicher Dienst			
10	Pflegedienst			
11	Medizinisch-technischer Dienst			
12	Funktionsdienst			
13	Klinisches Hauspersonal			
14	Wirtschafts- und Versorgungsdienst			
15	Technischer Dienst			
16	Verwaltungsdienst			
17	Sonderdienste			
18	Sonstiges Personal			
19	Nicht zurechenbare Personalkosten			
20	Kosten für Personal ohne direktes Beschäftigungsverhältnis des weiteren Personals [2]			
21	Kosten des weiteren Personals insgesamt (Nr. 9 bis 20)			
22	Personalkosten insgesamt			
Sachkosten				
23	Lebensmittel und bezogene Leistungen			
24	Medizinischer Bedarf			
25	Wasser, Energie, Brennstoffe			
26	Wirtschafts- und Verwaltungsbedarf			
27	Zentrale Verwaltungs- und Gemeinschaftsdienste			
28	Steuern, Abgaben, Versicherungen			
29	Instandhaltung			
30	Gebrauchsgüter			
31	Sonstiges			
32	Zinsen für Betriebsmittelkredite			
33	Sachkosten insgesamt [3]			
34	Krankenhaus insgesamt			

Vereinbarungszeitraum:
Datum:
Krankenhaus:
Einzelblatt: K2E / K2P / K2K

K2 - Kostenaufstellung der Fachabteilung
Fachabteilung: *

lfd.Nr.	Kostenarten	Vereinbarung Vorjahr	Forderung	Vereinbarung
		Betrag in Euro	Betrag in Euro	Betrag in Euro
Therapeutisches Personal nach § 18 Abs. 2 Satz 3 BPflV [1)]				
1	Ärzte			
2	Pflegefachpersonen			
3	Psychotherapeuten, Psychologen			
4	Spezialtherapeuten			
5	Bewegungstherapeuten, Physiotherapeuten			
6	Sozialarbeiter, Sozialpädagogen			
7	Genesungsbegleiter			
8	Kosten des therapeutischen Personals insgesamt (Nr. 1 bis 7)			

* Erwachsenenpsychiatrie
Psychosomatik
Kinder- und Jugendpsychiatrie

Vereinbarungszeitraum:
Datum:
Krankenhaus:
Einzelblatt: P1

P1 - Personal des Krankenhauses

lfd.Nr.	Personalgruppen	Vereinbarung Vorjahr		Forderung		Vereinbarung	
		Durchschn. beschäft. Vollkräfte	Durchschn. Wert je VK in Euro	Durchschn. beschäft. Vollkräfte	Durchschn. Wert je VK in Euro	Durchschn. beschäft. Vollkräfte	Durchschn. Wert je VK in Euro
Therapeutisches Personal nach § 18 Abs. 2 Satz 3 BPflV [1]							
1	Ärzte						
2	Pflegefachpersonen						
3	Psychotherapeuten, Psychologen						
4	Spezialtherapeuten						
5	Bewegungstherapeuten, Physiotherapeuten						
6	Sozialarbeiter, Sozialpädagogen						
7	Genesungsbegleiter						
8	Gesamt (Summe Nr. 1 bis 7)		k.A.		k.A.		k.A.
Weiteres Personal des Krankenhauses							
9	Ärztlicher Dienst						
10	Pflegedienst						
11	Medizinisch-technischer Dienst						
12	Funktionsdienst						
13	Klinisches Hauspersonal						
14	Wirtschafts- und Versorgungsdienst						
15	Technischer Dienst						
16	Verwaltungsdienst						
17	Sonderdienste						
18	Sonstiges Personal						
19	Personal ohne direktes Beschäftigungsverhältnis beim Krankenhaus [2]						
20	Gesamt (Summe Nr. 9 bis 19)		k.A.		k.A.		k.A.
21	**Krankenhaus insgesamt Nr. 8+20**		k.A.		k.A.		k.A.

Vereinbarungszeitraum:
Datum:
Krankenhaus:
Einzelblatt: P2E / P2P / P2K

P2 - Personal der Fachabteilung
Fachabteilung: *

lfd.Nr.	Personalgruppen	Vereinbarung Vorjahr		Forderung		Vereinbarung	
		Durchschn. beschäft. Vollkräfte	Durchschn. Wert je VK in Euro	Durchschn. beschäft. Vollkräfte	Durchschn. Wert je VK in Euro	Durchschn. beschäft. Vollkräfte	Durchschn. Wert je VK in Euro
Therapeutisches Personal nach § 18 Abs. 2 Satz 3 BPflV [1)]							
1	Ärzte						
2	Pflegefachpersonen						
3	Psychotherapeuten, Psychologen						
4	Spezialtherapeuten						
5	Bewegungstherapeuten, Physiotherapeuten						
6	Sozialarbeiter, Sozialpädagogen						
7	Genesungsbegleiter						
8	Gesamt (Summe Nr. 1 bis 7)		k.A.		k.A.		k.A.

* Erwachsenenpsychiatrie
Psychosomatik
Kinder- und Jugendpsychiatrie

Anlage 2: Fußnoten zu den Abschnitten der Anlage 1

Fußnoten zu A2:

1) Der Abschnitt enthält eine Auflistung aller Varianten der Formulare, die erstellt wurden. Für die Übermittlung sind die Vorlagen und Kurzbezeichnungen zu nutzen, die in der elektronischen Dokumentenvorlage gemäß § 4 von den Vertragsparteien auf Bundesebene vereinbart worden sind.

Fußnoten zu E1:

1) Die Spalte 3 braucht für die Forderung des Vereinbarungszeitraumes nicht ausgefüllt werden. Diese Spalte ist nur für die Ist-Daten des abgelaufenen Kalenderjahres und die Ist-Daten des laufenden Kalenderjahres (ggf. Hochrechnung) auszufüllen.

2) Alle Berechnungstage innerhalb des Budgetzeitraumes (01.01. bis 31.12.) unabhängig von der Aufnahme oder Entlassung.

Fußnoten zu E3:

1) Für die Forderung des Vereinbarungszeitraums brauchen die Spalten 6 bis 7, 9 bis 11 und 13 nicht ausgefüllt zu werden; für diese sind lediglich die jeweiligen Endsummen zu schätzen.

2) Die Entgelte sind nach den gesetzlichen Grundlagen für die folgenden Arten gesondert darzustellen:

   1. die Entgelte nach § 6 Absatz 1 BPflV
   2. die unbewerteten Entgelte bei stationsäquivalenter Behandlung nach § 115d SGB V
   3. die Entgelte nach § 6 Absatz 2 BPflV
   4. die Entgelte nach § 6 Absatz 4 BPflV

3) Nur anzugeben, soweit vorhanden.

4) Bei selten erbrachten Leistungen ist es möglich, eine Anzahl von „0“ zu vereinbaren, um im Fall der Leistungserbringung eine sachgerechte Entgelthöhe abrechnen und eine realistische Erlössumme vereinbaren zu können.

Fußnoten zu B2:

1) Die Angaben in den lfd. Nummern 4 bis 23 sind nur in der Forderung des Krankenhauses für den Vereinbarungszeitraum auszufüllen. Es bleibt den Vertragsparteien nach § 11 BPflV überlassen, ob und inwieweit Beträge zu einzelnen Tatbeständen auch in der Vereinbarung ausgewiesen werden.

2) Bei der differenzierten Darstellung der Tatbestände nach § 3 Absatz 3 BPflV ist eine mehrfache Berücksichtigung einzelner Tatbestände hinsichtlich ihrer finanziellen Auswirkungen auf den Gesamtbetrag ausgeschlossen.

3) Die Kostenentwicklungen sind auf Grundlage der Angaben zu den Kosten im Abschnitt K1 zu verhandeln.

4) Die Umsetzung der Anforderungen des G-BA sowie eine darüberhinausgehende erforderliche Ausstattung mit therapeutischem Personal ist auf Grundlage der Angaben zu den Personalstellen im Abschnitt P1 zu verhandeln.

5) Als weitere Tatbestände sind beispielsweise zu berücksichtigen:

- Nicht vorgenommene vereinbarte Stellenbesetzung nach § 3 Absatz 3 Satz 8 BPflV.
- Ausübung der Option nach § 3 Absatz 8 BPflV (Leistungen für zur Krankenhausbehandlung nach Deutschland einreisende ausländische Patienten und für Empfänger nach dem AsylbLG).
- Zusätzliche Kosten für die Vornahme einer Stellenbesetzung nach Absenkung des Gesamtbetrags gemäß § 3 Absatz 3 Satz 10 BPflV i. V. m. Satz 8.
- Investitionskosten gemäß § 3 Absatz 6 Satz 1 BPflV für nicht nach dem KHG geförderte Krankenhäuser.

6) Es ist der niedrigere Betrag aus lfd. Nummer 15 und lfd. Nummer 23 in lfd. Nummer 24 zu übernehmen.

7) Der Ausweis kann entweder in einer Summe unter der lfd. Nummer 18 oder zusätzlich separat für die einzelnen Tatbestände der lfd. Nummern 19 bis 22 erfolgen.

8) Die Ausgleiche sind auf einem gesonderten Blatt einzeln auszuweisen. Im Regelfall sind alle Ausgleichsbeträge dem veränderten Erlösbudget in lfd. Nummer 29 zuzuordnen. Nur dann, wenn ein hoher Anteil an Entgelten nach § 6 Absatz 1 und 2 BPflV vorliegt, ist eine Aufteilung der Ausgleichsbeträge auf das Erlösbudget und die sonstigen Entgelte erforderlich.

Fußnoten zu L1 und L2:

1) Der Nutzungsgrad ergibt sich grundsätzlich als Quotient aus den Berechnungstagen, bei dem Nutzungsgrad nach lfd. Nr. 5 und dem vollstationären Nutzungsgrad nach lfd. Nr. 6 abzüglich der Entlassungstage nach lfd. Nr. 11, und den Planbetten/Planplätzen der vollstationären und stationsäquivalenten Versorgung multipliziert mit den Kalendertagen des Jahres bzw. Planplätzen der teilstationären Versorgung multipliziert mit 250 Tagen. Sofern im Krankenhausplan keine Planbetten/Planplätze für die stationsäquivalente Behandlung ausgewiesen werden, entscheiden die Vertragsparteien vor Ort, ob und inwieweit die Berechnungstage für die stationsäquivalente Behandlung bei der Berechnung der jeweiligen Nutzungsgrade zu berücksichtigen sind.

2) Die Angabe umfasst alle vollstationären Berechnungstage einschließlich der vollstationären Entlassungstage in lfd. Nummer 11.

3) Anzugeben sind vollstationäre Entlassungs- oder Verlegungstage, die nicht zugleich Aufnahmetag sind. Bei Fallzusammenfassungen sind Entlassungs- oder Verlegungstage aller zusammengeführten Aufenthalte mit einzubeziehen.

4) Die Verweildauer ergibt sich als Quotient aus den jeweiligen Berechnungstagen, bei der vollstationären Verweildauer abzüglich der Entlassungstage nach lfd. Nummer 11, und der Fallzahl.

5) Die Bezeichnung des Einzelblattes für eine Fachabteilung enthält „L2-“ und eine eineindeutige Bezeichnung der Fachabteilung in genau vier Zeichen (z. B. L2-2900). Der Zeichenvorrat beinhaltet die Ziffern 0 bis 9. Leerzeichen, Sonderzeichen und Umlaute dürfen nicht verwendet werden.

Fußnoten zu K1 und K2:

1) Das therapeutische Personal in den lfd. Nummern 1 bis 6 umfasst auch das Personal ohne direktes Beschäftigungsverhältnis beim Krankenhaus und Fach- und Hilfskräfte anderer, in § 5 PPP-RL nicht genannter Berufsgruppen, soweit diese gemäß Psych-Personalnachweis-Vereinbarung anrechnungsfähig und nicht im weiteren Personal des Krankenhauses (in den lfd. Nrn. 9 bis 19) vereinbart sind. Eine gleichzeitige Berücksichtigung des gleichen Personals sowohl beim therapeutischen Personal als auch beim weiteren Personal des Krankenhauses ist ausgeschlossen.

2) Für das weitere Personal des Krankenhauses in den lfd. Nummern 9 bis 19 ist das Personal ohne direktes Beschäftigungsverhältnis in lfd. Nummer 20 auszuweisen.

3) Sachkosten ohne lfd. Nummer 20.

Fußnoten zu P1 und P2:

1) Das therapeutische Personal in den lfd. Nummern 1 bis 6 umfasst auch das Personal ohne direktes Beschäftigungsverhältnis beim Krankenhaus und Fach- und Hilfskräfte anderer, in § 5 PPP-RL nicht genannter Berufsgruppen, soweit diese gemäß Psych-Personalnachweis-Vereinbarung anrechnungsfähig und nicht im weiteren Personal des Krankenhauses (in den lfd. Nrn. 9 bis 19) vereinbart sind. Eine gleichzeitige Berücksichtigung des gleichen Personals sowohl beim therapeutischen Personal als auch beim weiteren Personal des Krankenhauses ist ausgeschlossen.

2) Für das weitere Personal des Krankenhauses in den lfd. Nummern 9 bis 18 ist das Personal ohne direktes Beschäftigungsverhältnis beim Krankenhaus in lfd. Nummer 19 auszuweisen.

Vereinbarung zum pauschalierenden Entgeltsystem für psychiatrische und psychosomatische Einrichtungen für das Jahr 2024 (Vereinbarung über die pauschalierenden Entgelte für die Psychiatrie und Psychosomatik 2024 – PEPPV 2024)

zwischen

dem GKV-Spitzenverband, Berlin, sowie

dem Verband der Privaten Krankenversicherung, Köln, gemeinsam und einheitlich

und

der Deutschen Krankenhausgesellschaft, Berlin

Präambel

Gemäß § 17d Absatz 1 Krankenhausfinanzierungsgesetz (KHG) ist für die Vergütung der allgemeinen Krankenhausleistungen von Fachkrankenhäusern und selbständigen, gebietsärztlich geleiteten Abteilungen an somatischen Krankenhäusern für die Fachgebiete Psychiatrie und Psychotherapie, Kinder- und Jugendpsychiatrie und -psychotherapie (psychiatrische Einrichtungen) sowie Psychosomatische Medizin und Psychotherapie (psychosomatische Einrichtungen) ein durchgängiges, leistungsorientiertes und pauschalierendes Vergütungssystem einzuführen. Der GKV-Spitzenverband und der Verband der Privaten Krankenversicherung gemeinsam vereinbaren mit der Deutschen Krankenhausgesellschaft gemäß § 17d Absatz 3 KHG auch dessen jährliche Weiterentwicklung und Anpassung, insbesondere an medizinische Entwicklungen, Veränderung der Versorgungsstruktur und Kostenentwicklungen und die Abrechnungsbestimmungen, soweit diese nicht gesetzlich vorgegeben werden. In diesem Zusammenhang vereinbaren sie gemäß § 9 Absatz 1 Nummern 1 bis 3 Bundespflegesatzverordnung (BPflV) einen Katalog mit insbesondere tagesbezogenen Entgelten nach § 17d Absatz 1 Satz 6 KHG, einen Katalog ergänzender Zusatzentgelte nach § 17d Absatz 2 Satz 2 KHG sowie die Abrechnungsbestimmungen für diese Entgelte. In Erfüllung dieses gesetzlichen Auftrages vereinbaren die Parteien das Folgende:

§ 1 Abrechnungsgrundsätze

(1) Die pauschalierenden Entgelte für die Psychiatrie und Psychosomatik (PEPP) sowie die jeweiligen Zusatzentgelte (ZP) und ergänzenden Tagesentgelte (ET) werden jeweils von dem die Leistung erbringenden Krankenhaus nach dem am Tag der vollstationären, stationsäquivalenten oder teilstationären Aufnahme geltenden Entgeltkatalog und den dazu gehörenden Abrechnungsbestimmungen abgerechnet.

(2) [1]Zur Einstufung in die jeweils abzurechnenden Entgelte sind Programme (Grouper) einzusetzen, die vom Institut für das Entgeltsystem im Krankenhaus der Selbstverwaltungspartner zertifiziert sind. [2]Die Einstufung nach den Anlagen zu dieser Vereinbarung erfolgt in Entgelte und innerhalb dieser Entgelte – soweit vorhanden - in kalkulationsbasierte Vergütungsklassen. [3]Ist bei der Zuordnung von Behandlungsfällen zu einem Entgelt auch das Alter der behandelten Person zu berücksichtigen, ist das Alter am Tag der Aufnahme in das Krankenhaus maßgeblich. [4]Die Entgelthöhe je Tag wird ermittelt, indem die im Entgeltkatalog ausgewiesene maßgebliche Bewertungsrelation nach Anlage 1a oder Anlage 2a bzw. Anlage 5 jeweils mit dem Basisentgeltwert multipliziert und das Ergebnis kaufmännisch auf zwei Nachkommastellen gerundet wird. [5]Für die Rechnungsstellung wird die Anzahl der Berechnungstage je Entgelt addiert und mit dem Entgeltbetrag nach Satz 4 multipliziert. [6]Ist die Anzahl der Berechnungstage größer als die letzte im Katalog ausgewiesene Vergütungsklasse, ist für die Abrechnung die Bewertungsrelation der letzten Vergütungsklasse heranzuziehen. [7]Für Patienten, die im Vorjahr aufgenommen und noch in das aktuelle Jahr hinein vollstationär, stationsäquivalent oder teilstationär behandelt werden, gilt § 15 BPflV entsprechend.

(3) [1]Maßgeblich für die Abrechnung ist die Zahl der Berechnungstage. [2]Berechnungstage sind der Aufnahmetag sowie jeder weitere Tag des Krankenhausaufenthalts bzw. bei stationsäquivalenter Behandlung Tage mit direktem Patientenkontakt inklusive des Verlegungs- oder Entlassungstages aus dem Krankenhaus bzw. der stationsäquivalenten Behandlung; wird ein Patient am gleichen Tag – gegebenenfalls auch mehrfach – aufgenommen und verlegt oder entlassen, gilt dieser Tag als Aufnahmetag und zählt als ein Berechnungstag. [3]Für Fallzusammenfas-

sungen nach den §§ 2 und 3 sind zur Ermittlung der Berechnungstage der Aufnahmetag sowie jeder weitere Tag des Krankenhausaufenthalts zusammenzurechnen; hierbei sind die Verlegungs- oder Entlassungstage aller zusammenzuführenden Aufenthalte mit in die Berechnung einzubeziehen. [4]Vollständige Tage der Abwesenheit nach Absatz 4, die während eines Behandlungsfalles anfallen, sind keine Berechnungstage. [5]Sie sind gesondert in der Rechnung auszuweisen und werden bei der Ermittlung der Vergütungsklassen nicht berücksichtigt.

(4) [1]Vollständige Tage der Abwesenheit sind Kalendertage, an denen der Patient sich während einer voll- oder teilstationären Behandlung nicht im Krankenhaus befindet bzw. bei stationsäquivalenter Behandlung kein direkter Patientenkontakt stattfindet. [2]Für diese Tage kann kein Entgelt abgerechnet werden. [3]Für Kalendertage des Antritts und der Wiederkehr aus einer Abwesenheit des Patienten sind die Entgelte in voller Höhe abzurechnen. [4]Bei Fortsetzung der Krankenhausbehandlung nach einer Abwesenheit liegt keine Wiederaufnahme im Sinne von § 2 vor.

(5) [1]Bei Abrechnung von tagesbezogenen vollstationären, stationsäquivalenten oder teilstationären Entgelten zählt jede Aufnahme als ein Fall. [2]Abweichend von Satz 1 sind Aufenthalte, die unter die Regelungen der Wiederaufnahme nach § 2 oder der Rückverlegung nach § 3 fallen, zusammenzufassen und nur als ein Fall zu zählen.

(6) [1]Vor- und nachstationäre Behandlungen sind nach § 115a des Fünften Buches Sozialgesetzbuch gesondert zu vergüten. [2]Die Leistungen der vor- und nachstationären Behandlung sind bei der Gruppierung des Behandlungsfalles nicht zu berücksichtigen.

(7) [1]Wenn eine Dialysebehandlung während der stationären Behandlung in einer psychiatrischen oder psychosomatischen Abteilung an einem Krankenhaus mit eigener Dialyseeinrichtung im Geltungsbereich des Krankenhausentgeltgesetzes (KHEntgG) durchgeführt wird, kann diese Dialyse entweder ambulant oder in der eigenen Dialyseeinrichtung erbracht werden. [2]Sofern die Dialyse in der eigenen Dialyseeinrichtung des Krankenhauses durchgeführt wird, ist die Dialyse nach § 2 Absatz 2 Satz 3 KHEntgG als Leistung des Krankenhauses berechenbar. [3]An den Tagen der Dialysebehandlung können neben den Entgelten nach der Bundespflegesatzverordnung für die psychiatrische oder psychosomatische Behandlung die Entgelte für teilstationäre Dialyse (Basis-DRG L90) nach den Vorgaben des Krankenhausentgeltgesetzes abgerechnet werden.

(8) [1]Sofern keine Vereinbarung nach § 11 Absatz 1 Satz 3 oder § 8 Absatz 4 Satz 3 BPflV getroffen ist, kann für eine Abschlagszahlung eine Zwischenrechnung erstellt werden, indem für jeden vollstationären Berechnungstag eine Bewertungsrelation in Höhe von 1,00, für jeden teilstationären Berechnungstag eine Bewertungsrelation in Höhe von 0,75 und für jeden stationsäquivalenten Berechnungstag eine Bewertungsrelation in Höhe von 0,80 herangezogen wird; § 8 Absatz 4 Satz 2 BPflV bleibt unberührt. [2]Abweichend von Satz 1 kann für Patienten, die in der Kinder- und Jugendpsychiatrie behandelt werden, für vollstationäre Berechnungstage eine Bewertungsrelation in Höhe von 1,50, für jeden teilstationären Berechnungstag eine Bewertungsrelation in Höhe von 1,00 und für jeden stationsäquivalenten Berechnungstag eine Bewertungsrelation in Höhe von 1,20 herangezogen werden.

(9) [1]Bei der aus medizinischen Gründen notwendige Mitaufnahme einer Begleitperson des Patienten oder die Mitaufnahme einer Pflegekraft gemäß § 2 Absatz 2 Satz 2 Nr. 3 BPflV findet für die Erstattung der Unterkunft und Verpflegung die „Vereinbarung von Zuschlägen für die Aufnahme von Begleitpersonen nach § 17 b Abs. 1 Satz 4 KHG“ vom 16.09.2004 Anwendung. [2]Dies gilt nicht für Mitaufnahmen im Rahmen eines Eltern-Kind-Settings gemäß OPS 9-686.* oder Mutter/Vater-Kind-Setting gemäß OPS 9-643.*, bei denen sämtliche Leistungen für eine Begleitperson mit der Vergütung der Patientin oder des Patienten abgegolten werden.

§ 2
Wiederaufnahmen in dasselbe Krankenhaus

(1) Das Krankenhaus hat eine Zusammenfassung der Aufenthaltsdaten zu einem Fall und eine Neueinstufung in ein Entgelt vorzunehmen, wenn ein Patient innerhalb von 14 Kalendertagen, bemessen nach der Zahl der Kalendertage ab dem Entlassungstag der vorangegangenen Behandlung wieder aufgenommen wird und in dieselbe Strukturkategorie einzustufen ist.

(2) Eine Zusammenfassung und Neueinstufung nach Absatz 1 ist nur vorzunehmen, wenn ein Patient innerhalb von 90 Kalendertagen ab dem

Aufnahmedatum des ersten unter diese Vorschrift der Zusammenfassung fallenden Krankenhausaufenthalts wieder aufgenommen wird.

(3) [1]Bei der Anwendung der Absätze 1 und 2 hat das Krankenhaus eine Neueinstufung in ein Entgelt mit den Daten aller zusammenzufassenden Krankenhausaufenthalte durchzuführen. [2]Als Hauptdiagnose des zusammengefassten Falles ist die Hauptdiagnose des Aufenthaltes mit der höchsten Anzahl an Berechnungstagen zu wählen. [3]Bei mehr als zwei zusammenzufassenden Aufenthalten sind die Berechnungstage einzelner Aufenthalte mit gleicher Hauptdiagnose aufzusummieren und mit der Anzahl an Berechnungstagen der anderen Aufenthalte zu vergleichen. [4]Ist die Anzahl der Berechnungstage für mehrere Hauptdiagnosen gleich hoch, so ist als Hauptdiagnose die Diagnose des zeitlich früheren Aufenthaltes zu wählen. [5]Hat das Krankenhaus einen der zusammenzufassenden Aufenthalte bereits abgerechnet, ist die Abrechnung zu stornieren.

(4) [1]Die Regelungen zur Wiederaufnahme nach den Absätzen 1 bis 3 sowie die Regelungen zur Verlegung nach § 3 gelten nur für mit Bewertungsrelationen bewertete Entgelte nach den Anlagen 1a und 2a sowie stationsäquivalente Entgelte nach den Anlagen 6a und 6b. [2]Eine Zusammenfassung von Behandlungsfällen zwischen den Bereichen vollstationär, stationsäquivalent und teilstationär erfolgt nicht.

(5) Für Aufenthalte mit Aufnahmedatum aus unterschiedlichen Jahren erfolgt keine Fallzusammenfassung.

§ 3
Verlegung

(1) [1]Im Falle der Verlegung in ein anderes Krankenhaus rechnet jedes beteiligte Krankenhaus die Entgelte auf Basis der im eigenen Krankenhaus erfassten Daten ab. [2]Eine Verlegung im Sinne des Satzes 1 liegt vor, wenn zwischen der Entlassung aus einem Krankenhaus und der Aufnahme in einem anderen Krankenhaus nicht mehr als 24 Stunden vergangen sind.

(2) Wird ein Patient in ein anderes Krankenhaus verlegt und von diesem oder einem anderen Krankenhaus in dasselbe Krankenhaus zurückverlegt (Rückverlegung), gelten die Regelungen zur Fallzusammenfassung entsprechend den Vorgaben zur Wiederaufnahme nach § 2.

(3) [1]Unterliegt ein Krankenhaus neben dem Geltungsbereich der Bundespflegesatzverordnung auch dem Geltungsbereich des Krankenhausentgeltgesetzes, sind diese unterschiedlichen Geltungsbereiche im Falle von internen Verlegungen wie eigenständige Krankenhäuser zu behandeln. [2]Für den Geltungsbereich der Bundespflegesatzverordnung sind die Absätze 1 und 2 entsprechend anzuwenden. [3]Bei Verlegungen innerhalb eines Krankenhauses am selben Kalendertag aus dem Geltungsbereich der Bundespflegesatzverordnung in den Geltungsbereich des Krankenhausentgeltgesetzes ist abweichend von § 1 Absatz 3 der Verlegungstag von der verlegenden Abteilung nicht abrechnungsfähig.

(4) [1]Wird ein Patient in demselben Krankenhaus sowohl vollstationär, stationsäquivalent oder teilstationär behandelt, so sind diese Fälle jeweils getrennt zu betrachten. [2]Eine Zusammenfassung von vollstationären, stationsäquivalenten und teilstationären Behandlungsfällen erfolgt nicht. [3]Innerhalb der Bereiche finden die Regelungen zur Wiederaufnahme nach § 2 und zur Verlegung nach den Absätzen 1 bis 3 Anwendung. [4]Bei interner Verlegung bzw. Wechsel am selben Kalendertag zwischen vollstationärer, stationsäquivalenter oder teilstationärer Behandlung innerhalb des Geltungsbereichs der Bundespflegesatzverordnung, ist dieser Verlegungstag abweichend von § 1 Absatz 3 für den verlegenden Bereich nicht abrechnungsfähig.

§ 4
Jahreswechsel bei Extremlangliegern

[1]Sofern ein im Jahr 2023 oder zuvor aufgenommener Patient am 31.12.2024 noch nicht entlassen wurde, wird für Zwecke der Abrechnung eine Entlassung zum 31.12.2024 angenommen. [2]Eine Fallzusammenfassung nach § 2 Absatz 1 und 2 findet nicht statt. [3]Die Abrechnung ab dem 01.01.2025 wird für Patienten nach den Sätzen 1 bis 2 nach den dann gültigen Kodierregeln, ICD- und OPS-Katalogen und Entgeltkatalogen durchgeführt. [4]Die Zählung der Berechnungstage beginnt mit dem 01.01.2025 neu.

§ 5
Zusatzentgelte

(1) [1]Zusätzlich zu den mit Bewertungsrelationen bewerteten Entgelten nach den Anlagen 1a, 2a und 6a oder zu den Entgelten nach den Anlagen 1b, 2b, und 6b können bundeseinheitliche Zusatzentgelte nach dem Zusatzentgelte-Katalog

nach Anlage 3 abgerechnet werden. [2]Neben Zusatzentgelten der Anlagen 3 und 4 sind auch ergänzende Tagesentgelte nach § 6 abrechenbar. [3]Die Zusatzentgelte nach Satz 1 sind mit Inkrafttreten der Vereinbarung (§ 11) abrechenbar.

(2) [1]Für die in Anlage 4 benannten, mit dem bundeseinheitlichen Zusatzentgelte-Katalog nicht bewerteten Leistungen vereinbaren die Vertragsparteien nach § 11 BPflV krankenhausindividuelle Zusatzentgelte nach § 6 Absatz 1 BPflV. [2]Diese können zusätzlich zu den mit Bewertungsrelationen bewerteten Entgelten nach den Anlagen 1a, 2a und 6a oder den Entgelten nach den Anlagen 1b, 2b und 6b abgerechnet werden. [3]Für die unbewerteten Zusatzentgelte der Anlage 4 gilt § 15 Absatz 1 Satz 3 BPflV entsprechend. [4]Können für die Leistungen nach Anlage 4 auf Grund einer fehlenden Vereinbarung für den Vereinbarungszeitraum 2024 noch keine krankenhausindividuellen Zusatzentgelte abgerechnet werden, sind für jedes Zusatzentgelt 600 Euro abzurechnen. [5]Wurden für Leistungen nach Anlage 4 für das Jahr 2024 keine Zusatzentgelte vereinbart, sind im Einzelfall auf der Grundlage von § 8 Absatz 1 Satz 3 BPflV für jedes Zusatzentgelt 600 Euro abzurechnen.

§ 6
Ergänzende Tagesentgelte

[1]Zusätzlich zu den mit Bewertungsrelationen bewerteten Entgelten nach den Anlagen 1a und 2a können bundeseinheitliche ergänzende Tagesentgelte nach Anlage 5 abgerechnet werden. [2]Dies gilt mit Ausnahme von dem ET02 auch an nicht abrechenbaren Verlegungstagen nach § 3 Absatz 3 Satz 3 und § 3 Absatz 4 Satz 4. [3]Neben ergänzenden Tagesentgelten sind auch Zusatzentgelte nach § 5 abrechenbar.

§ 7
Teilstationäre Leistungen

(1) [1]Für teilstationäre Leistungen können für den Aufnahmetag und jeden weiteren Tag der Krankenhausbehandlung Entgelte nach Anlage 2a oder 2b abgerechnet werden. [2]Dies gilt auch für den Verlegungs- oder Entlassungstag, der nicht zugleich Aufnahmetag oder Verlegungstag nach § 3 Absatz 4 Satz 4 ist.

(2) [1]Für mit Bewertungsrelationen bewertete teilstationäre Leistungen gelten die Regelungen der Wiederaufnahme nach § 2 und die Regelungen zur Verlegung nach § 3 entsprechend. [2]Eine Zusammenfassung von vollstationären oder stationsäquivalenten Leistungen mit teilstationären Leistungen erfolgt nicht.

(3) Wird ein Patient an demselben Tag innerhalb des Krankenhauses von einer teilstationären Behandlung in eine vollstationäre oder stationsäquivalente Behandlung verlegt, kann für den Verlegungstag abweichend von § 1 Absatz 3 kein teilstationäres Entgelt abgerechnet werden.

§ 8
Sonstige Entgelte

[1]Für die unbewerteten Entgelte der Anlagen 1b, 2b und 6b gilt § 15 Absatz 1 Satz 3 BPflV in Verbindung mit § 1 Absatz 3 entsprechend. [2]Für teilstationäre Behandlungen gelten die Vorgaben gemäß § 7 Absatz 1 entsprechend. [3]Können für die Leistungen nach Anlage 1b auf Grund einer fehlenden Vereinbarung für den Vereinbarungszeitraum 2024 noch keine krankenhausindividuellen Entgelte abgerechnet werden, sind für jeden vollstationären Berechnungstag 250 Euro abzurechnen. [4]Können für die Leistungen nach Anlage 2b auf Grund einer fehlenden Vereinbarung für den Vereinbarungszeitraum 2024 noch keine krankenhausindividuellen Entgelte abgerechnet werden, sind für jeden teilstationären Berechnungstag 190 Euro abzurechnen. [5]Können für die Leistungen nach Anlage 6b auf Grund einer fehlenden Vereinbarung für den Vereinbarungszeitraum 2024 noch keine krankenhausindividuellen Entgelte abgerechnet werden, sind für jeden stationsäquivalenten Berechnungstag 200 Euro abzurechnen. [6]Wurden für Leistungen nach den Anlagen 1b und 2b für das Jahr 2024 keine Entgelte vereinbart, sind im Einzelfall auf der Grundlage von § 8 Absatz 1 Satz 3 BPflV für jeden vollstationären Berechnungstag 250 Euro und für jeden teilstationären Berechnungstag 190 Euro abzurechnen.

§ 9
Kostenträgerwechsel

Tritt während der vollstationären, stationsäquivalenten oder teilstationären Behandlung ein Zuständigkeitswechsel des Kostenträgers ein, wird der gesamte Krankenhausfall mit dem Kostenträger abgerechnet, der am Tag der Aufnahme leistungspflichtig ist.

§ 10
Laufzeit der Entgelte und anzuwendender Basisentgeltwert

(1) [1]Die bewerteten Entgelte nach den Anlagen 1a, 2a, 3 und 5 sind abzurechnen für Patienten, die ab dem 01.01.2024 in das Krankenhaus aufgenommen werden. [2]Bei Jahresüberliegern sind die Berechnungstage des neuen Kalenderjahres für mit Bewertungsrelationen bew ertete Entgelte (PEPP und ET) mit dem für das neue Kalenderjahr vereinbarten krankenhausindividuellen Basisentgeltwert abzurechnen. [3]Bei unterjähriger Genehmigung des Krankenhausbudgets gemäß § 15 Absatz 1 Satz 2 BPflV sind die Berechnungstage für mit Bewertungsrelationen bewertete Entgelte ab dem Tag des Wirksamwerdens der Budgetvereinbarung 2024 mit dem neuen genehmigten krankenhausindividuellen Basisentgeltwert unter Berücksichtigung von Ausgleichsbeträgen nach § 15 Absatz 2 BPflV abzurechnen.

(2) [1]Die unbewerteten Entgelte nach den Anlagen 1b, 2b, 4 und 6b sind gemäß § 15 Absatz 1 Satz 1 BPflV grundsätzlich vom Beginn des neuen Vereinbarungszeitraums an zu erheben. [2]Bei unterjähriger Genehmigung des Krankenhausbudgets gemäß § 15 Absatz 1 Satz 2 BPflV sind die Berechnungstage für unbewertete PEPP nach den Anlagen 1b, 2b und 6b ab dem Tag des Wirksamwerdens der Budgetvereinbarung 2024 mit den neuen genehmigten krankenhausindividuellen Entgelten abzurechnen.

(3) [1]Sofern für ein Krankenhaus zum 01.01.2024 noch keine genehmigte Budgetvereinbarung für das zum 01.01.2018 verpflichtend einzuführende Vergütungssystem nach § 17d KHG vorliegt, können die Vertragsparteien nach § 11 BPflV einen vorläufigen krankenhausindividuellen Basisentgeltwert vereinbaren. [2]Kann für die Abrechnung von Patienten, die ab dem 01.01.2022 in das Krankenhaus aufgenommen werden, auf Grund einer fehlenden Vereinbarung noch kein krankenhausindividueller Basisentgeltwert angewendet werden, gilt für diesen ersatzweise ein Wert in Höhe von 280 Euro. [3]Aus der Abrechnung nach den Sätzen 1 und 2 entstehende Mehr- oder Mindererlöse werden vollständig ausgeglichen. [4]Für Patienten, die ab dem 01.01.2023 aufgenommen werden, ist eine Abrechnung mit weitergeltenden tagesgleichen Pflegesätzen ausgeschlossen.

§ 11
Inkrafttreten

(1) Diese Vereinbarung tritt zum 01.01.2024 in Kraft.

(2) [1]Die §§ 1 bis 10 einschließlich der Anlagen zu dieser Vereinbarung treten am 01.01.2024 in Kraft und treten mit Ablauf des 31.12.2024 außer Kraft. [2]Kann der Entgeltkatalog 2025 erst nach dem 01.01.2025 angewendet werden, sind die §§ 1 bis 10 einschließlich der Anlagen zu dieser Vereinbarung bis zum Inkrafttreten einer Vereinbarung nach § 17d Absatz 3 KHG entsprechend weiter anzuwenden.

Anlagen

Anlage 1a	Bewertungsrelationen bei vollstationärer Versorgung
Anlage 1b	Unbewertete Entgelte bei vollstationärer Versorgung (Entgelte nach § 6 Absatz 1 Satz 1 BPflV)
Anlage 2a	Bewertungsrelationen bei teilstationärer Versorgung
Anlage 2b	Unbewertete Entgelte bei teilstationärer Versorgung (Entgelte nach § 6 Absatz 1 Satz 1 BPflV)
Anlage 3	Zusatzentgelte-Katalog - bewertete Entgelte
Anlage 4	Zusatzentgelte-Katalog - unbewertete Entgelte
Anlage 5	Ergänzende Tagesentgelte
Anlage 6a	Bewertete PEPP-Entgelte bei stationsäquivalenter Behandlung nach § 115d SGB V
Anlage 6b	Unbewertete PEPP-Entgelte bei stationsäquivalenter Behandlung nach § 115d SGB V

Bearbeiterhinweis:
Vom Abdruck der Anlagen zur Vereinbarung über die pauschalierenden Entgelte für die Psychiatrie und Psychosomatik 2024 (PEPPV 2024) wird in diesem Werk abgesehen.

Verordnung zur Festlegung von Pflegepersonaluntergrenzen in pflegesensitiven Bereichen in Krankenhäusern (Pflegepersonaluntergrenzen-Verordnung – PpUGV)

vom 9. November 2020 (BGBl. I S. 2357), zuletzt geändert durch Artikel 8z5 des Gesetzes zur Stärkung der hochschulischen Pflegeausbildung, zu Erleichterungen bei der Anerkennung ausländischer Abschlüsse in der Pflege und zur Änderung weiterer Vorschriften (Pflegestudiumstärkungsgesetz – PflStudStG) vom 12. Dezember 2023 (BGBl. 2023 I Nr. 359)

Auf Grund des § 137i Absatz 3 Satz 1 in Verbindung mit Satz 2 des Fünften Buches Sozialgesetzbuch, der durch Artikel 12 Nummer 15 Buchstabe a Doppelbuchstabe aa des Gesetzes vom 9. August 2019 (BGBl. I S. 1202) eingefügt worden ist, verordnet das Bundesministerium für Gesundheit:

§ 1 Anwendungsbereich

(1) Diese Verordnung regelt die Festlegung von Pflegepersonaluntergrenzen in pflegesensitiven Bereichen in Krankenhäusern nach § 137i des Fünften Buches Sozialgesetzbuch.

(2) Als pflegesensitiv werden die nach Maßgabe von § 3 zu ermittelnden Bereiche in Krankenhäusern festgelegt, in denen Leistungen der Intensivmedizin, Inneren Medizin, Geriatrie, Unfallchirurgie, Neurochirurgie, allgemeinen Chirurgie, Orthopädie, Gynäkologie und Geburtshilfe, Kardiologie, Neurologie, allgemeinen Pädiatrie, pädiatrischen Intensivmedizin, speziellen Pädiatrie, neonatologischen Pädiatrie, Hals-Nasen-Ohrenheilkunde, Rheumatologie, Urologie oder Herzchirurgie erbracht werden.

(3) Die Pflegepersonaluntergrenzen finden keine Anwendung, soweit die jeweils geltenden und im Bundesanzeiger bekannt gemachten Beschlüsse des Gemeinsamen Bundesausschusses eine niedrigere Anzahl von Patientinnen und Patienten im Verhältnis zu einer Pflegekraft festlegen.

§ 2 Begriffsbestimmungen

(1) Pflegekräfte im Sinne dieser Verordnung sind Pflegefachkräfte und Pflegehilfskräfte. Pflegefachkräfte sind Personen, die über die Erlaubnis zum Führen einer Berufsbezeichnung nach § 1, § 58 Absatz 1 oder Absatz 2 des Pflegeberufegesetzes verfügen oder deren Erlaubnis zum Führen der Berufsbezeichnung nach dem Krankenpflegegesetz in der am 31. Dezember 2019 geltenden Fassung oder nach dem Altenpflegegesetz in der am 31. Dezember 2019 geltenden Fassung oder nach § 64 des Pflegeberufegesetzes fortgilt. Pflegehilfskräfte sind Personen,

1. die erfolgreich eine landesrechtlich geregelte Assistenz- oder Helferausbildung in der Pflege von mindestens einjähriger Dauer abgeschlossen haben, die die »Eckpunkte für die in Länderzuständigkeit liegenden Ausbildungen zu Assistenz- und Helferberufen in der Pflege« (BAnz AT 17.02.2016 B3) erfüllt, die von der Arbeits- und Sozialministerkonferenz 2012 und von der Gesundheitsministerkonferenz 2013 als Mindestanforderungen beschlossen wurden,

2. die erfolgreich eine landesrechtlich geregelte Ausbildung in der Krankenpflegehilfe oder in der Altenpflegehilfe von mindestens einjähriger Dauer abgeschlossen haben oder

3. denen auf der Grundlage des Krankenpflegegesetzes vom 4. Juni 1985 (BGBl. I S. 893) in der am 31. Dezember 2003 geltenden Fassung eine Erlaubnis als Krankenpflegehelferin oder Krankenpflegehelfer erteilt worden ist.

Zu den Pflegehilfskräften im Sinne dieser Verordnung zählen außerdem

1. Medizinische Fachangestellte, die erfolgreich eine Ausbildung nach der Verordnung über die Berufsausbildung zum Medizinischen Fachangestellten / zur Medizinischen Fachangestellten abgeschlossen haben oder eine Qualifikation vorweisen, die dieser Ausbildung entspricht,

2. Anästhesietechnische Assistentinnen und Anästhesietechnische Assistenten, die erfolgreich eine Ausbildung nach der »Empfehlung der Deutschen Krankenhausgesellschaft zur Ausbildung und Prüfung von Operationstechnischen und Anästhesietechnischen Assistentinnen/Assistenten«, die auf der Internetseite der Deutschen Krankenhausgesellschaft veröffentlicht ist, in der jeweils geltenden Fassung abgeschlossen haben, und

3. Notfallsanitäterinnen und Notfallsanitäter, denen auf Grundlage des Notfallsanitätergesetzes eine Erlaubnis zum Führen der entsprechenden Berufsbezeichnung erteilt worden ist.

(2) Schichten im Sinne dieser Verordnung sind die Tagschicht und die Nachtschicht. Die Tagschicht umfasst den Zeitraum von 6 Uhr bis 22 Uhr. Die Nachtschicht umfasst den Zeitraum von 22 Uhr bis 6 Uhr. Die Bestimmung der Tagschicht und der Nachtschicht nach den Sätzen 2 und 3 lässt die Schichteinteilungen unberührt, die in den Krankenhäusern insbesondere zur Gewährleistung familienfreundlicher und flexibler Arbeitszeiten vorgenommen werden. Führt die Arbeitszeitgestaltung eines Krankenhauses dazu, dass eine Schicht sowohl der Tagschicht als auch der Nachtschicht nach den Sätzen 2 und 3 unterfällt, so kann das für diese Schicht vorgehaltene Personal anteilig der Tagschicht und der Nachtschicht zugeordnet werden.

(3) Der Standort eines Krankenhauses im Sinne dieser Verordnung bestimmt sich nach § 2 der Vereinbarung über die Definition von Standorten der Krankenhäuser und ihrer Ambulanzen vom 29. August 2017, die zwischen dem Spitzenverband Bund der Krankenkassen und der Deutschen Krankenhausgesellschaft gemäß § 2a Absatz 1 des Krankenhausfinanzierungsgesetzes geschlossen wurde und die auf der Internetseite der Deutschen Krankenhausgesellschaft veröffentlicht ist.

(4) Eine Station im Sinne dieser Verordnung ist die kleinste bettenführende organisatorische Einheit in der Patientenversorgung am Standort eines Krankenhauses, die räumlich ausgewiesen ist und die anhand einer ihr zugewiesenen individuellen Bezeichnung auch für Dritte identifizierbar ist. Auf einer Station werden Patientinnen und Patienten entweder in einem medizinischen Fachgebiet oder interdisziplinär in verschiedenen medizinischen Fachgebieten behandelt. Das einer Station zugeordnete Personal sowie seine Leitungsstruktur lassen sich den Organisations- und Dienstplänen des Krankenhauses entnehmen. Zu einer intensivmedizinischen Behandlungseinheit einer Station zählt jedes Bett, das der intensivmedizinischen Patientenversorgung dient.

§ 3
Ermittlung pflegesensitiver Bereiche in den Krankenhäusern

(1) Das Institut für das Entgeltsystem im Krankenhaus ermittelt die pflegesensitiven Bereiche in den Krankenhäusern auf Grundlage

1. der nach § 21 des Krankenhausentgeltgesetzes übermittelten Daten des jeweiligen Vorjahres und
2. der in der Anlage enthaltenen Zusammenstellung der Diagnosis Related Groups (Indikatoren-DRGs).

(2) Ein Krankenhaus verfügt über einen pflegesensitiven Bereich, wenn gemäß den nach § 21 des Krankenhausentgeltgesetzes übermittelten Daten des Vorjahres

1. eine Fachabteilung der Geriatrie, der Unfallchirurgie, der Kardiologie, der Neurologie, der Inneren Medizin, der allgemeinen Chirurgie, der Neurochirurgie, der Orthopädie, der Gynäkologie und der Geburtshilfe, der neonatologischen Pädiatrie, der Hals-Nasen-Ohrenheilkunde, der Rheumatologie, der Urologie oder der Herzchirurgie oder eine Fachabteilung mit einer entsprechenden Schwerpunktbezeichnung ausgewiesen ist,
2. mindestens 40 Prozent der Fälle einer Fachabteilung in die jeweiligen Indikatoren-DRGs entweder der Geriatrie, der Unfallchirurgie, der Kardiologie, der Neurologie, der Inneren Medizin, der allgemeinen Chirurgie, der Neurochirurgie, der Orthopädie, der Gynäkologie und der Geburtshilfe, der neonatologischen Pädiatrie, der Hals-Nasen-Ohrenheilkunde, der Rheumatologie, der Urologie oder der Herzchirurgie einzugruppieren sind oder
3. die Anzahl an Belegungstagen in den jeweiligen Indikatoren-DRGs der Geriatrie, der Unfallchirurgie, der Kardiologie, der Neurologie, der Inneren Medizin, der allgemeinen Chirurgie, der Neurochirurgie, der Orthopädie, der Gynäkologie und der Geburtshilfe, der neonatologischen Pädiatrie, der Hals-Nasen-Ohrenheilkunde, der Rheumatologie, der Urologie oder der Herzchirurgie mindestens 4 500 beträgt.

(3) Ein Krankenhaus verfügt über

1. einen pflegesensitiven Bereich der neurologischen Frührehabilitation, wenn

a) ein pflegesensitiver Bereich der Neurologie gemäß Absatz 2 ermittelt wurde und

b) in den nach § 21 des Krankenhausentgeltgesetzes übermittelten Daten des Vorjahres die Anzahl an Belegungstagen in den Indikatoren-DRGs der neurologischen Frührehabilitation mindestens 3000 beträgt,

2. einen pflegesensitiven Bereich der neurologischen Schlaganfalleinheit, wenn

a) ein pflegesensitiver Bereich der Neurologie gemäß Absatz 2 ermittelt wurde und

b) in den nach § 21 des Krankenhausentgeltgesetzes übermittelten Daten des Vorjahres mindestens 200 Fälle mit einem Operationen- und Prozedurenschlüssel der neurologischen Komplexbehandlung des akuten Schlaganfalls oder der anderen neurologischen Komplexbehandlung des akuten Schlaganfalls (8-981.* oder 8-98b.*) nach dem Operationen- und Prozedurenschlüssel enthalten sind, der nach § 301 Absatz 2 Satz 2 des Fünften Buches Sozialgesetzbuch vom Bundesinstitut für Arzneimittel und Medizinprodukte im Auftrag des Bundesministeriums für Gesundheit herausgegeben wird und auf der Internetseite des Instituts veröffentlicht ist,

3. einen pflegesensitiven Bereich der Intensivmedizin, wenn in den nach § 21 des Krankenhausentgeltgesetzes übermittelten Daten des Vorjahres mindestens fünf Fälle mit einem Operationen- und Prozedurenschlüssel der intensivmedizinischen Komplexbehandlung oder der aufwendigen intensivmedizinischen Komplexbehandlung (8-980.* oder 8-98f.*) nach dem Operationen- und Prozedurenschlüssel enthalten sind, der nach § 301 Absatz 2 Satz 2 des Fünften Buches Sozialgesetzbuch vom Bundesinstitut für Arzneimittel und Medizinprodukte im Auftrag des Bundesministeriums für Gesundheit herausgegeben wird und auf der Internetseite des Instituts veröffentlicht ist,

4. einen pflegesensitiven Bereich der pädiatrischen Intensivmedizin, wenn eine Fachabteilung der pädiatrischen Intensivmedizin ausgewiesen ist oder wenn in den nach § 21 des Krankenhausentgeltgesetzes übermittelten Daten des Vorjahres mindestens fünf Fälle mit einem Operationen- und Prozedurenschlüssel der intensivmedizinischen Komplexbehandlung im Kindesalter (8-98d.*) nach dem Operationen- und Prozedurenschlüssel enthalten sind, der nach § 301 Absatz 2 Satz 2 des Fünften Buches Sozialgesetzbuch vom Bundesinstitut für Arzneimittel und Medizinprodukte im Auftrag des Bundesministeriums für Gesundheit herausgegeben wird und auf der Internetseite des Instituts veröffentlicht ist,

5. einen pflegesensitiven Bereich der allgemeinen Pädiatrie, wenn eine Fachabteilung der allgemeinen Pädiatrie ausgewiesen ist oder in den nach § 21 des Krankenhausentgeltgesetzes übermittelten Daten des Vorjahres eines Krankenhauses in einer Fachabteilung mehr als 50 Prozent der Patientinnen und Patienten Kinder im Alter unter 18 Jahren gewesen sind oder die Anzahl an Belegungstagen durch Kinder im Alter unter 18 Jahren auf einer Fachabteilung mindestens 3 000 beträgt, und

6. einen pflegesensitiven Bereich der speziellen Pädiatrie, wenn

a) eine Fachabteilung der speziellen Pädiatrie ausgewiesen ist oder

b) ein pflegesensitiver Bereich der allgemeinen Pädiatrie nach Nummer 5 ermittelt wurde und in den nach § 21 des Krankenhausentgeltgesetzes übermittelten Daten des Vorjahres die Anzahl an Belegungstagen in den jeweiligen Indikatoren-DRGs der Neuro- und Sozialpädiatrie mindestens 5 000 oder der Diabetologie, Rheumatologie oder Dermatologie mindestens 1 500 beträgt.

(4) Ein nach Absatz 2 Nummer 1 oder Nummer 2 oder Absatz 3 Nummer 6 Buchstabe a ermittelter pflegesensitiver Bereich umfasst die jeweilige Fachabteilung mit ihren Stationen für jeden Standort des Krankenhauses gesondert. Ein nach Absatz 2 Nummer 3 ermittelter pflegesensitiver Bereich umfasst sämtliche Fachabteilungen, deren Anzahl an Belegungstagen in den jeweiligen Indikatoren-DRGs mindestens 3 000 beträgt, jeweils mit ihren Stationen für jeden Standort des Krankenhauses gesondert. Erstreckt sich eine Fachabteilung, die als pflegesensitiver Bereich ermittelt wird, über mehrere Standorte eines Krankenhauses, so gilt die Fachabteilung mit ihren Stationen an jedem Standort des Krankenhauses als gesonderter pflegesensitiver Bereich. Ein nach Absatz 3 Nummer 1 oder Nummer 2

ermittelter pflegesensitiver Bereich umfasst sämtliche Stationen, auf denen die entsprechenden Leistungen erbracht oder die entsprechenden Fälle dokumentiert worden sind, für jeden Standort gesondert. Ein nach Absatz 3 Nummer 3 ermittelter pflegesensitiver Bereich umfasst sämtliche intensivmedizinische Behandlungseinheiten für jeden Standort des Krankenhauses gesondert. Ein nach Absatz 3 Nummer 4 ermittelter pflegesensitiver Bereich umfasst sämtliche pädiatrische intensivmedizinischen Behandlungseinheiten für jeden Standort des Krankenhauses gesondert. Ein nach Absatz 3 Nummer 5 oder Nummer 6 Buchstabe b ermittelter pflegesensitiver Bereich umfasst sämtliche Stationen, auf denen die entsprechenden Leistungen erbracht oder die entsprechenden Fälle dokumentiert worden sind, für jeden Standort gesondert. Ein pflegesensitiver Bereich liegt in den Fällen des Absatzes 2 oder des Absatzes 3 Nummer 1, Nummer 4 erste Alternative, Nummer 5 oder Nummer 6 Buchstabe a nicht vor, wenn an dem jeweiligen Standort weniger als 300 Belegungstage im Vorjahr in der jeweiligen Fachabteilung ermittelt wurden.

(5) Die vom Institut für das Entgeltsystem im Krankenhaus im Jahr 2019 für das Jahr 2020 ermittelten pflegesensitiven Bereiche bestehen unberührt bis zum 31. Januar 2021 fort. Für diese pflegesensitiven Bereiche gilt Absatz 4 entsprechend.

§ 4
Ermittlung des Pflegeaufwands zur Festlegung risikoadjustierter Pflegepersonaluntergrenzen

Das Institut für das Entgeltsystem im Krankenhaus ermittelt den Pflegeaufwand in den pflegesensitiven Bereichen in den Krankenhäusern. Der Pflegeaufwand wird für jeden pflegesensitiven Bereich in den Krankenhäusern für jeden Standort eines Krankenhauses gesondert ermittelt. Die Ermittlung erfolgt auf der Grundlage des aktuellen vom Institut für das Entgeltsystem im Krankenhaus entwickelten Katalogs zur Risikoadjustierung des Pflegeaufwands.

§ 5
Übermittlung der Ergebnisse der Ermittlung pflegesensitiver Bereiche in Krankenhäusern an die betroffenen Krankenhäuser, Mitteilungspflichten

(1) Das Institut für das Entgeltsystem im Krankenhaus übermittelt den Krankenhäusern, bei denen nach § 3 ein oder mehrere pflegesensitive Bereiche ermittelt wurden, das sie betreffende Ergebnis der Ermittlung, soweit möglich standortbezogen, jährlich bis zum 15. November, erstmals bis zum 15. November 2020. Das zu übermittelnde Ergebnis muss für jede betroffene Fachabteilung des Krankenhauses die Zuordnung zu einem oder mehreren pflegesensitiven Bereichen und für den Fall, dass ein pflegesensitiver Bereich nach § 3 Absatz 2 Nummer 3 oder Absatz 3 ermittelt wird, die Mitteilung über das Erreichen des jeweiligen Schwellenwertes sowie die jeweils zugehörigen Berechnungsgrundlagen enthalten.

(2) Wenn ein Krankenhaus Einwände gegen die Ergebnisse der Ermittlung nach § 3 Absatz 1 hat, so hat es diese Einwände dem Institut für das Entgeltsystem im Krankenhaus jährlich bis zum 30. November, erstmals bis zum 30. November 2020, mitzuteilen. Das Institut für das Entgeltsystem im Krankenhaus teilt dem betroffenen Krankenhaus jährlich bis zum 15. Dezember, erstmals bis zum 15. Dezember 2020, mit, ob und inwieweit es unter Berücksichtigung der Einwände zu einem anderen Ergebnis gelangt.

(3) Die Krankenhäuser sind verpflichtet, dem Institut für das Entgeltsystem im Krankenhaus und den jeweiligen Vertragsparteien nach § 11 des Krankenhausentgeltgesetzes jährlich bis zum 15. Dezember Folgendes mitzuteilen:

1. für die nach § 3 Absatz 2 ermittelten pflegesensitiven Bereiche: die vom Krankenhaus verwendeten Namen der Fachabteilungen und sämtliche zu diesen Fachabteilungen gehörende Stationen,
2. für die nach § 3 Absatz 3 Nummer 1 ermittelten pflegesensitiven Bereiche: sämtliche Stationen, auf denen die Leistungen in den jeweiligen Indikatoren-DRGs der neurologischen Frührehabilitation erbracht worden sind,
3. für die nach § 3 Absatz 3 Nummer 2 ermittelten pflegesensitiven Bereiche: sämtliche Stationen, auf denen Fälle mit den in § 3 Absatz 3 Nummer 2 Buchstabe b genannten Operationen- und Prozedurenschlüsseln dokumentiert worden sind,
4. für die nach § 3 Absatz 3 Nummer 3 ermittelten pflegesensitiven Bereiche: sämtliche Stationen, auf denen die Merkmale und

Strukturbedingungen der Operationen- und Prozedurenschlüssel der intensivmedizinischen Komplexbehandlung oder der aufwendigen intensivmedizinischen Komplexbehandlung (8-980.* oder 8-98f.*) erfüllt sind, so dass die entsprechenden Operationen- und Prozedurenschlüssel grundsätzlich verschlüsselt werden können; dies gilt unabhängig davon,

a) ob im Einzelfall ein Operationen- und Prozedurenschlüssel aus 8-980.* oder 8-98f.* verschlüsselt werden kann,

b) wie hoch der Anteil der Fälle mit einem Operationen- und Prozedurenschlüssel aus 8-980.* oder 8-98f.* an allen Fällen ist und

c) ob gegebenenfalls für Teile einer Station typischerweise keine Operationen- und Prozedurenschlüssel aus 8-980.* oder 8-98f.* erfasst werden,

5. für die nach § 3 Absatz 3 Nummer 4 ermittelten pflegesensitiven Bereiche: sämtliche Stationen von Fachabteilungen mit einem Fachabteilungsschlüssel der pädiatrischen Intensivmedizin sowie sämtliche Stationen, auf denen die Merkmale und Strukturbedingungen der Operationen- und Prozedurenschlüssel der intensivmedizinischen Komplexbehandlung im Kindesalter (8-98d.*) erfüllt sind, so dass die entsprechenden Operationen- und Prozedurenschlüssel grundsätzlich verschlüsselt werden können; dies gilt unabhängig davon,

   a) ob im Einzelfall ein Operationen- und Prozedurenschlüssel aus 8-98d.* verschlüsselt werden kann,

   b) wie hoch der Anteil der Fälle mit einem Operationen- und Prozedurenschlüssel aus 8-98d.* an allen Fällen ist und

   c) ob gegebenenfalls für Teile einer Station typischerweise keine Operationen- und Prozedurenschlüssel aus 8-98d.* erfasst werden,

6. für die nach § 3 Absatz 3 Nummer 5 ermittelten pflegesensitiven Bereiche: die vom Krankenhaus verwendeten Namen der Fachabteilungen und sämtliche zu diesen Fachabteilungen gehörenden Stationen,

7. für die nach § 3 Absatz 3 Nummer 6 Buchstabe a ermittelten pflegesensitiven Bereiche: die vom Krankenhaus verwendeten Namen der Fachabteilungen und sämtliche zu diesen Fachabteilungen gehörenden Stationen und

8. für die nach § 3 Absatz 3 Nummer 6 Buchstabe b ermittelten pflegesensitiven Bereiche: sämtliche Stationen, auf denen die Leistungen in den jeweiligen Indikatoren-DRGs der speziellen Pädiatrie erbracht worden sind.

Die Mitteilungen nach Satz 1 Nummer 1 bis 6 haben standortbezogen und unter Nennung der jeweils zugehörigen Bettenanzahl zu erfolgen.

(4) Sind nach Absatz 3 mitzuteilende Fachabteilungen oder Stationen oder sind pflegesensitive Bereiche, die das Institut für das Entgeltsystem nach § 3 Absatz 3 Nummer 3 bis 5 ermittelt hat, ersatzlos weggefallen, so zeigt das Krankenhaus dies jährlich bis zum 15. Dezember, erstmals bis zum 15. Dezember 2020, gegenüber dem Institut für das Entgeltsystem im Krankenhaus an. Das Krankenhaus hat für sämtliche nach Absatz 3 mitzuteilenden Fachabteilungen oder Stationen Nachfolgeeinheiten zu benennen, wenn gegenüber dem Vorjahr

1. Umbenennungen erfolgt sind oder

2. strukturelle Veränderungen stattgefunden haben, auf Grund derer die betroffenen Leistungen unter Auflösung der früheren Fachabteilungen oder Stationen in anderen Versorgungseinheiten des Krankenhauses erbracht werden.

(5) Das Institut für das Entgeltsystem im Krankenhaus kann Bestimmungen zur Vereinheitlichung der Verfahrensabläufe nach den Absätzen 2 bis 4 treffen.

§ 6
Festlegung der Pflegepersonaluntergrenzen

(1) Für die folgenden pflegesensitiven Bereiche in Krankenhäusern werden die folgenden Pflegepersonaluntergrenzen schichtbezogen als Verhältnis von Patientinnen und Patienten zu einer Pflegekraft festgelegt, die unter Berücksichtigung der in Absatz 2 genannten Höchstanteile von Pflegehilfskräften auf den Stationen oder für die betroffenen intensivmedizinischen Behandlungs-

einheiten, die einem pflegesensitiven Bereich angehören, stets einzuhalten sind:

1. Intensivmedizin bis zum 31. Januar 2021:
   a) in der Tagschicht: 2,5 zu 1,
   b) in der Nachtschicht: 3,5 zu 1,
2. Intensivmedizin und pädiatrische Intensivmedizin ab dem 1. Februar 2021:
   a) in der Tagschicht: 2 zu 1,
   b) in der Nachtschicht: 3 zu 1,
3. Geriatrie:
   a) in der Tagschicht: 10 zu 1,
   b) in der Nachtschicht: 20 zu 1,
4. allgemeine Chirurgie und Unfallchirurgie ab dem 1. Februar 2021 bis zum 31. Dezember 2021:
   a) in der Tagschicht: 10 zu 1,
   b) in der Nachtschicht: 20 zu 1,
5. allgemeine Chirurgie, Unfallchirurgie und Orthopädie ab dem 1. Januar 2022:
   a) in der Tagschicht: 10 zu 1,
   b) in der Nachtschicht: 20 zu 1,
6. Innere Medizin und Kardiologie ab dem 1. Februar 2021:
   a) in der Tagschicht: 10 zu 1,
   b) in der Nachtschicht: 22 zu 1,
7. Herzchirurgie ab dem 1. Februar 2021:
   a) in der Tagschicht: 7 zu 1,
   b) in der Nachtschicht: 15 zu 1,
8. Neurologie ab dem 1. Februar 2021:
   a) in der Tagschicht: 10 zu 1,
   b) in der Nachtschicht: 20 zu 1,
9. neurologische Schlaganfalleinheit ab dem 1. Februar 2021:
   a) in der Tagschicht: 3 zu 1,
   b) in der Nachtschicht: 5 zu 1,
10. neurologische Frührehabilitation ab dem 1. Februar 2021:
   a) in der Tagschicht: 5 zu 1,
   b) in der Nachtschicht: 12 zu 1,
11. Pädiatrie ab dem 1. Februar 2021 bis zum 31. Dezember 2021:
   a) in der Tagschicht: 6 zu 1,
   b) in der Nachtschicht: 10 zu 1,
12. allgemeine Pädiatrie ab dem 1. Januar 2022:
   a) in der Tagschicht: 6 zu 1,
   b) in der Nachtschicht: 10 zu 1,
13. spezielle Pädiatrie ab dem 1. Januar 2022:
   a) in der Tagschicht: 6 zu 1,
   b) in der Nachtschicht: 14 zu 1,
14. neonatologische Pädiatrie ab dem 1. Januar 2022:
   a) in der Tagschicht: 3,5 zu 1,
   b) in der Nachtschicht: 5 zu 1,
15. Gynäkologie und Geburtshilfe ab dem 1. Januar 2023:
   a) in der Tagschicht: 7,5 zu 1,
   b) in der Nachtschicht: 15 zu 1,
16. Hals-Nasen-Ohrenheilkunde und Urologie ab dem 1. Januar 2023:
   a) in der Tagschicht: 10 zu 1,
   b) in der Nachtschicht: 22 zu 1,
17. Rheumatologie ab dem 1. Januar 2023:
   a) in der Tagschicht: 13 zu 1,
   b) in der Nachtschicht: 30 zu 1,
18. Neurochirurgie ab dem 1. Januar 2024:
   a) in der Tagschicht: 9 zu 1,
   b) in der Nachtschicht: 18 zu 1.

(2) Der Anteil von Pflegehilfskräften an der Gesamtzahl der Pflegekräfte darf die folgenden Grenzwerte in den folgenden pflegesensitiven Bereichen in den Krankenhäusern nicht überschreiten:

1. Intensivmedizin bis zum 31. Januar 2021:
   a) in der Tagschicht: 8 Prozent,
   b) in der Nachtschicht: 0 Prozent,

2. Intensivmedizin und pädiatrische Intensivmedizin ab dem 1. Februar 2021:
   a) in der Tagschicht: 5 Prozent,
   b) in der Nachtschicht: 5 Prozent,
3. Geriatrie:
   a) in der Tagschicht: 15 Prozent,
   b) in der Nachtschicht: 20 Prozent,
4. allgemeine Chirurgie und Unfallchirurgie ab dem 1. Februar 2021 bis zum 31. Dezember 2021:
   a) in der Tagschicht: 10 Prozent,
   b) in der Nachtschicht: 10 Prozent,
5. allgemeine Chirurgie, Unfallchirurgie und Orthopädie ab dem 1. Januar 2022:
   a) in der Tagschicht: 10 Prozent,
   b) in der Nachtschicht: 10 Prozent,
6. Innere Medizin und Kardiologie ab dem 1. Februar 2021:
   a) in der Tagschicht: 10 Prozent,
   b) in der Nachtschicht: 10 Prozent,
7. Herzchirurgie ab dem 1. Februar 2021:
   a) in der Tagschicht: 5 Prozent,
   b) in der Nachtschicht: 0 Prozent,
8. Neurologie ab dem 1. Februar 2021:
   a) in der Tagschicht: 8 Prozent,
   b) in der Nachtschicht: 8 Prozent,
9. neurologische Schlaganfalleinheit ab dem 1. Februar 2021:
   a) in der Tagschicht: 0 Prozent,
   b) in der Nachtschicht: 0 Prozent,
10. neurologische Frührehabilitation ab dem 1. Februar 2021:
    a) in der Tagschicht: 10 Prozent,
    b) in der Nachtschicht: 10 Prozent,
11. Pädiatrie ab dem 1. Februar 2021 bis zum 31. Dezember 2021:
    a) in der Tagschicht: 5 Prozent,
    b) in der Nachtschicht: 5 Prozent,
12. allgemeine Pädiatrie ab dem 1. Januar 2022:
    a) in der Tagschicht: 5 Prozent,
    b) in der Nachtschicht: 5 Prozent,
13. spezielle Pädiatrie ab dem 1. Januar 2022:
    a) in der Tagschicht: 5 Prozent,
    b) in der Nachtschicht: 5 Prozent,
14. neonatologische Pädiatrie ab dem 1. Januar 2022:
    a) in der Tagschicht: 5 Prozent,
    b) in der Nachtschicht: 5 Prozent,
15. Gynäkologie und Geburtshilfe ab dem 1. Januar 2022:
    a) in der Tagschicht: 5 Prozent,
    b) in der Nachtschicht: 0 Prozent,
16. Hals-Nasen-Ohrenheilkunde, Rheumatologie und Urologie ab dem 1. Januar 2023:
    a) in der Tagschicht: 10 Prozent,
    b) in der Nachtschicht: 5 Prozent,
17. Neurochirurgie ab dem 1. Januar 2024:
    a) in der Tagschicht: 10 Prozent,
    b) in der Nachtschicht: 5 Prozent.

(2a) Zur Einhaltung der Pflegepersonaluntergrenzen nach Absatz 1 Nummer 15 dürfen auch Hebammen mit einer Erlaubnis zum Führen der Berufsbezeichnung nach § 5 Absatz 1 des Hebammengesetzes, auch in Verbindung mit den §§ 73 und 74 Absatz 1 des Hebammengesetzes, berücksichtigt werden.

(3) Führt die Anwendung der Pflegepersonaluntergrenzen zu dem Ergebnis, dass für die auf einer Station oder in einer intensivmedizinischen Behandlungseinheit zu versorgenden Patientenanzahl weniger als eine Pflegekraft vorgehalten werden müsste, ist die Anwesenheit mindestens einer Pflegefachkraft sicherzustellen.

(4) Sind auf einer Station verschiedene Pflegepersonaluntergrenzen einzuhalten, so gilt schichtbezogen die Pflegepersonaluntergrenze mit der niedrigsten Anzahl von Patientinnen und Patienten im Verhältnis zu einer Pflegekraft mit dem zugehörigen Grenzwert für den Anteil von Pflegehilfskräften. Abweichend von Satz 1 sind die

Pflegepersonaluntergrenzen nach Absatz 1 Nummer 1 und 2 neben den Pflegepersonaluntergrenzen nach Absatz 1 Nummer 3 bis 15 anzuwenden.

(5) Die Krankenhäuser ermitteln anhand monatlicher Durchschnittswerte, ob die Pflegepersonaluntergrenzen eingehalten werden.

§ 7
Ausnahmetatbestände

Die Pflegepersonaluntergrenzen müssen in den folgenden Fällen nicht eingehalten werden:

1. bei kurzfristigen krankheitsbedingten Personalausfällen, die in ihrem Ausmaß über das übliche Maß hinausgehen oder
2. bei starken Erhöhungen der Patientenzahlen, wie beispielsweise bei Epidemien oder bei Großschadensereignissen.

Das Krankenhaus ist verpflichtet, den jeweiligen Vertragsparteien nach § 11 des Krankenhausentgeltgesetzes das Vorliegen der Voraussetzungen eines Ausnahmetatbestandes nach Satz 1 nachzuweisen.

§ 8
Personalverlagerungen

(1) Personalverlagerungen aus anderen Bereichen in der unmittelbaren Patientenversorgung auf bettenführenden Stationen in die pflegesensitiven Bereiche in Krankenhäusern sind unzulässig, wenn

1. sich die Anzahl der Pflegefachkräfte, in Vollkräften gerechnet, in den anderen Bereichen in der unmittelbaren Patientenversorgung im Vergleich zum Vorjahr im Jahresdurchschnitt um mehr als 3 Prozent reduziert hat und
2. sich in den anderen Bereichen in der unmittelbaren Patientenversorgung zugleich das Verhältnis von Pflegekräften, in Vollkräften gerechnet, zu Belegungstagen um mehr als 3 Prozent reduziert hat.

Bei der Ermittlung der Belegungstage der Fachabteilungen gilt der Entlassungstag aus einer Fachabteilung nicht als Belegungstag der entlassenden Fachabteilung.

(2) Das Institut für das Entgeltsystem im Krankenhaus stellt jährlich zum 30. Juni fest, ob in einem Krankenhaus mit pflegesensitiven Bereichen unzulässige Personalverlagerungen gemäß Absatz 1 stattgefunden haben. Das Institut für das Entgeltsystem im Krankenhaus übermittelt dem betroffenen Krankenhaus das Ergebnis der Feststellung nach Satz 1. Das betroffene Krankenhaus hat das ihm übermittelte Ergebnis an die jeweiligen Vertragsparteien nach § 11 des Krankenhausentgeltgesetzes weiterzuleiten.

(3) Sind für ein Krankenhaus unzulässige Personalverlagerungen gemäß Absatz 1 festgestellt worden, vereinbaren die Vertragsparteien nach § 11 des Krankenhausentgeltgesetzes geeignete Maßnahmen, die das Krankenhaus zur Vermeidung von Personalverlagerungen zu ergreifen hat.

§ 9
Inkrafttreten, Außerkrafttreten

Diese Verordnung tritt am Tag nach der Verkündung in Kraft. Gleichzeitig tritt die Pflegepersonaluntergrenzen-Verordnung vom 28. Oktober 2019 (BGBl. I S. 1492), die zuletzt durch Artikel 1 der Verordnung vom 16. Juli 2020 (BGBl. I S. 1701) geändert worden ist, außer Kraft.

Anlage

(zu § 3 Absatz 1)

Indikatoren-DRGs

Folgende DRGs des German Diagnosis Related Groups Fallpauschalen-Katalogs 2023, der auf der Internetseite des Instituts für das Entgeltsystem im Krankenhaus veröffentlicht ist, gelten als Indikatoren für das Vorhandensein eines pflegesensitiven Bereiches in Krankenhäusern:

Allgemeine Chirurgie

DRG 2023	DRG-Bezeichnung
A01B	Lebertransplantation ohne kombinierte Dünndarmtranspl. mit Beatmung > 59 und < 180 Std. od. mit Transplantatabstoßung od. mit komb. Nierentranspl. od. m. kombinierter Pankreastranspl. od. Alter < 6 J. oder od. m. intensivm. Komplexbeh. > 980 / 828 / - P.
A01C	Lebertransplantation ohne kombinierte Dünndarmtransplantation, ohne Beatmung > 59 Stunden, ohne Transplantatabstoßung, ohne komb. Nierentranspl., ohne kombinierte Pankreastranspl., Alter > 5 Jahre, ohne intensivmed. Komplexbehandlung > 980 / 828 / - P.
A02Z	Transplantation von Niere und Pankreas
A16A	Transplantation von Darm oder Pankreas
A16B	Injektion von Pankreasgewebe
B05Z	Dekompression bei Karpaltunnelsyndrom oder kleine Eingriffe an den Nerven
F08F	Rekonstruktive Gefäßeingriffe ohne komplizierende Konstellation, ohne komplexe Vakuumbehandlung, ohne komplexen Aorteneingriff, ohne komplexen Eingriff, ohne bestimmten Aorteneingriff, mit bestimmtem Eingriff
F08G	Rekonstruktive Gefäßeingriffe ohne komplizierende Konstellation, ohne komplexe Vakuumbehandlung, ohne komplexen Aorteneingriff, ohne komplexen Eingriff, ohne bestimmten Aorteneingriff, ohne bestimmten Eingriff
F13A	Amputation bei Kreislauferkrankungen an oberer oder unterer Extremität oder Revisionseingriff mit äußerst schweren CC und mehrzeitigen Revisions- oder Rekonstruktionseingriffen
F13B	Amputation bei Kreislauferkrankungen an oberer oder unterer Extremität oder Revisionseingriff mit äußerst schweren CC, ohne mehrzeitige Revisions- oder Rekonstruktionseingriffe
F13C	Amputation bei Kreislauferkrankungen an oberer oder unterer Extremität oder Revisionseingriff ohne äußerst schwere CC
F14A	Komplexe oder mehrfache Gefäßeingriffe außer große rekonstruktive Eingriffe mit äußerst schweren CC
F14B	Komplexe oder mehrfache Gefäßeingriffe außer große rekonstruktive Eingriffe, ohne äußerst schwere CC
F20Z	Beidseitige Unterbindung und Stripping von Venen mit bestimmter Diagnose oder äußerst schweren oder schweren CC

DRG 2023	DRG-Bezeichnung
F27A	Verschiedene Eingriffe bei Diabetes mellitus mit Komplikationen, mit äußerst schweren CC oder Gefäßeingriff oder bestimmter Amputation oder komplexer Arthrodese des Fußes oder komplexem Hauteingriff oder Ringfixateur
F27B	Verschiedene Eingriffe bei Diabetes mellitus mit Komplikationen, ohne äußerst schwere CC, ohne Gefäßeingriff, ohne bestimmte Amputation, ohne komplexe Arthrodese des Fußes, ohne komplexen Hauteingriff, ohne Rngfixateur, mit mäßig komplexem Eingriff
F28A	Bestimmte Amputation bei Kreislauferkrankungen an unterer Extremität mit zusätzlichem Gefäßeingriff oder mit Hauttransplantation mit äußerst schweren oder schweren CC
F28B	Bestimmte Amputation bei Kreislauferkrankungen an unterer Extremität ohne zusätzlichen Gefäßeingriff, ohne Hauttransplantation, mit äußerst schweren oder schweren CC
F28C	Bestimmte Amputation bei Kreislauferkrankungen an unterer Extremität, ohne zusätzlichen Gefäßeingriff, ohne äußerst schwere oder schwere CC
F39A	Unterbindung und Stripping von Venen mit beidseitigem Eingriff oder bestimmter Diagnose oder äußerst schweren oder schweren CC
F39B	Unterbindung und Stripping von Venen ohne beidseitigen Eingriff, ohne bestimmte Diagnose, ohne äußerst schwere oder schwere CC
F59A	Mäßig komplexe Gefäßeingriffe mit äußerst schweren CC
F59C	Mäßig komplexe Gefäßeingriffe ohne äußerst schwere CC, ohne aufwendige Gefäßintervention, mit aufwendigem Eingriff oder Mehrfacheingriff oder bestimmter Diagnose oder Alter < 16 Jahre, mehr als ein Belegungstag
F59D	Mäßig komplexe Gefäßeingriffe ohne äußerst schwere CC, ohne aufwendige Gefäßintervention, mit bestimmtem Eingriff oder anderem Mehrfacheingriff, Alter > 15 Jahre oder ein Belegungstag oder mit pAVK mit Gangrän, mehr als ein Belegungstag
F59E	Mäßig komplexe Gefäßeingriffe ohne äußerst schwere CC, ohne aufwend. Gefäßinterv., mit best. anderen Eingriff oder best. Mehrfacheingriff oder PTA, mehr als ein Belegungstag, ohne aufwendigen oder bestimmten Eingr., Alter > 15 Jahre oder ein Belegungstag
F59F	Mäßig komplexe Gefäßeingriffe ohne äußerst schwere CC, ohne aufwendige Gefäßintervention, ohne aufwendigen, bestimmten oder bestimmten anderen Eingriff, ohne Mehrfacheingriff, Alter > 15 Jahre oder ein Belegungstag
G01Z	Eviszeration des kleinen Beckens
G02A	Bestimmte Eingriffe an den Verdauungsorganen bei angeb. Fehlbildung, Alter < 2 Jahre oder sehr komplexe Eingriffe an Dünn- und Dickdarm, Alter < 10 Jahre oder best. Eingriffe an Dünn- und Dickdarm mit kompliz. Diagnose, mit bestimmten kompliz. Faktoren
G02B	Bestimmte komplexe Eingriffe an Dünn- und Dickdarm oder andere Eingriffe an den Verdauungsorganen bei angeb. Fehlbildung, Alter < 2 Jahre oder bestimmte Eingriffe an Dünn- und Dickdarm mit komplizierender Diagnose, ohne bestimmte komplizierende Faktoren

DRG 2023	DRG-Bezeichnung
G02C	Andere komplexe Eingriffe an Dünn- und Dickdarm oder andere Eingriffe an Dünn- und Dickdarm mit komplizierender Diagnose, ohne Eingriffe an den Verdauungsorganen bei angeborener Fehlbildung, Alter < 2 Jahre
G03A	Große Eingriffe an Magen, Ösophagus und Duodenum oder bestimmte Eingriffe an Dünn- und Dickdarm oder an Magen, Ösophagus und Duodenum mit komplexer Prozedur mit hochkomplexem Eingriff oder intensivmedizinischer Komplexbehandlung > - / 368 / - Aufwandsp.
G03B	Große Eingriffe an Magen, Ösophagus und Duodenum oder bestimmte Eingriffe an Magen, Ösophagus und Duodenum mit komplexer Prozedur ohne hochkomplexen Eingriff, ohne intensivmedizinische Komplexbehandlung > - / 368 / - Aufwandspkt., mit komplexem Eingriff
G03C	Große Eingriffe an Magen, Ösophagus und Duodenum oder bestimmte Eingriffe an Magen, Ösophagus und Duodenum mit komplexer Prozedur ohne hochkomplexen Eingriff, ohne intensivmedizinische Komplexbehandlung > - / 368 / - Aufwandspkt., ohne komplexen Eingriff
G04Z	Adhäsiolyse am Peritoneum, Alter < 4 Jahre od. mit äuß. schw. od. schw. CC oder kleine Eingriffe an Dünn- und Dickdarm oder best. Eingriffe an abd. Gefäßen mit äuß. schw. CC oder Implantation eines Antireflux-Stimulationssystems od. best. Gastrektomie
G07B	Appendekt. od. laparoskop. Adhäsiolyse bei Peritonitis mit äuß. schw. od. schw. CC od. kl. Eingr. an Dünn-/Dickdarm, oh. äuß. schw. CC od. best. Anorektopl., Alt. > 2 J. u. Alt. < 14 J. od. mit laparoskop. Adhäsiolyse od. Rektopexie od. best. Magenexz.
G07C	Appendektomie bei Peritonitis mit äußerst schweren oder schweren CC oder kleine Eingriffe an Dünn- und Dickdarm ohne äußerst schwere CC oder bestimmte Anorektoplastik, Alter > 13 Jahre, ohne laparoskopische Adhäsiolyse, ohne Rektopexie
G08A	Komplexe Rekonstruktion der Bauchwand, Alter > 0 Jahre, mit äußerst schweren CC
G08B	Komplexe Rekonstruktion der Bauchwand, Alter > 0 Jahre, ohne äußerst schwere CC
G09Z	Beidseitige Eingriffe bei Leisten- und Schenkelhernien, Alter > 55 Jahre oder komplexe Herniotomien oder Operation einer Hydrocele testis oder andere kleine Eingriffe an Dünn- und Dickdarm
G10Z	Bestimmte Eingriffe an hepatobiliärem System, Pankreas, Niere und Milz
G11B	Pyloromyotomie oder Anoproktoplastik und Rekonstruktion von Anus und Sphinkter außer bei Analfissuren und Hämorrhoiden, Alter > 5 Jahre
G12A	Andere OR-Prozeduren an den Verdauungsorganen mit komplexer OR-Prozedur oder mit mäßig komplexer OR-Prozedur, mehr als ein Belegungstag, Alter < 16 Jahre
G12B	Andere OR-Prozeduren an den Verdauungsorganen mit mäßig komplexer OR-Prozedur, mehr als ein Belegungstag, Alter > 15 Jahre
G12C	Andere OR-Prozeduren an den Verdauungsorganen mit wenig komplexer OR-Prozedur, mehr als ein Belegungstag
G12D	Andere OR-Prozeduren an den Verdauungsorganen ohne komplexe OR-Prozedur, ein Belegungstag oder ohne mäßig komplexe OR-Prozedur, mit bestimmtem Eingriff oder Alter < 14 Jahre oder bei bösartiger Neubildung der Verdauungsorgane

DRG 2023	DRG-Bezeichnung
G12E	Andere OR-Prozeduren an den Verdauungsorganen ohne komplexe OR-Prozedur, ein Belegungstag oder ohne mäßig komplexe OR-Prozedur, ohne bestimmten Eingriff, Alter > 13 Jahre, außer bei bösartiger Neubildung der Verdauungsorgane
G13A	Implantation und Wechsel von Neurostimulatoren und Neurostimulationselektroden bei Krankheiten und Störungen der Verdauungsorgane ohne Implantation oder Wechsel eines permanenten Elektrodensystems
G13B	Implantation und Wechsel von Neurostimulatoren und Neurostimulationselektroden bei Krankheiten und Störungen der Verdauungsorgane mit Implantation oder Wechsel eines permanenten Elektrodensystems
G15Z	Strahlentherapie mit großem abdominellen Eingriff
G16A	Komplexe Rektumresektion od. and. Rektumres. m. best. Eingr. od. kompl. Diagnose od. mehrz. Enterostomaanlage und -rückverlagerung, m. kompliz. Konstell. od. plast. Rekonstruktion m. myokut. Lappen od. IntK > 196/ 368/ - P. od. endorektale Vakuumtherapie
G16B	Komplexe Rektumresektion od. andere Rektumres. mit best. Eingr. od. kompl. Diag. od. mehrz. Enterostomaanlage u. -rückverlagerung, ohne kompliz. Konstell. od. plast. Rekonstruktion m. myokut. Lappen od. IntK > 196/ 368/ - P. ohne endorekt. Vakuumtherapie
G17A	Andere Rektumresektion ohne bestimmten Eingriff oder Implantation eines künstlichen Analsphinkters, bei bösartiger Neubildung oder Alter < 16 Jahre
G17B	Andere Rektumresektion ohne bestimmten Eingriff oder Implantation eines künstlichen Analsphinkters, außer bei bösartiger Neubildung, Alter > 15 Jahre
G18A	Bestimmte Eingriffe an Dünn- und Dickdarm oder Anlegen eines Enterostomas oder andere Eingriffe am Darm oder an abdominalen Gefäßen mit bestimmtem hochkomplexem Eingriff oder Diagnose oder mit endorektaler Vakuumtherapie
G18B	Bestimmte Eingriffe an Dünn- und Dickdarm oder Anlegen eines Enterostomas oder andere Eingriffe am Darm oder an abdominalen Gefäßen mit bestimmter sehr komplexer Prozedur oder Diagnose
G18C	Bestimmte Eingriffe an Dünn- und Dickdarm oder Anlegen eines Enterostomas oder andere Eingriffe am Darm mit äußerst schweren CC, mit komplexem Eingriff
G18D	Bestimmte Eingriffe an Dünn- und Dickdarm oder Anlegen eines Enterostomas oder andere Eingriffe am Darm mit äußerst schweren CC, ohne komplexen Eingriff
G19A	Andere Eingriffe an Magen, Ösophagus und Duodenum außer bei angeborener Fehlbildung oder Alter > 1 Jahr, mit komplizierender Konstellation oder bei bösartiger Neubildung oder Alter < 16 Jahre ohne bestimmte Operationen an Pharynx oder Magenband
G19B	Andere Eingriffe an Magen, Ösophagus und Duodenum außer bei angeborener Fehlbildung oder Alter > 1 Jahr, ohne komplizierende Konstellation, außer bei bösartiger Neubildung, Alter > 15 Jahre, mit komplexem Eingriff
G19C	Andere Eingriffe an Magen, Ösophagus und Duodenum außer bei angeborener Fehlbildung oder Alter > 1 Jahr, ohne komplizierende Konstellation, außer bei bösartiger Neubildung, Alter > 15 Jahre, ohne komplexen Eingriff

DRG 2023	DRG-Bezeichnung
G21A	Komplexe Adhäsiolyse am Peritoneum, Alter > 3 J., ohne äußerst schw. oder schw. CC od. andere Eingriffe an Darm u. Enterostoma od. best. Eingriffe am Pharynx od. Verschluss Darmfistel m. äußerst schw. CC od. aufw. Eingriff am Darm oder Alter < 16 Jahre
G21B	Andere Eingriffe an Darm und Enterostoma oder bestimmte Eingriffe am Pharynx oder Verschluss Darmfistel ohne äußerst schwere CC, ohne aufwendigen Eingriff am Darm, Alter > 15 Jahre
G22A	Appendektomie oder laparoskopische Adhäsiolyse bei Peritonitis oder mit äußerst schweren oder schweren CC, Alter < 10 Jahre oder bei bösartiger Neubildung
G22B	Appendektomie oder laparoskopische Adhäsiolyse bei Peritonitis oder mit äußerst schweren oder schweren CC, Alter > 9 Jahre, mit laparoskopischer Adhäsiolyse oder Alter < 16 Jahre, außer bei bösartiger Neubildung
G22C	Appendektomie oder laparoskopische Adhäsiolyse bei Peritonitis oder mit äußerst schweren oder schweren CC, Alter > 15 Jahre, außer bei bösartiger Neubildung
G23A	Appendektomie oder laparoskopische Adhäsiolyse außer bei Peritonitis oder Exzision erkranktes Gewebe Dickdarm ohne äußerst schwere oder schwere CC, Alter < 10 Jahre oder bei bösartiger Neubildung
G23B	Appendektomie oder laparoskopische Adhäsiolyse außer bei Peritonitis oder Exzision erkranktes Gewebe Dickdarm ohne äußerst schwere oder schwere CC, Alter > 9 Jahre, außer bei bösartiger Neubildung
G24A	Eingriffe bei Hernien mit plastischer Rekonstruktion der Bauchwand oder bestimmte partielle Resektion des Dickdarmes
G24B	Eingriffe bei Hernien ohne plastische Rekonstruktion der Bauchwand, mit beidseitigem oder komplexem Eingriff oder Alter < 14 Jahre mit äußerst schweren oder schweren CC
G24C	Eingriffe bei Hernien ohne plastische Rekonstruktion der Bauchwand, ohne beidseitigen Eingriff, ohne komplexen Eingriff, Alter > 13 Jahre oder ohne äußerst schwere oder schwere CC
G26A	Andere Eingriffe am Anus oder Anoproktoplastik und Rekonstruktion von Anus und Sphinkter bei Analfissuren und Hämorrhoiden, Alter < 16 Jahre oder bei bestimmter bösartiger Neubildung oder entzündlicher Darmerkrankung oder mit kleinem Eingriff am Rektum
G26B	Andere Eingriffe am Anus oder Anoproktoplastik und Rekonstruktion von Anus und Sphinkter bei Analfissuren und Hämorrhoiden, Alter > 15 Jahre, außer bei bestimmter bösartiger Neubildung oder entzündlicher Darmerkrankung, ohne kleinen Eingriff am Rektum
G33Z	Mehrzeitige komplexe OR-Prozeduren oder hochaufwendiges Implantat bei Krankheiten und Störungen der Verdauungsorgane
G35Z	Komplexe Vakuumbehandlung bei Krankheiten und Störungen der Verdauungsorgane
G36A	Intensivmedizinische Komplexbehandlung bei Krankheiten und Störungen der Verdauungsorgane > 1470 / 1380 / - Aufwandspunkte oder > 1176 / 1104 / 1104 und < 1471 / 1381 / - Aufwandspunkte oder mit endoösophagealer Vakuumtherapie, mit aufwendigem Eingriff

DRG 2023	DRG-Bezeichnung
G36B	Intensivmedizinische Komplexbehandlung bei Krankheiten und Störungen der Verdauungsorgane > 1176 / 1104 / 1104 Aufwandspunkte und < 1471 / 1381 / - Aufwandspunkte oder mit endoösophagealer Vakuumtherapie, ohne aufwendigen Eingriff
G36C	Intensivmedizinische Komplexbehandlung > 392 / 552 / - Aufwandspunkte und < 1177 / 1105 / - Aufwandspunkte bei Krankheiten und Störungen der Verdauungsorgane
G37Z	Multiviszeraleingriff bei Krankheiten und Störungen der Verdauungsorgane
G38Z	Komplizierende Konstellation mit bestimmtem operativen Eingriff bei Krankheiten und Störungen der Verdauungsorgane oder mehrzeitiger komplexer Eingriff am Gastrointestinaltrakt und anderem Organsystem
H01A	Eingriffe an Pankreas und Leber und portosystemische Shuntoperationen mit großem Eingriff oder Strahlentherapie oder komplexer Eingriff an Gallenblase und Gallenwegen, Alter < 14 J., mit kompl. Eingriff oder intensivmed. Komplexbeh. > 392 / 368 / - P.
H01B	Eingriffe an Pankreas und Leber und portosystemische Shuntoperationen mit großem Eingriff oder Strahlentherapie oder komplexer Eingriff an Gallenblase und Gallenwegen, Alter < 14 J., ohne kompl. Eingriff, ohne intensivmed. Komplexbeh. > 392 / 368 / - P.
H02A	Komplexe Eingriffe an Gallenblase und Gallenwegen, Alter > 13 Jahre, bei bösartiger Neubildung oder mit bestimmter biliodigestiver Anastomose
H02B	Komplexe Eingriffe an Gallenblase und Gallenwegen, Alter > 13 Jahre, außer bei bösartiger Neubildung, ohne bestimmte biliodigestive Anastomose
H05Z	Laparotomie und mäßig komplexe Eingriffe an Gallenblase und Gallenwegen
H06A	Andere OR-Prozeduren an hepatobiliärem System und Pankreas mit aufwendigem Eingriff und bestimmten komplizierenden Faktoren
H07A	Cholezystektomie und wenig komplexe Eingriffe an Gallenblase, Gallenwegen, Leber mit sehr komplexer Diagnose oder komplizierender Konstellation
H07B	Cholezystektomie und wenig komplexe Eingriffe an Gallenblase, Gallenwegen, Leber ohne sehr komplexe Diagnose, ohne komplizierende Konstellation
H08A	Laparoskopische Cholezystektomie oder bestimmte Eingriffe an Leber und Bauchwand mit komplexer Diagnose oder komplizierender Konstellation
H08B	Laparoskopische Cholezystektomie oder bestimmte Eingriffe an Leber und Bauchwand, Alter < 12 Jahre oder mit laparoskopischer Steinentfernung
H08C	Laparoskopische Cholezystektomie oder bestimmte Eingriffe an Leber und Bauchwand, Alter > 11 Jahre
H09A	Eingriffe an Pankreas und Leber und portosystemische Shuntoperationen, ohne großen Eingriff, ohne Strahlentherapie, mit bestimmtem Eingriff mit äußerst schweren CC oder aufwendiger Eingriff am Dünndarm mit bestimmten komplizierenden Faktoren
H09B	Eingriffe an Pankreas und Leber und portosystemische Shuntoperationen, ohne großen Eingriff, ohne Strahlentherapie, ohne bestimmten Eingriff oder ohne äußerst schwere CC, ohne aufwendigen Eingriff am Dünndarm mit bestimmten komplizierenden Faktoren

DRG 2023	DRG-Bezeichnung
H12B	Verschiedene Eingriffe am hepatobiliären System oder Eingriffe an abdominalen oder pelvinen Gefäßen ohne äußerst schwere CC, mit komplexem Eingriff
H12C	Verschiedene Eingriffe am hepatobiliären System oder Eingriffe an abdominalen oder pelvinen Gefäßen ohne äußerst schwere CC, ohne komplexen Eingriff
H33Z	Mehrzeitige komplexe OR-Prozeduren bei Krankheiten und Störungen an hepatobiliärem System und Pankreas
H38A	Bestimmte komplizierende Konstellation mit bestimmtem operativen Eingriff bei Krankheiten und Störungen an hepatobiliärem System und Pankreas
H38B	Andere komplizierende Konstellation mit bestimmtem operativen Eingriff bei Krankheiten und Störungen an hepatobiliärem System und Pankreas
I02D	Kleinflächige oder großflächige Gewebe- / Hauttransplantation außer an der Hand, mit äußerst schweren CC
I03B	Revision oder Ersatz des Hüftgelenkes mit kompl. Diagnose od. Arthrodese od. Alter < 16 Jahre oder beidseitige od. mehrere gr. Eingr. an Gelenken der unt. Extr. mit kompl. Eingriff, ohne äuß. schw. CC, ohne mehrzeit. Wechsel, ohne Eingr. an mehr. Lok.
I07A	Amputation bei Krankheiten und Störungen an Muskel-Skelett-System und Bindegewebe
I07B	Bestimmte Amputation am Fuß
I14Z	Revision eines Amputationsstumpfes
I20C	Eingriffe am Fuß ohne mehrere komplexe Eingriffe, ohne hochkomplexen Eingriff, mit bestimmten komplizierenden Faktoren
I20D	Eingriffe am Fuß ohne bestimmte komplizierende Faktoren, mit Knochentransplantation oder schwerem Weichteilschaden oder bestimmtem Eingriff am Fuß oder Implantation einer Vorfuß- oder Zehenendoprothese oder Kalkaneusfraktur
I24B	Arthroskopie oder andere Eingriffe an den Extremitäten oder Eingriffe am Weichteilgewebe ohne komplexen Eingriff, Alter > 15 Jahre
I27A	Eingriffe am Weichteilgew. od. kleinfl. Gewebe-Tx m. best. Diagn. u. best. Eingr. od. m. äuß. schw. CC od. b. BNB m. schw. CC, m. best. Diagn. u. kompl. Eingr. od. Nephrekt. od. best. BNB m. best. Eingr. Abdomen od. Thorax od. Tx e. Zehe als Fingerersatz
I30C	Komplexe Eingriffe am Kniegelenk ohne bestimmte komplexe Eingriffe am Kniegelenk, Alter > 17 Jahre oder ohne äußerst schwere oder schwere CC oder bestimmte arthroskopische Eingriffe am Hüftgelenk, Alter > 15 Jahre
I75B	Schwere Verletzungen von Schulter, Arm, Ellenbogen, Knie, Bein und Sprunggelenk ohne CC oder Entzündungen von Sehnen, Muskeln und Schleimbeuteln ohne äußerst schwere oder schwere CC
J02A	Hauttransplantation oder bestimmte Lappenplastik an der unteren Extremität bei Ulkus oder Infektion oder ausgedehnte Lymphadenektomie oder Gewebetransplantation mit mikrovaskulärer Anastomose, mit äußerst schweren CC, mit komplexem Eingriff

DRG 2023	DRG-Bezeichnung
J02B	Hauttransplantation oder bestimmte Lappenplastik an der unteren Extr. bei Ulkus od. Infektion od. ausgedehnte Lymphadenekt. oder Gewebetransplant. mit mikrovask. Anastomose, mit äuß. schw. CC, oh. kompl. Eingr. od. oh. äuß. schw. CC, m. kompl. Eingr.
J02C	Hauttransplantation oder bestimmte Lappenplastik an der unteren Extremität bei Ulkus oder Infektion oder ausgedehnte Lymphadenektomie, ohne äußerst schwere CC, ohne komplexen Eingriff
J03Z	Eingriffe an der Haut der unteren Extremität bei Ulkus oder Infektion / Entzündung
J09A	Eingriffe bei Sinus pilonidalis und perianal, Alter < 16 Jahre
J09B	Eingriffe bei Sinus pilonidalis und perianal, Alter > 15 Jahre
J11D	And. Eingr. an Haut, Unterhaut u. Mamma oh. kompliz. Diag., oh. mäßig kompl. Proz. od. Diag., Alter > 17 J. od. oh. äuß. schw. od. schw. CC, oh. best. Eingr., oh. Hidradenitis suppurativa, auß. b. BNB od. Pemphigoid, oh. kl. Eingr. an d. Haut od. Weicht.
J35Z	Komplexe Vakuumbehandlung bei Krankheiten und Störungen an Haut, Unterhaut und Mamma
J64C	Andere Infektion / Entzündung der Haut und Unterhaut, Alter > 5 Jahre
K03A	Eingriffe an der Nebenniere bei bösartiger Neubildung oder Eingriff an der Hypophyse, Alter < 18 Jahre oder bestimmte zweizeitige Eingriffe an der Hypophyse
K04Z	Große Eingriffe bei Adipositas
K06A	Eingriffe an Schilddrüse, Nebenschilddrüse und Ductus thyreoglossus mit IntK > 392 / 368 / - Punkte oder bei BNB, mit äußerst schweren CC oder Parathyreoidektomie oder äußerst schwere oder schwere CC, mit Thyreoidektomie durch Sternotomie
K06B	Eingriffe an Schilddrüse, Nebenschilddrüse und Ductus thyreoglossus ohne IntK > 392 / 368 / - Punkte, bei BNB oder mit äuß. schw. oder schw. CC oder Eingr. an der Schilddrüse außer kl. Eingr., mit Thyreoidektomie durch Sternotomie oder Alter < 16 Jahre
K06C	Eingriffe an Schilddrüse, Nebenschilddrüse u. Ductus thyreogl. ohne IntK > 392 / 368 / - P., auß. bei BNB, oh. äuß. schw. od. schw. CC, mit Eingr. an d. Schilddrüse auß. kl. Eingr., ohne Thyreoidektomie durch Sternotomie, Alter > 15 J. od. Alter < 18 J.
K06D	Andere Eingriffe an Schilddrüse, Nebenschilddrüse und Ductus thyreoglossus ohne IntK > 392 / 368 / - Punkte, außer bei bösartiger Neubildung, ohne äußerst schwere oder schwere CC oder bestimmte Reduktionseingriffe an Haut und Unterhaut
K06E	Kleine Eingriffe an Schilddrüse, Nebenschilddrüse und Ductus thyreoglossus ohne IntK > 392 / 368 / - Punkte, außer bei bösartiger Neubildung, ohne äußerst schwere oder schwere CC, ohne bestimmte Reduktionseingriffe an Haut und Unterhaut
K07A	Andere Eingriffe bei Adipositas mit bestimmten größeren Eingriffen am Magen oder Darm
K07B	Andere Eingriffe bei Adipositas ohne bestimmte größere Eingriffe am Magen oder Darm
K14Z	Andere Eingriffe an der Nebenniere oder ausgedehnte Lymphadenektomie

DRG 2023	DRG-Bezeichnung
K33Z	Mehrzeitige komplexe OR-Prozeduren bei endokrinen, Ernährungs- und Stoffwechselkrankheiten
L02C	Operatives Einbringen eines Peritonealkatheters, Alter > 9 Jahre mit akuter Niereninsuffizienz oder mit chronischer Niereninsuffizienz mit Dialyse oder transurethrale Injektion bei Ostiuminsuffizienz
Q01Z	Eingriffe an der Milz
X01A	Rekonstruktive Operation bei Verletzungen mit komplizierender Konstellation oder freier Lappenplastik mit mikrovaskulärer Anastomosierung oder mit schweren Weichteilschäden oder komplexer OR-Prozedur oder best. komplexem Eingriff, mit äuß. schweren CC
X01B	Rekonstruktive Operation bei Verletzungen ohne kompliz. Konstellation, ohne freie Lappenplastik mit mikrovask. Anastomosierung, mit schweren Weichteilschäden oder komplex. OR-Prozedur oder best. mäßig kompl. Eingriff oder äußerst schw. CC, mehr als 1 BT
X01C	Rekonstruktive Operation bei Verletzungen ohne kompliz. Konstellation, ohne freie Lappenplastik mit mikrovask. Anastomosierung, ohne schwere Weichteilschäden, ohne kompl. OR-Prozedur, ohne äuß. schw. CC, mit best. Nervennaht oder Hautplastik, > 1 BT
Z02Z	Leberspende (Lebendspende)
Z03Z	Nierenspende (Lebendspende)

Geriatrie

DRG 2023	DRG-Bezeichnung
B44A	Geriatrische frührehabilitative Komplexbehandlung bei Krankheiten und Störungen des Nervensystems mit neurologischer Komplexbehandlung oder anderer neurologischer Komplexbehandlung des akuten Schlaganfalls bei schwerer motorischer Funktionseinschränkung
B44B	Geriatrische frührehabilitative Komplexbehandlung bei Krankheiten und Störungen des Nervensystems mit anderer neurologischer Komplexbehandlung des akuten Schlaganfalls oder schwerer motorischer Funktionseinschränkung
B44C	Geriatrische frührehabilitative Komplexbehandlung bei Krankheiten und Störungen des Nervensystems ohne Komplexbehandlung des akuten Schlaganfalls, ohne schwere motorische Funktionseinschränkung
E42A	Geriatrische frührehabilitative Komplexbehandlung bei Krankheiten und Störungen der Atmungsorgane mit Komplexbehandlung bei isolationspflichtigen Erregern, COVID-19, Virus nachgewiesen
E42B	Geriatrische frührehabilitative Komplexbehandlung bei Krankheiten und Störungen der Atmungsorgane
F48Z	Geriatrische frührehabilitative Komplexbehandlung bei Krankheiten und Störungen des Kreislaufsystems
G14Z	Geriatrische frührehabilitative Komplexbehandlung mit bestimmter OR-Prozedur bei Krankheiten und Störungen der Verdauungsorgane

DRG 2023	DRG-Bezeichnung
G52Z	Geriatrische frührehabilitative Komplexbehandlung bei Krankheiten und Störungen der Verdauungsorgane
H44Z	Geriatrische frührehabilitative Komplexbehandlung bei Krankheiten und Störungen an hepatobiliärem System und Pankreas
I34Z	Geriatrische frührehabilitative Komplexbehandlung mit bestimmter OR-Prozedur bei Krankheiten und Störungen an Muskel-Skelett-System und Bindegewebe
I41Z	Geriatrische frührehabilitative Komplexbehandlung bei Krankheiten und Störungen an Muskel- Skelett-System und Bindegewebe
J44Z	Geriatrische frührehabilitative Komplexbehandlung bei Krankheiten und Störungen an Haut, Unterhaut und Mamma
K01Z	Verschiedene Eingriffe bei Diabetes mellitus mit Komplikationen, mit Frührehabilitation oder geriatrischer frührehabilitativer Komplexbehandlung
K44Z	Geriatrische frührehabilitative Komplexbehandlung bei endokrinen, Ernährungs- und Stoffwechselkrankheiten
L44Z	Geriatrische frührehabilitative Komplexbehandlung bei Krankheiten und Störungen der Harnorgane
T44Z	Geriatrische frührehabilitative Komplexbehandlung bei infektiösen und parasitären Krankheiten
U40Z	Geriatrische frührehabilitative Komplexbehandlung bei psychischen Krankheiten und Störungen

Gynäkologie und Geburtshilfe

DRG 2023	DRG-Bezeichnung
J06Z	Mastektomie mit Prothesenimplantation und plastischer Operation bei bösartiger Neubildung oder komplexe Prothesenimplantation
J07A	Best. Eingr. an der Mamma mit Lymphknotenex. oder PCCL > 2 oder Impl. Hautexpander oder best. Eingr. an Ovar/Plexus brachialis oder Lymphknotenex. mit Hautransplantation oder Debridement, mit beidseitigem Eingr. oder best. Eingr. Ovar/Plexus brachialis
J07B	Best. Eingr. an der Mamma mit Lymphknotenex. oder PCCL > 2 oder Impl. Hautexpander oder best. Eingr. an Ovar/Plexus brachialis oder Lymphknotenex. mit Hautransplantation oder Debridement, ohne beidseitigen Eingr., ohne best. Eingr. Ovar/Plexus brachialis
J14Z	Plastische Rekonstruktion der Mamma bei BNB mit aufwend. Rekonstr. oder beidseit. Mastektomie bei BNB oder Strahlenther. mit operat. Proz. bei Krankh. und Störungen an Haut, Unterhaut und Mamma, mit beidseit. Prothesenimpl. oder Impl. eines Hautexpanders
J16A	Beidseitige Mastektomie bei bösartiger Neubildung
J16B	Strahlentherapie mit operativer Prozedur bei Krankheiten und Störungen an Haut, Unterhaut und Mamma
J23Z	Große Eingriffe an der Mamma bei bösartiger Neubildung ohne komplexen Eingriff, ohne bestimmten Eingriff an den weiblichen Geschlechtsorganen bei bösartiger Neubildung

DRG 2023	DRG-Bezeichnung
J24A	Eingriffe an der Mamma außer bei bösartiger Neubildung mit ausgedehntem Eingriff, mit Prothesenimplantation oder bestimmter Mammareduktionsplastik oder beidseitiger Mastopexie
J24C	Eingriffe an der Mamma außer bei bösartiger Neubildung ohne ausgedehnten Eingriff, mit komplexem Eingriff
J24D	Eingriffe an der Mamma außer bei bösartiger Neubildung ohne ausgedehnten Eingriff, ohne komplexen Eingriff
J25Z	Kleine Eingriffe an der Mamma bei bösartiger Neubildung ohne äußerst schwere oder schwere CC
J62B	Bösartige Neubildungen der Mamma, ein Belegungstag oder ohne äußerst schwere CC
L06C	Andere kleine Eingriffe an den Harnorganen, Alter > 15 Jahre
N01A	Beckeneviszeration bei der Frau und komplexe Vulvektomie oder bestimmte Lymphadenektomie mit äußerst schweren CC, ohne komplexen Eingriff, ohne komplizierende Konstellation, mit Multiviszeraleingriff
N01B	Beckeneviszeration bei der Frau und komplexe Vulvektomie oder bestimmte Lymphadenektomie mit äußerst schweren CC, ohne komplexen Eingriff, ohne komplizierende Konstellation, ohne Multiviszeraleingriff
N01C	Beckeneviszeration bei der Frau und komplexe Vulvektomie oder bestimmte Lymphadenektomie mit schweren CC
N01D	Beckeneviszeration bei der Frau und komplexe Vulvektomie oder bestimmte Lymphadenektomie ohne äußerst schwere oder schwere CC
N02A	Eingriffe an Uterus und Adnexen oder bestimmten Hernien und große operative Eingriffe an Vagina, Zervix und Vulva bei bösartiger Neubildung oder bestimmte Eingriffe am Darm oder Rekonstruktion von Vagina und Vulva, mit äußerst schweren CC
N02B	Eingriffe an Uterus und Adnexen oder bestimmten Hernien und große operative Eingriffe an Vagina, Zervix und Vulva bei BNB oder bestimmte Eingriffe am Darm oder Rekonstruktion von Vagina und Vulva, ohne äußerst schwere CC, mit komplexem Eingriff
N02C	Eingriffe an Uterus und Adnexen od. best. Hernien und große operative Eingriffe an Vagina, Zervix und Vulva bei BNB od. best. Eingriffe am Darm od. Rekonstruktion von Vagina und Vulva, ohne äuß. schw. CC, ohne kompl. Eingriff, mit mäßig kompl. Eingriff
N02D	Eingriffe an Uterus und Adnexen oder bestimmten Hernien und große operative Eingriffe an Vagina, Zervix und Vulva bei bösartiger Neubildung, ohne äußerst schwere CC, ohne komplexen Eingriff, ohne mäßig komplexen Eingriff
N04Z	Hysterektomie außer bei bösartiger Neubildung, mit äußerst schweren oder schweren CC oder mit komplexem Eingriff
N05A	Ovariektomien und komplexe Eingriffe an den Tubae uterinae außer bei bösartiger Neubildung, mit äußerst schweren oder schweren CC oder bestimmter Eingriff an der Harnblase
N05B	Ovariektomien und komplexe Eingriffe an den Tubae uterinae außer bei bösartiger Neubildung, ohne äußerst schwere oder schwere CC oder anderer Eingriff an der Harnblase oder Adhäsiolyse, Alter > 15 Jahre

DRG 2023	DRG-Bezeichnung
N06Z	Komplexe rekonstruktive Eingriffe an den weiblichen Geschlechtsorganen oder bestimmte Embolisation an viszeralen u. anderen abdominalen Gefäßen auß. bei bösartiger Neubildung oder andere Hysterektomie auß. bei bösartiger Neubildung mit Beckenbodenplastik
N07A	Andere Eingriffe an Uterus und Adnexen oder bestimmten Hernien außer bei bösartiger Neubildung, mit komplexer Diagnose oder bestimmte Eingriffe am Uterus oder kleine rekonstruktive Eingriffe an den weiblichen Geschlechtsorganen, mit bestimmtem Eingriff
N07B	Andere Eingriffe an Uterus und Adnexen oder bestimmten Hernien außer bei bösartiger Neubildung, mit komplexer Diagnose oder bestimmte Eingriffe am Uterus oder kleine rekonstruktive Eingriffe an den weiblichen Geschlechtsorganen, ohne bestimmten Eingriff
N08Z	Endoskopische Eingriffe an den weiblichen Geschlechtsorg. oder andere Eingriffe an Uterus und Adnexen oder best. Hernien auß. bei bösartiger Neubildung, ohne kompl. Diagnose oder andere kleine Eingriffe an den weiblichen Geschlechtsorg., Alter < 14 Jahre
N09B	Andere Eingriffe an Vagina, Zervix und Vulva, kleine Eingriffe an Blase, Uterus, Bauchwand und Peritoneum
N10Z	Diagnostische Kürettage, Hysteroskopie, Sterilisation, Pertubation und kleine Eingriffe an Vagina und Vulva
N11A	Andere OR-Prozeduren an den weiblichen Geschlechtsorganen mit bestimmtem Eingriff oder komplexer Diagnose mit äußerst schweren CC
N11B	Andere OR-Prozeduren an den weiblichen Geschlechtsorganen, ohne bestimmten Eingriff, ohne komplexe Diagnose oder äußerst schwere CC
N13A	Große Eingriffe an Vagina, Zervix und Vulva auß. bei BNB oder kl. Eingriffe an Vagina/Douglasraum oder best. Eingriff an der Harnblase, Alter > 80 Jahre od. äuß. schw. od. schw. CC od. best. Embolisation an viszeralen und and. abdominalen Gefäßen bei BNB
N13B	Große Eingr. an Vagina, Zervix u. Vulva auß. bei BNB od. kl. Eingriffe an Vagina/ Douglasraum od. best. Eingr. an der Harnblase, Alter < 81 Jahre, ohne äuß. schw. od. schw. CC, mit aufwend. Eingr., ohne best. Embol. an visz. u. and. abdom. Gefäßen bei BNB
N13C	Große Eingriffe an Vagina, Zervix und Vulva außer bei bösartiger Neubildung oder kleine Eingriffe an Vagina und Douglasraum oder bestimmter Eingriff an der Harnblase, Alter < 81 Jahre, ohne äußerst schwere oder schwere CC, ohne aufwendigen Eingriff
N14Z	Best. Hysterektomie auß. bei BNB m. Beckenbodenpl. od. Brachytherapie b. Krankh./Stör. weibl. Geschlechtsorg., > 1 BT, m. äuß. schw. CC od. Ovariektomie u. kompl. Eingriffe an den Tubae uterinae auß. bei BNB, ohne äuß. schw. od. schw. CC, Alter < 16 J.
N21A	Hysterektomie außer bei bösartiger Neubildung, ohne äuß. schw. oder schw. CC, ohne komplexen Eingriff, ohne Beckenbodenplastik oder subtotale und andere Hysterektomie bei bösartiger Neubildung oder komplexe Myomenukleation, mit aufwendigem Eingriff

DRG 2023	DRG-Bezeichnung
N21B	Hysterektomie außer bei bösartiger Neubildung, ohne äuß. schw. oder schw. CC, ohne komplexen Eingriff, ohne Beckenbodenplastik oder subtotale und andere Hysterektomie bei bösartiger Neubildung oder komplexe Myomenukleation, ohne aufwendigen Eingriff
N23Z	Andere rekonstruktive Eingriffe an den weiblichen Geschlechtsorganen oder andere Myomenukleation
N25Z	Andere Eingriffe an Uterus und Adnexen oder bestimmten Hernien außer bei bösartiger Neubildung, ohne komplexe Diagnose oder andere kleine Eingriffe an den weiblichen Geschlechtsorganen, Alter > 13 Jahre
N33Z	Mehrzeitige komplexe OR-Prozeduren bei Krankheiten und Störungen der weiblichen Geschlechtsorgane
N34Z	Große Eingriffe an Darm oder Harnblase bei Krankheiten und Störungen der weiblichen Geschlechtsorgane
N38Z	Komplizierende Konstellation mit best. op. Eingriff bei Krankheiten u. Störungen der weibl. Geschlechtsorg. od. Beckenevisz. bei der Frau u. radikale Vulvektomie od. best. Lymphadenekt. mit äuß. schw. CC, mit kompl. Eingriff od. kompliz. Konstellation
N60B	Bösartige Neubildung der weiblichen Geschlechtsorgane, ein Belegungstag oder Alter > 18 Jahre, ohne äußerst schwere CC
N61Z	Infektion und Entzündung der weiblichen Geschlechtsorgane
N62A	Menstruationsstörungen und andere Erkrankungen der weiblichen Geschlechtsorgane mit komplexer Diagnose oder Alter < 16 Jahre
N62B	Menstruationsstörungen und andere Erkrankungen der weiblichen Geschlechtsorgane ohne komplexe Diagnose, Alter > 15 Jahre
O01A	Sekundäre Sectio caesarea mit mehreren komplizierenden Diagnosen, mit intrauteriner Therapie oder komplizierender Konstellation oder Mehrlingsschwangerschaft oder Sectio caesarea mit IntK > 196 / 184 / 184 Punkte
O01B	Sectio caesarea, Schwangerschaftsd. bis 25 vollend. W. (SSW), m. mehr. kompliz. Diag., m. intraut. Ther. od. kompliz. Konstell. od. Mehrlingsschw. od. bis 33 SSW od. m. kompl. Diag., m. od. oh. kompliz. Diag. m. best. Eingriff b. Sectio od. äuß. schw. CC
O01C	Sectio caesarea mit mehreren kompliz. Diag., Schwangerschaftsdauer 26 bis 33 SSW, oh. best. kompliz. Faktoren od. mit kompliz. Diag., bis 25 SSW od. mit Tamponade einer Blutung od. Thromboembolie in Gestationsperiode m. OR-Proz., oh. äuß. schw. CC
O01D	Sekundäre Sectio caesarea m. mehrer. kompliz. Diagn., Schwangerschaftsdauer > 33 vollendete Wochen (SSW), oh. intraut. Ther., oh. kompliz. Konst., ohne Mehrlingsschw. od. bis 33 SSW od. m. kompl. Diag., mit od. ohne kompliz. Diag., oh. äuß. schw. CC
O01E	Primäre Sectio caesarea ohne äuß. schwere CC, mit komplizierender oder komplexer Diagnose oder Schwangerschaftsdauer bis 33 vollendete Wochen (SSW) oder sekundäre Sectio caesarea, ohne komplexe Diagnose, Schwangerschaftsdauer > 33 vollendete Wochen

DRG 2023	DRG-Bezeichnung
O01F	Primäre Sectio caesarea ohne komplexe Diagnose, Schwangerschaftsdauer mehr als 33 vollendete Wochen (SSW)
O02A	Vaginale Entbindung mit komplizierender OR-Prozedur, Schwangerschaftsdauer bis 33 vollendete Wochen oder mit intrauteriner Therapie oder komplizierende Konstellation oder bestimmtem Eingriff oder komplizierender Diagnose oder mit äußerst schweren CC
O02B	Vaginale Entbindung mit komplizierender OR-Prozedur, Schwangerschaftsdauer mehr als 33 vollendete Wochen, ohne intrauterine Therapie, ohne komplizierende Konstellation, ohne bestimmten Eingriff, ohne komplizierende Diagnose, ohne äußerst schwere CC
O03Z	Eingriffe bei Extrauteringravidität
O04A	Stationäre Aufnahme nach Entbindung oder Abort mit OR-Prozedur oder bestimmtem Eingriff an der Mamma mit komplexem Eingriff
O04B	Stationäre Aufnahme nach Entbindung oder Abort mit OR-Prozedur oder bestimmtem Eingriff an der Mamma, ohne komplexen Eingriff
O04C	Stationäre Aufnahme nach Entbindung mit kleinem Eingriff an Uterus, Vagina, Perianalregion und Bauchwand oder Abort mit Dilatation und Kürettage, Aspirationskürettage oder Hysterotomie oder bestimmte Amnionpunktion
O05A	Bestimmte OR-Prozeduren in der Schwangerschaft mit intrauterinem operativen Verschluss des offenen Rückens
O05B	Cerclage und Muttermundverschluss oder komplexe OR-Prozedur oder bestimmte intrauterine Operation am Feten, mehr als ein Belegungstag
O05C	Bestimmte OR-Prozeduren in der Schwangerschaft, ein Belegungstag oder ohne Cerclage, ohne Muttermundverschluss, ohne komplexe OR-Prozedur, ohne bestimmte intrauterine Operation am Feten, mit fetoskopischer Hochfrequenzablation von Gefäßen
O05D	Bestimmte OR-Prozeduren in der Schwangerschaft, ein Belegungstag oder ohne Cerclage, Muttermundverschluss, komplexe OR-Prozedur und bestimmte intrauterine Operation am Feten, mit wenig aufwendigem Eingriff oder intrauterine Therapie des Feten
O60A	Vaginale Entbindung mit mehreren komplizierenden Diagnosen, mindestens eine schwer, Schwangerschaftsdauer bis 33 vollendete Wochen oder mit komplizierender Konstellation
O60B	Vaginale Entbindung mit mehr. kompliz. Diag., mind. eine schwer, > 33 vollend. SSW, ohne kompliz. Konstell. od. Tamp. einer Blutung od. Thromboemb. während der Gestationsp. oh. OR-Proz. od. schwere od. mäßig schwere kompliz. Diag. bis 33 vollend. SSW
O60C	Vaginale Entbindung mit schwerer oder mäßig schwerer komplizierender Diagnose oder Schwangerschaftsdauer bis 33 vollendete Wochen
O60D	Vaginale Entbindung ohne komplizierende Diagnose, Schwangerschaftsdauer mehr als 33 vollendete Wochen
O61Z	Stationäre Aufnahme nach Entbindung oder Abort ohne OR-Prozedur, ohne bestimmten Eingriff an der Mamma
O63Z	Abort ohne Dilatation und Kürettage, Aspirationskürettage oder Hysterotomie

DRG 2023	DRG-Bezeichnung
O65A	Andere vorgeburtliche stationäre Aufnahme mit Komplexbehandlung bei isolationspflichtigen Erregern, COVID-19, Virus nachgewiesen
O65B	Andere vorgeburtliche stationäre Aufnahme mit äußerst schweren oder schweren CC oder komplexer Diagnose oder komplizierendem Eingriff oder ein Belegungstag
O65C	Andere vorgeburtliche stationäre Aufnahme ohne äußerst schwere oder schwere CC, ohne komplexe Diagnose, ohne komplizierenden Eingriff, mehr als ein Belegungstag

Hals-Nasen-Ohrenheilkunde

DRG 2023	DRG-Bezeichnung
B09Z	Andere Eingriffe am Schädel
D01A	Kochleaimplantation, bilateral
D01B	Kochleaimplantation, unilateral
D02A	Komplexe Resektionen mit Rekonstruktionen an Kopf und Hals mit komplexem Eingriff oder mit Kombinationseingriff mit äußerst schweren CC
D02B	Komplexe Resektionen mit Rekonstruktionen an Kopf und Hals ohne komplexen Eingriff, ohne Kombinationseingriff mit äußerst schweren CC
D03A	Operative Korrektur einer Lippen-Kiefer-Gaumen-Spalte oder bestimmte plastische Rekonstruktion am Kopf mit Hartgaumenplastik oder bestimmte Knochentransplantation an Kiefer- und Gesichtsschädelknochen oder Alter < 2 Jahre
D03B	Operative Korrektur einer Lippen-Kiefer-Gaumen-Spalte oder bestimmte plastische Rekonstruktion am Kopf ohne Hartgaumenplastik, ohne bestimmte Knochentransplantation an Kiefer- und Gesichtsschädelknochen, Alter > 1 Jahr
D04A	Bignathe Osteotomie und komplexe Eingriffe am Kiefer oder Rekonstruktion der Trachea oder plastische Rekonstruktion der Ohrmuschel mit mikrovaskulärem Lappen, mit komplexem Eingriff
D04B	Bignathe Osteotomie und komplexe Eingriffe am Kiefer oder Rekonstruktion der Trachea oder plastische Rekonstruktion der Ohrmuschel mit mikrovaskulärem Lappen, ohne komplexen Eingriff
D05A	Komplexe Parotidektomie
D05B	Komplexe Eingriffe an den Speicheldrüsen außer komplexe Parotidektomien
D06A	Komplexe Eingriffe an Nasennebenhöhlen, Mastoid, Mittelohr, Speicheldrüsen, Rachen, Alter < 6 Jahre oder Alter > 15 Jahre mit komplexer Prozedur oder Diagnose, mit Resektion des Felsenbeins oder mit intrakraniellem Eingriff bei bösartiger Neubildung
D06B	Andere Eingriffe an Nasennebenhöhlen, Mastoid, Mittelohr, Speicheldrüsen, Rachen, Alter > 5 Jahre und Alter < 16 Jahre oder Alter > 15 Jahre, mit komplexer Prozedur oder Diagnose, ohne Resektion am Felsenbein, ohne intrakraniellen Eingriff bei BNB
D06C	Bestimmte Eingriffe an Nasennebenhöhlen, Mastoid, Mittelohr, Speicheldrüsen, Rachen, Alter > 15 Jahre, ohne komplexe Prozedur, ohne komplexe Diagnose, mit bestimmter Prozedur
D08A	Eingriffe an Mundhöhle und Mund bei bösartiger Neubildung mit äußerst schweren CC

DRG 2023	DRG-Bezeichnung
D08B	Eingriffe an Mundhöhle und Mund bei bösartiger Neubildung ohne äußerst schwere CC
D09Z	Tonsillektomie bei bösartiger Neubildung oder verschiedene Eingriffe an Ohr, Nase, Mund und Hals mit äußerst schweren CC
D12A	Andere aufwendige Eingriffe an Ohr, Nase, Mund und Hals
D12B	Andere Eingriffe an Ohr, Nase, Mund und Hals
D13A	Kleine Eingriffe an Nase, Ohr, Mund und Hals mit komplizierender Diagnose oder bestimmtem Eingriff oder Alter < 16 Jahre mit äußerst schweren CC oder Alter < 1 Jahr
D13B	Kleine Eingriffe an Nase, Ohr, Mund und Hals ohne komplizierende Diagnose, ohne bestimmten Eingriff, Alter > 15 Jahre oder ohne äußerst schwere CC, Alter > 0 Jahre
D15A	Tracheostomie mit äußerst schweren CC oder mit radikaler zervikaler Lymphadenektomie oder Implantation einer Kiefergelenkendoprothese
D15B	Tracheostomie ohne äußerst schwere CC, ohne radikale zervikale Lymphadenektomie
D16Z	Materialentfernung an Kiefer und Gesicht
D22A	Eingriffe an Mundhöhle und Mund außer bei bösartiger Neubildung, mit Mundboden- oder Vestibulumplastik oder komplexe Eingriffe am Kopf
D22B	Eingriffe an Mundhöhle und Mund außer bei bösartiger Neubildung oder Eingriffe an Hals und Kopf, ohne Mundboden- oder Vestibulumplastik, ohne komplexe Eingriffe am Kopf
D23Z	Implantation eines aktiven mechanischen Hörimplantates
D24A	Komplexe Hautplastiken und große Eingriffe an Kopf und Hals mit äußerst schweren CC oder mit Kombinationseingriff ohne äußerst schwere CC
D24B	Komplexe Hautplastiken und große Eingriffe an Kopf und Hals ohne äußerst schwere CC, ohne Kombinationseingriff
D25A	Mäßig komplexe Eingriffe an Kopf und Hals bei bösartiger Neubildung oder mit Eingriff an den oberen Atemwegen mit äußerst schweren CC oder Strahlentherapie mit operativem Eingriff
D25B	Mäßig komplexe Eingriffe an Kopf und Hals bei BNB oder mit Eingriff an den oberen Atemwegen, mit Laryngektomie oder Exzision von Tumorgewebe, ohne äußerst schwere CC oder außer bei bösartiger Neubildung mit äußerst schweren CC
D25C	Mäßig komplexe Eingriffe an Kopf und Hals bei BNB oder mit Eingriff an den oberen Atemwegen, ohne Laryngektomie, ohne Exzision von Tumorgewebe, ohne äußerst schwere CC
D25D	Mäßig komplexe Eingriffe an Kopf und Hals außer bei bösartiger Neubildung ohne äußerst schwere CC
D28Z	Andere Eingriffe an Kopf und Hals mit komplexem Eingriff oder bei bösartiger Neubildung oder Rekonstruktion mit Gesichtsepithesen oder totale Auflagerungsplastik der Maxilla
D29Z	Operationen am Kiefer und andere Eingriffe an Kopf und Hals außer bei bösartiger Neubildung

DRG 2023	DRG-Bezeichnung
D30A	Tonsillektomie außer bei BNB od. versch. Eingriffe Ohr, Nase, Mund, Hals oh. äuß. schw. CC, m. aufw. Eingr. od. Eingr. Mundh., Mund, Alter < 3 J. od. m. kompl. Diag. od. Alter < 16 J. m. äuß. schw. od. schw. CC od. m. Eingr. Ohr, Trachea m. äuß. schw. CC
D30B	Tonsillektomie außer bei BNB oder verschiedene Eingriffe an Ohr, Nase, Mund und Hals, Alter > 15 oder ohne äußerst schwere oder schwere CC, Alter < 12 Jahre oder Alter > 11 Jahre bei BNB oder mit anderem Eingriff oder ohne Eingriff an Hals, Trachea
D30C	Kleine Eingriffe an Ohr, Nase, Mund und Hals, Alter > 11 Jahre
D33Z	Mehrzeitige komplexe OR-Prozeduren bei Krankheiten und Störungen des Ohres, der Nase, des Mundes und des Halses
D35Z	Eingriffe an Nase, Nasennebenhöhlen bei bösartiger Neubildung
D36Z	Sehr komplexe Eingriffe an den Nasennebenhöhlen
D37A	Sehr komplexe Eingriffe an der Nase, Alter < 16 Jahre oder bei Gaumenspalte oder Spaltnase oder plastische Rekonstruktion der Nase mit Rippenknorpeltransplantation
D37B	Sehr komplexe Eingriffe an der Nase, Alter > 15 Jahre, außer bei Gaumenspalte oder Spaltnase, ohne plastische Rekonstruktion der Nase mit Rippenknorpeltransplantation
D38Z	Mäßig komplexe Eingriffe an Nase, Nasennebenhöhlen, Gesichtsschädelknochen
D39Z	Andere Eingriffe an der Nase
D40Z	Zahnextraktion und -wiederherstellung
D60B	Bösartige Neubildungen an Ohr, Nase, Mund und Hals, ein Belegungstag oder ohne äußerst schwere oder schwere CC
D65Z	Andere Krankheiten an Ohr, Nase, Mund und Hals oder Verletzung und Deformität der Nase
D67Z	Erkrankungen von Zähnen und Mundhöhle
E07Z	Aufwendige Eingriffe bei Schlafapnoesyndrom
I17A	Aufwendige Operationen am Gesichtsschädel oder Alter < 16 Jahre
I17B	Operationen am Gesichtsschädel ohne aufwendige Operationen, Alter > 15 Jahre

Herzchirurgie

DRG 2023	DRG-Bezeichnung
A03A	Lungentransplantation mit Beatmung > 179 Stunden
A03B	Lungentransplantation ohne Beatmung > 179 Stunden
A05Z	Herztransplantation
A62Z	Evaluierungsaufenthalt vor Herztransplantation
F03A	Herzklappeneingriff mit Herz-Lungen-Maschine, mit bestimmter komplizierender Konstellation

DRG 2023	DRG-Bezeichnung
F03B	Herzklappeneingriff mit Herz-Lungen-Maschine, mit Mehrfacheingriff oder Alter < 1 Jahr oder Eingriff in tiefer Hypothermie oder IntK > 392 / 368 / - Aufwandspunkte oder bestimmter anderer komplizierender Konstellation oder pulmonale Endarteriektomie
F03C	Herzklappeneingriff mit Herz-Lungen-Maschine, Alter > 0 J., IntK > 196 / 184 / - P. und IntK < 393 / 369 / - P., mit Zweifacheingriff od. bei angeborenem Herzfehler, mit kompl. Eingr. od. best. Herzklappeneingriff oder andere komplizierende Konstellation
F03D	Herzklappeneingriff mit HLM, Alter > 0 J., IntK < 197 / 185 / - P., mit Zweifacheingr. od. bei angeb. Herzfehler, oh. kompl. Eingr. oder Alter < 16 J. od. oh. Zweifacheingr., auß. bei angeb. Herzfehler, Alter > 15 J. mit Impl. klappentr. Gefäßprothese
F03E	Herzklappeneingriff mit Herz-Lungen-Maschine, ohne kompliz. Konst., Alter > 15 J., ohne Eingr. in tiefer Hypoth., IntK < 197 / 185 / - P., ohne Zweifacheingr., auß. bei Endokarditis, auß. b. angeb. Herzfehler, ohne Impl. klappentr. Gefäßpr.
F05Z	Koronare Bypass-Operation mit invasiver kardiologischer Diagnostik oder intraoperativer Ablation, mit komplizierender Konstellation oder Karotiseingriff oder bestimmte Eingriffe mit Herz-Lungen-Maschine in tiefer Hypothermie
F06A	Koronare Bypass-Operation mit bestimmten mehrzeitigen komplexen OR-Prozeduren, mit komplizierender Konstellation oder Karotiseingriff oder intensivmedizinischer Komplexbehandlung > 392 / 368 / - Aufwandspunkte
F06B	Koronare Bypass-Operation mit anderen mehrzeitigen komplexen OR-Prozeduren, ohne komplizierende Konstellation, ohne Karotiseingriff, ohne intensivmedizinische Komplexbehandlung > 392 / 368 / - Aufwandspunkte
F06C	Koronare Bypass-Operation ohne mehrzeitige komplexe OR-Prozeduren, mit komplizierender Konstellation oder IntK > 392 / 368 / - Aufwandspunkte oder Karotiseingriff
F06D	Koronare Bypass-Operation ohne mehrzeitige komplexe OR-Prozeduren, ohne komplizierende Konstellation, mit invasiver kardiologischer Diagnostik oder mit intraoperativer Ablation oder schwersten CC oder Implantation eines herzunterstützenden Systems
F06E	Koronare Bypass-Operation ohne mehrzeitige komplexe OR-Prozeduren, ohne komplizierende Konstellation, ohne invasive kardiologische Diagnostik, ohne intraoperative Ablation, ohne schwerste CC, ohne Implantation eines herzunterstützenden Systems
F07A	Andere Eingriffe mit Herz-Lungen-Maschine, Alter < 1 Jahr oder mit best. kompliz. Konstellation od. kompl. Operation oder IntK > - / 368 / - P. oder Alter < 18 Jahre mit Reop. Herz od. Perikard oder and. kompliz. Konstellation, mit best. kompl. Eingriffen
F07B	And. Eingr. mit HLM, Alter < 1 J. od. mit best. kompl. Konst. od. IntK > -/368 /- P., oh. best. kompl. Eingr. od. Alter > 0 J., IntK < - / 369 / - P., m. and. kompl. Eingr. mit Reop. Herz od. Perik. od. mit best. and. kompliz. Konst. od. mit best. Aortklers.
F07C	Andere Eingr. mit HLM, Alter > 0 J., IntK < - / 369 / - P. oder Alter > 17 J. od. ohne Reop. od. ohne and. kompliz. Konst., ohne and. kompl. Eingriffe od. ohne Reop. an Herz od. Perikard od. ohne best. and. kompliz. Konst. od. ohne best. Aortklers.
F09A	Andere kardiothorakale Eingriffe, Alter < 16 Jahre, mit komplizierender Konstellation oder Exzision am Vorhof

DRG 2023	DRG-Bezeichnung
F36A	Intensivmedizinische Komplexbehandlung bei Krankheiten und Störungen des Kreislaufsystems mit komplizierenden Faktoren, > 1176 / 1380 / - Aufwandspunkte oder > 588 / 828 / 1104 Aufwandspunkte mit aufwendigem Eingriff
F36B	Intensivmed. Komplexbeh. bei Krankh. und Störungen d. Kreislaufsyst. m. kompliz. Fakt., > 588 / 828 / - P. od. > - / - / 1104 P. m. best. OR-Proz., ohne aufwend. Eingr. od. > - / 552 / 552 P. m. best. Aortenstent od. minimalinv. Eingr. an mehrer. Herzkl.
F36C	Intensivmedizinische Komplexbehandlung bei Krankheiten und Störungen des Kreislaufsystems mit komplizierenden Faktoren, > - / 552 / 552 Aufwandspunkte ohne bestimmte OR-Prozedur, ohne bestimmten Aortenstent oder bestimmter mehrzeitiger komplexer Eingriff
F98A	Komplexe minimalinvasive Operationen an Herzklappen ohne minimalinvasiven Eingriff an mehreren Herzklappen, mit hochkomplexem Eingriff oder komplexer Diagnose oder Alter < 30 Jahre oder Implantation eines Wachstumsstents

Innere Medizin

DRG 2023	DRG-Bezeichnung
A11H	Beatmung > 249 Stunden, ohne komplexe oder bestimmte OR-Prozedur, ohne IntK > 588 / 828 / 1104 Punkte, ohne komplizierende Konstellation, Alter > 15 Jahre, ohne komplexe Diagnose oder Prozedur, ohne äußerst schwere CC
A13F	Beatmung > 95 Stunden, ohne bestimmte OR-Prozedur, ohne komplizierende Konstellation, ohne intensivmed. Komplexbeh. > 588 / 552 / 552 Aufwandspunkte, Alter > 15 Jahre, mit komplexer Diagnose oder Prozedur od. intensivmed. Komplexbeh. > - / 368 / - Punkte
A13H	Beatmung > 95 Stunden mit bestimmter OR-Prozedur oder kompliz. Konstellation, ohne äußerst schwere CC, verstorben oder verlegt < 9 Tage oder ohne best. OR-Proz., ohne kompliz. Konst., Alter > 15 J., ohne kompliz. Diagnose oder Proz., ohne äuß. schw. CC
A15A	Knochenmarktransplantation / Stammzelltransfusion, autogen, mit zweiter Knochenmarktransplan- tation / Stammzelltransfusion im selben Aufenthalt
B12Z	Implantation eines Herzschrittmachers bei Krankheiten und Störungen des Nervensystems oder perkutan-transluminale Gefäßintervention an Herz und Koronargefäßen
B82Z	Andere Erkrankungen an peripheren Nerven
D63A	Otitis media oder Infektionen der oberen Atemwege oder Blutung aus Nase und Rachen mit äußerst schweren CC
E40B	Krankheiten und Störungen der Atmungsorgane mit Beatmung > 24 Stunden, mehr als 2 Belegungstage, mit komplexer Prozedur, mit äußerst schweren CC, Alter > 15 Jahre oder bei Para- / Tetraplegie
E40C	Krankheiten und Störungen der Atmungsorgane mit Beatmung > 24 Stunden, mehr als 2 Belegungstage, mit komplexer Prozedur, ohne äußerst schwere CC, außer bei Para- / Tetraplegie
E41Z	Frührehabilitation bei Krankheiten und Störungen der Atmungsorgane
E63B	Schlafapnoesyndrom oder Polysomnographie oder kardiorespiratorische Polygraphie bis 2 Belegungstage, Alter > 17 Jahre, ohne bestimmte invasive kardiologische Diagnostik

DRG 2023	DRG-Bezeichnung
E64A	Respiratorische Insuffizienz, mehr als ein Belegungstag, mit äußerst schweren CC oder Lungenembolie, Alter > 15 Jahre
E64C	Respiratorische Insuffizienz, mehr als ein Belegungstag, ohne äußerst schwere CC, Alter > 15 Jahre
E64D	Respiratorische Insuffizienz, ein Belegungstag
E65A	Chron.-obstr. Atemwegserkrankung od. best. Atemwegsinfekt. mit äuß. schw. CC od. best. hochaufw. Beh. od. Bronchitis u. Asthma bronch., mehr als ein BT, mit äuß. schw. od. schw. CC, Alter < 1 J., mit RS-V.-Infekt., mit int. Komplexbeh. > 196 / 184 / - P.
E65B	Chronisch-obstruktive Atemwegserkrankung oder best. Atemwegsinfektion ohne äußerst schwere CC, mit komplizierender Diagnose oder mit FEV1 < 35% und mehr als ein Belegungstag oder Alter < 1 J. oder mit bestimmter mäßig aufwendiger / aufwendiger Behandlung
E65C	Chronisch-obstruktive Atemwegserkrankung ohne äußerst schwere CC, ohne komplizierende Diagnose, ohne FEV1 < 35% oder ein Belegungstag oder Alter > 1 Jahr, ohne bestimmte mäßig aufwendige / aufwendige Behandlung
E69A	Bronchitis und Asthma bronchiale, mehr als ein Belegungstag, mit äußerst schweren oder schweren CC oder bestimmte aufwendige / hochaufwendige Behandlung, Alter < 1 Jahr ohne RS-Virus- Infektion oder bei Para- / Tetraplegie
E69B	Bronchitis und Asthma bronchiale, mehr als 1 BT u. Alter > 55 J. od. mit äuß. schw. od. schw. CC, Alt. > 0 J. od. 1 BT od. oh. äuß. schw. od. schw. CC, Alt. < 1 J. od. flex. Bronchoskopie, Alt. < 16 J. od. best. mäßig aufw. Beh., m. RS-Virus-Infekt.
E69C	Bronchitis und Asthma bronchiale, ein Belegungstag oder ohne äuß. schw. oder schw. CC oder Alter < 56 Jahre oder Beschwerden und Symptome der Atmung oder Störungen der Atmung mit Ursache in der Neonatalperiode, ohne bestimmte aufw./ hochaufw. Behandlung
E71A	Neubildungen der Atmungsorgane, mehr als ein Belegungstag, mit äußerst schweren CC
E71B	Neubildungen der Atmungsorgane, ein Belegungstag oder ohne äußerst schwere CC, mit Ösophagusprothese oder endoskopischer Stufenbiopsie oder endoskopischer Biopsie am Respirationstrakt mit Chemotherapie, mit int. Komplexbeh. > 196 / 184 / - Punkten
E71C	Neubildungen der Atmungsorgane, ein Belegungstag oder ohne äußerst schwere CC, ohne Ösophagusproth., ohne Stufenbiop., ohne Chemotherapie od. ohne endoskop. Biop. am Respir.- Trakt, mit Bronchoskop. mit starrem Instr. oder perkut. Biop. am Respir.-Trakt
E71D	Neubildungen der Atmungsorgane, ein Belegungstag od. ohne äußerst schwere CC, ohne Ösophagusproth., ohne Stufenbiopsie, ohne Chemoth. od. ohne endoskop. Biop. am Respir.-Trakt, ohne Bronchoskopie mit starrem Instr., ohne perkut. Biopsie am Respir.-Trakt
E73A	Pleuraerguss mit äußerst schweren CC
E73B	Pleuraerguss ohne äußerst schwere CC
E74Z	Interstitielle Lungenerkrankung
E75B	Andere Krankheiten der Atmungsorgane mit äußerst schweren CC, Alter > 15 Jahre

DRG 2023	DRG-Bezeichnung
E75C	Andere Krankheiten der Atmungsorgane ohne äußerst schwere CC oder Beschwerden und Symptome der Atmung mit komplexer Diagnose
E76B	Tuberkulose bis 14 Belegungstage oder Alter < 18 Jahre mit äußerst schweren oder schweren CC
E77A	Bestimmte andere Infektionen und Entzündungen der Atmungsorgane mit intensivmedizinischer Komplexbehandlung > 392 / 368 / - Aufwandspunkte
E77B	Bestimmte andere Infektionen und Entzündungen der Atmungsorgane mit bestimmter komplizierender Konstellation oder hochkomplexer Diagnose oder intensivmedizinischer Komplexbehandlung > 196 / - / - Aufwandspunkte
E77C	Bestimmte andere Infektionen und Entzündungen der Atmungsorgane mit Komplexbehandlung bei isolationspflichtigen Erregern oder bestimmter hochaufwendiger Behandlung oder schwersten CC oder weiteren komplizierenden Faktoren
E77D	Bestimmte andere Infektionen und Entzündungen der Atmungsorgane, Alter > 9 Jahre
E78Z	Kontrolle oder Optimierung einer bestehenden häuslichen Beatmung, bis 2 Belegungstage, Alter > 17 Jahre
E79A	Infektionen und Entzündungen der Atmungsorgane mit komplexer Diagnose oder äußerst schweren CC, mehr als ein Belegungstag oder mit äußerst schweren CC mit bestimmten Infektionen oder Entzündungen
E79B	Infektionen und Entzündungen der Atmungsorgane ohne komplexe Diagnose, ohne äußerst schwere CC oder ein Belegungstag, bei Para- / Tetraplegie oder mit bestimmter mäßig aufwendiger Behandlung oder mit bestimmter Pneumonie, mehr als ein Belegungstag
E79C	Infektionen und Entzündungen der Atmungsorgane ohne komplexe Diagnose, ohne äußerst schwere CC oder ein Belegungstag, außer bei Para- / Tetraplegie, ohne bestimmte mäßig aufwendige Behandlung
F01B	Implantation Kardioverter / Defibrillator (AICD), Zweikammer-Stimulation mit komplizierenden Faktoren oder neurologische Komplexbehandlung des akuten Schlaganfalls mehr als 24 Stunden mit komplizierenden Faktoren
F01E	Implantation Kardioverter / Defibrillator (AICD), Zweikammer-Stimulation oder aufwendige Sondenentfernung, ohne Implantation eines Drucksensors in Pulmonalarterie, ohne Implantation eines intrakardialen Pulsgenerators, Alter > 17 Jahre
F01F	Impl. Kardioverter / Defibrillator (AICD), Einkammer-Stimulation, ohne zusätzl. Herz- od. Gefäßeingriff, ohne IntK > 392 / 368 / - P., ohne äuß. schw. CC, ohne aufw. Sondenentf., ohne Impl. Drucksens. in Pulmonalart., ohne Impl. Pulsgen., Alter > 17 J.
F12D	Implantation eines Herzschrittmachers, Zweikammersystem, ohne komplexen Eingriff, Alter > 15 Jahre, mit äußerst schweren CC oder isolierter offen chirurgischer Sondenimplantation oder aufwendiger Sondenentfernung oder mäßig komplexer PTCA
F12E	Implantation eines Herzschrittmachers, Einkammersystem oder Implantation eines Ereignisrekorders, Alter > 15 Jahre, mit invasiver kardiologischer Diagnostik bei bestimmten Eingriffen

DRG 2023	DRG-Bezeichnung
F12F	Impl. HSM, Zweikammersys., oh. äuß. schwere CC, oh. isol. offen chir. Sondenimpl., oh. aufw. Sondenentf., oh. mäßig kompl. PTCA od. Impl. HSM, Einkammersys. od. Impl. Ereignisrekorder, oh. invasive kardiol. Diagnostik bei best. Eingriffen, Alter > 15 J.
F17B	Wechsel eines Herzschrittmachers, Einkammer- oder Zweikammersystem, Alter > 15 Jahre
F18D	Revision eines Herzschrittmachers oder Kardioverters / Defibrillators (AICD) ohne Aggregatwechsel, Alter > 15 Jahre, ohne äußerst schwere CC, ohne aufwendige Sondenentfernung, ohne komplexen Eingriff
F24A	Perkutane Koronarangioplastie mit komplexer Diagnose und hochkomplexer Intervention oder mit bestimmten Rekanalisationsverfahren, Alter > 15 Jahre, mit äußerst schweren CC
F24B	Perkutane Koronarangioplastie mit komplexer Diagnose und hochkomplexer Intervention oder mit bestimmten Rekanalisationsverfahren, Alter > 15 Jahre, ohne äußerst schwere CC
F37Z	Längerer stationärer Aufenthalt vor Transplantation bei hoher Dringlichkeitsstufe bei Krankheiten und Störungen des Kreislaufsystems
F41A	Invasive kardiologische Diagnostik bei akutem Myokardinfarkt mit äußerst schweren CC
F41B	Invasive kardiologische Diagnostik bei akutem Myokardinfarkt ohne äußerst schwere CC
F43C	Beatmung > 24 Stunden bei Krankheiten und Störungen des Kreislaufsystems, Alter > 15 J., ohne intensivmed. Komplexbehandlung > 392 / 368 / 552 Aufwandspunkte, ohne komplizierende Konstellation, ohne best. OR-Prozedur, ohne best. Impl. herzunterst. System
F45Z	Frührehabilitation bei Krankheiten und Störungen des Kreislaufsystems
F49B	Invasive kardiologische Diagnostik außer bei akutem Myokardinfarkt, mit äußerst schweren CC oder IntK > 196 / 184 / 368 Aufwandspunkten, ohne komplexen Eingriff, Alter > 9 Jahre
F49D	Invasive kardiologische Diagnostik außer bei akutem Myokardinfarkt, ohne äußerst schwere CC, ohne IntK > 196 / 184 / 368 Aufwandspunkte, Alter > 17 Jahre, mit schweren CC, mehr als ein Belegungstag
F49E	Invasive kardiologische Diagnostik außer bei akutem Myokardinfarkt, ohne IntK > 196 / 184 / 368 Aufwandspunkte, Alter > 17 Jahre, ohne schwere CC bei BT > 1, mit kardialem Mapping oder best. andere kardiologische Diagnostik oder best. komplexer Diagnose
F49F	Invasive kardiolog. Diagnostik außer bei akutem Myokardinfarkt, o. äußerst schwere CC, ohne IntK > 196 / 184 / 368 P., Alter > 17 J., o. kard. Mapping, o. best. and. kard. Diagnostik, o. schwere CC bei BT > 1, o. best. kompl. Diagnose, mit best. Eingr.
F49G	Invasive kardiolog. Diagnostik außer bei akutem Myokardinfarkt, o. äußerst schwere CC, ohne IntK > 196 / 184 / 368 P., Alter > 17 J., o. kard. Mapping, o. best. and. kard. Diagnostik, o. schwere CC bei BT > 1, o. best. kompl. Diagnose, ohne best. Eingr.

DRG 2023	DRG-Bezeichnung
F52A	Perkutane Koronarangioplastie mit komplexer Diagnose, mit äußerst schweren CC
F52B	Perkutane Koronarangioplastie mit komplexer Diagnose, ohne äußerst schwere CC oder mit intrakoronarer Brachytherapie oder bestimmte Intervention
F56A	Perkutane Koronarangioplastie mit bestimmter hochkomplexer Intervention, mit äußerst schweren CC
F56B	Perkutane Koronarangioplastie mit hochkomplexer Intervention, ohne bestimmte hochkomplexe Intervention oder ohne äußerst schwere CC oder Kryoplastie oder koronare Lithoplastie
F58A	Perkutane Koronarangioplastie oder bestimmte kardiologische Diagnostik mit Gefäßeingriff, mit äußerst schweren CC
F58B	Perkutane Koronarangioplastie oder bestimmte kardiologische Diagnostik mit Gefäßeingriff, ohne äußerst schwere CC
F60A	Akuter Myokardinfarkt ohne invasive kardiologische Diagnostik mit äußerst schweren CC
F60B	Akuter Myokardinfarkt ohne invasive kardiologische Diagnostik ohne äußerst schwere CC
F61A	Infektiöse Endokarditis mit komplizierender Diagnose oder mit komplizierender Konstellation
F61B	Infektiöse Endokarditis ohne komplizierende Diagnose, ohne komplizierende Konstellation
F62A	Herzinsuffizienz und Schock mit äußerst schweren CC, mit Dialyse oder komplizierender Diagnose oder mit bestimmter hochaufwendiger Behandlung mit intensivmedizinischer Komplexbehandlung > 196 / 184 / 368 Punkte oder komplizierender Konstellation
F62B	Herzinsuff. und Schock mit äuß. schw. CC, mit Dialyse oder kompliz. Diag. od. mit best. hochaufw. Beh. od. ohne kompliz. Konst., ohne best. hochaufw. Beh., mehr als 1 BT bei best. akuten Nierenvers. mit äuß. schw. CC od. Komplexbeh. des akut. Schlaganf.
F62C	Herzinsuffizienz und Schock ohne äuß. schw. CC od. ohne Dialyse, ohne kompliz. Diagnose, ohne kompliz. Konst., ohne best. hochaufw. Beh., mehr als 1 Belegungstag, ohne best. akut. Nierenvers. od. ohne äuß. schw. CC. ohne Komplexbeh. des akut. Schlaganf.
F62D	Herzinsuffizienz und Schock ohne äußerst schwere CC oder ohne Dialyse, ohne komplizierende Diagnose, ohne komplizierende Konstellation, ohne bestimmte hochaufwendige Behandlung, ein Belegungstag
F63A	Venenthrombose mit äußerst schweren CC
F63B	Venenthrombose ohne äußerst schwere CC
F66A	Koronararteriosklerose mit äußerst schweren CC
F66B	Koronararteriosklerose ohne äußerst schwere CC
F67A	Hypertonie mit komplizierender Diagnose oder äußerst schweren oder schweren CC oder bestimmter hochaufwendiger / mäßig aufwendiger / aufwendiger Behandlung

DRG 2023	DRG-Bezeichnung
F67C	Hypertonie ohne komplizierende Diagnose, ohne äußerst schwere oder schwere CC, ohne bestimmte hochaufwendige / mäßig aufwendige / aufwendige Behandlung, Alter > 17 Jahre
F69A	Herzklappenerkrankungen mit äußerst schweren oder schweren CC
F70B	Schwere Arrhythmie und Herzstillstand ohne äußerst schwere CC
F71A	Nicht schwere kardiale Arrhythmie und Erregungsleitungsstörungen mit äußerst schweren CC, mehr als ein Belegungstag oder mit kathetergestützter elektrophysiologischer Untersuchung des Herzens oder bestimmter hochaufwendiger Behandlung
F71B	Nicht schwere kardiale Arrhythmie und Erregungsleitungsstörungen ohne äußerst schwere CC oder ein Belegungstag, ohne kathetergestützte elektrophysiologische Untersuchung des Herzens, ohne bestimmte hochaufwendige Behandlung
F72A	Angina pectoris mit äußerst schweren CC
F72B	Angina pectoris ohne äußerst schwere CC
F73B	Synkope und Kollaps, Alter > 13 Jahre oder mehr als ein Belegungstag
F74Z	Thoraxschmerz und sonstige und nicht näher bezeichnete Krankheiten des Kreislaufsystems
F75A	Andere Krankheiten des Kreislaufsystems mit äußerst schweren CC, mehr als ein Belegungstag
F77A	Komplexbehandlung bei isolationspflichtigen Erregern bei Krankheiten und Störungen des Kreislaufsystems, COVID-19, Virus nachgewiesen
F77B	Komplexbehandlung bei isolationspflichtigen Erregern bei Krankheiten und Störungen des Kreislaufsystems
G40A	Bestimmte komplizierende Konstellation mit bestimmtem endoskopischen Eingriff bei Krankheiten und Störungen der Verdauungsorgane
G40B	Andere komplizierende Konstellation mit bestimmtem endoskopischen Eingriff bei Krankheiten und Störungen der Verdauungsorgane
G46A	Komplexe therapeutische Gastroskopie bei schweren Krankheiten der Verdauungsorgane, mit äußerst schweren CC oder mit schweren CC oder andere Gastroskopie bei schw. Krankh. der Verd.organe, mit äußerst schweren CC, Alter < 15 Jahre, mehr als ein BT
G46B	Komplexe therapeutische Gastroskopie mit schw. CC od. and. Gastroskopie mit äuß. schw. CC, bei schw. Krankh. der Verd.organe, Alter > 14 J., mehr als 1 BT od. best. Gastroskopie, Alter < 15 J. od. mit kompliz. Faktoren od. ERCP mit and. endoskop. Eingr.
G46C	Verschiedenartige komplexe und andere Gastroskopie, ohne komplexe therapeutische Gastroskopie bei schw. Krankheiten der Verdauungsorgane und äuß. schw. oder schw. CC, ohne bestimmte Gastroskopie mit kompliz. Faktoren, ohne ERCP mit and. endoskop. Eingr.
G47A	Andere Gastroskopie oder bestimmte koloskopische Eingriffe, Alter < 16 Jahre oder mit endoskopischer submukosaler Dissektion am Dickdarm, ein Belegungstag
G47B	Andere Gastroskopie oder bestimmte koloskopische Eingriffe, Alter > 15 Jahre, ohne endoskopische submukosale Dissektion am Dickdarm oder mehr als ein Belegungstag

DRG 2023	DRG-Bezeichnung
G48A	Koloskopie mit äußerst schweren oder schweren CC, komplizierendem Eingriff oder Alter < 15 Jahre oder mehrzeitige endoskopische Blutstillung, mit schwerer Darminfektion oder bei bösartiger Neubildung mit äußerst schweren CC
G48B	Koloskopie mit äußerst schweren oder schweren CC, komplizierendem Eingriff oder Alter < 15 Jahre oder mehrzeitige endoskopische Blutstillung, ohne schwere Darminfektion, außer bei bösartiger Neubildung oder ohne äußerst schwere CC
G50Z	Komplexe therapeutische Gastroskopie und bestimmte andere Gastroskopie bei nicht schweren Krankheiten der Verdauungsorgane, mit äußerst schweren oder schweren CC, mehr als ein Belegungstag, Alter > 14 Jahre
G60A	Bösartige Neubildung der Verdauungsorgane, mehr als ein Belegungstag mit äußerst schweren CC oder bestimmte hochaufwendige Behandlung
G60B	Bösartige Neubildung der Verdauungsorgane, ein Belegungstag oder ohne äußerst schwere CC, ohne bestimmte hochaufwendige Behandlung
G64A	Entzündliche Darmerkrankung oder andere schwere Erkrankungen der Verdauungsorgane, mit äußerst schweren CC oder Alter < 16 Jahre mit schweren CC
G64B	Entzündliche Darmerkrankung oder andere schwere Erkrankungen der Verdauungsorgane, ohne äußerst schwere CC, Alter > 15 Jahre oder ohne schwere CC
G66Z	Abdominalschmerz oder mesenteriale Lymphadenitis, Alter > 55 Jahre und mit CC
G67A	Ösophagitis, Gastroenteritis, gastrointestinale Blutung, Ulkuserkrankung und verschiedene Erkrankungen der Verdauungsorgane oder Obstruktion des Verdauungstraktes mit bestimmten komplizierenden Faktoren
G67B	Ösophagitis, Gastroenteritis, gastrointestinale Blutung, Ulkuserkrankung und verschiedene Erkrankungen der Verdauungsorgane oder Obstruktion des Verdauungstraktes mit anderen komplizierenden Faktoren oder mit äußerst schweren CC
G67C	Ösophagitis, Gastroenteritis, gastrointestinale Blutung, Ulkuserkrankung und verschiedene Erkrankungen der Verdauungsorgane ohne bestimmte oder andere komplizierende Faktoren, ohne äußerst schwere CC
G70B	Andere schwere Erkrankungen der Verdauungsorgane ohne äußerst schwere CC, Alter > 17 Jahre, ohne komplexe Diagnose
G71Z	Andere mäßig schwere Erkrankungen der Verdauungsorgane
G73Z	Gastrointestinale Blutung oder Ulkuserkrankung mit äußerst schweren CC, mehr als ein Belegungstag
G74Z	Hämorrhoiden oder andere wenig schwere Erkrankungen der Verdauungsorgane
G77A	Bestimmte Komplexbehandlung bei isolationspflichtigen Erregern bei Krankheiten und Störungen der Verdauungsorgane
G77B	Andere Komplexbehandlung bei isolationspflichtigen Erregern bei Krankheiten und Störungen der Verdauungsorgane
H06B	Andere OR-Prozeduren an hepatobiliärem System und Pankreas mit bestimmtem Eingriff und komplexer Diagnose, Dialyse, komplexer OR-Prozedur oder komplizierender Konstellation
H06C	Andere OR-Prozeduren an hepatobiliärem System und Pankreas ohne bestimmten Eingriff und komplexe Diagnose, Dialyse, komplexe OR-Prozedur oder komplizierende Konstellation

DRG 2023	DRG-Bezeichnung
H40A	Endoskopische Eingriffe bei Ösophagusvarizenblutung mit äußerst schweren CC
H40B	Endoskopische Eingriffe bei Ösophagusvarizenblutung ohne äußerst schwere CC
H41A	Bestimmte ERCP mit äußerst schweren CC oder mit schweren CC oder komplexer Eingriff oder Alter < 16 Jahre, mit komplexer Prozedur, mit Zugang durch retrograde Endoskopie
H41B	Bestimmte ERCP mit schweren CC oder komplexer Eingriff oder Alter < 16 Jahre, mit komplexer Prozedur, ohne Zugang durch retrograde Endoskopie
H41C	Best. ERCP mit schw. CC od. kompl. Eingriff oder Alter < 16 J., oh. kompl. Proz. od. and. ERCP, oh. äuß. schw. od. schw. CC, oh. kompl. Eingriff, mit Radiofrequenzabl. und endoskop. Stentimpl. od. and. aufwend. ERCP / best. endoskop. Eingr. m. best. BNB
H41D	Andere aufwendige ERCP oh. best. ERCP, oh. äuß. schwere oder schwere CC, Alter > 15 Jahre, ohne kompl. Eingr., oh. Radiofrequenzabl. mit endoskop. Stentimpl., ohne and. aufwend. ERCP / best. endoskop. Eingr. m. best. BNB oder best. endoskop. Eingriffe
H41E	Andere ERCP ohne bestimmte ERCP, ohne äußerst schwere oder schwere CC, Alter > 15 Jahre, ohne komplexen Eingriff, ohne Radiofrequenzablation mit endoskopischer Stentimplantation
H60Z	Leberzirrhose und bestimmte nichtinfektiöse Hepatitiden mit äußerst schweren CC oder komplizierende Konstellation bei bestimmten Krankheiten und Störungen an hepatobiliärem System und Pankreas
H61A	Bösartige Neubildung an hepatobiliärem System und Pankreas, mehr als ein Belegungstag, mit komplexer Diagnose, mit äußerst schweren CC oder Pfortaderthrombose
H61C	Bösartige Neubildung an hepatobiliärem System und Pankreas, ein Belegungstag oder ohne komplexe Diagnose oder ohne äußerst schwere CC, ohne Pfortaderthrombose, Alter > 16 Jahre
H62B	Erkrankungen des Pankreas außer bösartige Neubildung, mit akuter Pankreatitis oder Leberzirrhose oder bestimmter nichtinfektiöser Hepatitis, Alter > 15 Jahre
H62C	Erkrankungen des Pankreas außer bösartige Neubildung, ohne akute Pankreatitis, ohne Leberzirrhose, ohne bestimmte nichtinfektiöse Hepatitis, Alter > 15 Jahre
H63A	Erkrankungen der Leber auß. bösart. Neubild., Leberzirr. u. best. nichtinfekt. Hepatitiden u. best. Erkrank. der Gallenwege, mehr als ein Belegungstag, mit kompl. Diag. u. äuß. schw. o. schw. CC od. kompl. Diag. od. äuß. schw. od. schw. CC, Alter < 1 J.
H63B	Erkrankungen der Leber außer bösartige Neubildung, Leberzirrhose und bestimmte nichtinfektiöse Hepatitiden und best. Erkrankungen der Gallenwege, mehr als ein Belegungstag, mit kompl. Diagnose oder äuß. schw. o. schw. CC oder Leberbiopsie, Alter < 18 J.
H63C	Erkrankungen der Leber außer bösartige Neubildung, Leberzirrhose und bestimmte nichtinfektiöse Hepatitiden und bestimmte Erkrankungen der Gallenwege, ein Belegungstag oder ohne komplexe Diagnose und ohne äußerst schwere oder schwere CC
H64Z	Erkrankungen von Gallenblase und Gallenwegen

DRG 2023	DRG-Bezeichnung
H77Z	Komplexbehandlung bei isolationspflichtigen Erregern bei Krankheiten und Störungen an hepatobiliärem System und Pankreas
H78Z	Bestimmte komplizierende Konstellation bei bestimmten Krankheiten und Störungen an hepatobiliärem System und Pankreas
I66B	Andere Erkrankungen des Bindegewebes, mit äußerst schweren CC oder intensivmedizinischer Komplexbehandlung > 196 / 184 / - Aufwandspunkte oder anderen komplizierenden Konstellationen
I79Z	Fibromyalgie
J64A	Infektion / Entzündung der Haut und Unterhaut oder Hautulkus mit äußerst schweren CC
J68B	Erkrankungen der Haut, ein Belegungstag, ohne komplexe Diagnose, Alter > 15 Jahre
K60C	Diabetes mellitus und schwere Ernährungsstörungen, Alter > 17 Jahre oder ohne multimodale Komplexbehandlung bei Diabetes mellitus oder schwerste Ernährungsstörungen oder äußerst schwere CC, mehr als ein Belegungstag
K60E	Diabetes mellitus mit schweren CC oder mit komplexer Diagnose, Alter > 15 Jahre, mehr als ein Belegungstag
K60F	Diabetes mellitus, Alter > 10 Jahre, ein Belegungstag oder ohne äußerst schwere oder schwere CC oder ohne komplexe Diagnose
K62A	Verschiedene Stoffwechselerkrankungen bei Para- / Tetrapleg. oder mit kompliz. Diagnose oder endoskopischer Einlage eines Magenballons oder Alter < 16 Jahre, mit äußerst schweren CC oder best. aufwendiger / hochaufw. Behandlung, mehr als ein Belegungstag
K62B	Verschiedene Stoffwechselerkrankungen bei Para- / Tetrapleg. oder mit kompliz. Diagnose oder endoskop. Einlage eines Magenballons oder Alter < 16 Jahre, ein Belegungstag od. ohne äußerst schwere CC od. ohne best. aufwendige / hochaufwendige Behandlung
K62C	Verschiedene Stoffwechselerkrankungen außer bei Para- / Tetraplegie, ohne kompliz. Diagnose, ohne endoskopische Einlage eines Magenballons, ohne äußerst schwere CC oder ein Belegungstag, ohne best. aufwendige / hochaufwendige Behandlung, Alter > 15 Jahre
K64A	Endokrinopathien mit komplexer Diagnose und äußerst schweren CC oder intensivmedizinischer Komplexbehandlung > 196 / 184 / - Aufwandspunkte
K64C	Endokrinopathien mit komplexer Diagnose oder äußerst schweren CC, Alter > 5 Jahre oder mit bestimmter komplexer Diagnose oder mit invasiver endokrinologischer Diagnostik oder Alter < 18 Jahre bei bösartiger Neubildung oder Alter < 1 Jahr
K64D	Endokrinopathien ohne komplexe Diagnose, ohne bestimmte Diagnose, ohne äußerst schwere CC, ohne invasive endokrinologische Diagnostik, Alter > 17 Jahre oder außer bei bösartiger Neubildung, Alter > 0 Jahre
K77Z	Komplexbehandlung bei isolationspflichtigen Erregern bei endokrinen, Ernährungs- und Stoffwechselkrankheiten
L36B	Intensivmedizinische Komplexbehandlung > - / - / 552 Aufwandspunkte bei Krankheiten und Störungen der Harnorgane

DRG 2023	DRG-Bezeichnung
L60A	Niereninsuffizienz, mehr als ein Belegungstag, mit intensivmedizinischer Komplexbehandlung > 392 / 368 / - Aufwandspunkte oder mit Dialyse und akutem Nierenversagen und äußerst schweren CC oder mit Dialyse und komplizierenden Faktoren, Alter < 16 Jahre
L60B	Niereninsuffizienz, mehr als ein Belegungstag, mit Dialyse und komplizierenden Faktoren oder äußerst schweren CC oder mit intensivmedizinischer Komplexbehandlung > 196 / 184 / - Aufwandspunkte, Alter > 15 Jahre
L60C	Niereninsuffizienz, mehr als ein Belegungstag, mit Dialyse oder äußerst schweren CC oder Alter < 18 Jahre mit schweren CC, ohne intensivmedizinische Komplexbehandlung > 196 / 184 / - Aufwandspunkte
L60D	Niereninsuffizienz, mehr als ein Belegungstag, ohne Dialyse, ohne äußerst schwere CC, Alter > 17 Jahre oder ohne schwere CC, ohne intensivmedizinische Komplexbehandlung > 196 / 184 / - Aufwandspunkte
L63A	Infektionen der Harnorgane mit bestimmter hochaufwendiger Behandlung oder mit äußerst schweren CC, mit Komplexbehandlung bei isolationspflichtigen Erregern
L63B	Infektionen der Harnorgane ohne bestimmte hochaufwendige Behandlung, mit best. aufwendiger Behandlung od. mit äußerst schweren CC, ohne Komplexbeh. bei isolationspfl. Erregern oder mit Komplexbeh. bei isolationspfl. Erregern, ohne äußerst schwere CC
L63D	Infektionen der Harnorgane oh. äuß. schwere CC, oh. best. mäßig aufwendige / aufwendige / hochaufw. Behandl., oh. Komplexbeh. b. isolationspfl. Erregern, oh. best. schw. Infektionen, Alter> 2 J. u. < 6 J. od. Alter < 18 J. mit schw. CC od. Alter > 89 J.
L63E	Infektionen der Harnorgane ohne äußerst schwere CC, ohne best. mäßig aufw. / aufw. / hochaufw. Behandlung, ohne Komplexbeh. b. isolationspfl. Erregern, ohne best. schw. Infektionen, Alter > 5 und < 18 Jahre, ohne schwere CC od. Alter > 17 und < 90 Jahre
L69B	Andere schwere Erkrankungen der Harnorgane, mehr als ein Belegungstag, Alter > 15 Jahre
L70B	Krankheiten und Störungen der Harnorgane, ein Belegungstag, Alter > 5 Jahre
Q61A	Andere Erkrankungen der Erythrozyten mit äußerst schweren CC
Q61B	Andere Erkrankungen der Erythrozyten, ohne äußerst schwere CC
Q62Z	Andere Anämie
Q63B	Aplastische Anämie, Alter > 15 Jahre, ohne paroxysmale nächtliche Hämoglobinurie
R60E	Akute myeloische Leukämie mit mäßig komplexer Chemoth., ohne komplizierende Diagnose, ohne Dialyse, ohne Portimpl., ohne äußerst schwere CC od. mit lokaler Chemoth. od. mit Komplexbeh. bei multiresistenten Erregern od. mit kompl. Diagnostik bei Leukämie
R60F	Akute myeloische Leukämie ohne Chemotherapie, ohne Dialyse, ohne äußerst schwere CC, ohne Komplexbehandlung bei multiresistenten Erregern, ohne komplexe Diagnostik bei Leukämie
R61D	Lymphom u. nicht akute Leukämie m. Agranuloz., Portimpl., Komplbeh. b. isolat.pfl. Erregern od. kompl. Diag. b. Leuk., > 15 J., m. intens. Chemo od. < 18 J. od. m. äuß. schw. CC od. Tumorlyse- Syndr. od. Blastenkr., oh. kompl. Diag. b. Leuk., oh. schw. CC

DRG 2023	DRG-Bezeichnung
R61E	Lymphom und nicht akute Leukämie ohne Sepsis, ohne komplizierende Konstellation, mit Agranulozytose od. Portimpl. od. Komplbeh. b. isolat.pflicht. Erregern od. komplexe Diagnostik b. Leukämie, oh. äußerst schw. CC, Alter > 17 J., oh. intensive Chemoth.
R61G	Lymphom und nicht akute Leukämie oh. best. kompliz. Faktoren, oh. äuß. schw. CC, Alter < 16 J. od. mit kompl. Diag. od. kompliz. Prozedur, Alter > 15 J., oh. best. Lymphom m. best. Chemoth., oh. kompl. Diagnose, oh. and. Komplbeh. b. isolat.pfl. Erregern
R61H	Lymphom und nicht akute Leukämie ohne bestimmte komplizierende Faktoren, ohne äußerst schwere CC, ohne komplexe Diagnose, ohne komplizierende Prozedur, Alter > 15 Jahre
R62B	Andere hämatologische und solide Neubildungen ohne kompliz. Diagnose, ohne Portimplantation, mit Knochenaffektionen oder bestimmten Metastasen oder äußerst schweren CC oder Dialyse oder Alter < 1 Jahr, ohne komplexe Diagnose, ohne kompliz. Konstellation
R62C	Andere hämatologische und solide Neubildungen ohne komplizierende Diagnose, ohne Portimplantation, ohne Knochenaffektionen, ohne bestimmte Metastasen, ohne äußerst schwere CC, ohne Dialyse, Alter > 0 Jahre
R65Z	Hämatologische und solide Neubildungen, ein Belegungstag
R77Z	Komplexbehandlung bei isolationspflichtigen Erregern bei bestimmten hämatologischen und soliden Neubildungen
S60Z	HIV-Krankheit, ein Belegungstag
S62Z	Bösartige Neubildung bei HIV-Krankheit
S63A	Infektion bei HIV-Krankheit mit komplexer Diagnose und äußerst schweren CC oder mit komplizierender Konstellation
S63B	Infektion bei HIV-Krankheit ohne komplexe Diagnose oder ohne äußerst schwere CC, ohne komplizierende Konstellation
S65A	Andere Erkrankungen bei HIV-Krankheit oder andere HIV-Krankheit mit Herzinfarkt oder bei chronisch ischämischer Herzkrankheit oder äußerst schweren CC
S65B	Andere Erkrankungen bei HIV-Krankheit oder andere HIV-Krankheit ohne Herzinfarkt, außer bei chronisch ischämischer Herzkrankheit, ohne äußerst schwere CC
T60A	Sepsis mit komplizierender Konstellation oder bei Zustand nach Organtransplantation, mit äußerst schweren CC oder intensivmedizinische Komplexbehandlung > 392 / 368 / - Aufwandspunkte
T60B	Sepsis mit komplizierender Konstellation oder bei Z. n. Organtransplantation oder mit komplexer Diagnose oder äuß. schw. CC, Alter < 18 J. oder mit Para- / Tetraplegie oder mit bestimmter ERCP oder mit schwersten CC oder mit IntK > 196 / 184 / 368 Punkte
T60C	Sepsis mit komplizierender Konstellation oder bei Z. n. Organtransplantation oder mit komplexer Diagnose oder äußerst schweren CC, Alter > 17 Jahre, ohne Para- / Tetraplegie, ohne bestimmte ERCP, ohne schwerste CC oder mit IntK > 196 / 184 / 368 Punkte

DRG 2023	DRG-Bezeichnung
T60D	Sepsis mit anderer komplizierender Konstellation, außer bei Z. n. Organtransplantation, ohne komplexe Diagnose, ohne äußerst schwere CC, ohne intensivmedizinische Komplexbehandlung > 196 / 184 / 368 Aufwandspunkte oder Alter < 10 Jahre
T60E	Sepsis ohne komplizierende Konstellation, außer bei Zustand nach Organtransplantation, ohne komplexe Diagnose, ohne äußerst schwere CC, Alter > 9 Jahre, ohne intensivmedizinische Komplexbehandlung > 196 / 184 / - Aufwandspunkte, mehr als ein Belegungstag
T60F	Sepsis, verstorben < 5 Tage nach Aufnahme, ohne intensivmedizinische Komplexbehandlung > 196 / 184 / - Aufwandspunkte
T60G	Sepsis ohne komplizierende Konstellation, außer bei Zustand nach Organtransplantation, ohne komplexe Diagnose, ohne äußerst schwere CC, Alter > 9 Jahre, ohne intensivmedizinische Komplexbehandlung > 196 / 184 / - Aufwandspunkte, ein Belegungstag
T62A	Fieber unbekannter Ursache mit äußerst schweren oder schweren CC, Alter > 5 Jahre
T62B	Fieber unbekannter Ursache ohne äußerst schwere oder schwere CC oder Alter < 6 Jahre
T63B	Schwere virale Erkrankung, außer bei Zustand nach Organtransplantation, ohne intensivmedizinische Komplexbehandlung > 196 / 184 / - Aufwandspunkte, Alter > 13 Jahre oder ohne komplexe Diagnose
T64C	Andere infektiöse und parasitäre Krankheiten mit komplexer Diagnose, Alter > 15 Jahre, ein Belegungstag oder ohne komplexe Diagnose, ohne intensivmedizinische Komplexbehandlung > 196 / 184 / - Aufwandspunkte
T77Z	Komplexbehandlung bei isolationspflichtigen Erregern bei infektiösen und parasitären Krankheiten
U60B	Psychiatrische Behandlung, ein Belegungstag, Alter > 15 Jahre
U63Z	Schwere affektive Störungen
V40Z	Qualifizierter Entzug
V60A	Alkoholintoxikation und Alkoholentzug oder Störungen durch Alkoholmissbrauch und Alkoholabhängigkeit mit psychotischem Syndrom oder HIV-Krankheit
V60B	Alkoholintoxikation und Alkoholentzug oder Störungen durch Alkoholmissbrauch und Alkoholabhängigkeit ohne psychotisches Syndrom, ohne HIV-Krankheit
V61Z	Drogenintoxikation und -entzug
V63Z	Störungen durch Opioidgebrauch und Opioidabhängigkeit
V64Z	Störungen durch anderen Drogengebrauch und Medikamentenmissbrauch und andere Drogen- und Medikamentenabhängigkeit
X64Z	Andere Krankheit verursacht durch Verletzung, Vergiftung oder toxische Wirkung
Z01C	OR-Prozeduren bei anderen Zuständen, die zur Inanspruchnahme des Gesundheitswesens führen ohne komplexen Eingriff, ohne komplizierende Konstellation, ohne bestimmten Eingriff
Z65Z	Beschwerden, Symptome, andere Anomalien und Nachbehandlung

Kardiologie

DRG 2023	DRG-Bezeichnung
B12Z	Implantation eines Herzschrittmachers bei Krankheiten und Störungen des Nervensystems oder perkutan-transluminale Gefäßintervention an Herz und Koronargefäßen
F01A	Implantation Kardioverter / Defibrillator (AICD), Dreikammer-Stim. od. Defibrillator mit subk. Elektrode od. intrak. Pulsgen. mit kompliz. Fakt. od. myokardstim. Sys. od. aufwendige Sondenentf. mit kompliz. Fakt. od. Zweikammer-Stim. mit kompliz. Fakt.
F01B	Implantation Kardioverter / Defibrillator (AICD), Zweikammer-Stimulation mit komplizierenden Faktoren oder neurologische Komplexbehandlung des akuten Schlaganfalls mehr als 24 Stunden mit komplizierenden Faktoren
F01C	Implantation Kardioverter / Defibrillator (AICD), Dreikammer-Stimulation oder Defibrillator oder intrakardialer Pulsgenerator, ohne komplizierende Faktoren oder Implantation eines Drucksensors in die Pulmonalarterie
F01D	Implantation Kardioverter / Defibrillator (AICD), Zwei- oder Einkammer-Stim. mit äußerst schweren CC oder Einkammer-Stim. mit zusätzlichem Herz- oder Gefäßeingriff oder mit IntK > 392 / 368 / - AP oder best. Sondenentfernung oder Alter < 18 Jahre
F01E	Implantation Kardioverter / Defibrillator (AICD), Zweikammer-Stimulation oder aufwendige Sondenentfernung, ohne Implantation eines Drucksensors in Pulmonalarterie, ohne Implantation eines intrakardialen Pulsgenerators, Alter > 17 Jahre
F01F	Impl. Kardioverter / Defibrillator (AICD), Einkammer-Stimulation, ohne zusätzl. Herz- od. Gefäßeingriff, ohne IntK > 392 / 368 / - P., ohne äuß. schw. CC, ohne aufw. Sondenentf., ohne Impl. Drucksens. in Pulmonalart., ohne Impl. Pulsgen., Alter > 17 J.
F02A	Aggregatwechsel eines Kardioverters / Defibrillators (AICD), Zwei- oder Dreikammer-Stimulation
F02B	Aggregatwechsel eines Kardioverters / Defibrillators (AICD), Einkammer-Stimulation
F09B	Andere kardiothorakale Eingriffe, Alter > 15 Jahre, ohne kompl. Konst., ohne Exzision am Vorhof, mit mäßig kompl. kardiothorakalen Eingriffe. mit äußerst schweren CC oder best. kardiothorakalem Eingriff oder best. Perikardektomie bei chron. Perikarditis
F09C	Andere kardiothorakale Eingriffe, Alter > 15 Jahre, ohne kompl. Konst., ohne Exzision am Vorhof, ohne äußerst schwere CC oder ohne mäßig kompl. kardiothorakale Eingr., ohne best. kardiothorakalen Eingr., ohne best. Perikardektomie bei chron. Perikarditis
F12A	Implantation eines Herzschrittmachers, Dreikammersystem mit äuß. schw. CC oder ablativ. Maßnahmen oder PTCA oder mit aufwendiger Sondenentfernung mit kompliz. Faktoren oder mit Revision eines Herzschrittm. oder AICD ohne Aggregatw. mit kompliz. Faktoren
F12B	Implantation eines Herzschrittmachers, Dreikammersystem ohne äußerst schwere CC, ohne ablative Maßnahme, ohne PTCA oder Implantation eines Herzschrittmachers ohne aufwendige Sondenentfernung mit komplizierenden Faktoren
F12C	Implantation eines Herzschrittmachers, Zweikammersystem, mit komplexem Eingriff oder Alter < 16 Jahre
F12D	Implantation eines Herzschrittmachers, Zweikammersystem, ohne komplexen Eingriff, Alter > 15 Jahre, mit äußerst schweren CC oder isolierter offen chirurgischer Sondenimplantation oder aufwendiger Sondenentfernung oder mäßig komplexer PTCA

DRG 2023	DRG-Bezeichnung
F12E	Implantation eines Herzschrittmachers, Einkammersystem oder Implantation eines Ereignisrekorders, Alter > 15 Jahre, mit invasiver kardiologischer Diagnostik bei bestimmten Eingriffen
F12F	Impl. HSM, Zweikammersys., oh. äuß. schwere CC, oh. isol. offen chir. Sondenimpl., oh. aufw. Sondenentf., oh. mäßig kompl. PTCA od. Impl. HSM, Einkammersys. od. Impl. Ereignisrekorder, oh. invasive kardiol. Diagnostik bei best. Eingriffen, Alter > 15 J.
F15Z	Perkutane Koronarangioplastie mit komplizierender Konstellation oder komplexer Diagn. u. hochkompl. Intervention od. m. best. Rekanalisationsverf., Alt. < 16 J. od. inv. kardiolog. Diagnostik, m. kompliz. Konst. od. Endokarditis, mehr als 2 Belegungstage
F17A	Wechsel eines Herzschrittmachers, Dreikammersystem oder Alter < 16 Jahre
F17B	Wechsel eines Herzschrittmachers, Einkammer- oder Zweikammersystem, Alter > 15 Jahre
F18A	Revision eines Herzschrittmachers oder Kardioverters / Defibrillators (AICD) ohne Aggregatwechsel, Alter < 16 Jahre oder mit äußerst schweren CC, mit komplexem Eingriff oder mit aufwendiger Sondenentfernung
F18B	Revision Herzschrittmacher od. Kardioverter / Defibrillator (AICD) oh. Aggregatw., Alt. < 16 J. od. mit äuß. schw. CC, oh. kompl. Eingr., oh. aufwend. Sondenentf. od. Alt. > 15 J., oh. äuß. schw. CC mit kompl. Eingr., mit intralum. exp. Extraktionshilfe
F18C	Revision eines Herzschrittmachers oder Kardioverters / Defibrillators (AICD) ohne Aggregatwechsel, Alter > 15 Jahre, ohne äußerst schwere CC, ohne aufwendige Sondenentfernung, mit komplexem Eingriff, ohne intraluminale expandierende Extraktionshilfe
F18D	Revision eines Herzschrittmachers oder Kardioverters / Defibrillators (AICD) ohne Aggregatwechsel, Alter > 15 Jahre, ohne äußerst schwere CC, ohne aufwendige Sondenentfernung, ohne komplexen Eingriff
F19A	Andere transluminale Intervention an Herz, Aorta und Lungengefäßen mit äußerst schweren CC
F19B	Andere transluminale Intervention an Herz, Aorta und Lungengefäßen ohne äußerst schwere CC oder Radiofrequenzablation über A. renalis oder komplexe koronare Lithoplastie
F24A	Perkutane Koronarangioplastie mit komplexer Diagnose und hochkomplexer Intervention oder mit bestimmten Rekanalisationsverfahren, Alter > 15 Jahre, mit äußerst schweren CC
F24B	Perkutane Koronarangioplastie mit komplexer Diagnose und hochkomplexer Intervention oder mit bestimmten Rekanalisationsverfahren, Alter > 15 Jahre, ohne äußerst schwere CC
F37Z	Längerer stationärer Aufenthalt vor Transplantation bei hoher Dringlichkeitsstufe bei Krankheiten und Störungen des Kreislaufsystems
F41A	Invasive kardiologische Diagnostik bei akutem Myokardinfarkt mit äußerst schweren CC
F41B	Invasive kardiologische Diagnostik bei akutem Myokardinfarkt ohne äußerst schwere CC

DRG 2023	DRG-Bezeichnung
F43A	Beatmung > 24 Stunden bei Krankheiten und Störungen des Kreislaufsystems, Alter < 6 Jahre oder intensivmedizinische Komplexbehandlung > 392 / 552 / 552 Aufwandspunkte oder best. Impl. herzunterst. System
F43B	Beatmung > 24 Stunden bei Krankheiten und Störungen des Kreislaufsystems oh. IntK > 392 / 552 / 552 Pkte, Alter > 5 J. und Alter < 16 J. od. mit kompl. Konstell. od. best. OR-Prozedur od. IntK > - / 368 / - Punkte, ohne best. Impl. herzunterst. System
F43C	Beatmung > 24 Stunden bei Krankheiten und Störungen des Kreislaufsystems, Alter > 15 J., ohne intensivmed. Komplexbehandlung > 392 / 368 / 552 Aufwandspunkte, ohne komplizierende Konstellation, ohne best. OR-Prozedur, ohne best. Impl. herzunterst. System
F49A	Invasive kardiologische Diagnostik außer bei akutem Myokardinfarkt, mit äußerst schweren CC oder IntK > 196 / 184 / 368 Aufwandspunkten, mit komplexem Eingriff oder Alter < 10 Jahre
F49B	Invasive kardiologische Diagnostik außer bei akutem Myokardinfarkt, mit äußerst schweren CC oder IntK > 196 / 184 / 368 Aufwandspunkten, ohne komplexen Eingriff, Alter > 9 Jahre
F49D	Invasive kardiologische Diagnostik außer bei akutem Myokardinfarkt, ohne äußerst schwere CC, ohne IntK > 196 / 184 / 368 Aufwandspunkte, Alter > 17 Jahre, mit schweren CC, mehr als ein Belegungstag
F49E	Invasive kardiologische Diagnostik außer bei akutem Myokardinfarkt, ohne IntK > 196 / 184 / 368 Aufwandspunkte, Alter > 17 Jahre, ohne schwere CC bei BT > 1, mit kardialem Mapping oder best. andere kardiologische Diagnostik oder best. komplexer Diagnose
F49F	Invasive kardiolog. Diagnostik außer bei akutem Myokardinfarkt, o. äußerst schwere CC, ohne IntK > 196 / 184 / 368 P., Alter > 17 J., o. kard. Mapping, o. best. and. kard. Diagnostik, o. schwere CC bei BT > 1, o. best. kompl. Diagnose, mit best. Eingr.
F49G	Invasive kardiolog. Diagnostik außer bei akutem Myokardinfarkt, o. äußerst schwere CC, ohne IntK > 196 / 184 / 368 P., Alter > 17 J., o. kard. Mapping, o. best. and. kard. Diagnostik, o. schwere CC bei BT > 1, o. best. kompl. Diagnose, ohne best. Eingr.
F50A	Ablative Maßnahmen bei Herzrhythmusstörungen mit hochkomplexer Ablation im linken Vorhof, Ventrikel oder Pulmonalvenen oder Implantation eines Ereignisrekorders oder Alter < 16 Jahre oder best. angeb. Herzfehler oder mit kompl. Ablation, Alter < 18 Jahre
F50B	Ablative Maßnahmen bei Herzrhythmusstörungen ohne hochkomplexe Ablation im linken Vorhof, Ventrikel oder Pulmonalvenen, ohne Implantation eines Ereignisrekorders, ohne best. angeb. Herzfehler, mit komplexer Ablation, Alter > 17 Jahre
F50C	Ablative Maßnahmen bei Herzrhythmusstörungen ohne hochkomplexe Ablation im linken Vorhof, Ventrikel oder Pulmonalvenen, ohne Implantation eines Ereignisrekorders, ohne best. angeb. Herzfehler, ohne komplexe Ablation, Alter > 15 Jahre
F52A	Perkutane Koronarangioplastie mit komplexer Diagnose, mit äußerst schweren CC
F52B	Perkutane Koronarangioplastie mit komplexer Diagnose, ohne äußerst schwere CC oder mit intrakoronarer Brachytherapie oder bestimmte Intervention

DRG 2023	DRG-Bezeichnung
F56A	Perkutane Koronarangioplastie mit bestimmter hochkomplexer Intervention, mit äußerst schweren CC
F56B	Perkutane Koronarangioplastie mit hochkomplexer Intervention, ohne bestimmte hochkomplexe Intervention oder ohne äußerst schwere CC oder Kryoplastie oder koronare Lithoplastie
F58A	Perkutane Koronarangioplastie oder bestimmte kardiologische Diagnostik mit Gefäßeingriff, mit äußerst schweren CC
F58B	Perkutane Koronarangioplastie oder bestimmte kardiologische Diagnostik mit Gefäßeingriff, ohne äußerst schwere CC
F60A	Akuter Myokardinfarkt ohne invasive kardiologische Diagnostik mit äußerst schweren CC
F60B	Akuter Myokardinfarkt ohne invasive kardiologische Diagnostik ohne äußerst schwere CC
F61A	Infektiöse Endokarditis mit komplizierender Diagnose oder mit komplizierender Konstellation
F61B	Infektiöse Endokarditis ohne komplizierende Diagnose, ohne komplizierende Konstellation
F62A	Herzinsuffizienz und Schock mit äußerst schweren CC, mit Dialyse oder komplizierender Diagnose oder mit bestimmter hochaufwendiger Behandlung mit intensivmedizinischer Komplexbehandlung > 196 / 184 / 368 Punkte oder komplizierender Konstellation
F62B	Herzinsuff. und Schock mit äuß. schw. CC, mit Dialyse oder kompliz. Diag. od. mit best. hochaufw. Beh. od. ohne kompliz. Konst., ohne best. hochaufw. Beh., mehr als 1 BT bei best. akuten Nierenvers. mit äuß. schw. CC od. Komplexbeh. des akut. Schlaganf.
F62C	Herzinsuffizienz und Schock ohne äuß. schw. CC od. ohne Dialyse, ohne kompliz. Diagnose, ohne kompliz. Konst., ohne best. hochaufw. Beh., mehr als 1 Belegungstag, ohne best. akut. Nierenvers. od. ohne äuß. schw. CC. ohne Komplexbeh. des akut. Schlaganf.
F62D	Herzinsuffizienz und Schock ohne äußerst schwere CC oder ohne Dialyse, ohne komplizierende Diagnose, ohne komplizierende Konstellation, ohne bestimmte hochaufwendige Behandlung, ein Belegungstag
F66A	Koronararteriosklerose mit äußerst schweren CC
F66B	Koronararteriosklerose ohne äußerst schwere CC
F68B	Angeborene Herzkrankheit ohne intensivmedizinische Komplexbehandlung > 196 / - / - Aufwandspunkte, Alter > 5 Jahre und Alter < 16 Jahre, ohne äußerst schwere oder schwere CC oder Alter > 15 Jahre
F69A	Herzklappenerkrankungen mit äußerst schweren oder schweren CC
F69B	Herzklappenerkrankungen ohne äußerst schwere oder schwere CC
F70A	Schwere Arrhythmie und Herzstillstand mit äußerst schweren CC
F70B	Schwere Arrhythmie und Herzstillstand ohne äußerst schwere CC

DRG 2023	DRG-Bezeichnung
F71A	Nicht schwere kardiale Arrhythmie und Erregungsleitungsstörungen mit äußerst schweren CC, mehr als ein Belegungstag oder mit kathetergestützter elektrophysiologischer Untersuchung des Herzens oder bestimmter hochaufwendiger Behandlung
F71B	Nicht schwere kardiale Arrhythmie und Erregungsleitungsstörungen ohne äußerst schwere CC oder ein Belegungstag, ohne kathetergestützte elektrophysiologische Untersuchung des Herzens, ohne bestimmte hochaufwendige Behandlung
F72A	Angina pectoris mit äußerst schweren CC
F72B	Angina pectoris ohne äußerst schwere CC
F74Z	Thoraxschmerz und sonstige und nicht näher bezeichnete Krankheiten des Kreislaufsystems
F75C	Andere Krankheiten des Kreislaufsystems ohne äußerst schwere CC oder ein Belegungstag, Alter > 9 Jahre und Alter < 16 Jahre, ohne schwere CC oder Alter > 15
F95A	Interventioneller Septumverschluss oder Verschluss einer paravalvulären Leckage mit einem kardialen Okkluder, Alter < 18 Jahre oder Vorhofohrverschluss
F95B	Interventioneller Septumverschluss oder Verschluss einer paravalvulären Leckage mit einem kardialen Okkluder, Alter > 17 Jahre, ohne Vorhofohrverschluss
F98B	Komplexe minimalinvasive Operationen an Herzklappen ohne minimalinvasiven Eingriff an mehreren Herzklappen, ohne hochkomplexen Eingriff, ohne komplexe Diagnose, Alter > 29 Jahre, ohne Implantation eines Wachstumsstents, mit sehr komplexem Eingriff
F98C	Komplexe minimalinvasive Operationen an Herzklappen ohne minimalinvasiven Eingriff an mehreren Herzklappen, ohne hochkomplexen Eingriff, ohne komplexe Diagnose, Alter > 29 Jahre, ohne Implantation eines Wachstumsstents, ohne sehr komplexen Eingriff

Neonatologische Pädiatrie

DRG 2023	DRG-Bezeichnung
P01Z	Neugeborenes, verstorben < 5 Tage nach Aufnahme mit signifikanter OR-Prozedur
P02A	Kardiothorakale oder Gefäßeingriffe mit Beatmung > 480 Stunden oder bestimmte Eingriffe bei angeborenen Fehlbildungen mit Beatmung > 899 Stunden
P02B	Kardiothorakale oder Gefäßeingriffe bei Neugeborenen, Beatmung > 180 und < 481 Stunden oder bestimmte Eingriffe bei angeborenen Fehlbildungen, Beatmung > 180 und < 900 Stunden oder Eingriff bei univentrikulärem Herzen, Beatmung < 481 Stunden
P02C	Kardiothorakale oder Gefäßeingriffe bei Neugeborenen ohne Eingriff bei univentrikulärem Herzen oder bestimmte Eingriffe bei angeborenen Fehlbildungen, ohne Beatmung > 180 Stunden
P03A	Aufnahmegewicht 1000 – 1499 g, mehrere schwere Probleme mit signifikanter OR-Prozedur oder mehrzeitige komplexe OR-Prozeduren, mit Beatmung > 479 Stunden oder mehrere schwere Probleme ohne signifikante OR-Prozedur mit Beatmung > 599 Stunden

DRG 2023	DRG-Bezeichnung
P03B	Aufnahmegewicht 1000 – 1499 g mit sig. OR-Prozedur oder Beat. > 120 Std., oh. Beat. > 599 Std. oder oh. mehrere schwere Probleme, oh. Beat. > 479 Std. oder oh. mehrere schwere Probleme oder oh. sig. OR-Prozedur oder oh. mehrzeitige komplexe OR-Prozedur
P04A	Aufnahmegewicht 1500 – 1999 g, mehrere schwere Probleme mit sig. OR-Prozedur oder mehrz. kompl. OR-Prozeduren, mit Beatmung > 240 Std. oder mehrere schwere Probleme mit Beatmung > 320 Std. oder temporärer Verschluss eines Bauchwanddefektes
P04B	Aufnahmegew. 1500 – 1999 g, sig. OR-Proz. od. Beat. > 120 Std., oh. meh. schw. Probl. od. oh. Beat. > 320 Std., oh. mehrz. kompl. OR-Proz. od. oh. Beat. > 240 Std., oh. sig. OR-Proz. od. oh. Beat. > 240 Std., oh. temp. Verschluss BW-Defekt
P05A	Aufnahmegewicht 2000 – 2499 g mit sig. OR-Prozedur oder Beatmung > 95 Stunden, mit mehreren schweren Problemen oder temporärem Verschluss eines Bauchwanddefektes, mit Beatmung > 275 Stunden oder mit mehrzeitigen komplexen OR-Prozeduren
P05B	Aufnahmegewicht 2000 – 2499 g mit signifikanter OR-Prozedur oder Beatmung > 95 Stunden, mit mehreren schweren Problemen oder temporärem Verschluss eines Bauchwanddefektes, ohne Beatmung > 275 Stunden, ohne mehrzeitige komplexe OR-Prozeduren
P05C	Aufnahmegewicht 2000 – 2499 g mit signifikanter OR-Prozedur oder Beatmung > 95 Stunden, ohne mehrere schwere Probleme, ohne mehrzeitige komplexe OR-Prozeduren, ohne temporären Verschluss eines Bauchwanddefektes
P06A	Neugeborenes, Aufnahmegewicht > 2499 g, sig. OR-Proz. oder Beatmung > 95 Std., mehrere schwere Probleme mit sig. OR-Proz. oder mit Beatmung > 120 Std. oder best. aufwendige OR- Proz., mit Beatmung > 240 Std. oder mehrz. kompl. OR-Proz. oder Dialyse
P06B	Neugeborenes, Aufnahmegewicht > 2499 g, sig. OR-Proz. od. Beatmung > 95 Std., mehrere schwere Probleme mit sig. OR-Proz. od. mit Beatmung > 120 Std. od. best. aufwendige OR-Proz., ohne Beatmung > 240 Std., ohne mehrz. kompl. OR-Proz., ohne Dialyse
P06C	Neugeborenes, Aufnahmegewicht > 2499 g mit signifikanter OR-Prozedur oder Beatmung > 95 Stunden, ohne mehrere schwere Probleme oder ohne sig. OR-Prozedur oder ohne Beatmung > 120 Std., ohne bestimmte aufwendige OR-Prozeduren
P60A	Neugeborenes, verstorben < 5 Tage nach Aufnahme ohne signifikante OR-Prozedur
P60B	Neugeborenes, verlegt < 5 Tage nach Aufnahme ohne signifikante OR-Prozedur, zuverlegt oder Beatmung > 24 Stunden
P60C	Neugeborenes, verlegt < 5 Tage nach Aufnahme ohne signifikante OR-Prozedur, nicht zuverlegt, ohne Beatmung > 24 Stunden
P61A	Neugeborenes, Aufnahmegewicht < 600 g mit signifikanter OR-Prozedur
P61B	Neugeborenes, Aufnahmegewicht < 600 g ohne signifikante OR-Prozedur
P61C	Neugeborenes, Aufnahmegewicht 600 – 749 g mit signifikanter OR-Prozedur
P61D	Neugeborenes, Aufnahmegewicht 600 – 749 g ohne signifikante OR-Prozedur
P61E	Neugeborenes, Aufnahmegewicht < 750 g, verstorben < 29 Tage nach Aufnahme

DRG 2023	DRG-Bezeichnung
P62A	Aufnahmegewicht 750 – 999 g mit signifikanter OR-Prozedur
P62B	Aufnahmegewicht 750 – 874 g ohne signifikante OR-Prozedur
P62C	Aufnahmegewicht 875 – 999 g ohne signifikante OR-Prozedur
P62D	Aufnahmegewicht 750 – 999 g, verstorben < 29 Tage nach Aufnahme
P63Z	Aufnahmegewicht 1000 – 1249 g ohne signifikante OR-Prozedur, ohne Beatmung > 120 Stunden
P64Z	Aufnahmegewicht 1250 – 1499 g ohne signifikante OR-Prozedur, ohne Beatmung > 120 Stunden
P65A	Aufnahmegewicht 1500 – 1999 g ohne signifikante OR-Prozedur, ohne Beatmung > 120 Stunden, mit mehreren schweren Problemen oder Beatmung > 95 Stunden
P65B	Aufnahmegewicht 1500 – 1999 g ohne signifikante OR-Prozedur, ohne Beatmung > 95 Stunden, mit schwerem Problem
P65C	Aufnahmegewicht 1500 – 1999 g ohne signifikante OR-Prozedur, ohne Beatmung > 120 Stunden, mit anderem Problem
P65D	Aufnahmegewicht 1500 – 1999 g ohne signifikante OR-Prozedur, ohne Beatmung > 120 Stunden, ohne Problem
P66A	Neugeborenes ohne sign. OR-Prozedur, ohne Beatmung > 95 Std., Aufnahmegew. 2000 – 2499 g mit mehr. schw. Probl. oder Krampfanfall mit best. diag. Maßnahmen oder Beatmung > 48 Std. od. Aufnahmegew. > 2499 g, m. mehr. schw. Probl., m. Hypothermiebehandlung
P66B	Aufnahmegewicht 2000 – 2499 g ohne signifikante OR-Prozedur, ohne Beatmung > 95 Stunden, mit schwerem Problem, ohne Krampfanfall mit bestimmten diagnostischen Maßnahmen, ohne Beatmung > 48 Stunden
P66C	Aufnahmegewicht 2000 – 2499 g ohne signifikante OR-Prozedur, ohne Beatmung > 95 Stunden, mit anderem Problem
P66D	Aufnahmegewicht 2000 – 2499 g ohne signifikante OR-Prozedur, ohne Beatmung > 95 Stunden, ohne Problem
P67A	Neugeborenes, Aufnahmegewicht > 2499 g ohne signifikante OR-Prozedur, ohne Beatmung > 95 Stunden, mit mehreren schweren Problemen oder mit Hypothermiebehandlung oder Krampfanfall mit bestimmten diagnostischen Maßnahmen oder Beatmung > 24 Stunden
P67B	Neugeborenes, Aufnahmegew. > 2499 g mit schw. Prob., oh. Hypothermiebeh., oh. Krampfanfall mit best. diag. Maßnah., oh. Beatmung > 24 Std. od. mit anderem Prob., mehr als ein Belegungstag, neugeb. Mehrling od. mit bestimmter aufwendiger Prozedur
P67C	Neugeborenes, Aufnahmegew. > 2499 g oh. sig. OR-Proz., oh. Beatmung > 95 Std., ohne schw. Prob., anderes Problem und mehr als ein Belegungstag oder nicht signifikante OR-Prozedur, ohne Mehrling, ohne bestimmte aufwendige Prozeduren
P67D	Neugeborenes, Aufnahmegewicht > 1999 g ohne OR-Prozedur, ohne Beatmung > 95 Stunden, ohne schweres Problem, ohne anderes Problem oder ein Belegungstag, mit bestimmter Prozedur oder best. Diagnose beim Neugeborenen oder neugeborener Mehrling

Neurochirurgie

DRG 2023	DRG-Bezeichnung
B01A	Mehrzeitige komplexe OR-Prozeduren bei Krankheiten und Störungen des Nervensystems, mit komplizierender Konstellation oder Alter < 18 Jahre
B01B	Mehrzeitige komplexe OR-Prozeduren bei Krankheiten und Störungen des Nervensystems, ohne komplizierende Konstellation, Alter > 17 Jahre
B02A	Komplexe Kraniotomie oder Wirbelsäulen-Operation bei Neubildung des Nervensystems oder intensivmedizinischer Komplexbehandlung > 392 / 368 / - Punkte, Alter < 6 Jahre mit Eingriff bei BNB oder Alter < 16 Jahre und mehrzeitige komplexe OR-Prozedur
B02B	Komplexe Kraniotomie oder WS-OP, Bestr. an mind. 9 T. od. best. Eingr. bei BNB mit intraop. Monit., Alt. < 18 J. od. b. BNB od. IntK > 392 / 368 / - P., mit schwersten CC, Alt. > 15 J. od. oh. mehrz. kompl. OR-Proz. od. Alt. > 5 J. od. oh. Eingr. bei BNB
B02C	Komplexe Kraniotomie oder WS-OP, mehr als 8 Bestr., Alter > 17 J. oder ohne best. Eingr. bei BNB mit intraop. Monit. od. bei NB des Nervensystems oder IntK > 392 / 368 / - P., Alter > 15 J. od. oh. mehrz. kompl. OR-Proz. od. Alt. > 5 J., oh. schwerste CC
B02D	Komplexe Kraniotomie oder Wirbelsäulen-Operation, außer bei Neubildung, ohne intensivmedizinische Komplexbehandlung > 392 / 368 / - Aufwandspunkte, Alter < 6 Jahre oder mit bestimmtem Eingriff, Alter < 18 Jahre oder mit best. komplizierenden Faktoren
B02E	Komplexe Kraniotomie oder Wirbelsäulen-Operation, ohne bestimmten komplexen Eingriff, Alter > 5 Jahre, ohne bestimmte komplizierende Faktoren
B03Z	Bestimmte Eingriffe an Wirbelsäule und Rückenmark bei bösartiger Neubildung oder mit intraoperativem Monitoring oder Eingriffe bei zerebraler Lähmung, Muskeldystrophie, Neuropathie oder nicht akuter Para- / Tetraplegie mit äußerst schweren CC
B13Z	Epilepsiechirurgie mit invasivem präoperativen Video-EEG
B18A	Komplexe Eingriffe an Wirbelsäule und Rückenmark bei Krankheiten und Störungen des Nervensystems
B18B	Bestimmte Eingriffe an Wirbelsäule und Rückenmark bei Krankheiten und Störungen des Nervensystems außer bei bösartiger Neubildung oder Revision eines Ventrikelshuntes oder operative Eingriffe bei nicht akuter Para- / Tetraplegie
B18C	Andere Eingriffe an Wirbelsäule und Rückenmark bei Krankheiten und Störungen des Nervensystems außer bei bösartiger Neubildung
B18D	Mäßig komplexe Eingriffe an Wirbelsäule und Rückenmark bei Krankheiten und Störungen des Nervensystems außer bei bösartiger Neubildung

DRG 2023	DRG-Bezeichnung
B19A	Implantation, Revision und Entfernung von Neurostimulatoren und Neurostimulationselektroden bei Krankheiten und Störungen des Nervensystems mit Implantation oder Wechsel eines Neurostimulators
B19B	Implantation, Revision und Entfernung von Neurostimulatoren und Neurostimulationselektroden bei Krankheiten und Störungen des Nervensystems mit Implantation oder Wechsel eines permanenten oder temporären Elektrodensystems
B19C	Implantation, Revision und Entfernung von Neurostimulatoren und Neurostimulationselektroden bei Krankheiten und Störungen des Nervensystems ohne Implantation oder Wechsel von Neurostimulatoren und Elektrodensystemen
B20A	Kraniotomie oder große Wirbelsäulen-Operation mit bestimmter komplexer Prozedur, Alter < 18 Jahre oder mit komplizierenden Faktoren, Alter < 16 Jahre
B20B	Kraniotomie oder große WS-Operation mit komplexer Prozedur, mit komplizierenden Faktoren, Alter > 15 Jahre oder Alter < 1 Jahr mit interventionellem oder großem intrakraniellen oder best. Eingriff oder mit kompl. Diagnose od. bei bösartiger Neubildung
B20C	Kraniotomie oder große WS-Operation, Alter < 3 Jahre oder interventioneller Eingriff oder Alter < 18 Jahre mit großem intrakraniellen Eingriff oder mit kompl. Diagnose oder best. Eingriff, Alter < 16 J. od. bei bösartiger Neubildung, Alter > 0 Jahre
B20D	Kraniotomie oder große WS-OP mit komplexer Prozedur oder ohne komplexe Prozedur, Alter > 2 Jahre, mit komplexer Diagnose oder bestimmtem Eingriff oder mit bestimmter Prozedur oder bei bösartiger Neubildung oder Alter < 16 Jahre
B20E	Kraniotomie oder große Wirbelsäulen-Operation ohne komplexe Prozedur, Alter > 2 Jahre, ohne komplexe Diagnose, ohne bestimmten Eingriff, ohne bestimmte Prozedur, außer bei bösartiger Neubildung, Alter > 15 Jahre
B21A	Implantation eines Neurostimulators zur Hirnstimulation, Mehrelektrodensystem, mit Sondenimplantation
B21B	Implantation eines Neurostimulators zur Hirnstimulation, Mehrelektrodensystem, ohne Sondenimplantation
B61A	Bestimmte akute Erkrankungen und Verletzungen des Rückenmarks mit komplexem Eingriff, weniger als 14 Belegungstage, wegverlegt
I15A	Operationen am Hirn- und Gesichtsschädel, mit bestimmtem intrakraniellen Eingriff oder komplexem Eingriff an der Mandibula, Alter < 16 Jahre
I15B	Operationen am Hirn- und Gesichtsschädel, ohne bestimmten intrakraniellen Eingriff, ohne bestimmten Eingriff an der Mandibula oder Alter > 15 Jahre

DRG 2023	DRG-Bezeichnung
I19A	Implantation und Wechsel von Neurostimulatoren und Neurostimulationselektroden bei Krankheiten und Störungen an Muskel-Skelett-System und Bindegewebe ohne Implantation oder Wechsel eines permanenten Elektrodensystems
I19B	Implantation und Wechsel von Neurostimulatoren und Neurostimulationselektroden bei Krankheiten und Störungen an Muskel-Skelett-System und Bindegewebe mit Implantation oder Wechsel eines permanenten Elektrodensystems
K03A	Eingriffe an der Nebenniere bei bösartiger Neubildung oder Eingriff an der Hypophyse, Alter < 18 Jahre oder bestimmte zweizeitige Eingriffe an der Hypophyse
K03B	Eingriffe an der Nebenniere bei bösartiger Neubildung oder Eingriff an der Hypophyse, Alter > 17 Jahre, ohne bestimmte zweizeitige Eingriffe an der Hypophyse
K33Z	Mehrzeitige komplexe OR-Prozeduren bei endokrinen, Ernährungs- und Stoffwechselkrankheiten
X33Z	Mehrzeitige komplexe OR-Prozeduren bei Verletzungen, Vergiftungen und toxischen Wirkungen von Drogen und Medikamenten

Neurologie

DRG 2023	DRG-Bezeichnung
A07F	Beatmung > 999 Stunden ohne komplexe OR-Prozedur, ohne Polytrauma, Alter > 17 Jahre, ohne komplexe Diagnose, ohne komplizierende Konstellation, ohne intensivmedizinische Komplexbehandlung > 392 / 184 / 368 Aufwandspunkte, ohne Beatmung > 1799 Stunden
A43Z	Frührehabilitation bei Wachkoma und Locked-in-Syndrom
B02E	Komplexe Kraniotomie oder Wirbelsäulen-Operation, ohne bestimmten komplexen Eingriff, Alter > 5 Jahre, ohne bestimmte komplizierende Faktoren
B04A	Interventionelle oder beidseitige Eingriffe an den extrakraniellen Gefäßen mit äußerst schweren CC
B04B	Beidseitige Eingriffe an den extrakraniellen Gefäßen ohne äußerst schwere CC oder mehrzeitige Eingriffe an den extrakraniellen Gefäßen oder äußerst schwere CC
B11Z	Frührehabilitation mit bestimmter OR-Prozedur
B13Z	Epilepsiechirurgie mit invasivem präoperativen Video-EEG
B17A	Eingriffe an peripheren Nerven, Hirnnerven und anderen Teilen des Nervensystems oder Eingriff bei zerebraler Lähmung, Muskeldystrophie oder Neuropathie, mit komplexer Diagnose oder Implantation eines Ereignis-Rekorders
B17B	Eingriffe an peripheren Nerven, Hirnnerven und and. Teilen des Nervensystems oder Eingr. bei zerebr. Lähmung, Muskeldystr. od. Neurop., mit best. kompl. Eingr., Alter < 16 J. oder mit mäßig kompl. Eingr., Alter < 19 J. oder mit äuß. schw. oder schw. CC
B21A	Implantation eines Neurostimulators zur Hirnstimulation, Mehrelektrodensystem, mit Sondenimplantation

DRG 2023	DRG-Bezeichnung
B39A	Neurologische Komplexbehandlung des akuten Schlaganfalls mit bestimmter OR-Prozedur, mehr als 72 Stunden mit komplexem Eingriff oder mit komplizierender Konstellation oder intensivmedizinischer Komplexbehandlung > 392 / 368 / - Aufwandspunkte
B39B	Neurologische Komplexbehandlung des akuten Schlaganfalls mit bestimmter OR-Prozedur, bis 72 Stunden mit komplexem Eingriff oder mehr als 72 Stunden, ohne kompl. Eingriff, ohne kompliz. Konst., ohne intensivmed. Komplexbehandlung > 392 / 368 / - Punkte
B39C	Neurologische Komplexbehandlung des akuten Schlaganfalls mit best. OR-Prozedur, bis 72 Std., ohne kompl. Eing., ohne kompliz. Konst., ohne intensivmed. Komplexbeh. > 392 / 368 / - P. oder and. neurolog. Komplexbeh. des akuten Schlaganf., mehr als 72 Std.
B42A	Frührehabilitation bei Krankheiten und Störungen des Nervensystems bis 27 Tage mit neurologischer Komplexbehandlung des akuten Schlaganfalls oder fachübergreifende u. andere Frührehabilitation mit neurologischer Komplexbehandlung des akuten Schlaganfalls
B42B	Frührehabilitation bei Krankheiten und Störungen des Nervensystems bis 27 Tage ohne neurologische Komplexbehandlung des akuten Schlaganfalls
B43Z	Frührehabilitation bei Krankheiten und Störungen des Nervensystems, mehr als 27 Tage
B45Z	Intensivmedizinische Komplexbehandlung > 392 / 368 / 828 Aufwandspunkte bei Krankheiten und Störungen des Nervensystems
B48Z	Frührehabilitation bei Multipler Sklerose und zerebellarer Ataxie, nicht akuter Para- / Tetraplegie oder anderen neurologischen Erkrankungen
B49Z	Multimodale Komplexbehandlung bei Morbus Parkinson
B60A	Nicht akute Paraplegie / Tetraplegie, mehr als ein Belegungstag
B60B	Nicht akute Paraplegie / Tetraplegie, ein Belegungstag
B63Z	Demenz und andere chronische Störungen der Hirnfunktion
B66B	Neubildungen des Nervensystems mit äußerst schweren CC, mehr als ein Belegungstag, Alter > 9 Jahre, ohne komplizierende Konstellation
B66D	Neubildungen des Nervensystems, ein Belegungstag oder ohne äußerst schwere CC, Alter > 15 Jahre
B67A	Morbus Parkinson mit äußerst schweren CC oder schwerster Beeinträchtigung
B67B	Morbus Parkinson ohne äußerst schwere CC, ohne schwerste Beeinträchtigung
B68A	Multiple Sklerose und zerebellare Ataxie mit äußerst schweren CC, mehr als ein Belegungstag
B68C	Multiple Sklerose und zerebellare Ataxie, ein Belegungstag oder ohne äußerst schwere CC, Alter > 15 Jahre, mit komplexer Diagnose
B68D	Multiple Sklerose und zerebellare Ataxie, ein Belegungstag oder ohne äußerst schwere CC, Alter > 15 Jahre, ohne komplexe Diagnose

DRG 2023	DRG-Bezeichnung
B69A	Transitorische ischämische Attacke (TIA) und extrakranielle Gefäßverschlüsse mit neurologischer Komplexbehandlung des akuten Schlaganfalls und äußerst schweren CC
B69B	Transitorische ischämische Attacke (TIA) und extrakranielle Gefäßverschlüsse mit neurologischer Komplexbehandlung des akuten Schlaganfalls > 72 Stunden
B69C	Transitorische ischämische Attacke (TIA) und extrakranielle Gefäßverschlüsse mit neurologischer Komplexbehandlung des akuten Schlaganfalls ohne äußerst schwere CC oder mit anderer neurologischer Komplexbehandlung oder mit äußerst schweren CC
B69D	Transitorische ischämische Attacke (TIA) und extrakranielle Gefäßverschlüsse ohne neurologische Komplexbehandlung des akuten Schlaganfalls, ohne andere neurologische Komplexbehandlung des akuten Schlaganfalls, ohne äußerst schwere CC
B70A	Apoplexie mit neurologischer Komplexbehandlung des akuten Schlaganfalls, mehr als 72 Stunden, mit komplizierender Diagnose oder bestimmter neurologischer Komplexbehandlung > 96 Stunden
B70B	Apoplexie mit neurologischer Komplexbehandlung des akuten Schlaganfalls, mehr als 72 Stunden oder mit komplexem zerebrovaskulären Vasospasmus oder intensivmedizinischer Komplexbehandlung > 196 / 184 / - Aufwandspunkte
B70C	Apoplexie ohne komplexen zerebrovask. Vasospasmus, mit neurol. Komplexbeh. des akuten Schlaganfalls bis 72 Std., mit komplizierender Diagnose oder systemischer Thrombolyse oder mit anderer neurol. Komplexbeh. des akuten Schlaganfalls, mehr als 72 Std.
B70D	Apoplexie ohne komplexen zerebrovaskulären Vasospasmus, ohne komplizierende Diagnose oder systemische Thrombolyse, mit neurol. Komplexbeh. des akuten Schlaganfalls bis 72 Std. oder mit bestimmter neurol. Komplexbeh. des akuten Schlaganfalls bis 72 Std.
B70E	Apoplexie ohne neurologische Komplexbehandlung des akuten Schlaganfalls, ohne andere neurol. Komplexbeh. des akuten Schlaganfalls, mehr als 72 Stunden, ohne komplexen zerebrovask. Vasospasmus, mit komplizierender Diagnose oder systemischer Thrombolyse
B70F	Apoplexie ohne neurologische Komplexbehandlung des akuten Schlaganfalls, ohne andere neurologische Komplexbehandlung des akuten Schlaganfalls, ohne komplexen zerebrovaskulären Vasospasmus, ohne komplizierende Diagnose, ohne systemische Thrombolyse
B70G	Apoplexie mit neurologischer Komplexbehandlung des akuten Schlaganfalls oder mit anderer neurologischer Komplexbehandlung des akuten Schlaganfalls, verstorben < 4 Tage nach Aufnahme
B70H	Apoplexie ohne neurologische Komplexbehandlung des akuten Schlaganfalls, ohne andere neurologische Komplexbehandlung des akuten Schlaganfalls, verstorben < 4 Tage nach Aufnahme
B70I	Apoplexie, ein Belegungstag
B71A	Erkrankungen an Hirnnerven und peripheren Nerven mit komplexer Diagnose oder Komplexbehandlung der Hand, mehr als ein Belegungstag, mit äußerst schweren CC oder bei Para- / Tetraplegie mit äußerst schweren oder schweren CC

DRG 2023	DRG-Bezeichnung
B71B	Erkrankungen an Hirnnerven und peripheren Nerven mit komplexer Diagnose, mit schweren CC oder bei Para- / Tetraplegie oder mit Komplexbehandlung der Hand oder ohne komplexe Diagnose, mit äußerst schweren oder schweren CC, bei Para- / Tetraplegie
B71C	Erkrankungen an Hirnnerven und peripheren Nerven ohne Komplexbehandlung der Hand oder mit kompl. Diagnose, ohne schw. CC oder außer bei Para- / Tetraplegie oder ohne komplexe Diagnose, mit äußerst schweren oder schweren CC, außer bei Para- / Tetraplegie
B71D	Erkrankungen an Hirnnerven und peripheren Nerven ohne komplexe Diagnose, ohne Komplexbehandlung der Hand, ohne äußerst schwere oder schwere CC
B72B	Infektion des Nervensystems, mehr als ein Belegungstag, ohne bestimmte Enzephalitis, ohne Intensivmedizinische Komplexbehandlung > 0 / 0 / 184 Aufwandspunkte
B73Z	Virusmeningitis oder Infektion des Nervensystems, Alter > 15 Jahre oder ein Belegungstag
B74Z	Komplexbehandlung bei multiresistenten Erregern bei Krankheiten und Störungen des Nervensystems
B76A	Anfälle, mehr als ein Belegungstag, mit komplexer Diagnostik und Therapie
B76B	Anfälle, ohne komplexe Diagnostik und Therapie, mehr als ein Belegungstag mit äußerst schweren CC oder Alter < 3 Jahre oder komplexer Diagnose oder EEG, Alter < 1 Jahr, mehr als ein Belegungstag oder mit bestimmter Diagnose, mit komplexer Diagnose
B76C	Anfälle, ohne komplexe Diagnostik und Therapie, mehr als ein Belegungstag, mit schweren CC, Alter > 2 Jahre, ohne komplexe Diagnose oder EEG, Alter < 1 Jahr, mehr als ein Belegungstag oder mit bestimmter Diagnose, ohne komplexe Diagnose
B76D	Anfälle, Alter < 6 Jahre oder komplizierende Diagnose oder EEG, mehr als ein Belegungstag
B76E	Anfälle, ein Belegungstag oder ohne komplexe Diagnostik und Therapie, ohne äußerst schwere oder schwere CC, ohne EEG, ohne bestimmte Diagnose, Alter > 5 Jahre, ohne komplexe Diagnose
B77Z	Kopfschmerzen
B81A	Andere Erkrankungen des Nervensystems mit komplexer Diagnose oder bestimmter aufwendiger / hochaufwendiger Behandlung
B81B	Andere Erkrankungen des Nervensystems ohne komplexe Diagnose, ohne bestimmte aufwendige / hochaufwendige Behandlung
B84Z	Vaskuläre Myelopathien
B85A	Degenerative Krankheiten des Nervensystems mit hochkomplexer Diagnose oder mit äußerst schweren oder schweren CC, mehr als ein Belegungstag, mit komplexer Diagnose oder bestimmter aufwendiger / hochaufwendiger Behandlung
B85B	Degenerative Krankheiten des Nervensystems mit äußerst schweren oder schweren CC, mehr als ein Belegungstag oder mit komplexer Diagnose, zerebrale Lähmungen oder Delirium, Alter < 2 Jahre

DRG 2023	DRG-Bezeichnung
B85C	Degenerative Krankheiten des Nervensystems ohne hochkomplexe Diagnose, ohne äußerst schwere oder schwere CC oder ein Belegungstag, mit komplexer Diagnose, zerebrale Lähmungen oder Delirium, Alter > 1 Jahr
B85D	Degenerative Krankheiten des Nervensystems ohne hochkomplexe Diagnose, ohne äußerst schwere oder schwere CC oder ein Belegungstag, ohne komplexe Diagnose
B86Z	Rückenmarkkompression, nicht näher bezeichnet und Krankheit des Rückenmarkes, nicht näher bezeichnet
C61Z	Neuro-ophthalmologische und vaskuläre Erkrankungen des Auges
D61Z	Gleichgewichtsstörung, Hörverlust und Tinnitus
K43Z	Frührehabilitation bei endokrinen, Ernährungs- und Stoffwechselkrankheiten
T64B	Andere infektiöse und parasitäre Krankheiten mit komplexer Diagnose, Alter > 15 Jahre, mehr als ein Belegungstag, ohne intensivmedizinische Komplexbehandlung > 196 / 184 / - Aufwandspunkte
U61Z	Schizophrene, wahnhafte und akut psychotische Störungen
U64Z	Angststörungen oder andere affektive und somatoforme Störungen
W01A	Polytrauma mit Beatmung > 72 Stunden oder komplexen Eingriffen oder intensivmedizinische Komplexbehandlung > 392 / 368 / 552 Aufwandspunkte, mit Frührehabilitation
W40Z	Frührehabilitation bei Polytrauma

Neurologische Frührehabilitation

DRG 2023	DRG-Bezeichnung
A43Z	Frührehabilitation bei Wachkoma und Locked-in-Syndrom
B11Z	Frührehabilitation mit bestimmter OR-Prozedur
B42A	Frührehabilitation bei Krankheiten und Störungen des Nervensystems bis 27 Tage mit neurologischer Komplexbehandlung des akuten Schlaganfalls oder fachübergreifende u. andere Frührehabilitation mit neurologischer Komplexbehandlung des akuten Schlaganfalls
B42B	Frührehabilitation bei Krankheiten und Störungen des Nervensystems bis 27 Tage ohne neurologische Komplexbehandlung des akuten Schlaganfalls
B43Z	Frührehabilitation bei Krankheiten und Störungen des Nervensystems, mehr als 27 Tage
W01A	Polytrauma mit Beatmung > 72 Stunden oder komplexen Eingriffen oder intensivmedizinische Komplexbehandlung > 392 / 368 / 552 Aufwandspunkte, mit Frührehabilitation
W40Z	Frührehabilitation bei Polytrauma

Orthopädie

DRG 2023	DRG-Bezeichnung
I01Z	Beidseitige Eingriffe oder mehrere große Eingriffe an Gelenken der unteren Extremität mit komplexer Diagnose

DRG 2023	DRG-Bezeichnung
I03A	Revision oder Ersatz des Hüftgelenkes mit kompl. Diagnose od. Arthrodese od. Alter < 16 Jahre oder beidseitige od. mehrere gr. Eingr. an Gelenken der unt. Extr. mit kompl. Eingriff, mit äuß. schw. CC oder mehrzeitigem Wechsel oder Eingr. an mehr. Lok.
I03B	Revision oder Ersatz des Hüftgelenkes mit kompl. Diagnose od. Arthrodese od. Alter < 16 Jahre oder beidseitige od. mehrere gr. Eingr. an Gelenken der unt. Extr. mit kompl. Eingriff, ohne äuß. schw. CC, ohne mehrzeit. Wechsel, ohne Eingr. an mehr. Lok.
I04Z	Implantation, Wechsel oder Entfernung einer Endoprothese am Kniegelenk mit komplizierender Diagnose oder Arthrodese oder Implantation einer Endoprothese nach vorheriger Explantation oder periprothetische Fraktur an der Schulter oder am Knie
I05B	Implantation oder Wechsel einer inversen Endoprothese am Schultergelenk oder Implantation einer Sprunggelenkendoprothese
I05C	Anderer großer Gelenkersatz ohne Implantation oder Wechsel einer inversen Endoprothese am Schultergelenk, ohne Implantation einer Sprunggelenkendoprothese
I06A	Komplexe Eingriffe an der Wirbelsäule mit hochkomplexem Korrektureingriff oder bestimmtem mehrzeitigen Eingriff oder mit Eingriff an mehreren Lokalisationen oder mit komplizierender Konstellation oder bei Para- / Tetraplegie mit äußerst schweren CC
I06B	Komplexe Eingriffe an Wirbelsäule, Kopf und Hals mit sehr komplexem Eingriff bei schwerer entzündlicher Erkrankung oder bestimmte bösartige Neubildung am Knochen oder Alter < 19 Jahre
I06C	Komplexe Eingriffe an Wirbelsäule, Kopf und Hals, Alter > 18 Jahre, ohne Para- / Tetraplegie oder ohne äußerst schwere CC, ohne bösartige Neubildung am Knochen, mit bestimmtem Eingriff ohne schwere entzündliche Erkrankung oder ohne bestimmten Eingriff
I08A	Andere Eingriffe an Hüftgelenk und Femur mit hochkomplexem Eingriff bei Beckenfraktur, mit bösartiger Neubildung, mit äußerst schweren CC oder mit weiteren komplizierenden Faktoren
I08B	Andere Eingriffe an Hüftgelenk und Femur mit sehr komplexem Eingriff bei komplexer Diagnose oder äußerst schweren CC oder Ersatz des Hüftgelenkes mit Eingriff an oberer Extremität oder Wirbelsäule mit bestimmten komplizierenden Faktoren
I08C	Andere Eingriffe an Hüftgelenk und Femur mit Einbringen von Abstandshaltern oder and. komplexen Eingriffen bei kompl. Diagnose od. äuß. schw. CC oder Ersatz des Hüftgelenkes mit Eingriff an oberer Extremität oder Wirbelsäule ohne best. kompliz. Faktoren
I08D	Andere Eingriffe an Hüftgelenk und Femur mit komplexer Diagnose oder Prozedur oder äußerst schweren CC
I08E	Andere Eingriffe an Hüftgelenk und Femur ohne komplexe Diagnose oder Prozedur, ohne äußerst schwere CC, mit bestimmten Eingriffen an Becken und Femur oder mit bestimmten komplizierenden Diagnosen
I08G	Andere Eingriffe an Hüftgelenk und Femur ohne komplexe Diagnose oder Prozedur, ohne äußerst schwere CC, mehr als ein Belegungstag, mit mäßig komplexem Eingriff

DRG 2023	DRG-Bezeichnung
I08H	Andere Eingriffe an Hüftgelenk und Femur, ein Belegungstag oder ohne mäßig komplexen Eingriff, mit bestimmtem anderen Eingriff oder Alter < 12 Jahre oder Eingriff an der unteren Extremität
I08I	Andere Eingriffe an Hüftgelenk und Femur, ein Belegungstag oder ohne mäßig komplexen Eingriff, ohne bestimmten anderen Eingriff, Alter > 11 Jahre, ohne Eingriff an der unteren Extremität
I09A	Bestimmte Eingriffe an der Wirbelsäule mit sehr komplexer Osteosynthese und äußerst schweren CC oder aufwendiger intensivmedizinischer Komplexbehandlung ab 369 Punkten
I09B	Bestimmte Eingriffe an der Wirbelsäule mit bestimmten expandierbaren Implantaten oder mehrzeitigen komplexen Eingriffen
I09C	Bestimmte Eingriffe an der Wirbelsäule mit best. kompl. Faktoren, mit Wirbelkörperersatz oder komplexer Spondylodese oder andere mehrzeitige komplexe Eingriffe an der Wirbelsäule mit aufwendiger intensmed. Komplexbehandlung ab 185 Aufwandspunkten
I09D	Bestimmte Eingriffe an der Wirbelsäule mit best. kompl. Faktoren, bei Frakturen der Halswirbelsäule oder sek. bösartiger Neub. des Knochens oder mit anderen mehrz. kompl. Eingriffen ohne aufwendige intensmed. Komplexbehandlung ab 185 Aufwandspunkten
I09E	Bestimmte Eingriffe an der Wirbelsäule und best. komplizierende Faktoren oder best. Eingriffe an der WS mit best. anderen kompl. Faktoren und Eingriffe ZNS oder transpleuraler Zugang BWS oder best. langstreckige Spondylodese/Osteosynthese oder Diszitis
I09F	Best. Eingriffe an der Wirbelsäule, best. kompliz. Faktoren od. Alter < 16 Jahre oder knöcherne Dekompression Spinalkanal / best. Osteosynthese > 3 Segm. oder Impl. eines Schrauben-Band- Systems oder Schrauben-Stab-Systems, 1 Segment bei Diszitis
I09G	Bestimmte Eingriffe an der Wirbelsäule mit bestimmten anderen kompliz. Faktoren oder mit anderen kompl. Faktoren und Frakturen Halswirbelsäule oder BNB der Wirbelsäule mit Kyphoplastie, mit Radiofrequenzablation oder komplexer Eingriff an der Wirbelsäule
I09H	Bestimmte Eingriffe an der Wirbelsäule mit bestimmten anderen kompliz. Faktoren oder mit anderen kompliz. Faktoren, ohne Frakturen HWS, ohne BNB der Wirbelsäule oder ohne Kyphoplastie od. ohne Radiofrequenzabl., ohne komplexen Eingriff an der Wirbelsäule
I09I	Bestimmte Eingriffe an der Wirbelsäule ohne komplizierende Faktoren
I10E	Andere Eingriffe an der Wirbelsäule mit mäßig komplexem Eingriff, mit bestimmtem kleinen Eingriff oder wenig komplexer Eingriff, mehr als 1 Belegungstag, Alter < 18 Jahre oder mit bestimmtem anderen kleinen Eingriff
I10F	Andere Eingriffe an der Wirbelsäule ohne mäßig komplexen Eingriff an der Wirbelsäule mit bestimmtem kleinen Eingriff oder wenig komplexer Eingriff, mehr als ein Belegungstag oder ohne bestimmten anderen kleinen Eingriff, Alter > 17 Jahre
I10G	Andere Eingriffe an der Wirbelsäule ohne mäßig komplexen Eingriff an der Wirbelsäule, ohne bestimmten kleinen Eingriff, ohne wenig komplexen Eingriff oder ein Belegungstag, mit anderem kleinen Eingriff

DRG 2023	DRG-Bezeichnung
I10H	Andere Eingriffe an der Wirbelsäule ohne mäßig komplexen Eingriff, ohne bestimmten kleinen Eingriff, ohne anderen kleinen Eingriff
I11Z	Eingriffe zur Verlängerung einer Extremität
I12A	Knochen- und Gelenkinfektion / -entzündung mit verschiedenen Eingriffen am Muskel-Skelett- System und Bindegewebe mit äußerst schweren CC
I12B	Knochen- und Gelenkinfektion / -entzündung mit verschiedenen Eingriffen am Muskel-Skelett- System und Bindegewebe mit schweren CC, mit Revision des Kniegelenkes, mit Einbringen oder Wechsel von Abstandshaltern oder Osteomyelitis, Alter < 16 Jahre
I12C	Knochen- und Gelenkinfektion / -entzündung mit verschiedenen Eingriffen am Muskel-Skelett- System und Bindegewebe mit schweren CC, ohne Revision des Kniegelenkes, ohne Einbringen oder Wechsel von Abstandshaltern, ohne Osteomyelitis, Alter > 15 Jahre
I16A	Andere Eingriffe an der Schulter und bestimmte Eingriffe an der oberen Extremität mit bestimmtem Eingriff an Schulter, Oberarm und Ellenbogen
I16B	Andere Eingriffe an der Schulter und bestimmte Eingriffe an der oberen Extremität ohne bestimmten Eingriff an Schulter, Oberarm und Ellenbogen, mit bestimmtem anderem Eingriff an Klavikula, Schulter und Ellenbogen
I16C	Andere Eingriffe an der Schulter und bestimmte Eingriffe an der oberen Extremität ohne bestimmten Eingriff an Schulter, Oberarm und Ellenbogen, ohne bestimmten anderen Eingriff an Klavikula, Schulter und Oberarm
I18A	Wenig komplexe Eingriffe an Kniegelenk, Ellenbogengelenk und Unterarm, Alter < 16 Jahre oder mit mäßig komplexem Eingriff oder mit beidseitigem Eingriff am Kniegelenk
I18B	Wenig komplexe Eingriffe an Kniegelenk, Ellenbogengelenk und Unterarm, Alter > 15 Jahre, ohne mäßig komplexen Eingriff, ohne beidseitigen Eingriff am Kniegelenk
I20A	Eingriffe am Fuß mit mehreren hochkomplexen Eingriffen oder Teilwechsel Endoprothese des unteren Sprunggelenks, mit hochkomplexem Eingriff und komplexer Diagnose oder bestimmter Arthrodese
I20B	Eingriffe am Fuß mit mehreren komplexen Eingriffen oder hochkomplexem Eingriff oder Teilwechsel Endoprothese d. unteren Sprunggelenks oder bei Zerebralparese oder mit komplexem Eingriff und komplexer Diagnose oder mit Eingriff an Sehnen des Rückfußes
I20C	Eingriffe am Fuß ohne mehrere komplexe Eingriffe, ohne hochkomplexen Eingriff, mit bestimmten komplizierenden Faktoren
I20D	Eingriffe am Fuß ohne bestimmte komplizierende Faktoren, mit Knochentransplantation oder schwerem Weichteilschaden oder bestimmtem Eingriff am Fuß oder Implantation einer Vorfuß- oder Zehenendoprothese oder Kalkaneusfraktur
I20E	Andere Eingriffe am Fuß oder chronische Polyarthritis oder Diabetes Mellitus mit Komplikationen oder Alter < 16 Jahre
I20F	Eingriffe am Fuß ohne komplexe Eingriffe oder komplizierende Faktoren, Alter > 15 Jahre

DRG 2023	DRG-Bezeichnung
I23B	Andere kleine Eingriffe an Knochen und Weichteilen mit bestimmten kleinen Eigriffen an Knochen und Weichteilen, Alter > 17 Jahre oder ohne äußerst schwere oder schwere CC
I24A	Arthroskopie oder andere Eingriffe an den Extremitäten oder Eingriffe am Weichteilgewebe mit komplexem Eingriff oder Alter < 16 Jahre
I24B	Arthroskopie oder andere Eingriffe an den Extremitäten oder Eingriffe am Weichteilgewebe ohne komplexen Eingriff, Alter > 15 Jahre
I27B	Eingriffe am Weichteilgewebe oder kleinflächige Gewebe-Tx mit äußerst schweren CC oder bei BNB mit schweren CC oder mit kompliz. Faktoren, mit schweren CC oder bei BNB oder mit best. Eingr. am Weichteilgewebe, > 1 Belegungstag oder best. Eingriff
I27C	Eingriffe am Weichteilgewebe oder kleinflächige Gewebetransplantationen mit schweren CC oder bei BNB oder mit bestimmtem Eingriff am Weichteilgewebe, mehr als ein Belegungstag oder bestimmter Eingriff ohne komplizierende Faktoren
I27D	Bestimmte andere Eingriffe am Weichteilgewebe oder ein Belegungstag
I27E	Bestimmte kleine Eingriffe am Weichteilgewebe oder ein Belegungstag
I29A	Komplexe Eingriffe am Schultergelenk oder bestimmte Osteosynthesen an der Klavikula, bei komplizierender Diagnose oder Eingriff an mehreren Lokalisationen
I29B	Komplexe Eingriffe am Schultergelenk oder best. Osteosynthesen an der Klavikula ohne kompliz. Diagnose, ohne Eingriff an mehreren Lokalisationen oder sonst. arthroskopische Rekonstruktion der Rotatorenmanschette mit bestimmten Eingriffen an der Schulter
I29C	Sonstige arthroskopische Rekonstruktion der Rotatorenmanschette ohne bestimmte Eingriffe an der Schulter
I30A	Arthroskopischer Eingriff am Hüftgelenk, Alter < 16 Jahre oder komplexe Eingriffe am Kniegelenk mit sehr komplexem Eingriff oder bestimmte komplexe Eingriffe am Kniegelenk, Alter < 18 Jahre, mit äußerst schweren oder schweren CC
I30B	Arthroskopischer Eingriff am Hüftgelenk, Alter > 15 Jahre oder bestimmte komplexe Eingriffe am Kniegelenk, Alter > 17 Jahre oder ohne äußerst schwere oder schwere CC
I30C	Komplexe Eingriffe am Kniegelenk ohne bestimmte komplexe Eingriffe am Kniegelenk, Alter > 17 Jahre oder ohne äußerst schwere oder schwere CC oder bestimmte arthroskopische Eingriffe am Hüftgelenk, Alter > 15 Jahre
I32C	Eingr. an Handgel. und Hand oh. mehrz. Eingr., oh. Komplexb. Hand, mit kompl. Eingr. od. bei angeb. Anomalie d. Hand od. Pseudarthr., Alter > 5 J. od. mit hochkompl. Eingr. bei angeb. Fehlb. d. Hand, Alter < 16 J. oder mit best. Eingr. od. kompl. Diagn.
I33Z	Rekonstruktion von Extremitätenfehlbildungen
I36Z	Beidseitige oder kombinierte Implantation oder Wechsel einer Endoprothese an Hüft-, Kniegelenk und/oder an der oberen Extremität
I37Z	Resezierender Eingriff am Becken bei bösartiger Neubildung des Beckens oder Mehretageneingriffe an der unteren Extremität

DRG 2023	DRG-Bezeichnung
I42A	Multimodale Schmerztherapie bei Krankheiten und Störungen an Muskel-Skelett-System und Bindegewebe, mindestens 14 Tage
I42B	Multimodale Schmerztherapie bei Krankheiten und Störungen an Muskel-Skelett-System und Bindegewebe, weniger als 14 Tage
I43A	Implantation oder Wechsel bestimmter Endoprothesen am Knie- oder am Ellenbogengelenk oder Prothesenwechsel am Schulter- oder am Sprunggelenk oder Entfernung bestimmter Endoprothesen am Kniegelenk, mit äußerst schweren CC
I43B	Implantation oder Wechsel bestimmter Endoprothesen am Knie- oder am Ellenbogengelenk oder Prothesenwechsel am Schulter- oder am Sprunggelenk oder Entfernung bestimmter Endoprothesen am Kniegelenk, ohne äußerst schwere CC
I44A	Bestimmte Endoprotheseneingriffe am Kniegelenk mit äußerst schweren CC oder Implantation bestimmter schaftverankerten Prothese am Knie oder Korrektur einer Brustkorbdeformität
I44B	Bestimmte Endoprotheseneingriffe am Kniegelenk ohne äußerst schwere CC, mit bestimmtem Wechsel von Endoprothesen oder Implantation einer patientenindividuell angefertigten Endoprothese am Kniegelenk oder Einbringen oder Wechsel von Abstandshaltern
I44C	Bestimmte Endoprotheseneingriffe am Kniegelenk ohne äußerst schwere CC, ohne bestimmten Wechsel von Endoprothesen oder Prothesenkomponenten, ohne Impl. e. patientenindiv. angefertigten Endoprothese am Knie, ohne Einbringen od. Wechsel von Abstandshaltern
I44D	Bestimmte Endoprotheseneingriffe am Kniegelenk oder Einbringen einer Entlastungsfeder am Kniegelenk
I44E	Andere Endoprotheseneingriffe am Kniegelenk
I45A	Implantation und Ersatz einer Bandscheibenendoprothese, mehr als ein Segment
I45B	Implantation und Ersatz einer Bandscheibenendoprothese, weniger als 2 Segmente
I46A	Prothesenwechsel am Hüftgelenk mit äußerst schweren CC oder Eingriff an mehreren Lokalisationen
I46B	Prothesenwechsel am Hüftgelenk ohne äußerst schwere CC, ohne Eingriff an mehreren Lokalisationen, mit periprothetischer Fraktur
I46C	Prothesenwechsel am Hüftgelenk ohne äußerst schwere CC, ohne Eingriff an mehreren Lokalisationen, ohne periprothetische Fraktur
I47A	Revision oder Ersatz des Hüftgelenkes ohne komplizierende Diagnose, ohne Arthrodese, ohne äußerst schwere CC, Alter > 15 Jahre, mit komplizierendem Eingriff
I47B	Revision oder Ersatz des Hüftgelenkes ohne best. kompliz. Faktoren, mit kompl. Diagnose an Becken/Oberschenkel, mit best. endoproth. oder gelenkplast. Eingr. od. m. Impl. od. Wechsel Radiuskopfproth. od. m. kompl. Erstimpl. od. m. Entf. Osteosynthesemat.
I47C	Revision oder Ersatz des Hüftgelenkes ohne best. kompliz. Faktoren, ohne komplexe Diagnose an Becken/OS, ohne best. endoproth. Eingriff, ohne gelenkpl. Eingriff am Hüftgelenk, ohne Impl. oder Wechsel einer Radiuskopfprothese, ohne Entf. Osteosynthesemat.

DRG 2023	DRG-Bezeichnung
I50C	Gewebe- / Haut-Transplantation außer an der Hand, ohne bestimmte komplizierende Faktoren, ohne bestimmten Eingriff, ohne bestimmte Vakuumbehandlung, Alter > 15 Jahre
I68D	Nicht operativ behandelte Erkrankungen und Verletzungen WS, > 1 Belegungstag oder andere Femurfraktur, außer bei Diszitis oder infektiöser Spondylopathie, ohne Kreuzbeinfraktur, ohne best. mäßig aufw., aufw. od. hochaufw. Beh., mit Wirbelsäulenfraktur
I68E	Nicht operativ behandelte Erkrankungen und Verletzungen WS, > 1 Belegungstag oder andere Femurfraktur, außer bei Diszitis oder infektiöser Spondylopathie, ohne Kreuzbeinfraktur, ohne best. mäßig aufw., aufw. od. hochaufw. Beh., oh. Wirbelsäulenfraktur
I68F	Nicht operativ behandelte Erkrankungen und Verletzungen im Wirbelsäulenbereich, ein Belegungstag oder Prellung am Oberschenkel
I71A	Muskel- und Sehnenerkrankungen außer bei Para- / Tetraplegie oder Verstauchung, Zerrung, Luxation an Hüftgelenk, Becken und Oberschenkel, mit Zerebralparese oder Kontraktur
I73Z	Nachbehandlung bei Erkrankungen des Bindegewebes
I95A	Implantation einer Tumorendoprothese mit Implantation oder Wechsel einer bestimmten Endoprothese oder Knochentotalersatz am Femur oder Alter < 18 Jahre
I95B	Implantation einer Tumorendoprothese ohne Implantation oder Wechsel einer bestimmten Endoprothese, ohne Knochentotalersatz am Femur, Alter > 17 Jahre
I96Z	Frührehabilitation mit bestimmter OR-Prozedur bei Krankheiten und Störungen an Muskel-Skelett- System und Bindegewebe, mehr als 20 Tage
X04Z	Andere Eingriffe bei Verletzungen der unteren Extremität

Rheumatologie

DRG 2023	DRG-Bezeichnung
I66B	Andere Erkrankungen des Bindegewebes, mit äußerst schweren CC oder intensivmedizinischer Komplexbehandlung > 196 / 184 / - Aufwandspunkte oder anderen komplizierenden Konstellationen
I66D	Kinder-/jugendrheum. Komplexbeh. 7 bis 13 Behandlungstage, Alter > 0 Jahre od. Amyloidose, adulte Form des Morbus Still, best. Vaskulitiden od. syst. rheum. Erkrankungen, Alter < 16 Jahre od. m. multisystem. Entzündungssyndrom bei COVID-19, mehr als 1 BT
I66E	Amyloidose, bestimmte Vaskulitiden oder adulte Form des Morbus Still, Alter > 15 Jahre
I66G	Andere Erkrankungen des Bindegewebes, mehr als ein Belegungstag, ohne bestimmte Erkrankungen, ohne äußerst schwere CC, ohne intensivmed. Komplexbeh. > 196 / 184 / - Aufwandsp. oder multisystemisches Entzündungssyndrom bei COVID-19, ein Belegungstag
I66H	Andere Erkrankungen des Bindegewebes oder Frakturen an Becken und Schenkelhals, ein Belegungstag

DRG 2023	DRG-Bezeichnung
I69A	Knochenkrankheiten und spezifische Arthropathie mit bestimmter Arthropathie oder Muskel- / Sehnenerkrankung bei Para- /Tetraplegie
I69B	Knochenkrankheiten und spezifische Arthropathie ohne bestimmte Arthropathie, ohne Muskel- / Sehnenerkrankung bei Para- /Tetraplegie
I71B	Muskel- und Sehnenerkrankungen außer bei Para- / Tetraplegie oder Verstauchung, Zerrung, Luxation an Hüftgelenk, Becken und Oberschenkel, ohne Zerebralparese, ohne Kontraktur
I74A	Verletzungen an Unterarm, Handgelenk, Hand oder Fuß oder leichte bis moderate Verletzungen von Schulter, Arm, Ellenbogen, Knie, Bein und Sprunggelenk mit äußerst schweren oder schweren CC oder unspezifische Arthropathien
I79Z	Fibromyalgie
I97Z	Rheumatologische Komplexbehandlung bei Krankheiten und Störungen an Muskel-Skelett-System und Bindegewebe

Spezielle Pädiatrie: Dermatologie

DRG 2023	DRG-Bezeichnung
J61A	Schwere Erkrankungen der Haut, mehr als ein BT, Alter > 17 Jahre oder mit kompl. Diagn., mit äuß. schw. CC od. Hautulkus bei Para-/Tetraplegie od. hochkompl. Diagn. od. Epid. bullosa, Alter < 10 Jahre oder mit schwerer Erkr. der Haut, mit aufw. Behandl.
J61B	Schwere Erkrankungen der Haut, mehr als ein Belegungstag, Alter > 17 Jahre, ohne äußerst schwere CC, ohne hochkomplexe Diagnose, mit schwerer Erkrankung der Haut, ohne aufwendige Behandlung
J61C	Schwere Erkrankungen der Haut, mehr als ein Belegungstag, Alter < 18 Jahre, ohne hochkomplexe Diagnose oder mäßig schwere Hauterkrankungen, mehr als ein Belegungstag

Spezielle Pädiatrie: Diabetologie

DRG 2023	DRG-Bezeichnung
K60A	Diabetes mellitus und schwere Ernährungsstörungen, Alter < 6 Jahre, mit multimodaler Komplexbehandlung bei Diabetes mellitus oder intensivmedizinischer Komplexbehandlung > 196 / 184 / - Aufwandspunkte
K60B	Diabetes mellitus und schwere Ernährungsstörungen, Alter > 5 Jahre und Alter < 18 Jahre und multimodale Komplexbehandlung bei Diabetes mellitus, ohne intensivmedizinische Komplexbehandlung > 196 / 184 / - Aufwandspunkte
K60C	Diabetes mellitus und schwere Ernährungsstörungen, Alter > 17 Jahre oder ohne multimodale Komplexbehandlung bei Diabetes mellitus oder schwerste Ernährungsstörungen oder äußerst schwere CC, mehr als ein Belegungstag
K60D	Diabetes mellitus ohne äußerst schwere CC, Alter < 11 Jahre oder Alter < 16 Jahre mit schweren CC oder multiplen Komplikationen oder Ketoazidose oder Koma, ohne multimodale Komplexbehandlung bei Diabetes mellitus
K60E	Diabetes mellitus mit schweren CC oder mit komplexer Diagnose, Alter > 15 Jahre, mehr als ein Belegungstag

DRG 2023	DRG-Bezeichnung
K60F	Diabetes mellitus, Alter > 10 Jahre, ein Belegungstag oder ohne äußerst schwere oder schwere CC oder ohne komplexe Diagnose

Spezielle Pädiatrie: Neuro- und Sozialpädiatrie

DRG 2023	DRG-Bezeichnung
B46Z	Sozial- und neuropädiatrische und pädiatrisch-psychosomatische Therapie bei Krankheiten und Störungen des Nervensystems
B60A	Nicht akute Paraplegie / Tetraplegie, mehr als ein Belegungstag
B60B	Nicht akute Paraplegie / Tetraplegie, ein Belegungstag
B68A	Multiple Sklerose und zerebellare Ataxie mit äußerst schweren CC, mehr als ein Belegungstag
B68B	Multiple Sklerose und zerebellare Ataxie, ein Belegungstag oder ohne äußerst schwere CC, Alter < 16 Jahre
B68C	Multiple Sklerose und zerebellare Ataxie, ein Belegungstag oder ohne äußerst schwere CC, Alter > 15 Jahre, mit komplexer Diagnose
B68D	Multiple Sklerose und zerebellare Ataxie, ein Belegungstag oder ohne äußerst schwere CC, Alter > 15 Jahre, ohne komplexe Diagnose
B76A	Anfälle, mehr als ein Belegungstag, mit komplexer Diagnostik und Therapie
B76B	Anfälle, ohne komplexe Diagnostik und Therapie, mehr als ein Belegungstag mit äußerst schweren CC oder Alter < 3 Jahre oder komplexer Diagnose oder EEG, Alter < 1 Jahr, mehr als ein Belegungstag oder mit bestimmter Diagnose, mit komplexer Diagnose
B76C	Anfälle, ohne komplexe Diagnostik und Therapie, mehr als ein Belegungstag, mit schweren CC, Alter > 2 Jahre, ohne komplexe Diagnose oder EEG, Alter < 1 Jahr, mehr als ein Belegungstag oder mit bestimmter Diagnose, ohne komplexe Diagnose
B76D	Anfälle, Alter < 6 Jahre oder komplizierende Diagnose oder EEG, mehr als ein Belegungstag
B76E	Anfälle, ein Belegungstag oder ohne komplexe Diagnostik und Therapie, ohne äußerst schwere oder schwere CC, ohne EEG, ohne bestimmte Diagnose, Alter > 5 Jahre, ohne komplexe Diagnose
B81A	Andere Erkrankungen des Nervensystems mit komplexer Diagnose oder bestimmter aufwendiger / hochaufwendiger Behandlung
B81B	Andere Erkrankungen des Nervensystems ohne komplexe Diagnose, ohne bestimmte aufwendige / hochaufwendige Behandlung
B85A	Degenerative Krankheiten des Nervensystems mit hochkomplexer Diagnose oder mit äußerst schweren oder schweren CC, mehr als ein Belegungstag, mit komplexer Diagnose oder bestimmter aufwendiger / hochaufwendiger Behandlung
B85B	Degenerative Krankheiten des Nervensystems mit äußerst schweren oder schweren CC, mehr als ein Belegungstag oder mit komplexer Diagnose, zerebrale Lähmungen oder Delirium, Alter < 2 Jahre

DRG 2023	DRG-Bezeichnung
B85C	Degenerative Krankheiten des Nervensystems ohne hochkomplexe Diagnose, ohne äußerst schwere oder schwere CC oder ein Belegungstag, mit komplexer Diagnose, zerebrale Lähmungen oder Delirium, Alter > 1 Jahr
B85D	Degenerative Krankheiten des Nervensystems ohne hochkomplexe Diagnose, ohne äußerst schwere oder schwere CC oder ein Belegungstag, ohne komplexe Diagnose
U41Z	Sozial- und neuropädiatrische und pädiatrisch-psychosomatische Therapie bei psychischen Krankheiten und Störungen
U42A	Multimodale Schmerztherapie bei psychischen Krankheiten und Störungen, Alter < 19 Jahre
U60A	Psychiatrische Behandlung, ein Belegungstag, Alter < 16 Jahre
U64Z	Angststörungen oder andere affektive und somatoforme Störungen
U66Z	Ess-, Zwangs- und Persönlichkeitsstörungen und akute psychische Reaktionen oder psychische Störungen in der Kindheit

Spezielle Pädiatrie: Rheumatologie

DRG 2023	DRG-Bezeichnung
I66A	Andere Erkrankungen des Bindegewebes oder Frakturen an Becken und Schenkelhals, mit komplizierender Konstellation oder intensivmedizinischer Komplexbehandlung > 392 / 368 / 368 Aufwandspunkte
I66B	Andere Erkrankungen des Bindegewebes, mit äußerst schweren CC oder intensivmedizinischer Komplexbehandlung > 196 / 184 / - Aufwandspunkte oder anderen komplizierenden Konstellationen
I66C	Frakturen an Becken und Schenkelhals, mit äußerst schweren CC oder bestimmte kinder-/ jugendrheumatologische Behandlung, Alter < 1 Jahr oder multisystemisches Entzündungssyndrom bei COVID-19 mit intensivmedizinischer Komplexbehandlung im Kindesalter
I66D	Kinder-/jugendrheum. Komplexbeh. 7 bis 13 Behandlungstage, Alter > 0 Jahre od. Amyloidose, adulte Form des Morbus Still, best. Vaskulitiden od. syst. rheum. Erkrankungen, Alter < 16 Jahre od. m. multisystem. Entzündungssyndrom bei COVID-19, mehr als 1 BT
I66E	Amyloidose, bestimmte Vaskulitiden oder adulte Form des Morbus Still, Alter > 15 Jahre
I66F	Frakturen an Becken und Schenkelhals oder systemischer Lupus erythematodes ohne äußerst schwere CC
I66G	Andere Erkrankungen des Bindegewebes, mehr als ein Belegungstag, ohne bestimmte Erkrankungen, ohne äußerst schwere CC, ohne intensivmed. Komplexbeh. > 196 / 184 / - Aufwandsp. oder multisystemisches Entzündungssyndrom bei COVID-19, ein Belegungstag
I66H	Andere Erkrankungen des Bindegewebes oder Frakturen an Becken und Schenkelhals, ein Belegungstag
I97Z	Rheumatologische Komplexbehandlung bei Krankheiten und Störungen an Muskel-Skelett-System und Bindegewebe

Unfallchirurgie

DRG 2023	DRG-Bezeichnung
B80Z	Andere Kopfverletzungen
E66A	Schweres Thoraxtrauma mit komplizierender Diagnose
E66B	Schweres Thoraxtrauma ohne komplizierende Diagnose
I01Z	Beidseitige Eingriffe oder mehrere große Eingriffe an Gelenken der unteren Extremität mit komplexer Diagnose
I02A	Großflächige Gewebe- / Hauttransplantation außer an der Hand, mit komplizierender Konstellation, Eingriff an mehreren Lokalisationen oder mit schwerem Weichteilschaden, mit äußerst schweren CC und komplexer OR-Prozedur
I02B	Großfl. Gewebe- / Hauttransplantation m. kompliz. Konst., Eingr. an mehr. Lokal. od. schw. Weichteilsch., m. äuß. schw. CC od. kompl. OR-Proz. od. mit hochkompl. Gewebe-Tx od. Vakuumbeh. od. BNB u. kompl. OR-Proz. od. kompl. Gewebe-Tx m. äuß. schw. CC
I02C	Großfl. Gewebe- / Hauttransplantation außer an der Hand, mit kompliz. Konst., Eingriff an mehreren Lokalisationen oder schw. Weichteilschaden, bei BNB und kompl. OR-Proz. m. äußerst schweren oder schweren CC od. komplexer Gewebe-Tx m. äußerst schweren CC
I03A	Revision oder Ersatz des Hüftgelenkes mit kompl. Diagnose od. Arthrodese od. Alter < 16 Jahre oder beidseitige od. mehrere gr. Eingr. an Gelenken der unt. Extr. mit kompl. Eingriff, mit äuß. schw. CC oder mehrzeitigem Wechsel oder Eingr. an mehr. Lok.
I05A	Revision oder Ersatz des Hüftgelenkes ohne komplizierende Diagnose, ohne Arthrodese, ohne komplexen Eingriff, mit äußerst schweren CC
I05B	Implantation oder Wechsel einer inversen Endoprothese am Schultergelenk oder Implantation einer Sprunggelenkendoprothese
I05C	Anderer großer Gelenkersatz ohne Implantation oder Wechsel einer inversen Endoprothese am Schultergelenk, ohne Implantation einer Sprunggelenkendoprothese
I08A	Andere Eingriffe an Hüftgelenk und Femur mit hochkomplexem Eingriff bei Beckenfraktur, mit bösartiger Neubildung, mit äußerst schweren CC oder mit weiteren komplizierenden Faktoren
I08B	Andere Eingriffe an Hüftgelenk und Femur mit sehr komplexem Eingriff bei komplexer Diagnose oder äußerst schweren CC oder Ersatz des Hüftgelenkes mit Eingriff an oberer Extremität oder Wirbelsäule mit bestimmten komplizierenden Faktoren
I08C	Andere Eingriffe an Hüftgelenk und Femur mit Einbringen von Abstandshaltern oder and. komplexen Eingriffen bei kompl. Diagnose od. äuß. schw. CC oder Ersatz des Hüftgelenkes mit Eingriff an oberer Extremität oder Wirbelsäule ohne best. kompliz. Faktoren
I08D	Andere Eingriffe an Hüftgelenk und Femur mit komplexer Diagnose oder Prozedur oder äußerst schweren CC

DRG 2023	DRG-Bezeichnung
I08E	Andere Eingriffe an Hüftgelenk und Femur ohne komplexe Diagnose oder Prozedur, ohne äußerst schwere CC, mit bestimmten Eingriffen an Becken und Femur oder mit bestimmten komplizierenden Diagnosen
I08F	Andere Eingriffe an Hüftgelenk und Femur ohne komplexe Diagnose oder Prozedur, ohne äußerst schwere CC, mehr als ein Belegungstag, mit bestimmten anderen Eingriffen an Hüftgelenk und Femur
I08G	Andere Eingriffe an Hüftgelenk und Femur ohne komplexe Diagnose oder Prozedur, ohne äußerst schwere CC, mehr als ein Belegungstag, mit mäßig komplexem Eingriff
I09I	Bestimmte Eingriffe an der Wirbelsäule ohne komplizierende Faktoren
I11Z	Eingriffe zur Verlängerung einer Extremität
I12A	Knochen- und Gelenkinfektion / -entzündung mit verschiedenen Eingriffen am Muskel-Skelett- System und Bindegewebe mit äußerst schweren CC
I12B	Knochen- und Gelenkinfektion / -entzündung mit verschiedenen Eingriffen am Muskel-Skelett- System und Bindegewebe mit schweren CC, mit Revision des Kniegelenkes, mit Einbringen oder Wechsel von Abstandshaltern oder Osteomyelitis, Alter < 16 Jahre
I12C	Knochen- und Gelenkinfektion / -entzündung mit verschiedenen Eingriffen am Muskel-Skelett- System und Bindegewebe mit schweren CC, ohne Revision des Kniegelenkes, ohne Einbringen oder Wechsel von Abstandshaltern, ohne Osteomyelitis, Alter > 15 Jahre
I13A	Bestimmte Eingriffe an den Extremitäten mit komplexem Mehrfacheingriff, mit komplizierendem Eingriff an Humerus und Tibia oder aufwendiger Osteosynthese
I13B	Bestimmte Eingriffe an den Extremitäten mit best. Mehrfacheingriff oder kompliz. Diagnose oder bei Endoprothese der oberen Extremität oder mit Fixateur ext., mit best. BNB od. mit Einbringen von Abstandshalt od. Alter < 18 J. mit äuß. schw. od. schw. CC
I13C	Bestimmte Eingriffe an den Extremitäten mit best. Mehrfacheingr. od. kompliz Diag. od. bei Endopr. der oberen Extrem. od. m. Fix. ext., m. kompl. Eingr. od. schw. Weichteilsch., m. best. kompl. Osteot. od. BNB od. Alter < 18 J. m. äuß. schw. od. schw. CC
I13D	Bestimmte Eingriffe an den Extremitäten mit bestimmtem anderen Mehrfacheingriff oder komplizierender Diagnose oder bei endoprothetischem Eingriff an der oberen Extremität oder mit Fixateur externe oder bestimmte geschlossene Reposition an der Tibia
I13E	Bestimmte Eingriffe an den Extremitäten od. bei Endoproth. am Knie m. kompl. Eingr. od. schw. Weichteilsch. od. Pseudarthrose od. best. Osteotom. od. best. Eingr. Knieproth. od. Epiphyseodese od. bei BNB od. Alter > 17 J. od. ohne äuß. schw. od. schw. CC
I13F	Bestimmte Eingriffe an den Extremitäten mit bestimmtem Eingriff an Unterschenkel und Humerus oder bei bösartiger Neubildung oder kleiner Eingriff bei Knochen- und Gelenkinfektion oder Alter < 18 Jahre mit äußerst schweren oder schweren CC
I13G	Bestimmte Eingriffe an den Extremitäten ohne bestimmten Eingriff an Unterschenkel und Humerus, außer bei bösartiger Neubildung, ohne kleinen Eingriff bei Knochen- und Gelenkinfektion oder Alter > 17 Jahre oder ohne äußerst schwere oder schwere CC

DRG 2023	DRG-Bezeichnung
I16A	Andere Eingriffe an der Schulter und bestimmte Eingriffe an der oberen Extremität mit bestimmtem Eingriff an Schulter, Oberarm und Ellenbogen
I18A	Wenig komplexe Eingriffe an Kniegelenk, Ellenbogengelenk und Unterarm, Alter < 16 Jahre oder mit mäßig komplexem Eingriff oder mit beidseitigem Eingriff am Kniegelenk
I20A	Eingriffe am Fuß mit mehreren hochkomplexen Eingriffen oder Teilwechsel Endoprothese des unteren Sprunggelenks, mit hochkomplexem Eingriff und komplexer Diagnose oder bestimmter Arthrodese
I20B	Eingriffe am Fuß mit mehreren komplexen Eingriffen oder hochkomplexem Eingriff oder Teilwechsel Endoprothese d. unteren Sprunggelenks oder bei Zerebralparese oder mit komplexem Eingriff und komplexer Diagnose oder mit Eingriff an Sehnen des Rückfußes
I20E	Andere Eingriffe am Fuß oder chronische Polyarthritis oder Diabetes Mellitus mit Komplikationen oder Alter < 16 Jahre
I20F	Eingriffe am Fuß ohne komplexe Eingriffe oder komplizierende Faktoren, Alter > 15 Jahre
I21Z	Lokale Exzision und Entfernung von Osteosynthesematerial an Hüftgelenk, Femur und Wirbelsäule oder komplexe Eingriffe an Ellenbogengelenk und Unterarm oder bestimmte Eingriffe an der Klavikula
I22A	Gewebe- / Hauttransplantation, außer an der Hand, mit großfläch. Gewebetransplantation, mit komplizierender Konstellation, Eingriff an mehreren Lokalisationen, schwerem Weichteilschaden oder komplexer Gewebetransplantation mit schweren CC
I22B	Gewebe- / Hauttransplantation, außer an der Hand, mit kleinflächiger Gewebetransplantation od. mit großflächiger Gewebetransplantation ohne kompliz. Konst., oh. Eingr. an mehreren Lokal., oh. schw. Weichteilschaden, oh. kompl. Gewebetranspl. m. schw. CC
I23A	Andere kleine Eingriffe an Knochen und Weichteilen mit bestimmten kleinen Eingriffen am Knochen oder Alter < 18 Jahre mit äußerst schweren oder schweren CC
I23B	Andere kleine Eingriffe an Knochen und Weichteilen mit bestimmten kleinen Eigriffen an Knochen und Weichteilen, Alter > 17 Jahre oder ohne äußerst schwere oder schwere CC
I23C	Andere kleine Eingriffe an Knochen und Weichteilen ohne bestimmte kleine Eingriffe an Knochen und Weichteilen, Alter > 17 Jahre oder ohne äußerst schwere oder schwere CC
I26A	Intensivmedizinische Komplexbehandlung > 785 / 829 / - Aufwandspunkte bei Krankheiten und Störungen an Muskel-Skelett-System und Bindegewebe
I26B	Intensivmedizinische Komplexbehandlung > 588 / 552 / 552 Aufwandspunkte bei Krankheiten und Störungen an Muskel-Skelett-System und Bindegewebe oder bestimmte hochaufwendige Implantate
I27D	Bestimmte andere Eingriffe am Weichteilgewebe oder ein Belegungstag
I27E	Bestimmte kleine Eingriffe am Weichteilgewebe oder ein Belegungstag
I29A	Komplexe Eingriffe am Schultergelenk oder bestimmte Osteosynthesen an der Klavikula, bei komplizierender Diagnose oder Eingriff an mehreren Lokalisationen

DRG 2023	DRG-Bezeichnung
I29B	Komplexe Eingriffe am Schultergelenk oder best. Osteosynthesen an der Klavikula ohne kompliz. Diagnose, ohne Eingriff an mehreren Lokalisationen oder sonst. arthroskopische Rekonstruktion der Rotatorenmanschette mit bestimmten Eingriffen an der Schulter
I31A	Mehrere komplexe Eingriffe an Ellenbogengelenk und Unterarm oder gelenkübergreifende Weichteildistraktion bei angeborenen Anomalien der Hand, mit aufwendigen Eingriffen am Unterarm
I31B	Mehrere komplexe Eingriffe an Ellenbogengelenk und Unterarm oder gelenkübergreifende Weichteildistraktion bei angeborenen Anomalien der Hand oder bestimmte Eingriffe bei Mehrfragmentfraktur der Patella, mit bestimmten komplexen Eingriffen am Unterarm
I31C	Mehrere komplexe Eingriffe an Ellenbogengelenk und Unterarm ohne gelenkübergreifende Weichteildistraktion bei angeborenen Anomalien der Hand, ohne bestimmte Eingriffe bei Mehrfragmentfraktur der Patella, ohne bestimmte komplexe Eingriffe am Unterarm
I32A	Eingr. an Handgelenk u. Hand mit mehrzeitigem kompl. od. mäßig kompl. Eingr. od. mit Komplexbehandl. Hand od. mit aufwendigem rekonstruktivem Eingr. bei angeborener Fehlbildung der Hand oder mit best. gefäßgestielten Knochentx. bei Pseudarthrose der Hand
I32E	Bestimmte mäßig komplexe Eingriffe an Handgelenk und Hand, mehr als ein Belegungstag oder Mehrfacheingriff an 3 Strahlen oder Alter < 6 Jahre
I32F	Eingriffe an Handgelenk und Hand ohne komplexe oder mäßig komplexe Eingriffe oder ohne bestimmtem mäßig komplexen Eingriff, Alter > 5 Jahre, ein Belegungstag
I46A	Prothesenwechsel am Hüftgelenk mit äußerst schweren CC oder Eingriff an mehreren Lokalisationen
I46B	Prothesenwechsel am Hüftgelenk ohne äußerst schwere CC, ohne Eingriff an mehreren Lokalisationen, mit periprothetischer Fraktur
I47A	Revision oder Ersatz des Hüftgelenkes ohne komplizierende Diagnose, ohne Arthrodese, ohne äußerst schwere CC, Alter > 15 Jahre, mit komplizierendem Eingriff
I47B	Revision oder Ersatz des Hüftgelenkes ohne best. kompliz. Faktoren, mit kompl. Diagnose an Becken/Oberschenkel, mit best. endoproth. oder gelenkplast. Eingr. od. m. Impl. od. Wechsel Radiuskopfproth. od. m. kompl. Erstimpl. od. m. Entf. Osteosynthesemat.
I50A	Gewebe- / Haut-Transplantation außer an der Hand, ohne bestimmte komplizierende Faktoren, mit bestimmtem Eingriff oder bestimmter Vakuumbehandlung mit kontinuierlicher Sogbehandlung ab 8 Tagen
I50B	Gewebe- / Haut-Transplantation außer an der Hand, ohne bestimmte komplizierende Faktoren, ohne bestimmten Eingriff, mit bestimmter Vakuumbehandlung oder Alter < 16 Jahre
I59Z	Andere Eingriffe an den Extremitäten oder am Gesichtsschädel
I66C	Frakturen an Becken und Schenkelhals, mit äußerst schweren CC oder bestimmte kinder-/ jugendrheumatologische Behandlung, Alter < 1 Jahr oder multisystemisches Entzündungssyndrom bei COVID-19 mit intensivmedizinischer Komplexbehandlung im Kindesalter

DRG 2023	DRG-Bezeichnung
I66F	Frakturen an Becken und Schenkelhals oder systemischer Lupus erythematodes ohne äußerst schwere CC
I68B	Nicht operativ behandelte Erkrankungen und Verletzungen im Wirbelsäulenbereich, mehr als 1 BT, mit äuß. schw. oder schw. CC od. bei Para- / Tetraplegie, mit kompl. Diagn. oder ohne äuß. schw. oder schw. CC, ohne Para- / Tetraplegie bei Diszitis
I68C	Nicht operativ behandelte Erkrankungen und Verletzungen WS, > 1 BT od. and. Femurfraktur, bei Para- / Tetraplegie od. mit äuß. schw. CC od. schw. CC od. Alter > 65 J., oh. kompl. Diagn. od. Kreuzbeinfraktur od. best. mäßig aufw., aufw. od. hochaufw. Beh.
I74C	Verletzungen an Unterarm, Handgelenk, Hand oder Fuß oder leichte bis moderate Verletzungen von Schulter, Arm, Ellenbogen, Knie, Bein und Sprunggelenk ohne äußerst schwere oder schwere CC, Alter > 9 Jahre
I75A	Schwere Verletzungen von Schulter, Arm, Ellenbogen, Knie, Bein und Sprunggelenk mit CC
I77Z	Mäßig schwere Verletzungen von Schulter, Arm, Ellenbogen, Knie, Bein und Sprunggelenk
I98Z	Komplexe Vakuumbehandlung bei Krankheiten und Störungen an Muskel-Skelett-System und Bindegewebe
J65A	Verletzung der Haut, Unterhaut und Mamma, mehr als 1 Belegungstag
J65B	Verletzung der Haut, Unterhaut und Mamma, ein Belegungstag
W01B	Polytrauma mit Beatmung > 72 Stunden oder komplexen Eingriffen oder IntK > 392 / 368 / 552 Aufwandspunkte, ohne Frührehabilitation, mit Beatmung > 263 Stunden oder mit komplexer Vakuumbehandlung oder mit IntK > 588 / 552 / - Aufwandspunkte
W01C	Polytrauma mit Beatmung > 72 Stunden oder komplexen Eingriffen oder IntK > 392 / 368 / 552 Aufwandspunkte, ohne Frührehabilitation, ohne Beatmung > 263 Stunden, ohne komplexe Vakuumbehandlung, ohne IntK > 588 / 552 / - Aufwandspunkte
W02A	Polytrauma mit anderen komplexen Eingriffen mit komplizierender Konstellation oder Eingriffen an mehreren Lokalisationen oder mit intensivmedizinischer Komplexbehandlung > 392 / 368 / - Aufwandspunkte
W02B	Polytrauma mit anderen komplexen Eingriffen ohne komplizierende Konstellation, ohne Eingriffe an mehreren Lokalisationen, ohne intensivmedizinische Komplexbehandlung > 392 / 368 / - Aufwandspunkte
W04A	Polytrauma mit anderen Eingriffen oder Beatmung > 24 Stunden, mit komplizierender Konstellation oder Eingriffen an mehreren Lokalisationen
W04B	Polytrauma mit anderen Eingriffen oder Beatmung > 24 Stunden, ohne komplizierende Konstellation, ohne Eingriffe an mehreren Lokalisationen, mit bestimmten anderen Eingriffen oder Beatmung mehr als 24 Stunden
W04C	Polytrauma mit anderen Eingriffen oder Beatmung > 24 Stunden, ohne komplizierende Konstellation, ohne Eingriffe an mehreren Lokalisationen, ohne bestimmte andere Eingriffe, ohne Beatmung > 24 Stunden
W36Z	Intensivmedizinische Komplexbehandlung > 784 / 828 / 828 Aufwandspunkte bei Polytrauma oder Polytrauma mit Beatmung oder Kraniotomie mit endovaskulärer Implantation von Stent-Prothesen an der Aorta

DRG 2023	DRG-Bezeichnung
W60Z	Polytrauma, verstorben < 5 Tage nach Aufnahme, ohne komplizierende Konstellationen, ohne Beatmung > 24 Stunden, ohne komplexe oder bestimmte andere Eingriffe
W61A	Polytrauma ohne signifikante Eingriffe mit komplizierender Diagnose oder mit intensivmedizinischer Komplexbehandlung > 196 / 184 / - Aufwandspunkte oder Alter < 12 Jahre
W61B	Polytrauma ohne signifikante Eingriffe, ohne komplizierende Diagnose, ohne intensivmedizinische Komplexbehandlung > 196 / 184 / - Aufwandspunkte, Alter > 11 Jahre
X04Z	Andere Eingriffe bei Verletzungen der unteren Extremität
X05A	Andere Eingriffe bei Verletzungen der Hand, mit komplexem Eingriff
X05B	Andere Eingriffe bei Verletzungen der Hand, ohne komplexen Eingriff
X07A	Replantation bei traumatischer Amputation, mit Replantation mehr als einer Zehe oder mehr als eines Fingers

Urologie

DRG 2023	DRG-Bezeichnung
L02A	Operatives Einbringen eines Peritonealkatheters, Alter < 10 Jahre oder Blasenrekonstruktion und kontinenter Pouch bei Neubildung mit Multiviszeraleingriff oder Verschluss einer Blasenekstrophie
L03Z	Bestimmte Nieren-, Ureter- und große Harnblaseneingriffe bei Neubildung, Alter < 19 Jahre oder mit äußerst schweren CC oder bestimmter Kombinationseingriff, ohne großen Eingriff am Darm
L04A	Bestimmte komplexe Nieren-, Ureter- und große Harnblaseneingriffe außer bei Neubildung, ohne äußerst schwere CC, ohne Kombinationseingriff oder bestimmte Harnblaseneingriffe oder Alter < 16 Jahre
L04B	Andere Nieren-, Ureter- und große Harnblaseneingriffe außer bei Neubildung, ohne äußerst schwere CC, ohne Kombinationseingriff, ohne bestimmte Harnblaseneingriffe oder Exzision und Resektion von retroperitonealem Gewebe, Alter > 15 Jahre
L06A	Bestimmte kleine Eingriffe an den Harnorganen mit äußerst schweren CC
L06B	Kleine Eingriffe an den Harnorganen ohne äußerst schwere CC oder ohne bestimmte Prozeduren oder Alter < 16 Jahre
L06C	Andere kleine Eingriffe an den Harnorganen, Alter > 15 Jahre
L07Z	Andere Nieren-, Ureter-, Prostata- und große Harnblaseneingriffe bei Neubildung, Alter < 19 Jahre oder mit äußerst schweren CC oder anderer Kombinationseingriff oder bestimmte Zystektomien, ohne großen Eingriff am Darm oder komplexe Harnblasenplastik
L08Z	Komplexe Eingriffe an der Urethra oder Ureter
L10Z	Blasenrekonstruktion und kontinenter Pouch bei Neubildung ohne Multiviszeraleingriff oder Nieren-, Ureter- und große Harnblaseneingriffe bei Neubildung, Alter < 19 Jahre oder mit äußerst schweren CC oder Kombinationseingriff, mit großem Eingriff am Darm

DRG 2023	DRG-Bezeichnung
L11Z	Komplexe transurethrale, perkutan-transrenale und andere retroperitoneale Eingriffe mit extrakorporaler Stoßwellenlithotripsie (ESWL), ohne äußerst schwere CC
L13A	Nieren-, Ureter- und große Harnblaseneingriffe bei Neubildung, Alter > 18 Jahre, ohne Kombinationseingriff, mit bestimmtem Eingriff mit CC oder mit komplexem Eingriff
L13B	Nieren-, Ureter- und große Harnblaseneingriffe bei Neubildung, Alter > 18 Jahre, ohne Kombinationseingriff, ohne CC, ohne komplexen Eingriff, mit anderem Eingriff
L13C	Nieren-, Ureter- und große Harnblaseneingriffe bei Neubildung, Alter > 18 Jahre, ohne Kombinationseingriff, ohne äußerst schwere CC, ohne bestimmten Eingriff oder ohne CC, ohne komplexen Eingriff, ohne anderen Eingriff
L16A	Implantation und Wechsel von Neurostimulatoren und Neurostimulationselektroden bei Krankheiten und Störungen der Harnorgane mit Implantation oder Wechsel eines Neurostimulators
L16B	Implantation und Wechsel von Neurostimulatoren und Neurostimulationselektroden bei Krankheiten und Störungen der Harnorgane mit Implantation oder Wechsel eines permanenten Elektrodensystems
L16C	Implantation und Wechsel von Neurostimulatoren und Neurostimulationselektroden bei Krankheiten und Störungen der Harnorgane mit Implantation oder Wechsel eines temporären Elektrodensystems
L17B	Andere Eingriffe an der Urethra außer bei Para- / Tetraplegie, kleine Eingriffe an den Harnorganen, ohne bestimmte Eingriffe an der Urethra, Alter > 15 Jahre
L18A	Komplexe transurethrale, perkutan-transrenale und andere retroperitoneale Eingriffe mit äußerst schweren CC
L18B	Komplexe transurethrale, perkutan-transrenale / andere retroperitoneale Eingriffe oh. ESWL, oh. äußerst schwere CC od. best. Eingriffe Niere od. transurethrale Eingriffe auß. Prostatares. u. kompl. Ureterorenoskop., b. Para-/Tetrapl., m. äuß. schw. CC
L19Z	Transurethrale Eingriffe außer Prostataresektion und komplexe Ureterorenoskopien mit extrakorporaler Stoßwellenlithotripsie (ESWL), ohne äußerst schwere CC oder perkutane Thermo- oder Kryoablation der Niere
L20A	Transurethrale Eingriffe außer Prostataresektion und komplexe Ureterorenoskopien oder bestimmte Eingriffe an den Harnorganen, mit äußerst schweren CC
L20B	Transurethrale Eingriffe außer Prostataresektion und komplexe Ureterorenoskopien oder bestimmte Eingriffe an den Harnorganen, ohne äußerst schwere CC oder Alter < 16 Jahre oder Alter > 89 Jahre
L20C	Transurethrale Eingriffe außer Prostataresektion und komplexe Ureterorenoskopien oder bestimmte Eingriffe an den Harnorganen, ohne äußerst schwere CC oder Alter > 15 Jahre oder Alter < 90 Jahre
L33Z	Mehrzeitige komplexe OR-Prozeduren oder hochaufwendiges Implantat bei Krankheiten und Störungen der Harnorgane
L37Z	Multiviszeraleingriff bei Krankheiten und Störungen der Harnorgane
L38Z	Komplizierende Konstellation mit bestimmtem operativen Eingriff bei Krankheiten und Störungen der Harnorgane
L40Z	Diagnostische Ureterorenoskopie

DRG 2023	DRG-Bezeichnung
L42A	Extrakorporale Stoßwellenlithotripsie (ESWL) bei Harnsteinen mit auxiliären Maßnahmen oder bei Para- / Tetraplegie
L42B	Extrakorporale Stoßwellenlithotripsie (ESWL) bei Harnsteinen ohne auxiliäre Maßnahmen, außer bei Para- / Tetraplegie
L62C	Neubildungen der Harnorgane ohne äußerst schwere CC, Alter > 15 Jahre
L64B	Andere Erkrankungen der Harnorgane mit äußerst schweren oder schweren CC oder bestimmter Diagnose, mehr als ein Belegungstag oder Urethrozystoskopie, außer bei angeborener Fehlbildung, Alter > 2 Jahre
L64C	Andere Erkrankungen der Harnorgane ohne äußerst schwere oder schwere CC, ohne bestimmte Diagnose oder ein Belegungstag, bestimmte Eingriffe am Ureter oder Retroperitonealfibrose oder Alter < 16 Jahre
L64D	Andere Erkrankungen der Harnorgane ohne äußerst schwere oder schwere CC, ohne bestimmte Diagnose oder ein Belegungstag, ohne bestimmte Eingriffe am Ureter, Alter > 15 Jahre
L68B	Andere mäßig schwere Erkrankungen der Harnorgane, Alter > 15 Jahre
L74Z	Bestimmte Krankheiten und Störungen der Harnorgane bei Para- / Tetraplegie
M01A	Große Eingriffe an den Beckenorganen beim Mann mit äußerst schweren CC
M01B	Große Eingriffe an den Beckenorganen beim Mann ohne äußerst schwere CC oder bestimmte Eingriffe an den Beckenorganen beim Mann mit äußerst schweren CC
M02A	Transurethrale Prostataresektion oder bestimmte andere Operationen an der Prostata mit äußerst schweren CC
M02B	Transurethrale Prostataresektion oder bestimmte andere Operationen an der Prostata ohne äußerst schwere CC
M03C	Mäßig komplexe Eingriffe am Penis, Alter > 17 Jahre, ohne bestimmte Eingriffe am Penis, ohne aufwendige plastische Rekonstruktion des Penis, ohne totale Amputation des Penis, ohne Amputation des Penis mit bestimmter Lymphadenektomie
M04A	Eingriffe am Hoden oder bestimmte Eingriffe an Urethra und Prostata bei bösartiger Neubildung mit äußerst schweren CC oder bei Fournier-Gangrän oder bestimmte radikale Prostatovesikulektomien oder bestimmte Lymphadenektomie
M04B	Eingriffe am Hoden mit bestimmtem Eingriff bei Orchitis mit Abszess oder bösartiger Neubildung oder bestimmte Eingriffe am Hoden oder bestimmte Eingriffe an Urethra und Prostata bei bösartiger Neubildung
M04D	Eingriffe am Hoden ohne äußerst schwere CC, ohne bestimmten Eingriff, ohne mäßig komplexen Eingriff oder Alter > 2 Jahre, ohne schwere CC oder ohne beidseitigen Hodenhochstand oder Alter > 13 Jahre
M05Z	Zirkumzision, andere Eingriffe am Penis oder großflächige Ablationen der Haut
M06Z	Andere OR-Prozeduren an den männlichen Geschlechtsorganen oder Stanzbiopsie an der Prostata, ein Belegungstag
M07Z	Brachytherapie bei Krankheiten und Störungen der männlichen Geschlechtsorgane, Implantation von > 10 Seeds

DRG 2023	DRG-Bezeichnung
M09A	OR-Prozeduren an den männlichen Geschlechtsorganen bei bösartiger Neubildung mit äußerst schweren CC oder bestimmte Eingriffe an den Beckenorganen beim Mann ohne äußerst schwere CC oder BNB des Penis
M09B	OR-Prozeduren an den männlichen Geschlechtsorganen bei bösartiger Neubildung, ohne äußerst schwere CC, ohne BNB des Penis
M11Z	Transurethrale Laserdestruktion und -resektion der Prostata
M37Z	Große Eingriffe an Darm oder Harnblase bei Erkrankungen und Störungen der männlichen Geschlechtsorgane oder Eingriffe am Hoden bei Fournier-Gangrän mit äußerst schweren CC
M38Z	Komplizierende Konstellation mit operativem Eingriff bei Krankheiten und Störungen der männlichen Geschlechtsorgane
M60B	Bösartige Neubildungen der männlichen Geschlechtsorgane, ein Belegungstag oder Alter > 10 Jahre, ohne äußerst schwere CC
M61Z	Benigne Prostatahyperplasie
M62Z	Infektion / Entzündung der männlichen Geschlechtsorgane
M64Z	Andere Krankheiten der männlichen Geschlechtsorgane und Sterilisation beim Mann

Sozialgesetzbuch
Fünftes Buch (SGB V)
Gesetzliche Krankenversicherung

Vom 20. Dezember 1988 (BGBl. I S. 2477), zuletzt geändert durch Artikel 5b des Gesetzes zur Anpassung des Zwölften und des Vierzehnten Buches Sozialgesetzbuch und weiterer Gesetze vom 22. Dezember 2023 (BGBl. 2023 I Nr. 408)

Erstes Kapitel

Allgemeine Vorschriften

§ 1
Solidarität und Eigenverantwortung

[1]Die Krankenversicherung als Solidargemeinschaft hat die Aufgabe, die Gesundheit der Versicherten zu erhalten, wiederherzustellen oder ihren Gesundheitszustand zu bessern. [2]Das umfasst auch die Förderung der gesundheitlichen Eigenkompetenz und Eigenverantwortung der Versicherten. [3]Die Versicherten sind für ihre Gesundheit mit verantwortlich; sie sollen durch eine gesundheitsbewusste Lebensführung, durch frühzeitige Beteiligung an gesundheitlichen Vorsorgemaßnahmen sowie durch aktive Mitwirkung an Krankenbehandlung und Rehabilitation dazu beitragen, den Eintritt von Krankheit und Behinderung zu vermeiden oder ihre Folgen zu überwinden. [4]Die Krankenkassen haben den Versicherten dabei durch Aufklärung, Beratung und Leistungen zu helfen und unter Berücksichtigung von geschlechts-, alters- und behinderungsspezifischen Besonderheiten auf gesunde Lebensverhältnisse hinzuwirken.

§ 2
Leistungen

(1) [1]Die Krankenkassen stellen den Versicherten die im dritten Kapitel genannten Leistungen unter Beachtung des Wirtschaftlichkeitsgebots (§ 12) zur Verfügung, soweit diese Leistungen nicht der Eigenverantwortung der Versicherten zugerechnet werden. [2]Behandlungsmethoden, Arznei- und Heilmittel der besonderen Therapierichtungen sind nicht ausgeschlossen. [3]Qualität und Wirksamkeit der Leistungen haben dem allgemeinen Stand der medizinischen Erkenntnisse zu entsprechen und den medizinischen Fortschritt zu berücksichtigen.

(1a) [1]Versicherte mit einer lebensbedrohlichen oder regelmäßig tödlichen Erkrankung oder mit einer zumindest wertungsmäßig vergleichbaren Erkrankung, für die eine allgemein anerkannte, dem medizinischen Standard entsprechende Leistung nicht zur Verfügung steht, können auch eine von Absatz 1 Satz 3 abweichende Leistung beanspruchen, wenn eine nicht ganz entfernt liegende Aussicht auf Heilung oder auf eine spürbare positive Einwirkung auf den Krankheitsverlauf besteht. [2]Die Krankenkasse erteilt für Leistungen nach Satz 1 vor Beginn der Behandlung eine Kostenübernahmeerklärung, wenn Versicherte oder behandelnde Leistungserbringer dies beantragen. [3]Mit der Kostenübernahmeerklärung wird die Abrechnungsmöglichkeit der Leistung nach Satz 1 festgestellt.

(2) [1]Die Versicherten erhalten die Leistungen als Sach- und Dienstleistungen, soweit dieses oder das Neunte Buch nichts Abweichendes vorsehen. [2]Die Leistungen werden auf Antrag durch ein Persönliches Budget erbracht; § 29 des Neunten Buches gilt entsprechend. [3]Über die Erbringung der Sach- und Dienstleistungen schließen die Krankenkassen nach den Vorschriften des vierten Kapitels Verträge mit den Leistungserbringern.

(3) [1]Bei der Auswahl der Leistungserbringer ist ihre Vielfalt zu beachten. [2]Den religiösen Bedürfnissen der Versicherten ist Rechnung zu tragen.

(4) Krankenkassen, Leistungserbringer und Versicherte haben darauf zu achten, dass die Leistungen wirksam und wirtschaftlich erbracht und nur im notwendigen Umfang in Anspruch genommen werden.

§ 2a
Leistungen an behinderte und chronisch kranke Menschen

Den besonderen Belangen behinderter und chronisch kranker Menschen ist Rechnung zu tragen.

§ 2b
Geschlechts- und altersspezifische Besonderheiten

Bei den Leistungen der Krankenkassen ist geschlechts- und altersspezifischen Besonderheiten Rechnung zu tragen.

§ 3
Solidarische Finanzierung

[1]Die Leistungen und sonstigen Ausgaben der Krankenkassen werden durch Beiträge finanziert. [2]Dazu entrichten die Mitglieder und die Arbeitgeber Beiträge, die sich in der Regel nach den bei-

tragspflichtigen Einnahmen der Mitglieder richten. [3]Für versicherte Familienangehörige werden die Beiträge nicht erhoben.

§ 4
Krankenkassen

(1) Die Krankenkassen sind rechtsfähige Körperschaften des öffentlichen Rechts mit Selbstverwaltung.

(2) Die Krankenversicherung ist in folgende Kassenarten gegliedert:

Allgemeine Ortskrankenkassen,
Betriebskrankenkassen,
Innungskrankenkassen,
Sozialversicherung für Landwirtschaft, Forsten und Gartenbau als Träger der Krankenversicherung der Landwirte,
die Deutsche Rentenversicherung Knappschaft-Bahn-See als Träger der Krankenversicherung (Deutsche Rentenversicherung Knappschaft-Bahn-See),
Ersatzkassen.

(3) Im Interesse der Leistungsfähigkeit und Wirtschaftlichkeit der gesetzlichen Krankenversicherung arbeiten die Krankenkassen und ihre Verbände sowohl innerhalb einer Kassenart als auch kassenartenübergreifend miteinander und mit allen anderen Einrichtungen des Gesundheitswesens eng zusammen.

(4) Die Krankenkassen haben bei der Durchführung ihrer Aufgaben und in ihren Verwaltungsangelegenheiten sparsam und wirtschaftlich zu verfahren und dabei ihre Ausgaben so auszurichten, dass Beitragserhöhungen ausgeschlossen werden, es sei denn, die notwendige medizinische Versorgung ist auch nach Ausschöpfung von Wirtschaftlichkeitsreserven nicht zu gewährleisten.

(5) [1]Im Jahr 2023 dürfen sich die sächlichen Verwaltungsausgaben der einzelnen Krankenkasse nicht um mehr als 3 Prozent gegenüber dem Vorjahr erhöhen. [2]Die Begrenzung nach Satz 1 gilt nicht für sächliche Verwaltungsausgaben, die wegen der Durchführung der Sozialversicherungswahlen einschließlich der Teilnahme am Modellprojekt zur Durchführung von Online-Wahlen und der Kostenumlage für dieses Modellprojekt nach § 194a Absatz 3 entstehen, sowie für Aufwendungen für Datentransparenz nach den §§ 303a bis 303e.

(6) (aufgehoben)

§ 4a
Wettbewerb der Krankenkassen, Verordnungsermächtigung

(1) [1]Der Wettbewerb der Krankenkassen dient dem Ziel, das Leistungsangebot und die Qualität der Leistungen zu verbessern sowie die Wirtschaftlichkeit der Versorgung zu erhöhen. [2]Dieser Wettbewerb muss unter Berücksichtigung der Finanzierung der Krankenkassen durch Beiträge und des sozialen Auftrags der Krankenkassen angemessen sein. [3]Maßnahmen, die der Risikoselektion dienen oder diese unmittelbar oder mittelbar fördern, sind unzulässig.

(2) Unlautere geschäftliche Handlungen der Krankenkassen sind unzulässig.

(3) [1]Krankenkassen sind berechtigt, um Mitglieder und für ihre Leistungen zu werben. [2]Bei Werbemaßnahmen der Krankenkassen muss die sachbezogene Information im Vordergrund stehen. [3]Die Werbung hat in einer Form zu erfolgen, die mit der Eigenschaft der Krankenkassen als Körperschaften des öffentlichen Rechts unter Berücksichtigung ihrer Aufgaben vereinbar ist.

(4) [1]Das Bundesministerium für Gesundheit wird ermächtigt, durch Rechtsverordnung mit Zustimmung des Bundesrates das Nähere über die Zulässigkeit von Werbemaßnahmen der Krankenkassen zu regeln im Hinblick auf

1. Inhalt und Art der Werbung,
2. Höchstgrenzen für Werbeausgaben einschließlich der Aufwandsentschädigungen für externe Dienstleister, die zu Werbezwecken beauftragt werden,
3. die Trennung der Werbung von der Erfüllung gesetzlicher Informationspflichten,
4. die Beauftragung und Vergütung von Mitarbeitern, Arbeitsgemeinschaften, Beteiligungsgesellschaften und Dritten zu Werbezwecken,
5. die Vermittlung privater Zusatzversicherungsverträge nach § 194 Absatz 1a.

[2]Das Bundesministerium für Gesundheit kann die Ermächtigung nach Satz 1 durch Rechtsverordnung mit Zustimmung des Bundesrates auf das Bundesamt für Soziale Sicherung übertragen.

(5) Beauftragen Krankenkassen Arbeitsgemeinschaften, Beteiligungsgesellschaften oder Dritte

zu Zwecken des Wettbewerbs und insbesondere der Werbung, haben sie sicherzustellen, dass die Beauftragten die für entsprechende Maßnahmen der Krankenkassen geltenden Vorschriften einschließlich der Vorgaben der Absätze 1 bis 3 sowie der Rechtsverordnung nach Absatz 4 einhalten.

(6) In den Verwaltungsvorschriften nach § 78 Satz 1 des Vierten Buches und § 77 Absatz 1a des Vierten Buches ist sicherzustellen, dass Verwaltungsausgaben, die der Werbung neuer Mitglieder dienen, nach für alle Krankenkassen gleichen Grundsätzen gebucht werden.

(7) [1]Krankenkassen können von anderen Krankenkassen die Beseitigung und Unterlassung unzulässiger Maßnahmen verlangen, die geeignet sind, ihre Interessen im Wettbewerb zu beeinträchtigen. [2]Die zur Geltendmachung des Anspruchs berechtigte Krankenkasse soll die Schuldnerin vor der Einleitung eines gerichtlichen Verfahrens abmahnen und ihr Gelegenheit geben, den Streit durch Abgabe einer mit einer angemessenen Vertragsstrafe bewehrten Unterlassungsverpflichtung beizulegen. [3]Soweit die Abmahnung berechtigt ist, kann die Abmahnende von der Abgemahnten Ersatz der erforderlichen Aufwendungen verlangen. [4]Zur Sicherung der Ansprüche nach Satz 1 können einstweilige Anordnungen auch ohne die Darlegung und Glaubhaftmachung der in § 86b Absatz 2 Satz 1 und 2 des Sozialgerichtsgesetzes bezeichneten Voraussetzungen erlassen werden. [5]Ist auf Grund von Satz 1 Klage auf Unterlassung erhoben worden, so kann das Gericht der obsiegenden Partei die Befugnis zusprechen, das Urteil auf Kosten der unterliegenden Partei öffentlich bekannt zu machen, wenn sie ein berechtigtes Interesse dartut. [6]Art und Umfang der Bekanntmachung werden im Urteil bestimmt. [7]Die Befugnis erlischt, wenn von ihr nicht innerhalb von drei Monaten nach Eintritt der Rechtskraft Gebrauch gemacht worden ist. [8]Der Ausspruch nach Satz 5 ist nicht vorläufig vollstreckbar.

§ 4b
Sonderregelungen zum Verwaltungsverfahren

Abweichungen von den Regelungen des Verwaltungsverfahrens gemäß den §§ 266, 267, 269 und § 287a durch Landesrecht sind ausgeschlossen.

Zweites Kapitel

Versicherter Personenkreis

Erster Abschnitt

Versicherung kraft Gesetzes

§ 5
Versicherungspflicht

(1) Versicherungspflichtig sind

1. Arbeiter, Angestellte und zu ihrer Berufsausbildung Beschäftigte, die gegen Arbeitsentgelt beschäftigt sind,

2. Personen in der Zeit, für die sie Arbeitslosengeld nach dem Dritten Buch beziehen oder nur deshalb nicht beziehen, weil der Anspruch wegen einer Sperrzeit (§ 159 des Dritten Buches) oder wegen einer Urlaubsabgeltung (§ 157 Abs. 2 des Dritten Buches) ruht; dies gilt auch, wenn die Entscheidung, die zum Bezug der Leistung geführt hat, rückwirkend aufgehoben oder die Leistung zurückgefordert oder zurückgezahlt worden ist,

2a. Personen in der Zeit, für die sie Bürgergeld nach § 19 Absatz 1 Satz 1 des Zweiten Buches beziehen, es sei denn, dass diese Leistung nur darlehensweise gewährt wird oder nur Leistungen nach § 24 Abs. 3 Satz 1 des Zweiten Buches bezogen werden; dies gilt auch, wenn die Entscheidung, die zum Bezug der Leistung geführt hat, rückwirkend aufgehoben oder die Leistung zurückgefordert oder zurückgezahlt worden ist.

3. Landwirte, ihre mitarbeitenden Familienangehörigen und Altenteiler nach näherer Bestimmung des Zweiten Gesetzes über die Krankenversicherung der Landwirte,

4. Künstler und Publizisten nach näherer Bestimmung des Künstlersozialversicherungsgesetzes,

5. Personen, die in Einrichtungen der Jugendhilfe für eine Erwerbstätigkeit befähigt werden sollen,

6. Teilnehmer an Leistungen zur Teilhabe am Arbeitsleben sowie an Abklärungen der beruflichen Eignung oder Arbeitserprobung, es sei denn, sie gehören zu dem Personenkreis des § 151 des Vierzehnten Buches

Bearbeiterhinweis:
Am 01. Januar 2025 tritt nachfolgende Fassung von § 5 Absatz 1 Nummer 6 in Kraft:

6. Teilnehmer an Leistungen zur Teilhabe am Arbeitsleben sowie an Abklärungen der beruflichen Eignung oder Arbeitserprobung, es sei denn, sie gehören zum Personenkreis nach § 151 des Vierzehnten Buches oder zum Personenkreis nach § 81 Absatz 3 des Soldatenentschädigungsgesetzes,

7. behinderte Menschen, die in anerkannten Werkstätten für behinderte Menschen oder in Blindenwerkstätten im Sinne des § 226 des Neunten Buches oder für diese Einrichtungen in Heimarbeit oder bei einem anderen Leistungsanbieter nach § 60 des Neunten Buches tätig sind,
8. behinderte Menschen, die in Anstalten, Heimen oder gleichartigen Einrichtungen in gewisser Regelmäßigkeit eine Leistung erbringen, die einem Fünftel der Leistung eines voll erwerbsfähigen Beschäftigten in gleichartiger Beschäftigung entspricht; hierzu zählen auch Dienstleistungen für den Träger der Einrichtung,
9. Studenten, die an staatlichen oder staatlich anerkannten Hochschulen eingeschrieben sind, unabhängig davon, ob sie ihren Wohnsitz oder gewöhnlichen Aufenthalt im Inland haben, wenn für sie auf Grund über- oder zwischenstaatlichen Rechts kein Anspruch auf Sachleistungen besteht, längstens bis zur Vollendung des dreißigsten Lebensjahres; Studenten nach Vollendung des dreißigsten Lebensjahres sind nur versicherungspflichtig, wenn die Art der Ausbildung oder familiäre sowie persönliche Gründe, insbesondere der Erwerb der Zugangsvoraussetzungen in einer Ausbildungsstätte des Zweiten Bildungswegs, die Überschreitung der Altersgrenze rechtfertigen,
10. Personen, die eine in Studien- oder Prüfungsordnungen vorgeschriebene berufspraktische Tätigkeit ohne Arbeitsentgelt verrichten, längstens bis zur Vollendung des 30. Lebensjahres, sowie zu ihrer Berufsausbildung ohne Arbeitsentgelt Beschäftigte; Auszubildende des Zweiten Bildungswegs, die sich in einem förderungsfähigen Teil eines Ausbildungsabschnitts nach dem Bundesausbildungsförderungsgesetz befinden, sind Praktikanten gleich gestellt,
11. Personen, die die Voraussetzungen für den Anspruch auf eine Rente aus der gesetzlichen Rentenversicherung erfüllen und diese Rente beantragt haben, wenn sie seit der erstmaligen Aufnahme einer Erwerbstätigkeit bis zur Stellung des Rentenantrags mindestens neun Zehntel der zweiten Hälfte des Zeitraums Mitglied oder nach § 10 versichert waren,

11a. Personen, die eine selbständige künstlerische oder publizistische Tätigkeit vor dem 1. Januar 1983 aufgenommen haben, die Voraussetzungen für den Anspruch auf eine Rente aus der Rentenversicherung erfüllen und diese Rente beantragt haben, wenn sie mindestens neun Zehntel des Zeitraums zwischen dem 1. Januar 1985 und der Stellung des Rentenantrags nach dem Künstlersozialversicherungsgesetz in der gesetzlichen Krankenversicherung versichert waren; für Personen, die am 3. Oktober 1990 ihren Wohnsitz im Beitrittsgebiet hatten, ist anstelle des 1. Januar 1985 der 1. Januar 1992 maßgebend,

11b. Personen, die die Voraussetzungen für den Anspruch

a) auf eine Waisenrente nach § 48 des Sechsten Buches oder
b) auf eine entsprechende Leistung einer berufsständischen Versorgungseinrichtung, wenn der verstorbene Elternteil zuletzt als Beschäftigter von der Versicherungspflicht in der gesetzlichen Rentenversicherung wegen einer Pflichtmitgliedschaft in einer berufsständischen Versorgungseinrichtung nach § 6 Absatz 1 Satz 1 Nummer 1 des Sechsten Buches befreit war,

erfüllen und diese beantragt haben; dies gilt nicht für Personen, die zuletzt vor der Stellung des Rentenantrags privat krankenversichert waren, es sei denn, sie erfüllen die Voraussetzungen für eine Familienversicherung mit Ausnahme des § 10 Absatz 1 Satz 1 Nummer 2 oder die Voraussetzungen der Nummer 11,

12. Personen, die die Voraussetzungen für den Anspruch auf eine Rente aus der gesetzlichen Rentenversicherung erfüllen und diese Rente beantragt haben, wenn sie zu den in § 1 oder § 17a des Fremdrentengesetzes oder zu den in § 20 des Gesetzes zur Wie-

dergutmachung nationalsozialistischen Unrechts in der Sozialversicherung genannten Personen gehören und ihren Wohnsitz innerhalb der letzten zehn Jahre vor der Stellung des Rentenantrags in den Geltungsbereich dieses Gesetzbuchs verlegt haben,

13. Personen, die keinen anderweitigen Anspruch auf Absicherung im Krankheitsfall haben und

    a) zuletzt gesetzlich krankenversichert waren oder

    b) bisher nicht gesetzlich oder privat krankenversichert waren, es sei denn, dass sie zu den in Absatz 5 oder den in § 6 Abs. 1 oder 2 genannten Personen gehören oder bei Ausübung ihrer beruflichen Tätigkeit im Inland gehört hätten.

(2) [1]Der nach Absatz 1 Nr. 11 erforderlichen Mitgliedszeit steht bis zum 31. Dezember 1988 die Zeit der Ehe mit einem Mitglied gleich, wenn die mit dem Mitglied verheiratete Person nicht mehr als nur geringfügig beschäftigt oder geringfügig selbständig tätig war. [2]Bei Personen, die ihren Rentenanspruch aus der Versicherung einer anderen Person ableiten, gelten die Voraussetzungen des Absatzes 1 Nr. 11 oder 12 als erfüllt, wenn die andere Person diese Voraussetzungen erfüllt hatte. [3]Auf die nach Absatz 1 Nummer 11 erforderliche Mitgliedszeit wird für jedes Kind, Stiefkind oder Pflegekind (§ 56 Absatz 2 Nummer 2 des Ersten Buches) eine Zeit von drei Jahren angerechnet. [4]Eine Anrechnung erfolgt nicht für

1. ein Adoptivkind, wenn das Kind zum Zeitpunkt des Wirksamwerdens der Adoption bereits die in § 10 Absatz 2 vorgesehenen Altersgrenzen erreicht hat, oder

2. ein Stiefkind, wenn das Kind zum Zeitpunkt der Eheschließung mit dem Elternteil des Kindes bereits die in § 10 Absatz 2 vorgesehenen Altersgrenzen erreicht hat oder wenn das Kind vor Erreichen dieser Altersgrenzen nicht in den gemeinsamen Haushalt mit dem Mitglied aufgenommen wurde.

(3) Als gegen Arbeitsentgelt beschäftigte Arbeiter und Angestellte im Sinne des Absatzes 1 Nr. 1 gelten Bezieher von Vorruhestandsgeld, wenn sie unmittelbar vor Bezug des Vorruhestandsgeldes versicherungspflichtig waren und das Vorruhestandsgeld mindestens in Höhe von 65 vom Hundert des Bruttoarbeitsentgelts im Sinne des § 3 Abs. 2 des Vorruhestandsgesetzes gezahlt wird.

(4) Als Bezieher von Vorruhestandsgeld ist nicht versicherungspflichtig, wer im Ausland seinen Wohnsitz oder gewöhnlichen Aufenthalt in einem Staat hat, mit dem für Arbeitnehmer mit Wohnsitz oder gewöhnlichem Aufenthalt in diesem Staat keine über- oder zwischenstaatliche Regelungen über Sachleistungen bei Krankheit bestehen.

(4a) [1]Die folgenden Personen stehen Beschäftigten zur Berufsausbildung im Sinne des Absatzes 1 Nummer 1 gleich:

1. Auszubildende, die im Rahmen eines Berufsausbildungsvertrages nach dem Berufsbildungsgesetz in einer außerbetrieblichen Einrichtung ausgebildet werden,

2. Teilnehmerinnen und Teilnehmer an dualen Studiengängen und

3. Teilnehmerinnen und Teilnehmer an Ausbildungen mit Abschnitten des schulischen Unterrichts und der praktischen Ausbildung, für die ein Ausbildungsvertrag und Anspruch auf Ausbildungsvergütung besteht (praxisintegrierte Ausbildungen).

[2]Als zu ihrer Berufsausbildung Beschäftigte im Sinne des Absatzes 1 Nr. 1 gelten Personen, die als nicht satzungsmäßige Mitglieder geistlicher Genossenschaften oder ähnlicher religiöser Gemeinschaften für den Dienst in einer solchen Genossenschaft oder ähnlichen religiösen Gemeinschaft außerschulisch ausgebildet werden.

(5) [1]Nach Absatz 1 Nr. 1 oder 5 bis 12 ist nicht versicherungspflichtig, wer hauptberuflich selbständig erwerbstätig ist. [2]Bei Personen, die im Zusammenhang mit ihrer selbständigen Erwerbstätigkeit regelmäßig mindestens einen Arbeitnehmer mehr als geringfügig beschäftigen, wird vermutet, dass sie hauptberuflich selbständig erwerbstätig sind; als Arbeitnehmer gelten für Gesellschafter auch die Arbeitnehmer der Gesellschaft.

(5a) [1]Nach Absatz 1 Nr. 2a ist nicht versicherungspflichtig, wer zuletzt vor dem Bezug von Bürgergeld nach § 19 Absatz 1 Satz 1 des Zweiten Buches privat krankenversichert war oder weder gesetzlich noch privat krankenversichert war und zu den in Absatz 5 oder den in § 6 Abs. 1 oder 2 genannten Personen gehört oder bei Ausübung seiner beruflichen Tätigkeit im Inland gehört hätte. [2]Satz 1 gilt nicht für Personen, die am 31. Dezember 2008 nach § 5 Abs. 1 Nr. 2a versicherungspflichtig waren, für die Dauer ihrer Hilfebedürftigkeit. [3]Personen nach Satz 1 sind nicht nach § 10 versichert. [4]Personen nach Satz 1, die am 31. Dezember 2015 die Voraussetzungen des § 10 erfüllt haben, sind ab dem 1. Januar 2016 versicherungspflichtig nach Absatz 1 Nummer 2a, solange sie diese Voraussetzungen erfüllen.

(6) [1]Nach Absatz 1 Nr. 5 bis 7 oder 8 ist nicht versicherungspflichtig, wer nach Absatz 1 Nr. 1 versicherungspflichtig ist. [2]Trifft eine Versicherungspflicht nach Absatz 1 Nr. 6 mit einer Versicherungspflicht nach Absatz 1 Nr. 7 oder 8 zusammen, geht die Versicherungspflicht vor, nach der die höheren Beiträge zu zahlen sind.

(7) [1]Nach Absatz 1 Nr. 9 oder 10 ist nicht versicherungspflichtig, wer nach Absatz 1 Nr. 1 bis 8, 11 bis 12 versicherungspflichtig oder nach § 10 versichert ist, es sei denn, der Ehegatte, der Lebenspartner oder das Kind des Studenten oder Praktikanten ist nicht versichert oder die Versicherungspflicht nach Absatz 1 Nummer 11b besteht über die Altersgrenze des § 10 Absatz 2 Nummer 3 hinaus. [2]Die Versicherungspflicht nach Absatz 1 Nr. 9 geht der Versicherungspflicht nach Absatz 1 Nr. 10 vor.

(8) [1]Nach Absatz 1 Nr. 11 bis 12 ist nicht versicherungspflichtig, wer nach Absatz 1 Nr. 1 bis 7 oder 8 versicherungspflichtig ist. [2]Satz 1 gilt für die in § 190 Abs. 11a genannten Personen entsprechend. [3]Bei Beziehern einer Rente der gesetzlichen Rentenversicherung, die nach dem 31. März 2002 nach § 5 Abs. 1 Nr. 11 versicherungspflichtig geworden sind, deren Anspruch auf Rente schon an diesem Tag bestand und die bis zu diesem Zeitpunkt nach § 10 oder nach § 7 des Zweiten Gesetzes über die Krankenversicherung der Landwirte versichert waren, aber nicht die Vorversicherungszeit des § 5 Abs. 1 Nr. 11 in der seit dem 1. Januar 1993 geltenden Fassung erfüllt haben und deren Versicherung nach § 10 oder nach § 7 des Zweiten Gesetzes über die Krankenversicherung der Landwirte nicht von einer der in § 9 Absatz 1 Satz 1 Nummer 6 in der am 10. Mai 2019 geltenden Fassung genannten Personen abgeleitet worden ist, geht die Versicherung nach § 10 oder nach § 7 des Zweiten Gesetzes über die Krankenversicherung der Landwirte der Versicherung nach § 5 Abs. 1 Nr. 11 vor.

(8a) [1]Nach Absatz 1 Nr. 13 ist nicht versicherungspflichtig, wer nach Absatz 1 Nr. 1 bis 12 versicherungspflichtig, freiwilliges Mitglied oder nach § 10 versichert ist. [2]Satz 1 gilt entsprechend für Empfänger laufender Leistungen nach dem Dritten, Vierten und Siebten Kapitel des Zwölften Buches, dem Teil 2 des Neunten Buches und für Empfänger laufender Leistungen nach § 2 des Asylbewerberleistungsgesetzes. [3]Satz 2 gilt auch, wenn der Anspruch auf diese Leistungen für weniger als einen Monat unterbrochen wird. [4]Der Anspruch auf Leistungen nach § 19 Abs. 2 gilt nicht als Absicherung im Krankheitsfall im Sinne von Absatz 1 Nr. 13, sofern im Anschluss daran kein anderweitiger Anspruch auf Absicherung im Krankheitsfall besteht.

(9) [1]Kommt eine Versicherung nach den §§ 5, 9 oder 10 nach Kündigung des Versicherungsvertrages nicht zu Stande oder endet eine Versicherung nach den §§ 5 oder 10 vor Erfüllung der Vorversicherungszeit nach § 9, ist das private Krankenversicherungsunternehmen zum erneuten Abschluss eines Versicherungsvertrages verpflichtet, wenn der vorherige Vertrag für mindestens fünf Jahre vor seiner Kündigung ununterbrochen bestanden hat. [2]Der Abschluss erfolgt ohne Risikoprüfung zu gleichen Tarifbedingungen, die zum Zeitpunkt der Kündigung bestanden haben; die bis zum Ausscheiden erworbenen Alterungsrückstellungen sind dem Vertrag zuzuschreiben. [3]Wird eine gesetzliche Krankenversicherung nach Satz 1 nicht begründet, tritt der neue Versicherungsvertrag am Tag nach der Beendigung des vorhergehenden Versicherungsvertrages in Kraft. [4]Endet die gesetzliche Krankenversicherung nach Satz 1 vor Erfüllung der Vorversicherungszeit, tritt der neue Versicherungsvertrag am Tag nach Beendigung der gesetzlichen Krankenversicherung in Kraft. [5]Die Verpflichtung nach Satz 1 endet drei Monate nach der Beendigung des Versicherungsvertrages, wenn eine Versicherung nach den §§ 5, 9 oder 10 nicht begründet wurde. [6]Bei Beendigung der Versicherung nach den §§ 5 oder 10 vor Erfüllung der Vorversicherungszeiten nach § 9 endet die Verpflichtung nach Satz 1 längstens zwölf Monate nach der Beendigung des privaten Versicherungsvertrages. [7]Die vorstehenden Regelungen zum Versicherungsvertrag sind auf eine Anwartschaftsversicherung in der privaten Krankenversicherung entsprechend anzuwenden.

(10) nicht belegt

(11) [1]Ausländer, die nicht Angehörige eines Mitgliedstaates der Europäischen Union, Angehörige eines Vertragsstaates des Abkommens über den

Europäischen Wirtschaftsraum oder Staatsangehörige der Schweiz sind, werden von der Versicherungspflicht nach Absatz 1 Nr. 13 erfasst, wenn sie eine Niederlassungserlaubnis oder eine Aufenthaltserlaubnis mit einer Befristung auf mehr als zwölf Monate nach dem Aufenthaltsgesetz besitzen und für die Erteilung dieser Aufenthaltstitel keine Verpflichtung zur Sicherung des Lebensunterhalts nach § 5 Abs. 1 Nr. 1 des Aufenthaltsgesetzes besteht. [2]Angehörige eines anderen Mitgliedstaates der Europäischen Union, Angehörige eines anderen Vertragsstaates des Abkommens über den Europäischen Wirtschaftsraum oder Staatsangehörige der Schweiz werden von der Versicherungspflicht nach Absatz 1 Nr. 13 nicht erfasst, wenn die Voraussetzung für die Wohnortnahme in Deutschland die Existenz eines Krankenversicherungsschutzes nach § 4 des Freizügigkeitsgesetzes/EU ist. [3]Bei Leistungsberechtigten nach dem Asylbewerberleistungsgesetz liegt eine Absicherung im Krankheitsfall bereits dann vor, wenn ein Anspruch auf Leistungen bei Krankheit, Schwangerschaft und Geburt nach § 4 des Asylbewerberleistungsgesetzes dem Grunde nach besteht.

§ 6
Versicherungsfreiheit

(1) Versicherungsfrei sind

1. Arbeiter und Angestellte, deren regelmäßiges Jahresarbeitsentgelt die Jahresarbeitsentgeltgrenze nach den Absätzen 6 oder 7 übersteigt; Zuschläge, die mit Rücksicht auf den Familienstand gezahlt werden, bleiben unberücksichtigt,

1a. nicht-deutsche Besatzungsmitglieder deutscher Seeschiffe, die ihren Wohnsitz oder gewöhnlichen Aufenthalt nicht in einem Mitgliedstaat der Europäischen Union, einem Vertragsstaat des Abkommens über den Europäischen Wirtschaftsraum oder der Schweiz haben,

2. Beamte, Richter, Soldaten auf Zeit sowie Berufssoldaten der Bundeswehr und sonstige Beschäftigte des Bundes, eines Landes, eines Gemeindeverbandes, einer Gemeinde, von öffentlich-rechtlichen Körperschaften, Anstalten, Stiftungen oder Verbänden öffentlich-rechtlicher Körperschaften oder deren Spitzenverbänden, wenn sie nach beamtenrechtlichen Vorschriften oder Grundsätzen bei Krankheit Anspruch auf Fortzahlung der Bezüge und auf Beihilfe oder Heilfürsorge haben,

3. Personen, die während der Dauer ihres Studiums als ordentliche Studierende einer Hochschule oder einer der fachlichen Ausbildung dienenden Schule gegen Arbeitsentgelt beschäftigt sind,

4. Geistliche der als öffentlich-rechtliche Körperschaften anerkannten Religionsgesellschaften, wenn sie nach beamtenrechtlichen Vorschriften oder Grundsätzen bei Krankheit Anspruch auf Fortzahlung der Bezüge und auf Beihilfe haben,

5. Lehrer, die an privaten genehmigten Ersatzschulen hauptamtlich beschäftigt sind, wenn sie nach beamtenrechtlichen Vorschriften oder Grundsätzen bei Krankheit Anspruch auf Fortzahlung der Bezüge und auf Beihilfe haben,

6. die in den Nummern 2, 4 und 5 genannten Personen, wenn ihnen ein Anspruch auf Ruhegehalt oder ähnliche Bezüge zuerkannt ist und sie Anspruch auf Beihilfe im Krankheitsfalle nach beamtenrechtlichen Vorschriften oder Grundsätzen haben,

7. satzungsmäßige Mitglieder geistlicher Genossenschaften, Diakonissen und ähnliche Personen, wenn sie sich aus überwiegend religiösen oder sittlichen Beweggründen mit Krankenpflege, Unterricht oder anderen gemeinnützigen Tätigkeiten beschäftigen und nicht mehr als freien Unterhalt oder ein geringes Entgelt beziehen, das nur zur Beschaffung der unmittelbaren Lebensbedürfnisse an Wohnung, Verpflegung, Kleidung und dergleichen ausreicht,

8. Personen, die nach dem Krankheitsfürsorgesystem der Europäischen Gemeinschaften bei Krankheit geschützt sind.

(2) Nach § 5 Abs. 1 Nr. 11 versicherungspflichtige Hinterbliebene der in Absatz 1 Nr. 2 und 4 bis 6 genannten Personen sind versicherungsfrei, wenn sie ihren Rentenanspruch nur aus der Versicherung dieser Personen ableiten und nach beamtenrechtlichen Vorschriften oder Grundsätzen bei Krankheit Anspruch auf Beihilfe haben.

(3) [1]Die nach Absatz 1 oder anderen gesetzlichen Vorschriften mit Ausnahme von Absatz 2 und § 7 versicherungsfreien oder von der Versicherungs-

pflicht befreiten Personen bleiben auch dann versicherungsfrei, wenn sie eine der in § 5 Abs. 1 Nr. 1 oder Nr. 5 bis 13 genannten Voraussetzungen erfüllen. [2]Dies gilt nicht für die in Absatz 1 Nr. 3 genannten Personen, solange sie während ihrer Beschäftigung versicherungsfrei sind.

(3a) [1]Personen, die nach Vollendung des 55. Lebensjahres versicherungspflichtig werden, sind versicherungsfrei, wenn sie in den letzten fünf Jahren vor Eintritt der Versicherungspflicht nicht gesetzlich versichert waren. [2]Weitere Voraussetzung ist, dass diese Personen mindestens die Hälfte dieser Zeit versicherungsfrei, von der Versicherungspflicht befreit oder nach § 5 Abs. 5 nicht versicherungspflichtig waren. [3]Der Voraussetzung nach Satz 2 stehen die Ehe oder die Lebenspartnerschaft mit einer in Satz 2 genannten Person gleich. [4]Satz 1 gilt nicht für Personen, die nach § 5 Abs. 1 Nr. 13 versicherungspflichtig sind.

(4) [1]Wird die Jahresarbeitsentgeltgrenze überschritten, endet die Versicherungspflicht mit Ablauf des Kalenderjahres, in dem sie überschritten wird. [2]Dies gilt nicht, wenn das Entgelt die vom Beginn des nächsten Kalenderjahres an geltende Jahresarbeitsentgeltgrenze nicht übersteigt. [3]Rückwirkende Erhöhungen des Entgelts werden dem Kalenderjahr zugerechnet, in dem der Anspruch auf das erhöhte Entgelt entstanden ist.

(5) (aufgehoben)

(6) [1]Die Jahresarbeitsentgeltgrenze nach Absatz 1 Nr. 1 beträgt im Jahr 2003 45.900 Euro. [2]Sie ändert sich zum 1. Januar eines jeden Jahres in dem Verhältnis, in dem die Bruttolöhne und -gehälter je Arbeitnehmer (§ 68 Abs. 2 Satz 1 des Sechsten Buches) im vergangenen Kalenderjahr zu den entsprechenden Bruttolöhnen und -gehältern im vorvergangenen Kalenderjahr stehen. [3]Die veränderten Beträge werden nur für das Kalenderjahr, für das die Jahresarbeitsentgeltgrenze bestimmt wird, auf das nächsthöhere Vielfache von 450 aufgerundet. [4]Die Bundesregierung setzt die Jahresarbeitsentgeltgrenze in der Rechtsverordnung nach § 160 des Sechsten Buches Sozialgesetzbuch fest.

(7) [1]Abweichend von Absatz 6 Satz 1 beträgt die Jahresarbeitsentgeltsgrenze für Arbeiter und Angestellte, die am 31. Dezember 2002 wegen Überschreitens der an diesem Tag geltenden Jahresarbeitsentgeltgrenze versicherungsfrei und bei einem privaten Krankenversicherungsunternehmen in einer substitutiven Krankenversicherung versichert waren, im Jahr 2003 41.400 Euro. [2]Absatz 6 Satz 2 bis 4 gilt entsprechend.

(8) (aufgehoben)

(9) (aufgehoben)

§ 7
Versicherungsfreiheit bei geringfügiger Beschäftigung

(1) [1]Wer eine geringfügige Beschäftigung nach §§ 8, 8a des Vierten Buches ausübt, ist in dieser Beschäftigung versicherungsfrei; dies gilt nicht für eine Beschäftigung

1. im Rahmen betrieblicher Berufsbildung,
2. nach dem Jugendfreiwilligendienstegesetz,
3. nach dem Bundesfreiwilligendienstgesetz.

[2]§ 8 Abs. 2 des Vierten Buches ist mit der Maßgabe anzuwenden, dass eine Zusammenrechnung mit einer nicht geringfügigen Beschäftigung nur erfolgt, wenn diese Versicherungspflicht begründet.

(2) [1]Personen, die am 30. September 2022 in einer mehr als geringfügigen Beschäftigung versicherungspflichtig waren, welche die Merkmale einer geringfügigen Beschäftigung nach § 8 oder § 8a des Vierten Buches in Verbindung mit § 8 Absatz 1 Nummer 1 des Vierten Buches in der ab dem 1. Oktober 2022 geltenden Fassung erfüllt, bleiben in dieser Beschäftigung längstens bis zum 31. Dezember 2023 versicherungspflichtig, sofern sie nicht die Voraussetzungen für eine Versicherung nach § 10 erfüllen und solange ihr Arbeitsentgelt 450 Euro monatlich übersteigt. [2]Sie werden auf ihren Antrag von der Versicherungspflicht nach Satz 1 befreit. [3]§ 8 Absatz 2 gilt entsprechend mit der Maßgabe, dass an die Stelle des Zeitpunkts des Beginns der Versicherungspflicht der 1. Oktober 2022 tritt.

(3) (aufgehoben)

§ 8
Befreiung von der Versicherungspflicht

(1) [1]Auf Antrag wird von der Versicherungspflicht befreit, wer versicherungspflichtig wird

1. wegen Änderung der Jahresarbeitsentgeltgrenze nach § 6 Abs. 2 oder Abs. 7,

1a. durch den Bezug von Arbeitslosengeld oder Unterhaltsgeld (§ 5 Abs. 1 Nr. 2) und in den letzten fünf Jahren vor dem Leistungsbezug nicht gesetzlich krankenversichert war, wenn er bei einem Krankenversicherungsunternehmen versichert ist und Vertragsleistungen erhält, die der Art und dem Umfang nach den Leistungen dieses Buches entsprechen,

2. durch Aufnahme einer nicht vollen Erwerbstätigkeit nach § 2 des Bundeserziehungsgeldgesetzes oder nach § 1 Abs. 6 des Bundeselterngeld- und Elternzeitgesetzes während der Elternzeit; die Befreiung erstreckt sich nur auf die Elternzeit,

2a. durch Herabsetzung der regelmäßigen Wochenarbeitszeit während einer Freistellung nach § 3 des Pflegezeitgesetzes oder der Familienpflegezeit nach § 2 des Familienpflegezeitgesetzes; die Befreiung erstreckt sich nur auf die Dauer einer Freistellung oder die Dauer der Familienpflegezeit,

3. weil seine Arbeitszeit auf die Hälfte oder weniger als die Hälfte der regelmäßigen Wochenarbeitszeit vergleichbarer Vollbeschäftigter des Betriebes herabgesetzt wird; dies gilt auch für Beschäftigte, die im Anschluss an ihr bisheriges Beschäftigungsverhältnis bei einem anderen Arbeitgeber ein Beschäftigungsverhältnis aufnehmen, das die Voraussetzungen des vorstehenden Halbsatzes erfüllt, sowie für Beschäftigte, die im Anschluss an die Zeiten des Bezugs von Elterngeld oder der Inanspruchnahme von Elternzeit oder einer Freistellung nach § 3 des Pflegezeitgesetzes oder § 2 des Familienpflegezeitgesetzes ein Beschäftigungsverhältnis im Sinne des ersten Teilsatzes aufnehmen, das bei Vollbeschäftigung zur Versicherungsfreiheit nach § 6 Absatz 1 Nummer 1 führen würde; Voraussetzung ist ferner, dass der Beschäftigte seit mindestens fünf Jahren wegen Überschreitens der Jahresarbeitsentgeltgrenze versicherungsfrei ist; Zeiten des Bezugs von Erziehungsgeld oder Elterngeld oder der Inanspruchnahme von Elternzeit oder einer Freistellung nach § 3 des Pflegezeitgesetzes oder § 2 des Familienpflegezeitgesetzes werden angerechnet,

4. durch den Antrag auf Rente oder den Bezug von Rente oder die Teilnahme an Leistungen zur Teilhabe am Arbeitsleben (§ 5 Abs. 1 Nr. 6, 11 bis 12),

5. durch die Einschreibung als Student oder die berufspraktische Tätigkeit (§ 5 Abs. 1 Nr. 9 oder 10),

6. durch die Beschäftigung als Arzt im Praktikum,

7. durch die Tätigkeit in einer Einrichtung für behinderte Menschen (§ 5 Abs. 1 Nr. 7 oder 8).

[2]Das Recht auf Befreiung setzt nicht voraus, dass der Antragsteller erstmals versicherungspflichtig wird.

(2) [1]Der Antrag ist innerhalb von drei Monaten nach Beginn der Versicherungspflicht bei der Krankenkasse zu stellen. [2]Die Befreiung wirkt vom Beginn der Versicherungspflicht an, wenn seit diesem Zeitpunkt noch keine Leistungen in Anspruch genommen wurden, sonst vom Beginn des Kalendermonats an, der auf die Antragstellung folgt. [3]Die Befreiung kann nicht widerrufen werden. [4]Die Befreiung wird nur wirksam, wenn das Mitglied das Bestehen eines anderweitigen Anspruchs auf Absicherung im Krankheitsfall nachweist.

(3) [1]Personen, die am 31. Dezember 2014 von der Versicherungspflicht nach Absatz 1 Nummer 2a befreit waren, bleiben auch für die Dauer der Nachpflegephase nach § 3 Absatz 1 Nummer 1 Buchstabe c des Familienpflegezeitgesetzes in der am 31. Dezember 2014 geltenden Fassung befreit. [2]Bei Anwendung des Absatzes 1 Nummer 3 steht der Freistellung nach § 2 des Familienpflegezeitgesetzes die Nachpflegephase nach § 3 Absatz 1 Nummer 1 Buchstabe c des Familienpflegezeitgesetzes in der am 31. Dezember 2014 geltenden Fassung gleich.

Zweiter Abschnitt

Versicherungsberechtigung

§ 9
Freiwillige Versicherung

(1) [1]Der Versicherung können beitreten

1. Personen, die als Mitglieder aus der Versicherungspflicht ausgeschieden sind und in den letzten fünf Jahren vor dem Ausscheiden mindestens vierundzwanzig Monate oder unmittelbar vor dem Ausscheiden ununterbrochen mindestens zwölf Monate versichert waren; Zeiten der Mitgliedschaft nach § 189 und Zeiten, in denen eine Versicherung allein deshalb bestanden hat, weil Bürgergeld nach

§ 19 Absatz 1 Satz 1 des Zweiten Buches zu Unrecht bezogen wurde, werden nicht berücksichtigt,

2. Personen, deren Versicherung nach § 10 erlischt oder nur deswegen nicht besteht, weil die Voraussetzungen des § 10 Abs. 3 vorliegen, wenn sie oder der Elternteil, aus dessen Versicherung die Familienversicherung abgeleitet wurde, die in Nummer 1 genannte Vorversicherungszeit erfüllen,

3. Personen, die erstmals eine Beschäftigung im Inland aufnehmen und nach § 6 Absatz 1 Nummer 1 versicherungsfrei sind; Beschäftigungen vor oder während der beruflichen Ausbildung bleiben unberücksichtigt,

4. schwerbehinderte Menschen im Sinne des Neunten Buches, wenn sie, ein Elternteil, ihr Ehegatte oder ihr Lebenspartner in den letzten fünf Jahren vor dem Beitritt mindestens drei Jahre versichert waren, es sei denn, sie konnten wegen ihrer Behinderung diese Voraussetzung nicht erfüllen; die Satzung kann das Recht zum Beitritt von einer Altersgrenze abhängig machen,

5. Arbeitnehmer, deren Mitgliedschaft durch Beschäftigung im Ausland oder bei einer zwischenstaatlichen oder überstaatlichen Organisation endete, wenn sie innerhalb von zwei Monaten nach Rückkehr in das Inland oder nach Beendigung ihrer Tätigkeit bei der zwischenstaatlichen oder überstaatlichen Organisation wieder eine Beschäftigung aufnehmen,

6. (aufgehoben)

Bearbeiterhinweis:
Am 01. März 2024 tritt nachfolgende Fassung von § 9 Absatz 1 Satz 1 Nummer 6 in Kraft:

6. innerhalb von drei Monaten nach Aufenthaltnahme im Inland Ausländer mit einer Aufenthaltserlaubnis nach § 18d Absatz 1 des Aufenthaltsgesetzes,

7. innerhalb von sechs Monaten nach ständiger Aufenthaltnahme im Inland oder innerhalb von drei Monaten nach Ende des Bezugs von Bürgergeld nach § 19 Absatz 1 Satz 1 des Zweiten Buches Spätaussiedler sowie deren gemäß § 7 Abs. 2 Satz 1 des Bundesvertriebenengesetzes leistungsberechtigte Ehegatten und Abkömmlinge, die bis zum Verlassen ihres früheren Versicherungsbereichs bei einem dortigen Träger der gesetzlichen Krankenversicherung versichert waren,

8. Personen, die ab dem 31. Dezember 2018 als Soldatinnen oder Soldaten auf Zeit aus dem Dienst ausgeschieden sind.

[2]Für die Berechnung der Vorversicherungszeiten nach Satz 1 Nr. 1 gelten 360 Tage eines Bezugs von Leistungen, die nach § 339 des Dritten Buches berechnet werden, als zwölf Monate.

(2) Der Beitritt ist der Krankenkasse innerhalb von drei Monaten anzuzeigen

1. im Falle des Absatzes 1 Nr. 1 nach Beendigung der Mitgliedschaft,

2. im Falle des Absatzes 1 Nr. 2 nach Beendigung der Versicherung oder nach Geburt des Kindes,

3. im Falle des Absatzes 1 Satz 1 Nummer 3 nach Aufnahme der Beschäftigung,

4. im Falle des Absatzes 1 Nr. 4 nach Feststellung der Behinderung nach § 151 des Neunten Buches,

5. im Falle des Absatzes 1 Nr. 5 nach Rückkehr in das Inland oder nach Beendigung der Tätigkeit bei der zwischenstaatlichen oder überstaatlichen Organisation,

6. im Falle des Absatzes 1 Satz 1 Nummer 8 nach dem Ausscheiden aus dem Dienst als Soldatin oder Soldat auf Zeit.

(3) Kann zum Zeitpunkt des Beitritts zur gesetzlichen Krankenversicherung nach Absatz 1 Nr. 7 eine Bescheinigung nach § 15 Abs. 1 oder 2 des Bundesvertriebenengesetzes nicht vorgelegt werden, reicht als vorläufiger Nachweis der vom Bundesverwaltungsamt im Verteilungsverfahren nach § 8 Abs. 1 des Bundesvertriebenengesetzes ausgestellte Registrierschein und die Bestätigung der für die Ausstellung einer Bescheinigung nach § 15 Abs. 1 oder 2 des Bundesvertriebenengesetzes zuständigen Behörde, dass die Ausstellung dieser Bescheinigung beantragt wurde.

Dritter Abschnitt

Versicherung der Familienangehörigen

§ 10
Familienversicherung

(1) [1]Versichert sind der Ehegatte, der Lebenspartner und die Kinder von Mitgliedern sowie die Kinder von familienversicherten Kindern, wenn diese Familienangehörigen

1. ihren Wohnsitz oder gewöhnlichen Aufenthalt im Inland haben,
2. nicht nach § 5 Abs. 1 Nr. 1, 2, 2a, 3 bis 8, 11 bis 12 oder nicht freiwillig versichert sind,
3. nicht versicherungsfrei oder nicht von der Versicherungspflicht befreit sind; dabei bleibt die Versicherungsfreiheit nach § 7 außer Betracht,
4. nicht hauptberuflich selbständig erwerbstätig sind und
5. kein Gesamteinkommen haben, das regelmäßig im Monat ein Siebtel der monatlichen Bezugsgröße nach § 18 des Vierten Buches überschreitet; bei Abfindungen, Entschädigungen oder ähnlichen Leistungen (Entlassungsentschädigungen), die wegen der Beendigung eines Arbeitsverhältnisses in Form nicht monatlich wiederkehrender Leistungen gezahlt werden, wird das zuletzt erzielte monatliche Arbeitsentgelt für die der Auszahlung der Entlassungsentschädigung folgenden Monate bis zu dem Monat berücksichtigt, in dem im Fall der Fortzahlung des Arbeitsentgelts die Höhe der gezahlten Entlassungsentschädigung erreicht worden wäre; bei Renten wird der Zahlbetrag ohne den auf Entgeltpunkte für Kindererziehungszeiten entfallenden Teil berücksichtigt; für Familienangehörige, die eine geringfügige Beschäftigung nach § 8 Absatz 1 Nummer 1 oder § 8a des Vierten Buches in Verbindung mit § 8 Absatz 1 Nummer 1 des Vierten Buches ausüben, ist ein regelmäßiges monatliches Gesamteinkommen bis zur Geringfügigkeitsgrenze zulässig.

[2]Eine hauptberufliche selbständige Tätigkeit im Sinne des Satzes 1 Nr. 4 ist nicht deshalb anzunehmen, weil eine Versicherung nach § 1 Abs. 3 des Gesetzes über die Alterssicherung der Landwirte vom 29. Juli 1994 (BGBl. I S. 1890, 1891) besteht. [3]Ehegatten und Lebenspartner sind für die Dauer der Schutzfristen nach § 3 des Mutterschutzgesetzes sowie der Elternzeit nicht versichert, wenn sie zuletzt vor diesen Zeiträumen nicht gesetzlich krankenversichert waren.

(2) Kinder sind versichert

1. bis zur Vollendung des achtzehnten Lebensjahres,
2. bis zur Vollendung des dreiundzwanzigsten Lebensjahres, wenn sie nicht erwerbstätig sind,
3. bis zur Vollendung des fünfundzwanzigsten Lebensjahres, wenn sie sich in Schul- oder Berufsausbildung befinden oder ein freiwilliges soziales Jahr oder ein freiwilliges ökologisches Jahr im Sinne des Jugendfreiwilligendienstegesetzes leisten; wird die Schul- oder Berufsausbildung durch Erfüllung einer gesetzlichen Dienstpflicht des Kindes unterbrochen oder verzögert, besteht die Versicherung auch für einen der Dauer dieses Dienstes entsprechenden Zeitraum über das fünfundzwanzigste Lebensjahr hinaus; dies gilt auch bei einer Unterbrechung oder Verzögerung durch den freiwilligen Wehrdienst nach § 58b des Soldatengesetzes, einen Freiwilligendienst nach dem Bundesfreiwilligendienstgesetz, dem Jugendfreiwilligendienstegesetz oder einen vergleichbaren anerkannten Freiwilligendienst oder durch eine Tätigkeit als Entwicklungshelfer im Sinne des § 1 Absatz 1 des Entwicklungshelfer-Gesetzes für die Dauer von höchstens zwölf Monaten; wird als Berufsausbildung ein Studium an einer staatlichen oder staatlich anerkannten Hochschule abgeschlossen, besteht die Versicherung bis zum Ablauf des Semesters fort, längstens bis zur Vollendung des 25. Lebensjahres; § 186 Absatz 7 Satz 2 und 3 gilt entsprechend,
4. ohne Altersgrenze, wenn sie als Menschen mit Behinderungen (§ 2 Abs. 1 Satz 1 des Neunten Buches) außerstande sind, sich selbst zu unterhalten; Voraussetzung ist, dass die Behinderung zu einem Zeitpunkt vorlag, in dem das Kind innerhalb der Altersgrenzen nach den Nummern 1, 2 oder 3 familienversichert war oder die Familienversicherung nur wegen einer Vorrangversicherung nach Absatz 1 Satz 1 Nummer 2 ausgeschlossen war.

(3) Kinder sind nicht versichert, wenn der mit den Kindern verwandte Ehegatte oder Lebenspartner des Mitglieds nicht Mitglied einer Krankenkas-

se ist und sein Gesamteinkommen regelmäßig im Monat ein Zwölftel der Jahresarbeitsentgeltgrenze übersteigt und regelmäßig höher als das Gesamteinkommen des Mitglieds ist; bei Renten wird der Zahlbetrag berücksichtigt.

(4) [1]Als Kinder im Sinne der Absätze 1 bis 3 gelten auch Stiefkinder und Enkel, die das Mitglied überwiegend unterhält oder in seinen Haushalt aufgenommen hat, sowie Pflegekinder (§ 56 Abs. 2 Nr. 2 des Ersten Buches). [2]Kinder, die mit dem Ziel der Annahme als Kind in die Obhut des Annehmenden aufgenommen sind und für die die zur Annahme erforderliche Einwilligung der Eltern erteilt ist, gelten als Kinder des Annehmenden und nicht mehr als Kinder der leiblichen Eltern. [3]Stiefkinder im Sinne des Satzes 1 sind auch die Kinder des Lebenspartners eines Mitglieds.

(5) Sind die Voraussetzungen der Absätze 1 bis 4 mehrfach erfüllt, wählt das Mitglied die Krankenkasse.

(6) [1]Das Mitglied hat die nach den Absätzen 1 bis 4 Versicherten mit den für die Durchführung der Familienversicherung notwendigen Angaben sowie die Änderung dieser Angaben an die zuständige Krankenkasse zu melden. [2]Der Spitzenverband Bund der Krankenkassen legt für die Meldung nach Satz 1 ein einheitliches Verfahren und einheitliche Meldevordrucke fest.

Drittes Kapitel

Leistungen der Krankenversicherung

Erster Abschnitt

Übersicht über die Leistungen

§ 11
Leistungsarten

(1) Versicherte haben nach den folgenden Vorschriften Anspruch auf Leistungen

1. bei Schwangerschaft und Mutterschaft (§§ 24c bis 24i),
2. zur Verhütung von Krankheiten und von deren Verschlimmerung sowie zur Empfängnisverhütung, bei Sterilisation und bei Schwangerschaftsabbruch (§§ 20 bis 24b),
3. zur Erfassung von gesundheitlichen Risiken und Früherkennung von Krankheiten (§§ 25 und 26),
4. zur Behandlung einer Krankheit (§§ 27 bis 52),
5. des Persönlichen Budgets nach § 29 des Neunten Buches.

(2) [1]Versicherte haben auch Anspruch auf Leistungen zur medizinischen Rehabilitation sowie auf unterhaltssichernde und andere ergänzende Leistungen, die notwendig sind, um eine Behinderung oder Pflegebedürftigkeit abzuwenden, zu beseitigen, zu mindern, auszugleichen, ihre Verschlimmerung zu verhüten oder ihre Folgen zu mildern. [2]Leistungen der aktivierenden Pflege nach Eintritt von Pflegebedürftigkeit werden von den Pflegekassen erbracht. [3]Die Leistungen nach Satz 1 werden unter Beachtung des Neunten Buches erbracht, soweit in diesem Buch nichts anderes bestimmt ist.

(3) [1]Bei stationärer Behandlung umfassen die Leistungen auch die aus medizinischen Gründen notwendige Mitaufnahme einer Begleitperson des Versicherten oder bei stationärer Behandlung in einem Krankenhaus nach § 108 oder einer Vorsorge- oder Rehabilitationseinrichtung nach § 107 Absatz 2 die Mitaufnahme einer Pflegekraft, soweit Versicherte ihre Pflege nach § 63b Absatz 6 Satz 1 des Zwölften Buches durch von ihnen beschäftigte besondere Pflegekräfte sicherstellen. [2]Bei der stationären Behandlung eines versicherten Kindes, das das neunte Lebensjahr noch nicht vollendet hat, wird die Notwendigkeit der Mitaufnahme einer Begleitperson aus medizinischen Gründen unwiderlegbar vermutet. [3]Ist bei stationärer Behandlung die Anwesenheit einer Begleitperson aus medizinischen Gründen notwendig, eine Mitaufnahme in die stationäre Einrichtung jedoch nicht möglich, kann die Unterbringung der Begleitperson auch außerhalb des Krankenhauses oder der Vorsorge- oder Rehabilitationseinrichtung erfolgen. [4]Die Krankenkasse bestimmt nach den medizinischen Erfordernissen des Einzelfalls Art und Dauer der Leistungen für eine Unterbringung nach Satz 3 nach pflichtgemäßem Ermessen; die Kosten dieser Leistungen dürfen nicht höher sein als die für eine Mitaufnahme der Begleitperson in die stationäre Einrichtung nach Satz 1 anfallenden Kosten.

(4) [1]Versicherte haben Anspruch auf ein Versorgungsmanagement insbesondere zur Lösung von Problemen beim Übergang in die verschiedenen Versorgungsbereiche; dies umfasst auch die fachärztliche Anschlussversorgung. [2]Die betroffenen Leistungserbringer sorgen für eine sachgerechte Anschlussversorgung des Versicherten und übermitteln sich gegenseitig die erforderlichen Infor-

mationen. [3]Sie sind zur Erfüllung dieser Aufgabe von den Krankenkassen zu unterstützen. [4]In das Versorgungsmanagement sind die Pflegeeinrichtungen einzubeziehen; dabei ist eine enge Zusammenarbeit mit Pflegeberatern und Pflegeberaterinnen nach § 7a des Elften Buches zu gewährleisten. [5]Das Versorgungsmanagement und eine dazu erforderliche Übermittlung von Daten darf nur mit Einwilligung und nach vorheriger Information des Versicherten erfolgen. [6]Soweit in Verträgen nach § 140a nicht bereits entsprechende Regelungen vereinbart sind, ist das Nähere im Rahmen von Verträgen mit sonstigen Leistungserbringern der gesetzlichen Krankenversicherung und mit Leistungserbringern nach dem Elften Buch sowie mit den Pflegekassen zu regeln.

(5) [1]Auf Leistungen besteht kein Anspruch, wenn sie als Folge eines Arbeitsunfalls oder einer Berufskrankheit im Sinne der gesetzlichen Unfallversicherung zu erbringen sind. [2]Dies gilt auch in Fällen des § 12a des Siebten Buches.

(6) [1]Die Krankenkasse kann in ihrer Satzung zusätzliche vom Gemeinsamen Bundesausschuss nicht ausgeschlossene Leistungen in der fachlich gebotenen Qualität im Bereich der medizinischen Vorsorge und Rehabilitation (§§ 23, 40), der Leistungen von Hebammen bei Schwangerschaft und Mutterschaft (§ 24d), der künstlichen Befruchtung (§ 27a), der zahnärztlichen Behandlung ohne die Versorgung mit Zahnersatz (§ 28 Absatz 2), bei der Versorgung mit nicht verschreibungspflichtigen apothekenpflichtigen Arzneimitteln (§ 34 Absatz 1 Satz 1), mit Heilmitteln (§ 32), mit Hilfsmitteln (§ 33) und mit digitalen Gesundheitsanwendungen (§ 33a) im Bereich der häuslichen Krankenpflege (§ 37) und der Haushaltshilfe (§ 38) sowie Leistungen von nicht zugelassenen Leistungserbringern vorsehen. [2]Die Satzung muss insbesondere die Art, die Dauer und den Umfang der Leistung bestimmen; sie hat hinreichende Anforderungen an die Qualität der Leistungserbringung zu regeln. [3]Die zusätzlichen Leistungen sind von den Krankenkassen in ihrer Rechnungslegung gesondert auszuweisen.

Zweiter Abschnitt

Gemeinsame Vorschriften

§ 12
Wirtschaftlichkeitsgebot

(1) [1]Die Leistungen müssen ausreichend, zweckmäßig und wirtschaftlich sein; sie dürfen das Maß des Notwendigen nicht überschreiten. [2]Leistungen, die nicht notwendig oder unwirtschaftlich sind, können Versicherte nicht beanspruchen, dürfen die Leistungserbringer nicht bewirken und die Krankenkassen nicht bewilligen.

(2) Ist für eine Leistung ein Festbetrag festgesetzt, erfüllt die Krankenkasse ihre Leistungspflicht mit dem Festbetrag.

(3) Hat die Krankenkasse Leistungen ohne Rechtsgrundlage oder entgegen geltendem Recht erbracht und hat ein Vorstandsmitglied hiervon gewusst oder hätte hiervon wissen müssen, hat die zuständige Aufsichtsbehörde nach Anhörung des Vorstandsmitglieds den Verwaltungsrat zu veranlassen, das Vorstandsmitglied auf Ersatz des aus der Pflichtverletzung entstandenen Schadens in Anspruch zu nehmen, falls der Verwaltungsrat das Regressverfahren nicht bereits von sich aus eingeleitet hat.

§ 13
Kostenerstattung

(1) Die Krankenkasse darf anstelle der Sach- oder Dienstleistung (§ 2 Abs. 2) Kosten nur erstatten, soweit es dieses oder das Neunte Buch vorsieht.

(2) [1]Versicherte können anstelle der Sach- oder Dienstleistungen Kostenerstattung wählen. [2]Hierüber haben sie ihre Krankenkasse vor Inanspruchnahme der Leistung in Kenntnis zu setzen. [3]Der Leistungserbringer hat die Versicherten vor Inanspruchnahme der Leistung darüber zu informieren, dass Kosten, die nicht von der Krankenkasse übernommen werden, von dem Versicherten zu tragen sind. [4]Eine Einschränkung der Wahl auf den Bereich der ärztlichen Versorgung, der zahnärztlichen Versorgung, den stationären Bereich oder auf veranlasste Leistungen ist möglich. [5]Nicht im Vierten Kapitel genannte Leistungserbringer dürfen nur nach vorheriger Zustimmung der Krankenkasse in Anspruch genommen werden. [6]Eine Zustimmung kann erteilt werden, wenn medizinische oder soziale Gründe eine Inanspruchnahme dieser Leistungserbringer rechtfertigen und eine zumindest gleichwertige Versorgung gewährleistet ist. [7]Die Inanspruchnahme von Leistungserbringern nach § 95b Absatz 3 Satz 1 im Wege der Kostenerstattung ist ausgeschlossen. [8]Anspruch auf Erstattung besteht höchstens in Höhe der Vergütung, die die Krankenkasse bei Erbringung als Sachleistung zu tragen hätte. [9]Die Satzung hat das Verfahren der Kostenerstattung

zu regeln. [10]Sie kann dabei Abschläge vom Erstattungsbetrag für Verwaltungskosten in Höhe von höchstens 5 Prozent in Abzug bringen. [11]Im Falle der Kostenerstattung nach § 129 Absatz 1 Satz 6 sind die der Krankenkasse entgangenen Rabatte nach § 130a Absatz 8 sowie die Mehrkosten im Vergleich zur Abgabe eines Arzneimittels nach § 129 Absatz 1 Satz 3 und 5 zu berücksichtigen; die Abschläge sollen pauschaliert werden. [12]Die Versicherten sind an ihre Wahl der Kostenerstattung mindestens ein Kalendervierteljahr gebunden.

(3) [1]Konnte die Krankenkasse eine unaufschiebbare Leistung nicht rechtzeitig erbringen oder hat sie eine Leistung zu Unrecht abgelehnt und sind dadurch Versicherten für die selbstbeschaffte Leistung Kosten entstanden, sind diese von der Krankenkasse in der entstandenen Höhe zu erstatten, soweit die Leistung notwendig war. [2]Die Kosten für selbstbeschaffte Leistungen zur medizinischen Rehabilitation nach dem Neunten Buch werden nach § 18 des Neunten Buches erstattet. [3]Die Kosten für selbstbeschaffte Leistungen, die durch einen Psychotherapeuten erbracht werden, sind erstattungsfähig, sofern dieser die Voraussetzungen des § 95c erfüllt.

(3a) [1]Die Krankenkasse hat über einen Antrag auf Leistungen zügig, spätestens bis zum Ablauf von drei Wochen nach Antragseingang oder in Fällen, in denen eine gutachtliche Stellungnahme, insbesondere des Medizinischen Dienstes, eingeholt wird, innerhalb von fünf Wochen nach Antragseingang zu entscheiden. [2]Wenn die Krankenkasse eine gutachtliche Stellungnahme für erforderlich hält, hat sie diese unverzüglich einzuholen und die Leistungsberechtigten hierüber zu unterrichten. [3]Der Medizinische Dienst nimmt innerhalb von drei Wochen gutachtlich Stellung. [4]Wird ein im Bundesmantelvertrag für Zahnärzte vorgesehenes Gutachterverfahren gemäß § 87 Absatz 1c durchgeführt, hat die Krankenkasse ab Antragseingang innerhalb von sechs Wochen zu entscheiden; der Gutachter nimmt innerhalb von vier Wochen Stellung. [5]Kann die Krankenkasse Fristen nach Satz 1 oder Satz 4 nicht einhalten, teilt sie dies den Leistungsberechtigten unter Darlegung der Gründe rechtzeitig schriftlich oder elektronisch mit; für die elektronische Mitteilung gilt § 37 Absatz 2b des Zehnten Buches entsprechend. [6]Erfolgt keine Mitteilung eines hinreichenden Grundes, gilt die Leistung nach Ablauf der Frist als genehmigt. [7]Beschaffen sich Leistungsberechtigte nach Ablauf der Frist eine erforderliche Leistung selbst, ist die Krankenkasse zur Erstattung der hierdurch entstandenen Kosten verpflichtet. [8]Die Krankenkasse berichtet dem Spitzenverband Bund der Krankenkassen jährlich über die Anzahl der Fälle, in denen Fristen nicht eingehalten oder Kostenerstattungen vorgenommen wurden. [9]Für Leistungen zur medizinischen Rehabilitation gelten die §§ 14 bis 24 des Neunten Buches zur Koordinierung der Leistungen und zur Erstattung selbst beschaffter Leistungen.

(4) [1]Versicherte sind berechtigt, auch Leistungserbringer in einem anderen Mitgliedstaat der Europäischen Union, einem anderen Vertragsstaat des Abkommens über den Europäischen Wirtschaftsraum oder der Schweiz anstelle der Sach- oder Dienstleistung im Wege der Kostenerstattung in Anspruch zu nehmen, es sei denn, Behandlungen für diesen Personenkreis im anderen Staat sind auf der Grundlage eines Pauschbetrages zu erstatten oder unterliegen auf Grund eines vereinbarten Erstattungsverzichts nicht der Erstattung. [2]Es dürfen nur solche Leistungserbringer in Anspruch genommen werden, bei denen die Bedingungen des Zugangs und der Ausübung des Berufes Gegenstand einer Richtlinie der Europäischen Gemeinschaft sind oder die im jeweiligen nationalen System der Krankenversicherung des Aufenthaltsstaates zur Versorgung der Versicherten berechtigt sind. [3]Der Anspruch auf Erstattung besteht höchstens in Höhe der Vergütung, die die Krankenkasse bei Erbringung als Sachleistung im Inland zu tragen hätte. [4]Die Satzung hat das Verfahren der Kostenerstattung zu regeln. [5]Sie hat dabei ausreichende Abschläge vom Erstattungsbetrag für Verwaltungskosten in Höhe von höchstens 5 Prozent vorzusehen sowie vorgesehene Zuzahlungen in Abzug zu bringen. [6]Ist eine dem allgemein anerkannten Stand der medizinischen Erkenntnisse entsprechende Behandlung einer Krankheit nur in einem anderen Mitgliedstaat der Europäischen Union oder einem anderen Vertragsstaat des Abkommens über den Europäischen Wirtschaftsraum möglich, kann die Krankenkasse die Kosten der erforderlichen Behandlung auch ganz übernehmen.

(5) [1]Abweichend von Absatz 4 können in einem anderen Mitgliedstaat der Europäischen Union, einem anderen Vertragsstaat des Abkommens über den Europäischen Wirtschaftsraum oder der Schweiz Krankenhausleistungen nach § 39 nur nach vorheriger Zustimmung durch die Krankenkassen in Anspruch genommen werden. [2]Die Zustimmung darf nur versagt werden, wenn die

gleiche oder eine für den Versicherten ebenso wirksame, dem allgemein anerkannten Stand der medizinischen Erkenntnisse entsprechende Behandlung einer Krankheit rechtzeitig bei einem Vertragspartner der Krankenkasse im Inland erlangt werden kann.

(6) § 18 Abs. 1 Satz 2 und Abs. 2 gilt in den Fällen der Absätze 4 und 5 entsprechend.

§ 14
Teilkostenerstattung

(1) [1]Die Satzung kann für Angestellte und Versorgungsempfänger der Krankenkassen und ihrer Verbände, für die eine Dienstordnung nach § 351 der Reichsversicherungsordnung gilt, und für Beamte, die in einer Betriebskrankenkasse oder in der knappschaftlichen Krankenversicherung tätig sind, bestimmen, dass an die Stelle der nach diesem Buch vorgesehenen Leistungen ein Anspruch auf Teilkostenerstattung tritt. [2]Sie hat die Höhe des Erstattungsanspruchs in Vomhundertsätzen festzulegen und das Nähere über die Durchführung des Erstattungsverfahrens zu regeln.

(2) [1]Die in Absatz 1 genannten Versicherten können sich jeweils im Voraus für die Dauer von zwei Jahren für die Teilkostenerstattung nach Absatz 1 entscheiden. [2]Die Entscheidung wirkt auch für ihre nach § 10 versicherten Angehörigen.

§ 15
Ärztliche Behandlung, elektronische Gesundheitskarte

(1) [1]Ärztliche oder zahnärztliche Behandlung wird von Ärzten oder Zahnärzten erbracht; soweit nicht in Modellvorhaben nach § 63 Abs. 3c etwas anderes bestimmt ist. [2]Sind Hilfeleistungen anderer Personen erforderlich, dürfen sie nur erbracht werden, wenn sie vom Arzt (Zahnarzt) angeordnet und von ihm verantwortet werden.

(2) [1]Versicherte, die ärztliche, zahnärztliche oder psychotherapeutische Behandlung in Anspruch nehmen, haben dem Arzt, Zahnarzt oder Psychotherapeuten vor Beginn der Behandlung ihre elektronische Gesundheitskarte zum Nachweis der Berechtigung zur Inanspruchnahme von Leistungen auszuhändigen. [2]Ab dem 1. Januar 2024 kann der Versicherte den Nachweis nach Satz 1 auch durch eine digitale Identität nach § 291 Absatz 8 erbringen.

(3) [1]Für die Inanspruchnahme anderer Leistungen stellt die Krankenkasse den Versicherten Berechtigungsscheine aus, soweit es zweckmäßig ist. [2]Der Berechtigungsschein ist vor der Inanspruchnahme der Leistung dem Leistungserbringer auszuhändigen.

(4) [1]In den Berechtigungsscheinen sind die Angaben nach § 291a Absatz 2 Nummer 1 bis 9 und 11, bei befristeter Gültigkeit das Datum des Fristablaufs, aufzunehmen. [2]Weitere Angaben dürfen nicht aufgenommen werden.

(5) In dringenden Fällen kann die elektronische Gesundheitskarte oder der Berechtigungsschein nachgereicht werden.

(6) [1]Jeder Versicherte erhält die elektronische Gesundheitskarte bei der erstmaligen Ausgabe und bei Beginn der Versicherung bei einer Krankenkasse sowie bei jeder weiteren, nicht vom Versicherten verschuldeten erneuten Ausgabe gebührenfrei. [2]Die Krankenkassen haben einem Missbrauch der Karten durch geeignete Maßnahmen entgegenzuwirken. [3]Muss die Karte auf Grund von vom Versicherten verschuldeten Gründen neu ausgestellt werden, kann eine Gebühr von fünf Euro erhoben werden; diese Gebühr ist auch von den nach § 10 Versicherten zu zahlen. [4]Satz 3 gilt entsprechend, wenn die Karte aus vom Versicherten verschuldeten Gründen nicht ausgestellt werden kann und von der Krankenkasse eine zur Überbrückung von Übergangszeiten befristete Ersatzbescheinigung zum Nachweis der Berechtigung zur Inanspruchnahme von Leistungen ausgestellt wird. [5]Die wiederholte Ausstellung einer Bescheinigung nach Satz 4 kommt nur in Betracht, wenn der Versicherte bei der Ausstellung der elektronischen Gesundheitskarte mitwirkt; hierauf ist der Versicherte bei der erstmaligen Ausstellung einer Ersatzbescheinigung hinzuweisen. [6]Die Krankenkasse kann die Aushändigung der elektronischen Gesundheitskarte vom Vorliegen der Meldung nach § 10 Abs. 6 abhängig machen.

§ 16
Ruhen des Anspruchs

(1) [1]Der Anspruch auf Leistungen ruht, solange Versicherte

1. sich im Ausland aufhalten, und zwar auch dann, wenn sie dort während eines vorübergehenden Aufenthalts erkranken, soweit in

diesem Gesetzbuch nichts Abweichendes bestimmt ist,

2. Dienst auf Grund einer gesetzlichen Dienstpflicht oder Dienstleistungen und Übungen nach dem Vierten Abschnitt des Soldatengesetzes leisten,

2a. in einem Wehrdienstverhältnis besonderer Art nach § 6 des Einsatz-Weiterverwendungsgesetzes stehen,

3. nach dienstrechtlichen Vorschriften Anspruch auf Heilfürsorge haben oder als Entwicklungshelfer Entwicklungsdienst leisten,

4. sich in Untersuchungshaft befinden, nach § 126a der Strafprozessordnung einstweilen untergebracht sind oder gegen sie eine Freiheitsstrafe oder freiheitsentziehende Maßregel der Besserung und Sicherung vollzogen wird, soweit die Versicherten als Gefangene Anspruch auf Gesundheitsfürsorge nach dem Strafvollzugsgesetz haben oder sonstige Gesundheitsfürsorge erhalten.

[2]Satz 1 gilt nicht für den Anspruch auf Mutterschaftsgeld.

(2) Der Anspruch auf Leistungen ruht, soweit Versicherte gleichartige Leistungen von einem Träger der Unfallversicherung im Ausland erhalten.

(3) [1]Der Anspruch auf Leistungen ruht, soweit durch das Seearbeitsgesetz für den Fall der Erkrankung oder Verletzung Vorsorge getroffen ist. [2]Er ruht insbesondere, solange sich das Besatzungsmitglied an Bord des Schiffes oder auf der Reise befindet, es sei denn, das Besatzungsmitglied hat nach § 100 Absatz 1 des Seearbeitsgesetzes die Leistungen der Krankenkasse gewählt oder der Reeder hat das Besatzungsmitglied nach § 100 Absatz 2 des Seearbeitsgesetzes an die Krankenkasse verwiesen.

(3a) [1]Der Anspruch auf Leistungen für nach dem Künstlersozialversicherungsgesetz Versicherte, die mit einem Betrag in Höhe von Beitragsanteilen für zwei Monate im Rückstand sind und trotz Mahnung nicht zahlen, ruht nach näherer Bestimmung des § 16 Abs. 2 des Künstlersozialversicherungsgesetzes. [2]Satz 1 gilt nicht für den Anspruch auf Untersuchungen zur Früherkennung von Krankheiten nach den §§ 25 und 26 und für den Anspruch auf Leistungen, die zur Behandlung akuter Erkrankungen und Schmerzzustände sowie bei Schwangerschaft und Mutterschaft erforderlich sind. [3]Die Sätze 1 und 2 gelten entsprechend für Mitglieder nach den Vorschriften dieses Buches, die mit einem Betrag in Höhe von Beitragsanteilen für zwei Monate im Rückstand sind und trotz Mahnung nicht zahlen; das Ruhen endet, wenn alle rückständigen und die auf die Zeit des Ruhens entfallenden Beitragsanteile gezahlt sind. [4]Ist eine wirksame Ratenzahlungsvereinbarung zu Stande gekommen, hat das Mitglied ab diesem Zeitpunkt wieder Anspruch auf Leistungen, solange die Raten vertragsgemäß entrichtet werden. [5]Das Ruhen tritt nicht ein oder endet, wenn Versicherte hilfebedürftig im Sinne des Zweiten oder Zwölften Buches sind oder werden.

(3b) Sind Versicherte mit einem Betrag in Höhe von Beitragsanteilen für zwei Monate im Rückstand, hat die Krankenkasse sie schriftlich darauf hinzuweisen, dass sie im Fall der Hilfebedürftigkeit die Übernahme der Beiträge durch den zuständigen Sozialleistungsträger beantragen können.

(4) Der Anspruch auf Krankengeld ruht nicht, solange sich Versicherte nach Eintritt der Arbeitsunfähigkeit mit Zustimmung der Krankenkasse im Ausland aufhalten.

(5) (aufgehoben)

§ 17
Leistungen bei Beschäftigung im Ausland

(1) [1]Mitglieder, die im Ausland beschäftigt sind und während dieser Beschäftigung erkranken oder bei denen Leistungen bei Schwangerschaft oder Mutterschaft erforderlich sind, erhalten die ihnen nach diesem Kapitel zustehenden Leistungen von ihrem Arbeitgeber. [2]Satz 1 gilt entsprechend für

1. die nach § 10 versicherten Familienangehörigen und

2. Familienangehörige in Elternzeit, wenn sie wegen § 10 Absatz 1 Satz 1 Nummer 2 nicht familienversichert sind,

soweit die Familienangehörigen das Mitglied für die Zeit dieser Beschäftigung begleiten oder besuchen.

(2) Die Krankenkasse des Versicherten hat dem Arbeitgeber die ihm nach Absatz 1 entstandenen Kosten bis zu der Höhe zu erstatten, in der sie ihr im Inland entstanden wären.

(3) Die zuständige Krankenkasse hat dem Reeder die Aufwendungen zu erstatten, die ihm nach § 104 Absatz 2 des Seearbeitsgesetzes entstanden sind.

§ 18
Kostenübernahme bei Behandlung außerhalb des Geltungsbereichs des Vertrages zur Gründung der Europäischen Gemeinschaft und des Abkommens über den Europäischen Wirtschaftsraum

(1) [1]Ist eine dem allgemein anerkannten Stand der medizinischen Erkenntnisse entsprechende Behandlung einer Krankheit nur außerhalb des Geltungsbereichs des Vertrages zur Gründung der Europäischen Gemeinschaft und des Abkommens über den Europäischen Wirtschaftsraum möglich, kann die Krankenkasse die Kosten der erforderlichen Behandlung ganz oder teilweise übernehmen. [2]Der Anspruch auf Krankengeld ruht in diesem Fall nicht.

(2) In den Fällen des Absatzes 1 kann die Krankenkasse auch weitere Kosten für den Versicherten und für eine erforderliche Begleitperson ganz oder teilweise übernehmen.

(3) [1]Ist während eines vorübergehenden Aufenthalts außerhalb des Geltungsbereichs des Vertrages zur Gründung der Europäischen Gemeinschaft und des Abkommens über den Europäischen Wirtschaftsraum eine Behandlung unverzüglich erforderlich, die auch im Inland möglich wäre, hat die Krankenkasse die Kosten der erforderlichen Behandlung insoweit zu übernehmen, als Versicherte sich hierfür wegen einer Vorerkrankung oder ihres Lebensalters nachweislich nicht versichern können und die Krankenkasse dies vor Beginn des Auslandsaufenthaltes festgestellt hat. [2]Die Kosten dürfen nur bis zu der Höhe, in der sie im Inland entstanden wären, und nur für längstens sechs Wochen im Kalenderjahr übernommen werden. [3]Eine Kostenübernahme ist nicht zulässig, wenn Versicherte sich zur Behandlung ins Ausland begeben. [4]Die Sätze 1 und 3 gelten entsprechend für Auslandsaufenthalte, die aus schulischen oder Studiengründen erforderlich sind; die Kosten dürfen nur bis zu der Höhe übernommen werden, in der sie im Inland entstanden wären.

§ 19
Erlöschen des Leistungsanspruchs

(1) Der Anspruch auf Leistungen erlischt mit dem Ende der Mitgliedschaft, soweit in diesem Gesetzbuch nichts Abweichendes bestimmt ist.

(1a) [1]Endet die Mitgliedschaft durch die Schließung oder Insolvenz einer Krankenkasse, gelten die von dieser Krankenkasse getroffenen Leistungsentscheidungen mit Wirkung für die aufnehmende Krankenkasse fort. [2]Hiervon ausgenommen sind Leistungen aufgrund von Satzungsregelungen. [3]Beim Abschluss von Wahltarifen, die ein Mitglied zum Zeitpunkt der Schließung in vergleichbarer Form bei der bisherigen Krankenkasse abgeschlossen hatte, dürfen von der aufnehmenden Krankenkasse keine Wartezeiten geltend gemacht werden. [4]Die Vorschriften des Zehnten Buches, insbesondere zur Rücknahme von Leistungsentscheidungen, bleiben hiervon unberührt.

(2) [1]Endet die Mitgliedschaft Versicherungspflichtiger, besteht Anspruch auf Leistungen längstens für einen Monat nach dem Ende der Mitgliedschaft, solange keine Erwerbstätigkeit ausgeübt wird. [2]Eine Versicherung nach § 10 hat Vorrang vor dem Leistungsanspruch nach Satz 1.

(3) Endet die Mitgliedschaft durch Tod, erhalten die nach § 10 versicherten Angehörigen Leistungen längstens für einen Monat nach dem Tode des Mitglieds.

Dritter Abschnitt

Leistungen zur Verhütung von Krankheiten, betriebliche Gesundheitsförderung und Prävention arbeitsbedingter Gesundheitsgefahren, Förderung der Selbsthilfe sowie Leistungen bei Schwangerschaft und Mutterschaft

§ 20
Primäre Prävention und Gesundheitsförderung

(1) [1]Die Krankenkasse sieht in der Satzung Leistungen zur Verhinderung und Verminderung von Krankheitsrisiken (primäre Prävention) sowie zur Förderung des selbstbestimmten gesundheitsorientierten Handelns der Versicherten (Gesundheitsförderung) vor. [2]Die Leistungen sollen insbesondere zur Verminderung sozial bedingter

sowie geschlechtsbezogener Ungleichheit von Gesundheitschancen beitragen und kind- und jugendspezifische Belange berücksichtigen. [3]Die Krankenkasse legt dabei die Handlungsfelder und Kriterien nach Absatz 2 zugrunde.

(2) [1]Der Spitzenverband Bund der Krankenkassen legt unter Einbeziehung unabhängigen, insbesondere gesundheitswissenschaftlichen, ärztlichen, arbeitsmedizinischen, psychotherapeutischen, psychologischen, pflegerischen, ernährungs-, sport-, sucht-, erziehungs- und sozialwissenschaftlichen Sachverstandes sowie des Sachverstandes der Menschen mit Behinderung einheitliche Handlungsfelder und Kriterien für die Leistungen nach Absatz 1 fest, insbesondere hinsichtlich Bedarf, Zielgruppen, Zugangswegen, Inhalt, Methodik, Qualität, intersektoraler Zusammenarbeit, wissenschaftlicher Evaluation und der Messung der Erreichung der mit den Leistungen verfolgten Ziele. [2]Er bestimmt außerdem die Anforderungen und ein einheitliches Verfahren für die Zertifizierung von Leistungsangeboten durch die Krankenkassen, um insbesondere die einheitliche Qualität von Leistungen nach Absatz 4 Nummer 1 und 3 sicherzustellen. [3]Der Spitzenverband Bund der Krankenkassen stellt sicher, dass seine Festlegungen nach den Sätzen 1 und 2 sowie eine Übersicht der nach Satz 2 zertifizierten Leistungen der Krankenkassen auf seiner Internetseite veröffentlicht werden. [4]Die Krankenkassen erteilen dem Spitzenverband Bund der Krankenkassen hierfür sowie für den nach § 20d Absatz 2 Nummer 2 zu erstellenden Bericht die erforderlichen Auskünfte und übermitteln ihm nicht versichertenbezogen die erforderlichen Daten.

(3) [1]Bei der Aufgabenwahrnehmung nach Absatz 2 Satz 1 berücksichtigt der Spitzenverband Bund der Krankenkassen auch die folgenden Gesundheitsziele im Bereich der Gesundheitsförderung und Prävention:

1. Diabetes mellitus Typ 2: Erkrankungsrisiko senken, Erkrankte früh erkennen und behandeln,
2. Brustkrebs: Mortalität vermindern, Lebensqualität erhöhen,
3. Tabakkonsum reduzieren,
4. gesund aufwachsen: Lebenskompetenz, Bewegung, Ernährung,
5. gesundheitliche Kompetenz erhöhen, Souveränität der Patientinnen und Patienten stärken,
6. depressive Erkrankungen: verhindern, früh erkennen, nachhaltig behandeln,
7. gesund älter werden und
8. Alkoholkonsum reduzieren.

[2]Bei der Berücksichtigung des in Satz 1 Nummer 1 genannten Ziels werden auch die Ziele und Teilziele beachtet, die in der Bekanntmachung über die Gesundheitsziele und Teilziele im Bereich der Prävention und Gesundheitsförderung vom 21. März 2005 (BAnz. S. 5304) festgelegt sind. [3]Bei der Berücksichtigung der in Satz 1 Nummer 2, 3 und 8 genannten Ziele werden auch die Ziele und Teilziele beachtet, die in der Bekanntmachung über die Gesundheitsziele und Teilziele im Bereich der Prävention und Gesundheitsförderung vom 27. April 2015 (BAnz. AT 19.05.2015 B3) festgelegt sind. [4]Bei der Berücksichtigung der in Satz 1 Nummer 4 bis 7 genannten Ziele werden auch die Ziele und Teilziele beachtet, die in der Bekanntmachung über die Gesundheitsziele und Teilziele im Bereich der Prävention und Gesundheitsförderung vom 26. Februar 2013 (BAnz. AT 26.03.2013 B3) festgelegt sind. [5]Der Spitzenverband Bund der Krankenkassen berücksichtigt auch die von der Nationalen Arbeitsschutzkonferenz im Rahmen der gemeinsamen deutschen Arbeitsschutzstrategie nach § 20a Absatz 2 Nummer 1 des Arbeitsschutzgesetzes entwickelten Arbeitsschutzziele.

(4) Leistungen nach Absatz 1 werden erbracht als

1. Leistungen zur verhaltensbezogenen Prävention nach Absatz 5,
2. Leistungen zur Gesundheitsförderung und Prävention in Lebenswelten für in der gesetzlichen Krankenversicherung Versicherte nach § 20a und
3. Leistungen zur Gesundheitsförderung in Betrieben (betriebliche Gesundheitsförderung) nach § 20b.

(5) [1]Die Krankenkasse kann eine Leistung zur verhaltensbezogenen Prävention nach Absatz 4 Nummer 1 erbringen, wenn diese nach Absatz 2 Satz 2 von einer Krankenkasse oder von einem mit der Wahrnehmung dieser Aufgabe beauftragten Dritten in ihrem Namen zertifiziert ist. [2]Bei ihrer Entscheidung über eine Leistung zur

verhaltensbezogenen Prävention berücksichtigt die Krankenkasse eine Präventionsempfehlung nach § 25 Absatz 1 Satz 2, nach § 26 Absatz 1 Satz 3 oder eine im Rahmen einer arbeitsmedizinischen Vorsorge oder einer sonstigen ärztlichen Untersuchung schriftlich abgegebene Empfehlung. [3]Die Krankenkasse darf die sich aus der Präventionsempfehlung ergebenden personenbezogenen Daten nur mit schriftlicher oder elektronischer Einwilligung und nach vorheriger schriftlicher oder elektronischer Information des Versicherten verarbeiten. [4]Die Krankenkassen dürfen ihre Aufgaben nach dieser Vorschrift an andere Krankenkassen, deren Verbände oder Arbeitsgemeinschaften übertragen. [5]Für Leistungen zur verhaltensbezogenen Prävention, die die Krankenkasse wegen besonderer beruflicher oder familiärer Umstände wohnortfern erbringt, gilt § 23 Absatz 2 Satz 2 entsprechend.

(6) [1]Die Ausgaben der Krankenkassen für die Wahrnehmung ihrer Aufgaben nach dieser Vorschrift und nach den §§ 20a bis 20c sollen ab dem Jahr 2019 insgesamt für jeden ihrer Versicherten einen Betrag in Höhe von 7,52 Euro umfassen. [2]Von diesem Betrag wenden die Krankenkassen für jeden ihrer Versicherten mindestens 2,15 Euro für Leistungen nach § 20a und mindestens 3,15 Euro für Leistungen nach § 20b auf. [3]Von dem Betrag für Leistungen nach § 20b wenden die Krankenkassen für Leistungen nach § 20b, die in Einrichtungen nach § 107 Absatz 1 und in Einrichtungen nach § 71 Absatz 1 und 2 des Elften Buches erbracht werden, für jeden ihrer Versicherten mindestens 1 Euro auf. [4]Unterschreiten die jährlichen Ausgaben einer Krankenkasse den Betrag nach Satz 2 für Leistungen nach § 20a, so stellt die Krankenkasse diese nicht ausgegebenen Mittel im Folgejahr zusätzlich für Leistungen nach § 20a zur Verfügung. [5]Die Ausgaben nach den Sätzen 1 bis 3 sind in den Folgejahren entsprechend der prozentualen Veränderung der monatlichen Bezugsgröße nach § 18 Absatz 1 des Vierten Buches anzupassen. [6]Unbeschadet der Verpflichtung nach Absatz 1 müssen die Ausgaben der Krankenkassen für die Wahrnehmung ihrer Aufgaben nach dieser Vorschrift und nach den §§ 20a bis 20c im Jahr 2020 nicht den in den Sätzen 1 bis 3 genannten Beträgen entsprechen. Im Jahr 2019 nicht ausgegebene Mittel für Leistungen nach § 20a hat die Krankenkasse nicht im Jahr 2020 für zusätzliche Leistungen nach § 20a zur Verfügung zu stellen.

§ 20a
Leistungen zur Gesundheitsförderung und Prävention in Lebenswelten

(1) [1]Lebenswelten im Sinne des § 20 Absatz 4 Nummer 2 sind für die Gesundheit bedeutsame, abgrenzbare soziale Systeme insbesondere des Wohnens, des Lernens, des Studierens, der medizinischen und pflegerischen Versorgung sowie der Freizeitgestaltung einschließlich des Sports. [2]Die Krankenkassen fördern im Zusammenwirken mit dem öffentlichen Gesundheitsdienst unbeschadet der Aufgaben anderer auf der Grundlage von Rahmenvereinbarungen nach § 20f Absatz 1 mit Leistungen zur Gesundheitsförderung und Prävention in Lebenswelten insbesondere den Aufbau und die Stärkung gesundheitsförderlicher Strukturen. [3]Hierzu erheben sie unter Beteiligung der Versicherten und der für die Lebenswelt Verantwortlichen die gesundheitliche Situation einschließlich ihrer Risiken und Potenziale und entwickeln Vorschläge zur Verbesserung der gesundheitlichen Situation sowie zur Stärkung der gesundheitlichen Ressourcen und Fähigkeiten und unterstützen deren Umsetzung. [4]Bei der Wahrnehmung ihrer Aufgaben nach Satz 2 sollen die Krankenkassen zusammenarbeiten und kassenübergreifende Leistungen zur Gesundheitsförderung und Prävention in Lebenswelten erbringen. [5]Bei der Erbringung von Leistungen für Personen, deren berufliche Eingliederung auf Grund gesundheitlicher Einschränkungen besonderes erschwert ist, arbeiten die Krankenkassen mit der Bundesagentur für Arbeit und mit den kommunalen Trägern der Grundsicherung für Arbeitsuchende eng zusammen.

(2) Die Krankenkasse kann Leistungen zur Gesundheitsförderung und Prävention in Lebenswelten erbringen, wenn die Bereitschaft der für die Lebenswelt Verantwortlichen zur Umsetzung von Vorschlägen zur Verbesserung der gesundheitlichen Situation sowie zur Stärkung der gesundheitlichen Ressourcen und Fähigkeiten besteht und sie mit einer angemessenen Eigenleistung zur Umsetzung der Rahmenvereinbarungen nach § 20f beitragen.

(3) [1]Zur Unterstützung der Krankenkassen bei der Wahrnehmung ihrer Aufgaben nach den Absätzen 1 und 2 bilden die Landesverbände der Krankenkassen und die Ersatzkassen in jedem Land gemeinsam bei einem der jeweiligen Landesverbände der Krankenkassen oder dem Verband der Ersatzkassen Arbeitsgemeinschaften.

[2]Die Arbeitsgemeinschaften unterstützen mit ihren Leistungen die Umsetzung der Rahmenvereinbarungen auf Landesebene nach § 20f Absatz 1. [3]Sie berücksichtigen bei der Wahrnehmung ihrer Aufgaben Stellungnahmen der weiteren an den Rahmenvereinbarungen auf Landesebene nach § 20f Absatz 1 Beteiligten. [4]Die Landesverbände der Krankenkassen und die Ersatzkassen vereinbaren das Nähere über die Aufgaben der jeweiligen Arbeitsgemeinschaft, deren Arbeitsweise und die Verwendung der ihnen nach Absatz 7 Satz 4 zugewiesenen Mittel. [5]Die Arbeitsgemeinschaften sind befugt, zur Erfüllung ihrer Aufgaben Verwaltungsakte zu erlassen. [6]Widerspruchsbescheide erlässt die bei Errichtung der Arbeitsgemeinschaft zu bildende Widerspruchsstelle. [7]Die Krankenkassen und die Arbeitsgemeinschaften erteilen dem Spitzenverband Bund der Krankenkassen die für die Erfüllung seiner Aufgaben nach den Absätzen 4 und 5 erforderlichen Auskünfte.

(4) [1]Der Spitzenverband Bund der Krankenkassen unterstützt die Arbeitsgemeinschaften nach Absatz 3 bei der Wahrnehmung ihrer Aufgaben nach Absatz 3 insbesondere durch

1. die Empfehlung von gemeinsamen und kassenartenübergreifenden Handlungsfeldern und Schwerpunktsetzungen für die Leistungen der Arbeitsgemeinschaften nach Absatz 3 und der Aufgaben nach den Nummern 2 und 3,

2. die Förderung von Maßnahmen zur Unterstützung des Aufbaus und der Stärkung gesundheitsförderlicher Strukturen mit bundesweiter Bedeutung,

3. die Entwicklung, Erprobung und wissenschaftliche Evaluation gesundheitsförderlicher Konzepte,

4. die Erstellung eines Arbeitsprogramms des Spitzenverbandes Bund der Krankenkassen zur Wahrnehmung der Aufgaben nach den Nummern 1 bis 3 unter Berücksichtigung einer Stellungnahme der Nationalen Präventionskonferenz jeweils bis zum 30. November eines Jahres für das Folgejahr.

[2]Der Spitzenverband Bund der Krankenkassen kann Dritte mit der Wahrnehmung von Aufgaben nach Satz 1 Nummer 2 und 3 beauftragen. [3]§ 197b gilt entsprechend.

(5) [1]Der Spitzenverband Bund der Krankenkassen berichtet dem Bundesministerium für Gesundheit jeweils zum 1. Oktober eines Jahres schriftlich über die Wahrnehmung der Aufgaben der Krankenkassen und der Arbeitsgemeinschaften nach Absatz 3 sowie über die Aufgaben des Spitzenverbandes Bund der Krankenkassen nach Absatz 4 Satz 1 im vorangegangenen Jahr. [2]Der Bericht hat auch Angaben zur Höhe der Ausgaben und zu deren Verwendung für die Leistungen der Arbeitsgemeinschaften nach Absatz 3 und der Leistungen nach Absatz 4 Satz 1 Nummer 2, zur Art und Zahl der erreichten Lebenswelten, zur inhaltlichen Ausrichtung der Leistungen sowie zu den erreichten Zielgruppen und den Kooperationspartnern zu enthalten.

(6) [1]Der Spitzenverband Bund der Krankenkassen beauftragt einen unabhängigen Dritten mit der wissenschaftlichen Auswertung und Begleitung der Wahrnehmung der Aufgaben der Arbeitsgemeinschaften nach Absatz 3 sowie der Wahrnehmung der Aufgaben des Spitzenverbandes Bund der Krankenkassen nach Absatz 4 Satz 1 und von deren jeweiligen Auswirkungen auf die Gesundheit der Versicherten. [2]Über das Ergebnis dieser Evaluation berichtet der Spitzenverband Bund der Krankenkassen dem Bundesministerium für Gesundheit alle vier Jahre, erstmals zum 1. Juli 2027.

(7) [1]Die Krankenkassen wenden für die Wahrnehmung der Aufgaben der Arbeitsgemeinschaften nach Absatz 3 und der Aufgaben des Spitzenverbandes Bund der Krankenkassen nach Absatz 4 ab dem 1. Januar 2024 mindestens einen Betrag in Höhe von 0,53 Euro aus dem Betrag auf, den sie nach § 20 Absatz 6 Satz 2 für Leistungen zur Gesundheitsförderung und Prävention in Lebenswelten aufzuwenden haben, und stellen diesen Betrag dem Spitzenverband Bund der Krankenkassen zur Verfügung. [2]Der Betrag ist entsprechend § 20 Absatz 6 Satz 5 jährlich anzupassen. [3]Der Spitzenverband Bund der Krankenkassen legt bis jeweils zum 1. Oktober eines Jahres die zur Durchführung seiner Aufgaben nach Absatz 4 im Folgejahr notwendigen Ausgaben einschließlich der sächlichen und personellen Aufwendungen fest, die aus dem Betrag nach Satz 1 finanziert werden. [4]Den nach Abzug dieser Ausgaben verbleibenden Teil der nach Satz 1 zur Verfügung gestellten Mittel verteilt er nach einem von ihm festzulegenden Schlüssel auf die Arbeitsgemeinschaften für die Wahrnehmung ihrer Aufgaben nach Absatz 3. [5]Werden die nach Satz 1 in einem Kalenderjahr zur Verfügung

gestellten Mittel vom Spitzenverband Bund der Krankenkassen oder von einer Arbeitsgemeinschaft nicht verausgabt, so sind sie im Folgejahr zusätzlich für die Wahrnehmung der Aufgaben nach Absatz 3 oder Absatz 4 zu verwenden. [6]Der Spitzenverband Bund der Krankenkassen regelt in seiner Satzung das Verfahren zur Feststellung der Ausgaben und Aufwendungen nach Satz 3, den Schlüssel zur Verteilung der Mittel nach Satz 4 und die Verwaltung der Mittel.

(8) Der Spitzenverband Bund der Krankenkassen tritt in die Rechte und Pflichten der Bundeszentrale für gesundheitliche Aufklärung ein, die sich aus den nach § 20a Absatz 3 Satz 1 in der bis zum 15. Mai 2023 geltenden Fassung durch die Bundeszentrale für gesundheitliche Aufklärung für die Bundesrepublik Deutschland begründeten Zuwendungsrechtsverhältnissen ergeben.

§ 20b
Betriebliche Gesundheitsförderung

(1) [1]Die Krankenkassen fördern mit Leistungen zur Gesundheitsförderung in Betrieben (betriebliche Gesundheitsförderung) insbesondere den Aufbau und die Stärkung gesundheitsförderlicher Strukturen. [2]Für im Rahmen der Gesundheitsförderung in Betrieben erbrachte Leistungen zur individuellen, verhaltensbezogenen Prävention gilt § 20 Absatz 5 Satz 1 entsprechend. [3]§ 20 Absatz 1 Satz 3 gilt entsprechend.

(2) [1]Bei der Wahrnehmung von Aufgaben nach Absatz 1 arbeiten die Krankenkassen mit dem zuständigen Unfallversicherungsträger sowie mit den für den Arbeitsschutz zuständigen Landesbehörden zusammen. [2]Sie können Aufgaben nach Absatz 1 durch andere Krankenkassen, durch ihre Verbände oder durch zu diesem Zweck gebildete Arbeitsgemeinschaften (Beauftragte) mit deren Zustimmung wahrnehmen lassen und sollen bei der Aufgabenwahrnehmung mit anderen Krankenkassen zusammenarbeiten. [3]§ 88 Abs. 1 Satz 1 und Abs. 2 des Zehnten Buches und § 219 gelten entsprechend.

(3) [1]Die Krankenkassen bieten Unternehmen, insbesondere Einrichtungen nach § 107 Absatz 1 und Einrichtungen nach § 71 Absatz 1 und 2 des Elften Buches, unter Nutzung bestehender Strukturen in gemeinsamen regionalen Koordinierungsstellen Beratung und Unterstützung an. [2]Die Beratung und Unterstützung umfasst insbesondere die Information über Leistungen nach Absatz 1, die Förderung überbetrieblicher Netzwerke zur betrieblichen Gesundheitsförderung und die Klärung, welche Krankenkasse im Einzelfall Leistungen nach Absatz 1 im Betrieb erbringt. [3]Örtliche Unternehmensorganisationen und die für die Wahrnehmung der Interessen der Einrichtungen nach § 107 Absatz 1 oder der Einrichtungen nach § 71 Absatz 1 oder 2 des Elften Buches auf Landesebene maßgeblichen Verbände sollen an der Beratung beteiligt werden. [4]Die Landesverbände der Krankenkassen und die Ersatzkassen regeln einheitlich und gemeinsam das Nähere über die Aufgaben, die Arbeitsweise und die Finanzierung der Koordinierungsstellen sowie über die Beteiligung örtlicher Unternehmensorganisationen und der für die Wahrnehmung der Interessen der Einrichtungen nach § 107 Absatz 1oder der Einrichtungen nach § 71 Absatz 1 oder 2 des Elften Buches auf Landesebene maßgeblichen Verbände durch Kooperationsvereinbarungen. [5]Auf die zum Zwecke der Vorbereitung und Umsetzung der Kooperationsvereinbarungen gebildeten Arbeitsgemeinschaften findet § 94 Absatz 1a Satz 2 und 3 des Zehnten Buches keine Anwendung.

(4) [1]Unterschreiten die jährlichen Ausgaben einer Krankenkasse den Betrag nach § 20 Absatz 6 Satz 2 für Leistungen nach Absatz 1, stellt die Krankenkasse die nicht verausgabten Mittel dem Spitzenverband Bund der Krankenkassen zur Verfügung. [2]Dieser verteilt die Mittel nach einem von ihm festzulegenden Schlüssel auf die Landesverbände der Krankenkassen und die Ersatzkassen, die Kooperationsvereinbarungen mit örtlichen Unternehmensorganisationen nach Absatz 3 Satz 4 abgeschlossen haben. [3]Die Mittel dienen der Umsetzung der Förderung überbetrieblicher Netzwerke nach Absatz 3 Satz 2 und der Kooperationsvereinbarungen nach Absatz 3 Satz 4. [4]Die Sätze 1 bis 3 sind bezogen auf Ausgaben einer Krankenkasse für Leistungen nach Absatz 1 im Jahr 2020 nicht anzuwenden.

§ 20c
Prävention
arbeitsbedingter Gesundheitsgefahren

(1) [1]Die Krankenkassen unterstützen die Träger der gesetzlichen Unfallversicherung bei ihren Aufgaben zur Verhütung arbeitsbedingter Gesundheitsgefahren. [2]Insbesondere erbringen sie in Abstimmung mit den Trägern der gesetzlichen Unfallversicherung auf spezifische arbeitsbedingte Gesundheitsrisiken ausgerichtete Maßnahmen zur betrieblichen Gesundheitsförderung nach

§ 20b und informieren diese über die Erkenntnisse, die sie über Zusammenhänge zwischen Erkrankungen und Arbeitsbedingungen gewonnen haben. [3]Ist anzunehmen, dass bei einem Versicherten eine berufsbedingte gesundheitliche Gefährdung oder eine Berufskrankheit vorliegt, hat die Krankenkasse dies unverzüglich den für den Arbeitsschutz zuständigen Stellen und dem Unfallversicherungsträger mitzuteilen.

(2) [1]Zur Wahrnehmung der Aufgaben nach Absatz 1 arbeiten die Krankenkassen eng mit den Trägern der gesetzlichen Unfallversicherung sowie mit den für den Arbeitsschutz zuständigen Landesbehörden zusammen. [2]Dazu sollen sie und ihre Verbände insbesondere regionale Arbeitsgemeinschaften bilden. [3]§ 88 Abs. 1 Satz 1 und Abs. 2 des Zehnten Buches und § 219 gelten entsprechend.

§ 20d
Nationale Präventionsstrategie

(1) Die Krankenkassen entwickeln im Interesse einer wirksamen und zielgerichteten Gesundheitsförderung und Prävention mit den Trägern der gesetzlichen Rentenversicherung, der gesetzlichen Unfallversicherung und den Pflegekassen eine gemeinsame nationale Präventionsstrategie und gewährleisten ihre Umsetzung und Fortschreibung im Rahmen der Nationalen Präventionskonferenz nach § 20e.

(2) Die Nationale Präventionsstrategie umfasst insbesondere

1. die Vereinbarung bundeseinheitlicher, trägerübergreifender Rahmenempfehlungen zur Gesundheitsförderung und Prävention nach Absatz 3,
2. die Erstellung eines Berichts über die Entwicklung der Gesundheitsförderung und Prävention (Präventionsbericht) nach Absatz 4.

(3) [1]Zur Sicherung und Weiterentwicklung der Qualität von Gesundheitsförderung und Prävention sowie der Zusammenarbeit der für die Erbringung von Leistungen zur Prävention in Lebenswelten und in Betrieben zuständigen Träger und Stellen vereinbaren die Träger nach Absatz 1 bundeseinheitliche, trägerübergreifende Rahmenempfehlungen, insbesondere durch Festlegung gemeinsamer Ziele, vorrangiger Handlungsfelder und Zielgruppen, der zu beteiligenden Organisationen und Einrichtungen sowie zu Dokumentations- und Berichtspflichten. [2]Die Träger nach Absatz 1 vereinbaren auch gemeinsame Ziele zur Erhaltung und zur Förderung der Gesundheit und der Beschäftigungsfähigkeit der Beschäftigten in Einrichtungen nach § 107 Absatz 1 und Einrichtungen nach § 71 Absatz 1 und 2 des Elften Buches. [3]Bei der Festlegung gemeinsamer Ziele werden auch die Ziele der gemeinsamen deutschen Arbeitsschutzstrategie sowie die von der Ständigen Impfkommission gemäß § 20 Absatz 2 des Infektionsschutzgesetzes empfohlenen Schutzimpfungen berücksichtigt. [4]Die Rahmenempfehlungen werden im Benehmen mit dem Bundesministerium für Gesundheit, dem Bundesministerium für Arbeit und Soziales, dem Bundesministerium für Ernährung und Landwirtschaft, dem Bundesministerium für Familie, Senioren, Frauen und Jugend, dem Bundesministerium des Innern, für Bau und Heimat und den Ländern vereinbart. [5]Das Bundesministerium für Gesundheit beteiligt weitere Bundesministerien, soweit die Rahmenempfehlungen ihre Zuständigkeit berühren. [6]An der Vorbereitung der Rahmenempfehlungen werden die Bundesagentur für Arbeit, die kommunalen Träger der Grundsicherung für Arbeitsuchende über ihre Spitzenverbände auf Bundesebene, die für den Arbeitsschutz zuständigen obersten Landesbehörden sowie die Träger der öffentlichen Jugendhilfe über die obersten Landesjugendbehörden beteiligt.

(4) [1]Die Nationale Präventionskonferenz erstellt den Präventionsbericht alle vier Jahre, erstmals zum 1. Juli 2019, und leitet ihn dem Bundesministerium für Gesundheit zu. [2]Das Bundesministerium für Gesundheit legt den Bericht den gesetzgebenden Körperschaften des Bundes vor und fügt eine Stellungnahme der Bundesregierung bei. [3]Der Bericht enthält insbesondere Angaben zu den Erfahrungen mit der Anwendung der §§ 20 bis 20g und zu den Ausgaben für die Leistungen der Träger nach Absatz 1 und im Fall des § 20e Absatz 1 Satz 3 bis 5 auch der Unternehmen der privaten Krankenversicherung und der Unternehmen, die die private Pflege-Pflichtversicherung durchführen, den Zugangswegen, den erreichten Personen, der Erreichung der gemeinsamen Ziele und der Zielgruppen, den Erfahrungen mit der Qualitätssicherung und der Zusammenarbeit bei der Durchführung von Leistungen sowie zu möglichen Schlussfolgerungen. [4]Der Bericht enthält auch Empfehlungen für die weitere Entwicklung des in § 20 Absatz 6 Satz 1 bestimmten Ausgabenrichtwerts für Leistungen der Krankenkassen nach den §§ 20 bis 20c und der in § 20 Absatz 6

Satz 2 bestimmten Mindestwerte für Leistungen der Krankenkassen nach den §§ 20a und 20b. [5]Die Leistungsträger nach Satz 3 erteilen der Nationalen Präventionskonferenz die für die Erstellung des Präventionsberichts erforderlichen Auskünfte. [6]Das Robert Koch-Institut liefert für den Präventionsbericht die im Rahmen des Gesundheitsmonitorings erhobenen relevanten Informationen. [7]Die Länder können regionale Erkenntnisse aus ihrer Gesundheitsberichterstattung für den Präventionsbericht zur Verfügung stellen.

§ 20e
Nationale Präventionskonferenz

(1) [1]Die Aufgabe der Entwicklung und Fortschreibung der nationalen Präventionsstrategie wird von der Nationalen Präventionskonferenz als Arbeitsgemeinschaft der gesetzlichen Spitzenorganisationen der Leistungsträger nach § 20d Absatz 1 mit je zwei Sitzen wahrgenommen. [2]Die Leistungsträger nach § 20d Absatz 1 setzen die Präventionsstrategie in engem Zusammenwirken um. [3]Im Fall einer angemessenen finanziellen Beteiligung der Unternehmen der privaten Krankenversicherung und der Unternehmen, die die private Pflege-Pflichtversicherung durchführen, an Programmen und Projekten im Sinne der Rahmenempfehlungen nach § 20d Absatz 2 Nummer 1 erhält der Verband der privaten Krankenversicherungsunternehmen e. V. ebenfalls einen Sitz. [4]Die Höhe der hierfür jährlich von den Unternehmen der privaten Krankenversicherung zur Verfügung zu stellenden Mittel bemisst sich mindestens nach dem Betrag, den die Krankenkassen nach § 20 Absatz 6 Satz 2 und 3 für Leistungen zur Gesundheitsförderung und Prävention nach § 20a aufzuwenden haben, multipliziert mit der Anzahl der in der privaten Krankenversicherung Vollversicherten. [5]Die Höhe der hierfür jährlich von den Unternehmen, die die private Pflege-Pflichtversicherung durchführen, zur Verfügung zu stellenden Mittel bemisst sich nach dem Betrag, den die Pflegekassen nach § 5 Absatz 2 des Elften Buches für Leistungen zur Prävention in Lebenswelten aufzuwenden haben, multipliziert mit der Anzahl ihrer Versicherten. [6]Bund und Länder erhalten jeweils vier Sitze mit beratender Stimme. [7]Darüber hinaus entsenden die kommunalen Spitzenverbände auf Bundesebene, die Bundesagentur für Arbeit, die repräsentativen Spitzenorganisationen der Arbeitgeber und Arbeitnehmer sowie das Präventionsforum jeweils einen Vertreter in die Nationale Präventionskonferenz, die mit beratender Stimme an den Sitzungen teilnehmen. [8]Die Nationale Präventionskonferenz gibt sich eine Geschäftsordnung; darin werden insbesondere die Arbeitsweise und das Beschlussverfahren festgelegt. [9]Die Geschäftsordnung muss einstimmig angenommen werden. [10]Die Geschäftsstelle, die die Mitglieder der Nationalen Präventionskonferenz bei der Wahrnehmung ihrer Aufgabe nach Satz 1 unterstützt, wird bei der Bundeszentrale für gesundheitliche Aufklärung angesiedelt.

(2) [1]Die Nationale Präventionskonferenz wird durch ein Präventionsforum beraten, das in der Regel einmal jährlich stattfindet. [2]Das Präventionsforum setzt sich aus Vertretern der für die Gesundheitsförderung und Prävention maßgeblichen Organisationen und Verbände sowie der stimmberechtigten und beratenden Mitglieder der Nationalen Präventionskonferenz nach Absatz 1 zusammen. [3]Die Nationale Präventionskonferenz beauftragt die Bundesvereinigung für Prävention und Gesundheitsförderung e. V. mit der Durchführung des Präventionsforums und erstattet dieser die notwendigen Aufwendungen. [4]Die Einzelheiten zur Durchführung des Präventionsforums einschließlich der für die Durchführung notwendigen Kosten werden in der Geschäftsordnung der Nationalen Präventionskonferenz geregelt.

§ 20f
Landesrahmenvereinbarungen zur Umsetzung der nationalen Präventionsstrategie

(1) [1]Zur Umsetzung der nationalen Präventionsstrategie schließen die Landesverbände der Krankenkassen und die Ersatzkassen, auch für die Pflegekassen, mit den Trägern der gesetzlichen Rentenversicherung, den Trägern der gesetzlichen Unfallversicherung und mit den in den Ländern zuständigen Stellen gemeinsame Rahmenvereinbarungen auf Landesebene. [2]Die für die Rahmenvereinbarungen maßgeblichen Leistungen richten sich nach § 20 Absatz 4 Nummer 2 und 3, nach den §§ 20a bis 20c sowie nach den für die Pflegekassen, für die Träger der gesetzlichen Rentenversicherung und für die Träger der gesetzlichen Unfallversicherung jeweils geltenden Leistungsgesetzen.

(2) [1]Die an den Rahmenvereinbarungen Beteiligten nach Absatz 1 treffen Festlegungen unter Berücksichtigung der bundeseinheitlichen, trägerübergreifenden Rahmenempfehlungen nach

§ 20d Absatz 2 Nummer 1 und der regionalen Erfordernisse insbesondere über

1. gemeinsam und einheitlich zu verfolgende Ziele und Handlungsfelder,
2. die Koordinierung von Leistungen zwischen den Beteiligten,
3. die einvernehmliche Klärung von Zuständigkeitsfragen,
4. Möglichkeiten der gegenseitigen Beauftragung der Leistungsträger nach dem Zehnten Buch,
5. die Zusammenarbeit mit dem öffentlichen Gesundheitsdienst und den Trägern der örtlichen öffentlichen Jugendhilfe sowie über deren Information über Leistungen der Krankenkassen nach § 20a Absatz 1 Satz 2 und
6. die Mitwirkung weiterer für die Gesundheitsförderung und Prävention relevanter Einrichtungen und Organisationen.

[2]An der Vorbereitung der Rahmenvereinbarungen werden die Bundesagentur für Arbeit, die für den Arbeitsschutz zuständigen obersten Landesbehörden und die kommunalen Spitzenverbände auf Landesebene beteiligt. [3]Sie können den Rahmenvereinbarungen beitreten. [4]Auf die zum Zwecke der Vorbereitung und Umsetzung der Rahmenvereinbarungen gebildeten Arbeitsgemeinschaften wird § 94 Absatz 1a Satz 2 und 3 des Zehnten Buches nicht angewendet.

§ 20g
Modellvorhaben

(1) [1]Die Leistungsträger nach § 20d Absatz 1 und ihre Verbände können zur Erreichung der in den Rahmenempfehlungen nach § 20d Absatz 2 Nummer 1 festgelegten gemeinsamen Ziele einzeln oder in Kooperation mit Dritten, insbesondere den in den Ländern zuständigen Stellen nach § 20f Absatz 1, Modellvorhaben durchführen. [2]Anhand der Modellvorhaben soll die Qualität und Effizienz der Versorgung mit Leistungen zur Gesundheitsförderung und Prävention in Lebenswelten und mit Leistungen zur betrieblichen Gesundheitsförderung verbessert werden. [3]Die Modellvorhaben können auch der wissenschaftlich fundierten Auswahl geeigneter Maßnahmen der Zusammenarbeit dienen. [4]Die Aufwendungen der Krankenkassen für Modellvorhaben sind auf die Mittel nach § 20 Absatz 6 Satz 2 anzurechnen.

(2) Die Modellvorhaben sind im Regelfall auf fünf Jahre zu befristen und nach allgemein anerkannten wissenschaftlichen Standards wissenschaftlich zu begleiten und auszuwerten.

§ 20h
Förderung der Selbsthilfe

(1) [1]Die Krankenkassen und ihre Verbände fördern Selbsthilfegruppen und -organisationen, die sich die gesundheitliche Prävention oder die Rehabilitation von Versicherten bei einer der im Verzeichnis nach Satz 2 aufgeführten Krankheiten zum Ziel gesetzt haben, sowie Selbsthilfekontaktstellen im Rahmen der Festlegungen des Absatzes 4. [2]Der Spitzenverband Bund der Krankenkassen beschließt ein Verzeichnis der Krankheitsbilder, bei deren gesundheitlicher Prävention oder Rehabilitation eine Förderung zulässig ist; sie haben die Kassenärztliche Bundesvereinigung und die Vertretungen der für die Wahrnehmung der Interessen der Selbsthilfe maßgeblichen Spitzenorganisationen zu beteiligen. [3]Selbsthilfekontaktstellen müssen für eine Förderung ihrer gesundheitsbezogenen Arbeit themen-, bereichs- und indikationsgruppenübergreifend tätig sein.

(2) Die Krankenkassen und ihre Verbände berücksichtigen im Rahmen der Förderung nach Absatz 1 Satz 1 auch solche digitalen Anwendungen, die den Anforderungen an den Datenschutz entsprechen und die Datensicherheit nach dem Stand der Technik gewährleisten.

(3) [1]Der Spitzenverband Bund der Krankenkassen beschließt Grundsätze zu den Inhalten der Förderung der Selbsthilfe und zur Verteilung der Fördermittel auf die verschiedenen Förderebenen und Förderbereiche. [2]Die in Absatz 1 Satz 2 genannten Vertretungen der Selbsthilfe sind zu beteiligen. [3]Die Förderung kann als Pauschal- und Projektförderung erfolgen.

(4) [1]Die Ausgaben der Krankenkassen und ihrer Verbände für die Wahrnehmung der Aufgaben nach Absatz 1 Satz 1 und Absatz 2 sollen insgesamt im Jahr 2016 für jeden ihrer Versicherten einen Betrag von 1,05 Euro umfassen; sie sind in den Folgejahren entsprechend der prozentualen Veränderung der monatlichen Bezugsgröße nach § 18 Abs. 1 des Vierten Buches anzupassen. [2]Für die Förderung auf der Landesebene und in den Regionen sind die Mittel entsprechend dem Wohnort der Versicherten aufzubringen. [3]Mindestens 70 vom Hundert der in Satz 1 bestimmten

Mittel sind für die kassenartübergreifende Pauschalförderung aufzubringen. [4]Über die Vergabe der Fördermittel aus der Pauschalförderung beschließen die Krankenkassen oder ihre Verbände auf den jeweiligen Förderebenen gemeinsam nach Maßgabe der in Absatz 3 Satz 1 genannten Grundsätze und nach Beratung mit den zur Wahrnehmung der Interessen der Selbsthilfe jeweils maßgeblichen Vertretungen von Selbsthilfegruppen, -organisationen und -kontaktstellen. [5]Erreicht eine Krankenkasse den in Satz 1 genannten Betrag der Förderung in einem Jahr nicht, hat sie die nicht verausgabten Fördermittel im Folgejahr zusätzlich für die Pauschalförderung zur Verfügung zu stellen.

§ 20i
Leistungen zur Verhütung übertragbarer Krankheiten, Verordnungsermächtigung

(1) [1]Versicherte haben Anspruch auf Leistungen für Schutzimpfungen im Sinne des § 2 Nr. 9 des Infektionsschutzgesetzes, dies gilt unabhängig davon, ob sie auch entsprechende Ansprüche gegen andere Kostenträger haben. [2]Satz 1 gilt für Schutzimpfungen, die wegen eines erhöhten Gesundheitsrisikos durch einen Auslandsaufenthalt indiziert sind, nur dann, wenn der Auslandsaufenthalt beruflich oder durch eine Ausbildung bedingt ist oder wenn zum Schutz der öffentlichen Gesundheit ein besonderes Interesse daran besteht, der Einschleppung einer übertragbaren Krankheit in die Bundesrepublik Deutschland vorzubeugen. [3]Einzelheiten zu Voraussetzungen, Art und Umfang der Leistungen bestimmt der Gemeinsame Bundesausschuss in Richtlinien nach § 92 auf der Grundlage der Empfehlungen der Ständigen Impfkommission beim Robert Koch-Institut gemäß § 20 Abs. 2 des Infektionsschutzgesetzes unter besonderer Berücksichtigung der Bedeutung der Schutzimpfungen für die öffentliche Gesundheit; die Leistungen können auch Schutzimpfungen mit zugelassenen Arzneimitteln für Indikationen und Indikationsbereiche umfassen, für die die Arzneimittel nicht von der zuständigen Bundesoberbehörde oder der Europäischen Kommission zugelassen sind. [4]Abweichungen von den Empfehlungen der Ständigen Impfkommission sind besonders zu begründen. [5]Zu Änderungen der Empfehlungen der Ständigen Impfkommission hat der Gemeinsame Bundesausschuss innerhalb von zwei Monaten nach ihrer Veröffentlichung eine Entscheidung zu treffen. [6]Kommt eine Entscheidung nicht fristgemäß zustande, dürfen insoweit die von der Ständigen Impfkommission empfohlenen Schutzimpfungen mit Ausnahme von Schutzimpfungen nach Satz 2 erbracht werden, bis die Richtlinie vorliegt.

(2) Die Krankenkasse kann in ihrer Satzung weitere Schutzimpfungen und andere Maßnahmen der spezifischen Prophylaxe vorsehen.

(3) [1]Das Bundesministerium für Gesundheit wird ermächtigt, nach Anhörung der Ständigen Impfkommission und des Spitzenverbandes Bund der Krankenkassen durch Rechtsverordnung ohne Zustimmung des Bundesrates zu bestimmen, dass Versicherte Anspruch auf weitere bestimmte Schutzimpfungen oder auf bestimmte andere Maßnahmen der spezifischen Prophylaxe haben. [2]Das Bundesministerium für Gesundheit wird ermächtigt, bis zum 7. April 2023 im Einvernehmen mit dem Bundesministerium der Finanzen durch Rechtsverordnung ohne Zustimmung des Bundesrates zu bestimmen, dass

1. Versicherte Anspruch auf

   a) bestimmte Schutzimpfungen oder auf bestimmte andere Maßnahmen der spezifischen Prophylaxe haben, im Fall einer Schutzimpfung gegen das Coronavirus SARS-CoV-2 insbesondere dann, wenn sie aufgrund ihres Alters oder Gesundheitszustandes ein signifikant erhöhtes Risiko für einen schweren oder tödlichen Krankheitsverlauf haben, wenn sie solche Personen behandeln, betreuen oder pflegen oder wenn sie zur Aufrechterhaltung zentraler staatlicher Funktionen, Kritischer Infrastrukturen oder zentraler Bereiche der Daseinsvorsorge eine Schlüsselstellung besitzen,

   b) bestimmte Testungen für den Nachweis des Vorliegens einer Infektion mit einem bestimmten Krankheitserreger oder auf das Vorhandensein von Antikörpern gegen diesen Krankheitserreger haben,

   c) bestimmte Schutzmasken haben, wenn sie zu einer in der Rechtsverordnung festzulegenden Risikogruppe mit einem signifikant erhöhten Risiko für einen schweren oder tödlichen Krankheitsverlauf nach einer Infektion mit dem Coronavirus SARS-CoV-2 gehören,

2. Personen, die nicht in der gesetzlichen Krankenversicherung versichert sind, Anspruch auf Leistungen nach Nummer 1 haben.

[3]Der Anspruch nach Satz 2 kann auf bestimmte Teilleistungen beschränkt werden; er umfasst auch die Ausstellung einer Impf- und Testdokumentation sowie von COVID-19-Zertifikaten nach den §§ 22 und 22a des Infektionsschutzgesetzes. [4]Sofern in der Rechtsverordnung nach Satz 2 Nummer 1 Buchstabe a und Nummer 2 ein Anspruch auf Schutzimpfung gegen das Coronavirus SARS-CoV-2 festgelegt wird, kann zugleich im Fall beschränkter Verfügbarkeit von Impfstoffen eine Priorisierung der Anspruchsberechtigten nach Personengruppen festgelegt werden; die in § 20 Absatz 2a Satz 1 des Infektionsschutzgesetzes genannten Impfziele sind dabei zu berücksichtigen. [5]Als Priorisierungskriterien kommen insbesondere das Alter der Anspruchsberechtigten, ihr Gesundheitszustand, ihr behinderungs-, tätigkeits- oder aufenthaltsbedingtes SARS-CoV-2-Expositionsrisiko sowie ihre Systemrelevanz in zentralen staatlichen Funktionen, Kritischen Infrastrukturen oder zentralen Bereichen der Daseinsvorsorge in Betracht. [6]Ein Anspruch nach Satz 2 Nummer 1 Buchstabe b besteht nicht, wenn die betroffene Person bereits einen Anspruch auf die in Satz 2 Nummer 1 Buchstabe b genannten Leistungen hat oder einen Anspruch auf Erstattung der Aufwendungen für diese Leistungen hätte. [7]Sofern in der Rechtsverordnung nach Satz 2 Nummer 1 Buchstabe c ein Anspruch auf Schutzmasken festgelegt wird, ist das Einvernehmen mit dem Bundesministerium der Finanzen herzustellen und kann eine Zuzahlung durch den berechtigten Personenkreis vorgesehen werden. [8]Sofern in der Rechtsverordnung nach Satz 2 ein Anspruch auf eine Schutzimpfung gegen das Coronavirus SARS-CoV-2 auch für Personen, die nicht in der gesetzlichen Krankenversicherung versichert sind, festgelegt wird, beteiligen sich die privaten Krankenversicherungsunternehmen anteilig in Höhe von 7 Prozent an den Kosten, soweit diese nicht von Bund oder Ländern getragen werden. [9]Die Rechtsverordnung nach Satz 2 ist nach Anhörung des Spitzenverbandes Bund der Krankenkassen und der Kassenärztlichen Bundesvereinigung zu erlassen. [10]Sofern in der Rechtsverordnung nach Satz 2 ein Anspruch auf Schutzimpfungen oder andere Maßnahmen der spezifischen Prophylaxe festgelegt wird, ist vor ihrem Erlass auch die Ständige Impfkommission beim Robert Koch-Institut anzuhören. [11]Sofern in der Rechtsverordnung nach Satz 2 ein Anspruch auf Schutzmasken festgelegt wird, ist vor ihrem Erlass auch der Deutsche Apothekerverband anzuhören. [12]Sofern die Rechtsverordnung nach Satz 2 Regelungen für Personen enthält, die privat krankenversichert sind, ist vor Erlass der Rechtsverordnung auch der Verband der Privaten Krankenversicherung anzuhören. [13]In der Rechtsverordnung nach Satz 2 kann auch das Nähere geregelt werden

1. zu den Voraussetzungen, zur Art und zum Umfang der Leistungen nach Satz 2 Nummer 1,
2. zu den zur Erbringung der in Satz 2 genannten Leistungen berechtigten Leistungserbringern, einschließlich der für die Leistungserbringung eingerichteten Testzentren und Impfzentren, zur Vergütung und Abrechnung der Leistungen und Kosten sowie zum Zahlungsverfahren,
3. zur Organisation der Versorgung einschließlich der Mitwirkungspflichten der Kassenärztlichen Vereinigungen und der Kassenärztlichen Bundesvereinigung bei der Versorgung mit den in Satz 2 Nummer 1 Buchstabe a genannten Leistungen,
4. zur vollständigen oder anteiligen Finanzierung der Leistungen und Kosten aus der Liquiditätsreserve des Gesundheitsfonds,
5. zur anteiligen Kostentragung durch die privaten Krankenversicherungsunternehmen nach Satz 8, insbesondere zum Verfahren und zu den Zahlungsmodalitäten, und
6. zur Erfassung und Übermittlung von anonymisierten Daten insbesondere an das Robert Koch-Institut über die aufgrund der Rechtsverordnung durchgeführten Maßnahmen.

[14]Im Zeitraum vom 1. Januar 2021 bis zum 31. Dezember 2021 werden aufgrund von Rechtsverordnungen nach Satz 2 Nummer 1 Buchstabe a und b, auch in Verbindung mit Nummer 2, sowie Satz 13 Nummer 4 aus der Liquiditätsreserve des Gesundheitsfonds gezahlte Beträge aus Bundesmitteln erstattet, soweit die Erstattung nicht bereits gemäß § 12a des Haushaltsgesetzes 2021 erfolgt. [15]Soweit Leistungen nach Satz 2 Nummer 1 Buchstabe c aus der Liquiditätsreserve des Gesundheitsfonds finanziert werden, sind diese aus Bundesmitteln zu erstatten; in den Rechtsverordnungen nach Satz 2 Nummer 1 Buchstabe a und b, auch in Verbindung mit Nummer 2, kann eine Erstattung aus Bundesmitteln für weitere

Leistungen nach Satz 2 geregelt werden. [16]Das Bundesministerium für Gesundheit wird ermächtigt, im Einvernehmen mit dem Bundesministerium der Finanzen, durch Rechtsverordnung ohne Zustimmung des Bundesrates ausschließlich zur Abwicklung einer aufgrund des Satzes 2 erlassenen Rechtsverordnung zu bestimmen, dass Regelungen dieser Rechtsverordnung, die die Abrechnung und die Prüfung bereits erbrachter Leistungen, die Zahlung aus der Liquiditätsreserve des Gesundheitsfonds sowie die Erstattung dieser Zahlungen aus Bundesmitteln betreffen, bis zum 31. Dezember 2024 fortgelten. [17]Soweit und solange eine auf Grund des Satzes 1 oder des Satzes 2 erlassene Rechtsverordnung in Kraft ist, hat der Gemeinsame Bundesausschuss, soweit die Ständige Impfkommission Empfehlungen für Schutzimpfungen abgegeben hat, auf die ein Anspruch nach der jeweiligen Rechtsverordnung besteht, in Abweichung von Absatz 1 Satz 5 Einzelheiten zu Voraussetzungen, Art und Umfang von diesen Schutzimpfungen nach Absatz 1 Satz 3 für die Zeit nach dem Außerkrafttreten der jeweiligen Rechtsverordnung in Richtlinien nach § 92 zu bestimmen; die von der Ständigen Impfkommission empfohlenen Schutzimpfungen dürfen nach Außerkrafttreten der Rechtsverordnung so lange erbracht werden, bis die Richtlinie vorliegt.

(4) [1]Soweit Versicherte Anspruch auf Leistungen für Maßnahmen nach den Absätzen 1 bis 3 haben, schließt dieser Anspruch die Bereitstellung einer Impfdokumentation nach § 22 des Infektionsschutzgesetzes ein. [2]Die Krankenkassen können die Versicherten in geeigneter Form über fällige Schutzimpfungen und über andere Maßnahmen nach den Absätzen 2 und 3, auf die sie einen Anspruch auf Leistungen haben, versichertenbezogen informieren.

(5) [1]Die von den privaten Krankenversicherungsunternehmen in dem Zeitraum vom 1. Januar 2021 bis zum 31. Dezember 2021 nach Absatz 3 Satz 8 und 13 Nummer 5 getragenen Kosten werden aus Bundesmitteln an den Verband der Privaten Krankenversicherung erstattet. [2]Der Verband der Privaten Krankenversicherung teilt dem Bundesministerium für Gesundheit die nach Satz 1 zu erstattenden Beträge bis zum 30. November 2021 für den Zeitraum vom 1. Januar 2021 bis zum 30. November 2021 und bis zum 31. März 2022 für den Zeitraum vom 1. Dezember 2021 bis zum 31. Dezember 2021 mit. [3]Die Beträge nach Satz 2 sind binnen der in Satz 2 genannten Fristen durch den Verband der Privaten Krankenversicherung durch Vorlage der von den Ländern an den Verband der Privaten Krankenversicherung gestellten Rechnungen und der Zahlungsbelege über die vom Verband der Privaten Krankenversicherung an die Länder geleisteten Zahlungen nachzuweisen. [4]Das Bundesministerium für Gesundheit erstattet dem Verband der Privaten Krankenversicherung nach dem Zugang der Mitteilung nach Satz 2 und der Vorlage der Nachweise nach Satz 3 die mitgeteilten Beträge. [5]Der Verband der Privaten Krankenversicherung erstattet die vom Bundesministerium für Gesundheit erstatteten Beträge an die privaten Krankenversicherungsunternehmen.

§ 20j
Präexpositionsprophylaxe

(1) Versicherte mit einem substantiellen HIV-Infektionsrisiko, die das 16. Lebensjahr vollendet haben, haben Anspruch auf

1. ärztliche Beratung über Fragen der medikamentösen Präexpositionsprophylaxe zur Verhütung einer Ansteckung mit HIV sowie
2. Untersuchungen, die bei Anwendung der für die medikamentöse Präexpositionsprophylaxe zugelassenen Arzneimittel erforderlich sind.

(2) Das Nähere zum Kreis der Anspruchsberechtigten und zu den Voraussetzungen für die Ausführung der Leistungen vereinbaren die Kassenärztliche Bundesvereinigung und der Spitzenverband Bund der Krankenkassen bis zum 31. Juli 2019 mit Wirkung zum 1. September 2019 als Bestandteil der Bundesmantelverträge.

(3) Auf Grundlage der Vereinbarung nach Absatz 2 hat der Bewertungsausschuss den einheitlichen Bewertungsmaßstab für ärztliche Leistungen zu überprüfen und spätestens innerhalb eines Monats nach Abschluss dieser Vereinbarung anzupassen.

(4) Versicherte nach Absatz 1 haben nach Beratung Anspruch auf Versorgung mit verschreibungspflichtigen Arzneimitteln zur Präexpositionsprophylaxe.

(5) Das Bundesministerium für Gesundheit evaluiert die Wirkungen der ärztlichen Verordnung der Präexpositionsprophylaxe auf das Infektionsgeschehen im Bereich sexuell übertragbarer Krankheiten bis Ende 2020 nach allgemein anerkannten wissenschaftlichen Standards.

§ 20k Förderung der digitalen Gesundheitskompetenz

(1) [1]Die Krankenkasse sieht in der Satzung Leistungen zur Förderung des selbstbestimmten gesundheitsorientierten Einsatzes digitaler oder telemedizinischer Anwendungen und Verfahren durch die Versicherten vor. [2]Die Leistungen sollen dazu dienen, die für die Nutzung digitaler oder telemedizinischer Anwendungen und Verfahren erforderlichen Kompetenzen zu vermitteln. [3]Die Krankenkasse legt dabei die Festlegungen des Spitzenverbands Bund der Krankenkassen nach Absatz 2 zugrunde.

(2) Der Spitzenverband Bund der Krankenkassen regelt unter Einbeziehung unabhängigen, ärztlichen, psychologischen, pflegerischen, informationstechnologischen und sozialwissenschaftlichen Sachverstands das Nähere zu bedarfsgerechten Zielstellungen, Zielgruppen sowie zu Inhalt, Methodik und Qualität der Leistungen nach Absatz 1.

(3) [1]Der Spitzenverband Bund der Krankenkassen berichtet dem Bundesministerium für Gesundheit alle zwei Jahre, erstmals bis zum 31. Dezember 2021, wie und in welchem Umfang seine Mitglieder den Versicherten Leistungen nach Absatz 1 gewähren. [2]Der Spitzenverband Bund der Krankenkassen bestimmt zu diesem Zweck die von seinen Mitgliedern zu übermittelnden statistischen Informationen über die erstatteten Leistungen sowie Art und Umfang der Übermittlung.

§ 21 Verhütung von Zahnerkrankungen (Gruppenprophylaxe)

(1) [1]Die Krankenkassen haben im Zusammenwirken mit den Zahnärzten und den für die Zahngesundheitspflege in den Ländern zuständigen Stellen unbeschadet der Aufgaben anderer gemeinsam und einheitlich Maßnahmen zur Erkennung und Verhütung von Zahnerkrankungen ihrer Versicherten, die das zwölfte Lebensjahr noch nicht vollendet haben, zu fördern und sich an den Kosten der Durchführung zu beteiligen. [2]Sie haben auf flächendeckende Maßnahmen hinzuwirken. [3]In Schulen und Behinderteneinrichtungen, in denen das durchschnittliche Kariesrisiko der Schüler überproportional hoch ist, werden die Maßnahmen bis zum 16. Lebensjahr durchgeführt. [4]Die Maßnahmen sollen vorrangig in Gruppen, insbesondere in Kindergärten und Schulen, durchgeführt werden; sie sollen sich insbesondere auf die Untersuchung der Mundhöhle, Erhebung des Zahnstatus, Zahnschmelzhärtung, Ernährungsberatung und Mundhygiene erstrecken. [5]Für Kinder mit besonders hohem Kariesrisiko sind spezifische Programme zu entwickeln.

(2) [1]Zur Durchführung der Maßnahmen nach Absatz 1 schließen die Landesverbände der Krankenkassen und die Ersatzkassen mit den zuständigen Stellen nach Absatz 1 Satz 1 gemeinsame Rahmenvereinbarungen. [2]Der Spitzenverband Bund der Krankenkassen hat bundeseinheitliche Rahmenempfehlungen insbesondere über Inhalt, Finanzierung, nicht versichertenbezogene Dokumentation und Kontrolle zu beschließen.

(3) Kommt eine gemeinsame Rahmenvereinbarung nach Absatz 2 Satz 1 nicht zustande, werden Inhalt, Finanzierung, nicht versichertenbezogene Dokumentation und Kontrolle unter Berücksichtigung der bundeseinheitlichen Rahmenempfehlungen des Spitzenverbandes Bund der Krankenkassen durch Rechtsverordnung der Landesregierung bestimmt.

§ 22 Verhütung von Zahnerkrankungen (Individualprophylaxe)

(1) Versicherte, die das sechste, aber noch nicht das achtzehnte Lebensjahr vollendet haben, können sich zur Verhütung von Zahnerkrankungen einmal in jedem Kalenderhalbjahr zahnärztlich untersuchen lassen.

(2) Die Untersuchungen sollen sich auf den Befund des Zahnfleisches, die Aufklärung über Krankheitsursachen und ihre Vermeidung, das Erstellen von diagnostischen Vergleichen zur Mundhygiene, zum Zustand des Zahnfleisches und zur Anfälligkeit gegenüber Karieserkrankungen, auf die Motivation und Einweisung bei der Mundpflege sowie auf Maßnahmen zur Schmelzhärtung der Zähne erstrecken.

(3) Versicherte, die das sechste, aber noch nicht das achtzehnte Lebensjahr vollendet haben, haben Anspruch auf Fissurenversiegelung der Molaren.

(4) (aufgehoben)

(5) Der Gemeinsame Bundesausschuss regelt das Nähere über Art, Umfang und Nachweis der individualprophylaktischen Leistungen in Richtlinien nach § 92.

§ 22a
Verhütung von Zahnerkrankungen bei Pflegebedürftigen und Menschen mit Behinderung

(1) [1]Versicherte, die einem Pflegegrad nach § 15 des Elften Buches zugeordnet sind oder in der Eingliederungshilfe nach § 99 des Neunten Buches leistungsberechtigt sind, haben Anspruch auf Leistungen zur Verhütung von Zahnerkrankungen. [2]Die Leistungen umfassen insbesondere die Erhebung eines Mundgesundheitsstatus, die Aufklärung über die Bedeutung der Mundhygiene und über Maßnahmen zu deren Erhaltung, die Erstellung eines Planes zur individuellen Mund- und Prothesenpflege sowie die Entfernung harter Zahnbeläge. [3]Pflegepersonen des Versicherten sollen in die Aufklärung und Planerstellung nach Satz 2 einbezogen werden.

(2) Das Nähere über Art und Umfang der Leistungen regelt der Gemeinsame Bundesausschuss in Richtlinien nach § 92.

§ 23
Medizinische Vorsorgeleistungen

(1) Versicherte haben Anspruch auf ärztliche Behandlung und Versorgung mit Arznei-, Verband-, Heil- und Hilfsmitteln, wenn diese notwendig sind,

1. eine Schwächung der Gesundheit, die in absehbarer Zeit voraussichtlich zu einer Krankheit führen würde, zu beseitigen,
2. einer Gefährdung der gesundheitlichen Entwicklung eines Kindes entgegenzuwirken,
3. Krankheiten zu verhüten oder deren Verschlimmerung zu vermeiden oder
4. Pflegebedürftigkeit zu vermeiden.

(2) [1]Reichen bei Versicherten die Leistungen nach Absatz 1 nicht aus oder können sie wegen besonderer beruflicher oder familiärer Umstände nicht durchgeführt werden, erbringt die Krankenkasse aus medizinischen Gründen erforderliche ambulante Vorsorgeleistungen in anerkannten Kurorten. [2]Die Satzung der Krankenkasse kann zu den übrigen Kosten die Versicherten im Zusammenhang mit dieser Leistung entstehen, einen Zuschuss von bis zu 16 Euro täglich vorsehen. [3]Bei ambulanten Vorsorgeleistungen für versicherte chronisch kranke Kleinkinder kann der Zuschuss nach Satz 2 auf bis zu 25 Euro erhöht werden.

(3) In den Fällen der Absätze 1 und 2 sind die §§ 31 bis 34 anzuwenden.

(4) [1]Reichen bei Versicherten die Leistungen nach Absatz 1 und 2 nicht aus, erbringt die Krankenkasse Behandlung mit Unterkunft und Verpflegung in einer Vorsorgeeinrichtung, mit der ein Vertrag nach § 111 besteht; für Pflegepersonen im Sinne des § 19 Satz 1 des Elften Buches kann die Krankenkasse unter denselben Voraussetzungen Behandlung mit Unterkunft und Verpflegung auch in einer Vorsorgeeinrichtung erbringen, mit der ein Vertrag nach § 111a besteht. [2]Die Krankenkasse führt statistische Erhebungen über Anträge auf Leistungen nach Satz 1 und Absatz 2 sowie deren Erledigung durch.

(5) [1]Die Krankenkasse bestimmt nach den medizinischen Erfordernissen des Einzelfalls unter entsprechender Anwendung des Wunsch- und Wahlrechts der Leistungsberechtigten nach § 8 des Neunten Buches Art, Dauer, Umfang, Beginn und Durchführung der Leistungen nach Absatz 4 sowie die Vorsorgeeinrichtung nach pflichtgemäßem Ermessen; die Krankenkasse berücksichtigt bei ihrer Entscheidung die besonderen Belange von Pflegepersonen im Sinne des § 19 Satz 1 des Elften Buches. [2]Leistungen nach Absatz 4 sollen für längstens drei Wochen erbracht werden, es sei denn, eine Verlängerung der Leistung ist aus medizinischen Gründen dringend erforderlich. [3]Satz 2 gilt nicht, soweit der Spitzenverband Bund der Krankenkassen nach Anhörung der für die Wahrnehmung der Interessen der ambulanten und stationären Vorsorgeeinrichtungen auf Bundesebene maßgeblichen Spitzenorganisationen in Leitlinien Indikationen festgelegt und diesen jeweils eine Regeldauer zugeordnet hat; von dieser Regeldauer kann nur abgewichen werden, wenn dies aus dringenden medizinischen Gründen im Einzelfall erforderlich ist. [4]Leistungen nach Absatz 2 können nicht vor Ablauf von drei, Leistungen nach Absatz 4 können nicht vor Ablauf von vier Jahren nach Durchführung solcher oder ähnlicher Leistungen erbracht werden, deren Kosten auf Grund öffentlich-rechtlicher Vorschriften getragen oder bezuschusst worden sind, es sei denn, eine vorzeitige Leistung ist aus medizinischen Gründen dringend erforderlich.

(5a) Gilt nach § 42a Absatz 4 Satz 1 des Elften Buches ein Antrag auf Leistungen zur medizinischen Vorsorge nach Absatz 4 Satz 1 zugleich als Antrag eines Pflegebedürftigen auf Leistungen nach § 42a Absatz 1 Satz 1 des Elften Buches, so leitet die Krankenkasse den Antrag an die Pflegekasse oder das private Versicherungsunternehmen, das die private Pflege-Pflichtversicherung durchführt, weiter und benennt gegenüber der Pflegekasse oder dem privaten Versicherungsunternehmen, das die private Pflege-Pflichtversicherung durchführt, unverzüglich geeignete Einrichtungen, sofern die Versorgung des Pflegebedürftigen nach § 42a Absatz 1 Satz 1 des Elften Buches in derselben Einrichtung gewünscht ist.

Bearbeiterhinweis:
Am 01. Juli 2025 tritt nachfolgende Fassung von § 23 Absatz 5a in Kraft:

(5a) Gilt nach § 42b Absatz 4 Satz 1 des Elften Buches ein Antrag auf Leistungen zur medizinischen Vorsorge nach Absatz 4 Satz 1 zugleich als Antrag eines Pflegebedürftigen auf Leistungen nach § 42b Absatz 1 Satz 1 des Elften Buches, so leitet die Krankenkasse den Antrag an die Pflegekasse oder das private Versicherungsunternehmen, das die private Pflege-Pflichtversicherung durchführt, weiter und benennt gegenüber der Pflegekasse oder dem privaten Versicherungsunternehmen, das die private Pflege-Pflichtversicherung durchführt, unverzüglich geeignete Einrichtungen, sofern die Versorgung des Pflegebedürftigen nach § 42b Absatz 1 Satz 1 des Elften Buches in derselben Einrichtung gewünscht ist.

(6) [1]Versicherte, die eine Leistung nach Absatz 4 in Anspruch nehmen und das achtzehnte Lebensjahr vollendet haben, zahlen je Kalendertag den sich nach § 61 Satz 2 ergebenden Betrag an die Einrichtung. [2]Die Zahlung ist an die Krankenkasse weiterzuleiten.

(7) Medizinisch notwendige stationäre Vorsorgemaßnahmen für versicherte Kinder, die das 14. Lebensjahr noch nicht vollendet haben, sollen in der Regel für vier bis sechs Wochen erbracht werden.

(8) (aufgehoben)

(9) (aufgehoben)

§ 24
Medizinische Vorsorge für Mütter und Väter

(1) [1]Versicherte haben unter den in § 23 Abs. 1 genannten Voraussetzungen Anspruch auf aus medizinischen Gründen erforderliche Vorsorgeleistungen in einer Einrichtung des Müttergenesungswerks oder einer gleichartigen Einrichtung; die Leistung kann in Form einer Mutter-Kind-Maßnahme erbracht werden. [2]Satz 1 gilt auch für Vater-Kind-Maßnahmen in dafür geeigneten Einrichtungen. [3]Vorsorgeleistungen nach den Sätzen 1 und 2 werden in Einrichtungen erbracht, mit denen ein Versorgungsvertrag nach § 111a besteht. [4]§ 23 Abs. 4 Satz 1 gilt nicht; § 23 Abs. 4 Satz 2 gilt entsprechend.

(2) § 23 Absatz 5 und 5a gilt entsprechend.

(3) [1]Versicherte, die das achtzehnte Lebensjahr vollendet haben und eine Leistung nach Absatz 1 in Anspruch nehmen, zahlen je Kalendertag den sich nach § 61 Satz 2 ergebenden Betrag an die Einrichtung. [2]Die Zahlung ist an die Krankenkasse weiterzuleiten.

(4) (aufgehoben)

§ 24a
Empfängnisverhütung

(1) [1]Versicherte haben Anspruch auf ärztliche Beratung über Fragen der Empfängnisregelung. [2]Zur ärztlichen Beratung gehören auch die erforderliche Untersuchung und die Verordnung von empfängnisregelnden Mitteln.

(2) [1]Versicherte bis zum vollendeten 22. Lebensjahr haben Anspruch auf Versorgung mit verschreibungspflichtigen empfängnisverhütenden Mitteln; § 31 Abs. 2 und 4 gilt entsprechend. [2]Satz 1 gilt entsprechend für nicht verschreibungspflichtige Notfallkontrazeptiva, soweit sie ärztlich verordnet werden; § 129 Absatz 5a gilt entsprechend.

§ 24b
Schwangerschaftsabbruch und Sterilisation

(1) [1]Versicherte haben Anspruch auf Leistungen bei einer durch Krankheit erforderlichen Sterilisation und bei einem nicht rechtswidrigen Abbruch der Schwangerschaft durch einen Arzt. [2]Der Anspruch auf Leistungen bei einem nicht rechtswidrigen Schwangerschaftsabbruch besteht nur, wenn dieser in einer Einrichtung im Sinne des § 13 Abs. 1 des Schwangerschaftskonfliktgesetzes vorgenommen wird.

(2) [1]Es werden ärztliche Beratung über die Erhaltung und den Abbruch der Schwangerschaft, ärztliche Untersuchung und Begutachtung zur Feststellung der Voraussetzungen für eine durch

Krankheit erforderliche Sterilisation oder für einen nicht rechtswidrigen Schwangerschaftsabbruch, ärztliche Behandlung, Versorgung mit Arznei-, Verband- und Heilmitteln sowie Krankenhauspflege gewährt. [2]Anspruch auf Krankengeld besteht, wenn Versicherte wegen einer durch Krankheit erforderlichen Sterilisation oder wegen eines nicht rechtswidrigen Abbruchs der Schwangerschaft durch einen Arzt arbeitsunfähig werden, es sei denn, es besteht ein Anspruch nach § 44 Abs. 1.

(3) Im Fall eines unter den Voraussetzungen des § 218a Abs. 1 des Strafgesetzbuches vorgenommenen Abbruchs der Schwangerschaft haben Versicherte Anspruch auf die ärztliche Beratung über die Erhaltung und den Abbruch der Schwangerschaft, die ärztliche Behandlung mit Ausnahme der Vornahme des Abbruchs und der Nachbehandlung bei komplikationslosem Verlauf, die Versorgung mit Arznei-, Verband- und Heilmitteln sowie auf Krankenhausbehandlung, falls und soweit die Maßnahmen dazu dienen,

1. die Gesundheit des Ungeborenen zu schützen, falls es nicht zum Abbruch kommt,
2. die Gesundheit der Kinder aus weiteren Schwangerschaften zu schützen oder
3. die Gesundheit der Mutter zu schützen, insbesondere zu erwartenden Komplikationen aus dem Abbruch der Schwangerschaft vorzubeugen oder eingetretene Komplikationen zu beseitigen.

(4) [1]Die nach Absatz 3 vom Anspruch auf Leistungen ausgenommene ärztliche Vornahme des Abbruchs umfasst

1. die Anästhesie,
2. den operativen Eingriff oder die Gabe einer den Schwangerschaftsabbruch herbeiführenden Medikation,
3. die vaginale Behandlung einschließlich der Einbringung von Arzneimitteln in die Gebärmutter,
4. die Injektion von Medikamenten,
5. die Gabe eines wehenauslösenden Medikamentes,
6. die Assistenz durch einen anderen Arzt,
7. die körperlichen Untersuchungen im Rahmen der unmittelbaren Operationsvorbereitung und der Überwachung im direkten Anschluss an die Operation.

[2]Mit diesen ärztlichen Leistungen im Zusammenhang stehende Sachkosten, insbesondere für Narkosemittel, Verbandmittel, Abdecktücher, Desinfektionsmittel fallen ebenfalls nicht in die Leistungspflicht der Krankenkassen. [3]Bei vollstationärer Vornahme des Abbruchs übernimmt die Krankenkasse nicht die mittleren Kosten der Leistungen nach den Sätzen 1 und 2 für den Tag, an dem der Abbruch vorgenommen wird. [4]Das DRG-Institut ermittelt die Kosten nach Satz 3 gesondert und veröffentlicht das Ergebnis jährlich in Zusammenhang mit dem Entgeltsystem nach § 17b des Krankenhausfinanzierungsgesetzes.

§ 24c
Leistungen bei Schwangerschaft und Mutterschaft

[1]Die Leistungen bei Schwangerschaft und Mutterschaft umfassen

1. ärztliche Betreuung und Hebammenhilfe,
2. Versorgung mit Arznei-, Verband-, Heil- und Hilfsmitteln,
3. Entbindung,
4. häusliche Pflege,
5. Haushaltshilfe,
6. Mutterschaftsgeld.

[2]Anspruch auf Leistungen nach Satz 1 hat bei Vorliegen der übrigen Voraussetzungen jede Person, die schwanger ist, ein Kind geboren hat oder stillt.

§ 24d
Ärztliche Betreuung und Hebammenhilfe

[1]Die Versicherte hat während der Schwangerschaft, bei und nach der Entbindung Anspruch auf ärztliche Betreuung sowie auf Hebammenhilfe einschließlich der Untersuchungen zur Feststellung der Schwangerschaft und zur Schwangerenvorsorge; ein Anspruch auf Hebammenhilfe im Hinblick auf die Wochenbettbetreuung besteht bis zum Ablauf von zwölf Wochen nach der Geburt, weitergehende Leistungen bedürfen der ärztlichen Anordnung. [2]Sofern das Kind nach der Entbindung nicht von der Versicherten versorgt werden kann, hat das versicherte Kind Anspruch auf die Leistungen der Hebammenhilfe, die sich auf dieses beziehen. [3]Die ärztliche Betreuung umfasst auch die Beratung der Schwangeren zur Bedeutung der Mundgesundheit für Mutter und Kind einschließlich des Zusammenhangs

zwischen Ernährung und Krankheitsrisiko sowie die Einschätzung oder Bestimmung des Übertragungsrisikos von Karies. [4]Die ärztliche Beratung der Versicherten umfasst bei Bedarf auch Hinweise auf regionale Unterstützungsangebote für Eltern und Kind.

§ 24e
Versorgung mit Arznei-, Verband-, Heil- und Hilfsmitteln

[1]Die Versicherte hat während der Schwangerschaft und im Zusammenhang mit der Entbindung Anspruch auf Versorgung mit Arznei-, Verband-, Heil- und Hilfsmitteln. [2]Die für die Leistungen nach den §§ 31 bis 33 geltenden Vorschriften gelten entsprechend; bei Schwangerschaftsbeschwerden und im Zusammenhang mit der Entbindung finden § 31 Absatz 3, § 32 Absatz 2, § 33 Absatz 8 und § 127 Absatz 4 keine Anwendung.

§ 24f
Entbindung

[1]Die Versicherte hat Anspruch auf ambulante oder stationäre Entbindung. [2]Die Versicherte kann ambulant in einem Krankenhaus, in einer von einer Hebamme oder einem Entbindungspfleger geleiteten Einrichtung, in einer ärztlich geleiteten Einrichtung, in einer Hebammenpraxis oder im Rahmen einer Hausgeburt entbinden. [3]Wird die Versicherte zur stationären Entbindung in einem Krankenhaus oder in einer anderen stationären Einrichtung aufgenommen, hat sie für sich und das Neugeborene Anspruch auf Unterkunft, Pflege und Verpflegung. [4]Für diese Zeit besteht kein Anspruch auf Krankenhausbehandlung. [5]§ 39 Absatz 2 gilt entsprechend.

§ 24g
Häusliche Pflege

[1]Die Versicherte hat Anspruch auf häusliche Pflege, soweit diese wegen Schwangerschaft oder Entbindung erforderlich ist. [2]§ 37 Absatz 3 und 4 gilt entsprechend.

§ 24h
Haushaltshilfe

[1]Die Versicherte erhält Haushaltshilfe, soweit ihr wegen Schwangerschaft oder Entbindung die Weiterführung des Haushalts nicht möglich ist und eine andere im Haushalt lebende Person den Haushalt nicht weiterführen kann. [2]§ 38 Absatz 4 gilt entsprechend.

§ 24i
Mutterschaftsgeld

(1) [1]Weibliche Mitglieder, die bei Arbeitsunfähigkeit Anspruch auf Krankengeld haben oder denen wegen der Schutzfristen nach § 3 des Mutterschutzgesetzes kein Arbeitsentgelt gezahlt wird, erhalten Mutterschaftsgeld. [2]Mutterschaftsgeld erhalten auch Frauen, deren Arbeitsverhältnis unmittelbar vor Beginn der Schutzfrist nach § 3 Absatz 1 des Mutterschutzgesetzes endet, wenn sie am letzten Tag des Arbeitsverhältnisses Mitglied einer Krankenkasse waren.

(2) [1]Für Mitglieder, die bei Beginn der Schutzfrist vor der Entbindung nach § 3 Absatz 1 des Mutterschutzgesetzes in einem Arbeitsverhältnis stehen oder in Heimarbeit beschäftigt sind oder deren Arbeitsverhältnis nach Maßgabe von § 17 Absatz 2 des Mutterschutzgesetzes gekündigt worden ist, wird als Mutterschaftsgeld das um die gesetzlichen Abzüge verminderte durchschnittliche kalendertägliche Arbeitsentgelt der letzten drei abgerechneten Kalendermonate vor Beginn der Schutzfrist nach § 3 Absatz 1 des Mutterschutzgesetzes gezahlt. [2]Es beträgt höchstens 13 Euro für den Kalendertag. [3]Für die Ermittlung des durchschnittlichen kalendertäglichen Arbeitsentgelts gilt § 21 des Mutterschutzgesetzes entsprechend. [4]Übersteigt das durchschnittliche Arbeitsentgelt 13 Euro kalendertäglich, wird der übersteigende Betrag vom Arbeitgeber oder von der für die Zahlung des Mutterschaftsgeldes zuständigen Stelle nach den Vorschriften des Mutterschutzgesetzes gezahlt. [5]Für Frauen nach Absatz 1 Satz 2 sowie für andere Mitglieder wird das Mutterschaftsgeld in Höhe des Krankengeldes gezahlt.

(3) [1]Das Mutterschaftsgeld wird für die letzten sechs Wochen vor dem voraussichtlichen Tag der Entbindung, den Entbindungstag und für die ersten acht Wochen nach der Entbindung gezahlt. [2]Bei Früh- und Mehrlingsgeburten sowie in Fällen, in denen vor Ablauf von acht Wochen nach der Entbindung bei dem Kind eine Behinderung im Sinne von § 2 Absatz 1 Satz 1 des Neunten Buches ärztlich festgestellt und ein Antrag nach § 3 Absatz 2 Satz 4 des Mutterschutzgesetzes gestellt wird, verlängert sich der Zeitraum der Zahlung des Mutterschaftsgeldes nach Satz 1 auf die ersten zwölf Wochen nach der Entbindung. [3]Wird bei Frühgeburten und sonstigen vorzeitigen Entbindungen der Zeitraum von sechs Wochen vor dem voraussichtlichen Tag der Entbindung verkürzt, so verlängert sich die Bezugsdauer um

den Zeitraum, der vor der Entbindung nicht in Anspruch genommen werden konnte. [4]Für die Zahlung des Mutterschaftsgeldes vor der Entbindung ist das Zeugnis eines Arztes oder einer Hebamme maßgebend, in dem der voraussichtliche Tag der Entbindung angegeben ist. [5]Bei Entbindungen nach dem voraussichtlichen Tag der Entbindung verlängert sich die Bezugsdauer bis zum Tag der Entbindung entsprechend. [6]Für Mitglieder, deren Arbeitsverhältnis während der Schutzfristen nach § 3 des Mutterschutzgesetzes beginnt, wird das Mutterschaftsgeld von Beginn des Arbeitsverhältnisses an gezahlt.

(4) [1]Der Anspruch auf Mutterschaftsgeld ruht, soweit und solange das Mitglied beitragspflichtiges Arbeitsentgelt, Arbeitseinkommen oder Urlaubsabgeltung erhält. [2]Dies gilt nicht für einmalig gezahltes Arbeitsentgelt.

Vierter Abschnitt

Leistungen zur Erfassung von gesundheitlichen Risiken und Früherkennung von Krankheiten

§ 25 Gesundheitsuntersuchungen

(1) [1]Versicherte, die das 18. Lebensjahr vollendet haben, haben Anspruch auf alters-, geschlechter- und zielgruppengerechte ärztliche Gesundheitsuntersuchungen zur Erfassung und Bewertung gesundheitlicher Risiken und Belastungen, zur Früherkennung von bevölkerungsmedizinisch bedeutsamen Krankheiten und eine darauf abgestimmte präventionsorientierte Beratung, einschließlich einer Überprüfung des Impfstatus im Hinblick auf die Empfehlungen der Ständigen Impfkommission nach § 20 Absatz 2 des Infektionsschutzgesetzes. [2]Die Untersuchungen umfassen, sofern medizinisch angezeigt, eine Präventionsempfehlung für Leistungen zur verhaltensbezogenen Prävention nach § 20 Absatz 5. [3]Die Präventionsempfehlung wird in Form einer ärztlichen Bescheinigung erteilt. [4]Sie informiert über Möglichkeiten und Hilfen zur Veränderung gesundheitsbezogener Verhaltensweisen und kann auch auf andere Angebote zur verhaltensbezogenen Prävention hinweisen wie beispielsweise auf die vom Deutschen Olympischen Sportbund e. V. und der Bundesärztekammer empfohlenen Bewegungsangebote in Sportvereinen oder auf sonstige qualitätsgesicherte Bewegungsangebote in Sport- oder Fitnessstudios sowie auf Angebote zur Förderung einer ausgewogenen Ernährung.

(2) Versicherte, die das 18. Lebensjahr vollendet haben, haben Anspruch auf Untersuchungen zur Früherkennung von Krebserkrankungen.

(3) [1]Voraussetzung für die Untersuchung nach den Absätzen 1 und 2 ist, dass es sich um Krankheiten handelt, die wirksam behandelt werden können oder um zu erfassende gesundheitliche Risiken und Belastungen, die durch geeignete Leistungen zur verhaltensbezogenen Prävention nach § 20 Absatz 5 vermieden, beseitigt oder vermindert werden können. [2]Die im Rahmen der Untersuchungen erbrachten Maßnahmen zur Früherkennung setzen ferner voraus, dass

1. das Vor- und Frühstadium dieser Krankheiten durch diagnostische Maßnahmen erfassbar ist,
2. die Krankheitszeichen medizinisch-technisch genügend eindeutig zu erfassen sind,
3. genügend Ärzte und Einrichtungen vorhanden sind, um die aufgefundenen Verdachtsfälle eindeutig zu diagnostizieren und zu behandeln.

[3]Stellt der Gemeinsame Bundesausschuss bei seinen Beratungen über eine Gesundheitsuntersuchung nach Absatz 1 fest, dass notwendige Erkenntnisse fehlen, kann er eine Richtlinie zur Erprobung der geeigneten inhaltlichen und organisatorischen Ausgestaltung der Gesundheitsuntersuchung beschließen. [4]§ 137e gilt entsprechend.

(4) [1]Die Untersuchungen nach Absatz 1 und 2 sollen, soweit berufsrechtlich zulässig, zusammen angeboten werden. [2]Der Gemeinsame Bundesausschuss bestimmt in den Richtlinien nach § 92 das Nähere über Inhalt, Art und Umfang der Untersuchungen sowie die Erfüllung der Voraussetzungen nach Absatz 3. [3]Ferner bestimmt er für die Untersuchungen die Zielgruppen, Altersgrenzen und die Häufigkeit der Untersuchungen. [4]Der Gemeinsame Bundesausschuss regelt erstmals bis zum 31. Juli 2016 in Richtlinien nach § 92 das Nähere zur Ausgestaltung der Präventionsempfehlung nach Absatz 1 Satz 2. [5]Im Übrigen beschließt der Gemeinsame Bundesausschuss erstmals bis zum 31. Juli 2018 in Richtlinien nach § 92 das Nähere über die Gesundheitsuntersuchungen nach Absatz 1 zur Erfassung und Bewertung gesundheitlicher Risiken und Belastungen

sowie eine Anpassung der Richtlinie im Hinblick auf Gesundheitsuntersuchungen zur Früherkennung von bevölkerungsmedizinisch bedeutsamen Krankheiten. [6]Die Frist nach Satz 5 verlängert sich in dem Fall einer Erprobung nach Absatz 3 Satz 3 um zwei Jahre.

(4a) [1]Legt das Bundesministerium für Umwelt, Naturschutz und nukleare Sicherheit in einer Rechtsverordnung nach § 84 Absatz 2 des Strahlenschutzgesetzes die Zulässigkeit einer Früherkennungsuntersuchung fest, für die der Gemeinsame Bundesausschuss noch keine Richtlinie nach § 92 Absatz 1 Satz 2 Nummer 3 beschlossen hat, prüft der Gemeinsame Bundesausschuss innerhalb von 18 Monaten nach Inkrafttreten der Rechtsverordnung, ob die Früherkennungsuntersuchung nach Absatz 1 oder Absatz 2 zu Lasten der Krankenkassen zu erbringen ist und regelt gegebenenfalls das Nähere nach Absatz 3 Satz 2 und 3. [2]Gelangt der Gemeinsame Bundesausschuss zu der Feststellung, dass der Nutzen der neuen Früherkennungsuntersuchung noch nicht hinreichend belegt ist, so hat er in der Regel eine Richtlinie nach § 137e zu beschließen.

(5) [1]In den Richtlinien des Gemeinsamen Bundesausschusses ist ferner zu regeln, dass die Durchführung von Maßnahmen nach den Absätzen 1 und 2 von einer Genehmigung der Kassenärztlichen Vereinigung abhängig ist, wenn es zur Sicherung der Qualität der Untersuchungen geboten ist, dass Ärzte mehrerer Fachgebiete zusammenwirken oder die teilnehmenden Ärzte eine Mindestzahl von Untersuchungen durchführen oder besondere technische Einrichtungen vorgehalten werden oder dass besonders qualifiziertes nichtärztliches Personal mitwirkt. [2]Ist es erforderlich, dass die teilnehmenden Ärzte eine hohe Mindestzahl von Untersuchungen durchführen oder dass bei der Leistungserbringung Ärzte mehrerer Fachgebiete zusammenwirken, legen die Richtlinien außerdem Kriterien für die Bemessung des Versorgungsbedarfs fest, so dass eine bedarfsgerechte räumliche Verteilung gewährleistet ist. [3]Die Auswahl der Ärzte durch die Kassenärztliche Vereinigung erfolgt auf der Grundlage der Bewertung ihrer Qualifikation und der geeigneten räumlichen Zuordnung ihres Praxissitzes für die Versorgung im Rahmen eines in den Richtlinien geregelten Ausschreibungsverfahrens. [4]Die Genehmigung zur Durchführung der Früherkennungsuntersuchungen kann befristet und mit für das Versorgungsziel notwendigen Auflagen erteilt werden.

§ 25a
Organisierte Früherkennungsprogramme

(1) [1]Untersuchungen zur Früherkennung von Krebserkrankungen gemäß § 25 Absatz 2, für die von der Europäischen Kommission veröffentlichte Europäische Leitlinien zur Qualitätssicherung von Krebsfrüherkennungsprogrammen vorliegen, sollen als organisierte Krebsfrüherkennungsprogramme angeboten werden. [2]Diese Programme umfassen insbesondere

1. die regelmäßige Einladung der Versicherten in Textform zur Früherkennungsuntersuchung nach Satz 1,
2. die mit der Einladung erfolgende umfassende und verständliche Information der Versicherten über Nutzen und Risiken der jeweiligen Untersuchung, über die nach Absatz 4 vorgesehene Verarbeitung der personenbezogenen Daten, die zum Schutz dieser Daten getroffenen Maßnahmen, den Verantwortlichen und bestehende Widerspruchsrechte,
3. die inhaltliche Bestimmung der Zielgruppen, der Untersuchungsmethoden, der Abstände zwischen den Untersuchungen, der Altersgrenzen, des Vorgehens zur Abklärung auffälliger Befunde und der Maßnahmen zur Qualitätssicherung sowie
4. die systematische Erfassung, Überwachung und Verbesserung der Qualität der Krebsfrüherkennungsprogramme unter besonderer Berücksichtigung der Teilnahmeraten, des Auftretens von Intervallkarzinomen, falsch positiver Diagnosen und der Sterblichkeit an der betreffenden Krebserkrankung unter den Programmteilnehmern.

[3]Die Maßnahmen nach Satz 2 Nummer 4 beinhalten auch einen Abgleich der Daten, die nach § 299 zum Zwecke der Qualitätssicherung an eine vom Gemeinsamen Bundesausschuss bestimmte Stelle übermittelt werden, mit Daten der epidemiologischen oder der klinischen Krebsregister, soweit dies insbesondere für die Erfassung des Auftretens von Intervallkarzinomen und der Sterblichkeit an der betreffenden Krebserkrankung unter den Programmteilnehmern erforderlich ist. [4]Die entstehenden Kosten für den Datenabgleich werden von den Krankenkassen getragen; der den Krebsregistern entstehende Aufwand wird im Rahmen der Festlegung der fallbezogenen Krebsregisterpauschale nach § 65c Absatz 2

Satz 1 in Verbindung mit Absatz 4 Satz 2, 3, 5, 6 und 9 berücksichtigt.

(2) [1]Der Gemeinsame Bundesausschuss regelt bis zum 30. April 2016 in Richtlinien nach § 92 das Nähere über die Durchführung der organisierten Krebsfrüherkennungsprogramme für Früherkennungsuntersuchungen, für die bereits Europäische Leitlinien zur Qualitätssicherung nach Absatz 1 Satz 1 vorliegen. [2]Für künftige Leitlinien erfolgt eine Regelung innerhalb von drei Jahren nach Veröffentlichung der Leitlinien. [3]Handelt es sich um eine neue Früherkennungsuntersuchung, für die noch keine Richtlinien nach § 92 Absatz 1 Satz 2 Nummer 3 bestehen, prüft der Gemeinsame Bundesausschuss zunächst innerhalb von drei Jahren nach Veröffentlichung der Leitlinien, ob die Früherkennungsuntersuchung nach § 25 Absatz 2 zu Lasten der Krankenkassen zu erbringen ist, und regelt gegebenenfalls innerhalb von weiteren drei Jahren das Nähere über die Durchführung des organisierten Krebsfrüherkennungsprogramms. [4]In den Richtlinien über die Durchführung der organisierten Krebsfrüherkennungsprogramme ist insbesondere das Nähere zum Einladungswesen, zur Qualitätssicherung und zum Datenabgleich mit den Krebsregistern festzulegen, und es sind die hierfür zuständigen Stellen zu bestimmen. [5]Der Verband der Privaten Krankenversicherung ist bei den Richtlinien zu beteiligen.

(3) [1]Stellt der Gemeinsame Bundesausschuss bei seinen Beratungen fest, dass notwendige Erkenntnisse fehlen, kann er eine Richtlinie zur Erprobung der geeigneten inhaltlichen und organisatorischen Ausgestaltung eines organisierten Krebsfrüherkennungsprogramms beschließen. [2]§ 137e gilt entsprechend. [3]Die Frist nach Absatz 2 Satz 1 bis 3 für die Regelung des Näheren über die Durchführung der organisierten Krebsfrüherkennungsprogramme verlängert sich in diesem Fall um den Zeitraum der Vorbereitung, Durchführung und Auswertung der Erprobung, längstens jedoch um fünf Jahre.

(4) [1]Die nach Absatz 2 Satz 4 in den Richtlinien bestimmten Stellen sind befugt, die für die Wahrnehmung ihrer Aufgaben erforderlichen und in den Richtlinien aufgeführten Daten nach den dort genannten Vorgaben zu verarbeiten. [2]Für die Einladungen nach Absatz 1 Satz 2 Nummer 1 dürfen die in § 291a Absatz 2 Nummer 1 bis 6 genannten Daten der Krankenkassen verarbeitet werden; sofern andere Stellen als die Krankenkassen die Aufgabe der Einladung wahrnehmen, darf die Krankenversichertennummer nur in pseudonymisierter Form verarbeitet werden. [3]Die Versicherten können in Textform weiteren Einladungen widersprechen; sie sind in den Einladungen auf ihr Widerspruchsrecht hinzuweisen. [4]Andere personenbezogene Daten der Krankenkassen, insbesondere Befunddaten und Daten über die Inanspruchnahme von Krebsfrüherkennungsuntersuchungen, dürfen für die Einladungen nur mit Einwilligung der Versicherten verarbeitet werden. [5]Für die Datenverarbeitungen zum Zwecke der Qualitätssicherung nach Absatz 1 Satz 2 Nummer 4 gilt § 299, sofern der Versicherte nicht schriftlich oder elektronisch widersprochen hat. [6]Ein Abgleich der Daten nach Satz 4 und der Daten, die nach § 299 zum Zwecke der Qualitätssicherung an eine vom Gemeinsamen Bundesausschuss bestimmte Stelle übermittelt werden, mit Daten der epidemiologischen oder klinischen Krebsregister ist unter Verwendung eines aus dem unveränderbaren Teil der Krankenversichertennummer des Versicherten abgeleiteten Pseudonyms zulässig, sofern der Versicherte nicht schriftlich oder elektronisch widersprochen hat. [7]Der Gemeinsame Bundesausschuss legt in den Richtlinien fest, welche Daten für den Abgleich zwischen den von ihm bestimmten Stellen und den epidemiologischen oder klinischen Krebsregistern übermittelt werden sollen. [8]Das Nähere zur technischen Umsetzung des Abgleichs nach Satz 6 vereinbaren der Gemeinsame Bundesausschuss und die von den Ländern zur Durchführung des Abgleichs bestimmten Krebsregister bis zum 31. Dezember 2021. [9]Die epidemiologischen oder klinischen Krebsregister übermitteln erstmals bis Ende 2023 und anschließend regelmäßig ausschließlich zum Zweck des Abgleichs der Daten nach Satz 6 die vom Gemeinsamen Bundesausschuss festgelegten Daten zusammen mit dem Pseudonym nach Satz 6 an die Vertrauensstelle nach § 299 Absatz 2 Satz 5.

(5) [1]Der Gemeinsame Bundesausschuss oder eine von ihm beauftragte Stelle veröffentlicht alle zwei Jahre einen Bericht über den Stand der Maßnahmen nach Absatz 1 Satz 2 Nummer 4. [2]Der Gemeinsame Bundesausschuss oder eine von ihm beauftragte Stelle übermittelt auf Antrag, nach Prüfung des berechtigten Interesses des Antragstellers, anonymisierte Daten zum Zwecke der wissenschaftlichen Forschung. [3]Die Entscheidung über den Antrag ist dem Antragsteller innerhalb von zwei Monaten nach Antragstellung mitzuteilen; eine Ablehnung ist zu begründen.

§ 26
Gesundheitsuntersuchungen für Kinder und Jugendliche

(1) [1]Versicherte Kinder und Jugendliche haben bis zur Vollendung des 18. Lebensjahres Anspruch auf Untersuchungen zur Früherkennung von Krankheiten, die ihre körperliche, geistige oder psycho-soziale Entwicklung in nicht geringfügigem Maße gefährden. [2]Die Untersuchungen beinhalten auch eine Erfassung und Bewertung gesundheitlicher Risiken einschließlich einer Überprüfung der Vollständigkeit des Impfstatus sowie eine darauf abgestimmte präventionsorientierte Beratung einschließlich Informationen zu regionalen Unterstützungsangeboten für Eltern und Kind. [3]Die Untersuchungen umfassen, sofern medizinisch angezeigt, eine Präventionsempfehlung für Leistungen zur verhaltensbezogenen Prävention nach § 20 Absatz 5, die sich altersentsprechend an das Kind, den Jugendlichen oder die Eltern oder andere Sorgeberechtigte richten kann. [4]Die Präventionsempfehlung wird in Form einer ärztlichen Bescheinigung erteilt. [5]Zu den Früherkennungsuntersuchungen auf Zahn-, Mund- und Kieferkrankheiten gehören insbesondere die Inspektion der Mundhöhle, die Einschätzung oder Bestimmung des Kariesrisikos, die Ernährungs- und Mundhygieneberatung sowie Maßnahmen zur Schmelzhärtung der Zähne und zur Keimzahlsenkung. [6]Die Leistungen nach Satz 5 werden bis zur Vollendung des sechsten Lebensjahres erbracht und können von Ärzten oder Zahnärzten erbracht werden.

(2) [1]§ 25 Absatz 3 gilt entsprechend. [2]Der Gemeinsame Bundesausschuss bestimmt in den Richtlinien nach § 92 das Nähere über Inhalt, Art und Umfang der Untersuchungen nach Absatz 1 sowie über die Erfüllung der Voraussetzungen nach § 25 Absatz 3. [3]Ferner bestimmt er die Altersgrenzen und die Häufigkeit dieser Untersuchungen. [4]In der ärztlichen Dokumentation über die Untersuchungen soll auf den Impfstatus in Bezug auf Masern und auf eine durchgeführte Impfberatung hingewiesen werden, um einen Nachweis im Sinne von § 20 Absatz 9 Satz 1 Nummer 1 und § 34 Absatz 10a Satz 1 des Infektionsschutzgesetzes zu ermöglichen. [5]Der Gemeinsame Bundesausschuss regelt erstmals bis zum 31. Juli 2016 in Richtlinien nach § 92 das Nähere zur Ausgestaltung der Präventionsempfehlung nach Absatz 1 Satz 3. [6]Er regelt insbesondere das Nähere zur Ausgestaltung der zahnärztlichen Früherkennungsuntersuchungen zur Vermeidung frühkindlicher Karies.

(3) [1]Die Krankenkassen haben im Zusammenwirken mit den für die Kinder- und Gesundheitspflege durch Landesrecht bestimmten Stellen der Länder auf eine Inanspruchnahme der Leistungen nach Absatz 1 hinzuwirken. [2]Zur Durchführung der Maßnahmen nach Satz 1 schließen die Landesverbände der Krankenkassen und die Ersatzkassen mit den Stellen der Länder nach Satz 1 gemeinsame Rahmenvereinbarungen.

Fünfter Abschnitt

Leistungen bei Krankheit

Erster Titel

Krankenbehandlung

§ 27
Krankenbehandlung

(1) [1]Versicherte haben Anspruch auf Krankenbehandlung, wenn sie notwendig ist, um eine Krankheit zu erkennen, zu heilen, ihre Verschlimmerung zu verhüten oder Krankheitsbeschwerden zu lindern. [2]Die Krankenbehandlung umfasst

1. ärztliche Behandlung einschließlich Psychotherapie als ärztliche und psychotherapeutische Behandlung,
2. zahnärztliche Behandlung,

2a. Versorgung mit Zahnersatz einschließlich Zahnkronen und Suprakonstruktionen,

3. Versorgung mit Arznei-, Verband-, Heil- und Hilfsmitteln sowie mit digitalen Gesundheitsanwendungen,
4. häusliche Krankenpflege, außerklinische Intensivpflege und Haushaltshilfe,
5. Krankenhausbehandlung,
6. Leistungen zur medizinischen Rehabilitation und ergänzende Leistungen.

[3]Zur Krankenbehandlung gehört auch die palliative Versorgung der Versicherten. [4]Bei der Krankenbehandlung ist den besonderen Bedürfnissen psychisch Kranker Rechnung zu tragen, insbesondere bei der Versorgung mit Heilmitteln und bei der medizinischen Rehabilitation. [5]Zur Krankenbehandlung gehören auch Leistungen zur Herstellung der Zeugungs- oder Empfängnisfä-

higkeit, wenn diese Fähigkeit nicht vorhanden war oder durch Krankheit oder wegen einer durch Krankheit erforderlichen Sterilisation verloren gegangen war. [6]Zur Krankenbehandlung gehören auch Leistungen zur vertraulichen Spurensicherung am Körper, einschließlich der erforderlichen Dokumentation sowie Laboruntersuchungen und einer ordnungsgemäßen Aufbewahrung der sichergestellten Befunde, bei Hinweisen auf drittverursachte Gesundheitsschäden, die Folge einer Misshandlung, eines sexuellen Missbrauchs, eines sexuellen Übergriffs, einer sexuellen Nötigung oder einer Vergewaltigung sein können.

(1a) [1]Spender von Organen oder Geweben oder von Blut zur Separation von Blutstammzellen oder anderen Blutbestandteilen (Spender) haben bei einer nach den §§ 8 und 8a des Transplantationsgesetzes erfolgenden Spende von Organen oder Geweben oder im Zusammenhang mit einer im Sinne von § 9 des Transfusionsgesetzes erfolgenden Spende zum Zwecke der Übertragung auf Versicherte (Entnahme bei lebenden Spendern) Anspruch auf Leistungen der Krankenbehandlung. [2]Dazu gehören die ambulante und stationäre Behandlung der Spender, die medizinisch erforderliche Vor- und Nachbetreuung, Leistungen zur medizinischen Rehabilitation sowie die Erstattung des Ausfalls von Arbeitseinkünften als Krankengeld nach § 44a und erforderlicher Fahrkosten; dies gilt auch für Leistungen, die über die Leistungen nach dem Dritten Kapitel dieses Gesetzes, auf die ein Anspruch besteht, hinausgehen, soweit sie vom Versicherungsschutz des Spenders umfasst sind. [3]Zuzahlungen sind von den Spendern nicht zu leisten. [4]Zuständig für Leistungen nach den Sätzen 1 und 2 ist die Krankenkasse der Empfänger von Organen oder Gewebe (Empfänger). [5]Zuständig für Leistungen nach den Sätzen 1 und 2 ist die Krankenkasse der Empfänger von Organen, Geweben oder Blutstammzellen sowie anderen Blutbestandteilen (Empfänger). [6]Im Zusammenhang mit der Spende von Knochenmark nach den §§ 8 und 8a des Transplantationsgesetzes, von Blutstammzellen oder anderen Blutbestandteilen nach § 9 des Transfusionsgesetzes können die Erstattung der erforderlichen Fahrkosten des Spenders und die Erstattung der Entgeltfortzahlung an den Arbeitgeber nach § 3a Absatz 2 Satz 1 des Entgeltfortzahlungsgesetzes einschließlich der Befugnis zum Erlass der hierzu erforderlichen Verwaltungsakte auf Dritte übertragen werden. [7]Das Nähere kann der Spitzenverband Bund der Krankenkassen mit den für die nationale und internationale Suche nach nichtverwandten Spendern von Blutstammzellen aus Knochenmark oder peripherem Blut maßgeblichen Organisationen vereinbaren. [8]Ansprüche nach diesem Absatz haben auch nicht gesetzlich krankenversicherte Personen. [9]Die Krankenkasse der Spender ist befugt, die für die Leistungserbringung nach den Sätzen 1 und 2 erforderlichen personenbezogenen Daten an die Krankenkasse oder das private Krankenversicherungsunternehmen der Empfänger zu übermitteln; dies gilt auch für personenbezogene Daten von nach dem Künstlersozialversicherungsgesetz Krankenversicherungspflichtigen. [10]Die nach Satz 9 übermittelten Daten dürfen nur für die Erbringung von Leistungen nach den Sätzen 1 und 2 verarbeitet werden. [11]Die Datenverarbeitung nach den Sätzen 9 und 10 darf nur mit schriftlicher Einwilligung der Spender, der eine umfassende Information vorausgegangen ist, erfolgen.

(2) Versicherte, die sich nur vorübergehend im Inland aufhalten und Ausländer, die eine Aufenthaltserlaubnis nach § 25 Abs. 4 bis 5 des Aufenthaltsgesetzes besitzen, sowie

1. asylsuchende Ausländer, deren Asylverfahren noch nicht unanfechtbar abgeschlossen ist,
2. Vertriebene im Sinne des § 1 Abs. 2 Nr. 2 und 3 des Bundesvertriebenengesetzes sowie Spätaussiedler im Sinne des § 4 des Bundesvertriebenengesetzes, ihre Ehegatten, Lebenspartner und Abkömmlinge im Sinne des § 7 Abs. 2 des Bundesvertriebenengesetzes haben Anspruch auf Versorgung mit Zahnersatz, wenn sie unmittelbar vor Inanspruchnahme mindestens ein Jahr lang Mitglied einer Krankenkasse (§ 4) oder nach § 10 versichert waren oder wenn die Behandlung aus medizinischen Gründen ausnahmsweise unaufschiebbar ist.

§ 27a
Künstliche Befruchtung

(1) Die Leistungen der Krankenbehandlung umfassen auch medizinische Maßnahmen zur Herbeiführung einer Schwangerschaft, wenn

1. diese Maßnahmen nach ärztlicher Feststellung erforderlich sind,
2. nach ärztlicher Feststellung hinreichende Aussicht besteht, dass durch die Maßnahmen eine Schwangerschaft herbeigeführt wird; eine hinreichende Aussicht besteht nicht mehr, wenn

die Maßnahme drei Mal ohne Erfolg durchgeführt worden ist,

3. die Personen, die diese Maßnahmen in Anspruch nehmen wollen, verheiratet sind,

4. ausschließlich Ei- und Samenzellen der Ehegatten verwendet werden und

5. sich die Ehegatten vor der Durchführung der Maßnahmen von einem Arzt, der die Behandlung nicht selbst durchführt, über eine solche Behandlung unter Berücksichtigung ihrer medizinischen und psychosozialen Gesichtspunkte haben unterrichten lassen und der Arzt sie an einen der Ärzte oder eine der Einrichtungen überwiesen hat, denen eine Genehmigung nach § 121a erteilt worden ist.

(2) [1]Absatz 1 gilt auch für Inseminationen, die nach Stimulationsverfahren durchgeführt werden und bei denen dadurch ein erhöhtes Risiko von Schwangerschaften mit drei oder mehr Embryonen besteht. [2]Bei anderen Inseminationen ist Absatz 1 Nr. 2 zweiter Halbsatz und Nr. 5 nicht anzuwenden.

(3) [1]Anspruch auf Sachleistungen nach Absatz 1 besteht nur für Versicherte, die das 25. Lebensjahr vollendet haben; der Anspruch besteht nicht für weibliche Versicherte, die das 40. und für männliche Versicherte, die das 50. Lebensjahr vollendet haben. [2]Vor Beginn der Behandlung ist der Krankenkasse ein Behandlungsplan zur Genehmigung vorzulegen. [3]Die Krankenkasse übernimmt 50 vom Hundert der mit dem Behandlungsplan genehmigten Kosten der Maßnahmen, die bei ihrem Versicherten durchgeführt werden.

(4) [1]Versicherte haben Anspruch auf Kryokonservierung von Ei- oder Samenzellen oder von Keimzellgewebe sowie auf die dazugehörigen medizinischen Maßnahmen, wenn die Kryokonservierung wegen einer Erkrankung und deren Behandlung mit einer keimzellschädigenden Therapie medizinisch notwendig erscheint, um spätere medizinische Maßnahmen zur Herbeiführung einer Schwangerschaft nach Absatz 1 vornehmen zu können. [2]Absatz 3 Satz 1 zweiter Halbsatz gilt entsprechend.

(5) Der Gemeinsame Bundesausschuss bestimmt in den Richtlinien nach § 92 die medizinischen Einzelheiten zu Voraussetzungen, Art und Umfang der Maßnahmen nach den Absätzen 1 und 4.

§ 27b
Zweitmeinung

(1) [1]Versicherte, bei denen die Indikation zu einem planbaren Eingriff gestellt wird, bei dem insbesondere im Hinblick auf die zahlenmäßige Entwicklung seiner Durchführung die Gefahr einer Indikationsausweitung nicht auszuschließen ist, haben Anspruch darauf, eine unabhängige ärztliche Zweitmeinung bei einem Arzt oder einer Einrichtung nach Absatz 3 einzuholen. [2]Die Zweitmeinung kann nicht bei einem Arzt oder einer Einrichtung eingeholt werden, durch den oder durch die der Eingriff durchgeführt werden soll.

(2) [1]Der Gemeinsame Bundesausschuss bestimmt in seinen Richtlinien nach § 92 Absatz 1 Satz 2 Nummer 13, für welche planbaren Eingriffe nach Absatz 1 Satz 1 der Anspruch auf Einholung der Zweitmeinung im Einzelnen besteht; ab dem 1. Januar 2022 soll der Gemeinsame Bundesausschuss jährlich mindestens zwei weitere Eingriffe bestimmen, für die Anspruch auf Einholung der Zweitmeinung im Einzelnen besteht. [2]Er legt indikationsspezifische Anforderungen an die Abgabe der Zweitmeinung zum empfohlenen Eingriff und an die Erbringer einer Zweitmeinung fest, um eine besondere Expertise zur Zweitmeinungserbringung zu sichern. [3]Kriterien für die besondere Expertise sind

1. eine langjährige fachärztliche Tätigkeit in einem Fachgebiet, das für die Indikation zum Eingriff maßgeblich ist,

2. Kenntnisse über den aktuellen Stand der wissenschaftlichen Forschung zur jeweiligen Diagnostik und Therapie einschließlich Kenntnissen über Therapiealternativen zum empfohlenen Eingriff.

[4]Der Gemeinsame Bundesausschuss kann Anforderungen mit zusätzlichen Kriterien festlegen. [5]Zusätzliche Kriterien sind insbesondere

1. Erfahrungen mit der Durchführung des jeweiligen Eingriffs,

2. regelmäßige gutachterliche Tätigkeit in einem für die Indikation maßgeblichen Fachgebiet oder

3. besondere Zusatzqualifikationen, die für die Beurteilung einer gegebenenfalls interdisziplinär abzustimmenden Indikationsstellung von Bedeutung sind.

[6]Der Gemeinsame Bundesausschuss berücksichtigt bei den Festlegungen nach Satz 2 die Möglichkeiten einer telemedizinischen Erbringung der Zweitmeinung.

(3) Zur Erbringung einer Zweitmeinung sind berechtigt:

1. zugelassene Ärzte,
2. zugelassene medizinische Versorgungszentren,
3. ermächtigte Ärzte und Einrichtungen,
4. zugelassene Krankenhäuser sowie
5. nicht an der vertragsärztlichen Versorgung teilnehmende Ärzte, die nur zu diesem Zweck an der vertragsärztlichen Versorgung teilnehmen,

soweit sie die Anforderungen nach Absatz 2 Satz 2 erfüllen.

(4) Die Kassenärztlichen Vereinigungen und die Landeskrankenhausgesellschaften informieren inhaltlich abgestimmt über Leistungserbringer, die unter Berücksichtigung der vom Gemeinsamen Bundesausschuss nach Absatz 2 Satz 2 festgelegten Anforderungen zur Erbringung einer unabhängigen Zweitmeinung geeignet und bereit sind.

(5) [1]Der Arzt, der die Indikation für einen Eingriff nach Absatz 1 Satz 1 in Verbindung mit Absatz 2 Satz 1 stellt, muss den Versicherten über das Recht, eine unabhängige ärztliche Zweitmeinung einholen zu können, aufklären und ihn auf die Informationsangebote über geeignete Leistungserbringer nach Absatz 4 hinweisen. [2]Die Aufklärung muss mündlich erfolgen; ergänzend kann auf Unterlagen Bezug genommen werden, die der Versicherte in Textform erhält. [3]Der Arzt hat dafür Sorge zu tragen, dass die Aufklärung in der Regel mindestens zehn Tage vor dem geplanten Eingriff erfolgt. [4]In jedem Fall hat die Aufklärung so rechtzeitig zu erfolgen, dass der Versicherte seine Entscheidung über die Einholung einer Zweitmeinung wohlüberlegt treffen kann. [5]Der Arzt hat den Versicherten auf sein Recht auf Überlassung von Abschriften der Befundunterlagen aus der Patientenakte gemäß § 630g Absatz 2 des Bürgerlichen Gesetzbuchs, die für die Einholung der Zweitmeinung erforderlich sind, hinzuweisen. [6]Die Kosten, die dem Arzt durch die Zusammenstellung und Überlassung von Befundunterlagen für die Zweitmeinung entstehen, trägt die Krankenkasse.

(6) [1]Die Krankenkasse kann in ihrer Satzung zusätzliche Leistungen zur Einholung einer unabhängigen ärztlichen Zweitmeinung vorsehen. [2]Sofern diese zusätzlichen Leistungen die vom Gemeinsamen Bundesausschuss bestimmten Eingriffe nach Absatz 2 Satz 1 betreffen, müssen sie die Anforderungen nach Absatz 2 Satz 2 erfüllen, die der Gemeinsame Bundesausschuss festgelegt hat. [3]Dies gilt auch, wenn die Krankenkasse ein Zweitmeinungsverfahren im Rahmen von Verträgen der besonderen Versorgung nach § 140a anbietet.

§ 28
Ärztliche und zahnärztliche Behandlung

(1) [1]Die ärztliche Behandlung umfasst die Tätigkeit des Arztes, die zur Verhütung, Früherkennung und Behandlung von Krankheiten nach den Regeln der ärztlichen Kunst ausreichend und zweckmäßig ist. [2]Zur ärztlichen Behandlung gehört auch die Hilfeleistung anderer Personen, die von dem Arzt angeordnet und von ihm zu verantworten ist. [3]Die Partner der Bundesmantelverträge legen für die ambulante Versorgung beispielhaft fest, bei welchen Tätigkeiten Personen nach Satz 2 ärztliche Leistungen erbringen können und welche Anforderungen an die Erbringung zu stellen sind. [4]Der Bundesärztekammer ist Gelegenheit zur Stellungnahme zu geben.

(2) [1]Die zahnärztliche Behandlung umfasst die Tätigkeit des Zahnarztes, die zur Verhütung, Früherkennung und Behandlung von Zahn-, Mund- und Kieferkrankheiten nach den Regeln der zahnärztlichen Kunst ausreichend und zweckmäßig ist, sie umfasst auch konservierend-chirurgische Leistungen und Röntgenleistungen, die im Zusammenhang mit Zahnersatz einschließlich Zahnkronen und Suprakonstruktionen erbracht werden. [2]Wählen Versicherte bei Zahnfüllungen eine darüber hinausgehende Versorgung, haben sie die Mehrkosten selbst zu tragen. [3]In diesen Fällen ist von den Kassen die vergleichbare preisgünstigste plastische Füllung als Sachleistung abzurechnen. [4]In Fällen des Satzes 2 ist vor Beginn der Behandlung eine schriftliche Vereinbarung zwischen dem Zahnarzt und dem Versicherten zu treffen. [5]Die Mehrkostenregelung gilt nicht für Fälle, in denen intakte plastische Füllungen ausgetauscht werden. [6]Nicht zur zahnärztlichen

Behandlung gehört die kieferorthopädische Behandlung von Versicherten, die zu Beginn der Behandlung das 18. Lebensjahr vollendet haben. [7]Dies gilt nicht für Versicherte mit schweren Kieferanomalien, die ein Ausmaß haben, das kombinierte kieferchirurgische und kieferorthopädische Behandlungsmaßnahmen erfordert. [8]Ebenso gehören funktionsanalytische und funktionstherapeutische Maßnahmen nicht zur zahnärztlichen Behandlung; sie dürfen von den Krankenkassen auch nicht bezuschusst werden. [9]Das Gleiche gilt für implantologische Leistungen, es sei denn, es liegen seltene vom Gemeinsamen Bundesausschuss in Richtlinien nach § 92 Abs. 1 festzulegende Ausnahmeindikationen für besonders schwere Fälle vor, in denen die Krankenkasse diese Leistungen einschließlich der Suprakonstruktion als Sachleistung im Rahmen einer medizinischen Gesamtbehandlung erbringt. [10]Absatz 1 Satz 2 gilt entsprechend.

(3) [1]Die psychotherapeutische Behandlung einer Krankheit wird durch Psychologische Psychotherapeuten und Kinder- und Jugendlichenpsychotherapeuten nach den §§ 26 und 27 des Psychotherapeutengesetzes und durch Psychotherapeuten nach § 1 Absatz 1 Satz 1 des Psychotherapeutengesetzes (Psychotherapeuten), soweit sie zur psychotherapeutischen Behandlung zugelassen sind, sowie durch Vertragsärzte entsprechend den Richtlinien nach § 92 durchgeführt. [2]Absatz 1 Satz 2 gilt entsprechend. [3]Spätestens nach den probatorischen Sitzungen gemäß § 92 Abs. 6a hat der Psychotherapeut vor Beginn der Behandlung den Konsiliarbericht eines Vertragsarztes zur Abklärung einer somatischen Erkrankung sowie, falls der somatisch abklärende Vertragsarzt dies für erforderlich hält, eines psychiatrisch tätigen Vertragsarztes einzuholen.

(4) (aufgehoben)

§ 29
Kieferorthopädische Behandlung

(1) Versicherte haben Anspruch auf kieferorthopädische Versorgung in medizinisch begründeten Indikationsgruppen, bei denen eine Kiefer- oder Zahnfehlstellung vorliegt, die das Kauen, Beißen, Sprechen oder Atmen erheblich beeinträchtigt oder zu beeinträchtigen droht.

(2) [1]Versicherte leisten zu der kieferorthopädischen Behandlung nach Absatz 1 einen Anteil in Höhe von 20 vom Hundert der Kosten an den Vertragszahnarzt. [2]Satz 1 gilt nicht für im Zusammenhang mit kieferorthopädischer Behandlung erbrachte konservierend-chirurgische und Röntgenleistungen. [3]Befinden sich mindestens zwei versicherte Kinder, die bei Beginn der Behandlung das 18. Lebensjahr noch nicht vollendet haben und mit ihren Erziehungsberechtigten in einem gemeinsamen Haushalt leben, in kieferorthopädischer Behandlung, beträgt der Anteil nach Satz 1 für das zweite Kind und jedes weitere Kind 10 vom Hundert.

(3) [1]Der Vertragszahnarzt rechnet die kieferorthopädische Behandlung abzüglich des Versichertenanteils nach Absatz 2 Satz 1 und 3 mit der Kassenzahnärztlichen Vereinigung ab. [2]Wenn die Behandlung in dem durch den Behandlungsplan bestimmten medizinisch erforderlichen Umgang abgeschlossen worden ist, zahlt die Kasse den von den Versicherten geleisteten Anteil nach Absatz 2 Satz 1 und 3 an die Versicherten zurück.

(4) [1]Der Gemeinsame Bundesausschuss bestimmt in den Richtlinien nach § 92 Abs. 1 befundbezogen die objektiv überprüfbaren Indikationsgruppen, bei denen die in Absatz 1 genannten Voraussetzungen vorliegen. [2]Dabei sind auch einzuhaltende Standards zur kieferorthopädischen Befunderhebung und Diagnostik vorzugeben.

(5) [1]Wählen Versicherte im Fall von kieferorthopädischen Behandlungen Leistungen, die den im einheitlichen Bewertungsmaßstab für zahnärztliche Leistungen abgebildeten kieferorthopädischen Leistungen vergleichbar sind und sich lediglich in der Durchführungsart oder durch die eingesetzten Behandlungsmittel unterscheiden (Mehrleistungen), haben die Versicherten die Mehrkosten, die durch diese Mehrleistungen entstehen, selbst zu tragen. [2]In diesem Fall ist von dem behandelnden Zahnarzt gegenüber der zuständigen Kassenzahnärztlichen Vereinigung die vergleichbare im einheitlichen Bewertungsmaßstab für zahnärztliche Leistungen abgebildete kieferorthopädische Leistung als Sachleistung abzurechnen. [3]Die Absätze 2 und 3 gelten entsprechend.

(6) [1]Der Bewertungsausschuss für die zahnärztlichen Leistungen beschließt bis spätestens zum 31. Dezember 2022 einen Katalog von Leistungen, die als Mehrleistungen vereinbart und abgerechnet werden können. [2]Er kann solche nicht im Bewertungsmaßstab enthaltenen kieferorthopädischen Leistungen benennen, die nicht als Mehr-

leistungen anzusehen sind (Zusatzleistungen). [3]Sofern es zur Abgrenzung zwischen Mehrleistungen und den im einheitlichen Bewertungsmaßstab enthaltenen kieferorthopädischen Leistungen erforderlich ist, konkretisiert der Bewertungsausschuss die im einheitlichen Bewertungsmaßstab abgebildete kieferorthopädische Leistung.

(7) [1]Werden im Rahmen einer kieferorthopädischen Behandlung neben kieferorthopädischen Leistungen, die im einheitlichen Bewertungsmaßstab für zahnärztliche Leistungen abgebildet sind, Mehrleistungen oder Zusatzleistungen erbracht, ist der Versicherte vor Beginn der Behandlung vom behandelnden Zahnarzt über die in Betracht kommenden Behandlungsalternativen mündlich aufzuklären und ist eine schriftliche oder elektronische Vereinbarung zwischen dem Zahnarzt und dem Versicherten zu treffen, in der die von der Krankenkasse zu tragenden Kostenanteile und die vom Versicherten zu tragenden Kostenanteile aufgeschlüsselt nach Leistungen gegenübergestellt werden. [2]Hiermit ist eine schriftliche oder elektronische Erklärung des Versicherten zu verknüpfen, dass er über die in Betracht kommenden Behandlungsalternativen einschließlich einer zuzahlungsfreien Behandlung auf der Grundlage des einheitlichen Bewertungsmaßstabs für zahnärztliche Leistungen aufgeklärt worden ist. [3]Die Bundesmantelvertragspartner vereinbaren für die schriftliche Vereinbarung nach Satz 1 und für die Erklärung des Versicherten nach Satz 2 verbindliche Formularvordrucke und bestimmen den Zeitpunkt, ab dem diese verbindlich zu verwenden sind.

(8) [1]Die Kassenzahnärztlichen Vereinigungen überprüfen anlassbezogen die Einhaltung der Informations- und Aufklärungspflichten aus Absatz 7 Satz 1. [2]Der behandelnde Zahnarzt ist verpflichtet, der zuständigen Kassenzahnärztlichen Vereinigung auf Verlangen die Vereinbarung nach Absatz 7 Satz 1 und die Erklärung nach Absatz 7 Satz 2 vorzulegen. [3]Soweit es zur Nachvollziehbarkeit der vereinbarten Mehr- und Zusatzkosten erforderlich ist, kann die zuständige Kassenzahnärztliche Vereinigung auch behandlungs- und rechnungsbegründende Unterlagen von dem behandelnden Zahnarzt anfordern. [4]Der behandelnde Zahnarzt ist in diesem Fall zur Übermittlung der behandlungs- und rechnungsbegründenden Unterlagen verpflichtet, wenn der Versicherte ihm gegenüber in die Übermittlung schriftlich oder elektronisch eingewilligt hat. [5]Die Kassenzahnärztlichen Vereinigungen dürfen die in der Vereinbarung nach Absatz 7 Satz 1 und der Erklärung nach Absatz 7 Satz 2 enthaltenen Daten sowie die Daten, die in den ihnen übermittelten behandlungs- und rechnungsbegründenden Unterlagen enthalten sind, nur verarbeiten, soweit dies für die Prüfung nach Satz 1 erforderlich ist.

§ 30
Zahnersatz

(aufgehoben)

§ 30a
Festsetzung der Festzuschüsse

(aufgehoben)

§ 31
Arznei- und Verbandmittel, Verordnungsermächtigung

(1) [1]Versicherte haben Anspruch auf Versorgung mit apothekenpflichtigen Arzneimitteln, soweit die Arzneimittel nicht nach § 34 oder durch Richtlinien nach § 92 Abs. 1 Satz 2 Nr. 6 ausgeschlossen sind, und auf Versorgung mit Verbandmitteln, Harn- und Blutteststreifen. [2]Der Gemeinsame Bundesausschuss hat in den Richtlinien nach § 92 Abs. 1 Satz 2 Nr. 6 festzulegen, in welchen medizinisch notwendigen Fällen Stoffe und Zubereitungen aus Stoffen, die als Medizinprodukte nach § 3 Nr. 1 oder Nr. 2 des Medizinproduktegesetzes in der bis einschließlich 25. Mai 2021 geltenden Fassung zur Anwendung am oder im menschlichen Körper bestimmt sind, ausnahmsweise in die Arzneimittelversorgung einbezogen werden; § 34 Abs. 1 Satz 5, 7 und 8 und Abs. 6 sowie § 35 und die §§ 126 und 127 in der bis zum 10. Mai 2019 geltenden Fassung gelten entsprechend. [3]Für verschreibungspflichtige und nicht verschreibungspflichtige Medizinprodukte nach Satz 2 gilt § 34 Abs. 1 Satz 6 entsprechend. [4]Der Vertragsarzt kann Arzneimittel, die auf Grund der Richtlinien nach § 92 Abs. 1 Satz 2 Nr. 6 von der Versorgung ausgeschlossen sind, ausnahmsweise in medizinisch begründeten Einzelfällen mit Begründung verordnen. [5]Für die Versorgung nach Satz 1 können die Versicherten unter den Apotheken, für die der Rahmenvertrag nach § 129 Abs. 2 Geltung hat, frei wählen. [6]Vertragsärzte und Krankenkassen dürfen, soweit gesetzlich nicht etwas anderes bestimmt oder aus medizinischen Gründen im Einzelfall eine Empfehlung geboten ist, weder die Versicherten dahingehend beeinflussen, Verordnungen bei einer bestimmten Apotheke oder einem sonstigen Leistungserbringer einzulösen, noch unmittelbar oder mittelbar

Verordnungen bestimmten Apotheken oder sonstigen Leistungserbringern zuweisen. [7]Die Sätze 5 und 6 gelten auch bei der Einlösung von elektronischen Verordnungen.

(1a) [1]Verbandmittel sind Gegenstände einschließlich Fixiermaterial, deren Hauptwirkung darin besteht, oberflächengeschädigte Körperteile zu bedecken, Körperflüssigkeiten von oberflächengeschädigten Körperteilen aufzusaugen oder beides zu erfüllen. [2]Die Eigenschaft als Verbandmittel entfällt nicht, wenn ein Gegenstand ergänzend weitere Wirkungen entfaltet, die ohne pharmakologische, immunologische oder metabolische Wirkungsweise im menschlichen Körper der Wundheilung dienen, beispielsweise, indem er eine Wunde feucht hält, reinigt, geruchsbindend, antimikrobiell oder metallbeschichtet ist. [3]Erfasst sind auch Gegenstände, die zur individuellen Erstellung von einmaligen Verbänden an Körperteilen, die nicht oberflächengeschädigt sind, gegebenenfalls mehrfach verwendet werden, um Körperteile zu stabilisieren, zu immobilisieren oder zu komprimieren. [4]Das Nähere zur Abgrenzung von Verbandmitteln zu sonstigen Produkten zur Wundbehandlung regelt der Gemeinsame Bundesausschuss bis zum 31. August 2020 in den Richtlinien nach § 92 Absatz 1 Satz 2 Nummer 6; Absatz 1 Satz 2 gilt für diese sonstigen Produkte entsprechend. [5]Bis 48 Monate nach dem Wirksamwerden der Regelungen nach Satz 4 sind solche Gegenstände weiterhin zu Lasten der Krankenkassen zu erbringen, die vor dem Wirksamwerden der Regelungen nach Satz 4 erbracht wurden. [6]Der Gemeinsame Bundesausschuss berät Hersteller von sonstigen Produkten zur Wundbehandlung im Rahmen eines Antragsverfahrens insbesondere zu konkreten Inhalten der vorzulegenden Unterlagen und Studien. [7]§ 34 Absatz 6 gilt entsprechend. [8]Für die Beratung sind Gebühren zu erheben. [9]Das Nähere zur Beratung und zu den Gebühren regelt der Gemeinsame Bundesausschuss in seiner Verfahrensordnung.

(1b) [1]Für Versicherte, die eine kontinuierliche Versorgung mit einem bestimmten Arzneimittel benötigen, können Vertragsärzte Verordnungen ausstellen, nach denen eine nach der Erstabgabe bis zu dreimal sich wiederholende Abgabe erlaubt ist. [2]Die Verordnungen sind besonders zu kennzeichnen. [3]Sie dürfen bis zu einem Jahr nach Ausstellungsdatum zu Lasten der gesetzlichen Krankenkasse durch Apotheken beliefert werden.

(2) [1]Für ein Arznei- oder Verbandmittel, für das ein Festbetrag nach § 35 festgesetzt ist, trägt die Krankenkasse die Kosten bis zur Höhe dieses Betrages, für andere Arznei- oder Verbandmittel die vollen Kosten, jeweils abzüglich der vom Versicherten zu leistenden Zuzahlung und der Abschläge nach den §§ 130, 130a und dem Gesetz zur Einführung von Abschlägen der pharmazeutischen Großhändler. [2]Hat die Krankenkasse mit einem pharmazeutischen Unternehmen, das ein Festbetragsarzneimittel anbietet, eine Vereinbarung nach § 130a Abs. 8 abgeschlossen, trägt die Krankenkasse abweichend von Satz 1 den Apothekenverkaufspreis dieses Mittels abzüglich der Zuzahlungen und Abschläge nach den §§ 130 und 130a Absatz 1, 1b, 3a und 3b. [3]Diese Vereinbarung ist nur zulässig, wenn hierdurch die Mehrkosten der Überschreitung des Festbetrages ausgeglichen werden. [4]Die Krankenkasse übermittelt die erforderlichen Angaben einschließlich des Arzneimittel- und des Institutionskennzeichens der Krankenkasse an die Vertragspartner nach § 129 Abs. 2; das Nähere ist in den Verträgen nach § 129 Abs. 2 und 5 zu vereinbaren. [5]Versicherte und Apotheken sind nicht verpflichtet, Mehrkosten an die Krankenkasse zurückzuzahlen, wenn die von der Krankenkasse abgeschlossene Vereinbarung den gesetzlichen Anforderungen nicht entspricht.

(2a) (aufgehoben)

(3) [1]Versicherte, die das achtzehnte Lebensjahr vollendet haben, leisten an die abgebende Stelle zu jedem zu Lasten der gesetzlichen Krankenversicherung verordneten Arznei- und Verbandmittel als Zuzahlung den sich nach § 61 Satz 1 ergebenden Betrag, jedoch jeweils nicht mehr als die Kosten des Mittels. [2]Satz 1 findet keine Anwendung bei Harn- und Blutteststreifen. [3]Satz 1 gilt auch für Medizinprodukte, die nach Absatz 1 Satz 2 und 3 in die Versorgung mit Arzneimitteln einbezogen worden sind. [4]Der Spitzenverband Bund der Krankenkassen kann Arzneimittel, deren Abgabepreis des pharmazeutischen Unternehmers ohne Mehrwertsteuer mindestens um 20 vom Hundert niedriger als der jeweils gültige Festbetrag ist, der diesem Preis zugrunde liegt, von der Zuzahlung freistellen, wenn hieraus Einsparungen zu erwarten sind. [5]Für andere Arzneimittel, für die eine Vereinbarung nach § 130a Abs. 8 besteht, kann die Krankenkasse die Zuzahlung um die Hälfte ermäßigen oder aufheben, wenn hieraus Einsparungen zu erwarten sind. [6]Absatz 2 Satz 4 gilt entsprechend. [7]Muss für ein Arzneimittel auf Grund eines Arzneimittelrückrufs

oder einer von der zuständigen Behörde bekannt gemachten Einschränkung der Verwendbarkeit erneut ein Arzneimittel verordnet werden, so ist die erneute Verordnung zuzahlungsfrei. [8]Eine bereits geleistete Zuzahlung für die erneute Verordnung ist dem Versicherten auf Antrag von der Krankenkasse zu erstatten.

(4) [1]Das Nähere zu therapiegerechten und wirtschaftlichen Packungsgrößen bestimmt das Bundesministerium für Gesundheit durch Rechtsverordnung ohne Zustimmung des Bundesrates. [2]Ein Fertigarzneimittel, dessen Packungsgröße die größte der auf Grund der Verordnung nach Satz 1 bestimmte Packungsgröße übersteigt, ist nicht Gegenstand der Versorgung nach Absatz 1 und darf nicht zu Lasten der gesetzlichen Krankenversicherung abgegeben werden.

(5) [1]Versicherte haben Anspruch auf bilanzierte Diäten zur enteralen Ernährung nach Maßgabe der Arzneimittel-Richtlinie des Gemeinsamen Bundesausschusses nach § 92 Absatz 1 Satz 2 Nummer 6 in der jeweils geltenden und gemäß § 94 Absatz 2 im Bundesanzeiger bekannt gemachten Fassung. [2]Der Gemeinsame Bundesausschuss hat die Entwicklung der Leistungen, auf die Versicherte nach Satz 1 Anspruch haben, zu evaluieren und über das Ergebnis der Evaluation dem Bundesministerium für Gesundheit alle drei Jahre, erstmals zwei Jahre nach dem Inkrafttreten der Regelungen in der Verfahrensordnung nach Satz 5, zu berichten. [3]Stellt der Gemeinsame Bundesausschuss in dem Bericht nach Satz 2 fest, dass zur Gewährleistung einer ausreichenden, zweckmäßigen und wirtschaftlichen Versorgung der Versicherten mit bilanzierten Diäten zur enteralen Ernährung Anpassungen der Leistungen, auf die Versicherte nach Satz 1 Anspruch haben, erforderlich sind, regelt er diese Anpassungen spätestens zwei Jahre nach Übersendung des Berichts in den Richtlinien nach § 92 Absatz 1 Satz 2 Nummer 6. [4]Der Gemeinsame Bundesausschuss berücksichtigt bei der Evaluation nach Satz 2 und bei der Regelung nach Satz 3 Angaben von Herstellern von Produkten zu bilanzierten Diäten zur enteralen Ernährung zur medizinischen Notwendigkeit und Zweckmäßigkeit ihrer Produkte sowie Angaben zur Versorgung mit Produkten zu bilanzierten Diäten zur enteralen Ernährung der wissenschaftlich-medizinischen Fachgesellschaften, des Spitzenverbandes Bund der Krankenkassen, der Kassenärztlichen Bundesvereinigung und der Deutschen Krankenhausgesellschaft. [5]Das Nähere zum Verfahren der Evaluation nach Satz 2 und der Regelung nach Satz 3 regelt der Gemeinsame Bundesausschuss in seiner Verfahrensordnung. [6]Für die Zuzahlung gilt Absatz 3 Satz 1 entsprechend. [7]Für die Abgabe von bilanzierten Diäten zur enteralen Ernährung gelten die §§ 126 und 127 in der bis zum 10. Mai 2019 geltenden Fassung entsprechend. [7]Bei Vereinbarungen nach § 84 Absatz 1 Satz 2 Nummer 1 sind Leistungen nach Satz 1 zu berücksichtigen.

(6) [1]Versicherte mit einer schwerwiegenden Erkrankung haben Anspruch auf Versorgung mit Cannabis in Form von getrockneten Blüten oder Extrakten in standardisierter Qualität und auf Versorgung mit Arzneimitteln mit den Wirkstoffen Dronabinol oder Nabilon, wenn

1. eine allgemein anerkannte, dem medizinischen Standard entsprechende Leistung
   a) nicht zur Verfügung steht oder
   b) im Einzelfall nach der begründeten Einschätzung der behandelnden Vertragsärztin oder des behandelnden Vertragsarztes unter Abwägung der zu erwartenden Nebenwirkungen und unter Berücksichtigung des Krankheitszustandes der oder des Versicherten nicht zur Anwendung kommen kann,
2. eine nicht ganz entfernt liegende Aussicht auf eine spürbare positive Einwirkung auf den Krankheitsverlauf oder auf schwerwiegende Symptome besteht.

[2]Die Leistung bedarf bei der ersten Verordnung für eine Versicherte oder einen Versicherten der nur in begründeten Ausnahmefällen abzulehnenden Genehmigung der Krankenkasse, die vor Beginn der Leistung zu erteilen ist. [3]Verordnet die Vertragsärztin oder der Vertragsarzt die Leistung nach Satz 1 im Rahmen der Versorgung nach § 37b oder im unmittelbaren Anschluss an eine Behandlung mit einer Leistung nach Satz 1 im Rahmen eines stationären Krankenhausaufenthalts, ist über den Antrag auf Genehmigung nach Satz 2 abweichend von § 13 Absatz 3a Satz 1 innerhalb von drei Tagen nach Antragseingang zu entscheiden. [4]Leistungen, die auf der Grundlage einer Verordnung einer Vertragsärztin oder eines Vertragsarztes zu erbringen sind, bei denen allein die Dosierung eines Arzneimittels nach Satz 1 angepasst wird oder die einen Wechsel zu anderen getrockneten Blüten oder zu anderen Extrakten in standardisierter Qualität anordnen, bedürfen

keiner erneuten Genehmigung nach Satz 2. [5]Das Bundesinstitut für Arzneimittel und Medizinprodukte wird mit einer bis zum 31. März 2022 laufenden nichtinterventionellen Begleiterhebung zum Einsatz der Leistungen nach Satz 1 beauftragt. [6]Die Vertragsärztin oder der Vertragsarzt, die oder der die Leistung nach Satz 1 verordnet, übermittelt die für die Begleiterhebung erforderlichen Daten dem Bundesinstitut für Arzneimittel und Medizinprodukte in anonymisierter Form; über diese Übermittlung ist die oder der Versicherte vor Verordnung der Leistung von der Vertragsärztin oder dem Vertragsarzt zu informieren. [7]Das Bundesinstitut für Arzneimittel und Medizinprodukte darf die nach Satz 6 übermittelten Daten nur in anonymisierter Form und nur zum Zweck der wissenschaftlichen Begleiterhebung verarbeiten. [8]Das Bundesministerium für Gesundheit wird ermächtigt, durch Rechtsverordnung, die nicht der Zustimmung des Bundesrates bedarf, den Umfang der zu übermittelnden Daten, das Verfahren zur Durchführung der Begleiterhebung einschließlich der anonymisierten Datenübermittlung sowie das Format des Studienberichts nach Satz 9 zu regeln. [9]Auf der Grundlage der Ergebnisse der Begleiterhebung nach Satz 5 regelt der Gemeinsame Bundesausschuss innerhalb von sechs Monaten nach der Übermittlung der Ergebnisse der Begleiterhebung in Form eines Studienberichts das Nähere zur Leistungsgewährung in den Richtlinien nach § 92 Absatz 1 Satz 2 Nummer 6. [10]Der Studienbericht wird vom Bundesinstitut für Arzneimittel und Medizinprodukte auf seiner Internetseite veröffentlicht. [11]Abweichend von § 13 Absatz 3a Satz 1 ist über den Antrag auf Genehmigung innerhalb von zwei Wochen nach Antragseingang zu entscheiden. [12]Sofern eine gutachtliche Stellungnahme, insbesondere des Medizinischen Dienstes, eingeholt wird, ist abweichend von § 13 Absatz 3a Satz 1 über den Antrag auf Genehmigung innerhalb von vier Wochen nach Antragseingang zu entscheiden; der Medizinische Dienst nimmt, sofern eine gutachtliche Stellungnahme eingeholt wird, innerhalb von zwei Wochen Stellung.

(7) Der Gemeinsame Bundesausschuss regelt bis zum 1. Oktober 2023 in den Richtlinien nach § 92 Absatz 1 Nummer 6 das Nähere zu einzelnen Facharztgruppen und den erforderlichen ärztlichen Qualifikationen, bei denen der Genehmigungsvorbehalt nach Absatz 6 Satz 2 entfällt.

§ 31a
Medikationsplan

(1) [1]Versicherte, die gleichzeitig mindestens drei verordnete Arzneimittel anwenden, haben Anspruch auf Erstellung und Aushändigung eines Medikationsplans in Papierform sowie auf Erstellung eines elektronischen Medikationsplans nach § 334 Absatz 1 Satz 2 Nummer 4 durch einen an der vertragsärztlichen Versorgung teilnehmenden Arzt. [2]Das Nähere zu den Voraussetzungen des Anspruchs nach Satz 1 vereinbaren die Kassenärztliche Bundesvereinigung und der Spitzenverband Bund der Krankenkassen als Bestandteil der Bundesmantelverträge. [3]Jeder an der vertragsärztlichen Versorgung teilnehmende Arzt ist verpflichtet, bei der Verordnung eines Arzneimittels den Versicherten, der einen Anspruch nach Satz 1 hat, über diesen Anspruch zu informieren.

(2) [1]In dem Medikationsplan sind mit Anwendungshinweisen zu dokumentieren

1. alle Arzneimittel, die dem Versicherten verordnet worden sind,
2. Arzneimittel, die der Versicherte ohne Verschreibung anwendet, sowie
3. Hinweise auf Medizinprodukte, soweit sie für die Medikation nach den Nummern 1 und 2 relevant sind.

[2]Den besonderen Belangen der blinden und sehbehinderten Patienten ist bei der Erläuterung der Inhalte des Medikationsplans Rechnung zu tragen.

(3) [1]Der Arzt nach Absatz 1 Satz 1 hat den Medikationsplan zu aktualisieren, sobald er die Medikation ändert oder er Kenntnis davon erlangt, dass eine anderweitige Änderung der Medikation eingetreten ist. [2]Auf Wunsch des Versicherten hat die Apotheke bei Abgabe eines Arzneimittels eine insoweit erforderliche Aktualisierung des Medikationsplans vorzunehmen. [3]Ab dem 1. Januar 2019 besteht der Anspruch auf Aktualisierung über den Anspruch nach Satz 1 hinaus gegenüber jedem an der vertragsärztlichen Versorgung teilnehmenden Arzt sowie nach Satz 2 gegenüber der abgebenden Apotheke, wenn der Versicherte gegenüber dem Arzt oder der abgebenden Apotheke den Zugriff auf den elektronischen Medikationsplan nach § 334 Absatz 1 Satz 2 Nummer 4 erlaubt. [4]Hierzu haben Apotheken sich bis zum 30. September 2020 an die Telematikinfrastruk-

tur nach § 291a Absatz 7 Satz 1 anzuschließen. [5]Die Aktualisierungen nach Satz 3 sind im elektronischen Medikationsplan nach § 334 Absatz 1 Satz 2 Nummer 4 zu speichern, sofern der Versicherte dies wünscht.

(3a) [1]Bei der Angabe von Fertigarzneimitteln sind im Medikationsplan neben der Arzneimittelbezeichnung insbesondere auch die Wirkstoffbezeichnung, die Darreichungsform und die Wirkstärke des Arzneimittels anzugeben. [2]Hierfür sind einheitliche Bezeichnungen zu verwenden, die in der Referenzdatenbank nach § 31b zur Verfügung gestellt werden.

(4) [1]Inhalt, Struktur und die näheren Vorgaben zur Erstellung und Aktualisierung des Medikationsplans sowie ein Verfahren zu seiner Fortschreibung vereinbaren die Kassenärztliche Bundesvereinigung, die Bundesärztekammer und die für die Wahrnehmung der wirtschaftlichen Interessen gebildete maßgebliche Spitzenorganisation der Apotheker auf Bundesebene im Benehmen mit dem Spitzenverband Bund der Krankenkassen und der Deutschen Krankenhausgesellschaft. [2]Den auf Bundesebene für die Wahrnehmung der Interessen der Patienten und der Selbsthilfe chronisch kranker und behinderter Menschen maßgeblichen Organisationen ist Gelegenheit zur Stellungnahme zu geben.

(5) Von den Regelungen dieser Vorschrift bleiben regionale Modellvorhaben nach § 63 unberührt.

§ 31b
Referenzdatenbank für Fertigarzneimittel

(1) [1]Das Bundesministerium für Gesundheit stellt die Errichtung und das Betreiben einer Referenzdatenbank für Fertigarzneimittel sicher. [2]Es kann die Errichtung und das Betreiben einer Referenzdatenbank für Fertigarzneimittel auf das Bundesinstitut für Arzneimittel und Medizinprodukte oder nach § 31c auf eine juristische Person des Privatrechts übertragen.

(2) In der Referenzdatenbank sind für jedes in den Verkehr gebrachte Fertigarzneimittel die Wirkstoffbezeichnung, die Darreichungsform und die Wirkstärke zu erfassen und in elektronischer Form allgemein zugänglich zu machen.

(3) [1]Die Wirkstoffbezeichnung, die Darreichungsform und die Wirkstärke basieren auf den Angaben, die der Zulassung, der Registrierung oder der Genehmigung für das Inverkehrbringen des jeweiligen Arzneimittels zugrunde liegen. [2]Die Wirkstoffbezeichnung, Darreichungsform und Wirkstärke sind im Benehmen mit der Kassenärztlichen Bundesvereinigung zu vereinheitlichen und patientenverständlich so zu gestalten, dass Verwechslungen ausgeschlossen sind. [3]Vor der erstmaligen Bereitstellung der Daten ist das Benehmen mit der Kassenärztlichen Bundesvereinigung, der Bundesärztekammer, der für die Wahrnehmung der wirtschaftlichen Interessen gebildeten maßgeblichen Spitzenorganisation der Apotheker auf Bundesebene, dem Spitzenverband Bund der Krankenkassen, der Deutschen Krankenhausgesellschaft und den für die Wahrnehmung der wirtschaftlichen Interessen gebildeten maßgeblichen Spitzenorganisationen der pharmazeutischen Unternehmer herzustellen. [4]§ 31a Absatz 4 Satz 2 gilt entsprechend. [5]Die in der Referenzdatenbank verzeichneten Angaben sind regelmäßig, mindestens jedoch alle zwei Wochen, zu aktualisieren.

(4) Von Unternehmen oder Personen, die die Referenzdatenbank für die Zwecke ihrer gewerblichen oder beruflichen Tätigkeit nutzen, können kostendeckende Entgelte verlangt werden.

§ 31c
Beleihung mit der Aufgabe der Referenzdatenbank für Fertigarzneimittel; Rechts- und Fachaufsicht über die Beliehene

(1) Das Bundesministerium für Gesundheit kann eine juristische Person des Privatrechts mit ihrem Einverständnis mit der Aufgabe und den hierfür erforderlichen Befugnissen beleihen, die Referenzdatenbank nach § 31b zu errichten und zu betreiben, wenn diese Person die Gewähr für eine sachgerechte Erfüllung der ihr übertragenen Aufgabe bietet.

(2) Eine juristische Person des Privatrechts bietet die Gewähr für eine sachgerechte Erfüllung der ihr übertragenen Aufgabe, wenn

1. die natürlichen Personen, die nach dem Gesetz, dem Gesellschaftsvertrag oder der Satzung die Geschäftsführung und Vertretung ausüben, zuverlässig und fachlich geeignet sind und
2. sie die zur Erfüllung ihrer Aufgaben notwendige Organisation sowie technische und finanzielle Ausstattung hat.

(3) [1]Die Beleihung ist zu befristen und soll fünf Jahre nicht unterschreiten. [2]Sie kann verlängert werden. [3]Bei Vorliegen eines wichtigen Grundes kann das Bundesministerium für Gesundheit die Beleihung vor Ablauf der Frist beenden. [4]Das Bundesministerium für Gesundheit kann die Beleihung jederzeit beenden, wenn die Voraussetzungen der Beleihung

1. zum Zeitpunkt der Beleihung nicht vorgelegen haben oder
2. nach dem Zeitpunkt der Beleihung entfallen sind.

(4) Die Beliehene unterliegt bei der Wahrnehmung der ihr übertragenen Aufgaben der Rechtsund Fachaufsicht des Bundesministeriums für Gesundheit. Zur Wahrnehmung seiner Aufsichtstätigkeit kann das Bundesministerium für Gesundheit insbesondere

1. sich jederzeit über die Angelegenheiten der Beliehenen, insbesondere durch Einholung von Auskünften, Berichten und die Vorlage von Aufzeichnungen aller Art, informieren,
2. Maßnahmen beanstanden und entsprechende Abhilfe verlangen.

(5) [1]Die Beliehene ist verpflichtet, den Weisungen des Bundesministeriums für Gesundheit nachzukommen. [2]Im Falle der Amtshaftung wegen Ansprüchen Dritter kann der Bund gegenüber der Beliehenen bei Vorliegen von Vorsatz oder grober Fahrlässigkeit Rückgriff nehmen.

§ 32
Heilmittel

(1) [1]Versicherte haben Anspruch auf Versorgung mit Heilmitteln, soweit sie nicht nach § 34 ausgeschlossen sind. [2]Ein Anspruch besteht auch auf Versorgung mit Heilmitteln, die telemedizinisch erbracht werden. [3]Für nicht nach Satz 1 ausgeschlossene Heilmittel bleibt § 92 unberührt.

(1a) [1]Der Gemeinsame Bundesausschuss regelt in seiner Richtlinie nach § 92 Absatz 1 Satz 2 Nummer 6 das Nähere zur Heilmittelversorgung von Versicherten mit langfristigem Behandlungsbedarf. [2]Er hat insbesondere zu bestimmen, wann ein langfristiger Heilmittelbedarf vorliegt, und festzulegen, ob und inwieweit ein Genehmigungsverfahren durchzuführen ist. [3]Ist in der Richtlinie ein Genehmigungsverfahren vorgesehen, so ist über die Anträge innerhalb von vier Wochen zu entscheiden; ansonsten gilt die Genehmigung nach Ablauf der Frist als erteilt. [4]Soweit zur Entscheidung ergänzende Informationen des Antragstellers erforderlich sind, ist der Lauf der Frist bis zum Eingang dieser Informationen unterbrochen.

(1b) Verordnungen, die über die in der Richtlinie des Gemeinsamen Bundesausschusses nach § 92 Absatz 1 Satz 2 Nummer 6 in Verbindung mit Absatz 6 Satz 1 Nummer 3 geregelte orientierende Behandlungsmenge hinausgehen, bedürfen keiner Genehmigung durch die Krankenkasse.

(1c) (aufgehoben)

(2) [1]Versicherte, die das achtzehnte Lebensjahr vollendet haben, haben zu den Kosten der Heilmittel als Zuzahlung den sich nach § 61 Satz 3 ergebenden Betrag an die abgebende Stelle zu leisten. [2]Dies gilt auch, wenn Massagen, Bäder und Krankengymnastik als Bestandteil der ärztlichen Behandlung (§ 27 Absatz 1 Satz 2 Nr. 1) oder bei ambulanter Behandlung in Krankenhäusern, Rehabilitations- oder anderen Einrichtungen abgegeben werden. [3]Die Zuzahlung für die in Satz 2 genannten Heilmittel, die als Bestandteil der ärztlichen Behandlung abgegeben werden, errechnet sich nach den Preisen, die nach § 125 vereinbart oder nach § 125b Absatz 2 festgesetzt worden sind.

§ 33
Hilfsmittel

(1) [1]Versicherte haben Anspruch auf Versorgung mit Hörhilfen, Körperersatzstücken, orthopädischen und anderen Hilfsmitteln, die im Einzelfall erforderlich sind, um den Erfolg der Krankenbehandlung zu sichern, einer drohenden Behinderung vorzubeugen oder eine Behinderung auszugleichen, soweit die Hilfsmittel nicht als allgemeine Gebrauchsgegenstände des täglichen Lebens anzusehen oder nach § 34 Abs. 4 ausgeschlossen sind. [2]Die Hilfsmittel müssen mindestens die im Hilfsmittelverzeichnis nach § 139 Absatz 2 festgelegten Anforderungen an die Qualität der Versorgung und der Produkte erfüllen, soweit sie im Hilfsmittelverzeichnis nach § 139 Absatz 1 gelistet oder von den dort genannten Produktgruppen erfasst sind. [3]Der Anspruch auf Versorgung mit Hilfsmitteln zum Behinderungsausgleich hängt bei stationärer Pflege nicht davon ab, in welchem Umfang eine Teilhabe am Leben der Gemeinschaft noch möglich ist; die Pflicht der stationären Pflegeeinrichtungen zur Vorhal-

tung von Hilfsmitteln und Pflegehilfsmitteln, die für den üblichen Pflegebetrieb jeweils notwendig sind, bleibt hiervon unberührt. [4]Für nicht durch Satz 1 ausgeschlossene Hilfsmittel bleibt § 92 Abs. 1 unberührt. [5]Der Anspruch umfasst auch zusätzlich zur Bereitstellung des Hilfsmittels zu erbringende, notwendige Leistungen wie die notwendige Änderung, Instandsetzung und Ersatzbeschaffung von Hilfsmitteln, die Ausbildung in ihrem Gebrauch und, soweit zum Schutz der Versicherten vor unvertretbaren gesundheitlichen Risiken erforderlich, die nach dem Stand der Technik zur Erhaltung der Funktionsfähigkeit und der technischen Sicherheit notwendigen Wartungen und technischen Kontrollen. [6]Ein Anspruch besteht auch auf solche Hilfsmittel, die eine dritte Person durch einen Sicherheitsmechanismus vor Nadelstichverletzungen schützen, wenn der Versicherte selbst nicht zur Anwendung des Hilfsmittels in der Lage ist und es hierfür einer Tätigkeit der dritten Person bedarf, bei der durch mögliche Stichverletzungen eine Infektionsgefahr besteht oder angenommen werden kann. [7]Zu diesen Tätigkeiten gehören insbesondere Blutentnahmen und Injektionen. [8]Der Gemeinsame Bundesausschuss bestimmt in seiner Richtlinie nach § 92 Absatz 1 Satz 2 Nummer 6 bis zum 31. Januar 2020 die Tätigkeiten, bei denen eine erhöhte Infektionsgefährdung angenommen werden kann. [9]Wählen Versicherte Hilfsmittel oder zusätzliche Leistungen, die über das Maß des Notwendigen hinausgehen, haben sie die Mehrkosten und dadurch bedingte höhere Folgekosten selbst zu tragen. [10]§ 18b Absatz 3 des Elften Buches ist zu beachten.

(2) [1]Versicherte haben bis zur Vollendung des 18. Lebensjahres Anspruch auf Versorgung mit Sehhilfen entsprechend den Voraussetzungen nach Absatz 1. [2]Für Versicherte, die das 18. Lebensjahr vollendet haben, besteht der Anspruch auf Sehhilfen, wenn sie

1. nach ICD 10-GM 2017 auf Grund ihrer Sehbeeinträchtigung oder Blindheit bei bestmöglicher Brillenkorrektur auf beiden Augen eine schwere Sehbeeinträchtigung mindestens der Stufe 1 oder
2. einen verordneten Fern-Korrekturausgleich für einen Refraktionsfehler von mehr als 6 Dioptrien bei Myopie oder Hyperopie oder mehr als 4 Dioptrien bei Astigmatismus

aufweisen; Anspruch auf therapeutische Sehhilfen besteht, wenn diese der Behandlung von Augenverletzungen oder Augenerkrankungen dienen. [3]Der Gemeinsame Bundesausschuss bestimmt in Richtlinien nach § 92, bei welchen Indikationen therapeutische Sehhilfen verordnet werden. [4]Der Anspruch auf Versorgung mit Sehhilfen umfasst nicht die Kosten des Brillengestells.

(3) [1]Anspruch auf Versorgung mit Kontaktlinsen besteht für anspruchsberechtigte Versicherte nach Absatz 2 nur in medizinisch zwingend erforderlichen Ausnahmefällen. [2]Der Gemeinsame Bundesausschuss bestimmt in den Richtlinien nach § 92, bei welchen Indikationen Kontaktlinsen verordnet werden. [3]Wählen Versicherte statt einer erforderlichen Brille Kontaktlinsen und liegen die Voraussetzungen des Satzes 1 nicht vor, zahlt die Krankenkasse als Zuschuss zu den Kosten von Kontaktlinsen höchstens den Betrag, den sie für eine erforderliche Brille aufzuwenden hätte. [4]Die Kosten für Pflegemittel werden nicht übernommen.

(4) Ein erneuter Anspruch auf Versorgung mit Sehhilfen nach Absatz 2 besteht für Versicherte, die das vierzehnte Lebensjahr vollendet haben, nur bei einer Änderung der Sehfähigkeit um mindestens 0,5 Dioptrien; für medizinisch zwingend erforderliche Fälle kann der Gemeinsame Bundesausschuss in den Richtlinien nach § 92 Ausnahmen zulassen.

(5) [1]Die Krankenkasse kann den Versicherten die erforderlichen Hilfsmittel auch leihweise überlassen. [2]Sie kann die Bewilligung von Hilfsmitteln davon abhängig machen, dass die Versicherten sich das Hilfsmittel anpassen oder sich in seinem Gebrauch ausbilden lassen.

(5a) [1]Eine vertragsärztliche Verordnung ist für die Beantragung von Leistungen nach den Absätzen 1 bis 4 nur erforderlich, soweit eine erstmalige oder erneute ärztliche Diagnose oder Therapieentscheidung medizinisch geboten ist. [2]Abweichend von Satz 1 können die Krankenkassen eine vertragsärztliche Verordnung als Voraussetzung für die Kostenübernahme verlangen, soweit sie auf die Genehmigung der beantragten Hilfsmittelversorgung verzichtet haben. [3]§ 18b Absatz 3 und § 40 Absatz 6 des Elften Buches sind zu beachten.

(5b) [1]Sofern die Krankenkassen nicht auf die Genehmigung der beantragten Hilfsmittelversorgung verzichten, haben sie den Antrag auf Bewilligung eines Hilfsmittels mit eigenem weisungsgebundenem Personal zu prüfen. [2]Sie können in geeigneten Fällen durch den Medizinischen Dienst vor Bewilligung eines Hilfsmittels nach § 275 Absatz 3 Nummer 1 prüfen lassen, ob das Hilfsmittel erforderlich ist. [3]Eine Beauftragung Dritter ist nicht zulässig.

(6) [1]Die Versicherten können alle Leistungserbringer in Anspruch nehmen, die Vertragspartner ihrer Krankenkasse sind. [2]Vertragsärzte oder Krankenkassen dürfen, soweit gesetzlich nicht etwas anderes bestimmt ist oder aus medizinischen Gründen im Einzelfall eine Empfehlung geboten ist, weder Verordnungen bestimmten Leistungserbringern zuweisen, noch die Versicherten dahingehend beeinflussen, Verordnungen bei einem bestimmten Leistungserbringer einzulösen. [3]Die Sätze 1 und 2 gelten auch bei der Einlösung von elektronischen Verordnungen.

(7) Die Krankenkasse übernimmt die jeweils vertraglich vereinbarten Preise.

(8) [1]Versicherte, die das 18. Lebensjahr vollendet haben, leisten zu jedem zu Lasten der gesetzlichen Krankenversicherung abgegebenen Hilfsmittel als Zuzahlung den sich nach § 61 Satz 1 ergebenden Betrag zu dem von der Krankenkasse zu übernehmenden Betrag an die abgebende Stelle. [2]Der Vergütungsanspruch nach Absatz 7 verringert sich um die Zuzahlung; § 43c Abs. 1 Satz 2 findet keine Anwendung. [3]Die Zuzahlung bei zum Verbrauch bestimmten Hilfsmitteln beträgt 10 vom Hundert des insgesamt von der Krankenkasse zu übernehmenden Betrags, jedoch höchstens 10 Euro für den gesamten Monatsbedarf.

(9) Absatz 1 Satz 9 gilt entsprechend für Intraokularlinsen beschränkt auf die Kosten der Linsen.

§ 33a
Digitale Gesundheitsanwendungen

(1) [1]Versicherte haben Anspruch auf Versorgung mit Medizinprodukten niedriger Risikoklasse, deren Hauptfunktion wesentlich auf digitalen Technologien beruht und die dazu bestimmt sind, bei den Versicherten oder in der Versorgung durch Leistungserbringer die Erkennung, Überwachung, Behandlung oder Linderung von Krankheiten oder die Erkennung, Behandlung, Linderung oder Kompensierung von Verletzungen oder Behinderungen zu unterstützen (digitale Gesundheitsanwendungen). [2]Der Anspruch umfasst nur solche digitalen Gesundheitsanwendungen, die

1. vom Bundesinstitut für Arzneimittel und Medizinprodukte in das Verzeichnis für digitale Gesundheitsanwendungen nach § 139e aufgenommen wurden und
2. entweder nach Verordnung des behandelnden Arztes oder des behandelnden Psychotherapeuten oder mit Genehmigung der Krankenkasse angewendet werden.

[3]Für die Genehmigung nach Satz 2 Nummer 2 ist das Vorliegen der medizinischen Indikation nachzuweisen, für die die digitale Gesundheitsanwendung bestimmt ist. [4]Wählen Versicherte Medizinprodukte, deren Funktionen oder Anwendungsbereiche über die in das Verzeichnis für digitale Gesundheitsanwendungen nach § 139e aufgenommenen digitalen Gesundheitsanwendungen hinausgehen oder deren Kosten die Vergütungsbeträge nach § 134 übersteigen, haben sie die Mehrkosten selbst zu tragen.

(2) Medizinprodukte mit niedriger Risikoklasse nach Absatz 1 Satz 1 sind solche, die der Risikoklasse I oder IIa nach § 13 Absatz 1 des Medizinproduktegesetzes in Verbindung mit Anhang IX der Richtlinie 93/42/EWG des Rates vom 14. Juni 1993 über Medizinprodukte (ABl. L 169 vom 12.7.1993, S. 1), die zuletzt durch die Verordnung (EU) 2020/561 des Europäischen Parlaments und des Rates vom 23. April 2020 zur Änderung der Verordnung (EU) 2017/745 über Medizinprodukte hinsichtlich des Geltungsbeginns einiger ihrer Bestimmungen (ABl. L 130 vom 24.4.2020, S. 18) geändert worden ist oder nach Artikel 51 in Verbindung mit Anhang VIII der Verordnung (EU) 2017/745 des Europäischen Parlaments und des Rates vom 5. April 2017 über Medizinprodukte, zur Änderung der Richtlinie 2001/83/EG, der Verordnung (EG) Nr. 178/2002 und der Verordnung (EG) Nr. 1223/2009 und zur Aufhebung der Richtlinien 90/385/EWG und 93/42/EWG des Rates (ABl. L 117 vom 5.5.2017, S. 1; L 117 vom 3.5.2019, S. 9) zugeordnet und als solche bereits in den Verkehr gebracht sind, als Medizinprodukt der Risikoklasse IIa auf Grund der Übergangsbestimmungen in Artikel 120 Absatz 3 oder Absatz 4 der Verordnung (EU) 2017/745 in Verkehr gebracht wurden oder als Medizinprodukt der Risikoklasse I auf Grund unionsrechtlicher Vorschriften zunächst verkehrsfähig bleiben und im Verkehr sind.

(3) [1]Die Hersteller stellen den Versicherten digitale Gesundheitsanwendungen im Wege elektronischer Übertragung über öffentlich zugängliche Netze oder auf maschinell lesbaren Datenträgern zur Verfügung. [2]Ist eine Übertragung oder Abgabe nach Satz 1 nicht möglich, können digitale Gesundheitsanwendungen auch über öffentlich zugängliche digitale Vertriebsplattformen zur Verfügung gestellt werden; in diesen Fällen erstattet die Krankenkasse dem Versicherten die tatsächlichen Kosten bis zur Höhe der Vergütungsbeträge nach § 134.

(4) [1]Leistungsansprüche nach anderen Vorschriften dieses Buches bleiben unberührt. [2]Der Leistungsanspruch nach Absatz 1 besteht unabhängig davon, ob es sich bei der digitalen Gesundheitsanwendung um eine neue Untersuchungs- oder Behandlungsmethode handelt; es bedarf keiner Richtlinie nach § 135 Absatz 1 Satz 1. [3]Ein Leistungsanspruch nach Absatz 1 auf digitale Gesundheitsanwendungen, die Leistungen enthalten, die nach dem Dritten Kapitel ausgeschlossen sind oder über die der Gemeinsame Bundesausschuss bereits eine ablehnende Entscheidung nach den §§ 92, 135 oder 137c getroffen hat, besteht nicht.

(5) [1]Vertragsärzte, Vertragszahnärzte und Vertragspsychotherapeuten dürfen Verordnungen von digitalen Gesundheitsanwendungen nicht bestimmten Leistungserbringern zuweisen. [2]Vertragsärzte, Vertragszahnärzte und Vertragspsychotherapeuten dürfen mit Herstellern digitaler Gesundheitsanwendungen oder mit Personen, die sich mit der Behandlung von Krankheiten befassen, keine Rechtsgeschäfte vornehmen oder Absprachen treffen, die eine Zuweisung oder eine Übermittlung von Verordnungen von digitalen Gesundheitsanwendungen zum Gegenstand haben. [3]Die Sätze 1 und 2 gelten nicht, soweit gesetzlich etwas anderes bestimmt ist oder aus medizinischen Gründen im Einzelfall ein anderes Vorgehen geboten ist. [4]Die Sätze 1 bis 3 gelten auch für elektronische Verordnungen von digitalen Gesundheitsanwendungen.

(6) [1]Der Spitzenverband Bund der Krankenkassen legt über das Bundesministerium für Gesundheit dem Deutschen Bundestag jährlich, erstmals zum 31. Dezember 2021, einen Bericht vor, wie und in welchem Umfang den Versicherten Leistungen nach Absatz 1 zu Lasten seiner Mitglieder gewährt werden. [2]Der Spitzenverband Bund der Krankenkassen bestimmt zu diesem Zweck die von seinen Mitgliedern zu übermittelnden statistischen Informationen über die erstatteten Leistungen sowie Art und Umfang der Übermittlung. [3]Der Spitzenverband Bund der Krankenkassen veröffentlicht den Bericht barrierefrei im Internet. [4]Das Bundesministerium für Gesundheit kann weitere Inhalte des Berichts in der Rechtsverordnung nach § 139e Absatz 9 festlegen.

§ 34
Ausgeschlossene Arznei-, Heil- und Hilfsmittel

(1) [1]Nicht verschreibungspflichtige Arzneimittel sind von der Versorgung nach § 31 ausgeschlossen. [2]Der Gemeinsame Bundesausschuss legt in den Richtlinien nach § 92 Abs. 1 Satz 2 Nr. 6 fest, welche nicht verschreibungspflichtigen Arzneimittel, die bei der Behandlung schwerwiegender Erkrankungen als Therapiestandard gelten, zur Anwendung bei diesen Erkrankungen mit Begründung vom Vertragsarzt ausnahmsweise verordnet werden können. [3]Dabei ist der therapeutischen Vielfalt Rechnung zu tragen. [4]Der Gemeinsame Bundesausschuss hat auf der Grundlage der Richtlinie nach Satz 2 dafür Sorge zu tragen, dass eine Zusammenstellung der verordnungsfähigen Fertigarzneimittel erstellt, regelmäßig aktualisiert wird und im Internet abruffähig sowie in elektronisch weiterverarbeitbarer Form zur Verfügung steht. [5]Satz 1 gilt nicht für:

1. versicherte Kinder bis zum vollendeten 12. Lebensjahr,
2. versicherte Jugendliche bis zum vollendeten 18. Lebensjahr mit Entwicklungsstörungen.

[6]Für Versicherte, die das achtzehnte Lebensjahr vollendet haben, sind von der Versorgung nach § 31 folgende verschreibungspflichtige Arzneimittel bei Verordnung in den genannten Anwendungsgebieten ausgeschlossen:

1. Arzneimittel zur Anwendung bei Erkältungskrankheiten und grippalen Infekten einschließlich der bei diesen Krankheiten anzuwendenden Schnupfenmittel, Schmerzmittel, hustendämpfenden und hustenlösenden Mittel,
2. Mund- und Rachentherapeutika, ausgenommen bei Pilzinfektionen,
3. Abführmittel,
4. Arzneimittel gegen Reisekrankheit.

[7]Von der Versorgung sind außerdem Arzneimittel ausgeschlossen, bei deren Anwendung eine Erhöhung der Lebensqualität im Vordergrund steht. [8]Ausgeschlossen sind insbesondere Arzneimittel, die überwiegend zur Behandlung der erektilen Dysfunktion, der Anreizung sowie Steigerung der sexuellen Potenz, zur Raucherentwöhnung, zur Abmagerung oder zur Zügelung des Appetits, zur Regulierung des Körpergewichts oder zur Verbesserung des Haarwuchses dienen. [9]Das Nähere regeln die Richtlinien nach § 92 Abs.1 Satz 2 Nr. 6.

(2) [1]Abweichend von Absatz 1 haben Versicherte, bei denen eine bestehende schwere Tabakabhängigkeit festgestellt wurde, Anspruch auf eine einmalige Versorgung mit Arzneimitteln zur Tabakentwöhnung im Rahmen von evidenzbasierten Programmen zur Tabakentwöhnung. [2]Eine erneute Versorgung nach Satz 1 ist frühestens drei Jahre nach Abschluss der Behandlung nach Satz 1 möglich. [3]Der Gemeinsame Bundesausschuss legt in den Richtlinien nach § 92 Absatz 1 Satz 2 Nummer 6 fest, welche Arzneimittel und unter welchen Voraussetzungen Arzneimittel zur Tabakentwöhnung im Rahmen von evidenzbasierten Programmen zur Tabakentwöhnung verordnet werden können.

(3) [1]Der Ausschluss der Arzneimittel, die in Anlage 2 Nummer 2 bis 6 der Verordnung über unwirtschaftliche Arzneimittel in der gesetzlichen Krankenversicherung vom 21. Februar 1990 (BGBl. I S. 301), die zuletzt durch die Verordnung vom 9. Dezember 2002 (BGBl. I S. 4554) geändert worden ist, aufgeführt sind, gilt als Verordnungsausschluss des Gemeinsamen Bundesausschusses und ist Teil der Richtlinien nach § 92 Absatz 1 Satz 2 Nummer 6. [2]Bei der Beurteilung von Arzneimitteln der besonderen Therapierichtungen wie homöopathischen, phytotherapeutischen und anthroposophischen Arzneimitteln ist der besonderen Wirkungsweise dieser Arzneimittel Rechnung zu tragen.

(4) [1]Das Bundesministerium für Gesundheit kann durch Rechtsverordnung mit Zustimmung des Bundesrates Hilfsmittel von geringem oder umstrittenem therapeutischen Nutzen oder geringem Abgabepreis bestimmen, deren Kosten die Krankenkasse nicht übernimmt. [2]Die Rechtsverordnung kann auch bestimmen, inwieweit geringfügige Kosten der notwendigen Änderung, Instandsetzung und Ersatzbeschaffung sowie der Ausbildung im Gebrauch der Hilfsmittel von der Krankenkasse nicht übernommen werden. [3]Die Sätze 1 und 2 gelten nicht für die Instandsetzung von Hörgeräten und ihre Versorgung mit Batterien bei Versicherten, die das achtzehnte Lebensjahr noch nicht vollendet haben.

(5) (aufgehoben)

(6) [1]Pharmazeutische Unternehmer können beim Gemeinsamen Bundesausschuss Anträge zur Aufnahme von Arzneimitteln in die Zusammenstellung nach Absatz 1 Satz 2 und 4 stellen. [2]Die Anträge sind ausreichend zu begründen; die erforderlichen Nachweise sind dem Antrag beizufügen. [3]Sind die Angaben zur Begründung des Antrags unzureichend, teilt der Gemeinsame Bundesausschuss dem Antragsteller unverzüglich mit, welche zusätzlichen Einzelangaben erforderlich sind. [4]Der Gemeinsame Bundesausschuss hat über ausreichend begründete Anträge nach Satz 1 innerhalb von 90 Tagen zu bescheiden und den Antragsteller über Rechtsmittel und Rechtsmittelfristen zu belehren. [5]Eine ablehnende Entscheidung muss eine auf objektiven und überprüfbaren Kriterien beruhende Begründung enthalten. [6]Für das Antragsverfahren sind Gebühren zu erheben. [7]Das Nähere insbesondere zur ausreichenden Begründung und zu den erforderlichen Nachweisen regelt der Gemeinsame Bundesausschuss.

§ 34a
(gestrichen)

§ 35
Festbeträge für Arznei- und Verbandmittel

(1) [1]Der Gemeinsame Bundesausschuss bestimmt in den Richtlinien nach § 92 Abs. 1 Satz 2 Nr. 6, für welche Gruppen von Arzneimitteln Festbeträge festgesetzt werden können. [2]In den Gruppen sollen Arzneimittel mit

1. denselben Wirkstoffen,
2. pharmakologisch-therapeutisch vergleichbaren Wirkstoffen, insbesondere mit chemisch verwandten Stoffen,
3. therapeutisch vergleichbarer Wirkung, insbesondere Arzneimittelkombinationen,

zusammengefasst werden; unterschiedliche Bioverfügbarkeiten wirkstoffgleicher Arzneimittel sind zu berücksichtigen, sofern sie für die Therapie bedeutsam sind. [3]Bei der Bildung von Gruppen nach Satz 1 soll bei Arzneimitteln mit Wirkstoffen zur Behandlung bakterieller Infektionskrankheiten (Antibiotika) die Resistenzsituation berücksichtigt werden. [4]Arzneimittel, die als Reserveantibiotika für die Versorgung von Bedeutung sind, können von der Bildung von Gruppen nach Satz 1 ausgenommen werden. [5]Die nach Satz 2 Nr. 2 und 3 gebildeten Gruppen müssen gewährleisten, dass Therapiemöglichkeiten nicht eingeschränkt werden und medizinisch notwendige Verordnungsalternativen zur Verfügung stehen. [6]Ausgenommen von den nach Satz 2 Nummer 2 und 3 gebildeten Gruppen sind Arzneimittel mit patentgeschützten Wirkstoffen, deren Wirkungsweise neuartig ist oder die eine therapeutische Verbesserung, auch wegen geringerer Nebenwirkungen, bedeuten. [7]Als neuartig gilt ein Wirkstoff, solange derjenige Wirkstoff, der als erster dieser Gruppe in Verkehr gebracht worden ist, unter Patentschutz steht. [8]Der Gemeinsame Bundesausschuss ermittelt auch die nach Absatz 3 notwendigen rechnerischen mittleren Tages- oder Einzeldosen oder anderen geeigneten Vergleichsgrößen. [9]Für die Vorbereitung der Beschlüsse nach Satz 1 durch die Geschäftsstelle des Gemeinsamen Bundesausschusses gilt § 106 Absatz 3 Satz 1 entsprechend. [10]Soweit der Gemeinsame Bundesausschuss Dritte beauftragt, hat er zu gewährleisten, dass diese ihre Bewertungsgrundsätze und die Begründung für ihre Bewertungen einschließlich der verwendeten Daten offen legen. [11]Die Namen beauftragter Gutachter dürfen nicht genannt werden.

(1a) [1]Bei der Bildung von Gruppen nach Absatz 1 Satz 2 bleiben Arzneimittel mit altersgerechten Darreichungsformen und Wirkstärken für Kinder unberücksichtigt. [2]Der Gemeinsame Bundesausschuss nimmt für Arzneimittel mit altersgerechten Darreichungsformen und Wirkstärken für Kinder, die nach der erstmaligen Bekanntmachung der nach Absatz 5a Satz 1 erstellten Liste in Verkehr gebracht werden und für die kein Erstattungsbetrag nach § 130b vereinbart oder festgesetzt worden ist, eine fiktive Eingruppierung in eine Festbetragsgruppe vor. [3]Das Nähere hierzu regelt der Gemeinsame Bundesausschuss in seiner Verfahrensordnung. [4]Für die in Satz 2 genannten Arzneimittel setzt der Spitzenverband Bund der Krankenkassen einen fiktiven Festbetrag fest, der bei einer Eingruppierung in eine Festbetragsgruppe entsprechend der fiktiven Eingruppierung nach Satz 2 auf Grundlage der Abgabepreise der pharmazeutischen Unternehmer gelten würde. [5]Die Absätze 7 und 8 sind auf die Festsetzung des fiktiven Festbetrags entsprechend anzuwenden.

(1b) [1]Eine therapeutische Verbesserung nach Absatz 1 Satz 6 liegt vor, wenn das Arzneimittel einen therapierelevanten höheren Nutzen als andere Arzneimittel dieser Wirkstoffgruppe hat und deshalb als zweckmäßige Therapie regelmäßig oder auch für relevante Patientengruppen oder Indikationsbereiche den anderen Arzneimitteln dieser Gruppe vorzuziehen ist. [2]Bewertungen nach Satz 1 erfolgen für gemeinsame Anwendungsgebiete der Arzneimittel der Wirkstoffgruppe. [3]Ein höherer Nutzen nach Satz 1 kann auch eine Verringerung der Häufigkeit oder des Schweregrads therapierelevanter Nebenwirkungen sein. [4]Der Nachweis einer therapeutischen Verbesserung erfolgt aufgrund der Fachinformationen und durch Bewertung von klinischen Studien nach methodischen Grundsätzen der evidenzbasierten Medizin, soweit diese Studien allgemein verfügbar sind oder gemacht werden und ihre Methodik internationalen Standards entspricht. [5]Vorrangig sind klinische Studien, insbesondere direkte Vergleichsstudien mit anderen Arzneimitteln dieser Wirkstoffgruppe mit patientenrelevanten Endpunkten, insbesondere Mortalität, Morbidität und Lebensqualität, zu berücksichtigen. [6]Die Ergebnisse der Bewertung sind in der Begründung zu dem Beschluss nach Absatz 1 Satz 1 fachlich und methodisch aufzubereiten, sodass die tragenden Gründe des Beschlusses nachvollziehbar sind. [7]Vor der Entscheidung sind die Sachverständigen nach Absatz 2 auch mündlich anzuhören. [8]Vorbehaltlich einer abweichenden Entscheidung des Gemeinsamen Bundesausschusses aus wichtigem Grund ist die Begründung des Beschlusses bekannt zu machen, sobald die Vorlage nach § 94 Abs. 1 erfolgt, spätestens jedoch mit Bekanntgabe des Beschlusses im Bundesanzeiger. [9]Ein Arzneimittel, das von einer Festbetragsgruppe freigestellt ist, weil es einen therapierelevanten höheren Nutzen nur für einen Teil der Patienten oder Indikationsbereiche des gemeinsamen Anwendungsgebietes nach Satz 1 hat, ist nur für diese Anwendungen wirtschaftlich; das Nähere ist in den Richtlinien nach § 92 Abs. 1 Satz 2 Nr. 6 zu regeln.

(2) [1]Sachverständigen der medizinischen und pharmazeutischen Wissenschaft und Praxis sowie der Arzneimittelhersteller und der Berufsvertretungen der Apotheker ist vor der Entscheidung des Gemeinsamen Bundesausschusses Gelegenheit zur Stellungnahme zu geben; bei der Beurteilung von Arzneimitteln der besonderen Therapierichtungen sind auch Stellungnahmen von Sachverständigen dieser Therapierichtungen einzuholen.

[2]Die Stellungnahmen sind in die Entscheidung einzubeziehen.

(3) [1]Der Spitzenverband Bund der Krankenkassen setzt den jeweiligen Festbetrag auf der Grundlage von rechnerischen mittleren Tages- oder Einzeldosen oder anderen geeigneten Vergleichsgrößen fest. [2]Der Spitzenverband Bund der Krankenkassen kann einheitliche Festbeträge für Verbandmittel festsetzen. [3]Für die Stellungnahmen der Sachverständigen gilt Absatz 2 entsprechend.

(4) (gestrichen)

(5) [1]Die Festbeträge sind so festzusetzen, dass sie im Allgemeinen eine ausreichende, zweckmäßige und wirtschaftliche sowie in der Qualität gesicherte Versorgung gewährleisten. [2]Sie haben Wirtschaftlichkeitsreserven auszuschöpfen, sollen einen wirksamen Preiswettbewerb auslösen und haben sich deshalb an möglichst preisgünstigen Versorgungsmöglichkeiten auszurichten; soweit wie möglich ist eine für die Therapie hinreichende Arzneimittelauswahl sicherzustellen. [3]Die Festbeträge sind mindestens einmal im Jahr zu überprüfen; sie sind in geeigneten Zeitabständen an eine veränderte Marktlage anzupassen. [4]Der Festbetrag für die Arzneimittel in einer Festbetragsgruppe nach Absatz 1 Satz 2 soll den höchsten Abgabepreis des unteren Drittels des Intervalls zwischen dem niedrigsten und dem höchsten Preis einer Standardpackung nicht übersteigen. [5]Dabei müssen mindestens ein Fünftel aller Verordnungen und mindestens ein Fünftel aller Packungen zum Festbetrag verfügbar sein; zugleich darf die Summe der jeweiligen Vomhundertsätze der Verordnungen und Packungen, die nicht zum Festbetrag erhältlich sind, den Wert von 160 nicht überschreiten. [6]Bei der Berechnung nach Satz 4 sind hochpreisige Packungen mit einem Anteil von weniger als 1 vom Hundert an den verordneten Packungen in der Festbetragsgruppe nicht zu berücksichtigen. [7]Für die Zahl der Verordnungen sind die zum Zeitpunkt des Berechnungsstichtages zuletzt verfügbaren Jahresdaten nach § 84 Abs. 5 zu Grunde zu legen. [8]Hebt der Spitzenverband Bund der Krankenkassen einen Festbetrag auf und findet anschließend § 130a Absatz 3a Anwendung, gilt § 130a Absatz 3d Satz 2.

(5a) [1]Das Bundesinstitut für Arzneimittel und Medizinprodukte erstellt nach Anhörung des nach § 52b Absatz 3b des Arzneimittelgesetzes eingerichteten Beirats erstmals bis zum 27. Juli 2023 eine aktuelle Liste von Arzneimitteln, die auf Grund der zugelassenen Darreichungsformen und Wirkstärken zur Behandlung von Kindern notwendig sind. [2]Die nach Satz 1 erstellte Liste sowie die Änderungen dieser Liste sind vom Bundesinstitut für Arzneimittel und Medizinprodukte im Bundesanzeiger bekannt zu machen. [3]Sofern Arzneimittel im Zuständigkeitsbereich des Paul-Ehrlich-Instituts betroffen sind, erfolgt die Bekanntmachung im Einvernehmen mit dem Paul-Ehrlich-Institut. [4]Der Spitzenverband Bund der Krankenkassen hebt innerhalb von vier Monaten nach der Bekanntmachung der nach Satz 1 erstellten Liste oder einer Änderung dieser Liste die für die in der Liste aufgeführten Arzneimittel festgesetzten Festbeträge auf. [5]Abweichend von Satz 4 hebt der Spitzenverband Bund der Krankenkassen die für die in der nach Satz 1 erstellten Liste aufgeführten Arzneimittel festgesetzten Festbeträge erstmals ab dem 1. Februar 2024 auf.

(5b) [1]Das Bundesinstitut für Arzneimittel und Medizinprodukte kann nach Anhörung des nach § 52b Absatz 3b des Arzneimittelgesetzes eingerichteten Beirats für Arzneimittel mit einem versorgungskritischen Wirkstoff erstmals ab dem 1. Oktober 2023 die Anhebung des Festbetrags auf Grundlage der Abgabepreise der pharmazeutischen Unternehmer um 50 Prozent oder des für die Anwendung maßgeblichen Preisstands nach § 130a Absatz 3a um 50 Prozent empfehlen. [2]Die Empfehlung ist unter Angabe des Wirkstoffs und der betroffenen Darreichungsformen schriftlich zu begründen. [3]Auf der Grundlage der Empfehlung kann das Bundesministerium für Gesundheit nach Anhörung des Spitzenverbandes Bund der Krankenkassen für die betroffenen Arzneimittel einmalig eine Anhebung des Festbetrags auf Grundlage der Abgabepreise der pharmazeutischen Unternehmer oder des für die Anwendung maßgeblichen Preisstands nach § 130a Absatz 3a um 50 Prozent bestimmen. [4]Die Bestimmung nach Satz 3 ist im Bundesanzeiger bekanntzumachen. [5]Der Spitzenverband Bund der Krankenkassen setzt innerhalb von vier Monaten nach der Bekanntmachung nach Satz 4 einen neuen Festbetrag auf Grundlage der Abgabepreise der pharmazeutischen Unternehmer für die betroffenen Arzneimittel fest, der um 50 Prozent höher als der bisher festgesetzte Festbetrag ist. [6]Der neue Festbetrag gilt bis zur nächsten Anpassung des Festbetrags nach Absatz 5 Satz 3 zweiter Halbsatz, mindestens jedoch für einen Zeitraum von zwei Jahren ab der Bekanntmachung seiner Festsetzung durch den Spitzenverband Bund der Krankenkassen.

(6) [1]Sofern zum Zeitpunkt der Anpassung des Festbetrags ein gültiger Beschluss nach § 31 Absatz 3 Satz 4 vorliegt und tatsächlich Arzneimittel auf Grund dieses Beschlusses von der Zuzahlung freigestellt sind, soll der Festbetrag so angepasst werden, dass auch nach der Anpassung eine hinreichende Versorgung mit Arzneimitteln ohne Zuzahlung gewährleistet werden kann. [2]In diesem Fall darf die Summe nach Absatz 5 Satz 5 den Wert von 100 nicht überschreiten, wenn zu erwarten ist, dass anderenfalls keine hinreichende Anzahl zuvor auf Grund von § 31 Absatz 3 Satz 4 von der Zuzahlung freigestellter Arzneimittel weiterhin freigestellt wird.

(7) [1]Die Festbeträge sind im Bundesanzeiger bekannt zu machen. [2]Klagen gegen die Festsetzung der Festbeträge haben keine aufschiebende Wirkung. [3]Ein Vorverfahren findet nicht statt. [4]Eine gesonderte Klage gegen die Gruppeneinteilung nach Absatz 1 Satz 1 bis 6, gegen die rechnerischen mittleren Tages- oder Einzeldosen oder anderen geeigneten Vergleichsgrößen nach Absatz 1 Satz 8 oder gegen sonstige Bestandteile der Festsetzung der Festbeträge ist unzulässig.

(8) [1]Der Spitzenverband Bund der Krankenkassen erstellt und veröffentlicht Übersichten über sämtliche Festbeträge und die betroffenen Arzneimittel und übermittelt diese im Wege der Datenübertragung dem Bundesinstitut für Arzneimittel und Medizinprodukte zur abruffähigen Veröffentlichung im Internet. [2]Die Übersichten sind vierteljährlich zu aktualisieren.

(9) [1]Der Spitzenverband Bund der Krankenkassen rechnet die nach Absatz 7 Satz 1 bekannt gemachten Festbeträge für verschreibungspflichtige Arzneimittel entsprechend den Handelszuschlägen der Arzneimittelpreisverordnung in der ab dem 1. Januar 2012 geltenden Fassung um und macht die umgerechneten Festbeträge bis zum 30. Juni 2011 bekannt. [2]Für die Umrechnung ist die Einholung von Stellungnahmen Sachverständiger nicht erforderlich. [3]Die umgerechneten Festbeträge finden ab dem 1. Januar 2012 Anwendung.

§ 35a
Bewertung des Nutzens von Arzneimitteln mit neuen Wirkstoffen, Verordnungsermächtigung

(1) [1]Der Gemeinsame Bundesausschuss bewertet den Nutzen aller erstattungsfähigen Arzneimittel mit neuen Wirkstoffen. [2]Hierzu gehört insbesondere die Bewertung des Zusatznutzens gegenüber der zweckmäßigen Vergleichstherapie, des Ausmaßes des Zusatznutzens und seiner therapeutischen Bedeutung. [3]Die Nutzenbewertung erfolgt auf Grund von Nachweisen des pharmazeutischen Unternehmers, die er einschließlich aller von ihm durchgeführten oder in Auftrag gegebenen klinischen Prüfungen spätestens zum Zeitpunkt des erstmaligen Inverkehrbringens sowie vier Wochen nach Zulassung neuer Anwendungsgebiete des Arzneimittels an den Gemeinsamen Bundesausschuss elektronisch zu übermitteln hat, und die insbesondere folgende Angaben enthalten müssen:

1. zugelassene Anwendungsgebiete,
2. medizinischer Nutzen,
3. medizinischer Zusatznutzen im Verhältnis zur zweckmäßigen Vergleichstherapie,
4. Anzahl der Patienten und Patientengruppen, für die ein therapeutisch bedeutsamer Zusatznutzen besteht,
5. Kosten der Therapie für die gesetzliche Krankenversicherung,
6. Anforderung an eine qualitätsgesicherte Anwendung.

[4]Bei Arzneimitteln, die pharmakologisch-therapeutisch vergleichbar mit Festbetragsarzneimitteln sind, ist der medizinische Zusatznutzen nach Satz 3 Nummer 3 als therapeutische Verbesserung entsprechend § 35 Absatz 1b Satz 1 bis 5 nachzuweisen. [5]Legt der pharmazeutische Unternehmer die erforderlichen Nachweise trotz Aufforderung durch den Gemeinsamen Bundesausschuss nicht rechtzeitig oder nicht vollständig vor, gilt ein Zusatznutzen als nicht belegt. [6]Der Gemeinsame Bundesausschuss bestimmt in seiner Verfahrensordnung, wann die Voraussetzungen nach Satz 5 vorliegen. [7]Das Bundesministerium für Gesundheit regelt durch Rechtsverordnung ohne Zustimmung des Bundesrats das Nähere zur Nutzenbewertung. [8]Darin sind insbesondere festzulegen:

1. Anforderungen an die Übermittlung der Nachweise nach Satz 3,
2. Grundsätze für die Bestimmung der zweckmäßigen Vergleichstherapie und des Zusatznutzens, und dabei auch die Fälle, in

denen der Gemeinsame Bundesausschuss als zweckmäßige Vergleichstherapie eine zulassungsüberschreitende Anwendung von Arzneimitteln bestimmen kann oder in denen zusätzliche Nachweise erforderlich sind und die Voraussetzungen, unter denen Studien bestimmter Evidenzstufen zu verlangen sind; Grundlage sind die internationalen Standards der evidenzbasierten Medizin und der Gesundheitsökonomie,

3. Verfahrensgrundsätze,
4. Grundsätze der Beratung nach Absatz 7,
5. die Veröffentlichung der Nachweise, die der Nutzenbewertung zu Grunde liegen, sowie
6. Übergangsregelungen für Arzneimittel mit neuen Wirkstoffen, die bis zum 31. Juli 2011 erstmals in den Verkehr gebracht werden.

[9]Der Gemeinsame Bundesausschuss regelt weitere Einzelheiten in seiner Verfahrensordnung. [10]Zur Bestimmung der zweckmäßigen Vergleichstherapie kann er verlangen, dass der pharmazeutische Unternehmer Informationen zu den Anwendungsgebieten des Arzneimittels übermittelt, für die eine Zulassung beantragt wird. [11]Für Arzneimittel, die zur Behandlung eines seltenen Leidens nach der Verordnung (EG) Nr. 141/2000 des Europäischen Parlaments und des Rates vom 16. Dezember 1999 über Arzneimittel für seltene Leiden (ABl. L 18 vom 22.1.2000, S. 1) zugelassen sind, gilt der medizinische Zusatznutzen durch die Zulassung als belegt; Nachweise nach Satz 3 Nummer 2 und 3 müssen vorbehaltlich eines Beschlusses nach Absatz 3b nicht vorgelegt werden. [12]Übersteigt der Umsatz des Arzneimittels nach Satz 11 mit der gesetzlichen Krankenversicherung zu Apothekenverkaufspreisen sowie außerhalb der vertragsärztlichen Versorgung einschließlich Umsatzsteuer in den letzten zwölf Kalendermonaten einen Betrag von 30 Millionen Euro, so hat der pharmazeutische Unternehmer innerhalb von drei Monaten nach Aufforderung durch den Gemeinsamen Bundesausschuss Nachweise nach Satz 3 Nummer 2 und 3 zu übermitteln und darin den Zusatznutzen gegenüber der zweckmäßigen Vergleichstherapie abweichend von Satz 11 nachzuweisen. [13]Für Arzneimittel nach Satz 11, die am 1. Dezember 2022 die Umsatzschwelle nach Satz 12 überschritten haben und noch nicht unter Vorlage der Nachweise nach Satz 3 Nummer 2 und 3 bewertet wurden, kann der Gemeinsame Bundesausschuss das Verfahren zeitlich befristet aussetzen; die Aussetzung lässt die an die Überschreitung der Umsatzschwelle anknüpfenden Rechtswirkungen unberührt. [14]Der Umsatz nach Satz 12 ist auf Grund der Angaben nach § 84 Absatz 5 Satz 4 sowie durch geeignete Erhebungen zu ermitteln. [15]Zu diesem Zweck teilt der pharmazeutische Unternehmer dem Gemeinsamen Bundesausschuss auf Verlangen die erzielten Umsätze des Arzneimittels mit der gesetzlichen Krankenversicherung außerhalb der vertragsärztlichen Versorgung mit. [16]Abweichend von Satz 11 kann der pharmazeutische Unternehmer für Arzneimittel, die zur Behandlung eines seltenen Leidens nach der Verordnung (EG) Nr. 141/2000 zugelassen sind, dem Gemeinsamen Bundesausschuss unwiderruflich anzeigen, dass eine Nutzenbewertung nach Satz 2 unter Vorlage der Nachweise nach Satz 3 Nummer 2 und 3 durchgeführt werden soll.

(1a) [1]Der Gemeinsame Bundesausschuss hat den pharmazeutischen Unternehmer von der Verpflichtung zur Vorlage der Nachweise nach Absatz 1 und das Arzneimittel von der Nutzenbewertung nach Absatz 3 auf Antrag freizustellen, wenn zu erwarten ist, dass den gesetzlichen Krankenkassen nur geringfügige Ausgaben für das Arzneimittel entstehen werden. [2]Der pharmazeutische Unternehmer hat seinen Antrag entsprechend zu begründen. [3]Der Gemeinsame Bundesausschuss kann die Freistellung befristen. [4]Ein Antrag auf Freistellung nach Satz 1 ist nur vor der erstmaligen Verpflichtung zur Vorlage der Nachweise nach Absatz 1 Satz 3 zulässig. [5]Das Nähere regelt der Gemeinsame Bundesausschuss in seiner Verfahrensordnung.

(1b) [1]Für zugelassene Arzneimittel für neuartige Therapien im Sinne von § 4 Absatz 9 des Arzneimittelgesetzes besteht die Verpflichtung zur Vorlage von Nachweisen nach Absatz 1 Satz 3; die ärztliche Behandlung mit einem solchen Arzneimittel unterliegt nicht der Bewertung von Untersuchungs- und Behandlungsmethoden nach den §§ 135, 137c oder 137h. [2]Satz 1 gilt nicht für biotechnologisch bearbeitete Gewebeprodukte. [3]Für folgende Arzneimittel besteht keine Verpflichtung zur Vorlage von Nachweisen nach Absatz 1 Satz 3:

1. für Arzneimittel, die nach § 34 Absatz 1 Satz 5 für versicherte Kinder und Jugendliche nicht von der Versorgung nach § 31 ausgeschlossen sind,

2. für verschreibungspflichtige Arzneimittel, die nach § 34 Absatz 1 Satz 6 von der Versorgung nach § 31 ausgeschlossen sind.

(1c) [1]Der Gemeinsame Bundesausschuss hat den pharmazeutischen Unternehmer von der Verpflichtung zur Vorlage der Nachweise nach Absatz 1 Satz 3 Nummer 2 und 3 auf Antrag freizustellen, wenn es sich um ein Antibiotikum handelt, das gegen durch multiresistente bakterielle Krankheitserreger verursachte Infektionen, für die nur eingeschränkte alternative Therapiemöglichkeiten zur Verfügung stehen, wirksam ist und der Einsatz dieses Antibiotikums einer strengen Indikationsstellung unterliegt (Reserveantibiotikum). [2]Der pharmazeutische Unternehmer hat seinen Antrag nach Satz 1 entsprechend zu begründen. [3]Ein Antrag auf Freistellung nach Satz 1 ist nur vor der erstmaligen Verpflichtung zur Vorlage der Nachweise nach Absatz 1 Satz 3 zulässig. [4]Das Nähere zur Ausgestaltung des Antragsverfahrens regelt der Gemeinsame Bundesausschuss in seiner Verfahrensordnung bis zum 31. Dezember 2020. [4]Das Robert Koch-Institut bestimmt im Einvernehmen mit dem Bundesinstitut für Arzneimittel und Medizinprodukte dem jeweiligen Stand der medizinischen Wissenschaft entsprechende Kriterien zur Einordnung eines Antibiotikums als Reserveantibiotikum bis zum 31. Dezember 2020 und veröffentlicht diese Kriterien auf seiner Internetseite. [5]Das Robert Koch-Institut hat zu diesen Kriterien im Einvernehmen mit dem Bundesinstitut für Arzneimittel und Medizinprodukte eine nicht abschließende Liste von multiresistenten bakteriellen Krankheitserregern nach Satz 1 zu veröffentlichen. [6]Hat der Gemeinsame Bundesauschuss eine Freistellung für ein Reserveantibiotikum nach Satz 1 beschlossen, gilt der Zusatznutzen als belegt; das Ausmaß des Zusatznutzens und seine therapeutische Bedeutung sind vom Gemeinsamen Bundesausschuss nicht zu bewerten. [7]Bei dem Beschluss nach Absatz 3 Satz 1 hat der Gemeinsame Bundesausschuss Anforderungen an eine qualitätsgesicherte Anwendung des Reserveantibiotikums unter Berücksichtigung der Auswirkungen auf die Resistenzsituation festzulegen. [8]Dazu holt er eine Stellungnahme beim Robert Koch-Institut ein, die im Einvernehmen mit dem Bundesinstitut für Arzneimittel und Medizinprodukte zu erstellen ist.

(1d) [1]Auf Antrag eines betroffenen pharmazeutischen Unternehmers oder mehrerer betroffener pharmazeutischer Unternehmer stellt der Gemeinsame Bundesausschuss fest, ob eine Kombination von Arzneimitteln mit neuen Wirkstoffen, die aufgrund der arzneimittelrechtlichen Zulassung in einer Kombinationstherapie in demselben Anwendungsgebiet eingesetzt werden können, einen mindestens beträchtlichen Zusatznutzen erwarten lässt. [2]Die Feststellung erfolgt aufgrund von vergleichenden Studien in dem Anwendungsgebiet, die von dem pharmazeutischen Unternehmer oder von den pharmazeutischen Unternehmern mit dem Antrag elektronisch an den Gemeinsamen Bundesausschuss zu übermitteln sind. [3]Der Antrag ist unzulässig, wenn bereits

1. in einem Beschluss nach Absatz 3 Satz 1 ein mindestens beträchtlicher Zusatznutzen der Kombination festgestellt wurde oder

2. ein Verfahren der Nutzenbewertung nach Absatz 1 anhängig ist, im Zuge dessen der Gemeinsame Bundesausschuss erstmalig über die Benennung der Arzneimittel mit neuen Wirkstoffen, die auf Grund der arzneimittelrechtlichen Zulassung in einer Kombinationstherapie mit dem bewerteten Arzneimittel für das zu bewertende Anwendungsgebiet eingesetzt werden können, nach Absatz 3 Satz 4 beschließt.

[4]Die Rechtsverordnung nach Absatz 1 Satz 7 findet entsprechende Anwendung. [5]Der Gemeinsame Bundesausschuss beauftragt das Institut für Qualität und Wirtschaftlichkeit im Gesundheitswesen mit einer Stellungnahme dazu, ob die vorgelegten Studien einen mindestens beträchtlichen Zusatznutzen der Kombination für die Patienten in dem Anwendungsgebiet erwarten lassen. [6]Die Stellungnahme ist spätestens innerhalb von zwei Monaten nach Stellung des Antrags durch den Gemeinsamen Bundesausschuss im Internet zu veröffentlichen. [7]§ 92 Absatz 3a ist mit der Maßgabe anzuwenden, dass lediglich Gelegenheit zur schriftlichen Stellungnahme zu geben ist. [8]Der Gemeinsame Bundesausschuss beschließt über die Feststellung innerhalb von zwei Monaten nach Veröffentlichung der Stellungnahme. [9]Absatz 3 Satz 5 bis 7 gilt entsprechend. [10]Die Feststellung wird Bestandteil der Beschlüsse über die Nutzenbewertung aller Arzneimittel der Kombination, in denen bei Bedarf jeweils die Benennung nach Absatz 3 Satz 4 zu ändern ist. [11]Eine erneute Feststellung kann entsprechend Absatz 5 Satz 1 bis 4 beantragt werden.

(2) [1]Der Gemeinsame Bundesausschuss prüft die Nachweise nach Absatz 1 Satz 3 und entscheidet,

ob er die Nutzenbewertung selbst durchführt oder hiermit das Institut für Qualität und Wirtschaftlichkeit im Gesundheitswesen oder Dritte beauftragt. [2]Der Gemeinsame Bundesausschuss und das Institut für Qualität und Wirtschaftlichkeit im Gesundheitswesen erhalten auf Verlangen Einsicht in die Zulassungsunterlagen bei der zuständigen Bundesoberbehörde. [3]Die Nutzenbewertung ist spätestens innerhalb von drei Monaten nach dem nach Absatz 1 Satz 3 maßgeblichen Zeitpunkt für die Einreichung der Nachweise abzuschließen und im Internet zu veröffentlichen.

(3) [1]Der Gemeinsame Bundesausschuss beschließt über die Nutzenbewertung innerhalb von drei Monaten nach ihrer Veröffentlichung. [2]§ 92 Absatz 3a gilt entsprechend mit der Maßgabe, dass Gelegenheit auch zur mündlichen Stellungnahme zu geben ist. [3]Mit dem Beschluss wird insbesondere der Zusatznutzen des Arzneimittels festgestellt. [4]In dem Beschluss benennt der Gemeinsame Bundesausschuss alle Arzneimittel mit neuen Wirkstoffen, die aufgrund der arzneimittelrechtlichen Zulassung in einer Kombinationstherapie mit dem bewerteten Arzneimittel für das zu bewertende Anwendungsgebiet eingesetzt werden können, es sei denn, der Gemeinsame Bundesausschuss hat nach Satz 1 einen mindestens beträchtlichen Zusatznutzen der Kombination festgestellt oder nach Absatz 1d Satz 1 festgestellt, dass die Kombination einen mindestens beträchtlichen Zusatznutzen erwarten lässt; bis zum 12. November 2022 bereits gefasste Beschlüsse sind bis zum 1. Mai 2023 entsprechend zu ergänzen. [5]Die Geltung des Beschlusses über die Nutzenbewertung kann befristet werden. [6]Der Beschluss ist im Internet zu veröffentlichen. [7]Der Beschluss ist Teil der Richtlinie nach § 92 Absatz 1 Satz 2 Nummer 6; § 94 Absatz 1 gilt nicht. [8]Innerhalb eines Monats nach der Beschlussfassung veröffentlicht die Geschäftsstelle des Gemeinsamen Bundesausschusses zur Information der Öffentlichkeit zudem den Beschluss und die tragenden Gründe in englischer Sprache auf der Internetseite des Gemeinsamen Bundesausschusses.

(3a) [1]Der Gemeinsame Bundesausschuss veröffentlicht innerhalb eines Monats nach dem Beschluss nach Absatz 3 eine maschinenlesbare Fassung zu dem Beschluss, die zur Abbildung in elektronischen Programmen nach § 73 Absatz 9 geeignet ist. [2]Das Bundesministerium für Gesundheit wird ermächtigt, durch Rechtsverordnung ohne Zustimmung des Bundesrates weitere Vorgaben zur Veröffentlichung der Beschlüsse nach Satz 1 zu regeln. [3]Das Nähere regelt der Gemeinsame Bundesausschuss erstmals innerhalb von drei Monaten nach Inkrafttreten der Rechtsverordnung nach Satz 2 in seiner Verfahrensordnung. [4]Vor der erstmaligen Beschlussfassung nach Satz 3 findet § 92 Absatz 3a mit der Maßgabe entsprechende Anwendung, dass auch den für die Wahrnehmung der Interessen der Industrie maßgeblichen Bundesverbänden aus dem Bereich der Informationstechnologie im Gesundheitswesen Gelegenheit zur Stellungnahme zu geben ist.[5]Zu den vor der erstmaligen Änderung der Verfahrensordnung nach Satz 3 gefassten Beschlüssen nach Absatz 3 veröffentlicht der Gemeinsame Bundesausschuss die maschinenlesbare Fassung nach Satz 1 innerhalb von sechs Monaten nach der erstmaligen Änderung der Verfahrensordnung nach Satz 3.

(3b) [1]Der Gemeinsame Bundesausschuss kann frühestens mit Wirkung zum Zeitpunkt des erstmaligen Inverkehrbringens bei den folgenden Arzneimitteln vom pharmazeutischen Unternehmer innerhalb einer angemessenen Frist die Vorlage anwendungsbegleitender Datenerhebungen und Auswertungen zum Zweck der Nutzenbewertung fordern:

1. bei Arzneimitteln, deren Inverkehrbringen nach dem Verfahren des Artikels 14 Absatz 8 der Verordnung (EG) Nr. 726/2004 des Europäischen Parlaments und des Rates vom 31. März 2004 zur Festlegung der Verfahren der Union für die Genehmigung und Überwachung von Humanarzneimitteln und zur Errichtung einer Europäischen Arzneimittel-Agentur (ABl. L 136 vom 30.4.2004, S. 1), die zuletzt durch die Verordnung (EU) 2019/5 (ABl. L 4 vom 7.1.2019, S. 24) geändert worden ist, genehmigt wurde oder für die nach Artikel 14-a der Verordnung (EG) Nr. 726/2004 eine Zulassung erteilt wurde, sowie
2. bei Arzneimitteln, die zur Behandlung eines seltenen Leidens nach der Verordnung (EG) Nr. 141/2000 zugelassen sind.

[2]Der Gemeinsame Bundesausschuss kann die Befugnis zur Versorgung der Versicherten mit einem solchen Arzneimittel zu Lasten der gesetzlichen Krankenversicherung auf solche Leistungserbringer beschränken, die an der geforderten anwendungsbegleitenden Datenerhebung mitwirken. [3]Die näheren Vorgaben an die Dauer, die Art und

den Umfang der Datenerhebung und Auswertung, einschließlich der zu verwendenden Formate, werden vom Gemeinsamen Bundesausschuss bestimmt. [4]Er hat dabei insbesondere Vorgaben zur Methodik sowie zu patientenrelevanten Endpunkten und deren Erfassung zu bestimmen. [5]Dabei soll er laufende und geplante Datenerhebungen zu dem Arzneimittel berücksichtigen, insbesondere solche, die sich aus Auflagen oder sonstigen Nebenbestimmungen der Zulassungs- oder Genehmigungsbehörden ergeben. [6]Der Gemeinsame Bundesausschuss kann dabei auch indikationsbezogene Datenerhebungen ohne Randomisierung fordern. [7]Das Bundesinstitut für Arzneimittel und Medizinprodukte und das Paul-Ehrlich-Institut sind vor Erlass einer Maßnahme nach Satz 1 zu beteiligen. [8]Unter Beachtung von Betriebs- und Geschäftsgeheimnissen sollen auch die wissenschaftlich-medizinischen Fachgesellschaften, die Arzneimittelkommission der deutschen Ärzteschaft und der betroffene pharmazeutische Unternehmer vor Erlass einer Maßnahme nach Satz 1 schriftlich beteiligt werden. [9]Das Nähere zum Verfahren der Anforderung von anwendungsbegleitenden Datenerhebungen und Auswertungen, einschließlich der Beteiligung nach Satz 4, regelt der Gemeinsame Bundesausschuss in seiner Verfahrensordnung. [10]Die gewonnenen Daten und die Verpflichtung zur Datenerhebung sind in regelmäßigen Abständen, mindestens jedoch alle achtzehn Monate, vom Gemeinsamen Bundesausschuss zu überprüfen. [11]Für Beschlüsse nach den Sätzen 1 und 2 gilt Absatz 3 Satz 4 bis 6 entsprechend. [12]Klagen gegen eine Maßnahme nach Satz 1 haben keine aufschiebende Wirkung; ein Vorverfahren findet nicht statt.

(4) [1]Wurde für ein Arzneimittel nach Absatz 1 Satz 4 keine therapeutische Verbesserung festgestellt, ist es in dem Beschluss nach Absatz 3 in die Festbetragsgruppe nach § 35 Absatz 1 mit pharmakologisch-therapeutisch vergleichbaren Arzneimitteln einzuordnen. [2]§ 35 Absatz 1b Satz 6 gilt entsprechend. [3]§ 35 Absatz 1b Satz 7 und 8 sowie Absatz 2 gilt nicht.

(5) [1]Für ein Arzneimittel, für das ein Beschluss nach Absatz 3 vorliegt, kann der pharmazeutische Unternehmer eine erneute Nutzenbewertung beantragen, wenn er die Erforderlichkeit wegen neuer wissenschaftlicher Erkenntnisse nachweist. [2]Der Gemeinsame Bundesausschuss entscheidet über diesen Antrag innerhalb von acht Wochen. [3]Der pharmazeutische Unternehmer übermittelt dem Gemeinsamen Bundesausschuss auf Anforderung die Nachweise nach Absatz 1 Satz 3 innerhalb von drei Monaten. [4]Die erneute Nutzenbewertung beginnt frühestens ein Jahr nach Veröffentlichung des Beschlusses nach Absatz 3. [5]Die Absätze 1 bis 4 und 5a bis 8 gelten entsprechend.

(5a) [1]Stellt der Gemeinsame Bundesausschuss in seinem Beschluss nach Absatz 3 keinen Zusatznutzen oder nach Absatz 4 keine therapeutische Verbesserung fest, hat er auf Verlangen des pharmazeutischen Unternehmers eine Bewertung nach § 35b oder nach § 139a Absatz 3 Nummer 6 in Auftrag zu geben, wenn der pharmazeutische Unternehmer die Kosten hierfür trägt. [2]Die Verpflichtung zur Festsetzung eines Festbetrags oder eines Erstattungsbetrags bleibt unberührt.

(5b) [1]Der Gemeinsame Bundesausschuss kann den für die Vorlage der erforderlichen Nachweise maßgeblichen Zeitpunkt auf Antrag des pharmazeutischen Unternehmers abweichend von Absatz 1 Satz 3 bestimmen, wenn innerhalb eines Zeitraums von sechs Monaten ab dem nach Absatz 1 Satz 3 maßgeblichen Zeitpunkt die Zulassung von mindestens einem neuen Anwendungsgebiet zu erwarten ist. [2]Der vom Gemeinsamen Bundesausschuss bestimmte maßgebliche Zeitpunkt darf nicht mehr als sechs Monate nach dem maßgeblichen Zeitpunkt nach Absatz 1 Satz 3 liegen. [3]Der pharmazeutische Unternehmer hat den Antrag spätestens drei Monate vor dem maßgeblichen Zeitpunkt nach Absatz 1 Satz 3 zu stellen. [4]Der Gemeinsame Bundesausschuss entscheidet über den Antrag innerhalb von acht Wochen. [5]Er regelt das Nähere in seiner Verfahrensordnung. [6]§ 130b Absatz 3a Satz 2 und 3 und Absatz 4 Satz 3 bleiben unberührt.

(6) [1]Für ein Arzneimittel mit einem Wirkstoff, der kein neuer Wirkstoff im Sinne des Absatzes 1 Satz 1 ist, kann der Gemeinsame Bundesausschuss eine Nutzenbewertung nach Absatz 1 veranlassen, wenn für das Arzneimittel eine neue Zulassung mit neuem Unterlagenschutz erteilt wird. [2]Satz 1 gilt auch für Arzneimittel mit einem neuen Wirkstoff im Sinne des Absatzes 1 Satz 1, wenn für das Arzneimittel eine neue Zulassung mit neuem Unterlagenschutz erteilt wird. [3]Endet das Verfahren nach § 130a Absatz 3c ohne Einigung, veranlasst der Gemeinsame Bundesausschuss eine Nutzenbewertung nach Absatz 1. [4]Das Nähere regelt der Gemeinsame Bundesausschuss in seiner Verfahrensordnung.

(7) [1]Der Gemeinsame Bundesausschuss berät den pharmazeutischen Unternehmer insbesondere zu vorzulegenden Unterlagen und Studien sowie zur Vergleichstherapie; er kann hierzu auf seiner Internetseite generalisierte Informationen zur Verfügung stellen. [2]Er kann hierüber Vereinbarungen mit dem pharmazeutischen Unternehmer treffen. [3]Eine Beratung vor Beginn von Zulassungsstudien der Phase drei, zur Planung klinischer Prüfungen oder zu anwendungsbegleitenden Datenerhebungen soll unter Beteiligung des Bundesinstituts für Arzneimittel und Medizinprodukte oder des Paul-Ehrlich-Instituts stattfinden. [4]Zu Fragen der Vergleichstherapie sollen unter Beachtung der Betriebs- und Geschäftsgeheimnisse des pharmazeutischen Unternehmers die wissenschaftlich-medizinischen Fachgesellschaften und die Arzneimittelkommission der deutschen Ärzteschaft schriftlich beteiligt werden. [5]Der pharmazeutische Unternehmer erhält eine Niederschrift über das Beratungsgespräch. [6]Für die pharmazeutischen Unternehmer ist die Beratung gebührenpflichtig. [7]Der Gemeinsame Bundesausschuss hat dem Bundesinstitut für Arzneimittel und Medizinprodukte und dem Paul-Ehrlich-Institut die Kosten zu erstatten, die diesen im Rahmen der Beratung von pharmazeutischen Unternehmern nach den Sätzen 1 und 3 entstehen, soweit diese Kosten vom pharmazeutischen Unternehmer getragen werden. [8]Das Nähere einschließlich der Erstattung der für diese Beratung entstandenen Kosten ist in der Verfahrensordnung zu regeln.

(8) [1]Eine gesonderte Klage gegen die Aufforderung zur Übermittlung der Nachweise nach Absatz 1, die Nutzenbewertung nach Absatz 2, den Beschluss nach Absatz 3 und die Einbeziehung eines Arzneimittels in eine Festbetragsgruppe nach Absatz 4 ist unzulässig. [2]§ 35 Absatz 7 Satz 1 bis 3 gilt entsprechend.

§ 35b
Kosten-Nutzen-Bewertung von Arzneimitteln

(1) [1]Der Gemeinsame Bundesausschuss beauftragt auf Grund eines Antrags nach § 130b Absatz 8 das Institut für Qualität und Wirtschaftlichkeit im Gesundheitswesen mit einer Kosten-Nutzen-Bewertung. [2]In dem Auftrag ist insbesondere festzulegen, für welche zweckmäßige Vergleichstherapie und Patientengruppen die Bewertung erfolgen soll sowie welcher Zeitraum, welche Art von Nutzen und Kosten und welches Maß für den Gesamtnutzen bei der Bewertung zu berücksichtigen sind; das Nähere regelt der Gemeinsame Bundesausschuss in seiner Verfahrensordnung; für die Auftragserteilung gilt § 92 Absatz 3a entsprechend mit der Maßgabe, dass der Gemeinsame Bundesausschuss auch eine mündliche Anhörung durchführt. [3]Die Bewertung erfolgt durch Vergleich mit anderen Arzneimitteln und Behandlungsformen unter Berücksichtigung des therapeutischen Zusatznutzens für die Patienten im Verhältnis zu den Kosten; Basis für die Bewertung sind die Ergebnisse klinischer Studien sowie derjenigen Versorgungsstudien, die mit dem Gemeinsamen Bundesausschuss nach Absatz 2 vereinbart wurden oder die der Gemeinsame Bundesausschuss auf Antrag des pharmazeutischen Unternehmens anerkennt; § 35a Absatz 1 Satz 3 und Absatz 2 Satz 2 gilt entsprechend. [4]Beim Patienten-Nutzen sollen insbesondere die Verbesserung des Gesundheitszustandes, eine Verkürzung der Krankheitsdauer, eine Verlängerung der Lebensdauer, eine Verringerung der Nebenwirkungen sowie eine Verbesserung der Lebensqualität, bei der wirtschaftlichen Bewertung auch die Angemessenheit und Zumutbarkeit einer Kostenübernahme durch die Versichertengemeinschaft, angemessen berücksichtigt werden. [5]Das Institut bestimmt auftragsbezogen über die Methoden und Kriterien für die Erarbeitung von Bewertungen nach Satz 1 auf der Grundlage der in den jeweiligen Fachkreisen anerkannten internationalen Standards der evidenzbasierten Medizin und der Gesundheitsökonomie. [6]Das Institut gewährleistet vor Abschluss von Bewertungen hohe Verfahrenstransparenz und eine angemessene Beteiligung der in § 35 Abs. 2 und § 139a Abs. 5 Genannten. [7]Das Institut veröffentlicht die jeweiligen Methoden und Kriterien im Internet.

(2) [1]Der Gemeinsame Bundesausschuss kann mit dem pharmazeutischen Unternehmer Versorgungsstudien und die darin zu behandelnden Schwerpunkte vereinbaren. [2]Die Frist zur Vorlage dieser Studien bemisst sich nach der Indikation und dem nötigen Zeitraum zur Bereitstellung valider Daten; sie soll drei Jahre nicht überschreiten. [3]Das Nähere regelt der Gemeinsame Bundesausschuss in seiner Verfahrensordnung. [4]Die Studien sind auf Kosten des pharmazeutischen Unternehmers bevorzugt in Deutschland durchzuführen.

(3) [1]Auf Grundlage der Kosten-Nutzen-Bewertung nach Absatz 1 beschließt der Gemeinsame Bundesausschuss über die Kosten-Nutzen-Bewertung und veröffentlicht den Beschluss im Internet. [2]§ 92 Absatz 3a gilt entsprechend. [3]Mit

dem Beschluss werden insbesondere der Zusatznutzen sowie die Therapiekosten bei Anwendung des jeweiligen Arzneimittels festgestellt. [4]Der Beschluss ist Teil der Richtlinie nach § 92 Absatz 1 Satz 2 Nummer 6; der Beschluss kann auch Therapiehinweise nach § 92 Absatz 2 enthalten. [5]§ 94 Absatz 1 gilt nicht.

(4) [1]Gesonderte Klagen gegen den Auftrag nach Absatz 1 Satz 1 oder die Bewertung nach Absatz 1 Satz 3 sind unzulässig. [2]Klagen gegen eine Feststellung des Kosten-Nutzen-Verhältnisses nach Absatz 3 haben keine aufschiebende Wirkung.

§ 35c
Zulassungsüberschreitende Anwendung von Arzneimitteln

(1) [1]Für die Abgabe von Bewertungen zum Stand der wissenschaftlichen Erkenntnis über die Anwendung von zugelassenen Arzneimitteln für Indikationen und Indikationsbereiche, für die sie nach dem Arzneimittelgesetz nicht zugelassen sind, beruft das Bundesministerium für Gesundheit Expertengruppen beim Bundesinstitut für Arzneimittel und Medizinprodukte, davon mindestens eine ständige Expertengruppe, die fachgebietsbezogen ergänzt werden kann. [2]Das Nähere zur Organisation und Arbeitsweise der Expertengruppen regelt eine Geschäftsordnung des Bundesinstituts für Arzneimittel und Medizinprodukte, die der Zustimmung des Bundesministeriums für Gesundheit bedarf. [3]Zur Sicherstellung der fachlichen Unabhängigkeit der Experten gilt § 139b Absatz 3 Satz 2 entsprechend. [4]Der Gemeinsame Bundesausschuss kann die Expertengruppen mit Bewertungen nach Satz 1 beauftragen; das Nähere regelt er in seiner Verfahrensordnung. [5]Bewertungen nach Satz 1 kann auch das Bundesministerium für Gesundheit beauftragen. [6]Die Bewertungen werden dem Gemeinsamen Bundesausschuss als Empfehlung zur Beschlussfassung nach § 92 Absatz 1 Satz 2 Nummer 6 zugeleitet. [7]Bewertungen sollen nur mit Zustimmung der betroffenen pharmazeutischen Unternehmer erstellt werden. [8]Gesonderte Klagen gegen diese Bewertungen sind unzulässig.

(2) [1]Außerhalb des Anwendungsbereichs des Absatzes 1 haben Versicherte Anspruch auf Versorgung mit zugelassenen Arzneimitteln in klinischen Studien, sofern hierdurch eine therapierelevante Verbesserung der Behandlung einer schwerwiegenden Erkrankung im Vergleich zu bestehenden Behandlungsmöglichkeiten zu erwarten ist, damit verbundene Mehrkosten in einem angemessenen Verhältnis zum erwarteten medizinischen Zusatznutzen stehen, die Behandlung durch einen Arzt erfolgt, der an der vertragsärztlichen Versorgung oder an der ambulanten Versorgung nach den §§ 116b und 117 teilnimmt, und der Gemeinsame Bundesausschuss der Arzneimittelverordnung nicht widerspricht. [2]Eine Leistungspflicht der Krankenkasse ist ausgeschlossen, sofern das Arzneimittel auf Grund arzneimittelrechtlicher Vorschriften vom pharmazeutischen Unternehmer kostenlos bereitzustellen ist. [3]Der Gemeinsame Bundesausschuss ist mindestens zehn Wochen vor dem Beginn der Arzneimittelverordnung zu informieren; er kann innerhalb von acht Wochen nach Eingang der Mitteilung widersprechen, sofern die Voraussetzungen nach Satz 1 nicht erfüllt sind. [4]Das Nähere, auch zu den Nachweisen und Informationspflichten, regelt der Gemeinsame Bundesausschuss in den Richtlinien nach § 92 Abs. 1 Satz 2 Nr. 6. [5]Leisten Studien nach Satz 1 für die Erweiterung einer Zulassung einen entscheidenden Beitrag, hat der pharmazeutische Unternehmer den Krankenkassen die Verordnungskosten zu erstatten. [6]Dies gilt auch für eine Genehmigung für das Inverkehrbringen nach europäischem Recht.

§ 36
Festbeträge für Hilfsmittel

(1) [1]Der Spitzenverband Bund der Krankenkassen bestimmt Hilfsmittel, für die Festbeträge festgesetzt werden. [2]Dabei sollen unter Berücksichtigung des Hilfsmittelverzeichnisses nach § 139 in ihrer Funktion gleichartige und gleichwertige Mittel in Gruppen zusammengefasst und die Einzelheiten der Versorgung festgelegt werden. [3]Den maßgeblichen Spitzenorganisationen der betroffenen Hersteller und Leistungserbringer auf Bundesebene ist unter Übermittlung der hierfür erforderlichen Informationen innerhalb einer angemessenen Frist vor der Entscheidung Gelegenheit zur Stellungnahme zu geben; die Stellungnahmen sind in die Entscheidung einzubeziehen.

(2) [1]Der Spitzenverband Bund der Krankenkassen setzt für die Versorgung mit den nach Absatz 1 bestimmten Hilfsmitteln einheitliche Festbeträge fest. [2]Absatz 1 Satz 3 gilt entsprechend. [3]Die Hersteller und Leistungserbringer sind verpflichtet, dem Spitzenverband Bund der Krankenkassen auf Verlangen die zur Wahrnehmung der Aufgaben nach Satz 1 und nach Absatz 1 Satz 1 und 2 erforderlichen Informationen und Auskünfte,

insbesondere auch zu den Abgabepreisen der Hilfsmittel, zu erteilen.

(3) § 35 Abs. 5 gilt entsprechend.

(4) (aufgehoben)

§ 37 Häusliche Krankenpflege

(1) [1]Versicherte erhalten in ihrem Haushalt, ihrer Familie oder sonst an einem geeigneten Ort, insbesondere in betreuten Wohnformen, Schulen und Kindergärten, bei besonders hohem Pflegebedarf auch in Werkstätten für behinderte Menschen neben der ärztlichen Behandlung häusliche Krankenpflege durch geeignete Pflegekräfte, wenn Krankenhausbehandlung geboten, aber nicht ausführbar ist, oder wenn sie durch die häusliche Krankenpflege vermieden oder verkürzt wird. [2]§ 10 der Werkstättenverordnung bleibt unberührt. [3]Die häusliche Krankenpflege umfasst die im Einzelfall erforderliche Grund- und Behandlungspflege sowie hauswirtschaftliche Versorgung. [4]Der Anspruch besteht bis zu vier Wochen je Krankheitsfall. [5]In begründeten Ausnahmefällen kann die Krankenkasse die häusliche Krankenpflege für einen längeren Zeitraum bewilligen, wenn der Medizinische Dienst (§ 275) festgestellt hat, dass dies aus den in Satz 1 genannten Gründen erforderlich ist.

(1a) [1]Versicherte erhalten an geeigneten Orten im Sinne von Absatz 1 Satz 1 wegen schwerer Krankheit oder wegen akuter Verschlimmerung einer Krankheit, insbesondere nach einem Krankenhausaufenthalt, nach einer ambulanten Operation oder nach einer ambulanten Krankenhausbehandlung, soweit keine Pflegebedürftigkeit mit Pflegegrad 2, 3, 4 oder 5 im Sinne des Elften Buches vorliegt, die erforderliche Grundpflege und hauswirtschaftliche Versorgung. [2]Absatz 1 Satz 4 und 5 gilt entsprechend.

(2) [1]Versicherte erhalten in ihrem Haushalt, ihrer Familie oder sonst an einem geeigneten Ort, insbesondere in betreuten Wohnformen, Schulen und Kindergärten, bei besonders hohem Pflegebedarf auch in Werkstätten für behinderte Menschen als häusliche Krankenpflege Behandlungspflege, wenn diese zur Sicherung des Ziels der ärztlichen Behandlung erforderlich ist. [2]§ 10 der Werkstättenverordnung bleibt unberührt. [3]Der Anspruch nach Satz 1 besteht nicht für Versicherte mit einem besonders hohen Bedarf an medizinischer Behandlungspflege, die Anspruch auf Leistungen nach § 37c haben, soweit diese Leistungen tatsächlich erbracht werden. [4]Die Satzung kann bestimmen, dass die Krankenkasse zusätzlich zur Behandlungspflege nach Satz 1 als häusliche Krankenpflege auch Grundpflege und hauswirtschaftliche Versorgung erbringt. [5]Die Satzung kann dabei Dauer und Umfang der Grundpflege und der hauswirtschaftlichen Versorgung nach Satz 4 bestimmen. [6]Leistungen nach den Sätzen 4 und 5 sind nach Eintritt von Pflegebedürftigkeit mit mindestens Pflegegrad 2 im Sinne des Elften Buches nicht zulässig. [7]Versicherte, die nicht auf Dauer in Einrichtungen nach § 71 Abs. 2 oder 4 des Elften Buches aufgenommen sind, erhalten Leistungen nach den Satz 1 und den Sätzen 4 bis 6 auch dann, wenn ihr Haushalt nicht mehr besteht und ihnen nur zur Durchführung der Behandlungspflege vorübergehender Aufenthalt in einer Einrichtung oder in einer anderen geeigneten Unterkunft zur Verfügung gestellt wird.

(2a) [1]Die gesetzliche Krankenversicherung beteiligt sich an den Kosten der medizinischen Behandlungspflege in vollstationären Pflegeeinrichtungen mit einem jährlichen Pauschalbetrag in Höhe von 640 Millionen Euro, der an den Ausgleichsfonds der sozialen Pflegeversicherung zu leisten ist. [2]Die Zahlung erfolgt anteilig quartalsweise. [3]Der Spitzenverband Bund der Krankenkassen erhebt hierzu von den Krankenkassen eine Umlage gemäß dem Anteil der Versicherten der Krankenkassen an der Gesamtzahl der Versicherten aller Krankenkassen. [4]Das Nähere zum Umlageverfahren und zur Zahlung an die Pflegeversicherung bestimmt der Spitzenverband Bund der Krankenkassen.

(2b) [1]Die häusliche Krankenpflege nach den Absätzen 1 und 2 umfasst auch die ambulante Palliativversorgung. [2]Für Leistungen der ambulanten Palliativversorgung ist regelmäßig ein begründeter Ausnahmefall im Sinne von Absatz 1 Satz 5 anzunehmen. [3]§ 37b Absatz 4 gilt für die häusliche Krankenpflege zur ambulanten Palliativversorgung entsprechend.

(3) Der Anspruch auf häusliche Krankenpflege besteht nur, soweit eine im Haushalt lebende Person den Kranken in dem erforderlichen Umfang nicht pflegen und versorgen kann.

(4) Kann die Krankenkasse keine Kraft für die häusliche Krankenpflege stellen oder besteht Grund, davon abzusehen, sind den Versicher-

ten die Kosten für eine selbstbeschaffte Kraft in angemessener Höhe zu erstatten.

(5) Versicherte, die das 18. Lebensjahr vollendet haben, leisten als Zuzahlung den sich nach § 61 Satz 3 ergebenden Betrag, begrenzt auf die für die ersten 28 Kalendertage der Leistungsinanspruchnahme je Kalenderjahr anfallenden Kosten an die Krankenkasse.

(6) Der Gemeinsame Bundesausschuss legt in Richtlinien nach § 92 fest, an welchen Orten und in welchen Fällen Leistungen nach den Absätzen 1 und 2 auch außerhalb des Haushalts und der Familie des Versicherten erbracht werden können.

(7) [1]Der Gemeinsame Bundesausschuss regelt in Richtlinien nach § 92 unter Berücksichtigung bestehender Therapieangebote das Nähere zur Versorgung von chronischen und schwer heilenden Wunden. [2]Die Versorgung von chronischen und schwer heilenden Wunden kann auch in spezialisierten Einrichtungen an einem geeigneten Ort außerhalb der Häuslichkeit von Versicherten erfolgen.

(8) Der Gemeinsame Bundesausschuss regelt in der Richtlinie über die Verordnung häuslicher Krankenpflege nach § 92 Absatz 1 Satz 2 Nummer 6 bis zum 31. Juli 2022 Rahmenvorgaben zu einzelnen nach dem Leistungsverzeichnis der Richtlinie nach § 92 Absatz 1 Satz 2 Nummer 6 verordnungsfähigen Maßnahmen, bei denen Pflegefachkräfte, die die in den Rahmenempfehlungen nach § 132a Absatz 1 Satz 4 Nummer 7 geregelten Anforderungen erfüllen, innerhalb eines vertragsärztlich festgestellten Verordnungsrahmens selbst über die erforderliche Häufigkeit und Dauer bestimmen können, sowie Vorgaben zur Notwendigkeit eines erneuten Arztkontaktes und zur Information der Vertragsärztin oder des Vertragsarztes durch den Leistungserbringer über die erbrachten Maßnahmen.

(9) [1]Zur Feststellung des tatsächlichen Ausgabenvolumens für die im Rahmen einer Versorgung nach Absatz 8 erbrachten Leistungen pseudonymisieren die Krankenkassen die Angaben zu den Ausgaben jeweils arztbezogen sowie versichertenbezogen. [2]Sie übermitteln diese Angaben nach Durchführung der Abrechnungsprüfung dem Spitzenverband Bund der Krankenkassen, der diese Daten für den Zweck der nach Absatz 10 durchzuführenden Evaluierung kassenartenübergreifend zusammenführt und diese Daten dem nach Absatz 10 Satz 2 beauftragten unabhängigen Dritten übermittelt. [3]Das Nähere zur Datenübermittlung und zum Verfahren der Pseudonymisierung regelt der Spitzenverband Bund der Krankenkassen. [4]Der Spitzenverband Bund der Krankenkassen und der beauftragte unabhängige Dritte nach Absatz 10 Satz 2 haben die ihnen nach Satz 2 übermittelten pseudonymisierten Daten spätestens ein Jahr nach Abschluss der Evaluierung zu löschen.

(10) [1]Drei Jahre nach Inkrafttreten der Regelungen nach Absatz 8 evaluieren der Spitzenverband Bund der Krankenkassen, die Kassenärztliche Bundesvereinigung und die in § 132a Absatz 1 Satz 1 genannten Organisationen der Leistungserbringer unter Berücksichtigung der nach Absatz 9 Satz 2 übermittelten Daten insbesondere die mit der Versorgung nach Absatz 8 verbundenen Auswirkungen auf das Versorgungsgeschehen im Bereich der häuslichen Krankenpflege, die finanziellen Auswirkungen auf die Krankenkassen, die Wirtschaftlichkeit der Versorgung nach Absatz 8 sowie die Auswirkungen auf die Behandlungs- und Ergebnisqualität. [2]Die Evaluierung hat durch einen durch den Spitzenverband Bund der Krankenkassen, die Kassenärztliche Bundesvereinigung und die in § 132a Absatz 1 Satz 1 genannten Organisationen der Leistungserbringer gemeinsam zu beauftragenden unabhängigen Dritten zu erfolgen.

§ 37a
Soziotherapie

(1) [1]Versicherte, die wegen schwerer psychischer Erkrankung nicht in der Lage sind, ärztliche oder ärztlich verordnete Leistungen selbständig in Anspruch zu nehmen, haben Anspruch auf Soziotherapie, wenn dadurch Krankenhausbehandlung vermieden oder verkürzt wird oder wenn diese geboten, aber nicht ausführbar ist. [2]Die Soziotherapie umfasst im Rahmen des Absatzes 2 die im Einzelfall erforderliche Koordinierung der verordneten Leistungen sowie Anleitung und Motivation zu deren Inanspruchnahme. [3]Der Anspruch besteht für höchstens 120 Stunden innerhalb von drei Jahren je Krankheitsfall.

(2) Der Gemeinsame Bundesausschuss bestimmt in den Richtlinien nach § 92 das Nähere über Voraussetzungen, Art und Umfang der Versorgung nach Absatz 1, insbesondere

1. die Krankheitsbilder, bei deren Behandlung im Regelfall Soziotherapie erforderlich ist,

2. die Ziele, den Inhalt, den Umfang, die Dauer und die Häufigkeit der Soziotherapie,
3. die Voraussetzungen, unter denen Ärzte zur Verordnung von Soziotherapie berechtigt sind,
4. die Anforderungen an die Therapiefähigkeit des Patienten,
5. Inhalt und Umfang der Zusammenarbeit des verordnenden Arztes mit dem Leistungserbringer.

(3) Versicherte, die das 18. Lebensjahr vollendet haben, leisten als Zuzahlung je Kalendertag der Leistungsinanspruchnahme den sich nach § 61 Satz 1 ergebenden Betrag an die Krankenkasse.

§ 37b
Spezialisierte ambulante Palliativversorgung

(1) [1]Versicherte mit einer nicht heilbaren, fortschreitenden und weit fortgeschrittenen Erkrankung bei einer zugleich begrenzten Lebenserwartung, die eine besonders aufwändige Versorgung benötigen, haben Anspruch auf spezialisierte ambulante Palliativversorgung. [2]Die Leistung ist von einem Vertragsarzt oder Krankenhausarzt zu verordnen. [3]Die spezialisierte ambulante Palliativversorgung umfasst ärztliche und pflegerische Leistungen einschließlich ihrer Koordination insbesondere zur Schmerztherapie und Symptomkontrolle und zielt darauf ab, die Betreuung der Versicherten nach Satz 1 in der vertrauten Umgebung des häuslichen oder familiären Bereichs zu ermöglichen; hierzu zählen beispielsweise Einrichtungen der Eingliederungshilfe für behinderte Menschen und der Kinder- und Jugendhilfe. [4]Versicherte in stationären Hospizen haben einen Anspruch auf die Teilleistung der erforderlichen ärztlichen Versorgung im Rahmen der spezialisierten ambulanten Palliativversorgung. [5]Dies gilt nur, wenn und soweit nicht andere Leistungsträger zur Leistung verpflichtet sind. [6]Dabei sind die besonderen Belange von Kindern zu berücksichtigen.

(2) [1]Versicherte in stationären Pflegeeinrichtungen im Sinne von § 72 Abs. 1 des Elften Buches haben in entsprechender Anwendung des Absatzes 1 einen Anspruch auf spezialisierte Palliativversorgung. [2]Die Verträge nach § 132d Abs. 1 regeln, ob die Leistung nach Absatz 1 durch Vertragspartner der Krankenkassen in der Pflegeeinrichtung oder durch Personal der Pflegeeinrichtung erbracht wird; § 132d Abs. 2 gilt entsprechend.

(3) Der Gemeinsame Bundesausschuss bestimmt in den Richtlinien nach § 92 das Nähere über die Leistungen, insbesondere

1. die Anforderungen an die Erkrankungen nach Absatz 1 Satz 1 sowie an den besonderen Versorgungsbedarf der Versicherten,
2. Inhalt und Umfang der spezialisierten ambulanten Palliativversorgung einschließlich von deren Verhältnis zur ambulanten Versorgung und der Zusammenarbeit der Leistungserbringer mit den bestehenden ambulanten Hospizdiensten und stationären Hospizen (integrativer Ansatz); die gewachsenen Versorgungsstrukturen sind zu berücksichtigen,
3. Inhalt und Umfang der Zusammenarbeit des verordnenden Arztes mit dem Leistungserbringer.

(4) [1]Der Spitzenverband Bund der Krankenkassen berichtet dem Bundesministerium für Gesundheit alle drei Jahre über die Entwicklung der spezialisierten ambulanten Palliativversorgung und die Umsetzung der dazu erlassenen Richtlinien des Gemeinsamen Bundesausschusses. [2]Er bestimmt zu diesem Zweck die von seinen Mitgliedern zu übermittelnden statistischen Informationen über die geschlossenen Verträge und die erbrachten Leistungen der spezialisierten ambulanten Palliativversorgung.

§ 37c
Außerklinische Intensivpflege

(1) [1]Versicherte mit einem besonders hohen Bedarf an medizinischer Behandlungspflege haben Anspruch auf außerklinische Intensivpflege. [2]Ein besonders hoher Bedarf an medizinischer Behandlungspflege liegt vor, wenn die ständige Anwesenheit einer geeigneten Pflegefachkraft zur individuellen Kontrolle und Einsatzbereitschaft oder ein vergleichbar intensiver Einsatz einer Pflegefachkraft erforderlich ist. [3]Der Anspruch auf außerklinische Intensivpflege umfasst die medizinische Behandlungspflege, die zur Sicherung des Ziels der ärztlichen Behandlung erforderlich ist, sowie eine Beratung durch die Krankenkasse, insbesondere zur Auswahl des geeigneten Leistungsorts nach Absatz 2. [4]Die Leistung bedarf der Verordnung durch eine Vertragsärztin oder einen Vertragsarzt, die oder der

für die Versorgung dieser Versicherten besonders qualifiziert ist. [5]Die verordnende Vertragsärztin oder der verordnende Vertragsarzt hat das Therapieziel mit dem Versicherten zu erörtern und individuell festzustellen, bei Bedarf unter Einbeziehung palliativmedizinischer Fachkompetenz. [6]Bei Versicherten, die beatmet werden oder tracheotomiert sind, sind mit jeder Verordnung einer außerklinischen Intensivpflege das Potenzial zur Reduzierung der Beatmungszeit bis hin zur vollständigen Beatmungsentwöhnung und Dekanülierung sowie die zu deren Umsetzung notwendigen Maßnahmen zu erheben, zu dokumentieren und auf deren Umsetzung hinzuwirken. [7]Zur Erhebung und Dokumentation nach Satz 6 sind auch nicht an der vertragsärztlichen Versorgung teilnehmende Ärztinnen oder Ärzte oder nicht an der vertragsärztlichen Versorgung teilnehmende Krankenhäuser berechtigt; sie nehmen zu diesem Zweck an der vertragsärztlichen Versorgung teil. [8]Der Gemeinsame Bundesausschuss bestimmt in den Richtlinien nach § 92 Absatz 1 Satz 2 Nummer 6 bis zum 31. Oktober 2021 jeweils für Kinder und Jugendliche bis zur Vollendung des 18. Lebensjahres, für junge Volljährige, bei denen ein Krankheitsbild des Kinder- und Jugendalters weiterbesteht oder ein typisches Krankheitsbild des Kinder- und Jugendalters neu auftritt oder ein dem Kindesalter entsprechender psychomotorischer Entwicklungsstand vorliegt, und für volljährige Versicherte getrennt das Nähere zu Inhalt und Umfang der Leistungen sowie die Anforderungen

1. an den besonders hohen Bedarf an medizinischer Behandlungspflege nach Satz 2,
2. an die Zusammenarbeit der an der medizinischen und pflegerischen Versorgung beteiligten ärztlichen und nichtärztlichen Leistungserbringer, insbesondere zur Sicherstellung der ärztlichen und pflegerischen Versorgungskontinuität und Versorgungskoordination,
3. an die Verordnung der Leistungen einschließlich des Verfahrens zur Feststellung des Therapieziels nach Satz 5 sowie des Verfahrens zur Erhebung und Dokumentation des Entwöhnungspotenzials bei Versicherten, die beatmet werden oder tracheotomiert sind und
4. an die besondere Qualifikation der Vertragsärztinnen oder Vertragsärzte, die die Leistung verordnen dürfen.

(2) [1]Versicherte erhalten außerklinische Intensivpflege

1. in vollstationären Pflegeeinrichtungen, die Leistungen nach § 43 des Elften Buches erbringen,
2. in Einrichtungen im Sinne des § 43a Satz 1 in Verbindung mit § 71 Absatz 4 Nummer 1 des Elften Buches oder Räumlichkeiten im Sinne des § 43a Satz 3 in Verbindung mit § 71 Absatz 4 Nummer 3 des Elften Buches,
3. in einer Wohneinheit im Sinne des § 132l Absatz 5 Nummer 1 oder
4. in ihrem Haushalt oder in ihrer Familie oder sonst an einem geeigneten Ort, insbesondere in betreuten Wohnformen, in Schulen, Kindergärten und in Werkstätten für behinderte Menschen.

[2]Berechtigten Wünschen der Versicherten ist zu entsprechen. [3]Hierbei ist zu prüfen, ob und wie die medizinische und pflegerische Versorgung am Ort der Leistung nach Satz 1 sichergestellt ist oder durch entsprechende Nachbesserungsmaßnahmen in angemessener Zeit sichergestellt werden kann; dabei sind die persönlichen, familiären und örtlichen Umstände zu berücksichtigen. [4]Über die Nachbesserungsmaßnahmen nach Satz 3 schließt die Krankenkasse mit dem Versicherten eine Zielvereinbarung, an der sich nach Maßgabe des individuell festgestellten Bedarfs weitere Leistungsträger zu beteiligen haben. [5]Zur Umsetzung der Zielvereinbarung schuldet die Krankenkasse nur Leistungen nach diesem Buch. [6]Die Feststellung, ob die Voraussetzungen nach Absatz 1 und den Sätzen 1 bis 3 erfüllt sind, wird durch die Krankenkasse nach persönlicher Begutachtung des Versicherten am Leistungsort durch den Medizinischen Dienst getroffen. [7]Die Krankenkasse hat ihre Feststellung jährlich zu überprüfen und hierzu eine persönliche Begutachtung des Medizinischen Dienstes zu veranlassen. [8]Liegen der Krankenkasse Anhaltspunkte vor, dass die Voraussetzungen nach Absatz 1 und den Sätzen 1 bis 3 nicht mehr vorliegen, kann sie die Überprüfung nach Satz 7 zu einem früheren Zeitpunkt durchführen. [9]Ist die Feststellung nach Satz 6 oder die Überprüfung nach den Sätzen 7 und 8 nicht möglich, weil der oder die Versicherte oder eine andere an den Wohnräumen berechtigte Person sein oder ihr Einverständnis zu der nach den Sätzen 6 bis 8 gebotenen Begutachtung durch den Medizinischen Dienst in den Wohnräumen nicht erteilt hat, so kann in den Fällen, in denen Leistungen der außerklinischen Intensivpflege an einem Leistungsort nach Satz 1 Num-

mer 3 oder Nummer 4 erbracht oder gewünscht werden, die Leistung an diesem Ort versagt und der oder die Versicherte auf Leistungen an einem Ort im Sinne des Satzes1 Nummer 1 oder Nummer 2 verwiesen werden.

(3) [1]Erfolgt die außerklinische Intensivpflege in einer vollstationären Pflegeeinrichtung, die Leistungen nach § 43 des Elften Buches erbringt, umfasst der Anspruch die pflegebedingten Aufwendungen einschließlich der Aufwendungen für die Betreuung und die Aufwendungen für Leistungen der medizinischen Behandlungspflege in der Einrichtung unter Anrechnung des Leistungsbetrags nach § 43 des Elften Buches, die betriebsnotwendigen Investitionskosten sowie die Entgelte für Unterkunft und Verpflegung nach § 87 des Elften Buches. [2]Entfällt der Anspruch auf außerklinische Intensivpflege auf Grund einer Besserung des Gesundheitszustandes, sind die Leistungen nach Satz 1 für sechs Monate weiter zu gewähren, wenn eine Pflegebedürftigkeit des Pflegegrades 2, 3, 4 oder 5 im Sinne des § 15 Absatz 3 Satz 4 Nummer 2 bis 5 des Elften Buches festgestellt ist. [3]Die Krankenkassen können in ihrer Satzung bestimmen, dass die Leistungen nach Satz 1 unter den in Satz 2 genannten Voraussetzungen auch über den in Satz 2 genannten Zeitraum hinaus weitergewährt werden.

(4) [1]Kann die Krankenkasse keine qualifizierte Pflegefachkraft für die außerklinische Intensivpflege stellen, sind dem Versicherten die Kosten für eine selbstbeschaffte Pflegefachkraft in angemessener Höhe zu erstatten. [2]Die Möglichkeit der Leistungserbringung im Rahmen eines persönlichen Budgets nach § 2 Absatz 2 Satz 2, § 11 Absatz 1 Nummer 5 des Fünften Buches in Verbindung mit § 29 des Neunten Buches bleibt davon unberührt.

(5) [1]Versicherte, die das 18. Lebensjahr vollendet haben, leisten als Zuzahlung an die Krankenkasse den sich nach § 61 Satz 2 ergebenden Betrag, begrenzt auf die ersten 28 Kalendertage der Leistungsinanspruchnahme je Kalenderjahr. [2]Versicherte, die außerklinische Intensivpflege an einem Leistungsort nach Absatz 2 Satz 1 Nummer 4 erhalten und die das 18. Lebensjahr vollendet haben, leisten als Zuzahlung an die Krankenkasse abweichend von Satz 1 den sich nach § 61 Satz 3 ergebenden Betrag, begrenzt auf die für die ersten 28 Kalendertrage der Leistungsinanspruchnahme je Kalenderjahr anfallenden Kosten.

(6) [1]Der Spitzenverband Bund der Krankenkassen legt über das Bundesministerium für Gesundheit dem Deutschen Bundestag bis Ende des Jahres 2026 einen Bericht über die Erfahrungen mit der Umsetzung des Anspruchs auf außerklinische Intensivpflege vor. [2]Darin sind insbesondere aufzuführen:

1. die Entwicklung der Anzahl der Leistungsfälle,
2. Angaben zur Leistungsdauer,
3. Angaben zum Leistungsort einschließlich Angaben zur Berücksichtigung von Wünschen der Versicherten,
4. Angaben zu Widerspruchsverfahren in Bezug auf die Leistungsbewilligung und deren Ergebnis sowie
5. Angaben zu Satzungsleistungen der Krankenkassen nach Absatz 3 Satz 3.

§ 38
Haushaltshilfe

(1) [1]Versicherte erhalten Haushaltshilfe, wenn ihnen wegen Krankenhausbehandlung oder wegen einer Leistung nach § 23 Abs. 2 oder 4, §§ 24, 37, 40 oder § 41 die Weiterführung des Haushalts nicht möglich ist. [2]Voraussetzung ist ferner, dass im Haushalt ein Kind lebt, das bei Beginn der Haushaltshilfe das zwölfte Lebensjahr noch nicht vollendet hat oder das behindert und auf Hilfe angewiesen ist. [3]Darüber hinaus erhalten Versicherte, soweit keine Pflegebedürftigkeit mit Pflegegrad 2, 3, 4 oder 5 im Sinne des Elften Buches vorliegt, auch dann Haushaltshilfe, wenn ihnen die Weiterführung des Haushalts wegen schwerer Krankheit oder wegen akuter Verschlimmerung einer Krankheit, insbesondere nach einem Krankenhausaufenthalt, nach einer ambulanten Operation oder nach einer ambulanten Krankenhausbehandlung, nicht möglich ist, längstens jedoch für die Dauer von vier Wochen. [4]Wenn im Haushalt ein Kind lebt, das bei Beginn der Haushaltshilfe das zwölfte Lebensjahr noch nicht vollendet hat oder das behindert und auf Hilfe angewiesen ist, verlängert sich der Anspruch nach Satz 3 auf längstens 26 Wochen. [5]Die Pflegebedürftigkeit von Versicherten schließt Haushaltshilfe nach den Sätzen 3 und 4 zur Versorgung des Kindes nicht aus.

(2) [1]Die Satzung kann bestimmen, dass die Krankenkasse in anderen als den in Absatz 1 genannten Fällen Haushaltshilfe erbringt, wenn Versi-

cherten wegen Krankheit die Weiterführung des Haushalts nicht möglich ist. [2]Sie kann dabei von Absatz 1 Satz 2 bis 4 abweichen sowie Umfang und Dauer der Leistung bestimmen.

(3) Der Anspruch auf Haushaltshilfe besteht nur, soweit eine im Haushalt lebende Person den Haushalt nicht weiterführen kann.

(4) [1]Kann die Krankenkasse keine Haushaltshilfe stellen oder besteht Grund, davon abzusehen, sind den Versicherten die Kosten für eine selbstbeschaffte Haushaltshilfe in angemessener Höhe zu erstatten. [2]Für Verwandte und Verschwägerte bis zum zweiten Grad werden keine Kosten erstattet; die Krankenkasse kann jedoch die erforderlichen Fahrkosten und den Verdienstausfall erstatten, wenn die Erstattung in einem angemessenen Verhältnis zu den sonst für eine Ersatzkraft entstehenden Kosten steht.

(5) Versicherte, die das 18. Lebensjahr vollendet haben, leisten als Zuzahlung je Kalendertag der Leistungsinanspruchnahme den sich nach § 61 Satz 1 ergebenden Betrag an die Krankenkasse.

§ 39 Krankenhausbehandlung

(1) [1]Die Krankenhausbehandlung wird vollstationär, stationsäquivalent, tagesstationär, teilstationär, vor- und nachstationär sowie ambulant erbracht; sie umfasst auch Untersuchungs- und Behandlungsmethoden, zu denen der Gemeinsame Bundesausschuss bisher keine Entscheidung nach § 137c Absatz 1 getroffen hat und die das Potential einer erforderlichen Behandlungsalternative bieten. [2]Versicherte haben Anspruch auf vollstationäre, stationsäquivalente oder tagesstationäre Behandlung durch ein nach § 108 zugelassenes Krankenhaus, wenn die Aufnahme oder die Behandlung im häuslichen Umfeld nach Prüfung durch das Krankenhaus erforderlich ist, weil das Behandlungsziel nicht durch teilstationäre, vor- und nachstationäre oder ambulante Behandlung einschließlich häuslicher Krankenpflege erreicht werden kann. [3]Die Krankenhausbehandlung umfasst im Rahmen des Versorgungsauftrags des Krankenhauses alle Leistungen, die im Einzelfall nach Art und Schwere der Krankheit für die medizinische Versorgung der Versicherten im Krankenhaus notwendig sind, insbesondere ärztliche Behandlung (§ 28 Abs. 1), Krankenpflege, Versorgung mit Arznei-, Heil- und Hilfsmitteln, Unterkunft und Verpflegung; die akutstationäre Behandlung umfasst auch die im Einzelfall erforderlichen und zum frühestmöglichen Zeitpunkt einsetzenden Leistungen zur Frührehabilitation. [4]Die stationsäquivalente Behandlung umfasst eine psychiatrische Behandlung im häuslichen Umfeld durch mobile ärztlich geleitete multiprofessionelle Behandlungsteams; die tagesstationäre Behandlung umfasst einen täglich mindestens sechsstündigen Aufenthalt der Patientinnen und Patienten im Krankenhaus, währenddessen überwiegend ärztliche oder pflegerische Behandlung erbracht wird, ohne Übernachtung im Krankenhaus. [5]Die stationsäquivalente Behandlung und die tagesstationäre Behandlung entsprechen hinsichtlich der Inhalte sowie der Flexibilität und Komplexität der Behandlung einer vollstationären Behandlung. [6]Zur Krankenhausbehandlung gehört auch eine qualifizierte ärztliche Einschätzung des Beatmungsstatus im Laufe der Behandlung und vor der Verlegung oder Entlassung von Beatmungspatienten.

(1a) [1]Die Krankenhausbehandlung umfasst ein Entlassmanagement zur Unterstützung einer sektorenübergreifenden Versorgung der Versicherten beim Übergang in die Versorgung nach Krankenhausbehandlung. [2]§ 11 Absatz 4 Satz 4 gilt. [3]Das Krankenhaus kann mit Leistungserbringern nach § 95 Absatz 1 Satz 1 vereinbaren, dass diese Aufgaben des Entlassmanagements wahrnehmen. [4]§ 11 des Apothekengesetzes bleibt unberührt. [5]Der Versicherte hat gegenüber der Krankenkasse einen Anspruch auf Unterstützung des Entlassmanagements nach Satz 1; soweit Hilfen durch die Pflegeversicherung in Betracht kommen, kooperieren Kranken- und Pflegekassen miteinander. [6]Das Entlassmanagement umfasst alle Leistungen, die für die Versorgung nach Krankenhausbehandlung erforderlich sind, insbesondere die Leistungen nach den §§ 37b, 38, 39c sowie alle dafür erforderlichen Leistungen nach dem Elften Buch. [7]Das Entlassmanagement umfasst auch die Verordnung einer erforderlichen Anschlussversorgung durch Krankenhausbehandlung in einem anderen Krankenhaus. [8]Soweit dies für die Versorgung des Versicherten unmittelbar nach der Entlassung erforderlich ist, können die Krankenhäuser Leistungen nach § 33a und die in § 92 Absatz 1 Satz 2 Nummer 6 und 12 genannten Leistungen verordnen und die Arbeitsunfähigkeit feststellen; hierfür gelten die Bestimmungen über die vertragsärztliche Versorgung mit der Maßgabe, dass bis zur Verwendung der Arztnummer nach § 293 Absatz 7 Satz 3 Nummer 1 eine im Rahmenvertrag nach Satz 9 erster Halbsatz zu vereinbarende alternative Kennzeichnung zu verwenden ist. [9]Bei der Verordnung von Arzneimitteln können Krankenhäuser eine Packung mit dem kleinsten Packungsgrößenkennzeichen gemäß der Packungsgrößenverordnung verordnen; im Übrigen können die in § 92 Absatz 1 Satz 2 Nummer 6 genannten Leistungen für die Versorgung in einem Zeitraum von bis zu sieben Tagen verordnet und die Arbeitsunfähigkeit festgestellt werden (§ 92 Absatz 1 Satz 2 Nummer 7). [10]Der Gemeinsame Bundesausschuss bestimmt in den Richtlinien nach § 92 Absatz 1 Satz 2 Nummer 6, 7 und 12 die weitere Ausgestaltung des Verordnungsrechts nach Satz 7. [11]Die weiteren Einzelheiten zu den Sätzen 1 bis 8, insbesondere zur Zusammenarbeit der Leistungserbringer mit den Krankenkassen, regeln der Spitzenverband Bund der Krankenkassen auch als Spitzenverband Bund der Pflegekassen, die Kassenärztliche Bundesvereinigung und die Deutsche Krankenhausgesellschaft unter Berücksichtigung der Richtlinien des Gemeinsamen Bundesausschusses in einem Rahmenvertrag. [12]Wird der Rahmenvertrag ganz oder teilweise beendet und kommt bis zum Ablauf des Vertrages kein neuer Rahmenvertrag zustande, entscheidet das sektorenübergreifende Schiedsgremium auf Bundesebene gemäß § 89a. [13]Vor Abschluss des Rahmenvertrages ist der für die Wahrnehmung der wirtschaftlichen Interessen gebildeten maßgeblichen Spitzenorganisation der Apotheker sowie den Vereinigungen der Träger der Pflegeeinrichtungen auf Bundesebene Gelegenheit zur Stellungnahme zu geben. [14]Das Entlassmanagement und eine dazu erforderliche Verarbeitung personenbezogener Daten dürfen nur mit Einwilligung und nach vorheriger Information des Versicherten erfolgen. [15]Die Information sowie die Einwilligung müssen schriftlich oder elektronisch erfolgen.

(2) Wählen Versicherte ohne zwingenden Grund ein anderes als ein in der ärztlichen Einweisung genanntes Krankenhaus, können ihnen die Mehrkosten ganz oder teilweise auferlegt werden.

(3) [1]Die Landesverbände der Krankenkassen, die Ersatzkassen und die Deutsche Rentenversicherung Knappschaft-Bahn-See gemeinsam erstellen unter Mitwirkung der Landeskrankenhausgesellschaft und der Kassenärztlichen Vereinigung ein Verzeichnis der Leistungen und Entgelte für die Krankenhausbehandlung in den zugelassenen Krankenhäusern im Land oder in einer Region und passen es der Entwicklung an (Verzeichnis stationärer Leistungen und Entgelte). [2]Dabei sind die Entgelte so zusammenzustellen, dass sie miteinander verglichen werden können. [3]Die Krankenkassen haben darauf hinzuwirken, dass Vertragsärzte und Versicherte das Verzeichnis bei der Verordnung und Inanspruchnahme von Krankenhausbehandlung beachten.

(4) [1]Versicherte, die das achtzehnte Lebensjahr vollendet haben, zahlen vom Beginn der vollstationären Krankenhausbehandlung an innerhalb eines Kalenderjahres für längstens 28 Tage den sich nach § 61 Satz 2 ergebenden Betrag je Kalendertag an das Krankenhaus. [2]Die innerhalb des Kalenderjahres bereits an einen Träger der gesetzlichen Rentenversicherung geleistete Zahlung nach § 32 Abs. 1 Satz 2 des Sechsten Buches sowie die nach § 40 Abs. 6 Satz 1 geleistete Zahlung sind auf die Zahlung nach Satz 1 anzurechnen.

(5) (aufgehoben)

§ 39a
Stationäre und ambulante Hospizleistungen

(1) [1]Versicherte, die keiner Krankenhausbehandlung bedürfen, haben im Rahmen der Verträge nach Satz 4 Anspruch auf einen Zuschuss zu stationärer oder teilstationärer Versorgung in Hospizen, in denen palliativ-medizinische Behandlung erbracht wird, wenn eine ambulante Versorgung im Haushalt oder der Familie des Versicherten nicht erbracht werden kann. [2]Die Krankenkasse trägt die zuschussfähigen Kosten nach Satz 1 unter Anrechnung der Leistungen nach dem Elften Buch zu 95 Prozent. [3]Der Zuschuss darf kalendertäglich 9 Prozent der monatlichen Bezugsgröße nach § 18 Abs. 1 des Vierten Buches nicht unterschreiten und unter Anrechnung der Leistungen anderer Sozialleistungsträger die tatsächlichen kalendertäglichen Kosten nach Satz 1 nicht überschreiten. [4]Der Spitzenverband Bund der Krankenkassen vereinbart mit den für die Wahrnehmung der Interessen der stationären Hospize maßgeblichen Spitzenorganisationen das Nähere über Art und Umfang der Versorgung nach Satz 1. [5]Dabei ist den besonderen Belangen der Versorgung in Kinderhospizen und in Erwachsenenhospizen durch jeweils gesonderte Vereinbarungen nach Satz 4 ausreichend Rechnung zu tragen. [6]In den Vereinbarungen nach Satz 4 sind bundesweit geltende Standards zum Leistungsumfang und zur Qualität der zuschussfähigen Leistungen festzulegen. [7]Der besondere Verwaltungsaufwand

stationärer Hospize ist dabei zu berücksichtigen. [8]Die Vereinbarungen nach Satz 4 sind mindestens alle vier Jahre zu überprüfen und an aktuelle Versorgungs- und Kostenentwicklungen anzupassen. [9]In den Vereinbarungen ist auch zu regeln, in welchen Fällen Bewohner einer stationären Pflegeeinrichtung in ein stationäres Hospiz wechseln können; dabei sind die berechtigten Wünsche der Bewohner zu berücksichtigen. [10]Der Kassenärztlichen Bundesvereinigung ist Gelegenheit zur Stellungnahme zu geben. [11]In den über die Einzelheiten der Versorgung nach Satz 1 zwischen Krankenkassen und Hospizen abzuschließenden Verträgen ist zu regeln, dass im Falle von Nichteinigung eine von den Parteien zu bestimmende unabhängige Schiedsperson den Vertragsinhalt festlegt. [12]Einigen sich die Vertragspartner nicht auf eine Schiedsperson, so wird diese von der für die vertragsschließende Krankenkasse zuständigen Aufsichtsbehörde bestimmt. [13]Die Kosten des Schiedsverfahrens tragen die Vertragspartner zu gleichen Teilen.

(2) [1]Die Krankenkasse hat ambulante Hospizdienste zu fördern, die für Versicherte, die keiner Krankenhausbehandlung und keiner stationären oder teilstationären Versorgung in einem Hospiz bedürfen, qualifizierte ehrenamtliche Sterbebegleitung in deren Haushalt, in der Familie, in stationären Pflegeeinrichtungen, in Einrichtungen der Eingliederungshilfe für behinderte Menschen oder der Kinder- und Jugendhilfe erbringen. [2]Satz 1 gilt entsprechend, wenn ambulante Hospizdienste für Versicherte in Krankenhäusern Sterbebegleitung im Auftrag des jeweiligen Krankenhausträgers erbringen. [3]Voraussetzung der Förderung ist außerdem, dass der ambulante Hospizdienst

1. mit palliativ-medizinisch erfahrenen Pflegediensten und Ärzten zusammenarbeitet sowie

2. unter der fachlichen Verantwortung einer Krankenschwester, eines Krankenpflegers oder einer anderen fachlich qualifizierten Person steht, die über mehrjährige Erfahrung in der palliativ-medizinischen Pflege oder über eine entsprechende Weiterbildung verfügt und eine Weiterbildung als verantwortliche Pflegefachkraft oder in Leitungsfunktionen nachweisen kann.

[4]Der ambulante Hospizdienst erbringt palliativpflegerische Beratung durch entsprechend ausgebildete Fachkräfte und stellt die Gewinnung, Schulung, Koordination und Unterstützung der ehrenamtlich tätigen Personen, die für die Sterbebegleitung zur Verfügung stehen, sicher. [5]Die Förderung nach Satz 1 erfolgt durch einen angemessenen Zuschuss zu den notwendigen Personal- und Sachkosten. [6]Der Zuschuss bezieht sich auf Leistungseinheiten, die sich aus dem Verhältnis der Zahl der qualifizierten Ehrenamtlichen zu der Zahl der Sterbebegleitungen bestimmen. [7]Die Ausgaben der Krankenkassen für die Förderung nach Satz 1 betragen je Leistungseinheit 13 vom Hundert der monatlichen Bezugsgröße nach § 18 Absatz 1 des Vierten Buches, sie dürfen die zuschussfähigen Personal- und Sachkosten des Hospizdienstes nicht überschreiten. [8]Der Spitzenverband Bund der Krankenkassen vereinbart mit den für die Wahrnehmung der Interessen der ambulanten Hospizdienste maßgeblichen Spitzenorganisationen das Nähere zu den Voraussetzungen der Förderung sowie zu Inhalt, Qualität und Umfang der ambulanten Hospizarbeit. [9]Dabei ist den besonderen Belangen der Versorgung von Kindern und Jugendlichen sowie der Versorgung von Erwachsenen durch ambulante Hospizdienste durch jeweils gesonderte Vereinbarungen nach Satz 8 Rechnung zu tragen. [10]Zudem ist der ambulanten Hospizarbeit in Pflegeeinrichtungen nach § 72 des Elften Buches Rechnung zu tragen. [11]Es ist sicherzustellen, dass ein bedarfsgerechtes Verhältnis von ehrenamtlichen und hauptamtlichen Mitarbeitern gewährleistet ist, und dass die Förderung zeitnah ab dem Zeitpunkt erfolgt, in dem der ambulante Hospizdienst zuschussfähige Sterbebegleitung leistet. [12]Die Vereinbarung ist mindestens alle vier Jahre zu überprüfen und an aktuelle Versorgungs- und Kostenentwicklungen anzupassen. [13]Pflegeeinrichtungen nach § 72 des Elften Buches sollen mit ambulanten Hospizdiensten zusammenarbeiten.

§ 39b
Hospiz- und Palliativberatung durch die Krankenkassen

(1) [1]Versicherte haben Anspruch auf individuelle Beratung und Hilfestellung durch die Krankenkasse zu den Leistungen der Hospiz- und Palliativversorgung. [2]Der Anspruch umfasst auch die Erstellung einer Übersicht der Ansprechpartner der regional verfügbaren Beratungs- und Versorgungsangebote. [3]Die Krankenkasse leistet bei Bedarf Hilfestellung bei der Kontaktaufnahme und Leistungsinanspruchnahme. [4]Die Beratung soll mit der Pflegeberatung nach § 7a des Elften Buches und anderen bereits in Anspruch

genommenen Beratungsangeboten abgestimmt werden. [5]Auf Verlangen des Versicherten sind Angehörige und andere Vertrauenspersonen an der Beratung zu beteiligen. [6]Im Auftrag des Versicherten informiert die Krankenkasse die Leistungserbringer und Einrichtungen, die an der Versorgung des Versicherten mitwirken, über die wesentlichen Beratungsinhalte und Hilfestellungen oder händigt dem Versicherten zu diesem Zweck ein entsprechendes Begleitschreiben aus. [7]Maßnahmen nach dieser Vorschrift und die dazu erforderliche Verarbeitung personenbezogener Daten dürfen nur mit schriftlicher oder elektronischer Einwilligung und nach vorheriger schriftlicher oder elektronischer Information des Versicherten erfolgen. [8]Die Krankenkassen dürfen ihre Aufgaben nach dieser Vorschrift an andere Krankenkassen, deren Verbände oder Arbeitsgemeinschaften übertragen.

(2) [1]Die Krankenkasse informiert ihre Versicherten in allgemeiner Form über die Möglichkeiten persönlicher Vorsorge für die letzte Lebensphase, insbesondere zu Patientenverfügung, Vorsorgevollmacht und Betreuungsverfügung. [2]Der Spitzenverband Bund der Krankenkassen regelt für seine Mitglieder das Nähere zu Form und Inhalt der Informationen und berücksichtigt dabei das Informationsmaterial und die Formulierungshilfen anderer öffentlicher Stellen.

§ 39c
Kurzzeitpflege bei fehlender Pflegebedürftigkeit

[1]Reichen Leistungen der häuslichen Krankenpflege nach § 37 Absatz 1a bei schwerer Krankheit oder wegen akuter Verschlimmerung einer Krankheit, insbesondere nach einem Krankenhausaufenthalt, nach einer ambulanten Operation oder nach einer ambulanten Krankenhausbehandlung, nicht aus, erbringt die Krankenkasse die erforderliche Kurzzeitpflege entsprechend § 42 des Elften Buches für eine Übergangszeit, wenn keine Pflegebedürftigkeit mit Pflegegrad 2, 3, 4 oder 5 im Sinne des Elften Buches festgestellt ist. [2]Im Hinblick auf die Leistungsdauer und die Leistungshöhe gilt § 42 Absatz 2 Satz 1 und 2 des Elften Buches entsprechend. [3]Die Leistung kann in zugelassenen Einrichtungen nach dem Elften Buch oder in anderen geeigneten Einrichtungen erbracht werden.

§ 39d
Förderung der Koordination in Hospiz- und Palliativnetzwerken durch einen Netzwerkkoordinator

(1) [1]Die Landesverbände der Krankenkassen und die Ersatzkassen fördern gemeinsam und einheitlich in jedem Kreis und jeder kreisfreien Stadt die Koordination der Aktivitäten in einem regionalen Hospiz- und Palliativnetzwerk durch einen Netzwerkkoordinator. [2]Bedarfsgerecht kann insbesondere in Ballungsräumen auf Grundlage von in den Förderrichtlinien nach Absatz 3 festzulegenden Kriterien die Koordination eines Netzwerkes durch einen Netzwerkkoordinator in mehreren regionalen Hospiz- und Palliativnetzwerken für verschiedene Teile des Kreises oder der kreisfreien Stadt gefördert werden. [3]Die Förderung setzt voraus, dass der Kreis oder die kreisfreie Stadt an der Finanzierung der Netzwerkkoordination in jeweils gleicher Höhe wie die Landesverbände der Krankenkassen und die Ersatzkassen beteiligt ist. [4]Die Fördersumme für die entsprechende Teilfinanzierung der Netzwerkkoordination nach Satz 1 beträgt maximal 15 000 Euro je Kalenderjahr und Netzwerk für Personal- und Sachkosten des Netzwerkkoordinators. [5]Die Fördermittel werden von den Landesverbänden der Krankenkassen und von den Ersatzkassen durch eine Umlage gemäß dem Anteil ihrer eigenen Mitglieder gemessen an der Gesamtzahl der Mitglieder aller Krankenkassen im jeweiligen Bundesland erhoben und im Benehmen mit den für Gesundheit und Pflege jeweils zuständigen obersten Landesbehörden verausgabt. [6]Im Fall einer finanziellen Beteiligung der privaten Krankenversicherungen an der Förderung erhöht sich das Fördervolumen um den Betrag der Beteiligung.

(2) Aufgaben des Netzwerkkoordinators sind übergreifende Koordinierungstätigkeiten, insbesondere

1. die Unterstützung der Kooperation der Mitglieder des regionalen Hospiz- und Palliativnetzwerkes und die Abstimmung und Koordination ihrer Aktivitäten im Bereich der Hospiz- und Palliativversorgung,

2. die Information der Öffentlichkeit über die Tätigkeiten und Versorgungsangebote der Mitglieder des regionalen Hospiz- und Palliativnetzwerkes in enger Abstimmung mit weiteren informierenden Stellen auf Kommunal- und Landesebene,

3. die Initiierung, Koordinierung und Vermittlung von interdisziplinären Fort- und Weiterbildungsangeboten zur Hospiz- und Palliativversorgung sowie die Organisation und Durchführung von Schulungen zur Netzwerktätigkeit,

4. die Organisation regelmäßiger Treffen der Mitglieder des regionalen Hospiz- und Palliativnetzwerkes zur stetigen bedarfsgerechten Weiterentwicklung der Netzwerkstrukturen und zur gezielten Weiterentwicklung der Versorgungsangebote entsprechend dem regionalen Bedarf,

5. die Unterstützung von Kooperationen der Mitglieder des regionalen Hospiz- und Palliativnetzwerkes mit anderen Beratungs- und Betreuungsangeboten wie Pflegestützpunkten, lokalen Demenznetzwerken, Einrichtungen der Altenhilfe sowie kommunalen Behörden und kirchlichen Einrichtungen,

6. die Ermöglichung eines regelmäßigen Erfahrungsaustausches mit anderen koordinierenden Personen und Einrichtungen auf Kommunal- und Landesebene.

(3) [1]Die Grundsätze der Förderung nach Absatz 1 regelt der Spitzenverband Bund der Krankenkassen in Förderrichtlinien erstmals bis zum 31. März 2022 einschließlich der Anforderungen an den Nachweis der zweckentsprechenden Mittelverwendung und an die Herstellung von Transparenz über die Finanzierungsquellen der geförderten Netzwerkkoordination. [2]Bei der Erstellung der Förderrichtlinien sind die maßgeblichen Spitzenorganisationen der Hospizarbeit und Palliativversorgung, die kommunalen Spitzenverbände und der Verband der privaten Krankenversicherung zu beteiligen. [3]Der Spitzenverband Bund der Krankenkassen berichtet dem Bundesministerium für Gesundheit bis zum 31. März 2025 über die Entwicklung der Netzwerkstrukturen und die geleistete Förderung. [4]Die Krankenkassen sowie deren Landesverbände sind verpflichtet, dem Spitzenverband Bund der Krankenkassen die für den Bericht erforderlichen Informationen insbesondere über die Struktur der Netzwerke sowie die aufgrund der Förderung erfolgten Koordinierungstätigkeiten und die Höhe der Fördermittel zu übermitteln.

§ 39e
Übergangspflege im Krankenhaus

(1) [1]Können im unmittelbaren Anschluss an eine Krankenhausbehandlung erforderliche Leistungen der häuslichen Krankenpflege, der Kurzzeitpflege, Leistungen zur medizinischen Rehabilitation oder Pflegeleistungen nach dem Elften Buch nicht oder nur unter erheblichem Aufwand erbracht werden, erbringt die Krankenkasse Leistungen der Übergangspflege in dem Krankenhaus, in dem die Behandlung erfolgt ist. [2]Die Übergangspflege im Krankenhaus umfasst die Versorgung mit Arznei-, Heil- und Hilfsmitteln, die Aktivierung der Versicherten, die Grund- und Behandlungspflege, ein Entlassmanagement, Unterkunft und Verpflegung sowie die im Einzelfall erforderliche ärztliche Behandlung. [3]Ein Anspruch auf Übergangspflege im Krankenhaus besteht für längstens zehn Tage je Krankenhausbehandlung. [4]Das Vorliegen der Voraussetzungen einer Übergangspflege ist vom Krankenhaus im Einzelnen nachprüfbar zu dokumentieren. [5]Der Spitzenverband Bund der Krankenkassen, der Verband der privaten Krankenversicherung e. V. und die Deutsche Krankenhausgesellschaft vereinbaren bis zum 31. Oktober 2021 das Nähere zur Dokumentation nach Satz 4. [6]Kommt die Vereinbarung nach Satz 5 nicht fristgerecht zustande, legt die Schiedsstelle nach § 18a Absatz 6 des Krankenhausfinanzierungsgesetzes ohne Antrag einer Vertragspartei innerhalb von sechs Wochen den Inhalt der Vereinbarung fest.

(2) [1]Versicherte, die das 18. Lebensjahr vollendet haben, zahlen vom Beginn der Leistungen nach Absatz 1 an innerhalb eines Kalenderjahres für längstens 28 Tage den sich nach § 61 Satz 2 ergebenden Betrag je Kalendertag an das Krankenhaus. [1]Zahlungen nach § 39 Absatz 4 sind anzurechnen.

§ 40
Leistungen zur medizinischen Rehabilitation

(1) [1]Reicht bei Versicherten eine ambulante Krankenbehandlung nicht aus, um die in § 11 Abs. 2 beschriebenen Ziele zu erreichen, erbringt die Krankenkasse aus medizinischen Gründen erforderliche ambulante Rehabilitationsleistungen in Rehabilitationseinrichtungen, für die ein Versorgungsvertrag nach § 111c besteht; dies schließt mobile Rehabilitationsleistungen durch wohnortnahe Einrichtungen ein. [2]Leistungen nach Satz 1

sind auch in stationären Pflegeeinrichtungen nach § 72 Abs. 1 des Elften Buches zu erbringen.

(2) [1]Reicht die Leistung nach Absatz 1 nicht aus, so erbringt die Krankenkasse erforderliche stationäre Rehabilitation mit Unterkunft und Verpflegung in einer nach § 37 Absatz 3 des Neunten Buches zertifizierten Rehabilitationseinrichtung, mit der ein Vertrag nach § 111 besteht. [2]Für Pflegepersonen im Sinne des § 19 Satz 1 des Elften Buches erbringt die Krankenkasse stationäre Rehabilitation unabhängig davon, ob die Leistung nach Absatz 1 ausreicht. [3]Die Krankenkasse kann für Pflegepersonen im Sinne des § 19 Satz 1 des Elften Buches diese stationäre Rehabilitation mit Unterkunft und Verpflegung auch in einer nach § 37 Absatz 3 des Neunten Buches zertifizierten Rehabilitationseinrichtung erbringen, mit der ein Vertrag nach § 111a besteht. [4]Wählt der Versicherte eine andere zertifizierte Einrichtung, so hat er die dadurch entstehenden Mehrkosten zur Hälfte zu tragen; dies gilt nicht für solche Mehrkosten, die im Hinblick auf die Beachtung des Wunsch- und Wahlrechts nach § 8 des Neunten Buches von der Krankenkasse zu übernehmen sind. [5]Die Krankenkasse führt nach Geschlecht differenzierte statistische Erhebungen über Anträge auf Leistungen nach Satz 1 und Absatz 1 sowie deren Erledigung durch. [6]§ 39 Absatz 1a gilt entsprechend mit der Maßgabe, dass bei dem Rahmenvertrag entsprechend § 39 Absatz 1a die für die Erbringung von Leistungen zur medizinischen Rehabilitation maßgeblichen Verbände auf Bundesebene zu beteiligen sind. [7]Kommt der Rahmenvertrag ganz oder teilweise nicht zustande oder wird der Rahmenvertrag ganz oder teilweise beendet und kommt bis zum Ablauf des Vertrages kein neuer Rahmenvertrag zustande, entscheidet das sektorenübergreifende Schiedsgremium auf Bundesebene gemäß § 89a auf Antrag einer Vertragspartei. [8]Abweichend von § 89a Absatz 5 Satz 1 und 4 besteht das sektorenübergreifende Schiedsgremium auf Bundesebene in diesem Fall aus je zwei Vertretern der Ärzte, der Krankenkassen und der zertifizierten Rehabilitationseinrichtungen sowie einem unparteiischen Vorsitzenden und einem weiteren unparteiischen Mitglied. [9]Die Vertreter und Stellvertreter der zertifizierten Rehabilitationseinrichtungen werden durch die für die Erbringer von Leistungen zur medizinischen Rehabilitation maßgeblichen Verbände auf Bundesebene bestellt.

(3) [1]Die Krankenkasse bestimmt nach den medizinischen Erfordernissen des Einzelfalls unter Beachtung des Wunsch- und Wahlrechts der Leistungsberechtigten nach § 8 des Neunten Buches Art, Dauer, Umfang, Beginn und Durchführung der Leistungen nach den Absätzen 1 und 2 sowie die Rehabilitationseinrichtung nach pflichtgemäßem Ermessen; die Krankenkasse berücksichtigt bei ihrer Entscheidung die besonderen Belange von Pflegepersonen im Sinne des § 19 Satz 1 des Elften Buches. [2]Von der Krankenkasse wird bei einer vertragsärztlich verordneten geriatrischen Rehabilitation nicht überprüft, ob diese medizinisch erforderlich ist, sofern die geriatrische Indikation durch dafür geeignete Abschätzungsinstrumente vertragsärztlich überprüft wurde. [3]Bei der Übermittlung der Verordnung an die Krankenkasse ist die Anwendung der geeigneten Abschätzungsinstrumente nachzuweisen und das Ergebnis der Abschätzung beizufügen. [4]Von der vertragsärztlichen Verordnung anderer Leistungen nach den Absätzen 1 und 2 darf die Krankenkasse hinsichtlich der medizinischen Erforderlichkeit nur dann abweichen, wenn eine von der Verordnung abweichende gutachterliche Stellungnahme des Medizinischen Dienstes vorliegt. [5]Die gutachterliche Stellungnahme des Medizinischen Dienstes ist den Versicherten und mit deren Einwilligung in Textform auch den verordnenden Ärztinnen und Ärzten zur Verfügung zu stellen. [6]Die Krankenkasse teilt den Versicherten und den verordnenden Ärztinnen und Ärzten das Ergebnis ihrer Entscheidung in schriftlicher oder elektronischer Form mit und begründet die Abweichungen von der Verordnung. [7]Mit Einwilligung der Versicherten in Textform übermittelt die Krankenkasse ihre Entscheidung schriftlich oder elektronisch den Angehörigen und Vertrauenspersonen der Versicherten sowie Pflege- und Betreuungseinrichtungen, die die Versicherten versorgen. [8]Vor der Verordnung informieren die Ärztinnen und Ärzte die Versicherten über die Möglichkeit, eine Einwilligung nach Satz 5 zu erteilen, fragen die Versicherten, ob sie in eine Übermittlung der Krankenkassenentscheidung durch die Krankenkasse an die in Satz 7 genannten Personen oder Einrichtungen einwilligen und teilen der Krankenkasse anschließend den Inhalt einer abgegebenen Einwilligung mit. [9]Die Aufgaben der Krankenkasse als Rehabilitationsträger nach dem Neunten Buch bleiben von den Sätzen 1 bis 4 unberührt. [10]Der Gemeinsame Bundesausschuss regelt in Richtlinien nach § 92 bis zum 31. Dezember 2021 das Nähere zu Auswahl und Einsatz geeigneter Abschätzungsinstrumente im Sinne des Satzes 2 und zum erforderlichen Nachweis von deren Anwendung nach Satz 3 und legt

fest, in welchen Fällen Anschlussrehabilitationen nach Absatz 6 Satz 1 ohne vorherige Überprüfung der Krankenkasse erbracht werden können. [11]Leistungen nach Absatz 1 sollen für längstens 20 Behandlungstage, Leistungen nach Absatz 2 für längstens drei Wochen erbracht werden, mit Ausnahme von Leistungen der geriatrischen Rehabilitation, die als ambulante Leistungen nach Absatz 1 in der Regel für 20 Behandlungstage oder als stationäre Leistungen nach Absatz 2 in der Regel für drei Wochen erbracht werden sollen. [12]Eine Verlängerung der Leistungen nach Satz 11 ist möglich, wenn dies aus medizinischen Gründen dringend erforderlich ist. [13]Satz 11 gilt nicht, soweit der Spitzenverband Bund der Krankenkassen nach Anhörung der für die Wahrnehmung der Interessen der ambulanten und stationären Rehabilitationseinrichtungen auf Bundesebene maßgeblichen Spitzenorganisationen in Leitlinien Indikationen festgelegt und diesen jeweils eine Regeldauer zugeordnet hat; von dieser Regeldauer kann nur abgewichen werden, wenn dies aus dringenden medizinischen Gründen im Einzelfall erforderlich ist. [14]Leistungen nach den Absätzen 1 und 2 können für Versicherte, die das 18. Lebensjahr vollendet haben, nicht vor Ablauf von vier Jahren nach Durchführung solcher oder ähnlicher Leistungen erbracht werden, deren Kosten auf Grund öffentlich-rechtlicher Vorschriften getragen oder bezuschusst worden sind, es sei denn, eine vorzeitige Leistung ist aus medizinischen Gründen dringend erforderlich. [15]§ 23 Abs. 7 gilt entsprechend. [16]Die Krankenkasse zahlt der Pflegekasse einen Betrag in Höhe von 3 072 Euro für pflegebedürftige Versicherte, für die innerhalb von sechs Monaten nach Antragstellung keine notwendigen Leistungen zur medizinischen Rehabilitation erbracht worden sind. [17]Satz 16 gilt nicht, wenn die Krankenkasse die fehlende Leistungserbringung nicht zu vertreten hat. [18]Der Spitzenverband Bund der Krankenkassen legt über das Bundesministerium für Gesundheit dem Deutschen Bundestag für das Jahr 2021 bis zum 30. Juni 2022, für das Jahr 2022 bis zum 30. September 2023 und für das Jahr 2023 bis zum 30. September 2024 einen Bericht vor, in dem die Erfahrungen mit der vertragsärztlichen Verordnung von geriatrischen Rehabilitationen wiedergegeben werden.

(3a) [1]Bei einer stationären Rehabilitation haben Pflegepersonen im Sinne des § 19 Satz 1 des Elften Buches auch Anspruch auf die Versorgung der Pflegebedürftigen, wenn diese in derselben Einrichtung aufgenommen werden. [2]Sollen die Pflegebedürftigen in einer anderen als in der Einrichtung der Pflegepersonen im Sinne des § 19 Satz 1 des Elften Buches aufgenommen werden, koordiniert die Krankenkasse mit der Pflegkasse der Pflegebedürftigen deren Versorgung auf Wunsch der Pflegepersonen im Sinne des § 19 Satz 1 des Elften Buches und mit Einwilligung der Pflegebedürftigen. [3]Gilt nach § 42a Absatz 4 Satz 1 des Elften Buches ein Antrag auf Leistungen zur medizinischen Rehabilitation nach Absatz 2 Satz 1 zugleich als Antrag eines Pflegebedürftigen auf Leistungen nach § 42a Absatz 1 Satz 1 des Elften Buches, so leitet die Krankenkasse den Antrag an die Pflegekasse oder das private Versicherungsunternehmen, das die private Pflege-Pflichtversicherung durchführt, weiter und benennt gegenüber der Pflegekasse oder dem privaten Versicherungsunternehmen, das die private Pflege-Pflichtversicherung durchführt, unverzüglich geeignete Einrichtungen, sofern die Versorgung des Pflegebedürftigen nach § 42a des Elften Buches in derselben Einrichtung gewünscht ist.

Bearbeiterhinweis:
Am 01. Juli 2025 tritt nachfolgende Fassung von § 40 Absatz 3a in Kraft:

(3a) [1]Bei einer stationären Rehabilitation haben Pflegepersonen im Sinne des § 19 Satz 1 des Elften Buches auch Anspruch auf die Versorgung der Pflegebedürftigen, wenn diese in derselben Einrichtung aufgenommen werden. [2]Sollen die Pflegebedürftigen in einer anderen als in der Einrichtung der Pflegepersonen im Sinne des § 19 Satz 1 des Elften Buches aufgenommen werden, koordiniert die Krankenkasse mit der Pflegkasse der Pflegebedürftigen deren Versorgung auf Wunsch der Pflegepersonen im Sinne des § 19 Satz 1 des Elften Buches und mit Einwilligung der Pflegebedürftigen. [3]Gilt nach § 42b Absatz 4 Satz 1 des Elften Buches ein Antrag auf Leistungen zur medizinischen Rehabilitation nach Absatz 2 Satz 1 zugleich als Antrag eines Pflegebedürftigen auf Leistungen nach § 42b Absatz 1 Satz 1 des Elften Buches, so leitet die Krankenkasse den Antrag an die Pflegekasse oder das private Versicherungsunternehmen, das die private Pflege-Pflichtversicherung durchführt, weiter und benennt gegenüber der Pflegekasse oder dem privaten Versicherungsunternehmen, das die private Pflege-Pflichtversicherung durchführt, unverzüglich geeignete Einrichtungen, sofern die Versorgung des Pflegebedürftigen nach § 42b des Elften Buches in derselben Einrichtung gewünscht ist.

(4) Leistungen nach den Absätzen 1 und 2 werden nur erbracht, wenn nach den für andere Träger der Sozialversicherung geltenden Vorschriften mit Ausnahme der §§ 14, 15a, 17 und 31 des Sechsten Buches solche Leistungen nicht erbracht werden können.

(5) [1]Versicherte, die eine Leistung nach Absatz 1 oder 2 in Anspruch nehmen und das achtzehnte Lebensjahr vollendet haben, zahlen je Kalendertag den sich nach § 61 Satz 2 ergebenden Betrag an die Einrichtung. [2]Die Zahlungen sind an die Krankenkasse weiterzuleiten.

(6) [1]Versicherte, die das achtzehnte Lebensjahr vollendet haben und eine Leistung nach Absatz 1 oder 2 in Anspruch nehmen, deren unmittelbarer Anschluss an eine Krankenhausbehandlung medizinisch notwendig ist (Anschlussrehabilitation), zahlen den sich nach § 61 Satz 2 ergebenden Betrag für längstens 28 Tage je Kalenderjahr an die Einrichtung; als unmittelbar gilt der Anschluss auch, wenn die Maßnahme innerhalb von 14 Tagen beginnt, es sei denn, die Einhaltung dieser Frist ist aus zwingenden tatsächlichen oder medizinischen Gründen nicht möglich. [2]Die innerhalb des Kalenderjahres bereits an einen Träger der gesetzlichen Rentenversicherung geleistete kalendertägliche Zahlung nach § 32 Abs. 1 Satz 2 des Sechsten Buches sowie die nach § 39 Abs. 4 geleistete Zahlung sind auf die Zahlung nach Satz 1 anzurechnen. [3]Die Zahlungen sind an die Krankenkasse weiterzuleiten.

(7) [1]Der Spitzenverband Bund der Krankenkassen legt unter Beteiligung der Arbeitsgemeinschaft nach § 282 (Medizinischer Dienst der Spitzenverbände der Krankenkassen) Indikationen fest, bei denen für eine medizinisch notwendige Leistung nach Absatz 2 die Zuzahlung nach Absatz 6 Satz 1 Anwendung findet, ohne dass es sich um Anschlussrehabilitation handelt. [2]Vor der Festlegung der Indikationen ist den für die Wahrnehmung der Interessen der stationären Rehabilitation auf Bundesebene maßgebenden Organisationen Gelegenheit zur Stellungnahme zu geben, die Stellungnahmen sind in die Entscheidung einzubeziehen.

§ 41
Medizinische Rehabilitation für Mütter und Väter

(1) [1]Versicherte haben unter den in § 27 Abs. 1 genannten Voraussetzungen Anspruch auf aus medizinischen Gründen erforderliche Rehabilitationsleistungen in einer Einrichtung des Müttergenesungswerks oder einer gleichartigen Einrichtung; die Leistung kann in Form einer Mutter-Kind-Maßnahme erbracht werden. [2]Satz 1 gilt auch für Vater-Kind-Maßnahmen in dafür geeigneten Einrichtungen. [3]Rehabilitationsleistungen nach den Sätzen 1 und 2 werden in Einrichtungen erbracht, mit denen ein Versorgungsvertrag nach § 111a besteht. [4]§ 40 Absatz 2 Satz 1 und 4 gilt nicht; § 40 Absatz 2 Satz 5 und 6 gilt entsprechend.

(2) § 40 Absatz 3, 3a und 4 gilt entsprechend.

(3) [1]Versicherte, die das achtzehnte Lebensjahr vollendet haben und eine Leistung nach Absatz 1 in Anspruch nehmen, zahlen je Kalendertag den sich nach § 61 Satz 2 ergebenden Betrag an die Einrichtung. [2]Die Zahlungen sind an die Krankenkasse weiterzuleiten.

(4) (aufgehoben)

§ 42
Belastungserprobung und Arbeitstherapie

Versicherte haben Anspruch auf Belastungserprobung und Arbeitstherapie, wenn nach den für andere Träger der Sozialversicherung geltenden Vorschriften solche Leistungen nicht erbracht werden können.

§ 43
Ergänzende Leistungen zur Rehabilitation

(1) Die Krankenkasse kann neben den Leistungen, die nach § 64 Abs. 1 Nr. 2 bis 6 sowie § 73 und 74 des Neunten Buches als ergänzende Leistungen zu erbringen sind,

1. solche Leistungen zur Rehabilitation ganz oder teilweise erbringen oder fördern, die unter Berücksichtigung von Art oder Schwere der Behinderung erforderlich sind, um das Ziel der Rehabilitation zu erreichen oder zu sichern, aber nicht zu den Leistungen zur Teilhabe am Arbeitsleben oder den Leistungen zur allgemeinen sozialen Eingliederung gehören,
2. wirksame und effiziente Patientenschulungsmaßnahmen für chronisch Kranke erbringen; Angehörige und ständige Betreuungspersonen sind einzubeziehen, wenn dies aus medizinischen Gründen erforderlich ist,

wenn zuletzt die Krankenkasse Krankenbehandlung geleistet hat oder leistet.

(2) [1]Die Krankenkasse erbringt aus medizinischen Gründen in unmittelbarem Anschluss an eine Krankenhausbehandlung nach § 39 Abs. 1 oder stationäre Rehabilitation erforderliche sozialmedizinische Nachsorgemaßnahmen für chronisch kranke oder schwerstkranke Kinder und Jugendliche, die das 14. Lebensjahr, in besonders schwerwiegenden Fällen das 18. Lebensjahr, noch nicht vollendet haben, wenn die Nachsorge wegen der Art, Schwere und Dauer der Erkrankung notwendig ist, um den stationären Aufenthalt zu verkürzen oder die anschließende ambulante ärztliche Behandlung zu sichern. [2]Die Nachsorgemaßnahmen umfassen die im Einzelfall erforderliche Koordinierung der verordneten Leistungen sowie Anleitung und Motivation zu deren Inanspruchnahme. [3]Angehörige und ständige Betreuungspersonen sind einzubeziehen, wenn dies aus medizinischen Gründen erforderlich ist. [4]Der Spitzenverband Bund der Krankenkassen bestimmt das Nähere zu den Voraussetzungen sowie zu Inhalt und Qualität der Nachsorgemaßnahmen.

§ 43a Nichtärztliche sozialpädiatrische Leistungen

(1) Versicherte Kinder haben Anspruch auf nichtärztliche sozialpädiatrische Leistungen, insbesondere auf psychologische, heilpädagogische und psychosoziale Leistungen, wenn sie unter ärztlicher Verantwortung erbracht werden und erforderlich sind, um eine Krankheit zum frühestmöglichen Zeitpunkt zu erkennen und einen Behandlungsplan aufzustellen; § 46 des Neunten Buches bleibt unberührt.

(2) Versicherte Kinder haben Anspruch auf nichtärztliche sozialpädiatrische Leistungen, die unter ärztlicher Verantwortung in der ambulanten psychiatrischen Behandlung erbracht werden.

§ 43b Nichtärztliche Leistungen für Erwachsene mit geistiger Behinderung oder schweren Mehrfachbehinderungen

[1]Versicherte Erwachsene mit geistiger Behinderung oder schweren Mehrfachbehinderungen haben Anspruch auf nichtärztliche Leistungen, insbesondere auf psychologische, therapeutische und psychosoziale Leistungen, wenn sie unter ärztlicher Verantwortung durch ein medizinisches Behandlungszentrum nach § 119c erbracht werden und erforderlich sind, um eine Krankheit zum frühestmöglichen Zeitpunkt zu erkennen und einen Behandlungsplan aufzustellen. [2]Dies umfasst auch die im Einzelfall erforderliche Koordinierung von Leistungen.

§ 43c Zahlungsweg

(1) [1]Leistungserbringer haben Zahlungen, die Versicherte zu entrichten haben, einzuziehen und mit ihrem Vergütungsanspruch gegenüber der Krankenkasse zu verrechnen. [2]Zahlt der Versicherte trotz einer gesonderten schriftlichen Aufforderung durch den Leistungsträger nicht, hat die Krankenkasse die Zahlung einzuziehen.

(2) (aufgehoben)

(3) [1]Zuzahlungen, die Versicherte nach § 39 Abs. 4 zu entrichten haben, hat das Krankenhaus einzubehalten; sein Vergütungsanspruch gegenüber der Krankenkasse verringert sich entsprechend. [2]Absatz 1 Satz 2 gilt nicht. [3]Zahlt der Versicherte trotz einer gesonderten schriftlichen Aufforderung durch das Krankenhaus nicht, hat dieses im Auftrag der Krankenkasse die Zuzahlung einzuziehen. [4]Die Krankenhäuser werden zur Durchführung des Verwaltungsverfahrens nach Satz 3 beliehen. [5]Sie können hierzu Verwaltungsakte gegenüber den Versicherten erlassen; Klagen gegen diese Verwaltungsakte haben keine aufschiebende Wirkung; ein Vorverfahren findet nicht statt. [6]Die zuständige Krankenkasse erstattet dem Krankenhaus je durchgeführtem Verwaltungsverfahren nach Satz 3 eine angemessene Kostenpauschale. [7]Die dem Krankenhaus für Klagen von Versicherten gegen den Verwaltungsakt entstehenden Kosten werden von den Krankenkassen getragen. [8]Das Vollstreckungsverfahren für Zuzahlungen nach § 39 Absatz 4 wird von der zuständigen Krankenkasse durchgeführt. [9]Das Nähere zur Umsetzung der Kostenerstattung nach den Sätzen 6 und 7 vereinbaren der Spitzenverband Bund und die Deutsche Krankenhausgesellschaft. [10]Soweit die Einziehung der Zuzahlung durch das Krankenhaus erfolglos bleibt, verringert sich abweichend von Satz 1 der Vergütungsanspruch des Krankenhauses gegenüber der Krankenkasse nicht. [11]Zwischen dem Krankenhaus und der Krankenkasse können abweichende Regelungen zum Zahlungsweg vereinbart werden, soweit dies wirtschaftlich ist.

Zweiter Titel

Krankengeld

§ 44
Krankengeld

(1) Versicherte haben Anspruch auf Krankengeld, wenn die Krankheit sie arbeitsunfähig macht oder sie auf Kosten der Krankenkasse stationär in einem Krankenhaus, einer Vorsorge- oder Rehabilitationseinrichtung (§ 23 Abs. 4, §§ 24, 40 Abs. 2 und § 41) behandelt werden.

(2) [1]Keinen Anspruch auf Krankengeld haben

1. die nach § 5 Abs. 1 Nr. 2a, 5, 6, 9, 10 oder 13 sowie die nach § 10 Versicherten; dies gilt nicht für die nach § 5 Abs. 1 Nr. 6 Versicherten, wenn sie Anspruch auf Übergangsgeld haben, und für Versicherte nach § 5 Abs. 1 Nr. 13, sofern sie abhängig beschäftigt und nicht nach den §§ 8 und 8a des Vierten Buches geringfügig beschäftigt sind oder sofern sie hauptberuflich selbständig erwerbstätig sind und eine Wahlerklärung nach Nummer 2 abgegeben haben,
2. hauptberuflich selbstständig Erwerbstätige, es sei denn, das Mitglied erklärt gegenüber der Krankenkasse, dass die Mitgliedschaft den Anspruch auf Krankengeld umfassen soll (Wahlerklärung),
3. Versicherte nach § 5 Abs. 1 Nr. 1, die bei Arbeitsunfähigkeit nicht mindestens sechs Wochen Anspruch auf Fortzahlung des Arbeitsentgelts auf Grund des Entgeltfortzahlungsgesetzes, eines Tarifvertrags, einer Betriebsvereinbarung oder anderer vertraglicher Zusagen oder auf Zahlung einer die Versicherungspflicht begründenden Sozialleistung haben, es sei denn, das Mitglied gibt eine Wahlerklärung ab, dass die Mitgliedschaft den Anspruch auf Krankengeld umfassen soll. Dies gilt nicht für Versicherte, die nach § 10 des Entgeltfortzahlungsgesetzes Anspruch auf Zahlung eines Zuschlages zum Arbeitsentgelt haben,
4. Versicherte, die eine Rente aus einer öffentlich-rechtlichen Versicherungseinrichtung oder Versorgungseinrichtung ihrer Berufsgruppe oder von anderen vergleichbaren Stellen beziehen, die ihrer Art nach den in § 50 Abs. 1 genannten Leistungen entspricht. Für Versicherte nach Satz 1 Nr. 4 gilt § 50 Abs. 2 entsprechend, soweit sie eine Leistung beziehen, die ihrer Art nach den in dieser Vorschrift aufgeführten Leistungen entspricht.

[2]Für die Wahlerklärung nach Satz 1 Nummer 2 und 3 gilt § 53 Absatz 8 Satz 1 entsprechend. [3]Für die nach Nummer 2 und 3 aufgeführten Versicherten bleibt § 53 Abs. 6 unberührt. [4]Geht der Krankenkasse die Wahlerklärung nach Satz 1 Nummer 2 und 3 zum Zeitpunkt einer bestehenden Arbeitsunfähigkeit zu, wirkt die Wahlerklärung erst zu dem Tag, der auf das Ende dieser Arbeitsunfähigkeit folgt.

(3) Der Anspruch auf Fortzahlung des Arbeitsentgelts bei Arbeitsunfähigkeit richtet sich nach arbeitsrechtlichen Vorschriften.

(4) [1]Versicherte haben Anspruch auf individuelle Beratung und Hilfestellung durch die Krankenkasse, welche Leistungen und unterstützende Angebote zur Wiederherstellung der Arbeitsfähigkeit erforderlich sind. [2]Maßnahmen nach Satz 1 und die dazu erforderliche Verarbeitung personenbezogener Daten dürfen nur mit schriftlicher oder elektronischer Einwilligung und nach vorheriger schriftlicher oder elektronischer Information des Versicherten erfolgen. [3]Die Einwilligung kann jederzeit schriftlich oder elektronisch widerrufen werden. [4]Die Krankenkassen dürfen ihre Aufgaben nach Satz 1 an die in § 35 des Ersten Buches genannten Stellen übertragen.

§ 44a
Krankengeld bei Spende von Organen, Geweben oder Blut zur Separation von Blutstammzellen oder anderen Blutbestandteilen

[1]Spender von Organen, Geweben oder Blut zur Separation von Blutstammzellen oder anderen Blutbestandteilen nach § 27 Absatz 1a Satz 1 haben Anspruch auf Krankengeld, wenn die Spende an Versicherte sie arbeitsunfähig macht. [2]Das Krankengeld wird den Spendern von der Krankenkasse der Empfänger in Höhe des vor Beginn der Arbeitsunfähigkeit regelmäßig erzielten Nettoarbeitsentgelts oder Arbeitseinkommens bis zur Höhe des Betrages der kalendertäglichen Beitragsbemessungsgrenze geleistet. [3]Für nach dem Künstlersozialversicherungsgesetz versicherungspflichtige Spender ist das ausgefallene Arbeitseinkommen im Sinne von Satz 2 aus demjenigen Arbeitseinkommen zu berechnen, das der Beitragsbemessung für die letzten zwölf Kalen-

dermonate vor Beginn der Arbeitsunfähigkeit im Hinblick auf die Spende zugrunde gelegen hat. [4]§ 44 Absatz 3, § 47 Absatz 2 bis 4, die §§ 47b, 49 und 50 gelten entsprechend; Ansprüche nach § 44 sind gegenüber Ansprüchen nach dieser Vorschrift ausgeschlossen. [5]Ansprüche nach dieser Vorschrift haben auch nicht gesetzlich krankenversicherte Personen.

§ 44b Krankengeld für eine bei stationärer Behandlung mitaufgenommene Begleitperson aus dem engsten persönlichen Umfeld

(1) [1]Ab dem 1. November 2022 haben Versicherte Anspruch auf Krankengeld, wenn sie

1. zur Begleitung eines Versicherten bei einer stationären Krankenhausbehandlung nach § 39 mitaufgenommen werden,
   a) der die Begleitung aus medizinischen Gründen benötigt,
   b) bei dem die Voraussetzungen des § 2 Absatz 1 des Neunten Buches vorliegen,
   c) der Leistungen nach Teil 2 des Neunten Buches, § 35a des Achten Buches oder Leistungen nach dem Sechsten Kapitel des Vierzehnten Buches erhält und
   d) der keine Leistungen nach § 113 Absatz 6 des Neunten Buches in Anspruch nimmt,
2. im Verhältnis zu dem begleiteten Versicherten
   a) ein naher Angehöriger im Sinne von § 7 Absatz 3 des Pflegezeitgesetzes sind oder
   b) eine Person aus dem engsten persönlichen Umfeld sind,
3. gegenüber dem begleiteten Versicherten keine Leistungen der Eingliederungshilfe gegen Entgelt nach Teil 2 des Neunten Buches oder § 35a des Achten Buches und keine Leistungen nach dem Sechsten Kapitel des Vierzehnten Buches erbringen und
4. ihnen durch die Begleitung ein Verdienstausfall entsteht.

[2]Der Anspruch besteht für die Dauer der Mitaufnahme. [3]Der Mitaufnahme steht die ganztägige Begleitung gleich.

(2) [1]Der Gemeinsame Bundesausschuss bestimmt in einer Richtlinie nach § 92 bis zum 1. August 2022 Kriterien zur Abgrenzung des Personenkreises, der die Begleitung aus medizinischen Gründen benötigt. [2]Vor der Entscheidung ist den für die Wahrnehmung der Interessen von Menschen mit Behinderungen maßgeblichen Organisationen, der Bundesarbeitsgemeinschaft der überörtlichen Träger der Sozialhilfe und der Eingliederungshilfe sowie der Bundesarbeitsgemeinschaft der Landesjugendämter Gelegenheit zur Stellungnahme zu geben. [3]Die Stellungnahmen sind in die Entscheidung einzubeziehen.

(3) Der Anspruch auf Krankengeld bei Erkrankung des Kindes nach § 45 Absatz 1 bleibt unberührt.

(4) [1]§ 45 Absatz 3 gilt entsprechend. [2]Den Anspruch auf unbezahlte Freistellung von der Arbeitsleistung haben auch Arbeitnehmer, die nicht Versicherte mit Anspruch auf Krankengeld nach Absatz 1 sind.

§ 45 Krankengeld bei Erkrankung des Kindes

(1) [1]Versicherte haben Anspruch auf Krankengeld, wenn es nach ärztlichem Zeugnis erforderlich ist, dass sie zur Beaufsichtigung, Betreuung oder Pflege ihres erkrankten und versicherten Kindes der Arbeit fernbleiben, eine andere in ihrem Haushalt lebende Person das Kind nicht beaufsichtigen, betreuen oder pflegen kann und das Kind das zwölfte Lebensjahr noch nicht vollendet hat oder behindert und auf Hilfe angewiesen ist. [2]§ 10 Abs. 4 und § 44 Abs. 2 gelten für den Anspruch nach Satz 1 entsprechend.

(1a) [1]Ein Anspruch auf Krankengeld besteht auch für Versicherte, die nach § 11 Absatz 3 bei stationärer Behandlung ihres versicherten Kindes aus medizinischen Gründen als Begleitperson mitaufgenommen werden, sofern das Kind das zwölfte Lebensjahr noch nicht vollendet hat oder behindert und auf Hilfe angewiesen ist. [2]Das Vorliegen der in Satz 1 genannten medizinischen Gründe, die eine Mitaufnahme notwendig machen, sowie die Dauer der notwendigen Mitaufnahme sind von der stationären Einrichtung gegenüber der Begleitperson des versicherten Kindes zu bescheinigen; im Fall des § 11 Absatz 3 Satz 2 ist die Bescheinigung auf die Dauer der in Satz 1 genannten Mitaufnahme zu beschränken. [3]Der Anspruch nach Satz 1 besteht nur für einen Elternteil. [4]§ 10 Absatz 4 und § 44 Absatz 2 gelten für den Anspruch nach Satz 1 entsprechend. [5]Der Anspruch auf Krankengeld nach Absatz 1 bleibt unberührt. [6]Kein Anspruch auf Krankengeld nach Satz 1 besteht, wenn Krankengeld nach Absatz 4 oder nach § 44b in Anspruch genommen wird.

(2) [1]Anspruch auf Krankengeld nach Absatz 1 besteht in jedem Kalenderjahr für jedes Kind längstens für 10 Arbeitstage, für allein erziehende Versicherte längstens für 20 Arbeitstage. [2]Der Anspruch nach Satz 1 besteht für Versicherte für nicht mehr als 25 Arbeitstage, für allein erziehende Versicherte für nicht mehr als 50 Arbeitstage je Kalenderjahr. [3]Das Krankengeld nach Absatz 1 oder Absatz 1a beträgt 90 Prozent des ausgefallenen Nettoarbeitsentgelts aus beitragspflichtigem Arbeitsentgelt der Versicherten, bei Bezug von beitragspflichtigem einmalig gezahltem Arbeitsentgelt (§ 23a des Vierten Buches) in den der Freistellung von Arbeitsleistung nach Absatz 3 vorangegangenen zwölf Kalendermonaten 100 Prozent des ausgefallenen Nettoarbeitsentgelts aus beitragspflichtigem Arbeitsentgelt; es darf 70 Prozent der Beitragsbemessungsgrenze nach § 223 Absatz 3 nicht überschreiten. [4]Erfolgt die Berechnung des Krankengeldes nach Absatz 1 oder Absatz 1a aus Arbeitseinkommen, beträgt dies 70 Prozent des erzielten regelmäßigen Arbeitseinkommens, soweit es der Beitragsberechnung unterliegt. [5]§ 47 Absatz 1 Satz 6 bis 8, Absatz 4 Satz 3 bis 5 und § 47b gelten entsprechend.

(2a) [1]Abweichend von Absatz 2 Satz 1 besteht der Anspruch auf Krankengeld nach Absatz 1 jeweils in dem Kalenderjahr 2024 und in dem Kalenderjahr 2025 für jedes Kind längstens für 15 Arbeitstage, für alleinerziehende Versicherte längstens für 30 Arbeitstage. [2]Der Anspruch nach Satz 1 besteht für Versicherte für nicht mehr als 35 Arbeitstage, für alleinerziehende Versicherte für nicht mehr als 70 Arbeitstage.

(2b) (aufgehoben)

(3) [1]Versicherte mit Anspruch auf Krankengeld nach Absatz 1 oder Absatz 1a haben für die Dauer dieses Anspruchs gegen ihren Arbeitgeber Anspruch auf unbezahlte Freistellung von der Arbeitsleistung, soweit nicht aus dem gleichen Grund Anspruch auf bezahlte Freistellung besteht. [2]Wird der Freistellungsanspruch nach Satz 1 geltend gemacht, bevor die Krankenkasse ihre Leistungsverpflichtung nach Absatz 1 oder Absatz 1a anerkannt hat, und sind die Voraussetzungen dafür nicht erfüllt, ist der Arbeitgeber berechtigt, die gewährte Freistellung von der Arbeitsleistung auf einen späteren Freistellungsanspruch zur Beaufsichtigung, Betreuung oder Pflege eines erkrankten Kindes anzurechnen. [3]Der Freistellungsanspruch nach Satz 1 kann nicht durch Vertrag ausgeschlossen oder beschränkt werden.

(4) [1]Versicherte haben ferner Anspruch auf Krankengeld, wenn sie zur Beaufsichtigung, Betreuung oder Pflege ihres erkrankten und versicherten Kindes der Arbeit fernbleiben, sofern das Kind das zwölfte Lebensjahr noch nicht vollendet hat oder behindert und auf Hilfe angewiesen ist und nach ärztlichem Zeugnis an einer Erkrankung leidet,

a) die progredient verläuft und bereits ein weit fortgeschrittenes Stadium erreicht hat,

b) bei der eine Heilung ausgeschlossen und eine palliativ-medizinische Behandlung notwendig oder von einem Elternteil erwünscht ist und

c) die lediglich eine begrenzte Lebenserwartung von Wochen oder wenigen Monaten erwarten lässt.

[2]Der Anspruch besteht nur für ein Elternteil. [3]Absatz 1 Satz 2, Absatz 3 und die §§ 47 und 47b gelten entsprechend.

(5) Anspruch auf unbezahlte Freistellung nach den Absätzen 3 und 4 haben auch Arbeitnehmer, die nicht Versicherte mit Anspruch auf Krankengeld nach Absatz 1 oder Absatz 1a sind.

§ 46 Entstehung des Anspruchs auf Krankengeld

[1]Der Anspruch auf Krankengeld entsteht

1. bei Krankenhausbehandlung oder Behandlung in einer Vorsorge- oder Rehabilitationseinrichtung (§ 23 Abs. 4, §§ 24, 40 Abs. 2 und § 41) von ihrem Beginn an,
2. im Übrigen von dem Tag der ärztlichen Feststellung der Arbeitsunfähigkeit an.

[2]Der Anspruch auf Krankengeld bleibt jeweils bis zu dem Tag bestehen, an dem die weitere Arbeitsunfähigkeit wegen derselben Krankheit ärztlich festgestellt wird, wenn diese ärztliche Feststellung spätestens am nächsten Werktag nach dem zuletzt bescheinigten Ende der Arbeitsunfähig-

keit erfolgt; Samstage gelten insoweit nicht als Werktage. [3]Für Versicherte, deren Mitgliedschaft nach § 192 Absatz 1 Nummer 2 vom Bestand des Anspruchs auf Krankengeld abhängig ist, bleibt der Anspruch auf Krankengeld auch dann bestehen, wenn die weitere Arbeitsunfähigkeit wegen derselben Krankheit nicht am nächsten Werktag im Sinne von Satz 2, aber spätestens innerhalb eines Monats nach dem zuletzt bescheinigten Ende der Arbeitsunfähigkeit ärztlich festgestellt wird. [4]Für die nach dem Künstlersozialversicherungsgesetz Versicherten sowie für Versicherte, die eine Wahlerklärung nach § 44 Absatz 2 Satz 1 Nummer 2 abgegeben haben, entsteht der Anspruch von der siebten Woche der Arbeitsunfähigkeit an. [5]Der Anspruch auf Krankengeld für die in Satz 3 genannten Versicherten nach dem Künstlersozialversicherungsgesetz entsteht bereits vor der siebten Woche der Arbeitsunfähigkeit zu dem von der Satzung bestimmten Zeitpunkt, spätestens jedoch mit Beginn der dritten Woche der Arbeitsunfähigkeit, wenn der Versicherte bei seiner Krankenkasse einen Tarif nach § 53 Abs. 6 gewählt hat.

§ 47
Höhe und Berechnung des Krankengeldes

(1) [1]Das Krankengeld beträgt 70 vom Hundert des erzielten regelmäßigen Arbeitsentgelts und Arbeitseinkommens, soweit es der Beitragsberechnung unterliegt (Regelentgelt). [2]Das aus dem Arbeitsentgelt berechnete Krankengeld darf 90 vom Hundert des bei entsprechender Anwendung des Absatzes 2 berechneten Nettoarbeitsentgelts nicht übersteigen. [3]Für die Berechnung des Nettoarbeitsentgelts nach Satz 2 ist der sich aus dem kalendertäglichen Hinzurechnungsbetrag nach Absatz 2 Satz 6 ergebende Anteil am Nettoarbeitsentgelt mit dem Vomhundertsatz anzusetzen, der sich aus dem Verhältnis des kalendertäglichen Regelentgeltbetrages nach Absatz 2 Satz 1 bis 5 zu dem sich aus diesem Regelentgeltbetrag ergebenden Nettoarbeitsentgelt ergibt. [4]Das nach Satz 1 bis 3 berechnete kalendertägliche Krankengeld darf das sich aus dem Arbeitsentgelt nach Absatz 2 Satz 1 bis 5 ergebende kalendertägliche Nettoarbeitsentgelt nicht übersteigen. [5]Das Regelentgelt wird nach den Absätzen 2, 4 und 6 berechnet. [6]Das Krankengeld wird für Kalendertage gezahlt. [7]Ist es für einen ganzen Kalendermonat zu zahlen, ist dieser mit dreißig Tagen anzusetzen. [8]Bei der Berechnung des Regelentgelts nach Satz 1 und des Nettoarbeitsentgelts nach den Sätzen 2 und 4 sind die für die jeweilige Beitragsbemessung und Beitragstragung geltenden Besonderheiten des Übergangsbereichs nach § 20 Abs. 2 des Vierten Buches nicht zu berücksichtigen.

(2) [1]Für die Berechnung des Regelentgelts ist das von dem Versicherten im letzten vor Beginn der Arbeitsunfähigkeit abgerechneten Entgeltabrechnungszeitraum, mindestens das während der letzten abgerechneten vier Wochen (Bemessungszeitraum) erzielte und um einmalig gezahltes Arbeitsentgelt verminderte Arbeitsentgelt durch die Zahl der Stunden zu teilen, für die es gezahlt wurde. [2]Das Ergebnis ist mit der Zahl der sich aus dem Inhalt des Arbeitsverhältnisses ergebenden regelmäßigen wöchentlichen Arbeitsstunden zu vervielfachen und durch sieben zu teilen. [3]Ist das Arbeitsentgelt nach Monaten bemessen oder ist eine Berechnung des Regelentgelts nach den Sätzen 1 und 2 nicht möglich, gilt der dreißigste Teil des im letzten vor Beginn der Arbeitsunfähigkeit abgerechneten Kalendermonat erzielten und um einmalig gezahltes Arbeitsentgelt verminderten Arbeitsentgelts als Regelentgelt. [4]Wenn mit einer Arbeitsleistung Arbeitsentgelt erzielt wird, das für Zeiten einer Freistellung vor oder nach dieser Arbeitsleistung fällig wird (Wertguthaben nach § 7b des Vierten Buches), ist für die Berechnung des Regelentgelts das im Bemessungszeitraum der Beitragsberechnung zugrundeliegende und um einmalig gezahltes Arbeitsentgelt verminderte Arbeitsentgelt maßgebend; Wertguthaben, die nicht gemäß einer Vereinbarung über flexible Arbeitszeitregelungen verwendet werden (§ 23b Abs. 2 des Vierten Buches), bleiben außer Betracht. [5]Bei der Anwendung des Satzes 1 gilt als regelmäßige wöchentliche Arbeitszeit die Arbeitszeit, die dem gezahlten Arbeitsentgelt entspricht. [6]Für die Berechnung des Regelentgelts ist der dreihundertsechzigste Teil des einmalig gezahlten Arbeitsentgelts, das in den letzten zwölf Kalendermonaten vor Beginn der Arbeitsunfähigkeit nach § 23a des Vierten Buches der Beitragsberechnung zugrunde gelegen hat, dem nach Satz 1 bis 5 berechneten Arbeitsentgelt hinzuzurechnen.

(3) Die Satzung kann bei nicht kontinuierlicher Arbeitsverrichtung und -vergütung abweichende Bestimmungen zur Zahlung und Berechnung des Krankengeldes vorsehen, die sicherstellen, dass das Krankengeld seine Entgeltersatzfunktion erfüllt.

(4) [1]Für Seeleute gelten als Regelentgelt die beitragspflichtigen Einnahmen nach § 233 Abs. 1. [2]Für Versicherte, die nicht Arbeitnehmer sind, gilt als Regelentgelt der kalendertägliche Betrag, der zuletzt vor Beginn der Arbeitsunfähigkeit für die Beitragsbemessung aus Arbeitseinkommen maßgebend war. [3]Für nach dem Künstlersozialversicherungsgesetz Versicherte ist das Regelentgelt aus dem Arbeitseinkommen zu berechnen, das der Beitragsbemessung für die letzten zwölf Kalendermonate vor Beginn der Arbeitsunfähigkeit zugrunde gelegen hat; dabei ist für den Kalendertag der dreihundertsechzigste Teil dieses Betrages anzusetzen. [4]Die Zahl dreihundertsechzig ist um die Zahl der Kalendertage zu vermindern, in denen eine Versicherungspflicht nach dem Künstlersozialversicherungsgesetz nicht bestand oder für die nach § 234 Abs. 1 Satz 2 Arbeitseinkommen nicht zugrunde zu legen ist. [5]Die Beträge nach § 226 Abs. 1 Nr. 2 und 3 bleiben außer Betracht.

(5) (aufgehoben)

(6) Das Regelentgelt wird bis zur Höhe des Betrages der kalendertäglichen Beitragsbemessung berücksichtigt.

§ 47a
Beitragszahlungen der Krankenkassen an berufsständische Versorgungseinrichtungen

(1) [1]Für Bezieher von Krankengeld, die wegen einer Pflichtmitgliedschaft in einer berufsständischen Versorgungseinrichtung von der Versicherungspflicht in der gesetzlichen Rentenversicherung befreit sind, zahlen die Krankenkassen auf Antrag des Mitglieds diejenigen Beiträge an die zuständige berufsständische Versorgungseinrichtung, wie sie bei Eintritt von Versicherungspflicht nach § 3 Satz 1 Nummer 3 des Sechsten Buches an die gesetzliche Rentenversicherung zu entrichten wären. [2]Die von der Krankenkasse zu zahlenden Beiträge sind auf die Höhe der Beiträge begrenzt, die die Krankenkasse ohne die Befreiung von der Versicherungspflicht in der gesetzlichen Rentenversicherung für die Dauer des Leistungsbezugs zu tragen hätte; sie dürfen die Hälfte der in der Zeit des Leistungsbezugs vom Mitglied an die berufsständische Versorgungseinrichtung zu zahlenden Beiträge nicht übersteigen.

(2) [1]Die Krankenkassen haben der zuständigen berufsständischen Versorgungseinrichtung den Beginn und das Ende der Beitragszahlung sowie die Höhe der der Beitragsberechnung zugrunde liegenden beitragspflichtigen Einnahmen und den zu zahlenden Beitrag für das Mitglied zu übermitteln; ab dem 1. Januar 2017 erfolgt die Übermittlung durch elektronischen Nachweis. [2]Das Nähere zum Verfahren, zu notwendigen weiteren Angaben und den Datensatz regeln der Spitzenverband Bund der Krankenkassen und die Arbeitsgemeinschaft berufsständischer Versorgungseinrichtungen bis zum 31. Juli 2016 in gemeinsamen Grundsätzen, die vom Bundesministerium für Gesundheit zu genehmigen sind.

§ 47b
Höhe und Berechnung des Krankengeldes bei Beziehern von Arbeitslosengeld, Arbeitslosenhilfe, Unterhaltsgeld oder Kurzarbeitergeld

Bearbeiterhinweis:

Am 01. April 2024 tritt nachfolgende Überschrift von § 47b in Kraft:

§ 47b
Höhe und Berechnung des Krankengeldes bei Beziehern von Arbeitslosengeld, Unterhaltsgeld, Kurzarbeitergeld oder Qualifizierungsgeld

(1) Das Krankengeld für Versicherte nach § 5 Abs. 1 Nr. 2 wird in Höhe des Betrages des Arbeitslosengeldes oder des Unterhaltsgeldes gewährt, den der Versicherte zuletzt bezogen hat.

(2) [1]Ändern sich während des Bezuges von Krankengeld die für den Anspruch auf Arbeitslosengeld oder Unterhaltsgeld maßgeblichen Verhältnisse des Versicherten, so ist auf Antrag des Versicherten als Krankengeld derjenige Betrag zu gewähren, den der Versicherte als Arbeitslosengeld oder Unterhaltsgeld erhalten würde, wenn er nicht erkrankt wäre. [2]Änderungen, die zu einer Erhöhung des Krankengeldes um weniger als zehn vom Hundert führen würden, werden nicht berücksichtigt.

(3) Für Versicherte, die während des Bezuges von Kurzarbeitergeld arbeitsunfähig erkranken, wird das Krankengeld nach dem regelmäßigen Arbeitsentgelt, das zuletzt vor Eintritt des Arbeitsausfalls erzielt wurde (Regelentgelt), berechnet.

Bearbeiterhinweis:

Am 01. April 2024 tritt nachfolgende Fassung von § 47b Absatz 3 in Kraft:

(3) Für Versicherte, die während des Bezuges von Kurzarbeitergeld oder Qualifizierungsgeld arbeitsunfähig erkranken, wird das Krankengeld nach dem regelmäßigen Arbeitsentgelt, das zuletzt vor Eintritt des Arbeitsausfalls erzielt wurde (Regelentgelt), berechnet.

(4) [1]Für Versicherte, die arbeitsunfähig erkranken, bevor in ihrem Betrieb die Voraussetzungen für den Bezug von Kurzarbeitergeld nach dem Dritten Buch erfüllt sind, wird, solange Anspruch auf Fortzahlung des Arbeitsentgelts im Krankheitsfalle besteht, neben dem Arbeitsentgelt als Krankengeld der Betrag des Kurzarbeitergeldes gewährt, den der Versicherte erhielte, wenn er nicht arbeitsunfähig wäre. [2]Der Arbeitgeber hat das Krankengeld kostenlos zu errechnen und auszuzahlen. [3]Der Arbeitnehmer hat die erforderlichen Angaben zu machen.

(5) Bei der Ermittlung der Bemessungsgrundlage für die Leistungen der gesetzlichen Krankenversicherung ist von dem Arbeitsentgelt auszugehen, das bei der Bemessung der Beiträge zur gesetzlichen Krankenversicherung zugrunde gelegt wurde.

(6) [1]In den Fällen des § 232a Abs. 3 wird das Krankengeld abweichend von Absatz 3 nach dem Arbeitsentgelt unter Hinzurechnung des Winterausfallgeldes berechnet. [2]Die Absätze 4 und 5 gelten entsprechend.

§ 48
Dauer des Krankengeldes

(1) [1]Versicherte erhalten Krankengeld ohne zeitliche Begrenzung, für den Fall der Arbeitsunfähigkeit wegen derselben Krankheit jedoch für längstens achtundsiebzig Wochen innerhalb von je drei Jahren, gerechnet vom Tage des Beginns der Arbeitsunfähigkeit an. [2]Tritt während der Arbeitsunfähigkeit eine weitere Krankheit hinzu, wird die Leistungsdauer nicht verlängert.

(2) Für Versicherte, die im letzten Dreijahreszeitraum wegen derselben Krankheit für achtundsiebzig Wochen Krankengeld bezogen haben, besteht nach Beginn eines neuen Dreijahreszeitraums ein neuer Anspruch auf Krankengeld wegen derselben Krankheit, wenn sie bei Eintritt der erneuten Arbeitsunfähigkeit mit Anspruch auf Krankengeld versichert sind und in der Zwischenzeit mindestens sechs Monate

1. nicht wegen dieser Krankheit arbeitsunfähig waren und
2. erwerbstätig waren oder der Arbeitsvermittlung zur Verfügung standen.

(3) [1]Bei der Feststellung der Leistungsdauer des Krankengeldes werden Zeiten, in denen der Anspruch auf Krankengeld ruht oder für die das Krankengeld versagt wird, wie Zeiten des Bezugs von Krankengeld berücksichtigt. [2]Zeiten, für die kein Anspruch auf Krankengeld besteht, bleiben unberücksichtigt. [3]Satz 2 gilt nicht für Zeiten des Bezuges von Verletztengeld nach dem Siebten Buch.

§ 49
Ruhen des Krankengeldes

(1) Der Anspruch auf Krankengeld ruht,

1. soweit und solange Versicherte beitragspflichtiges Arbeitsentgelt oder Arbeitseinkommen erhalten; dies gilt nicht für einmalig gezahltes Arbeitsentgelt,
2. solange Versicherte Elternzeit nach dem Bundeselterngeld- und Elternzeitgesetz in Anspruch nehmen; dies gilt nicht, wenn die Arbeitsunfähigkeit vor Beginn der Elternzeit eingetreten ist oder das Krankengeld aus dem Arbeitsentgelt zu berechnen ist, das aus einer versicherungspflichtigen Beschäftigung während der Elternzeit erzielt worden ist,
3. soweit und solange Versicherte Versorgungskrankengeld, Krankengeld der Sozialen Entschädigung, Übergangsgeld, Unterhaltsgeld oder Kurzarbeitergeld beziehen,

Bearbeiterhinweis:

Am 01. April 2024 tritt nachfolgende Fassung von § 49 Absatz 1 Nummer 3 in Kraft:

3. soweit und solange Versicherte Versorgungskrankengeld, Krankengeld der Sozialen Entschädigung, Übergangsgeld, Unterhaltsgeld, Kurzarbeitergeld oder Qualifizierungsgeld beziehen,

Bearbeiterhinweis:
Am 01. Januar 2025 tritt nachfolgende Fassung von § 49 Absatz 1 Nummer 3 in Kraft:

3. soweit und solange Versicherte Versorgungskrankengeld, Krankengeld der Sozialen Entschädigung, Krankengeld der Soldatenentschädigung, Übergangsgeld, Unterhaltsgeld oder Kurzarbeitergeld beziehen,

3a. soweit er auf der Erkrankung eines Kindes beruht, das für die Versicherte oder den Versicherten Anspruch auf Versorgungskrankengeld oder Krankengeld der Sozialen Entschädigung, hat.

Bearbeiterhinweis:
Am 01. Januar 2025 tritt nachfolgende Fassung von § 49 Absatz 1 Nummer 3a in Kraft:

3a. soweit er auf der Erkrankung eines Kindes beruht, das für die Versicherte oder den Versicherten Anspruch auf Versorgungskrankengeld oder Krankengeld der Sozialen Entschädigung, Krankengeld der Soldatenentschädigung hat.

3b. solange Versicherte Mutterschaftsgeld oder Arbeitslosengeld beziehen oder der Anspruch wegen einer Sperrzeit nach dem Dritten Buch ruht,

4. soweit und solange der Versicherte Entgeltersatzleistungen, die ihrer Art nach den in Nummer 3 genannten Leistungen vergleichbar sind, von einem Träger der Sozialversicherung oder einer staatlichen Stelle im Ausland erhalten,

5. solange die Arbeitsunfähigkeit der Krankenkasse nicht gemeldet wird; dies gilt nicht, wenn die Meldung innerhalb einer Woche nach Beginn der Arbeitsunfähigkeit oder die Übermittlung der Arbeitsunfähigkeitsdaten im elektronischen Verfahren nach § 295 Absatz 1 Satz 10 erfolgt,

6. soweit und solange für Zeiten einer Freistellung von der Arbeitsleistung (§ 7 Abs. 1a des Vierten Buches) eine Arbeitsleistung nicht geschuldet wird,

7. während der ersten sechs Wochen der Arbeitsunfähigkeit für Versicherte, die eine Wahlerklärung nach § 44 Absatz 2 Satz 1 Nummer 3 abgegeben haben,

8. solange bis die weitere Arbeitsunfähigkeit wegen derselben Krankheit nach § 46 Satz 3 ärztlich festgestellt wurde.

(2) (aufgehoben)

(3) Auf Grund gesetzlicher Bestimmungen gesenkte Entgelt- oder Entgeltersatzleistungen dürfen bei der Anwendung des Absatzes 1 nicht aufgestockt werden.

(4) (aufgehoben)

§ 50
Ausschluss und Kürzung des Krankengeldes

(1) [1]Für Versicherte die

1. Rente wegen voller Erwerbsminderung oder Vollrente wegen Alters aus der gesetzlichen Rentenversicherung,

2. Ruhegehalt, das nach beamtenrechtlichen Vorschriften oder Grundsätzen gezahlt wird,

3. Vorruhestandsgeld nach § 5 Abs. 3,

4. Leistungen, die ihrer Art nach den in den Nummern 1 und 2 genannten Leistungen vergleichbar sind, wenn sie von einem Träger der gesetzlichen Rentenversicherung oder einer staatlichen Stelle im Ausland gezahlt werden,

5. Leistungen, die ihrer Art nach den in den Nummern 1 und 2 genannten Leistungen vergleichbar sind, wenn sie nach den ausschließlich für das in dem in Artikel 3 des Einigungsvertrages genannte Gebiet geltenden Bestimmungen gezahlt werden,

beziehen, endet ein Anspruch auf Krankengeld vom Beginn dieser Leistungen an; nach Beginn dieser Leistungen entsteht ein neuer Krankengeldanspruch nicht. [2]Ist über den Beginn der in Satz 1 genannten Leistungen hinaus Krankengeld gezahlt worden und übersteigt dieses den Betrag der Leistungen, kann die Krankenkasse den überschießenden Betrag vom Versicherten nicht zurückfordern. [3]In den Fällen der Nummer 4 gilt das überzahlte Krankengeld bis zur Höhe der dort genannten Leistungen als Vorschuss des Trägers oder der Stelle; es ist zurückzuzahlen. [4]Wird eine der in Satz 1 genannten Leistungen nicht mehr gezahlt, entsteht ein Anspruch auf Krankengeld, wenn das Mitglied bei Eintritt einer erneuten Arbeitsunfähigkeit mit Anspruch auf Krankengeld versichert ist.

(2) Das Krankengeld wird um den Zahlbetrag

1. der Altersrente, der Rente wegen Erwerbsminderung oder der Landabgaberente aus der Alterssicherung der Landwirte,
2. der Rente wegen teilweiser Erwerbsminderung oder der Teilrente wegen Alters aus der gesetzlichen Rentenversicherung,
3. der Knappschaftsausgleichsleistung oder der Rente für Bergleute oder
4. einer vergleichbaren Leistung, die von einem Träger oder einer staatlichen Stelle im Ausland gezahlt wird,
5. von Leistungen, die ihrer Art nach den in den Nummern 1 bis 3 genannten Leistungen vergleichbar sind, wenn sie nach den ausschließlich für das in dem in Artikel 3 des Einigungsvertrages genannten Gebiets geltenden Bestimmungen gezahlt werden,

gekürzt, wenn die Leistung von einem Zeitpunkt nach dem Beginn der Arbeitsunfähigkeit oder der stationären Behandlung an zuerkannt wird.

§ 51 Wegfall des Krankengeldes, Antrag auf Leistungen zur Teilhabe

(1) [1]Versicherten, deren Erwerbsfähigkeit nach ärztlichem Gutachten erheblich gefährdet oder gemindert ist, kann die Krankenkasse eine Frist von zehn Wochen setzen, innerhalb der sie einen Antrag auf Leistungen zur medizinischen Rehabilitation und zur Teilhabe am Arbeitsleben zu stellen haben. [2]Haben diese Versicherten ihren Wohnsitz oder gewöhnlichen Aufenthalt im Ausland, kann ihnen die Krankenkasse eine Frist von zehn Wochen setzen, innerhalb der sie entweder einen Antrag auf Leistungen zur medizinischen Rehabilitation und zur Teilhabe am Arbeitsleben bei einem Leistungsträger mit Sitz im Inland oder einen Antrag auf Rente wegen voller Erwerbsminderung bei einem Träger der gesetzlichen Rentenversicherung mit Sitz im Inland zu stellen haben.

(1a) (aufgehoben)

(2) Erfüllen Versicherte die Voraussetzungen für den Bezug der Regelaltersrente der gesetzlichen Rentenversicherung oder der Alterssicherung der Landwirte mit Erreichen der Regelaltersgrenze, kann ihnen die Krankenkasse eine Frist von zehn Wochen setzen, innerhalb der sie den Antrag auf diese Leistung zu stellen haben.

(3) [1]Stellen Versicherte innerhalb der Frist den Antrag nicht, entfällt der Anspruch auf Krankengeld mit Ablauf der Frist. [2]Wird der Antrag später gestellt, lebt der Anspruch auf Krankengeld mit dem Tag der Antragstellung wieder auf.

Dritter Titel

Leistungsbeschränkungen

§ 52 Leistungsbeschränkung bei Selbstverschulden

(1) Haben sich Versicherte eine Krankheit vorsätzlich oder bei einem von ihnen begangenen Verbrechen oder vorsätzlichen Vergehen zugezogen, kann die Krankenkasse sie an den Kosten der Leistungen in angemessener Höhe beteiligen und das Krankengeld ganz oder teilweise für die Dauer dieser Krankheit versagen und zurückfordern.

(2) Haben sich Versicherte eine Krankheit durch eine medizinisch nicht indizierte ästhetische Operation, eine Tätowierung oder ein Piercing zugezogen, hat die Krankenkasse die Versicherten in angemessener Höhe an den Kosten zu beteiligen und das Krankengeld für die Dauer dieser Behandlung ganz oder teilweise zu versagen oder zurückzufordern.

§ 52a Leistungsausschuss

[1]Auf Leistungen besteht kein Anspruch, wenn sich Personen in den Geltungsbereich dieses Gesetzbuchs begeben, um in einer Versicherung nach § 5 Abs. 1 Nr. 13 oder auf Grund dieser Versicherung in einer Versicherung nach § 10 missbräuchlich Leistungen in Anspruch zu nehmen. [2]Das Nähere zur Durchführung regelt die Krankenkasse in ihrer Satzung.

Sechster Abschnitt

Selbstbehalt, Beitragsrückzahlung

§ 53 Wahltarife

(1) [1]Die Krankenkasse kann in ihrer Satzung vorsehen, dass Mitglieder jeweils für ein Kalenderjahr einen Teil der von der Krankenkasse zu tragenden

Kosten übernehmen können (Selbstbehalt). [2]Die Krankenkasse hat für diese Mitglieder Prämienzahlungen vorzusehen.

(2) [1]Die Krankenkasse kann in ihrer Satzung für Mitglieder, die im Kalenderjahr länger als drei Monate versichert waren, eine Prämienzahlung vorsehen, wenn sie und ihre nach § 10 mitversicherten Angehörigen in diesem Kalenderjahr Leistungen zu Lasten der Krankenkasse nicht in Anspruch genommen haben. [2]Die Prämienzahlung darf ein Zwölftel der jeweils im Kalenderjahr gezahlten Beiträge nicht überschreiten und wird innerhalb eines Jahres nach Ablauf des Kalenderjahres an das Mitglied gezahlt. [3]Die im dritten und vierten Abschnitt genannten Leistungen mit Ausnahme der Leistungen nach § 23 Abs. 2 und den §§ 24 bis 24b sowie Leistungen für Versicherte, die das 18. Lebensjahr noch nicht vollendet haben, bleiben unberücksichtigt.

(3) [1]Die Krankenkasse hat in ihrer Satzung zu regeln, dass für Versicherte, die an besonderen Versorgungsformen nach § 63, § 73b, § 137f oder § 140a teilnehmen, Tarife angeboten werden. [2]Für diese Versicherten kann die Krankenkasse eine Prämienzahlung oder Zuzahlungsermäßigungen vorsehen. [3]Für Versicherte, die an einer hausarztzentrierten Versorgung nach § 73b teilnehmen, hat die Krankenkasse Prämienzahlungen oder Zuzahlungsermäßigungen vorzusehen, wenn die zu erwartenden Einsparungen und Effizienzsteigerungen die zu erwartenden Aufwendungen für den Wahltarif übersteigen. [4]Die Aufwendungen für Zuzahlungsermäßigungen und Prämienzahlungen müssen in diesem Fall mindestens die Hälfte des Differenzbetrags betragen, um den die Einsparungen und Effizienzsteigerungen die sonstigen Aufwendungen für den Wahltarif übersteigen. [5]Die Berechnung der zu erwartenden Einsparungen, Effizienzsteigerungen und Aufwendungen nach Satz 3 hat die jeweilige Krankenkasse ihrer Aufsichtsbehörde vorzulegen. [6]Werden keine Effizienzsteigerungen erwartet, die die Aufwendungen übersteigen, ist dies gesondert zu begründen.

(4) [1]Die Krankenkasse kann in ihrer Satzung vorsehen, dass Mitglieder für sich und ihre nach § 10 mitversicherten Angehörigen Tarife für Kostenerstattung wählen. [2]Sie kann die Höhe der Kostenerstattung variieren und hierfür spezielle Prämienzahlungen durch die Versicherten vorsehen. [3]§ 13 Abs. 2 Satz 2 und 3 gilt nicht.

(5) (aufgehoben)

(6) [1]Die Krankenkasse hat in ihrer Satzung für die in § 44 Absatz 2 Nummer 2 und 3 genannten Versicherten gemeinsame Tarife sowie Tarife für die nach dem Künstlersozialversicherungsgesetz Versicherten anzubieten, die einen Anspruch auf Krankengeld entsprechend § 46 Satz 1 oder zu einem späteren Zeitpunkt entstehen lassen, für die Versicherten nach dem Künstlersozialversicherungsgesetz jedoch spätestens mit Beginn der dritten Woche der Arbeitsunfähigkeit. [2]Von § 47 kann abgewichen werden. [3]Die Krankenkasse hat entsprechend der Leistungserweiterung Prämienzahlungen des Mitglieds vorzusehen. [4]Die Höhe der Prämienzahlung ist unabhängig von Alter, Geschlecht oder Krankheitsrisiko des Mitglieds festzulegen. [5]Die Krankenkasse kann durch Satzungsregelung die Durchführung von Wahltarifen nach Satz 1 auf eine andere Krankenkasse oder einen Landesverband übertragen. [6]In diesen Fällen erfolgt die Prämienzahlung weiterhin an die übertragende Krankenkasse. [7]Die Rechenschaftslegung erfolgt durch die durchführende Krankenkasse oder den durchführenden Landesverband.

(7) Die Krankenkasse kann in ihrer Satzung für bestimmte Mitgliedergruppen, für die sie den Umfang der Leistungen nach Vorschriften dieses Buches beschränkt, der Leistungsbeschränkung entsprechende Prämienzahlung vorsehen.

(8) [1]Die Mindestbindungsfrist beträgt für die Wahltarife nach den Absätzen 2 und 4 ein Jahr und für die Wahltarife nach den Absätzen 1 und 6 drei Jahre; für die Wahltarife nach Absatz 3 gilt keine Mindestbindungsfrist. [2]Die Mitgliedschaft kann frühestens zum Ablauf der Mindestbindungsfrist nach Satz 1, aber nicht vor Ablauf der Mindestbindungsfrist nach § 175 Absatz 4 Satz 1 gekündigt werden; § 175 Absatz 4 Satz 6 gilt mit Ausnahme für Mitglieder in Wahltarifen nach Absatz 6. [3]Die Satzung hat für Tarife ein Sonderkündigungsrecht in besonderen Härtefällen vorzusehen. [4]Die Prämienzahlung an Versicherte darf bis zu 20 vom Hundert, für einen oder mehrere Tarife 30 vom Hundert der vom Mitglied im Kalenderjahr getragenen Beiträge mit Ausnahme der Beitragszuschüsse nach § 106 des Sechsten Buches sowie § 257 Abs. 1 Satz 1, jedoch nicht mehr als 600 Euro, bei einem oder mehreren Tarifen einschließlich Prämienzahlungen nach § 242 900 Euro jährlich betragen. [5]Satz 4 gilt nicht für Versicherte, die Teilkostenerstattung nach § 14 gewählt haben. [6]Mitglieder, deren Beiträge voll-

ständig von Dritten getragen werden, können nur Tarife nach Absatz 3 wählen.

(9) [1]Die Aufwendungen für jeden Wahltarif müssen jeweils aus Einnahmen, Einsparungen und Effizienzsteigerungen aus diesen Wahltarifen auf Dauer finanziert werden. [2]Kalkulatorische Einnahmen, die allein durch das Halten oder die Neugewinnung von Mitgliedern erzielt werden, dürfen dabei nicht berücksichtigt werden; wurden solche Einnahmen bei der Kalkulation von Wahltarifen berücksichtigt, ist die Kalkulation unverzüglich, spätestens bis zum 31. Dezember 2013 entsprechend umzustellen. [3]Die Krankenkassen haben über die Berechnung nach den Sätzen 1 und 2 der zuständigen Aufsichtsbehörde regelmäßig, mindestens alle drei Jahre, Rechenschaft abzulegen. [4]Sie haben hierzu ein versicherungsmathematisches Gutachten vorzulegen über die wesentlichen versicherungsmathematischen Annahmen, die der Berechnung der Beiträge und der versicherungstechnischen Rückstellungen der Wahltarife zugrunde liegen.

§ 54
Beitragsrückzahlung

(aufgehoben)

Siebter Abschnitt

Zahnersatz

§ 55
Leistungsanspruch

(1) [1]Versicherte haben nach den Vorgaben in den Sätzen 2 bis 7 Anspruch auf befundbezogene Festzuschüsse bei einer medizinisch notwendigen Versorgung mit Zahnersatz einschließlich Zahnkronen und Suprakonstruktionen (zahnärztliche und zahntechnische Leistungen) in den Fällen, in denen eine zahnprothetische Versorgung notwendig ist und die geplante Versorgung einer Methode entspricht, die gemäß § 135 Abs. 1 anerkannt ist. [2]Die Festzuschüsse umfassen 60 Prozent der nach § 57 Absatz 1 Satz 3 und Absatz 2 Satz 5 und 6 festgesetzten Beträge für die jeweilige Regelversorgung. [3]Für eigene Bemühungen zur Gesunderhaltung der Zähne erhöhen sich die Festzuschüsse nach Satz 2 auf 70 Prozent. [4]Die Erhöhung entfällt, wenn der Gebisszustand des Versicherten regelmäßige Zahnpflege nicht erkennen lässt und der Versicherte während der letzten fünf Jahre vor Beginn der Behandlung

1. die Untersuchungen nach § 22 Abs. 1 nicht in jedem Kalenderhalbjahr in Anspruch genommen hat und
2. sich nach Vollendung des 18. Lebensjahres nicht wenigstens einmal in jedem Kalenderjahr hat zahnärztlich untersuchen lassen.

[5]Die Festzuschüsse nach Satz 2 erhöhen sich auf 75 Prozent, wenn der Versicherte seine Zähne regelmäßig gepflegt und in den letzten zehn Kalenderjahren vor Beginn der Behandlung die Untersuchungen nach Satz 4 Nr. 1 und 2 ohne Unterbrechung in Anspruch genommen hat. [6]Abweichend von den Sätzen 4 und 5 entfällt die Erhöhung der Festzuschüsse nicht aufgrund einer Nichtinanspruchnahme der Untersuchungen nach Satz 4 im Kalenderjahr 2020. [7]In begründeten Ausnahmefällen können die Krankenkassen abweichend von Satz 5 und unabhängig von Satz 6 die Festzuschüsse nach Satz 2 auf 75 Prozent erhöhen, wenn der Versicherte seine Zähne regelmäßig gepflegt und in den letzten zehn Jahren vor Beginn der Behandlungen die Untersuchungen nach Satz 4 Nummer 1 und 2 nur mit einer einmaligen Unterbrechung in Anspruch genommen hat. [8]Dies gilt nicht in den Fällen des Absatzes 2. [9]Bei allen vor dem 20. Juli 2021 bewilligten Festzuschüssen, die sich durch die Anwendung des Satzes 6 rückwirkend erhöhen, ist die Krankenkasse gegenüber dem Versicherten zur Erstattung des Betrages verpflichtet, um den sich der Festzuschuss nach Satz 6 erhöht; dies gilt auch in den Fällen, in denen die von der Krankenkasse genehmigte Versorgung mit zahnärztlichen und zahntechnischen Leistungen zwar begonnen, aber noch nicht beendet worden ist. [10]Das Nähere zur Erstattung regeln die Bundesmantelvertragspartner.

(2) [1]Versicherte haben bei der Versorgung mit Zahnersatz zusätzlich zu den Festzuschüssen nach Absatz 1 Satz 2 Anspruch auf einen Betrag in Höhe von 40 Prozent der nach § 57 Absatz 1 Satz 3 und Absatz 2 Satz 5 und 6 festgesetzten Beträge für die jeweilige Regelversorgung, angepasst an die Höhe der für die Regelversorgungsleistungen tatsächlich anfallenden Kosten, höchstens jedoch in Höhe der tatsächlich entstandenen Kosten, wenn sie ansonsten unzumutbar belastet würden; wählen Versicherte, die unzumutbar belastet würden, nach Absatz 4 oder 5 einen über die Regelversorgung hinausgehenden gleich- oder andersartigen Zahnersatz, leisten die Krankenkassen nur den Festzuschuss

nach Absatz 1 Satz 2 und den Betrag in Höhe von 40 Prozent der nach § 57 Absatz 1 Satz 3 und Absatz 2 Satz 5 und 6 festgesetzten Beträge für die jeweilige Regelversorgung. [2]Eine unzumutbare Belastung liegt vor, wenn

1. die monatlichen Bruttoeinnahmen zum Lebensunterhalt des Versicherten 40 vom Hundert der monatlichen Bezugsgröße nach § 18 des Vierten Buches nicht überschreiten,

2. der Versicherte Hilfe zum Lebensunterhalt nach dem Zwölften Buch Leistungen zum Lebensunterhalt nach § 93 des Vierzehnten Buches, Leistungen nach dem Recht der bedarfsorientierten Grundsicherung, Leistungen zur Sicherung des Lebensunterhalts nach dem Zweiten Buch, Ausbildungsförderung nach dem Bundesausbildungsförderungsgesetz oder dem Dritten Buch erhält oder

3. die Kosten der Unterbringung in einem Heim oder einer ähnlichen Einrichtung von einem Träger der Sozialhilfe oder der Sozialen Entschädigung getragen werden.

[3]Als Einnahmen zum Lebensunterhalt der Versicherten gelten auch die Einnahmen anderer in dem gemeinsamen Haushalt lebender Angehöriger und Angehöriger des Lebenspartners. [4]Zu den Einnahmen zum Lebensunterhalt gehören nicht Entschädigungszahlungen nach dem Vierzehnten Buch oder nach anderen Gesetzen in entsprechender Anwendung des Vierzehnten Buches erhalten, sowie Renten oder Beihilfen, die nach dem Bundesentschädigungsgesetz für Schäden an Körper und Gesundheit gezahlt werden, bis zur Höhe der vergleichbaren Entschädigungszahlungen nach dem Vierzehnten Buch. [5]Der in Satz 2 Nr. 1 genannte Vomhundertsatz erhöht sich für den ersten in dem gemeinsamen Haushalt lebenden Angehörigen des Versicherten um 15 vom Hundert und für jeden weiteren in dem gemeinsamen Haushalt lebenden Angehörigen des Versicherten und des Lebenspartners um 10 vom Hundert der monatlichen Bezugsgröße nach § 18 des Vierten Buches.

Bearbeiterhinweis:
Am 01. Januar 2025 tritt nachfolgende Fassung von § 55 Absatz 2 in Kraft:

(2) [1]Versicherte haben bei der Versorgung mit Zahnersatz zusätzlich zu den Festzuschüssen nach Absatz 1 Satz 2 Anspruch auf einen Betrag in Höhe von 40 Prozent der nach § 57 Absatz 1 Satz 3 und Absatz 2 Satz 5 und 6 festgesetzten Beträge für die jeweilige Regelversorgung, angepasst an die Höhe der für die Regelversorgungsleistungen tatsächlich anfallenden Kosten, höchstens jedoch in Höhe der tatsächlich entstandenen Kosten, wenn sie ansonsten unzumutbar belastet würden; wählen Versicherte, die unzumutbar belastet würden, nach Absatz 4 oder 5 einen über die Regelversorgung hinausgehenden gleich- oder andersartigen Zahnersatz, leisten die Krankenkassen nur den Festzuschuss nach Absatz 1 Satz 2 und den Betrag in Höhe von 40 Prozent der nach § 57 Absatz 1 Satz 3 und Absatz 2 Satz 5 und 6 festgesetzten Beträge für die jeweilige Regelversorgung. [2]Eine unzumutbare Belastung liegt vor, wenn

1. die monatlichen Bruttoeinnahmen zum Lebensunterhalt des Versicherten 40 vom Hundert der monatlichen Bezugsgröße nach § 18 des Vierten Buches nicht überschreiten,

2. der Versicherte Hilfe zum Lebensunterhalt nach dem Zwölften Buch Leistungen zum Lebensunterhalt nach § 93 des Vierzehnten Buches, Leistungen nach dem Recht der bedarfsorientierten Grundsicherung, Leistungen zur Sicherung des Lebensunterhalts nach dem Zweiten Buch, Ausbildungsförderung nach dem Bundesausbildungsförderungsgesetz oder dem Dritten Buch erhält oder

3. die Kosten der Unterbringung in einem Heim oder einer ähnlichen Einrichtung von einem Träger der Sozialhilfe, der Sozialen Entschädigung oder der Soldatenentschädigung getragen werden.

[3]Als Einnahmen zum Lebensunterhalt der Versicherten gelten auch die Einnahmen anderer in dem gemeinsamen Haushalt lebender Angehöriger und Angehöriger des Lebenspartners. [4]Zu den Einnahmen zum Lebensunterhalt gehören nicht Entschädigungszahlungen nach dem Vierzehnten Buch oder nach anderen Gesetzen in entsprechender Anwendung des Vierzehnten Buches erhalten, sowie Renten oder Beihilfen, die nach dem Bundesentschädigungsgesetz für Schäden an Körper und Gesundheit gezahlt werden, bis zur Höhe der vergleichbaren Entschädigungszahlungen nach dem Vierzehnten Buch. [5]Zu den Einnahmen zum Lebensunterhalt gehört auch nicht der Ausgleich für gesundheitliche Schädigungsfolgen nach dem Soldatenentschädigungsgesetz. [6]Der in Satz 2 Nr. 1 genannte Vomhundertsatz erhöht sich für den ersten in dem gemeinsamen

Haushalt lebenden Angehörigen des Versicherten um 15 vom Hundert und für jeden weiteren in dem gemeinsamen Haushalt lebenden Angehörigen des Versicherten und des Lebenspartners um 10 vom Hundert der monatlichen Bezugsgröße nach § 18 des Vierten Buches.

(3) [1]Versicherte haben bei der Versorgung mit Zahnersatz zusätzlich zu den Festzuschüssen nach Absatz 1 Satz 2 Anspruch auf einen weiteren Betrag. [2]Die Krankenkasse erstattet den Versicherten den Betrag, um den die Festzuschüsse nach Absatz 1 Satz 2 das Dreifache der Differenz zwischen den monatlichen Bruttoeinnahmen zum Lebensunterhalt und der zur Gewährung eines Gesamtbetrages aus dem Festzuschuss nach Absatz 1 Satz 2 und des zusätzlichen Betrages nach Absatz 2 Satz 1 maßgebenden Einnahmegrenze übersteigen. [3]Die Beteiligung an den Kosten umfasst höchstens einen Betrag in Höhe eines Gesamtbetrages bestehend aus dem Festzuschuss nach Absatz 1 Satz 2 und des zusätzlichen Betrages nach Absatz 2 Satz 1, jedoch nicht mehr als die tatsächlich entstandenen Kosten.

(4) Wählen Versicherte einen über die Regelversorgung gemäß § 56 Abs. 2 hinausgehenden gleichartigen Zahnersatz, haben sie die Mehrkosten gegenüber den in § 56 Abs. 2 Satz 10 aufgelisteten Leistungen selbst zu tragen.

(5) Die Krankenkassen haben die bewilligten Festzuschüsse nach Absatz 1 Satz 2 bis 7, den Absätzen 2 und 3 in den Fällen zu erstatten, in denen eine von der Regelversorgung nach § 56 Abs. 2 abweichende, andersartige Versorgung durchgeführt wird.

§ 56
Festsetzung der Regelversorgungen

(1) Der Gemeinsame Bundesausschuss bestimmt in Richtlinien, erstmalig bis zum 30. Juni 2004, die Befunde, für die Festzuschüsse nach § 55 gewährt werden und ordnet diesen prothetische Regelversorgungen zu.

(2) [1]Die Bestimmung der Befunde erfolgt auf der Grundlage einer international anerkannten Klassifikation des Lückengebisses. [2]Dem jeweiligen Befund wird eine zahnprothetische Regelversorgung zugeordnet. [3]Diese hat sich an zahnmedizinisch notwendigen zahnärztlichen und zahntechnischen Leistungen zu orientieren, die zu einer ausreichenden, zweckmäßigen und wirtschaftlichen Versorgung mit Zahnersatz einschließlich Zahnkronen und Suprakonstruktionen bei einem Befund im Sinne von Satz 1 nach dem allgemein anerkannten Stand der zahnmedizinischen Erkenntnisse gehören. [4]Bei der Zuordnung der Regelversorgung zum Befund sind insbesondere die Funktionsdauer, die Stabilität und die Gegenbezahnung zu berücksichtigen. [5]Zumindest bei kleinen Lücken ist festsitzender Zahnersatz zu Grunde zu legen. [6]Bei großen Brücken ist die Regelversorgung auf den Ersatz von bis zu vier fehlenden Zähnen je Kiefer und bis zu drei fehlenden Zähnen je Seitenzahngebiet begrenzt. [7]Bei Kombinationsversorgungen ist die Regelversorgung auf zwei Verbindungselemente je Kiefer, bei Versicherten mit einem Restzahnbestand von höchstens drei Zähnen je Kiefer auf drei Verbindungselemente je Kiefer begrenzt. [8]Regelversorgungen umfassen im Oberkiefer Verblendungen bis einschließlich Zahn fünf, im Unterkiefer bis einschließlich Zahn vier. [9]In die Festlegung der Regelversorgung einzubeziehen sind die Befunderhebung, die Planung, die Vorbereitung des Restgebisses, die Beseitigung von groben Okklusionshindernissen und alle Maßnahmen zur Herstellung und Eingliederung des Zahnersatzes einschließlich der Nachbehandlung sowie die Unterweisung im Gebrauch des Zahnersatzes. [10]Bei der Festlegung der Regelversorgung für zahnärztliche Leistungen und für zahntechnische Leistungen sind jeweils die einzelnen Leistungen nach § 87 Abs. 2 und § 88 Abs. 1 getrennt aufzulisten. [11]Inhalt und Umfang der Regelversorgungen sind in geeigneten Zeitabständen zu überprüfen und an die zahnmedizinische Entwicklung anzupassen. [12]Der Gemeinsame Bundesausschuss kann von den Vorgaben der Sätze 5 bis 8 abweichen und die Leistungsbeschreibung fortentwickeln.

(3) Vor der Entscheidung des Gemeinsamen Bundesausschusses nach Absatz 2 ist dem Verband Deutscher Zahntechniker-Innungen Gelegenheit zur Stellungnahme zu geben; die Stellungnahme ist in die Entscheidung über die Regelversorgung hinsichtlich der zahntechnischen Leistungen einzubeziehen.

(4) Der Gemeinsame Bundesausschuss hat jeweils bis zum 30. November eines Kalenderjahres die Befunde, die zugeordneten Regelversorgungen einschließlich der nach Absatz 2 Satz 10 aufgelisteten zahnärztlichen und zahntechnischen Leistungen sowie die Höhe der auf die Regelversorgung entfallenden Beträge nach § 57 Absatz 1 Satz 3 und Absatz 2 Satz 5 und 6 in den Abstaf-

felungen nach § 55 Abs. 1 Satz 2, 3 und 5 sowie Abs. 2 im Bundesanzeiger bekannt zu machen.

(5) [1]§ 94 Abs. 1 Satz 2 gilt mit der Maßgabe, dass die Beanstandungsfrist einen Monat beträgt. [2]Erlässt das Bundesministerium für Gesundheit die Richtlinie nach § 94 Abs. 1 Satz 5, gilt § 87 Abs. 6 Satz 4 zweiter Halbsatz und Satz 6 entsprechend.

§ 57
Beziehungen zu Zahnärzten und Zahntechnikern

(1) [1]Der Spitzenverband Bund der Krankenkassen und die Kassenzahnärztliche Bundesvereinigung vereinbaren jeweils bis zum 30. September eines Kalenderjahres für das Folgejahr die Höhe der Vergütungen für die zahnärztlichen Leistungen bei den Regelversorgungen nach § 56 Abs. 2 Satz 2. [2]Es gelten § 71 Abs. 1 bis 3 sowie § 85 Abs. 3. [3]Die Beträge nach Satz 1 ergeben sich jeweils aus der Summe der Punktzahlen der nach § 56 Abs. 2 Satz 10 aufgelisteten zahnärztlichen Leistungen, multipliziert mit den jeweils vereinbarten Punktwerten. [4]Die Vertragspartner nach Satz 1 informieren den Gemeinsamen Bundesausschuss über die Beträge nach Satz 3. [5]Kommt eine Vereinbarung nicht zustande oder kündigt eine Vereinbarungspartei die Vereinbarung und kommt bis zum Ablauf der Vereinbarungszeit keine neue Vereinbarung zustande, setzt das Schiedsamt nach § 89 den Vertragsinhalt fest.

(2) [1]Der Spitzenverband Bund der Krankenkassen und der Verband Deutscher Zahntechniker-Innungen vereinbaren jeweils zum 30. September eines Kalenderjahres die Veränderung der erstmalig für das Jahr 2005 ermittelten bundeseinheitlichen durchschnittlichen Preise. [2]§ 71 Absatz 1 bis 3 gilt. [3]Die Landesverbände der Krankenkassen und die Ersatzkassen gemeinsam und einheitlich vereinbaren mit den Innungsverbänden der Zahntechniker-Innungen die Höchstpreise für die zahntechnischen Leistungen bei den Regelversorgungen nach § 56 Absatz 2 Satz 2; sie dürfen die für das jeweilige Kalenderjahr nach Satz 1 festgesetzten bundeseinheitlichen Preise um bis zu 5 Prozent unter- oder überschreiten. [4]Für die Vereinbarungen nach Satz 3 gilt § 71 nicht. [5]Die für die Festlegung der Festzuschüsse nach § 55 Absatz 1 Satz 2 maßgeblichen Beträge für die zahntechnischen Leistungen bei den Regelversorgungen, die nicht von Zahnärzten erbracht werden, ergeben sich als Summe der bundeseinheitlichen Preise nach Satz 1 für die nach § 56 Absatz 2 Satz 10 aufgelisteten zahntechnischen Leistungen. [6]Die Höchstpreise nach Satz 3 und die Beträge nach Satz 5 vermindern sich um 5 Prozent für zahntechnische Leistungen, die von Zahnärzten erbracht werden. [7]Die Vertragspartner nach Satz 1 informieren den Gemeinsamen Bundesausschuss über die Beträge für die zahntechnischen Leistungen bei Regelversorgungen. [8]Kommt eine Vereinbarung nach Satz 1 nicht zustande oder kündigt eine Vereinbarungspartei die Vereinbarung und kommt bis zum Ablauf der Vereinbarungszeit keine neue Vereinbarung zustande, setzt das Schiedsamt nach § 89 den Vertragsinhalt fest. [9]Die Festsetzungsfristen nach § 89 Absatz 3, 4 und 9 für die Festsetzungen nach Satz 1 betragen einen Monat.

§ 58
Beitrag für Zahnersatz

(aufgehoben)

§ 59
Finanzausgleich für härtefallbedingte Mehraufwendungen der Krankenkassen

(aufgehoben)

Achter Abschnitt

Fahrkosten

§ 60
Fahrkosten

(1) [1]Die Krankenkasse übernimmt nach den Absätzen 2 und 3 die Kosten für Fahrten einschließlich der Transporte nach § 133 (Fahrkosten), wenn sie im Zusammenhang mit einer Leistung der Krankenkasse aus zwingenden medizinischen Gründen notwendig sind. [2]Welches Fahrzeug benutzt werden kann, richtet sich nach der medizinischen Notwendigkeit im Einzelfall. [3]Die Krankenkasse übernimmt Fahrkosten zu einer ambulanten Behandlung unter Abzug des sich nach § 61 Satz 1 ergebenden Betrages in besonderen Ausnahmefällen, die der Gemeinsame Bundesausschuss in den Richtlinien nach § 92 Abs. 1 Satz 2 Nr. 12 festgelegt hat. [4]Die Übernahme von Fahrkosten nach Satz 3 und nach Absatz 2 Satz 1 Nummer 3 für Fahrten zur ambulanten Behandlung erfolgt nur nach vorheriger Genehmigung durch die Krankenkasse. [5]Für Krankenfahrten zur ambulanten Behandlung gilt die Genehmigung nach Satz 4 als erteilt, wenn eine der folgenden Voraussetzungen vorliegt:

1. ein Schwerbehindertenausweis mit dem Merkzeichen „aG“, „Bl“ oder „H“,

2. eine Einstufung gemäß § 15 des Elften Buches in den Pflegegrad 3, 4 oder 5, bei Einstufung in den Pflegegrad 3 zusätzlich eine dauerhafte Beeinträchtigung der Mobilität, oder

3. bis zum 31. Dezember 2016 eine Einstufung in die Pflegestufe 2 gemäß § 15 des Elften Buches in der am 31. Dezember 2016 geltenden Fassung und seit dem 1. Januar 2017 mindestens eine Einstufung in den Pflegegrad 3.

(2) [1]Die Krankenkasse übernimmt die Fahrkosten in Höhe des sich nach § 61 Satz 1 ergebenden Betrages je Fahrt übersteigenden Betrages

1. bei Leistungen, die stationär erbracht werden; dies gilt bei einer Verlegung in ein anderes Krankenhaus nur, wenn die Verlegung aus zwingenden medizinischen Gründen erforderlich ist, oder bei einer mit Einwilligung der Krankenkasse erfolgten Verlegung in ein wohnortnahes Krankenhaus,

2. bei Rettungsfahrten zum Krankenhaus auch dann, wenn eine stationäre Behandlung nicht erforderlich ist,

3. bei anderen Fahrten von Versicherten, die während der Fahrt einer fachlichen Betreuung oder der besonderen Einrichtungen eines Krankenkraftwagens bedürfen oder bei denen dies auf Grund ihres Zustandes zu erwarten ist (Krankentransport),

4. bei Fahrten von Versicherten zu einer ambulanten Krankenbehandlung sowie zu einer Behandlung nach § 115a oder § 115b, wenn dadurch eine an sich gebotene vollstationäre oder teilstationäre Krankenhausbehandlung (§ 39) vermieden oder verkürzt wird oder diese nicht ausführbar ist, wie bei einer stationären Krankenhausbehandlung.

[2]Soweit Fahrten nach Satz 1 von Rettungsdiensten durchgeführt werden, zieht die Krankenkasse die Zuzahlung von in Höhe des sich nach § 61 Satz 1 ergebenden Betrages je Fahrt von dem Versicherten ein.

(3) Als Fahrkosten werden anerkannt

1. bei Benutzung eines öffentlichen Verkehrsmittels der Fahrpreis unter Ausschöpfen von Fahrpreisermäßigungen,

2. bei Benutzung eines Taxis oder Mietwagens, wenn ein öffentliches Verkehrsmittel nicht benutzt werden kann, der nach § 133 berechnungsfähige Betrag,

3. bei Benutzung eines Krankenkraftwagens oder Rettungsfahrzeugs, wenn ein öffentliches Verkehrsmittel, ein Taxi oder ein Mietwagen nicht benutzt werden kann, der nach § 133 berechnungsfähige Betrag,

4. bei Benutzung eines privaten Kraftfahrzeugs für jeden gefahrenen Kilometer den jeweils aufgrund des Bundesreisekostengesetzes festgesetzten Höchstbetrag für Wegstreckenentschädigung, höchstens jedoch die Kosten, die bei Inanspruchnahme des nach Nummer 1 bis 3 erforderlichen Transportmittels entstanden wären.

(4) [1]Die Kosten des Rücktransports in das Inland werden nicht übernommen. [2]§ 18 bleibt unberührt.

(5) [1]Im Zusammenhang mit Leistungen zur medizinischen Rehabilitation werden Reisekosten nach § 73 Absatz 1 und 3 des Neunten Buches übernommen. [2]Zu den Reisekosten nach Satz 1 gehören bei Pflegepersonen im Sinne des § 19 Satz 1 des Elften Buches auch die Reisekosten, die im Zusammenhang mit der Versorgung Pflegebedürftiger nach § 40 Absatz 3a Satz 1 und 2 entstehen. [3]Die Reisekosten von Pflegebedürftigen, die gemäß § 40 Absatz 3a Satz 2 während einer stationären Rehabilitation ihrer Pflegeperson im Sinne des § 19 Satz 1 des Elften Buches eine Kurzzeitpflege nach § 42 des Elften Buches erhalten, hat die Pflegekasse des Pflegebedürftigen der Krankenkasse der Pflegeperson im Sinne des § 19 Satz 1 des Elften Buches zu erstatten.

Neunter Abschnitt

Zuzahlungen, Belastungsgrenze

§ 61
Zuzahlungen

[1]Zuzahlungen, die Versicherte zu leisten haben, betragen 10 vom Hundert des Abgabepreises, mindestens jedoch 5 Euro und höchstens 10 Euro; allerdings jeweils nicht mehr als die Kosten des Mittels. [2]Als Zuzahlungen zu stationären Maßnahmen und zur außerklinischen Intensivpflege in vollstationären Pflegeeinrichtungen, in Einrichtungen oder Räumlichkeiten im Sinne des § 43a des Elften Buches in Verbindung mit § 71 Absatz 4 des Elften Buches sowie in Wohnein-

heiten nach § 132l Absatz 5 Nummer 1 werden je Kalendertag 10 Euro erhoben. [3]Bei Heilmitteln, häuslicher Krankenpflege und außerklinischer Intensivpflege an den in § 37c Absatz 2 Satz 1 Nummer 4 genannten Orten beträgt die Zuzahlung 10 vom Hundert der Kosten sowie 10 Euro je Verordnung. [4]Geleistete Zuzahlungen sind von dem zum Einzug Verpflichteten gegenüber dem Versicherten zu quittieren; ein Vergütungsanspruch hierfür besteht nicht.

Bearbeiterhinweis:

Am 01. Februar 2024 tritt nachfolgende Fassung von § 61 in Kraft:

§ 61
Zuzahlungen

[1]Zuzahlungen, die Versicherte zu leisten haben, betragen 10 vom Hundert des Abgabepreises, mindestens jedoch 5 Euro und höchstens 10 Euro; allerdings jeweils nicht mehr als die Kosten des Mittels. [2]Als Zuzahlungen zu stationären Maßnahmen und zur außerklinischen Intensivpflege in vollstationären Pflegeeinrichtungen, in Einrichtungen oder Räumlichkeiten im Sinne des § 43a des Elften Buches in Verbindung mit § 71 Absatz 4 des Elften Buches sowie in Wohneinheiten nach § 132l Absatz 5 Nummer 1 werden je Kalendertag 10 Euro erhoben. [3]Bei Heilmitteln, häuslicher Krankenpflege und außerklinischer Intensivpflege an den in § 37c Absatz 2 Satz 1 Nummer 4 genannten Orten beträgt die Zuzahlung 10 vom Hundert der Kosten sowie 10 Euro je Verordnung. [4]Geleistete Zuzahlungen sind von dem zum Einzug Verpflichteten gegenüber dem Versicherten zu quittieren; ein Vergütungsanspruch hierfür besteht nicht. [5]Erfolgt in der Apotheke auf Grund einer Nichtverfügbarkeit ein Austausch des verordneten Arzneimittels gegen mehrere Packungen mit geringerer Packungsgröße, ist die Zuzahlung nach Satz 1 nur einmalig auf der Grundlage der Packungsgröße zu leisten, die der verordneten Menge entspricht. [6]Dies gilt entsprechend bei der Abgabe einer Teilmenge aus einer Packung.

§ 62
Belastungsgrenze

(1) [1]Versicherte haben während jedes Kalenderjahres nur Zuzahlungen bis zur Belastungsgrenze zu leisten; wird die Belastungsgrenze bereits innerhalb eines Kalenderjahres erreicht, hat die Krankenkasse eine Bescheinigung darüber zu erteilen, dass für den Rest des Kalenderjahres keine Zuzahlungen mehr zu leisten sind. [2]Die Belastungsgrenze beträgt 2 vom Hundert der jährlichen Bruttoeinnahmen zum Lebensunterhalt; für chronisch Kranke, die wegen derselben schwerwiegenden Krankheit in Dauerbehandlung sind, beträgt sie 1 vom Hundert der jährlichen Bruttoeinnahmen zum Lebensunterhalt. [3]Abweichend von Satz 2 beträgt die Belastungsgrenze 2 vom Hundert der jährlichen Bruttoeinnahmen zum Lebensunterhalt für nach dem 1. April 1972 geborene chronisch kranke Versicherte, die ab dem 1. Januar 2008 die in § 25 Absatz 1 genannten Gesundheitsuntersuchungen vor der Erkrankung nicht regelmäßig in Anspruch genommen haben. [4]Für Versicherte nach Satz 3, die an einem für ihre Erkrankung bestehenden strukturierten Behandlungsprogramm teilnehmen, beträgt die Belastungsgrenze 1 vom Hundert der jährlichen Bruttoeinnahmen zum Lebensunterhalt. [5]Der Gemeinsame Bundesausschuss legt in seinen Richtlinien fest, in welchen Fällen Gesundheitsuntersuchungen ausnahmsweise nicht zwingend durchgeführt werden müssen. [6]Die weitere Dauer der in Satz 2 genannten Behandlung ist der Krankenkasse jeweils spätestens nach Ablauf eines Kalenderjahres nachzuweisen und vom Medizinischen Dienst, soweit erforderlich, zu prüfen; die Krankenkasse kann auf den jährlichen Nachweis verzichten, wenn bereits die notwendigen Feststellungen getroffen worden sind und im Einzelfall keine Anhaltspunkte für einen Wegfall der chronischen Erkrankung vorliegen. [7]Die Krankenkassen sind verpflichtet, ihre Versicherten zu Beginn eines Kalenderjahres auf die für sie in diesem Kalenderjahr maßgeblichen Untersuchungen nach § 25 Abs. 1 hinzuweisen. [8]Das Nähere zur Definition einer schwerwiegenden chronischen Erkrankung bestimmt der Gemeinsame Bundesausschuss in den Richtlinien nach § 92.

(2) [1]Bei der Ermittlung der Belastungsgrenzen nach Absatz 1 werden die Zuzahlungen und die Bruttoeinnahmen zum Lebensunterhalt des Versicherten, seines Ehegatten oder Lebenspartners, der minderjährigen oder nach § 10 versicherten Kinder des Versicherten, seines Ehegatten oder Lebenspartners sowie der Angehörigen im Sinne des § 8 Absatz 4 des Zweiten Gesetzes über die Krankenversicherung der Landwirte jeweils zusammengerechnet, soweit sie im gemeinsamen Haushalt leben. [2]Hierbei sind die jährlichen Bruttoeinnahmen für den ersten in dem gemeinsamen Haushalt lebenden Angehörigen des Versicherten um 15 vom Hundert und für jeden weiteren in dem gemeinsamen Haushalt lebenden Angehörigen des Versicherten und des Le-

benspartners um 10 vom Hundert der jährlichen Bezugsgröße nach § 18 des Vierten Buches zu vermindern. [3]Für jedes Kind des Versicherten und des Lebenspartners sind die jährlichen Bruttoeinnahmen um den sich aus den Freibeträgen nach § 32 Abs. 6 Satz 1 und 2 des Einkommensteuergesetzes ergebenden Betrag zu vermindern; die nach Satz 2 bei der Ermittlung der Belastungsgrenze vorgesehene Berücksichtigung entfällt. [4]Zu den Einnahmen zum Lebensunterhalt gehören nicht Entschädigungszahlungen, die Geschädigte nach dem Vierzehnten Buch oder nach anderen Gesetzen in entsprechender Anwendung des Vierzehnten Buches erhalten, sowie Renten oder Beihilfen, die nach dem Bundesentschädigungsgesetz für Schäden an Körper und Gesundheit gezahlt werden, bis zur Höhe der vergleichbaren Entschädigungszahlungen nach dem Vierzehnten Buch. [5]Abweichend von den Sätzen 1 bis 3 ist bei Versicherten,

1. die Hilfe zum Lebensunterhalt oder Grundsicherung im Alter und bei Erwerbsminderung nach dem Zwölften Buch oder die Leistungen zum Lebensunterhalt nach § 93 des Vierzehnten Buches oder nach einem Gesetz, das dieses für anwendbar erklärt, erhalten,

2. bei denen die Kosten der Unterbringung in einem Heim oder einer ähnlichen Einrichtung von einem Träger der Sozialhilfe oder der Sozialen Entschädigung getragen werden

sowie für den in § 264 genannten Personenkreis als Bruttoeinnahmen zum Lebensunterhalt für die gesamte Bedarfsgemeinschaft nur der Regelsatz für die Regelbedarfsstufe 1 nach der Anlage zu § 28 des Zwölften Buches maßgeblich. [6]Bei Versicherten, die Leistungen zur Sicherung des Lebensunterhalts nach dem Zweiten Buch erhalten, ist abweichend von den Sätzen 1 bis 3 als Bruttoeinnahmen zum Lebensunterhalt für die gesamte Bedarfsgemeinschaft nur der Regelbedarf nach § 20 Absatz 2 Satz 1 des Zweiten Buches maßgeblich. [7]Bei Ehegatten und Lebenspartnern ist ein gemeinsamer Haushalt im Sinne des Satzes 1 auch dann anzunehmen, wenn ein Ehegatte oder Lebenspartner dauerhaft in eine vollstationäre Einrichtung aufgenommen wurde, in der Leistungen gemäß § 43 oder § 43a des Elften Buches erbracht werden.

Bearbeiterhinweis:

Am 01. Januar 2025 tritt nachfolgende Fassung von § 62 Absatz 2 in Kraft:

(2) [1]Bei der Ermittlung der Belastungsgrenzen nach Absatz 1 werden die Zuzahlungen und die Bruttoeinnahmen zum Lebensunterhalt des Versicherten, seines Ehegatten oder Lebenspartners, der minderjährigen oder nach § 10 versicherten Kinder des Versicherten, seines Ehegatten oder Lebenspartners sowie der Angehörigen im Sinne des § 8 Absatz 4 des Zweiten Gesetzes über die Krankenversicherung der Landwirte jeweils zusammengerechnet, soweit sie im gemeinsamen Haushalt leben. [2]Hierbei sind die jährlichen Bruttoeinnahmen für den ersten in dem gemeinsamen Haushalt lebenden Angehörigen des Versicherten um 15 vom Hundert und für jeden weiteren in dem gemeinsamen Haushalt lebenden Angehörigen des Versicherten und des Lebenspartners um 10 vom Hundert der jährlichen Bezugsgröße nach § 18 des Vierten Buches zu vermindern. [3]Für jedes Kind des Versicherten und des Lebenspartners sind die jährlichen Bruttoeinnahmen um den sich aus den Freibeträgen nach § 32 Abs. 6 Satz 1 und 2 des Einkommensteuergesetzes ergebenden Betrag zu vermindern; die nach Satz 2 bei der Ermittlung der Belastungsgrenze vorgesehene Berücksichtigung entfällt. [4]Zu den Einnahmen zum Lebensunterhalt gehören nicht Entschädigungszahlungen, die Geschädigte nach dem Vierzehnten Buch oder nach anderen Gesetzen in entsprechender Anwendung des Vierzehnten Buches erhalten, Renten oder Beihilfen, die nach dem Bundesentschädigungsgesetz für Schäden an Körper und Gesundheit gezahlt werden, bis zur Höhe der vergleichbaren Entschädigungszahlungen nach dem Vierzehnten Buch sowie der Ausgleich für gesundheitliche Schädigungsfolgen nach dem Soldatenentschädigungsgesetz. [5]Abweichend von den Sätzen 1 bis 3 ist bei Versicherten,

1. die Hilfe zum Lebensunterhalt oder Grundsicherung im Alter und bei Erwerbsminderung nach dem Zwölften Buch oder die Leistungen zum Lebensunterhalt nach § 93 des Vierzehnten Buches oder nach einem Gesetz, das dieses für anwendbar erklärt, erhalten,

2. bei denen die Kosten der Unterbringung in einem Heim oder einer ähnlichen Einrichtung von einem Träger der Sozialhilfe, der Sozialen Entschädigung oder der Soldatenentschädigung getragen werden,

sowie für den in § 264 genannten Personenkreis als Bruttoeinnahmen zum Lebensunterhalt für die gesamte Bedarfsgemeinschaft nur der Regelsatz für die Regelbedarfsstufe 1 nach der Anlage zu

§ 28 des Zwölften Buches maßgeblich. [6]Bei Versicherten, die Leistungen zur Sicherung des Lebensunterhalts nach dem Zweiten Buch erhalten, ist abweichend von den Sätzen 1 bis 3 als Bruttoeinnahmen zum Lebensunterhalt für die gesamte Bedarfsgemeinschaft nur der Regelbedarf nach § 20 Absatz 2 Satz 1 des Zweiten Buches maßgeblich. [7]Bei Ehegatten und Lebenspartnern ist ein gemeinsamer Haushalt im Sinne des Satzes 1 auch dann anzunehmen, wenn ein Ehegatte oder Lebenspartner dauerhaft in eine vollstationäre Einrichtung aufgenommen wurde, in der Leistungen gemäß § 43 oder § 43a des Elften Buches erbracht werden.

(3) [1]Die Krankenkasse stellt dem Versicherten eine Bescheinigung über die Befreiung nach Absatz 1 aus. [2]Diese darf keine Angaben über das Einkommen des Versicherten oder anderer zu berücksichtigender Personen enthalten.

(4) (aufgehoben)

(5) (aufgehoben)

Zehnter Abschnitt

Weiterentwicklung der Versorgung

§ 63
Grundsätze

(1) Die Krankenkassen und ihre Verbände können im Rahmen ihrer gesetzlichen Aufgabenstellung zur Verbesserung der Qualität und der Wirtschaftlichkeit der Versorgung Modellvorhaben zur Weiterentwicklung der Verfahrens-, Organisations-, Finanzierungs- und Vergütungsformen der Leistungserbringung durchführen oder nach § 64 vereinbaren.

(2) Die Krankenkassen können Modellvorhaben zu Leistungen zur Verhütung und Früherkennung von Krankheiten, zur Krankenbehandlung sowie bei Schwangerschaft und Mutterschaft, die nach den Vorschriften dieses Buches oder auf Grund hiernach getroffener Regelungen keine Leistungen der Krankenversicherung sind, durchführen oder nach § 64 vereinbaren.

(3) [1]Bei der Vereinbarung und Durchführung von Modellvorhaben nach Absatz 1 kann von den Vorschriften des Vierten und des Zehnten Kapitels dieses Buches, soweit es für die Modellvorhaben erforderlich ist, und des Krankenhausfinanzierungsgesetzes, des Krankenhausentgeltgesetzes sowie den nach diesen Vorschriften getroffenen Regelungen abgewichen werden; der Grundsatz der Beitragssatzstabilität gilt entsprechend. [2]Gegen diesen Grundsatz wird insbesondere für den Fall nicht verstoßen, dass durch ein Modellvorhaben entstehende Mehraufwendungen durch nachzuweisende Einsparungen auf Grund der in dem Modellvorhaben vorgesehenen Maßnahmen ausgeglichen werden. [3]Einsparungen nach Satz 2 können, soweit sie die Mehraufwendungen überschreiten, auch an die an einem Modellvorhaben teilnehmenden Versicherten weitergeleitet werden. [4]Satz 1 gilt mit der Maßgabe, dass von § 284 Abs. 1 Satz 4 nicht abgewichen werden darf.

(3a) [1]Gegenstand von Modellvorhaben nach Absatz 1, in denen von den Vorschriften des Zehnten Kapitels dieses Buches abgewichen wird, können insbesondere informationstechnische und organisatorische Verbesserungen der Datenverabeitung, einschließlich der Erweiterungen der Befugnisse zur Verarbeitung von personenbezogenen Daten sein. [2]Von den Vorschriften des Zehnten Kapitels dieses Buches zur Verarbeitung personenbezogener Daten darf nur mit schriftlicher oder elektronischer Einwilligung des Versicherten und nur in dem Umfang abgewichen werden, der erforderlich ist, um die Ziele des Modellvorhabens zu erreichen. [3]Der Versicherte ist vor Erteilung der Einwilligung schriftlich oder elektronisch darüber zu unterrichten, inwieweit das Modellvorhaben von den Vorschriften des Zehnten Kapitels dieses Buches abweicht und aus welchen Gründen diese Abweichungen erforderlich sind. [4]Die Einwilligung des Versicherten hat sich auf Zweck, Inhalt, Art, Umfang und Dauer der Verarbeitung seiner personenbezogenen Daten sowie die daran Beteiligten zu erstrecken.

(3b) Modellvorhaben nach Absatz 1 können vorsehen, dass Angehörige der im Pflegeberufegesetz, im Krankenpflegegesetz und im Altenpflegegesetz geregelten Berufe

1. die Verordnung von Verbandsmitteln und Pflegehilfsmitteln sowie

2. die inhaltliche Ausgestaltung der häuslichen Krankenpflege einschließlich deren Dauer

vornehmen, soweit diese auf Grund ihrer Ausbildung qualifiziert sind und es sich bei der Tätigkeit nicht um selbständige Ausübung von Heilkunde handelt.

(3c) [1]Modellvorhaben nach Absatz 1 können eine Übertragung der ärztlichen Tätigkeiten, bei denen es sich um selbstständige Ausübung von Heilkunde handelt und für die die Angehörigen des im Pflegeberufegesetz geregelten Berufs auf Grundlage einer Ausbildung nach § 14 des Pflegeberufegesetzes qualifiziert sind, auf diese vorsehen. [2]Die Krankenkassen und ihre Verbände sollen entsprechende Vorhaben spätestens bis zum Ablauf des 31. Dezember 2020 vereinbaren oder durchführen. [3]Der Gemeinsame Bundesausschuss legt in Richtlinien fest, bei welchen Tätigkeiten eine Übertragung von Heilkunde auf die Angehörigen des in Satz 1 genannten Berufs im Rahmen von Modellvorhaben erfolgen kann. [4]Vor der Entscheidung des Gemeinsamen Bundesausschusses ist der Bundesärztekammer sowie den maßgeblichen Verbänden der Pflegeberufe Gelegenheit zur Stellungnahme zu geben. [5]Die Stellungnahmen sind in die Entscheidungen einzubeziehen. [6]Durch den Gemeinsamen Bundesausschuss nach den Sätzen 2 bis 4 festgelegte Richtlinien gelten für die Angehörigen des in Satz 1 geregelten Berufs fort.

(3d) Die Anwendung von Heilmitteln, die nach der Richtlinie des Gemeinsamen Bundesausschusses gemäß § 92 Absatz 1 Satz 2 Nummer 6 zur Behandlung krankheitsbedingter Schädigungen nur verordnungsfähig sind, wenn die Schädigungen auf Grund bestimmter Grunderkrankungen eintreten, kann auch bei anderen ursächlichen Grunderkrankungen Gegenstand von Modellvorhaben nach Absatz 2 sein.

(4) [1]Gegenstand von Modellvorhaben nach Absatz 2 können nur solche Leistungen sein, über deren Eignung als Leistung der Krankenversicherung der Gemeinsame Bundesausschuss nach § 91 im Rahmen der Beschlüsse nach § 92 Abs. 1 Satz 2 Nr. 5 oder im Rahmen der Beschlüsse nach § 137c Abs. 1 keine ablehnende Entscheidung getroffen hat. [2]Fragen der biomedizinischen Forschung sowie Forschungen zur Entwicklung und Prüfung von Arzneimitteln und Medizinprodukten können nicht Gegenstand von Modellvorhaben sein.

(5) [1]Die Modellvorhaben sind im Regelfall auf längstens acht Jahre zu befristen. [2]Verträge nach § 64 Abs. 1 sind den für die Vertragsparteien zuständigen Aufsichtsbehörden vorzulegen. [3]Modellvorhaben nach Absatz 1, in denen von den Vorschriften des Zehnten Kapitels dieses Buches abgewichen werden kann, sind auf längstens fünf Jahre zu befristen. [4]Über Modellvorhaben nach Absatz 1, in denen von den Vorschriften des Zehnten Kapitels dieses Buches abgewichen wird, sind der Bundesbeauftragte für den Datenschutz oder die Landesbeauftragten für den Datenschutz, soweit diese zuständig sind, rechtzeitig vor Beginn des Modellvorhabens zu unterrichten.

(6) [1]Modellvorhaben nach den Absätzen 1 und 2 können auch von den Kassenärztlichen Vereinigungen im Rahmen ihrer gesetzlichen Aufgabenstellung mit den Krankenkassen oder ihren Verbänden vereinbart werden. [2]Die Vorschriften dieses Abschnitts gelten entsprechend.

§ 64
Vereinbarungen mit Leistungserbringern

(1) [1]Die Krankenkassen und ihre Verbände können mit den in der gesetzlichen Krankenversicherung zugelassenen Leistungserbringern oder Gruppen von Leistungserbringern Vereinbarungen über die Durchführung von Modellvorhaben nach § 63 Abs. 1 oder 2 schließen. [2]Soweit die ärztliche Behandlung im Rahmen der vertragsärztlichen Versorgung betroffen ist, können sie nur mit einzelnen Vertragsärzten, mit Gemeinschaften dieser Leistungserbringer oder mit Kassenärztlichen Vereinigungen Verträge über die Durchführung von Modellvorhaben nach § 63 Abs. 1 oder 2 schließen.

(2) (aufgehoben)

(3) [1]Werden in einem Modellvorhaben nach § 63 Abs. 1 oder § 64a Leistungen außerhalb der für diese Leistungen geltenden Vergütungen nach § 85 oder § 87a, der Ausgabenvolumen nach § 84 oder der Krankenhausbudgets vergütet, sind die Vergütungen oder der Behandlungsbedarf nach § 87a Absatz 3 Satz 2, die Ausgabenvolumen oder die Budgets, in denen die Ausgaben für diese Leistungen enthalten sind, entsprechend der Zahl und der Morbiditäts- oder Risikostruktur der am Modellversuch teilnehmenden Versicherten sowie dem in den Verträgen nach Absatz 1 jeweils vereinbarten Inhalt des Modellvorhabens zu bereinigen; die Budgets der teilnehmenden Krankenhäuser sind dem geringeren Leistungsumfang anzupassen. [2]Kommt eine Einigung der zuständigen Vertragsparteien über die Bereinigung der Vergütungen, Ausgabenvolumen oder Budgets nach Satz 1 nicht zustande, können auch die Krankenkassen oder ihre Verbände, die Vertragspartner der Vereinbarung nach Absatz 1 sind,

das Schiedsamt nach § 89 oder die Schiedsstelle nach § 18a Abs. 1 des Krankenhausfinanzierungsgesetzes anrufen. [3]Vereinbaren alle gemäß § 18 Abs. 2 des Krankenhausfinanzierungsgesetzes an der Pflegesatzvereinbarung beteiligten Krankenkassen gemeinsam ein Modellvorhaben, das die gesamten nach der Bundespflegesatzverordnung oder dem Krankenhausentgeltgesetz vergüteten Leistungen eines Krankenhauses für Versicherte erfasst, sind die vereinbarten Entgelte für alle Benutzer des Krankenhauses einheitlich zu berechnen. [4]Bei der Ausgliederung nach Satz 1 sind nicht auf die einzelne Leistung bezogene, insbesondere periodenfremde, Finanzierungsverpflichtungen in Höhe der ausgegliederten Belegungsanteile dem Modellvorhaben zuzuordnen. [5]Für die Bereinigung des Behandlungsbedarfs nach § 87a Absatz 3 Satz 2 gilt § 73b Absatz 7 entsprechend; falls eine Vorabeinschreibung der teilnehmenden Versicherten nicht möglich ist, kann eine rückwirkende Bereinigung vereinbart werden. [6]Die Krankenkasse kann bei Verträgen nach Satz 1 auf die Bereinigung verzichten, wenn das voraussichtliche Bereinigungsvolumen einer Krankenkasse für ein Modellvorhaben geringer ist als der Aufwand für die Durchführung dieser Bereinigung. [7]Der Bewertungsausschuss hat in seinen Vorgaben gemäß § 87a Absatz 5 Satz 7 zur Bereinigung und zur Ermittlung der kassenspezifischen Aufsatzwerte des Behandlungsbedarfs auch Vorgaben zur Höhe des Schwellenwertes für das voraussichtliche Bereinigungsvolumen, unterhalb dessen von einer basiswirksamen Bereinigung abgesehen werden kann, zu der pauschalen Ermittlung und Übermittlung des voraussichtlichen Bereinigungsvolumens an die Vertragspartner nach § 73b Absatz 7 Satz 1 sowie zu dessen Anrechnung beim Aufsatzwert der betroffenen Krankenkasse zu machen.

(4) [1]Die Vertragspartner nach Absatz 1 Satz 1 können Modellvorhaben zur Vermeidung einer unkoordinierten Mehrfachinanspruchnahme von Vertragsärzten durch die Versicherten durchführen. [2]Sie können vorsehen, dass der Vertragsarzt, der vom Versicherten weder als erster Arzt in einem Behandlungsquartal noch mit Überweisung noch zur Einholung einer Zweitmeinung in Anspruch genommen wird, von diesem Versicherten verlangen kann, dass die bei ihm in Anspruch genommenen Leistungen im Wege der Kostenerstattung abgerechnet werden.

§ 64a Modellvorhaben zur Arzneimittelversorgung

(1) [1]Die Kassenärztliche Vereinigung und die für die Wahrnehmung der wirtschaftlichen Interessen maßgebliche Organisation der Apotheker auf Landesebene gemeinsam können mit den für ihren Bezirk zuständigen Landesverbänden der Krankenkassen und den Ersatzkassen gemeinsam die Durchführung eines Modellvorhabens nach § 63 zur Verbesserung der Qualität und Wirtschaftlichkeit der Arzneimittelversorgung für eine Zeitdauer von bis zu drei Jahren vereinbaren. [2]Werden Modellvorhaben in mehreren Bezirken der Kassenärztlichen Vereinigungen vereinbart, sollen sich die Kassenärztlichen Vereinigungen auf die Durchführung des Modellvorhabens in einem Bezirk einigen. [3]Überschüsse aufgrund von Minderaufwendungen, die durch Maßnahmen des Modellvorhabens nach Satz 1 bei den Krankenkassen realisiert werden, sind in Teilen an die Leistungserbringer weiterzuleiten. [4]Die durch das Modellvorhaben den Krankenkassen entstehenden Mehraufwendungen sind auszugleichen. [5]Die Vereinbarung nach Satz 1 umfasst das Nähere zu dem Modellvorhaben, insbesondere

1. einen Katalog für eine wirtschaftliche Wirkstoffauswahl in allen versorgungsrelevanten Indikationen,
2. die im Modellprojekt zu erbringenden Leistungen und deren Dokumentation,
3. die Grundsätze zur Ermittlung von Überschüssen und deren teilweise Weiterleitung an die Leistungserbringer nach Satz 3 sowie zum Ausgleichsverfahren nach Satz 4.

[6]Im Übrigen gilt für die Vereinbarung nach Satz 1 § 63 Absatz 3 und 4 bis 6 entsprechend. [7]§ 65 gilt entsprechend mit der Maßgabe, dass die Begleitung und Auswertung von den Vertragspartnern nach Satz 1 veranlasst wird. [8]Für das Modellvorhaben ist eine Vereinbarung nach § 106b Absatz 1 Satz 1 zu treffen. [9]Die Kassenärztliche Bundesvereinigung und die Vertragspartner nach § 129 Absatz 2 können gemeinsame Empfehlungen insbesondere zum Inhalt und zur Durchführung des Modellvorhabens vereinbaren, die in der Vereinbarung nach Satz 1 zu beachten sind.

(2) [1]Sofern keine Einigung über die Durchführung eines Modellvorhabens erzielt wird, kann jede Vertragspartei das Schiedsgremium nach

den Sätzen 2 und 3 zur Festsetzung des Inhalts einer Vereinbarung nach Absatz 1 anrufen. [2]Das Schiedsgremium wird von den in Absatz 1 Satz 1 genannten Beteiligten gebildet. [3]§ 89a Absatz 3 bis 10 sowie die Rechtsverordnung nach § 89a Absatz 11 gelten entsprechend. [4]Die Festsetzung soll unterbleiben, wenn in dem Bezirk einer anderen Kassenärztlichen Vereinigung bereits ein Modellvorhaben vereinbart wurde.

§ 64b
Modellvorhaben zur Versorgung psychisch kranker Menschen

(1) [1]Gegenstand von Modellvorhaben nach § 63 Absatz 1 oder 2 kann auch die Weiterentwicklung der Versorgung psychisch kranker Menschen sein, die auf eine Verbesserung der Patientenversorgung oder der sektorenübergreifenden Leistungserbringung ausgerichtet ist, einschließlich der komplexen psychiatrischen Behandlung im häuslichen Umfeld. [2]In jedem Land soll unter besonderer Berücksichtigung der Kinder- und Jugendpsychiatrie mindestens ein Modellvorhaben nach Satz 1 durchgeführt werden; dabei kann ein Modellvorhaben auf mehrere Länder erstreckt werden. [3]Eine bestehende Verpflichtung der Leistungserbringer zur Versorgung bleibt unberührt. [4]§ 63 Absatz 3 ist für Modellvorhaben nach Satz 1 mit der Maßgabe anzuwenden, dass von den Vorgaben der §§ 295, 300, 301 und 302 sowie des § 17d Absatz 9 des Krankenhausfinanzierungsgesetzes nicht abgewichen werden darf. [5]§ 63 Absatz 5 Satz 1 gilt nicht. [6]Die Meldung nach Absatz 3 Satz 2 hat vor der Vereinbarung zu erfolgen.

(2) [1]Die Modellvorhaben nach Absatz 1 sind im Regelfall auf längstens 15 Jahre zu befristen. [2]Unter Vorlage des Berichts nach § 65 können die Krankenkassen und die Vertragsparteien bei den zuständigen Aufsichtsbehörden eine Verlängerung beantragen.

(3) [1]Dem DRG-Institut der Selbstverwaltungspartner nach § 17b Absatz 2 des Krankenhausfinanzierungsgesetzes sind neben den nach § 21 des Krankenhausentgeltgesetzes zu übermittelnden Daten von den Vertragsparteien des Modellvorhabens insbesondere auch Informationen zur vereinbarten Art und Anzahl der Patientinnen und Patienten, zu spezifischen Leistungsinhalten und den der verhandelten Vergütungen zugrunde gelegten Kosten sowie zu strukturellen Merkmalen des jeweiligen Modellvorhabens einschließlich der Auswertung nach § 65 mitzuteilen. [2]Über Art und Umfang der zu meldenden Daten sowie zur Meldung von Modellvorhaben beim DRG-Institut schließen die Selbstverwaltungspartner nach § 17b Absatz 2 des Krankenhausfinanzierungsgesetzes bis zum 31. Dezember 2012 eine Vereinbarung. [3]§ 21 Absatz 4, 5 Satz 1 und 2 sowie Absatz 6 des Krankenhausentgeltgesetzes ist für die Vereinbarung und die Datenübermittlung entsprechend anzuwenden. [4]Für die Finanzierung der Aufgaben des DRG-Instituts gilt § 17d Absatz 5 des Krankenhausfinanzierungsgesetzes entsprechend.

(4) Private Krankenversicherungen und der Verband der privaten Krankenversicherung können sich an Modellvorhaben nach Absatz 1 und deren Finanzierung beteiligen.

§ 64c
Modellvorhaben zum Screening auf 4MRGN

(1) [1]Die in § 115 Absatz 1 Satz 1 genannten Vertragspartner vereinbaren gemeinsam und einheitlich im Einvernehmen mit dem Robert Koch-Institut die Durchführung eines Modellvorhabens nach § 63, um Erkenntnisse zur Effektivität und zum Aufwand eines Screenings auf 4MRGN (Multiresistente gramnegative Stäbchen mit einer Resistenz gegen vier der vier Antibiotikagruppen) im Vorfeld eines planbaren Krankenhausaufenthaltes zu gewinnen. [2]Das Modellvorhaben ist insbesondere auf die Risikopersonen nach Maßgabe der Empfehlungen der Kommission für Krankenhaushygiene und Infektionsprävention auszurichten. [3]Die Kassenärztlichen Vereinigungen verständigen sich auf die Durchführung eines Modellvorhabens in mindestens einer Kassenärztlichen Vereinigung. [4]Soweit eine überbezirkliche Versorgung besteht, soll das Modellvorhaben in den betroffenen Kassenärztlichen Vereinigungen gemeinsam durchgeführt werden. [5]Das Modellvorhaben kann in mehreren Kassenärztlichen Vereinigungen durchgeführt werden, insbesondere um ausreichende Fallzahlen zu gewährleisten und um regionale Unterschiede in der Bevölkerungsstruktur zu berücksichtigen. [6]§ 65 gilt mit der Maßgabe, dass die wissenschaftliche Begleitung und Auswertung des Modellvorhabens im Einvernehmen mit dem Robert Koch-Institut zu erfolgen hat.

(2) [1]Sofern keine Einigung über die Durchführung eines Modellvorhabens nach Absatz 1 erzielt wird, kann jede Vertragspartei das zuständige sektorenübergreifende Schiedsgremium gemäß § 89a

anrufen. [2]Die Anrufung des Schiedsgremiums soll unterbleiben, wenn in einer anderen Kassenärztlichen Vereinigung bereits ein Modellvorhaben nach Absatz 1 vereinbart wurde, keine überbezirkliche Versorgung besteht oder eine Durchführung eines Modellvorhabens in mehreren Kassenärztlichen Vereinigungen aus wissenschaftlichen Gründen nicht erforderlich ist.

§ 64d
Verpflichtende Durchführung von Modellvorhaben zur Übertragung ärztlicher Tätigkeiten

(1) [1]Die Landesverbände der Krankenkassen und die Ersatzkassen führen gemeinsam in jedem Bundesland mindestens ein Modellvorhaben nach § 63 zur Übertragung von ärztlichen Tätigkeiten, bei denen es sich um selbstständige Ausübung von Heilkunde handelt, auf Pflegefachkräfte mit einer Zusatzqualifikation nach § 14 des Pflegeberufegesetzes im Wege der Vereinbarung nach Maßgabe des Rahmenvertrages nach Satz 4 durch. [2]In den Modellvorhaben sind auch Standards für die interprofessionelle Zusammenarbeit zu entwickeln. [3]Die Vorhaben beginnen spätestens am 1. Januar 2023. [4]Die Spitzenorganisationen nach § 132a Absatz 1 Satz 1 und die Kassenärztliche Bundesvereinigung legen in einem Rahmenvertrag die Einzelheiten bis zum 31. März 2022 fest. [5]Bis zum 31. Dezember 2022 sind in dem Rahmenvertrag nach Satz 4 unter vertraglicher Beteiligung der Vereinigungen der Träger von Pflegeheimen Regelungen für eine Durchführung von Modellvorhaben nach Satz 1 in Pflegeheimen im Sinne des § 71 Absatz 2 des Elften Buches zu treffen, die eine Teilnahme von Pflegeheimen an Modellvorhaben spätestens ab dem 1. April 2023 ermöglichen. [6]Der Bundespflegekammer und den Verbänden der Pflegeberufe auf Bundesebene und der Bundesärztekammer ist vor Abschluss des Rahmenvertrages Gelegenheit zur Stellungnahme zu geben.

(2) [1]In dem Rahmenvertrag nach Absatz 1 Satz 4 und 5 ist insbesondere folgendes festzulegen:

1. ein Katalog der ärztlichen Tätigkeiten, die von Pflegefachkräften nach Absatz 1 Satz 1 unter Berücksichtigung der von der Fachkommission nach § 53 des Pflegeberufegesetzes entwickelten, standardisierten Module nach § 14 Absatz 4 des Pflegeberufegesetzes selbständig durchgeführt werden können,
2. Vereinbarungen zur ausgewogenen Berücksichtigung aller Versorgungsbereiche bei der Durchführung von Modellvorhaben,
3. einheitliche Vorgaben zur Abrechnung und zu Maßnahmen zur Sicherstellung der Wirtschaftlichkeit,
4. Rahmenvorgaben für die interprofessionelle Zusammenarbeit.

[2]Kommt der Rahmenvertrag nicht innerhalb der Frist nach Absatz 1 Satz 4 oder Satz 5 zustande, wird der Inhalt des Rahmenvertrages durch eine von den Vertragspartnern zu bestimmende unabhängige Schiedsperson innerhalb von drei Monaten auf Antrag einer der Vertragspartner oder des Bundesministeriums für Gesundheit festgelegt. [3]Einigen sich die Vertragspartner nicht auf eine Schiedsperson, so wird diese vom Bundesamt für Soziale Sicherung bestimmt. [4]Die Kosten des Schiedsverfahrens tragen die Vertragspartner zu gleichen Teilen.

(3) [1]Die Modellvorhaben sind längstens auf vier Jahre zu befristen. [2]§ 65 gilt mit der Maßgabe, dass der Evaluationsbericht einen Vorschlag zur Übernahme in die Regelversorgung enthalten muss. [3]Nach Ablauf der Befristung und bis zur Vorlage des Evaluationsberichts können die Beteiligten nach Absatz 1 Satz 1 und 5 das Modellvorhaben auf Grundlage eines Vertrages über eine besondere Versorgung der Versicherten nach § 140a fortführen. [4]Enthält der Evaluationsbericht einen Vorschlag, der die Übernahme in die Regelversorgung empfiehlt, können die Beteiligten nach Absatz 1 Satz 1 und 5 das Modellvorhaben im Rahmen eines Vertrages über eine besondere Versorgung der Versicherten nach § 140a fortführen.

§ 64e
Modellvorhaben zur umfassenden Diagnostik und Therapiefindung mittels Genomsequenzierung bei seltenen und bei onkologischen Erkrankungen, Verordnungsermächtigung

(1) [1]Der Spitzenverband Bund der Krankenkassen schließt bis zum 1. Januar 2024 mit den Leistungserbringern, deren Berechtigung zur Teilnahme am Modellvorhaben nach Absatz 4 Satz 2 festgestellt worden ist, mit bindender Wirkung für die Krankenkassen einen einheitlichen Vertrag zur Durchführung eines Modellvorhabens zur umfassenden Diagnostik und Therapiefindung mittels einer Genomsequenzierung bei seltenen und bei

onkologischen Erkrankungen. [2]Die Laufzeit des Modellvorhabens beträgt abweichend von § 63 Absatz 5 mindestens fünf Jahre. [3]Vor Abschluss des Vertrages ist der Deutschen Krankenhausgesellschaft Gelegenheit zur Stellungnahme zu geben. [4]Der Verband der Privaten Krankenversicherung kann dem Vertrag durch Mitteilung an den Spitzenverband Bund der Krankenkassen und an die Leistungserbringer nach Satz 1 beitreten. [5]Eine Kündigung des Vertrages durch den Verband der Privaten Krankenversicherung muss gegenüber dem Spitzenverband Bund der Krankenkassen und den Leistungserbringern nach Satz 1 erklärt werden. [6]Eine Kündigung des Vertrages durch einen Leistungserbringer muss gegenüber dem Spitzenverband Bund der Krankenkassen und dem Verband der Privaten Krankenversicherung, sofern dieser dem Vertrag beigetreten ist, erfolgen. [7]Die Kündigung nach den Sätzen 5 oder 6 berührt die Wirksamkeit des Vertrages für die übrigen Vertragspartner nicht. [8]Leistungserbringer, deren Berechtigung zur Teilnahme am Modellvorhaben nach Absatz 4 Satz 2 nach Abschluss des Vertrages nach Satz 1 festgestellt worden ist, können dem Vertrag beitreten, indem sie ihren Beitritt gegenüber dem Spitzenverband Bund der Krankenkassen erklären.

(2) [1]Das Modellvorhaben umfasst eine einheitliche, qualitätsgesicherte und standardisierte und nach dem Stand von Wissenschaft und Technik zu erbringende Diagnostik und eine personalisierte Therapiefindung mittels einer Genomsequenzierung bei dem Versicherten, der nach Absatz 5 an dem Modellvorhaben teilnimmt, bei seltenen oder bei onkologischen Erkrankungen. [2]Die Leistung ist unter Beachtung des Gendiagnostikgesetzes und datenschutzrechtlicher Vorgaben zu erbringen und umfasst insbesondere

1. die sachgerechte und soweit möglich an evidenzbasierten Leitlinien orientierte Prüfung der Indikationsstellung für die Genomsequenzierung und Erwägung anderer diagnostischer oder therapeutischer Möglichkeiten in multidisziplinären Fallkonferenzen, bei der alle für den jeweiligen Fall relevanten medizinischen Fachgebiete vertreten sind,
2. die standardisierte Phänotypisierung,
3. die Sequenzierung, die auch parallele Untersuchungen aller kodierenden Abschnitte umfassen kann,
4. die bioinformatische Auswertung,
5. die klinische Interpretation,
6. die Befundmitteilung nach Durchführung der Sequenzierung sowie
7. die Durchführung einheitlicher Reevaluationszyklen.

[3]Zusätzlich zur Genomsequenzierung des Versicherten kann ein Teil der Diagnostik die Genomsequenzierung eines biologischen Elternteils oder beider biologischen Elternteile des Versicherten sein, wenn der biologische Elternteil oder beide biologische Elternteile darin einwilligen. [4]Die Genomsequenzierung nach Satz 3 soll in einer multidisziplinären Fallkonferenz nach Satz 2 Nummer 1 beschlossen werden, wenn sie erforderlich ist, um die Diagnostik des Versicherten zu ermöglichen oder wesentlich zu verbessern. [5]Die Genomsequenzierung nach Satz 3 umfasst die in Satz 2 Nummer 2 bis 5 genannten Maßnahmen sowie die Leistungen, die zur Gewinnung des notwendigen Probenmaterials erforderlich sind. [6]Zuständig für die Maßnahmen und Leistungen nach Satz 5 ist die Krankenkasse des am Modellvorhaben teilnehmenden Versicherten. [7]Die im Rahmen der Diagnostik und Therapiefindung erhobenen Daten sind von den Leistungserbringern innerhalb von drei Monaten in der Dateninfrastruktur nach Absatz 9 zu dokumentieren.

(3) [1]Zur Teilnahme an dem Modellvorhaben berechtigte Leistungserbringer sind:

1. Krankenhäuser, insbesondere Hochschulkliniken, die über ein Zentrum für seltene oder onkologische Erkrankungen verfügen, das die Qualitätsanforderungen in Anlage 1 oder 2 des Beschlusses des Gemeinsamen Bundesausschusses über die Erstfassung der Regelungen zur Konkretisierung der besonderen Aufgaben von Zentren und Schwerpunkten gemäß § 136c Absatz 5 erfüllt oder
2. in Netzwerken organisierte onkologische Zentren, insbesondere das Deutsche Netzwerk für Personalisierte Medizin, das Nationale Netzwerk Genomische Medizin Lungenkrebs, das Deutsche Konsortium Familiärer Brust- und Eierstockkrebs, das Deutsche Konsortium für Translationale Krebsforschung und das Nationale Centrum für Tumorerkrankungen.

[2]Die Ausweisung und Festlegung als Zentrum oder eine gleichartige Festlegung durch die zuständige Landesbehörde im Einzelfall gegenüber dem Krankenhaus wird nicht vorausgesetzt. [3]Maßgeblich für die Teilnahme am Modellprojekt ist eine

therapie- oder maßnahmenbegleitende Datenerhebung, die eine Evaluation und gegebenenfalls Anpassung der empfohlenen Therapien und Maßnahmen ermöglicht. [4]Die Leistungserbringer nach Satz 1 müssen über ein qualitätsgesichertes, interdisziplinäres und multiprofessionelles Versorgungsangebot verfügen sowie die Aufgaben zur Diagnostik und Therapiefindung nach Absatz 2 übernehmen. [5]Eine Teilnahme des Leistungserbringers an multidisziplinären Fallkonferenzen im Bereich der Diagnostik von seltenen oder von onkologischen Erkrankungen ist nachzuweisen. [6]Die Deutsche Krankenhausgesellschaft teilt dem Spitzenverband Bund der Krankenkassen Empfehlungen für die Konkretisierung der in den Sätzen 1 bis 5 genannten Anforderungen sowie für weitere geeignete Voraussetzungen für die Teilnahme der Leistungserbringer nach Satz 1 am Modellvorhaben mit, die bei der Prüfung nach Absatz 4 Satz 2 berücksichtigt werden sollen. [7]Der Spitzenverband Bund der Krankenkassen hat die anzuwendenden Empfehlungen zu veröffentlichen und der Deutschen Krankenhausgesellschaft gegenüber zu begründen, wenn Empfehlungen nicht angewendet werden.

(4) [1]Die Teilnahme der Leistungserbringer an dem Modellvorhaben kann bei dem Spitzenverband Bund der Krankenkassen unter Nachweis der Erfüllung der Voraussetzungen nach Absatz 3 beantragt werden. [2]Der Spitzenverband Bund der Krankenkassen prüft das Vorliegen der Voraussetzungen nach Absatz 3 und entscheidet durch Verwaltungsakt über die Berechtigung des antragstellenden Leistungserbringers zur Teilnahme an dem Modellvorhaben. [3]Wenn weitere Unterlagen erforderlich sind, um über den Antrag abschließend entscheiden zu können, fordert der Spitzenverband Bund der Krankenkassen diese Unterlagen von dem Leistungserbringer an. [4]Der Spitzenverband Bund der Krankenkassen veröffentlicht die zur Teilnahme am Modellvorhaben berechtigten Leistungserbringer namentlich auf seiner Internetseite. [5]Die Leistungserbringer haben mit dem Antrag auf Teilnahme der Veröffentlichung nach Satz 4 zuzustimmen.

(5) [1]Versicherte können an dem Modellvorhaben teilnehmen, wenn

1. eine Diagnose einer seltenen oder einer onkologischen Erkrankung vorliegt oder abgeklärt werden soll, die einer nach Absatz 7 Satz 1 Nummer 1 vereinbarten Indikation entspricht,
2. auf Grund des bisherigen Behandlungsverlaufs die Teilnahme an dem Modellvorhaben empfohlen wird von
   a) dem Leistungserbringer, der den Versicherten behandelt, oder
   b) einem Leistungserbringer, dessen Berechtigung zur Teilnahme am Modellvorhaben nach Absatz 4 Satz 2 festgestellt worden ist.

[2]Die Teilnahme am Modellvorhaben ist dann zu empfehlen, wenn von einer Genomsequenzierung nach dem Stand der Wissenschaft und Technik wesentliche Erkenntnisse in Bezug auf die Diagnose oder ein klinisch relevanter Mehrwert für die Behandlung des Versicherten zu erwarten ist. [3]Die Empfehlung zur Teilnahme nach Satz 1 Nummer 2 Ziffer b soll durch mindestens eine multidisziplinäre Fallkonferenz, die durch den Leistungserbringer nach Satz 1 Nummer 2 einberufen wird, bestätigt werden. [4]Eine den Vorgaben nach Absatz 7 Satz 1 Nummer 2 entsprechende Information über den bisherigen Behandlungsverlauf durch den behandelnden Leistungserbringer an den am Modellvorhaben teilnehmenden Leistungserbringer sowie eine Information über die durch Diagnostik und Therapiefindung gewonnenen Erkenntnisse durch den am Modellvorhaben teilnehmenden Leistungserbringer an den behandelnden Leistungserbringer ist sicherzustellen.

(6) [1]Die Leistungserbringer, die Vertragspartner nach Absatz 1 Satz 1 sind, dürfen die für die in den Absätzen 2 und 10 Satz 3 genannten Zwecke erforderlichen personenbezogenen Daten nur mit ausdrücklicher schriftlicher oder elektronischer Einwilligung und nach vorheriger ärztlicher Aufklärung und Beratung der Versicherten unter Beachtung europäischer und nationaler datenschutzrechtlicher Vorgaben, insbesondere der Rechte der betroffenen Person nach den Artikeln 12 bis 22 der Verordnung (EU) 2016/679 des Europäischen Parlaments und des Rates vom 27. April 2016 zum Schutz natürlicher Personen bei der Verarbeitung personenbezogener Daten, zum freien Datenverkehr und zur Aufhebung der Richtlinie 95/46/EG (Datenschutz-Grundverordnung) (ABl. L 119 vom 4.5.2016, S. 1; L 314 vom 22.11.2016, S. 72; L 127 vom 23.5.2018, S. 2; L 74 vom 4.3.2021, S. 35) in der jeweils geltenden Fassung, verarbeiten. [2]Satz 1 gilt bei einer Genomsequenzierung nach Absatz 2 Satz 3 für einen biologischen Elternteil oder für beide biologischen Elternteile entsprechend.

(7) [1]In dem Vertrag nach Absatz 1 Satz 1 haben die Vertragspartner insbesondere Vereinbarungen zu treffen über

1. die Indikationen in den Bereichen seltener und onkologischer Erkrankungen, bei denen klinische oder wissenschaftliche Hinweise zu einem Einfluss individueller und genetischer Informationen auf die Diagnose und die Therapieentscheidung vorliegen,
2. die Informationspflichten nach Absatz 5 Satz 4,
3. die Voraussetzungen zur Beendigung der umfassenden Diagnostik und der Therapiefindung im Modellvorhaben, der Rücküberweisung des Versicherten zur weiteren Behandlung im Rahmen der Regelversorgung in die ambulante oder stationäre Versorgung sowie über die Möglichkeit für die Versicherten, weiterhin kontinuierliche Reevaluation nach Absatz 2 Satz 2 Nummer 7 im Rahmen des Modellvorhabens in Anspruch zu nehmen, deren Ergebnisse bei der Behandlung in der Regelversorgung zu berücksichtigen sind,
4. zusätzliche Qualitätsanforderungen für die Leistungserbringer, die die Qualität der zu erbringenden Leistungen und die Sicherheit der Versicherten gewährleisten,
5. Anforderungen an die Koordination und Strukturierung der Abläufe bei den Leistungserbringern einschließlich Festlegungen zu Reevaluationszyklen sowie über die aktive Kooperation der Leistungserbringer in einem Netzwerk,
6. die datenschutzkonforme, barrierefreie einheitliche Ausgestaltung der Einwilligung der Versicherten nach Absatz 6; dies hat im Einvernehmen mit dem Bundesbeauftragten für den Datenschutz und die Informationsfreiheit sowie der Beauftragten der Bundesregierung für die Belange der Patientinnen und Patienten zu erfolgen,
7. Möglichkeiten zur Kooperation der am Modellvorhaben teilnehmenden Leistungserbringer im Hinblick auf die Erbringung von in Absatz 2 Satz 2 genannten Leistungen und Maßnahmen,
8. einheitliche Vorgaben für die Vergütung für die im Rahmen dieses Modellvorhabens zu erbringenden Leistungen,
9. Maßnahmen zur Sicherstellung der Wirtschaftlichkeit der im Rahmen dieses Modellvorhabens zu erbringenden Leistungen,
10. die Sicherstellung der Anbindung der Leistungserbringer an die Dateninfrastruktur nach den Absätzen 9 bis 12 und die Ausgestaltung und Unterzeichnung einer Vereinbarung über die Nutzung der Dateninfrastruktur durch die Leistungserbringer,
11. Maßnahmen zur Zusammenführung der im Rahmen der Diagnostik und Therapiefindung erhobenen Daten von allen an dem Modellvorhaben teilnehmenden Leistungserbringern in der Dateninfrastruktur nach den Absätzen 9 bis 12,
12. Maßnahmen, die sicherstellen, dass die in der Dateninfrastruktur nach den Absätzen 9 bis 12 enthaltenen Daten nur im Rahmen dieses Modellvorhabens genutzt werden und
13. die Folgen einer Kündigung eines Leistungserbringers insbesondere im Hinblick auf den Umgang mit den durch diesen Leistungserbringer bereits generierten Daten.

[2]Der Vertrag ist nach dem Stand von Wissenschaft und Technik zu schließen. [3]Der Vertrag ist von den Vertragspartnern der Fortentwicklung des Standes von Wissenschaft und Technik anzupassen oder, wenn sich aus den Zwischenberichten nach Absatz 13 Satz 3 ein Anpassungsbedarf ergibt. [4]Abweichend von Absatz 1 Satz 3 ist mit der Deutschen Krankenhausgesellschaft bezüglich der in Satz 1 Nummer 2 und 3 genannten Vertragsinhalte Einvernehmen herzustellen. [5]Die nach der aufgrund des § 140g erlassenen Rechtsverordnung anerkannten Organisationen sind vor dem Abschluss des Vertrages nach Absatz 1 Satz 1 anzuhören. [6]Die Organisationen benennen hierzu sachkundige Personen. [7]§ 116b Absatz 6 Satz 13 bis 15 gilt entsprechend mit der Maßgabe, dass die morbiditätsbedingte Gesamtvergütung um die Leistungen zu bereinigen ist, die im Rahmen des Modellvorhabens nach Absatz 2 erbracht werden. [8]Für die Vergütung der Leistungen, die durch die Leistungserbringer, deren Berechtigung zur Teilnahme am Modellvorhaben nach Absatz 4 Satz 2 festgestellt worden ist, im Rahmen des Modellvorhabens erbracht werden, gilt § 120 Absatz 2 Satz 1 entsprechend. [9]§ 136c Absatz 5 Satz 3 und § 140a Absatz 2 Satz 7 gelten entsprechend.

(8) [1]Kommt ein Vertrag nach Absatz 1 Satz 1 ganz oder teilweise nicht bis zum 1. Januar 2024 zu Stande, wird der Vertragsinhalt von einer von den Vertragsparteien gemeinsam zu benennenden unabhängigen Schiedsperson innerhalb von drei Monaten festgelegt. [2]Kann das nach Absatz 7 Satz 4 erforderliche Einvernehmen nicht hergestellt werden, legt die Schiedsperson nach Anhörung der Deutschen Krankenhausgesellschaft die in Absatz 7 Satz 1 Nummer 2 und 3 genannten Vertragsinhalte fest. [3]Die Kosten des Schiedsverfahrens tragen der Spitzenverband Bund der Krankenkassen und die Gesamtheit der Leistungserbringer, deren Berechtigung zur Teilnahme am Modellvorhaben nach Absatz 4 Satz 2 festgestellt worden ist, je zur Hälfte. [4]Klagen, die die Festlegung des Vertragsinhalts betreffen, sind gegen eine der beiden Vertragsparteien, nicht gegen die Schiedsperson, zu richten.

(9) [1]Die Aufgaben der Datenverarbeitung im Rahmen des Modellvorhabens werden von der Vertrauensstelle und dem Träger der Dateninfrastruktur wahrgenommen. [2]Die Aufgaben der Vertrauensstelle werden durch das Robert Koch-Institut, die Aufgaben des Trägers der Dateninfrastruktur durch das Bundesinstitut für Arzneimittel und Medizinprodukte wahrgenommen. [3]Der Träger der Dateninfrastruktur und die Vertrauensstelle unterliegen dem Sozialgeheimnis nach § 35 des Ersten Buches und unterstehen der Rechtsaufsicht des Bundesministeriums für Gesundheit. [4]Der Träger der Dateninfrastruktur und die Vertrauensstelle müssen durch die Qualifikation ihrer Mitarbeiterinnen und Mitarbeiter sowie durch ihre räumliche, sachliche und technische Ausstattung gewährleisten, dass sie die ihnen übertragenen Aufgaben erfüllen können. [5]Die Leistungserbringer, die Vertragspartner nach Absatz 1 Satz 1 sind, übermitteln für die in Absatz 10 Satz 3 genannten Zwecke für jeden teilnehmenden Versicherten die folgenden verschlüsselten Daten jeweils in Verbindung mit einer Arbeitsnummer an den Träger der Dateninfrastruktur:

1. Angaben zu Alter, Geschlecht und Kreisschlüssel,
2. die Daten der Genomsequenzierung,
3. die Daten der Phänotypisierung und
4. Daten zum Behandlungsverlauf.

[6]Die Leistungserbringer, die Vertragspartner nach Absatz 1 Satz 1 sind, übermitteln die Arbeitsnummer und die Krankenversichertennummer im Sinne des § 290 an die Vertrauensstelle. [7]Die Vertrauensstelle überführt die ihr nach Satz 6 übermittelten Krankenversichertennummern nach einem einheitlich anzuwendenden Verfahren in periodenübergreifende Pseudonyme. [8]Die Vertrauensstelle hat im Einvernehmen mit dem Bundesamt für Sicherheit in der Informationstechnik ein schlüsselabhängiges Verfahren zur Pseudonymisierung festzulegen, das dem jeweiligen Stand der Wissenschaft und Technik entspricht. [9]Das Verfahren zur Pseudonymisierung ist so zu gestalten, dass für die jeweilige Krankenversichertennummern eines jeden Versicherten periodenübergreifend immer das gleiche Pseudonym erstellt wird, aus dem Pseudonym aber nicht auf die Arbeitsnummer oder die Identität des Versicherten geschlossen werden kann. [10]Die Vertrauensstelle übermittelt dem Träger der Dateninfrastruktur die periodenübergreifenden Pseudonyme mit den dazugehörigen Arbeitsnummern. [11]Mit dem periodenübergreifenden Pseudonym und der bereits übersandten Arbeitsnummer verknüpft der Träger der Dateninfrastruktur die freigegebenen Daten mit den im Träger der Dateninfrastruktur vorliegenden Daten vorheriger Übermittlungen. [12]Nach der Übermittlung hat sie die Arbeitsnummern, die Krankenversichertennummern sowie die periodenübergreifenden Pseudonyme zu löschen.

(10) [1]Der Träger der Dateninfrastruktur nach Absatz 9 Satz 2 hat folgende Aufgaben:

1. die ihm von den Leistungserbringern übermittelten Daten für die Auswertung für Zwecke nach Satz 3 qualitätsgesichert aufzubereiten,
2. Qualitätssicherungen der Daten vorzunehmen,
3. Anträge auf Datennutzung zu prüfen,
4. das spezifische Reidentifikationsrisiko in Bezug auf die durch Nutzungsberechtigte nach Absatz 11 beantragten Daten zu bewerten und unter angemessener Wahrung des angestrebten wissenschaftlichen Nutzens durch geeignete Maßnahmen zu minimieren,
5. die beantragten Daten den Nutzungsberechtigten nach Absatz 11 Satz 1 zugänglich zu machen und
6. die wissenschaftliche Erschließung der Daten zu fördern.

[2]Der Träger der Dateninfrastruktur hat die versichertenbezogenen Einzeldatensätze spätestens nach 30 Jahren zu löschen. [3]Der Träger der Da-

teninfrastruktur macht die ihm von den Leistungserbringern übermittelten Daten den Nutzungsberechtigten auf Antrag in anonymisierter und aggregierter Form zugänglich, soweit die beantragten Daten geeignet und erforderlich sind zur

1. Verbesserung der Versorgung im Zusammenhang mit personalisierten und standardisierten Therapien und Diagnostika mittels einer Genomsequenzierung
2. Qualitätssicherung oder
3. wissenschaftlichen Forschung.

[4]Der Träger der Dateninfrastruktur kann einem Nutzungsberechtigten entsprechend seinen Anforderungen auch pseudonymisierte Einzeldatensätze bereitstellen, wenn der antragstellende Nutzungsberechtigte nachvollziehbar darlegt, dass die Nutzung der pseudonymisierten Einzeldatensätze für einen nach Satz 3 zulässigen Nutzungszweck erforderlich ist. [5]Der Träger der Dateninfrastruktur stellt einem Nutzungsberechtigten die pseudonymisierten Einzeldatensätze ohne Sichtbarmachung der Pseudonyme für die Verarbeitung unter Kontrolle des Trägers der Dateninfrastruktur bereit, soweit

1. gewährleistet ist, dass diese Daten nur solchen Personen bereitgestellt werden, die einer Geheimhaltungspflicht nach § 203 des Strafgesetzbuches unterliegen, und
2. durch geeignete technische und organisatorische Maßnahmen sichergestellt wird, dass die Verarbeitung durch den Nutzungsberechtigten auf das erforderliche Maß beschränkt und insbesondere ein Kopieren der Daten verhindert werden kann.

[6]Personen, die nicht der Geheimhaltungspflicht nach § 203 des Strafgesetzbuches unterliegen, können pseudonymisierte Einzeldatensätze nach Satz 4 bereitgestellt werden, wenn sie vor dem Zugang zur Geheimhaltung verpflichtet wurden. [7]§ 1 Absatz 2, 3 und 4 Nummer 2 des Verpflichtungsgesetzes gilt entsprechend.

(11) [1]Nutzungsberechtigte sind die Leistungserbringer, die Vertragspartner nach Absatz 1 Satz 1 sind, Hochschulen, die nach landesrechtlichen Vorschriften anerkannten Hochschulkliniken, öffentlich geförderte außeruniversitäre Forschungseinrichtungen und sonstige öffentliche Einrichtungen mit der Aufgabe unabhängiger wissenschaftlicher Forschung, sofern die Daten wissenschaftlichen Vorhaben dienen. [2]Die Nutzungsberechtigten dürfen die nach Absatz 10 Satz 3 und 4 zugänglich gemachten Daten

1. nur für die Zwecke nutzen, für die sie zugänglich gemacht werden und
2. nicht an Dritte weitergeben, es sei denn, der Träger der Dateninfrastruktur genehmigt auf Antrag eine Weitergabe an einen Dritten im Rahmen eines nach Absatz 10 Satz 3 zulässigen Nutzungszwecks.

[3]Die Nutzungsberechtigten haben bei der Verarbeitung der nach Absatz 10 Satz 3 und 4 zugänglich gemachten Daten darauf zu achten, keinen Bezug zu Personen, Leistungserbringern oder Leistungsträgern herzustellen. [4]Wird ein Bezug zu Personen, Leistungserbringern oder Leistungsträgern unbeabsichtigt hergestellt, so ist dies dem Träger der Dateninfrastruktur zu melden. [5]Die Verarbeitung der bereitgestellten Daten zum Zwecke der Herstellung eines Personenbezugs, zum Zwecke der Identifizierung von Leistungserbringern oder Leistungsträgern sowie zum Zwecke der bewussten Verschaffung von Kenntnissen über fremde Betriebs- und Geschäftsgeheimnisse ist untersagt. [6]Wenn die zuständige Datenschutzaufsichtsbehörde feststellt, dass Nutzungsberechtigte die vom Träger der Dateninfrastruktur nach Absatz 10 Satz 3 und 4 zugänglich gemachten Daten in einer Art und Weise verarbeitet haben, die nicht den geltenden datenschutzrechtlichen Vorschriften oder den Auflagen des Trägers der Dateninfrastruktur entspricht, und wegen eines solchen Verstoßes eine Maßnahme nach Artikel 58 Absatz 2 Buchstabe b bis j der Verordnung (EU) 2016/679 gegenüber dem Nutzungsberechtigten ergriffen hat, informiert sie den Träger der Dateninfrastruktur. [7]In diesem Fall schließt der Träger der Dateninfrastruktur den Nutzungsberechtigten für einen Zeitraum von bis zu zwei Jahren vom Datenzugang aus.

(12) Das Bundesministerium für Gesundheit bestimmt durch Rechtsverordnung mit Zustimmung des Bundesrates das Nähere

1. zu näheren Bestimmungen zu Art und Umfang der nach den Absätzen 9 und 10 zu übermittelnden Daten und zu den Fristen der Datenübermittlung,
2. zur Datenverarbeitung durch die Leistungserbringer,

3. zum Verfahren der Pseudonymisierung der Versichertendaten durch die Leistungserbringer,
4. zur technischen Ausgestaltung der Datenübermittlung nach den Absätzen 9 und 10 und
5. zur Evaluation des Modellvorhabens.

(13) [1]§ 65 gilt mit der Maßgabe, dass der Bericht über die Ergebnisse der Auswertungen einen Vorschlag zur Übernahme der Leistungen des Modellvorhabens in die Regelversorgung enthalten muss. [2]Nach Ablauf der Laufzeit nach Absatz 1 Satz 2 und bis zur Vorlage des Berichts über die Ergebnisse der Auswertungen oder bis zu einer gesetzlichen Regelung zur Übernahme in die Regelversorgung können die Krankenkassen das Modellvorhaben auf Grundlage eines Vertrages nach § 140a fortführen. [3]Darüber hinaus hat der Spitzenverband Bund der Krankenkassen dem Bundesministerium für Gesundheit während der Laufzeit des Modellvorhabens jährlich ein Zwischenbericht der Evaluierung, der insbesondere die wissenschaftliche Auswertung der bis dahin vorliegenden Ergebnisse enthält, vorzulegen.

(14) [1]Der Spitzenverband Bund der Krankenkassen hat den Vertrag nach Absatz 1 Satz 1 dem Bundesministerium für Gesundheit zur Genehmigung vorzulegen. [2]Die Genehmigung gilt als erteilt, wenn das Bundesministerium für Gesundheit sie nicht innerhalb von zwei Monaten nach Vorlage des Vertrages ganz oder teilweise versagt. [3]Im Rahmen der Prüfung kann das Bundesministerium für Gesundheit vom Spitzenverband Bund der Krankenkassen zusätzliche Informationen, die dem Vertragsschluss zugrunde lagen, sowie ergänzende Stellungnahmen anfordern; bis zum Eingang der Auskünfte ist der Ablauf der Frist nach Satz 2 gehemmt. [4]Bereits während der laufenden Vertragsverhandlungen ist das Bundesministerium für Gesundheit berechtigt, Auskunft über den Stand der Verhandlungen zu verlangen und sich hierzu relevante Unterlagen vorlegen zu lassen. [5]Es ist berechtigt, an den Verhandlungen zwischen den Vertragsparteien nach Absatz 1 Satz 1 teilzunehmen. [6]Über die jeweiligen Verhandlungstermine hat der Spitzenverband Bund der Krankenkassen das Bundesministerium für Gesundheit frühzeitig zu informieren.

(15) Die Vorschriften des Gendiagnostikgesetzes, insbesondere zur Aufklärung, Einwilligung und Mitteilung der Ergebnisse genetischer Untersuchungen und Analysen bleiben unberührt.

§ 65
Auswertung der Modellvorhaben

[1]Die Krankenkassen oder ihre Verbände haben eine wissenschaftliche Begleitung und Auswertung der Modellvorhaben im Hinblick auf die Erreichung der Ziele der Modellvorhaben nach § 63 Abs. 1 oder Abs. 2 nach allgemein anerkannten wissenschaftlichen Standards zu veranlassen. [2]Der von unabhängigen Sachverständigen zu erstellende Bericht über die Ergebnisse der Auswertung ist zu veröffentlichen.

§ 65a
Bonus für gesundheitsbewusstes Verhalten

(1) [1]Die Krankenkasse bestimmt in ihrer Satzung, unter welchen Voraussetzungen Versicherte, die Leistungen zur Erfassung von gesundheitlichen Risiken und Früherkennung von Krankheiten nach den §§ 25, 25a und 26 oder Leistungen für Schutzimpfungen nach § 20i in Anspruch nehmen, Anspruch auf einen Bonus haben, der zusätzlich zu der in § 62 Absatz 1 Satz 2 genannten abgesenkten Belastungsgrenze zu gewähren ist. [2]Um den Nachweis über das Vorliegen der Anspruchsvoraussetzungen nach Satz 1 führen zu können, dürfen Krankenkassen die nach § 284 Absatz 1 von ihnen rechtmäßig erhobenen und gespeicherten versichertenbezogenen Daten mit schriftlicher oder elektronischer Einwilligung der betroffenen Versicherten im erforderlichen Umfang verarbeiten.

(1a) [1]Die Krankenkasse soll in ihrer Satzung bestimmen, unter welchen Voraussetzungen Versicherte, die regelmäßig Leistungen der Krankenkassen zur verhaltensbezogenen Prävention nach § 20 Absatz 5 in Anspruch nehmen oder an vergleichbaren, qualitätsgesicherten Angeboten zur Förderung eines gesundheitsbewussten Verhaltens teilnehmen, Anspruch auf einen Bonus haben, der zusätzlich zu der in § 62 Absatz 1 Satz 2 genannten abgesenkten Belastungsgrenze zu gewähren ist. [2]Absatz 1 Satz 2 gilt entsprechend.

(2) Die Krankenkasse soll in ihrer Satzung auch vorsehen, dass bei Maßnahmen zur betrieblichen Gesundheitsförderung durch Arbeitgeber sowohl der Arbeitgeber als auch die teilnehmenden Versicherten einen Bonus erhalten.

(3) [1]Die Aufwendungen für Maßnahmen nach Absatz 1a müssen mittelfristig aus Einsparungen und Effizienzsteigerungen, die durch diese Maßnah-

men erzielt werden, finanziert werden. [2]Die Krankenkassen haben regelmäßig, mindestens alle drei Jahre, über diese Einsparungen gegenüber der zuständigen Aufsichtsbehörde Rechenschaft abzulegen. [3]Werden keine Einsparungen erzielt, dürfen keine Boni für die entsprechenden Versorgungsformen gewährt werden.

§ 65b Stiftung Unabhängige Patientenberatung Deutschland

(1) [1]Der Spitzenverband Bund der Krankenkassen muss eine rechtsfähige Stiftung bürgerlichen Rechts errichten; er hat dafür das notwendige Stiftungsvermögen bereitzustellen, das notwendige Stiftungsgeschäft zu tätigen und die Anerkennung der Stiftung zu beantragen. [2]Die Stiftung soll den Namen „Stiftung Unabhängige Patientenberatung Deutschland" tragen. [3]Die Stiftung soll ihre Informations- und Beratungstätigkeit am 1. Januar 2024 aufnehmen. [4]Zweck der Stiftung ist es, eine unabhängige, qualitätsgesicherte und kostenfreie Information und Beratung von Patientinnen und Patienten in gesundheitlichen und gesundheitsrechtlichen Fragen sicherzustellen. [5]Hierdurch sollen die Gesundheitskompetenz der Patientinnen und Patienten und die Patientenorientierung im Gesundheitswesen gestärkt und mögliche Problemlagen im Gesundheitssystem aufgezeigt werden. [6]Der Spitzenverband Bund der Krankenkassen soll den Inhalt des Stiftungsgeschäfts einschließlich der Bestimmung des Stiftungssitzes im Einvernehmen mit dem Bundesministerium für Gesundheit und im Benehmen mit der oder dem Beauftragten der Bundesregierung für die Belange der Patientinnen und Patienten festlegen.

(2) [1]Für die Erfüllung des Stiftungszwecks nach Absatz 1 Satz 4 betreibt die Stiftung bundesweit ein zentral organisiertes digitales und telefonisches Informations- und Beratungsangebot und hält in jedem Land regionale Informations- und Beratungsangebote vor. [2]Sie kann dazu mit anderen geeigneten Einrichtungen zusammenarbeiten. [3]Die Information und Beratung der Patientinnen und Patienten hat niedrigschwellig, bürgernah, barrierefrei, zielgruppengerecht und qualitätsgesichert zu erfolgen. [4]Die nähere Ausgestaltung des Beratungs- und Informationsangebots obliegt dem Stiftungsvorstand. [5]Für die Beratung in gesundheitsrechtlichen Fragen gilt § 6 Absatz 2 des Rechtsdienstleistungsgesetzes entsprechend.

(3) In der Stiftungssatzung sind als Organe der Stiftung vorzusehen:

1. der Stiftungsvorstand,
2. der Stiftungsrat und
3. der wissenschaftliche Beirat.

(4) [1]Geschäftsführendes Organ der Stiftung ist der Stiftungsvorstand. [2]Er besteht aus zwei Mitgliedern. [3]Sie werden durch den Stiftungsrat bestellt und abberufen. [4]Die Mitglieder des Stiftungsvorstands üben ihre Tätigkeit hauptamtlich aus; die Stiftungssatzung regelt insbesondere auch das Nähere zum Bewerbungsverfahren für die Gewinnung von Personen als Mitglieder des Stiftungsvorstands. [5]Die in der Verordnung nach § 140g genannten oder nach der Verordnung anerkannten Organisationen schlagen dem Stiftungsrat einvernehmlich zwei Personen zur Berufung in den Stiftungsvorstand vor. [6]Der Stiftungsrat kann den Vorschlag nur aus wichtigem Grund ablehnen. [7]Erfolgt innerhalb einer in der Stiftungssatzung festgelegten Frist kein einvernehmlicher Vorschlag, bestellt der Stiftungsrat die Mitglieder des Stiftungsvorstands, ohne an Vorschläge der in der Verordnung nach § 140g genannten oder nach der Verordnung anerkannten Organisationen gebunden zu sein. [8]Die Amtszeit des Stiftungsvorstands beträgt fünf Jahre. [9]Die erneute Bestellung ist zulässig.

(5) [1]Dem Stiftungsvorstand obliegen alle Stiftungsaufgaben, soweit sie nicht dem Stiftungsrat nach Absatz 7 vorbehalten sind. [2]Die Aufgaben und Pflichten des Stiftungsvorstands sind insbesondere,

1. die Geschäfte der Stiftung in eigener Verantwortung so zu führen, wie es die Förderung ihres Zwecks nach Absatz 1 Satz 4 erfordert, und jährlich einen Haushaltsplan vorzubereiten,
2. den Stiftungsrat bei Entscheidungen und Fragen von grundsätzlicher Bedeutung, die der Verwirklichung des Stiftungszwecks nach Absatz 1 Satz 4 dienen, hinzuzuziehen,
3. auf Vorschlag des Stiftungsrats die Mitglieder des wissenschaftlichen Beirats nach Absatz 9 Satz 3 zu bestellen und abzuberufen,
4. den Stiftungsrat und den wissenschaftlichen Beirat regelmäßig, mindestens zweimal jährlich, über die Geschäfte der Stiftung zu unter-

richten sowie dem Stiftungsrat jährlich einen Bericht zu den Schwerpunkten und Problemlagen im Gesundheitssystem und in der Beratungstätigkeit der Stiftung vorzulegen,

5. zu gewährleisten, dass die Information und Beratung zu gesundheitlichen und gesundheitsrechtlichen Themen auf Basis des Standes der aktuellen wissenschaftlichen Erkenntnisse erfolgen und am Beratungsbedarf der Bevölkerung ausgerichtet sind,

6. Sorge dafür zu tragen, dass Beschäftigte der Stiftung oder an der Verfolgung des Stiftungszwecks beteiligte Institutionen und Personen nicht tätig werden, wenn und soweit bei diesen ein wirtschaftliches oder sonstiges Interesse vorliegt, das geeignet ist, die Unabhängigkeit des Informations- und Beratungsangebots vorübergehend oder dauerhaft zu gefährden,

7. nach Ablauf jedes Kalenderjahres den Jahresabschluss und einen Bericht über die Erfüllung des Stiftungszwecks nach Absatz 1 Satz 4 zu erstellen und den Bericht barrierefrei zu veröffentlichen und

8. im Einvernehmen mit dem Stiftungsrat eine externe und unabhängige Überprüfung des Jahresabschlusses in Auftrag zu geben; die Kosten hierfür werden aus der jährlichen Zuwendung nach Absatz 11 Satz 1 finanziert.

(6) [1]Dem Stiftungsrat sollen angehören:

1. die oder der Beauftragte der Bundesregierung für die Belange der Patientinnen und Patienten als dem Stiftungsrat vorsitzende Person,

2. sieben benannte Vertreterinnen und Vertreter von Organisationen, die sich für die Belange von Patientinnen und Patienten einsetzen,

3. zwei benannte Mitglieder des Deutschen Bundestages,

4. je eine benannte Vertreterin oder ein benannter Vertreter des Bundesministeriums für Gesundheit und des in der Bundesregierung für den Verbraucherschutz zuständigen Ressorts,

5. zwei benannte Vertreterinnen oder Vertreter des Spitzenverbandes Bund der Krankenkassen und

6. im Fall einer anteiligen finanziellen Beteiligung der privaten Krankenversicherungsunternehmen in Höhe von 7 Prozent an der Finanzierung nach Absatz 11 Satz 5 eine benannte Vertreterin oder ein benannter Vertreter des Verbandes der Privaten Krankenversicherung e. V.

[2]Die in der Verordnung nach § 140g genannten oder nach der Verordnung anerkannten Organisationen benennen die Mitglieder des Stiftungsrats nach Satz 1 Nummer 2. [3]Die in Satz 1 Nummer 3 bis 6 und Satz 2 genannten Institutionen benennen die Mitglieder des Stiftungsrats jeweils durch Erklärung in Textform gegenüber der oder dem Beauftragten der Bundesregierung für die Belange der Patientinnen und Patienten binnen einer von ihr oder ihm gesetzten Frist. [4]Erfolgt die Benennung der Mitglieder des Stiftungsrats nach Satz 1 Nummer 2 nicht fristgerecht, benennt die oder der Beauftragte der Bundesregierung für die Belange der Patientinnen und Patienten die Mitglieder des Stiftungsrats nach Satz 1 Nummer 2. [5]Die Amtszeit der Mitglieder des Stiftungsrats beträgt fünf Jahre. [6]Die Amtszeit kann um eine zweite Amtszeit verlängert werden. [7]Stellen die privaten Krankenversicherungsunternehmen die finanzielle Beteiligung vor Ablauf der Amtszeit nach Satz 5 oder 6 ein, endet die Mitgliedschaft der Vertreterin oder des Vertreters nach Satz 1 Nummer 6; die Stiftungssatzung regelt insbesondere das Nähere zu dem Zeitpunkt und den Folgen des Verlusts der Mitgliedschaft.

(7) Der Stiftungsrat hat insbesondere folgende Aufgaben:

1. die Mitglieder des Stiftungsvorstands nach Absatz 4 Satz 3 zu bestellen und abzuberufen,

2. die Personen vorzuschlagen, die zu Mitgliedern des wissenschaftlichen Beirats nach Absatz 9 Satz 3 bestellt und als Mitglieder abberufen werden,

3. den Stiftungsvorstand bei der Verfolgung des Stiftungszwecks nach Absatz 1 Satz 4 zu unterstützen und zu beaufsichtigen,

4. über den Haushalt der Stiftung zu entscheiden und die Haushalts- und Wirtschaftsführung sowie die Rechnungslegung zu kontrollieren,

5. über die erforderlichen Maßnahmen nach Absatz 10 Satz 5 zu entscheiden,

6. über Änderungen der Stiftungssatzung zu beschließen und

7. zu dem Bericht des Stiftungsvorstands nach Absatz 5 Satz 2 Nummer 4 zu den Schwerpunkten und Problemlagen im Gesundheitssystem und in der Beratungstätigkeit der Stiftung Stellung zu nehmen.

(8) [1]Der Stiftungsrat beschließt mit der Mehrheit der Stimmen der anwesenden Mitglieder; Beschlüsse nach Absatz 7 Nummer 6 bedürfen einer Mehrheit von zwei Dritteln der anwesenden Mitglieder. [2]Er ist beschlussfähig, wenn mehr als die Hälfte seiner Mitglieder anwesend sind. [3]Bei Stimmengleichheit entscheidet die Stimme der oder des Vorsitzenden oder von dessen Vertretung. [4]Die Mitglieder, die von dem Spitzenverband Bund der Krankenkassen und dem Verband der Privaten Krankenversicherung e. V. benannt sind, haben ein Stimmrecht ausschließlich bei Beschlüssen über die Erteilung des Einvernehmens des Stiftungsrats zur Beauftragung einer externen und unabhängigen Überprüfung des Jahresabschlusses durch den Stiftungsvorstand nach Absatz 5 Satz 2 Nummer 8, die Bestellung und Abberufung der Mitglieder des Stiftungsvorstands nach Absatz 7 Nummer 1 und die Änderung der Stiftungssatzung nach Absatz 7 Nummer 6 sowie bei Entscheidungen über die Haushaltsaufstellung und die Kontrolle der Haushalts- und Wirtschaftsführung sowie der Rechnungslegung nach Absatz 7 Nummer 4. [5]Die Mitglieder, die von dem Spitzenverband Bund der Krankenkassen benannt sind, können gegen Anträge zur Beschlussfassung über die Haushaltsaufstellung und die Kontrolle der Haushalts- und Wirtschaftsführung sowie der Rechnungslegung nach Absatz 7 Nummer 4 begründeten Einspruch erheben. [6]Wurde gegen einen Antrag ganz oder teilweise Einspruch erhoben, können die Anträge zur Haushaltsaufstellung und die Kontrolle der Haushalts- und Wirtschaftsführung sowie der Rechnungslegung nach Absatz 7 Nummer 4, soweit gegen sie Einspruch erhoben wurde, nur mit einer Mehrheit von drei Vierteln der anwesenden Mitglieder beschlossen werden. [7]Das Nähere wird in der Stiftungssatzung geregelt.

(9) [1]Dem wissenschaftlichen Beirat gehören sechs unabhängige Sachverständige an. [2]Die Mitglieder des wissenschaftlichen Beirats nehmen ihre Aufgaben ehrenamtlich wahr. [3]Sie werden vom Stiftungsvorstand auf Vorschlag des Stiftungsrats bestellt und abberufen. [4]Die Amtszeit beträgt fünf Jahre und kann um eine zweite Amtszeit verlängert werden. [5]Der wissenschaftliche Beirat berät den Stiftungsvorstand und den Stiftungsrat bei grundsätzlichen Fragen, die sich bei der Erfüllung ihrer Aufgaben ergeben.

(10) [1]Die Tätigkeit der Stiftung ist alle zwei Jahre extern und unabhängig zu evaluieren. [2]Gegenstand der Evaluierung ist die Überprüfung

1. der Zweckerfüllung der Stiftung,
2. der Unabhängigkeit des Informations- und Beratungsangebots,
3. der wissenschaftlichen Qualität des Informations- und Beratungsangebots sowie
4. der Beratungszahlen.

[3]Die Evaluation wird durch den Stiftungsvorstand mit Zustimmung des Stiftungsrats in Auftrag gegeben. [4]Die Evaluation wird aus der Zuwendung nach Absatz 11 Satz 1 finanziert. [5]Bei Mängeln, die sich bei der Evaluation ergeben haben, entscheidet der Stiftungsrat über erforderliche Maßnahmen zu deren Beseitigung.

(11) [1]Der Spitzenverband Bund der Krankenkassen wendet der Stiftung ab dem 1. Januar 2024 einen Gesamtbetrag von jährlich 15 Millionen Euro zu. [2]Der Spitzenverband Bund der Krankenkassen vereinbart mit der Stiftung das Nähere zur Finanzierung nach Satz 1. [3]Der Spitzenverband Bund der Krankenkassen erhebt zur Finanzierung nach Satz 1 von den Krankenkassen eine Umlage gemäß dem Anteil ihrer Versicherten an der Gesamtzahl der Versicherten aller Krankenkassen. [4]Das Nähere zum Umlageverfahren bestimmt der Spitzenverband Bund der Krankenkassen. [5]Die privaten Krankenversicherungsunternehmen können sich anteilig in Höhe von 7 Prozent an den Kosten der Finanzierung beteiligen. [6]In diesem Fall verringert sich der von dem Spitzenverband Bund der Krankenkassen zuzuwendende Gesamtbetrag nach Satz 1 um den entsprechenden Betrag. [7]Im Fall einer finanziellen Beteiligung vereinbart der Verband der Privaten Krankenversicherung e. V. mit Wirkung für die privaten Krankenversicherungsunternehmen mit der Stiftung das Nähere zur finanziellen Beteiligung. [8]Der Betrag nach Satz 1 ist in den Folgejahren entsprechend der prozentualen Veränderung der monatlichen Bezugsgröße nach § 18 Absatz 1 des Vierten Buches anzupassen. [9]Der Spitzenverband Bund der Krankenkassen und der Verband der Privaten Krankenversicherung e. V. dürfen auf die Tätigkeit der Stiftung keinen Einfluss nehmen; die Tätigkeit der von ihnen entsandten Mitglieder des Stiftungsrats bleibt hiervon unberührt.

§ 65c Klinische Krebsregister

(1) [1]Zur Verbesserung der Qualität der onkologischen Versorgung führen die Länder klinische Krebsregister. [2]Die klinischen Krebsregister haben insbesondere folgende Aufgaben:

1. die personenbezogene Erfassung der Daten aller in einem regional festgelegten Einzugsgebiet stationär und ambulant versorgten Patientinnen und Patienten über das Auftreten, die Behandlung und den Verlauf von bösartigen Neubildungen einschließlich ihrer Frühstadien sowie von gutartigen Tumoren des zentralen Nervensystems nach Kapitel II der Internationalen statistischen Klassifikation der Krankheiten und verwandter Gesundheitsprobleme (ICD) mit Ausnahme der Daten von Erkrankungsfällen, die an das Deutsche Kinderkrebsregister zu melden sind,
2. die Auswertung der erfassten klinischen Daten und die Rückmeldung der Auswertungsergebnisse an die einzelnen Leistungserbringer sowie die Durchführung von Analysen zum Verlauf der Erkrankungen, zum Krebsgeschehen und zum Versorgungsgeschehen,
3. den Datenaustausch mit anderen regionalen klinischen Krebsregistern bei solchen Patientinnen und Patienten, bei denen Hauptwohnsitz und Behandlungsort in verschiedenen Einzugsgebieten liegen, sowie mit Auswertungsstellen der klinischen Krebsregistrierung auf Landesebene,
4. die Förderung der interdisziplinären, direkt patientenbezogenen Zusammenarbeit bei der Krebsbehandlung,
5. die Beteiligung an der einrichtungs- und sektorenübergreifenden Qualitätssicherung des Gemeinsamen Bundesausschusses nach § 136 Absatz 1 Satz 1 Nummer 1 in Verbindung mit § 135a Absatz 2 Nummer 1,
6. die Zusammenarbeit mit zertifizierten Zentren und weiteren Leistungserbringern in der Onkologie,
7. die Erfassung von Daten für die epidemiologischen Krebsregister,
8. die Übermittlung von Daten an das Zentrum für Krebsregisterdaten beim Robert Koch-Institut nach Maßgabe des Bundeskrebsregisterdatengesetzes,
9. die Mitwirkung an dem Datenabgleich nach § 25a Absatz 1 Satz 2 Nummer 4 in Verbindung mit Satz 3,
10. die Bereitstellung notwendiger Daten zur Herstellung von Versorgungstransparenz und zu Zwecken der Versorgungsforschung und der wissenschaftlichen Forschung,
11. die gemeinsame Erarbeitung und Vorlage eines Konzepts für Datenabgleiche zur Feststellung vergleichbarer Erkrankungsfälle auf Anfrage eines behandelnden Arztes und für die Rückmeldung an diesen; die gemeinsame Erarbeitung und Vorlage dieses Konzepts beim Bundesministerium für Gesundheit hat bis zum 31. Dezember 2023 unter Beteiligung der Arbeitsgemeinschaft Deutscher Tumorzentren, der Deutschen Krebsgesellschaft, der Kassenärztlichen Bundesvereinigung, der Deutschen Krankenhausgesellschaft sowie von Vertretern der Patientenorganisationen, die in der Verordnung nach § 140g genannt oder nach der Verordnung anerkannt sind, zu erfolgen,
12. die gemeinsame Erarbeitung und Vorlage eines Konzepts zur systematischen Erfassung von Spät- und Langzeitfolgen von Krebserkrankungen und zur Integration der Daten zu Spät- und Langzeitfolgen in die Krebsregistrierung; die gemeinsame Erarbeitung und Vorlage dieses Konzepts beim Bundesministerium für Gesundheit hat bis zum 31. Dezember 2024 unter Beteiligung der Arbeitsgemeinschaft Deutscher Tumorzentren, der Gesellschaft der epidemiologischen Krebsregister in Deutschland, der Gesellschaft für Telematik und von Vertretern der Patientenorganisationen, die in der Verordnung nach § 140g genannt oder nach der Verordnung anerkannt sind, zu erfolgen.

[3]Die klinische Krebsregistrierung erfolgt auf der Grundlage des einheitlichen onkologischen Basisdatensatzes der Arbeitsgemeinschaft Deutscher Tumorzentren und der Gesellschaft der epidemiologischen Krebsregister in Deutschland zur Basisdokumentation für Tumorkranke und aller ihn ergänzenden Module flächendeckend sowie möglichst vollzählig und vollständig. [4]Die Daten sind jährlich landesbezogen auszuwerten. [5]Eine flächendeckende klinische Krebsregistrierung kann auch länderübergreifend erfolgen. [6]Die für die Einrichtung und den Betrieb der klinischen Krebsregister nach Satz 2 notwendigen Bestim-

mungen einschließlich datenschutzrechtlicher Regelungen bleiben, soweit nichts anderes bestimmt ist, dem Landesrecht vorbehalten.

(1a) [1]Die Arbeitsgemeinschaft Deutscher Tumorzentren und die Gesellschaft der epidemiologischen Krebsregister in Deutschland stellen gemeinsam mit den Krebsregistern sicher, dass der einheitliche onkologische Basisdatensatz nach Absatz 1 Satz 3 im Benehmen mit den weiteren in Absatz 3 Satz 1 genannten Organisationen, dem Spitzenverband Bund der Krankenkassen sowie den für die Wahrnehmung der Interessen der Industrie maßgeblichen Bundesverbänden aus dem Bereich der Informationstechnologie im Gesundheitswesen regelmäßig aktualisiert und um Angaben erweitert wird, die von den klinischen Krebsregistern erhoben werden können, um sie den Zentren der Onkologie für deren Zertifizierung zur Verfügung zu stellen. [2]Auf der Grundlage des einheitlichen onkologischen Basisdatensatzes nach Absatz 1 Satz 3 treffen die Krebsregister erstmals zum 31. Dezember 2021 im Benehmen mit der Kassenärztlichen Bundesvereinigung, der Deutschen Krankenhausgesellschaft und den für die Wahrnehmung der Interessen der Industrie maßgeblichen Bundesverbänden aus dem Bereich der Informationstechnologie im Gesundheitswesen die notwendigen Festlegungen zur technischen, semantischen, syntaktischen und organisatorischen Interoperabilität dieses Basisdatensatzes. [3]Der einheitliche onkologische Basisdatensatz und die Festlegungen nach Satz 2 haben grundsätzlich international anerkannten, offenen Standards zu entsprechen. [4]Abweichungen von den international anerkannten, offenen Standards sind zu begründen und transparent und nachvollziehbar zu veröffentlichen. [5]Die Festlegungen nach Satz 2 sind in das Interoperabilitätsverzeichnis nach § 384 aufzunehmen.

(2) [1]Die Krankenkassen fördern den Betrieb klinischer Krebsregister nach Absatz 1 Satz 2, indem sie eine Pauschale nach Absatz 4 Satz 2, 3, 5, 6 und 9 zahlen. [2]Der Spitzenverband Bund der Krankenkassen legt einheitliche Voraussetzungen für diese Förderung im Einvernehmen mit zwei von der Gesundheitsministerkonferenz der Länder zu bestimmenden Vertreterinnen oder Vertretern fest. [3]Er hat in den Fördervoraussetzungen insbesondere Folgendes festzulegen:

1. die sachgerechte Organisation und Ausstattung der klinischen Krebsregister,
2. die Nutzung eines einheitlichen Datenformates und entsprechender Schnittstellen zur Annahme, Verarbeitung und Weiterleitung der Daten; ab dem Jahr 2024 die Nutzung des einheitlichen Datenformates und entsprechender Schnittstellen nach Maßgabe der Festlegungen nach Absatz 1a Satz 2,
3. die Mindestanforderungen an den Grad der Erfassung und an die Vollständigkeit der verschiedenen Datenkategorien nach Absatz 1 Satz 2 Nummer 1 sowie über notwendige Verfahren zur Datenvalidierung,
4. ein einheitliches Verfahren zur Rückmeldung der Auswertungsergebnisse an die Leistungserbringer,
5. die notwendigen Verfahren zur Qualitätsverbesserung der Krebsbehandlung,
6. die erforderlichen Instrumente zur Unterstützung der interdisziplinären Zusammenarbeit nach Absatz 1 Satz 2 Nummer 4,
7. die Kriterien, Inhalte und Indikatoren für eine landesbezogene Auswertung, die eine länderübergreifende Vergleichbarkeit garantieren,
8. die Modalitäten für die Abrechnung der klinischen Krebsregister mit den Krankenkassen.

[4]Soweit ein Einvernehmen über die Fördervoraussetzungen nach Satz 2 nicht erzielt werden kann, können die Länder gemeinsam ihren Vorschlag oder kann der Spitzenverband Bund der Krankenkassen seinen Vorschlag zu den Fördervoraussetzungen dem Bundesministerium für Gesundheit vorlegen, das in diesem Fall die entsprechenden Fördervoraussetzungen festlegen kann.

(3) [1]Bei der Festlegung der Fördervoraussetzungen hat der Spitzenverband Bund der Krankenkassen folgende Organisationen und Personen zu beteiligen:

1. die Kassenärztlichen Bundesvereinigungen,
2. die Deutsche Krankenhausgesellschaft,
3. den Gemeinsamen Bundesausschuss,
4. die Deutsche Krebsgesellschaft,
5. die Deutsche Krebshilfe,
6. die Arbeitsgemeinschaft Deutscher Tumorzentren,

7. die Gesellschaft der epidemiologischen Krebsregister in Deutschland,
8. die Bundesärztekammer,
9. die Arbeitsgemeinschaft der Wissenschaftlichen Medizinischen Fachgesellschaften sowie
10. die für die Wahrnehmung der Interessen der Patientinnen und Patienten und der Selbsthilfe chronisch kranker und behinderter Menschen maßgeblichen Organisationen.

[2]Der Verband der Privaten Krankenversicherung ist an der Erarbeitung der Fördervoraussetzungen zu beteiligen, wenn die privaten Krankenversicherungsunternehmen den Betrieb der klinischen Krebsregister fördern, indem sie die Pauschale nach Absatz 4 Satz 2, 3, 5, 6 und 9 für Meldungen in Bezug auf privat krankenversicherte Personen zahlen. [3]Gleiches gilt für die Träger der Kosten in Krankheits-, Pflege- und Geburtsfällen nach beamtenrechtlichen Vorschriften, wenn sie für Meldungen in Bezug auf die nach diesen Vorschriften berechtigten Personen einen Teil der fallbezogenen Krebsregisterpauschale nach Absatz 4 Satz 2, 3, 5, 6 und 9 zahlen.

(4) [1]Auf Antrag eines klinischen Krebsregisters oder dessen Trägers stellen die Landesverbände der Krankenkassen und die Ersatzkassen gemeinsam und einheitlich mit Wirkung für ihre Mitgliedkassen fest, dass

1. das klinische Krebsregister die Fördervoraussetzungen nach Absatz 2 Satz 2 und 3 erfüllt und
2. in dem Land, in dem das klinische Krebsregister seinen Sitz hat, eine flächendeckende klinische Krebsregistrierung und eine Zusammenarbeit mit den epidemiologischen Krebsregistern gewährleistet sind.

[2]Weist ein klinisches Krebsregister auf Grund der Feststellungen nach Satz 1 nach, dass die Fördervoraussetzungen erfüllt sind, so zahlt die Krankenkasse an dieses Register oder dessen Träger einmalig für jede erstmals in diesem Register verarbeitete Meldung zur Neuerkrankung an einem Tumor nach Absatz 1 Satz 2 Nummer 1 eine fallbezogene Krebsregisterpauschale im Jahr 2021 in Höhe von 141,73 Euro. [3]Ab dem Jahr 2023 wird bei einer Meldung von nicht-melanotischen Hautkrebsarten und ihrer Frühstadien die Pauschale nach Satz 2 nur gezahlt, wenn es sich um eine Meldung von prognostisch ungünstigen nicht-melanotischen Hautkrebsarten und ihrer Frühstadien handelt und die vollständige Erfassung dieser Hautkrebsarten durch die Krebsregister nach Landesrecht vorgesehen ist. [4]Die Festlegung, welche Fälle der nicht-melanotischen Hautkrebsarten und ihrer Frühstadien als prognostisch ungünstig einzustufen sind, trifft der Spitzenverband Bund der Krankenkassen im Einvernehmen mit zwei Vertretern der klinischen Krebsregister sowie mit der Deutschen Krebsgesellschaft. [5]In jedem Folgejahr erhöht sich die fallbezogene Krebsregisterpauschale nach Satz 2 jährlich entsprechend der prozentualen Veränderung der monatlichen Bezugsgröße nach § 18 Absatz 1 des Vierten Buches. [6]Auf Antrag der Landesverbände der Krankenkassen und Ersatzkassen oder des Landes haben die Landesverbände der Krankenkassen und die Ersatzkassen gemeinsam und einheitlich mit Wirkung für ihre Mitgliedskassen eine von Satz 5 oder Satz 9 abweichende Höhe der fallbezogenen Krebsregisterpauschale mit dem Land zu vereinbaren, wenn dies auf Grund regionaler Besonderheiten erforderlich ist, um eine Förderung der erforderlichen Betriebskosten in Höhe von 90 Prozent zu gewährleisten. [7]Zum Zweck der Prüfung der Höhe der fallbezogenen Krebsregisterpauschale nach Satz 6 übermitteln die betroffenen Krebsregister auf Anforderung anonymisierte Angaben, die zur Ermittlung der Betriebskosten und der Fallzahlen erforderlich sind, an die Landesverbände der Krankenkassen und die Ersatzkassen sowie im Falle des Absatzes 3 Satz 2 an den jeweiligen Landesausschuss des Verbandes der Privaten Krankenversicherung. [8]Im Falle des Absatzes 3 Satz 2 tritt der jeweilige Landesausschuss des Verbandes der Privaten Krankenversicherung bei der Vereinbarung nach Satz 6 an die Seite der Landesverbände der Krankenkassen und der Ersatzkassen. [9]Der Spitzenverband Bund der Krankenkassen passt die Pauschale nach Satz 5 an, wenn die Anpassung erforderlich ist, um 90 Prozent der durchschnittlichen Betriebskosten der nach Absatz 2 Satz 1 geförderten klinischen Krebsregister abzudecken. [10]Die Überprüfung der Pauschale nach Satz 9 erfolgt nach Ablauf des Jahres 2021 und danach alle fünf Jahre. [11]Der Spitzenverband Bund der Krankenkassen legt die Höhe der Pauschale nach Satz 9 im Einvernehmen mit zwei von der Gesundheitsministerkonferenz der Länder zu bestimmenden Vertreterinnen oder Vertretern fest. [12]Sofern ein Einvernehmen über die Höhe der Pauschale nach Satz 9 nicht erzielt wird, legt das Bundesministerium für Gesundheit

auf Vorschlag des Spitzenverbandes Bund der Krankenkassen oder der Länder die Höhe der Pauschale fest. [13]Zum Zweck der Überprüfung der Höhe der fallbezogenen Krebsregisterpauschale nach Satz 9 übermitteln die Krebsregister auf Anforderung bis spätestens zum 31. Juli des Folgejahres des jeweiligen Bezugsjahres der Prüfung anonymisierte Angaben, die zur Ermittlung der Betriebskosten und der Fallzahlen erforderlich sind, an den Spitzenverband Bund der Krankenkassen sowie im Falle des Absatzes 3 Satz 2 an den Verband der Privaten Krankenversicherung.

(5) [1]Mit Ablauf des Jahres 2020 haben die klinischen Krebsregister die Fördervoraussetzungen nach Absatz 2 Satz 2 und 3 zu erfüllen. [2]Nachdem die Landesverbände der Krankenkassen und die Ersatzkassen die Erfüllung der Fördervoraussetzungen nach Absatz 2 Satz 2 und 3 erstmals nach Absatz 4 Satz 1 Nummer 1 festgestellt haben, teilt das klinische Krebsregister den Landesverbänden der Krankenkassen und den Ersatzkassen jährlich jeweils zum 31. Dezember schriftlich oder elektronisch mit, ob es die Fördervoraussetzungen weiter erfüllt. [3]Kann das klinische Krebsregister einzelne Fördervoraussetzungen vorübergehend nicht erfüllen, unterrichtet es die Landesverbände der Krankenkassen und Ersatzkassen unverzüglich und weist die Erfüllung dieser Fördervoraussetzungen innerhalb eines Jahres nach der Unterrichtung nach. [4]Die Landesverbände der Krankenkassen und die Ersatzkassen können eine Prüfung durchführen, ob ein klinisches Krebsregister die Fördervoraussetzungen nach Absatz 2 Satz 2 und 3 erfüllt, insbesondere, wenn das klinische Krebsregister seinen Mitteilungspflichten nach den Sätzen 2 und 3 nicht nachkommt. [5]Das klinische Krebsregister ist verpflichtet, sich durch Erbringung der erforderlichen Nachweise an dieser Prüfung zu beteiligen. [6]Ergibt die Prüfung nach Satz 4, dass das klinische Krebsregister einzelne Fördervoraussetzungen vorübergehend nicht erfüllt, wird das klinische Krebsregister von den Landesverbänden der Krankenkassen und der Ersatzkassen hiervon unterrichtet. [7]Das klinische Krebsregister hat die Erfüllung dieser Fördervoraussetzungen innerhalb eines Jahres nach der Unterrichtung nach Satz 6 nachzuweisen. [8]Im Fall von Satz 2, Satz 3 oder den Sätzen 6 und 7 zahlt die Krankenkasse die Pauschale nach Absatz 4 Satz 2, 3, 5, 6 und 9 weiter. [9]Im Fall des Absatzes 3 Satz 2 informieren die Landesverbände der Krankenkassen und Ersatzkassen den jeweiligen Landesausschuss des Verbands der Privaten Krankenversicherung über die klinischen Krebsregister, die nach Satz 3 oder Satz 6 einzelne Fördervoraussetzungen vorübergehend nicht erfüllen. [10]Werden die Fördervoraussetzungen durch das jeweilige klinische Krebsregister auch ein Jahr nach der Unterrichtung nach Satz 3 oder Satz 6 nicht vollständig erfüllt, entfällt die Förderung.

(5a) [1]Erfüllt ein Krebsregister mit Ablauf des Jahres 2020 die Fördervoraussetzungen nach Absatz 2 Satz 2 und 3 nicht, zahlt die Krankenkasse für die Jahre 2021, 2022 und 2023 an dieses Krebsregister folgenden Anteil der Pauschale nach Absatz 4 Satz 2, 3, 5, 6 und 9:

1. 85 Prozent der Pauschale, wenn nach Absatz 4 Satz 1 Nummer 1 festgestellt wird, dass das Krebsregister mindestens 95 Prozent der Fördervoraussetzungen nach Absatz 2 Satz 2 und 3 erfüllt und

2. 70 Prozent der Pauschale, wenn nach Absatz 4 Satz 1 Nummer 1 festgestellt wird, dass das Krebsregister mindestens 85 Prozent der Fördervoraussetzungen nach Absatz 2 Satz 2 und 3 erfüllt.

[2]Abweichend von Absatz 5 Satz 10 gilt Satz 1 entsprechend, wenn ein Krebsregister ein Jahr nach einer Unterrichtung nach Absatz 5 Satz 3 oder Satz 6 in den Jahren 2022 und 2023 mindestens 95 Prozent oder 85 Prozent der Fördervoraussetzungen nach Absatz 2 Satz 2 und 3 erfüllt.

(6) [1]Für jede landesrechtlich vorgesehene Meldung der zu übermittelnden klinischen Daten an ein klinisches Krebsregister nach Absatz 1, ist den Leistungserbringern vom jeweiligen klinischen Krebsregister eine Meldevergütung zu zahlen, wenn die zu übermittelnden Daten vollständig gemeldet wurden. [2]Satz 1 gilt auch für Meldungen, die prognostisch ungünstige nichtmelanotische Hautkrebsarten und ihre Frühstadien betreffen. [3]Die Krankenkasse des gemeldeten Versicherten hat dem klinischen Krebsregister die nach Satz 1 entstandenen Kosten zu erstatten. [4]Die Höhe der einzelnen Meldevergütungen vereinbart der Spitzenverband Bund der Krankenkassen mit der Deutschen Krankenhausgesellschaft und den Kassenärztlichen Bundesvereinigungen. [5]Die Vereinbarungspartner nach Satz 4 überprüfen in regelmäßigen Abständen die Angemessenheit der Höhe der einzelnen Meldevergütungen und passen diese an, wenn sie nicht mehr angemessen sind. [6]Wenn die privaten Krankenversicherungsunternehmen den klinischen Krebsregis-

tern die Kosten für Vergütungen von Meldungen von Daten privat krankenversicherter Personen erstatten, tritt der Verband der Privaten Krankenversicherung bei der Vereinbarung nach Satz 4 an die Seite des Spitzenverbandes Bund der Krankenkassen. [7]Gleiches gilt für die Träger der Kosten in Krankheits-, Pflege- und Geburtsfällen nach beamtenrechtlichen Vorschriften, wenn sie den klinischen Krebsregistern einen Teil der Kosten für Vergütungen von Meldungen von Daten der nach diesen Vorschriften berechtigten Personen erstatten. [8]Wird eine Vereinbarung nach Satz 4 ganz oder teilweise beendet und kommt bis zum Ablauf der Vereinbarungszeit keine neue Vereinbarung zustande, entscheidet das sektorenübergreifende Schiedsgremium auf Bundesebene gemäß § 89a.

(7) [1]Klinische Krebsregister und Auswertungsstellen der klinischen Krebsregistrierung auf Landesebene arbeiten mit dem Gemeinsamen Bundesausschuss bei der Qualitätssicherung der onkologischen Versorgung zusammen. [2]Der Gemeinsame Bundesausschuss lässt notwendige bundesweite Auswertungen der klinischen Krebsregisterdaten durchführen. [3]Hierfür übermitteln die Auswertungsstellen der klinischen Krebsregistrierung auf Landesebene dem Gemeinsamen Bundesausschuss oder dem nach Satz 4 benannten Empfänger auf Anforderung die erforderlichen Daten in anonymisierter Form. [4]Der Gemeinsame Bundesausschuss bestimmt durch Beschluss die von den Auswertungsstellen der klinischen Krebsregistrierung auf Landesebene zu übermittelnden Daten, den Empfänger dieser Daten sowie Inhalte und Kriterien für Auswertungen nach Satz 2; § 92 Absatz 7e gilt entsprechend. [5]Bei der Erarbeitung und Festlegung von Kriterien und Inhalten der bundesweiten Auswertungen nach Satz 2 ist der Deutschen Krebsgesellschaft, der Deutschen Krebshilfe und der Arbeitsgemeinschaft Deutscher Tumorzentren Gelegenheit zum Einbringen von Vorschlägen zu geben.

(8) [1]Bei Maßnahmen der einrichtungs- und sektorenübergreifenden Qualitätssicherung nach § 135a Absatz 2 Nummer 1 in Verbindung mit § 136 Absatz 1 Satz 1 Nummer 1 in der onkologischen Versorgung soll der Gemeinsame Bundesausschuss die klinischen Krebsregister unter Einhaltung der Vorgaben des § 299 bei der Aufgabenerfüllung einbeziehen. [2]Soweit den klinischen Krebsregistern Aufgaben nach Satz 1 übertragen werden, sind sie an Richtlinien nach § 92 Absatz 1 Nummer 13 gebunden.

(9) [1]Der Gemeinsame Bundesausschuss gleicht regelmäßig die Dokumentationsanforderungen, die für die Zulassung von strukturierten Behandlungsprogrammen für Brustkrebs nach § 137f Absatz 2 Satz 2 Nummer 5 geregelt sind, an den einheitlichen onkologischen Basisdatensatz der Arbeitsgemeinschaft Deutscher Tumorzentren und der Gesellschaft der epidemiologischen Krebsregister in Deutschland zur Basisdokumentation für Tumorkranke und ihn ergänzende Module an. [2]Leistungserbringer, die an einem nach § 137g Absatz 1 zugelassenen, strukturierten Behandlungsprogramm für Brustkrebs in koordinierender Funktion teilnehmen, können die in dem Programm für die Annahme der Dokumentationsdaten nach § 137f Absatz 2 Satz 2 Nummer 5 zuständige Stelle mit der Meldung der entsprechenden Daten an das klinische Krebsregister beauftragen, wenn die Versicherte nach umfassender Information hierin schriftlich oder elektronisch eingewilligt hat. [3]Macht der Leistungserbringer von der Möglichkeit nach Satz 2 Gebrauch, erhält er insoweit keine Meldevergütungen nach Absatz 6.

(10) [1]Der Spitzenverband Bund der Krankenkassen und die für die klinischen Krebsregister zuständigen obersten Landesbehörden veranlassen im Benehmen mit dem Bundesministerium für Gesundheit eine wissenschaftliche Evaluation zur Umsetzung der klinischen Krebsregistrierung. [2]Im Rahmen der Evaluation sind insbesondere folgende Aspekte zu untersuchen:

1. der Beitrag der klinischen Krebsregister zur Sicherung der Qualität und Weiterentwicklung der onkologischen Versorgung, die Zusammenarbeit mit den zertifizierten Zentren und weiteren Leistungserbringern in der Onkologie sowie ihr Beitrag zur Verbesserung des Zusammenwirkens von Versorgung und Forschung,
2. der Stand der Vereinheitlichung der klinischen Krebsregistrierung und
3. die Eignung der nach Absatz 2 Satz 2 und 3 festgelegten Fördervoraussetzungen für die Feststellung der Funktionsfähigkeit der klinischen Krebsregister.

[3]Ein Bericht über die Ergebnisse der Evaluation ist bis zum 30. Juni 2026 zu veröffentlichen. [4]Die Kosten der wissenschaftlichen Evaluation tragen je zur Hälfte die Länder gemeinsam und der Spitzenverband Bund der Krankenkassen.

§ 65d Förderung besonderer Therapieeinrichtungen

(1) [1]Der Spitzenverband Bund der Krankenkassen fördert ab 1. Januar 2017 bis zum 31. Dezember 2025 mit insgesamt fünf Millionen Euro je Kalenderjahr im Rahmen von Modellvorhaben Leistungserbringer, die Patienten mit pädophilen Sexualstörungen behandeln. [2]Förderungsfähig sind an der vertragsärztlichen Versorgung teilnehmende Leistungserbringer, die ein freiwilliges Therapieangebot vorhalten und die vom Spitzenverband Bund der Krankenkassen als förderungsfähig anerkannt werden. [3]Für die Verarbeitung personenbezogener Daten im Rahmen der Modellvorhaben gilt § 63 Absatz 3 Satz 1 und 4, Absatz 3a und 5 mit Ausnahme von Absatz 5 Satz 3 entsprechend mit der Maßgabe, dass die Anonymität der Patienten zu gewährleisten ist. [4]Die Anonymität darf nur eingeschränkt werden, soweit die Patienten dazu ihre Einwilligung erteilen.

(2) [1]Der Spitzenverband Bund der Krankenkassen hat eine wissenschaftliche Begleitung und Auswertung der Modellvorhaben im Hinblick auf die Erreichung der Ziele der Modellvorhaben nach allgemein anerkannten wissenschaftlichen Standards zu veranlassen. [2]Ziel dieser wissenschaftlichen Begleitung und Auswertung ist die Erreichung möglichst hochwertiger Evidenz zur Wirksamkeit der Therapieangebote nach Absatz 1 unter Berücksichtigung der Besonderheiten der pädophilen Sexualstörungen.

(3) [1]Der von unabhängigen Sachverständigen zu erstellende Bericht über die Ergebnisse der Auswertung nach Absatz 2 ist zu veröffentlichen. [2]Die Sachverständigen dürfen nicht für Krankenkassen, Kassenärztliche Vereinigungen oder deren Verbände tätig oder als Leistungserbringer oder deren Angestellte am Modellvorhaben beteiligt sein.

(4) [1]Die Finanzierung der Fördermittel nach Absatz 1 erfolgt durch eine Umlage der Krankenkassen gemäß dem Anteil ihrer Versicherten an der Gesamtzahl der in der gesetzlichen Krankenversicherung Versicherten. [2]Das Nähere zur Umlage und zur Vergabe der Fördermittel bestimmt der Spitzenverband Bund der Krankenkassen. [3]An Modellvorhaben nach Absatz 1 und ihrer Finanzierung können sich über die Fördersumme nach Absatz 1 Satz 1 hinaus weitere Einrichtungen beteiligen, insbesondere private Krankenversicherungen und der Verband der Privaten Krankenversicherung sowie öffentliche Stellen. [4]Das Verfahren nach § 64 Absatz 3 ist nicht anzuwenden.

§ 65e Ambulante Krebsberatungsstellen

(1) [1]Der Spitzenverband Bund der Krankenkassen fördert ab dem 1. Juli 2020 mit Wirkung vom 1. Januar 2020 ambulante Krebsberatungsstellen mit einem Gesamtbetrag von jährlich bis zu 21 Millionen Euro und ab dem 1. Juli 2021 mit Wirkung vom 1. Januar 2021 mit einem Gesamtbetrag von jährlich bis zu 42 Millionen Euro. [2]Die privaten Krankenversicherungsunternehmen beteiligen sich ab dem 1. Juli 2020 mit Wirkung vom 1. Januar 2020 mit einem Anteil von 7 Prozent an der Förderung nach Satz 1. [3]Der Spitzenverband Bund der Krankenkassen und der Verband der Privaten Krankenversicherung mit Wirkung für die privaten Krankenversicherungsunternehmen vereinbaren das Nähere zur gemeinsamen Förderung nach den Sätzen 1 und 2, insbesondere über Zahlung, Rückzahlung und Abrechnung des Finanzierungsanteils der privaten Krankenversicherungsunternehmen. [4]Ab dem Jahr 2023 erhöht sich der Betrag nach Satz 1 jährlich entsprechend der prozentualen Veränderung der Bezugsgröße nach § 18 Absatz 1 des Vierten Buches.

(2) [1]Gefördert werden ambulante Krebsberatungsstellen, soweit sie an Krebs erkrankten Personen und ihren Angehörigen psychosoziale Beratung und Unterstützung anbieten. [2]Der Spitzenverband Bund der Krankenkassen bestimmt Grundsätze zu den Voraussetzungen und zum Verfahren der Förderung. [3]Er setzt sich hierzu mit dem Verband der Privaten Krankenversicherung ins Benehmen. [4]In den Grundsätzen sind insbesondere zu regeln:

1. Definition der förderfähigen ambulanten Krebsberatungsstellen sowie Kriterien zur Abgrenzung zu nicht förderfähigen Einrichtungen,
2. Anforderungen an ein bedarfsgerechtes und wirtschaftliches Leistungsangebot der ambulanten Krebsberatungsstellen,
3. sächliche und personelle Anforderungen an die Krebsberatungsstellen,
4. Maßnahmen zur Qualitätssicherung einschließlich Dokumentation, Qualitätsmanagement sowie Fortbildung,

5. das Nähere zu Verteilung und Auszahlung der Fördermittel sowie der Umgang mit nicht abgerufenen und zurückgezahlten Fördermitteln,
6. bis zum 1. September 2021 und unter Beteiligung der in den Ländern zuständigen Behörden das Nähere zur Berücksichtigung von Finanzierungsbeiträgen von Ländern und Kommunen und
7. das Nähere zur Erfassung und zentralen Veröffentlichung der geförderten ambulanten Krebsberatungsstellen.

[5]Die für die Wahrnehmung der Interessen der ambulanten Krebsberatungsstellen auf Bundesebene maßgeblichen Organisationen sind zu beteiligen. [6]Für bereits am 1. Januar 2020 bestehende Krebsberatungsstellen sind im Hinblick auf die Erfüllung der Fördervoraussetzungen nach Satz 1 Übergangsregelungen vorzusehen.

(3) [1]Die Förderung erfolgt auf Antrag und wird jeweils für eine Dauer von drei Jahren vergeben. [2]Die Förderung darf 80 Prozent der nach den Grundsätzen nach Absatz 2 Satz 2 zuwendungsfähigen Ausgaben je ambulante Krebsberatungsstelle nicht übersteigen. [3]Mit Wirkung vom 1. Januar 2020 geförderte Krebsberatungsstellen können ab dem 1. Juli 2021 mit Wirkung vom 1. Januar 2021 eine Erhöhung ihres Förderbetrages nach Absatz 1 Satz 1 beantragen.

(4) [1]Der Spitzenverband Bund der Krankenkassen erhebt zur Finanzierung der Fördermittel nach Absatz 1 Satz 1 von den Krankenkassen eine Umlage gemäß dem Anteil ihrer Versicherten an der Gesamtzahl der Versicherten aller Krankenkassen. [2]Das Nähere zum Umlageverfahren bestimmt der Spitzenverband Bund der Krankenkassen.

(5) Der Spitzenverband Bund der Krankenkassen berichtet im Benehmen mit dem Verband der Privaten Krankenversicherung dem Bundesministerium für Gesundheit bis zum 31. Dezember 2022 über die Erfahrungen mit der Umsetzung der Förderung.

§ 65f Vereinbarung zur Suche und Auswahl nichtverwandter Spender von Blutstammzellen aus dem Knochenmark oder aus dem peripheren Blut

[1]Der Spitzenverband Bund der Krankenkassen vereinbart mit den für die nationale und internationale Suche nach nichtverwandten Spendern von Blutstammzellen aus dem Knochenmark oder aus dem peripheren Blut maßgeblichen Organisationen die Grundlagen, Abläufe, Finanzierung und Weiterentwicklung der Suche und Auswahl nichtverwandter Spender für die Versorgung der Versicherten mit Blutstammzellen. [2]Die Vereinbarung nach Satz 1 hat der Sicherung der Qualität und Transparenz des Auswahlverfahrens zur Bestimmung des am besten geeigneten Blutstammzelltransplantats angemessen Rechnung zu tragen. [3]Die Vereinbarung nach Satz 1 hat folgende Bereiche näher zu regeln:

1. die Benennung einer zentralen Stelle zur Koordinierung der Spendersuche und Spenderauswahl einschließlich der Zusammenführung der bei den beteiligten maßgeblichen Organisationen vorhandenen Spenderdaten und Suchanfragen,
2. das Zusammenwirken dieser zentralen Stelle mit den beteiligten maßgeblichen Organisationen bei der Suche und Auswahl geeigneter Spender sowie
3. die Vergütung für Leistungen im Rahmen der Suche und Auswahl nichtverwandter Spender durch die Krankenkassen sowie ein Verfahren zur Abrechnung.

[4]Die Vereinbarung nach Satz 1 kann zusätzlich insbesondere folgende Regelungen enthalten:

1. Vorgaben für Datensatzbeschreibungen und Übermittlungsverfahren zur Vereinheitlichung des Datenaustausches zwischen den in Satz 1 genannten Organisationen sowie zur Zusammenführung der vorhandenen Spenderdaten und Suchanfragen und
2. Vorgaben für die übergreifende Evaluation und Qualitätssicherung des Such- und Auswahlverfahrens.

[5]§ 27 Absatz 1a Satz 6 sowie die rechtlichen Vorgaben für die Entnahme, Untersuchung, Herstellung, das Inverkehrbringen und die Anwendung von Blutstammzelltransplantaten aus dem Knochenmark oder aus dem peripheren Blut bleiben unberührt.

§ 66
Unterstützung der Versicherten bei Behandlungsfehlern

[1]Die Krankenkassen sollen die Versicherten bei der Verfolgung von Schadensersatzansprüchen, die bei der Inanspruchnahme von Versicherungsleistungen aus Behandlungsfehlern entstanden sind und nicht nach § 116 des Zehnten Buches auf die Krankenkassen übergehen, unterstützen. [2]Die Unterstützung der Krankenkassen nach Satz 1 kann insbesondere die Prüfung der von den Versicherten vorgelegten Unterlagen auf Vollständigkeit und Plausibilität, mit Einwilligung der Versicherten die Anforderung weiterer Unterlagen bei den Leistungserbringern, die Veranlassung einer sozialmedizinischen Begutachtung durch den Medizinischen Dienst nach § 275 Absatz 3 Nummer 4 sowie eine abschließende Gesamtbewertung aller vorliegenden Unterlagen umfassen. [3]Die auf Grundlage der Einwilligung des Versicherten bei den Leistungserbringern erhobenen Daten dürfen ausschließlich zum Zwecke der Unterstützung des Versicherten bei Behandlungsfehlern verarbeitet werden.

§ 67
Elektronische Kommunikation

(1) Zur Verbesserung der Qualität und Wirtschaftlichkeit der Versorgung soll die Kommunikation sowie der Daten- und Informationsfluss unter den Leistungserbringern, zwischen den Krankenkassen und Leistungserbringern sowie im Verhältnis von Krankenkassen und Leistungserbringern zu den Versicherten durch vernetzte digitale Anwendungen und Dienste ausgebaut werden, insbesondere zur

1. elektronischen und maschinell verwertbaren Übermittlung von Befunden, Diagnosen, Therapieempfehlungen, Behandlungsberichten und Unterlagen in Genehmigungsverfahren,
2. Förderung der aktiven und informierten Mitwirkung der Versicherten am Behandlungs- und Rehabilitationsprozess sowie
3. Unterstützung der Versicherten bei einer gesundheitsbewussten Lebensführung.

(2) Die Krankenkassen und Leistungserbringer sowie ihre Verbände sollen den Übergang zur elektronischen Kommunikation nach Absatz 1 finanziell unterstützen.

(3) [1]Krankenkassen und ihre Verbände dürfen im Rahmen von Pilotprojekten für die Dauer von bis zu zwei Jahren, längstens bis zu dem in Satz 4 genannten Zeitpunkt, Verfahren zur elektronischen Übermittlung von Verordnungen und zur Abrechnung von Leistungen nach § 33a erproben, bei denen eine Übermittlung von Verordnungen in Textform erfolgt. [2]Die Pilotvorhaben müssen den Anforderungen der Richtlinie nach § 217f Absatz 4b entsprechen. [3]Im Rahmen der Verfahren nach Satz 1 darf nicht in die ärztliche Therapiefreiheit eingegriffen oder die Wahlfreiheit der Versicherten beschränkt werden. [4]Für die elektronische Übermittlung von Verordnungen von Leistungen nach § 33a sind ausschließlich geeignete Dienste der Telematikinfrastruktur zu verwenden, sobald diese zur Verfügung stehen.

§ 68
Finanzierung einer persönlichen elektronischen Gesundheitsakte

(aufgehoben)

§ 68a
Förderung der Entwicklung digitaler Innovationen durch Krankenkassen

(1) [1]Zur Verbesserung der Qualität und der Wirtschaftlichkeit der Versorgung können Krankenkassen die Entwicklung digitaler Innovationen fördern. [2]Die Förderung muss möglichst bedarfsgerecht und zielgerichtet sein und soll insbesondere zur Verbesserung der Versorgungsqualität und Versorgungseffizienz, zur Behebung von Versorgungsdefiziten sowie zur verbesserten Patientenorientierung in der Versorgung beitragen.

(2) Digitale Innovationen im Sinne des Absatzes 1 sind insbesondere

1. digitale Medizinprodukte,
2. telemedizinische Verfahren oder
3. IT-gestützte Verfahren in der Versorgung.

(3) [1]Krankenkassen können digitale Innovationen in Zusammenarbeit mit Dritten entwickeln oder von diesen entwickeln lassen. [2]Dritte sind insbesondere

1. Hersteller von Medizinprodukten,
2. Unternehmen aus dem Bereich der Informationstechnologie,

3. Forschungseinrichtungen sowie
4. Leistungserbringer und Gemeinschaften von Leistungserbringern.

(4) Die Förderung erfolgt entweder durch eine fachlich-inhaltliche Kooperation mit Dritten nach Absatz 3 oder durch einen Erwerb von Anteilen an Investmentvermögen nach § 263a, soweit sie mit einer fachlich-inhaltlichen Kooperation zwischen Krankenkasse und Kapitalverwaltungsgesellschaft verbunden wird.

(5) [1]Um den konkreten Versorgungsbedarf und den möglichen Einfluss digitaler Innovationen auf die Versorgung zu ermitteln und um positive Versorgungseffekte digitaler Anwendungen zu evaluieren, können Krankenkassen die versichertenbezogenen Daten, die sie nach § 284 Absatz 1 rechtmäßig erhoben und gespeichert haben, im erforderlichen Umfang auswerten. [2]Vor der Auswertung sind die Daten zu pseudonymisieren. [3]Die Krankenkasse hat die pseudonymisierten Daten zu anonymisieren, wenn den Zwecken der Datenauswertung auch mit anonymisierten Daten entsprochen werden kann. [4]Eine Übermittlung dieser Daten an Dritte nach den Absätzen 3 und 4 ist ausgeschlossen.

§ 68b Förderung von Versorgungsinnovationen

(1) [1]Die Krankenkassen können Versorgungsinnovationen fördern. [2]Diese sollen insbesondere ermöglichen,

1. die Versorgung der Versicherten anhand des Bedarfs, der aufgrund der Datenauswertung ermittelt worden ist, weiterzuentwickeln und
2. Verträge mit Leistungserbringern unter Berücksichtigung der Erkenntnisse nach Nummer 1 abzuschließen.

[3]Ein Eingreifen in die ärztliche Therapiefreiheit oder eine Beschränkung der Wahlfreiheit der Versicherten im Rahmen von Maßnahmen nach Satz 1 ist unzulässig. [4]Für die Vorbereitung von Versorgungsinnovationen nach Satz 1 und für die Gewinnung von Versicherten für diese Versorgungsinnovationen können Krankenkassen die versichertenbezogenen Daten, die sie nach § 284 Absatz 1 rechtmäßig erhoben und gespeichert haben, im erforderlichen Umfang auswerten. [5]Vor der Auswertung sind die Daten zu pseudonymisieren. [6]Die Krankenkasse hat die pseudonymisierten Daten zu anonymisieren, wenn den Zwecken der Datenauswertung auch mit anonymisierten Daten entsprochen werden kann. [7]Eine Übermittlung dieser Daten an Dritte ist ausgeschlossen.

(2) [1]Die Krankenkassen können ihren Versicherten Informationen zu individuell geeigneten Versorgungsinnovationen und zu sonstigen individuell geeigneten Versorgungsleistungen zur Verfügung stellen und individuell geeignete Versorgungsinnovationen oder sonstige individuell geeignete Versorgungsleistungen anbieten. [2]Ein Eingreifen in die ärztliche Therapiefreiheit oder eine Beschränkung der Wahlfreiheit der Versicherten im Rahmen von Maßnahmen nach Satz 1 ist unzulässig.

(3) [1]Die Teilnahme an Maßnahmen nach Absatz 2 ist freiwillig. [2]Die Versicherten können der gezielten Information oder der Unterbreitung von Angeboten nach Absatz 2 durch die Krankenkassen jederzeit schriftlich oder elektronisch widersprechen. [3]Die Krankenkassen informieren die Versicherten bei der ersten Kontaktaufnahme zum Zwecke der Information oder des Unterbreitens von Angeboten nach Absatz 2 über die Möglichkeit des Widerspruchs.

(4) [1]Der Spitzenverband Bund der Krankenkassen berichtet dem Bundesministerium für Gesundheit jährlich, erstmals bis zum 31. Dezember 2021, wie und in welchem Umfang seine Mitglieder Versorgungsinnovationen fördern und welche Auswirkungen die geförderten Versorgungsinnovationen auf die Versorgung haben. [2]Der Spitzenverband Bund der Krankenkassen bestimmt zu diesem Zweck die von seinen Mitgliedern zu übermittelnden statistischen Informationen.

§ 68c Förderung digitaler Innovationen durch die Kassenärztlichen Vereinigungen und die Kassenärztlichen Bundesvereinigungen

(1) [1]Zur Verbesserung der Qualität und Wirtschaftlichkeit der vertragsärztlichen und der vertragszahnärztlichen Versorgung können die Kassenärztlichen Vereinigungen und die Kassenärztlichen Bundesvereinigungen die Entwicklung digitaler Innovationen im Sinne des § 68a Absatz 1 und 2 fördern. [2]Die Förderung muss möglichst bedarfsgerecht und zielgerichtet sein und soll insbesondere zur Verbesserung der Versorgungsqualität

und Versorgungseffizienz, zur Behebung von Versorgungsdefiziten sowie zur verbesserten Patientenorientierung in der vertragsärztlichen und vertragszahnärztlichen Versorgung beitragen. [3]Im Rahmen der Förderung können die Kassenärztlichen Vereinigungen und die Kassenärztlichen Bundesvereinigungen digitale Innovationen in Zusammenarbeit mit Dritten im Sinne des § 68a Absatz 3 Satz 2 entwickeln oder von diesen entwickeln lassen.

(2) [1]Um den Bedarf für eine Förderung digitaler Innovationen in der vertragsärztlichen und der vertragszahnärztlichen Versorgung und den möglichen Einfluss digitaler Innovationen auf die vertragsärztliche und die vertragszahnärztliche Versorgung zu ermitteln sowie die Auswirkungen digitaler Innovationen auf die vertragsärztliche und die vertragszahnärztliche Versorgung zu evaluieren, dürfen die Kassenärztlichen Vereinigungen die versichertenbezogenen Daten, die sie nach § 285 Absatz 1 rechtmäßig erhoben und gespeichert haben, im erforderlichen Umfang auswerten. [2]Vor der Auswertung sind die Daten zu pseudonymisieren. [3]Die Kassenärztlichen Vereinigungen haben die pseudonymisierten Daten zu anonymisieren, wenn den Zwecken der Datenauswertung auch mit anonymisierten Daten entsprochen werden kann. [4]Eine Übermittlung der Daten an Dritte im Sinne des Absatzes 1 ist ausgeschlossen.

(3) [1]Um den Bedarf für eine Förderung digitaler Innovationen in der vertragsärztlichen und der vertragszahnärztlichen Versorgung und den möglichen Einfluss digitaler Innovationen auf die vertragsärztliche und die vertragszahnärztliche Versorgung zu ermitteln sowie die Auswirkungen digitaler Innovationen auf die vertragsärztliche und die vertragszahnärztliche Versorgung zu evaluieren, dürfen die Kassenärztlichen Bundesvereinigungen versichertenbezogene Daten im erforderlichen Umfang auswerten. [2]Für die Bedarfsermittlung durch die Kassenärztlichen Bundesvereinigungen übermitteln die Kassenärztlichen Vereinigungen an die Kassenärztlichen Bundesvereinigungen die für diesen Zweck erforderlichen anonymisierten Daten. [3]Absatz 2 Satz 4 gilt entsprechend.

Viertes Kapitel

Beziehung der Krankenkassen zu den Leistungserbringern

Erster Abschnitt

Allgemeine Grundsätze

§ 69 Anwendungsbereich

(1) [1]Dieses Kapitel sowie die §§ 63 und 64 regeln abschließend die Rechtsbeziehungen der Krankenkassen und ihrer Verbände zu Ärzten, Zahnärzten, Psychotherapeuten, Apotheken sowie sonstigen Leistungserbringern und ihren Verbänden, einschließlich der Beschlüsse des Gemeinsamen Bundesausschusses und der Landesausschüsse nach den §§ 90 bis 94. [2]Die Rechtsbeziehungen der Krankenkassen und ihrer Verbände zu den Krankenhäusern und ihren Verbänden werden abschließend in diesem Kapitel, in den §§ 63, 64 und in dem Krankenhausfinanzierungsgesetz, dem Krankenhausentgeltgesetz sowie den hiernach erlassenen Rechtsverordnungen geregelt. [3]Für die Rechtsbeziehungen nach den Sätzen 1 und 2 gelten im Übrigen die Vorschriften des Bürgerlichen Gesetzbuches entsprechend, soweit sie mit den Vorgaben des § 70 und den übrigen Aufgaben und Pflichten der Beteiligten nach diesem Kapitel vereinbar sind. [4]Die Sätze 1 bis 3 gelten auch, soweit durch diese Rechtsbeziehungen Rechte Dritter betroffen sind.

(2) [1]Die §§ 1 bis 3 Absatz 1, die §§ 19 bis 21, 32 bis 34a, 48 bis 81 Absatz 2 Nummer 1, 2 Buchstabe a und Nummer 6 bis 11, Absatz 3 Nummer 1 und 2 sowie die §§ 81a bis 95 des Gesetzes gegen Wettbewerbsbeschränkungen gelten für die in Absatz 1 genannten Rechtsbeziehungen entsprechend. [2]Satz 1 gilt nicht für Verträge und sonstige Vereinbarungen von Krankenkassen oder deren Verbänden mit Leistungserbringern oder deren Verbänden, zu deren Abschluss die Krankenkassen oder deren Verbände gesetzlich verpflichtet sind. [3]Satz 1 gilt auch nicht für Beschlüsse, Empfehlungen, Richtlinien oder sonstige Entscheidungen der Krankenkassen oder deren Verbände, zu denen sie gesetzlich verpflichtet sind, sowie für Beschlüsse, Richtlinien und sonstige Entscheidungen des Gemeinsamen Bundesausschusses, zu denen er gesetzlich verpflichtet ist.

(3) Auf öffentliche Aufträge nach diesem Buch sind die Vorschriften des Teils 4 des Gesetzes gegen Wettbewerbsbeschränkungen anzuwenden.

(4) [1]Bei der Vergabe öffentlicher Dienstleistungsaufträge nach den §§ 63 und 140a über soziale und andere besondere Dienstleistungen im Sinne des Anhangs XIV der Richtlinie 2014/24/EU des Europäischen Parlaments und des Rates vom 26. Februar 2014, die im Rahmen einer heilberuflichen Tätigkeit erbracht werden, kann der öffentliche Auftraggeber abweichend von § 119 Absatz 1 und § 130 Absatz 1 Satz 1 des Gesetzes gegen Wettbewerbsbeschränkungen sowie von § 14 Absatz 1 bis 3 der Vergabeverordnung andere Verfahren vorsehen, die die Grundsätze der Transparenz und der Gleichbehandlung gewährleisten. [2]Ein Verfahren ohne Teilnahmewettbewerb und ohne vorherige Veröffentlichung nach § 66 der Vergabeverordnung darf der öffentliche Auftraggeber nur in den Fällen des § 14 Absatz 4 und 6 der Vergabeverordnung vorsehen. [3]Von den Vorgaben der §§ 15 bis 36 und 42 bis 65 der Vergabeverordnung, mit Ausnahme der §§ 53, 58, 60 und 63, kann abgewichen werden. [4]Der Spitzenverband Bund der Krankenkassen berichtet dem Bundesministerium für Gesundheit bis zum 17. April 2019 über die Anwendung dieses Absatzes durch seine Mitglieder.

§ 70
Qualität, Humanität und Wirtschaftlichkeit

(1) [1]Die Krankenkassen und die Leistungserbringer haben eine bedarfsgerechte und gleichmäßige, dem allgemein anerkannten Stand der medizinischen Erkenntnisse entsprechende Versorgung der Versicherten zu gewährleisten. [2]Die Versorgung der Versicherten muss ausreichend und zweckmäßig sein, darf das Maß des Notwendigen nicht überschreiten und muss in der fachlich gebotenen Qualität sowie wirtschaftlich erbracht werden.

(2) Die Krankenkassen und die Leistungserbringer haben durch geeignete Maßnahmen auf eine humane Krankenbehandlung ihrer Versicherten hinzuwirken.

§ 71
Beitragssatzstabilität, besondere Aufsichtsmittel

(1) [1]Die Vertragspartner auf Seiten der Krankenkassen und der Leistungserbringer haben die Vereinbarungen über die Vergütungen nach diesem Buch so zu gestalten, dass Beitragserhöhungen ausgeschlossen werden, es sei denn, die notwendige medizinische Versorgung ist auch nach Ausschöpfung von Wirtschaftlichkeitsreserven nicht zu gewährleisten (Grundsatz der Beitragssatzstabilität). [2]Ausgabensteigerungen auf Grund von gesetzlich vorgeschriebenen Vorsorge- und Früherkennungsmaßnahmen oder für zusätzliche Leistungen, die im Rahmen zugelassener strukturierter Behandlungsprogramme (§ 137g) auf Grund der Anforderungen der Richtlinien des Gemeinsamen Bundesausschusses nach § 137f oder der Rechtsverordnung nach § 266 Absatz 8 Satz 1 erbracht werden, verletzen nicht den Grundsatz der Beitragssatzstabilität.

(2) [1]Um den Vorgaben nach Absatz 1 Satz 1 Halbsatz 1 zu entsprechen, darf die vereinbarte Veränderung der jeweiligen Vergütung die sich bei Anwendung der Veränderungsrate für das gesamte Bundesgebiet nach Absatz 3 ergebende Veränderung der Vergütung nicht überschreiten. [2]Abweichend von Satz 1 ist eine Überschreitung zulässig, wenn die damit verbundenen Mehrausgaben durch vertraglich abgesicherte oder bereits erfolgte Einsparungen in anderen Leistungsbereichen ausgeglichen werden.

(3) [1]Das Bundesministerium für Gesundheit stellt bis zum 15. September eines jeden Jahres für die Vereinbarungen der Vergütungen des jeweils folgenden Kalenderjahres die nach den Absätzen 1 und 2 anzuwendende durchschnittliche Veränderungsrate der beitragspflichtigen Einnahmen aller Mitglieder der Krankenkassen je Mitglied für den gesamten Zeitraum der zweiten Hälfte des Vorjahres und der ersten Hälfte des laufenden Jahres gegenüber dem entsprechenden Zeitraum der jeweiligen Vorjahre fest. [2]Grundlage sind die monatlichen Erhebungen der Krankenkassen und die vierteljährlichen Rechnungsergebnisse des Gesundheitsfonds, die die beitragspflichtigen Einnahmen aller Mitglieder der Krankenkassen ausweisen. [3]Die Feststellung wird durch Veröffentlichung im Bundesanzeiger bekannt gemacht. [4]Bei der Ermittlung der durchschnittlichen Veränderungsrate nach Satz 1 werden für die Jahre 2017 und 2018 die Mitglieder nicht berücksichtigt, die nach § 5 Absatz 1 Nummer 2a in der am 31. Dezember 2015 geltenden Fassung vorrangig familienversichert gewesen wären.

(3a) (aufgehoben)

(4) [1]Die Vereinbarungen über die Vergütung der Leistungen nach § 57 Abs. 1 und 2, §§ 83 und 85 sind den für die Vertragsparteien zuständigen Aufsichtsbehörden vorzulegen. [2]Die Aufsichtsbehörden können die Vereinbarungen bei einem Rechtsverstoß innerhalb von zwei Monaten nach Vorlage beanstanden. [3]Klagen der Vertragspartner gegen die Beanstandung haben keine aufschiebende Wirkung.

(5) Die Vereinbarungen nach Absatz 4 Satz 1 und die Verträge nach den §§ 73b und 140a sind unabhängig von Absatz 4 auch den für die Sozialversicherung zuständigen obersten Verwaltungsbehörden der Länder, in denen sie wirksam werden, zu übermitteln, soweit diese nicht die Aufsicht über die vertragsschließende Krankenkasse führen.

(6) [1]Wird durch einen der in den §§ 73b, 127 und 140a genannten Verträge das Recht erheblich verletzt, kann die Aufsichtsbehörde abweichend von § 89 Absatz 1 Satz 1 und 2 des Vierten Buches alle Anordnungen treffen, die für eine sofortige Behebung der Rechtsverletzung geeignet und erforderlich sind. [2]Sie kann gegenüber der Krankenkasse oder der Arbeitsgemeinschaft der Krankenkassen insbesondere anordnen, den Vertrag dafür zu ändern oder aufzuheben. [3]Die Krankenkasse oder Arbeitsgemeinschaft der Krankenkassen kann bei einer solchen Anordnung den Vertrag auch außerordentlich kündigen. [4]Besteht die Gefahr eines schweren, nicht wieder gutzumachenden Schadens insbesondere für die Belange der Versicherten, kann die Aufsichtsbehörde einstweilige Maßnahmen anordnen. [5]Ein Zwangsgeld kann bis zu einer Höhe von 10 Millionen Euro zugunsten des Gesundheitsfonds nach § 271 festgesetzt werden. [6]Die Aufsichtsbehörde kann eine erhebliche Rechtsverletzung auch feststellen, nachdem diese beendet ist, sofern ein berechtigtes Interesse an der Feststellung besteht. [7]Rechtsbehelfe gegen Anordnungen nach den Sätzen 1 bis 4 haben keine aufschiebende Wirkung. [8]Die Sätze 1 bis 7 gelten auch für Verträge nach § 140a Absatz 1 Satz 3. [9]Die Sätze 1 und 4 bis 7 gelten entsprechend bei Verstößen gegen die Pflicht nach § 127 Absatz 1 Satz 2 und Absatz 2 Satz 2, Vertragsverhandlungen zu ermöglichen. [10]Verträge zwischen Krankenkassen und Leistungserbringern dürfen keine Vorschläge in elektronischer oder maschinell verwertbarer Form für die Vergabe und Dokumentation von Diagnosen für den Vertragspartner beinhalten. [11]Die Krankenkassen haben auf Verlangen der zuständigen Aufsichtsbehörde bezüglich der Einhaltung Nachweise zu erbringen.

Zweiter Abschnitt

Beziehungen zu Ärzten, Zahnärzten und Psychotherapeuten

Erster Titel

Sicherstellung der vertragsärztlichen und vertragszahnärztlichen Versorgung

§ 72 Sicherstellung der vertragsärztlichen und vertragszahnärztlichen Versorgung

(1) [1]Ärzte, Zahnärzte, Psychotherapeuten, medizinische Versorgungszentren und Krankenkassen wirken zur Sicherstellung der vertragsärztlichen Versorgung der Versicherten zusammen. [2]Soweit sich die Vorschriften dieses Kapitels auf Ärzte beziehen, gelten sie entsprechend für Zahnärzte, Psychotherapeuten und medizinische Versorgungszentren, sofern nichts Abweichendes bestimmt ist.

(2) Die vertragsärztliche Versorgung ist im Rahmen der gesetzlichen Vorschriften und der Richtlinien des Gemeinsamen Bundesausschusses durch schriftliche Verträge der Kassenärztlichen Vereinigungen mit den Verbänden der Krankenkassen so zu regeln, dass eine ausreichende, zweckmäßige und wirtschaftliche Versorgung der Versicherten unter Berücksichtigung des allgemein anerkannten Standes der medizinischen Erkenntnisse gewährleistet ist und die ärztlichen Leistungen angemessen vergütet werden.

(3) Für die knappschaftliche Krankenversicherung gelten die Absätze 1 und 2 entsprechend, soweit das Verhältnis zu den Ärzten nicht durch die Deutsche Rentenversicherung Knappschaft-Bahn-See nach den örtlichen Verhältnissen geregelt ist.

§ 72a Übergang des Sicherstellungsauftrages auf die Krankenkassen

(1) Haben mehr als 50 vom Hundert aller in einem Zulassungsbezirk oder einem regionalen Planungsbereich niedergelassenen Vertragsärzte auf ihre Zulassung nach § 95b Abs. 1 verzichtet oder die vertragsärztliche Versorgung verweigert und hat die Aufsichtsbehörde nach Anhörung der

Landesverbände der Krankenkassen, der Ersatzkassen und der Kassenärztlichen Vereinigung festgestellt, dass dadurch die vertragsärztliche Versorgung nicht mehr sichergestellt ist, erfüllen insoweit die Krankenkassen und ihre Verbände den Sicherstellungsauftrag.

(2) An der Erfüllung des Sicherstellungsauftrags nach Absatz 1 wirkt die Kassenärztliche Vereinigung insoweit mit, als die vertragsärztliche Versorgung weiterhin durch zugelassene oder ermächtigte Ärzte sowie durch ermächtigte Einrichtungen durchgeführt wird.

(3) [1]Erfüllen die Krankenkassen den Sicherstellungsauftrag, schließen die Krankenkassen oder die Landesverbände der Krankenkassen und die Ersatzkassen gemeinsam und einheitlich Einzel- oder Gruppenverträge mit Ärzten, Zahnärzten, Krankenhäusern oder sonstigen geeigneten Einrichtungen. [2]Sie können auch Eigeneinrichtungen gemäß § 140 Abs. 2 errichten. [3]Mit Ärzten oder Zahnärzten, die in einem mit anderen Vertragsärzten aufeinander abgestimmten Verfahren oder Verhalten auf ihre Zulassung als Vertragsarzt verzichteten (§ 95b Abs. 1), dürfen keine Verträge nach Satz 1 abgeschlossen werden.

(4) [1]Die Verträge nach Absatz 3 dürfen mit unterschiedlichem Inhalt abgeschlossen werden. [2]Die Höhe der vereinbarten Vergütung an Ärzte oder Zahnärzte soll sich an Inhalt, Umfang und Schwierigkeit der zugesagten Leistungen, an erweiterten Gewährleistungen oder eingeräumten Garantien oder vereinbarten Verfahren zur Qualitätssicherung orientieren. [3]Ärzten, die unmittelbar nach der Feststellung der Aufsichtsbehörde nach Absatz 1 Verträge nach Absatz 3 abschließen, können höhere Vergütungsansprüche eingeräumt werden als Ärzten, mit denen erst später Verträge abgeschlossen werden.

(5) Soweit für die Sicherstellung der Versorgung Verträge nach Absatz 3 nicht ausreichen, können auch mit Ärzten und geeigneten Einrichtungen mit Sitz im Ausland Verträge zur Versorgung der Versicherten geschlossen werden.

(6) Ärzte oder Einrichtungen, mit denen nach Absatz 3 und 5 Verträge zur Versorgung der Versicherten geschlossen worden sind, sind verpflichtet und befugt, die für die Erfüllung der Aufgaben der Krankenkassen und die für die Abrechnung der vertraglichen Vergütung notwendigen Angaben, die aus der Erbringung, der Verordnung sowie der Abgabe von Versicherungsleistungen entstehen, aufzuzeichnen und den Krankenkassen mitzuteilen.

§ 73
Kassenärztliche Versorgung, Verordnungsermächtigung

(1) [1]Die vertragsärztliche Versorgung gliedert sich in die hausärztliche und die fachärztliche Versorgung. [2]Die hausärztliche Versorgung beinhaltet insbesondere

1. die allgemeine und fortgesetzte ärztliche Betreuung eines Patienten in Diagnostik und Therapie bei Kenntnis seines häuslichen und familiären Umfeldes; Behandlungsmethoden, Arznei- und Heilmittel der besonderen Therapierichtungen sind nicht ausgeschlossen,
2. die Koordination diagnostischer, therapeutischer und pflegerischer Maßnahmen einschließlich der Vermittlung eines aus medizinischen Gründen dringend erforderlichen Behandlungstermins bei einem an der fachärztlichen Versorgung teilnehmenden Leistungserbringer,
3. die Dokumentation, insbesondere Zusammenführung, Bewertung und Aufbewahrung der wesentlichen Behandlungsdaten, Befunde und Berichte aus der ambulanten und stationären Versorgung,
4. die Einleitung oder Durchführung präventiver und rehabilitativer Maßnahmen sowie die Integration nichtärztlicher Hilfen und flankierender Dienste in die Behandlungsmaßnahmen.

(1a) [1]An der hausärztlichen Versorgung nehmen

1. Allgemeinärzte,
2. Kinder- und Jugendärzte,
3. Internisten ohne Schwerpunktbezeichnung, die die Teilnahme an der hausärztlichen Versorgung gewählt haben,
4. Ärzte, die nach § 95a Abs. 4 und 5 Satz 1 in das Arztregister eingetragen sind und
5. Ärzte, die am 31. Dezember 2000 an der hausärztlichen Versorgung teilgenommen haben,

teil (Hausärzte).

[2]Die übrigen Fachärzte nehmen an der fachärztlichen Versorgung teil. [3]Der Zulassungsausschuss kann für Kinder- und Jugendärzte und Internisten ohne Schwerpunktbezeichnung eine von Satz 1 abweichende befristete Regelung treffen, wenn eine bedarfsgerechte Versorgung nicht gewährleistet ist. [4]Hat der Landesausschuss der Ärzte und Krankenkassen für die Arztgruppe der Hausärzte, der Kinder- und Jugendärzte oder der Fachinternisten eine Feststellung nach § 100 Absatz 1 Satz 1 getroffen, fasst der Zulassungsausschuss innerhalb von sechs Monaten den Beschluss, ob eine Regelung nach Satz 3 getroffen wird. [5]Kinder- und Jugendärzte mit Schwerpunktbezeichnung können auch an der fachärztlichen Versorgung teilnehmen. [6]Der Zulassungsausschuss kann Allgemeinärzten und Ärzten ohne Gebietsbezeichnung, die im Wesentlichen spezielle Leistungen erbringen, auf deren Antrag die Genehmigung zur ausschließlichen Teilnahme an der fachärztlichen Versorgung erteilen.

(1b) [1]Die einen Versicherten behandelnden Leistungserbringer sind verpflichtet, den Versicherten nach dem von ihm gewählten Hausarzt zu fragen; sie sind verpflichtet, die den Versicherten betreffenden Behandlungsdaten und Befunde mit dessen Zustimmung zum Zwecke der bei dem Hausarzt durchzuführenden Dokumentation und der weiteren Behandlung zu übermitteln. [2]Der Hausarzt ist mit Zustimmung des Versicherten verpflichtet, die für die Behandlung erforderlichen Daten und Befunde an die den Versicherten behandelnden Leistungserbringer zu übermitteln. [3]Bei einem Hausarztwechsel ist der bisherige Hausarzt mit Zustimmung des Versicherten verpflichtet, dem neuen Hausarzt die bei ihm über den Versicherten gespeicherten Unterlagen vollständig zu übermitteln.

(1c) (aufgehoben)

(2) [1]Die vertragsärztliche Versorgung umfasst die

1. ärztliche Behandlung,
2. zahnärztliche Behandlung und kieferorthopädische Behandlung nach Maßgabe des § 28 Abs. 2,
2a. Versorgung mit Zahnersatz einschließlich Zahnkronen und Suprakonstruktionen, soweit sie § 56 Abs. 2 entspricht,
3. Maßnahmen zur Früherkennung von Krankheiten,
4. ärztliche Betreuung bei Schwangerschaft und Mutterschaft,
5. Verordnung von Leistungen zur medizinischen Rehabilitation, Belastungserprobung und Arbeitstherapie,
6. Anordnung der Hilfeleistung anderer Personen,
7. Verordnung von Arznei-, Verband-, Heil- und Hilfsmitteln, Krankentransporten sowie Krankenhausbehandlung oder Behandlung in Vorsorge- oder Rehabilitationseinrichtungen,
7a. Verordnung von digitalen Gesundheitsanwendungen,
8. Verordnung häuslicher Krankenpflege und außerklinischer Intensivpflege,
9. Ausstellung von Bescheinigungen und Erstellung von Berichten, die die Krankenkassen oder der Medizinische Dienst (§ 275) zur Durchführung ihrer gesetzlichen Aufgaben oder die die Versicherten für den Anspruch auf Fortzahlung des Arbeitsentgelts benötigen; die Bescheinigung über eine Arbeitsunfähigkeit ist auch auszustellen, wenn die Arbeitsunfähigkeitsdaten nach § 295 Absatz 1 Satz 1 Nummer 1 übermittelt werden,
10. medizinische Maßnahmen zur Herbeiführung einer Schwangerschaft nach § 27a Abs. 1,
11. ärztlichen Maßnahmen nach den §§ 24a und 24b,
12. Verordnung von Soziotherapie,
13. Zweitmeinung nach § 27b,
14. Verordnung von spezialisierter ambulanter Palliativversorgung nach § 37b.

[2]Satz 1 Nummer 2 bis 4, 6, 10, 11 und 14 gilt nicht für Psychotherapeuten; Satz 1 Nummer 9 gilt nicht für Psychotherapeuten, soweit sich diese Regelung auf die Feststellung und die Bescheinigung von Arbeitsunfähigkeit bezieht. [3]Satz 1 Nummer 5 gilt für Psychotherapeuten in Bezug auf die Verordnung von Leistungen zur psychotherapeutischen Rehabilitation. [4]Satz 1 Nummer 7 gilt für Psychotherapeuten in Bezug auf die Verordnung von Ergotherapie, Krankentransporten sowie Krankenhausbehandlung. [5]Satz 1 Num-

mer 8 gilt für Psychotherapeuten in Bezug auf die Verordnung von Leistungen der psychiatrischen häuslichen Krankenpflege. [6]Das Nähere zu den Verordnungen durch Psychotherapeuten bestimmt der Gemeinsame Bundesausschuss in seinen Richtlinien nach § 92 Absatz 1 Satz 2 Nummer 6, 8 und 12.

(3) In den Gesamtverträgen ist zu vereinbaren, inwieweit Maßnahmen zur Vorsorge und Rehabilitation, soweit sie nicht zur kassenärztlichen Versorgung nach Absatz 2 gehören, Gegenstand der kassenärztlichen Versorgung sind.

(4) [1]Krankenhausbehandlung darf nur verordnet werden, wenn eine ambulante Versorgung der Versicherten zur Erzielung des Heil- oder Linderungserfolgs nicht ausreicht. [2]Die Notwendigkeit der Krankenhausbehandlung ist bei der Verordnung zu begründen. [3]In der Verordnung von Krankenhausbehandlung sind in den geeigneten Fällen auch die beiden nächsterreichbaren, für die vorgesehene Krankenhausbehandlung geeigneten Krankenhäuser anzugeben. [4]Das Verzeichnis nach § 39 Abs. 3 ist zu berücksichtigen.

(5) [1]Der an der kassenärztlichen Versorgung teilnehmende Arzt und die ermächtigte Einrichtung sollen bei der Verordnung von Arzneimitteln die Preisvergleichsliste nach § 92 Abs. 2 beachten. [2]Sie können auf dem Verordnungsblatt oder in dem elektronischen Verordnungsdatensatz ausschließen, dass die Apotheken ein preisgünstigeres wirkstoffgleiches Arzneimittel anstelle des verordneten Mittels abgeben. [3]Verordnet der Arzt ein Arzneimittel, dessen Preis den Festbetrag nach § 35 überschreitet, hat der Arzt den Versicherten über die sich aus seiner Verordnung ergebende Pflicht zur Übernahme der Mehrkosten hinzuweisen.

(6) Zur kassenärztlichen Versorgung gehören Maßnahmen zur Früherkennung von Krankheiten nicht, wenn sie im Rahmen der Krankenhausbehandlung oder der stationären Entbindung durchgeführt werden, es sei denn, die ärztlichen Leistungen werden von einem Belegarzt erbracht.

(7) [1]Es ist Vertragsärzten nicht gestattet, für die Zuweisung von Versicherten oder für die Vergabe und Dokumentation von Diagnosen ein Entgelt oder sonstige wirtschaftliche Vorteile sich versprechen oder sich gewähren zu lassen oder selbst zu versprechen oder zu gewähren. [2]§ 128 Absatz 2 Satz 3 gilt entsprechend.

(8) [1]Zur Sicherung der wirtschaftlichen Verordnungsweise haben die Kassenärztlichen Vereinigungen und die Kassenärztlichen Bundesvereinigungen sowie die Krankenkassen und ihre Verbände die Vertragsärzte auch vergleichend über preisgünstige verordnungsfähige Leistungen und Bezugsquellen, einschließlich der jeweiligen Preise und Entgelte zu informieren sowie nach dem allgemeinen anerkannten Stand der medizinischen Erkenntnisse Hinweise zu Indikation und therapeutischen Nutzen zu geben. [2]Die Informationen und Hinweise für die Verordnung von Arznei-, Verband- und Heilmitteln erfolgen insbesondere auf der Grundlage der Hinweise nach § 92 Abs. 2 Satz 3, der Rahmenvorgaben nach § 84 Abs. 7 Satz 1 und der getroffenen Arzneimittelvereinbarungen nach § 84 Abs. 1. [3]In den Informationen und Hinweisen sind Handelsbezeichnung, Indikationen und Preise sowie weitere für die Verordnung von Arzneimitteln bedeutsame Angaben insbesondere auf Grund der Richtlinien nach § 92 Abs. 1 Satz 2 Nr. 6 in einer Weise anzugeben, die unmittelbar einen Vergleich ermöglichen; dafür können Arzneimittel ausgewählt werden, die einen maßgeblichen Anteil an der Versorgung der Versicherten im Indikationsgebiet haben. [4]Die Kosten der Arzneimittel je Tagesdosis sind nach den Angaben der anatomisch-therapeutisch-chemischen Klassifikation anzugeben. [5]Es gilt die vom Bundesinstitut für Arzneimittel und Medizinprodukte im Auftrage des Bundesministeriums für Gesundheit herausgegebene Klassifikation in der jeweils gültigen Fassung. [6]Die Übersicht ist für einen Stichtag zu erstellen und in geeigneten Zeitabständen, im Regelfall jährlich, zu aktualisieren.

(9) [1]Vertragsärzte dürfen für die Verordnung von Arzneimitteln, von Verbandmitteln, von digitalen Gesundheitsanwendungen und von Produkten, die gemäß den Richtlinien nach § 92 Absatz 1 Satz 2 Nummer 6 zu Lasten der gesetzlichen Krankenversicherung verordnet werden können, nur solche elektronischen Programme nutzen, die mindestens folgende Inhalte mit dem jeweils aktuellen Stand enthalten:

1. die Informationen nach Absatz 8 Satz 2 und 3,
2. die Informationen über das Vorliegen von Rabattverträgen nach § 130a Absatz 8,
3. die Informationen nach § 131 Absatz 4 Satz 2,
4. die zur Erstellung und Aktualisierung des Medikationsplans nach § 31a und des elektroni-

schen Medikationsplans nach § 334 Absatz 1 Satz 2 Nummer 4 notwendigen Funktionen und Informationen,

5. die Informationen nach § 35a Absatz 3a Satz 1 und

6. ab dem 1. Oktober 2023 das Schulungsmaterial nach § 34 Absatz 1f Satz 2 des Arzneimittelgesetzes und die Informationen nach § 34 Absatz 1h Satz 3 des Arzneimittelgesetzes, auch in Verbindung mit § 39 Absatz 2e des Arzneimittelgesetzes oder § 39d Absatz 6 des Arzneimittelgesetzes

und die von der Kassenärztlichen Bundesvereinigung für die vertragsärztliche Versorgung zugelassen sind. [2]Das Bundesministerium für Gesundheit wird ermächtigt, durch Rechtsverordnung ohne Zustimmung des Bundesrates das Nähere insbesondere zu den Mindestanforderungen der Informationen nach Satz 1 Nummer 5 zu regeln. [3]Es kann in der Rechtsverordnung auch das Nähere zu den weiteren Anforderungen nach Satz 1 regeln. [4]Es kann dabei Vorgaben zur Abbildung der für die vertragsärztliche Versorgung geltenden Regelungen zur Zweckmäßigkeit und Wirtschaftlichkeit der Verordnung von Arzneimitteln im Vergleich zu anderen Therapiemöglichkeiten machen. [5]Es kann auch Vorgaben zu semantischen und technischen Voraussetzungen zur Interoperabilität machen. [6]Weitere Einzelheiten sind in den Verträgen nach § 82 Absatz 1 zu vereinbaren. [7]Die Vereinbarungen in den Verträgen nach § 82 Absatz 1 sind innerhalb von drei Monaten nach dem erstmaligen Inkrafttreten der Rechtsverordnung nach den Sätzen 2 bis 4 sowie nach dem jeweiligen Inkrafttreten einer Änderung der Rechtsverordnung anzupassen. [8]Sie sind davon unabhängig in regelmäßigen Abständen zu überprüfen und bei Bedarf anzupassen. [9]Auf die Verordnung von digitalen Gesundheitsanwendungen nach § 33a findet Satz 1 vor dem 1. Januar 2023 keine Anwendung.

(10) [1]Für die Verordnung von Heilmitteln dürfen Vertragsärzte ab dem 1. Januar 2017 nur solche elektronischen Programme nutzen, die die Informationen der Richtlinien nach § 92 Absatz 1 Satz 2 Nummer 6 in Verbindung mit § 92 Absatz 6 und über besondere Verordnungsbedarfe nach § 106b Absatz 2 Satz 4 sowie die sich aus den Verträgen nach § 125a ergebenden Besonderheiten enthalten und die von der Kassenärztlichen Bundesvereinigung für die vertragsärztliche Versorgung zugelassen sind. [2]Das Nähere ist in den Verträgen nach § 82 Absatz 1 zu vereinbaren.

(11) [1]Stellt ein Vertragsarzt bei einem Versicherten eine Diagnose nach § 125a und die Indikation für ein Heilmittel, sind Auswahl und Dauer der Therapie sowie die Frequenz der Behandlungseinheiten vom Heilmittelerbringer festzulegen. [2]In medizinisch begründeten Fällen kann der Vertragsarzt auch bei Vorliegen einer Diagnose nach § 125a selbst über die Auswahl und Dauer der Therapie sowie die Frequenz der Behandlungseinheiten entscheiden; in diesem Fall sind auf die Verordnung die Regelungen der Verträge nach § 125 Absatz 1 anzuwenden. [3]Die Vertragsärzte sollen zum Beginn des auf den rechtskräftigen Abschluss des Vertrages nach § 125a folgenden Quartals, frühestens jedoch nach sechs Wochen, nach den Regelungen dieses Absatzes verordnen.

§ 73a
Strukturverträge

(aufgehoben)

§ 73b
Hausarztzentrierte Versorgung

(1) Die Krankenkassen haben ihren Versicherten eine besondere hausärztliche Versorgung (hausarztzentrierte Versorgung) anzubieten.

(2) Dabei ist sicherzustellen, dass die hausarztzentrierte Versorgung insbesondere folgenden Anforderungen genügt, die über die vom Gemeinsamen Bundesausschuss sowie in den Bundesmantelverträgen geregelten Anforderungen an die hausärztliche Versorgung nach § 73 hinausgehen:

1. Teilnahme der Hausärzte an strukturierten Qualitätszirkeln zur Arzneimitteltherapie unter Leitung entsprechend geschulter Moderatoren,

2. Behandlung nach für die hausärztliche Versorgung entwickelten, evidenzbasierten, praxiserprobten Leitlinien,

3. Erfüllung der Fortbildungspflicht nach § 95d durch Teilnahme an Fortbildungen, die sich auf hausarzttypische Behandlungsprobleme konzentrieren, wie patientenzentrierte Gesprächsführung, psychosomatische Grundversorgung, Palliativmedizin, allgemeine Schmerztherapie, Geriatrie,

4. Einführung eines einrichtungsinternen, auf die besonderen Bedingungen einer Hausarztpraxis zugeschnittenen, indikatorengestützten und wissenschaftlich anerkannten Qualitätsmanagements.

(3) [1]Die Teilnahme an der hausarztzentrierten Versorgung ist freiwillig. [2]Die Teilnehmer verpflichten sich schriftlich oder elektronisch gegenüber ihrer Krankenkasse, nur einen von ihnen aus dem Kreis der Hausärzte nach Absatz 4 gewählten Hausarzt in Anspruch zu nehmen sowie ambulante fachärztliche Behandlung mit Ausnahme der Leistungen der Augenärzte und Frauenärzte nur auf dessen Überweisung; die direkte Inanspruchnahme eines Kinder- und Jugendarztes bleibt unberührt. [3]Die Versicherten können die Teilnahmeerklärung innerhalb von zwei Wochen nach deren Abgabe schriftlich, elektronisch oder zur Niederschrift bei der Krankenkasse ohne Angabe von Gründen widerrufen. [4]Zur Fristwahrung genügt die rechtzeitige Absendung der Widerrufserklärung an die Krankenkasse. [5]Die Widerrufsfrist beginnt, wenn die Krankenkasse dem Versicherten eine Belehrung über sein Widerrufsrecht schriftlich oder elektronisch mitgeteilt hat, frühestens jedoch mit der Abgabe der Teilnahmeerklärung. [6]Wird das Widerrufsrecht nicht ausgeübt, ist der Versicherte an seine Teilnahmeerklärung und an die Wahl seines Hausarztes mindestens ein Jahr gebunden; er darf den gewählten Hausarzt nur bei Vorliegen eines wichtigen Grundes wechseln. [7]Das Nähere zur Durchführung der Teilnahme der Versicherten, insbesondere zur Bindung an den gewählten Hausarzt, zu weiteren Ausnahmen von dem Überweisungsgebot und zu den Folgen bei Pflichtverstößen der Versicherten, regeln die Krankenkassen in den Teilnahmeerklärungen. [8]Die Satzung der Krankenkasse hat Regelungen zur Abgabe der Teilnahmeerklärung zu enthalten; die Regelungen sind auf der Grundlage der Richtlinie nach § 217f Absatz 4a zu treffen.

(4) [1]Zur flächendeckenden Sicherstellung des Angebots nach Absatz 1 haben Krankenkassen allein oder in Kooperation mit anderen Krankenkassen spätestens bis zum 30. Juni 2009 Verträge mit Gemeinschaften zu schließen, die mindestens die Hälfte der an der hausärztlichen Versorgung teilnehmenden Allgemeinärzte des Bezirks der Kassenärztlichen Vereinigung vertreten. [2]Können sich die Vertragsparteien nicht einigen, kann die Gemeinschaft die Einleitung eines Schiedsverfahrens nach Absatz 4a beantragen. [3]Ist ein Vertrag nach Satz 1 zustande gekommen oder soll ein Vertrag zur Versorgung von Kindern und Jugendlichen geschlossen werden, können Verträge auch abgeschlossen werden mit

1. vertragsärztlichen Leistungserbringern, die an der hausärztlichen Versorgung nach § 73 Abs. 1a teilnehmen,
2. Gemeinschaften dieser Leistungserbringer,
3. Trägern von Einrichtungen, die eine hausarztzentrierte Versorgung durch vertragsärztliche Leistungserbringer, die an der hausärztlichen Versorgung nach § 73 Abs. 1 a teilnehmen, anbieten,
4. Kassenärztlichen Vereinigungen, soweit Gemeinschaften nach Nummer 2 sie hierzu ermächtigt haben.

[4]Finden die Krankenkassen in dem Bezirk einer Kassenärztlichen Vereinigung keinen Vertragspartner, der die Voraussetzungen nach Satz 1 erfüllt, haben sie zur flächendeckenden Sicherstellung des Angebots nach Absatz 1 Verträge mit einem oder mehreren der in Satz 3 genannten Vertragspartner zu schließen. [5]In den Fällen der Sätze 3 und 4 besteht kein Anspruch auf Vertragsabschluss; die Aufforderung zur Abgabe eines Angebots ist unter Bekanntgabe objektiver Auswahlkriterien auszuschreiben. [6]Soweit die hausärztliche Versorgung der Versicherten durch Verträge nach diesem Absatz durchgeführt wird, ist der Sicherstellungsauftrag nach § 75 Abs. 1 eingeschränkt. [7]Satz 6 gilt nicht für die Organisation der vertragsärztlichen Versorgung zu den sprechstundenfreien Zeiten.

(4a) [1]Beantragt eine Gemeinschaft gemäß Absatz 4 Satz 2 die Einleitung eines Schiedsverfahrens, haben sich die Parteien auf eine unabhängige Schiedsperson zu verständigen, die den Inhalt des Vertrages nach Absatz 4 Satz 1 festlegt. [2]Einigen sich die Parteien nicht auf eine Schiedsperson, so wird diese von der für die Krankenkasse zuständigen Aufsichtsbehörde bestimmt. [3]Die Kosten des Schiedsverfahrens tragen die Vertragspartner zu gleichen Teilen. [4]Klagen gegen die Bestimmung der Schiedsperson haben keine aufschiebende Wirkung. [5]Klagen gegen die Festlegung des Vertragsinhalts richten sich gegen eine der beiden Vertragsparteien, nicht gegen die Schiedsperson.

(5) [1]In den Verträgen nach Absatz 4 sind das Nähere über den Inhalt und die Durchführung der

hausarztzentrierten Versorgung, insbesondere die Ausgestaltung der Anforderungen nach Absatz 2, sowie die Vergütung zu regeln; in Verträgen, die nach dem 31. März 2014 zustande kommen, sind zudem Wirtschaftlichkeitskriterien und Maßnahmen bei Nichteinhaltung der vereinbarten Wirtschaftlichkeitskriterien sowie Regelungen zur Qualitätssicherung zu vereinbaren. [2]Eine Beteiligung der Kassenärztlichen Vereinigung bei der Ausgestaltung und Umsetzung der Anforderungen nach Absatz 2 ist möglich. [3]Die Verträge können auch Abweichendes von den im Dritten Kapitel benannten Leistungen beinhalten, soweit sie die in § 11 Absatz 6 genannten Leistungen, Leistungen nach den §§ 20i, 25, 26, 37a und 37b sowie ärztliche Leistungen einschließlich neuer Untersuchungs- und Behandlungsmethoden betreffen, soweit der Gemeinsame Bundesausschuss nach § 91 im Rahmen der Beschlüsse nach § 92 Absatz 1 Satz 2 Nummer 5 keine ablehnende Entscheidung getroffen hat. [4]Die Einzelverträge können Abweichendes von den Vorschriften dieses Kapitels sowie den nach diesen Vorschriften getroffenen Regelungen regeln. [5]§ 106d Absatz 3 gilt hinsichtlich der arzt- und versichertenbezogenen Prüfung der Abrechnungen auf Rechtmäßigkeit entsprechend. [6]Zugelassene strukturierte Behandlungsprogramme nach §§ 137f und 137g sind, soweit sie die hausärztliche Versorgung betreffen, Bestandteil der Verträge nach Absatz 4. [7]Vereinbarungen über zusätzliche Vergütungen für Diagnosen können nicht Gegenstand der Verträge sein.

(5a) [1]Kündigt die Krankenkasse einen Vertrag nach Absatz 4 und kommt bis zum Ablauf dieses Vertrages kein neuer Vertrag zustande, gelten die Bestimmungen des bisherigen Vertrages vorläufig bis zum Zustandekommen eines neuen Vertrages weiter. [2]Dies gilt nicht bei einer außerordentlichen Kündigung nach § 71 Absatz 6 Satz 3.

(6) Die Krankenkassen haben ihre Versicherten in geeigneter Weise umfassend über Inhalt und Ziele der hausarztzentrierten Versorgung sowie über die jeweils wohnortnah teilnehmenden Hausärzte zu informieren.

(7) [1]Die Vertragspartner der Gesamtverträge haben den Behandlungsbedarf nach § 87a Absatz 3 Satz 2 zu bereinigen. [2]Die Bereinigung erfolgt rechtzeitig zu dem Kalendervierteljahr, für welches die Gesamtvergütung bereinigt werden soll, entsprechend der Zahl und der Morbiditätsstruktur der für dieses Kalendervierteljahr eingeschriebenen Versicherten sowie dem vertraglich vereinbarten Inhalt der hausarztzentrierten Versorgung nach Maßgabe der Vorgaben des Bewertungsausschusses nach § 87a Absatz 5 Satz 7. [3]Dabei können die Bereinigungsbeträge unter Beachtung der Maßgaben nach Satz 2 auch pauschaliert ermittelt werden. [4]Kommt eine rechtzeitige Einigung über die Bereinigung des Behandlungsbedarfs nicht zustande, können auch die Vertragspartner der Verträge über eine hausarztzentrierte Versorgung das Schiedsamt nach § 89 anrufen. [5]Die für die Bereinigungsverfahren erforderlichen arzt- und versichertenbezogenen Daten übermitteln die Krankenkassen den zuständigen Gesamtvertragspartnern bis spätestens drei Wochen vor dem Kalendervierteljahr, für welches die Gesamtvergütung für die in diesem Kalendervierteljahr eingeschriebenen Versicherten bereinigt werden soll. [6]Die Krankenkasse kann, falls eine rechtzeitige Bereinigung nicht festgesetzt worden ist, den Behandlungsbedarf unter Beachtung der Maßgaben nach Satz 2 vorläufig bereinigen. [7]Sie kann auch die Anerkennung und Umsetzung des geltenden Bereinigungsverfahrens für die Bereinigung der Gesamtvergütung für an der hausarztzentrierten Versorgung teilnehmende Versicherte mit Wohnort im Bezirk anderer Kassenärztlichen Vereinigungen von diesen Kassenärztlichen Vereinigungen verlangen. [8]Für die Bereinigung des Behandlungsbedarfs nach Satz 7 sowie für den Fall der Rückführung von Bereinigungsbeträgen bei Beendigung der Teilnahme eines Versicherten sind die Verfahren gemäß § 87a Absatz 5 Satz 9 anzuwenden. [9]Die Kassenärztlichen Vereinigungen haben die zur Bereinigung erforderlichen Vorgaben im Rahmen ihrer gesetzlichen Aufgaben umzusetzen.

(8) Die Vertragsparteien nach Absatz 4 können vereinbaren, dass Aufwendungen für Leistungen, die über die hausärztliche Versorgung nach § 73 hinausgehen und insoweit nicht unter die Bereinigungspflicht nach Absatz 7 fallen, aus Einsparungen und Effizienzsteigerungen, die aus den Maßnahmen von Verträgen nach Absatz 4 erzielt werden, finanziert werden.

(9) Die Einhaltung der nach Absatz 5 Satz 1 vereinbarten Wirtschaftlichkeitskriterien muss spätestens vier Jahre nach dem Wirksamwerden der zugrunde liegenden Verträge nachweisbar sein; § 88 Absatz 2 des Vierten Buches gilt entsprechend.

§ 73c Kooperationsvereinbarungen zum Kinder- und Jugendschutz

[1]Die Kassenärztlichen Vereinigungen sollen mit den kommunalen Spitzenverbänden auf Landesebene eine Vereinbarung über die Zusammenarbeit von Vertragsärzten mit den Jugendämtern schließen, um die vertragsärztliche Versorgung von Kindern und Jugendlichen zu verbessern, bei denen Vertragsärzte im Rahmen von Früherkennungsuntersuchungen nach § 26 oder im Rahmen ihrer oder der ärztlichen Behandlung ihrer Familienangehörigen nach § 28 Anhaltspunkte für eine Gefährdung ihres Wohls feststellen. [2]Satz 1 gilt nicht für Kassenzahnärztliche Vereinigungen und Zahnärzte.

§ 73d Verordnung besonderer Arzneimittel

(aufgehoben)

§ 74 Stufenweise Wiedereingliederung

[1]Können arbeitsunfähige Versicherte nach ärztlicher Feststellung ihre bisherige Tätigkeit teilweise verrichten und können sie durch eine stufenweise Wiederaufnahme ihrer Tätigkeit voraussichtlich besser wieder in das Erwerbsleben eingegliedert werden, soll der Arzt auf der Bescheinigung über die Arbeitsunfähigkeit Art und Umfang der möglichen Tätigkeiten angeben und dabei in geeigneten Fällen die Stellungnahme des Betriebsarztes oder mit Zustimmung der Krankenkasse die Stellungnahme des Medizinischen Dienstes (§ 275) einholen. [2]Spätestens ab einer Dauer der Arbeitsunfähigkeit von sechs Wochen hat die ärztliche Feststellung nach Satz 1 regelmäßig mit der Bescheinigung über die Arbeitsunfähigkeit zu erfolgen. [3]Der Gemeinsame Bundesausschuss legt in seinen Richtlinien nach § 92 bis zum 30. November 2019 das Verfahren zur regelmäßigen Feststellung über eine stufenweise Wiedereingliederung nach Satz 2 fest.

§ 75 Inhalt und Umfang der Sicherstellung

(1) [1]Die Kassenärztlichen Vereinigungen und die Kassenärztlichen Bundesvereinigungen haben die vertragsärztliche Versorgung in dem in § 73 Abs. 2 bezeichneten Umfang sicherzustellen und den Krankenkassen und ihren Verbänden gegenüber die Gewähr dafür zu übernehmen, dass die vertragsärztliche Versorgung den gesetzlichen und vertraglichen Erfordernissen entspricht. [2]Kommt die Kassenärztliche Vereinigung ihrem Sicherstellungsauftrag aus Gründen, die sie zu vertreten hat, nicht nach, können die Krankenkassen die in den Gesamtverträgen nach § 85 oder § 87a vereinbarten Vergütungen teilweise zurückbehalten. [3]Die Einzelheiten regeln die Partner der Bundesmantelverträge.

(1a) [1]Der Sicherstellungsauftrag nach Absatz 1 umfasst auch die angemessene und zeitnahe Zurverfügungstellung der vertragsärztlichen Versorgung. [2]Hierzu informieren die Kassenärztlichen Vereinigungen die Versicherten im Internet in geeigneter Weise bundesweit einheitlich über die Sprechstundenzeiten der Vertragsärzte und über die Zugangsmöglichkeiten von Menschen mit Behinderungen zur Versorgung (Barrierefreiheit) und richten Terminservicestellen ein, die spätestens zum 1. Januar 2020 für 24 Stunden täglich an sieben Tagen in der Woche unter einer bundesweit einheitlichen Telefonnummer erreichbar sein müssen; die Terminservicestellen können in Kooperation mit den Landesverbänden der Krankenkassen und den Ersatzkassen betrieben werden und mit den Rettungsleitstellen der Länder kooperieren. [3]Die Terminservicestelle hat

1. Versicherten innerhalb einer Woche einen Behandlungstermin bei einem Leistungserbringer nach § 95 Absatz 1 Satz 1 zu vermitteln,
2. Versicherte bei der Suche nach einem Hausarzt zu unterstützen, den sie nach § 76 Absatz 3 Satz 2 wählen möchten,
3. Versicherte bei der Suche nach einem Angebot zur Versorgung mit telemedizinischen Leistungen zu unterstützen und
4. Versicherten in Akutfällen auf der Grundlage eines bundesweit einheitlichen, standardisierten Ersteinschätzungsverfahrens eine unmittelbare ärztliche Versorgung in der medizinisch gebotenen Versorgungsebene, in geeigneten Fällen auch in Form einer telefonischen ärztlichen Konsultation, zu vermitteln.

[4]Für die Vermittlung von Behandlungsterminen bei einem Facharzt muss mit Ausnahme

1. von Behandlungsterminen bei einem Augenarzt oder einem Frauenarzt,
2. der Fälle, in denen bei einer zuvor erfolgten Inanspruchnahme eines Krankenhauses zur

ambulanten Notfallbehandlung die Ersteinschätzung auf der Grundlage der nach § 120 Absatz 3b zu beschließenden Vorgaben einen ärztlichen Behandlungsbedarf, nicht jedoch eine sofortige Behandlungsnotwendigkeit ergeben hat, und

3. der Vermittlung in Akutfällen nach Satz 3 Nummer 4

eine Überweisung vorliegen; eine Überweisung muss auch in den Fällen des Satzes 11 Nummer 2 vorliegen. [5]Die Wartezeit auf einen Behandlungstermin darf vier Wochen nicht überschreiten. [6]Die Entfernung zwischen Wohnort des Versicherten und dem vermittelten Arzt muss zumutbar sein. [7]Kann die Terminservicestelle keinen Behandlungstermin bei einem Leistungserbringer nach § 95 Absatz 1 Satz 1 innerhalb der Frist nach Satz 5 vermitteln, hat sie einen ambulanten Behandlungstermin in einem zugelassenen Krankenhaus anzubieten; Satz 3 Nummer 1 und die Sätze 4, 5 und 6 gelten entsprechend. [8]Satz 7 gilt nicht bei verschiebbaren Routineuntersuchungen, sofern es sich nicht um termingebundene Gesundheitsuntersuchungen für Kinder handelt, und in Fällen von Bagatellerkrankungen sowie bei weiteren vergleichbaren Fällen. [9]Für die ambulante Behandlung im Krankenhaus gelten die Bestimmungen über die vertragsärztliche Versorgung. [10]In den Fällen von Satz 8 hat die Terminservicestelle einen Behandlungstermin bei einem Leistungserbringer nach § 95 Absatz 1 Satz 1 in einer angemessenen Frist zu vermitteln. [11]Im Bundesmantelvertrag nach § 82 Absatz 1 sind insbesondere Regelungen zu treffen

1. zum Nachweis des Vorliegens einer Überweisung,
2. zu den Fällen, in denen es für die Vermittlung von einem Behandlungstermin bei einem Haus- oder einem Kinder- und Jugendarzt einer Überweisung bedarf,
3. zur zumutbaren Entfernung nach Satz 6, differenziert nach Arztgruppen,
4. über das Nähere zu den Fällen nach Satz 8,
5. zur Notwendigkeit weiterer Behandlungen nach § 76 Absatz 1a Satz 2.

[12]Im Bundesmantelvertrag können zudem ergänzende Regelungen insbesondere zu weiteren Ausnahmen von der Notwendigkeit des Vorliegens einer Überweisung getroffen werden. [13]Die Sätze 2 bis 12 gelten nicht für Behandlungen nach § 28 Absatz 2 und § 29. [14]Für Behandlungen nach § 28 Absatz 3 gelten die Sätze 2 und 3 Nummer 1 sowie die Sätze 5 bis 12 hinsichtlich der Vermittlung eines Termins für ein Erstgespräch im Rahmen der psychotherapeutischen Sprechstunden und hinsichtlich der sich aus der Abklärung ergebenden zeitnah erforderlichen Behandlungstermine sowie hinsichtlich der Vermittlung eines Termins im Rahmen der Versorgung nach § 92 Absatz 6b; einer Überweisung bedarf es nicht. [15]Die Wartezeit auf eine psychotherapeutische Akutbehandlung darf zwei Wochen nicht überschreiten. [16]Die Kassenärztliche Bundesvereinigung unterstützt die Kassenärztlichen Vereinigungen durch das Angebot einer Struktur für ein elektronisch gestütztes Wartezeitenmanagement und für ein elektronisch gestütztes Dispositionsmanagement bei der Terminvermittlung; sie hat ein elektronisches Programm zur Verfügung zu stellen, mit dem die Versicherten auf die Internetseite der zuständigen Kassenärztlichen Vereinigung geleitet werden, um sich über die Sprechstundenzeiten der Ärzte informieren zu können. [17]Die Kassenärztlichen Vereinigungen können darüber hinaus zur Erfüllung ihrer Aufgaben nach Satz 3 auch eigene digitale Angebote bereitstellen. [18]Die Kassenärztliche Bundesvereinigung evaluiert die Auswirkungen der Tätigkeit der Terminservicestellen insbesondere im Hinblick auf die Erreichung der fristgemäßen Vermittlung von Arztterminen, auf die Häufigkeit der Inanspruchnahme und auf die Vermittlungsquote. [19]Über die Ergebnisse hat die Kassenärztliche Bundesvereinigung dem Bundesministerium für Gesundheit jährlich, erstmals zum 30. Juni 2017, zu berichten. [20]Die Vertragsärzte sind verpflichtet, der Terminservicestelle freie Termine zu melden. [21]Soweit Vertragsärzte Leistungen in Form von Videosprechstunden anbieten, können die Vertragsärzte den Terminservicestellen freie Termine, zu denen Leistungen in Form der Videosprechstunde angeboten werden, freiwillig melden.

(1b) [1]Der Sicherstellungsauftrag nach Absatz 1 umfasst auch die vertragsärztliche Versorgung zu den sprechstundenfreien Zeiten (Notdienst), nicht jedoch die notärztliche Versorgung im Rahmen des Rettungsdienstes, soweit Landesrecht nichts anderes bestimmt. [2]Im Rahmen des Notdienstes sollen die Kassenärztlichen Vereinigungen spätestens ab dem 31. März 2022 ergänzend auch telemedizinische Leistungen zur Verfügung stellen [3]Die Kassenärztlichen Vereinigungen sollen den Notdienst auch durch Kooperation und eine organisatorische Verknüpfung mit zugelassenen Krankenhäusern sicherstellen; hierzu sollen sie entweder Notdienstpraxen in oder an Krankenhäusern einrichten oder Notfallambulanzen der Krankenhäuser unmittelbar in den Notdienst einbinden. [4]Im Rahmen einer Kooperation nach Satz 3 zwischen Kassenärztlichen Vereinigungen und Krankenhäusern kann auch die Nutzung der technischen Ausstattung der Krankenhäuser zur Erbringung telemedizinischer Leistungen durch Notdienstpraxen oder die Erbringung telemedizinischer Leistungen durch die Notfallambulanzen der Krankenhäuser vereinbart werden. [5]Nicht an der vertragsärztlichen Versorgung teilnehmende zugelassene Krankenhäuser und Ärzte, die aufgrund einer Kooperationsvereinbarung mit der Kassenärztlichen Vereinigung in den Notdienst einbezogen sind, sind zur Leistungserbringung im Rahmen des Notdienstes berechtigt und nehmen zu diesem Zweck an der vertragsärztlichen Versorgung teil. [6]Satz 5 gilt entsprechend für nicht an der vertragsärztlichen Versorgung teilnehmende Ärzte im Rahmen der notärztlichen Versorgung des Rettungsdienstes, soweit entsprechend Satz 1 durch Landesrecht bestimmt ist, dass auch diese Versorgung vom Sicherstellungsauftrag der Kassenärztlichen Vereinigung umfasst ist. [7]Die Kassenärztlichen Vereinigungen sollen mit den Landesapothekerkammern in einen Informationsaustausch über die Organisation des Notdienstes treten, um die Versorgung der Versicherten im Notdienst zu verbessern; die Ergebnisse aus diesem Informationsaustausch sind in die Kooperationen nach Satz 3 einzubeziehen. [8]Die Kassenärztlichen Vereinigungen sollen mit den Rettungsleitstellen der Länder kooperieren.

(2) [1]Die Kassenärztlichen Vereinigungen und die Kassenärztlichen Bundesvereinigungen haben die Rechte der Vertragsärzte gegenüber den Krankenkassen wahrzunehmen. [2]Sie haben die Erfüllung der den Vertragsärzten obliegenden Pflichten zu überwachen und die Vertragsärzte, soweit notwendig, unter Anwendung der in § 81 Abs. 5 vorgesehenen Maßnahmen zur Erfüllung dieser Pflichten anzuhalten.

(3) [1]Die Kassenärztlichen Vereinigungen und die Kassenärztlichen Bundesvereinigungen haben auch die ärztliche Versorgung von Personen sicherzustellen, die auf Grund dienstrechtlicher Vorschriften über die Gewährung von Heilfürsorge einen Anspruch auf unentgeltliche ärztliche Versorgung haben, soweit die Erfüllung dieses Anspruchs nicht auf andere Weise gewährleistet ist. [2]Die ärztlichen Leistungen sind so zu vergüten, wie die Ersatzkassen die vertragsärztlichen Leistungen vergüten. [3]Die Sätze 1 und 2 gelten entsprechend für ärztliche Untersuchungen zur Durchführung der allgemeinen Wehrpflicht sowie Untersuchungen zur Vorbereitung von Personalentscheidungen und betriebs- und fürsorgeärztlichen Untersuchungen, die von öffentlich-rechtlichen Kostenträgern veranlasst werden.

(3a) [1]Die Kassenärztlichen Vereinigungen und die Kassenärztlichen Bundesvereinigungen haben auch die ärztliche Versorgung der in den brancheneinheitlichen Standardtarifen nach § 257 Abs. 2a in Verbindung mit § 403 und nach § 257 Abs. 2a in Verbindung mit § 404 sowie dem brancheneinheitlichen Basistarif nach § 152 Absatz 1 des Versicherungsaufsichtsgesetzes und dem Notlagentarif nach § 153 des Versicherungsaufsichtsgesetzes Versicherten mit den in diesen Tarifen versicherten ärztlichen Leistungen sicherzustellen. [2]Solange und soweit nach Absatz 3b nichts Abweichendes vereinbart oder festgesetzt wird, sind die in Satz 1 genannten Leistungen einschließlich der belegärztlichen Leistungen nach § 121 nach der Gebührenordnung für Ärzte oder der Gebührenordnung für Zahnärzte mit der Maßgabe zu vergüten, dass Gebühren für die in Abschnitt M des Gebührenverzeichnisses der Gebührenordnung für Ärzte genannten Leistungen sowie für die Leistung nach Nummer 437 des Gebührenverzeichnisses der Gebührenordnung für Ärzte nur bis zum 1,16fachen des Gebührensatzes der Gebührenordnung für Ärzte, Gebühren für die in den Abschnitten A, E und O des Gebührenverzeichnisses der Gebührenordnung für Ärzte genannten Leistungen nur bis zum 1,38fachen des Gebührensatzes der Gebührenordnung für Ärzte, Gebühren für die übrigen Leistungen des Gebührenverzeichnisses der Gebührenordnung für Ärzte nur bis zum 1,8fachen des Gebührensatzes der Gebührenordnung für Ärzte und Gebühren für die Leistungen des Gebührenverzeichnisses der Gebührenordnung für Zahnärzte nur bis zum 2fachen des Gebührensatzes der Gebührenordnung für Zahnärzte berechnet werden dürfen. [3]Für die Vergütung von in den §§ 115b und 116b bis 119 genannten Leistungen gilt Satz 2 entsprechend, wenn diese für die in Satz 1 genannten Versicherten im Rahmen der dort genannten Tarife erbracht werden.

(3b) [1]Die Vergütung für die in Absatz 3a Satz 2 genannten Leistungen kann in Verträgen zwischen dem Verband der privaten Krankenversicherung einheitlich mit Wirkung für die Unternehmen der privaten Krankenversicherung und im Einvernehmen mit den Trägern der Kosten in Krankheits-, Pflege- und Geburtsfällen nach beamtenrechtlichen Vorschriften mit den Kassenärztlichen Vereinigungen oder den Kassenärztlichen Bundesvereinigungen ganz oder teilweise abweichend von den Vorgaben des Absatzes 3a Satz 2 geregelt werden. [2]Für den Verband der privaten Krankenversicherung gilt § 158 Absatz 2 des Versicherungsaufsichtsgesetzes entsprechend. [3]Wird zwischen den Beteiligten nach Satz 1 keine Einigung über eine von Absatz 3a Satz 2 abweichende Vergütungsregelung erzielt, kann der Beteiligte, der die Abweichung verlangt, die Schiedsstelle nach Absatz 3c anrufen. [4]Diese hat innerhalb von drei Monaten über die Gegenstände, über die keine Einigung erzielt werden konnte, zu entscheiden und den Vertragsinhalt festzusetzen. [5]Die Schiedsstelle hat ihre Entscheidung so zu treffen, dass der Vertragsinhalt

1. den Anforderungen an eine ausreichende, zweckmäßige, wirtschaftliche und in der Qualität gesicherte ärztliche Versorgung der in Absatz 3a Satz 1 genannten Versicherten entspricht,
2. die Vergütungsstrukturen vergleichbarer Leistungen aus dem vertragsärztlichen und privatärztlichen Bereich berücksichtigt und
3. die wirtschaftlichen Interessen der Vertragsärzte sowie die finanziellen Auswirkungen der Vergütungsregelungen auf die Entwicklung der Prämien für die Tarife der in Absatz 3a Satz 1 genannten Versicherten angemessen berücksichtigt.

[6]Wird nach Ablauf einer von den Vertragsparteien nach Satz 1 vereinbarten oder von der Schiedsstelle festgesetzten Vertragslaufzeit keine Einigung über die Vergütung erzielt, gilt der bisherige Vertrag bis zu der Entscheidung der Schiedsstelle weiter. [7]Für die in Absatz 3a Satz 1 genannten Versicherten und Tarife kann die Vergütung für die in den §§ 115b und 116b bis 119 genannten Leistungen in Verträgen zwischen dem Verband der privaten Krankenversicherung einheitlich mit Wirkung für die Unternehmen der privaten Krankenversicherung und im Einvernehmen mit den Trägern der Kosten in Krankheits-, Pflege- und Geburtsfällen nach beamtenrechtlichen Vorschriften mit den entsprechenden Leistungserbringern oder den sie vertretenden Verbänden ganz oder teilweise abweichend von den Vorgaben des Absatzes 3a Satz 2 und 3 geregelt werden; Satz 2 gilt entsprechend. [8]Wird nach Ablauf einer von den Vertragsparteien nach Satz 7 vereinbarten Vertragslaufzeit keine Einigung über die Vergütung erzielt, gilt der bisherige Vertrag weiter.

(3c) [1]Die Kassenärztlichen Bundesvereinigungen bilden mit dem Verband der privaten Krankenversicherung je eine gemeinsame Schiedsstelle. [2]Sie besteht aus Vertretern der Kassenärztlichen Bundesvereinigung oder der Kassenzahnärztlichen Bundesvereinigung einerseits und Vertretern des Verbandes der privaten Krankenversicherung und der Träger der Kosten in Krankheits-, Pflege- und Geburtsfällen nach beamtenrechtlichen Vorschriften andererseits in gleicher Zahl, einem unparteiischen Vorsitzenden und zwei weiteren unparteiischen Mitgliedern sowie je einem Vertreter des Bundesministeriums der Finanzen und des Bundesministeriums für Gesundheit. [3]Die Amtsdauer beträgt vier Jahre. [4]Über den Vorsitzenden und die weiteren unparteiischen Mitglieder sowie deren Stellvertreter sollen sich die Vertragsparteien einigen. [5]Kommt eine Einigung nicht zu Stande, gilt § 134a Absatz 4 Satz 5 und 6 entsprechend. [6]Im Übrigen gilt § 129 Abs. 9 entsprechend. [7]Die Aufsicht über die Geschäftsführung der Schiedsstelle führt das Bundesministerium der Finanzen; § 129 Abs. 10 Satz 2 gilt entsprechend.

(4) [1]Die Kassenärztlichen Vereinigungen und die Kassenärztlichen Bundesvereinigungen haben auch die ärztliche Behandlung von Gefangenen in Justizvollzugsanstalten in Notfällen außerhalb der Dienstzeiten der Anstaltsärzte und Anstaltszahnärzte sicherzustellen, soweit die Behandlung nicht auf andere Weise gewährleistet ist. [2]Absatz 3 Satz 2 gilt entsprechend.

(5) Soweit die ärztliche Versorgung in der knappschaftlichen Krankenversicherung nicht durch Knappschaftsärzte sichergestellt wird, gelten die Absätze 1 und 2 entsprechend.

(6) Mit Zustimmung der Aufsichtsbehörden können die Kassenärztlichen Vereinigungen und Kassenärztlichen Bundesvereinigungen weitere Aufgaben der ärztlichen Versorgung insbesondere für andere Träger der Sozialversicherung übernehmen.

(7) [1]Die Kassenärztlichen Bundesvereinigungen haben

1. die erforderlichen Richtlinien für die Durchführung der von ihnen im Rahmen ihrer Zuständigkeit geschlossenen Verträge aufzustellen,

2. in Richtlinien die überbezirkliche Durchführung der vertragsärztlichen Versorgung und den Zahlungsausgleich hierfür zwischen den Kassenärztlichen Vereinigungen zu regeln, soweit nicht in Bundesmantelverträgen besondere Vereinbarungen getroffen sind,

3. Richtlinien über die Betriebs-, Wirtschafts- und Rechnungsführung der Kassenärztlichen Vereinigungen aufzustellen,

3a. bis zum 31. Dezember 2021 Richtlinien zur Gewährleistung einer bundesweit einheitlichen und vollständigen Bereitstellung von Informationen nach Absatz 1a Satz 2 auf den Internetseiten der Kassenärztlichen Vereinigungen aufzustellen,

4. Richtlinien für die Umsetzung einer bundeseinheitlichen Telefonnummer nach Absatz 1a Satz 2 aufzustellen,

5. Richtlinien für ein digitales Angebot zur Vermittlung von Behandlungsterminen nach Absatz 1a Satz 3 Nummer 1 sowie zur Vermittlung einer unmittelbaren ärztlichen Versorgung in Akutfällen nach Absatz 1a Satz 3 Nummer 3 und für ein Angebot eines elektronisch gestützten Dispositionsmanagements aufzustellen und

6. Richtlinien für ein bundesweit einheitliches, standardisiertes Ersteinschätzungsverfahren aufzustellen, auf dessen Grundlage die Vermittlung in Akutfällen nach Absatz 1a Satz 3 Nummer 3 erfolgt.

[2]Die Richtlinie nach Satz 1 Nr. 2 muss sicherstellen, dass die für die erbrachte Leistung zur Verfügung stehende Vergütung die Kassenärztliche Vereinigung erreicht, in deren Bezirk die Leistung erbracht wurde; eine Vergütung auf der Basis bundesdurchschnittlicher Verrechnungspunktwerte ist zulässig. [3]Die Richtlinie nach Satz 1 Nr. 2 kann auch Regelungen über die Abrechnungs-, Wirtschaftlichkeits- und Qualitätsprüfung sowie über Verfahren bei Disziplinarangelegenheiten bei überörtlichen Berufsausübungsgemeinschaften, die Mitglieder in mehreren Kassenärztlichen Vereinigungen haben, treffen, soweit hierzu nicht in den Bundesmantelverträgen besondere Vereinbarungen getroffen sind. [4]Bei der Erarbeitung der Richtlinien nach Satz 1 Nummer 3a sind die Bundesfachstelle Barrierefreiheit sowie die maßgeblichen Interessenvertretungen der Patientinnen und Patienten nach § 140f zu beteiligen. [5]Die Richtlinien nach Satz 1 Nummer 4 und 5 müssen auch sicherstellen, dass die von Vertragsärzten in Umsetzung der Richtlinienvorgaben genutzten elektronischen Programme von der Kassenärztlichen Bundesvereinigung zugelassen sind.

(7a) [1]Abweichend von Absatz 7 Satz 2 muss die für die ärztliche Versorgung geltende Richtlinie nach Absatz 7 Satz 1 Nr. 2 sicherstellen, dass die Kassenärztliche Vereinigung, in deren Bezirk die Leistungen erbracht wurden (Leistungserbringer-KV), von der Kassenärztlichen Vereinigung, in deren Bezirk der Versicherte seinen Wohnort hat (Wohnort-KV), für die erbrachten Leistungen jeweils die entsprechenden Vergütungen der in der Leistungserbringer-KV geltenden Euro-Gebührenordnung nach § 87a Abs. 2 erhält. [2]Dabei ist das Benehmen mit dem Spitzenverband Bund der Krankenkassen herzustellen.

(8) Die Kassenärztlichen Vereinigungen und die Kassenärztlichen Bundesvereinigungen haben durch geeignete Maßnahmen darauf hinzuwirken, dass die zur Ableistung der Vorbereitungszeiten von Ärzten sowie die zur allgemeinmedizinischen Weiterbildung in den Praxen niedergelassener Vertragsärzte benötigten Plätze zur Verfügung stehen.

(9) Die Kassenärztlichen Vereinigungen sind verpflichtet, mit Einrichtungen nach § 13 des Schwangerschaftskonfliktgesetzes auf deren Verlangen Verträge über die ambulante Erbringung der in § 24b aufgeführten ärztlichen Leistungen zu schließen und die Leistungen außerhalb des Verteilungsmaßstabes nach den zwischen den Kassenärztlichen Vereinigungen und den Einrichtungen nach § 13 des Schwangerschaftskonfliktgesetzes oder deren Verbänden vereinbarten Sätzen zu vergüten.

(10) aufgehoben.

§ 75a
Förderung der Weiterbildung

(1) [1]Die Kassenärztlichen Vereinigungen und die Krankenkassen sind zur Sicherung der hausärztlichen Versorgung verpflichtet, die allgemeinmedizinische Weiterbildung in den Praxen zuge-

lassener Ärzte und zugelassener medizinischer Versorgungszentren zu fördern. [2]Die Kassenärztlichen Vereinigungen und die Krankenkassen tragen die Kosten der Förderung für die Weiterbildung in der Allgemeinmedizin im ambulanten Bereich je zur Hälfte. [3]Die Zuschüsse der Krankenkassen werden außerhalb der Gesamtvergütung für die vertragsärztliche Versorgung gewährt. [4]Die Förderung ist von der Weiterbildungsstelle auf die im Krankenhaus übliche Vergütung anzuheben und an den Weiterzubildenden in voller Höhe auszuzahlen.

(2) [1]Die Krankenkassen sind zur Sicherung der hausärztlichen Versorgung auch verpflichtet, die allgemeinmedizinische Weiterbildung in zugelassenen Krankenhäusern und in Vorsorge- und Rehabilitationseinrichtungen, für die ein Versorgungsvertrag nach § 111 besteht, zu fördern. [2]Die Zuschüsse der Krankenkassen werden außerhalb der mit den Krankenhäusern vereinbarten Budgets gewährt.

(3) [1]Die Anzahl der zu fördernden Stellen soll bundesweit insgesamt mindestens 7 500 betragen. [2]Die Kassenärztlichen Vereinigungen dürfen die Anzahl der zu fördernden Weiterbildungsstellen nicht begrenzen.

(4) [1]Die Kassenärztliche Bundesvereinigung vereinbart mit dem Spitzenverband Bund der Krankenkassen und der Deutschen Krankenhausgesellschaft das Nähere über den Umfang und die Durchführung der finanziellen Förderung nach den Absätzen 1 bis 3. [2]Sie haben insbesondere Vereinbarungen zu treffen über

1. die Höhe der finanziellen Förderung,
2. die Sicherstellung einer durchgängigen Förderung auch bei einem Wechsel in eine andere Weiterbildungsstelle in einem Bezirk einer anderen Kassenärztlichen Vereinigung,
3. die Verteilung der zu fördernden Stellen auf die Kassenärztlichen Vereinigungen,
4. ein finanzielles Ausgleichverfahren, wenn in einem Bezirk einer Kassenärztlichen Vereinigung mehr oder weniger Weiterbildungsstellen gefördert werden, als nach Nummer 3 vorgesehen sind, sowie
5. die zu fördernden Fachärzte aus dem Bereich der allgemeinen fachärztlichen Versorgung, die an der Grundversorgung teilnehmen (grundversorgende Fachärzte).

[3]Mit der Bundesärztekammer ist das Benehmen herzustellen. [4]Wird eine Vereinbarung ganz oder teilweise beendet und kommt bis zum Ablauf der Vereinbarungszeit keine neue Vereinbarung zustande, entscheidet das sektorenübergreifende Schiedsgremium auf Bundesebene gemäß § 89a.

(5) [1]Die Höhe der finanziellen Beteiligung der Krankenkassen an den Kosten der Förderung der allgemeinmedizinischen Weiterbildung vermindert sich um den von den privaten Krankenversicherungsunternehmen gezahlten Betrag. [2]Über die Verträge nach Absatz 4 ist das Einvernehmen mit dem Verband der Privaten Krankenversicherung anzustreben.

(6) [1]Die nach Absatz 4 Satz 2 Nummer 1 zu vereinbarende Höhe der finanziellen Förderung ist so zu bemessen, dass die Weiterzubildenden in allen Weiterbildungseinrichtungen nach den Absätzen 1 und 2 eine angemessene Vergütung erhalten. [2]In Gebieten, für die der Landesausschuss der Ärzte und Krankenkassen für den Bereich der hausärztlichen Versorgung eine Feststellung nach § 100 Absatz 1 Satz 1 getroffen hat, soll eine höhere finanzielle Förderung vorgesehen werden. [3]Die Vertragspartner haben die Angemessenheit der Förderung regelmäßig zu überprüfen und soweit erforderlich anzupassen.

(7) In den Verträgen nach Absatz 4 kann auch vereinbart werden, dass

1. die Fördermittel durch eine zentrale Stelle auf Landes- oder Bundesebene verwaltet werden,
2. eine finanzielle Beteiligung an regionalen Projekten zur Förderung der Allgemeinmedizin erfolgt,
3. bis zu 5 Prozent der vorgesehenen Fördermittel überregional für die Errichtung und Organisation von Einrichtungen, die die Qualität und Effizienz der Weiterbildung verbessern können, und für die Qualifizierung von Weiterbildern bereitgestellt werden,
4. in einem Förderungszeitraum nicht abgerufene Fördermittel in den darauffolgenden Förderzeitraum übertragen sowie überregional und unabhängig von der Art der Weiterbildungseinrichtung bereitgestellt werden.

(8) Die Kassenärztlichen Vereinigungen können zur Erfüllung der in Absatz 1 genannten Aufgaben kooperieren oder eine Kassenärztliche Vereinigung mit der Durchführung der Aufgaben nach Absatz 1 beauftragen.

(9) [1]Die Absätze 1 und 4 bis 8 gelten für die Förderung der Weiterbildung in der ambulanten grundversorgenden fachärztlichen Versorgung nach Maßgabe der Vereinbarung nach Absatz 4 Satz 2 Nummer 5 entsprechend. [2]Es sind bundesweit bis zu 2 000 Weiterbildungsstellen, davon mindestens 250 Weiterbildungsstellen in der Kinder- und Jugendmedizin, zu fördern.

§ 75b Richtlinie zur IT-Sicherheit in der vertragsärztlichen und vertragszahnärztlichen Versorgung

(1) [1]Die Kassenärztlichen Bundesvereinigungen legen bis zum 30. Juni 2020 in einer Richtlinie die Anforderungen zur Gewährleistung der IT-Sicherheit in der vertragsärztlichen und vertragszahnärztlichen Versorgung fest. [2]Die Richtlinie umfasst auch Anforderungen an die sichere Installation und Wartung von Komponenten und Diensten der Telematikinfrastruktur, die in der vertragsärztlichen und vertragszahnärztlichen Versorgung genutzt werden.

(2) Die in der Richtlinie festzulegenden Anforderungen müssen geeignet sein, abgestuft im Verhältnis zum Gefährdungspotential und dem Schutzbedarf der verarbeiteten Informationen, Störungen der informationstechnischen Systeme, Komponenten oder Prozesse der vertragsärztlichen Leistungserbringer in Bezug auf Verfügbarkeit, Integrität und Vertraulichkeit sowie der weiteren Sicherheitsziele zu vermeiden.

(3) [1]Die in der Richtlinie festzulegenden Anforderungen müssen dem Stand der Technik entsprechen und sind jährlich an den Stand der Technik und an das Gefährdungspotential anzupassen. [2]Die in der Richtlinie festzulegenden Anforderungen sowie deren Anpassungen erfolgen im Einvernehmen mit dem Bundesamt für Sicherheit in der Informationstechnik sowie im Benehmen mit dem oder der Bundesbeauftragten für den Datenschutz und die Informationsfreiheit, der Bundesärztekammer, der Bundeszahnärztekammer, der Deutschen Krankenhausgesellschaft und den für die Wahrnehmung der Interessen der Industrie maßgeblichen Bundesverbänden aus dem Bereich der Informationstechnologie im Gesundheitswesen. [3]Die Anforderungen nach Absatz 1 Satz 2 legen die Kassenärztlichen Bundesvereinigungen zusätzlich im Benehmen mit der Gesellschaft für Telematik fest.

(4) [1]Die Richtlinie ist für die an der vertragsärztlichen und vertragszahnärztlichen Versorgung teilnehmenden Leistungserbringer verbindlich. [2]Die Richtlinie ist nicht anzuwenden für die vertragsärztliche und vertragszahnärztliche Versorgung im Krankenhaus, soweit dort bereits angemessene Vorkehrungen getroffen werden. [3]Angemessene Vorkehrungen im Sinne von Satz 2 gelten als getroffen, wenn die organisatorischen und technischen Vorkehrungen nach § 8a Absatz 1 des BSI-Gesetzes oder entsprechende branchenspezifische Sicherheitsstandards umgesetzt wurden.

(5) [1]Die Kassenärztlichen Bundesvereinigungen müssen ab dem 30. Juni 2020 die Mitarbeiterinnen und Mitarbeiter der Anbieter im Einvernehmen mit dem Bundesamt für Sicherheit in der Informationstechnik auf deren Antrag zertifizieren, wenn diese Personen über die notwendige Eignung verfügen, um die an der vertragsärztlichen und vertragszahnärztlichen Versorgung teilnehmenden Leistungserbringer bei der Umsetzung der Richtlinie sowie deren Anpassungen zu unterstützen. [2]Die Vorgaben für die Zertifizierung werden von den Kassenärztlichen Bundesvereinigungen im Einvernehmen mit dem Bundesamt für Sicherheit in der Informationstechnik sowie im Benehmen mit den für die Wahrnehmung der Interessen der Industrie maßgeblichen Bundesverbänden aus dem Bereich der Informationstechnologie im Gesundheitswesen bis zum 31. März 2020 erstellt. [3]In Bezug auf die Anforderungen nach Absatz 1 Satz 2 legen die Kassenärztlichen Bundesvereinigungen die Vorgaben für die Zertifizierung der Mitarbeiterinnen und Mitarbeiter der Anbieter nach Satz 1 im Benehmen mit der Gesellschaft für Telematik fest.

§ 75c IT-Sicherheit in Krankenhäusern

(1) [1]Ab dem 1. Januar 2022 sind Krankenhäuser verpflichtet, nach dem Stand der Technik angemessene organisatorische und technische Vorkehrungen zur Vermeidung von Störungen der Verfügbarkeit, Integrität und Vertraulichkeit sowie

der weiteren Sicherheitsziele ihrer informationstechnischen Systeme, Komponenten oder Prozesse zu treffen, die für die Funktionsfähigkeit des jeweiligen Krankenhauses und die Sicherheit der verarbeiteten Patienteninformationen maßgeblich sind. 2Organisatorische und technische Vorkehrungen sind angemessen, wenn der dafür erforderliche Aufwand nicht außer Verhältnis zu den Folgen eines Ausfalls oder einer Beeinträchtigung des Krankenhauses oder der Sicherheit der verarbeiteten Patienteninformationen steht. 3Die informationstechnischen Systeme sind spätestens alle zwei Jahre an den aktuellen Stand der Technik anzupassen.

(2) Die Krankenhäuser können die Verpflichtungen nach Absatz 1 insbesondere erfüllen, indem sie einen branchenspezifischen Sicherheitsstandard für die informationstechnische Sicherheit der Gesundheitsversorgung im Krankenhaus in der jeweils gültigen Fassung anwenden, dessen Eignung vom Bundesamt für Sicherheit in der Informationstechnik nach § 8a Absatz 2 des BSI-Gesetzes festgestellt wurde.

(3) Die Verpflichtung nach Absatz 1 gilt für alle Krankenhäuser, soweit sie nicht ohnehin als Betreiber Kritischer Infrastrukturen gemäß § 8a des BSI-Gesetzes angemessene technische Vorkehrungen zu treffen haben.

§ 76 Freie Arztwahl

(1) 1Die Versicherten können unter den zur vertragsärztlichen Versorgung zugelassenen Ärzten, den medizinischen Versorgungszentren, den ermächtigten Ärzten, den ermächtigten oder nach § 116b an der ambulanten Versorgung teilnehmenden Einrichtungen, den Zahnkliniken der Krankenkassen, den Eigeneinrichtungen der Krankenkassen nach § 140 Abs. 2 Satz 2, den nach § 72a Abs. 3 vertraglich zur ärztlichen Behandlung verpflichteten Ärzten und Zahnärzten, den zum ambulanten Operieren zugelassenen Krankenhäusern sowie den Einrichtungen nach § 75 Abs. 9 frei wählen. 2Andere Ärzte dürfen nur in Notfällen in Anspruch genommen werden. 3Die Inanspruchnahme der Eigeneinrichtungen der Krankenkassen nach § 140 Abs. 1 und 2 Satz 1 richtet sich nach den hierüber abgeschlossenen Verträgen. 4Die Zahl der Eigeneinrichtungen darf auf Grund vertraglicher Vereinbarung vermehrt werden, wenn die Voraussetzungen des § 140 Abs. 2 Satz 1 erfüllt sind.

(1a) 1In den Fällen des § 75 Absatz 1a Satz 7 können Versicherte auch zugelassene Krankenhäuser in Anspruch nehmen, die nicht an der vertragsärztlichen Versorgung teilnehmen; dies gilt auch, wenn die Terminservicestelle Versicherte in den Fällen des § 75 Absatz 1a Satz 3 Nummer 3 in eine Notfallambulanz vermittelt. 2Die Inanspruchnahme umfasst auch weitere auf den Termin folgende notwendige Behandlungen, die dazu dienen, den Behandlungserfolg zu sichern oder zu festigen.

(2) Wird ohne zwingenden Grund ein anderer als einer der nächst erreichbaren an der vertragsärztlichen Versorgung teilnehmenden Ärzte, Einrichtungen oder medizinische Versorgungszentren in Anspruch genommen, hat der Versicherte die Mehrkosten zu tragen.

(3) 1Die Versicherten sollen den an der vertragsärztlichen Versorgung teilnehmenden Arzt innerhalb eines Kalendervierteljahres nur bei Vorliegen eines wichtigen Grundes wechseln. 2Der Versicherte wählt einen Hausarzt. 3Der Arzt hat den Versicherten vorab über Inhalt und Umfang der hausärztlichen Versorgung (§ 73) zu unterrichten; eine Teilnahme an der hausärztlichen Versorgung hat er auf seinem Praxisschild anzugeben.

(3a) Die Partner der Verträge nach § 82 Abs. 1 haben geeignete Maßnahmen zu vereinbaren, die einer unkoordinierten Mehrfachinanspruchnahme von Vertragsärzten entgegenwirken und den Informationstausch zwischen vor- und nachbehandelnden Ärzten gewährleisten.

(4) Die Übernahme der Behandlung verpflichtet die in Absatz 1 genannten Personen oder Einrichtungen dem Versicherten gegenüber zur Sorgfalt nach den Vorschriften des bürgerlichen Vertragsrechts.

(5) 1Die Versicherten der knappschaftlichen Krankenversicherung können unter den Knappschaftsärzten und den in Absatz 1 genannten Personen und Einrichtungen frei wählen. 2Die Absätze 2 bis 4 gelten entsprechend.

Zweiter Titel

Kassenärztliche und Kassenzahnärztliche Vereinigungen

§ 77 Kassenärztliche Vereinigungen und Bundesvereinigungen

(1) [1]Zur Erfüllung der ihnen durch dieses Buch übertragenen Aufgaben der vertragsärztlichen Versorgung bilden die Vertragsärzte für den Bereich jedes Landes eine Kassenärztliche und eine Kassenzahnärztliche Vereinigung (Kassenärztliche Vereinigungen). [2]Bestehen in einem Land mehrere Kassenärztliche Vereinigungen, können sich diese nach Absatz 2 vereinigen.

(2) [1]Mit Zustimmung der für die Sozialversicherung zuständigen obersten Verwaltungsbehörden der Länder können sich Kassenärztliche Vereinigungen auf Beschluss ihrer Vertreterversammlungen auch für den Bereich mehrerer Länder vereinigen. [2]Der Beschluss bedarf der Genehmigung der vor der Vereinigung zuständigen Aufsichtsbehörden. [3]§ 155 Absatz 2, 5 und 6 gilt entsprechend. [4]Die Bundesvereinigung nach Absatz 4 ist vor der Vereinigung zu hören. [5]Die gemeinsame Kassenärztliche Vereinigung kann nach Bereichen der an der Vereinigung beteiligten Kassenärztlichen Vereinigungen getrennte Gesamtverträge längstens für bis zu vier Quartale anwenden. [6]Darüber hinaus können die Vertragspartner der Gesamtverträge unterschiedliche Vergütungen im Einvernehmen mit der zuständigen Aufsichtsbehörde vereinbaren, soweit es zum Ausgleich unterschiedlicher landesrechtlicher Bestimmungen oder aus anderen besonderen Gründen erforderlich ist.

(3) [1]Die zugelassenen Ärzte, die im Rahmen der vertragsärztlichen Versorgung in den zugelassenen medizinischen Versorgungszentren tätigen angestellten Ärzte, die bei Vertragsärzten nach § 95 Abs. 9 und 9a angestellten Ärzte, die in Eigeneinrichtungen nach § 105 Absatz 1a und Absatz 5 Satz 1 angestellten Ärzte und die an der vertragsärztlichen Versorgung teilnehmenden ermächtigten Krankenhausärzte sind Mitglieder der für ihren Arztsitz zuständigen Kassenärztlichen Vereinigung. [2]Voraussetzung der Mitgliedschaft angestellter Ärzte in der für ihren Arztsitz zuständigen Kassenärztlichen Vereinigung ist, dass sie mindestens zehn Stunden pro Woche beschäftigt sind.

(4) [1]Die Kassenärztlichen Vereinigungen bilden die Kassenärztliche Bundesvereinigung und die Kassenzahnärztliche Bundesvereinigung (Kassenärztliche Bundesvereinigungen). [2]Die Kassenärztlichen Vereinigungen und Kassenärztlichen Bundesvereinigungen können die für sie zuständigen obersten Bundes- und Landesbehörden insbesondere in Fragen der Rechtsetzung kurzzeitig personell unterstützen. [3]Dadurch entstehende Kosten sind ihnen grundsätzlich zu erstatten; Ausnahmen werden in den jeweiligen Gesetzen zur Feststellung der Haushalte von Bund und Ländern festgelegt.

(5) Die Kassenärztlichen Vereinigungen und die Kassenärztlichen Bundesvereinigungen sind Körperschaften des öffentlichen Rechts.

(6) [1]§§ 88, 94 Abs. 1a bis 4 und § 97 Abs. 1 Satz 1 bis 4 des Zehnten Buches gelten entsprechend. [2]Wenn eine Kassenärztliche Vereinigung eine andere Kassenärztliche Vereinigung nach Satz 1 in Verbindung mit § 88 des Zehnten Buches beauftragt, eine ihr obliegende Aufgabe wahrzunehmen und hiermit eine Verarbeitung von Sozialdaten durch die Beauftragte verbunden ist, wird die Beauftragte mit dem Empfang der ihr nach § 285 Absatz 3 Satz 7 übermittelten Sozialdaten Verantwortliche. [3]§ 80 Absatz 1 Satz 1 Nummer 1 bis 3 und Satz 2 des Zehnten Buches gilt entsprechend, Satz 1 Nummer 1 jedoch mit der Maßgabe, dass nur der Auftragsverarbeiter anzuzeigen ist.

§ 77a Dienstleistungsgesellschaften

(1) Die Kassenärztlichen Vereinigungen und die Kassenärztlichen Bundesvereinigungen können zur Erfüllung der in Absatz 2 aufgeführten Aufgaben Gesellschaften gründen.

(2) Gesellschaften nach Absatz 1 können gegenüber vertragsärztlichen Leistungserbringern folgende Aufgaben erfüllen:

1. Beratung beim Abschluss von Verträgen, die die Versorgung von Versicherten mit Leistungen der gesetzlichen Krankenversicherung betreffen,
2. Beratung in Fragen der Datenverarbeitung, der Datensicherung und des Datenschutzes,

3. Beratung in allgemeinen wirtschaftlichen Fragen, die die Vertragsarzttätigkeit betreffen,

4. Vertragsabwicklung für Vertragspartner von Verträgen, die die Versorgung von Versicherten mit Leistungen der gesetzlichen Krankenversicherung betreffen,

5. Übernahme von Verwaltungsaufgaben für Praxisnetze.

(3) [1]Gesellschaften nach Absatz 1 dürfen nur gegen Kostenersatz tätig werden. [2]Eine Finanzierung aus Mitteln der Kassenärztlichen Vereinigungen oder Kassenärztlichen Bundesvereinigungen ist ausgeschlossen.

§ 77b
Besondere Regelungen zu Einrichtungen und Arbeitsgemeinschaften der Kassenärztlichen Bundesvereinigungen

(1) [1]Vor der Entscheidung des Vorstandes der Kassenärztlichen Bundesvereinigungen über die Errichtung, Übernahme oder wesentliche Erweiterung von Einrichtungen im Sinne des § 85 Absatz 1 des Vierten Buches sowie über eine unmittelbare oder mittelbare Beteiligung an solchen Einrichtungen ist die Vertreterversammlung der Kassenärztlichen Bundesvereinigungen durch den Vorstand auf der Grundlage geeigneter Daten umfassend über die Chancen und Risiken der beabsichtigten Betätigung zu unterrichten. [2]Die Entscheidung des Vorstandes nach Satz 1 bedarf der Zustimmung der Vertreterversammlung.

(2) [1]Der Vorstand hat zur Information der Vertreterversammlung der Kassenärztlichen Bundesvereinigungen jährlich einen Bericht über die Einrichtungen zu erstellen, an denen die Kassenärztlichen Bundesvereinigungen beteiligt sind. [2]Der Beteiligungsbericht muss zu jeder Einrichtung mindestens Angaben enthalten über

1. den Gegenstand der Einrichtung, die Beteiligungsverhältnisse, die Besetzung der Organe der Einrichtung und die Beteiligungen der Einrichtung an weiteren Einrichtungen,

2. den fortbestehenden Zusammenhang zwischen der Beteiligung an der Einrichtung und den gesetzlichen Aufgaben der Kassenärztlichen Bundesvereinigungen,

3. die Grundzüge des Geschäftsverlaufs der Einrichtung, die Ertragslage der Einrichtung, die Kapitalzuführungen an und die Kapitalentnahmen aus der Einrichtung durch die Kassenärztlichen Bundesvereinigungen, die Auswirkungen der Kapitalzuführungen und Kapitalentnahmen auf die Haushaltswirtschaft der Kassenärztlichen Bundesvereinigungen und die von den Kassenärztlichen Bundesvereinigungen der Einrichtung gewährten Sicherheiten,

4. die im Geschäftsjahr gewährten Gesamtbezüge der Mitglieder der Geschäftsführung, des Aufsichtsrates, des Beirates oder eines ähnlichen Gremiums der Einrichtung für jedes einzelne Gremium sowie die im Geschäftsjahr gewährten Bezüge eines jeden Mitglieds dieser Gremien unter Namensnennung.

[3]Der Bericht über das abgelaufene Geschäftsjahr ist der Vertreterversammlung der Kassenärztlichen Bundesvereinigungen und der Aufsichtsbehörde spätestens am 1. Oktober des folgenden Jahres vorzulegen.

(3) Die Absätze 1 und 2 gelten entsprechend für Dienstleistungsgesellschaften nach § 77a, an denen die Kassenärztlichen Bundesvereinigungen beteiligt sind, und für Arbeitsgemeinschaften nach § 94 Absatz 1a des Zehnten Buches in Verbindung mit § 77 Absatz 6 Satz 1, an denen die Kassenärztlichen Bundesvereinigungen beteiligt sind.

§ 78
Aufsicht, Haushalts- und Rechnungswesen, Vermögen, Statistiken

(1) Die Aufsicht über die Kassenärztlichen Bundesvereinigungen führt das Bundesministerium für Gesundheit, die Aufsicht über die Kassenärztlichen Vereinigungen führen die für die Sozialversicherung zuständigen obersten Verwaltungsbehörden der Länder.

(2) [1]Die Aufsicht über die für den Bereich mehrerer Länder gebildeten gemeinsamen Kassenärztlichen Vereinigungen führt die für die Sozialversicherung zuständige oberste Verwaltungsbehörde des Landes, in dem diese Vereinigungen ihren Sitz haben. [2]Die Aufsicht ist im Benehmen mit den zuständigen obersten Verwaltungsbehörden der beteiligten Länder wahrzunehmen.

(3) Die Aufsicht erstreckt sich auf die Beachtung von Gesetz und sonstigem Recht. [2]Die §§ 88 und 89 des Vierten Buches gelten entsprechend.

(4) Für die Vollstreckung von Aufsichtsverfügungen gegen die Kassenärztlichen Bundesvereinigungen kann die Aufsichtsbehörde ein Zwangsgeld bis zu einer Höhe von 10 000 000 Euro zugunsten des Gesundheitsfonds nach § 271 festsetzen.

(5) [1]Die Kosten der Tätigkeit der Kassenärztlichen Bundesvereinigungen werden nach Maßgabe des Haushaltsplans durch die Beiträge der Kassenärztlichen Vereinigungen gemäß den Vorgaben der Satzungen der Kassenärztlichen Bundesvereinigungen aufgebracht, soweit sie nicht durch sonstige Einnahmen gedeckt werden. [2]Für die Kassenärztlichen Bundesvereinigungen gelten für das Haushalts- und Rechnungswesen einschließlich der Statistiken die §§ 67 bis 70 Absatz 1 und 5, die §§ 72 bis 77 Absatz 1 und 1a und die §§ 78 und 79 Absatz 1 und 2 in Verbindung mit Absatz 3a, für das Vermögen die §§ 80 bis 86 des Vierten Buches sowie § 220 Absatz 1 Satz 2 und für die Verwendung der Mittel § 305b entsprechend. [3]Die Jahresrechnung nach § 77 Absatz 1a des Vierten Buches ist für das abgelaufene Haushaltsjahr bis zum 1. Oktober des Folgejahres aufzustellen und der Aufsichtsbehörde vorzulegen. [4]Betriebsmittel dürfen die Ausgaben nicht übersteigen, die nach dem Haushaltsplan der Kassenärztlichen Bundesvereinigungen auf eineinhalb Monate entfallen. [5]Rücklagen sind zulässig, sofern sie angemessen sind und für einen den gesetzlichen Aufgaben dienenden Zweck bestimmt sind. [6]Soweit Vermögen nicht zur Rücklagenbildung erforderlich ist, ist es zur Senkung der Beiträge der Kassenärztlichen Vereinigungen zu verwenden oder an die Kassenärztlichen Vereinigungen zurückzuzahlen.

(6) Für die Kassenärztlichen Vereinigungen gelten für das Haushalts- und Rechnungswesen einschließlich der Statistiken die §§ 67 bis 70 Absatz 1 und 5, die §§ 72 bis 77 Absatz 1 und die §§ 78 und 79 Absatz 1 und 2 in Verbindung mit Absatz 3a, für das Vermögen die §§ 80 bis 86 des Vierten Buches sowie § 220 Absatz 1 Satz 2 und für die Verwendung der Mittel § 305b entsprechend.

§ 78a
Aufsichtsmittel in besonderen Fällen bei den Kassenärztlichen Bundesvereinigungen

(1) [1]Ergibt sich nachträglich, dass eine Satzung nicht hätte genehmigt werden dürfen, oder bedarf eine Satzung wegen nachträglich eingetretener rechtlicher oder tatsächlicher Umstände, die zur Rechtswidrigkeit der Satzung führen, einer Änderung, so kann die Aufsichtsbehörde anordnen, dass die Kassenärztlichen Bundesvereinigungen innerhalb einer bestimmten Frist die erforderlichen Änderungen vornehmen. [2]Kommen die Kassenärztlichen Bundesvereinigungen der Anordnung innerhalb der Frist nicht nach, so kann die Aufsichtsbehörde die erforderlichen Änderungen selbst vornehmen.

(2) [1]Ist zur Umsetzung von gesetzlichen Vorschriften oder aufsichtsrechtlichen Verfügungen ein Beschluss der Vertreterversammlung erforderlich, so kann die Aufsichtsbehörde anordnen, dass dieser Beschluss innerhalb einer bestimmten Frist gefasst wird. [2]Wird der erforderliche Beschluss innerhalb der Frist nicht gefasst, so kann die Aufsichtsbehörde den Beschluss der Vertreterversammlung ersetzen.

(3) [1]Verstößt ein Beschluss der Vertreterversammlung der Kassenärztlichen Bundesvereinigungen gegen ein Gesetz oder gegen sonstiges für die Kassenärztlichen Bundesvereinigungen maßgebendes Recht, so kann die Aufsichtsbehörde anordnen, den Beschluss innerhalb einer bestimmten Frist aufzuheben. [2]Mit Zugang der Anordnung darf der Beschluss nicht vollzogen werden. [3]Die Aufsichtsbehörde kann verlangen, dass Maßnahmen, die aufgrund des Beschlusses getroffen wurden, rückgängig gemacht werden. [4]Kommen die Kassenärztlichen Bundesvereinigungen der Anordnung innerhalb der Frist nicht nach, so kann die Aufsichtsbehörde den Beschluss aufheben.

(4) [1]Einer Anordnung mit Fristsetzung bedarf es nicht, wenn ein Beschluss nach Absatz 1 oder Absatz 2 auf Grund gesetzlicher Regelungen innerhalb einer bestimmten Frist zu fassen ist. [2]Klagen gegen Anordnungen und Maßnahmen der Aufsichtsbehörde nach den Absätzen 1 bis 3 haben keine aufschiebende Wirkung.

§ 78b
Entsandte Person für besondere Angelegenheiten bei den Kassenärztlichen Bundesvereinigungen

(1) [1]Solange und soweit die ordnungsgemäße Verwaltung bei den Kassenärztlichen Bundesvereinigungen gefährdet ist, kann die Aufsichtsbehörde eine Person an die Kassenärztlichen Bundesvereinigungen entsenden, diese Person mit der Wahrnehmung von Aufgaben bei den Kassenärztlichen Bundesvereinigungen betrauen und ihr hierfür die erforderlichen Befugnisse übertragen. [2]Die ordnungsgemäße Verwaltung ist insbesondere gefährdet, wenn

1. ein Mitglied des Vorstandes interne oder externe Maßnahmen ergreift, die nicht im Einklang mit den eigenen Verwaltungsvorschriften oder satzungsrechtlichen oder gesetzlichen Vorschriften stehen,
2. ein Mitglied des Vorstandes Handlungen vornimmt, die die interne Organisation der Verwaltung oder auch die Zusammenarbeit der Organe untereinander erheblich beeinträchtigen,
3. die Umsetzung von Aufsichtsverfügungen nicht gewährleistet ist oder
4. hinreichende Anhaltspunkte dafür vorliegen, dass eine Pflichtverletzung eines Organmitglieds oder eines ehemaligen Organmitglieds einen Schaden der Körperschaft verursacht hat.

[3]Die Aufsichtsbehörde kann die Person in diesen Fällen zur Beratung und Unterstützung des Vorstandes oder der Vertreterversammlung, zur Überwachung der Umsetzung von Aufsichtsverfügungen oder zur Prüfung von Schadensersatzansprüchen gegen Organmitglieder oder ehemalige Organmitglieder entsenden. [4]Die Aufsichtsbehörde bestimmt, in welchem Umfang die entsandte Person im Innenverhältnis anstelle der Organe handeln darf. [5]Die Befugnisse der Organe im Außenverhältnis bleiben unberührt. [6]Die Entsendung erfolgt durch Verwaltungsakt gegenüber den Kassenärztlichen Bundesvereinigungen.

(2) [1]Die nach Absatz 1 entsandte Person ist im Rahmen ihrer Aufgaben berechtigt, von den Mitgliedern der Organe und von den Beschäftigten der Kassenärztlichen Bundesvereinigungen Auskünfte und die Vorlage von Unterlagen zu verlangen. [2]Sie kann an allen Sitzungen der Organe und sonstigen Gremien der Kassenärztlichen Bundesvereinigungen in beratender Funktion teilnehmen, die Geschäftsräume der Kassenärztlichen Bundesvereinigungen betreten und Nachforschungen zur Erfüllung ihrer Aufgaben anstellen. [3]Die Organe und Organmitglieder haben die entsandte Person bei der Wahrnehmung von deren Aufgaben zu unterstützen. [4]Die entsandte Person ist verpflichtet, der Aufsichtsbehörde Auskunft über alle Erkenntnisse zu geben, die sie im Rahmen ihrer Tätigkeit gewonnen hat.

(3) [1]Die Kassenärztlichen Bundesvereinigungen gewähren der nach Absatz 1 entsandten Person eine Vergütung und angemessene Auslagen. [2]Die Höhe der Vergütung wird von der Aufsichtsbehörde durch Verwaltungsakt gegenüber den Kassenärztlichen Bundesvereinigungen festgesetzt. [3]Die Kassenärztlichen Bundesvereinigungen tragen zudem die übrigen Kosten, die durch die Entsendung entstehen.

(4) [1]Der Entsendung der Person hat eine Anordnung vorauszugehen, mit der die Aufsichtsbehörde den Kassenärztlichen Bundesvereinigungen aufgibt, innerhalb einer bestimmten Frist das Erforderliche zur Gewährleistung einer ordnungsgemäßen Verwaltung zu veranlassen. [2]Klagen gegen die Anordnung nach Satz 1 oder gegen die Entsendung der Person haben keine aufschiebende Wirkung.

§ 78c
Berichtspflicht des Bundesministeriums für Gesundheit

Sofern schutzwürdige Belange Dritter nicht entgegenstehen, hat das Bundesministerium für Gesundheit dem Ausschuss für Gesundheit des Deutschen Bundestages jährlich zum 1. März, erstmalig zum 1. März 2018, einen Bericht über aufsichtsrechtliche Maßnahmen nach § 78a Absatz 1 bis 3, § 78b Absatz 1 und 4 Satz 1 und § 79a Absatz 1a und 2 Satz 1, über den Erlass von Verpflichtungsbescheiden nach § 89 Absatz 1 Satz 2 des Vierten Buches in Verbindung mit § 78 Absatz 3 Satz 2 sowie über den Sachstand der Aufsichtsverfahren vorzulegen.

§ 79
Selbstverwaltungsorgane

(1) [1]Bei den Kassenärztlichen Vereinigungen und den Kassenärztlichen Bundesvereinigungen wer-

den eine Vertreterversammlung als Selbstverwaltungsorgan sowie ein hauptamtlicher Vorstand gebildet. [2]Für die Mitglieder der Vertreterversammlung gilt § 40 des Vierten Buches entsprechend.

(2) [1]Die Satzungen bestimmen die Zahl der Mitglieder der Vertreterversammlung der Kassenärztlichen Vereinigungen und Kassenärztlichen Bundesvereinigungen. [2]Die Vertreterversammlung der Kassenärztlichen Vereinigungen hat bis zu 30 Mitglieder. [3]Bei mehr als 5 000 Mitgliedern der Kassenärztlichen Vereinigung oder mehr als 2 000 Mitgliedern der Kassenzahnärztlichen Vereinigung kann die Zahl der Mitglieder auf bis zu 40, bei mehr als 10 000 Mitgliedern der Kassenärztlichen Vereinigung oder mehr als 5 000 Mitgliedern der Kassenzahnärztlichen Vereinigung auf bis zu 50 erhöht werden. [4]Die Vertreterversammlung der Kassenärztlichen Bundesvereinigungen hat bis zu 60 Mitglieder.

(3) [1]Die Vertreterversammlung hat insbesondere

1. die Satzung und sonstiges autonomes Recht zu beschließen,
2. den Vorstand zu überwachen,
3. alle Entscheidungen zu treffen, die für die Körperschaft von grundsätzlicher Bedeutung sind,
4. den Haushaltsplan festzustellen,
5. über die Entlastung des Vorstandes wegen der Jahresrechnung zu beschließen,
6. die Körperschaft gegenüber dem Vorstand und dessen Mitgliedern zu vertreten,
7. über den Erwerb, die Veräußerung oder die Belastung von Grundstücken sowie über die Errichtung von Gebäuden zu beschließen.

[2]Sie kann sämtliche Geschäfts- und Verwaltungsunterlagen einsehen und prüfen. [3]Die Vertreterversammlung der Kassenärztlichen Bundesvereinigungen kann von dem Vorstand jederzeit einen Bericht über die Angelegenheiten der Körperschaft verlangen. [4]Der Bericht ist rechtzeitig und in der Regel schriftlich zu erstatten. [5]Die Vertreterversammlung der Kassenärztlichen Bundesvereinigungen kann die Rechte nach den Sätzen 2 und 3 auch mit einem Viertel der abgegebenen Stimmen ihrer Mitglieder geltend machen. [6]Der Vorstand hat die Vertreterversammlung der Kassenärztlichen Bundesvereinigungen über die Nebentätigkeit in ärztlichen Organisationen zu informieren.

(3a) [1]In der Vertreterversammlung der Kassenärztlichen Bundesvereinigung stimmen über die Belange, die ausschließlich die hausärztliche Versorgung betreffen, nur die Vertreter der Hausärzte, über die Belange, die ausschließlich die fachärztliche Versorgung betreffen, nur die Vertreter der Fachärzte ab. [2]Bei gemeinsamen Abstimmungen einschließlich der Wahlen nach § 80 Absatz 2 sind die Stimmen so zu gewichten, dass insgesamt eine Parität der Stimmen zwischen Vertretern der Hausärzte und Vertretern der Fachärzte in der Vertreterversammlung besteht. [3]Das Nähere zur Abgrenzung der Abstimmungsgegenstände nach Satz 1 und zur Stimmengewichtung nach Satz 2 regelt die Satzung bis spätestens zum 1. November 2015; der Satzungsbeschluss bedarf der Mehrheit von zwei Dritteln der Stimmen der Mitglieder der Vertreterversammlung.

(3b) [1]Die Vertreterversammlung der Kassenärztlichen Bundesvereinigungen hat ihre Beschlüsse nachvollziehbar zu begründen. [2]Sie hat ihre Sitzungen zu protokollieren. [3]Die Vertreterversammlung der Kassenärztlichen Bundesvereinigungen kann ein Wortprotokoll verlangen. [4]Abstimmungen in der Vertreterversammlung der Kassenärztlichen Bundesvereinigungen erfolgen in der Regel nicht geheim. [5]Eine geheime Abstimmung findet nur in besonderen Angelegenheiten statt. [6]Eine namentliche Abstimmung erfolgt über die in der Satzung nach § 81 Absatz 1 festzulegenden haftungsrelevanten Abstimmungsgegenstände. [7]Die Sitzungen der Vertreterversammlung sind in der Regel öffentlich. [8]Die Öffentlichkeit kann nur in besonderen Fällen ausgeschlossen werden, insbesondere wenn berechtigte Interessen Einzelner einer öffentlichen Sitzung entgegenstehen.

(3c) [1]Verpflichtet sich ein Mitglied der Vertreterversammlung der Kassenärztlichen Bundesvereinigungen außerhalb seiner Tätigkeit in der Vertreterversammlung durch einen Dienstvertrag, durch den ein Arbeitsverhältnis nicht begründet wird, oder durch einen Werkvertrag gegenüber den Kassenärztlichen Bundesvereinigungen zu einer Tätigkeit höherer Art, so hängt die Wirksamkeit des Vertrages von der Zustimmung der Vertreterversammlung ab. [2]Gewähren die Kassenärztlichen Bundesvereinigungen aufgrund des Dienstvertrages oder des Werkvertrages dem Mitglied der Vertreterversammlung eine Vergütung, ohne dass die Vertreterversammlung diesem Vertrag zugestimmt hat, so hat das Mitglied der Vertreterversammlung die Vergütung zurückzugewähren, es sei denn, dass die Vertreterversammlung den Vertrag nachträglich genehmigt. [3]Ein Anspruch des Mitglieds der Vertreterversammlung gegen die Kassenärztlichen Bundesvereinigungen auf Herausgabe der durch die geleistete Tätigkeit erlangten Bereicherung bleibt unberührt. [4]Der Anspruch kann jedoch nicht gegen den Rückgewähranspruch aufgerechnet werden.

(3d) Die Höhe der jährlichen Entschädigungen der einzelnen Mitglieder der Vertreterversammlung einschließlich Nebenleistungen sind in einer Übersicht jährlich zum 1. März, erstmals zum 1. März 2017, von den Kassenärztlichen Bundesvereinigungen im Bundesanzeiger und gleichzeitig in den jeweiligen Mitteilungen der Kassenärztlichen Bundesvereinigungen zu veröffentlichen.

(3e) (aufgehoben)

(4) [1]Der Vorstand der Kassenärztlichen Vereinigungen und der Kassenzahnärztlichen Bundesvereinigung besteht aus bis zu drei Mitgliedern; besteht der Vorstand aus mehreren Mitgliedern, müssen ihm mindestens eine Frau und mindestens ein Mann angehören. [2]Der Vorstand der Kassenärztlichen Bundesvereinigung besteht aus drei Mitgliedern; dem Vorstand müssen mindestens eine Frau und mindestens ein Mann angehören. [3]Bei Meinungsverschiedenheiten im Vorstand der Kassenärztlichen Bundesvereinigung entscheidet der Vorstand mit der Mehrheit seiner Mitglieder. [4]Bei Stimmengleichheit entscheidet der Vorsitzende. [5]Die Mitglieder des Vorstandes vertreten sich gegenseitig. [6]Sie üben ihre Tätigkeit hauptamtlich aus. [7]Wird ein Arzt in den hauptamtlichen Vorstand gewählt, kann er eine ärztliche Tätigkeit als Nebentätigkeit in begrenztem Umfang weiterführen oder seine Zulassung ruhen lassen. [8]Die Amtszeit beträgt sechs Jahre, es sei denn, ein Vorstandsmitglied wird während der laufenden Amtsdauer der Vertreterversammlung gewählt; die Wiederwahl ist möglich. [9]Die Höhe der jährlichen Vergütungen der einzelnen Vorstandsmitglieder einschließlich aller Nebenleistungen sowie sämtliche Versorgungsregelungen sind betragsmäßig in einer Übersicht jährlich am 1. März im Bundesanzeiger und gleichzeitig getrennt nach den kassenärztlichen und kassenzahnärztlichen Organisationen in den jeweiligen ärztlichen Mitteilungen der Kassenärztlichen Bundesvereinigungen sowie auf der Internetseite der betreffenden Kassenärztlichen Vereinigung oder Kassenärztlichen Bundesvereinigung zu veröffentlichen. [10]Die Art und die Höhe finanzieller Zuwendungen, die den Vorstandsmitgliedern im Zusammenhang mit ihrer Vorstandstätigkeit von Dritten gewährt werden, sind dem Vorsitzenden und den stellvertretenden Vorsitzenden der Vertreterversammlung mitzuteilen.

(5) [1]Der Vorstand verwaltet die Körperschaft und vertritt sie gerichtlich und außergerichtlich, soweit Gesetz oder sonstiges Recht nichts Abweichendes bestimmen. [2]In der Satzung oder im Einzelfall durch den Vorstand kann bestimmt werden, dass auch einzelne Mitglieder des Vorstandes die Körperschaft vertreten können.

(6) [1]Für den Vorstand gilt § 35a Absatz 1 Satz 3 und 4, Absatz 2, 5 Satz 1, Absatz 6a und 7 des Vierten Buches entsprechend; für die Mitglieder der Vertreterversammlung gilt § 42 Absatz 1 bis 3 des Vierten Buches entsprechend. [2]Die Vertreterversammlung hat bei ihrer Wahl darauf zu achten, dass die Mitglieder des Vorstandes die erforderliche fachliche Eignung für ihren jeweiligen Geschäftsbereich besitzen. [3]Für die Kassenärztlichen Vereinigungen gilt § 35a Absatz 6a Satz 2 des Vierten Buches mit der Maßgabe, dass sich die Bedeutung der Körperschaft insbesondere nach der Zahl der Mitglieder bemisst. [4]Die Aufsichtsbehörde kann vor ihrer Entscheidung nach § 35a Absatz 6a des Vierten Buches in Verbindung mit Satz 1 verlangen, dass ihr die Kassenärztlichen Bundesvereinigungen eine unabhängige rechtliche und wirtschaftliche Bewertung der Vorstandsdienstverträge vorlegen. [5]Vergütungserhöhungen sind während der Dauer der Amtszeit der Vorstandsmitglieder der Kassenärztlichen Bundesvereinigungen unzulässig. [6]Zu Beginn einer neuen Amtszeit eines Vorstandsmitgliedes der Kassenärztlichen Bundesvereinigungen kann eine über die zuletzt nach § 35a Absatz 6a Satz 1 des Vierten Buches gebilligte Vergütung der letzten Amtsperiode oder des Vorgängers im Amt hinausgehende höhere Vergütung nur durch einen Zuschlag auf die Grundvergütung nach Maßgabe der Entwicklung des Verbraucherpreisindexes vereinbart werden. [7]Die Aufsichtsbehörde kann zu Beginn einer neuen Amtszeit eines Vorstandsmitgliedes der Kassenärztlichen Bundesvereinigungen eine niedrigere Vergütung anordnen. [8]Finanzielle Zuwendungen nach Absatz 4 Satz 10 sind auf die Vergütung der Vorstandsmitglieder der Kassenärztlichen Bundesvereinigungen anzurechnen oder an die jeweilige Kassenärztliche

Bundesvereinigung abzuführen. [9]Vereinbarungen der Kassenärztlichen Bundesvereinigungen für die Zukunftssicherung der Vorstandsmitglieder sind nur auf der Grundlage von beitragsorientierten Zusagen zulässig.

(7) [1]Der Vorstand der Kassenärztlichen Bundesvereinigungen hat geeignete Maßnahmen zur Herstellung und Sicherung einer ordnungsgemäßen Verwaltungsorganisation zu ergreifen. [2]In der Verwaltungsorganisation ist insbesondere ein angemessenes internes Kontrollverfahren mit einem internen Kontrollsystem und mit einer unabhängigen internen Revision einzurichten. [3]Die interne Revision berichtet in regelmäßigen Abständen dem Vorstand sowie bei festgestellten Verstößen gegen gesetzliche Regelungen oder andere wesentliche Vorschriften auch der Aufsichtsbehörde. [4]Beziehen sich die festgestellten Verstöße auf das Handeln von Vorstandsmitgliedern, so ist auch der Vertreterversammlung zu berichten.

§ 79a
Verhinderung von Organen; Bestellung eines Beauftragten

(1) [1]Solange und soweit die Wahl der Vertreterversammlung und des Vorstandes der Kassenärztlichen Vereinigungen nicht zustande kommt oder die Vertreterversammlung oder der Vorstand der Kassenärztlichen Vereinigungen sich weigert, ihre oder seine Geschäfte zu führen, nimmt auf Kosten der Kassenärztlichen Vereinigungen die Aufsichtsbehörde selbst oder ein von ihr bestellter Beauftragter die Aufgaben der Kassenärztlichen Vereinigungen wahr. [2]Auf deren Kosten werden ihre Geschäfte durch die Aufsichtsbehörde selbst oder durch den von ihr bestellten Beauftragten auch dann geführt, wenn die Vertreterversammlung und der Vorstand die Funktionsfähigkeit der Körperschaft gefährden, insbesondere wenn sie die Körperschaft nicht mehr im Einklang mit den Gesetzen und der Satzung verwalten, die Auflösung der Kassenärztlichen Vereinigung betreiben oder das Vermögen gefährdende Entscheidungen beabsichtigen oder treffen.

(1a) [1]Solange und soweit die Wahl der Vertreterversammlung und des Vorstandes der Kassenärztlichen Bundesvereinigungen nicht zustande kommt oder die Vertreterversammlung oder der Vorstand der Kassenärztlichen Bundesvereinigungen sich weigert, ihre oder seine Geschäfte zu führen, kann die Aufsichtsbehörde die Geschäfte selbst führen oder einen Beauftragten bestellen und ihm ganz oder teilweise die Befugnisse eines oder mehrerer Organe der Kassenärztlichen Bundesvereinigungen übertragen. [2]Dies gilt auch, wenn die Vertreterversammlung oder der Vorstand die Funktionsfähigkeit der Körperschaft gefährdet, insbesondere wenn sie oder er die Körperschaft nicht mehr im Einklang mit den Gesetzen oder mit der Satzung verwaltet, die Auflösung der Kassenärztlichen Bundesvereinigungen betreibt oder das Vermögen gefährdende Entscheidungen beabsichtigt oder trifft.

(1b) [1]Die Bestellung eines Beauftragten nach Absatz 1a erfolgt durch Verwaltungsakt gegenüber den Kassenärztlichen Bundesvereinigungen. [2]Die Befugnisse und Rechte des Organs, für das der Beauftragte bestellt wird, ruhen in dem Umfang und für die Dauer der Bestellung im Innen- und Außenverhältnis. [3]Die Kassenärztlichen Bundesvereinigungen gewähren dem nach Absatz 1a bestellten Beauftragten eine Vergütung und angemessene Auslagen. [4]Die Höhe der Vergütung wird von der Aufsichtsbehörde durch Verwaltungsakt gegenüber den Kassenärztlichen Bundesvereinigungen festgesetzt. [5]Die Kassenärztlichen Bundesvereinigungen tragen zudem die übrigen Kosten, die durch die Bestellung des Beauftragten entstehen. [6]Werden dem Beauftragten Befugnisse des Vorstandes übertragen, ist die Vergütung des Vorstandes entsprechend zu kürzen.

(2) [1]Der Führung der Geschäfte durch die Aufsichtsbehörde oder der Bestellung eines Beauftragten hat eine Anordnung vorauszugehen, mit der die Aufsichtsbehörde den Kassenärztlichen Vereinigungen oder den Kassenärztlichen Bundesvereinigungen aufgibt, innerhalb einer bestimmten Frist das Erforderliche zu veranlassen. [2]Klagen gegen die Anordnung nach Satz 1, gegen die Entscheidung über die Bestellung eines Beauftragten oder gegen die Wahrnehmung der Aufgaben der Kassenärztlichen Vereinigungen oder der Kassenärztlichen Bundesvereinigungen durch die Aufsichtsbehörde haben keine aufschiebende Wirkung. [3]Die Aufsichtsbehörde oder die von ihr bestellten Beauftragten haben die Stellung des Organs der Kassenärztlichen Vereinigung, für das sie die Geschäfte führen.

§ 79b
Beratender Fachausschuss für Psychotherapie

[1]Bei den Kassenärztlichen Vereinigungen und der Kassenärztlichen Bundesvereinigung wird

ein beratender Fachausschuss für Psychotherapie gebildet. [2]Der Ausschuss besteht aus sechs Psychotherapeuten, von denen einer Kinder- und Jugendlichenpsychotherapeut oder Psychotherapeut mit einer Weiterbildung für die Behandlung von Kindern und Jugendlichen sein muss, sowie Vertretern der Ärzte in gleicher Zahl, die von der Vertreterversammlung aus dem Kreis der Mitglieder ihrer Kassenärztlichen Vereinigung in unmittelbarer und geheimer Wahl gewählt werden. [3]Für die Wahl der Mitglieder des Fachausschusses bei der Kassenärztlichen Bundesvereinigung gilt Satz 2 mit der Maßgabe, dass die von den Psychotherapeuten gestellten Mitglieder des Fachausschusses zugelassene Psychotherapeuten sein müssen. [4]Dem Ausschuss ist vor Entscheidungen der Kassenärztlichen Vereinigungen und der Kassenärztlichen Bundesvereinigung in den die Sicherstellung der psychotherapeutischen Versorgung berührenden wesentlichen Fragen rechtzeitig Gelegenheit zur Stellungnahme zu geben. [5]Seine Stellungnahmen sind in die Entscheidungen einzubeziehen. [6]Das Nähere regelt die Satzung. [7]Die Befugnisse der Vertreterversammlungen der Kassenärztlichen Vereinigungen und der Kassenärztlichen Bundesvereinigung bleiben unberührt.

§ 79c
Beratender Fachausschuss für hausärztliche Versorgung; weitere beratende Fachausschüsse

[1]Bei den Kassenärztlichen Vereinigungen und der Kassenärztlichen Bundesvereinigung wird jeweils ein beratender Fachausschuss gebildet für

1. die hausärztliche Versorgung,
2. die fachärztliche Versorgung und
3. angestellte Ärztinnen und Ärzte.

[2]Die Fachausschüsse nach Satz 1 Nummer 1 und 2 bestehen aus Mitgliedern, die an der jeweiligen Versorgung teilnehmen und nicht bereits Mitglied in einem Fachausschuss nach § 79b sind. [3]Der Fachausschuss nach Satz 1 Nummer 3 besteht aus Mitgliedern, die angestellte Ärztinnen und Ärzte nach § 77 Absatz 3 Satz 2 sind. [4]Weitere beratende Fachausschüsse, insbesondere für rehabilitationsmedizinische Fragen können gebildet werden. [5]Die Mitglieder der beratenden Fachausschüsse sind von der Vertreterversammlung aus dem Kreis der Mitglieder der Kassenärztlichen Vereinigungen in unmittelbarer und geheimer Wahl zu wählen. [6]Das Nähere über die beratenden Fachausschüsse und ihre Zusammensetzung regelt die Satzung. [7]§ 79b Satz 5 bis 8 gilt entsprechend.

§ 80
Wahl und Abberufung

(1) [1]Die Mitglieder der Kassenärztlichen Vereinigungen wählen in unmittelbarer und geheimer Wahl die Mitglieder der Vertreterversammlung. [2]Die Wahlen erfolgen nach den Grundsätzen der Verhältniswahl auf Grund von Listen- und Einzelwahlvorschlägen. [3]Die Psychotherapeuten wählen ihre Mitglieder der Vertreterversammlung entsprechend den Sätzen 1 und 2 mit der Maßgabe, dass sie höchstens mit einem Zehntel der Mitglieder in der Vertreterversammlung vertreten sind. [4]Das Nähere zur Wahl der Mitglieder der Vertreterversammlung, einschließlich des Anteils der übrigen Mitglieder der Kassenärztlichen Vereinigungen, bestimmt die Satzung.

(1a) [1]Der Vorsitzende und jeweils ein Stellvertreter des Vorsitzenden der Kassenärztlichen Vereinigungen sind Mitglieder der Vertreterversammlung der Kassenärztlichen Bundesvereinigungen. [2]Die Mitglieder der Vertreterversammlungen der Kassenärztlichen Vereinigungen wählen in unmittelbarer und geheimer Wahl aus ihren Reihen die weiteren Mitglieder der Vertreterversammlung der Kassenärztlichen Bundesvereinigungen. [3]Absatz 1 gilt entsprechend mit der Maßgabe, dass die Kassenärztlichen Vereinigungen entsprechend ihrem jeweiligen Anteil ihrer Mitglieder an der Gesamtzahl der Mitglieder der Kassenärztlichen Vereinigungen berücksichtigt werden.

(2) [1]Die Vertreterversammlung wählt in unmittelbarer und geheimer Wahl

1. aus ihrer Mitte einen Vorsitzenden und einen stellvertretenden Vorsitzenden,
2. die Mitglieder des Vorstandes,
3. den Vorsitzenden des Vorstandes und den stellvertretenden Vorsitzenden des Vorstandes.

[2]Der Vorsitzende der Vertreterversammlung und sein Stellvertreter dürfen nicht zugleich Vorsitzender oder stellvertretender Vorsitzender des Vorstandes sein. [3]Für jeweils ein Mitglied des Vorstandes der Kassenärztlichen Vereinigungen und der Kassenärztlichen Bundesvereinigung erfolgt die Wahl auf der Grundlage von getrenn-

ten Vorschlägen der Mitglieder der Vertreterversammlung, die an der hausärztlichen Versorgung teilnehmen, und der Mitglieder der Vertreterversammlung, die an der fachärztlichen Versorgung teilnehmen. [4]Mindestens ein Mitglied des Vorstandes der Kassenärztlichen Bundesvereinigung darf weder an der hausärztlichen noch an der fachärztlichen Versorgung teilnehmen. [5]Für die Wahl des Vorstandsvorsitzenden der Kassenärztlichen Bundesvereinigung ist eine Mehrheit von zwei Dritteln der Stimmen der Mitglieder der Vertreterversammlung erforderlich. [6]Kommt eine solche Mehrheit nicht zustande, so genügt im dritten Wahlgang die einfache Mehrheit der Stimmen der Mitglieder der Vertreterversammlung.

(3) [1]Die Mitglieder der Vertreterversammlung der Kassenärztlichen Vereinigungen und der Kassenärztlichen Bundesvereinigungen werden für sechs Jahre gewählt. [2]Die Amtsdauer endet ohne Rücksicht auf den Zeitpunkt der Wahl jeweils mit dem Schluss des sechsten Kalenderjahres. [3]Die Gewählten bleiben nach Ablauf dieser Zeit bis zur Amtsübernahme ihrer Nachfolger im Amt.

(4) [1]Die Vertreterversammlung der Kassenärztlichen Bundesvereinigungen kann ihren Vorsitzenden oder dessen Stellvertreter abberufen, wenn bestimmte Tatsachen das Vertrauen der Mitglieder der Vertreterversammlung zu der Amtsführung des Vorsitzenden oder des stellvertretenden Vorsitzenden ausschließen, insbesondere wenn der Vorsitzende oder der stellvertretende Vorsitzende seine Pflicht als Willensvertreter der Vertreterversammlung verletzt hat oder seine Informationspflichten gegenüber der Vertreterversammlung verletzt hat. [2]Für die Abberufung ist die einfache Mehrheit der abgegebenen Stimmen erforderlich. [3]Mit dem Beschluss über die Abberufung muss die Vertreterversammlung gleichzeitig einen Nachfolger für den Vorsitzenden oder den stellvertretenden Vorsitzenden wählen. [4]Die Amtszeit des abberufenen Vorsitzenden oder des abberufenen stellvertretenden Vorsitzenden endet mit der Abberufung.

§ 81
Satzung

(1) [1]Die Satzung muss insbesondere Bestimmungen enthalten über

1. Namen, Bezirk und Sitz der Vereinigung,
2. Zusammensetzung, Wahl und Zahl der Mitglieder der Organe,
3. Öffentlichkeit und Art der Beschlussfassung der Vertreterversammlung,
4. Rechte und Pflichten der Organe und der Mitglieder,
5. Aufbringung und Verwaltung der Mittel,
6. jährliche Prüfung der Betriebs- und Rechnungsprüfung und Abnahme der Jahresrechnung,
7. Änderung der Satzung,
8. Entschädigungsregelungen für Organmitglieder einschließlich der Regelungen zur Art und Höhe der Entschädigungen,
9. Art der Bekanntmachungen,
10. die vertragsärztlichen Pflichten zur Ausfüllung des Sicherstellungsauftrags.

[2]Die Satzung bedarf der Genehmigung der Aufsichtsbehörde.

(2) Sollen Verwaltungs- und Abrechnungsstellen errichtet werden, müssen die Satzungen der Kassenärztlichen Vereinigungen Bestimmungen über Errichtung und Aufgaben dieser Stellen enthalten.

(3) Die Satzungen der Kassenärztlichen Vereinigungen müssen Bestimmungen enthalten, nach denen

1. die von den Kassenärztlichen Bundesvereinigungen abzuschließenden Verträge und die dazu gefassten Beschlüsse sowie die Bestimmungen über die überbezirkliche Durchführung der vertragsärztlichen Versorgung und den Zahlungsausgleich zwischen den Kassenärztlichen Vereinigungen für die Kassenärztlichen Vereinigungen und ihre Mitglieder verbindlich sind,
2. die Richtlinien nach § 75 Abs. 7, § 92, § 136 Absatz 1 und § 136a Absatz 4 für die Kassenärztlichen Vereinigungen und ihre Mitglieder verbindlich sind.

(4) Die Satzungen der Kassenärztlichen Vereinigungen müssen Bestimmungen enthalten über die Fortbildung der Ärzte auf dem Gebiet der vertragsärztlichen Tätigkeit, das Nähere über die Art und Weise der Fortbildung sowie die Teilnahmepflicht.

(5) [1]Die Satzungen der Kassenärztlichen Vereinigungen müssen ferner die Voraussetzungen und

das Verfahren zur Verhängung von Maßnahmen gegen Mitglieder bestimmen, die ihre vertragsärztlichen Pflichten nicht oder nicht ordnungsgemäß erfüllen. [2]Maßnahmen nach Satz 1 sind je nach der Schwere der Verfehlung Verwarnung, Verweis, Geldbuße oder die Anordnung des Ruhens der Zulassung oder der vertragsärztlichen Beteiligung bis zu zwei Jahren. [3]Das Höchstmaß der Geldbußen kann bis zu fünfzigtausend Euro betragen. [4]Ein Vorverfahren (§ 78 des Sozialgerichtsgesetzes) findet nicht statt.

§ 81a
Stellen zur Bekämpfung von Fehlverhalten im Gesundheitswesen

(1) [1]Die Kassenärztlichen Vereinigungen und die Kassenärztlichen Bundesvereinigungen richten organisatorische Einheiten ein, die Fällen und Sachverhalten nachzugehen haben, die auf Unregelmäßigkeiten oder auf rechtswidrige oder zweckwidrige Nutzung von Finanzmitteln im Zusammenhang mit den Aufgaben der jeweiligen Kassenärztlichen Vereinigung oder Kassenärztlichen Bundesvereinigung hindeuten. [2]Sie nehmen Kontrollbefugnisse nach § 67c Abs. 3 des Zehnten Buches wahr.

(2) [1]Jede Person kann sich in den Angelegenheiten des Absatzes 1 an die Kassenärztlichen Vereinigungen und Kassenärztlichen Bundesvereinigungen wenden. [2]Die Einrichtungen nach Absatz 1 gehen den Hinweisen nach, wenn sie auf Grund der einzelnen Angaben oder der Gesamtumstände glaubhaft erscheinen.

(3) [1]Die Kassenärztlichen Vereinigungen und die Kassenärztlichen Bundesvereinigungen haben zur Erfüllung der Aufgaben nach Absatz 1 untereinander und mit den Krankenkassen und ihren Verbänden zusammenzuarbeiten. [2]Die Kassenärztlichen Bundesvereinigungen organisieren für ihren Bereich einen regelmäßigen Erfahrungsaustausch mit Einrichtungen nach Absatz 1 Satz 1, an dem die Vertreter der Einrichtungen nach § 197a Absatz 1 Satz 1, der berufsständischen Kammern und der Staatsanwaltschaft in geeigneter Form zu beteiligen sind. [3]Über die Ergebnisse des Erfahrungsaustausches sind die Aufsichtsbehörden zu informieren.

(3a) [1]Die Einrichtungen nach Absatz 1 dürfen personenbezogene Daten, die von ihnen zur Erfüllung ihrer Aufgaben nach Absatz 1 erhoben oder an sie übermittelt wurden, untereinander und an Einrichtungen nach § 197a Absatz 1 übermitteln, soweit dies für die Feststellung und Bekämpfung von Fehlverhalten im Gesundheitswesen beim Empfänger erforderlich ist. [2]Der Empfänger darf diese nur zu dem Zweck verarbeiten, zu dem sie ihm übermittelt worden sind.

(3b) [1]Die Einrichtungen nach Absatz 1 dürfen personenbezogene Daten an die folgenden Stellen übermitteln, soweit dies für die Verhinderung oder Aufdeckung von Fehlverhalten im Gesundheitswesen im Zuständigkeitsbereich der jeweiligen Stelle erforderlich ist:

1. die Zulassungsausschüsse nach § 96,
2. die Stellen, die für die Abrechnungsprüfung nach § 106d zuständig sind,
3. die Stellen, die für die Überwachung der Erfüllung der den Vertragsärzten obliegenden Pflichten nach § 75 Absatz 2 Satz 2 zuständig sind, und
4. die Behörden und berufsständischen Kammern, die für Entscheidungen über die Erteilung, die Rücknahme, den Widerruf oder die Anordnung des Ruhens der Approbation, der Erlaubnis zur vorübergehenden oder der partiellen Berufsausübung oder für berufsrechtliche Verfahren zuständig sind.

[2]Die nach Satz 1 übermittelten Daten dürfen von dem jeweiligen Empfänger nur zu dem Zweck verarbeitet werden, zu dem sie ihm übermittelt worden sind.

(4) Die Kassenärztlichen Vereinigungen und die Kassenärztlichen Bundesvereinigungen sollen die Staatsanwaltschaft unverzüglich unterrichten, wenn die Prüfung ergibt, dass ein Anfangsverdacht auf strafbare Handlungen mit nicht nur geringfügiger Bedeutung für die gesetzliche Krankenversicherung bestehen könnte.

(5) [1]Der Vorstand hat der Vertreterversammlung im Abstand von zwei Jahren über die Arbeit und Ergebnisse der organisatorischen Einheiten nach Absatz 1 zu berichten. [2]In den Berichten sind zusammengefasst auch die Anzahl der Mitglieder der Kassenärztlichen Vereinigung, bei denen es im Berichtszeitraum Hinweise auf Pflichtverletzungen gegeben hat, die Anzahl der nachgewiesenen Pflichtverletzungen, die Art und Schwere der Pflichtverletzung und die dagegen getroffenen Maßnahmen, einschließlich der Maßnahmen nach

§ 81 Absatz 5, sowie der verhinderte und der entstandene Schaden zu nennen; wiederholt aufgetretene Fälle sowie sonstige geeignete Fälle sind als anonymisierte Fallbeispiele zu beschreiben. [3]Die Berichte sind der zuständigen Aufsichtsbehörde zuzuleiten; die Berichte der Kassenärztlichen Vereinigungen sind auch den Kassenärztlichen Bundesvereinigungen zuzuleiten.

(6) [1]Die Kassenärztlichen Bundesvereinigungen treffen bis zum 1. Januar 2017 nähere Bestimmungen über

1. die einheitliche Organisation der Einrichtungen nach Absatz 1 Satz 1 bei ihren Mitgliedern,
2. die Ausübung der Kontrollen nach Absatz 1 Satz 2,
3. die Prüfung der Hinweise nach Absatz 2,
4. die Zusammenarbeit nach Absatz 3,
5. die Unterrichtung nach Absatz 4 und
6. die Berichte nach Absatz 5.

[2]Die Bestimmungen nach Satz 1 sind dem Bundesministerium für Gesundheit vorzulegen. [3]Die Kassenärztlichen Bundesvereinigungen führen die Berichte nach Absatz 5, die ihnen von ihren Mitgliedern zuzuleiten sind, zusammen, gleichen die Ergebnisse mit dem Spitzenverband Bund der Krankenkassen ab und veröffentlichen ihre eigenen Berichte im Internet.

Dritter Titel

Verträge auf Bundes- und Landesebene

§ 82
Grundsätze

(1) [1]Den allgemeinen Inhalt der Gesamtverträge vereinbaren die Kassenärztlichen Bundesvereinigungen mit dem Spitzenverband Bund der Krankenkassen in Bundesmantelverträgen. [2]Der Inhalt der Bundesmantelverträge ist Bestandteil der Gesamtverträge.

(2) [1]Die Vergütungen der an der vertragsärztlichen Versorgung teilnehmenden Ärzte und Einrichtungen werden von den Landesverbänden der Krankenkassen und den Ersatzkassen mit den Kassenärztlichen Vereinigungen durch Gesamtverträge geregelt. [2]Die Verhandlungen können auch von allen Kassenarten gemeinsam geführt werden.

(3) Die Kassenärztlichen Bundesvereinigungen können mit nicht bundesunmittelbaren Ersatzkassen, der Deutschen Rentenversicherung Knappschaft-Bahn-See und der landwirtschaftlichen Krankenkasse von § 83 Satz 1 und von § 87a Abs. 3 abweichende Verfahren zur Vereinbarung der Gesamtverträge und zur Entrichtung der Gesamtvergütungen sowie von § 291a Absatz 2 Nummer 1 abweichende Kennzeichen vereinbaren.

(4) In den Verträgen ist ebenfalls das Nähere zur erneuten Verordnung eines mangelfreien Arzneimittels für versicherte Personen im Fall des § 31 Absatz 3 Satz 7 zu vereinbaren, insbesondere zur Kennzeichnung entsprechender Ersatzverordnungen.

§ 83
Gesamtverträge

[1]Die Kassenärztlichen Vereinigungen schließen mit den für ihren Bezirk zuständigen Landesverbänden der Krankenkassen und den Ersatzkassen Gesamtverträge über die vertragsärztliche Versorgung der Mitglieder mit Wohnort in ihrem Bezirk einschließlich der mitversicherten Familienangehörigen; die Landesverbände der Krankenkassen schließen die Gesamtverträge mit Wirkung für die Krankenkassen der jeweiligen Kassenart. [2]Für die Deutsche Rentenversicherung Knappschaft-Bahn-See gilt Satz 1 entsprechend, soweit die ärztliche Versorgung durch die Kassenärztliche Vereinigung sichergestellt wird. [3]§ 82 Abs. 2 Satz 2 gilt entsprechend. [4]Kassenindividuelle oder kassenartenspezifische Vereinbarungen über zusätzliche Vergütungen für Diagnosen können nicht Gegenstand der Gesamtverträge sein; § 71 Absatz 6 gilt entsprechend. [5]Satz 4 gilt nicht für vertragszahnärztliche Leistungen.

§ 84
Arznei- und Heilmittelvereinbarung

(1) [1]Die Landesverbände der Krankenkassen und die Ersatzkassen gemeinsam und einheitlich und die Kassenärztliche Vereinigung treffen zur Sicherstellung der vertragsärztlichen Versorgung mit Leistungen nach § 31 bis zum 30. November für das jeweils folgende Kalenderjahr eine Arzneimittelvereinbarung. [2]Die Vereinbarung umfasst

1. ein Ausgabenvolumen für die insgesamt von den Vertragsärzten nach § 31 veranlassten Leistungen,

2. Versorgungs- und Wirtschaftlichkeitsziele und konkrete, auf die Umsetzung dieser Ziele ausgerichtete Maßnahmen, insbesondere Verordnungsanteile für Wirkstoffe und Wirkstoffgruppen im jeweiligen Anwendungsgebiet, Verordnungsanteile für Generika und im Wesentlichen gleiche biotechnologisch hergestellte biologische Arzneimittel im Sinne des Artikels 10 Absatz 4 der Richtlinie 2001/83/EG des Europäischen Parlaments und des Rates vom 6. November 2001 zur Schaffung eines Gemeinschaftskodexes für Humanarzneimittel (ABl. L 311 vom 28.11.2001, S. 67), die zuletzt durch die Verordnung (EU) 2019/5 (ABl. L 4 vom 7.1.2019, S. 24) geändert worden ist, auch zur Verordnung wirtschaftlicher Einzelmengen (Zielvereinbarungen), insbesondere zur Information und Beratung und
3. Kriterien für Sofortmaßnahmen zur Einhaltung des vereinbarten Ausgabenvolumens innerhalb des laufenden Kalenderjahres.

[3]Kommt eine Vereinbarung bis zum Ablauf der in Satz 1 genannten Frist nicht zustande, gilt die bisherige Vereinbarung bis zum Abschluss einer neuen Vereinbarung oder einer Entscheidung durch das Schiedsamt weiter. [4]Die Landesverbände der Krankenkassen und die Ersatzkassen teilen das nach Satz 2 Nr. 1 vereinbarte oder schiedsamtlich festgelegte Ausgabenvolumen dem Spitzenverband Bund der Krankenkassen mit. [5]Die Krankenkasse kann mit Ärzten abweichende oder über die Regelungen nach Satz 2 hinausgehende Vereinbarungen treffen.

(2) Bei der Anpassung des Ausgabenvolumens nach Absatz 1 Nr. 1 sind insbesondere zu berücksichtigen

1. Veränderungen der Zahl und Altersstruktur der Versicherten,
2. Veränderungen der Preise der Leistungen nach § 31,
3. Veränderungen der gesetzlichen Leistungspflicht der Krankenkassen,
4. Änderungen der Richtlinien des Gemeinsamen Bundesausschusses nach § 92 Abs. 1 Nr. 6,
5. der wirtschaftliche und qualitätsgesicherte Einsatz innovativer Arzneimittel,
6. Veränderungen der sonstigen indikationsbezogenen Notwendigkeit und Qualität bei der Arzneimittelverordnung auf Grund von getroffenen Zielvereinbarungen nach Absatz 1 Nr. 2,
7. Veränderungen des Verordnungsumfangs von Leistungen nach § 31 auf Grund von Verlagerungen zwischen den Leistungsbereichen und
8. Ausschöpfung von Wirtschaftlichkeitsreserven entsprechend den Zielvereinbarungen nach Absatz 1 Nr. 2.

(3) [1]Überschreitet das tatsächliche, nach Absatz 5 Satz 1 bis 3 festgestellte Ausgabenvolumen für Leistungen nach § 31 das nach Absatz 1 Nr. 1 vereinbarte Ausgabenvolumen, ist diese Überschreitung Gegenstand der Gesamtverträge. [2]Die Vertragsparteien haben dabei die Ursachen der Überschreitung, insbesondere auch die Erfüllung der Zielvereinbarungen nach Absatz 1 Nr. 2 zu berücksichtigen. [3]Bei Unterschreitung des nach Absatz 1 Nr. 1 vereinbarten Ausgabenvolumens kann diese Unterschreitung Gegenstand der Gesamtverträge werden.

(4) Werden die Zielvereinbarungen nach Absatz 1 Nr. 2 erfüllt, entrichten die beteiligten Krankenkassen auf Grund einer Regelung der Parteien der Gesamtverträge auch unabhängig von der Einhaltung des vereinbarten Ausgabenvolumens nach Absatz 1 Nr. 1 einen vereinbarten Bonus an die Kassenärztliche Vereinigung.

(4a) Die Vorstände der Krankenkassenverbände sowie der Ersatzkassen, soweit sie Vertragspartei nach Absatz 1 sind und der Kassenärztlichen Vereinigungen haften für eine ordnungsgemäße Umsetzung der vorgenannten Maßnahmen.

(5) [1]Zur Feststellung des tatsächlichen Ausgabenvolumens nach Absatz 3 erfassen die Krankenkassen die während der Geltungsdauer der Arzneimittelvereinbarung veranlassten Ausgaben arztbezogen, nicht versichertenbezogen. [2]Sie übermitteln diese Angaben nach Durchführung der Abrechnungsprüfung dem Spitzenverband Bund der Krankenkassen, der diese Daten kassenartenübergreifend zusammenführt und jeweils der Kassenärztlichen Vereinigung übermittelt, der die Ärzte, welche die Ausgaben veranlasst haben, angehören; zugleich übermittelt der Spitzenverband Bund der Krankenkassen diese Daten den Landesverbänden der Krankenkassen und den Ersatzkassen, die Vertragspartner der jeweiligen

Kassenärztlichen Vereinigung nach Absatz 1 sind. [3]Ausgaben nach Satz 1 sind auch Ausgaben für Leistungen nach § 31, die durch Kostenerstattung vergütet worden sind. [4]Zudem erstellt der Spitzenverband Bund der Krankenkassen für jede Kassenärztliche Vereinigung monatliche Berichte über die Entwicklung der Ausgaben von Leistungen nach § 31 und übermitteln diese Berichte als Schnellinformationen den Vertragspartnern nach Absatz 1 insbesondere für Abschluss und Durchführung der Arzneimittelvereinbarung sowie für die Informationen nach § 73 Abs. 8. [5]Für diese Berichte gelten Satz 1 und 2 entsprechend; Satz 2 gilt mit der Maßgabe, dass die Angaben vor Durchführung der Abrechnungsprüfung zu übermitteln sind. [6]Die Kassenärztliche Bundesvereinigung erhält für die Vereinbarung der Rahmenvorgaben nach Absatz 7 und für die Informationen nach § 73 Abs. 8 eine Auswertung dieser Berichte. [7]Die Krankenkassen sowie der Spitzenverband Bund der Krankenkassen können eine Arbeitsgemeinschaft nach § 219 mit der Durchführung der vorgenannten Aufgaben beauftragen. [8]§ 304 Abs. 1 Satz 1 Nr. 2 gilt entsprechend.

(6) [1]Die Kassenärztliche Bundesvereinigung und der Spitzenverband Bund der Krankenkassen vereinbaren bis zum 30. September für das jeweils folgende Kalenderjahr Rahmenvorgaben für die Inhalte der Arzneimittelvereinbarungen nach Absatz 1 sowie für die Inhalte der Informationen und Hinweise nach § 73 Abs. 8. [2]Die Rahmenvorgaben haben die Arzneimittelverordnungen zwischen den Kassenärztlichen Vereinigungen zu vergleichen und zu bewerten; dabei ist auf Unterschiede in der Versorgungsqualität und Wirtschaftlichkeit hinzuweisen. [3]Von den Rahmenvorgaben dürfen die Vertragspartner der Arzneimittelvereinbarung nur abweichen, soweit dies durch die regionalen Versorgungsbedingungen begründet ist.

(7) [1]Die Absätze 1 bis 6 sind für Heilmittel unter Berücksichtigung der besonderen Versorgungs- und Abrechnungsbedingungen im Heilmittelbereich entsprechend anzuwenden. [2]Veranlasste Ausgaben im Sinne des Absatzes 5 Satz 1 betreffen die während der Geltungsdauer der Heilmittelvereinbarung mit den Krankenkassen abgerechneten Leistungen. [3]Die in Absatz 5 geregelte Datenübermittlung erfolgt für die Heilmittel in arztbezogener Form sowie versichertenbezogen in pseudonymisierter Form. [4]Das Nähere zur Datenübermittlung und zum Verfahren der Pseudonymisierung regelt der Spitzenverband Bund der Krankenkassen.

(8) Das Bundesministerium für Gesundheit kann bei Ereignissen mit erheblicher Folgewirkung für die medizinische Versorgung zur Gewährleistung der notwendigen Versorgung mit Leistungen nach § 31 die Ausgabenvolumen nach Absatz 1 Nr. 1 durch Rechtsverordnung mit Zustimmung des Bundesrates erhöhen.

§ 85
Gesamtvergütung

(1) Die Krankenkasse entrichtet nach Maßgabe der Gesamtverträge an die jeweilige Kassenärztliche Vereinigung mit befreiender Wirkung eine Gesamtvergütung für die gesamte vertragsärztliche Versorgung der Mitglieder mit Wohnort im Bezirk der Kassenärztlichen Vereinigung einschließlich der mitversicherten Familienangehörigen.

(2) [1]Die Höhe der Gesamtvergütung wird im Gesamtvertrag vereinbart; die Landesverbände der Krankenkassen treffen die Vereinbarung mit Wirkung für die Krankenkassen der jeweiligen Kassenart. [2]Die Gesamtvergütung ist das Ausgabenvolumen für die Gesamtheit der zu vergütenden vertragsärztlichen Leistungen; sie kann als Festbetrag oder auf der Grundlage des Bewertungsmaßstabes nach Einzelleistungen, nach einer Kopfpauschale, nach einer Fallpauschale oder nach einem System berechnet werden, das sich aus der Verbindung dieser oder weiterer Berechnungsarten ergibt. [3]Die Vereinbarung unterschiedlicher Vergütungen für die Versorgung verschiedener Gruppen von Versicherten ist nicht zulässig. [4]Die Vertragsparteien haben auch eine angemessene Vergütung für nichtärztliche Leistungen im Rahmen sozialpädiatrischer und psychiatrischer Tätigkeit und für eine besonders qualifizierte onkologische Versorgung zu vereinbaren; das Nähere ist jeweils im Bundesmantelvertrag zu vereinbaren. [5]Die Vergütungen der Untersuchungen nach den §§ 22, 25 Abs. 1 und 2, § 26 werden als Pauschalen vereinbart. [6]Beim Zahnersatz sind Vergütungen für die Aufstellung eines Heil- und Kostenplans nicht zulässig. [7]Soweit die Gesamtvergütung auf der Grundlage von Einzelleistungen vereinbart wird, ist der Betrag des Ausgabenvolumens nach Satz 2 zu bestimmen. [8]Ausgaben für Kostenerstattungsleistungen nach § 13 Abs. 2 und nach § 53 Abs. 4 mit Ausnahme der Kostenerstattungsleistungen nach § 13 Abs. 2 Satz 6 und Ausgaben auf Grund der Mehrkostenregelung nach § 28 Abs. 2 Satz 3 sind auf das Ausgabenvolumen nach Satz 2 anzurechnen.

(2a) (aufgehoben)

(2b) (aufgehoben)

(2c) [1]Die Vertragspartner nach § 82 Abs. 1 können vereinbaren, dass für die Gesamtvergütungen getrennte Vergütungsanteile für die an der vertragsärztlichen Versorgung beteiligten Arztgruppen zugrunde gelegt werden; sie können auch die Grundlagen für die Bemessung der Vergütungsanteile regeln. [2]§ 89 Abs. 1 gilt nicht.

(2d) [1]Die Punktwerte für zahnärztliche Leistungen ohne Zahnersatz dürfen im Jahr 2023 gegenüber dem Vorjahr höchstens um die um 0,75 Prozentpunkte verminderte durchschnittliche Veränderungsrate nach § 71 Absatz 3 angehoben werden. [2]Die Punktwerte für zahnärztliche Leistungen ohne Zahnersatz dürfen im Jahr 2024 gegenüber dem Vorjahr höchstens um die um 1,5 Prozentpunkte verminderte durchschnittliche Veränderungsrate nach § 71 Absatz 3 angehoben werden. [3]Die Sätze 1 und 2 gelten nicht für Leistungen nach den §§ 22, 22a, 26 Absatz 1 Satz 5, § 87 Absatz 2i und 2j sowie Leistungen zur Behandlung von Parodontitis für Versicherte, die einem Pflegegrad nach § 15 des Elften Buches zugeordnet sind oder in der Eingliederungshilfe nach § 99 des Neunten Buches leistungsberechtigt sind. [4]Das Bundesministerium für Gesundheit evaluiert bis zum 30. September 2023 die Auswirkungen der Begrenzung der Anhebungen der Punktwerte nach Satz 1 auf den Umfang der Versorgung der Versicherten mit Leistungen zur Behandlung von Parodontitis.

(3) [1]In der vertragszahnärztlichen Versorgung vereinbaren die Vertragsparteien des Gesamtvertrages die Veränderungen der Gesamtvergütungen unter Berücksichtigung der Zahl und Struktur der Versicherten, der Morbiditätsentwicklung, der Kosten- und Versorgungsstruktur, der für die vertragszahnärztliche Tätigkeit aufzuwendenden Arbeitszeit sowie der Art und des Umfangs der zahnärztlichen Leistungen, soweit sie auf einer Veränderung des gesetzlichen oder satzungsmäßigen Leistungsumfangs beruhen. [2]Bei der Vereinbarung der Veränderungen der Gesamtvergütungen ist der Grundsatz der Beitragssatzstabilität (§ 71) in Bezug auf das Ausgabenvolumen für die Gesamtheit der zu vergütenden vertragszahnärztlichen Leistungen ohne Zahnersatz neben den Kriterien nach Satz 1 zu berücksichtigen. [3]Absatz 2 Satz 2 bleibt unberührt. [4]Die Krankenkassen haben den Kassenzahnärztlichen Vereinigungen die Zahl ihrer Versicherten vom 1. Juli eines Jahres, die ihren Wohnsitz im Bezirk der jeweiligen Kassenzahnärztlichen Vereinigung haben, gegliedert nach den Altersgruppen des Vordrucks KM 6 der Statistik über die Versicherten in der gesetzlichen Krankenversicherung bis zum 1. Oktober des Jahres mitzuteilen.

(3a) [1]Die Gesamtvergütungen nach Absatz 3 dürfen im Jahr 2023 gegenüber dem Vorjahr höchstens um die um 0,75 Prozentpunkte verminderte durchschnittliche Veränderungsrate nach § 71 Absatz 3 angehoben werden. [2]Im Jahr 2024 dürfen die Gesamtvergütungen für zahnärztliche Leistungen ohne Zahnersatz gegenüber dem Vorjahr höchstens um die um 1,5 Prozentpunkte verminderte durchschnittliche Veränderungsrate nach § 71 Absatz 3 angehoben werden. [3]Die Sätze 1 und 2 gelten nicht für Leistungen nach den §§ 22, 22a, 26 Absatz 1 Satz 5, § 87 Absatz 2i und 2j sowie Leistungen zur Behandlung von Parodontitis für Versicherte, die einem Pflegegrad nach § 15 des Elften Buches zugeordnet sind oder in der Eingliederungshilfe nach § 99 des Neunten Buches leistungsberechtigt sind. [4]Das Bundesministerium für Gesundheit evaluiert bis zum 30. September 2023 die Auswirkungen der Begrenzung der Anhebungen der Gesamtvergütungen nach Satz 1 auf den Umfang der Versorgung der Versicherten mit Leistungen zur Behandlung von Parodontitis.

(3b) (aufgehoben)

(3c) (aufgehoben)

(3d) (aufgehoben)

(3e) (aufgehoben)

(3f) (aufgehoben)

(3g) (aufgehoben)

(4) [1]Die Kassenzahnärztliche Vereinigung verteilt die Gesamtvergütungen an die Vertragszahnärzte. [2]Sie wendet dabei in der vertragszahnärztlichen Versorgung den im Benehmen mit den Landesverbänden der Krankenkassen und den Ersatzkassen festgesetzten Verteilungsmaßstab an. [3]Bei der Verteilung der Gesamtvergütungen sind Art und Umfang der Leistungen der Vertragszahnärzte zugrunde zu legen; dabei ist jeweils für die von den Krankenkassen einer Kassenart gezahlten Vergütungsbeträge ein Punktwert in gleicher Höhe zugrunde zu legen. [4]Der Verteilungsmaß-

stab hat sicherzustellen, dass die Gesamtvergütungen gleichmäßig auf das gesamte Jahr verteilt werden. [5]Der Verteilungsmaßstab hat Regelungen zur Verhinderung einer übermäßigen Ausdehnung der Tätigkeit des Vertragszahnarztes entsprechend seinem Versorgungsauftrag nach § 95 Absatz 3 Satz 1 vorzusehen. [6]Widerspruch und Klage gegen die Honorarfestsetzung sowie ihre Änderung oder Aufhebung haben keine aufschiebende Wirkung.

(4a) (aufgehoben)

(4b) (aufgehoben)

(4c) (aufgehoben)

(4d) (aufgehoben)

(4e) (aufgehoben)

(4f) (aufgehoben)

§ 85a
Sonderregelungen für Vertragszahnärztinnen und Vertragszahnärzte aus Anlass der COVID-19-Pandemie

(1) [1]Um die finanziellen Auswirkungen zu überbrücken, die sich aus der infolge der COVID-19-Pandemie verminderten Inanspruchnahme zahnärztlicher Leistungen ergeben, wird die Gesamtvergütung vertragszahnärztlicher Leistungen abweichend von § 85 Absatz 2 Satz 1 für das Jahr 2020 und das Jahr 2021 jeweils auf 90 Prozent der gezahlten Gesamtvergütung der vertragszahnärztlichen Leistungen des Jahres 2019 als Abschlagszahlung festgesetzt. [2]Satz 1 gilt für das Jahr 2020 nicht, wenn die jeweilige Kassenzahnärztliche Vereinigung gegenüber den Landesverbänden der Krankenkassen und den Ersatzkassen bis zum 2. Juni 2020 einer solchen Festsetzung schriftlich widersprochen hat. [3]Satz 1 gilt für das Jahr 2021 nicht, wenn die jeweilige Kassenzahnärztliche Vereinigung gegenüber den Landesverbänden der Krankenkassen und den Ersatzkassen bis zum 1. Februar 2021 einer solchen Festsetzung schriftlich widerspricht.

(2) [1]Übersteigt die von den Krankenkassen an eine Kassenzahnärztliche Vereinigung im Jahr 2020 gezahlte Gesamtvergütung nach Absatz 1 die im Jahr 2020 erbrachten vertragszahnärztlichen Leistungen, so hat die Kassenzahnärztliche Vereinigung die dadurch entstandene Überzahlung gegenüber den Krankenkassen in den Jahren 2021 bis 2023 vollständig auszugleichen. [2]Übersteigt die von den Krankenkassen an eine Kassenzahnärztliche Vereinigung im Jahr 2021 gezahlte Gesamtvergütung nach Absatz 1 die im Jahr 2021 erbrachten vertragszahnärztlichen Leistungen, so hat die Kassenzahnärztliche Vereinigung die dadurch entstandene Überzahlung gegenüber den Krankenkassen in den Jahren 2022 und 2023 vollständig auszugleichen. [3]Das Nähere zu dem Ausgleich vereinbaren die Partner der Gesamtverträge nach § 83.

(3) Die Kassenzahnärztlichen Vereinigungen können in den Jahren 2020 bis 2023 im Benehmen mit den Landesverbänden der Krankenkassen und den Ersatzkassen im Verteilungsmaßstab von § 85 Absatz 4 Satz 3 bis 5 abweichende Regelungen vorsehen, um die vertragszahnärztliche Versorgung unter Berücksichtigung der Auswirkungen der COVID-19-Pandemie auf die vertragszahnärztliche Tätigkeit sicherzustellen.

(4) [1]Soweit die vertragszahnärztliche Versorgung mit den Abschlagszahlungen nach Absatz 1 nicht sichergestellt werden kann, können die Partner der Gesamtverträge nach § 83 für die Jahre 2020 und 2021 Abschlagszahlungen bezogen auf den in den Festzuschussbeträgen nach § 55 enthaltenen Anteil für zahnärztliche Leistungen vereinbaren. [2]Übersteigt die von den Krankenkassen an eine Kassenzahnärztliche Vereinigung im Jahr 2020 geleistete Abschlagszahlung die im Jahr 2020 tatsächlich erbrachten zahnärztlichen Leistungen nach Satz 1, so hat die Kassenzahnärztliche Vereinigung die dadurch entstandene Überzahlung gegenüber den Krankenkassen im Jahr 2021 vollständig auszugleichen. [3]Übersteigt die von den Krankenkassen an eine Kassenzahnärztliche Vereinigung im Jahr 2021 geleistete Abschlagszahlung die im Jahr 2021 tatsächlich erbrachten zahnärztlichen Leistungen nach Satz 1, so hat die Kassenzahnärztliche Vereinigung die dadurch entstandene Überzahlung gegenüber den Krankenkassen im Jahr 2022 vollständig auszugleichen. [4]Das Nähere zum Ausgleich vereinbaren die Partner der Gesamtverträge nach § 83.

(5) Die Partner der Gesamtverträge haben in den Jahren 2021 und 2022 bei den nach § 85 Absatz 3 Satz 1 zu vereinbarenden Veränderungen der Gesamtvergütungen auch die infolge der COVID-19-Pandemie verminderte Inanspruchnahme vertragszahnärztlicher Leistungen angemessen zu berücksichtigen.

(6) Für die Vereinbarung der Gesamtvergütung in den Jahren 2021 und 2022 findet § 85 Absatz 2 Satz 7 keine Anwendung.

(7) Die Partner der Gesamtverträge haben die Vereinbarungen für den Fall einer im Zeitraum bis zum 7. April 2023 durch den Deutschen Bundestag festgestellten epidemischen Lage von nationaler Tragweite nach § 5 Absatz 1 des Infektionsschutzgesetzes an eine, aus dieser Sondersituation resultierende, verminderte Inanspruchnahme vertragszahnärztlicher Leistungen anzupassen, um die Leistungsfähigkeit der Zahnarztpraxen zu gewährleisten.

§ 85b
Arztbezogene Regelleistungsvolumina

(aufgehoben)

§ 85c
Vergütung ärztlicher Leistungen im Jahr 2006

(aufgehoben)

§ 86
Verwendung von Verordnungen und Empfehlungen in elektronischer Form

(1) [1]Die Kassenärztlichen Bundesvereinigungen vereinbaren mit dem Spitzenverband Bund der Krankenkassen als Bestandteil der Bundesmantelverträge

1. bis zum 31. März 2020 die notwendigen Regelungen für die Verwendung von Verordnungen der Leistungen nach § 31 in elektronischer Form und
2. bis zum 31. Dezember 2020 die notwendigen Regelungen für die Verwendung von Verordnungen der sonstigen in der vertragsärztlichen Versorgung verordnungsfähigen Leistungen auch in elektronischer Form.

[2]Die Regelungen nach Satz 1 Nummer 1 müssen mit den Festlegungen des Rahmenvertrags nach § 129 Absatz 4a vereinbar sein und die Regelungen nach Satz 1 Nummer 2 müssen, soweit sie die Verordnung von Heil- oder Hilfsmitteln betreffen, mit den Verträgen nach § 125 Absatz 1 und den Rahmenempfehlungen nach § 127 Absatz 9 vereinbar sein. [3]In den Vereinbarungen nach Satz 1 ist festzulegen, dass die Dienste der Telematikinfrastruktur für die Übermittlung der elektronischen Verordnung nach § 334 Absatz 1 Satz 2 Nummer 6 genutzt werden, sobald diese zur Verfügung stehen.

(2) Der Gemeinsame Bundesausschuss passt die Richtlinien nach § 92 an, um die Verwendung von Verordnungen in elektronischer Form zu ermöglichen.

(3) [1]Die Kassenärztlichen Bundesvereinigungen vereinbaren mit dem Spitzenverband Bund der Krankenkassen als Bestandteil der Bundesmantelverträge bis zum 31. Juli 2021 die notwendigen Regelungen für die Verwendung von Empfehlungen von apothekenpflichtigen, nicht verschreibungspflichtigen Arzneimitteln in elektronischer Form. [2]In den Vereinbarungen ist festzulegen, dass die Dienste der Telematikinfrastruktur für die Übermittlung der elektronischen Empfehlung zu verwenden sind, sobald diese zur Verfügung stehen.

§ 86a
Verwendung von Überweisungen in elektronischer Form

[1]Die Kassenärztlichen Bundesvereinigungen vereinbaren mit dem Spitzenverband Bund der Krankenkassen als Bestandteil der Bundesmantelverträge bis zum 31. Juli 2021 die notwendigen Regelungen zur barrierefreien Verwendung von Überweisungen in elektronischer Form. [2]In den Vereinbarungen ist festzulegen, dass die Dienste der Telematikinfrastruktur für die Übermittlung der elektronischen Überweisung zu verwenden sind, sobald diese zur Verfügung stehen.

§ 87
Bundesmantelvertrag, einheitlicher Bewertungsmaßstab, bundeseinheitliche Orientierungswerte

(1) [1]Die Kassenärztlichen Bundesvereinigungen vereinbaren mit dem Spitzenverband Bund der Krankenkassen durch Bewertungsausschüsse als Bestandteil der Bundesmantelverträge einen einheitlichen Bewertungsmaßstab für die ärztlichen und einen einheitlichen Bewertungsmaßstab für die zahnärztlichen Leistungen, im ärztlichen Bereich einschließlich der Sachkosten. [2]In den Bundesmantelverträgen sind auch die Regelungen, die zur Organisation der vertragsärztlichen Versorgung notwendig sind, insbesondere Vordrucke und Nachweise, zu vereinbaren. [3]Bei der Gestaltung der Arzneiverordnungsblätter ist § 73 Abs. 5 zu beachten. [4]Die Arzneiverordnungsblätter sind so zu gestalten, dass bis zu drei Verordnun-

gen je Verordnungsblatt möglich sind. [5]Dabei ist für jede Verordnung ein Feld für die Auftragung des Kennzeichens nach § 300 Abs. 1 Nr. 1 sowie ein weiteres Feld vorzusehen, in dem der Arzt seine Entscheidung nach § 73 Abs. 5 durch Ankreuzen kenntlich machen kann. [6]Die für eine Verordnung nach § 37 Absatz 8 zu verwendenden Vordrucke und Nachweise sind so zu gestalten, dass sie von den übrigen Verordnungen nach § 37 zu unterscheiden sind. [7]Die Kassenärztlichen Bundesvereinigungen und der Spitzenverband Bund der Krankenkassen prüfen, inwieweit bislang papiergebundene Verfahren zur Organisation der vertragsärztlichen Versorgung durch elektronische Kommunikationsverfahren ersetzt werden können. [8]Die Kassenzahnärztliche Bundesvereinigung und der Spitzenverband Bund der Krankenkassen regeln in dem Bundesmantelvertrag für Zahnärzte bis zum 31. Dezember 2019 das Nähere zu einem elektronischen Beantragungs- und Genehmigungsverfahren für bewilligungspflichtige zahnärztliche Leistungen. [9]Die Kassenzahnärztliche Bundesvereinigung und der Spitzenverband Bund der Krankenkassen können die an der vertragszahnärztlichen Versorgung teilnehmenden Leistungserbringer durch Regelungen im Bundesmantelvertrag für Zahnärzte dazu verpflichten, die für die Beantragung von bewilligungspflichtigen Leistungen notwendigen Angaben an die jeweilige Kassenzahnärztliche Vereinigung und an die jeweilige Krankenkasse im Wege elektronischer Datenübertragung zu übermitteln. [10]Zur Durchführung der elektronischen Antrags- und Genehmigungsverfahren sind die an der vertragszahnärztlichen Versorgung teilnehmenden Leistungserbringer befugt, die hierfür erforderlichen versichertenbezogene Angaben an die jeweilige Kassenzahnärztliche Vereinigung und an die jeweilige Krankenkasse zu übermitteln. [11]Die jeweilige Kassenärztliche Vereinigung ist befugt, die für die Durchführung der elektronischen Antrags- und Genehmigungsverfahren erforderlichen versicherungsbezogenen übermittelten Angaben zu verarbeiten. [12]Für die Übermittlung digitaler Vordrucke und Nachweise sind die Dienste der Telematikinfrastruktur zu nutzen, sobald diese zur Verfügung stehen. [13]Im einheitlichen Bewertungsmaßstab für zahnärztliche Leistungen ist mit Wirkung zum 1. Januar 2021 vorzusehen, dass Leistungen nach § 346 Absatz 1 Satz 1 und 3 zur Unterstützung der Versicherten bei der Verarbeitung medizinischer Daten in der elektronischen Patientenakte im aktuellen Behandlungskontext vergütet werden. [14]Mit Wirkung zum 1. Januar 2022 ist im einheitlichen Bewertungsmaßstab für zahnärztliche Leistungen vorzusehen, dass Leistungen nach § 346 Absatz 3 zur Unterstützung der Versicherten bei der erstmaligen Befüllung der elektronischen Patientenakte im aktuellen Behandlungskontext vergütet werden. [15]Im einheitlichen Bewertungsmaßstab für zahnärztliche Leistungen ist vorzusehen, dass Leistungen im aktuellen Behandlungskontext zur Aktualisierung von Datensätzen nach § 334 Absatz 1 Satz 2 Nummer 4 sowie Leistungen zur Aktualisierung von Datensätzen nach § 334 Absatz 1 Satz 2 Nummer 5 und 7 zusätzlich vergütet werden.

(1a) [1]In dem Bundesmantelvertrag haben die Kassenzahnärztliche Bundesvereinigung und der Spitzenverband Bund der Krankenkassen festzulegen, dass die Kosten für Zahnersatz einschließlich Zahnkronen und Suprakonstruktionen, soweit die gewählte Versorgung der Regelversorgung nach § 56 Abs. 2 entspricht, gegenüber den Versicherten nach Absatz 2 abzurechnen sind. [2]Darüber hinaus sind im Bundesmantelvertrag folgende Regelungen zu treffen: Der Vertragszahnarzt hat vor Beginn der Behandlung einen kostenfreien Heil- und Kostenplan zu erstellen, der den Befund, die Regelversorgung und die tatsächlich geplante Versorgung auch in den Fällen des § 55 Abs. 4 und 5 nach Art, Umfang und Kosten beinhaltet. [3]Im Heil- und Kostenplan sind Angaben zum Herstellungsort des Zahnersatzes zu machen. [4]Der Heil- und Kostenplan ist von der Krankenkasse vor Beginn der Behandlung insgesamt zu prüfen. [5]Die Krankenkasse kann den Befund, die Versorgungsnotwendigkeit und die geplante Versorgung begutachten lassen. [6]Bei bestehender Versorgungsnotwendigkeit bewilligt die Krankenkasse die Festzuschüsse gemäß § 55 Abs. 1 oder 2 entsprechend dem im Heil- und Kostenplan ausgewiesenen Befund. [7]Nach Abschluss der Behandlung rechnet der Vertragszahnarzt die von der Krankenkasse bewilligten Festzuschüsse mit Ausnahme der Fälle des § 55 Abs. 5 mit der Kassenzahnärztlichen Vereinigung ab. [8]Der Vertragszahnarzt hat bei Rechnungslegung eine Durchschrift der Rechnung des gewerblichen oder des praxiseigenen Labors über zahntechnische Leistungen und die Erklärung nach Anhang XIII Abschnitt 1 der Verordnung (EU) 2017/745 in der jeweils geltenden Fassung beizufügen. [9]Der Bundesmantelvertrag regelt auch das Nähere zur Ausgestaltung des Heil- und Kostenplans, insbesondere muss aus dem Heil- und Kostenplan erkennbar sein, ob die zahntechnischen Leistungen von Zahnärzten erbracht werden oder nicht.

(1b) [1]Die Kassenärztliche Bundesvereinigung und der Spitzenverband Bund der Krankenkassen vereinbaren im Bundesmantelvertrag erstmals bis spätestens zum 30. Juni 2016 die Voraussetzungen für eine besonders qualifizierte und koordinierte palliativ-medizinische Versorgung. [2]Im Bundesmantelvertrag sind insbesondere zu vereinbaren:

1. Inhalte und Ziele der qualifizierten und koordinierten palliativ-medizinischen Versorgung und deren Abgrenzung zu anderen Leistungen,
2. Anforderungen an die Qualifikation der ärztlichen Leistungserbringer,
3. Anforderungen an die Koordination und interprofessionelle Strukturierung der Versorgungsabläufe sowie die aktive Kooperation mit den weiteren an der Palliativversorgung beteiligten Leistungserbringern, Einrichtungen und betreuenden Angehörigen,
4. Maßnahmen zur Sicherung der Versorgungsqualität.

[3]Der Bundesärztekammer und der Bundespsychotherapeutenkammer sowie den in § 92 Absatz 7b genannten Organisationen ist vor Abschluss der Vereinbarung Gelegenheit zur Stellungnahme zu geben. [4]Die Stellungnahmen sind in den Entscheidungsprozess einzubeziehen. [5]Auf der Grundlage der Vereinbarung hat der Bewertungsausschuss den einheitlichen Bewertungsmaßstab für ärztliche Leistungen nach Absatz 2 Satz 2 zu überprüfen und innerhalb von sechs Monaten nach dem in Satz 1 genannten Zeitpunkt anzupassen. [6]Der Bewertungsausschuss hat dem Bundesministerium für Gesundheit alle drei Jahre beginnend zum 31. Dezember 2023 über die Entwicklung der abgerechneten palliativ-medizinischen Leistungen auch in Kombination mit anderen vertragsärztlichen Leistungen, über die Zahl und Qualifikation der ärztlichen Leistungserbringer, über die Versorgungsqualität sowie über die Auswirkungen auf die Verordnung der spezialisierten ambulanten Palliativversorgung zu berichten. [7]Das Bundesministerium für Gesundheit kann das Nähere zum Inhalt des Berichts und zu den dafür erforderlichen Auswertungen bestimmen.

(1c) [1]Die Krankenkassen können in den in § 275 Absatz 1, 2 und 3 geregelten Fällen insbesondere

1. bei kieferorthopädischen Maßnahmen,
2. bei der Behandlung von Parodontopathien,
3. bei der Versorgung von Zahnersatz und Zahnkronen, einschließlich der Prüfung der Gewährleistung nach § 136a Absatz 4 Satz 3,
4. für implantologische Maßnahmen bei Ausnahmeindikationen gemäß § 28 Absatz 2 Satz 9

abweichend von § 275 Absatz 1, 2 und 3 statt einer gutachterlichen Stellungnahme des Medizinischen Dienstes eine gutachterliche Stellungnahme im Wege des nach Satz 2 im Bundesmantelvertrag für Zahnärzte vorgesehene Gutachterverfahrens einholen. [2]Die Kassenzahnärztliche Bundesvereinigung und der Spitzenverband Bund der Krankenkassen vereinbaren im Bundesmantelvertrag das Nähere zu einem Gutachterverfahren für Zahnärzte insbesondere zur Bestellung der Gutachter, zur Einleitung des Gutachterverfahrens und zur Begutachtung sowie die Maßnahmen und Behandlungen, die Gegenstand des Gutachtenverfahrens sein können. [3]Die Kassenzahnärztliche Bundesvereinigung und der Spitzenverband Bund der Krankenkassen sowie für ihren regionalen Zuständigkeitsbereich die Partner der Gesamtverträge können vereinbaren, dass die Krankenkassen einheitlich für die im Bundesmantelvertrag näher bestimmten Maßnahmen und Behandlungen ausschließlich das nach Satz 2 vorgesehene Gutachterverfahren anwenden oder ausschließlich die Begutachtung durch den Medizinischen Dienst vornehmen lassen. [4]Der behandelnde Vertragszahnarzt ist verpflichtet, dem von der Krankenkasse benannten vertragszahnärztlichen Gutachter die für die gutachterliche Stellungnahme erforderlichen Daten zu übermitteln. [5]Der vertragszahnärztliche Gutachter darf die vom Vertragszahnarzt übermittelten Daten nur zur Erstellung der in Satz 1 genannten gutachterlichen Stellungnahme verarbeiten. [6]Im Übrigen gelten § 275 Absatz 5, § 276 Absatz 1, 2 Satz 2 und Absatz 3 und § 277 Absatz 1 Satz 1 bis 3 für das im Bundesmantelvertrag für Zahnärzte vorgesehene Gutachterwesen entsprechend.

(2) [1]Der einheitliche Bewertungsmaßstab bestimmt den Inhalt der abrechnungsfähigen Leistungen und ihr wertmäßiges, in Punkten ausgedrücktes Verhältnis zueinander; soweit möglich, sind die Leistungen mit Angaben für den zur Leistungserbringung erforderlichen Zeitaufwand des Vertragsarztes zu versehen; dies gilt nicht für vertragszahnärztliche Leistungen. [2]Die Be-

wertungsmaßstäbe sind in bestimmten Zeitabständen auch daraufhin zu überprüfen, ob die Leistungsbeschreibungen und ihre Bewertungen noch dem Stand der medizinischen Wissenschaft und Technik sowie dem Erfordernis der Rationalisierung im Rahmen wirtschaftlicher Leistungserbringung entsprechen, wobei in die Überprüfung des einheitlichen Bewertungsmaßstabes für ärztliche Leistungen auch die Regelung nach § 33 Absatz 9 erstmalig bis spätestens zum 31. Oktober 2012 einzubeziehen ist; bei der Bewertung der Leistungen ist insbesondere der Aspekt der wirtschaftlichen Nutzung der bei der Erbringung von Leistungen eingesetzten medizinisch-technischen Geräte zu berücksichtigen. [3]Im einheitlichen Bewertungsmaßstab für ärztliche Leistungen sind die Bewertung der Leistungen nach Satz 1 und die Überprüfung der wirtschaftlichen Aspekte nach Satz 2, insbesondere bei medizinisch-technischen Geräten, unter Berücksichtigung der Besonderheiten der betroffenen Arztgruppen auf in bestimmten Zeitabständen zu aktualisierender betriebswirtschaftlicher Basis durchzuführen. [4]Grundlage der Aktualisierung des einheitlichen Bewertungsmaßstabes für ärztliche Leistungen bilden grundsätzlich die vom Statistischen Bundesamt nach dem Gesetz über die Kostenstrukturstatistik bei Arzt- und Zahnarztpraxen sowie bei Praxen von psychologischen Psychotherapeuten erhobenen Daten der Kostenstruktur; ergänzend können sachgerechte Stichproben bei vertragsärztlichen Leistungserbringern verwendet werden. [5]Der Bewertungsausschuss hat die nächste Überprüfung gemäß Satz 3 und die anschließende Aktualisierung des einheitlichen Bewertungsmaßstabes für ärztliche Leistungen spätestens bis zum 29. Februar 2020 mit der Maßgabe durchzuführen, insbesondere die Angemessenheit der Bewertung von Leistungen zu aktualisieren, die einen hohen technischen Leistungsanteil aufweisen. [6]Hierzu legt der Bewertungsausschuss dem Bundesministerium für Gesundheit spätestens bis zum 31. August 2019 ein Konzept vor, wie er die verschiedenen Leistungsbereiche im einheitlichen Bewertungsmaßstab für ärztliche Leistungen einschließlich der Sachkosten anpassen wird. [7]Dabei soll die Bewertung der Leistungen mit einem hohen technischen Leistungsanteil, die in einem bestimmten Zeitraum erbracht werden, insgesamt so festgelegt werden, dass die Punkte, die im einheitlichen Bewertungsmaßstab für diese Leistungen vergeben werden, ab einem bestimmten Schwellenwert mit zunehmender Menge sinken. [8]Die Bewertung der Sachkosten kann abweichend von Satz 1 in Eurobeträgen bestimmt werden.

(2a) [1]Die im einheitlichen Bewertungsmaßstab für ärztliche Leistungen aufgeführten Leistungen sind entsprechend der in § 73 Abs. 1 festgelegten Gliederung der vertragsärztlichen Versorgung in Leistungen der hausärztlichen und Leistungen der fachärztlichen Versorgung zu gliedern mit der Maßgabe, dass unbeschadet gemeinsam abrechenbarer Leistungen Leistungen der hausärztlichen Versorgung nur von den an der hausärztlichen Versorgung teilnehmenden Ärzten und Leistungen der fachärztlichen Versorgung nur von den an der fachärztlichen Versorgung teilnehmenden Ärzten abgerechnet werden dürfen; die Leistungen der fachärztlichen Versorgung sind in der Weise zu gliedern, dass den einzelnen Facharztgruppen die von ihnen ausschließlich abrechenbaren Leistungen zugeordnet werden. [2]Bei der Bestimmung der Arztgruppen nach Satz 1 ist der Versorgungsauftrag der jeweiligen Arztgruppe im Rahmen der vertragsärztlichen Versorgung zugrunde zu legen. [3]Der einheitliche Bewertungsmaßstab für ärztliche Leistungen hat eine Regelung zu enthalten, nach der ärztliche Leistungen zur Diagnostik und ambulanten Eradikationstherapie einschließlich elektronischer Dokumentation von Trägern mit dem Methicillin-resistenten Staphylococcus aureus (MRSA) vergütet werden. [4]Die Kassenärztliche Bundesvereinigung berichtet dem Bundesministerium für Gesundheit quartalsbezogen über Auswertungsergebnisse der Regelung nach Satz 3. [5]Das Bundesministerium für Gesundheit kann das Nähere zum Inhalt des Berichts nach Satz 4 sowie zur Auswertung der anonymisierten Dokumentationen zum Zwecke der Versorgungsforschung und zur Förderung der Qualität bestimmen; es kann auch den Bewertungsausschuss mit der Vorlage des Berichts beauftragen. [6]Im Übrigen gilt die Veröffentlichungspflicht gemäß § 135b Absatz 1 Satz 2. [7]Bei der Überprüfung nach Absatz 2 Satz 2 prüfen der Bewertungsausschuss nach Absatz 3 und der Bewertungsausschuss in der Zusammensetzung nach Absatz 5a jeweils, in welchem Umfang ambulante telemedizinische Leistungen erbracht werden können; auf dieser Grundlage beschließen der Bewertungsausschuss nach Absatz 3 und der Bewertungsausschuss in der Zusammensetzung nach Absatz 5a jeweils, inwieweit der einheitliche Bewertungsmaßstab für ärztliche Leistungen anzupassen ist. [8]In die Überprüfung nach Absatz 2 Satz 2 ist auch einzubeziehen, in welchem Umfang die Durchführung von insbesondere telemedizinischen Fallbesprechungen im Rahmen von Kooperationsvereinbarungen zum Kinder- und Jugendschutz nach § 73c angemessen vergütet werden kann; auf dieser Grundlage ist eine Anpassung des einheitlichen Bewertungsmaßstabes für ärztliche Leistungen zu beschließen. [9]In die Überprüfung nach Absatz 2 Satz 2 ist auch einzubeziehen, in welchem Umfang delegationsfähige Leistungen durch Personen nach § 28 Absatz 1 Satz 2 qualifiziert erbracht und angemessen vergütet werden können; auf dieser Grundlage ist eine Anpassung des einheitlichen Bewertungsmaßstabes für ärztliche Leistungen unter Berücksichtigung der unterschiedlichen Versorgungsstrukturen bis zum 23. Januar 2016 zu beschließen. [10]Nach Inkrafttreten der Bestimmungen nach § 27b Absatz 2 Satz 2 ist im einheitlichen Bewertungsmaßstab für ärztliche Leistungen durch den Bewertungsausschuss gemäß Absatz 5a eine Regelung zu treffen, nach der Leistungen und Kosten im Rahmen der Einholung der Zweitmeinungen nach § 27b abgerechnet werden können. [11]Sofern drei Monate nach Inkrafttreten der Bestimmungen des Gemeinsamen Bundesausschusses nach § 27b Absatz 2 keine Regelung im einheitlichen Bewertungsmaßstab für ärztliche Leistungen getroffen wurde, können Versicherte die Leistungen nach § 27b bei den dafür berechtigten Leistungserbringern im Wege der Kostenerstattung nach § 13 Absatz 1 in Anspruch nehmen. [12]Die Kosten sind von der Krankenkasse in der entstandenen Höhe zu erstatten. [13]Die Möglichkeit der Inanspruchnahme im Wege der Kostenerstattung nach § 13 Absatz 1 endet, sobald die Regelung nach Satz 9 in Kraft getreten ist. [14]Mit Wirkung zum 30. September 2020 ist durch den Bewertungsausschuss in der Zusammensetzung nach Absatz 5a im einheitlichen Bewertungsmaßstab für ärztliche Leistungen zu regeln, dass Konsilien in einem weiten Umfang in der vertragsärztlichen und in der sektorenübergreifenden Versorgung als telemedizinische Leistung abgerechnet werden können, wenn bei ihnen sichere elektronische Informations- und Kommunikationstechnologien eingesetzt werden. [15]Die Regelungen erfolgen auf der Grundlage der Vereinbarung nach § 367 Absatz 1. [16]Der Bewertungsausschuss nach Absatz 3 und der Bewertungsausschuss in der Zusammensetzung nach Absatz 5a legen dem Bundesministerium für Gesundheit im Abstand von zwei Jahren, erstmals zum 31. Oktober 2022, einen gemeinsamen Bericht über den Stand der Beratungen und Beschlussfassungen nach Satz 7 sowie zur Erbringung von ambulanten telemedizinischen Leistungen und zu der Teilnahme der Leistungserbringer an der Erbringung von Leistungen im Rahmen der Videosprechstunde vor. [17]Das Bundesministerium für Gesundheit leitet den Bericht an den Deutschen Bundestag weiter. [18]In dem Beschluss nach Satz 7 sind durch den Bewertungsausschuss Regelungen im einheitlichen Bewertungsmaßstab für ärztliche Leistungen zu treffen, nach denen telemedizinische Leistungen, insbesondere Videosprechstunden, in einem weiten Umfang ermöglicht werden. [19]Die im Hinblick auf Videosprechstunden bisher enthaltene Vorgabe von Krankheitsbildern im einheitlichen Bewertungsmaßstab für ärztliche Leistungen entfällt. [20]Bei den Regelungen nach Satz 18 sind die Besonderheiten in der Versorgung von Pflegebedürftigen durch Zuschläge und die Besonderheiten in der psychotherapeutischen Versorgung einschließlich der Versorgung mit gruppentherapeutischen Leistungen und Leistungen der psychotherapeutischen Akutbehandlung zu berücksichtigen. [21]Die Regelungen nach Satz 18 erfolgen auf der Grundlage der Vereinbarung nach § 365 Absatz 1 Satz 1. [22]Bis zum 30. Juni 2016 ist mit Wirkung zum 1. Oktober 2016 eine Regelung zu treffen, nach der ärztliche Leistungen nach § 31a vergütet werden. [23]Der einheitliche Bewertungsmaßstab für ärztliche Leistungen hat eine Regelung über die Vergütung von ärztlichen Leistungen zur Erstellung und Aktualisierung von Datensätzen nach § 334 Absatz 1 Satz 2 Nummer 5 und 7 zu enthalten; die Vergütung für die Erstellung von Datensätzen nach § 334 Absatz 1 Satz 2 Nummer 5 ist in dem Zeitraum vom 20. Oktober 2020 bis zum 20. Oktober 2021 auf das Zweifache der sich nach dem einheitlichen Bewertungsmaßstab ergebenden Vergütung zu erhöhen; die Vergütungsregelung für die Erstellung von Datensätzen nach § 334 Absatz 1 Satz 2 Nummer 7 ist bis zum 1. Januar 2024 zu vereinbaren. [24]Der Bewertungsausschuss in der Zusammensetzung nach Absatz 5a beschließt im einheitlichen Bewertungsmaßstab für ärztliche Leistungen die nach dem Schweregrad zu differenzierenden Regelungen für die Versorgung im Notfall und im Notdienst sowie bis zum 31. März 2022 Regelungen für die Versorgung im Notdienst mit telemedizinischen Leistungen. [25]Zwei Jahre nach Inkrafttreten dieser Regelungen hat der Bewertungsausschuss nach Absatz 5a die Entwicklung der Leistungen zu evaluieren und hierüber dem Bundesministerium für Gesundheit zu berichten; Absatz 3a gilt entsprechend. [26]Der Bewertungsausschuss überprüft, in welchem Umfang Diagnostika zur schnellen und zur qualitätsgesicherten Antibiotikatherapie eingesetzt werden können, und beschließt auf dieser Grundlage erstmals bis spätestens zum 1. Dezember 2017 entsprechende Anpassungen des einheitlichen Bewertungsmaßstabes für ärztliche Leistungen. [27]Der einheitliche Bewertungsmaßstab für ärztliche Leistungen ist innerhalb von sechs Monaten nach Inkrafttreten der Richtlinie des Gemeinsamen Bundesausschusses nach § 92 Absatz 6b vom Bewertungsausschuss in der Zusammensetzung nach Absatz 5a anzupassen. [28]Im einheitlichen Bewertungsmaßstab für ärztliche Leistungen ist mit Wirkung zum 1. Januar 2021 vorzusehen, dass Leistungen nach § 346 Absatz 1 Satz 1 und 3 zur Unterstützung der Versicherten bei der Verarbeitung medizinischer Daten in der elektronischen Patientenakte im aktuellen Behandlungskontext vergütet werden. [29]Mit Wirkung zum 1. Januar 2022 ist im einheitlichen Bewertungsmaßstab für ärztliche Leistungen vorzusehen, dass ärztliche Leistungen nach § 346 Absatz 3 zur Unterstützung der Versicherten bei der erstmaligen Befüllung der elektronischen Patientenakte im aktuellen Behandlungskontext vergütet werden. [30]Der Bewertungsausschuss hat im einheitlichen Bewertungsmaßstab für ärztliche Leistungen die Leistungen, die durch Videosprechstunde erbracht werden, auf 30 Prozent der jeweiligen Leistungen im Quartal des an der vertragsärztlichen Versorgung teilnehmenden Leistungserbringers zu begrenzen. [31]Zudem hat der Bewertungsausschuss im einheitlichen Bewertungsmaßstab für ärztliche Leistungen die Anzahl der Behandlungsfälle im Quartal, in denen ausschließlich Leistungen im Rahmen einer Videosprechstunde erbracht werden, auf 30 Prozent aller Behandlungsfälle des an der vertragsärztlichen Versorgung teilnehmenden Leistungserbringers zu begrenzen. [32]Von der Begrenzung auf 30 Prozent nach den Sätzen 30 und 31 kann der Bewertungsausschuss in besonderen Ausnahmesituationen, wie etwa nach Feststellung einer epidemischen Lage von nationaler Tragweite, für einen befristeten Zeitraum abweichen. [33]Der Bewertungsausschuss legt bis zum 30. September 2021 fest, unter welchen Voraussetzungen und in welchem Umfang unter Berücksichtigung der Sätze 30 und 31 die psychotherapeutische Akutbehandlung im Rahmen der Videosprechstunde erbracht werden kann.

(2b) [1]Die im einheitlichen Bewertungsmaßstab für ärztliche Leistungen aufgeführten Leistungen der hausärztlichen Versorgung sollen als Versichertenpauschalen abgebildet werden; für Leistungen, die besonders gefördert werden sollen oder nach Absatz 2a Satz 7 und 8 telemedizinisch oder im Wege der Delegation erbracht werden können, sind Einzelleistungen oder Leistungskomplexe vorzusehen. [2]Mit den Pauschalen nach Satz 1 sollen die gesamten im Abrechnungszeitraum regelmäßig oder sehr selten und zugleich mit geringem Aufwand im Rahmen der hausärztlichen Versorgung eines Versicherten erbrachten Leistungen einschließlich der anfallenden Betreuungs-, Koordinations- und Dokumentationsleistungen vergütet werden. [3]Mit Wirkung zum 1. Januar 2023 sind in den einheitlichen Bewertungsmaßstab für ärztliche Leistungen folgende Zuschläge auf die jeweilige Versichertenpauschale aufzunehmen:

1. ein Zuschlag in Höhe von bis zu 200 Prozent der jeweiligen Versichertenpauschale für Behandlungen im Akutfall nach § 75 Absatz 1a Satz 3 Nummer 4, wenn die Behandlung spätestens am Folgetag der Terminvermittlung durch die Terminservicestelle beginnt,

2. ein Zuschlag in Höhe von 100 Prozent der jeweiligen Versichertenpauschale für den Fall, dass eine Behandlung spätestens am vierten Tag nach der Terminvermittlung durch die Terminservicestelle nach § 75 Absatz 1a Satz 3 beginnt,

3. ein Zuschlag in Höhe von 80 Prozent der jeweiligen Versichertenpauschale für den Fall, dass eine Behandlung spätestens am 14. Tag nach der Terminvermittlung durch die Terminservicestelle nach § 75 Absatz 1a Satz 3 beginnt,

4. ein Zuschlag in Höhe von 40 Prozent der jeweiligen Versichertenpauschale für den Fall, dass eine Behandlung spätestens am 35. Tag nach der Terminvermittlung durch die Terminservicestelle nach § 75 Absatz 1a Satz 3 beginnt, sowie

5. ein Zuschlag in Höhe von mindestens 15 Euro für die erfolgreiche Vermittlung eines Behandlungstermins nach § 73 Absatz 1 Satz 2 Nummer 2.

[4]Zudem können Qualitätszuschläge vorgesehen werden, mit denen die in besonderen Behandlungsfällen erforderliche Qualität vergütet wird. [5]Der Bewertungsausschuss beschließt spätestens bis zum 31. Dezember 2021 mit Wirkung zum 1. März 2022 eine Anpassung der im einheitlichen Bewertungsmaßstab für ärztliche Leistun-

gen aufgeführten Leistungen der hausärztlichen Versorgung zur Vergütung der regelmäßigen zeitgebundenen ärztlichen Beratung nach § 2 Absatz 1a des Transplantationsgesetzes in der ab dem 1. März 2022 geltenden Fassung über die Organ- und Gewebespende sowie über die Möglichkeit, eine Erklärung zur Organ- und Gewebespende im Register nach § 2a des Transplantationsgesetzes in der ab dem 1. März 2022 geltenden Fassung abgeben, ändern und widerrufen zu können. [6]Der Vergütungsanspruch besteht je Patient alle zwei Jahre.

(2c) [1]Die im einheitlichen Bewertungsmaßstab für ärztliche Leistungen aufgeführten Leistungen der fachärztlichen Versorgung sollen arztgruppenspezifisch und unter Berücksichtigung der Besonderheiten kooperativer Versorgungsformen als Grund- und Zusatzpauschalen abgebildet werden; Einzelleistungen sollen vorgesehen werden, soweit dies medizinisch oder auf Grund von Besonderheiten bei Veranlassung und Ausführung der Leistungserbringung, einschließlich der Möglichkeit telemedizinischer Erbringung gemäß Absatz 2a Satz 7 oder der Erbringung im Wege der Delegation nach Absatz 2a Satz 8, erforderlich ist. [2]Mit den Grundpauschalen nach Satz 1 sollen die regelmäßig oder sehr selten und zugleich mit geringem Aufwand von der Arztgruppe in jedem Behandlungsfall erbrachten Leistungen vergütet werden. [3]Mit Wirkung zum 1. Januar 2023 sind in den einheitlichen Bewertungsmaßstab für ärztliche Leistungen folgende Zuschläge auf die jeweilige Grundpauschale aufzunehmen:

1. ein Zuschlag in Höhe von bis zu 200 Prozent der jeweiligen Grundpauschale für Behandlungen im Akutfall nach § 75 Absatz 1a Satz 3 Nummer 4, wenn die Behandlung spätestens am Folgetag der Terminvermittlung durch die Terminservicestelle beginnt,

2. ein Zuschlag in Höhe von 100 Prozent der jeweiligen Grundpauschale für den Fall, dass eine Behandlung spätestens am vierten Tag nach der Terminvermittlung durch die Terminservicestelle nach § 75 Absatz 1a Satz 3 beginnt,

3. ein Zuschlag in Höhe von 80 Prozent der jeweiligen Grundpauschale für den Fall, dass eine Behandlung spätestens am 14. Tag nach der Terminvermittlung durch die Terminservicestelle nach § 75 Absatz 1a Satz 3 beginnt, sowie

4. ein Zuschlag in Höhe von 40 Prozent der jeweiligen Grundpauschale für den Fall, dass eine Behandlung spätestens am 35. Tag nach der Terminvermittlung durch die Terminservicestelle nach § 75 Absatz 1a Satz 3 beginnt.

[4]Die in Satz 3 Nummer 2 bis 4 genannten Zuschläge gelten bei der Behandlung aufgrund einer erfolgten Vermittlung nach § 73 Absatz 1 Satz 2 Nummer 2 entsprechend. [5]Mit den Zusatzpauschalen nach Satz 1 wird der besondere Leistungsaufwand vergütet, der sich aus den Leistungs-, Struktur- und Qualitätsmerkmalen des Leistungserbringers und, soweit dazu Veranlassung besteht, in bestimmten Behandlungsfällen ergibt. [6]Abweichend von den Sätzen 1 und 2 kann die Behandlung von Versichertengruppen, die mit einem erheblichen therapeutischen Leistungsaufwand und überproportionalen Kosten verbunden ist, mit arztgruppenspezifischen diagnosebezogenen Fallpauschalen vergütet werden. [7]Für die Versorgung im Rahmen von kooperativen Versorgungsformen sind spezifische Fallpauschalen festzulegen, die dem fallbezogenen Zusammenwirken von Ärzten unterschiedlicher Fachrichtungen in diesen Versorgungsformen Rechnung tragen. [8]Die Bewertungen für psychotherapeutische Leistungen haben eine angemessene Höhe der Vergütung je Zeiteinheit zu gewährleisten. [9]Bis zum 29. Februar 2020 ist im einheitlichen Bewertungsmaßstab für ärztliche Leistungen ein Zuschlag in Höhe von 15 Prozent auf diejenigen psychotherapeutischen Leistungen vorzusehen, die im Rahmen des ersten Therapieblocks einer neuen Kurzzeittherapie erbracht werden. [10]Der Zuschlag ist auf die ersten zehn Stunden dieser Leistungen zu begrenzen und für Psychotherapeuten vorzusehen, die für die in § 19a Absatz 1 der Zulassungsverordnung für Vertragsärzte festgelegten Mindestsprechstunden für gesetzlich Versicherte tatsächlich zur Verfügung stehen.

(2d) [1]Im einheitlichen Bewertungsmaßstab für ärztliche Leistungen sind Regelungen einschließlich Prüfkriterien vorzusehen, die sicherstellen, dass der Leistungsinhalt der in den Absätzen 2a bis 2c genannten Leistungen und Pauschalen jeweils vollständig erbracht wird, die jeweiligen notwendigen Qualitätsstandards eingehalten, die abgerechneten Leistungen auf den medizinisch notwendigen Umfang begrenzt sowie bei Abrechnung der Fallpauschalen nach Absatz 2c die Mindestanforderungen zu der institutionellen Ausgestaltung der Kooperation der beteiligten Ärzte eingehalten werden; dazu kann die Abrechenbarkeit der Leistungen an die Einhaltung der vom Gemeinsamen Bundesausschuss und in den Bundesmantelverträgen beschlossenen Qualifikations- und Qualitätssicherungsanforderungen sowie an die Einhaltung der gegenüber der Kassenärztlichen Vereinigung zu erbringenden Dokumentationsverpflichtungen geknüpft werden. [2]Zudem können Regelungen vorgesehen werden, die darauf abzielen, dass die Abrechnung der Versichertenpauschalen nach Absatz 2b Satz 1 sowie der Grundpauschalen nach Absatz 2c Satz 1 für einen Versicherten nur durch einen Arzt im Abrechnungszeitraum erfolgt, oder es können Regelungen zur Kürzung der Pauschalen für den Fall eines Arztwechsels des Versicherten innerhalb des Abrechnungszeitraums vorgesehen werden.

(2e) Im einheitlichen Bewertungsmaßstab für ärztliche Leistungen ist jährlich bis zum 31. August ein bundeseinheitlicher Punktwert als Orientierungswert in Euro zur Vergütung der vertragsärztlichen Leistungen festzulegen.

(2f) (aufgehoben)

(2g) Bei der Anpassung des Orientierungswertes nach Absatz 2e sind insbesondere

1. die Entwicklung der für Arztpraxen relevanten Investitions- und Betriebskosten, soweit diese nicht bereits durch die Weiterentwicklung der Bewertungsrelationen nach Absatz 2 Satz 2 erfasst worden sind,
2. Möglichkeiten zur Ausschöpfung von Wirtschaftlichkeitsreserven, soweit diese nicht bereits durch die Weiterentwicklung der Bewertungsrelationen nach Absatz 2 Satz 2 erfasst worden sind, sowie
3. die allgemeine Kostendegression bei Fallzahlsteigerungen, soweit diese nicht durch eine Abstaffelungsregelung nach Absatz 2 Satz 3 berücksichtigt worden ist,

zu berücksichtigen.

(2h) [1]Die im einheitlichen Bewertungsmaßstab für zahnärztliche Leistungen aufgeführten Leistungen können zu Leistungskomplexen zusammengefasst werden. [2]Die Leistungen sind entsprechend einer ursachengerechten, zahnsubstanzschonenden und präventionsorientierten Versorgung insbesondere nach dem Kriterium der erforderlichen Arbeitszeit gleichgewichtig in und zwischen den Leistungsbereichen für Zahnerhaltung, Prävention, Zahnersatz und Kieferorthopädie zu bewerten. [3]Bei der Festlegung der Bewertungsrelationen ist wissenschaftlicher Sachverstand einzubeziehen.

(2i) [1]Im einheitlichen Bewertungsmaßstab für zahnärztliche Leistungen ist eine zusätzliche Leistung vorzusehen für das erforderliche Aufsuchen von Versicherten, die einem Pflegegrad nach § 15 des Elften Buches zugeordnet sind, in der Eingliederungshilfe nach § 99 des Neunten Buches leistungsberechtigt sind und die die Zahnarztpraxis aufgrund ihrer Pflegebedürftigkeit, Behinderung oder Einschränkung nicht oder nur mit hohem Aufwand aufsuchen können. [2]§ 71 Absatz 1 Satz 2 gilt entsprechend.

(2j) [1]Für Leistungen, die im Rahmen eines Vertrages nach § 119b Absatz 1 erbracht werden, ist im einheitlichen Bewertungsmaßstab für zahnärztliche Leistungen eine zusätzliche, in der Bewertung über Absatz 2i Satz 1 hinausgehende Leistung vorzusehen. [2]Voraussetzung für die Abrechnung dieser zusätzlichen Leistung ist die Einhaltung der in der Vereinbarung nach § 119b Absatz 2 festgelegten Anforderungen. [3]Die Leistung nach Absatz 2i Satz 1 ist in diesen Fällen nicht berechnungsfähig. [4]§ 71 Absatz 1 Satz 2 gilt entsprechend.

(2k) [1]Im einheitlichen Bewertungsmaßstab für zahnärztliche Leistungen sind Videosprechstundenleistungen vorzusehen für die Untersuchung und Behandlung von den in Absatz 2i genannten Versicherten und von Versicherten, an denen zahnärztliche Leistungen im Rahmen eines Vertrages nach § 119b Absatz 1 erbracht werden. [2]Die Videosprechstundenleistungen nach Satz 1 können auch Fallkonferenzen mit dem Pflegepersonal zum Gegenstand haben. [3]§ 71 Absatz 1 Satz 2 gilt entsprechend. [4]Die Anpassung erfolgt auf Grundlage der Vereinbarung nach § 366 Absatz 1 Satz 1.

(2l) [1]Mit Wirkung zum 30. September 2020 ist im einheitlichen Bewertungsmaßstab für zahnärztliche Leistungen zu regeln, dass Konsilien in einem weiten Umfang in der vertragszahnärztlichen und in der sektorenübergreifenden Versorgung als telemedizinische Leistungen abgerechnet werden können, wenn bei ihnen sichere elektronische Informations- und Kommunikationstechnologien eingesetzt werden. [2]Die Regelungen erfolgen auf der Grundlage der Vereinbarung nach § 367 Absatz 1. [3]Der Bewertungsausschuss legt dem Bundesministerium für Gesundheit im Abstand von zwei Jahren jeweils einen Bericht über die als telemedizinische Leistungen abrechenbaren Konsilien vor.

(2m) [1]Der Bewertungsausschuss hat den einheitlichen Bewertungsmaßstab für ärztliche Leistungen einschließlich der Sachkosten daraufhin zu überprüfen, wie der Aufwand, der den verantwortlichen Gesundheitseinrichtungen im Sinne von § 2 Nummer 5 Buchstabe b und d des Implantateregistergesetzes in der vertragsärztlichen Versorgung auf Grund ihrer Verpflichtungen nach den §§ 16, 17 Absatz 1 sowie den §§ 18, 20, 24, 25 und 33 Absatz 1 Nummer 1 des Implantateregistergesetzes entsteht, angemessen abgebildet werden kann. [2]Auf der Grundlage des Ergebnisses der Prüfung hat der Bewertungsausschuss eine Anpassung des einheitlichen Bewertungsmaßstabs für ärztliche Leistungen bis zum 30. September 2020 mit Wirkung zum 1. Januar 2021 zu beschließen.

(3) [1]Der Bewertungsausschuss besteht aus drei von der Kassenärztlichen Bundesvereinigung bestellten Vertretern sowie drei vom Spitzenverband Bund der Krankenkassen bestellten Vertreter. [2]Den Vorsitz führt abwechselnd ein Vertreter der Ärzte und ein Vertreter der Krankenkassen. [3]Die Beratungen des Bewertungsausschusses einschließlich der Beratungsunterlagen und Niederschriften sind vertraulich. [4]Die Vertraulichkeit gilt auch für die zur Vorbereitung und Durchführung der Beratungen im Bewertungsausschuss dienenden Unterlagen der Trägerorganisationen und des Instituts des Bewertungsausschusses.

(3a) [1]Der Bewertungsausschuss analysiert die Auswirkungen seiner Beschlüsse insbesondere auf die Versorgung der Versicherten mit vertragsärztlichen Leistungen, auf die vertragsärztlichen Honorare sowie auf die Ausgaben der Krankenkassen. [2]Das Bundesministerium für Gesundheit kann das Nähere zum Inhalt der Analysen bestimmen. [3]Absatz 6 gilt entsprechend.

(3b) [1]Der Bewertungsausschuss wird bei der Wahrnehmung seiner Aufgaben von einem Institut unterstützt, das gemäß der vom Bewertungsausschuss nach Absatz 3e zu vereinbarenden Geschäftsordnung die Beschlüsse nach den §§ 87, 87a und 116b Absatz 6 sowie die Analysen nach Absatz 3a vorbereitet. [2]Träger des Instituts sind die Kassenärztliche Bundesvereinigung und der Spitzenverband Bund der Krankenkassen. [3]Erfüllt das Institut seine Aufgaben nicht im vorgesehenen Umfang oder nicht entsprechend den geltenden Vorgaben oder wird es aufgelöst, kann das Bundesministerium für Gesundheit eine oder mehrere der in Satz 2 genannten Organisationen oder einen Dritten mit den Aufgaben nach Satz 1 beauftragen. [4]Absatz 6 gilt entsprechend.

(3c) [1]Die Finanzierung des Instituts oder des beauftragten Dritten nach Absatz 3b erfolgt durch die Erhebung eines Zuschlags auf jeden ambulant-kurativen Behandlungsfall in der vertragsärztlichen Versorgung. [2]Der Zuschlag ist von den Krankenkassen außerhalb der Gesamtvergütung nach § 85 oder der morbiditätsbedingten Gesamtvergütung nach § 87a zu finanzieren. [3]Das Nähere bestimmt der Bewertungsausschuss in seinem Beschluss nach Absatz 3e Satz 1 Nr. 3.

(3d) [1]Über die Ausstattung des Instituts nach Absatz 3b mit den für die Aufgabenwahrnehmung erforderlichen Sach- und Personalmittel und über die Nutzung der Daten gemäß Absatz 3f durch das Institut entscheidet der Bewertungsausschuss. [2]Die innere Organisation des Instituts ist jeweils so zu gestalten, dass sie den besonderen Anforderungen des Datenschutzes nach den Artikeln 24, 25 und 32 der Verordnung (EU) 2016/679 des Europäischen Parlaments und des Rates vom 27. April 2016 zum Schutz natürlicher Personen bei der Verarbeitung personenbezogener Daten, zum freien Datenverkehr und zur Aufhebung der Richtlinie 95/46/EG (Datenschutz-Grundverordnung) (ABl. L 119 vom 4.5.2016, S. 1; L 314 vom 22.11.2016, S. 72; L 127 vom 23.5.2018, S. 2) in der jeweils geltenden Fassung gerecht wird. [3]Absatz 6 gilt entsprechend. [4]Über die Ausstattung des beauftragten Dritten nach Absatz 3b Satz 3 mit den für die Aufgabenwahrnehmung erforderlichen Sach- und Personalmitteln sowie über die Nutzung der Daten gemäß Absatz 3f entscheidet das Bundesministerium für Gesundheit.

(3e) [1]Der Bewertungsausschuss beschließt

1. bis spätestens zum 31. August 2017 eine Verfahrensordnung, in der er insbesondere die Antragsberechtigten, methodische Anforderungen und Fristen in Bezug auf die Vorbereitung und Durchführung der Beratungen sowie die Beschlussfassung über die Aufnahme in den einheitlichen Bewertungsmaßstab insbesondere solcher neuer Laborleistungen und neuer humangenetischer Leistungen regelt, bei denen es sich jeweils nicht um eine neue Untersuchungs- oder Behandlungsmethode nach § 135 Absatz 1 Satz 1 handelt,

2. eine Geschäftsordnung, in der er Regelungen zur Arbeitsweise des Bewertungsausschusses und des Instituts gemäß Absatz 3b trifft, insbesondere zur Geschäftsführung und zur Art und Weise der Vorbereitung der in Absatz 3b Satz 1 genannten Beschlüsse, Analysen und Berichte, sowie
3. eine Finanzierungsregelung, in der er Näheres zur Erhebung des Zuschlags nach Absatz 3c bestimmt.

[2]Die Verfahrensordnung, die Geschäftsordnung und die Finanzierungsregelung bedürfen der Genehmigung des Bundesministeriums für Gesundheit. [3]Die Verfahrensordnung und die Geschäftsordnung sind im Internet zu veröffentlichen. [4]Der Bewertungsausschuss ist verpflichtet, im Einvernehmen mit dem Gemeinsamen Bundesausschuss hinsichtlich einer neuen Leistung auf Verlangen Auskunft zu erteilen, ob die Aufnahme der neuen Leistung in den einheitlichen Bewertungsmaßstab in eigener Zuständigkeit des Bewertungsausschusses beraten werden kann oder ob es sich dabei um eine neue Methode handelt, die nach § 135 Absatz 1 Satz 1 zunächst einer Bewertung durch den Gemeinsamen Bundesausschuss bedarf. [5]Eine Auskunft können pharmazeutische Unternehmer, Hersteller von Medizinprodukten, Hersteller von Diagnostikleistungen und deren jeweilige Verbände, einschlägige Berufsverbände, medizinische Fachgesellschaften und die für die Wahrnehmung der Interessen der Patientinnen und Patienten und der Selbsthilfe chronisch kranker und behinderter Menschen auf Bundesebene maßgeblichen Organisationen nach § 140f verlangen. [6]Das Nähere regeln der Bewertungsausschuss und der Gemeinsame Bundesausschuss im gegenseitigen Einvernehmen in ihrer jeweiligen Verfahrensordnung.

(3f) [1]Die Kassenärztlichen Vereinigungen und die Krankenkassen erfassen jeweils nach Maßgabe der vom Bewertungsausschuss zu bestimmenden inhaltlichen und verfahrensmäßigen Vorgaben die für die Aufgaben des Bewertungsausschusses nach diesem Gesetz erforderlichen Daten, einschließlich der Daten nach § 73b Absatz 7 Satz 5 und § 140a Absatz 6, arzt- und versichertenbezogen in einheitlicher pseudonymisierter Form. [2]Die Daten nach Satz 1 werden jeweils unentgeltlich von den Kassenärztlichen Vereinigungen an die Kassenärztliche Bundesvereinigung und von den Krankenkassen an den Spitzenverband Bund der Krankenkassen übermittelt, die diese Daten jeweils zusammenführen und sie unentgeltlich dem Institut oder dem beauftragten Dritten gemäß Absatz 3b übermitteln. [3]Soweit erforderlich hat der Bewertungsausschuss darüber hinaus Erhebungen und Auswertungen nicht personenbezogener Daten durchzuführen oder in Auftrag zu geben oder Sachverständigengutachten einzuholen. [4]Für die Verarbeitung der Daten nach den Sätzen 2 und 3 kann der Bewertungsausschuss eine Datenstelle errichten oder eine externe Datenstelle beauftragen; für die Finanzierung der Datenstelle gelten die Absätze 3c und 3e entsprechend. [5]Das Verfahren der Pseudonymisierung nach Satz 1 ist vom Bewertungsausschuss im Einvernehmen mit dem Bundesamt für Sicherheit in der Informationstechnik zu bestimmen.

(3g) Die Regelungen der Absätze 3a bis 3f gelten nicht für den für zahnärztliche Leistungen zuständigen Bewertungsausschuss.

(4) [1]Kommt im Bewertungsausschuss durch übereinstimmenden Beschluss aller Mitglieder eine Vereinbarung ganz oder teilweise nicht zustande, wird der Bewertungsausschuss auf Verlangen von mindestens zwei Mitgliedern um einen unparteiischen Vorsitzenden und zwei weitere unparteiische Mitglieder erweitert. [2]Für die Benennung des unparteiischen Vorsitzenden gilt § 89 Absatz 6 entsprechend. [3]Von den weiteren unparteiischen Mitgliedern wird ein Mitglied von der Kassenärztlichen Bundesvereinigung sowie ein Mitglied vom Spitzenverband Bund der Krankenkassen benannt. [4]Die Benennung eines weiteren unparteiischen Mitglieds erfolgt durch die Verbände der Ersatzkassen.

(5) [1]Der erweiterte Bewertungsausschuss setzt mit der Mehrheit seiner Mitglieder die Vereinbarung fest. [2]Die Festsetzung hat die Rechtswirkung einer vertraglichen Vereinbarung im Sinne von § 82 Abs. 1. [3]Zur Vorbereitung von Maßnahmen nach Satz 1 für den Bereich der ärztlichen Leistungen hat das Institut oder der beauftragte Dritte nach Absatz 3b dem zuständigen erweiterten Bewertungsausschuss unmittelbar und unverzüglich nach dessen Weisungen zuzuarbeiten. [4]Absatz 3 Satz 3 und 4 gilt entsprechend; auch für die Unterlagen der unparteiischen Mitglieder gilt Vertraulichkeit.

(5a) [1]Bei Beschlüssen zur Anpassung des einheitlichen Bewertungsmaßstabes zur Vergütung der Leistungen der spezialfachärztlichen Versorgung nach § 116b ist der Bewertungsausschuss für ärztliche Leistungen nach Absatz 3 um drei Vertreter der Deutschen Krankenhausgesellschaft zu ergänzen. ²Kommt durch übereinstimmenden Beschluss aller Mitglieder eine Vereinbarung des ergänzten Bewertungsausschusses nach Satz 1 ganz oder teilweise nicht zustande, wird der ergänzte Bewertungsausschuss auf Verlangen von mindestens zwei Mitgliedern um einen unparteiischen Vorsitzenden und ein weiteres unparteiisches Mitglied erweitert. ³Die Benennung der beiden unparteiischen Mitglieder durch die Kassenärztliche Bundesvereinigung, den Spitzenverband Bund der Krankenkassen und die Deutsche Krankenhausgesellschaft soll bis spätestens zum 30. Juni 2019 erfolgen; § 89a Absatz 6 gilt entsprechend. ⁴Im ergänzten erweiterten Bewertungsausschuss sind nur jeweils zwei Vertreter der Kassenärztlichen Bundesvereinigung, des Spitzenverbandes Bund der Krankenkassen und der Deutschen Krankenhausgesellschaft sowie die beiden unparteiischen Mitglieder stimmberechtigt. ⁵Der ergänzte erweiterte Bewertungsausschuss setzt den Beschluss mit einer Mehrheit von zwei Dritteln seiner stimmberechtigten Mitglieder innerhalb von drei Monaten fest. ⁶Wird eine Mehrheit von zwei Dritteln nicht erreicht, setzen die beiden unparteiischen Mitglieder den Beschluss fest. ⁷Bei Stimmengleichheit gibt die Stimme des Vorsitzenden den Ausschlag.

(5b) ¹Der einheitliche Bewertungsmaßstab für ärztliche Leistungen ist innerhalb von sechs Monaten nach Inkrafttreten der Beschlüsse des Gemeinsamen Bundesausschusses über die Einführung neuer Untersuchungs- und Behandlungsmethoden nach § 92 Absatz 1 Satz 2 Nummer 5 in Verbindung mit § 135 Absatz 1 anzupassen. ²Satz 1 gilt entsprechend für weitere Richtlinienbeschlüsse des Gemeinsamen Bundesausschusses, die eine Anpassung des einheitlichen Bewertungsmaßstabes für ärztliche Leistungen erforderlich machen. ³In diesem Zusammenhang notwendige Vereinbarungen nach § 135 Absatz 2 sind zeitgleich zu treffen. ⁴Für Beschlüsse des Gemeinsamen Bundesausschusses, die vor dem 23. Juli 2015 in Kraft getreten sind, gelten die Sätze 1 bis 3 entsprechend mit der Maßgabe, dass die Frist nach Satz 1 mit dem 23. Juli 2015 beginnt. ⁵Der einheitliche Bewertungsmaßstab für ärztliche Leistungen ist zeitgleich mit dem Beschluss nach § 35a Absatz 3 Satz 1 anzupassen, sofern die Fachinformation des Arzneimittels zu seiner Anwendung eine zwingend erforderliche Leistung vorsieht, die eine Anpassung des einheitlichen Bewertungsmaßstabes für ärztliche Leistungen erforderlich macht. ⁶Das Nähere zu ihrer Zusammenarbeit regeln der Bewertungsausschuss und der Gemeinsame Bundesausschuss im gegenseitigen Einvernehmen in ihrer jeweiligen Verfahrensordnung. ⁷Für Beschlüsse nach § 35a Absatz 3 Satz 1, die vor dem 13. Mai 2017 getroffen worden sind, gilt Satz 5 entsprechend mit der Maßgabe, dass der Bewertungsausschuss spätestens bis 13. November 2017 den einheitlichen Bewertungsmaßstab für ärztliche Leistungen anzupassen hat.

(5c) ¹Sind digitale Gesundheitsanwendungen nach § 139e Absatz 3 dauerhaft in das Verzeichnis für digitale Gesundheitsanwendungen nach § 139e aufgenommen worden, so sind entweder der einheitliche Bewertungsmaßstab für ärztliche Leistungen oder der einheitliche Bewertungsmaßstab für zahnärztliche Leistungen innerhalb von drei Monaten nach der Aufnahme anzupassen, soweit ärztliche Leistungen für die Versorgung mit der jeweiligen digitalen Gesundheitsanwendung erforderlich sind. ²Sind digitale Gesundheitsanwendungen nach § 139e Absatz 4 vorläufig in das Verzeichnis für digitale Gesundheitsanwendungen nach § 139e aufgenommen worden, so vereinbaren die Partner der Bundesmantelverträge innerhalb von drei Monaten nach der vorläufigen Aufnahme eine Vergütung für ärztliche Leistungen, die während der Erprobungszeit nach Festlegung des Bundesinstituts für Arzneimittel und Medizinprodukte nach § 139e Absatz 4 Satz 3 zur Versorgung mit und zur Erprobung der digitalen Gesundheitsanwendung erforderlich sind; die Vereinbarung berücksichtigt die Nachweispflichten für positive Versorgungseffekte, die vom Bundesinstitut für Arzneimittel und Medizinprodukte nach § 139e Absatz 4 Satz 3 festgelegt worden sind. ³Solange keine Entscheidung über eine Anpassung nach Satz 1 getroffen ist, hat der Leistungserbringer Anspruch auf die nach Satz 2 vereinbarte Vergütung. ⁴Soweit und solange keine Vereinbarung nach Satz 2 getroffen ist oder sofern eine Aufnahme in das Verzeichnis für digitale Gesundheitsanwendungen nach § 139e ohne Erprobung erfolgt und keine Entscheidung über eine Anpassung nach Satz 1 getroffen ist, können Versicherte die ärztlichen Leistungen, die für die Versorgung mit oder zur Erprobung der digitalen Gesundheitsanwendung erforderlich sind, im Wege der Kostenerstattung nach § 13 Absatz 1 bei Leistungserbringern in Anspruch nehmen; Absatz 2a Satz 12 gilt entsprechend. ⁵Die Möglichkeit der Inanspruchnahme im Wege der Kostenerstattung nach § 13 Absatz 1 endet, sobald eine Entscheidung über die Anpassung nach Satz 1 getroffen ist.

(6) [1]Das Bundesministerium für Gesundheit kann an den Sitzungen der Bewertungsausschüsse, des Instituts oder des beauftragten Dritten nach Absatz 3b sowie der von diesen jeweils gebildeten Unterausschüssen und Arbeitsgruppen teilnehmen; ihm sind die Beschlüsse der Bewertungsausschüsse zusammen mit den den Beschlüssen zugrunde liegenden Beratungsunterlagen und den für die Beschlüsse jeweils entscheidungserheblichen Gründen vorzulegen. [2]Das Bundesministerium für Gesundheit kann die Beschlüsse innerhalb von zwei Monaten beanstanden; es kann im Rahmen der Prüfung eines Beschlusses vom Bewertungsausschuss zusätzliche Informationen und ergänzende Stellungnahmen dazu anfordern; bis zum Eingang der Auskünfte ist der Lauf der Frist unterbrochen. [3]Die Nichtbeanstandung eines Beschlusses kann vom Bundesministerium für Gesundheit mit Auflagen verbunden werden; das Bundesministerium für Gesundheit kann zur Erfüllung einer Auflage eine angemessene Frist setzen. [4]Kommen Beschlüsse der Bewertungsausschüsse ganz oder teilweise nicht oder nicht innerhalb einer vom Bundesministerium für Gesundheit gesetzten Frist zustande oder werden die Beanstandungen des Bundesministeriums für Gesundheit nicht innerhalb einer von ihm gesetzten Frist behoben, kann das Bundesministerium für Gesundheit die Vereinbarungen festsetzen; es kann dazu Datenerhebungen in Auftrag geben oder Sachverständigengutachten einholen. [5]Zur Vorbereitung von Maßnahmen nach Satz 4 für den Bereich der ärztlichen Leistungen hat das Institut oder der beauftragte Dritte oder die vom Bundesministerium für Gesundheit beauftragte Organisation gemäß Absatz 3b dem Bundesministerium für Gesundheit unmittelbar und unverzüglich nach dessen Weisungen zuzuarbeiten. [6]Das Bundesministerium für Gesundheit kann zur Vorbereitung von Maßnahmen nach Satz 4 bereits vor Fristablauf das Institut nach Satz 5 beauftragen, Datenerhebungen in Auftrag geben oder Sachverständigengutachten einholen, sofern die Bewertungsausschüsse die Beratungen sowie die Beschlussfassungen nicht oder nicht in einem angemessenen Umfang vorbereiten oder durchführen. [7]Die mit den Maßnahmen nach Satz 4 verbundenen Kosten sind von dem Spitzenverband Bund der Krankenkassen und der Kassenärztlichen Bundesvereinigung jeweils zur Hälfte zu tragen; das Nähere bestimmt das Bundesministerium für Gesundheit. [8]Abweichend von Satz 4 kann das Bundesministerium für Gesundheit für den Fall, dass Beschlüsse der Bewertungsausschüsse nicht oder teilweise nicht oder nicht innerhalb einer vom Bundesministerium für Gesundheit gesetzten Frist zustande kommen, den erweiterten Bewertungsausschuss nach Absatz 4 mit Wirkung für die Vertragspartner anrufen. [9]Der erweiterte Bewertungsausschuss setzt mit der Mehrheit seiner Mitglieder innerhalb einer vom Bundesministerium für Gesundheit gesetzten Frist die Vereinbarung fest; Satz 1 bis 7 gilt entsprechend. [10]Die Beschlüsse und die entscheidungserheblichen Gründe sind im Deutschen Ärzteblatt oder im Internet bekannt zu machen; falls die Bekanntmachung im Internet erfolgt, muss im Deutschen Ärzteblatt ein Hinweis auf die Fundstelle veröffentlicht werden.

(7) Klagen gegen Maßnahmen des Bundesministeriums für Gesundheit nach Absatz 6 haben keine aufschiebende Wirkung.

(8) (aufgehoben)

(9) (aufgehoben)

§ 87a
Regionale Euro-Gebührenordnung, Morbiditätsbedingte Gesamtvergütung, Behandlungsbedarf der Versicherten

(1) Abweichend von § 82 Abs. 2 Satz 2 und § 85 gelten für die Vergütung vertragsärztlicher Leistungen die in Absatz 2 bis 6 getroffenen Regelungen; dies gilt nicht für vertragszahnärztliche Leistungen.

(2) [1]Die Kassenärztliche Vereinigung und die Landesverbände der Krankenkassen und die Ersatzkassen gemeinsam und einheitlich vereinbaren auf der Grundlage des Orientierungswertes gemäß § 87 Absatz 2e jeweils bis zum 31. Oktober eines jeden Jahres einen Punktwert, der zur Vergütung der vertragsärztlichen Leistungen im Folgejahr anzuwenden ist. [2]Die Vertragspartner nach Satz 1 können dabei einen Zuschlag auf den oder einen Abschlag von dem Orientierungswert gemäß § 87 Absatz 2e vereinbaren, um insbesondere regionale Besonderheiten bei der Kosten- und Versorgungsstruktur zu berücksichtigen. [3]Darüber hinaus können auf der Grundlage von durch den Bewertungsausschuss festzulegenden Kriterien zur Verbesserung der Versorgung der Versicherten, insbesondere in Planungsbereichen, für die Feststellungen nach § 100 Absatz 1

oder Absatz 3 getroffen wurden, Zuschläge auf den Orientierungswert nach § 87 Absatz 2e für besonders förderungswürdige Leistungen sowie für Leistungen von besonders zu fördernden Leistungserbringern vereinbart werden. [4]Bei der Festlegung des Zu- oder Abschlags ist zu gewährleisten, dass die medizinisch notwendige Versorgung der Versicherten sichergestellt ist. [5]Aus dem vereinbarten Punktwert nach diesem Absatz und dem einheitlichen Bewertungsmaßstab für ärztliche Leistungen gemäß § 87 Absatz 1 ist eine regionale Gebührenordnung mit Euro-Preisen (regionale Euro-Gebührenordnung) zu erstellen. [6]Besonders förderungswürdige Leistungen nach Satz 3 können auch vertragsärztliche Leistungen sein, die telemedizinisch erbracht werden.

(3) [1]Ebenfalls jährlich bis zum 31. Oktober vereinbaren die in Absatz 2 Satz 1 genannten Vertragsparteien gemeinsam und einheitlich für das Folgejahr mit Wirkung für die Krankenkassen die von den Krankenkassen mit befreiender Wirkung an die jeweilige Kassenärztliche Vereinigung zu zahlenden morbiditätsbedingten Gesamtvergütungen für die gesamte vertragsärztliche Versorgung der Versicherten mit Wohnort im Bezirk der Kassenärztlichen Vereinigung. [2]Hierzu vereinbaren sie als Punktzahlvolumen auf der Grundlage des einheitlichen Bewertungsmaßstabes den mit der Zahl und der Morbiditätsstruktur der Versicherten verbundenen Behandlungsbedarf und bewerten diesen mit dem nach Absatz 2 Satz 1 vereinbarten Punktwert in Euro; der vereinbarte Behandlungsbedarf gilt als notwendige medizinische Versorgung gemäß § 71 Abs. 1 Satz 1. [3]Die im Rahmen des Behandlungsbedarfs erbrachten Leistungen sind mit den Preisen der Euro-Gebührenordnung nach Absatz 2 Satz 5 zu vergüten. [4]Darüber hinausgehende Leistungen, die sich aus einem bei der Vereinbarung der morbiditätsbedingten Gesamtvergütung nicht vorhersehbaren Anstieg des morbiditätsbedingten Behandlungsbedarfs ergeben, sind von den Krankenkassen zeitnah, spätestens im folgenden Abrechnungszeitraum unter Berücksichtigung der Empfehlungen nach Absatz 5 Satz 1 Nr. 1 ebenfalls mit den in der Euro-Gebührenordnung nach Absatz 2 Satz 5 enthaltenen Preisen zu vergüten. [5]Von den Krankenkassen sind folgende Leistungen und Zuschläge außerhalb der nach Satz 1 vereinbarten Gesamtvergütungen mit den Preisen der regionalen Euro-Gebührenordnung nach Absatz 2 Satz 5 zu vergüten:

1. Leistungen im Rahmen der Substitutionsbehandlung der Drogenabhängigkeit gemäß den Richtlinien des Gemeinsamen Bundesausschusses,
2. Zuschläge nach § 87 Absatz 2b Satz 3 sowie Absatz 2c Satz 3 und 4,
3. Leistungen im Behandlungsfall, die aufgrund der Vermittlung durch die Terminservicestelle nach § 75 Absatz 1a Satz 3 Nummer 1 und 4 erbracht werden, sofern es sich nicht um Fälle nach § 75 Absatz 1a Satz 8 handelt,
4. Leistungen im Behandlungsfall bei Weiterbehandlung eines Patienten durch einen an der fachärztlichen Versorgung teilnehmenden Leistungserbringer nach Vermittlung durch einen an der hausärztlichen Versorgung teilnehmenden Leistungserbringer nach § 73 Absatz 1 Satz 2 Nummer 2,
5. bis zum 31. Dezember 2022 Leistungen im Behandlungsfall, die von Ärzten, die an der grundversorgenden oder unmittelbaren medizinischen Versorgung teilnehmen, gegenüber Patienten erbracht werden, die in der jeweiligen Arztpraxis erstmals untersucht und behandelt werden oder die mindestens zwei Jahre nicht in der jeweiligen Arztpraxis untersucht und behandelt wurden,
6. Leistungen im Behandlungsfall, die im Rahmen von bis zu fünf offenen Sprechstunden je Kalenderwoche ohne vorherige Terminvereinbarung gemäß § 19a Absatz 1 Satz 3 der Zulassungsverordnung für Vertragsärzte erbracht werden; bei einem reduzierten Versorgungsauftrag ist die Vergütung außerhalb der Gesamtvergütung auf die jeweils anteilige Zeit offener Sprechstunden je Kalenderwoche gemäß § 19a Absatz 1 Satz 4 der Zulassungsverordnung für Vertragsärzte begrenzt,
7. die regelmäßige Beratung nach § 2 Absatz 1a des Transplantationsgesetzes und
8. ab dem 1. April 2023 kinder- und jugendpsychiatrische Grundversorgung, Gespräche, Beratungen, Erörterungen, Abklärungen, Anleitung von Bezugs- oder Kontaktpersonen, Betreuung sowie kontinuierliche Mitbetreuung in häuslicher Umgebung oder in beschützenden Einrichtungen oder Heimen.

[6]Darüber hinaus können Leistungen außerhalb der nach Satz 1 vereinbarten Gesamtvergütungen

mit den Preisen der regionalen Euro-Gebührenordnung nach Absatz 2 Satz 5 vergütet werden, wenn sie besonders gefördert werden sollen oder wenn dies medizinisch oder aufgrund von Besonderheiten bei Veranlassung und Ausführung der Leistungserbringung erforderlich ist. [7]Die in Absatz 2 Satz 1 genannten Vertragspartner haben die morbiditätsbedingte Gesamtvergütung in den Vereinbarungen nach Absatz 3 Satz 1 um die in Satz 5 Nummer 3 bis 6 genannten Leistungen unter Berücksichtigung der arztgruppenspezifischen Auszahlungsquoten des jeweiligen Vorjahresquartals, die von den Kassenärztlichen Vereinigungen gegenüber den Krankenkassen nachzuweisen sind, begrenzt auf ein Jahr zu bereinigen. [8]Zudem haben sie unter Berücksichtigung der vom Bewertungsausschuss zu beschließenden Vorgaben nach Satz 10 vierteljährlich ein für die Kassenärztliche Vereinigung spezifisch durchzuführendes Korrekturverfahren zu vereinbaren, mit dem bei der Bereinigung nach Satz 7 nicht berücksichtigte Leistungsmengen bei den in Satz 5 Nummer 5 und 6 genannten Leistungen berücksichtigt werden. [9]Das Korrekturverfahren erfolgt für vier Quartale beginnend mit Wirkung ab dem 1. Juli 2021; der Zeitraum wird verlängert, wenn die Feststellung der epidemischen Lage von nationaler Tragweite nicht bis zum 30. Juni 2021 gemäß § 5 Absatz 1 Satz 2 des Infektionsschutzgesetzes aufgehoben wird, und endet ein Jahr nach deren Aufhebung zum Ende des dann laufenden Quartals. [10]Der Bewertungsausschuss beschließt nach Maßgabe der Sätze 11 und 12 Vorgaben zum Korrekturverfahren einschließlich der jeweiligen Korrekturbeträge der Leistungsmengen bei den in Satz 5 Nummer 5 und 6 genannten Leistungen, um die nach Satz 1 vereinbarte Gesamtvergütung basiswirksam zusätzlich zur Bereinigung nach Satz 7 zu bereinigen. [11]Der Korrekturbetrag für die in Satz 5 Nummer 5 genannten Leistungen wird quartalsweise für jede Kassenärztliche Vereinigung ermittelt auf der Grundlage des aus den Abrechnungsdaten des Jahres 2018, unter Berücksichtigung der Abrechnungsdaten der Jahre 2016 und 2017, abgeleiteten zu erwartenden Verhältnisses aus dem Punktzahlvolumen für die in Satz 5 Nummer 5 genannten Leistungen zum Punktzahlvolumen aller Leistungen innerhalb der nach Satz 1 vereinbarten Gesamtvergütung und der in Satz 5 Nummer 3 bis 6 genannten Leistungen bei rechnerischer Anwendung dieses Verhältnisses auf das Punktzahlvolumen aller Leistungen innerhalb der nach Satz 1 vereinbarten Gesamtvergütung und der in Satz 5 Nummer 3 bis 6 genannten Leistungen im zu bereinigenden Quartal nach Satz 9; von dem ermittelten Korrekturbetrag in Abzug zu bringen ist die bereits nach Satz 7 erfolgte Bereinigung für die in Satz 5 Nummer 5 genannten Leistungen. [12]Für die Ermittlung des Korrekturbetrags für die in Satz 5 Nummer 6 genannten Leistungen gilt Satz 11 entsprechend mit der Maßgabe, dass das zu erwartende Verhältnis aus einer empirisch zu bestimmenden Quote ermittelt wird, die sich am höchsten Anteil des Punktzahlvolumens für die in Satz 5 Nummer 6 genannten Leistungen an dem Punktzahlvolumen aller Leistungen innerhalb der nach Satz 1 vereinbarten Gesamtvergütung und der in Satz 5 Nummer 3 bis 6 genannten Leistungen im Bezirk einer Kassenärztlichen Vereinigung in einem Quartal im Bereinigungszeitraum nach Satz 7 bemisst. [13]Ab dem 1. Januar 2023 sind die in Satz 5 Nummer 3, 4 und 6 genannten Leistungen bei der Abrechnung zu kennzeichnen. [14]Das Bereinigungsvolumen nach den Sätzen 7 bis 12 für Leistungen nach Satz 5 Nummer 5 wird im Zeitraum 1. Januar 2023 bis 31. Dezember 2023 in die morbiditätsbedingte Gesamtvergütung rückgeführt, wobei vereinbarte Anpassungen des Punktwertes und des Behandlungsbedarfs seit der Bereinigung zu berücksichtigen sind; der Bewertungsausschuss beschließt bis zum 30. November 2022 entsprechende Vorgaben. [15]Die in Absatz 2 Satz 1 genannten Vertragspartner haben ab dem Jahr 2023 in jedem Quartal die morbiditätsbedingte Gesamtvergütung in den Vereinbarungen nach Satz 1 unter Berücksichtigung der arztgruppenspezifischen Auszahlungsquoten des jeweiligen Vorjahresquartals zu bereinigen, wenn und soweit das arztgruppenspezifische Punktzahlvolumen der in Satz 5 Nummer 6 genannten Leistungen der einzelnen Arztgruppen das arztgruppenspezifische Punktzahlvolumen dieser Leistungen im Vorjahresquartal um 3 Prozent übersteigt. [16]Die arztgruppenspezifischen Auszahlungsquoten sind von den Kassenärztlichen Vereinigungen gegenüber den Krankenkassen nachzuweisen. [17]Der Bewertungsausschuss beschließt das Nähere zur Bereinigung nach Satz 15 bis spätestens zum 31. März 2023. [18]Der Bewertungsausschuss evaluiert, ob und wieweit durch die Vergütung der Leistungen nach Satz 5 Nummer 6 außerhalb der nach Satz 1 vereinbarten Gesamtvergütung im Zeitraum vom 1. Juli 2019 bis zum 30. Juni 2024 gegenüber dem zum Vergleich herangezogenen Zeitraum eine Verbesserung des Zugangs zur fachärztlichen Versorgung eingetreten ist. [19]Das Verfahren der Evaluierung bestimmt der Bewertungsausschuss im Einvernehmen mit dem Bundesministerium für Gesundheit. [20]Der

Bewertungsausschuss hat dem Bundesministerium für Gesundheit bis zum 31. Dezember 2024 über die Ergebnisse der Evaluierung zu berichten. [21]Die Evaluierung umfasst auch die Evaluierung der Zuschläge nach § 87 Absatz 2b Satz 3 und Absatz 2c Satz 3 und 4. [22]Abweichend von Satz 20 hat der Bewertungsausschuss dem Bundesministerium für Gesundheit halbjährlich, erstmals bis zum 30. September 2023, über die Ergebnisse der Evaluierung der Zuschläge nach § 87 Absatz 2b Satz 3 Nummer 1 und Absatz 2c Satz 3 Nummer 1 zu berichten. [23]Die in Absatz 2 Satz 1 genannten Vertragspartner haben die morbiditätsbedingte Gesamtvergütung in den Vereinbarungen nach Absatz 3 Satz 1 um die in Satz 5 Nummer 8 genannten Leistungen für vier Quartale zu bereinigen. [24]Hierzu wird die Leistungsmenge der Leistungen nach Satz 5 Nummer 8 aus dem Vorjahresquartal unter Berücksichtigung der Auszahlungsquote dieser Leistungen im Vorjahresquartal ermittelt. [25]Die Auszahlungsquote ist von der Kassenärztlichen Vereinigung gegenüber den Krankenkassen nachzuweisen. [26]Die Bereinigung darf nicht zu Lasten anderer Arztgruppen gehen. [27]In den Vereinbarungen zur Bereinigung ist auch über notwendige Korrekturverfahren zu entscheiden. [28]Das Nähere regelt der Bewertungsausschuss.

(3a) [1]Für den Fall der überbezirklichen Durchführung der vertragsärztlichen Versorgung sind die Leistungen abweichend von Absatz 3 Satz 3 und 4 von den Krankenkassen mit den Preisen zu vergüten, die in der Kassenärztlichen Vereinigung gelten, deren Mitglied der Leistungserbringer ist. [2]Weichen die nach Absatz 2 Satz 5 vereinbarten Preise von den Preisen nach Satz 1 ab, so ist die Abweichung zeitnah, spätestens bei der jeweils folgenden Vereinbarung der Veränderung der morbiditätsbedingten Gesamtvergütung zu berücksichtigen. [3]Die Zahl der Versicherten nach Absatz 3 Satz 2 ist entsprechend der Zahl der auf den zugrunde gelegten Zeitraum entfallenden Versichertentage zu ermitteln. [4]Weicht die bei der Vereinbarung der morbiditätsbedingten Gesamtvergütung zu Grunde gelegte Zahl der Versicherten von der tatsächlichen Zahl der Versicherten im Vereinbarungszeitraum ab, ist die Abweichung zeitnah, spätestens bei der jeweils folgenden Vereinbarung der Veränderung der morbiditätsbedingten Gesamtvergütung zu berücksichtigen. [5]Ausgaben für Kostenerstattungsleistungen nach § 13 Abs. 2 und nach § 53 Abs. 4 mit Ausnahme der Kostenerstattungsleistungen nach § 13 Abs. 2 Satz 5 sind auf die nach Absatz 3 Satz 1 zu zahlende Gesamtvergütung anzurechnen.

(3b) [1]Die in § 87b Absatz 1 Satz 3 zweiter Halbsatz genannten Leistungen sind ab dem 1. April 2023 von den Krankenkassen mit den Preisen der regionalen Euro-Gebührenordnung nach Absatz 2 Satz 5 vollständig zu vergüten. [2]Abweichend von § 85 Absatz 1 und abweichend von Absatz 3 Satz 1 wird die morbiditätsbedingte Gesamtvergütung hinsichtlich der Vergütung der in § 87b Absatz 1 Satz 3 zweiter Halbsatz genannten Leistungen nicht mit befreiender Wirkung gezahlt. [3]Die in Absatz 2 Satz 1 genannten Vertragsparteien vereinbaren Zuschläge zur Förderung der Kinder- und Jugendmedizin, soweit die in § 87b Absatz 1 Satz 3 zweiter Halbsatz genannten abgerechneten Leistungen die festgesetzte morbiditätsbedingte Gesamtvergütung nicht ausschöpfen. [4]Für die erstmalige Festsetzung der auf die Leistungen nach § 87b Absatz 1 Satz 3 zweiter Halbsatz entfallenden morbiditätsbedingten Gesamtvergütung ist das Honorarvolumen zugrunde zu legen, das für die Leistungen im zweiten Quartal 2022 gemäß dem Verteilungsmaßstab ausgezahlt worden ist. [5]Sofern dieses Honorarvolumen Zuschläge enthält, haben die Vertragsparteien nach Absatz 2 Satz 1 diese Zuschläge in der morbiditätsbedingten Gesamtvergütung zu vereinbaren. [6]Für die Zuschläge nach den Sätzen 3 und 5 sowie nach § 87a Absatz 2 Satz 2 und 3 gilt Satz 2 nicht. [7]Der Bewertungsausschuss beschließt bis zum 31. Mai 2023 Vorgaben für ein Verfahren zur Festsetzung der auf die in § 87b Absatz 1 Satz 3 zweiter Halbsatz genannten Leistungen entfallenden morbiditätsbedingten Gesamtvergütung, die erstmalig rückwirkend zum 1. April 2023 für das laufende Kalenderjahr und danach jährlich für das folgende Kalenderjahr zu erfolgen hat. [8]Zudem beschließt der Bewertungsausschuss bis zum 31. Mai 2023 Vorgaben für ein Verfahren zur Ermittlung des auf die jeweilige Krankenkasse entfallenden Anteils an Ausgleichszahlungen, der sich nach ihrem jeweiligen leistungsmengenbezogenen Anteil an dieser Ausgleichszahlung bemisst. [9]Eine Ausgleichszahlung ist dann zu leisten, wenn die auf die in § 87b Absatz 1 Satz 3 zweiter Halbsatz genannten Leistungen entfallende morbiditätsbedingte Gesamtvergütung nicht ausreicht, um die vollständige Vergütung nach Satz 1 zu gewährleisten. [10]Die in Absatz 2 Satz 1 genannten Vertragsparteien haben sich auf ein Verfahren zu verständigen, nach dem die Kassenärztliche Vereinigung die Entwicklung der in § 87b Absatz 1 Satz 3 zweiter Halbsatz genannten

Leistungen und von deren Vergütungen gegenüber den Krankenkassen nachweist. [11]Der Bewertungsausschuss analysiert die Auswirkungen der Regelungen des Absatzes 3 Satz 5 Nummer 8, dieses Absatzes sowie der Regelungen in § 87b Absatz 1 Satz 3 zweiter Halbsatz insbesondere auf die Versorgung der Kinder und Jugendlichen, die Honorare sowie die Ausgaben der Krankenkassen und berichtet dem Bundesministerium für Gesundheit bis zum 31. Dezember 2025 über die Ergebnisse.

(4) [1]Grundlage der Vereinbarung über die Anpassung des Behandlungsbedarfs jeweils aufsetzend auf dem insgesamt für alle Versicherten mit Wohnort im Bezirk einer Kassenärztlichen Vereinigung für das Vorjahr nach Absatz 3 Satz 2 vereinbarten und bereinigten Behandlungsbedarf sind insbesondere Veränderungen

1. der Zahl der Versicherten der Krankenkasse mit Wohnort im Bezirk der jeweiligen Kassenärztlichen Vereinigung,
2. der Morbiditätsstruktur der Versicherten aller Krankenkassen mit Wohnort im Bezirk der jeweiligen Kassenärztlichen Vereinigung,
3. von Art und Umfang der ärztlichen Leistungen, soweit sie auf einer Veränderung des gesetzlichen oder satzungsmäßigen Leistungsumfangs der Krankenkassen oder auf Beschlüssen des Gemeinsamen Bundesausschusses nach § 135 Absatz 1 beruhen,
4. des Umfangs der vertragsärztlichen Leistungen aufgrund von Verlagerungen von Leistungen zwischen dem stationären und dem ambulanten Sektor und
5. des Umfangs der vertragsärztlichen Leistungen aufgrund der Ausschöpfung von Wirtschaftlichkeitsreserven bei der vertragsärztlichen Leistungserbringung;

dabei sind die Empfehlungen und Vorgaben des Bewertungsausschusses gemäß Absatz 5 zu berücksichtigen. [2]Bei der Ermittlung des Aufsatzwertes für den Behandlungsbedarf nach Satz 1 für eine Krankenkasse ist ihr jeweiliger Anteil an dem insgesamt für alle Versicherten mit Wohnort im Bezirk der Kassenärztlichen Vereinigung für das Vorjahr vereinbarten, bereinigten Behandlungsbedarf entsprechend ihres aktuellen Anteils an der Menge der für vier Quartale abgerechneten Leistungen jeweils nach sachlich-rechnerischer Richtigstellung anzupassen. [3]Die jeweils jahresbezogene Veränderung der Morbiditätsstruktur im Bezirk einer Kassenärztlichen Vereinigung ist auf der Grundlage der vertragsärztlichen Behandlungsdiagnosen gemäß § 295 Absatz 1 Satz 2 einerseits sowie auf der Grundlage demografischer Kriterien (Alter und Geschlecht) andererseits durch eine gewichtete Zusammenfassung der vom Bewertungsausschuss als Empfehlungen nach Absatz 5 Satz 2 bis 4 mitgeteilten Raten zu vereinbaren. [4]Falls erforderlich, können weitere für die ambulante Versorgung relevante Morbiditätskriterien herangezogen werden. [5]Die jeweils jahresbezogene Veränderung der Morbiditätsstruktur im Bezirk einer Kassenärztlichen Vereinigung nach Satz 3 ist ab dem Jahr, in dem die nach Absatz 5 Satz 2 bis 4 mitgeteilte Veränderungsrate auf der Grundlage der Behandlungsdiagnosen der Jahre 2023 bis 2025 ermittelt wird, allein auf der Grundlage dieser Veränderungsrate zu vereinbaren.

(4a) [1]Über eine mit Wirkung ab dem 1. Januar 2017 einmalige basiswirksame Erhöhung des nach Absatz 4 Satz 1 für das Jahr 2016 angepassten Aufsatzwertes ist in den Vereinbarungen nach Absatz 3 Satz 1 im Jahr 2016 zu verhandeln, wenn die jeweils für das Jahr 2014 und jeweils einschließlich der Bereinigungen zu berechnende durchschnittliche an die Kassenärztliche Vereinigung entrichtete morbiditätsbedingte Gesamtvergütung je Versicherten mit Wohnort im Bezirk der Kassenärztlichen Vereinigung die durchschnittliche an alle Kassenärztlichen Vereinigungen im Bundesgebiet entrichtete morbiditätsbedingte Gesamtvergütung je Versicherten unterschreitet. [2]Die Berechnungen nach Satz 1 werden durch das Institut nach § 87 Absatz 3b Satz 1 durchgeführt. [3]Es teilt den Vertragsparteien nach Absatz 2 Satz 1 und dem Bundesministerium für Gesundheit das Ergebnis bis spätestens zum 15. September 2016 mit. [4]Eine einmalige basiswirksame Erhöhung des Aufsatzwertes ist nur dann zu vereinbaren, wenn in den Verhandlungen nach Satz 1 festgestellt wird, dass der Aufsatzwert im Jahr 2014 unbegründet zu niedrig war. [5]Ob und in welchem Umfang der Aufsatzwert im Jahr 2014 unbegründet zu niedrig war, ist von der Kassenärztlichen Vereinigung auch unter Berücksichtigung der Inanspruchnahme des stationären Sektors nachzuweisen. [6]Der Aufsatzwert ist in dem Umfang zu erhöhen, wie der Aufsatzwert im Jahr 2014 unbegründet zu niedrig war. [7]Die durch die vereinbarte Erhöhung des Aufsatzwertes einschließlich der Bereinigungen sich ergebende morbiditätsbedingte Gesamtvergütung je Versicherten mit Wohnort im Bezirk der betroffenen Kassenärztlichen Vereinigung im Jahr 2014 darf die für das Jahr 2014 berechnete durchschnittliche an alle Kassenärztlichen Vereinigungen im Bundesgebiet einschließlich der Bereinigung entrichtete morbiditätsbedingte Gesamtvergütung je Versicherten nicht übersteigen. [8]Die Erhöhung erfolgt um einen im Bezirk der Kassenärztlichen Vereinigung für alle Krankenkassen einheitlichen Faktor. [9]Die vereinbarte Erhöhung kann auch schrittweise über mehrere Jahre verteilt werden. [10]Die zusätzlichen Mittel sind zur Verbesserung der Versorgungsstruktur einzusetzen. [11]Umverteilungen zu Lasten anderer Kassenärztlicher Vereinigungen sind auszuschließen.

(5) [1]Der Bewertungsausschuss beschließt Empfehlungen

1. zur Vereinbarung des Umfangs des nicht vorhersehbaren Anstiegs des morbiditätsbedingten Behandlungsbedarfs nach Absatz 3 Satz 4,
2. zur Vereinbarung von Veränderungen der Morbiditätsstruktur nach Absatz 4 Satz 1 Nummer 2 sowie
3. zur Bestimmung von Vergütungen nach Absatz 3 Satz 6.

[2]Bei der Empfehlung teilt der Bewertungsausschuss den in Absatz 2 Satz 1 genannten Vertragspartnern die Ergebnisse der Berechnungen des Instituts des Bewertungsausschusses zu den Veränderungen der Morbiditätsstruktur nach Absatz 4 Satz 1 Nummer 2 mit. [3]Das Institut des Bewertungsausschusses errechnet für jeden Bezirk einer Kassenärztlichen Vereinigung zwei einheitliche Veränderungsraten, wobei eine Rate insbesondere auf den Behandlungsdiagnosen gemäß § 295 Absatz 1 Satz 2 und die andere Rate auf demografischen Kriterien (Alter und Geschlecht) basiert. [4]Die Veränderungsraten werden auf der Grundlage des Beschlusses des erweiterten Bewertungsausschusses vom 2. September 2009 Teil B Nummer 2.3 bestimmt mit der Maßgabe, die Datengrundlagen zu aktualisieren. [5]Zur Ermittlung der diagnosenbezogenen Rate ist das geltende Modell des Klassifikationsverfahrens anzuwenden. [6]Der Bewertungsausschuss kann das Modell in bestimmten Zeitabständen auf seine weitere Eignung für die Anwendung in der vertragsärztlichen Versorgung überprüfen und fortentwickeln. [7]Der Bewertungsausschuss hat zudem Vorgaben für ein Verfahren zur Bereinigung des Behandlungsbedarfs in den durch dieses Gesetz vorgesehenen Fällen sowie zur Ermittlung der Aufsatzwerte nach Absatz 4 Satz 1 und der Anteile der einzelnen Krankenkassen nach Absatz 4 Satz 2 zu beschließen; er kann darüber hinaus insbesondere Empfehlungen zur Vereinbarung von Veränderungen nach Absatz 4 Satz 1 Nummer 3 bis 5 und Satz 3 und 4 sowie ein Verfahren zur Bereinigung der Relativgewichte des Klassifikationsverfahrens im Falle von Vergütungen nach Absatz 3 Satz 5 und 6 beschließen. [8]Die Empfehlungen nach Satz 1 sowie die Vorgaben nach Satz 7 sind jährlich bis spätestens zum 31. August zu beschließen; die Mitteilungen nach Satz 2 erfolgen jährlich bis spätestens zum 15. September. [9]Der Bewertungsausschuss beschließt geeignete pauschalierende Verfahren zur Bereinigung des Behandlungsbedarfs in den Fällen des § 73b Absatz 7 Satz 7 und 8. [10]In den Vorgaben zur Ermittlung der Aufsatzwerte nach Absatz 4 Satz 1 sind auch Vorgaben zu beschließen, die die Aufsatzwerte einmalig und basiswirksam jeweils in dem Umfang erhöhen, der dem jeweiligen Betrag der Honorarerhöhung durch die Aufhebung des Investitionskostenabschlags nach § 120 Absatz 3 Satz 2 in der bis einschließlich 31. Dezember 2015 geltenden Fassung entspricht. [11]Ab dem Jahr, in dem die Veränderungsraten auf der Grundlage der Behandlungsdiagnosen der Jahre 2020 bis 2022 durch das Institut des Bewertungsausschusses nach Satz 3 errechnet werden, sind Kodiereffekte, die insbesondere durch die Einführung und Aktualisierung der verbindlichen Regelungen nach § 295 Absatz 4 Satz 2 zur Vergabe und Übermittlung der Schlüssel nach § 295 Absatz 1 Satz 6 entstehen, in den Berechnungen zu bereinigen. [12]Hierzu hat der Bewertungsausschuss ein entsprechendes Verfahren zu beschließen. [13]Der Bewertungsausschuss hat bis zum 1. September 2019 Vorgaben zu beschließen, bei welchen Arztgruppen, die an der grundversorgenden oder unmittelbaren medizinischen Versorgung teilnehmen, eine Vergütung nach Absatz 3 Satz 5 Nummer 5 vorzusehen ist. [14]Soweit erforderlich, beschließt der Bewertungsausschuss in der Zusammensetzung nach § 87 Absatz 5a für die von ihm beschlossenen Vergütungen für Leistungen die Empfehlungen zur Bestimmung von Vergütungen nach Absatz 3 Satz 6.

(5a) [1]Der Bewertungsausschuss erstellt zum Zwecke der Erhöhung der Transparenz über die der Empfehlung nach Absatz 5 Satz 1 Nummer 2 zugrunde liegenden Datengrundlagen einen Bericht über die Veränderungen der Behandlungsdiagnosen und den Einfluss der jeweiligen Behandlungsdiagnose auf die Veränderungsrate für jeden Bezirk einer Kassenärztlichen Vereinigung. [2]Der Bericht ist dem Bundesministerium für Gesundheit zusammen mit der Empfehlung und den der Empfehlung zugrunde liegenden weiteren Beratungsunterlagen vorzulegen. [3]§ 87 Absatz 6 Satz 10 gilt entsprechend.

(6) Der Bewertungsausschuss beschließt erstmals bis zum 31. März 2012 Vorgaben zu Art, Umfang, Zeitpunkt und Verfahren der für die Vereinbarungen und Berechnungen nach den Absätzen 2 bis 4 erforderlichen Datenübermittlungen von den Kassenärztlichen Vereinigungen und Krankenkassen an das Institut des Bewertungsausschusses, welches den Vertragspartnern nach Absatz 2 Satz 1 die jeweils erforderlichen Datengrundlagen bis zum 30. Juni eines jeden Jahres zur Verfügung stellt; § 87 Absatz 3f Satz 2 gilt entsprechend.

§ 87b
Vergütung der Ärzte (Honorarverteilung)

(1) [1]Die Kassenärztliche Vereinigung verteilt die vereinbarten Gesamtvergütungen an die Ärzte, Psychotherapeuten, medizinischen Versorgungszentren sowie ermächtigten Einrichtungen, die an der vertragsärztlichen Versorgung teilnehmen, getrennt für die Bereiche der hausärztlichen und der fachärztlichen Versorgung; dabei sollen die von fachärztlich tätigen Ärzten erbrachten hausärztlichen Leistungen nicht den hausärztlichen Teil der Gesamtvergütungen und die von hausärztlich tätigen Ärzten erbrachten fachärztlichen Leistungen nicht den fachärztlichen Teil der Gesamtvergütungen mindern. [2]Die Kassenärztliche Vereinigung wendet bei der Verteilung den Verteilungsmaßstab an, der im Benehmen mit den Landesverbänden der Krankenkassen und den Ersatzkassen festgesetzt worden ist. [3]Die Vergütung der Leistungen im Notfall und im Notdienst erfolgt aus einem vor der Trennung für die Versorgungsbereiche gebildeten eigenen Honorarvolumen mit der Maßgabe, dass für diese Leistungen im Verteilungsmaßstab keine Maßnahmen zur Begrenzung oder Minderung des Honorars angewandt werden dürfen; Gleiches gilt unter Beachtung der nach § 87a Absatz 3b Satz 7 beschlossenen Vorgaben für die Vergütung der Leistungen des Versorgungsbereichs der Kinder- und Jugendmedizin, die gegenüber Patienten erbracht werden, die das 18. Lebensjahr noch nicht vollendet haben. [4]Bisherige Bestimmungen, insbesondere zur Zuweisung von arzt- und praxisbezogenen Regelleistungsvolumen, gelten bis zur Entscheidung über einen Verteilungsmaßstab vorläufig fort.

(2) [1]Der Verteilungsmaßstab hat Regelungen vorzusehen, die verhindern, dass die Tätigkeit des Leistungserbringers über seinen Versorgungsauftrag nach § 95 Absatz 3 oder seinen Ermächtigungsumfang hinaus übermäßig ausgedehnt wird; dabei soll dem Leistungserbringer eine Kalkulationssicherheit hinsichtlich der Höhe seines zu erwartenden Honorars ermöglicht werden. [2]Der Verteilungsmaßstab hat der kooperativen Behandlung von Patienten in dafür gebildeten Versorgungsformen angemessen Rechnung zu tragen. [3]Für Praxisnetze, die von den Kassenärztlichen Vereinigungen anerkannt sind, müssen gesonderte Vergütungsregelungen vorgesehen werden; für solche Praxisnetze können auch eigene Honorarvolumen als Teil der morbiditätsbedingten Gesamtvergütungen nach § 87a Absatz 3 gebildet werden. [4]Im Verteilungsmaßstab sind Regelungen zur Vergütung psychotherapeutischer Leistungen der Psychotherapeuten, der Fachärzte für Kinder- und Jugendpsychiatrie und -psychotherapie, der Fachärzte für Psychiatrie und Psychotherapie, der Fachärzte für Nervenheilkunde, der Fachärzte für psychosomatische Medizin und Psychotherapie sowie der ausschließlich psychotherapeutisch tätigen Ärzte zu treffen, die eine angemessene Höhe der Vergütung je Zeiteinheit gewährleisten. [5]Im Verteilungsmaßstab dürfen keine Maßnahmen zur Begrenzung oder Minderung des Honorars für anästhesiologische Leistungen angewandt werden, die im Zusammenhang mit vertragszahnärztlichen Behandlungen von Patienten mit mangelnder Kooperationsfähigkeit bei geistiger Behinderung oder schwerer Dyskinesie notwendig sind. [6]Widerspruch und Klage gegen die Honorarfestsetzung sowie gegen deren Änderung oder Aufhebung haben keine aufschiebende Wirkung.

(2a) [1]Mindert sich die Fallzahl in einem die Fortführung der Arztpraxis gefährdenden Umfang infolge einer Pandemie, Epidemie, Endemie, Naturkatastrophe oder eines anderen Großschadensereignisses, soll die Kassenärztliche Vereinigung im Benehmen mit den Landesverbänden der Krankenkassen und den Ersatzkassen im Verteilungsmaßstab geeignete Regelungen zur Fortführung der vertragsärztlichen Tätigkeit des Leistungserbringers vorsehen. [2]Regelungen nach Satz 1 können auch bei einer Minderung von Fallzahlen von Leistungen vorgesehen werden, die nach § 87a Absatz 3 Satz 5 Nummer 1, 3, 4, 5 und 6 und Satz 6 vergütet werden. [3]In der Vergangenheit gebildete und noch nicht aufgelöste Rückstellungen im Rahmen der Honorarverteilung sollen ebenfalls verwendet werden. [4]Eine weitere Voraussetzung für die Zahlung von Kompensationszahlungen ist, dass der vertragsärztliche Leistungserbringer die in § 19a Absatz 1 der Zulassungsverordnung für Vertragsärzte festgelegten Mindestsprechstunden einhält. [5]Bei einer Unterschreitung der in § 19a Absatz 1 der Zulassungsverordnung für Vertragsärzte festgelegten Mindestsprechstunden können Kompensationszahlungen nur vorgenommen werden, wenn der vertragsärztliche Leistungserbringer durch eine Pandemie, Epidemie, Endemie, Naturkatastrophe oder ein anderes Großschadensereignis verursachte rechtfertigende Gründe für die Unterschreitung nachweist.

(3) [1]Hat der Landesausschuss der Ärzte und Krankenkassen einen Beschluss nach § 100 Absatz 1 oder 3 getroffen, dürfen für Ärzte der betroffenen Arztgruppe im Verteilungsmaßstab Maßnahmen zur Fallzahlbegrenzung oder -minderung nicht bei der Behandlung von Patienten des betreffenden Planungsbereiches angewendet werden. [2]Darüber hinausgehend hat der Verteilungsmaßstab geeignete Regelungen vorzusehen, nach der die Kassenärztliche Vereinigung im Einzelfall verpflichtet ist, zu prüfen, ob und in welchem Umfang diese Maßnahme ausreichend ist, die Sicherstellung der medizinischen Versorgung zu gewährleisten. [3]Die Kassenärztliche Vereinigung veröffentlicht einmal jährlich in geeigneter Form Informationen über die Grundsätze und Versorgungsziele des Honorarverteilungsmaßstabs.

(4) [1]Die Kassenärztliche Bundesvereinigung hat Vorgaben zur Festlegung und Anpassung des Vergütungsvolumens für die hausärztliche und fachärztliche Versorgung nach Absatz 1 Satz 1 sowie Kriterien und Qualitätsanforderungen für die Anerkennung besonders förderungswürdiger Praxisnetze nach Absatz 2 Satz 3 als Rahmenvorgabe für Richtlinien der Kassenärztlichen Vereinigungen, insbesondere zu Versorgungszielen, im Einvernehmen mit dem Spitzenverband Bund der Krankenkassen zu bestimmen. [2]Darüber hinaus hat die Kassenärztliche Bundesvereinigung Vorgaben insbesondere zu den Regelungen des Absatzes 2 Satz 1 bis 4 und zur Durchführung geeigneter und neutraler Verfahren zur Honorarbereinigung zu bestimmen; dabei ist das Benehmen mit dem Spitzenverband Bund der Krankenkassen herzustellen. [3]Die Vorgaben nach den Sätzen 1 und 2 sind von den Kassenärztlichen Vereinigungen zu beachten. [4]Die Kassenärztlichen Vereinigungen haben bis spätestens zum 23. Oktober 2015 Richtlinien nach Satz 1 zu beschließen.

(5) Die Regelungen der Absätze 1 bis 4 gelten nicht für vertragszahnärztliche Leistungen.

§ 87c
Transparenz der Vergütung vertragsärztlicher Leistungen

[1]Die Kassenärztliche Bundesvereinigung veröffentlicht für jedes Quartal zeitnah nach Abschluss des jeweiligen Abrechnungszeitraumes sowie für jede Kassenärztliche Vereinigung einen Bericht über die Ergebnisse der Honorarverteilung, über die Gesamtvergütungen, über die Bereinigungssummen und über das Honorar je Arzt und je Arztgruppe. [2]Zusätzlich ist über Arztzahlen, Fallzahlen und Leistungsmengen zu informieren, um mögliche regionale Honorarunterschiede zu erklären. [3]Die Kassenärztlichen Vereinigungen übermitteln der Kassenärztlichen Bundesvereinigung hierzu die erforderlichen Daten. [4]Das Bundesministerium für Gesundheit wird ermächtigt, durch Rechtsverordnung das Nähere zu Form, Inhalt, Umfang sowie zu den Fristen der Berichte und zu den Datenübermittlungen zu bestimmen.

§ 87d
Vergütung vertragsärztlicher Leistungen im Jahr 2012

(aufgehoben)

§ 87e
Zahlungsanspruch bei Mehrkosten

[1]Abrechnungsgrundlage für die Mehrkosten nach § 28 Abs. 2 Satz 2, § 29 Absatz 5 Satz 1 und § 55 Abs. 4 ist die Gebührenordnung für Zahnärzte. [2]Der Zahlungsanspruch des Vertragszahnarztes gegenüber dem Versicherten ist bei den für diese Mehrkosten zu Grunde liegenden Leistungen auf das 2,3fache des Gebührensatzes der Gebührenordnung für Zahnärzte begrenzt. [3]Bei Mehrkosten für lichthärtende Composite-Füllungen in Schicht- und Ätztechnik im Seitenzahnbereich nach § 28 Abs. 2 Satz 2 ist höchstens das 3,5fache des Gebührensatzes der Gebührenordnung für Zahnärzte berechnungsfähig. [4]Die Begrenzung nach den Sätzen 2 und 3 entfällt, wenn der Gemeinsame Bundesausschuss seinen Auftrag gemäß § 92 Abs. 1a und der Bewertungsausschuss

seinen Auftrag gemäß § 87 Abs. 2h Satz 2 erfüllt hat. [5]Maßgebend ist der Tag des Inkrafttretens der Richtlinien und der Tag des Beschlusses des Bewertungsausschusses.

Vierter Titel

Zahntechnische Leistungen

§ 88 Bundesleistungsverzeichnis, Datenaustausch, Vergütungen

(1) [1]Der Spitzenverband Bund der Krankenkassen vereinbart mit dem Verband Deutscher Zahntechnikerinnungen ein bundeseinheitliches Verzeichnis der abrechnungsfähigen zahntechnischen Leistungen. [2]Die Vereinbarung nach Satz 1 umfasst auch Festlegungen zu Inhalt und Umfang der im Rahmen der Erbringung zahntechnischer Leistungen elektronisch auszutauschenden Daten sowie zu deren Übermittlung. [3]Das bundeseinheitliche Verzeichnis ist im Benehmen mit der Kassenzahnärztlichen Bundesvereinigung zu vereinbaren.

(2) [1]Die Landesverbände der Krankenkassen und die Ersatzkassen vereinbaren mit den Innungsverbänden der Zahntechniker die Vergütungen für die nach dem bundeseinheitlichen Verzeichnis abrechnungsfähigen zahntechnischen Leistungen, ohne die zahntechnischen Leistungen beim Zahnersatz einschließlich Zahnkronen und Suprakonstruktionen. [2]Die vereinbarten Vergütungen sind Höchstpreise. [3]Die Krankenkassen können die Versicherten sowie die Zahnärzte über preisgünstige Versorgungsmöglichkeiten informieren.

(3) [1]Preise für zahntechnische Leistungen nach Absatz 1, ohne die zahntechnischen Leistungen beim Zahnersatz einschließlich Zahnkronen und Suprakonstruktionen, die von einem Zahnarzt erbracht werden, haben die Preise nach Absatz 2 Satz 1 und 2 um mindestens 5 vom Hundert zu unterschreiten. [2]Hierzu können Verträge nach § 83 abgeschlossen werden.

Fünfter Titel

Schiedswesen

§ 89 Schiedsamt, Verordnungsermächtigungen

(1) Die Kassenärztlichen Vereinigungen, die Landesverbände der Krankenkassen sowie die Ersatzkassen bilden je ein gemeinsames Schiedsamt für die vertragsärztliche Versorgung und ein gemeinsames Schiedsamt für die vertragszahnärztliche Versorgung (Landesschiedsämter).

(2) Die Kassenärztlichen Bundesvereinigungen und der Spitzenverband Bund der Krankenkassen bilden ein gemeinsames Schiedsamt für die vertragsärztliche Versorgung und ein gemeinsames Schiedsamt für die vertragszahnärztliche Versorgung (Bundesschiedsämter).

(3) [1]Kommt ein Vertrag über die vertragsärztliche oder die vertragszahnärztliche Versorgung ganz oder teilweise nicht zustande, setzt das zuständige Schiedsamt mit der Mehrheit der Stimmen seiner Mitglieder innerhalb von drei Monaten den Vertragsinhalt fest. [2]Wird ein für die Einleitung des Verfahrens erforderlicher Antrag nicht gestellt, können auch die für das jeweilige Schiedsamt oder die für die Vertragsparteien zuständigen Aufsichtsbehörden, nachdem sie den Organisationen, die das Schiedsamt bilden, eine Frist zur Antragstellung gesetzt haben und die Frist abgelaufen ist oder nach Ablauf einer für das Zustandekommen des Vertrages gesetzlich vorgeschriebenen Frist, das Schiedsamt mit Wirkung für die Vertragsparteien anrufen. [3]Das Schiedsamtsverfahren beginnt mit dem bei dem Schiedsamt gestellten Antrag.

(4) [1]Kündigt eine Vertragspartei einen Vertrag, hat sie die Kündigung dem zuständigen Schiedsamt schriftlich oder elektronisch mitzuteilen. [2]Kommt bis zum Ablauf des Vertrages kein neuer Vertrag zustande, setzt das zuständige Schiedsamt mit der Mehrheit der Stimmen seiner Mitglieder innerhalb von drei Monaten den Inhalt des neuen Vertrages fest. [3]In diesem Fall gelten die Bestimmungen des bisherigen Vertrages bis zur Festsetzung des Inhalts des neuen Vertrages durch das Schiedsamt weiter. [4]Das Schiedsamtsverfahren beginnt mit dem auf den Ablauf der Kündigungsfrist folgenden Tag.

(5) [1]Die Landesschiedsämter und die Bundesschiedsämter bestehen aus je vier Vertretern der Ärzte oder Zahnärzte und vier Vertretern der Krankenkassen sowie einem unparteiischen Vorsitzenden und zwei weiteren unparteiischen Mitgliedern. [2]Bei der Festsetzung des Inhalts eines Vertrages, der nicht alle Kassenarten betrifft, wirken als Vertreter der Krankenkassen nur Vertreter der betroffenen Kassenarten im Schiedsamt mit. [3]Die in Absatz 1 genannten Landesverbände der

Krankenkassen und die Ersatzkassen können von Satz 2 abweichende Regelungen vereinbaren. [4]Für jedes Mitglied gibt es zwei Stellvertreter. [5]Die Amtsdauer der Mitglieder beträgt vier Jahre. [6]Die Vertreter und Stellvertreter werden jeweils durch die Organisationen, die das jeweilige Schiedsamt bilden, bestellt. [7]Kommt eine Bestellung durch die Organisationen nicht zustande, bestellt die für das jeweilige Schiedsamt zuständige Aufsichtsbehörde die Vertreter und Stellvertreter, nachdem sie den Organisationen eine Frist zur Bestellung gesetzt hat und diese Frist abgelaufen ist.

(6) [1]Über den unparteiischen Vorsitzenden und die zwei weiteren unparteiischen Mitglieder sowie deren Stellvertreter sollen sich die Vertragsparteien einigen. [2]§ 213 Absatz 2 in der bis zum 31. Dezember 2008 geltenden Fassung gilt für die Landesverbände der Krankenkassen und die Ersatzkassen entsprechend. [3]Kommt eine Einigung nicht zustande, erfolgt eine Bestellung des unparteiischen Vorsitzenden, der weiteren unparteiischen Mitglieder und deren Stellvertreter durch die für das jeweilige Schiedsamt zuständige Aufsichtsbehörde, nachdem sie den Vertragsparteien eine Frist zur Einigung gesetzt hat und diese Frist abgelaufen ist. [4]Die unparteiischen Mitglieder und deren Stellvertreter gelten als bestellt, sobald sie sich den beteiligten Vertragsparteien gegenüber zur Amtsübernahme bereit erklärt haben.

(7) [1]Die Mitglieder des Schiedsamtes führen ihr Amt als Ehrenamt. [2]Sie sind an Weisungen nicht gebunden. [3]Die unparteiischen Mitglieder und ihre Stellvertreter können aus wichtigem Grund von der für das jeweilige Schiedsamt zuständigen Aufsichtsbehörde abberufen werden. [4]Die Vertreter der Ärzte oder Zahnärzte und die Vertreter der Krankenkassen sowie ihre Stellvertreter können von den Organisationen, die sie bestellt haben, abberufen werden. [5]Eine Amtsniederlegung ist gegenüber den Organisationen zu erklären, die das jeweilige Schiedsamt gebildet haben. [6]Die Mitglieder sind verpflichtet, an den Sitzungen des Schiedsamtes teilzunehmen oder bei Verhinderung ihre Stellvertreter zu benachrichtigen. [7]Eine Stimmenthaltung ist unzulässig. [8]Jedes Mitglied hat eine Stimme.

(8) [1]Das Schiedsamt ist beschlussfähig, wenn alle Mitglieder oder deren Stellvertreter anwesend sind. [2]Ist das Schiedsamt in einer Sitzung nicht beschlussfähig, ist innerhalb von 14 Kalendertagen nach dieser Sitzung eine erneute Sitzung einzuberufen. [3]In dieser erneuten Sitzung ist die Beschlussfähigkeit gegeben, wenn die unparteiischen Mitglieder oder deren Stellvertreter und mehr als die Hälfte der weiteren Mitglieder des Schiedsamtes oder deren Stellvertreter anwesend sind. [4]Ist auch in der erneuten Sitzung keine Beschlussfähigkeit nach Satz 3 gegeben, setzen die unparteiischen Mitglieder des Schiedsamtes den Vertragsinhalt fest. [5]Auf diese Folgen ist in der Einladung zur erneuten Sitzung ausdrücklich hinzuweisen.

(9) [1]Setzt das Schiedsamt innerhalb der Frist nach Absatz 3 Satz 1 oder Absatz 4 Satz 2 keinen Vertragsinhalt fest, setzt die für das jeweilige Schiedsamt zuständige Aufsichtsbehörde eine Frist zur Festsetzung des Vertragsinhalts. [2]Nach Ablauf dieser Frist setzen die unparteiischen Mitglieder des Schiedsamtes den Vertragsinhalt fest. [3]Die unparteiischen Mitglieder können auf Kosten der Vertragsparteien Datenerhebungen, Auswertungen oder Sachverständigengutachten in Auftrag geben. [4]Klagen gegen Entscheidungen des Schiedsamtes sowie Klagen gegen Entscheidungen der Aufsichtsbehörden nach diesem Paragraphen haben keine aufschiebende Wirkung. [5]Ein Vorverfahren findet in den Fällen des Satzes 4 nicht statt.

(10) [1]Die Aufsicht über die Landesschiedsämter führen die für die Sozialversicherung zuständigen obersten Verwaltungsbehörden der Länder. [2]Die Landesregierungen können durch Rechtsverordnung eine andere Behörde als Aufsichtsbehörde bestimmen; die Landesregierungen können diese Ermächtigung auf die obersten Landesbehörden weiterübertragen. [3]Die Aufsicht über die Bundesschiedsämter führt das Bundesministerium für Gesundheit. [4]Die Aufsicht erstreckt sich auf die Beachtung von Gesetz und sonstigem Recht. [5]Die Aufsicht umfasst auch das Recht zur Teilnahme an den Sitzungen der Schiedsämter; das Recht zur Teilnahme an den Sitzungen der Schiedsämter gilt auch für das Bundesversicherungsamt, sofern ihm die Entscheidungen der Schiedsämter gemäß Satz 6 vorzulegen sind. [6]Die Entscheidungen der Schiedsämter über die Vergütung der Leistungen nach § 57 Absatz 1 und 2, den §§ 83, 85 und 87a sind der jeweiligen zuständigen Aufsichtsbehörde vorzulegen. [7]Die Aufsichtsbehörden können die Entscheidungen bei einem Rechtsverstoß innerhalb von zwei Monaten nach Vorlage beanstanden. [8]Für Klagen der Vertragspartner gegen die Beanstandung gilt Absatz 9 Satz 4 und 5 entsprechend.

(11) Das Bundesministerium für Gesundheit bestimmt durch Rechtsverordnung mit Zustimmung des Bundesrates das Nähere über die Bestellung, die Amtsdauer, die Amtsführung, die Erstattung der baren Auslagen und die Entschädigung für Zeitaufwand der Mitglieder der Schiedsämter, die Geschäftsführung, das Verfahren, die Erhebung und die Höhe der Gebühren sowie über die Verteilung der Kosten.

(12) [1]Der Verband Deutscher Zahntechniker-Innungen und der Spitzenverband Bund der Krankenkassen bilden ein weiteres Schiedsamt auf Bundesebene. [2]Das Schiedsamt besteht aus Vertretern des Verbandes Deutscher Zahntechniker-Innungen und des Spitzenverbandes Bund der Krankenkassen in gleicher Zahl sowie einem unparteiischen Vorsitzenden und zwei weiteren unparteiischen Mitgliedern. [3]Im Übrigen gelten die Absätze 3, 4, 5 Satz 4 bis 7, die Absätze 6, 7, 8, 9 und 10 Satz 3, 4 und 5 sowie die aufgrund des Absatzes 11 erlassene Schiedsamtsverordnung entsprechend.

(13) [1]Die Innungsverbände der Zahntechniker, die Landesverbände der Krankenkassen und die Ersatzkassen bilden ein weiteres Schiedsamt auf Landesebene. [2]Das Schiedsamt besteht aus Vertretern der Innungsverbände der Zahntechniker und der Krankenkassen in gleicher Zahl sowie einem unparteiischen Vorsitzenden und zwei weiteren unparteiischen Mitgliedern. [3]Im Übrigen gelten die Absätze 3, 4, 5 Satz 4 bis 7, die Absätze 6, 7, 8, 9 und 10 Satz 1, 2, 4 und 5 sowie die aufgrund des Absatzes 11 erlassene Verordnung entsprechend.

§ 89a
Sektorenübergreifendes Schiedsgremium, Verordnungsermächtigungen

(1) Die Kassenärztlichen Vereinigungen, die Landesverbände der Krankenkassen und die Ersatzkassen sowie die Landeskrankenhausgesellschaften oder die Vereinigungen der Krankenhausträger im Land bilden je ein sektorenübergreifendes Schiedsgremium.

(2) Die Kassenärztliche Bundesvereinigung, der Spitzenverband Bund der Krankenkassen und die Deutsche Krankenhausgesellschaft bilden ein sektorenübergreifendes Schiedsgremium auf Bundesebene.

(3) [1]Die sektorenübergreifenden Schiedsgremien nach den Absätzen 1 und 2 entscheiden in den ihnen durch Gesetz oder aufgrund eines Gesetzes zugewiesenen Aufgaben mit einer Mehrheit von zwei Dritteln der Stimmen ihrer Mitglieder innerhalb von drei Monaten. [2]Wird ein für die Einleitung des Verfahrens erforderlicher Antrag nicht gestellt, können auch die für das jeweilige sektorenübergreifende Schiedsgremium oder die für die Vertragsparteien zuständigen Aufsichtsbehörden, nachdem sie den Organisationen, die das sektorenübergreifende Schiedsgremium bilden, eine Frist zur Antragstellung gesetzt haben und die Frist abgelaufen ist oder nach Ablauf einer für das Zustandekommen des sektorenübergreifenden Vertrages gesetzlich vorgeschrieben Frist, das sektorenübergreifende Schiedsgremium mit Wirkung für die Vertragsparteien anrufen. [3]Das Schiedsverfahren beginnt mit dem bei dem sektorenübergreifenden Schiedsgremium gestellten Antrag.

(4) [1]Kündigt eine Vertragspartei einen sektorenübergreifenden Vertrag, hat sie die Kündigung dem zuständigen sektorenübergreifenden Schiedsgremium schriftlich oder elektronisch mitzuteilen. [2]Kommt bis zum Ablauf des Vertrages kein neuer Vertrag zustande, setzt das zuständige sektorenübergreifende Schiedsgremium mit einer Mehrheit von zwei Dritteln der Stimmen seiner Mitglieder innerhalb von drei Monaten den Inhalt des neuen Vertrages fest. [3]In diesem Fall gelten die Bestimmungen des bisherigen Vertrages bis zur Festsetzung des Inhalts des neuen Vertrages durch das sektorenübergreifende Schiedsgremium weiter. [4]Das Schiedsverfahren beginnt mit dem auf den Ablauf der Kündigungsfrist folgenden Tag.

(5) [1]Die sektorenübergreifenden Schiedsgremien nach den Absätzen 1 und 2 bestehen aus je zwei Vertretern der Ärzte, der Krankenkassen und der zugelassenen Krankenhäuser sowie einem unparteiischen Vorsitzenden und einem weiteren unparteiischen Mitglied. [2]Für jedes Mitglied gibt es zwei Stellvertreter. [3]Die Amtsdauer der Mitglieder beträgt vier Jahre. [4]Die Vertreter und Stellvertreter werden jeweils durch die Organisationen, die das jeweilige sektorenübergreifende Schiedsgremium bilden, bestellt. [5]Kommt eine Bestellung durch die Organisationen nicht zustande, bestellt die für das sektorenübergreifende Schiedsgremium zuständige Aufsichtsbehörde die Vertreter und Stellvertreter, nachdem sie den Organisationen

eine Frist zur Bestellung gesetzt hat und diese Frist abgelaufen ist.

(6) [1]Über den unparteiischen Vorsitzenden und das weitere unparteiische Mitglied sowie deren Stellvertreter sollen sich die Vertragsparteien einigen. [2]Kommt eine Einigung nicht zustande, erfolgt eine Bestellung des unparteiischen Vorsitzenden, des weiteren unparteiischen Mitglieds und von deren Stellvertretern durch die für das sektorenübergreifende Schiedsgremium zuständige Aufsichtsbehörde, nachdem sie den Vertragsparteien eine Frist zur Einigung gesetzt hat und diese Frist abgelaufen ist. [3]Die unparteiischen Mitglieder und deren Stellvertreter gelten als bestellt, sobald sie sich den beteiligten Vertragsparteien gegenüber zur Amtsübernahme bereit erklärt haben.

(7) [1]Die Mitglieder des sektorenübergreifenden Schiedsgremiums führen ihr Amt als Ehrenamt. [2]Sie sind an Weisungen nicht gebunden. [3]Die unparteiischen Mitglieder und ihre Stellvertreter können aus wichtigem Grund von der für das jeweilige sektorenübergreifende Schiedsgremium zuständigen Aufsichtsbehörde abberufen werden. [4]Die Vertreter der Ärzte, der Krankenkassen und der zugelassenen Krankenhäuser sowie deren Stellvertreter können von den Organisationen, die sie bestellt haben, abberufen werden. [5]Eine Amtsniederlegung ist gegenüber den Organisationen zu erklären, die das jeweilige sektorenübergreifende Schiedsgremium gebildet haben. [5]Die Mitglieder sind verpflichtet, an den Sitzungen des sektorenübergreifenden Schiedsgremiums teilzunehmen oder bei Verhinderung ihre Stellvertreter zu benachrichtigen. [6]Eine Stimmenthaltung ist unzulässig. [7]Jedes Mitglied hat eine Stimme.

(8) [1]Das sektorenübergreifende Schiedsgremium ist beschlussfähig, wenn alle Mitglieder oder deren Stellvertreter anwesend sind. [2]Ist das sektorenübergreifende Schiedsgremium in einer Sitzung nicht beschlussfähig, ist innerhalb von 14 Kalendertagen nach dieser Sitzung eine erneute Sitzung einzuberufen. [3]In dieser erneuten Sitzung ist die Beschlussfähigkeit gegeben, wenn der unparteiische Vorsitzende und das weitere unparteiische Mitglied oder deren Stellvertreter und mehr als die Hälfte der weiteren Mitglieder des sektorenübergreifenden Schiedsgremiums oder deren Stellvertreter anwesend sind. [4]Ist auch in der erneuten Sitzung keine Beschlussfähigkeit nach Satz 3 gegeben, setzen die beiden unparteiischen Mitglieder des sektorenübergreifenden Schiedsgremiums den Vertragsinhalt fest. [5]Bei Stimmengleichheit gibt die Stimme des Vorsitzenden den Ausschlag. [6]Auf diese Folgen ist in der Einladung zur erneuten Sitzung ausdrücklich hinzuweisen.

(9) [1]Setzt das sektorenübergreifende Schiedsgremium innerhalb der Frist nach Absatz 3 Satz 1 oder Absatz 4 Satz 2 keinen Vertragsinhalt fest, setzt die für das jeweilige sektorenübergreifende Schiedsgremium zuständige Aufsichtsbehörde eine Frist zur Festsetzung des Vertragsinhalts. [2]Nach Ablauf dieser Frist setzen die beiden unparteiischen Mitglieder des sektorenübergreifenden Schiedsgremiums den Vertragsinhalt fest. [3]Bei Stimmengleichheit gibt die Stimme des Vorsitzenden den Ausschlag. [4]Die unparteiischen Mitglieder können auf Kosten der Vertragsparteien Datenerhebungen, Auswertungen oder Sachverständigengutachten in Auftrag geben. [5]Klagen gegen Entscheidungen des sektorenübergreifenden Schiedsgremiums sowie Klagen gegen Entscheidungen der Aufsichtsbehörde nach diesem Paragraphen haben keine aufschiebende Wirkung. [6]Ein Vorverfahren findet in den Fällen des Satzes 4 nicht statt.

(10) [1]Die Aufsicht über die sektorenübergreifenden Schiedsgremien nach Absatz 1 führen die für die Sozialversicherung zuständigen obersten Verwaltungsbehörden der Länder. [2]Die Landesregierungen können durch Rechtsverordnung eine andere Behörde als Aufsichtsbehörde bestimmen; die Landesregierungen können diese Ermächtigung auf die obersten Landesbehörden weiterübertragen. [3]Die Aufsicht über das sektorenübergreifende Schiedsgremium auf Bundesebene führt das Bundesministerium für Gesundheit. [4]Die Aufsicht erstreckt sich auf die Beachtung von Gesetz und sonstigem Recht. [5]Das Aufsichtsrecht umfasst auch das Recht zur Teilnahme an den Sitzungen; das Recht zur Teilnahme an den Sitzungen der Schiedsgremien gilt auch für das Bundesversicherungsamt, soweit ihm die Entscheidungen der Schiedsgremien gemäß Satz 6 vorzulegen sind. [6]Die Entscheidungen der Schiedsgremien über die Vergütung der Leistungen nach § 116b Absatz 6 sind der jeweiligen zuständigen Aufsichtsbehörde vorzulegen. [7]Die Aufsichtsbehörden können die Entscheidungen bei einem Rechtsverstoß innerhalb von zwei Monaten nach Vorlage beanstanden. [8]Für Klagen der Vertragspartner gegen die Beanstandung gilt Absatz 9 Satz 5 und 6 entsprechend.

(11) Das Bundesministerium für Gesundheit bestimmt durch Rechtsverordnung mit Zustimmung des Bundesrates das Nähere über die Bestellung, die Amtsdauer, die Amtsführung, die Erstattung der baren Auslagen und die Entschädigungen für Zeitaufwand der Mitglieder der sektorenübergreifenden Schiedsgremien, die Geschäftsführung, das Verfahren, die Erhebung und die Höhe der Gebühren sowie über die Verteilung der Kosten.

(12) Die Regelungen der Absätze 1 bis 11 gelten nicht für die Kassenzahnärztlichen Vereinigungen und die Kassenzahnärztliche Bundesvereinigung.

Sechster Titel

Landesausschüsse und Gemeinsamer Bundesausschuss

§ 90 Landesausschüsse

(1) [1]Die Kassenärztlichen Vereinigungen und die Landesverbände der Krankenkassen sowie die Ersatzkassen bilden für den Bereich jedes Landes einen Landesausschuss der Ärzte und Krankenkassen und einen Landesausschuss der Zahnärzte und Krankenkassen. [2]Die Ersatzkassen können diese Aufgabe auf eine im Bezirk der Kassenärztlichen Vereinigung von den Ersatzkassen gebildete Arbeitsgemeinschaft oder einer Ersatzkasse übertragen.

(2) [1]Die Landesausschüsse bestehen aus einem unparteiischen Vorsitzenden, zwei weiteren unparteiischen Mitgliedern, neun Vertretern der Ärzte, drei Vertretern der Ortskrankenkassen, drei Vertretern der Ersatzkassen, je einem Vertreter der Betriebskrankenkassen und der Innungskrankenkassen sowie einem gemeinsamen Vertreter der landwirtschaftlichen Krankenkasse und der Knappschaft-Bahn-See. [2]Über den Vorsitzenden und die zwei weiteren unparteiischen Mitglieder sowie deren Stellvertreter sollen sich die Kassenärztlichen Vereinigungen und die Landesverbände sowie die Ersatzkassen einigen. [3]Kommt eine Einigung nicht zustande, werden sie durch die für die Sozialversicherung zuständige oberste Verwaltungsbehörde des Landes im Benehmen mit den Kassenärztlichen Vereinigungen, den Landesverbänden der Krankenkassen sowie den Ersatzkassen berufen. [4]Besteht in dem Bereich eines Landesausschusses ein Landesverband einer bestimmten Kassenart nicht und verringert sich dadurch die Zahl der Vertreter der Krankenkassen, verringert sich die Zahl der Ärzte entsprechend. [5]Die Vertreter der Ärzte und ihre Stellvertreter werden von den Kassenärztlichen Vereinigungen, die Vertreter der Krankenkassen und ihre Stellvertreter werden von den Landesverbänden der Krankenkassen sowie den Ersatzkassen bestellt.

(3) [1]Die Mitglieder der Landesausschüsse führen ihr Amt als Ehrenamt. [2]Sie sind an Weisungen nicht gebunden. [3]Die beteiligten Kassenärztlichen Vereinigungen einerseits und die Verbände der Krankenkassen sowie die Ersatzkassen andererseits tragen die Kosten der Landesausschüsse je zur Hälfte. [4]Das Bundesministerium für Gesundheit bestimmt durch Rechtsverordnung mit Zustimmung des Bundesrates nach Anhörung der Kassenärztlichen Bundesvereinigungen und des Spitzenverbandes Bund der Krankenkassen das Nähere über die Amtsdauer, die Amtsführung, die Erstattung der baren Auslagen und die Entschädigung für Zeitaufwand der Ausschussmitglieder sowie über die Verteilung der Kosten.

(4) [1]Die Aufgaben der Landesausschüsse bestimmen sich nach diesem Buch. [2]In den Landesausschüssen sowie den erweiterten Landesausschüssen nach § 116b Absatz 3 wirken die für die Sozialversicherung zuständigen obersten Landesbehörden beratend mit. [3]Das Mitberatungsrecht umfasst auch das Recht zur Anwesenheit bei der Beschlussfassung. [4]In den Landesausschüssen umfasst das Mitberatungsrecht auch das Recht zur Antragstellung.

(5) [1]Die Aufsicht über die Landesausschüsse führen die für die Sozialversicherung zuständigen obersten Verwaltungsbehörden der Länder. [2]§ 87 Absatz 1 Satz 2 und die §§ 88 und 89 des Vierten Buches gelten entsprechend.

(6) [1]Die von den Landesausschüssen getroffenen Entscheidungen nach § 99 Absatz 2, § 100 Absatz 1 Satz 1 und Absatz 3 sowie § 103 Absatz 1 Satz 1 und Absatz 3 sind den für die Sozialversicherung zuständigen obersten Landesbehörden vorzulegen. [2]Diese können die Entscheidungen innerhalb von zwei Monaten beanstanden. [3]§ 94 Absatz 1 Satz 3 bis 5 gilt entsprechend.

§ 90a Gemeinsames Landesgremium

(1) [1]Nach Maßgabe der landesrechtlichen Bestimmungen kann für den Bereich des Landes ein gemeinsames Gremium aus Vertretern des

Landes, der Kassenärztlichen Vereinigung, der Landesverbände der Krankenkassen sowie der Ersatzkassen und der Landeskrankenhausgesellschaft sowie weiteren Beteiligten gebildet werden. [2]Das gemeinsame Landesgremium kann Empfehlungen zu sektorenübergreifenden Versorgungsfragen abgeben; hierzu gehören auch Empfehlungen zu einer sektorenübergreifenden Notfallversorgung.

(2) Soweit das Landesrecht es vorsieht, ist dem gemeinsamen Landesgremium Gelegenheit zu geben, zu der Aufstellung und der Anpassung der Bedarfspläne nach § 99 Absatz 1 und zu den von den Landesausschüssen zu treffenden Entscheidungen nach § 99 Absatz 2, § 100 Absatz 1 Satz 1 und Absatz 3 sowie § 103 Absatz 1 Satz 1 Stellung zu nehmen.

§ 91
Gemeinsamer Bundesausschuss

(1) [1]Die Kassenärztlichen Bundesvereinigungen, die Deutsche Krankenhausgesellschaft und der Spitzenverband Bund der Krankenkassen bilden einen Gemeinsamen Bundesausschuss. [2]Der Gemeinsame Bundesausschuss ist rechtsfähig. [3]Er wird durch den Vorsitzenden des Beschlussgremiums gerichtlich und außergerichtlich vertreten.

(2) [1]Das Beschlussgremium des Gemeinsamen Bundesausschusses besteht aus einem unparteiischen Vorsitzenden, zwei weiteren unparteiischen Mitgliedern, einem von der Kassenzahnärztlichen Bundesvereinigung, jeweils zwei von der Kassenärztlichen Bundesvereinigung und der Deutschen Krankenhausgesellschaft und fünf von dem Spitzenverband Bund der Krankenkassen benannten Mitgliedern. [2]Für die Berufung des unparteiischen Vorsitzenden und der weiteren unparteiischen Mitglieder sowie jeweils zweier Stellvertreter einigen sich die Organisationen nach Absatz 1 Satz 1 jeweils auf einen Vorschlag und legen diese Vorschläge dem Bundesministerium für Gesundheit spätestens zwölf Monate vor Ablauf der Amtszeit vor. [3]Als unparteiische Mitglieder und deren Stellvertreter können nur Personen benannt werden, die im vorangegangenen Jahr nicht bei den Organisationen nach Absatz 1 Satz 1, bei deren Mitgliedern, bei Verbänden von deren Mitgliedern oder in einem Krankenhaus beschäftigt oder selbst als Vertragsarzt, Vertragszahnarzt oder Vertragspsychotherapeut tätig waren. [4]Das Bundesministerium für Gesundheit übermittelt die Vorschläge an den Ausschuss für Gesundheit des Deutschen Bundestages. [5]Der Ausschuss für Gesundheit des Deutschen Bundestages kann einem Vorschlag nach nichtöffentlicher Anhörung der jeweils vorgeschlagenen Person innerhalb von sechs Wochen mit einer Mehrheit von zwei Dritteln seiner Mitglieder durch Beschluss widersprechen, sofern er die Unabhängigkeit oder die Unparteilichkeit der vorgeschlagenen Person als nicht gewährleistet ansieht. [6]Die Organisationen nach Absatz 1 Satz 1 legen innerhalb von sechs Wochen, nachdem das Bundesministerium für Gesundheit den Gemeinsamen Bundesausschuss über einen erfolgten Widerspruch unterrichtet hat, einen neuen Vorschlag vor. [7]Widerspricht der Ausschuss für Gesundheit des Deutschen Bundestages nach Satz 5 auch dem neuen Vorschlag innerhalb von sechs Wochen oder haben die Organisationen nach Absatz 1 Satz 1 keinen neuen Vorschlag vorgelegt, erfolgt die Berufung durch das Bundesministerium für Gesundheit. [8]Die Unparteiischen üben ihre Tätigkeit in der Regel hauptamtlich aus; eine ehrenamtliche Ausübung ist zulässig, soweit die Unparteiischen von ihren Arbeitgebern in dem für die Tätigkeit erforderlichen Umfang freigestellt werden. [9]Die Stellvertreter der Unparteiischen sind ehrenamtlich tätig. [10]Hauptamtliche Unparteiische stehen während ihrer Amtszeit in einem Dienstverhältnis zum Gemeinsamen Bundesausschuss. [11]Zusätzlich zu ihren Aufgaben im Beschlussgremium übernehmen die einzelnen Unparteiischen den Vorsitz der Unterausschüsse des Gemeinsamen Bundesausschusses. [12]Der Vorsitzende nach Absatz 1 Satz 3 stellt übergreifend die Einhaltung aller dem Gemeinsamen Bundesausschuss auferlegten gesetzlichen Fristen sicher. [13]Zur Erfüllung dieser Aufgabe nimmt er eine zeitliche Steuerungsverantwortung wahr und hat ein Antragsrecht an das Beschlussgremium nach Satz 1, er erstattet auch den nach Absatz 11 jährlich vorzulegenden Bericht. [14]Die Organisationen nach Absatz 1 Satz 1 schließen die Dienstvereinbarungen mit den hauptamtlichen Unparteiischen; § 35a Absatz 6 Satz 2 und Absatz 6a Satz 1 und 2 des Vierten Buches gilt entsprechend. [15]Vergütungserhöhungen sind während der Dauer der Amtszeit der Unparteiischen unzulässig. [16]Zu Beginn einer neuen Amtszeit eines Unparteiischen kann eine über die zuletzt nach § 35a Absatz 6a Satz 1 des Vierten Buches gebilligte Vergütung der letzten Amtsperiode oder des Vorgängers im Amt hinausgehende höhere Vergütung nur durch einen Zuschlag auf die Grundvergütung nach Maßgabe der Entwicklung des Verbraucherpreisindexes vereinbart werden. [17]Die Aufsichtsbehörde kann zu Beginn

einer neuen Amtszeit eines Unparteiischen eine niedrigere Vergütung anordnen. [18]Die Art und die Höhe finanzieller Zuwendungen, die den Unparteiischen im Zusammenhang mit ihrer Tätigkeit als Unparteiische von Dritten gewährt werden, sind den Organisationen nach Absatz 1 Satz 1 mitzuteilen und auf die Vergütung der Unparteiischen anzurechnen oder an den Gemeinsamen Bundesausschuss abzuführen. [19]Vereinbarungen der Organisationen nach Absatz 1 Satz 1 für die Zukunftssicherung der Unparteiischen sind nur auf der Grundlage von beitragsorientierten Zusagen zulässig.[20]Die von den Organisationen benannten sonstigen Mitglieder des Beschlussgremiums üben ihre Tätigkeit ehrenamtlich aus; sie sind bei den Entscheidungen im Beschlussgremium an Weisungen nicht gebunden. [21]Die Organisationen nach Absatz 1 Satz 1 benennen für jedes von ihnen benannte Mitglied bis zu drei Stellvertreter. [22]Die Amtszeit im Beschlussgremium beträgt ab der am 1. Juli 2012 beginnenden Amtszeit sechs Jahre.

(2a) [1]Bei Beschlüssen, die allein einen der Leistungssektoren wesentlich betreffen, werden ab dem 1. Februar 2012 alle fünf Stimmen der Leistungserbringerseite anteilig auf diejenigen Mitglieder übertragen, die von der betroffenen Leistungserbringerorganisation nach Absatz 1 Satz 1 benannt worden sind. [2]Bei Beschlüssen, die allein zwei der drei Leistungssektoren wesentlich betreffen, werden ab dem 1. Februar 2012 die Stimmen der von der nicht betroffenen Leistungserbringerorganisation benannten Mitglieder anteilig auf diejenigen Mitglieder übertragen, die von den betroffenen Leistungserbringerorganisationen benannt worden sind. [3]Der Gemeinsame Bundesausschuss legt in seiner Geschäftsordnung erstmals bis zum 31. Januar 2012 fest, welche Richtlinien und Entscheidungen allein einen oder allein zwei der Leistungssektoren wesentlich betreffen. [4]Bei Beschlüssen zur Bewertung ärztlicher Untersuchungs- und Behandlungsmethoden wird die Stimme des von der Kassenzahnärztlichen Bundesvereinigung benannten Mitglieds ab dem 1. Januar 2012 anteilig auf die von der Kassenärztlichen Bundesvereinigung und der Deutschen Krankenhausgesellschaft benannten Mitglieder übertragen.

(3) [1]Für die Tragung der Kosten des Gemeinsamen Bundesausschusses mit Ausnahme der Kosten der von den Organisationen nach Absatz 1 Satz 1 benannten Mitglieder gilt § 139c entsprechend. [2]Im Übrigen gilt § 90 Abs. 3 Satz 4 entsprechend mit der Maßgabe, dass vor Erlass der Rechtsverordnung außerdem die Deutsche Krankenhausgesellschaft anzuhören ist.

(3a) [1]Verletzen Mitglieder oder deren Stellvertreter, die von den in Absatz 1 Satz 1 genannten Organisationen benannt oder berufen werden, in der ihnen insoweit übertragenen Amtsführung die ihnen einem Dritten gegenüber obliegende Amtspflicht, gilt § 42 Absatz 1 bis 3 des Vierten Buches mit der Maßgabe entsprechend, dass die Verantwortlichkeit den Gemeinsamen Bundesausschuss, nicht aber die in Absatz 1 Satz 1 genannten Organisationen, trifft. [2]Dies gilt auch im Falle einer Berufung der unparteiischen Mitglieder und deren Stellvertreter durch das Bundesministerium für Gesundheit nach Absatz 2 Satz 7. Soweit von den in Absatz 1 Satz 1 genannten Organisationen für die Vorbereitung von Entscheidungen des Gemeinsamen Bundesausschusses Personen für die nach seiner Geschäftsordnung bestehenden Gremien benannt werden und diese Personen zur Wahrung der Vertraulichkeit der für den Gemeinsamen Bundesausschuss geheimhaltungspflichtigen, ihnen zugänglichen Unterlagen und Informationen verpflichtet werden, gilt Satz 1 entsprechend. [3]Das Gleiche gilt für nach § 140f Absatz 2 Satz 1 zweiter Halbsatz benannte sachkundige Personen, denen zur Ausübung ihres Mitberatungsrechts für den Gemeinsamen Bundesausschuss geheimhaltungspflichtige Unterlagen und Informationen zugänglich gemacht werden, wenn sie durch den Gemeinsamen Bundesausschuss zur Wahrung der Vertraulichkeit dieser Unterlagen verpflichtet worden sind. [4]Das Nähere regelt der Gemeinsame Bundesausschuss in seiner Geschäftsordnung.

(4) [1]Der Gemeinsame Bundesausschuss beschließt

1. eine Verfahrensordnung, in der er insbesondere methodische Anforderungen an die wissenschaftliche sektorenübergreifende Bewertung des Nutzens, einschließlich Bewertungen nach den §§ 35a und 35b, der Notwendigkeit und der Wirtschaftlichkeit von Maßnahmen als Grundlage für Beschlüsse sowie die Anforderungen an den Nachweis der fachlichen Unabhängigkeit von Sachverständigen und das Verfahren der Anhörung zu den jeweiligen Richtlinien, insbesondere die Feststellung der anzuhörenden Stellen, die Art und Weise der Anhörung und deren Auswertung, regelt,

2. eine Geschäftsordnung, in der er Regelungen zur Arbeitsweise des Gemeinsamen Bundesausschusses insbesondere zur Geschäftsführung, zur Vorbereitung der Richtlinienbeschlüsse durch Einsetzung von in der Regel sektorenübergreifend gestalteten Unterausschüssen, zum Vorsitz der Unterausschüsse durch die Unparteiischen des Beschlussgremiums sowie zur Zusammenarbeit der Gremien und der Geschäftsstelle des Gemeinsamen Bundesausschusses trifft; in der Geschäftsordnung sind Regelungen zu treffen zur Gewährleistung des Mitberatungsrechts der von den Organisationen nach § 140f Abs. 2 entsandten sachkundigen Personen.

[2]Die Verfahrensordnung und die Geschäftsordnung bedürfen der Genehmigung des Bundesministeriums für Gesundheit. [3]Die Genehmigung gilt als erteilt, wenn das Bundesministerium für Gesundheit sie nicht innerhalb von drei Monaten nach Vorlage des Beschlusses und der tragenden Gründe ganz oder teilweise versagt. [4]Das Bundesministerium für Gesundheit kann im Rahmen der Genehmigungsprüfung vom Gemeinsamen Bundesausschuss zusätzliche Informationen und ergänzende Stellungnahmen anfordern; bis zum Eingang der Auskünfte ist der Lauf der Frist nach Satz 3 unterbrochen. [5]Wird die Genehmigung ganz oder teilweise versagt, so kann das Bundesministerium für Gesundheit insbesondere zur Sicherstellung einer sach- und funktionsgerechten Ausgestaltung der Arbeitsweise und des Bewertungsverfahrens des Gemeinsamen Bundesausschusses erforderliche Änderungen bestimmen und anordnen, dass der Gemeinsame Bundesausschuss innerhalb einer bestimmten Frist die erforderlichen Änderungen vornimmt. [6]Kommt der Gemeinsame Bundesausschuss der Anordnung innerhalb der Frist nicht nach, so kann das Bundesministerium für Gesundheit die erforderlichen Änderungen selbst vornehmen. [7]Die Sätze 5 und 6 gelten entsprechend, wenn sich die Erforderlichkeit der Änderung einer bereits genehmigten Regelung der Verfahrensordnung oder der Geschäftsordnung erst nachträglich ergibt. [8]Klagen gegen Anordnungen und Maßnahmen des Bundesministeriums für Gesundheit nach den Sätzen 3 bis 7 haben keine aufschiebende Wirkung.

(5) [1]Bei Beschlüssen, deren Gegenstand die Berufsausübung der Ärzte, Psychotherapeuten oder Zahnärzte berührt, ist der jeweiligen Arbeitsgemeinschaft der Kammern dieser Berufe auf Bundesebene Gelegenheit zur Stellungnahme zu geben. [2]§ 136 Absatz 3 und § 136b Absatz 1 Satz 3 bleiben unberührt.

(5a) Bei Beschlüssen des Gemeinsamen Bundesausschusses, die die Verarbeitung personenbezogener Daten regeln oder voraussetzen, ist dem Bundesbeauftragten für den Datenschutz und die Informationsfreiheit Gelegenheit zur Stellungnahme zu geben; die Stellungnahme ist in die Entscheidung einzubeziehen.

(6) Die Beschlüsse des Gemeinsamen Bundesausschusses mit Ausnahme der Beschlüsse zu Entscheidungen nach § 136d sind für die Träger nach Absatz 1 Satz 1, deren Mitglieder und Mitgliedskassen sowie für die Versicherten und die Leistungserbringer verbindlich.

(7) [1]Das Beschlussgremium des Gemeinsamen Bundesausschusses nach Absatz 2 Satz 1 fasst seine Beschlüsse mit der Mehrheit seiner Mitglieder, sofern die Geschäftsordnung nichts anderes bestimmt. [2]Beschlüsse zur Arzneimittelversorgung und zur Qualitätssicherung sind in der Regel sektorenübergreifend zu fassen. [3]Beschlüsse, die nicht allein einen der Leistungssektoren wesentlich betreffen und die zur Folge haben, dass eine bisher zulasten der Krankenkassen erbringbare Leistung zukünftig nicht mehr zu deren Lasten erbracht werden darf, bedürfen einer Mehrheit von neun Stimmen. [4]Der unparteiische Vorsitzende und die weiteren unparteiischen Mitglieder können dem Beschlussgremium gemeinsam einen eigenen Beschlussvorschlag zur Entscheidung vorlegen. [5]Mit der Vorbereitung eines Beschlussvorschlags oder eines Antrags eines Unparteiischen nach § 135 Absatz 1 Satz 1 oder § 137c Absatz 1 Satz 1 können die Unparteiischen oder kann der Unparteiische die Geschäftsführung beauftragen. [6]Die Sitzungen des Beschlussgremiums sind in der Regel öffentlich und werden zeitgleich als Live-Video-Übertragung im Internet angeboten sowie in einer Mediathek zum späteren Abruf verfügbar gehalten. [7]Die nichtöffentlichen Beratungen des Gemeinsamen Bundesausschusses, insbesondere auch die Beratungen in den vorbereitenden Gremien, sind einschließlich der Beratungsunterlagen und Niederschriften vertraulich.

(8) (aufgehoben)

(9) [1]Jedem, der berechtigt ist, zu einem Beschluss des Gemeinsamen Bundesausschusses Stellung zu nehmen und eine schriftliche oder elektronische Stellungnahme abgegeben hat, ist in der

Regel auch Gelegenheit zu einer mündlichen Stellungnahme zu geben. [2]Der Gemeinsame Bundesausschuss hat in seiner Verfahrensordnung vorzusehen, dass die Teilnahme jeweils eines Vertreters einer zu einem Beschlussgegenstand stellungnahmeberechtigten Organisation an den Beratungen zu diesem Gegenstand in dem zuständigen Unterausschuss zugelassen werden kann.

(10) [1]Der Gemeinsame Bundesausschuss ermittelt spätestens ab dem 1. September 2012 die infolge seiner Beschlüsse zu erwartenden Bürokratiekosten im Sinne des § 2 Absatz 2 des Gesetzes zur Einsetzung eines Nationalen Normenkontrollrates und stellt diese Kosten in der Begründung des jeweiligen Beschlusses nachvollziehbar dar. [2]Bei der Ermittlung der Bürokratiekosten ist die Methodik nach § 2 Absatz 3 des Gesetzes zur Einsetzung eines Nationalen Normenkontrollrates anzuwenden. [3]Das Nähere regelt der Gemeinsame Bundesausschuss bis zum 30. Juni 2012 in seiner Verfahrensordnung.

(11) [1]Der Gemeinsame Bundesausschuss hat dem Ausschuss für Gesundheit des Deutschen Bundestages einmal jährlich zum 31. März über das Bundesministerium für Gesundheit einen Bericht über die Einhaltung der Fristen nach § 135 Absatz 1 Satz 4 und 5, § 136b Absatz 3 Satz 1, § 137c Absatz 1 Satz 5 und 6 sowie § 137h Absatz 4 Satz 9 vorzulegen, in dem im Falle von Überschreitungen der Fristen nach § 137c Absatz 1 Satz 5 und 6 sowie § 137h Absatz 4 Satz 9 auch die zur Straffung des Verfahrens unternommenen Maßnahmen und die besonderen Schwierigkeiten einer Bewertung, die zu einer Fristüberschreitung geführt haben können, im Einzelnen dargelegt werden müssen. [2]Zudem sind in dem Bericht auch alle anderen Beratungsverfahren über Entscheidungen und Richtlinien des Gemeinsamen Bundesausschusses darzustellen, die seit förmlicher Einleitung des Beratungsverfahrens länger als drei Jahre andauern und in denen noch keine abschließende Beschlussfassung erfolgt ist.

§ 91a
Aufsicht über den Gemeinsamen Bundesausschuss, Haushalts- und Rechnungswesen, Vermögen

(1) [1]Die Aufsicht über den Gemeinsamen Bundesausschuss führt das Bundesministerium für Gesundheit. [2]Die §§ 87 bis 89 des Vierten Buches gelten entsprechend. [3]Für das Haushalts- und Rechnungswesen gelten die §§ 67 bis 69 Absatz 1 und 2, § 70 Absatz 1 und die §§ 76 bis 77 Absatz 1 und 1a des Vierten Buches entsprechend. [4]Der Gemeinsame Bundesausschuss übermittelt seinen Haushaltsplan dem Bundesministerium für Gesundheit. [5]Er teilt dem Bundesministerium für Gesundheit mit, wenn er eine vorläufige Haushaltsführung, die Genehmigung überplanmäßiger oder außerplanmäßiger Ausgaben oder einen Nachtragshaushalt beschließt. [6]Für das Vermögen gelten die §§ 80 bis 84, 85 Absatz 1 bis 3a und Absatz 3c bis 5 und § 86 des Vierten Buches und für die Verwendung der Mittel § 305b entsprechend. [7]Für das Verwaltungsvermögen gilt § 263 entsprechend. [8]Die Betriebsmittel sollen im Durchschnitt des Haushaltsjahres das Eineinhalbfache des nach dem Haushaltsplan des Gemeinsamen Bundesausschusses auf einen Monat entfallenden Betrages der Ausgaben für die gesetzlich vorgesehenen Aufgaben sowie für die Verwaltungskosten nicht übersteigen. [9]Soweit Vermögen nicht zur Rücklagenbildung erforderlich ist, ist es zur Senkung der nach § 91 Absatz 3 Satz 1 in Verbindung mit § 139c zu erhebenden Zuschläge zu verwenden.

(2) Für die Vollstreckung von Aufsichtsverfügungen gegen den Gemeinsamen Bundesausschuss kann die Aufsichtsbehörde ein Zwangsgeld bis zu einer Höhe von 10 000 000 Euro zugunsten des Gesundheitsfonds nach § 271 festsetzen.

(3) [1]Der Gemeinsame Bundesausschuss hat geeignete Maßnahmen zur Herstellung und Sicherung einer ordnungsgemäßen Verwaltungsorganisation zu ergreifen. [2]In der Verwaltungsorganisation ist insbesondere ein angemessenes internes Kontrollverfahren mit einem internen Kontrollsystem einzurichten. [3]Die Ergebnisse des internen Kontrollsystems sind dem Beschlussgremium nach § 91 Absatz 2 Satz 1 und dem Innovationsausschuss nach § 92b Absatz 1 in regelmäßigen Abständen sowie bei festgestellten Verstößen gegen gesetzliche Regelungen oder andere wesentliche Vorschriften auch der Aufsichtsbehörde mitzuteilen.

(4) Die Vorschriften über die Errichtung, Übernahme oder wesentliche Erweiterung von Einrichtungen sowie über eine unmittelbare oder mittelbare Beteiligung an Einrichtungen nach § 219 Absatz 2 und 3 gelten entsprechend.

§ 91b Verordnungsermächtigung zur Regelung der Verfahrensgrundsätze der Bewertung von Untersuchungs- und Behandlungsmethoden in der vertragsärztlichen Versorgung und im Krankenhaus

[1]Das Bundesministerium für Gesundheit regelt durch Rechtsverordnung ohne Zustimmung des Bundesrates erstmals bis zum 30. Juni 2020 das Nähere zum Verfahren, das der Gemeinsame Bundesausschuss bei der Bewertung von Untersuchungs- und Behandlungsmethoden in der vertragsärztlichen und vertragszahnärztlichen Versorgung nach § 135 Absatz 1 und bei der Bewertung von Untersuchungs- und Behandlungsmethoden im Rahmen einer Krankenhausbehandlung nach § 137c Absatz 1 zu beachten hat. [2]Es kann in der Rechtsverordnung Folgendes näher regeln:

1. den Ablauf des Verfahrens beim Gemeinsamen Bundesauschuss, insbesondere Fristen und Prozessschritte sowie die Ausgestaltung der Stellungnahmeverfahren und die Ausgestaltung von Beauftragungen des Instituts für Qualität und Wirtschaftlichkeit im Gesundheitswesen,

2. die Anforderungen an die Unterlagen und die Nachweise zur Bewertung von Untersuchungs- und Behandlungsmethoden,

3. die Anforderungen an die Ausgestaltung der tragenden Gründe der Beschlüsse des Gemeinsamen Bundesausschusses, insbesondere zur Darlegung der den Feststellungen und Bewertungen zugrunde liegenden Abwägungsentscheidungen, insbesondere im Hinblick auf fehlende oder unzureichende Behandlungsalternativen, Besonderheiten seltener Erkrankungen und Umstände, wonach Studien nicht oder nicht in angemessener Zeit durchführbar sind.

[3]Innerhalb eines Monats nach Inkrafttreten der Rechtsverordnung nach Satz 1 und jeweils nach Inkrafttreten von Änderungen der Rechtsverordnung hat der Gemeinsame Bundesausschuss seine Verfahrensordnung an die Vorgaben der Rechtsverordnung anzupassen.

§ 92 Richtlinien des Gemeinsamen Bundesausschusses

(1) [1]Der Gemeinsame Bundesausschuss beschließt die zur Sicherung der ärztlichen Versorgung erforderlichen Richtlinien über die Gewähr für eine ausreichende, zweckmäßige und wirtschaftliche Versorgung der Versicherten; dabei ist den besonderen Erfordernissen der Versorgung von Kindern und Jugendlichen sowie behinderter oder von Behinderung bedrohter Menschen und psychisch Kranker Rechnung zu tragen, vor allem bei den Leistungen zur Belastungserprobung und Arbeitstherapie; er kann dabei die Erbringung und Verordnung von Leistungen oder Maßnahmen einschränken oder ausschließen, wenn nach allgemein anerkanntem Stand der medizinischen Erkenntnisse der diagnostische oder therapeutische Nutzen, die medizinische Notwendigkeit oder die Wirtschaftlichkeit nicht nachgewiesen sind; er kann die Verordnung von Arzneimitteln einschränken oder ausschließen, wenn die Unzweckmäßigkeit erwiesen oder eine andere, wirtschaftlichere Behandlungsmöglichkeit mit vergleichbarem diagnostischen oder therapeutischen Nutzen verfügbar ist. [2]Er soll insbesondere Richtlinien beschließen über die

1. ärztliche Behandlung,

2. zahnärztliche Behandlung einschließlich der Versorgung mit Zahnersatz sowie kieferorthopädische Behandlung,

3. Maßnahmen zur Früherkennung von Krankheiten und zur Qualitätssicherung der Früherkennungsuntersuchungen sowie zur Durchführung organisierter Krebsfrüherkennungsprogramme nach § 25a einschließlich der systematischen Erfassung, Überwachung und Verbesserung der Qualität dieser Programme,

4. ärztliche Betreuung bei Schwangerschaft und Mutterschaft,

5. Einführung neuer Untersuchungs- und Behandlungsmethoden,

6. Verordnung von Arznei-, Verband-, Heil- und Hilfsmitteln, Krankenhausbehandlung, häuslicher Krankenpflege, Soziotherapie und außerklinischer Intensivpflege sowie zur Anwendung von Arzneimitteln für neuartige Therapien im Sinne von § 4 Absatz 9 des Arzneimittelgesetzes,

7. Beurteilung der Arbeitsunfähigkeit einschließlich der Arbeitsunfähigkeit nach § 44a Satz 1 sowie der nach § 5 Abs. 1 Nr. 2a versicherten erwerbsfähigen Hilfebedürftigen im Sinne des Zweiten Buches,
8. Verordnung von im Einzelfall gebotenen Leistungen zur medizinischen Rehabilitation und die Beratung über Leistungen zur medizinischen Rehabilitation, Leistungen zur Teilhabe am Arbeitsleben und ergänzende Leistungen zur Rehabilitation,
9. Bedarfsplanung,
10. medizinische Maßnahmen zur Herbeiführung einer Schwangerschaft nach § 27a Absatz 1 sowie die Kryokonservierung nach § 27a Absatz 4,
11. Maßnahmen nach den §§ 24a und 24b,
12. Verordnung von Krankentransporten,
13. Qualitätssicherung,
14. spezialisierte ambulante Palliativversorgung,
15. Schutzimpfungen.

(1a) [1]Die Richtlinien nach Absatz 1 Satz 2 Nr. 2 sind auf eine ursachengerechte, zahnsubstanzschonende und präventionsorientierte zahnärztliche Behandlung einschließlich der Versorgung mit Zahnersatz sowie kieferorthopädischer Behandlung auszurichten. [2]Der Gemeinsame Bundesausschuss hat die Richtlinien auf der Grundlage auch von externem, umfassendem zahnmedizinisch-wissenschaftlichem Sachverstand zu beschließen. [3]Das Bundesministerium für Gesundheit kann dem Gemeinsamen Bundesausschuss vorgeben, einen Beschluss zu einzelnen dem Bundesausschuss durch Gesetz zugewiesenen Aufgaben zu fassen oder zu überprüfen und hierzu eine angemessene Frist setzen. [4]Bei Nichteinhaltung der Frist fasst eine aus den Mitgliedern des Bundesausschusses zu bildende Schiedsstelle innerhalb von 30 Tagen den erforderlichen Beschluss. [5]Die Schiedsstelle besteht aus dem unparteiischen Vorsitzenden, den zwei weiteren unparteiischen Mitgliedern des Bundesausschusses und je einem von der Kassenzahnärztlichen Bundesvereinigung und dem Spitzenverband Bund der Krankenkassen bestimmten Vertreter. [6]Vor der Entscheidung des Bundesausschusses über die Richtlinien nach Absatz 1 Satz 2 Nr. 2 ist den für die Wahrnehmung der Interessen von Zahntechnikern maßgeblichen Spitzenorganisationen auf Bundesebene Gelegenheit zur Stellungnahme zu geben; die Stellungnahmen sind in die Entscheidung einzubeziehen.

(1b) Vor der Entscheidung des Gemeinsamen Bundesausschusses über die Richtlinien nach Absatz 1 Satz 2 Nr. 4 ist den in § 134a Absatz 1 genannten Organisationen der Leistungserbringer auf Bundesebene Gelegenheit zur Stellungnahme zu geben; die Stellungnahmen sind in die Entscheidung einzubeziehen.

(2) [1]Die Richtlinien nach Absatz 1 Satz 2 Nr. 6 haben Arznei- und Heilmittel unter Berücksichtigung der Bewertungen nach §§ 35a oder 35b so zusammenzustellen, dass dem Arzt die wirtschaftliche und zweckmäßige Auswahl der Arzneimitteltherapie ermöglicht wird. [2]Die Zusammenstellung der Arzneimittel ist nach Indikationsgebieten und Stoffgruppen zu gliedern. [3]Um dem Arzt eine therapie- und preisgerechte Auswahl der Arzneimittel zu ermöglichen, sind zu den einzelnen Indikationsgebieten Hinweise aufzunehmen, aus denen sich für Arzneimittel mit pharmakologisch vergleichbaren Wirkstoffen oder therapeutisch vergleichbarer Wirkung eine Bewertung des therapeutischen Nutzens auch im Verhältnis zu den Therapiekosten und damit zur Wirtschaftlichkeit der Verordnung ergibt; § 73 Abs. 8 Satz 3 bis 6 gilt entsprechend. [4]Um dem Arzt eine therapie- und preisgerechte Auswahl der Arzneimittel zu ermöglichen, können ferner für die einzelnen Indikationsgebiete die Arzneimittel in folgenden Gruppen zusammengefasst werden:

1. Mittel, die allgemein zur Behandlung geeignet sind,
2. Mittel, die nur bei einem Teil der Patienten oder in besonderen Fällen zur Behandlung geeignet sind,
3. Mittel, bei deren Verordnung wegen bekannter Risiken oder zweifelhafter therapeutischer Zweckmäßigkeit besondere Aufmerksamkeit geboten ist.

[5]Absatz 3a gilt entsprechend. [6]In den Therapiehinweisen nach den Sätzen 1 und 7 können Anforderungen an die qualitätsgesicherte Anwendung von Arzneimitteln festgestellt werden, insbesondere bezogen auf die Qualifikation des Arztes oder auf die zu behandelnden Patientengruppen. [7]In den Richtlinien nach Absatz 1 Satz 2 Nr. 6 können auch Therapiehinweise zu Arzneimitteln außerhalb

von Zusammenstellungen gegeben werden; die Sätze 3 und 4 sowie Absatz 1 Satz 1 dritter Halbsatz gelten entsprechend. [8]Die Therapiehinweise nach den Sätzen 1 und 7 können Empfehlungen zu den Anteilen einzelner Wirkstoffe an den Verordnungen im Indikationsgebiet vorsehen. [9]Der Gemeinsame Bundesausschuss regelt die Grundsätze für die Therapiehinweise nach den Sätzen 1 und 7 in seiner Verfahrensordnung. [10]Verordnungseinschränkungen oder Verordnungsausschlüsse nach Absatz 1 für Arzneimittel beschließt der Gemeinsame Bundesausschuss gesondert in Richtlinien außerhalb von Therapiehinweisen. [11]Der Gemeinsame Bundesausschuss kann die Verordnung eines Arzneimittels nur einschränken oder ausschließen, wenn die Wirtschaftlichkeit nicht durch einen Festbetrag nach § 35 hergestellt werden kann. [12]Verordnungseinschränkungen oder -ausschlüsse eines Arzneimittels wegen Unzweckmäßigkeit nach Absatz 1 Satz 1 dürfen den Feststellungen der Zulassungsbehörde über Qualität, Wirksamkeit und Unbedenklichkeit eines Arzneimittels nicht widersprechen.

(2a) [1]Der Gemeinsame Bundesausschuss kann im Einzelfall mit Wirkung für die Zukunft vom pharmazeutischen Unternehmer im Benehmen mit der Arzneimittelkommission der deutschen Ärzteschaft und dem Bundesinstitut für Arzneimittel und Medizinprodukte oder dem Paul-Ehrlich-Institut innerhalb einer angemessenen Frist ergänzende versorgungsrelevante Studien zur Bewertung der Zweckmäßigkeit eines Arzneimittels fordern. [2]Absatz 3a gilt für die Forderung nach Satz 1 entsprechend. [3]Das Nähere zu den Voraussetzungen, zu der Forderung ergänzender Studien, zu Fristen sowie zu den Anforderungen an die Studien regelt der Gemeinsame Bundesausschuss in seiner Verfahrensordnung. [4]Werden die Studien nach Satz 1 nicht oder nicht rechtzeitig vorgelegt, kann der Gemeinsame Bundesausschuss das Arzneimittel abweichend von Absatz 1 Satz 1 von der Verordnungsfähigkeit ausschließen. [5]Eine gesonderte Klage gegen die Forderung ergänzender Studien ist ausgeschlossen.

(3) [1]Für Klagen gegen die Zusammenstellung der Arzneimittel nach Absatz 2 gelten die Vorschriften über die Anfechtungsklage entsprechend. [2]Die Klagen haben keine aufschiebende Wirkung. [3]Ein Vorverfahren findet nicht statt. [4]Eine gesonderte Klage gegen die Gliederung nach Indikationsgebieten oder Stoffgruppen nach Absatz 2 Satz 2, die Zusammenfassung der Arzneimittel in Gruppen nach Absatz 2 Satz 4 oder gegen sonstige Bestandteile der Zusammenstellung nach Absatz 2 ist unzulässig.

(3a) [1]Vor der Entscheidung über die Richtlinien nach Absatz 1 Satz 2 Nummer 6 zur Verordnung von Arzneimitteln und zur Anwendung von Arzneimitteln für neuartige Therapien im Sinne von § 4 Absatz 9 des Arzneimittelgesetzes und Therapiehinweisen nach Absatz 2 Satz 7 ist den Sachverständigen der medizinischen und pharmazeutischen Wissenschaft und Praxis sowie den für die Wahrnehmung der wirtschaftlichen Interessen gebildeten maßgeblichen Spitzenorganisationen der pharmazeutischen Unternehmer, den betroffenen pharmazeutischen Unternehmern, den Berufsvertretungen der Apotheker und den maßgeblichen Dachverbänden der Ärztegesellschaften der besonderen Therapierichtungen auf Bundesebene Gelegenheit zur Stellungnahme zu geben. [2]Die Stellungnahmen sind in die Entscheidung einzubeziehen. [3]Der Gemeinsame Bundesausschuss hat unter Wahrung der Betriebs- und Geschäftsgeheimnisse Gutachten oder Empfehlungen von Sachverständigen, die er bei Richtlinien nach Absatz 1 Satz 2 Nummer 6 zur Verordnung von Arzneimitteln und zur Anwendung von Arzneimitteln für neuartige Therapien im Sinne von § 4 Absatz 9 des Arzneimittelgesetzes sowie bei Therapiehinweisen nach Absatz 2 Satz 7 zu Grunde legt, bei Einleitung des Stellungnahmeverfahrens zu benennen und zu veröffentlichen sowie in den tragenden Gründen der Beschlüsse zu benennen.

(4) In den Richtlinien nach Absatz 1 Satz 2 Nr. 3 sind insbesondere zu regeln

1. die Anwendung wirtschaftlicher Verfahren und die Voraussetzungen, unter denen mehrere Maßnahmen zur Früherkennung zusammenzufassen sind,
2. das Nähere über die Bescheinigungen und Aufzeichnungen bei Durchführung der Maßnahmen zur Früherkennung von Krankheiten,
3. Einzelheiten zum Verfahren und zur Durchführung von Auswertungen der Aufzeichnungen sowie der Evaluation der Maßnahmen zur Früherkennung von Krankheiten einschließlich der organisierten Krebsfrüherkennungsprogramme nach § 25a.

(4a) [1]Der Gemeinsame Bundesausschuss beschließt bis zum 31. Dezember 2021 in den Richtlinien nach Absatz 1 Satz 2 Nummer 7 Regelungen zur Feststellung der Arbeitsunfähigkeit im Rahmen der ausschließlichen Fernbehandlung in geeigneten Fällen. [2]Bei der Festlegung der Regelungen nach Satz 1 ist zu beachten, dass im Falle der erstmaligen Feststellung der Arbeitsunfähigkeit im Rahmen der ausschließlichen Fernbehandlung diese nicht über einen Zeitraum von bis zu drei Kalendertagen hinausgehen und ihr keine Feststellung des Fortbestehens der Arbeitsunfähigkeit folgen soll. [3]Der Gemeinsame Bundesausschuss hat dem Ausschuss für Gesundheit des Deutschen Bundestages zwei Jahre nach dem Inkrafttreten der Regelungen nach Satz 1 über das Bundesministerium für Gesundheit einen Bericht über deren Umsetzung vorzulegen. [4]Bei der Erstellung des Berichtes ist den Spitzenorganisationen der Arbeitgeber und der Arbeitnehmer Gelegenheit zur Stellungnahme zu geben. [5]In Ergänzung der nach Satz 1 beschlossenen Regelungen beschließt der Gemeinsame Bundesausschuss bis zum 31. Januar 2024 in den Richtlinien nach Absatz 1 Satz 2 Nummer 7 Regelungen zur Feststellung der Arbeitsunfähigkeit bei Erkrankungen, die keine schwere Symptomatik vorweisen sowie ausschließlich bezogen auf in der jeweiligen ärztlichen Praxis bekannte Patientinnen und Patienten auch nach telefonischer Anamnese.

(5) [1]Vor der Entscheidung des Gemeinsamen Bundesausschusses über die Richtlinien nach Absatz 1 Satz 2 Nr. 8 ist den in § 111b Satz 1 genannten Organisationen der Leistungserbringer, den Rehabilitationsträgern (§ 6 Abs. 1 Nr. 2 bis 7 des Neunten Buches) sowie der Bundesarbeitsgemeinschaft für Rehabilitation Gelegenheit zur Stellungnahme zu geben; die Stellungnahmen sind in die Entscheidung einzubeziehen. [2]In den Richtlinien ist zu regeln, bei welchen Behinderungen, unter welchen Voraussetzungen und nach welchen Verfahren die Vertragsärzte die Krankenkassen über die Behinderungen von Versicherten zu unterrichten haben.

(6) [1]In den Richtlinien nach Absatz 1 Satz 2 Nr. 6 ist insbesondere zu regeln

1. der Katalog verordnungsfähiger Heilmittel,
2. die Zuordnung der Heilmittel zu Indikationen,
3. die indikationsbezogenen orientierenden Behandlungsmengen und die Zahl der Behandlungseinheiten je Verordnung,
4. Inhalt und Umfang der Zusammenarbeit des verordnenden Vertragsarztes mit dem jeweiligen Heilmittelerbringer,
5. auf welche Angaben bei Verordnungen nach § 73 Absatz 11 Satz 1 verzichtet werden kann sowie
6. die Dauer der Gültigkeit einer Verordnung nach § 73 Absatz 11 Satz 1.

[2]Vor der Entscheidung des Gemeinsamen Bundesausschusses über die Richtlinien zur Verordnung von Heilmitteln nach Absatz 1 Satz 2 Nr. 6 ist den in § 125 Abs. 1 Satz 1 genannten Organisationen der Leistungserbringer Gelegenheit zur Stellungnahme zu geben; die Stellungnahmen sind in die Entscheidung einzubeziehen.

(6a) [1]In den Richtlinien nach Absatz 1 Satz 2 Nr. 1 ist insbesondere das Nähere über die psychotherapeutisch behandlungsbedürftigen Krankheiten, die zur Krankenbehandlung geeigneten Verfahren, das Antrags- und Gutachterverfahren, die probatorischen Sitzungen sowie über Art, Umfang und Durchführung der Behandlung zu regeln; der Gemeinsame Bundesausschuss kann dabei Regelungen treffen, die leitliniengerecht den Behandlungsbedarf konkretisieren. [2]Sofern sich nach einer Krankenhausbehandlung eine ambulante psychotherapeutische Behandlung anschließen soll, können erforderliche probatorische Sitzungen frühzeitig, bereits während der Krankenhausbehandlung sowohl in der vertragsärztlichen Praxis als auch in den Räumen des Krankenhauses durchgeführt werden; das Nähere regelt der Gemeinsame Bundesausschuss in den Richtlinien nach Satz 1 und nach Absatz 6b. [3]Die Richtlinien nach Satz 1 haben darüber hinaus Regelungen zu treffen über die inhaltlichen Anforderungen an den Konsiliarbericht und an die fachlichen Anforderungen des den Konsiliarbericht (§ 28 Abs. 3) abgebenden Vertragsarztes. [4]Der Gemeinsame Bundesausschuss beschließt in den Richtlinien nach Satz 1 Regelungen zur Flexibilisierung des Therapieangebotes, insbesondere zur Einrichtung von psychotherapeutischen Sprechstunden, zur Förderung der frühzeitigen diagnostischen Abklärung und der Akutversorgung, zur Förderung von Gruppentherapien und der Rezidivprophylaxe sowie zur Vereinfachung des Antrags- und Gutachterverfahrens. [5]Der Gemeinsame Bundesausschuss beschließt bis spätestens zum 31. Dezember 2020 in einer Ergänzung der Richtlinien nach Satz 1 Regelungen zur weiteren Förderung der

Gruppentherapie und der weiteren Vereinfachung des Gutachterverfahrens; für Gruppentherapien findet ab dem 23. November 2019 kein Gutachterverfahren mehr statt. [6]Der Gemeinsame Bundesausschuss hat sämtliche Regelungen zum Antrags- und Gutachterverfahren aufzuheben, sobald er ein Verfahren zur Qualitätssicherung nach § 136a Absatz 2a eingeführt hat.

(6b) [1]Der Gemeinsame Bundesausschuss beschließt bis spätestens zum 31. Dezember 2020 in einer Richtlinie nach Absatz 1 Satz 2 Nummer 1 Regelungen für eine berufsgruppenübergreifende, koordinierte und strukturierte Versorgung, insbesondere für schwer psychisch kranke Versicherte mit einem komplexen psychiatrischen oder psychotherapeutischen Behandlungsbedarf. [2]Der Gemeinsame Bundesausschuss kann dabei Regelungen treffen, die diagnoseorientiert und leitliniengerecht den Behandlungsbedarf konkretisieren. [3]In der Richtlinie sind auch Regelungen zur Erleichterung des Übergangs von der stationären in die ambulante Versorgung zu treffen.

(6c) [1]Der Gemeinsame Bundesausschuss beschließt bis spätestens zum 31. Dezember 2023 in einer Richtlinie nach Absatz 1 Satz 2 Nummer 1 Regelungen für eine berufsgruppenübergreifende, koordinierte und strukturierte Versorgung für Versicherte mit Verdacht auf Long-COVID. [2]Der Gemeinsame Bundesausschuss kann hierzu Regelungen treffen, die insbesondere eine interdisziplinäre und standardisierte Diagnostik und den zeitnahen Zugang zu einem multimodalen Therapieangebot sicherstellen. [3]Er kann den Anwendungsbereich seiner Richtlinie auf die Versorgung von Versicherten erstrecken, bei denen ein Verdacht auf eine andere Erkrankung besteht, die eine ähnliche Ursache oder eine ähnliche Krankheitsausprägung wie Long-COVID aufweist.

(7) [1]In den Richtlinien nach Absatz 1 Satz 2 Nr. 6 sind insbesondere zu regeln

1. die Verordnung der häuslichen Krankenpflege und deren ärztliche Zielsetzung,
2. Inhalt und Umfang der Zusammenarbeit des verordnenden Vertragsarztes mit dem jeweiligen Leistungserbringer und dem Krankenhaus,
3. die Voraussetzungen für die Verordnung häuslicher Krankenpflege und für die Mitgabe von Arzneimitteln im Krankenhaus im Anschluss an einen Krankenhausaufenthalt,
4. Näheres zur Verordnung häuslicher Krankenpflege zur Dekolonisation von Trägern mit dem Methicillin-resistenten Staphylococcus aureus (MRSA),
5. Näheres zur Verordnung häuslicher Krankenpflege zur ambulanten Palliativversorgung.

[2]Vor der Entscheidung des Gemeinsamen Bundesausschusses über die Richtlinien zur Verordnung von häuslicher Krankenpflege nach Absatz 1 Satz 2 Nr. 6 ist den in § 132a Abs. 1 Satz 1 genannten Leistungserbringern und zu den Regelungen gemäß Satz 1 Nummer 5 zusätzlich den maßgeblichen Spitzenorganisationen der Hospizarbeit und der Palliativversorgung auf Bundesebene Gelegenheit zur Stellungnahme zu geben; die Stellungnahmen sind in die Entscheidung einzubeziehen.

(7a) Vor der Entscheidung des Gemeinsamen Bundesausschusses über die Richtlinien zur Verordnung von Hilfsmitteln nach Absatz 1 Satz 2 Nr. 6 ist den in § 127 Absatz 9 Satz 1 genannten Organisationen der Leistungserbringer und den Spitzenorganisationen der betroffenen Hilfsmittelhersteller auf Bundesebene Gelegenheit zur Stellungnahme zu geben; die Stellungnahmen sind in die Entscheidung einzubeziehen.

(7b) [1]Vor der Entscheidung über die Richtlinien zur Verordnung von spezialisierter ambulanter Palliativversorgung nach Absatz 1 Satz 2 Nr. 14 ist den maßgeblichen Organisationen der Hospizarbeit und der Palliativversorgung sowie den in § 132a Abs. 1 Satz 1 genannten Organisationen Gelegenheit zur Stellungnahme zu geben. [2]Die Stellungnahmen sind in die Entscheidung einzubeziehen.

(7c) Vor der Entscheidung über die Richtlinien zur Verordnung von Soziotherapie nach Absatz 1 Satz 2 Nr. 6 ist den maßgeblichen Organisationen der Leistungserbringer der Soziotherapieversorgung Gelegenheit zur Stellungnahme zu geben; die Stellungnahmen sind in die Entscheidung einzubeziehen.

(7d) [1]Vor der Entscheidung über die Richtlinien nach den §§ 135, 137c und § 137e ist den jeweils einschlägigen wissenschaftlichen Fachgesellschaften Gelegenheit zur Stellungnahme zu geben; bei Methoden, deren technische Anwendung maßgeblich auf dem Einsatz eines Medizinprodukts beruht, ist auch den für die Wahrnehmung der wirtschaftlichen Interessen gebildeten maßgeblichen Spitzenorganisationen der Medizinproduktehersteller und den jeweils betroffenen Medizinprodukteherstellern Gelegenheit zur Stellungnahme zu geben. [2]Bei Methoden, bei denen radioaktive Stoffe oder ionisierende Strahlung am Menschen angewandt werden, ist auch der Strahlenschutzkommission Gelegenheit zur Stellungnahme zu geben. [3]Die Stellungnahmen sind in die Entscheidung einzubeziehen.

(7e) [2]Bei den Richtlinien nach Absatz 1 Satz 2 Nummer 9 erhalten die Länder ein Antrags- und Mitberatungsrecht. [2]Es wird durch zwei Vertreter der Länder ausgeübt, die von der Gesundheitsministerkonferenz der Länder benannt werden. [3]Die Mitberatung umfasst auch das Recht, Beratungsgegenstände auf die Tagesordnung setzen zu lassen und das Recht zur Anwesenheit bei der Beschlussfassung. [4]Der Gemeinsame Bundesausschuss hat über Anträge der Länder in der nächsten Sitzung des jeweiligen Gremiums zu beraten. [5]Wenn über einen Antrag nicht entschieden werden kann, soll in der Sitzung das Verfahren hinsichtlich der weiteren Beratung und Entscheidung festgelegt werden. [6]Entscheidungen über die Einrichtung einer Arbeitsgruppe und die Bestellung von Sachverständigen durch den zuständigen Unterausschuss sind nur im Einvernehmen mit den beiden Vertretern der Länder zu treffen. [7]Dabei haben diese ihr Votum einheitlich abzugeben.

(7f) [1]Bei den Richtlinien nach Absatz 1 Satz 2 Nummer 13 und den Beschlüssen nach den §§ 136b und 136c erhalten die Länder ein Antrags- und Mitberatungsrecht; Absatz 7e Satz 2 bis 7 gilt entsprechend. [2]Vor der Entscheidung über die Richtlinien nach § 136 Absatz 1 in Verbindung mit § 136a Absatz 1 Satz 1 bis 3 ist dem Robert Koch-Institut Gelegenheit zur Stellungnahme zu geben. [3]Das Robert Koch-Institut hat die Stellungnahme mit den wissenschaftlichen Kommissionen am Robert Koch-Institut nach § 23 des Infektionsschutzgesetzes abzustimmen. [4]Die Stellungnahme ist in die Entscheidung einzubeziehen.

(7g) Vor der Entscheidung über die Richtlinien zur Verordnung außerklinischer Intensivpflege nach Absatz 1 Satz 2 Nummer 6 ist den in § 132l Absatz 1 Satz 1 genannten Organisationen der Leistungserbringer sowie den für die Wahrnehmung der Interessen der betroffenen Versicherten maßgeblichen Spitzenorganisationen auf Bundesebene Gelegenheit zur Stellungnahme zu geben; die Stellungnahmen sind in die Entscheidung einzubeziehen.

(8) Die Richtlinien des Gemeinsamen Bundesausschusses sind Bestandteil der Bundesmantelverträge.

§ 92a
Innovationsfonds, Grundlagen der Förderung von neuen Versorgungsformen zur Weiterentwicklung der Versorgung und von Versorgungsforschung durch den Gemeinsamen Bundesausschuss

(1) [1]Der Gemeinsame Bundesausschuss fördert neue Versorgungsformen, die über die bisherige Regelversorgung hinausgehen. [2]Gefördert werden insbesondere Vorhaben, die eine Verbesserung der sektorenübergreifenden Versorgung zum Ziel haben und hinreichendes Potential aufweisen, dauerhaft in die Versorgung aufgenommen zu werden. [3]Voraussetzung für eine Förderung ist, dass eine wissenschaftliche Begleitung und Auswertung der Vorhaben erfolgt. [4]Förderkriterien sind insbesondere:

1. Verbesserung der Versorgungsqualität und Versorgungseffizienz,
2. Behebung von Versorgungsdefiziten,
3. Optimierung der Zusammenarbeit innerhalb und zwischen verschiedenen Versorgungsbereichen, Versorgungseinrichtungen und Berufsgruppen,
4. interdisziplinäre und fachübergreifende Versorgungsmodelle,
5. Übertragbarkeit der Erkenntnisse, insbesondere auf andere Regionen oder Indikationen,
6. Verhältnismäßigkeit von Implementierungskosten und Nutzen,
7. Evaluierbarkeit.

[5]Förderfähig sind nur diejenigen Kosten, die dem Grunde nach nicht von den Vergütungssystemen der Regelversorgung umfasst sind. [6]Bei der Antragstellung ist in der Regel eine Krankenkasse zu beteiligen. [7]Die Förderung erfolgt in der Regel in einem zweistufigen Verfahren. [8]In der ersten Stufe wird die Konzeptentwicklung von Vorhaben zur Ausarbeitung qualifizierter Anträge für bis zu sechs Monate gefördert. [9]In der zweiten Stufe wird

die Durchführung von in der Regel nicht mehr als 20 dieser Vorhaben mit der jährlich verfügbaren Fördersumme nach Absatz 3 gefördert. [10]Ein Anspruch auf Förderung besteht nicht.

(2) [1]Der Gemeinsame Bundesausschuss fördert Versorgungsforschung, die auf einen Erkenntnisgewinn zur Verbesserung der bestehenden Versorgung in der gesetzlichen Krankenversicherung ausgerichtet ist. [2]Antragsteller für eine Förderung von Versorgungsforschung können insbesondere universitäre und nichtuniversitäre Forschungseinrichtungen sein. [3]Ein Anspruch auf Förderung besteht nicht. [4]Die für Versorgungsforschung zur Verfügung stehenden Mittel können auch für Forschungsvorhaben zur Weiterentwicklung und insbesondere Evaluation der Richtlinien des Gemeinsamen Bundesausschusses sowie zur Entwicklung oder Weiterentwicklung ausgewählter medizinischer Leitlinien, für die in der Versorgung besonderer Bedarf besteht, eingesetzt werden.

(3) [1]Die Fördersumme für neue Versorgungsformen und Versorgungsforschung nach den Absätzen 1 und 2 beträgt in den Jahren 2016 bis 2019 jeweils 300 Millionen Euro und in den Jahren 2020 bis 2024 jeweils 200 Millionen Euro. [2]Sie umfasst auch die für die Verwaltung der Mittel und die Durchführung der Förderung einschließlich der wissenschaftlichen Auswertung nach Absatz 5 notwendigen Aufwendungen. [3]Von der Fördersumme sollen 80 Prozent für die Förderung nach Absatz 1 und 20 Prozent für die Förderung nach Absatz 2 verwendet werden, wobei jeweils höchstens 20 Prozent der jährlich verfügbaren Fördersumme für Vorhaben auf der Grundlage von themenoffenen Förderbekanntmachungen verwendet werden dürfen und mindestens 5 Millionen Euro jährlich für die Entwicklung oder Weiterentwicklung von Leitlinien nach Absatz 2 Satz 4 aufgewendet werden sollen. [4]Mittel, die in den Haushaltsjahren 2016 bis 2019 nicht bewilligt wurden, sind entsprechend Absatz 4 Satz 1 anteilig an die Liquiditätsreserve des Gesundheitsfonds und die Krankenkassen zurückzuführen. [5]Mittel, die in den Haushaltsjahren 2020 bis 2023 nicht bewilligt wurden, und bewilligte Mittel für in den Jahren 2020 bis 2023 beendete Vorhaben, die nicht zur Auszahlung gelangt sind, werden jeweils in das folgende Haushaltsjahr übertragen. [6]Mittel, die im Haushaltsjahr 2024 nicht bewilligt wurden, sowie bewilligte Mittel, die ab dem Haushaltsjahr 2024 bis zur Beendigung eines Vorhabens nicht zur Auszahlung gelangt sind, sind entsprechend Absatz 4 Satz 1 anteilig an die Liquiditätsreserve des Gesundheitsfonds und die Krankenkassen zurückzuführen. [7]Die Laufzeit eines Vorhabens nach den Absätzen 1 und 2 kann bis zu vier Jahre betragen, wobei die Konzeptentwicklung im Rahmen der ersten Stufe der Förderung nach Absatz 1 Satz 8 nicht zur Laufzeit des Vorhabens zählt.

(4) [1]Die Mittel nach Absatz 3, verringert um den Finanzierungsanteil der landwirtschaftlichen Krankenkasse nach § 221 Absatz 3 Satz 1 Nummer 1, werden durch den Gesundheitsfonds (Liquiditätsreserve) und die nach § 266 am Risikostrukturausgleich teilnehmenden Krankenkassen jeweils zur Hälfte getragen. [2]Das Bundesamt für Soziale Sicherung erhebt und verwaltet die Mittel (Innovationsfonds) und zahlt die Fördermittel auf der Grundlage der Entscheidungen des Innovationsausschusses nach § 92b aus. [3]Die dem Bundesamt für Soziale Sicherung im Zusammenhang mit dem Innovationsfonds entstehenden Ausgaben werden aus den Einnahmen des Innovationsfonds gedeckt. [4]Das Nähere zur Erhebung der Mittel für den Innovationsfonds durch das Bundesamt für Soziale Sicherung bei den nach § 266 am Risikostrukturausgleich teilnehmenden Krankenkassen regelt die Rechtsverordnung nach § 266 Absatz 8 Satz 1; § 266 Absatz 7 Satz 7 gilt entsprechend. [5]Das Nähere zur Weiterleitung der Mittel an den Innovationsfonds und zur Verwaltung der Mittel des Innovationsfonds bestimmt das Bundesamt für Soziale Sicherung im Benehmen mit dem Innovationsausschuss und dem Spitzenverband Bund der Krankenkassen.

(5) [1]Das Bundesministerium für Gesundheit veranlasst eine wissenschaftliche Auswertung der Förderung nach dieser Vorschrift im Hinblick auf deren Eignung zur Weiterentwicklung der Versorgung. [2]Die hierfür entstehenden Ausgaben werden aus den Einnahmen des Innovationsfonds gedeckt. [3]Einen abschließenden Bericht über das Ergebnis der wissenschaftlichen Auswertung legt das Bundesministerium für Gesundheit dem Deutschen Bundestag zum 31. März 2022 vor.

§ 92b
Durchführung der Förderung von neuen Versorgungsformen zur Weiterentwicklung der Versorgung und von Versorgungsforschung durch den Gemeinsamen Bundesausschuss

(1) [1]Zur Durchführung der Förderung wird beim Gemeinsamen Bundesausschuss ein Innovati-

onsausschuss eingerichtet. [2]Dem Innovationsausschuss gehören drei vom Spitzenverband Bund der Krankenkassen benannte Mitglieder des Beschlussgremiums nach § 91 Absatz 2, jeweils ein von der Kassenärztlichen Bundesvereinigung, der Kassenzahnärztlichen Bundesvereinigung und der Deutschen Krankenhausgesellschaft benanntes Mitglied des Beschlussgremiums nach § 91 Absatz 2, der unparteiische Vorsitzende des Gemeinsamen Bundesausschusses sowie zwei Vertreter des Bundesministeriums für Gesundheit und ein Vertreter des Bundesministeriums für Bildung und Forschung an. [3]Die für die Wahrnehmung der Interessen der Patientinnen und Patienten und der Selbsthilfe chronisch kranker und behinderter Menschen auf Bundesebene maßgeblichen Organisationen erhalten ein Mitberatungs- und Antragsrecht. [4]§ 140f Absatz 2 Satz 2 bis 7, Absatz 5 sowie 6 gilt entsprechend.

(2) [1]Der Innovationsausschuss legt nach einem Konsultationsverfahren unter Einbeziehung externer Expertise in Förderbekanntmachungen die Schwerpunkte und Kriterien für die Förderung nach § 92a Absatz 1 und 2 Satz 1 bis 4 erste Alternative fest. [2]Soweit der Innovationsausschuss bis zum 15. Dezember 2019 keine Schwerpunkte und Kriterien für das Bewilligungsjahr 2020 festgelegt hat, werden diese abweichend von Satz 1 durch das Bundesministerium für Gesundheit bis zum 31. Januar 2020 festgelegt. [3]Der Innovationsausschuss übernimmt die vom Bundesministerium für Gesundheit nach Satz 2 festgelegten Schwerpunkte und Kriterien unverzüglich in Förderbekanntmachungen. [4]Für die Förderbekanntmachungen für das Bewilligungsjahr 2020 und die entsprechenden Förderverfahren finden § 92a Absatz 1 Satz 7 bis 9 sowie das Konsultationsverfahren nach Satz 1 keine Anwendung. [5]Die Schwerpunkte für die Entwicklung und Weiterentwicklung von Leitlinien nach § 92a Absatz 2 Satz 4 zweite Alternative legt das Bundesministerium für Gesundheit fest. [6]Dabei kann die Arbeitsgemeinschaft der Wissenschaftlichen Medizinischen Fachgesellschaften dem Bundesministerium für Gesundheit Schwerpunkte zur Entwicklung oder Weiterentwicklung von Leitlinien vorschlagen. [7]Jedem Vorschlag ist eine Begründung des jeweiligen Förderbedarfs beizufügen. [8]Der Innovationsausschuss übernimmt die vom Bundesministerium für Gesundheit festgelegten Schwerpunkte in Förderbekanntmachungen und legt in diesen die Kriterien für die Förderung nach § 92a Absatz 2 Satz 4 zweite Alternative fest. [9]Der Innovationsausschuss führt auf der Grundlage der Förderbekanntmachungen nach den Sätzen 1 bis 8 Interessenbekundungsverfahren durch und entscheidet über die eingegangenen Anträge auf Förderung. [10]Er beschließt nach Abschluss der geförderten Vorhaben Empfehlungen zur Überführung in die Regelversorgung nach Absatz 3. [11]Der Innovationsausschuss entscheidet auch über die Verwendung der Mittel nach § 92a Absatz 2 Satz 4. [12]Entscheidungen des Innovationsausschusses bedürfen einer Mehrheit von sieben Stimmen. [13]Der Innovationsausschuss beschließt eine Geschäfts- und Verfahrensordnung, in der er insbesondere seine Arbeitsweise und die Zusammenarbeit mit der Geschäftsstelle nach Absatz 4, das zweistufige Förderverfahren nach § 92a Absatz 1 Satz 7 bis 9, das Konsultationsverfahren nach Satz 1, das Förderverfahren nach Satz 9, die Benennung und Beauftragung von Experten aus dem Expertenpool nach Absatz 6 sowie die Beteiligung der Arbeitsgemeinschaft der Wissenschaftlichen Medizinischen Fachgesellschaften nach Absatz 7 regelt. [14]Die Geschäfts- und Verfahrensordnung bedarf der Genehmigung des Bundesministeriums für Gesundheit.

(3) [1]Der Innovationsausschuss beschließt jeweils spätestens drei Monate nach Eingang des jeweiligen Berichts zur wissenschaftlichen Begleitung und Auswertung nach § 92a Absatz 1 Satz 3 von geförderten Vorhaben zu neuen Versorgungsformen eine Empfehlung zur Überführung der neuen Versorgungsform oder wirksamer Teile aus einer neuen Versorgungsform in die Regelversorgung. [2]Er berät innerhalb der in Satz 1 genannten Frist die jeweiligen Ergebnisberichte der geförderten Vorhaben zur Versorgungsforschung nach § 92a Absatz 2 Satz 1 und kann eine Empfehlung zur Überführung von Erkenntnissen in die Regelversorgung beschließen. [3]In den Beschlüssen nach den Sätzen 1 und 2 muss konkretisiert sein, wie die Überführung in die Regelversorgung erfolgen soll, und festgestellt werden, welche Organisation der Selbstverwaltung oder welche andere Einrichtung für die Überführung zuständig ist. [4]Wird empfohlen, eine neue Versorgungsform nicht in die Regelversorgung zu überführen, ist dies zu begründen. [5]Die Beschlüsse nach den Sätzen 1 und 2 werden veröffentlicht. [6]Stellt der Innovationsausschuss die Zuständigkeit des Gemeinsamen Bundesausschusses fest, hat dieser innerhalb von zwölf Monaten nach dem jeweiligen Beschluss der Empfehlung die Regelungen zur Aufnahme in die Versorgung zu beschließen.

(4) [1]Zur Vorbereitung und Umsetzung der Entscheidungen des Innovationsausschusses wird eine Geschäftsstelle eingerichtet. [2]Der personelle und sachliche Bedarf des Innovationsausschusses und seiner Geschäftsstelle wird vom Innovationsausschuss bestimmt und ist vom Gemeinsamen Bundesausschuss in seinen Haushalt einzustellen.

(5) [1]Die Geschäftsstelle nach Absatz 4 untersteht der fachlichen Weisung des Innovationsausschusses und der dienstlichen Weisung des unparteiischen Vorsitzenden des Gemeinsamen Bundesausschusses und hat insbesondere folgende Aufgaben:

1. Erarbeitung von Entwürfen für Förderbekanntmachungen,
2. Möglichkeit zur Einholung eines Zweitgutachtens, insbesondere durch das Institut für Qualität und Wirtschaftlichkeit im Gesundheitswesen nach § 139a oder das Institut für Qualitätssicherung und Transparenz im Gesundheitswesen nach § 137a,
3. Erlass von Förderbescheiden,
4. administrative und fachliche Beratung von Förderinteressenten, Antragstellern und Zuwendungsempfängern,
5. Unterstützung bei der Ausarbeitung qualifizierter Anträge nach § 92a Absatz 1 Satz 8,
6. administrative Bearbeitung und fachliche Begleitung von Vorhaben, die mit Mitteln des Innovationsfonds gefördert werden oder gefördert werden sollen,
7. Veranlassung der Auszahlung der Fördermittel durch das Bundesamt für Soziale Sicherung,
8. kontinuierliche projektbegleitende Erfolgskontrolle geförderter Vorhaben,
9. Erarbeitung von Entwürfen für Empfehlungen des Innovationsausschusses nach Absatz 3,
10. Prüfung der ordnungsgemäßen Verwendung der Fördermittel und eventuelle Rückforderung der Fördermittel,
11. Veröffentlichung der aus dem Innovationsfonds geförderten Vorhaben sowie daraus gewonnener Erkenntnisse und Ergebnisse.

[2]Die Beratung und die Unterstützung der Förderinteressenten, Antragsteller und Zuwendungsempfänger nach Satz 1 Nummer 4 und 5 lösen keine weitergehenden Ansprüche aus.

(6) [1]Zur Einbringung wissenschaftlichen und versorgungspraktischen Sachverstands in die Beratungsverfahren des Innovationsausschusses wird ein Expertenpool gebildet. [2]Die Mitglieder des Expertenpools sind Vertreter aus Wissenschaft und Versorgungspraxis. [3]Sie werden auf Basis eines Vorschlagsverfahrens vom Innovationsausschuss jeweils für einen Zeitraum von zwei Jahren benannt; eine Wiederbenennung ist möglich. [4]Sie sind ehrenamtlich tätig. [5]Die Geschäftsstelle nach Absatz 4 beauftragt die einzelnen Mitglieder des Expertenpools entsprechend ihrer jeweiligen wissenschaftlichen und versorgungspraktischen Expertise mit der Durchführung von Kurzbegutachtungen einzelner Anträge auf Förderung und mit der Abgabe von Empfehlungen zur Förderentscheidung. [6]Für die Wahrnehmung der Aufgaben kann eine Aufwandsentschädigung gezahlt werden, deren Höhe in der Geschäftsordnung des Innovationsausschusses festgelegt wird. [7]Die Empfehlungen der Mitglieder des Expertenpools sind vom Innovationsausschuss in seine Entscheidungen einzubeziehen. [8]Abweichungen von den Empfehlungen der Mitglieder des Expertenpools sind vom Innovationsausschuss schriftlich zu begründen. [9]Mitglieder des Expertenpools dürfen für den Zeitraum ihrer Benennung keine Anträge auf Förderung durch den Innovationsfonds stellen und auch nicht an einer Antragstellung beteiligt sein.

(7) Bei der Beratung der Anträge zur Entwicklung oder Weiterentwicklung ausgewählter medizinischer Leitlinien nach § 92a Absatz 2 Satz 4 ist die Arbeitsgemeinschaft der Wissenschaftlichen Medizinischen Fachgesellschaften durch den Innovationsausschuss zu beteiligen.

(8) [1]Klagen bei Streitigkeiten nach dieser Vorschrift haben keine aufschiebende Wirkung. [2]Ein Vorverfahren findet nicht statt.

§ 93
Übersicht über ausgeschlossene Arzneimittel

(1) [1]Der Gemeinsame Bundesausschuss soll in regelmäßigen Zeitabständen die nach § 34 Abs. 1 oder durch Rechtsverordnung auf Grund des § 34 Abs. 2 und 3 ganz oder für bestimmte Indikationsgebiete von der Versorgung nach § 31

ausgeschlossenen Arzneimittel in einer Übersicht zusammenstellen. [2]Die Übersicht ist im Bundesanzeiger bekannt zu machen.

(2) Kommt der Gemeinsame Bundesausschuss seiner Pflicht nach Absatz 1 nicht oder nicht in einer vom Bundesministerium für Gesundheit gesetzten Frist nach, kann der Bundesminister für Gesundheit die Übersicht zusammenstellen und im Bundesanzeiger bekanntmachen.

§ 94 Wirksamwerden der Richtlinien

(1) [1]Die vom Gemeinsamen Bundesausschuss beschlossenen Richtlinien sind dem Bundesministerium für Gesundheit vorzulegen. [2]Es kann sie innerhalb von zwei Monaten beanstanden; bei Beschlüssen nach § 20i Absatz 1 und bei Beschlüssen nach § 35 Absatz 1 innerhalb von vier Wochen. [3]Das Bundesministerium für Gesundheit kann im Rahmen der Richtlinienprüfung vom Gemeinsamen Bundesausschuss zusätzliche Informationen und ergänzende Stellungnahmen anfordern; bis zum Eingang der Auskünfte ist der Lauf der Frist nach Satz 2 unterbrochen. [4]Die Nichtbeanstandung einer Richtlinie kann vom Bundesministerium für Gesundheit mit Auflagen verbunden werden; das Bundesministerium für Gesundheit kann zur Erfüllung einer Auflage eine angemessene Frist setzen. [5]Kommen die für die Sicherstellung der ärztlichen Versorgung erforderlichen Beschlüsse des Gemeinsamen Bundesausschusses nicht oder nicht innerhalb einer vom Bundesministerium für Gesundheit gesetzten Frist zustande oder werden die Beanstandungen des Bundesministers für Gesundheit nicht innerhalb der von ihm gesetzten Frist behoben, erlässt das Bundesministerium für Gesundheit die Richtlinien.

(2) [1]Die Richtlinien sind im Bundesanzeiger und deren tragende Gründe im Internet bekannt zu machen. [2]Die Bekanntmachung der Richtlinien muss auch einen Hinweis auf die Fundstelle der Veröffentlichung der tragenden Gründe im Internet enthalten.

(3) Klagen gegen Maßnahmen des Bundesministeriums für Gesundheit nach Absatz 1 haben keine aufschiebende Wirkung.

Siebter Titel

Voraussetzungen und Formen der Teilnahme von Ärzten und Zahnärzten an der Versorgung

§ 95 Teilnahme an der vertragsärztlichen Versorgung

(1) [1]An der vertragsärztlichen Versorgung nehmen zugelassene Ärzte und zugelassene medizinische Versorgungszentren sowie ermächtigte Ärzte und ermächtigte Einrichtungen teil. [2]Medizinische Versorgungszentren sind ärztlich geleitete Einrichtungen, in denen Ärzte, die in das Arztregister nach Absatz 2 Satz 3 eingetragen sind, als Angestellte oder Vertragsärzte tätig sind. [3]Der ärztliche Leiter muss in dem medizinischen Versorgungszentrum selbst als angestellter Arzt oder als Vertragsarzt tätig sein; er ist in medizinischen Fragen weisungsfrei. [4]Sind in einem medizinischen Versorgungszentrum Angehörige unterschiedlicher Berufsgruppen, die an der vertragsärztlichen Versorgung teilnehmen, tätig, ist auch eine kooperative Leitung möglich. [5]Die Zulassung erfolgt für den Ort der Niederlassung als Arzt oder den Ort der Niederlassung als medizinisches Versorgungszentrum (Vertragsarztsitz).

(1a) [1]Medizinische Versorgungszentren können von zugelassenen Ärzten, von zugelassenen Krankenhäusern, von Erbringern nichtärztlicher Dialyseleistungen nach § 126 Absatz 3, von anerkannten Praxisnetzen nach § 87b Absatz 2 Satz 3, von gemeinnützigen Trägern, die aufgrund von Zulassung oder Ermächtigung an der vertragsärztlichen Versorgung teilnehmen, oder von Kommunen gegründet werden. [2]Erbringer nichtärztlicher Dialyseleistungen nach § 126 Absatz 3 sind jedoch nur zur Gründung fachbezogener medizinischer Versorgungszentren berechtigt; ein Fachbezug besteht auch für die mit Dialyseleistungen zusammenhängenden ärztlichen Leistungen im Rahmen einer umfassenden Versorgung der Dialysepatienten. [3]Die Gründung eines medizinischen Versorgungszentrums ist nur in der Rechtsform der Personengesellschaft, der eingetragenen Genossenschaft oder der Gesellschaft mit beschränkter Haftung oder in einer öffentlich rechtlichen Rechtsform möglich. [4]Die Zulassung von medizinischen Versorgungszentren, die am 1. Januar 2012 bereits zugelassen sind, gilt unabhängig von der Trägerschaft und der Rechtsform des medizinischen Versorgungszentrums unverändert fort; die Zulassung von medizinischen Versorgungszentren, die von Erbringern nichtärztlicher Dialyseleistungen nach § 126 Absatz 3 gegründet wurden und am 10. Mai 2019 bereits zugelassen sind, gilt unabhängig von ihrem Versorgungsangebot unverändert fort. [5]Für die Gründung von medizinischen Versorgungszentren durch Kommunen findet § 105 Absatz 5 Satz 1 bis 4 keine Anwendung.

(1b) [1]Ein zahnärztliches medizinisches Versorgungszentrum kann von einem Krankenhaus nur gegründet werden, soweit der Versorgungsanteil der vom Krankenhaus damit insgesamt gegründeten zahnärztlichen medizinischen Versorgungszentren an der vertragszahnärztlichen Versorgung in dem Planungsbereich der Kassenzahnärztlichen Vereinigung, in dem die Gründung des zahnärztlichen medizinischen Versorgungszentrums beabsichtigt ist, 10 Prozent nicht überschreitet. [2]In Planungsbereichen, in denen der allgemeine bedarfsgerechte Versorgungsgrad um bis zu 50 Prozent unterschritten ist, umfasst die Gründungsbefugnis des Krankenhauses für zahnärztliche medizinische Versorgungszentren mindestens fünf Vertragszahnarztsitze oder Anstellungen. [3]Abweichend von Satz 1 kann ein Krankenhaus ein zahnärztliches medizinisches Versorgungszentrum unter den folgenden Voraussetzungen gründen:

1. in einem Planungsbereich, in dem der allgemeine bedarfsgerechte Versorgungsgrad um mehr als 50 Prozent unterschritten ist, sofern der Versorgungsanteil der vom Krankenhaus damit insgesamt gegründeten zahnärztlichen medizinischen Versorgungszentren an der vertragszahnärztlichen Versorgung in diesem Planungsbereich 20 Prozent nicht überschreitet,

2. in einem Planungsbereich, in dem der allgemeine bedarfsgerechte Versorgungsgrad um mehr als 10 Prozent überschritten ist, sofern der Versorgungsanteil der vom Krankenhaus gegründeten zahnärztlichen medizinischen Versorgungszentren an der vertragszahnärztlichen Versorgung in diesem Planungsbereich 5 Prozent nicht überschreitet.

[4]Der Zulassungsausschuss ermittelt den jeweils geltenden Versorgungsanteil auf Grundlage des allgemeinen bedarfsgerechten Versorgungsgrades und des Standes der vertragszahnärztlichen Versorgung. [5]Hierzu haben die Kassenzahnärztlichen Vereinigungen umfassende und vergleichbare Übersichten zum allgemeinen bedarfsgerechten Versorgungsgrad und zum Stand der vertragszahnärztlichen Versorgung am 31. Dezember eines jeden Jahres zu erstellen. [6]Die Übersichten sind bis zum 30. Juni des jeweils folgenden Jahres zu erstellen und in geeigneter Weise in den amtlichen Mitteilungsblättern der Kassenzahnärztlichen Vereinigungen zu veröffentlichen. [7]Die Sätze 1 bis 6 gelten auch für die Erweiterung bestehender zahnärztlicher medizinischer Versorgungszentren eines Krankenhauses.

(2) [1]Um die Zulassung als Vertragsarzt kann sich jeder Arzt bewerben, der eine Eintragung in ein Arzt- oder Zahnarztregister (Arztregister) nachweist. [2]Die Arztregister werden von den Kassenärztlichen Vereinigungen für jeden Zulassungsbezirk geführt. [3]Die Eintragung in ein Arztregister erfolgt auf Antrag

1. nach Erfüllung der Voraussetzungen nach § 95a für Vertragsärzte und nach § 95c für Psychotherapeuten,

2. nach Ableistung einer zweijährigen Vorbereitungszeit für Vertragszahnärzte.

[4]Das Nähere regeln die Zulassungsverordnungen. [5]Um die Zulassung kann sich ein medizinisches Versorgungszentrum bewerben, dessen Ärzte in das Arztregister nach Satz 3 eingetragen sind. [6]Für die Zulassung eines medizinischen Versorgungszentrums in der Rechtsform einer Gesellschaft mit beschränkter Haftung ist außerdem Voraussetzung, dass die Gesellschafter entweder selbstschuldnerische Bürgschaftserklärungen oder andere Sicherheitsleistungen nach § 232 des Bürgerlichen Gesetzbuchs für Forderungen von Kassenärztlichen Vereinigungen und Krankenkassen gegen das medizinische Versorgungszentrum aus dessen vertragsärztlicher Tätigkeit abgeben; dies gilt auch für Forderungen, die erst nach Auflösung des medizinischen Versorgungszentrums fällig werden. [7]Die Anstellung eines Arztes in einem zugelassenen medizinischen Versorgungszentrum bedarf der Genehmigung des Zulassungsausschusses. [8]Die Genehmigung ist zu erteilen, wenn die Voraussetzungen des Satzes 5 erfüllt sind; Absatz 9b gilt entsprechend. [9]Anträge auf Zulassung eines Arztes und auf Zulassung eines medizinischen Versorgungszentrums sowie auf Genehmigung der Anstellung eines Arztes in einem zugelassenen medizinischen Versorgungszentrum sind abzulehnen, wenn bei Antragstellung

für die dort tätigen Ärzte Zulassungsbeschränkungen nach § 103 Abs. 1 Satz 2 angeordnet sind oder der Zulassung oder der Anstellungsgenehmigung Festlegungen nach § 101 Absatz 1 Satz 8 entgegenstehen. [10]Abweichend von Satz 9 ist einem Antrag trotz einer nach § 103 Absatz 1 Satz 2 angeordneten Zulassungsbeschränkung stattzugeben, wenn mit der Zulassung oder Anstellungsgenehmigung Festlegungen nach § 101 Absatz 1 Satz 8 befolgt werden. [11]Für die in den medizinischen Versorgungszentren angestellten Ärzte gilt § 135 entsprechend.

(2a) (aufgehoben)

(3) [1]Die Zulassung bewirkt, dass der Vertragsarzt Mitglied der für seinen Kassenarztsitz zuständigen Kassenärztlichen Vereinigung wird und zur Teilnahme an der vertragsärztlichen Versorgung im Umfang seines aus der Zulassung folgenden Versorgungsauftrages berechtigt und verpflichtet ist. [2]Die Zulassung des medizinischen Versorgungszentrums bewirkt, dass die in dem Versorgungszentrum angestellten Ärzte Mitglieder der für den Vertragsarztsitz des Versorgungszentrums zuständigen Kassenärztlichen Vereinigung sind und dass das zugelassene medizinische Versorgungszentrum insoweit zur Teilnahme an der vertragsärztlichen Versorgung berechtigt und verpflichtet ist. [3]Die vertraglichen Bestimmungen über die vertragsärztliche Versorgung sind verbindlich. [4]Die Einhaltung der sich aus den Sätzen 1 und 2 ergebenden Versorgungsaufträge sind von der Kassenärztlichen Vereinigung bundeseinheitlich, insbesondere anhand der abgerechneten Fälle und anhand der Gebührenordnungspositionen mit den Angaben für den zur ärztlichen Leistungserbringung erforderlichen Zeitaufwand nach § 87 Absatz 2 Satz 1 zweiter Halbsatz, zu prüfen. [5]Die Ergebnisse sowie eine Übersicht über die gegebenenfalls getroffenen Maßnahmen sind den Landes- und Zulassungsausschüssen sowie der für die jeweilige Kassenärztliche Vereinigung zuständigen Aufsichtsbehörde jeweils zum 30. Juni des Jahres zu übermitteln.

(4) [1]Die Ermächtigung bewirkt, dass der ermächtigte Arzt oder die ermächtigte Einrichtung zur Teilnahme an der vertragsärztlichen Versorgung berechtigt und verpflichtet ist. [2]Die vertraglichen Bestimmungen über die vertragsärztliche Versorgung sind für sie verbindlich. [3]Die Absätze 5 bis 7, § 75 Abs. 2 und § 81 Abs. 5 gelten entsprechend.

(5) [1]Die Zulassung ruht auf Beschluss des Zulassungsausschusses, wenn der Vertragsarzt seine Tätigkeit nicht aufnimmt oder nicht ausübt, ihre Aufnahme aber in angemessener Frist zu erwarten ist, oder auf Antrag eines Vertragsarztes, der in den hauptamtlichen Vorstand nach § 79 Abs. 1 gewählt worden ist. [2]Unter den gleichen Voraussetzungen kann bei vollem Versorgungsauftrag das Ruhen der Hälfte oder eines Viertels der Zulassung beschlossen werden; bei einem drei Viertel Versorgungsauftrag kann das Ruhen eines Viertels der Zulassung beschlossen werden.

(6) [1]Die Zulassung ist zu entziehen, wenn ihre Voraussetzungen nicht oder nicht mehr vorliegen, der Vertragsarzt die vertragsärztliche Tätigkeit nicht aufnimmt oder nicht mehr ausübt oder seine vertragsärztlichen Pflichten gröblich verletzt. [2]Der Zulassungsausschuss kann in diesen Fällen statt einer vollständigen auch die Entziehung der Hälfte oder eines Viertels der Zulassung beschließen. [3]Einem medizinischen Versorgungszentrum ist die Zulassung auch dann zu entziehen, wenn die Gründungsvoraussetzungen des Absatzes 1a Satz 1 bis 3 länger als sechs Monate nicht mehr vorliegen. [4]Die Gründereigenschaft nach Absatz 1a Satz 1 bleibt auch für die angestellten Ärzte bestehen, die auf ihre Zulassung zugunsten der Anstellung in einem medizinischen Versorgungszentrum verzichtet haben, solange sie in dem medizinischen Versorgungszentrum tätig sind und Gesellschafter des medizinischen Versorgungszentrums sind. [5]Die Gründungsvoraussetzung nach Absatz 1a Satz 1 liegt weiterhin vor, sofern angestellte Ärzte die Gesellschafteranteile der Ärzte nach Absatz 1a Satz 1 oder der Ärzte nach Satz 4 übernehmen und solange sie in dem medizinischen Versorgungszentrum tätig sind; die Übernahme von Gesellschafteranteilen durch angestellte Ärzte ist jederzeit möglich. [6]Medizinischen Versorgungszentren, die unter den in Absatz 1a Satz 4 erster Halbsatz geregelten Bestandsschutz fallen, ist die Zulassung zu entziehen, wenn die Gründungsvoraussetzungen des Absatzes 1 Satz 6 zweiter Halbsatz in der bis zum 31. Dezember 2011 geltenden Fassung seit mehr als sechs Monaten nicht mehr vorliegen oder das medizinische Versorgungszentrum gegenüber dem Zulassungsausschuss nicht bis zum 30. Juni 2012 nachweist, dass die ärztliche Leitung den Voraussetzungen des Absatzes 1 Satz 3 entspricht.

(7) [1]Die Zulassung endet, wenn die vertragsärztliche Tätigkeit in einem von Zulassungsbeschrän-

kungen betroffenen Planungsbereich nicht innerhalb von drei Monaten nach Zustellung des Beschlusses über die Zulassung aufgenommen wird, mit dem Tod, mit dem Wirksamwerden eines Verzichts, mit dem Ablauf des Befristungszeitraumes oder mit dem Wegzug des Berechtigten aus dem Bezirk seines Kassenarztsitzes. [2]Die Zulassung eines medizinischen Versorgungszentrums endet mit dem Wirksamwerden eines Verzichts, der Auflösung, dem Ablauf des Befristungszeitraumes oder mit dem Wegzug des zugelassenen medizinischen Versorgungszentrums aus dem Bezirk des Vertragsarztsitzes.

(8) (aufgehoben)

(9) [1]Der Vertragsarzt kann mit Genehmigung des Zulassungsausschusses Ärzte, die in das Arztregister eingetragen sind, anstellen, sofern für die Arztgruppe, der der anzustellende Arzt angehört, keine Zulassungsbeschränkungen angeordnet sind und der Anstellung keine Festlegungen nach § 101 Absatz 1 Satz 8 entgegenstehen; hiervon abweichend ist eine Anstellungsgenehmigung trotz einer angeordneten Zulassungsbeschränkung zu erteilen, wenn mit der Anstellung Festlegungen nach § 101 Absatz 1 Satz 8 befolgt werden. [2]Sind Zulassungsbeschränkungen angeordnet, gilt Satz 1 mit der Maßgabe, dass die Voraussetzungen des § 101 Abs. 1 Satz 1 Nr. 5 erfüllt sein müssen. [3]Das Nähere zu der Anstellung von Ärzten bei Vertragsärzten bestimmen die Zulassungsverordnungen. [4]Absatz 5 gilt entsprechend.

(9a) [1]Der an der hausärztlichen Versorgung teilnehmende Vertragsarzt kann mit Genehmigung des Zulassungsausschusses Ärzte, die von einer Hochschule mindestens halbtags als angestellte oder beamtete Hochschullehrer für Allgemeinmedizin oder als deren wissenschaftliche Mitarbeiter beschäftigt werden und in das Arztregister eingetragen sind, unabhängig von Zulassungsbeschränkungen anstellen. [2]Bei der Ermittlung des Versorgungsgrades in einem Planungsbereich sind diese angestellten Ärzte nicht mitzurechnen.

(9b) Eine genehmigte Anstellung nach Absatz 9 Satz 1 ist auf Antrag des anstellenden Vertragsarztes vom Zulassungsausschuss in eine Zulassung umzuwandeln, sofern der Umfang der Tätigkeit des angestellten Arztes einem ganzen, einem halben oder einem drei Viertel Versorgungsauftrag entspricht; beantragt der anstellende Vertragsarzt nicht zugleich bei der Kassenärztlichen Vereinigung die Durchführung eines Nachbesetzungsverfahrens nach § 103 Absatz 3a, wird der bisher angestellte Arzt Inhaber der Zulassung.

(10) (aufgehoben)

(11) (aufgehoben)

(11a) (aufgehoben)

(11b) (aufgehoben)

(12) (aufgehoben)

(13) [1]In Zulassungssachen der Psychotherapeuten und der überwiegend oder ausschließlich psychotherapeutisch tätigen Ärzte (§ 101 Abs. 4 Satz 1) treten abweichend von § 96 Abs. 2 Satz 1 und § 97 Abs. 2 Satz 1 an die Stelle der Vertreter der Ärzte Vertreter der Psychotherapeuten und der Ärzte in gleicher Zahl; unter den Vertretern der Psychotherapeuten muss mindestens ein Kinder- und Jugendlichenpsychotherapeut oder ein Psychotherapeut mit einer Weiterbildung für die Behandlung von Kindern und Jugendlichen sein. [2]Für die erstmalige Besetzung der Zulassungsausschüsse und der Berufungsausschüsse nach Satz 1 werden die Vertreter der Psychotherapeuten von der zuständigen Aufsichtsbehörde auf Vorschlag der für die beruflichen Interessen maßgeblichen Organisationen der Psychotherapeuten auf Landesebene berufen.

§ 95a
Voraussetzung für die Eintragung in das Arztregister für Vertragsärzte

(1) Bei Ärzten setzt die Eintragung in das Arztregister voraus:

1. die Approbation als Arzt,
2. den erfolgreichen Abschluss entweder einer allgemeinmedizinischen Weiterbildung oder einer Weiterbildung in einem anderen Fachgebiet mit der Befugnis zum Führen einer entsprechenden Gebietsbezeichnung oder den Nachweis einer Qualifikation, die gemäß den Absätzen 4 und 5 anerkannt ist.

(2) [1]Eine allgemeinmedizinische Weiterbildung im Sinne von Absatz 1 Nr. 2 ist nachgewiesen, wenn der Arzt nach landesrechtlichen Vorschriften zum Führen der Facharztbezeichnung für Allgemeinmedizin berechtigt ist und diese Berechtigung nach einer mindestens fünfjährigen erfolgreichen

Weiterbildung in der Allgemeinmedizin bei zur Weiterbildung ermächtigten Ärzten und in dafür zugelassenen Einrichtungen erworben hat. [2]Bis zum 31. Dezember 2008 ist eine dem Satz 1 entsprechende mindestens dreijährige Weiterbildung ausnahmsweise ausreichend, wenn nach den entsprechenden landesrechtlichen Vorschriften eine begonnene Weiterbildung in der Allgemeinmedizin, für die eine Dauer von mindestens drei Jahren vorgeschrieben war, wegen der Erziehung eines Kindes in den ersten drei Lebensjahren, für das dem Arzt die Personensorge zustand und mit dem er in einem Haushalt gelebt hat, die Weiterbildung unterbrochen worden ist und nach den landesrechtlichen Vorschriften als mindestens dreijährige Weiterbildung fortgesetzt werden darf. [3]Satz 2 gilt entsprechend, wenn aus den dort genannten Gründen der Kindererziehung die Aufnahme einer vertragsärztlichen Tätigkeit in der Allgemeinmedizin vor dem 1. Januar 2006 nicht möglich war und ein entsprechender Antrag auf Eintragung in das Arztregister auf der Grundlage einer abgeschlossenen mindestens dreijährigen Weiterbildung bis zum 31. Dezember 2008 gestellt wird.

(3) [1]Die allgemeinmedizinische Weiterbildung muss unbeschadet ihrer mindestens fünfjährigen Dauer inhaltlich mindestens den Anforderungen nach Artikel 28 der Richtlinie 2005/36/EG des Europäischen Parlaments und des Rates vom 7. September 2005 über die Anerkennung von Berufsqualifikationen (ABl. EU Nr. L255 S.22, 2007 Nr. L271 S. 18) entsprechen und mit dem Erwerb der Facharztbezeichnung für Allgemeinmedizin abschließen. [2]Sie hat insbesondere folgende Tätigkeiten einzuschließen:

1. mindestens sechs Monate in der Praxis eines zur Weiterbildung in der Allgemeinmedizin ermächtigten niedergelassenen Arztes,
2. mindestens sechs Monate in zugelassenen Krankenhäusern,
3. höchstens sechs Monate in anderen zugelassenen Einrichtungen oder Diensten des Gesundheitswesens, die sich mit Allgemeinmedizin befassen soweit der Arzt mit einer patientenbezogenen Tätigkeit betraut ist.

(4) Die Voraussetzungen zur Eintragung sind auch erfüllt, wenn der Arzt auf Grund von landesrechtlichen Vorschriften zur Ausführung des Artikels 30 der Richtlinie 2005/36/EG des Europäischen Parlaments und des Rates vom 7. September 2005 über die Anerkennung von Berufsqualifikationen (ABl. EU Nr. L 255 S. 22, 2007 Nr. L 271 S. 18) bis zum 31. Dezember 1995 die Bezeichnung „Praktischer Arzt" erworben hat.

(5) [1]Einzutragen sind auf ihren Antrag auch im Inland zur Berufsausübung zugelassene Ärzte, wenn sie Inhaber eines Ausbildungsnachweises über eine inhaltlich mindestens den Anforderungen nach Artikel 28 der Richtlinie 2005/36/EG des Europäischen Parlaments und des Rates vom 7. September 2005 über die Anerkennung von Berufsqualifikationen (ABl. EU Nr. L 255 S. 22, 2007 Nr. L 271 S. 18) entsprechende besondere Ausbildung in der Allgemeinmedizin sind und dieser Ausbildungsnachweis in einem Mitgliedstaat der Europäischen Union oder einem anderen Vertragsstaat des Abkommens über den Europäischen Wirtschaftsraum oder einem Vertragsstaat, dem Deutschland und die Europäische Gemeinschaft oder Deutschland und die Europäische Union vertraglich einen entsprechenden Rechtsanspruch eingeräumt haben, ausgestellt worden ist. [2]Einzutragen sind auch Inhaber von Bescheinigungen über besondere erworbene Rechte von praktischen Ärzten nach Artikel 30 der in Satz 1 genannten Richtlinie, Inhaber eines Ausbildungsnachweises über eine inhaltlich mindestens den Anforderungen nach Artikel 25 dieser Richtlinie entsprechende fachärztliche Weiterbildung oder Inhaber einer Bescheinigung über besondere erworbene Rechte von Fachärzten nach Artikel 27 dieser Richtlinie.

§ 95b
Kollektiver Verzicht auf die Zulassung

(1) Mit den Pflichten eines Vertragsarztes ist es nicht vereinbar, in einem mit anderen Ärzten aufeinander abgestimmten Verfahren oder Verhalten auf die Zulassung als Vertragsarzt zu verzichten.

(2) Verzichten Vertragsärzte in einem mit anderen Vertragsärzten aufeinander abgestimmten Verfahren oder Verhalten auf ihre Zulassung als Vertragsarzt und kommt es aus diesem Grunde zur Feststellung der Aufsichtsbehörde nach § 72a Abs. 1, kann eine erneute Zulassung frühestens nach Ablauf von sechs Jahren nach Abgabe der Verzichtserklärung erteilt werden.

(3) [1]Nimmt ein Versicherter einen Arzt oder Zahnarzt in Anspruch, der auf seine Zulassung nach Absatz 1 verzichtet hat, zahlt die Krankenkasse die Vergütung mit befreiender Wirkung an den

Arzt oder Zahnarzt. ²Der Vergütungsanspruch gegen die Krankenkasse ist auf das 1,0fache des Gebührensatzes der Gebührenordnung für Ärzte oder der Gebührenordnung für Zahnärzte beschränkt. ³Ein Vergütungsanspruch des Arztes oder Zahnarztes gegen den Versicherten besteht nicht. ⁴Abweichende Vereinbarungen sind nichtig.

§ 95c Voraussetzung für die Eintragung von Psychotherapeuten in das Arztregister

(1) ¹Bei Psychotherapeuten setzt die Eintragung in das Arztregister voraus:

1. die Approbation als Psychotherapeut nach § 2 des Psychotherapeutengesetzes und
2. den erfolgreichen Abschluss einer Weiterbildung
   a) für die Behandlung von Erwachsenen in einem durch den Gemeinsamen Bundesausschuss nach § 92 Absatz 6a anerkannten Behandlungsverfahren,
   b) für die Behandlung von Kindern und Jugendlichen in einem durch den Gemeinsamen Bundesausschuss nach § 92 Absatz 6a anerkannten Behandlungsverfahren oder
   c) in einem anderen Fachgebiet mit der Befugnis zum Führen einer entsprechenden Gebietsbezeichnung, sofern dem Fachgebiet Methoden oder Techniken zugrunde liegen, die vom Gemeinsamen Bundesausschuss anerkannt worden sind.

²Ziel der Weiterbildung ist der Erwerb der in den Weiterbildungsordnungen festgelegten Kenntnisse, Erfahrungen und Fertigkeiten, um nach Abschluss der Berufsausbildung besondere psychotherapeutische Kompetenzen zu erlangen. ³Die Weiterbildung dient, orientiert an einer von der Bundespsychotherapeutenkammer entwickelten Musterweiterbildungsordnung, der Sicherung der Qualität der psychotherapeutischen Berufsausübung. ⁴Sie wird durch eine erfolgreich abgelegte Prüfung abgeschlossen.

(2) ¹Bei Psychotherapeuten, die ihre Approbation nach § 2 des Psychotherapeutengesetzes in der bis zum 31. August 2020 geltenden Fassung oder nach § 12 des Psychotherapeutengesetzes in der bis zum 31. August 2020 geltenden Fassung erworben haben, setzt die Eintragung in das Arztregister neben der Approbation nach § 2 des Psychotherapeutengesetzes in der bis zum 31. August 2020 geltenden Fassung oder nach § 12 des Psychotherapeutengesetzes in der bis zum 31. August 2020 geltenden Fassung den Fachkundenachweis voraus. ²Der Fachkundenachweis setzt voraus:

1. für den nach § 2 Absatz 1 des Psychotherapeutengesetzes in der bis zum 31. August 2020 geltenden Fassung approbierten Psychotherapeuten, dass der Psychotherapeut die vertiefte Ausbildung gemäß § 8 Absatz 3 Nummer 1 des Psychotherapeutengesetzes in der bis zum 31. August 2020 geltenden Fassung in einem durch den Gemeinsamen Bundesausschuss nach § 92 Absatz 6a anerkannten Behandlungsverfahren erfolgreich abgeschlossen hat;
2. für den nach § 2 Absatz 2 und 3 des Psychotherapeutengesetzes in der bis zum 31. August 2020 geltenden Fassung approbierten Psychotherapeuten, dass die der Approbation zugrunde liegende Ausbildung und Prüfung in einem durch den Gemeinsamen Bundesausschuss nach § 92 Absatz 6a anerkannten Behandlungsverfahren abgeschlossen wurden;
3. für den nach § 12 des Psychotherapeutengesetzes in der bis zum 31. August 2020 geltenden Fassung approbierten Psychotherapeuten, dass er die für eine Approbation geforderte Qualifikation, Weiterbildung oder Behandlungsstunden, Behandlungsfälle und die theoretische Ausbildung in einem durch den Gemeinsamen Bundesausschuss nach § 92 Absatz 1 Satz 2 Nummer 1 anerkannten Behandlungsverfahren nachweist.

§ 95d Pflicht zur fachlichen Fortbildung

(1) ¹Der Vertragsarzt ist verpflichtet, sich in dem Umfang fachlich fortzubilden, wie es zur Erhaltung und Fortentwicklung der zu seiner Berufsausübung in der vertragsärztlichen Versorgung erforderlichen Fachkenntnisse notwendig ist. ²Die Fortbildungsinhalte müssen dem aktuellen Stand der wissenschaftlichen Erkenntnisse auf dem Gebiet der Medizin, Zahnmedizin oder Psychotherapie entsprechen. ³Sie müssen frei von wirtschaftlichen Interessen sein.

(2) [1]Der Nachweis über die Fortbildung kann durch Fortbildungszertifikate der Kammern der Ärzte, der Zahnärzte sowie der Psychotherapeuten erbracht werden. [2]Andere Fortbildungszertifikate müssen den Kriterien entsprechen, die die jeweilige Arbeitsgemeinschaft der Kammern dieser Berufe auf Bundesebene aufgestellt hat. [3]In Ausnahmefällen kann die Übereinstimmung der Fortbildung mit den Anforderungen nach Absatz 1 Satz 2 und 3 auch durch sonstige Nachweise erbracht werden; die Einzelheiten werden von den Kassenärztlichen Bundesvereinigungen nach Absatz 6 Satz 2 geregelt.

(3) [1]Ein Vertragsarzt hat alle fünf Jahre gegenüber der Kassenärztlichen Vereinigung den Nachweis zu erbringen, dass er in dem zurückliegenden Fünfjahreszeitraum seiner Fortbildungspflicht nach Absatz 1 nachgekommen ist; für die Zeit des Ruhens der Zulassung ist die Frist unterbrochen. [2]Endet die bisherige Zulassung infolge Wegzugs des Vertragsarztes aus dem Bezirk seines Vertragsarztsitzes, läuft die bisherige Frist weiter. [3]Erbringt ein Vertragsarzt den Fortbildungsnachweis nicht oder nicht vollständig, ist die Kassenärztliche Vereinigung verpflichtet, das an ihn zu zahlende Honorar aus der Vergütung vertragsärztlicher Tätigkeit für die ersten vier Quartale, die auf den Fünfjahreszeitraum folgen, um 10 vom Hundert zu kürzen, ab dem darauf folgenden Quartal um 25 vom Hundert. [4]Ein Vertragsarzt kann die für den Fünfjahreszeitraum festgelegte Fortbildung binnen zwei Jahren ganz oder teilweise nachholen; die nachgeholte Fortbildung wird auf den folgenden Fünfjahreszeitraum nicht angerechnet. [5]Die Honorarkürzung endet nach Ablauf des Quartals, in dem der vollständige Fortbildungsnachweis erbracht wird. [6]Erbringt ein Vertragsarzt den Fortbildungsnachweis nicht spätestens zwei Jahre nach Ablauf des Fünfjahreszeitraums, soll die Kassenärztliche Vereinigung unverzüglich gegenüber dem Zulassungsausschuss einen Antrag auf Entziehung der Zulassung stellen. [7]Wird die Zulassungsentziehung abgelehnt, endet die Honorarkürzung nach Ablauf des Quartals, in dem der Vertragsarzt den vollständigen Fortbildungsnachweis des folgenden Fünfjahreszeitraums erbringt.

(4) Die Absätze 1 bis 3 gelten für ermächtigte Ärzte entsprechend.

(5) [1]Die Absätze 1 und 2 gelten entsprechend für angestellte Ärzte eines medizinischen Versorgungszentrums, eines Vertragsarztes oder einer Einrichtung nach § 105 Absatz 1 Satz 2, Absatz 5 oder nach § 119b. [2]Den Fortbildungsnachweis nach Absatz 3 für die von ihm angestellten Ärzte führt das medizinische Versorgungszentrum oder der Vertragsarzt; für die in einer Einrichtung nach § 105 Absatz 5 oder nach § 119b angestellten Ärzte wird der Fortbildungsnachweis nach Absatz 3 von der Einrichtung geführt. [3]Übt ein angestellter Arzt die Beschäftigung länger als drei Monate nicht aus, hat die Kassenärztliche Vereinigung auf Antrag den Fünfjahreszeitraum um die Fehlzeiten zu verlängern. [4]Absatz 3 Satz 2 bis 5 und 7 gilt entsprechend mit der Maßgabe, dass das Honorar des medizinischen Versorgungszentrums, des Vertragsarztes oder der Einrichtung nach § 105 Absatz 1 Satz 2, Absatz 5 oder nach § 119b gekürzt wird. [5]Die Honorarkürzung endet auch dann, wenn der Kassenärztlichen Vereinigung die Beendigung des Beschäftigungsverhältnisses nachgewiesen wird, nach Ablauf des Quartals, in dem das Beschäftigungsverhältnis endet. [6]Besteht das Beschäftigungsverhältnis fort und wird nicht spätestens zwei Jahre nach Ablauf des Fünfjahreszeitraums für einen angestellten Arzt der Fortbildungsnachweis gemäß Satz 2 erbracht, soll die Kassenärztliche Vereinigung unverzüglich gegenüber dem Zulassungsausschuss einen Antrag auf Widerruf der Genehmigung der Anstellung stellen.

(6) [1]Die Kassenärztlichen Bundesvereinigungen regeln im Einvernehmen mit den zuständigen Arbeitsgemeinschaften der Kammern auf Bundesebene den angemessenen Umfang der im Fünfjahreszeitraum notwendigen Fortbildung. [2]Die Kassenärztlichen Bundesvereinigungen regeln das Verfahren des Fortbildungsnachweises und der Honorarkürzung. [3]Es ist insbesondere festzulegen, in welchen Fällen Vertragsärzte bereits vor Ablauf des Fünfjahreszeitraums Anspruch auf eine schriftliche oder elektronische Anerkennung abgeleisteter Fortbildung haben. [4]Die Regelungen sind für die Kassenärztlichen Vereinigungen verbindlich.

§ 95e
Berufshaftpflichtversicherung

(1) [1]Der Vertragsarzt ist verpflichtet, sich ausreichend gegen die sich aus seiner Berufsausübung ergebenden Haftpflichtgefahren zu versichern. [2]Ein Berufshaftpflichtversicherungsschutz ist ausreichend, wenn das individuelle Haftungsrisiko des Vertragsarztes versichert ist; die Mindestversicherungssumme nach Absatz 2 darf nicht

unterschritten werden. [3]Die Pflicht nach Satz 1 kann durch eine Versicherung erfüllt werden, die zur Erfüllung einer kraft Landesrechts oder kraft Standesrechts bestehenden Pflicht zur Versicherung abgeschlossen wurde, sofern der Versicherungsschutz den Anforderungen nach den Sätzen 1 und 2 und Absatz 2 entspricht.

(2) [1]Die Mindestversicherungssumme beträgt drei Millionen Euro für Personen- und Sachschäden für jeden Versicherungsfall. [2]Die Leistungen des Versicherers für alle innerhalb eines Jahres verursachten Schäden dürfen nicht weiter als auf den zweifachen Betrag der Mindestversicherungssumme begrenzt werden. [3]Der Spitzenverband Bund der Krankenkassen kann jeweils mit der Bundesärztekammer, der Bundeszahnärztekammer, der Bundespsychotherapeutenkammer und der jeweiligen Kassenärztlichen Bundesvereinigung bis zum 20. Januar 2022 höhere Mindestversicherungssummen als die in Satz 1 genannte Mindestversicherungssumme vereinbaren.

(3) [1]Der Vertragsarzt hat das Bestehen eines ausreichenden Berufshaftpflichtversicherungsschutzes durch eine Versicherungsbescheinigung nach § 113 Absatz 2 des Versicherungsvertragsgesetzes gegenüber dem Zulassungsausschuss nachzuweisen

1. bei Stellung des Antrags auf Zulassung, auf Ermächtigung und auf Genehmigung einer Anstellung sowie
2. auf Verlangen des Zulassungsausschusses.

[2]Der Vertragsarzt ist verpflichtet, dem zuständigen Zulassungsausschuss Folgendes unverzüglich anzuzeigen:

1. das Nichtbestehen des Versicherungsverhältnisses,
2. die Beendigung des Versicherungsverhältnisses sowie
3. Änderungen des Versicherungsverhältnisses, die den vorgeschriebenen Versicherungsschutz im Verhältnis zu Dritten beeinträchtigen können.

[3]Die Zulassungsausschüsse sind zuständige Stellen im Sinne des § 117 Absatz 2 des Versicherungsvertragsgesetzes.

(4) [1]Erlangt der Zulassungsausschuss Kenntnis, dass kein oder kein ausreichender Berufshaftpflichtversicherungsschutz besteht oder dass dieser endet, fordert er den Vertragsarzt unverzüglich zur Vorlage einer Versicherungsbescheinigung nach § 113 Absatz 2 des Versicherungsvertragsgesetzes auf. [2]Kommt der Vertragsarzt der Aufforderung nach Satz 1 nicht unverzüglich nach, hat der Zulassungsausschuss das Ruhen der Zulassung spätestens bis zum Ablauf der Nachhaftungsfrist des § 117 Absatz 2 des Versicherungsvertragsgesetzes mit sofortiger Wirkung zu beschließen. [3]Satz 2 gilt im Fall der bevorstehenden Beendigung des Berufshaftpflichtversicherungsschutzes entsprechend, wenn der Vertragsarzt der Aufforderung nach Satz 1 nicht spätestens bis zum Ende des auslaufenden Versicherungsverhältnisses nachkommt. [4]Der Vertragsarzt ist zuvor auf die Folge des Ruhens der Zulassung nach Satz 2 hinzuweisen. [5]Das Ende des Ruhens der Zulassung wird durch Bescheid des Zulassungsausschusses festgestellt, wenn das Bestehen eines ausreichenden Versicherungsschutzes durch den Vertragsarzt nachgewiesen wurde. [6]Das Ruhen der Zulassung endet mit dem Tag des Zugangs dieses Bescheides bei dem Vertragsarzt. [7]Endet das Ruhen der Zulassung nicht innerhalb von zwei Jahren nach dem Beschluss nach Satz 2, hat der Zulassungsausschuss die Entziehung der Zulassung zu beschließen.

(5) [1]Die Absätze 1 bis 4 gelten entsprechend für ermächtigte Ärzte, soweit für deren Tätigkeit im Rahmen der Ermächtigung kein anderweitiger Versicherungsschutz besteht; Absatz 4 gilt hierbei mit der Maßgabe, dass anstelle des Beschlusses des Ruhens der Zulassung die Ermächtigung zu widerrufen ist. [2]Die Absätze 1, 3 und 4 gelten entsprechend für medizinische Versorgungszentren sowie für Vertragsärzte und Berufsausübungsgemeinschaften mit angestellten Ärzten mit der Maßgabe, dass ein den Anforderungen des Absatzes 1 entsprechender Haftpflichtversicherungsschutz für die gesamte von dem Leistungserbringer ausgehende ärztliche Tätigkeit bestehen muss. [3]Absatz 2 gilt für sie mit der Maßgabe, dass die Mindestversicherungssumme fünf Millionen Euro für Personen- und Sachschäden für jeden Versicherungsfall beträgt; die Leistungen des Versicherers für alle innerhalb eines Jahres verursachten Schäden dürfen nicht weiter als auf den dreifachen Betrag der Mindestversicherungssumme begrenzt werden.

(6) [1]Die Zulassungsausschüsse fordern die bei ihnen zugelassenen Vertragsärzte, medizinischen Versorgungszentren, Berufsausübungsgemeinschaften und ermächtigten Ärzte bis zum 20. Juli 2023 erstmals dazu auf, das Bestehen eines ausreichenden Berufshaftpflichtversicherungsschutzes durch eine Versicherungsbescheinigung nach § 113 Absatz 2 des Versicherungsvertragsgesetzes innerhalb einer Frist von drei Monaten nachzuweisen. [2]Kommen die Leistungserbringer der Aufforderung nicht nach, gilt Absatz 4 Satz 2 bis 7 entsprechend.

(7) Die Zulassungsausschüsse melden der zuständigen Kammer Verstöße gegen die Pflicht nach Absatz 1.

§ 96 Zulassungsausschüsse

(1) Zur Beschlussfassung der Entscheidung in Zulassungssachen errichten die Kassenärztlichen Vereinigungen und die Landesverbände der Krankenkassen sowie die Ersatzkassen für den Bezirk jeder Kassenärztlichen Vereinigung oder für Teile dieses Bezirks (Zulassungsbezirk) einen Zulassungsausschuss für Ärzte und einen Zulassungsausschuss für Zahnärzte.

(2) [1]Die Zulassungsausschüsse bestehen aus Vertretern der Ärzte und der Krankenkassen in gleicher Zahl. [2]Die Vertreter der Ärzte und ihre Stellvertreter werden von den Kassenärztlichen Vereinigungen, die Vertreter der Krankenkassen und ihre Stellvertreter von den Landesverbänden der Krankenkassen und den Ersatzkassen bestellt. [3]Die Mitglieder der Zulassungsausschüsse führen ihr Amt als Ehrenamt. [4]Sie sind an Weisungen nicht gebunden. [5]Den Vorsitz führt abwechselnd ein Vertreter der Ärzte und der Krankenkassen. [6]Die Zulassungsausschüsse beschließen mit einfacher Stimmenmehrheit, bei Stimmengleichheit gilt ein Antrag als abgelehnt.

(2a) [1]Die für die Sozialversicherung zuständigen obersten Landesbehörden haben in den Verfahren, in denen der Zulassungsausschuss für Ärzte eine der folgenden Entscheidungen trifft, ein Mitberatungsrecht:

1. ausnahmsweise Besetzung zusätzlicher Vertragsarztsitze nach § 101 Absatz 1 Satz 1 Nummer 3,
2. Durchführung eines Nachbesetzungsverfahrens nach § 103 Absatz 3a,
3. Besetzung zusätzlicher Vertragsarztsitze auf Grundlage der Entscheidungen der für die Sozialversicherung zuständigen obersten Landesbehörden nach § 103 Absatz 2 Satz 4,
4. Ablehnung einer Nachbesetzung nach § 103 Absatz 4 Satz 10,
5. Ermächtigung von Ärzten und Einrichtungen,
6. Befristung einer Zulassung nach § 19 Absatz 4 der Zulassungsverordnung für Vertragsärzte und
7. Verlegung eines Vertragsarztsitzes oder einer genehmigten Anstellung nach § 24 Absatz 7 der Zulassungsverordnung für Vertragsärzte.

[2]Das Mitberatungsrecht umfasst auch das Recht auf frühzeitige Information über die Verfahrensgegenstände, das Recht zur Teilnahme an den Sitzungen einschließlich des Rechts zur Anwesenheit bei der Beschlussfassung sowie das Recht zur Stellung verfahrensleitender Anträge.

(3) [1]Die Geschäfte der Zulassungsausschüsse werden bei den Kassenärztlichen Vereinigungen geführt. [2]Die Kosten der Zulassungsausschüsse werden, soweit sie nicht durch Gebühren gedeckt sind, je zur Hälfte von den Kassenärztlichen Vereinigungen einerseits und den Landesverbänden der Krankenkassen und den Ersatzkassen andererseits getragen.

(4) [1]Gegen die Entscheidungen der Zulassungsausschüsse können die am Verfahren beteiligten Ärzte und Einrichtungen, die Kassenärztlichen Vereinigungen und die Landesverbände der Krankenkassen sowie die Ersatzkassen den Berufungsausschuss anrufen. [2]Die Anrufung hat aufschiebende Wirkung.

§ 97 Berufungsausschüsse

(1) [1]Die Kassenärztlichen Vereinigungen und die Landesverbände der Krankenkassen sowie die Ersatzkassen errichten für den Bezirk jeder Kassenärztlichen Vereinigung einen Berufungsausschuss für Ärzte und einen Berufungsausschuss für Zahnärzte. [2]Sie können nach Bedarf mehrere Berufungsausschüsse für den Bezirk einer Kassenärztlichen Vereinigung oder einen gemeinsamen Berufungsausschuss für die Bezirke mehrerer Kassenärztlicher Vereinigungen errichten.

(2) [1]Die Berufungsausschüsse bestehen aus einem Vorsitzenden mit der Befähigung zum Richteramt und aus Vertretern der Ärzte einerseits und der Landesverbände der Krankenkassen sowie der Ersatzkassen andererseits in gleicher Zahl als Beisitzern. [2]Über den Vorsitzenden sollen sich die Beisitzer einigen. [3]Kommt eine Einigung nicht zustande, beruft ihn die für die Sozialversicherung zuständige oberste Verwaltungsbehörde im Benehmen mit den Kassenärztlichen Vereinigungen und den Landesverbänden der Krankenkassen sowie den Ersatzkassen. [4]§ 96 Abs. 2 Satz 2 bis 5 und 7 und Abs. 3 gilt entsprechend.

(3) [1]Für das Verfahren sind § 84 Abs. 1 und § 85 Abs. 3 des Sozialgerichtsgesetzes anzuwenden. [2]Das Verfahren vor dem Berufungsausschuss gilt als Vorverfahren (§ 78 des Sozialgerichtsgesetzes).

(4) Der Berufungsausschuss kann die sofortige Vollziehung seiner Entscheidung im öffentlichen Interesse anordnen.

(5) [1]Die Aufsicht über die Geschäftsführung der Zulassungsausschüsse und der Berufungsausschüsse führen die für die Sozialversicherung zuständigen obersten Verwaltungsbehörden der Länder. [2]Sie berufen die Vertreter der Ärzte und der Krankenkassen, wenn und solange die Kassenärztlichen Vereinigungen, die Landesverbände der Krankenkassen oder die Ersatzkassen diese nicht bestellen.

§ 98
Zulassungsverordnungen

(1) [1]Die Zulassungsverordnungen regeln das Nähere über die Teilnahme an der vertragsärztlichen Versorgung sowie die zu ihrer Sicherstellung erforderliche Bedarfsplanung (§ 99) und die Beschränkung von Zulassungen. [2]Sie werden vom Bundesministerium für Gesundheit mit Zustimmung des Bundesrates als Rechtsverordnung erlassen.

(2) Die Zulassungsverordnungen müssen Vorschriften enthalten über

1. die Zahl, die Bestellung und die Abberufung der Mitglieder der Ausschüsse sowie ihrer Stellvertreter, ihre Amtsdauer, ihre Amtsführung und die ihnen zu gewährende Erstattung der baren Auslagen und Entschädigung für Zeitaufwand,
2. die Geschäftsführung der Ausschüsse,
3. das Verfahren der Ausschüsse entsprechend den Grundsätzen des Vorverfahrens in der Sozialgerichtsbarkeit einschließlich der Voraussetzungen und Rahmenbedingungen für die Durchführung von Sitzungen der Ausschüsse mittels Videotechnik,
4. die Verfahrensgebühren unter Berücksichtigung des Verwaltungsaufwandes und der Bedeutung der Angelegenheit für den Gebührenschuldner sowie über die Verteilung der Kosten der Ausschüsse auf die beteiligten Verbände,
5. die Führung der Arztregister durch die Kassenärztlichen Vereinigungen und die Führung von Bundesarztregistern durch die Kassenärztlichen Bundesvereinigungen sowie das Recht auf Einsicht in diese Register und die Registerakten, insbesondere durch die betroffenen Ärzte und Krankenkassen,
6. das Verfahren für die Eintragung in die Arztregister sowie über die Verfahrensgebühren unter Berücksichtigung des Verwaltungsaufwandes und der Bedeutung der Angelegenheit für den Gebührenschuldner,
7. die Bildung und Abgrenzung der Zulassungsbezirke,
8. die Aufstellung, Abstimmung, Fortentwicklung und Auswertung der für die mittel- und langfristige Sicherstellung der vertragsärztlichen Versorgung erforderlichen Bedarfspläne sowie die hierbei notwendige Zusammenarbeit mit anderen Stellen, deren Unterrichtung und die Beratung in den Landesausschüssen der Ärzte und Krankenkassen,
9. die Ausschreibung von Vertragsarztsitzen,
10. die Voraussetzungen für die Zulassung hinsichtlich der Vorbereitung und der Eignung zur Ausübung der vertragsärztlichen Tätigkeit sowie die nähere Bestimmung des zeitlichen Umfangs des Versorgungsauftrages aus der Zulassung,
11. die Voraussetzungen, unter denen Ärzte, insbesondere in Krankenhäusern und Einrichtungen der beruflichen Rehabilitation, oder in besonderen Fällen Einrichtungen durch die Zulassungsausschüsse zur Teilnahme an der vertragsärztlichen Versorgung ermächtigt werden können, die

Rechte und Pflichten der ermächtigten Ärzte und ermächtigten Einrichtungen sowie die Zulässigkeit einer Vertretung von ermächtigten Krankenhausärzten durch Ärzte mit derselben Gebietsbezeichnung,

12. die Voraussetzungen für das Ruhen, die Entziehung und eine Befristung von Zulassungen,

13. die Voraussetzungen, unter denen nach den Grundsätzen der Ausübung eines freien Berufes die Vertragsärzte angestellte Ärzte, Assistenten und Vertreter in der vertragsärztlichen Versorgung beschäftigen dürfen oder die vertragsärztliche Tätigkeit an weiteren Orten ausüben können,

13a. die Voraussetzungen, unter denen die zur vertragsärztlichen Versorgung zugelassenen Leistungserbringer die vertragsärztliche Tätigkeit gemeinsam ausüben können,

14. die Teilnahme an der vertragsärztlichen Versorgung durch Ärzte, denen die zuständige deutsche Behörde eine Erlaubnis zur vorübergehenden Ausübung des ärztlichen Berufes erteilt hat, sowie durch Ärzte, die zur vorübergehenden Erbringung von Dienstleistungen im Sinne des Artikels 50 des Vertrages zur Gründung der Europäischen Gemeinschaft oder des Artikels 37 des Abkommens über den Europäischen Wirtschaftsraum im Inland tätig werden,

15. die zur Sicherstellung der vertragsärztlichen Versorgung notwendigen angemessenen Fristen für die Beendigung der vertragsärztlichen Tätigkeit bei Verzicht.

(3) Absatz 2 Nummer 12 gilt nicht für die Zulassungsverordnung für Vertragszahnärzte.

Achter Titel

Bedarfsplanung, Unterversorgung, Überversorgung

§ 99 Bedarfsplan

(1) [1]Die Kassenärztlichen Vereinigungen haben im Einvernehmen mit den Landesverbänden der Krankenkassen und den Ersatzkassen nach Maßgabe der vom Gemeinsamen Bundesausschuss erlassenen Richtlinien auf Landesebene einen Bedarfsplan zur Sicherstellung der vertragsärztlichen Versorgung aufzustellen und jeweils der Entwicklung anzupassen. [2]Die Ziele und Erfordernisse der Raumordnung und Landesplanung sowie der Krankenhausplanung sind zu beachten. [3]Soweit es zur Berücksichtigung regionaler Besonderheiten, insbesondere der regionalen Demografie und Morbidität, für eine bedarfsgerechte Versorgung erforderlich ist, kann von den Richtlinien des Gemeinsamen Bundesausschusses abgewichen werden. [4]Den zuständigen Landesbehörden und den auf Landesebene für die Wahrnehmung der Interessen der Patientinnen und Patienten und der Selbsthilfe chronisch kranker und behinderter Menschen maßgeblichen Organisationen ist Gelegenheit zur Stellungnahme zu geben. [5]Der aufgestellte oder angepasste Bedarfsplan ist der für die Sozialversicherung zuständigen obersten Landesbehörde vorzulegen. [6]Sie kann den Bedarfsplan innerhalb einer Frist von zwei Monaten beanstanden. [7]Der Bedarfsplan ist in geeigneter Weise zu veröffentlichen.

(2) [1]Kommt das Einvernehmen zwischen den Kassenärztlichen Vereinigungen, den Landesverbänden der Krankenkassen und den Ersatzkassen nicht zustande, kann jeder der Beteiligten den Landesausschuss der Ärzte und Krankenkassen anrufen. [2]Dies gilt auch für den Fall, dass kein Einvernehmen darüber besteht, wie einer Beanstandung des Bedarfsplans abzuhelfen ist.

(3) Die Landesausschüsse beraten die Bedarfspläne nach Absatz 1 und entscheiden im Falle des Absatzes 2.

§ 100 Unterversorgung

(1) [1]Den Landesausschüssen der Ärzte und Krankenkassen obliegt die Feststellung, dass in bestimmten Gebieten eines Zulassungsbezirks eine ärztliche Unterversorgung eingetreten ist oder in absehbarer Zeit droht; die durch Ermächtigung an der vertragsärztlichen Versorgung teilnehmenden Ärzte und die Ärzte, die in ermächtigten Einrichtungen tätig sind, sind bei der Feststellung einer Unterversorgung nicht zu berücksichtigen. [2]Sie haben den für die betroffenen Gebiete zuständigen Kassenärztlichen Vereinigungen eine angemessene Frist zur Beseitigung oder Abwendung der Unterversorgung einzuräumen.

(2) Konnte durch Maßnahmen einer Kassenärztlichen Vereinigung oder durch andere geeignete Maßnahmen die Sicherstellung nicht gewährleistet werden und dauert die Unterversorgung auch

nach Ablauf der Frist an, haben die Landesausschüsse mit verbindlicher Wirkung für die Zulassungsausschüsse nach deren Anhörung Zulassungsbeschränkungen in anderen Gebieten nach den Zulassungsverordnungen anzuordnen.

(3) Den Landesausschüssen der Ärzte und Krankenkassen obliegt nach Maßgabe der Richtlinien nach § 101 Abs. 1 Nr. 3a die Feststellung, dass in einem nicht unterversorgten Planungsbereich zusätzlicher lokaler Versorgungsbedarf besteht.

(4) Absatz 1 Satz 2 und Absatz 2 gelten nicht für Zahnärzte.

§ 101
Überversorgung

(1) [1]Der Gemeinsame Bundesausschuss beschließt in Richtlinien Bestimmungen über

1. einheitliche Verhältniszahlen für den allgemeinen bedarfsgerechten Versorgungsgrad in der vertragsärztlichen Versorgung,

2. Maßstäbe für eine ausgewogene hausärztliche und fachärztliche Versorgungsstruktur,

2a. Regelungen, mit denen bei der Berechnung des Versorgungsgrades die von Ärzten erbrachten spezialfachärztlichen Leistungen nach § 116b berücksichtigt werden,

2b. Regelungen, mit denen bei der Berechnung des Versorgungsgrades die durch Ermächtigung an der vertragsärztlichen Versorgung teilnehmenden Ärzte und die Ärzte, die in ermächtigten Einrichtungen tätig sind, berücksichtigt werden, einschließlich Vorgaben zum Inhalt und zum Verfahren der Meldungen der ermächtigten Einrichtungen an die Kassenärztlichen Vereinigungen nach Satz 12,

3. Vorgaben für die ausnahmsweise Besetzung zusätzlicher Vertragsarztsitze, soweit diese zur Gewährleistung der ärztlichen Versorgung in einem Versorgungsbereich unerlässlich sind, um einen zusätzlichen lokalen oder einen qualifikationsbezogenen Versorgungsbedarf insbesondere innerhalb einer Arztgruppe zu decken,

3a. allgemeine Voraussetzungen, nach denen die Landesausschüsse der Ärzte und Krankenkassen nach § 100 Abs. 3 einen zusätzlichen lokalen Versorgungsbedarf in nicht unterversorgten Planungsbereichen feststellen können,

4. Ausnahmeregelungen für die Zulassung eines Arztes in einem Planungsbereich, für den Zulassungsbeschränkungen angeordnet sind, sofern der Arzt die vertragsärztliche Tätigkeit gemeinsam mit einem dort bereits tätigen Vertragsarzt desselben Fachgebiets oder, sofern die Weiterbildungsordnungen Facharztbezeichnungen vorsehen, derselben Facharztbezeichnung ausüben will und sich die Partner der Berufsausübungsgemeinschaft gegenüber dem Zulassungsausschuss zu einer Leistungsbegrenzung verpflichten, die den bisherigen Praxisumfang nicht wesentlich überschreitet, dies gilt für die Anstellung eines Arztes in einer Einrichtung nach § 400 Abs. 2 Satz 1 und in einem medizinischen Versorgungszentrum entsprechend; bei der Ermittlung des Versorgungsgrades ist der Arzt nicht mitzurechnen,

5. Regelungen für die Anstellung von Ärzten bei einem Vertragsarzt desselben Fachgebiets oder, sofern die Weiterbildungsordnungen Facharztbezeichnungen vorsehen, mit derselben Facharztbezeichnung in einem Planungsbereich, für den Zulassungsbeschränkungen angeordnet sind, sofern sich der Vertragsarzt gegenüber dem Zulassungsausschuss zu einer Leistungsbegrenzung verpflichtet, die den bisherigen Praxisumfang nicht wesentlich überschreitet, und Ausnahmen von der Leistungsbegrenzung, soweit und solange dies zur Deckung eines zusätzlichen lokalen Versorgungsbedarfs erforderlich ist; bei der Ermittlung des Versorgungsgrades sind die angestellten Ärzte nicht mitzurechnen,

6. Ausnahmeregelungen zur Leistungsbegrenzung nach den Nummern 4 und 5 im Fall eines unterdurchschnittlichen Praxisumfangs; für psychotherapeutische Praxen mit unterdurchschnittlichem Praxisumfang soll eine Vergrößerung des Praxisumfangs nicht auf den Fachgruppendurchschnitt begrenzt werden.

[2]Sofern die Weiterbildungsordnungen mehrere Facharztbezeichnungen innerhalb desselben Fachgebiets vorsehen, bestimmen die Richtlinien nach Nummer 4 und 5 auch, welche Facharztbezeichnungen bei der gemeinschaftlichen Berufsausübung nach Nummer 4 und bei der Anstellung nach Nummer 5 vereinbar sind. [3]Überversorgung

ist anzunehmen, wenn der allgemeine bedarfsgerechte Versorgungsgrad um zehn vom Hundert überschritten ist. [4]Der allgemeine bedarfsgerechte Versorgungsgrad ist erstmals bundeseinheitlich zum Stand vom 31. Dezember 1990 zu ermitteln. [5]Bei der Ermittlung des Versorgungsgrades ist die Entwicklung des Zugangs zur vertragsärztlichen Versorgung seit dem 31. Dezember 1980 arztgruppenspezifisch angemessen zu berücksichtigen. [6]Die regionalen Planungsbereiche sind mit Wirkung zum 1. Januar 2013 so festzulegen, dass eine flächendeckende Versorgung sichergestellt wird. [7]Der Gemeinsame Bundesausschuss trifft mit Wirkung zum 1. Juli 2019 die erforderlichen Anpassungen für eine bedarfsgerechte Versorgung nach Prüfung der Verhältniszahlen gemäß Absatz 2 Nummer 3 und unter Berücksichtigung der Möglichkeit zu einer kleinräumigen Planung, insbesondere für die Arztgruppe nach Absatz 4. [8]Er kann innerhalb der einzelnen Arztgruppen nach Fachgebieten, Facharztkompetenzen oder Schwerpunktkompetenzen differenzierte Mindest- oder Höchstversorgungsanteile für Ärzte dieser Fachgebiete oder für Ärzte mit entsprechenden Facharztkompetenzen oder Schwerpunktkompetenzen festlegen; die Festlegung von Mindest- oder Höchstversorgungsanteilen hat keine Auswirkungen auf die für die betreffenden Arztgruppen festgesetzten Verhältniszahlen. [9]Bei der Berechnung des Versorgungsgrades in einem Planungsbereich sind Vertragsärzte mit einem hälftigen Versorgungsauftrag mit dem Faktor 0,5 sowie die bei einem Vertragsarzt nach § 95 Abs. 9 Satz 1 angestellten Ärzte, die in einem medizinischen Versorgungszentrum angestellten Ärzte und die in einer Einrichtung nach § 105 Absatz 1 Satz 2 angestellten Ärzte entsprechend ihrer Arbeitszeit anteilig zu berücksichtigen. [10]Erbringen die in Satz 9 genannten Ärzte spezialfachärztliche Leistungen nach § 116b, ist dies bei der Berechnung des Versorgungsgrades nach Maßgabe der Bestimmungen nach Satz 1 Nummer 2a zu berücksichtigen. [11]Die Berücksichtigung ermächtigter Ärzte und der in ermächtigten Einrichtungen tätigen Ärzte erfolgt nach Maßgabe der Bestimmungen nach Satz 1 Nummer 2b. [12]Die Anzahl der in ermächtigten Einrichtungen tätigen Ärzte sowie geeignete Angaben zur Ermittlung des auf den Versorgungsgrad anzurechnenden Leistungsumfangs werden von den ermächtigten Einrichtungen quartalsweise an die Kassenärztlichen Vereinigungen gemeldet und in den Bedarfsplänen gemäß § 99 erfasst. [13]Der Gemeinsame Bundesausschuss kann im Rahmen einer befristeten Übergangsregelung zur Umsetzung des Auftrags nach Satz 7 bestimmen, dass die Landesausschüsse der Ärzte und Krankenkassen Zulassungsbeschränkungen für einzelne Arztgruppen und Planungsbereiche zur Sicherstellung einer gleichmäßigen Versorgung in verschiedenen Planungsbereichen auf gemeinsamen Antrag der Kassenärztlichen Vereinigungen, der Landesverbände der Krankenkassen sowie der Ersatzkassen auch bei einem Versorgungsgrad zwischen 100 Prozent und 110 Prozent anordnen können. [14]Festlegungen nach Satz 8 sind bei der Ermittlung des Versorgungsgrades nur zu berücksichtigen, sofern die entsprechenden Sitze besetzt sind. [15]Der Gemeinsame Bundesausschuss bestimmt, ob die nach Satz 8 festgelegten Mindestversorgungsanteile im Fall der Überversorgung auch durch Erteilung zusätzlicher Zulassungen und Anstellungsgenehmigungen aufzufüllen sind.

(2) Der Gemeinsame Bundesausschuss hat die auf der Grundlage des Absatzes 1 Satz 4 und 5 ermittelten Verhältniszahlen anzupassen oder neue Verhältniszahlen festzulegen, wenn dies erforderlich ist

1. wegen der Änderung der fachlichen Ordnung der Arztgruppen,
2. weil die Zahl der Ärzte einer Arztgruppe bundesweit die Zahl 1000 übersteigt oder
3. zur Sicherstellung der bedarfsgerechten Versorgung; dabei sind insbesondere die demografische Entwicklung sowie die Sozial- und Morbiditätsstruktur zu berücksichtigen.

(3) [1]Im Falle des Absatzes 1 Satz 1 Nr. 4 erhält der Arzt eine auf die Dauer der gemeinsamen vertragsärztlichen Tätigkeit beschränkte Zulassung. [2]Die Beschränkung und die Leistungsbegrenzung nach Absatz 1 Satz 1 Nr. 4 enden bei Aufhebung der Zulassungsbeschränkungen nach § 103 Abs. 3, spätestens jedoch nach zehnjähriger gemeinsamer vertragsärztlicher Tätigkeit. [3]Endet die Beschränkung, wird der Arzt bei der Ermittlung des Versorgungsgrades mitgerechnet. [4]Im Falle der Praxisfortführung nach § 103 Abs. 4 ist bei der Auswahl der Bewerber die gemeinschaftliche Praxisausübung des in Absatz 1 Satz 1 Nr. 4 genannten Arztes erst nach mindestens fünfjähriger gemeinsamer vertragsärztlicher Tätigkeit zu berücksichtigen. [5]Für die Einrichtungen nach § 400 Abs. 2 Satz 1 gelten die Sätze 2 und 3 entsprechend.

(3a) [1]Die Leistungsbegrenzung nach Absatz 1 Satz 1 Nr. 5 endet bei Aufhebung der Zulassungsbeschränkungen. [2]Endet die Leistungsbegrenzung, wird der angestellte Arzt bei der Ermittlung des Versorgungsgrades mitgerechnet.

(4) [1]Überwiegend oder ausschließlich psychotherapeutisch tätige Ärzte und Psychotherapeuten bilden eine Arztgruppe im Sinne des Absatzes 2. [2]Der allgemeine bedarfsgerechte Versorgungsgrad ist für diese Arztgruppe erstmals zum Stand vom 1. Januar 1999 zu ermitteln. [3]Zu zählen sind die zugelassenen Ärzte sowie die Psychotherapeuten, die nach § 95 Abs. 10 in der bis zum 31. August 2020 geltenden Fassung zugelassen werden. [4]Dabei sind überwiegend psychotherapeutisch tätige Ärzte mit dem Faktor 0,7 zu berücksichtigen. [5]In den Richtlinien nach Absatz 1 ist für die Zeit bis zum 31. Dezember 2015 sicherzustellen, dass mindestens ein Versorgungsanteil in Höhe von 25 Prozent der regional maßgeblichen Verhältniszahl den überwiegend oder ausschließlich psychotherapeutisch tätigen Ärzten und mindestens ein Versorgungsanteil in Höhe von 20 Prozent der regional maßgeblichen Verhältniszahl den Leistungserbringern nach Satz 1, die ausschließlich Kinder und Jugendliche psychotherapeutisch betreuen, vorbehalten ist. [6]Ab dem 1. Januar 2016 gelten die in Satz 5 vorgesehenen Mindestversorgungsanteile mit der Maßgabe fort, dass der Gemeinsame Bundesausschuss ihre Höhe aus Versorgungsgründen bedarfsgerecht anpassen kann; zudem können innerhalb des Mindestversorgungsanteils für überwiegend oder ausschließlich psychotherapeutisch tätige Ärzte weitere nach Fachgebieten differenzierte Mindestversorgungsanteile vorgesehen werden. [7]Bei der Feststellung der Überversorgung nach § 103 Abs. 1 sind die ermächtigten Psychotherapeuten nach § 95 Abs. 11 in der bis zum 31. August 2020 geltenden Fassung mitzurechnen.

(5) [1]Hausärzte (§ 73 Abs. 1a) bilden ab dem 1. Januar 2001 mit Ausnahme der Kinder- und Jugendärzte eine Arztgruppe im Sinne des Absatzes 2; Absatz 4 bleibt unberührt. [2]Der allgemeine bedarfsgerechte Versorgungsgrad ist für diese Arztgruppe erstmals zum Stand vom 31. Dezember 1995 zu ermitteln. [3]Die Verhältniszahlen für die an der fachärztlichen Versorgung teilnehmenden Internisten sind zum Stand vom 31. Dezember 1995 neu zu ermitteln. [4]Der Gemeinsame Bundesausschuss hat die neuen Verhältniszahlen bis zum 31. März 2000 zu beschließen. [5]Der Landesausschuss hat die Feststellungen nach §103 Abs. 1 Satz 1 erstmals zum Stand vom 31. Dezember 2000 zu treffen. [6]Ein Wechsel für Internisten ohne Schwerpunktbezeichnung in die hausärztliche oder fachärztliche Versorgung ist nur dann zulässig, wenn dafür keine Zulassungsbeschränkungen nach § 103 Abs. 1 angeordnet sind.

(6) Absatz 1 Satz 1 Nummer 2a, 2b, 3, 4, 5 und 6 und die Absätze 3 und 3a gelten nicht für Zahnärzte.

§ 102
Bedarfszulassung

(aufgehoben)

§ 103
Zulassungsbeschränkungen

(1) [1]Die Landesausschüsse der Ärzte und Krankenkassen stellen fest, ob eine Überversorgung vorliegt; die durch Ermächtigung an der vertragsärztlichen Versorgung teilnehmenden Ärzte und die Ärzte, die in ermächtigten Einrichtungen tätig sind, sind bei der Feststellung einer Überversorgung nicht zu berücksichtigen. [2]Wenn dies der Fall ist, hat der Landesausschuss nach den Vorschriften der Zulassungsverordnungen und unter Berücksichtigung der Richtlinien des Gemeinsamen Bundesausschusses Zulassungsbeschränkungen anzuordnen. [3]Darüber hinaus treffen die Landesausschüsse eine Feststellung, wenn der allgemeine bedarfsgerechte Versorgungsgrad um 40 Prozent überschritten ist.

(2) [1]Die Zulassungsbeschränkungen sind räumlich zu begrenzen. [2]Sie können einen oder mehrere Planungsbereiche einer Kassenärztlichen Vereinigung umfassen. [3]Sie sind arztgruppenbezogen unter angemessener Berücksichtigung der Besonderheiten bei den Kassenarten anzuordnen. [4]Die für die Sozialversicherung zuständigen obersten Landesbehörden können ländliche oder strukturschwache Teilgebiete eines Planungsbereichs bestimmen, die auf ihren Antrag für einzelne Arztgruppen oder Fachrichtungen von den Zulassungsbeschränkungen auszunehmen sind; in dem Antrag ist die Anzahl der zusätzlichen Zulassungsmöglichkeiten arztgruppenbezogen festzulegen. [5]Die zusätzlichen Zulassungsmöglichkeiten sind an das nach Satz 4 bestimmte Teilgebiet gebunden. [6]Für die Bestimmung der ländlichen und strukturschwachen Teilgebiete stellt der Landesausschuss im Einvernehmen mit der für die Sozialversicherung zuständigen obersten Landesbehörde allgemeingültige Kri-

terien auf, die den jeweiligen Entscheidungen zugrunde zu legen sind. [7]Der Landesausschuss hat sich dabei an den laufenden Raumbeobachtungen und Raumabgrenzungen des Bundesinstituts für Bau-, Stadt- und Raumforschung zu orientieren oder eine vergleichbare Abgrenzung ländlicher Gebiete durch die für die Landesplanung zuständigen Stellen zugrunde zu legen. [8]Die zusätzlichen Arztsitze sind in den von den Kassenärztlichen Vereinigungen im Einvernehmen mit den Landesverbänden der Krankenkassen und den Ersatzkassen gemäß § 99 aufzustellenden Bedarfsplänen auszuweisen.

(3) Die Zulassungsbeschränkungen sind aufzuheben, wenn die Voraussetzungen für eine Überversorgung entfallen sind.

(3a) [1]Wenn die Zulassung eines Vertragsarztes in einem Planungsbereich, für den Zulassungsbeschränkungen angeordnet sind, durch Tod, Verzicht oder Entziehung endet und die Praxis von einem Nachfolger weitergeführt werden soll, entscheidet der Zulassungsausschuss auf Antrag des Vertragsarztes oder seiner zur Verfügung über die Praxis berechtigten Erben, ob ein Nachbesetzungsverfahren nach Absatz 4 für den Vertragsarztsitz durchgeführt werden soll. [2]Satz 1 gilt auch bei Verzicht auf die Hälfte oder eines Viertels der Zulassung oder bei Entziehung der Hälfte oder eines Viertels der Zulassung; Satz 1 gilt nicht, wenn ein Vertragsarzt, dessen Zulassung befristet ist, vor Ablauf der Frist auf seine Zulassung verzichtet. [3]Der Zulassungsausschuss kann den Antrag ablehnen, wenn eine Nachbesetzung des Vertragsarztsitzes aus Versorgungsgründen nicht erforderlich ist; dies gilt nicht, sofern die Praxis von einem Nachfolger weitergeführt werden soll, der dem in Absatz 4 Satz 5 Nummer 4, 5 und 6 bezeichneten Personenkreis angehört oder der sich verpflichtet, die Praxis in ein anderes Gebiet des Planungsbereichs zu verlegen, in dem nach Mitteilung der Kassenärztlichen Vereinigung aufgrund einer zu geringen Ärztedichte ein Versorgungsbedarf besteht oder sofern mit der Nachbesetzung Festlegungen nach § 101 Absatz 1 Satz 8 befolgt werden. [4]Für einen Nachfolger, der dem in Absatz 4 Satz 5 Nummer 4 bezeichneten Personenkreis angehört, gilt Satz 3 zweiter Halbsatz mit der Maßgabe, dass dieser Nachfolger die vertragsärztliche Tätigkeit in einem Gebiet, in dem der Landesausschuss nach § 100 Absatz 1 das Bestehen von Unterversorgung festgestellt hat, nach dem 23. Juli 2015 erstmals aufgenommen hat. [5]Für einen Nachfolger, der dem in Absatz 4 Satz 5 Nummer 6 bezeichneten Personenkreis angehört, gilt Satz 3 zweiter Halbsatz mit der Maßgabe, dass das Anstellungsverhältnis oder der gemeinschaftliche Betrieb der Praxis mindestens drei Jahre lang angedauert haben muss. [6]Satz 5 gilt nicht, wenn das Anstellungsverhältnis oder der gemeinschaftliche Praxisbetrieb vor dem 5. März 2015 begründet wurde. [7]Hat der Landesausschuss eine Feststellung nach Absatz 1 Satz 3 getroffen, soll der Zulassungsausschuss den Antrag auf Durchführung eines Nachbesetzungsverfahrens ablehnen, wenn eine Nachbesetzung des Vertragsarztsitzes aus Versorgungsgründen nicht erforderlich ist. [8]Im Fall des Satzes 7 gelten Satz 3 zweiter Halbsatz sowie die Sätze 4 bis 6 entsprechend; Absatz 4 Satz 9 gilt mit der Maßgabe, dass die Nachbesetzung abgelehnt werden soll. [9]Der Zulassungsausschuss beschließt mit einfacher Stimmenmehrheit; bei Stimmengleichheit ist dem Antrag abweichend von § 96 Absatz 2 Satz 6 zu entsprechen. [10]§ 96 Absatz 4 findet keine Anwendung. [11]Ein Vorverfahren (§ 78 des Sozialgerichtsgesetzes) findet nicht statt. [12]Klagen gegen einen Beschluss des Zulassungsausschusses, mit dem einem Antrag auf Durchführung eines Nachbesetzungsverfahrens entsprochen wird, haben keine aufschiebende Wirkung. [13]Hat der Zulassungsausschuss den Antrag abgelehnt, hat die Kassenärztliche Vereinigung dem Vertragsarzt oder seinen zur Verfügung über die Praxis berechtigten Erben eine Entschädigung in der Höhe des Verkehrswertes der Arztpraxis zu zahlen. [14]Bei der Ermittlung des Verkehrswertes ist auf den Verkehrswert abzustellen, der nach Absatz 4 Satz 8 bei Fortführung der Praxis maßgeblich wäre.

(4) [1]Hat der Zulassungsausschuss in einem Planungsbereich, für den Zulassungsbeschränkungen angeordnet sind, nach Absatz 3a einem Antrag auf Durchführung eines Nachbesetzungsverfahrens entsprochen, hat die Kassenärztliche Vereinigung den Vertragsarztsitz in den für ihre amtlichen Bekanntmachungen vorgesehenen Blättern unverzüglich auszuschreiben und eine Liste der eingehenden Bewerbungen zu erstellen. [2]Satz 1 gilt auch bei hälftigem Verzicht oder bei hälftiger Entziehung der Zulassung oder bei der Festlegung zusätzlicher Zulassungsmöglichkeiten nach Absatz 2 Satz 4. [3]Dem Zulassungsausschuss sowie dem Vertragsarzt oder seinen Erben ist eine Liste der eingehenden Bewerbungen zur Verfügung zu stellen. [4]Unter mehreren Bewerbern, die die ausgeschriebene Praxis als Nachfolger des bisherigen Vertragsarztes fortführen wollen, hat

der Zulassungsausschuss den Nachfolger nach pflichtgemäßem Ermessen auszuwählen. [5]Bei der Auswahl der Bewerber sind folgende Kriterien zu berücksichtigen:

1. die berufliche Eignung,
2. das Approbationsalter,
3. die Dauer der ärztlichen Tätigkeit,
4. eine mindestens fünf Jahre dauernde vertragsärztliche Tätigkeit in einem Gebiet, in dem der Landesausschuss nach § 100 Absatz 1 das Bestehen von Unterversorgung festgestellt hat,
5. ob der Bewerber Ehegatte, Lebenspartner oder ein Kind des bisherigen Vertragsarztes ist,
6. ob der Bewerber ein angestellter Arzt des bisherigen Vertragsarztes oder ein Vertragsarzt ist, mit dem die Praxis bisher gemeinschaftlich betrieben wurde,
7. ob der Bewerber bereit ist, besondere Versorgungsbedürfnisse, die in der Ausschreibung der Kassenärztlichen Vereinigung definiert worden sind, zu erfüllen,
8. Belange von Menschen mit Behinderung beim Zugang zur Versorgung,
9. bei medizinischen Versorgungszentren die Ergänzung des besonderen Versorgungsangebots; dies gilt entsprechend für Vertragsärzte und Berufsausübungsgemeinschaften mit einem besonderen Versorgungsangebot.

[6]Die Festlegungen nach § 101 Absatz 1 Satz 8 sind zu beachten. [7]Ab dem 1. Januar 2006 sind für ausgeschriebene Hausarztsitze vorrangig Allgemeinärzte zu berücksichtigen. [8]Die Dauer der ärztlichen Tätigkeit nach Satz 5 Nummer 3 wird verlängert um Zeiten, in denen die ärztliche Tätigkeit wegen der Erziehung von Kindern oder der Pflege pflegebedürftiger naher Angehöriger in häuslicher Umgebung unterbrochen worden ist. [9]Die wirtschaftlichen Interessen des ausscheidenden Vertragsarztes oder seiner Erben sind nur insoweit zu berücksichtigen, als der Kaufpreis die Höhe des Verkehrswerts der Praxis nicht übersteigt. [10]Kommt der Zulassungsausschuss in den Fällen des Absatzes 3a Satz 3 zweiter Halbsatz bei der Auswahlentscheidung nach Satz 4 zu dem Ergebnis, dass ein Bewerber auszuwählen ist, der nicht dem in Absatz 3a Satz 3 zweiter Halbsatz bezeichneten Personenkreis angehört, kann er die Nachbesetzung des Vertragsarztsitzes mit der Mehrheit seiner Stimmen ablehnen, wenn eine Nachbesetzung aus Versorgungsgründen nicht erforderlich ist; Absatz 3a Satz 10, 11, 13 und 14 gilt in diesem Fall entsprechend. [11]Hat sich ein Bewerber nach Satz 5 Nummer 7 bereit erklärt, besondere Versorgungsbedürfnisse zu erfüllen, kann der Zulassungsausschuss die Zulassung unter der Voraussetzung erteilen, dass sich der Bewerber zur Erfüllung dieser Versorgungsbedürfnisse verpflichtet.

(4a) [1]Verzichtet ein Vertragsarzt in einem Planungsbereich, für den Zulassungsbeschränkungen angeordnet sind, auf seine Zulassung, um in einem medizinischen Versorgungszentrum tätig zu werden, so hat der Zulassungsausschuss die Anstellung zu genehmigen, wenn Gründe der vertragsärztlichen Versorgung dem nicht entgegenstehen; eine Fortführung der Praxis nach Absatz 4 ist nicht möglich. [2]Bei der Prüfung, ob der Anstellung Gründe der vertragsärztlichen Versorgung entgegenstehen, ist die Ergänzung des besonderen Versorgungsangebots des medizinischen Versorgungszentrums durch den Arzt zu berücksichtigen. [3]Der Arzt kann in dem Planungsbereich, für den er zugelassen war, weiter tätig sein, auch wenn der Sitz des anstellenden medizinischen Versorgungszentrums in einem anderen Planungsbereich liegt. [4]Nach einer Tätigkeit von mindestens fünf Jahren in einem medizinischen Versorgungszentrum, dessen Sitz in einem Planungsbereich liegt, für den Zulassungsbeschränkungen angeordnet sind, erhält ein Arzt unbeschadet der Zulassungsbeschränkungen auf Antrag eine Zulassung in diesem Planungsbereich; dies gilt nicht für Ärzte, die auf Grund einer Nachbesetzung nach Satz 5 oder erst seit dem 1. Januar 2007 in einem medizinischen Versorgungszentrum tätig sind. [5]Medizinischen Versorgungszentren ist die Nachbesetzung einer Arztstelle möglich, auch wenn Zulassungsbeschränkungen angeordnet sind; dies gilt nicht, soweit der Nachbesetzung Festlegungen nach § 101 Absatz 1 Satz 8 entgegenstehen. [6]§ 95 Absatz 9b gilt entsprechend.

(4b) [1]Verzichtet ein Vertragsarzt in einem Planungsbereich, für den Zulassungsbeschränkungen angeordnet sind, auf seine Zulassung, um bei einem Vertragsarzt als nach § 95 Abs. 9 Satz 1 angestellter Arzt tätig zu werden, so hat der Zulassungsausschuss die Anstellung zu genehmigen, wenn Gründe der vertragsärztlichen Versorgung dem nicht entgegenstehen; eine Fortführung der Praxis nach Absatz 4 ist nicht möglich. [2]Bei der Prüfung, ob der Anstellung Gründe der vertragsärztlichen Versorgung entgegenstehen, ist die Ergänzung des besonderen Versorgungsangebots des anstellenden Vertragsarztes durch den anzustellenden Arzt zu berücksichtigen. [3]Im Fall des Satzes 1 kann der angestellte Arzt in dem Planungsbereich, für den er zugelassen war, weiter tätig sein, auch wenn der Sitz des anstellenden Vertragsarztes in einem anderen Planungsbereich liegt. [4]Soll die vertragsärztliche Tätigkeit in den Fällen der Beendigung der Zulassung durch Tod, Verzicht oder Entziehung von einem Praxisnachfolger weitergeführt werden, kann die Praxis auch in der Form weitergeführt werden, dass ein Vertragsarzt den Vertragsarztsitz übernimmt und die vertragsärztliche Tätigkeit durch einen angestellten Arzt in seiner Praxis weiterführt, wenn Gründe der vertragsärztlichen Versorgung dem nicht entgegenstehen. [5]Die Nachbesetzung der Stelle eines nach § 95 Abs. 9 Satz 1 angestellten Arztes ist möglich, auch wenn Zulassungsbeschränkungen angeordnet sind; dies gilt nicht, soweit der Nachbesetzung Festlegungen nach § 101 Absatz 1 Satz 8 entgegenstehen. [6]§ 95 Absatz 9b gilt entsprechend.

(4c) [1]Soll die vertragsärztliche Tätigkeit in den Fällen der Beendigung der Zulassung durch Tod, Verzicht oder Entziehung von einem Praxisnachfolger weitergeführt werden, kann die Praxis auch in der Form weitergeführt werden, dass ein medizinisches Versorgungszentrum den Vertragsarztsitz übernimmt und die vertragsärztliche Tätigkeit durch einen angestellten Arzt in der Einrichtung weiterführt, wenn Gründe der vertragsärztlichen Versorgung dem nicht entgegenstehen. [2]Die Absätze 3a, 4 und 5 gelten entsprechend. [3]Absatz 4 gilt mit der Maßgabe, dass bei der Auswahl des Praxisnachfolgers ein medizinisches Versorgungszentrum, bei dem die Mehrheit der Geschäftsanteile und der Stimmrechte nicht bei Ärzten liegt, die in dem medizinischen Versorgungszentrum als Vertragsärzte tätig sind, gegenüber den übrigen Bewerbern nachrangig zu berücksichtigen ist. [4]Dieser Nachrang gilt nicht für ein medizinisches Versorgungszentrum, das am 31. Dezember 2011 zugelassen war und bei dem die Mehrheit der Geschäftsanteile und der Stimmrechte bereits zu diesem Zeitpunkt nicht bei den dort tätigen Vertragsärzten lag.

(5) [1]Die Kassenärztlichen Vereinigungen (Registerstelle) führen für jeden Planungsbereich eine Warteliste. [2]In die Warteliste werden auf Antrag die Ärzte, die sich um einen Vertragsarztsitz bewerben und in das Arztregister eingetragen sind, aufgenommen. [3]Bei der Auswahl der Bewerber für die Übernahme einer Vertragsarztpraxis nach Absatz 4 ist die Dauer der Eintragung in die Warteliste zu berücksichtigen.

(6) [1]Endet die Zulassung eines Vertragsarztes, der die Praxis bisher mit einem oder mehreren Vertragsärzten gemeinschaftlich ausgeübt hat, so gelten die Absätze 4 und 5 entsprechend. [2]Die Interessen des oder der in der Praxis verbleibenden Vertragsärzte sind bei der Bewerberauswahl angemessen zu berücksichtigen.

(7) [1]In einem Planungsbereich, für den Zulassungsbeschränkungen angeordnet sind, haben Krankenhausträger das Angebot zum Abschluss von Belegarztverträgen auszuschreiben. [2]Kommt ein Belegarztvertrag mit einem im Planungsbereich niedergelassenen Vertragsarzt nicht zustande, kann der Krankenhausträger mit einem bisher im Planungsbereich nicht niedergelassenen geeigneten Arzt einen Belegarztvertrag schließen. [3]Dieser erhält eine auf die Dauer der belegärztlichen Tätigkeit beschränkte Zulassung; die Beschränkung entfällt bei Aufhebung der Zulassungsbeschränkungen nach Absatz 3, spätestens nach Ablauf von zehn Jahren.

(8) Die Absätze 1 bis 7 gelten nicht für Zahnärzte.

§ 104 Verfahren bei Zulassungsbeschränkungen

(1) Die Zulassungsverordnungen bestimmen, unter welchen Voraussetzungen, in welchem Umfang und für welche Dauer zur Sicherstellung einer bedarfsgerechten ärztlichen Versorgung in solchen Gebieten eines Zulassungsbezirks, in denen eine vertragsärztliche Unterversorgung eingetreten ist oder in absehbarer Zeit droht, Beschränkungen der Zulassungen in hiervon nicht betroffenen Gebieten von Zulassungsbezirken nach vorheriger Ausschöpfung anderer geeigneter Maßnahmen vorzusehen und inwieweit hierbei die Zulassungsausschüsse an die Anordnung der Landesausschüsse gebunden sind und Härtefälle zu berücksichtigen haben.

(2) Die Zulassungsverordnungen bestimmen nach Maßgabe des § 101 auch das Nähere über das Verfahren bei der Anordnung von Zulassungs-

beschränkungen bei vertragsärztlicher Überversorgung.

(3) Die Absätze 1 und 2 gelten nicht für Zahnärzte.

§ 105 Förderung der vertragsärztlichen Versorgung

(1) Die Kassenärztlichen Vereinigungen haben mit Unterstützung der Kassenärztlichen Bundesvereinigungen entsprechend den Bedarfsplänen alle geeigneten finanziellen und sonstigen Maßnahmen zu ergreifen, um die Sicherstellung der vertragsärztlichen Versorgung zu gewährleisten, zu verbessern oder zu fördern.

(1a) [1]Die Kassenärztliche Vereinigung hat zur Finanzierung von Fördermaßnahmen zur Sicherstellung der vertragsärztlichen Versorgung einen Strukturfonds zu bilden, für den sie mindestens 0,1 Prozent und höchstens 0,2 Prozent der nach § 87a Absatz 3 Satz 1 vereinbarten morbiditätsbedingten Gesamtvergütungen zur Verfügung stellt. [2]Die Landesverbände der Krankenkassen und die Ersatzkassen haben zusätzlich einen Betrag in gleicher Höhe in den Strukturfonds zu entrichten. [3]Mittel des Strukturfonds sollen insbesondere für folgende Maßnahmen verwendet werden:

1. Zuschüsse zu den Investitionskosten bei der Neuniederlassung, bei Praxisübernahmen oder bei der Gründung von Zweigpraxen,
2. Zuschläge zur Vergütung und zur Ausbildung,
3. Vergabe von Stipendien,
4. Förderung von Eigeneinrichtungen nach Absatz 1c und von lokalen Gesundheitszentren für die medizinische Grundversorgung,
5. Förderung der Erteilung von Sonderbedarfszulassungen,
6. Förderung des freiwilligen Verzichts auf die Zulassung als Vertragsarzt, insbesondere bei Verzicht auf einen Nachbesetzungsantrag nach § 103 Absatz 3a Satz 1, und Entschädigungszahlungen nach § 103 Absatz 3a Satz 13,
7. Förderung des Betriebs der Terminservicestellen,
8. Förderung telemedizinischer Versorgungsformen und telemedizinischer Kooperationen der Leistungserbringer.

[4]Es ist sicherzustellen, dass die für den Strukturfonds bereitgestellten Mittel vollständig zur Förderung der Sicherstellung der vertragsärztlichen Versorgung verwendet werden. [5]Die Kassenärztliche Vereinigung erstellt jährlich einen im Internet zu veröffentlichenden Bericht über die Verwendung der Mittel des Strukturfonds. [6]Auch die Kassenzahnärztliche Vereinigung kann zur Finanzierung von Fördermaßnahmen zur Sicherstellung der vertragszahnärztlichen Versorgung einen Strukturfonds bilden, für den sie bis zu 0,2 Prozent der nach § 85 vereinbarten Gesamtvergütungen zur Verfügung stellt. [7]Die Sätze 2, 3 Nummer 1 bis 4 und 8 sowie die Sätze 4 und 5 gelten in diesem Fall entsprechend. [8]Die Kassenzahnärztliche Vereinigung kann in den Jahren 2021 und 2022 aus Mitteln des Strukturfonds eine Förderung von in den Jahren 2019 bis 2021 neu niedergelassenen Praxen vorsehen.

(1b) Die Kassenärztlichen Vereinigungen, die Landesverbände der Krankenkassen und die Ersatzkassen gemeinsam und einheitlich können vereinbaren, über die Mittel nach Absatz 1a hinaus einen zusätzlichen Betrag zweckgebunden zur Förderung der Sicherstellung der Strukturen des Notdienstes bereitzustellen.

(1c) [1]Die Kassenärztlichen Vereinigungen können eigene Einrichtungen betreiben, die der unmittelbaren medizinischen Versorgung von Versicherten dienen, oder sich an solchen Einrichtungen beteiligen. [2]Die Kassenärztlichen Vereinigungen können die Einrichtungen auch durch Kooperationen untereinander und gemeinsam mit Krankenhäusern sowie in Form von mobilen oder telemedizinischen Versorgungsangebotsformen betreiben. [3]In Gebieten, in denen der Landesausschuss der Ärzte und Krankenkassen nach § 100 Absatz 1 Satz 1 eine ärztliche Unterversorgung festgestellt hat, sind die Kassenärztlichen Vereinigungen nach Ablauf der Frist nach § 100 Absatz 1 Satz 2, spätestens jedoch nach sechs Monaten, zum Betreiben von Einrichtungen verpflichtet. [4]Für die Vergütung der ärztlichen Leistungen, die in diesen Einrichtungen erbracht werden, sind die Regelungen der §§ 87 bis 87c anzuwenden. [5]Für die Vergütung der zahnärztlichen Leistungen, die in diesen Einrichtungen erbracht werden, sind die Regelungen der §§ 57, 87 und 87e anzuwenden.

(1d) Die Kassenärztlichen Vereinigungen wirken, sofern Landesrecht dies bestimmt, an der Umsetzung der von Studienplatzbewerbern im Zusammenhang mit der Vergabe des Studienplatzes eingegangenen Verpflichtungen mit.

(2) [1]Die Kassenärztlichen Vereinigungen haben darauf hinzuwirken, dass medizinisch-technische Leistungen, die der Arzt zur Unterstützung seiner Maßnahmen benötigt, wirtschaftlich erbracht werden. [2]Die Kassenärztlichen Vereinigungen sollen ermöglichen, solche Leistungen im Rahmen der vertragsärztlichen Versorgung von Gemeinschaftseinrichtungen der niedergelassenen Ärzte zu beziehen, wenn eine solche Erbringung medizinischen Erfordernissen genügt.

(3) [1]Die Krankenkassen haben der Kassenärztlichen Vereinigung die zusätzlichen Kosten für außerordentliche Maßnahmen, die zur Sicherstellung der medizinischen Versorgung während des Bestehens einer epidemischen Lage von nationaler Tragweite nach § 5 Absatz 1 des Infektionsschutzgesetzes und bis zum letzten Tag des vierten Monats nach deren Ende erforderlich sind, zu erstatten. [2]Die Erstattung ist ausgeschlossen, soweit die Finanzierung der betreffenden Maßnahme durch ein Gesetz oder auf Grund eines Gesetzes anderweitig vorgesehen ist. [3]Zum Zweck der Abrechnung der Erstattung nach Satz 1 übermittelt die Kassenärztliche Vereinigung den Krankenkassen rechnungsbegründende Unterlagen, aus denen sich die Art und die Höhe der zu erstattenden Kosten im Einzelnen ergeben.

(4) [1]Hat der Landesausschuss der Ärzte und Krankenkassen oder der Landesausschuss der Zahnärzte und Krankenkassen eine Feststellung nach § 100 Absatz 1 oder Absatz 3 getroffen, sind von der Kassenärztlichen Vereinigung oder der Kassenzahnärztlichen Vereinigung in diesen Gebieten Sicherstellungszuschläge an bestimmte dort tätige vertragsärztliche oder vertragszahnärztliche Leistungserbringer zu zahlen. [2]Über die Anforderungen, die an die berechtigen vertragsärztlichen oder vertragszahnärztlichen Leistungserbringer gestellt werden, und über die Höhe der Sicherstellungszuschläge je berechtigten vertragsärztlichen oder vertragszahnärztlichen Leistungserbringer entscheidet der Landesausschuss der Ärzte und Krankenkassen oder der Landesausschuss der Zahnärzte und Krankenkassen. [3]Die für den Vertragsarzt oder den Vertragszahnarzt zuständige Kassenärztliche Vereinigung oder die Kassenzahnärztliche Vereinigung und die Krankenkassen, die an diese Kassenärztliche Vereinigung oder die Kassenzahnärztliche Vereinigung eine Vergütung nach Maßgabe des Gesamtvertrages nach den §§ 83, 85 oder § 87a entrichten, tragen den sich aus Satz 1 ergebenden Zahlbetrag an den Vertragsarzt oder den Vertragszahnarzt jeweils zur Hälfte. [4]Über das Nähere zur Aufteilung des auf die Krankenkassen entfallenden Betrages nach Satz 2 auf die einzelnen Krankenkassen entscheidet der Landesausschuss der Ärzte und Krankenkassen oder der Landesausschuss der Zahnärzte und Krankenkassen.

(5) [1]Kommunen können mit Zustimmung der Kassenärztlichen Vereinigung in begründeten Ausnahmefällen eigene Einrichtungen zur unmittelbaren medizinischen Versorgung der Versicherten betreiben. [2]Ein begründeter Ausnahmefall kann insbesondere dann vorliegen, wenn eine Versorgung auf andere Weise nicht sichergestellt werden kann. [3]Sind die Voraussetzungen nach Satz 1 erfüllt, hat der Zulassungsausschuss die Einrichtung auf Antrag zur Teilnahme an der vertragsärztlichen Versorgung mit angestellten Ärzten, die in das Arztregister eingetragen sind, zu ermächtigen. [4]§ 95 Absatz 2 Satz 7 bis 10 gilt entsprechend. [5]In der kommunalen Eigeneinrichtung tätige Ärzte sind bei ihren ärztlichen Entscheidungen nicht an Weisungen von Nichtärzten gebunden.

Neunter Titel

Wirtschaftlichkeits- und Abrechnungsprüfung

§ 106 Wirtschaftlichkeitsprüfung

(1) [1]Die Krankenkassen und die Kassenärztlichen Vereinigungen überwachen die Wirtschaftlichkeit der vertragsärztlichen Versorgung durch Beratungen und Prüfungen. [2]Die Landesverbände der Krankenkassen und die Ersatzkassen gemeinsam und einheitlich und die Kassenärztlichen Vereinigungen vereinbaren Inhalt und Durchführung der Beratungen und Prüfungen nach Absatz 2 sowie die Voraussetzungen für Einzelfallprüfungen. [3]Die Vertragspartner können die Prüfungsstelle mit der Prüfung ärztlich verordneter Leistungen in der ambulanten Versorgung außerhalb der vertragsärztlichen Versorgung beauftragen und tragen die Kosten. [4]Die Krankenkassen übermitteln der Prüfungsstelle die Daten der in der ambulanten Versorgung außerhalb der vertragsärztlichen Versorgung verordneten Leistungen; dabei sind zusätzlich die Zahl der Behandlungsfälle und eine Zuordnung der verordneten Leistungen zum Datum der Behandlung zu übermitteln. [5]Die §§ 296 und 297 gelten entsprechend.

(2) [1]Die Wirtschaftlichkeit der Versorgung wird von der Prüfungsstelle nach § 106c geprüft durch

1. arztbezogene Prüfungen ärztlicher Leistungen nach § 106a,
2. arztbezogene Prüfungen ärztlich verordneter Leistungen nach § 106b.

[2]Die Prüfungen werden auf der Grundlage der Daten durchgeführt, die der Prüfungsstelle nach § 106c gemäß § 296 Absatz 1, 2 und 4 sowie § 297 Absatz 2 übermittelt werden. [3]Hat die Prüfungsstelle Zweifel an der Richtigkeit der übermittelten Daten, ermittelt sie die Datengrundlagen für die Prüfung aus einer Stichprobe der abgerechneten Behandlungsfälle des Arztes und rechnet die so ermittelten Teildaten nach einem statistisch zulässigen Verfahren auf die Grundgesamtheit der Arztpraxis hoch.

(3) [1]Die Prüfungsstelle nach § 106c bereitet die für die Prüfungen nach Absatz 2 erforderlichen Daten und sonstigen Unterlagen auf, trifft Feststellungen zu den für die Beurteilung der Wirtschaftlichkeit wesentlichen Sachverhalten und entscheidet unter Beachtung der Vereinbarungen nach den §§ 106a und 106b, ob der Vertragsarzt, der ermächtigte Arzt oder die ermächtigte Einrichtung gegen das Wirtschaftlichkeitsgebot verstoßen hat und welche Maßnahmen zu treffen sind. [2]Eine Maßnahme kann insbesondere auch die Festsetzung einer Nachforderung oder einer Kürzung sein. [3]Die Festsetzung einer Nachforderung oder einer Kürzung auf Grund einer Wirtschaftlichkeitsprüfung, die von Amts wegen durchzuführen ist, muss für ärztliche Leistungen innerhalb von zwei Jahren ab Erlass des Honorarbescheides und für ärztlich verordnete Leistungen innerhalb von zwei Jahren ab dem Schluss des Kalenderjahres, in dem die Leistungen verordnet worden sind, erfolgen; § 45 Absatz 2 des Ersten Buches gilt entsprechend. [4]Für Wirtschaftlichkeitsprüfungen, die auf Grund eines Antrags erfolgen, ist der Antrag für die Prüfung ärztlicher Leistungen spätestens 18 Monate nach Erlass des Honorarbescheides und für die Prüfung ärztlich verordneter Leistungen spätestens 18 Monate nach Ablauf des Kalenderjahres, in dem die Leistungen verordnet worden sind, bei der Prüfungsstelle nach § 106c einzureichen. [5]Die Festsetzung einer Nachforderung oder einer Kürzung muss innerhalb weiterer zwölf Monate nach Ablauf der in Satz 4 genannten Frist erfolgen; die Regelung des § 45 Absatz 2 des Ersten Buches findet keine entsprechende Anwendung. [6]Gezielte Beratungen sollen weiteren Maßnahmen in der Regel vorangehen. [7]Die Prüfungsstelle berät die Vertragsärzte auf der Grundlage von Übersichten über die von ihnen im Zeitraum eines Jahres oder in einem kürzeren Zeitraum erbrachten, verordneten oder veranlassten Leistungen über Fragen der Wirtschaftlichkeit und Qualität der Versorgung.

(4) [1]Werden Wirtschaftlichkeitsprüfungen nicht in dem vorgesehenen Umfang oder nicht entsprechend den für ihre Durchführung geltenden Vorgaben durchgeführt, haften die zuständigen Vorstandsmitglieder der Krankenkassenverbände und Kassenärztlichen Vereinigungen für eine ordnungsgemäße Umsetzung. [2]Können Wirtschaftlichkeitsprüfungen nicht in dem vorgesehenen Umfang oder nicht entsprechend den für ihre Durchführung geltenden Vorgaben durchgeführt werden, weil die erforderlichen Daten nach den §§ 296 und 297 nicht oder nicht im vorgesehenen Umfang oder nicht fristgerecht übermittelt worden sind, haften die zuständigen Vorstandsmitglieder der Krankenkassen oder der Kassenärztlichen Vereinigungen. [3]Die zuständige Aufsichtsbehörde hat nach Anhörung der Vorstandsmitglieder und der jeweils entsandten Vertreter im Ausschuss den Verwaltungsrat oder die Vertreterversammlung zu veranlassen, das Vorstandsmitglied auf Ersatz des aus der Pflichtverletzung entstandenen Schadens in Anspruch zu nehmen, falls der Verwaltungsrat oder die Vertreterversammlung das Regressverfahren nicht bereits von sich aus eingeleitet hat.

(5) Die Absätze 1 bis 4 gelten auch für die Prüfung der Wirtschaftlichkeit der im Krankenhaus erbrachten ambulanten ärztlichen und belegärztlichen Leistungen.

§ 106a
Wirtschaftlichkeitsprüfung ärztlicher Leistungen

(1) [1]Die Wirtschaftlichkeit der erbrachten ärztlichen Leistungen kann auf begründeten Antrag einer einzelnen Krankenkasse, mehrerer Krankenkassen gemeinsam oder der Kassenärztlichen Vereinigung arztbezogen durch die jeweilige Prüfungsstelle nach § 106c geprüft werden. [2]Die Prüfung kann neben dem zur Abrechnung vorgelegten Leistungsvolumen auch Überweisungen sowie sonstige veranlasste ärztliche Leistungen, insbesondere aufwändige medizinisch-technische Leistungen umfassen; honorarwirksame

Begrenzungsregelungen haben keinen Einfluss auf die Prüfungen.

(2) Veranlassung für die Prüfung der Wirtschaftlichkeit nach Absatz 1 besteht insbesondere

1. bei begründetem Verdacht auf fehlende medizinische Notwendigkeit der Leistungen (Fehlindikation),
2. bei begründetem Verdacht auf fehlende Eignung der Leistungen zur Erreichung des therapeutischen oder diagnostischen Ziels (Ineffektivität),
3. bei begründetem Verdacht auf mangelnde Übereinstimmung der Leistungen mit den anerkannten Kriterien für ihre fachgerechte Erbringung (Qualitätsmangel), insbesondere in Bezug auf die in den Richtlinien des Gemeinsamen Bundesausschusses enthaltenen Vorgaben,
4. bei begründetem Verdacht auf Unangemessenheit der durch die Leistungen verursachten Kosten im Hinblick auf das Behandlungsziel oder
5. bei begründetem Verdacht, dass Leistungen des Zahnersatzes und der Kieferorthopädie unvereinbar mit dem Heil- und Kostenplan sind.

(3) [1]Die Kassenärztlichen Bundesvereinigungen und der Spitzenverband Bund der Krankenkassen vereinbaren bis zum 30. November 2019 das Nähere zu den Voraussetzungen nach Absatz 2 in Rahmenempfehlungen. [2]Die Rahmenempfehlungen sind bei den Vereinbarungen nach § 106 Absatz 1 Satz 2 zu berücksichtigen.

(4) [1]Die in § 106 Absatz 1 Satz 2 genannten Vertragspartner können über die Prüfung nach Absatz 1 hinaus Prüfungen ärztlicher Leistungen nach Durchschnittswerten oder andere arztbezogene Prüfungsarten vereinbaren. [2]Hat der Landesausschuss der Ärzte und Krankenkassen eine Feststellung nach § 100 Absatz 1 oder Absatz 3 getroffen, dürfen bei Ärzten der betroffenen Arztgruppe keine Prüfungen nach Durchschnittswerten durchgeführt werden. [3]In den Vereinbarungen nach § 106 Absatz 1 Satz 2 sind die Zahl der je Quartal höchstens zu prüfenden Ärzte in einer Kassenärztlichen Vereinigung sowie im Rahmen der Prüfungen nach Absatz 1 und der Prüfungen nach Satz 1 als Kriterien zur Unterscheidung Praxisbesonderheiten festzulegen, die sich aus besonderen Standort- und Strukturmerkmalen des Leistungserbringers oder bei besonderen Behandlungsfällen ergeben. [4]Die Praxisbesonderheiten sind vor Durchführung der Prüfungen als besonderer Versorgungsbedarf durch die Prüfungsstellen anzuerkennen; dies gilt insbesondere auch bei der Beurteilung der Wirtschaftlichkeit von Besuchsleistungen.

§ 106b Wirtschaftlichkeitsprüfung ärztlich verordneter Leistungen

(1) [1]Die Wirtschaftlichkeit der Versorgung mit ärztlich verordneten Leistungen wird ab dem 1. Januar 2017 anhand von Vereinbarungen geprüft, die von den Landesverbänden der Krankenkassen und den Ersatzkassen gemeinsam und einheitlich mit den Kassenärztlichen Vereinigungen zu treffen sind. [2]Auf Grundlage dieser Vereinbarungen können Nachforderungen wegen unwirtschaftlicher Verordnungsweise nach § 106 Absatz 3 festgelegt werden. [3]In den Vereinbarungen müssen Regelungen zu Wirtschaftlichkeitsprüfungen in allen Bereichen ärztlich verordneter Leistungen enthalten sein. [4]Die Vereinbarungen nach Satz 1 gelten für Leistungen, die ab dem 1. Januar 2017 verordnet werden.

(1a) [1]Bei Verordnungen saisonaler Grippeimpfstoffe gilt eine angemessene Überschreitung der Menge gegenüber den tatsächlich erbrachten Impfungen grundsätzlich nicht als unwirtschaftlich. [2]Bei Verordnungen saisonaler Grippeimpfstoffe in der Impfsaisons 2020/2021 bis 2022/2023 gilt eine Überschreitung der Menge von bis zu 30 Prozent gegenüber den tatsächlich erbrachten Impfungen nicht als unwirtschaftlich. [3]Das Nähere ist in den Vereinbarungen nach Absatz 1 Satz 1 zu regeln.

(1b) Muss für ein Arzneimittel auf Grund eines Arzneimittelrückrufs oder einer von der zuständigen Behörde bekannt gemachten Einschränkung der Verwendbarkeit erneut ein Arzneimittel verordnet werden, ist die erneute Verordnung des Arzneimittels oder eines vergleichbaren Arzneimittels bei der Wirtschaftlichkeitsprüfung nach § 106 als Praxisbesonderheit zu berücksichtigen.

(1c) Die Verordnung eines Arzneimittels, das zum Zeitpunkt der Verordnung auf der nach § 129 Absatz 2b Satz 1 erstellten Liste geführt wird, gilt als nicht unwirtschaftlich.

(2) [1]Die Kassenärztlichen Bundesvereinigungen und der Spitzenverband Bund der Krankenkassen vereinbaren einheitliche Rahmenvorgaben für die Prüfungen nach Absatz 1. [2]Darin ist insbesondere festzulegen, in welchem Umfang Wirtschaftlichkeitsprüfungen mindestens durchgeführt werden sollen. [3]Festzulegen ist auch ein Verfahren, das sicherstellt, dass individuelle Beratungen bei statistischen Prüfungen der Ärztinnen und Ärzte der Festsetzung einer Nachforderung bei erstmaliger Auffälligkeit vorgehen; dies gilt nicht für Einzelfallprüfungen. [4]Die Vereinbarungspartner nach Satz 1 legen zudem besondere Verordnungsbedarfe für die Verordnung von Heilmitteln fest, die bei den Prüfungen nach Absatz 1 anzuerkennen sind. [5]Die Vertragspartner nach Absatz 1 Satz 1 können darüber hinaus weitere anzuerkennende besondere Verordnungsbedarfe vereinbaren. [6]Kommt eine Vereinbarung nach Satz 1 erstmalig bis zum 31. Oktober 2015 nicht zustande, entscheidet das zuständige Schiedsamt gemäß § 89.

(2a) [1]Nachforderungen nach Absatz 1 Satz 2 sind auf die Differenz der Kosten zwischen der wirtschaftlichen und der tatsächlich ärztlich verordneten Leistung zu begrenzen. [2]Etwaige Einsparungen begründen keinen Anspruch zugunsten des verordnenden Arztes. [3]Das Nähere wird in den einheitlichen Rahmenvorgaben nach Absatz 2 vereinbart.

(3) [1]Sofern Vereinbarungen nach Absatz 1 bis zum 31. Juli 2016 ganz oder teilweise nicht zustande kommen, wird der Vertragsinhalt durch das zuständige Schiedsamt gemäß § 89 festgesetzt. [2]Bis zu einer Vereinbarung nach Absatz 1 gelten die Regelungen in den §§ 84, 106, 296 und 297 in der am 31. Dezember 2016 geltenden Fassung fort.

(4) Wirtschaftlichkeitsprüfungen unterliegen nicht:

1. Verordnungen von Heilmitteln für Versicherte mit langfristigem Behandlungsbedarf nach § 32 Absatz 1a;
2. Verordnungen von Arzneimitteln, für die der Arzt einem Vertrag nach § 130a Absatz 8 beigetreten ist; die Krankenkasse übermittelt der Prüfungsstelle die notwendigen Angaben, insbesondere die Arzneimittelkennzeichen, die teilnehmenden Ärzte und die Laufzeit der Verträge;
3. Verordnungen von Krankenhausbehandlung oder Behandlung in Vorsorge- oder Rehabilitationseinrichtungen nach § 73 Absatz 2 Satz 1 Nummer 7;
4. Verordnungen von Heilmitteln nach § 73 Absatz 11 Satz 1.

(5) § 130b Absatz 2 und § 130c Absatz 4 bleiben unberührt.

§ 106c
Prüfungsstelle und Beschwerdeausschuss bei Wirtschaftlichkeitsprüfungen

(1) [1]Die Landesverbände der Krankenkassen und die Ersatzkassen sowie die Kassenärztlichen Vereinigungen bilden jeweils eine gemeinsame Prüfungsstelle und einen gemeinsamen Beschwerdeausschuss. [2]Der Beschwerdeausschuss besteht aus Vertretern der Kassenärztlichen Vereinigung und der Krankenkassen in gleicher Zahl sowie einem unparteiischen Vorsitzenden. [3]Die Amtsdauer beträgt zwei Jahre. [4]Bei Stimmengleichheit gibt die Stimme des Vorsitzenden den Ausschlag. [5]Über den Vorsitzenden, dessen Stellvertreter sowie den Sitz des Beschwerdeausschusses sollen sich die Vertragspartner nach Satz 1 einigen. [6]Kommt eine Einigung nicht zustande, beruft die Aufsichtsbehörde nach Absatz 5 im Benehmen mit den Vertragspartnern nach Satz 1 den Vorsitzenden und dessen Stellvertreter und entscheidet über den Sitz des Beschwerdeausschusses.

(2) [1]Die Prüfungsstelle und der Beschwerdeausschuss nehmen ihre Aufgaben jeweils eigenverantwortlich wahr; der Beschwerdeausschuss wird bei der Erfüllung seiner laufenden Geschäfte von der Prüfungsstelle organisatorisch unterstützt. [2]Die Prüfungsstelle wird bei der Kassenärztlichen Vereinigung, einem Landesverband der Krankenkassen oder bei einer bereits bestehenden Arbeitsgemeinschaft im Land errichtet. [3]Über die Errichtung, den Sitz und den Leiter der Prüfungsstelle einigen sich die Vertragspartner nach Absatz 1 Satz 1; sie einigen sich auf Vorschlag des Leiters jährlich bis zum 30. November über die personelle, sachliche sowie finanzielle Ausstattung der Prüfungsstelle für das folgende Kalenderjahr. [4]Der Leiter führt die laufenden Verwaltungsgeschäfte der Prüfungsstelle und gestaltet die innere Organisation so, dass sie den besonderen Anforderungen des Datenschutzes nach den Artikeln 24, 25 und 32 der Verordnung (EU) 2016/679 gerecht wird. [5]Kommt eine Einigung nach den Sätzen 2 und 3 nicht zustande, entscheidet die Aufsichtsbehörde nach Absatz 5. [6]Die Kosten der Prüfungsstelle und des

Beschwerdeausschusses tragen die Kassenärztliche Vereinigung und die beteiligten Krankenkassen je zur Hälfte. [7]Das Bundesministerium für Gesundheit bestimmt durch Rechtsverordnung mit Zustimmung des Bundesrates das Nähere zur Geschäftsführung der Prüfungsstellen und der Beschwerdeausschüsse einschließlich der Entschädigung der Vorsitzenden der Ausschüsse und zu den Pflichten der von den in Absatz 1 Satz 1 genannten Vertragspartnern entsandten Vertreter. [8]Die Rechtsverordnung kann auch die Voraussetzungen und das Verfahren zur Verhängung von Maßnahmen gegen Mitglieder der Ausschüsse bestimmen, die ihre Pflichten nach diesem Gesetzbuch nicht oder nicht ordnungsgemäß erfüllen.

(3) [1]Gegen die Entscheidungen der Prüfungsstelle können die betroffenen Ärzte und ärztlich geleiteten Einrichtungen, die Krankenkassen, die betroffenen Landesverbände der Krankenkassen sowie die Kassenärztlichen Vereinigungen die Beschwerdeausschüsse anrufen. [2]Die Anrufung hat aufschiebende Wirkung. [3]Für das Verfahren sind § 84 Absatz 1 und § 85 Absatz 3 des Sozialgerichtsgesetzes anzuwenden. [4]Das Verfahren vor dem Beschwerdeausschuss gilt als Vorverfahren im Sinne des § 78 des Sozialgerichtsgesetzes. [5]Die Klage gegen eine vom Beschwerdeausschuss festgesetzte Maßnahme hat keine aufschiebende Wirkung. [6]Abweichend von Satz 1 findet in Fällen der Festsetzung einer Ausgleichspflicht für den Mehraufwand bei Leistungen, die durch das Gesetz oder durch die Richtlinien nach § 92 ausgeschlossen sind, eine Anrufung des Beschwerdeausschusses nicht statt.

(4) [1]Die Vertragspartner nach Absatz 1 Satz 1 können mit Zustimmung der für sie zuständigen Aufsichtsbehörde die gemeinsame Bildung einer Prüfungsstelle und eines Beschwerdeausschusses über den Bereich eines Landes oder einer anderen Kassenärztlichen Vereinigung hinaus vereinbaren. [2]Die Aufsicht über eine für den Bereich mehrerer Länder tätige Prüfungsstelle und einen für den Bereich mehrerer Länder tätigen Beschwerdeausschuss führt die für die Sozialversicherung zuständige oberste Verwaltungsbehörde des Landes, in dem der Ausschuss oder die Stelle ihren Sitz hat. [3]Die Aufsicht ist im Benehmen mit den zuständigen obersten Verwaltungsbehörden der beteiligten Länder wahrzunehmen.

(5) [1]Die Aufsicht über die Prüfungsstellen und Beschwerdeausschüsse führen die für die Sozialversicherung zuständigen obersten Verwaltungsbehörden der Länder. [2]Die Prüfungsstellen und die Beschwerdeausschüsse erstellen einmal jährlich eine Übersicht über die Zahl der durchgeführten Beratungen und Prüfungen sowie die von ihnen festgesetzten Maßnahmen. [3]Die Übersicht ist der Aufsichtsbehörde vorzulegen.

§ 106d
Abrechnungsprüfung in der vertragsärztlichen Versorgung

(1) Die Kassenärztlichen Vereinigungen und die Krankenkassen prüfen die Rechtmäßigkeit und Plausibilität der Abrechnungen in der vertragsärztlichen Versorgung.

(2) [1]Die Kassenärztliche Vereinigung stellt die sachliche und rechnerische Richtigkeit der Abrechnungen der an der vertragsärztlichen Versorgung teilnehmenden Ärzte und Einrichtungen fest; dazu gehört auch die arztbezogene Prüfung der Abrechnungen auf Plausibilität, auf Einhaltung der Vorgaben nach § 295 Absatz 4 Satz 3 sowie die Prüfung der abgerechneten Sachkosten. [2]Gegenstand der arztbezogenen Plausibilitätsprüfung ist insbesondere der Umfang der je Tag abgerechneten Leistungen im Hinblick auf den damit verbundenen Zeitaufwand des Arztes; Vertragsärzte und angestellte Ärzte sind entsprechend des jeweiligen Versorgungsauftrages gleich zu behandeln. [3]Bei der Prüfung nach Satz 2 ist ein Zeitrahmen für das pro Tag höchstens abrechenbare Leistungsvolumen zu Grunde zu legen; zusätzlich können Zeitrahmen für die in längeren Zeitperioden höchstens abrechenbaren Leistungsvolumina zu Grunde gelegt werden. [4]Soweit Angaben zum Zeitaufwand nach § 87 Abs. 2 Satz 1 zweiter Halbsatz bestimmt sind, sind diese bei den Prüfungen nach Satz 2 zu Grunde zu legen. [5]Satz 2 bis 4 gilt nicht für die vertragszahnärztliche Versorgung. [6]Bei den Prüfungen ist von dem jeweils angeforderten Punktzahlvolumen unabhängig von honorarwirksamen Begrenzungsregelungen auszugehen. [7]Soweit es für den jeweiligen Prüfungsgegenstand erforderlich ist, sind die Abrechnungen vorangegangener Abrechnungszeiträume in die Prüfung einzubeziehen. [8]Die Kassenärztliche Vereinigung unterrichtet die in Absatz 5 genannten Verbände der Krankenkassen sowie die Ersatzkassen unverzüglich über die Durchführung der Prüfungen und deren Ergebnisse. [9]Satz 2 gilt auch für Verfahren, die am 31. Dezember 2014 noch nicht rechtskräftig abgeschlossen waren.

(3) [1]Die Krankenkassen prüfen die Abrechnungen der an der vertragsärztlichen Versorgung teilnehmenden Ärzte und Einrichtungen insbesondere hinsichtlich

1. des Bestehens und des Umfangs ihrer Leistungspflicht,
2. der Plausibilität von Art und Umfang der für die Behandlung eines Versicherten abgerechneten Leistungen in Bezug auf die angegebene Diagnose, bei zahnärztlichen Leistungen in Bezug auf die angegebenen Befunde,
3. der Plausibilität der Zahl der vom Versicherten in Anspruch genommenen Ärzte, unter Berücksichtigung ihrer Fachgruppenzugehörigkeit.

[2]Sie unterrichten die Kassenärztlichen Vereinigungen unverzüglich über die Durchführung der Prüfungen und deren Ergebnisse.

(4) [1]Die Krankenkassen oder ihre Verbände können, sofern dazu Veranlassung besteht, gezielte Prüfungen durch die Kassenärztliche Vereinigung nach Absatz 2 beantragen. [2]Die Kassenärztliche Vereinigung kann, sofern dazu Veranlassung besteht, Prüfungen durch die Krankenkassen nach Absatz 3 beantragen. [3]Bei festgestellter Unplausibilität nach Absatz 3 Satz 1 Nr. 2 oder 3 kann die Krankenkasse oder ihr Verband eine Wirtschaftlichkeitsprüfung ärztlicher Leistungen beantragen; dies gilt für die Kassenärztliche Vereinigung bei festgestellter Unplausibilität nach Absatz 2 entsprechend. [4]Wird ein Antrag nach Satz 1 von der Kassenärztlichen Vereinigung nicht innerhalb von sechs Monaten bearbeitet, kann die Krankenkasse einen Betrag in Höhe der sich unter Zugrundelegung des Antrags ergebenden Honorarberichtigung auf die zu zahlende Gesamtvergütung anrechnen.

(5) [1]Die Kassenärztlichen Vereinigungen und die Landesverbände der Krankenkassen und die Ersatzkassen gemeinsam und einheitlich vereinbaren Inhalt und Durchführung der Prüfungen nach den Absätzen 2 bis 4. [2]In den Vereinbarungen sind auch Maßnahmen für den Fall von Verstößen gegen Abrechnungsbestimmungen, einer Überschreitung der Zeitrahmen nach Absatz 2 Satz 3 sowie des Nichtbestehens einer Leistungspflicht der Krankenkassen, soweit dies dem Leistungserbringer bekannt sein musste, vorzusehen. [3]Die Maßnahmen, die aus den Prüfungen nach den Absätzen 2 bis 4 folgen, müssen innerhalb von zwei Jahren ab Erlass des Honorarbescheides festgesetzt werden; § 45 Absatz 2 des Ersten Buches gilt entsprechend. [4]Der Inhalt der Richtlinien nach Absatz 6 ist Bestandteil der Vereinbarungen.

(6) [1]Die Kassenärztlichen Bundesvereinigungen und der Spitzenverband Bund der Krankenkassen vereinbaren Richtlinien zum Inhalt und zur Durchführung der Prüfungen nach den Absätzen 2 und 3 einschließlich der Voraussetzungen für die Einhaltung der Ausschlussfrist nach Absatz 5 Satz 3 und des Einsatzes eines elektronisch gestützten Regelwerks; die Richtlinien enthalten insbesondere Vorgaben zu den Kriterien nach Absatz 2 Satz 2 und 3. [2]Die Richtlinien sind dem Bundesministerium für Gesundheit vorzulegen. [3]Es kann sie innerhalb von zwei Monaten beanstanden. [4]Kommen die Richtlinien nicht zu Stande oder werden die Beanstandungen des Bundesministeriums für Gesundheit nicht innerhalb einer von ihm gesetzten Frist behoben, kann das Bundesministerium für Gesundheit die Richtlinien erlassen.

(7) § 106 Absatz 4 gilt entsprechend.

Dritter Abschnitt

Beziehungen zu Krankenhäusern und anderen Einrichtungen

§ 107 Krankenhäuser, Vorsorge- oder Rehabilitationseinrichtungen

(1) Krankenhäuser im Sinne dieses Gesetzbuchs sind Einrichtungen, die

1. der Krankenhausbehandlung oder Geburtshilfe dienen,
2. fachlich-medizinisch unter ständiger ärztlicher Leitung stehen, über ausreichende, ihrem Versorgungsauftrag entsprechende diagnostische und therapeutische Möglichkeiten verfügen und nach wissenschaftlich anerkannten Methoden arbeiten,
3. mit Hilfe von jederzeit verfügbarem ärztlichem, Pflege-, Funktions- und medizinisch-technischem Personal darauf eingerichtet sind, vorwiegend durch ärztliche und pflegerische Hilfeleistung Krankheiten der Patienten zu erkennen, zu heilen, ihre Verschlimmerung zu verhüten, Krankheitsbeschwerden zu lindern oder Geburtshilfe zu leisten,

und in denen

4. die Patienten untergebracht und verpflegt werden können.

(2) Vorsorge- und Rehabilitationseinrichtungen im Sinn dieses Gesetzbuchs sind Einrichtungen, die

1. der stationären Behandlung der Patienten dienen, um
   a) eine Schwächung der Gesundheit, die in absehbarer Zeit voraussichtlich zu einer Krankheit führen würde, zu beseitigen oder eine Gefährdung der gesundheitlichen Entwicklung eines Kindes entgegenzuwirken (Vorsorge) oder
   b) eine Krankheit zu heilen, ihre Verschlimmerung zu verhüten oder Krankheitsbeschwerden zu lindern oder im Anschluss an Krankenhausbehandlung den dabei erzielten Behandlungserfolg zu sichern oder zu festigen, auch mit dem Ziel, eine drohende Behinderung oder Pflegebedürftigkeit abzuwenden, zu beseitigen, zu mindern, auszugleichen, ihre Verschlimmerung zu verhüten oder ihre Folgen zu mildern (Rehabilitation), wobei Leistungen der aktivierenden Pflege nicht von den Krankenkassen übernommen werden dürfen,
2. fachlich-medizinisch unter ständiger ärztlicher Verantwortung und unter Mitwirkung von besonders geschultem Personal darauf eingerichtet sind, den Gesundheitszustand der Patienten nach einem ärztlichen Behandlungsplan vorwiegend durch Anwendung von Heilmitteln einschließlich Krankengymnastik, Bewegungstherapie, Sprachtherapie oder Arbeits- und Beschäftigungstherapie, ferner durch andere geeignete Hilfen, auch durch geistige und seelische Einwirkungen, zu verbessern und den Patienten bei der Entwicklung eigener Abwehr- und Heilungskräfte zu helfen,

und in denen

3. die Patienten untergebracht und verpflegt werden können.

§ 108
Zugelassene Krankenhäuser

Die Krankenkassen dürfen Krankenhausbehandlung nur durch folgende Krankenhäuser (zugelassene Krankenhäuser) erbringen lassen:

1. Krankenhäuser, die nach den landesrechtlichen Vorschriften als Hochschulklinik anerkannt sind,
2. Krankenhäuser, die in den Krankenhausplan eines Landes aufgenommen sind (Plankrankenhäuser), oder
3. Krankenhäuser, die einen Versorgungsvertrag mit den Landesverbänden der Krankenkassen und den Verbänden der Ersatzkassen abgeschlossen haben.

§ 108a
Krankenhausgesellschaften

[1]Die Landeskrankenhausgesellschaft ist ein Zusammenschluss von Trägern zugelassener Krankenhäuser im Land. [2]In der Deutschen Krankenhausgesellschaft sind die Landeskrankenhausgesellschaften zusammengeschlossen. [3]Bundesverbände oder Landesverbände der Krankenhausträger können den Krankenhausgesellschaften angehören.

§ 109
Abschluss von Versorgungsverträgen mit Krankenhäusern

(1) [1]Der Versorgungsvertrag nach § 108 Nr. 3 kommt durch Einigung zwischen den Landesverbänden der Krankenkassen und den Ersatzkassen gemeinsam und dem Krankenhausträger zustande; er bedarf der Schriftform. [2]Bei den Hochschulkliniken gilt die Anerkennung nach den landesrechtlichen Vorschriften, bei den Plankrankenhäusern die Aufnahme in den Krankenhausbedarfsplan nach § 8 Abs. 1 Satz 2 des Krankenhausfinanzierungsgesetzes als Abschluss des Versorgungsvertrages. [3]Dieser ist für alle Krankenkassen im Inland unmittelbar verbindlich. [4]Die Vertragsparteien nach Satz 1 können im Einvernehmen mit der für die Krankenhausplanung zuständigen Landesbehörde eine gegenüber dem Krankenhausplan geringere Bettenzahl vereinbaren, soweit die Leistungsstruktur des Krankenhauses nicht verändert wird; die Vereinbarung kann befristet werden. [5]Enthält der Krankenhausplan keine oder keine abschließende Festlegung der Bettenzahl oder der Leistungsstruktur des Krankenhauses, werden diese durch die Vertragsparteien nach Satz 1 im Benehmen mit der für die Krankenhausplanung zuständigen Landesbehörde ergänzend vereinbart.

(2) [1]Ein Anspruch auf Abschluss eines Versorgungsvertrags nach § 108 Nr. 3 besteht nicht. [2]Bei notwendiger Auswahl zwischen mehreren geeigneten Krankenhäusern, die sich um den Abschluss eines Versorgungsvertrags bewerben, entscheiden die Landesverbände der Krankenkassen und die Ersatzkassen gemeinsam unter Berücksichtigung der öffentlichen Interessen und der Vielfalt der Krankenhausträger nach pflichtgemäßem Ermessen, welches Krankenhaus den Erfordernissen einer qualitativ hochwertigen, patienten- und bedarfsgerechten sowie leistungsfähigen und wirtschaftlichen Krankenhausbehandlung am besten gerecht wird.

(3) [1]Ein Versorgungsvertrag nach § 108 Nr. 3 darf nicht abgeschlossen werden, wenn das Krankenhaus

1. nicht die Gewähr für eine leistungsfähige und wirtschaftliche Krankenhausbehandlung bietet,
2. bei den maßgeblichen planungsrelevanten Qualitätsindikatoren nach § 6 Absatz 1a des Krankenhausfinanzierungsgesetzes auf der Grundlage der vom Gemeinsamen Bundesausschuss nach § 136c Absatz 2 übermittelten Maßstäbe und Bewertungskriterien nicht nur vorübergehend eine in einem erheblichen Maß unzureichende Qualität aufweist, die im jeweiligen Landesrecht vorgesehenen Qualitätsanforderungen nicht nur vorübergehend und in einem erheblichen Maß nicht erfüllt, höchstens drei Jahre in Folge Qualitätsabschlägen nach § 5 Absatz 3a des Krankenhausentgeltgesetzes unterliegt oder
3. für eine bedarfsgerechte Krankenhausbehandlung der Versicherten nicht erforderlich ist.

[2]Abschluss und Ablehnung des Versorgungsvertrags werden mit der Genehmigung durch die zuständigen Landesbehörden wirksam. [3]Verträge, die vor dem 1. Januar 1989 nach § 371 Abs. 2 der Reichsversicherungsordnung abgeschlossen worden sind, gelten bis zu ihrer Kündigung nach § 110 weiter.

(4) [1]Mit einem Versorgungsvertrag nach Absatz 1 wird das Krankenhaus für die Dauer des Vertrages zur Krankenhausbehandlung der Versicherten zugelassen. [2]Das zugelassene Krankenhaus ist im Rahmen seines Versorgungsauftrags zur Krankenhausbehandlung (§ 39) der Versicherten verpflichtet. [3]Die Krankenkassen sind verpflichtet, unter Beachtung der Vorschriften dieses Gesetzbuchs mit dem Krankenhausträger Pflegesatzverhandlungen nach Maßgabe des Krankenhausfinanzierungsgesetzes, des Krankenhausentgeltgesetzes und der Bundespflegesatzverordnung zu führen.

(5) [1]Ansprüche der Krankenhäuser auf Vergütung erbrachter Leistungen und Ansprüche der Krankenkassen auf Rückzahlung von geleisteten Vergütungen verjähren in zwei Jahren nach Ablauf des Kalenderjahrs, in dem sie entstanden sind. [2]Dies gilt auch für Ansprüche der Krankenkassen auf Rückzahlung von geleisteten Vergütungen, die vor dem 1. Januar 2019 entstanden sind. [3]Satz1 gilt nicht für Ansprüche der Krankenhäuser auf Vergütung erbrachter Leistungen, die vor dem 1. Januar 2019 entstanden sind. [4]Für die Hemmung, die Ablaufhemmung, den Neubeginn und die Wirkung der Verjährung gelten die Vorschriften des Bürgerlichen Gesetzbuchs entsprechend.

(6) [1]Gegen Forderungen von Krankenhäusern, die aufgrund der Versorgung von ab dem 1. Januar 2020 aufgenommenen Patientinnen und Patienten entstanden sind, können Krankenkassen nicht mit Ansprüchen auf Rückforderung geleisteter Vergütungen aufrechnen. [2]Die Aufrechnung ist abweichend von Satz 1 möglich, wenn die Forderung der Krankenkasse vom Krankenhaus nicht bestritten wird oder rechtskräftig festgestellt wurde. [3]In der Vereinbarung nach § 17c Absatz 2 Satz 1 des Krankenhausfinanzierungsgesetzes können abweichende Regelungen vorgesehen werden.

§ 110
Kündigung von Versorgungsverträgen mit Krankenhäusern

(1) [1]Ein Versorgungsvertrag nach § 109 Abs. 1 kann von jeder Vertragspartei mit einer Frist von einem Jahr ganz oder teilweise gekündigt werden, von den Landesverbänden der Krankenkassen und den Ersatzkassen nur gemeinsam und nur aus den in § 109 Abs. 3 Satz 1 genannten Gründen. [2]Die Kündigung hat zu erfolgen, wenn der in § 109 Absatz 3 Satz 1 Nummer 2 genannte Kündigungsgrund vorliegt. [3]Eine Kündigung ist nur zulässig, wenn die Kündigungsgründe nicht nur vorübergehend bestehen. [4]Bei Plankrankenhäusern ist die Kündigung mit einem Antrag an die zuständige Landesbehörde auf Aufhebung oder Änderung des Feststellungsbescheids nach § 8 Abs. 1 Satz 3 des Krankenhausfinanzierungsge-

setzes zu verbinden, mit dem das Krankenhaus in den Krankenhausplan des Landes aufgenommen worden ist. [5]Kommt ein Beschluss über die Kündigung eines Versorgungsvertrags durch die Landesverbände der Krankenkassen und der Ersatzkassen nicht zustande, entscheidet eine unabhängige Schiedsperson über die Kündigung, wenn dies von Kassenarten beantragt wird, die mindestens ein Drittel der landesweiten Anzahl der Versicherten auf sich vereinigen. [6]Einigen sich die Landesverbände der Krankenkassen und die Ersatzkassen nicht auf eine Schiedsperson, wird diese von der für die Landesverbände der Krankenkassen zuständigen Aufsichtsbehörde bestimmt. [7]Klagen gegen die Bestimmung der Schiedsperson haben keine aufschiebende Wirkung. [8]Die Kosten des Schiedsverfahrens tragen die Landesverbände der Krankenkassen und die Ersatzkassen entsprechend der landesweiten Anzahl ihrer Versicherten. [9]Klagen gegen die Entscheidung der Schiedsperson über die Kündigung richten sich gegen die Landesverbände der Krankenkassen und die Ersatzkassen, nicht gegen die Schiedsperson.

(2) [1]Die Kündigung durch die in Absatz 1 Satz 1 genannten Verbände wird mit der Genehmigung durch die zuständige Landesbehörde wirksam. [2]Diese hat ihre Entscheidung zu begründen. [3]Bei Plankrankenhäusern kann die Genehmigung nur versagt werden, wenn und soweit das Krankenhaus für die Versorgung unverzichtbar ist und die zuständige Landesbehörde die Unabweisbarkeit des Bedarfs schriftlich oder elektronisch dargelegt hat. [4]Die Genehmigung gilt als erteilt, wenn die zuständige Landesbehörde nicht innerhalb von drei Monaten nach Mitteilung der Kündigung widersprochen hat. [5]Die Landesbehörde hat einen Widerspruch spätestens innerhalb von drei weiteren Monaten schriftlich zu begründen. [6]Mit Wirksamwerden der Kündigung gilt ein Plankrankenhaus insoweit nicht mehr als zugelassenes Krankenhaus.

§ 110a
Qualitätsverträge

(1) [1]Die Krankenkassen oder Zusammenschlüsse von Krankenkassen schließen zu den vom Gemeinsamen Bundesausschuss nach § 136b Absatz 1 Satz 1 Nummer 4 festgelegten Leistungen oder Leistungsbereichen mit dem Krankenhausträger Verträge zur Förderung einer qualitativ hochwertigen stationären Versorgung (Qualitätsverträge). [2]Ziel der Qualitätsverträge ist die Erprobung, inwieweit sich eine weitere Verbesserung der Versorgung mit stationären Behandlungsleistungen, insbesondere durch die Vereinbarung von Anreizen sowie höherwertigen Qualitätsanforderungen erreichen lässt. [3]Die Qualitätsverträge sind zu befristen; eine Verlängerung der Vertragslaufzeit ist zulässig, bis eine Empfehlung des Gemeinsamen Bundesausschusses nach § 136b Absatz 8 Satz 3 vorliegt, nach der für die jeweilige Leistung oder den jeweiligen Leistungsbereich künftig kein Qualitätsvertrag mehr zur Verfügung stehen sollte. [4]In den Qualitätsverträgen darf nicht vereinbart werden, dass der Abschluss von Qualitätsverträgen mit anderen Krankenkassen oder Zusammenschlüssen von Krankenkassen unzulässig ist. [5]Ein Anspruch auf Abschluss eines Qualitätsvertrags besteht nicht. [6]Die Vertragsparteien nach Satz 1 sind befugt und verpflichtet, dem Institut nach § 137a die für die Untersuchung nach § 136b Absatz 8 Satz 1 und die Veröffentlichung nach § 136b Absatz 8 Satz 5 erforderlichen vertragsbezogenen Daten zu den Qualitätsverträgen zu übermitteln.

(2) [1]Der Spitzenverband Bund der Krankenkassen und die Deutsche Krankenhausgesellschaft vereinbaren für die Qualitätsverträge nach Absatz 1 ab dem Jahr 2021 innerhalb von sechs Monaten nach dem Inkrafttreten eines Beschlusses des Gemeinsamen Bundesausschusses über die weiteren neuen Leistungen oder Leistungsbereiche nach § 136b Absatz 1 Satz 1 Nummer 4 die erforderlichen Anpassungen der bis zu diesem Zeitpunkt vereinbarten verbindlichen Rahmenvorgaben für den Inhalt der Verträge. [2]Die Rahmenvorgaben, insbesondere für die Qualitätsanforderungen, sind nur soweit zu vereinheitlichen, wie dies für eine aussagekräftige Evaluierung der Qualitätsverträge erforderlich ist. [3]Kommt eine Vereinbarung nach Satz 1 ganz oder teilweise nicht zustande, setzt die Schiedsstelle nach § 18a Absatz 6 des Krankenhausfinanzierungsgesetzes auf Antrag einer Vertragspartei oder des Bundesministeriums für Gesundheit den Inhalt der Rahmenvorgaben fest.

(3) [1]Die Ausgaben der Krankenkassen zur Durchführung der Qualitätsverträge sollen insgesamt im Jahr 2022 für jeden ihrer Versicherten einen Betrag in Höhe von 0,30 Euro umfassen; der Betrag ist in den Folgejahren von 2023 bis einschließlich 2028 entsprechend der prozentualen Veränderung der monatlichen Bezugsgröße nach § 18 Absatz 1 des Vierten Buches anzupassen. [2]Unterschreiten die jährlichen Ausgaben den Betrag nach Satz 1, so

hat die Krankenkasse erstmals für das Jahr 2023 die nicht verausgabten Mittel für die Durchführung von Qualitätsverträgen in der Regel im Folgejahr an die Liquiditätsreserve des Gesundheitsfonds zu zahlen. [3]Bei der Berechnung des Ausgabevolumens einer Krankenkasse nach den Sätzen 1 und 2 sind pro Qualitätsvertrag eine angemessene Pauschale für die Vertragsvorbereitungen sowie sämtliche Ausgaben der Krankenkasse zur Durchführung der Qualitätsverträge nach Vertragsschluss zu berücksichtigen. [4]Der Spitzenverband Bund der Krankenkassen prüft auf Grundlage der jährlichen Rechnungsergebnisse der Krankenkassen für jedes Jahr, erstmals für das Jahr 2023, ob die Ausgaben der Krankenkassen den Betrag nach Satz 1 erreichen. [5]Unterschreiten die Ausgaben einer Krankenkasse den Betrag nach Satz 1, berechnet der Spitzenverband Bund der Krankenkassen die Höhe des nach Satz 2 zu zahlenden Betrages und macht diesen Betrag durch Bescheid geltend. [6]Der Spitzenverband Bund der Krankenkassen kann abweichend von Satz 2 ausnahmsweise mit einer Krankenkasse, die einen oder mehrere Qualitätsverträge mit Vereinbarungen über erfolgsabhängige Zahlungen nachweist, einen längeren Abrechnungszeitraum von bis zu drei Jahren vereinbaren. [7]Der Spitzenverband Bund der Krankenkassen bestimmt das Nähere zum Verfahren für eine solche Verlängerung des Abrechnungszeitraums und legt angemessene Pauschalen nach Satz 3 für die Vertragsvorbereitung fest, die den unterschiedlichen Aufwand der Krankenkassen insbesondere für Erarbeitung und Verhandlung der Vertragsinhalte berücksichtigen. [8]Die Regelungen nach Satz 7 hat der Spitzenverband Bund der Krankenkassen bis zum 31. Oktober 2021 zu beschließen und dem Bundesministerium für Gesundheit zur Zustimmung vorzulegen. [9]Der Spitzenverband Bund der Krankenkassen übermittelt dem Bundesamt für Soziale Sicherung jährlich zum 31. Dezember eine Aufstellung der in diesem Jahr rechtskräftig festgestellten Beträge.

§ 111 Versorgungsverträge mit Vorsorge- oder Rehabilitationseinrichtungen

(1) Die Krankenkassen dürfen medizinische Leistungen zur Vorsorge (§ 23 Abs. 4) oder Leistungen zur medizinischen Rehabilitation einschließlich der Anschlussheilbehandlung (§ 40), die eine stationäre Behandlung, aber keine Krankenhausbehandlung erfordern, nur in Vorsorge- oder Rehabilitationseinrichtungen erbringen lassen, mit denen ein Versorgungsvertrag nach Absatz 2 besteht; für Pflegepersonen im Sinne des § 19 Satz 1 des Elften Buches dürfen die Krankenkassen diese Leistungen auch in Vorsorge- und Rehabilitationseinrichtungen erbringen lassen, mit denen ein Vertrag nach § 111a besteht.

(2) [1]Die Landesverbände der Krankenkassen und die Ersatzkassen gemeinsam schließen mit Wirkung für ihre Mitgliedskassen einheitliche Versorgungsverträge über die Durchführung der in Absatz 1 genannten Leistungen mit Vorsorge- oder Rehabilitationseinrichtungen, die

1. die Anforderungen des § 107 Abs. 2 erfüllen und
2. für eine bedarfsgerechte, leistungsfähige und wirtschaftliche Versorgung der Versicherten ihrer Mitgliedskassen mit stationären medizinischen Leistungen zur Vorsorge oder Leistungen zur medizinischen Rehabilitation einschließlich der Anschlussheilbehandlung notwendig sind.

[2]§ 109 Abs. 1 Satz 1 gilt entsprechend. [3]Die Landesverbände der Krankenkassen eines anderen Bundeslandes und die Ersatzkassen können einem nach Satz 1 geschlossenen Versorgungsvertrag beitreten, soweit für die Behandlung der Versicherten ihrer Mitgliedskassen in der Vorsorge- oder Rehabilitationseinrichtung ein Bedarf besteht. [4]Absatz 5 Satz 6 und 7 gilt entsprechend.

(3) [1]Bei Vorsorge- oder Rehabilitationseinrichtungen, die vor dem 1. Januar 1989 stationäre medizinische Leistungen für die Krankenkassen erbracht haben, gilt ein Versorgungsvertrag in dem Umfang der in den Jahren 1986 bis 1988 erbrachten Leistungen als abgeschlossen. [2]Satz 1 gilt nicht, wenn die Einrichtung die Anforderungen nach Absatz 2 Satz 1 nicht erfüllt und die zuständigen Landesverbände der Krankenkassen und die Ersatzkassen gemeinsam dies bis zum 30. Juni 1989 gegenüber dem Träger der Einrichtung schriftlich geltend machen. [3]Satz 1 gilt bis zum 31. Dezember 2025.

(4) [1]Mit dem Versorgungsvertrag wird die Vorsorge- oder Rehabilitationseinrichtung für die Dauer des Vertrages zur Versorgung der Versicherten mit stationären medizinischen Leistungen zur Vorsorge oder Rehabilitation zugelassen. [2]Der Versorgungsvertrag kann von den Landesver-

bänden der Krankenkassen und den Ersatzkassen gemeinsam mit einer Frist von einem Jahr gekündigt werden, wenn die Voraussetzungen für seinen Abschluss nach Absatz 2 Satz 1 nicht mehr gegeben sind. [3]Mit der für die Krankenhausplanung zuständigen Landesbehörde ist Einvernehmen über Abschluss und Kündigung des Versorgungsvertrags anzustreben.

(5) [1]Die Vergütungen für die in Absatz 1 genannten Leistungen werden zwischen den Krankenkassen und den Trägern der zugelassenen Vorsorge- und Rehabilitationseinrichtungen vereinbart. [2]Für Vereinbarungen nach Satz 1 gilt § 71 nicht. [3]Die Bezahlung von Gehältern bis zur Höhe tarifvertraglicher Vergütungen sowie entsprechender Vergütungen nach kirchlichen Arbeitsrechtsregelungen kann nicht als unwirtschaftlich abgelehnt werden. [4]Auf Verlangen der Krankenkasse ist die Zahlung dieser Vergütungen nachzuweisen. [5]Sofern der Deutsche Bundestag nach § 5 Absatz 1 Satz 1 des Infektionsschutzgesetzes eine epidemische Lage von nationaler Tragweite festgestellt hat, haben die Vertragsparteien die Vereinbarungen für den Zeitraum, der am Tag der Feststellung durch den Deutschen Bundestag beginnt und am Tag der Aufhebung der Feststellung, spätestens jedoch mit Ablauf des 7. April 2023 endet, an diese Sondersituation anzupassen, um die Leistungsfähigkeit der Einrichtungen bei wirtschaftlicher Betriebsführung zu gewährleisten. [6]Kommt eine Vereinbarung innerhalb von zwei Monaten, nachdem eine Vertragspartei nach Satz 1 schriftlich zur Aufnahme von Verhandlungen aufgefordert hat, nicht oder teilweise nicht zustande, wird ihr Inhalt auf Antrag einer Vertragspartei durch die Landesschiedsstelle nach § 111b festgesetzt. [7]Die Landesschiedsstelle ist dabei an die für die Vertragsparteien geltenden Rechtsvorschriften gebunden.

(6) Soweit eine wirtschaftlich und organisatorisch selbständige, gebietsärztlich geleitete Vorsorge- oder Rehabilitationseinrichtung an einem zugelassenen Krankenhaus die Anforderungen des Absatzes 2 Satz 1 erfüllt, gelten im Übrigen die Absätze 1 bis 5.

(7) [1]Der Spitzenverband Bund der Krankenkassen und die für die Erbringer von Leistungen zur medizinischen Rehabilitation maßgeblichen Verbände auf Bundesebene vereinbaren unter Berücksichtigung der Richtlinien nach § 92 Absatz 1 Satz 2 Nummer 8 in Rahmenempfehlungen

1. das Nähere zu Inhalt, Umfang und Qualität der Leistungen nach Absatz 1,
2. Grundsätze einer leistungsgerechten Vergütung und ihrer Strukturen sowie bis zum 31. Dezember 2022 Grundsätze für Vereinbarungen nach Absatz 5 Satz 5 und
3. die Anforderungen an das Nachweisverfahren nach Absatz 5 Satz 4.

[2]Vereinbarungen nach § 137d Absatz 1 bleiben unberührt. [3]Die Inhalte der Rahmenempfehlungen sind den Versorgungsverträgen nach Absatz 2 und den Vergütungsverträgen nach Absatz 5 zugrunde zu legen. [4]Kommen Rahmenempfehlungen ganz oder teilweise nicht zustande, können die Rahmenempfehlungspartner die Schiedsstelle nach § 111b Absatz 6 anrufen. [5]Sie setzt innerhalb von drei Monaten den Rahmenempfehlungsinhalt fest.

§ 111a
Versorgungsverträge mit Einrichtungen des Müttergenesungswerks oder gleichartigen Einrichtungen

(1) [1]Die Krankenkassen dürfen stationäre medizinische Leistungen zur Vorsorge für Mütter und Väter (§ 24) oder Rehabilitation für Mütter und Väter (§ 41) nur in Einrichtungen des Müttergenesungswerks oder gleichartigen Einrichtungen oder für Vater-Kind-Maßnahmen geeigneten Einrichtungen erbringen lassen, mit denen ein Versorgungsvertrag besteht. [2]§ 111 Absatz 2, 4 Satz 1 und 2, Absatz 5 und 7 sowie § 111b gelten entsprechend.

(2) [1]Bei Einrichtungen des Müttergenesungswerks oder gleichartigen Einrichtungen, die vor dem 1. August 2002 stationäre medizinische Leistungen für die Krankenkassen erbracht haben, gilt ein Versorgungsvertrag in dem Umfang der im Jahr 2001 erbrachten Leistungen als abgeschlossen. [2]Satz 1 gilt nicht, wenn die Einrichtung die Anforderungen nach § 111 Abs. 2 Satz 1 nicht erfüllt und die zuständigen Landesverbände der Krankenkassen und die Ersatzkassen gemeinsam dies bis zum 1. Januar 2004 gegenüber dem Träger der Einrichtung schriftlich geltend machen. [3]Satz 1 gilt bis zum 31. Dezember 2025.

§ 111b
Landesschiedsstelle für Versorgungs- und Vergütungsvereinbarungen zwischen Krankenkassen und Trägern von Vorsorge- oder Rehabilitationseinrichtungen und Bundesschiedsstelle für Rahmenempfehlungen, Verordnungsermächtigung

(1) [1]Die Landesverbände der Krankenkassen und die Ersatzkassen gemeinsam und die für die Wahrnehmung der Interessen der Vorsorge- und Rehabilitationseinrichtungen auf Landesebene maßgeblichen Verbände bilden miteinander für jedes Land eine Schiedsstelle. [2]Diese entscheidet in den Angelegenheiten, die ihr nach diesem Buch zugewiesen sind.

(2) [1]Die Schiedsstelle besteht aus einem unparteiischen Vorsitzenden und zwei weiteren unparteiischen Mitgliedern sowie aus Vertretern der jeweiligen Vertragsparteien nach § 111 Absatz 5 Satz 1 oder im Falle ambulanter Rehabilitationseinrichtungen nach § 111c Absatz 3 Satz 1 in gleicher Zahl; für den Vorsitzenden und die unparteiischen Mitglieder können Stellvertreter bestellt werden. [2]Der Vorsitzende und die unparteiischen Mitglieder werden von den beteiligten Verbänden nach Absatz 1 gemeinsam bestellt. [3]Kommt eine Einigung nicht zustande, werden sie von den zuständigen Landesbehörden bestellt.

(3) [1]Die Mitglieder der Schiedsstelle führen ihr Amt als Ehrenamt. [2]Sie sind an Weisungen nicht gebunden. [3]Jedes Mitglied hat eine Stimme. [4]Die Entscheidungen werden von der Mehrheit der Mitglieder getroffen. [5]Ergibt sich keine Mehrheit, gibt die Stimme des Vorsitzenden den Ausschlag.

(4) Die Rechtsaufsicht über die Schiedsstelle führt die zuständige Landesbehörde.

(5) [1]Die Landesregierungen werden ermächtigt, durch Rechtsverordnung das Nähere über die Zahl, die Bestellung, die Amtsdauer und die Amtsführung, die Erstattung der baren Auslagen und die Entschädigung für Zeitaufwand der Mitglieder der Schiedsstelle, die Geschäftsführung, das Verfahren, die Erhebung und die Höhe der Gebühren sowie über die Verteilung der Kosten zu bestimmen. [2]Sie können diese Ermächtigung durch Rechtsverordnung auf oberste Landesbehörden übertragen.

(6) [1]Der Spitzenverband Bund der Krankenkassen und die für die Erbringer von Leistungen zur medizinischen Rehabilitation maßgeblichen Verbände auf Bundesebene bilden erstmals bis zum 1. Mai 2021 eine gemeinsame Schiedsstelle, die in Angelegenheiten nach § 111 Absatz 7, § 111a Absatz 1 Satz 2 in Verbindung mit § 111 Absatz 7 sowie nach § 111c Absatz 5 entscheidet. [2]Die Schiedsstelle besteht aus einem unparteiischen Vorsitzenden und zwei weiteren unparteiischen Mitgliedern sowie aus Vertretern der jeweiligen Rahmenempfehlungspartner nach § 111 Absatz 7 Satz 1 oder § 111c Absatz 5 Satz 1 in gleicher Zahl; für den Vorsitzenden und die unparteiischen Mitglieder können Stellvertreter bestellt werden. [3]Die Amtsdauer beträgt vier Jahre. [4]Die jeweiligen Rahmenempfehlungspartner sollen sich über den Vorsitzenden und die zwei weiteren unparteiischen Mitglieder sowie deren Stellvertreter einigen. [5]Kommt eine Einigung nicht zustande, erfolgt eine Bestellung des unparteiischen Vorsitzenden, der weiteren unparteiischen Mitglieder und von deren Stellvertretern durch das Bundesministerium für Gesundheit, nachdem es den Rahmenempfehlungspartnern eine Frist zur Einigung gesetzt hat und diese Frist abgelaufen ist. [6]Das Bundesministerium für Gesundheit kann durch Rechtsverordnung mit Zustimmung des Bundesrates das Nähere über die Zahl und die Bestellung der Mitglieder, die Erstattung der baren Auslagen und die Entschädigung für den Zeitaufwand der Mitglieder, das Verfahren sowie über die Verteilung der Kosten regeln. [7]§ 129 Absatz 9 und 10 Satz 1 gilt entsprechend.

§ 111c
Versorgungsverträge mit Rehabilitationseinrichtungen

(1) [1]Die Landesverbände der Krankenkassen und die Ersatzkassen gemeinsam schließen mit Wirkung für ihre Mitgliedskassen einheitliche Versorgungsverträge über die Durchführung der in § 40 Absatz 1 genannten ambulanten Leistungen zur medizinischen Rehabilitation mit Rehabilitationseinrichtungen,

1. für die ein Versorgungsvertrag nach § 111 Absatz 2 besteht und

2. die für eine bedarfsgerechte, leistungsfähige und wirtschaftliche Versorgung der Versicherten ihrer Mitgliedskassen mit ambulanten Leistungen zur medizinischen Rehabilitation einschließlich der Anschlussrehabilitation

notwendig sind. Soweit es für die Erbringung wohnortnaher ambulanter Leistungen zur medizinischen Rehabilitation erforderlich ist, können Verträge nach Satz 1 auch mit Einrichtungen geschlossen werden, die die in Satz 1 genannten Voraussetzungen erfüllen, ohne dass für sie ein Versorgungsvertrag nach § 111 besteht.

[2]Absatz 3 Satz 7 und 8 gilt entsprechend.

(2) [1]§ 109 Absatz 1 Satz 1 gilt entsprechend. [2]Die Landesverbände der Krankenkassen eines anderen Bundeslandes und die Ersatzkassen können einem nach Absatz 1 geschlossenen Versorgungsvertrag beitreten, soweit für die Behandlung der Versicherten ihrer Mitgliedskassen in der Rehabilitationseinrichtung ein Bedarf besteht. [3]Mit dem Versorgungsvertrag wird die Rehabilitationseinrichtung für die Dauer des Vertrages zur Versorgung der Versicherten mit ambulanten medizinischen Leistungen zur Rehabilitation zugelassen. [4]Der Versorgungsvertrag kann von den Landesverbänden der Krankenkassen und den Ersatzkassen gemeinsam mit einer Frist von einem Jahr gekündigt werden, wenn die Voraussetzungen für seinen Abschluss nach Absatz 1 nicht mehr gegeben sind. [5]Mit der für die Krankenhausplanung zuständigen Landesbehörde ist Einvernehmen über Abschluss und Kündigung des Versorgungsvertrags anzustreben.

(3) [1]Die Vergütungen für die in § 40 Absatz 1 genannten Leistungen werden zwischen den Krankenkassen und den Trägern der zugelassenen Rehabilitationseinrichtungen vereinbart. [2]Für Vereinbarungen nach Satz 1 gilt § 71 nicht. [3]Die Bezahlung von Gehältern bis zur Höhe tarifvertraglicher Vergütungen sowie entsprechender Vergütungen nach kirchlichen Arbeitsrechtsregelungen kann nicht als unwirtschaftlich abgelehnt werden. [4]Auf Verlangen der Krankenkasse ist die Zahlung dieser Vergütungen nachzuweisen. [5]Sofern der Deutsche Bundestag nach § 5 Absatz 1 Satz 1 des Infektionsschutzgesetzes eine epidemische Lage von nationaler Tragweite festgestellt hat, haben die Vertragsparteien die Vereinbarungen für den Zeitraum, der am Tag der Feststellung durch den Deutschen Bundestag beginnt und am Tag der Aufhebung der Feststellung, spätestens jedoch mit Ablauf des 7. April 2023 endet, an diese Sondersituation anzupassen, um die Leistungsfähigkeit der Einrichtungen bei wirtschaftlicher Betriebsführung zu gewährleisten. [6]Kommt eine Vereinbarung innerhalb von zwei Monaten, nachdem eine Vertragspartei nach Satz 1 schriftlich zur Aufnahme von Verhandlungen aufgefordert hat, nicht oder teilweise nicht zustande, wird ihr Inhalt auf Antrag einer Vertragspartei durch die Landesschiedsstelle nach § 111b festgesetzt. [7]Diese ist dabei an die für die Vertragsparteien geltenden Rechtsvorschriften gebunden.

(4) [1]Bei Einrichtungen, die vor dem 1. Januar 2012 ambulante Leistungen zur medizinischen Rehabilitation erbracht haben, gilt ein Versorgungsvertrag nach § 111c in dem Umfang der bis dahin erbrachten Leistungen als abgeschlossen. [2]Satz 1 gilt nicht, wenn die Einrichtung die Anforderungen nach Absatz 1 nicht erfüllt und die zuständigen Landesverbände der Krankenkassen und die Ersatzkassen gemeinsam dies bis zum 31. Dezember 2012 gegenüber dem Träger der Einrichtung schriftlich geltend machen. [3]Satz 1 gilt bis zum 31. Dezember 2025.

(5) [1]Der Spitzenverband Bund der Krankenkassen und die für die Erbringer von Leistungen zur medizinischen Rehabilitation maßgeblichen Verbände auf Bundesebene vereinbaren unter Berücksichtigung der Richtlinien nach § 92 Absatz 1 Satz 2 Nummer 8 in Rahmenempfehlungen

1. das Nähere zu Inhalt, Umfang und Qualität der Leistungen nach § 40 Absatz 1,
2. Grundsätze einer leistungsgerechten Vergütung und ihrer Strukturen sowie bis zum 31. Dezember 2022 Grundsätze für Vereinbarungen nach Absatz 3 Satz 5 und
3. die Anforderungen an das Nachweisverfahren nach Absatz 3 Satz 4.

[2]Vereinbarungen nach § 137d Absatz 1 bleiben unberührt. [3]Die Inhalte der Rahmenempfehlungen sind den Versorgungsverträgen nach Absatz 1 und den Vergütungsverträgen nach Absatz 3 zugrunde zu legen. [4]Kommen Rahmenempfehlungen ganz oder teilweise nicht zustande, können die Rahmenempfehlungspartner die Schiedsstelle nach § 111b Absatz 6 anrufen. [5]Sie setzt innerhalb von drei Monaten den Rahmenempfehlungsinhalt fest.

§ 111d Ausgleichszahlungen an Vorsorge- und Rehabilitationseinrichtungen aufgrund von Einnahmeausfällen durch das neuartige Coronavirus SARS-CoV-2, Verordnungsermächtigung

(1) Vorsorge- und Rehabilitationseinrichtungen mit einem Versorgungsvertrag nach § 111 Absatz 2 oder nach § 111a Absatz 1 erhalten für die Ausfälle der Einnahmen, die zwischen dem 16. März und dem 30. September 2020 sowie seit dem 18. November 2020 dadurch entstehen, dass Betten nicht so belegt werden können, wie es vor dem Auftreten der SARS-CoV-2-Pandemie geplant war, Ausgleichszahlungen aus der Liquiditätsreserve des Gesundheitsfonds.

(2) [1]Die Vorsorge- und Rehabilitationseinrichtungen ermitteln die Höhe der Ausgleichszahlungen nach Absatz 1, indem sie täglich, erstmals für den 16. März 2020, von der Zahl der im Jahresdurchschnitt 2019 pro Tag stationär behandelten Patientinnen und Patienten der Krankenkassen (Referenzwert) die Zahl der am jeweiligen Tag stationär behandelten Patientinnen und Patienten der Krankenkassen sowie die Zahl der nach § 22 des Krankenhausfinanzierungsgesetzes behandelten oder nach § 149 des Elften Buches oder § 39c zur Kurzzeitpflege aufgenommenen Patienten abziehen. [2]Sofern das Ergebnis größer als Null ist, ist dieses mit der tagesbezogenen Pauschale nach Absatz 3 zu multiplizieren. [3]Die Vorsorge- und Rehabilitationseinrichtungen melden den sich für sie jeweils aus der Berechnung nach Satz 2 ergebenden Betrag differenziert nach Kalendertagen wöchentlich an die für die Krankenhausplanung zuständige Landesbehörde oder an eine von dieser Landesbehörde benannte Krankenkasse, die alle von den Vorsorge- und Rehabilitationseinrichtungen im Land gemeldeten Beträge summiert. [4]Die Ermittlung nach Satz 1 ist letztmalig für den 31. Januar 2021 durchzuführen.

(3) [1]Die tagesbezogene Pauschale beträgt 60 Prozent des mit Krankenkassen vereinbarten durchschnittlichen Vergütungssatzes der Einrichtung nach § 111 Absatz 5. [2]Die tagesbezogene Pauschale für ab dem 18. November 2020 gemeldete Beträge beträgt 50 Prozent des mit Krankenkassen vereinbarten durchschnittlichen Vergütungssatzes der Einrichtung nach § 111 Absatz 5.

(4) [1]Die Länder oder die benannten Krankenkassen übermitteln die für ihre Vorsorge- und Rehabilitationseinrichtungen aufsummierten Beträge nach Absatz 2 Satz 3 jeweils unverzüglich an das Bundesamt für Soziale Sicherung. [2]Das Bundesamt für Soziale Sicherung zahlt auf Grundlage der nach Satz 1 angemeldeten Mittelbedarfe die Beträge an das jeweilige Land oder die benannte Krankenkasse zur Weiterleitung an die Vorsorge- und Rehabilitationseinrichtungen aus der Liquiditätsreserve des Gesundheitsfonds. [3]Um eine schnellstmögliche Zahlung zu gewährleisten, kann das Land oder die benannte Krankenkasse beim Bundesamt für Soziale Sicherung ab dem 28. März 2020 Abschlagszahlungen beantragen. [4]Das Bundesamt für Soziale Sicherung bestimmt das Nähere zum Verfahren der Übermittlung der aufsummierten Beträge sowie der Zahlung aus der Liquiditätsreserve des Gesundheitsfonds einschließlich der Abschlagszahlungen.

(5) Der Spitzenverband Bund der Krankenkassen und die für die Erbringer von Leistungen zur medizinischen Rehabilitation maßgeblichen Verbände auf Bundesebene vereinbaren bis zum 10. April 2020 das Nähere zum Verfahren des Nachweises der Zahl der täglich stationär behandelten oder aufgenommenen Patientinnen und Patienten im Vergleich zum Referenzwert für die Ermittlung und Meldung nach Absatz 2 sowie der Ermittlung des mit Krankenkassen vereinbarten durchschnittlichen Vergütungssatzes nach Absatz 3.

(6) [1]Die Vorsorge- und Rehabilitationseinrichtungen erstatten dem Land oder der benannten Krankenkasse die nach dieser Vorschrift erhaltenen Ausgleichszahlungen, soweit sie vorrangige Mittel aus Vergütungen oder Ausgleichszahlungen aus anderen Rechtsverhältnissen beanspruchen können. [2]Das Land oder die benannte Krankenkasse leiten die Zahlungen an die Liquiditätsreserve des Gesundheitsfonds weiter.

(7) Nach Abschluss der Zahlungen nach Absatz 4 Satz 2 durch das Bundesamt für Soziale Sicherung übermitteln die Länder oder die benannten Krankenkassen dem Bundesministerium für Gesundheit bis zum Ende des darauffolgenden Kalendermonats eine einrichtungsbezogene Aufstellung der ausgezahlten und zurückerstatteten Finanzmittel.

(8) [1]Das Bundesamt für Soziale Sicherung teilt dem Bundesministerium für Gesundheit unverzüglich die Höhe des jeweils nach Absatz 4 Satz 2 ab dem 18. November 2020 an die Länder oder die benannte Krankenkasse überwiesenen Be-

trags mit. [2]Das Bundesministerium für Gesundheit übermittelt dem Bundesministerium der Finanzen wöchentlich die Mitteilungen des Bundesamtes für Soziale Sicherung nach Satz 1. [3]Der Bund erstattet den Betrag an die Liquiditätsreserve des Gesundheitsfonds innerhalb von einer Woche nach der Mitteilung gemäß Satz 1.

(9) Das Bundesministerium für Gesundheit kann durch Rechtsverordnung ohne Zustimmung des Bundesrats die in Absatz 2 Satz 4 genannte Frist um bis zu neun Monate verlängern.

§ 112 Zweiseitige Verträge und Rahmenempfehlungen über Krankenhausbehandlung

(1) Die Landesverbände der Krankenkassen und die Ersatzkassen gemeinsam schließen mit der Landeskrankenhausgesellschaft oder mit den Vereinigungen der Krankenhausträger im Land gemeinsam Verträge, um sicherzustellen, dass Art und Umfang der Krankenhausbehandlung den Anforderungen dieses Gesetzbuchs entsprechen.

(2) [1]Die Verträge regeln insbesondere

1. die allgemeinen Bedingungen der Krankenhausbehandlung einschließlich der
   a) Aufnahme und Entlassung der Versicherten,
   b) Kostenübernahme, Abrechnung der Entgelte, Berichte und Bescheinigungen,
2. die Überprüfung der Notwendigkeit und Dauer der Krankenhausbehandlung einschließlich eines Kataloges von Leistungen, die in der Regel teilstationär erbracht werden können,
3. Verfahrens- und Prüfungsgrundsätze für Wirtschaftlichkeits- und Qualitätsprüfungen,
4. die soziale Betreuung und Beratung der Versicherten im Krankenhaus,
5. den nahtlosen Übergang von der Krankenhausbehandlung zur Rehabilitation oder Pflege,
6. das Nähere über Voraussetzungen, Art und Umfang der medizinischen Maßnahmen zur Herbeiführung einer Schwangerschaft nach § 27a Abs. 1.

[2]Sie sind für die Krankenkassen und die zugelassenen Krankenhäuser im Land unmittelbar verbindlich.

(3) Kommt ein Vertrag nach Absatz 1 bis zum 31. Dezember 1989 ganz oder teilweise nicht zustande, wird sein Inhalt auf Antrag einer Vertragspartei durch die Landesschiedsstelle nach § 114 festgesetzt.

(4) [1]Die Verträge nach Absatz 1 können von jeder Vertragspartei mit einer Frist von einem Jahr ganz oder teilweise gekündigt werden. [2]Satz 1 gilt entsprechend für die von der Landesschiedsstelle nach Absatz 3 getroffenen Regelungen. [3]Diese können auch ohne Kündigung jederzeit durch einen Vertrag nach Absatz 1 ersetzt werden.

(5) Der Spitzenverband Bund der Krankenkassen und die Deutsche Krankenhausgesellschaft oder die Bundesverbände der Krankenhausträger gemeinsam sollen Rahmenempfehlungen zum Inhalt der Verträge nach Absatz 1 abgeben.

(6) Beim Abschluss der Verträge nach Absatz 1 und bei Abgabe der Empfehlungen nach Absatz 5 sind, soweit darin Regelungen nach Absatz 2 Nr. 5 getroffen werden, die Spitzenorganisationen der Vorsorge- und Rehabilitationseinrichtungen zu beteiligen.

§ 113 Qualitäts- und Wirtschaftlichkeitsprüfung der Krankenhausbehandlung

(1) [1]Die Landesverbände der Krankenkassen, die Ersatzkassen und der Landesausschuss des Verbandes der privaten Krankenversicherung können gemeinsam die Wirtschaftlichkeit, Leistungsfähigkeit und Qualität der Krankenhausbehandlung eines zugelassenen Krankenhauses durch einvernehmlich mit dem Krankenhausträger bestellte Prüfer untersuchen lassen. [2]Kommt eine Einigung über den Prüfer nicht zustande, wird dieser auf Antrag innerhalb von zwei Monaten von der Landesschiedsstelle nach § 114 Abs. 1 bestimmt. [3]Der Prüfer ist unabhängig und an Weisungen nicht gebunden.

(2) Die Krankenhäuser und ihre Mitarbeiter sind verpflichtet, dem Prüfer und seinen Beauftragten auf Verlangen die für die Wahrnehmung ihrer Aufgaben notwendigen Unterlagen vorzulegen und Auskünfte zu erteilen.

(3) [1]Das Prüfungsergebnis ist, unabhängig von den sich daraus ergebenden Folgerungen für eine Kündigung des Versorgungsvertrags nach § 110, in der nächstmöglichen Pflegesatzvereinbarung mit Wirkung für die Zukunft zu berücksichtigen. [2]Die Vorschriften über Wirtschaftlichkeitsprüfungen nach der Bundespflegesatzverordnung bleiben unberührt.

(4) [1]Die Wirtschaftlichkeit und Qualität der Versorgung durch Hochschulambulanzen nach § 117, psychiatrische Institutsambulanzen nach § 118, sozialpädiatrische Zentren nach § 119 sowie medizinische Behandlungszentren nach § 119c werden von den Krankenkassen in entsprechender Anwendung der nach §§ 106 bis 106b und 106d und § 135b geltenden Regelungen geprüft. [2]Die Wirtschaftlichkeit der ärztlich verordneten Leistungen im Rahmen des Entlassmanagements nach § 39 Absatz 1a Satz 5 und der Inanspruchnahme eines Krankenhauses nach § 76 Absatz 1a wird durch die Prüfungsstellen nach § 106c entsprechend §§ 106 bis 106b gegen Kostenersatz durchgeführt, soweit die Krankenkasse mit dem Krankenhaus nichts anderes vereinbart hat.

§ 114
Landesschiedsstelle

(1) [1]Die Landesverbände der Krankenkassen und die Ersatzkassen gemeinsam und die Landeskrankenhausgesellschaften oder die Vereinigungen der Krankenhausträger im Land gemeinsam bilden für jedes Land eine Schiedsstelle. [2]Diese entscheidet in den ihr nach diesem Buch zugewiesenen Aufgaben.

(2) [1]Die Landesschiedsstelle besteht aus Vertretern der Krankenkassen und zugelassenen Krankenhäuser in gleicher Zahl sowie einem unparteiischen Vorsitzenden und zwei weiteren unparteiischen Mitgliedern. [2]Die Vertreter der Krankenkassen und deren Stellvertreter werden von den Landesverbänden der Krankenkassen und den Ersatzkassen, die Vertreter der zugelassenen Krankenhäuser und deren Stellvertreter von der Landeskrankenhausgesellschaft bestellt. [3]Der Vorsitzende und die weiteren unparteiischen Mitglieder werden von den beteiligten Organisationen gemeinsam bestellt. [4]Kommt eine Einigung nicht zustande, werden sie in entsprechender Anwendung des Verfahrens nach § 89 Absatz 6 Satz 3 bestellt. [5]Soweit beteiligte Organisationen keine Vertreter bestellen oder im Verfahren nach Satz 3 keine Kandidaten für das Amt des Vorsitzenden oder der weiteren unparteiischen Mitglieder benennen, bestellt die zuständige Landesbehörde auf Antrag einer beteiligten Organisation die Vertreter und benennt die Kandidaten; die Amtsdauer der Mitglieder der Schiedsstelle beträgt in diesem Fall ein Jahr.

(3) [1]Die Mitglieder der Schiedsstelle führen ihr Amt als Ehrenamt. [2]Sie sind an Weisungen nicht gebunden. [3]Jedes Mitglied hat eine Stimme. [4]Die Entscheidungen werden mit der Mehrheit der Mitglieder getroffen. [5]Ergibt sich keine Mehrheit, gibt die Stimme des Vorsitzenden den Ausschlag.

(4) Die Aufsicht über die Geschäftsführung der Schiedsstelle führt die zuständige Landesbehörde.

(5) Die Landesregierungen werden ermächtigt, durch Rechtsverordnung das Nähere über die Zahl, die Bestellung, die Amtsdauer und die Amtsführung, die Erstattung der baren Auslagen und die Entschädigung für Zeitaufwand der Mitglieder der Schiedsstelle, die Geschäftsführung, das Verfahren, die Erhebung und die Höhe der Gebühren sowie über die Verteilung der Kosten zu bestimmen.

Vierter Abschnitt

Beziehungen zu Krankenhäusern und Vertragsärzten

§ 115
Dreiseitige Verträge und Rahmenempfehlungen zwischen Krankenkassen, Krankenhäusern und Vertragsärzten

(1) Die Landesverbände der Krankenkassen und die Ersatzkassen gemeinsam und die Kassenärztlichen Vereinigungen schließen mit der Landeskrankenhausgesellschaft oder mit den Vereinigungen der Krankenhausträger im Land gemeinsam Verträge mit dem Ziel, durch enge Zusammenarbeit zwischen Vertragsärzten und zugelassenen Krankenhäusern eine nahtlose ambulante und stationäre Behandlung der Versicherten zu gewährleisten.

(2) [1]Die Verträge regeln insbesondere

1. die Förderung des Belegarztwesens und der Behandlung in Einrichtungen, in denen die Versicherten durch Zusammenarbeit meh-

rerer Vertragsärzte ambulant und stationär versorgt werden (Praxiskliniken),

2. die gegenseitige Unterrichtung über die Behandlung der Patienten sowie über die Überlassung und Verwendung von Krankenunterlagen,
3. die Zusammenarbeit bei der Gestaltung und Durchführung eines ständig einsatzbereiten Notdienstes; darüber hinaus können auf Grundlage des einheitlichen Bewertungsmaßstabs für ärztliche Leistungen ergänzende Regelungen zur Vergütung vereinbart werden,
4. die Durchführung einer vor- und nachstationären Behandlung im Krankenhaus nach § 115a einschließlich der Prüfung der Wirtschaftlichkeit und der Verhinderung von Missbrauch; in den Verträgen können von § 115a Abs. 2 Satz 1 bis 3 abweichende Regelungen vereinbart werden,
5. die allgemeinen Bedingungen der ambulanten Behandlung im Krankenhaus,
6. ergänzende Vereinbarungen zu Voraussetzungen, Art und Umfang des Entlassmanagements nach § 39 Absatz 1a.

[2]Sie sind für die Krankenkassen, die Vertragsärzte und die zugelassenen Krankenhäuser im Land unmittelbar verbindlich.

(3) Kommt ein Vertrag nach Absatz 1 ganz oder teilweise nicht zustande, entscheidet auf Antrag einer Vertragspartei das zuständige sektorenübergreifende Schiedsgremium gemäß § 89a.

(3a) (aufgehoben)

(4) [1]Kommt eine Regelung nach Absatz 1 bis 3 bis zum 31. Dezember 1990 ganz oder teilweise nicht zustande, wird ihr Inhalt durch Rechtsverordnung der Landesregierung bestimmt. [2]Eine Regelung nach Absatz 1 bis 3 ist zulässig, solange und soweit die Landesregierung eine Rechtsverordnung nicht erlassen hat.

(5) Der Spitzenverband Bund der Krankenkassen, die Kassenärztlichen Bundesvereinigungen und die Deutsche Krankenhausgesellschaft oder die Bundesverbände der Krankenhausträger gemeinsam sollen Rahmenempfehlungen zum Inhalt der Verträge nach Absatz 1 abgeben.

§ 115a
Vor- und nachstationäre Behandlung im Krankenhaus

(1) [1]Das Krankenhaus kann bei Verordnung von Krankenhausbehandlung Versicherte in medizinisch geeigneten Fällen ohne Unterkunft und Verpflegung behandeln, um

1. die Erforderlichkeit einer vollstationären Krankenhausbehandlung zu klären oder die vollstationäre Krankenhausbehandlung vorzubereiten (vorstationäre Behandlung) oder
2. im Anschluss an eine vollstationäre Krankenhausbehandlung den Behandlungserfolg zu sichern oder zu festigen (nachstationäre Behandlung).

[2]Das Krankenhaus kann die Behandlung nach Satz 1 auch durch hierzu ausdrücklich beauftragte niedergelassene Vertragsärzte in den Räumen des Krankenhauses oder der Arztpraxis erbringen. [3]Absatz 2 Satz 5 findet insoweit keine Anwendung.

(2) [1]Die vorstationäre Behandlung ist auf längstens drei Behandlungstage innerhalb von fünf Tagen vor Beginn der stationären Behandlung begrenzt. [2]Die nachstationäre Behandlung darf sieben Behandlungstage innerhalb von 14 Tagen, bei Organübertragungen nach § 9 Absatz 2 des Transplantationsgesetzes drei Monate nach Beendigung der stationären Krankenhausbehandlung nicht überschreiten. [3]Die Frist von 14 Tagen oder drei Monaten kann in medizinisch begründeten Einzelfällen im Einvernehmen mit dem einweisenden Arzt verlängert werden. [4]Kontrolluntersuchungen bei Organübertragungen nach § 9 Absatz 2 des Transplantationsgesetzes dürfen vom Krankenhaus auch nach Beendigung der nachstationären Behandlung fortgeführt werden, um die weitere Krankenbehandlung oder Maßnahmen der Qualitätssicherung wissenschaftlich zu begleiten oder zu unterstützen. [5]Eine notwendige ärztliche Behandlung außerhalb des Krankenhauses während der vor- und nachstationären Behandlung wird im Rahmen des Sicherstellungsauftrags durch die an der vertragsärztlichen Versorgung teilnehmenden Ärzte gewährleistet. [6]Das Krankenhaus hat den einweisenden Arzt über die vor- oder nachstationäre Behandlung sowie diesen und die an der weiteren Krankenbehandlung jeweils beteiligten Ärzte über die Kontrolluntersuchungen und deren Ergebnis unverzüglich zu unterrichten. [7]Die Sätze 2 bis 6 gelten für die Nachbetreuung von

Organspendern nach § 8 Abs. 3 Satz 1 des Transplantationsgesetzes entsprechend.

(3) [1]Die Landesverbände der Krankenkassen, die Ersatzkassen und der Landesausschuss des Verbandes der privaten Krankenversicherung gemeinsam vereinbaren mit der Landeskrankenhausgesellschaft oder mit den Vereinigungen der Krankenhausträger im Land gemeinsam und im Benehmen mit der Kassenärztlichen Vereinigung die Vergütung der Leistungen mit Wirkung für die Vertragsparteien nach § 18 Abs. 2 des Krankenhausfinanzierungsgesetzes. [2]Die Vergütung soll pauschaliert werden und geeignet sein, eine Verminderung der stationären Kosten herbeizuführen. [3]Der Spitzenverband Bund der Krankenkassen und die Deutsche Krankenhausgesellschaft oder die Bundesverbände der Krankenhausträger gemeinsam geben im Benehmen mit der Kassenärztlichen Bundesvereinigung Empfehlungen zur Vergütung ab. [4]Diese gelten bis zum Inkrafttreten einer Vereinbarung nach Satz 1. [5]Kommt eine Vereinbarung über die Vergütung innerhalb von drei Monaten nicht zustande, nachdem eine Vertragspartei schriftlich zur Aufnahme der Verhandlungen aufgefordert hat, setzt die Schiedsstelle nach § 18a Abs. 1 des Krankenhausfinanzierungsgesetzes auf Antrag einer Vertragspartei oder der zuständigen Landesbehörde die Vergütung fest.

§ 115b Ambulantes Operieren im Krankenhaus

(1) [1]Der Spitzenverband Bund der Krankenkassen, die Deutsche Krankenhausgesellschaft und die Kassenärztlichen Bundesvereinigungen vereinbaren auf der Grundlage des Gutachtens nach Absatz 1a bis zum 31. Januar 2022

1. einen Katalog ambulant durchführbarer Operationen, sonstiger stationsersetzender Eingriffe und stationsersetzender Behandlungen,
2. einheitliche Vergütungen für Krankenhäuser und Vertragsärzte.

[2]Die Vereinbarung nach Satz 1 tritt mit ihrem Wirksamwerden an die Stelle der am 31. Dezember 2019 geltenden Vereinbarung. [3]In die Vereinbarung nach Satz 1 Nummer 1 sind die in dem Gutachten nach Absatz 1a benannten ambulant durchführbaren Operationen und die stationsersetzenden Eingriffe und stationsersetzenden Behandlungen aufzunehmen, die in der Regel ambulant durchgeführt werden können, sowie allgemeine Tatbestände zu bestimmen, bei deren Vorliegen eine stationäre Durchführung erforderlich sein kann. [4]Die Vergütung nach Satz 1 Nummer 2 ist nach dem Schweregrad der Fälle zu differenzieren und erfolgt auf betriebswirtschaftlicher Grundlage, ausgehend vom einheitlichen Bewertungsmaßstab für ärztliche Leistungen unter ergänzender Berücksichtigung der nichtärztlichen Leistungen, der Sachkosten sowie der spezifischen Investitionsbedingungen. [5]In der Vereinbarung sind die Qualitätsvoraussetzungen nach § 135 Abs. 2 sowie die Richtlinien und Beschlüsse des Gemeinsamen Bundesausschusses nach § 92 Abs. 1 Satz 2 und den §§ 136 bis 136b zu berücksichtigen. [6]In der Vereinbarung ist vorzusehen, dass die Leistungen nach Satz 1 auch auf der Grundlage einer vertraglichen Zusammenarbeit des Krankenhauses mit niedergelassenen Vertragsärzten ambulant im Krankenhaus erbracht werden können. [7]Die Vereinbarung nach Satz 1 ist mindestens alle zwei Jahre, erstmals zum 31. Dezember 2023, durch Vereinbarung an den Stand der medizinischen Erkenntnisse anzupassen. [8]Der Vereinbarungsteil nach Satz 1 Nummer 1 bedarf der Genehmigung des Bundesministeriums für Gesundheit.

(1a) [1]Der Spitzenverband Bund der Krankenkassen, die Deutsche Krankenhausgesellschaft und die Kassenärztlichen Bundesvereinigungen leiten bis zum 30. Juni 2020 das Verfahren für die Vergabe eines gemeinsamen Gutachtens ein, in dem der Stand der medizinischen Erkenntnisse zu ambulant durchführbaren Operationen, stationsersetzenden Eingriffen und stationsersetzenden Behandlungen untersucht wird. [2]Das Gutachten hat ambulant durchführbare Operationen, stationsersetzende Eingriffe und stationsersetzende Behandlungen konkret zu benennen und in Verbindung damit verschiedene Maßnahmen zur Differenzierung der Fälle nach dem Schweregrad zu analysieren. [3]Im Gutachtensauftrag ist vorzusehen, dass das Gutachten spätestens innerhalb eines Jahres, nachdem das Gutachten in Auftrag gegeben worden ist, fertigzustellen ist.

(2) [1]Die Krankenhäuser sind zur ambulanten Durchführung der in dem Katalog genannten Operationen, stationsersetzenden Eingriffe und stationsersetzenden Behandlungen zugelassen. [2]Hierzu bedarf es einer Mitteilung des Krankenhauses an die Landesverbände der Krankenkassen und die Ersatzkassen, die Kassenärztliche Vereinigung und den Zulassungsausschuss (§ 96); die Kassenärztliche Vereinigung unterrichtet die

Landeskrankenhausgesellschaft über den Versorgungsgrad in der vertragsärztlichen Versorgung. [3]Das Krankenhaus ist zur Einhaltung des Vertrages nach Absatz 1 verpflichtet. [4]Die Leistungen werden unmittelbar von den Krankenkassen vergütet. [5]Die Prüfung der Wirtschaftlichkeit und Qualität erfolgt durch die Krankenkassen; die Krankenhäuser übermitteln den Krankenkassen die Daten nach § 301, soweit dies für die Erfüllung der Aufgaben der Krankenkassen erforderlich ist. [6]Leistungen, die Krankenhäuser auf Grundlage des Katalogs nach Absatz 1 Satz 1 Nummer 1 ambulant erbringen, unterliegen nicht der Prüfung durch den Medizinischen Dienst nach § 275c Absatz 1 in Verbindung mit § 275 Absatz 1 Nummer 1.

(3) [1]Kommt eine der Vereinbarungen nach Absatz 1 nicht fristgerecht zustande oder wird eine Vereinbarung nach Absatz 1 ganz oder teilweise beendet und kommt bis zum Ablauf der Vereinbarungszeit keine neue Vereinbarung zustande, entscheidet auf Antrag einer Vertragspartei das sektorenübergreifende Schiedsgremium auf Bundesebene gemäß § 89a. [2]Absatz 1 Satz 7 gilt entsprechend für die Festsetzung nach Satz 1 durch das sektorenübergreifende Schiedsgremium auf Bundesebene gemäß § 89a.

(4) [1]In der Vereinbarung nach Absatz 1 können Regelungen über ein gemeinsames Budget zur Vergütung der ambulanten Operationsleistungen der Krankenhäuser und der Vertragsärzte getroffen werden. [2]Die Mittel sind aus der Gesamtvergütung und den Budgets der zum ambulanten Operieren zugelassenen Krankenhäuser aufzubringen.

§115c Fortsetzung der Arzneimitteltherapie nach Krankenhausbehandlung

(1) [1]Ist im Anschluss an eine Krankenhausbehandlung die Verordnung von Arzneimitteln erforderlich, hat das Krankenhaus dem weiterbehandelnden Vertragsarzt die Therapievorschläge unter Verwendung der Wirkstoffbezeichnungen mitzuteilen. [2]Falls preisgünstigere Arzneimittel mit pharmakologisch vergleichbaren Wirkstoffen oder therapeutisch vergleichbarer Wirkung verfügbar sind, ist mindestens ein preisgünstigerer Therapievorschlag anzugeben. [3]Abweichungen in den Fällen der Sätze 1 und 2 sind in medizinisch begründeten Ausnahmefällen zulässig.

(2) Ist im Anschluss an eine Krankenhausbehandlung die Fortsetzung der im Krankenhaus begonnenen Arzneimitteltherapie in der vertragsärztlichen Versorgung für einen längeren Zeitraum notwendig, soll das Krankenhaus bei der Entlassung Arzneimittel anwenden, die auch bei Verordnung in der vertragsärztlichen Versorgung zweckmäßig und wirtschaftlich sind, soweit dies ohne eine Beeinträchtigung der Behandlung im Einzelfall oder ohne eine Verlängerung der Verweildauer möglich ist.

§115d Stationsäquivalente psychiatrische Behandlung

(1) [1]Psychiatrische Krankenhäuser mit regionaler Versorgungsverpflichtung sowie Allgemeinkrankenhäuser mit selbständigen, fachärztlich geleiteten psychiatrischen Abteilungen mit regionaler Versorgungsverpflichtung können in medizinisch geeigneten Fällen, wenn eine Indikation für eine stationäre psychiatrische Behandlung vorliegt, anstelle einer vollstationären Behandlung eine stationsäquivalente psychiatrische Behandlung im häuslichen Umfeld erbringen. [2]Der Krankenhausträger stellt sicher, dass die erforderlichen Ärzte und nichtärztlichen Fachkräfte und die notwendigen Einrichtungen für eine stationsäquivalente Behandlung bei Bedarf zur Verfügung stehen. [3]In geeigneten Fällen, insbesondere wenn dies der Behandlungskontinuität dient oder aus Gründen der Wohnortnähe sachgerecht ist, kann das Krankenhaus an der ambulanten psychiatrischen Versorgung teilnehmende Leistungserbringer oder ein anderes zur Erbringung der stationsäquivalenten Behandlung berechtigtes Krankenhaus mit der Durchführung von Teilen der Behandlung beauftragen.

(2) [1]Der Spitzenverband Bund der Krankenkassen, der Verband der Privaten Krankenversicherung und die Deutsche Krankenhausgesellschaft vereinbaren im Benehmen mit der Kassenärztlichen Bundesvereinigung bis zum 30. Juni 2017

1. die Anforderungen an die Dokumentation; dabei ist sicherzustellen, dass für die stationsäquivalente psychiatrische Behandlung die Krankenhausbehandlungsbedürftigkeit dokumentiert wird,

2. die Anforderungen an die Qualität der Leistungserbringung,

3. die Anforderungen an die Beauftragung von an der ambulanten psychiatrischen Behandlung teilnehmenden Leistungserbringern oder anderen, zur Erbringung der stationsäquivalenten Behandlung berechtigten Krankenhäusern.

[2]Kommt eine Vereinbarung nach Satz 1 ganz oder teilweise nicht fristgerecht zustande, entscheidet die Schiedsstelle nach § 18a Absatz 6 des Krankenhausfinanzierungsgesetzes ohne Antrag einer Vertragspartei innerhalb von sechs Wochen.

(3) Die Vertragsparteien nach Absatz 2 Satz 1 vereinbaren bis zum 28. Februar 2017 im Benehmen mit den maßgeblichen medizinischen Fachgesellschaften die Leistungsbeschreibung der stationsäquivalenten psychiatrischen Behandlung als Grundlage für die Verschlüsselung der Leistungen nach § 301 Absatz 2 Satz 2.

(4) [1]Der Spitzenverband Bund der Krankenkassen, der Verband der Privaten Krankenversicherung und die Deutsche Krankenhausgesellschaft legen dem Bundesministerium für Gesundheit bis zum 31. Dezember 2021 einen gemeinsamen Bericht über die Auswirkungen der stationsäquivalenten psychiatrischen Behandlung im häuslichen Umfeld auf die Versorgung der Patientinnen und Patienten einschließlich der finanziellen Auswirkungen vor. [2]Die für den Bericht erforderlichen Daten sind ihnen von den Krankenkassen, den Unternehmen der privaten Krankenversicherung und den Krankenhäusern in anonymisierter Form zu übermitteln.

§ 115e
Tagesstationäre Behandlung

(1) [1]Zugelassene Krankenhäuser können in medizinisch geeigneten Fällen, wenn eine Indikation für eine stationäre somatische Behandlung vorliegt, mit Einwilligung der Patientin oder des Patienten anstelle einer vollstationären Behandlung eine tagesstationäre Behandlung ohne Übernachtung im Krankenhaus erbringen. [2]Voraussetzung ist, dass die Behandlung einen täglich mindestens sechsstündigen Aufenthalt der Patientinnen und Patienten im Krankenhaus erfordert, währenddessen überwiegend ärztliche oder pflegerische Behandlung erbracht wird. [3]Leistungen nach den §§ 115b, 115f und 121, Leistungen, die auf der Grundlage der §§ 116, 116a, 117, 118a, 119 oder sonstiger Ermächtigungen ambulant erbracht werden können, nach § 116b ambulant erbringbare Leistungen, eintägige Behandlungen ohne Einweisung und Behandlungen in der Notaufnahme eines Krankenhauses können nicht als tagesstationäre Behandlung erbracht werden. [4]Bei Versicherten, die einen Anspruch auf Leistungen nach § 37 haben, kann eine tagesstationäre Behandlung nicht erbracht werden. [5]Der Krankenhausträger stellt sicher, dass die notwendigen Leistungen nach § 39 Absatz 1 Satz 3 bei Bedarf jederzeit zur Verfügung stehen.

(2) [1]Im Rahmen der tagesstationären Behandlung besteht ab dem Zeitpunkt der ersten Aufnahme im Krankenhaus kein Anspruch auf Fahrkosten nach § 60; ausgenommen sind Rettungsfahrten zum Krankenhaus nach § 60 Absatz 2 Satz 1 Nummer 2 und Krankenfahrten, die nach § 60 Absatz 1 Satz 3 in Verbindung mit den Richtlinien des Gemeinsamen Bundesausschusses nach § 92 Absatz 1 Satz 2 Nummer 12 auch zu ambulanten Behandlungen übernahmefähig wären. [2]Das Krankenhaus ist verpflichtet, die Patientinnen und Patienten hierauf gesondert und in geeigneter Weise hinzuweisen. [3]Eine Verordnung der in Satz 1 zweiter Halbsatz genannten Krankenfahrten kann durch das Krankenhaus erfolgen.

(3) [1]Die Abrechnung der tagesstationären Behandlung erfolgt mit den auf der Grundlage des Krankenhausentgeltgesetzes abrechenbaren Entgelten für vollstationäre Krankenhausleistungen, die für alle Benutzerinnen und Benutzer des Krankenhauses einheitlich zu berechnen sind. [2]Sofern Patientinnen und Patienten zwischen ihrer Aufnahme in das Krankenhaus und ihrer Entlassung aus dem Krankenhaus für eine tagesstationäre Behandlung nicht über Nacht im Krankenhaus versorgt werden, ist für die nicht anfallenden Übernachtungskosten pauschal ein Abzug von den für den vollstationären Aufenthalt insgesamt berechneten Entgelten vorzunehmen, der 0,04 Bewertungsrelationen je betreffender Nacht entspricht, wobei der Abzug einen Anteil von 30 Prozent der Entgelte für den Aufenthalt insgesamt nicht überschreiten darf. [3]Bei Erbringung einer tagesstationären Behandlung ist eine Prüfung der Notwendigkeit von Übernachtungen von Patientinnen und Patienten im Krankenhaus durch den Medizinischen Dienst nach § 275c während des Krankenhausaufenthalts nicht zulässig. [4]Näheres oder Abweichendes zur Berechnung der Entgelte und der Prüfung der Notwendigkeit von Übernachtungen durch den Medizinischen Dienst vereinbaren die Vertragsparteien nach § 17b Absatz 2 Satz 1 des Krankenhausfinanzierungsge-

setzes bis zum 27. Juni 2023. [5]Kommt eine Vereinbarung nach Satz 4 ganz oder teilweise nicht fristgerecht zustande, entscheidet die Schiedsstelle nach § 18a Absatz 6 des Krankenhausfinanzierungsgesetzes ohne Antrag einer Vertragspartei innerhalb von sechs Wochen.

4) [1]Der Spitzenverband Bund der Krankenkassen, der Verband der Privaten Krankenversicherung und die Deutsche Krankenhausgesellschaft vereinbaren bis zum 28. Januar 2023 die Anforderungen an die Dokumentation; dabei ist sicherzustellen, dass die tägliche Behandlungsdauer dokumentiert wird. [2]Kommt eine Vereinbarung nach Satz 1 ganz oder teilweise nicht fristgerecht zustande, entscheidet die Schiedsstelle nach § 18a Absatz 6 des Krankenhausfinanzierungsgesetzes ohne Antrag einer Vertragspartei innerhalb von sechs Wochen.

(5) [1]Der Spitzenverband Bund der Krankenkassen, der Verband der Privaten Krankenversicherung und die Deutsche Krankenhausgesellschaft legen dem Bundesministerium für Gesundheit zum 30. Juli 2023 und zum 30. Juli 2024 jeweils einen gemeinsamen Bericht über das Ausmaß der tagesstationären Behandlung und ihre Auswirkungen auf die Versorgung der Patientinnen und Patienten einschließlich der finanziellen Auswirkungen vor. [2]Die für den Bericht erforderlichen Daten sind ihnen von den Krankenkassen, den Unternehmen der privaten Krankenversicherung und den Krankenhäusern in anonymisierter Form zu übermitteln.

§ 115f
Spezielle sektorengleiche Vergütung; Verordnungsermächtigung

(1) [1]Die Vertragsparteien nach § 115b Absatz 1 Satz 1 vereinbaren bis zum 31. März 2023

1. eine spezielle sektorengleiche Vergütung, die unabhängig davon erfolgt, ob die vergütete Leistung ambulant oder stationär erbracht wird, und

2. für welche der in dem nach § 115b Absatz 1 Satz 1 Nummer 1 vereinbarten Katalog genannten Leistungen die Vergütung nach Nummer 1 erfolgt.

[2]Die nach Satz 1 Nummer 1 vereinbarte Vergütung ist für jede nach Satz 1 Nummer 2 vereinbarte Leistung individuell als Fallpauschale zu kalkulieren. [3]Unterschiede nach dem Schweregrad der Fälle sind dabei durch die Bildung von Stufen zu berücksichtigen. [4]Bei der erstmaligen Kalkulation sind die für die jeweilige Leistung im stationären und ambulanten Bereich für das zum Zeitpunkt der Kalkulation letzte Abrechnungsjahr gezahlten Vergütungsvolumina sowie die Anzahl der erbrachten Fälle zu berücksichtigen. [5]Berücksichtigt werden können auch die jeweiligen Anteile der ambulanten und stationären Fälle an der Gesamtzahl der Fälle und die Kosten der ausschließlich stationären Behandlung. [6]Spätestens ab dem Jahr 2026 ist die Fallpauschale auf Grundlage geeigneter empirischer Kostendaten des ambulanten und stationären Bereichs zu kalkulieren und anzupassen.

(2) [1]Als Kriterien bei der Auswahl von Leistungen nach Absatz 1 Satz 1 Nummer 2 sind insbesondere eine hohe Fallzahl im Krankenhaus, eine kurze Verweildauer und ein geringer klinischer Komplexitätsgrad zu berücksichtigen. [2]Die Auswahl von Leistungen nach Absatz 1 Satz 1 Nummer 2 ist im Abstand von jeweils zwei Jahren zu überprüfen und, sofern erforderlich, anzupassen, erstmals spätestens bis zum 31. März 2024. [3]Bei der Überprüfung und Anpassung nach Satz 2 können auch Leistungen ausgewählt werden, die nicht in dem nach § 115b Absatz 1 Satz 1 Nummer 1 vereinbarten Katalog genannt sind; für die Auswahl dieser Leistungen gilt Satz 1 entsprechend.

(3) [1]Zur Erbringung der nach Absatz 1 Satz 1 Nummer 2 vereinbarten oder durch Rechtsverordnung nach Absatz 4 bestimmten Leistungen und zur Abrechnung der nach Absatz 1 Satz 2 kalkulierten Fallpauschale berechtigt sind die nach § 95 Absatz 1 Satz 1 sowie § 108 an der Versorgung teilnehmenden Leistungserbringer, die die in § 115b Absatz 1 Satz 5 genannten Qualitätsvoraussetzungen erfüllen. [2]Die Leistungen werden unmittelbar von den Krankenkassen vergütet. [3]Die in Satz 1 genannten Leistungserbringer können die jeweilige Kassenärztliche Vereinigung oder Dritte gegen Aufwandsersatz mit der Abrechnung von nach Absatz 1 Satz 1 Nummer 2 vereinbarten oder durch Rechtsverordnung nach Absatz 4 bestimmten Leistungen beauftragen. [4]Die Prüfung der Abrechnung und der Wirtschaftlichkeit sowie der Qualität der Leistungserbringung erfolgt durch die Krankenkassen, die hiermit eine Arbeitsgemeinschaft oder den Medizinischen Dienst beauftragen können. [5]§ 295 Absatz 1b Satz 1, § 295a und § 301 Absatz 1 und 2 gelten für die jeweiligen in Satz 1 genannten Leistungserbringer entsprechend.

(4) [1]Das Bundesministerium für Gesundheit wird ermächtigt, durch Rechtsverordnung ohne Zustimmung des Bundesrates die spezielle sektorengleiche Vergütung und die nach Absatz 1 Satz 1 Nummer 2 zu vereinbarenden Leistungen zu bestimmen, soweit eine Vereinbarung der Vertragsparteien nach Absatz 1 Satz 1 oder eine Anpassung nach Absatz 2 Satz 2 ganz oder teilweise nicht oder nicht fristgerecht zustande gekommen ist. [2]Zur Vorbereitung einer Regelung nach Satz 1 sind die einzelnen in Absatz 1 Satz 1 genannten Vertragsparteien, der Bewertungsausschuss für die in § 87 Absatz 1 Satz 1 genannten ärztlichen Leistungen, der nach § 87 Absatz 5a Satz 1 ergänzte Bewertungsausschuss, das in § 87 Absatz 3b Satz 1 genannte Institut und das Institut für das Entgeltsystem im Krankenhaus verpflichtet, dem Bundesministerium für Gesundheit unmittelbar und unverzüglich nach dessen Weisungen zuzuarbeiten. [3]Gegenstand der Rechtsverordnung nach Satz 1 können auch Leistungen sein, die nicht in dem nach § 115b Absatz 1 Satz 1 Nummer 1 vereinbarten Katalog genannt sind.

(5) Die in Absatz 1 Satz 1 genannten Vertragsparteien evaluieren die Auswirkungen der speziellen sektorengleichen Vergütung auf die Versorgung der Versicherten, auf die Vergütungen der Leistungserbringer sowie auf die Ausgaben der Krankenkassen auf der Grundlage nicht personenbezogener Leistungsdaten in einem Abstand von jeweils 18 Monaten und legen dem Bundesministerium für Gesundheit, erstmals am 1. April 2024, einen Bericht über das Ergebnis der Evaluation vor.

§ 116
Ambulante Behandlung durch Krankenhausärzte

[1]Ärzte, die in einem Krankenhaus, einer Vorsorge- oder Rehabilitationseinrichtung, mit der ein Versorgungsvertrag nach § 111 Absatz 2 besteht, oder nach § 119b Absatz 1 Satz 3 oder 4 in einer stationären Pflegeeinrichtung tätig sind, können, soweit sie über eine abgeschlossene Weiterbildung verfügen, mit Zustimmung des jeweiligen Trägers der Einrichtung, in der der Arzt tätig ist, vom Zulassungsausschuss (§ 96) zur Teilnahme an der vertragsärztlichen Versorgung der Versicherten ermächtigt werden. [2]Die Ermächtigung ist zu erteilen, soweit und solange eine ausreichende ärztliche Versorgung der Versicherten ohne die besonderen Untersuchungs- und Behandlungsmethoden oder Kenntnisse von hierfür geeigneten Ärzten der in Satz 1 genannten Einrichtungen nicht sichergestellt wird.

§ 116a
Ambulante Behandlung durch Krankenhäuser bei Unterversorgung

[1]Der Zulassungsausschuss muss zugelassene Krankenhäuser für das entsprechende Fachgebiet in den Planungsbereichen, in denen der Landesausschuss der Ärzte und Krankenkassen eingetretene Unterversorgung nach § 100 Absatz 1 oder einen zusätzlichen lokalen Versorgungsbedarf nach § 100 Absatz 3 festgestellt hat, auf deren Antrag zur vertragsärztlichen Versorgung ermächtigen, soweit und solange dies zur Beseitigung der Unterversorgung oder zur Deckung des zusätzlichen lokalen Versorgungsbedarfs erforderlich ist. [2]Der Ermächtigungsbeschluss ist nach zwei Jahren zu überprüfen.

§ 116b
Ambulante spezialfachärztliche Versorgung

(1) [1]Die ambulante spezialfachärztliche Versorgung umfasst die Diagnostik und Behandlung komplexer, schwer therapierbarer Krankheiten, die je nach Krankheit eine spezielle Qualifikation, eine interdisziplinäre Zusammenarbeit und besondere Ausstattungen erfordern. [2]Hierzu gehören nach Maßgabe der Absätze 4 und 5 insbesondere folgende Erkrankungen mit besonderen Krankheitsverläufen, seltene Erkrankungen und Erkrankungszustände mit entsprechend geringen Fallzahlen sowie hochspezialisierte Leistungen:

1. Erkrankungen mit besonderen Krankheitsverläufen wie

    a) onkologische Erkrankungen,

    b) rheumatologische Erkrankungen,

    c) HIV/AIDS,

    d) Herzinsuffizienz (NYHA Stadium 3 – 4),

    e) Multipler Sklerose,

    f) zerebrale Anfallsleiden (Epilepsie),

    g) komplexe Erkrankungen im Rahmen der pädiatrischen Kardiologie,

    h) Folgeschäden bei Frühgeborenen oder

i) Querschnittslähmung bei Komplikationen, die eine interdisziplinäre Versorgung erforderlich machen;

bei Erkrankungen nach den Buchstaben c bis i umfasst die ambulante spezialfachärztliche Versorgung nur schwere Verlaufsformen der jeweiligen Erkrankungen mit besonderen Krankheitsverläufen;

2. seltene Erkrankungen und Erkrankungszustände mit entsprechend geringen Fallzahlen wie

   a) Tuberkulose,

   b) Mukoviszidose,

   c) Hämophilie,

   d) Fehlbildungen, angeborene Skelettsystemfehlbildungen und neuromuskuläre Erkrankungen,

   e) schwerwiegende immunologische Erkrankungen,

   f) biliäre Zirrhose,

   g) primär sklerosierende Cholangitis,

   h) Morbus Wilson,

   i) Transsexualismus,

   j) Versorgung von Kindern mit angeborenen Stoffwechselstörungen,

   k) Marfan-Syndrom,

   l) pulmonale Hypertonie,

   m) Kurzdarmsyndrom oder

   n) Versorgung von Patienten vor oder nach Organtransplantation und von lebenden Spendern sowie

3. hochspezialisierte Leistungen wie

   a) CT/MRT-gestützte interventionelle schmerztherapeutische Leistungen oder

   b) Brachytherapie.

[3]Untersuchungs- und Behandlungsmethoden können Gegenstand des Leistungsumfangs in der ambulanten spezialfachärztlichen Versorgung sein, soweit der Gemeinsame Bundesausschuss im Rahmen der Beschlüsse nach § 137c für die Krankenhausbehandlung keine ablehnende Entscheidung getroffen hat.

(2) [1]An der vertragsärztlichen Versorgung teilnehmende Leistungserbringer und nach § 108 zugelassene Krankenhäuser sind berechtigt, Leistungen der ambulanten spezialfachärztlichen Versorgung nach Absatz 1, deren Behandlungsumfang der Gemeinsame Bundesausschuss nach den Absätzen 4 und 5 bestimmt hat, zu erbringen, soweit sie die hierfür jeweils maßgeblichen Anforderungen und Voraussetzungen nach den Absätzen 4 und 5 erfüllen und dies gegenüber dem nach Maßgabe des Absatzes 3 Satz 1 erweiterten Landesausschuss der Ärzte und Krankenkassen nach § 90 Absatz 1 unter Beifügung entsprechender Belege anzeigen. [2]Soweit der Abschluss von Vereinbarungen nach Absatz 4 Satz 9 und 10 zwischen den in Satz 1 genannten Leistungserbringern erforderlich ist, sind diese im Rahmen des Anzeigeverfahrens nach Satz 1 ebenfalls vorzulegen. [3]Dies gilt nicht, wenn der Leistungserbringer glaubhaft versichert, dass ihm die Vorlage aus den in Absatz 4 Satz 11 zweiter Halbsatz genannten Gründen nicht möglich ist. [4]Der Leistungserbringer ist nach Ablauf einer Frist von zwei Monaten nach Eingang seiner Anzeige zur Teilnahme an der ambulanten spezialfachärztlichen Versorgung berechtigt, es sei denn, der Landesausschuss nach Satz 1 teilt ihm innerhalb dieser Frist mit, dass er die Anforderungen und Voraussetzungen hierfür nicht erfüllt. [5]Der Landesausschuss nach Satz 1 kann von dem anzeigenden Leistungserbringer zusätzlich erforderliche Informationen und ergänzende Stellungnahmen anfordern; bis zum Eingang der Auskünfte ist der Lauf der Frist nach Satz 4 unterbrochen. [6]Danach läuft die Frist weiter; der Zeitraum der Unterbrechung wird in die Frist nicht eingerechnet. [7]Nach Satz 4 berechtigte Leistungserbringer haben ihre Teilnahme an der ambulanten spezialfachärztlichen Versorgung den Landesverbänden der Krankenkassen und den Ersatzkassen, der Kassenärztlichen Vereinigung sowie der Landeskrankenhausgesellschaft zu melden und dabei den Erkrankungs- und Leistungsbereich anzugeben, auf den sich die Berechtigung erstreckt. [8]Erfüllt der Leistungserbringer die für ihn nach den Sätzen 1 und 2 maßgeblichen Voraussetzungen für die Berechtigung zur Teilnahme an der ambulanten spezialfachärztlichen Versorgung nicht mehr, hat er dies unverzüglich unter Angabe des Zeitpunkts ihres Wegfalls gegenüber dem Landesausschuss nach Satz 1 anzuzeigen sowie den in Satz 7 genannten Stellen zu melden. [9]Der Landesausschuss nach Satz 1

kann einen an der ambulanten spezialfachärztlichen Versorgung teilnehmenden Leistungserbringer aus gegebenem Anlass sowie unabhängig davon nach Ablauf von mindestens fünf Jahren seit seiner erstmaligen Teilnahmeanzeige oder der letzten späteren Überprüfung seiner Teilnahmeberechtigung auffordern, ihm gegenüber innerhalb einer Frist von zwei Monaten nachzuweisen, dass er die Voraussetzungen für seine Teilnahme an der ambulanten spezialfachärztlichen Versorgung weiterhin erfüllt. [10]Die Sätze 4, 5 und 8 gelten entsprechend.

(3) [1]Für die Wahrnehmung der Aufgaben nach Absatz 2 wird der Landesausschuss der Ärzte und Krankenkassen nach § 90 Absatz 1 um Vertreter der Krankenhäuser in der gleichen Zahl erweitert, wie sie nach § 90 Absatz 2 jeweils für die Vertreter der Krankenkassen und die Vertreter der Ärzte vorgesehen ist (erweiterter Landesausschuss). [2]Die Vertreter der Krankenhäuser werden von der Landeskrankenhausgesellschaft bestellt. [3]Über den Vorsitzenden des erweiterten Landesausschusses und die zwei weiteren unparteiischen Mitglieder sowie deren Stellvertreter sollen sich die beteiligten Kassenärztlichen Vereinigungen, die Landesverbände der Krankenkassen und die Ersatzkassen sowie die Landeskrankenhausgesellschaft einigen. [4]Kommt eine Einigung nicht zustande, werden sie durch die für die Sozialversicherung zuständige oberste Verwaltungsbehörde des Landes im Benehmen mit den beteiligten Kassenärztlichen Vereinigungen, den Landesverbänden der Krankenkassen und den Ersatzkassen sowie der Landeskrankenhausgesellschaft berufen. [5]Die dem Landesausschuss durch die Wahrnehmung der Aufgaben nach Absatz 2 entstehenden Kosten werden zur Hälfte von den Verbänden der Krankenkassen und den Ersatzkassen sowie zu je einem Viertel von den beteiligten Kassenärztlichen Vereinigungen und der Landeskrankenhausgesellschaft getragen. [6]Der erweiterte Landesausschuss beschließt mit einfacher Mehrheit; bei der Gewichtung der Stimmen zählen die Stimmen der Vertreter der Krankenkassen doppelt. [7]Der erweiterte Landesausschuss kann für die Beschlussfassung über Entscheidungen im Rahmen des Anzeigeverfahrens nach Absatz 2 in seiner Geschäftsordnung abweichend von Satz 1 die Besetzung mit einer kleineren Zahl von Mitgliedern festlegen; die Mitberatungsrechte nach § 90 Absatz 4 Satz 2 sowie § 140f Absatz 3 bleiben unberührt. [8]Er ist befugt, geeignete Dritte ganz oder teilweise mit der Durchführung von Aufgaben nach Absatz 2 zu beauftragen und kann hierfür nähere Vorgaben beschließen.

(4) [1]Der Gemeinsame Bundesausschuss regelt in einer Richtlinie bis zum 31. Dezember 2012 das Nähere zur ambulanten spezialfachärztlichen Versorgung nach Absatz 1. [2]Er konkretisiert die Erkrankungen nach Absatz 1 Satz 2 nach der Internationalen Klassifikation der Krankheiten in der jeweiligen vom Bundesinstitut für Arzneimittel und Medizinprodukte im Auftrag des Bundesministeriums für Gesundheit herausgegebenen deutschen Fassung oder nach weiteren von ihm festzulegenden Merkmalen und bestimmt den Behandlungsumfang. [3]In Bezug auf Krankenhäuser, die an der ambulanten spezialfachärztlichen Versorgung teilnehmen, hat der Gemeinsame Bundesausschuss für Leistungen, die sowohl ambulant spezialfachärztlich als auch teilstationär oder stationär erbracht werden können, allgemeine Tatbestände zu bestimmen, bei deren Vorliegen eine ambulante spezialfachärztliche Leistungserbringung ausnahmsweise nicht ausreichend ist und eine teilstationäre oder stationäre Durchführung erforderlich sein kann. [4]Er regelt die sächlichen und personellen Anforderungen an die ambulante spezialfachärztliche Leistungserbringung sowie sonstige Anforderungen an die Qualitätssicherung unter Berücksichtigung der Ergebnisse nach § 137a Absatz 3. [5]Bei Erkrankungen mit besonderen Krankheitsverläufen setzt die ambulante spezialfachärztliche Versorgung die Überweisung durch einen Vertragsarzt voraus; das Nähere hierzu regelt der Gemeinsame Bundesausschuss in seiner Richtlinie nach Satz 1. [6]Satz 5 gilt nicht bei Zuweisung von Versicherten aus dem stationären Bereich. [7]Für seltene Erkrankungen und Erkrankungszustände mit entsprechend geringen Fallzahlen sowie hochspezialisierte Leistungen regelt der Gemeinsame Bundesausschuss, in welchen Fällen die ambulante spezialfachärztliche Leistungserbringung die Überweisung durch den behandelnden Arzt voraussetzt. [8]Für die Behandlung von Erkrankungen mit besonderen Krankheitsverläufen nach Absatz 1 Satz 2 Nummer 1, bei denen es sich nicht zugleich um seltene Erkrankungen oder Erkrankungszustände mit entsprechend geringen Fallzahlen handelt, kann er Empfehlungen als Entscheidungshilfe für den behandelnden Arzt abgeben, in welchen medizinischen Fallkonstellationen bei der jeweiligen Krankheit von einem besonderen Krankheitsverlauf auszugehen ist. [9]Zudem kann er für die Versorgung von Erkrankungen mit besonderen Krankheitsverläufen Regelungen zu Vereinbarungen treffen, die eine

Kooperation zwischen den beteiligten Leistungserbringern nach Absatz 2 Satz 1 in diesem Versorgungsbereich fördern. [10]Für die Versorgung von Patienten mit onkologischen Erkrankungen hat er Regelungen für solche Vereinbarungen zu treffen. [11]Diese Vereinbarungen nach den Sätzen 9 und 10 sind Voraussetzung für die Teilnahme an der ambulanten spezialfachärztlichen Versorgung, es sei denn, dass ein Leistungserbringer eine Vereinbarung nach den Sätzen 9 oder 10 nicht abschließen kann, weil in seinem für die ambulante spezialfachärztliche Versorgung relevanten Einzugsbereich

a) kein geeigneter Kooperationspartner vorhanden ist oder

b) er dort trotz ernsthaften Bemühens innerhalb eines Zeitraums von mindestens zwei Monaten keinen zur Kooperation mit ihm bereiten geeigneten Leistungserbringer finden konnte.

[12]Der Gemeinsame Bundesausschuss hat spätestens jeweils zwei Jahre nach dem Inkrafttreten eines Richtlinienbeschlusses, der für eine Erkrankung nach Absatz 1 Satz 2 Nummer 1 Buchstabe a oder Buchstabe b getroffen wurde, die Auswirkungen dieses Beschlusses hinsichtlich Qualität, Inanspruchnahme und Wirtschaftlichkeit der ambulanten spezialfachärztlichen Versorgung sowie die Erforderlichkeit einer Anpassung dieses Beschlusses zu prüfen. [13]Über das Ergebnis der Prüfung berichtet der Gemeinsame Bundesausschuss dem Bundesministerium für Gesundheit.

(5) [1]Der Gemeinsame Bundesausschuss ergänzt den Katalog nach Absatz 1 Satz 2 auf Antrag eines Unparteiischen nach § 91 Absatz 2 Satz 1, einer Trägerorganisation des Gemeinsamen Bundesausschusses oder der für die Wahrnehmung der Interessen der Patientinnen und Patienten und der Selbsthilfe chronisch kranker und behinderter Menschen auf Bundesebene maßgeblichen Organisationen nach § 140f nach Maßgabe des Absatzes 1 Satz 1 um weitere Erkrankungen mit besonderen Krankheitsverläufen, seltene Erkrankungen und Erkrankungszustände mit entsprechend geringen Fallzahlen sowie hochspezialisierte Leistungen. [2]Im Übrigen gilt Absatz 4 entsprechend.

(6) [1]Die Leistungen der ambulanten spezialfachärztlichen Versorgung werden unmittelbar von der Krankenkasse vergütet; Leistungserbringer können die Kassenärztliche Vereinigung gegen Aufwendungsersatz mit der Abrechnung von Leistungen der ambulanten spezialfachärztlichen Versorgung beauftragen. [2]Für die Vergütung der Leistungen der ambulanten spezialfachärztlichen Versorgung vereinbaren der Spitzenverband Bund der Krankenkassen, die Deutsche Krankenhausgesellschaft und die Kassenärztliche Bundesvereinigung gemeinsam und einheitlich die Kalkulationssystematik, diagnosebezogene Gebührenpositionen in Euro sowie deren jeweilige verbindliche Einführungszeitpunkte nach Inkrafttreten der entsprechenden Richtlinien gemäß den Absätzen 4 und 5. [3]Die Kalkulation erfolgt auf betriebswirtschaftlicher Grundlage ausgehend vom einheitlichen Bewertungsmaßstab für ärztliche Leistungen unter ergänzender Berücksichtigung der nichtärztlichen Leistungen, der Sachkosten sowie der spezifischen Investitionsbedingungen. [4]Bei den seltenen Erkrankungen und Erkrankungszuständen mit entsprechend geringen Fallzahlen sollen die Gebührenpositionen für die Diagnostik und die Behandlung getrennt kalkuliert werden. [5]Die Vertragspartner können einen Dritten mit der Kalkulation beauftragen. [6]Die Gebührenpositionen sind in regelmäßigen Zeitabständen daraufhin zu überprüfen, ob sie noch dem Stand der medizinischen Wissenschaft und Technik sowie dem Grundsatz der wirtschaftlichen Leistungserbringung entsprechen. [7]Kommt eine Vereinbarung nach Satz 2 ganz oder teilweise nicht zustande, entscheidet auf Antrag einer Vertragspartei das sektorenübergreifende Schiedsgremium auf Bundesebene gemäß § 89a. [8]Bis zum Inkrafttreten einer Vereinbarung nach Satz 2 erfolgt die Vergütung auf der Grundlage der vom Bewertungsausschuss gemäß § 87 Absatz 5a bestimmten abrechnungsfähigen ambulanten spezialfachärztlichen Leistungen des einheitlichen Bewertungsmaßstabs für ärztliche Leistungen mit dem Preis der jeweiligen regionalen Euro-Gebührenordnung. [9]Der Bewertungsausschuss gemäß § 87 Absatz 5a hat den einheitlichen Bewertungsmaßstab für ärztliche Leistungen bis zum Inkrafttreten einer Vereinbarung nach Satz 2 und jeweils bis spätestens sechs Monate nach Inkrafttreten der Richtlinien gemäß den Absätzen 4 und 5 insbesondere so anzupassen, dass die Leistungen nach Absatz 1 unter Berücksichtigung der Vorgaben nach den Absätzen 4 und 5 angemessen bewertet sind und nur von den an der ambulanten spezialfachärztlichen Versorgung teilnehmenden Leistungserbringern abgerechnet werden können. [10]Die Prüfung der Abrechnung und der Wirtschaftlichkeit sowie der Qualität, soweit der Gemeinsame Bundesausschuss hierzu in der Richtlinie nach

Absatz 4 keine abweichende Regelung getroffen hat, erfolgt durch die Krankenkassen, die hiermit eine Arbeitsgemeinschaft oder den Medizinischen Dienst beauftragen können; ihnen sind die für die Prüfungen erforderlichen Belege und Berechtigungsdaten nach Absatz 2 auf Verlangen vorzulegen. [11]Für die Abrechnung gilt § 295 Absatz 1b Satz 1 entsprechend. [12]Das Nähere über Form und Inhalt des Abrechnungsverfahrens sowie über die erforderlichen Vordrucke wird von den Vertragsparteien nach Satz 2 vereinbart; Satz 7 gilt entsprechend. [13]Die morbiditätsbedingte Gesamtvergütung ist nach Maßgabe der Vorgaben des Bewertungsausschusses nach § 87a Absatz 5 Satz 7 in den Vereinbarungen nach § 87a Absatz 3 um die Leistungen zu bereinigen, die Bestandteil der ambulanten spezialfachärztlichen Versorgung sind. [14]Die Bereinigung darf nicht zulasten des hausärztlichen Vergütungsanteils und der fachärztlichen Grundversorgung gehen. [15]In den Vereinbarungen zur Bereinigung ist auch über notwendige Korrekturverfahren zu entscheiden.

(7) [1]Die ambulante spezialfachärztliche Versorgung nach Absatz 1 schließt die Verordnung von Leistungen nach § 73 Absatz 2 Nummer 5 bis 8 und 12 ein, soweit diese zur Erfüllung des Behandlungsauftrags nach Absatz 2 erforderlich sind; § 73 Absatz 2 Nummer 9 gilt entsprechend. [2]Die Richtlinien nach § 92 Absatz 1 Satz 2 gelten entsprechend. [3]Die Vereinbarungen über Vordrucke und Nachweise nach § 87 Absatz 1 Satz 2 sowie die Richtlinien nach § 75 Absatz 7 gelten entsprechend, soweit sie Regelungen zur Verordnung von Leistungen nach Satz 1 betreffen. [4]Verordnungen im Rahmen der Versorgung nach Absatz 1 sind auf den Vordrucken gesondert zu kennzeichnen. [5]Leistungserbringer nach Absatz 2 erhalten ein Kennzeichen nach § 293 Absatz 1 und Absatz 4 Satz 2 Nummer 1, das eine eindeutige Zuordnung im Rahmen der Abrechnung nach den §§ 300 und 302 ermöglicht, und tragen dieses auf die Vordrucke auf. [6]Das Nähere zu Form und Zuweisung der Kennzeichen nach den Sätzen 4 und 5, zur Bereitstellung der Vordrucke sowie zur Auftragung der Kennzeichen auf die Vordrucke ist in der Vereinbarung nach Absatz 6 Satz 12 zu regeln. [7]Für die Prüfung der Wirtschaftlichkeit der Verordnungen nach Satz 1 gilt § 113 Absatz 4 entsprechend mit der Maßgabe, dass die Prüfung durch die Prüfungsstellen gegen Kostenersatz durchgeführt wird, soweit die Krankenkasse mit dem Leistungserbringer nach Absatz 2 nichts anderes vereinbart hat.

(8) [1]Bestimmungen, die von einem Land nach § 116b Absatz 2 Satz 1 in der bis zum 31. Dezember 2011 geltenden Fassung getroffen wurden, gelten weiter. [2]Bestimmungen nach Satz 1 für eine Erkrankung nach Absatz 1 Satz 2 Nummer 1 oder Nummer 2 oder eine hochspezialisierte Leistung nach Absatz 1 Satz 2 Nummer 3, für die der Gemeinsame Bundesausschuss das Nähere zur ambulanten spezialfachärztlichen Versorgung in der Richtlinie nach Absatz 4 Satz 1 geregelt hat, werden unwirksam, wenn das Krankenhaus zu dieser Erkrankung oder hochspezialisierten Leistung zur Teilnahme an der ambulanten spezialfachärztlichen Versorgung berechtigt ist, spätestens jedoch drei Jahre nach Inkrafttreten des entsprechenden Richtlinienbeschlusses des Gemeinsamen Bundesausschusses. [3]Die von zugelassenen Krankenhäusern aufgrund von Bestimmungen nach Satz 1 erbrachten Leistungen werden nach § 116b Absatz 5 in der bis zum 31. Dezember 2011 geltenden Fassung vergütet.

(9) [1]Die Auswirkungen der ambulanten spezialfachärztlichen Versorgung auf die Kostenträger, die Leistungserbringer sowie auf die Patientenversorgung sind fünf Jahre nach Inkrafttreten des Gesetzes zu bewerten. [2]Gegenstand der Bewertung sind insbesondere der Stand der Versorgungsstruktur, der Qualität sowie der Abrechnung der Leistungen in der ambulanten spezialfachärztlichen Versorgung auch im Hinblick auf die Entwicklung in anderen Versorgungsbereichen. [3]Die Ergebnisse der Bewertung sind dem Bundesministerium für Gesundheit zum 31. März 2017 zuzuleiten. [4]Die Bewertung und die Berichtspflicht obliegen dem Spitzenverband Bund, der Kassenärztlichen Bundesvereinigung und der Deutschen Krankenhausgesellschaft gemeinsam.

§ 117
Hochschulambulanzen

(1) [1]Ambulanzen, Institute und Abteilungen der Hochschulkliniken (Hochschulambulanzen) sind zur ambulanten ärztlichen Behandlung der Versicherten und der in § 75 Absatz 3 genannten Personen

1. in dem für Forschung und Lehre erforderlichen Umfang sowie
2. für solche Personen, die wegen Art, Schwere oder Komplexität ihrer Erkrankung einer Untersuchung oder Behandlung durch die Hochschulambulanz bedürfen,

ermächtigt. [2]In den Fällen von Satz 1 Nummer 2 kann die ambulante ärztliche Behandlung nur auf Überweisung eines Facharztes in Anspruch genommen werden. [3]Der Spitzenverband Bund der Krankenkassen, die Kassenärztliche Bundesvereinigung und die Deutsche Krankenhausgesellschaft vereinbaren die Gruppe derjenigen Patienten, die wegen Art, Schwere oder Komplexität der Erkrankung einer Versorgung durch die Hochschulambulanzen bedürfen. [4]Sie können zudem Ausnahmen von dem fachärztlichen Überweisungsgebot in den Fällen von Satz 1 Nummer 2 vereinbaren. [5]Wird eine Vereinbarung ganz oder teilweise beendet und kommt bis zum Ablauf der Vereinbarungszeit keine neue Vereinbarung zustande, entscheidet auf Antrag einer Vertragspartei das sektorenübergreifende Schiedsgremium auf Bundesebene gemäß § 89a. [6]Ist ein Vertrag nach Satz 3 zustande gekommen, können Hochschulen oder Hochschulkliniken zur Berücksichtigung regionaler Besonderheiten mit den Kassenärztlichen Vereinigungen im Einvernehmen mit den Landesverbänden der Krankenkassen und der Ersatzkassen gemeinsam und einheitlich durch Vertrag Abweichendes von dem Vertrag nach Satz 3 regeln.

(2) [1]Absatz 1 gilt entsprechend für die Ermächtigung der Hochschulambulanzen

1. an Psychologischen Universitätsinstituten und
2. an Universitätsinstituten, an denen das für die Erteilung einer Approbation als Psychotherapeut notwendige Studium absolviert werden kann,

im Rahmen des für Forschung und Lehre erforderlichen Umfangs sowie für solche Personen, die wegen Art, Schwere oder Komplexität ihrer Erkrankung einer Untersuchung oder Behandlung durch die Hochschulambulanzen bedürfen. [2]Für die Vergütung gilt § 120 Abs. 2 bis 4 entsprechend.

(3) Ambulanzen an Ausbildungsstätten nach § 28 des Psychotherapeutengesetzes sind zur ambulanten psychotherapeutischen Behandlung der Versicherten und der in § 75 Absatz 3 genannten Personen in Behandlungsverfahren, die vom Gemeinsamen Bundesausschuss nach § 92 Absatz 6a anerkannt sind, ermächtigt, sofern die Krankenbehandlung unter der Verantwortung von Personen stattfindet, die die fachliche Qualifikation für die psychotherapeutische Behandlung im Rahmen der vertragsärztlichen Versorgung erfüllen.

(3a) [1]Die folgenden Ambulanzen im Sinne des Absatzes 3 bedürfen abweichend von Absatz 3 einer Ermächtigung durch den Zulassungsausschuss:

1. Ambulanzen, die vor dem 26. September 2019 nach § 6 des Psychotherapeutengesetzes in der bis zum 31. August 2020 geltenden Fassung staatlich anerkannt wurden, aber noch keine Behandlungsleistungen zu Lasten der gesetzlichen Krankenversicherung erbracht haben, weil das von ihnen angewandte psychotherapeutische Behandlungsverfahren noch nicht vom Gemeinsamen Bundesausschuss nach § 92 Absatz 6a anerkannt war, oder
2. Ambulanzen, die nach dem 26. September 2019 nach § 6 des Psychotherapeutengesetzes in der bis zum 31. August 2020 geltenden Fassung staatlich anerkannt werden.

[2]Eine Ermächtigung ist auf Antrag zu erteilen,

1. soweit sie notwendig ist, um eine ausreichende Versorgung der Versicherten, insbesondere in neuen vom Gemeinsamen Bundesausschuss nach § 92 Absatz 6a anerkannten Psychotherapieverfahren, sicherzustellen, und
2. sofern die Krankenbehandlung unter der Verantwortung von Personen stattfindet, die die fachliche Qualifikation für die psychotherapeutische Behandlung im Rahmen der vertragsärztlichen Versorgung erfüllen.

(3b) [1]Ambulanzen an Einrichtungen, die nach Landesrecht für die Weiterbildung von Psychotherapeuten oder Ärzten in psychotherapeutischen Fachgebieten zugelassen sind, sind vom Zulassungsausschuss auf Antrag zur ambulanten psychotherapeutischen Behandlung der Versicherten und der in § 75 Absatz 3 genannten Personen in Behandlungsverfahren, die vom Gemeinsamen Bundesausschuss nach § 92 Absatz 6a anerkannt sind, zu ermächtigen,

1. soweit die Ermächtigung notwendig ist, um eine ausreichende psychotherapeutische Versorgung der Versicherten sicherzustellen, und
2. sofern die Krankenbehandlung unter der Verantwortung von Personen stattfindet, die die fachliche Qualifikation für die psychotherapeutische Behandlung im Rahmen der vertragsärztlichen Versorgung erfüllen.

[2]Die Ermächtigung ist ohne Bedarfsprüfung zu erteilen, wenn die jeweilige Ambulanz bereits nach Absatz 3 oder Absatz 3a zur ambulanten psychotherapeutischen Behandlung ermächtigt war.

(3c) [1]Für die Vergütung der in den Ambulanzen nach den Absätzen 3 bis 3b erbrachten Leistungen gilt § 120 Absatz 2 Satz 1 und 2 entsprechend mit der Maßgabe, dass dabei eine Abstimmung mit Entgelten für vergleichbare Leistungen erfolgen soll. [2]§ 120 Absatz 3 Satz 2 und 3 und Absatz 4 Satz 1 gilt entsprechend. [3]Die Ambulanzen sind verpflichtet, von der Vergütung, die sie von den Krankenkassen für die durch einen Aus- oder Weiterbildungsteilnehmenden erbrachte Leistung erhalten, jeweils einen Anteil in Höhe von mindestens 40 Prozent an den jeweiligen Aus- oder Weiterbildungsteilnehmenden auszuzahlen. [3]Sie haben die Auszahlung des Vergütungsanteils den Krankenkassen nachzuweisen. [4]Die Ambulanzen haben der Bundespsychotherapeutenkammer die jeweils aktuelle Höhe der von den Aus- oder Weiterbildungsteilnehmern zu zahlenden Ausbildungskosten sowie des auszuzahlenden Vergütungsanteils, erstmalig bis zum 31. Juli 2021, mitzuteilen. [5]Die Bundespsychotherapeutenkammer hat eine bundesweite Übersicht der nach Satz 5 mitgeteilten Angaben zu veröffentlichen.

(4) [1]Untersuchungs- und Behandlungsmethoden können Gegenstand des Leistungsumfangs der Hochschulambulanzen nach den Absätzen 1 und 2 sein, soweit der Gemeinsame Bundesausschuss im Rahmen der Beschlüsse nach § 137c für die Krankenhausbehandlung keine ablehnende Entscheidung getroffen hat. [2]§ 137c Absatz 3 gilt entsprechend.

§ 118
Psychiatrische Institutsambulanzen

(1) [1]Psychiatrische Krankenhäuser sind vom Zulassungsausschuss zur ambulanten psychiatrischen und psychotherapeutischen Versorgung der Versicherten zu ermächtigen. [2]Die Behandlung ist auf diejenigen Versicherten auszurichten, die wegen Art, Schwere oder Dauer ihrer Erkrankung oder wegen zu großer Entfernung zu geeigneten Ärzten auf die Behandlung durch diese Krankenhäuser angewiesen sind. [3]Der Krankenhausträger stellt sicher, dass die für die ambulante psychiatrische und psychotherapeutische Behandlung erforderlichen Ärzte und nichtärztlichen Fachkräfte sowie die notwendigen Einrichtungen bei Bedarf zur Verfügung stehen. [4]Ermächtigungen nach Satz 1 sind vom Zulassungsausschuss auf Antrag zeitnah, spätestens innerhalb von sechs Monaten, zu überprüfen und dahingehend anzupassen, dass den Einrichtungen nach Satz 1 auch eine Teilnahme an der Versorgung nach § 92 Absatz 6b ermöglicht wird. [5]Satz 4 gilt auch für Ermächtigungen nach Absatz 4.

(2) [1]Allgemeinkrankenhäuser mit selbständigen, fachärztlich geleiteten psychiatrischen Abteilungen mit regionaler Versorgungsverpflichtung sind zur psychiatrischen und psychotherapeutischen Behandlung der im Vertrag nach Satz 2 vereinbarten Gruppe von Kranken ermächtigt. [2]Der Spitzenverband Bund der Krankenkassen mit der Deutschen Krankenhausgesellschaft und der Kassenärztlichen Bundesvereinigung legen in einem Vertrag die Gruppe psychisch Kranker fest, die wegen ihrer Art, Schwere oder Dauer ihrer Erkrankung der ambulanten Behandlung durch die Einrichtungen nach Satz 1 bedürfen. [3]Wird der Vertrag ganz oder teilweise beendet und kommt bis zum Ablauf des Vertrages kein neuer Vertrag zustande, entscheidet auf Antrag einer Vertragspartei das sektorenübergreifende Schiedsgremium auf Bundesebene gemäß § 89a. [4]Absatz 1 Satz 3 gilt. [5]Für die Qualifikation der Krankenhausärzte gilt § 135 Abs. 2 entsprechend. [6]Der Vertrag nach Satz 2 ist spätestens innerhalb von sechs Monaten nach Inkrafttreten der Richtlinie des Gemeinsamen Bundesausschusses nach § 92 Absatz 6b zu überprüfen und an die Regelungen der Richtlinie dahingehend anzupassen, dass den Einrichtungen nach Satz 1 auch die Teilnahme an der Versorgung nach § 92 Absatz 6b ermöglicht wird.

(3) [1]Absatz 2 gilt für psychosomatische Krankenhäuser sowie für psychiatrische Krankenhäuser und Allgemeinkrankenhäuser mit selbständigen, fachärztlich geleiteten psychosomatischen Abteilungen entsprechend. [2]In dem Vertrag nach Absatz 2 Satz 2 regeln die Vertragsparteien auch,

1. unter welchen Voraussetzungen eine ambulante psychosomatische Versorgung durch die Einrichtungen nach Satz 1 als bedarfsgerecht anzusehen ist, insbesondere weil sie eine zentrale Versorgungsfunktion wahrnehmen,
2. besondere Anforderungen an eine qualitativ hochwertige Leistungserbringung sowie
3. das Verfahren, in dem nachzuweisen ist, ob diese vertraglichen Vorgaben erfüllt sind.

[3]Die ambulante ärztliche Behandlung in einer Einrichtung nach Satz 1 kann nur auf Überweisung in Anspruch genommen werden. [4]Die Überweisung soll in der Regel durch einen Facharzt für psychosomatische Medizin und Psychotherapie oder durch Ärzte mit äquivalenter Weiterbildung oder Zusatzweiterbildung erfolgen.

(4) Die in den Absätzen 1 und 2 genannten Krankenhäuser sind vom Zulassungsausschuss auch dann zur ambulanten psychiatrischen und psychotherapeutischen Versorgung zu ermächtigen, wenn die Versorgung durch räumlich und organisatorisch nicht angebundene Einrichtungen der Krankenhäuser erfolgt, soweit und solange die Ermächtigung notwendig ist, um eine Versorgung nach Maßgabe der Absätze 1 und 2 sicherzustellen.

§ 118a
Geriatrische Institutsambulanzen

(1) [1]Geriatrische Fachkrankenhäuser, Allgemeinkrankenhäuser mit selbstständigen geriatrischen Abteilungen, geriatrische Rehabilitationskliniken und dort angestellte Ärzte sowie Krankenhausärzte können vom Zulassungsausschuss zu einer strukturierten und koordinierten ambulanten geriatrischen Versorgung der Versicherten ermächtigt werden. [2]Die Ermächtigung ist zu erteilen, soweit und solange sie notwendig ist, um eine ausreichende ambulante geriatrische Versorgung nach Absatz 2 Satz 1 Nummer 1 sicherzustellen. [3]Voraussetzung für die Erteilung einer Ermächtigung ist, dass die Einrichtung unter fachärztlich geriatrischer Leitung steht; die Ermächtigung eines in der geriatrischen Rehabilitationsklinik angestellten Arztes oder eines Krankenhausarztes setzt voraus, dass dieser über eine geriatrische Weiterbildung verfügt.

(2) [1]Der Spitzenverband Bund der Krankenkassen und die Kassenärztliche Bundesvereinigung vereinbaren im Einvernehmen mit der Deutschen Krankenhausgesellschaft:

1. Inhalt und Umfang einer strukturierten und koordinierten Versorgung geriatrischer Patienten nach Nummer 2,
2. die Gruppe derjenigen geriatrischen Patienten, die wegen Art, Schwere und Komplexität ihrer Krankheitsverläufe einer Versorgung nach Nummer 1 bedürfen,
3. sächliche und personelle Voraussetzungen an die Leistungserbringung sowie sonstige Anforderungen an die Qualitätssicherung und
4. in welchen Fällen die ermächtigte Einrichtung oder der ermächtigte Krankenhausarzt unmittelbar oder auf Überweisung in Anspruch genommen werden kann.

[2]Wird eine Vereinbarung ganz oder teilweise beendet und kommt bis zum Ablauf der Vereinbarungszeit keine neue Vereinbarung zustande, entscheidet auf Antrag einer Vertragspartei das sektorenübergreifende Schiedsgremium auf Bundesebene gemäß § 89a.

§ 119
Sozialpädiatrische Zentren

(1) [1]Sozialpädiatrische Zentren, die fachlich-medizinisch unter ständiger ärztlicher Leitung stehen und die Gewähr für eine leistungsfähige und wirtschaftliche sozialpädiatrische Behandlung bieten, können vom Zulassungsausschuss (§ 96) zur ambulanten sozialpädiatrischen Behandlung von Kindern ermächtigt werden. [2]Die Ermächtigung ist zu erteilen, soweit und solange sie notwendig ist, um eine ausreichende sozialpädiatrische Behandlung sicherzustellen.

(2) [1]Die Behandlung durch sozialpädiatrische Zentren ist auf diejenigen Kinder auszurichten, die wegen der Art, Schwere oder Dauer ihrer Krankheit oder einer drohenden Krankheit nicht von geeigneten Ärzten oder in geeigneten Frühförderstellen behandelt werden können. [2]Die Zentren sollen mit den Ärzten und den Frühförderstellen eng zusammenarbeiten.

§ 119a
Ambulante Behandlung in Einrichtungen der Behindertenhilfe

[1]Einrichtungen der Behindertenhilfe, die über eine ärztlich geleitete Abteilung verfügen, sind vom Zulassungsausschuss zur ambulanten ärztlichen Behandlung von Versicherten mit geistiger Behinderung zu ermächtigen, soweit und solange eine ausreichende ärztliche Versorgung dieser Versicherten ohne die besonderen Untersuchungs- und Behandlungsmethoden oder Kenntnisse der Ärzte in den Einrichtungen durch niedergelassene Ärzte nicht sichergestellt ist. [2]Die Behandlung ist auf diejenigen Versicherten auszurichten, die wegen der Art oder Schwere ihrer Behinderung auf die ambulante Behandlung in diesen Einrich-

tungen angewiesen sind. [3]In dem Zulassungsbescheid ist zu regeln, ob und in welchen Fällen die Ärzte in den Einrichtungen unmittelbar oder auf Überweisung in Anspruch genommen werden können. [4]Die ärztlich geleiteten Abteilungen sollen mit den übrigen Leistungserbringern eng zusammenarbeiten.

§ 119b
Ambulante Behandlung in stationären Pflegeeinrichtungen

(1) [1]Stationäre Pflegeeinrichtungen haben einzeln oder gemeinsam bei entsprechendem Bedarf unbeschadet des § 75 Abs. 1 Kooperationsverträge mit dafür geeigneten vertragsärztlichen Leistungserbringern zu schließen. [2]Auf Antrag der Pflegeeinrichtung hat die Kassenärztliche Vereinigung zur Sicherstellung einer ausreichenden ärztlichen Versorgung von pflegebedürftigen Versicherten in der Pflegeeinrichtung Verträge nach Satz 1 innerhalb von drei Monaten zu vermitteln. [3]Kommt ein Vertrag nach Satz 1 nicht innerhalb einer Frist von sechs Monaten nach Zugang des Antrags der Pflegeeinrichtung zustande, ist die Pflegeeinrichtung vom Zulassungsausschuss zur Teilnahme an der vertragsärztlichen Versorgung der pflegebedürftigen Versicherten in der Pflegeeinrichtung mit angestellten Ärzten, die in das Arztregister eingetragen sind und geriatrisch fortgebildet sein sollen, zu ermächtigen; die Anstellung bedarf der Genehmigung des Zulassungsausschusses. [4]Soll die Versorgung der pflegebedürftigen Versicherten durch einen in mehreren Pflegeeinrichtungen angestellten Arzt erfolgen, ist der angestellte Arzt zur Teilnahme an der vertragsärztlichen Versorgung der pflegebedürftigen Versicherten in den Pflegeeinrichtungen zu ermächtigen. [5]Das Recht auf freie Arztwahl der Versicherten in der Pflegeeinrichtung bleibt unberührt. [6]Der in der Pflegeeinrichtung tätige Arzt ist bei seinen ärztlichen Entscheidungen nicht an Weisungen von Nichtärzten gebunden. [7]Er soll mit den übrigen Leistungserbringern eng zusammenarbeiten. [8]Stationäre Pflegeeinrichtungen benennen eine verantwortliche Pflegefachkraft für die Zusammenarbeit mit den vertragsärztlichen Leistungserbringern im Rahmen der Verträge nach Satz 1.

(2) Die Vertragsparteien der Verträge nach § 82 Absatz 1 und § 87 Absatz 1 vereinbaren im Benehmen mit den Vereinigungen der Träger der Pflegeeinrichtungen auf Bundesebene sowie den Verbänden der Pflegeberufe auf Bundesebene insbesondere zur Verbesserung der Qualität der Versorgung Anforderungen an eine kooperative und koordinierte ärztliche und pflegerische Versorgung von pflegebedürftigen Versicherten in stationären Pflegeeinrichtungen.

(2a) [1]Die Vertragsparteien nach Absatz 2 haben erstmals bis zum 30. Juni 2019 im Benehmen mit den Vereinigungen der Träger der Pflegeeinrichtungen auf Bundesebene verbindliche Anforderungen für die Informations- und Kommunikationstechnik zum elektronischen Datenaustausch im Rahmen der Zusammenarbeit zwischen den stationären Pflegeeinrichtungen und geeigneten vertragsärztlichen Leistungserbringern nach Absatz 1 Satz 1 zu vereinbaren. [2]In der Vereinbarung können auf Verlangen der für die Interessensvertretung maßgeblichen Verbände auf Bundesebene auch technische Anforderungen an den elektronischen Datenaustausch mit ambulanten Pflegeeinrichtungen, Krankenhäusern, Apotheken sowie mit Heil- und Hilfsmittelerbringern berücksichtigt werden. [3]Sobald die Dienste der Anwendungen der Telematikinfrastruktur nach § 334 Absatz 1 Satz 2 für den Bereich der Altenpflege zur Verfügung stehen, sollen sie in der Vereinbarung berücksichtigt werden.

(2b) Telemedizinische Dienste, insbesondere Videosprechstunden sollen im Rahmen der Zusammenarbeit zwischen den stationären Pflegeeinrichtungen und geeigneten vertragsärztlichen Leistungserbringern nach Absatz 1 Satz 1 Verwendung finden.

(3) [1]Der Bewertungsausschuss für ärztliche Leistungen evaluiert die mit der Vergütungsregelung nach § 87 Absatz 2a verbundenen Auswirkungen auf das Versorgungsgeschehen im Bereich der vertragsärztlichen Versorgung einschließlich der finanziellen Auswirkungen auf die Krankenkassen und berichtet der Bundesregierung bis zum 31. Dezember 2017 über die Ergebnisse. [2]Die für die Durchführung der Evaluation erforderlichen Daten sind von den Kassenärztlichen Vereinigungen, den Krankenkassen und den Pflegekassen zu erfassen und jeweils über die Kassenärztliche Bundesvereinigung und den Spitzenverband Bund der Krankenkassen an den Bewertungsausschuss nach Satz 1 zu übermitteln; § 87 Absatz 3f gilt entsprechend. [3]Die Kassenzahnärztliche Bundesvereinigung und der Spitzenverband Bund der Krankenkassen evaluieren auf Grundlage einer von ihnen zu treffenden Vereinbarung die mit den Kooperationsverträgen nach Absatz 1 verbundenen Auswirkungen auf die vertragszahn-

ärztliche Versorgung von Versicherten in stationären Pflegeeinrichtungen. [4]Über die Ergebnisse berichten sie der Bundesregierung im Abstand von drei Jahren, erstmals bis zum 30. Juni 2019.

§ 119c Medizinische Behandlungszentren

(1) [1]Medizinische Behandlungszentren für Erwachsene mit geistiger Behinderung oder schweren Mehrfachbehinderungen, die fachlich unter ständiger ärztlicher Leitung stehen und die Gewähr für eine leistungsfähige und wirtschaftliche Behandlung bieten, können vom Zulassungsausschuss zur ambulanten Behandlung von Erwachsenen mit geistiger Behinderung oder schweren Mehrfachbehinderungen ermächtigt werden. [2]Die Ermächtigung ist zu erteilen, soweit und solange sie notwendig ist, um eine ausreichende Versorgung von Erwachsenen mit geistiger Behinderung oder schweren Mehrfachbehinderungen sicherzustellen.

(2) [1]Die Behandlung durch medizinische Behandlungszentren ist auf diejenigen Erwachsenen auszurichten, die wegen der Art, Schwere oder Komplexität ihrer Behinderung auf die ambulante Behandlung in diesen Einrichtungen angewiesen sind. [2]Die medizinischen Behandlungszentren sollen dabei mit anderen behandelnden Ärzten, den Einrichtungen und Diensten der Eingliederungshilfe und mit dem Öffentlichen Gesundheitsdienst eng zusammenarbeiten.

§ 120 Vergütung ambulanter Krankenhausleistungen

(1) [1]Die im Krankenhaus erbrachten ambulanten ärztlichen Leistungen der ermächtigten Krankenhausärzte, die in stationären Pflegeeinrichtungen erbrachten ambulanten ärztlichen Leistungen von nach § 119b Absatz 1 Satz 4 ermächtigten Ärzten, ambulante ärztliche Leistungen, die in ermächtigten Einrichtungen erbracht werden, und Leistungen, die im Rahmen einer Inanspruchnahme nach § 27b Absatz 3 Nummer 4 oder nach § 75 Absatz 1b Satz 2, § 76 Absatz 1 Satz 2 oder Absatz 1a, § 115 Absatz 2 Satz 1 Nummer 3 sowie nach § 87 Absatz 2a Satz 14 erbracht werden, werden nach den für Vertragsärzte geltenden Grundsätzen aus der vertragsärztlichen Gesamtvergütung vergütet. [2]Die mit diesen Leistungen verbundenen allgemeinen Praxiskosten, die durch die Anwendung von ärztlichen Geräten entstehenden Kosten sowie die sonstigen Sachkosten sind mit den Gebühren abgegolten, soweit in den einheitlichen Bewertungsmaßstäben nichts Abweichendes bestimmt ist. [3]Die den ermächtigten Krankenhausärzten zustehende Vergütung wird für diese vom Krankenhausträger mit der Kassenärztlichen Vereinigung abgerechnet und nach Abzug der anteiligen Verwaltungskosten sowie der dem Krankenhaus nach Satz 2 entstehenden Kosten an die berechtigten Krankenhausärzte weitergeleitet. [4]Die Vergütung der von nach § 119b Absatz 1 Satz 4 ermächtigten Ärzten erbrachten Leistungen wird von der stationären Pflegeeinrichtung mit der Kassenärztlichen Vereinigung abgerechnet. [5]Die Vergütung der Leistungen, die im Rahmen einer Inanspruchnahme nach § 76 Absatz 1a erbracht werden, wird vom Krankenhausträger nach Maßgabe der regionalen Euro-Gebührenordnung mit der Kassenärztlichen Vereinigung abgerechnet.

(1a) [1]Ergänzend zur Vergütung nach Absatz 1 sollen die Landesverbände der Krankenkassen und die Ersatzkassen gemeinsam und einheitlich für die in kinder- und jugendmedizinischen, kinderchirurgischen und kinderorthopädischen sowie insbesondere pädaudiologischen und kinderradiologischen Fachabteilungen von Krankenhäusern erbrachten ambulanten Leistungen mit dem Krankenhausträger fall- oder einrichtungsbezogene Pauschalen vereinbaren, wenn diese erforderlich sind, um die Behandlung von Kindern und Jugendlichen, die auf Überweisung erfolgt, angemessen zu vergüten. [2]Die Pauschalen werden von der Krankenkasse unmittelbar vergütet. [3]§ 295 Abs. 1b Satz 1 gilt entsprechend. [4]Das Nähere über Form und Inhalt der Abrechnungsunterlagen und der erforderlichen Vordrucke wird in der Vereinbarung nach § 301 Abs. 3 geregelt. [5]Soweit für ein Jahr für diese Leistungen erstmals Pauschalen nach Satz 1 vereinbart werden, sind bei besonderen Einrichtungen einmalig die Erlössumme nach § 6 Absatz 3 des Krankenhausentgeltgesetzes für dieses Jahr in Höhe der Summe der nach Satz 1 vereinbarten Pauschalen zu vermindern. [6]Der jeweilige Minderungsbetrag ist bereits bei der Vereinbarung der Vergütung nach Satz 1 festzulegen. [7]Bei der Vereinbarung des Landesbasisfallwerts nach § 10 des Krankenhausentgeltgesetzes ist die Summe der für das jeweilige Jahr erstmalig vereinbarten ambulanten Pauschalen ausgabenmindernd zu berücksichtigen.

(2) [1]Die Leistungen der Hochschulambulanzen, der psychiatrischen Institutsambulanzen, der sozialpädiatrischen Zentren und der medizinischen Behandlungszentren werden unmittelbar von der Krankenkasse vergütet. [2]Die Vergütung wird von den Landesverbänden der Krankenkassen und den Ersatzkassen gemeinsam und einheitlich mit den Hochschulen oder Hochschulkliniken, den Krankenhäusern oder den sie vertretenden Vereinigungen im Land vereinbart; die Höhe der Vergütung für die Leistungen der jeweiligen Hochschulambulanz gilt auch für andere Krankenkassen im Inland, wenn deren Versicherte durch diese Hochschulambulanz behandelt werden. [3]Sie muss die Leistungsfähigkeit der Hochschulambulanzen, der psychiatrischen Institutsambulanzen, der sozialpädiatrischen Zentren und der medizinischen Behandlungszentren bei wirtschaftlicher Betriebsführung gewährleisten. [4]Bei der Vergütung der Leistungen der Hochschulambulanzen sind die Grundsätze nach Absatz 3 Satz 4 erstmals bis zum 1. Juli 2017 und danach jeweils innerhalb von sechs Monaten nach Inkrafttreten der Anpassung der Grundsätze nach Absatz 3 Satz 4 zu berücksichtigen. [5]Bei den Vergütungsvereinbarungen für Hochschulambulanzen nach Satz 2 sind Vereinbarungen nach Absatz 1a Satz 1 zu berücksichtigen. [6]Die Vereinbarungen nach Satz 2 über die Vergütung von Leistungen der sozialpädiatrischen Zentren und medizinischen Behandlungszentren sind, auf Grund der besonderen Situation dieser Einrichtungen durch die SARS-CoV-2-Pandemie, bis zum 20. Juni 2020 vorübergehend anzupassen. [7]Abweichend von den Sätzen 2 und 3 hat die Vergütung der Leistungen, die die psychiatrischen Institutsambulanzen im Rahmen der Versorgung nach der Richtlinie des Gemeinsamen Bundesausschusses nach § 92 Absatz 6b erbringen, nach den entsprechenden Bestimmungen im einheitlichen Bewertungsmaßstab für ärztliche Leistungen mit dem Preis der jeweiligen regionalen Euro-Gebührenordnung zu erfolgen.

(3) [1]Die Vergütung der Leistungen der Hochschulambulanzen, der psychiatrischen Institutsambulanzen, der sozialpädiatrischen Zentren, der medizinischen Behandlungszentren und sonstiger ermächtigter ärztlich geleiteter Einrichtungen kann pauschaliert werden. [2]§ 295 Abs. 1b Satz 1 gilt entsprechend. [3]Das Nähere über Form und Inhalt der Abrechnungsunterlagen und der erforderlichen Vordrucke wird für die Hochschulambulanzen, die psychiatrischen Institutsambulanzen, die sozialpädiatrischen Zentren und die medizinischen Behandlungszentren von den Vertragsparteien nach § 301 Abs. 3, für die sonstigen ermächtigten ärztlich geleiteten Einrichtungen von den Vertragsparteien nach § 83 Satz 1 vereinbart. [4]Die Vertragsparteien nach § 301 Absatz 3 vereinbaren bis zum 23. Januar 2016 bundeseinheitliche Grundsätze, die die Besonderheiten der Hochschulambulanzen angemessen abbilden, insbesondere zur Vergütungsstruktur und zur Leistungsdokumentation.

(3a) [1]Die Vergütung der Leistungen, die im Rahmen einer Inanspruchnahme nach § 76 Absatz 1a erbracht werden, erfolgt mit den festen Preisen der regionalen Euro-Gebührenordnung zu Lasten des Anteils der morbiditätsbedingten Gesamtvergütungen, der für den Bereich der fachärztlichen Versorgung zu bilden ist, es sei denn, die Vertragsparteien nach § 87a Absatz 2 Satz 1 haben für diese Leistungen Vergütungen nach § 87a Absatz 2 Satz 3 oder § 87a Absatz 3 Satz 5 und 6 vereinbart. [2]Eine Prüfung der Abrechnungen auf Plausibilität ist nicht vorzunehmen. [3]Das Nähere über Form und Inhalt der Abrechnungsunterlagen und der erforderlichen Vordrucke bestimmt die Kassenärztliche Vereinigung im Einvernehmen mit der Landeskrankenhausgesellschaft und den Landesverbänden der Krankenkassen und den Ersatzkassen gemeinsam und einheitlich unter Berücksichtigung der Regelungen nach § 87 Absatz 1 Satz 2 bis zum 23. Januar 2016; § 115 Absatz 3 gilt entsprechend. [4]Die in § 112 Absatz 1 genannten Vertragspartner treffen eine Vereinbarung über eine pauschale Vergütung und Abrechnung des Sprechstundenbedarfs mit den Krankenkassen im Rahmen der Inanspruchnahme nach § 76 Absatz 1a; § 112 Absatz 5 gilt entsprechend.

(3b) [1]Der Gemeinsame Bundesausschuss beschließt bis zum 30. Juni 2023 eine Richtlinie, die Vorgaben zur Durchführung einer qualifizierten und standardisierten Ersteinschätzung des medizinischen Versorgungsbedarfs von Hilfesuchenden, die sich zur Behandlung eines Notfalls nach § 76 Absatz 1 Satz 2 an ein Krankenhaus wenden, beinhaltet. [2]Die nach § 136c Absatz 4 beschlossenen Festlegungen sind zu berücksichtigen. [3]Dabei ist auch das Nähere vorzugeben

1. zur Qualifikation des medizinischen Personals, das die Ersteinschätzung vornimmt,

2. zur Einbeziehung ärztlichen Personals bei der Feststellung des Nichtvorliegens eines sofortigen Behandlungsbedarfs,

3. zur Form und zum Inhalt des Nachweises der Durchführung der Ersteinschätzung,
4. zum Nachweis gegenüber der Terminservicestelle, dass ein Fall nach § 75 Absatz 1a Satz 4 Nummer 2 vorliegt,
5. zur Weiterleitung an Notdienstpraxen gemäß § 75 Absatz 1b Satz 3 und
6. zu Übergangsfristen für die Umsetzung der Richtlinie, soweit diese für eine rechtzeitige Integration der Richtlinie in die organisatorischen Abläufe der Krankenhäuser erforderlich sind.

[4]Die Vergütung ambulanter Leistungen zur Behandlung von Notfällen nach § 76 Absatz 1 Satz 2 im Krankenhaus setzt ab dem Inkrafttreten der Richtlinie nach Satz 1 voraus, dass bei der Durchführung der Ersteinschätzung nach Satz 1 ein sofortiger Behandlungsbedarf festgestellt wurde oder zu diesem Zeitpunkt keine Notdienstpraxis in oder an dem jeweiligen Krankenhaus gemäß § 75 Absatz 1b Satz 3 in unmittelbarer Nähe geöffnet ist. [5]Der ergänzte Bewertungsausschuss in seiner Zusammensetzung nach § 87 Absatz 5a beschließt bis zum Beginn des übernächsten auf das Inkrafttreten der Richtlinie nach Satz 1 folgenden Quartals die sich aus der Richtlinie nach Satz 1 ergebenden notwendigen Anpassungen des einheitlichen Bewertungsmaßstabs für ärztliche Leistungen. [6]Der Gemeinsame Bundesausschuss hat die Auswirkungen der Richtlinie nach Satz 1 hinsichtlich der Entwicklung der Inanspruchnahme der Notaufnahmen, der Auswirkungen auf die Patientenversorgung sowie die Erforderlichkeit einer Anpassung seiner Regelungen bis zum 31. Dezember 2026 zu prüfen. [7]Der ergänzte Bewertungsausschuss in seiner Zusammensetzung nach § 87 Absatz 5a hat die Entwicklung der Leistungen in Notaufnahmen zu evaluieren und hierüber dem Bundesministerium für Gesundheit bis zum 31. Dezember 2026 zu berichten; § 87 Absatz 3a gilt entsprechend.

(4) [1]Kommt eine Vereinbarung nach Absatz 1a Satz 1 oder nach Absatz 2 Satz 2 oder eine Berücksichtigung der Grundsätze nach Absatz 2 Satz 4 ganz oder teilweise nicht zustande, setzt die Schiedsstelle nach § 18a Abs. 1 des Krankenhausfinanzierungsgesetzes auf Antrag einer Vertragspartei die Vergütung fest; im Falle von Vereinbarungen nach Absatz 1a Satz 1 hat die Schiedsstelle zunächst festzustellen, ob die Vereinbarung erforderlich ist, um die Behandlung von Kindern und Jugendlichen, die auf Überweisung erfolgt, angemessen zu vergüten. [2]Kommt die Vereinbarung nach Absatz 3 Satz 4 ganz oder teilweise nicht zustande, setzt die Schiedsstelle nach § 18a Absatz 6 des Krankenhausfinanzierungsgesetzes in der Besetzung ohne den Vertreter des Verbandes der privaten Krankenversicherung auf Antrag einer Vertragspartei den Inhalt innerhalb von sechs Wochen fest. [3]Kommt die Vereinbarung nach Absatz 3a Satz 4 ganz oder teilweise nicht zustande, setzt die Schiedsstelle nach § 114 auf Antrag einer Vertragspartei den Inhalt innerhalb von sechs Wochen fest.

(5) Beamtenrechtliche Vorschriften über die Entrichtung eines Entgelts bei der Inanspruchnahme von Einrichtungen, Personal und Material des Dienstherrn oder vertragliche Regelungen über ein weitergehendes Nutzungsentgelt, das neben der Kostenerstattung auch einen Vorteilsausgleich umfasst, und sonstige Abgaben der Ärzte werden durch die Absätze 1 bis 4 nicht berührt.

§ 121
Belegärztliche Leistungen

(1) [1]Die Vertragsparteien nach § 115 Abs. 1 wirken gemeinsam mit Krankenkassen und zugelassenen Krankenhäusern auf eine leistungsfähige und wirtschaftliche belegärztliche Behandlung der Versicherten hin. [2]Die Krankenhäuser sollen Belegärzten gleicher Fachrichtung die Möglichkeit geben, ihre Patienten gemeinsam zu behandeln (kooperatives Belegarztwesen).

(2) Belegärzte im Sinne dieses Gesetzbuchs sind nicht am Krankenhaus angestellte Vertragsärzte, die berechtigt sind, ihre Patienten (Belegpatienten) im Krankenhaus unter Inanspruchnahme der hierfür bereit gestellten Dienste, Einrichtungen und Mittel vollstationär oder teilstationär zu behandeln, ohne hierfür vom Krankenhaus eine Vergütung zu erhalten.

(3) [1]Die belegärztlichen Leistungen werden aus der vertragsärztlichen Gesamtvergütung vergütet. [2]Die Vergütung hat die Besonderheiten der belegärztlichen Tätigkeit zu berücksichtigen. [3]Hierzu gehören auch leistungsgerechte Entgelte für

1. den ärztlichen Bereitschaftsdienst für Belegpatienten und
2. die vom Belegarzt veranlassten Leistungen nachgeordneter Ärzte des Krankenhauses, die bei der Behandlung seiner Belegpatienten

in demselben Fachgebiet wie der Belegarzt tätig werden.

(4) Der Bewertungsausschuss hat in einem Beschluss nach § 87 mit Wirkung zum 1. April 2007 im einheitlichen Bewertungsmaßstab für ärztliche Leistungen Regelungen zur angemessenen Bewertung der belegärztlichen Leistungen unter Berücksichtigung der Vorgaben nach Absatz 3 Satz 2 und 3 zu treffen.

(5) Abweichend von den Vergütungsregelungen in Absatz 2 bis 4 können Krankenhäuser mit Belegbetten zur Vergütung der belegärztlichen Leistungen mit Belegärzten Honorarverträge schließen.

(6) [1]Für belegärztliche Leistungen gelten die Richtlinien und Beschlüsse des Gemeinsamen Bundesausschusses nach den §§ 136 bis 136b zur Qualitätssicherung im Krankenhaus bis zum Inkrafttreten vergleichbarer Regelungen für die vertragsärztliche oder sektorenübergreifende Qualitätssicherung. [2]Die in der stationären Qualitätssicherung für belegärztliche Leistungen erhobenen Qualitätsdaten werden bei der Auswertung der planungsrelevanten Qualitätsindikatoren nach § 136c Absatz 1 und 2 sowie bei der qualitätsabhängigen Vergütung eines Krankenhauses nach § 5 Absatz 3a des Krankenhausentgeltgesetzes berücksichtigt. [3]Die Folgen, die diese Berücksichtigung im Verhältnis zwischen dem Krankenhaus und dem Belegarzt haben soll, werden zwischen diesen vertraglich vereinbart.

§ 121a Genehmigung zur Durchführung künstlicher Befruchtungen

(1) [1]Die Krankenkassen dürfen Maßnahmen zur Herbeiführung einer Schwangerschaft (§ 27a Abs. 1) nur erbringen lassen durch

1. Vertragsärzte,
2. zugelassene medizinische Versorgungszentren
3. ermächtigte Ärzte,
4. ermächtigte ärztliche Einrichtungen oder
5. zugelassene Krankenhäuser,

denen die zuständige Behörde eine Genehmigung nach Absatz 2 zur Durchführung dieser Maßnahmen erteilt hat. [2]Satz 1 gilt bei Inseminationen nur dann, wenn sie nach Stimulationsverfahren durchgeführt werden, bei denen dadurch ein erhöhtes Risiko von Schwangerschaften mit drei oder mehreren Embryonen besteht.

(2) Die Genehmigung darf den im Absatz 1 Satz 1 genannten Ärzten oder Einrichtungen nur erteilt werden, wenn sie

1. über die für die Durchführung der Maßnahmen zur Herbeiführung einer Schwangerschaft (§ 27a Abs. 1) notwendigen diagnostischen und therapeutischen Möglichkeiten verfügen und nach wissenschaftlich anerkannten Methoden arbeiten und
2. die Gewähr für eine bedarfsgerechte, leistungsfähige und wirtschaftliche Durchführung von Maßnahmen zur Herbeiführung einer Schwangerschaft (§ 27a Abs. 1) bieten.

(3) [1]Ein Anspruch auf Genehmigung besteht nicht. [2]Bei notwendiger Auswahl zwischen mehreren geeigneten Ärzten oder Einrichtungen, die sich um die Genehmigung bewerben, entscheidet die zuständige Behörde unter Berücksichtigung der öffentlichen Interessen und der Vielfalt der Bewerber nach pflichtgemäßem Ermessen, welche Ärzte oder welche Einrichtungen den Erfordernissen einer bedarfsgerechten, leistungsfähigen und wirtschaftlichen Durchführung von Maßnahmen zur Herbeiführung einer Schwangerschaft (§ 27a Abs. 1) am besten gerecht werden.

(4) Die zur Erteilung der Genehmigung zuständigen Behörden bestimmt die nach Landesrecht zuständige Stelle, mangels einer solchen Bestimmung die Landesregierung; diese kann die Ermächtigung weiter übertragen.

§ 122 Behandlung in Praxiskliniken

[1]Der Spitzenverband Bund der Krankenkassen und die für die Wahrnehmung der Interessen der in Praxiskliniken tätigen Vertragsärzte gebildete Spitzenorganisation vereinbaren in einem Rahmenvertrag

1. einen Katalog von in Praxiskliniken nach § 115 Absatz 2 Satz 1 Nr. 1 ambulant oder stationär durchführbaren stationsersetzenden Behandlungen,
2. Maßnahmen zur Sicherung der Qualität der Behandlung, der Versorgungsabläufe und der Behandlungsergebnisse.

[2]Die Praxiskliniken nach § 115 Absatz 2 Satz 1 Nr. 1 sind zur Einhaltung des Vertrages nach Satz 1 verpflichtet.

§ 123

(aufgehoben)

Fünfter Abschnitt

Beziehungen zu Leistungserbringern von Heilmitteln

§ 124 Zulassung

(1) Heilmittel, die als Dienstleistungen abgegeben werden, insbesondere Leistungen der Physiotherapie, der Stimm-, Sprech- und Sprachtherapie, der Ergotherapie, der Podologie oder der Ernährungstherapie, dürfen an Versicherte nur von zugelassenen Leistungserbringern abgegeben werden, die

1. die für die Leistungserbringung erforderliche Ausbildung sowie eine entsprechende zur Führung der Berufsbezeichnung berechtigende Erlaubnis oder einen vergleichbaren akademischen Abschluss besitzen,
2. über eine Praxisausstattung verfügen, die eine zweckmäßige und wirtschaftliche Leistungserbringung gewährleistet, und
3. die für die Versorgung mit Heilmitteln geltenden Verträge nach § 125 Absatz 1 anerkennen.

(2) [1]Die Landesverbände der Krankenkassen und die Ersatzkassen bilden gemeinsam und einheitlich bei einem der Landesverbände oder den Ersatzkassen eine Arbeitsgemeinschaft, die mit Wirkung für alle Krankenkassen die Entscheidungen über die Zulassungen trifft. [2]Die Arbeitsgemeinschaften sind berechtigt, zur Erfüllung dieser Aufgabe Verwaltungsakte zu erlassen, zu ändern oder aufzuheben. [3]Die Möglichkeit der Änderung oder Aufhebung gilt auch für Verwaltungsakte, die von den Landesverbänden der Krankenkassen oder den Ersatzkassen erteilt worden sind. [4]Die Arbeitsgemeinschaft kann sich dabei auch auf mehrere Bundesländer erstrecken. [5]Die Kosten tragen die Landesverbände und die Ersatzkassen anteilig nach Versicherten nach der Statistik KM 6. [6]Die Arbeitsgemeinschaft darf die für die Überprüfung der Anforderungen nach den Absätzen 1 und 2a erforderlichen Daten von Leistungserbringern erheben, verarbeiten und nutzen. [7]Die Arbeitsgemeinschaft darf die Daten von Leistungserbringern nach Absatz 5 erheben, verarbeiten und nutzen, zu denen in den Verträgen nach § 125 gemäß § 125 Absatz 2 Nummer 5a eine Anzeigepflicht besteht. [8]Sie hat die maßgeblichen Daten nach den Sätzen 6 und 7 an den Spitzenverband Bund der Krankenkassen zu übermitteln, der die Krankenkassen regelmäßig über die Leistungserbringer nach den Absätzen 1 und 5 informiert. [9]Das Nähere zur Datenübermittlung und zum Verfahren regelt der Spitzenverband Bund der Krankenkassen. [10]Die Arbeitsgemeinschaften sind bis zum 31. August 2019 zu bilden. [11]Bis zu diesem Zeitpunkt gilt § 124 Absatz 5 in der bis zum 10. Mai 2019 geltenden Fassung. [12]Der Spitzenverband Bund der Krankenkassen hat auf Grundlage der Daten nach Satz 8 eine Liste über die Leistungserbringer nach den Absätzen 1 und 5 mit den maßgeblichen Daten des jeweiligen Leistungserbringers nach den Absätzen 1 und 5 zu veröffentlichen; über den Umfang der zu veröffentlichenden Daten verständigen sich die Vertragspartner in den jeweiligen Verträgen nach § 125 Absatz 1.

(2a) [1]Die Arbeitsgemeinschaften nach Absatz 2 prüfen zudem, ob Leistungserbringer die Voraussetzungen nach § 125 Absatz 2 Satz 1 Nummer 3 für die Durchführung von besonderen Maßnahmen der Physiotherapie unter Berücksichtigung der Richtlinien nach § 92 Absatz 1 Satz 2 Nummer 6 erfüllen. [2]Bei Erfüllung der Anforderungen erteilt die Arbeitsgemeinschaft eine entsprechende Abrechnungserlaubnis. [3]Absatz 2 Satz 2 und 3 gilt entsprechend.

(3) [1]Die Arbeitsgemeinschaft nach Absatz 2 ist berechtigt, die zuzulassenden Leistungserbringer im Hinblick auf die vertraglich vereinbarten räumlichen, sachlichen und personellen Voraussetzungen zu überprüfen. [2]Die Leistungserbringer haben hierzu den Zutritt zu ihrer Praxis zu den üblichen Praxiszeiten zu gewähren. [3]Mehrfache Praxisprüfungen durch die Arbeitsgemeinschaft sind zu vermeiden.

(4) (aufgehoben)

(5) [1]Krankenhäuser, Rehabilitationseinrichtungen und ihnen vergleichbare Einrichtungen dürfen die in Absatz 1 genannten Heilmittel durch Personen abgeben, die die Voraussetzung nach Absatz 1 Nummer 1 erfüllen, wenn sie über eine Praxisausstattung im Sinne des Absatzes 1 Nummer 2

verfügen. [2]Einer Zulassung bedarf es nicht. [3]Für die in Satz 1 genannten Einrichtungen gelten die nach § 125 Absatz 1 abgeschlossenen Verträge entsprechend, ohne dass es einer Anerkennung dieser Verträge bedarf.

(6) (aufgehoben)

§ 125 Verträge zur Heilmittelversorgung

(1) [1]Der Spitzenverband Bund der Krankenkassen schließt mit bindender Wirkung für die Krankenkassen mit den für die Wahrnehmung der Interessen der Heilmittelerbringer maßgeblichen Spitzenorganisationen auf Bundesebene für jeden Heilmittelbereich einen Vertrag über die Einzelheiten der Versorgung mit dem jeweiligen Heilmittel. [2]Die für den jeweiligen Heilmittelbereich zuständigen maßgeblichen Spitzenorganisationen haben den Vertrag gemeinsam zu schließen. [3]Die Verträge sind mit Wirkung ab dem 1. Januar 2021 zu schließen. [4]Die Richtlinie des Gemeinsamen Bundesausschusses nach § 92 Absatz 1 Satz 2 Nummer 6 ist zu berücksichtigen. [5]Der Spitzenverband Bund der Krankenkassen hat die Verträge sowie die jeweils geltenden Preislisten zu veröffentlichen.

(2) In den Verträgen nach Absatz 1 ist insbesondere Folgendes zu regeln:

1. die Preise der einzelnen Leistungspositionen sowie einheitliche Regelungen für deren Abrechnung,

1a. die notwendigen Regelungen für die Verwendung von Verordnungen von Leistungen nach § 32 in elektronischer Form, die

   a) festzulegen haben, dass für die Übermittlung der elektronischen Verordnung die Dienste der Anwendungen der Telematikinfrastruktur nach § 334 Absatz 1 Satz 2 genutzt werden, sobald diese zur Verfügung stehen, und

   b) mit den Festlegungen der Bundesmantelverträge nach § 86 vereinbar sein müssen,

2. die Verpflichtung der Leistungserbringer zur Fortbildung,

3. die erforderlichen Weiterbildungen der Leistungserbringer für besondere Maßnahmen der Physiotherapie,

4. der Inhalt der einzelnen Maßnahmen des jeweiligen Heilmittels einschließlich der Regelleistungszeit, die sich aus der Durchführung der einzelnen Maßnahme und der Vor- und Nachbereitung einschließlich der erforderlichen Dokumentation zusammensetzt,

5. Maßnahmen zur Sicherung der Qualität der Behandlung, der Versorgungsabläufe und der Behandlungsergebnisse,

5a. die den Arbeitsgemeinschaften nach § 124 Absatz 2 Satz 1 anzuzeigenden für Zwecke der Abrechnung und zur Sicherung der Qualität erforderlichen Daten der Leistungserbringer nach § 124 Absatz 5,

6. der Inhalt und Umfang der Zusammenarbeit der Leistungserbringer mit dem verordnenden Vertragsarzt,

7. die notwendigen Angaben auf der Heilmittelverordnung durch den Leistungserbringer,

8. Maßnahmen der Wirtschaftlichkeit der Leistungserbringung und deren Prüfung,

9. Vergütungsstrukturen für die Arbeitnehmer unter Berücksichtigung der tatsächlich gezahlten Arbeitsentgelte; zum Nachweis der tatsächlich gezahlten Arbeitsentgelte hat die Berufsgenossenschaft für Gesundheitsdienst und Wohlfahrtspflege dem Spitzenverband Bund der Krankenkassen auf dessen Anforderung eine Statistik über die im Rahmen von § 165 des Siebten Buches erfolgten Meldungen zu übersenden, die insbesondere die Anzahl der Arbeitnehmer, deren geleistete Arbeitsstunden sowie die geleisteten Entgelte enthalten soll,

10. personelle, räumliche und sachliche Voraussetzungen, die eine zweckmäßige und wirtschaftliche Leistungserbringung im Sinne des § 124 Absatz 1 Nummer 2 gewährleisten, wobei insbesondere im Hinblick auf die räumlichen Voraussetzungen Richtwerte vereinbart werden können, sowie

11. die Vergütung der vom Bundesinstitut für Arzneimittel und Medizinprodukte nach § 139e Absatz 3 Satz 2 bestimmten Leistungen von Heilmittelerbringern, die zur Versorgung mit digitalen Gesundheitsanwendungen erforderlich sind.

(2a) [1]In den Verträgen nach Absatz 1 sind auch die Einzelheiten der Versorgung mit Heilmitteln, die telemedizinisch erbracht werden, zu regeln. [2]Insbesondere ist bis zum 31. Dezember 2021 für die jeweiligen Heilmittelbereiche Folgendes zu regeln:

1. die Leistungen, die telemedizinisch erbracht werden können,
2. die technischen Voraussetzungen, die erforderlich sind, um die Leistungen nach Nummer 1 telemedizinisch zu erbringen.

[3]Die Vereinbarungen nach Satz 2 Nummer 2 sind im Benehmen mit dem Bundesamt für Sicherheit in der Informationstechnik, der oder dem Bundesbeauftragten für den Datenschutz und die Informationsfreiheit sowie der Gesellschaft für Telematik zu treffen. [4]Kommt eine Vereinbarung nicht bis zum 31. Dezember 2021 zustande, setzt die Schiedsstelle nach Absatz 6 die Vertragsinhalte nach Satz 2 innerhalb von drei Monaten fest.

(3) [1]Die Vertragspartner haben zu beachten, dass die auszuhandelnden Preise eine leistungsgerechte und wirtschaftliche Versorgung ermöglichen. [2]Sie haben bei der Vereinbarung der Preise für die einzelnen Leistungspositionen unter Zugrundelegung eines wirtschaftlich zu führenden Praxisbetriebes insbesondere Folgendes zu berücksichtigen:

1. die Entwicklung der Personalkosten,
2. die Entwicklung der Sachkosten für die Leistungserbringung sowie
3. die durchschnittlichen laufenden Kosten für den Betrieb der Heilmittelpraxis.

[3]§ 71 findet keine Anwendung.

(4) Die Vertragspartner nach Absatz 1 sollen eine gemeinsame Empfehlung zur Ausgestaltung einer barrierefreien Praxis abgeben.

(5) [1]Kommt ein Vertrag nach Absatz 1 ganz oder teilweise nicht bis zum 1. Januar 2021 oder bis zum Ablauf einer von den Vertragspartnern vereinbarten Vertragslaufzeit zustande oder können sich die Vertragspartner nicht bis zum Ablauf dieser Fristen auf die Preise für die einzelnen Leistungspositionen oder eine Anpassung dieser Preise einigen, werden der Inhalt des Vertrages oder die Preise innerhalb von drei Monaten durch die Schiedsstelle nach Absatz 6 festgesetzt. [2]Das Schiedsverfahren beginnt vor den in Satz 1 genannten Zeitpunkten für den erstmaligen Abschluss der Verträge, wenn mindestens eine Vertragspartei die Verhandlungen ganz oder teilweise für gescheitert erklärt und die Schiedsstelle anruft. [3]Trifft die Schiedsstelle erst nach Ablauf von drei Monaten ihre Entscheidung, sind neben der Festsetzung der Preise auch Zahlbeträge zu beschließen, durch die Vergütungsausfälle ausgeglichen werden, die bei den Leistungserbringern durch die verzögerte Entscheidung der Schiedsstelle entstanden sind. [4]Der bisherige Vertrag und die bisherigen Preise gelten bis zur Entscheidung durch die Schiedsstelle fort.

(6) [1]Der Spitzenverband Bund der Krankenkassen und die für die Wahrnehmung der Interessen der Heilmittelerbringer maßgeblichen Spitzenorganisationen auf Bundesebene bilden bis zum 15. November 2019 eine gemeinsame Schiedsstelle. [2]Sie besteht aus Vertretern der Krankenkassen und der Heilmittelerbringer in gleicher Zahl sowie aus einem unparteiischen Vorsitzenden und zwei weiteren unparteiischen Mitgliedern. [3]Auf Seiten der Heilmittelerbringer erfolgt die Besetzung der Schiedsstelle für jeden Leistungsbereich getrennt voneinander. [4]Die Amtsdauer der Mitglieder beträgt vier Jahre. [5]Für jedes Mitglied gibt es zwei Stellvertreter. [6]Über den unparteiischen Vorsitzenden und die zwei weiteren unparteiischen Mitglieder sowie deren Stellvertreter sollen sich die Vertragspartner einigen. [7]Kommt eine Einigung nicht zustande, gilt § 89 Absatz 6 Satz 3 entsprechend. [8]Für eine Abberufung der unparteiischen Mitglieder aus wichtigem Grund gilt § 89 Absatz 7 Satz 3 entsprechend. [9]Die Kosten der Schiedsstelle tragen die Vertragsparteien je zur Hälfte; die Kosten für die von ihnen bestellten Vertreter tragen die Vertragsparteien selbst. [10]§ 129 Absatz 9 und 10 Satz 1 gilt entsprechend. [11]Das Bundesministerium für Gesundheit kann durch Rechtsverordnung mit Zustimmung des Bundesrates das Nähere über die Zahl und die Bestellung der Mitglieder, die Erstattung der baren Auslagen und die Entschädigung für den Zeitaufwand der Mitglieder, das Verfahren sowie über die Verteilung der Kosten regeln. [12]Klagen gegen Entscheidungen der Aufsichtsbehörde nach diesem Paragraphen haben keine aufschiebende Wirkung. [13]Ein Vorverfahren findet bei Klagen gegen Entscheidungen der Schiedsstelle und der Aufsichtsbehörde nicht statt.

(7) [1]Die Landesverbände der Krankenkassen und die Ersatzkassen können mit den Leistungserbringern, deren Verbänden oder sonstigen Zusammenschlüssen Verträge über die Einzelheiten der Versorgung mit kurortspezifischen Heilmitteln

schließen. [2]Die Landesverbände der Krankenkassen und die Ersatzkassen können mit den Trägern von Schulen, Kindertagesstätten oder Angeboten der Eingliederungshilfe, deren Verbänden oder den für die Erbringung der Eingliederungshilfe nach Landesrecht zuständigen Behörden Verträge über die Einzelheiten der Versorgung von Menschen mit Behinderungen oder Menschen, die von Behinderung bedroht sind, mit Heilmitteln in Schulen, Kindertagesstätten oder Angeboten der Eingliederungshilfe schließen. [3]Die Absätze 2 und 3 gelten jeweils entsprechend.

(8) Die Krankenkassen oder ihre Verbände können mit den für den jeweiligen Heilmittelbereich für die Wahrnehmung der Interessen der Heilmittelerbringer zuständigen maßgeblichen Spitzenorganisationen auf Landesebene Vereinbarungen zur Weiterentwicklung der Qualität und Struktur der Versorgung der Versicherten mit Heilmitteln schließen, soweit die Verträge nach Absatz 1 dem nicht entgegenstehen.

(9) Die Vertragspartner nach Absatz 1 Satz 1 schließen einen Vertrag über eine zentrale und bundeseinheitliche Prüfung und Listung der Weiterbildungsträger, der Weiterbildungsstätten sowie der Fachlehrer hinsichtlich der Erfüllung der Anforderungen an die Durchführung von besonderen Maßnahmen der Physiotherapie unter Berücksichtigung der Richtlinien nach § 92 Absatz 1 Satz 2 Nummer 6.

§ 125a Heilmittelversorgung mit erweiterter Versorgungsverantwortung

(1) [1]Der Spitzenverband Bund der Krankenkassen schließt mit bindender Wirkung für die Krankenkassen mit den für die Wahrnehmung der Interessen der Heilmittelerbringer maßgeblichen Spitzenorganisationen auf Bundesebene für jeden Heilmittelbereich einen Vertrag über die Heilmittelversorgung mit erweiterter Versorgungsverantwortung, sofern sich die für den jeweiligen Heilmittelbereich zuständigen maßgeblichen Spitzenorganisationen für ihren Heilmittelbereich gemeinsam zum Abschluss eines solchen Vertrages entschließen. [2]Die für den jeweiligen Heilmittelbereich zuständigen maßgeblichen Spitzenorganisationen haben den Vertrag gemeinsam zu schließen. [3]Gegenstand der Verträge ist eine Versorgungsform, bei der die Heilmittelerbringer aufgrund einer durch einen Vertragsarzt festgestellten Diagnose und der Indikation für eine Heilmittelbehandlung selbst über die Auswahl und die Dauer der Therapie sowie die Frequenz der Behandlungseinheiten bestimmen können. [4]Die Auswahl der Therapie darf dabei nur im Rahmen der in der Richtlinie des Gemeinsamen Bundesausschusses nach § 92 Absatz 1 Satz 2 Nummer 6 für die jeweilige Diagnosegruppe vorgegebenen verordnungsfähigen Heilmittel erfolgen. [5]Im Übrigen sind Abweichungen von dieser Richtlinie nur in dem von den Vertragspartnern nach Absatz 2 Nummer 2 vereinbarten Umfang möglich. [6]Vor Abschluss der Vereinbarung ist den Kassenärztlichen Bundesvereinigungen Gelegenheit zur Stellungnahme zu geben; die Stellungnahmen sind in die Verhandlung der Vereinbarungen einzubeziehen.

(2) In den Verträgen nach Absatz 1 ist insbesondere Folgendes zu regeln:

1. Indikationen der Richtlinien des Gemeinsamen Bundesausschusses nach § 92 Absatz 1 Satz 2 Nummer 6, die unter medizinisch-therapeutischen Gesichtspunkten für eine Heilmittelversorgung mit erweiterter Versorgungsverantwortung geeignet sind,
2. Möglichkeiten der Heilmittelerbringer, bei der Leistungserbringung von den Vorgaben der Richtlinien des Gemeinsamen Bundesausschusses nach § 92 Absatz 1 Satz 2 Nummer 6 abzuweichen,
3. einheitliche Regelungen zur Abrechnung, soweit diese von dem Vertrag nach § 125 Absatz 1 abweichen,
4. Möglichkeiten zur Bestimmung der Dauer der einzelnen Behandlungseinheiten durch den Leistungserbringer sowie Regelungen zu der daraus resultierenden Preisstruktur,
5. Richtwerte zur Versorgungsgestaltung durch die Heilmittelerbringer, die der Spitzenverband Bund der Krankenkassen quartalsweise im Rahmen von § 84 Absatz 7 in Verbindung mit § 84 Absatz 5 zu veröffentlichen hat,
6. Maßnahmen zur Vermeidung einer unverhältnismäßigen Mengenausweitung in der Anzahl der Behandlungseinheiten je Versicherten, insbesondere für solche Ausweitungen, die weder morbiditätsbedingt sind noch auf dem therapeutischen Fortschritt oder Veränderungen des gesetzlichen oder satzungsmäßigen Leistungsumfangs beruhen; diese Maßnahmen können auch Vergütungsabschläge vorsehen, sofern eine durchschnittliche Anzahl an Behandlungseinheiten deutlich überschritten ist, sowie

7. Vorgaben zur Information des Arztes durch den Heilmittelerbringer über die erfolgte Behandlung sowie zur Notwendigkeit eines erneuten Arztkontaktes.

(3) [1]Kommt ein Vertrag nach Absatz 1 ganz oder teilweise nicht zustande und kann mindestens einer der Vertragspartner intensive Bemühungen zur Erreichung des Vertrages auf dem Verhandlungsweg nachweisen, wird der Inhalt des Vertrages oder werden die Preise innerhalb von drei Monaten durch die Schiedsstelle nach § 125 Absatz 6 festgesetzt. [2]Das Schiedsverfahren beginnt, wenn mindestens eine Vertragspartei die Verhandlungen ganz oder teilweise für gescheitert erklärt und die Schiedsstelle anruft.

(4) Der Spitzenverband Bund der Krankenkassen hat die Verträge nach Absatz 1 zu veröffentlichen und dem Gemeinsamen Bundesausschuss zu übermitteln.

(5) Der Spitzenverband Bund der Krankenkassen hat aus den nach § 84 Absatz 7 in Verbindung mit § 84 Absatz 5 zu übermittelnden Daten auch entsprechende Schnellinformationen für die Versorgungsform der erweiterten Versorgungsverantwortung sowie die nach Absatz 2 vereinbarten Richtwerte zur Versorgungsgestaltung zu erstellen und zu veröffentlichen.

(6) [1]Unter Berücksichtigung der nach § 84 Absatz 7 in Verbindung mit § 84 Absatz 5 erhobenen und der nach Absatz 5 veröffentlichten Daten übermitteln die Vertragspartner nach Absatz 1 dem Bundesministerium für Gesundheit vier Jahre nach Abschluss der Verträge nach Absatz 1 einen Bericht, in dem insbesondere die mit der Versorgungsform verbundenen Auswirkungen auf das Versorgungsgeschehen im Bereich der Heilmittel, die Mengenentwicklung, die finanziellen Auswirkungen auf die Krankenkassen sowie die Auswirkungen auf die Behandlungs- und Ergebnisqualität darzulegen sind. [2]Die Vertragspartner nach Satz 1 übermitteln dem Bundesministerium für Gesundheit zwei Jahre nach Abschluss der Verträge einen Zwischenbericht.

§ 125b
Verordnungsermächtigung

(1) (aufgehoben)

(2) (aufgehoben)

(2a) [1]Das Bundesministerium für Gesundheit wird ermächtigt, durch Rechtsverordnung ohne Zustimmung des Bundesrates zu bestimmen, dass nach § 124 Absatz 2 in Verbindung mit Absatz 1 zugelassene Leistungserbringer zur pauschalen Abgeltung der ihnen infolge der COVID-19-Pandemie entstehenden Kosten für erhöhte Hygienemaßnahmen für jede Heilmittelverordnung, die sie längstens bis zum Ablauf des 25. November 2022 abrechnen, einen zusätzlichen Betrag in Höhe von 1,50 Euro gegenüber den Krankenkassen geltend machen können. [2]Die Vertragsparteien nach § 125 Absatz 1 Satz 1 haben Vereinbarungen zur pauschalen Abgeltung entstehender Kosten für erhöhte Hygienemaßnahmen für jede Heilmittelverordnung zu treffen, soweit diese Maßnahmen erforderlich sind, um nosokomiale Infektionen nach § 2 Nummer 8 des Infektionsschutzgesetzes zu verhüten und die Weiterverbreitung von Krankheitserregern, insbesondere solcher mit Resistenzen, zu vermeiden. [3]Erforderlich sind diese Maßnahmen im Zeitraum der Feststellung einer epidemischen Lage von nationaler Tragweite nach § 5 Absatz 1 des Infektionsschutzgesetzes, längstens jedoch bis zum Ablauf des 7. April 2023.

(2b) Sofern der Deutsche Bundestag nach § 5 Absatz 1 Satz 1 des Infektionsschutzgesetzes eine epidemische Lage von nationaler Tragweite festgestellt hat, haben die Vertragsparteien nach § 125 Absatz 1 Satz 1 die Vereinbarungen für den Zeitraum, der am Tag der Feststellung durch den Deutschen Bundestag beginnt und am Tag der Aufhebung der Feststellung, spätestens jedoch mit Ablauf des 7. April 2023 endet, an eine aus dieser Sondersituation resultierende verminderte Inanspruchnahme von Heilmitteln anzupassen, um die Leistungsfähigkeit der Heilmittelerbringer zu gewährleisten.

(3) (aufgehoben)

Sechster Abschnitt

Beziehungen zu Leistungserbringern von Hilfsmitteln

§ 126
Versorgung durch Vertragspartner

(1) [1]Hilfsmittel dürfen an Versicherte nur auf der Grundlage von Verträgen nach § 127 Absatz 1 und 3 abgegeben werden. [2]Vertragspartner der Krankenkassen können nur Leistungserbringer sein, die die Voraussetzungen für eine ausreichende, zweckmäßige und funktionsgerechte Herstellung,

Abgabe und Anpassung der Hilfsmittel erfüllen. [3]Der Spitzenverband Bund der Krankenkassen gibt Empfehlungen für eine einheitliche Anwendung der Anforderungen nach Satz 2, einschließlich der Fortbildung der Leistungserbringer, ab.

(1a) [1]Die Krankenkassen stellen sicher, dass die Voraussetzungen nach Absatz 1 Satz 2 erfüllt sind. [2]Die Leistungserbringer führen den Nachweis der Erfüllung der Voraussetzungen nach Absatz 1 Satz 2 durch Vorlage eines Zertifikats einer geeigneten, unabhängigen Stelle (Präqualifizierungsstelle); bei Verträgen nach § 127 Absatz 3 kann der Nachweis im Einzelfall auch durch eine Feststellung der Krankenkasse erfolgen. [3]Die Leistungserbringer haben einen Anspruch auf Erteilung des Zertifikats oder eine Feststellung der Krankenkasse nach Satz 2 zweiter Halbsatz, wenn sie die Voraussetzungen nach Absatz 1 Satz 2 erfüllen. [4]Bei der Prüfung der Voraussetzungen nach Absatz 1 Satz 2 haben die Präqualifizierungsstelle im Rahmen ihrer Zertifizierungstätigkeit und die Krankenkasse bei ihrer Feststellung die Empfehlungen nach Absatz 1 Satz 3 zu beachten. [5]Die Zertifikate sind auf höchstens fünf Jahre zu befristen. [6]Erteilte Zertifikate sind einzuschränken, auszusetzen oder zurückzuziehen, wenn die erteilende Stelle oder die Stelle nach Absatz 2 Satz 6 auf Grund von Überwachungstätigkeiten im Sinne der DIN EN ISO/IEC 17065, Ausgabe Januar 2013, feststellt, dass die Voraussetzungen nach Absatz 1 Satz 2 nicht oder nicht mehr erfüllt sind, soweit der Leistungserbringer nicht innerhalb einer angemessenen Frist die Übereinstimmung herstellt. [7]Die erteilenden Stellen dürfen die für den Nachweis der Erfüllung der Anforderungen nach Absatz 1 Satz 2 erforderlichen Daten von Leistungserbringern verarbeiten. [8]Sie haben den Spitzenverband Bund der Krankenkassen entsprechend seiner Vorgaben über ausgestellte sowie über verweigerte, eingeschränkte, ausgesetzte und zurückgezogene Zertifikate einschließlich der für die Identifizierung der jeweiligen Leistungserbringer erforderlichen Daten zu unterrichten. [9]Der Spitzenverband Bund der Krankenkassen ist befugt, die übermittelten Daten zu verarbeiten und den Krankenkassen sowie der nationalen Akkreditierungsstelle nach Absatz 2 Satz 1 bekannt zu geben.

(1b) [1]Abweichend von Absatz 1a Satz 2 erster Halbsatz haben öffentliche Apotheken keinen Nachweis der Erfüllung der Voraussetzungen nach Absatz 1 Satz 2 zu führen, soweit apothekenübliche Hilfsmittel an Versicherte abgegeben werden. [2]Der Spitzenverband Bund der Krankenkassen hat mit der für die Wahrnehmung der wirtschaftlichen Interessen gebildeten maßgeblichen Spitzenorganisation der Apotheker eine Vereinbarung darüber abzuschließen, welche Hilfsmittel als apothekenübliche Hilfsmittel im Sinne des Satzes 1 einzustufen sind. [3]Kommt eine Vereinbarung nach Satz 2 nicht bis zum 27. Januar 2024 zustande, legt die Schiedsstelle nach § 129 Absatz 8 bis zum 27. April 2024 den Inhalt der Vereinbarung fest. [4]Eine bestehende Vereinbarung gilt bis zum Wirksamwerden einer neuen Vereinbarung fort; ein Schiedsspruch gilt bis zum Wirksamwerden der ersten Vereinbarung fort.

(2) [1]Als Präqualifizierungsstellen dürfen nur Zertifizierungsstellen für Produkte, Prozesse und Dienstleistungen gemäß DIN EN ISO/IEC 17065, Ausgabe Januar 2013, tätig werden, die die Vorgaben nach Absatz 1a Satz 4 bis 8 beachten und von einer nationalen Akkreditierungsstelle im Sinne der Verordnung (EG) Nr. 765/2008 des Europäischen Parlaments und des Rates vom 9. Juli 2008 über die Vorschriften für die Akkreditierung und Marktüberwachung im Zusammenhang mit der Vermarktung von Produkten und zur Aufhebung der Verordnung (EWG) Nr. 339/93 des Rates (ABl. L 218 vom 13.8.2008, S. 30) in der jeweils geltenden Fassung akkreditiert worden sind. [2]Die Akkreditierung ist auf höchstens fünf Jahre zu befristen. [3]Die Akkreditierung erlischt mit dem Ablauf der Frist, mit der Einstellung des Betriebes der Präqualifizierungsstelle oder durch Verzicht der Präqualifizierungsstelle. [4]Die Einstellung und der Verzicht sind der nationalen Akkreditierungsstelle unverzüglich mitzuteilen. [5]Die bisherige Präqualifizierungsstelle ist verpflichtet, die Leistungserbringer, denen sie Zertifikate erteilt hat, über das Erlöschen ihrer Akkreditierung zu informieren. [6]Die Leistungserbringer haben umgehend mit einer anderen Präqualifizierungsstelle die Fortführung des Präqualifizierungsverfahrens zu vereinbaren, der die bisherige Präqualifizierungsstelle die ihr vorliegenden Antragsunterlagen in elektronischer Form zur Verfügung zu stellen hat. [7]Das Bundesministerium für Gesundheit übt im Anwendungsbereich dieses Gesetzes die Fachaufsicht über die nationale Akkreditierungsstelle aus. [8]Präqualifizierungsstellen, die seit dem 1. Juli 2010 Aufgaben nach Absatz 1a wahrnehmen, haben spätestens bis zum 31. Juli 2017 einen Antrag auf Akkreditierung nach Satz 1 zu stellen und spätestens bis zum 30. April 2019 den Nachweis über eine erfolgreiche Akkreditierung zu erbringen. [9]Die nationale Akkreditierungsstelle

überwacht die Einhaltung der sich aus der DIN EN ISO/IEC 17065 und den Vorgaben nach Absatz 1a Satz 4 bis 8 für die Präqualifizierungsstellen ergebenden Anforderungen und Verpflichtungen. [10]Sie hat die Akkreditierung einzuschränken, auszusetzen oder zurückzunehmen, wenn die Präqualifizierungsstelle die Anforderungen für die Akkreditierung nicht oder nicht mehr erfüllt oder ihre Verpflichtungen erheblich verletzt; die Sätze 5 und 6 gelten entsprechend. [11]Für die Prüfung, ob die Präqualifizierungsstellen ihren Verpflichtungen nachkommen, kann die nationale Akkreditierungsstelle nach Absatz 2 Satz 1 auf Informationen der Krankenkassen oder des Spitzenverbandes Bund der Krankenkassen, berufsständischer Organisationen und Aufsichtsbehörden zurückgreifen.

(3) Für nichtärztliche Dialyseleistungen, die nicht in der vertragsärztlichen Versorgung erbracht werden, gelten die Regelungen dieses Abschnitts entsprechend.

§ 127
Verträge

(1) [1]Krankenkassen, ihre Landesverbände oder Arbeitsgemeinschaften schließen im Wege von Vertragsverhandlungen Verträge mit Leistungserbringern oder Verbänden oder sonstigen Zusammenschlüssen der Leistungserbringer über die Einzelheiten der Versorgung mit Hilfsmitteln, deren Wiedereinsatz, die Qualität der Hilfsmittel und zusätzlich zu erbringender Leistungen, die Anforderungen an die Fortbildung der Leistungserbringer, die Preise und die Abrechnung. [2]Darüber hinaus können die Vertragsparteien in den Verträgen nach Satz 1 auch einen Ausgleich der Kosten für erhöhte Hygienemaßnahmen infolge der COVID-19-Pandemie vereinbaren. [3]Dabei haben Krankenkassen, ihre Landesverbände oder Arbeitsgemeinschaften jedem Leistungserbringer oder Verband oder sonstigen Zusammenschlüssen der Leistungserbringer Vertragsverhandlungen zu ermöglichen. [4]In den Verträgen nach Satz 1 sind eine hinreichende Anzahl an mehrkostenfreien Hilfsmitteln, die Qualität der Hilfsmittel, die notwendige Beratung der Versicherten und die sonstigen zusätzlichen Leistungen im Sinne des § 33 Absatz 1 Satz 5 sicherzustellen und ist für eine wohnortnahe Versorgung der Versicherten zu sorgen. [5]Den Verträgen sind mindestens die im Hilfsmittelverzeichnis nach § 139 Absatz 2 festgelegten Anforderungen an die Qualität der Versorgung und Produkte zugrunde zu legen. [6]Die Absicht, über die Versorgung mit bestimmten Hilfsmitteln Verträge zu schließen, ist auf einem geeigneten Portal der Europäischen Union oder mittels einem vergleichbaren unionsweit publizierenden Medium unionsweit öffentlich bekannt zu machen. [7]Der Spitzenverband Bund der Krankenkassen legt bis zum 30. September 2020 ein einheitliches, verbindliches Verfahren zur unionsweiten Bekanntmachung der Absicht, über die Versorgung mit bestimmten Hilfsmitteln Verträge zu schließen, fest. [8]Über die Inhalte abgeschlossener Verträge einschließlich der Vertragspartner sind andere Leistungserbringer auf Nachfrage unverzüglich zu informieren. [9]Werden nach Abschluss des Vertrages die Anforderungen an die Qualität der Versorgung und der Produkte nach § 139 Absatz 2 durch Fortschreibung des Hilfsmittelverzeichnisses verändert, liegt darin eine wesentliche Änderung der Verhältnisse, die die Vertragsparteien zur Vertragsanpassung oder Kündigung berechtigt.

(1a) [1]Im Fall der Nichteinigung wird der streitige Inhalt der Verträge nach Absatz 1 auf Anruf einer der Verhandlungspartner durch eine von den jeweiligen Vertragspartnern zu bestimmende unabhängige Schiedsperson innerhalb von drei Monaten ab Bestimmung der Schiedsperson festgelegt. [2]Eine Nichteinigung nach Satz 1 liegt vor, wenn mindestens einer der Vertragspartner intensive Bemühungen zur Erreichung eines Vertrages auf dem Verhandlungswege nachweisen kann. [3]Einigen sich die Vertragspartner nicht auf eine Schiedsperson, so wird diese von der für die vertragschließende Krankenkasse zuständigen Aufsichtsbehörde innerhalb eines Monats nach Vorliegen der für die Bestimmung der Schiedsperson notwendigen Informationen bestimmt. [4]Die Schiedsperson gilt als bestimmt, sobald sie sich gegenüber den Vertragspartnern zu ihrer Bestellung bereiterklärt hat. [5]Der bisherige Vertrag und die bisherigen Preise gelten bis zur Entscheidung durch die Schiedsperson fort. [6]Legt die Schiedsperson Preise fest, hat sie diese so festzusetzen, dass eine in der Qualität gesicherte, ausreichende, zweckmäßige sowie wirtschaftliche Versorgung gewährleistet ist. [7]Zur Ermittlung hat die Schiedsperson insbesondere die Kalkulationsgrundlagen der jeweiligen Verhandlungspartner und die marktüblichen Preise zu berücksichtigen. [8]Die Verhandlungspartner sind verpflichtet, der Schiedsperson auf Verlangen alle für die zu treffende Festlegung erforderlichen Unterlagen zur Verfügung zu stellen. [9]Die Kosten des Schiedsverfahrens tragen die Vertragspartner zu gleichen Teilen. [10]Widerspruch und Klage gegen die Bestimmung der Schiedsperson durch die Aufsichtsbehörde haben keine aufschiebende Wirkung. [11]Klagen gegen die Festlegung des Vertragsinhalts sind gegen den Vertragspartner zu richten. [12]Der von der Schiedsperson festgelegte Vertragsinhalt oder von der Schiedsperson festgelegte einzelne Bestimmungen des Vertrages gelten bis zur gerichtlichen Ersetzung oder gerichtlichen Feststellung der Unbilligkeit weiter.

(2) [1]Den Verträgen nach Absatz 1 Satz 1 können Leistungserbringer zu den gleichen Bedingungen als Vertragspartner beitreten, soweit sie nicht auf Grund bestehender Verträge bereits zur Versorgung der Versicherten berechtigt sind. [2]Hierbei sind entsprechend Absatz 1 Satz 1 Vertragsverhandlungen zu ermöglichen. [3]Verträgen, die mit Verbänden oder sonstigen Zusammenschlüssen der Leistungserbringer abgeschlossen wurden, können auch Verbände und sonstige Zusammenschlüsse der Leistungserbringer beitreten. [4]Die Sätze 1 und 2 gelten entsprechend für fortgeltende Verträge, die vor dem 1. April 2007 abgeschlossen wurden. [5]§ 126 Abs. 1a und 2 bleibt unberührt.

(3) [1]Soweit für ein erforderliches Hilfsmittel keine Verträge der Krankenkasse nach Absatz 1 mit Leistungserbringern bestehen oder durch Vertragspartner eine Versorgung der Versicherten in einer für sie zumutbaren Weise nicht möglich ist, trifft die Krankenkasse eine Vereinbarung im Einzelfall mit einem Leistungserbringer; Absatz 1 Satz 2, 4 und 5 gilt entsprechend. [2]Sie kann vorher auch bei anderen Leistungserbringern in pseudonymisierter Form Preisangebote einholen. [3]In den Fällen des § 33 Abs. 1 Satz 5 gilt Satz 1 entsprechend.

(4) Für Hilfsmittel, für die ein Festbetrag festgesetzt wurde, können in den Verträgen nach den Absätzen 1 und 3 Preise höchstens bis zur Höhe des Festbetrags vereinbart werden.

(5) [1]Die Leistungserbringer haben die Versicherten vor Inanspruchnahme der Leistung zu beraten, welche Hilfsmittel und zusätzlichen Leistungen nach § 33 Absatz 1 Satz 1 und 5 für die konkrete Versorgungssituation im Einzelfall geeignet und notwendig sind. [2]Die Leistungserbringer haben die Beratung nach Satz 1 schriftlich oder elektronisch zu dokumentieren und sich durch Unterschrift der Versicherten bestätigen zu lassen. [3]Das Nähere ist in den Verträgen nach § 127 zu regeln. [4]Im Falle des § 33 Absatz 1 Satz 9 sind die Versicherten vor der Wahl der Hilfsmittel oder zusätzlicher Leistungen auch über die von ihnen zu tragenden Mehrkosten zu informieren. [5]Satz 2 gilt entsprechend.

(6) [1]Die Krankenkassen haben ihre Versicherten über die zur Versorgung berechtigten Vertragspartner und über die wesentlichen Inhalte der Verträge zu informieren. [2]Abweichend von Satz 1 informieren die Krankenkassen ihre Versicherten auf Nachfrage, wenn diese bereits einen Leistungserbringer gewählt oder die Krankenkassen auf die Genehmigung der beantragten Hilfsmittelversorgung verzichtet haben. [3]Sie können auch den Vertragsärzten entsprechende Informationen zur Verfügung stellen. [4]Die Krankenkassen haben die wesentlichen Inhalte der Verträge nach Satz 1 für Versicherte anderer Krankenkassen im Internet zu veröffentlichen.

(7) [1]Die Krankenkassen überwachen die Einhaltung der vertraglichen und gesetzlichen Pflichten der Leistungserbringer nach diesem Gesetz. [2]Zur Sicherung der Qualität in der Hilfsmittelversorgung führen sie Auffälligkeits- und Stichprobenprüfungen durch. [3]Die Leistungserbringer sind verpflichtet, den Krankenkassen auf Verlangen die für die Prüfungen nach Satz 1 erforderlichen einrichtungsbezogenen Informationen und Auskünfte zu erteilen und die von den Versicherten unterzeichnete Bestätigung über die Durchführung der Beratung nach Absatz 5 Satz 1 vorzulegen. [4]Soweit es für Prüfungen nach Satz 1 erforderlich ist und der Versicherte schriftlich oder elektronisch eingewilligt hat, können die Krankenkassen von den Leistungserbringern auch die personenbezogene Dokumentation über den Verlauf der Versorgung einzelner Versicherter anfordern. [5]Die Leistungserbringer sind insoweit zur Datenübermittlung verpflichtet. [6]Die Krankenkassen stellen vertraglich sicher, dass Verstöße der Leistungserbringer gegen ihre vertraglichen und gesetzlichen Pflichten nach diesem Gesetz angemessen geahndet werden. [7]Schwerwiegende Verstöße sind der Stelle, die das Zertifikat nach § 126 Absatz 1a Satz 2 erteilt hat, mitzuteilen.

(8) Der Spitzenverband Bund der Krankenkassen gibt bis zum 30. Juni 2017 Rahmenempfehlungen zur Sicherung der Qualität in der Hilfsmittelversorgung ab, in denen insbesondere Regelungen zum Umfang der Stichprobenprüfungen in den jeweiligen Produktbereichen, zu möglichen weiteren Überwachungsinstrumenten und darüber

getroffen werden, wann Auffälligkeiten anzunehmen sind.

(9) [1]Der Spitzenverband Bund der Krankenkassen und die für die Wahrnehmung der Interessen der Leistungserbringer maßgeblichen Spitzenorganisationen auf Bundesebene geben bis zum 31. Dezember 2017 gemeinsam Rahmenempfehlungen zur Vereinfachung und Vereinheitlichung der Durchführung und Abrechnung der Versorgung mit Hilfsmitteln ab. [2]Kommt eine Einigung bis zum Ablauf der nach Satz 1 bestimmten Frist nicht zustande, wird der Empfehlungsinhalt durch eine von den Empfehlungspartnern nach Satz 1 gemeinsam zu benennende unabhängige Schiedsperson festgelegt. [3]Einigen sich die Empfehlungspartner nicht auf eine Schiedsperson, so wird diese von der für den Spitzenverband Bund der Krankenkassen zuständigen Aufsichtsbehörde bestimmt. [4]Die Kosten des Schiedsverfahrens tragen der Spitzenverband Bund der Krankenkassen und die für die Wahrnehmung der Interessen der Leistungserbringer maßgeblichen Spitzenorganisationen auf Bundesebene je zur Hälfte. [5]In den Empfehlungen können auch Regelungen über die in § 302 Absatz 2 Satz 1 und Absatz 3 genannten Inhalte getroffen werden. [6]§ 139 Absatz 2 bleibt unberührt. [7]In den Empfehlungen sind auch die notwendigen Regelungen für die Verwendung von Verordnungen von Leistungen nach § 33 in elektronischer Form zu treffen. [8]Es ist festzulegen, dass für die Übermittlung der elektronischen Verordnung die Dienste der Anwendungen der Telematikinfrastruktur nach § 334 Absatz 1 Satz 2 genutzt werden, sobald diese Dienste zur Verfügung stehen. [9]Die Regelungen müssen vereinbar sein mit den Festlegungen der Bundesmantelverträge nach § 86. [10]Die Empfehlungen nach Satz 1 sind den Verträgen nach den Absätzen 1 und 3 zugrunde zu legen.

§ 128
Unzulässige Zusammenarbeit zwischen Leistungserbringern und Vertragsärzten

(1) [1]Die Abgabe von Hilfsmitteln an Versicherte über Depots bei Vertragsärzten ist unzulässig, soweit es sich nicht um Hilfsmittel handelt, die zur Versorgung in Notfällen benötigt werden. [2]Satz 1 gilt entsprechend für die Abgabe von Hilfsmitteln in Krankenhäusern und anderen medizinischen Einrichtungen.

(2) [1]Leistungserbringer dürfen Vertragsärzte sowie Ärzte in Krankenhäusern und anderen medizinischen Einrichtungen nicht gegen Entgelt oder Gewährung sonstiger wirtschaftlicher Vorteile an der Durchführung der Versorgung mit Hilfsmitteln beteiligen oder solche Zuwendungen im Zusammenhang mit der Verordnung von Hilfsmitteln gewähren. [2]Unzulässig ist ferner die Zahlung einer Vergütung für zusätzliche privatärztliche Leistungen, die im Rahmen der Versorgung mit Hilfsmitteln von Vertragsärzten erbracht werden, durch Leistungserbringer. [3]Unzulässige Zuwendungen im Sinne des Satzes 1 sind auch die unentgeltliche oder verbilligte Überlassung von Geräten und Materialien und Durchführung von Schulungsmaßnahmen, die Gestellung von Räumlichkeiten oder Personal oder die Beteiligung an den Kosten hierfür sowie Einkünfte aus Beteiligungen an Unternehmen von Leistungserbringern, die Vertragsärzte durch ihr Verordnungs- oder Zuweisungsverhalten selbst maßgeblich beeinflussen.

(3) [1]Die Krankenkassen stellen vertraglich sicher, dass Verstöße gegen die Verbote nach den Absätzen 1 und 2 angemessen geahndet werden. [2]Für den Fall schwerwiegender und wiederholter Verstöße ist vorzusehen, dass Leistungserbringer für die Dauer von bis zu zwei Jahren von der Versorgung der Versicherten ausgeschlossen werden können.

(4) [1]Vertragsärzte dürfen nur auf der Grundlage vertraglicher Vereinbarungen mit Krankenkassen über die ihnen im Rahmen der vertragsärztlichen Versorgung obliegenden Aufgaben hinaus an der Durchführung der Versorgung mit Hilfsmitteln mitwirken. [2]Die Absätze 1 bis 3 bleiben unberührt. [3]Über eine Mitwirkung nach Satz 1 informieren die Krankenkassen die für die jeweiligen Vertragsärzte zuständige Ärztekammer.

(4a) [1]Krankenkassen können mit Vertragsärzten Verträge nach Absatz 4 abschließen, wenn die Wirtschaftlichkeit und die Qualität der Versorgung dadurch nicht eingeschränkt werden. [2]§ 126 Absatz 1 Satz 2 und 3 sowie Absatz 1a gilt entsprechend auch für die Vertragsärzte. [3]In den Verträgen sind die von den Vertragsärzten zusätzlich zu erbringenden Leistungen und welche Vergütung sie dafür erhalten eindeutig festzulegen. [4]Die zusätzlichen Leistungen sind unmittelbar von den Krankenkassen an die Vertragsärzte zu vergüten. [5]Jede Mitwirkung der Leistungserbringer an der Abrechnung und der Abwicklung der Vergütung der von den Vertragsärzten erbrachten Leistungen ist unzulässig.

(4b) [1]Vertragsärzte, die auf der Grundlage von Verträgen nach Absatz 4 an der Durchführung der Hilfsmittelversorgung mitwirken, haben die von ihnen ausgestellten Verordnungen der jeweils zuständigen Krankenkasse zur Genehmigung der Versorgung zu übersenden. [2]Die Verordnungen sind den Versicherten von den Krankenkassen zusammen mit der Genehmigung zu übermitteln. [3]Dabei haben die Krankenkassen die Versicherten in geeigneter Weise über die verschiedenen Versorgungswege zu beraten.

(5) [1]Absatz 4 Satz 3 gilt entsprechend, wenn Krankenkassen Auffälligkeiten bei der Ausführung von Verordnungen von Vertragsärzten bekannt werden, die auf eine mögliche Zuweisung von Versicherten an bestimmte Leistungserbringer oder eine sonstige Form unzulässiger Zusammenarbeit hindeuten. [2]In diesen Fällen ist auch die zuständige Kassenärztliche Vereinigung zu informieren. [3]Gleiches gilt, wenn Krankenkassen Hinweise auf die Forderung oder Annahme unzulässiger Zuwendungen oder auf eine unzulässige Beeinflussung von Versicherten nach Absatz 5a vorliegen.

(5a) Vertragsärzte, die unzulässige Zuwendungen fordern oder annehmen oder Versicherte zur Inanspruchnahme einer privatärztlichen Versorgung anstelle der ihnen zustehenden Leistung der gesetzlichen Krankenversicherung beeinflussen, verstoßen gegen ihre vertragsärztlichen Pflichten.

(5b) Die Absätze 2, 3, 5 und 5a gelten für die Versorgung mit Heilmitteln entsprechend.

(6) [1]Ist gesetzlich nichts anderes bestimmt, gelten bei der Erbringung von Leistungen nach den §§ 31 und 116b Absatz 7 die Absätze 1 bis 3 sowohl zwischen pharmazeutischen Unternehmern, Apotheken, pharmazeutischen Großhändlern und sonstigen Anbietern von Gesundheitsleistungen als auch jeweils gegenüber Vertragsärzten, Ärzten in Krankenhäusern und Krankenhausträgern entsprechend. [2]Hiervon unberührt bleiben gesetzlich zulässige Vereinbarungen von Krankenkassen mit Leistungserbringern über finanzielle Anreize für die Mitwirkung an der Erschließung von Wirtschaftlichkeitsreserven und die Verbesserung der Qualität der Versorgung bei der Verordnung von Leistungen nach den §§ 31 und 116b Absatz 7. [3]Die Sätze 1 und 2 gelten auch bei Leistungen zur Versorgung von chronischen und schwer heilenden Wunden nach § 37 Absatz 7 gegenüber den Leistungserbringern, die diese Leistungen erbringen.

Siebter Abschnitt

Beziehungen zu Apotheken und pharmazeutischen Unternehmern

§ 129
Rahmenvertrag über die Arzneimittelversorgung, Verordnungsermächtigung

(1) [1]Die Apotheken sind bei der Abgabe verordneter Arzneimittel an Versicherte nach Maßgabe des Rahmenvertrages nach Absatz 2 verpflichtet zur

1. Abgabe eines preisgünstigen Arzneimittels in den Fällen, in denen der verordnende Arzt
   a) ein Arzneimittel nur unter seiner Wirkstoffbezeichnung verordnet oder
   b) die Ersetzung des Arzneimittels durch ein wirkstoffgleiches Arzneimittel nicht ausgeschlossen hat,
2. Abgabe von preisgünstigen importierten Arzneimitteln, wenn deren für den Versicherten maßgeblicher Abgabepreis unter Berücksichtigung der Abschläge nach § 130a Absatz 1, 1a, 1b, 2, 3a und 3b um den folgenden Prozentwert oder Betrag niedriger ist als der Abgabepreis des Bezugsarzneimittels:
   a) bei Bezugsarzneimitteln mit einem Abgabepreis bis einschließlich 100 Euro: mindestens 15 Prozent niedriger,
   b) bei Bezugsarzneimitteln mit einem Abgabepreis von über 100 Euro bis einschließlich 300 Euro: mindestens 15 Euro niedriger,
   c) bei Bezugsarzneimitteln mit einem Abgabepreis von über 300 Euro: mindestens 5 Prozent niedriger;

   in dem Rahmenvertrag nach Absatz 2 können Regelungen vereinbart werden, die zusätzliche Wirtschaftlichkeitsreserven erschließen,
3. Abgabe von wirtschaftlichen Einzelmengen und
4. Angabe des Apothekenabgabepreises auf der Arzneimittelpackung.

[2]Bei der Abgabe eines Arzneimittels nach Satz 1 Nummer 1 haben die Apotheken ein Arzneimittel abzugeben, das mit dem verordneten in

Wirkstärke und Packungsgröße identisch ist, für ein gleiches Anwendungsgebiet zugelassen ist und die gleiche oder eine austauschbare Darreichungsform besitzt; als identisch gelten dabei Packungsgrößen mit dem gleichen Packungsgrößenkennzeichen nach der in § 31 Absatz 4 genannten Rechtsverordnung. [3]Dabei ist die Ersetzung durch ein wirkstoffgleiches Arzneimittel vorzunehmen, für das eine Vereinbarung nach § 130a Abs. 8 mit Wirkung für die Krankenkasse besteht, soweit hierzu in Verträgen nach Absatz 5 nichts anderes vereinbart ist; die Abgabe eines nach § 130a Absatz 8a Satz 3 rabattierten Arzneimittels ist der Abgabe eines nach § 130a Absatz 8a Satz 6 rabattierten Arzneimittels gleichgestellt. [4]Eine Ersetzung durch ein wirkstoffgleiches Arzneimittel ist auch bei Fertigarzneimitteln vorzunehmen, die für in Apotheken hergestellte parenterale Zubereitungen verwendet werden, wenn für das wirkstoffgleiche Arzneimittel eine Vereinbarung nach § 130a Absatz 8c mit Wirkung für die Krankenkasse besteht und sofern in Verträgen nach Absatz 5 nichts anderes vereinbart ist. [5]Besteht keine entsprechende Vereinbarung nach § 130a Abs. 8, hat die Apotheke die Ersetzung durch ein preisgünstigeres Arzneimittel nach Maßgabe des Rahmenvertrages vorzunehmen. [6]Abweichend von den Sätzen 3 und 5 können Versicherte gegen Kostenerstattung ein anderes Arzneimittel erhalten, wenn die Voraussetzungen nach Satz 2 erfüllt sind. [7]§ 13 Absatz 2 Satz 2 und 12 findet keine Anwendung. [8]Bei der Abgabe von importierten Arzneimitteln und ihren Bezugsarzneimitteln gelten die Sätze 3 und 5 entsprechend; dabei hat die Abgabe eines Arzneimittels, für das eine Vereinbarung nach § 130a Absatz 8 besteht, Vorrang vor der Abgabe nach Satz 1 Nummer 2. [9]Die Regelungen für preisgünstige Arzneimittel nach Satz 1 Nummer 1 und 2 und den Sätzen 2 bis 8 gelten entsprechend für im Wesentlichen gleiche biotechnologisch hergestellte biologische Arzneimittel, für die der Gemeinsame Bundesausschuss in den Richtlinien nach § 92 Absatz 1 Satz 2 Nummer 6 eine Austauschbarkeit in Bezug auf ein biologisches Referenzarzneimittel festgestellt hat. [10]Satz 1 Nummer 2 gilt nicht für biotechnologisch hergestellte Arzneimittel und antineoplastische Arzneimittel zur parenteralen Anwendung. [11]Der Spitzenverband Bund der Krankenkassen hat dem Bundesministerium für Gesundheit bis zum 31. Dezember 2021 einen Bericht über die Auswirkungen von Satz 1 Nummer 2 vorzulegen. [12]Das Bundesministerium für Gesundheit leitet diesen Bericht an den Deutschen Bundestag weiter mit einer eigenen Bewertung zur Beschlussfassung, ob eine Regelung nach Satz 1 Nummer 2 unter Berücksichtigung des Berichts weiterhin notwendig ist.

(1a) [1]Der Gemeinsame Bundesausschuss gibt in den Richtlinien nach § 92 Abs. 1 Satz 2 Nr. 6 unverzüglich Hinweise zur Austauschbarkeit von Darreichungsformen unter Berücksichtigung ihrer therapeutischen Vergleichbarkeit. [2]Der Gemeinsame Bundesausschuss bestimmt in den Richtlinien nach § 92 Absatz 1 Satz 2 Nummer 6 die Arzneimittel, bei denen die Ersetzung durch ein wirkstoffgleiches Arzneimittel abweichend von Absatz 1 Satz 1 Nummer 1 Buchstabe b ausgeschlossen ist; dabei sollen insbesondere Arzneimittel mit geringer therapeutischer Breite berücksichtigt werden. [3]Der Gemeinsame Bundesausschuss gibt in den Richtlinien nach § 92 Absatz 1 Satz 2 Nummer 6 für die ärztliche Verordnung Hinweise zur Austauschbarkeit von biologischen Referenzarzneimitteln durch im Wesentlichen gleiche biotechnologisch hergestellte biologische Arzneimittel im Sinne des Artikels 10 Absatz 4 der Richtlinie 2001/83/EG unter Berücksichtigung ihrer therapeutischen Vergleichbarkeit. [4]Die Hinweise sind erstmals bis zum 16. August 2020 zu bestimmen. [5]Spätestens bis zum 16. August 2023 gibt der Gemeinsame Bundesausschuss in den Richtlinien nach § 92 Absatz 1 Satz 2 Nummer 6 ebenfalls Hinweise zur Austauschbarkeit von biologischen Referenzarzneimitteln durch Apotheken. [6]Dabei soll der Gemeinsame Bundesausschuss zunächst Hinweise zur Austauschbarkeit von parenteralen Zubereitungen aus Fertigarzneimitteln zur unmittelbaren ärztlichen Anwendung bei Patientinnen und Patienten geben. [7]Zur Umsetzung des Regelungsauftrags erhält der Gemeinsame Bundesausschuss auf Verlangen Einsicht in die Zulassungsunterlagen bei der zuständigen Bundesoberbehörde. [8]Das Nähere regelt der Gemeinsame Bundesausschuss in seiner Verfahrensordnung.

(2) Der Spitzenverband Bund der Krankenkassen und die für die Wahrnehmung der wirtschaftlichen Interessen gebildete maßgebliche Spitzenorganisation der Apotheker regeln in einem gemeinsamen Rahmenvertrag das Nähere.

(2a) [1]Abweichend von Absatz 1 Satz 1 bis 5 und 8 und dem Rahmenvertrag nach Absatz 2 können Apotheken bei Nichtverfügbarkeit eines nach Maßgabe des Rahmenvertrags nach Absatz 2 abzugebenden Arzneimittels dieses gegen ein verfügbares wirkstoffgleiches Arzneimittel austauschen. [2]Eine Nichtverfügbarkeit liegt vor, wenn das Arzneimittel innerhalb einer angemessenen Zeit durch zwei unterschiedliche Verfügbarkeitsanfragen bei vollversorgenden Arzneimittelgroßhandlungen im Sinne des § 52b Absatz 2 Satz 2 erster Halbsatz des Arzneimittelgesetzes nicht beschafft werden kann. [3]Werden Apotheken nur von einer vollversorgenden Arzneimittelgroßhandlung beliefert, liegt abweichend von Satz 2 eine Nichtverfügbarkeit vor, wenn das Arzneimittel innerhalb einer angemessenen Frist durch eine Verfügbarkeitsanfrage bei dieser vollversorgenden Arzneimittelgroßhandlung im Sinne des § 52b Absatz 2 Satz 2 erster Halbsatz des Arzneimittelgesetzes nicht beschafft werden kann. [4]Apotheken dürfen ohne Rücksprache mit dem verordnenden Arzt von der ärztlichen Verordnung im Hinblick auf Folgendes abweichen, sofern hierdurch die verordnete Gesamtmenge des Wirkstoffs nicht überschritten wird:

1. die Packungsgröße, auch mit einer Überschreitung der nach der Packungsgrößenverordnung maßgeblichen Messzahl,
2. die Packungsanzahl,
3. die Abgabe von Teilmengen aus der Packung eines Fertigarzneimittels, soweit die verordnete Packungsgröße nicht lieferbar ist, und
4. die Wirkstärke, sofern keine pharmazeutischen Bedenken bestehen.

(2b) [1]Das Bundesinstitut für Arzneimittel und Medizinprodukte kann nach Anhörung des Bundesministeriums für Gesundheit eine Liste für Kinderarzneimittel erstellen, die essentielle Arzneimittel für die Pädiatrie enthält, die möglicherweise einer angespannten Versorgungssituation unterliegen. [2]Die nach Satz 1 erstellte Liste sowie die Änderungen dieser Liste sind vom Bundesinstitut für Arzneimittel und Medizinprodukte auf seiner Internetseite zu veröffentlichen. [3]Abweichend von Absatz 1 Satz 1 bis 5 und 8, Absatz 2a und dem Rahmenvertrag nach Absatz 2 können Apotheken bei Nichtverfügbarkeit eines nach Maßgabe des Rahmenvertrags nach Absatz 2 abzugebenden Arzneimittels, das auf der nach Satz 1 erstellten Liste geführt wird, dieses gegen ein wirkstoffgleiches in der Apotheke hergestelltes Arzneimittel, auch in einer anderen Darreichungsform, oder gegen ein wirkstoffgleiches Fertigarzneimittel in einer anderen Darreichungsform ohne Rücksprache mit dem verordnenden Arzt austauschen. [4]Absatz 2a Satz 2 und 3 gilt entsprechend.

(3) [1]Der Rahmenvertrag nach Absatz 2 hat Rechtswirkung für Apotheken, wenn sie

1. einem Mitgliedsverband der Spitzenorganisation angehören und die Satzung des Verbandes vorsieht, dass von der Spitzenorganisation abgeschlossene Verträge dieser Art Rechtswirkung für die dem Verband angehörenden Apotheken haben, oder
2. dem Rahmenvertrag beitreten.

[2]Apotheken dürfen verordnete Arzneimittel an Versicherte als Sachleistungen nur abgeben und können unmittelbar mit den Krankenkassen nur abrechnen, wenn der Rahmenvertrag für sie Rechtswirkung hat. [3]Bei der Abgabe verordneter Arzneimittel an Versicherte als Sachleistungen sind Apotheken, für die der Rahmenvertrag Rechtswirkungen hat, zur Einhaltung der in der nach § 78 des Arzneimittelgesetzes erlassenen Rechtsverordnung festgesetzten Preisspannen und Preise verpflichtet und dürfen Versicherten keine Zuwendungen gewähren.

(4) [1]Im Rahmenvertrag nach Absatz 2 ist zu regeln, welche Maßnahmen die Vertragspartner auf Landesebene ergreifen können, wenn Apotheken gegen ihre Verpflichtungen nach Absatz 1, 2 oder 5 verstoßen. [2]In dem Rahmenvertrag ist zu regeln, in welchen Fällen einer Beanstandung der Abrechnung durch Krankenkassen, insbesondere bei Formfehlern, eine Retaxation vollständig oder teilweise unterbleibt; kommt eine Regelung nicht zustande, entscheidet die Schiedsstelle nach Absatz 8. [3]Bei gröblichen und wiederholten Verstößen ist vorzusehen, dass Apotheken von der Versorgung der Versicherten bis zur Dauer von zwei Jahren ausgeschlossen werden können. [4]Ferner ist vorzusehen, dass Apotheken bei einem gröblichen oder einem wiederholten Verstoß gegen Absatz 3 Satz 3 Vertragsstrafen von bis zu 50 000 Euro für jeden Verstoß erhalten, wobei die Gesamtvertragsstrafe für gleichgeartete und in unmittelbarem zeitlichem Zusammenhang begangene Verstöße 250 000 Euro nicht überschreiten darf. [5]Wird eine Vertragsstrafe nach Satz 4 ausgesprochen, kann vorgesehen werden, dass die Berechtigung zur weiteren Versorgung bis zur vollständigen Begleichung der Vertragsstrafe ausgesetzt wird. [6]Die Vertragspartner bestimmen im Rahmenvertrag die für die Ahndung von Verstößen gegen ihre Verpflichtungen nach Absatz 1, 2 oder 5 oder gegen Absatz 3 Satz 3 zuständige Stelle oder die zuständigen Stellen

und regeln das Nähere zur Einleitung und Durchführung des Verfahrens, einschließlich der Verwendung der vereinnahmten Vertragsstrafen. [7]Kommt eine Regelung nach Satz 4 oder Satz 6 nicht bis zum 30. Juni 2021 zustande, entscheidet die Schiedsstelle nach Absatz 8.

(4a) [1]Im Rahmenvertrag nach Absatz 2 sind bis zum 31. März 2020 die notwendigen Regelungen für die Verwendung von Verschreibungen von Leistungen nach § 31 in elektronischer Form zu treffen. [2]Es ist festzulegen, dass für die Übermittlung der elektronischen Verordnung die Dienste der Anwendungen der Telematikinfrastruktur nach § 334 Absatz 1 Satz 2 genutzt werden, sobald diese zur Verfügung stehen. [3]Die Regelungen müssen vereinbar sein mit den Festlegungen der Bundesmantelverträge nach § 86.

(4b) Im Rahmenvertrag nach Absatz 2 ist ebenfalls das Nähere zur erneuten Abgabe und Abrechnung eines mangelfreien Arzneimittels für versicherte Personen im Fall des § 31 Absatz 3 Satz 7 zu vereinbaren, insbesondere zur Kennzeichnung entsprechender Ersatzverordnungen und zur Mitwirkungspflicht der Apotheken nach § 131a Absatz 1 Satz 3.

(4c) [1]Eine bedarfsgerechte Versorgung der Versicherten mit rabattierten Arzneimitteln ist von den Vertragspartnern nach Absatz 2 sicherzustellen. [2]Ist ein rabattiertes Arzneimittel bei Vorlage der ärztlichen Verordnung nicht verfügbar, ist die Apotheke unmittelbar zur Abgabe eines lieferbaren wirkstoffgleichen Arzneimittels nach Maßgabe des § 129 Absatz 1 Satz 2 berechtigt. [3]Ist bei einer Abgabe nach Satz 2 kein Arzneimittel zum Festbetrag verfügbar, trägt die Krankenkasse abweichend von § 31 Absatz 2 Satz 1 die Mehrkosten. [4]Das Nähere zur unmittelbaren Abgabe nach den Sätzen 2 und 3 und zur Abrechnung ist im Rahmenvertrag nach Absatz 2 festzulegen.

(4d) [1]Unabhängig von den nach Absatz 4 Satz 2 erster Halbsatz in dem Rahmenvertrag nach Absatz 2 getroffenen Regelungen ist eine Retaxation ausgeschlossen, wenn

1. die Dosierangabe auf der Verordnung fehlt,
2. das Ausstellungsdatum der Verordnung fehlt oder nicht lesbar ist,
3. die vom Gemeinsamen Bundesausschuss in den Richtlinien nach § 92 Absatz 1 Satz 2 Nummer 6 festgelegte Belieferungsfrist von Verordnungen um bis zu drei Tage überschritten wird, es sei denn, es handelt sich um Verordnungen nach § 39 Absatz 1a, Verordnungen von Betäubungsmitteln oder Verordnungen von Wirkstoffen, für die kürzere Belieferungsfristen festgelegt sind,
4. die Abgabe des Arzneimittels vor der Vorlage der ärztlichen Verordnung erfolgt,
5. die Genehmigung der zuständigen Krankenkasse bei Abgabe des Arzneimittels fehlt und diese nachträglich erteilt wird oder
6. ein Austausch des nach Maßgabe des Rahmenvertrags nach Absatz 2 abzugebenden Arzneimittels nach Absatz 2b erfolgt.

[2]Sofern entgegen Absatz 1 Satz 1 Nummer 1 oder Satz 3 eine Ersetzung des verordneten Arzneimittels nicht erfolgt oder die nach Absatz 2a Satz 2 vorgesehenen Verfügbarkeitsanfragen ganz oder teilweise nicht vorgenommen wurden, ist eine Retaxation des abgegebenen Arzneimittels ausgeschlossen; in diesen Fällen besteht kein Anspruch der abgebenden Apotheke auf die Vergütung nach § 3 Absatz 1 Satz 1 der Arzneimittelpreisverordnung.

(4e) Der Spitzenverband Bund der Krankenkassen hat dem Bundesministerium für Gesundheit bis zum 31. Dezember 2024 einen Bericht zu den Auswirkungen der Regelungen des Absatzes 4d und zur Einhaltung der Vorgaben nach Absatz 2a vorzulegen.

(5) [1]Die Krankenkassen oder ihre Verbände können mit der für die Wahrnehmung der wirtschaftlichen Interessen maßgeblichen Organisation der Apotheker auf Landesebene ergänzende Verträge schließen. [2]Absatz 3 gilt entsprechend. [3]In dem Vertrag nach Satz 1 kann abweichend vom Rahmenvertrag nach Absatz 2 vereinbart werden, dass die Apotheke die Ersetzung wirkstoffgleicher Arzneimittel so vorzunehmen hat, dass der Krankenkasse Kosten nur in Höhe eines zu vereinbarenden durchschnittlichen Betrags je Arzneimittel entstehen. [4]Verträge nach Satz 3 in der bis zum 12. Mai 2017 geltenden Fassung werden mit Ablauf des 31. August 2017 unwirksam.

(5a) Bei Abgabe eines nicht verschreibungspflichtigen Arzneimittels gilt bei Abrechnung nach § 300 ein für die Versicherten maßgeblicher Arzneimittelabgabepreis in Höhe des Abgabepreises des pharmazeutischen Unternehmens zuzüglich der

Zuschläge nach den §§ 2 und 3 der Arzneimittelpreisverordnung in der am 31. Dezember 2003 gültigen Fassung.

(5b) [1]Apotheken können an vertraglich vereinbarten Versorgungsformen beteiligt werden; die Angebote sind öffentlich auszuschreiben. [2]In Verträgen nach Satz 1 sollen auch Maßnahmen zur qualitätsgesicherten Beratung des Versicherten durch die Apotheke vereinbart werden. [3]In der besonderen Versorgung kann in Verträgen nach Satz 1 das Nähere über Qualität und Struktur der Arzneimittelversorgung für die an der besonderen Versorgung teilnehmenden Versicherten auch abweichend von Vorschriften dieses Buches vereinbart werden.

(5c) [1]Für Zubereitungen aus Fertigarzneimitteln gelten die Preise, die zwischen der mit der Wahrnehmung der wirtschaftlichen Interessen gebildeten maßgeblichen Spitzenorganisation der Apotheker und dem Spitzenverband Bund der Krankenkassen auf Grund von Vorschriften nach dem Arzneimittelgesetz vereinbart sind. [2]Für parenterale Zubereitungen aus Fertigarzneimitteln in der Onkologie haben die Vertragspartner nach Satz 1 die Höhe der Preise nach Satz 1 neu zu vereinbaren. [3]Kommt eine Vereinbarung nach Satz 1 oder 2 ganz oder teilweise nicht zustande, entscheidet die Schiedsstelle nach Absatz 8. [4]Die Vereinbarung nach Satz 2 ist bis zum 31. August 2017 zu treffen. [5]Die Vereinbarung oder der Schiedsspruch gilt bis zum Wirksamwerden einer neuen Vereinbarung fort. [6]Gelten für Fertigarzneimittel in parenteralen Zubereitungen keine Vereinbarungen über die zu berechnenden Einkaufspreise nach Satz 1, berechnet die Apotheke ihre tatsächlich vereinbarten Einkaufspreise, höchstens jedoch die Apothekeneinkaufspreise, die bei Abgabe an Verbraucher auf Grund der Preisvorschriften nach dem Arzneimittelgesetz, nach Absatz 3 Satz 3 oder auf Grund von Satz 1 gelten, jeweils abzüglich der Abschläge nach § 130a Absatz 1. [7]Kostenvorteile durch die Verwendung von Teilmengen von Fertigarzneimitteln sind zu berücksichtigen. [8]Der Spitzenverband Bund der Krankenkassen und die Krankenkasse können von der Apotheke Nachweise über Bezugsquellen und verarbeitete Mengen sowie die tatsächlich vereinbarten Einkaufspreise und vom pharmazeutischen Unternehmer über die Abnehmer, die abgegebenen Mengen und die vereinbarten Preise für Fertigarzneimittel in parenteralen Zubereitungen verlangen. [9]Sofern eine Apotheke bei der parenteralen Zubereitung aus Fertigarzneimitteln in der Onkologie einen Betrieb, der nach § 21 Absatz 2 Nummer 1b Buchstabe a erste Alternative des Arzneimittelgesetzes tätig wird, beauftragt, können der Spitzenverband Bund der Krankenkassen und die Krankenkasse von der Apotheke auch einen Nachweis über den tatsächlichen Einkaufspreis dieses Betriebs verlangen. [10]Der Anspruch nach Satz 8 umfasst jeweils auch die auf das Fertigarzneimittel und den Gesamtumsatz bezogenen Rabatte. [11]Klagen über den Auskunftsanspruch haben keine aufschiebende Wirkung; ein Vorverfahren findet nicht statt. [12]Die Krankenkasse kann ihren Landesverband mit der Prüfung beauftragen. [13]Abweichend von den Sätzen 1 bis 5 gelten in den Fällen, in denen ein Wirkstoff zu dem nach den Sätzen 1 bis 5 vereinbarten oder festgesetzten Preis nicht verfügbar ist, die Sätze 6 bis 12 entsprechend.

(5d) [1]Für Leistungen nach § 31 Absatz 6 vereinbaren die für die Wahrnehmung der wirtschaftlichen Interessen gebildete maßgebliche Spitzenorganisation der Apotheker und der Spitzenverband Bund der Krankenkassen die Apothekenzuschläge für die Abgabe als Stoff und für Zubereitungen aus Stoffen gemäß der auf Grund des § 78 des Arzneimittelgesetzes erlassenen Rechtsverordnung. [2]Die Vereinbarung nach Satz 1 ist bis zum 29. Februar 2020 zu treffen. [3]Kommt eine Vereinbarung nach Satz 1 ganz oder teilweise nicht zustande, entscheidet die Schiedsstelle nach Absatz 8. [4]Die Vereinbarung oder der Schiedsspruch gilt bis zum Wirksamwerden einer neuen Vereinbarung fort. [5]Absatz 5c Satz 8 und 10 bis 12 gilt entsprechend. [6]Der Spitzenverband Bund der Krankenkassen und die Krankassen können auch von Arzneimittelgroßhändlern und Arzneimittelimporteuren Nachweise über die Abnehmer, die abgegebenen Mengen und die vereinbarten Preise für Leistungen nach § 31 Absatz 6 verlangen.

(5e) [1]Versicherte haben Anspruch auf pharmazeutische Dienstleistungen durch Apotheken, die über die Verpflichtung zur Information und Beratung gemäß § 20 der Apothekenbetriebsordnung hinausgehen und die die Versorgung der Versicherten verbessern. [2]Diese pharmazeutischen Dienstleistungen umfassen insbesondere Maßnahmen der Apotheken zur Verbesserung der Sicherheit und Wirksamkeit einer Arzneimitteltherapie, insbesondere bei

1. der Anwendung bestimmter Wirkstoffe, die nur in besonderen Therapiesituationen verordnet werden,

2. der Behandlung chronischer schwerwiegender Erkrankungen,
3. der Behandlung von Patienten mit Mehrfacherkrankungen und Mehrfachmedikation und
4. der Behandlung bestimmter Patientengruppen, die besondere Aufmerksamkeit und fachliche Unterstützung bei der Arzneimitteltherapie benötigen.

[3]Diese pharmazeutischen Dienstleistungen können auch Maßnahmen der Apotheken zur Vermeidung von Krankheiten und deren Verschlimmerung sein und sollen insbesondere die pharmazeutische Betreuung von Patientinnen und Patienten in Gebieten mit geringer Apothekendichte berücksichtigen. [4]Die für die Wahrnehmung der wirtschaftlichen Interessen gebildete maßgebliche Spitzenorganisation der Apotheker vereinbart mit dem Spitzenverband Bund der Krankenkassen im Benehmen mit dem Verband der Privaten Krankenversicherung die pharmazeutischen Dienstleistungen nach den Sätzen 1 bis 3 sowie das Nähere zu den jeweiligen Anspruchsvoraussetzungen, zur Vergütung der erbrachten Dienstleistungen und zu deren Abrechnung. [5]Die Vereinbarung nach Satz 4 ist bis zum 30. Juni 2021 zu treffen. [6]Kommt eine Vereinbarung bis zu diesem Zeitpunkt ganz oder teilweise nicht zustande, entscheidet die Schiedsstelle nach Absatz 8. [7]Die Vereinbarung oder der Schiedsspruch gilt bis zum Wirksamwerden einer neuen Vereinbarung fort.

(5f) Das Bundesministerium für Gesundheit evaluiert im Einvernehmen mit dem Bundesministerium für Wirtschaft und Energie bis zum 31. Dezember 2023 die Auswirkungen der Regelung des Absatzes 3 Satz 2 und 3 auf die Marktanteile von Apotheken und des Versandhandels mit verschreibungspflichtigen Arzneimitteln.

(5g) Apotheken können bei der Abgabe verschreibungspflichtiger Arzneimittel im Wege des Botendienstes je Lieferort und Tag einen zusätzlichen Zuschlag in Höhe von 2,50 Euro zuzüglich Umsatzsteuer erheben.

(6) [1]Die für die Wahrnehmung der wirtschaftlichen Interessen gebildete maßgebliche Spitzenorganisation der Apotheker ist verpflichtet, die zur Wahrnehmung der Aufgaben nach Absatz 1 Satz 4 und Absatz 1a, die zur Herstellung einer pharmakologisch-therapeutischen und preislichen Transparenz im Rahmen der Richtlinien nach § 92 Abs. 1 Satz 2 Nr. 6 und die zur Festsetzung von Festbeträgen nach § 35 Abs. 1 und 2 oder zur Erfüllung der Aufgaben nach § 35a Abs. 1 Satz 2 und Abs. 5 erforderlichen Daten dem Gemeinsamen Bundesausschuss sowie dem Spitzenverband Bund der Krankenkassen zu übermitteln und auf Verlangen notwendige Auskünfte zu erteilen. [2]Das Nähere regelt der Rahmenvertrag nach Absatz 2.

(7) Kommt der Rahmenvertrag nach Absatz 2 ganz oder teilweise nicht oder nicht innerhalb einer vom Bundesministerium für Gesundheit bestimmten Frist zustande, wird der Vertragsinhalt durch die Schiedsstelle nach Absatz 8 festgesetzt.

(8) [1]Der Spitzenverband Bund der Krankenkassen und die für die Wahrnehmung der wirtschaftlichen Interessen gebildete maßgebliche Spitzenorganisation der Apotheker bilden eine gemeinsame Schiedsstelle. [2]Sie besteht aus Vertretern der Krankenkassen und der Apotheker in gleicher Zahl sowie aus einem unparteiischen Vorsitzenden und zwei weiteren unparteiischen Mitgliedern. [3]Über den Vorsitzenden und die zwei weiteren unparteiischen Mitglieder sowie deren Stellvertreter sollen sich die Vertragspartner einigen. [4]Kommt eine Einigung nicht zustande, gilt § 89 Absatz 6 Satz 3 entsprechend.

(9) [1]Die Schiedsstelle gibt sich eine Geschäftsordnung. [2]Die Mitglieder der Schiedsstelle führen ihr Amt als Ehrenamt. [3]Sie sind an Weisungen nicht gebunden. [4]Jedes Mitglied hat eine Stimme. [5]Die Entscheidungen werden mit der Mehrheit der Mitglieder getroffen. [6]Ergibt sich keine Mehrheit, gibt die Stimme des Vorsitzenden den Ausschlag. [7]Klagen gegen Festsetzungen der Schiedsstelle haben keine aufschiebende Wirkung.

(10) [1]Die Aufsicht über die Geschäftsführung der Schiedsstelle führt das Bundesministerium für Gesundheit. [2]Es kann durch Rechtsverordnung mit Zustimmung des Bundesrates das Nähere über die Zahl und die Bestellung der Mitglieder, die Erstattung der baren Auslagen und die Entschädigung für Zeitaufwand der Mitglieder, das Verfahren, sein Teilnahmerecht an den Sitzungen sowie über die Verteilung der Kosten regeln.

§ 129a
Krankenhausapotheken

[1]Die Krankenkassen oder ihre Verbände vereinbaren mit dem Träger des zugelassenen Kranken-

hauses das Nähere über die Abgabe verordneter Arzneimittel durch die Krankenhausapotheke an Versicherte, insbesondere die Höhe des für den Versicherten maßgeblichen Abgabepreises. [2]Die nach § 300 Abs. 3 getroffenen Regelungen sind Teil der Vereinbarungen nach Satz 1. [3]Eine Krankenhausapotheke darf verordnete Arzneimittel zu Lasten von Krankenkassen nur abgeben, wenn für sie eine Vereinbarung nach Satz 1 besteht. [4]Die Regelungen des § 129 Absatz 5c Satz 8 und 12 gelten für Vereinbarungen nach Satz 1 entsprechend.

§ 130 Rabatt

(1) Die Krankenkassen erhalten von den Apotheken für verschreibungspflichtige Fertigarzneimittel sowie für Zubereitungen nach § 5 Absatz 3 der Arzneimittelpreisverordnung, die nicht § 5 Absatz 6 der Arzneimittelpreisverordnung unterfallen, einen Abschlag von 1,77 Euro je Arzneimittel, für sonstige Arzneimittel einen Abschlag in Höhe von 5 vom Hundert auf den für den Versicherten maßgeblichen Arzneimittelabgabepreis.

(1a) Für verschreibungspflichtige Fertigarzneimittel sowie für Zubereitungen nach § 5 Absatz 3 der Arzneimittelpreisverordnung, die nicht § 5 Absatz 6 der Arzneimittelpreisverordnung unterfallen, erhalten die Krankenkassen von den Apotheken abweichend von Absatz 1 im Zeitraum vom 1. Februar 2023 bis zum 31. Januar 2025 einen Abschlag von 2 Euro je Arzneimittel.

(2) [1]Ist für das Arzneimittel ein Festbetrag nach § 35 festgesetzt, bemisst sich der Abschlag nach dem Festbetrag. [2]Liegt der maßgebliche Arzneimittelabgabepreis nach Absatz 1 unter dem Festbetrag, bemisst sich der Abschlag nach dem niedrigeren Abgabepreis.

(3) [1]Die Gewährung des Abschlags setzt voraus, dass die Rechnung des Apothekers innerhalb von zehn Tagen nach Eingang bei der Krankenkasse beglichen wird. [2]Das Nähere regelt der Rahmenvertrag nach § 129.

§ 130a Rabatte der pharmazeutischen Unternehmer

(1) [1]Die Krankenkassen erhalten von Apotheken für zu ihren Lasten abgegebene Arzneimittel einen Abschlag in Höhe von 7 vom Hundert des Abgabepreises des pharmazeutischen Unternehmers ohne Mehrwertsteuer. [2]Für Arzneimittel nach Absatz 3b Satz 1 beträgt der Abschlag nach Satz 1 6 vom Hundert. [3]Pharmazeutische Unternehmer sind verpflichtet, den Apotheken den Abschlag zu erstatten. [4]Soweit pharmazeutische Großhändler nach Absatz 5 bestimmt sind, sind pharmazeutische Unternehmer verpflichtet, den Abschlag den pharmazeutischen Großhändlern zu erstatten. [5]Der Abschlag ist den Apotheken und pharmazeutischen Großhändlern innerhalb von zehn Tagen nach Geltendmachung des Anspruches zu erstatten. [6]Satz 1 gilt für Fertigarzneimittel, deren Apothekenabgabepreise aufgrund der Preisvorschriften nach dem Arzneimittelgesetz oder aufgrund des § 129 Absatz 3 Satz 3 oder Absatz 5a bestimmt sind, sowie für Arzneimittel, die nach § 129a abgegeben werden. [7]Die Krankenkassen erhalten den Abschlag nach Satz 1 für Fertigarzneimittel in parenteralen Zubereitungen, für Fertigarzneimittel, aus denen Teilmengen entnommen und abgegeben werden, sowie für Arzneimittel, die nach § 129a abgegeben werden, auf den Abgabepreis des pharmazeutischen Unternehmers ohne Mehrwertsteuer, der bei Abgabe an Verbraucher auf Grund von Preisvorschriften nach dem Arzneimittelgesetz oder nach § 129 Absatz 3 Satz 3 gilt. [8]Wird nur eine Teilmenge des Fertigarzneimittels abgerechnet, wird der Abschlag nur für diese Mengeneinheiten erhoben.

(1a) [1]Vom 1. August 2010 bis zum 31. Dezember 2013 beträgt der Abschlag für verschreibungspflichtige Arzneimittel einschließlich Fertigarzneimittel in parenteralen Zubereitungen abweichend von Absatz 1 16 Prozent. [2]Satz 1 gilt nicht für Arzneimittel nach Absatz 3b Satz 1. [3]Die Differenz des Abschlags nach Satz 1 zu dem Abschlag nach Absatz 1 mindert die am 30. Juli 2010 bereits vertraglich vereinbarten Rabatte nach Absatz 8 entsprechend. [4]Eine Absenkung des Abgabepreises des pharmazeutischen Unternehmers ohne Mehrwertsteuer gegenüber dem Preisstand am 1. August 2009, die ab dem 1. August 2010 vorgenommen wird, mindert den Abschlag nach Satz 1 in Höhe des Betrags der Preissenkung, höchstens in Höhe der Differenz des Abschlags nach Satz 1 zu dem Abschlag nach Absatz 1; § 130a Absatz 3b Satz 2 zweiter Halbsatz gilt entsprechend. [5]Für Arzneimittel, die nach dem 1. August 2009 in den Markt eingeführt wurden, gilt Satz 4 mit der Maßgabe, dass der Preisstand der Markteinführung Anwendung findet. [6]Hat ein pharmazeutischer Unternehmer für ein Arzneimittel, das im Jahr 2010 zu Lasten der gesetzlichen Krankenversicherung abgegeben wurde und das dem erhöhten Abschlag nach Satz 1 unterliegt, auf Grund einer Preissenkung ab dem 1. August 2010 nicht den Abschlag gezahlt, obwohl die Preissenkung nicht zu einer Unterschreitung des am 1. August 2009 geltenden Abgabepreises des pharmazeutischen Unternehmers um mindestens 10 Prozent geführt hat, gilt für die im Jahr 2011 abgegebenen Arzneimittel abweichend von Satz 1 ein Abschlag von 20,5 Prozent. [7]Das gilt nicht, wenn der pharmazeutische Unternehmer den nach Satz 6 nicht gezahlten Abschlag spätestens bis zu dem Tag vollständig leistet, an dem der Abschlag für die im Dezember 2010 abgegebenen Arzneimittel zu zahlen ist. [8]Der erhöhte Abschlag von 20,5 Prozent wird durch eine erneute Preissenkung gegenüber dem am 1. August 2009 geltenden Abgabepreis des pharmazeutischen Unternehmers gemindert; Satz 4 gilt entsprechend.

(1b) [1]Abweichend von Absatz 1 Satz 1 erhalten die Krankenkassen von Apotheken für zu ihren Lasten abgegebene Arzneimittel vom 1. Januar 2023 bis zum 31. Dezember 2023 einen Abschlag in Höhe von 12 Prozent des Abgabepreises des pharmazeutischen Unternehmers ohne Mehrwertsteuer. [2]Ist der Abschlag nach Absatz 1 Satz 1 in einer Erstattungsbetragsvereinbarung nach § 130b abgelöst worden, erhalten die Krankenkassen von Apotheken einen Abschlag in Höhe von 5 Prozent des Abgabepreises des pharmazeutischen Unternehmers ohne Mehrwertsteuer. [3]Die Abschläge nach den Sätzen 1 und 2 können durch eine ab dem 12. November 2022 abgeschlossene Erstattungsbetragsvereinbarung nach § 130b abgelöst werden, sofern dies ausdrücklich vereinbart ist.

(2) [1]Die Krankenkassen erhalten von den Apotheken für die zu ihren Lasten abgegebenen Impfstoffe für Schutzimpfungen nach § 20i einen Abschlag auf den Abgabepreis des pharmazeutischen Unternehmers ohne Mehrwertsteuer, mit dem der Unterschied zu einem geringeren durchschnittlichen Preis nach Satz 2 je Mengeneinheit ausgeglichen wird. [2]Der durchschnittliche Preis je Mengeneinheit ergibt sich aus den tatsächlich gültigen Abgabepreisen des pharmazeutischen Unternehmers in den vier Mitgliedstaaten der Europäischen Union oder den anderen Vertragsstaaten des Abkommens über den Europäischen Wirtschaftsraum, in denen der wirkstoffidentische Impfstoff abgegeben wird, mit den am nächsten kommenden Bruttonationaleinkommen, gewichtet nach den jeweiligen Umsätzen und Kaufkraftparitäten. [3]Absatz 1 Satz 3 bis 5, Absätze 6 und 7 sowie § 131 Absätze 4 und 5 gelten entsprechend. [4]Der pharmazeutische Unternehmer ermittelt die Höhe des Abschlags nach Satz 1 und den durchschnittlichen Preis nach Satz 2 und übermittelt dem Spitzenverband Bund der Krankenkassen auf Anfrage die Angaben zu der Berechnung. [5]Kann der Abschlag nach Satz 1 nicht ermittelt werden, gilt Absatz 1 Satz 1 entsprechend. [6]Das Nähere regelt der Spitzenverband Bund der Krankenkassen. [7]Bei Preisvereinbarungen für Impfstoffe, für die kein einheitlicher Apothekenabgabepreis nach den Preisvorschriften auf Grund des Arzneimittelgesetzes oder nach § 129 Absatz 3 Satz 3 gilt, darf höchstens ein Betrag vereinbart werden, der dem entsprechenden Apothekenabgabepreis abzüglich des Abschlags nach Satz 1 entspricht.

(3) Die Absätze 1, 1a, 1b und 2 gelten nicht für Arzneimittel, für die ein Festbetrag auf Grund des § 35 festgesetzt ist.

(3a) [1]Erhöht sich der Abgabepreis des pharmazeutischen Unternehmers ohne Mehrwertsteuer gegenüber dem Preisstand am 1. August 2009, erhalten die Krankenkassen für die zu ihren Lasten abgegebenen Arzneimittel ab dem 1. August 2010 bis zum 31. Dezember 2026 einen Abschlag in Höhe des Betrages der Preiserhöhung; dies gilt nicht für Arzneimittel, für die ein Festbetrag auf Grund des § 35 festgesetzt ist. [2]Zur Berechnung des Abschlags nach Satz 1 ist der Preisstand vom 1. August 2009 erstmalig am 1. Juli 2018 und jeweils am 1. Juli der Folgejahre um den Betrag anzuheben, der sich aus der Veränderung des vom Statistischen Bundesamt festgelegten Verbraucherpreisindex für Deutschland im Vergleich zum Vorjahr ergibt. [3]Für Arzneimittel, die nach dem 1. August 2010 in den Markt eingeführt werden, gilt Satz 1 mit der Maßgabe, dass der Preisstand der Markteinführung Anwendung findet. [4]Bei Neueinführungen eines Arzneimittels, für das der pharmazeutische Unternehmer bereits ein Arzneimittel mit gleichem Wirkstoff und vergleichbarer Darreichungsform in Verkehr gebracht hat, ist der Abschlag auf Grundlage des Preises je Mengeneinheit der Packung zu berechnen, die dem neuen Arzneimittel in Bezug auf die Packungsgröße unter Berücksichtigung der Wirkstärke am nächsten kommt; dies gilt nicht für die Neueinführung eines Immunglobulins menschlicher Herkunft, für das nach dem 31. Dezember 2018 eine Zulassung nach § 25 Absatz 1 des Arzneimittelgesetzes oder eine Genehmigung für das Inverkehrbringen nach Artikel 3 Absatz 1 oder Absatz 2 der Verordnung (EG) Nr. 726/2004 erteilt wurde, mit Ausnahme der Zulassung von anderen Stärken oder Ausbietungen. [5]Satz 4 gilt entsprechend bei Änderungen zu den Angaben des pharmazeutischen Unternehmers oder zum Mitvertrieb durch einen anderen pharmazeutischen Unternehmer. [6]Für importierte Arzneimittel, die nach § 129 Absatz 1 Satz 1 Nummer 2 abgegeben werden, gilt abweichend von Satz 1 ein Abrechnungsbetrag von höchstens dem Betrag, welcher entsprechend den Vorgaben des § 129 Absatz 1 Satz 1 Nummer 2 niedriger ist als der Arzneimittelabgabepreis des Bezugsarzneimittels einschließlich Mehrwertsteuer, unter Berücksichtigung von Abschlägen für das Bezugsarzneimittel aufgrund dieser Vorschrift. [7]Abschläge nach den Absätzen 1, 1a, 1b und 3b werden zusätzlich zu dem Abschlag nach den Sätzen 1 bis 5 erhoben. [8]Rabattbeträge, die auf Preiserhöhungen nach den Absätzen 1, 1b und 3b zu gewähren sind, vermindern den Abschlag nach den Sätzen 1 bis 6 entsprechend. [9]Für die Abrechnung des Abschlags nach den Sätzen 1 bis 6 gelten die Absätze 1, 5 bis 7 und 9 entsprechend. [10]Absatz 4 findet Anwendung. [11]Das Nähere regelt der Spitzenverband Bund der Krankenkassen ab dem 13. Mai 2017 im Benehmen mit den für die Wahrnehmung der wirtschaftlichen Interessen gebildeten maßgeblichen Spitzenorganisationen der pharmazeutischen Unternehmer auf Bundesebene. [12]Der Abschlag nach Satz 1 gilt entsprechend für Arzneimittel, die nach § 129a abgegeben werden; Absatz 1 Satz 7 gilt entsprechend. [13]Für Arzneimittel zur spezifischen Therapie von Gerinnungsstörungen bei Hämophilie gilt Satz 1 mit der Maßgabe, dass der Preisstand des 1. September 2020 Anwendung findet. [14]Der Spitzenverband Bund der Krankenkassen hat dem Bundesministerium für Gesundheit bis zum 31. Dezember 2023 einen Bericht über die Auswirkungen von Satz 4 zweiter Halbsatz vorzulegen.

(3b) [1]Für patentfreie, wirkstoffgleiche Arzneimittel erhalten die Krankenkassen ab dem 1. April 2006 einen Abschlag von 10 vom Hundert des Abgabepreises des pharmazeutischen Unternehmers ohne Mehrwertsteuer; für preisgünstige importierte Arzneimittel gilt Absatz 3a Satz 6 entsprechend. [2]Eine Absenkung des Abgabepreises des pharmazeutischen Unternehmers ohne Mehrwertsteuer, die ab dem 1. Januar 2007 vorgenommen wird, vermindert den Abschlag nach Satz 1 in Höhe des Betrages der Preissenkung; wird der Preis innerhalb der folgenden 36 Monate erhöht, erhöht sich der Abschlag nach Satz 1 um den Betrag der Preiserhöhung ab der Wirksamkeit der Preiserhöhung bei der Abrechnung mit der Krankenkasse. [3]Die Sätze 1 und 2 gelten nicht für Arzneimittel, deren Abgabepreis des pharmazeutischen Unternehmers ohne Mehrwertsteuer mindestens um 30 vom Hundert niedriger als der jeweils gültige Festbetrag ist, der diesem Preis zugrunde liegt. [4]Satz 2 zweiter Halbsatz gilt nicht für Preiserhöhungen, die sich aus der Anhebung des Preisstands vom 1. August 2009 nach Absatz 3a Satz 2 ergeben. [5]Absatz 3a Satz 8 bis 11 gilt entsprechend. [6]Satz 2 gilt nicht für ein Arzneimittel, dessen Abgabepreis nach Satz 1 im Zeitraum von 36 Monaten vor der Preissenkung erhöht worden ist; Preiserhöhungen vor dem 1. Dezember 2006 sind nicht zu berücksichtigen. [7]Für ein Arzneimittel, dessen Preis einmalig zwischen dem 1. Dezember 2006 und dem 1. April 2007 erhöht und anschließend gesenkt worden ist, kann der pharmazeutische Unternehmer den Abschlag nach Satz 1 durch eine ab 1. April 2007 neu vorgenommene Preissenkung von mindestens 10 vom Hundert des Abgabepreises des pharmazeutischen Unternehmers ohne Mehrwertsteuer ablösen, sofern er für die Dauer von zwölf Monaten ab der neu vorgenommenen Preissenkung einen weiteren Abschlag von 2 vom Hundert des Abgabepreises nach Satz 1 gewährt.

(3c) [1]Wird ein Arzneimittel in den Markt eingeführt, für das nach Absatz 3a Satz 4 oder Satz 5 ein Abschlag nach Absatz 3a Satz 1 anfällt, kann der pharmazeutische Unternehmer beim Spitzenverband Bund der Krankenkassen eine Befreiung vom Abschlag nach Absatz 3a Satz 1 beantragen. [2]Der Antrag ist zu begründen. [3]Die Befreiung ist zu erteilen, wenn für das in den Markt eingeführte Arzneimittel eine neue arzneimittelrechtliche Genehmigung erteilt wurde, die im Vergleich zu bereits zugelassenen Arzneimitteln mit demselben Wirkstoff eine neue Patientengruppe oder ein neues Anwendungsgebiet erfasst und wenn eine Verbesserung der Versorgung zu erwarten ist. [4]Der Spitzenverband Bund der Krankenkassen entscheidet über den Antrag innerhalb von acht Wochen nach Eingang. [5]Die Entscheidung ist zusammen mit den tragenden Gründen und dem Antrag unverzüglich mit einer Frist von vier Wochen dem Bundesministerium für Gesundheit zur Prüfung zu übermitteln. [6]Erteilt der Spitzenverband Bund der Krankenkassen die Befreiung oder wird die Entscheidung des Spitzenverbandes Bund der Krankenkassen durch die Entscheidung des Bundesministeriums für Gesundheit ersetzt, vereinbart der Spitzenverband Bund der Krankenkassen innerhalb von drei Monaten nach Bekanntgabe der Entscheidung gegenüber dem pharmazeutischen Unternehmer mit dem pharmazeutischen Unternehmer im Benehmen mit dem Verband der Privaten Krankenversicherung mit Wirkung für alle Krankenkassen einen Herstellerabgabepreis für das Arzneimittel. [7]Die Krankenkassen erhalten den Abschlag nach Absatz 3a Satz 1 bis zum Zeitpunkt der Vereinbarung eines neuen Herstellerabgabepreises.

(3d) [1]Für in § 35 Absatz 1a Satz 2 genannte Arzneimittel, für die nach Absatz 1a Satz 4 ein fiktiver Festbetrag festgesetzt wurde, bestimmt sich abweichend von Absatz 3a der Preisstand als Basispreis aus dem um 50 Prozent angehobenen fiktiven Festbetrag auf Grundlage des Abgabepreises der pharmazeutischen Unternehmer ohne Mehrwertsteuer. [2]Für in § 35 Absatz 5 Satz 8 genannte Arzneimittel bestimmt sich abweichend von Absatz 3a der Preisstand als Basispreis aus den um 50 Prozent angehobenen Festbetrag auf Grundlage des Abgabepreises der pharmazeutischen Unternehmer ohne Mehrwertsteuer, der zuletzt für das Arzneimittel galt. [3]Für Arzneimittel, die in der nach § 35 Absatz 5a Satz 1 erstellten Liste aufgeführt sind und deren Festbetrag aufgehoben wurde, bestimmt sich abweichend von Absatz 3a der Preisstand als Basispreis entsprechend des Satzes 2. [4]Für Arzneimittel, die in der nach § 35 Absatz 5a Satz 1 erstellten Liste aufgeführt sind und für die zum Zeitpunkt der Bekanntmachung der nach § 35 Absatz 5a Satz 1 erstellten Liste oder der Änderung dieser Liste kein Festbetrag galt, bestimmt sich abweichend von Absatz 3a der Preisstand als Basispreis aus dem um 50 Prozent angehobenen zuletzt geltenden Preisstand gemäß Absatz 3a. [5]Für Arzneimittel, für die das Bundesministerium für Gesundheit eine Bestimmung nach § 35 Absatz 5b Satz 3 getroffen hat und für die zum Zeitpunkt der Bekanntmachung dieser Bestimmung kein Festbetrag galt, bestimmt sich abweichend von Absatz 3a der Preisstand als Basispreis aus dem um 50 Prozent angehobenen zuletzt geltenden Preisstand gemäß Absatz 3a. [6]Die Sätze 1 bis 5 finden ab dem 1. Februar 2024 Anwendung.

(4) [1]Das Bundesministerium für Gesundheit hat nach einer Überprüfung der Erforderlichkeit der Abschläge nach den Absätzen 1, 1a, 1b und 3a nach Maßgabe des Artikel 4 der Richtlinie 89/105/EWG des Rates vom 21. Dezember 1988 betreffend die Transparenz von Maßnahmen zur Regelung der Preisfestsetzung bei Arzneimitteln für den menschlichen Gebrauch und ihre Einbeziehung in die staatlichen Krankenversicherungssysteme die Abschläge durch Rechtsverordnung mit Zustimmung des Bundesrates aufzuheben oder zu verringern, wenn und soweit diese nach der gesamtwirtschaftlichen Lage, einschließlich ihrer Auswirkung auf die gesetzliche Krankenversicherung, nicht mehr gerechtfertigt sind. [2]Über Anträge pharmazeutischer Unternehmer nach Artikel 4 der in Satz 1 genannten Richtlinie auf Ausnahme von den nach den Absätzen 1, 1a, 1b und 3a vorgesehenen Abschlägen entscheidet das Bundesministerium für Gesundheit. [3]Das Vorliegen eines Ausnahmefalls und der besonderen Gründe sind im Antrag hinreichend darzulegen. [4]§ 34 Absatz 6 Satz 3 bis 5 und 7 gilt entsprechend. [5]Das Bundesministerium für Gesundheit kann Sachverständige mit der Prüfung der Angaben des pharmazeutischen Unternehmers beauftragen. [6]Dabei hat es die Wahrung der Betriebs- und Geschäftsgeheimnisse sicherzustellen. [7]§ 137g Absatz 1 Satz 7 bis 9 und 13 gilt entsprechend mit der Maßgabe, dass die tatsächlich entstandenen Kosten auf der Grundlage pauschalierter Kostensätze berechnet werden können. [8]Das Bundesministerium für Gesundheit kann die Aufgaben nach den Sätzen 2 bis 7 auf eine Bundesoberbehörde übertragen.

(5) Der pharmazeutische Unternehmer kann berechtigte Ansprüche auf Rückzahlung der Abschläge nach den Absätzen 1, 1a, 1b, 2, 3a und 3b gegenüber der begünstigten Krankenkasse geltend machen.

(6) [1]Zum Nachweis des Abschlags übermitteln die Apotheken die Arzneimittelkennzeichen über die abgegebenen Arzneimittel sowie deren Abgabedatum auf der Grundlage der den Krankenkassen nach § 300 Abs. 1 übermittelten Angaben maschinenlesbar an die pharmazeutischen Unternehmer oder, bei einer Vereinbarung nach Absatz 5, an die pharmazeutischen Großhändler. [2]Die pharmazeutischen Unternehmer sind verpflichtet, die erforderlichen Angaben zur Bestimmung des Abschlags an die für die Wahrnehmung der wirtschaftlichen Interessen maßgeblichen Organisationen der Apotheker sowie den Spitzenverband Bund der Krankenkassen zur Erfüllung ihrer gesetzlichen Aufgaben auf maschinell lesbaren Datenträgern zu übermitteln. [3]Die für die Wahrnehmung der wirtschaftlichen Interessen gebildeten maßgeblichen Spitzenorganisationen der Apotheker, der pharmazeutischen Großhändler und der pharmazeutischen Unternehmer können in einem gemeinsamen Rahmenvertrag das Nähere regeln.

(7) [1]Die Apotheke kann den Abschlag nach Ablauf der Frist nach Absatz 1 Satz 4 gegenüber

pharmazeutischen Großhändlern verrechnen. [2]Pharmazeutische Großhändler können den nach Satz 1 verrechneten Abschlag, auch in pauschalierter Form, gegenüber den pharmazeutischen Unternehmern verrechnen.

(8) [1]Die Krankenkassen oder ihre Verbände können mit pharmazeutischen Unternehmern Rabatte für die zu ihren Lasten abgegebenen Arzneimittel vereinbaren. [2]Dabei kann insbesondere eine mengenbezogene Staffelung des Preisnachlasses, ein jährliches Umsatzvolumen mit Ausgleich von Mehrerlösen oder eine Erstattung in Abhängigkeit von messbaren Therapieerfolgen vereinbart werden. [3]Verträge nach Satz 1 über patentfreie Arzneimittel sind so zu vereinbaren, dass die Pflicht des pharmazeutischen Unternehmers zur Gewährleistung der Lieferfähigkeit frühestens sechs Monate nach Versendung der Information nach § 134 Absatz 1 des Gesetzes gegen Wettbewerbsbeschränkungen und frühestens drei Monate nach Zuschlagserteilung beginnt. [4]Der Bieter, dessen Angebot berücksichtigt werden soll, ist zeitgleich zur Information nach § 134 Absatz 1 des Gesetzes gegen Wettbewerbsbeschränkungen über die geplante Annahme des Angebots zu informieren. [5]Rabatte nach Satz 1 sind von den pharmazeutischen Unternehmern an die Krankenkassen zu vergüten. [6]Eine Vereinbarung nach Satz 1 berührt die Abschläge nach den Absätzen 3a und 3b nicht; Abschläge nach den Absätzen 1, 1a und 2 können abgelöst werden, sofern dies ausdrücklich vereinbart ist. [7]Die Krankenkassen oder ihre Verbände können Leistungserbringer oder Dritte am Abschluss von Verträgen nach Satz 1 beteiligen oder diese mit dem Abschluss solcher Verträge beauftragen. [8]Die Vereinbarung von Rabatten nach Satz 1 soll für eine Laufzeit von zwei Jahren erfolgen. [9]In den Vereinbarungen nach Satz 1 sind die Vielfalt der Anbieter und die Sicherstellung einer bedarfsgerechten Versorgung der Versicherten zu berücksichtigen. [10]In den Vereinbarungen nach Satz 1 über patentfreie Arzneimittel, die nach den Vorschriften des Teils 4 des Gesetzes gegen Wettbewerbsbeschränkungen geschlossen werden, ist eine kontinuierliche versorgungsnahe Bevorratung der von der jeweiligen Vereinbarung erfassten Arzneimittel in einem Umfang zu vereinbaren, der der voraussichtlich innerhalb eines Zeitraums von sechs Monaten ab dem Abschluss der Vereinbarung durchschnittlich abzugebenden Menge dieser Arzneimittel entspricht. [11]Als versorgungsnah gilt eine Bevorratung in der Europäischen Union oder in einem Vertragsstaat des Europäischen Wirtschaftsraumes. [12]Innerhalb der letzten sechs Monate vor Ende der Vertragslaufzeit der Vereinbarung nach Satz 1 darf die Bevorratung der von der jeweiligen Vereinbarung erfassten Arzneimittel unter Sicherstellung der bedarfsgerechten, angemessenen und kontinuierlichen Belieferung nach § 52b Absatz 1 und 2 Satz 1 des Arzneimittelgesetzes schrittweise reduziert werden. [13]Satz 1 gilt nicht für Impfstoffe für Schutzimpfungen nach § 20i und die in der nach § 35 Absatz 5a Satz 1 erstellten Liste aufgeführten Arzneimittel zur Behandlung von Kindern.

(8a) [1]Zur Vermeidung von Lieferengpässen und zur Sicherstellung einer diversifizierten, bedarfsgerechten Versorgung mit patentfreien Antibiotika bilden die Krankenkassen oder ihre Verbände für die Vergabe von Vereinbarungen nach Absatz 8 Satz 1 für diese Arzneimittel Lose nach § 97 Absatz 4 Satz 2 des Gesetzes gegen Wettbewerbsbeschränkungen. [2]Die Krankenkassen oder ihre Verbände legen jeweils die für die Gewährleistung der Liefersicherheit erforderliche Anzahl der Lose fest. [3]Abweichend von § 97 Absatz 2 des Gesetzes gegen Wettbewerbsbeschränkungen in Verbindung mit § 69 Absatz 3 schreiben die Krankenkassen oder ihre Verbände mindestens die Hälfte der Lose so aus, dass Rabatte für die in Satz 1 genannten Arzneimittel mit pharmazeutischen Unternehmern nach Absatz 8 Satz 1 vereinbart werden, die für die Herstellung dieser Arzneimittel in der Europäischen Union oder einem Vertragsstaat des Europäischen Wirtschaftsraumes produzierte Wirkstoffe verwenden. [4]Der Verwendung von in der Europäischen Union oder in einem Vertragsstaat des Europäischen Wirtschaftsraumes produzierten Wirkstoffen für die Herstellung der in Satz 1 genannten Arzneimittel steht die Verwendung von in einem Staat produzierten Wirkstoffen für die Herstellung der in Satz 1 genannten Arzneimittel gleich, sofern

1. dieser Staat der dem Übereinkommen über das öffentliche Beschaffungswesen von 1994 (ABl. C 256 vom 3.9.1996, S. 1), das durch das Protokoll zur Änderung des Übereinkommens über das öffentliche Beschaffungswesen (ABl. L 68 vom 7.3.2014, S. 2) geändert worden ist, oder anderen, für die Europäische Union bindenden internationalen Übereinkommen beigetreten ist,
2. der jeweilige öffentliche Auftrag in den Anwendungsbereich des jeweiligen Übereinkommens fällt und

3. mindestens die Hälfte der zur Erfüllung der Vereinbarung nach Absatz 8 Satz 1 benötigten Wirkstoffe für die Herstellung der in Satz 1 genannten Arzneimittel in der Europäischen Union oder in einem Vertragsstaat des Europäischen Wirtschaftsraumes produziert wird.

[5]Die Beschränkungen nach den Sätzen 3 und 4 müssen mit Hinweis auf diese Vorschriften in der Auftragsbekanntmachung und den Vergabeunterlagen aufgeführt werden. [6]Die übrigen Lose schreiben die Krankenkassen oder ihre Verbände so aus, dass Vereinbarungen nach Absatz 8 Satz 1 für die in Satz 1 genannten Arzneimittel mit mehr als einem pharmazeutischen Unternehmer geschlossen werden. [7]Die Lose nach Satz 3 ermöglichen dieselbe Liefermenge wie die Lose nach Satz 6. [8]Gehen in einem der nach Satz 3 oder Satz 6 ausgeschriebenen Lose keine oder keine zuschlagsfähigen Angebote ein, hat dies keinen Einfluss auf die Erteilung des Zuschlags in den anderen nach Satz 3 oder Satz 6 ausgeschriebenen Losen. [9]Das Bundesinstitut für Arzneimittel und Medizinprodukte erteilt den Krankenkassen oder ihren Verbänden auf Antrag Auskunft zur Herstellungsstätte des bei der Herstellung des rabattierten Arzneimittels tatsächlich verwendeten Wirkstoffs eines pharmazeutischen Unternehmers, wenn dies für die Entscheidung über den Zuschlag oder die Überprüfung der Erfüllung der Vereinbarung nach Absatz 8 Satz 1 erforderlich ist. [10]Sofern Arzneimittel im Zuständigkeitsbereich des Paul-Ehrlich-Instituts betroffen sind, erfolgt die Erteilung der Auskunft im Einvernehmen mit dem Paul-Ehrlich-Institut.

(8b) [1]Das Bundesinstitut für Arzneimittel und Medizinprodukte kann nach Anhörung des nach § 52b Absatz 3b Satz 1 des Arzneimittelgesetzes eingerichteten Beirats dem Bundesministerium für Gesundheit empfehlen, einzelne patentfreie Arzneimittel mit in der Liste nach § 52b Absatz 3c Satz 1 des Arzneimittelgesetzes aufgeführten versorgungskritischen Wirkstoffen oder patentfreie Arzneimittel mit versorgungskritischen Wirkstoffen eines bestimmten Anwendungsbereichs als Arzneimittel mit drohender oder bestehender versorgungsrelevanter Marktkonzentration einzustufen. [2]Sofern Wirkstoffe im Zuständigkeitsbereich des Paul-Ehrlich-Instituts betroffen sind, erfolgt die Empfehlung im Einvernehmen mit dem Paul-Ehrlich-Institut. [3]Auf der Grundlage der Empfehlung des Bundesinstituts für Arzneimittel und Medizinprodukte kann das Bundesministerium für Gesundheit nach Anhörung des Spitzenverbandes Bund der Krankenkassen einzelne patentfreie Arzneimittel mit in der Liste nach § 52b Absatz 3c Satz 1 des Arzneimittelgesetzes aufgeführten versorgungskritischen Wirkstoffen oder patentfreie Arzneimittel mit versorgungskritischen Wirkstoffen eines bestimmten Anwendungsbereichs als Arzneimittel mit drohender oder bestehender versorgungsrelevanter Marktkonzentration einstufen. [4]Die Einstufung ist im Bundesanzeiger bekanntzumachen. [5]Absatz 8a ist auch auf patentfreie Arzneimittel, die nach Satz 3 als Arzneimittel mit drohender oder bestehender versorgungsrelevanter Marktkonzentration eingestuft wurden, anzuwenden.

(8c) [1]Die Landesverbände der Krankenkassen und die Ersatzkassen können zur Versorgung ihrer Versicherten mit in Apotheken hergestellten parenteralen Zubereitungen aus Fertigarzneimitteln in der Onkologie zur unmittelbaren ärztlichen Anwendung bei Patienten mit pharmazeutischen Unternehmern Rabatte für die jeweils verwendeten Fertigarzneimittel vereinbaren. [2]Vereinbarungen nach Satz 1 müssen von den Landesverbänden der Krankenkassen und den Ersatzkassen gemeinsam und einheitlich geschlossen werden. [3]Absatz 8 Satz 2 bis 9 gilt entsprechend. [4]In den Vereinbarungen nach Satz 1 ist die Sicherstellung einer bedarfsgerechten Versorgung der Versicherten zu berücksichtigen.

(9) [1]Pharmazeutische Unternehmer können einen Antrag nach Absatz 4 Satz 2 auch für ein Arzneimittel stellen, das zur Behandlung eines seltenen Leidens nach der Verordnung (EG) Nr. 141/2000 des Europäischen Parlaments und des Rates vom 16. Dezember 1999 zugelassen ist. [2]Dem Antrag ist stattzugeben, wenn der Antragsteller nachweist, dass durch einen Abschlag nach den Absätzen 1, 1a, 1b und 3a seine Aufwendungen insbesondere für Forschung und Entwicklung für das Arzneimittel nicht mehr finanziert werden.

§ 130b Vereinbarungen zwischen dem Spitzenverband Bund der Krankenkassen und pharmazeutischen Unternehmern über Erstattungsbeträge für Arzneimittel, Verordnungsermächtigung

(1) [1]Der Spitzenverband Bund der Krankenkassen vereinbart mit pharmazeutischen Unternehmern im Benehmen mit dem Verband der privaten Krankenversicherung auf Grundlage des Beschlusses des Gemeinsamen Bundesausschusses über die

Nutzenbewertung nach § 35a Absatz 3 mit Wirkung für alle Krankenkassen Erstattungsbeträge für Arzneimittel, die mit diesem Beschluss keiner Festbetragsgruppe zugeordnet wurden. [2]Dabei soll jeweils ein Vertreter einer Krankenkasse an der Verhandlung teilnehmen; das Nähere regelt der Spitzenverband Bund der Krankenkassen in seiner Satzung. [3]Für Arzneimittel nach § 129a kann mit dem pharmazeutischen Unternehmer höchstens der Erstattungsbetrag vereinbart werden. [4]§ 130a Absatz 8 Satz 6 gilt entsprechend. [5]Die Vereinbarung soll auch Anforderungen an die Zweckmäßigkeit, Qualität und Wirtschaftlichkeit einer Verordnung beinhalten. [6]Der pharmazeutische Unternehmer soll dem Spitzenverband Bund der Krankenkassen die Angaben zur Höhe seines tatsächlichen Abgabepreises in anderen europäischen Ländern übermitteln. [7]Die Verhandlungen und deren Vorbereitung einschließlich der Beratungsunterlagen und Niederschriften zur Vereinbarung des Erstattungsbetrages sind vertraulich.

(1a) [1]Bei einer Vereinbarung nach Absatz 1 müssen mengenbezogene Aspekte, wie eine mengenbezogene Staffelung oder ein jährliches Gesamtvolumen, vereinbart werden. [2]Eine Vereinbarung nach Absatz 1 muss das Gesamtausgabenvolumen des Arzneimittels unter Beachtung seines Stellenwerts in der Versorgung berücksichtigen. [3]Dies kann eine Begrenzung des packungsbezogenen Erstattungsbetrags oder die Berücksichtigung mengenbezogener Aspekte erforderlich machen. [4]Das Nähere zur Abwicklung solcher Vereinbarungen, insbesondere im Verhältnis zu den Krankenkassen und im Hinblick auf deren Mitwirkungspflichten, regelt der Spitzenverband Bund der Krankenkassen in seiner Satzung.

(1b) Stehen für ein Arzneimittel keine wirtschaftlichen Packungsgrößen für die in der Zulassung genannten Patientengruppen zur Verfügung, die eine therapiegerechte Dosierung ermöglichen, und ist daher bei einer oder mehreren Patientengruppen ein Verwurf von mehr als 20 Prozent des Inhalts der in Verkehr gebrachten Packungen zu erwarten, ist dieser Verwurf bei einer Vereinbarung nach Absatz 1 im Verhältnis zu der jeweiligen Patientengruppe preismindernd zu berücksichtigen.

(2) [1]Für Arzneimittel, für die der Gemeinsame Bundesausschuss nach § 35a Absatz 3 Satz 1 einen Zusatznutzen festgestellt hat, soll eine Vereinbarung nach Absatz 1 vorsehen, dass Verordnungen des Arzneimittels von der Prüfungsstelle als bei den Wirtschaftlichkeitsprüfungen nach den §§ 106 bis 106c zu berücksichtigende Praxisbesonderheiten anerkannt werden, wenn der Arzt bei der Verordnung im Einzelfall die dafür vereinbarten Anforderungen an die Verordnung eingehalten hat. [2]Diese Anforderungen sind in den Programmen zur Verordnung von Arzneimitteln nach § 73 Absatz 9 Satz 1 zu hinterlegen. [3]Das Nähere ist in den Verträgen nach § 82 Absatz 1 zu vereinbaren.

(3) [1]Der Erstattungsbetrag ist auf Grundlage des im Beschluss über die Nutzenbewertung nach § 35a Absatz 3 festgestellten Ausmaßes des Zusatznutzens und dessen Wahrscheinlichkeit nach Absatz 1 zu vereinbaren oder nach Absatz 4 festzusetzen. [2]Ist für ein Arzneimittel, das nach dem Beschluss des Gemeinsamen Bundesausschusses nach § 35a Absatz 3 Satz 1 keinen Zusatznutzen hat und keiner Festbetragsgruppe zugeordnet werden kann, als zweckmäßige Vergleichstherapie durch den Gemeinsamen Bundesausschuss ein Arzneimittel mit einem Wirkstoff bestimmt, für den Patentschutz oder Unterlagenschutz besteht, ist ein Erstattungsbetrag zu vereinbaren, der zu Jahrestherapiekosten führt, die mindestens 10 Prozent unterhalb derjenigen der zweckmäßigen Vergleichstherapie liegen. [3]Ist für ein Arzneimittel, das nach dem Beschluss des Gemeinsamen Bundesausschusses nach § 35a Absatz 3 Satz 1 keinen Zusatznutzen hat und keiner Festbetragsgruppe zugeordnet werden kann, als zweckmäßige Vergleichstherapie durch den Gemeinsamen Bundesausschuss ein Arzneimittel mit einem Wirkstoff bestimmt, zu dem Patentschutz und Unterlagenschutz weggefallen sind, soll ein Erstattungsbetrag vereinbart werden, der nicht zu höheren Jahrestherapiekosten führt als die zweckmäßige Vergleichstherapie. [4]Für ein Arzneimittel, für das ein Zusatznutzen nach § 35a Absatz 1 Satz 5 als nicht belegt gilt, ist ein Erstattungsbetrag zu vereinbaren, der zu in angemessenem Umfang geringeren Jahrestherapiekosten führt als die durch den Gemeinsamen Bundesausschuss bestimmte zweckmäßige Vergleichstherapie; Satz 2 gilt entsprechend. [5]Ist für ein Arzneimittel, das nach dem Beschluss des Gemeinsamen Bundesausschusses nach § 35a Absatz 3 Satz 1 einen nicht quantifizierbaren Zusatznutzen oder einen geringen Zusatznutzen hat, als zweckmäßige Vergleichstherapie durch den Gemeinsamen Bundesausschuss ein Arzneimittel mit einem Wirkstoff bestimmt, für den Patentschutz oder Unterlagenschutz besteht, ist ein Erstattungsbetrag zu vereinbaren, der nicht zu höheren Jahrestherapiekosten führt als die

zweckmäßige Vergleichstherapie. [6]Sind durch den Gemeinsamen Bundesausschuss mehrere Alternativen für die zweckmäßige Vergleichstherapie bestimmt, ist für die Anwendung der Sätze 2 bis 5 auf die zweckmäßige Vergleichstherapie abzustellen, die nach den Jahrestherapiekosten die wirtschaftlichste Alternative darstellt. [7]Hat der Gemeinsame Bundesausschuss ein Arzneimittel mit einem patentgeschützten Wirkstoff, der nicht der Nutzenbewertung nach § 35a unterfällt, als zweckmäßige Vergleichstherapie bestimmt, oder findet ein solches Arzneimittel gemäß Absatz 9 Satz 3 als vergleichbares Arzneimittel Berücksichtigung, ist auf die zum Vergleich heranzuziehenden Jahrestherapiekosten des Arzneimittels ein Abschlag in Höhe von 15 Prozent in Ansatz zu bringen. [8]Für Arzneimittel nach § 35a Absatz 3b Satz 1 wird der Erstattungsbetrag regelmäßig nach Ablauf der vom Gemeinsamen Bundesausschuss gesetzten Frist zur Durchführung einer anwendungsbegleitenden Datenerhebung und nach erneutem Beschluss über die Nutzenbewertung neu verhandelt. [9]Sofern sich im Fall der Arzneimittel, die zur Behandlung eines seltenen Leidens nach der Verordnung (EG) Nr. 141/2000 zugelassen sind, anhand der gewonnenen Daten keine Quantifizierung des Zusatznutzens belegen lässt, ist ein Erstattungsbetrag zu vereinbaren, der in angemessenem Umfang zu geringeren Jahrestherapiekosten führt als der zuvor vereinbarte Erstattungsbetrag. [10]Der Spitzenverband Bund der Krankenkassen kann auch vor Ablauf der vom Gemeinsamen Bundesausschuss gesetzten Frist eine Neuverhandlung des Erstattungsbetrags nach Maßgabe der Sätze 8 und 9 verlangen, wenn der Gemeinsame Bundesausschuss im Rahmen der Überprüfung nach § 35a Absatz 3b Satz 10 zu dem Ergebnis kommt, dass die Datenerhebung

1. nicht durchgeführt werden wird oder nicht durchgeführt werden kann oder
2. aus sonstigen Gründen keine hinreichenden Belege zur Neubewertung des Zusatznutzens erbringen wird.

(3a) [1]Der nach Absatz 1 vereinbarte Erstattungsbetrag gilt einschließlich der Vereinbarungen für die Anerkennung von Praxisbesonderheiten nach Absatz 2 für alle Arzneimittel mit dem gleichen neuen Wirkstoff, die ab dem 1. Januar 2011 in Verkehr gebracht worden sind. [2]Er gilt ab dem siebten Monat nach dem erstmaligen Inverkehrbringen eines Arzneimittels mit dem Wirkstoff. [3]Wird aufgrund einer Nutzenbewertung nach Zulassung eines neuen Anwendungsgebiets ein neuer Erstattungsbetrag vereinbart, gilt dieser ab dem siebten Monat nach Zulassung des neuen Anwendungsgebiets. [4]Wird aufgrund einer nach § 35a Absatz 1 Satz 12 eingeleiteten Nutzenbewertung ein neuer Erstattungsbetrag vereinbart, gilt dieser ab dem siebten Monat nach Überschreitung der Umsatzschwelle. [5]Wird aufgrund einer nach § 35a Absatz 5 eingeleiteten Nutzenbewertung ein neuer Erstattungsbetrag vereinbart, gilt dieser ab dem siebten Monat nach Anforderung der Nachweise durch den Gemeinsamen Bundesausschuss gemäß § 35a Absatz 5 Satz 3. [6]In anderen Fällen, in denen aufgrund einer Nutzenbewertung nach § 35a ein Erstattungsbetrag vereinbart wird, gilt dieser ab dem siebten Monat nach dem die jeweilige Nutzenbewertung auslösenden Ereignis. [7]In den Fällen, in denen die Geltung des für ein anderes Arzneimittel mit dem gleichen Wirkstoff vereinbarten Erstattungsbetrags im Hinblick auf die Versorgung nicht sachgerecht wäre oder eine unbillige Härte darstellen würde, vereinbart der Spitzenverband Bund der Krankenkassen mit dem pharmazeutischen Unternehmer abweichend von Satz 1 insbesondere einen eigenen Erstattungsbetrag. [8]Dieser Erstattungsbetrag gilt ab dem siebten Monat nach dem erstmaligen Inverkehrbringen eines Arzneimittels mit dem Wirkstoff. [9]In den Fällen des Satzes 2, 3, 4, 5, 6 oder des Satzes 8 ist die Differenz zwischen Erstattungsbetrag und dem bis zu dessen Vereinbarung tatsächlich gezahlten Abgabepreis einschließlich der zu viel entrichteten Zuschläge nach der Arzneimittelpreisverordnung und der zu viel entrichteten Umsatzsteuer auszugleichen. [10]Das Nähere, insbesondere zur Abgrenzung der Fälle nach Satz 4, ist in der Vereinbarung nach Absatz 9 zu regeln.

(3b) [1]Für ein Reserveantibiotikum, hinsichtlich dessen der Gemeinsame Bundesausschuss eine Freistellung nach § 35a Absatz 1c Satz 1 beschlossen hat und das vor dem 1. Januar 2031 erstmalig in Verkehr gebracht wird, gilt der Abgabepreis des pharmazeutischen Unternehmers zum Zeitpunkt des erstmaligen Inverkehrbringens als Erstattungsbetrag. [2]Der Spitzenverband Bund der Krankenkassen trifft hinsichtlich des in Satz 1 genannten Reserveantibiotikums mit dem pharmazeutischen Unternehmer eine Vereinbarung, die sich auf die in Absatz 1a genannten Inhalte beschränkt. [3]Gegenstand dieser Vereinbarung kann eine Absenkung des Erstattungsbetrags nach Satz 1 sein. [4]Für die Vereinbarung gelten Absatz 1 Satz 1, 2 und 7, Absatz 4 Satz 1, 2, 4 bis 7 und Absatz 7 entsprechend; für den Erstattungsbetrag gelten Absatz 3a Satz 1 und Absatz 8a entsprechend. [5]Zum Zweck der Umsetzung der Vereinbarung nach Satz 2 teilt der pharmazeutische Unternehmer dem Spitzenverband Bund der Krankenkassen auf Verlangen die Abgabezahlen und Umsätze des Reserveantibiotikums mit.

(4) [1]Kommt eine Vereinbarung nach Absatz 1 oder 3 nicht innerhalb von sechs Monaten nach Veröffentlichung des Beschlusses nach § 35a Absatz 3 oder nach § 35b Absatz 3 zustande, setzt die Schiedsstelle nach Absatz 5 den Vertragsinhalt innerhalb von drei Monaten fest. [2]Die Schiedsstelle entscheidet unter freier Würdigung aller Umstände des Einzelfalls und berücksichtigt dabei die Besonderheiten des jeweiligen Therapiegebietes. [3]Der im Schiedsspruch festgelegte Erstattungsbetrag gilt ab dem siebten Monat nach dem in Absatz 3a Satz 2, 3, 4, 5, 6 oder Satz 8 jeweils genannten Ereignis mit der Maßgabe, dass die Differenz zwischen dem von der Schiedsstelle festgelegten Erstattungsbetrag und dem tatsächlich gezahlten Abgabepreis einschließlich der zu viel entrichteten Zuschläge nach der Arzneimittelpreisverordnung und der zu viel entrichteten Umsatzsteuer bei der Festsetzung entsprechend Absatz 3a Satz 9 auszugleichen ist. [4]Die Schiedsstelle gibt dem Verband der privaten Krankenversicherung vor ihrer Entscheidung Gelegenheit zur Stellungnahme. [5]Klagen gegen Entscheidungen der Schiedsstelle haben keine aufschiebende Wirkung. [6]Ein Vorverfahren findet nicht statt. [7]Absatz 1 Satz 7 gilt entsprechend.

(5) [1]Der Spitzenverband Bund der Krankenkassen und die für die Wahrnehmung der wirtschaftlichen Interessen gebildeten maßgeblichen Spitzenorganisationen der pharmazeutischen Unternehmer auf Bundesebene bilden eine gemeinsame Schiedsstelle. [2]Sie besteht aus einem unparteiischen Vorsitzenden und zwei weiteren unparteiischen Mitgliedern sowie aus jeweils zwei Vertretern der Vertragsparteien nach Absatz 1. [3]Das Bundesministerium für Gesundheit kann an der Beratung und Beschlussfassung der Schiedsstelle teilnehmen. [4]Die Patientenorganisationen nach § 140f können beratend an den Sitzungen der Schiedsstelle teilnehmen. [5]Über den Vorsitzenden und die zwei weiteren unparteiischen Mitglieder sowie deren Stellvertreter sollen sich die Verbände nach Satz 1 einigen. [6]Kommt eine Einigung nicht zustande, gilt § 89 Absatz 6 Satz 3 entsprechend.

(6) [1]Die Schiedsstelle gibt sich eine Geschäftsordnung. [2]Über die Geschäftsordnung entscheiden die unparteiischen Mitglieder im Benehmen mit den Verbänden nach Absatz 5 Satz 1. [3]Die Geschäftsordnung bedarf der Genehmigung des Bundesministeriums für Gesundheit. [4]Im Übrigen gilt § 129 Absatz 9 und 10 Satz 1 entsprechend. [5]In der Rechtsverordnung nach § 129 Absatz 10 Satz 2 kann das Nähere über die Zahl und die Bestellung der Mitglieder, die Erstattung der baren Auslagen und die Entschädigung für Zeitaufwand der Mitglieder, das Verfahren, das Teilnahmerecht des Bundesministeriums für Gesundheit an den Sitzungen sowie über die Verteilung der Kosten geregelt werden.

(7) [1]Eine Vereinbarung nach Absatz 1 oder 3 oder ein Schiedsspruch nach Absatz 4 kann von einer Vertragspartei frühestens nach einem Jahr gekündigt werden. [2]Die Vereinbarung oder der Schiedsspruch gilt bis zum Wirksamwerden einer neuen Vereinbarung fort. [3]Bei Veröffentlichung eines neuen Beschlusses zur Nutzenbewertung nach § 35a Absatz 3 oder zur Kosten-Nutzen-Bewertung nach § 35b Absatz 3 für das Arzneimittel sowie bei Vorliegen der Voraussetzungen für die Bildung einer Festbetragsgruppe nach § 35 Absatz 1 ist eine Kündigung vor Ablauf eines Jahres möglich. [4]Soweit nichts anderes vereinbart wird, kann der Spitzenverband Bund der Krankenkassen zur Festsetzung eines Festbetrags nach § 35 Absatz 3 die Vereinbarung abweichend von Satz 1 außerordentlich kündigen.

(7a) [1]Für Arzneimittel, für die ein Erstattungsbetrag nach Absatz 1 oder Absatz 3 vereinbart oder nach Absatz 4 festgesetzt wurde, kann die Vereinbarung oder der Schiedsspruch von jeder Vertragspartei bis zum 1. Februar 2023 gekündigt werden, auch wenn sich das Arzneimittel im Geltungsbereich dieses Gesetzes nicht im Verkehr befindet. [2]Im Fall einer Kündigung ist unverzüglich erneut ein Erstattungsbetrag zu vereinbaren. [3]Die gekündigte Vereinbarung gilt bis zum Wirksamwerden einer neuen Vereinbarung fort.

(8) [1]Nach einem Schiedsspruch nach Absatz 4 kann jede Vertragspartei beim Gemeinsamen Bundesausschuss eine Kosten-Nutzen-Bewertung nach § 35b beantragen. [2]Die Geltung des Schiedsspruchs bleibt hiervon unberührt. [3]Der Erstattungsbetrag ist auf Grund des Beschlusses über die Kosten-Nutzen-Bewertung nach § 35b Absatz 3 neu zu vereinbaren. [4]Die Absätze 1 bis 7 gelten entsprechend.

(8a) [1]Der nach Absatz 1 vereinbarte oder nach Absatz 4 festgesetzte Erstattungsbetrag gilt ungeachtet des Wegfalls des Unterlagenschutzes des erstmalig zugelassenen Arzneimittels für alle Arzneimittel mit dem gleichen Wirkstoff fort. [2]Bei einem Arzneimittel, für das bereits ein anderes Arzneimittel mit dem gleichen Wirkstoff in Verkehr gebracht worden ist und für das der Erstattungsbetrag nach Satz 1 fortgilt, bestimmt der pharmazeutische Unternehmer den höchstens zulässigen Abgabepreis auf Grundlage des fortgeltenden Erstattungsbetrages und des diesem zugrunde liegenden Preisstrukturmodells; der pharmazeutische Unternehmer kann das Arzneimittel unterhalb dieses Preises abgeben. [3]Abweichend von Satz 1 gelten die Absätze 1 bis 8 und 9 bis 10 ungeachtet des Wegfalls des Unterlagenschutzes des erstmalig zugelassenen Arzneimittels entsprechend, soweit und solange im Geltungsbereich dieses Gesetzes für den Wirkstoff noch Patentschutz besteht. [4]Wird für Arzneimittel ein Festbetrag nach § 35 Absatz 3 festgesetzt, gelten die Sätze 1 und 3 für diese Arzneimittel nicht. [5]Der Spitzenverband Bund der Krankenkassen kann von der nach § 77 des Arzneimittelgesetzes zuständigen Bundesoberbehörde Auskunft über das Datum des Wegfalls des Unterlagenschutzes des erstmalig zugelassenen Arzneimittels verlangen. [6]Der pharmazeutische Unternehmer übermittelt dem Spitzenverband Bund der Krankenkassen auf Anfrage die Laufzeit des Patentschutzes nach Satz 3 unter Angaben des Tages der Patentanmeldung sowie der entsprechenden Patentnummer innerhalb von vier Wochen nach Zugang der Anfrage. [7]Das Nähere zur Bestimmung des Abgabepreises nach Satz 2 regeln die Verbände nach Absatz 5 Satz 1 bis zum 31. Januar 2022 in der Rahmenvereinbarung nach Absatz 9. [8]Zur Bestimmung des Abgabepreises nach Satz 2 durch den pharmazeutischen Unternehmer auf Grundlage der Regelungen nach Satz 7 veröffentlicht der Spitzenverband Bund der Krankenkasse unverzüglich nach Wegfall des Unterlagenschutzes und des Patentschutzes nach Satz 3 des erstmalig zugelassenen Arzneimittels auf seiner Internetseite das Preisstrukturmodell des fortgeltenden Erstattungsbetrages nach Satz 1.

(9) [1]Die Verbände nach Absatz 5 Satz 1 treffen eine Rahmenvereinbarung über die Maßstäbe für Vereinbarungen nach den Absätzen 1 und 3b. [2]Darin legen sie insbesondere Kriterien fest, die neben dem Beschluss nach § 35a und den Vorgaben nach den Absätzen 1 und 3 zur Vereinbarung eines Erstattungsbetrags nach Absatz 1 heranzuziehen sind. [3]Für Arzneimittel, für die der Gemeinsame Bundesausschuss nach § 35a Absatz 3 einen Zusatznutzen festgestellt hat, sollen die Jahrestherapiekosten vergleichbarer Arzneimittel sowie die tatsächlichen Abgabepreise in anderen europäischen Ländern gewichtet nach den jeweiligen Umsätzen und Kaufkraftparitäten berücksichtigt werden. [4]In der Vereinbarung nach Satz 1 sind auch Maßstäbe für die Angemessenheit der Abschläge nach Absatz 3 Satz 4 und 9 zu vereinbaren. [5]In der Vereinbarung nach Satz 1 ist auch das Nähere zu Inhalt, Form und Verfahren der jeweils erforderlichen Auswertung der Daten nach § 217f Absatz 7 und der Übermittlung der Auswertungsergebnisse an den pharmazeutischen Unternehmer sowie zur Aufteilung der entstehenden Kosten zu vereinbaren. [6]Kommt eine Rahmenvereinbarung nicht zustande, setzen die unparteiischen Mitglieder der Schiedsstelle die Rahmenvereinbarung im Benehmen mit den Verbänden auf Antrag einer Vertragspartei nach Satz 1 fest. [7]Kommt eine Rahmenvereinbarung nicht innerhalb einer vom Bundesministerium für Gesundheit gesetzten Frist zustande, gilt Satz 6 entsprechend. [8]Eine Klage gegen Entscheidungen der Schiedsstelle hat keine aufschiebende Wirkung. [9]Ein Vorverfahren findet nicht statt. [10]Absatz 1 Satz 7 gilt entsprechend.

(10) Der Gemeinsame Bundesausschuss, der Spitzenverband Bund der Krankenkassen und das Institut für Qualität und Wirtschaftlichkeit im Gesundheitswesen schließen mit dem Verband der privaten Krankenversicherung eine Vereinbarung über die von den Unternehmen der privaten Krankenversicherung zu erstattenden Kosten für die Nutzen-Bewertung nach § 35a und für die Kosten-Nutzen-Bewertung nach § 35b sowie für die Festsetzung eines Erstattungsbetrags nach Absatz 4.

(11) [1]Das Bundesministerium für Gesundheit evaluiert die Auswirkungen der Änderungen der §§ 35a und 130b und der Neuregelung des § 130e durch das GKV-Finanzstabilisierungsgesetz vom 7. November 2022 (BGBl. I S. 1990) auf die Versorgung mit Arzneimitteln. [2]Im Rahmen der Evaluation bewertet es insbesondere die Auswirkungen

1. auf die Sicherheit der Versorgung mit innovativen und wirtschaftlichen Arzneimitteln insbesondere auch für Patientinnen und Patienten mit seltenen Erkrankungen sowie

2. auf Produktionsstandorte in der Bundesrepublik Deutschland und der Europäischen Union.

[3]Das Bundesministerium für Gesundheit berichtet dem Deutschen Bundestag bis zum 31. Dezember 2023 über die Ergebnisse der Evaluation; dabei stellt es zur Bewertung der Auswirkungen auf Produktionsstandorte Einvernehmen mit dem Bundesministerium für Wirtschaft und Klimaschutz her.

§ 130c Verträge von Krankenkassen mit pharmazeutischen Unternehmern

(1) [1]Krankenkassen oder ihre Verbände können abweichend von bestehenden Vereinbarungen oder Schiedssprüchen nach § 130b mit pharmazeutischen Unternehmern Vereinbarungen über die Erstattung von Arzneimitteln sowie zur Versorgung ihrer Versicherten mit Arzneimitteln treffen. [2]Dabei kann insbesondere eine mengenbezogene Staffelung des Preisnachlasses, ein jährliches Umsatzvolumen mit Ausgleich von Mehrerlösen oder eine Erstattung in Abhängigkeit von messbaren Therapieerfolgen vereinbart werden. [3]Durch eine Vereinbarung nach Satz 1 kann eine Vereinbarung nach § 130b ergänzt oder ganz oder teilweise abgelöst werden; dabei können auch zusätzliche Rabatte auf den Erstattungsbetrag vereinbart werden. [4]§ 78 Absatz 3a des Arzneimittelgesetzes bleibt unberührt. [5]Die Ergebnisse der Bewertungen nach den §§ 35a und 35b, die Richtlinien nach § 92, die Vereinbarungen nach § 84 und die Informationen nach § 73 Absatz 8 Satz 1 sind zu berücksichtigen. [6]§ 130a Absatz 8 Satz 3 bis 9 gilt entsprechend.

(2) Die Krankenkassen informieren ihre Versicherten und die an der vertragsärztlichen Versorgung teilnehmenden Ärzte umfassend über die vereinbarten Versorgungsinhalte.

(3) Die Krankenkassen oder ihre Verbände können mit Ärzten, kassenärztlichen Vereinigungen oder Verbänden von Ärzten Regelungen zur bevorzugten Verordnung von Arzneimitteln nach Absatz 1 Satz 1 entsprechend § 84 Absatz 1 Satz 5 treffen.

(4) Arzneimittelverordnungen im Rahmen einer Vereinbarung nach Absatz 3 Satz 1 sind von der Prüfungsstelle als bei den Wirtschaftlichkeitsprüfungen nach den §§ 106 bis 106c zu berücksichtigende Praxisbesonderheiten anzuerkennen, soweit dies vereinbart wurde und die vereinbarten Voraussetzungen zur Gewährleistung von Zweckmäßigkeit, Qualität und Wirtschaftlichkeit der Versorgung eingehalten sind.

(5) [1]Informationen über die Regelungen nach Absatz 3 sind in den Programmen zur Verordnung von Arzneimitteln nach § 73 Absatz 9 Satz 1 zu hinterlegen. [2]Das Nähere ist in den Verträgen nach § 82 Absatz 1 zu vereinbaren.

§ 130d Preise für Arzneimittel zur Therapie von Gerinnungsstörungen bei Hämophilie

(1) [1]Pharmazeutische Unternehmer haben dem Spitzenverband Bund der Krankenkassen für Arzneimittel zur spezifischen Therapie von Gerinnungsstörungen bei Hämophilie bis zum 30. November 2019 als Herstellerabgabepreis einen mengengewichteten arithmetischen Mittelwert unter Übermittlung der dem ermittelten Mittelwert zugrundeliegenden Preise, die für die Jahre 2017 und 2018 bei der Direktabgabe durch den pharmazeutischen Unternehmer nach § 47 Absatz 1 Nummer 2 Buchstabe a des Arzneimittelgesetzes tatsächlich vereinbart worden sind, sowie der zu diesen Preisen abgegebenen Mengen zu melden. [2]Satz 1 gilt nicht für Arzneimittel, für die ein Erstattungsbetrag nach § 130b vereinbart oder festgesetzt worden ist. [3]Die Übermittlung der Preise und Mengen erfolgt in maschinell verwertbarer Weise unter Angabe des jeweiligen Vertragspartners.

(2) Die Krankenkassen haben dem Spitzenverband Bund der Krankenkassen für Arzneimittel zur spezifischen Therapie von Gerinnungsstörungen bei Hämophilie bis zum 30. November 2019 für die Jahre 2017 und 2018 die Preise und die dazugehörigen Mengen in maschinell verwertbarer Weise unter Angabe der Betriebsstättennummer zu melden, die bisher im Direktbezug über den pharmazeutischen Unternehmer nach § 47 Absatz 1 Nummer 2 Buchstabe a des Arzneimittelgesetzes abgerechnet wurden.

(3) [1]Der Spitzenverband Bund der Krankenkassen prüft den vom pharmazeutischen Unternehmer gemeldeten Herstellerabgabepreis nach Absatz 1 unter Berücksichtigung der von den Krankenkassen nach Absatz 2 gemeldeten Daten auf Plausibilität. [2]Kann die Plausibilität des gemeldeten Herstellerabgabepreises nicht festgestellt werden oder kommt ein pharmazeutischer Unternehmer seiner Verpflichtung nach Absatz 1 nicht nach,

setzt der Spitzenverband Bund der Krankenkassen den mengengewichteten arithmetischen Mittelwert unter Berücksichtigung der Daten nach Absatz 2 als Herstellerabgabepreis fest. [3]Dem pharmazeutischen Unternehmer ist zuvor Gelegenheit zur Stellungnahme zu geben.

(4) Das Nähere, insbesondere zur Gewährleistung der einheitlichen Ermittlung des Herstellerabgabepreises durch die pharmazeutischen Unternehmer, zu Art und Umfang der Datenübermittlung von Preisen und Mengen nach den Absätzen 1 und 2 und zur Meldung des ermittelten Herstellerabgabepreises nach Absatz 1, regelt der Spitzenverband Bund der Krankenkassen im Benehmen mit den für die Wahrnehmung der wirtschaftlichen Interessen gebildeten maßgeblichen Spitzenorganisationen der pharmazeutischen Unternehmer auf Bundesebene.

(5) [1]Der Herstellerabgabepreis nach Absatz 1 oder Absatz 3 gilt ab dem 1. September 2020. [2]Klagen gegen die Festsetzung nach Absatz 3 haben keine aufschiebende Wirkung; ein Vorverfahren findet nicht statt.

§ 130e Kombinationsabschlag

(1) [1]Für alle Arzneimittel mit neuen Wirkstoffen, die in einer vom Gemeinsamen Bundesausschuss zuvor nach § 35a Absatz 3 Satz 4 benannten Kombination eingesetzt und ab dem 2. Mai 2023 zu Lasten der Krankenkassen abgegeben werden, erhalten die Krankenkassen vom jeweiligen pharmazeutischen Unternehmer einen Abschlag in Höhe von 20 Prozent des Abgabepreises des pharmazeutischen Unternehmers ohne Mehrwertsteuer. [2]Der Abschlag entfällt mit Wirkung für die Zukunft, wenn der Gemeinsame Bundesausschuss nach § 35a Absatz 3 Satz 1 einen mindestens beträchtlichen Zusatznutzen der Kombination von Arzneimitteln festgestellt hat oder nach § 35a Absatz 1d Satz 1 festgestellt hat, dass die Kombination von Arzneimitteln einen mindestens beträchtlichen Zusatznutzen erwarten lässt.

(2) [1]Zur Geltendmachung des Abschlags dürfen die Krankenkassen die ihnen vorliegenden Abrechnungsdaten versichertenbezogen verarbeiten. [2]Das Nähere zur Umsetzung des Abschlags, insbesondere zur Feststellung und Abgrenzung abschlagspflichtiger Kombinationseinsätze in den in Satz 1 genannten Daten sowie zu Art und Umfang der für die Abrechnung des Abschlags notwendigen Nachweise und der Datenübermittlung, regelt der Spitzenverband Bund der Krankenkassen im Einvernehmen mit den für die Wahrnehmung der wirtschaftlichen Interessen gebildeten maßgeblichen Spitzenorganisationen der pharmazeutischen Unternehmer auf Bundesebene bis zum 31. Oktober 2023. [3]Kommen die Regelungen nach Satz 2 bis zum 31. Oktober 2023 nicht oder nicht vollständig zustande, setzt das Bundesministerium für Gesundheit den Inhalt der Regelungen fest. [4]Eine Klage gegen die Festsetzung nach Satz 2 hat keine aufschiebende Wirkung.

(3) [1]Die Krankenkassen oder ihre Verbände können mit pharmazeutischen Unternehmern unter Beachtung der Regelungen nach Absatz 2 Satz 2 oder Satz 3 ergänzende Vereinbarungen zur Umsetzung des Abschlags treffen. [2]Die in § 130b Absatz 5 Satz 1 genannten Verbände können eine Mustervereinbarung für Vereinbarungen nach Satz 1 vereinbaren.

§ 131 Rahmenverträge mit pharmazeutischen Unternehmern

(1) [1]Der Spitzenverband Bund der Krankenkassen und die für die Wahrnehmung der wirtschaftlichen Interessen gebildeten maßgeblichen Spitzenorganisationen der pharmazeutischen Unternehmer auf Bundesebene schließen einen Rahmenvertrag über die Arzneimittelversorgung in der gesetzlichen Krankenversicherung. [2]In dem Rahmenvertrag ist das Nähere zu regeln über die Verpflichtung der pharmazeutischen Unternehmer zur Umsetzung der Datenübermittlung nach Absatz 4 Sätze 1 bis 3, insbesondere über

1. die zur Herstellung einer pharmakologisch-therapeutischen und preislichen Transparenz erforderlichen Daten,
2. die für die Abrechnung nach § 300 erforderlichen Preis- und Produktinformationen sowie
3. das Datenformat.

[3]In dem Rahmenvertrag kann geregelt werden, dass die Vertragspartner zur Erfüllung ihrer Verpflichtungen nach Absatz 4 Sätze 1 bis 3 Dritte beauftragen können. [4]Der Rahmenvertrag wird im Hinblick auf die in die Arzneimittelversorgung nach § 31 Absatz 1 einbezogenen Produkte im Benehmen mit den für die Wahrnehmung der wirtschaftlichen Interessen gebildeten maßgeb-

lichen Verbänden auf Bundesebene für diese Produkte vereinbart.

(2) Der Rahmenvertrag nach Absatz 1 kann sich erstrecken auf

1. die Ausstattung der Packungen,

2. Maßnahmen zur Erleichterung der Erfassung von Preis- und Produktinformationen und für die Auswertung von Arzneimittelpreisdaten, Arzneimittelverbrauchsdaten und Arzneimittelverordnungsdaten, insbesondere für die Ermittlung der Zusammenstellung der Arzneimittel nach § 92 Absatz 2 und die Festsetzung von Festbeträgen.

(3) [1]Besteht bereits ein Rahmenvertrag nach Absatz 1, ist dieser von den Vertragsparteien bis zum 1. November 2021 an die geänderten Anforderungen nach den Absätzen 1 und 2 anzupassen. [2]Kommt ein Rahmenvertrag ganz oder teilweise nicht zustande, wird der Vertragsinhalt insoweit auf Antrag einer Vertragspartei nach Absatz 1 Satz 1 durch die unparteiischen Mitglieder der Schiedsstelle nach Absatz 3a im Benehmen mit den Vertragsparteien innerhalb von drei Monaten festgesetzt. [3]Die Schiedsstelle gibt den Verbänden nach Absatz 1 Satz 4 vor ihrer Entscheidung Gelegenheit zur Stellungnahme. [4]Kommt der Rahmenvertrag nicht innerhalb einer vom Bundesministerium für Gesundheit gesetzten Frist zustande, gilt Satz 2 entsprechend. [5]Eine Klage gegen eine Entscheidung der Schiedsstelle hat keine aufschiebende Wirkung. [6]Ein Vorverfahren findet nicht statt.

(3a) [1]Der Spitzenverband Bund der Krankenkassen und die für die Wahrnehmung der wirtschaftlichen Interessen gebildeten maßgeblichen Spitzenorganisationen der pharmazeutischen Unternehmer auf Bundesebene bilden eine gemeinsame Schiedsstelle. [2]Sie besteht aus einem unparteiischen Vorsitzenden und zwei weiteren unparteiischen Mitgliedern sowie aus jeweils sechs Vertretern der Vertragsparteien nach Absatz 1. [3]Über den Vorsitzenden und die zwei weiteren unparteiischen Mitglieder sowie deren Stellvertreter sollen sich die Verbände nach Satz 1 einigen. [4]Kommt eine Einigung nicht zustande, gilt § 89 Absatz 6 Satz 3 entsprechend. [5]Das Bundesministerium für Gesundheit kann an der Beratung und Beschlussfassung der Schiedsstelle teilnehmen.

(3b) [1]Die Schiedsstelle gibt sich eine Geschäftsordnung. [2]Über die Geschäftsordnung entscheiden die unparteiischen Mitglieder im Benehmen mit den Verbänden nach Absatz 3a Satz 1. [3]Die Geschäftsordnung bedarf der Genehmigung des Bundesministeriums für Gesundheit. [4]Im Übrigen gilt § 129 Absatz 9 und 10 Satz 1 entsprechend. [5]In der Rechtsverordnung nach § 129 Absatz 10 Satz 2 kann das Nähere über die Zahl und die Bestellung der Mitglieder, die Erstattung der baren Auslagen und die Entschädigung für Zeitaufwand der Mitglieder, das Verfahren, das Teilnahmerecht des Bundesministeriums für Gesundheit an den Sitzungen sowie über die Verteilung der Kosten geregelt werden.

(3c) [1]Der Rahmenvertrag nach Absatz 1 oder ein Schiedsspruch nach Absatz 3 kann von einer Vertragspartei frühestens nach einem Jahr gekündigt werden. [2]Der Rahmenvertrag oder der Schiedsspruch gilt bis zum Wirksamwerden eines neuen Rahmenvertrages oder eines Schiedsspruches fort.

(4) [1]Die pharmazeutischen Unternehmer sind verpflichtet, dem Gemeinsamen Bundesausschuss sowie dem Spitzenverband Bund der Krankenkassen die Daten zu übermitteln, die erforderlich sind

1. zur Herstellung einer pharmakologisch-therapeutischen und preislichen Transparenz im Rahmen der Richtlinien nach § 92 Absatz 1 Satz 2 Nummer 6,

2. zur Festsetzung von Festbeträgen nach § 35 Absatz 1 und 2 oder zur Erfüllung der Aufgaben nach § 35a Absatz 1 Satz 2 und Absatz 5 und

3. zur Wahrnehmung der Aufgaben nach § 129 Absatz 1a.

[2]Die pharmazeutischen Unternehmer sind verpflichtet, dem Gemeinsamen Bundesausschuss sowie dem Spitzenverband Bund der Krankenkassen auf Verlangen notwendige Auskünfte zu den in Satz 1 genannten Daten zu erteilen. [3]Für die Abrechnung von Fertigarzneimitteln, von Verbandmitteln und von Produkten, die gemäß den Richtlinien nach § 92 Absatz 1 Satz 2 Nummer 6 zu Lasten der gesetzlichen Krankenversicherung verordnet werden können, übermitteln die pharmazeutischen Unternehmer und sonstigen Hersteller an die in § 129 Absatz 2 genannten Verbände sowie an die Kassenärztliche Bundesvereinigung und den Gemeinsamen Bundesaus-

schuss im Wege elektronischer Datenübertragung und maschinell verwertbar auf Datenträgern

1. die für die Abrechnung nach § 300 erforderlichen Preis- und Produktangaben einschließlich der Rabatte nach § 130a,

2. die nach § 130b vereinbarten oder festgesetzten Erstattungsbeträge einschließlich der Rabatte nach § 130a und den jeweiligen Geltungsbeginn der Erstattungsbeträge sowie die jeweilige Geltungsdauer,

3. die nach § 130d ermittelten oder festgesetzten Herstellerabgabepreise einschließlich der Rabatte nach § 130a,

4. den für den Versicherten maßgeblichen Arzneimittelabgabepreis nach § 129 Absatz 5a sowie

5. für Produkte nach § 31 Absatz 1 Satz 2 und Absatz 1a Satz 1 und 4 ein Kennzeichen zur Verordnungsfähigkeit zu Lasten der gesetzlichen Krankenversicherung.

[4]Die pharmazeutischen Unternehmer und sonstigen Hersteller können Dritte mit der Erfüllung ihrer Verpflichtungen nach den Sätzen 1 bis 3 beauftragen. [5]Das Nähere zur Übermittlung der in Satz 3 genannten Angaben an den Spitzenverband Bund der Krankenkassen vereinbaren die Vertragspartner nach Absatz 1; solche Vereinbarungen können auch die weiteren nach Satz 2 berechtigten Datenempfänger mit den für die Wahrnehmung der wirtschaftlichen Interessen gebildeten maßgeblichen Spitzenorganisationen der pharmazeutischen Unternehmer auf Bundesebene schließen. [6]Die Verbände nach § 129 Absatz 2 können die Übermittlung der Angaben nach Satz 3 innerhalb angemessener Frist unmittelbar von dem pharmazeutischen Unternehmer und dem sonstigen Hersteller verlangen.

(5) [1]Die Verbände nach § 129 Absatz 2 können fehlerhafte Angaben selbst korrigieren und die durch eine verspätete Übermittlung oder erforderliche Korrektur entstandenen Aufwendungen geltend machen; das Nähere ist im Vertrag nach § 129 Absatz 2 zu regeln. [2]Die nach Absatz 4 Satz 3 übermittelten Angaben oder, im Fall einer Korrektur nach Satz 1, die korrigierten Angaben sind verbindlich. [3]Die pharmazeutischen Unternehmer und sonstigen Hersteller sind verpflichtet, die in § 129 Absatz 2 genannten Verbände unverzüglich über Änderungen der der Korrektur zugrundeliegenden Sachverhalte zu informieren. [4]Die Abrechnung der Apotheken gegenüber den Krankenkassen und die Erstattung der Abschläge nach § 130a Absatz 1, 1a, 1b, 2, 3a und 3b durch die pharmazeutischen Unternehmer an die Apotheken erfolgt auf Grundlage der Angaben nach Absatz 4 Satz 3. [5]Die Korrektur fehlerhafter Angaben und die Geltendmachung der Ansprüche kann auf Dritte übertragen werden. [6]Zur Sicherung der Ansprüche nach Absatz 4 Satz 6 können einstweilige Verfügungen auch ohne die Darlegung und Glaubhaftmachung der in den §§ 935 und 940 der Zivilprozessordnung bezeichneten Voraussetzungen erlassen werden. [7]Entsprechendes gilt für einstweilige Anordnungen nach § 86b Absatz 2 Satz 1 und 2 des Sozialgerichtsgesetzes.

(6) [1]Die pharmazeutischen Unternehmer sind verpflichtet, auf den äußeren Umhüllungen der Arzneimittel das Arzneimittelkennzeichen nach § 300 Abs. 1 Nr. 1 in einer für Apotheken maschinell erfassbaren bundeseinheitlichen Form anzugeben. [2]Das Nähere regelt der Spitzenverband Bund der Krankenkassen und die für die Wahrnehmung der wirtschaftlichen Interessen gebildeten maßgeblichen Spitzenorganisationen der pharmazeutischen Unternehmer auf Bundesebene in Verträgen.

§ 131a
Ersatzansprüche der Krankenkassen

(1) [1]Ist ein zu Lasten der gesetzlichen Krankenkasse abgegebenes Arzneimittel mangelhaft und erfolgt aus diesem Grund ein Arzneimittelrückruf oder eine von der zuständigen Behörde bekannt gemachte Einschränkung der Verwendbarkeit des Arzneimittels, gehen die in § 437 des Bürgerlichen Gesetzbuchs bezeichneten Rechte des Abgebenden gegen seinen Lieferanten auf die Krankenkasse über, soweit diese dem Abgebenden für die Abgabe des Arzneimittels eine Vergütung gezahlt hat. [2]Für den Rücktritt, die Minderung oder den Schadensersatz bedarf es einer sonst nach § 323 Absatz 1 des Bürgerlichen Gesetzbuchs oder § 281 Absatz 1 Satz 1 des Bürgerlichen Gesetzbuchs erforderlichen Fristsetzung nicht. [3]Der Abgebende hat seinen Ersatzanspruch oder ein zur Sicherung dieses Anspruchs dienendes Recht unter Beachtung der geltenden Form- und Fristvorschriften zu wahren und bei dessen Durchsetzung durch die Krankenkasse soweit erforderlich mitzuwirken.

(2) [1]Der Spitzenverband Bund der Krankenkassen vereinbart mit den für die Wahrnehmung der wirtschaftlichen Interessen gebildeten maßgeblichen Spitzenorganisationen der pharmazeutischen Unternehmer auf Bundesebene und Vertretern des pharmazeutischen Großhandels die näheren Einzelheiten für die Geltendmachung und Abwicklung der Ersatzansprüche der Krankenkassen. [2]In den Vereinbarungen können insbesondere Pauschbeträge und eine Abtretung von Regressansprüchen vereinbart werden.

Achter Abschnitt

Beziehungen zu sonstigen Leistungserbringern

§ 132 Versorgung mit Haushaltshilfe

(1) [1]Über Inhalt, Umfang, Vergütung sowie Prüfung der Qualität und Wirtschaftlichkeit der Dienstleistungen zur Versorgung mit Haushaltshilfe schließen die Krankenkassen Verträge mit geeigneten Personen, Einrichtungen oder Unternehmen. [2]Die Bezahlung von Gehältern bis zur Höhe tarifvertraglich vereinbarter Vergütungen sowie entsprechender Vergütungen nach kirchlichen Arbeitsrechtsregelungen kann dabei nicht als unwirtschaftlich abgelehnt werden; insoweit gilt § 71 nicht. [3]Der Leistungserbringer ist verpflichtet, die entsprechende Bezahlung der Beschäftigten nach Satz 2 jederzeit einzuhalten und sie auf Verlangen einer Vertragspartei nachzuweisen. [4]Im Fall der Nichteinigung wird der Vertragsinhalt durch eine von den Vertragspartnern zu bestimmende unabhängige Schiedsperson festgelegt. [5]Einigen sich die Vertragspartner nicht auf eine Schiedsperson, so wird diese von der für die Vertrag schließende Krankenkasse zuständigen Aufsichtsbehörde bestimmt. [6]Die Kosten des Schiedsverfahrens tragen die Vertragsparteien zu gleichen Teilen. [7]Abweichend von Satz 1 kann die Krankenkasse zur Gewährung von Haushaltshilfe auch geeignete Personen anstellen.

(2) [1]Die Krankenkasse hat darauf zu achten, dass die Leistungen wirtschaftlich und preisgünstig erbracht werden. [2]Bei der Auswahl der Leistungserbringer ist ihrer Vielfalt, insbesondere der Bedeutung der freien Wohlfahrtspflege, Rechnung zu tragen.

§ 132a Versorgung mit häuslicher Krankenpflege

(1) [1]Der Spitzenverband Bund der Krankenkassen und die für die Wahrnehmung der Interessen von Pflegediensten maßgeblichen Spitzenorganisationen auf Bundesebene haben unter Berücksichtigung der Richtlinien nach § 92 Abs. 1 Satz 2 Nr. 6 gemeinsam Rahmenempfehlungen über die einheitliche und flächendeckende Versorgung mit häuslicher Krankenpflege abzugeben; für Pflegedienste, die einer Kirche oder einer Religionsgemeinschaft des öffentlichen Rechts oder einem sonstigen freigemeinnützigen Träger zuzuordnen sind, können die Rahmenempfehlungen gemeinsam mit den übrigen Partnern der Rahmenempfehlungen auch von der Kirche oder der Religionsgemeinschaft oder von dem Wohlfahrtsverband abgeschlossen werden, dem die Einrichtung angehört. [2]Vor Abschluss der Vereinbarung ist der Kassenärztlichen Bundesvereinigung und der Deutschen Krankenhausgesellschaft Gelegenheit zur Stellungnahme zu geben. [3]Die Stellungnahmen sind in den Entscheidungsprozess der Partner der Rahmenempfehlungen einzubeziehen. [4]In den Rahmenempfehlungen sind insbesondere zu regeln:

1. Eignung der Leistungserbringer einschließlich Anforderungen an die Eignung zur Versorgung nach § 37 Absatz 7,
2. Maßnahmen zur Qualitätssicherung und Fortbildung,
3. Inhalt und Umfang der Zusammenarbeit des Leistungserbringers mit dem verordnenden Vertragsarzt und dem Krankenhaus,
4. Grundsätze der Wirtschaftlichkeit der Leistungserbringung einschließlich deren Prüfung,
5. Grundsätze der Vergütungen und ihrer Strukturen einschließlich der Transparenzvorgaben für die Vergütungsverhandlungen zum Nachweis der tatsächlich gezahlten Tariflöhne oder Arbeitsentgelte sowie erstmals bis zum 30. Juni 2019 Grundsätze für die Vergütung von längeren Wegezeiten, insbesondere in ländlichen Räumen, durch Zuschläge unter Einbezug der ambulanten Pflege nach dem Elften Buch,
6. Grundsätze zum Verfahren der Prüfung der Leistungspflicht der Krankenkassen sowie zum Abrechnungsverfahren einschließlich der

für diese Zwecke jeweils zu übermittelnden Daten und

7. Anforderungen an die Eignung der Pflegefachkräfte, die Leistungen im Rahmen einer Versorgung nach § 37 Absatz 8 erbringen, sowie Maßnahmen zur Gewährleistung der Wirtschaftlichkeit der im Rahmen einer Versorgung nach § 37 Absatz 8 erbrachten Leistungen.

[5]In den Rahmenempfehlungen nach Satz 4 Nummer 6 können auch Regelungen über die nach § 302 Absatz 2 Satz 1 und Absatz 3 in Richtlinien geregelten Inhalte getroffen werden; in diesem Fall gilt § 302 Absatz 4. [6]Die Inhalte der Rahmenempfehlungen sind den Verträgen nach Absatz 4 zugrunde zu legen.

(2) [1]Kommt eine Rahmenempfehlung nach Absatz 1 ganz oder teilweise nicht zu Stande, können die Rahmenempfehlungspartner die Schiedsstelle nach Absatz 3 anrufen. [2]Die Schiedsstelle kann auch vom Bundesministerium für Gesundheit angerufen werden. [3]Sie setzt innerhalb von drei Monaten den betreffenden Rahmenempfehlungsinhalt fest.

(3) [1]Der Spitzenverband Bund der Krankenkassen und die für die Wahrnehmung der Interessen von Pflegediensten maßgeblichen Spitzenorganisationen auf Bundesebene bilden erstmals bis zum 1. Juli 2017 eine gemeinsame Schiedsstelle. [2]Sie besteht aus Vertretern der Krankenkassen und der Pflegedienste in gleicher Zahl sowie aus einem unparteiischen Vorsitzenden und zwei weiteren unparteiischen Mitgliedern. [3]Die Amtsdauer beträgt vier Jahre. [4]Über den Vorsitzenden und die zwei weiteren unparteiischen Mitglieder sowie deren Stellvertreter sollen sich die Rahmenempfehlungspartner einigen. [5]Kommt eine Einigung nicht zu Stande, gilt § 89 Absatz 6 Satz 3 entsprechend. [6]Das Bundesministerium für Gesundheit kann durch Rechtsverordnung mit Zustimmung des Bundesrates das Nähere über die Zahl und die Bestellung der Mitglieder, die Erstattung der baren Auslagen und die Entschädigung für den Zeitaufwand der Mitglieder, das Verfahren sowie über die Verteilung der Kosten regeln. [7]§ 129 Absatz 9 und 10 Satz 1 gilt entsprechend.

(4) [1]Über die Einzelheiten der Versorgung mit häuslicher Krankenpflege, über die Preise und deren Abrechnung und die Verpflichtung der Leistungserbringer zur Fortbildung schließen Landesverbände der Krankenkassen und die Ersatzkassen gemeinsam und einheitlich Verträge mit den Leistungserbringern. [2]Wird die Fortbildung nicht nachgewiesen, sind Vergütungsabschläge vorzusehen. [3]Dem Leistungserbringer ist eine Frist zu setzen, innerhalb derer er die Fortbildung nachholen kann. [4]Erbringt der Leistungserbringer in diesem Zeitraum die Fortbildung nicht, ist der Vertrag zu kündigen. [5]Die Krankenkassen haben darauf zu achten, dass die Leistungen wirtschaftlich und preisgünstig erbracht werden. [6]Verträge dürfen nur mit zuverlässigen Leistungserbringern abgeschlossen werden, die die Gewähr für eine leistungsgerechte und wirtschaftliche Versorgung bieten. [7]Die Bezahlung von Gehältern bis zur Höhe tarifvertraglich vereinbarter Vergütungen sowie entsprechender Vergütungen nach kirchlichen Arbeitsrechtsregelungen kann dabei nicht als unwirtschaftlich abgelehnt werden; insoweit gilt § 71 nicht. [8]Bei nicht tarifgebundenen oder nicht an kirchliche Arbeitsrechtsregelungen gebundenen Leistungserbringern gilt § 82c Absatz 2 Satz 1 des Elften Buches entsprechend. [9]Eine Bezahlung von Gehältern, die ihrer Höhe nach über die Höhe hinausgeht, die nach Satz 7 oder Satz 8 in Verbindung mit § 82c Absatz 2 Satz 1 des Elften Buches nicht als unwirtschaftlich abgelehnt werden kann, kann nicht als unwirtschaftlich abgelehnt werden, wenn für sie ein sachlicher Grund besteht. [10]Der Leistungserbringer ist verpflichtet, die entsprechende Bezahlung der Beschäftigten nach Satz 7 oder Satz 8 jederzeit einzuhalten und sie auf Verlangen einer Vertragspartei nachzuweisen. [11]Im Fall der Nichteinigung wird der Vertragsinhalt durch eine von den Vertragspartnern zu bestimmende unabhängige Schiedsperson innerhalb von drei Monaten festgelegt. [12]Einigen sich die Vertragspartner nicht auf eine Schiedsperson, so wird diese vom Bundesamt für Soziale Sicherung innerhalb eines Monats nach Vorliegen der für die Bestimmung der Schiedsperson notwendigen Informationen bestimmt; Widerspruch und Klage gegen die Bestimmung der Schiedsperson durch das Bundesamt für Soziale Sicherung haben keine aufschiebende Wirkung. [13]Klagen gegen die Festlegung des Vertragsinhalts sind gegen den Vertragspartner zu richten. [14]Der von der Schiedsperson festgelegte Vertragsinhalt oder die von der Schiedsperson festgelegten einzelnen Bestimmungen des Vertrages gilt oder gelten bis zur gerichtlichen Ersetzung oder gerichtlichen Feststellung der Unbilligkeit weiter. [15]Die Kosten des Schiedsverfahrens tragen die Vertragspartner zu gleichen Teilen. [16]Bei der Auswahl der Leistungserbringer ist ihrer Vielfalt,

insbesondere der Bedeutung der freien Wohlfahrtspflege, Rechnung zu tragen. [17]Die Leistungserbringer sind verpflichtet, an Qualitäts- und Abrechnungsprüfungen nach § 275b teilzunehmen; § 114 Absatz 2 des Elften Buches bleibt unberührt. [18]Soweit bei einer Prüfung nach § 275b Absatz 1 Satz 1 bis 3 Qualitätsmängel festgestellt werden, entscheiden die Landesverbände der Krankenkassen oder die Krankenkassen nach Anhörung des Leistungserbringers, welche Maßnahmen zu treffen sind, erteilen dem Leistungserbringer hierüber einen Bescheid und setzen ihm darin zugleich eine angemessene Frist zur Beseitigung der festgestellten Mängel.

§ 132b Versorgung mit Soziotherapie

(1) Die Krankenkassen oder die Landesverbände der Krankenkassen können unter Berücksichtigung der Richtlinien nach § 37a Abs. 2 mit geeigneten Personen oder Einrichtungen Verträge über die Versorgung mit Soziotherapie schließen, soweit dies für eine bedarfsgerechte Versorgung notwendig ist.

(2) [1]Im Fall der Nichteinigung wird der Vertragsinhalt durch eine von den Vertragspartnern zu bestimmende unabhängige Schiedsperson festgelegt. [2]Einigen sich die Vertragspartner nicht auf eine Schiedsperson, so wird diese von der für die vertragsschließende Krankenkasse zuständigen Aufsichtsbehörde innerhalb eines Monats nach Vorliegen der für die Bestimmung der Schiedsperson notwendigen Informationen bestimmt. [3]Die Kosten des Schiedsverfahrens tragen die Vertragspartner zu gleichen Teilen.

§ 132c Versorgung mit sozialmedizinischen Nachsorgemaßnahmen

(1) Die Krankenkassen oder die Landesverbände der Krankenkassen können mit geeigneten Personen oder Einrichtungen Verträge über die Erbringung sozialmedizinischer Nachsorgemaßnahmen schließen, soweit dies für eine bedarfsgerechte Versorgung notwendig ist.

(2) Der Spitzenverband Bund der Krankenkassen legt in Empfehlungen die Anforderungen an die Leistungserbringer der sozialmedizinischen Nachsorgemaßnahmen fest.

§ 132d Spezialisierte ambulante Palliativversorgung

(1) [1]Der Spitzenverband Bund der Krankenkassen vereinbart mit den maßgeblichen Spitzenorganisationen der Hospizarbeit und Palliativversorgung auf Bundesebene unter Berücksichtigung der Richtlinien nach § 37b Absatz 3 erstmals bis zum 30. September 2019 einen einheitlichen Rahmenvertrag über die Durchführung der Leistungen nach § 37b. [2]Den besonderen Belangen von Kindern ist durch einen gesonderten Rahmenvertrag Rechnung zu tragen. [3]In den Rahmenverträgen sind die sächlichen und personellen Anforderungen an die Leistungserbringung, Maßnahmen zur Qualitätssicherung und die wesentlichen Elemente der Vergütung festzulegen. [4]Der Deutschen Krankenhausgesellschaft, der Vereinigung der Pflegeeinrichtungen auf Bundesebene sowie der Kassenärztlichen Bundesvereinigung ist Gelegenheit zur Stellungnahme zu geben. [5]Die Rahmenverträge sind in geeigneter Form öffentlich bekannt zu machen. [6]Personen oder Einrichtungen, die die in den Rahmenverträgen festgelegten Voraussetzungen erfüllen, haben Anspruch auf Abschluss eines zur Versorgung berechtigenden Vertrages mit den Krankenkassen einzeln oder gemeinsam nach Maßgabe des Rahmenvertrages nach Satz 1 oder Satz 2 und unter Wahrung des Gleichbehandlungsgrundsatzes. [7]In dem Vertrag nach Satz 6 werden die Einzelheiten der Versorgung festgelegt. [8]Dabei sind die regionalen Besonderheiten angemessen zu berücksichtigen.

(2) [1]Im Fall der Nichteinigung wird der Inhalt der Verträge nach Absatz 1 durch eine von den jeweiligen Vertragspartnern zu bestimmende unabhängige Schiedsperson festgelegt. [2]Einigen sich die Vertragspartner nicht auf eine Schiedsperson, so wird diese im Fall der Rahmenverträge nach Absatz 1 Satz 1 oder Satz 2 vom Bundesversicherungsamt und im Fall der Verträge nach Absatz 1 Satz 6 von der für die vertragschließenden Krankenkassen zuständigen Aufsichtsbehörde bestimmt. [3]Die Kosten des Schiedsverfahrens tragen die Vertragspartner zu gleichen Teilen. [4]Widerspruch und Klage gegen die Bestimmung der Schiedsperson haben keine aufschiebende Wirkung.

(3) [1]Krankenkassen können Verträge, die eine ambulante Palliativversorgung und die spezialisierte ambulante Palliativversorgung umfassen, auch auf Grundlage der §§ 73b oder 140a abschließen.

[2]Die Qualitätsanforderungen in den Rahmenverträgen nach Absatz 1 und in den Richtlinien nach § 37b Absatz 3 und § 92 Absatz 7 Satz 1 Nummer 5 gelten entsprechend.

§ 132e
Versorgung mit Schutzimpfungen

(1) [1]Die Krankenkassen oder ihre Verbände schließen mit Kassenärztlichen Vereinigungen, Ärzten, Einrichtungen mit ärztlichem Personal, deren Gemeinschaften, den obersten Landesgesundheitsbehörden oder den von ihnen bestimmten Stellen, Verträge über die Durchführung von Schutzimpfungen nach § 20i. [2]Als Gemeinschaften im Sinne des Satzes 1 gelten auch Vereinigungen zur Unterstützung von Mitgliedern, die Schutzimpfungen nach § 20i durchführen. [3]Es sind insbesondere Verträge abzuschließen mit

1. den an der vertragsärztlichen Versorgung teilnehmenden Ärzten oder deren Gemeinschaften,
2. den Fachärzten für Arbeitsmedizin und Ärzten mit der Zusatzbezeichnung „Betriebsmedizin", die nicht an der vertragsärztlichen Versorgung teilnehmen, oder deren Gemeinschaften und
3. den obersten Landesgesundheitsbehörden oder den von ihnen bestimmten Stellen.

[4]In Verträgen mit den Fachärzten für Arbeitsmedizin, Ärzten mit der Zusatzbezeichnung „Betriebsmedizin" und sonstigen Ärzten, die nicht an der vertragsärztlichen Versorgung teilnehmen, oder deren Gemeinschaften sind insbesondere Regelungen zur vereinfachten Umsetzung der Durchführung von Schutzimpfungen, insbesondere durch die pauschale Bereitstellung von Impfstoffen, sowie Regelungen zur vereinfachten Abrechnung, insbesondere durch die Erstattung von Pauschalbeträgen oder anteilig nach den Versichertenzahlen (Umlageverfahren) vorzusehen. [5]In Verträgen mit den obersten Landesgesundheitsbehörden oder den von ihnen bestimmten Stellen sind insbesondere folgende Regelungen vorzusehen:

1. Regelungen zur Förderung von Schutzimpfungen durch den öffentlichen Gesundheitsdienst,
2. Regelungen zur vereinfachten Umsetzung der Durchführung von Schutzimpfungen nach § 20 Absatz 5 Satz 1 und 2 des Infektionsschutzgesetzes, insbesondere durch die pauschale Bereitstellung von Impfstoffen, soweit die Krankenkassen zur Tragung der Kosten nach § 20 Absatz 5 Satz 3 des Infektionsschutzgesetzes verpflichtet sind,
3. Regelungen zur vereinfachten Erstattung der Kosten nach § 69 Absatz 1 Satz 3 des Infektionsschutzgesetzes, soweit die Krankenkassen zur Tragung der Kosten nach § 20 Absatz 5 Satz 3 und 4 des Infektionsschutzgesetzes verpflichtet sind und die Länder die Kosten vorläufig aus öffentlichen Mitteln bestreiten, insbesondere durch die Erstattung von Pauschalbeträgen oder anteilig nach den Versichertenzahlen (Umlageverfahren) und
4. Regelungen zur Übernahme der für die Beschaffung von Impfstoffen anfallenden Kosten des öffentlichen Gesundheitsdienstes durch die Krankenkassen für Personen bis zum vollendeten 18. Lebensjahr aus Mitgliedstaaten der Europäischen Union, deren Versicherteneigenschaft in der gesetzlichen Krankenversicherung zum Zeitpunkt der Durchführung der Schutzimpfung noch nicht festgestellt ist und die nicht privat krankenversichert sind.

[6]Einigen sich die Vertragsparteien nach Satz 1 nicht innerhalb einer Frist von drei Monaten nach einer Entscheidung gemäß § 20i Absatz 1 Satz 3 oder nach Erlass oder Änderung der Rechtsverordnung nach § 20i Absatz 3 Satz 1, legt eine von den Vertragsparteien zu bestimmende unabhängige Schiedsperson den jeweiligen Vertragsinhalt fest. [7]Einigen sich die Vertragsparteien nicht auf eine Schiedsperson, so wird diese von der für die vertragsschließende Krankenkasse oder für den vertragsschließenden Verband zuständigen Aufsichtsbehörde bestimmt. [8]Die Kosten des Schiedsverfahrens tragen die Vertragspartner zu gleichen Teilen. [9]Endet ein Vertrag nach Satz 1 oder endet eine Rahmenvereinbarung nach § 20i Absatz 3 Satz 3 in der bis zum 10. Mai 2019 geltenden Fassung, so gelten seine oder ihre Bestimmungen bis zum Abschluss eines neuen Vertrages oder bis zur Entscheidung der Schiedsperson vorläufig weiter. [10]Sofern erstmalig Verträge über die Versorgung mit Schutzimpfungen abgeschlossen werden, hat sich die Vergütung für die Durchführung der Schutzimpfung an bereits bestehenden Verträgen für vergleichbare Schutzimpfungen zu orientieren.

(1a) [1]Der Spitzenverband Bund der Krankenkassen hat mit der für die Wahrnehmung der wirtschaftlichen Interessen gebildeten maßgeblichen Spitzenorganisation der Apotheker im Benehmen mit dem Verband der Privaten Krankenversicherung einen Vertrag über die Durchführung von Grippeschutzimpfungen durch Apotheken bei Personen, die das 18. Lebensjahr vollendet haben, und von Schutzimpfungen gegen das Coronavirus SARS-CoV-2 durch Apotheken bei Personen, die das zwölfte Lebensjahr vollendet haben, abzuschließen, insbesondere über

1. die Vergütung der Impfleistung der Apotheken einschließlich der Vergütung der Impfdokumentation und
2. die Abrechnung der Vergütung.

[2]In dem Vertrag nach Satz 1 ist für die Beschaffung der Grippeimpfstoffe, die zur Anwendung durch die Apotheken vorgesehen sind, eine Vergütung der Apotheken von 1 Euro je Einzeldosis sowie die Umsatzsteuer vorzusehen. [3]Einigen sich die Vertragsparteien nach Satz 1 nicht bis zum 1. April 2023, legt die Schiedsstelle nach § 129 Absatz 8 innerhalb von einem Monat den Inhalt des Vertrages fest. [4]Ein bestehender Vertrag gilt bis zum Wirksamwerden eines neuen Vertrages fort; ein Schiedsspruch gilt bis zum Wirksamwerden des ersten Vertrages, der beide in Satz 1 genannten Schutzimpfungen umfasst, fort.

(2) [1]Die Kassenärztliche Bundesvereinigung meldet bis zum 15. Januar eines Kalenderjahres den Bedarf an saisonalen Grippeimpfstoffen auf Grundlage der durch die Vertragsärztinnen und Vertragsärzte geplanten Bestellungen an das Paul-Ehrlich-Institut; die für die Wahrnehmung der wirtschaftlichen Interessen gebildete maßgebliche Spitzenorganisation der Apotheker meldet bis zum 15. Januar eines Kalenderjahres den Bedarf an saisonalen Grippeimpfstoffen, die zur Anwendung durch die Apotheken vorgesehen sind, auf Grundlage der durch die Apotheken geplanten Bestellungen an das Paul-Ehrlich-Institut. [2]Das Paul-Ehrlich-Institut prüft den nach Satz 1 übermittelten Bedarf unter Berücksichtigung einer zusätzlichen Reserve von 10 Prozent, in den Jahren 2020 bis 2022 von 30 Prozent, durch Vergleich mit den nach § 29 Absatz 1d des Arzneimittelgesetzes mitgeteilten Daten von Inhabern der Zulassungen von saisonalen Grippeimpfstoffen bis zum 15. März eines Kalenderjahres. [3]Die Prüfung nach Satz 2 erfolgt im Benehmen mit dem Robert Koch-Institut. [4]Das Ergebnis der Prüfung teilt das Paul-Ehrlich-Institut unverzüglich der Kassenärztlichen Bundesvereinigung, der für die Wahrnehmung der wirtschaftlichen Interessen gebildeten maßgeblichen Spitzenorganisation der Apotheker und den Inhabern der Zulassungen von saisonalen Grippeimpfstoffen mit.

(3) Die Inhaber von Zulassungen von saisonalen Grippeimpfstoffen melden die voraussichtlichen Preise für Grippeimpfstoffe für die kommende Impfsaison bis spätestens zum 1. März eines Jahres an die Kassenärztliche Bundesvereinigung und an die für die Wahrnehmung der wirtschaftlichen Interessen gebildete maßgebliche Spitzenorganisation der Apotheker.

(4) In den Verträgen nach Absatz 1 ist eine Erhöhung der Impfquoten für die von der Ständigen Impfkommission beim Robert Koch-Institut gemäß § 20 Absatz 2 des Infektionsschutzgesetzes empfohlenen Schutzimpfungen anzustreben.

§ 132f Versorgung durch Betriebsärzte

Die Krankenkassen oder ihre Verbände können in Ergänzung zur vertragsärztlichen Versorgung und unter Berücksichtigung der Richtlinien nach § 25 Absatz 4 Satz 2 mit geeigneten Fachärzten für Arbeitsmedizin oder den über die Zusatzbezeichnung „Betriebsmedizin" verfügenden Ärzten oder deren Gemeinschaften Verträge über die Durchführung von Gesundheitsuntersuchungen nach § 25 Absatz 1, über Maßnahmen zur betrieblichen Gesundheitsförderung, über Präventionsempfehlungen, Empfehlungen medizinischer Vorsorgeleistungen und über die Heilmittelversorgung schließen, soweit diese in Ergänzung zur arbeitsmedizinischen Vorsorge erbracht werden.

§ 132g Gesundheitliche Versorgungsplanung für die letzte Lebensphase

(1) [1]Zugelassene Pflegeeinrichtungen im Sinne des § 43 des Elften Buches und Einrichtungen der Eingliederungshilfe für behinderte Menschen können den Versicherten in den Einrichtungen eine gesundheitliche Versorgungsplanung für die letzte Lebensphase anbieten. [2]Versicherte sollen über die medizinisch-pflegerische Versorgung und Betreuung in der letzten Lebensphase beraten werden, und ihnen sollen Hilfen und Angebote der Sterbebegleitung aufgezeigt werden.

[3]Im Rahmen einer Fallbesprechung soll nach den individuellen Bedürfnissen des Versicherten insbesondere auf medizinische Abläufe in der letzten Lebensphase und während des Sterbeprozesses eingegangen, sollen mögliche Notfallsituationen besprochen und geeignete einzelne Maßnahmen der palliativ-medizinischen, palliativ-pflegerischen und psychosozialen Versorgung dargestellt werden. [4]Die Fallbesprechung kann bei wesentlicher Änderung des Versorgungs- oder Pflegebedarfs auch mehrfach angeboten werden.

(2) [1]In die Fallbesprechung ist der den Versicherten behandelnde Hausarzt oder sonstige Leistungserbringer der vertragsärztlichen Versorgung nach § 95 Absatz 1 Satz 1 einzubeziehen. [2]Auf Wunsch des Versicherten sind Angehörige und weitere Vertrauenspersonen zu beteiligen. [3]Für mögliche Notfallsituationen soll die erforderliche Übergabe des Versicherten an relevante Rettungsdienste und Krankenhäuser vorbereitet werden. [4]Auch andere regionale Betreuungs- und Versorgungsangebote sollen einbezogen werden, um die umfassende medizinische, pflegerische, hospizliche und seelsorgerische Begleitung nach Maßgabe der individuellen Versorgungsplanung für die letzte Lebensphase sicherzustellen. [5]Die Einrichtungen nach Absatz 1 Satz 1 können das Beratungsangebot selbst oder in Kooperation mit anderen regionalen Beratungsstellen durchführen.

(3) [1]Der Spitzenverband Bund der Krankenkassen vereinbart mit den Vereinigungen der Träger der in Absatz 1 Satz 1 genannten Einrichtungen auf Bundesebene erstmals bis zum 31. Dezember 2016 das Nähere über die Inhalte und Anforderungen der Versorgungsplanung nach den Absätzen 1 und 2. [2]Den Kassenärztlichen Bundesvereinigungen, der Deutschen Krankenhausgesellschaft, den für die Wahrnehmung der Interessen der Hospizdienste und stationären Hospize maßgeblichen Spitzenorganisationen, den Verbänden der Pflegeberufe auf Bundesebene, den maßgeblichen Organisationen für die Wahrnehmung der Interessen und der Selbsthilfe der pflegebedürftigen und behinderten Menschen, dem Medizinischen Dienst Bund, dem Verband der Privaten Krankenversicherung e. V., der Bundesarbeitsgemeinschaft der überörtlichen Träger der Sozialhilfe sowie der Bundesvereinigung der kommunalen Spitzenverbände ist Gelegenheit zur Stellungnahme zu geben. [3]§ 132d Absatz 1 Satz 3 bis 5 gilt entsprechend.

(4) [1]Die Krankenkasse des Versicherten trägt die notwendigen Kosten für die nach Maßgabe der Vereinbarung nach Absatz 3 erbrachten Leistungen der Einrichtung nach Absatz 1 Satz 1. [2]Die Kosten sind für Leistungseinheiten zu tragen, die die Zahl der benötigten qualifizierten Mitarbeiter und die Zahl der durchgeführten Beratungen berücksichtigen. [3]Das Nähere zu den erstattungsfähigen Kosten und zu der Höhe der Kostentragung ist in der Vereinbarung nach Absatz 3 zu regeln. [4]Der Spitzenverband Bund der Krankenkassen regelt für seine Mitglieder das Erstattungsverfahren. [5]Die ärztlichen Leistungen nach den Absätzen 1 und 2 sind unter Berücksichtigung der Vereinbarung nach Absatz 3 aus der vertragsärztlichen Gesamtvergütung zu vergüten. [6]Sofern diese ärztlichen Leistungen im Rahmen eines Vertrages nach § 132d Absatz 1 erbracht werden, ist deren Vergütung in diesen Verträgen zu vereinbaren.

(5) [1]Der Spitzenverband Bund der Krankenkassen berichtet dem Bundesministerium für Gesundheit alle drei Jahre über die Entwicklung der gesundheitlichen Versorgungsplanung für die letzte Lebensphase und die Umsetzung der Vereinbarung nach Absatz 3. [2]Er legt zu diesem Zweck die von seinen Mitgliedern zu übermittelnden statistischen Informationen über die erstatteten Leistungen fest.

§ 132h
Versorgungsverträge mit Kurzzeitpflegeeinrichtungen

Die Krankenkassen oder die Landesverbände der Krankenkassen können mit geeigneten Einrichtungen Verträge über die Erbringung von Kurzzeitpflege nach § 39c schließen, soweit dies für eine bedarfsgerechte Versorgung notwendig ist.

§ 132i
Versorgungsverträge mit Hämophiliezentren

[1]Die Krankenkassen oder ihre Landesverbände schließen mit ärztlichen Einrichtungen, die auf die qualitätsgesicherte Behandlung von Gerinnungsstörungen bei Hämophilie durch hämostaseologisch qualifizierte Ärztinnen oder Ärzte spezialisiert sind, oder mit deren Verbänden Verträge über die Behandlung von Versicherten mit Gerinnungsstörungen bei Hämophilie. [2]In diesen Verträgen soll die Vergütung von zusätzlichen, besonderen ärztlichen Aufwendungen zur medizinischen Versorgung und Betreuung

von Patientinnen und Patienten mit Gerinnungsstörungen bei Hämophilie, insbesondere für die Beratung über die Langzeitfolgen von Gerinnungsstörungen, die Begleitung und Kontrolle der Selbstbehandlung, die Dokumentation nach § 14 des Transfusionsgesetzes und die Meldung an das Deutsche Hämophilieregister nach § 21 Absatz 1a des Transfusionsgesetzes sowie für die Notfallvorsorge und -behandlung geregelt werden. [3]Im Fall der Nichteinigung wird der Vertragsinhalt durch eine von den Vertragspartnern nach Satz 1 gemeinsam zu benennende unabhängige Schiedsperson innerhalb von drei Monaten festgelegt. [4]Einigen sich die Vertragspartner nicht auf eine Schiedsperson, so wird diese von der für die vertragschließende Krankenkasse oder für den vertragsschließenden Verband zuständigen Aufsichtsbehörde innerhalb eines Monats nach Vorliegen der für die Bestimmung der Schiedsperson notwendigen Informationen bestimmt. [5]Die Kosten des Schiedsverfahrens tragen die Vertragsparteien zu gleichen Teilen.

§ 132j Regionale Modellvorhaben zur Durchführung von Grippeschutzimpfungen in Apotheken

(1) [1]Die Krankenkassen oder ihre Landesverbände haben mit Apotheken, Gruppen von Apotheken oder mit den für die Wahrnehmung der wirtschaftlichen Interessen maßgeblichen Organisationen der Apotheker auf Landesebene, wenn diese sie dazu auffordern, Verträge über die Durchführung von Modellvorhaben in ausgewählten Regionen zur Durchführung von Grippeschutzimpfungen bei Personen, die das 18. Lebensjahr vollendet haben, in Apotheken mit dem Ziel der Verbesserung der Impfquote abzuschließen. [2]In den Verträgen ist zu den Grippeschutzimpfungen in Apotheken insbesondere Folgendes zu regeln:

1. die Voraussetzungen für deren Durchführung,
2. deren Durchführung,
3. deren Vergütung und
4. deren Abrechnung.

[3]§ 63 Absatz 3, 3a Satz 2 bis 4 und Absatz 5 Satz 3 und 4 ist entsprechend anzuwenden.

(2) Vor Abschluss eines Vertrages nach Absatz 1 sind zu den jeweiligen Vertragsinhalten Stellungnahmen des Robert Koch-Instituts und des Paul-Ehrlich-Instituts einzuholen; die Stellungnahmen sind zu berücksichtigen.

(3) Die Verträge nach Absatz 1 sind der für die Krankenkasse oder den Landesverband zuständigen Aufsichtsbehörde und der für die Überwachung der Apotheken zuständigen Behörde vor Beginn der Durchführung des Modellvorhabens vorzulegen.

(4) Im Rahmen der Modellvorhaben dürfen Apothekerinnen und Apotheker Grippeschutzimpfungen bei Personen durchführen, die das 18. Lebensjahr vollendet haben,

1. soweit Berufsrecht dem nicht entgegensteht und
2. wenn
   a) die Apothekerinnen und Apotheker hierfür ärztlich geschult sind und ihnen die erfolgreiche Teilnahme an der Schulung bestätigt wurde und
   b) in der jeweiligen Apotheke eine geeignete Räumlichkeit mit der Ausstattung vorhanden ist, die für die Durchführung einer Grippeschutzimpfung erforderlich ist.

(5) Die ärztliche Schulung, an der Apothekerinnen und Apotheker teilnehmen müssen, um Grippeschutzimpfungen durchführen zu dürfen, hat insbesondere die Vermittlung der folgenden Kenntnisse, Fähigkeiten und Fertigkeiten zu umfassen:

1. Kenntnisse, Fähigkeiten und Fertigkeiten zur Durchführung von Grippeschutzimpfungen einschließlich der Aufklärung und Einholung der Einwilligung der zu impfenden Person,
2. Kenntnis von Kontraindikationen sowie Fähigkeiten und Fertigkeiten zu deren Beachtung und
3. Kenntnis von Notfallmaßnahmen bei eventuellen akuten Impfreaktionen sowie Fähigkeiten und Fertigkeiten zur Durchführung dieser Notfallmaßnahmen.

(6) [1]Über die Schulung schließen die Vertragspartner nach Absatz 1 Satz 1 gemeinsam Verträge mit Anbietern der Schulung. [2]Vor Abschluss der Verträge sind zu den jeweiligen Vertragsinhalten Stellungnahmen des Robert Koch-Instituts und des Paul-Ehrlich-Instituts einzuholen; die Stellungnahmen sind zu berücksichtigen.

(7) [1]Die Modellvorhaben sind im Regelfall auf längstens fünf Jahre zu befristen. [2]Sie sind nach allgemein anerkannten wissenschaftlichen Standards zu begleiten und auszuwerten.

(8) [1]Die Vertragspartner nach Absatz 1 haben die Modellvorhaben innerhalb von neun Monaten nach dem Abschluss eines Vertrages oder Vorliegen eines Schiedsspruchs nach § 132e Absatz 1a zu beenden.

§ 132k
Vertrauliche Spurensicherung

[1]Die Krankenkassen oder ihre Landesverbände schließen gemeinsam und einheitlich auf Antrag des jeweiligen Landes mit dem Land sowie mit einer hinreichenden Anzahl von geeigneten Einrichtungen oder Ärzten Verträge über die Erbringung von Leistungen nach § 27 Absatz 1 Satz 6. [2]In den Verträgen sind insbesondere die Einzelheiten zu Art und Umfang der Leistungen, die Voraussetzungen für die Ausführung und Abrechnung sowie die Vergütung und Form und Inhalt des Abrechnungsverfahrens zu regeln. [3]Die Leistungen werden unmittelbar mit den Krankenkassen abgerechnet, die Vergütung kann pauschaliert werden. [4]Das Abrechnungsverfahren ist so zu gestalten, dass die Anonymität des Versicherten gewährleistet ist. [5]Kommt ein Vertrag ganz oder teilweise nicht binnen sechs Monaten nach Antragstellung durch das Land zustande, gilt § 132i Satz 3 bis 5 entsprechend mit den Maßgaben, dass Widerspruch und Klage gegen die Bestimmung der Schiedsperson keine aufschiebende Wirkung haben.

§ 132l
Versorgung mit außerklinischer Intensivpflege, Verordnungsermächtigung

(1) [1]Der Spitzenverband Bund der Krankenkassen und die Vereinigungen der Träger von vollstationären Pflegeeinrichtungen auf Bundesebene, die Leistungen nach § 43 des Elften Buches erbringen, die für die Wahrnehmung der Interessen der Erbringer von Leistungen nach Absatz 5 Nummer 3 maßgeblichen Spitzenorganisationen auf Bundesebene und die für die Wahrnehmung der Interessen von Pflegediensten maßgeblichen Spitzenorganisationen auf Bundesebene haben unter Einbeziehung des Medizinischen Dienstes Bund und unter Berücksichtigung der Richtlinien nach § 92 Absatz 1 Satz 2 Nummer 6 bis zum 31. Oktober 2022 gemeinsame Rahmenempfehlungen über die einheitliche und flächendeckende Versorgung mit außerklinischer Intensivpflege zu vereinbaren. [2]Vor Abschluss der Vereinbarung ist der Kassenärztlichen Bundesvereinigung und der Deutschen Krankenhausgesellschaft Gelegenheit zur Stellungnahme zu geben. [3]Die Stellungnahmen sind in den Entscheidungsprozess der Partner der Rahmenempfehlungen einzubeziehen. [4]Die Inhalte der Rahmenempfehlungen sind den Verträgen nach Absatz 5 zugrunde zu legen.

(2) In den Rahmenempfehlungen sind im Hinblick auf den jeweiligen Leistungsort nach § 37c Absatz 2 Satz 1 insbesondere zu regeln:

1. personelle Anforderungen an die pflegerische Versorgung einschließlich der Grundsätze zur Festlegung des Personalbedarfs,
2. strukturelle Anforderungen an Wohneinheiten nach Absatz 5 Nummer 1 einschließlich baulicher Qualitätsanforderungen,
3. Einzelheiten zu Inhalt und Umfang der Zusammenarbeit des Leistungserbringers mit der verordnenden Vertragsärztin oder dem verordnenden Vertragsarzt, dem Krankenhaus und mit weiteren nichtärztlichen Leistungserbringern,
4. Maßnahmen zur Qualitätssicherung einschließlich von Anforderungen an ein einrichtungsinternes Qualitätsmanagement und Maßnahmen zur Fortbildung,
5. Grundsätze der Wirtschaftlichkeit der Leistungserbringung einschließlich deren Prüfung,
6. Grundsätze zum Verfahren der Prüfung der Leistungspflicht der Krankenkassen sowie zum Abrechnungsverfahren einschließlich der für diese Zwecke nach § 302 jeweils zu übermittelnden Daten,
7. Grundsätze der Vergütungen und ihrer Strukturen einschließlich der Transparenzvorgaben für die Vergütungsverhandlungen zum Nachweis der tatsächlich gezahlten Tariflöhne oder Arbeitsentgelte und
8. Maßnahmen bei Vertragsverstößen.

(3) [1]Kommt eine Rahmenempfehlung nach Absatz 2 ganz oder teilweise nicht zustande, können die Rahmenempfehlungspartner die Schiedsstelle nach Absatz 4 anrufen. [2]Die Schiedsstelle kann auch vom Bundesministerium für Gesundheit angerufen werden. [3]Sie setzt innerhalb von

drei Monaten den betreffenden Rahmenempfehlungsinhalt fest.

(4) [1]Der Spitzenverband Bund der Krankenkassen, die Vereinigungen der Träger von vollstationären Pflegeeinrichtungen auf Bundesebene, die Leistungen nach § 43 des Elften Buches erbringen, die für die Wahrnehmung der Interessen von Leistungserbringern nach Absatz 5 Nummer 3 maßgeblichen Spitzenorganisationen auf Bundesebene und die für die Wahrnehmung der Interessen von Pflegediensten maßgeblichen Spitzenorganisationen auf Bundesebene bilden eine gemeinsame Schiedsstelle. [2]Sie besteht aus sechs Vertretern der Krankenkassen, je zwei Vertretern der vollstationären Pflegeeinrichtungen, der Leistungserbringer nach Absatz 5 Nummer 3 und der Pflegedienste sowie aus einem unparteiischen Vorsitzenden und einem weiteren unparteiischen Mitglied. [3]Für jedes Mitglied werden zwei Stellvertreter bestellt. [4]Die beiden unparteiischen Mitglieder haben je drei Stimmen. [5]Jedes andere Mitglied hat eine Stimme. [6]Eine Stimmenthaltung ist unzulässig. [7]Die gemeinsame Schiedsstelle trifft ihre Entscheidung mit der einfachen Mehrheit der Stimmen ihrer Mitglieder. [8]Ergibt sich keine Mehrheit, geben die Stimmen des Vorsitzenden den Ausschlag. [9]Die Amtsdauer der Mitglieder beträgt vier Jahre. [10]Die Rahmenempfehlungspartner nach Absatz 1 Satz 1 sollen sich über den Vorsitzenden und das weitere unparteiische Mitglied sowie deren Stellvertreter einigen. [11]Kommt eine Einigung nicht zustande, erfolgt eine Bestellung des unparteiischen Vorsitzenden, des weiteren unparteiischen Mitglieds und deren Stellvertreter durch das Bundesministerium für Gesundheit, nachdem es den Rahmenempfehlungspartnern eine Frist zur Einigung gesetzt hat und diese Frist abgelaufen ist. [12]Das Bundesministerium für Gesundheit kann durch Rechtsverordnung mit Zustimmung des Bundesrates das Nähere über die Bestellung der Mitglieder, die Erstattung der baren Auslagen und die Entschädigung für den Zeitaufwand der Mitglieder, das Verfahren sowie über die Verteilung der Kosten regeln. [13]§ 129 Absatz 9 Satz 1 bis 3 und 7 sowie Absatz 10 Satz 1 gilt entsprechend.

(5) [1]Über die außerklinische Intensivpflege einschließlich deren Vergütung und Abrechnung schließen die Landesverbände der Krankenkassen und die Ersatzkassen gemeinsam und einheitlich Verträge mit zuverlässigen Leistungserbringern, die

1. eine Wohneinheit für mindestens zwei Versicherte betreiben, die Leistungen nach § 37c in Anspruch nehmen,
2. Leistungen nach § 43 des Elften Buches erbringen,
3. Leistungen nach § 103 Absatz 1 des Neunten Buches in Einrichtungen oder Räumlichkeiten im Sinne des § 43a des Elften Buches in Verbindung mit § 71 Absatz 4 des Elften Buches erbringen oder
4. außerklinische Intensivpflege an den in § 37c Absatz 2 Satz 1 Nummer 4 genannten Orten erbringen.

[2]Die Bezahlung von Gehältern bis zur Höhe tarifvertraglich vereinbarter Vergütungen sowie entsprechender Vergütungen nach kirchlichen Arbeitsrechtsregelungen kann dabei nicht als unwirtschaftlich abgelehnt werden. [3]Auf Verlangen der Landesverbände der Krankenkassen und der Ersatzkassen oder einer Krankenkasse ist die Zahlung dieser Vergütungen nachzuweisen. [4]Die Leistungserbringer sind verpflichtet, ein einrichtungsinternes Qualitätsmanagement durchzuführen, das den Anforderungen des Absatzes 2 Nummer 4 entspricht, und an Qualitäts- und Abrechnungsprüfungen nach § 275b teilzunehmen; § 114 Absatz 2 des Elften Buches bleibt unberührt. [5]Soweit bei einer Prüfung nach § 275b Absatz 1 Satz 1 bis 3 Qualitätsmängel festgestellt werden, entscheiden die Landesverbände der Krankenkassen oder die Krankenkassen nach Anhörung des Leistungserbringers, welche Maßnahmen zu treffen sind, erteilen dem Leistungserbringer hierüber einen Bescheid und setzen ihm darin zugleich eine angemessene Frist zur Beseitigung der festgestellten Mängel. [6]Verträge nach § 132a Absatz 4 gelten so lange fort, bis sie durch Verträge nach Satz 1 abgelöst werden, längstens jedoch für zwölf Monate nach Vereinbarung der Rahmenempfehlungen nach Absatz 1.

Bearbeiterhinweis:
Am 01. Juli 2024 tritt nachfolgende Fassung von § 132l Absatz 5 in Kraft:

(5) [1]Über die außerklinische Intensivpflege einschließlich deren Vergütung und Abrechnung schließen die Landesverbände der Krankenkassen und die Ersatzkassen gemeinsam und einheitlich Verträge mit zuverlässigen Leistungserbringern, die

1. eine Wohneinheit für mindestens zwei Versicherte betreiben, die Leistungen nach § 37c in Anspruch nehmen,
2. Leistungen nach § 43 des Elften Buches erbringen,
3. Leistungen nach § 103 Absatz 1 des Neunten Buches in Einrichtungen oder Räumlichkeiten im Sinne des § 43a des Elften Buches in Verbindung mit § 71 Absatz 4 des Elften Buches erbringen oder
4. außerklinische Intensivpflege an den in § 37c Absatz 2 Satz 1 Nummer 4 genannten Orten erbringen.

[2]Die Bezahlung von Gehältern bis zur Höhe tarifvertraglich vereinbarter Vergütungen sowie entsprechender Vergütungen nach kirchlichen Arbeitsrechtsregelungen kann dabei nicht als unwirtschaftlich abgelehnt werden. [3]Bei nicht tarifgebundenen oder nicht an kirchliche Arbeitsrechtsregelungen gebundenen Leistungserbringern gilt § 82c Absatz 2 Satz 1 des Elften Buches entsprechend. [4]Eine Bezahlung von Gehältern, die ihrer Höhe nach über die Höhe hinausgehen, die nach Satz 2 oder Satz 3 in Verbindung mit § 82c Absatz 2 Satz 1 des Elften Buches nicht als unwirtschaftlich abgelehnt werden kann, kann nicht als unwirtschaftlich abgelehnt werden, wenn für sie ein sachlicher Grund besteht. [5]Auf Verlangen der Landesverbände der Krankenkassen und der Ersatzkassen oder einer Krankenkasse ist die Zahlung der Vergütungen nach Satz 2 oder Satz 3 nachzuweisen. [6]Die Leistungserbringer sind verpflichtet, ein einrichtungsinternes Qualitätsmanagement durchzuführen, das den Anforderungen des Absatzes 2 Nummer 4 entspricht, und an Qualitäts- und Abrechnungsprüfungen nach § 275b teilzunehmen; § 114 Absatz 2 des Elften Buches bleibt unberührt. [7]Soweit bei einer Prüfung nach § 275b Absatz 1 Satz 1 bis 3 Qualitätsmängel festgestellt werden, entscheiden die Landesverbände der Krankenkassen oder die Krankenkassen nach Anhörung des und setzen ihm darin zugleich eine angemessene Frist zur Beseitigung der festgestellten Mängel. [8]Verträge nach § 132a Absatz 4 gelten so lange fort, bis sie durch Verträge nach Satz 1 abgelöst werden, längstens jedoch für zwölf Monate nach Vereinbarung der Rahmenempfehlungen nach Absatz 1.

(6) [1]Im Fall der Nichteinigung wird der Inhalt des Versorgungsvertrages nach Absatz 5 durch eine von den Vertragspartnern zu bestimmende unabhängige Schiedsperson innerhalb von drei Monaten festgelegt. [2]Einigen sich die Vertragspartner nicht auf eine Schiedsperson, so wird diese vom Bundesamt für Soziale Sicherung innerhalb eines Monats nach Vorliegen der für die Bestimmung der Schiedsperson notwendigen Informationen bestimmt; Widerspruch und Klage gegen die Bestimmung der Schiedsperson durch das Bundesamt für Soziale Sicherung haben keine aufschiebende Wirkung. [3]Klagen gegen die Festlegung des Vertragsinhalts sind gegen den Vertragspartner zu richten. [4]Der von der Schiedsperson festgelegte Vertragsinhalt oder die von der Schiedsperson festgelegten einzelnen Bestimmungen des Vertrages gilt oder gelten bis zur gerichtlichen Ersetzung oder gerichtlichen Feststellung der Unbilligkeit weiter. [5]Die Kosten des Schiedsverfahrens tragen die Vertragspartner zu gleichen Teilen.

(7) Die Krankenkassen informieren die für die infektionshygienische Überwachung nach § 23 Absatz 6 Satz 1 und Absatz 6a Satz 1 des Infektionsschutzgesetzes zuständigen Gesundheitsämter über jeden Leistungserbringer, der in ihrem Auftrag Leistungen der außerklinischen Intensivpflege erbringt.

(8) [1]Die Landesverbände der Krankenkassen und die Ersatzkassen erstellen gemeinsam und einheitlich eine Liste der Leistungserbringer, mit denen Verträge nach Absatz 5 bestehen und veröffentlichen sie barrierefrei auf einer eigenen Internetseite. [2]Die Liste ist einmal in jedem Quartal zu aktualisieren. [3]Sie hat Angaben zu Art, Inhalt und Umfang der mit dem Leistungserbringer vertraglich vereinbarten Leistungen der außerklinischen Intensivpflege zu enthalten; sie kann personenbezogene Daten zum Zweck der Kontaktaufnahme mit dem Leistungserbringer enthalten. [4]Die Liste darf keine versichertenbezogenen Angaben enthalten und leistungserbringerbezogene Angaben nur, soweit diese für die Kontaktaufnahme mit dem Leistungserbringer erforderlich sind. [5]Versicherte, die Anspruch auf Leistungen der außerklinischen Intensivpflege nach § 37c haben, erhalten auf Anforderung von ihrer Krankenkasse einen barrierefreien Auszug aus der Liste nach Satz 1 für den Einzugsbereich, in dem die außerklinische Intensivpflege stattfinden soll.

§ 132m Versorgung mit Leistungen der Übergangspflege im Krankenhaus

[1]Die Landesverbände der Krankenkassen und die Ersatzkassen schließen mit der Landeskrankenhausgesellschaft oder mit den Vereinigungen der Krankenhausträger im Land Verträge über die Einzelheiten der Versorgung mit Leistungen der Übergangspflege nach § 39e sowie deren Vergütung. [2]Im Fall der Nichteinigung wird der Vertragsinhalt durch die Schiedsstelle nach § 18a Absatz 1 des Krankenhausfinanzierungsgesetzes auf Antrag einer Vertragspartei innerhalb von drei Monaten festgelegt.

§ 133 Versorgung mit Krankentransportleistungen

(1) [1]Soweit die Entgelte für die Inanspruchnahme von Leistungen des Rettungsdienstes und anderer Krankentransporte nicht durch landesrechtliche oder kommunalrechtliche Bestimmungen festgelegt werden, schließen die Krankenkassen oder ihre Landesverbände Verträge über die Vergütung dieser Leistungen unter Beachtung des § 71 Abs. 1 bis 3 mit dafür geeigneten Einrichtungen oder Unternehmen. [2]Kommt eine Vereinbarung nach Satz 1 nicht zu Stande und sieht das Landesrecht für diesen Fall eine Festlegung der Vergütungen vor, ist auch bei dieser Festlegung § 71 Abs. 1 bis 3 zu beachten. [3]Sie haben dabei die Sicherstellung der flächendeckenden rettungsdienstlichen Versorgung und die Empfehlungen der Konzertierten Aktion im Gesundheitswesen zu berücksichtigen.

(2) Werden die Entgelte für die Inanspruchnahme von Leistungen des Rettungsdienstes durch landesrechtliche oder kommunalrechtliche Bestimmungen festgelegt, können die Krankenkassen ihre Leistungspflicht zur Übernahme der Kosten auf Festbeträge an die Versicherten in Höhe vergleichbarer wirtschaftlich erbrachter Leistungen beschränken, wenn

1. vor der Entgeltfestsetzung den Krankenkassen oder ihren Verbänden keine Gelegenheit zur Erörterung gegeben wurde,
2. bei der Entgeltbemessung Investitionskosten und Kosten der Reservevorhaltung berücksichtigt worden sind, die durch eine über die Sicherstellung der Leistungen des Rettungsdienstes hinausgehende öffentliche Aufgabe der Einrichtungen bedingt sind, oder
3. die Leistungserbringung gemessen an den rechtlich vorgegebenen Sicherstellungsverpflichtungen unwirtschaftlich ist.

(3) Absatz 1 gilt auch für Leistungen des Rettungsdienstes und andere Krankentransporte im Rahmen des Personenbeförderungsgesetzes.

(4) § 127 Absatz 9 gilt entsprechend.

§ 134 Vereinbarung zwischen dem Spitzenverband Bund der Krankenkassen und den Herstellern digitaler Gesundheitsanwendungen über Vergütungsbeträge; Verordnungsermächtigung

(1) [1]Der Spitzenverband Bund der Krankenkassen vereinbart mit den Herstellern digitaler Gesundheitsanwendungen mit Wirkung für alle Krankenkassen Vergütungsbeträge für digitale Gesundheitsanwendungen. [2]Die Vergütungsbeträge gelten nach dem ersten Jahr nach Aufnahme der jeweiligen digitalen Gesundheitsanwendung in das Verzeichnis für digitale Gesundheitsanwendungen nach § 139e unabhängig davon, ob die Aufnahme in das Verzeichnis für digitale Gesundheitsanwendungen nach § 139e Absatz 3 dauerhaft oder nach § 139e Absatz 4 zur Erprobung erfolgt. [3]Gegenstand der Vereinbarungen sollen auch erfolgsabhängige Preisbestandteile sein. [4]Die Hersteller übermitteln dem Spitzenverband Bund der Krankenkassen

1. die Nachweise nach § 139e Absatz 2 und die Ergebnisse einer Erprobung nach § 139e Absatz 4 sowie
2. die Angaben zur Höhe des tatsächlichen Vergütungsbetrags bei Abgabe an Selbstzahler und in anderen europäischen Ländern.

[4]Die Verhandlungen und deren Vorbereitung einschließlich der Beratungsunterlagen und Niederschriften zur Vereinbarung des Vergütungsbetrags sind vertraulich. [5]Eine Vereinbarung nach diesem Absatz kann von einer Vertragspartei frühestens nach einem Jahr gekündigt werden. [6]Die bisherige Vereinbarung gilt bis zum Wirksamwerden einer neuen Vereinbarung fort.

(2) [1]Kommt eine Vereinbarung nach Absatz 1 nicht innerhalb von neun Monaten nach Aufnahme der jeweiligen digitalen Gesundheitsanwendung in das Verzeichnis für digitale Gesundheitsanwendungen nach § 139e zustande, setzt die Schiedsstelle nach Absatz 3 innerhalb von drei Monaten die Vergütungsbeträge fest. [2]Wenn durch eine Verzögerung des Schiedsverfahrens die Festlegung der Vergütungsbeträge durch die Schiedsstelle nicht innerhalb von drei Monaten erfolgt, ist von der Schiedsstelle ein Ausgleich der Differenz zwischen dem Abgabepreis nach Absatz 5 und dem festgesetzten Vergütungsbetrag für den Zeitraum nach Ablauf der drei Monate nach Satz 1 bis zur Festsetzung des Vergütungsbetrags vorzusehen. [3]Die Schiedsstelle entscheidet unter freier Würdigung aller Umstände des Einzelfalls und berücksichtigt dabei die Besonderheiten des jeweiligen Anwendungsgebietes. [4]Die Schiedsstelle gibt dem Verband der Privaten Krankenversicherung vor ihrer Entscheidung Gelegenheit zur Stellungnahme. [5]Absatz 1 Satz 4 gilt entsprechend. [6]Klagen gegen Entscheidungen der Schiedsstelle haben keine aufschiebende Wirkung. [7]Ein Vorverfahren findet nicht statt. [8]Frühestens ein Jahr nach Festsetzung der Vergütungsbeträge durch die Schiedsstelle können die Vertragsparteien eine neue Vereinbarung über die Vergütungsbeträge nach Absatz 1 schließen. [9]Der Schiedsspruch gilt bis zum Wirksamwerden einer neuen Vereinbarung fort.

(2a) Wird eine digitale Gesundheitsanwendung nach Abschluss der Erprobung gemäß § 139e Absatz 4 Satz 6 in das Verzeichnis für digitale Gesundheitsanwendungen aufgenommen, erfolgt die Festsetzung des Vergütungsbetrags für die aufgenommene digitale Gesundheitsanwendung durch die Schiedsstelle abweichend von Absatz 2 Satz 1 innerhalb von drei Monaten nach Ablauf des dritten auf die Entscheidung des Bundesinstituts für Arzneimittel und Medizinprodukte nach § 139e Absatz 4 Satz 6 folgenden Monats, wenn eine Vereinbarung nach Absatz 1 in dieser Zeit nicht zustande gekommen ist.

(3) [1]Der Spitzenverband Bund der Krankenkassen und die für die Wahrnehmung der wirtschaftlichen Interessen gebildeten maßgeblichen Spitzenorganisationen der Hersteller von digitalen Gesundheitsanwendungen auf Bundesebene bilden eine gemeinsame Schiedsstelle. [2]Sie besteht aus einem unparteiischen Vorsitzenden und zwei weiteren unparteiischen Mitgliedern sowie aus jeweils zwei Vertretern der Krankenkassen und der Hersteller digitaler Gesundheitsanwendungen. [3]Für die unparteiischen Mitglieder sind Stellvertreter zu benennen. [4]Über den Vorsitzenden und die zwei weiteren unparteiischen Mitglieder sowie deren Stellvertreter sollen sich die Verbände nach Satz 1 einigen. [5]Kommt eine Einigung nicht zustande, erfolgt eine Bestellung des unparteiischen Vorsitzenden, der weiteren unparteiischen Mitglieder und deren Stellvertreter durch das Bundesministerium für Gesundheit, nachdem es den Vertragsparteien eine Frist zur Einigung gesetzt hat und diese Frist abgelaufen ist. [6]Die Mitglieder der Schiedsstelle führen ihr Amt als Ehrenamt. Sie sind an Weisungen nicht gebunden. [7]Jedes Mitglied hat eine Stimme. [8]Die Entscheidungen werden mit der Mehrheit der Stimmen der Mitglieder getroffen. [9]Ergibt sich keine Mehrheit, gibt die Stimme des Vorsitzenden den Ausschlag. [10]Das Bundesministerium für Gesundheit kann an der Beratung und Beschlussfassung der Schiedsstelle teilnehmen. [11]Die Patientenorganisationen nach § 140f können beratend an den Sitzungen der Schiedsstelle teilnehmen. [12]Die Schiedsstelle gibt sich eine Geschäftsordnung. [13]Über die Geschäftsordnung entscheiden die unparteiischen Mitglieder im Benehmen mit den Verbänden nach Satz 1. [14]Die Geschäftsordnung bedarf der Genehmigung des Bundesministeriums für Gesundheit. [15]Die Aufsicht über die Geschäftsführung der Schiedsstelle führt das Bundesministerium für Gesundheit. [16]Das Nähere regelt die Rechtsverordnung nach § 139e Absatz 9 Nummer 7.

(4) [1]Die Verbände nach Absatz 3 Satz 1 treffen eine Rahmenvereinbarung über die Maßstäbe für die Vereinbarungen der Vergütungsbeträge. [2]Bei der Rahmenvereinbarung über die Maßstäbe ist zu berücksichtigen, ob und inwieweit der Nachweis positiver Versorgungseffekte nach § 139e Absatz 2 Satz 2 Nummer 3 erbracht ist. [3]Kommt eine Rahmenvereinbarung nicht zustande, setzen die unparteiischen Mitglieder der Schiedsstelle nach Absatz 3 die Rahmenvereinbarung im Benehmen mit den Verbänden auf Antrag einer Vertragspartei nach Absatz 3 Satz 1 fest. [4]Kommt eine Rahmenvereinbarung nicht innerhalb einer vom Bundesministerium für Gesundheit gesetzten Frist zustande, gilt Satz 3 entsprechend. [5]Absatz 2 Satz 4, 6, 7 und 9 gilt mit der Maßgabe, dass die unparteiischen Mitglieder Festsetzungen zu der Rahmenvereinbarung innerhalb von drei Monaten treffen, entsprechend.

(5) [1]Bis zur Festlegung der Vergütungsbeträge nach Absatz 1 gelten die tatsächlichen Preise

der Hersteller von digitalen Gesundheitsanwendungen. [2]In der Rahmenvereinbarung nach Absatz 4 ist das Nähere zu der Ermittlung der tatsächlichen Preise der Hersteller zu regeln. [3]In der Rahmenvereinbarung nach Absatz 4 kann auch Folgendes festgelegt werden:

1. Schwellenwerte für Vergütungsbeträge, unterhalb derer eine dauerhafte Vergütung ohne Vereinbarung nach Absatz 1 erfolgt, und

2. Höchstbeträge für die vorübergehende Vergütung nach Satz 1 für Gruppen vergleichbarer digitaler Gesundheitsanwendungen, auch in Abhängigkeit vom Umfang der Leistungsinanspruchnahme durch Versicherte.

[4]Höchstbeträge nach Satz 3 Nummer 2 müssen für Gruppen vergleichbarer digitaler Gesundheitsanwendungen auch in Abhängigkeit davon festgelegt werden, ob und inwieweit der Nachweis positiver Versorgungseffekte nach § 139e Absatz 2 Satz 2 Nummer 3 bereits erbracht ist. [5]Die nach Satz 3 Nummer 2 für den Fall der vorläufigen Aufnahme in das Verzeichnis für digitale Gesundheitsanwendungen zur Erprobung nach § 139e Absatz 4 zu vereinbarenden Höchstpreise müssen dabei geringer sein als bei einer unmittelbaren dauerhaften Aufnahme nach § 139e Absatz 2 und 3. [6]Werden in der Rahmenvereinbarung nach Absatz 4 für eine Gruppe vergleichbarer digitaler Gesundheitsanwendungen keine Höchstbeträge nach Satz 3 Nummer 2 festgelegt, kann das Bundesministerium für Gesundheit den Verbänden nach Absatz 3 Satz 1 eine Frist von drei Monaten zur Festlegung von Höchstbeträgen nach Satz 3 Nummer 2 für diese Gruppe vergleichbarer digitaler Gesundheitsanwendungen setzen. [7]Kommt eine Festlegung von Höchstbeträgen nach Satz 6 nicht in der vom Bundesministerium für Gesundheit gesetzten Frist zustande, gilt Absatz 4 Satz 3 entsprechend.

§ 134a
Versorgung mit Hebammenhilfe

(1) [1]Der Spitzenverband Bund der Krankenkassen schließt mit den für die Wahrnehmung der wirtschaftlichen Interessen gebildeten maßgeblichen Berufsverbänden der Hebammen und den Verbänden der von Hebammen geleiteten Einrichtungen auf Bundesebene mit bindender Wirkung für die Krankenkassen Verträge über die Versorgung mit Hebammenhilfe, die abrechnungsfähigen Leistungen unter Einschluss einer Betriebskostenpauschale bei ambulanten Entbindungen in von Hebammen geleiteten Einrichtungen, die Anforderungen an die Qualitätssicherung in diesen Einrichtungen, die Anforderungen an die Qualität der Hebammenhilfe einschließlich der Verpflichtung der Hebammen zur Teilnahme an Qualitätssicherungsmaßnahmen sowie über die Höhe der Vergütung und die Einzelheiten der Vergütungsabrechnung durch die Krankenkassen. [2]Die Vertragspartner haben dabei den Bedarf der Versicherten an Hebammenhilfe unter Einbeziehung der in § 24f Satz 2 geregelten Wahlfreiheit der Versicherten und deren Qualität, den Grundsatz der Beitragssatzstabilität sowie die berechtigten wirtschaftlichen Interessen der freiberuflich tätigen Hebammen zu berücksichtigen. [3]Bei der Berücksichtigung der wirtschaftlichen Interessen der freiberuflich tätigen Hebammen nach Satz 2 sind insbesondere Kostensteigerungen zu beachten, die die Berufsausübung betreffen.

(1a) [1]Die Vereinbarungen nach Absatz 1 Satz 1 zu den Anforderungen an die Qualität der Hebammenhilfe sind bis zum 31. Dezember 2014 zu treffen. [2]Sie sollen Mindestanforderungen an die Struktur-, Prozess- und Ergebnisqualität umfassen sowie geeignete verwaltungsunaufwendige Verfahren zum Nachweis der Erfüllung dieser Qualitätsanforderungen festlegen.

(1b) [1]Hebammen, die Leistungen der Geburtshilfe erbringen und die Erfüllung der Qualitätsanforderungen nach Absatz 1a nachgewiesen haben, erhalten für Geburten ab dem 1. Juli 2015 einen Sicherstellungszuschlag nach Maßgabe der Vereinbarungen nach Satz 3, wenn ihre wirtschaftlichen Interessen wegen zu geringer Geburtenzahlen bei der Vereinbarung über die Höhe der Vergütung nach Absatz 1 nicht ausreichend berücksichtigt sind. [2]Die Auszahlung des Sicherstellungszuschlags erfolgt nach Ende eines Abrechnungszeitraums auf Antrag der Hebamme durch den Spitzenverband Bund der Krankenkassen. [3]In den Vereinbarungen, die nach Absatz 1 Satz 1 zur Höhe der Vergütung getroffen werden, sind bis zum 1. Juli 2015 die näheren Einzelheiten der Anspruchsvoraussetzungen und des Verfahrens nach Satz 1 zu regeln. [4]Zu treffen sind insbesondere Regelungen über die Höhe des Sicherstellungszuschlags in Abhängigkeit von der Anzahl der betreuten Geburten, der Anzahl der haftpflichtversicherten Monate für Hebammen mit Geburtshilfe ohne Vorschäden und der Höhe der zu entrichtenden Haftpflichtprämie, die Anforderungen an die von der Hebamme zu erbringenden Nachweise sowie die Auszahlungsmodalitäten. [5]Dabei muss die Hebamme gewährleisten, dass sie bei geringer Geburtenzahl unterjährige Wechselmöglichkeiten der Haftpflichtversicherungsform in Anspruch nimmt. [6]Die erforderlichen Angaben nach den Sätzen 3 bis 5 hat die Hebamme im Rahmen ihres Antrags nach Satz 2 zu übermitteln. [7]Für die Erfüllung der Aufgaben nach Satz 2 übermitteln die Krankenkassen dem Spitzenverband Bund der Krankenkassen leistungserbringer- und nicht versichertenbezogen die erforderlichen Daten nach § 301a Absatz 1 Satz 1 Nummer 2 bis 6.

(1c) Die Vertragspartner vereinbaren in den Verträgen nach Absatz 1 Satz 1 bis zum 30. September 2014 zusätzlich zu den nach Absatz 1 Satz 3 vorzunehmenden Vergütungsanpassungen einen Zuschlag auf die Abrechnungspositionen für Geburtshilfeleistungen bei Hausgeburten, außerklinischen Geburten in von Hebammen geleiteten Einrichtungen sowie Geburten durch Beleghebammen in einer Eins-zu-eins-Betreuung ohne Schichtdienst, der von den Krankenkassen für Geburten vom 1. Juli 2014 bis zum 30. Juni 2015 an die Hebammen zu zahlen ist.

(1d) [1]Die Vertragsparteien vereinbaren in den Verträgen nach Absatz 1 Satz 1 Regelungen über

1. die Leistungen der Hebammenhilfe, die im Wege der Videobetreuung erbracht werden,
2. die technischen Voraussetzungen, die erforderlich sind, um die Leistungen der Hebammenhilfe nach Nummer 1 im Wege der Videobetreuung zu erbringen, und
3. die Leistungen der Hebammenhilfe, die im Zusammenhang mit dem Einsatz einer digitalen Gesundheitsanwendung erbracht werden.

[2]Die Vereinbarungen nach Satz 1 Nummer 2 sind im Einvernehmen mit dem Bundesamt für Sicherheit in der Informationstechnik und im Benehmen mit der oder dem Bundesbeauftragten für den Datenschutz und die Informationsfreiheit sowie der Gesellschaft für Telematik zu treffen. [3]Die Vereinbarung nach Satz 1 Nummer 2 ist dem Bundesministerium für Gesundheit zur Prüfung vorzulegen. [4]Für die Prüfung gilt § 369 Absatz 2 und 3 entsprechend. [5]Die Vereinbarungen nach Satz 1 Nummer 3 sind auf Grundlage der vom Bundesinstitut für Arzneimittel und Medizinprodukte nach § 139e Absatz 3 Satz 2 bestimmten Leistungen der Hebammenhilfe, die zur Versorgung mit digitalen Gesundheitsanwendungen erforderlich sind, zu treffen.

(1e) [1]Die Vertragspartner vereinbaren in den Verträgen nach Absatz 1 Satz 1 Pauschalen, die im Verfahren zur Finanzierung von Kosten für die Ausbildung von Hebammenstudierenden in ambulanten hebammengeleiteten Einrichtungen und bei freiberuflichen Hebammen Bestandteil des nach § 17a Absatz 3 des Krankenhausfinanzierungsgesetzes zu vereinbarenden Ausbildungsbudgets werden. [2]Die Pauschalen nach Satz 1 sind erstmals bis zum 31. Dezember 2019 mit Wirkung für diejenigen Hebammen und hebammengeleiteten Einrichtungen, die sich zur berufspraktischen ambulanten Ausbildung von Hebammenstudierenden verpflichtet haben, zu vereinbaren. [3]Für die Kosten der Weiterqualifizierung, die dazu dient, die Hebamme erstmals für die Praxisanleitung nach § 14 des Hebammengesetzes zu qualifizieren, ist eine eigene Pauschale zu bilden. [4]Der Spitzenverband Bund der Krankenkassen veröffentlicht die Pauschalen auf seiner Internetseite; dies gilt auch für eine Festlegung durch die Schiedsstelle gemäß Absatz 3 Satz 3.

(2) [1]Die Verträge nach Absatz 1 haben Rechtswirkung für freiberuflich tätige Hebammen, wenn sie

1. einem Verband nach Absatz 1 Satz 1 auf Bundes- oder Landesebene angehören und die Satzung des Verbandes vorsieht, dass die von dem Verband nach Absatz 1 abgeschlossenen Verträge Rechtswirkung für die dem Verband angehörenden Hebammen haben, oder
2. einem nach Absatz 1 geschlossenen Vertrag beitreten.

[2]Hebammen, für die die Verträge nach Absatz 1 keine Rechtswirkung haben, sind nicht als Leistungserbringer zugelassen. [3]Das Nähere über Form und Verfahren des Nachweises der Mitgliedschaft in einem Verband nach Satz 1 Nr. 1 sowie des Beitritts nach Satz 1 Nr. 2 regelt der Spitzenverband Bund der Krankenkassen.

(2a) [1]Der Spitzenverband Bund der Krankenkassen führt eine Vertragspartnerliste, in der alle zur Leistungserbringung zugelassenen freiberuflichen Hebammen nach Absatz 2 geführt werden. [2]Diese enthält folgende Angaben:

1. Bestehen einer Mitgliedschaft in einem Berufsverband und Name des Berufsverbandes oder

2. Beitritt nach Absatz 2 Nummer 2 und dessen Widerruf sowie
3. Unterbrechung und Beendigung der Tätigkeit,
4. Vorname und Name der Hebamme,
5. Anschrift der Hebamme beziehungsweise der Einrichtung,
6. Telefonnummer der Hebamme,
7. E-Mail-Adresse der Hebamme, soweit vorhanden,
8. Art der Tätigkeit,
9. Kennzeichen nach § 293.

[3]Die Hebammen sind verpflichtet, die Daten nach Satz 2 sowie Änderungen unverzüglich über den Berufsverband, in dem sie Mitglied sind, an den Spitzenverband Bund der Krankenkassen zu übermitteln. [4]Hebammen, die nicht Mitglied in einem Berufsverband sind, haben die Daten sowie Änderungen unmittelbar an den Spitzenverband Bund der Krankenkassen zu übermitteln. [5]Nähere Einzelheiten über die Vertragspartnerliste und die Datenübermittlungen vereinbaren die Vertragspartner im Vertrag nach Absatz 1. [6]Sie können im Vertrag nach Absatz 1 die Übermittlung weiterer, über die Angaben nach Satz 2 hinausgehender Angaben vereinbaren, soweit dies für die Aufgabenerfüllung des Spitzenverbandes Bund der Krankenkassen erforderlich ist.

(2b) [1]Der Spitzenverband Bund der Krankenkassen informiert über die zur Leistungserbringung zugelassenen Hebammen. [2]Er stellt auf seiner Internetseite ein elektronisches Programm zur Verfügung, mit dem die Angaben nach Absatz 2a Satz 2 Nummer 4 und 6 bis 8 sowie gegebenenfalls weitere freiwillig gemeldete Angaben abgerufen werden können.

(2c) [1]Der Spitzenverband Bund der Krankenkassen ist befugt, die Daten nach Absatz 2 zur Erfüllung seiner Aufgaben nach dieser Vorschrift zu verarbeiten. [2]Er ist befugt und verpflichtet, die Daten nach Absatz 2a an die Krankenkassen zu übermitteln.

(3) [1]Kommt ein Vertrag nach Absatz 1 ganz oder teilweise nicht zu Stande, wird der Vertragsinhalt durch die Schiedsstelle nach Absatz 4 festgesetzt. [2]Der bisherige Vertrag gilt bis zur Entscheidung durch die Schiedsstelle vorläufig weiter. [3]Kommt im Fall des Absatzes 1e bis zum 31. Dezember 2019 eine Vereinbarung nicht zustande, haben die Vertragspartner nach Absatz 1 die Schiedsstelle nach Absatz 4 hierüber unverzüglich zu informieren; diese hat von Amts wegen ein Schiedsverfahren einzuleiten und innerhalb von sechs Wochen die Pauschalen nach Absatz 1e festzulegen. [4]Für die nach dem erstmaligen Zustandekommen einer Vereinbarung nach Absatz 1e oder einer Schiedsstellenentscheidung nach Satz 2 zu treffenden Folgeverträge gelten die Sätze 1 und 2.

(4) [1]Der Spitzenverband Bund der Krankenkassen und die für die Wahrnehmung der wirtschaftlichen Interessen gebildeten maßgeblichen Berufsverbände der Hebammen sowie die Verbände der von Hebammen geleiteten Einrichtungen auf Bundesebene bilden eine gemeinsame Schiedsstelle. [2]Sie besteht aus Vertretern der Krankenkassen und der Hebammen in gleicher Zahl sowie aus einem unparteiischen Vorsitzenden und zwei weiteren unparteiischen Mitgliedern. [3]Die Amtsdauer beträgt vier Jahre. [4]Über den Vorsitzenden und die zwei weiteren unparteiischen Mitglieder sowie deren Stellvertreter sollen sich die Vertragspartner einigen. [5]Kommt es nicht zu einer Einigung über die unparteiischen Mitglieder oder deren Stellvertreter, entscheidet das Los, wer das Amt des unparteiischen Vorsitzenden, der weiteren unparteiischen Mitglieder und der Stellvertreter auszuüben hat; die Amtsdauer beträgt in diesem Fall ein Jahr. [6]Im Übrigen gilt § 129 Abs. 9 und 10 entsprechend.

(5) [1]Ein Ersatzanspruch nach § 116 Absatz 1 des Zehnten Buches wegen Schäden aufgrund von Behandlungsfehlern in der Geburtshilfe kann von Kranken- und Pflegekassen gegenüber freiberuflich tätigen Hebammen nur geltend gemacht werden, wenn der Schaden vorsätzlich oder grob fahrlässig verursacht wurde. [2]Im Fall einer gesamtschuldnerischen Haftung können Kranken- und Pflegekassen einen nach § 116 Absatz 1 des Zehnten Buches übergegangenen Ersatzanspruch im Umfang des Verursachungs- und Verschuldensanteils der nach Satz 1 begünstigten Hebamme gegenüber den übrigen Gesamtschuldnern nicht geltend machen.

(6) (aufgehoben)

Neunter Abschnitt

Sicherung der Qualität der Leistungserbringung

§ 135 Bewertung von Untersuchungs- und Behandlungsmethoden

(1) [1]Neue Untersuchungs- und Behandlungsmethoden dürfen in der vertragsärztlichen und vertragszahnärztlichen Versorgung zu Lasten der Krankenkassen nur erbracht werden, wenn der Gemeinsame Bundesausschuss auf Antrag eines Unparteiischen nach § 91 Abs. 2 Satz 1, einer Kassenärztlichen Bundesvereinigung, einer Kassenärztlichen Vereinigung oder des Spitzenverbandes Bund der Krankenkassen in Richtlinien nach § 92 Abs. 1 Satz 2 Nr. 5 Empfehlungen abgegeben hat über

1. die Anerkennung des diagnostischen und therapeutischen Nutzens der neuen Methode sowie deren medizinische Notwendigkeit und Wirtschaftlichkeit – auch im Vergleich zu bereits zu Lasten der Krankenkassen erbrachte Methoden – nach dem jeweiligen Stand der wissenschaftlichen Erkenntnisse in der jeweiligen Therapierichtung,
2. die notwendige Qualifikation der Ärzte, die apparativen Anforderungen sowie Anforderungen an Maßnahmen der Qualitätssicherung, um eine sachgerechte Anwendung der neuen Methode zu sichern, und
3. die erforderlichen Aufzeichnungen über die ärztliche Behandlung.

[2]Der Gemeinsame Bundesausschuss überprüft die zu Lasten der Krankenkassen erbrachten vertragsärztlichen und vertragszahnärztlichen Leistungen daraufhin, ob sie den Kriterien nach Satz 1 Nr. 1 entsprechen. [3]Falls die Überprüfung ergibt, dass diese Kriterien nicht erfüllt werden, dürfen die Leistungen nicht mehr als vertragsärztliche oder vertragszahnärztliche Leistungen zu Lasten der Krankenkassen erbracht werden. [4]Die Beschlussfassung über die Annahme eines Antrags nach Satz 1 muss spätestens drei Monate nach Antragseingang erfolgen. [5]Das sich anschließende Methodenbewertungsverfahren ist innerhalb von zwei Jahren abzuschließen. [6]Bestehen nach dem Beratungsverlauf im Gemeinsamen Bundesausschuss ein halbes Jahr vor Fristablauf konkrete Anhaltspunkte dafür, dass eine fristgerechte Beschlussfassung nicht zustande kommt, haben die unparteiischen Mitglieder gemeinsam einen eigenen Beschlussvorschlag für eine fristgerechte Entscheidung vorzulegen; die Geschäftsführung ist mit der Vorbereitung des Beschlussvorschlags zu beauftragen. [7]Der Beschlussvorschlag der unparteiischen Mitglieder muss Regelungen zu den notwendigen Anforderungen nach Satz 1 Nummer 2 und 3 enthalten, wenn die unparteiischen Mitglieder vorschlagen, dass die Methode die Kriterien nach Satz 1 Nummer 1 erfüllt. [8]Der Beschlussvorschlag der unparteiischen Mitglieder muss Vorgaben für einen Beschluss einer Richtlinie nach § 137e Absatz 1 und 2 enthalten, wenn die unparteiischen Mitglieder vorschlagen, dass die Methode das Potential einer erforderlichen Behandlungsalternative bietet, ihr Nutzen aber noch nicht hinreichend belegt ist. [9]Der Gemeinsame Bundesausschuss hat innerhalb der in Satz 5 genannten Frist über den Vorschlag der unparteiischen Mitglieder zu entscheiden.

(1a) Für ein Methodenbewertungsverfahren, für das der Antrag nach Absatz 1 Satz 1 vor dem 31. Dezember 2018 angenommen wurde, gilt Absatz 1 mit der Maßgabe, dass das Methodenbewertungsverfahren abweichend von Absatz 1 Satz 5 erst bis zum 31. Dezember 2020 abzuschließen ist.

(2) [1]Für ärztliche und zahnärztliche Leistungen, welche wegen der Anforderungen an ihre Ausführung oder wegen der Neuheit des Verfahrens besonderer Kenntnisse und Erfahrungen (Fachkundenachweis), einer besonderen Praxisausstattung oder anderer Anforderungen an die Versorgungsqualität bedürfen, können die Partner der Bundesmantelverträge einheitlich entsprechende Voraussetzungen für die Ausführung und Abrechnung dieser Leistungen vereinbaren. [2]Soweit für die notwendigen Kenntnisse und Erfahrungen, welche als Qualifikation vorausgesetzt werden müssen, in landesrechtlichen Regelungen zur ärztlichen Berufsausübung, insbesondere solchen des Facharztrechts, bundesweit inhaltsgleich und hinsichtlich der Qualitätsvoraussetzungen nach Satz 1 gleichwertige Qualifikationen eingeführt sind, sind diese notwendige und ausreichende Voraussetzung. [3]Wird die Erbringung ärztlicher Leistungen erstmalig von einer Qualifikation abhängig gemacht, so können die Vertragspartner für Ärzte, welche entsprechende Qualifikationen nicht während einer Weiterbildung erworben haben, übergangsweise Qualifikationen einführen, welche dem Kenntnis- und Erfahrungsstand

der facharztrechtlichen Regelungen entsprechen müssen. [4]Abweichend von Satz 2 können die Vertragspartner nach Satz 1 zur Sicherung der Qualität und der Wirtschaftlichkeit der Leistungserbringung Regelungen treffen, nach denen die Erbringung bestimmter medizinisch-technischer Leistungen den Fachärzten vorbehalten ist, für die diese Leistungen zum Kern ihres Fachgebietes gehören. [5]Die nach der Rechtsverordnung nach § 140g anerkannten Organisationen sind vor dem Abschluss von Vereinbarungen nach Satz 1 in die Beratungen der Vertragspartner einzubeziehen; die Organisationen benennen hierzu sachkundige Personen. [6]§ 140f Absatz 5 gilt entsprechend. [7]Das Nähere zum Verfahren vereinbaren die Vertragspartner nach Satz 1. [8]Für die Vereinbarungen nach diesem Absatz gilt § 87 Absatz 6 Satz 10 entsprechend.

§ 135a
Verpflichtung der Leistungserbringer zur Qualitätssicherung

(1) [1]Die Leistungserbringer sind zur Sicherung und Weiterentwicklung der Qualität der von ihnen erbrachten Leistungen verpflichtet. [2]Die Leistungen müssen dem jeweiligen Stand der wissenschaftlichen Erkenntnisse entsprechen und in der fachlich gebotenen Qualität erbracht werden.

(2) Vertragsärzte, medizinische Versorgungszentren, zugelassene Krankenhäuser, Erbringer von Vorsorgeleistungen oder Rehabilitationsmaßnahmen und Einrichtungen, mit denen ein Versorgungsvertrag nach § 111a besteht, sind nach Maßgabe der §§ 136 bis 136b und 137d verpflichtet,

1. sich an einrichtungsübergreifenden Maßnahmen der Qualitätssicherung zu beteiligen, die insbesondere zum Ziel haben, die Ergebnisqualität zu verbessern und
2. einrichtungsintern ein Qualitätsmanagement einzuführen und weiterzuentwickeln, wozu in Krankenhäusern auch die Verpflichtung zur Durchführung eines patientenorientierten Beschwerdemanagements gehört.

(3) [1]Meldungen und Daten aus einrichtungsinternen und einrichtungsübergreifenden Risikomanagement- und Fehlermeldesystemen nach Absatz 2 in Verbindung mit § 136a Absatz 3 dürfen im Rechtsverkehr nicht zum Nachteil des Meldenden verwendet werden. [2]Dies gilt nicht, soweit die Verwendung zur Verfolgung einer Straftat, die im Höchstmaß mit mehr als fünf Jahren Freiheitsstrafe bedroht ist und auch im Einzelfall besonders schwer wiegt, erforderlich ist und die Erforschung des Sachverhalts oder die Ermittlung des Aufenthaltsorts des Beschuldigten auf andere Weise aussichtslos oder wesentlich erschwert wäre.

§ 135b
Förderung der Qualität durch die Kassenärztlichen Vereinigungen

(1) [1]Die Kassenärztlichen Vereinigungen haben Maßnahmen zur Förderung der Qualität der vertragsärztlichen Versorgung durchzuführen. [2]Die Ziele und Ergebnisse dieser Qualitätssicherungsmaßnahmen sind von den Kassenärztlichen Vereinigungen zu dokumentieren und jährlich zu veröffentlichen.

(2) [1]Die Kassenärztlichen Vereinigungen prüfen die Qualität der in der vertragsärztlichen Versorgung erbrachten Leistungen einschließlich der belegärztlichen Leistungen im Einzelfall durch Stichproben; in Ausnahmefällen sind auch Vollerhebungen zulässig. [2]Der Gemeinsame Bundesausschuss entwickelt in Richtlinien nach § 92 Absatz 1 Satz 2 Nummer 13 Kriterien zur Qualitätsbeurteilung in der vertragsärztlichen Versorgung sowie nach Maßgabe des § 299 Absatz 1 und 2 Vorgaben zu Auswahl, Umfang und Verfahren der Qualitätsprüfungen nach Satz 1; dabei sind die Ergebnisse nach § 137a Absatz 3 zu berücksichtigen.

(3) Die Absätze 1 und 2 gelten auch für die im Krankenhaus erbrachten ambulanten ärztlichen Leistungen.

(4) [1]Zur Förderung der Qualität der vertragsärztlichen Versorgung können die Kassenärztlichen Vereinigungen mit einzelnen Krankenkassen oder mit den für ihren Bezirk zuständigen Landesverbänden der Krankenkassen oder den Verbänden der Ersatzkassen unbeschadet der Regelungen des § 87a gesamtvertragliche Vereinbarungen schließen, in denen für bestimmte Leistungen einheitlich strukturierte und elektronisch dokumentierte besondere Leistungs-, Struktur- oder Qualitätsmerkmale festgelegt werden, bei deren Erfüllung die an dem jeweiligen Vertrag teilnehmenden Ärzte Zuschläge zu den Vergütungen erhalten. [2]In den Verträgen nach Satz 1 ist ein Abschlag von dem nach § 87a Absatz 2 Satz 1 vereinbarten Punktwert für die an dem jeweili-

gen Vertrag beteiligten Krankenkassen und die von dem Vertrag erfassten Leistungen, die von den an dem Vertrag nicht teilnehmenden Ärzten der jeweiligen Facharztgruppe erbracht werden, zu vereinbaren, durch den die Mehrleistungen nach Satz 1 für die beteiligten Krankenkassen ausgeglichen werden.

§ 135c Förderung der Qualität durch die Deutsche Krankenhausgesellschaft

(1) [1]Die Deutsche Krankenhausgesellschaft fördert im Rahmen ihrer Aufgaben die Qualität der Versorgung im Krankenhaus. [2]Sie hat in ihren Beratungs- und Formulierungshilfen für Verträge der Krankenhäuser mit leitenden Ärzten im Einvernehmen mit der Bundesärztekammer Empfehlungen abzugeben, die sicherstellen, dass Zielvereinbarungen ausgeschlossen sind, die auf finanzielle Anreize insbesondere für einzelne Leistungen, Leistungsmengen, Leistungskomplexe oder Messgrößen hierfür abstellen. [3]Die Empfehlungen sollen insbesondere die Unabhängigkeit medizinischer Entscheidungen sichern.

(2) [1]Der Qualitätsbericht des Krankenhauses nach § 136b Absatz 1 Satz 1 Nummer 3 hat eine Erklärung zu enthalten, die unbeschadet der Rechte Dritter Auskunft darüber gibt, ob sich das Krankenhaus bei Verträgen mit leitenden Ärzten an die Empfehlungen nach Absatz 1 Satz 2 hält. [2]Hält sich das Krankenhaus nicht an die Empfehlungen, hat es unbeschadet der Rechte Dritter anzugeben, welche Leistungen oder Leistungsbereiche von solchen Zielvereinbarungen betroffen sind.

§ 136 Richtlinien des Gemeinsamen Bundesausschusses zur Qualitätssicherung

(1) [1]Der Gemeinsame Bundesausschuss bestimmt für die vertragsärztliche Versorgung und für zugelassene Krankenhäuser grundsätzlich einheitlich für alle Patienten durch Richtlinien nach § 92 Absatz 1 Satz 2 Nummer 13 insbesondere

1. die verpflichtenden Maßnahmen der Qualitätssicherung nach § 135a Absatz 2, § 115b Absatz 1 Satz 3 und § 116b Absatz 4 Satz 4 unter Beachtung der Ergebnisse nach § 137a Absatz 3 sowie die grundsätzlichen Anforderungen an ein einrichtungsinternes Qualitätsmanagement und
2. Kriterien für die indikationsbezogene Notwendigkeit und Qualität der durchgeführten diagnostischen und therapeutischen Leistungen, insbesondere aufwändiger medizintechnischer Leistungen; dabei sind auch Mindestanforderungen an die Struktur-, Prozess- und Ergebnisqualität festzulegen.

[2]Soweit erforderlich erlässt der Gemeinsame Bundesausschuss die notwendigen Durchführungsbestimmungen. [3]Er kann dabei die Finanzierung der notwendigen Strukturen zur Durchführung von Maßnahmen der einrichtungsübergreifenden Qualitätssicherung insbesondere über Qualitätssicherungszuschläge regeln.

(2) [1]Die Richtlinien nach Absatz 1 sind sektorenübergreifend zu erlassen, es sei denn, die Qualität der Leistungserbringung kann nur durch sektorbezogene Regelungen angemessen gesichert werden. [2]Die Regelungen nach § 136a Absatz 4 und § 136b bleiben unberührt.

(3) Der Verband der Privaten Krankenversicherung, die Bundesärztekammer sowie die Berufsorganisationen der Pflegeberufe sind bei den Richtlinien nach § 92 Absatz 1 Satz 2 Nummer 13 zu beteiligen; die Bundespsychotherapeutenkammer und die Bundeszahnärztekammer sind, soweit jeweils die Berufsausübung der Psychotherapeuten oder der Zahnärzte berührt ist, zu beteiligen.

§ 136a Richtlinien des Gemeinsamen Bundesausschusses zur Qualitätssicherung in ausgewählten Bereichen

(1) [1]Der Gemeinsame Bundesausschuss legt in seinen Richtlinien nach § 136 Absatz 1 geeignete Maßnahmen zur Sicherung der Hygiene in der Versorgung fest und bestimmt insbesondere für die einrichtungsübergreifende Qualitätssicherung der Krankenhäuser Indikatoren zur Beurteilung der Hygienequalität. [2]Er hat die Festlegungen nach Satz 1 erstmalig bis zum 31. Dezember 2016 zu beschließen. [3]Der Gemeinsame Bundesausschuss berücksichtigt bei den Festlegungen etablierte Verfahren zur Erfassung, Auswertung und Rückkopplung von nosokomialen Infektionen, antimikrobiellen Resistenzen und zum Antibiotika-Verbrauch sowie die Empfehlungen der nach § 23 Absatz 1 und 2 des Infektionsschutzgesetzes beim Robert Koch-Institut eingerichteten Kommissionen. [4]Die nach der Einführung mit

den Indikatoren nach Satz 1 gemessenen und für eine Veröffentlichung geeigneten Ergebnisse sind in den Qualitätsberichten nach § 136b Absatz 1 Satz 1 Nummer 3 darzustellen. [5]Der Gemeinsame Bundesausschuss soll ihm bereits zugängliche Erkenntnisse zum Stand der Hygiene in den Krankenhäusern unverzüglich in die Qualitätsberichte aufnehmen lassen sowie zusätzliche Anforderungen nach § 136b Absatz 6 zur Verbesserung der Informationen über die Hygiene stellen.

(2) [1]Der Gemeinsame Bundesausschuss legt in seinen Richtlinien nach § 136 Absatz 1 geeignete Maßnahmen zur Sicherung der Qualität in der psychiatrischen und psychosomatischen Versorgung fest. [2]Dazu bestimmt er insbesondere verbindliche Mindestvorgaben für die Ausstattung der stationären Einrichtungen mit dem für die Behandlung erforderlichen therapeutischen Personal sowie Indikatoren zur Beurteilung der Struktur-, Prozess- und Ergebnisqualität für die einrichtungs- und sektorenübergreifende Qualitätssicherung in der psychiatrischen und psychosomatischen Versorgung. [3]Die Mindestvorgaben zur Personalausstattung nach Satz 2 sollen möglichst evidenzbasiert sein und zu einer leitliniengerechten Behandlung beitragen. [4]Der Gemeinsame Bundesausschuss bestimmt zu den Mindestvorgaben zur Personalausstattung nach Satz 2 notwendige Ausnahmetatbestände und Übergangsregelungen. [5]Den betroffenen medizinischen Fachgesellschaften ist Gelegenheit zur Stellungnahme zu geben. [6]Die Stellungnahmen sind durch den Gemeinsamen Bundesauschuss in die Entscheidung einzubeziehen. [7]Bei Festlegungen nach den Sätzen 1 und 2 für die kinder- und jugendpsychiatrische Versorgung hat er die Besonderheiten zu berücksichtigen, die sich insbesondere aus den altersabhängigen Anforderungen an die Versorgung von Kindern und Jugendlichen ergeben. [8]Der Gemeinsame Bundesausschuss hat die verbindlichen Mindestvorgaben und Indikatoren nach Satz 2 erstmals bis spätestens zum 30. September 2019 mit Wirkung zum 1. Januar 2020 zu beschließen. [9]Der Gemeinsame Bundesausschuss hat als notwendige Anpassung der Mindestvorgaben erstmals bis zum 30. September 2021 mit Wirkung zum 1. Januar 2022 sicherzustellen, dass die Psychotherapie entsprechend ihrer Bedeutung in der Versorgung psychisch und psychosomatisch Erkrankter durch Mindestvorgaben für die Zahl der vorzuhaltenden Psychotherapeuten abgebildet wird. [10]Informationen über die Umsetzung der verbindlichen Mindestvorgaben zur Ausstattung mit therapeutischem Personal und die nach der Einführung mit den Indikatoren nach Satz 2 gemessenen und für eine Veröffentlichung geeigneten Ergebnisse sind in den Qualitätsberichten nach § 136b Absatz 1 Satz 1 Nummer 3 darzustellen.

(2a) [1]Der Gemeinsame Bundesausschuss beschließt bis spätestens zum 31. Dezember 2022 in einer Richtlinie nach Absatz 2 Satz 1 ein einrichtungsübergreifendes sektorspezifisches Qualitätssicherungsverfahren für die ambulante psychotherapeutische Versorgung. [2]Er hat dabei insbesondere geeignete Indikatoren zur Beurteilung der Struktur-, Prozess- und Ergebnisqualität sowie Mindestvorgaben für eine einheitliche und standardisierte Dokumentation, die insbesondere eine Beurteilung des Therapieverlaufs ermöglicht, festzulegen. [3]Der Gemeinsame Bundesausschuss beschließt bis zum 31. Dezember 2022 zusätzlich Regelungen, die eine interdisziplinäre Zusammenarbeit in der ambulanten psychotherapeutischen Versorgung unterstützen.

(3) [1]Der Gemeinsame Bundesausschuss bestimmt in seinen Richtlinien über die grundsätzlichen Anforderungen an ein einrichtungsinternes Qualitätsmanagement nach § 136 Absatz 1 Satz 1 Nummer 1 wesentliche Maßnahmen zur Verbesserung der Patientensicherheit und legt insbesondere Mindeststandards für Risikomanagement- und Fehlermeldesysteme fest. [2]Über die Umsetzung von Risikomanagement- und Fehlermeldesystemen in Krankenhäusern ist in den Qualitätsberichten nach § 136b Absatz 1 Satz 1 Nummer 3 zu informieren. [3]Als Grundlage für die Vereinbarung von Vergütungszuschlägen nach § 17b Absatz 1a Nummer 4 des Krankenhausfinanzierungsgesetzes bestimmt der Gemeinsame Bundesausschuss Anforderungen an einrichtungsübergreifende Fehlermeldesysteme, die in besonderem Maße geeignet erscheinen, Risiken und Fehlerquellen in der stationären Versorgung zu erkennen, auszuwerten und zur Vermeidung unerwünschter Ereignisse beizutragen.

(4) [1]Der Gemeinsame Bundesausschuss hat auch Qualitätskriterien für die Versorgung mit Füllungen und Zahnersatz zu beschließen. [2]Bei der Festlegung von Qualitätskriterien für Zahnersatz ist der Verband Deutscher Zahntechniker-Innungen zu beteiligen; die Stellungnahmen sind in die Entscheidung einzubeziehen. [3]Der Zahnarzt übernimmt für Füllungen und die Versorgung mit Zahnersatz eine zweijährige Gewähr. [4]Identische und Teilwiederholungen von Füllungen sowie die

Erneuerung und Wiederherstellung von Zahnersatz einschließlich Zahnkronen sind in diesem Zeitraum vom Zahnarzt kostenfrei vorzunehmen. [5]Ausnahmen hiervon bestimmen die Kassenzahnärztliche Bundesvereinigung und der Spitzenverband Bund der Krankenkassen. [6]§ 195 des Bürgerlichen Gesetzbuchs bleibt unberührt. [7]Längere Gewährleistungsfristen können zwischen den Kassenzahnärztlichen Vereinigungen und den Landesverbänden der Krankenkassen und den Ersatzkassen sowie in Einzel- oder Gruppenverträgen zwischen Zahnärzten und Krankenkassen vereinbart werden. [8]Die Krankenkassen können hierfür Vergütungszuschläge gewähren; der Eigenanteil der Versicherten bei Zahnersatz bleibt unberührt. [9]Die Zahnärzte, die ihren Patienten eine längere Gewährleistungsfrist einräumen, können dies ihren Patienten bekannt machen.

(5) [1]Der Gemeinsame Bundesausschuss kann im Benehmen mit dem Paul-Ehrlich-Institut in seinen Richtlinien nach § 92 Absatz 1 Satz 2 Nummer 6 für die vertragsärztliche Versorgung und für zugelassene Krankenhäuser Anforderungen an die Qualität der Anwendung von Arzneimitteln für neuartige Therapien im Sinne von § 4 Absatz 9 des Arzneimittelgesetzes festlegen. [2]Er kann insbesondere Mindestanforderungen an die Struktur-, Prozess- und Ergebnisqualität regeln, die auch indikationsbezogen oder bezogen auf Arzneimittelgruppen festgelegt werden können. [3]Zu den Anforderungen nach den Sätzen 1 und 2 gehören, um eine sachgerechte Anwendung der Arzneimittel für neuartige Therapien im Sinne von § 4 Absatz 9 des Arzneimittelgesetzes zu sichern, insbesondere

1. die notwendige Qualifikation der Leistungserbringer,
2. strukturelle Anforderungen und
3. Anforderungen an sonstige Maßnahmen der Qualitätssicherung.

[4]Soweit erforderlich erlässt der Gemeinsame Bundesausschuss die notwendigen Durchführungsbestimmungen. [5]§ 136 Absatz 2 und 3 gilt entsprechend. [6]Arzneimittel für neuartige Therapien im Sinne von § 4 Absatz 9 des Arzneimittelgesetzes dürfen ausschließlich von Leistungserbringern angewendet werden, die die vom Gemeinsamen Bundesausschuss beschlossenen Mindestanforderungen nach den Sätzen 1 bis 3 erfüllen.

(6) [1]Der Gemeinsame Bundesausschuss legt in einer Richtlinie erstmals bis zum 31. Dezember 2022 einheitliche Anforderungen für die Information der Öffentlichkeit zum Zweck der Erhöhung der Transparenz und der Qualität der Versorgung durch einrichtungsbezogene risikoadjustierte Vergleiche der an der vertragsärztlichen Versorgung teilnehmenden Leistungserbringer und zugelassenen Krankenhäuser auf der Basis der einrichtungsbezogenen Auswertungen nach Maßgabe des § 299 (Qualitätsdaten) fest. [2]Er trifft insbesondere Festlegungen zu Inhalt, Art, Umfang und Plausibilisierung der für diesen Zweck durch den Gemeinsamen Bundesausschuss oder einen von ihm beauftragten Dritten einrichtungsbezogen zu verarbeitenden Qualitätsdaten sowie zu Inhalt, Art, Umfang und Verfahren der Veröffentlichung der risikoadjustierten Vergleichsdaten in übersichtlicher Form und in allgemein verständlicher Sprache. [3]Die Erforderlichkeit der Datenverarbeitung für die Information der Öffentlichkeit zum Zweck der Erhöhung der Transparenz und der Qualität der Versorgung durch einrichtungsbezogene risikoadjustierte Vergleiche ist in der Richtlinie darzulegen. [4]Die Veröffentlichung der Vergleichsdaten hat einrichtungsbezogen und mindestens jährlich auf Basis aktueller Qualitätsdaten zu erfolgen. [5]Die Ergebnisse der Beauftragung des Instituts für Qualitätssicherung und Transparenz im Gesundheitswesen gemäß § 137a Absatz 3 Satz 2 Nummer 5 und 6 sollen in der Richtlinie nach Satz 1 berücksichtigt werden. [6]Der Gemeinsame Bundesausschuss evaluiert regelmäßig die in der Richtlinie bestimmten Qualitätsdaten und Vergleichsdaten im Hinblick auf ihre Eignung und Erforderlichkeit zur Erreichung des festgelegten Ziels. [7]Über die Ergebnisse hat der Gemeinsame Bundesausschuss dem Bundesministerium für Gesundheit alle zwei Jahre, erstmals bis zum 31. Dezember 2024, zu berichten. [8]Mit der Evaluation nach Satz 6 kann der Gemeinsame Bundesausschuss das Institut nach § 137a beauftragen.

§ 136b
Beschlüsse des Gemeinsamen Bundesausschusses zur Qualitätssicherung im Krankenhaus

(1) [1]Der Gemeinsame Bundesausschuss fasst für zugelassene Krankenhäuser grundsätzlich einheitlich für alle Patientinnen und Patienten auch Beschlüsse über

1. die im Abstand von fünf Jahren zu erbringenden Nachweise über die Erfüllung der Fortbildungspflichten der Fachärzte und der Psychotherapeuten,

2. einen Katalog planbarer Leistungen, bei denen die Qualität des Behandlungsergebnisses von der Menge der erbrachten Leistungen abhängig ist, sowie Mindestmengen für die jeweiligen Leistungen je Arzt oder Standort eines Krankenhauses oder je Arzt und Standort eines Krankenhauses,
3. Inhalt, Umfang und Datenformat eines jährlich zu veröffentlichenden strukturierten Qualitätsberichts der zugelassenen Krankenhäuser,
4. vier Leistungen oder Leistungsbereiche, zu denen Verträge nach § 110a mit Anreizen für die Einhaltung besonderer Qualitätsanforderungen erprobt werden sollen; bis zum 31. Dezember 2023 beschließt der Gemeinsame Bundesausschuss hierzu weitere vier Leistungen oder Leistungsbereiche.
5. (aufgehoben)

[2]§ 136 Absatz 1 Satz 2 gilt entsprechend. [3]Der Verband der Privaten Krankenversicherung, die Bundesärztekammer sowie die Berufsorganisationen der Pflegeberufe sind bei den Beschlüssen nach den Nummern 1 bis 5 zu beteiligen; bei den Beschlüssen nach den Nummern 1 und 3 ist zusätzlich die Bundespsychotherapeutenkammer zu beteiligen.

(2) [1]Die Beschlüsse nach Absatz 1 Satz 1 sind für zugelassene Krankenhäuser unmittelbar verbindlich. [2]Sie haben Vorrang vor Verträgen nach § 112 Absatz 1, soweit diese keine ergänzenden Regelungen zur Qualitätssicherung enthalten. [3]Verträge zur Qualitätssicherung nach § 112 Absatz 1 gelten bis zum Inkrafttreten von Beschlüssen nach Absatz 1 und Richtlinien nach § 136 Absatz 1 fort. [4]Ergänzende Qualitätsanforderungen im Rahmen der Krankenhausplanung der Länder sind zulässig.

(3) [1]Der Gemeinsame Bundesausschuss prüft kontinuierlich die Evidenz zu bereits festgelegten Mindestmengen sowie die Evidenz für die Festlegung weiterer Mindestmengen und fasst innerhalb von zwei Jahren nach Aufnahme der Beratungen Beschlüsse über die Festlegung einer neuen oder zur Anpassung oder Bestätigung einer bereits bestehenden Mindestmenge. [2]In den Beschlüssen kann der Gemeinsame Bundesausschuss insbesondere

1. vorsehen, dass Leistungen nur bewirkt werden dürfen, wenn gleichzeitig Mindestmengen weiterer Leistungen erfüllt sind, sowie
2. gleichzeitig mit der Mindestmenge Mindestanforderungen an die Struktur-, Prozess- und Ergebnisqualität nach § 136 Absatz 1 Satz 1 Nummer 2 festlegen.

[3]Der Gemeinsame Bundesausschuss soll bei den Mindestmengenfestlegungen nach Absatz 1 Satz 1 Nummer 2 Übergangsregelungen sowie Regelungen für die erstmalige und für die auf eine Unterbrechung folgende erneute Erbringung einer Leistung aus dem Katalog festgelegter Mindestmengen vorsehen. [4]Er soll insbesondere die Auswirkungen von neu festgelegten Mindestmengen möglichst zeitnah evaluieren und die Festlegungen auf der Grundlage des Ergebnisses anpassen. [5]Das Bundesministerium für Gesundheit kann beantragen, dass der Gemeinsame Bundesausschuss die Festlegung einer Mindestmenge für bestimmte Leistungen prüft. [6]Für die Beschlüsse nach Absatz 1 Satz 1 Nummer 2, zu denen das Beratungsverfahren vor dem 19. Juli 2022 begonnen hat, ist § 136b sowie die Verfahrensordnung des Gemeinsamen Bundesausschusses in der bis zum 19. Juli 2021 geltenden Fassung zugrunde zu legen.

(4) Der Gemeinsame Bundesausschuss regelt in seiner Verfahrensordnung mit Wirkung zum 19. Juli 2022 das Nähere insbesondere

1. zur Auswahl einer planbaren Leistung nach Absatz 1 Satz 1 Nummer 2 sowie zur Festlegung der Höhe einer Mindestmenge,
2. zur Festlegung der Operationalisierung einer Leistung,
3. zur Einbeziehung von Fachexperten und Fachgesellschaften,
4. zur Umsetzung des Prüfauftrags und zur Einhaltung der Fristvorgabe nach Absatz 3 Satz 1 sowie
5. zu den Voraussetzungen einer Festlegung von gleichzeitig mit der Mindestmenge zu erfüllenden Mindestanforderungen an Struktur-, Prozess- und Ergebnisqualität.

(5) [1]Wenn die nach Absatz 1 Satz 1 Nummer 2 erforderliche Mindestmenge bei planbaren Leistungen voraussichtlich nicht erreicht wird, dürfen entsprechende Leistungen nicht bewirkt werden.

[2]Einem Krankenhaus, das die Leistungen dennoch bewirkt, steht kein Vergütungsanspruch zu. [3]Für die Zulässigkeit der Leistungserbringung muss der Krankenhausträger gegenüber den Landesverbänden der Krankenkassen und den Ersatzkassen für Krankenhausstandorte in ihrer Zuständigkeit jährlich darlegen, dass die erforderliche Mindestmenge im jeweils nächsten Kalenderjahr auf Grund berechtigter mengenmäßiger Erwartungen voraussichtlich erreicht wird (Prognose). [4]Eine berechtigte mengenmäßige Erwartung liegt in der Regel vor, wenn das Krankenhaus im vorausgegangenen Kalenderjahr die maßgebliche Mindestmenge je Arzt oder Standort eines Krankenhauses oder je Arzt und Standort eines Krankenhauses erreicht hat. [5]Der Gemeinsame Bundesausschuss regelt im Beschluss nach Absatz 1 Satz 1 Nummer 2 das Nähere zur Darlegung der Prognose. [6]Die Landesverbände der Krankenkassen und die Ersatzkassen müssen für Krankenhausstandorte in ihrer Zuständigkeit ab der Prognose für das Kalenderjahr 2023 bei begründeten erheblichen Zweifeln an der Richtigkeit die vom Krankenhausträger getroffene Prognose durch Bescheid widerlegen (Entscheidung); der Gemeinsame Bundesausschuss legt im Beschluss nach Absatz 1 Satz 1 Nummer 2 mit Wirkung zum 1. Januar 2022 Regelbeispiele für begründete erhebliche Zweifel fest. [7]Die Landesverbände der Krankenkassen und die Ersatzkassen übermitteln dem Gemeinsamen Bundesausschuss einrichtungsbezogene Informationen der erfolgten Prognoseprüfungen, soweit dies für Zwecke der Qualitätssicherung und ihrer Weiterentwicklung erforderlich und in Beschlüssen nach Absatz 1 Satz 1 Nummer 2 vorgesehen ist. [8]Der Gemeinsame Bundesausschuss informiert die für die Krankenhausplanung zuständigen Landesbehörden standortbezogen über das Prüfergebnis der abgegebenen Prognosen. [9]Bei den Entscheidungen nach Satz 6 und den Übermittlungen nach Satz 7 und 8 handeln die Landesverbände der Krankenkassen und die Ersatzkassen gemeinsam und einheitlich. [10]Gegen die Entscheidung nach Satz 6 ist der Rechtsweg vor den Gerichten der Sozialgerichtsbarkeit gegeben. [11]Ein Vorverfahren findet nicht statt; Klagen gegen die Entscheidungen nach Satz 6 haben ab der Prognose für das Jahr 2023 keine aufschiebende Wirkung. [12]Bis zur Prognose für das Jahr 2022 sind § 136b sowie die Beschlüsse nach Absatz 1 Satz 1 Nummer 2 und die Verfahrensordnung des Gemeinsamen Bundesausschusses in der bis zum 19. Juli 2021 geltenden Fassung zugrunde zu legen.

(5a) [1]Die für die Krankenhausplanung zuständige Landesbehörde kann Leistungen aus dem Katalog nach Absatz 1 Satz 1 Nummer 2 bestimmen, bei denen die Anwendung des Absatzes 5 Satz 1 und 2 die Sicherstellung einer flächendeckenden Versorgung der Bevölkerung gefährden könnte. [2]Die Landesbehörde entscheidet auf Antrag des Krankenhauses im Einvernehmen mit den Landesverbänden der Krankenkassen und den Ersatzkassen für diese Leistungen über die Nichtanwendung des Absatzes 5 Satz 1 und 2. [3]Bei den Entscheidungen nach Satz 2 handeln die Landesverbände der Krankenkassen und die Ersatzkassen gemeinsam und einheitlich. [4]Die Nichtanwendung des Absatzes 5 Satz 1 und 2 ist auf ein Kalenderjahr zu befristen, wiederholte Befristungen sind zulässig. [5]Die Landesbehörde hat über die Bestimmung gemäß Satz 1 und über Entscheidungen zur Nichtanwendung gemäß Satz 2 den Gemeinsamen Bundesausschuss sowie das Bundesministerium für Gesundheit zu informieren und die Entscheidung zu begründen.

(6) [1]In dem Bericht nach Absatz 1 Satz 1 Nummer 3 ist der Stand der Qualitätssicherung insbesondere unter Berücksichtigung der Anforderungen nach § 136 Absatz 1 und § 136a sowie der Umsetzung der Regelungen nach Absatz 1 Satz 1 Nummer 1 und 2 darzustellen. [2]Der Bericht hat auch Art und Anzahl der Leistungen des Krankenhauses auszuweisen sowie Informationen zu Nebendiagnosen, die mit wesentlichen Hauptdiagnosen häufig verbunden sind, zu enthalten. [3]Ergebnisse von Patientenbefragungen, soweit diese vom Gemeinsamen Bundesausschuss veranlasst werden, sind in den Qualitätsbericht aufzunehmen. [4]Der Bericht ist in einem für die Abbildung aller Kriterien geeigneten standardisierten Datensatzformat zu erstellen. [5]In dem Bericht sind die besonders patientenrelevanten Informationen darzustellen. [6]Besonders patientenrelevant sind insbesondere Informationen zur Patientensicherheit und hier speziell zur Umsetzung des Risiko- und Fehlermanagements, zu Maßnahmen der Arzneimitteltherapiesicherheit, zur Einhaltung von Hygienestandards sowie zu Maßzahlen der Personalausstattung in den Fachabteilungen des jeweiligen Krankenhauses.

(7) [1]Die Qualitätsberichte nach Absatz 1 Satz 1 Nummer 3 sind über den in dem Beschluss festgelegten Empfängerkreis hinaus vom Gemeinsamen Bundesausschuss, von den Landesverbänden der Krankenkassen und den Ersatzkassen

im Internet zu veröffentlichen. [2]Zum Zwecke der Erhöhung von Transparenz und Qualität der stationären Versorgung können die Kassenärztlichen Vereinigungen sowie die Krankenkassen und ihre Verbände die Vertragsärzte und die Versicherten auf der Basis der Qualitätsberichte auch vergleichend über die Qualitätsmerkmale der Krankenhäuser informieren und Empfehlungen aussprechen. [3]Das Krankenhaus hat den Qualitätsbericht auf der eigenen Internetseite leicht auffindbar zu veröffentlichen.

(8) [1]Der Gemeinsame Bundesauschuss hat das Institut nach § 137a bei den nach Absatz 1 Satz 1 Nummer 4 ausgewählten Leistungen oder Leistungsbereichen mit einer Untersuchung zur Entwicklung der Versorgungsqualität während des Erprobungszeitraums zu beauftragen. [2]Gegenstand der Untersuchung ist auch ein Vergleich der Versorgungsqualität von Krankenhäusern mit und ohne Vertrag nach § 110a. [3]Auf der Grundlage der Untersuchungsergebnisse nach Satz 1, die bis zum 31. Dezember 2028 vorliegen, beschließt der Gemeinsame Bundesausschuss bis zum 31. Oktober 2029 Empfehlungen zum Nutzen der Qualitätsverträge zu den einzelnen Leistungen und Leistungsbereichen sowie Empfehlungen zu der Frage, ob und unter welchen Rahmenbedingungen Qualitätsverträge als Instrument der Qualitätsentwicklung weiter zur Verfügung stehen sollten. [4]In dem Beschluss über die Empfehlungen nach Satz 3 hat der Gemeinsame Bundesausschuss darzustellen, inwieweit auf der Grundlage der Untersuchungsergebnisse erfolgreiche Maßnahmen aus den Qualitätsverträgen in Qualitätsanforderungen nach § 136 Absatz 1 Satz 1 überführt werden sollen. [5]Ab dem Jahr 2021 veröffentlicht der Gemeinsame Bundesausschuss auf seiner Internetseite regelmäßig eine aktuelle Übersicht der Krankenkassen und der Zusammenschlüsse von Krankenkassen, die Qualitätsverträge nach § 110a geschlossen haben, einschließlich der Angaben, mit welchen Krankenhäusern und zu welchen Leistungen oder Leistungsbereichen sowie über welche Zeiträume die Qualitätsverträge geschlossen wurden. [6]Das Institut nach § 137a übermittelt dem Gemeinsamen Bundesausschuss die hierfür erforderlichen Informationen.

(9) (aufgehoben)

§ 136c
Beschlüsse des Gemeinsamen Bundesausschusses zu Qualitätssicherung und Krankenhausplanung

(1) [1]Der Gemeinsame Bundesausschuss beschließt Qualitätsindikatoren zur Struktur-, Prozess- und Ergebnisqualität, die als Grundlage für qualitätsorientierte Entscheidungen der Krankenhausplanung geeignet sind und nach § 6 Absatz 1a des Krankenhausfinanzierungsgesetzes Bestandteil des Krankenhausplans werden. [2]Der Gemeinsame Bundesausschuss übermittelt die Beschlüsse zu diesen planungsrelevanten Qualitätsindikatoren als Empfehlungen an die für die Krankenhausplanung zuständigen Landesbehörden; § 91 Absatz 6 bleibt unberührt.

(2) [1]Der Gemeinsame Bundesausschuss übermittelt den für die Krankenhausplanung zuständigen Landesbehörden sowie den Landesverbänden der Krankenkassen und den Ersatzkassen regelmäßig einrichtungsbezogen Auswertungsergebnisse der einrichtungsübergreifenden Qualitätssicherung zu nach Absatz 1 Satz 1 beschlossenen planungsrelevanten Qualitätsindikatoren sowie Maßstäbe und Kriterien zur Bewertung der Qualitätsergebnisse von Krankenhäusern. [2]Die Maßstäbe und Kriterien müssen eine Bewertung der Qualitätsergebnisse von Krankenhäusern insbesondere im Hinblick darauf ermöglichen, ob eine in einem erheblichen Maß unzureichende Qualität im Sinne von § 8 Absatz 1a Satz 1 und Absatz 1b des Krankenhausfinanzierungsgesetzes und § 109 Absatz 3 Satz 1 Nummer 2 vorliegt. [3]Hierfür hat der Gemeinsame Bundesausschuss sicherzustellen, dass die Krankenhäuser dem Institut nach § 137a zu den planungsrelevanten Qualitätsindikatoren quartalsweise Daten der einrichtungsübergreifenden Qualitätssicherung liefern. [4]Er soll das Auswertungsverfahren einschließlich des strukturierten Dialogs für diese Indikatoren um sechs Monate verkürzen.

(3) [1]Der Gemeinsame Bundesausschuss beschließt erstmals bis zum 31. Dezember 2016 bundeseinheitliche Vorgaben für die Vereinbarung von Sicherstellungszuschlägen nach § 17b Absatz 1a Nummer 6 des Krankenhausfinanzierungsgesetzes in Verbindung mit § 5 Absatz 2 des Krankenhausentgeltgesetzes. [2]Der Gemeinsame Bundesausschuss hat insbesondere Vorgaben zu beschließen

1. zur Erreichbarkeit (Minutenwerte) für die Prüfung, ob die Leistungen durch ein anderes geeignetes Krankenhaus, das die Leistungsart erbringt, ohne Zuschlag erbracht werden können,
2. zur Frage, wann ein geringer Versorgungsbedarf besteht, und
3. zur Frage, für welche Leistungen die notwendige Vorhaltung für die Versorgung der Bevölkerung sicherzustellen ist.

[3]Bei dem Beschluss sind die planungsrelevanten Qualitätsindikatoren nach Absatz 1 Satz 1 zu berücksichtigen. [4]Der Gemeinsame Bundesausschuss legt in dem Beschluss auch das Nähere über die Prüfung der Einhaltung der Vorgaben durch die zuständige Landesbehörde nach § 5 Absatz 2 Satz 5 des Krankenhausentgeltgesetzes fest. [5]Den betroffenen medizinischen Fachgesellschaften ist Gelegenheit zur Stellungnahme zu geben. [6]Die Stellungnahmen sind bei der Beschlussfassung zu berücksichtigen.

(4) [1]Der Gemeinsame Bundesausschuss beschließt bis zum 31. Dezember 2017 ein gestuftes System von Notfallstrukturen in Krankenhäusern, einschließlich einer Stufe für die Nichtteilnahme an der Notfallversorgung. [2]Hierbei sind für jede Stufe der Notfallversorgung insbesondere Mindestvorgaben zur Art und Anzahl von Fachabteilungen, zur Anzahl und Qualifikation des vorzuhaltenden Fachpersonals sowie zum zeitlichen Umfang der Bereitstellung von Notfallleistungen differenziert festzulegen. [3]Der Gemeinsame Bundesausschuss berücksichtigt bei diesen Festlegungen planungsrelevante Qualitätsindikatoren nach Absatz 1 Satz 1, soweit diese für die Notfallversorgung von Bedeutung sind. [4]Den betroffenen medizinischen Fachgesellschaften ist Gelegenheit zur Stellungnahme zu geben. [5]Die Stellungnahmen sind bei der Beschlussfassung zu berücksichtigen. [6]Der Gemeinsame Bundesausschuss führt vor Beschlussfassung eine Folgenabschätzung durch und berücksichtigt deren Ergebnisse.

(5) [1]Der Gemeinsame Bundesausschuss beschließt bis zum 31. Dezember 2019 Vorgaben zur Konkretisierung der besonderen Aufgaben von Zentren und Schwerpunkten nach § 2 Absatz 2 Satz 2 Nummer 4 des Krankenhausentgeltgesetzes. [2]Die besonderen Aufgaben können sich insbesondere ergeben aus

a) einer überörtlichen und krankenhausübergreifenden Aufgabenwahrnehmung,
b) der Erforderlichkeit von besonderen Vorhaltungen eines Krankenhauses, insbesondere in Zentren für seltene Erkrankungen, oder
c) der Notwendigkeit der Konzentration der Versorgung an einzelnen Standorten wegen außergewöhnlicher technischer und personeller Voraussetzungen.

[3]Zu gewährleisten ist, dass es sich nicht um Aufgaben handelt, die bereits durch Entgelte nach dem Krankenhausentgeltgesetz oder nach den Regelungen dieses Buches finanziert werden. [4]§ 17b Absatz 1 Satz 10 des Krankenhausfinanzierungsgesetzes bleibt unberührt. [5]Soweit dies für die Erfüllung der besonderen Aufgaben erforderlich ist, sind zu erfüllende Qualitätsanforderungen festzulegen, insbesondere Vorgaben zur Art und Anzahl von Fachabteilungen, zu einzuhaltenden Mindestfallzahlen oder zur Zusammenarbeit mit anderen Einrichtungen. [6]Den betroffenen medizinischen Fachgesellschaften ist Gelegenheit zur Stellungnahme zu geben. [7]Die Stellungnahmen sind bei der Beschlussfassung zu berücksichtigen.

(6) Für Beschlüsse nach den Absätzen 1 bis 5 gilt § 94 entsprechend.

§ 136d Evaluation und Weiterentwicklung der Qualitätssicherung durch den Gemeinsamen Bundesausschuss

[1]Der Gemeinsame Bundesausschuss hat den Stand der Qualitätssicherung im Gesundheitswesen festzustellen, sich daraus ergebenden Weiterentwicklungsbedarf zu benennen, eingeführte Qualitätssicherungsmaßnahmen auf ihre Wirksamkeit hin zu bewerten und Empfehlungen für eine an einheitlichen Grundsätzen ausgerichtete sowie sektoren- und berufsgruppenübergreifende Qualitätssicherung im Gesundheitswesen einschließlich ihrer Umsetzung zu erarbeiten. [2]Er erstellt in regelmäßigen Abständen einen Bericht über den Stand der Qualitätssicherung.

§ 137 Durchsetzung und Kontrolle der Qualitätsanforderungen des Gemeinsamen Bundesausschusses

(1) [1]Der Gemeinsame Bundesausschuss hat zur Förderung der Qualität ein gestuftes System von

Folgen der Nichteinhaltung von Qualitätsanforderungen nach den §§ 136 bis 136c festzulegen. [2]Er ist ermächtigt, neben Maßnahmen zur Beratung und Unterstützung bei der Qualitätsverbesserung je nach Art und Schwere von Verstößen gegen wesentliche Qualitätsanforderungen angemessene Durchsetzungsmaßnahmen vorzusehen. [3]Solche Maßnahmen können insbesondere sein

1. Vergütungsabschläge,
2. der Wegfall des Vergütungsanspruchs für Leistungen, bei denen Mindestanforderungen nach § 136 Absatz 1 Satz 1 Nummer 2 nicht erfüllt sind,
3. die Information Dritter über die Verstöße,
4. die einrichtungsbezogene Veröffentlichung von Informationen zur Nichteinhaltung von Qualitätsanforderungen.

[4]Die Maßnahmen sind verhältnismäßig zu gestalten und anzuwenden. [5]Der Gemeinsame Bundesausschuss trifft die Festlegungen nach den Sätzen 1 bis 4 und zu den Stellen, denen die Durchsetzung der Maßnahmen obliegt, in grundsätzlicher Weise in einer Richtlinie nach § 92 Absatz 1 Satz 2 Nummer 13. [6]Die Festlegungen nach Satz 5 sind vom Gemeinsamen Bundesausschuss in einzelnen Richtlinien und Beschlüssen jeweils für die in ihnen geregelten Qualitätsanforderungen zu konkretisieren. [7]Bei wiederholten oder besonders schwerwiegenden Verstößen kann er von dem nach Satz 1 vorgegebenen gestuften Verfahren abweichen.

(2) [1]Der Gemeinsame Bundesausschuss legt in seinen Richtlinien über Maßnahmen der einrichtungsübergreifenden Qualitätssicherung eine Dokumentationsrate von 100 Prozent für dokumentationspflichtige Datensätze der Leistungserbringer fest. [2]Er hat bei der Unterschreitung dieser Dokumentationsrate Vergütungsabschläge vorzusehen, es sei denn, der Leistungserbringer weist nach, dass die Unterschreitung unverschuldet ist.

(3) [1]Der Gemeinsame Bundesausschuss regelt in einer Richtlinie die Einzelheiten zu den Kontrollen des Medizinischen Dienstes der Krankenversicherung nach § 275a, die durch Anhaltspunkte begründet sein müssen, die die Einhaltung der Qualitätsanforderungen nach § 136 Absatz 1 Satz 1 Nummer 2 oder § 136a Absatz 5 zum Gegenstand haben oder als Stichprobenprüfungen erforderlich sind. [2]Er trifft insbesondere Festlegungen, welche Stellen die Kontrollen beauftragen, welche Anhaltspunkte Kontrollen auch unangemeldet rechtfertigen, zu Art, Umfang und zum Verfahren der Kontrollen sowie zum Umgang mit den Ergebnissen und zu deren Folgen. [3]Die Krankenkassen und die die Kontrollen beauftragenden Stellen sind befugt und verpflichtet, die für das Verfahren zur Durchführung von Stichprobenprüfungen erforderlichen einrichtungsbezogenen Daten an die vom Gemeinsamen Bundesausschuss zur Auswahl der zu prüfenden Leistungserbringer bestimmte Stelle zu übermitteln, und diese Stelle ist befugt, die ihr übermittelten Daten zu diesem Zweck zu verarbeiten, soweit dies in der Richtlinie nach Satz 1 vorgesehen ist. [4]Der Gemeinsame Bundesausschuss hat bei den Festlegungen nach Satz 2 vorzusehen, dass die nach Absatz 1 Satz 5 für die Durchsetzung der Qualitätsanforderungen zuständigen Stellen zeitnah einrichtungsbezogen über die Prüfergebnisse informiert werden. [5]Er legt fest, in welchen Fällen der Medizinische Dienst der Krankenversicherung die Prüfergebnisse wegen erheblicher Verstöße gegen Qualitätsanforderungen unverzüglich einrichtungsbezogen an Dritte, insbesondere an jeweils zuständige Behörden der Länder zu übermitteln hat. [6]Die Festlegungen des Gemeinsamen Bundesausschusses nach den Sätzen 1 und 2 sollen eine möglichst aufwandsarme Durchführung der Kontrollen nach § 275a unterstützen.

§ 137a
Institut für Qualitätssicherung und Transparenz im Gesundheitswesen

(1) [1]Der Gemeinsame Bundesausschuss nach § 91 gründet ein fachlich unabhängiges, wissenschaftliches Institut für Qualitätssicherung und Transparenz im Gesundheitswesen. [2]Hierzu errichtet er eine Stiftung des privaten Rechts, die Trägerin des Instituts ist.

(2) [1]Der Vorstand der Stiftung bestellt die Institutsleitung mit Zustimmung des Bundesministeriums für Gesundheit. [2]Das Bundesministerium für Gesundheit entsendet ein Mitglied in den Vorstand der Stiftung.

(3) [1]Das Institut arbeitet im Auftrag des Gemeinsamen Bundesausschusses an Maßnahmen zur Qualitätssicherung und zur Darstellung der Versorgungsqualität im Gesundheitswesen. [2]Es soll insbesondere beauftragt werden,

1. für die Messung und Darstellung der Versorgungsqualität möglichst sektorenübergreifend

abgestimmte risikoadjustierte Indikatoren und Instrumente einschließlich Module für Patientenbefragungen auch in digitaler Form zu entwickeln,

2. die notwendige Dokumentation für die einrichtungsübergreifende Qualitätssicherung unter Berücksichtigung des Gebotes der Datensparsamkeit zu entwickeln,
3. sich an der Durchführung der einrichtungsübergreifenden Qualitätssicherung zu beteiligen und dabei, soweit erforderlich, die weiteren Einrichtungen nach Satz 3 einzubeziehen,
4. die Ergebnisse der Qualitätssicherungsmaßnahmen in geeigneter Weise und in einer für die Allgemeinheit verständlichen Form zu veröffentlichen,
5. auf der Grundlage geeigneter Daten, die in den Qualitätsberichten der Krankenhäuser veröffentlicht werden, einrichtungsbezogen vergleichende risikoadjustierte Übersichten über die Qualität in maßgeblichen Bereichen der stationären Versorgung zu erstellen und in einer für die Allgemeinheit verständlichen Form im Internet zu veröffentlichen; Ergebnisse nach Nummer 6 sollen einbezogen werden,
6. für die Weiterentwicklung der Qualitätssicherung zu ausgewählten Leistungen die Qualität der ambulanten und stationären Versorgung zusätzlich auf der Grundlage geeigneter Sozialdaten darzustellen, die dem Institut von den Krankenkassen nach § 299 Absatz 1a auf der Grundlage von Richtlinien und Beschlüssen des Gemeinsamen Bundesausschusses übermittelt werden, sowie
7. Kriterien zur Bewertung von Zertifikaten und Qualitätssiegeln, die in der ambulanten und stationären Versorgung verbreitet sind, zu entwickeln und anhand dieser Kriterien über die Aussagekraft dieser Zertifikate und Qualitätssiegel in einer für die Allgemeinheit verständlichen Form zu informieren.

[3]In den Fällen, in denen weitere Einrichtungen an der Durchführung der verpflichtenden Maßnahmen der Qualitätssicherung nach § 136 Absatz 1 Satz 1 Nummer 1 mitwirken, haben diese dem Institut nach Absatz 1 auf der Grundlage der Richtlinien des Gemeinsamen Bundesausschusses zur einrichtungsübergreifenden Qualitätssicherung die für die Wahrnehmung seiner Aufgaben nach Satz 2 erforderlichen Daten zu übermitteln. [4]Bei der Entwicklung von Patientenbefragungen nach Satz 2 Nummer 1 soll das Institut vorhandene national oder international anerkannte Befragungsinstrumente berücksichtigen.

(4) [1]Die den Gemeinsamen Bundesausschuss bildenden Institutionen, die unparteiischen Mitglieder des Gemeinsamen Bundesausschusses, das Bundesministerium für Gesundheit und die für die Wahrnehmung der Interessen der Patientinnen und Patienten und der Selbsthilfe chronisch kranker und behinderter Menschen maßgeblichen Organisationen auf Bundesebene können die Beauftragung des Instituts beim Gemeinsamen Bundesausschuss beantragen. [2]Das Bundesministerium für Gesundheit kann das Institut unmittelbar mit Untersuchungen und Handlungsempfehlungen zu den Aufgaben nach Absatz 3 für den Gemeinsamen Bundesausschuss beauftragen. [3]Das Institut kann einen Auftrag des Bundesministeriums für Gesundheit ablehnen, es sei denn, das Bundesministerium für Gesundheit übernimmt die Finanzierung der Bearbeitung des Auftrags. [4]Das Institut kann sich auch ohne Auftrag mit Aufgaben nach Absatz 3 befassen; der Vorstand der Stiftung ist hierüber von der Institutsleitung unverzüglich zu informieren. [5]Für die Tätigkeit nach Satz 4 können jährlich bis zu 10 Prozent der Haushaltsmittel eingesetzt werden, die dem Institut zur Verfügung stehen. [5]Die Ergebnisse der Arbeiten nach Satz 4 sind dem Gemeinsamen Bundesausschuss und dem Bundesministerium für Gesundheit vor der Veröffentlichung vorzulegen.

(5) [1]Das Institut hat zu gewährleisten, dass die Aufgaben nach Absatz 3 auf Basis der maßgeblichen, international anerkannten Standards der Wissenschaften erfüllt werden. [2]Hierzu ist in der Stiftungssatzung ein wissenschaftlicher Beirat aus unabhängigen Sachverständigen vorzusehen, der das Institut in grundsätzlichen Fragen berät. [3]Die Mitglieder des wissenschaftlichen Beirats werden auf Vorschlag der Institutsleitung einvernehmlich vom Vorstand der Stiftung bestellt. [4]Der wissenschaftliche Beirat kann dem Institut Vorschläge für eine Befassung nach Absatz 4 Satz 4 machen.

(6) Zur Erledigung der Aufgaben nach Absatz 3 kann das Institut im Einvernehmen mit dem Gemeinsamen Bundesausschuss insbesondere Forschungs- und Entwicklungsaufträge an externe Sachverständige vergeben; soweit hierbei personenbezogene Daten übermittelt werden sollen, gilt § 299.

(7) Bei der Entwicklung der Inhalte nach Absatz 3 sind zu beteiligen:

1. die Kassenärztlichen Bundesvereinigungen,
2. die Deutsche Krankenhausgesellschaft,
3. der Spitzenverband Bund der Krankenkassen,
4. der Verband der Privaten Krankenversicherung,
5. die Bundesärztekammer, die Bundeszahnärztekammer und die Bundespsychotherapeutenkammer,
6. die Berufsorganisationen der Krankenpflegeberufe,
7. die wissenschaftlichen medizinischen Fachgesellschaften,
8. das Deutsche Netzwerk Versorgungsforschung,
9. die für die Wahrnehmung der Interessen der Patientinnen und Patienten und der Selbsthilfe chronisch kranker und behinderter Menschen maßgeblichen Organisationen auf Bundesebene,
10. der oder die Beauftragte der Bundesregierung für die Belange der Patientinnen und Patienten,
11. zwei von der Gesundheitsministerkonferenz der Länder zu bestimmende Vertreter sowie
12. die Bundesoberbehörden im Geschäftsbereich des Bundesministeriums für Gesundheit, soweit ihre Aufgabenbereiche berührt sind.

(8) Für die Finanzierung des Instituts gilt § 139c entsprechend.

(9) Zur Sicherstellung der fachlichen Unabhängigkeit des Instituts hat der Stiftungsvorstand dafür Sorge zu tragen, dass Interessenkonflikte von Beschäftigten des Instituts sowie von allen anderen an der Aufgabenerfüllung nach Absatz 3 beteiligten Personen und Institutionen vermieden werden.

(10) [1]Der Gemeinsame Bundesausschuss kann das Institut oder eine andere an der einrichtungsübergreifenden Qualitätssicherung beteiligte Stelle beauftragen, die bei den verpflichtenden Maßnahmen der Qualitätssicherung nach § 136 Absatz 1 Satz 1 Nummer 1 erhobenen Daten auf Antrag eines Dritten für Zwecke der wissenschaftlichen Forschung und der Weiterentwicklung der Qualitätssicherung auszuwerten. [2]Jede natürliche oder juristische Person kann hierzu beim Gemeinsamen Bundesausschuss oder bei einer nach Satz 1 beauftragten Stelle einen Antrag auf Auswertung und Übermittlung der Auswertungsergebnisse stellen. [3]Das Institut oder eine andere nach Satz 1 beauftragte Stelle übermittelt dem Antragstellenden nach Prüfung des berechtigten Interesses die anonymisierten Auswertungsergebnisse, wenn dieser sich bei der Antragstellung zur Übernahme der entstehenden Kosten bereit erklärt hat. [4]Der Gemeinsame Bundesausschuss regelt in der Verfahrensordnung für die Auswertung der nach § 136 Absatz 1 Satz 1 Nummer 1 erhobenen Daten und die Übermittlung der Auswertungsergebnisse unter Beachtung datenschutzrechtlicher Vorgaben und des Gebotes der Datensicherheit ein transparentes Verfahren sowie das Nähere zum Verfahren der Kostenübernahme nach Satz 3. [5]Der Gemeinsame Bundesausschuss hat zur Verbesserung des Datenschutzes und der Datensicherheit das für die Wahrnehmung der Aufgaben nach den Sätzen 1 und 3 notwendige Datenschutzkonzept regelmäßig durch unabhängige Gutachter prüfen und bewerten zu lassen; das Ergebnis der Prüfung ist zu veröffentlichen.

(11) [1]Der Gemeinsame Bundesausschuss beauftragt das Institut, die bei den verpflichtenden Maßnahmen der Qualitätssicherung nach § 136 Absatz 1 Satz 1 Nummer 1 erhobenen Daten den für die Krankenhausplanung zuständigen Landesbehörden oder von diesen bestimmten Stellen auf Antrag für konkrete Zwecke der qualitätsorientierten Krankenhausplanung oder ihrer Weiterentwicklung, soweit erforderlich auch einrichtungsbezogen sowie versichertenbezogen, in pseudonymisierter Form zu übermitteln. [2]Die Landesbehörde hat ein berechtigtes Interesse an der Verarbeitung der Daten darzulegen und sicherzustellen, dass die Daten nur für die im Antrag genannten konkreten Zwecke verarbeitet werden. [3]Eine Übermittlung der Daten durch die Landesbehörden oder von diesen bestimmten Stellen an Dritte ist nicht zulässig. [4]In dem Antrag ist der Tag, bis zu dem die übermittelten Daten aufbewahrt werden dürfen, genau zu bezeichnen. [5]Absatz 10 Satz 3 bis 5 gilt entsprechend.

§ 137b
Aufträge des Gemeinsamen Bundesausschusses an das Institut nach § 137a

(1) [1]Der Gemeinsame Bundesausschuss beschließt zur Entwicklung und Durchführung der Qualitätssicherung sowie zur Verbesserung der

Transparenz über die Qualität der ambulanten und stationären Versorgung Aufträge nach § 137a Absatz 3 an das Institut nach § 137a. [2]Soweit hierbei personenbezogene Daten verarbeitet werden sollen, gilt § 299. [3]Bei Aufträgen zur Entwicklung von Patientenbefragungen nach § 137a Absatz 3 Satz 2 Nummer 1 soll der Gemeinsame Bundesausschuss ab dem 1. Januar 2022 eine barrierefreie Durchführung vorsehen; für bereits erarbeitete Patientenbefragungen soll er die Entwicklung der barrierefreien Durchführung bis zum 31. Dezember 2025 nachträglich beauftragen.

(2) [1]Das Institut nach § 137a leitet die Arbeitsergebnisse der Aufträge nach § 137a Absatz 3 Satz 1 und 2 und Absatz 4 Satz 2 dem Gemeinsamen Bundesausschuss als Empfehlungen zu. [2]Der Gemeinsame Bundesausschuss hat die Empfehlungen im Rahmen seiner Aufgabenstellung zu berücksichtigen.

§ 137c
Bewertung von Untersuchungs- und Behandlungsmethoden im Krankenhaus

(1) [1]Der Gemeinsame Bundesausschuss nach § 91 überprüft auf Antrag eines Unparteiischen nach § 91 Absatz 2 Satz 1, des Spitzenverbandes Bund der Krankenkassen, der Deutschen Krankenhausgesellschaft oder eines Bundesverbandes der Krankenhausträger Untersuchungs- und Behandlungsmethoden, die zu Lasten der gesetzlichen Krankenkassen im Rahmen einer Krankenhausbehandlung angewandt werden oder angewandt werden sollen, daraufhin, ob sie für eine ausreichende, zweckmäßige und wirtschaftliche Versorgung der Versicherten unter Berücksichtigung des allgemein anerkannten Standes der medizinischen Erkenntnisse erforderlich sind. [2]Ergibt die Überprüfung, dass der Nutzen einer Methode nicht hinreichend belegt ist und sie nicht das Potenzial einer erforderlichen Behandlungsalternative bietet, insbesondere weil sie schädlich oder unwirksam ist, erlässt der Gemeinsame Bundesausschuss eine entsprechende Richtlinie, wonach die Methode im Rahmen einer Krankenhausbehandlung nicht mehr zulasten der Krankenkassen erbracht werden darf. [3]Ergibt die Überprüfung, dass der Nutzen einer Methode noch nicht hinreichend belegt ist, sie aber das Potenzial einer erforderlichen Behandlungsalternative bietet, beschließt der Gemeinsame Bundesausschuss eine Richtlinie zur Erprobung nach § 137e. [4]Nach Abschluss der Erprobung erlässt der Gemeinsame Bundesausschuss eine Richtlinie, wonach die Methode im Rahmen einer Krankenhausbehandlung nicht mehr zulasten der Krankenkassen erbracht werden darf, wenn die Überprüfung unter Hinzuziehung der durch die Erprobung gewonnenen Erkenntnisse ergibt, dass die Methode nicht den Kriterien nach Satz 1 entspricht. [5]Die Beschlussfassung über die Annahme eines Antrags nach Satz 1 muss spätestens drei Monate nach Antragseingang erfolgen. [6]Das sich anschließende Methodenbewertungsverfahren ist in der Regel innerhalb von spätestens drei Jahren abzuschließen, es sei denn, dass auch bei Straffung des Verfahrens im Einzelfall eine längere Verfahrensdauer erforderlich ist.

(2) [1]Wird eine Beanstandung des Bundesministeriums für Gesundheit nach § 94 Abs. 1 Satz 2 nicht innerhalb der von ihm gesetzten Frist behoben, kann das Bundesministerium die Richtlinie erlassen. [2]Ab dem Tag des Inkrafttretens einer Richtlinie nach Absatz 1 Satz 2 oder 4 darf die ausgeschlossene Methode im Rahmen einer Krankenhausbehandlung nicht mehr zu Lasten der Krankenkassen erbracht werden; die Durchführung klinischer Studien bleibt von einem Ausschluss nach Absatz 1 Satz 4 unberührt.

(3) [1]Untersuchungs- und Behandlungsmethoden, zu denen der Gemeinsame Bundesausschuss bisher keine Entscheidung nach Absatz 1 getroffen hat, dürfen im Rahmen einer Krankenhausbehandlung angewandt und von den Versicherten beansprucht werden, wenn sie das Potential einer erforderlichen Behandlungsalternative bieten und ihre Anwendung nach den Regeln der ärztlichen Kunst erfolgt, sie also insbesondere medizinisch indiziert und notwendig ist. [2]Dies gilt sowohl für Methoden, für die noch kein Antrag nach Absatz 1 Satz 1 gestellt wurde, als auch für Methoden, deren Bewertung nach Absatz 1 noch nicht abgeschlossen ist.

§ 137d
Qualitätssicherung bei der ambulanten und stationären Vorsorge oder Rehabilitation

(1) [1]Für stationäre Rehabilitationseinrichtungen, mit denen ein Vertrag nach § 111 oder § 111a und für ambulante Rehabilitationseinrichtungen, mit denen ein Vertrag über die Erbringung ambulanter Leistungen zur medizinischen Rehabilitation nach § 111c Absatz 1 besteht, vereinbart der Spitzenverband Bund der Krankenkassen auf der Grund-

lage der Empfehlungen nach § 37 Absatz 1 des Neunten Buches mit den für die Wahrnehmung der Interessen der ambulanten und stationären Rehabilitationseinrichtungen und der Einrichtungen des Müttergenesungswerks oder gleichartiger Einrichtungen auf Bundesebene maßgeblichen Spitzenorganisationen die Maßnahmen der Qualitätssicherung nach § 135a Abs. 2 Nr. 1. [2]Die auf der Grundlage der Vereinbarung nach Satz 1 bestimmte Auswertungsstelle übermittelt die Ergebnisse der Qualitätssicherungsmaßnahmen nach Satz 1 an den Spitzenverband Bund der Krankenkassen. [3]Dieser ist verpflichtet, die Ergebnisse einrichtungsbezogen, in übersichtlicher Form und in allgemein verständlicher Sprache im Internet zu veröffentlichen. [4]Um die Transparenz und Qualität der Versorgung zu erhöhen, soll der Spitzenverband Bund der Krankenkassen die Versicherten auf Basis der Ergebnisse auch vergleichend über die Qualitätsmerkmale der Rehabilitationseinrichtungen nach Satz 1 informieren und über die Umsetzung der Barrierefreiheit berichten; er kann auch Empfehlungen aussprechen. [5]Den für die Wahrnehmung der Interessen von Einrichtungen der ambulanten und stationären Rehabilitation maßgeblichen Spitzenorganisationen ist Gelegenheit zur Stellungnahme zu geben. [6]Die Stellungnahmen sind bei der Ausgestaltung der Veröffentlichung nach Satz 3 und der vergleichenden Darstellung nach Satz 4 einzubeziehen. [7]Der Spitzenverband Bund der Krankenkassen soll bei seiner Veröffentlichung auch in geeigneter Form auf die Veröffentlichung von Ergebnissen der externen Qualitätssicherung in der Rehabilitation anderer Rehabilitationsträger hinweisen. [8]Die Kosten der Auswertung von Maßnahmen der einrichtungsübergreifenden Qualitätssicherung tragen die Krankenkassen anteilig nach ihrer Belegung der Einrichtungen oder Fachabteilungen. [9]Das einrichtungsinterne Qualitätsmanagement und die Verpflichtung zur Zertifizierung für stationäre Rehabilitationseinrichtungen richten sich nach § 37 des Neunten Buches.

(2) [1]Für stationäre Vorsorgeeinrichtungen, mit denen ein Versorgungsvertrag nach § 111 und für Einrichtungen, mit denen ein Versorgungsvertrag nach § 111a besteht, vereinbart der Spitzenverband Bund der Krankenkassen mit den für die Wahrnehmung der Interessen der stationären Vorsorgeeinrichtungen und der Einrichtungen des Müttergenesungswerks oder gleichartiger Einrichtungen auf Bundesebene maßgeblichen Spitzenorganisationen die Maßnahmen der Qualitätssicherung nach § 135a Abs. 2 Nr. 1 und die Anforderungen an ein einrichtungsinternes Qualitätsmanagement nach § 135a Abs. 2 Nr. 2. [2]Dabei sind die gemeinsamen Empfehlungen nach § 37 Absatz 1 des Neunten Buches zu berücksichtigen und in ihren Grundzügen zu übernehmen. [3]Die Kostentragungspflicht nach Absatz 1 Satz 3 gilt entsprechend.

(3) Für Leistungserbringer, die ambulante Vorsorgeleistungen nach § 23 Abs. 2 erbringen, vereinbart der Spitzenverband Bund der Krankenkassen mit der Kassenärztlichen Bundesvereinigung und den maßgeblichen Bundesverbänden der Leistungserbringer, die ambulante Vorsorgeleistungen durchführen, die grundsätzlichen Anforderungen an ein einrichtungsinternes Qualitätsmanagement nach § 135a Abs. 2 Nr. 2.

(4) [1]Die Vertragspartner haben durch geeignete Maßnahmen sicherzustellen, dass die Anforderungen an die Qualitätssicherung für die ambulante und stationäre Vorsorge und Rehabilitation einheitlichen Grundsätzen genügen, und die Erfordernisse einer sektor- und berufsgruppenübergreifenden Versorgung angemessen berücksichtigt sind. [2]Bei Vereinbarungen nach den Absätzen 1 und 2 ist der Bundesärztekammer, der Bundespsychotherapeutenkammer und der Deutschen Krankenhausgesellschaft Gelegenheit zur Stellungnahme zu geben.

§ 137e Erprobung von Untersuchungs- und Behandlungsmethoden

(1) [1]Gelangt der Gemeinsame Bundesausschuss bei der Prüfung von Untersuchungs- und Behandlungsmethoden nach § 135 oder § 137c zu der Feststellung, dass eine Methode das Potenzial einer erforderlichen Behandlungsalternative bietet, ihr Nutzen aber noch nicht hinreichend belegt ist, muss der Gemeinsame Bundesausschuss unter Aussetzung seines Bewertungsverfahrens gleichzeitig eine Richtlinie zur Erprobung beschließen, um die notwendigen Erkenntnisse für die Bewertung des Nutzens der Methode zu gewinnen. [2]Aufgrund der Richtlinie wird die Untersuchungs- oder Behandlungsmethode in einem befristeten Zeitraum im Rahmen der Krankenbehandlung oder der Früherkennung zulasten der Krankenkassen erbracht.

(2) [1]Der Gemeinsame Bundesausschuss regelt in der Richtlinie nach Absatz 1 Satz 1 die in die

Erprobung einbezogenen Indikationen und die sächlichen, personellen und sonstigen Anforderungen an die Qualität der Leistungserbringung im Rahmen der Erprobung. [2]Er legt zudem Anforderungen an die Durchführung, die wissenschaftliche Begleitung und die Auswertung der Erprobung fest. [3]Für Krankenhäuser, die nicht an der Erprobung teilnehmen, kann der Gemeinsame Bundesausschuss nach den §§ 136 bis 136b Anforderungen an die Qualität der Leistungserbringung regeln. [4]Die Anforderungen an die Erprobung haben unter Berücksichtigung der Versorgungsrealität zu gewährleisten, dass die Erprobung und die Leistungserbringung durchgeführt werden können. [5]Die Erprobung hat innerhalb von 18 Monaten nach Inkrafttreten des Beschlusses über die Erprobungsrichtlinie zu beginnen. [6]Eine Erprobung beginnt mit der Behandlung der Versicherten im Rahmen der Erprobung. [7]Kommt eine Erprobung nicht fristgerecht zustande, hat der Gemeinsame Bundesausschuss seine Vorgaben in der Erprobungsrichtlinie innerhalb von drei Monaten zu überprüfen und anzupassen und dem Bundesministerium für Gesundheit über die Überprüfung und Anpassung der Erprobungsrichtlinie und Maßnahmen zur Förderung der Erprobung zu berichten.

(3) An der vertragsärztlichen Versorgung teilnehmende Leistungserbringer und nach § 108 zugelassene Krankenhäuser können in dem erforderlichen Umfang an der Erprobung einer Untersuchungs- oder Behandlungsmethode teilnehmen, wenn sie gegenüber der wissenschaftlichen Institution nach Absatz 5 nachweisen, dass sie die Anforderungen nach Absatz 2 erfüllen.

(4) [1]Die von den Leistungserbringern nach Absatz 3 im Rahmen der Erprobung erbrachten und verordneten Leistungen werden unmittelbar von den Krankenkassen vergütet. [2]Bei voll- und teilstationären Krankenhausleistungen werden diese durch Entgelte nach § 17b oder § 17d des Krankenhausfinanzierungsgesetzes oder nach der Bundespflegesatzverordnung vergütet. [3]Kommt für eine neue Untersuchungs- oder Behandlungsmethode, die mit pauschalierten Pflegesätzen nach § 17 Absatz 1a des Krankenhausfinanzierungsgesetzes noch nicht sachgerecht vergütet werden kann, eine sich auf den gesamten Erprobungszeitraum beziehende Vereinbarung nach § 6 Absatz 2 Satz 1 des Krankenhausentgeltgesetzes oder nach § 6 Absatz 4 Satz 1 der Bundespflegesatzverordnung nicht innerhalb von drei Monaten nach Inkrafttreten des Beschlusses über die Erprobungsrichtlinie zustande, wird ihr Inhalt durch die Schiedsstelle nach § 13 des Krankenhausentgeltgesetzes oder nach § 13 der Bundespflegesatzverordnung festgelegt. [4]Bei Methoden, die auch ambulant angewandt werden können, wird die Höhe der Vergütung für die ambulante Leistungserbringung durch den ergänzten Bewertungsausschuss in der Zusammensetzung nach § 87 Absatz 5a im einheitlichen Bewertungsmaßstab für ärztliche Leistungen innerhalb von drei Monaten nach Inkrafttreten des Beschlusses über die Erprobungsrichtlinie geregelt. [5]Kommt ein Beschluss des ergänzten Bewertungsausschusses nicht fristgerecht zustande, entscheidet der ergänzte erweiterte Bewertungsausschuss im Verfahren nach § 87 Absatz 5a Satz 2 bis 7. [6]Klagen gegen die Festlegung des Vertragsinhalts haben keine aufschiebende Wirkung. [7]Für die Abrechnung der ambulanten Leistungserbringung nach Satz 4 gilt § 295 Absatz 1b Satz 1 entsprechend; das Nähere über Form und Inhalt des Abrechnungsverfahrens sowie über die erforderlichen Vordrucke für die Abrechnung und die Verordnung von Leistungen einschließlich der Kennzeichnung dieser Vordrucke regeln der Spitzenverband Bund der Krankenkassen, die Deutsche Krankenhausgesellschaft und die Kassenärztliche Bundesvereinigung in einer Vereinbarung. [8]Kommt eine Vereinbarung nach Satz 7 ganz oder teilweise nicht zustande, entscheidet auf Antrag einer Vertragspartei das sektorenübergreifende Schiedsgremium auf Bundesebene gemäß § 89a.

(5) [1]Für die wissenschaftliche Begleitung und Auswertung der Erprobung schließt der Gemeinsame Bundesausschuss mit den maßgeblichen Wissenschaftsverbänden einen Rahmenvertrag, der insbesondere die Unabhängigkeit der beteiligten wissenschaftlichen Institutionen gewährleistet, oder beauftragt eigenständig eine unabhängige wissenschaftliche Institution. [2]An der Erprobung beteiligte Medizinproduktehersteller oder Unternehmen, die als Anbieter der zu erprobenden Methode ein wirtschaftliches Interesse an einer Erbringung zulasten der Krankenkassen haben, können auch selbst eine unabhängige wissenschaftliche Institution auf eigene Kosten mit der wissenschaftlichen Begleitung und Auswertung der Erprobung beauftragen, wenn sie diese Absicht innerhalb eines vom Gemeinsamen Bundesausschuss bestimmten Zeitraums nach Inkrafttreten der Richtlinie nach Absatz 1, der zwei Monate nicht unterschreiten darf, dem Gemeinsamen Bundesausschuss mitteilen. [3]Die an der

Erprobung teilnehmenden Leistungserbringer sind verpflichtet, die für die wissenschaftliche Begleitung und Auswertung erforderlichen Daten zu dokumentieren und der beauftragten Institution zur Verfügung zu stellen. [4]Sofern hierfür personenbezogene Daten der Versicherten benötigt werden, ist vorher deren Einwilligung einzuholen. [5]Für den zusätzlichen Aufwand im Zusammenhang mit der Durchführung der Erprobung erhalten die an der Erprobung teilnehmenden Leistungserbringer von der beauftragten Institution eine angemessene Aufwandsentschädigung.

(6) [1]Die Kosten einer von ihm nach Absatz 5 Satz 1 rahmenvertraglich veranlassten oder eigenständig beauftragten wissenschaftlichen Begleitung und Auswertung der Erprobung trägt der Gemeinsame Bundesausschuss.

(7) [1]Unabhängig von einem Beratungsverfahren nach § 135 oder § 137c können Hersteller eines Medizinprodukts, auf dessen Einsatz die technische Anwendung einer neuen Untersuchungs- oder Behandlungsmethode maßgeblich beruht, und Unternehmen, die in sonstiger Weise als Anbieter einer neuen Methode ein wirtschaftliches Interesse an einer Erbringung zulasten der Krankenkassen haben, beim Gemeinsamen Bundesausschuss beantragen, dass dieser eine Richtlinie zur Erprobung der neuen Methode nach Absatz 1 beschließt. [2]Der Antragsteller hat aussagekräftige Unterlagen vorzulegen, aus denen hervorgeht, dass die Methode hinreichendes Potenzial für eine Erprobung bietet. [3]Der Gemeinsame Bundesausschuss entscheidet innerhalb von drei Monaten nach Antragstellung auf der Grundlage der vom Antragsteller zur Begründung seines Antrags vorgelegten Unterlagen. [4]Beschließt der Gemeinsame Bundesausschuss eine Erprobung, entscheidet er im Anschluss an die Erprobung auf der Grundlage der gewonnenen Erkenntnisse unverzüglich über eine Richtlinie nach § 135 oder § 137c. [5]Die Möglichkeit einer Aussetzung des Bewertungsverfahrens im Falle des Fehlens noch erforderlicher Erkenntnisse bleibt unberührt. [6]Die Kostentragung hinsichtlich der wissenschaftlichen Begleitung und Auswertung der Erprobung richtet sich nach Absatz 5 Satz 2 oder Absatz 6. [7]Wenn der Gemeinsame Bundesausschuss die Durchführung einer Erprobung ablehnt, weil er den Nutzen der Methode bereits als hinreichend belegt ansieht, gilt Satz 4 entsprechend.

(8) [1]Der Gemeinsame Bundesausschuss berät Hersteller von Medizinprodukten und sonstige Unternehmen im Sinne von Absatz 7 Satz 1 zu den Voraussetzungen der Erbringung einer Untersuchungs- oder Behandlungsmethode zulasten der Krankenkassen, zu dem Verfahren der Erprobung sowie zu der Möglichkeit, anstelle des Gemeinsamen Bundesausschusses eine unabhängige wissenschaftliche Institution auf eigene Kosten mit der wissenschaftlichen Begleitung und Auswertung der Erprobung zu beauftragen. [2]Das Nähere einschließlich der Erstattung der für diese Beratung entstandenen Kosten ist in der Verfahrensordnung zu regeln.

§ 137f
Strukturierte Behandlungsprogramme bei chronischen Krankheiten

(1) [1]Der Gemeinsame Bundesausschuss nach § 91 legt in Richtlinien nach Maßgabe von Satz 2 geeignete chronische Krankheiten fest, für die strukturierte Behandlungsprogramme entwickelt werden sollen, die den Behandlungsablauf und die Qualität der medizinischen Versorgung chronisch Kranker verbessern. [2]Bei der Auswahl der chronischen Krankheiten sind insbesondere die folgenden Kriterien zu berücksichtigen:

1. Zahl der von der Krankheit betroffenen Versicherten,
2. Möglichkeiten zur Verbesserung der Qualität der Versorgung,
3. Verfügbarkeit von evidenzbasierten Leitlinien,
4. sektorenübergreifender Behandlungsbedarf,
5. Beeinflussbarkeit des Krankheitsverlaufs durch Eigeninitiative des Versicherten und
6. hoher finanzieller Aufwand der Behandlung.

[3]Bis zum 31. Juli 2023 erlässt der Gemeinsame Bundesausschuss insbesondere für die Behandlung von Adipositas Richtlinien nach Absatz 2.

(2) [1]Der Gemeinsame Bundesausschuss nach § 91 erlässt Richtlinien zu den Anforderungen an die Ausgestaltung von Behandlungsprogrammen nach Absatz 1. [2]Zu regeln sind insbesondere Anforderungen an die

1. Behandlung nach dem aktuellen Stand der medizinischen Wissenschaft unter Berücksichtigung von evidenzbasierten Leitlinien oder nach der jeweils besten, verfügbaren Evidenz sowie unter Berücksichtigung des jeweiligen Versorgungssektors,

2. durchzuführenden Qualitätssicherungsmaßnahmen unter Berücksichtigung der Ergebnisse nach § 137a Absatz 3,
3. Voraussetzungen für die Einschreibung des Versicherten in ein Programm,
4. Schulungen der Leistungserbringer und der Versicherten,
5. Dokumentation einschließlich der für die Durchführung der Programme erforderlichen personenbezogenen Daten und deren Aufbewahrungsfristen,
6. Bewertung der Auswirkungen der Versorgung in den Programmen (Evaluation).

[3]Soweit diese Anforderungen Inhalte der ärztlichen Therapie betreffen, schränken sie den zur Erfüllung des ärztlichen Behandlungsauftrags im Einzelfall erforderlichen ärztlichen Behandlungsspielraum nicht ein. [4]Der Spitzenverband Bund der Krankenkassen hat den Medizinischen Dienst Bund zu beteiligen. [5]Den für die Wahrnehmung der Interessen der ambulanten und stationären Vorsorge- und Rehabilitationseinrichtungen und der Selbsthilfe sowie den für die sonstigen Leistungserbringer auf Bundesebene maßgeblichen Spitzenorganisationen, soweit ihre Belange berührt sind, sowie dem Bundesamt für Soziale Sicherung und den jeweils einschlägigen wissenschaftlichen Fachgesellschaften ist Gelegenheit zur Stellungnahme zu geben; die Stellungnahmen sind in die Entscheidungen mit einzubeziehen. [6]Der Gemeinsame Bundesausschuss nach § 91 hat seine Richtlinien regelmäßig zu überprüfen.

(3) [1]Für die Versicherten ist die Teilnahme an Programmen nach Absatz 1 freiwillig. [2]Voraussetzung für die Einschreibung ist die nach umfassender Information durch die Krankenkasse erteilte schriftliche oder elektronische Einwilligung zur Teilnahme an dem Programm, zur Verarbeitung der in den Richtlinien des Gemeinsamen Bundesausschusses nach Absatz 2 festgelegten Daten durch die Krankenkasse, die Sachverständigen nach Absatz 4 und die beteiligten Leistungserbringer sowie zur Übermittlung dieser Daten an die Krankenkasse. [3]Die Einwilligung kann widerrufen werden.

(4) [1]Die Krankenkassen oder ihre Verbände haben nach den Richtlinien des Gemeinsamen Bundesausschusses nach Absatz 2 eine externe Evaluation der für dieselbe Krankheit nach Absatz 1 zugelassenen Programme nach Absatz 1 durch einen vom Bundesamt für Soziale Sicherung im Benehmen mit der Krankenkasse oder dem Verband auf deren Kosten bestellten unabhängigen Sachverständigen auf der Grundlage allgemein anerkannter wissenschaftlicher Standards zu veranlassen, die zu veröffentlichen ist. [2]Die Krankenkassen oder ihre Verbände erstellen für die Programme zudem für jedes volle Kalenderjahr Qualitätsberichte nach den Vorgaben der Richtlinien des Gemeinsamen Bundesausschusses nach Absatz 2, die dem Bundesamt für Soziale Sicherung jeweils bis zum 1. Oktober des Folgejahres vorzulegen sind.

(5) [1]Die Verbände der Krankenkassen und der Spitzenverband Bund der Krankenkassen unterstützen ihre Mitglieder bei dem Aufbau und der Durchführung von Programmen nach Absatz 1; hierzu gehört auch, dass die in Satz 2 genannten Aufträge auch von diesen Verbänden erteilt werden können, soweit hierdurch bundes- oder landeseinheitliche Vorgaben umgesetzt werden sollen. [2]Die Krankenkassen können ihre Aufgaben zur Durchführung von mit zugelassenen Leistungserbringern vertraglich vereinbarten Programmen nach Absatz 1 auf Dritte übertragen. [3]§ 80 des Zehnten Buches bleibt unberührt.

(6) (aufgehoben)

(7) [1]Die Krankenkassen oder ihre Landesverbände können mit zugelassenen Krankenhäusern, die an der Durchführung eines strukturierten Behandlungsprogramms nach Absatz 1 teilnehmen, Verträge über ambulante ärztliche Behandlung schließen, soweit die Anforderungen an die ambulante Leistungserbringung in den Verträgen zu den strukturierten Behandlungsprogrammen dies erfordern. [2]Für die sächlichen und personellen Anforderungen an die ambulante Leistungserbringung des Krankenhauses gelten als Mindestvoraussetzungen die Anforderungen nach § 135 entsprechend.

(8) [1]Der Gemeinsame Bundesausschuss prüft bei der Erstfassung einer Richtlinie zu den Anforderungen nach Absatz 2 sowie bei jeder regelmäßigen Überprüfung seiner Richtlinien nach Absatz 2 Satz 6 die Aufnahme geeigneter digitaler medizinischer Anwendungen. [2]Den für die Wahrnehmung der Interessen der Anbieter digitaler medizinischer Anwendungen auf Bundesebene maßgeblichen Spitzenorganisationen ist Gelegenheit zur Stel-

lungnahme zu geben; die Stellungnahmen sind in die Entscheidungen einzubeziehen. [3]Die Krankenkassen oder ihre Landesverbände können den Einsatz digitaler medizinischer Anwendungen in den Programmen auch dann vorsehen, wenn sie bisher nicht vom Gemeinsamen Bundesausschuss in die Richtlinien zu den Anforderungen nach Absatz 2 aufgenommen wurden.

§ 137g Zulassung strukturierter Behandlungsprogramme

(1) [1]Das Bundesamt für Soziale Sicherung hat auf Antrag einer oder mehrerer Krankenkassen oder eines Verbandes der Krankenkassen die Zulassung von Programmen nach § 137f Abs. 1 zu erteilen, wenn die Programme und die zu ihrer Durchführung geschlossenen Verträge die in den Richtlinien des Gemeinsamen Bundesausschusses nach § 137f und in der Rechtsverordnung nach § 266 Absatz 8 Satz 1 genannten Anforderungen erfüllen. [2]Dabei kann es wissenschaftliche Sachverständige hinzuziehen. [3]Die Zulassung kann mit Auflagen und Bedingungen versehen werden. [4]Die Zulassung ist innerhalb von drei Monaten zu erteilen. [5]Die Frist nach Satz 4 gilt als gewahrt, wenn die Zulassung aus Gründen, die von der Krankenkasse zu vertreten sind, nicht innerhalb dieser Frist erteilt werden kann. [6]Die Zulassung wird mit dem Tage wirksam, an dem die in den Richtlinien des Gemeinsamen Bundesausschusses nach § 137f und in der Rechtsverordnung nach § 266 Absatz 8 Satz 1 genannten Anforderungen erfüllt und die Verträge nach Satz 1 geschlossen sind, frühestens mit dem Tag der Antragstellung, nicht jedoch vor dem Inkrafttreten dieser Richtlinien und Verordnungsregelungen. [7]Für die Bescheiderteilung sind Kosten deckende Gebühren zu erheben. [8]Die Kosten werden nach dem tatsächlich entstandenen Personal- und Sachaufwand berechnet. [9]Zusätzlich zu den Personalkosten entstehende Verwaltungsausgaben sind den Kosten in ihrer tatsächlichen Höhe hinzuzurechnen. [10]Soweit dem Bundesamt für Soziale Sicherung im Zusammenhang mit der Zulassung von Programmen nach § 137f Abs. 1 notwendige Vorhaltekosten entstehen, die durch die Gebühren nach Satz 7 nicht gedeckt sind, sind diese aus dem Gesundheitsfonds zu finanzieren. [11]Das Nähere über die Berechnung der Kosten nach den Sätzen 8 und 9 und über die Berücksichtigung der Kosten nach Satz 10 im Risikostrukturausgleich regelt das Bundesministerium für Gesundheit ohne Zustimmung des Bundesrates in der Rechtsverordnung nach § 266 Absatz 8 Satz 1. [12]In der Rechtsverordnung nach § 266 Absatz 8 Satz 1 kann vorgesehen werden, dass die tatsächlich entstandenen Kosten nach den Sätzen 8 und 9 auf der Grundlage pauschalierter Kostensätze zu berechnen sind. [13]Klagen gegen die Gebührenbescheide des Bundesamtes für Soziale Sicherung haben keine aufschiebende Wirkung.

(2) [1]Die Programme und die zu ihrer Durchführung geschlossenen Verträge sind unverzüglich, spätestens innerhalb eines Jahres an Änderungen der in den Richtlinien des Gemeinsamen Bundesausschusses nach § 137f und der in der Rechtsverordnung nach § 266 Absatz 8 Satz 1 genannten Anforderungen anzupassen. [2]Satz 1 gilt entsprechend für Programme, deren Zulassung bei Inkrafttreten von Änderungen der in den Richtlinien des Gemeinsamen Bundesausschusses nach § 137f und der in der Rechtsverordnung nach § 266 Absatz 8 Satz 1 genannten Anforderungen bereits beantragt ist. [3]Die Krankenkasse hat dem Bundesamt für Soziale Sicherung die angepassten Verträge unverzüglich vorzulegen und es über die Anpassung der Programme unverzüglich zu unterrichten. [4]Abweichend von § 140a Absatz 1 Satz 4 müssen Verträge, die nach § 73a, § 73c oder § 140a in der jeweils am 22. Juli 2015 geltenden Fassung zur Durchführung der Programme geschlossen wurden, nicht bis zum 31. Dezember 2024 durch Verträge nach § 140a ersetzt oder beendet werden; wird ein solcher Vertrag durch einen Vertrag nach § 140a ersetzt, folgt daraus allein keine Pflicht zur Vorlage oder Unterrichtung nach Satz 3.

(3) [1]Die Zulassung eines Programms ist mit Wirkung zum Zeitpunkt der Änderung der Verhältnisse aufzuheben, wenn das Programm und die zu seiner Durchführung geschlossenen Verträge die rechtlichen Anforderungen nicht mehr erfüllen. [2]Die Zulassung ist mit Wirkung zum Beginn des Bewertungszeitraums aufzuheben, für den die Evaluation nach § 137f Absatz 4 Satz 1 nicht gemäß den Anforderungen nach den Richtlinien des Gemeinsamen Bundesausschusses nach § 137f durchgeführt wurde. [3]Sie ist mit Wirkung zum Beginn des Kalenderjahres aufzuheben, für das ein Qualitätsbericht nach § 137f Absatz 4 Satz 2 nicht fristgerecht vorgelegt worden ist.

§ 137h Bewertung neuer Untersuchungs- und Behandlungsmethoden mit Medizinprodukten hoher Risikoklasse

(1) [1]Wird hinsichtlich einer neuen Untersuchungs- oder Behandlungsmethode, deren technische Anwendung maßgeblich auf dem Einsatz eines Medizinprodukts mit hoher Risikoklasse beruht, erstmalig eine Anfrage nach § 6 Absatz 2 Satz 3 des Krankenhausentgeltgesetzes gestellt, hat das anfragende Krankenhaus im Einvernehmen mit dem Hersteller des Medizinprodukts dem Gemeinsamen Bundesausschuss zugleich Informationen über den Stand der wissenschaftlichen Erkenntnisse zu dieser Methode sowie zu der Anwendung des Medizinprodukts, insbesondere Daten zum klinischen Nutzen und vollständige Daten zu durchgeführten klinischen Studien mit dem Medizinprodukt, zu übermitteln. [2]Nur wenn die Methode ein neues theoretisch-wissenschaftliches Konzept aufweist, erfolgt eine Bewertung nach Satz 4. [3]Vor der Bewertung gibt der Gemeinsame Bundesausschuss innerhalb von zwei Wochen nach Eingang der Informationen im Wege einer öffentlichen Bekanntmachung im Internet allen Krankenhäusern, die eine Erbringung der neuen Untersuchungs- oder Behandlungsmethode vorsehen, sowie weiteren betroffenen Medizinprodukteherstellern in der Regel einen Monat Gelegenheit, weitere Informationen im Sinne von Satz 1 an ihn zu übermitteln. [4]Der Gemeinsame Bundesausschuss nimmt auf Grundlage der übermittelten Informationen innerhalb von drei Monaten eine Bewertung vor, ob

1. der Nutzen der Methode unter Anwendung des Medizinprodukts als hinreichend belegt anzusehen ist,
2. die Schädlichkeit oder die Unwirksamkeit der Methode unter Anwendung des Medizinprodukts als belegt anzusehen ist oder
3. weder der Nutzen noch die Schädlichkeit oder die Unwirksamkeit der Methode unter Anwendung des Medizinprodukts als belegt anzusehen ist.

[5]Für den Beschluss des Gemeinsamen Bundesausschusses nach Satz 4 gilt § 94 Absatz 2 Satz 1 entsprechend. [6]Das Nähere zum Verfahren ist erstmals innerhalb von drei Monaten nach Inkrafttreten der Rechtsverordnung nach Absatz 2 in der Verfahrensordnung zu regeln. [7]Satz 1 ist erst ab dem Zeitpunkt des Inkrafttretens der Verfahrensordnung anzuwenden.

(2) [1]Medizinprodukte mit hoher Risikoklasse nach Absatz 1 Satz 1 sind solche, die der Risikoklasse IIb oder III nach Artikel 51 in Verbindung mit Anhang VIII der Verordnung (EU) 2017/745 zuzuordnen sind und deren Anwendung einen besonders invasiven Charakter aufweist. [2]Eine Methode weist ein neues theoretisch-wissenschaftliches Konzept im Sinne von Absatz 1 Satz 2 auf, wenn sich ihr Wirkprinzip oder ihr Anwendungsgebiet von anderen, in der stationären Versorgung bereits eingeführten systematischen Herangehensweisen wesentlich unterscheidet. [3]Nähere Kriterien zur Bestimmung der in den Sätzen 1 und 2 genannten Voraussetzungen regelt das Bundesministerium für Gesundheit im Benehmen mit dem Bundesministerium für Bildung und Forschung erstmals bis zum 31. Dezember 2015 durch Rechtsverordnung ohne Zustimmung des Bundesrates.

(3) [1]Für eine Methode nach Absatz 1 Satz 4 Nummer 1 prüft der Gemeinsame Bundesausschuss, ob Anforderungen an die Qualität der Leistungserbringung nach den §§ 136 bis 136b zu regeln sind. [2]Wenn die Methode mit pauschalierten Pflegesätzen nach § 17 Absatz 1a des Krankenhausfinanzierungsgesetzes noch nicht sachgerecht vergütet werden kann und eine Vereinbarung nach § 6 Absatz 2 Satz 1 des Krankenhausentgeltgesetzes oder nach § 6 Absatz 4 Satz 1 der Bundespflegesatzverordnung nicht innerhalb von drei Monaten nach dem Beschluss nach Absatz 1 Satz 4 zustande kommt, ist ihr Inhalt durch die Schiedsstelle nach § 13 des Krankenhausentgeltgesetzes oder nach § 13 der Bundespflegesatzverordnung festzulegen. [3]Der Anspruch auf die vereinbarte oder durch die Schiedsstelle festgelegte Vergütung gilt für Behandlungsfälle, die ab dem Zeitpunkt der Anfrage nach § 6 Absatz 2 Satz 3 des Krankenhausentgeltgesetzes oder nach § 6 Absatz 4 Satz 2 der Bundespflegesatzverordnung in das Krankenhaus aufgenommen worden sind. [4]Für die Abwicklung des Vergütungsanspruchs, der zwischen dem Zeitpunkt nach Satz 3 und der Abrechnung der vereinbarten oder durch die Schiedsstelle festgelegten Vergütung entstanden ist, ermitteln die Vertragsparteien nach § 11 des Krankenhausentgeltgesetzes oder nach § 11 der Bundespflegesatzverordnung die Differenz zwischen der vereinbarten oder durch die Schiedsstelle festgelegten Vergütung und der für die Behandlungsfälle bereits gezahlten Vergütung; für die ermittelte Differenz ist § 15

Absatz 3 des Krankenhausentgeltgesetzes oder § 15 Absatz 2 der Bundespflegesatzverordnung entsprechend anzuwenden.

(4) [1]Für eine Methode nach Absatz 1 Satz 4 Nummer 3 entscheidet der Gemeinsame Bundesausschuss innerhalb von sechs Monaten nach dem Beschluss nach Absatz 1 Satz 4 über eine Richtlinie zur Erprobung nach § 137e; eine Prüfung des Potentials der Methode erfolgt nicht. [2]Wenn die Methode mit pauschalierten Pflegesätzen nach § 17 Absatz 1a des Krankenhausfinanzierungsgesetzes noch nicht sachgerecht vergütet werden kann und eine Vereinbarung nach § 6 Absatz 2 Satz 1 des Krankenhausentgeltgesetzes oder nach § 6 Absatz 4 Satz 1 der Bundespflegesatzverordnung nicht innerhalb von drei Monaten nach dem Beschluss nach Absatz 1 Satz 4 zustande kommt, ist ihr Inhalt durch die Schiedsstelle nach § 13 des Krankenhausentgeltgesetzes oder nach § 13 der Bundespflegesatzverordnung festzulegen. [3]Der Anspruch auf die vereinbarte oder durch die Schiedsstelle festgelegte Vergütung gilt für die Behandlungsfälle, die ab dem Zeitpunkt der Anfrage nach § 6 Absatz 2 Satz 3 des Krankenhausentgeltgesetzes oder nach § 6 Absatz 4 Satz 2 der Bundespflegesatzverordnung in das Krankenhaus aufgenommen worden sind. [4]Für die Abwicklung des Vergütungsanspruchs, der zwischen dem Zeitpunkt nach Satz 3 und der Abrechnung der vereinbarten oder durch die Schiedsstelle festgelegten Vergütung entstanden ist, ermitteln die Vertragsparteien nach § 11 des Krankenhausentgeltgesetzes oder nach § 11 der Bundespflegesatzverordnung die Differenz zwischen der vereinbarten oder durch die Schiedsstelle festgelegten Vergütung und der für die Behandlungsfälle bereits gezahlten Vergütung; für die ermittelte Differenz ist § 15 Absatz 3 des Krankenhausentgeltgesetzes oder § 15 Absatz 2 der Bundespflegesatzverordnung entsprechend anzuwenden. [5]Die Methode wird im Rahmen der Krankenhausbehandlung zu Lasten der Krankenkassen erbracht. [6]Der Gemeinsame Bundesausschuss kann die Voraussetzungen für die Abrechnungsfähigkeit des Medizinprodukts regeln, das im Rahmen der neuen Untersuchungs- und Behandlungsmethode angewendet wird, insbesondere einen befristeten Zeitraum für dessen Abrechnungsfähigkeit festlegen. [7]Die betroffenen Hersteller haben dem Gemeinsamen Bundesausschuss unverzüglich nach Fertigstellung die Sicherheitsberichte nach Artikel 86 der Verordnung (EU) 2017/745 des Europäischen Parlaments und des Rates vom 5. April 2017 über Medizinprodukte, zur Änderung der Richtlinie 2001/83/EG, der Verordnung (EG) Nr. 178/2002 und der Verordnung (EG) Nr. 1223/2009 und zur Aufhebung der Richtlinien 90/385/EWG und 93/42/EWG des Rates (ABl. L 117 vom 5.5.2017, S. 1) sowie weitere klinische Daten, die sie im Rahmen der ihnen nach Artikel 83 der Verordnung (EU) 2017/745 obliegenden Überwachung nach dem Inverkehrbringen oder aus klinischen Prüfungen nach dem Inverkehrbringen gewonnen haben, zu übermitteln. [8]Die Anforderungen an die Erprobung nach § 137e Absatz 2 haben unter Berücksichtigung der Versorgungsrealität die tatsächliche Durchführbarkeit der Erprobung und der Leistungserbringung zu gewährleisten. [9]Die Erprobung ist in der Regel innerhalb von zwei Jahren abzuschließen, es sei denn, dass auch bei Straffung des Verfahrens im Einzelfall eine längere Erprobungszeit erforderlich ist. [10]Nach Abschluss der Erprobung oder im Falle einer vorzeitigen Beendigung entscheidet der Gemeinsame Bundesausschuss auf Grundlage der vorliegenden Erkenntnisse innerhalb von drei Monaten über eine Richtlinie nach § 137c. [11]Die Möglichkeit einer Aussetzung des Bewertungsverfahrens im Falle des Fehlens noch erforderlicher Erkenntnisse bleibt unberührt.

(5) Für eine Methode nach Absatz 1 Satz 4 Nummer 2 ist eine Vereinbarung nach § 6 Absatz 2 Satz 1 des Krankenhausentgeltgesetzes oder nach § 6 Absatz 4 Satz 1 der Bundespflegesatzverordnung ausgeschlossen; der Gemeinsame Bundesausschuss entscheidet unverzüglich über eine Richtlinie nach § 137c Absatz 1 Satz 2.

(6) [1]Der Gemeinsame Bundesausschuss berät Krankenhäuser und Hersteller von Medizinprodukten, auf deren Wunsch auch unter Beteiligung des Bundesinstituts für Arzneimittel und Medizinprodukte oder des Instituts für das Entgeltsystem im Krankenhaus, im Vorfeld des Verfahrens nach Absatz 1 über dessen Voraussetzungen und Anforderungen im Hinblick auf konkrete Methoden sowie zu dem Verfahren einer Erprobung einschließlich der Möglichkeit, anstelle des Gemeinsamen Bundesausschusses eine unabhängige wissenschaftliche Institution auf eigene Kosten mit der wissenschaftlichen Begleitung und Auswertung der Erprobung nach § 137e Absatz 5 Satz 2 zu beauftragen. [2]Der Gemeinsame Bundesausschuss kann im Rahmen der Beratung prüfen, ob eine Methode dem Verfahren nach Absatz 1 unterfällt, insbesondere ob sie ein neues theoretisch-wissenschaftliches Konzept aufweist, und hierzu eine Feststellung treffen. [3]Vor

einem solchen Beschluss gibt er im Wege einer öffentlichen Bekanntmachung im Internet weiteren betroffenen Krankenhäusern sowie den jeweils betroffenen Medizinprodukteherstellern Gelegenheit zur Stellungnahme. [4]Die Stellungnahmen sind in die Entscheidung einzubeziehen. [5]Für den Beschluss gilt § 94 Absatz 2 Satz 1 entsprechend. [6]Für die Hersteller von Medizinprodukten ist die Beratung gebührenpflichtig. [7]Der Gemeinsame Bundesausschuss hat dem Bundesinstitut für Arzneimittel und Medizinprodukte und dem Institut für das Entgeltsystem im Krankenhaus die diesen im Rahmen der Beratung von Medizinprodukteherstellern nach Satz 1 entstandenen Kosten zu erstatten, soweit diese Kosten vom Medizinproduktehersteller getragen werden. [8]Das Nähere einschließlich der Erstattung der entstandenen Kosten ist in der Verfahrensordnung zu regeln.

(7) [1]Klagen bei Streitigkeiten nach dieser Vorschrift haben keine aufschiebende Wirkung. [2]Ein Vorverfahren findet nicht statt.

§ 137i Pflegepersonaluntergrenzen in pflegesensitiven Bereichen in Krankenhäusern; Verordnungsermächtigung

(1) [1]Der Spitzenverband Bund der Krankenkassen und die Deutsche Krankenhausgesellschaft überprüfen bis zum 31. August eines Jahres, erstmals bis zum 31. August 2021, im Benehmen mit dem Verband der Privaten Krankenversicherung die in § 6 der Pflegepersonaluntergrenzen-Verordnung festgelegten Pflegepersonaluntergrenzen und vereinbaren im Benehmen mit dem Verband der Privaten Krankenversicherung mit Wirkung zum 1. Januar eines Jahres, erstmals zum 1. Januar 2022, eine Weiterentwicklung der in der Pflegepersonaluntergrenzen-Verordnung festgelegten pflegesensitiven Bereiche in Krankenhäusern sowie der zugehörigen Pflegepersonaluntergrenzen. [2]Darüber hinaus legen sie im Benehmen mit dem Verband der Privaten Krankenversicherung bis zum 1. Januar eines Jahres weitere pflegesensitive Bereiche in Krankenhäusern fest, für die sie Pflegepersonaluntergrenzen mit Wirkung für alle zugelassenen Krankenhäuser im Sinne des § 108 bis zum 31. August des jeweils selben Jahres mit Wirkung für das Folgejahr im Benehmen mit dem Verband der Privaten Krankenversicherung vereinbaren. [3]Für jeden pflegesensitiven Bereich im Krankenhaus sind die Pflegepersonaluntergrenzen nach den Sätzen 1 und 2 differenziert nach Schweregradgruppen nach dem jeweiligen Pflegeaufwand, der sich nach dem vom Institut für das Entgeltsystem im Krankenhaus entwickelten Katalog zur Risikoadjustierung für Pflegeaufwand bestimmt, festzulegen. [4]Das Institut für das Entgeltsystem im Krankenhaus hat den Katalog zur Risikoadjustierung für Pflegeaufwand zum Zweck der Weiterentwicklung und Differenzierung der Pflegepersonaluntergrenzen in pflegesensitiven Bereichen in Krankenhäusern jährlich zu aktualisieren. [5]Für die Ermittlung der Pflegepersonaluntergrenzen sind alle Patientinnen und Patienten gleichermaßen zu berücksichtigen. [6]Die Mindestvorgaben zur Personalausstattung nach § 136 Absatz 1 Satz 1 Nummer 2 und § 136a Absatz 2 Satz 2 und Absatz 5 bleiben unberührt. [7]In den pflegesensitiven Bereichen sind die dazugehörigen Intensiveinheiten, in begründeten Fällen auch Intensiveinheiten außerhalb von pflegesensitiven Krankenhausbereichen, sowie die Besetzungen im Nachtdienst zu berücksichtigen. [8]Die Vertragsparteien nach Satz 1 haben geeignete Maßnahmen vorzusehen, um Personalverlagerungseffekte aus anderen Krankenhausbereichen zu vermeiden. [9]Sie bestimmen notwendige Ausnahmetatbestände und Übergangsregelungen sowie die Anforderungen an deren Nachweis. [10]Für den Fall der Nichterfüllung, der nicht vollständigen oder nicht rechtzeitigen Erfüllung von Mitteilungs- oder Datenübermittlungspflichten sowie für den Fall der Nichteinhaltung der Pflegepersonaluntergrenzen bestimmen die Vertragsparteien nach Satz 1 mit Wirkung für die Vertragsparteien nach § 11 des Krankenhausentgeltgesetzes insbesondere die Höhe und die nähere Ausgestaltung von Sanktionen nach den Absätzen 4b und 5 und schreiben die zu diesem Zweck zwischen dem Spitzenverband Bund der Krankenkassen und der Deutschen Krankenhausgesellschaft getroffene Vereinbarung über Sanktionen bei Nichteinhaltung der Pflegepersonaluntergrenzen vom 26. März 2019, die auf der Internetseite des Instituts für das Entgelt system im Krankenhaus veröffentlicht ist, entsprechend fort. [11]Kommt eine Fortschreibung der in Satz 10 genannten Vereinbarung nicht zustande, trifft die Schiedsstelle nach § 18a Absatz 6 des Krankenhausfinanzierungsgesetzes auf Antrag einer Vertragspartei nach Satz 1 innerhalb von sechs Wochen die ausstehenden Entscheidungen. [12]Zur Unterstützung bei der Festlegung der pflegesensitiven Bereiche sowie zur Ermittlung der Pflegepersonaluntergrenzen können sie im Bedarfsfall fachlich unabhängige wissenschaftliche Einrichtungen oder Sachverständige beauftragen. [13]Bei

der Ausarbeitung und Festlegung der Pflegepersonaluntergrenzen in pflegesensitiven Bereichen sind insbesondere der Deutsche Pflegerat e. V. – DPR, Vertreter der für Personalfragen der Krankenhäuser maßgeblichen Gewerkschaften und Arbeitgeberverbände, die in § 2 Absatz 1 der Patientenbeteiligungsverordnung genannten Organisationen sowie die Arbeitsgemeinschaft der Wissenschaftlichen Medizinischen Fachgesellschaften e. V. qualifiziert zu beteiligen, indem ihnen insbesondere in geeigneter Weise die Teilnahme an und die Mitwirkung in Beratungen zu ermöglichen sind und ihre Stellungnahmen zu berücksichtigen und bei der Entscheidungsfindung miteinzubeziehen sind.

(2) [1]Bei der Umsetzung der Vorgaben nach Absatz 1 steht das Bundesministerium für Gesundheit im ständigen fachlichen Austausch mit den Vertragsparteien nach Absatz 1 Satz 1 und beteiligt den Beauftragten der Bundesregierung für die Belange der Patientinnen und Patienten sowie Bevollmächtigten für Pflege bei dem in Satz 4 vorgesehenen Verfahrensschritt. [2]Das Bundesministerium für Gesundheit kann zur Unterstützung der Vertragsparteien nach Absatz 1 Satz 1 das Institut nach § 137a mit Gutachten beauftragen; § 137a Absatz 4 Satz 3 gilt entsprechend. [3]Das Bundesministerium für Gesundheit ist berechtigt, an den Sitzungen der Vertragsparteien nach Absatz 1 Satz 1 teilzunehmen, und erhält deren fachliche Unterlagen. [4]Die Vertragsparteien nach Absatz 1 Satz 1 sind verpflichtet, dem Bundesministerium für Gesundheit fortlaufend, insbesondere wenn die Umsetzung der Vorgaben nach Absatz 1 gefährdet ist, und auf dessen Verlangen unverzüglich Auskunft über den Bearbeitungsstand der Beratungen zu geben und mögliche Lösungen für Vereinbarungshindernisse vorzulegen.

(3) [1]Kommt eine der Vereinbarungen nach Absatz 1 ganz oder teilweise nicht zustande, erlässt das Bundesministerium für Gesundheit nach Fristablauf die Vorgaben nach Absatz 1 Satz 1 bis 9 durch Rechtsverordnung ohne Zustimmung des Bundesrates. [2]In der Rechtsverordnung nach Satz 1 können Mitteilungspflichten der Krankenhäuser zur Ermittlung der pflegesensitiven Bereiche sowie Regelungen zu Sanktionen für den Fall geregelt werden, dass ein Krankenhaus Verpflichtungen, die sich aus der Rechtsverordnung oder dieser Vorschrift ergeben, nicht einhält. [3]Das Bundesministerium für Gesundheit kann auf Kosten der Vertragsparteien nach Absatz 1 Satz 1 Datenerhebungen oder Auswertungen in Auftrag geben oder Sachverständigengutachten einholen. [4]Das Bundesministerium für Gesundheit kann insbesondere das Institut für das Entgeltsystem im Krankenhaus und das Institut nach § 137a mit Auswertungen oder Sachverständigengutachten beauftragen; diese können sich auf die Prüfung der Frage erstrecken, inwiefern Pflegepersonaluntergrenzen in Notaufnahmen Anwendung finden können. [5]Wird das Institut für das Entgeltsystem im Krankenhaus beauftragt, sind die notwendigen Aufwendungen des Instituts aus dem Zuschlag nach § 17b Absatz 5 Satz 1 Nummer 1 des Krankenhausfinanzierungsgesetzes zu finanzieren. [6]Für die Aufgaben, die dem Institut für das Entgeltsystem im Krankenhaus nach der Pflegepersonaluntergrenzen-Verordnung oder nach einer Rechtsverordnung nach Satz 1 und nach dieser Vorschrift übertragen sind, gilt das Institut für das Entgeltsystem im Krankenhaus als von den Vertragsparteien nach § 17b Absatz 2 Satz 1 des Krankenhausfinanzierungsgesetzes beauftragt. [7]Die notwendigen Aufwendungen des Instituts für die Erfüllung dieser Aufgaben sind aus dem Zuschlag nach § 17b Absatz 5 Satz 1 Nummer 1 des Krankenhausfinanzierungsgesetzes zu finanzieren, der erforderlichenfalls entsprechend zu erhöhen ist. [8]Für die Aufwendungen des Instituts nach § 137a gilt § 137a Absatz 4 Satz 3 entsprechend.

(3a) [1]Das Institut für das Entgeltsystem im Krankenhaus erarbeitet das Konzept zur Abfrage und Übermittlung von Daten, die für die Festlegung von pflegesensitiven Bereichen und zugehörigen Pflegepersonaluntergrenzen im Sinne des Absatzes 1 als Datengrundlage erforderlich sind. [2]Soweit für die Herstellung der repräsentativen Datengrundlage nicht Daten aller Krankenhäuser erforderlich sind, legt das Institut für das Entgeltsystem im Krankenhaus in dem Konzept nach Satz 1 auch die Auswahl der Krankenhäuser und die von ihnen zu übermittelnden Daten fest. [3]Das Institut für das Entgeltsystem im Krankenhaus bestimmt auf der Grundlage des Konzepts nach Satz 1, welche Krankenhäuser an der Herstellung der repräsentativen Datengrundlage teilnehmen, und verpflichtet sie zur Übermittlung der für die Festlegung von pflegesensitiven Bereichen und zugehörigen Pflegepersonaluntergrenzen erforderlichen Daten. [4]Die für die Festlegung von pflegesensitiven Bereichen und zugehörigen Pflegepersonaluntergrenzen erforderlichen Daten, die von den Krankenhäusern nicht bereits nach § 21 des Krankenhausentgeltgesetzes übermittelt werden, sind erstmals spätestens bis zum

31. Mai 2019 an das Institut für das Entgeltsystem im Krankenhaus auf maschinenlesbaren Datenträgern zu übermitteln. [5]Die Vertragsparteien nach § 17b Absatz 2 Satz 1 des Krankenhausfinanzierungsgesetzes vereinbaren Pauschalen, mit denen der Aufwand, der bei den ausgewählten Krankenhäusern bei der Übermittlung der Daten nach Satz 2 entsteht, abgegolten wird. [6]Die Pauschalen sollen in Abhängigkeit von Anzahl und Qualität der übermittelten Datensätze gezahlt werden. [7]Die Pauschalen nach Satz 4 sind aus dem Zuschlag nach § 17b Absatz 5 Satz 1 Nummer 1 des Krankenhausfinanzierungsgesetzes zu finanzieren, der entsprechend zu erhöhen ist. [8]Das Institut bereitet diese Daten in einer Form auf, die eine stations- und schichtbezogene sowie eine nach dem Pflegeaufwand gemäß Absatz 1 Satz 3 entsprechend differenzierte Festlegung der Pflegepersonaluntergrenzen ermöglicht, und stellt sie für die Festlegung von pflegesensitiven Bereichen und zugehörigen Pflegepersonaluntergrenzen im Sinne des Absatzes 1 zur Erfüllung der Aufgaben nach Absatz 1 zur Verfügung.

(4) [1]Für die Jahre ab 2019 haben die Krankenhäuser durch Bestätigung eines Wirtschaftsprüfers, einer Wirtschaftsprüfungsgesellschaft, eines vereidigten Buchprüfers oder einer Buchprüfungsgesellschaft den Vertragsparteien nach Absatz 1 Satz 1, den Vertragsparteien nach § 11 des Krankenhausentgeltgesetzes und der jeweiligen für die Krankenhausplanung zuständigen Behörde den Erfüllungsgrad der Einhaltung der Pflegepersonaluntergrenzen, die in § 6 der Pflegepersonaluntergrenzen-Verordnung, in einer Vereinbarung nach Absatz 1 oder in einer Verordnung nach Absatz 3 Satz 1 festgelegt wurden, differenziert nach Berufsbezeichnungen und unter Berücksichtigung des Ziels der Vermeidung von Personalverlagerungseffekten, nachzuweisen. [2]Zu diesem Zweck schreiben die Vertragsparteien nach Absatz 1 Satz 1 mit Wirkung für die Vertragsparteien nach § 11 des Krankenhausentgeltgesetzes die zwischen dem Spitzenverband Bund der Krankenkassen und der Deutschen Krankenhausgesellschaft getroffene Vereinbarung über den Nachweis zur Einhaltung von Pflegepersonaluntergrenzen vom 28. November 2018, die auf der Internetseite des Instituts für das Entgeltsystem im Krankenhaus veröffentlicht ist, jährlich bis zum 1. November, erstmals für das Jahr 2020 zum 1. November 2019, entsprechend den in einer Vereinbarung nach Absatz 1 oder in einer Verordnung nach Absatz 3 Satz 1 festgelegten Vorgaben zu den Pflegepersonaluntergrenzen fort. [3]Die Krankenhäuser übermitteln den Nachweis zum 30. Juni jeden Jahres für das jeweils vorangegangene Kalenderjahr, erstmals für das Jahr 2019 zum 30. Juni 2020. [4]Der Erfüllungsgrad der Einhaltung der in § 6 der Pflegepersonaluntergrenzen-Verordnung, in einer Vereinbarung nach Absatz 1 oder in einer Verordnung nach Absatz 3 Satz 1 festgelegten Vorgaben, differenziert nach Berufsbezeichnungen, ist in den Qualitätsberichten der Krankenhäuser nach § 136b Absatz 1 Satz 1 Nummer 3 darzustellen. [5]Kommt eine Fortschreibung der in Satz 2 genannten Vereinbarung bis zum 1. November des jeweiligen Jahres nicht zustande, trifft die Schiedsstelle nach § 18a Absatz 6 des Krankenhausfinanzierungsgesetzes auf Antrag einer Vertragspartei nach Satz 1 innerhalb von sechs Wochen die ausstehenden Entscheidungen. [6]Die Krankenhäuser teilen zusätzlich den jeweiligen Vertragsparteien nach § 11 des Krankenhausentgeltgesetzes und dem Institut für das Entgeltsystem im Krankenhaus einmal je Quartal die Anzahl der Schichten mit, in denen die in § 6 der Pflegepersonaluntergrenzen-Verordnung, in einer Vereinbarung nach Absatz 1 oder in einer Verordnung nach Absatz 3 Satz 1 festgelegten Pflegepersonaluntergrenzen nicht eingehalten worden sind. [7]Die Mitteilung muss spätestens bis zum Ablauf von zwei Wochen nach Beginn des folgenden Quartals, aufgeschlüsselt nach Monaten und nach der Art der Schicht, erfolgen. [8]Das Institut für das Entgeltsystem im Krankenhaus übermittelt den Vertragsparteien nach Absatz 1 Satz 1, den jeweils zuständigen Landesbehörden, den Landesverbänden der Krankenkassen und den Ersatzkassen sowie auf Anforderung dem Bundesministerium für Gesundheit einmal je Quartal eine Zusammenstellung der Angaben nach Satz 6.

(4a) [1]Das Institut für das Entgeltsystem im Krankenhaus veröffentlicht bis zum 15. Februar eines Jahres, erstmals zum 15. Februar 2019, auf seiner Internetseite für jedes Krankenhaus unter Nennung des Namens und des Institutionskennzeichens des jeweiligen Krankenhauses und soweit möglich für jeden Standort eines Krankenhauses gesondert

1. die Angaben der Krankenhäuser über die pflegesensitiven Bereiche in den Krankenhäusern, die diese auf Grund der in § 5 Absatz 3 und 4 der Pflegepersonaluntergrenzen-Verordnung, in einer Vereinbarung der Vertragsparteien nach Absatz 1 oder in einer Verordnung nach

Absatz 3 Satz 1 festgelegten Mitteilungspflichten übermittelt haben,

2. die jeweils geltenden Pflegepersonaluntergrenzen und
3. den auf der Grundlage des Katalogs zur Risikoadjustierung für Pflegeaufwand ermittelten Pflegeaufwand in den pflegesensitiven Bereichen in den Krankenhäusern.

[2]Der Standort eines Krankenhauses bestimmt sich nach § 2 der zwischen dem Spitzenverband Bund der Krankenkassen und der Deutschen Krankenhausgesellschaft nach § 2a Absatz 1 des Krankenhausfinanzierungsgesetzes getroffenen Vereinbarung über die Definition von Standorten der Krankenhäuser und ihrer Ambulanzen vom 29. August 2017, die auf der Internetseite der Deutschen Krankenhausgesellschaft veröffentlicht ist.

(4b) [1]Für Krankenhäuser, die ihre nach § 5 Absatz 3 und 4 der Pflegepersonaluntergrenzen-Verordnung, ihre in einer Vereinbarung der Vertragsparteien nach Absatz 1 oder ihre in einer Verordnung nach Absatz 3 Satz 1 festgelegten Mitteilungspflichten nicht, nicht vollständig oder nicht rechtzeitig erfüllen, haben die Vertragsparteien nach § 11 des Krankenhausentgeltgesetzes entsprechend der Bestimmung nach Absatz 1 Satz 10 Vergütungsabschläge zu vereinbaren. [2]Zudem haben die Vertragsparteien nach § 11 des Krankenhausentgeltgesetzes entsprechend der Bestimmung nach Absatz 1 Satz 10 Vergütungsabschläge für Krankenhäuser, die nach Absatz 3a Satz 2 vom Institut für das Entgeltsystem im Krankenhaus zur Lieferung von Daten ausgewählt wurden und ihre Pflicht zur Übermittlung von Daten nach Absatz 3a Satz 3 nicht, nicht vollständig oder nicht rechtzeitig erfüllen, zu vereinbaren. [3]Das Institut für das Entgeltsystem im Krankenhaus unterrichtet jeweils die Vertragsparteien nach § 11 des Krankenhausentgeltgesetzes über Verstöße gegen die in den Sätzen 1 und 2 genannten Pflichten der Krankenhäuser.

(4c) Widerspruch und Klage gegen Maßnahmen zur Ermittlung der pflegesensitiven Bereiche in den Krankenhäusern, gegen Maßnahmen zur Festlegung von Pflegepersonaluntergrenzen für die pflegesensitiven Bereiche in den Krankenhäusern sowie gegen Maßnahmen zur Begründung der Verpflichtung der Krankenhäuser zur Übermittlung von Daten nach Absatz 3a Satz 2 und 3 haben keine aufschiebende Wirkung.

(5) [1]Hält ein Krankenhaus die in einer Vereinbarung nach Absatz 1 oder in einer Verordnung nach Absatz 3 Satz 1 oder in der Pflegepersonaluntergrenzen-Verordnung festgelegten verbindlichen Pflegepersonaluntergrenzen nicht ein, ohne dass ein nach Absatz 1 Satz 9 oder Absatz 3 oder in der Pflegepersonaluntergrenzen-Verordnung bestimmter Ausnahmetatbestand vorliegt oder die Voraussetzungen einer nach Absatz 1 Satz 9 oder Absatz 3 oder in der Pflegepersonaluntergrenzen-Verordnung bestimmten Übergangsregelung erfüllt sind, haben die Vertragsparteien nach § 11 des Krankenhausentgeltgesetzes ab dem 1. April 2019 entsprechend der Bestimmung nach Absatz 1 Satz 10 Sanktionen in Form von Vergütungsabschlägen oder einer Verringerung der Fallzahl zu vereinbaren. [2]Verringerungen der Fallzahl sind mindestens in dem Umfang zu vereinbaren, der erforderlich ist, um die Unterschreitung der jeweiligen Pflegepersonaluntergrenze auszugleichen. [3]Vergütungsabschläge sind in einer Höhe zu vereinbaren, die in einem angemessenen Verhältnis zum Grad der Nichteinhaltung der jeweiligen Pflegepersonaluntergrenze steht. [4]Die in Satz 1 genannten Sanktionen können durch die Vereinbarung von Maßnahmen ergänzt werden, die das Krankenhaus zur Gewinnung zusätzlichen Pflegepersonals zu ergreifen hat. [5]In begründeten Ausnahmefällen können die Vertragsparteien nach § 11 des Krankenhausentgeltgesetzes vereinbaren, dass bereits vereinbarte Sanktionen ausgesetzt werden.

(6) Die Vertragsparteien nach Absatz 1 Satz 1 legen dem Deutschen Bundestag über das Bundesministerium für Gesundheit bis zum 31. Dezember 2023 einen wissenschaftlich evaluierten Bericht über die Auswirkungen der festgelegten Pflegepersonaluntergrenzen in den pflegesensitiven Bereichen in Krankenhäusern vor.

§ 137j Pflegepersonalquotienten, Verordnungsermächtigung

(1) [1]Zur Verbesserung der Pflegepersonalausstattung der Krankenhäuser und Sicherung der pflegerischen Versorgungsqualität ermittelt das Institut für das Entgeltsystem im Krankenhaus jährlich, erstmals zum 31. Mai 2020, für jedes nach § 108 zugelassene Krankenhaus einen Pflegepersonalquotienten, der das Verhältnis

der Anzahl der Vollzeitkräfte in der unmittelbaren Patientenversorgung auf bettenführenden Stationen zu dem Pflegeaufwand eines Krankenhauses beschreibt. [2]Der Pflegepersonalquotient ist für jeden Standort eines Krankenhauses zu ermitteln. [3]Der Standort eines Krankenhauses bestimmt sich nach § 2 der zwischen dem Spitzenverband Bund der Krankenkassen und der Deutschen Krankenhausgesellschaft gemäß § 2a Absatz 1 des Krankenhausfinanzierungsgesetzes getroffenen Vereinbarung über die Definition von Standorten der Krankenhäuser und ihrer Ambulanzen vom 29. August 2017, die auf der Internetseite der Deutschen Krankenhausgesellschaft veröffentlicht ist. [4]Für die Zahl der in Satz 1 genannten Vollzeitkräfte sind die dem Institut nach § 21 Absatz 2 Nummer 1 Buchstabe e des Krankenhausentgeltgesetzes übermittelten Daten zu Grunde zu legen, mit Ausnahme der den Mindestvorgaben zu Personalausstattung nach § 136a Absatz 2 Satz 2 unterfallenden Vollzeitkräfte in der unmittelbaren Patientenversorgung auf bettenführenden Stationen. [5]Das nach Satz 4 für die Zahl der in Satz 1 genannten Vollzeitkräfte zugrunde zu legende Pflegepersonal, das nicht über eine Erlaubnis zum Führen der Berufsbezeichnung nach § 1 des Pflegeberufegesetzes, § 58 Absatz 1 oder Absatz 2 des Pflegeberufegesetzes oder § 64 des Pflegeberufegesetzes, auch in Verbindung mit § 66 Absatz 1 oder Absatz 2 des Pflegeberufegesetzes, verfügt, ist bis zur Höhe des jeweils obersten Quartils des an allen Standorten mit den jeweiligen Berufsbezeichnungen eingesetzten Pflegepersonals einzubeziehen. [6]Für die Ermittlung des Pflegeaufwands erstellt das Institut bis zum 31. Mai 2020 einen Katalog zur Risikoadjustierung des Pflegeaufwands, mit dem für die Entgelte nach § 17b Absatz 1 des Krankenhausfinanzierungsgesetzes tagesbezogen die durchschnittlichen pflegerischen Leistungen abbildbar sind. [7]Das Institut aktualisiert den Katalog jährlich und veröffentlicht ihn auf seiner Internetseite. [8]Für die Ermittlung des Pflegeaufwands ermittelt das Institut auf der Grundlage dieses Katalogs aus den ihm nach § 21 Absatz 2 des Krankenhausentgeltgesetzes übermittelten Daten für jeden Standort eines Krankenhauses die Summe seiner Bewertungsrelationen. [9]Das Institut veröffentlicht unter Angabe des Namens und der Kennzeichen nach § 293 Absatz 1 und 6 eine vergleichende Zusammenstellung der für jeden Standort eines Krankenhauses ermittelten Pflegepersonalquotienten bis zum 31. August eines Jahres, erstmals bis zum 31. August 2021, barrierefrei auf seiner Internetseite. [10]In der Veröffentlichung weist das Institut standortbezogen auch die prozentuale Zusammensetzung des Pflegepersonals nach Berufsbezeichnungen auf Grundlage der nach § 21 Absatz 2 Nummer 1 Buchstabe e des Krankenhausentgeltgesetzes übermittelten Daten aus.

(2) [1]Das Bundesministerium für Gesundheit wird ermächtigt, auf der Grundlage der durch das Institut für das Entgeltsystem im Krankenhaus nach Absatz 1 ermittelten Pflegepersonalquotienten der Krankenhäuser durch Rechtsverordnung mit Zustimmung des Bundesrates eine Untergrenze für das erforderliche Verhältnis zwischen Pflegepersonal und Pflegeaufwand festzulegen, bei der widerlegbar vermutet wird, dass eine nicht patientengefährdende pflegerische Versorgung noch gewährleistet ist. [2]Für den Fall, dass der Pflegepersonalquotient eines Krankenhauses die in der Rechtsverordnung nach Satz 1 festgelegte Untergrenze unterschreitet, vereinbaren der Spitzenverband Bund der Krankenkassen und die Deutsche Krankenhausgesellschaft im Benehmen mit dem Verband der Privaten Krankenversicherung mit Wirkung für die Vertragspartner nach § 11 des Krankenhausentgeltgesetzes die Höhe und nähere Ausgestaltung der Sanktionen nach Absatz 2a. [3]Kommt eine Vereinbarung über die Sanktionen nach Satz 2 bis zum 30. Juni 2019 nicht zustande, trifft die Schiedsstelle nach § 18a Absatz 6 des Krankenhausfinanzierungsgesetzes ohne Antrag einer Vertragspartei nach Satz 2 innerhalb von sechs Wochen die ausstehenden Entscheidungen. [4]Die Rechtsverordnung nach Satz 1 regelt das Nähere

1. zur Festlegung der Untergrenze, die durch den Pflegepersonalquotienten eines Krankenhauses nicht unterschritten werden darf und

2. zu dem Budgetjahr, für das erstmals Sanktionen nach Absatz 2a Satz 1 zu vereinbaren sind.

[5]Das Bundesministerium für Gesundheit prüft spätestens nach Ablauf von drei Jahren die Notwendigkeit einer Anpassung der Untergrenze. [6]In der Rechtsverordnung nach Satz 1 kann auch geregelt werden, dass die nach Satz 2 von den Vertragspartnern nach § 11 des Krankenhausentgeltgesetzes vereinbarten Sanktionen vorübergehend ausgesetzt werden.

(2a) [1]Unterschreitet der Pflegepersonalquotient eines Krankenhauses die in der Rechtsverordnung nach Absatz 2 Satz 1 festgelegte Untergrenze, haben die Vertragsparteien nach § 11 des Krankenhausentgeltgesetzes entsprechend der Vereinbarung nach Absatz 2 Satz 2 Sanktionen in Form von Vergütungsabschlägen oder einer Verringerung der Fallzahl zu vereinbaren. [2]Verringerungen der Fallzahl sind mindestens in dem Umfang zu vereinbaren, der erforderlich ist, um die Unterschreitung des Pflegepersonalquotienten auszugleichen. [3]Vergütungsabschläge sind in einer Höhe zu vereinbaren, die in einem angemessenen Verhältnis zum Grad der Unterschreitung steht. [4]Die in Satz 1 genannten Sanktionen können durch die Vereinbarung von Maßnahmen ergänzt werden, die das Krankenhaus zur Gewinnung zusätzlichen Pflegepersonals zu ergreifen hat. [5]In begründeten Ausnahmefällen können die Vertragsparteien nach § 11 des Krankenhausentgeltgesetzes vereinbaren, dass bereits vereinbarte Sanktionen vorübergehend ausgesetzt werden.

(3) [1]Für die Aufgaben nach Absatz 1 gilt das Institut für das Entgeltsystem im Krankenhaus als von den Vertragsparteien nach § 17b Absatz 2 Satz 1 des Krankenhausfinanzierungsgesetzes beauftragt. [2]Die notwendigen Aufwendungen des Instituts für die Erfüllung dieser Aufgaben sind aus dem Zuschlag nach § 17b Absatz 5 Satz 1 Nummer 1 des Krankenhausfinanzierungsgesetzes zu finanzieren, der erforderlichenfalls entsprechend zu erhöhen ist.

§ 137k
Personalbemessung in der Pflege im Krankenhaus; Verordnungsermächtigung

(1) [1]Die nach § 108 zugelassenen Krankenhäuser sind verpflichtet, eine angemessene Personalausstattung vorzuhalten und das für eine bedarfsgerechte Pflege am Bett erforderliche Personal sicherzustellen. [2]Zu diesem Zweck haben sie nach Maßgabe der Rechtsverordnung nach den Absätzen 4 und 5 Folgendes zu ermitteln und an das Institut für das Entgeltsystem im Krankenhaus zu übermitteln:

1. die Anzahl der auf bettenführenden Stationen der somatischen Versorgung von Erwachsenen und Kindern jeweils eingesetzten Pflegekräfte,
2. den Pflegebedarf auf bettenführenden Stationen der somatischen Versorgung von Erwachsenen und Kindern und
3. die Anzahl der auf bettenführenden Stationen der somatischen Versorgung von Erwachsenen und Kindern auf Grundlage des Pflegebedarfs einzusetzenden Pflegekräfte.

[3]Sie haben außerdem die Anzahl der eingesetzten Pflegekräfte schrittweise an die Anzahl der einzusetzenden Pflegekräfte anzupassen. [4]Das Institut für das Entgeltsystem im Krankenhaus übermittelt den jeweils zuständigen Landesbehörden und dem Bundesministerium für Gesundheit jährlich eine Zusammenstellung der Angaben nach Satz 2.

(2) [1]Das Bundesministerium für Gesundheit beauftragt spätestens bis zum 31. Januar 2023 eine fachlich unabhängige wissenschaftliche Einrichtung oder einen Sachverständigen oder eine Sachverständige (Auftragnehmer) mit einer mindestens dreimonatigen Erprobung eines im Einvernehmen mit dem Bundesministerium für Gesundheit festzulegenden Konzepts zur Ermittlung einer angemessenen Personalausstattung auf bettenführenden Stationen der nichtintensivmedizinischen somatischen Versorgung von Erwachsenen und Kindern sowie der intensivmedizinischen somatischen Versorgung von Kindern. [2]Für die Durchführung der Erprobung hat der Auftragnehmer eine repräsentative Auswahl an nach § 108 zugelassenen Krankenhäusern zu bestimmen. [3]Die ausgewählten Krankenhäuser sind verpflichtet, dem Auftragnehmer folgende Daten zu übermitteln:

1. die Anzahl der in der jeweiligen in Satz 1 genannten bettenführenden Station eingesetzten Pflegekräfte, umgerechnet auf Vollkräfte, und
2. die Anzahl der in der jeweiligen in Satz 1 genannten bettenführenden Station auf Grundlage des Pflegebedarfs einzusetzenden Pflegekräfte, umgerechnet auf Vollkräfte.

[4]Der Auftragnehmer kann die Form und das Verfahren der Datenübermittlung festlegen. [5]Weitere nach § 108 zugelassene Krankenhäuser können sich an der Erprobung beteiligen. [6]Der Auftragnehmer hat dem Bundesministerium für Gesundheit spätestens bis zum 31. August 2023 einen Abschlussbericht über die Ergebnisse der Erprobung vorzulegen. [7]Das Bundesministerium für Gesundheit hat die Ergebnisse der Erprobung

bei Erlass der Rechtsverordnung nach den Absätzen 4 und 5 zu berücksichtigen.

(3) [1]Das Bundesministerium für Gesundheit beauftragt spätestens bis zum 31. Oktober 2023 einen Auftragnehmer mit der Entwicklung und modellhaften Erprobung eines Verfahrens zur Ermittlung einer angemessenen Personalausstattung auf bettenführenden Stationen der intensivmedizinischen somatischen Versorgung von Erwachsenen. [2]Für die Durchführung der Erprobung hat der Auftragnehmer eine repräsentative Auswahl an nach § 108 zugelassenen Krankenhäusern zu bestimmen. [3]Die ausgewählten Krankenhäuser sind verpflichtet, dem Auftragnehmer folgende Daten zu übermitteln:

1. die Anzahl der in der jeweiligen in Satz 1 genannten bettenführenden Station eingesetzten Pflegekräfte, umgerechnet auf Vollkräfte, und
2. die Anzahl der in der jeweiligen in Satz 1 genannten bettenführenden Station auf Grundlage des Pflegebedarfs einzusetzenden Pflegekräfte, umgerechnet auf Vollkräfte.

[4]Der Auftragnehmer hat dem Bundesministerium für Gesundheit spätestens bis zum 31. August 2024 einen Abschlussbericht über die Ergebnisse der Entwicklung und Erprobung vorzulegen. [5]Absatz 2 Satz 4, 5 und 7 gilt entsprechend.

(4) [1]Das Bundesministerium für Gesundheit kann durch Rechtsverordnung mit Zustimmung des Bundesrates im Einvernehmen mit dem Bundesministerium der Finanzen, erstmals bis zum 30. November 2023, Vorgaben zur Ermittlung der Anzahl der eingesetzten und der auf der Grundlage des Pflegebedarfs einzusetzenden Pflegekräfte in der unmittelbaren Patientenversorgung von Erwachsenen und Kindern auf bettenführenden Stationen der somatischen Versorgung in den nach § 108 zugelassenen Krankenhäusern erlassen. [2]In der Rechtsverordnung kann das Bundesministerium für Gesundheit das Nähere bestimmen

1. zur Ermittlung des täglichen Pflegebedarfs durch die Festlegung von Pflegekategorien sowie den ihnen zugrunde zu legenden Minutenwerten für die pflegerische Versorgung je Patientin oder Patient,
2. zur bedarfsgerechten personellen Zusammensetzung des Pflegepersonals auf der Grundlage der beruflichen Qualifikationen des Pflegepersonals,
3. zu der von den Krankenhäusern standortbezogen zu erfassenden
   a) Anzahl der in der jeweiligen Station eingesetzten Pflegekräfte, umgerechnet auf Vollkräfte, (Ist-Personalbesetzung) und
   b) Anzahl der in der jeweiligen Station auf Grundlage des Pflegebedarfs einzusetzenden Pflegekräfte, umgerechnet auf Vollkräfte, (Soll-Personalbesetzung),
4. zur Übermittlung der von den Krankenhäusern erfassten Daten nach Nummer 3 an das Institut für das Entgeltsystem im Krankenhaus einschließlich der Form und des Verfahrens der Übermittlung,
5. zur Dokumentation, zum Nachweis und zur Veröffentlichung der von den Krankenhäusern zu erfassenden und zu übermittelnden Daten,
6. zur Auswertung der von den Krankenhäusern zu erfassenden und zu übermittelnden Daten durch das Institut für das Entgeltsystem im Krankenhaus und
7. zur Übermittlung nach Absatz 1 Satz 4.

5) Das Bundesministerium für Gesundheit wird ermächtigt, aufgrund der in der Rechtsverordnung nach Absatz 4 vorgesehenen Datenerfassung zur Festlegung des konkreten erforderlichen Erfüllungsgrads der Soll-Personalbesetzung in der Rechtsverordnung nach Absatz 4 mit Zustimmung des Bundesrates und im Einvernehmen mit dem Bundesministerium der Finanzen Regelungen zu treffen

1. zur schrittweisen Anpassung der Ist-Personalbesetzung an den konkreten erforderlichen Erfüllungsgrad der Soll-Personalbesetzung durch das Krankenhaus,
2. zum Nachweis der Anpassung der Ist-Personalbesetzung an den konkreten erforderlichen Erfüllungsgrad der Soll-Personalbesetzung gegenüber dem Institut für das Entgeltsystem im Krankenhaus und
3. zu Vergütungsabschlägen, wenn ein Krankenhaus es unterlässt,
   a) die Ist-Personalbesetzung an die Soll-Personalbesetzung anzupassen oder

b) die Anpassung der Ist-Personalbesetzung an die Soll-Personalbesetzung nachzuweisen.

(6) Die Mindestvorgaben zur Personalausstattung nach § 136 Absatz 1 Satz 1 Nummer 2 und § 136a Absatz 2 Satz 2 und Absatz 5 bleiben unberührt.

(7) Die notwendigen Aufwendungen des Instituts für das Entgeltsystem im Krankenhaus für die Erfüllung der Aufgaben nach dieser Vorschrift sind aus dem Zuschlag nach § 17b Absatz 5 Satz 1 Nummer 1 des Krankenhausfinanzierungsgesetzes zu finanzieren.

§ 137l Wissenschaftliche Weiterentwicklung der Personalbemessung in der Pflege im Krankenhaus

(1) [1]Die Vertragsparteien auf Bundesebene im Sinne des § 9 Absatz 1 des Krankenhausentgeltgesetzes stellen im Einvernehmen mit dem Bundesministerium für Gesundheit die wissenschaftliche Weiterentwicklung der Vorgaben zur Personalbemessung in der Pflege im Krankenhaus nach § 137k Absatz 4 sicher, insbesondere im Hinblick auf die bedarfsgerechte personelle Zusammensetzung des Pflegepersonals auf der Grundlage seiner jeweiligen nach § 137k Absatz 4 Satz 2 Nummer 2 bestimmten beruflichen Qualifikationen sowie im Hinblick auf die standardisierte und digitale Anwendung der Vorgaben nach § 137k Absatz 4. [2]Zudem legen sie Vorschläge zur Personalbemessung in der Pflege in Notaufnahmen vor. [3]Die Vertragsparteien nach Satz 1 legen dem Bundesministerium für Gesundheit die Ergebnisse der wissenschaftlichen Weiterentwicklung nach den Sätzen 1 und 2 bis zum 31. Dezember 2024 vor. [4]Die Vertragsparteien nach Satz 1 beauftragen zur Sicherstellung der Wissenschaftlichkeit der Weiterentwicklung auf ihre Kosten fachlich unabhängige wissenschaftliche Einrichtungen oder Sachverständige; dabei trägt die Deutsche Krankenhausgesellschaft 50 Prozent der Kosten, der Spitzenverband Bund der Krankenkassen 46,5 Prozent der Kosten und der Verband der Privaten Krankenversicherung 3,5 Prozent der Kosten. [5]Die Mindestvorgaben zur Personalausstattung nach § 136a Absatz 2 Satz 2 bleiben unberührt.

(2) Bei der Durchführung des Auftrags nach Absatz 1 Satz 4 sind insbesondere der Beauftragte der Bundesregierung für die Belange der Patientinnen und Patienten, der Bevollmächtigte der Bundesregierung für Pflege, der Deutsche Pflegerat e. V. – DPR, Vertreter der für Personalfragen der Krankenhäuser maßgeblichen Gewerkschaften und Arbeitgeberverbände, die für die Wahrnehmung der Interessen der Patientinnen und Patienten und der Selbsthilfe chronisch kranker und behinderter Menschen maßgeblichen Organisationen auf Bundesebene sowie die Arbeitsgemeinschaft der Wissenschaftlichen Medizinischen Fachgesellschaften e. V. zu beteiligen.

(3) [1]Die Vertragsparteien nach Absatz 1 Satz 1 legen dem Bundesministerium für Gesundheit vor der Beauftragung nach Absatz 1 Satz 4 und spätestens bis zum 31. März 2023 eine Beschreibung des Inhalts der Beauftragung sowie einen Zeitplan mit konkreten Zeitzielen vor. [2]Die Beauftragung nach Absatz 1 Satz 4 hat spätestens bis zum 30. September 2023 zu erfolgen. [3]Die Vertragsparteien nach Absatz 1 Satz 1 sind verpflichtet, dem Bundesministerium für Gesundheit fortlaufend, insbesondere wenn die Umsetzung der Vorgaben nach Absatz 1 oder die Erreichung der gesetzlich oder in dem Zeitplan nach Satz 1 festgelegten Zeitziele gefährdet sind, und auf dessen Verlangen unverzüglich Auskunft über den Bearbeitungsstand der Entwicklung, Erprobung und der Auftragsvergabe sowie über Problembereiche und mögliche Lösungen zu geben.

(4) [1]Wird ein gesetzlich oder ein in dem Zeitplan nach Absatz 3 Satz 1 festgelegtes Zeitziel nicht fristgerecht erreicht und ist deshalb die fristgerechte Weiterentwicklung gefährdet, kann das Bundesministerium für Gesundheit nach Fristablauf einzelne Verfahrensschritte selbst durchführen. [2]Haben sich die Vertragsparteien nach Absatz 1 Satz 1 bis zum 31. März 2023 nicht über den Inhalt der Beauftragung nach Absatz 1 Satz 4 geeinigt, beauftragt das Bundesministerium für Gesundheit die Entwicklung und Erprobung nach Absatz 1 Satz 4 spätestens bis zum 31. Dezember 2023 auf Kosten der Vertragsparteien nach Absatz 1 Satz 1.

§ 138 Neue Heilmittel

Die an der vertragsärztlichen Versorgung teilnehmenden Ärzte dürfen neue Heilmittel nur verordnen, wenn der Gemeinsame Bundesausschuss zuvor ihren therapeutischen Nutzen anerkannt und in den Richtlinien nach § 92 Abs. 1 Satz 2 Nr. 6 Empfehlungen für die Sicherung der Qualität bei der Leistungserbringung abgegeben hat.

§ 139
Hilfsmittelverzeichnis, Qualitätssicherung bei Hilfsmitteln

(1) [1]Der Spitzenverband Bund der Krankenkassen erstellt ein systematisch strukturiertes Hilfsmittelverzeichnis. [2]In dem Verzeichnis sind von der Leistungspflicht umfasste Hilfsmittel aufzuführen. [3]Das Hilfsmittelverzeichnis ist im Bundesanzeiger bekannt zu machen.

(2) [1]Soweit dies zur Gewährleistung einer ausreichenden, zweckmäßigen und wirtschaftlichen Versorgung erforderlich ist, sind im Hilfsmittelverzeichnis indikations- oder einsatzbezogen besondere Qualitätsanforderungen für Hilfsmittel festzulegen. [2]Besondere Qualitätsanforderungen nach Satz 1 können auch festgelegt werden, um eine ausreichend lange Nutzungsdauer oder in geeigneten Fällen den Wiedereinsatz von Hilfsmitteln bei anderen Versicherten zu ermöglichen. [3]Im Hilfsmittelverzeichnis sind auch die Anforderungen an die zusätzlich zur Bereitstellung des Hilfsmittels zu erbringenden Leistungen zu regeln.

(3) [1]Die Aufnahme eines Hilfsmittels in das Hilfsmittelverzeichnis erfolgt auf Antrag des Herstellers. [2]Über die Aufnahme entscheidet der Spitzenverband Bund der Krankenkassen; er kann vom Medizinischen Dienst prüfen lassen, ob die Voraussetzungen nach Absatz 4 erfüllt sind. [3]Hält der Spitzenverband Bund der Krankenkassen bei der Prüfung des Antrags eine Klärung durch den Gemeinsamen Bundesausschuss für erforderlich, ob der Einsatz des Hilfsmittels untrennbarer Bestandteil einer neuen Untersuchungs- oder Behandlungsmethode ist, holt er hierzu unter Vorlage der ihm vorliegenden Unterlagen sowie einer Begründung seiner Einschätzung eine Auskunft des Gemeinsamen Bundesausschusses ein. [4]Der Gemeinsame Bundesausschuss hat die Auskunft innerhalb von sechs Monaten zu erteilen. [5]Kommt der Gemeinsame Bundesausschuss zu dem Ergebnis, dass das Hilfsmittel untrennbarer Bestandteil einer neuen Untersuchungs- oder Behandlungsmethode ist, beginnt unmittelbar das Verfahren zur Bewertung der Methode nach § 135 Absatz 1 Satz 1, wenn der Hersteller den Antrag auf Eintragung des Hilfsmittels in das Hilfsmittelverzeichnis nicht innerhalb eines Monats zurücknimmt, nachdem ihm der Spitzenverband Bund der Krankenkassen das Ergebnis der Auskunft mitgeteilt hat.

(4) [1]Das Hilfsmittel ist aufzunehmen, wenn der Hersteller die Funktionstauglichkeit und Sicherheit, die Erfüllung der Qualitätsanforderungen nach Absatz 2 und, soweit erforderlich, den medizinischen Nutzen nachgewiesen hat und es mit den für eine ordnungsgemäße und sichere Handhabung erforderlichen Informationen in deutscher Sprache versehen ist. [2]Auf Anfrage des Herstellers berät der Spitzenverband Bund der Krankenkassen den Hersteller im Rahmen eines Antragsverfahrens zur Aufnahme von neuartigen Produkten in das Hilfsmittelverzeichnis über Qualität und Umfang der vorzulegenden Antragsunterlagen. [3]Die Beratung erstreckt sich insbesondere auf die grundlegenden Anforderungen an den Nachweis des medizinischen Nutzens des Hilfsmittels. [4]Sofern Produkte untrennbarer Bestandteil einer neuen Untersuchungs- und Behandlungsmethode sind, bezieht sich die Beratung nicht auf das Verfahren nach § 135 Absatz 1 Satz 1. [5]Erfordert der Nachweis des medizinischen Nutzens klinische Studien, kann die Beratung unter Beteiligung der für die Durchführung der Studie vorgesehenen Institution erfolgen. [6]Das Nähere regelt der Spitzenverband Bund der Krankenkassen in der Verfahrensordnung nach Absatz 7 Satz 1. [7]Für die Beratung kann der Spitzenverband Bund der Krankenkassen Gebühren nach pauschalierten Gebührensätzen erheben. [8]Hat der Hersteller Nachweise nach Satz 1 nur für bestimmte Indikationen erbracht, ist die Aufnahme in das Hilfsmittelverzeichnis auf diese Indikationen zu beschränken. [9]Nimmt der Hersteller an Hilfsmitteln, die im Hilfsmittelverzeichnis aufgeführt sind, Änderungen vor, hat er diese dem Spitzenverband Bund der Krankenkassen unverzüglich mitzuteilen. [10]Die Mitteilungspflicht gilt auch, wenn ein Hilfsmittel nicht mehr hergestellt wird.

(5) [1]Für Medizinprodukte im Sinne des § 3 Nummer 1 des Medizinproduktegesetzes in der bis einschließlich 25. Mai 2021 geltenden Fassung gilt der Nachweis der Funktionstauglichkeit und der Sicherheit durch die CE-Kennzeichnung grundsätzlich als erbracht. [2]Der Spitzenverband Bund der Krankenkassen vergewissert sich von der formalen Rechtmäßigkeit der CE-Kennzeichnung anhand der Konformitätserklärung und, soweit zutreffend, der Zertifikate der an der Konformitätsbewertung beteiligten Benannten Stelle. [3]Aus begründetem Anlass können zusätzliche Prüfungen vorgenommen und hierfür erforderliche Nachweise verlangt werden. [4]Prüfungen nach Satz 3 können nach erfolgter Aufnahme des Produkts auch auf der Grundlage von Stichproben vor-

genommen werden. [5]Ergeben sich bei den Prüfungen nach Satz 2 bis 4 Hinweise darauf, dass Vorschriften des Medizinprodukterechts nicht beachtet sind, sind unbeschadet sonstiger Konsequenzen die danach zuständigen Behörden hierüber zu informieren.

(6) [1]Legt der Hersteller unvollständige Antragsunterlagen vor, ist ihm eine angemessene Frist, die insgesamt sechs Monate nicht übersteigen darf, zur Nachreichung fehlender Unterlagen einzuräumen. [2]Wenn nach Ablauf der Frist die für die Entscheidung über den Antrag erforderlichen Unterlagen nicht vollständig vorliegen, ist der Antrag abzulehnen. [3]Ansonsten entscheidet der Spitzenverband Bund der Krankenkassen innerhalb von drei Monaten nach Vorlage der vollständigen Unterlagen. [4]Bis zum Eingang einer im Einzelfall nach Absatz 3 Satz 3 angeforderten Auskunft des Gemeinsamen Bundesausschusses ist der Lauf der Frist nach Satz 3 unterbrochen. [5]Über die Entscheidung ist ein Bescheid zu erteilen. [6]Die Aufnahme ist zu widerrufen, wenn die Anforderungen nach Absatz 4 Satz 1 nicht mehr erfüllt sind.

(7) [1]Der Spitzenverband Bund der Krankenkassen beschließt bis zum 31. Dezember 2017 eine Verfahrensordnung, in der er nach Maßgabe der Absätze 3 bis 6, 8 und 9 das Nähere zum Verfahren zur Aufnahme von Hilfsmitteln in das Hilfsmittelverzeichnis, zu deren Streichung und zur Fortschreibung des Hilfsmittelverzeichnisses sowie das Nähere zum Verfahren der Auskunftseinholung beim Gemeinsamen Bundesausschuss regelt. [2]Er kann dabei vorsehen, dass von der Erfüllung bestimmter Anforderungen ausgegangen wird, sofern Prüfzertifikate geeigneter Institutionen vorgelegt werden oder die Einhaltung einschlägiger Normen oder Standards in geeigneter Weise nachgewiesen wird. [3]In der Verfahrensordnung legt er insbesondere Fristen für die regelmäßige Fortschreibung des Hilfsmittelverzeichnisses fest. [4]Den maßgeblichen Spitzenorganisationen der betroffenen Hersteller und Leistungserbringer auf Bundesebene ist vor Beschlussfassung innerhalb einer angemessenen Frist Gelegenheit zur Stellungnahme zu geben; die Stellungnahmen sind in die Entscheidung einzubeziehen. [5]Die Verfahrensordnung bedarf der Genehmigung des Bundesministeriums für Gesundheit. [6]Für Änderungen der Verfahrensordnung gelten die Sätze 4 und 5 entsprechend. [7]Sofern dies in einer Rechtsverordnung nach Absatz 8 vorgesehen ist, erhebt der Spitzenverband Bund der Krankenkassen Gebühren zur Deckung seiner Verwaltungsausgaben nach Satz 1.

(8) [1]Das Bundesministerium für Gesundheit kann durch Rechtsverordnung ohne Zustimmung des Bundesrates bestimmen, dass für das Verfahren zur Aufnahme von Hilfsmitteln in das Hilfsmittelverzeichnis Gebühren von den Herstellern zu erheben sind. [2]Es legt die Höhe der Gebühren unter Berücksichtigung des Verwaltungsaufwandes und der Bedeutung der Angelegenheit für den Gebührenschuldner fest. [3]In der Rechtsverordnung kann vorgesehen werden, dass die tatsächlich entstandenen Kosten auf der Grundlage pauschalierter Kostensätze zu berechnen sind.

(9) [1]Das Hilfsmittelverzeichnis ist regelmäßig fortzuschreiben. [2]Der Spitzenverband Bund der Krankenkassen hat bis zum 31. Dezember 2018 sämtliche Produktgruppen, die seit dem 30. Juni 2015 nicht mehr grundlegend aktualisiert wurden, einer systematischen Prüfung zu unterziehen und sie im erforderlichen Umfang fortzuschreiben. [3]Er legt dem Ausschuss für Gesundheit des Deutschen Bundestages über das Bundesministerium für Gesundheit einmal jährlich zum 1. März einen Bericht über die im Berichtszeitraum erfolgten sowie über die begonnenen, aber noch nicht abgeschlossenen Fortschreibungen vor. [4]Die Fortschreibung umfasst die Weiterentwicklung und Änderungen der Systematik und der Anforderungen nach Absatz 2, die Aufnahme neuer Hilfsmittel sowie die Streichung von Hilfsmitteln.

(10) [1]Zum Zweck der Fortschreibung nach Absatz 9 Satz 1, 2 und 4 kann der Spitzenverband Bund der Krankenkassen von dem Hersteller für seine im Hilfsmittelverzeichnis aufgeführten Produkte innerhalb einer in der Verfahrensordnung festgelegten angemessenen Frist die zur Prüfung der Anforderungen nach Absatz 4 Satz 1 erforderlichen Unterlagen anfordern. [2]Bringt der Hersteller die angeforderten Unterlagen nicht fristgemäß bei, verliert die Aufnahme des Produktes in das Hilfsmittelverzeichnis ihre Wirksamkeit und das Produkt ist unmittelbar aus dem Hilfsmittelverzeichnis zu streichen. [3]Ergibt die Prüfung, dass die Anforderungen nach Absatz 4 Satz 1 nicht oder nicht mehr erfüllt sind, ist die Aufnahme zurückzunehmen oder zu widerrufen. [4]Nach Eintritt der Bestandskraft des Rücknahme- oder Widerrufsbescheids ist das Produkt aus dem Hilfsmittelverzeichnis zu streichen. [5]Für die Prüfung, ob ein Hilfsmittel noch hergestellt wird, gelten die Sätze 1 bis 3 entsprechend mit der Maßgabe,

dass die Streichung auch zu einem späteren Zeitpunkt erfolgen kann.

(11) [1]Vor einer Weiterentwicklung und Änderungen der Systematik und der Anforderungen nach Absatz 2 ist den maßgeblichen Spitzenorganisationen der betroffenen Hersteller und Leistungserbringer auf Bundesebene unter Übermittlung der hierfür erforderlichen Informationen innerhalb einer angemessenen Frist Gelegenheit zur Stellungnahme zu geben; die Stellungnahmen sind in die Entscheidung einzubeziehen. [2]Der Spitzenverband Bund der Krankenkassen kann auch Stellungnahmen von medizinischen Fachgesellschaften sowie Sachverständigen aus Wissenschaft und Technik einholen. [3]Soweit vor einer Weiterentwicklung und Änderungen der Systematik und der Anforderungen nach Absatz 2 mögliche Berührungspunkte des voraussichtlichen Fortschreibungsbedarfs mit digitalen oder technischen Assistenzsystemen festgestellt werden, ist zusätzlich mindestens eine Stellungnahme eines Sachverständigen oder unabhängigen Forschungsinstituts aus dem Bereich der Technik einzuholen; die Stellungnahmen sind in die Entscheidung einzubeziehen.

§ 139a
Institut für Qualität und Wirtschaftlichkeit im Gesundheitswesen

(1) [1]Der Gemeinsame Bundesausschuss nach § 91 gründet ein fachlich unabhängiges, rechtsfähiges, wissenschaftliches Institut für Qualität und Wirtschaftlichkeit im Gesundheitswesen und ist dessen Träger. [2]Hierzu kann eine Stiftung des privaten Rechts errichtet werden.

(2) [1]Die Bestellung der Institutsleitung hat im Einvernehmen mit dem Bundesministerium für Gesundheit zu erfolgen. [2]Wird eine Stiftung des privaten Rechts errichtet, erfolgt das Einvernehmen innerhalb des Stiftungsvorstands, in den das Bundesministerium für Gesundheit einen Vertreter entsendet.

(3) Das Institut wird zu Fragen von grundsätzlicher Bedeutung für die Qualität und Wirtschaftlichkeit der im Rahmen der gesetzlichen Krankenversicherung erbrachten Leistungen insbesondere auf folgenden Gebieten tätig:

1. Recherche, Darstellung und Bewertung des aktuellen medizinischen Wissensstandes zu diagnostischen und therapeutischen Verfahren bei ausgewählten Krankheiten,
2. Erstellung von wissenschaftlichen Ausarbeitungen, Gutachten und Stellungnahmen zu Fragen der Qualität und Wirtschaftlichkeit der im Rahmen der gesetzlichen Krankenversicherung erbrachten Leistungen unter Berücksichtigung alters-, geschlechts- und lebenslagenspezifischer Besonderheiten,
3. Recherche des aktuellen medizinischen Wissensstandes als Grundlage für die Entwicklung oder Weiterentwicklung von Leitlinien,
4. Bewertungen evidenzbasierter Leitlinien für die epidemiologisch wichtigsten Krankheiten,
5. Abgabe von Empfehlungen zu Disease-Management-Programmen,
6. Bewertung des Nutzens und der Kosten von Arzneimitteln,
7. Bereitstellung von für alle Bürgerinnen und Bürger verständlichen allgemeinen Informationen zur Qualität und Effizienz in der Gesundheitsversorgung sowie zu Diagnostik und Therapie von Krankheiten mit erheblicher epidemiologischer Bedeutung,
8. Beteiligung an internationalen Projekten zur Zusammenarbeit und Weiterentwicklung im Bereich der evidenzbasierten Medizin.

(4) [1]Das Institut hat zu gewährleisten, dass die Bewertung des medizinischen Nutzens nach den international anerkannten Standards der evidenzbasierten Medizin und die ökonomische Bewertung nach den hierfür maßgeblichen international anerkannten Standards, insbesondere der Gesundheitsökonomie erfolgt. [2]Es hat in regelmäßigen Abständen über die Arbeitsprozesse und -ergebnisse einschließlich der Grundlagen für die Entscheidungsfindung öffentlich zu berichten.

(5) [1]Das Institut hat in allen wichtigen Abschnitten des Bewertungsverfahrens Sachverständigen der medizinischen, pharmazeutischen und gesundheitsökonomischen Wissenschaft und Praxis, den Arzneimittelherstellern sowie den für die Wahrnehmung der Interessen der Patientinnen und Patienten und der Selbsthilfe chronisch Kranker und behinderter Menschen maßgeblichen Organisationen sowie der oder dem Beauftragten der Bundesregierung für die Belange der Patientinnen und Patienten Gelegenheit zur Stellungnahme zu geben. [2]Die Stellungnahmen sind in die Entscheidung einzubeziehen. [3]Bei der Bearbeitung von Aufträgen zur Bewertung von Un-

tersuchungs- und Behandlungsmethoden nach Absatz 3 Nummer 1 findet lediglich ein Stellungnahmeverfahren zum Vorbericht statt.

(6) Zur Sicherstellung der fachlichen Unabhängigkeit des Instituts haben die Beschäftigten vor ihrer Einstellung alle Beziehungen zu Interessenverbänden, Auftragsinstituten, insbesondere der pharmazeutischen Industrie und der Medizinproduktеindustrie, einschließlich Art und Höhe von Zuwendungen offen zu legen.

§ 139b
Aufgabendurchführung

(1) [1]Der Gemeinsame Bundesausschuss nach § 91 beauftragt das Institut mit Arbeiten nach § 139a Abs. 3. [2]Die den Gemeinsamen Bundesausschuss bildenden Institutionen, das Bundesministerium für Gesundheit und die für die Wahrnehmung der Interessen der Patientinnen und Patienten und der Selbsthilfe chronisch kranker und behinderter Menschen maßgeblichen Organisationen sowie die oder der Beauftragte der Bundesregierung für die Belange der Patientinnen und Patienten können die Beauftragung des Instituts beim Gemeinsamen Bundesausschuss beantragen.

(2) [1]Das Bundesministerium für Gesundheit kann die Bearbeitung von Aufgaben nach § 139a Abs. 3 unmittelbar beim Institut beantragen. [2]Das Institut kann einen Antrag des Bundesministeriums für Gesundheit als unbegründet ablehnen, es sei denn, das Bundesministerium für Gesundheit übernimmt die Finanzierung der Bearbeitung des Auftrags.

(3) [1]Zur Erledigung der Aufgaben nach § 139a Absatz 3 Nummer 1 bis 6 soll das Institut wissenschaftliche Forschungsaufträge an externe Sachverständige vergeben. [2]Diese haben alle Beziehungen zu Interessenverbänden, Auftragsinstituten, insbesondere der pharmazeutischen Industrie und der Medizinprodukteindustrie, einschließlich Art und Höhe von Zuwendungen offen zu legen.

(4) [1]Das Institut leitet die Arbeitsergebnisse der Aufträge nach den Absätzen 1 und 2 dem Gemeinsamen Bundesausschuss nach § 91 als Empfehlungen zu. [2]Der Gemeinsame Bundesausschuss hat die Empfehlungen im Rahmen seiner Aufgabenstellung zu berücksichtigen.

(5) [1]Versicherte und sonstige interessierte Einzelpersonen können beim Institut Bewertungen nach § 139a Absatz 3 Nummer 1 und 2 zu medizinischen Verfahren und Technologien vorschlagen. [2]Das Institut soll die für die Versorgung von Patientinnen und Patienten besonders bedeutsamen Vorschläge auswählen und bearbeiten.

(6) [1]Die Arbeitsgemeinschaft der Wissenschaftlichen Medizinischen Fachgesellschaften kann dem Bundesministerium für Gesundheit für Beauftragungen des Instituts mit Recherchen nach § 139a Absatz 3 Nummer 3 Themen zur Entwicklung oder Weiterentwicklung von Leitlinien vorschlagen; sie hat den Förderbedarf für diese Leitlinienthemen zu begründen. [2]Das Bundesministerium für Gesundheit wählt Themen für eine Beauftragung des Instituts mit Evidenzrecherchen nach § 139a Absatz 3 Nummer 3 aus. [3]Für die Beauftragung des Instituts durch das Bundesministerium für Gesundheit können jährlich bis zu 2 Millionen Euro aus Mitteln zur Finanzierung des Instituts nach § 139c aufgewendet werden. [4]Absatz 2 Satz 2 findet keine Anwendung.

§ 139c
Finanzierung

[1]Die Finanzierung des Instituts nach § 139a Abs. 1 erfolgt jeweils zur Hälfte durch die Erhebung eines Zuschlags für jeden abzurechnenden Krankenhausfall und durch die zusätzliche Anhebung der Vergütungen für die ambulante vertragsärztliche und vertragszahnärztliche Versorgung nach den §§ 85 und 87a um einen entsprechenden Vomhundertsatz. [2]Die im stationären Bereich erhobenen Zuschläge werden in der Rechnung des Krankenhauses gesondert ausgewiesen; sie gehen nicht in den Gesamtbetrag oder die Erlösausgleiche nach dem Krankenhausentgeltgesetz oder der Bundespflegesatzverordnung ein. [3]Der Zuschlag für jeden Krankenhausfall, die Anteile der Kassenärztlichen und der Kassenzahnärztlichen Vereinigungen sowie das Nähere zur Weiterleitung dieser Mittel an eine zu benennende Stelle werden durch den Gemeinsamen Bundesausschuss festgelegt.

§ 139d
Erprobung von Leistungen und Maßnahmen zur Krankenbehandlung

[1]Gelangt der Gemeinsame Bundesausschuss bei seinen Beratungen über eine Leistung oder Maßnahme zur Krankenbehandlung, die kein Arzneimittel ist und die nicht der Bewertung nach § 135

oder § 137c unterliegt, zu der Feststellung, dass sie das Potential einer erforderlichen Behandlungsalternative bietet, ihr Nutzen aber noch nicht hinreichend belegt ist, kann der Gemeinsame Bundesausschuss unter Aussetzung seines Bewertungsverfahrens im Einzelfall und nach Maßgabe der hierzu in seinen Haushalt eingestellten Mittel eine wissenschaftliche Untersuchung zur Erprobung der Leistung oder Maßnahme in Auftrag geben oder sich an einer solchen beteiligen. [2]Das Nähere regelt der Gemeinsame Bundesausschuss in seiner Verfahrensordnung.

§ 139e
Verzeichnis für digitale Gesundheitsanwendungen; Verordnungsermächtigung

(1) [1]Das Bundesinstitut für Arzneimittel und Medizinprodukte führt ein Verzeichnis erstattungsfähiger digitaler Gesundheitsanwendungen nach § 33a. [2]Das Verzeichnis ist nach Gruppen von digitalen Gesundheitsanwendungen zu strukturieren, die in ihren Funktionen und Anwendungsbereichen vergleichbar sind. [3]Das Verzeichnis und seine Änderungen sind vom Bundesinstitut für Arzneimittel und Medizinprodukte im Bundesanzeiger bekannt zu machen und im Internet zu veröffentlichen.

(2) [1]Die Aufnahme in das Verzeichnis erfolgt auf elektronischen Antrag des Herstellers beim Bundesinstitut für Arzneimittel und Medizinprodukte. [2]Der Hersteller hat dem Antrag Nachweise darüber beizufügen, dass die digitale Gesundheitsanwendung

1. den Anforderungen an Sicherheit, Funktionstauglichkeit und Qualität einschließlich der Interoperabilität des Medizinproduktes entspricht,
2. den Anforderungen an den Datenschutz entspricht und die Datensicherheit nach dem Stand der Technik gewährleistet und
3. positive Versorgungseffekte aufweist.

[3]Ein positiver Versorgungseffekt nach Satz 2 Nummer 3 ist entweder ein medizinischer Nutzen oder eine patientenrelevante Struktur- und Verfahrensverbesserung in der Versorgung. [4]Der Hersteller hat die nach Absatz 8 Satz 1 veröffentlichten Antragsformulare für seinen Antrag zu verwenden.

(3) [1]Das Bundesinstitut für Arzneimittel und Medizinprodukte entscheidet über den Antrag des Herstellers innerhalb von drei Monaten nach Eingang der vollständigen Antragsunterlagen durch Bescheid. [2]Die Entscheidung umfasst auch die Bestimmung der ärztlichen Leistungen, der Leistungen der Heilmittelerbringer oder der Leistungen der Hebammenhilfe, die jeweils zur Versorgung mit der jeweiligen digitalen Gesundheitsanwendung erforderlich sind, sowie die Bestimmung der Daten aus Hilfsmitteln und Implantaten, die nach § 374a von der digitalen Gesundheitsanwendung verarbeitet werden. [3]Legt der Hersteller unvollständige Antragsunterlagen vor, hat ihn das Bundesinstitut für Arzneimittel und Medizinprodukte aufzufordern, den Antrag innerhalb einer Frist von drei Monaten zu ergänzen. [4]Liegen nach Ablauf der Frist keine vollständigen Antragsunterlagen vor und hat der Hersteller keine Erprobung nach Absatz 4 beantragt, ist der Antrag abzulehnen.

(4) [1]Ist dem Hersteller der Nachweis positiver Versorgungseffekte nach Absatz 2 Satz 2 Nummer 3 noch nicht möglich, kann er nach Absatz 2 auch beantragen, dass die digitale Gesundheitsanwendung für bis zu zwölf Monate in das Verzeichnis zur Erprobung aufgenommen wird. [2]Der Hersteller hat dem Antrag neben den Nachweisen nach Absatz 2 Satz 2 Nummer 1 und 2 eine plausible Begründung des Beitrags der digitalen Gesundheitsanwendung zur Verbesserung der Versorgung und ein von einer herstellerunabhängigen Institution erstelltes wissenschaftliches Evaluationskonzept zum Nachweis positiver Versorgungseffekte beizufügen. [3]Im Bescheid nach Absatz 3 Satz 1 hat das Bundesinstitut für Arzneimittel und Medizinprodukte den Hersteller zum Nachweis der positiven Versorgungseffekte zu verpflichten und das Nähere zu den entsprechenden erforderlichen Nachweisen, einschließlich der zur Erprobung erforderlichen ärztlichen Leistungen oder der Leistungen der Heilmittelerbringer oder der Hebammen, zu bestimmen. [4]Die Erprobung und deren Dauer sind im Verzeichnis für digitale Gesundheitsanwendungen kenntlich zu machen. [5]Der Hersteller hat dem Bundesinstitut für Arzneimittel und Medizinprodukte spätestens nach Ablauf des Erprobungszeitraums die Nachweise für positive Versorgungseffekte der erprobten digitalen Gesundheitsanwendung vorzulegen. [6]Das Bundesinstitut für Arzneimittel und Medizinprodukte entscheidet über die endgültige Aufnahme der erprobten digitalen Gesundheitsanwendung innerhalb von drei Monaten nach Eingang der vollständigen Nachweise durch Bescheid. [7]Sind

positive Versorgungseffekte nicht hinreichend belegt, besteht aber aufgrund der vorgelegten Erprobungsergebnisse eine überwiegende Wahrscheinlichkeit einer späteren Nachweisführung, kann das Bundesinstitut für Arzneimittel und Medizinprodukte den Zeitraum der vorläufigen Aufnahme in das Verzeichnis zur Erprobung um bis zu zwölf Monate verlängern. [8]Lehnt das Bundesinstitut für Arzneimittel und Medizinprodukte eine endgültige Aufnahme in das Verzeichnis ab, so hat es die zur Erprobung vorläufig aufgenommene digitale Gesundheitsanwendung aus dem Verzeichnis zu streichen. [9]Eine erneute Antragstellung nach Absatz 2 ist frühestens zwölf Monate nach dem ablehnenden Bescheid des Bundesinstitut für Arzneimittel und Medizinprodukte und auch nur dann zulässig, wenn neue Nachweise für positive Versorgungseffekte vorgelegt werden. [10]Eine wiederholte vorläufige Aufnahme in das Verzeichnis zur Erprobung ist nicht zulässig.

(5) [1]Das Bundesinstitut für Arzneimittel und Medizinprodukte informiert die Vertragspartner nach § 87 Absatz 1 zeitgleich mit der Aufnahme digitaler Gesundheitsanwendungen in das Verzeichnis über die ärztlichen Leistungen, die als erforderlich für die Versorgung mit der jeweiligen digitalen Gesundheitsanwendung oder für deren Erprobung bestimmt wurden. [2]Wurde eine Leistung eines Heilmittelerbringers oder einer Hebamme als erforderlich für die Versorgung mit der jeweiligen digitalen Gesundheitsanwendung oder für deren Erprobung bestimmt, informiert das Bundesinstitut für Arzneimittel und Medizinprodukte die Vertragspartner nach § 125 Absatz 1 oder § 134a Absatz 1 über diese Leistung.

(6) [1]Hersteller digitaler Gesundheitsanwendungen, die in das Verzeichnis aufgenommen wurden, sind verpflichtet, dem Bundesinstitut für Arzneimittel und Medizinprodukte unverzüglich anzuzeigen,

1. dass sie wesentliche Veränderungen an den digitalen Gesundheitsanwendungen vorgenommen haben oder

2. dass Änderungen an den im Verzeichnis veröffentlichten Informationen notwendig sind.

[2]Der Hersteller hat die nach Absatz 8 Satz 1 veröffentlichten Anzeigeformulare für seine Anzeigen zu verwenden. [3]Das Bundesinstitut für Arzneimittel und Medizinprodukte entscheidet innerhalb von drei Monaten nach der Anzeige durch Bescheid darüber, ob das Verzeichnis anzupassen ist oder ob die digitale Gesundheitsanwendung aus dem Verzeichnis zu streichen ist. [4]Erlangt das Bundesinstitut für Arzneimittel und Medizinprodukte Kenntnis von anzeigepflichtigen Veränderungen einer digitalen Gesundheitsanwendung, so hat es dem jeweiligen Hersteller eine Frist zur Anzeige zu setzen, die in der Regel nicht mehr als vier Wochen betragen darf. [5]Das Bundesinstitut für Arzneimittel und Medizinprodukte kann dem Hersteller gleichzeitig ein Zwangsgeld von bis zu 100 000 Euro androhen und dieses Zwangsgeld im Falle der Nichteinhaltung der Frist zur Anzeige festsetzen. [6]Kommt der Hersteller der Aufforderung zur Anzeige wesentlicher Veränderungen nicht innerhalb der gesetzten Frist nach, kann das Bundesinstitut für Arzneimittel und Medizinprodukte die digitale Gesundheitsanwendung aus dem Verzeichnis streichen. [7]Der Hersteller ist verpflichtet, Veränderungen an der digitalen Gesundheitsanwendung zu dokumentieren. [8]Das Bundesinstitut für Arzneimittel und Medizinprodukte kann die Vorlage der Dokumentation verlangen, wenn das Bundesinstitut für Arzneimittel und Medizinprodukte Kenntnis davon erhält, dass der Hersteller der Anzeigepflicht nach Satz 1 nicht nachgekommen ist. [9]Auf Antrag des Herstellers ist eine digitale Gesundheitsanwendung aus dem Verzeichnis zu streichen.

(7) [1]Die Kosten des Verwaltungsverfahrens nach den Absätzen 2, 3, 4 und 6, einschließlich des Widerspruchsverfahrens gegen einen auf Grund dieser Vorschriften erlassenen Verwaltungsakt oder gegen die auf Grund der Rechtsverordnung nach Absatz 9 erfolgte Festsetzung von Gebühren und Auslagen, trägt der Hersteller. [2]Die Verwaltungskosten werden nach pauschalierten Gebührensätzen erhoben. [3]Kosten für individuell zurechenbare öffentliche Leistungen, die nicht in die Gebühren einbezogen sind, werden als Auslagen gesondert in der tatsächlich entstandenen Höhe erhoben. [4]Für die Erhebung der Gebühren und Auslagen durch das Bundesinstitut für Arzneimittel und Medizinprodukte gelten die §§ 13 bis 21 des Bundesgebührengesetzes entsprechend.

(8) [1]Das Bundesinstitut für Arzneimittel und Medizinprodukte veröffentlicht im Internet einen Leitfaden zu Antrags- und Anzeigeverfahren sowie elektronische Formulare für vollständige Antragsund Anzeigeunterlagen in deutscher und englischer Sprache. [2]Das Bundesinstitut für Arzneimittel und Medizinprodukte berät die Hersteller digitaler Gesundheitsanwendungen zu den Antrags- und Anzeigeverfahren sowie zu den Voraussetzungen,

die erfüllt sein müssen, damit die Versorgung mit der jeweiligen digitalen Gesundheitsanwendung nach § 33a zu Lasten der Krankenkassen erbracht werden kann. [3]Für die Beratung können Gebühren nach pauschalierten Gebührensätzen erhoben werden; Absatz 7 Satz 4 gilt entsprechend.

(9) [1]Das Bundesministerium für Gesundheit wird ermächtigt, durch Rechtsverordnung ohne Zustimmung des Bundesrates das Nähere zu regeln zu

1. den Inhalten des Verzeichnisses, dessen Veröffentlichung, der Interoperabilität des elektronischen Verzeichnisses mit elektronischen Transparenzportalen Dritter und der Nutzung der Inhalte des Verzeichnisses durch Dritte,
2. den nach Absatz 2 Satz 2 nachzuweisenden Anforderungen, einschließlich der Anforderungen an die Interoperabilität und die Erfüllung der Verpflichtung zur Integration von Schnittstellen, sowie zu den positiven Versorgungseffekten,
3. den nach Absatz 4 Satz 2 zu begründenden Versorgungsverbesserungen und zu dem nach Absatz 4 Satz 2 beizufügenden Evaluationskonzept zum Nachweis positiver Versorgungseffekte,
4. den nach Absatz 6 Satz 1 anzeigepflichtigen Veränderungen und der Verpflichtung der Hersteller zur Dokumentation der Vornahme von Veränderungen an der digitalen Gesundheitsanwendung nach Absatz 6 Satz 7,
5. den Einzelheiten der Antrags- und Anzeigeverfahren und des Formularwesens beim Bundesinstitut für Arzneimittel und Medizinprodukte,
6. den Gebühren und Gebührensätzen für die von den Herstellern zu tragenden Kosten sowie den Auslagen nach den Absätzen 7 und 8 Satz 3,
7. der Bestellung der Mitglieder der Schiedsstelle nach § 134, der Erstattung der baren Auslagen und der Entschädigung für den Zeitaufwand der Mitglieder der Schiedsstelle nach § 134, dem Verfahren, dem Teilnahmerecht des Bundesministeriums für Gesundheit und der Patientenorganisationen nach § 140f an den Sitzungen der Schiedsstelle nach § 134 sowie der Verteilung der Kosten.

[2]Die Regelungen nach Satz 1 Nummer 2 und 3 erfolgen unter Berücksichtigung der Grundsätze der evidenzbasierten Medizin.

(10) [1]Das Bundesamt für Sicherheit in der Informationstechnik legt im Einvernehmen mit dem Bundesinstitut für Arzneimittel und Medizinprodukte und im Benehmen mit der oder dem Bundesbeauftragten für den Datenschutz und die Informationsfreiheit erstmals bis zum 1. Januar 2024 und dann in der Regel jährlich die von digitalen Gesundheitsanwendungen nachzuweisenden Anforderungen an die Datensicherheit nach Absatz 2 Satz 2 Nummer 2 fest. [2]Das Bundesamt für Sicherheit in der Informationstechnik bietet ab dem 1. Juni 2024 Verfahren zur Prüfung der Einhaltung der Anforderungen nach Satz 1 sowie Verfahren zur Bestätigung der Einhaltung der Anforderungen nach Satz 1 durch entsprechende Zertifikate an. [3]Der Nachweis der Erfüllung der Anforderungen an die Datensicherheit durch den Hersteller ist spätestens ab dem 1. Januar 2025 unter Vorlage eines Zertifikates nach Satz 2 zu führen.

(11) [1]Das Bundesinstitut für Arzneimittel und Medizinprodukte legt im Einvernehmen mit der oder dem Bundesbeauftragten für den Datenschutz und die Informationsfreiheit und im Benehmen mit dem Bundesamt für Sicherheit in der Informationstechnik erstmals bis zum 31. März 2022 und dann in der Regel jährlich die Prüfkriterien für die von digitalen Gesundheitsanwendungen nachzuweisenden Anforderungen an den Datenschutz nach Absatz 2 Satz 2 Nummer 2 fest. [2]Der Nachweis der Erfüllung der Anforderungen an den Datenschutz durch den Hersteller ist ab dem 1. August 2024 durch Vorlage eines anhand der Prüfkriterien nach Satz 1 ausgestellten Zertifikates nach Artikel 42 der Verordnung (EU) 2016/679 zu führen.

(12) [1]In das Verzeichnis nach Absatz 1 können auch digitale Gesundheitsanwendungen aufgenommen werden, die durch die Träger der Rentenversicherung als Leistungen zur Teilhabe nach dem Sechsten Buch erbracht werden. [2]Die Absätze 1 bis 4a und 6 bis 10 gelten entsprechend mit der Maßgabe, dass für digitale Gesundheitsanwendungen nach Satz 1 neben dem Nachweis positiver Versorgungseffekte nach Absatz 2 Satz 2 Nummer 3 zusätzlich der Nachweis des Erhalts der Erwerbsfähigkeit zu führen ist. [3]Nähere Regelungen zu dem zusätzlichen Nachweis des Erhalts der Erwerbsfähigkeit durch Rechtsverordnung

des Bundesministeriums für Gesundheit nach Absatz 9 Satz 1 bedürfen des Einvernehmens mit dem Bundesministerium für Arbeit und Soziales. [4]Durch die Regelungen in den Sätzen 1 und 2 werden keine Leistungsverpflichtungen für die Krankenkassen begründet.

Zehnter Abschnitt

Eigeneinrichtungen der Krankenkassen

§ 140 Eigeneinrichtungen

(1) [1]Krankenkassen dürfen der Versorgung der Versicherten dienende Eigeneinrichtungen, die am 1. Januar 1989 bestehen, weiterbetreiben. [2]Die Eigeneinrichtungen können nach Art, Umfang und finanzieller Ausstattung an den Versorgungsbedarf unter Beachtung der Landeskrankenhausplanung und der Zulassungsbeschränkungen im vertragsärztlichen Bereich angepasst werden; sie können Gründer von medizinischen Versorgungszentren nach § 95 Abs. 1 sein.

(2) [1]Sie dürfen neue Eigeneinrichtungen nur errichten, soweit sie die Durchführung ihrer Aufgaben bei der Gesundheitsvorsorge und der Rehabilitation auf andere Weise nicht sicherstellen können. [2]Die Krankenkassen oder ihre Verbände dürfen Eigeneinrichtungen auch dann errichten, wenn mit ihnen der Sicherstellungsauftrag nach § 72a Abs. 1 erfüllt werden soll.

Elfter Abschnitt

Sonstige Beziehungen zu den Leistungserbringern

§ 140a Besondere Versorgung

(1) [1]Die Krankenkassen können Verträge mit den in Absatz 3 genannten Leistungserbringern über eine besondere Versorgung der Versicherten abschließen. [2]Die Verträge ermöglichen eine verschiedene Leistungssektoren übergreifende oder eine interdisziplinär fachübergreifende Versorgung (integrierte Versorgung) sowie besondere Versorgungsaufträge unter Beteiligung der Leistungserbringer oder deren Gemeinschaften. [3]Die Verträge können auch Regelungen enthalten, die die besondere Versorgung regional beschränken. [4]Verträge, die nach den §§ 73a, 73c und 140a in der am 22. Juli 2015 geltenden Fassung geschlossen wurden, sind spätestens bis zum 31. Dezember 2024 durch Verträge nach dieser Vorschrift zu ersetzen oder zu beenden. [5]Soweit die Versorgung der Versicherten nach diesen Verträgen durchgeführt wird, ist der Sicherstellungsauftrag nach § 75 Absatz 1 eingeschränkt. [6]Satz 4 gilt nicht für die Organisation der vertragsärztlichen Versorgung zu den sprechstundenfreien Zeiten.

(2) [1]Die Verträge können Abweichendes von den Vorschriften dieses Kapitels, des Krankenhausfinanzierungsgesetzes, des Krankenhausentgeltgesetzes sowie den nach diesen Vorschriften getroffenen Regelungen beinhalten. [2]Die Verträge können auch Abweichendes von den im Dritten Kapitel benannten Leistungen beinhalten, soweit sie die in § 11 Absatz 6 genannten Leistungen, Leistungen nach den §§ 20i, 25, 26, 27b, 37a und 37b sowie ärztliche Leistungen einschließlich neuer Untersuchungs- und Behandlungsmethoden betreffen. [3]Die Sätze 1 und 2 gelten insoweit, als über die Eignung der Vertragsinhalte als Leistung der gesetzlichen Krankenversicherung der Gemeinsame Bundesausschuss nach § 91 im Rahmen der Beschlüsse nach § 92 Absatz 1 Satz 2 Nummer 5 oder im Rahmen der Beschlüsse nach § 137c Absatz 1 keine ablehnende Entscheidung getroffen hat. [4]Die abweichende Regelung muss dem Sinn und der Eigenart der besonderen Versorgung entsprechen, sie muss insbesondere darauf ausgerichtet sein, die Qualität, die Wirksamkeit und die Wirtschaftlichkeit der Versorgung zu verbessern. [5]Wenn Verträge über eine besondere Versorgung zur Durchführung von nach § 92a Absatz 1 Satz 1 und 2 geförderten neuen Versorgungsformen abgeschlossen werden, gelten die Anforderungen an eine besondere Versorgung nach Absatz 1 Satz 1 und 2 und die Anforderungen nach Satz 4 als erfüllt. [6]Das gilt auch für Verträge zur Fortführung von nach § 92a Absatz 1 Satz 1 und 2 geförderten neuen Versorgungsformen oder wesentlicher Teile daraus sowie für Verträge zur Übertragung solcher Versorgungsformen in andere Regionen. [7]Für die Qualitätsanforderungen zur Durchführung der Verträge gelten die vom Gemeinsamen Bundesausschuss sowie die in den Bundesmantelverträgen für die Leistungserbringung in der vertragsärztlichen Versorgung beschlossenen Anforderungen als Mindestvoraussetzungen entsprechend. [8]Gegenstand der Verträge dürfen auch Vereinbarungen sein, die allein die Organisation der Versorgung betreffen. [9]Die Partner eines Vertrages nach Absatz 1 können sich darauf verständigen, dass Beratungs-, Koordinierungs- und Managementleistungen der Leistungserbringer und der Krankenkassen zur

Versorgung der Versicherten im Rahmen der besonderen Versorgung durch die Vertragspartner oder Dritte erbracht werden; § 11 Absatz 4 Satz 5 gilt entsprechend. [10]Vereinbarungen über zusätzliche Vergütungen für Diagnosen können nicht Gegenstand der Verträge sein.

(3) [1]Die Krankenkassen können nach Maßgabe von Absatz 1 Satz 2 Verträge abschließen mit:

1. nach diesem Kapitel zur Versorgung der Versicherten berechtigten Leistungserbringern oder deren Gemeinschaften,
2. Trägern von Einrichtungen, die eine besondere Versorgung durch zur Versorgung der Versicherten nach dem Vierten Kapitel berechtigte Leistungserbringer anbieten,
3. Pflegekassen und zugelassenen Pflegeeinrichtungen auf der Grundlage des § 92b des Elften Buches,

3a. anderen Leistungsträgern nach § 12 des Ersten Buches und den Leistungserbringern, die nach den für diese Leistungsträger geltenden Bestimmungen zur Versorgung berechtigt sind,

3b. privaten Kranken- und Pflegeversicherungen, um Angebote der besonderen Versorgung für Versicherte in der gesetzlichen und in der privaten Krankenversicherung zu ermöglichen,

4. Praxiskliniken nach § 115 Absatz 2 Satz 1 Nummer 1,
5. pharmazeutischen Unternehmern,
6. Herstellern von Medizinprodukten im Sinne der Verordnung (EU) 2017/745,
7. Kassenärztlichen Vereinigungen oder Berufs- und Interessenverbänden der Leistungserbringer nach Nummer 1 zur Unterstützung von Mitgliedern, die an der besonderen Versorgung teilnehmen,
8. Anbietern von digitalen Diensten und Anwendungen nach § 68a Absatz 3 Satz 2 Nummer 2 und 3.

[2]Die Partner eines Vertrages über eine besondere Versorgung nach Absatz 1 können sich auf der Grundlage ihres jeweiligen Zulassungsstatus für die Durchführung der besonderen Versorgung darauf verständigen, dass Leistungen auch dann erbracht werden können, wenn die Erbringung dieser Leistungen vom Zulassungs-, Ermächtigungs- oder Berechtigungsstatus des jeweiligen Leistungserbringers nicht gedeckt ist. [3]Bei Verträgen mit Anbietern von digitalen Diensten und Anwendungen nach Nummer 8 sind die Zugänglichkeitskriterien für Menschen mit Behinderungen zu berücksichtigen.

(3a) [1]Gegenstand der Verträge kann sein

1. die Förderung einer besonderen Versorgung, die von den in Absatz 3 genannten Leistungserbringern selbständig durchgeführt wird, oder
2. die Beteiligung an Versorgungsaufträgen anderer Leistungsträger nach § 12 des Ersten Buches.

[2]Die Förderung und Beteiligung nach Satz 1 dürfen erfolgen, soweit sie dem Zweck der gesetzlichen Krankenversicherung dienen.

(3b) [1]Gegenstand der Verträge kann eine besondere Versorgung im Wege der Sach- oder Dienstleistung sein

1. im Einzelfall, wenn medizinische oder soziale Gründe dies rechtfertigen, oder
2. in den Fällen, in denen die Voraussetzungen für eine Kostenerstattung der vom Versicherten selbst beschafften Leistungen vorliegen.

[2]Verträge nach Satz 1 können auch mit nicht zur vertragsärztlichen Versorgung zugelassenen Leistungserbringern geschlossen werden, wenn eine dem Versorgungsniveau in der gesetzlichen Krankenversicherung gleichwertige Versorgung gewährleistet ist.

(4) [1]Die Versicherten erklären ihre freiwillige Teilnahme an der besonderen Versorgung schriftlich oder elektronisch gegenüber ihrer Krankenkasse. [2]Die Versicherten können die Teilnahmeerklärung innerhalb von zwei Wochen nach deren Abgabe schriftlich, elektronisch oder zur Niederschrift bei der Krankenkasse ohne Angabe von Gründen widerrufen. [3]Zur Fristwahrung genügt die rechtzeitige Absendung der Widerrufserklärung an die Krankenkasse. [4]Die Widerrufsfrist beginnt, wenn die Krankenkasse dem Versicherten eine Belehrung über sein Widerrufsrecht schriftlich oder elektronisch mitgeteilt hat, frühestens jedoch mit der Abgabe der Teilnahmeerklärung. [5]Das Nähere zur Durchführung der Teilnahme der Versicherten,

insbesondere zur zeitlichen Bindung an die Teilnahmeerklärung, zur Bindung an die vertraglich gebundenen Leistungserbringer und zu den Folgen bei Pflichtverstößen der Versicherten, regeln die Krankenkassen in den Teilnahmeerklärungen. [6]Die Satzung der Krankenkasse hat Regelungen zur Abgabe der Teilnahmeerklärungen zu enthalten. [7]Die Regelungen sind auf der Grundlage der Richtlinie nach § 217f Absatz 4a zu treffen.

(4a) [1]Krankenkassen können Verträge auch mit Herstellern von Medizinprodukten nach Absatz 3 Satz 1 Nummer 6 über die besondere Versorgung der Versicherten mit digitalen Versorgungsangeboten schließen. [2]Absatz 1 Satz 2 ist nicht anzuwenden. [3]In den Verträgen ist sicherzustellen, dass über eine individualisierte medizinische Beratung einschließlich von Therapievorschlägen hinausgehende diagnostische Feststellungen durch einen Arzt zu treffen sind. [4]Bei dem einzubeziehenden Arzt muss es sich in der Regel um einen an der vertragsärztlichen Versorgung teilnehmenden Arzt handeln.

(5) Die Verarbeitung der für die Durchführung der Verträge nach Absatz 1 erforderlichen personenbezogenen Daten durch die Vertragspartner nach Absatz 1 darf nur mit Einwilligung und nach vorheriger Information der Versicherten erfolgen.

(6) [1]Für die Bereinigung des Behandlungsbedarfs nach § 87a Absatz 3 Satz 2 gilt § 73b Absatz 7 entsprechend; falls eine Vorabeinschreibung der teilnehmenden Versicherten nicht möglich ist, kann eine rückwirkende Bereinigung vereinbart werden. [2]Die Krankenkasse kann bei Verträgen nach Absatz 1 auf die Bereinigung verzichten, wenn das voraussichtliche Bereinigungsvolumen einer Krankenkasse für einen Vertrag nach Absatz 1 geringer ist als der Aufwand für die Durchführung dieser Bereinigung. [3]Der Bewertungsausschuss hat in seinen Vorgaben gemäß § 87a Absatz 5 Satz 7 zur Bereinigung und zur Ermittlung der kassenspezifischen Aufsatzwerte des Behandlungsbedarfs auch Vorgaben zur Höhe des Schwellenwertes für das voraussichtliche Bereinigungsvolumen, unterhalb dessen von einer basiswirksamen Bereinigung abgesehen werden kann, zu der pauschalen Ermittlung und Übermittlung des voraussichtlichen Bereinigungsvolumens an die Vertragspartner nach § 73b Absatz 7 Satz 1 sowie zu dessen Anrechnung beim Aufsatzwert der betroffenen Krankenkasse zu machen.

§ 140b bis § 140d

(aufgehoben)

Zwölfter Abschnitt

Beziehungen zu Leistungserbringern europäischer Staaten

§ 140e Verträge mit Leistungserbringern europäischer Staaten

Krankenkassen dürfen zur Versorgung ihrer Versicherten nach Maßgabe des Dritten Kapitels und des dazugehörigen untergesetzlichen Rechts Verträge mit Leistungserbringern nach § 13 Absatz 4 Satz 2 in anderen Mitgliedstaaten der Europäischen Union, in den Vertragsstaaten des Abkommens über den Europäischen Wirtschaftsraum oder in der Schweiz abschließen.

Dreizehnter Abschnitt

Beteiligung von Patientinnen und Patienten, Beauftragte oder Beauftragter der Bundesregierung für die Belange der Patientinnen und Patienten

§ 140f Beteiligung von Interessenvertretungen der Patientinnen und Patienten

(1) Die für die Wahrnehmung der Interessen der Patientinnen und Patienten und der Selbsthilfe chronisch kranker und behinderter Menschen maßgeblichen Organisationen sind in Fragen, die die Versorgung betreffen, nach Maßgabe der folgenden Vorschriften zu beteiligen.

(2) [1]Im Gemeinsamen Bundesausschuss nach § 91 und in der Nationalen Präventionskonferenz nach § 20e Absatz 1 erhalten die für die Wahrnehmung der Interessen der Patientinnen und Patienten und der Selbsthilfe chronisch kranker und behinderter Menschen auf Bundesebene maßgeblichen Organisationen ein Mitberatungsrecht; die Organisationen benennen hierzu sachkundige Personen. [2]Das Mitberatungsrecht beinhaltet auch das Recht zur Anwesenheit bei der Beschlussfassung. [3]Die Zahl der sachkundigen Personen soll höchstens der Zahl der von dem Spitzenverband Bund der Krankenkassen entsandten Mitglieder in diesem Gremium entsprechen. [4]Die sachkundigen Personen werden

einvernehmlich von den in der Verordnung nach § 140g genannten oder nach der Verordnung anerkannten Organisationen benannt. [5]Bei Beschlüssen des Gemeinsamen Bundesausschusses nach § 56 Abs. 1, § 92 Abs. 1 Satz 2, § 116b Abs. 4, § 135b Absatz 2 Satz 2, den §§ 136 bis 136b, 136d, 137a, 137b, 137c und 137f erhalten die Organisationen das Recht, Anträge zu stellen. [6]Der Gemeinsame Bundesausschuss hat über Anträge der Organisationen nach Satz 5 in der nächsten Sitzung des jeweiligen Gremiums zu beraten. [7]Wenn über einen Antrag nicht entschieden werden kann, soll in der Sitzung das Verfahren hinsichtlich der weiteren Beratung und Entscheidung festgelegt werden. [8]Entscheidungen über die Einrichtung einer Arbeitsgruppe und die Bestellung von Sachverständigen durch einen Unterausschuss sind nur im Einvernehmen mit den benannten Personen zu treffen. [9]Dabei haben diese ihr Votum einheitlich abzugeben.

(3) [1]Die auf Landesebene für die Wahrnehmung der Interessen der Patientinnen und Patienten und der Selbsthilfe chronisch kranker und behinderter Menschen maßgeblichen Organisationen erhalten in

1. den Landesausschüssen nach § 90 sowie den erweiterten Landesausschüssen nach § 116b Absatz 3,

2. dem gemeinsamen Landesgremium nach § 90a,

3. den Zulassungsausschüssen nach § 96 und den Berufungsausschüssen nach § 97, soweit Entscheidungen betroffen sind über

   a) die ausnahmeweise Besetzung zusätzlicher Vertragsarztsitze nach § 101 Absatz 1 Satz 1 Nummer 3,

   b) die Befristung einer Zulassung nach § 19 Absatz 4 der Zulassungsverordnung für Vertragsärzte,

   c) die Ermächtigung von Ärzten und Einrichtungen,

4. den Zulassungsausschüssen nach § 96, soweit Entscheidungen betroffen sind über

   a) die Durchführung eines Nachbesetzungsverfahrens nach § 103 Absatz 3a,

   b) die Ablehnung einer Nachbesetzung nach § 103 Absatz 4 Satz 10,

   c) die Besetzung zusätzlicher Vertragsarztsitze auf Grundlage der Entscheidungen der für die Sozialversicherung zuständigen obersten Landesbehörden nach § 103 Absatz 2 Satz 4,

   d) die Verlegung eines Vertragsarztsitzes oder einer genehmigten Anstellung nach § 24 Absatz 7 der Zulassungsverordnung für Vertragsärzte,

ein Mitberatungsrecht; die Organisationen benennen hierzu sachkundige Personen. [2]Das Mitberatungsrecht beinhaltet auch das Recht zur Anwesenheit bei der Beschlussfassung. [3]Die Zahl der sachkundigen Personen soll höchstens der Zahl der von den Krankenkassen entsandten Mitglieder in diesen Gremien entsprechen. [4]Die sachkundigen Personen werden einvernehmlich von den in der Verordnung nach § 140g genannten oder nach der Verordnung anerkannten Organisationen benannt.

(4) [1]Bei einer Änderung, Neufassung oder Aufhebung der in § 21 Abs. 2, § 111 Absatz 7 Satz 1, § 111c Absatz 5 Satz 1, §112 Absatz 5, § 115 Abs. 5, § 126 Abs. 1 Satz 3, § 127 Absatz 8 und 9, §§ 132a, 132c Absatz 2, § 132d Abs. 2, § 132l Absatz 1 Satz 1, § 133 Absatz 4 und § 217f Absatz 4a vorgesehenen Rahmenempfehlungen, Empfehlungen und Richtlinien des Spitzenverbandes Bund der Krankenkassen, des Hilfsmittelverzeichnisses nach § 139 sowie bei der Bestimmung der Festbetragsgruppen nach § 36 Abs. 1 und der Festsetzung der Festbeträge nach § 36 Abs. 2 wirken die in der Verordnung nach § 140g genannten oder nach der Verordnung anerkannten Organisationen beratend mit. [2]Das Mitberatungsrecht beinhaltet auch das Recht zur Anwesenheit bei der Beschlussfassung. [3]Wird ihrem schriftlichen Anliegen nicht gefolgt, sind ihnen auf Verlangen die Gründe dafür schriftlich mitzuteilen.

(5) [1]Die sachkundigen Personen erhalten Reisekosten nach dem Bundesreisekostengesetz oder nach den Vorschriften des Landes über Reisekostenvergütung, Ersatz des Verdienstausfalls in entsprechender Anwendung des § 41 Abs. 2 des Vierten Buches sowie einen Pauschbetrag für Zeitaufwand in Höhe eines Fünfzigstels der monatlichen Bezugsgröße (§ 18 des Vierten Buches) für jeden Kalendertag einer Sitzung. [2]Der

Anspruch richtet sich gegen die Gremien, in denen sie als sachkundige Personen mitberatend tätig sind.

(6) [1]Die in der Verordnung nach § 140g genannten oder nach der Verordnung anerkannten Organisationen sowie die sachkundigen Personen werden bei der Durchführung ihres Mitberatungsrechts nach Absatz 2 vom Gemeinsamen Bundesausschuss durch geeignete Maßnahmen organisatorisch und inhaltlich unterstützt. [2]Hierzu kann der Gemeinsame Bundesausschuss eine Stabstelle Patientenbeteiligung einrichten. [3]Die Unterstützung erfolgt insbesondere durch Organisation von Fortbildung und Schulungen, Aufbereitung von Sitzungsunterlagen, koordinatorische Leitung des Benennungsverfahrens auf Bundesebene und bei der Ausübung des in Absatz 2 Satz 4 genannten Antragsrechts. [4]Der Anspruch auf Unterstützung durch den Gemeinsamen Bundesausschuss gilt ebenso für die Wahrnehmung der Antrags-, Beteiligungs- und Stellungnahmerechte nach § 137a Absatz 4 und 7, § 139a Absatz 5 sowie § 139b Absatz 1. [5]Der Anspruch auf Übernahme von Reisekosten, Aufwandsentschädigung und Verdienstausfall nach Absatz 5 besteht auch für die Teilnahme der sachkundigen Personen an Koordinierungs- und Abstimmungstreffen sowie an Fortbildungen und Schulungen nach Satz 3.

(7) [1]Die in der Verordnung nach § 140g genannten oder nach der Verordnung anerkannten Organisationen sowie die sachkundigen Personen werden bei der Durchführung ihrer gesetzlich vorgesehenen Beteiligungsrechte auf Landesebene von den Landesausschüssen nach § 90 durch geeignete Maßnahmen organisatorisch und inhaltlich unterstützt. [2]Hierzu kann der Landesausschuss nach § 90 eine Stabsstelle Patientenbeteiligung einrichten. [3]Die Unterstützung erstreckt sich insbesondere auf die Organisation von Fortbildungen und Schulungen, auf die Aufbereitung von Sitzungsunterlagen sowie die Durchführung des Benennungsverfahrens nach Absatz 3 Satz 4. [4]Wird durch den Landesausschuss nach § 90 keine Stabsstelle Patientenbeteiligung eingerichtet, erstattet er den in Satz 1 genannten Organisationen die Aufwendungen für die anfallenden koordinierenden Maßnahmen. [5]Die sachkundigen Personen haben gegenüber dem Landesausschuss nach § 90 einen Anspruch auf Übernahme von Reisekosten, Aufwandsentschädigung und Verdienstausfall nach Absatz 5 für jährlich bis zu sechs Koordinierungs- und Abstimmungstreffen sowie für Fortbildungen und Schulungen nach Satz 3.

(8) [1]Die von den in der Verordnung nach § 140g genannten oder nach der Verordnung nach § 140g anerkannten Organisationen zur Koordinierung ihrer Beteiligungsrechte eingerichtete Stelle (Koordinierungsstelle) erhält für ihren Aufwand einen Betrag in Höhe von 120 Euro für jede neu für ein Gremium benannte sachkundige Person. [2]Der Anspruch der Koordinierungsstelle richtet sich gegen das jeweilige Gremium, in dem die sachkundige Person tätig ist. [3]Eine in Satz 1 genannte Neubenennung liegt vor, wenn

1. eine Person erstmals als sachkundige Person für das betreffende Gremium benannt wird,
2. eine bereits in der Vergangenheit als sachkundige Person für das betreffende Gremium benannte Person zu einem neuen Beratungsthema für das betreffende Gremium als sachkundige Person benannt wird oder
3. eine bereits in der Vergangenheit als sachkundige Person für das betreffende Gremium benannte Person für die Beratung in einem neu eingerichteten Untergremium des betreffenden Gremiums als sachkundige Person benannt wird.

[4]Die Koordinierungsstelle erhält von den Gremien, für die sachkundige Personen benannt wurden, für jedes Quartal einen Bericht über die erfolgten Neubenennungen. [5]Ab dem Kalenderjahr 2024 erhöht oder vermindert sich der in Satz 1 genannte Betrag für jedes Kalenderjahr entsprechend der prozentualen Veränderung der monatlichen Bezugsgröße nach § 18 Absatz 1 des Vierten Buches.

§ 140g
Verordnungsermächtigung

Das Bundesministerium für Gesundheit wird ermächtigt, durch Rechtsverordnung mit Zustimmung des Bundesrates Näheres zu den Voraussetzungen der Anerkennung der für die Wahrnehmung der Interessen der Patientinnen und Patienten und der Selbsthilfe chronisch kranker und behinderter Menschen maßgeblichen Organisationen auf Bundesebene, insbesondere zu den Erfordernissen an die Organisationsform und die Offenlegung der Finanzierung, sowie zum Verfahren der Patientenbeteiligung zu regeln.

§ 140h
Amt, Aufgabe und Befugnisse der oder des Beauftragten der Bundesregierung für die Belange der Patientinnen und Patienten

(1) [1]Die Bundesregierung bestellt eine Beauftragte oder einen Beauftragten für die Belange der Patientinnen und Patienten. [2]Der beauftragten Person ist die für die Erfüllung ihrer Aufgabe notwendige Personal- und Sachausstattung zur Verfügung zu stellen. [3]Das Amt endet, außer im Falle der Entlassung, mit dem Zusammentreten eines neuen Bundestages.

(2) [1]Aufgabe der beauftragten Person ist es, darauf hinzuwirken, dass die Belange von Patientinnen und Patienten besonders hinsichtlich ihrer Rechte auf umfassende und unabhängige Beratung und objektive Information durch Leistungserbringer, Kostenträger und Behörden im Gesundheitswesen und auf die Beteiligung bei Fragen der Sicherstellung der medizinischen Versorgung berücksichtigt werden. [2]Sie setzt sich bei der Wahrnehmung dieser Aufgabe dafür ein, dass unterschiedliche Lebensbedingungen und Bedürfnisse von Frauen und Männern beachtet und in der medizinischen Versorgung sowie in der Forschung geschlechtsspezifische Aspekte berücksichtigt werden. [3]Die beauftragte Person soll die Rechte der Patientinnen und Patienten umfassend, in allgemein verständlicher Sprache und in geeigneter Form zusammenstellen und zur Information der Bevölkerung bereithalten.

(3) [1]Zur Wahrnehmung der Aufgabe nach Absatz 2 beteiligen die Bundesministerien die beauftragte Person bei allen Gesetzes-, Verordnungs- und sonstigen wichtigen Vorhaben, soweit sie Fragen der Rechte und des Schutzes von Patientinnen und Patienten behandeln oder berühren. [2]Alle Bundesbehörden und sonstigen öffentlichen Stellen im Bereich des Bundes unterstützen die beauftragte Person bei der Erfüllung der Aufgabe.

Fünftes Kapitel

Sachverständigenrat zur Begutachtung der Entwicklung im Gesundheitswesen

§ 141
Konzertierte Aktion

(aufgehoben)

§ 142
Sachverständigenrat Gesundheit und Pflege

(1) [1]Das Bundesministerium für Gesundheit beruft einen Sachverständigenrat zur Begutachtung der Entwicklung im Gesundheitswesen und in der Pflege. [2]Zur Unterstützung der Arbeiten des Sachverständigenrates richtet das Bundesministerium für Gesundheit eine Geschäftsstelle ein.

(2) [1]Der Sachverständigenrat hat die Aufgabe, Gutachten zur Entwicklung der gesundheitlichen Versorgung einschließlich der Pflege mit ihren medizinischen und wirtschaftlichen Auswirkungen zu erstellen. [2]Im Rahmen der Gutachten entwickelt der Sachverständigenrat unter Berücksichtigung der finanziellen Rahmenbedingungen und vorhandener Wirtschaftlichkeitsreserven Prioritäten für den Abbau von Versorgungsdefiziten und bestehenden Überversorgungen und zeigt Möglichkeiten und Wege zur Weiterentwicklung des Gesundheitswesens auf; er kann in seine Gutachten Entwicklungen in anderen Zweigen der Sozialen Sicherung einbeziehen. [3]Das Bundesministerium für Gesundheit kann den Gegenstand der Gutachten näher bestimmen sowie den Sachverständigenrat mit der Erstellung von kurzfristigen Stellungnahmen beauftragen.

(3) [1]Der Sachverständigenrat erstellt seine Gutachten in der Regel im Abstand von zwölf Monaten und leitet sie dem Bundesministerium für Gesundheit unmittelbar nach Fertigstellung zu. [2]Das Bundesministerium für Gesundheit legt jedes Gutachten den gesetzgebenden Körperschaften des Bundes unverzüglich vor.

Sechstes Kapitel

Organisation der Krankenkassen

Erster Abschnitt

Errichtung, Vereinigung und Beendigung von Krankenkassen

Erster Titel

Arten der Krankenkassen

§ 143
Ortskrankenkassen

(1) Ortskrankenkassen bestehen für abgegrenzte Regionen.

(2) [1]Die Landesregierung kann die Abgrenzung der Regionen durch Rechtsverordnung regeln.

[2]Die Landesregierung kann die Ermächtigung auf die nach Landesrecht zuständige Behörde übertragen.

(3) Die betroffenen Länder können durch Staatsvertrag vereinbaren, dass sich die Region über mehrere Länder erstreckt.

§ 144
Betriebskrankenkassen

(1) Betriebskrankenkassen sind Krankenkassen, die durch den Arbeitgeber für einen oder mehrere Betriebe errichtet wurden.

(2) [1]Eine Betriebskrankenkasse kann in ihrer Satzung vorsehen, dass sie durch alle Versicherungspflichtigen und Versicherungsberechtigten gewählt werden kann. [2]Die Satzungsregelung darf das Wahlrecht nicht auf bestimmte Personen beschränken oder von Bedingungen abhängig machen und kann nicht widerrufen werden. [3]Satz 1 gilt nicht für Betriebskrankenkassen, die für Betriebe privater Kranken- oder Lebensversicherungen errichtet oder aus einer Vereinigung mit solchen Betriebskrankenkassen hervorgegangen sind, wenn die Satzung dieser Krankenkassen am 26. September 2003 keine Regelung nach Satz 1 enthalten hat.

(3) Falls die Satzung eine Regelung nach Absatz 2 Satz 1 enthält, gilt diese für die Gebiete der Länder, in denen Betriebe bestehen und die Zuständigkeit für diese Betriebe sich aus der Satzung der Betriebskrankenkasse ergibt; soweit eine Satzungsregelung am 31. März 2007 für ein darüber hinausgehendes Gebiet gegolten hat, bleibt dies unberührt.

§ 145
Innungskrankenkassen

(1) [1]Innungskrankenkassen sind Krankenkassen, die durch eine Handwerksinnung allein oder gemeinsam mit anderen Handwerksinnungen für die Handwerksbetriebe ihrer Mitglieder, die in die Handwerksrolle eingetragen sind, errichtet wurden. [1]§ 144 Absatz 3 gilt entsprechend.

(2) Eine Satzungsregelung nach § 173 Absatz 2 Satz 1 Nummer 4 in der bis zum 31. März 2020 geltenden Fassung darf das Wahlrecht nicht auf bestimmte Personen beschränken oder von Bedingungen abhängig machen und kann nicht widerrufen werden.

§ 146
Landwirtschaftliche Krankenkasse

Die Sozialversicherung für Landwirtschaft, Forsten und Gartenbau als Träger der Krankenversicherung der Landwirte führt die Krankenversicherung nach dem Zweiten Gesetz über die Krankenversicherung der Landwirte durch; sie führt in Angelegenheiten der Krankenversicherung die Bezeichnung landwirtschaftliche Krankenkasse.

§ 147
Deutsche Rentenversicherung Knappschaft-Bahn-See

Die Deutsche Rentenversicherung Knappschaft-Bahn-See führt die Krankenversicherung nach den Vorschriften dieses Buches durch.

§ 148
Ersatzkassen

[1]Ersatzkassen sind am 31. Dezember 1992 bestehende Krankenkassen, bei denen Versicherte die Mitgliedschaft bis zum 31. Dezember 1995 durch Ausübung des Wahlrechts erlangen konnten. [2]Der Zuständigkeitsbereich von Ersatzkrankenkassen erstreckt sich auf das gesamte Bundesgebiet.

Zweiter Titel

Besondere Vorschriften zur Errichtung, zur Ausdehnung und zur Auflösung von Betriebskrankenkassen sowie zum Ausscheiden von Betrieben aus Betriebskrankenkassen

§ 149
Errichtung von Betriebskrankenkassen

(1) Der Arbeitgeber kann für einen oder mehrere Betriebe eine Betriebskrankenkasse errichten, wenn

1. in diesen Betrieben regelmäßig mindestens 5 000 Versicherungspflichtige beschäftigt werden und
2. die Leistungsfähigkeit der Betriebskrankenkasse auf Dauer gesichert ist.

(2) [1]Bei Betriebskrankenkassen, deren Satzung keine Regelung nach § 144 Absatz 2 Satz 1 enthält, kann der Arbeitgeber auf seine Kosten die für die Führung der Geschäfte erforderlichen Personen bestellen. [2]Nicht bestellt werden dürfen

Personen, die im Personalbereich des Betriebes tätig sein dürfen. [3]In der dem Antrag auf Genehmigung nach § 150 Absatz 2 beigefügten Satzung ist zu bestimmen, ob der Arbeitgeber auf seine Kosten das Personal bestellt. [4]Lehnt der Arbeitgeber die weitere Übernahme der Kosten des für die Führung der Geschäfte erforderlichen Personals durch unwiderrufliche Erklärung gegenüber dem Vorstand der Betriebskrankenkasse ab, übernimmt die Betriebskrankenkasse spätestens zum 1. Januar des auf den Zugang der Erklärung folgenden übernächsten Kalenderjahres die bisher mit der Führung der Geschäfte der Betriebskrankenkasse beauftragten Personen, wenn diese nicht widersprechen. [5]Die Betriebskrankenkasse tritt in die Rechte und Pflichten aus den Dienst- oder Arbeitsverhältnissen der übernommenen Personen ein; § 613a des Bürgerlichen Gesetzbuchs ist entsprechend anzuwenden. [6]Neueinstellungen nimmt vom Tag des Zugangs der Erklärung nach Satz 4 an die Betriebskrankenkasse vor. [7]Die Sätze 4 bis 6 gelten entsprechend, wenn die Betriebskrankenkasse in ihrer Satzung eine Regelung nach § 144 Absatz 2 Satz 1 vorsieht, vom Tag des Wirksamwerdens dieser Satzungsbestimmung an.

(3) [1]Betriebskrankenkassen nach Absatz 2 Satz 1, bei denen der Arbeitgeber auf seine Kosten die für die Führung der Geschäfte erforderlichen Personen bestellt, leiten 85 Prozent ihrer Zuweisungen, die sie nach § 270 Absatz 1 Satz 1 Nummer 3 erhalten, an den Arbeitgeber weiter. [2]Trägt der Arbeitgeber die Kosten der für die Führung der Geschäfte der Betriebskrankenkasse erforderlichen Personen nur anteilig, reduziert sich der von der Betriebskrankenkasse an den Arbeitgeber weiterzuleitende Betrag entsprechend. [3]Die weitergeleiteten Beträge sind gesondert auszuweisen. [4]Der weiterzuleitende Betrag nach den Sätzen 1 und 2 ist auf die Höhe der Kosten begrenzt, die der Arbeitgeber tatsächlich trägt.

(4) [1]Absatz 1 gilt nicht für Betriebe, die als Leistungserbringer zugelassen sind oder deren maßgebliche Zielsetzung die Wahrnehmung wirtschaftlicher Interessen von Leistungserbringern ist, soweit sie nach diesem Buch Verträge mit den Krankenkassen oder deren Verbänden zu schließen haben. [2]Satz 1 gilt nicht für Leistungserbringer, die nicht überwiegend Leistungen auf Grund von Verträgen mit den Krankenkassen oder deren Verbänden erbringen.

§ 150
Verfahren bei Errichtung

(1) [1]Die Errichtung der Betriebskrankenkasse bedarf der Genehmigung der nach der Errichtung zuständigen Aufsichtsbehörde. [2]Die Genehmigung darf nur versagt werden, wenn eine der in § 149 Absatz 1 genannten Voraussetzungen nicht vorliegt oder die Krankenkasse zum Errichtungszeitpunkt nicht 2 500 Mitglieder haben wird.

(2) [1]Der Arbeitgeber hat dem Antrag auf Genehmigung eine Satzung beizufügen. [2]Die Aufsichtsbehörde genehmigt die Satzung und bestimmt den Zeitpunkt, zu dem die Errichtung wirksam wird.

§ 151
Ausdehnung auf weitere Betriebe

[1]Die Zuständigkeit einer Betriebskrankenkasse, deren Satzung keine Regelung nach § 144 Absatz 2 Satz 1 enthält, kann auf Antrag des Arbeitgebers auf weitere Betriebe desselben Arbeitgebers ausgedehnt werden. [2]§ 150 gilt entsprechend.

§ 152
Ausscheiden von Betrieben

(1) Geht von mehreren Betrieben desselben Arbeitgebers, für die eine gemeinsame Betriebskrankenkasse besteht, ein Betrieb auf einen anderen Arbeitgeber über, kann jeder beteiligte Arbeitgeber das Ausscheiden des übergegangenen Betriebes aus der gemeinsamen Betriebskrankenkasse beantragen.

(2) [1]Besteht für mehrere Betriebe verschiedener Arbeitgeber eine gemeinsame Betriebskrankenkasse, kann jeder beteiligte Arbeitgeber beantragen, mit seinem Betrieb aus der gemeinsamen Betriebskrankenkasse auszuscheiden. [2]Satz 1 gilt nicht für gemeinsame Betriebskrankenkassen mehrerer Arbeitgeber, deren Satzung eine Regelung nach § 144 Absatz 2 Satz 1 enthält.

(3) [1]Über den Antrag auf Ausscheiden des Betriebes aus der gemeinsamen Betriebskrankenkasse entscheidet die Aufsichtsbehörde. [2]Sie bestimmt den Zeitpunkt, zu dem das Ausscheiden wirksam wird.

§ 153
Auflösung

(1) Eine Betriebskrankenkasse kann auf Antrag des Arbeitgebers aufgelöst werden, wenn der

Verwaltungsrat mit einer Mehrheit von mehr als drei Vierteln der stimmberechtigten Mitglieder zustimmt.

(2) [1]Über den Antrag entscheidet die Aufsichtsbehörde. [2]Sie bestimmt den Zeitpunkt, an dem die Auflösung wirksam wird.

(3) Absatz 1 gilt nicht, wenn die Satzung der Betriebskrankenkasse eine Regelung nach § 144 Absatz 2 Satz 1 enthält.

(4) Für die gemeinsame Betriebskrankenkasse mehrerer Arbeitgeber ist der Antrag nach Absatz 1 von allen beteiligten Arbeitgebern zu stellen.

§ 154 Betriebskrankenkassen öffentlicher Verwaltungen

[1]Die §§ 149 bis 153, 159 Absatz 2, § 166 Absatz 2 und § 167 Absatz 4 gelten entsprechend für Dienstbetriebe von Verwaltungen des Bundes, der Länder, der Gemeindeverbände oder der Gemeinden. [2]An die Stelle des Arbeitgebers tritt die Verwaltung.

Dritter Titel

Vereinigung, Schließung und Insolvenz von Krankenkassen

§ 155 Freiwillige Vereinigung

(1) [1]Ortskrankenkassen, Betriebskrankenkassen, Innungskrankenkassen und Ersatzkassen können sich auf Beschluss ihrer Verwaltungsräte vereinigen. [2]Der Beschluss bedarf der Genehmigung der vor der Vereinigung zuständigen Aufsichtsbehörden.

(2) [1]Die beteiligten Krankenkassen fügen dem Antrag auf Genehmigung eine Satzung, einen Vorschlag zur Berufung der Mitglieder der Organe, ein Konzept zur Organisations-, Personal- und Finanzstruktur der neuen Krankenkasse einschließlich der Zahl und der Verteilung ihrer Geschäftsstellen sowie eine Vereinbarung über die Rechtsbeziehungen zu Dritten bei. [2]Bei einer kassenartenübergreifenden Vereinigung ist dem Antrag auf Genehmigung auch eine Erklärung beizufügen, welche Kassenartzugehörigkeit aufrechterhalten bleiben soll.

(3) [1]Die beteiligten Krankenkassen können Verträge über die Gewährung von Hilfeleistungen schließen, die notwendig sind, um ihre Leistungs- und Wettbewerbsfähigkeit bis zum Zeitpunkt der Wirksamkeit der Vereinigung zu erhalten. [2]In den Verträgen ist Näheres über Umfang, Finanzierung und Durchführung der Hilfeleistungen zu regeln. [3]§ 60 des Zehnten Buches gilt entsprechend. [4]Die Verträge sind von den für die am Vertrag beteiligten Krankenkassen zuständigen Aufsichtsbehörden zu genehmigen.

(4) Ist bei einer Vereinigung von Betriebskrankenkassen eine Krankenkasse mit einer Satzungsregelung nach § 144 Absatz 2 Satz 1 beteiligt, gilt diese Satzungsregelung auch für die vereinigte Krankenkasse; § 144 Absatz 2 Satz 3 gilt entsprechend.

(5) Die Aufsichtsbehörde genehmigt die Satzung und die Vereinbarung, beruft die Mitglieder der Organe und bestimmt den Zeitpunkt, zu dem die Vereinigung wirksam wird.

(6) [1]Mit dem nach Absatz 5 bestimmten Zeitpunkt sind die bisherigen Krankenkassen geschlossen. [2]Die neue Krankenkasse tritt in die Rechte und Pflichten der bisherigen Krankenkassen ein.

§ 156 Vereinigung auf Antrag

(1) Das Bundesministerium für Gesundheit kann auf Antrag einer bundesunmittelbaren Krankenkasse durch Rechtsverordnung mit Zustimmung des Bundesrates einzelne Krankenkassen dieser Kassenart nach Anhörung der betroffenen Krankenkassen vereinigen, wenn

1. durch die Vereinigung die Leistungsfähigkeit der betroffenen Krankenkassen erhöht werden kann und
2. eine freiwillige Vereinigung innerhalb von zwölf Monaten nach Antragstellung nicht zustande gekommen ist.

(2) Die Landesregierung kann auf Antrag einer landesunmittelbaren Krankenkasse durch Rechtsverordnung einzelne oder alle Krankenkassen dieser Kassenart des Landes nach Anhörung der betroffenen Krankenkassen vereinigen, wenn

1. durch die Vereinigung die Leistungsfähigkeit der betroffenen Krankenkassen erhöht werden kann und

2. eine freiwillige Vereinigung innerhalb von zwölf Monaten nach Antragstellung nicht zustande gekommen ist.

(3) Die Absätze 1 und 2 gelten nicht für Betriebskrankenkassen, deren Satzungen keine Regelung nach § 144 Absatz 2 Satz 1 enthalten.

§ 157
Verfahren bei Vereinigung auf Antrag

(1) Werden Krankenkassen nach § 156 vereinigt, legen sie der Aufsichtsbehörde eine Satzung, einen Vorschlag zur Berufung der Mitglieder der Organe und eine Vereinbarung über die Neuordnung der Rechtsbeziehungen zu Dritten vor.

(2) Die Aufsichtsbehörde genehmigt die Satzung und die Vereinbarung, beruft die Mitglieder der Organe und bestimmt den Zeitpunkt, zu dem die Vereinigung wirksam wird.

(3) Kommen die beteiligten Krankenkassen ihrer Verpflichtung nach Absatz 1 nicht innerhalb einer von der Aufsichtsbehörde gesetzten Frist nach, setzt die Aufsichtsbehörde die Satzung fest, bestellt die Mitglieder der Organe, regelt die Neuordnung der Rechtsbeziehungen zu Dritten und bestimmt den Zeitpunkt, zu dem die Vereinigung wirksam wird.

(4) [1]Mit dem nach Absatz 2 oder Absatz 3 bestimmten Zeitpunkt sind die bisherigen Krankenkassen geschlossen. [2]Die neue Krankenkasse tritt in die Rechte und Pflichten der bisherigen Krankenkassen ein.

§ 158
Zusammenschlusskontrolle bei Vereinigungen von Krankenkassen

(1) Bei der freiwilligen Vereinigung von Krankenkassen finden die Vorschriften über die Zusammenschlusskontrolle nach Kapitel Sieben des Ersten Teils des Gesetzes gegen Wettbewerbsbeschränkungen nach Maßgabe des Absatzes 2 sowie die §§ 48, 49, 50f Absatz 2, die §§ 54 bis 81 Absatz 2 und 3 Nummer 3, die §§ 81a bis 81g, 82 und die §§ 83 bis 86a des Gesetzes gegen Wettbewerbsbeschränkungen entsprechende Anwendung.

(2) [1]Finden die Vorschriften über die Zusammenschlusskontrolle Anwendung, darf die Genehmigung nach § 155 Absatz 5 erst erfolgen, wenn das Bundeskartellamt die Vereinigung nach § 40 des Gesetzes gegen Wettbewerbsbeschränkungen freigegeben hat oder sie als freigegeben gilt. [2]Hat der Vorstand einer an der Vereinigung beteiligten Krankenkasse eine Anzeige nach § 160 Absatz 2 Satz 1 abgegeben, beträgt die Frist nach § 40 Absatz 2 Satz 2 des Gesetzes gegen Wettbewerbsbeschränkungen sechs Wochen. [3]Vor einer Untersagung ist mit den zuständigen Aufsichtsbehörden nach § 90 des Vierten Buches das Benehmen herzustellen. [4]Neben die obersten Landesbehörden nach § 42 Absatz 5 Satz 1 des Gesetzes gegen Wettbewerbsbeschränkungen treten die zuständigen Aufsichtsbehörden nach § 90 des Vierten Buches. [5]§ 41 Absatz 3 und 4 des Gesetzes gegen Wettbewerbsbeschränkungen gilt nicht.

§ 159
Schließung

(1) Eine Krankenkasse wird von der Aufsichtsbehörde geschlossen, wenn ihre Leistungsfähigkeit nicht mehr auf Dauer gesichert ist.

(2) Eine Betriebskrankenkasse wird auch dann von der Aufsichtsbehörde geschlossen, wenn

1. der Betrieb schließt, für den sie errichtet worden ist, und die Satzung keine Regelung nach § 144 Absatz 2 Satz 1 enthält oder
2. sie nicht hätte errichtet werden dürfen und die Voraussetzungen der Errichtung auch zum Zeitpunkt der Schließung nicht vorliegen.

(3) Eine Innungskrankenkasse wird auch dann von der Aufsichtsbehörde geschlossen, wenn sie nicht hätte errichtet werden dürfen und die Voraussetzungen der Errichtung auch zum Zeitpunkt der Schließung nicht vorliegen.

(4) Die Aufsichtsbehörde bestimmt den Zeitpunkt, zu dem die Schließung wirksam wird, wobei zwischen diesem Zeitpunkt und der Zustellung des Schließungsbescheids mindestens acht Wochen liegen müssen.

§ 160
Insolvenz von Krankenkassen

(1) Die Insolvenzordnung gilt für Krankenkassen nach Maßgabe der nachfolgenden Absätze.

(2) [1]Wird eine Krankenkasse zahlungsunfähig oder ist sie voraussichtlich nicht in der Lage, die bestehenden Zahlungspflichten im Zeitpunkt der Fälligkeit zu erfüllen (drohende Zahlungsunfä-

higkeit), oder tritt Überschuldung ein, so hat der Vorstand der Krankenkasse dies der zuständigen Aufsichtsbehörde unverzüglich anzuzeigen. [2]Der Anzeige sind aussagefähige Unterlagen beizufügen. [3]Verbindlichkeiten der Krankenkasse, für die nach § 169 Absatz 1 der Spitzenverband Bund der Krankenkassen haftet, sind bei der Feststellung der Überschuldung nicht zu berücksichtigen.

(3) [1]Der Antrag auf Eröffnung des Insolvenzverfahrens über das Vermögen der Krankenkasse kann nur von der Aufsichtsbehörde gestellt werden. [2]Liegen zugleich die Voraussetzungen für eine Schließung wegen auf Dauer nicht mehr gesicherter Leistungsfähigkeit vor, soll die Aufsichtsbehörde keinen Antrag nach Satz 1 stellen, sondern die Krankenkasse schließen. [3]Stellt die Aufsichtsbehörde den Antrag nach Satz 1 nicht innerhalb von drei Monaten nach Eingang der in Absatz 2 Satz 1 genannten Anzeige, ist die spätere Stellung eines Insolvenzantrages solange ausgeschlossen, wie der Insolvenzgrund, der zu der Anzeige geführt hat, fortbesteht. [4]§ 165 Absatz 2 Satz 5 bis 7 gilt entsprechend, wenn die Aufsichtsbehörde den Antrag auf Eröffnung des Insolvenzverfahrens gestellt hat.

(4) [1]Die Aufsichtsbehörde hat den Spitzenverband Bund der Krankenkassen unverzüglich über die Anzeige nach Absatz 2 Satz 1 und die Antragstellung nach Absatz 3 Satz 1 zu unterrichten. [2]Der Spitzenverband Bund der Krankenkassen unterrichtet hierüber unverzüglich die Krankenkassen. [3]Vor der Bestellung des Insolvenzverwalters hat das Insolvenzgericht die Aufsichtsbehörde zu hören. [4]Der Aufsichtsbehörde ist der Eröffnungsbeschluss gesondert zuzustellen. [5]Die Aufsichtsbehörde und der Spitzenverband Bund der Krankenkassen können jederzeit vom Insolvenzgericht und vom Insolvenzverwalter Auskünfte über den Stand des Verfahrens verlangen.

(5) [1]Mit dem Tag der Eröffnung des Insolvenzverfahrens oder dem Tag der Rechtskraft des Beschlusses, durch den die Eröffnung des Insolvenzverfahrens mangels Masse abgelehnt worden ist, ist die Krankenkasse geschlossen. [2]Im Falle der Eröffnung des Insolvenzverfahrens erfolgt die Abwicklung der Geschäfte der Krankenkasse nach den Vorschriften der Insolvenzordnung.

(6) [1]Zum Vermögen einer Krankenkasse gehören die Betriebsmittel, die Rücklage und das Verwaltungsvermögen. [2]Abweichend von § 260 Absatz 2 Satz 3 bleiben die Beitragsforderungen der Krankenkasse außer Betracht, soweit sie dem Gesundheitsfonds als Sondervermögen zufließen.

(7) Für die bis zum 31. Dezember 2009 entstandenen Wertguthaben aus Altersteilzeitvereinbarungen sind die Verpflichtungen nach § 8a des Altersteilzeitgesetzes vollständig spätestens ab dem 1. Januar 2015 zu erfüllen.

§ 161
Aufhebung der Haftung nach § 12 Absatz 2 der Insolvenzordnung

Die Länder haften nicht nach § 12 Absatz 2 der Insolvenzordnung für die Ansprüche der Beschäftigten von Krankenkassen auf Leistungen der Altersversorgung und auf Insolvenzgeld.

§ 162
Insolvenzfähigkeit von Krankenkassenverbänden

Die §§ 160, 161, 169 und 170 gelten für die Verbände der Krankenkassen entsprechend.

§ 163
Vermeidung der Schließung oder Insolvenz von Krankenkassen

(1) [1]Der Spitzenverband Bund der Krankenkassen hat die Finanzlage der Krankenkassen auf der Grundlage der jährlichen und der vierteljährlichen Rechnungsergebnisse zu überprüfen und ihre Leistungsfähigkeit zu bewerten. [2]Hierbei sind insbesondere das Vermögen, das Rechnungsergebnis, die Liquidität und die Versichertenentwicklung zu berücksichtigen. [3]Der Spitzenverband Bund der Krankenkassen informiert die Krankenkassen über das Ergebnis seiner Bewertung. [4]Bewertet der Spitzenverband Bund der Krankenkassen die Leistungsfähigkeit einer Krankenkasse als gefährdet, so hat die Krankenkasse dem Spitzenverband Bund der Krankenkassen auf Verlangen

1. unverzüglich die Unterlagen vorzulegen und die Auskünfte zu erteilen, die dieser zur Beurteilung ihrer dauerhaften Leistungsfähigkeit für erforderlich hält, oder
2. ihm die Einsichtnahme in diese Unterlagen in ihren Räumen zu gestatten.

[5]Der Spitzenverband Bund der Krankenkassen kann verlangen, dass die Krankenkassen die Unterlagen elektronisch und in einer bestimmten Form zur Verfügung stellen. [6]Kommt eine Krankenkasse den Verpflichtungen nach den Sätzen

4 und 5 nicht nach, ist die Aufsichtsbehörde der Krankenkasse hierüber zu unterrichten.

(2) [1]Hält der Spitzenverband Bund der Krankenkassen auf der Grundlage dieser Unterlagen und Auskünfte die dauerhafte Leistungsfähigkeit einer Krankenkasse für bedroht, so hat er die Krankenkasse über geeignete Maßnahmen zur Sicherung ihrer dauerhaften Leistungsfähigkeit zu beraten. [2]Zudem hat er umgehend die Aufsichtsbehörde der Krankenkasse über die finanzielle Situation, die Ergebnisse und die Bewertungen der Überprüfung nach Satz 1 sowie über die vorgeschlagenen Maßnahmen zu unterrichten. [3]Das konkrete Verfahren zur Bewertung der Leistungsfähigkeit der Krankenkassen hat der Spitzenverband Bund der Krankenkassen in seiner Satzung zu veröffentlichen.

(3) [1]Stellt eine Aufsichtsbehörde im Benehmen mit dem Spitzenverband Bund der Krankenkassen fest, dass bei einer Krankenkasse nur durch die Vereinigung mit einer anderen Krankenkasse die Leistungsfähigkeit auf Dauer gesichert oder der Eintritt der Zahlungsunfähigkeit oder Überschuldung vermieden werden kann, kann der Spitzenverband Bund der Krankenkassen der Aufsichtsbehörde Vorschläge für eine Vereinigung dieser Krankenkasse mit einer anderen Krankenkasse vorlegen. [2]Kommt bei der in ihrer Leistungsfähigkeit gefährdeten Krankenkasse ein Beschluss über eine freiwillige Vereinigung innerhalb einer von der Aufsichtsbehörde gesetzten Frist nicht zustande, ersetzt die Aufsichtsbehörde diesen Beschluss.

§ 164
Vorübergehende finanzielle Hilfen

(1) [1]Die Satzung des Spitzenverbandes Bund der Krankenkassen hat Bestimmungen über die Gewährung vorübergehender finanzieller Hilfen an Krankenkassen vorzusehen, die für notwendig erachtet werden, um

1. Vereinigungen von Krankenkassen zur Abwendung von Haftungsrisiken zu erleichtern oder zu ermöglichen sowie
2. die Leistungs- und Wettbewerbsfähigkeit einer Krankenkasse zu erhalten.

[2]Näheres über Voraussetzungen, Umfang, Dauer, Finanzierung und Durchführung der Hilfen regelt die Satzung des Spitzenverbandes Bund der Krankenkassen. Die Satzungsregelungen werden mit 70 Prozent der Stimmen der Mitglieder des Verwaltungsrates beschlossen.

(2) [1]Der Antrag auf Gewährung einer finanziellen Hilfe nach Absatz 1 kann nur von der Aufsichtsbehörde gestellt werden. [2]Der Vorstand des Spitzenverbandes Bund der Krankenkassen entscheidet über die Gewährung der Hilfe nach Absatz 1. [3]Die Hilfen können auch als Darlehen gewährt werden. [4]Sie sind zu befristen und mit Auflagen zu versehen, die der Verbesserung der Wirtschaftlichkeit und Leistungsfähigkeit dienen.

(3) [1]Der Spitzenverband Bund der Krankenkassen macht die zur Finanzierung der Hilfen erforderlichen Beträge durch Bescheid bei seinen Mitgliedskassen mit Ausnahme der landwirtschaftlichen Krankenkasse geltend. [2]Bei der Aufteilung der Finanzierung der Hilfen ist die unterschiedliche Leistungsfähigkeit der Krankenkassen angemessen zu berücksichtigen. [3]Klagen gegen die Bescheide, mit denen die Beträge zur Finanzierung der Hilfeleistungen angefordert werden, haben keine aufschiebende Wirkung. [4]Der Spitzenverband Bund der Krankenkassen kann zur Zwischenfinanzierung der finanziellen Hilfen ein nicht zu verzinsendes Darlehen in Höhe von bis zu 350 Millionen Euro aus der Liquiditätsreserve des Gesundheitsfonds nach § 271 Absatz 2 aufnehmen; § 167 Absatz 6 Satz 2 bis 6 gilt entsprechend.

(4) Ansprüche und Verpflichtungen auf Grund des § 265a in der bis zum 31. Dezember 2008 geltenden Fassung bleiben unberührt.

Vierter Titel

Folgen der Auflösung, der Schließung und der Insolvenz

§ 165
Abwicklung der Geschäfte

(1) [1]Der Vorstand einer aufgelösten oder geschlossenen Krankenkasse wickelt die Geschäfte ab. [2]Bis die Geschäfte abgewickelt sind, gilt die Krankenkasse als fortbestehend, soweit es der Zweck der Abwicklung erfordert. [3]Scheidet ein Vorstand nach Auflösung oder Schließung aus dem Amt, bestimmt die Aufsichtsbehörde nach Anhörung des Spitzenverbandes Bund der Krankenkassen und des Landesverbandes den Abwicklungsvorstand. [4]§ 35a Absatz 7 des Vierten Buches gilt entsprechend.

(2) [1]Der Vorstand macht die Auflösung oder Schließung öffentlich bekannt. [2]Die Befriedigung von Gläubigern, die ihre Forderungen nicht innerhalb von sechs Monaten nach der Bekanntmachung anmelden, kann verweigert werden, wenn die Bekanntmachung einen entsprechenden Hinweis enthält. [3]Bekannte Gläubiger sind unter Hinweis auf diese Folgen zur Anmeldung besonders aufzufordern. [4]Die Sätze 2 und 3 gelten nicht für Ansprüche aus der Versicherung sowie für Forderungen auf Grund zwischen- oder überstaatlichen Rechts. [5]Der Vorstand hat unverzüglich nach Zustellung des Schließungsbescheids jedem Mitglied einen Vordruck mit den für die Erklärung nach § 175 Absatz 1 Satz 1 erforderlichen und den von der gewählten Krankenkasse für die Erbringung von Leistungen benötigten Angaben sowie eine wettbewerbsneutral gestaltete Übersicht über die wählbaren Krankenkassen zu übermitteln und darauf hinzuweisen, dass der ausgefüllte Vordruck an ihn zur Weiterleitung an die gewählte Krankenkasse zurückgesandt werden kann. [6]Er hat die einzelnen Mitgliedergruppen ferner auf die besonderen Fristen für die Ausübung des Kassenwahlrechts nach § 175 Absatz 3a hinzuweisen sowie auf die Folgen einer nicht rechtzeitigen Ausübung des Wahlrechts. [7]Der Vorstand hat außerdem die zur Meldung verpflichtete Stelle über die Schließung zu informieren sowie über die Fristen für die Ausübung des Kassenwahlrechts und für die Anmeldung des Mitglieds, wenn das Wahlrecht nicht rechtzeitig ausgeübt wird.

(3) Verbleibt nach Abwicklung der Geschäfte noch Vermögen, geht dieses auf den Spitzenverband Bund der Krankenkassen über, der dieses auf die übrigen Krankenkassen verteilt.

§ 166 Haftung für Verpflichtungen bei Auflösung oder Schließung

(1) Reicht das Vermögen einer aufgelösten oder geschlossenen Krankenkasse nicht aus, um die Gläubiger zu befriedigen, haften die übrigen Krankenkassen.

(2) [1]Reicht das Vermögen einer aufgelösten oder geschlossenen Betriebskrankenkasse, deren Satzung keine Regelung nach § 144 Absatz 2 Satz 1 enthält, nicht aus, um die Gläubiger zu befriedigen, hat der Arbeitgeber die Verpflichtungen zu erfüllen. [2]Sind mehrere Arbeitgeber beteiligt, haften sie als Gesamtschuldner. [3]Reicht das Vermögen des Arbeitgebers nicht aus, um die Gläubiger zu befriedigen, findet Absatz 1 Anwendung. [4]Übersteigen die Verpflichtungen einer Krankenkasse ihr Vermögen zum Zeitpunkt des Inkrafttretens einer Satzungsbestimmung nach § 144 Absatz 2 Satz 1, hat der Arbeitgeber den Unterschiedsbetrag innerhalb von sechs Monaten nach dem Inkrafttreten der Satzungsbestimmung auszugleichen. [5]Dies gilt auch bei Vereinigungsverfahren gemäß § 155, wenn Betriebskrankenkassen beteiligt sind, deren Satzung keine Regelung nach § 144 Absatz 2 Satz 1 enthält.

§ 167 Verteilung der Haftungssumme auf die Krankenkassen

(1) [1]Die Erfüllung der Verpflichtungen nach § 166 Absatz 1 und 2 Satz 3 kann nur vom Spitzenverband Bund der Krankenkassen verlangt werden, der die Verteilung auf die einzelnen Krankenkassen vornimmt und die zur Tilgung erforderlichen Beträge von den Krankenkassen anfordert. [2]Der auf die einzelne Krankenkasse entfallende Betrag wird vom Spitzenverband Bund der Krankenkassen wie folgt ermittelt:

1. der aufzuteilende Betrag wird durch die Summe der Mitglieder aller Krankenkassen geteilt;
2. das Ergebnis nach Nummer 1 wird mit der Zahl der Mitglieder jeder einzelnen Krankenkasse vervielfacht; maßgebend ist die Zahl der Mitglieder, die von den Krankenkassen für den Monat, der dem Monat vorausgeht, in dem die Aufteilung durchgeführt wird, erfasst wird.

(2) [1]Übersteigen die Verpflichtungen innerhalb eines Kalenderjahres einen Betrag von 350 Millionen Euro, sind zur Erfüllung der darüber hinausgehenden Beträge die Finanzreserven der Krankenkassen nach § 260 Absatz 2 Satz 1 heranzuziehen, soweit diese das 0,5fache des durchschnittlich auf einen Monat entfallenden Betrages der Ausgaben für die in § 260 Absatz 1 Nummer 1 genannten Zwecke übersteigen; § 260 Absatz 2 Satz 2 gilt entsprechend. [2]Maßgebend für die Rechengrößen nach Satz 1 sind die vierteljährlichen Rechnungsergebnisse, die von den Krankenkassen vor dem Zeitpunkt, an dem die Aufteilung durchgeführt wird, zuletzt vorgelegt wurden. [3]Der auf die einzelne Krankenkasse entfallende Betrag wird wie folgt berechnet:

1. für jede Krankenkasse wird der Betrag an Finanzreserven ermittelt, der gemäß den Sätzen 1 und 2 die Obergrenze überschreitet;
2. übersteigt die Summe der Überschreitungsbeträge aller Krankenkassen nach Nummer 1 die noch zu erfüllenden Verpflichtungen, werden die noch zu erfüllenden Verpflichtungen durch die Summe der Überschreitungsbeträge nach Nummer 1 geteilt;
3. der aus Nummer 2 resultierende Faktor wird für jede Krankenkasse mit dem Betrag nach Nummer 1 multipliziert;
4. übersteigen die noch zu erfüllenden Verpflichtungen die Summe der nach Nummer 1 ermittelten Beträge, sind für jede Krankenkasse die Überschreitungsbeträge nach Nummer 1 zugrunde zu legen.

[4]Reicht die Summe der Überschreitungsbeträge nach Satz 3 Nummer 1 nicht aus, um die Verpflichtungen zu erfüllen, oder verfügt keine Krankenkasse über Finanzreserven oberhalb des 0,5fachen einer Monatsausgabe nach den Sätzen 1 und 2, werden die Finanzreserven oberhalb von 0,4 Monatsausgaben in entsprechender Anwendung der Sätze 1 bis 3 herangezogen, um die verbleibenden Verpflichtungen zu erfüllen.

(3) Reicht der nach den Absätzen 1 und 2 ermittelte Betrag nicht aus, um die Verpflichtungen zu erfüllen, beziehungsweise verfügt keine Krankenkasse über Finanzreserven oberhalb des 0,4fachen einer Monatsausgabe, wird der verbleibende Betrag auf alle Krankenkassen gemäß Absatz 1 Satz 2 aufgeteilt.

(4) [1]Für Betriebskrankenkassen, deren Satzung keine Regelung nach § 144 Absatz 2 Satz 1 enthält, wird der nach den Absätzen 1 bis 3 ermittelte Betrag auf 20 Prozent dieses Betrags begrenzt. [2]Die Summe der sich aus Satz 1 ergebenden Beträge wird auf die übrigen Krankenkassen gemäß Absatz 1 Satz 2 aufgeteilt.

(5) [1]Der Spitzenverband Bund der Krankenkassen macht die auf die einzelnen Krankenkassen nach den Absätzen 1 bis 4 entfallenden Beträge durch Bescheid geltend. [2]Er kann Beträge zu unterschiedlichen Zeitpunkten fällig stellen und Teilbeträge verlangen. [3]Die Krankenkasse hat die geltend gemachten Beträge innerhalb von zwei Monaten an den Spitzenverband Bund der Krankenkassen zu überweisen. [4]Der Spitzenverband Bund der Krankenkassen kann eine kürzere Frist festlegen, wenn er hierauf zur Erfüllung seiner Zahlungsverpflichtungen angewiesen ist. [5]Die Zahlung gilt mit der belastenden Wertstellung und Ausführung vor Bankannahmeschluss am jeweiligen Fälligkeitstag als erfüllt. [6]Nach Überschreiten der Frist nach Satz 3 tritt ohne Mahnung Verzug ein. [7]Im Falle des Verzugs sind Verzugszinsen in Höhe von acht Prozentpunkten über dem Basiszinssatz zu zahlen. [8]Klagen gegen die Geltendmachung der Beträge und gegen ihre Vollstreckung haben keine aufschiebende Wirkung.

(6) [1]Wird der Spitzenverband Bund der Krankenkassen nach dieser Vorschrift von Gläubigern einer Krankenkasse in Anspruch genommen, kann er zur Zwischenfinanzierung des Haftungsbetrags ein nicht zu verzinsendes Darlehen in Höhe von bis zu 750 Millionen Euro aus der Liquiditätsreserve des Gesundheitsfonds nach § 271 Absatz 2 aufnehmen. [2]Das Nähere zur Darlehensaufnahme vereinbart der Spitzenverband Bund der Krankenkassen mit dem Bundesamt für Soziale Sicherung. [3]Ein zum 31. Dezember eines Jahres noch nicht getilgter Darlehensbetrag ist bis zum 28. Februar des Folgejahres zurückzuzahlen. [4]Überschreitet der zum Ende eines Kalendermonats festgestellte, für einen Schließungsfall aufgenommene Darlehensbetrag den Betrag von 50 Millionen Euro, ist dieser Betrag bis zum Ende des übernächsten Kalendermonats zurückzuzahlen. [5]Die Inanspruchnahme eines Darlehens des Gesundheitsfonds für Zwecke dieses Absatzes darf insgesamt den in Satz 1 genannten Betrag nicht übersteigen. [6]§ 271 Absatz 3 gilt entsprechend.

§ 168
Personal

(1) Die Versorgungsansprüche der am Tag der Auflösung oder Schließung einer Krankenkasse vorhandenen Versorgungsempfänger und ihrer Hinterbliebenen bleiben unberührt.

(2) [1]Die dienstordnungsmäßigen Angestellten sind verpflichtet, eine von einer anderen Krankenkasse nachgewiesene dienstordnungsmäßige Stellung anzutreten, wenn die Stellung nicht in auffälligem Missverhältnis zu den Fähigkeiten der Angestellten steht. [2]Entstehen hierdurch geringere Besoldungs- oder Versorgungsansprüche, sind diese auszugleichen. [3]Den übrigen Beschäftigten, deren Arbeitsverhältnis nicht durch ordentliche Kündigung beendet werden kann, ist bei einem Landesverband der Krankenkassen oder einer

anderen Krankenkasse eine Stellung anzubieten, die ihnen unter Berücksichtigung ihrer Fähigkeiten und ihrer bisherigen Dienststellung zuzumuten ist. [4]Jede Krankenkasse ist verpflichtet, entsprechend ihrem Anteil an der Zahl der Mitglieder aller Krankenkassen dienstordnungsmäßige Stellungen nach Satz 1 nachzuweisen und Anstellungen nach Satz 3 anzubieten; die Nachweise und Angebote sind dem Spitzenverband Bund der Krankenkassen mitzuteilen, der diese den Beschäftigten in geeigneter Form zugänglich macht.

(3) [1]Die Vertragsverhältnisse der Beschäftigten, die nicht nach Absatz 2 untergebracht werden, enden mit dem Tag der Auflösung oder Schließung. [2]Vertragsmäßige Rechte, zu einem früheren Zeitpunkt zu kündigen, werden hierdurch nicht berührt.

§ 169
Haftung im Insolvenzfall

(1) [1]Wird über das Vermögen einer Krankenkasse das Insolvenzverfahren eröffnet oder die Eröffnung mangels Masse rechtskräftig abgewiesen (Insolvenzfall), haftet der Spitzenverband Bund der Krankenkassen für die bis zum 31. Dezember 2009 entstandenen Altersversorgungsverpflichtungen dieser Krankenkasse und für Verpflichtungen aus Darlehen, die zur Ablösung von Verpflichtungen gegenüber einer öffentlich-rechtlichen Einrichtung zur betrieblichen Altersversorgung aufgenommen worden sind, soweit die Erfüllung dieser Verpflichtungen durch den Insolvenzfall beeinträchtigt oder unmöglich wird. [2]Soweit der Träger der Insolvenzsicherung nach dem Betriebsrentengesetz die unverfallbaren Altersversorgungsverpflichtungen einer Krankenkasse zu erfüllen hat, ist ein Rückgriff gegen die anderen Krankenkassen oder ihre Verbände ausgeschlossen. [3]Der Spitzenverband Bund der Krankenkassen macht die zur Erfüllung seiner Haftungsverpflichtung erforderlichen Beträge bei den übrigen Krankenkassen geltend. [4]Für die Ermittlung der auf die einzelnen Krankenkassen entfallenden Beträge und das Verfahren zur Geltendmachung der Beträge durch den Spitzenverband Bund der Krankenkassen gilt § 167 entsprechend. [5]Für das Personal gilt § 168 entsprechend.

(2) [1]Im Fall der Insolvenz einer Krankenkasse, bei der vor dem 1. Januar 2010 das Insolvenzverfahren nicht zulässig war, umfasst der Insolvenzschutz nach dem Vierten Abschnitt des Betriebsrentengesetzes nur die Ansprüche und Anwartschaften aus Versorgungszusagen, die nach dem 31. Dezember 2009 entstanden sind. [2]Die §§ 7 bis 15 des Betriebsrentengesetzes gelten nicht für Krankenkassen, die aufgrund Landesgesetz Pflichtmitglied beim Kommunalen Versorgungsverband Baden-Württemberg oder Sachsen sind. [3]Hiervon ausgenommen ist die AOK Baden-Württemberg. [4]Falls die Mitgliedschaft endet, gilt Satz 1 entsprechend.

(3) [1]Hat der Spitzenverband Bund der Krankenkassen aufgrund des Absatzes 1 Leistungen zu erbringen, gehen die Ansprüche der Berechtigten auf ihn über; § 9 Absatz 2 bis 3a mit Ausnahme des Absatzes 3 Satz 1 zweiter Halbsatz des Betriebsrentengesetzes gilt entsprechend für den Spitzenverband Bund der Krankenkassen. [2]Der Spitzenverband Bund der Krankenkassen macht die Ansprüche nach Satz 1 im Insolvenzverfahren zu Gunsten der Krankenkassen nach Absatz 1 Satz 3 geltend.

(4) [1]Für die Ansprüche der Leistungserbringer und die Ansprüche aus der Versicherung sowie für die Forderungen aufgrund zwischen- und überstaatlichen Rechts haften im Insolvenzfall die übrigen Krankenkassen. [2]Für die Ermittlung der auf die einzelnen Krankenkassen entfallenden Beträge gilt § 167 entsprechend. [3]Soweit Krankenkassen nach Satz 1 Leistungen zu erbringen haben, gehen die Ansprüche der Versicherten und der Leistungserbringer auf sie über. [4]Absatz 3 Satz 2 gilt entsprechend.

(5) Wird der Spitzenverband Bund der Krankenkassen nach dieser Vorschrift von Gläubigern einer Krankenkasse in Anspruch genommen, gilt § 167 Absatz 6 entsprechend.

§ 170
Deckungskapital für Altersversorgungsverpflichtungen, Verordnungsermächtigung

(1) [1]Krankenkassen haben für Versorgungszusagen, die eine direkte Einstandspflicht nach § 1 Absatz 1 Satz 3 des Betriebsrentengesetzes auslösen, sowie für ihre Beihilfeverpflichtungen durch mindestens jährliche Zuführungen vom 1. Januar 2010 an bis spätestens zum 31. Dezember 2049 ein wertgleiches Deckungskapital zu bilden, mit dem der voraussichtliche Barwert dieser Verpflichtungen an diesem Tag vollständig ausfinanziert wird. [2]Auf der Passivseite der Vermögensrechnung sind Rückstellungen in Höhe

des vorhandenen Deckungskapitals zu bilden. [3]Satz 1 gilt nicht, soweit eine Krankenkasse der Aufsichtsbehörde durch ein versicherungsmathematisches Gutachten nachweist, dass für ihre Verpflichtungen aus Versorgungsanwartschaften und -ansprüchen sowie für ihre Beihilfeverpflichtungen ein Deckungskapital besteht, das die in Satz 1 und in der Rechtsverordnung nach Absatz 4 genannten Voraussetzungen erfüllt. [4]Der Nachweis ist bei wesentlichen Änderungen der Berechnungsgrundlagen, in der Regel alle fünf Jahre, zu aktualisieren. [5]Das Deckungskapital darf nur zweckentsprechend verwendet werden. [6]Abweichend von Satz 1 sind die für das Jahr 2024 vorzunehmenden Zuführungen nach Satz 1 und die Zuführungen zum Deckungskapital für Verpflichtungen nach § 12 Absatz 1 der Sozialversicherungs-Rechnungsverordnung im Jahr 2024 auf die für dieses Haushaltsjahr notwendigen Beträge begrenzt.

(2) [1]Soweit Krankenversicherungsträger vor dem 31. Dezember 2009 Mitglied einer öffentlich-rechtlichen Versorgungseinrichtung geworden sind, werden die zu erwartenden Versorgungsleistungen im Rahmen der Verpflichtungen nach Absatz 1 entsprechend berücksichtigt. [2]Wurde vor dem 31. Dezember 2009 Deckungskapital bei aufsichtspflichtigen Unternehmen im Sinne des § 1 Absatz 1 Nummer 1 und 5 des Versicherungsaufsichtsgesetzes gebildet, wird dieses anteilig berücksichtigt, sofern es sich um Versorgungszusagen nach Absatz 1 Satz 1 handelt. [3]Soweit Krankenversicherungsträger dem Versorgungsrücklagegesetz des Bundes oder entsprechender Landesgesetze unterliegen, ist das nach den Vorgaben dieser Gesetze gebildete Kapital ebenfalls zu berücksichtigen.

(3) (aufgehoben)

(4) [1]Das Bundesministerium für Gesundheit regelt durch Rechtsverordnung mit Zustimmung des Bundesrates das Nähere über

1. die Abgrenzung der Versorgungsverpflichtungen, für die das Deckungskapital zu bilden ist,
2. die allgemeinen versicherungsmathematischen Vorgaben für die Ermittlung des Barwertes der Versorgungsverpflichtungen,
3. die Höhe der für die Bildung des Deckungskapitals erforderlichen Zuweisungsbeträge und die Überprüfung und Anpassung der Höhe der Zuweisungsbeträge,
4. das Zahlverfahren der Zuweisungen zum Deckungskapital,
5. die Anrechnung von Deckungskapital bei den jeweiligen Durchführungswegen der betrieblichen Altersversorgung.

[2]Das Bundesministerium für Gesundheit kann die Befugnis nach Satz 1 durch Rechtsverordnung mit Zustimmung des Bundesrates auf das Bundesamt für Soziale Sicherung übertragen. [3]In diesem Fall gilt für die dem Bundesamt für Soziale Sicherung entstehenden Ausgaben § 271 Absatz 7 entsprechend.

Zweiter Abschnitt

Wahlrechte der Mitglieder

Erster Titel

Wahlrechte der Mitglieder

(aufgehoben)

§ 173
Allgemeine Wahlrechte

(1) Versicherungspflichtige (§ 5) und Versicherungsberechtigte (§ 9) sind Mitglied der von ihnen gewählten Krankenkasse, soweit in den nachfolgenden Vorschriften, im Zweiten Gesetz über die Krankenversicherung der Landwirte oder im Künstlersozialversicherungsgesetz nichts Abweichendes bestimmt ist.

(2) Versicherungspflichtige und Versicherungsberechtigte können wählen

1. die Ortskrankenkasse des Beschäftigungs- oder Wohnorts,
2. jede Ersatzkasse,
3. die Betriebskrankenkasse, wenn sie in dem Betrieb beschäftigt sind, für den die Betriebskrankenkasse besteht,
4. jede Betriebs- oder Innungskrankenkasse des Beschäftigungs- oder Wohnorts, deren Satzung eine Regelung nach § 144 Absatz 2 Satz 1 oder § 145 Absatz 2 enthält,

4a. die Deutsche Rentenversicherung Knappschaft-Bahn-See,

5. die Krankenkasse, bei der vor Beginn der Versicherungspflicht oder Versicherungsbe-

rechtigung zuletzt eine Mitgliedschaft oder eine Versicherung nach § 10 bestanden hat,

6. die Krankenkasse, bei der der Ehegatte oder der Lebenspartner versichert ist.

(2a) § 2 Abs. 1 der Verordnung über den weiteren Ausbau der knappschaftlichen Versicherung in der im Bundesgesetzblatt Teil III, Gliederungsnummer 822-4, veröffentlichten bereinigten Fassung, die zuletzt durch Artikel 22 Nr. 1 des Gesetzes vom 22. Dezember 1983 (BGBl. I S. 1532) geändert worden ist, gilt nicht für Personen, die nach dem 31. März 2007 Versicherte der Deutschen Rentenversicherung Knappschaft-Bahn-See werden.

(3) Studenten können zusätzlich die Ortskrankenkasse am Ort wählen, in dem die Hochschule ihren Sitz hat.

(4) Nach § 5 Abs. 1 Nr. 5 bis 8 versicherungspflichtige Jugendliche, Teilnehmer an Leistungen zur Teilhabe am Arbeitsleben, behinderte Menschen und nach § 5 Abs. 1 Nr. 11 und 12 oder nach § 9 versicherte Rentner sowie nach § 9 Abs. 1 Nr. 4 versicherte Behinderte können zusätzlich die Krankenkasse wählen, bei der ein Elternteil versichert ist.

(5) Versicherte Rentner können zusätzlich die Betriebs- oder Innungskrankenkasse wählen, wenn sie in dem Betrieb beschäftigt gewesen sind, für den die Betriebs- oder Innungskrankenkasse besteht.

(6) Für nach § 10 Versicherte gilt die Wahlentscheidung des Mitglieds.

(7) War an einer Vereinigung nach § 155 eine Betriebskrankenkasse ohne Satzungsregelung nach § 144 Absatz 2 Satz 1 beteiligt und handelt es sich bei der aus der Vereinigung hervorgegangenen Krankenkasse um eine Innungskrankenkasse, ist die neue Krankenkasse auch für die Versicherungspflichtigen und Versicherungsberechtigten wählbar, die ein Wahlrecht zu der Betriebskrankenkasse gehabt hätten, wenn deren Satzung vor der Vereinigung eine Regelung nach § 144 Absatz 2 Satz 1 enthalten hätte.

§ 174
Besondere Wahlrechte

(1) Für Versicherungspflichtige und Versicherungsberechtigte, die bei einer Betriebskrankenkasse beschäftigt sind oder vor dem Rentenbezug beschäftigt waren, gilt § 173 Abs. 2 Satz 1 Nr. 3 entsprechend.

(2) Versicherungspflichtige und Versicherungsberechtigte, die bei einem Verband der Betriebskrankenkassen beschäftigt sind oder vor dem Rentenbezug beschäftigt waren, können eine Betriebskrankenkasse am Wohn- oder Beschäftigungsort wählen.

(3) Abweichend von § 173 werden Versicherungspflichtige nach § 5 Abs. 1 Nr. 13 Mitglied der Krankenkasse oder des Rechtsnachfolgers der Krankenkasse, bei der sie zuletzt versichert waren, andernfalls werden sie Mitglied der von ihnen nach § 173 Abs. 1 gewählten Krankenkasse; § 173 gilt.

§ 175
Ausübung des Wahlrechts

(1) [1]Die Ausübung des Wahlrechts ist gegenüber der gewählten Krankenkasse zu erklären. [2]Diese darf die Mitgliedschaft nicht ablehnen oder die Erklärung nach Satz 1 durch falsche oder unvollständige Beratung verhindern oder erschweren. [3]Das Wahlrecht kann nach Vollendung des 15. Lebensjahres ausgeübt werden.

(2) [1]Hat vor der Ausübung des Wahlrechts zuletzt eine Mitgliedschaft bei einer anderen Krankenkasse bestanden, informiert die gewählte Krankenkasse die bisherige Krankenkasse im elektronischen Meldeverfahren unverzüglich über die Wahlentscheidung des Mitgliedes. [2]Die bisherige Krankenkasse bestätigt der gewählten Krankenkasse im elektronischen Meldeverfahren unverzüglich, spätestens jedoch innerhalb von zwei Wochen nach Eingang der Meldung, das Ende der Mitgliedschaft; ist der Zeitraum nach Absatz 4 Satz 1 oder § 53 Absatz 8 Satz 1 noch nicht abgelaufen, ist als Zeitpunkt der Beendigung der Mitgliedschaft das Datum des Ablaufs des Zeitraums anzugeben.

(2a) [1]Liegen der Aufsichtsbehörde Anhaltspunkte dafür vor, dass eine Krankenkasse entgegen Absatz 1 Satz 2 eine Mitgliedschaft rechtswidrig abgelehnt hat oder die Abgabe der Erklärung nach Absatz 1 Satz 1 verhindert oder erschwert, hat sie diesen Anhaltspunkten unverzüglich nachzugehen und die Krankenkasse zur Behebung einer festgestellten Rechtsverletzung und zur Unterlassung künftiger Rechtsverletzungen zu verpflichten. [2]Das gilt auch, wenn die bisherige

Krankenkasse einen Krankenkassenwechsel behindert oder die Meldung nach Absatz 2 Satz 1 nicht fristgerecht beantwortet. [3]Als rechtswidrig ist insbesondere eine Beratung durch die angegangene Krankenkasse anzusehen, die dazu führt, dass von der Erklärung nach Absatz 1 Satz 1 ganz abgesehen wird oder diese nur unter erschwerten Bedingungen abgegeben werden kann. [4]Die Verpflichtung der Krankenkasse nach den Sätzen 1 und 2 ist mit der Androhung eines Zwangsgeldes von bis zu 50 000 Euro für jeden Fall der Zuwiderhandlung zu verbinden. [5]Rechtsbehelfe gegen Maßnahmen der Aufsichtsbehörde nach den Sätzen 1, 2 und 4 haben keine aufschiebende Wirkung. [6]Vorstandsmitglieder, die vorsätzlich oder fahrlässig nicht verhindern, dass die Krankenkasse entgegen Absatz 1 Satz 2 eine Mitgliedschaft rechtswidrig ablehnt oder die Abgabe der Erklärung nach Absatz 1 Satz 1 verhindert oder erschwert, sind der Krankenkasse zum Ersatz des daraus entstehenden Schadens als Gesamtschuldner verpflichtet. [7]Die zuständige Aufsichtsbehörde hat nach Anhörung des Vorstandsmitglieds den Verwaltungsrat zu veranlassen, das Vorstandsmitglied in Anspruch zu nehmen, falls der Verwaltungsrat das Regressverfahren nicht bereits von sich aus eingeleitet hat.

(3) [1]Versicherungspflichtige haben der zur Meldung verpflichteten Stelle unverzüglich Angaben über die gewählte Krankenkasse zu machen. [2]Hat der Versicherungspflichtige der zur Meldung verpflichteten Stelle nicht spätestens zwei Wochen nach Eintritt der Versicherungspflicht Angaben über die gewählte Krankenkasse gemacht, hat die zur Meldung verpflichtete Stelle den Versicherungspflichtigen ab Eintritt der Versicherungspflicht bei der Krankenkasse anzumelden, bei der zuletzt eine Versicherung bestand; bestand vor Eintritt der Versicherungspflicht keine Versicherung, hat die zur Meldung verpflichtete Stelle den Versicherungspflichtigen bei einer nach § 173 wählbaren Krankenkasse anzumelden und den Versicherungspflichtigen unverzüglich über die gewählte Krankenkasse in Textform zu unterrichten. [3]Nach Eingang der Anmeldung hat die Krankenkasse der zur Meldung verpflichteten Stelle im elektronischen Meldeverfahren das Bestehen oder Nichtbestehen der Mitgliedschaft zurückzumelden. [4]Für die Fälle, in denen der Versicherungspflichtige keine Angaben über die gewählte Krankenkasse macht und keine Meldung nach Satz 2 erfolgt, legt der Spitzenverband Bund der Krankenkassen Regeln über die Zuständigkeit fest.

(3a) [1]Bei Schließung oder Insolvenz einer Krankenkasse haben Versicherungspflichtige spätestens innerhalb von sechs Wochen nach Zustellung des Schließungsbescheids oder der Stellung des Insolvenzantrags (§ 171b Absatz 3 Satz 1) der zur Meldung verpflichteten Stelle Angaben über die gewählte Krankenkasse zu machen. [2]Werden die Angaben nach Satz 1 über die gewählte Krankenkasse nicht oder nicht rechtzeitig gemacht, gilt Absatz 3 Satz 2 entsprechend mit der Maßgabe, dass die Anmeldung durch die zur Meldung verpflichtete Stelle innerhalb von weiteren zwei Wochen mit Wirkung zu dem Zeitpunkt zu erfolgen hat, an dem die Schließung wirksam wird. [3]Bei Stellung eines Insolvenzantrags erfolgt die Meldung zum ersten Tag des laufenden Monats, spätestens zu dem Zeitpunkt, an dem das Insolvenzverfahren eröffnet oder der Antrag mangels Masse abgewiesen wird. [4]Wird die Krankenkasse nicht geschlossen, bleibt die Mitgliedschaft bei dieser Krankenkasse bestehen. [5]Die gewählten Krankenkassen haben die geschlossene oder insolvente Krankenkasse im elektronischen Meldeverfahren unverzüglich über die Wahlentscheidung des Mitglieds zu informieren. [6]Mitglieder, bei denen keine zur Meldung verpflichtete Stelle besteht, haben der geschlossenen Krankenkasse innerhalb von drei Monaten nach dem in Satz 1 genannten Zeitpunkt über die gewählte Krankenkasse zu informieren.

(4) [1]Versicherungspflichtige und Versicherungsberechtigte sind an die von ihnen gewählte Krankenkasse mindestens zwölf Monate gebunden. [2]Satz 1 gilt nicht bei Ende der Mitgliedschaft kraft Gesetzes. [3]Zum oder nach Ablauf des in Satz 1 festgelegten Zeitraums ist eine Kündigung der Mitgliedschaft zum Ablauf des übernächsten Kalendermonats möglich, gerechnet von dem Monat, in dem das Mitglied die Kündigung erklärt. [4]Bei einem Wechsel in eine andere Krankenkasse ersetzt die Meldung der neuen Krankenkasse über die Ausübung des Wahlrechts nach Absatz 2 Satz 1 die Kündigungserklärung des Mitglieds; die Kündigung gilt mit Zugang der Meldung der neuen Krankenkasse über die Ausübung des Wahlrechts nach Absatz 2 Satz 1 bei der bisherigen Krankenkasse als im Zeitpunkt des Zugangs der Wahlerklärung nach Absatz 1 Satz 1 bei der neuen Krankenkasse erklärt. [5]Erfolgt die Kündigung, weil keine Mitgliedschaft bei einer Krankenkasse begründet werden soll, hat die Krankenkasse dem Mitglied unverzüglich, spätestens jedoch innerhalb von zwei Wochen nach Eingang der Kündigungserklärung eine Kündigungsbestäti-

gung auszustellen; die Kündigung wird wirksam, wenn das Mitglied innerhalb der Kündigungsfrist das Bestehen einer anderweitigen Absicherung im Krankheitsfall nachweist. [6]Erhebt die Krankenkasse nach § 242 Absatz 1 erstmals einen Zusatzbeitrag oder erhöht sie ihren Zusatzbeitragssatz, kann die Kündigung der Mitgliedschaft abweichend von Satz 1 bis zum Ablauf des Monats erklärt werden, für den der Zusatzbeitrag erstmals erhoben wird oder für den der Zusatzbeitragssatz erhöht wird; Satz 4 gilt entsprechend. [7]Die Krankenkasse hat spätestens einen Monat vor dem in Satz 6 genannten Zeitpunkt ihre Mitglieder in einem gesonderten Schreiben auf das Kündigungsrecht nach Satz 6 und dessen Ausübung, auf die Höhe des durchschnittlichen Zusatzbeitragssatzes nach § 242a sowie auf die Übersicht des Spitzenverbandes Bund der Krankenkassen zu den Zusatzbeitragssätzen der Krankenkassen nach § 242 Absatz 5 hinzuweisen; überschreitet der neu erhobene Zusatzbeitrag oder der erhöhte Zusatzbeitragssatz den durchschnittlichen Zusatzbeitragssatz, so sind die Mitglieder auf die Möglichkeit hinzuweisen, in eine günstigere Krankenkasse zu wechseln. [8]Kommt die Krankenkasse ihrer Hinweispflicht nach Satz 7 gegenüber einem Mitglied verspätet nach, gilt eine erfolgte Kündigung als in dem Monat erklärt, für den der Zusatzbeitrag erstmalig erhoben wird oder für den der Zusatzbeitragssatz erhöht wird; hiervon ausgenommen sind Kündigungen, die bis zu dem in Satz 6 genannten Zeitpunkt ausgeübt worden sind. [9]Satz 1 gilt nicht, wenn die Kündigung eines Versicherungsberechtigten erfolgt, weil die Voraussetzungen einer Versicherung nach § 10 erfüllt sind oder wenn die Kündigung erfolgt, weil keine Mitgliedschaft bei einer Krankenkasse begründet werden soll. [10]Die Krankenkassen können in ihren Satzungen vorsehen, dass die Frist nach Satz 1 nicht gilt, wenn eine Mitgliedschaft bei einer anderen Krankenkasse der gleichen Kassenart begründet werden soll.

(4a) [1]Die Hinweispflicht der Krankenkassen nach § 175 Absatz 4 Satz 7 besteht nicht für eine Erhöhung des Zusatzbeitragssatzes, die im Zeitraum vom 1. Januar 2023 bis zum 30. Juni 2023 wirksam wird. [2]Die Krankenkassen haben stattdessen spätestens einen Monat vor dem in Absatz 4 Satz 6 genannten Zeitpunkt ihre Mitglieder auf andere geeignete Weise auf das Kündigungsrecht nach Absatz 4 Satz 6 und dessen Ausübung, auf die Höhe des durchschnittlichen Zusatzbeitragssatzes nach § 242a, die Möglichkeit, in eine günstigere Krankenkasse zu wechseln sowie auf die Übersicht des Spitzenverbandes Bund der Krankenkassen zu den Zusatzbeitragssätzen der Krankenkassen nach § 242 Absatz 5 hinzuweisen. [3]Absatz 4 Satz 8 gilt entsprechend.

(5) Absatz 4 gilt nicht für Versicherungspflichtige, die durch die Errichtung oder Ausdehnung einer Betriebs- oder Innungskrankenkasse oder durch betriebliche Veränderungen Mitglieder einer Betriebs- oder Innungskrankenkasse werden können, wenn sie die Wahl innerhalb von zwei Wochen nach dem Zeitpunkt der Errichtung, Ausdehnung oder betrieblichen Veränderung ausüben; Absatz 2 gilt entsprechend.

(6) Der Spitzenverband Bund der Krankenkassen legt für die Meldungen und Informationspflichten nach dieser Vorschrift einheitliche Verfahren und Vordrucke fest und bestimmt die Inhalte für das elektronische Meldeverfahren zwischen den Krankenkassen nach den Absätzen 2, 3a, 4 und 5 sowie für das elektronische Meldeverfahren zwischen den Krankenkassen und den zur Meldung verpflichteten Stellen nach Absatz 3.

§ 176
Bestandschutzregelung für Solidargemeinschaften

(1) Die Mitgliedschaft in einer Solidargemeinschaft gilt nur dann als anderweitige Absicherung im Krankheitsfall im Sinne des § 5 Absatz 1 Nummer 13 und als ein mit dem Anspruch auf freie Heilfürsorge oder einer Beihilfeberechtigung vergleichbarer Anspruch im Sinne des § 193 Absatz 3 Satz 2 Nummer 2 des Versicherungsvertragsgesetzes, wenn die Solidargemeinschaft am 20. Januar 2021 bereits bestanden hat und seit ihrer Gründung ununterbrochen fortgeführt wurde, sie beides dem Bundesministerium für Gesundheit nachweist und auf ihren alle fünf Jahre zu stellenden Antrag hin das Bundesministerium für Gesundheit jeweils das Vorliegen eines testierten Gutachtens über die dauerhafte Leistungsfähigkeit gemäß Absatz 3 bestätigt.

(2) [1]Die in Absatz 1 genannten Solidargemeinschaften sind ihren Mitgliedern zur Gewährung von Leistungen verpflichtet, die der Art, dem Umfang und der Höhe nach den Leistungen dieses Buches entsprechen. [2]Hiervon kann durch Satzung der Solidargemeinschaft nicht zum Nachteil ihrer Mitglieder abgewichen werden. [3]Die Kündigung der Mitgliedschaft in einer solchen Solidargemeinschaft wird nur wirksam, wenn das

Mitglied das Bestehen einer anderweitigen Absicherung im Krankheitsfall nachweist.

(3) [1]Um eine dauerhafte Leistungsfähigkeit nachzuweisen, hat eine Solidargemeinschaft alle fünf Jahre ein versicherungsmathematisches Gutachten beim Bundesministerium für Gesundheit einzureichen. [2]Das Gutachten ist von einem unabhängigen und geeigneten Gutachter zu prüfen und zu testieren. [3]Voraussetzung für die Erteilung des Testats ist insbesondere, dass

1. die Beiträge der Solidargemeinschaft auf versicherungsmathematischer Grundlage unter Zugrundelegung der Wahrscheinlichkeitstafeln der Bundesanstalt für Finanzdienstleistungsaufsicht und anderer einschlägiger statistischer Daten berechnet sind, insbesondere unter Berücksichtigung der maßgeblichen Annahmen zur Invaliditäts- und Krankheitsgefahr, zur Sterblichkeit und zur Alters- und Geschlechtsabhängigkeit des Risikos, und

2. die dauerhafte Erfüllbarkeit der Verpflichtung nach Absatz 2 Satz 1 jederzeit gewährleistet ist.

(4) Die Regelungen zur Aufnahme in die gesetzliche Krankenversicherung oder in die private Krankenversicherung nach dem Versicherungsvertragsgesetz bleiben unberührt.

(5) [1]Erhebt eine in Absatz 1 genannte Solidargemeinschaft von einem Mitglied einen Beitrag, der höher ist als die Hälfte des nach § 152 Absatz 3 Satz 2 des Versicherungsaufsichtsgesetzes berechneten Höchstbeitrags der gesetzlichen Krankenversicherung, und besteht bei dem Mitglied Hilfebedürftigkeit im Sinne des Zweiten oder des Zwölften Buches oder würde allein durch die Zahlung des Beitrags Hilfebedürftigkeit entstehen, vermindert sich der Beitrag für die Dauer der Hilfebedürftigkeit oder für die Zeit, in der Hilfebedürftigkeit entstehen würde, auf die Hälfte des nach § 152 Absatz 3 Satz 2 des Versicherungsaufsichtsgesetzes berechneten Höchstbeitrags der gesetzlichen Krankenversicherung. [2]Für Mitglieder mit Anspruch auf Beihilfe nach beamtenrechtlichen Grundsätzen gilt Satz 1 mit der Maßgabe, dass jeweils an die Stelle des Höchstbeitrags der gesetzlichen Krankenversicherung ein Beitrag tritt, der dem prozentualen Anteil des die Beihilfe ergänzenden Leistungsanspruchs entspricht. [3]Die Hilfebedürftigkeit ist vom zuständigen Träger auf Antrag des Mitglieds zu prüfen und zu bescheinigen.

Dritter Abschnitt

Mitgliedschaft und Verfassung

Erster Titel

Mitgliedschaft

§ 186
Beginn der Mitgliedschaft Versicherungspflichtiger

(1) Die Mitgliedschaft versicherungspflichtig Beschäftigter beginnt mit dem Tag des Eintritts in das Beschäftigungsverhältnis.

(2) [1]Die Mitgliedschaft unständig Beschäftigter (§ 179 Abs. 2) beginnt mit dem Tag der Aufnahme der unständigen Beschäftigung, für die die zuständige Krankenkasse erstmalig Versicherungspflicht festgestellt hat, wenn die Feststellung innerhalb eines Monats nach Aufnahme der Beschäftigung erfolgt, andernfalls mit dem Tag der Feststellung. [2]Die Mitgliedschaft besteht auch an den Tagen fort, an denen der unständig Beschäftigte vorübergehend, längstens für drei Wochen, nicht beschäftigt wird.

(2a) Die Mitgliedschaft der Bezieher von Bürgergeld nach § 19 Absatz 1 Satz 1 des Zweiten Buches und Arbeitslosengeld oder Unterhaltsgeld nach dem Dritten Buch beginnt mit dem Tag, von dem an die Leistung bezogen wird.

(3) [1]Die Mitgliedschaft der nach dem Künstlersozialversicherungsgesetz Versicherten beginnt mit dem Tage, an dem die Versicherungspflicht auf Grund der Feststellung der Künstlersozialkasse beginnt. [2]Ist die Versicherungspflicht nach dem Künstlersozialversicherungsgesetz durch eine unständige Beschäftigung (§ 179 Abs. 2) unterbrochen worden, beginnt die Mitgliedschaft mit dem Tage nach dem Ende der unständigen Beschäftigung. [3]Kann nach § 9 des Künstlersozialversicherungsgesetzes ein Versicherungsvertrag gekündigt werden, beginnt die Mitgliedschaft mit dem auf die Kündigung folgenden Monat, spätestens zwei Monate nach der Feststellung der Versicherungspflicht.

(4) Die Mitgliedschaft von Personen, die in Einrichtungen der Jugendhilfe für eine Erwerbstätigkeit befähigt werden, beginnt mit dem Beginn der Maßnahme.

(5) Die Mitgliedschaft versicherungspflichtiger Teilnehmer an Leistungen zur Teilhabe am Arbeitsleben zur Rehabilitation beginnt mit dem Beginn der Maßnahme.

(6) Die Mitgliedschaft versicherungspflichtiger behinderter Menschen beginnt mit dem Beginn der Tätigkeit in den anerkannten Werkstätten für behinderte Menschen, Anstalten, Heimen oder gleichartigen Einrichtungen.

(7) [1]Die Mitgliedschaft versicherungspflichtiger Studenten beginnt mit dem Semester, frühestens mit dem Tag der Einschreibung oder der Rückmeldung an der Hochschule. [2]Bei Hochschulen, in denen das Studienjahr in Trimester eingeteilt ist, tritt an die Stelle des Semesters das Trimester. [3]Für Hochschulen, die keine Semestereinteilung haben, gelten als Semester im Sinne des Satzes 1 die Zeiten vom 1. April bis 30. September und vom 1. Oktober bis 31. März.

(8) [1]Die Mitgliedschaft versicherungspflichtiger Praktikanten beginnt mit dem Tag der Aufnahme der berufspraktischen Tätigkeit. [2]Die Mitgliedschaft von zu ihrer Berufsausbildung ohne Arbeitsentgelt Beschäftigten beginnt mit dem Tag des Eintritts in die Beschäftigung.

(9) Die Mitgliedschaft versicherungspflichtiger Rentner beginnt mit dem Tag der Stellung des Rentenantrags.

(10) Wird die Mitgliedschaft Versicherungspflichtiger zu einer Krankenkasse gekündigt (§ 175), beginnt die Mitgliedschaft bei der neugewählten Krankenkasse abweichend von den Absätzen 1 bis 9 mit dem Tag nach Eintritt der Rechtswirksamkeit der Kündigung.

(11) [1]Die Mitgliedschaft der nach § 5 Abs. 1 Nr. 13 Versicherungspflichtigen beginnt mit dem ersten Tag ohne anderweitigen Anspruch auf Absicherung im Krankheitsfall im Inland. [2]Die Mitgliedschaft von Ausländern, die nicht Angehörige eines Mitgliedstaates der Europäischen Union, eines Vertragsstaates des Abkommens über den Europäischen Wirtschaftsraum oder Staatsangehörige der Schweiz sind, beginnt mit dem ersten Tag der Geltung der Niederlassungserlaubnis oder der Aufenthaltserlaubnis. [3]Für Personen, die am 1. April 2007 keinen anderweitigen Anspruch auf Absicherung im Krankheitsfall haben, beginnt die Mitgliedschaft an diesem Tag.

§ 187
Beginn der Mitgliedschaft bei einer neu errichteten Krankenkasse

Die Mitgliedschaft bei einer neu errichteten Krankenkasse beginnt für Versicherungspflichtige, für die diese Krankenkasse zuständig ist, mit dem Zeitpunkt, an dem die Errichtung der Krankenkasse wirksam wird.

§ 188
Beginn der freiwilligen Mitgliedschaft

(1) Die Mitgliedschaft Versicherungsberechtigter beginnt mit dem Tag ihres Beitritts zur Krankenkasse.

(2) [1]Die Mitgliedschaft der in § 9 Abs. 1 Nr. 1 und 2 genannten Versicherungsberechtigten beginnt mit dem Tag nach dem Ausscheiden aus der Versicherungspflicht oder mit dem Tag nach dem Ende der Versicherung nach § 10. [2]Die Mitgliedschaft der in § 9 Absatz 1 Satz 1 Nummer 3 und 5 genannten Versicherungsberechtigten beginnt mit dem Tag der Aufnahme der Beschäftigung. [3]Die Mitgliedschaft der in § 9 Absatz 1 Satz 1 Nummer 8 genannten Versicherungsberechtigten beginnt mit dem Tag nach dem Ausscheiden aus dem Dienst.

(3) [1]Der Beitritt ist in Textform zu erklären. [2]Die Krankenkassen haben sicherzustellen, dass die Mitgliedschaftsberechtigten vor Abgabe ihrer Erklärung in geeigneter Weise in Textform über die Rechtsfolgen ihrer Beitrittserklärung informiert werden.

(4) [1]Für Personen, deren Versicherungspflicht oder Familienversicherung endet, setzt sich die Versicherung mit dem Tag nach dem Ausscheiden aus der Versicherungspflicht oder mit dem Tag nach dem Ende der Familienversicherung als freiwillige Mitgliedschaft fort, es sei denn, das Mitglied erklärt innerhalb von zwei Wochen nach Hinweis der Krankenkasse über die Austrittsmöglichkeiten seinen Austritt. [2]Der Austritt wird nur wirksam, wenn das Mitglied das Bestehen eines anderweitigen Anspruchs auf Absicherung im Krankheitsfall nachweist. [3]Satz 1 gilt nicht für Personen, deren Versicherungspflicht endet, wenn die übrigen Voraussetzungen für eine Familienversicherung erfüllt sind oder ein Anspruch auf Leistungen nach § 19 Absatz 2 besteht, sofern im Anschluss daran das Bestehen eines anderweitigen Anspruchs auf Ab-

sicherung im Krankheitsfall nachgewiesen wird. [4]Satz 1 gilt nicht, wenn die Krankenkasse trotz Ausschöpfung der ihr zur Verfügung stehenden Ermittlungsmöglichkeiten weder den Wohnsitz noch den gewöhnlichen Aufenthalt des Mitglieds im Geltungsbereich des Sozialgesetzbuches ermitteln konnte. [5]Bei Saisonarbeitnehmern, deren Versicherungspflicht mit der Beendigung der Saisonarbeitnehmertätigkeit endet, setzt sich die Versicherung nur dann nach Satz 1 fort, wenn diese Personen innerhalb von drei Monaten nach dem Ende der Versicherungspflicht ihren Beitritt zur freiwilligen Versicherung gegenüber ihrer bisherigen Krankenkasse erklären und ihren Wohnsitz oder gewöhnlichen Aufenthalt in der Bundesrepublik Deutschland nachweisen. [6]Ein Saisonarbeitnehmer nach Satz 5 ist ein Arbeitnehmer, der vorübergehend für eine versicherungspflichtige auf bis zu acht Monate befristete Beschäftigung in die Bundesrepublik Deutschland gekommen ist, um mit seiner Tätigkeit einen jahreszeitlich bedingten jährlich wiederkehrenden erhöhten Arbeitskräftebedarf des Arbeitgebers abzudecken. [7]Der Arbeitgeber hat den Saisonarbeitnehmer nach Satz 5 im Meldeverfahren nach § 28a des Vierten Buches gesondert zu kennzeichnen. [8]Die Krankenkasse hat den Saisonarbeitnehmer nach Satz 5, nachdem der Arbeitgeber der Krankenkasse den Beginn der Beschäftigungsaufnahme gemeldet hat, unverzüglich auf das Beitrittsrecht und seine Nachweispflicht nach Satz 5 hinzuweisen.

(5) [1]Der Spitzenverband Bund der Krankenkassen regelt das Nähere zu den Ermittlungspflichten der Krankenkassen nach Absatz 4 Satz 4 und § 191 Nummer 4. [2]Die Regelungen nach Satz 1 bedürfen zu ihrer Wirksamkeit der Zustimmung des Bundesministeriums für Gesundheit.

§ 189
Mitgliedschaft von Rentenantragstellern

(1) [1]Als Mitglieder gelten Personen, die eine Rente der gesetzlichen Rentenversicherung beantragt haben und die Voraussetzungen nach § 5 Absatz 1 Nummer 11 bis 12 und Absatz 2, jedoch nicht die Voraussetzungen für den Bezug der Rente erfüllen. [2]Satz 1 gilt nicht für Personen, die nach anderen Vorschriften versicherungspflichtig oder nach § 6 Abs. 1 versicherungsfrei sind.

(2) [1]Die Mitgliedschaft beginnt mit dem Tag der Stellung des Rentenantrags. [2]Sie endet mit dem Tod oder mit dem Tag, an dem der Antrag zurückgenommen oder die Ablehnung des Antrags unanfechtbar wird.

§ 190
Ende der Mitgliedschaft Versicherungspflichtiger

(1) Die Mitgliedschaft Versicherungspflichtiger endet mit dem Tod des Mitglieds.

(2) Die Mitgliedschaft versicherungspflichtig Beschäftigter endet mit Ablauf des Tages, an dem das Beschäftigungsverhältnis gegen Arbeitsentgelt endet.

(3) (aufgehoben)

(4) Die Mitgliedschaft unständig Beschäftigter endet, wenn das Mitglied die berufsmäßige Ausübung der unständigen Beschäftigung nicht nur vorübergehend aufgibt, spätestens mit Ablauf von drei Wochen nach dem Ende der letzten unständigen Beschäftigung.

(5) Die Mitgliedschaft der nach dem Künstlersozialversicherungsgesetz Versicherten endet mit dem Tage, an dem die Versicherungspflicht auf Grund der Feststellung der Künstlersozialkasse endet; § 192 Abs. 1 Nr. 2 und 3 bleibt unberührt.

(6) Die Mitgliedschaft von Personen, die in Einrichtungen der Jugendhilfe für eine Erwerbstätigkeit befähigt werden, endet mit dem Ende der Maßnahme.

(7) Die Mitgliedschaft versicherungspflichtiger Teilnehmer an Leistungen zur Teilhabe am Arbeitsleben endet mit dem Ende der Maßnahme, bei Weiterzahlung des Übergangsgeldes mit Ablauf des Tages, bis zu dem Übergangsgeld gezahlt wird.

(8) Die Mitgliedschaft von versicherungspflichtigen behinderten Menschen in anerkannten Werkstätten für behinderte Menschen, Anstalten, Heimen oder gleichartigen Einrichtungen endet mit Aufgabe der Tätigkeit.

(9) [1]Die Mitgliedschaft versicherungspflichtiger Studenten endet mit Ablauf des Semesters, für das sie sich zuletzt eingeschrieben oder zurückgemeldet haben, wenn sie

1. bis zum Ablauf oder mit Wirkung zum Ablauf dieses Semesters exmatrikuliert worden sind oder

2. bis zum Ablauf dieses Semesters das 30. Lebensjahr vollendet haben.

[2]Bei Anerkennung von Hinderungsgründen, die eine Überschreitung der Altersgrenze nach Satz 1 Nummer 2 rechtfertigen, endet die Mitgliedschaft mit Ablauf des Verlängerungszeitraums zum Semesterende. [3]Abweichend von Satz 1 Nummer 1 endet im Fall der Exmatrikulation die Mitgliedschaft mit Ablauf des Tages, an dem der Student seinen Wohnsitz oder gewöhnlichen Aufenthalt im Geltungsbereich des Sozialgesetzbuchs aufgegeben hat oder an dem er dauerhaft an seinen Wohnsitz oder Ort des gewöhnlichen Aufenthalts außerhalb des Geltungsbereichs des Sozialgesetzbuchs zurückkehrt. [4]Satz 1 Nummer 1 gilt nicht, wenn sich der Student nach Ablauf des Semesters, in dem oder mit Wirkung zu dessen Ablauf er exmatrikuliert wurde, innerhalb eines Monats an einer staatlichen oder staatlich anerkannten Hochschule einschreibt. [5]§ 186 Absatz 7 Satz 2 und 3 gilt entsprechend.

(10) [1]Die Mitgliedschaft versicherungspflichtiger Praktikanten endet mit dem Tag der Aufgabe der berufspraktischen Tätigkeit oder vor Aufgabe des Praktikums mit Vollendung des 30. Lebensjahres. [2]Die Mitgliedschaft von zu ihrer Berufsausbildung ohne Arbeitsentgelt Beschäftigten endet mit dem Tag der Aufgabe der Beschäftigung.

(11) Die Mitgliedschaft versicherungspflichtiger Rentner endet

1. mit Ablauf des Monats, in dem der Anspruch auf Rente wegfällt oder die Entscheidung über den Wegfall oder den Entzug der Rente unanfechtbar geworden ist, frühestens mit Ablauf des Monats, für den letztmalig Rente zu zahlen ist,

2. bei Gewährung einer Rente für zurückliegende Zeiträume mit Ablauf des Monats, in dem die Entscheidung unanfechtbar wird.

(11a) Die Mitgliedschaft der in § 9 Abs. 1 Satz 1 Nummer 6 in der am 10. Mai 2019 geltenden Fassung genannten Personen, die das Beitrittsrecht ausgeübt haben, sowie ihrer Familienangehörigen, die nach dem 31. März 2002 nach § 5 Abs. 1 Nr. 11 versicherungspflichtig geworden sind, deren Anspruch auf Rente schon an diesem Tag bestand, die aber nicht die Vorversicherungszeit nach § 5 Abs. 1 Nr. 11 in der seit dem 1. Januar 1993 geltenden Fassung erfüllt hatten und die bis zum 31. März 2002 nach § 10 oder nach § 7 des Zweiten Gesetzes über die Krankenversicherung der Landwirte versichert waren, endet mit dem Eintritt der Versicherungspflicht nach § 5 Abs. 1 Nr. 11.

(12) Die Mitgliedschaft der Bezieher von Bürgergeld nach § 19 Absatz 1 Satz 1 des Zweiten Buches und Arbeitslosengeld oder Unterhaltsgeld nach dem Dritten Buch endet mit Ablauf des letzten Tages, für den die Leistung bezogen wird.

(13) [1]Die Mitgliedschaft der in § 5 Abs. 1 Nr. 13 genannten Personen endet mit Ablauf des Vortages, an dem

1. ein anderweitiger Anspruch auf Absicherung im Krankheitsfall begründet wird oder

2. der Wohnsitz oder gewöhnliche Aufenthalt in einen anderen Staat verlegt wird.

[2]Satz 1 Nr. 1 gilt nicht für Mitglieder, die Empfänger von Leistungen nach dem Dritten, Vierten, Sechsten und Siebten Kapitel des Zwölften Buches sind.

§ 191
Ende der freiwilligen Mitgliedschaft

Die freiwillige Mitgliedschaft endet

1. mit dem Tod des Mitglieds,

2. mit Beginn einer Pflichtmitgliedschaft,

3. mit dem Wirksamwerden der Kündigung (§ 175 Abs. 4); die Satzung kann einen früheren Zeitpunkt bestimmen, wenn das Mitglied die Voraussetzungen einer Versicherung nach § 10 erfüllt oder

4. mit Ablauf eines Zeitraums von mindestens sechs Monaten rückwirkend ab dem Beginn dieses Zeitraums, in dem für die Mitgliedschaft keine Beiträge geleistet wurden, das Mitglied und familienversicherte Angehörige keine Leistungen in Anspruch genommen haben und die Krankenkasse trotz Ausschöpfung der ihr zur Verfügung stehenden Ermittlungsmöglichkeiten weder einen Wohnsitz noch einen gewöhnlichen Aufenthalt des Mitglieds im Geltungsbereich des Sozialgesetzbuches ermitteln konnte.

§ 192
Fortbestehen der Mitgliedschaft Versicherungspflichtiger

(1) Die Mitgliedschaft Versicherungspflichtiger bleibt erhalten, solange

1. sie sich in einem rechtmäßigen Arbeitskampf befinden,
2. Anspruch auf Krankengeld oder Mutterschaftsgeld besteht oder eine dieser Leistungen oder nach gesetzlichen Vorschriften Erziehungsgeld oder Elterngeld bezogen oder Elternzeit in Anspruch genommen oder Pflegeunterstützungsgeld bezogen wird oder

2a. von einem privaten Krankenversicherungsunternehmen, von einem Beihilfeträger des Bundes, von sonstigen öffentlich-rechtlichen Trägern von Kosten in Krankheitsfällen auf Bundesebene, von dem Träger der Heilfürsorge im Bereich des Bundes, von dem Träger der truppenärztlichen Versorgung oder von einem öffentlich-rechtlichen Träger von Kosten in Krankheitsfällen auf Landesebene, soweit das Landesrecht dies vorsieht, Leistungen für den Ausfall von Arbeitseinkünften im Zusammenhang mit einer nach den §§ 8 und 8a des Transplantationsgesetzes erfolgenden Spende von Organen oder Geweben oder im Zusammenhang mit einer Spende von Blut zur Separation von Blutstammzellen oder anderen Blutbestandteilen im Sinne von § 9 des Transfusionsgesetzes bezogen werden oder diese beansprucht werden können,

3. von einem Rehabilitationsträger während einer Leistung zur medizinischen Rehabilitation Verletztengeld, Versorgungskrankengeld, Krankengeld der Sozialen Entschädigung oder Übergangsgeld gezahlt wird oder

Bearbeiterhinweis:
Am 01. Januar 2025 tritt nachfolgende Fassung von § 192 Absatz 1 Nummer 3 in Kraft:

3. von einem Rehabilitationsträger während einer Leistung zur medizinischen Rehabilitation Verletztengeld, Versorgungskrankengeld, Krankengeld der Sozialen Entschädigung, Krankengeld der Soldatenentschädigung oder Übergangsgeld gezahlt wird oder

4. Kurzarbeitergeld nach dem Dritten Buch bezogen wird.

Bearbeiterhinweis:
Am 01. April 2024 tritt nachfolgende Fassung von § 192 Absatz 1 Nummer 4 in Kraft:

4. Kurzarbeitergeld oder Qualifizierungsgeld nach dem Dritten Buch bezogen wird.

(2) Während der Schwangerschaft bleibt die Mitgliedschaft Versicherungspflichtiger auch erhalten, wenn das Beschäftigungsverhältnis vom Arbeitgeber zulässig aufgelöst oder das Mitglied unter Wegfall des Arbeitsentgelts beurlaubt worden ist, es sei denn, es besteht eine Mitgliedschaft nach anderen Vorschriften.

§ 193
Fortbestehen der Mitgliedschaft bei Wehrdienst oder Zivildienst

(1) [1]Bei versicherungspflichtig Beschäftigten, denen nach § 1 Abs. 2 des Arbeitsplatzschutzgesetzes Entgelt weiterzugewähren ist, gilt das Beschäftigungsverhältnis als durch den Wehrdienst nach § 4 Abs. 1 und § 6b Abs. 1 des Wehrpflichtgesetzes nicht unterbrochen. [2]Dies gilt auch für Personen in einem Wehrdienstverhältnis besonderer Art nach § 6 des Einsatz-Weiterverwendungsgesetzes, wenn sie den Einsatzunfall in einem Versicherungsverhältnis erlitten haben.

(2) [1]Bei Versicherungspflichtigen, die nicht unter Absatz 1 fallen, sowie bei freiwilligen Mitgliedern berührt der Wehrdienst nach § 4 Abs. 1 und § 6b Abs. 1 des Wehrpflichtgesetzes eine bestehende Mitgliedschaft bei einer Krankenkasse nicht. [2]Die versicherungspflichtige Mitgliedschaft gilt als fortbestehend, wenn die Versicherungspflicht am Tag vor dem Beginn des Wehrdienstes endet oder wenn zwischen dem letzten Tag der Mitgliedschaft und dem Beginn des Wehrdienstes ein Samstag, Sonntag oder gesetzlicher Feiertag liegt. [3]Absatz 1 Satz 2 gilt entsprechend.

(3) Die Absätze 1 und 2 gelten für den Zivildienst entsprechend.

(4) [1]Die Absätze 1 und 2 gelten für Personen, die Dienstleistungen oder Übungen nach dem Vierten Abschnitt des Soldatengesetzes leisten. [2]Die Dienstleistungen und Übungen gelten nicht als Beschäftigungen im Sinne des § 5 Abs. 1 Nr. 1 und § 6 Abs. 1 Nr. 3.

(5) Die Zeit in einem Wehrdienstverhältnis besonderer Art nach § 6 des Einsatz-Weiterverwen-

dungsgesetzes gilt nicht als Beschäftigung im Sinne von § 5 Abs. 1 Nr. 1 und § 6 Abs. 1 Nr. 3.

Zweiter Titel

Satzung, Organe

§ 194
Satzung der Krankenkassen

(1) Die Satzung muss insbesondere Bestimmungen enthalten über

1. Namen und Sitz der Krankenkasse,
2. Bezirk der Krankenkasse und Kreis der Mitglieder,
3. Art und Umfang der Leistungen, soweit sie nicht durch Gesetz bestimmt sind,
4. Festsetzung des Zusatzbeitrags nach § 242,
5. Zahl der Mitglieder der Organe,
6. Rechte und Pflichten der Organe,
7. Art der Beschlussfassung des Verwaltungsrates,
8. Bemessung der Entschädigung für Organmitglieder,
9. jährliche Prüfung der Betriebs- und Rechnungsführung und Abnahme der Jahresrechnung,
10. Zusammensetzung und Sitz der Widerspruchsstelle und
11. Art der Bekanntmachungen.

(1a) [1]Die Satzung kann eine Bestimmung enthalten, nach der die Krankenkasse den Abschluss privater Zusatzversicherungsverträge zwischen ihren Versicherten und privaten Krankenversicherungsunternehmen vermitteln kann. [2]Gegenstand dieser Verträge können alle Leistungen sein, die den gesetzlichen Krankenversicherungsschutz ergänzen, insbesondere Ergänzungstarife zur Kostenerstattung, Wahlarztbehandlung im Krankenhaus, Ein- oder Zweibettzuschlag im Krankenhaus sowie eine Auslandskrankenversicherung.

(2) [1]Die Satzung darf keine Bestimmungen enthalten, die den Aufgaben der gesetzlichen Krankenversicherung widersprechen. [2]Sie darf Leistungen nur vorsehen, soweit dieses Buch sie zulässt.

§ 194a
Modellprojekt zur Durchführung von Online-Wahlen bei den Krankenkassen

(1) [1]Bei den Sozialversicherungswahlen im Jahr 2023 können im Rahmen eines Modellprojektes abweichend von § 54 Absatz 1 des Vierten Buches die Wahlen der Vertreter der Versicherten bei den in § 35a Absatz 1 Satz 1 des Vierten Buches genannten Krankenkassen auch in einem elektronischen Wahlverfahren über das Internet (Online-Wahl) durchgeführt werden. [2]Eine Stimmabgabe per Online-Wahl ist nur möglich, wenn die jeweilige Krankenkasse in ihrer Satzung vorsieht, dass alternativ zu der brieflichen Stimmabgabe auch eine Stimmabgabe per Online-Wahl vorgenommen werden kann. [3]Eine entsprechende Satzungsregelung muss spätestens bis zum 30. September 2020 in Kraft treten.

(2) [1]Die am Modellprojekt teilnehmenden Krankenkassen haben die Stimmabgabe per Online-Wahl gemeinsam und einheitlich vorzubereiten und durchzuführen. [2]Nehmen mehrere Krankenkassen an dem Modellprojekt teil, bilden sie hierfür eine Arbeitsgemeinschaft nach § 94 Absatz 1a Satz 1 des Zehnten Buches.

(3) [1]Die nachgewiesenen Kosten der am Modellprojekt teilnehmenden Krankenkassen für die Vorbereitung und Durchführung der Stimmabgabe per Online-Wahl werden auf alle in § 35a Absatz 1 Satz 1 des Vierten Buches genannten Krankenkassen in entsprechender Anwendung von § 83 Absatz 1 Satz 2 der Wahlordnung für die Sozialversicherung umgelegt. [2]Umgelegt werden dürfen insbesondere Aufwendungen für die Ausschreibung und Beauftragung externer Dienstleistungen einschließlich Kosten wissenschaftlicher und technischer Beratung sowie Sach- und Personalkosten der teilnehmenden Krankenkassen für Aufgaben, die in Abstimmung mit der Arbeitsgemeinschaft nach Absatz 2 Satz 2 auf der Grundlage einer von dieser aufgestellten Projektplanung zur Vorbereitung und Durchführung der Stimmabgabe per Online-Wahl wahrgenommen werden.

(3a) [1]Das Bundesamt für Soziale Sicherung setzt die auf die einzelnen Krankenkassen nach Absatz 3 Satz 1 entfallenden Umlagebeträge fest, zieht die festgesetzten Umlagebeträge von den Krankenkassen ein und erstattet den am Modellprojekt teilnehmenden Krankenkassen ihre Kosten. [2]Hierfür teilt der Bundeswahlbeauftragte für die Sozialversicherungswahlen dem Bundesamt für Soziale Sicherung die von ihm nach § 83 Absatz 1 Satz 2 der Wahlordnung für die Sozialversicherung ermittelten Zahlen der wahlberechtigten Versicherten der einzelnen Krankenkassen mit. [3]Die am Modellprojekt teilnehmenden Krankenkassen und die von ihnen gebildete Arbeitsgemeinschaft haben dem Bundesamt für Soziale Sicherung bis zum 31. Dezember 2023 die zur Durchführung der Aufgaben nach Satz 1 erforderlichen Angaben zu machen. [4]Für die Nachweise der Kosten der am Modellprojekt teilnehmenden Krankenkassen gilt § 82 Absatz 4 der Wahlordnung für die Sozialversicherung entsprechend. [5]Sach- und Personalkosten einer teilnehmenden Krankenkasse gelten in der Regel als nachgewiesen, soweit sie in Übereinstimmung mit der Projektplanung der Arbeitsgemeinschaft angefallen sind und die Arbeitsgemeinschaft die Plausibilität der Kosten bestätigt. [6]Das Bundesamt für Soziale Sicherung kann nähere Bestimmungen zur Durchführung des Umlage- und Erstattungsverfahrens einschließlich Regelungen zur Verrechnung der Umlagebeträge mit Erstattungsforderungen sowie zu Abschlagszahlungen treffen; die Bestimmungen sind dem Bundesministerium für Gesundheit zur Genehmigung vorzulegen. [7]Eine Erstattung an am Modellprojekt beteiligte Krankenkassen erfolgt nur, soweit Umlagebeträge beim Bundesamt für Soziale Sicherung bereits eingegangen sind. [8]Im Falle einer Anfechtung der Online-Wahl sind die Umlage- und Erstattungsbeträge vorläufig festzusetzen.

(4) Die für Sozialversicherungswahlen geltenden allgemeinen Wahlgrundsätze nach § 45 Absatz 2 des Vierten Buches sind unter Berücksichtigung der technischen Besonderheiten auch bei Online-Wahlen entsprechend zu wahren.

§ 194b Durchführung der Stimmabgabe per Online-Wahl

(1) Für die Durchführung der Stimmabgabe per Online-Wahl gelten die Vorschriften des Zweiten Titels des Vierten Abschnitts des Vierten Buches sowie die Wahlordnung für die Sozialversicherung entsprechend, sofern in den Absätzen 2 bis 4 nichts Abweichendes bestimmt ist.

(2) [1]§ 53 Absatz 4 des Vierten Buches gilt bei der Durchführung der Stimmabgabe per Online-Wahl mit der Maßgabe, dass die Wahlbeauftragten und ihre Stellvertreter berechtigt sind, die räumlichen und technischen Infrastrukturen, die von den in § 35a Absatz 1 Satz 1 des Vierten Buches genannten Krankenkassen oder den von diesen beauftragten Dritten für die Durchführung der Wahl genutzt werden, in geeigneter Weise zu überprüfen. [2]Die Wahlbeauftragten sind befugt, Dritte mit der Prüfung zu beauftragen.

(3) Für die Durchführung der Wahlen gelten im Übrigen folgende Vorgaben:

1. ein Wahlberechtigter darf seine Stimme entweder per Briefwahl oder per Online-Wahl abgeben,
2. bei doppelter Stimmabgabe durch einen Wahlberechtigten per Briefwahl und per Online-Wahl zählt die per Online-Wahl abgegebene Stimme, die per Briefwahl abgegebene Stimme ist ohne weitere Prüfung ungültig,
3. die Krankenkassen, die eine Stimmabgabe per Online-Wahl ermöglichen, können die zugelassenen Vorschlagslisten und die Darstellung der Listenträger abweichend von § 26 Absatz 1 der Wahlordnung für die Sozialversicherung zusätzlich auch im Internet veröffentlichen,
4. die Information der Wahlberechtigten nach § 27 Absatz 3 Satz 1 der Wahlordnung für die Sozialversicherung hat insbesondere Folgendes zu enthalten:
   a) eine Beschreibung des Verfahrens für die Stimmabgabe per Online-Wahl einschließlich der für die Authentisierung des Wahlberechtigten zu verwendenden Authentisierungsmittel und der technischen Mechanismen, mit Hilfe derer sich der Wahlberechtigte von der Authentizität der Wahlplattform überzeugen kann, sowie
   b) den Hinweis, dass eine Stimmabgabe nur einmal erfolgen kann und dass bei doppelt abgegebener Stimme sowohl per Briefwahl als auch per Online-Wahl die per Briefwahl abgegebene Stimme ungültig ist,
5. die Wahlbekanntmachung hat ergänzend zu § 31 Absatz 2 der Wahlordnung für die Sozialversicherung den Tag zu bezeichnen, bis zu dem eine Stimme per Online-Wahl abgegeben sein muss,

6. der Stimmzettel für die Stimmabgabe per Online-Wahl muss dem Stimmzettel nach § 41 Absatz 1 der Wahlordnung für die Sozialversicherung im Hinblick auf Darstellung und Inhalt entsprechen,
7. die Wahlunterlagen müssen zusätzlich Folgendes enthalten:
   a) eine Beschreibung des Verfahrens für die Stimmabgabe per Online-Wahl einschließlich der für die Authentisierung des Wahlberechtigten zu verwendenden Authentisierungsmittel und der technischen Mechanismen, mit Hilfe derer sich der Wahlberechtigte von der Authentizität der Wahlplattform überzeugen kann, sowie
   b) den Hinweis, dass eine Stimmabgabe nur einmal erfolgen kann und dass bei doppelt abgegebener Stimme sowohl per Briefwahl als auch per Online-Wahl die per Briefwahl abgegebene Stimme ungültig ist,
8. der Wahlberechtigte, der seine Stimme per Online-Wahl abgibt, hat
   a) die für den Zugang zur Wahlplattform erforderliche Authentisierung unter Verwendung der zur Verfügung gestellten Authentisierungsmittel durchzuführen,
   b) den elektronischen Stimmzettel persönlich zu kennzeichnen,
   c) den Wahlvorgang durch Versenden des elektronischen Stimmzettels innerhalb der Wahlplattform abzuschließen und
   d) keine weitere Stimme per Briefwahl abzugeben,
9. die Krankenkassen haben sicherzustellen, dass eine Stimmabgabe per Online-Wahl barrierefrei durchgeführt werden kann,
10. ergänzend zu der Prüfung nach § 45 Absatz 1 der Wahlordnung für die Sozialversicherung hat der Wahlausschuss zu ermitteln, ob durch Wahlberechtigte eine doppelte Stimmabgabe sowohl per Briefwahl als auch per Online-Wahl erfolgt ist,
11. eine Stimmabgabe per Online-Wahl ist ungültig, wenn sie zu spät erfolgt, keine Kennzeichnung auf dem elektronischen Stimmzettel erfolgt ist oder die Kennzeichnung den Willen des Wählers nicht zweifelsfrei erkennen lässt.

(4) [1]Bei Krankenkassen, die eine Stimmabgabe per Online-Wahl ermöglichen, beginnt die Ermittlung des Wahlergebnisses erst nach dem Wahltag. [2]Die Wahlleitungen ermitteln unverzüglich getrennt nach Wählergruppen sowie jeweils für die Stimmabgabe per Briefwahl und die Stimmabgabe per Online-Wahl, wie viele Stimmen für die einzelnen Vorschlagslisten abgegeben worden sind. [3]Die Auswertung der per Online-Wahl abgegebenen Stimmen muss vor der Auswertung der per Briefwahl abgegebenen Stimmen vorgenommen werden. [4]Bei der Ermittlung der abgegebenen Stimmen ist über deren Gültigkeit zu entscheiden. [5]Auf den Stimmzetteln der ungültigen per Briefwahl abgegebenen Stimmen ist der Grund der Ungültigkeit zu vermerken. [6]Ungültige per Online-Wahl abgegebene Stimmen sind im Wahlergebnis jeweils mit dem Grund der Ungültigkeit auszuweisen.

§ 194c
Verordnungsermächtigung

(1) [1]Das Bundesministerium für Gesundheit wird ermächtigt, in einer Rechtsverordnung bis zum 30. September 2020 die technischen und organisatorischen Vorgaben für die Durchführung der Online-Wahl im Rahmen des Modellprojektes nach § 194a im Einvernehmen mit dem Bundesamt für Sicherheit in der Informationstechnik zu regeln. [2]In der Verordnung ist Folgendes festzulegen:

1. die technischen Vorgaben einschließlich der Vorgaben für die Erstellung und Umsetzung eines angemessenen Informationssicherheitskonzeptes nach dem IT-Grundschutz des Bundesamtes für Sicherheit in der Informationstechnik,
2. die Vorgaben für die Erstellung und Umsetzung eines gemäß dem IT-Grundschutz des Bundesamtes für Sicherheit in der Informationstechnik angemessenen Notfallkonzeptes, das sowohl die Notfallvorsorge als auch die Notfallbewältigung einschließt,
3. die Vorgaben für die sichere Wahlvorbereitung und Wahldurchführung einschließlich Stimmauszählung, für die Überwachung der Wahlplattform und für die sichere Archivierung der Wahldurchführungs- und Ergebnisdaten,

4. die notwendigen Dokumentations-, Test-, Übungs-, Freigabe- und Zertifizierungsmaßnahmen,

5. geeignete Verfahren für die Authentisierung des Wahlberechtigten gegenüber der Wahlplattform mittels geeigneter Authentisierungsmittel und die Authentifizierung des Wahlberechtigten durch die Wahlplattform,

6. informationstechnische Anforderungen an die Nachvollziehbarkeit der Stimmauswertung zur Herstellung einer im Rahmen der technischen Möglichkeiten möglichst weitgehenden Transparenz bei der Wahlauswertung und

7. die Vorgaben für Kommunikations- und Meldewege, insbesondere bei Sicherheitsvorfällen.

[3]Das Bundesamt für Sicherheit in der Informationstechnik ist bei der Erstellung und Prüfung der Umsetzung der Vorgaben angemessen zu beteiligen.

(2) [1]Die Festlegung der Vorgaben, Maßnahmen und Verfahren nach Absatz 1 erfolgt auf der Grundlage der vom Bundesamt für Sicherheit in der Informationstechnik erstellten (Technischen) Richtlinien und sonstigen Sicherheitsanforderungen für Online-Wahlen und Online-Wahlprodukte. [2]Darüber hinausgehende Sicherheitsanforderungen für Online-Wahlen im Rahmen der Sozialversicherungswahlen werden vom Bundesministerium für Gesundheit insbesondere unter Berücksichtigung des konkreten Sicherheitsrisikos und einer auf der Grundlage des BSI-Standards 200-3 erstellten Risikoanalyse im Einvernehmen mit dem Bundesamt für Sicherheit in der Informationstechnik entwickelt und in der Rechtsverordnung festgelegt.

§ 194d
Evaluierung

(1) Das Modellprojekt nach § 194a wird durch das Bundesministerium für Gesundheit wissenschaftlich begleitet und im Einvernehmen mit dem Bundesministerium für Arbeit und Soziales evaluiert. Dabei sind insbesondere folgende Aspekte zu berücksichtigen:

1. die Zahl der bei der jeweiligen Krankenkasse per Online-Wahl und per Briefwahl abgegebenen Stimmen,

2. die Anzahl von doppelten Stimmabgaben sowohl per Briefwahl als auch per Online-Wahl,

3. die Zahl der Versuche von manipulativen Angriffen auf die Sicherheitsarchitektur und deren Manipulationsresistenz,

4. die Möglichkeit, durch das gewählte Verfahren eine möglichst weitgehende Nachvollziehbarkeit und Überprüfbarkeit der Wahlauswertung und damit Transparenz in der Öffentlichkeit zu erreichen sowie

5. die Systemverfügbarkeit im Wahlzeitraum.

(2) [1]Die für die Stimmabgabe per Online-Wahl eingesetzte Software hat eine wissenschaftliche Begleitung und Evaluierung zu ermöglichen. [2]Dies schließt Sicherheits- und Datenschutzaspekte ein. [3]Die Krankenkassen haben dem Bundesministerium für Gesundheit die für die wissenschaftliche Begleitung und Evaluierung notwendigen Informationen und Daten zur Verfügung zu stellen.

§ 195
Genehmigung der Satzung

(1) Die Satzung bedarf der Genehmigung der Aufsichtsbehörde.

(2) [1]Ergibt sich nachträglich, dass eine Satzung nicht hätte genehmigt werden dürfen, kann die Aufsichtsbehörde anordnen, dass die Krankenkasse innerhalb einer bestimmten Frist die erforderliche Änderung vornimmt. [2]Kommt die Krankenkasse der Anordnung nicht innerhalb dieser Frist nach, kann die Aufsichtsbehörde die erforderliche Änderung anstelle der Krankenkasse selbst vornehmen. [3]Klagen gegen Maßnahmen der Aufsichtsbehörde nach den Sätzen 1 und 2 haben keine aufschiebende Wirkung.

(3) Absatz 2 gilt entsprechend, wenn die Satzung wegen nachträglich eingetretener Umstände einer Änderung bedarf.

§ 196
Einsichtnahme in die Satzung

(1) Die geltende Satzung kann in den Geschäftsräumen der Krankenkasse während der üblichen Geschäftsstunden eingesehen werden.

(2) Jedes Mitglied erhält unentgeltlich ein Merkblatt über Beginn und Ende der Mitgliedschaft bei Pflichtversicherung und freiwilliger Versicherung, über Beitrittsrechte sowie die von der

Krankenkasse zu gewährenden Leistungen und über die Beträge.

§ 197
Verwaltungsrat

(1) Der Verwaltungsrat hat insbesondere

1. die Satzung und sonstiges autonomes Recht zu beschließen,

1a. den Vorstand zu überwachen,

1b. alle Entscheidungen zu treffen, die für die Krankenkasse von grundsätzlicher Bedeutung sind,

2. den Haushaltsplan festzustellen,

3. über die Entlastung des Vorstandes wegen der Jahresrechnung zu beschließen,

4. die Krankenkasse gegenüber dem Vorstand und dessen Mitgliedern zu vertreten,

5. über den Erwerb, die Veräußerung oder die Belastung von Grundstücken sowie über die Errichtung von Gebäuden zu beschließen und

6. über die Auflösung der Krankenkasse oder die freiwillige Vereinigung mit anderen Krankenkassen zu beschließen.

(2) Der Verwaltungsrat kann sämtliche Geschäfts- und Verwaltungsunterlagen einsehen und prüfen.

(3) Der Verwaltungsrat soll zur Erfüllung seiner Aufgaben Fachausschüsse bilden.

§ 197a
Stellen zur Bekämpfung von Fehlverhalten im Gesundheitswesen

(1) [1]Die Krankenkassen, wenn angezeigt ihre Landesverbände, und der Spitzenverband Bund der Krankenkassen richten organisatorische Einheiten ein, die Fällen und Sachverhalten nachzugehen haben, die auf Unregelmäßigkeiten oder auf rechtswidrige oder zweckwidrige Nutzung von Finanzmitteln im Zusammenhang mit den Aufgaben der jeweiligen Krankenkasse oder des jeweiligen Verbandes hindeuten. [2]Sie nehmen Kontrollbefugnisse nach § 67c Abs. 3 des Zehnten Buches wahr.

(2) [1]Jede Person kann sich in Angelegenheiten des Absatzes 1 an die Krankenkassen und die weiteren in Absatz 1 genannten Organisationen wenden. [2]Die Einrichtungen nach Absatz 1 gehen den Hinweisen nach, wenn sie auf Grund der einzelnen Angaben oder der Gesamtumstände glaubhaft erscheinen.

(3) [1]Die Krankenkassen und die weiteren in Absatz 1 genannten Organisationen haben zur Erfüllung der Aufgaben nach Absatz 1 untereinander und mit den Kassenärztlichen Vereinigungen und Kassenärztlichen Bundesvereinigungen zusammenzuarbeiten. [2]Der Spitzenverband Bund der Krankenkassen organisiert einen regelmäßigen Erfahrungsaustausch mit Einrichtungen nach Absatz 1 Satz 1, an dem die Vertreter der Einrichtungen nach § 81a Absatz 1 Satz 1, der berufsständischen Kammern und der Staatsanwaltschaft in geeigneter Form zu beteiligen sind. [3]Über die Ergebnisse des Erfahrungsaustausches sind die Aufsichtsbehörden zu informieren.

(3a) [1]Die Einrichtungen nach Absatz 1 dürfen personenbezogene Daten, die von ihnen zur Erfüllung ihrer Aufgaben nach Absatz 1 erhoben oder an sie übermittelt wurden, untereinander und an Einrichtungen nach § 81a übermitteln, soweit dies für die Feststellung und Bekämpfung von Fehlverhalten im Gesundheitswesen beim Empfänger erforderlich ist. [2]Der Empfänger darf diese nur zu dem Zweck verarbeiten, zu dem sie ihm übermittelt worden sind.

(3b) [1]Die Einrichtungen nach Absatz 1 dürfen personenbezogene Daten an die folgenden Stellen übermitteln, soweit dies für die Verhinderung oder Aufdeckung von Fehlverhalten im Gesundheitswesen im Zuständigkeitsbereich der jeweiligen Stelle erforderlich ist:

1. die Stellen, die für die Entscheidung über die Teilnahme von Leistungserbringern an der Versorgung in der gesetzlichen Krankenversicherung zuständig sind,

2. die Stellen, die für die Leistungsgewährung in der gesetzlichen Krankenversicherung zuständig sind,

3. die Stellen, die für die Abrechnung von Leistungen in der gesetzlichen Krankenversicherung zuständig sind,

4. den Medizinischen Dienst und

5. die Behörden und berufsständischen Kammern, die für Entscheidungen über die Erteilung, die Rücknahme, den Widerruf oder die Anordnung des Ruhens einer Approbation,

einer Erlaubnis zur vorübergehenden oder der partiellen Berufsausübung oder einer Erlaubnis zum Führen der Berufsbezeichnung oder für berufsrechtliche Verfahren zuständig sind.

[2]Die nach Satz 1 übermittelten Daten dürfen von dem jeweiligen Empfänger nur zu dem Zweck verarbeitet werden, zu dem sie ihm übermittelt worden sind. [3]Der Medizinische Dienst darf personenbezogene Daten, die von ihm zur Erfüllung seiner Aufgaben erhoben oder an ihn übermittelt wurden, an die Einrichtungen nach Absatz 1 übermitteln, soweit dies für die Feststellung und Bekämpfung von Fehlverhalten im Gesundheitswesen durch die Einrichtungen nach Absatz 1 erforderlich ist. [4]Die nach Satz 3 übermittelten Daten dürfen von den Einrichtungen nach Absatz 1 nur zu dem Zweck verarbeitet werden, zu dem sie ihnen übermittelt worden sind.

(4) Die Krankenkassen und die weiteren in Absatz 1 genannten Organisationen sollen die Staatsanwaltschaft unverzüglich unterrichten, wenn die Prüfung ergibt, dass ein Anfangsverdacht auf strafbare Handlungen mit nicht nur geringfügiger Bedeutung für die gesetzliche Krankenversicherung bestehen könnte.

(5) [1]Der Vorstand der Krankenkassen und der weiteren in Absatz 1 genannten Organisationen hat dem Verwaltungsrat im Abstand von zwei Jahren über die Arbeit und Ergebnisse der organisatorischen Einheiten nach Absatz 1 zu berichten. [2]Der Bericht ist der zuständigen Aufsichtsbehörde und dem Spitzenverband Bund der Krankenkassen zuzuleiten. [3]In dem Bericht sind zusammengefasst auch die Anzahl der Leistungserbringer und Versicherten, bei denen es im Berichtszeitraum Hinweise auf Pflichtverletzungen oder Leistungsmissbrauch gegeben hat, die Anzahl der nachgewiesenen Fälle, die Art und Schwere des Pflichtverstoßes und die dagegen getroffenen Maßnahmen sowie der verhinderte und der entstandene Schaden zu nennen; wiederholt aufgetretene Fälle sowie sonstige geeignete Fälle sind als anonymisierte Fallbeispiele zu beschreiben.

(6) [1]Der Spitzenverband Bund der Krankenkassen trifft bis zum 1. Januar 2017 nähere Bestimmungen über

1. die einheitliche Organisation der Einrichtungen nach Absatz 1 Satz 1 bei seinen Mitgliedern,
2. die Ausübung der Kontrollen nach Absatz 1 Satz 2,
3. die Prüfung der Hinweise nach Absatz 2,
4. die Zusammenarbeit nach Absatz 3,
5. die Unterrichtung nach Absatz 4 und
6. die Berichte nach Absatz 5.

[2]Die Bestimmungen nach Satz 1 sind dem Bundesministerium für Gesundheit vorzulegen. [3]Der Spitzenverband Bund der Krankenkassen führt die Berichte nach Absatz 5, die ihm von seinen Mitgliedern zuzuleiten sind, zusammen, gleicht die Ergebnisse mit den Kassenärztlichen Bundesvereinigungen ab und veröffentlicht seinen eigenen Bericht im Internet.

§ 197b
Aufgabenerledigung durch Dritte

[1]Krankenkassen können die ihnen obliegenden Aufgaben durch Arbeitsgemeinschaften oder durch Dritte mit deren Zustimmung wahrnehmen lassen, wenn die Aufgabenwahrnehmung durch die Arbeitsgemeinschaften oder den Dritten wirtschaftlicher ist, es im wohlverstandenen Interesse der Betroffenen liegt und Rechte der Versicherten nicht beeinträchtigt werden. [2]Wesentliche Aufgaben zur Versorgung der Versicherten dürfen nicht in Auftrag gegeben werden. [3]§ 88 Abs. 3 und 4 und die §§ 89, 90 bis 92 und 97 des Zehnten Buches gelten entsprechend.

Vierter Abschnitt

Meldungen

§ 198
Meldepflicht des Arbeitgebers für versicherungspflichtig Beschäftigte

Der Arbeitgeber hat die versicherungspflichtig Beschäftigten nach den §§ 28a bis 28c des Vierten Buches an die zuständige Krankenkasse zu melden.

§ 199
Meldepflichten bei unständiger Beschäftigung

(1) [1]Unständig Beschäftigte haben der nach § 179 Abs. 1 zuständigen Krankenkasse Beginn und Ende der berufsmäßigen Ausübung von unständigen Beschäftigungen unverzüglich zu melden. [2]Der Arbeitgeber hat die unständig Beschäftigten auf ihre Meldepflicht hinzuweisen.

(2) [1]Gesamtbetriebe, in denen regelmäßig unständig Beschäftigte beschäftigt werden, haben die sich aus diesem Buch ergebenden Pflichten der Arbeitgeber zu übernehmen. [2]Welche Einrichtungen als Gesamtbetriebe gelten, richtet sich nach Landesrecht.

§ 199a Informationspflichten bei krankenversicherten Studenten

(1) [1]Die staatlichen oder staatlich anerkannten Hochschulen sowie die Stiftung für Hochschulzulassung haben Studienbewerber und Studenten über die Versicherungspflicht in der gesetzlichen Krankenversicherung, die Befreiungsmöglichkeiten und das zur Durchführung des Versicherungsverhältnisses einzuhaltende Verfahren in geeigneter Form zu informieren. [2]Inhalt und Ausgestaltung dieser Informationen werden durch den Spitzenverband Bund der Krankenkassen festgelegt.

(2) [1]Jeder Studieninteressierte hat gegenüber der staatlichen oder staatlich anerkannten Hochschule vor der Einschreibung nachzuweisen, dass er in der gesetzlichen Krankenversicherung versichert ist oder mit Beginn des Semesters, frühestens mit dem Tag der Einschreibung sein wird, oder dass er nicht gesetzlich versichert ist, weil er versicherungsfrei, von der Versicherungspflicht befreit oder nicht versicherungspflichtig ist. [2]Der Studieninteressierte fordert bei der Krankenkasse an, dass die Krankenkasse den Nachweis über seinen Versichertenstatus nach Satz 1 an die staatliche oder staatlich anerkannte Hochschule meldet. [3]Die Meldung enthält neben dem Versichertenstatus nach Satz 1 auch Angaben über Name, Anschrift und Geburtsdatum des Studieninteressierten sowie dessen Krankenversichertennummer, soweit diese zum Zeitpunkt der Meldung vorliegt und für das weitere Verfahren erforderlich ist. [4]Für die Abgabe der Meldung des Versicherungsstatus sind zuständig:

1. für einen bereits bei einer Krankenkasse Versicherten die Krankenkasse, bei der er versichert ist oder mit Beginn des Semesters, frühestens mit dem Tag der Einschreibung sein wird,
2. für einen nach § 6 versicherungsfreien oder für einen nicht versicherungspflichtigen Studenten die Krankenkasse, bei der zuletzt eine Versicherung bestand,
3. für einen Studenten, der nach § 8 Absatz 1 Satz 1 Nummer 5 von der Versicherungspflicht befreit worden ist, die Krankenkasse, die die Befreiung vorgenommen hat,
4. im Übrigen eine der Krankenkassen, die bei Versicherungspflicht gewählt werden könnte.

(3) Ist der Student gesetzlich versichert, meldet die staatliche oder staatlich anerkannte Hochschule der zuständigen Krankenkasse unverzüglich

1. nach Eingang der Meldung der Krankenkasse zum Versicherungsstatus das Datum der Einschreibung des Studenten und den Beginn des Semesters,
2. den Ablauf des Semesters, in dem oder mit Wirkung zu dessen Ablauf der Student exmatrikuliert wurde oder das der Aufnahme eines Promotionsstudiums bei fortgesetzter Einschreibung unmittelbar vorangeht, sowie das Datum der Exmatrikulation, wenn die Exmatrikulation vor dem Ende des Semesters erfolgt.

(4) [1]Bei einem Krankenkassenwechsel eines Studenten meldet die gewählte Krankenkasse der Hochschule unverzüglich den Beginn der Versicherung bei der gewählten Krankenkasse. [2]Die Hochschule meldet der gewählten Krankenkasse unverzüglich nach Eingang der Meldung das Datum der Einschreibung und den Beginn des Semesters.

(5) Bei versicherungspflichtigen Studenten nach § 5 Absatz 1 Nummer 9 hat die Krankenkasse den Hochschulen darüber hinaus unverzüglich zu melden:

1. den Verzug mit der Zahlung der Beiträge und
2. die Begleichung der rückständigen Beiträge.

(5a) Im Rahmen der Meldungen nach den Absätzen 3 bis 5 werden Angaben über Name, Anschrift, Geburtsdatum und Krankenversichertennummer des Studenten zwischen der Krankenkasse und der staatlichen oder staatlich anerkannten Hochschule übertragen, sofern diese zur Identifizierung des Studenten erforderlich sind.

(6) [1]Die Meldungen der Hochschulen nach den Absätzen 2 bis 4 sind durch gesicherte und verschlüsselte Datenübertragung zu erstatten. [2]Zur Teilnahme am elektronischen Meldeverfahren

haben die staatlichen oder staatlich anerkannten Hochschulen eine Absendernummer nach § 18n des Vierten Buches beim Spitzenverband Bund der Krankenkassen zu beantragen. [3]Die gesonderte Absendernummer und alle Angaben, die zur Vergabe der Absendernummer notwendig sind, werden in einer elektronischen Hochschuldatei beim Spitzenverband Bund der Krankenkassen verarbeitet. [4]Die Krankenkassen dürfen die Hochschuldatei und deren Inhalte verarbeiten, soweit dies für die Durchführung des Meldeverfahrens erforderlich ist.

(7) [1]Das Nähere zu den Datensätzen, den Verfahren und die zu übermittelnden Daten für die Anträge und Meldungen regeln der Spitzenverband Bund der Krankenkassen und die Hochschulrektorenkonferenz in Gemeinsamen Grundsätzen. [2]§ 95 des Vierten Buches ist anzuwenden. [3]Die Gemeinsamen Grundsätze bedürfen der Genehmigung des Bundesministeriums für Gesundheit, das vorher den Verband der Privaten Hochschulen e.V. anzuhören hat.

§ 200 Meldepflichten bei sonstigen versicherungspflichtigen Personen

(1) [1]Eine Meldung nach § 28a Abs. 1 bis 3 des Vierten Buches hat zu erstatten

1. für Personen, die in Einrichtungen der Jugendhilfe für eine Erwerbstätigkeit befähigt werden sollen oder in Werkstätten für behinderte Menschen, Blindenwerkstätten, Anstalten, Heimen oder in gleichartigen Einrichtungen tätig sind, der Träger dieser Einrichtung,
2. für Personen, die an Leistungen zur Teilhabe am Arbeitsleben teilnehmen, der zuständige Rehabilitationsträger,
3. für Personen, die Vorruhestandsgeld beziehen, der zur Zahlung des Vorruhestandsgeldes Verpflichtete.

[2]§ 28a Abs. 5 sowie die §§ 28b und 28c des Vierten Buches gelten entsprechend.

(2) [1]Auszubildende des Zweiten Bildungswegs nach § 5 Absatz 1 Nummer 10 zweiter Halbsatz haben ihrer Ausbildungsstätte eine Versicherungsbescheinigung vorzulegen, in der anzugeben ist, ob sie als Auszubildende gesetzlich versichert oder versicherungsfrei, von der Versicherungspflicht befreit oder nicht versicherungspflichtig sind. [2]Die Versicherungsbescheinigung ist in Textform auszustellen. [3]Die für die Ausstellung der Versicherungsbescheinigung zuständige Krankenkasse ergibt sich in entsprechender Anwendung von § 199a Absatz 2 Satz 4.

(3) [1]Die Ausbildungsstätten von versicherungspflichtigen Auszubildenden des Zweiten Bildungswegs nach § 5 Absatz 1 Nummer 10 zweiter Halbsatz haben der zuständigen Krankenkasse den Beginn der Ausbildung in einem förderungsfähigen Teil eines Ausbildungsabschnitts nach dem Bundesausbildungsförderungsgesetz sowie das Ende der Ausbildung unverzüglich mitzuteilen. [2]Das Weitere zu Inhalt, Form und Verfahren der Mitteilung legt der Spitzenverband Bund der Krankenkassen fest.

§ 201 Meldepflichten bei Rentenantragstellung und Rentenbezug

(1) [1]Wer eine Rente der gesetzlichen Rentenversicherung beantragt, hat mit dem Antrag eine Meldung für die zuständige Krankenkasse einzureichen. [2]Der Rentenversicherungsträger hat die Meldung unverzüglich an die zuständige Krankenkasse weiterzugeben.

(2) Wählen versicherungspflichtige Rentner oder Hinterbliebene eine andere Krankenkasse, hat die gewählte Krankenkasse dies der bisherigen Krankenkasse und dem zuständigen Rentenversicherungsträger unverzüglich mitzuteilen.

(3) [1]Nehmen versicherungspflichtige Rentner oder Hinterbliebene eine versicherungspflichtige Beschäftigung auf, für die eine andere als die bisherige Krankenkasse zuständig ist, hat die für das versicherungspflichtige Beschäftigungsverhältnis zuständige Krankenkasse dies der bisher zuständigen Krankenkasse und dem Rentenversicherungsträger mitzuteilen. [2]Satz 1 gilt entsprechend, wenn das versicherungspflichtige Beschäftigungsverhältnis endet.

(4) Der Rentenversicherungsträger hat der zuständigen Krankenkasse unverzüglich mitzuteilen

1. Beginn und Höhe einer Rente der gesetzlichen Rentenversicherung, den Monat, für den die Rente erstmalig laufend gezahlt wird,

1a. (aufgehoben)

2. den Tag der Rücknahme des Rentenantrags,
3. bei Ablehnung des Rentenantrags den Tag, an dem über den Rentenantrag verbindlich entschieden worden ist,
4. Ende, Entzug, Wegfall und sonstige Nichtleistung der Rente sowie
5. Beginn und Ende der Beitragszahlung aus der Rente.

(5) [1]Wird der Bezieher einer Rente der gesetzlichen Rentenversicherung versicherungspflichtig, hat die Krankenkasse dies dem Rentenversicherungsträger unverzüglich mitzuteilen. [2]Satz 1 gilt entsprechend, wenn die Versicherungspflicht aus einem anderen Grund als den in Absatz 4 Nr. 4 genannten Gründen endet.

(6) [1]Die Meldungen sind auf maschinell verwertbaren Datenträgern oder durch Datenübertragung zu erstatten. [2]Der Spitzenverband Bund der Krankenkassen vereinbart mit der Deutschen Rentenversicherung Bund das Nähere über das Verfahren im Benehmen mit dem Bundesamt für Soziale Sicherung.

§ 202 Meldepflichten bei Versorgungsbezügen

(1) [1]Die Zahlstelle hat bei der erstmaligen Bewilligung von Versorgungsbezügen sowie bei Mitteilung über die Beendigung der Mitgliedschaft eines Versorgungsempfängers und in den Fällen des § 5 Absatz 1 Nummer 11b die zuständige Krankenkasse des Versorgungsempfängers zu ermitteln und dieser Beginn, Höhe, Veränderungen und Ende der Versorgungsbezüge und in den Fällen des § 5 Absatz 1 Nummer 11b den Tag der Antragstellung sowie in den Fällen von Versorgungsbezügen nach § 229 Absatz 1 Satz 1 Nummer 5 erster Halbsatz deren Vorliegen unverzüglich mitzuteilen; in der Mitteilung ist auch anzugeben, ob der Versorgungsempfänger nach dem Ende des Arbeitsverhältnisses als alleiniger Versicherungsnehmer Leistungen aus nicht durch den Arbeitgeber finanzierten Beiträgen erworben hat. [2]Im Falle eines Versorgungsbezuges nach § 229 Absatz 1 Satz 1 Nummer 1, 3 und 4 hat die Zahlstelle zusätzlich anzugeben, ob es sich um eine den Waisenrenten gemäß § 48 des Sechsten Buches entsprechende Leistung nach § 15 des Gesetzes über die Alterssicherung der Landwirte, aus einem Dienst- oder Arbeitsverhältnis gemäß § 229 Absatz 1 Satz 1 Nummer 1 oder einer berufsständischen Versorgungseinrichtung unter den Voraussetzungen des § 5 Absatz 1 Nummer 11b Buchstabe b handelt. [3]Bei den am 1. Januar 1989 vorhandenen Versorgungsempfängern hat die Ermittlung der Krankenkasse innerhalb von sechs Monaten zu erfolgen. [4]Der Versorgungsempfänger hat der Zahlstelle seine Krankenkasse anzugeben und einen Kassenwechsel sowie die Aufnahme einer versicherungspflichtigen Beschäftigung anzuzeigen. [5]Die Krankenkasse hat der Zahlstelle von Versorgungsbezügen und dem Bezieher von Versorgungsbezügen unverzüglich die Beitragspflicht des Versorgungsempfängers und, soweit die Summe der beitragspflichtigen Einnahmen nach § 237 Satz 1 Nummer 1 und 2 die Beitragsbemessungsgrenze überschreitet, deren Umfang mitzuteilen. [6]Die Krankenkasse hat der Zahlstelle im Falle des Mehrfachbezugs von Versorgungsbezügen nach § 229 Absatz 1 Satz 1 Nummer 5 erster Halbsatz zusätzlich mitzuteilen, ob und in welcher Höhe der Freibetrag nach § 226 Absatz 2 Satz 2 anzuwenden ist.

(2) [1]Die Zahlstelle kann der zuständigen Krankenkasse die Meldung durch gesicherte und verschlüsselte Datenübertragung aus systemgeprüften Programmen oder mittels maschineller Ausfüllhilfen zu erstatten. [2]Die Krankenkasse hat nach inhaltlicher Prüfung alle fehlerfreien Angaben elektronisch zu verarbeiten. [3]Alle Rückmeldungen der Krankenkasse an die Zahlstelle erfolgen arbeitstäglich durch Datenübertragung. [4]Den Aufbau des Datensatzes, notwendige Schlüsselzahlen und Angaben legt der Spitzenverband Bund der Krankenkassen in Grundsätzen fest, die vom Bundesministerium für Arbeit und Soziales im Einvernehmen mit dem Bundesministerium für Gesundheit zu genehmigen sind; die Bundesvereinigung der Deutschen Arbeitgeberverbände ist anzuhören.

(3) [1]Die Zahlstellen haben für die Durchführung der Meldeverfahren nach diesem Gesetzbuch eine Zahlstellennummer beim Spitzenverband Bund der Krankenkassen elektronisch zu beantragen. [2]Die Zahlstellennummern und alle Angaben, die zur Vergabe der Zahlstellennummer notwendig sind, werden in einer gesonderten elektronischen Datei beim Spitzenverband Bund der Krankenkassen gespeichert. [3]Die Sozialversicherungsträger, ihre Verbände und ihre Arbeitsgemeinschaften, die Künstlersozialkasse, die Behörden der Zollverwaltung, soweit sie Aufgaben nach § 2 des Schwarzarbeitsbekämpfungsgesetzes oder nach

§ 66 des Zehnten Buches wahrnehmen, sowie die zuständigen Aufsichtsbehörden und die Arbeitgeber dürfen die ihnen von den Zahlstellen zur Erfüllung einer gesetzlichen Aufgabe nach diesem Buch übermittelten Zahlstellennummern verarbeiten, soweit dies für die Erfüllung einer gesetzlichen Aufgabe nach diesem Gesetzbuch erforderlich ist. 4Andere Behörden, Gerichte oder Dritte dürfen die Zahlstellennummern verarbeiten, sofern sie nach anderen gesetzlichen Vorschriften zu deren Erhebung befugt sind und soweit dies für die Erfüllung einer gesetzlichen Aufgabe einer der in Satz 3 genannten Stellen erforderlich ist. 5Das Nähere zum Verfahren und den Aufbau der Zahlstellennummer regeln die Grundsätze nach Absatz 2 Satz 4.

§ 203 Meldepflichten bei Leistung von Mutterschaftsgeld, Elterngeld oder Erziehungsgeld

(1) Die zuständige Krankenkasse übermittelt der nach § 12 Absatz 1 des Bundeselterngeld- und Elternzeitgesetzes zuständigen Behörde unverzüglich auf deren Aufforderung hin Angaben zum Zeitraum und zur Höhe des bewilligten Mutterschaftsgeldes oder die Auskunft, dass kein Mutterschaftsgeld bewilligt wurde, wenn

1. die Mutter Elterngeld für den Zeitpunkt ab der Geburt des Kindes beantragt hat sowie in diese Datenübermittlung gegenüber der für die Antragsbearbeitung zuständigen Behörde eingewilligt hat und
2. die zuständige Krankenkasse über die nach Nummer 1 erteilte Einwilligung im Rahmen der Aufforderung zur Datenübermittlung informiert wird.

(2) (aufgehoben)

(3) Die Aufforderung nach Absatz 1 einschließlich der Information über die Erteilung der Einwilligung und die Übermittlung der Daten nach Absatz 1 oder Absatz 2 müssen elektronisch durch eine gesicherte und verschlüsselte Datenübertragung erfolgen.

(4) Der Spitzenverband Bund der Krankenkassen legt in Grundsätzen, die der Genehmigung des Bundesministeriums für Gesundheit im Einvernehmen mit dem Bundesministerium für Familie, Senioren, Frauen und Jugend bedürfen, fest:

1. den Übertragungsweg und
2. die Einzelheiten des Übertragungsverfahrens, wie den Aufbau der Datensätze für
   a) die elektronischen Aufforderungen einschließlich der elektronischen Information über die Erteilung der Einwilligung durch die nach § 12 Absatz 1 des Bundeselterngeld- und Elternzeitgesetzes zuständigen Behörden nach Absatz 1,
   b) die elektronischen Übermittlungen der Krankenkassen nach Absatz 1 und
   c) die elektronischen Übermittlungen der nach § 12 Absatz 1 des Bundeselterngeld- und Elternzeitgesetzes zuständigen Behörden oder der nach dem jeweiligen Landesrecht zuständigen Behörden nach Absatz 2.

§ 203a Meldepflicht bei Bezug von Arbeitslosengeld, Bürgergeld oder Unterhaltsgeld

Die Agenturen für Arbeit oder in den Fällen des § 6a des Zweiten Buches die zugelassenen kommunalen Träger erstatten die Meldungen hinsichtlich der nach § 5 Abs. 1 Nr. 2 und Nr. 2a Versicherten entsprechend §§ 28a bis 28c des Vierten Buches.

§ 204 Meldepflichten bei Einberufung zum Wehrdienst oder Zivildienst

(1) 1Bei Einberufung zu einem Wehrdienst oder einer Dienstleistung oder Übung nach dem Vierten Abschnitt des Soldatengesetzes hat bei versicherungspflichtig Beschäftigten der Arbeitgeber und bei Arbeitslosen die Agentur für Arbeit den Beginn des Wehrdienstes sowie das Ende des Grundwehrdienstes und einer Wehrübung der zuständigen Krankenkasse unverzüglich zu melden. 2Das Ende eines Wehrdienstes nach § 4 Abs. 1 Nr. 6 des Wehrpflichtgesetzes hat das Bundesministerium der Verteidigung oder die von ihm bestimmte Stelle zu melden. 3Sonstige Versicherte haben die Meldungen nach Satz 1 selbst zu erstatten.

(2) 1Absatz 1 gilt für den Zivildienst entsprechend. 2An die Stelle des Bundesministeriums der Verteidigung tritt das Bundesamt für den Zivildienst.

§ 205
Meldepflichten bestimmter Versicherungspflichtiger

Versicherungspflichtige, die eine Rente der gesetzlichen Rentenversicherung oder der Rente vergleichbare Einnahmen (Versorgungsbezüge) beziehen, haben ihrer Krankenkasse unverzüglich zu melden

1. Beginn und Höhe der Rente,
2. Beginn, Höhe, Veränderungen und die Zahlstelle der Versorgungsbezüge sowie
3. Beginn, Höhe und Veränderungen des Arbeitseinkommens.

§ 206
Auskunfts- und Mitteilungspflichten der Versicherten

(1) [1]Wer versichert ist oder als Versicherter in Betracht kommt, hat der Krankenkasse, soweit er nicht nach § 280 des Vierten Buches auskunftspflichtig ist,

1. auf Verlangen über alle für die Feststellung der Versicherungs- und Beitragspflicht und für die Durchführung der der Krankenkasse übertragenen Aufgaben erforderlichen Tatsachen unverzüglich Auskunft zu erteilen,
2. Änderungen in den Verhältnissen, die für die Feststellung der Versicherungs- und Beitragspflicht erheblich sind und nicht durch Dritte gemeldet werden, unverzüglich mitzuteilen.

[2]Er hat auf Verlangen die Unterlagen, aus denen die Tatsachen oder die Änderungen der Verhältnisse hervorgehen, der Krankenkasse in deren Geschäftsräumen unverzüglich vorzulegen.

(2) Entstehen der Krankenkasse durch eine Verletzung der Pflichten nach Absatz 1 zusätzliche Aufwendungen, kann sie von dem Verpflichteten die Erstattung verlangen.

Siebtes Kapitel

Verbände der Krankenkassen

§ 207
Bildung und Vereinigung von Landesverbänden

(1) [1]In jedem Land bilden

die Ortskrankenkassen einen Landesverband der Ortskrankenkassen,

die Betriebskrankenkassen einen Landesverband der Betriebskrankenkassen,

die Innungskrankenkassen einen Landesverband der Innungskrankenkassen.

[2]Die Landesverbände der Krankenkassen sind Körperschaften des öffentlichen Rechts. [3]Die Krankenkassen gehören mit Ausnahme der Betriebskrankenkassen der Dienstbetriebe des Bundes dem Landesverband des Landes an, in dem sie ihren Sitz haben. [4]Andere Krankenkassen können den Landesverbänden beitreten.

(2) [1]Bestehen in einem Land am 1. Januar 1989 mehrere Landesverbände, bestehen diese fort, wenn die für die Sozialversicherung zuständige oberste Verwaltungsbehörde des Landes ihre Zustimmung nicht bis zum 31. Dezember 1989 versagt. [2]Die für die Sozialversicherung zuständigen obersten Verwaltungsbehörden der Länder können ihre Zustimmung nach Satz 1 unter Einhaltung einer einjährigen Frist zum Ende eines Kalenderjahres widerrufen. [3]Versagen oder widerrufen sie die Zustimmung, regeln sie die Durchführung der erforderlichen Organisationsänderungen.

(2a) Vereinigen sich in einem Land alle Mitglieder eines Landesverbandes oder werden alle Mitglieder eines Landesverbandes durch die Landesregierung zu einer Krankenkasse vereinigt, tritt diese Krankenkasse in die Rechte und Pflichten des Landesverbandes ein.

(3) [1]Länderübergreifende Landesverbände bestehen fort, wenn nicht eine der für die Sozialversicherung zuständigen obersten Verwaltungsbehörden in den betroffenen Ländern ihre Zustimmung bis zum 31. Dezember 1989 versagt. [2]Jede dieser obersten Verwaltungsbehörden der Länder kann ihre Zustimmung unter Einhaltung einer einjährigen Frist zum Ende eines Kalenderjahres widerrufen. [3]Wird die Zustimmung versagt oder widerrufen, regeln die beteiligten Länder die Durchführung der erforderlichen Organisationsänderungen einvernehmlich.

(4) [1]Besteht in einem Land nur eine Krankenkasse der gleichen Art, nimmt sie zugleich die Aufgaben eines Landesverbandes wahr. [2]Sie hat insoweit die Rechtsstellung eines Landesverbands.

(4a) [1]Besteht in einem Land für eine Kassenart kein Landesverband, nimmt ein anderer Landesverband dieser Kassenart mit Zustimmung der für die Sozialversicherung zuständigen obersten Verwaltungsbehörden der beteiligten Länder die Aufgabe eines Landesverbandes in diesem Land wahr. [2]Kommt eine Einigung der Beteiligten nicht innerhalb von drei Monaten nach Wegfall des Landesverbandes zustande, nimmt der Bundesverband der Kassenart diese Aufgabe wahr.

(5) [1]Mit Zustimmung der für die Sozialversicherung zuständigen obersten Verwaltungsbehörden der Länder können sich Landesverbände der gleichen Krankenkassenart zu einem Verband zusammenschließen. [2]Das gilt auch, wenn die Landesverbände ihren Sitz in verschiedenen Ländern haben.

§ 208
Aufsicht, Haushalts- und Rechnungswesen, Vermögen, Statistiken

(1) Die Landesverbände unterstehen der Aufsicht der für die Sozialversicherung zuständigen obersten Verwaltungsbehörde des Landes, in dem sie ihren Sitz haben.

(2) [1]Für die Aufsicht gelten die §§ 87 bis 89 des Vierten Buches. [2]Für das Haushalts- und Rechnungswesen einschließlich der Statistiken gelten die §§ 67 bis 70 Abs. 1 und 5, §§ 72 bis 77 Abs. 1, §§ 78 und 79 Abs. 1 und 2, für das Vermögen die §§ 80 bis 86 des Vierten Buches sowie § 220 Absatz 1 Satz 2 und 3 . [3]Für das Verwaltungsvermögen gilt § 263 entsprechend.

§ 209
Verwaltungsrat der Landesverbände

(1) [1]Bei den Landesverbänden der Krankenkassen wird als Selbstverwaltungsorgan ein Verwaltungsrat nach näherer Bestimmung der Satzungen gebildet. [2]Der Verwaltungsrat hat höchstens 30 Mitglieder. [3]In dem Verwaltungsrat müssen, soweit möglich, alle Mitgliedskassen vertreten sein.

(2) [1]Der Verwaltungsrat setzt sich je zur Hälfte aus Vertretern der Versicherten und der Arbeitgeber zusammen. [2]Die Versicherten wählen die Vertreter der Versicherten, die Arbeitgeber wählen die Vertreter der Arbeitgeber. [3]§ 44 Abs. 4 des Vierten Buches Sozialgesetzbuch gilt entsprechend.

(3) Die Mitglieder des Verwaltungsrats werden von dem Verwaltungsrat der Mitgliedskassen aus dessen Reihen gewählt.

(4) [1]Für den Verwaltungsrat gilt § 197 entsprechend. [2]§ 33 Abs. 3, § 37 Abs. 1, die §§ 40, 41, 42 Abs. 1 bis 3, § 51 Abs. 1 Satz 1 Nr. 3, die §§ 58, 59, 62, 63 Abs. 1, 3, 4, § 64 Abs. 3 und § 66 Abs. 1 des Vierten Buches gelten entsprechend.

§ 209a
Vorstand bei den Landesverbänden

[1]Bei den Landesverbänden der Orts-, Betriebs- und Innungskrankenkassen wird ein Vorstand gebildet. [2]Er besteht aus höchstens drei Personen. [3]§ 35a Abs. 1 bis 3 und 5 bis 7 des Vierten Buches gilt entsprechend.

§ 210
Satzung der Landesverbände

(1) [1]Jeder Landesverband hat durch seinen Verwaltungsrat eine Satzung aufzustellen. [2]Die Satzung bedarf der Genehmigung der für die Sozialversicherung zuständigen obersten Verwaltungsbehörde des Landes. [3]Die Satzung muss Bestimmungen enthalten über

1. Namen, Bezirk und Sitz des Verbandes,
2. Zahl und Wahl der Mitglieder des Verwaltungsrats und ihrer Vertreter,
3. Entschädigungen für Organmitglieder,
4. Öffentlichkeit des Verwaltungsrats,
5. Rechte und Pflichten der Mitgliedskassen,
6. Aufbringung und Verwaltung der Mittel,
7. jährliche Prüfung der Betriebs- und Rechnungsführung,
8. Art der Bekanntmachungen.

[4]§ 34 Abs. 2 des Vierten Buches gilt entsprechend.

(2) Die Satzung muss ferner Bestimmungen darüber enthalten, dass die von dem Spitzenverband Bund der Krankenkassen abzuschließenden Verträge und die Richtlinien nach den §§ 92 und 283 Absatz 2 für die Landesverbände und ihre Mitgliedskassen verbindlich sind.

§ 211
Aufgaben
der Landesverbände

(1) Die Landesverbände haben die ihnen gesetzlich zugewiesenen Aufgaben zu erfüllen.

(2) Die Landesverbände unterstützen die Mitgliedskassen bei der Erfüllung ihrer Aufgaben und bei der Wahrnehmung ihrer Interessen, insbesondere durch

1. Beratung und Unterrichtung,
2. Sammlung und Aufbereitung von statistischem Material zu Verbandszwecken,
3. Abschluss und Änderung von Verträgen, insbesondere mit anderen Trägern der Sozialversicherung, soweit sie von der Mitgliedskasse hierzu bevollmächtigt worden sind,
4. Übernahme der Vertretung der Mitgliedskassen gegenüber anderen Trägern der Sozialversicherung, Behörden und Gerichten,
5. Entscheidung von Zuständigkeitskonflikten zwischen den Mitgliedskassen,
6. Förderung und Mitwirkung bei der beruflichen Aus-, Fort- und Weiterbildung der bei den Mitgliedskassen Beschäftigten,
7. Arbeitstagungen,
8. Entwicklung und Abstimmung von Verfahren und Programmen für die automatische Datenverarbeitung, den Datenschutz und die Datensicherung sowie den Betrieb von Rechenzentren in Abstimmung mit den Mitgliedskassen.

(3) Die Landesverbände sollen die zuständigen Behörden in Fragen der Gesetzgebung und Verwaltung unterstützen; § 30 Abs. 3 des Vierten Buches ist entsprechend anzuwenden.

(4) [1]Die für die Finanzierung der Aufgaben eines Landesverbandes erforderlichen Mittel werden von seinen Mitgliedskassen sowie von den Krankenkassen derselben Kassenart mit Mitgliedern mit Wohnsitz im Zuständigkeitsbereich des Landesverbandes aufgebracht. [2]Die mitgliedschaftsrechtliche Zuordnung der Krankenkassen nach § 207 Abs. 1 Satz 3 bleibt unberührt. [3]Das Nähere zur Aufbringung der Mittel nach Satz 1 vereinbaren die Landesverbände. [4]Kommt die Vereinbarung nach Satz 3 nicht bis zum 1. November eines Jahres zustande, wird der Inhalt der Vereinbarung durch eine von den Vertragsparteien zu bestimmende Schiedsperson festgelegt.

§ 211a
Entscheidungen
auf Landesebene

[1]Die Landesverbände der Krankenkassen und die Ersatzkassen sollen sich über die von ihnen nach diesem Gesetz gemeinsam und einheitlich zu treffenden Entscheidungen einigen. [2]Kommt eine Einigung nicht zustande, erfolgt die Beschlussfassung durch je einen Vertreter der Kassenart, dessen Stimme mit der landesweiten Anzahl der Versicherten nach der Statistik KM6 seiner Kassenart zu gewichten ist. [3]Die Gewichtung ist entsprechend der Entwicklung der Versichertenzahlen nach der Statistik KM6 jährlich zum 1. Januar anzupassen.

§ 212
Bundesverbände,
Deutsche Rentenversicherung
Knappschaft-Bahn-See,
Verbände der Ersatzkassen

(1) [1]Die nach § 212 Abs. 1 in der bis zum 31. Dezember 2008 geltenden Fassung bestehenden Bundesverbände werden kraft Gesetzes zum 1. Januar 2009 in Gesellschaften des bürgerlichen Rechts umgewandelt. [2]Gesellschafter der Gesellschaften sind die am 31. Dezember 2008 vorhandenen Mitglieder des jeweiligen Bundesverbandes. [3]Die Gesellschaften sind bis zum 31. Dezember 2012 verpflichtet, den bei den bis zum 31. Dezember 2008 bestehenden Bundesverbänden unbefristet tätigen Angestellten ein neues Beschäftigungsverhältnis zu vermitteln. [4]So lange sind betriebsbedingte Kündigungen unzulässig. [5]Nach dem 31. Dezember 2012 steht es den Gesellschaftern frei, über den Fortbestand der Gesellschaft und die Gestaltung der Gesellschaftsverhältnisse zu entscheiden. [6]Soweit sich aus den folgenden Vorschriften nichts anderes ergibt, finden die Vorschriften des Bürgerlichen Gesetzbuchs über die Gesellschaft bürgerlichen Rechts Anwendung. [7]Der Gesellschaft nach Satz 1 können Krankenkassen der jeweiligen Kassenart beitreten.

(2) (aufgehoben)

(3) Für die knappschaftliche Krankenversicherung nimmt die Deutsche Rentenversicherung Knappschaft-Bahn-See die Aufgaben eines Landesverbands wahr.

(4) [1]Die Gesellschaften nach Absatz 1 sind Rechtsnachfolger der nach § 212 in der bis zum 31. Dezember 2008 geltenden Fassung bestehenden Bundesverbände. [2]Zweck der Gesellschaft ist die Erfüllung ihrer sich nach § 214 ergebenden oder zusätzlich vertraglich vereinbarten Aufgaben. [3]Bis zum Abschluss eines Gesellschaftsvertrages gelten die zur Erreichung des Gesellschaftszwecks erforderlichen Pflichten und Rechte als vereinbart. [4]Das Betriebsverfassungsgesetz findet Anwendung.

(5) [1]Die Ersatzkassen können sich zu Verbänden zusammenschließen. [2]Die Verbände haben in der Satzung ihre Zwecke und Aufgaben festzusetzen. [3]Die Satzungen bedürfen der Genehmigung, der Antrag auf Eintragung in das Vereinsregister der Einwilligung der Aufsichtsbehörde. [4]Die Ersatzkassen haben für alle Verträge auf Landesebene, die nicht gemeinsam und einheitlich abzuschließen sind, jeweils einen Bevollmächtigten mit Abschlussbefugnis zu benennen. [5]Ersatzkassen können sich auf eine gemeinsame Vertretung auf Landesebene einigen. [6]Für gemeinsam und einheitlich abzuschließende Verträge auf Landesebene müssen sich die Ersatzkassen auf einen gemeinsamen Bevollmächtigten mit Abschlussbefugnis einigen. [7]In den Fällen der Sätze 5 und 6 können die Ersatzkassen die Verbände der Ersatzkassen als Bevollmächtigte benennen. [8]Sofern nichts anderes bestimmt ist, haben die Ersatzkassen für sonstige Maßnahmen und Entscheidungen einen gemeinsamen Vertreter zu benennen. [9]Können sich die Ersatzkassen in den Fällen der Sätze 6 und 8 nicht auf einen gemeinsamen Vertreter einigen, bestimmt die Aufsicht den Vertreter. [10]Soweit für die Aufgabenerfüllung der Erlass von Verwaltungsakten notwendig ist, haben im Falle der Bevollmächtigung die Verbände der Ersatzkassen hierzu die Befugnis.

(6) [1]Absatz 5 Satz 6, 8 und 9 gilt für die Krankenkassen der anderen Kassenarten entsprechend. [2]Besteht in einem Land ein Landesverband, gilt abweichend von Satz 1 der Landesverband als Bevollmächtigter der Kassenart. [3]Satz 2 gilt entsprechend, wenn die Aufgaben eines Landesverbandes von einer Krankenkasse oder einem anderen Landesverband nach § 207 wahrgenommen werden. [4]Bestehen in einem Land mehrere Landesverbände, gelten diese in ihrem jeweiligen Zuständigkeitsbereich als Bevollmächtigte.

§ 213
Rechtsnachfolge, Vermögensübergang, Arbeitsverhältnisse

(1) [1]Das den bis zum 31. Dezember 2008 bestehenden Bundesverbänden zustehende Vermögen wandelt sich in Gesamthandsvermögen der Gesellschaften des bürgerlichen Rechts um. [2]Für die Arbeitsverhältnisse findet § 613a des Bürgerlichen Gesetzbuchs entsprechend Anwendung. [3]Für Ansprüche aus Dienst- und Arbeitsvertrag einschließlich der Ansprüche auf Versorgung haften die Gesellschafter zeitlich unbeschränkt. [4]Bei Auflösung eines Verbandes der Ersatzkassen oder des Austritts eines Mitglieds aus einem Verband der Ersatzkassen haften die Vereinsmitglieder für Ansprüche aus Dienst- und Arbeitsvertrag einschließlich der Ansprüche auf Versorgung zeitlich unbeschränkt. [5]Die bei den bis zum 31. Dezember 2008 bestehenden Bundesverbänden tätigen Angestellten, für die die Dienstordnung gilt, werden unter Wahrung ihrer Rechtsstellung und Fortgeltung der jeweiligen Dienstordnungen bei den Gesellschaften beschäftigt. [6]§ 168 Absatz 1 und 2 gilt entsprechend. [7]Angestellte, für die die Dienstordnung gilt, haben einen Anspruch auf Anstellung bei einem Landesverband ihrer Wahl; der Landesverband muss zuvor Mitglied des Bundesverbandes nach § 212 in der bis zum 31. Dezember 2008 geltenden Fassung gewesen sein, bei dem der Dienstordnungsangestellte angestellt war. [8]Der Landesverband oder die Krankenkasse, der oder die einen Dienstordnungsangestellten oder einen übrigen Beschäftigten anstellt, dessen Arbeitsplatz bei einem der bis zum 31. Dezember 2008 bestehenden Bundesverbände oder bei einer der in Satz 1 genannten Gesellschaften bürgerlichen Rechts weggefallen ist, hat einen Ausgleichsanspruch gegen die übrigen Landesverbände oder Krankenkassen der Kassenart. [9]Für die Vergütungs- und Versorgungsansprüche haften die Gesellschafter zeitlich unbeschränkt. [10]Die Sätze 6 bis 9 gelten auch für die Beschäftigten der Verbände der Ersatzkassen.

(2) [1]Die in den Bundesverbänden bis zum 31. Dezember 2008 bestehenden Personalräte nehmen ab dem 1. Januar 2009 die Aufgaben eines Betriebsrates mit dessen Rechten und Pflichten nach dem Betriebsverfassungsgesetz übergangsweise wahr. [2]Das Übergangsmandat endet, sobald ein Betriebsrat gewählt und das Wahlergebnis bekannt gegeben ist; es besteht längstens bis zum 31. Mai 2010.

(3) Die in den Bundesverbänden am 31. Dezember 2008 jeweils bestehenden Dienstvereinbarungen gelten in den Gesellschaften des bürgerlichen Rechts als Betriebsvereinbarungen für längstens 24 Monate fort, soweit sie nicht durch andere Regelungen ersetzt werden.

(4) [1]Auf die bis zum 31. Dezember 2008 förmlich eingeleiteten Beteiligungsverfahren im Bereich der Bundesverbände finden bis zu deren Abschluss die Bestimmungen des Bundespersonalvertretungsgesetzes sinngemäß Anwendung. [2]Dies gilt auch für Verfahren vor der Einigungsstelle und den Verwaltungsgerichten. [3]In den Fällen der Sätze 1 und 2 tritt in diesen Verfahren an die Stelle der Personalvertretung die nach dem Betriebsverfassungsgesetz zuständige Arbeitnehmervertretung.

(5) Bei der Fusion von Landesverbänden wird die Gesellschaft mit dem Rechtsnachfolger des fusionierten Landesverbandes fortgeführt.

(6) [1]Der Spitzenverband Bund soll den Beschäftigten der nach § 212 Abs. 1 in der bis zum 31. Dezember 2008 geltenden Fassung bestehenden Bundesverbände sowie den Beschäftigten der Verbände der Ersatzkassen eine Anstellung anbieten, soweit dies für eine ordnungsgemäße Erfüllung der Aufgaben des Spitzenverbandes Bund erforderlich ist. [2]Einer vorherigen Ausschreibung bedarf es nicht.

§ 214 Aufgaben

[1]Die Gesellschaft hat die Aufgabe, die Verpflichtungen auf Grund der Rechtsnachfolge oder aus Gesetz zu erfüllen. [2]Die Gesellschafter können im Gesellschaftsvertrag weitere Aufgaben zur Unterstützung der Durchführung der gesetzlichen Krankenversicherung vereinbaren.

§ 215 Selbstverwaltungsorgane der Bundesverbände

(aufgehoben)

§ 216 Satzung der Bundesverbände

(aufgehoben)

§ 217 Aufgaben der Bundesverbände

(aufgehoben)

§ 217a Errichtung des Spitzenverbandes Bund der Krankenkassen

(1) Die Krankenkassen bilden den Spitzenverband Bund der Krankenkassen.

(2) Der Spitzenverband Bund der Krankenkassen ist eine Körperschaft des öffentlichen Rechts.

§ 217b Organe

(1) [1]Bei dem Spitzenverband Bund der Krankenkassen wird als Selbstverwaltungsorgan ein Verwaltungsrat gebildet. [2]Ein Mitglied des Verwaltungsrates muss dem Verwaltungsrat, dem ehrenamtlichen Vorstand oder der Vertreterversammlung einer Mitgliedskasse angehören. [3]§ 33 Abs. 3, die §§ 40, 41, 42 Abs. 1 bis 3, die §§ 58, 59, 62 Absatz 1 bis 4 und 6, § 63 Abs. 1, 3, 4, § 64 Absatz 1 bis 3, § 64a und § 66 Abs. 1 des Vierten Buches und § 197 gelten entsprechend.

(1a) [1]Der Verwaltungsrat kann sämtliche Geschäfts- und Verwaltungsunterlagen einsehen und prüfen. [2]Der Verwaltungsrat kann von dem Vorstand jederzeit einen Bericht über Angelegenheiten der Körperschaften verlangen. [3]Der Bericht ist rechtzeitig und in der Regel schriftlich zu erstatten. [4]Die Rechte nach den Sätzen 1 und 2 können auch mit einem Viertel der abgegebenen Stimmen im Verwaltungsrat geltend gemacht werden.

(1b) [1]Der Verwaltungsrat hat seine Beschlüsse nachvollziehbar zu begründen. [2]Er hat seine Sitzungen zu protokollieren. [3]Der Verwaltungsrat kann ein Wortprotokoll verlangen. [4]Abstimmungen erfolgen in der Regel nicht geheim. [5]Eine geheime Abstimmung findet nur in besonderen Angelegenheiten statt. [6]Eine namentliche Abstimmung erfolgt über die in der Satzung nach § 217e Absatz 1 festzulegenden haftungsrelevanten Abstimmungsgegenstände.

(1c) [1]Verpflichtet sich ein Mitglied des Verwaltungsrates außerhalb seiner Tätigkeit im Verwaltungsrat durch einen Dienstvertrag, durch den ein Arbeitsverhältnis nicht begründet wird, oder durch einen Werkvertrag gegenüber dem Spitzenverband Bund der Krankenkassen zu einer Tätigkeit höherer Art, so hängt die Wirksamkeit des Vertrages von der Zustimmung des Verwaltungsrates ab. [2]Gewährt der Spitzenverband

Bund der Krankenkassen auf Grund des Dienstvertrages oder des Werkvertrages dem Mitglied des Verwaltungsrates eine Vergütung, ohne dass der Verwaltungsrat diesem Vertrag zugestimmt hat, so hat das Mitglied des Verwaltungsrates die Vergütung zurückzugewähren, es sei denn, dass der Verwaltungsrat den Vertrag nachträglich genehmigt. [3]Ein Anspruch des Mitglieds des Verwaltungsrates gegen den Spitzenverband Bund der Krankenkassen auf Herausgabe der durch die geleistete Tätigkeit erlangten Bereicherung bleibt unberührt. [4]Der Anspruch kann jedoch nicht gegen den Rückgewähranspruch aufgerechnet werden.

(1d) Die Höhe der jährlichen Entschädigungen der einzelnen Mitglieder des Verwaltungsrates einschließlich Nebenleistungen sind in einer Übersicht jährlich zum 1. März, erstmals zum 1. März 2017, vom Spitzenverband Bund der Krankenkassen im Bundesanzeiger und gleichzeitig in den Mitteilungen des Spitzenverbandes Bund der Krankenkassen zu veröffentlichen.

(1e) [1]Der Verwaltungsrat kann seinen Vorsitzenden oder dessen Stellvertreter abberufen, wenn bestimmte Tatsachen das Vertrauen der Mitglieder des Verwaltungsrates zu der Amtsführung des Vorsitzenden oder des stellvertretenden Vorsitzenden ausschließen, insbesondere wenn der Vorsitzende oder der stellvertretende Vorsitzende seine Pflicht als Willensvertreter des Verwaltungsrates verletzt hat oder seine Informationspflichten gegenüber dem Verwaltungsrat verletzt hat. [2]Für die Abberufung ist die einfache Mehrheit der abgegebenen Stimmen erforderlich. [3]Mit dem Beschluss über die Abberufung muss der Verwaltungsrat gleichzeitig einen Nachfolger für den Vorsitzenden oder den stellvertretenden Vorsitzenden wählen. [4]Die Amtszeit des abberufenen Vorsitzenden oder des abberufenen stellvertretenden Vorsitzenden endet mit der Abberufung.

(2) [1]Bei dem Spitzenverband Bund der Krankenkassen wird ein Vorstand gebildet. [2]Der Vorstand besteht aus höchstens drei Personen; besteht der Vorstand aus mehreren Personen, müssen ihm mindestens eine Frau und mindestens ein Mann angehören. [3]Der Vorstand sowie aus seiner Mitte der Vorstandsvorsitzende und dessen Stellvertreter werden von dem Verwaltungsrat gewählt. [4]Der Vorstand verwaltet den Spitzenverband und vertritt den Spitzenverband gerichtlich und außergerichtlich, soweit Gesetz oder sonstiges für den Spitzenverband maßgebendes Recht nichts Abweichendes bestimmen. [5]Die Mitglieder des Vorstandes üben ihre Tätigkeit hauptamtlich aus. [6]§ 35a Abs. 1 bis 3, 6 bis 7 des Vierten Buches gilt entsprechend. [7]Die Aufsichtsbehörde kann vor ihrer Entscheidung nach § 35a Absatz 6a des Vierten Buches in Verbindung mit Satz 6 verlangen, dass ihr der Spitzenverband Bund der Krankenkassen eine unabhängige rechtliche und wirtschaftliche Bewertung der Vorstandsdienstverträge vorlegt. [8]Vergütungserhöhungen sind während der Dauer der Amtszeit der Vorstandsmitglieder unzulässig. [9]Zu Beginn einer neuen Amtszeit eines Vorstandsmitgliedes kann eine über die zuletzt nach § 35a Absatz 6a Satz 1 des Vierten Buches gebilligte Vergütung der letzten Amtsperiode oder des Vorgängers im Amt hinausgehende höhere Vergütung nur durch einen Zuschlag auf die Grundvergütung nach Maßgabe der Entwicklung des Verbraucherpreisindexes vereinbart werden. [10]Die Aufsichtsbehörde kann zu Beginn einer neuen Amtszeit eines Vorstandsmitgliedes eine niedrigere Vergütung anordnen. [11]Finanzielle Zuwendungen nach § 35a Absatz 6 Satz 3 des Vierten Buches sind auf die Vergütungen der Vorstandsmitglieder anzurechnen oder an den Spitzenverband Bund der Krankenkassen abzuführen. [12]Vereinbarungen des Spitzenverbandes Bund der Krankenkassen für die Zukunftssicherung der Vorstandsmitglieder sind nur auf der Grundlage von beitragsorientierten Zusagen zulässig.

(2a) [1]Der Vorstand hat geeignete Maßnahmen zur Herstellung und Sicherung einer ordnungsgemäßen Verwaltungsorganisation zu ergreifen. [2]In der Verwaltungsorganisation ist insbesondere ein angemessenes internes Kontrollverfahren mit einem internen Kontrollsystem und mit einer unabhängigen internen Revision einzurichten. [3]Die interne Revision berichtet in regelmäßigen Abständen dem Vorstand und bei festgestellten Verstößen gegen gesetzliche Regelungen oder andere wesentliche Vorschriften auch der Aufsichtsbehörde. [4]Beziehen sich die festgestellten Verstöße auf das Handeln von Vorstandsmitgliedern, so ist auch dem Verwaltungsrat zu berichten.

(3) [1]Bei dem Spitzenverband Bund der Krankenkassen wird eine Mitgliederversammlung gebildet. [2]Die Mitgliederversammlung wählt den Verwaltungsrat. [3]In die Mitgliederversammlung entsendet jede Mitgliedskasse jeweils einen Vertreter der Versicherten und der Arbeitgeber aus ihrem Verwaltungsrat, ihrem ehrenamtlichen Vorstand oder ihrer Vertreterversammlung. [4]Eine Ersatzkasse, deren Verwaltungsrat nicht zur Hälfte mit

Vertretern der Arbeitgeber besetzt ist, entsendet jeweils zwei Vertreter der Versicherten aus ihrem Verwaltungsrat. [5]§ 64 Abs. 1 und 3 des Vierten Buches gilt entsprechend.

(4) [1]Bei dem Spitzenverband Bund der Krankenkassen wird ein Lenkungs- und Koordinierungsausschuss gebildet. [2]Die Amtsdauer entspricht derjenigen des Vorstandes. [3]Der Lenkungs- und Koordinierungsausschuss setzt sich zusammen aus je einem weiblichen und einem männlichen hauptamtlichen Vorstandsmitglied der Ortskrankenkassen, der Ersatzkassen, der Betriebskrankenkassen und der Innungskrankenkassen sowie je einem Mitglied der Geschäftsführung der Deutschen Rentenversicherung Knappschaft-Bahn-See und der landwirtschaftlichen Krankenkasse. [4]Kann eine Besetzung nach den Vorgaben des Satzes 2 nicht erfolgen, bleibt der entsprechende Sitz frei. [5]Die Mitglieder des Lenkungs- und Koordinierungsausschusses werden von den Mitgliedern des Verwaltungsrates der jeweiligen Kassenart im Spitzenverband Bund der Krankenkassen gewählt. [6]Der Stimmenanteil der Vertreter der Kassenart im Lenkungs- und Koordinierungsausschuss bemisst sich nach den bundesweiten Versichertenzahlen der Mitgliedskassen der Kassenarten zum 1. Januar des Kalenderjahres, in dem die neue Wahlperiode des Lenkungs- und Koordinierungsausschusses beginnt. [7]Der Stimmenanteil der Kassenart wird auf die Anzahl der Sitze verteilt. [8]Kann ein Sitz nicht besetzt werden, entfällt dessen Stimmenanteil.

(5) [1]Versorgungsbezogene Entscheidungen des Vorstandes zu Verträgen sowie Richtlinien und Rahmenvorgaben oder vergleichbare Entscheidungen sind im Benehmen mit dem Lenkungs- und Koordinierungsausschuss zu treffen. [2]Der Vorstand hat die vom Lenkungs- und Koordinierungsausschuss abgegebenen Empfehlungen zu beachten. [3]Dies gilt nicht für Entscheidungen, mit denen der Vorstand Beschlüsse, die der Verwaltungsrat im Rahmen seiner Zuständigkeit getroffen hat, umsetzt. [4]In begründeten Fällen kann der Vorstand von den Empfehlungen des Lenkungs- und Koordinierungsausschusses abweichen; in diesen Fällen teilt der Vorstand dem Lenkungs- und Koordinierungsausschuss seine Gründe schriftlich mit. [5]Zu sonstigen Entscheidungen des Vorstandes kann der Lenkungs- und Koordinierungsausschuss eine Stellungnahme abgeben. [6]Das Nähere zum Verfahren und zur Beschlussfassung kann er im Einvernehmen mit dem Verwaltungsrat in einer Geschäftsordnung regeln. [7]Vertreter des Lenkungs- und Koordinierungsausschusses können an Sitzungen gesetzlicher Gremien, denen der Vorstand des Spitzenverbandes Bund der Krankenkassen angehört, teilnehmen.

(6) [1]Der Lenkungs- und Koordinierungsausschuss kann zu Themen, die in die Zuständigkeit des Verwaltungsrates des Spitzenverbandes Bund der Krankenkassen fallen, vor Beschlussfassungen Stellungnahmen abgeben. [2]Fordert der Verwaltungsrat mit der Mehrheit seiner Stimmen eine Stellungnahme des Lenkungs- und Koordinierungsausschusses an, muss der Lenkungs- und Koordinierungsausschuss die angeforderte Stellungnahme abgeben. [3]Mitglieder des Lenkungs- und Koordinierungsausschusses sind berechtigt, an nicht öffentlichen Sitzungen des Verwaltungsrates teilzunehmen.

§ 217c
Wahl des Verwaltungsrates und des Vorsitzenden der Mitgliederversammlung

(1) [1]Der Verwaltungsrat besteht aus höchstens 52 Mitgliedern. [2]Zu wählen sind als Mitglieder des Verwaltungsrates Versichertenvertreter und Arbeitgebervertreter für die Allgemeinen Ortskrankenkassen, die Ersatzkassen, die Betriebskrankenkassen und die Innungskrankenkassen sowie gemeinsame Versicherten- und Arbeitgebervertreter für die Deutsche Rentenversicherung Knappschaft-Bahn-See und die landwirtschaftliche Krankenkasse. [3]Abweichend von Satz 2 sind für die Ersatzkassen, deren Verwaltungsrat nicht zur Hälfte mit Vertretern der Arbeitgeber besetzt ist, nur Versichertenvertreter zu wählen. [4]Für jedes Mitglied ist ein Stellvertreter zu wählen. [5]§ 43 Absatz 2 des Vierten Buches gilt entsprechend. [6]Die Verteilung der Sitze bestimmt sich nach den bundesweiten Versichertenzahlen der Kassenarten zum 1. Januar des Kalenderjahres, in dem die Mitgliederversammlung den Verwaltungsrat für die neue Wahlperiode wählt.

(2) [1]Die für die Krankenkassen einer Kassenart zu wählenden Mitglieder des Verwaltungsrates müssen jeweils zur Hälfte der Gruppe der Versicherten und der Gruppe der Arbeitgeber angehören. [2]Abweichend von Satz 1 ist für die Festlegung der Zahl der Arbeitgebervertreter, die für die Ersatzkassen zu wählen sind, deren Verwaltungsrat mit Arbeitgebervertretern besetzt ist, die Hälfte des Anteils der Versichertenzahlen dieser Ersatzkassen an den bundesweiten Versichertenzahlen aller Ersatzkassen zum 1. Januar des

Kalenderjahres zu Grunde zu legen, in dem der Verwaltungsrat gewählt wird. [3]Bei Abstimmungen des Verwaltungsrates sind die Stimmen zu gewichten, soweit dies erforderlich ist, um insgesamt eine Parität der Stimmen zwischen Versichertenvertretern und Arbeitgebervertretern im Verwaltungsrat herzustellen. [4]Die Verteilung der Sitze und die Gewichtung der Stimmen zwischen den Kassenarten haben zu einer größtmöglichen Annäherung an den prozentualen Versichertenanteil der jeweiligen Kassenart zu führen. [5]Die Einzelheiten zur Sitzverteilung und Stimmengewichtung regelt die Satzung spätestens sechs Monate vor dem Ende der Amtsdauer des Verwaltungsrates. [6]Die Satzung kann vorsehen, dass die Stimmenverteilung während einer Wahlperiode an die Entwicklung der Versichertenzahlen angepasst wird.

(3) [1]Die Wahl des Verwaltungsrates wird nach Vorschlagslisten durchgeführt. [2]Jede Vorschlagsliste hat mindestens 40 Prozent weibliche und 40 Prozent männliche Bewerberinnen und Bewerber zu enthalten. [3]Jede Kassenart soll eine Vorschlagsliste erstellen, die mindestens so viele Bewerber enthält, wie ihr Sitze nach der Satzung zugeordnet sind. [4]Entsprechendes gilt für die nach Absatz 1 gemeinsam zu wählenden Mitglieder für die Deutsche Rentenversicherung Knappschaft-Bahn-See und die landwirtschaftliche Krankenkasse. [5]Verständigt sich eine Kassenart nicht auf eine Vorschlagsliste, benennt jede Krankenkasse dieser Kassenart einen Bewerber als Versichertenvertreter und einen Bewerber als Arbeitgebervertreter; die Ersatzkassen, deren Verwaltungsrat nicht zur Hälfte mit Vertretern der Arbeitgeber besetzt ist, benennen jeweils bis zu drei Versichertenvertreter. [6]Aus den eingereichten Einzelvorschlägen erstellt der Vorsitzende der Mitgliederversammlung die kassenartbezogene Vorschlagsliste mit den Bewerbern. [7]Entsprechendes gilt für die Erstellung der Vorschlagslisten mit den zu wählenden Stellvertretern. [8]Die Vorschlagslisten werden getrennt für die Vertreter der Versicherten und der Arbeitgeber sowie jeweils deren Stellvertreter erstellt. [9]Die Wahl erfolgt jeweils getrennt für die Vertreter der Versicherten und der Arbeitgeber, getrennt für deren Stellvertreter sowie getrennt nach Kassenarten. [10]Die Versichertenvertreter in der Mitgliederversammlung wählen die Versichertenvertreter und deren Stellvertreter aus den Vorschlagslisten für den Verwaltungsrat. [11]Die Arbeitgebervertreter in der Mitgliederversammlung wählen die Arbeitgebervertreter und deren Stellvertreter aus den Vorschlagslisten für den Verwaltungsrat. [12]Bei den nach Satz 9 getrennten Wahlgängen hat ein wahlberechtigter Vertreter der Mitgliedskasse bei einem Wahlgang so viele Stimmen, wie jeweils Sitze nach der Satzung zur Verfügung stehen.

(4) [1]Gewählt sind jeweils die Bewerber auf der Vorschlagsliste, die die höchste der nach Absatz 4 gewichteten, abgegebenen Stimmenzahl erhalten (Höchstzahlen). [2]Dabei sind so viele Bewerber mit den Höchstzahlen gewählt, wie Sitze je Kassenart nach der Satzung zu verteilen sind. [3]Entsprechendes gilt für die Wahl der Stellvertreter.

(5) [1]Bei der Wahl der Mitglieder des Verwaltungsrates durch die Mitgliederversammlung sind die Stimmen der Mitgliedskassen des Spitzenverbandes Bund zu gewichten. [2]Die Gewichtung orientiert sich an der bundesweiten Anzahl der Versicherten eines Mitgliedes am 1. Januar eines Jahres. [3]Die Gewichtung ist entsprechend der Entwicklung der Versichertenzahlen jährlich zum 1. Februar anzupassen. [4]Das Nähere regelt die Satzung.

(6) [1]Die Mitgliederversammlung wählt aus ihren Reihen einen Vorsitzenden und dessen Stellvertreter. [2]Die Wahl des Vorsitzenden der Mitgliederversammlung erfolgt mit einer Mehrheit von zwei Dritteln der abgegebenen Stimmen der Mitgliedskassen. [3]Für die Mitgliedskasse kann nur eine einheitliche Stimmabgabe erfolgen. [4]Das Bundesministerium für Gesundheit lädt die Mitglieder des Spitzenverbandes Bund zu der ersten konstituierenden Mitgliederversammlung ein und leitet in dieser ersten Sitzung die Wahl des Vorsitzenden der Mitgliederversammlung. [5]Für die erste Sitzung der Mitgliederversammlung gilt § 76 der Wahlordnung für die Sozialversicherung entsprechend mit der Maßgabe, dass der Vertreter des Bundesministeriums für Gesundheit die Aufgaben des Wahlausschusses wahrnimmt. [6]Zu den nachfolgenden Sitzungen der Mitgliederversammlung beruft der Vorsitzende ein. [7]Er leitet die Wahl des Verwaltungsrates und stellt das Wahlergebnis fest. [8]Das Nähere regelt die Satzung.

(7) [1]Der Vorsitzende der Mitgliederversammlung lädt den gewählten Verwaltungsrat zu seiner konstituierenden Sitzung ein und leitet die Wahl des Vorsitzenden des Verwaltungsrates. [2]Für die erste Sitzung des Verwaltungsrates gelten die §§ 75 und 76 der Wahlordnung für die Sozialversicherung entsprechend mit der Maßgabe, dass der Vorsitzende der Mitgliederversammlung die Aufgaben des Wahlausschusses wahrnimmt.

(8) Das Nähere zur Durchführung der Wahl des Verwaltungsrates und der Wahl des Vorsitzenden der Mitgliederversammlung sowohl für die Wahl im Errichtungsstadium wie auch für die folgenden Wahlen nach Ablauf der jeweiligen Amtsperioden kann das Bundesministerium für Gesundheit durch Rechtsverordnung ohne Zustimmung des Bundesrates in einer Wahlordnung regeln.

§ 217d
Aufsicht, Haushalts- und Rechnungswesen, Vermögen, Statistiken

(1) [1]Der Spitzenverband Bund der Krankenkassen untersteht der Aufsicht des Bundesministeriums für Gesundheit, bei Ausführung des § 217f Abs. 3 der Aufsicht des Bundesministeriums für Arbeit und Soziales. [2]Die Aufsicht über den Spitzenverband Bund der Krankenkassen in seiner Funktion als Verbindungsstelle nach § 219a wird vom Bundesministerium für Gesundheit im Einvernehmen mit dem Bundesministerium für Arbeit und Soziales ausgeübt.

(2) [1]Die Kosten der Tätigkeit des Spitzenverbandes Bund der Krankenkassen werden nach Maßgabe des Haushaltsplans durch die Beiträge der Mitgliedskassen gemäß den Vorgaben der Satzung aufgebracht, soweit sie nicht durch sonstige Einnahmen gedeckt werden. [2]Für die Aufsicht über den Spitzenverband Bund der Krankenkassen gelten die §§ 87 bis 89 des Vierten Buches entsprechend. [3]Für das Haushalts- und Rechnungswesen einschließlich der Statistiken gelten die §§ 67 bis 69, die §§ 72 bis 77 Absatz 1 und 1a und die §§ 78 und 79 Absatz 1 und 2 in Verbindung mit Absatz 3a, für das Vermögen die §§ 80 bis 86 des Vierten Buches sowie § 220 Absatz 1 Satz 2 und für die Verwendung der Mittel § 305b entsprechend. [4]Die Jahresrechnung nach § 77 Absatz 1a des Vierten Buches ist für das abgelaufene Haushaltsjahr bis zum 1. Oktober des Folgejahres aufzustellen und der Aufsichtsbehörde vorzulegen. [5]Betriebsmittel dürfen die Ausgaben nicht übersteigen, die nach dem Haushaltsplan des Spitzenverbandes Bund der Krankenkassen auf eineinhalb Monate entfallen. [6]Rücklagen sind zulässig, sofern sie angemessen sind und für einen den gesetzlichen Aufgaben dienenden Zweck bestimmt sind. [7]Soweit Vermögen nicht zur Rücklagenbildung erforderlich ist, ist es zur Senkung der Beiträge der Mitgliedskassen zu verwenden oder an die Mitgliedskassen zurückzuzahlen.

(3) Für die Vollstreckung von Aufsichtsverfügungen gegen den Spitzenverband Bund der Krankenkassen kann die Aufsichtsbehörde ein Zwangsgeld bis zu einer Höhe von 10 000 000 Euro zugunsten des Gesundheitsfonds nach § 271 festsetzen.

(4) [1]Der Haushaltsplan wird vom Vorstand aufgestellt. [2]Der Verwaltungsrat stellt ihn fest. [3]Der Haushaltsplan bedarf der Genehmigung der Aufsichtsbehörde. [4]Der Spitzenverband Bund der Krankenkassen hat den vom Vorstand aufgestellten Haushaltsplan spätestens am 1. Oktober vor Beginn des Kalenderjahres, für das er gelten soll, der Aufsichtsbehörde vorzulegen. [5]Diese kann die Genehmigung auch für einzelne Ansätze versagen, soweit der Haushaltsplan gegen Gesetz oder sonstiges für den Spitzenverband Bund der Krankenkassen maßgebendes Recht verstößt oder die Bewertungs- und Bewirtschaftungsmaßstäbe des Bundes nicht beachtet sind.

§ 217e
Satzung

(1) [1]Der Verwaltungsrat hat eine Satzung zu beschließen. [2]Die Satzung bedarf der Genehmigung der zuständigen Aufsichtsbehörde. [3]Der Spitzenverband Bund hat seinen Sitz in Berlin; die Satzung kann einen davon abweichenden Sitz bestimmen. [4]Die Verbindungsstelle (§ 219a) hat ihren Sitz in Bonn; die Satzung kann einen davon abweichenden Sitz in Berücksichtigung der spezifischen Aufgabenstellung festlegen. [5]Die Satzung muss Bestimmungen enthalten über

1. die Wahl des Verwaltungsrates und des Vorstandes sowie die Ergänzung des Verwaltungsrates bei vorzeitigem Ausscheiden eines Mitglieds,
2. die Entschädigung der Mitglieder des Verwaltungsrates,
3. die Aufbringung und Verwaltung der Mittel,
4. die Beurkundung der Beschlüsse des Verwaltungsrates,
5. die Herstellung der Öffentlichkeit der Sitzungen des Verwaltungsrates,
6. das Nähere über die Entsendung der Vertreter der Mitgliedskassen in die Mitgliederversammlung, über die Wahl des Vorsitzenden der Mitgliederversammlung sowie dessen Aufgaben,

7. die Rechte und Pflichten der Mitgliedskassen,
8. die jährliche Prüfung der Betriebs- und Rechnungsführung,
9. die Art der Bekanntmachung.

[6]§ 34 Abs. 2 des Vierten Buches gilt entsprechend.

(2) Die vom Spitzenverband Bund der Krankenkassen abgeschlossenen Verträge und seine sonstigen Entscheidungen gelten für die Mitgliedskassen des Spitzenverbandes, die Landesverbände der Krankenkassen und die Versicherten.

§ 217f Aufgaben des Spitzenverbandes Bund der Krankenkassen

(1) [1]Der Spitzenverband Bund der Krankenkassen hat ab dem 1. Juli 2008 die ihm gesetzlich zugewiesenen Aufgaben zu erfüllen. [2]Der Vorstand hat dem Bundesministerium für Gesundheit zu berichten, wenn die dem Spitzenverband Bund der Krankenkassen gesetzlich zugewiesenen Aufgaben nicht rechtzeitig umgesetzt werden. [3]Der Bericht ist dem Bundesministerium für Gesundheit spätestens innerhalb eines Monats nach dem für die Umsetzung der gesetzlichen Aufgabe vorgegebenen Zeitpunkt schriftlich vorzulegen. [4]In dem Bericht sind insbesondere die Gründe für die nicht rechtzeitige Umsetzung, der Sachstand und das weitere Verfahren darzulegen.

(2) [1]Der Spitzenverband Bund der Krankenkassen unterstützt die Krankenkassen und ihre Landesverbände bei der Erfüllung ihrer Aufgaben und bei der Wahrnehmung ihrer Interessen, insbesondere durch die Entwicklung von und Abstimmung zu Datendefinitionen (Formate, Strukturen und Inhalte) und Prozessoptimierungen (Vernetzung der Abläufe) für den elektronischen Datenaustausch in der gesetzlichen Krankenversicherung, mit den Versicherten und mit den Arbeitgebern. [2]Die Wahrnehmung der Interessen der Krankenkassen bei über- und zwischenstaatlichen Organisationen und Einrichtungen ist Aufgabe des Spitzenverbandes Bund der Krankenkassen.

(2a) [1]Der Spitzenverband Bund der Krankenkassen berichtet dem Bundesministerium für Gesundheit und den zuständigen Aufsichtsbehörden erstmals zum 31. März 2020 und danach jährlich über den aktuellen Stand und Fortschritt der Digitalisierung der Verwaltungsleistungen der Krankenkassen für Versicherte und bestimmt die dafür von seinen Mitgliedern zu übermittelnden Informationen. [2]Dabei ist für jede Verwaltungsleistung bei jeder Krankenkasse darzustellen, ob und inwieweit diese elektronisch über eigene Verwaltungsportale und gemeinsame Portalverbünde für digitale Verwaltungsleistungen abgewickelt werden können. [3]Der Spitzenverband Bund der Krankenkassen unterstützt die Anbindung der Krankenkassen an gemeinsame Portalverbünde für digitale Verwaltungsleistungen und gibt Empfehlungen für die Umsetzung gesetzlicher Verpflichtungen nach den für diese Portalverbünde geltenden Bestimmungen. [4]Er legt für seine Mitglieder fest, welche einheitlichen Informationen, Dokumente und Anwendungen in gemeinsamen Portalverbünden zu den Verwaltungsleistungen der Krankenkassen für Versicherte angeboten werden und welche technischen Standards und sozialdatenschutzrechtlichen Anforderungen unter Beachtung der Richtlinie nach Absatz 4b Satz 1 die Krankenkassen einhalten müssen, damit diese ihre Verwaltungsleistungen elektronisch über gemeinsame Portalverbünde anbieten können. [5]Er stellt seinen Mitgliedern geeignete Softwarelösungen zur Verfügung, um den erforderlichen Datenaustausch zwischen dem Verwaltungsportal der jeweils für den Versicherten zuständigen Krankenkasse und gemeinsamen Portalverbünden zu ermöglichen. [6]Das Nähere einschließlich der gemeinsamen Kostentragung für die Entwicklung und Bereitstellung von Softwarelösungen durch die Mitglieder regelt der Spitzenverband Bund der Krankenkassen.

(3) Der Spitzenverband Bund der Krankenkassen trifft in grundsätzlichen Fach- und Rechtsfragen Entscheidungen zum Beitrags- und Meldeverfahren und zur einheitlichen Erhebung der Beiträge (§§ 23, 76 des Vierten Buches).

(4) Der Spitzenverband Bund der Krankenkassen trifft Entscheidungen zur Organisation des Qualitäts- und Wirtschaftlichkeitswettbewerbs der Krankenkassen, insbesondere zu dem Erlass von Rahmenrichtlinien für den Aufbau und die Durchführung eines zielorientierten Benchmarking der Leistungs- und Qualitätsdaten.

(4a) [1]Der Spitzenverband Bund der Krankenkassen legt in einer Richtlinie allgemeine Vorgaben zu den Regelungen nach § 73b Absatz 3 Satz 8 und § 140a Absatz 4 Satz 6 und 7 fest. [2]Die Richtlinie bedarf der Genehmigung des Bundesministeriums für Gesundheit.

(4b) [1]Der Spitzenverband Bund der Krankenkassen legt bis zum 31. Januar 2018 in einer Richtlinie Maßnahmen zum Schutz von Sozialdaten der Versicherten vor unbefugter Kenntnisnahme fest, die von den Krankenkassen bei Kontakten mit ihren Versicherten anzuwenden sind. [2]Die Maßnahmen müssen geeignet sein, im Verhältnis zum Gefährdungspotential mit abgestuften Verfahren den Schutz der Sozialdaten zu gewährleisten und dem Stand der Technik entsprechen. [3]Insbesondere für die elektronische Übermittlung von Sozialdaten hat die Richtlinie Maßnahmen zur sicheren Identifizierung und zur sicheren Datenübertragung vorzusehen; hierbei sollen bereits vorhandene Verfahren für einen sicheren elektronischen Identitätsnachweis nach § 36a Absatz 2a Nummer 1 Buchstabe a und b des Ersten Buches berücksichtigt werden. [4]Die Richtlinie muss zusätzlich zum 1. Oktober 2023 Regelungen zu dem Abgleich der Anschrift der Versicherten mit den Daten aus dem Melderegister vor dem Versand der elektronischen Gesundheitskarte und deren persönlicher Identifikationsnummer (PIN) an die Versicherten enthalten. [5]Die Richtlinie hat Konzepte zur Umsetzung der Maßnahmen durch die Krankenkassen und Vorgaben für eine Zertifizierung durch unabhängige Gutachter vorzusehen. [6]Sie ist in Abstimmung mit der oder dem Bundesbeauftragten für den Datenschutz und die Informationsfreiheit und dem Bundesamt für Sicherheit in der Informationstechnik zu erstellen und bedarf der Genehmigung des Bundesministeriums für Gesundheit. [7]Die Richtlinie ist erstmalig zum 1. Januar 2021 und dann fortlaufend zu evaluieren und spätestens alle zwei Jahre unter Einbeziehung eines vom Spitzenverband Bund der Krankenkassen zu beauftragenden unabhängigen geeigneten Sicherheitsgutachters im Benehmen mit dem Bundesbeauftragten für den Datenschutz und die Informationsfreiheit und dem Bundesamt für Sicherheit in der Informationstechnik an den Stand der Technik anzupassen. [8]Die geänderte Richtlinie bedarf jeweils der Genehmigung des Bundesministeriums für Gesundheit.

(5) Die von den bis zum 31. Dezember 2008 bestehenden Bundesverbänden sowie der Deutschen Rentenversicherung Knappschaft-Bahn-See, den Verbänden der Ersatzkassen und der See-Krankenkasse bis zum 30. Juni 2008 zu treffenden Vereinbarungen, Regelungen und Entscheidungen gelten so lange fort, bis der Spitzenverband Bund im Rahmen seiner Aufgabenstellung neue Vereinbarungen, Regelungen oder Entscheidungen trifft oder Schiedsämter den Inhalt von Verträgen neu festsetzen.

(6) Der Spitzenverband Bund der Krankenkassen trifft Entscheidungen, die bei Schließung oder Insolvenz einer Krankenkasse im Zusammenhang mit dem Mitgliederübergang der Versicherten erforderlich sind, um die Leistungsansprüche der Versicherten sicherzustellen und die Leistungen abzurechnen.

(7) Der Spitzenverband Bund der Krankenkassen kann zur Durchführung seiner gesetzlichen Aufgaben nach § 130b die Daten nach § 267 Absatz 1 Satz 1 und Absatz 2 anonymisiert und ohne Krankenkassenbezug verarbeiten.

(8) Der Spitzenverband Bund der Krankenkassen hat zur Sicherheit des Zahlungsverkehrs und der Buchführung für die Krankenkassen in Abstimmung mit dem Bundesversicherungsamt eine Musterkassenordnung nach § 3 der Sozialversicherungs-Rechnungsverordnung aufzustellen.

§ 217g
Aufsichtsmittel in besonderen Fällen bei dem Spitzenverband Bund der Krankenkassen

(1) [1]Ergibt sich nachträglich, dass eine Satzung nicht hätte genehmigt werden dürfen, oder bedarf eine Satzung wegen nachträglich eingetretener rechtlicher oder tatsächlicher Umstände, die zur Rechtswidrigkeit der Satzung führen, einer Änderung, so kann die Aufsichtsbehörde anordnen, dass der Spitzenverband Bund der Krankenkassen innerhalb einer bestimmten Frist die erforderlichen Änderungen vornimmt. [2]Kommt der Spitzenverband Bund der Krankenkassen der Anordnung innerhalb der Frist nicht nach, so kann die Aufsichtsbehörde die erforderlichen Änderungen selbst vornehmen.

(2) [1]Ist zur Umsetzung von gesetzlichen Vorschriften oder aufsichtsrechtlichen Verfügungen ein Beschluss des Verwaltungsrates erforderlich, so kann die Aufsichtsbehörde anordnen, dass dieser Beschluss innerhalb einer bestimmten Frist gefasst wird. [2]Wird der erforderliche Beschluss innerhalb der Frist nicht gefasst, so kann die Aufsichtsbehörde den Beschluss des Verwaltungsrates ersetzen.

(3) [1]Verstößt ein Beschluss des Verwaltungsrates des Spitzenverbandes Bund der Krankenkassen gegen ein Gesetz oder gegen sonstiges für den Spitzenverband Bund der Krankenkassen maßgebendes Recht, so kann die Aufsichtsbehörde anordnen, den Beschluss innerhalb einer bestimmten Frist aufzuheben. [2]Mit Zugang der Anordnung darf der Beschluss nicht vollzogen werden. [3]Die Aufsichtsbehörde kann verlangen, dass Maßnahmen, die auf Grund des Beschlusses getroffen wurden, rückgängig gemacht werden. [4]Kommt der Spitzenverband Bund der Krankenkassen der Anordnung innerhalb der Frist nicht nach, so kann die Aufsichtsbehörde den Beschluss aufheben.

(4) [1]Einer Anordnung mit Fristsetzung bedarf es nicht, wenn ein Beschluss nach Absatz 1 oder Absatz 2 auf Grund gesetzlicher Regelungen innerhalb einer bestimmten Frist zu fassen ist. [2]Klagen gegen Anordnungen und Maßnahmen der Aufsichtsbehörde nach den Absätzen 1 bis 3 haben keine aufschiebende Wirkung.

§ 217h Entsandte Person für besondere Angelegenheiten bei dem Spitzenverband Bund der Krankenkassen

(1) [1]Solange und soweit die ordnungsgemäße Verwaltung bei dem Spitzenverband Bund der Krankenkassen gefährdet ist, kann die Aufsichtsbehörde eine Person an den Spitzenverband Bund der Krankenkassen entsenden, diese Person mit der Wahrnehmung von Aufgaben bei dem Spitzenverband Bund der Krankenkassen betrauen und ihr hierfür die erforderlichen Befugnisse übertragen. [2]Die ordnungsgemäße Verwaltung ist insbesondere gefährdet, wenn

1. ein Mitglied des Vorstandes interne oder externe Maßnahmen ergreift, die nicht im Einklang mit den eigenen Verwaltungsvorschriften oder satzungsrechtlichen oder gesetzlichen Vorschriften stehen,
2. ein Mitglied des Vorstandes Handlungen vornimmt, die die interne Organisation der Verwaltung oder auch die Zusammenarbeit der Organe untereinander erheblich beeinträchtigen,
3. die Umsetzung von Aufsichtsverfügungen nicht gewährleistet ist oder
4. hinreichende Anhaltspunkte dafür vorliegen, dass eine Pflichtverletzung eines Organmitglieds oder eines ehemaligen Organmitglieds einen Schaden der Körperschaft verursacht hat.

[3]Die Aufsichtsbehörde kann die Person in diesen Fällen zur Beratung und Unterstützung des Vorstandes oder des Verwaltungsrates, zur Überwachung der Umsetzung von Aufsichtsverfügungen oder zur Prüfung von Schadensersatzansprüchen gegen Organmitglieder oder ehemalige Organmitglieder entsenden. [4]Die Aufsichtsbehörde bestimmt, in welchem Umfang die entsandte Person im Innenverhältnis anstelle der Organe handeln darf. [5]Die Befugnisse der Organe im Außenverhältnis bleiben unberührt. [6]Die Entsendung erfolgt durch Verwaltungsakt gegenüber dem Spitzenverband Bund der Krankenkassen.

(2) [1]Die nach Absatz 1 entsandte Person ist im Rahmen ihrer Aufgaben berechtigt, von den Mitgliedern der Organe und von den Beschäftigten des Spitzenverbandes Bund der Krankenkassen Auskünfte und die Vorlage von Unterlagen zu verlangen. [2]Sie kann an allen Sitzungen der Organe und sonstigen Gremien des Spitzenverbandes Bund der Krankenkassen in beratender Funktion teilnehmen, die Geschäftsräume des Spitzenverbandes Bund der Krankenkassen betreten und Nachforschungen zur Erfüllung ihrer Aufgaben anstellen. [3]Die Organe und Organmitglieder haben die entsandte Person bei der Wahrnehmung von deren Aufgaben zu unterstützen. [4]Die entsandte Person ist verpflichtet, der Aufsichtsbehörde Auskunft über alle Erkenntnisse zu geben, die sie im Rahmen ihrer Tätigkeit gewonnen hat.

(3) [1]Der Spitzenverband Bund der Krankenkassen gewährt der nach Absatz 1 entsandten Person eine Vergütung und angemessene Auslagen. [2]Die Höhe der Vergütung wird von der Aufsichtsbehörde durch Verwaltungsakt gegenüber dem Spitzenverband Bund der Krankenkassen festgesetzt. [3]Der Spitzenverband Bund der Krankenkassen trägt zudem die übrigen Kosten, die durch die Entsendung entstehen.

(4) [1]Der Entsendung der Person hat eine Anordnung vorauszugehen, mit der die Aufsichtsbehörde dem Spitzenverband Bund der Krankenkassen aufgibt, innerhalb einer bestimmten Frist das Erforderliche zur Gewährleistung einer ordnungsgemäßen Verwaltung zu veranlassen. [2]Klagen gegen die Anordnung nach Satz 1 oder gegen die Entsendung der Person haben keine aufschiebende Wirkung.

§ 217i Verhinderung von Organen, Bestellung eines Beauftragten

(1) [1]Solange und soweit die Wahl des Verwaltungsrates und des Vorstandes des Spitzenverbandes Bund der Krankenkassen nicht zustande kommt oder der Verwaltungsrat oder der Vorstand des Spitzenverbandes Bund der Krankenkassen sich weigert, seine Geschäfte zu führen, kann die Aufsichtsbehörde die Geschäfte selbst führen oder einen Beauftragten bestellen und ihm ganz oder teilweise die Befugnisse eines oder mehrerer Organe des Spitzenverbandes Bund der Krankenkassen übertragen. [2]Dies gilt auch, wenn der Verwaltungsrat oder der Vorstand die Funktionsfähigkeit der Körperschaft gefährdet, insbesondere wenn er die Körperschaft nicht mehr im Einklang mit den Gesetzen oder mit der Satzung verwaltet, die Auflösung des Spitzenverbandes Bund der Krankenkassen betreibt oder das Vermögen gefährdende Entscheidungen beabsichtigt oder trifft.

(2) [1]Die Bestellung eines Beauftragten nach Absatz 1 erfolgt durch Verwaltungsakt gegenüber dem Spitzenverband Bund der Krankenkassen. [2]Die Befugnisse und Rechte des Organs, für das der Beauftragte bestellt wird, ruhen in dem Umfang und für die Dauer der Bestellung im Innen- und Außenverhältnis. [3]Der Spitzenverband Bund der Krankenkassen gewährt dem nach Absatz 1 bestellten Beauftragten eine Vergütung und angemessene Auslagen. [4]Die Höhe der Vergütung wird von der Aufsichtsbehörde durch Verwaltungsakt gegenüber dem Spitzenverband Bund der Krankenkassen festgesetzt. [5]Der Spitzenverband Bund der Krankenkassen trägt zudem die übrigen Kosten, die durch die Bestellung des Beauftragten entstehen. [6]Werden dem Beauftragten Befugnisse des Vorstandes übertragen, ist die Vergütung des Vorstandes entsprechend zu kürzen.

(3) [1]Der Führung der Geschäfte durch die Aufsichtsbehörde oder der Bestellung eines Beauftragten hat eine Anordnung vorauszugehen, mit der die Aufsichtsbehörde dem Spitzenverband Bund der Krankenkassen aufgibt, innerhalb einer bestimmten Frist das Erforderliche zu veranlassen. [2]Klagen gegen die Anordnung nach Satz 1, gegen die Entscheidung über die Bestellung eines Beauftragten oder gegen die Wahrnehmung der Aufgaben des Spitzenverbandes Bund der Krankenkassen durch die Aufsichtsbehörde haben keine aufschiebende Wirkung.

§ 217j Berichtspflicht des Bundesministeriums für Gesundheit

Sofern schutzwürdige Belange Dritter nicht entgegenstehen, hat das Bundesministerium für Gesundheit dem Ausschuss für Gesundheit des Deutschen Bundestages jährlich zum 1. März, erstmalig zum 1. März 2018, einen Bericht über aufsichtsrechtliche Maßnahmen nach § 217g Absatz 1 bis 3, § 217h Absatz 1 und 4 Satz 1 und § 217i Absatz 1 und 3 Satz 1 und den Erlass von Verpflichtungsbescheiden nach § 89 Absatz 1 Satz 2 des Vierten Buches in Verbindung mit § 217d Absatz 2 Satz 2 sowie über den Sachstand der Aufsichtsverfahren vorzulegen.

§ 218 Regionale Kassenverbände

(1) Orts-, Betriebs- und Innungskrankenkassen können sich durch übereinstimmenden Beschluss ihrer Verwaltungsräte zu einem Kassenverband vereinigen, wenn sie ihren Sitz im Bezirk desselben Versicherungsamts haben.

(2) Mit Genehmigung der für die Sozialversicherung zuständigen obersten Verwaltungsbehörde des Landes kann sich ein Kassenverband über die Bezirke oder Bezirksteile mehrerer Versicherungsämter erstrecken.

§ 219 Besondere Regelungen zu Einrichtungen und Arbeitsgemeinschaften des Spitzenverbandes Bund der Krankenkassen

(1) Die Krankenkassen und ihre Verbände können insbesondere mit Kassenärztlichen Vereinigungen und anderen Leistungserbringern sowie mit dem öffentlichen Gesundheitsdienst zur Förderung der Gesundheit, Prävention, Versorgung chronisch Kranker und Rehabilitation Arbeitsgemeinschaften zur Wahrnehmung der in § 94 Abs. 1a Satz 1 des Zehnten Buches genannten Aufgaben bilden.

(2) [1]Vor der Entscheidung des Vorstandes des Spitzenverbandes Bund der Krankenkassen über die Errichtung, Übernahme oder wesentliche Erweiterung von Einrichtungen im Sinne des § 85 Absatz 1 des Vierten Buches sowie über eine unmittelbare oder mittelbare Beteiligung an solchen Einrichtungen ist der Verwaltungsrat des Spitzenverbandes Bund der Krankenkassen durch den Vorstand auf der Grundlage geeigneter Daten

umfassend über die Chancen und Risiken der beabsichtigten Betätigung zu unterrichten. [2]Die Entscheidung des Vorstandes nach Satz 1 bedarf der Zustimmung des Verwaltungsrates.

(3) [1]Der Vorstand hat zur Information des Verwaltungsrates des Spitzenverbandes Bund der Krankenkassen jährlich einen Bericht über die Einrichtungen zu erstellen, an denen der Spitzenverband Bund der Krankenkassen beteiligt ist. [2]Der Beteiligungsbericht muss zu jeder Einrichtung mindestens Angaben enthalten über

1. den Gegenstand der Einrichtung, die Beteiligungsverhältnisse, die Besetzung der Organe der Einrichtung und die Beteiligungen der Einrichtung an weiteren Einrichtungen,
2. den fortbestehenden Zusammenhang zwischen der Beteiligung an der Einrichtung und den gesetzlichen Aufgaben des Spitzenverbandes Bund der Krankenkassen,
3. die Grundzüge des Geschäftsverlaufs der Einrichtung, die Ertragslage der Einrichtung, die Kapitalzuführungen an und die Kapitalentnahmen aus der Einrichtung durch den Spitzenverband Bund der Krankenkassen, die Auswirkungen der Kapitalzuführungen und Kapitalentnahmen auf die Haushaltswirtschaft des Spitzenverbandes Bund der Krankenkassen und die von dem Spitzenverband Bund der Krankenkassen der Einrichtung gewährten Sicherheiten,
4. die im Geschäftsjahr gewährten Gesamtbezüge der Mitglieder der Geschäftsführung, des Aufsichtsrates, des Beirates oder eines ähnlichen Gremiums der Einrichtung für jedes einzelne Gremium sowie die im Geschäftsjahr gewährten Bezüge eines jeden Mitglieds dieser Gremien unter Namensnennung.

[3]Der Bericht über das abgelaufene Geschäftsjahr ist dem Verwaltungsrat des Spitzenverbandes Bund der Krankenkassen und der Aufsichtsbehörde spätestens am 1. Oktober des folgenden Jahres vorzulegen.

(4) (aufgehoben)

(5) Die Absätze 2 und 3 gelten entsprechend für Arbeitsgemeinschaften nach § 94 Absatz 1a des Zehnten Buches in Verbindung mit Absatz 1, an denen der Spitzenverband Bund der Krankenkassen beteiligt ist.

§ 219a
Deutsche Verbindungsstelle Krankenversicherung – Ausland

(1) [1]Der Spitzenverband Bund der Krankenkassen nimmt die Aufgaben der Deutschen Verbindungsstelle Krankenversicherung – Ausland (Verbindungsstelle) wahr. [2]Er erfüllt dabei die ihm durch über- und zwischenstaatliches sowie durch innerstaatliches Recht übertragenen Aufgaben. [3]Insbesondere gehören hierzu:

1. Vereinbarungen mit ausländischen Verbindungsstellen,
2. Kostenabrechnungen mit in- und ausländischen Stellen,
3. Festlegung des anzuwendenden Versicherungsrechts,
4. Koordinierung der Verwaltungshilfe und Durchführung des Datenaustauschs in grenzüberschreitenden Fällen,
5. Aufklärung, Beratung und Information,
6. Wahrnehmung der Aufgaben der nationalen Kontaktstelle nach § 219d.

[4]Die Festlegung des anzuwendenden Versicherungsrechts erfolgt für in Deutschland wohnende und gewöhnlich in mehreren Mitgliedstaaten der Europäischen Union erwerbstätige Personen im Benehmen mit der Arbeitsgemeinschaft Berufsständischer Versorgungseinrichtungen oder der Sozialversicherung für Landwirtschaft, Forsten und Gartenbau, soweit es sich um Mitglieder einer berufsständischen Versorgungseinrichtung oder der landwirtschaftlichen Sozialversicherung handelt oder eine solche Mitgliedschaft bei Anwendbarkeit des deutschen Rechts gegeben wäre. [5]Die Satzung des Spitzenverbandes kann Einzelheiten zur Aufgabenerfüllung regeln und dabei im Rahmen der Zuständigkeit des Spitzenverbandes Bund der Verbindungsstelle auch weitere Aufgaben übertragen. [6]Im Rahmen der Erfüllung seiner Aufgabe nach Satz 3 Nummer 2 kann der Spitzenverband Bund der Krankenkassen, Deutsche Verbindungsstelle Krankenversicherung – Ausland

1. auf Beanstandungen verzichten und eine damit einhergehende Zahlungsverpflichtungen der Krankenkassen begründen sowie
2. im Rahmen des Abschlusses der Rechnungsführung mit in- und ausländischen Stellen

ganz oder teilweise auf Forderungen der deutschen Krankenkassen verzichten und sich auf das Bestehen einer oder mehrerer ausländischer Forderungen gegenüber einer deutschen Krankenkasse mit einer ausländischen Stelle verständigen.

[7]Ein Verzicht auf eine Forderung oder eine Verpflichtung zur Zahlung ist nur möglich, wenn dies für den Spitzenverband Bund der Krankenkassen, Deutsche Verbindungsstelle Krankenversicherung – Ausland und die betroffenen Krankenkassen wirtschaftlich und zweckmäßig ist. [8]Die Einzelheiten zu den Voraussetzungen des Satzes 6 und zum Verfahren legt der Spitzenverband Bund der Krankenkassen in einer Richtlinie fest.

(2) [1]Der Spitzenverband Bund der Krankenkassen ist Rechtsnachfolger der Deutschen Verbindungsstelle Krankenversicherung – Ausland (Verbindungsstelle) nach § 219a in der bis zum 31. Dezember 2007 geltenden Fassung. [2]§ 613a des Bürgerlichen Gesetzbuchs findet entsprechend Anwendung. [3]Der für das Jahr 2008 aufgestellte Haushaltsplan gilt als Teil des Haushalts des Spitzenverbandes fort.

(3) [1]Der Verwaltungsrat hat für die Erfüllung der Aufgaben nach Absatz 1 einen Geschäftsführer und seinen Stellvertreter zu bestellen. [2]Der Geschäftsführer verwaltet den Spitzenverband Bund in allen Angelegenheiten nach Absatz 1 und vertritt den Spitzenverband Bund in diesen Angelegenheiten gerichtlich und außergerichtlich, soweit Gesetz oder sonstiges maßgebendes Recht nichts anderes bestimmen. [3]Für den Abschluss des Dienstvertrages gilt § 35a Abs. 6 Satz 1 des Vierten Buches entsprechend. [4]Das Nähere über die Grundsätze der Geschäftsführung durch den Geschäftsführer bestimmt die Satzung.

(4) [1]Der Verwaltungsrat hat den Gesamthaushaltsplan des Spitzenverbandes Bund für den Aufgabenbereich der Verbindungsstelle zu untergliedern. [2]Die Haushaltsführung hat getrennt nach den Aufgabenbereichen zu erfolgen.

(5) [1]Die zur Finanzierung der Verbindungsstelle erforderlichen Mittel werden durch eine Umlage, deren Berechnungskriterien in der Satzung festgelegt werden (§ 217e Abs. 1 Nr. 3), und durch die sonstigen Einnahmen der Verbindungsstelle aufgebracht. [2]Die Satzung muss insbesondere Bestimmungen zur ausschließlichen Verwendung der für die Aufgabenerfüllung verfügbaren Mittel für Zwecke der Verbindungsstelle enthalten.

(6) [1]Auf Personen nach Artikel 2 der Verordnung (EG) Nr. 883/2004 des Europäischen Parlaments und des Rates vom 29. April 2004 zur Koordinierung der Systeme der sozialen Sicherheit (ABl. L 166 vom 30.4.2004, S. 1), die zuletzt durch die Verordnung (EU) 2019/1149 (ABl. L 186 vom 11.7.2019, S. 21) geändert worden ist, denen in dem Wohnmitgliedstaat eine Behandlung wegen des Coronavirus SARS-CoV-2 nicht innerhalb eines in Anbetracht ihres aktuellen Gesundheitszustands und des voraussichtlichen Verlaufs ihrer Krankheit medizinisch vertretbaren Zeitraums gewährt werden kann und die auf Grund einer Absprache zwischen einem Land oder dem Bund und einem Mitgliedstaat der Europäischen Union oder dem Vereinigten Königreich von Großbritannien und Nordirland wegen des Coronavirus SARS-CoV-2 in Deutschland in einem zugelassenen Krankenhaus behandelt werden, findet das Verfahren nach den Artikeln 20, 27 und 35 der Verordnung (EG) Nr. 883/2004 in Verbindung mit Artikel 26 und Titel IV der Verordnung (EG) Nr. 987/2009 des Europäischen Parlaments und des Rates vom 16. September 2009 zur Festlegung der Modalitäten für die Durchführung der Verordnung (EG) Nr. 883/2004 über die Koordinierung der Systeme der sozialen Sicherheit (ABl. L 284 vom 30.10.2009, S. 1), die zuletzt durch die Verordnung (EU) 2017/492 (ABl. L 76 vom 22.3.2017, S. 13) geändert worden ist, mit den Maßgaben Anwendung, dass

1. die an der Absprache Beteiligten auf die Genehmigung nach Artikel 20 der Verordnung (EG) Nr. 883/2004 in Verbindung mit Artikel 26 der Verordnung (EG) Nr. 987/2009 verzichten können,
2. der Bund die Behandlungskosten übernimmt,
3. die Verbindungsstelle die Kostenabrechnung abweichend von Titel IV der Verordnung (EG) Nr. 987/2009 gegenüber dem Bund durchführt.

[2]Dies gilt für alle Behandlungen, die bis zum 30. Juni 2022 begonnen werden. [3]Bei Personen, die ihren Wohnsitz oder gewöhnlichen Aufenthalt im Vereinigten Königreich von Großbritannien und Nordirland haben, gilt dies für alle Behandlungen, die bis zum 31. Dezember 2020 begonnen werden.

§ 219b
Datenaustausch im automatisierten Verfahren zwischen den Trägern der sozialen Sicherheit und der Deutschen Verbindungsstelle Krankenversicherung – Ausland

[1]Der Datenaustausch der Krankenkassen und der anderen Träger der sozialen Sicherheit mit dem Spitzenverband Bund der Krankenkassen, Deutsche Verbindungsstelle Krankenversicherung – Ausland, erfolgt im automatisierten Verfahren, soweit hierfür strukturierte Dokumente zur Verfügung stehen, die von der bei der Kommission der Europäischen Union eingesetzten Verwaltungskommission für die Koordinierung der Systeme der sozialen Sicherheit festgelegt worden sind. [2]Der Austausch weiterer Daten zwischen den in Satz 1 genannten Stellen im automatisierten Verfahren zur Erfüllung der in § 219a genannten Aufgaben erfolgt nach Gemeinsamen Verfahrensgrundsätzen, die vom Spitzenverband Bund der Krankenkassen, der Deutschen Rentenversicherung Bund und der Deutschen Gesetzlichen Unfallversicherung e. V. bestimmt werden.

§ 219c
Dateien bei der Deutschen Verbindungsstelle Krankenversicherung – Ausland

(aufgehoben)

§ 219d
Nationale Kontaktstellen

(1) [1]Die Aufgaben der nationalen Kontaktstelle nach der Richtlinie 2011/24/EU des Europäischen Parlaments und des Rates vom 9. März 2011 über die Ausübung der Patientenrechte in der grenzüberschreitenden Gesundheitsversorgung (ABl. L 88 vom 4.4.2011, S. 45) nimmt der Spitzenverband Bund der Krankenkassen, Deutsche Verbindungsstelle Krankenversicherung – Ausland, ab dem 25. Oktober 2013 wahr. [2]Sie stellt insbesondere Informationen über

1. nationale Gesundheitsdienstleister, geltende Qualitäts- und Sicherheitsbestimmungen, Patientenrechte einschließlich der Möglichkeiten ihrer Durchsetzung sowie die Zugänglichkeit von Krankenhäusern für Menschen mit Behinderungen,
2. die Rechte und Ansprüche des Versicherten bei Inanspruchnahme grenzüberschreitender Leistungen in anderen Mitgliedstaaten,
3. Mindestanforderungen an eine im grenzüberschreitenden Verkehr anerkennungsfähige Verschreibung,
4. Kontaktstellen in anderen Mitgliedstaaten und
5. Möglichkeiten des grenzüberschreitenden Austauschs von Gesundheitsdaten

zur Verfügung. [3]In den Informationen nach Satz 2 Nummer 2 ist klar zu unterscheiden zwischen den Rechten, die Versicherte nach § 13 Absatz 4 und 5 in Umsetzung der Richtlinie 2011/24/EU geltend machen können, und den Rechten, die Versicherte aus der Verordnung (EG) Nr. 883/2004 des Europäischen Parlaments und des Rates vom 29. April 2004 zur Koordinierung der Systeme der sozialen Sicherheit (ABl. L 166 vom 30.4.2004, S. 1) geltend machen können. [4]Die Deutsche Krankenhausgesellschaft, die Kassenärztliche Bundesvereinigung, die Kassenzahnärztliche Bundesvereinigung und die privaten Krankenversicherungen stellen der nationalen Kontaktstelle die zur Aufgabenerfüllung erforderlichen Informationen zur Verfügung. [5]Soweit es zur Bearbeitung der Anfrage erforderlich ist, darf die nationale Kontaktstelle die von dem anfragenden Versicherten übermittelten personenbezogenen Daten verarbeiten; eine Übermittlung darf nur mit schriftlicher oder elektronischer Einwilligung des Versicherten erfolgen.

(2) Der Spitzenverband Bund der Krankenkassen, Deutsche Verbindungsstelle Krankenversicherung – Ausland, und die in Absatz 1 Satz 3 genannten Organisationen vereinbaren das Nähere zur Bereitstellung der Informationen durch die nationale Kontaktstelle gemäß Absatz 1 Satz 2 in einem Vertrag.

(3) [1]An den zur Finanzierung der Aufgaben der nationalen Kontaktstelle erforderlichen Kosten sind die in Absatz 1 Satz 3 genannten Organisationen zu beteiligen. [2]Das Nähere zur Finanzierung, insbesondere auch zur Höhe der jährlich erforderlichen Mittel, vereinbaren der Spitzenverband Bund der Krankenkassen, Deutsche Verbindungsstelle Krankenversicherung – Ausland, und die in Absatz 1 Satz 3 genannten Organisationen in dem Vertrag nach Absatz 2. [3]Wird nichts Ab-

weichendes vereinbart, beteiligen sich die privaten Krankenversicherungen zu 5 Prozent, die Deutsche Krankenhausgesellschaft zu 20 Prozent, die Kassenärztliche Bundesvereinigung zu 20 Prozent sowie die Kassenzahnärztliche Bundesvereinigung zu 10 Prozent an den zur Aufgabenerfüllung erforderlichen Kosten.

(4) Die in Absatz 1 Satz 2 genannten Informationen müssen leicht zugänglich sein und, soweit erforderlich, auf elektronischem Wege und in barrierefreien Formaten bereitgestellt werden.

(5) Die nationale Kontaktstelle arbeitet mit den nationalen Kontaktstellen anderer Mitgliedstaaten und der Europäischen Kommission in Fragen grenzüberschreitender Gesundheitsversorgung zusammen.

(6) [1]Über die Aufgaben nach Absatz 1 hinaus übernimmt der Spitzenverband Bund der Krankenkassen, Deutsche Verbindungsstelle Krankenversicherung – Ausland, Aufbau und Betrieb der organisatorischen und technischen Verbindungsstelle für die Bereitstellung von Diensten für den grenzüberschreitenden Austausch von Gesundheitsdaten (nationale eHealth-Kontaktstelle). [2]Der Spitzenverband Bund der Krankenkassen, Deutsche Verbindungsstelle Krankenversicherung – Ausland, ist der für die Datenverarbeitung durch die nationale eHealth-Kontaktstelle Verantwortliche nach Artikel 4 Nummer 7 der Verordnung (EU) 2016/679. [3]Die Gesellschaft für Telematik übernimmt die mit dem grenzüberschreitenden Austausch von Gesundheitsdaten zusammenhängenden Aufgaben und Abstimmungen auf europäischer Ebene und legt die technischen Grundlagen für die nationale eHealth-Kontaktstelle fest, auf deren Basis der Spitzenverband Bund der Krankenkassen, Deutsche Verbindungsstelle Krankenversicherung – Ausland, die nationale eHealth-Kontaktstelle aufbaut und betreibt. [4]Über den Aufbau und den Betrieb der nationalen eHealth-Kontaktstelle stimmt sich der Spitzenverband Bund der Krankenkassen, Deutsche Verbindungsstelle Krankenversicherung – Ausland, fortlaufend im erforderlichen Umfang mit der Gesellschaft für Telematik ab. [5]Das Bundesinstitut für Arzneimittel und Medizinprodukte trifft unter Berücksichtigung der europäischen semantischen Interoperabilitätsfestlegungen und im Benehmen mit der Kassenärztlichen Bundesvereinigung und der Gesellschaft für Telematik die Festlegungen zur semantischen Interoperabilität, die für den grenzüberschreitenden Datenaustausch erforderlich sind, und stimmt diese Festlegungen auf europäischer Ebene ab. [6]Die Festlegungen sind in die nach § 394a Absatz 1 Satz 2 Nummer 3 zu errichtende Plattform aufzunehmen, sobald diese zur Verfügung steht.

(7) [1]Die nationale eHealth-Kontaktstelle nimmt ihren Betrieb spätestens am 1. Juli 2023 auf. [2]Sie hat im Rahmen ihrer Aufgabenerfüllung nach Absatz 6 Satz 1 die Dienste und Anwendungen der Telematikinfrastruktur zu nutzen. [3]Hierbei finden die Regelungen des Elften Kapitels Anwendung.

(8) [1]Hat der Versicherte in die Nutzung des Verfahrens zur Übermittlung seiner Daten aus der elektronischen Patientenkurzakte oder in die Übermittlung der elektronischen vertragsärztlichen Verordnung zum Zweck des grenzüberschreitenden Austauschs von Gesundheitsdaten für die Behandlung oder die Einlösung der Verordnung in einem anderen Mitgliedstaat der Europäischen Union eingewilligt, darf die nationale eHealth-Kontaktstelle diese Daten zu diesem Zweck an die nationale eHealth-Kontaktstelle des Mitgliedstaats der Europäischen Union, in dem die Behandlung stattfindet oder die Verordnung eingelöst wird, übermitteln, sofern der Versicherte zum Zeitpunkt der Behandlung oder der Einlösung der Verordnung die Übermittlung durch eine eindeutige bestätigende Handlung gegenüber der nationalen eHealth-Kontaktstelle technisch freigibt. [2]Es sind technische Maßnahmen zu treffen, die eine Kenntnisnahme der Daten und einen Zugriff durch den Spitzenverband Bund der Krankenkassen, Deutsche Verbindungsstelle Krankenversicherung – Ausland, und durch die eHealth-Kontaktstelle ausschließen.

(9) [1]Unbeschadet seiner Verantwortlichkeit nach Absatz 6 Satz 2 kann der Spitzenverband Bund der Krankenkassen, Deutsche Verbindungsstelle Krankenversicherung – Ausland, die Aufgabe nach Absatz 6 Satz 1 an eine geeignete Arbeitsgemeinschaft der gesetzlichen Krankenkassen nach § 94 Absatz 1a Satz 1 des Zehnten Buches oder nach § 219 Absatz 1 übertragen. [2]Diese hat die Vorgaben nach den Absätzen 7 und 8 zu erfüllen.

(10) An der Finanzierung der nationalen eHealth-Kontaktstelle nach Absatz 6 sind die privaten Krankenversicherungen zu 10 Prozent zu beteiligen.

Achtes Kapitel

Finanzierung

Erster Abschnitt

Beiträge

Erster Titel

Aufbringung der Mittel

§ 220
Grundsatz

(1) [1]Die Mittel der Krankenversicherung werden durch Beiträge und sonstige Einnahmen aufgebracht; als Beiträge gelten auch Zusatzbeiträge nach § 242. [2]Darlehensaufnahmen sind nicht zulässig. [3]Die Aufsichtsbehörde kann im Einzelfall Darlehensaufnahmen bei Kreditinstituten zur Finanzierung des Erwerbs von Grundstücken für Eigeneinrichtungen nach § 140 sowie der Errichtung, der Erweiterung oder des Umbaus von Gebäuden für Eigeneinrichtungen nach § 140 genehmigen.

(2) [1]Der beim Bundesamt für Soziale Sicherung gebildete Schätzerkreis schätzt jedes Jahr bis zum 15. Oktober für das jeweilige Jahr und für das Folgejahr

1. die Höhe der voraussichtlichen beitragspflichtigen Einnahmen der Mitglieder der Krankenkassen,
2. die Höhe der voraussichtlichen jährlichen Einnahmen des Gesundheitsfonds,
3. die Höhe der voraussichtlichen jährlichen Ausgaben der Krankenkassen sowie
4. die voraussichtliche Zahl der Versicherten und der Mitglieder der Krankenkassen.

[2]Die Schätzung für das Folgejahr dient als Grundlage für die Festlegung des durchschnittlichen Zusatzbeitragssatzes nach § 242a, für die Zuweisungen aus dem Gesundheitsfonds nach den §§ 266 und 270 sowie für die Durchführung des Einkommensausgleichs nach § 270a. [3]Bei der Schätzung der Höhe der voraussichtlichen jährlichen Einnahmen bleiben die Beträge nach § 271 Absatz 1a außer Betracht.

(3) [1]Für das Rechnungswesen einschließlich der Statistiken bei der Verwaltung des Gesundheitsfonds durch das Bundesamt für Soziale Sicherung gelten die §§ 76, 77 Absatz 1a Satz 1 bis 6 und § 79 Absatz 1 und 2 in Verbindung mit Absatz 3a des Vierten Buches sowie die auf Grund des § 78 des Vierten Buches erlassenen Rechtsverordnungen entsprechend. [2]Für das Vermögen gelten die §§ 80, 83 Absatz 1 und 2 bis 4, die §§ 84 und 86 des Vierten Buches entsprechend. [3]Die Mittel des Gesundheitsfonds können abweichend von § 83 Absatz 1 Nummer 2 Buchstabe b und c sowie Nummer 4 Buchstabe c des Vierten Buches angelegt werden bei Kreditinstituten, die die geltenden Vorschriften über das Eigenkapital und die Liquidität einhalten. [4]Die Einhaltung der Vorschriften über das Eigenkapital und die Liquidität ist regelmäßig, mindestens jährlich, zu überprüfen.[5]Die Bestellung des Wirtschaftsprüfers oder des vereidigten Buchprüfers zur Prüfung der Jahresrechnung des Gesundheitsfonds erfolgt durch die beim Bundesamt für Soziale Sicherung eingerichtete Prüfstelle im Einvernehmen mit dem Bundesministerium für Gesundheit und dem Bundesministerium der Finanzen. [6]Die Entlastung des Präsidenten oder der Präsidentin des Bundesamtes für Soziale Sicherung als Verwalter des Gesundheitsfonds erfolgt durch das Bundesministerium für Gesundheit im Einvernehmen mit dem Bundesministerium der Finanzen.

(4) [1]Das Bundesministerium für Gesundheit erarbeitet Empfehlungen für eine stabile, verlässliche und solidarische Finanzierung der gesetzlichen Krankenversicherung. [2]Hierbei soll insbesondere auch die Ausgabenseite der gesetzlichen Krankenversicherung betrachtet werden. [3]Die Empfehlungen des Bundesministeriums für Gesundheit werden bis zum 31. Mai 2023 vorgelegt. [4]Zudem erarbeitet das Bundesministerium für Gesundheit Empfehlungen zum Bürokratieabbau im Gesundheitswesen und Vorschläge für gesetzliche Vorgaben, die eine Offenlegung der Service- und Versorgungsqualität der Krankenkassen anhand von einheitlichen Mindestkriterien ermöglichen. [5]Diese sollen bis zum 30. September 2023 erarbeitet werden.

§ 221
Beteiligung des Bundes an Aufwendungen

(1) Der Bund leistet zur pauschalen Abgeltung der Aufwendungen der Krankenkassen für versicherungsfremde Leistungen jährlich 14,5 Milliarden Euro in monatlich zum ersten Bankarbeitstag zu überweisenden Teilbeträgen an den Gesundheitsfonds.

(2) [1]Der Gesundheitsfonds überweist von den ihm zufließenden Leistungen des Bundes nach Absatz 1 der landwirtschaftlichen Krankenkasse den auf sie entfallenden Anteil an der Beteiligung des Bundes. [2]Der Überweisungsbetrag nach Satz 1 bemisst sich nach dem Verhältnis der Anzahl der Versicherten dieser Krankenkasse zu der Anzahl der Versicherten aller Krankenkassen; maßgebend sind die Verhältnisse am 1. Juli des Vorjahres.

(3) [1]Der Überweisungsbetrag nach Absatz 2 Satz 1 reduziert sich

1. in den Jahren 2016 bis 2024 um den auf die landwirtschaftliche Krankenkasse entfallenden Anteil an der Finanzierung des Innovationsfonds nach § 92a Absatz 3 und 4 und
2. ab dem Jahr 2016 um den auf die landwirtschaftliche Krankenkasse entfallenden Anteil an der Finanzierung des Strukturfonds nach Maßgabe der §§ 12 bis 14 des Krankenhausfinanzierungsgesetzes.

[2]Absatz 2 Satz 2 gilt entsprechend. [3]Der Anteil nach Satz 1 Nummer 1 wird dem Innovationsfonds und der Anteil nach Satz 1 Nummer 2 dem Strukturfonds zugeführt. [4]Die auf die landwirtschaftliche Krankenkasse nach Satz 1 Nummer 1 und 2 entfallenden Anteile an den Mitteln für den Innovationsfonds nach § 92a und den Strukturfonds nach den §§ 12 und 12a des Krankenhausfinanzierungsgesetzes werden nach Vorliegen der Geschäfts- und Rechnungsergebnisse des Gesundheitsfonds für das abgelaufene Kalenderjahr festgesetzt und mit der landwirtschaftlichen Krankenkasse abgerechnet. [5]Solange ein Anteil nach Satz 4 noch nicht feststeht, kann das Bundesversicherungsamt einen vorläufigen Betrag festsetzen. [6]Das Nähere zur Festsetzung des Betrags und zur Abrechnung mit der landwirtschaftlichen Krankenkasse bestimmt das Bundesversicherungsamt.

§ 221a
Ergänzende Bundeszuschüsse an den Gesundheitsfonds, Verordnungsermächtigung

(1) [1]Unbeschadet des § 221 Absatz 1 leistet der Bund im Jahr 2021 zur Stabilisierung des durchschnittlichen Zusatzbeitragssatzes gemäß § 242a im Jahr 2021 einen ergänzenden Bundeszuschuss in Höhe von 5 Milliarden Euro an den Gesundheitsfonds. [2]Der Gesundheitsfonds überweist von den ihm zufließenden Leistungen nach Satz 1 der landwirtschaftlichen Krankenkasse einen Betrag von 30 Millionen Euro.

(2) [1]Der Bund leistet bis zum 1. April 2021 unbeschadet der Bundeszuschüsse nach Absatz 1 und nach § 221 Absatz 1 einen ergänzenden Bundeszuschuss in Höhe von 300 Millionen Euro an die Liquiditätsreserve des Gesundheitsfonds als Beitrag zum Ausgleich für die Mehrausgaben der gesetzlichen Krankenversicherung in Folge der Regelung zum Kinderkrankengeld nach § 45 Absatz 2a. [2]Überschreiten die in Satz 1 genannten Mehrausgaben im Jahr 2021 einen Betrag von 300 Millionen Euro, leistet der Bund zum 1. Juli 2022 einen weiteren ergänzenden Bundeszuschuss an die Liquiditätsreserve des Gesundheitsfonds in Höhe des Betrags, um den die in Satz 1 genannten Mehrausgaben den Betrag von 300 Millionen Euro überschreiten. [3]Der nach Satz 2 zu leistende Betrag wird aus der Differenz zwischen den Ausgaben aller gesetzlichen Krankenkassen für das Kinderkrankengeld ausweislich der Jahresrechnungsergebnisse (Statistik KJ 1) für das Jahr 2021 und für das Jahr 2019 einschließlich der jeweils darauf zu entrichtenden Beiträge zur Renten-, Arbeitslosen- und sozialen Pflegeversicherung in Höhe von 24,05 Prozent abzüglich der bereits geleisteten 300 Millionen Euro ermittelt. [4]Der Bund leistet zum 1. Oktober 2021 eine Abschlagszahlung an die Liquiditätsreserve des Gesundheitsfonds auf den nach Satz 2 zu entrichtenden ergänzenden Bundeszuschuss in Höhe eines Betrags, der unter entsprechender Anwendung der Berechnung nach Satz 3 auf der Grundlage der vorläufigen Rechnungsergebnisse des ersten Halbjahres 2021 bestimmt wird. [5]Das Bundesministerium für Gesundheit ermittelt die Überschreitungsbeträge nach den Sätzen 3 und 4 und meldet diese unverzüglich an das Bundesministerium der Finanzen.

(3) [1]Unbeschadet des § 221 Absatz 1 leistet der Bund im Jahr 2022 zur Stabilisierung des durchschnittlichen Zusatzbeitragssatzes gemäß § 242a im Jahr 2022 einen ergänzenden Bundeszuschuss in Höhe von 7 Milliarden Euro in monatlich zu überweisenden Teilbeträgen an den Gesundheitsfonds. [2]Der Gesundheitsfonds überweist von den ihm zufließenden Leistungen nach Satz 1 der landwirtschaftlichen Krankenkasse einen Betrag von 42 Millionen Euro. [3]Das Bundesministerium für Gesundheit wird befristet bis zum 31. Dezember 2021 ermächtigt, im Einvernehmen mit dem Bundesministerium der Finanzen

und mit Zustimmung des Deutschen Bundestages durch Rechtsverordnung ohne Zustimmung des Bundesrats einen von Satz 1 abweichenden ergänzenden Bundeszuschuss für das Jahr 2022 einschließlich eines vom Gesundheitsfonds an die landwirtschaftliche Krankenversicherung zu überweisenden Betrags festzusetzen. [4]Der in der Rechtsverordnung nach Satz 3 festzusetzende ergänzende Bundeszuschuss ist auf den Betrag festzusetzen, der erforderlich ist, um den durchschnittlichen Zusatzbeitragssatz nach § 242a im Jahr 2022 bei 1,3 Prozent zu stabilisieren; der vom Gesundheitsfonds an die landwirtschaftliche Krankenversicherung zu überweisende Betrag ist in der Rechtsverordnung nach Satz 3 entsprechend des Verhältnisses des der landwirtschaftlichen Krankenversicherung nach Satz 2 vom Gesundheitsfonds zu überweisenden Betrags zum ergänzenden Bundeszuschuss nach Satz 1 festzusetzen.

(4) [1]Der Bund leistet bis zum 1. April 2022 unbeschadet der Bundeszuschüsse nach Absatz 3 und nach § 221 Absatz 1 für das Jahr 2022 einen ergänzenden Bundeszuschuss in Höhe von 300 Millionen Euro an die Liquiditätsreserve des Gesundheitsfonds als Beitrag zum Ausgleich für die Mehrausgaben der gesetzlichen Krankenversicherung infolge der Regelung zum Kinderkrankengeld nach § 45 Absatz 2a. [2]Überschreiten die in Satz 1 genannten Mehrausgaben im Jahr 2022 einen Betrag von 300 Millionen Euro, leistet der Bund zum 1. Juli 2023 einen weiteren ergänzenden Bundeszuschuss an die Liquiditätsreserve des Gesundheitsfonds in Höhe des Betrags, um den die in Satz 1 genannten Mehrausgaben den Betrag von 300 Millionen Euro überschreiten. [3]Der nach Satz 2 zu leistende Betrag wird aus der Differenz zwischen den Ausgaben aller gesetzlichen Krankenkassen für das Kinderkrankengeld ausweislich der Jahresrechnungsergebnisse (Statistik KJ 1) für das Jahr 2022 und für das Jahr 2019 einschließlich der jeweils darauf zu entrichtenden Beiträge zur Renten-, Arbeitslosen- und sozialen Pflegeversicherung in Höhe von 24,05 Prozent abzüglich der bereits geleisteten 300 Millionen Euro ermittelt. [4]Das Bundesministerium für Gesundheit ermittelt den Überschreitungsbetrag nach den Sätzen 2 und 3 und meldet diesen unverzüglich an das Bundesministerium der Finanzen.

(5) [1]Unbeschadet des § 221 Absatz 1 leistet der Bund im Jahr 2023 einen ergänzenden Bundeszuschuss in Höhe von 2 Milliarden Euro in monatlich zu überweisenden Teilbeträgen an den Gesundheitsfonds. [2]Der Gesundheitsfonds überweist von den ihm zufließenden Leistungen nach Satz 1 der landwirtschaftlichen Krankenkasse den auf sie entfallenden Anteil an der Beteiligung des Bundes. [3]Der an die landwirtschaftliche Krankenkasse zu überweisende Betrag bemisst sich nach dem Verhältnis der Anzahl der Versicherten dieser Krankenkasse zu der Anzahl der Versicherten aller Krankenkassen; maßgebend sind die Verhältnisse am 1. Juli 2022.

(6) [1]Der Bund leistet bis zum 1. April 2023 unbeschadet der Bundeszuschüsse nach Absatz 5 und nach § 221 Absatz 1 für das Jahr 2023 einen ergänzenden Bundeszuschuss in Höhe von 150 Millionen Euro an den Gesundheitsfonds als Beitrag zum Ausgleich für die Mehrausgaben der gesetzlichen Krankenversicherung infolge der Regelung zum Kinderkrankengeld nach § 45 Absatz 2a. [2]Überschreiten die in Satz 1 genannten Mehrausgaben im Jahr 2023 einen Betrag von 150 Millionen Euro, leistet der Bund zum 1. Juli 2024 einen weiteren ergänzenden Bundeszuschuss an die Liquiditätsreserve des Gesundheitsfonds in Höhe des Betrags, um den die in Satz 1 genannten Mehrausgaben den Betrag von 150 Millionen Euro überschreiten. [3]Der nach Satz 2 zu leistende Betrag wird aus der Differenz zwischen den Ausgaben aller gesetzlichen Krankenkassen für das Kinderkrankengeld ausweislich der Jahresrechnungsergebnisse (Statistik KJ 1) für das Jahr 2023 und für das Jahr 2019 einschließlich der jeweils darauf zu entrichtenden Beiträge zur Renten-, Arbeitslosen- und sozialen Pflegeversicherung abzüglich der bereits geleisteten 150 Millionen Euro ermittelt. [4]Das Bundesministerium für Gesundheit ermittelt den Überschreitungsbetrag nach den Sätzen 2 und 3 und meldet diesen unverzüglich an das Bundesministerium der Finanzen.

§ 221b
Leistungen des Bundes für den Sozialausgleich

(aufgehoben)

§ 222
Befristete Ausnahme vom Verbot der Finanzierung durch Aufnahme von Darlehen

(aufgehoben)

§ 223
Beitragspflicht, beitragspflichtige Einnahmen, Beitragsbemessungsgrenze

(1) Die Beiträge sind für jeden Kalendertag der Mitgliedschaft zu zahlen, soweit dieses Buch nichts Abweichendes bestimmt.

(2) [1]Die Beiträge werden nach den beitragspflichtigen Einnahmen der Mitglieder bemessen. [2]Für die Berechnung ist die Woche zu sieben, der Monat zu dreißig und das Jahr zu dreihundertsechzig Tagen anzusetzen.

(3) [1]Beitragspflichtige Einnahmen sind bis zu einem Betrag von einem Dreihundertsechzigstel der Jahresarbeitsentgeltgrenze nach § 6 Abs. 7 für den Kalendertag zu berücksichtigen (Beitragsbemessungsgrenze). [2]Einnahmen, die diesen Betrag übersteigen, bleiben außer Ansatz, soweit dieses Buch nichts Abweichendes bestimmt.

§ 224
Beitragsfreiheit bei Krankengeld, Mutterschaftsgeld oder Elterngeld

(1) [1]Beitragsfrei ist ein Mitglied für die Dauer des Anspruchs auf Krankengeld oder Mutterschaftsgeld oder des Bezugs von Elterngeld. [2]Die Beitragsfreiheit erstreckt sich nur auf die in Satz 1 genannten Leistungen. [3]Für die Dauer des Bezugs von Krankengeld oder Mutterschaftsgeld gilt § 240 Absatz 4 Satz 1 nicht.

(2) Durch die Beitragsfreiheit wird ein Anspruch auf Schadensersatz nicht ausgeschlossen oder gemindert.

§ 225
Beitragsfreiheit bestimmter Rentenantragsteller

[1]Beitragsfrei ist ein Rentenantragsteller bis zum Beginn der Rente, wenn er

1. als hinterbliebener Ehegatte oder hinterbliebener Lebenspartner eines nach § 5 Abs. 1 Nr. 11 oder 12 versicherungspflichtigen Rentners, der bereits Rente bezogen hat, Hinterbliebenenrente beantragt,
2. als Waise die Voraussetzungen nach § 5 Absatz 1 Nummer 11b erfüllt und die dort genannten Leistungen vor Vollendung des achtzehnten Lebensjahres beantragt oder
3. ohne die Versicherungspflicht nach § 5 Absatz 1 Nummer 11 bis 12 nach § 10 dieses Buches oder nach § 7 des Zweiten Gesetzes über die Krankenversicherung der Landwirte versichert wäre.

[2]Satz 1 gilt nicht, wenn der Rentenantragsteller Arbeitseinkommen oder Versorgungsbezüge erhält. [3]§ 226 Abs. 2 gilt entsprechend.

Zweiter Titel

Beitragspflichtige Einnahmen der Mitglieder

§ 226
Beitragspflichtige Einnahmen versicherungspflichtig Beschäftigter

(1) [1]Bei versicherungspflichtig Beschäftigten werden der Beitragsbemessung zugrunde gelegt

1. das Arbeitsentgelt aus einer versicherungspflichtigen Beschäftigung,
2. der Zahlbetrag der Rente der gesetzlichen Rentenversicherung,
3. der Zahlbetrag der der Rente vergleichbaren Einnahmen (Versorgungsbezüge),
4. das Arbeitseinkommen, soweit es neben einer Rente der gesetzlichen Rentenversicherung oder Versorgungsbezügen erzielt wird.

[2]Dem Arbeitsentgelt steht das Vorruhestandsgeld gleich. [3]Bei Auszubildenden, die einer außerbetrieblichen Einrichtung im Rahmen eines Berufsausbildungsvertrages nach dem Berufsbildungsgesetz ausgebildet werden, steht die Ausbildungsvergütung dem Arbeitsentgelt gleich.

(2) [1]Die nach Absatz 1 Satz 1 Nr. 3 und 4 zu bemessenden Beiträge sind nur zu entrichten, wenn die monatlichen beitragspflichtigen Einnahmen nach Absatz 1 Satz 1 Nr. 3 und 4 insgesamt ein Zwanzigstel der monatlichen Bezugsgröße nach § 18 des Vierten Buches übersteigen. [2]Überschreiten die monatlichen beitragspflichtigen Einnahmen nach Absatz 1 Satz 1 Nummer 3 und 4 insgesamt ein Zwanzigstel der monatlichen Bezugsgröße nach § 18 des Vierten Buches, ist von den monatlichen beitragspflichtigen Einnahmen nach § 229 Absatz 1 Satz 1 Nummer 5 ein Freibetrag in Höhe von einem Zwanzigstel der monatlichen Bezugsgröße nach § 18 des Vierten Buches abzuziehen; der abzuziehende Freibetrag

ist der Höhe nach begrenzt auf die monatlichen beitragspflichtigen Einnahmen nach § 229 Absatz 1 Satz 1 Nummer 5; bis zum 31. Dezember 2020 ist § 27 Absatz 1 des Vierten Buches nicht anzuwenden. [3]Für die Beitragsbemessung nach dem Arbeitseinkommen nach Absatz 1 Satz 1 Nummer 4 gilt § 240 Absatz 1 Satz 1 und Absatz 4a entsprechend.

(3) Für Schwangere, deren Mitgliedschaft nach § 192 Abs. 2 erhalten bleibt, gelten die Bestimmungen der Satzung.

(4) Bei Arbeitnehmerinnen und Arbeitnehmern, die gegen ein monatliches Arbeitsentgelt bis zum oberen Grenzbetrag des Übergangsbereichs (§ 20 Abs. 2 des Vierten Buches) mehr als geringfügig beschäftigt sind, bestimmt sich die beitragspflichtige Einnahme nach § 20 Absatz 2a Satz 1 des Vierten Buches.

(5) Für Personen, für die § 7 Absatz 2 Anwendung findet, bestimmt sich die beitragspflichtige Einnahme nach § 134 des Vierten Buches.

§ 227
Beitragspflichtige Einnahmen versicherungspflichtiger Rückkehrer in die gesetzliche Krankenversicherung und bisher nicht Versicherter

Für die nach § 5 Abs. 1 Nr. 13 Versicherungspflichtigen gilt § 240 entsprechend.

§ 228
Rente als beitragspflichtige Einnahmen

(1) [1]Als Rente der gesetzlichen Rentenversicherung gelten Renten der allgemeinen Rentenversicherung sowie Renten der knappschaftlichen Rentenversicherung einschließlich der Steigerungsbeträge aus Beiträgen der Höherversicherung. [2]Satz 1 gilt auch, wenn vergleichbare Renten aus dem Ausland bezogen werden. [3]Tritt an die Stelle der Rente eine nicht regelmäßig wiederkehrende Leistung oder ist eine solche Leistung vor Eintritt des Versicherungsfalls vereinbart oder zugesagt worden, gilt ein Hundertzwanzigstel der Leistung als monatlicher Zahlbetrag der Rente, längstens jedoch für 120 Monate.

(2) [1]Bei der Beitragsbemessung sind auch Nachzahlungen einer Rente nach Absatz 1 zu berücksichtigen, soweit sie auf einen Zeitraum entfallen, in dem der Rentner Anspruch auf Leistungen nach diesem Buch hatte. [2]Die Beiträge aus der Nachzahlung gelten als Beiträge für die Monate, für die die Rente nachgezahlt wird. [3]Ein Beitragsbescheid ist abweichend von § 48 Absatz 1 Satz 2 des Zehnten Buches mit Wirkung für die Vergangenheit aufzuheben, soweit Nachzahlungen nach den Sätzen 1 und 2 bei der Beitragsbemessung zu berücksichtigen sind.

§ 229
Versorgungsbezüge als beitragspflichtige Einnahmen

(1) [1]Als der Rente vergleichbare Einnahmen (Versorgungsbezüge) gelten, soweit sie wegen einer Einschränkung der Erwerbsfähigkeit oder zur Alters- oder Hinterbliebenenversorgung erzielt werden,

1. Versorgungsbezüge aus einem öffentlich-rechtlichen Dienstverhältnis oder aus einem Arbeitsverhältnis mit Anspruch auf Versorgung nach beamtenrechtlichen Vorschriften oder Grundsätzen; außer Betracht bleiben
   a) lediglich übergangsweise gewährte Bezüge,
   b) unfallbedingte Leistungen und Leistungen Entschädigungszahlungen nach dem Vierzehnten Buch,

Bearbeiterhinweis:
Am 01. Januar 2025 tritt nachfolgende Fassung von § 229 Absatz 1 Satz 1 Nummer 1 Buchstabe b in Kraft:

b) unfallbedingte Leistungen, Entschädigungszahlungen nach dem Vierzehnten Buch und der Ausgleich für gesundheitliche Schädigungsfolgen nach dem Soldatenentschädigungsgesetz und die Ausgleichszahlung nach § 43 Absatz 1 des Soldatenentschädigungsgesetzes,

   c) bei einer Unfallversorgung ein Betrag von 20 vom Hundert des Zahlbetrags und
   d) bei einer erhöhten Unfallversorgung der Unterschiedsbetrag zum Zahlbetrag der Normalversorgung, mindestens 20 vom Hundert des Zahlbetrags der erhöhten Unfallversorgung,
2. Bezüge aus der Versorgung der Abgeordneten, Parlamentarischen Staatssekretäre und Minister,

3. Renten der Versicherungs- und Versorgungseinrichtungen, die für Angehörige bestimmter Berufe errichtet sind,
4. Renten und Landabgaberenten nach dem Gesetz über die Alterssicherung der Landwirte mit Ausnahme einer Übergangshilfe,
5. Renten der betrieblichen Altersversorgung einschließlich der Zusatzversorgung im öffentlichen Dienst und der hüttenknappschaftlichen Zusatzversorgung; außer Betracht bleiben Leistungen aus Altersvorsorgevermögen im Sinne des § 92 des Einkommensteuergesetzes sowie Leistungen, die der Versicherte nach dem Ende des Arbeitsverhältnisses als alleiniger Versicherungsnehmer aus nicht durch den Arbeitgeber finanzierten Beiträgen erworben hat.

[2]Satz 1 gilt auch, wenn Leistungen dieser Art aus dem Ausland oder von einer zwischenstaatlichen oder überstaatlichen Einrichtung bezogen werden. [3]Tritt an die Stelle der Versorgungsbezüge eine nicht regelmäßig wiederkehrende Leistung oder ist eine solche Leistung vor Eintritt des Versicherungsfalls vereinbart oder zugesagt worden, gilt ein Einhundertzwanzigstel der Leistung als monatlicher Zahlbetrag der Versorgungsbezüge, längstens jedoch für einhundertzwanzig Monate.

(2) Für Nachzahlungen von Versorgungsbezügen gilt § 228 Abs. 2 entsprechend.

§ 230
Rangfolge der Einnahmearten versicherungspflichtig Beschäftigter

[1]Erreicht das Arbeitsentgelt nicht die Beitragsbemessungsgrenze, werden nacheinander der Zahlbetrag der Versorgungsbezüge und das Arbeitseinkommen des Mitglieds bis zur Beitragsbemessungsgrenze berücksichtigt. [2]Der Zahlbetrag der Rente der gesetzlichen Rentenversicherung wird getrennt von den übrigen Einnahmearten bis zur Beitragsbemessungsgrenze berücksichtigt.

§ 231
Erstattung von Beiträgen

(1) [1]Beiträge aus Versorgungsbezügen oder Arbeitseinkommen werden dem Mitglied durch die Krankenkasse auf Antrag erstattet, soweit sie auf Beträge entfallen, um die die Versorgungsbezüge und das Arbeitseinkommen zusammen mit dem Arbeitsentgelt einschließlich des einmalig gezahlten Arbeitsentgelts die anteilige Jahresarbeitsentgeltgrenze nach § 6 Abs. 7 überschritten haben. [2]Die Krankenkasse informiert das Mitglied, wenn es zu einer Überschreitung der Beitragsbemessungsgrenze gekommen ist.

(2) [1]Die zuständige Krankenkasse erstattet dem Mitglied auf Antrag die von ihm selbst getragenen Anteile an den Beiträgen aus der Rente der gesetzlichen Rentenversicherung, soweit sie auf Beträge entfallen, um die die Rente zusammen mit den übrigen der Beitragsbemessung zugrunde gelegten Einnahmen des Mitglieds die Beitragsbemessungsgrenze überschritten hat. [2]Die Satzung der Krankenkasse kann Näheres über die Durchführung der Erstattung bestimmen. [3]Wenn dem Mitglied auf Antrag von ihm getragene Beitragsanteile nach Satz 1 erstattet werden, werden dem Träger der gesetzlichen Rentenversicherung die von diesem insoweit getragenen Beitragsanteile erstattet. [4]Absatz 1 Satz 2 gilt entsprechend.

(3) Weist ein Mitglied, dessen Beiträge nach § 240 Absatz 4a Satz 6 festgesetzt wurden, innerhalb von drei Jahren nach Ablauf des Kalenderjahres, für das die Beiträge zu zahlen waren, beitragspflichtige Einnahmen nach, die für den Kalendertag unterhalb des 30. Teils der monatlichen Beitragsbemessungsgrenze liegen, wird dem Mitglied der Anteil der gezahlten Beiträge erstattet, der die Beiträge übersteigt, die das Mitglied auf der Grundlage der tatsächlich erzielten beitragspflichtigen Einnahmen nach § 240 hätte zahlen müssen.

§ 232
Beitragspflichtige Einnahmen unständig Beschäftigter

(1) [1]Für unständig Beschäftigte ist als beitragspflichtige Einnahmen ohne Rücksicht auf die Beschäftigungsdauer das innerhalb eines Kalendermonats erzielte Arbeitsentgelt bis zur Höhe von einem Zwölftel der Jahresarbeitsentgeltgrenze nach § 6 Abs. 7 zugrunde zu legen. [2]Die §§ 226 und 228 bis 231 dieses Buches sowie § 23a des Vierten Buches gelten.

(2) [1]Bestanden innerhalb eines Kalendermonats mehrere unständige Beschäftigungen und übersteigt das Arbeitsentgelt insgesamt die genannte monatliche Bemessungsgrenze nach Absatz 1, sind bei der Berechnung der Beiträge die einzelnen Arbeitsentgelte anteilmäßig nur zu berücksichtigen, soweit der Gesamtbetrag die monatliche Bemessungsgrenze nicht übersteigt. [2]Auf

Antrag des Mitglieds oder eines Arbeitgebers verteilt die Krankenkasse die Beiträge nach den anrechenbaren Arbeitsentgelten.

(3) Unständig ist die Beschäftigung, die auf weniger als eine Woche entweder nach der Natur der Sache befristet zu sein pflegt oder im Voraus durch den Arbeitsvertrag befristet ist.

§ 232a
Beitragspflichtige Einnahmen der Bezieher von Arbeitslosengeld, Unterhaltsgeld oder Kurzarbeitergeld

Bearbeiterhinweis:

Am 01. April 2024 tritt nachfolgende Überschrift von § 232a in Kraft:

§ 232a
Beitragspflichtige Einnahmen der Bezieher von Arbeitslosengeld, Unterhaltsgeld, Kurzarbeitergeld oder Qualifizierungsgeld

(1) [1]Als beitragspflichtige Einnahmen gelten

1. bei Personen, die Arbeitslosengeld oder Unterhaltsgeld nach dem Dritten Buch beziehen, 80 vom Hundert des der Leistung zugrunde liegenden, durch sieben geteilten wöchentlichen Arbeitsentgelts nach § 226 Abs. 1 Satz 1 Nr. 1, soweit es ein Dreihundertsechzigstel der Jahresarbeitsentgeltgrenze nach § 6 Abs. 7 nicht übersteigt; 80 vom Hundert des beitragspflichtigen Arbeitsentgelts aus einem nicht geringfügigen Beschäftigungsverhältnis sind abzuziehen,

2. bei Personen, die Bürgergeld nach § 19 Absatz 1 Satz 1 des Zweiten Buches beziehen, das 0,2155fache der monatlichen Bezugsgröße; abweichend von § 223 Absatz 1 sind die Beiträge für jeden Kalendermonat, in dem mindestens für einen Tag eine Mitgliedschaft besteht, zu zahlen.

[2]Bei Personen, die Teilarbeitslosengeld oder Teilunterhaltsgeld nach dem Dritten Buch beziehen, ist Satz 1 Nr. 1 zweiter Teilsatz nicht anzuwenden. [3]Ab Beginn des zweiten Monats bis zur zwölften Woche einer Sperrzeit oder als Beginn des zweiten Monats eines Ruhenszeitraumes wegen einer Urlaubsabgeltung gelten die Leistungen als bezogen.

(1a) (aufgehoben)

(2) Soweit Kurzarbeitergeld nach dem Dritten Buch gewährt wird, gelten als beitragspflichtige Einnahmen nach § 226 Abs. 1 Satz 1 Nr. 1 80 vom Hundert des Unterschiedsbetrages zwischen dem Sollentgelt und dem Istentgelt nach § 106 des Dritten Buches.

Bearbeiterhinweis:

Am 01. April 2024 tritt nachfolgende Fassung von § 232a Absatz 2 in Kraft:

(2) Soweit Kurzarbeitergeld oder Qualifizierungsgeld nach dem Dritten Buch gewährt wird, gelten als beitragspflichtige Einnahmen nach § 226 Abs. 1 Satz 1 Nr. 1 80 vom Hundert des Unterschiedsbetrages zwischen dem Sollentgelt und dem Istentgelt nach § 106 des Dritten Buches beim Kurzarbeitergeld oder nach § 82b des Dritten Buches beim Qualifizierungsgeld.

(3) § 226 gilt entsprechend.

§ 232b
Beitragspflichtige Einnahmen der Bezieher von Pflegeunterstützungsgeld

(1) Bei Personen, die Pflegeunterstützungsgeld nach § 44a Absatz 3 des Elften Buches beziehen, gelten 80 Prozent des während der Freistellung ausgefallenen, laufenden Arbeitsentgelts als beitragspflichtige Einnahmen.

(2) [1]Für Personen, deren Mitgliedschaft nach § 192 Absatz 1 Nummer 2 erhalten bleibt, gelten § 226 Absatz 1 Nummer 2 bis 4 und Absatz 2 sowie die §§ 228 bis 231 entsprechend. [2]Die Einnahmen nach § 226 Absatz 1 Satz 1 Nummer 2 bis 4 unterliegen höchstens in dem Umfang der Beitragspflicht, in dem zuletzt vor dem Bezug des Pflegeunterstützungsgeldes Beitragspflicht bestand. [3]Für freiwillige Mitglieder gilt Satz 2 entsprechend.

§ 233
Beitragspflichtige Einnahmen der Seeleute

(1) Für Seeleute gilt als beitragspflichtige Einnahme der Betrag, der nach dem Recht der gesetzlichen Unfallversicherung für die Beitragsberechnung maßgebend ist.

(2) § 226 Abs. 1 Nr. 2 bis 4 und Abs. 2 sowie die §§ 228 bis 231 gelten entsprechend.

§ 234
Beitragspflichtige Einnahmen der Künstler und Publizisten

(1) [1]Für die nach dem Künstlersozialversicherungsgesetz versicherungspflichtigen Mitglieder wird der Beitragsbemessung der dreihundertsechzigste Teil des voraussichtlichen Jahresarbeitseinkommens (§ 12 des Künstlersozialversicherungsgesetzes), mindestens jedoch der einhundertachtzigste Teil der monatlichen Bezugsgröße nach § 18 des Vierten Buches Sozialgesetzbuch zugrunde gelegt. [2]Für Kalendertage, für die Anspruch auf Krankengeld oder Mutterschaftsgeld besteht oder für die Beiträge nach § 251 Abs. 1 zu zahlen sind, wird Arbeitseinkommen nicht zugrunde gelegt. [3]Arbeitseinkommen sind auch die Vergütungen für die Verwertung und Nutzung urheberrechtlich geschützter Werke oder Leistungen.

(2) § 226 Abs. 1 Satz 1 Nr. 2 bis 4 und Abs. 2 sowie die §§ 228 bis 231 gelten entsprechend.

§ 235
Beitragspflichtige Einnahmen von Rehabilitanden, Jugendlichen und Menschen mit Behinderungen in Einrichtungen

(1) [1]Für die nach § 5 Abs. 1 Nr. 6 versicherungspflichtigen Teilnehmer an Leistungen zur Teilhabe am Arbeitsleben gelten als beitragspflichtige Einnahmen 80 Prozent des Regelentgelts, das der Berechnung des Übergangsgeldes zugrunde liegt. [2]Das Entgelt ist um den Zahlbetrag der Rente wegen verminderter Erwerbsfähigkeit sowie um das Entgelt zu kürzen, das aus einer die Versicherungspflicht begründenden Beschäftigung erzielt wird. [3]Bei Personen, die Teilübergangsgeld nach dem Dritten Buch beziehen, ist Satz 2 nicht anzuwenden. [4]Wird das Übergangsgeld, das Verletztengeld, das Versorgungskrankengeld oder das Krankengeld der Sozialen Entschädigung angepasst, ist das Entgelt um den gleichen Vomhundertsatz zu erhöhen. [5]Für Teilnehmer, die kein Übergangsgeld erhalten, sowie für die nach § 5 Abs. 1 Nr. 5 Versicherungspflichtigen gilt als beitragspflichtige Einnahmen ein Arbeitsentgelt in Höhe von 20 vom Hundert der monatlichen Bezugsgröße nach § 18 des Vierten Buches.

Bearbeiterhinweis:
Am 01. Januar 2025 tritt nachfolgende Fassung von § 235 Absatz 1 in Kraft:

(1) [1]Für die nach § 5 Abs. 1 Nr. 6 versicherungspflichtigen Teilnehmer an Leistungen zur Teilhabe am Arbeitsleben gelten als beitragspflichtige Einnahmen 80 Prozent des Regelentgelts, das der Berechnung des Übergangsgeldes zugrunde liegt. [2]Das Entgelt ist um den Zahlbetrag der Rente wegen verminderter Erwerbsfähigkeit sowie um das Entgelt zu kürzen, das aus einer die Versicherungspflicht begründenden Beschäftigung erzielt wird. [3]Bei Personen, die Teilübergangsgeld nach dem Dritten Buch beziehen, ist Satz 2 nicht anzuwenden. [4]Wird das Übergangsgeld, das Verletztengeld, das Versorgungskrankengeld, das Krankengeld der Sozialen Entschädigung oder das Krankengeld der Soldatenentschädigung angepasst, ist das Entgelt um den gleichen Vomhundertsatz zu erhöhen. [5]Für Teilnehmer, die kein Übergangsgeld erhalten, sowie für die nach § 5 Abs. 1 Nr. 5 Versicherungspflichtigen gilt als beitragspflichtige Einnahmen ein Arbeitsentgelt in Höhe von 20 vom Hundert der monatlichen Bezugsgröße nach § 18 des Vierten Buches.

(2) [1]Für Personen, deren Mitgliedschaft nach § 192 Abs. 1 Nr. 3 erhalten bleibt, sind die vom zuständigen Rehabilitationsträger nach § 251 Abs. 1 zu tragenden Beiträge nach 80 vom Hundert des Regelentgelts zu bemessen, das der Berechnung des Übergangsgeldes, des Verletztengeldes, des Versorgungskrankengeldes oder des Krankengeldes der Sozialen Entschädigung zugrunde liegt. [2]Absatz 1 Satz 4 gilt. [3]Bei Personen, die Verletztengeld nach § 45 Absatz 4 des Siebten Buches in Verbindung mit § 45 Absatz 1 beziehen, gelten abweichend von Satz 1 als beitragspflichtige Einnahmen 80 Prozent des während der Freistellung ausgefallenen laufenden Arbeitsentgelts oder des der Leistung zugrunde liegenden Arbeitseinkommens.

Bearbeiterhinweis:
Am 01. Januar 2025 tritt nachfolgende Fassung von § 235 Absatz 2 in Kraft:

(2) [1]Für Personen, deren Mitgliedschaft nach § 192 Abs. 1 Nr. 3 erhalten bleibt, sind die vom zuständigen Rehabilitationsträger nach § 251 Abs. 1 zu tragenden Beiträge nach 80 vom Hundert des Regelentgelts zu bemessen, das der Berechnung des Übergangsgeldes, des Verletztengeldes, des Versorgungskrankengeldes, des Krankengeldes der Sozialen Entschädigung oder des Krankengeldes der Soldatenentschädigung zugrunde liegt. [2]Absatz 1 Satz 4 gilt. [3]Bei Personen, die Verletztengeld nach § 45 Absatz 4 des

Siebten Buches in Verbindung mit § 45 Absatz 1 beziehen, gelten abweichend von Satz 1 als beitragspflichtige Einnahmen 80 Prozent des während der Freistellung ausgefallenen laufenden Arbeitsentgelts oder des der Leistung zugrunde liegenden Arbeitseinkommens.

(3) Für die nach § 5 Abs. 1 Nr. 7 und 8 versicherungspflichtigen behinderten Menschen ist als beitragspflichtige Einnahme das tatsächlich erzielte Arbeitsentgelt, mindestens jedoch ein Betrag in Höhe von 20 vom Hundert der monatlichen Bezugsgröße nach § 18 des Vierten Buches zugrunde zu legen.

(4) § 226 Abs. 1 Satz 1 Nr. 2 bis 4 und Abs. 2 sowie die §§ 228 bis 231 gelten entsprechend; bei Anwendung des § 230 Satz 1 ist das Arbeitsentgelt vorrangig zu berücksichtigen.

§ 236 Beitragspflichtige Einnahmen der Studenten und Praktikanten

(1) [1]Für die nach § 5 Abs. 1 Nr. 9 und 10 Versicherungspflichtigen gilt als beitragspflichtige Einnahme ein Dreißigstel des Betrages, der als monatlicher Bedarf nach § 13 Abs. 1 Nr. 2 und Abs. 2 des Bundesausbildungsförderungsgesetzes für Studenten festgesetzt ist, die nicht bei ihren Eltern wohnen. [2]Änderungen des Bedarfsbetrags sind vom Beginn des auf die Änderung folgenden Semesters an zu berücksichtigen; als Semester gelten die Zeiten vom 1. April bis 30. September und vom 1. Oktober bis 31. März.

(2) [1]§ 226 Abs. 1 Satz 1 Nr. 2 bis 4 und Abs. 2 sowie die §§ 228 bis 231 gelten entsprechend. [2]Die nach § 226 Abs. 1 Satz 1 Nr. 3 und 4 zu bemessenden Beiträge sind nur zu entrichten, soweit sie die nach Absatz 1 zu bemessenden Beiträge übersteigen.

§ 237 Beitragspflichtige Einnahmen versicherungspflichtiger Rentner

[1]Bei versicherungspflichtigen Rentnern werden der Beitragsbemessung zugrunde gelegt

1. der Zahlbetrag der Rente der gesetzlichen Rentenversicherung,
2. der Zahlbetrag der der Rente vergleichbaren Einnahmen und
3. das Arbeitseinkommen.

[2]Bei Versicherungspflichtigen nach § 5 Absatz 1 Nummer 11b sind die dort genannten Leistungen bis zum Erreichen der Altersgrenzen des § 10 Absatz 2 beitragsfrei. [3]Dies gilt entsprechend für die Leistungen der Hinterbliebenenversorgung nach § 229 Absatz 1 Satz 1 Nummer 1 und für die Waisenrente nach § 15 des Gesetzes über die Alterssicherung der Landwirte. [4]§ 226 Abs. 2 und die §§ 228, 229 und 231 gelten entsprechend.

§ 238 Rangfolge der Einnahmearten versicherungspflichtiger Rentner

Erreicht der Zahlbetrag der Rente der gesetzlichen Rentenversicherung nicht die Beitragsbemessungsgrenze, werden nacheinander der Zahlbetrag der Versorgungsbezüge und das Arbeitseinkommen des Mitglieds bis zur Beitragsbemessungsgrenze berücksichtigt.

§ 238a Rangfolge der Einnahmearten freiwillig versicherter Rentner

Bei freiwillig versicherten Rentnern werden der Beitragsbemessung nacheinander der Zahlbetrag der Rente, der Zahlbetrag der Versorgungsbezüge, das Arbeitseinkommen und die sonstigen Einnahmen, die die wirtschaftliche Leistungsfähigkeit des freiwilligen Mitglieds bestimmen (§ 240 Abs. 1), bis zur Beitragsbemessungsgrenze zugrunde gelegt.

§ 239 Beitragsbemessung bei Rentenantragstellern

[1]Bei Rentenantragstellern wird die Beitragsbemessung für die Zeit der Rentenantragstellung bis zum Beginn der Rente durch den Spitzenverband Bund der Krankenkassen geregelt. [2]Dies gilt auch für Personen, bei denen die Rentenzahlung eingestellt wird, bis zum Ablauf des Monats, in dem die Entscheidung über Wegfall oder Entzug der Rente unanfechtbar geworden ist. [3]§ 240 gilt entsprechend.

§ 240 Beitragspflichtige Einnahmen freiwilliger Mitglieder

(1) [1]Für freiwillige Mitglieder wird die Beitragsbemessung einheitlich durch den Spitzenverband Bund der Krankenkassen geregelt. [2]Dabei ist sicherzustellen, dass die Beitragsbelastung die gesamte wirtschaftliche Leistungsfähigkeit des

freiwilligen Mitglieds berücksichtigt; sofern und solange Mitglieder Nachweise über die beitragspflichtigen Einnahmen auf Verlangen der Krankenkasse nicht vorlegen, gilt als beitragspflichtige Einnahmen für den Kalendertag der dreißigste Teil der monatlichen Beitragsbemessungsgrenze (§ 223). [3]Stellt ein Mitglied innerhalb von zwölf Monaten, nachdem die Beiträge nach Satz 2 auf Grund nicht vorgelegter Nachweise über die beitragspflichtigen Einnahmen unter Zugrundelegung der monatlichen Beitragsbemessungsgrenze festgesetzt wurden und die Krankenkasse ihm diese Festsetzung bekanntgegeben hat, einen Antrag auf Neufestsetzung der Beiträge, sind die Beiträge für die Zeiträume neu festzusetzen, für die das Mitglied Nachweise über die tatsächlich erzielten beitragspflichtigen Einnahmen übermittelt. [4]Für Zeiträume, für die der Krankenkasse hinreichende Anhaltspunkte dafür vorliegen, dass die beitragspflichtigen Einnahmen des Mitglieds die jeweils anzuwendende Mindestbeitragsbemessungsgrundlage nicht überschreiten, hat sie die Beiträge des Mitglieds neu festzusetzen. [5]Wird der Beitrag nach den Sätzen 3 oder 4 festgesetzt, gilt § 24 des Vierten Buches nur im Umfang der veränderten Beitragsfestsetzung.

(2) [1]Bei der Bestimmung der wirtschaftlichen Leistungsfähigkeit sind mindestens die Einnahmen des freiwilligen Mitglieds zu berücksichtigen, die bei einem vergleichbaren versicherungspflichtig Beschäftigten der Beitragsbemessung zugrunde zu legen sind. [2]Abstufungen nach dem Familienstand oder der Zahl der Angehörigen, für die eine Versicherung nach § 10 besteht, sind unzulässig. [3]Der zur sozialen Sicherung vorgesehene Teil des Gründungszuschusses nach § 94 des Dritten Buches in Höhe von monatlich 300 Euro darf nicht berücksichtigt werden. [4]Ebenfalls nicht zu berücksichtigen ist das an eine Pflegeperson weitergereichte Pflegegeld bis zur Höhe des Pflegegeldes nach § 37 Absatz 1 des Elften Buches. [5]Die §§ 223 und 228 Abs. 2, § 229 Abs. 2 und die §§ 238a, 247 Satz 1 und 2 und 248 Satz 1 und 2 dieses Buches sowie § 23a des Vierten Buches gelten entsprechend.

(3) [1]Für freiwillige Mitglieder, die neben dem Arbeitsentgelt eine Rente der gesetzlichen Rentenversicherung beziehen, ist der Zahlbetrag der Rente getrennt von den übrigen Einnahmen bis zur Beitragsbemessungsgrenze zu berücksichtigen. [2]Soweit dies insgesamt zu einer über der Beitragsbemessungsgrenze liegenden Beitragsbelastung führen würde, ist statt des entsprechenden Beitrags aus der Rente nur der Zuschuss des Rentenversicherungsträgers einzuzahlen.

(3a) (aufgehoben)

(4) [1]Als beitragspflichtige Einnahmen gilt für den Kalendertag mindestens der neunzigste Teil der monatlichen Bezugsgröße. [2]Für freiwillige Mitglieder, die Schüler einer Fachschule oder Berufsfachschule oder als Studenten an einer ausländischen staatlichen oder staatlich anerkannten Hochschule eingeschrieben sind oder regelmäßig als Arbeitnehmer ihre Arbeitsleistung im Umherziehen anbieten (Wandergesellen), gilt § 236 in Verbindung mit § 245 Abs. 1 entsprechend. [3]Satz 1 gilt nicht für freiwillige Mitglieder, die die Voraussetzungen für den Anspruch auf eine Rente aus der gesetzlichen Rentenversicherung erfüllen und diese Rente beantragt haben, wenn sie seit der erstmaligen Aufnahme einer Erwerbstätigkeit bis zur Stellung des Rentenantrags mindestens neun Zehntel der zweiten Hälfte dieses Zeitraums Mitglied oder nach § 10 versichert waren; § 5 Abs. 2 Satz 1 gilt entsprechend.

(4a) [1]Die nach dem Arbeitseinkommen zu bemessenden Beiträge werden auf der Grundlage des zuletzt erlassenen Einkommensteuerbescheides vorläufig festgesetzt; dabei ist der Einkommensteuerbescheid für die Beitragsbemessung ab Beginn des auf die Ausfertigung folgenden Monats heranzuziehen; Absatz 1 Satz 2 zweiter Halbsatz gilt entsprechend. [2]Bei Aufnahme einer selbstständigen Tätigkeit werden die Beiträge auf der Grundlage der nachgewiesenen voraussichtlichen Einnahmen vorläufig festgesetzt. [3]Die nach den Sätzen 1 und 2 vorläufig festgesetzten Beiträge werden auf Grundlage der tatsächlich erzielten beitragspflichtigen Einnahmen für das jeweilige Kalenderjahr nach Vorlage des jeweiligen Einkommensteuerbescheides endgültig festgesetzt. [4]Weist das Mitglied seine tatsächlichen Einnahmen auf Verlangen der Krankenkasse nicht innerhalb von drei Jahren nach Ablauf des jeweiligen Kalenderjahres nach, werden die nach Satz 1 oder Satz 2 vorläufig festgesetzten Beiträge abweichend von Satz 3 unter Zugrundelegung beitragspflichtiger Einnahmen in Höhe der Beitragsbemessungsgrenze endgültig festgesetzt. [5]Eine Festsetzung nach Satz 4 unterbleibt für einen Zeitraum von zwölf Monaten ab dem Zeitpunkt, an dem das Mitglied gegenüber der Krankenkasse durch Vorlage einer Erklärung des Finanzamts oder auf andere Weise nachgewiesen hat, dass für das jeweilige Kalenderjahr noch kein Einkommensteuerbescheid bekanntgegeben worden ist. [6]Ist eine Festsetzung nach Satz 4 vor Erbringung des Nachweises nach Satz 5 erfolgt, ist die Festsetzung zurückzunehmen. [7]Stellt ein Mitglied innerhalb von zwölf Monaten, nachdem die Beiträge nach Satz 4 festgesetzt wurden und die Krankenkasse ihm diese Festsetzung bekanntgegeben hat, einen Antrag auf Neufestsetzung der Beiträge, sind die Beiträge für das jeweilige Kalenderjahr neu festzusetzen, für das das Mitglied die tatsächlichen Einnahmen durch Vorlage eines Einkommensteuerbescheides nachweist. [8]Bis zur Vorlage des jeweiligen Einkommensteuerbescheides ist die Verjährung von Beitragsansprüchen gehemmt. [9]Für die Bemessung der Beiträge aus Einnahmen aus Vermietung und Verpachtung gelten die Sätze 1 und 3 bis 8 entsprechend. [10]Die Sätze 1 bis 9 gelten nicht, wenn auf Grund des zuletzt erlassenen Einkommensteuerbescheides oder einer Erklärung des Mitglieds für den Kalendertag beitragspflichtige Einnahmen in Höhe des 30. Teils der monatlichen Beitragsbemessungsgrenze zugrunde gelegt werden.

(4b) [1]Der Beitragsbemessung für freiwillige Mitglieder sind 10 vom Hundert der monatlichen Bezugsgröße nach § 18 des Vierten Buches zugrunde zu legen, wenn der Anspruch auf Leistungen für das Mitglied und seine nach § 10 versicherten Angehörigen während eines Auslandsaufenthaltes, der durch die Berufstätigkeit des Mitglieds, seines Ehegatten, seines Lebenspartners oder eines seiner Elternteile bedingt ist, oder nach § 16 Abs. 1 Nr. 3 ruht. [2]Satz 1 gilt entsprechend, wenn nach § 16 Abs. 1 der Anspruch auf Leistungen aus anderem Grund für länger als drei Kalendermonate ruht, sowie für Versicherte während einer Tätigkeit für eine internationale Organisation im Geltungsbereich dieses Gesetzes.

(5) [1]Soweit bei der Beitragsbemessung freiwilliger Mitglieder das Einkommen von Ehegatten, die nicht einer Krankenkasse nach § 4 Absatz 2 angehören, berücksichtigt wird, ist von diesem Einkommen für jedes gemeinsame unterhaltsberechtigte Kind, für das keine Familienversicherung besteht, ein Betrag in Höhe von einem Drittel der monatlichen Bezugsgröße, für nach § 10 versicherte Kinder ein Betrag in Höhe von einem Fünftel der monatlichen Bezugsgröße abzusetzen. [2]Für jedes unterhaltsberechtigte Kind des Ehegatten, das nicht zugleich ein Kind des Mitglieds ist, ist ein Betrag in Höhe von einem Sechstel der monatlichen Bezugsgröße abzusetzen, wenn für das Kind keine Familienversicherung besteht; für jedes nach § 10 versicherte Kind des Ehegatten, das nicht zugleich ein Kind des Mitglieds ist, ist ein Betrag in Höhe von einem Zehntel der monatlichen Bezugsgröße abzusetzen. [3]Für nach § 10 versicherungsberechtigte Kinder, für die eine Familienversicherung nicht begründet wurde, gelten die Abzugsbeträge für nach § 10 versicherte Kinder nach Satz 1 oder Satz 2 entsprechend. [4]Wird für das unterhaltsberechtigte Kind des Ehegatten, das nicht zugleich ein Kind des Mitglieds ist, vom anderen Elternteil kein Unterhalt geleistet, gelten die Abzugsbeträge nach Satz 1; das freiwillige Mitglied hat in diesem Fall die Nichtzahlung von Unterhalt gegenüber der Krankenkasse glaubhaft zu machen. [5]Der Abzug von Beträgen für nicht nach § 10 versicherte Kinder nach Satz 1 oder Satz 2 ist ausgeschlossen, wenn das Kind nach § 5 Absatz 1 Nummer 1, 2, 2a, 3 bis 8, 11 bis 12 versichert oder hauptberuflich selbständig erwerbstätig ist oder ein Gesamteinkommen hat, das regelmäßig im Monat ein Siebtel der monatlichen Bezugsgröße nach § 18 des Vierten Buches überschreitet, oder die Altersgrenze im Sinne des § 10 Absatz 2 überschritten hat.

Dritter Titel

Beitragssätze, Zusatzbeitrag

§ 241
Allgemeiner Beitragssatz

Der allgemeine Beitragssatz beträgt 14,6 Prozent der beitragspflichtigen Einnahmen der Mitglieder.

§ 241a
Zusätzlicher Beitragssatz

(aufgehoben)

§ 242
Zusatzbeitrag

(1) [1]Soweit der Finanzbedarf einer Krankenkasse durch die Zuweisungen aus dem Gesundheitsfonds nicht gedeckt ist, hat sie in ihrer Satzung zu bestimmen, dass von ihren Mitgliedern ein einkommensabhängiger Zusatzbeitrag erhoben wird. [2]Die Krankenkassen haben den einkommensabhängigen Zusatzbeitrag als Prozentsatz der beitragspflichtigen Einnahmen jedes Mitglieds zu erheben (kassenindividueller Zusatzbeitragssatz). [3]Der Zusatzbeitragssatz ist so zu bemessen, dass die Einnahmen aus dem Zusatzbeitrag zusammen mit den Zuweisungen aus dem Gesundheitsfonds und den sonstigen Einnahmen die im Haushaltsjahr voraussichtlich zu leisten-

den Ausgaben und die vorgeschriebene Höhe der Rücklage decken; dabei ist die Höhe der voraussichtlichen beitragspflichtigen Einnahmen aller Krankenkassen nach § 220 Absatz 2 Satz 2 je Mitglied zugrunde zu legen. [4]Krankenkassen dürfen ihren Zusatzbeitragssatz nicht anheben, solange ausweislich der zuletzt vorgelegten vierteljährlichen Rechnungsergebnisse ihre nicht für die laufenden Ausgaben benötigten Betriebsmittel zuzüglich der Rücklage nach § 261 sowie der zur Anschaffung und Erneuerung der Vermögensteile bereitgehaltenen Geldmittel nach § 263 Absatz 1 Satz 1 Nummer 2 das 0,5fache des durchschnittlich auf einen Monat entfallenden Betrags der Ausgaben für die in § 260 Absatz 1 Nummer 1 genannten Zwecke überschreiten; § 260 Absatz 2 Satz 2 gilt entsprechend.

(1a) (aufgehoben)

(2) [1]Ergibt sich während des Haushaltsjahres, dass die Betriebsmittel der Krankenkassen einschließlich der Zuführung aus der Rücklage zur Deckung der Ausgaben nicht ausreichen, ist der Zusatzbeitragssatz nach Absatz 1 durch Änderung der Satzung zu erhöhen. [2]Muss eine Krankenkasse kurzfristig ihre Leistungsfähigkeit erhalten, so hat der Vorstand zu beschließen, dass der Zusatzbeitragssatz bis zur satzungsmäßigen Neuregelung erhöht wird; der Beschluss bedarf der Genehmigung der Aufsichtsbehörde. [3]Kommt kein Beschluss zustande, ordnet die Aufsichtsbehörde die notwendige Erhöhung des Zusatzbeitragssatzes an. [4]Klagen gegen die Anordnung nach Satz 3 haben keine aufschiebende Wirkung.

(3) [1]Die Krankenkasse hat den Zusatzbeitrag abweichend von Absatz 1 in Höhe des durchschnittlichen Zusatzbeitragssatzes nach § 242a zu erheben für

1. Mitglieder nach § 5 Absatz 1 Nummer 2a,
2. Mitglieder nach § 5 Absatz 1 Nummer 5 und 6,
3. Mitglieder nach § 5 Absatz 1 Nummer 7 und 8, wenn das tatsächliche Arbeitsentgelt den nach § 235 Absatz 3 maßgeblichen Mindestbetrag nicht übersteigt,
4. Mitglieder, deren Mitgliedschaft nach § 192 Absatz 1 Nummer 3 oder nach § 193 Absatz 2 bis 5 oder nach § 8 des Eignungsübungsgesetzes fortbesteht,
5. Mitglieder, die Verletztengeld nach dem Siebten Buch, Versorgungskrankengeld und Krankengeld der Sozialen Entschädigung nach dem Vierzehnten Buch oder vergleichbare Entgeltersatzleistungen beziehen, sowie

Bearbeiterhinweis:
Am 01. Januar 2025 tritt nachfolgende Fassung von § 242 Absatz 3 Satz 1 Nummer 5 in Kraft:

5. Mitglieder, die Verletztengeld nach dem Siebten Buch, Versorgungskrankengeld, Krankengeld der Sozialen Entschädigung und Krankengeld der Soldatenentschädigung nach dem Vierzehnten Buch oder vergleichbare Entgeltersatzleistungen beziehen, sowie

6. Beschäftigte, bei denen § 20 Absatz 3 Satz 1 Nummer 1 oder Nummer 2 oder Satz 2 des Vierten Buches angewendet wird.

[2]Auf weitere beitragspflichtige Einnahmen dieser Mitglieder findet der Beitragssatz nach Absatz 1 Anwendung.

(4) Die Vorschriften des Zweiten und Dritten Abschnitts des Vierten Buches gelten entsprechend.

(5) [1]Die Krankenkassen melden die Zusatzbeitragssätze nach Absatz 1 dem Spitzenverband Bund der Krankenkassen. [2]Der Spitzenverband Bund der Krankenkassen führt eine laufend aktualisierte Übersicht, welche Krankenkassen einen Zusatzbeitrag erheben und in welcher Höhe, und veröffentlicht diese Übersicht im Internet. [3]Das Nähere zu Zeitpunkt, Form und Inhalt der Meldungen sowie zur Veröffentlichung regelt der Spitzenverband Bund der Krankenkassen.

§ 242a
Durchschnittlicher Zusatzbeitrag

(1) Der durchschnittliche Zusatzbeitragssatz ergibt sich aus der Differenz zwischen den voraussichtlichen jährlichen Ausgaben der Krankenkassen und den voraussichtlichen jährlichen Einnahmen des Gesundheitsfonds, die für die Zuweisungen nach den §§ 266 und 270 zur Verfügung stehen, geteilt durch die voraussichtlichen jährlichen beitragspflichtigen Einnahmen der Mitglieder aller Krankenkassen, multipliziert mit 100.

(2) Das Bundesministerium für Gesundheit legt nach Auswertung der Ergebnisse des Schätzerkreises nach § 220 Absatz 2 die Höhe des durchschnittlichen Zusatzbeitragssatzes für das

Folgejahr fest und gibt diesen Wert in Prozent jeweils bis zum 1. November eines Kalenderjahres im Bundesanzeiger bekannt.

§ 242b
Sozialausgleich

(aufgehoben)

§ 243
Ermäßigter Beitragssatz

[1]Für Mitglieder, die keinen Anspruch auf Krankengeld haben, gilt ein ermäßigter Beitragssatz. [2]Dies gilt nicht für die Beitragsbemessung nach § 240 Absatz 4b. [3]Der ermäßigte Beitragssatz beträgt 14,0 Prozent der beitragspflichtigen Einnahmen der Mitglieder.

§ 244
Ermäßigter Beitrag für Wehrdienstleistende und Zivildienstleistende

(1) [1]Bei Einberufung zu einem Wehrdienst wird der Beitrag für

1. Wehrdienstleistende nach § 193 Abs. 1 auf ein Drittel,
2. Wehrdienstleistende nach § 193 Abs. 2 auf ein Zehntel

des Beitrags ermäßigt, der vor der Einberufung zuletzt zu entrichten war. [2]Dies gilt nicht für aus Renten der gesetzlichen Rentenversicherung, Versorgungsbezügen und Arbeitseinkommen zu bemessende Beiträge.

(2) Das Bundesministerium für Gesundheit kann im Einvernehmen mit dem Bundesministerium der Verteidigung und dem Bundesministerium der Finanzen durch Rechtsverordnung mit Zustimmung des Bundesrates für die Beitragszahlung nach Absatz 1 Satz 1 Nr. 2 eine pauschale Beitragsberechnung vorschreiben und die Zahlungsweise regeln.

(3) [1]Die Absätze 1 und 2 gelten für Zivildienstleistende entsprechend. [2]Bei einer Rechtsverordnung nach Absatz 2 tritt an die Stelle des Bundesministeriums der Verteidigung das Bundesministerium für Familie, Senioren, Frauen und Jugend.

§ 245
Beitragssatz für Studenten und Praktikanten

Für die nach § 5 Abs. 1 Nr. 9 und 10 Versicherungspflichtigen gelten als Beitragssatz sieben Zehntel des allgemeinen Beitragssatzes.

§ 246
Beitragssatz für Beziehende von Bürgergeld

Für Personen, die Bürgergeld nach § 19 Absatz 1 Satz 1 des Zweiten Buches beziehen, gilt als Beitragssatz der ermäßigte Beitragssatz nach § 243.

§ 247
Beitragssatz aus der Rente

[1]Für Versicherungspflichtige findet für die Bemessung der Beiträge aus Renten der gesetzlichen Rentenversicherung der allgemeine Beitragssatz nach § 241 Anwendung. [2]Abweichend von Satz 1 gilt bei Versicherungspflichtigen für die Bemessung der Beiträge aus ausländischen Renten nach § 228 Absatz 1 Satz 2 die Hälfte des allgemeinen Beitragssatzes und abweichend von § 242 Absatz 1 Satz 2 die Hälfte des kassenindividuellen Zusatzbeitragssatzes. [3]Veränderungen des Zusatzbeitragssatzes gelten jeweils vom ersten Tag des zweiten auf die Veränderung folgenden Kalendermonats an; dies gilt nicht für ausländische Renten nach § 228 Absatz 1 Satz 2.

§ 248
Beitragssatz aus Versorgungsbezügen und Arbeitseinkommen

[1]Bei Versicherungspflichtigen gilt für die Bemessung der Beiträge aus Versorgungsbezügen und Arbeitseinkommen der allgemeine Beitragssatz. [2]Abweichend von Satz 1 gilt bei Versicherungspflichtigen für die Bemessung der Beiträge aus Versorgungsbezügen nach § 229 Absatz 1 Satz 1 Nummer 4 die Hälfte des allgemeinen Beitragssatzes und abweichend von § 242 Absatz 1 Satz 2 die Hälfte des kassenindividuellen Zusatzbeitragssatzes. [3]Veränderungen des Zusatzbeitragssatzes gelten für Versorgungsbezüge nach § 229 in den Fällen des § 256 Absatz 1 Satz 1 jeweils vom ersten Tag des zweiten auf die Veränderung folgenden Kalendermonats an.

Vierter Titel

Tragung der Beiträge

§ 249 Tragung der Beiträge bei versicherungspflichtiger Beschäftigung

(1) [1]Beschäftigte, die nach § 5 Absatz 1 Nummer 1 oder Nummer 13 versicherungspflichtig sind, und ihre Arbeitgeber tragen die nach dem Arbeitsentgelt zu bemessenden Beiträge jeweils zur Hälfte. [2]Bei geringfügig Beschäftigten gilt § 249b.

(2) Der Arbeitgeber trägt den Beitrag allein für Beschäftigte, soweit Beiträge für Kurzarbeitergeld zu zahlen sind.

Bearbeiterhinweis:
Am 01. April 2024 tritt nachfolgende Fassung von § 249 Absatz 2 in Kraft:

(2) Der Arbeitgeber trägt den Beitrag allein für Beschäftigte, soweit Beiträge für Kurzarbeitergeld oder Qualifizierungsgeld zu zahlen sind.

(3) Abweichend von Absatz 1 werden die Beiträge bei versicherungspflichtig Beschäftigten, deren beitragspflichtige Einnahme sich nach § 226 Absatz 4 bestimmt, vom Versicherten in Höhe der Hälfte des Betrages, der sich ergibt, wenn der allgemeine oder der ermäßigte Beitragssatz zuzüglich des kassenindividuellen Zusatzbeitragssatzes auf die nach Maßgabe von § 20 Absatz 2a Satz 6 des Vierten Buches ermittelte beitragspflichtige Einnahme angewendet wird, im Übrigen vom Arbeitgeber getragen.

(4) Abweichend von Absatz 1 werden die Beiträge für Personen, für die § 7 Absatz 2 Anwendung findet, vom Arbeitgeber in Höhe der Hälfte des Betrages, der sich ergibt, wenn der allgemeine oder der ermäßigte Beitragssatz zuzüglich des kassenindividuellen Zusatzbeitragssatzes auf das der Beschäftigung zugrunde liegende Arbeitsentgelt angewendet wird, im Übrigen vom Versicherten getragen.

§ 249a Tragung der Beiträge bei Versicherungspflichtigen mit Rentenbezug

[1]Versicherungspflichtige, die eine Rente nach § 228 Absatz 1 Satz 1 beziehen, und die Träger der Rentenversicherung tragen die nach der Rente zu bemessenden Beiträge jeweils zur Hälfte. [2]Bei Versicherungspflichtigen, die eine für sie nach § 237 Satz 2 beitragsfreie Waisenrente nach § 48 des Sechsten Buches beziehen, trägt der Träger der Rentenversicherung die Hälfte der nach dieser Rente zu bemessenden Beiträge, wie er sie ohne die Beitragsfreiheit zu tragen hätte. [3]Die Beiträge aus ausländischen Renten nach § 228 Absatz 1 Satz 2 tragen die Rentner allein.

§ 249b Beitrag des Arbeitgebers bei geringfügiger Beschäftigung

[1]Der Arbeitgeber einer Beschäftigung nach § 8 Abs. 1 Nr. 1 des Vierten Buches hat für Versicherte, die in dieser Beschäftigung versicherungsfrei oder nicht versicherungspflichtig sind, einen Beitrag in Höhe von 13 vom Hundert des Arbeitsentgelts dieser Beschäftigung zu tragen. [2]Für Beschäftigte in Privathaushalten nach § 8a Satz 1 des Vierten Buches, die in dieser Beschäftigung versicherungsfrei oder nicht versicherungspflichtig sind, hat der Arbeitgeber einen Beitrag in Höhe von 5 vom Hundert des Arbeitsentgelts dieser Beschäftigung zu tragen. [3]Für den Beitrag des Arbeitgebers gelten der Dritte Abschnitt des Vierten Buches sowie § 111 Abs. 1 Nr. 2 bis 4, 8 und Abs. 2 und 4 des Vierten Buches entsprechend.

§ 249c Tragung der Beiträge bei Bezug von Pflegeunterstützungsgeld

[1]Bei Bezug von Pflegeunterstützungsgeld werden die Beiträge, soweit sie auf das Pflegeunterstützungsgeld entfallen, getragen

1. bei Personen, die einen in der sozialen Pflegeversicherung versicherten Pflegebedürftigen pflegen, von den Versicherten und der Pflegekasse je zur Hälfte,
2. bei Personen, die einen in der privaten Pflege-Pflichtversicherung versicherungspflichtigen Pflegebedürftigen pflegen, von den Versicherten und dem privaten Versicherungsunternehmen je zur Hälfte,
3. bei Personen, die einen Pflegebedürftigen pflegen, der wegen Pflegebedürftigkeit Beihilfeleistungen oder Leistungen der Heilfürsorge und Leistungen einer Pflegekasse oder eines privaten Versicherungsunternehmens erhält, von den Versicherten zur Hälfte und von der Festsetzungsstelle für die Beihilfe oder vom Dienstherrn und der Pflegekasse oder dem privaten Versicherungsunternehmen jeweils anteilig,

im Übrigen von der Pflegekasse, dem privaten Versicherungsunternehmen oder anteilig von der Festsetzungsstelle für die Beihilfe oder dem Dienstherrn und der Pflegekasse oder dem privaten Versicherungsunternehmen. [2]Die Beiträge werden von der Pflegekasse oder dem privaten Versicherungsunternehmen allein oder anteilig von der Festsetzungsstelle für die Beihilfe oder dem Dienstherrn und der Pflegekasse oder dem privaten Versicherungsunternehmen getragen, wenn das dem Pflegeunterstützungsgeld zugrunde liegende monatliche Arbeitsentgelt 450 Euro nicht übersteigt.

§ 250 Tragung der Beiträge durch das Mitglied

(1) Versicherungspflichtige tragen die Beiträge aus

1. den Versorgungsbezügen,
2. dem Arbeitseinkommen,
3. den beitragspflichtigen Einnahmen nach § 236 Abs. 1

allein.

(2) Freiwillige Mitglieder, in § 189 genannte Rentenantragsteller sowie Schwangere, deren Mitgliedschaft nach § 192 Abs. 2 erhalten bleibt, tragen den Beitrag allein.

(3) Versicherungspflichtige nach § 5 Abs. 1 Nr. 13 tragen ihre Beiträge mit Ausnahme der aus Arbeitsentgelt und nach § 228 Absatz 1 Satz 1 zu tragenden Beiträge allein.

§ 251 Tragung der Beiträge durch Dritte

(1) Der zuständige Rehabilitationsträger trägt die auf Grund der Teilnahme an Leistungen zur Teilhabe am Arbeitsleben sowie an Berufsfindung oder Arbeitserprobung (§ 5 Abs. 1 Nr. 6) oder des Bezugs von Übergangsgeld, Verletztengeld, Versorgungskrankengeld oder Krankengeld der Sozialen Entschädigung (§ 192 Abs. 1 Nr. 3) zu zahlenden Beiträge.

Bearbeiterhinweis:
Am 01. Januar 2025 tritt nachfolgende Fassung von § 251 Absatz 1 in Kraft:

(1) Der zuständige Rehabilitationsträger trägt die auf Grund der Teilnahme an Leistungen zur Teilhabe am Arbeitsleben sowie an Berufsfindung oder Arbeitserprobung (§ 5 Abs. 1 Nr. 6) oder des Bezugs von Übergangsgeld, Verletztengeld, Versorgungskrankengeld, Krankengeld der Sozialen Entschädigung oder Krankengeld der Soldatenentschädigung (§ 192 Abs. 1 Nr. 3) zu zahlenden Beiträge.

(2) [1]Der Träger der Einrichtung trägt den Beitrag allein

1. für die nach § 5 Abs. 1 Nr. 5 versicherungspflichtigen Jugendlichen,
2. für die nach § 5 Abs. 1 Nr. 7 oder 8 versicherungspflichtigen behinderten Menschen, wenn das tatsächliche Arbeitsentgelt den nach § 235 Abs. 3 maßgeblichen Mindestbetrag nicht übersteigt; im Übrigen gilt § 249 Abs. 1 entsprechend.

[2]Für die nach § 5 Abs. 1 Nr. 7 versicherungspflichtigen behinderten Menschen sind die Beiträge, die der Träger der Einrichtung zu tragen hat, von den für die behinderten Menschen zuständigen Leistungsträgern zu erstatten. [3]Satz 1 Nummer 2 und Satz 2 gelten für einen anderen Leistungsanbieter nach § 60 des Neunten Buches entsprechend.

(3) [1]Die Künstlersozialkasse trägt die Beiträge für die nach dem Künstlersozialversicherungsgesetz versicherungspflichtigen Mitglieder. [2]Hat die Künstlersozialkasse nach § 16 Abs. 2 Satz 2 des Künstlersozialversicherungsgesetzes das Ruhen der Leistungen festgestellt, entfällt für die Zeit des Ruhens die Pflicht zur Entrichtung des Beitrages, es sei denn, das Ruhen endet nach § 16 Abs. 2 Satz 5 des Künstlersozialversicherungsgesetzes. [3]Bei einer Vereinbarung nach § 16 Abs. 2 Satz 6 des Künstlersozialversicherungsgesetzes ist die Künstlersozialkasse zur Entrichtung der Beiträge für die Zeit des Ruhens insoweit verpflichtet, als der Versicherte seine Beitragsanteile zahlt.

(4) [1]Der Bund trägt die Beiträge für Wehrdienst- und Zivildienstleistende im Falle des § 193 Abs. 2 und 3 sowie für die nach § 5 Abs. 1 Nr. 2a versicherungspflichtigen Bezieher von Bürgergeld nach § 19 Absatz 1 Satz 1 des Zweiten Buches. [2]Die Höhe der vom Bund zu tragenden Zusatzbeiträge für die nach § 5 Absatz 1 Nummer 2a versicherungspflichtigen Bezieher von Bürgergeld nach § 19 Absatz 1 Satz 1 des Zweiten Buches wird für ein Kalenderjahr jeweils im Folgejahr abschließend festgestellt. [3]Hierzu ermittelt das Bun-

desministerium für Gesundheit den rechnerischen Zusatzbeitragssatz, der sich als Durchschnitt der im Kalenderjahr geltenden Zusatzbeitragssätze der Krankenkassen nach § 242 Absatz 1 unter Berücksichtigung der Zahl ihrer Mitglieder ergibt. [4]Weicht der durchschnittliche Zusatzbeitragssatz nach § 242a von dem für das Kalenderjahr nach Satz 2 ermittelten rechnerischen Zusatzbeitragssatz ab, so erfolgt zwischen dem Gesundheitsfonds und dem Bundeshaushalt ein finanzieller Ausgleich des sich aus der Abweichung ergebenden Differenzbetrags. [5]Den Ausgleich führt das Bundesamtes für Soziale Sicherung für den Gesundheitsfonds nach § 271 und das Bundesministerium für Arbeit und Soziales im Einvernehmen mit dem Bundesministerium der Finanzen für den Bund durch. [6]Ein Ausgleich findet nicht statt, wenn sich ein Betrag von weniger als einer Million Euro ergibt.

(4a) Die Bundesagentur für Arbeit trägt die Beiträge für die Bezieher von Arbeitslosengeld und Unterhaltsgeld nach dem Dritten Buch.

(4b) Für Personen, die als nicht satzungsmäßige Mitglieder geistlicher Genossenschaften oder ähnlicher religiöser Gemeinschaften für den Dienst in einer solchen Genossenschaft oder ähnlichen religiösen Gemeinschaft außerschulisch ausgebildet werden, trägt die geistliche Genossenschaft oder ähnliche religiöse Gemeinschaft die Beiträge.

(4c) (aufgehoben)

(5) [1]Die Krankenkassen sind zur Prüfung der Beitragszahlung berechtigt. [2]In den Fällen der Absätze 3, 4 und 4a ist das Bundesamtes für Soziale Sicherung zur Prüfung der Beitragszahlung berechtigt. [3]Ihm sind die für die Durchführung der Prüfung erforderlichen Unterlagen vorzulegen und die erforderlichen Auskünfte zu erteilen. [4]Das Bundesamtes für Soziale Sicherung kann die Prüfung durch eine Krankenkasse oder einen Landesverband wahrnehmen lassen; der Beauftragte muss zustimmen. [5]Dem Beauftragten sind die erforderlichen Unterlagen vorzulegen und die erforderlichen Auskünfte zu erteilen. [6]Der Beauftragte darf die erhobenen Daten nur zum Zweck der Durchführung der Prüfung verarbeiten. [7]Im Übrigen gelten für die Datenverarbeitung die Vorschriften des Ersten und Zehnten Buches.

(6) (aufgehoben)

Fünfter Titel

Zahlung der Beiträge

§ 252
Beitragszahlung

(1) [1]Soweit gesetzlich nichts Abweichendes bestimmt ist, sind die Beiträge von demjenigen zu zahlen, der sie zu tragen hat. [2]Abweichend von Satz 1 zahlen die Bundesagentur für Arbeit oder in den Fällen des § 6a des Zweiten Buches die zugelassenen kommunalen Träger die Beiträge für die Bezieher von Bürgergeld nach § 19 Absatz 1 Satz 1 des Zweiten Buches.

(2) [1]Die Beitragszahlung erfolgt in den Fällen des § 251 Abs. 3, 4 und 4a an den Gesundheitsfonds. [2]Ansonsten erfolgt die Beitragszahlung an die nach § 28i des Vierten Buches zuständige Einzugsstelle. [3]Die Einzugsstellen leiten die nach Satz 2 gezahlten Beiträge einschließlich der Zinsen auf Beiträge und Säumniszuschläge arbeitstäglich an den Gesundheitsfonds weiter. [4]Das Weitere zum Verfahren der Beitragszahlungen nach Satz 1 und Beitragsweiterleitungen nach Satz 3 wird durch Rechtsverordnung nach den §§ 28c und 28n des Vierten Buches geregelt.

(2a) [1]Die Pflegekassen zahlen für Bezieher von Pflegeunterstützungsgeld die Beiträge nach § 249c Satz 1 Nummer 1 und 3. [2]Die privaten Versicherungsunternehmen, die Festsetzungsstellen für die Beihilfe oder die Dienstherren zahlen die Beiträge nach § 249c Satz 1 Nummer 2 und 3; der Verband der privaten Krankenversicherung e.V., die Festsetzungsstellen für die Beihilfe und die Dienstherren vereinbaren mit dem Spitzenverband Bund der Krankenkassen und dem Bundesamt für Soziale Sicherung Näheres über die Zahlung und Abrechnung der Beiträge. [3]Für den Beitragsabzug gilt § 28g Satz 1 und 2 des Vierten Buches entsprechend.

(2b) (aufgehoben)

(3) [1]Schuldet ein Mitglied Auslagen, Gebühren, insbesondere Mahn- und Vollstreckungsgebühren sowie wie Gebühren zu behandelnde Entgelte für Rücklastschriften, Beiträge, den Zusatzbeitrag nach § 242 in der bis zum 31. Dezember 2014 geltenden Fassung, Prämien nach § 53, Säumniszuschläge, Zinsen, Bußgelder oder Zwangsgelder, kann es bei Zahlung bestimmen, welche Schuld getilgt werden soll. [2]Trifft das Mitglied keine Bestimmung, werden die Schulden in der

genannten Reihenfolge getilgt. [3]Innerhalb der gleichen Schuldenart werden die einzelnen Schulden nach ihrer Fälligkeit, bei gleichzeitiger Fälligkeit anteilmäßig getilgt.

(4) Für die Haftung der Einzugsstellen wegen schuldhafter Pflichtverletzung beim Einzug von Beiträgen nach Absatz 2 Satz 2 gilt § 28r Abs. 1 und 2 des Vierten Buches entsprechend.

(5) Das Bundesministerium für Gesundheit regelt durch Rechtsverordnung mit Zustimmung des Bundesrates das Nähere über die Prüfung der von den Krankenkassen mitzuteilenden Daten durch die mit der Prüfung nach § 274 befassten Stellen einschließlich der Folgen fehlerhafter Datenlieferungen oder nicht prüfbarer Daten sowie das Verfahren der Prüfung und der Prüfkriterien für die Bereiche der Beitragsfestsetzung, des Beitragseinzugs und der Weiterleitung von Beiträgen nach Absatz 2 Satz 2 durch die Krankenkassen, auch abweichend von § 274.

(6) Stellt die Aufsichtsbehörde fest, dass eine Krankenkasse die Monatsabrechnungen über die Sonstigen Beiträge gegenüber dem Bundesamt für Soziale Sicherung als Verwalter des Gesundheitsfonds entgegen der Rechtsverordnung auf Grundlage der §§ 28n und 28p des Vierten Buches nicht, nicht vollständig, nicht richtig oder nicht fristgerecht abgibt, kann sie die Aufforderung zur Behebung der festgestellten Rechtsverletzung und zur Unterlassung künftiger Rechtsverletzungen mit der Androhung eines Zwangsgeldes bis zu 50 000 Euro für jeden Fall der Zuwiderhandlung verbinden.

§ 253
Beitragszahlung aus dem Arbeitsentgelt

Für die Zahlung der Beiträge aus Arbeitsentgelt bei einer versicherungspflichtigen Beschäftigung gelten die Vorschriften über den Gesamtsozialversicherungsbeitrag nach den §§ 28d bis 28n und § 28r des Vierten Buches.

§ 254
Beitragszahlung der Studenten

[1]Versicherungspflichtige Studenten haben vor der Einschreibung oder Rückmeldung an der Hochschule die Beiträge für das Semester im Voraus an die zuständige Krankenkasse zu zahlen. [2]Der Spitzenverband Bund der Krankenkassen kann andere Zahlungsweisen vorsehen. [3]Weist ein als Student zu Versichernder die Erfüllung der ihm gegenüber der Krankenkasse auf Grund dieses Gesetzbuchs auferlegten Verpflichtungen nicht nach, verweigert die Hochschule die Einschreibung oder die Annahme der Rückmeldung.

§ 255
Beitragszahlung aus der Rente

(1) [1]Beiträge, die Versicherungspflichtige aus ihrer Rente nach § 228 Absatz 1 Satz 1 zu tragen haben, sind von den Trägern der Rentenversicherung bei der Zahlung der Rente einzubehalten und zusammen mit den von den Trägern der Rentenversicherung zu tragenden Beiträgen an die Deutsche Rentenversicherung Bund für die Krankenkassen mit Ausnahme der landwirtschaftlichen Krankenkasse zu zahlen. [2]Bei einer Änderung in der Höhe der Beiträge ist die Erteilung eines besonderen Bescheides durch den Träger der Rentenversicherung nicht erforderlich.

(2) [1]Ist bei der Zahlung der Rente die Einbehaltung von Beiträgen nach Absatz 1 unterblieben, sind die rückständigen Beiträge durch den Träger der Rentenversicherung aus der weiterhin zu zahlenden Rente einzubehalten; § 51 Abs. 2 des Ersten Buches gilt entsprechend. [2]Abweichend von Satz 1 kann die Krankenkasse den Anspruch auf Zahlung rückständiger Beiträge mit einem ihr obliegenden Erstattungsbetrag gemäß § 28 Nummer 1 des Vierten Buches verrechnen. [3]Wird nachträglich festgestellt, dass ein freiwilliges Mitglied, das eine Rente nach § 228 Absatz 1 Satz 1 bezieht, versicherungspflichtig ist und ersucht der Träger der Rentenversicherung die Krankenkasse um Verrechnung des der Krankenkasse obliegenden Erstattungsbetrags der als freiwilliges Mitglied entrichteten Beiträge mit einem Anspruch auf Zahlung rückständiger Beiträge oder mit einem Anspruch auf Erstattung eines nach § 106 des Sechsten Buches geleisteten Zuschusses zur Krankenversicherung, ist die Erstattung, sofern sie im Übrigen möglich ist, spätestens innerhalb von zwei Monaten zu erbringen, nachdem die Krankenkasse den Träger der Rentenversicherung informiert hat, dass das freiwillige Mitglied versicherungspflichtig war. [4]Wird die Rente nicht mehr gezahlt, obliegt der Einzug von rückständigen Beiträgen der zuständigen Krankenkasse. [5]Der Träger der Rentenversicherung haftet mit dem von ihm zu tragenden Anteil an den Aufwendungen für die Krankenversicherung.

(3) [1]Soweit im Folgenden nichts Abweichendes bestimmt ist, werden die Beiträge nach den Absätzen 1 und 2 am letzten Bankarbeitstag des Monats fällig, der dem Monat folgt, für den die Rente gezahlt wird. [2]Wird eine Rente am letzten Bankarbeitstag des Monats ausgezahlt, der dem Monat vorausgeht, in dem sie fällig wird (§ 272a des Sechsten Buches), werden die Beiträge nach den Absätzen 1 und 2 abweichend von Satz 1 am letzten Bankarbeitstag des Monats, für den die Rente gezahlt wird, fällig. [3]Am Achten eines Monats wird ein Betrag in Höhe von 300 Millionen Euro fällig; die im selben Monat fälligen Beträge nach den Sätzen 1 und 2 verringern sich um diesen Betrag. [4]Die Deutsche Rentenversicherung Bund leitet die Beiträge nach den Absätzen 1 und 2 an den Gesundheitsfonds weiter und teilt dem Bundesamt für Soziale Sicherung bis zum 15. des Monats die voraussichtliche Höhe der am letzten Bankarbeitstag fälligen Beträge mit.

(3a) (aufgehoben)

(4) (aufgehoben)

§ 256 Beitragszahlung aus Versorgungsbezügen

(1) [1]Für Versicherungspflichtige haben die Zahlstellen der Versorgungsbezüge die Beiträge aus Versorgungsbezügen einzubehalten und an die zuständige Krankenkasse zu zahlen. [2]Die zu zahlenden Beiträge werden am 15. des Folgemonats der Auszahlung der Versorgungsbezüge fällig. [3]Die Zahlstellen haben der Krankenkasse die einbehaltenen Beiträge nachzuweisen; § 28f Absatz 3 Satz 1 und 2 des Vierten Buches gilt entsprechend. [4]Die Beitragsnachweise sind von den Zahlstellen durch Datenübertragung zu übermitteln; § 202 Absatz 2 gilt entsprechend. [5]Bezieht das Mitglied Versorgungsbezüge von mehreren Zahlstellen und übersteigen die Versorgungsbezüge zusammen mit dem Zahlbetrag der Rente der gesetzlichen Rentenversicherung die Beitragsbemessungsgrenze, verteilt die Krankenkasse auf Antrag des Mitglieds oder einer der Zahlstellen die Beiträge.

(2) [1]§ 255 Abs. 2 Satz 1 und 4 gilt entsprechend. [2]Die Krankenkasse zieht die Beiträge aus nachgezahlten Versorgungsbezügen ein. [3]Dies gilt nicht für Beiträge aus Nachzahlungen aufgrund von Anpassungen der Versorgungsbezüge an die wirtschaftliche Entwicklung. [4]Die Erstattung von Beiträgen obliegt der zuständigen Krankenkasse. [5]Die Krankenkassen können mit den Zahlstellen der Versorgungsbezüge Abweichendes vereinbaren.

(3) [1]Die Krankenkasse überwacht die Beitragszahlung. [2]Sind für die Überwachung der Beitragszahlung durch eine Zahlstelle mehrere Krankenkassen zuständig, haben sie zu vereinbaren, dass eine dieser Krankenkassen die Überwachung für die beteiligten Krankenkassen übernimmt. [3]§ 98 Abs. 1 Satz 2 des Zehnten Buches gilt entsprechend.

(4) (aufgehoben)

§ 256a Ermäßigung und Erlass von Beitragsschulden und Säumniszuschlägen

(1) Zeigt ein Versicherter das Vorliegen der Voraussetzungen der Versicherungspflicht nach § 5 Absatz 1 Nummer 13 erst nach einem der in § 186 Absatz 11 Satz 1 und 2 genannten Zeitpunkte an, soll die Krankenkasse die für die Zeit seit dem Eintritt der Versicherungspflicht nachzuzahlenden Beiträge angemessen ermäßigen; darauf entfallende Säumniszuschläge nach § 24 des Vierten Buches sind vollständig zu erlassen.

(2) [1]Erfolgt die Anzeige nach Absatz 1 bis zum 31. Dezember 2013, soll die Krankenkasse den für die Zeit seit dem Eintritt der Versicherungspflicht nachzuzahlenden Beitrag und die darauf entfallenden Säumniszuschläge nach § 24 des Vierten Buches erlassen. [2]Satz 1 gilt für bis zum 31. Juli 2013 erfolgte Anzeigen der Versicherungspflicht nach § 5 Absatz 1 Nummer 13 für noch ausstehende Beiträge und Säumniszuschläge entsprechend.

(3) Die Krankenkasse hat für Mitglieder nach § 5 Absatz 1 Nummer 13 sowie für freiwillige Mitglieder noch nicht gezahlte Säumniszuschläge in Höhe der Differenz zwischen dem nach § 24 Absatz 1a des Vierten Buches in der bis zum 31. Juli 2013 geltenden Fassung erhobenen Säumniszuschlag und dem sich bei Anwendung des in § 24 Absatz 1 des Vierten Buches ergebenden Säumniszuschlag zu erlassen.

(4) [1]Der Spitzenverband Bund der Krankenkassen regelt das Nähere zur Ermäßigung und zum Erlass von Beiträgen und Säumniszuschlägen nach den Absätzen 1 bis 3, insbesondere zu einem Verzicht

auf die Inanspruchnahme von Leistungen als Voraussetzung für die Ermäßigung oder den Erlass. [2]Die Regelungen nach Satz 1 bedürfen zu ihrer Wirksamkeit der Zustimmung des Bundesministeriums für Gesundheit und sind diesem spätestens bis zum 15. September 2013 vorzulegen.

Zweiter Abschnitt

Beitragszuschüsse

§ 257
Beitragszuschüsse für Beschäftigte

(1) [1]Freiwillig in der gesetzlichen Krankenversicherung versicherte Beschäftigte, die nur wegen Überschreitens der Jahresarbeitsentgeltgrenze versicherungsfrei sind, erhalten von ihrem Arbeitgeber als Beitragszuschuss den Betrag, den der Arbeitgeber entsprechend § 249 Absatz 1 oder 2 bei Versicherungspflicht des Beschäftigten zu tragen hätte. [2]Satz 1 gilt für freiwillig in der gesetzlichen Krankenversicherung versicherte Beschäftigte, deren Mitgliedschaft auf der Versicherungsberechtigung nach § 9 Absatz 1 Satz 1 Nummer 8 beruht, entsprechend. [3]Bestehen innerhalb desselben Zeitraums mehrere Beschäftigungsverhältnisse, sind die beteiligten Arbeitgeber anteilig nach dem Verhältnis der Höhe der jeweiligen Arbeitsentgelte zur Zahlung des Beitragszuschusses verpflichtet. [4]Freiwillig in der gesetzlichen Krankenversicherung Versicherte, die eine Beschäftigung nach dem Jugendfreiwilligendienstegesetz oder nach dem Bundesfreiwilligendienstgesetz ausüben, erhalten von ihrem Arbeitgeber als Beitragszuschuss den Betrag, den der Arbeitgeber bei Versicherungspflicht der Freiwilligendienstleistenden nach § 20 Absatz 3 Satz 1 Nummer 2 des Vierten Buches für die Krankenversicherung zu tragen hätte.

(2) [1]Beschäftigte, die nur wegen Überschreitens der Jahresarbeitsentgeltgrenze oder auf Grund von § 6 Abs. 3a versicherungsfrei oder die von der Versicherungspflicht befreit und bei einem privaten Krankenversicherungsunternehmen versichert sind und für sich und ihre Angehörigen, die bei Versicherungspflicht des Beschäftigten nach § 10 versichert wären, Vertragsleistungen beanspruchen können, die der Art nach den Leistungen dieses Buches entsprechen, erhalten von ihrem Arbeitgeber einen Beitragszuschuss. [2]Der Zuschuss wird in Höhe des Betrages gezahlt, der sich bei Anwendung der Hälfte des Beitragssatzes nach § 241 zuzüglich der Hälfte des durchschnittlichen Zusatzbeitragssatzes nach § 242a und der nach § 226 Absatz 1 Satz 1 Nummer 1 bei Versicherungspflicht zugrunde zu legenden beitragspflichtigen Einnahmen als Beitrag ergibt, höchstens jedoch in Höhe der Hälfte des Betrages, den der Beschäftigte für seine Krankenversicherung zu zahlen hat. [3]Für Beschäftigte, die bei Versicherungspflicht keinen Anspruch auf Krankengeld hätten, tritt an die Stelle des Beitragssatzes nach § 241 der Beitragssatz nach § 243. [4]Soweit Kurzarbeitergeld bezogen wird, ist der Beitragszuschuss in Höhe des Betrages zu zahlen, den der Arbeitgeber bei Versicherungspflicht des Beschäftigten entsprechend § 249 Absatz 2 zu tragen hätte, höchstens jedoch in Höhe des Betrages, den der Beschäftigte für seine Krankenversicherung zu zahlen hat; für die Berechnung gilt der um den durchschnittlichen Zusatzbeitragssatz nach § 242a erhöhte allgemeine Beitragssatz nach § 241. [5]Absatz 1 Satz 3 gilt.

Bearbeiterhinweis:
Am 01. April 2024 tritt nachfolgende Fassung von § 257 Absatz 2 in Kraft:

(2) [1]Beschäftigte, die nur wegen Überschreitens der Jahresarbeitsentgeltgrenze oder auf Grund von § 6 Abs. 3a versicherungsfrei oder die von der Versicherungspflicht befreit und bei einem privaten Krankenversicherungsunternehmen versichert sind und für sich und ihre Angehörigen, die bei Versicherungspflicht des Beschäftigten nach § 10 versichert wären, Vertragsleistungen beanspruchen können, die der Art nach den Leistungen dieses Buches entsprechen, erhalten von ihrem Arbeitgeber einen Beitragszuschuss. [2]Der Zuschuss wird in Höhe des Betrages gezahlt, der sich bei Anwendung der Hälfte des Beitragssatzes nach § 241 zuzüglich der Hälfte des durchschnittlichen Zusatzbeitragssatzes nach § 242a und der nach § 226 Absatz 1 Satz 1 Nummer 1 bei Versicherungspflicht zugrunde zu legenden beitragspflichtigen Einnahmen als Beitrag ergibt, höchstens jedoch in Höhe der Hälfte des Betrages, den der Beschäftigte für seine Krankenversicherung zu zahlen hat. [3]Für Beschäftigte, die bei Versicherungspflicht keinen Anspruch auf Krankengeld hätten, tritt an die Stelle des Beitragssatzes nach § 241 der Beitragssatz nach § 243. [4]Soweit Kurzarbeitergeld oder Qualifizierungsgeld bezogen wird, ist der Beitragszuschuss in Höhe des Betrages zu zahlen, den der Arbeitgeber bei Versicherungspflicht des Beschäftigten entsprechend § 249 Absatz 2 zu tragen hätte, höchstens jedoch in Höhe des Betrages, den der Beschäftigte für seine Krankenversicherung zu zahlen

hat; für die Berechnung gilt der um den durchschnittlichen Zusatzbeitragssatz nach § 242a erhöhte allgemeine Beitragssatz nach § 241. [5]Absatz 1 Satz 3 gilt.

(2a) [1]Der Zuschuss nach Absatz 2 wird ab 1. Januar 2009 für eine private Krankenversicherung nur gezahlt, wenn das Versicherungsunternehmen

1. diese Krankenversicherung nach Art der Lebensversicherung betreibt,
2. einen Basistarif im Sinne des § 152 Absatz 1 des Versicherungsaufsichtsgesetzes anbietet,

2a. sich verpflichtet, Interessenten vor Abschluss der Versicherung das amtliche Informationsblatt der Bundesanstalt für Finanzdienstleistungsaufsicht gemäß § 146 Absatz 1 Nummer 6 des Versicherungsaufsichtsgesetzes auszuhändigen, welches über die verschiedenen Prinzipien der gesetzlichen sowie der privaten Krankenversicherung aufklärt,

3. soweit es über versicherte Personen im brancheneinheitlichen Standardtarif im Sinne von § 257 Abs. 2a in der bis zum 31. Dezember 2008 geltenden Fassung verfügt, sich verpflichtet, die in § 257 Abs. 2a in der bis zum 31. Dezember 2008 geltenden Fassung in Bezug auf den Standardtarif genannten Pflichten einzuhalten,
4. sich verpflichtet, den überwiegenden Teil der Überschüsse, die sich aus dem selbst abgeschlossenen Versicherungsgeschäft ergeben, zugunsten der Versicherten zu verwenden,
5. vertraglich auf das ordentliche Kündigungsrecht verzichtet,
6. die Krankenversicherung nicht zusammen mit anderen Versicherungssparten betreibt, wenn das Versicherungsunternehmen seinen Sitz im Geltungsbereich dieses Gesetzes hat.

[2]Der Versicherungsnehmer hat dem Arbeitgeber jeweils nach Ablauf von drei Jahren eine Bescheinigung des Versicherungsunternehmens darüber vorzulegen, dass die Aufsichtsbehörde dem Versicherungsunternehmen bestätigt hat, dass es die Versicherung, die Grundlage des Versicherungsvertrages ist, nach den in Satz 1 genannten Voraussetzungen betreibt.

(2b) (aufgehoben)

(2c) (aufgehoben)

(3) [1]Für Bezieher von Vorruhestandsgeld nach § 5 Abs. 3, die als Beschäftigte bis unmittelbar vor Beginn der Vorruhestandsleistungen Anspruch auf den vollen oder anteiligen Beitragszuschuss nach Absatz 1 hatten, bleibt der Anspruch für die Dauer der Vorruhestandsleistungen gegen den zur Zahlung des Vorruhestandsgeldes Verpflichteten erhalten. [2]Der Zuschuss wird in Höhe des Betrages gezahlt, den der Arbeitgeber bei Versicherungspflicht des Beziehers von Vorruhestandsgeld zu tragen hätte. [3]Absatz 1 Satz 2 gilt entsprechend.

(4) [1]Für Bezieher von Vorruhestandsgeld nach § 5 Abs. 3, die als Beschäftigte bis unmittelbar vor Beginn der Vorruhestandsleistungen Anspruch auf den vollen oder anteiligen Beitragszuschuss nach Absatz 2 hatten, bleibt der Anspruch für die Dauer der Vorruhestandsleistungen gegen den zur Zahlung des Vorruhestandsgeldes Verpflichteten erhalten. [2]Der Zuschuss wird in Höhe des Betrages gezahlt, der sich bei Anwendung der Hälfte des Beitragssatzes nach § 243 und des Vorruhestandsgeldes bis zur Beitragsbemessungsgrenze (§ 223 Absatz 3) als Beitrag ergibt, höchstens jedoch in Höhe der Hälfte des Betrages, den der Bezieher von Vorruhestandsgeld für seine Krankenversicherung zu zahlen hat; Absatz 1 Satz 2 gilt entsprechend.

§ 258
Beitragszuschüsse für andere Personen

[1]In § 5 Abs. 1 Nr. 6, 7 oder 8 genannten Personen, die nach § 6 Abs. 3a versicherungsfrei sind, sowie Bezieher von Übergangsgeld, die nach § 8 Abs. 1 Nr. 4 von der Versicherungspflicht befreit sind, erhalten vom zuständigen Leistungsträger einen Zuschuss zu ihrem Krankenversicherungsbeitrag. [2]Als Zuschuss ist der Betrag zu zahlen, der von dem Leistungsträger als Beitrag bei Krankenversicherungspflicht zu zahlen wäre, höchstens jedoch der Betrag, der an das private Krankenversicherungsunternehmen zu zahlen ist. [3]§ 257 Abs. 2a gilt entsprechend.

Dritter Abschnitt

Verwendung und Verwaltung der Mittel

§ 259
Mittel der Krankenkasse

(aufgehoben)

§ 260
Betriebsmittel

(1) Betriebsmittel dürfen nur verwendet werden

1. für die gesetzlich oder durch die Satzung vorgesehenen Aufgaben sowie für die Verwaltungskosten; die Aufgaben der Krankenkassen als Pflegekassen sind keine gesetzlichen Aufgaben im Sinne dieser Vorschrift,
2. zur Auffüllung der Rücklage und zur Bildung von Verwaltungsvermögen.

(2) [1]Die nicht für die laufenden Ausgaben benötigten Betriebsmittel zuzüglich der Rücklage nach § 261 sowie der zur Anschaffung und Erneuerung der Vermögensteile des Verwaltungsvermögens nach § 82a des Vierten Buches und § 263 bereitgehaltenen Geldmittel dürfen im Durchschnitt des Haushaltsjahres das 0,5fache des nach dem Haushaltsplan der Krankenkasse auf einen Monat entfallenden Betrages der Ausgaben für die in Absatz 1 Nummer 1 genannten Zwecke nicht übersteigen. [2]Auf Antrag einer Krankenkasse, die zum Zeitpunkt der Haushaltsaufstellung über weniger als 50 000 Mitglieder verfügt, kann die zuständige Aufsichtsbehörde eine Obergrenze zulassen, die das 0,5fache des Betrages nach Satz 1 übersteigt, soweit dies erforderlich ist. [3]Bei der Feststellung der vorhandenen Betriebsmittel sind die Forderungen und Verpflichtungen der Krankenkasse zu berücksichtigen, soweit sie nicht der Rücklage oder dem Verwaltungsvermögen zuzuordnen sind. [4]Durchlaufende Gelder bleiben außer Betracht.

(2a) [1]Die den Betrag nach Absatz 2 Satz 1 oder Satz 2 übersteigenden Mittel sind innerhalb der zwei folgenden Haushaltsjahre durch Absenkung des kassenindividuellen Zusatzbeitragssatzes zu vermindern. [2]Im ersten Haushaltsjahr hat die Minderung mindestens in Höhe der Hälfte der übersteigenden Mittel zu erfolgen. [3]Die zuständige Aufsichtsbehörde kann die Frist nach Satz 1 auf Antrag der Krankenkasse um bis zu zwei Haushaltsjahre verlängern, wenn die übersteigenden Mittel voraussichtlich nicht innerhalb der Frist nach Satz 1 durch einen Verzicht auf die Erhebung eines Zusatzbeitrags abgebaut werden können.

(3) Die Betriebsmittel sind im erforderlichen Umfang bereitzuhalten und im Übrigen so anzulegen, dass sie für die in Absatz 1 genannten Zwecke verfügbar sind.

(4) [1]Übersteigen die nicht für die laufenden Ausgaben benötigten Betriebsmittel zuzüglich der Rücklage nach § 261 sowie der zur Anschaffung und Erneuerung der Vermögensteile des Verwaltungsvermögens nach § 82a des Vierten Buches und § 263 bereitgehaltenen Geldmittel nach Ablauf der Frist nach Absatz 2a Satz 1 ausweislich der Jahresrechnung das 0,5fache oder die von der zuständigen Aufsichtsbehörde zugelassene Obergrenze des durchschnittlich auf einen Monat entfallenden Betrags der Ausgaben für die in Absatz 1 Nummer 1 genannten Zwecke, hat die Krankenkasse den übersteigenden Betrag an den Gesundheitsfonds abzuführen. [2]Die zuständige Aufsichtsbehörde setzt den abzuführenden Betrag fest und meldet ihn an den Gesundheitsfonds.

(5) (aufgehoben)

§ 261
Rücklage

(1) Die Krankenkasse hat zur Sicherstellung ihrer Leistungsfähigkeit eine Rücklage zu bilden.

(2) [1]Die Satzung bestimmt die Höhe der Rücklage in einem Vomhundertsatz des nach dem Haushaltsplan durchschnittlich auf den Monat entfallenden Betrages der Ausgaben für die in § 260 Abs. 1 Nr. 1 genannten Zwecke (Rücklagesoll). [2]Die Rücklage muss mindestens ein Fünftel des Betrages der auf den Monat entfallenden Ausgaben nach Satz 1 betragen.

(3) [1]Die Krankenkasse kann Mittel aus der Rücklage den Betriebsmitteln zuführen, wenn Einnahme- und Ausgabeschwankungen innerhalb eines Haushaltsjahres nicht durch die Betriebsmittel ausgeglichen werden können. [2]In diesem Fall soll die Rücklage in Anspruch genommen werden, wenn dadurch Erhöhungen des Zusatzbeitragssatzes nach § 242 während des Haushaltsjahres vermieden werden.

(4) Ergibt sich bei der Aufstellung des Haushaltsplans, dass die Rücklage geringer ist als das Rücklagesoll, ist bis zur Erreichung des Rücklagesolls die Auffüllung der Rücklage im Regelfall mit einem Betrag in Höhe von mindestens der Hälfte des Rücklagesolls im Haushaltsplan vorzusehen.

(5) Übersteigt die Rücklage das Rücklagesoll, ist der übersteigende Betrag den Betriebsmitteln zuzuführen.

(6) [1]Die Rücklage ist getrennt von den sonstigen Mitteln so anzulegen, dass sie für den nach Absatz 1 genannten Zweck verfügbar ist. [2]Sie wird vorbehaltlich des § 262 von der Krankenkasse verwaltet.

§ 262
Gesamtrücklage

(1) [1]Die Satzungen der Landesverbände können bestimmen, dass die von den Verbandsmitgliedern zu bildenden Rücklagen bis zu einem Drittel des Rücklagesolls von dem Landesverband als Sondervermögen (Gesamtrücklage) verwaltet werden. [2]Die Gesamtrücklage ist vorrangig vor dem von der Krankenkasse verwalteten Teil der Rücklage aufzufüllen.

(2) [1]Die im Laufe eines Jahres entstehenden Kapitalerträge und die aus den Veräußerungen erwachsenden Gewinne der Gesamtrücklage werden gegen die aus Veräußerungen entstehenden Verluste ausgeglichen. [2]Der Unterschied wird auf die beteiligten Krankenkassen nach der Höhe ihres Rücklageguthabens beim Landesverband im Jahresdurchschnitt umgelegt.

(3) [1]Ergibt sich nach Absatz 2 ein Überschuss, wird er den Krankenkassen ausgezahlt, deren Rücklageguthaben beim Landesverband den nach Absatz 1 bestimmten Anteil erreicht hat. [2]Ist dieses Rücklageguthaben noch nicht erreicht, wird der Überschuss bis zur Höhe des fehlenden Betrages nicht ausgezahlt, sondern gutgeschrieben. [3]Ergibt sich nach Absatz 2 ein Fehlbetrag, wird er dem Rücklageguthaben der Krankenkassen zur Last geschrieben.

(4) [1]Die Krankenkasse kann über ihr Rücklageguthaben beim Landesverband erst verfügen, wenn die von ihr selbst verwalteten Rücklagemittel verbraucht sind. [2]Hat die Krankenkasse ihr Rücklageguthaben verbraucht, kann sie von dem Landesverband ein Darlehen aus der Gesamtrücklage erhalten. [3]Die Satzung des Landesverbands trifft Regelungen über die Voraussetzungen der Darlehensgewährung, die Rückzahlung und die Verzinsung.

(5) Die Gesamtrücklage ist so anzulegen, dass sie für die in § 261 Abs. 1 und 4 genannten Zwecke verfügbar ist.

§ 263
Verwaltungsvermögen

Das Verwaltungsvermögen der Krankenkasse umfasst neben den in § 82a Satz 2 des Vierten Buches genannten Vermögensgegenständen auch Grundstücke, die nur teilweise für Zwecke der Verwaltung der Krankenkasse oder für Eigenbetriebe erforderlich sind.

§ 263a
Anlagen in Investmentvermögen zur Förderung der Entwicklung digitaler Innovationen

(1) [1]Zur Förderung der Entwicklung digitaler Innovationen nach § 68a können Krankenkassen insgesamt bis zu 2 Prozent ihrer Finanzreserven nach § 260 Absatz 2 Satz 1 in Anteile an Investmentvermögen nach § 1 Absatz 1 des Kapitalanlagegesetzbuchs anlegen. [2]§ 83 Absatz 2 und 4 des Vierten Buches gilt entsprechend.

(2) [1]Die Mittel sind so anzulegen, dass die Kapitalbindungsdauer zehn Jahre nicht überschreitet, ein Verlust ausgeschlossen erscheint und ein angemessener Ertrag erzielt wird. [2]Die Krankenkassen müssen die mit dem Erwerb der Anteile an Investmentvermögen einhergehenden Risiken unter Berücksichtigung entsprechender Absicherungen im Rahmen ihres Anlage- und Risikomanagements bewerten.

(3) [1]Die Absicht, nach Absatz 1 Anteile an Investmentvermögen zu erwerben, ist der Aufsichtsbehörde vor Abschluss verbindlicher Vereinbarungen umfassend und rechtzeitig anzuzeigen. [2]Über eine Anlage nach Absatz 1 ist der Verwaltungsrat der Krankenkasse unverzüglich zu unterrichten. [3]Anlagen nach Absatz 1 sind in den Jahresrechnungen der Krankenkassen gesondert auszuweisen.

§ 264
Übernahme der Krankenbehandlung für nicht Versicherungspflichtige gegen Kostenerstattung

(1) [1]Die Krankenkasse kann für Arbeits- und Erwerbslose, die nicht gesetzlich gegen Krankheit versichert sind, für andere Hilfeempfänger sowie für die vom Bundesministerium für Gesundheit bezeichneten Personenkreise die Krankenbehandlung übernehmen, sofern der Krankenkasse Ersatz der vollen Aufwendungen für den Einzelfall sowie eines angemessenen Teils ihrer Verwal-

tungskosten gewährleistet wird. ²Die Krankenkasse ist zur Übernahme der Krankenbehandlung nach Satz 1 für Empfänger von Gesundheitsleistungen nach den §§ 4 und 6 des Asylbewerberleistungsgesetzes verpflichtet, wenn sie durch die Landesregierung oder die von der Landesregierung beauftragte oberste Landesbehörde dazu aufgefordert wird und mit ihr eine entsprechende Vereinbarung mindestens auf Ebene der Landkreise oder kreisfreien Städte geschlossen wird. ³Die Vereinbarung über die Übernahme der Krankenbehandlung nach Satz 1 für den in Satz 2 genannten Personenkreis hat insbesondere Regelungen zur Erbringung der Leistungen sowie zum Ersatz der Aufwendungen und Verwaltungskosten nach Satz 1 zu enthalten; die Ausgabe einer elektronischen Gesundheitskarte kann vereinbart werden. ⁴Wird von der Landesregierung oder der von ihr beauftragten obersten Landesbehörde eine Rahmenvereinbarung auf Landesebene zur Übernahme der Krankenbehandlung für den in Satz 2 genannten Personenkreis gefordert, sind die Landesverbände der Krankenkassen und die Ersatzkassen gemeinsam zum Abschluss einer Rahmenvereinbarung verpflichtet. ⁵Zudem vereinbart der Spitzenverband Bund der Krankenkassen mit den auf Bundesebene bestehenden Spitzenorganisationen der nach dem Asylbewerberleistungsgesetz zuständigen Behörden Rahmenempfehlungen zur Übernahme der Krankenbehandlung für den in Satz 2 genannten Personenkreis. ⁶Die Rahmenempfehlungen nach Satz 5, die von den zuständigen Behörden nach dem Asylbewerberleistungsgesetz und den Krankenkassen nach den Sätzen 1 bis 3 sowie von den Vertragspartnern auf Landesebene nach Satz 4 übernommen werden sollen, regeln insbesondere die Umsetzung der leistungsrechtlichen Regelungen nach den §§ 4 und 6 des Asylbewerberleistungsgesetzes, die Abrechnung und die Abrechnungsprüfung der Leistungen sowie den Ersatz der Aufwendungen und der Verwaltungskosten der Krankenkassen nach Satz 1.

(2) ¹Die Krankenbehandlung von Empfängern von Leistungen nach dem Dritten bis Neunten Kapitel des Zwölften Buches, nach dem Teil 2 des Neunten Buches, von Empfängern laufender Leistungen nach § 2 des Asylbewerberleistungsgesetzes und von Empfängern von Krankenhilfeleistungen nach dem Achten Buch, die nicht versichert sind, wird von der Krankenkasse übernommen. ²Satz 1 gilt nicht für Empfänger, die voraussichtlich nicht mindestens einen Monat ununterbrochen Hilfe zum Lebensunterhalt beziehen, für Personen, die ausschließlich Leistungen nach § 11 Abs. 5 Satz 3 und § 33 des Zwölften Buches beziehen sowie für die in § 24 des Zwölften Buches genannten Personen.

(3) ¹Die in Absatz 2 Satz 1 genannten Empfänger haben unverzüglich eine Krankenkasse im Bereich des für die Hilfe zuständigen Trägers der Sozialhilfe oder der öffentlichen Jugendhilfe zu wählen, die ihre Krankenbehandlung übernimmt. ²Leben mehrere Empfänger in häuslicher Gemeinschaft, wird das Wahlrecht vom Haushaltsvorstand für sich und für die Familienangehörigen ausgeübt, die bei Versicherungspflicht des Haushaltsvorstands nach § 10 versichert wären. ³Wird das Wahlrecht nach den Sätzen 1 und 2 nicht ausgeübt, gelten § 28i des Vierten Buches und § 175 Abs. 3 Satz 2 entsprechend.

(4) ¹Für die in Absatz 2 Satz 1 genannten Empfänger gelten § 11 Abs. 1 sowie die §§ 61 und 62 entsprechend. ²Sie erhalten eine elektronische Gesundheitskarte nach § 291. ³Als Versichertenstatus nach § 291a Absatz 2 Nummer 7 gilt für Empfänger bis zur Vollendung des 65. Lebensjahres die Statusbezeichnung „Mitglied", für Empfänger nach Vollendung des 65. Lebensjahres die Statusbezeichnung „Rentner". ⁴Empfänger, die das 65. Lebensjahr noch nicht vollendet haben, in häuslicher Gemeinschaft leben und nicht Haushaltsvorstand sind, erhalten die Statusbezeichnung „Familienversicherte".

(5) ¹Wenn Empfänger nicht mehr bedürftig im Sinne des Zwölften Buches oder des Achten Buches sind, meldet der Träger der Sozialhilfe oder der öffentlichen Jugendhilfe diese bei der jeweiligen Krankenkasse ab. ²Bei der Abmeldung hat der Träger der Sozialhilfe oder der öffentlichen Jugendhilfe die elektronische Gesundheitskarte vom Empfänger einzuziehen und an die Krankenkasse zu übermitteln. ³Aufwendungen, die der Krankenkasse nach Abmeldung durch eine missbräuchliche Verwendung der Karte entstehen, hat der Träger der Sozialhilfe oder der öffentlichen Jugendhilfe zu erstatten. ⁴Satz 3 gilt nicht in den Fällen, in denen die Krankenkasse auf Grund gesetzlicher Vorschriften oder vertraglicher Vereinbarungen verpflichtet ist, ihre Leistungspflicht vor der Inanspruchnahme der Leistung zu prüfen.

(6) ¹Bei der Bemessung der Vergütungen nach § 85 oder § 87a ist die vertragsärztliche Versorgung der Empfänger zu berücksichtigen. ²Werden die Gesamtvergütungen nach § 85 nach Kopfpau-

schalen berechnet, gelten die Empfänger als Mitglieder. [3]Leben mehrere Empfänger in häuslicher Gemeinschaft, gilt abweichend von Satz 2 nur der Haushaltsvorstand nach Absatz 3 als Mitglied; die vertragsärztliche Versorgung der Familienangehörigen, die nach § 10 versichert wären, wird durch die für den Haushaltsvorstand zu zahlende Kopfpauschale vergütet.

(7) [1]Die Aufwendungen, die den Krankenkassen durch die Übernahme der Krankenbehandlung nach den Absätzen 2 bis 6 entstehen, werden ihnen von den für die Hilfe zuständigen Trägern der Sozialhilfe oder der öffentlichen Jugendhilfe vierteljährlich erstattet. [2]Als angemessene Verwaltungskosten einschließlich Personalaufwand für den Personenkreis nach Absatz 2 werden bis zu 5 vom Hundert der abgerechneten Leistungsaufwendungen festgelegt. [3]Wenn Anhaltspunkte für eine unwirtschaftliche Leistungserbringung oder -gewährung vorliegen, kann der zuständige Träger der Sozialhilfe oder der öffentlichen Jugendhilfe von der jeweiligen Krankenkasse verlangen, die Angemessenheit der Aufwendungen zu prüfen und nachzuweisen.

Vierter Abschnitt

Finanzausgleiche und Zuweisungen aus dem Gesundheitsfonds

§ 265 Finanzausgleich für aufwendige Leistungsfälle

[1]Die Satzungen der Landesverbände und der Verbände der Ersatzkassen können eine Umlage der Verbandsmitglieder vorsehen, um die Kosten für aufwendige Leistungsfälle und für andere aufwendige Belastungen ganz oder teilweise zu decken. [2]Die Hilfen können auch als Darlehen gewährt werden; Näheres über Voraussetzungen, Rückzahlung und Verzinsung regelt die Satzung des Verbandes.

§ 265a Finanzielle Hilfen zur Vermeidung der Schließung oder Insolvenz einer Krankenkasse

(aufgehoben)

§ 265b Freiwillige finanzielle Hilfen

(aufgehoben)

§ 266 Zuweisungen aus dem Gesundheitsfonds (Risikostrukturausgleich), Verordnungsermächtigung

(1) [1]Die Krankenkassen erhalten als Zuweisungen aus dem Gesundheitsfonds (§ 271) zur Deckung ihrer Ausgaben eine Grundpauschale und risikoadjustierte Zu- und Abschläge zum Ausgleich der unterschiedlichen Risikostrukturen und Zuweisungen für sonstige Ausgaben (§ 270). [2]Mit den risikoadjustierten Zuweisungen wird jährlich ein Risikostrukturausgleich durchgeführt. [3]Durch diesen werden die finanziellen Auswirkungen von Unterschieden zwischen den Krankenkassen ausgeglichen, die sich aus der Verteilung der Versicherten auf nach Risikomerkmalen getrennte Risikogruppen gemäß Absatz 2 ergeben.

(2) [1]Die Zuordnung der Versicherten zu Risikogruppen erfolgt anhand der Risikomerkmale Alter, Geschlecht, Morbidität, regionalen Merkmalen und danach, ob die Mitglieder Anspruch auf Krankengeld nach § 44 haben. [2]Die Morbidität der Versicherten wird auf der Grundlage von Diagnosen, Diagnosegruppen, Indikationen, Indikationengruppen, medizinischen Leistungen oder Kombinationen dieser Merkmale unmittelbar berücksichtigt. [3]Regionale Merkmale sind solche, die die unterschiedliche Ausgabenstruktur der Region beeinflussen können.

(3) Die Grundpauschale und die risikoadjustierten Zu- und Abschläge dienen zur Deckung der standardisierten Leistungsausgaben der Krankenkassen.

(4) [1]Die Ermittlung der standardisierten Leistungsausgaben nach Absatz 3 orientiert sich an der Höhe der durchschnittlichen krankheitsspezifischen Leistungsausgaben der den Risikogruppen zugeordneten Versicherten. [2]Dabei bleiben außer Betracht

1. die von Dritten erstatteten Ausgaben,
2. Aufwendungen für satzungsgemäße Mehr- und Erprobungsleistungen sowie für Leistungen, auf die kein Rechtsanspruch besteht.

[3]Die Aufwendungen für die Leistungen der Knappschaftsärzte und -zahnärzte werden in der gleichen Weise berechnet wie für Vertragsärzte und -zahnärzte.

(5) Die Bildung der Risikogruppen nach Absatz 2 und die Ermittlung der standardisierten Leistungsausgaben nach Absatz 3 erfolgt nach Kriterien, die zugleich

1. Anreize zu Risikoselektion verringern und
2. keine Anreize zu medizinisch nicht gerechtfertigten Leistungsausweitungen setzen.

(6) [1]Das Bundesamt für Soziale Sicherung ermittelt die Höhe der Zuweisungen und weist die entsprechenden Mittel den Krankenkassen zu. [2]Es gibt für die Ermittlung der Höhe der Zuweisungen nach Absatz 3 jährlich bekannt

1. die Höhe der standardisierten Leistungsausgaben aller am Ausgleich beteiligten Krankenkassen je Versicherten, getrennt nach Risikogruppen nach Absatz 2, und
2. die Höhe der risikoadjustierten Zu- und Abschläge.

[3]Das Bundesamt für Soziale Sicherung kann zum Zwecke der einheitlichen Zuordnung und Erfassung der für die Berechnung maßgeblichen Daten über die Vorlage der Geschäfts- und Rechnungsergebnisse hinaus weitere Auskünfte und Nachweise verlangen.

(7) [1]Das Bundesamt für Soziale Sicherung stellt im Voraus für ein Kalenderjahr die Werte nach Absatz 6 Satz 2 Nr. 1 und 2 vorläufig fest. [2]Es legt bei der Berechnung der Höhe der monatlichen Zuweisungen die Werte nach Satz 1 und die zuletzt erhobenen Versichertenzahlen der Krankenkassen je Risikogruppe nach Absatz 2 zugrunde. [3]Nach Ablauf des Kalenderjahres ist die Höhe der Zuweisungen für jede Krankenkasse vom Bundesamt für Soziale Sicherung aus den für dieses Jahr erstellten Geschäfts- und Rechnungsergebnissen und den für dieses Jahr erhobenen Versichertenzahlen der beteiligten Krankenkassen zu ermitteln. [4]Die nach Satz 2 erhaltenen Zuweisungen gelten als Abschlagszahlungen. [5]Sie sind nach der Ermittlung der endgültigen Höhe der Zuweisung für das Geschäftsjahr nach Satz 3 auszugleichen. [6]Werden nach Abschluss der Ermittlung der Werte nach Satz 3 sachliche oder rechnerische Fehler in den Berechnungsgrundlagen festgestellt, hat das Bundesamt für Soziale Sicherung diese bei der nächsten Ermittlung der Höhe der Zuweisungen nach den dafür geltenden Vorschriften zu berücksichtigen. [7]Klagen gegen die Höhe der Zuweisungen im Risikostrukturausgleich einschließlich der hierauf entfallenden Nebenkosten haben keine aufschiebende Wirkung.

(8) [1]Das Bundesministerium für Gesundheit regelt durch Rechtsverordnung mit Zustimmung des Bundesrates das Nähere über

1. die Ermittlung der Höhe der Grundpauschale nach Absatz 1 Satz 1, der Werte nach Absatz 6 sowie die Art, den Umfang und den Zeitpunkt der Bekanntmachung der für die Durchführung des Risikoausgleichsverfahrens erforderlichen Berechnungswerte,
2. die Abgrenzung und die Verfahren der Standardisierung der Leistungsausgaben nach den Absätzen 3 bis 6; dabei können für Risikogruppen, die nach dem Anspruch der Mitglieder auf Krankengeld zu bilden sind, besondere Standardisierungsverfahren und Abgrenzungen für die Berücksichtigung des Krankengeldes geregelt werden,

2a. die Abgrenzung und die Verfahren der Standardisierung der sonstigen Ausgaben nach § 270, die Kriterien der Zuweisung der Mittel zur Deckung dieser Ausgaben sowie das Verfahren der Verarbeitung der nach § 270 Absatz 2 zu übermittelnden Daten,

2b. die Abgrenzung der zu berücksichtigenden Risikogruppen nach Absatz 2 einschließlich der Altersabstände zwischen den Altersgruppen, auch abweichend von Absatz 2; hierzu gehört auch die Festlegung des Verfahrens zur Auswahl der regionalen Merkmale,

3. die Festlegung der Anforderungen an die Zulassung der Programme nach § 137g hinsichtlich des Verfahrens der Einschreibung der Versicherten einschließlich der Dauer der Teilnahme und des Verfahrens der Verarbeitung der für die Durchführung der Programme erforderlichen personenbezogenen Daten,
4. die Berechnungsverfahren sowie die Durchführung des Zahlungsverkehrs,
5. die Fälligkeit der Beträge und die Erhebung von Säumniszuschlägen,
6. das Verfahren und die Durchführung des Ausgleichs einschließlich des Ausschlusses von Risikogruppen, die anhand der Morbidität der Versicherten gebildet werden, mit den höchsten relativen Steigerungsraten,
7. die Umsetzung der Vorgaben nach Absatz 5 und 12,

8. die Vergütung des wissenschaftlichen Beirats zur Weiterentwicklung des Risikostrukturausgleichs beim Bundesamt für Soziale Sicherung für die Erstellung von Gutachten nach Absatz 10,

9. die Prüfung der von den Krankenkassen mitzuteilenden Daten durch die mit der Prüfung nach § 274 befassten Stellen einschließlich der Folgen fehlerhafter Datenlieferungen oder nicht prüfbarer Daten sowie das Verfahren der Prüfung und der Prüfkriterien, auch abweichend von § 274.

[2]Abweichend von Satz 1 können die Verordnungsregelungen zu Satz 1 Nr. 3 ohne Zustimmung des Bundesrates erlassen werden.

(9) Die landwirtschaftliche Krankenkasse nimmt am Risikostrukturausgleich nicht teil.

(10) [1]Die Wirkungen des Risikostrukturausgleichs insbesondere auf den Wettbewerb der Krankenkassen und die Manipulationsresistenz des Risikostrukturausgleichs sind regelmäßig, mindestens alle vier Jahre, durch den wissenschaftlichen Beirat zur Weiterentwicklung des Risikostrukturausgleichs beim Bundesamt für Soziale Sicherung in einem Gutachten zu überprüfen. [2]Das Bundesministerium für Gesundheit kann den Gegenstand des Gutachtens näher bestimmen; im Jahr 2023 sind gesondert die Wirkungen der regionalen Merkmale als Risikomerkmal im Risikostrukturausgleich zu untersuchen. [3]Die Wirkungen des Ausschlusses von Risikogruppen nach § 18 Absatz 1 Satz 4 der Risikostruktur-Ausgleichsverordnung insbesondere auf die Manipulationsresistenz und Zielgenauigkeit des Risikostrukturausgleichs einschließlich der Einhaltung der Vorgaben des § 266 Absatz 5 sind zusätzlich zu dem Gutachten nach Satz 2 zweiter Halbsatz durch den wissenschaftlichen Beirat zur Weiterentwicklung des Risikostrukturausgleichs beim Bundesamt für Soziale Sicherung im Jahr 2023 zu untersuchen. [4]Für den Zweck des Gutachtens nach Satz 3 ist auch die Veränderung der Häufigkeit der Diagnosen nach § 295 Absatz 1 Satz 1 Nummer 2 unter Berücksichtigung der Zuordnung der Versicherten zu Risikogruppen zu untersuchen.

(11) [1]Die Krankenkassen erhalten die Zuweisungen aus dem Gesundheitsfonds für die Ausgleichsjahre 2019 und 2020 nach Maßgabe der §§ 266 bis 270 in der bis zum 31. März 2020 geltenden Fassung. [2]Die Anpassung der Datenmeldung nach § 7 Absatz 1 Satz 1 Nummer 7 der Risikostruktur-Ausgleichsverordnung gemäß § 7 Absatz 1 Satz 3 der Risikostruktur-Ausgleichsverordnung ist ab dem Ausgleichsjahr 2021 bei den Zuweisungen nach Absatz 3 zu berücksichtigen. [3]Die Zuordnung der Versicherten zu Risikogruppen, die nach dem Anspruch der Mitglieder auf Krankengeld zu bilden sind, erfolgt für das Ausgleichsjahr 2020 danach, ob die Mitglieder Anspruch auf Krankengeld nach den §§ 44 und 45 haben.

(12) [1]Bei den Zuweisungen nach Absatz 3 werden die finanziellen Auswirkungen der Bildung von Risikogruppen anhand von regionalen Merkmalen nach Absatz 2 durch Zu- und Abschläge im Ausgleichsjahr 2021 auf 75 Prozent begrenzt. [2]Die Begrenzung erfolgt für alle Länder jeweils einheitlich für die Summe der Zuweisungen nach Absatz 3 für die Versicherten mit Wohnsitz in einem Land. [3]Durch die Zu- und Abschläge werden 25 Prozent der Differenz der hypothetischen Höhe der Zuweisungen nach Absatz 3 ohne Bildung von Risikogruppen anhand von regionalen Merkmalen und der Höhe der Zuweisungen nach Absatz 3 einheitlich auf die Versicherten mit Wohnsitz in einem Land verteilt.

§ 267
Datenverarbeitung für die Durchführung und Weiterentwicklung des Risikostrukturausgleichs

(1) [1]Für die Durchführung und Weiterentwicklung des Risikostrukturausgleichs übermitteln die Krankenkassen für jedes Jahr bis zum 15. August des jeweiligen Folgejahres je Versicherten

1. die Versichertentage

   a) mit den Risikomerkmalen nach § 266 Absatz 2 mit Ausnahme der Morbidität und der regionalen Merkmale,

   b) mit Wohnsitz oder gewöhnlichem Aufenthalt außerhalb des Gebietes der Bundesrepublik Deutschland einschließlich des Länderkennzeichens,

   c) mit Wahl der Kostenerstattung für den Bereich der ärztlichen Versorgung, differenziert nach § 13 Absatz 2 und § 53 Absatz 4,

2. den amtlichen Gemeindeschlüssel des Wohnorts,
3. die Leistungsausgaben in der Gliederung und nach den Bestimmungen des Kontenrahmens,
4. die bei Krankenhausentlassung maßgeblichen Haupt- und Nebendiagnosen nach § 301 Absatz 1 Satz 1 Nummer 7 in der Verschlüsselung nach § 301 Absatz 2 Satz 1,
5. die Diagnosen nach § 295 Absatz 1 Satz 1 Nummer 2 sowie die Angaben nach § 295 Absatz 1 Satz 4, bei der Abrechnung von Leistungen im Rahmen von Verträgen nach den §§ 73b und 140a einschließlich der Vertragsnummer nach § 293a Absatz 1 Satz 4,
6. die Arzneimittelkennzeichen nach § 300 Absatz 3 Satz 1 einschließlich der vereinbarten Sonderkennzeichen sowie jeweils die Anzahl der Verordnungen,
7. die Angabe über die Durchführung von extrakorporalen Blutreinigungsverfahren

nach Maßgabe dieser Vorschrift an das Bundesamt für Soziale Sicherung. [2]Eine unmittelbare oder mittelbare Einwirkung der Krankenkassen auf den Inhalt der Leistungsdaten nach den §§ 294 bis 303 und die Art und Weise der Aufzeichnung insbesondere unter Verstoß gegen § 71 Absatz 6 Satz 10, § 73b Absatz 5 Satz 7, § 83 Satz 4, § 140a Absatz 2 Satz 10 und § 303 Absatz 4 ist unzulässig, soweit sie in diesem Buch nicht vorgeschrieben oder zugelassen ist.

(2) Für die Weiterentwicklung des Risikostrukturausgleichs übermitteln die Krankenkassen für jedes Jahr bis zum 15. August des jeweiligen Folgejahres je Versicherten die Versichertentage mit Bezug einer Erwerbsminderungsrente an das Bundesamt für Soziale Sicherung.

(3) [1]Die Krankenkassen übermitteln die Daten nach Absatz 1 Satz 1 und Absatz 2 in pseudonymisierter und maschinenlesbarer Form über den Spitzenverband Bund der Krankenkassen an das Bundesamt für Soziale Sicherung. [2]Der Schlüssel für die Herstellung des Pseudonyms ist vom Beauftragten für den Datenschutz der Krankenkasse aufzubewahren und darf anderen Personen nicht zugänglich gemacht werden. [3]Die Herstellung des Versichertenbezugs ist bei den Daten nach Absatz 1 Satz 1 zulässig, soweit dies für die Klärung doppelter Versicherungsverhältnisse oder für die Prüfung der Richtigkeit der Daten erforderlich ist. [4]Über die Pseudonymisierung in der Krankenkasse und über jede Herstellung des Versichertenbezugs ist ein Protokoll anzufertigen, das bei dem Beauftragten für den Datenschutz der Krankenkasse aufzubewahren ist.

(4) [1]Das Bundesministerium für Gesundheit bestimmt in der Rechtsverordnung nach § 266 Absatz 8 Satz 1 das Nähere zu den Fristen der Datenübermittlung und zum Verfahren der Verarbeitung der nach Absatz 1 Satz 1 und Absatz 2 zu übermittelnden Daten. [2]Der Spitzenverband Bund der Krankenkassen bestimmt im Einvernehmen mit dem Bundesamt für Soziale Sicherung das Nähere zum Verfahren nach Absatz 3 Satz 1.

(5) Die Kosten für die Datenübermittlung nach dieser Vorschrift werden von den betroffenen Krankenkassen getragen.

(6) [1]Zur Weiterentwicklung des Risikostrukturausgleichs analysiert das Bundesamt für Soziale Sicherung den Zusammenhang zwischen den Leistungsausgaben eines Versicherten in den vorangegangenen drei Jahren und den Leistungsausgaben eines Versicherten im Ausgleichsjahr 2019. [2]Hierfür übermitteln die Krankenkassen bis zum 15. August 2020 für die Berichtsjahre 2016 bis 2018 die Daten nach § 7 Absatz 1 Satz 1 Nummer 7 der Risikostruktur-Ausgleichsverordnung an das Bundesamt für Soziale Sicherung; Absatz 3 gilt entsprechend. [3]Das Nähere über das Verfahren der Datenmeldung bestimmt der Spitzenverband Bund der Krankenkassen im Einvernehmen mit dem Bundesamt für Soziale Sicherung in der Bestimmung nach Absatz 4 Satz 2. [4]Das Ergebnis der Untersuchung nach Satz 1 ist dem Bundesministerium für Gesundheit spätestens mit Übergabe des ersten Gutachtens nach § 266 Absatz 10 vorzulegen.

(7) Die Absätze 1 bis 6 gelten nicht für die landwirtschaftliche Krankenkasse.

Zweiter Titel

§ 268
Risikopool

(1) [1]Ergänzend zum Risikostrukturausgleich gemäß § 266 werden die finanziellen Belastungen für aufwendige Leistungsfälle teilweise über einen Risikopool ausgeglichen. [2]Übersteigt die Summe der im Risikopool ausgleichsfähigen Leistungsausgaben eines Versicherten bei einer

Krankenkasse innerhalb eines Ausgleichsjahres den Schwellenwert nach Satz 3, werden 80 Prozent des den Schwellenwert übersteigenden Betrags über den Risikopool ausgeglichen. [3]Der Schwellenwert beträgt 100 000 Euro und ist in den Folgejahren anhand der jährlichen Veränderungsrate der im Risikopool ausgleichsfähigen Leistungsausgaben je Versicherten anzupassen.

(2) Im Risikopool sind die Leistungsausgaben ausgleichsfähig, die bei der Ermittlung der standardisierten Leistungsausgaben nach § 266 Absatz 3 zu berücksichtigen sind, abzüglich der Aufwendungen für Krankengeld nach den §§ 44 und 45.

(3) Bei der Ermittlung der Höhe der Zuweisungen nach § 266 Absatz 7 Satz 3 und 6 sind die Leistungsausgaben, die im Risikopool ausgeglichen werden, nicht bei der Ermittlung der standardisierten Leistungsausgaben nach § 266 Absatz 3 zu berücksichtigen.

(4) [1]Das Bundesamt für Soziale Sicherung ermittelt für jede Krankenkasse den Ausgleichsbetrag nach Absatz 1 Satz 2 und weist die entsprechenden Mittel den Krankenkassen zu. [2]§ 266 Absatz 6 Satz 3, Absatz 7 Satz 3, 6 und 7 sowie Absatz 9 gilt für den Risikopool entsprechend.

(5) Das Bundesministerium für Gesundheit regelt in der Rechtsverordnung nach § 266 Absatz 8 Satz 1 das Nähere über

1. die jährliche Anpassung des Schwellenwertes,
2. die Berechnung und die Durchführung des Risikopoolverfahrens sowie
3. die Art, den Umfang und den Zeitpunkt der Bekanntmachung der für die Durchführung des Risikopoolverfahrens erforderlichen Rechenwerte.

§ 269 Sonderregelungen für Krankengeld und Auslandsversicherte

(1) Für Risikogruppen nach § 266 Absatz 2, die nach dem Anspruch der Mitglieder auf Krankengeld nach § 44 zu bilden sind, kann das bestehende Standardisierungsverfahren für die Berücksichtigung des Krankengeldes um ein Verfahren ergänzt werden, das die tatsächlichen Leistungsausgaben der einzelnen Krankenkassen nach § 44 anteilig berücksichtigt.

(2) [1]Ab dem Ausgleichsjahr 2021 werden die Leistungsausgaben der einzelnen Krankenkassen nach § 45 durch die Zuweisungen aus dem Gesundheitsfonds vollständig ausgeglichen. [2]Die Krankenkassen übermitteln ab dem Berichtsjahr 2021 für jedes Jahr bis zum 15. August des jeweiligen Folgejahres die Summe der Leistungsausgaben nach § 45 je Krankenkasse über den Spitzenverband Bund der Krankenkassen an das Bundesamt für Soziale Sicherung.

(3) [1]Versicherte, die während des überwiegenden Teils des dem Ausgleichsjahr vorangegangenen Jahres ihren Wohnsitz oder gewöhnlichen Aufenthalt außerhalb des Gebiets der Bundesrepublik Deutschland hatten (Auslandsversicherte), sind gesonderten Risikogruppen zuzuordnen. [2]Die Risikozuschläge für die Auslandsversicherten sind ab dem Ausgleichsjahr 2023 differenziert nach dem Wohnstaat zu ermitteln auf der Grundlage der

1. durchschnittlichen Leistungsausgaben der Krankenkassen und
2. durchschnittlichen abgerechneten Rechnungsbeträge nach Absatz 4 Satz 1.

(4) Der Spitzenverband Bund der Krankenkassen, Deutsche Verbindungsstelle Krankenversicherung – Ausland, übermittelt ab dem Berichtsjahr 2020 für jedes Jahr bis zum 15. August des jeweiligen Folgejahres die Summe der von den Krankenkassen für die Auslandsversicherten beglichenen Rechnungsbeträge an das Bundesamt für Soziale Sicherung; die Übermittlung erfolgt differenziert nach dem Wohnstaat.

(5) [1]Für die Untersuchungen nach § 266 Absatz 10 Satz 1 übermitteln die Krankenkassen an das Bundesamt für Soziale Sicherung ab dem Berichtsjahr 2022 für jedes Jahr bis zum 15. August des jeweiligen Folgejahres je Versicherten

1. die beitragspflichtigen Einnahmen aus nichtselbständiger Tätigkeit gemäß der Jahresarbeitsentgeltmeldung nach § 28a Absatz 3 Satz 2 Nummer 2 Buchstabe b des Vierten Buches sowie den Zeitraum, in dem diese Einnahmen erzielt wurden,
2. die beitragspflichtigen Einnahmen aus selbständiger Tätigkeit sowie den Zeitraum, in dem diese Einnahmen erzielt wurden,
3. die beitragspflichtigen Einnahmen aus selbständiger Tätigkeit von Künstlern und Publi-

zisten nach § 95c Absatz 2 Nummer 2 des Vierten Buches sowie den Zeitraum, in dem diese Einnahmen erzielt wurden,

4. die beitragspflichtigen Einnahmen aus dem Bezug von Arbeitslosengeld nach § 136 des Dritten Buches sowie die jeweiligen Bezugstage und

5. die Leistungsausgaben für Krankengeld nach § 44 sowie das Datum des Beginns und des Endes des Krankengeldbezugs.

[2]Für die Übermittlung der Daten nach Satz 1 gilt § 267 Absatz 1 Satz 2 und Absatz 3 entsprechend.

(6) [1]Für das Ausgleichsjahr 2020 gelten die Vorgaben der Absätze 1 und 2 in der bis zum 19. Juli 2021 geltenden Fassung. [2]Für die Ausgleichsjahre 2021 und 2022 gilt die Vorgabe des Absatzes 2 in der bis zum 19. Juli 2021 geltenden Fassung.

(7) Das Bundesministerium für Gesundheit bestimmt in der Rechtsverordnung nach § 266 Absatz 8 Satz 1 das Nähere

1. zur Umsetzung der Vorgaben nach den Absätzen 1 bis 3 und 6 und

2. zu den Fristen der Datenübermittlung und zum Verfahren der Verarbeitung der nach Absatz 2 Satz 2, Absatz 4 und 5 Satz 1 zu übermittelnden Daten.

(8) [1]Der Spitzenverband Bund der Krankenkassen bestimmt im Einvernehmen mit dem Bundesamt für Soziale Sicherung das Nähere zum Verfahren der Datenübermittlung nach Absatz 2 Satz 2, Absatz 4 und 5 Satz 1. [2]Die Kosten für die Datenübermittlung nach Absatz 2 Satz 2 und Absatz 5 Satz 1 werden durch die betroffenen Krankenkassen getragen.

§ 270
Zuweisungen aus dem Gesundheitsfonds für sonstige Ausgaben

(1) [1]Die Krankenkassen erhalten aus dem Gesundheitsfonds Zuweisungen zur Deckung

1. ihrer standardisierten Aufwendungen nach § 266 Abs. 4 Satz 2 Nr. 2 mit Ausnahme der Leistungen nach § 11 Absatz 6 und § 53,

2. ihrer standardisierten Aufwendungen, die auf Grund der Entwicklung und Durchführung von Programmen nach § 137g entstehen und die in der Rechtsverordnung nach § 266 Absatz 8 Satz 1 näher zu bestimmen sind, sowie

3. ihrer standardisierten Verwaltungsausgaben.

[2]§ 266 Absatz 6 Satz 1 und 3, Absatz 7 und 9 gilt entsprechend.

(2) [1]Für die Ermittlung der Höhe der Zuweisungen nach den Absätzen 1 und 4 erheben die Krankenkassen für jedes Jahr

1. je Versicherten die Versichertentage mit Einschreibung in ein nach § 137g zugelassenes strukturiertes Behandlungsprogramm und Angaben über die Teilnahme an den in Absatz 4 Satz 1 genannten Leistungen,

2. nicht versichertenbezogen die Aufwendungen nach § 266 Absatz 4 Satz 2 Nummer 2 und die Verwaltungsausgaben; § 266 Absatz 4 Satz 2 Nummer 1 gilt entsprechend.

[2]Die Krankenkassen übermitteln die Daten nach Satz 1 Nummer 1 bis zum 15. August des Folgejahres in pseudonymisierter und maschinenlesbarer Form über den Spitzenverband Bund der Krankenkassen an das Bundesamt für Soziale Sicherung; § 267 Absatz 3 Satz 2 bis 4 und Absatz 4 Satz 2 gilt entsprechend. [3]Die Krankenkassen übermitteln die Daten nach Satz 1 Nummer 2 bis zum 30. Juni des Folgejahres in maschinenlesbarer Form über den Spitzenverband Bund der Krankenkassen an das Bundesamt für Soziale Sicherung.

(3) [1]Das Bundesamt für Soziale Sicherung mindert für eine Krankenkasse, die laut erstmaliger Mitteilung des Spitzenverbandes Bund der Krankenkassen nach § 342 Absatz 5 Satz 5 ihrer Verpflichtung nach § 342 Absatz 1 nicht nachgekommen ist, die nach § 18 Absatz 3 der Risikostruktur-Ausgleichsverordnung im Jahresausgleich für das Ausgleichsjahr 2020 berechnete Höhe der Zuweisungen nach Absatz 1 Satz 1 Nummer 3 um 2,5 Prozent. [2]Die nach § 18 Absatz 3 der Risikostruktur-Ausgleichsverordnung im Jahresausgleich berechnete Höhe der Zuweisungen nach Absatz 1 Satz 1 Nummer 3 ist ab dem Ausgleichsjahr 2021 für eine Krankenkasse um 7,5 Prozent zu mindern, wenn in dem auf das jeweilige Ausgleichsjahr folgenden Jahr eine weitere Mitteilung nach § 342 Absatz 5 Satz 5 und 6 zu derselben Krankenkasse erfolgt. [3]Das Bundesamt für Soziale Sicherung teilt den Sanktionsbetrag der Krankenkasse in einem Bescheid

mit. [4]Klagen gegen die Höhe der Sanktion haben keine aufschiebende Wirkung.

(4) [1]Zur Förderung der Durchführung von Vorsorge- und Früherkennungsmaßnahmen erhalten die Krankenkassen aus dem Gesundheitsfonds jährlich eine Pauschale für jeden Versicherten, der an einer vom Gemeinsamen Bundesausschuss in Richtlinien nach § 92 Absatz 1 Satz 2 Nummer 2, 3, 4 und 15 vorgesehenen Mutterschaftsvorsorge, Gesundheits- oder Früherkennungsuntersuchung nach § 25 Absatz 1, 2 und den §§ 25a und 26, Individualprophylaxe nach § 22 Absatz 1, 3 und § 22a Absatz 1 oder Schutzimpfung nach § 20i Absatz 1 teilgenommen hat. [2]Das Bundesamt für Soziale Sicherung ermittelt die Höhe der Zuweisungen und weist die entsprechenden Mittel den Krankenkassen zu. [3]§ 266 Absatz 7 Satz 3, 6 und 7 und Absatz 9 gilt entsprechend. [4]Das Nähere über die Kriterien der Vergabe und das Verfahren bestimmt das Bundesministerium für Gesundheit in der Rechtsverordnung nach § 266 Absatz 8 Satz 1.

§ 270a
Einkommensausgleich

(1) Zwischen den Krankenkassen wird im Hinblick auf die von ihnen erhobenen Zusatzbeiträge nach § 242 nach Maßgabe der folgenden Absätze ein vollständiger Ausgleich der beitragspflichtigen Einnahmen ihrer Mitglieder durchgeführt.

(2) [1]Die Krankenkassen, die einen Zusatzbeitrag nach § 242 erheben, erhalten aus dem Gesundheitsfonds die Beträge aus den Zusatzbeiträgen ihrer Mitglieder in der Höhe, die sich nach dem Einkommensausgleich ergibt. [2]Die Höhe dieser Mittel für jede Krankenkasse wird ermittelt, indem der Zusatzbeitragssatz der Krankenkasse nach § 242 Absatz 1 mit den voraussichtlichen durchschnittlichen beitragspflichtigen Einnahmen je Mitglied aller Krankenkassen und ihrer Mitgliederzahl multipliziert wird.

(3) Weicht der Gesamtbetrag aus den Zusatzbeiträgen nach § 242 von den notwendigen Aufwendungen für die Mittel nach Absatz 2 ab, wird der Abweichungsbetrag entweder aus den Mitteln der Liquiditätsreserve des Gesundheitsfonds nach § 271 Absatz 2 aufgebracht oder der Liquiditätsreserve zugeführt.

(4) [1]Das Bundesamt für Soziale Sicherung verwaltet für die Zwecke der Durchführung des Einkommensausgleichs die eingehenden Beträge aus den Zusatzbeiträgen; § 271 Absatz 7 ist entsprechend anzuwenden. [2]Das Bundesamt für Soziale Sicherung ermittelt die Höhe der Mittel nach Absatz 2 und weist sie den Krankenkassen zu. [3]§ 266 Absatz 6 Satz 3 und Absatz 7 Satz 7 ist entsprechend anzuwenden. [4]Das Nähere zur Ermittlung der vorläufigen und endgültigen Mittel, die die Krankenkassen im Rahmen des Einkommensausgleichs erhalten, zur Durchführung, zum Zahlungsverkehr und zur Fälligkeit der Beiträge regelt die Rechtsverordnung nach § 266 Absatz 8 Satz 1.

§ 271
Gesundheitsfonds

(1) [1]Das Bundesamt für Soziale Sicherung verwaltet als Sondervermögen (Gesundheitsfonds) die eingehenden Beträge aus:

1. den von den Einzugsstellen nach § 28k Abs. 1 Satz 1 des Vierten Buches und nach § 252 Abs. 2 Satz 3 eingezogenen Beiträgen für die gesetzliche Krankenversicherung,
2. den Beiträgen aus Rentenzahlungen nach § 255,
3. den Beiträgen nach § 28k Abs. 2 des Vierten Buches,
4. der Beitragszahlung nach § 252 Abs. 2 und
5. den Bundesmitteln nach § 221.

[2]Die Mittel des Gesundheitsfonds sind so anzulegen, dass sie für den in den §§ 266, 268 und 270 bis 271 genannten Zweck verfügbar sind. [3]Die im Laufe eines Jahres entstehenden Kapitalerträge werden dem Sondervermögen gutgeschrieben.

(1a) [1]Die eingehenden Beträge nach Absatz 1 Satz 1 sind, soweit es sich dabei um Zusatzbeiträge nach § 242 handelt, für die Durchführung des Einkommensausgleichs nach § 270a zu verwenden. [2]Sie sind dem Bundesamt für Soziale Sicherung als Verwalter der eingehenden Beträge aus den Zusatzbeiträgen nachzuweisen.

(2) [1]Der Gesundheitsfonds hat liquide Mittel als Liquiditätsreserve vorzuhalten. [2]Aus der Liquiditätsreserve sind unterjährige Schwankungen in den Einnahmen, nicht berücksichtigte Einnahmeausfälle in den nach § 242a Absatz 1 zugrunde gelegten voraussichtlichen jährlichen Einnahmen des Gesundheitsfonds und die erforderlichen Auf-

wendungen für die Durchführung des Einkommensausgleichs nach § 270a zu decken. [3]Die Höhe der Liquiditätsreserve muss nach Ablauf eines Geschäftsjahres mindestens 20 Prozent der durchschnittlich auf den Monat entfallenden Ausgaben des Gesundheitsfonds auf Grundlage der für die Festlegung des durchschnittlichen Zusatzbeitragssatzes nach § 242a maßgeblichen Werte für dieses Geschäftsjahr betragen. [4]Sie darf nach Ablauf eines Geschäftsjahres einen Betrag von 25 Prozent der durchschnittlich auf den Monat entfallenden Ausgaben des Gesundheitsfonds auf Grundlage der für die Festlegung des durchschnittlichen Zusatzbeitragssatzes nach § 242a maßgeblichen Werte für dieses Geschäftsjahr nicht überschreiten. [5]Überschreitet die erwartete Höhe der Liquiditätsreserve abzüglich der gesetzlich vorgesehenen Entnahmen aus der Liquiditätsreserve für das Folgejahr den Betrag nach Satz 4, sind die überschüssigen Mittel in die Einnahmen des Gesundheitsfonds im Folgejahr zu überführen.

(2a) [1]Bei Schließung oder Insolvenz einer Krankenkasse kann das Bundesamt für Soziale Sicherung einer leistungsaushelfenden Krankenkasse auf Antrag ein Darlehen aus der Liquiditätsreserve gewähren, wenn dies erforderlich ist, um Leistungsansprüche von Versicherten zu finanzieren, deren Mitgliedschaftsverhältnisse noch nicht geklärt sind. [2]Das Darlehen ist innerhalb von sechs Monaten zurückzuzahlen. [3]Das Nähere zur Darlehensgewährung, Verzinsung und Rückzahlung regelt das Bundesamt für Soziale Sicherung im Benehmen mit dem Spitzenverband Bund der Krankenkassen.

(3) [1]Reicht die Liquiditätsreserve nicht aus, um alle Zuweisungen nach den §§ 266, 268, 270 und 270a zu erfüllen, leistet der Bund dem Gesundheitsfonds ein nicht zu verzinsendes Liquiditätsdarlehen in Höhe der fehlenden Mittel. [2]Das Darlehen ist im Haushaltsjahr zurückzuzahlen. [3]Die jahresendliche Rückzahlung ist durch geeignete Maßnahmen sicherzustellen.

(4) [1]Den Einnahmen des Gesundheitsfonds nach Absatz 1 Satz 1 werden im Jahr 2020 225 Millionen Euro aus der Liquiditätsreserve zugeführt. [2]Den Einnahmen des Gesundheitsfonds nach Absatz 1 Satz 1 werden im Jahr 2021 900 Millionen Euro, im Jahr 2022 600 Millionen Euro und im Jahr 2023 300 Millionen Euro aus der Liquiditätsreserve zugeführt, um die Mindereinnahmen, die sich aus der Anwendung von § 226 Absatz 2 Satz 2 ergeben, zu kompensieren. [3]Aus der Liquiditätsreserve werden im Jahr 2023 378 Millionen Euro entnommen; bei der Ermittlung der Höhe der Zuweisungen nach § 266 Absatz 7 Satz 3 für das Ausgleichsjahr 2022 ist das sich nach § 17 Absatz 2 der Risikostruktur-Ausgleichsverordnung ergebende Zuweisungsvolumen für das Ausgleichsjahr um diesen Betrag zu erhöhen. [4]Den Einnahmen des Gesundheitsfonds nach Absatz 1 Satz 1 werden im Jahr 2024 378 Millionen Euro aus der Liquiditätsreserve zugeführt.

(5) Zur Finanzierung der Fördermittel nach § 92a Absatz 3 und 4 werden dem Innovationsfonds aus der Liquiditätsreserve des Gesundheitsfonds in den Jahren 2016 bis 2019 jährlich 150 Millionen Euro und in den Jahren 2020 bis 2024 jährlich 100 Millionen Euro, jeweils abzüglich der Hälfte des anteiligen Betrages der landwirtschaftlichen Krankenkasse gemäß § 221 Absatz 3 Satz 1 Nummer 1 zugeführt; Finanzmittel aus der Liquiditätsreserve werden nach § 92a Absatz 3 Satz 4 und 6 anteilig an die Liquiditätsreserve des Gesundheitsfonds zurückgeführt.

(6) Zur Finanzierung der Fördermittel nach den §§ 12 und 12a des Krankenhausfinanzierungsgesetzes werden dem Strukturfonds aus der Liquiditätsreserve des Gesundheitsfonds ab dem Jahr 2016 Finanzmittel in Höhe von bis zu 500 Millionen Euro und in den Jahren 2019 bis 2024 Finanzmittel in Höhe von insgesamt bis zu 2 Milliarden Euro, jeweils abzüglich des anteiligen Betrags der landwirtschaftlichen Krankenkasse gemäß § 221 Absatz 3 Satz 1 Nummer 2 und Satz 5 und 6 zugeführt, soweit die Fördermittel von den Ländern nach Maßgabe der §§ 12 bis 14 des Krankenhausfinanzierungsgesetzes abgerufen werden.

(7) Die dem Bundesamt für Soziale Sicherung bei der Verwaltung des Fonds entstehenden Ausgaben einschließlich der Ausgaben für die Durchführung und Weiterentwicklung des Risikostrukturausgleichs werden aus den Einnahmen des Gesundheitsfonds gedeckt.

(8) [1]Der Liquiditätsreserve des Gesundheitsfonds werden im Jahr 2023 25 Millionen Euro zugeführt, indem das Zuweisungsvolumen gemäß § 17 Absatz 2 der Risikostruktur-Ausgleichsverordnung für das Ausgleichsjahr 2023 um 25 Millionen Euro bereinigt wird. [2]Das Bundesamt für Soziale Sicherung berücksichtigt diese Bereinigung bei der Berechnung der Zuweisungen nach § 270 Absatz 1 Satz 1 Nummer 3.

§ 271a
Sicherstellung der Einnahmen des Gesundheitsfonds

(1) [1]Steigen die Beitragsrückstände einer Krankenkasse erheblich an, so hat die Krankenkasse nach Aufforderung durch das Bundesamt für Soziale Sicherung diesem die Gründe hierfür zu berichten und innerhalb einer Frist von vier Wochen glaubhaft zu machen, dass der Anstieg nicht auf eine Pflichtverletzung zurückzuführen ist. [2]Entscheidungserhebliche Tatsachen sind durch geeignete Unterlagen glaubhaft zu machen.

(2) [1]Werden die entscheidungserheblichen Unterlagen nicht vorgelegt oder reichen diese nicht zur Glaubhaftmachung eines unverschuldeten Beitragsrückstandes aus, wird die Krankenkasse säumig. [2]Für jeden angefangenen Monat nach Aufforderung zur Berichtslegung wird vorläufig ein Säumniszuschlag in Höhe von 10 Prozent von dem Betrag erhoben, der sich aus der Rückstandsquote des die Berichtspflicht auslösenden Monats abzüglich der des Vorjahresmonats oder der des Vorjahresdurchschnitts der Krankenkasse, multipliziert mit den insgesamt zum Soll gestellten Beiträgen der Krankenkasse des die Berichtspflicht auslösenden Monats, ergibt. [3]Es wird der jeweils niedrigere Wert zur Berechnung der Säumniszuschläge in Ansatz gebracht.

(3) [1]Die Krankenkasse erhält ihre Säumniszuschläge zurück, wenn sie innerhalb einer angemessenen, vom Bundesamt für Soziale Sicherung festzusetzenden Frist, die im Regelfall drei Monate nach Eintritt der Säumnis nach Absatz 2 nicht unterschreiten soll, glaubhaft macht, dass die Beitragsrückstände nicht auf eine Pflichtverletzung ihrerseits zurückzuführen sind. [2]Anderenfalls werden die Säumniszuschläge endgültig festgesetzt und verbleiben dem Gesundheitsfonds.

(4) [1]Bleiben die Beitragsrückstände auch nach Ablauf der Frist nach Absatz 3 erheblich im Sinne des Absatzes 1 und ist die Krankenkasse säumig im Sinne des Absatzes 2, ist von einer fortgesetzten Pflichtverletzung auszugehen. [2]In diesem Fall soll das Bundesamt für Soziale Sicherung den Säumniszuschlag um weitere 10 Prozentpunkte pro Monat bis zur vollen Höhe des für die Berechnung der Säumniszuschläge zu Grunde gelegten Differenzbetrages nach Absatz 2 erhöhen. [3]Diese Säumniszuschläge gelten als endgültig festgesetzt und verbleiben dem Gesundheitsfonds.

(5) Klagen gegen die Erhebung von Säumniszuschlägen haben keine aufschiebende Wirkung.

(6) § 28r des Vierten Buches und § 251 Abs. 5 Satz 2 bleiben unberührt.

§ 272
Sonderregelungen für den Gesundheitsfonds im Jahr 2021

(1) [1]Den Einnahmen des Gesundheitsfonds nach § 271 Absatz 1 Satz 1 werden im Jahr 2021 Mittel aus den Finanzreserven der Krankenkassen nach § 260 Absatz 2 Satz 1 zugeführt, indem 66,1 Prozent der Finanzreserven nach § 260 Absatz 2 Satz 1 jeder Krankenkasse, die zwei Fünftel des durchschnittlich auf einen Monat entfallenden Betrags der Ausgaben für die in § 260 Absatz 1 Nummer 1 genannten Zwecke überschreiten, herangezogen werden. [2]Abweichend von Satz 1 werden 66,1 Prozent der Finanzreserven nach § 260 Absatz 2 Satz 1 einer Krankenkasse, die ein Fünftel des durchschnittlich auf einen Monat entfallenden Betrags der Ausgaben für die in § 260 Absatz 1 Nummer 1 genannten Zwecke zuzüglich von 3 Millionen Euro überschreiten, herangezogen, wenn dieser Betrag geringer als der sich nach Satz 1 für die Krankenkasse ergebende Betrag ist. [3]Maßgebend für die Rechengrößen nach den Sätzen 1 und 2 sind die von den Krankenkassen für das erste Halbjahr 2020 nach Abschluss des zweiten Quartals 2020 vorgelegten vierteljährlichen Rechnungsergebnisse, die der Spitzenverband Bund der Krankenkassen dem Bundesministerium für Gesundheit am 14. August 2020 übermittelt hat.

(2) [1]Das Bundesamt für Soziale Sicherung berechnet den Betrag nach Absatz 1, der sich für jede betroffene Krankenkasse ergibt, und macht ihn durch Bescheid gegenüber der Krankenkasse geltend. [2]Es verrechnet den festgesetzten Betrag mit den nach § 16 Absatz 5 der Risikostruktur-Ausgleichsverordnung für das Ausgleichsjahr 2021 an die Krankenkasse auszuzahlenden Zuweisungen in der Höhe, in der sich die Forderungen decken. [3]Das Bundesamt für Soziale Sicherung verteilt die Verrechnung nach Satz 2 in monatlich gleichen Teilbeträgen auf alle Ausgleichsmonate des Jahres 2021, die auf den Monat, in dem der Bescheid nach Satz 1 erlassen wird, folgen. [4]Klagen gegen die Geltendmachung der Beträge haben keine aufschiebende Wirkung. [5]Das Bundesamt für Soziale Sicherung soll die Bescheide nach Satz 1 bis zum 31. März 2021 erlassen.

(3) [1]Vereinigen sich Krankenkassen nach § 155 ab dem 15. August 2020 und hätte sich für eine, einen Teil oder alle der an der Vereinigung beteiligten Krankenkassen ein Betrag nach Absatz 1 ergeben, macht das Bundesamt für Soziale Sicherung den Betrag oder die Summe der Beträge gegenüber der neuen Krankenkasse nach § 155 Absatz 6 Satz 2 durch Bescheid geltend. [2]Es verrechnet den festgesetzten Betrag mit den nach § 16 Absatz 5 der Risikostruktur-Ausgleichsverordnung für das Ausgleichsjahr 2021 an die neue Krankenkasse nach § 155 Absatz 6 Satz 2 auszuzahlenden Zuweisungen in der Höhe, in der sich die Forderungen decken; Absatz 2 Satz 3 bis 5 gilt entsprechend. [3]Satz 1 gilt nicht, wenn das Bundesamt für Soziale Sicherung zum nach § 155 Absatz 5 bestimmten Zeitpunkt bereits den Bescheid oder die Bescheide nach Absatz 2 Satz 1 gegenüber den an der Vereinigung beteiligten Krankenkassen erlassen hat.

§ 272a
Sonderregelung für den Gesundheitsfonds im Jahr 2022

Überschreitet die Höhe der Liquiditätsreserve nach Ablauf des Geschäftsjahres 2021 die nach § 271 Absatz 2 Satz 3 festgesetzte Mindesthöhe auf Grundlage der Prognose des Schätzerkreises nach § 220 Absatz 2 im Jahr 2021, werden die über die Mindesthöhe hinausgehenden Mittel abzüglich der Entnahmen aus der Liquiditätsreserve nach § 271 Absatz 4 Satz 2 und Absatz 5 im Jahr 2022 den Einnahmen des Gesundheitsfonds im Jahr 2022 zugeführt.

§ 272b
Sonderregelungen für den Gesundheitsfonds im Jahr 2023, Aussetzung des Zusatzbeitragssatzanhebungsverbots für das Jahr 2023

(1) [1]Den Einnahmen des Gesundheitsfonds nach § 271 Absatz 1 Satz 1 werden im Jahr 2023 Mittel aus den Finanzreserven der Krankenkassen nach § 260 Absatz 2 Satz 1 zugeführt, indem von jeder Krankenkasse von den Finanzreserven nach § 260 Absatz 2 Satz 1 abzüglich 4 Millionen Euro herangezogen werden:

1. 60 Prozent des Betrags, der drei Zehntel des durchschnittlich auf einen Monat entfallenden Betrags der Ausgaben für die in § 260 Absatz 1 Nummer 1 genannten Zwecke überschreitet, und
2. 40 Prozent des Betrags, der ein Fünftel des durchschnittlich auf einen Monat entfallenden Betrags der Ausgaben für die in § 260 Absatz 1 Nummer 1 genannten Zwecke überschreitet und drei Zehntel des durchschnittlich auf einen Monat entfallenden Betrags der Ausgaben für die in § 260 Absatz 1 Nummer 1 genannten Zwecke nicht überschreitet.

[2]Maßgebend für die Rechengrößen nach Satz 1 sind die von den Krankenkassen für das Geschäftsjahr 2021 vorgelegten endgültigen Rechnungsergebnisse, die der Spitzenverband Bund der Krankenkassen dem Bundesministerium für Gesundheit am 15. Juni 2022 übermittelt hat.

(2) [1]Das Bundesamt für Soziale Sicherung berechnet den Betrag nach Absatz 1 Satz 1 und 2, der sich für jede betroffene Krankenkasse ergibt, und macht ihn durch Bescheid gegenüber der Krankenkasse geltend. [2]Das Bundesamt für Soziale Sicherung verrechnet den festgesetzten Betrag mit den nach § 16 Absatz 5 der Risikostruktur-Ausgleichsverordnung für das Ausgleichsjahr 2023 an die Krankenkasse auszuzahlenden Zuweisungen in der Höhe, in der sich die Forderungen decken. [3]Das Bundesamt für Soziale Sicherung verteilt die Verrechnung nach Satz 2 in monatlich gleichen Teilbeträgen auf alle Ausgleichsmonate des Jahres 2023, die auf den Monat, in dem der Bescheid nach Satz 1 erlassen wird, folgen. [4]Klagen gegen die Geltendmachung der Beträge haben keine aufschiebende Wirkung. [5]Das Bundesamt für Soziale Sicherung soll die Bescheide nach Satz 1 bis zum 31. März 2023 erlassen.

(3) [1]Haben sich Krankenkassen zwischen dem 1. Januar 2022 und dem 30. Juni 2022 nach § 155 vereinigt, berechnet das Bundesamt für Soziale Sicherung den Betrag, der sich auf Grundlage der Rechnungsergebnisse nach Absatz 1 Satz 2 der an der Vereinigung beteiligten Krankenkassen für die neue Krankenkasse nach § 155 Absatz 6 Satz 2 ergibt. [2]Vereinigen sich Krankenkassen nach § 155 ab dem 1. Juli 2022 und hätte sich für eine, einen Teil oder alle der an der Vereinigung beteiligten Krankenkassen ein Betrag nach Absatz 1 Satz 1 und 2 ergeben, macht das Bundesamt für Soziale Sicherung den Betrag oder die Summe der Beträge gegenüber der neuen Krankenkasse nach § 155 Absatz 6 Satz 2 durch Bescheid geltend. [3]Es verrechnet den festgesetzten Betrag mit den nach § 16 Absatz 5 der Risikostruktur-Ausgleichsverordnung für das Ausgleichsjahr 2023 an die neue Kran-

kenkasse nach § 155 Absatz 6 Satz 2 auszuzahlenden Zuweisungen in der Höhe, in der sich die Forderungen decken; Absatz 2 Satz 3 bis 5 gilt entsprechend. [4]Satz 2 gilt nicht, wenn das Bundesamt für Soziale Sicherung zu dem nach § 155 Absatz 5 bestimmten Zeitpunkt, zu dem die Vereinigung wirksam wird, bereits den Bescheid oder die Bescheide nach Absatz 2 Satz 1 gegenüber den an der Vereinigung beteiligten Krankenkassen erlassen hat.

(4) Die Beschränkungen des § 242 Absatz 1 Satz 4 für die Anhebung des Zusatzbeitragssatzes gelten nicht für die Erhebung eines Zusatzbeitrags im Jahr 2023.

§ 273 Sicherung der Datengrundlagen für den Risikostrukturausgleich

(1) [1]Das Bundesamt für Soziale Sicherung prüft im Rahmen der Durchführung des Risikostrukturausgleichs nach Maßgabe der Absätze 2 bis 7 die Datenmeldungen der Krankenkassen nach § 267 Absatz 1 Satz 1 auf ihre Rechtmäßigkeit. [2]§ 266 Absatz 8 Satz 1 Nummer 9 und § 274 bleiben unberührt.

(2) [1]Das Bundesamt für Soziale Sicherung prüft die Daten nach § 267 Absatz 1 Satz 1 Nummer 5 auf auffällige Steigerungen im Hinblick auf die Häufigkeit und Schwere der übermittelten Diagnosen, die nicht auf demografische Veränderungen des Versichertenbestandes zurückzuführen sind. [2]Die übrigen Daten nach § 267 Absatz 1 Satz 1 kann das Bundesamt für Soziale Sicherung einer Prüfung zur Feststellung einer Auffälligkeit unterziehen. [3]Das Nähere, insbesondere einen Schwellenwert für die Feststellung einer Auffälligkeit, bestimmt das Bundesamt für Soziale Sicherung im Benehmen mit dem Spitzenverband Bund der Krankenkassen.

(3) [1]Das Bundesamt für Soziale Sicherung prüft bei nach Absatz 2 auffälligen Krankenkassen, ob die Auffälligkeit für die betroffene Krankenkasse zu erheblich erhöhten Zuweisungen aus dem Gesundheitsfonds nach § 266 Absatz 1 Satz 1 geführt haben kann. [2]§ 18 Absatz 1 Satz 4 der Risikostruktur-Ausgleichsverordnung bleibt dabei außer Betracht. [3]Das Bundesamt für Soziale Sicherung teilt eine Feststellung nach Satz 1 der betroffenen Krankenkasse mit. [4]Absatz 2 Satz 3 gilt entsprechend.

(4) [1]Die Krankenkasse hat innerhalb von drei Monaten ab Eingang der Mitteilung nach Absatz 3 Satz 3 Tatsachen darzulegen, die die Auffälligkeit begründen. [2]Erfolgt keine ausreichende Darlegung nach Satz 1, wird ein Verstoß gegen die Vorgabe des § 267 Absatz 1 Satz 2 vermutet. [3]Macht die Krankenkasse als Grund für die Auffälligkeit einen tatsächlichen Anstieg der Morbidität ihrer Versicherten geltend, muss sie einen aus den Leistungsdaten nach den §§ 294 bis 303 ersichtlichen entsprechenden Anstieg der erbrachten Leistungen darlegen. [4]Legt die Krankenkasse zur Begründung der Auffälligkeit einen Versorgungsvertrag vor, prüft das Bundesamt für Soziale Sicherung die Rechtmäßigkeit dieses Vertrages hinsichtlich der Vorgabe des § 267 Absatz 1 Satz 2.

(5) [1]Das Bundesamt für Soziale Sicherung kann auch dann eine Einzelfallprüfung durchführen, wenn bestimmte Tatsachen den Verdacht begründen, dass eine Krankenkasse eine rechtswidrige Datenmeldung abgegeben hat. [2]Die Krankenkasse hat dem Bundesamt für Soziale Sicherung auf dessen Verlangen innerhalb von drei Monaten alle Angaben zu machen, derer es zur Überprüfung des Sachverhalts bedarf. [3]Kommt die Krankenkasse einem zumutbaren Verlangen des Bundesamts für Soziale Sicherung nicht, nur teilweise oder nicht in der verlangten Aufbereitung nach, wird ein Verstoß gegen die Vorgabe des § 267 Absatz 1 Satz 2 vermutet. [4]Eine Prüfung der Leistungserbringer, insbesondere im Hinblick auf Diagnosedaten, ist ausgeschlossen. [5]Absatz 4 Satz 4 gilt entsprechend.

(6) [1]Stellt das Bundesamt für Soziale Sicherung als Ergebnis der Prüfung nach Absatz 4 oder Absatz 5 einen Rechtsverstoß fest, ermittelt es einen Korrekturbetrag, um den die Zuweisungen nach § 266 Absatz 3 für die betroffene Krankenkasse zu kürzen sind. [2]§ 18 Absatz 1 Satz 4 der Risikostruktur-Ausgleichsverordnung bleibt dabei außer Betracht. [3]Das Nähere über die Ermittlung des Korrekturbetrags bestimmt das Bundesministerium für Gesundheit in der Rechtsverordnung nach § 266 Absatz 8 Satz 1. [4]Klagen bei Streitigkeiten nach dieser Vorschrift haben keine aufschiebende Wirkung. [5]Hat das Bundesamt für Soziale Sicherung einen Korrekturbetrag nach Satz 1 festgesetzt, verrechnet es ihn mit den nach § 266 Absatz 7 Satz 2 berechneten monatlichen Zuweisungen in der Höhe, in der sich die Forderungen decken. [6]Das Bundesamt für Soziale Sicherung bestimmt den Zeitpunkt der Verrechnung

und teilt diesen der Krankenkasse mit einer Frist von mindestens 14 Kalendertagen mit. [7]Auf Antrag der Krankenkasse kann das Bundesamt für Soziale Sicherung die Verrechnung nach Satz 5 auf mehrere Ausgleichsmonate verteilen. [8]Dabei muss der Korrekturbetrag spätestens innerhalb von 24 Monaten nach Beginn der Verrechnung vollständig verrechnet sein. [9]Bei der Verteilung nach Satz 7 ist für jeden angefangenen Monat ein Zuschlag in Höhe von 0,5 Prozent des rückständigen Betrags zu zahlen.

(7) [1]Das Bundesamt für Soziale Sicherung führt die Prüfungen nach den Absätzen 2 bis 5 ab dem Berichtsjahr 2013 durch. [2]Im Rahmen der Prüfung nach Absatz 4 oder Absatz 5 kann sich die Krankenkasse nicht darauf berufen, dass die zuständige Aufsichtsbehörde den Vertrag nicht innerhalb der Frist gemäß § 71 Absatz 4 Satz 2, § 71 Absatz 4 Satz 3 in der bis zum 22. Juli 2015 geltenden Fassung oder § 73b Absatz 9 Satz 2 in der bis zum 22. Juli 2015 geltenden Fassung beanstandet hat. [3]Satz 1 gilt nicht für abgeschlossene Einzelfallprüfungen nach § 273 Absatz 3 Satz 1 und 2 in der bis zum 31. März 2020 geltenden Fassung; für die Ermittlung des Korrekturbetrags gilt Absatz 6.

Fünfter Abschnitt

Prüfung der Krankenkassen und ihrer Verbände

§ 274 Prüfung der Geschäfts-, Rechnungs- und Betriebsführung

(1) [1]Das Bundesamt für Soziale Sicherung und die für die Sozialversicherung zuständigen obersten Verwaltungsbehörden der Länder haben mindestens alle fünf Jahre die Geschäfts-, Rechnungs- und Betriebsführung der ihrer Aufsicht unterstehenden Krankenkassen und deren Arbeitsgemeinschaften zu prüfen. [2]Das Bundesministerium für Gesundheit hat mindestens alle fünf Jahre die Geschäfts-, Rechnungs- und Betriebsführung des Spitzenverbandes Bund der Krankenkassen und der Kassenärztlichen Bundesvereinigungen, die für die Sozialversicherung zuständigen obersten Verwaltungsbehörden der Länder haben mindestens alle fünf Jahre die Geschäfts-, Rechnungs- und Betriebsführung der Landesverbände der Krankenkassen und der Kassenärztlichen Vereinigungen sowie der Prüfstelle und des Beschwerdeausschusses nach § 106c zu prüfen. [3]Das Bundesministerium für Gesundheit kann die Prüfung der bundesunmittelbaren Krankenkassen und deren Arbeitsgemeinschaften, die der Aufsicht des Bundesamtes für Soziale Sicherung unterstehen, des Spitzenverbandes Bund der Krankenkassen und der Kassenärztlichen Bundesvereinigungen, die für die Sozialversicherung zuständigen obersten Verwaltungsbehörden der Länder können die Prüfung der landesunmittelbaren Krankenkassen und deren Arbeitsgemeinschaften, die ihrer Aufsicht unterstehen, der Landesverbände der Krankenkassen und der Kassenärztlichen Vereinigungen auf eine öffentlich-rechtliche Prüfungseinrichtung übertragen, die bei der Durchführung der Prüfung unabhängig ist, oder eine solche Prüfungseinrichtung errichten. [4]Die Prüfung hat sich auf den gesamten Geschäftsbetrieb zu erstrecken; sie umfasst die Prüfung seiner Gesetzmäßigkeit und Wirtschaftlichkeit. [5]Die Krankenkassen, die Verbände und Arbeitsgemeinschaften der Krankenkassen, die Kassenärztlichen Vereinigungen und die Kassenärztlichen Bundesvereinigungen haben auf Verlangen alle Unterlagen vorzulegen und alle Auskünfte zu erteilen, die zur Durchführung der Prüfung erforderlich sind. [6]Die mit der Prüfung nach diesem Absatz befassten Stellen können nach Anhörung des Spitzenverbandes Bund der Krankenkassen bestimmen, dass die Krankenkassen die zu prüfenden Daten elektronisch und in einer bestimmten Form zur Verfügung stellen. [7]Die mit der Prüfung nach diesem Absatz befassten Stellen können in besonderen Fällen Wirtschaftsprüfer, vereidigte Buchprüfer, spezialisierte Rechtsanwaltskanzleien oder IT-Berater mit einzelnen Bereichen der Prüfung beauftragen. [8]Die durch die Beauftragung entstehenden Kosten sind Kosten der Prüfung im Sinne von Absatz 2.

(2) [1]Die Kosten, die den mit der Prüfung befassten Stellen entstehen, tragen die Krankenkassen ab dem Jahr 2009 nach der Zahl ihrer Mitglieder. [2]Das Nähere über die Erstattung der Kosten einschließlich der zu zahlenden Vorschüsse regeln für die Prüfung der bundesunmittelbaren Krankenkassen und des Spitzenverbandes Bund der Krankenkassen das Bundesministerium für Gesundheit, für die Prüfung der landesunmittelbaren Krankenkassen und der Landesverbände die für die Sozialversicherung zuständigen obersten Verwaltungsbehörden der Länder. [3]Die Die Kassenärztlichen Vereinigungen, die Kassenärztlichen Bundesvereinigungen sowie die Verbände und Arbeitsgemeinschaften der Krankenkassen tragen die Kosten der bei ihnen durchgeführten

Prüfungen selbst. [4]Die Kosten werden nach dem tatsächlich entstandenen Personal- und Sachaufwand berechnet. [5]Der Berechnung der Kosten für die Prüfung der Kassenärztlichen Bundesvereinigungen sind die vom Bundesministerium des Innern, für Bau und Heimat erstellten Übersichten über die Personalkostenansätze des laufenden Rechnungsjahres für Beamte, Angestellte und Lohnempfänger einschließlich der Sachkostenpauschale eines Arbeitsplatzes/Beschäftigten in der Bundesverwaltung, der Berechnung der Kosten für die Prüfung der Kassenärztlichen Vereinigungen die entsprechenden, von der zuständigen obersten Landesbehörde erstellten Übersichten zugrunde zu legen. [6]Fehlt es in einem Land an einer solchen Übersicht, gilt die Übersicht des Bundesministeriums des Innern, für Bau und Heimat entsprechend. [7]Zusätzlich zu den Personalkosten entstehende Verwaltungsausgaben sind die Kosten in ihrer tatsächlichen Höhe hinzuzurechnen. [8]Die Personalkosten sind pro Prüfungsstunde anzusetzen. [9]Die Kosten der Vor- und Nachbereitung der Prüfung einschließlich der Abfassung des Prüfberichts und einer etwaigen Beratung sind einzubeziehen. [10]Die Prüfungskosten nach Satz 1 werden um die Prüfungskosten vermindert, die von den in Satz 3 genannten Stellen zu tragen sind.

(3) [1]Das Bundesministerium für Gesundheit kann mit Zustimmung des Bundesrates allgemeine Verwaltungsvorschriften für die Durchführung der Prüfungen erlassen. [2]Dabei ist ein regelmäßiger Erfahrungsaustausch zwischen den Prüfungseinrichtungen vorzusehen.

(4) Der Bundesrechnungshof prüft die Haushalts- und Wirtschaftsführung der gesetzlichen Krankenkassen, ihrer Verbände und Arbeitsgemeinschaften.

Neuntes Kapitel

Medizinischer Dienst

Erster Abschnitt

Aufgaben

§ 275
Begutachtung und Beratung

(1) [1]Die Krankenkassen sind in den gesetzlich bestimmten Fällen oder wenn es nach Art, Schwere, Dauer oder Häufigkeit der Erkrankung oder nach dem Krankheitsverlauf erforderlich ist, verpflichtet,

1. bei Erbringung von Leistungen, insbesondere zur Prüfung von Voraussetzungen, Art und Umfang der Leistung, sowie bei Auffälligkeiten zur Prüfung der ordnungsgemäßen Abrechnung,
2. zur Einleitung von Leistungen zur Teilhabe, insbesondere zur Koordinierung der Leistungen nach den §§ 14 bis 24 des Neunten Buches, im Benehmen mit dem behandelnden Arzt,
3. bei Arbeitsunfähigkeit
   a) zur Sicherung des Behandlungserfolgs, insbesondere zur Einleitung von Maßnahmen der Leistungsträger für die Wiederherstellung der Arbeitsfähigkeit, oder
   b) zur Beseitigung von Zweifeln an der Arbeitsunfähigkeit

eine gutachtliche Stellungnahme des Medizinischen Dienstes einzuholen. [2]Die Regelungen des § 87 Absatz 1c zu dem im Bundesmantelvertrag für Zahnärzte vorgesehenen Gutachterverfahren bleiben unberührt.

(1a) [1]Zweifel an der Arbeitsunfähigkeit nach Absatz 1 Nr. 3 Buchstabe b sind insbesondere in Fällen anzunehmen, in denen

a) Versicherte auffällig häufig oder auffällig nur für kurze Dauer arbeitsunfähig sind oder der Beginn der Arbeitsunfähigkeit häufig auf einen Arbeitstag am Beginn oder am Ende einer Woche fällt oder
b) die Arbeitsunfähigkeit von einem Arzt festgestellt worden ist, der durch die Häufigkeit der von ihm ausgestellten Bescheinigungen über Arbeitsunfähigkeit auffällig geworden ist.

[2]Die Prüfung hat unverzüglich nach Vorlage der ärztlichen Feststellung über die Arbeitsunfähigkeit zu erfolgen. [3]Der Arbeitgeber kann verlangen, dass die Krankenkasse eine gutachtliche Stellungnahme des Medizinischen Dienstes zur Überprüfung der Arbeitsunfähigkeit einholt. [4]Die Krankenkasse kann von einer Beauftragung des Medizinischen Dienstes absehen, wenn sich die medizinischen Voraussetzungen der Arbeitsunfähigkeit eindeutig aus den der Krankenkasse vorliegenden ärztlichen Unterlagen ergeben.

(1b) [1]Die Krankenkassen dürfen für den Zweck der Feststellung, ob bei Arbeitsunfähigkeit nach

Absatz 1 Satz 1 Nummer 3 eine gutachtliche Stellungnahme des Medizinischen Dienstes einzuholen ist, im jeweils erforderlichen Umfang grundsätzlich nur die bereits nach § 284 Absatz 1 rechtmäßig erhobenen und gespeicherten versichertenbezogenen Daten verarbeiten. [2]Sollte die Verarbeitung bereits bei den Krankenkassen vorhandener Daten für den Zweck nach Satz 1 nicht ausreichen, dürfen die Krankenkassen abweichend von Satz 1 zu dem dort bezeichneten Zweck bei den Versicherten nur folgende versichertenbezogene Angaben im jeweils erforderlichen Umfang erheben und verarbeiten:

1. Angaben dazu, ob eine Wiederaufnahme der Arbeit absehbar ist und gegebenenfalls zu welchem Zeitpunkt eine Wiederaufnahme der Arbeit voraussichtlich erfolgt, und
2. Angaben zu konkret bevorstehenden diagnostischen und therapeutischen Maßnahmen, die einer Wiederaufnahme der Arbeit entgegenstehen.

[3]Die Krankenkassen dürfen die Angaben nach Satz 2 bei den Versicherten grundsätzlich nur schriftlich oder elektronisch erheben. [4]Abweichend von Satz 3 ist eine telefonische Erhebung zulässig, wenn die Versicherten in die telefonische Erhebung zuvor schriftlich oder elektronisch eingewilligt haben. [5]Die Krankenkassen haben jede telefonische Erhebung beim Versicherten zu protokollieren; die Versicherten sind hierauf sowie insbesondere auf das Auskunftsrecht nach Artikel 15 der Verordnung (EU) 2016/679 hinzuweisen. [6]Versichertenanfragen der Krankenkassen im Rahmen der Durchführung der individuellen Beratung und Hilfestellung nach § 44 Absatz 4 bleiben unberührt. [7]Abweichend von Satz 1 dürfen die Krankenkassen zu dem in Satz 1 bezeichneten Zweck im Rahmen einer Anfrage bei dem die Arbeitsunfähigkeitsbescheinigung ausstellenden Leistungserbringer weitere Angaben erheben und verarbeiten. [8]Den Umfang der Datenerhebung nach Satz 7 regelt der Gemeinsame Bundesausschuss in seiner Richtlinie nach § 92 Absatz 1 Satz 2 Nummer 7 unter der Voraussetzung, dass diese Angaben erforderlich sind

1. zur Konkretisierung der auf der Arbeitsunfähigkeitsbescheinigung aufgeführten Diagnosen,
2. zur Kenntnis von weiteren diagnostischen und therapeutischen Maßnahmen, die in Bezug auf die die Arbeitsunfähigkeit auslösenden Diagnosen vorgesehenen sind,
3. zur Ermittlung von Art und Umfang der zuletzt vor der Arbeitsunfähigkeit ausgeübten Beschäftigung oder
4. bei Leistungsempfängern nach dem Dritten Buch zur Feststellung des zeitlichen Umfangs, für den diese Versicherten zur Arbeitsvermittlung zur Verfügung stehen.

[9]Die nach diesem Absatz erhobenen und verarbeiteten versichertenbezogenen Daten dürfen von den Krankenkassen nicht mit anderen Daten zu einem anderen Zweck zusammengeführt werden und sind zu löschen, sobald sie nicht mehr für die Entscheidung, ob bei Arbeitsunfähigkeit nach Absatz 1 Satz 1 Nummer 3 eine gutachtliche Stellungnahme des Medizinischen Dienstes einzuholen ist, benötigt werden.

(1c) (aufgehoben)

(2) Die Krankenkassen haben durch den Medizinischen Dienst prüfen zu lassen

1. die Notwendigkeit der Leistungen nach den §§ 23, 24, 40 und 41, mit Ausnahme von Verordnungen nach § 40 Absatz 3 Satz 2, unter Zugrundelegung eines ärztlichen Behandlungsplans in Stichproben vor Bewilligung und regelmäßig bei beantragter Verlängerung; der Spitzenverband Bund der Krankenkassen regelt in Richtlinien den Umfang und die Auswahl der Stichprobe und kann Ausnahmen zulassen, wenn Prüfungen nach Indikation und Personenkreis nicht notwendig erscheinen, dies gilt insbesondere für Leistungen zur medizinischen Rehabilitation im Anschluss an eine Krankenhausbehandlung (Anschlussheilbehandlung),
2. bei Kostenübernahme einer Behandlung im Ausland, ob die Behandlung einer Krankheit nur im Ausland möglich ist (§ 18),
3. ob und für welchen Zeitraum häusliche Krankenpflege länger als vier Wochen erforderlich ist (§ 37 Abs. 1),
4. ob Versorgung mit Zahnersatz aus medizinischen Gründen ausnahmsweise unaufschiebbar ist (§ 27 Abs. 2),

5. den Anspruch auf Leistungen der außerklinischen Intensivpflege nach § 37c Absatz 2 Satz 1.

(3) [1]Die Krankenkassen können in geeigneten Fällen durch den Medizinischen Dienst prüfen lassen

1. vor Bewilligung eines Hilfsmittels, ob das Hilfsmittel erforderlich ist (§ 33); der Medizinische Dienst hat hierbei den Versicherten zu beraten; er hat mit den Orthopädischen Versorgungsstellen zusammenzuarbeiten;
2. bei Dialysebehandlung, welche Form der ambulanten Dialysebehandlung unter Berücksichtigung des Einzelfalls notwendig und wirtschaftlich ist,
3. die Evaluation durchgeführter Hilfsmittelversorgungen,
4. ob Versicherten bei der Inanspruchnahme von Versicherungsleistungen aus Behandlungsfehlern ein Schaden entstanden ist (§ 66).

[2]Der Medizinische Dienst hat den Krankenkassen das Ergebnis seiner Prüfung nach Satz 1 Nummer 4 durch eine gutachterliche Stellungnahme mitzuteilen, die auch in den Fällen nachvollziehbar zu begründen ist, in denen gutachterlich kein Behandlungsfehler festgestellt wird, wenn dies zur angemessenen Unterrichtung des Versicherten im Einzelfall erforderlich ist.

(3a) Ergeben sich bei der Auswertung der Unterlagen über die Zuordnung von Patienten zu den Behandlungsbereichen nach § 4 der Psychiatrie-Personalverordnung in vergleichbaren Gruppen Abweichungen, so können die Landesverbände der Krankenkassen und die Verbände der Ersatzkassen die Zuordnungen durch den Medizinischen Dienst überprüfen lassen; das zu übermittelnde Ergebnis der Überprüfung darf keine Sozialdaten enthalten.

(3b) Hat in den Fällen des Absatzes 3 die Krankenkasse den Leistungsantrag des Versicherten ohne vorherige Prüfung durch den Medizinischen Dienst wegen fehlender medizinischer Erforderlichkeit abgelehnt, hat sie vor dem Erlass eines Widerspruchsbescheids eine gutachterliche Stellungnahme des Medizinischen Dienstes einzuholen.

(3c) Lehnt die Krankenkasse einen Leistungsantrag einer oder eines Versicherten ab und liegt dieser Ablehnung eine gutachtliche Stellungnahme des Medizinischen Dienstes nach den Absätzen 1 bis 3 zugrunde, ist die Krankenkasse verpflichtet, in ihrem Bescheid der oder dem Versicherten das Ergebnis der gutachtlichen Stellungnahme des Medizinischen Dienstes und die wesentlichen Gründe für dieses Ergebnis in einer verständlichen und nachvollziehbaren Form mitzuteilen sowie auf die Möglichkeit hinzuweisen, sich bei Beschwerden vertraulich an die Ombudsperson nach § 278 Absatz 3 zu wenden.

(4) [1]Die Krankenkassen und ihre Verbände sollen bei der Erfüllung anderer als der in Absatz 1 bis 3 genannten Aufgaben im notwendigen Umfang den Medizinischen Dienst oder andere Gutachterdienste zu Rate ziehen, insbesondere für allgemeine medizinische Fragen der gesundheitlichen Versorgung und Beratung der Versicherten, für Fragen der Qualitätssicherung, für Vertragsverhandlungen mit den Leistungserbringern und für Beratungen der gemeinsamen Ausschüsse von Ärzten und Krankenkassen, insbesondere der Prüfungsausschüsse. [2]Der Medizinische Dienst führt die Aufgaben nach § 116b Absatz 2 durch, wenn der erweiterte Landesausschuss ihn hiermit nach § 116b Absatz 3 Satz 8 ganz oder teilweise beauftragt.

(4a) [1]Soweit die Erfüllung der sonstigen dem Medizinischen Dienst obliegenden Aufgaben nicht beeinträchtigt wird, kann er Beamte nach den §§ 44 bis 49 des Bundesbeamtengesetzes ärztlich untersuchen und ärztliche Gutachten fertigen. [2]Die hierdurch entstehenden Kosten sind von der Behörde, die den Auftrag erteilt hat, zu erstatten. [3]§ 280 Absatz 2 Satz 2 gilt entsprechend. [4]Der Medizinische Dienst Bund und das Bundesministerium des Innern, für Bau und Heimat vereinbaren unter Beteiligung der Medizinischen Dienste, die ihre grundsätzliche Bereitschaft zur Durchführung von Untersuchungen und zur Fertigung von Gutachten nach Satz 1 erklärt haben, das Nähere über das Verfahren und die Höhe der Kostenerstattung. [5]Die Medizinischen Dienste legen die Vereinbarung ihrer Aufsichtsbehörde vor, die der Vereinbarung innerhalb von drei Monaten nach Vorlage widersprechen kann, wenn die Erfüllung der sonstigen Aufgaben des Medizinischen Dienstes gefährdet wäre.

(4b) [1]Soweit die Erfüllung der dem Medizinischen Dienst gesetzlich obliegenden Aufgaben nicht beeinträchtigt wird, kann der Medizinische Dienst Mitarbeiterinnen und Mitarbeitern auf Ersuchen insbesondere einer für die Bekämpfung übertragbarer Krankheiten zuständigen Einrichtung des öffentlichen Gesundheitsdienstes, eines zugelassenen Krankenhauses im Sinne des § 108, eines nach § 95 Absatz 1 Satz 1 an der vertragsärztlichen Versorgung teilnehmenden Leistungserbringers sowie eines Trägers einer zugelassenen Pflegeeinrichtung im Sinne des § 72 des Elften Buches befristet eine unterstützende Tätigkeit bei diesen Behörden, Einrichtungen oder Leistungserbringern zuweisen. [2]Die hierdurch dem Medizinischen Dienst entstehenden Personal- und Sachkosten sind von der Behörde, der Einrichtung, dem Einrichtungsträger oder dem Leistungserbringer, die oder der die Unterstützung erbeten hat, zu erstatten. [3]Das Nähere über den Umfang der Unterstützungsleistung sowie zu Verfahren und Höhe der Kostenerstattung vereinbaren der Medizinische Dienst und die um Unterstützung bittende Behörde oder Einrichtung oder der um Unterstützung bittende Einrichtungsträger oder Leistungserbringer. [4]Eine Verwendung von Umlagemitteln nach § 280 Absatz 1 Satz 1 zur Finanzierung der Unterstützung nach Satz 1 ist auszuschließen. [5]Der Medizinische Dienst legt die Zuweisungsverfügung seiner Aufsichtsbehörde vor, die dieser innerhalb einer Woche nach Vorlage widersprechen kann, wenn die Erfüllung der dem Medizinischen Dienst gesetzlich obliegenden Aufgaben beeinträchtigt wäre.

(5) [1]Die Gutachterinnen und Gutachter des Medizinischen Dienstes sind bei der Wahrnehmung ihrer fachlichen Aufgaben nur ihrem Gewissen unterworfen. [2]Sie sind nicht berechtigt, in die Behandlung und pflegerische Versorgung der Versicherten einzugreifen.

(6) Jede fallabschließende gutachtliche Stellungnahme des Medizinischen Dienstes ist in schriftlicher oder elektronischer Form zu verfassen und muss zumindest eine kurze Darlegung der Fragestellung und des Sachverhalts, das Ergebnis der Begutachtung und die wesentlichen Gründe für dieses Ergebnis umfassen.

§ 275a Durchführung und Umfang von Qualitätskontrollen in Krankenhäusern durch den Medizinischen Dienst

(1) [1]Der Medizinische Dienst führt nach Maßgabe der folgenden Absätze und der Richtlinie des Gemeinsamen Bundesausschusses nach § 137 Absatz 3 Kontrollen zur Einhaltung von Qualitätsanforderungen in den nach § 108 zugelassenen Krankenhäusern durch. [2]Voraussetzung für die Durchführung einer solchen Kontrolle ist, dass der Medizinische Dienst hierzu von einer vom Gemeinsamen Bundesausschuss in der Richtlinie nach § 137 Absatz 3 festgelegten Stelle oder einer Stelle nach Absatz 4 beauftragt wurde. [3]Die Kontrollen sind aufwandsarm zu gestalten und können unangemeldet durchgeführt werden.

(2) [1]Art und Umfang der vom Medizinischen Dienst durchzuführenden Kontrollen bestimmen sich abschließend nach dem konkreten Auftrag, den die in den Absätzen 3 und 4 genannten Stellen erteilen. [2]Der Auftrag muss bei Kontrollen, die durch Anhaltspunkte begründet sein müssen, in einem angemessenen Verhältnis zu den Anhaltspunkten stehen, die Auslöser für die Kontrollen sind. [3]Gegenstand der Aufträge können sein

1. die Einhaltung der Qualitätsanforderungen nach den §§ 135b und 136 bis 136c,
2. die Kontrolle der Richtigkeit der Dokumentation der Krankenhäuser im Rahmen der externen stationären Qualitätssicherung und
3. die Einhaltung der Qualitätsanforderungen der Länder, soweit dies landesrechtlich vorgesehen ist.

[4]Werden bei Durchführung der Kontrollen Anhaltspunkte für erhebliche Qualitätsmängel offenbar, die außerhalb des Kontrollauftrags liegen, so teilt der Medizinische Dienst diese dem Auftraggeber nach Absatz 3 oder Absatz 4 sowie dem Krankenhaus unverzüglich mit. [5]Satz 2 gilt nicht für Stichprobenprüfungen zur Validierung der Qualitätssicherungsdaten nach § 137 Absatz 3 Satz 1.

(3) [1]Die vom Gemeinsamen Bundesausschuss hierfür bestimmten Stellen beauftragen den Medizinischen Dienst nach Maßgabe der Richtlinie nach § 137 Absatz 3 mit Kontrollen nach Absatz 1 in Verbindung mit Absatz 2 Satz 3 Nummer 1 und 2. [2]Soweit der Auftrag auch eine Kontrolle der Richtigkeit der Dokumentation nach Absatz 2 Satz 3 Nummer 2 beinhaltet, sind dem Medizinischen Dienst vom Gemeinsamen Bundesausschuss die Datensätze zu übermitteln, die das Krankenhaus im Rahmen der externen stationären Qualitätssicherung den zuständigen Stellen gemeldet hat und deren Richtigkeit der Medizinische Dienst im Rahmen der Kontrolle zu prüfen hat.

(4) Der Medizinische Dienst kann auch von den für die Krankenhausplanung zuständigen Stellen der Länder mit Kontrollen nach Absatz 1 in Verbindung mit Absatz 2 Satz 3 Nummer 3 beauftragt werden.

§ 275b Durchführung und Umfang von Qualitäts- und Abrechnungsprüfungen bei Leistungen der häuslichen Krankenpflege und außerklinischen Intensivpflege durch den Medizinischen Dienst und Verordnungsermächtigung

(1) [1]Die Landesverbände der Krankenkassen und die Ersatzkassen gemeinsam und einheitlich veranlassen bei Leistungserbringern, mit denen die Krankenkassen Verträge nach § 132a Absatz 4 oder nach § 132l Absatz 5 abgeschlossen haben und die keiner Regelprüfung nach § 114 Absatz 2 des Elften Buches unterliegen, Regelprüfungen durch den Medizinischen Dienst; § 114 Absatz 2 bis 3 des Elften Buches gilt entsprechend. [2]Abweichend von Satz 1 haben die Landesverbände der Krankenkassen und die Ersatzkassen gemeinsam und einheitlich auch Regelprüfungen bei Leistungserbringern zu veranlassen, mit denen die Landesverbände der Krankenkassen und die Ersatzkassen Verträge nach § 132l Absatz 5 Nummer 1 oder Nummer 2 abgeschlossen haben und die einer Regelprüfung nach § 114 Absatz 2 des Elften Buches unterliegen. [3]Der Medizinische Dienst führt bei Leistungserbringern, mit denen die Krankenkassen Verträge nach § 132a Absatz 4 oder die Landesverbände der Krankenkassen und Ersatzkassen Verträge nach § 132l Absatz 5 abgeschlossen haben, im Auftrag der Krankenkassen oder der Landesverbände der Krankenkassen auch anlassbezogen Prüfungen durch, ob die Leistungs- und Qualitätsanforderungen nach diesem Buch und den nach diesem Buch abgeschlossenen vertraglichen Vereinbarungen für Leistungen nach § 37 oder nach § 37c erfüllt sind und ob die Abrechnung ordnungsgemäß erfolgt ist; § 114 Absatz 4 des Elften Buches gilt entsprechend. [4]Das Nähere, insbesondere zu den Prüfanlässen, den Inhalten der Prüfungen, der Durchführung der Prüfungen, der Beteiligung der Krankenkassen an den Prüfungen sowie zur Abstimmung der Prüfungen nach den Sätzen 1 und 2 mit den Prüfungen nach § 114 des Elften Buches bestimmt der Medizinische Dienst Bund in Richtlinien nach § 283 Absatz 2 Satz 1 Nummer 1 und 2. [5]§ 114a Absatz 7 Satz 5 bis 8 und 11 des Elften Buches gilt entsprechend mit der Maßgabe, dass auch den für die Wahrnehmung der Interessen von Pflegediensten maßgeblichen Spitzenorganisationen auf Bundesebene Gelegenheit zur Stellungnahme zu geben ist.

(2) [1]Für die Durchführung der Prüfungen nach Absatz 1 gilt § 114a Absatz 1 bis 3a des Elften Buches entsprechend. [2]Prüfungen nach Absatz 1 bei Leistungserbringern, mit denen die Krankenkassen Verträge nach § 132l Absatz 5 Nummer 1 oder Nummer 2 abgeschlossen haben, sind grundsätzlich unangemeldet durchzuführen. [3]Räume der Wohneinheiten und vollstationären Pflegeeinrichtungen nach Satz 2, die einem Wohnrecht der Versicherten unterliegen, dürfen vom Medizinischen Dienst ohne deren Einwilligung nur betreten werden, soweit dies zur Verhütung dringender Gefahren für die öffentliche Sicherheit und Ordnung erforderlich ist; das Grundrecht der Unverletzlichkeit der Wohnung (Artikel 13 Absatz 1 des Grundgesetzes) wird insoweit eingeschränkt. [4]Der Medizinische Dienst ist im Rahmen der Prüfungen nach Absatz 1 befugt, zu den üblichen Geschäfts- und Betriebszeiten die Räume des Leistungserbringers, mit dem die Krankenkassen Verträge nach § 132a Absatz 4 oder nach § 132l Absatz 5 abgeschlossen haben, zu betreten, die erforderlichen Unterlagen einzusehen und personenbezogene Daten zu verarbeiten, soweit dies für die Prüfungen nach Absatz 1 erforderlich und in den Richtlinien nach Absatz 1 Satz 3 festgelegt ist; für die Einwilligung der Betroffenen gilt § 114a Absatz 3 Satz 5 des Elften Buches entsprechend. [5]Der Leistungserbringer, mit dem die Krankenkassen Verträge nach § 132a Absatz 4 oder nach § 132l Absatz 5 abgeschlossen haben, ist zur Mitwirkung bei den Prüfungen nach Absatz 1 verpflichtet und hat dem Medizinischen Dienst Zugang zu den Räumen und den Unterlagen zu verschaffen sowie die Voraussetzungen dafür zu schaffen, dass der Medizinische Dienst die Prüfungen nach Absatz 1 ordnungsgemäß durchführen kann. [6]Im Rahmen der Mitwirkung ist der Leistungserbringer befugt und verpflichtet, dem Medizinischen Dienst Einsicht in personenbezogene Daten zu gewähren oder diese Daten dem Medizinischen Dienst auf dessen Anforderung zu übermitteln. [7]Für die Einwilligung der Betroffenen gilt § 114a Absatz 3 Satz 5 des Elften Buches entsprechend. [8]§ 114a Absatz 4 Satz 2 und 3 des Elften Buches sowie § 277 Absatz 1 Satz 4 gelten entsprechend.

(3) [1]Der Medizinische Dienst berichtet dem Medizinischen Dienst Bund über seine Erfahrungen

mit den nach den Absätzen 1 und 2 durchzuführenden Prüfungen, über die Ergebnisse seiner Prüfungen sowie über seine Erkenntnisse zum Stand und zur Entwicklung der Pflegequalität und der Qualitätssicherung in der häuslichen Krankenpflege und der außerklinischen Intensivpflege. [2]Die Medizinischen Dienste stellen unter Beteiligung des Medizinischen Dienstes Bund die Vergleichbarkeit der gewonnenen Daten sicher. [3]Der Medizinische Dienst Bund hat die Erfahrungen und Erkenntnisse der Medizinischen Dienste zu den nach den Absätzen 1 und 2 durchzuführenden Prüfungen sowie die Ergebnisse dieser Prüfungen in den Bericht nach § 114a Absatz 6 des Elften Buches einzubeziehen.

(4) [1]Die Krankenkassen, die Landesverbände der Krankenkassen und die Ersatzkassen sowie der Medizinische Dienst arbeiten mit den nach heimrechtlichen Vorschriften zuständigen Aufsichtsbehörden und den Trägern der Eingliederungshilfe bei Prüfungen nach den Absätzen 1 und 2 eng zusammen, um ihre wechselseitigen Aufgaben nach diesem Buch wirksam aufeinander abzustimmen, insbesondere durch

1. regelmäßige gegenseitige Information und Beratung,
2. Terminabsprachen für gemeinsame oder arbeitsteilige Prüfungen von Leistungserbringern und
3. Verständigung über die im Einzelfall notwendigen Maßnahmen.

[2]Dabei ist sicherzustellen, dass Doppelprüfungen unter Berücksichtigung des inhaltlichen Schwerpunkts der vorgesehenen Prüfungen nach Möglichkeit vermieden werden. [3]Zur Erfüllung der Aufgaben nach den Sätzen 1 und 2 sind die Krankenkassen, die Landesverbände der Krankenkassen und die Ersatzkassen sowie der Medizinische Dienst verpflichtet, in den Arbeitsgemeinschaften nach den heimrechtlichen Vorschriften mitzuwirken und sich an im Rahmen der Arbeitsgemeinschaft geschlossenen Vereinbarungen zu beteiligen. [4]Im Rahmen der Zusammenarbeit sind die Krankenkassen, Landesverbände der Krankenkassen und die Ersatzkassen sowie der Medizinische Dienst berechtigt und auf Anforderung verpflichtet, der nach heimrechtlichen Vorschriften zuständigen Aufsichtsbehörde und den Trägern der Eingliederungshilfe die ihnen nach dem Sozialgesetzbuch zugänglichen Daten über die Leistungserbringer, die sie im Rahmen von Prüfungen nach den Absätzen 1 und 2 verarbeiten, mitzuteilen, soweit diese für die Zwecke der Prüfung durch den Empfänger erforderlich sind. [5]Diese Daten sind insbesondere die Zahl und Art der Plätze und deren Belegung, über die personelle und sachliche Ausstattung sowie über Leistungen und Vergütungen der Leistungserbringer. [6]Personenbezogene Daten sind vor der Datenübermittlung zu anonymisieren. [7]Erkenntnisse aus den Prüfungen nach den Absätzen 1 und 2 sind vom Medizinischen Dienst unverzüglich der nach heimrechtlichen Vorschriften zuständigen Aufsichtsbehörde mitzuteilen, soweit sie zur Vorbereitung und Durchführung von aufsichtsrechtlichen Maßnahmen nach den heimrechtlichen Vorschriften erforderlich sind.

(5) [1]Die Krankenkassen, die Landesverbände der Krankenkassen und die Ersatzkassen sowie der Medizinische Dienst tragen die ihnen durch die Zusammenarbeit mit den nach heimrechtlichen Vorschriften zuständigen Aufsichtsbehörden und den Trägern der Eingliederungshilfe nach Absatz 4 entstehenden Kosten. [2]Eine Beteiligung an den Kosten der nach heimrechtlichen Vorschriften zuständigen Aufsichtsbehörden oder anderer von nach heimrechtlichen Vorschriften zuständigen Aufsichtsbehörden beteiligter Stellen oder Gremien sowie der Träger der Eingliederungshilfe ist unzulässig.

(6) Abweichend von Absatz 1 finden bis einschließlich 30. September 2020 keine Regelprüfungen statt.

(7) Das Bundesministerium für Gesundheit kann nach einer erneuten Risikobeurteilung bei Fortbestehen oder erneutem Risiko für ein Infektionsgeschehen im Zusammenhang mit dem neuartigen Coronarvirus SARS-CoV-2 den Befristungszeitraum nach Absatz 4 durch Rechtsverordnung mit Zustimmung des Bundesrates um jeweils bis zu einem halben Jahr verlängern.

§ 275c Durchführung und Umfang von Prüfungen bei Krankenhausbehandlung durch den Medizinischen Dienst

(1) [1]Bei Krankenhausbehandlung nach § 39 ist eine Prüfung der Rechnung des Krankenhauses spätestens vier Monate nach deren Eingang bei der Krankenkasse einzuleiten und durch den Medizinischen Dienst dem Krankenhaus anzuzeigen.

[2]Falls die Prüfung nicht zu einer Minderung des Abrechnungsbetrages führt, hat die Krankenkasse dem Krankenhaus eine Aufwandspauschale in Höhe von 300 Euro zu entrichten. [3]Als Prüfung nach Satz 1 ist jede Prüfung der Abrechnung eines Krankenhauses anzusehen, mit der die Krankenkasse den Medizinischen Dienst zum Zwecke der Erstellung einer gutachtlichen Stellungnahme nach § 275 Absatz 1 Nummer 1 beauftragt und die eine Datenerhebung durch den Medizinischen Dienst beim Krankenhaus erfordert. [4]Die Prüfungen nach Satz 1 sind, soweit in den Richtlinien nach § 283 Absatz 2 Satz 1 Nummer 1 und 2 nichts Abweichendes bestimmt ist, bei dem Medizinischen Dienst einzuleiten, der örtlich für das zu prüfende Krankenhaus zuständig ist.

(2) [1]Im Jahr 2020 darf eine Krankenkasse in jedem Quartal von den nach Absatz 1 Satz 1 prüfbaren Schlussrechnungen für vollstationäre Krankenhausbehandlung bis zu 5 Prozent der Anzahl der bei ihr im vorvergangenen Quartal eingegangenen Schlussrechnungen für vollstationäre Krankenhausbehandlung eines Krankenhauses nach Absatz 1 durch den Medizinischen Dienst prüfen lassen (quartalsbezogene Prüfquote); im Jahr 2021 gilt eine quartalsbezogene Prüfquote von bis zu 12,5 Prozent. [2]Ab dem Jahr 2022 gilt für eine Krankenkasse bei der Prüfung von Schlussrechnungen für vollstationäre Krankenhausbehandlung durch den Medizinischen Dienst eine quartalsbezogene Prüfquote je Krankenhaus in Abhängigkeit von dem Anteil unbeanstandeter Abrechnungen je Krankenhaus nach Absatz 4 Satz 3 Nummer 2. [3]Maßgeblich für die Zuordnung einer Prüfung zu einem Quartal und zu der maßgeblichen quartalsbezogenen Prüfquote ist das Datum der Einleitung der Prüfung. [4]Die quartalsbezogene Prüfquote nach Satz 2 wird vom Spitzenverband Bund der Krankenkassen für jedes Quartal auf der Grundlage der Prüfergebnisse des vorvergangenen Quartals ermittelt und beträgt:

1. bis zu 5 Prozent für ein Krankenhaus, wenn der Anteil unbeanstandeter Abrechnungen an allen durch den Medizinischen Dienst geprüften Schlussrechnungen für vollstationäre Krankenhausbehandlung bei 60 Prozent oder mehr liegt,

2. bis zu 10 Prozent für ein Krankenhaus, wenn der Anteil unbeanstandeter Abrechnungen an allen durch den Medizinischen Dienst geprüften Schlussrechnungen für vollstationäre Krankenhausbehandlung zwischen 40 Prozent und unterhalb von 60 Prozent liegt,

3. bis zu 15 Prozent für ein Krankenhaus, wenn der Anteil unbeanstandeter Abrechnungen an allen durch den Medizinischen Dienst geprüften Schlussrechnungen für vollstationäre Krankenhausbehandlung unterhalb von 40 Prozent liegt.

[5]Der Medizinische Dienst hat eine nach Absatz 1 Satz 3 eingeleitete Prüfung einer Schlussrechnung für vollstationäre Krankenhausbehandlung abzulehnen, wenn die nach Satz 1 oder Satz 4 zulässige quartalsbezogene Prüfquote eines Krankenhauses von der Krankenkasse überschritten wird; dafür ist die nach Absatz 4 Satz 3 Nummer 4 veröffentlichte Anzahl der Schlussrechnungen für vollstationäre Krankenhausbehandlung, die die einzelne Krankenkasse vom einzelnen Krankenhaus im vorvergangenen Quartal erhalten hat, heranzuziehen. [6]Liegt der Anteil unbeanstandeter Abrechnungen eines Krankenhauses unterhalb von 20 Prozent oder besteht ein begründeter Verdacht einer systematisch überhöhten Abrechnung, ist die Krankenkasse bei diesem Krankenhaus ab dem Jahr 2022 auch nach Erreichen der Prüfquote vor Ende eines Quartals zu weiteren Prüfungen nach Absatz 1 befugt. [7]Die anderen Vertragsparteien nach § 18 Absatz 2 Nummer 1 und 2 des Krankenhausfinanzierungsgesetzes haben das Vorliegen der Voraussetzungen nach Satz 6 unter Angabe der Gründe vor der Einleitung der Prüfung bei der für die Krankenhausversorgung zuständigen Landesbehörde gemeinsam anzuzeigen. [8]Krankenkassen, die in einem Quartal von einem Krankenhaus weniger als 20 Schlussrechnungen für vollstationäre Krankenhausbehandlung erhalten, können mindestens eine Schlussrechnung und höchstens die aus der quartalsbezogenen Prüfquote resultierende Anzahl an Schlussrechnungen für vollstationäre Krankenhausbehandlung durch den Medizinischen Dienst prüfen lassen; die Übermittlung und Auswertung der Daten nach Absatz 4 bleibt davon unberührt. [9]Die Prüfung von Rechnungen im Vorfeld einer Beauftragung des Medizinischen Dienstes nach § 17c Absatz 2 Satz 2 Nummer 3 des Krankenhausfinanzierungsgesetzes unterliegt nicht der quartalsbezogenen Prüfquote.

(3) [1]Ab dem Jahr 2022 haben die Krankenhäuser bei einem Anteil unbeanstandeter Abrechnungen unterhalb von 60 Prozent neben der Rückzahlung der Differenz zwischen dem ursprünglichen und

dem geminderten Abrechnungsbetrag einen Aufschlag auf diese Differenz an die Krankenkassen zu zahlen. [2]Dieser Aufschlag beträgt

1. 25 Prozent im Falle des Absatzes 2 Satz 4 Nummer 2,
2. 50 Prozent im Falle des Absatzes 2 Satz 4 Nummer 3 und im Falle des Absatzes 2 Satz 6,

jedoch mindestens 300 Euro und höchstens 10 Prozent des auf Grund der Prüfung durch den Medizinischen Dienst geminderten Abrechnungsbetrages, wobei der Mindestbetrag von 300 Euro nicht unterschritten werden darf. [3]In dem Verfahren zwischen Krankenkassen und Krankenhäusern im Vorfeld einer Beauftragung des Medizinischen Dienstes nach § 17c Absatz 2 Satz 2 Nummer 3 des Krankenhausfinanzierungsgesetzes wird kein Aufschlag erhoben. [4]Die Geltendmachung des Aufschlags erfolgt im Wege elektronischer Datenübertragung; das Nähere vereinbart der Spitzenverband Bund der Krankenkassen mit der Deutschen Krankenhausgesellschaft.

(4) [1]Zur Umsetzung der Einzelfallprüfung nach den Vorgaben der Absätze 1 bis 3 wird der Spitzenverband Bund der Krankenkassen verpflichtet, bundeseinheitliche quartalsbezogene Auswertungen zu erstellen. [2]Die Krankenkassen übermitteln dem Spitzenverband Bund der Krankenkassen zum Ende des ersten Monats, der auf ein Quartal folgt, die folgenden Daten je Krankenhaus:

1. Anzahl der eingegangenen Schlussrechnungen für vollstationäre Krankenhausbehandlung,
2. Anzahl der beim Medizinischen Dienst eingeleiteten Prüfungen von Schlussrechnungen für vollstationäre Krankenhausbehandlung nach Absatz 1,
3. Anzahl der nach Absatz 1 durch den Medizinischen Dienst abgeschlossenen Prüfungen von Schlussrechnungen für vollstationäre Krankenhausbehandlung,
4. Anzahl der Schlussrechnungen für vollstationäre Krankenhausbehandlung, die nach der Prüfung gemäß Absatz 1 nicht zu einer Minderung des Abrechnungsbetrages geführt haben und insoweit unbeanstandet geblieben sind.

[3]Ab dem Jahr 2020 sind vom Spitzenverband Bund der Krankenkassen auf der Grundlage der nach Satz 2 übermittelten Daten bis jeweils zum Ende des zweiten Monats, der auf das Ende des jeweiligen betrachteten Quartals folgt, für das einzelne Krankenhaus insbesondere auszuweisen und zu veröffentlichen:

1. Anteil der beim Medizinischen Dienst in dem betrachteten Quartal eingeleiteten Prüfungen von Schlussrechnungen für vollstationäre Krankenhausbehandlung an allen Schlussrechnungen für vollstationäre Krankenhausbehandlung, die, ausgehend vom betrachteten Quartal, im vorvergangenen Quartal eingegangen sind,
2. Anteil der Schlussrechnungen für vollstationäre Krankenhausbehandlung, die nach der Prüfung durch den Medizinischen Dienst nicht zu einer Minderung des Abrechnungsbetrages in dem betrachteten Quartal führen und insoweit durch den Medizinischen Dienst unbeanstandet geblieben sind, an allen in dem betrachteten Quartal abgeschlossenen Prüfungen von Schlussrechnungen für vollstationäre Krankenhausbehandlung,
3. zulässige Prüfquote nach Absatz 2 und die Höhe des Aufschlags nach Absatz 3, die sich aus dem Ergebnis nach Nummer 2 des betrachteten Quartals ergibt,
4. Werte nach Satz 2 Nummer 1, die nach den einzelnen Krankenkassen zu gliedern sind.

[4]Die Ergebnisse sind auch in zusammengefasster Form, bundesweit und gegliedert nach Medizinischen Diensten, zu veröffentlichen. [5]Die näheren Einzelheiten, insbesondere zu den zu übermittelnden Daten, deren Lieferung, deren Veröffentlichung sowie zu den Konsequenzen, sofern Daten nicht oder nicht fristgerecht übermittelt werden, legt der Spitzenverband Bund der Krankenkassen bis zum 31. März 2020 fest. [6]Bei der Festlegung sind die Stellungnahmen der Deutschen Krankenhausgesellschaft und der Medizinischen Dienste einzubeziehen.

(5) [1]Widerspruch und Klage gegen die Ermittlung der Prüfquote nach Absatz 4 haben keine aufschiebende Wirkung. [2]Einwendungen gegen die Ergebnisse einzelner Prüfungen nach Absatz 1 sind bei der Ermittlung der Prüfquote nicht zu berücksichtigen. [3]Behördliche oder gerichtliche Feststellungen zu einzelnen Prüfungen nach Absatz 1 lassen die für das jeweilige betrachtete Quartal ermittelte Prüfquote nach Absatz 2 unberührt.

(6) Eine einzelfallbezogene Prüfung nach Absatz 1 Satz 1 ist nicht zulässig

1. bei der Abrechnung von tagesbezogenen Pflegeentgelten nach § 7 Absatz 1 Satz 1 Nummer 6a des Krankenhausentgeltgesetzes; Prüfergebnisse aus anderweitigen Prüfanlässen werden insoweit umgesetzt, dass in Fällen, in denen es nach einer Prüfung bei der Abrechnung von voll- oder teilstationären Entgelten verbleibt, für die Ermittlung der tagesbezogenen Pflegeentgelte die ursprünglich berücksichtigten Belegungstage beibehalten werden und in Fällen, in denen eine Prüfung zur Abrechnung einer ambulanten oder vorstationären Vergütung nach § 8 Absatz 3 des Krankenhausentgeltgesetzes führt, die Abrechnung tagesbezogener Pflegeentgelte entfällt,
2. bei der Prüfung der Einhaltung von Strukturmerkmalen, die nach § 275d geprüft wurden.

(7) [1]Vereinbarungen zwischen Krankenkassen und Krankenhäusern über pauschale Abschläge auf die Abrechnung geltender Entgelte für Krankenhausleistungen zur Abbedingung der Prüfung der Wirtschaftlichkeit erbrachter Krankenhausleistungen oder der Rechtmäßigkeit der Krankenhausabrechnung sind nicht zulässig. [2]Vereinbarungen auf Grundlage von § 17c Absatz 2 Satz 1 und 2 Nummer 3 und 7 sowie Absatz 2b des Krankenhausfinanzierungsgesetzes bleiben unberührt.

§ 275d
Prüfung von Strukturmerkmalen

(1) [1]Krankenhäuser haben die Einhaltung von Strukturmerkmalen auf Grund des vom Bundesinstitut für Arzneimittel und Medizinprodukte herausgegebenen Operationen- und Prozedurenschlüssels nach § 301 Absatz 2 durch den Medizinischen Dienst begutachten zu lassen, bevor sie entsprechende Leistungen abrechnen. [2]Grundlage der Begutachtung nach Satz 1 ist die Richtlinie nach § 283 Absatz 2 Satz 1 Nummer 3. [3]Krankenhäuser haben die für die Begutachtung erforderlichen personen- und einrichtungsbezogenen Daten an den Medizinischen Dienst zu übermitteln. [4]Die Begutachtungen nach Satz 1 erfolgen, soweit in den Richtlinien nach § 283 Absatz 2 Satz 1 Nummer 3 nichts Abweichendes bestimmt wird, durch den Medizinischen Dienst, der örtlich für das zu begutachtende Krankenhaus zuständig ist.

(1a) [1]Krankenhäuser können Leistungen abweichend von Absatz 1 Satz 1 bis zum Abschluss der Strukturprüfung, längstens bis zum 30. Juni eines Jahres, abrechnen, wenn

1. sie bis zum 31. Dezember des jeweiligen Vorjahres dem zuständigen Medizinischen Dienst, den Landesverbänden der Krankenkassen, den Ersatzkassen und dem Landesausschuss des Verbandes der Privaten Krankenversicherung unter Angabe des Standortes des Krankenhauses angezeigt haben, dass sie die Strukturmerkmale des Kodes des Operationen- und Prozedurenschlüssels nach § 301 Absatz 2, der der jeweiligen Leistung zugrunde liegt, als erfüllt und nachweisbar ansehen, und
2. der der Leistung zugrunde liegende Kode des Operationen- und Prozedurenschlüssels nach § 301 Absatz 2 in dem Jahr erstmals vergütungsrelevant wurde.

[2]Krankenhäuser können ab dem 30. Juni 2023 Leistungen abweichend von Absatz 1 Satz 1 bis zum Abschluss der Strukturprüfung, längstens bis zu sechs Monate nach der Anzeige nach Nummer 1, abrechnen, wenn sie

1. dem zuständigen Medizinischen Dienst, den Landesverbänden der Krankenkassen, den Ersatzkassen und dem Landesausschuss des Verbandes der Privaten Krankenversicherung unter Angabe des Standortes des Krankenhauses angezeigt haben, dass sie die Strukturmerkmale des Kodes des Operationen- und Prozedurenschlüssels nach § 301 Absatz 2, der der jeweiligen Leistung zugrunde liegt, über einen Zeitraum von drei Kalendermonaten vor dieser Anzeige als erfüllt und nachweisbar ansehen, und
2. in den letzten zwölf Monaten vor der Anzeige nach Nummer 1 noch keine Anzeige nach Nummer 1 für Leistungen nach diesem Kode vorgenommen haben.

(2) [1]Die Strukturprüfung wird durch einen Bescheid abgeschlossen. [2]Die Krankenhäuser erhalten vom Medizinischen Dienst in schriftlicher oder elektronischer Form das Gutachten und bei Einhaltung der Strukturmerkmale eine Bescheinigung über das Ergebnis der Prüfung, die auch Angaben darüber enthält, für welchen Zeitraum die Einhaltung der jeweiligen Strukturmerkmale als erfüllt angesehen wird.

(3) [1]Die Krankenhäuser haben die Bescheinigung nach Absatz 2 den Landesverbänden der Krankenkassen und den Ersatzkassen jeweils anlässlich der Vereinbarungen nach § 11 des Krankenhausentgeltgesetzes oder nach § 11 der Bundespflegesatzverordnung auf elektronischem Wege zu übermitteln. [2]Für die Vereinbarung für das Jahr 2022 ist die Bescheinigung spätestens bis zum 31. Dezember 2021 zu übermitteln. [3]Krankenhäuser, die eines oder mehrere der nachgewiesenen Strukturmerkmale über einen Zeitraum von mehr als einem Monat nicht mehr einhalten, haben dies unverzüglich den Landesverbänden der Krankenkassen und den Ersatzkassen sowie dem zuständigen Medizinischen Dienst mitzuteilen. [4]Krankenhäusern, denen nach Abschluss der Strukturprüfung, die sie nach einer Anzeige nach Absatz 1a beantragt haben, keine Bescheinigung nach Absatz 2 erteilt wurde, haben dies unverzüglich den Landesverbänden der Krankenkassen, den Ersatzkassen und dem Landesausschuss des Verbandes der Privaten Krankenversicherung unter Angabe des Standortes des Krankenhauses mitzuteilen.

(4) [1]Krankenhäuser, die die strukturellen Voraussetzungen nach Absatz 1 nicht erfüllen, dürfen die Leistungen ab dem Jahr 2022 nicht vereinbaren und nicht abrechnen. [2]Soweit Krankenhäusern die Bescheinigung über die Einhaltung der Strukturmerkmale nach Absatz 2 aus von ihnen nicht zu vertretenden Gründen erst nach dem 31. Dezember 2021 vorliegt, können diese Krankenhäuser im Jahr 2022 bis zum Abschluss einer Strukturprüfung bislang erbrachte Leistungen weiterhin vereinbaren und abrechnen. [3]Abweichend von Satz 1 können Krankenhäuser im Jahr 2022 bis zum Abschluss der Strukturprüfung erbrachte Leistungen vereinbaren und abrechnen, wenn sie die Strukturprüfung für Leistungen nach dem Kode 8-01a des Operationen- und Prozedurenschlüssels nach § 301 Absatz 2 bis zum 30. Juni 2022 beantragt haben.

(5) Die Kosten des Medizinischen Dienstes für eine Begutachtung werden entsprechend § 280 Absatz 1 durch eine Umlage aufgebracht.

§ 276
Zusammenarbeit

(1) [1]Die Krankenkassen sind verpflichtet, dem Medizinischen Dienst die für die Beratung und Begutachtung erforderlichen Unterlagen vorzulegen und Auskünfte zu erteilen. [2]Unterlagen, die der Versicherte über seine Mitwirkungspflicht nach den §§ 60 und 65 des Ersten Buches hinaus seiner Krankenkasse freiwillig selbst überlassen hat, dürfen an den Medizinischen Dienst nur weitergegeben werden, soweit der Versicherte eingewilligt hat. [3]Für die Einwilligung gilt § 67b Abs. 2 des Zehnten Buches.

(2) [1]Der Medizinische Dienst darf Sozialdaten erheben und speichern sowie einem anderen Medizinischen Dienst übermitteln, soweit dies für die Prüfungen, Beratungen und gutachtlichen Stellungnahmen nach den §§ 275 bis 275d erforderlich ist. [2]Haben die Krankenkassen oder der Medizinische Dienst für eine gutachtliche Stellungnahme oder Prüfung nach § 275 Absatz 1 bis 3 und 3b, § 275c oder § 275d erforderliche versichertenbezogene Daten bei den Leistungserbringern unter Nennung des Begutachtungszwecks angefordert, so sind die Leistungserbringer verpflichtet, diese Daten unmittelbar an den Medizinischen Dienst zu übermitteln. [3]Die rechtmäßig erhobenen und gespeicherten Sozialdaten dürfen nur für die in den §§ 275 bis 275d genannten Zwecke verarbeitet werden, für andere Zwecke, soweit dies durch die Rechtsvorschriften des Sozialgesetzbuchs angeordnet oder erlaubt ist. [4]Die Sozialdaten sind nach fünf Jahren zu löschen. [5]Die §§ 286, 287 und 304 Absatz 1 Satz 2 und Absatz 2 sowie § 35 des Ersten Buches gelten für den Medizinischen Dienst entsprechend. [6]Der Medizinische Dienst hat Sozialdaten zur Identifikation des Versicherten getrennt von den medizinischen Sozialdaten des Versicherten zu speichern. [7]Durch technische und organisatorische Maßnahmen ist sicherzustellen, dass die Sozialdaten nur den Personen zugänglich sind, die sie zur Erfüllung ihrer Aufgaben benötigen. [8]Der Schlüssel für die Zusammenführung der Daten ist vom Beauftragten für den Datenschutz des Medizinischen Dienstes aufzubewahren und darf anderen Personen nicht zugänglich gemacht werden. [9]Jede Zusammenführung ist zu protokollieren.

(2a) [1]Ziehen die Krankenkassen den Medizinischen Dienst oder einen anderen Gutachterdienst nach § 275 Abs. 4 zu Rate, können sie ihn mit Erlaubnis der Aufsichtsbehörde beauftragen, Datenbestände leistungserbringer- oder fallbezogen für zeitlich befristete und im Umfang begrenzte Aufträge nach § 275 Abs. 4 auszuwerten; die versicherten-bezogenen Sozialdaten sind vor der Übermittlung an den Medizinischen Dienst oder den anderen Gutachterdienst zu anonymisieren. [2]Absatz 2 Satz 2 gilt entsprechend.

(2b) Beauftragt der Medizinische Dienst einen Gutachter (§ 278 Absatz 2), ist die Übermittlung von erforderlichen Daten zwischen Medizinischem Dienst und dem Gutachter zulässig, soweit dies zur Erfüllung des Auftrages erforderlich ist.

(3) Für das Akteneinsichtsrecht des Versicherten gilt § 25 des Zehnten Buches entsprechend.

(4) [1]Wenn es im Einzelfall zu einer gutachtlichen Stellungnahme über die Notwendigkeit, Dauer und ordnungsgemäße Abrechnung der stationären Behandlung des Versicherten erforderlich ist, sind die Gutachterinnen und Gutachter des Medizinischen Dienstes befugt, zwischen 8.00 und 18.00 Uhr die Räume der Krankenhäuser und Vorsorge- oder Rehabilitationseinrichtungen zu betreten, um dort die Krankenunterlagen einzusehen und, soweit erforderlich, den Versicherten untersuchen zu können. [2]In den Fällen des § 275 Abs. 3a sind die Gutachterinnen und Gutachter des Medizinischen Dienstes befugt, zwischen 8.00 und 18.00 Uhr die Räume der Krankenhäuser zu betreten, um dort die zur Prüfung erforderlichen Unterlagen einzusehen.

(4a) [1]Der Medizinische Dienst ist im Rahmen der Kontrollen nach § 275a befugt, zu den üblichen Geschäfts- und Betriebszeiten die Räume des Krankenhauses zu betreten, die erforderlichen Unterlagen einzusehen und personenbezogene Daten zu verarbeiten, soweit dies in der Richtlinie des Gemeinsamen Bundesausschusses nach § 137 Absatz 3 festgelegt und für die Kontrollen erforderlich ist. [2]Absatz 2 Satz 3 bis 9 gilt für die Durchführung von Kontrollen nach § 275a entsprechend. [3]Das Krankenhaus ist zur Mitwirkung verpflichtet und hat dem Medizinischen Dienst Zugang zu den Räumen und den Unterlagen zu verschaffen sowie die Voraussetzungen dafür zu schaffen, dass er die Kontrollen nach § 275a ordnungsgemäß durchführen kann; das Krankenhaus ist hierbei befugt und verpflichtet, dem Medizinischen Dienst Einsicht in personenbezogene Daten zu gewähren oder diese auf Anforderung des Medizinischen Dienstes zu übermitteln. [4]Die Sätze 1 und 2 gelten für Kontrollen nach § 275a Absatz 4 nur unter der Voraussetzung, dass das Landesrecht entsprechende Mitwirkungspflichten und datenschutzrechtliche Befugnisse der Krankenhäuser zur Gewährung von Einsicht in personenbezogene Daten vorsieht.

(5) [1]Wenn sich im Rahmen der Überprüfung der Feststellungen von Arbeitsunfähigkeit (§ 275 Abs. 1 Nr. 3b, Abs. 1a und Abs. 1b) aus den ärztlichen Unterlagen ergibt, dass der Versicherte auf Grund seines Gesundheitszustandes nicht in der Lage ist, einer Vorladung des Medizinischen Dienstes Folge zu leisten oder wenn der Versicherte einen Vorladungstermin unter Berufung auf seinen Gesundheitszustand absagt und der Untersuchung fernbleibt, soll die Untersuchung in der Wohnung des Versicherten stattfinden. [2]Verweigert er hierzu seine Zustimmung, kann ihm die Leistung versagt werden. [3]Die §§ 65, 66 des Ersten Buches bleiben unberührt.

(6) Die Aufgaben des Medizinischen Dienstes im Rahmen der sozialen Pflegeversicherung ergeben sich zusätzlich zu den Bestimmungen dieses Buches aus den Vorschriften des Elften Buches.

§ 277
Mitteilungspflichten

(1) [1]Der Medizinische Dienst hat der Krankenkasse das Ergebnis der Begutachtung und die wesentlichen Gründe für dieses Ergebnis mitzuteilen. [2]Der Medizinische Dienst ist befugt und in dem Fall, dass das Ergebnis seiner Begutachtung von der Verordnung, der Einordnung der erbrachten Leistung als Leistung der gesetzlichen Krankenversicherung oder der Abrechnung der Leistung mit der Krankenkasse durch den Leistungserbringer abweicht, verpflichtet, diesem Leistungserbringer das Ergebnis seiner Begutachtung mitzuteilen; dies gilt bei Prüfungen nach § 275 Absatz 3 Satz 1 Nummer 4 nur, wenn die betroffenen Versicherten in die Übermittlung an den Leistungserbringer eingewilligt haben. [3]Fordern Leistungserbringer nach der Mitteilung nach Satz 2 erster Halbsatz mit Einwilligung der Versicherten die wesentlichen Gründe für das Ergebnis der Begutachtung durch den Medizinischen Dienst an, ist der Medizinische Dienst zur Übermittlung dieser Gründe verpflichtet. [4]Bei Prüfungen nach § 275c gilt Satz 2 erster Halbsatz auch für die wesentlichen Gründe für das Ergebnis der Begutachtung, soweit diese keine zusätzlichen, vom Medizinischen Dienst erhobenen versichertenbezogenen Daten enthalten. [5]Der Medizinische Dienst hat den Versicherten die sie betreffenden Gutachten nach § 275 Absatz 3 Satz 1 Nummer 4 schriftlich oder elektronisch vollständig zu übermitteln. [6]Nach Abschluss der Kontrollen nach § 275a hat der Medizinische Dienst die Kontrollergebnisse dem geprüften Krankenhaus und dem jeweiligen Auftraggeber mitzuteilen. [7]Soweit in der Richtlinie nach § 137 Absatz 3 Fälle festgelegt sind, in denen Dritte wegen erheblicher Verstö-

ße gegen Qualitätsanforderungen unverzüglich einrichtungsbezogen über das Kontrollergebnis zu informieren sind, hat der Medizinische Dienst sein Kontrollergebnis unverzüglich an die in dieser Richtlinie abschließend benannten Dritten zu übermitteln. [8]Soweit erforderlich und in der Richtlinie des Gemeinsamen Bundesausschusses nach § 137 Absatz 3 vorgesehen, dürfen diese Mitteilungen auch personenbezogene Angaben enthalten; in der Mitteilung an den Auftraggeber und den Dritten sind personenbezogene Daten zu anonymisieren.

(2) [1]Die Krankenkasse hat, solange ein Anspruch auf Fortzahlung des Arbeitsentgelts besteht, dem Arbeitgeber und dem Versicherten das Ergebnis des Gutachtens des Medizinischen Dienstes über die Arbeitsunfähigkeit mitzuteilen, wenn das Gutachten mit der Bescheinigung des Kassenarztes im Ergebnis nicht übereinstimmt. [2]Die Mitteilung darf keine Angaben über die Krankheit des Versicherten enthalten.

Zweiter Abschnitt

Organisation

§ 278 Medizinischer Dienst

(1) [1]In jedem Land wird ein Medizinischer Dienst als Körperschaft des öffentlichen Rechts errichtet. [2]Für mehrere Länder kann durch Beschluss der Verwaltungsräte der betroffenen Medizinischen Dienste ein gemeinsamer Medizinischer Dienst errichtet werden. [3]Dieser Beschluss bedarf der Zustimmung der zuständigen Aufsichtsbehörden der betroffenen Länder. [4]In Ländern, in denen bereits mehrere Medizinische Dienste oder ein gemeinsamer Medizinischer Dienst bestehen, kann die jeweilige Aufteilung beibehalten werden. [5]§ 94 Absatz 1a bis 4 des Zehnten Buches gilt entsprechend.

(2) [1]Die Fachaufgaben des Medizinischen Dienstes werden von Ärztinnen und Ärzten, Pflegefachkräften sowie Angehörigen anderer geeigneter Berufe im Gesundheitswesen wahrgenommen. [2]Die Medizinischen Dienste stellen sicher, dass bei der Beteiligung unterschiedlicher Berufsgruppen die Gesamtverantwortung bei der Begutachtung medizinischer Sachverhalte bei ärztlichen Gutachterinnen und Gutachtern und bei ausschließlich pflegefachlichen Sachverhalten bei Pflegefachkräften liegt. [3]§ 18 Absatz 7 des Elften Buches bleibt unberührt.

(3) [1]Bei jedem Medizinischen Dienst wird eine unabhängige Ombudsperson bestellt, an die sich sowohl Beschäftigte des Medizinischen Dienstes bei Beobachtung von Unregelmäßigkeiten, insbesondere Beeinflussungsversuchen durch Dritte, als auch Versicherte bei Beschwerden über die Tätigkeit des Medizinischen Dienstes vertraulich wenden können. [2]Die Ombudsperson berichtet dem Verwaltungsrat und der zuständigen Aufsichtsbehörde in anonymisierter Form jährlich und bei gegebenem Anlass und veröffentlicht den Bericht drei Monate nach Zuleitung an den Verwaltungsrat und die Aufsichtsbehörde auf ihrer Internetseite. [3]Das Nähere regelt die Satzung nach § 279 Absatz 2 Satz 1 Nummer 1.

(4) [1]Die Medizinischen Dienste berichten dem Medizinischen Dienst Bund zweijährlich zum 1. April über

1. die Anzahl und die Ergebnisse der Begutachtungen nach § 275 und der Prüfungen nach den §§ 275a bis 275d,
2. die Personalausstattung der Medizinischen Dienste und
3. die Ergebnisse der systematischen Qualitätssicherung der Begutachtungen und Prüfungen der Medizinischen Dienste für die gesetzliche Krankenversicherung.

[2]Das Nähere zum Verfahren regeln die Richtlinien nach § 283 Absatz 2 Satz 1 Nummer 7 und 8.

§ 279 Verwaltungsrat und Vorstand

(1) Organe des Medizinischen Dienstes sind der Verwaltungsrat und der Vorstand.

(2) [1]Der Verwaltungsrat hat

1. die Satzung zu beschließen,
2. den Haushaltsplan festzustellen,
3. die jährliche Betriebs- und Rechnungsführung zu prüfen,
4. die Richtlinien für die Erfüllung der Aufgaben des Medizinischen Dienstes unter Beachtung der Richtlinien und Empfehlungen des Medizinischen Dienstes Bund nach § 283 Absatz 2 aufzustellen,
5. Nebenstellen zu errichten und aufzulösen und
6. den Vorstand zu wählen und zu entlasten.

[2]§ 210 Absatz 1 gilt entsprechend.

(3) [1]Der Verwaltungsrat besteht aus 23 Vertretern. [2]Beschlüsse des Verwaltungsrates werden mit einfacher Mehrheit der stimmberechtigten Mitglieder gefasst. [3]Beschlüsse über Haushaltsangelegenheiten und über die Aufstellung und Änderung der Satzung bedürfen einer Mehrheit von zwei Dritteln der stimmberechtigten Mitglieder.

(4) [1]16 Vertreter werden von den Verwaltungsräten oder Vertreterversammlungen der Landesverbände der Orts-, Betriebs- und Innungskrankenkassen, der landwirtschaftlichen Krankenkasse, der Ersatzkassen und der BAHN-BKK gewählt. [2]Die Krankenkassen haben sich über die Zahl der Vertreter, die auf die einzelne Kassenart entfällt, zu einigen. [3]Kommt eine Einigung nicht zustande, entscheidet die für die Sozialversicherung zuständige oberste Verwaltungsbehörde des Landes. [4]Als Vertreter nach Satz 1 sind je zur Hälfte Frauen und Männer zu wählen. [5]Jeder Wahlberechtigte nach Satz 1 wählt auf der Grundlage der von der oder dem Vorsitzenden des Verwaltungsrates erstellten Bewerberliste eine Frau und einen Mann. [6]Die acht Bewerberinnen und acht Bewerber mit den meisten Stimmen sind gewählt. [7]Eine Wahl unter Verstoß gegen Satz 4 ist nichtig. [8]Ist nach dem dritten Wahlgang die Vorgabe nach Satz 4 nicht erfüllt, gelten nur so viele Personen des Geschlechts, das nach dem Ergebnis der Wahl mehrheitlich vertreten ist, als gewählt, wie Personen des anderen Geschlechts gewählt wurden; die Anzahl der Vertreter nach Absatz 4 reduziert sich entsprechend. [9]Das Nähere zur Durchführung der Wahl regelt die Satzung. [10]Die Amtszeit der Vertreter nach Satz 1 darf zwei Amtsperioden nicht überschreiten. [11]Personen, die am 1. Januar 2020 bereits Mitglieder im Verwaltungsrat eines Medizinischen Dienstes der Krankenversicherung sind, können einmalig wiedergewählt werden.

(5) [1]Sieben Vertreter werden von der für die Sozialversicherung zuständigen obersten Verwaltungsbehörde des Landes benannt, davon

1. fünf Vertreter auf Vorschlag der Verbände und Organisationen für die Wahrnehmung der Interessen und der Selbsthilfe der Patienten, der pflegebedürftigen und behinderten Menschen und der pflegenden Angehörigen sowie der im Bereich der Kranken- und Pflegeversorgung tätigen Verbraucherschutzorganisationen jeweils auf Landesebene sowie
2. zwei Vertreter jeweils zur Hälfte auf Vorschlag der Landespflegekammern oder der maßgeblichen Verbände der Pflegeberufe auf Landesebene und der Landesärztekammern.

[2]Die Vertreter nach Satz 1 Nummer 2 haben kein Stimmrecht. [3]Die für die Sozialversicherung zuständige oberste Verwaltungsbehörde des Landes legt die Einzelheiten für das Verfahren der Übermittlung und der Bearbeitung der Vorschläge nach Satz 1 fest. [4]Sie bestimmt die Voraussetzungen der Anerkennung der Organisationen und Verbände nach Satz 1 Nummer 1 sowie der maßgeblichen Verbände der Pflegeberufe auf Landesebene, insbesondere die Erfordernisse an die fachlichen Qualifikationen, die Unabhängigkeit, die Organisationsform und die Offenlegung der Finanzierung. [5]Als Vertreter nach Satz 1 Nummer 1 sind mindestens zwei Frauen und zwei Männer, als Vertreter nach Satz 1 Nummer 2 sind jeweils eine Frau und ein Mann zu benennen. [6]Ist eine Satz 5 entsprechende Benennung nicht möglich, gelten nur so viele Personen des Geschlechts, das mehrheitlich vertreten ist, als benannt, dass dem Verhältnis nach Satz 5 entsprochen wird; die Anzahl der Vertreter nach Satz 1 Nummer 1 und 2 reduziert sich entsprechend. [7]Die Vertreter nach Satz 1 Nummer 1 dürfen nicht zu mehr als 10 Prozent von Dritten finanziert werden, die Leistungen für die gesetzliche Krankenversicherung oder für die soziale Pflegeversicherung erbringen. [8]Die Bekanntgabe der Benennung erfolgt gegenüber der oder dem amtierenden Vorsitzenden des Verwaltungsrates, die oder der diese den Benannten zur Kenntnis gibt.

(6) [1]Beschäftigte des Medizinischen Dienstes, der Krankenkassen oder ihrer Verbände sind nicht wähl- oder benennbar. [2]Personen, die bereits mehr als ein Ehrenamt in einem Selbstverwaltungsorgan eines Versicherungsträgers, eines Verbandes der Versicherungsträger oder eines anderen Medizinischen Dienstes innehaben, können nicht gewählt oder benannt werden. [3]§ 51 Absatz 1 Satz 1 Nummer 2 bis 4 und Absatz 6 Nummer 2 bis 6 des Vierten Buches gilt entsprechend. [4]Rechtsbehelfe gegen die Benennung oder die Wahl der Mitglieder des Verwaltungsrates haben keine aufschiebende Wirkung. [5]§ 57 Absatz 5 bis 7 des Vierten Buches und § 131 Absatz 4 des Sozialgerichtsgesetzes gelten entsprechend.

(7) [1]Der Vorstand wird aus der oder dem Vorstandsvorsitzenden und der Stellvertreterin oder dem Stellvertreter gebildet. [2]Der Vorstand führt die

Geschäfte des Medizinischen Dienstes nach den Richtlinien des Verwaltungsrates. [3]Der Vorstand stellt den Haushaltsplan auf und vertritt den Medizinischen Dienst gerichtlich und außergerichtlich. [4]Die Höhe der jährlichen Vergütungen der oder des Vorstandsvorsitzenden und der Stellvertreterin oder des Stellvertreters einschließlich aller Nebenleistungen sowie sämtliche Versorgungsregelungen sind betragsmäßig in einer Übersicht jährlich am 1. März im Bundesanzeiger sowie gleichzeitig auf der Internetseite des betreffenden Medizinischen Dienstes zu veröffentlichen. [5]Die Art und die Höhe finanzieller Zuwendungen, die der oder dem Vorstandsvorsitzenden und der Stellvertreterin oder dem Stellvertreter im Zusammenhang mit ihrer Vorstandstätigkeit von Dritten gewährt werden, sind der oder dem Vorsitzenden und der oder dem stellvertretenden Vorsitzenden des Verwaltungsrates mitzuteilen. [6]§ 35a Absatz 3 und 6a des Vierten Buches gilt entsprechend.

(8) Folgende Vorschriften des Vierten Buches gelten entsprechend: die §§ 37, 38, 40 Absatz 1 Satz 1 und 2, Absatz 2 und 3, die §§ 41, 42 Absatz 1 bis 3, § 43 Absatz 2, die §§ 58, 59 Absatz 1 bis 3, 5 und 6, die §§ 60, 62 Absatz 1 Satz 1 erster Halbsatz, Absatz 2, 3 Satz 1 und 4 und Absatz 4 bis 6, § 63 Absatz 1 und 2, 3 Satz 2 und 3, Absatz 3a bis 5, § 64 Absatz 1 und 2 Satz 2, Absatz 3 Satz 2 und 3 und die §§ 64a und 66.

(9) (aufgehoben)

§ 280 Finanzierung, Haushalt, Aufsicht

(1) [1]Die erforderlichen Mittel zur Finanzierung der Aufgaben des Medizinischen Dienstes nach § 275 Absatz 1 bis 3b und den §§ 275a bis 275d werden von den Krankenkassen nach § 279 Absatz 4 Satz 1 durch eine Umlage aufgebracht. [2]Die Mittel sind im Verhältnis der Zahl der Mitglieder der einzelnen Krankenkassen mit Wohnort im Einzugsbereich des Medizinischen Dienstes aufzuteilen. [3]Die Zahl der nach Satz 2 maßgeblichen Mitglieder der Krankenkassen ist nach dem Vordruck KM 6 der Statistik über die Versicherten in der gesetzlichen Krankenversicherung jeweils zum 1. Juli eines Jahres zu bestimmen. [4]Die Pflegekassen tragen die Hälfte der Umlage nach Satz 1.

(2) [1]Die Leistungen des Medizinischen Dienstes oder anderer Gutachterdienste im Rahmen der ihnen nach § 275 Absatz 4 von den Krankenkassen übertragenen Aufgaben sind von dem jeweiligen Auftraggeber durch aufwandsorientierte Nutzerentgelte zu vergüten. [2]Dies gilt auch für Kontrollen des Medizinischen Dienstes nach § 275a Absatz 4. [3]Eine Verwendung von Umlagemitteln nach Absatz 1 Satz 1 zur Finanzierung dieser Aufgaben ist auszuschließen. [4]Werden dem Medizinischen Dienst Aufgaben übertragen, die die Prüfung von Ansprüchen gegenüber anderen Stellen betreffen, die nicht zur Leistung der Umlage nach Absatz 1 Satz 1 verpflichtet sind, sind ihm die hierdurch entstehenden Kosten von diesen Stellen zu erstatten.

(3) [1]Für das Haushalts- und Rechnungswesen einschließlich der Statistiken gelten die §§ 67 bis 70 Absatz 1 des Vierten Buches, § 72 Absatz 1 und 2 Satz 1 erster Halbsatz des Vierten Buches, § 73 Absatz 1, 2 Satz 1 erster Halbsatz und Absatz 3 des Vierten Buches, die §§ 74 bis 76 Absatz 1 und 2 des Vierten Buches, § 77 Absatz 1 Satz 1 und 2 des Vierten Buches und § 79 Absatz 1 und 2 in Verbindung mit Absatz 3a des Vierten Buches sowie die auf Grund des § 78 des Vierten Buches erlassenen Rechtsverordnungen entsprechend. [2]Der Haushaltsplan bedarf der Genehmigung der Aufsichtsbehörde; der vom Vorstand aufgestellte Haushaltsplan ist der Aufsichtsbehörde spätestens am 1. Oktober vor Beginn des Kalenderjahres, für das er gelten soll, vorzulegen. [3]Die Aufsichtsbehörde kann die Genehmigung auch für einzelne Ansätze versagen, soweit der Haushaltsplan gegen Gesetz oder sonstiges für den Medizinischen Dienst geltendes Recht verstößt. [4]Für die Bildung von Rückstellungen und Deckungskapital von Altersversorgungsverpflichtungen gilt § 171e sowie § 12 Absatz 1 und 1a der Sozialversicherungs-Rechnungsverordnung entsprechend. [5]Für das Vermögen gelten die §§ 80 bis 86 des Vierten Buches sowie § 220 Absatz 1 Satz 2 entsprechend.

(4) [1]Der Medizinische Dienst untersteht der Aufsicht der für die Sozialversicherung zuständigen obersten Verwaltungsbehörde des Landes, in dem er seinen Sitz hat. [2]Die Aufsicht erstreckt sich auf die Beachtung von Gesetzen und sonstigem Recht. [3]Die §§ 88 und 89 des Vierten Buches sowie § 274 gelten entsprechend. [4]§ 275 Absatz 5 ist zu beachten.

§ 281 Medizinischer Dienst Bund, Rechtsform, Finanzen, Aufsicht

(1) [1]Der Medizinische Dienst Bund ist eine Körperschaft des öffentlichen Rechts. [2]Mitglieder

des Medizinischen Dienstes Bund sind die Medizinischen Dienste.

(2) [1]Die zur Finanzierung der Aufgaben des Medizinischen Dienstes Bund erforderlichen Mittel werden von den Medizinischen Diensten und der Deutschen Rentenversicherung Knappschaft-Bahn-See durch eine Umlage aufgebracht. [2]Die Mittel sind im Verhältnis der Zahl der Mitglieder der Krankenkassen nach § 279 Absatz 4 Satz 1 mit Wohnort im Einzugsbereich des Medizinischen Dienstes einerseits und der Mitglieder der Deutschen Rentenversicherung Knappschaft-BahnSee andererseits aufzubringen. [3]Die Zahl der nach Satz 2 maßgeblichen Mitglieder ist nach dem Vordruck KM 6 der Statistik über die Versicherten in der gesetzlichen Krankenversicherung jeweils zum 1. Juli eines Jahres zu bestimmen. [4]§ 217d Absatz 2 gilt entsprechend. [5]Für den Haushaltsplan des Medizinischen Dienstes Bund gilt § 217d Absatz 4 entsprechend. [6]Das Nähere zur Finanzierung regelt die Satzung nach § 282 Absatz 3 Satz 1 Nummer 1. [7]Für die Bildung von Rückstellungen und Deckungskapital von Altersversorgungsverpflichtungen gilt § 171e sowie § 12 Absatz 1 und 1a der Sozialversicherungs-Rechnungsverordnung entsprechend.

(3) [1]Der Medizinische Dienst Bund untersteht der Aufsicht des Bundesministeriums für Gesundheit. [2]Die Aufsicht erstreckt sich auf die Beachtung von Gesetzen und sonstigem Recht. [3]§ 217d Absatz 3, die §§ 217g bis 217j, 219 und 274 gelten entsprechend. [4]§ 275 Absatz 5 ist zu beachten.

§ 282
Medizinischer Dienst Bund, Verwaltungsrat und Vorstand

(1) Organe des Medizinischen Dienstes Bund sind der Verwaltungsrat und der Vorstand.

(2) [1]Der Verwaltungsrat besteht aus 23 Vertretern. [2]Die Vertreter werden gewählt durch die Verwaltungsräte der Medizinischen Dienste, davon

1. 16 Vertreter durch die Vertreter nach § 279 Absatz 4 Satz 1,
2. fünf Vertreter durch die Vertreter nach § 279 Absatz 5 Satz 1 Nummer 1 und
3. zwei Vertreter durch die Vertreter nach § 279 Absatz 5 Satz 1 Nummer 2.

[3]Bei der Wahl verteilt sich das Stimmgewicht innerhalb der jeweiligen Vertretergruppen nach Satz 2 im Verhältnis der Zahl der Mitglieder der Krankenkassen nach § 279 Absatz 4 Satz 1 mit Wohnort im Einzugsbereich des Medizinischen Dienstes. [4]Das Stimmgewicht beträgt mindestens drei Stimmen; für Medizinische Dienste mit mehr als zwei Millionen Mitgliedern in ihrem Einzugsbereich beträgt es vier, für Medizinische Dienste mit mehr als sechs Millionen Mitgliedern fünf und für Medizinische Dienste mit mehr als sieben Millionen Mitgliedern sechs Stimmen. [5]Die Abgabe der Stimmen der einzelnen Vertreter durch eine von der entsprechenden Vertretergruppe des jeweiligen Medizinischen Dienstes zur Wahl entsandte Person ist möglich. [6]Das Nähere, insbesondere zur Wahl der oder des Vorsitzenden und der Stellvertreterin oder des Stellvertreters, regelt die Satzung nach Absatz 3 Satz 1 Nummer 1. [7]§ 40 Absatz 1 Satz 1 und 2, Absatz 2 und 3, die §§ 41, 42 Absatz 1 bis 3 des Vierten Buches, § 217b Absatz 1 Satz 3 und Absatz 1a bis 1e und § 279 Absatz 4 Satz 4 bis 11, Absatz 5 Satz 5 und Absatz 6 gelten entsprechend. [8]Die Vertreter nach Satz 2 Nummer 3 sind nicht stimmberechtigt. [9]Personen, die Mitglieder des Verwaltungsrates des Spitzenverbandes Bund der Krankenkassen sind, können nicht gewählt werden.

(3) [1]Der Verwaltungsrat hat

1. die Satzung zu beschließen,
2. den Haushaltsplan festzustellen,
3. die jährliche Betriebs- und Rechnungsführung zu prüfen und
4. den Vorstand zu wählen und zu entlasten.

[2]§ 210 Absatz 1 und § 279 Absatz 3 Satz 2 und 3 gelten entsprechend.

(4) [1]Der Vorstand wird aus der oder dem Vorstandsvorsitzenden und der Stellvertreterin oder dem Stellvertreter gebildet. [2]Er führt die Geschäfte des Medizinischen Dienstes Bund, soweit nicht der Verwaltungsrat zuständig ist, und vertritt den Medizinischen Dienst Bund gerichtlich und außergerichtlich. [3]In der Satzung nach Absatz 3 Satz 1 Nummer 1 können die Aufgaben des Vorstandes näher konkretisiert werden. [4]§ 217b Absatz 2 Satz 7 und Absatz 2a, § 279 Absatz 7 Satz 4 und 5 sowie § 35a Absatz 1 bis 3, 6 Satz 1, Absatz 6a und 7 des Vierten Buches gelten entsprechend. [5]Vergütungserhöhungen

sind während der Dauer der Amtszeit der Vorstandsmitglieder unzulässig. [6]Zu Beginn einer neuen Amtszeit eines Vorstandsmitgliedes kann eine über die zuletzt nach § 35 Absatz 6a Satz 1 des Vierten Buches gebilligte Vergütung der letzten Amtsperiode oder des Vorgängers im Amt hinausgehende höhere Vergütung nur durch einen Zuschlag auf die Grundvergütung nach Maßgabe der Entwicklung des Verbraucherpreisindexes vereinbart werden. [7]Die Aufsichtsbehörde kann zu Beginn einer neuen Amtszeit eines Vorstandsmitgliedes eine niedrigere Vergütung anordnen. [8]Finanzielle Zuwendungen nach Satz 4 in Verbindung mit § 279 Absatz 7 Satz 5 sind auf die Vergütung der oder des Vorstandsvorsitzenden oder der Stellvertreterin oder des Stellvertreters anzurechnen oder an den Medizinischen Dienst Bund abzuführen. [9]Vereinbarungen des Medizinischen Dienstes Bund für die Zukunftssicherung der oder des Vorstandsvorsitzenden oder der Stellvertreterin oder des Stellvertreters sind nur auf der Grundlage von beitragsorientierten Zusagen zulässig.

(5) [1]Bei dem Medizinischen Dienst Bund wird eine unabhängige Ombudsperson bestellt, an die sich sowohl die Beschäftigten des Medizinischen Dienstes Bund bei Beobachtung von Unregelmäßigkeiten, insbesondere Beeinflussungsversuchen durch Dritte, als auch Versicherte bei Beschwerden über die Tätigkeit des Medizinischen Dienstes Bund vertraulich wenden können. [2]Die Ombudsperson berichtet dem Verwaltungsrat und dem Bundesministerium für Gesundheit in anonymisierter Form jährlich oder bei gegebenem Anlass und veröffentlicht den Bericht drei Monate nach Zuleitung an den Verwaltungsrat und die Aufsichtsbehörde auf ihrer Internetseite. [3]Das Nähere regelt die Satzung nach Absatz 3 Satz 1 Nummer 1.

§ 283
Aufgaben des Medizinischen Dienstes Bund

(1) [1]Der Medizinische Dienst Bund koordiniert und fördert die Durchführung der Aufgaben und die Zusammenarbeit der Medizinischen Dienste in medizinischen und organisatorischen Fragen und trägt Sorge für eine einheitliche Aufgabenwahrnehmung. [2]Er berät den Spitzenverband Bund der Krankenkassen in allen medizinischen Fragen der diesem zugewiesenen Aufgaben.

(2) [1]Der Medizinische Dienst Bund erlässt unter Beachtung des geltenden Leistungs- und Leistungserbringungsrechts und unter fachlicher Beteiligung der Medizinischen Dienste und des Sozialmedizinischen Dienstes Deutsche Rentenversicherung Knappschaft-Bahn-See Richtlinien für die Tätigkeit der Medizinischen Dienste nach diesem Buch

1. über die Zusammenarbeit der Krankenkassen mit den Medizinischen Diensten im Benehmen mit dem Spitzenverband Bund der Krankenkassen,
2. zur Sicherstellung einer einheitlichen Begutachtung,
3. über die regelmäßigen Begutachtungen zur Einhaltung von Strukturmerkmalen nach § 275d einschließlich der Festlegung der fachlich erforderlichen Zeitabstände für die Begutachtung und der Folgen, wenn Strukturmerkmale nach Mitteilung durch das Krankenhaus nicht mehr eingehalten werden; diese Richtlinie ist erstmals bis zum 28. Februar 2021 zu erlassen und bei Bedarf anzupassen,
4. zur Personalbedarfsermittlung mit für alle Medizinischen Dienste einheitlichen aufgabenbezogenen Richtwerten für die ihnen übertragenen Aufgaben,
5. zur Beauftragung externer Gutachterinnen und Gutachter durch die Medizinischen Dienste für die ihnen übertragenen Aufgaben sowie zur Bestellung, unabhängigen Aufgabenwahrnehmung und Vergütung der Ombudsperson nach § 278 Absatz 3,
6. zur systematischen Qualitätssicherung der Tätigkeit der Medizinischen Dienste,
7. zur einheitlichen statistischen Erfassung der Leistungen und Ergebnisse der Tätigkeit der Medizinischen Dienste sowie des hierfür eingesetzten Personals,
8. über die regelmäßige Berichterstattung der Medizinischen Dienste und des Medizinischen Dienstes Bund über ihre Tätigkeit und Personalausstattung sowie
9. über Grundsätze zur Fort- und Weiterbildung.

[2]Der Medizinische Dienst Bund hat folgenden Stellen Gelegenheit zur Stellungnahme zu geben, soweit sie von der jeweiligen Richtlinie betroffen sind:

1. dem Spitzenverband Bund der Krankenkassen,
2. der Bundesärztekammer, der Bundespsychotherapeutenkammer und der Bundeszahnärztekammer sowie den Verbänden der Pflegeberufe auf Bundesebene und den für die Wahrnehmung der Interessen der Patientinnen und Patienten und der Selbsthilfe chronisch kranker und behinderter Menschen maßgeblichen Organisationen,
3. den Vereinigungen der Leistungserbringer auf Bundesebene,
4. den maßgeblichen Verbänden und Fachkreisen auf Bundesebene und
5. der oder dem Bundesbeauftragten für den Datenschutz und die Informationsfreiheit.

[3]Er hat die Stellungnahmen in die Entscheidung einzubeziehen. [4]Der Vorstand beschließt die Richtlinien im Benehmen mit dem Verwaltungsrat. [5]Die Richtlinien sind für die Medizinischen Dienste verbindlich und bedürfen der Genehmigung des Bundesministeriums für Gesundheit. [6]Im Übrigen kann der Medizinische Dienst Bund Empfehlungen abgeben. [7]Das Nähere zum Verfahren regelt die Satzung nach § 282 Absatz 3 Satz 1 Nummer 1. [8]Richtlinien und Empfehlungen, die der Spitzenverband Bund der Krankenkassen nach § 282 Absatz 2 Satz 3 und 4 in der bis zum 31. Dezember 2019 geltenden Fassung erlassen und abgegeben hat, gelten bis zu ihrer Änderung oder Aufhebung durch den Medizinischen Dienst Bund fort.

(3) [1]Der Medizinische Dienst Bund nimmt auch die ihm nach § 53d des Elften Buches zugewiesenen Aufgaben wahr. [2]Insoweit richten sich die Verfahren nach den Vorschriften des Elften Buches. [3]Der Vorstand beschließt die Richtlinien im Benehmen mit dem Verwaltungsrat.

(4) [1]Der Medizinische Dienst Bund fasst die Berichte der Medizinischen Dienste nach § 278 Absatz 4 in einem Bericht zusammen, legt diesen dem Bundesministerium für Gesundheit zweijährlich zum 1. Juni vor und veröffentlicht den Bericht zweijährlich zum 1. September. [2]Das Nähere regelt die Richtlinie nach Absatz 2 Satz 1 Nummer 8.

(5) Die Medizinischen Dienste haben den Medizinischen Dienst Bund bei der Wahrnehmung seiner Aufgaben zu unterstützen.

§ 283a Aufgaben des Sozialmedizinischen Dienstes Deutsche Rentenversicherung Knappschaft-Bahn-See

(1) [1]Die Aufgaben des Medizinischen Dienstes nimmt für die Krankenversicherung der Deutschen Rentenversicherung Knappschaft-Bahn-See deren Sozialmedizinischer Dienst wahr. [2]Für den Sozialmedizinischen Dienst gelten bei Wahrnehmung dieser Aufgaben insbesondere die Vorschriften nach § 128 Absatz 1 Satz 2 des Neunten Buches, § 53c Absatz 1 und 3 des Elften Buches, § 53d Absatz 2 Satz 2 und Absatz 3 Satz 4 und 5 des Elften Buches, den §§ 62a und 78 Absatz 1 des Zwölften Buches sowie nach § 13 Absatz 3a, § 116b Absatz 6 Satz 10, § 197a Absatz 3b Satz 3, den §§ 275 bis 277, 278 Absatz 2 bis 4 und § 283 Absatz 2 Satz 5 und Absatz 5 entsprechend. [3]Die Unabhängigkeit des Sozialmedizinischen Dienstes in der Begutachtung und Beratung wird mit einer eigenen Geschäftsordnung gewährleistet.

(2) [1]Bei der Deutschen Rentenversicherung Knappschaft-Bahn-See wird ein Beirat für den Sozialmedizinischen Dienst errichtet, der den Vorstand in Aufgabenstellungen bei seinen Entscheidungen berät und durch Vorschläge und Stellungnahmen unterstützt. [2]Er ist vor allen Entscheidungen des Vorstandes in Angelegenheiten des Sozialmedizinischen Dienstes zu hören. [3]Stellungnahmen des Beirates sind Gegenstand der Beratungen des Vorstandes und in die Entscheidungsfindung einzubeziehen. [4]Der Beirat besteht aus neun Vertretern und deren persönlichen Stellvertretern. [5]Die Vertreter und deren persönliche Stellvertreter werden auf Vorschlag der für die Wahrnehmung der Interessen der Patientinnen und Patienten und der Selbsthilfe chronisch kranker und behinderter Menschen maßgeblichen Organisationen und der für die Wahrnehmung der Interessen und der Selbsthilfe der pflegebedürftigen und behinderten Menschen sowie der pflegenden Angehörigen maßgeblichen Organisationen vom Vorstand der Deutschen Rentenversicherung Knappschaft-Bahn-See ernannt. [6]Die Dauer der Amtszeit des Beirates von bis zu sechs Jahren richtet sich nach der des Vorstandes. [7]Das Nähere, insbesondere zum Verfahren der Beteiligung des Beirates, regelt die Geschäftsordnung des Beirates, die im Einvernehmen zwischen dem Vorstand und dem Beirat aufgestellt wird.

(3) [1]Die Deutsche Rentenversicherung Knappschaft-Bahn-See trägt die Kosten der Tätigkeit

des Beirates. [2]Die Vertreter und deren persönliche Stellvertreter erhalten Reisekosten nach den Vorschriften des Bundes über Reisekostenvergütungen, Ersatz des Verdienstausfalls in entsprechender Anwendung des § 41 Absatz 2 des Vierten Buches sowie einen Pauschbetrag für Zeitaufwand in Höhe eines Fünfzigstels der monatlichen Bezugsgröße (§ 18 des Vierten Buches) für jeden Kalendertag einer Sitzung.

Zehntes Kapitel

Versicherungs- und Leistungsdaten, Datenschutz, Datentransparenz

Erster Abschnitt

Informationsgrundlagen

Erster Titel

Grundsätze der Datenverarbeitung

§ 284 Sozialdaten bei den Krankenkassen

(1) [1]Die Krankenkassen dürfen Sozialdaten für Zwecke der Krankenversicherung nur erheben und speichern, soweit diese für

1. die Feststellung des Versicherungsverhältnisses und der Mitgliedschaft, einschließlich der für die Anbahnung eines Versicherungsverhältnisses erforderlichen Daten,
2. die Ausstellung des Berechtigungsscheines und der elektronischen Gesundheitskarte,
3. die Feststellung der Beitragspflicht und der Beiträge, deren Tragung und Zahlung,
4. die Prüfung der Leistungspflicht und der Erbringung von Leistungen an Versicherte einschließlich der Voraussetzungen von Leistungsbeschränkungen, die Bestimmung des Zuzahlungsstatus und die Durchführung der Verfahren bei Kostenerstattung, Beitragsrückzahlung und der Ermittlung der Belastungsgrenze,
5. die Unterstützung der Versicherten bei Behandlungsfehlern,
6. die Übernahme der Behandlungskosten in den Fällen des § 264,
7. die Beteiligung des Medizinischen Dienstes oder das Gutachterverfahren nach § 87 Absatz 1c,
8. die Abrechnung mit den Leistungserbringern, einschließlich der Prüfung der Rechtmäßigkeit und Plausibilität der Abrechnung,
9. die Überwachung der Wirtschaftlichkeit der Leistungserbringung,
10. die Abrechnung mit anderen Leistungsträgern,
11. die Durchführung von Erstattungs- und Ersatzansprüchen,
12. die Vorbereitung, Vereinbarung und Durchführung von ihnen zu schließenden Vergütungsverträgen,
13. die Vorbereitung und Durchführung von Modellvorhaben, die Durchführung des Versorgungsmanagements nach § 11 Abs. 4, die Durchführung von Verträgen zur hausarztzentrierten Versorgung, zu besonderen Versorgungsformen und zur ambulanten Erbringung hochspezialisierter Leistungen, einschließlich der Durchführung von Wirtschaftlichkeitsprüfungen und Qualitätsprüfungen,
14. die Durchführung des Risikostrukturausgleichs nach den §§ 266 und 267 sowie zur Gewinnung von Versicherten für die Programme nach § 137g und zur Vorbereitung und Durchführung dieser Programme,
15. die Durchführung des Entlassmanagements nach § 39 Absatz 1a,
16. die Auswahl von Versicherten für Maßnahmen nach § 44 Absatz 4 Satz 1 und nach § 39b sowie zu deren Durchführung,
17. die Überwachung der Einhaltung der vertraglichen und gesetzlichen Pflichten der Leistungserbringer von Hilfsmitteln nach § 127 Absatz 7,
18. die Erfüllung der Aufgaben der Krankenkassen als Rehabilitationsträger nach dem Neunten Buch,
19. die Vorbereitung von Versorgungsinnovationen, die Information der Versicherten und die Unterbreitung von Angeboten nach § 68b Absatz 1 und 2 sowie

20. die administrative Zurverfügungstellung der elektronischen Patientenakte sowie für das Angebot zusätzlicher Anwendungen im Sinne des § 345 Absatz 1 Satz 1

erforderlich sind. [2]Versichertenbezogene Angaben über ärztliche Leistungen dürfen auch auf maschinell verwertbaren Datenträgern gespeichert werden, soweit dies für die in Satz 1 Nr. 4, 8, 9, 10, 11, 12, 13, 14 und § 305 Absatz 1 bezeichneten Zwecke erforderlich ist. [3]Versichertenbezogene Angaben über ärztlich verordnete Leistungen dürfen auf maschinell verwertbaren Datenträgern gespeichert werden, soweit dies für die in Satz 1 Nr. 4, 8, 9, 10, 11, 12, 13, 14 und § 305 Abs. 1 bezeichneten Zwecke erforderlich ist. [4]Im Übrigen gelten für die Datenerhebung und -speicherung die Vorschriften des Ersten und Zehnten Buches.

(2) Im Rahmen der Überwachung der Wirtschaftlichkeit der vertragsärztlichen Versorgung dürfen versichertenbezogene Leistungs- und Gesundheitsdaten auf maschinell verwertbaren Datenträgern nur gespeichert werden, soweit diese für Stichprobenprüfungen nach § 106a Absatz 1 Satz 1 oder § 106b Absatz 1 Satz 1 erforderlich sind.

(3) [1]Die rechtmäßig erhobenen und gespeicherten versichertenbezogenen Daten dürfen nur für die Zwecke der Aufgaben nach Absatz 1 in dem jeweils erforderlichen Umfang verarbeitet werden, für andere Zwecke, soweit dies durch Rechtsvorschriften des Sozialgesetzbuchs angeordnet oder erlaubt ist. [2]Die Daten, die nach § 295 Abs.1b Satz 1 an die Krankenkasse übermittelt werden, dürfen nur zu Zwecken nach Absatz 1 Satz 1 Nr. 4, 8, 9, 10, 11, 12, 13, 14, 19 und § 305 Abs. 1 versichertenbezogen verarbeitet werden und nur, soweit dies für diese Zwecke erforderlich ist; für die Verarbeitung dieser Daten zu anderen Zwecken ist der Versichertenbezug vorher zu löschen.

(4) [1]Zur Gewinnung von Mitgliedern dürfen die Krankenkassen Daten verarbeiten, wenn die Daten allgemein zugänglich sind, es sei denn, dass das schutzwürdige Interesse der betroffenen Person an dem Ausschluss der Verarbeitung überwiegt. [2]Ein Abgleich der erhobenen Daten mit den Angaben nach § 291a Absatz 2 Nummer 2 bis 5 ist zulässig. [3]Im Übrigen gelten für die Datenverarbeitung die Vorschriften des Ersten und Zehnten Buches.

§ 285
Personenbezogene Daten bei den Kassenärztlichen Vereinigungen

(1) Die Kassenärztlichen Vereinigungen dürfen Einzelangaben über die persönlichen und sachlichen Verhältnisse der Ärzte nur erheben und speichern, soweit dies zur Erfüllung der folgenden Aufgaben erforderlich ist:

1. Führung des Arztregisters (§ 95),
2. Sicherstellung und Vergütung der vertragsärztlichen Versorgung einschließlich der Überprüfung der Zulässigkeit und Richtigkeit der Abrechnung,
3. Vergütung der ambulanten Krankenhausleistungen (§ 120),
4. Vergütung der belegärztlichen Leistungen (§ 121),
5. Durchführung von Wirtschaftlichkeitsprüfungen (§ 106 bis § 106c),
6. Durchführung von Qualitätsprüfungen (§ 135b).

(2) Einzelangaben über die persönlichen und sachlichen Verhältnisse der Versicherten dürfen die Kassenärztlichen Vereinigungen nur erheben und speichern, soweit dies zur Erfüllung der in Absatz 1 Nr. 2, 5, 6 sowie den §§ 106d und 305 genannten Aufgaben erforderlich ist.

(3) [1]Die rechtmäßig erhobenen und gespeicherten Sozialdaten dürfen nur für die Zwecke der Aufgaben nach Absatz 1 in dem jeweils erforderlichen Umfang verarbeitet werden, für andere Zwecke, soweit dies durch Rechtsvorschriften des Sozialgesetzbuchs oder nach § 13 Absatz 5 des Infektionsschutzgesetzes angeordnet oder erlaubt ist. [2]Die nach Absatz 1 Nr. 6 rechtmäßig erhobenen und gespeicherten Daten dürfen den ärztlichen und zahnärztlichen Stellen nach § 128 Absatz 1 der Strahlenschutzverordnung übermittelt werden, soweit dies für die Durchführung von Qualitätsprüfungen erforderlich ist. [3]Die beteiligten Kassenärztlichen Vereinigungen dürfen die nach Absatz 1 und 2 rechtmäßig erhobenen und gespeicherten Sozialdaten der für die überörtliche Berufsausübungsgemeinschaft zuständigen Kassenärztlichen Vereinigung übermitteln, soweit dies zur Erfüllung der in Absatz 1 Nr. 1, 2, 4, 5 und 6 genannten Aufgaben erforderlich ist. [4]Sie dürfen die nach den Absätzen 1 und 2 rechtmäßig erho-

benenen Sozialdaten der nach § 24 Abs. 3 Satz 3 der Zulassungsverordnung für Vertragsärzte und § 24 Abs. 3 Satz 3 der Zulassungsverordnung für Vertragszahnärzte ermächtigten Vertragsärzte und Vertragszahnärzte auf Anforderung auch untereinander übermitteln, soweit dies zur Erfüllung der in Absatz 1 Nr. 2 genannten Aufgaben erforderlich ist. [5]Die zuständige Kassenärztliche und die zuständige Kassenzahnärztliche Vereinigung dürfen die nach Absatz 1 und 2 rechtmäßig erhobenen und gespeicherten Sozialdaten der Leistungserbringer, die vertragsärztliche und vertragszahnärztliche Leistungen erbringen, auf Anforderung untereinander übermitteln, soweit dies zur Erfüllung der in Absatz 1 Nr. 2 sowie in § 106a genannten Aufgaben erforderlich ist. [6]Sie dürfen rechtmäßig erhobene und gespeicherte Sozialdaten auf Anforderung auch untereinander übermitteln, soweit dies zur Erfüllung der in § 32 Abs. 1 der Zulassungsverordnung für Vertragsärzte und § 32 Abs. 1 der Zulassungsverordnung für Vertragszahnärzte genannten Aufgaben erforderlich ist. [7]Die Kassenärztlichen Vereinigungen dürfen rechtmäßig erhobene und gespeicherte Sozialdaten auch untereinander übermitteln, soweit dies im Rahmen eines Auftrags nach § 77 Absatz 6 Satz 2 dieses Buches in Verbindung mit § 88 des Zehnten Buches erforderlich ist. [8]Versichertenbezogene Daten sind vor ihrer Übermittlung zu pseudonymisieren.

(3a) [1]Die Kassenärztlichen Vereinigungen sind befugt, personenbezogene Daten der Ärzte, von denen sie bei Erfüllung ihrer Aufgaben nach Absatz 1 Kenntnis erlangt haben, und soweit diese

1. für Entscheidungen über die Rücknahme, den Widerruf oder die Anordnung des Ruhens der Approbation oder
2. für berufsrechtliche Verfahren

erheblich sind, den hierfür zuständigen Behörden und Heilberufskammern zu übermitteln. [2]Die Kassenärztlichen Vereinigungen sind befugt, auf Anforderung der zuständigen Heilberufskammer personenbezogene Angaben der Ärzte nach § 293 Absatz 4 Satz 2 Nummer 2 bis 12 an die jeweils zuständige Heilberufskammer für die Prüfung der Erfüllung der berufsrechtlich vorgegebenen Verpflichtung zur Meldung der ärztlichen Berufstätigkeit zu übermitteln.

(4) Soweit sich die Vorschriften dieses Kapitels auf Ärzte und Kassenärztliche Vereinigungen beziehen, gelten sie entsprechend für Psychotherapeuten, Zahnärzte und Kassenzahnärztliche Vereinigungen.

§ 286
Datenübersicht

Die Krankenkassen und die Kassenärztlichen Vereinigungen regeln in Dienstanweisungen das Nähere insbesondere über

1. die zulässigen Verfahren der Verarbeitung der Daten,
2. Art, Form, Inhalt und Kontrolle der einzugebenden und der auszugebenden Daten,
3. die Abgrenzung der Verantwortungsbereiche bei der Datenverarbeitung,
4. die weiteren zur Gewährleistung von Datenschutz und Datensicherheit zu treffenden Maßnahmen.

§ 287
Forschungsvorhaben

(1) Die Krankenkassen und die Kassenärztlichen Vereinigungen dürfen mit Erlaubnis der Aufsichtsbehörde die Datenbestände leistungserbringer- oder fallbeziehbar für zeitlich befristete und im Umgang begrenzte Forschungsvorhaben, insbesondere zur Gewinnung epidemiologischer Erkenntnisse, von Erkenntnissen über Zusammenhänge zwischen Erkrankungen und Arbeitsbedingungen oder von Erkenntnissen über örtliche Krankheitsschwerpunkte, selbst auswerten oder über die sich aus § 304 ergebenden Fristen hinaus aufbewahren.

(2) Sozialdaten sind zu anonymisieren.

§ 287a
Federführende Datenschutzaufsicht in der Versorgungs- und Gesundheitsforschung

[1]Bei länderübergreifenden Vorhaben der Versorgungs- und Gesundheitsforschung, an denen nichtöffentliche Stellen oder öffentliche Stellen des Bundes oder der Länder aus zwei oder mehr Ländern als Verantwortliche beteiligt sind, findet § 27 des Bundesdatenschutzgesetzes Anwendung. [2]Die beteiligten Verantwortlichen benennen einen Hauptverantwortlichen und melden diesen der für die Hauptniederlassung des Hauptverantwortlichen zuständigen Aufsichtsbehörde. [3]Die Artikel 56 und 60 der Verordnung (EU) 2016/679 sind entsprechend anzuwenden.

Zweiter Titel

Informationsgrundlagen der Krankenkassen

§ 288
Versichertenverzeichnis

[1]Die Krankenkasse hat ein Versichertenverzeichnis zu führen. [2]Das Versichertenverzeichnis hat alle Angaben zu enthalten, die zur Feststellung der Versicherungspflicht oder -berechtigung, zur Bemessung und Einziehung der Beiträge, soweit nach der Art der Versicherung notwendig, sowie zur Feststellung des Leistungsanspruchs einschließlich der Versicherung nach § 10 erforderlich sind.

Bearbeiterhinweis:
Nachfolgende Fassung von § 288 tritt an dem Tag in Kraft, an dem das Bundesministerium des Innern, für Bau und Heimat im Bundesgesetzblatt jeweils bekannt gibt, dass die technischen Voraussetzungen für die Verarbeitung der Identifikationsnummer nach § 139b der Abgabenordnung nach den jeweils geänderten Gesetzen vorliegt:

[1]Die Krankenkasse hat ein Versichertenverzeichnis zu führen. [2]Das Versichertenverzeichnis hat alle Angaben zu enthalten, die zur Feststellung der Versicherungspflicht oder -berechtigung, zur Bemessung und Einziehung der Beiträge, soweit nach der Art der Versicherung notwendig, sowie zur Feststellung des Leistungsanspruchs einschließlich der Versicherung nach § 10 erforderlich sind. [3]Darüber hinaus enthält das Versichertenverzeichnis die Identifikationsnummer nach dem Identifikationsnummerngesetz.

§ 289
Nachweispflicht bei Familienversicherung

[1]Für die Eintragung in das Versichertenverzeichnis hat die Krankenkasse die Versicherung nach § 10 bei deren Beginn festzustellen. [2]Sie kann die dazu erforderlichen Daten vom Angehörigen oder mit dessen Zustimmung vom Mitglied erheben. [3]Der Fortbestand der Voraussetzungen der Versicherung nach § 10 ist auf Verlangen der Krankenkasse nachzuweisen.

§ 290
Krankenversichertennummer

(1) [1]Die Krankenkasse verwendet für jeden Versicherten eine Krankenversichertennummer. [2]Die Krankenversichertennummer besteht aus einem unveränderbaren Teil zur Identifikation des Versicherten und einem veränderbaren Teil, der bundeseinheitliche Angaben zur Kassenzugehörigkeit enthält und aus dem bei Vergabe der Nummer an Versicherte nach § 10 sicherzustellen ist, dass der Bezug zu dem Angehörigen, der Mitglied ist, hergestellt werden kann. [3]Der Aufbau und das Verfahren der Vergabe der Krankenversichertennummer haben den Richtlinien nach Absatz 2 zu entsprechen. [4]Die Rentenversicherungsnummer darf nicht als Krankenversichertennummer verwendet werden. [5]Eine Verwendung der Rentenversicherungsnummer zur Bildung der Krankenversichertennummer entsprechend den Richtlinien nach Absatz 2 ist zulässig, wenn nach dem Stand von Wissenschaft und Technik sichergestellt ist, dass nach Vergabe der Krankenversichertennummer weder aus der Krankenversichertennummer auf die Rentenversicherungsnummer noch aus der Rentenversicherungsnummer auf die Krankenversichertennummer zurückgeschlossen werden kann; dieses Erfordernis gilt auch in Bezug auf die vergebende Stelle. [6]Die Prüfung einer Mehrfachvergabe der Krankenversichertennummer durch die Vertrauensstelle bleibt davon unberührt. [7]Wird die Rentenversicherungsnummer zur Bildung der Krankenversichertennummer verwendet, ist für Personen, denen eine Krankenversichertennummer zugewiesen werden muss und die noch keine Rentenversicherungsnummer erhalten haben, eine Rentenversicherungsnummer zu vergeben.

(2) [1]Der Spitzenverband Bund der Krankenkassen hat den Aufbau und das Verfahren der Vergabe der Krankenversichertennummer durch Richtlinien zu regeln. [2]Die Krankenversichertennummer ist von einer von den Krankenkassen und ihren Verbänden räumlich, organisatorisch und personell getrennten Vertrauensstelle zu vergeben. [3]Die im Zusammenhang mit der Einrichtung und dem Betrieb der Vertrauensstelle anfallenden Verwaltungskosten werden vom Spitzenverband Bund der Krankenkassen finanziert. [4]Die Vertrauensstelle gilt als öffentliche Stelle und unterliegt dem Sozialgeheimnis nach § 35 des Ersten Buches. [5]Sie untersteht der Rechtsaufsicht des Bundesministeriums für Gesundheit. [6]§ 274 Abs. 1 Satz 2 gilt entsprechend. [7]Die Richtlinien sind dem Bundesministerium für Gesundheit vorzulegen. [8]Es kann sie innerhalb von zwei Monaten beanstanden. [9]Kommen die Richtlinien nicht innerhalb der gesetzten Frist zu Stande oder werden die Beanstandungen nicht innerhalb der vom Bundesministerium für Gesundheit gesetzten Frist behoben,

kann das Bundesministerium für Gesundheit die Richtlinien erlassen.

(3) [1]Die Vertrauensstelle nach Absatz 2 Satz 2 führt ein Verzeichnis der Krankenversichertennummern. [2]Das Verzeichnis enthält für jeden Versicherten den unveränderbaren und den veränderbaren Teil der Krankenversichertennummer sowie die erforderlichen Angaben, um zu gewährleisten, dass der unveränderbare Teil der Krankenversichertennummer nicht mehrfach vergeben wird. [3]Der Spitzenverband Bund der Krankenkassen legt das Nähere zu dem Verzeichnis im Einvernehmen mit der oder dem Bundesbeauftragten für den Datenschutz und die Informationsfreiheit in den Richtlinien nach Absatz 2 Satz 1 fest, insbesondere ein Verfahren des Datenabgleichs zur Gewährleistung eines tagesaktuellen Standes des Verzeichnisses. [4]Das Verzeichnis darf ausschließlich zum Ausschluss und zur Korrektur von Mehrfachvergaben derselben Krankenversichertennummer verwendet werden. [5]Um Mehrfachvergaben derselben Krankenversichertennummer auszuschließen oder zu korrigieren, übermitteln die Krankenkassen zum Zweck des Datenabgleichs gemäß dem Verfahren nach Satz 3 die dafür erforderlichen Sozialdaten an die in § 362 Absatz 1 genannten Stellen, die den unveränderbaren Teil der Krankenversichertennummer nutzen; dabei gilt für die in § 362 Absatz 1 genannten Stellen § 35 des Ersten Buches entsprechend.

(4) Die Krankenversichertennummer eines Versicherten darf im Rahmen der Telematikinfrastruktur von Anbietern und Nutzern von Anwendungen und Diensten im Sinne von § 306 Absatz 4 Satz 1 und 2 zur eindeutigen Identifikation des Versicherten verwendet werden, soweit dies für die eindeutige Zuordnung von Daten und Diensten bei der Nutzung dieser Anwendungen und Dienste erforderlich ist.

§ 291
Elektronische Gesundheitskarte

(1) Die Krankenkasse stellt für jeden Versicherten eine elektronische Gesundheitskarte aus.

(2) Die elektronische Gesundheitskarte muss technisch geeignet sein,

1. Authentifizierung, Verschlüsselung und elektronische Signatur barrierefrei zu ermöglichen,
2. die Anwendungen der Telematikinfrastruktur nach § 334 Absatz 1 zu unterstützen und
3. sofern sie vor dem 1. Januar 2026 ausgestellt wird, die Speicherung von Daten nach § 291a, und, wenn sie nach diesem Zeitpunkt ausgestellt wird, die Speicherung von Daten nach § 291a Absatz 2 Nummer 1 bis 3 und 6 zu ermöglichen; zusätzlich müssen vor dem 1. Januar 2025 ausgegebene elektronische Gesundheitskarten die Speicherung von Daten nach § 334 Absatz 1 Satz 2 Nummer 2 bis 5 in Verbindung mit § 358 Absatz 4 ermöglichen.

(3) [1]Elektronische Gesundheitskarten, die die Krankenkassen nach dem 30. November 2019 ausgeben, müssen mit einer kontaktlosen Schnittstelle ausgestattet sein. [2]Die Krankenkassen sind verpflichtet,

1. Versicherten auf deren Verlangen unverzüglich eine elektronische Gesundheitskarte mit kontaktloser Schnittstelle zur Verfügung zu stellen,
2. Versicherten, die eine elektronische Patientenakte beantragen, gleichzeitig eine elektronische Gesundheitskarte mit kontaktloser Schnittstelle und eine persönliche Identifikationsnummer (PIN) zur Verfügung zu stellen, soweit dies noch nicht erfolgt ist,
3. Versicherten, die bis zum 31. Dezember 2022 eine elektronische Patientenakte beantragt haben, bis spätestens zum 30. Juni 2023 eine elektronische Gesundheitskarte mit kontaktloser Schnittstelle und eine PIN zur Verfügung zu stellen, soweit dies noch nicht erfolgt ist, und
4. Versicherten ab dem 1. November 2023 als Verfahren zur nachträglichen, sicheren Identifikation nach § 336 Absatz 5 Nummer 3 und zur sicheren Identifikation nach § 336 Absatz 6 auch die Nutzung eines elektronischen Identitätsnachweises nach § 18 des Personalausweisgesetzes, nach § 12 des eID-Karte-Gesetzes oder nach § 78 Absatz 5 des Aufenthaltsgesetzes anzubieten.

(3a) [1]Bei der Ausgabe von elektronischen Gesundheitskarten mit einer kontaktlosen Schnittstelle nach Absatz 3 informieren die Krankenkassen Versicherte barrierefrei über

1. die Möglichkeit und das Verfahren, eine zugehörige persönliche Identifikationsnummer (PIN) beantragen zu können und
2. die Nutzungsmöglichkeiten solcher Karten für Anwendungen nach § 334 Absatz 1 Satz 2 Nummer 1, 4, 6 und 7.

[2]Die Krankenkassen informieren nach Satz 1 auch die Versicherten, denen eine elektronische Gesundheitskarte mit kontaktloser Schnittstelle ohne diese Informationen zur Verfügung gestellt wurde. [3]Der Spitzenverband Bund der Krankenkassen berichtet dem Bundesministerium für Gesundheit halbjährlich beginnend ab dem 1. Januar 2023 über die jeweilige Anzahl der von den einzelnen Kassen an die Versicherten ausgegebenen elektronischen Gesundheitskarten mit einer kontaktlosen Schnittstelle und die jeweilige Anzahl der an die Versicherten versendeten PINs.

(4) [1]Die elektronische Gesundheitskarte gilt nur für die Dauer der Mitgliedschaft bei der ausstellenden Krankenkasse und ist nicht übertragbar. [2]Die Krankenkasse kann die Gültigkeit der Karte befristen.

(5) Spätestens bei der Versendung der elektronischen Gesundheitskarte an den Versicherten hat die Krankenkasse den Versicherten umfassend und in allgemein verständlicher, barrierefreier Form zu informieren über die Funktionsweise der elektronischen Gesundheitskarte und die Art der personenbezogenen Daten, die nach § 291a auf der elektronischen Gesundheitskarte oder durch sie zu verarbeiten sind.

(6) [1]Die Krankenkasse hat bei der Ausstellung der elektronischen Gesundheitskarte die in der Richtlinie gemäß § 217f Absatz 4b vorgesehenen Maßnahmen und Vorgaben zum Schutz von Sozialdaten der Versicherten vor unbefugter Kenntnisnahme umzusetzen. [2]Die Krankenkasse kann zum Zwecke des in der Richtlinie zum 1. Oktober 2023 vorzusehenden Abgleichs der Versichertenanschrift mit den Daten aus dem Melderegister vor dem Versand der elektronischen Gesundheitskarte und deren persönlicher Identifikationsnummer (PIN) an den Versicherten die Daten nach § 34 Absatz 1 Satz 1 Nummer 1 bis 5, 9 und 11 des Bundesmeldegesetzes aus dem Melderegister abrufen.

(7) Spätestens ab dem 1. Januar 2022 stellen die Krankenkassen den Versicherten gemäß den Festlegungen der Gesellschaft für Telematik ein technisches Verfahren barrierefrei zur Verfügung, welches die Anforderungen nach § 336 Absatz 4 erfüllt.

(8) [1]Spätestens ab dem 1. Januar 2024 stellen die Krankenkassen den Versicherten ergänzend zur elektronischen Gesundheitskarte auf Verlangen eine sichere digitale Identität für das Gesundheitswesen barrierefrei zur Verfügung, die die Vorgaben nach Absatz 2 Nummer 1 und 2 erfüllt und die Bereitstellung von Daten nach § 291a Absatz 2 und 3 durch die Krankenkassen ermöglicht. [2]Ab dem 1. Januar 2026 dient die digitale Identität nach Satz 1 in gleicher Weise wie die elektronische Gesundheitskarte zur Authentisierung des Versicherten im Gesundheitswesen und als Versicherungsnachweis nach § 291a Absatz 1. [3]Die Gesellschaft für Telematik legt die Anforderungen an die Sicherheit und Interoperabilität der digitalen Identitäten fest. [4]Die Festlegung der Anforderungen an die Sicherheit und den Datenschutz erfolgt dabei im Einvernehmen mit dem Bundesamt für Sicherheit in der Informationstechnik und der oder dem Bundesbeauftragen für den Datenschutz und die Informationsfreiheit auf Basis der jeweils gültigen Technischen Richtlinien des Bundesamts für Sicherheit in der Informationstechnik und unter Berücksichtigung der notwendigen Vertrauensniveaus der unterstützten Anwendungen. [5]Eine digitale Identität kann über verschiedene Ausprägungen mit verschiedenen Sicherheits- und Vertrauensniveaus verfügen. [6]Das Sicherheits- und Vertrauensniveau der Ausprägung einer digitalen Identität muss mindestens dem Schutzbedarf der Anwendung entsprechen, bei der diese eingesetzt wird. [7]Abweichend von Satz 6 kann der Versicherte nach umfassender Information durch die Krankenkasse über die Besonderheiten des Verfahrens in die Nutzung einer digitalen Identität einwilligen, die einem anderen angemessenen Sicherheitsniveau entspricht. [8]Die Anforderungen an die Sicherheit und Interoperabilität dieses Nutzungsweges der digitalen Identität werden von der Gesellschaft für Telematik festgelegt. [9]Die Festlegung erfolgt hinsichtlich der Anforderungen an die Sicherheit und den Datenschutz im Einvernehmen mit dem Bundesamt für Sicherheit in der Informationstechnik und der oder dem Bundesbeauftragten für den Datenschutz und die Informationsfreiheit. [10]Spätestens ab dem 1. Juli 2023 stellen die Krankenkassen zur Nutzung berechtigten Dritten Verfahren zur Erprobung der Integration der sicheren digitalen Identität nach Satz 1 zur Verfügung.

§ 291a
Elektronische Gesundheitskarte als Versicherungsnachweis und Mittel zur Abrechnung

(1) [1]Die elektronische Gesundheitskarte dient mit den in den Absätzen 2 bis 5 genannten Angaben dem Nachweis der Berechtigung zur Inanspruchnahme von Leistungen im Rahmen der vertragsärztlichen Versorgung (Versicherungsnachweis) sowie der Abrechnung mit den Leistungserbringern. [2]Bei der Inanspruchnahme einer ärztlichen Behandlung bestätigt der Versicherte auf dem Abrechnungsschein des Arztes das Bestehen der Mitgliedschaft bei der Krankenkasse durch seine Unterschrift. [3]Ab dem 1. Januar 2024 kann der Versicherungsnachweis auch durch eine digitale Identität nach § 291 Absatz 8 erbracht werden.

(2) Die folgenden Daten müssen auf der elektronischen Gesundheitskarte gespeichert sein:

1. die Bezeichnung der ausstellenden Krankenkasse, einschließlich eines Kennzeichens für die Kassenärztliche Vereinigung, in deren Bezirk der Versicherte seinen Wohnsitz hat,
2. der Familienname und der Vorname des Versicherten,
3. das Geburtsdatum des Versicherten,
4. das Geschlecht des Versicherten,
5. die Anschrift des Versicherten,
6. die Krankenversichertennummer des Versicherten,
7. der Versichertenstatus, für die Personengruppen nach § 264 Absatz 2 und nach § 151 Absatz 1 des Vierzehnten Buches der Status der auftragsweisen Betreuung,
8. der Zuzahlungsstatus des Versicherten,
9. der Tag des Beginns des Versicherungsschutzes,
10. bei befristeter Gültigkeit der elektronischen Gesundheitskarte das Datum des Fristablaufs,
11. bei Vereinbarungen nach § 264 Absatz 1 Satz 3 zweiter Halbsatz die Angabe, dass es sich um einen Empfänger von Gesundheitsleistungen nach den §§ 4 und 6 des Asylbewerberleistungsgesetzes handelt.

(3) Über die Daten nach Absatz 2 hinaus kann die elektronische Gesundheitskarte auch folgende Daten enthalten:

1. Angaben zu Wahltarifen nach § 53,
2. Angaben zu zusätzlichen Vertragsverhältnissen,
3. in den Fällen des § 16 Absatz 1 Satz 1 Nummer 2 bis 4 und Absatz 3a Angaben zum Ruhen des Anspruchs auf Leistungen,
4. weitere Angaben, soweit die Verarbeitung dieser Daten zur Erfüllung von Aufgaben erforderlich ist, die den Krankenkassen gesetzlich zugewiesen sind sowie
5. Angaben für den Nachweis der Berechtigung zur Inanspruchnahme von Leistungen in einem anderen Mitgliedstaat der Europäischen Union, einem anderen Vertragsstaat des Abkommens über den Europäischen Wirtschaftsraum oder in der Schweiz.

(4) [1]Die Angaben nach den Absätzen 2 und 3 Nummer 1 bis 4 sind auf der elektronischen Gesundheitskarte in einer Form zu speichern, die geeignet ist für eine maschinelle Übertragung auf die für die vertragsärztliche Versorgung vorgesehenen Abrechnungsunterlagen und Vordrucke nach § 295 Absatz 3 Nummer 1 und 2. [2]Ab dem 1. Januar 2026 müssen die Angaben nach Satz 1 zusätzlich zur Speicherung auf der elektronischen Gesundheitskarte auch bei der Krankenkasse zum elektronischen Abruf zur Verfügung stehen.

(5) [1]Die elektronische Gesundheitskarte ist mit einem Lichtbild des Versicherten zu versehen. [2]Versicherte, die jünger als 15 Jahre sind sowie Versicherte, deren Mitwirkung bei der Erstellung des Lichtbildes nicht möglich ist, erhalten eine elektronische Gesundheitskarte ohne Lichtbild.

(6) [1]Die Krankenkassen dürfen das Lichtbild für die Dauer des Versicherungsverhältnisses des Versicherten, jedoch längstens für zehn Jahre, für Ersatz- und Folgeausstellungen der elektronischen Gesundheitskarte speichern. [2]Nach dem Ende des Versicherungsverhältnisses hat die bisherige Krankenkasse das Lichtbild unverzüglich, spätestens aber nach drei Monaten, zu löschen.

(7) Die elektronische Gesundheitskarte ist von dem Versicherten zu unterschreiben.

§ 291b
Verfahren zur Nutzung der elektronischen Gesundheitskarte als Versicherungsnachweis

(1) [1]Die Krankenkassen haben Dienste zur Verfügung zu stellen, mit denen die an der vertragsärztlichen Versorgung teilnehmenden Leistungserbringer und Einrichtungen die Gültigkeit und die Aktualität der Angaben nach § 291a Absatz 2 und 3 bei den Krankenkassen online überprüfen und diese Angaben aktualisieren können. [2]Bis zum 31. Dezember 2025 haben die Krankenkassen auch Dienste zur Verfügung zu stellen, mit denen die an der vertragsärztlichen Versorgung teilnehmenden Leistungserbringer und Einrichtungen die Angaben nach § 291a Absatz 2 und 3 auch online auf der elektronischen Gesundheitskarte aktualisieren können.

(2) [1]Die an der vertragsärztlichen Versorgung teilnehmenden Leistungserbringer haben bei der erstmaligen Inanspruchnahme ihrer Leistungen durch einen Versicherten im Quartal die Leistungspflicht der Krankenkasse durch die Nutzung der Dienste nach Absatz 1 zu prüfen. [2]Bis zum 31. Dezember 2025 ermöglichen sie dazu den Abgleich der auf der elektronischen Gesundheitskarte gespeicherten Daten nach § 291a Absatz 2 und 3 mit den bei der Krankenkasse vorliegenden aktuellen Daten und die Aktualisierung der auf der elektronischen Gesundheitskarte gespeicherten Daten; ab dem 1. Januar 2026 erfolgt die Prüfung nach Satz 1 durch einen elektronischen Abruf der bei der Krankenkasse vorliegenden Daten nach § 291a Absatz 2 und 3. [3]Die Tatsache, dass die Prüfung durchgeführt worden ist, haben die an der vertragsärztlichen Versorgung teilnehmenden Leistungserbringer bei einer Prüfung vor dem 1. Januar 2026 auf der elektronischen Gesundheitskarte, bei einer Prüfung ab dem 1. Januar 2026 in ihren informationstechnischen Systemen, die zur Verarbeitung von personenbezogenen Patientendaten eingesetzt werden, zu speichern. [4]Die technischen Einzelheiten zur Durchführung der Prüfung nach den Sätzen 1 bis 3 sind in den Vereinbarungen nach § 295 Absatz 3 zu regeln.

(3) [1]Die Mitteilung der durchgeführten Prüfung nach Absatz 2 erfolgt als Bestandteil der an die Kassenärztlichen Vereinigungen zu übermittelnden Abrechnungsunterlagen nach § 295. [2]Einrichtungen, die an der vertragsärztlichen Versorgung teilnehmen und die vertragsärztlichen Leistungen direkt mit den Krankenkassen abrechnen, teilen den Krankenkassen die Durchführung der Prüfung nach Absatz 2 bei der Übermittlung der Abrechnungsunterlagen mit.

(4) [1]An der vertragsärztlichen Versorgung teilnehmende Leistungserbringer, die Versicherte ohne persönlichen Kontakt behandeln oder die ohne persönlichen Kontakt in die Behandlung des Versicherten einbezogen sind, sind von der Pflicht zur Durchführung der Prüfung nach Absatz 2 ausgenommen. [2]Die an der vertragsärztlichen Versorgung teilnehmenden Leistungserbringer nach Satz 1 haben sich bis zum 30. Juni 2020 an die Telematikinfrastruktur nach § 306 anzuschließen und über die für die Prüfung nach Absatz 2 erforderliche Ausstattung zu verfügen, es sei denn, sie sind hierzu bereits als an der vertragsärztlichen Versorgung teilnehmende Leistungserbringer nach Absatz 2 Satz 1 verpflichtet.

(5) [1]Den an der vertragsärztlichen Versorgung teilnehmenden Leistungserbringern, die ab dem 1. Januar 2019 ihrer Pflicht zur Prüfung nach Absatz 2 nicht nachkommen, ist die Vergütung vertragsärztlicher Leistungen pauschal um 1 Prozent zu kürzen; an der vertragsärztlichen Versorgung teilnehmenden Leistungserbringern, die ihrer Pflicht zur Prüfung nach Absatz 2 ab dem 1. März 2020 nicht nachkommen, ist die Vergütung vertragsärztlicher Leistungen pauschal um 2,5 Prozent zu kürzen. [2]Die Vergütung ist so lange zu kürzen, bis sich der betroffene an der vertragsärztlichen Versorgung teilnehmende Leistungserbringer an die Telematikinfrastruktur angeschlossen hat und über die für die Prüfung nach Absatz 2 erforderliche Ausstattung verfügt. [3]Die zur Teilnahme an der vertragsärztlichen Versorgung ermächtigten Ärzte, die in einem Krankenhaus tätig sind, und die zur Teilnahme an der vertragsärztlichen Versorgung ermächtigten Krankenhäuser sowie die nach § 75 Absatz 1b Satz 3 auf Grund einer Kooperationsvereinbarung mit der Kassenärztlichen Vereinigung in den Notdienst einbezogenen zugelassenen Krankenhäuser sind von der Kürzung der Vergütung vertragsärztlicher Leistungen bis zum 31. Dezember 2021 ausgenommen.

(6) Das Nähere zur bundesweiten Verwendung der elektronischen Gesundheitskarte als Versicherungsnachweis vereinbaren die Vertragspartner im Rahmen der Verträge nach § 87 Absatz 1.

(7) Das Bundesministerium für Gesundheit kann die in den Absätzen 1 und 2 sowie in § 291 Absatz 2 Nummer 3, Absatz 8 und § 291a Absatz 4

Satz 2 genannten Fristen durch Rechtsverordnung ohne Zustimmung des Bundesrates verlängern.

§ 291c Einzug, Sperrung oder weitere Nutzung der elektronischen Gesundheitskarte nach Krankenkassenwechsel; Austausch der elektronischen Gesundheitskarte

(1) Bei Beendigung des Versicherungsschutzes oder bei einem Krankenkassenwechsel ist die elektronische Gesundheitskarte von der Krankenkasse, die diese elektronische Gesundheitskarte ausgestellt hat, einzuziehen oder zu sperren und nach dem Stand der Technik zu vernichten.

(2) Wird die elektronische Gesundheitskarte eines Versicherten eingezogen, gesperrt oder im Rahmen eines bestehenden Versicherungsverhältnisses ausgetauscht, so hat die Krankenkasse sicherzustellen, dass der Versicherte weiterhin auf die Daten in den Anwendungen nach § 334 Absatz 1 Nummer 1 und 6 zugreifen und diese Daten verarbeiten kann.

(3) Vor dem Einzug der elektronischen Gesundheitskarte und vor dem Austausch der elektronischen Gesundheitskarte im Rahmen eines bestehenden Versicherungsverhältnisses hat die einziehende Krankenkasse über Möglichkeiten zur Löschung der Daten nach § 334 Absatz 1 Satz 2 Nummer 2 bis 5 auf der elektronischen Gesundheitskarte zu informieren.

§ 292 Angaben über Leistungsvoraussetzungen

[1]Die Krankenkasse hat Angaben über Leistungen, die zur Prüfung der Voraussetzungen späterer Leistungsgewährung erforderlich sind, aufzuzeichnen. [2]Hierzu gehören insbesondere Angaben zur Feststellung der Voraussetzungen von Leistungsansprüchen bei Krankenhausbehandlung, medizinischen Leistungen zur Gesundheitsvorsorge und Rehabilitation sowie zur Feststellung der Voraussetzungen der Kostenerstattung und zur Leistung von Zuschüssen. [3]Im Falle der Arbeitsunfähigkeit sind auch die Diagnosen aufzuzeichnen.

§ 293 Kennzeichen für Leistungsträger und Leistungserbringer

(1) [1]Die Krankenkassen verwenden im Schriftverkehr einschließlich des Einsatzes elektronischer Datenübertragung oder maschinell verwertbarer Datenträger, beim Datenaustausch, für Maßnahmen zur Qualitätssicherung und für Abrechnungszwecke mit den anderen Trägern der Sozialversicherung, der Bundesagentur für Arbeit und den Versorgungsverwaltungen der Länder sowie mit ihren Vertragspartnern einschließlich deren Mitgliedern bundeseinheitliche Kennzeichen. [2]Der Spitzenverband Bund der Krankenkassen, die Spitzenorganisationen der anderen Träger der Sozialversicherung, die Postbeamtenkrankenkasse, die Bundesagentur für Arbeit und die Versorgungsverwaltungen der Länder bilden für die Vergabe der Kennzeichen nach Satz 1 eine Arbeitsgemeinschaft.

(2) Die Mitglieder der Arbeitsgemeinschaft nach Absatz 1 Satz 2 gemeinsam vereinbaren mit den Spitzenorganisationen der Leistungserbringer einheitlich Art und Aufbau der Kennzeichen und das Verfahren der Vergabe und ihre Verwendung.

(3) Kommt eine Vereinbarung nach Absatz 2 nicht oder nicht innerhalb einer vom Bundesministerium für Gesundheit gesetzten Frist zustande, kann dieses im Einvernehmen mit dem Bundesminister für Arbeit und Soziales nach Anhörung der Beteiligten das Nähere der Regelungen über Art und Aufbau der Kennzeichen und das Verfahren der Vergabe und ihre Verwendung durch Rechtsverordnung mit Zustimmung des Bundesrates bestimmen.

(4) [1]Die Kassenärztliche und die Kassenzahnärztliche Bundesvereinigung führen jeweils ein bundesweites Verzeichnis der an der vertragsärztlichen Versorgung teilnehmenden Ärzte und Zahnärzte sowie Einrichtungen. [2]Das Verzeichnis enthält folgende Angaben:

1. Arzt- oder Zahnarztnummer (unverschlüsselt),
2. Hausarzt- oder Facharztkennung,
3. Teilnahmestatus,
4. Geschlecht des Arztes oder Zahnarztes,
5. Titel des Arztes oder Zahnarztes,
6. Name des Arztes oder Zahnarztes,

7. Vorname des Arztes oder Zahnarztes,
8. Geburtsdatum des Arztes oder Zahnarztes,
9. Straße der Arzt- oder Zahnarztpraxis oder der Einrichtung,
10. Hausnummer der Arzt- oder Zahnarztpraxis oder der Einrichtung,
11. Postleitzahl der Arzt- oder Zahnarztpraxis oder der Einrichtung,
12. Ort der Arzt- oder Zahnarztpraxis oder der Einrichtung,
13. Beginn der Gültigkeit der Arzt- oder Zahnarztnummer und
14. Ende der Gültigkeit der Arzt- oder Zahnarztnummer.

[3]Das Verzeichnis ist in monatlichen oder kürzeren Abständen zu aktualisieren. [4]Die Arzt- und Zahnarztnummer ist so zu gestalten, dass sie ohne zusätzliche Daten über den Arzt oder Zahnarzt nicht einem bestimmten Arzt oder Zahnarzt zugeordnet werden kann; dabei ist zu gewährleisten, dass die Arzt- und Zahnarztnummer eine Identifikation des Arztes oder Zahnarztes auch für die Krankenkassen und ihre Verbände für die gesamte Dauer der vertragsärztlichen oder vertragszahnärztlichen Tätigkeit ermöglicht. [5]Die Kassenärztliche Bundesvereinigung und die Kassenzahnärztliche Bundesvereinigung stellen sicher, dass das Verzeichnis die Arzt- und Zahnarztnummern enthält, welche Vertragsärzte und -zahnärzte im Rahmen der Abrechnung ihrer erbrachten und verordneten Leistungen mit den Krankenkassen nach den Vorschriften des Zweiten Abschnitts verwenden. [6]Die Kassenärztliche Bundesvereinigung und die Kassenzahnärztliche Bundesvereinigung stellen dem Spitzenverband Bund der Krankenkassen das Verzeichnis bis zum 31. März 2004 im Wege elektronischer Datenübertragung oder maschinell verwertbar auf Datenträgern zur Verfügung; Änderungen des Verzeichnisses sind dem Spitzenverband Bund der Krankenkassen in monatlichen oder kürzeren Abständen unentgeltlich zu übermitteln. [7]Der Spitzenverband Bund der Krankenkassen stellt seinen Mitgliedsverbänden und den Krankenkassen das Verzeichnis zur Erfüllung ihrer Aufgaben, insbesondere im Bereich der Gewährleistung der Qualität und der Wirtschaftlichkeit der Versorgung sowie der Aufbereitung der dafür erforderlichen Datengrundlagen, zur Verfügung; für andere Zwecke darf der Spitzenverband Bund der Krankenkassen die in dem Verzeichnis enthaltenen Angaben nicht verarbeiten.

(4a) [1]Die Kassenärztliche und die Kassenzahnärztliche Bundesvereinigung übermitteln dem Statistischen Bundesamt für die Erhebung nach dem Gesetz über Kostenstrukturstatistik in der jeweils geltenden Fassung bei Arzt- und Zahnarztpraxen sowie Praxen von Psychotherapeuten auf Anforderung jährlich die in Absatz 4 Satz 2 Nummer 1 bis 3, 5 bis 7 sowie 9 bis 12 genannten Daten. [2]Die in Satz 1 genannten Daten sind innerhalb von 30 Arbeitstagen zu übermitteln. [4]Die Übermittlung der Daten an das Statistische Bundesamt erfolgt nach den vom Statistischen Bundesamt angebotenen sicheren elektronischen Verfahren. [5]Die übermittelten Daten dürfen auch verwendet werden zur Pflege und Führung des Statistikregisters nach § 13 des Bundesstatistikgesetzes (BGBl. I S. 2394), das zuletzt durch Artikel 6 des Gesetzes vom 10. Juli 2020 (BGBl. I S. 1648) geändert worden ist.

(5) [1]Die für die Wahrnehmung der wirtschaftlichen Interessen gebildete maßgebliche Spitzenorganisation der Apotheker führt ein bundeseinheitliches Verzeichnis über die Apotheken und stellt dieses dem Spitzenverband Bund der Krankenkassen und der Gesellschaft für Telematik im Wege elektronischer Datenübertragung oder maschinell verwertbar auf Datenträgern unentgeltlich zur Verfügung. [2]Änderungen des Verzeichnisses sind dem Spitzenverband Bund der Krankenkassen und der Gesellschaft für Telematik in monatlichen oder kürzeren Abständen unentgeltlich zu übermitteln. [3]Das Verzeichnis enthält den Namen des Apothekers, die Anschrift und das Kennzeichen der Apotheke; es ist in monatlichen oder kürzeren Abständen zu aktualisieren. [4]Die für die Wahrnehmung der wirtschaftlichen Interessen gebildete maßgebliche Spitzenorganisation der Apotheker stellt das Verzeichnis und die Änderungen nach Satz 2 auch der nach § 2 Satz 1 des Gesetzes über Rabatte für Arzneimittel gebildeten zentralen Stelle im Wege elektronischer Datenübertragung oder maschinell verwertbar auf Datenträgern zur Verfügung; die zentrale Stelle hat die Übermittlungskosten zu tragen. [5]Der Spitzenverband Bund der Krankenkassen stellt seinen Mitgliedsverbänden und den Krankenkassen das Verzeichnis zur Erfüllung ihrer Aufgaben im Zusammenhang mit der Abrechnung der Apotheken, der in den §§ 129 und 300 getroffenen Regelungen sowie der damit verbundenen Datenaufbereitungen zur Verfügung; für andere Zwecke darf der Spitzenverband

Bund der Krankenkassen die in dem Verzeichnis enthaltenen Angaben nicht verarbeiten. [6]Die zentrale Stelle darf das Verzeichnis an die Träger der Kosten in Krankheits-, Pflege- und Geburtsfällen nach beamtenrechtlichen Vorschriften, die Unternehmen der privaten Krankenversicherung sowie die sonstigen Träger von Kosten in Krankheitsfällen übermitteln. [7]Die in dem Verzeichnis enthaltenen Angaben dürfen nur für die in § 2 des Gesetzes über Rabatte für Arzneimittel genannten Zwecke verarbeitet werden. [8]Die Gesellschaft für Telematik darf die in dem Verzeichnis enthaltenen Angaben nur zum Zweck der Ausgabe von Komponenten zur Authentifizierung von Leistungserbringerinstitutionen nach § 340 Absatz 4 verarbeiten. [9]Apotheken nach Satz 1 sind verpflichtet, die für das Verzeichnis erforderlichen Auskünfte zu erteilen. [10]Weitere Anbieter von Arzneimitteln sind gegenüber dem Spitzenverband Bund der Krankenkassen entsprechend auskunftspflichtig.

(6) [1]Der Spitzenverband Bund der Krankenkassen und die Deutsche Krankenhausgesellschaft führen auf der Grundlage der Vereinbarung nach § 2a Absatz 1 Satz 1 des Krankenhausfinanzierungsgesetzes ein bundesweites Verzeichnis der Standorte der nach § 108 zugelassenen Krankenhäuser und ihrer Ambulanzen. [2]Sie können das Institut für das Entgeltsystem im Krankenhaus mit der Aufgabe nach Satz 1 beauftragen. [3]In diesem Fall sind die notwendigen Aufwendungen des Instituts aus dem Zuschlag nach § 17b Absatz 5 Satz 1 Nummer 1 des Krankenhausfinanzierungsgesetzes zu finanzieren. [4]Die zugelassenen Krankenhäuser sind verpflichtet, der das Verzeichnis führenden Stelle auf Anforderung die für den Aufbau und die Durchführung des Verzeichnisses erforderlichen Daten sowie Veränderungen dieser Daten auch ohne Anforderung zu übermitteln. [5]Das Verzeichnis ist in nach Satz 10 Nummer 3 zu vereinbarenden Abständen zeitnah zu aktualisieren und im Internet zu veröffentlichen. [6]Die Krankenhäuser verwenden die im Verzeichnis enthaltenen Kennzeichen zu Abrechnungszwecken, für Datenübermittlungen an die Datenstelle nach § 21 Absatz 1 des Krankenhausentgeltgesetzes sowie zur Erfüllung der Anforderungen der Richtlinien und Beschlüsse zur Qualitätssicherung des Gemeinsamen Bundesausschusses. [7]Die Kostenträger nutzen das Verzeichnis zur Erfüllung ihrer Aufgaben insbesondere im Zusammenhang mit der Abrechnung von Leistungen sowie mit Anforderungen der Richtlinien und Beschlüsse des Gemeinsamen Bundesausschusses zur Qualitätssicherung. [8]Der Gemeinsame Bundesausschuss nutzt das Verzeichnis, sofern dies zur Erfüllung der ihm nach diesem Gesetzbuch übertragenen Aufgaben insbesondere im Rahmen der Qualitätssicherung erforderlich ist. [9]Das Bundeskartellamt erhält die Daten des Verzeichnisses von der das Verzeichnis führenden Stelle im Wege elektronischer Datenübertragung oder maschinell verwertbar auf Datenträgern zur Erfüllung seiner Aufgaben nach dem Gesetz gegen Wettbewerbsbeschränkungen. [10]Die Deutsche Krankenhausgesellschaft und der Spitzenverband Bund der Krankenkassen vereinbaren bis zum 30. Juni 2017 das Nähere zu dem Verzeichnis nach Satz 1, insbesondere

1. die Art und den Aufbau des Verzeichnisses,
2. die Art und den Aufbau der im Verzeichnis enthaltenen Kennzeichen sowie die Voraussetzungen und das Verfahren für die Vergabe der Kennzeichen,
3. die geeigneten Abstände einer zeitnahen Aktualisierung und das Verfahren der kontinuierlichen Fortschreibung,
4. die sächlichen und personellen Voraussetzungen für die Verwendung der Kennzeichen sowie die sonstigen Anforderungen an die Verwendung der Kennzeichen und
5. die Finanzierung der Aufwände, die durch die Führung und die Aktualisierungen des Verzeichnisses entstehen.

[11]§ 2a Absatz 2 des Krankenhausfinanzierungsgesetzes gilt entsprechend für die Auftragserteilung nach Satz 2 und die Vereinbarung nach Satz 10.

(7) [1]Der Spitzenverband Bund der Krankenkassen und die Deutsche Krankenhausgesellschaft führen ein bundesweites Verzeichnis aller in den nach § 108 zugelassenen Krankenhäusern und ihren Ambulanzen tätigen Ärzte. [2]Sie können einen Dritten mit der Aufgabe nach Satz 1 beauftragen; für eine das Verzeichnis führende Stelle, die nicht zu den in § 35 des Ersten Buches genannten Stellen gehört, gilt § 35 des Ersten Buches entsprechend. [3]Das Verzeichnis enthält für alle Ärzte nach Satz 1 folgende Angaben:

1. Arztnummer (unverschlüsselt),
2. Angaben des Arztes nach Absatz 4 Satz 2 Nummer 4 bis 8,
3. Datum des Staatsexamens,

4. Datum der Approbation,
5. Datum der Promotion,
6. Datum der Facharztanerkennung und Fachgebiet,
7. Kennzeichen im Verzeichnis nach Absatz 6 des Krankenhauses, in dem der Arzt beschäftigt ist,
8. Datum des Beginns der Tätigkeit des Arztes im Krankenhaus und
9. Datum des Endes der Tätigkeit des Arztes im Krankenhaus.

[4]Die Arztnummer nach Satz 3 Nummer 1 folgt in ihrer Struktur der Arztnummer nach Absatz 4 Satz 2 Nummer 1. [5]Die zugelassenen Krankenhäuser sind verpflichtet, der das Verzeichnis führenden Stelle auf Anforderung die für den Aufbau und die Durchführung des Verzeichnisses erforderlichen Daten sowie Veränderungen dieser Daten auch ohne Anforderung zu übermitteln. [6]Die Kosten zur Führung des Verzeichnisses tragen der Spitzenverband Bund der Krankenkassen und die Deutsche Krankenhausgesellschaft je zur Hälfte. [7]Wird das Institut für das Entgeltsystem im Krankenhaus mit der Führung des Verzeichnisses beauftragt, sind die notwendigen Aufwendungen des Instituts aus dem Zuschlag nach § 17b Absatz 5 Satz 1 Nummer 1 des Krankenhausfinanzierungsgesetzes zu finanzieren. [8]Der Spitzenverband Bund der Krankenkassen stellt seinen Mitgliedern das Verzeichnis zur Erfüllung ihrer gesetzlichen Aufgaben zur Verfügung; für andere Zwecke darf der Spitzenverband Bund der Krankenkassen die in dem Verzeichnis enthaltenen Angaben nicht verarbeiten. [9]Die Krankenhäuser und die Krankenkassen verarbeiten die im Verzeichnis enthaltenen Angaben spätestens zum 1. Januar 2019 in den gesetzlich bestimmten Fällen. [10]Der Spitzenverband Bund der Krankenkassen und die Deutsche Krankenhausgesellschaft vereinbaren im Einvernehmen mit der Kassenärztlichen Bundesvereinigung bis zum 31. Dezember 2017 das Nähere zu dem Verzeichnis nach Satz 1, insbesondere

1. die Art und den Aufbau des Verzeichnisses,
2. die Art, den Abgleich und den Aufbau der im Verzeichnis enthaltenen Angaben sowie die Voraussetzungen und das Verfahren für die Vergabe der Angaben nach Satz 3 Nummer 1 sowie der Verarbeitung der Angaben nach Satz 3 Nummer 2 bis 9,
3. die geeigneten Abstände einer zeitnahen Aktualisierung und das Verfahren der kontinuierlichen Fortschreibung sowie das Verfahren zur Löschung von Einträgen und
4. die sächlichen und personellen Voraussetzungen für die Verarbeitung der Angaben sowie die sonstigen Anforderungen an die Verarbeitung der Angaben.

[11]Die Vereinbarung nach Satz 10 ist für den Spitzenverband Bund der Krankenkassen, die Deutsche Krankenhausgesellschaft, die Kassenärztliche Bundesvereinigung sowie deren jeweiligen Mitglieder und für die Leistungserbringer verbindlich. [12]Kommt eine Vereinbarung nach Satz 10 ganz oder teilweise nicht zustande, entscheidet auf Antrag einer Vertragspartei das sektorenübergreifende Schiedsgremium auf Bundesebene gemäß § 89a.

(8) [1]Das Bundesinstitut für Arzneimittel und Medizinprodukte errichtet bis zum 31. Dezember 2021 im Benehmen mit dem Spitzenverband Bund der Krankenkassen, dem Spitzenverband Bund der Pflegekassen und den für die Wahrnehmung der Interessen der Träger von ambulanten Pflegediensten und Betreuungsdiensten nach § 71 Absatz 1a des Elften Buches maßgeblichen Vereinigungen auf Bundesebene ein bundesweites Verzeichnis

1. der ambulanten Leistungserbringer, mit denen die Krankenkassen Verträge nach § 132a Absatz 4 Satz 1 abgeschlossen haben, oder bei denen es sich um zugelassene Pflegeeinrichtungen im Sinne des § 72 Absatz 1 Satz 1 des Elften Buches handelt,
2. der Personen, die durch die in Nummer 1 genannten Leistungserbringer beschäftigt sind und häusliche Krankenpflege nach § 37, außerklinische Intensivpflege nach § 37c oder Leistungen der häuslichen Pflegehilfe im Sinne des § 36 Absatz 1 des Elften Buches erbringen, sowie
3. der Pflegekräfte, mit denen die Pflegekassen Verträge nach § 77 Absatz 1 des Elften Buches abgeschlossen haben.

[2]Das Bundesinstitut für Arzneimittel und Medizinprodukte legt hierbei für jede in das Verzeichnis aufzunehmende Person nach Satz 1 Nummer 2 und Pflegekraft nach Satz 1 Nummer 3 eine Beschäftigtennummer fest. [3]Die Beschäftigtennum-

mer folgt in ihrer Struktur der Arztnummer nach Absatz 4 Satz 2 Nummer 1. [4]Das Verzeichnis nach Satz 1 enthält für die Personen nach Satz 1 Nummer 2 und für die Pflegekräfte nach Satz 1 Nummer 3 folgende Angaben:

1. die Beschäftigtennummer (unverschlüsselt),
2. den Vornamen und den Namen,
3. das Geburtsdatum,
4. die Bezeichnung der abgeschlossenen Berufsausbildungen und das Datum des jeweiligen Abschlusses sowie
5. die Bezeichnung abgeschlossener Zusatzqualifikationen und das Datum des jeweiligen Abschlusses.

[5]Für die Personen nach Satz 1 Nummer 2 enthält das Verzeichnis zusätzlich zu den Angaben nach Satz 4

1. das Kennzeichen des Arbeitgebers oder des Trägers des Leistungserbringers nach Satz 1 Nummer 1,
2. das Kennzeichen des Leistungserbringers nach Satz 1 Nummer 1, in dem die Person beschäftigt ist, oder, wenn ein solches nicht vorhanden ist, ersatzweise die Anschrift des Leistungserbringers, bei dem die Person beschäftigt ist, und
3. den Beginn und das Ende der Tätigkeit beim Leistungserbringer nach Nummer 2.

[6]Für die Pflegekräfte nach Satz 1 Nummer 3 enthält das Verzeichnis zusätzlich zu den Angaben nach Satz 4

1. die Anschrift der Pflegekraft und
2. den Beginn und das Ende des mit der Pflegekasse geschlossenen Vertrages.

[7]Die Leistungserbringer, mit denen die Krankenkassen Verträge nach § 132a Absatz 4 Satz 1 oder die Landesverbände der Krankenkassen und die Ersatzkassen Verträge nach § 132l Absatz 5 abgeschlossen haben oder bei denen es sich um zugelassene Pflegeeinrichtungen im Sinne des § 72 Absatz 1 Satz 1 des Elften Buches handelt, und die Pflegekräfte nach Satz 1 Nummer 3 sind verpflichtet, dem Bundesinstitut für Arzneimittel und Medizinprodukte ab dem 1. August 2022 die Angaben nach Satz 4 Nummer 2 bis 5 und den Sätzen 5 und 6 zu übermitteln sowie unverzüglich jede Veränderung dieser Angaben mitzuteilen. [8]Die Kosten für die Führung des Verzeichnisses trägt der Spitzenverband Bund der Krankenkassen. [9]Das Bundesinstitut für Arzneimittel und Medizinprodukte stellt den Kranken- und Pflegekassen die zur Erfüllung ihrer gesetzlichen Aufgaben nach diesem und nach dem Elften Buch erforderlichen Angaben aus dem Verzeichnis zur Verfügung; für andere Zwecke dürfen die Angaben nicht verwendet werden. [10]Das Bundesinstitut für Arzneimittel und Medizinprodukte stellt den in Satz 7 genannten Leistungserbringern und den Pflegekräften nach Satz 1 Nummer 3 die Beschäftigtennummer zur Verfügung. [11]Die Beschäftigtennummer ist spätestens ab dem 1. Januar 2023 für die Abrechnung der von der Person nach Satz 1 Nummer 2 oder der Pflegekraft nach Satz 1 Nummer 3 erbrachten Leistungen zu verwenden.

§ 293a
Transparenzstelle für Verträge über eine hausarztzentrierte Versorgung und über eine besondere Versorgung

(1) [1]Das Bundesamt für Soziale Sicherung richtet eine bundesweite Transparenzstelle für Verträge nach den §§ 73b und 140a einschließlich der Verträge, die nach den §§ 73a, 73c und 140a in der am 22. Juli 2015 geltenden Fassung geschlossen wurden, (Vertragstransparenzstelle) ein. [2]Die Vertragstransparenzstelle dient dem Zweck der Sicherung der Datengrundlagen für den Risikostrukturausgleich nach § 273 und der Information der Öffentlichkeit. [3]Die Vertragstransparenzstelle führt ein Verzeichnis, das zu den Verträgen nach Satz 1 insbesondere Angaben enthält über

1. die Vertragsform,
2. die vertragschließende Krankenkasse,
3. bei einem Vertrag nach § 140a die Art der vertragschließenden Leistungserbringer,
4. den Tag des Vertragsbeginns,
5. soweit erfolgt, den Tag der Wirksamkeit von Vertragsänderungen,
6. den Tag des Vertragsendes,
7. den räumlichen Geltungsbereich des Vertrages,

8. soweit vorhanden, die dem Vertrag als Einschlusskriterien zugrunde liegenden Diagnosen und
9. die Vertragsnummer nach Satz 4.

[4]Jeder Vertrag ist durch die Vertragstransparenzstelle mit einer Vertragsnummer zu kennzeichnen. [5]Das Verzeichnis nach Satz 3 ist vierteljährlich zu aktualisieren und in der jeweiligen aktuellen Fassung im Internet zu veröffentlichen.

(2) [1]Die erstmalige Veröffentlichung des Verzeichnisses umfasst mindestens die Angaben nach Absatz 1 Satz 3 Nummer 1, 2 und 9 und erfolgt bis spätestens zum 30. September 2020. [2]Die Veröffentlichung des Verzeichnisses mit sämtlichen Angaben nach Absatz 1 Satz 3 erfolgt bis spätestens zum 30. September 2021.

(3) [1]Die Vertragstransparenzstelle bestimmt erstmalig bis zum 31. Juli 2020 das Nähere zu dem Verzeichnis nach Absatz 1 Satz 3 in Verbindung mit Absatz 2 Satz 1, insbesondere

1. Art und Aufbau des Verzeichnisses,
2. das Verfahren für die Eintragung der Verträge in das Verzeichnis,
3. Art und Aufbau der im Verzeichnis enthaltenen Vertragsnummer und
4. das Verfahren für die Vergabe der Vertragsnummer.

[2]Bei der Bestimmung nach Satz 1 Nummer 3 und 4 sollen bereits bestehende Vertragskennzeichen berücksichtigt werden. [3]Die Vertragstransparenzstelle bestimmt das Nähere zu dem Verzeichnis nach Absatz 1 Satz 3 in Verbindung mit Absatz 2 Satz 2 bis zum 31. März 2021. [4]Satz 1 Nummer 1 und 2 gilt entsprechend.

(4) [1]Die Krankenkassen sind verpflichtet, der Vertragstransparenzstelle auf Anforderung spätestens bis zum 31. August 2020 die für die erstmalige Veröffentlichung des Verzeichnisses erforderlichen Angaben nach Absatz 2 Satz 1 zu übermitteln. [2]Veränderungen der Angaben nach Absatz 2 Satz 1 und die Angaben zu nach der erstmaligen Übermittlung vereinbarten Verträgen sind von den Krankenkassen ohne Anforderung zu übermitteln.

(5) [1]Die Krankenkassen sind verpflichtet, der Vertragstransparenzstelle auf Anforderung spätestens bis zum 30. Juni 2021 die für die Veröffentlichung des Verzeichnisses nach Absatz 2 Satz 2 erforderlichen Angaben zu übermitteln. [2]Veränderungen der Angaben und die Angaben zu nach der erstmaligen Übermittlung vereinbarten Verträgen sind von den Krankenkassen ohne Anforderung zu übermitteln.

(6) Innerhalb von drei Monaten nach Bekanntgabe der Vertragsnummer nach Absatz 1 Satz 4 schaffen die Vertragspartner die Voraussetzungen für die softwaretechnische Umsetzung der ärztlichen Übermittlungspflicht nach § 295 Absatz 1b Satz 1 und 8.

(7) Die dem Bundesamt für Soziale Sicherung bei der Verwaltung der Vertragstransparenzstelle entstehenden Ausgaben werden aus den Einnahmen des Gesundheitsfonds gedeckt.

Zweiter Abschnitt

Übermittlung und Aufbereitung von Leistungsdaten, Datentransparenz

Erster Titel
Übermittlung von Leistungsdaten

§ 294
Pflichten der Leistungserbringer

Die an der vertragsärztlichen Versorgung teilnehmenden Ärzte und die übrigen Leistungserbringer sind verpflichtet, die für die Erfüllung der Aufgaben der Krankenkassen sowie der Kassenärztlichen Vereinigungen notwendigen Angaben, die aus der Erbringung, der Verordnung sowie der Abgabe von Versicherungsleistungen entstehen, aufzuzeichnen und gemäß den nachstehenden Vorschriften den Krankenkassen, den Kassenärztlichen Vereinigungen oder den mit der Datenverarbeitung beauftragten Stellen mitzuteilen.

§ 294a
Mitteilung von Krankheitsursachen und drittverursachten Gesundheitsschäden

(1) [1]Liegen Anhaltspunkte dafür vor, dass eine Krankheit eine Berufskrankheit im Sinne der gesetzlichen Unfallversicherung oder deren Spätfolgen oder die Folge oder Spätfolge eines Arbeitsunfalls, eines sonstigen Unfalls, einer Körperverletzung, einer Schädigung im Sinne des Vierzehnten Buches ist oder liegen Hinweise auf drittverursachte Gesundheitsschäden vor, sind

die an der vertragsärztlichen Versorgung teilnehmenden Ärzte und Einrichtungen sowie die Krankenhäuser nach § 108 verpflichtet, die erforderlichen Daten, einschließlich der Angaben über Ursachen und den möglichen Verursacher, den Krankenkassen mitzuteilen. [2]Bei Hinweisen auf drittverursachte Gesundheitsschäden, die Folge einer Misshandlung, eines sexuellen Missbrauchs, eines sexuellen Übergriffs, einer sexuellen Nötigung, einer Vergewaltigung oder einer Vernachlässigung von Kindern und Jugendlichen sein können, besteht keine Mitteilungspflicht nach Satz 1. [3]Bei Hinweisen auf drittverursachte Gesundheitsschäden, die Folge einer Misshandlung, eines sexuellen Missbrauchs, eines sexuellen Übergriffs, einer sexuellen Nötigung oder einer Vergewaltigung einer oder eines volljährigen Versicherten sein können, besteht die Mitteilungspflicht nach Satz 1 nur dann, wenn die oder der Versicherte in die Mitteilung ausdrücklich eingewilligt hat.

Bearbeiterhinweis:

Am 01. Januar 2025 tritt nachfolgende Fassung von § 294a Absatz 1 in Kraft:

(1) [1]Liegen Anhaltspunkte dafür vor, dass eine Krankheit eine Berufskrankheit im Sinne der gesetzlichen Unfallversicherung oder deren Spätfolgen oder die Folge oder Spätfolge eines Arbeitsunfalls, eines sonstigen Unfalls, einer Körperverletzung, einer Schädigung im Sinne des Vierzehnten Buches, einer Wehrdienstbeschädigung nach § 3 des Soldatenentschädigungsgesetzes ist, oder liegen Hinweise auf drittverursachte Gesundheitsschäden vor, sind die an der vertragsärztlichen Versorgung teilnehmenden Ärzte und Einrichtungen sowie die Krankenhäuser nach § 108 verpflichtet, die erforderlichen Daten, einschließlich der Angaben über Ursachen und den möglichen Verursacher, den Krankenkassen mitzuteilen. [2]Bei Hinweisen auf drittverursachte Gesundheitsschäden, die Folge einer Misshandlung, eines sexuellen Missbrauchs, eines sexuellen Übergriffs, einer sexuellen Nötigung, einer Vergewaltigung oder einer Vernachlässigung von Kindern und Jugendlichen sein können, besteht keine Mitteilungspflicht nach Satz 1. [3]Bei Hinweisen auf drittverursachte Gesundheitsschäden, die Folge einer Misshandlung, eines sexuellen Missbrauchs, eines sexuellen Übergriffs, einer sexuellen Nötigung oder einer Vergewaltigung einer oder eines volljährigen Versicherten sein können, besteht die Mitteilungspflicht nach Satz 1 nur dann, wenn die oder der Versicherte in die Mitteilung ausdrücklich eingewilligt hat.

(2) [1]Liegen Anhaltspunkte für ein Vorliegen der Voraussetzungen des § 52 Abs. 2 vor, sind die an der vertragsärztlichen Versorgung teilnehmenden Ärzte und Einrichtungen sowie die Krankenhäuser nach § 108 verpflichtet, den Krankenkassen die erforderlichen Daten mitzuteilen. [2]Die Versicherten sind über den Grund der Meldung nach Satz 1 und die gemeldeten Daten zu informieren.

§ 295
Übermittlungspflichten und Abrechnung bei ärztlichen Leistungen

(1) [1]Die an der vertragsärztlichen Versorgung teilnehmenden Ärzte und Einrichtungen sind verpflichtet,

1. die von ihnen festgestellten Arbeitsunfähigkeitsdaten,
2. in den Abrechnungsunterlagen für die vertragsärztlichen Leistungen die von ihnen erbrachten Leistungen einschließlich des Tages und, soweit für die Überprüfung der Zulässigkeit und Richtigkeit der Abrechnung erforderlich, der Uhrzeit der Behandlung, bei ärztlicher Behandlung mit Diagnosen, bei zahnärztlicher Behandlung mit Zahnbezug und Befunden,
3. in den Abrechnungsunterlagen sowie auf den Vordrucken für die vertragsärztliche Versorgung ihre Arztnummer, in Überweisungsfällen die Arztnummer des überweisenden Arztes und bei der Abrechnung von Leistungen nach § 73 Absatz 1 Satz 2 Nummer 2 die Arztnummer des Arztes, bei dem der Termin vermittelt wurde, sowie die Angaben nach § 291a Absatz 2 Nummer 1 bis 10 maschinenlesbar

aufzuzeichnen und zu übermitteln. [2]Die Diagnosen nach Satz 1 Nr. 1 und 2 sind nach der Internationalen Klassifikation der Krankheiten in der jeweiligen vom Bundesinstitut für Arzneimittel und Medizinprodukte im Auftrag des Bundesministeriums für Gesundheit herausgegebenen deutschen Fassung zu verschlüsseln. [3]Das Bundesministerium für Gesundheit kann das Bundesinstitut für Arzneimittel und Medizinprodukte beauftragen, den in Satz 2 genannten Schlüssel um Zusatzkennzeichen zur Gewährleistung der für die Erfüllung der Aufgaben der Krankenkassen notwendigen Aussagefähigkeit des Schlüssels zu ergänzen. [4]Von Vertragsärzten durchgeführte Operationen und sonstige Prozeduren sind nach dem vom Bundesinstitut für Arzneimittel und Medizinprodukte im Auftrag des Bundesministeriums für Gesundheit herausgegebenen Schlüssel zu verschlüsseln. [5]In dem Schlüssel nach Satz 4 können durch das Bundesinstitut für Arzneimittel und Medizinprodukte auch Voraussetzungen für die Abrechnung der Operationen und sonstigen Prozeduren festgelegt werden. [6]Das Bundesministerium für Gesundheit gibt den Zeitpunkt des Inkrafttretens der jeweiligen Fassung des Diagnoseschlüssels nach Satz 2 sowie des Prozedurenschlüssels nach Satz 4 im Bundesanzeiger bekannt. [7]Von dem in Satz 6 genannten Zeitpunkt an sind der Diagnoseschlüssel nach Satz 2 sowie der Operationen- und Prozedurenschlüssel nach Satz 4 verbindlich und für die Abrechnung der erbrachten Leistungen zu verwenden. [8]Das Bundesinstitut für Arzneimittel und Medizinprodukte kann bei Auslegungsfragen zu den Diagnoseschlüsseln nach Satz 2 und den Prozedurenschlüsseln nach Satz 4 Klarstellungen und Änderungen mit Wirkung auch für die Vergangenheit vornehmen, soweit diese nicht zu erweiterten Anforderungen an die Verschlüsselung erbrachter Leistungen führen. [9]Für das Verfahren der Festlegung des Diagnoseschlüssels nach Satz 2 sowie des Operationen- und Prozedurenschlüssels nach Satz 4 gibt sich das Bundesinstitut für Arzneimittel und Medizinprodukte eine Verfahrensordnung, die der Genehmigung des Bundesministeriums für Gesundheit bedarf und die auf der Internetseite des Bundesinstituts für Arzneimittel und Medizinprodukte zu veröffentlichen ist. [10]Die Angaben nach Satz 1 Nummer 1 sind unter Angabe der Diagnosen sowie unter Nutzung des sicheren Übermittlungsverfahrens nach § 311 Absatz 6 über die Telematikinfrastruktur unmittelbar elektronisch an die Krankenkasse zu übermitteln; dies gilt nicht für Vorsorge- und Rehabilitationseinrichtungen, die nicht an die Telematikinfrastruktur angeschlossen sind.

(1a) Für die Erfüllung der Aufgaben nach § 106d sind die an der vertragsärztlichen Versorgung teilnehmenden Ärzte verpflichtet und befugt, auf Verlangen der Kassenärztlichen Vereinigungen die für die Prüfung erforderlichen Befunde vorzulegen.

(1b) [1]Ärzte, Einrichtungen und medizinische Versorgungszentren, die ohne Beteiligung der Kassenärztlichen Vereinigungen mit den Krankenkassen oder ihren Verbänden Verträge über Modellvorhaben nach § 64e, zu besonderen Versorgungsformen (§ 140a) oder zur Versorgung nach den §§ 73b, 132e oder 132f abgeschlossen haben, psychiatrische Institutsambulanzen sowie Leistungserbringer, die gemäß § 116b Abs. 2 an der ambulanten spezialfachärztliche Versorgung teilnehmen, übermitteln die in Absatz 1 genannten Angaben, bei Krankenhäusern einschließlich ihres Institutionskennzeichens, an die jeweiligen Krankenkassen im Wege elektronischer Datenübertragung oder maschinell verwertbar auf Datenträgern; vertragsärztliche Leistungserbringer können in den Fällen des § 116b die Angaben über die Kassenärztliche Vereinigung übermitteln. [2]Das Nähere regelt der Spitzenverband Bund der Krankenkassen mit Ausnahme der Datenübermittlung der Leistungserbringer, die gemäß § 116b Absatz 2 an der ambulanten spezialärztlichen Versorgung teilnehmen, sowie der psychiatrischen Institutsambulanzen. [3]Die psychiatrischen Institutsambulanzen übermitteln die Angaben nach Satz 1 zusätzlich an die Datenstelle nach § 21 Absatz 1 Satz 1 des Krankenhausentgeltgesetzes. [4]Die Selbstverwaltungspartner nach § 17b Absatz 2 des Krankenhausfinanzierungsgesetzes vereinbaren für die Dokumentation der Leistungen der psychiatrischen Institutsambulanzen nach Satz 1 sowie für die Durchführung der vom Gemeinsamen Bundesausschuss nach § 101 Absatz 1 Satz 1 Nummer 2b zu beschließenden Bestimmungen bis spätestens zum 1. Januar 2018 einen bundeseinheitlichen Katalog, der nach Art und Umfang der Leistung sowie der zur Leistungserbringung eingesetzten personellen Kapazitäten getrennt nach Berufsgruppen und Fachgebieten differenziert, sowie das Nähere zur Datenübermittlung nach Satz 3; für die Umsetzung des Prüfauftrags nach § 17d Absatz 1 Satz 3 des Krankenhausfinanzierungsgesetzes vereinbaren sie dabei auch, ob und wie der Prüfauftrag auf der Grundlage der Daten einer Vollerhebung oder einer repräsentativen Stichprobe der Leistungen psychiatrischer Institutsambulanzen sachgerecht zu erfüllen ist. [5]§ 21 Absatz 4, Absatz 5 Satz 1 und 2 sowie Absatz 6 des Krankenhausentgeltgesetzes ist für die Vereinbarung zur Datenübermittlung entsprechend anzuwenden. [6]Für die Vereinbarung einer bundeseinheitlichen Dokumentation der Leistungen der psychiatrischen Institutsambulanzen gilt § 21 Absatz 4 und 6 des Krankenhausentgeltgesetzes entsprechend mit der Maßgabe, dass die Schiedsstelle innerhalb von sechs Wochen entscheidet. [7]Die Schiedsstelle entscheidet innerhalb von sechs Wochen nach Antrag einer Vertragspartei auch über die Tatbestände nach Satz 4 zweiter Halbsatz, zu denen keine Einigung zustande gekommen ist. [8]In Fällen der Verträge nach den §§ 73b und 140a sind als zusätzliche Angabe je Diagnose auch die Vertragsnummern nach § 293a Absatz 1 Satz 4 zu übermitteln; Satz 1 gilt entsprechend.

(2) [1]Für die Abrechnung der Vergütung übermitteln die Kassenärztlichen Vereinigungen im Wege elektronischer Datenübertragung oder maschinell verwertbar auf Datenträgern den Krankenkassen für jedes Quartal für jeden Behandlungsfall folgende Daten:

1. Angaben nach § 291a Absatz 2 Nummer 1, 6 und 7,
2. Arzt- oder Zahnarztnummer, in Überweisungsfällen die Arzt- oder Zahnarztnummer des überweisenden Arztes und bei der Abrechnung von Leistungen nach § 73 Absatz 1 Satz 2 Nummer 2 die Arztnummer des Arztes, bei dem der Termin vermittelt wurde,
3. Art der Inanspruchnahme,
4. Art der Behandlung,
5. Tag und, soweit für die Überprüfung der Zulässigkeit und Richtigkeit der Abrechnung erforderlich, die Uhrzeit der Behandlung,
6. abgerechnete Gebührenpositionen mit den Schlüsseln nach Absatz 1 Satz 5, bei zahnärztlicher Behandlung mit Zahnbezug und Befunden,
7. Kosten der Behandlung,
8. den Nachweis über die Erfüllung der Meldepflicht nach § 36 des Implantateregistergesetzes,
9. bei der Abrechnung von Leistungen im Rahmen von Verträgen nach den §§ 73b und 140a, an denen eine Kassenärztliche Vereinigung beteiligt ist, je Diagnose die Angabe der jeweiligen Vertragsnummer nach § 293a Absatz 1 Satz 4.

[2]Die Kassenärztlichen Vereinigungen übermitteln für die Durchführung der Programme nach § 137g die in den Richtlinien des Gemeinsamen Bundesausschusses nach § 137f festgelegten Angaben versichertenbezogen an die Krankenkassen, soweit sie an der Durchführung dieser Programme beteiligt sind. [3]Die Kassenärztlichen Vereinigungen übermitteln den Krankenkassen die Angaben nach Satz 1 für Versicherte, die an den Programmen nach § 137f teilnehmen, versichertenbezogen. [5]§ 137f Abs. 3 Satz 2 bleibt unberührt.

(2a) Die an der vertragsärztlichen Versorgung teilnehmenden Ärzte und Einrichtungen sowie Leistungserbringer, die ohne Beteiligung der Kassenärztlichen Vereinigungen mit den Krankenkassen oder ihren Verbänden Verträge zu besonderen Versorgungsformen (§ 140a) oder zur Versorgung nach § 73b abgeschlossen haben, sowie Leistungserbringer, die gemäß § 116b Abs. 2 an der ambulanten spezialfachärztlichen Versorgung teilnehmen, sind verpflichtet, die Angaben gemäß § 292 aufzuzeichnen und den Krankenkassen zu übermitteln; vertragsärztliche Leistungserbringer können in den Fällen des § 116b die Angaben über die Kassenärztliche Vereinigung übermitteln.

(3) [1]Vertragsparteien der Verträge nach § 82 Abs. 1 und § 87 Abs. 1 vereinbaren als Bestandteil dieser Verträge das Nähere über

1. Form und Inhalt der Abrechnungsunterlagen für die vertragsärztlichen Leistungen,
2. Form und Inhalt der im Rahmen der vertragsärztlichen Versorgung erforderlichen Vordrucke,
3. die Erfüllung der Pflichten der Kassen- und Vertragsärzte nach Absatz 1,
4. die Erfüllung der Pflichten der Kassenärztlichen Vereinigungen nach Absatz 2, insbesondere auch Form, Frist und Umfang der Übermittlung der Abrechnungsunterlagen an die Krankenkassen oder deren Verbände,
5. Einzelheiten der Datenübermittlung einschließlich einer einheitlichen Datensatzstruktur und der Aufbereitung von Abrechnungsunterlagen nach den §§ 296 und 297.

[2]Die Vertragsparteien nach Satz 1 vereinbaren bis zum 30. September 2021 eine Verkürzung der Frist der Übermittlung der Abrechnungsunterlagen nach Satz 1 Nummer 4.

(4) [1]Die an der vertragsärztlichen Versorgung teilnehmenden Ärzte, Einrichtungen und medizinischen Versorgungszentren haben die für die Abrechnung der Leistungen notwendigen Angaben der Kassenärztlichen Vereinigung im Wege

elektronischer Datenübertragung, die unter Anwendung des sicheren Übermittlungsverfahrens nach § 311 Absatz 6 über die Telematikinfrastruktur erfolgen kann, oder maschinell verwertbar auf Datenträgern zu übermitteln. [2]Das Nähere regelt die Kassenärztliche Bundesvereinigung. [3]Dies umfasst im Benehmen mit dem Spitzenverband Bund der Krankenkassen, der Deutschen Krankenhausgesellschaft und dem Bundesinstitut für Arzneimittel und Medizinprodukte für die Abrechnung und Vergütung der vertragsärztlichen Leistungen die Vorgabe von verbindlichen Regelungen zur Vergabe und Übermittlung der Schlüssel nach Absatz 1 Satz 6 sowie von Prüfmaßstäben erstmals bis zum 30. Juni 2020 mit Wirkung zum 1. Januar 2022. [4]Die Regelungen und die Prüfmaßstäbe nach Satz 3 sind danach jährlich zu aktualisieren; die Kassenärztliche Bundesvereinigung hat gegenüber den nach Satz 3 zu Beteiligenden das Verfahren nachvollziehbar und transparent zu begründen, Anforderungen für die Zertifizierung von Software, Softwareteilen und Komponenten nach Satz 6 darzulegen und die Erläuterungen auf ihrer Internetseite zu veröffentlichen. [5]Die Regelungen und die Prüfmaßstäbe nach Satz 3 gelten auch für Leistungserbringer nach § 27b Absatz 3, den §§ 73b, 76 Absatz 1a, den §§ 116, 116a, 116b Absatz 2, den §§ 117 bis 119, 119c, 120 Absatz 1a, den §§ 121a, 137f und 140a sowie für die Leistungserbringung nach § 115b. [6]Die Regelungen und die Prüfmaßstäbe nach Satz 3 sind auch Gegenstand der durch die Kassenärztliche Bundesvereinigung durchzuführenden Zertifizierung von Software, Softwareteilen und Komponenten, soweit diese außerhalb der vertragsärztlichen Versorgung zur Anwendung kommen sollen; das Zertifizierungsverfahren hat zudem die Einhaltung der ärztlichen Pflicht zur Übermittlung der Vertragsnummer nach Absatz 1b Satz 8 in Verträgen nach den §§ 73b und 140a zu gewährleisten. [7]Die Vorgabe von verbindlichen Regelungen zur Vergabe und Übermittlung der Schlüssel sowie von Prüfmaßstäben nach Satz 3 und die jährliche Aktualisierung nach Satz 4 sind im Einvernehmen mit der Deutschen Krankenhausgesellschaft zu beschließen, sofern Schlüssel nach Absatz 1 Satz 6 wesentlich von Leistungserbringern nach Satz 5, mit Ausnahme von Leistungserbringern nach den §§ 73b und 140a, vergeben werden.

(5) (aufgehoben)

§ 295a Abrechnung der im Rahmen von Verträgen nach § 73b, § 132e, § 132f und § 140a sowie vom Krankenhaus im Notfall erbrachten Leistungen

(1) [1]Für die Abrechnung der im Rahmen von Verträgen nach den §§ 73b, 132e, 132f und 140a erbrachten Leistungen sind die an diesen Versorgungsformen teilnehmenden Leistungserbringer befugt, die nach den Vorschriften dieses Kapitels erforderlichen Angaben an den Vertragspartner auf Leistungserbringerseite als Verantwortlichen oder an eine nach Absatz 2 beauftragte andere Stelle zu übermitteln; für den Vertragspartner auf Leistungserbringerseite gilt § 35 des Ersten Buches entsprechend. [2]Voraussetzung ist, dass der Versicherte vor Abgabe der Teilnahmeerklärung an der Versorgungsform umfassend über die vorgesehene Datenübermittlung informiert worden ist und mit der Einwilligung in die Teilnahme zugleich in die damit verbundene Datenübermittlung schriftlich oder elektronisch eingewilligt hat. [3]Der Vertragspartner auf Leistungserbringerseite oder die beauftragte andere Stelle dürfen die übermittelten Daten nur zu Abrechnungszwecken verarbeiten; sie übermitteln die Daten im Wege elektronischer Datenübertragung oder maschinell verwertbar auf Datenträgern an den jeweiligen Vertragspartner auf Krankenkassenseite.

(2) [1]Der Vertragspartner auf Leistungserbringerseite darf eine andere Stelle mit der Verarbeitung der für die Abrechnung der in Absatz 1 genannten Leistungen erforderlichen personenbezogenen Daten beauftragen; die Vorschriften des Fünften Abschnitts bleiben unberührt. [2]§ 80 des Zehnten Buches ist anzuwenden mit der weiteren Maßgabe, dass Unterauftragsverhältnisse ausgeschlossen sind. [3]Für Auftraggeber und Auftragsverarbeiter, die nicht zu den in § 35 des Ersten Buches genannten Stellen gehören, gilt diese Vorschrift entsprechend; sie haben insbesondere die technischen und organisatorischen Maßnahmen nach den Artikeln 24, 25 und 32 der Verordnung (EU) 2016/679 zu treffen.

(3) [1]Für die Abrechnung von im Notfall erbrachten ambulanten ärztlichen Leistungen darf das Krankenhaus eine andere Stelle mit der Verarbeitung der erforderlichen personenbezogenen Daten beauftragen, sofern der Versicherte schriftlich oder elektronisch in die Datenübermittlung ein-

gewilligt hat; § 334 bleibt unberührt. [2]Der Auftragsverarbeiter darf diese Daten nur zu Abrechnungszwecken verarbeiten. [3]Absatz 2 Satz 2 und 3 gilt entsprechend.

§ 296 Datenübermittlung für Wirtschaftlichkeitsprüfungen

(1) [1]Für die arztbezogenen Prüfungen nach § 106 übermitteln die Kassenärztlichen Vereinigungen im Wege elektronischer Datenübertragung oder maschinell verwertbar auf Datenträgern den Prüfungsstellen nach § 106c aus den Abrechnungsunterlagen der Vertragsärzte für jedes Quartal folgende Daten:

1. Arztnummer, einschließlich von Angaben nach § 293 Abs. 4 Satz 1 Nr. 2, 3, 6, 7 und 9 bis 14 und Angaben zu Schwerpunkt- und Zusatzbezeichnungen sowie zusätzlichen Abrechnungsgenehmigungen,
2. Kassennummer,
3. die abgerechneten Behandlungsfälle sowie deren Anzahl, getrennt nach Mitgliedern und Rentnern sowie deren Angehörigen,
4. die Überweisungsfälle sowie die Notarzt- und Vertreterfälle sowie deren Anzahl, jeweils in der Aufschlüsselung nach Nummer 3,
5. durchschnittliche Anzahl der Fälle der vergleichbaren Fachgruppe in der Gliederung nach den Nummern 3 und 4,
6. Häufigkeit der abgerechneten Gebührenposition unter Angabe des entsprechenden Fachgruppendurchschnitts,
7. in Überweisungsfällen die Arztnummer des überweisenden Arztes.

[2]Soweit es zur Durchführung der in den Vereinbarungen nach § 106b Absatz 1 Satz 1 vorgesehenen Wirtschaftlichkeitsprüfungen erforderlich ist, sind die Daten nach Satz 1 Nummer 3 jeweils unter Angabe der nach § 295 Absatz 1 Satz 2 verschlüsselten Diagnose zu übermitteln.

(2) [1]Für die arztbezogenen Prüfungen nach § 106 übermitteln die Krankenkassen im Wege elektronischer Datenübertragung oder maschinell verwertbar auf Datenträgern den Prüfungsstellen nach § 106c über die von allen Vertragsärzten verordneten Leistungen (Arznei-, Verband-, Heil- und Hilfsmittel sowie Krankenhausbehandlungen) für jedes Quartal folgende Daten:

1. Arztnummer des verordnenden Arztes,
2. Kassennummer,
3. Art, Menge und Kosten verordneter Arznei-, Verband-, Heil- und Hilfsmittel, getrennt nach Mitgliedern und Rentnern sowie deren Angehörigen, oder bei Arzneimitteln einschließlich des Kennzeichens nach § 300 Abs. 3 Nr. 1,
4. Häufigkeit von Krankenhauseinweisungen sowie Dauer der Krankenhausbehandlung.

[2]Soweit es zur Durchführung der in den Vereinbarungen nach § 106b Absatz 1 Satz 1 vorgesehenen Wirtschaftlichkeitsprüfungen erforderlich ist, sind der Prüfungsstelle auf Anforderung auch die Versichertennummern arztbezogen zu übermitteln.

(3) [1]Die Kassenärztliche Bundesvereinigung und der Spitzenverband Bund der Krankenkassen bestimmen im Vertrag nach § 295 Abs. 3 Nr. 5 Näheres über die nach Absatz 2 Nr. 3 anzugebenden Arten und Gruppen von Arznei-, Verband- und Heilmitteln. [2]Sie können auch vereinbaren, dass jedes einzelne Mittel oder dessen Kennzeichen angegeben wird. [3]Zu vereinbaren ist ferner Näheres zu den Fristen der Datenübermittlungen nach den Absätzen 1 und 2 sowie zu den Folgen der Nichteinhaltung dieser Fristen.

(4) Soweit es zur Durchführung der in den Vereinbarungen nach § 106b Absatz 1 Satz 1 vorgesehenen Wirtschaftlichkeitsprüfungen erforderlich ist, sind die an der vertragsärztlichen Versorgung teilnehmenden Ärzte und Einrichtungen verpflichtet und befugt, auf Verlangen der Prüfungsstelle nach § 106c die für die Prüfung erforderlichen Befunde vorzulegen.

§ 297 Weitere Regelungen zur Datenübermittlung für Wirtschaftlichkeitsprüfungen

(1) Die Kassenärztlichen Vereinigungen übermitteln im Wege der elektronischen Datenübertragung oder maschinell verwertbar auf Datenträgern den Prüfungsstellen nach § 106c aus den Abrechnungsunterlagen der in die Prüfung einbezogenen Vertragsärzte folgende Daten:

1. Arztnummer,
2. Kassennummer,

3. Krankenversichertennummer,
4. abgerechnete Gebührenpositionen je Behandlungsfall einschließlich des Tages der Behandlung, bei ärztlicher Behandlung mit der nach dem in § 295 Abs. 1 Satz 2 genannten Schlüssel verschlüsselten Diagnose, bei zahnärztlicher Behandlung mit Zahnbezug und Befunden, bei Überweisungen mit dem Auftrag des überweisenden Arztes.

(2) [1]Soweit es zur Durchführung der in den Vereinbarungen nach § 106b Absatz 1 Satz 1 vorgesehenen Wirtschaftlichkeitsprüfungen erforderlich ist, übermitteln die Krankenkassen im Wege der elektronischen Datenübertragung oder maschinell verwertbar auf Datenträgern den Prüfungsstellen nach § 106c die Daten über die von den in die Prüfung einbezogenen Vertragsärzten verordneten Leistungen unter Angabe der Arztnummer, der Kassennummer und der Krankenversichertennummer. [2]Die Daten über die verordneten Arzneimittel enthalten zusätzlich jeweils das Kennzeichen nach § 300 Absatz 3 Satz 1. [3]Die Daten über die Verordnungen von Krankenhausbehandlungen enthalten zusätzlich jeweils die gemäß § 301 übermittelten Angaben über den Tag und den Grund der Aufnahme, die Einweisungsdiagnose, die Aufnahmediagnose, die Art der durchgeführten Operationen und sonstigen Prozeduren sowie die Dauer der Krankenhausbehandlung.

§ 298 Übermittlung versichertenbezogener Daten

Im Rahmen eines Prüfverfahrens ist die versichertenbezogene Übermittlung von Angaben über ärztliche oder ärztlich verordnete Leistungen zulässig, soweit die Wirtschaftlichkeit oder Qualität der ärztlichen Behandlungs- oder Verordnungsweise im Einzelfall zu beurteilen ist.

§ 299 Datenverarbeitung für Zwecke der Qualitätssicherung

(1) [1]Die an der vertragsärztlichen Versorgung teilnehmenden Ärzte, zugelassenen Krankenhäuser und übrigen Leistungserbringer gemäß § 135a Absatz 2 sowie die nach Satz 2 festgelegten Empfänger der Daten sind befugt und verpflichtet, personen- oder einrichtungsbezogene Daten der Versicherten und der Leistungserbringer für Zwecke der Qualitätssicherung nach § 135a Absatz 2, § 135b Absatz 2 oder § 137a Absatz 3 zu verarbeiten, soweit dies erforderlich und in Richtlinien und Beschlüssen des Gemeinsamen Bundesausschusses nach § 27b Absatz 2, § 135b Absatz 2, § 136 Absatz 1 Satz 1, den §§ 136b, 136c Absatz 1 und 2 sowie in Vereinbarungen nach § 137d vorgesehen ist. [2]In den Richtlinien, Beschlüssen und Vereinbarungen nach Satz 1 sind diejenigen Daten, die von den Leistungserbringern zu verarbeiten sind, sowie deren Empfänger festzulegen und die Erforderlichkeit darzulegen. [3]Der Gemeinsame Bundesausschuss hat bei der Festlegung der Daten nach Satz 2 in Abhängigkeit von der jeweiligen Maßnahme der Qualitätssicherung insbesondere diejenigen Daten zu bestimmen, die für die Ermittlung der Qualität von Diagnostik oder Behandlung mit Hilfe geeigneter Qualitätsindikatoren, für die Erfassung möglicher Begleiterkrankungen und Komplikationen, für die Feststellung der Sterblichkeit sowie für eine geeignete Validierung oder Risikoadjustierung bei der Auswertung der Daten medizinisch oder methodisch notwendig sind. [4]Die Richtlinien und Beschlüsse sowie Vereinbarungen nach Satz 1 haben darüber hinaus sicherzustellen, dass

1. in der Regel die Datenerhebung auf eine Stichprobe der betroffenen Patienten begrenzt wird und die versichertenbezogenen Daten pseudonymisiert werden,
2. die Auswertung der Daten, soweit sie nicht im Rahmen der Qualitätsprüfungen durch die Kassenärztlichen Vereinigungen erfolgt, von einer unabhängigen Stelle vorgenommen wird und
3. eine qualifizierte Information der betroffenen Patienten in geeigneter Weise stattfindet.

[5]Abweichend von Satz 4 Nummer 1 können die Richtlinien, Beschlüsse und Vereinbarungen

1. auch eine Vollerhebung der Daten aller betroffenen Patienten vorsehen, sofern dies aus gewichtigen medizinisch fachlichen oder gewichtigen methodischen Gründen, die als Bestandteil der Richtlinien, Beschlüsse und Vereinbarungen dargelegt werden müssen, erforderlich ist;
2. auch vorsehen, dass von einer Pseudonymisierung der versichertenbezogenen Daten abgesehen werden kann, wenn für die Qualitätssicherung die Überprüfung der ärztlichen Behandlungsdokumentation fachlich oder methodisch erforderlich ist und

a) die technische Beschaffenheit des die versichertenbezogenen Daten speichernden Datenträgers eine Pseudonymisierung nicht zulässt und die Anfertigung einer Kopie des speichernden Datenträgers, um auf dieser die versichertenbezogenen Daten zu pseudonymisieren, mit für die Qualitätssicherung nicht hinnehmbaren Qualitätsverlusten verbunden wäre oder

b) die Richtigkeit der Behandlungsdokumentation Gegenstand der Qualitätsprüfung nach § 135b Absatz 2 ist;

die Gründe sind in den Richtlinien, Beschlüssen und Vereinbarungen darzulegen.

[6]Auch Auswahl, Umfang und Verfahren der Stichprobe sind in den Richtlinien und Beschlüssen sowie den Vereinbarungen nach Satz 1 festzulegen und von den an der vertragsärztlichen Versorgung teilnehmenden Ärzten und den übrigen Leistungserbringern zu erheben und zu übermitteln. [7]Es ist auszuschließen, dass die Krankenkassen, Kassenärztlichen Vereinigungen oder deren jeweilige Verbände Kenntnis von Daten erlangen, die über den Umfang der ihnen nach den §§ 295, 300, 301, 301a und 302 zu übermittelnden Daten hinausgeht; dies gilt nicht für die Kassenärztlichen Vereinigungen in Bezug auf die für die Durchführung der Qualitätsprüfung nach § 135b Absatz 2 sowie die für die Durchführung der Aufgaben einer Datenannahmestelle oder für Einrichtungsbefragungen zur Qualitätssicherung aus Richtlinien nach § 136 Absatz 1 Satz 1 erforderlichen Daten. [8]Eine über die in den Richtlinien nach § 136 Absatz 1 Satz 1 festgelegten Zwecke hinausgehende Verarbeitung dieser Daten, insbesondere eine Zusammenführung mit anderen Daten, ist unzulässig. [9]Aufgaben zur Qualitätssicherung sind von den Kassenärztlichen Vereinigungen räumlich und personell getrennt von ihren anderen Aufgaben wahrzunehmen. [10]Abweichend von Satz 4 Nummer 1 zweiter Halbsatz können die Richtlinien und Beschlüsse des Gemeinsamen Bundesausschusses nach § 135b Absatz 2, § 136 Absatz 1 Satz 1 und § 136b und die Vereinbarungen nach § 137d vorsehen, dass den Leistungserbringern nach Satz 1 die Daten der von ihnen behandelten Versicherten versichertenbezogen für Zwecke der Qualitätssicherung im erforderlichen Umfang übermittelt werden. [11]Die Leistungserbringer dürfen diese versichertenbezogenen Daten mit den Daten, die bei ihnen zu den Versicherten bereits vorliegen, zusammenführen und für die in den Richtlinien, Beschlüssen oder Vereinbarungen nach Satz 1 festgelegten Zwecke verarbeiten.

(1a) [1]Die Krankenkassen sind befugt und verpflichtet, nach § 284 Absatz 1 erhobene und gespeicherte Sozialdaten für Zwecke der Qualitätssicherung nach § 135a Absatz 2, § 135b Absatz 2 oder § 137a Absatz 3 zu verarbeiten, soweit dies erforderlich und in Richtlinien und Beschlüssen des Gemeinsamen Bundesausschusses nach § 27b Absatz 2, § 135b Absatz 2, § 136 Absatz 1 Satz 1, den §§ 136b, 136c Absatz 1 und 2, § 137 Absatz 3 und § 137b Absatz 1 sowie in Vereinbarungen nach § 137d vorgesehen ist. [2]In den Richtlinien, Beschlüssen und Vereinbarungen nach Satz 1 sind diejenigen Daten, die von den Krankenkassen für Zwecke der Qualitätssicherung zu verarbeiten sind, sowie deren Empfänger festzulegen und die Erforderlichkeit darzulegen. [3]Absatz 1 Satz 3 bis 7 gilt entsprechend.

(2) [1]Das Verfahren zur Pseudonymisierung der Daten wird durch die an der vertragsärztlichen Versorgung teilnehmenden Ärzte und übrigen Leistungserbringer gemäß § 135a Absatz 2 angewendet. [2]Es ist in den Richtlinien und Beschlüssen sowie den Vereinbarungen nach Absatz 1 Satz 1 unter Berücksichtigung der Empfehlungen des Bundesamtes für Sicherheit in der Informationstechnik festzulegen. [3]Das Verfahren zur Pseudonymisierung der Daten kann in den Richtlinien, Beschlüssen und Vereinbarungen auch auf eine von den Krankenkassen, Kassenärztlichen Vereinigungen oder deren jeweiligen Verbänden räumlich, organisatorisch und personell getrennte Stelle übertragen werden, wenn das Verfahren für die in Satz 1 genannten Leistungserbringer einen unverhältnismäßig hohen Aufwand bedeuten würde; für Verfahren zur Qualitätsprüfung nach § 135b Absatz 2 kann dies auch eine gesonderte Stelle bei den Kassenärztlichen Vereinigungen sein. [4]Die Gründe für die Übertragung sind in den Richtlinien, Beschlüssen und Vereinbarungen darzulegen. [5]Bei einer Vollerhebung nach Absatz 1 Satz 5 hat die Pseudonymisierung durch eine von den Krankenkassen, Kassenärztlichen Vereinigungen oder deren jeweiligen Verbänden räumlich organisatorisch und personell getrennten Vertrauensstelle zu erfolgen.

(2a) [1]Enthalten die für Zwecke des Absatz 1 Satz 1 verarbeiteten Daten noch keine den Anforderungen des § 290 Absatz 1 Satz 2 entsprechende Krankenversichertennummer und ist in Richtlinien des Gemeinsamen Bundesausschusses vorgesehen, dass die Pseudonymisierung auf der Grundlage der Krankenversichertennummer nach § 290 Absatz 1 Satz 2 erfolgen soll, kann der Gemeinsame Bundesausschuss in den Richtlinien ein Übergangsverfahren regeln, das einen Abgleich der für einen Versicherten vorhandenen Krankenversichertennummern ermöglicht. [2]In diesem Fall hat er in den Richtlinien eine von den Krankenkassen und ihren Verbänden räumlich, organisatorisch und personell getrennte eigenständige Vertrauensstelle zu bestimmen, die dem Sozialgeheimnis nach § 35 Absatz 1 des Ersten Buches unterliegt, an die die Krankenkassen für die in das Qualitätssicherungsverfahren einbezogenen Versicherten die vorhandenen Krankenversichertennummern übermitteln. [3]Weitere Daten dürfen nicht übermittelt werden. [4]Der Gemeinsame Bundesausschuss hat in den Richtlinien die Dauer der Übergangsregelung und den Zeitpunkt der Löschung der Daten bei der Stelle nach Satz 2 festzulegen.

(3) [1]Zur Auswertung der für Zwecke der Qualitätssicherung nach § 135a Abs. 2 erhobenen Daten bestimmen in den Fällen des § 136 Absatz 1 Satz 1 und § 136b der Gemeinsame Bundesausschuss und im Falle des § 137d die Vereinbarungspartner eine unabhängige Stelle. [2]Diese darf Auswertungen nur für Qualitätssicherungsverfahren mit zuvor in den Richtlinien, Beschlüssen oder Vereinbarungen festgelegten Auswertungszielen durchführen. [3]Daten, die für Zwecke der Qualitätssicherung nach § 135a Abs. 2 für ein Qualitätssicherungsverfahren verarbeitet werden, dürfen nicht mit für andere Zwecke als die Qualitätssicherung erhobenen Datenbeständen zusammengeführt und ausgewertet werden. [4]Für die unabhängige Stelle gilt § 35 Absatz 1 des Ersten Buches entsprechend.

(4) [1]Der Gemeinsame Bundesausschuss kann zur Durchführung von Patientenbefragungen für Zwecke der Qualitätssicherung in den Richtlinien und Beschlüssen nach den §§ 136 bis 136b eine zentrale Stelle (Versendestelle) bestimmen, die die Auswahl der zu befragenden Versicherten und die Versendung der Fragebögen übernimmt. [2]In diesem Fall regelt er in den Richtlinien oder Beschlüssen die Einzelheiten des Verfahrens; insbesondere legt er die Auswahlkriterien fest und bestimmt, wer welche Daten an die Versendestelle zu übermitteln hat. [3]Dabei kann er auch die Übermittlung nicht pseudonymisierter personenbezogener Daten der Versicherten und nicht pseudonymisierter personen- oder einrichtungsbezogener Daten der Leistungserbringer vorsehen, soweit dies für die Auswahl der Versicherten oder die Versendung der Fragebögen erforderlich ist. [4]Der Rücklauf der ausgefüllten Fragebögen darf nicht über die Versendestelle erfolgen. [5]Die Versendestelle muss von den Krankenkassen und ihren Verbänden, den Kassenärztlichen Vereinigungen und ihren Verbänden, der Vertrauensstelle nach Absatz 2 Satz 5, dem Institut nach § 137a und sonstigen nach Absatz 1 Satz 2 festgelegten Datenempfängern räumlich, organisatorisch und personell getrennt sein. [6]Die Versendestelle darf über die Daten nach Satz 2 hinaus weitere Behandlungs-, Leistungs- oder Sozialdaten von Versicherten auf Grund anderer Vorschriften nur verarbeiten, sofern diese Datenverarbeitung organisatorisch, personell und räumlich von der Datenverarbeitung für den Zweck der Versendestelle nach Satz 1 getrennt ist und nicht zum Zweck der Qualitätssicherung in den Richtlinien und Beschlüssen nach den §§ 136 bis 136b erfolgt. [7]Die Versendestelle hat die ihr übermittelten Identifikationsmerkmale der Versicherten in gleicher Weise geheim zu halten wie derjenige, von dem sie sie erhalten hat; sie darf diese Daten anderen Personen oder Stellen nicht zugänglich machen. [8]Die an der vertragsärztlichen Versorgung teilnehmenden Ärzte, zugelassenen Krankenhäuser und übrigen Leistungserbringer gemäß § 135a Absatz 2 sowie die Krankenkassen sind befugt und verpflichtet, die vom Gemeinsamen Bundesausschuss nach Satz 2 festgelegten Daten an die Stelle nach Satz 1 zu übermitteln. [9]Die Daten nach Satz 8 sind von der Versendestelle spätestens sechs Monate nach Versendung der Fragebögen zu löschen, es sei denn, dass es aus methodischen Gründen der Befragung erforderlich ist, bestimmte Daten länger zu verarbeiten. [10]Dann sind diese Daten spätestens 24 Monate nach Versendung der Fragebögen zu löschen. [11]Der Gemeinsame Bundesausschuss kann Patientenbefragungen auch in digitaler Form vorsehen; die Sätze 1 bis 10 gelten entsprechend.

(5) Der Gemeinsame Bundesausschuss ist befugt und berechtigt, abweichend von Absatz 3 Satz 3 transplantationsmedizinische Qualitätssicherungsdaten, die aufgrund der Richtlinien nach § 136 Absatz 1 Satz 1 Nummer 1 erhoben werden, nach § 15e des Transplantationsgesetzes an die Transplantationsregisterstelle zu übermitteln sowie von der Transplantationsregisterstelle nach § 15f des Transplantationsgesetzes übermittelte Daten für die Weiterentwicklung von Richtlinien und Beschlüssen zur Qualitätssicherung trans-

plantationsmedizinischer Leistungen nach den §§ 136 bis 136c zu verarbeiten.

(6) Der Gemeinsame Bundesausschuss ist befugt und berechtigt, abweichend von Absatz 3 Satz 3 die Daten, die ihm von der Registerstelle des Implantateregisters Deutschland nach § 29 Absatz 1 Nummer 4 des Implantateregistergesetzes übermittelt werden, für die Umsetzung und Weiterentwicklung von Richtlinien und Beschlüssen zur Qualitätssicherung implantationsmedizinischer Leistungen nach den §§ 136 bis 136c zu verarbeiten.

§ 300 Abrechnung der Apotheken und weiterer Stellen

(1) [1]Die Apotheken und weitere Anbieter von Arzneimitteln sind verpflichtet, unabhängig von der Höhe der Zuzahlung (oder dem Eigenanteil),

1. bei Abgabe von Fertigarzneimitteln für Versicherte das nach Absatz 3 Nr. 1 zu verwendende Kennzeichen maschinenlesbar auf das für die vertragsärztliche Versorgung verbindliche Verordnungsblatt oder in den elektronischen Verordnungsdatensatz zu übertragen,
2. die Verordnungsblätter oder die elektronischen Verordnungsdatensätze an die Krankenkassen weiterzuleiten und diesen die nach Maßgabe der nach Absatz 3 Nr. 2 getroffenen Vereinbarungen erforderlichen Abrechnungsdaten zu übermitteln.

[2]Satz 1 gilt auch für Apotheken und weitere Anbieter, die sonstige Leistungen nach § 31 sowie Impfstoffe nach § 20i Absatz 1 und 2 abrechnen, im Rahmen der jeweils vereinbarten Abrechnungsverfahren.

(2) [1]Die Apotheken und weitere Anbieter von Leistungen nach § 31 können zur Erfüllung ihrer Verpflichtungen nach Absatz 1 Rechenzentren in Anspruch nehmen; die Anbieter von Leistungen nach dem vorstehenden Halbsatz haben vereinnahmte Gelder, soweit diese zur Weiterleitung an Dritte bestimmt sind, unverzüglich auf ein offenes Treuhandkonto zugunsten des Dritten einzuzahlen. [2]Die Rechenzentren dürfen die ihnen nach Satz 1 erster Halbsatz übermittelten Daten für im Sozialgesetzbuch bestimmte Zwecke und nur in einer auf diese Zwecke ausgerichteten Weise verarbeiten, soweit sie dazu von einer berechtigten Stelle beauftragt worden sind; anonymisierte Daten dürfen auch für andere Zwecke verarbeitet werden. [3]Die Rechenzentren übermitteln die Daten nach Absatz 1 auf Anforderung den Kassenärztlichen Vereinigungen, soweit diese Daten zur Erfüllung ihrer Aufgaben nach § 73 Abs. 8, den §§ 84 und 305a erforderlich sind, sowie dem Bundesministerium für Gesundheit oder einer von ihm benannten Stelle im Wege elektronischer Datenübertragung oder maschinell verwertbar auf Datenträgern. [4]Dem Bundesministerium für Gesundheit oder der von ihm benannten Stelle sind die Daten nicht arzt- und nicht versichertenbezogen zu übermitteln. [5]Vor der Verarbeitung der Daten durch die Kassenärztlichen Vereinigungen ist der Versichertenbezug durch eine von der jeweiligen Kassenärztlichen Vereinigung räumlich, organisatorisch und personell getrennten Stelle zu pseudonymisieren. [6]Für die Datenübermittlung an die Kassenärztlichen Vereinigungen erhalten die Rechenzentren einen dem Arbeitsaufwand entsprechenden Aufwandsersatz. [7]Der Arbeitsaufwand für die Datenübermittlung ist auf Nachfrage der Kassenärztlichen Vereinigungen diesen in geeigneter Form nachzuweisen.

(3) [1]Der Spitzenverband Bund der Krankenkassen und die für die Wahrnehmung der wirtschaftlichen Interessen gebildete maßgebliche Spitzenorganisation der Apotheker regeln in einer Arzneimittelabrechnungsvereinbarung das Nähere insbesondere über

1. die Verwendung eines bundeseinheitlichen Kennzeichens für das verordnete Fertigarzneimittel als Schlüssel zu Handelsname, Hersteller, Darreichungsform, Wirkstoffstärke und Packungsgröße des Arzneimittels,
2. die Einzelheiten der Übertragung des Kennzeichens und der Abrechnung, die Voraussetzungen und Einzelheiten der Übermittlung der Abrechnungsdaten im Wege elektronischer Datenübertragung oder maschinell verwertbar auf Datenträgern sowie die Weiterleitung der Verordnungsblätter an die Krankenkassen, spätestens zum 1. Januar 2006 auch die Übermittlung des elektronischen Verordnungsdatensatzes,
3. die Übermittlung des Apothekenverzeichnisses nach § 293 Abs. 5,
4. die Verwendung von Verordnungen in elektronischer Form für die Arzneimittelabrechnung bis zum 31. März 2020,

5. die Verwendung eines gesonderten bundeseinheitlichen Kennzeichens für Arzneimittel, die auf Grund einer Ersatzverordnung im Fall des § 31 Absatz 3 Satz 7 an Versicherte abgegeben werden.

[2]Bei der nach Absatz 1 Satz 1 Nummer 2 genannten Datenübermittlung sind das bundeseinheitliche Kennzeichen der Fertigarzneimittel in parenteralen Zubereitungen sowie die enthaltenen Mengeneinheiten von Fertigarzneimitteln zu übermitteln. [3]Satz 2 gilt auch für Fertigarzneimittel, aus denen wirtschaftliche Einzelmengen nach § 129 Absatz 1 Satz 1 Nummer 3 abgegeben werden. [4]Für Fertigarzneimittel in parenteralen Zubereitungen sind zusätzlich die mit dem pharmazeutischen Unternehmer vereinbarten Preise ohne Mehrwertsteuer zu übermitteln. [5]Besteht eine parenterale Zubereitung aus mehr als drei Fertigarzneimitteln, können die Vertragsparteien nach Satz 1 vereinbaren, Angaben für Fertigarzneimittel von der Übermittlung nach den Sätzen 1 und 2 auszunehmen, wenn eine Übermittlung unverhältnismäßig aufwändig wäre.

(4) Kommt eine Vereinbarung nach Absatz 3 nicht oder nicht innerhalb einer vom Bundesministerium für Gesundheit gesetzten Frist zustande, wird ihr Inhalt durch die Schiedsstelle nach § 129 Abs. 8 festgesetzt.

§ 301 Krankenhäuser und Rehabilitationseinrichtungen

(1) [1]Die nach § 108 zugelassenen Krankenhäuser oder ihre Krankenhausträger sind verpflichtet, den Krankenkassen bei Krankenhausbehandlung folgende Angaben im Wege elektronischer Datenübertragung oder maschinell verwertbar auf Datenträgern zu übermitteln:

1. die Angaben nach § 291a Absatz 2 Nummer 1 bis 10 sowie das krankenhausinterne Kennzeichen des Versicherten,
2. das Institutionskennzeichen der Krankenkasse und des Krankenhauses sowie ab dem 1. Januar 2020 dessen Kennzeichen nach § 293 Absatz 6,
3. den Tag, die Uhrzeit und den Grund der Aufnahme sowie die Einweisungsdiagnose, die Aufnahmediagnose, bei einer Änderung der Aufnahmediagnose die nachfolgenden Diagnosen, die voraussichtliche Dauer der Krankenhausbehandlung sowie, falls diese überschritten wird, auf Verlangen der Krankenkasse die medizinische Begründung, bei Kleinkindern bis zu einem Jahr das Aufnahmegewicht,
4. bei ärztlicher Verordnung von Krankenhausbehandlung die Arztnummer des einweisenden Arztes, bei Verlegung das Institutionskennzeichen des veranlassenden Krankenhauses, bei Notfallaufnahme die die Aufnahme veranlassende Stelle,
5. die Bezeichnung der aufnehmenden Fachabteilung, bei Verlegung die der weiterbehandelnden Fachabteilungen,
6. Datum und Art der im oder vom jeweiligen Krankenhaus durchgeführten Operationen und sonstigen Prozeduren
7. den Tag, die Uhrzeit und den Grund der Entlassung oder der Verlegung, bei externer Verlegung das Institutionskennzeichen der aufnehmenden Institution, bei Entlassung oder Verlegung die für die Krankenhausbehandlung maßgebliche Hauptdiagnose und die Nebendiagnosen,
8. Aussagen zur Arbeitsfähigkeit und Vorschläge zur erforderlichen weiteren Behandlung für Zwecke des Entlassmanagements nach § 39 Absatz 1a mit Angabe geeigneter Einrichtungen und bei der Verlegung von Versicherten, die beatmet werden, die Angabe der aufnehmenden Einrichtung sowie bei der Entlassung von Versicherten, die beatmet werden, die Angabe, ob eine weitere Beatmung geplant ist,
9. die nach den §§ 115a und 115b sowie nach dem Krankenhausentgeltgesetz und der Bundespflegesatzverordnung berechneten Entgelte,
10. den Nachweis über die Erfüllung der Meldepflicht nach § 36 des Implantateregistergesetzes.

[2]Die Übermittlung der medizinischen Begründung von Verlängerungen der Verweildauer nach Satz 1 Nr. 3 sowie der Angaben nach Satz 1 Nr. 8 ist auch in nicht maschinenlesbarer Form zulässig.

(2) [1]Die Diagnosen nach Absatz 1 Satz 1 Nr. 3 und 7 sind nach der Internationalen Klassifikation der Krankheiten in der jeweiligen vom Bundesinstitut

für Arzneimittel und Medizinprodukte im Auftrag des Bundesministeriums für Gesundheit herausgegebenen deutschen Fassung zu verschlüsseln. [2]Die Operationen und sonstigen Prozeduren nach Absatz 1 Satz 1 Nr. 6 sind nach dem vom Bundesinstitut für Arzneimittel und Medizinprodukte im Auftrag des Bundesministeriums für Gesundheit herausgegebenen Schlüssel zu verschlüsseln; der Schlüssel hat die sonstigen Prozeduren zu umfassen, die nach § 17b und § 17d des Krankenhausfinanzierungsgesetzes abgerechnet werden können. [3]In dem Operationen- und Prozedurenschlüssel nach Satz 2 können durch das Bundesinstitut für Arzneimittel und Medizinprodukte auch Voraussetzungen für die Abrechnung der Operationen und sonstigen Prozeduren festgelegt werden. [4]Das Bundesministerium für Gesundheit gibt den Zeitpunkt der Inkraftsetzung der jeweiligen Fassung des Diagnosenschlüssels nach Satz 1 sowie des Prozedurenschlüssels nach Satz 2 im Bundesanzeiger bekannt; es kann das Bundesinstitut für Arzneimittel und Medizinprodukte beauftragen, den in Satz 1 genannten Schlüssel um Zusatzkennzeichen zur Gewährleistung der für die Erfüllung der Aufgaben der Krankenkassen notwendigen Aussagefähigkeit des Schlüssels sowie um Zusatzangaben für seltene Erkrankungen zu ergänzen. [5]Von dem in Satz 4 genannten Zeitpunkt an sind der Diagnoseschlüssel nach Satz 1 sowie der Operationen- und Prozedurenschlüssel nach Satz 2 verbindlich und für die Abrechnung der erbrachten Leistungen zu verwenden. [6]Das Bundesinstitut für Arzneimittel und Medizinprodukte kann bei Auslegungsfragen zu den Diagnosenschlüsseln nach Satz 1 und den Prozedurenschlüsseln nach Satz 2 Klarstellungen und Änderungen mit Wirkung auch für die Vergangenheit vornehmen, soweit diese nicht zu erweiterten Anforderungen an die Verschlüsselung erbrachter Leistungen führen. [7]Für das Verfahren der Festlegung des Diagnoseschlüssels nach Satz 1 sowie des Operationen- und Prozedurenschlüssels nach Satz 2 gibt sich das Bundesinstitut für Arzneimittel und Medizinprodukte eine Verfahrensordnung, die der Genehmigung des Bundesministeriums für Gesundheit bedarf und die auf der Internetseite des Bundesinstituts für Arzneimittel und Medizinprodukte zu veröffentlichen ist.

(2a) [1]Die Krankenkassen haben den nach § 108 zugelassenen Krankenhäusern einen bestehenden Pflegegrad gemäß § 15 des Elften Buches eines Patienten oder einer Patientin unverzüglich zu übermitteln, sobald ihnen das Krankenhaus anzeigt, dass es den Patienten oder die Patientin zur Behandlung aufgenommen hat. [2]Während des Krankenhausaufenthaltes eines Patienten oder einer Patientin haben die Krankenkassen dem Krankenhaus Änderungen eines bestehenden Pflegegrades des Patienten oder der Patientin sowie beantragte Einstufungen in einen Pflegegrad durch einen Patienten oder eine Patientin zu übermitteln. [3]Die Übermittlung nach den Sätzen 1 und 2 hat im Wege elektronischer Datenübertragung zu erfolgen.

(3) Das Nähere über Form und Inhalt der erforderlichen Vordrucke, der Zeitabstände für die Übermittlung der Angaben nach Absatz 1 und das Verfahren der Abrechnung sowie ein Verfahren zur Übermittlung eines Antrages auf Anschlussrehabilitation durch das Krankenhaus auf Wunsch und mit Einwilligung der Versicherten, jeweils im Wege elektronischer Datenübertragung oder maschinell verwertbar auf Datenträgern sowie das Nähere zum Verfahren und zu den Zeitabständen der Übermittlung im Wege elektronischer Datenübertragungen nach Absatz 2a vereinbart der Spitzenverband Bund der Krankenkassen mit der Deutschen Krankenhausgesellschaft oder den Bundesverbänden der Krankenhausträger gemeinsam.

(4) [1]Vorsorge- oder Rehabilitationseinrichtungen, für die ein Versorgungsvertrag nach § 111 oder § 111c besteht, sind verpflichtet, den Krankenkassen bei stationärer oder ambulanter Behandlung folgende Angaben im Wege elektronischer Datenübertragung oder maschinell verwertbar auf Datenträgern zu übermitteln:

1. die Angaben nach § 291a Absatz 2 Nummer 1 bis 10 sowie das interne Kennzeichen der Einrichtung für den Versicherten,
2. das Institutionskennzeichen der Vorsorge- oder Rehabilitationseinrichtung und der Krankenkasse,
3. den Tag der Aufnahme, die Einweisungsdiagnose, die Aufnahmediagnose, die voraussichtliche Dauer der Behandlung sowie, falls diese überschritten wird, auf Verlangen der Krankenkasse die medizinische Begründung,
4. bei ärztlicher Verordnung von Vorsorge- oder Rehabilitationsmaßnahmen die Arztnummer des einweisenden Arztes,

5. den Tag, die Uhrzeit und den Grund der Entlassung oder der externen Verlegung sowie die Entlassungs- oder Verlegungsdiagnose; bei externer Verlegung das Institutionskennzeichen der aufnehmenden Institution,

6. Angaben über die durchgeführten Vorsorge- und Rehabilitationsmaßnahmen sowie Vorschläge für die Art der weiteren Behandlung mit Angabe geeigneter Einrichtungen,

7. die berechneten Entgelte.

[2]Die Übermittlung der medizinischen Begründung von Verlängerungen der Verweildauer nach Satz 1 Nr. 3 sowie Angaben nach Satz 1 Nr. 6 ist auch in nicht maschinenlesbarer Form zulässig. [3]Für die Angabe der Diagnosen nach Satz 1 Nr. 3 und 5 gilt Absatz 2 entsprechend. [4]Absatz 3 gilt entsprechend.

Bearbeiterhinweis:
Am 01. Januar 2025 tritt nachfolgende Fassung von § 301 Absatz 4 in Kraft:

(4) [1]Vorsorge- oder Rehabilitationseinrichtungen, für die ein Versorgungsvertrag nach §§ 111, 111a oder § 111c besteht, sind verpflichtet, den Krankenkassen bei stationärer oder ambulanter Behandlung folgende Angaben im Wege elektronischer Datenübertragung oder maschinell verwertbar auf Datenträgern zu übermitteln:

1. die Angaben nach § 291a Absatz 2 Nummer 1 bis 10 sowie das interne Kennzeichen der Einrichtung für den Versicherten,

2. das Institutionskennzeichen der Vorsorge- oder Rehabilitationseinrichtung und der Krankenkasse,

3. den Tag der Aufnahme, die Einweisungsdiagnose, die Aufnahmediagnose, die voraussichtliche Dauer der Behandlung sowie, falls diese überschritten wird, auf Verlangen der Krankenkasse die medizinische Begründung,

4. bei ärztlicher Verordnung von Vorsorge- oder Rehabilitationsmaßnahmen die Arztnummer des einweisenden Arztes,

5. den Tag, die Uhrzeit und den Grund der Entlassung oder der externen Verlegung sowie die Entlassungs- oder Verlegungsdiagnose; bei externer Verlegung das Institutionskennzeichen der aufnehmenden Institution,

6. Angaben über die durchgeführten Vorsorge- und Rehabilitationsmaßnahmen sowie Vorschläge für die Art der weiteren Behandlung mit Angabe geeigneter Einrichtungen,

7. die berechneten Entgelte.

[2]Die Übermittlung der medizinischen Begründung von Verlängerungen der Verweildauer nach Satz 1 Nr. 3 sowie Angaben nach Satz 1 Nr. 6 ist auch in nicht maschinenlesbarer Form zulässig. [3]Für die Angabe der Diagnosen nach Satz 1 Nr. 3 und 5 gilt Absatz 2 entsprechend. [4]Absatz 3 gilt entsprechend.

(4a) [1]Einrichtungen, die Leistungen nach § 15 des Sechsten Buches und nach § 33 des Siebten Buches erbringen, sind auf Anforderung der zuständigen Krankenkasse verpflichtet, dieser bei Erwerbstätigen mit einem Anspruch auf Krankengeld nach § 44 für die Erfüllung der gesetzlichen Aufgaben der Krankenkassen, die im Zusammenhang mit der Bestimmung der Dauer des Krankengeldanspruchs und der Mitteilung an den Arbeitgeber über die auf den Entgeltfortzahlungsanspruch des Versicherten anrechenbaren Zeiten stehen, sowie zur Zuständigkeitsabgrenzung bei stufenweiser Wiedereingliederung in das Erwerbsleben nach den §§ 44, 71 Absatz 5 des Neunten Buches und § 74 folgende Angaben zu übermitteln:

1. die Angaben nach § 291a Absatz 2 Nummer 2 bis 6,

2. das Institutionskennzeichen der Einrichtung,

3. den Tag der Aufnahme, den Tag und den Grund der Entlassung oder der externen Verlegung sowie die Entlassungs- oder Verlegungsdiagnose,

4. Aussagen zur Arbeitsfähigkeit,

5. die zur Zuständigkeitsabgrenzung bei stufenweiser Wiedereingliederung in das Erwerbsleben nach den §§ 44, 71 Absatz 5 des Neunten Buches sowie nach § 74 erforderlichen Angaben.

[2]Die Übermittlung erfolgt im Wege elektronischer Datenübertragung oder maschinell verwertbar auf Datenträgern. [3]Für die Angabe der Diagnosen nach Satz 1 Nummer 3 gilt Absatz 2 entsprechend. [4]Das Nähere über Form und Inhalt der erforderlichen Vordrucke, die Zeitabstände für die Übermittlung der Angaben nach Satz 1 und das

Verfahren der Übermittlung vereinbart der Spitzenverband Bund der Krankenkassen gemeinsam mit den für die Wahrnehmung der Interessen der Rehabilitationseinrichtungen nach dem Sozialgesetzbuch maßgeblichen Bundesverbänden.

Bearbeiterhinweis:
Am 01. Januar 2025 tritt nachfolgende Fassung von § 301 Absatz 4a in Kraft:

(4a) [1]Zugelassene Rehabilitationseinrichtungen im Sinne des § 15 Absatz 2 des Sechsten Buches und Einrichtungen nach § 33 Absatz 2 des Siebten Buches sind auf Anforderung der zuständigen Krankenkasse verpflichtet, dieser bei Erwerbstätigen mit einem Anspruch auf Krankengeld nach § 44 oder Verletztengeld nach § 45 des Siebten Buches für die Erfüllung der gesetzlichen Aufgaben der Krankenkassen, die im Zusammenhang mit der Bestimmung der Dauer des Anspruchs auf Kranken- oder Verletztengeld und der Mitteilung an den Arbeitgeber über die auf den Entgeltfortzahlungsanspruch des Versicherten anrechenbaren Zeiten stehen, sowie zur Zuständigkeitsabgrenzung bei stufenweiser Wiedereingliederung in das Erwerbsleben nach den §§ 44, 71 Absatz 5 des Neunten Buches und § 74 folgende Angaben zu übermitteln:

1. die Angaben nach § 291a Absatz 2 Nummer 2 bis 6,
2. das Institutionskennzeichen der Einrichtung,
3. den Tag der Aufnahme, den Tag und den Grund der Entlassung oder der externen Verlegung sowie die Entlassungs- oder Verlegungsdiagnose,
4. Aussagen zur Arbeitsfähigkeit,
5. die zur Zuständigkeitsabgrenzung bei stufenweiser Wiedereingliederung in das Erwerbsleben nach den §§ 44, 71 Absatz 5 des Neunten Buches sowie nach § 74 erforderlichen Angaben.

[2]Darüber hinaus sind zugelassene Rehabilitationseinrichtungen im Sinne des § 15 Absatz 2 des Sechsten Buches und Einrichtungen nach § 33 Absatz 2 des Siebten Buches, die Leistungen erbringen, auf Grund deren Inanspruchnahme die Versicherten an ihrer Arbeitsleistung verhindert sind, auf Anforderung der zuständigen Krankenkasse auf Grund der Verpflichtung zu einer Meldung nach § 109 des Vierten Buches verpflichtet, taggleich insbesondere folgende Angaben zu übermitteln:

1. die Angaben nach § 291a Absatz 2 Nummer 2, 3, 5 und 6,
2. den Tag der Aufnahme in der Einrichtung und
3. den Tag der voraussichtlichen Entlassung aus der Einrichtung.

[3]Die Übermittlung erfolgt im Wege elektronischer Datenübertragung oder maschinell verwertbar auf Datenträgern. [4]Für die Angabe der Diagnosen nach den Sätzen 1 und 2 Nummer 3 gilt Absatz 2 entsprechend. [5]Das Nähere über Form und Inhalt der erforderlichen Vordrucke, die Zeitabstände für die Übermittlung der Angaben nach Satz 1 und das Verfahren der Übermittlung vereinbart der Spitzenverband Bund der Krankenkassen gemeinsam mit den für die Wahrnehmung der Interessen der Rehabilitationseinrichtungen nach dem Sozialgesetzbuch maßgeblichen Bundesverbänden.

(5) [1]Die ermächtigten Krankenhausärzte sind verpflichtet, dem Krankenhausträger im Rahmen des Verfahrens nach § 120 Abs. 1 Satz 3 die für die Abrechnung der vertragsärztlichen Leistungen erforderlichen Unterlagen zu übermitteln; § 295 gilt entsprechend. [2]Der Krankenhausträger hat den Kassenärztlichen Vereinigungen die Abrechnungsunterlagen zum Zwecke der Abrechnung vorzulegen.

§ 301a
Hebammen und der von ihnen geleiteten Einrichtungen

(1) [1]Freiberuflich tätige Hebammen und von Hebammen geleitete Einrichtungen sind verpflichtet, den Krankenkassen folgende Angaben im Wege elektronischer Datenübertragung oder maschinell verwertbar auf Datenträgern zu übermitteln:

1. die Angaben nach § 291a Absatz 2 Nummer 1 bis 3, 5 und 6,
2. die erbrachten Leistungen mit dem Tag der Leistungserbringung,
3. die Zeit und die Dauer der erbrachten Leistungen, soweit dies für die Höhe der Vergütung von Bedeutung ist,
4. bei der Abrechnung von Wegegeld Datum, Zeit und Ort der Leistungserbringung sowie die zurückgelegte Entfernung,

5. bei der Abrechnung von Auslagen die Art der Auslage und, soweit Auslagen für Arzneimittel abgerechnet werden, eine Auflistung der einzelnen Arzneimittel,
6. das Kennzeichen nach § 293; rechnet die Hebamme ihre Leistungen über eine zentrale Stelle ab, so ist in der Abrechnung neben dem Kennzeichen der abrechnenden Stelle das Kennzeichen der Hebamme anzugeben.

[2]Ist eine ärztliche Anordnung für die Abrechnung der Leistung vorgeschrieben, ist diese der Rechnung beizufügen.

(2) § 302 Abs. 2 Satz 1 bis 3 und Abs. 3 gilt entsprechend.

§ 302 Abrechnung der sonstigen Leistungserbringer

(1) [1]Die Leistungserbringer im Bereich der Heil- und Hilfsmittel sowie der digitalen Gesundheitsanwendungen und die weiteren Leistungserbringer sind verpflichtet, den Krankenkassen im Wege elektronischer Datenübertragung oder maschinell verwertbar auf Datenträgern die von ihnen erbrachten Leistungen nach Art, Menge und Preis zu bezeichnen und den Tag der Leistungserbringung sowie die Arztnummer des verordnenden Arztes, die Verordnung des Arztes mit der Diagnose und den erforderlichen Angaben über den Befund und die Angaben nach § 291a Absatz 2 Nummer 1 bis 10 anzugeben; bei der Abrechnung über die Abgabe von Hilfsmitteln sind dabei die Bezeichnungen des Hilfsmittelverzeichnisses nach § 139 zu verwenden und die Höhe der mit dem Versicherten abgerechneten Mehrkosten nach § 33 Absatz 1 Satz 9 anzugeben. [2]Bei der Abrechnung von Leistungen der häuslichen Krankenpflege nach § 37 sowie der außerklinischen Intensivpflege nach § 37c ist zusätzlich zu den Angaben nach Satz 1 die Zeit der Leistungserbringung und nach § 293 Absatz 8 Satz 11 spätestens ab dem 1. Januar 2023 die Beschäftigtennummer der Person, die die Leistung erbracht hat, anzugeben.

(2) [1]Das Nähere über Form und Inhalt des Abrechnungsverfahrens bestimmt der Spitzenverband Bund der Krankenkassen in Richtlinien, die in den Leistungs- oder Lieferverträgen zu beachten sind. [2]Die Leistungserbringer nach Absatz 1 können zur Erfüllung ihrer Verpflichtungen Rechenzentren in Anspruch nehmen. [3]Die Rechenzentren dürfen die ihnen hierzu übermittelten Daten für im Sozialgesetzbuch bestimmte Zwecke und nur in einer auf diese Zwecke ausgerichteten Weise verarbeiten, soweit sie dazu von einer berechtigten Stelle beauftragt worden sind; anonymisierte Daten dürfen auch für andere Zwecke verarbeitet werden. [4]Die Rechenzentren dürfen die Daten nach Absatz 1 den Kassenärztlichen Vereinigungen übermitteln, soweit diese Daten zur Erfüllung ihrer Aufgaben nach § 73 Absatz 8 und § 84 erforderlich sind. [5]Soweit die Daten nach Absatz 1 für die Aufgabenerfüllung nach § 305a erforderlich sind, haben die Rechenzentren den Kassenärztlichen Vereinigungen diese Daten auf Anforderung im Wege elektronischer Datenübertragung oder maschinell verwertbar auf Datenträgern zu übermitteln. [6]§ 300 Absatz 2 Satz 5 bis 7 gilt entsprechend. [7]Im Rahmen der Abrechnung von Leistungen der häuslichen Krankenpflege nach § 37 sowie der außerklinischen Intensivpflege nach § 37c sind vorbehaltlich des Satzes 8 von den Krankenkassen und den Leistungserbringern ab dem 1. März 2021 ausschließlich elektronische Verfahren zur Übermittlung von Abrechnungsunterlagen einschließlich des Leistungsnachweises zu nutzen, wenn der Leistungserbringer

1. an die Telematikinfrastruktur angebunden ist,
2. ein von der Gesellschaft für Telematik nach § 311 Absatz 6 zugelassenes Verfahren zur Übermittlung der Daten nutzt und
3. der Krankenkasse die für die elektronische Abrechnung erforderlichen Angaben übermittelt hat.

[8]Die Verpflichtung nach Satz 7 besteht nach Ablauf von drei Monaten, nachdem der Leistungserbringer die für die elektronische Übermittlung von Abrechnungsunterlagen erforderlichen Angaben an die Krankenkasse übermittelt hat.

(3) Die Richtlinien haben auch die Voraussetzungen und das Verfahren bei Teilnahme an einer Abrechnung im Wege elektronischer Datenübertragung oder maschinell verwertbar auf Datenträgern sowie bis zum 31. Dezember 2020 das Verfahren bei der Verwendung von Verordnungen in elektronischer Form zu regeln.

(4) Soweit der Spitzenverband Bund der Krankenkassen und die für die Wahrnehmung der Interessen der Leistungserbringer maßgeblichen Spitzenorganisationen auf Bundesebene in Rahmenempfehlungen oder in den Verträgen

nach § 125 Regelungen zur Abrechnung der Leistungen getroffen haben, die von den Richtlinien nach den Absätzen 2 und 3 abweichen, sind die Rahmenempfehlungen oder die Verträge nach § 125 maßgeblich; dies gilt nicht für Abrechnungen nach Absatz 2 Satz 7 und 8.

(5) [1]Der Spitzenverband Bund der Krankenkassen veröffentlicht erstmals bis zum 30. Juni 2018 und danach jährlich einen nach Produktgruppen differenzierten Bericht über die Entwicklung der Mehrkostenvereinbarungen für Versorgungen mit Hilfsmittelleistungen. [2]Der Bericht informiert ohne Versicherten- oder Einrichtungsbezug insbesondere über die Zahl der abgeschlossenen Mehrkostenvereinbarungen und die durchschnittliche Höhe der mit ihnen verbundenen Aufzahlungen der Versicherten. [3]Der Spitzenverband Bund der Krankenkassen bestimmt zu diesem Zweck die von seinen Mitgliedern zu übermittelnden statistischen Informationen sowie Art und Umfang der Übermittlung.

(6) [1]Sind im Rahmen der Abrechnung nach Absatz 1 Auszahlungen für Lieferungen und Dienstleistungen durch Rechnungen des Leistungserbringers als zahlungsbegründende Unterlage zu belegen, darf die Rechnung des Leistungserbringers durch eine von den Krankenkassen ausgestellte Rechnung (Gutschrift) ersetzt werden, wenn dies zuvor zwischen dem Leistungserbringer und der Krankenkasse vereinbart wurde. [2]Die Krankenkassen sind verpflichtet, dem Leistungserbringer die Gutschrift schriftlich oder elektronisch zur Prüfung zu übermitteln. [3]Widerspricht der Leistungserbringer der von der Krankenkasse übermittelten Gutschrift, verliert diese ihre Wirkung als zahlungsbegründende Unterlage. [4]Das Nähere zu dem Verfahren nach den Sätzen 1 bis 3 einschließlich einer zeitlichen Begrenzung des Widerspruchsrechts der Leistungserbringer regelt der Spitzenverband Bund der Krankenkassen in seinen Richtlinien nach Absatz 2 Satz 1.

§ 303
Ergänzende Regelungen

(1) Die Landesverbände der Krankenkassen und die Verbände der Ersatzkassen können mit den Leistungserbringern oder ihren Verbänden vereinbaren, dass

1. der Umfang der zu übermittelnden Abrechnungsbelege eingeschränkt,
2. bei der Abrechnung von Leistungen von einzelnen Angaben ganz oder teilweise abgesehen

wird, wenn dadurch eine ordnungsgemäße Abrechnung und die Erfüllung der gesetzlichen Aufgaben der Krankenkassen nicht gefährdet werden.

(2) [1]Die Krankenkassen können zur Vorbereitung und Kontrolle der Umsetzung der Vereinbarungen nach § 84, zur Vorbereitung der Prüfungen nach § 112 Absatz 2 Satz 1 Nummer 2 und § 113 sowie zur Vorbereitung der Unterrichtung der Versicherten nach § 305 Arbeitsgemeinschaften nach § 219 mit der Verarbeitung mit Ausnahme des Erhebens von dafür erforderlichen Daten beauftragen. [2]Die den Arbeitsgemeinschaften übermittelten versichertenbezogenen Daten sind vor der Übermittlung zu anonymisieren. [3]Die Identifikation des Versicherten durch die Krankenkasse ist dabei zu ermöglichen; sie ist zulässig, soweit sie für die in Satz 1 genannten Zwecke erforderlich ist. [4]§ 286 gilt entsprechend.

(3) [1]Werden die den Krankenkassen nach § 291a Absatz 2 Nummer 1 bis 10, § 295 Abs. 1 und 2, § 300 Abs. 1, § 301 Absatz 1 und 4, §§ 301a und 302 Abs. 1 zu übermittelnden Daten nicht im Wege elektronischer Datenübertragung oder maschinell verwertbar auf Datenträgern übermittelt, haben die Krankenkassen die Daten nachzuerfassen. [2]Erfolgt die nicht maschinell verwertbare Datenübermittlung aus Gründen, die der Leistungserbringer zu vertreten hat, haben die Krankenkassen die mit der Nacherfassung verbundenen Kosten den betroffenen Leistungserbringern durch eine pauschale Rechnungskürzung in Höhe von bis zu 5 vom Hundert des Rechnungsbetrages in Rechnung zu stellen. [3]Für die Angabe der Diagnosen nach § 295 Abs. 1 gilt Satz 1 ab dem Zeitpunkt der Inkraftsetzung der überarbeiteten Zehnten Fassung des Schlüssels gemäß § 295 Abs. 1 Satz 3.

(4) [1]Sofern Datenübermittlungen zu Diagnosen nach den §§ 295 und 295a fehlerhaft oder unvollständig sind, ist eine erneute Übermittlung in korrigierter oder ergänzter Form nur im Falle technischer Übermittlungs- oder formaler Datenfehler zulässig. [2]Eine nachträgliche Änderung oder Ergänzung von Diagnosedaten insbesondere auch auf Grund von Prüfungen gemäß den §§ 106 bis 106c, Unterrichtungen nach § 106d Absatz 3 Satz 2 und Anträgen nach § 106d Absatz 4 ist un-

zulässig. [3]Das Nähere regeln die Vertragspartner nach § 82 Absatz 1 Satz 1.

Zweiter Titel

Datentransparenz

§ 303a Wahrnehmung der Aufgaben der Datentransparenz; Verordnungsermächtigung

(1) [1]Die Aufgaben der Datentransparenz werden von öffentlichen Stellen des Bundes als Vertrauensstelle nach § 303c und als Forschungsdatenzentrum nach § 303d sowie vom Spitzenverband Bund der Krankenkassen als Datensammelstelle wahrgenommen. [2]Das Bundesministerium für Gesundheit bestimmt im Benehmen mit dem Bundesministerium für Bildung und Forschung durch Rechtsverordnung ohne Zustimmung des Bundesrates zur Wahrnehmung der Aufgaben der Datentransparenz eine öffentliche Stelle des Bundes als Vertrauensstelle nach § 303c und eine öffentliche Stelle des Bundes als Forschungsdatenzentrum nach § 303d.

(2) [1]Die Vertrauensstelle und das Forschungsdatenzentrum sind räumlich, organisatorisch und personell eigenständig zu führen. [2]Sie unterliegen dem Sozialgeheimnis nach § 35 des Ersten Buches und unterstehen der Rechtsaufsicht des Bundesministeriums für Gesundheit.

(3) Die Kosten, die den öffentlichen Stellen nach Absatz 1 durch die Wahrnehmung der Aufgaben der Datentransparenz entstehen, tragen die Krankenkassen nach der Zahl ihrer Mitglieder.

(4) In der Rechtsverordnung nach Absatz 1 Satz 2 ist auch das Nähere zu regeln

1. zu spezifischen Festlegungen zu Art und Umfang der nach § 303b Absatz 1 Satz 1 zu übermittelnden Daten und zu den Fristen der Datenübermittlung nach § 303b Absatz 1 Satz 1,
2. zur Datenverarbeitung durch den Spitzenverband Bund der Krankenkassen nach § 303b Absatz 2 und 3 Satz 1 und 2,
3. zum Verfahren der Pseudonymisierung der Versichertendaten nach § 303c Absatz 1 und 2 und zum Verfahren der Übermittlung der Pseudonyme an das Forschungsdatenzentrum nach § 303c Absatz 3 durch die Vertrauensstelle,
4. zur Wahrnehmung der Aufgaben nach § 303d Absatz 1 und § 303e einschließlich der Bereitstellung von Einzeldatensätzen nach § 303e Absatz 4 durch das Forschungsdatenzentrum,
5. zur Verkürzung der Höchstfrist für die Aufbewahrung von Einzeldatensätzen nach § 303d Absatz 3,
6. zur Evaluation und Weiterentwicklung der Datentransparenz,
7. zur Erstattung der Kosten nach Absatz 3 einschließlich der zu zahlenden Vorschüsse.

§ 303b Datenzusammenführung und -übermittlung

(1) [1]Für die in § 303e Absatz 2 genannten Zwecke übermitteln die Krankenkassen an den Spitzenverband Bund der Krankenkassen als Datensammelstelle für jeden Versicherten jeweils in Verbindung mit einem Versichertenpseudonym, das eine kassenübergreifende eindeutige Identifizierung im Berichtszeitraum erlaubt (Lieferpseudonym),

1. Angaben zu Alter, Geschlecht und Wohnort,
2. Angaben zum Versicherungsverhältnis,
3. die Kosten- und Leistungsdaten nach den §§ 295, 295a, 300, 301, 301a und 302,
4. Angaben zum Vitalstatus und zum Sterbedatum und
5. Angaben zu den abrechnenden Leistungserbringern.

[2]Das Nähere zur technischen Ausgestaltung der Datenübermittlung nach Satz 1 regelt der Spitzenverband Bund der Krankenkassen spätestens bis zum 31. Dezember 2021.

(2) Der Spitzenverband Bund der Krankenkassen führt die Daten nach Absatz 1 zusammen, prüft die Daten auf Vollständigkeit, Plausibilität und Konsistenz und klärt Auffälligkeiten jeweils mit der die Daten liefernden Stelle.

(3) [1]Der Spitzenverband Bund der Krankenkassen übermittelt

1. an das Forschungsdatenzentrum nach § 303d die Daten nach Absatz 1 ohne das Liefer-

pseudonym, wobei jeder einem Lieferpseudonym zuzuordnende Einzeldatensatz mit einer Arbeitsnummer gekennzeichnet wird,

2. an die Vertrauensstelle nach § 303c eine Liste mit den Lieferpseudonymen einschließlich der Arbeitsnummern, die zu den nach Nummer 1 übermittelten Einzeldatensätzen für das jeweilige Lieferpseudonym gehören.

[2]Die Angaben zu den Leistungserbringern sind vor der Übermittlung an das Forschungsdatenzentrum zu pseudonymisieren. [3]Das Nähere zur technischen Ausgestaltung der Datenübermittlung nach Satz 1 vereinbart der Spitzenverband Bund der Krankenkassen mit den nach § 303a Absatz 1 Satz 2 bestimmten Stellen spätestens bis zum 31. Dezember 2021.

(4) Der Spitzenverband Bund der Krankenkassen kann eine Arbeitsgemeinschaft nach § 219 mit der Durchführung der Aufgaben nach den Absätzen 1 bis 3 beauftragen.

§ 303c Vertrauensstelle

(1) Die Vertrauensstelle überführt die ihr nach § 303b Absatz 3 Satz 1 Nummer 2 übermittelten Lieferpseudonyme nach einem einheitlich anzuwendenden Verfahren nach Absatz 2 in periodenübergreifende Pseudonyme.

(2) [1]Die Vertrauensstelle hat im Einvernehmen mit dem Bundesamt für Sicherheit in der Informationstechnik ein schlüsselabhängiges Verfahren zur Pseudonymisierung festzulegen, das dem jeweiligen Stand der Technik und Wissenschaft entspricht. [2]Das Verfahren zur Pseudonymisierung ist so zu gestalten, dass für das jeweilige Lieferpseudonym eines jeden Versicherten periodenübergreifend immer das gleiche Pseudonym erstellt wird, aus dem Pseudonym aber nicht auf das Lieferpseudonym oder die Identität des Versicherten geschlossen werden kann.

(3) [1]Die Vertrauensstelle hat die Liste der Pseudonyme dem Forschungsdatenzentrum mit den Arbeitsnummern zu übermitteln. [2]Nach der Übermittlung dieser Liste an das Forschungsdatenzentrum hat sie die diesen Pseudonymen zugrunde liegenden Lieferpseudonyme und Arbeitsnummern sowie die Pseudonyme zu löschen.

§ 303d Forschungsdatenzentrum

(1) Das Forschungsdatenzentrum hat folgende Aufgaben:

1. die ihm vom Spitzenverband Bund der Krankenkassen und von der Vertrauensstelle übermittelten Daten nach § 303b Absatz 3 und § 303c Absatz 3 für die Auswertung für Zwecke nach § 303e Absatz 2 aufzubereiten,
2. Qualitätssicherungen der Daten vorzunehmen,
3. Anträge auf Datennutzung zu prüfen,
4. die beantragten Daten den Nutzungsberechtigten nach § 303e zugänglich zu machen,
5. das spezifische Reidentifikationsrisiko in Bezug auf die durch Nutzungsberechtigte nach § 303e beantragten Daten zu bewerten und unter angemessener Wahrung des angestrebten wissenschaftlichen Nutzens durch geeignete Maßnahmen zu minimieren,
6. ein öffentliches Antragsregister mit Informationen zu den antragstellenden Nutzungsberechtigten, zu den Vorhaben, für die Daten beantragt wurden, und deren Ergebnissen aufzubauen und zu pflegen,
7. die Verfahren der Datentransparenz zu evaluieren und weiterzuentwickeln,
8. Nutzungsberechtigte nach § 303e Absatz 1 zu beraten,
9. Schulungsmöglichkeiten für Nutzungsberechtigte anzubieten sowie
10. die wissenschaftliche Erschließung der Daten zu fördern.

(2) [1]Das Forschungsdatenzentrum richtet im Benehmen mit dem Bundesministerium für Gesundheit und dem Bundesministerium für Bildung und Forschung einen Arbeitskreis der Nutzungsberechtigten nach § 303e Absatz 1 ein. [2]Der Arbeitskreis wirkt beratend an der Ausgestaltung, Weiterentwicklung und Evaluation des Datenzugangs mit.

(3) Das Forschungsdatenzentrum hat die versichertenbezogenen Einzeldatensätze spätestens nach 30 Jahren zu löschen.

§ 303e
Datenverarbeitung

(1) Das Forschungsdatenzentrum macht die ihm vom Spitzenverband Bund der Krankenkassen und von der Vertrauensstelle übermittelten Daten nach Maßgabe der Absätze 3 bis 6 folgenden Nutzungsberechtigten zugänglich, soweit diese nach Absatz 2 zur Verarbeitung der Daten berechtigt sind:

1. dem Spitzenverband Bund der Krankenkassen,
2. den Bundes- und Landesverbänden der Krankenkassen,
3. den Krankenkassen,
4. den Kassenärztlichen Bundesvereinigungen und den Kassenärztlichen Vereinigungen,
5. den für die Wahrnehmung der wirtschaftlichen Interessen gebildeten maßgeblichen Spitzenorganisationen der Leistungserbringer auf Bundesebene,
6. den Institutionen der Gesundheitsberichterstattung des Bundes und der Länder,
7. den Institutionen der Gesundheitsversorgungsforschung,
8. den Hochschulen, den nach landesrechtlichen Vorschriften anerkannten Hochschulkliniken, öffentlich geförderten außeruniversitären Forschungseinrichtungen und sonstigen Einrichtungen mit der Aufgabe unabhängiger wissenschaftlicher Forschung, sofern die Daten wissenschaftlichen Vorhaben dienen,
9. dem Gemeinsamen Bundesausschuss,
10. dem Institut für Qualität und Wirtschaftlichkeit im Gesundheitswesen,
11. dem Institut des Bewertungsausschusses,
12. der oder dem Beauftragten der Bundesregierung und der Landesregierungen für die Belange der Patientinnen und Patienten,
13. den für die Wahrnehmung der Interessen der Patientinnen und Patienten und der Selbsthilfe chronisch kranker und behinderter Menschen maßgeblichen Organisationen auf Bundesebene,
14. dem Institut für Qualitätssicherung und Transparenz im Gesundheitswesen,
15. dem Institut für das Entgeltsystem im Krankenhaus,
16. den für die gesetzliche Krankenversicherung zuständigen obersten Bundes- und Landesbehörden und deren jeweiligen nachgeordneten Bereichen sowie den übrigen obersten Bundesbehörden,
17. der Bundesärztekammer, der Bundeszahnärztekammer, der Bundespsychotherapeutenkammer sowie der Bundesapothekerkammer,
18. der Deutschen Krankenhausgesellschaft.

(2) Soweit die Datenverarbeitung jeweils für die Erfüllung von Aufgaben der nach Absatz 1 Nutzungsberechtigten erforderlich ist, dürfen die Nutzungsberechtigten Daten für folgende Zwecke verarbeiten:

1. Wahrnehmung von Steuerungsaufgaben durch die Kollektivvertragspartner,
2. Verbesserung der Qualität der Versorgung,
3. Planung von Leistungsressourcen, zum Beispiel Krankenhausplanung,
4. Forschung, insbesondere für Längsschnittanalysen über längere Zeiträume, Analysen von Behandlungsabläufen oder Analysen des Versorgungsgeschehens,
5. Unterstützung politischer Entscheidungsprozesse zur Weiterentwicklung der gesetzlichen Krankenversicherung,
6. Analyse und Entwicklung von sektorenübergreifenden Versorgungsformen sowie von Einzelverträgen der Krankenkassen,
7. Wahrnehmung von Aufgaben der Gesundheitsberichterstattung.

(3) [1]Das Forschungsdatenzentrum macht einem Nutzungsberechtigten auf Antrag Daten zugänglich, wenn die Voraussetzungen nach Absatz 2 erfüllt sind. [2]In dem Antrag hat der antragstellende Nutzungsberechtigte nachvollziehbar darzulegen, dass Umfang und Struktur der beantragten Daten geeignet und erforderlich sind, um die zu untersuchende Frage zu beantworten. [3]Liegen die Voraussetzungen nach Absatz 2 vor, übermittelt das Forschungsdatenzentrum dem antragstellenden Nutzungsberechtigten die entsprechend den Anforderungen des Nutzungsberechtigten ausgewählten Daten anonymisiert und aggregiert. [4]Das

Forschungsdatenzentrum kann einem Nutzungsberechtigten entsprechend seinen Anforderungen auch anonymisierte und aggregierte Daten mit kleinen Fallzahlen übermitteln, wenn der antragstellende Nutzungsberechtigte nachvollziehbar darlegt, dass ein nach Absatz 2 zulässiger Nutzungszweck, insbesondere die Durchführung eines Forschungsvorhabens, die Übermittlung dieser Daten erfordert.

(4) [1]Das Forschungsdatenzentrum kann einem Nutzungsberechtigten entsprechend seinen Anforderungen auch pseudonymisierte Einzeldatensätze bereitstellen, wenn der antragstellende Nutzungsberechtigte nachvollziehbar darlegt, dass die Nutzung der pseudonymisierten Einzeldatensätze für einen nach Absatz 2 zulässigen Nutzungszweck, insbesondere für die Durchführung eines Forschungsvorhabens, erforderlich ist. [2]Das Forschungsdatenzentrum stellt einem Nutzungsberechtigten die pseudonymisierten Einzeldatensätze ohne Sichtbarmachung der Pseudonyme für die Verarbeitung unter Kontrolle des Forschungsdatenzentrums bereit, soweit

1. gewährleistet ist, dass diese Daten nur solchen Personen bereitgestellt werden, die einer Geheimhaltungspflicht nach § 203 des Strafgesetzbuches unterliegen, und
2. durch geeignete technische und organisatorische Maßnahmen sichergestellt wird, dass die Verarbeitung durch den Nutzungsberechtigten auf das erforderliche Maß beschränkt und insbesondere ein Kopieren der Daten verhindert werden kann.

[2]Personen, die nicht der Geheimhaltungspflicht nach § 203 des Strafgesetzbuches unterliegen, können pseudonymisierte Einzeldatensätze nach Satz 2 bereitgestellt werden, wenn sie vor dem Zugang zur Geheimhaltung verpflichtet wurden. § 1 Absatz 2, 3 und 4 Nummer 2 des Verpflichtungsgesetzes gilt entsprechend.

(5) [1]Die Nutzungsberechtigten dürfen die nach Absatz 3 oder Absatz 4 zugänglich gemachten Daten

1. nur für die Zwecke nutzen, für die sie zugänglich gemacht werden,
2. nicht an Dritte weitergeben, es sei denn, das Forschungsdatenzentrum genehmigt auf Antrag eine Weitergabe an einen Dritten im Rahmen eines nach Absatz 2 zulässigen Nutzungszwecks.

[2]Die Nutzungsberechtigten haben bei der Verarbeitung der nach Absatz 3 oder Absatz 4 zugänglich gemachten Daten darauf zu achten, keinen Bezug zu Personen, Leistungserbringern oder Leistungsträgern herzustellen. [2]Wird ein Bezug zu Personen, Leistungserbringern oder Leistungsträgern unbeabsichtigt hergestellt, so ist dies dem Forschungsdatenzentrum zu melden. [3]Die Verarbeitung der bereitgestellten Daten zum Zwecke der Herstellung eines Personenbezugs, zum Zwecke der Identifizierung von Leistungserbringern oder Leistungsträgern sowie zum Zwecke der bewussten Verschaffung von Kenntnissen über fremde Betriebs- und Geschäftsgeheimnisse ist untersagt.

(6) [1]Wenn die zuständige Datenschutzaufsichtsbehörde feststellt, dass Nutzungsberechtigte die vom Forschungsdatenzentrum nach Absatz 3 oder Absatz 4 zugänglich gemachten Daten in einer Art und Weise verarbeitet haben, die nicht den geltenden datenschutzrechtlichen Vorschriften oder den Auflagen des Forschungsdatenzentrums entspricht, und wegen eines solchen Verstoßes eine Maßnahme nach Artikel 58 Absatz 2 Buchstabe b bis j der Verordnung (EU) 2016/679 gegenüber dem Nutzungsberechtigten ergriffen hat, informiert sie das Forschungsdatenzentrum. [2]In diesem Fall schließt das Forschungsdatenzentrum den Nutzungsberechtigten für einen Zeitraum von bis zu zwei Jahren vom Datenzugang aus.

§ 303f
Gebührenregelung; Verordnungsermächtigung

(1) [1]Das Forschungsdatenzentrum erhebt von den Nutzungsberechtigten nach § 303e Absatz 1 Gebühren und Auslagen für individuell zurechenbare öffentliche Leistungen nach § 303d zur Deckung des Verwaltungsaufwandes. [2]Die Gebührensätze sind so zu bemessen, dass sie den auf die Leistungen entfallenden durchschnittlichen Personal- und Sachaufwand nicht übersteigen. [3]Die Krankenkassen, ihre Verbände, der Spitzenverband Bund der Krankenkassen sowie das Bundesministerium für Gesundheit als Aufsichtsbehörde sind von der Zahlung der Gebühren befreit.

(2) [1]Das Bundesministerium für Gesundheit wird ermächtigt, durch Rechtsverordnung ohne Zustimmung des Bundesrates die gebührenpflichtigen Tatbestände zu bestimmen und dabei feste Sätze oder Rahmensätze vorzusehen sowie Regelungen über die Gebührenentstehung, die

Gebührenerhebung, die Erstattung von Auslagen, den Gebührenschuldner, Gebührenbefreiungen, die Fälligkeit, die Stundung, die Niederschlagung, den Erlass, Säumniszuschläge, die Verjährung und die Erstattung zu treffen. [2]Das Bundesministerium für Gesundheit kann die Ermächtigung durch Rechtsverordnung auf die öffentliche Stelle, die vom Bundesministerium für Gesundheit nach § 303a Absatz 1 als Forschungsdatenzentrum nach § 303d bestimmt ist, übertragen.

Dritter Abschnitt

Datenlöschung, Auskunftspflicht

§ 304 Aufbewahrung von Daten bei Krankenkassen, Kassenärztlichen Vereinigungen und Geschäftsstellen der Prüfungsausschüsse

(1) [1]Die für Aufgaben der gesetzlichen Krankenversicherung bei Krankenkassen, Kassenärztlichen Vereinigungen und Geschäftsstellen der Prüfungsausschüsse gespeicherten Sozialdaten sind nach folgender Maßgabe zu löschen:

1. die Daten nach, den §§ 292, 295 Absatz 1a, 1b und 2 sowie Daten, die für die Prüfungsausschüsse und ihre Geschäftsstellen für die Prüfungen nach den §§ 106 bis 106c erforderlich sind, spätestens nach zehn Jahren,

2. die die Daten, die auf Grund der nach § 266 Absatz 8 Satz 1 erlassenen Rechtsverordnung für die Durchführung des Risikostrukturausgleichs nach den §§ 266 und 267 erforderlich sind, spätestens nach den in der Rechtsverordnung genannten Fristen.

[2]Die Aufbewahrungsfristen beginnen mit dem Ende des Geschäftsjahres, in dem die Leistungen gewährt oder abgerechnet wurden. [3]Die Krankenkassen können für Zwecke der Krankenversicherung Leistungsdaten länger aufbewahren, wenn sichergestellt ist, dass ein Bezug zum Arzt und Versicherten nicht mehr herstellbar ist. [4]Die Löschfristen gelten nicht für den Nachweis über die Erfüllung der Meldepflicht nach § 36 des Implantateregistergesetzes, dessen Speicherung für die Erfüllung der Meldepflicht nach § 17 Absatz 2 des Implantateregistergesetzes erforderlich ist. [5]Dieser Nachweis ist unverzüglich zu löschen, sobald die Registerstelle des Implantateregisters Deutschland die Krankenkasse über die Anonymisierung des Registerdatensatzes der oder des Versicherten unterrichtet hat.

(2) Im Falle des Wechsels der Krankenkasse ist die bisher zuständige Krankenkasse verpflichtet, den Nachweis über die Erfüllung der Meldepflicht nach § 36 des Implantateregistergesetzes an die neue Krankenkasse zu übermitteln, die für die Fortführung der Versicherung erforderlichen Angaben nach den §§ 288 und 292 der neuen Krankenkasse zu übermitteln sowie Arbeitsunfähigkeitsdaten, die der bisher zuständigen Krankenkasse für Zeiten nach dem Ende der Versicherung übermittelt werden, der neuen Krankenkasse zu übermitteln.

(3) Für die Aufbewahrung der Kranken- und sonstigen Berechtigungsscheine für die Inanspruchnahme von Leistungen einschließlich der Verordnungsblätter für Arznei-, Verband-, Heil- und Hilfsmittel gilt § 84 Absatz 6 des Zehnten Buches.

§ 305 Auskünfte an Versicherte

(1) [1]Die Krankenkassen unterrichten die Versicherten auf deren Antrag über die in Anspruch genommenen Leistungen und deren Kosten. [2]Auf Verlangen der Versicherten und mit deren ausdrücklicher Einwilligung sollen die Krankenkassen an Dritte, die die Versicherten benannt haben, Daten nach Satz 1 auch elektronisch übermitteln. [3]Die Krankenkassen dürfen auf Verlangen und mit ausdrücklicher Einwilligung der Versicherten Daten über die von diesem Versicherten in Anspruch genommenen Leistungen an Anbieter elektronischer Patientenakten oder anderer persönlicher Gesundheitsakten zur Erfüllung ihrer Pflichten nach § 344 Absatz 1 Satz 2 und § 350 Absatz 1 übermitteln. [4]Bei der Übermittlung an Anbieter elektronischer Patientenakten oder anderer persönlicher elektronischer Gesundheitsakten muss sichergestellt werden, dass die Daten nach Satz 1 nicht ohne ausdrückliche Einwilligung der Versicherten von Dritten eingesehen werden können. [5]Zum Schutz vor unbefugter Kenntnisnahme der Daten der Versicherten, insbesondere zur sicheren Identifizierung des Versicherten und des Dritten nach den Sätzen 2 und 3 sowie zur sicheren Datenübertragung, ist die Richtlinie nach § 217f Absatz 4b entsprechend anzuwenden. [6]Auf Antrag der Versicherten haben die Krankenkassen abweichend von § 303 Absatz 4 Diagnosedaten, die ihnen nach den §§ 295 und 295a übermittelt wurden und deren Unrichtigkeit durch einen

ärztlichen Nachweis belegt wird, in berichtigter Form bei der Unterrichtung nach Satz 1 und bei der Übermittlung nach den Sätzen 2 und 3 zu verwenden. [7]Den Antrag nach Satz 6 haben die Krankenkassen innerhalb von vier Wochen nach Erhalt des Antrags zu bescheiden. [8]Die für die Unterrichtung nach Satz 1 und für die Übermittlung nach den Sätzen 2 und 3 erforderlichen Daten dürfen ausschließlich für diese Zwecke verarbeitet werden. [9]Eine Mitteilung an die Leistungserbringer über die Unterrichtung des Versicherten und die Übermittlung der Daten ist nicht zulässig. [10]Die Krankenkassen können in ihrer Satzung das Nähere über das Verfahren der Unterrichtung nach Satz 1 und über die Übermittlung nach den Sätzen 2 und 3 regeln.

(2) [1]Die an der vertragsärztlichen Versorgung teilnehmenden Ärzte, Einrichtungen und medizinischen Versorgungszentren haben die Versicherten auf Verlangen in verständlicher Form entweder schriftlich oder elektronisch, direkt im Anschluss an die Behandlung oder mindestens quartalsweise spätestens vier Wochen nach Ablauf des Quartals, in dem die Leistungen in Anspruch genommen worden sind, über die zu Lasten der Krankenkassen erbrachten Leistungen und deren vorläufige Kosten (Patientenquittung) zu unterrichten. [2]Satz 1 gilt auch für die vertragszahnärztliche Versorgung. [3]Der Versicherte erstattet für eine quartalsweise schriftliche Unterrichtung nach Satz 1 eine Aufwandspauschale in Höhe von 1 Euro zuzüglich Versandkosten. [4]Das Nähere regelt die Kassenärztliche Bundesvereinigung. [5]Die Krankenhäuser unterrichten die Versicherten auf Verlangen in verständlicher Form entweder schriftlich oder elektronisch innerhalb von vier Wochen nach Abschluss der Krankenhausbehandlung über die erbrachten Leistungen und die dafür von den Krankenkassen zu zahlenden Entgelte. [6]Das Nähere regelt der Spitzenverband Bund der Krankenkassen und die Deutsche Krankenhausgesellschaft durch Vertrag.

(3) [1]Die Krankenkassen informieren ihre Versicherten auf Verlangen umfassend über in der gesetzlichen Krankenversicherung zugelassene Leistungserbringer einschließlich medizinische Versorgungszentren und Leistungserbringer in der besonderen Versorgung sowie über die verordnungsfähigen Leistungen und Bezugsquellen, einschließlich der Informationen nach § 73 Abs. 8, § 127 Absatz 3 und 5. [2]Sie informieren ihre Versicherten auch über die Möglichkeit, die Terminservicestellen der Kassenärztlichen Vereinigungen zur Erfüllung der in § 75 Absatz 1a Satz 3 genannten Aufgaben in Anspruch zu nehmen. [3]§ 69 Abs. 1 Satz 3 gilt entsprechend. [4]Die Krankenkasse hat Versicherte vor deren Entscheidung über die Teilnahme an besonderen Versorgungsformen in Wahltarifen nach § 53 Abs. 3 umfassend über darin erbrachte Leistungen und die beteiligten Leistungserbringer zu informieren. [5]§ 69 Abs. 1 Satz 3 gilt entsprechend.

§ 305a
Beratung der Vertragsärzte

[1]Die Kassenärztlichen Vereinigungen beraten in erforderlichen Fällen die Vertragsärzte auf der Grundlage von Übersichten über die von ihnen im Zeitraum eines Jahres oder in einem kürzeren Zeitraum erbrachten, verordneten oder veranlassten Leistungen über Fragen der Wirtschaftlichkeit. [2]Ergänzend können die Vertragsärzte den Kassenärztlichen Vereinigungen die Daten über die von ihnen verordneten Leistungen nicht versichertenbezogen übermitteln, die Kassenärztlichen Vereinigungen können diese Daten für ihre Beratung des Vertragsarztes auswerten und auf der Grundlage dieser Daten erstellte vergleichende Übersichten den Vertragsärzten nicht arztbezogen zur Verfügung stellen. [3]Die Vertragsärzte und die Kassenärztlichen Vereinigungen dürfen die Daten nach Satz 2 nur für im Sozialgesetzbuch bestimmte Zwecke verarbeiten. [4]Ist gesetzlich oder durch Vereinbarung nach § 130a Abs. 8 nichts anderes bestimmt, dürfen Vertragsärzte Daten über von ihnen verordnete Arzneimittel nur solchen Stellen übermitteln, die sich verpflichten, die Daten ausschließlich als Nachweis für die in einer Kassenärztlichen Vereinigung oder einer Region mit mindestens jeweils 300.000 Einwohnern oder mit jeweils mindestens 1.300 Ärzten insgesamt in Anspruch genommenen Leistungen zu verarbeiten; eine Verarbeitung dieser Daten mit regionaler Differenzierung innerhalb einer Kassenärztlichen Vereinigung, für einzelne Vertragsärzte oder Einrichtungen sowie für einzelne Apotheken ist unzulässig. [5]Satz 4 gilt auch für die Übermittlung von Daten über die nach diesem Buch verordnungsfähigen Arzneimittel durch Apotheken, den Großhandel, Krankenkassen sowie deren Rechenzentren. [6]Abweichend von Satz 4 dürfen Leistungserbringer und Krankenkassen Daten über verordnete Arzneimittel in vertraglichen Versorgungsformen nach den §§ 63, 73b, 137f oder 140a nutzen.

§ 305b
Veröffentlichung der Jahresrechnungsergebnisse

[1]Die Krankenkassen, mit Ausnahme der landwirtschaftlichen Krankenkasse, veröffentlichen im elektronischen Bundesanzeiger sowie auf der eigenen Internetpräsenz zum 30. November des dem Berichtsjahr folgenden Jahres die wesentlichen Ergebnisse ihrer Rechnungslegung in einer für die Versicherten verständlichen Weise. [2]Die Satzung hat weitere Arten der Veröffentlichung zu regeln, die sicherstellen, dass alle Versicherten der Krankenkasse davon Kenntnis erlangen können. [3]Zu veröffentlichen sind insbesondere Angaben zur Entwicklung der Zahl der Mitglieder und Versicherten, zur Höhe und Struktur der Einnahmen, zur Höhe und Struktur der Ausgaben sowie zur Vermögenssituation. [4]Ausgaben für Prävention und Gesundheitsförderung sowie Verwaltungsausgaben sind gesondert auszuweisen. [5]Das Nähere zu den zu veröffentlichenden Angaben wird in der Allgemeinen Verwaltungsvorschrift über das Rechnungswesen in der Sozialversicherung geregelt.

Elftes Kapitel

Telematikinfrastruktur

Erster Abschnitt

Anforderungen an die Telematikinfrastruktur

§ 306
Telematikinfrastruktur

(1) [1]Die Bundesrepublik Deutschland, vertreten durch das Bundesministerium für Gesundheit, der Spitzenverband Bund der Krankenkassen, die Kassenärztliche Bundesvereinigung, die Kassenzahnärztliche Bundesvereinigung, die Bundesärztekammer, die Bundeszahnärztekammer, die Deutsche Krankenhausgesellschaft sowie die für die Wahrnehmung der wirtschaftlichen Interessen gebildete maßgebliche Spitzenorganisation der Apotheker auf Bundesebene schaffen die Telematikinfrastruktur. [2]Die Telematikinfrastruktur ist die interoperable und kompatible Informations-, Kommunikations- und Sicherheitsinfrastruktur, die der Vernetzung von Leistungserbringern, Kostenträgern, Versicherten und weiteren Akteuren des Gesundheitswesens sowie der Rehabilitation und der Pflege dient und insbesondere

1. erforderlich ist für die Nutzung der elektronischen Gesundheitskarte und der Anwendungen der Telematikinfrastruktur,
2. geeignet ist
   a) für die Nutzung weiterer Anwendungen der Telematikinfrastruktur ohne Nutzung der elektronischen Gesundheitskarte nach § 327 und
   b) für die Verwendung für Zwecke der Gesundheits- und pflegerischen Forschung.

[3]Die Bundesrepublik Deutschland, vertreten durch das Bundesministerium für Gesundheit, und die in Satz 1 genannten Spitzenorganisationen nehmen die Aufgabe nach Satz 1 nach Maßgabe des § 310 durch eine Gesellschaft für Telematik wahr.

(2) Die Telematikinfrastruktur umfasst

1. eine dezentrale Infrastruktur bestehend aus Komponenten zur Authentifizierung, zur elektronischen Signatur, zur Verschlüsselung sowie Entschlüsselung und zur sicheren Verarbeitung von Daten in der zentralen Infrastruktur,
2. eine zentrale Infrastruktur bestehend aus
   a) sicheren Zugangsdiensten als Schnittstelle zur dezentralen Infrastruktur und
   b) einem gesicherten Netz einschließlich der für den Betrieb notwendigen Dienste sowie
3. eine Anwendungsinfrastruktur bestehend aus Diensten für die Anwendungen nach diesem Kapitel.

(3) Für die Verarbeitung der zu den besonderen Kategorien im Sinne von Artikel 9 der Verordnung (EU) 2016/679 gehörenden personenbezogenen Daten in der Telematikinfrastruktur gilt ein dem besonderen Schutzbedarf entsprechendes hohes Schutzniveau, dem durch entsprechende technische und organisatorische Maßnahmen im Sinne des Artikels 32 der Verordnung (EU) 2016/679 Rechnung zu tragen ist.

(4) [1]Anwendungen im Sinne dieses Kapitels sind nutzerbezogene Funktionalitäten auf der Basis von nach § 325 zugelassenen Diensten und Komponenten zur Verarbeitung von Gesundheitsdaten in der Telematikinfrastruktur sowie weitere nutz-

erbezogene Funktionalitäten nach § 327. ²Dienste im Sinne von Satz 1 sind zentral bereitgestellte und in der Telematikinfrastruktur betriebene technische Systeme, die einzelne Funktionalitäten der Telematikinfrastruktur umsetzen. ³Komponenten sind dezentrale technische Systeme oder deren Bestandteile.

§ 307 Datenschutzrechtliche Verantwortlichkeiten

(1) ¹Die Verarbeitung personenbezogener Daten mittels der Komponenten der dezentralen Infrastruktur nach § 306 Absatz 2 Nummer 1 liegt in der Verantwortung derjenigen, die diese Komponenten für die Zwecke der Authentifizierung und elektronischen Signatur sowie zur Verschlüsselung, Entschlüsselung und sicheren Verarbeitung von Daten in der zentralen Infrastruktur nutzen, soweit sie über die Mittel der Datenverarbeitung mitentscheiden. ²Die Verantwortlichkeit nach Satz 1 erstreckt sich insbesondere auf die ordnungsgemäße Inbetriebnahme, Wartung und Verwendung der Komponenten. ³Für die Verarbeitung personenbezogener Daten mittels der Komponenten der dezentralen Infrastruktur nach § 306 Absatz 2 Nummer 1 durch Verantwortliche nach Satz 1 erfolgt in der Anlage zu diesem Gesetz eine Datenschutz-Folgenabschätzung nach Artikel 35 Absatz 10 der Verordnung (EU) 2016/679. ⁴Soweit eine Datenschutz-Folgenabschätzung nach Satz 3 erfolgt, gilt für die Verantwortlichen nach Satz 1 Artikel 35 Absatz 1 bis 7 der Verordnung (EU) 2016/679 sowie § 38 Absatz 1 Satz 2 des Bundesdatenschutzgesetzes nicht.

(2) ¹Der Betrieb der durch die Gesellschaft für Telematik spezifizierten und zugelassenen Zugangsdienste nach § 306 Absatz 2 Nummer 2 Buchstabe a liegt in der Verantwortung des jeweiligen Anbieters des Zugangsdienstes. ²Der Anbieter eines Zugangsdienstes darf personenbezogene Daten der Versicherten ausschließlich für Zwecke des Aufbaus und des Betriebs seines Zugangsdienstes verarbeiten. ³§ 3 des Telekommunikation-Telemedien-Datenschutz-Gesetzes ist entsprechend anzuwenden.

(3) ¹Die Gesellschaft für Telematik erteilt einen Auftrag nach § 323 Absatz 2 Satz 1 zum alleinverantwortlichen Betrieb des gesicherten Netzes nach § 306 Absatz 2 Nummer 2 Buchstabe b, einschließlich der für den Betrieb notwendigen Dienste. ²Der Anbieter des gesicherten Netzes ist innerhalb des gesicherten Netzes verantwortlich für die Übertragung von personenbezogenen Daten, insbesondere von Gesundheitsdaten der Versicherten, zwischen Leistungserbringern, Kostenträgern sowie Versicherten und für die Übertragung im Rahmen der Anwendungen der elektronischen Gesundheitskarte. ³Der Anbieter des gesicherten Netzes darf die Daten ausschließlich zum Zweck der Datenübertragung verarbeiten. ⁴§ 3 des Telekommunikation-Telemedien-Datenschutz-Gesetzes ist entsprechend anzuwenden.

(4) ¹Der Betrieb der Dienste der Anwendungsinfrastruktur nach § 306 Absatz 2 Nummer 3 erfolgt durch den jeweiligen Anbieter. ²Die Anbieter sind für die Verarbeitung personenbezogener Daten, insbesondere von Gesundheitsdaten der Versicherten, zum Zweck der Nutzung des jeweiligen Dienstes der Anwendungsinfrastruktur verantwortlich.

(5) ¹Die Gesellschaft für Telematik ist Verantwortliche für die Verarbeitung personenbezogener Daten in der Telematikinfrastruktur, soweit sie im Rahmen ihrer Aufgaben nach § 311 Absatz 1 die Mittel der Datenverarbeitung bestimmt und insoweit keine Verantwortlichkeit nach den vorstehenden Absätzen begründet ist. ²Die Gesellschaft für Telematik richtet für die Betroffenen eine koordinierende Stelle ein. ³Die koordinierende Stelle erteilt den Betroffenen allgemeine Informationen zur Telematikinfrastruktur sowie Auskunft über Zuständigkeiten innerhalb der Telematikinfrastruktur, insbesondere zur datenschutzrechtlichen Verantwortlichkeit nach dieser Vorschrift.

§ 308 Vorrang von technischen Schutzmaßnahmen

(1) ¹Die Rechte der betroffenen Person nach den Artikeln 12 bis 22 der Verordnung (EU) 2016/679 sind gegenüber den Verantwortlichen nach § 307 ausgeschlossen, soweit diese Rechte von dem Verantwortlichen nach § 307 und dessen Auftragsverarbeiter nicht oder nur unter Umgehung von Schutzmechanismen wie insbesondere der Verschlüsselung oder der Anonymisierung gewährleistet werden können. ²Ist es einem Verantwortlichen nach § 307 nur unter Umgehung von Schutzmechanismen wie insbesondere der Verschlüsselung oder der Anonymisierung, die eine Kenntnisnahme oder Identifizierung ausschließen, möglich, Rechte der betroffenen Person zu befriedigen, so ist der Verantwortliche nicht verpflich-

tet, zur bloßen Einhaltung datenschutzrechtlicher Betroffenenrechte zusätzliche Informationen aufzubewahren, einzuholen oder zu verarbeiten oder Sicherheitsvorkehrungen aufzuheben.

(2) Absatz 1 gilt nicht, wenn die Datenverarbeitung unrechtmäßig ist oder berechtigte Zweifel an der behaupteten Unmöglichkeit nach Absatz 1 bestehen.

§ 309
Protokollierung

(1) Die Verantwortlichen nach § 307 haben durch geeignete technische Maßnahmen sicherzustellen, dass für Zwecke der Datenschutzkontrolle bei Anwendungen nach den §§ 327 und 334 Absatz 1 nachträglich für den Zeitraum der regelmäßigen dreijährigen Verjährungsfrist nach § 195 des Bürgerlichen Gesetzbuchs die Zugriffe und die versuchten Zugriffe auf personenbezogene Daten der Versicherten in diesen Anwendungen überprüft werden können und festgestellt werden kann, ob, von wem und welche Daten des Versicherten in dieser Anwendung verarbeitet worden sind.

(2) Eine Verwendung der Protokolldaten nach Absatz 1 für andere als die dort genannten Zwecke ist unzulässig.

(3) Die Protokolldaten sind nach Ablauf der in Absatz 1 genannten Frist unverzüglich zu löschen.

Zweiter Abschnitt

Gesellschaft für Telematik

Erster Titel

Aufgaben, Verfassung und Finanzierung der Gesellschaft für Telematik

§ 310
Gesellschaft für Telematik

(1) Die Bundesrepublik Deutschland, vertreten durch das Bundesministerium für Gesundheit, und die in § 306 Absatz 1 Satz 1 genannten Spitzenorganisationen sind Gesellschafter der Gesellschaft für Telematik.

(2) Die Geschäftsanteile entfallen

1. zu 51 Prozent auf die Bundesrepublik Deutschland, vertreten durch das Bundesministerium für Gesundheit,
2. zu 24,5 Prozent auf den Spitzenverband Bund der Krankenkassen und
3. zu 24,5 Prozent auf die anderen in § 306 Absatz 1 Satz 1 genannten Spitzenorganisationen.

(3) [1]Die Gesellschafter können den Beitritt weiterer Spitzenorganisationen der Leistungserbringer auf Bundesebene und des Verbandes der Privaten Krankenversicherung auf deren Wunsch beschließen. [2]Im Fall eines Beitritts sind die Geschäftsanteile innerhalb der Gruppen der Kostenträger und Leistungserbringer entsprechend anzupassen.

(4) Unbeschadet zwingender gesetzlicher Mehrheitserfordernisse entscheiden die Gesellschafter mit der einfachen Mehrheit der sich aus den Geschäftsanteilen ergebenden Stimmen.

§ 311
Aufgaben der Gesellschaft für Telematik

(1) Im Rahmen des Auftrags nach § 306 Absatz 1 hat die Gesellschaft für Telematik nach Maßgabe der Anforderungen gemäß § 306 Absatz 3 folgende Aufgaben:

1. zur Schaffung der Telematikinfrastruktur:
   a) Erstellung der funktionalen und technischen Vorgaben einschließlich eines Sicherheitskonzepts,
   b) Festlegung von Inhalt und Struktur der Datensätze für deren Bereitstellung und Nutzung, soweit diese Festlegung nicht nach § 355 durch die Kassenärztliche Bundesvereinigung oder die Deutsche Krankenhausgesellschaft erfolgt,
   c) Erstellung von Vorgaben für den sicheren Betrieb der Telematikinfrastruktur und Überwachung der Umsetzung dieser Vorgaben,
   d) Sicherstellung der notwendigen Test-, Bestätigungs- und Zertifizierungsmaßnahmen und
   e) Festlegung von Verfahren einschließlich der dafür erforderlichen Authentisierungsverfahren zur Verwaltung
      aa) der Zugriffsberechtigungen nach dem Fünften Abschnitt und
      bb) der Steuerung der Zugriffe auf Daten nach § 334 Absatz 1 Satz 2,

2. Aufbau der Telematikinfrastruktur und insoweit Festlegung der Rahmenbedingungen für Betriebsleistungen sowie Vergabe von Aufträgen für deren Erbringung an Anbieter von Betriebsleistungen oder Zulassung von Betriebsleistungen,

3. Betrieb des elektronischen Verzeichnisdienstes nach § 313,

4. Zulassung der Komponenten und Dienste der Telematikinfrastruktur einschließlich der Verfahren zum Zugriff auf diese Komponenten und Dienste,

5. Zulassung der sicheren Dienste für Verfahren zur Übermittlung medizinischer und pflegerischer Dokumente über die Telematikinfrastruktur,

6. Festlegung der Voraussetzungen für die Nutzung der Telematikinfrastruktur für weitere Anwendungen und für Zwecke der Gesundheitsforschung nach § 306 Absatz 1 Satz 2 Nummer 2 und Durchführung der Verfahren zur Bestätigung des Vorliegens dieser Voraussetzungen,

7. Gewährleistung einer diskriminierungsfreien Nutzung der Telematikinfrastruktur für weitere Anwendungen und für Zwecke der Gesundheitsforschung nach § 306 Absatz 1 Satz 2 Nummer 2 unter vorrangiger Berücksichtigung der elektronischen Anwendungen, die der Erfüllung von gesetzlichen Aufgaben der Kranken- und Pflegeversicherung, der Rentenversicherung und der Unfallversicherung dienen,

8. Aufbau, Pflege und Betrieb des Interoperabilitätsverzeichnisses nach § 385,

9. Koordinierung der Ausgabeprozesse der in der Telematikinfrastruktur genutzten Identifikations- und Authentifizierungsmittel, insbesondere der Karten und Ausweise gemäß den §§ 291 und 340, im Benehmen mit den Kartenherausgebern, Überwachung der Ausgabeprozesse und Vorgabe von verbindlichen Maßnahmen, die bei Sicherheitsmängeln zu ergreifen sind,

10. Entwicklung und Zurverfügungstellung der Komponenten der Telematikinfrastruktur, die den Zugriff der Versicherten auf die Anwendung zur Übermittlung ärztlicher Verordnungen nach § 334 Absatz 1 Satz 2 Nummer 6 nach Maßgabe des § 360 Absatz 10 ermöglichen, als Dienstleistungen von allgemeinem wirtschaftlichem Interesse,

11. Unterstützung des Robert Koch-Instituts bei der Entwicklung und dem Betrieb des elektronischen Melde- und Informationssystems nach § 14 des Infektionsschutzgesetzes,

12. Betrieb von Komponenten und Diensten der zentralen Infrastruktur gemäß § 306 Absatz 2 Nummer 2, die zur Gewährleistung der Sicherheit oder für die Aufrechterhaltung der Funktionsfähigkeit der Telematikinfrastruktur von wesentlicher Bedeutung sind, nach Maßgabe des § 323 Absatz 2 Satz 3 und

13. Planung, Durchführung und Unterstützung der Erprobungs- und Einführungsphasen von Anwendungen.

(2) [1]Die Gesellschaft für Telematik hat Festlegungen und Maßnahmen nach Absatz 1 Nummer 1, die Fragen der Datensicherheit berühren, im Einvernehmen mit dem Bundesamt für Sicherheit in der Informationstechnik zu treffen und Festlegungen und Maßnahmen nach Absatz 1 Nummer 1, die Fragen des Datenschutzes berühren, im Einvernehmen mit der oder dem Bundesbeauftragten für den Datenschutz und die Informationsfreiheit zu treffen. [2]Bei der Gestaltung der Verfahren nach Absatz 1 Nummer 1 Buchstabe e berücksichtigt die Gesellschaft für Telematik, dass die Telematikinfrastruktur schrittweise ausgebaut wird und die Zugriffsberechtigungen künftig auf weitere Leistungserbringergruppen ausgedehnt werden können.

(3) [1]Die Gesellschaft für Telematik nimmt auf europäischer Ebene, insbesondere im Zusammenhang mit dem grenzüberschreitenden Austausch von Gesundheitsdaten, Aufgaben wahr. [2]Dabei hat sie darauf hinzuwirken, dass einerseits die auf europäischer Ebene getroffenen Festlegungen mit den Vorgaben für die Telematikinfrastruktur und ihre Anwendungen vereinbar sind und dass andererseits die Vorgaben für die Telematikinfrastruktur und ihre Anwendungen mit den europäischen Vorgaben vereinbar sind. [3]Die Gesellschaft für Telematik hat die für den grenzüberschreitenden Austausch von Gesundheitsdaten erforderlichen Festlegungen zu treffen und hierbei die auf europäischer Ebene hierzu getroffenen Festlegungen zu berücksichtigen. [4]Die Datensicherheit ist dabei nach dem Stand der Technik zu gewährleisten.

(4) [1]Bei der Wahrnehmung ihrer Aufgaben hat die Gesellschaft für Telematik die Interessen von Patienten zu wahren und die Einhaltung der Vorschriften zum Schutz personenbezogener Daten sowie zur Barrierefreiheit sicherzustellen. [2]Sie hat Aufgaben nur insoweit wahrzunehmen, als dies zur Schaffung einer interoperablen, kompatiblen und sicheren Telematikinfrastruktur erforderlich ist.

(5) [1]Mit Teilaufgaben der Gesellschaft für Telematik können einzelne Gesellschafter mit Ausnahme der Bundesrepublik Deutschland oder Dritte beauftragt werden. [2]Hierbei hat die Gesellschaft für Telematik die Interoperabilität, die Kompatibilität und das notwendige Sicherheitsniveau der Telematikinfrastruktur zu gewährleisten.

(6) [1]Die Gesellschaft für Telematik legt in Abstimmung mit dem Bundesamt für Sicherheit in der Informationstechnik und mit der oder dem Bundesbeauftragten für den Datenschutz und die Informationsfreiheit sichere Verfahren zur Übermittlung medizinischer Daten über die Telematikinfrastruktur fest. [2]Die festgelegten Verfahren veröffentlicht die Gesellschaft für Telematik auf ihrer Internetseite. [3]Der Anbieter eines Dienstes für ein Übermittlungsverfahren muss die Anwendung der festgelegten Verfahren gegenüber der Gesellschaft für Telematik in einem Zulassungsverfahren nachweisen. [4]Die Kassenärztlichen Bundesvereinigungen können Anbieter eines zugelassenen Dienstes für ein sicheres Verfahren zur Übermittlung medizinischer Dokumente nach Satz 1 sein, sofern der Dienst nur Kassenärztlichen Vereinigungen sowie deren Mitgliedern zur Verfügung gestellt wird. [5]Für das Zulassungsverfahren nach Satz 3 gilt § 325. [6]Die für das Zulassungsverfahren erforderlichen Festlegungen hat die Gesellschaft für Telematik zu treffen und auf ihrer Internetseite zu veröffentlichen. [7]Die Kosten, die nach diesem Absatz bei der oder dem Bundesbeauftragten für den Datenschutz und die Informationsfreiheit entstehen, sind durch die Gesellschaft für Telematik zu erstatten. [8]Die Gesellschaft für Telematik legt die Einzelheiten der Kostenerstattung einvernehmlich mit der oder dem Bundesbeauftragten für den Datenschutz und die Informationsfreiheit fest.

(7) [1]Bei der Vergabe von Aufträgen durch die Gesellschaft für Telematik ist unterhalb der Schwellenwerte nach § 106 des Gesetzes gegen Wettbewerbsbeschränkungen die Unterschwellenvergabeordnung in der Fassung der Bekanntmachung vom 2. Februar 2017 (BAnz. AT 07.02.2017 B1; BAnz. AT 07.02.2017 B2) anzuwenden. [2]Für die Verhandlungsvergabe von Leistungen gemäß § 8 Absatz 4 Nummer 17 der Unterschwellenvergabeordnung werden die Ausführungsbestimmungen vom Bundesministerium für Gesundheit festgelegt. [3]Teil 4 des Gesetzes gegen Wettbewerbsbeschränkungen bleibt unberührt.

§ 312
Aufträge an die Gesellschaft für Telematik

(1) [1]Die Gesellschaft für Telematik hat im Rahmen ihrer Aufgaben nach § 311 Absatz 1 Nummer 1

1. bis zum 30. Juni 2020 die Maßnahmen durchzuführen, die erforderlich sind, damit vertragsärztliche elektronische Verordnungen für apothekenpflichtige Arzneimittel elektronisch nach § 360 Absatz 1 übermittelt werden können,
2. bis zum 30. September 2023 die Maßnahmen durchzuführen, die erforderlich sind, damit vertragsärztliche elektronische Verordnungen für Betäubungsmittel sowie für Arzneimittel nach § 3a Absatz 1 Satz 1 der Arzneimittelverschreibungsverordnung elektronisch nach § 360 Absatz 1 übermittelt werden können,
3. bis zum 30. Juni 2021 die Maßnahmen durchzuführen, die erforderlich sind, damit Informationen zur vertragsärztlichen Verordnung nach den Nummern 1 oder 2 mit Informationen über das auf der Grundlage der vertragsärztlichen Verordnung nach den Nummern 1 oder 2 abgegebene Arzneimittel, soweit technisch möglich dessen Chargennummer und, falls auf der Verordnung angegeben, dessen Dosierung den Versicherten elektronisch verfügbar gemacht werden können (Dispensierinformationen),
4. bis zum 1. Oktober 2021 die Maßnahmen durchzuführen, die erforderlich sind, damit sichere Übermittlungsverfahren nach § 311 Absatz 6 einen Sofortnachrichtendienst zur Kommunikation zwischen Leistungserbringern umfassen,
5. bis zum 31. Oktober 2021 die Maßnahmen durchzuführen, die erforderlich sind, damit der elektronische Medikationsplan nach § 334 Absatz 1 Satz 2 Nummer 4 gemäß § 358 in Verbindung mit § 359 Absatz 2 ab dem 1. Oktober 2024 in einer eigenständigen Anwendung innerhalb der Telematikinfrastruktur genutzt

werden kann, die nicht auf der elektronischen Gesundheitskarte gespeichert wird,

6. bis zum 1. Dezember 2021 die Maßnahmen durchzuführen, die erforderlich sind, damit zugriffsberechtigte Leistungserbringer mittels der elektronischen Gesundheitskarte sowie entsprechend den Zugriffsvoraussetzungen nach § 361 Absatz 2 auf elektronische Verordnungen zugreifen können,

7. bis zum 1. Januar 2022 die Maßnahmen durchzuführen, die erforderlich sind, damit vertragsärztliche elektronische Verordnungen von digitalen Gesundheitsanwendungen durch Ärzte, Zahnärzte und Psychotherapeuten ab dem 1. Januar 2023 elektronisch nach § 360 Absatz 1 übermittelt werden können,

8. bis zum 1. April 2023 die Maßnahmen durchzuführen, die erforderlich sind, um digitale Identitäten zur Verfügung zu stellen durch

   a) die Krankenkassen für ihre Versicherten nach § 291 Absatz 8 und

   b) die Stellen nach § 340 Absatz 1 Satz 1 Nummer 1 für die zugriffsberechtigten Leistungserbringer,

9. bis zum 1. April 2022 die Maßnahmen durchzuführen, die erforderlich sind, damit der in Nummer 4 definierte Dienst auch zur Kommunikation zwischen Versicherten und Leistungserbringern beziehungsweise Versicherten und Krankenkassen genutzt werden kann,

10. bis zum 30. Juni 2022 die Maßnahmen durchzuführen, die erforderlich sind, damit Anbieter ab dem 1. Januar 2023 Komponenten und Dienste zur Verfügung stellen können, die eine sichere, wirtschaftliche, skalierbare, stationäre und mobile Zugangsmöglichkeit zur Telematikinfrastruktur ermöglichen,

11. bis zum 30. Juni 2022 die Maßnahmen durchzuführen, die erforderlich sind, damit Komponenten gemäß § 306 Absatz 2 Nummer 1, die das Lesen von in der Telematikinfrastruktur genutzten Identifikations- und Authentifizierungsmitteln, insbesondere von Karten und Ausweisen gemäß den §§ 291 und 340, ermöglichen, eine kontaktlose Schnittstelle unterstützen,

12. bis zum 30. Juni 2022 die Maßnahmen durchzuführen, die erforderlich sind, damit vertragsärztliche elektronische Verordnungen von häuslicher Krankenpflege nach § 37 sowie außerklinischer Intensivpflege nach § 37c elektronisch nach § 360 Absatz 1 übermittelt werden können,

13. bis zum 30. Juni 2023 die Maßnahmen durchzuführen, die erforderlich sind, damit vertragsärztliche elektronische Verordnungen von Soziotherapien nach § 37a durch Ärzte und Psychotherapeuten elektronisch nach § 360 Absatz 1 übermittelt werden können,

14. bis zum 1. Juli 2023 die Maßnahmen durchzuführen, die erforderlich sind, damit der Spitzenverband Bund der Krankenkassen, Deutsche Verbindungsstelle Krankenversicherung – Ausland, seine Aufgaben nach § 219d Absatz 6 Satz 1 erfüllen und den Betrieb der nationalen eHealth-Kontaktstelle zu diesem Zeitpunkt aufnehmen kann; dazu sind im Benehmen mit dem Spitzenverband Bund der Krankenkassen, Deutsche Verbindungsstelle Krankenversicherung – Ausland, und im Einvernehmen mit dem Bundesamt für Sicherheit in der Informationstechnik und der oder dem Bundesbeauftragten für den Datenschutz und die Informationsfreiheit insbesondere diejenigen Festlegungen zum Aufbau und Betrieb der nationalen eHealth-Kontaktstelle nach § 219d Absatz 6 Satz 1 zu treffen, die im Rahmen des grenzüberschreitenden Austauschs von Gesundheitsdaten Fragen der Datensicherheit und des Datenschutzes berühren,

15. bis zum 1. Oktober 2023 die Maßnahmen durchzuführen, die erforderlich sind, damit die sicheren Übermittlungsverfahren nach § 311 Absatz 6 auch den Austausch von medizinischen Daten in Form von Text, Dateien, Ton und Bild, auch als Konferenz mit mehr als zwei Beteiligten, ermöglichen, und

16. bis zum 1. Juli 2024 die Maßnahmen durchzuführen, die erforderlich sind, damit vertragsärztliche elektronische Verordnungen nach § 360 Absatz 7 Satz 1 ab dem 1. Juli 2026 elektronisch nach § 360 Absatz 1 übermittelt werden können.

[2]Bei der Durchführung der Maßnahmen nach Satz 1 berücksichtigt die Gesellschaft für Telematik, dass die Telematikinfrastruktur schrittweise ausgebaut wird und die Verfahren schrittweise auf sonstige in der ärztlichen Versorgung verordnungsfähige Leistungen und auf Verordnungen

ohne direkten Kontakt zwischen den Ärzten oder den Zahnärzten und den Versicherten ausgedehnt werden sollen. [3]Bei der Durchführung der Maßnahmen nach Satz 1 Nummer 2 sind darüber hinaus die Vorgaben der Betäubungsmittel-Verschreibungsverordnung und entsprechende Vorgaben des Betäubungsmittelgesetzes in der jeweils geltenden Fassung zu beachten.

(2) Die Gesellschaft für Telematik hat im Rahmen ihrer Aufgaben nach § 311 Absatz 1 Nummer 1 bis zum 15. Oktober 2020 die Voraussetzungen dafür zu schaffen, dass Pflegeeinrichtungen nach dem Elften Buch und Leistungserbringer, die Leistungen nach den §§ 24g, 37, 37b, 37c, 39a Absatz 1 und § 39c erbringen, sowie Zugriffsberechtigte nach § 352 Nummer 9 bis 18 die Telematikinfrastruktur nutzen können.

(3) Die Gesellschaft für Telematik hat im Rahmen ihrer Aufgaben nach § 311 Absatz 1 Nummer 1 die Voraussetzungen dafür zu schaffen, dass Zugriffsberechtigte nach § 359 Absatz 1 Daten nach § 334 Absatz 1 Satz 2 Nummer 4 und 5 nutzen können.

(4) Die Gesellschaft für Telematik hat im Rahmen ihrer Aufgabenzuweisung nach § 311 Absatz 1 Nummer 10 bis zum 30. Juni 2021 die entsprechenden Komponenten der Telematikinfrastruktur anzubieten.

(5) Die Gesellschaft für Telematik hat im Rahmen ihrer Aufgabenzuweisung nach § 311 Absatz 1 Nummer 1 die Maßnahmen durchzuführen, damit Überweisungen in elektronischer Form übermittelt werden können.

(6) [1]Die Gesellschaft für Telematik hat im Rahmen ihrer Aufgabenzuweisung nach § 311 Absatz 1 Nummer 1 die Maßnahmen durchzuführen, die erforderlich sind, damit das Auslesen der Protokolldaten gemäß § 309 Absatz 1 und der Daten in Anwendungen nach § 334 Absatz 1 Satz 2 Nummer 2, 3 und 6 mittels einer Benutzeroberfläche eines geeigneten Endgeräts erfolgen kann. [2]Dabei ist ein technisches Verfahren vorzusehen, das zur Authentifizierung einen hohen Sicherheitsstandard gewährleistet.

(7) Bei den Maßnahmen nach Absatz 1 Satz 1 Nummer 1, 2, 12, 13 und 16 hat die Gesellschaft für Telematik auch Verfahren festzulegen oder die technischen Voraussetzungen dafür zu schaffen, dass Versicherte Daten ihrer elektronischen Verordnungen nach § 360 Absatz 2, 5, 6 oder Absatz 7 vor einer Inanspruchnahme der jeweils verordneten Leistungen, soweit erforderlich, elektronisch ihrer Krankenkasse zur Bewilligung übermitteln können.

(8) Die Gesellschaft für Telematik hat im Rahmen ihrer Aufgaben nach § 311 Absatz 1 bis zum 1. Januar 2024 die Voraussetzungen dafür zu schaffen, dass die in § 380 Absatz 2 genannten Leistungserbringer die Telematikinfrastruktur nutzen und ihre Zugriffsrechte nach § 352 Nummer 14 und 15 sowie nach § 361 Absatz 1 Satz 1 Nummer 5 ausüben können.

(9) [1]Die Gesellschaft für Telematik legt zu den Verfahren nach Absatz 1 Satz 1 Nummer 6 im Benehmen mit dem Bundesamt für Sicherheit in der Informationstechnik und der oder dem Bundesbeauftragten für den Datenschutz und die Informationsfreiheit bis zum 31. Dezember 2021 Einzelheiten zu dem Bestätigungsverfahren fest und veröffentlicht diese Einzelheiten. [2]Die Gesellschaft für Telematik veröffentlicht eine Liste mit den nach Absatz 1 Satz 1 Nummer 6 bestätigten Anwendungen auf ihrer Internetseite.

§ 313
Elektronischer Verzeichnisdienst der Telematikinfrastruktur

(1) [1]Die Gesellschaft für Telematik betreibt den elektronischen Verzeichnisdienst der Telematikinfrastruktur. [2]Sie kann Dritte mit dem Betrieb beauftragen. [3]Der elektronische Verzeichnisdienst kann die Daten enthalten, die erforderlich sind für die Suche, Identifikation und Adressierung von

1. Leistungserbringern,
2. organisatorischen Einheiten von Leistungserbringern und
3. anderen juristischen Personen oder deren Mitarbeitern, die die Telematikinfrastruktur nutzen.

[4]Die Daten nach Satz 3 umfassen den Namen, die Adressdaten, technische Adressierungsdaten, die eindeutige Identifikationsnummer, das Fachgebiet und den öffentlichen Teil der technischen Identität des Nutzers. [5]Die Daten von Versicherten sind nicht Teil des Verzeichnisdienstes.

(2) [1]Für jeden Nutzer wird im Verzeichnisdienst nach Absatz 1 eine Identifikationsnummer ver-

geben. [2]Bei der Vergabe ist sicherzustellen, dass der Bezug der Identifikationsnummer zu dem jeweiligen Nutzer nach ihrer Struktur eineindeutig hergestellt werden kann.

(3) [1]Der Verzeichnisdienst darf ausschließlich zum Zwecke der Suche, Identifikation und Adressierung der in Absatz 1 Satz 3 genannten Nutzer im Rahmen der Nutzung von Anwendungen und Diensten der Telematikinfrastruktur verwendet werden. [2]Für jeden Nutzer wird im Verzeichnisdienst vermerkt, welche Anwendungen und Dienste adressiert werden können.

(4) [1]Die Gesellschaft für Telematik hat durch geeignete organisatorische Maßnahmen und nach dem aktuellen Stand der Technik sicherzustellen, dass die Verfügbarkeit, Integrität, Authentizität und Vertraulichkeit der Daten gewährleistet wird. [2]Dazu legt sie die Vorgaben für die Datenübermittlung durch die in Absatz 5 Satz 1 benannten Stellen in einer verbindlichen Richtlinie fest.

(5) [1]Die Landesärztekammern, die Landeszahnärztekammern, die Kassenärztlichen Vereinigungen, die Kassenzahnärztlichen Vereinigungen, die Apothekerkammern der Länder, die Psychotherapeutenkammern, die Deutsche Krankenhausgesellschaft und die von den Ländern nach § 340 sowie von der Gesellschaft für Telematik nach § 315 Absatz 1 bestimmten Stellen übermitteln fortlaufend in einem automatisierten Verfahren die bei ihnen vorliegenden, im elektronischen Verzeichnisdienst nach Absatz 1 zu speichernden aktuellen Daten der Nutzer nach Absatz 1 Satz 3 an den Verzeichnisdienst der Telematikinfrastruktur. [2]Die in Satz 1 Genannten oder ein von ihnen beauftragter Dritter können oder kann der Gesellschaft für Telematik die für die Suche, Identifikation und Adressierung erforderlichen Daten über ein von ihnen für ihre Mitgliederverwaltung betriebenes standardbasiertes System zur Verwaltung von Identitäten und Zugriffsrechten zur Verfügung stellen. [3]Nutzer nach Absatz 1 Satz 3, die Anwendungen und Dienste der Telematikinfrastruktur nutzen und deren Daten nach Absatz 1 Satz 3 nicht bei den in Satz 1 Genannten oder einer sie vertretenden Organisation vorliegen, übermitteln fortlaufend die aktuellen Daten nach Absatz 1 Satz 3 an die Gesellschaft für Telematik, die sie in einem automatisierten Verfahren im Verzeichnisdienst speichert. [4]Die Verpflichtung nach den Sätzen 1 und 2 gilt ab dem 1. Dezember 2020.

(6) [1]Die örtlich zuständige Kassenärztliche Vereinigung hat die für den Anschluss an die Telematikinfrastruktur erforderlichen Identifikationsmerkmale nach Absatz 1 für Eigeneinrichtungen der Krankenkassen nach § 140 zu vergeben. [2]Satz 1 gilt auch für niedergelassene Ärzte und Psychotherapeuten, die nicht bereits auf Grund anderer Vorschriften entsprechende Identifikationsmerkmale erhalten können. [3]Die örtlich zuständige Ärztekammer oder die örtlich zuständige Psychotherapeutenkammer stellen der Kassenärztlichen Vereinigung die für die Wahrnehmung der Aufgaben nach den Sätzen 1 und 2 notwendigen Informationen zur Verfügung und informieren die zuständige Kassenärztliche Vereinigung unverzüglich über für die Vergabe der Arztnummer und der im Bundesmantelvertrag für Ärzte vorgesehenen Betriebsstättennummer relevante Änderungen.

§ 314 Informationspflichten der Gesellschaft für Telematik

[1]Die Gesellschaft für Telematik ist verpflichtet, auf ihrer Internetseite und in analogem Format Informationen für die Versicherten in präziser, transparenter, verständlicher, leicht zugänglicher und barrierefreier Form zur Verfügung zu stellen über

1. die Struktur und die Funktionsweise der Telematikinfrastruktur,
2. die grundlegenden Anwendungsfälle und Funktionalitäten der elektronischen Patientenakte,
3. die Rechte der Versicherten im Umgang mit Daten in der elektronischen Patientenakte,
4. den besonderen Schutz von Gesundheitsdaten nach der Verordnung (EU) 2016/679,
5. Art und Umfang der Zugriffsrechte zugriffsberechtigter Personen nach dem Vierten Abschnitt sowie die Zwecke der Verarbeitung von Daten in der elektronischen Patientenakte durch diese zugriffsberechtigten Personen,
6. die Datenverarbeitungsvorgänge bei der Übermittlung von Daten in die elektronische Patientenakte und bei der Erhebung und Verarbeitung von Daten aus der elektronischen Patientenakte durch zugriffsberechtigte Personen,

7. die Benennung der Verantwortlichen für die Daten im Hinblick auf die verschiedenen Datenverarbeitungsvorgänge,
8. die Pflichten der datenschutzrechtlich Verantwortlichen und die Rechte des Versicherten gegenüber den datenschutzrechtlich Verantwortlichen nach der Verordnung (EU) 2016/679,
9. die Maßnahmen zur Datensicherheit und
10. die Aufgaben der koordinierenden Stelle gemäß § 307 Absatz 5 Satz 2 und 3.

[2]Für Informationen nach Satz 1, die die elektronische Patientenakte betreffen, hat die Gesellschaft für Telematik das hierzu durch den Spitzenverband Bund der Krankenkassen im Einvernehmen mit der oder dem Bundesbeauftragten für den Datenschutz und die Informationsfreiheit nach § 343 erstellte Informationsmaterial zu nutzen.

§ 315 Verbindlichkeit der Beschlüsse der Gesellschaft für Telematik

(1) [1]Die Beschlüsse der Gesellschaft für Telematik zu den Regelungen, dem Aufbau und dem Betrieb der Telematikinfrastruktur sind für die Leistungserbringer und die Krankenkassen sowie ihre Verbände nach diesem Buch verbindlich. [2]Beschlüsse der Gesellschaft für Telematik über die Zuständigkeit für die Bereitstellung von Komponenten zur Authentifizierung von Leistungserbringerinstitutionen gelten auch für die Apothekerkammern der Länder, soweit diese Zuständigkeit nicht durch Bundes- oder Landesrecht geregelt ist.

(2) Vor der Beschlussfassung hat die Gesellschaft für Telematik der oder dem Bundesbeauftragten für den Datenschutz und die Informationsfreiheit und dem Bundesamt für Sicherheit in der Informationstechnik Gelegenheit zur Stellungnahme zu geben, sofern Belange des Datenschutzes oder der Datensicherheit berührt sind.

§ 316 Finanzierung der Gesellschaft für Telematik; Verordnungsermächtigung

(1) [1]Zur Finanzierung der Gesellschaft für Telematik zahlt der Spitzenverband Bund der Krankenkassen an die Gesellschaft für Telematik jährlich einen Betrag in Höhe von 1,50 Euro je Mitglied der gesetzlichen Krankenversicherung. [2]Das Bundesministerium für Gesundheit kann entsprechend dem Mittelbedarf der Gesellschaft für Telematik unter Beachtung des Gebotes der Wirtschaftlichkeit durch Rechtsverordnung ohne Zustimmung des Bundesrates einen von Satz 1 abweichenden Betrag je Mitglied der gesetzlichen Krankenversicherung festsetzen.

(2) Die Zahlungen nach Absatz 1 sind quartalsweise, spätestens drei Wochen vor Beginn des jeweiligen Quartals, zu leisten.

Zweiter Titel

Beirat der Gesellschaft für Telematik

§ 317 Beirat der Gesellschaft für Telematik

(1) [1]Die Gesellschaft für Telematik hat einen Beirat einzurichten. [2]Der Beirat hat eine Vorsitzende oder einen Vorsitzenden. [3]Der Beirat besteht aus

1. vier Vertretern der Länder,
2. vier Vertretern der Organisationen, die für die Wahrnehmung der Interessen der Patienten, der Pflegebedürftigen und der Selbsthilfe chronisch Kranker und behinderter Menschen maßgeblich sind,
3. drei Vertretern der für die Wahrnehmung der Interessen der Industrie maßgeblichen Bundesverbände aus dem Bereich der Informationstechnologie im Gesundheitswesen,
4. drei Vertretern der Wissenschaft,
5. einem Vertreter der Spitzenorganisation, die für die Wahrnehmung der Interessen der an der hausarztzentrierten Versorgung teilnehmenden Vertragsärzte maßgeblich ist,
6. einem Vertreter aus dem Bereich der Hochschulmedizin,
7. je einem Vertreter der Vereinigungen der Träger der Pflegeeinrichtungen auf Bundesebene und der Verbände der Pflegeberufe auf Bundesebene,
8. der oder dem Bundesbeauftragten für den Datenschutz und die Informationsfreiheit,
9. der oder dem Beauftragten der Bundesregierung für die Belange der Patientinnen und Patienten.

(2) [1]Die Mitglieder nach Absatz 1 Satz 3 Nummer 1 werden von den Ländern benannt. [2]Die Mitglieder nach Absatz 1 Satz 3 Nummer 2 bis 5 und 7 werden von der Gesellschafterversammlung der Gesellschaft für Telematik benannt. [3]Der Vertreter nach Absatz 1 Satz 3 Nummer 6 wird durch das Bundesministerium für Gesundheit im Einvernehmen mit dem Bundesministerium für Bildung und Forschung benannt.

(3) Die Gesellschafterversammlung der Gesellschaft für Telematik kann Vertreter weiterer Gruppen und Bundesbehörden sowie bis zu fünf unabhängige Experten als Mitglieder des Beirats berufen.

(4) [1]Jeweils ein Vertreter für jeden Gesellschafter sowie die Geschäftsführung der Gesellschaft für Telematik können an den Sitzungen des Beirats teilnehmen. [2]Die oder der Vorsitzende des Beirats oder bei deren oder dessen Verhinderung die zur Stellvertretung berechtigte Person kann an den Gesellschafterversammlungen der Gesellschaft für Telematik teilnehmen.

(5) Der Beirat gibt sich eine Geschäftsordnung.

§ 318
Aufgaben des Beirats

(1) [1]Der Beirat hat die Gesellschaft für Telematik in fachlichen Belangen zu beraten. [2]Er vertritt die Interessen der im Beirat Vertretenen gegenüber der Gesellschaft für Telematik und fördert den fachlichen Austausch zwischen der Gesellschaft für Telematik und den im Beirat Vertretenen.

(2) [1]Der Beirat ist vor der Beschlussfassung der Gesellschafterversammlung der Gesellschaft für Telematik zu Angelegenheiten von grundsätzlicher Bedeutung zu hören. [2]Er kann hierzu vor der Beschlussfassung innerhalb von zwei Wochen nach Erhalt der erforderlichen Informationen und Unterlagen schriftlich Stellung nehmen. [3]Auf Verlangen des Beirats ist dessen Stellungnahme auf der Internetseite der Gesellschaft für Telematik zu veröffentlichen.

(3) Der Beirat kann der Gesellschafterversammlung der Gesellschaft für Telematik Angelegenheiten von grundsätzlicher Bedeutung zur Befassung vorlegen.

(4) Zu Angelegenheiten von grundsätzlicher Bedeutung gehören insbesondere

1. Fachkonzepte zu Anwendungen der elektronischen Gesundheitskarte,
2. Planungen und Konzepte für die Erprobung und den Betrieb der Telematikinfrastruktur sowie
3. Konzepte zur Evaluation von Erprobungsphasen und Anwendungen.

(5) [1]Um dem Beirat die Wahrnehmung seiner Aufgaben nach den Absätzen 1 bis 3 zu ermöglichen, hat die Gesellschaft für Telematik dem Beirat alle hierzu erforderlichen Informationen und Unterlagen in für die Beiratsmitglieder verständlicher Form zur Verfügung zu stellen. [2]Die Informationen und Unterlagen sind so rechtzeitig zur Verfügung zu stellen, dass der Beirat sich mit ihnen inhaltlich befassen und innerhalb der Frist nach Absatz 2 Satz 2 Stellung nehmen kann.

(6) [1]Die Gesellschaft für Telematik prüft die Stellungnahmen des Beirats nach den Absätzen 2 und 3 fachlich. [2]Das Ergebnis der Prüfung, einschließlich Aussagen darüber, inwieweit sie die Empfehlungen des Beirats berücksichtigt, teilt sie dem Beirat schriftlich mit. [3]Die Gesellschafterversammlung ist ebenfalls über das Ergebnis der Prüfung zu unterrichten.

Dritter Titel

Schlichtungsstelle der Gesellschaft für Telematik

§ 319
Schlichtungsstelle der Gesellschaft für Telematik

(1) [1]Bei der Gesellschaft für Telematik ist eine Schlichtungsstelle einzurichten. [2]Die Schlichtungsstelle wird tätig, soweit dies gesetzlich bestimmt ist.

(2) Die Gesellschaft für Telematik ist verpflichtet, der Schlichtungsstelle nach deren Vorgaben unverzüglich zuzuarbeiten.

(3) Die Schlichtungsstelle gibt sich eine Geschäftsordnung.

§ 320
Zusammensetzung der Schlichtungsstelle; Finanzierung

(1) [1]Die Schlichtungsstelle besteht aus einer oder einem unparteiischen Vorsitzenden und zwei wei-

teren Mitgliedern. ²Die Amtsdauer der Mitglieder der Schlichtungsstelle beträgt zwei Jahre. ³Die Wiederbenennung ist zulässig.

(2) ¹Über die unparteiische Vorsitzende oder den unparteiischen Vorsitzenden der Schlichtungsstelle sollen sich die Gesellschafter der Gesellschaft für Telematik einigen. ²Das Bundesministerium für Gesundheit kann hierfür eine angemessene Frist setzen. ³Kommt bis zum Ablauf der Frist keine Einigung zustande, benennt das Bundesministerium für Gesundheit den Vorsitzenden oder die Vorsitzende.

(3) ¹Der Spitzenverband Bund der Krankenkassen benennt einen Vertreter als Mitglied der Schlichtungsstelle. ²Die übrigen in § 306 Absatz 1 genannten Spitzenorganisationen benennen einen gemeinsamen Vertreter als Mitglied der Schlichtungsstelle.

(4) ¹Die in § 306 Absatz 1 genannten Spitzenorganisationen tragen die Kosten für die von ihnen benannten Vertreter jeweils selbst. ²Die Kosten für den Vorsitzenden sowie die sonstigen Kosten der Schlichtungsstelle werden aus den Finanzmitteln der Gesellschaft für Telematik finanziert.

§ 321
Beschlussfassung der Schlichtungsstelle

(1) ¹Jedes Mitglied der Schlichtungsstelle hat eine Stimme. ²Eine Stimmenthaltung ist nicht zulässig.

(2) Die Schlichtungsstelle entscheidet mit einfacher Stimmenmehrheit.

§ 322
Rechtsaufsicht des Bundesministeriums für Gesundheit über die Schlichtungsstelle

(1) Die Entscheidung der Schlichtungsstelle ist dem Bundesministerium für Gesundheit zur Prüfung vorzulegen.

(2) ¹Bei der Prüfung der Entscheidung hat das Bundesministerium für Gesundheit der oder dem Bundesbeauftragten für den Datenschutz und die Informationsfreiheit Gelegenheit zur Stellungnahme zu geben. ²Das Bundesministerium für Gesundheit setzt für die Stellungnahme eine angemessene Frist.

(3) ¹Das Bundesministerium für Gesundheit kann die Entscheidung, soweit sie gegen Gesetz oder sonstiges Recht verstößt, innerhalb von einem Monat beanstanden. ²Werden die Beanstandungen nicht innerhalb einer vom Bundesministerium für Gesundheit gesetzten Frist behoben, so kann das Bundesministerium für Gesundheit anstelle der Schlichtungsstelle entscheiden.

(4) Die Gesellschaft für Telematik ist verpflichtet, dem Bundesministerium für Gesundheit zur Vorbereitung seiner Entscheidung unverzüglich nach dessen Weisungen zuzuarbeiten.

(5) Die Entscheidungen nach den Absätzen 1 und 3 Satz 2 sind für die Leistungserbringer und Krankenkassen sowie für ihre Verbände nach diesem Buch verbindlich.

Dritter Abschnitt

Betrieb der Telematikinfrastruktur

§ 323
Betriebsleistungen

(1) Betriebsleistungen sind auf der Grundlage der von der Gesellschaft für Telematik nach Maßgabe des § 306 Absatz 3 festzulegenden Rahmenbedingungen zu erbringen.

(2) ¹Zur Durchführung des Betriebs der Telematikinfrastruktur vergibt die Gesellschaft für Telematik Aufträge oder erteilt in einem transparenten und diskriminierungsfreien Verfahren Zulassungen. ²Sind nach § 311 Absatz 5 einzelne Gesellschafter oder Dritte beauftragt worden, so sind die Beauftragten für die Vergabe und für die Erteilung der Zulassung zuständig; § 311 Absatz 7 gilt entsprechend. ³Bei der Vergabe von Aufträgen für den Betrieb von Komponenten und Diensten der zentralen Infrastruktur gemäß § 306 Absatz 2 Nummer 2, die zur Gewährleistung der Sicherheit oder der Aufrechterhaltung der Funktionsfähigkeit der Telematikinfrastruktur von wesentlicher Bedeutung sind, kann die Gesellschaft für Telematik festlegen, dass sie als Anbieter auftritt und einzelne Komponenten und Dienste der zentralen Infrastruktur selbst betreibt. ⁴In diesen Fällen sind die Funktionsfähigkeit und Interoperabilität der Komponenten und Dienste durch die Gesellschaft für Telematik sicherzustellen. ⁵Wenn die Gesellschaft für Telematik Komponenten und Dienste selbst betreibt, ist die Sicherheit der Komponenten und Dienste durch ein externes Sicherheitsgutachten nachzuweisen. ⁶Dabei ist nachzuweisen, dass die Verfügbarkeit, Integrität, Authentizität und Vertraulichkeit der Komponenten und Dienste sichergestellt wird. ⁷Die Festle-

gung der Prüfverfahren für das externe Sicherheitsgutachten erfolgt durch das Bundesamt für Sicherheit in der Informationstechnik. [8]Die Auswahl des Sicherheitsgutachters erfolgt im Rahmen des Prüfverfahrens durch die Gesellschaft für Telematik. [9]Das externe Sicherheitsgutachten muss dem Bundesamt für Sicherheit in der Informationstechnik zur Prüfung vorgelegt und durch dieses bestätigt werden. [10]Erst mit der Bestätigung des externen Sicherheitsgutachtens durch das Bundesamt für Sicherheit in der Informationstechnik dürfen die Komponenten und Dienste durch die Gesellschaft für Telematik zur Verfügung gestellt werden.

§ 324 Zulassung von Anbietern von Betriebsleistungen

(1) [1]Anbieter von Betriebsleistungen haben einen Anspruch auf Zulassung, wenn

1. die zu verwendenden Komponenten und Dienste nach Maßgabe von § 311 Absatz 6 und § 325 zugelassen sind,
2. der Anbieter den Nachweis erbringt, dass die Verfügbarkeit und Sicherheit der Betriebsleistungen gewährleistet sind und
3. der Anbieter sich verpflichtet, die Rahmenbedingungen für Betriebsleistungen der Gesellschaft für Telematik einzuhalten.

[2]Die Zulassung kann mit Nebenbestimmungen versehen werden.

(2) Die Gesellschaft für Telematik kann die Anzahl der Zulassungen beschränken, soweit dies zur Gewährleistung von Funktionalität, Interoperabilität und des notwendigen Sicherheitsniveaus erforderlich ist.

(3) Die Gesellschaft für Telematik oder die von ihr beauftragten Organisationen veröffentlicht oder veröffentlichen

1. die fachlichen und sachlichen Voraussetzungen, die für den Nachweis nach Absatz 1 Satz 1 Nummer 2 erfüllt sein müssen sowie
2. eine Liste mit den zugelassenen Anbietern.

§ 325 Zulassung von Komponenten und Diensten der Telematikinfrastruktur

(1) Die Komponenten und Dienste der Telematikinfrastruktur bedürfen der Zulassung durch die Gesellschaft für Telematik.

(2) [1]Die Gesellschaft für Telematik lässt die Komponenten und Dienste der Telematikinfrastruktur auf Antrag der Anbieter zu, wenn die Komponenten und Dienste funktionsfähig, interoperabel und sicher sind. [2]Die Zulassung kann mit Nebenbestimmungen versehen werden.

(3) [1]Die Gesellschaft für Telematik prüft die Funktionsfähigkeit und Interoperabilität von Komponenten und Diensten der Telematikinfrastruktur auf der Grundlage der von ihr veröffentlichten Prüfkriterien. [2]Der Nachweis der Sicherheit erfolgt durch eine Sicherheitszertifizierung nach den Vorgaben des Bundesamtes für Sicherheit in der Informationstechnik. [3]Abweichend von Satz 2 kann die Gesellschaft für Telematik im Einvernehmen mit dem Bundesamt für Sicherheit in der Informationstechnik eine andere Form des Nachweises der Sicherheit festlegen, wenn eine Sicherheitszertifizierung auf Grund des geringen Gefährdungspotentials der zu prüfenden Dienste und Komponenten nicht erforderlich ist oder der hierfür erforderliche Aufwand außer Verhältnis steht und die andere Form des Nachweises die Sicherheit gleichwertig gewährleistet. [4]Die Vorgaben müssen geeignet sein, abgestuft im Verhältnis zum Gefährdungspotential Verfügbarkeit, Integrität, Authentizität und Vertraulichkeit der Dienste und Komponenten sicherzustellen. [5]Das Nähere zum Zulassungsverfahren und zu den Prüfkriterien wird von der Gesellschaft für Telematik im Benehmen mit dem Bundesamt für Sicherheit in der Informationstechnik festgelegt.

(4) [1]Die Gesellschaft für Telematik kann eine befristete Genehmigung zur Verwendung von nicht zugelassenen Komponenten und Diensten in der Telematikinfrastruktur erteilen, wenn dies zur Aufrechterhaltung der Funktionsfähigkeit, der Sicherheit der Telematikinfrastruktur oder wesentlicher Teile hiervon erforderlich ist. [2]Soweit die befristete Genehmigung der Aufrechterhaltung der Sicherheit dient, ist die Genehmigung im Einvernehmen mit dem Bundesamt für Sicherheit in der Informationstechnik zu erteilen.

(5) [1]Die Gesellschaft für Telematik kann auch Hersteller und Anbieter von Komponenten und Diensten der Telematikinfrastruktur zulassen. [2]Das Nähere zum Zulassungsverfahren und zu den Prüfkriterien für Hersteller und Anbieter legt die Gesellschaft für Telematik im Einvernehmen mit dem Bundesamt für Sicherheit in der Informationstechnik fest. [3]Die Zulassung kann mit Nebenbestimmungen versehen werden.

(6) Die Gesellschaft für Telematik bestimmt im Einvernehmen mit dem Bundesamt für Sicherheit in der Informationstechnik die Komponenten und Dienste, deren Zulassung nach Absatz 2 verpflichtend auch der Zulassung der jeweiligen Hersteller oder Anbieter nach Absatz 5 bedarf.

(7) Aussagen über die Qualität der Prozesse bei der Entwicklung, dem Betrieb, der Wartung und der Pflege der Komponenten und Dienste, die aus Zulassungen von Herstellern und Anbietern nach Absatz 5 stammen, können bei Zulassungen von Komponenten und Diensten nach Absatz 2 berücksichtigt werden.

(8) Die Gesellschaft für Telematik veröffentlicht eine Liste mit den zugelassenen Komponenten und Diensten sowie mit den zugelassenen Herstellern und Anbietern von Komponenten und Diensten auf ihrer Internetseite.

§ 326 Verbot der Nutzung der Telematikinfrastruktur ohne Zulassung oder Bestätigung

Anbieter von Betriebsleistungen oder von Komponenten und Diensten der Telematikinfrastruktur müssen über die nach § 323 Absatz 2 und § 325 Absatz 1 erforderliche Zulassung oder über die nach § 327 Absatz 2 Satz 1 erforderliche Bestätigung verfügen, bevor sie die Telematikinfrastruktur nutzen.

§ 327 Weitere Anwendungen der Telematikinfrastruktur; Bestätigungsverfahren

(1) Für weitere Anwendungen ohne Nutzung der elektronischen Gesundheitskarte nach § 306 Absatz 1 Satz 2 Nummer 2 Buchstabe a darf die Telematikinfrastruktur nur verwendet werden, wenn

1. es sich um eine Anwendung des Gesundheitswesens, der Rehabilitation, der Pflege oder um eine Anwendung zum Zwecke der Gesundheits- und Pflegeforschung handelt,
2. die Wirksamkeit der Maßnahmen zur Gewährleistung von Datenschutz und Datensicherheit sowie die Verfügbarkeit und Nutzbarkeit der Telematikinfrastruktur nicht beeinträchtigt werden,
3. im Fall der Verarbeitung personenbezogener Daten die dafür geltenden Vorschriften zum Datenschutz eingehalten und die erforderlichen technischen und organisatorischen Maßnahmen entsprechend dem Stand der Technik getroffen werden, um die Anforderungen an die Sicherheit der Anwendung im Hinblick auf die Schutzbedürftigkeit der Daten zu gewährleisten und
4. bei den dafür erforderlichen technischen Systemen und Verfahren Barrierefreiheit für den Versicherten gewährleistet ist.

(2) [1]Weitere Anwendungen nach § 306 Absatz 1 Satz 2 Nummer 2 Buchstabe a bedürfen zur Nutzung der Telematikinfrastruktur der Bestätigung durch die Gesellschaft für Telematik. [2]Die Gesellschaft für Telematik legt im Einvernehmen mit dem Bundesamt für Sicherheit in der Informationstechnik und der oder dem Bundesbeauftragten für den Datenschutz und die Informationsfreiheit das Nähere zu den erforderlichen Voraussetzungen für die Nutzung der Telematikinfrastruktur fest und veröffentlicht diese Voraussetzungen auf ihrer Internetseite.

(3) [1]Die Erfüllung der Voraussetzungen muss der Anbieter einer Anwendung in einem Bestätigungsverfahren nachweisen. [2]Das Bestätigungsverfahren wird auf Antrag eines Anbieters einer Anwendung durchgeführt. [3]Die Bestätigung kann mit Nebenbestimmungen versehen werden.

(4) Die Einzelheiten des Bestätigungsverfahrens nach Absatz 2 sowie die dazu erforderlichen Prüfkriterien legt die Gesellschaft für Telematik im Benehmen mit dem Bundesamt für Sicherheit in der Informationstechnik fest und veröffentlicht sie auf ihrer Internetseite.

(5) Die Gesellschaft für Telematik veröffentlicht eine Liste mit den bestätigten Anwendungen auf ihrer Internetseite.

(6) Für Leistungserbringer in der gesetzlichen Kranken- und Pflegeversicherung, die die Tele-

matikinfrastruktur für Anwendungen nach § 306 Absatz 1 Satz 2 Nummer 2 Buchstabe a nutzen wollen und für die noch keine sicheren Authentisierungsverfahren nach § 311 Absatz 1 Satz 1 Nummer 1 Buchstabe e festgelegt sind, legt die Gesellschaft für Telematik diese Verfahren im Einvernehmen mit dem Bundesamt für Sicherheit in der Informationstechnik fest und veröffentlicht diese auf ihrer Internetseite.

(7) [1]Die für die Wahrnehmung von Aufgaben nach Absatz 2 bei der oder dem Bundesbeauftragten für den Datenschutz und die Informationsfreiheit entstehenden Kosten sind durch die Gesellschaft für Telematik zu erstatten. [2]Die Gesellschaft für Telematik legt die Einzelheiten der Kostenerstattung im Einvernehmen mit der oder dem Bundesbeauftragten für den Datenschutz und die Informationsfreiheit fest.

(8) [1]Für die Nutzung der Telematikinfrastruktur für Anwendungen nach § 306 Absatz 1 Satz 2 Nummer 2 Buchstabe a kann die Gesellschaft für Telematik von dem jeweiligen Anbieter Entgelte verlangen. [2]Die Nutzung ist unentgeltlich, sofern die Anwendungen in diesem, im Elften Buch oder im Implantateregistergesetz geregelt sind oder zur Erfüllung einer gesetzlichen Verpflichtung, insbesondere gesetzlicher Meldepflichten im Gesundheitswesen, oder für technische Verfahren zu telemedizinischen Konsilien nach § 367 genutzt werden. [3]Davon unberührt bleibt die Verpflichtung eines Anbieters von Anwendungen nach § 306 Absatz 1 Satz 2 Nummer 2 Buchstabe a, die Kosten für seinen Anschluss an die zentrale Telematikinfrastruktur zu tragen.

§ 328 Gebühren und Auslagen; Verordnungsermächtigung

(1) [1]Die Gesellschaft für Telematik kann für die Zulassungen und Bestätigungen nach den §§ 324, 325 und 327, auch in Verbindung mit § 311 Absatz 6 Satz 5, § 362a Satz 1 und § 362b, Gebühren und Auslagen erheben. [2]Die Gebührensätze sind so zu bemessen, dass sie den auf die Leistungen entfallenden durchschnittlichen Personal- und Sachaufwand nicht übersteigen.

(2) Das Bundesministerium für Gesundheit wird ermächtigt, durch Rechtsverordnung ohne Zustimmung des Bundesrates die gebührenpflichtigen Tatbestände zu bestimmen und dabei feste Sätze oder Rahmensätze vorzusehen sowie Regelungen über die Gebührenentstehung, die Gebührenerhebung, die Erstattung von Auslagen, den Gebührenschuldner, Gebührenbefreiungen, die Fälligkeit, die Stundung, die Niederschlagung, den Erlass, Säumniszuschläge, die Verjährung und die Erstattung zu treffen.

Vierter Abschnitt

Überwachung von Funktionsfähigkeit und Sicherheit

§ 329 Maßnahmen zur Abwehr von Gefahren für die Funktionsfähigkeit und Sicherheit der Telematikinfrastruktur

(1) [1]Soweit von Komponenten und Diensten eine Gefahr für die Funktionsfähigkeit oder Sicherheit der Telematikinfrastruktur ausgeht, ist die Gesellschaft für Telematik verpflichtet, unverzüglich die erforderlichen technischen und organisatorischen Maßnahmen zur Abwehr dieser Gefahr entsprechend dem Stand der Technik zu treffen. [2]Die Gesellschaft für Telematik informiert das Bundesamt für Sicherheit in der Informationstechnik unverzüglich über die Gefahr und die getroffenen Maßnahmen.

(2) [1]Anbieter von nach § 311 Absatz 6 sowie § 325 zugelassenen Komponenten oder Diensten und Anbieter von Anwendungen für nach § 327 bestätigte Anwendungen haben erhebliche Störungen der Verfügbarkeit, Integrität, Authentizität und Vertraulichkeit dieser Komponenten oder Dienste unverzüglich an die Gesellschaft für Telematik zu melden. [2]Erheblich sind Störungen, die zum Ausfall oder zur Beeinträchtigung der Sicherheit oder Funktionsfähigkeit dieser Komponenten oder Dienste oder zum Ausfall oder zur Beeinträchtigung der Sicherheit oder Funktionsfähigkeit der Telematikinfrastruktur oder wesentlicher Teile führen können oder bereits geführt haben.

(3) [1]Die Gesellschaft für Telematik kann zur Gefahrenabwehr im Einzelfall insbesondere Komponenten und Dienste für den Zugang zur Telematikinfrastruktur sperren oder den weiteren Zugang zur Telematikinfrastruktur nur unter der Bedingung gestatten, dass die von der Gesellschaft für Telematik angeordneten Maßnahmen zur Beseitigung der Gefahr umgesetzt werden. [2]Die Gesellschaft für Telematik kann Anbietern, die eine Zulassung für Komponenten oder Dienste der Telematikinfrastruktur nach § 311 Absatz 6 sowie § 325 oder eine Bestätigung nach § 327

besitzen, zur Beseitigung oder Vermeidung von Störungen nach Absatz 2 verbindliche Anweisungen erteilen.

(4) Die Gesellschaft für Telematik hat die ihr nach Absatz 2 gemeldeten Störungen sowie darüber hinausgehende bedeutende Störungen, die zu beträchtlichen Auswirkungen auf die Sicherheit oder Funktionsfähigkeit der Telematikinfrastruktur führen können oder bereits geführt haben, unverzüglich an das Bundesamt für Sicherheit in der Informationstechnik zu melden.

(5) Die Gesellschaft für Telematik hat das Bundesministerium für Gesundheit unverzüglich über Meldungen nach Absatz 4 zu informieren.

§ 330 Vermeidung von Störungen der informationstechnischen Systeme, Komponenten und Prozesse der Telematikinfrastruktur

(1) [1]Die Gesellschaft für Telematik sowie die gemäß § 307 verantwortlichen Anbieter, die eine Zulassung für Komponenten oder Dienste nach § 311 Absatz 6 sowie § 325 oder eine Bestätigung nach § 327 besitzen, sind verpflichtet, angemessene organisatorische und technische Vorkehrungen zur Vermeidung von Störungen der Verfügbarkeit, Integrität, Authentizität und Vertraulichkeit der informationstechnischen Systeme, Komponenten oder Prozesse der Telematikinfrastruktur zu treffen und fortlaufend zu aktualisieren. [2]Dabei ist der jeweilige Stand der Technik zu berücksichtigen. [3]Organisatorische und technische Vorkehrungen sind dann angemessen, wenn der dafür erforderliche Aufwand nicht außer Verhältnis zu den Folgen eines Ausfalls oder einer Beeinträchtigung der Telematikinfrastruktur insgesamt oder von solchen Diensten der Telematikinfrastruktur steht, die durch Störungen verursacht werden können.

(2) [1]Die Gesellschaft für Telematik hat mindestens alle zwei Jahre über die Erfüllung der Anforderungen an die Vermeidung von Störungen der Verfügbarkeit, Integrität, Authentizität und Vertraulichkeit der informationstechnischen Systeme, Komponenten oder Prozesse der Telematikinfrastruktur geeignete Nachweise zu erbringen. [2]Der Nachweis kann jeweils insbesondere durch Audits, Prüfungen oder Zertifizierungen erfolgen, die von geeigneten und unabhängigen externen Stellen durchgeführt werden.

(3) [1]Die Gesellschaft für Telematik informiert das Bundesministerium für Gesundheit und das Bundesamt für Sicherheit in der Informationstechnik in geeigneter Weise über erkannte Sicherheitsmängel und die Nachweise nach Absatz 2. [2]Die Gesellschaft für Telematik kann von den Inhabern einer Zulassung für Komponenten oder Dienste der Telematikinfrastruktur nach § 311 Absatz 6 sowie § 325 oder Inhabern einer Bestätigung nach § 327 geeignete Nachweise zur Erfüllung ihrer Pflichten nach Absatz 1 verlangen.

(4) Die Meldepflichten nach Artikel 33 der Verordnung (EU) 2016/679 bleiben unberührt.

§ 331 Maßnahmen zur Überwachung des Betriebs zur Gewährleistung der Sicherheit, Verfügbarkeit und Nutzbarkeit der Telematikinfrastruktur

(1) Die Gesellschaft für Telematik hat ab dem 1. Januar 2021 für Komponenten und Dienste der Telematikinfrastruktur sowie für Komponenten und Dienste, die die Telematikinfrastruktur nutzen, aber außerhalb der Telematikinfrastruktur betrieben werden, im Benehmen mit dem Bundesamt für Sicherheit in der Informationstechnik solche Maßnahmen zur Überwachung des Betriebs zu treffen, die erforderlich sind, um die Sicherheit, Verfügbarkeit und Nutzbarkeit der Telematikinfrastruktur zu gewährleisten.

(2) Die Gesellschaft für Telematik legt fest, welche näheren Angaben ihr die Anbieter der Komponenten und Dienste offenzulegen haben, damit die Überwachung nach Absatz 1 durchgeführt werden kann.

(3) [1]Die Verpflichtung der Gesellschaft für Telematik nach § 330 Absatz 1 Satz 1, zur Vermeidung von Störungen angemessene organisatorische und technische Vorkehrungen zu treffen, umfasst auch den Einsatz von geeigneten Systemen zur Erkennung von Störungen und Angriffen. [2]Der Einsatz der Systeme erfolgt im Benehmen mit der oder dem Bundesbeauftragten für den Datenschutz und die Informationsfreiheit und dem Bundesamt für Sicherheit in der Informationstechnik.

(4) [1]Die Gesellschaft für Telematik darf die für den Einsatz der Systeme nach Absatz 3 erforderlichen Daten verarbeiten. [2]Die im Rahmen des Einsatzes dieser Systeme verarbeiteten Daten sind unverzüglich zu löschen, wenn sie für die Vermeidung

von Störungen nach § 330 Absatz 1 Satz 1 nicht mehr erforderlich sind, spätestens jedoch nach zehn Jahren.

(5) [1]Die Gesellschaft für Telematik darf, soweit es für die Durchführung der Maßnahmen nach Absatz 1 und im Rahmen der Vorkehrungen nach Absatz 3 erforderlich ist, die für den Zugriff auf Anwendungen nach § 334 Absatz 1 Satz 2 erforderlichen Komponenten zur Identifikation und Authentifizierung im Rahmen von hierzu erstellten Prüfnutzeridentitäten nutzen. [2]Die Nutzung darf ausschließlich für Prüfzwecke erfolgen und die Einzelheiten sind im Einvernehmen mit dem Bundesamt für Sicherheit in der Informationstechnik und der oder dem Bundesbeauftragten für den Datenschutz und die Informationsfreiheit festzulegen. [3]Es muss dabei technisch und organisatorisch gewährleistet sein, dass ein Zugriff auf personenbezogene Daten von Nutzern der Telematikinfrastruktur ausgeschlossen ist, die keine Prüfnutzeridentitäten verwenden. [4]Die Prüfnutzeridentitäten dürfen von höchstens sieben, nach dem Sicherheitsüberprüfungsgesetz überprüften Mitarbeitern der Gesellschaft für Telematik genutzt werden. [5]Die Zugriffe nach Satz 1 müssen protokolliert und jährlich oder auf Anforderung der oder dem Bundesbeauftragten für den Datenschutz und die Informationsfreiheit vorgelegt werden. [6]Die Protokolldaten müssen enthalten, durch wen und zu welchem Zweck die Komponenten nach Satz 1 eingesetzt wurden und sind für drei Jahre zu speichern. [7]Die nach Satz 1 erforderlichen Komponenten sind der Gesellschaft für Telematik auf Verlangen durch die jeweils für die Ausgabe zuständige Stelle gegen Kostenerstattung zur Verfügung zu stellen.

(6) [1]Die für die Aufgaben nach dem Zehnten und diesem Kapitel beim Bundesamt für Sicherheit in der Informationstechnik entstehenden Kosten sind diesem durch die Gesellschaft für Telematik pauschal in Höhe der Kosten für zehn Vollzeitäquivalente zu erstatten. [2]Zusätzlich werden die Kosten des Bundesamts für Sicherheit in der Informationstechnik für erforderliche Unterstützungsleistungen Dritter durch die Gesellschaft für Telematik in Höhe der tatsächlich anfallenden Kosten erstattet. [3]Die Gesellschaft für Telematik legt die Einzelheiten der Kostenerstattung für Unterstützungsleistungen nach Satz 2 im Einvernehmen mit dem Bundesamt für Sicherheit in der Informationstechnik fest.

§ 332 Anforderungen an die Wartung von Diensten

(1) Dienstleister, die mit der Herstellung und der Wartung des Anschlusses von informationstechnischen Systemen der Leistungserbringer an die Telematikinfrastruktur einschließlich der Wartung hierfür benötigter Komponenten sowie der Anbindung an Dienste der Telematikinfrastruktur beauftragt werden, müssen besondere Sorgfalt bei der Herstellung und Wartung des Anschlusses an die Telematikinfrastruktur walten lassen und über die notwendige Fachkunde verfügen, um die Verfügbarkeit, Integrität, Authentizität und Vertraulichkeit der informationstechnischen Systeme und Komponenten zu gewährleisten.

(2) Die Erfüllung der Anforderungen nach Absatz 1 muss den Leistungserbringern auf Verlangen auf geeignete Weise nachgewiesen werden.

(3) [1]Zur Erfüllung der Anforderungen nach Absatz 1 und des Nachweises nach Absatz 2 können die maßgeblichen Spitzenorganisationen der Leistungserbringer auf Bundesebene den von ihnen vertretenen Leistungserbringern in Abstimmung mit der Gesellschaft für Telematik Hinweise geben. [2]Der Gesellschaft für Telematik obliegt hierbei die Beachtung der notwendigen sicherheitstechnischen und betrieblichen Voraussetzungen zur Wahrung der Sicherheit und Funktionsfähigkeit der Telematikinfrastruktur.

§ 332a Unzulässige Beschränkungen durch Anbieter und Hersteller informationstechnischer Systeme für die vertragsärztliche Versorgung, die vertragszahnärztliche Versorgung, die pflegerische Versorgung, für Krankenhäuser und Apotheken sowie für Vorsorgeeinrichtungen und Rehabilitationseinrichtungen

(1) [1]Die Anbieter und Hersteller informationstechnischer Systeme für die vertragsärztliche Versorgung, die vertragszahnärztliche Versorgung, die pflegerische Versorgung sowie für Krankenhäuser, Apotheken, Vorsorgeeinrichtungen und Rehabilitationseinrichtungen stellen die diskriminierungsfreie Einbindung aller Komponenten und Dienste sicher, die von der Gesellschaft für Telematik nach § 325 Absatz 2 und 3 zugelassen sind und die zur Erfüllung gesetzlicher Pflichten

bei der Nutzung von Anwendungen der Telematikinfrastruktur erforderlich sind, soweit Schnittstellen vorgegeben oder festgelegt sind. [2]Eine Beschränkung der Einbindung auf bestimmte Hersteller und Anbieter ist unzulässig.

(2) Die Einbindung der Komponenten und Dienste nach Absatz 1 erfolgt ohne zusätzliche Kosten für die Nutzer der informationstechnischen Systeme. Direkte oder indirekte Kosten im Zusammenhang mit der Wahl eines Herstellers oder Anbieters sind unzulässig.

(3) Die Verpflichtungen aus Absatz 1 sind spätestens bis zum 29. Dezember 2023 umzusetzen.

§ 332b
Rahmenvereinbarungen mit Anbietern und Herstellern informationstechnischer Systeme

Die Kassenärztlichen Bundesvereinigungen können für die an der vertragsärztlichen und vertragszahnärztlichen Versorgung teilnehmenden Leistungserbringer Rahmenvereinbarungen mit den Anbietern und Herstellern informationstechnischer Systeme für die vertragsärztliche und vertragszahnärztliche Versorgung zu Leistungspflichten, Vertragsstrafen, Preisen, Laufzeiten und Kündigungsfristen abschließen.

§ 333
Überprüfung durch das Bundesamt für Sicherheit in der Informationstechnik

(1) Die Gesellschaft für Telematik legt dem Bundesamt für Sicherheit in der Informationstechnik auf Verlangen die folgenden Unterlagen und Informationen unverzüglich, spätestens aber innerhalb von zwei Wochen vor:

1. die Zulassungen nach § 311 Absatz 6 sowie den §§ 324 und 325 und Bestätigungen nach § 327 einschließlich der zugrunde gelegten Dokumentation,
2. eine Aufstellung der nach den §§ 329 bis 331 getroffenen Maßnahmen einschließlich der festgestellten Sicherheitsmängel und Ergebnisse der Maßnahmen und
3. sonstige für die Bewertung der Sicherheit der Telematikinfrastruktur sowie der zugelassenen Dienste und bestätigten Anwendungen erforderliche Informationen.

(2) Ergibt die Bewertung der in Absatz 1 genannten Informationen Sicherheitsmängel, so kann das Bundesamt für Sicherheit in der Informationstechnik der Gesellschaft für Telematik verbindliche Anweisungen zur Beseitigung der festgestellten Sicherheitsmängel erteilen.

(3) Die Gesellschaft für Telematik ist befugt, Anbietern von zugelassenen Diensten und bestätigten Anwendungen nach § 311 Absatz 6 sowie nach den §§ 325 und 327 verbindliche Anweisungen zur Beseitigung der Sicherheitsmängel zu erteilen, die von der Gesellschaft für Telematik oder vom Bundesamt für Sicherheit in der Informationstechnik festgestellt wurden.

(4) Die dem Bundesamt für Sicherheit in der Informationstechnik entstandenen Kosten der Überprüfung trägt der Anbieter von zugelassenen Diensten und bestätigten Anwendungen nach § 311 Absatz 6 sowie den §§ 325 und 327, sofern das Bundesamt für Sicherheit in der Informationstechnik auf Grund von Anhaltspunkten tätig geworden ist, die berechtigte Zweifel an der Sicherheit der zugelassenen Dienste und bestätigten Anwendungen begründeten.

Fünfter Abschnitt

Anwendungen der Telematikinfrastruktur

Erster Titel

Allgemeine Vorschriften

§ 334
Anwendungen der Telematikinfrastruktur

(1) [1]Die Anwendungen der Telematikinfrastruktur dienen der Verbesserung der Wirtschaftlichkeit, der Qualität und der Transparenz der Versorgung. [2]Anwendungen sind:

1. die elektronische Patientenakte nach § 341,
2. Hinweise der Versicherten auf das Vorhandensein und den Aufbewahrungsort von Erklärungen zur Organ- und Gewebespende,
3. Hinweise der Versicherten auf das Vorhandensein und den Aufbewahrungsort von Vorsorgevollmachten oder Patientenverfügungen nach § 1827 des Bürgerlichen Gesetzbuchs,

4. der Medikationsplan nach § 31a einschließlich Daten zur Prüfung der Arzneimitteltherapiesicherheit (elektronischer Medikationsplan),
5. medizinische Daten, soweit sie für die Notfallversorgung erforderlich sind (elektronische Notfalldaten),
6. elektronische Verordnungen und
7. die elektronische Patientenkurzakte nach § 358.

(2) [1]Die Anwendungen nach Absatz 1 Satz 2 Nummer 1 bis 5 werden von der elektronischen Gesundheitskarte unterstützt. [2]Die Anwendungen nach Absatz 1 Satz 2 Nummer 2, 3 und 5 werden ab dem 1. Oktober 2024 technisch in die Anwendung nach Absatz 1 Satz 2 Nummer 7 überführt.

(3) [1]Die Gesellschaft für Telematik kann über die in Absatz 1 genannten Anwendungen hinaus bereits Festlegungen und Maßnahmen zu zusätzlichen Anwendungen der Telematikinfrastruktur treffen, die insbesondere dem weiteren Ausbau des elektronischen Austausches von Befunden, Diagnosen, Therapieempfehlungen, Behandlungsberichten, Formularen, Erklärungen und Unterlagen dienen. [2]Die Zulassung gemäß § 325 Absatz 1 darf erst erfolgen, wenn die insoweit erforderlichen gesetzlichen Rahmenbedingungen, wie insbesondere die Bestimmung als Anwendung der Telematikinfrastruktur in Absatz 1 sowie die Zugriffsberechtigungen auf Daten der Anwendung, in Kraft getreten sind.

(4) [1]Beim Bundesinstitut für Arzneimittel und Medizinprodukte wird zum 1. Januar 2021 eine Meldestelle für die Nutzer von Anwendungen nach Absatz 1 eingerichtet, die versorgungsrelevante Fehlerkonstellationen bei der Nutzung dieser Anwendungen im medizinischen Versorgungsalltag in nicht personenbezogener Form erfasst und systematisch bewertet. [2]Das Bundesinstitut für Arzneimittel und Medizinprodukte übermittelt seine Bewertung der Gesellschaft für Telematik, die diese bei der Weiterentwicklung der Anwendungen nach Absatz 1 zu berücksichtigen hat.

§ 335
Diskriminierungsverbot

(1) Von Versicherten darf der Zugriff auf Daten in einer Anwendung nach § 334 Absatz 1 Satz 2 nicht verlangt werden.

(2) Mit den Versicherten darf nicht vereinbart werden, den Zugriff auf Daten in einer Anwendung nach § 334 Absatz 1 Satz 2 anderen als den in den §§ 352, 356 Absatz 1, in § 357 Absatz 1, § 359 Absatz 1, § 361 Absatz 2 Satz 1 und § 363 genannten Personen oder zu anderen als den dort genannten Zwecken, einschließlich der Abrechnung der zum Zweck der Versorgung erbrachten Leistungen, zu gestatten.

(3) Die Versicherten dürfen nicht bevorzugt oder benachteiligt werden, weil sie einen Zugriff auf Daten in einer Anwendung nach § 334 Absatz 1 Satz 2 bewirkt oder verweigert haben.

§ 336
Zugriffsrechte der Versicherten

(1) [1]Jeder Versicherte ist berechtigt, auf Daten in einer Anwendung nach § 334 Absatz 1 Satz 2 Nummer 1 bis 4, 6 und 7 mittels seiner elektronischen Gesundheitskarte oder seiner digitalen Identität nach § 291 Absatz 8 barrierefrei zuzugreifen, wenn er sich für diesen Zugriff jeweils durch ein geeignetes technisches Verfahren authentifiziert hat. [2]Die für ein geeignetes technisches Verfahren nach Satz 1 erforderliche Identifizierung der Versicherten kann auch in einer Apotheke durchgeführt werden. [3]Satz 1 gilt nicht für den Zugriff auf Daten in einer Anwendung nach § 334 Absatz 1 Satz 2 Nummer 4, soweit diese auf der elektronischen Gesundheitskarte gespeichert sind.

(2) [1]Jeder Versicherte ist berechtigt, auf Daten in einer Anwendung nach § 334 Absatz 1 Satz 2 Nummer 1, 4 und 7 auch ohne den Einsatz seiner elektronischen Gesundheitskarte mittels einer Benutzeroberfläche eines geeigneten Endgeräts zuzugreifen, wenn

1. der Versicherte nach umfassender Information durch seine Krankenkasse über die Besonderheiten eines Zugriffs ohne den Einsatz der elektronischen Gesundheitskarte gegenüber seiner Krankenkasse schriftlich oder elektronisch erklärt hat, dieses Zugriffsverfahren auf Daten in einer Anwendung nach § 334 Absatz 1 Satz 2 Nummer 1, 4 und 7 nutzen zu wollen und
2. der Versicherte sich für diesen Zugriff auf Daten in einer Anwendung nach § 334 Absatz 1 Satz 2 Nummer 1, 4 und 7 jeweils durch ein geeignetes technisches Verfahren, das einen

hohen Sicherheitsstandard gewährleistet, authentifiziert hat.

[2]Satz 1 gilt nicht für den Zugriff auf Daten in einer Anwendung nach § 334 Absatz 1 Satz 2 Nummer 4, soweit diese auf der elektronischen Gesundheitskarte gespeichert sind.

(3) Jeder Versicherte ist berechtigt, Daten in einer Anwendung nach § 334 Absatz 1 Satz 2 Nummer 4 und 5, soweit diese auf der elektronischen Gesundheitskarte gespeichert sind, bei einem Leistungserbringer einzusehen, der mittels seines elektronischen Heilberufsausweises nach Maßgabe des § 339 Absatz 3 zugreift.

(4) [1]Jeder Versicherte ist berechtigt, auf Daten in einer Anwendung nach § 334 Absatz 1 Satz 2 Nummer 6 mittels eines geeigneten technischen Verfahrens, das zur Authentifizierung einen hohen Sicherheitsstandard gewährleistet, zuzugreifen. [2]Die für ein geeignetes technisches Verfahren nach Satz 1 erforderliche Identifizierung der Versicherten kann auch in einer Apotheke durchgeführt werden.

(5) Der Zugriff eines Versicherten auf Daten in Anwendungen nach § 334 Absatz 1 Satz 2 Nummer 1, 4, 6 und 7 durch das geeignete technische Verfahren nach Absatz 1 mittels der elektronischen Gesundheitskarte oder seiner digitalen Identität nach § 291 Absatz 8 darf erst erfolgen, wenn

1. die elektronische Gesundheitskarte des Versicherten oder deren persönliche Identifikationsnummer (PIN) mit einem sicheren Verfahren persönlich an den Versicherten zugestellt wurde oder
2. eine Übergabe der elektronischen Gesundheitskarte oder deren PIN in einer Geschäftsstelle der Krankenkasse erfolgt ist, oder
3. eine nachträgliche, sichere Identifikation des Versicherten und seiner bereits ausgegebenen elektronischen Gesundheitskarte erfolgt ist; die nachträgliche sichere Identifikation kann mit einer digitalen Identität nach § 291 Absatz 8 Satz 1 mit einem der elektronischen Gesundheitskarte entsprechendem Vertrauensniveau erfolgen, oder
4. die elektronische Gesundheitskarte des Versicherten oder deren PIN mit einem sicheren Verfahren persönlich an den in einer Vorsorgevollmacht benannten Vertreter oder den in einer Bestellungsurkunde benannten Betreuer zugestellt wurde und diese Vorsorgevollmacht oder Bestellungsurkunde der Krankenkasse vorliegt.

(6) [1]Soweit ein technisches Verfahren unter Einsatz der digitalen Identität des Versicherten nach Absatz 1 oder ein technisches Verfahren ohne Einsatz der elektronischen Gesundheitskarte nach den Absätzen 2 und 4 für den Zugriff auf Anwendungen nach § 334 Absatz 1 Satz 2 Nummer 1, 4, 6 und 7 genutzt wird, ist eine einmalige sichere Identifikation des Versicherten notwendig, die einen hohen Sicherheitsstandard gewährleistet. [2]Dafür kann eine elektronische Gesundheitskarte genutzt werden, die den Anforderungen an eine sichere Identifikation nach Absatz 5 genügt.

(7) Der Spitzenverband Bund der Krankenkassen kann im Einvernehmen mit dem Bundesamt für Sicherheit in der Informationstechnik und der oder dem Bundesbeauftragten für den Datenschutz und die Informationsfreiheit in der Richtlinie nach § 217f Absatz 4b Satz 1 abweichend von Absatz 5 zusätzliche Maßnahmen festlegen, wenn dies auf Grund des Gefährdungspotentials erforderlich ist.

(8) [1]Die Gesellschaft für Telematik legt bis zum 30. Juni 2023 im Einvernehmen mit dem Bundesamt für Sicherheit in der Informationstechnik und der oder dem Bundesbeauftragten für den Datenschutz und die Informationsfreiheit die erforderlichen technischen Vorgaben für die Identifizierung der Versicherten nach Absatz 1 Satz 2 und Absatz 4 Satz 2 fest. [2]Die Gesellschaft für Telematik kann den Apotheken Dienste zur Durchführung der Identifizierung der Versicherten zur Verfügung stellen. [3]Das Bundesministerium für Gesundheit wird ermächtigt, durch Rechtsverordnung ohne Zustimmung des Bundesrates das Nähere zu regeln zu der Durchführung der Identifizierung der Versicherten sowie der Vergütung und Abrechnung der Apotheken für die Durchführung der Identifizierung der Versicherten.

§ 337
Recht der Versicherten auf Verarbeitung von Daten sowie auf Erteilung von Zugriffsberechtigungen auf Daten

(1) [1]Jeder Versicherte ist berechtigt, Daten in einer Anwendung nach § 334 Absatz 1 Satz 2

Nummer 1, 4 und 7 auszulesen und zu übermitteln sowie Daten in einer Anwendung nach § 334 Absatz 1 Satz 2 Nummer 1, soweit es sich um Daten nach § 341 Absatz 2 Nummer 3, 4 und 6 handelt, Daten in einer Anwendung nach § 334 Absatz 1 Satz 2 Nummer 7, soweit es sich um Daten nach § 334 Absatz 1 Satz 2 Nummer 2 und 3 handelt, und Daten in einer Anwendung nach § 334 Absatz 1 Satz 2 Nummer 2 und 3 zu verarbeiten. [2]Satz 1 findet keine Anwendung auf Daten in einer Anwendung nach § 334 Absatz 1 Satz 2 Nummer 4, soweit diese auf der elektronischen Gesundheitskarte gespeichert sind.

(2) [1]Der Versicherte ist berechtigt, Daten in einer Anwendung nach § 334 Absatz 1 Satz 2 Nummer 1 bis 4, 6 und 7 eigenständig zu löschen. [2]Satz 1 findet keine Anwendung auf Daten in einer Anwendung nach § 334 Absatz 1 Satz 2 Nummer 4, soweit diese auf der elektronischen Gesundheitskarte gespeichert sind. [3]Im Übrigen müssen Daten in einer Anwendung nach § 334 Absatz 1 Satz 2 Nummer 1 bis 7 auf Verlangen der Versicherten durch die nach Maßgabe der §§ 352, 356, 357, 359 und 361 insoweit Zugriffsberechtigten gelöscht werden.

(3) Der Versicherte ist berechtigt, gemäß § 339 Zugriffsberechtigungen auf Daten in einer Anwendung nach § 334 Absatz 1 Satz 2 zu erteilen.

§ 338
Komponenten zur Wahrnehmung der Versichertenrechte

(1) [1]Die Die Gesellschaft für Telematik hat spätestens bis zum 1. Januar 2022 den Versicherten eine barrierefreie Komponente zur Verfügung zu stellen, die an einem stationären Endgerät den Versicherten das Auslesen der Daten und Protokolldaten in einer Anwendung nach § 334 Absatz 1 Satz 2 Nummer 6 ermöglicht. [2]Hierbei hat die Gesellschaft für Telematik technische Verfahren vorzusehen, die zur Authentifizierung einen hohen Sicherheitsstandard gewährleisten.

(2) Die Gesellschaft für Telematik kann die Krankenkassen bei der Erfüllung der Aufgaben nach § 342 Absatz 7, soweit es um die Bereitstellung von barrierefreien Komponenten für stationäre Endgeräte geht, unterstützen.

(3) [1]Die Gesellschaft für Telematik evaluiert bis zum 31. Dezember 2022, ob Bedarf für eine flächendeckende Schaffung technischer Einrichtungen durch die Krankenkassen in ihren Geschäftsstellen besteht, die das Auslesen der Protokolldaten gemäß § 309 Absatz 1 und der Daten in Anwendungen nach § 334 Absatz 1 Satz 2 Nummer 1 bis 3 und 6 sowie das Erteilen von Zugriffsberechtigungen auf Daten in einer Anwendung nach § 334 Absatz 1 Satz 2 Nummer 1 ermöglichen. [2]Hierbei sind die nach § 342 Absatz 7 bestehenden Verpflichtungen der Krankenkassen zu berücksichtigen.

§ 339
Voraussetzungen für den Zugriff von Leistungserbringern und anderen zugriffsberechtigten Personen

(1) [1]Zugriffsberechtigte Leistungserbringer und andere zugriffsberechtigte Personen dürfen nach Maßgabe der §§ 352, 356, 357 und 359 auf personenbezogene Daten, insbesondere Gesundheitsdaten, der Versicherten in einer Anwendung nach § 334 Absatz 1 Satz 2 Nummer 1 bis 5 und 7 zugreifen, soweit die Versicherten hierzu ihre vorherige Einwilligung erteilt haben. [2]Hierzu bedarf es einer eindeutigen bestätigenden Handlung durch technische Zugriffsfreigabe.

(2) Zugriffsberechtigte Leistungserbringer und andere zugriffsberechtigte Personen dürfen nach Maßgabe des § 361 auf personenbezogene Daten, insbesondere Gesundheitsdaten, der Versicherten in einer Anwendung nach § 334 Absatz 1 Satz 2 Nummer 6 zugreifen.

(3) [1]Auf Daten in einer Anwendung nach § 334 Absatz 1 Satz 2 Nummer 1 bis 5 und 7 dürfen zugriffsberechtigte Leistungserbringer nach den §§ 352, 356 Absatz 1, § 357 Absatz 1 und § 359 Absatz 1 mittels der elektronischen Gesundheitskarte oder der digitalen Identität der Versicherten nach § 291 Absatz 8 Satz 1 nur mit einem ihrer Berufszugehörigkeit entsprechenden elektronischen Heilberufsausweis oder mit einer digitalen Identität nach § 340 Absatz 6 in Verbindung mit einer Komponente zur Authentifizierung von Leistungserbringerinstitutionen zugreifen. [2]Es ist nachprüfbar elektronisch zu protokollieren, wer auf die Daten zugegriffen hat und auf welche Daten zugegriffen wurde.

(4) [1]Abweichend von Absatz 3 dürfen zugriffsberechtigte Leistungserbringer auch ohne den Einsatz der elektronischen Gesundheitskarte durch die Versicherten auf Daten in einer Anwendung nach § 334 Absatz 1 Satz 2 Nummer 1, 4 und 7

zugreifen, wenn die Versicherten in diesen Zugriff über eine Benutzeroberfläche eines geeigneten Endgeräts im Sinne von § 336 Absatz 2 eingewilligt haben. [2]Satz 1 gilt nicht für den Zugriff auf Daten in einer Anwendung nach § 334 Absatz 1 Satz 2 Nummer 4, soweit diese auf der elektronischen Gesundheitskarte gespeichert sind.

(5) [1]Die in den §§ 352, 356 Absatz 1, § 357 Absatz 1 und § 359 Absatz 1 genannten zugriffsberechtigten Personen, die nicht über einen elektronischen Heilberufsausweis verfügen, dürfen auf Daten in einer Anwendung nach § 334 Absatz 1 Satz 2 Nummer 1 bis 5 und 7 mittels der elektronischen Gesundheitskarte oder mit einer digitalen Identität der Versicherten nach § 291 Absatz 8 Satz 1 oder gemäß Absatz 4 nur zugreifen, wenn sie für diesen Zugriff von einer Person autorisiert werden, die über einen ihrer Berufszugehörigkeit entsprechenden elektronischen Heilberufsausweis oder eine digitale Identität nach § 340 Absatz 6 verfügt. [2]Es ist nachprüfbar elektronisch zu protokollieren, wer auf welche Daten zugegriffen hat und von welcher Person die zugreifende Person für den Zugriff autorisiert wurde.

(6) Der elektronische Heilberufsausweis muss über eine Möglichkeit zur sicheren Authentifizierung und zur Erstellung qualifizierter elektronischer Signaturen verfügen.

§ 340
Ausgabe von elektronischen Heilberufs- und Berufsausweisen sowie von Komponenten zur Authentifizierung von Leistungserbringerinstitutionen

(1) [1]Die Länder bestimmen

1. die Stellen, die für die Ausgabe elektronischer Heilberufsausweise und elektronischer Berufsausweise zuständig sind und
2. die Stellen, die bestätigen, dass eine Person
   a) befugt ist,
      aa) einen der in den §§ 352, 356, 357, 359 und 361 erfassten Berufe im Geltungsbereich dieses Gesetzes auszuüben oder
      bb) die Berufsbezeichnung im Geltungsbereich dieses Gesetzes zu führen, wenn für einen der in den §§ 352, 356, 357, 359 und 361 genannten Berufe lediglich das Führen der Berufsbezeichnung geschützt ist oder
   b) zu den weiteren zugriffsberechtigten Personen nach den §§ 352, 356, 357, 359 und 361 gehört,
3. die Stellen, die für die Ausgabe der Komponenten zur Authentifizierung von Leistungserbringerinstitutionen an Angehörige der Berufsgruppen nach Nummer 2 Buchstabe a Doppelbuchstabe bb und Buchstabe b zuständig sind und
4. die Stellen, die bestätigen, dass eine Leistungserbringerinstitution berechtigt ist, eine Komponente zur Authentifizierung nach Nummer 3 zu erhalten.

[2]Berechtigt im Sinne von Satz 1 Nummer 4 sind Leistungserbringerinstitutionen, mit denen nach diesem Buch oder nach dem Elften Buch Verträge zur Leistungserbringung bestehen; bis die Stellen und das Verfahren eingerichtet sind, jedoch längstens bis zum 30. Juni 2023, kann der Nachweis der Berechtigung einer Leistungserbringerinstitution auch gegenüber den Stellen nach Satz 1 Nummer 3 durch Vorlage des Vertrages zur Leistungserbringung oder durch Vorlage einer Bestätigung der vertragsschließenden Kasse oder eines Landesverbandes der vertragsschließenden Kasse erbracht werden.

(2) Abweichend von einer Bestimmung durch die Länder nach Absatz 1 kann für die Betriebe der Handwerke nach den Nummern 33 bis 37 der Anlage A zur Handwerksordnung die Zuständigkeit nach Absatz 1 Satz 1 auf der Grundlage von § 91 Absatz 1 der Handwerksordnung auf die Handwerkskammern übertragen werden.

(3) [1]Die Länder können zur Wahrnehmung der Aufgaben nach Absatz 1 Satz 1 gemeinsame Stellen bestimmen. [2]Die nach Absatz 1 Satz 1 Nummer 2 und 4 jeweils zuständige Stelle hat der nach Absatz 1 Satz 1 Nummer 1 und 3 zuständigen Stelle die Daten, die für die Ausgabe elektronischer Heilberufsausweise, elektronischer Berufsausweise und von Komponenten zur Authentifizierung von Leistungserbringerinstitutionen erforderlich sind, auf Anforderung zu übermitteln. [3]Entfällt die Befugnis zur Ausübung des Berufs, zum Führen der Berufsbezeichnung, die Zugehörigkeit zu den in den §§ 352, 356, 357, 359 und 361 genannten Zugriffsberechtigten oder die Berechtigung zum Erhalt einer Komponente zur Authentifizierung von Leistungserbringerinstitutionen nach Absatz 1 Satz 1 Nummer 3, so hat die jeweilige

Stelle nach Absatz 1 Satz 1 Nummer 2 und 4 die herausgebende Stelle darüber in Kenntnis zu setzen; die herausgebende Stelle hat unverzüglich die Sperrung der Authentifizierungsfunktion des elektronischen Heilberufs- oder Berufsausweises oder der Komponente zur Authentifizierung von Leistungserbringerinstitutionen zu veranlassen.

(4) Die Ausgabe elektronischer Heilberufs- und Berufsausweise sowie die Ausgabe von Komponenten zur Authentifizierung von Leistungserbringerinstitutionen an Leistungserbringerinstitutionen, für die weder die Länder nach Absatz 1 Satz 1 Nummer 3 eine Stelle zu bestimmen haben noch die Gesellschaft für Telematik eine Stelle nach § 315 Absatz 1 bestimmen kann, erfolgt durch die Gesellschaft für Telematik.

(5) Komponenten zur Authentifizierung von Leistungserbringerinstitutionen dürfen nur an Leistungserbringerinstitutionen ausgegeben werden, denen ein Leistungserbringer, der Inhaber eines elektronischen Heilberufs- oder Berufsausweises ist, zugeordnet werden kann.

(6) Spätestens ab dem 1. Januar 2024 haben die Stellen nach Absatz 1 Satz 1 Nummer 1 sowie den Absätzen 2 und 4 ergänzend zu den Heilberufs- und Berufsausweisen auf Verlangen des Leistungserbringers eine digitale Identität für das Gesundheitswesen zur Verfügung zu stellen, die nicht an eine Chipkarte gebunden ist.

(7) Spätestens ab dem 1. Januar 2025 haben die Stellen nach Absatz 1 Satz 1 Nummer 3 sowie den Absätzen 2 und 4 ergänzend zu den Komponenten zur Authentifizierung von Leistungserbringerinstitutionen auf Verlangen der Leistungserbringerinstitution eine digitale Identität für das Gesundheitswesen zur Verfügung zu stellen, die nicht an eine Chipkarte gebunden ist.

(8) [1]Die Gesellschaft für Telematik legt die jeweiligen Anforderungen an die Sicherheit und Interoperabilität der digitalen Identitäten nach den Absätzen 6 und 7 fest. [2]Die Festlegung der Anforderungen an die Sicherheit und den Datenschutz erfolgt dabei im Einvernehmen mit dem Bundesamt für Sicherheit in der Informationstechnik und der oder dem Bundesbeauftragen für den Datenschutz und die Informationsfreiheit auf Basis der jeweils gültigen Technischen Richtlinien des Bundesamts für Sicherheit in der Informationstechnik und unter Berücksichtigung der notwendigen Vertrauensniveaus der unterstützten Anwendungen. [3]Eine digitale Identität kann über verschiedene Ausprägungen mit verschiedenen Sicherheits- und Vertrauensniveaus verfügen. [4]Das Sicherheits- und Vertrauensniveau der Ausprägung einer digitalen Identität muss mindestens dem Schutzbedarf der Anwendung entsprechen, bei der diese eingesetzt wird.

Zweiter Titel

Elektronische Patientenakte

§ 341 Elektronische Patientenakte

(1) [1]Die elektronische Patientenakte ist eine versichertengeführte elektronische Akte, die den Versicherten von den Krankenkassen auf Antrag zur Verfügung gestellt wird. [2]Die Nutzung ist für die Versicherten freiwillig. [3]Mit ihr sollen den Versicherten auf Verlangen Informationen, insbesondere zu Befunden, Diagnosen, durchgeführten und geplanten Therapiemaßnahmen sowie zu Behandlungsberichten, für eine einrichtungs-, fach- und sektorenübergreifende Nutzung für Zwecke der Gesundheitsversorgung, insbesondere zur gezielten Unterstützung von Anamnese und Befunderhebung, barrierefrei elektronisch bereitgestellt werden.

(2) Es besteht die Möglichkeit zur Einstellung folgender Daten in die elektronische Patientenakte:

1. medizinische Informationen über den Versicherten für eine einrichtungsübergreifende, fachübergreifende und sektorenübergreifende Nutzung, insbesondere
   a) Daten zu Befunden, Diagnosen, durchgeführten und geplanten Therapiemaßnahmen, Früherkennungsuntersuchungen, Behandlungsberichten und sonstige untersuchungs- und behandlungsbezogene medizinische Informationen,
   b) Daten des elektronischen Medikationsplans nach § 334 Absatz 1 Satz 2 Nummer 4,
   c) Daten der elektronischen Notfalldaten nach § 334 Absatz 1 Satz 2 Nummer 5 und 7,
   d) Daten in elektronischen Briefen zwischen den an der Versorgung der Versicherten teilnehmenden Ärzten und Einrichtungen (elektronische Arztbriefe),

2. Daten zum Nachweis der regelmäßigen Inanspruchnahme zahnärztlicher Vorsorgeuntersuchungen gemäß § 55 Absatz 1 in Verbindung mit § 92 Absatz 1 Satz 2 Nummer 2 (elektronisches Zahn-Bonusheft),
3. Daten gemäß der nach § 92 Absatz 1 Satz 2 Nummer 3 und Absatz 4 in Verbindung mit § 26 beschlossenen Richtlinie des Gemeinsamen Bundesausschusses zur Früherkennung von Krankheiten bei Kindern (elektronisches Untersuchungsheft für Kinder),
4. Daten gemäß der nach § 92 Absatz 1 Satz 2 Nummer 4 in Verbindung mit den §§ 24c bis 24f beschlossenen Richtlinie des Gemeinsamen Bundesausschusses über die ärztliche Betreuung während der Schwangerschaft und nach der Entbindung (elektronischer Mutterpass) sowie Daten, die sich aus der Versorgung der Versicherten mit Hebammenhilfe ergeben,
5. Daten der Impfdokumentation nach § 22 des Infektionsschutzgesetzes (elektronische Impfdokumentation),
6. Gesundheitsdaten, die durch den Versicherten zur Verfügung gestellt werden,
7. Daten des Versicherten aus einer von den Krankenkassen nach § 68 finanzierten elektronischen Akte des Versicherten,
8. bei den Krankenkassen gespeicherte Daten über die in Anspruch genommenen Leistungen des Versicherten,
9. Daten des Versicherten aus digitalen Gesundheitsanwendungen des Versicherten nach § 33a,
10. Daten zur pflegerischen Versorgung des Versicherten nach den §§ 24g, 37, 37b, 37c, 39a und 39c, der Haus- oder Heimpflege nach § 44 des Siebten Buches und der Pflege nach dem Elften Buch,
11. Verordnungsdaten und Dispensierinformationen elektronischer Verordnungen nach § 360,
12. die nach § 73 Absatz 2 Satz 1 Nummer 9 ausgestellte Bescheinigung über eine Arbeitsunfähigkeit und
13. sonstige von den Leistungserbringern für den Versicherten bereitgestellte Daten, insbesondere Daten, die sich aus der Teilnahme des Versicherten an strukturierten Behandlungsprogrammen bei chronischen Krankheiten gemäß § 137f ergeben.

(3) Die für die elektronische Patientenakte erforderlichen Komponenten und Dienste werden auf Antrag des jeweiligen Anbieters der Komponenten und Dienste nach § 325 von der Gesellschaft für Telematik zugelassen.

(4) [1]Die Krankenkassen, die ihren Versicherten eine elektronische Patientenakte zur Verfügung stellen, sind gemäß § 307 Absatz 4 die für die Verarbeitung der Daten zum Zweck der Nutzung der elektronischen Patientenakte Verantwortlichen nach Artikel 4 Nummer 7 der Verordnung (EU) 2016/679. [2]§ 307 Absatz 1 bis 3 bleibt unberührt. [3]Unbeschadet ihrer Verantwortlichkeit nach Satz 1 können die Krankenkassen mit der Zurverfügungstellung von elektronischen Patientenakten für ihre Versicherten Anbieter von elektronischen Patientenakten als Auftragsverarbeiter beauftragen.

(5) Die Telematikinfrastruktur darf nur für solche nach § 325 zugelassenen elektronischen Patientenakten verwendet werden, die von einer Krankenkasse, von Unternehmen der privaten Krankenversicherung oder von den sonstigen Einrichtungen gemäß § 362 Absatz 1 angeboten werden.

(6) [1]Die an der vertragsärztlichen Versorgung teilnehmenden Leistungserbringer haben gegenüber der jeweils zuständigen Kassenärztlichen Vereinigung oder Kassenzahnärztlichen Vereinigung nachzuweisen, dass sie über die für den Zugriff auf die elektronische Patientenakte erforderlichen Komponenten und Dienste verfügen. [2]Wird der Nachweis nicht bis zum 30. Juni 2021 erbracht, ist die Vergütung vertragsärztlicher Leistungen pauschal um 1 Prozent zu kürzen; die Vergütung ist so lange zu kürzen, bis der Nachweis gegenüber der Kassenärztlichen Vereinigung erbracht ist. [3]Das Bundesministerium für Gesundheit kann die Frist nach Satz 1 durch Rechtsverordnung mit Zustimmung des Bundesrates verlängern. [4]Die Kürzungsregelung nach Satz 2 findet im Fall, dass bereits eine Kürzung der Vergütung nach § 291b Absatz 5 erfolgt, keine Anwendung.

(7) [1]Die Krankenhäuser haben sich bis zum 1. Januar 2021 mit den für den Zugriff auf die elektronische Patientenakte erforderlichen Komponenten und Diensten auszustatten und sich an die Tele-

matikinfrastruktur nach § 306 anzuschließen. [2]Soweit Krankenhäuser ihrer Verpflichtung zum Anschluss an die Telematikinfrastruktur nach Satz 1 nicht nachkommen, sind § 5 Absatz 3e Satz 1 des Krankenhausentgeltgesetzes oder § 5 Absatz 5 der Bundespflegesatzverordnung anzuwenden. [3]Die Kürzungsregelung nach Satz 2 findet im Fall, dass bereits eine Kürzung der Vergütung nach § 291b Absatz 5 erfolgt, keine Anwendung.

(8) Ambulante und stationäre Pflegeeinrichtungen nach dem Elften Buch haben bis zum 1. Juli 2025 alle Voraussetzungen zu erfüllen, um den Zugriff auf die elektronische Patientenakte und den Anschluss an die Telematikinfrastruktur nach § 306 umzusetzen.

Erster Untertitel

Angebot und Einrichtung der elektronischen Patientenakte

§ 342 Angebot und Nutzung der elektronischen Patientenakte

(1) Die Krankenkassen sind verpflichtet, jedem Versicherten spätestens ab dem 1. Januar 2021 auf Antrag und mit Einwilligung des Versicherten eine nach § 325 Absatz 1 von der Gesellschaft für Telematik zugelassene elektronische Patientenakte zur Verfügung zu stellen, die jeweils rechtzeitig den Anforderungen gemäß Absatz 2 entspricht.

(2) Die elektronische Patientenakte muss technisch insbesondere gewährleisten, dass

1. spätestens ab dem 1. Januar 2021
   a) die Daten nach § 341 Absatz 2 Nummer 1 und 6 barrierefrei bereitgestellt werden können;
   b) die Versicherten über eine Benutzeroberfläche eines geeigneten Endgeräts ihre Rechte gemäß den §§ 336 und 337 barrierefrei wahrnehmen können;
   c) die Versicherten über eine Benutzeroberfläche eines geeigneten Endgeräts oder mittels der dezentralen Infrastruktur der Leistungserbringer eine Einwilligung nicht nur in den Zugriff durch zugriffsberechtigte Leistungserbringer auf Daten in der elektronischen Patientenakte insgesamt, sondern auch in den Zugriff entweder ausschließlich auf Daten nach § 341 Absatz 2 Nummer 1 oder auf Daten nach § 341 Absatz 2 Nummer 6 barrierefrei erteilen können;
   d) den Versicherten über die Benutzeroberfläche eines geeigneten Endgeräts die Protokolldaten gemäß § 309 Absatz 1 in präziser, transparenter, verständlicher und leicht zugänglicher Form in einer klaren und einfachen Sprache und in auswertbarer Form sowie barrierefrei bereitgestellt werden;
   e) durch eine entsprechende technische Voreinstellung die Dauer der Zugriffsberechtigung durch zugriffsberechtigte Leistungserbringer standardmäßig auf eine Woche beschränkt ist;
   f) die Versicherten die Dauer der Zugriffsberechtigungen auf einen Zeitraum von mindestens einem Tag bis zu höchstens 18 Monate selbst festlegen können;
   g) die Versicherten bis einschließlich 31. Dezember 2021 jeweils bei ihrem Zugriff auf die elektronische Patientenakte mittels der Benutzeroberfläche eines geeigneten Endgeräts gemäß § 336 Absatz 2 vor der Speicherung eigener Dokumente in der elektronischen Patientenakte auf die fehlende Möglichkeit hingewiesen werden, die Einwilligung zum Zugriff durch zugriffsberechtigte Leistungserbringer sowohl auf spezifische Dokumente und Datensätze als auch auf Gruppen von Dokumenten und Datensätzen der elektronischen Patientenakte nach Nummer 2 Buchstabe b und c zu beschränken;
   h) die Versicherten bis einschließlich 31. Dezember 2021 über eine Benutzeroberfläche eines geeigneten Endgeräts gemäß § 336 Absatz 2 vor Erteilung einer Einwilligung in den Zugriff durch zugriffsberechtigte Leistungserbringer auf die fehlende Möglichkeit hingewiesen werden, die Zugriffsberechtigung sowohl auf spezifische Dokumente und Datensätze als auch auf Gruppen von Dokumenten und Datensätzen der elektronischen Patientenakte nach Nummer 2 Buchstabe b zu beschränken und

2. zusätzlich spätestens ab dem 1. Januar 2022
   a) die Daten nach § 341 Absatz 2 Nummer 2 bis 5, 7, 8 und 11 zur Verfügung gestellt werden können;
   b) die Versicherten oder durch sie befugte Vertreter über die Benutzeroberfläche eines geeigneten Endgeräts gemäß § 336 Absatz 2 eine Einwilligung gegenüber Zugriffsberechtigten nach § 352 in den Zugriff sowohl auf spezifische Dokumente und Datensätze als auch auf Gruppen von Dokumenten und Datensätzen der elektronischen Patientenakte barrierefrei erteilen können;
   c) die Versicherten, die nicht gemäß § 336 die Benutzeroberfläche eines geeigneten Endgeräts nutzen möchten, den Zugriffsberechtigten nach § 352 mittels der dezentralen Infrastruktur der Leistungserbringer eine Einwilligung in den Zugriff mindestens auf Kategorien von Dokumenten und Datensätzen, insbesondere medizinische Fachgebietskategorien, erteilen können;
   d) bei einem Wechsel der Krankenkasse die Daten nach § 341 Absatz 2 Nummer 1 bis 8, 10 bis 13 aus der bisherigen elektronischen Patientenakte in der elektronischen Patientenakte der gewählten Krankenkasse zur Verfügung gestellt werden können;
   e) durch die Versicherten befugte Vertreter die Rechte gemäß Nummer 1 Buchstabe b, d und f wahrnehmen können;
   f) die Versicherten die Dauer der Zugriffsberechtigungen abweichend von Nummer 1 Buchstabe f auf einen Zeitraum von mindestens einem Tag bis zu einer frei gewählten Dauer oder auch unbefristet selbst festlegen können;
   g) die Versicherten jeweils bei ihrem Zugriff auf die elektronische Patientenakte mittels der Benutzeroberfläche eines geeigneten Endgeräts gemäß § 336 Absatz 2 vor dem Löschen von Daten in der elektronischen Patientenakte auf die möglichen versorgungsrelevanten Folgen hingewiesen werden und
3. zusätzlich spätestens sechs Monate, nachdem das dafür bestimmte Register zur Verfügung steht, die Versicherten mittels der Benutzeroberfläche eines geeigneten Endgeräts und unter Nutzung der elektronischen Gesundheitskarte oder einer digitalen Identität der Versicherten nach § 291 Absatz 8 die Abgabe, Änderung sowie den Widerruf einer elektronischen Erklärung zur Organ- und Gewebespende in dem Register vornehmen können, und
4. zusätzlich spätestens ab dem 1. Januar 2023
   a) die Daten nach § 341 Absatz 2 Nummer 12 und 13 zur Verfügung gestellt werden können;
   b) Daten der Versicherten in digitalen Gesundheitsanwendungen nach § 33a mit Einwilligung der Versicherten vom Hersteller einer digitalen Gesundheitsanwendung nach § 33a über den Anbieter der elektronischen Patientenakte in die elektronische Patientenakte der Versicherten nach § 341 Absatz 2 Nummer 9 übermittelt und dort gespeichert werden können;
   c) die Versicherten über die Benutzeroberfläche eines geeigneten Endgeräts nach § 336 Absatz 2 auf Informationen des Nationalen Gesundheitsportals nach § 395 barrierefrei zugreifen können und
5. zusätzlich spätestens ab dem 1. Januar 2024 die Daten nach § 341 Absatz 2 Nummer 10 zur Verfügung gestellt werden können,
6. zusätzlich spätestens ab dem 1. Juli 2024 die Versicherten oder durch sie befugte Vertreter die Daten, die in der elektronischen Patientenakte gespeichert sind, nach § 363 zu Forschungszwecken zur Verfügung stellen können,
7. zusätzlich spätestens ab dem 1. August 2024 die Versicherten den Sofortnachrichtendienst mit Leistungserbringern und mit Krankenkassen als sicheres Übermittlungsverfahren nach § 311 Absatz 6 über die Benutzeroberfläche nach Nummer 1 Buchstabe b nutzen können und
8. zusätzlich spätestens ab dem 1. Oktober 2024 die Versicherten oder durch sie befugte Vertreter über die Benutzeroberfläche eines geeigneten Endgeräts nach § 336 Absatz 2 auf Daten des elektronischen Medikationsplans nach § 334 Absatz 1 Satz 2 Nummer 4, soweit diese nicht auf der elektronischen Gesund-

heitskarte gespeichert sind, und auf Daten der elektronischen Patientenkurzakte nach § 334 Absatz 1 Satz 2 Nummer 7 barrierefrei zugreifen und die Rechte gemäß Nummer 1 Buchstabe b, d und f in Verbindung mit Nummer 2 Buchstabe e und f wahrnehmen können.

(3) [1]Jede Krankenkasse richtet eine Ombudsstelle ein. [2]Die Versicherten können sich mit ihren Anliegen im Zusammenhang mit der elektronischen Patientenakte an die Ombudsstelle ihrer Krankenkasse wenden. [3]Die Ombudsstellen beraten die Versicherten bei allen Fragen und Problemen bei der Nutzung der elektronischen Patientenakte. [4]Sie informieren insbesondere über das Verfahren bei der Beantragung der elektronischen Patientenakte, Ansprüche der Versicherten nach diesem Titel, die Funktionsweise und die möglichen Inhalte der elektronischen Patientenakte.

(4) Die Krankenkasse hat sicherzustellen, dass die Anbieter die nach § 325 Absatz 1 zugelassenen Komponenten und Dienste der elektronischen Patientenakte laufend in der Weise weiterentwickeln, dass die elektronische Patientenakte dem jeweils aktuellen Stand der Technik und den jeweils aktuellen Festlegungen der Gesellschaft für Telematik nach § 354 entspricht.

(5) [1]Bis alle Krankenkassen ihren jeweiligen Verpflichtungen nach den Absätzen 1, 2 und 4 nachgekommen sind, prüft der Spitzenverband Bund der Krankenkassen jährlich zum Stichtag 1. Januar eines Jahres, erstmals zum 1. Januar 2021, ob die Krankenkassen ihren Versicherten eine von der Gesellschaft für Telematik zugelassene elektronische Patientenakte nach Maßgabe der Absätze 1, 2 und 4 zur Verfügung gestellt haben. [2]Ist eine Krankenkasse ihrer jeweiligen Verpflichtung nach den Absätzen 1, 2 und 4 nicht nachgekommen, so stellt der Spitzenverband Bund der Krankenkassen dies durch Bescheid fest. [3]In dem Bescheid ist die betroffene Krankenkasse über die Sanktionierung gemäß § 270 Absatz 3 zu informieren. [4]Klagen gegen den Bescheid haben keine aufschiebende Wirkung. [5]Der Spitzenverband Bund der Krankenkassen teilt dem Bundesamt für Soziale Sicherung erstmals bis zum 15. Januar 2021 mit, welche Krankenkassen ihrer Verpflichtung nach Absatz 1 nicht nachgekommen sind. [6]Die Mitteilung nach Satz 5 erfolgt jeweils zum 15. Januar des Jahres, an dem der Spitzenverband Bund der Krankenkassen durch Bescheid festgestellt hat, dass eine Krankenkasse ihrer jeweiligen Verpflichtung nach den Absätzen 1, 2 und 4 nicht nachgekommen ist. [7]Der Spitzenverband Bund der Krankenkassen veröffentlicht ab dem 1. Januar 2021 eine Übersicht derjenigen Krankenkassen, die ihren Versicherten eine von der Gesellschaft für Telematik zugelassene elektronische Patientenakte nach Maßgabe der Absätze 1, 2 und 4 zur Verfügung stellen, auf seiner Internetseite. [8]Die Übersicht ist laufend zu aktualisieren.

(6) [1]Die Krankenkassen dürfen von ihnen genutzte Komponenten und Dienste der elektronischen Patientenakte Unternehmen der privaten Krankenversicherung oder den sonstigen Einrichtungen gemäß § 362 Absatz 1 zur Verfügung stellen und in deren Auftrag betreiben. [2]Soweit auch der Betrieb der elektronischen Patientenakte für das Unternehmen der privaten Krankenversicherung oder der sonstigen Einrichtung gemäß § 362 Absatz 1 erfolgt, sind geeignete technische und organisatorische Maßnahmen zur sicheren Trennung der Datenbestände zu treffen. [3]Die Entwicklungs- und Betriebskosten für die elektronische Patientenakte sind dem Unternehmen der privaten Krankenversicherung oder der sonstigen Einrichtung gemäß § 362 Absatz 1 in angemessener Höhe anteilig in Rechnung zu stellen.

(7) [1]Die Krankenkassen sind verpflichtet, spätestens bis zum 1. Januar 2022 sicherzustellen, dass Versicherte in einer Anwendung nach § 334 Absatz 1 Satz 2 Nummer 1 und zusätzlich spätestens bis zum 1. Oktober 2024 in Anwendungen nach § 334 Absatz 1 Satz 2 Nummer 4 und 7 ihre Rechte gemäß § 336 Absatz 1 und 2 und § 337 Absatz 1 bis 3 sowie das Auslesen der Protokolldaten in den Anwendungen barrierefrei mittels einer Benutzeroberfläche sowohl eines geeigneten mobilen Endgeräts als auch eines geeigneten stationären Endgeräts entsprechend der Anforderungen gemäß Absatz 2 wahrnehmen können. [2]Dabei sind technische Verfahren vorzusehen, die zur Authentifizierung einen hohen Sicherheitsstandard gewährleisten. [3]Satz 1 gilt nicht für Daten in einer Anwendung nach § 334 Absatz 1 Satz 2 Nummer 4, soweit diese auf der elektronischen Gesundheitskarte gespeichert sind.

§ 343
Informationspflichten der Krankenkassen

(1) [1]Die Krankenkassen haben den Versicherten, bevor sie ihnen gemäß § 342 Absatz 1 Satz 1 eine elektronische Patientenakte anbieten, um-

fassendes, geeignetes Informationsmaterial über die elektronische Patientenakte in präziser, transparenter, verständlicher und leicht zugänglicher Form in einer klaren und einfachen Sprache und barrierefrei zur Verfügung zu stellen. [2]Das Informationsmaterial muss über alle relevanten Umstände der Datenverarbeitung für die Einrichtung der elektronischen Patientenakte, die Übermittlung von Daten in die elektronische Patientenakte und die Verarbeitung von Daten in der elektronischen Patientenakte durch Leistungserbringer einschließlich der damit verbundenen Datenverarbeitungsvorgänge in den verschiedenen Bestandteilen der Telematikinfrastruktur und die für die Datenverarbeitung datenschutzrechtlich Verantwortlichen informieren. [3]Das Informationsmaterial enthält insbesondere Informationen über

1. den jeweiligen Anbieter der von der Krankenkasse zur Verfügung gestellten elektronischen Patientenakte,
2. die Funktionsweise der elektronischen Patientenakte, einschließlich der Art der in ihr zu verarbeitenden Daten gemäß § 341 Absatz 2,
3. die Freiwilligkeit der Einrichtung der elektronischen Patientenakte und das Recht auf jederzeitige teilweise oder vollständige Löschung,
4. das Erfordernis der vorherigen Einwilligung in die Datenverarbeitung in der elektronischen Patientenakte gegenüber Krankenkassen, Anbietern und Leistungserbringern sowie die Möglichkeit des Widerrufs der Einwilligung,
5. die für den Zweck der Einrichtung der elektronischen Patientenakte erforderliche Datenverarbeitung durch die Krankenkassen und die Anbieter gemäß § 344 Absatz 1,
6. den Anspruch gemäß § 337 auf selbständige Speicherung und Löschung von Daten in der elektronischen Patientenakte und über die Verarbeitung dieser Daten durch die Krankenkassen und Anbieter in der elektronischen Patientenakte einschließlich des Hinweises, dass die Krankenkassen keinen Zugriff auf die in der elektronischen Patientenakte gespeicherten Daten haben,
7. den Anspruch auf Übertragung von bei der Krankenkasse gespeicherten Daten in die elektronische Patientenakte nach § 350 Absatz 1 und die Verarbeitung dieser Daten durch die Krankenkassen und Anbieter in der elektronischen Patientenakte,
8. den Anspruch auf Übertragung von Behandlungsdaten in die elektronische Patientenakte durch Leistungserbringer nach den §§ 347 bis 349 und die Verarbeitung dieser Daten durch die Leistungserbringer, Krankenkassen und Anbieter in der elektronischen Patientenakte,
9. den Anspruch auf Übertragung von Daten aus elektronischen Gesundheitsakten in die elektronische Patientenakte nach § 351 und die Verarbeitung dieser Daten durch die Krankenkassen und Anbieter in der elektronischen Patientenakte,
10. die Voraussetzungen für den Zugriff von Leistungserbringern auf Daten in der elektronischen Patientenakte nach § 352 und die Verarbeitung dieser Daten durch den Leistungserbringer,
11. die Möglichkeit, bei der Datenverarbeitung nach Nummer 10 beim Leistungserbringer durch technische Zugriffsfreigabe in die konkrete Datenverarbeitung einzuwilligen,
12. die fehlende Möglichkeit, vor dem 1. Januar 2022 die Einwilligung sowohl auf spezifische Dokumente und Datensätze als auch auf Gruppen von Dokumenten und Datensätzen der elektronischen Patientenakte nach § 342 Absatz 2 Nummer 2 Buchstabe b zu beschränken,
13. die fehlende Möglichkeit, die Einwilligung mittels der dezentralen Infrastruktur der Leistungserbringer auf spezifische Dokumente und Datensätze zu beschränken,
14. das Angebot von zusätzlichen Anwendungen nach § 345 Absatz 1 und über deren Funktionsweise einschließlich der Art der in ihr zu verarbeitenden Daten, den Speicherort und die Zugriffsrechte,
15. die sichere Nutzung von Komponenten, die den Zugriff der Versicherten auf die elektronische Patientenakte über eine Benutzeroberfläche geeigneter Endgeräte ermöglichen,
16. die Möglichkeit und die Voraussetzungen, gemäß § 363 Daten der elektronischen Patientenakte freiwillig für die in § 303e Absatz 2 Nummer 2, 4, 5 und 7 aufgeführten Forschungszwecke freizugeben,
17. die Rechte der Versicherten gegenüber der Krankenkasse als dem für die Datenverarbei-

tung Verantwortlichen nach Artikel 4 Nummer 7 der Verordnung (EU) 2016/679,

18. die Möglichkeit, den Zugriff von Leistungserbringern nach Nummer 10 auf Daten in der elektronischen Patientenakte nach § 352 auch Ärzten, die bei einer für den Öffentlichen Gesundheitsdienst zuständigen Behörde tätig sind, und Fachärzten für Arbeitsmedizin sowie Ärzten, die über die Zusatzbezeichnung „Betriebsmedizin" verfügen, zu erteilen,
19. die Möglichkeit, ab dem 1. Januar 2022 über die Benutzeroberfläche eines geeigneten Endgeräts einem Vertreter die Befugnis zu erteilen, die Rechte des Versicherten im Rahmen der Führung seiner elektronischen Patientenakte innerhalb der erteilten Vertretungsbefugnis wahrzunehmen,
20. mögliche versorgungsrelevante Folgen, die daraus resultieren können, dass der Versicherte von seinen Rechten Gebrauch macht, sich gegen die Nutzung einer elektronischen Patientenakte zu entscheiden, Zugriffe auf Daten der elektronischen Patientenakte nicht zu erteilen oder Daten der elektronischen Patientenakte zu löschen und
21. die Möglichkeit für die Versicherten, ab dem 1. Januar 2023 Daten aus ihren digitalen Gesundheitsanwendungen nach § 33a mit ihrer Einwilligung vom Hersteller einer solchen Anwendung über den Anbieter der elektronischen Patientenakte in ihre elektronische Patientenakte zu übermitteln.

(2) Zur Unterstützung der Krankenkassen bei der Erfüllung ihrer Informationspflichten nach Absatz 1 hat der Spitzenverband Bund der Krankenkassen im Einvernehmen mit der oder dem Bundesbeauftragten für den Datenschutz und die Informationsfreiheit spätestens bis zum 30. November 2020 geeignetes Informationsmaterial, auch in elektronischer Form, zu erstellen und den Krankenkassen zur verbindlichen Nutzung zur Verfügung zu stellen.

§ 344 Einwilligung der Versicherten und Zulässigkeit der Datenverarbeitung durch die Krankenkassen und Anbieter der elektronischen Patientenakte

(1) [1]Hat der Versicherte nach vorheriger Information gemäß § 343 gegenüber der Krankenkasse in die Einrichtung der elektronischen Patientenakte eingewilligt, so dürfen die Krankenkasse, der Anbieter der elektronischen Patientenakte sowie der Anbieter von einzelnen Diensten und Komponenten der elektronischen Patientenakte die zum Zweck der Einrichtung erforderlichen administrativen personenbezogenen Daten verarbeiten. [2]Die Krankenkasse darf versichertenbezogene Daten über den Anbieter der elektronischen Patientenakte in die elektronische Patientenakte übermitteln.

(2) [1]Macht der Versicherte nach vorheriger Information gemäß § 343 von seinen Ansprüchen gemäß den §§ 347 bis 351 Gebrauch, dürfen auf Grund der Einwilligung des Versicherten die Krankenkassen, der Anbieter der elektronischen Patientenakte und die Anbieter von einzelnen Diensten und Komponenten der elektronischen Patientenakte die zu diesem Zweck übermittelten personenbezogenen Daten speichern. [2]Die Kenntnisnahme der Daten und der Zugriff auf die Daten nach den §§ 347 bis 351 ist nicht zulässig.

(3) Auf Verlangen des Versicherten gegenüber der Krankenkasse hat der Anbieter auf Veranlassung der Krankenkasse die elektronische Patientenakte vollständig zu löschen.

(4) Sofern es für die Durchsetzung von datenschutzrechtlichen Ansprüchen der Versicherten gegenüber den für die Verarbeitung von Daten in der elektronischen Patientenakte Verantwortlichen notwendig ist, sind die in § 352 genannten Leistungserbringer verpflichtet, die Verantwortlichen bei der Umsetzung zu unterstützen.

§ 345 Angebot und Nutzung zusätzlicher Inhalte und Anwendungen

(1) [1]Versicherte können den Krankenkassen Daten aus der elektronischen Patientenakte zum Zweck der Nutzung zusätzlicher von den Krankenkassen angebotener Anwendungen zur Verfügung stellen. [2]Die Krankenkassen dürfen die Daten nach Satz 1 zu diesem Zweck verarbeiten, soweit die Versicherten hierzu ihre vorherige Einwilligung erteilt haben. [3]Diese zusätzlichen Anwendungen der Krankenkassen dürfen die Wirksamkeit der Maßnahmen zur Gewährleistung von Datenschutz und Datensicherheit sowie die Verfügbarkeit und Nutzbarkeit der nach § 325 zugelassenen elektronischen Patientenakte nicht beeinträchtigen. [4]Die Krankenkassen müssen die erforderlichen Maßnahmen zur Gewährleistung von Datenschutz

und Datensicherheit der zusätzlichen Anwendungen ergreifen.

(2) [1]Die Zurverfügungstellung von Daten nach Absatz 1 ist nur nach Erhalt des Informationsmaterials nach § 343 Absatz 1 zulässig. [2]§ 335 Absatz 3 gilt entsprechend.

Zweiter Untertitel

Nutzung der elektronischen Patientenakte durch den Versicherten

§ 346 Unterstützung bei der elektronischen Patientenakte

(1) [1]Ärzte, Zahnärzte und Psychotherapeuten, die an der vertragsärztlichen Versorgung teilnehmen oder in Einrichtungen, die an der vertragsärztlichen Versorgung teilnehmen oder in zugelassen Krankenhäusern tätig sind, haben auf der Grundlage der Informationspflichten der Krankenkassen nach § 343 die Versicherten auf deren Verlangen bei der Verarbeitung medizinischer Daten in der elektronischen Patientenakte ausschließlich im aktuellen Behandlungskontext zu unterstützen. [2]Die Unterstützungsleistung nach Satz 1 umfasst die Übermittlung von medizinischen Daten in die elektronische Patientenakte und ist ausschließlich auf medizinische Daten aus der konkreten aktuellen Behandlung beschränkt. [3]§ 630c Absatz 4 des Bürgerlichen Gesetzbuchs bleibt unberührt. [4]Die in Satz 1 genannten Ärzte, Zahnärzte, Psychotherapeuten, Einrichtungen und zugelassenen Krankenhäuser können Aufgaben in diesem Zusammenhang, soweit diese übertragbar sind, auf Personen übertragen, die als berufsmäßige Gehilfen oder zur Vorbereitung auf den Beruf bei ihnen tätig sind.

(2) [1]Auf Verlangen der Versicherten haben Apotheker bei der Abgabe eines Arzneimittels die Versicherten bei der Verarbeitung arzneimittelbezogener Daten in der elektronischen Patientenakte zu unterstützen. [2]Apotheker können Aufgaben in diesem Zusammenhang auf zum pharmazeutischen Personal der Apotheke gehörende Personen übertragen.

(3) [1]Ärzte, Zahnärzte und Psychotherapeuten, die an der vertragsärztlichen Versorgung teilnehmen oder in Einrichtungen, die an der vertragsärztlichen Versorgung teilnehmen oder in zugelassen Krankenhäusern tätig sind, haben auf der Grundlage der Informationspflichten der Krankenkassen nach § 343 die Versicherten auf deren Verlangen bei der erstmaligen Befüllung der elektronischen Patientenakte ausschließlich im aktuellen Behandlungskontext zu unterstützen. [2]Die Unterstützungsleistung nach Satz 1 umfasst die Übermittlung von medizinischen Daten in die elektronische Patientenakte und ist ausschließlich auf medizinische Daten aus der konkreten aktuellen Behandlung beschränkt. [3]Die in Satz 1 genannten Leistungserbringer können Aufgaben in diesem Zusammenhang, soweit diese übertragbar sind, auf Personen übertragen, die als berufsmäßige Gehilfen oder zur Vorbereitung auf den Beruf bei ihnen oder in an der vertragsärztlichen Versorgung teilnehmenden Einrichtungen oder in zugelassenen Krankenhäusern tätig sind.

(4) [1]Für Leistungen nach Absatz 2 zur Unterstützung der Versicherten bei der Verarbeitung arzneimittelbezogener Daten in der elektronischen Patientenakte erhalten Apotheken eine zusätzliche Vergütung. [2]Das Nähere zu den Abrechnungsvoraussetzungen für Leistungen der Apotheken nach Absatz 2 vereinbaren der Spitzenverband Bund der Krankenkassen und die für die Wahrnehmung der wirtschaftlichen Interessen gebildete maßgebliche Spitzenorganisation der Apotheker auf Bundesebene mit Wirkung zum 1. Januar 2021. [3]Kommt eine Vereinbarung nach Satz 2 ganz oder teilweise nicht zustande, gilt § 129 Absatz 8.

(5) Für Leistungen nach Absatz 3 erhalten die an der vertragsärztlichen Versorgung teilnehmenden Leistungserbringer sowie Krankenhäuser ab dem 1. Januar 2021 über einen Zeitraum von zwölf Monaten eine einmalige Vergütung je Erstbefüllung in Höhe von 10 Euro.

(6) [1]Die Leistungen nach Absatz 3 dürfen im Rahmen der gesetzlichen Krankenversicherung je Versichertem und elektronischer Patientenakte insgesamt nur einmal erbracht und abgerechnet werden. [2]Das Nähere zu den Abrechnungsvoraussetzungen und -verfahren für Leistungen nach Absatz 3 vereinbaren der Spitzenverband Bund der Krankenkassen, die Kassenärztlichen Bundesvereinigungen sowie die Deutsche Krankenhausgesellschaft mit Wirkung zum 1. Januar 2021. [3]Die Vereinbarung stellt sicher, dass nur eine einmalige Abrechnung der Vergütung für die Leistungen nach Absatz 3 möglich ist.

§ 347 Anspruch der Versicherten auf Übertragung von Behandlungsdaten in die elektronische Patientenakte durch Leistungserbringer

(1) [1]Versicherte haben Anspruch auf Übermittlung von Daten nach § 341 Absatz 2 Nummer 1 bis 5 und 10 bis 13 in die elektronische Patientenakte und dortige Speicherung, soweit diese Daten im Rahmen der vertragsärztlichen Versorgung bei der Behandlung des Versicherten durch die an der vertragsärztlichen Versorgung teilnehmenden Leistungserbringer elektronisch verarbeitet werden und soweit andere Rechtsvorschriften nicht entgegenstehen. [2]Die in § 342 Absatz 1 und 2 geregelten Fristen bleiben unberührt.

(2) Die an der vertragsärztlichen Versorgung teilnehmenden Leistungserbringer haben

1. die Versicherten im Rahmen der vertragsärztlichen Versorgung über den Anspruch nach Absatz 1 zu informieren und

2. die Daten nach Absatz 1 auf Verlangen des Versicherten in die elektronische Patientenakte nach § 341 zu übermitteln und dort zu speichern.

§ 348 Anspruch der Versicherten auf Übertragung von Behandlungsdaten in die elektronische Patientenakte durch Krankenhäuser

(1) [1]Versicherte haben Anspruch auf Übermittlung von Daten nach § 341 Absatz 2 Nummer 1 bis 5, 10, 11 und 13 in die elektronische Patientenakte und dortige Speicherung, soweit diese Daten im Rahmen der Krankenhausbehandlung des Versicherten elektronisch erhoben wurden und soweit andere Rechtsvorschriften nicht entgegenstehen. [2]Die in § 342 Absatz 1 und 2 geregelten Fristen bleiben unberührt.

(2) Die Leistungserbringer in den zugelassenen Krankenhäusern haben

1. die Versicherten über den Anspruch nach Absatz 1 zu informieren und

2. die Daten nach Absatz 1 auf Verlangen des Versicherten in die elektronische Patientenakte nach § 341 zu übermitteln und dort zu speichern.

§ 349 Anspruch der Versicherten auf Übertragung von Daten aus Anwendungen der Telematikinfrastruktur nach § 334 und von elektronischen Arztbriefen in die elektronische Patientenakte

(1) [1]Über die in den §§ 347 und 348 geregelten Ansprüche hinaus haben Versicherte einen Anspruch auf Übermittlung von Daten in einer Anwendung nach § 334 Absatz 1 Satz 2 Nummer 2 bis 6 und von elektronischen Arztbriefen nach § 383 Absatz 2 in die elektronische Patientenakte und dortige Speicherung gegen Personen, die

1. nach § 352 zum Zugriff auf die elektronische Patientenakte berechtigt sind und

2. Daten des Versicherten in einer Anwendung nach § 334 Absatz 1 Satz 2 Nummer 2 bis 6 und § 383 verarbeiten.

[2]Die in § 342 Absatz 1 und 2 geregelten Fristen bleiben unberührt.

(2) Nach Absatz 1 verpflichtete Personen haben

1. die Versicherten über den Anspruch nach Absatz 1 zu informieren und

2. die verarbeiteten Daten nach Absatz 1 auf Verlangen des Versicherten in die elektronische Patientenakte nach § 341 zu übermitteln und dort zu speichern.

(3) [1]Ändern sich Daten nach § 334 Absatz 1 Satz 2 Nummer 4, 5 und 7 und werden diese Daten in der elektronischen Patientenakte verfügbar gemacht, haben Versicherte einen Anspruch auf Speicherung der geänderten Daten in der elektronischen Patientenakte. [2]Der Anspruch richtet sich gegen den Leistungserbringer, der die Änderung der Daten nach § 334 Absatz 1 Satz 2 Nummer 4, 5 oder 7 vorgenommen hat.

(4) Nach Absatz 3 verpflichtete Leistungserbringer haben

1. die Versicherten über den Anspruch nach Absatz 3 zu informieren und

2. die geänderten Daten auf Verlangen des Versicherten in die elektronische Patientenakte nach § 341 Absatz 2 Nummer 1 Buchstabe b und c einzustellen.

§ 350
Anspruch der Versicherten auf Übertragung von bei der Krankenkasse gespeicherten Daten in die elektronische Patientenakte

(1) Versicherte haben ab dem 1. Januar 2022 einen Anspruch darauf, dass die Krankenkasse Daten des Versicherten nach § 341 Absatz 2 Nummer 8 über die bei ihr in Anspruch genommenen Leistungen über den Anbieter der elektronischen Patientenakte in die elektronische Patientenakte nach § 341 übermittelt und dort speichert.

(2) [1]Das Nähere zu Inhalt und Struktur der relevanten Datensätze haben der Spitzenverband Bund der Krankenkassen und die Kassenärztliche Bundesvereinigung im Benehmen mit der Kassenzahnärztlichen Bundesvereinigung, der Bundesärztekammer, der Bundeszahnärztekammer und der Deutschen Krankenhausgesellschaft bis zum 31. Dezember 2020 zu vereinbaren. [2]Dabei ist sicherzustellen, dass in der elektronischen Patientenakte erkennbar ist, dass es sich um Daten der Krankenkassen handelt.

(3) Die Krankenkasse hat die Versicherten

1. über den Anspruch nach Absatz 1 umfassend und leicht verständlich zu informieren und
2. darüber aufzuklären, dass die Übermittlung der Daten über den Anbieter der elektronischen Patientenakte erfolgt und nur auf Antrag der Versicherten gegenüber der Krankenkasse zulässig ist.

(4) Auf Verlangen der Versicherten

1. hat die Krankenkasse Daten der Versicherten nach § 341 Absatz 2 Nummer 8 über die bei ihr in Anspruch genommenen Leistungen an den Anbieter der elektronischen Patientenakte zu übermitteln und
2. hat die Krankenkasse, abweichend von § 303 Absatz 4, Diagnosedaten, die ihr nach den §§ 295 und 295a übermittelt wurden und deren Unrichtigkeit durch einen ärztlichen Nachweis bestätigt wird, in berichtigter Form an den Anbieter der elektronischen Patientenakte bei der Übermittlung nach Nummer 1 zu verwenden und
3. hat der Anbieter die nach den Nummern 1 und 2 übermittelten Daten in der elektronischen Patientenakte nach § 341 zu speichern.

§ 351
Übertragung von Daten aus der elektronischen Gesundheitsakte und aus Anwendungen nach § 33a in die elektronische Patientenakte

(1) Die Krankenkasse hat ab dem 1. Januar 2022 sicherzustellen, dass Daten der Versicherten nach § 341 Absatz 2 Nummer 7, die in einer von der Krankenkasse nach § 68 finanzierten elektronischen Gesundheitsakte der Versicherten gespeichert sind, auf Antrag der Versicherten vom Anbieter der elektronischen Gesundheitsakte über den Anbieter der elektronischen Patientenakte in die elektronische Patientenakte der Versicherten nach § 341 übermittelt und dort gespeichert werden.

(2) Die Krankenkasse hat ab dem 1. Januar 2023 sicherzustellen, dass Daten der Versicherten in digitalen Gesundheitsanwendungen nach § 33a mit Einwilligung der Versicherten vom Hersteller einer digitalen Gesundheitsanwendung nach § 33a über den Anbieter der elektronischen Patientenakte in die elektronische Patientenakte der Versicherten nach § 341 Absatz 2 Nummer 9 übermittelt und dort gespeichert werden können.

(3) [1]Die Ausgabe der Komponenten zur Authentifizierung der Hersteller digitaler Gesundheitsanwendungen nach § 33a erfolgt durch die Gesellschaft für Telematik. [2]Das Bundesinstitut für Arzneimittel und Medizinprodukte bestätigt, dass ein Hersteller digitaler Gesundheitsanwendungen nach § 33a berechtigt ist, eine Komponente nach Satz 1 zu erhalten.

Dritter Untertitel

Zugriff von Leistungserbringern auf Daten in der elektronischen Patientenakte

§ 352
Verarbeitung von Daten in der elektronischen Patientenakte durch Leistungserbringer und andere zugriffsberechtigte Personen

Auf die Daten in der elektronischen Patientenakte nach § 341 Absatz 1 Satz 1 dürfen mit Einwilligung der Versicherten nach § 339 ausschließlich folgende Personen zugreifen:

1. Ärzte, die zur Versorgung der Versicherten in deren Behandlung eingebunden sind, mit einem Zugriff, der die Verarbeitung von Daten nach § 341 Absatz 2 ermöglicht, soweit dies

für die Versorgung der Versicherten erforderlich ist;

2. im Rahmen der jeweiligen Zugriffsberechtigung nach Nummer 1 auch Personen,

   a) die als berufsmäßige Gehilfen oder zur Vorbereitung auf den Beruf tätig sind

      aa) bei Ärzten nach Nummer 1,

      bb) in einem Krankenhaus oder

      cc) in einer Vorsorge- oder Rehabilitationseinrichtung nach § 107 Absatz 2 oder in einer Rehabilitationseinrichtung nach § 15 Absatz 2 des Sechsten Buches oder bei einem Leistungserbringer der Heilbehandlung einschließlich medizinischer Rehabilitation nach § 26 Absatz 1 Satz 1 des Siebten Buches oder in der Haus- oder Heimpflege nach § 44 des Siebten Buches und

   b) deren Zugriff im Rahmen der von ihnen zulässigerweise zu erledigenden Tätigkeiten erforderlich ist und unter Aufsicht eines Arztes erfolgt;

3. Zahnärzte, die zur Versorgung der Versicherten in deren Behandlung eingebunden sind, mit einem Zugriff, der die Verarbeitung von Daten nach § 341 Absatz 2 ermöglicht, soweit dies für die Versorgung der Versicherten erforderlich ist;

4. im Rahmen der jeweiligen Zugriffsberechtigung nach Nummer 3 auch Personen,

   a) die als berufsmäßige Gehilfen oder zur Vorbereitung auf den Beruf tätig sind

      aa) bei Zahnärzten nach Nummer 3,

      bb) in einem Krankenhaus oder

      cc) in einer Vorsorge- oder Rehabilitationseinrichtung nach § 107 Absatz 2 oder in einer Rehabilitationseinrichtung nach § 15 Absatz 2 des Sechsten Buches oder bei einem Leistungserbringer der Heilbehandlung einschließlich medizinischer Rehabilitation nach § 26 Absatz 1 Satz 1 des Siebten Buches oder in der Haus- oder Heimpflege nach § 44 des Siebten Buches und

   b) deren Zugriff im Rahmen der von ihnen zulässigerweise zu erledigenden Tätigkeiten erforderlich ist und der Zugriff unter Aufsicht eines Zahnarztes erfolgt;

5. Apotheker mit einem Zugriff, der das Auslesen, die Speicherung und die Verwendung von Daten nach § 341 Absatz 2 Nummer 1, 3 bis 11 sowie die Verarbeitung von Daten nach § 341 Absatz 2 Nummer 1 Buchstabe b und Nummer 5 und 11 ermöglicht, soweit dies für die Versorgung der Versicherten erforderlich ist;

6. im Rahmen der jeweiligen Zugriffsberechtigung nach Nummer 5 auch zum pharmazeutischen Personal der Apotheke gehörende Personen, deren Zugriff

   a) im Rahmen der von ihnen zulässigerweise zu erledigenden Tätigkeiten erforderlich ist und

   b) unter Aufsicht eines Apothekers erfolgt, soweit nach apothekenrechtlichen Vorschriften eine Beaufsichtigung der mit dem Zugriff verbundenen pharmazeutischen Tätigkeit vorgeschrieben ist;

7. Psychotherapeuten, die in die Behandlung der Versicherten eingebunden sind, mit einem Zugriff, der die Verarbeitung von Daten nach § 341 Absatz 2 ermöglicht, soweit dies für die Versorgung der Versicherten erforderlich ist;

8. im Rahmen der jeweiligen Zugriffsberechtigung nach Nummer 7 auch Personen,

   a) die als berufsmäßige Gehilfen oder zur Vorbereitung auf den Beruf tätig sind

      aa) bei Psychotherapeuten nach Nummer 7,

      bb) in einem Krankenhaus,

      cc) in einer Hochschulambulanz oder in einer Ambulanz nach § 117 Absatz 2 bis 3b oder

      dd) in einer Vorsorge- oder Rehabilitationseinrichtung nach § 107 Absatz 2 oder in einer Rehabilitationseinrichtung nach § 15 Absatz 2 des Sechsten Buches oder bei einem Leistungserbringer der Heilbehandlung einschließlich medizinischer Rehabilitation nach § 26 Absatz 1 Satz 1 des Siebten Buches oder in der Haus- oder Heimpflege nach § 44 des Siebten Buches und

b) deren Zugriff im Rahmen der von ihnen zulässigerweise zu erledigenden Tätigkeiten erforderlich ist und deren Zugriff unter Aufsicht eines Psychotherapeuten erfolgt;

9. Gesundheits- und Krankenpfleger sowie Gesundheits- und Kinderkrankenpfleger, die in die medizinische oder pflegerische Versorgung der Versicherten eingebunden sind, mit einem Zugriff, der das Auslesen, die Speicherung und die Verwendung von Daten nach § 341 Absatz 2 Nummer 1 bis 11 sowie die Verarbeitung von Daten nach § 341 Absatz 2 Nummer 10, die sich aus der pflegerischen Versorgung ergeben, ermöglicht, soweit dies für die Versorgung der Versicherten erforderlich ist;

10. Altenpfleger, die in die medizinische oder pflegerische Versorgung der Versicherten eingebunden sind, mit einem Zugriff, der das Auslesen, die Speicherung und die Verwendung von Daten nach § 341 Absatz 2 Nummer 1 bis 11 sowie die Verarbeitung von Daten nach § 341 Absatz 2 Nummer 10, die sich aus der pflegerischen Versorgung ergeben, ermöglicht, soweit dies für die Versorgung der Versicherten erforderlich ist;

11. Pflegefachfrauen und Pflegefachmänner, die in die medizinische und pflegerische Versorgung der Versicherten eingebunden sind, mit einem Zugriff, der das Auslesen, die Speicherung und die Verwendung von Daten nach § 341 Absatz 2 Nummer 1 bis 11 sowie die Verarbeitung von Daten nach § 341 Absatz 2 Nummer 10, die sich aus der pflegerischen Versorgung ergeben, ermöglicht, soweit dies für die Versorgung der Versicherten erforderlich ist;

12. im Rahmen der jeweiligen Zugriffsberechtigung nach den Nummern 9 bis 11, soweit deren Zugriff im Rahmen der von ihnen zulässigerweise zu erledigenden Tätigkeiten erforderlich ist und unter Aufsicht eines Zugriffsberechtigten nach den Nummern 9 bis 11 erfolgt,

    a) Personen, die erfolgreich eine landesrechtlich geregelte Assistenz- oder Helferausbildung in der Pflege von mindestens einjähriger Dauer abgeschlossen haben,

    b) Personen, die erfolgreich eine landesrechtlich geregelte Ausbildung in der Krankenpflegehilfe oder in der Altenpflegehilfe von mindestens einjähriger Dauer abgeschlossen haben,

    c) Personen, denen auf der Grundlage des Krankenpflegegesetzes vom 4. Juni 1985 (BGBl. I S. 893) in der bis zum 31. Dezember 2003 geltenden Fassung eine Erlaubnis als Krankenpflegehelferin oder Krankenpflegehelfer erteilt worden ist;

13. Hebammen, die nach § 134a Absatz 2 zur Leistungserbringung zugelassen oder im Rahmen eines Anstellungsverhältnisses tätig und in die Versorgung der Versicherten eingebunden sind, mit einem Zugriff, der das Auslesen, die Speicherung und die Verwendung von Daten nach § 341 Absatz 2 Nummer 1, 3 bis 11 sowie die Verarbeitung von Daten nach § 341 Absatz 2 Nummer 3 und 4, die sich aus der Versorgung mit Hebammenhilfe ergeben, ermöglicht, soweit dies für die Versorgung des Versicherten erforderlich ist;

14. Heilmittelerbringer, die nach § 124 Absatz 1 zur Leistungserbringung zugelassen sind und die zur Versorgung des Versicherten in dessen Behandlung eingebunden sind, mit einem Zugriff, der das Auslesen, die Speicherung und die Verwendung von Daten nach § 341 Absatz 2 Nummer 1, 3, 4, 6 bis 11 sowie die Verarbeitung von Daten nach § 341 Absatz 2 Nummer 1 Buchstabe a, die sich aus der Behandlung durch den jeweiligen Heilmittelerbringer ergeben, ermöglicht, soweit dies für die Versorgung des Versicherten erforderlich ist;

15. im Rahmen der jeweiligen Zugriffsberechtigung nach Nummer 14 auch Personen,

    a) die als berufsmäßige Gehilfen oder zur Vorbereitung auf den Beruf tätig sind,

        aa) bei Personen nach Nummer 14 oder

        bb) in einem Krankenhaus und

    b) deren Zugriff im Rahmen der von ihnen zulässigerweise zu erledigenden Tätigkeiten erforderlich ist und unter Aufsicht eines Zugriffsberechtigten nach Nummer 14 erfolgt;

16. Ärzte, die bei einer für den Öffentlichen Gesundheitsdienst zuständigen Behörde tätig sind, mit einem Zugriff, der die Verarbeitung von Daten nach § 341 Absatz 2 ermöglicht, soweit diese Datenverarbeitung erforderlich ist für die Erfüllung von Aufgaben, die der für den Öffentlichen Gesundheitsdienst zuständigen Behörde zugewiesen sind;

17. im Rahmen der jeweiligen Zugriffsberechtigung nach Nummer 16 auch Personen, die bei einer für den Öffentlichen Gesundheitsdienst zuständigen Behörde tätig sind, soweit der Zugriff im Rahmen der von ihnen zulässigerweise zu erledigenden Tätigkeiten erforderlich ist und der Zugriff unter Aufsicht eines Arztes erfolgt;

18. Fachärzte für Arbeitsmedizin und Ärzte, die über die Zusatzbezeichnung „Betriebsmedizin" verfügen (Betriebsärzte), außerhalb einer Tätigkeit nach Nummer 1, mit einem Zugriff, der das Auslesen, die Speicherung und die Verwendung von Daten nach § 341 Absatz 2 sowie die Verarbeitung von Daten nach § 341 Absatz 2 Nummer 5 ermöglicht.

§ 353
Erteilung der Einwilligung

(1) [1]Die Versicherten erteilen die nach § 352 erforderliche Einwilligung in den Zugriff auf Daten der elektronischen Patientenakte nach § 341. [2]Hierzu bedarf es einer eindeutigen bestätigenden Handlung durch technische Zugriffsfreigabe über die Benutzeroberfläche eines geeigneten Endgeräts.

(2) [1]Abweichend von Absatz 1 können die Versicherten die Einwilligung auch gegenüber einem nach § 352 zugriffsberechtigten Leistungserbringer unter Nutzung der dezentralen Infrastruktur der Leistungserbringer erteilen. [2]Hierzu bedarf es

1. einer eindeutigen bestätigenden Handlung durch technische Zugriffsfreigabe und

2. vor der Einwilligung in einen konkreten Datenzugriff einer Information der Versicherten durch den betreffenden Leistungserbringer über die fehlende Möglichkeit der Beschränkung der Zugriffsrechte nach § 342 Absatz 2 Nummer 2 Buchstabe b und die Bedeutung der Zugriffsberechtigung auf Kategorien von Dokumenten und Datensätzen nach § 342 Absatz 2 Nummer 2 Buchstabe c.

Vierter Untertitel
Festlegungen für technische Voraussetzungen und semantische und syntaktische Interoperabilität von Daten

§ 354
Festlegungen der Gesellschaft für Telematik für die elektronische Patientenakte

(1) Die Gesellschaft für Telematik hat jeweils nach dem Stand der Technik die erforderlichen technischen und organisatorischen Verfahren festzulegen oder technischen Voraussetzungen zu schaffen dafür, dass

1. in einer elektronischen Patientenakte Daten nach § 341 Absatz 2 barrierefrei zur Verfügung gestellt und durch die Versicherten nach den §§ 336 und 337 und die Zugriffsberechtigten nach § 352 barrierefrei verarbeitet werden können,

2. die Versicherten für die elektronische Patientenakte Daten barrierefrei zur Verfügung stellen können und diese Daten in der elektronischen Patientenakte barrierefrei verarbeitet werden können,

3. die Versicherten Daten, die in der elektronischen Patientenakte nach § 341 Absatz 2 Nummer 9 sowie nach § 345 gespeichert sind, barrierefrei elektronisch an ihre Krankenkasse übermitteln können,

4. bei der Zulassung der Komponenten und Dienste der elektronischen Patientenakte nach § 325 sichergestellt wird, dass den Versicherten von den Anbietern der elektronischen Patientenakte Dienste zur Erteilung von technischen Zugriffsfreigaben gegenüber den in § 352 genannten Leistungserbringern barrierefrei zur Verfügung gestellt werden und

5. die Möglichkeiten der Versicherten im Falle des § 342 Absatz 2 Nummer 2 Buchstabe c zur Zugriffsfreigabe unter Berücksichtigung der Verhältnismäßigkeit des dafür erforderlichen Aufwandes an die Möglichkeiten der Zugriffsfreigabe nach § 342 Absatz 2 Nummer 2 Buchstabe b angeglichen werden.

(2) Über die Festlegungen und Voraussetzungen nach Absatz 1 hinaus hat die Gesellschaft für Telematik

1. die Festlegungen dafür zu treffen, dass Daten nach § 341 Absatz 2 Nummer 2 bis 5 in der elektronischen Patientenakte verarbeitet werden können,

2. die Festlegungen dafür zu treffen, dass eine technische Zugriffsfreigabe nach § 342 Absatz 2 Nummer 2 Buchstabe b mittels der Benutzeroberfläche eines geeigneten Endgeräts auf Daten der elektronischen Patientenakte nach § 341 Absatz 2 sowohl auf spezifische Dokumente und Datensätze als auch auf Gruppen von Dokumenten und Datensätzen der elektronischen Patientenakte barrierefrei ermöglicht wird und hierbei in Abstimmung mit der Kassenärztlichen Bundesvereinigung sowie der Kassenzahnärztlichen Bundesvereinigung weitere Kategorien in der elektronischen Patientenakte festzulegen, die eine Zuordnung von Dokumenten und Datensätzen zu medizinischen Fachgebieten, die als besonders versorgungsrelevant erachtet werden, zulässt,

3. die Festlegungen dafür zu treffen, dass eine technische Zugriffsfreigabe nach § 342 Absatz 2 Nummer 2 Buchstabe c mittels der dezentralen Infrastruktur der Leistungserbringer auf Daten der elektronischen Patientenakte nach § 341 Absatz 2 mindestens auf Kategorien von Dokumenten und Datensätzen, insbesondere medizinische Fachgebietskategorien, ermöglicht wird; in Abstimmung mit der Kassenärztlichen Bundesvereinigung sowie der Kassenzahnärztlichen Bundesvereinigung sind hierzu weitere Kategorien in der elektronischen Patientenakte festzulegen, die eine Zuordnung zu medizinischen Fachgebieten, die als besonders versorgungsrelevant erachtet werden, ermöglichen,

4. bis zum 30. Juni 2021 die Festlegungen dafür zu treffen, dass Zugriffsberechtigte nach § 352 Nummer 9 bis 18 auf Daten der elektronischen Patientenakte barrierefrei zugreifen können,

5. bis zum 30. Juni 2021 im Benehmen mit den für die Wahrnehmung der Interessen der Forschung im Gesundheitswesen maßgeblichen Bundesverbänden die Festlegungen dafür zu treffen, dass die Versicherten gemäß § 363 Daten, die in der elektronischen Patientenakte nach § 341 Absatz 2 gespeichert sind, für die Nutzung zu Forschungszwecken zur Verfügung stellen und diese übermittelt werden können,

6. bis zum 1. Januar 2022 die Festlegungen dafür zu treffen, dass Daten der Versicherten aus digitalen Gesundheitsanwendungen nach § 33a vom Hersteller der Anwendungen über den Anbieter der elektronischen Patientenakte über eine Schnittstelle, die den Anforderungen des Zwölften Kapitels genügt, in die elektronische Patientenakte übermittelt und dort verarbeitet werden können, und

7. bis zum 1. Januar 2022 die Festlegungen dafür zu treffen, dass Versicherte mittels der Benutzeroberfläche eines geeigneten Endgeräts gemäß § 336 Absatz 2 auf Informationen des Nationalen Gesundheitsportals nach § 395 barrierefrei zugreifen können und dass ihnen dabei die Informationen des Portals mit Daten, die in ihrer elektronischen Patientenakte gespeichert sind, verknüpft angeboten werden können.

(3) Die Gesellschaft für Telematik hat zu prüfen, inwieweit die Vorgaben des § 22 Absatz 3 des Infektionsschutzgesetzes in der elektronischen Patientenakte umgesetzt werden können.

§ 355
Festlegungen für die semantische und syntaktische Interoperabilität von Daten in der elektronischen Patientenakte, des elektronischen Medikationsplans, der elektronischen Notfalldaten und der elektronischen Patientenkurzakte

(1) [1]Die Kassenärztliche Bundesvereinigung trifft die notwendigen Festlegungen für die Inhalte der elektronischen Patientenakte sowie die für eine Fortschreibung der Inhalte des elektronischen Medikationsplans und der elektronischen Notfalldaten sowie die für eine Fortschreibung der elektronischen Notfalldaten und der Hinweise der Versicherten nach § 334 Absatz 1 Satz 2 Nummer 2 und 3 zu einer elektronischen Patientenkurzakte nach § 334 Absatz 1 Satz 2 Nummer 7 notwendigen Festlegungen und Vorgaben für deren Einsatz und Verwendung, um deren semantische und syntaktische Interoperabilität zu gewährleisten, im Benehmen mit

1. der Gesellschaft für Telematik,

2. den übrigen Spitzenorganisationen nach § 306 Absatz 1 Satz 1,

3. den maßgeblichen, fachlich betroffenen medizinischen Fachgesellschaften,
4. der Bundespsychotherapeutenkammer,
5. den maßgeblichen Bundesverbänden der Pflege,
6. den für die Wahrnehmung der Interessen der Industrie maßgeblichen Bundesverbänden aus dem Bereich der Informationstechnologie im Gesundheitswesen,
7. den für die Wahrnehmung der Interessen der Forschung im Gesundheitswesen maßgeblichen Bundesverbänden,
8. dem Bundesinstitut für Arzneimittel und Medizinprodukte,
9. dem für die Wahrnehmung der Interessen der Unternehmen der Privaten Krankenversicherung maßgeblichen Bundesverband und
10. der Koordinierungsstelle für Interoperabilität im Gesundheitswesen.

[2]Über die Festlegungen nach Satz 1 entscheidet für die Kassenärztliche Bundesvereinigung der Vorstand. [3]Für die Anpassung der informationstechnischen Systeme an die Festlegungen nach diesem Absatz stellt die Kassenärztliche Bundesvereinigung den Herstellern informationstechnischer Systeme und Krankenkassen Darstellungen zur Visualisierung der Informationsobjekte zur Verfügung.

(2) Um einen strukturierten Prozess zu gewährleisten, erstellt die Kassenärztliche Bundesvereinigung eine Verfahrensordnung zur Herstellung des Benehmens nach Absatz 1 sowie zur vorherigen Herstellung des Benehmens der nach Absatz 1 Satz 1 Nummer 10 zu Beteiligenden bei der Planung von Festlegungen der Kassenärztlichen Bundesvereinigung für die semantische und syntaktische Interoperabilität und stellt im Anschluss das Benehmen mit den nach Absatz 1 Satz 1 zu Beteiligenden hierzu her.

(2a) [1]Die Kassenärztliche Bundesvereinigung trifft erstmals bis zum 30. Juni 2022 die notwendigen Festlegungen für die semantische und syntaktische Interoperabilität von Daten aus digitalen Gesundheitsanwendungen der Versicherten nach § 33a, die von den Versicherten nach § 341 Absatz 2 Nummer 9 in die elektronische Patientenakte übermittelt werden. [2]Die Festlegungen nach Satz 1 sind fortlaufend fortzuschreiben.

(2b) Die Kassenärztliche Bundesvereinigung trifft bis zum 31. Dezember 2022 unter Berücksichtigung der laufenden Erkenntnisse der Modellvorhaben nach § 125 des Elften Buches die notwendigen Festlegungen für die semantische und syntaktische Interoperabilität von Daten der elektronischen Patientenakte nach § 341 Absatz 2 Nummer 10.

(2c) [1]Die Kassenärztliche Bundesvereinigung trifft erstmals bis zum 30. Juni 2022 die notwendigen Festlegungen für die semantische und syntaktische Interoperabilität von Daten, die von Hilfsmitteln oder Implantaten nach § 374a Absatz 1 in eine digitale Gesundheitsanwendung übermittelt werden. [2]Die Festlegungen nach Satz 1 sind fortlaufend fortzuschreiben.

(2d) [1]Die Kassenärztliche Bundesvereinigung trifft erstmals bis zum 31. Dezember 2023 die notwendigen Festlegungen für die semantische und syntaktische Interoperabilität von Daten, die im Rahmen des telemedizinischen Monitorings verarbeitet werden. [2]Die Festlegungen nach Satz 1 sind fortlaufend fortzuschreiben.

(3) Bei der Fortschreibung der Vorgaben zum elektronischen Medikationsplan hat die Kassenärztliche Bundesvereinigung die Festlegungen nach § 31a Absatz 4 und § 31b Absatz 2 zu berücksichtigen und sicherzustellen, dass Daten nach § 31a Absatz 2 Satz 1 sowie Daten des elektronischen Medikationsplans nach § 334 Absatz 1 Satz 2 Nummer 4 in den von den Vertragsärzten und den Ärzten in zugelassenen Krankenhäusern zur Verordnung genutzten elektronischen Programmen und in den Programmen der Apotheken einheitlich abgebildet und zur Prüfung der Arzneimitteltherapiesicherheit genutzt werden können.

(4) Die semantischen und syntaktischen Vorgaben zu den elektronischen Notfalldaten nach § 334 Absatz 1 Satz 2 Nummer 5 und den Hinweisen der Versicherten nach § 334 Absatz 1 Satz 2 Nummer 2 und 3 sind unter Berücksichtigung der entsprechenden Festlegungen der Gesellschaft für Telematik so fortzuschreiben, dass diese bei einer Bereitstellung in der elektronischen Patientenkurzakte nach § 334 Absatz 1 Satz 2 Nummer 7 mit internationalen Standards interoperabel sind.

(5) [1]Festlegungen nach Absatz 1 müssen, sofern sie die Fortschreibung des elektronischen Medikationsplans nach § 334 Absatz 1 Satz 2 Nummer 4 zum Gegenstand haben, im Benehmen mit der für die Wahrnehmung der wirtschaftlichen Interessen gebildeten maßgeblichen Spitzenorganisation der Apotheker auf Bundesebene, der Bundesärztekammer und der Deutschen Krankenhausgesellschaft erfolgen. [2]Festlegungen nach Absatz 1 müssen, sofern sie die Fortschreibung der elektronischen Notfalldaten nach § 334 Absatz 1 Satz 2 Nummer 5 und deren Fortschreibung zu einer elektronischen Patientenkurzakte nach § 334 Absatz 1 Satz 2 Nummer 7 zum Gegenstand haben, im Benehmen mit der Bundesärztekammer und der Deutschen Krankenhausgesellschaft erfolgen. [3]Festlegungen nach Absatz 1 müssen, sofern sie Daten zur pflegerischen Versorgung nach § 341 Absatz 2 Nummer 10 zum Gegenstand haben, im Benehmen mit den in Absatz 1 Satz 1 Nummer 5 genannten Organisationen erfolgen.

(6) [1]Die Kassenärztliche Bundesvereinigung hat bei ihren Festlegungen nach Absatz 1 grundsätzlich internationale Standards zu nutzen. [2]Zur Gewährleistung der semantischen Interoperabilität hat die Kassenärztliche Bundesvereinigung die vom Bundesinstitut für Arzneimittel und Medizinprodukte für diese Zwecke verbindlich zur Verfügung gestellten medizinischen Klassifikationen, Terminologien und Nomenklaturen zu verwenden.

(7) Das Bundesinstitut für Arzneimittel und Medizinprodukte ergreift bis zum 1. Januar 2021 die notwendigen Maßnahmen, damit eine medizinische Terminologie und eine Nomenklatur kostenfrei für alle Nutzer zur Verfügung steht und unterhält dafür ein nationales Kompetenzzentrum für medizinische Terminologien.

(8) [1]Die Gesellschaft für Telematik kann die Kassenärztliche Bundesvereinigung zusätzlich zu den Aufgaben nach Absatz 1 Satz 1 mit der Festlegung von ihr vorgegebener Informationsobjekte beauftragen und kann der Kassenärztlichen Bundesvereinigung zur Erfüllung ihrer Aufgaben nach Absatz 1 entsprechend dem Projektstand zur Umsetzung und Fortschreibung der mit der elektronischen Patientenakte, dem elektronischen Medikationsplan, den elektronischen Notfalldaten sowie der elektronischen Patientenkurzakte nach § 334 Absatz 1 Satz 2 Nummer 7 vorgesehenen Inhalte angemessene Fristen setzen. [2]Hält die Kassenärztliche Bundesvereinigung die jeweils gesetzte Frist nicht ein, kann die Gesellschaft für Telematik die Deutsche Krankenhausgesellschaft mit der Erstellung der jeweiligen Festlegungen nach Absatz 1 im Benehmen mit den in Absatz 1 Satz 1 genannten Organisationen beauftragen. [3]Das Verfahren für das Vorgehen nach Fristablauf legt die Gesellschaft für Telematik fest.

(9) [1]Die Festlegungen, die nach Absatz 1 von der Kassenärztlichen Bundesvereinigung oder nach Absatz 8 Satz 2 von der Deutschen Krankenhausgesellschaft getroffen werden, sind für alle Gesellschafter, für die Leistungserbringer und die Krankenkassen sowie für ihre Verbände verbindlich. [2]Die Festlegungen können nur durch eine alternative Entscheidung der in der Gesellschaft für Telematik vertretenen Spitzenorganisationen der Leistungserbringer nach § 306 Absatz 1 Satz 1 in gleicher Sache ersetzt werden. [3]Eine Entscheidung der Spitzenorganisationen nach Satz 2 erfolgt mit der einfachen Mehrheit der sich aus deren Geschäftsanteilen ergebenden Stimmen.

(10) Die Festlegungen, die nach Absatz 1 von der Kassenärztlichen Bundesvereinigung, nach Absatz 8 Satz 2 von der Deutschen Krankenhausgesellschaft oder nach Absatz 9 Satz 2 von den in der Gesellschaft für Telematik vertretenen Spitzenorganisationen der Leistungserbringer nach § 306 Absatz 1 Satz 1 getroffen werden, sind in das Interoperabilitätsverzeichnis nach § 385 aufzunehmen.

(11) [1]Die Kosten, die im Rahmen der Erfüllung der Aufgaben nach Absatz 1 Satz 1 und Absatz 8 Satz 1 unter Beachtung des Gebots der Wirtschaftlichkeit und Sparsamkeit bei der Kassenärztlichen Bundesvereinigung entstehen, sind durch die Gesellschaft für Telematik zu erstatten. [2]Die Kassenärztliche Bundesvereinigung unterrichtet die Gesellschaft für Telematik bis zum 1. September eines jeden Jahres über die voraussichtlich entstehenden Kosten im Rahmen der Erfüllung der Aufgaben nach Absatz 1 Satz 1 und Absatz 8 Satz 1 des Folgejahres. [3]Die Kassenärztliche Bundesvereinigung stellt der Gesellschaft für Telematik die für die Rechnungsprüfung notwendigen Unterlagen zur Verfügung. [4]Die Gesellschaft für Telematik legt die weiteren Einzelheiten der Kostenerstattung einvernehmlich mit der Kassenärztlichen Bundesvereinigung fest. 5Beauftragt die Gesellschaft für Telematik die Deutsche Krankenhausgesellschaft nach Absatz 8 Satz 2 mit der Erstellung von Festlegungen nach den Absätzen 1 und 8, gelten die Sätze 1 bis 4 entsprechend.

(12) [1]Die Gesellschaft für Telematik errichtet und betreibt eine Plattform, auf der medizinische Klassifikationen, Terminologien, Nomenklaturen und weitere semantische Standards für das deutsche Gesundheitswesen bereitgestellt und von Nutzern in geeigneter Form abgerufen werden können (Terminologieserver). [2]Der Terminologieserver dient insbesondere der zentralen Bereitstellung sowie der Versionierung.

(13) Das Bundesinstitut für Arzneimittel und Medizinprodukte koordiniert die Bereitstellung, Pflege und Fortschreibung der medizinischen Klassifikationen, Terminologien, Nomenklaturen und weiteren semantischen Standards auf dem Terminologieserver und stimmt diese im Rahmen des in Absatz 7 genannten nationalen Kompetenzzentrums für medizinische Terminologien mit den Nutzern des Terminologieservers sowie der Koordinierungsstelle für Interoperabilität im Gesundheitswesen nach § 3 Absatz 1 der IOP-Governance-Verordnung ab.

(14) [1]Bei der Gesellschaft für Telematik unmittelbar für die Erfüllung der in Absatz 12 genannten Aufgabe entstehende Kosten werden vom Bundesinstitut für Arzneimittel und Medizinprodukte getragen. [2]Das Bundesinstitut für Arzneimittel und Medizinprodukte legt die Einzelheiten der Kostenerstattung im Einvernehmen mit der Gesellschaft für Telematik fest.

Dritter Titel

Erklärungen des Versicherten zur Organ- und Gewebespende sowie Hinweise auf deren Vorhandensein und Aufbewahrungsort

§ 356
Zugriff auf Hinweise der Versicherten auf das Vorhandensein und den Aufbewahrungsort von Erklärungen zur Organ- und Gewebespende

(1) Auf Daten zu Hinweisen des Versicherten auf das Vorhandensein und den Aufbewahrungsort von Erklärungen zur Organ- und Gewebespende in Anwendungen nach § 334 Absatz 1 Satz 2 Nummer 2 und 7 dürfen mit Einwilligung des Versicherten, die abweichend von § 339 Absatz 1 hierzu keiner eindeutigen bestätigenden Handlung durch technische Zugriffsfreigabe des Versicherten bedarf, ausschließlich folgende Personen zugreifen:

1. Ärzte, die in die Behandlung des Versicherten eingebunden sind, mit einem Zugriff, der die Verarbeitung von Daten ermöglicht, soweit dies für die Erstellung und Aktualisierung der Hinweise des Versicherten auf das Vorhandensein und den Aufbewahrungsort von Erklärungen zur Organ- und Gewebespende erforderlich ist;
2. im Rahmen der Zugriffsberechtigung nach Absatz 1 Nummer 1 Personen, die als berufsmäßige Gehilfen oder zur Vorbereitung auf den Beruf tätig sind, soweit dies im Rahmen der von ihnen zulässigerweise zu erledigenden Tätigkeiten erforderlich ist und der Zugriff unter Aufsicht einer Person nach Nummer 1 erfolgt,
   a) bei Personen nach Absatz 1 Nummer 1 oder
   b) in einem Krankenhaus.

(2) Der Zugriff auf Daten zu Hinweisen des Versicherten auf das Vorhandensein und den Aufbewahrungsort von Erklärungen zur Organ- und Gewebespende in Anwendungen nach § 334 Absatz 1 Satz 2 Nummer 2 und 7 ist abweichend von § 339 Absatz 1 ohne eine Einwilligung der betroffenen Person nur zulässig,

1. nachdem der Tod des Versicherten nach § 3 Absatz 1 Satz 1 Nummer 2 des Transplantationsgesetzes festgestellt wurde und
2. wenn der Zugriff zur Klärung erforderlich ist, ob die verstorbene Person in die Entnahme von Organen oder Gewebe eingewilligt hat.

(3) [1]Die Hinweise des Versicherten auf das Vorhandensein und den Aufbewahrungsort von Erklärungen zur Organ- und Gewebespende in einer Anwendung nach § 334 Absatz 1 Satz 2 Nummer 2 werden ab dem 1. Oktober 2024 mit Einwilligung des Versicherten technisch in die elektronische Patientenkurzakte nach § 334 Absatz 1 Satz 2 Nummer 7 überführt. [2]Ärzte, die an der vertragsärztlichen Versorgung teilnehmen oder in Einrichtungen, die an der vertragsärztlichen Versorgung teilnehmen oder in zugelassenen Krankenhäusern, Vorsorgeeinrichtungen oder Rehabilitationseinrichtungen tätig sind, haben ab diesem Zeitpunkt auf Verlangen des Versicherten und mit dessen Einwilligung die Daten, die in einer Anwendung nach § 334 Absatz 1 Satz 2 Nummer 2 auf der elektronischen Gesundheits-

karte gespeichert sind, in der elektronischen Patientenkurzakte zu speichern und auf der elektronischen Gesundheitskarte zu löschen. [3]Erteilt der Versicherte seine Einwilligung nach den Sätzen 1 und 2 nicht, bleiben die Daten nach § 334 Absatz 1 Satz 2 Nummer 2 mindestens bis zum 1. Januar 2025 und anschließend so lange auf der elektronischen Gesundheitskarte gespeichert, bis diese ihre Gültigkeit verliert. [4]Die Gesellschaft für Telematik hat bis zum 31. Oktober 2021 die nach den Sätzen 1 bis 3 erforderlichen Voraussetzungen zu schaffen.

(4) Das Bundesministerium für Gesundheit kann die in Absatz 3 genannten Fristen durch Rechtsverordnung ohne Zustimmung des Bundesrates verlängern.

Vierter Titel

Hinweis des Versicherten auf das Vorhandensein und den Aufbewahrungsort von Vorsorgevollmachten oder Patientenverfügungen

§ 357
Zugriff auf Hinweise der Versicherten auf das Vorhandensein und den Aufbewahrungsort von Vorsorgevollmachten oder Patientenverfügungen

(1) Auf Daten zu Hinweisen des Versicherten auf das Vorhandensein und den Aufbewahrungsort von Vorsorgevollmachten oder Patientenverfügungen in Anwendungen nach § 334 Absatz 1 Satz 2 Nummer 3 und 7 dürfen ausschließlich folgende Personen zugreifen:

1. Ärzte und Psychotherapeuten, die in die Behandlung des Versicherten eingebunden sind, mit einem Zugriff, der die Verarbeitung von Daten ermöglicht, soweit dies für die Versorgung des Versicherten erforderlich ist,
2. im Rahmen der Zugriffsberechtigung nach Nummer 1 Personen,
   a) die als berufsmäßige Gehilfen oder zur Vorbereitung auf den Beruf tätig sind
      aa) bei Personen nach Nummer 1 oder
      bb) in einem Krankenhaus und
   b) deren Zugriff im Rahmen der von ihnen zulässigerweise zu erledigenden Tätigkeiten erforderlich ist und deren Zugriff unter Aufsicht einer Person nach Nummer 1 erfolgt,
3. Personen nach § 352 Nummer 9 bis 12, die in einer Pflegeeinrichtung, einem Hospiz oder einer Palliativeinrichtung tätig sind mit einem Zugriff, der das Auslesen, die Speicherung und die Verwendung von Daten ermöglicht, soweit dies für die Versorgung des Versicherten erforderlich ist.

(2) [1]Der Zugriff auf Daten zu Hinweisen des Versicherten auf das Vorhandensein und den Aufbewahrungsort von Vorsorgevollmachten oder Patientenverfügungen in Anwendungen nach § 334 Absatz 1 Satz 2 Nummer 3 und 7 ist nur mit Einwilligung des Versicherten zulässig. [2]Abweichend von § 339 Absatz 1 bedarf es hierzu keiner eindeutigen bestätigenden Handlung durch technische Zugriffsfreigabe des Versicherten.

(3) Der Zugriff auf Daten zu Hinweisen des Versicherten auf das Vorhandensein und den Aufbewahrungsort von Vorsorgevollmachten oder Patientenverfügungen in Anwendungen nach § 334 Absatz 1 Satz 2 Nummer 3 und 7 ist abweichend von § 339 Absatz 1 ohne Einwilligung des Versicherten nur zulässig, wenn eine ärztlich indizierte Maßnahme unmittelbar bevorsteht und der Versicherte nicht fähig ist, in die Maßnahme einzuwilligen.

(4) [1]Die Hinweise des Versicherten auf das Vorhandensein und den Aufbewahrungsort von Vorsorgevollmachten oder Patientenverfügungen in einer Anwendung nach § 334 Absatz 1 Satz 2 Nummer 3 werden ab dem 1. Oktober 2024 mit Einwilligung des Versicherten technisch in die elektronische Patientenkurzakte nach § 334 Absatz 1 Satz 2 Nummer 7 überführt. [2]Ärzte, die an der vertragsärztlichen Versorgung teilnehmen oder in Einrichtungen, die an der vertragsärztlichen Versorgung teilnehmen oder in zugelassenen Krankenhäusern, Vorsorgeeinrichtungen oder Rehabilitationseinrichtungen tätig sind, haben ab diesem Zeitpunkt auf Verlangen des Versicherten und mit dessen Einwilligung die Daten, die in einer Anwendung nach § 334 Absatz 1 Satz 2 Nummer 3 auf der elektronischen Gesundheitskarte gespeichert sind, in der elektronischen Patientenkurzakte zu speichern und auf der elektronischen Gesundheitskarte zu löschen. [3]Erteilt der Versicherte seine Einwilligung nach den Sätzen 1 und 2 nicht, bleiben die Daten nach § 334 Absatz 1 Satz 2 Nummer 3 mindestens bis zum

1. Januar 2025 und anschließend so lange auf der elektronischen Gesundheitskarte gespeichert, bis diese ihre Gültigkeit verliert. [4]Die Gesellschaft für Telematik hat bis zum 31. Oktober 2021 die nach den Sätzen 1 bis 3 erforderlichen Voraussetzungen zu schaffen.

(5) Das Bundesministerium für Gesundheit kann die in Absatz 4 genannten Fristen durch Rechtsverordnung ohne Zustimmung des Bundesrates verlängern.

Fünfter Titel

Elektronischer Medikationsplan und elektronische Notfalldaten

§ 358 Elektronische Notfalldaten, elektronische Patientenkurzakte und elektronischer Medikationsplan

(1) [1]Die elektronische Gesundheitskarte muss, sofern sie vor dem 1. Juli 2024 ausgegeben wird, geeignet sein, das Verarbeiten von medizinischen Daten, soweit sie für die Notfallversorgung erforderlich sind (elektronische Notfalldaten), zu unterstützen. [2]Die elektronischen Notfalldaten und die elektronische Patientenkurzakte können Daten zu Befunden, Daten zur Medikation oder Zusatzinformationen über den Versicherten enthalten und sind für die Versicherten freiwillig.

(2) [1]Die elektronische Gesundheitskarte muss, sofern sie vor dem 1. Juli 2024 ausgegeben wird, geeignet sein, die Verarbeitung von Daten des Medikationsplans nach § 31a einschließlich der Daten zur Prüfung der Arzneimitteltherapiesicherheit zu unterstützen (elektronischer Medikationsplan). [2]Der elektronische Medikationsplan ist für den Versicherten freiwillig.

(3) Versicherte haben gegenüber Ärzten, die an der vertragsärztlichen Versorgung teilnehmen oder in Einrichtungen, die an der vertragsärztlichen Versorgung teilnehmen oder in zugelassenen Krankenhäusern oder in einer Vorsorgeeinrichtung oder Vorsorgeeinrichtungen und Rehabilitationseinrichtungen tätig und in deren Behandlung eingebunden sind, einen Anspruch

1. auf die Erstellung von elektronischen Notfalldaten und die Speicherung dieser Daten auf ihrer elektronischen Gesundheitskarte oder auf die Erstellung der elektronischen Patientenkurzakte sowie
2. auf die Aktualisierung von elektronischen Notfalldaten und die Speicherung dieser Daten auf ihrer elektronischen Gesundheitskarte oder auf die Aktualisierung und Speicherung dieser Daten in der elektronischen Patientenkurzakt.

(4) Die Verarbeitung von elektronischen Notfalldaten muss auch auf der elektronischen Gesundheitskarte ohne Netzzugang möglich sein.

(5) [1]Die Krankenkassen, die ihren Versicherten elektronische Gesundheitskarten mit der Möglichkeit zur Speicherung des elektronischen Medikationsplans und der elektronischen Notfalldaten ausgeben und ihnen ab dem 1. Oktober 2024 einen elektronischen Medikationsplan nach § 334 Absatz 1 Satz 2 Nummer 4 und eine elektronische Patientenkurzakte nach § 334 Absatz 1 Satz 2 Nummer 7 zur Verfügung stellen, sind die für die Verarbeitung von Daten in diesen Anwendungen Verantwortlichen nach Artikel 4 Nummer 7 der Verordnung (EU) 2016/679. [2]Unbeschadet ihrer Verantwortlichkeit für den elektronischen Medikationsplan und die elektronische Patientenkurzakte nach Satz 1 können die Krankenkassen Anbieter elektronischer Medikationspläne und Anbieter von elektronischen Patientenkurzakten als Auftragsverarbeiter mit der Zurverfügungstellung der elektronischen Medikationspläne und von elektronischen Patientenkurzakten für ihre Versicherten beauftragen.

(6) [1]Die elektronischen Notfalldaten werden ab dem 1. Oktober 2024 mit Einwilligung des Versicherten technisch in die elektronische Patientenkurzakte nach § 334 Absatz 1 Satz 2 Nummer 7 überführt. [2]Ärzte, die an der vertragsärztlichen Versorgung teilnehmen oder in Einrichtungen, die an der vertragsärztlichen Versorgung teilnehmen oder in zugelassenen Krankenhäusern, Vorsorgeeinrichtungen oder Rehabilitationseinrichtungen tätig sind, haben ab diesem Zeitpunkt auf Verlangen des Versicherten und mit dessen Einwilligung die Daten, die in den elektronischen Notfalldaten gespeichert sind, in der elektronischen Patientenkurzakte zu speichern und auf der elektronischen Gesundheitskarte zu löschen. [3]Erteilt der Versicherte seine Einwilligung nach den Sätzen 1 und 2 nicht, bleiben die elektronischen Notfalldaten mindestens bis zum 1. Januar 2025 und anschließend so lange auf der elektronischen Gesundheitskarte gespeichert, bis diese ihre Gültigkeit verliert. [4]Die Gesellschaft für Telematik hat

bis zum 31. Oktober 2021 die nach den Sätzen 1 bis 3 erforderlichen Voraussetzungen zu schaffen.

(7) [1]Die elektronische Patientenkurzakte nach § 334 Absatz 1 Satz 2 Nummer 7 muss ab dem 1. Oktober 2024 den grenzüberschreitenden Austausch von Gesundheitsdaten entsprechend den in § 359 Absatz 4 festgelegten Anforderungen gewährleisten. [2]Die Gesellschaft für Telematik hat hierfür bis zum 1. Januar 2022 die erforderlichen Voraussetzungen zu schaffen.

(8) [1]Der elektronische Medikationsplan wird ab dem 1. Oktober 2024 technisch in eine eigenständige Anwendung innerhalb der Telematikinfrastruktur überführt, die nicht mehr auf der elektronischen Gesundheitskarte gespeichert wird. [2]Ärzte, die an der vertragsärztlichen Versorgung teilnehmen oder in Einrichtungen, die an der vertragsärztlichen Versorgung teilnehmen oder in zugelassenen Krankenhäusern, Vorsorgeeinrichtungen oder Rehabilitationseinrichtungen tätig sind, haben ab diesem Zeitpunkt auf Verlangen des Versicherten und mit dessen Einwilligung die Daten, die im elektronischen Medikationsplan auf der elektronischen Gesundheitskarte gespeichert sind, in der Anwendung nach § 334 Absatz 1 Satz 2 Nummer 4 zu speichern und den auf der elektronischen Gesundheitskarte gespeicherten Medikationsplan zu löschen. [3]Erteilt der Versicherte seine Einwilligung nach den Sätzen 1 und 2 nicht, bleibt der elektronische Medikationsplan mindestens bis zum 1. Januar 2025 und anschließend so lange auf der elektronischen Gesundheitskarte gespeichert, bis diese ihre Gültigkeit verliert. [4]Die Gesellschaft für Telematik hat bis zum 31. Oktober 2021 die nach den Sätzen 1 bis 3 erforderlichen Voraussetzungen zu schaffen.

(9) [1]Mit der Einführung der elektronischen Notfalldaten, der elektronischen Patientenkurzakte und des elektronischen Medikationsplans haben die Krankenkassen den Versicherten geeignetes Informationsmaterial in präziser, transparenter, verständlicher und leicht zugänglicher Form in einer klaren und einfachen Sprache barrierefrei zur Verfügung zu stellen. [2]Dieses muss über alle relevanten Umstände der Datenverarbeitung bei der Erstellung der elektronischen Notfalldaten, der elektronischen Patientenkurzakte und des elektronischen Medikationsplans sowie bei der Speicherung von Daten in den elektronischen Notfalldaten und dem elektronischen Medikationsplan durch Leistungserbringer informieren. [3]Das Material enthält insbesondere Hinweise über

1. die Funktionsweise der elektronischen Notfalldaten, der elektronischen Patientenkurzakte und des elektronischen Medikationsplans einschließlich der darin zu verarbeitenden Daten,
2. die Freiwilligkeit der Nutzung der elektronischen Notfalldaten, der elektronischen Patientenkurzakte und des elektronischen Medikationsplans und der Speicherung von Daten in diesen Anwendungen,
3. das Recht auf jederzeitige vollständige Löschung der Anwendungen und der darin gespeicherten Daten,
4. die Voraussetzungen für den Zugriff der Leistungserbringer auf die elektronischen Notfalldaten, die elektronischen Patientenkurzakte und den elektronischen Medikationsplan und die Verarbeitung dieser Daten durch die Leistungserbringer und
5. die Voraussetzungen und das Verfahren bei der Übermittlung und Nutzung von Daten aus der elektronischen Patientenkurzakte zum grenzüberschreitenden Austausch von Gesundheitsdaten über die nationale eHealth-Kontaktstelle.

(10) Zur Unterstützung der Krankenkassen bei der Erfüllung ihrer Informationspflichten nach Absatz 6 hat der Spitzenverband Bund der Krankenkassen im Einvernehmen mit der oder dem Bundesbeauftragten für den Datenschutz und die Informationsfreiheit rechtzeitig geeignetes Informationsmaterial zu erstellen und den Krankenkassen zur verbindlichen Nutzung zur Verfügung zu stellen.

(11) Das Bundesministerium für Gesundheit kann die in den Absätzen 1, 2 und 6 bis 8 sowie in § 334 Absatz 2 Satz 2 genannten Fristen durch Rechtsverordnung ohne Zustimmung des Bundesrates verlängern.

§ 359
Zugriff auf den elektronischen Medikationsplan, die elektronischen Notfalldaten und die elektronische Patientenkurzakte

(1) Auf Daten in Anwendungen nach § 334 Absatz 1 Satz 2 Nummer 4, 5 und 7 dürfen ausschließlich folgende Personen zugreifen:

1. Ärzte sowie Zahnärzte, die in die Behandlung des Versicherten eingebunden sind, jeweils

mit einem Zugriff, der die Verarbeitung von Daten nach § 334 Absatz 1 Satz 2 Nummer 4, 5 und 7 ermöglicht, soweit dies für die Versorgung der Versicherten erforderlich ist;

2. Apotheker mit einem Zugriff, der die Verarbeitung von Daten nach § 334 Absatz 1 Satz 2 Nummer 4 sowie das Auslesen, die Speicherung und die Verwendung von Daten nach § 334 Absatz 1 Satz 2 Nummer 5 und 7 ermöglicht, soweit dies für die Versorgung der Versicherten erforderlich ist;

3. Psychotherapeuten, die in die Behandlung der Versicherten eingebunden sind, mit einem Zugriff, der die Verarbeitung von Daten nach § 334 Absatz 1 Satz 2 Nummer 5 und 7 sowie das Auslesen, die Speicherung und die Verwendung von Daten nach § 334 Absatz 1 Satz 2 Nummer 4 ermöglicht, soweit dies für die Versorgung der Versicherten erforderlich ist;

4. im Rahmen der jeweiligen Zugriffsberechtigung nach den Nummern 1 und 3 auch Personen,

   a) die als berufsmäßige Gehilfen oder zur Vorbereitung auf den Beruf tätig sind

      aa) bei Personen nach Nummer 1 oder 3,

      bb) in einem Krankenhaus,

      cc) in einer Hochschulambulanz oder in einer Ambulanz nach § 117 Absatz 2 bis 3b oder

      dd) in einer Vorsorgeeinrichtung oder Rehabilitationseinrichtung nach § 107 Absatz 2 oder in einer Rehabilitationseinrichtung nach § 15 Absatz 2 des Sechsten Buches oder bei einem Leistungserbringer der Heilbehandlung einschließlich medizinischer Rehabilitation nach § 26 Absatz 1 Satz 1 des Siebten Buches oder in der Haus- oder Heimpflege nach § 44 des Siebten Buches und

   b) deren Zugriff im Rahmen der von ihnen zulässigerweise zu erledigenden Tätigkeiten erforderlich ist und deren Zugriff unter Aufsicht einer Person nach Nummer 1 oder 3 erfolgt;

5. im Rahmen der jeweiligen Zugriffsberechtigung nach Nummer 2 auch zum pharmazeutischen Personal der Apotheke gehörende Personen, deren Zugriff

   a) im Rahmen der von ihnen zulässigerweise zu erledigenden Tätigkeiten erforderlich ist und

   b) unter Aufsicht eines Apothekers erfolgt, soweit nach apothekenrechtlichen Vorschriften eine Beaufsichtigung der mit dem Zugriff verbundenen pharmazeutischen Tätigkeit vorgeschrieben ist;

6. Angehörige eines Heilberufes, der für die Berufsausübung oder die Führung der Berufsbezeichnung eine staatlich geregelte Ausbildung erfordert, und die in die medizinische oder pflegerische Versorgung des Versicherten eingebunden sind mit einem Zugriff der das Auslesen, die Speicherung und die Verwendung von Daten nach § 334 Absatz 1 Satz 2 Nummer 4, 5 und 7 ermöglicht, soweit dies für die Versorgung der Versicherten erforderlich ist;

7. im Rahmen der jeweiligen Zugriffsberechtigung nach Nummer 6 auch, soweit deren Zugriff im Rahmen der von ihnen zulässigerweise zu erledigenden Tätigkeiten erforderlich ist und unter Aufsicht eines Zugriffsberechtigten nach Nummer 6 erfolgt,

   a) Personen, die erfolgreich eine landesrechtlich geregelte Assistenz- oder Helferausbildung in der Pflege von mindestens einjähriger Dauer abgeschlossen haben,

   b) Personen, die erfolgreich eine landesrechtlich geregelte Ausbildung in der Krankenpflegehilfe oder in der Altenpflegehilfe von mindestens einjähriger Dauer abgeschlossen haben,

   c) Personen, denen auf der Grundlage des Krankenpflegegesetzes vom 4. Juni 1985 (BGBl. I S. 893) in der bis zum 31. Dezember 2003 geltenden Fassung eine Erlaubnis als Krankenpflegehelferin oder Krankenpflegehelfer erteilt worden ist.

(2) [1]Der Zugriff auf den elektronischen Medikationsplan nach § 334 Absatz 1 Satz 2 Nummer 4 ist mit Einwilligung des Versicherten zulässig. [2]Abweichend von § 339 Absatz 1 bedarf es hierzu keiner eindeutigen bestätigenden Handlung durch technische Zugriffsfreigabe des Versicherten, wenn der Versicherte auf das Erforder-

nis einer technischen Zugriffsfreigabe verzichtet hat und die Zugriffsberechtigten nachprüfbar in ihrer Behandlungsdokumentation protokollieren, dass der Zugriff mit Einwilligung des Versicherten erfolgt ist.

(3) [1]Der Zugriff auf die elektronischen Notfalldaten und auf die Daten der elektronischen Patientenkurzakte nach § 334 Absatz 1 Satz 2 Nummer 5 und 7 ist abweichend von § 339 Absatz 1 zulässig

1. ohne eine Einwilligung der Versicherten, soweit es zur Versorgung der Versicherten in einem Notfall erforderlich ist, und
2. mit Einwilligung der Versicherten, die die Zugriffsberechtigten nachprüfbar in ihrer Behandlungsdokumentation zu protokollieren haben, soweit es zur Versorgung des Versicherten außerhalb eines Notfalls erforderlich ist.

[2]Im Fall des Satzes 1 Nummer 1 ist für den Zugriff auf die elektronische Patientenkurzakte der Einsatz der elektronischen Gesundheitskarte des Versicherten oder seiner digitalen Identität nach § 291 Absatz 8 erforderlich. [3]Im Fall des Satzes 1 Nummer 2 bedarf es keiner eindeutigen bestätigenden Handlung durch technische Zugriffsfreigabe des Versicherten.

(4) [1]Die Übermittlung von Daten der elektronischen Patientenkurzakte nach § 334 Absatz 1 Satz 2 Nummer 7 zum grenzüberschreitenden Austausch von Gesundheitsdaten zum Zweck der Unterstützung einer konkreten Behandlung des Versicherten an einen in einem anderen Mitgliedstaat der Europäischen Union nach dem Recht des jeweiligen Mitgliedstaats zum Zugriff auf die Daten berechtigten Leistungserbringer über die jeweiligen nationalen eHealth-Kontaktstellen bedarf der vorherigen Einwilligung durch den Versicherten in die Nutzung des Übermittlungsverfahrens. [2]Zusätzlich ist erforderlich, dass der Versicherte zum Zeitpunkt der Behandlung die Übermittlung an die nationale eHealth-Kontaktstelle des Mitgliedstaats, in dem die Behandlung stattfindet, durch eine eindeutige bestätigende Handlung technisch freigibt. [3]Abweichend von den Absätzen 1 und 3 sowie von § 339 finden für die Verarbeitung der Daten durch einen Leistungserbringer in einem anderen Mitgliedstaat der Europäischen Union die Bestimmungen des Mitgliedstaats Anwendung, in dem der Leistungserbringer seinen Sitz hat. [4]Hierbei finden die gemeinsamen europäischen Vereinbarungen zum grenzüberschreitenden Austausch von Gesundheitsdaten Berücksichtigung.

Sechster Titel

Übermittlung ärztlicher Verordnungen

§ 360
Elektronische Übermittlung und Verarbeitung vertragsärztlicher elektronischer Verordnungen

(1) Sobald die hierfür erforderlichen Dienste und Komponenten flächendeckend zur Verfügung stehen, ist für die elektronische Übermittlung und Verarbeitung vertragsärztlicher elektronischer Verordnungen von apothekenpflichtigen Arzneimitteln, einschließlich Betäubungsmitteln, sowie von sonstigen in der vertragsärztlichen Versorgung verordnungsfähigen Leistungen die Telematikinfrastruktur zu nutzen.

(2) [1]Ab dem 1. Januar 2022 sind Ärzte und Zahnärzte, die an der vertragsärztlichen Versorgung teilnehmen oder in Einrichtungen tätig sind, die an der vertragsärztlichen Versorgung teilnehmen oder in zugelassenen Krankenhäusern, Vorsorgeeinrichtungen oder Rehabilitationseinrichtungen tätig sind, verpflichtet, Verordnungen von verschreibungspflichtigen Arzneimitteln elektronisch auszustellen und für die Übermittlung der Verordnungen von verschreibungspflichtigen Arzneimitteln Dienste und Komponenten nach Absatz 1 zu nutzen. [2]Für die elektronische Übermittlung von vertragsärztlichen Verordnungen von Betäubungsmitteln und von Arzneimitteln nach § 3a Absatz 1 Satz 1 der Arzneimittelverschreibungsverordnung gilt die Verpflichtung nach Satz 1 ab dem 1. Juli 2025. [3]Die Verpflichtungen nach den Sätzen 1 und 2 gelten nicht, wenn die elektronische Ausstellung oder Übermittlung von Verordnungen von verschreibungspflichtigen Arzneimitteln oder von Arzneimitteln nach § 3a Absatz 1 der Arzneimittelverschreibungsverordnung aus technischen Gründen im Einzelfall nicht möglich ist. [4]Die Verpflichtung nach Satz 2 in Verbindung mit Satz 1 zur elektronischen Ausstellung und Übermittlung vertragsärztlicher Verordnungen von Betäubungsmitteln gilt nicht, wenn die elektronische Ausstellung oder Übermittlung dieser Verordnungen aus technischen Gründen im Einzelfall nicht möglich ist oder wenn es sich um einen Notfall im Sinne des § 8 Absatz 6 der Betäubungsmittelverschreibungsverordnung handelt. [5]Die Verpflichtung nach Satz 1 gilt nicht für

Verordnungen von verschreibungspflichtigen Arzneimitteln, die aufgrund gesetzlicher Regelungen einer bestimmten Apotheke oder einer gemäß § 47 Absatz 1 Nummer 5 des Arzneimittelgesetzes benannten Stelle zugewiesen werden dürfen.

(3) [1]Ab dem 1. Januar 2022 sind Apotheken verpflichtet, verschreibungspflichtige Arzneimittel auf der Grundlage ärztlicher Verordnungen nach Absatz 2 unter Nutzung der Dienste und Komponenten nach Absatz 1 abzugeben. [2]Für die Abgabe von Betäubungsmitteln und von Arzneimitteln nach § 3a Absatz 1 Satz 1 der Arzneimittelverschreibungsverordnung gilt die Verpflichtung nach Satz 1 ab dem 1. Juli 2025. [3]Die Verpflichtungen nach den Sätzen 1 und 2 gelten nicht, wenn der elektronische Abruf der ärztlichen Verordnung nach Absatz 2 aus technischen Gründen im Einzelfall nicht möglich ist. [4]Die Vorschriften der Apothekenbetriebsordnung bleiben unberührt.

(4) [1]Ab dem 1. April 2024 sind die in Absatz 2 Satz 1 genannten Leistungserbringer sowie Psychotherapeuten, die an der vertragsärztlichen Versorgung teilnehmen oder in Einrichtungen tätig sind, die an der vertragsärztlichen Versorgung teilnehmen oder die in zugelassenen Krankenhäusern, Vorsorgeeinrichtungen oder Rehabilitationseinrichtungen tätig sind, verpflichtet, Verordnungen digitaler Gesundheitsanwendungen nach § 33a elektronisch auszustellen und für deren Übermittlung Dienste und Komponenten nach Absatz 1 zu nutzen. [2]Die Verpflichtung nach Satz 1 gilt nicht, wenn die elektronische Ausstellung oder Übermittlung von Verordnungen nach Satz 1 aus technischen Gründen im Einzelfall nicht möglich ist.

(5) [1]Ab dem 1. Juli 2024 sind die in Absatz 2 Satz 1 genannten Leistungserbringer sowie die in Absatz 4 Satz 1 genannten Psychotherapeuten verpflichtet, Verordnungen von häuslicher Krankenpflege nach § 37 sowie Verordnungen von außerklinischer Intensivpflege nach § 37c elektronisch auszustellen und für deren Übermittlung Dienste und Komponenten nach Absatz 1 zu nutzen. [2]Die Verpflichtung nach Satz 1 gilt nicht, wenn die elektronische Ausstellung oder Übermittlung von Verordnungen nach Satz 1 aus technischen Gründen im Einzelfall nicht möglich ist. [3]Die Erbringer von Leistungen der häuslichen Krankenpflege nach § 37 sowie der außerklinischen Intensivpflege nach § 37c sind ab dem 1. Juli 2024 verpflichtet, die Leistungen unter Nutzung der Dienste und Komponenten nach Absatz 1 auch auf der Grundlage einer elektronischen Verordnung nach Satz 1 zu erbringen. [4]Die Verpflichtung nach Satz 3 gilt nicht, wenn der elektronische Abruf der Verordnung aus technischen Gründen im Einzelfall nicht möglich ist.

(6) [1]Ab dem 1. Juli 2025 sind die in Absatz 2 Satz 1 genannten Leistungserbringer sowie die in Absatz 4 Satz 1 genannten Psychotherapeuten verpflichtet, Verordnungen von Soziotherapie nach § 37a elektronisch auszustellen und für deren Übermittlung Dienste und Komponenten nach Absatz 1 zu nutzen. [2]Die Verpflichtung nach Satz 1 gilt nicht, wenn die elektronische Ausstellung oder Übermittlung von Verordnungen nach Satz 1 aus technischen Gründen im Einzelfall nicht möglich ist. [3]Die Erbringer soziotherapeutischer Leistungen nach § 37a sind ab dem 1. Juli 2025 verpflichtet, die Leistungen unter Nutzung der Dienste und Komponenten nach Absatz 1 auch auf der Grundlage einer elektronischen Verordnung nach Satz 1 zu erbringen. [4]Die Verpflichtung nach Satz 3 gilt nicht, wenn der elektronische Abruf der Verordnung aus technischen Gründen im Einzelfall nicht möglich ist.

(7) [1]Ab dem 1. Juli 2026 sind die in Absatz 2 Satz 1 genannten Leistungserbringer sowie die in Absatz 4 Satz 1 genannten Psychotherapeuten verpflichtet, Verordnungen von Heilmitteln, Verordnungen von Hilfsmitteln, Verordnungen von Verbandmitteln nach § 31 Absatz 1 Satz 1, Verordnungen von Harn- und Blutteststreifen nach § 31 Absatz 1 Satz 1, Verordnungen von Medizinprodukten nach § 31 Absatz 1 sowie Verordnungen von bilanzierten Diäten zur enteralen Ernährung nach § 31 Absatz 5 elektronisch auszustellen und für deren Übermittlung Dienste und Komponenten nach Absatz 1 zu nutzen. [2]Die Verpflichtung nach Satz 1 gilt nicht, wenn die elektronische Ausstellung oder Übermittlung von Verordnungen nach Satz 1 aus technischen Gründen im Einzelfall nicht möglich ist. [3]Heil- und Hilfsmittelerbringer sowie Erbringer der weiteren in Satz 1 genannten Leistungen sind ab dem 1. Juli 2026 verpflichtet, die Leistungen unter Nutzung der Dienste und Komponenten nach Absatz 1 auch auf der Grundlage einer elektronischen Verordnung nach Satz 1 zu erbringen. [4]Die Verpflichtung nach Satz 3 gilt nicht, wenn der elektronische Abruf der Verordnung aus technischen Gründen im Einzelfall nicht möglich ist.

(8) Um Verordnungen nach den Absätzen 5, 6 oder Absatz 7 elektronisch abrufen zu können,

haben sich Erbringer von Leistungen der häuslichen Krankenpflege nach § 37 sowie der außerklinischen Intensivpflege nach § 37c bis zum 1. Januar 2024, Erbringer von Leistungen der Soziotherapie nach § 37a bis zum 1. Januar 2025, Heil- und Hilfsmittelerbringer sowie Erbringer der weiteren in Absatz 7 Satz 1 genannten Leistungen bis zum 1. Januar 2026 an die Telematikinfrastruktur nach § 306 anzuschließen.

(9) [1]Versicherte können gegenüber den in Absatz 2 Satz 1 genannten Leistungserbringern sowie den in Absatz 4 Satz 1 genannten Psychotherapeuten wählen, ob ihnen die für den Zugriff auf ihre ärztliche oder psychotherapeutische Verordnung nach den Absätzen 2 und 4 bis 7 erforderlichen Zugangsdaten barrierefrei entweder durch einen Ausdruck in Papierform oder elektronisch bereitgestellt werden sollen. [2]Versicherte können den Sofortnachrichtendienst nach § 312 Absatz 1 Satz 1 Nummer 9 nutzen, um die für den Zugriff auf ihre ärztliche oder psychotherapeutische Verordnung erforderlichen Zugangsdaten in elektronischer Form zum Zweck der Einlösung der Verordnung durch einen Vertreter einem anderen Versicherten zur Verfügung zu stellen.

(10) [1]Die Gesellschaft für Telematik ist verpflichtet, die Komponenten der Telematikinfrastruktur, die den Zugriff der Versicherten auf die elektronische ärztliche Verordnung nach § 334 Absatz 1 Satz 2 Nummer 6 ermöglichen, als Dienstleistung von allgemeinem wirtschaftlichem Interesse zu entwickeln und zur Verfügung zu stellen. [2]Die Funktionsfähigkeit und Interoperabilität der Komponenten sind durch die Gesellschaft für Telematik sicherzustellen. [3]Die Sicherheit der Komponenten des Systems zur Übermittlung ärztlicher Verordnungen einschließlich der Zugriffsmöglichkeiten für Versicherte ist durch ein externes Sicherheitsgutachten nachzuweisen. [4]Dabei ist abgestuft im Verhältnis zum Gefährdungspotential nachzuweisen, dass die Verfügbarkeit, Integrität, Authentizität und Vertraulichkeit der Komponente sichergestellt wird. [5]Die Festlegung der Prüfverfahren und die Auswahl des Sicherheitsgutachters für das externe Sicherheitsgutachten erfolgt durch die Gesellschaft für Telematik im Einvernehmen mit dem Bundesamt für Sicherheit in der Informationstechnik. [6]Das externe Sicherheitsgutachten muss dem Bundesamt für Sicherheit in der Informationstechnik zur Prüfung vorgelegt und durch dieses bestätigt werden. [7]Erst mit der Bestätigung des externen Sicherheitsgutachtens durch das Bundesamt für Sicherheit in der Informationstechnik dürfen die Komponenten durch die Gesellschaft für Telematik zur Verfügung gestellt werden.

(11) Verordnungsdaten und Dispensierinformationen sind mit Ablauf von 100 Tagen nach Dispensierung der Verordnung zu löschen.

(12) Die Gesellschaft für Telematik ist verpflichtet,

1. bis zum 1. Januar 2022 die Voraussetzungen dafür zu schaffen, dass Versicherte über die Komponenten nach Absatz 10 Satz 1 auf Informationen des Nationalen Gesundheitsportals nach § 395 zugreifen können und dass den Versicherten die Informationen des Portals mit Daten, die in ihrer elektronischen Verordnung gespeichert sind, verknüpft angeboten werden können, und

2. bis zum 1. Januar 2024 die Voraussetzungen dafür zu schaffen, dass Versicherte über die Komponenten nach Absatz 10 Satz 1 zum Zweck des grenzüberschreitenden Austauschs von Daten der elektronischen Verordnung, nach vorheriger Einwilligung in die Nutzung des Übermittlungsverfahrens und technischer Freigabe zum Zeitpunkt der Einlösung der Verordnung bei dem nach dem Recht des jeweiligen anderen Mitgliedstaats der Europäischen Union zum Zugriff berechtigten Leistungserbringer, Daten elektronischer Verordnungen nach Absatz 2 Satz 1 der nationalen eHealth-Kontaktstelle übermitteln können.

(13) [1]Mit Einwilligung des Versicherten können die Rechnungsdaten zu einer elektronischen Verordnung, die nicht dem Sachleistungsprinzip unterliegt, für die Dauer von maximal zehn Jahren in den Diensten der Anwendung nach § 334 Absatz 1 Satz 2 Nummer 6 gespeichert werden. [2]Auf die Rechnungsdaten nach Satz 1 haben nur die Versicherten selbst Zugriff. [3]Die Versicherten können diese Rechnungsdaten zum Zweck der Korrektur fehlerhafter Daten mit zugriffsberechtigten Leistungserbringern und anderen zugriffsberechtigten Personen nach § 361 Absatz 1 und zum Zweck der Kostenerstattung mit Kostenträgern teilen.

(14) Mit Einwilligung des Versicherten können Daten zu Verordnungen nach den Absätzen 2 und 4 bis 7 und, soweit technisch möglich, Dispensierinformationen nach § 312 Absatz 1 Satz 1

Nummer 3 automatisiert in der elektronischen Patientenakte gespeichert werden.

(15) Das Bundesministerium für Gesundheit kann die in den Absätzen 2 bis 8 genannten Fristen durch Rechtsverordnung ohne Zustimmung des Bundesrates verlängern.

§ 361 Zugriff auf ärztliche Verordnungen in der Telematikinfrastruktur

(1) [1]Auf Daten der Versicherten in vertragsärztlichen elektronischen Verordnungen dürfen ausschließlich folgende Personen zugreifen:

1. Ärzte, Zahnärzte sowie Psychotherapeuten, die in die Behandlung der Versicherten eingebunden sind, mit einem Zugriff, der die Verarbeitung von Daten, die von ihnen nach § 360 übermittelt wurden, ermöglicht, soweit dies für die Versorgung des Versicherten erforderlich ist;
2. im Rahmen der jeweiligen Zugriffsberechtigung nach Nummer 1 auch Personen, die als berufsmäßige Gehilfen oder zur Vorbereitung auf den Beruf tätig sind, soweit der Zugriff im Rahmen der von ihnen zulässigerweise zu erledigenden Tätigkeiten erforderlich ist und der Zugriff unter Aufsicht einer Person nach Nummer 1 erfolgt,
   a) bei Personen nach Nummer 1,
   b) in einem Krankenhaus oder
   c) in einer Vorsorgeeinrichtung oder Rehabilitationseinrichtung nach § 107 Absatz 2 oder in einer Rehabilitationseinrichtung nach § 15 Absatz 2 des Sechsten Buches oder bei einem Leistungserbringer der Heilbehandlung einschließlich medizinischer Rehabilitation nach § 26 Absatz 1 Satz 1 des Siebten Buches oder in der Haus- oder Heimpflege nach § 44 des Siebten Buches;
3. Apotheker mit einem Zugriff, der die Verarbeitung von Daten ermöglicht, soweit dies für die Versorgung des Versicherten mit verordneten Arzneimitteln erforderlich ist und ihnen die für den Zugriff erforderlichen Zugangsdaten nach § 360 Absatz 9 vorliegen;
4. im Rahmen der jeweiligen Zugriffsberechtigung nach Nummer 3 auch zum pharmazeutischen Personal der Apotheke gehörende Personen, deren Zugriff
   a) im Rahmen der von ihnen zulässigerweise zu erledigenden Tätigkeiten erforderlich ist und
   b) unter Aufsicht eines Apothekers erfolgt, soweit nach apothekenrechtlichen Vorschriften eine Beaufsichtigung der mit dem Zugriff verbundenen pharmazeutischen Tätigkeit vorgeschrieben ist;
5. sonstige Erbringer ärztlich verordneter Leistungen nach diesem Buch mit einem Zugriff, der die Verarbeitung von Daten ermöglicht, soweit dies für die Versorgung der Versicherten mit der ärztlich verordneten Leistung erforderlich ist und ihnen die für den Zugriff erforderlichen Zugangsdaten nach § 360 Absatz 9 vorliegen.

[2]Auf Dispensierinformationen nach § 360 Absatz 11 dürfen nur die Versicherten zugreifen.

(2) [1]Auf Daten der Versicherten in vertragsärztlichen elektronischen Verordnung dürfen zugriffsberechtigte Leistungserbringer und andere zugriffsberechtigte Personen nach Absatz 1 und nach Maßgabe des § 339 Absatz 2 nur zugreifen mit

1. einem ihrer Berufszugehörigkeit entsprechenden elektronischen Heilberufsausweis in Verbindung mit einer Komponente zur Authentifizierung von Leistungserbringerinstitutionen,
2. einem ihrer Berufszugehörigkeit entsprechenden elektronischen Berufsausweis in Verbindung mit einer Komponente zur Authentifizierung von Leistungserbringerinstitutionen oder
3. einer digitalen Identität nach § 340 Absatz 6 in Verbindung mit einer Komponente zur Authentifizierung von Leistungserbringerinstitutionen.

[2]Es ist nachprüfbar elektronisch zu protokollieren, wer auf die Daten zugegriffen hat.

(3) Die in Absatz 1 genannten zugriffsberechtigten Personen, die weder über einen elektronischen Heilberufsausweis noch über einen elektronischen Berufsausweis verfügen, dürfen nach Maßgabe des Absatz 1 nur zugreifen, wenn

1. sie für diesen Zugriff von Personen autorisiert sind, die verfügen über

   a) einen ihrer Berufszugehörigkeit entsprechenden elektronischen Heilberufsausweis oder

   b) einen ihrer Berufszugehörigkeit entsprechenden elektronischen Berufsausweis und

2. nachprüfbar elektronisch protokolliert wird,

   a) wer auf die Daten zugegriffen hat und

   b) von welcher Person nach Nummer 1 die zugreifende Person autorisiert wurde.

(4) Der elektronische Heilberufsausweis und der elektronische Berufsausweis müssen über eine Möglichkeit zur sicheren Authentifizierung und zur Erstellung qualifizierter elektronischer Signaturen verfügen.

(5) [1]Die Übermittlung von Daten der elektronischen Verordnung nach § 360 Absatz 2 zum grenzüberschreitenden Austausch von Gesundheitsdaten zum Zweck der Unterstützung einer Behandlung des Versicherten an einen in einem anderen Mitgliedstaat der Europäischen Union nach dem Recht des jeweiligen Mitgliedstaats zum Zugriff auf Verordnungsdaten berechtigten Leistungserbringer über die jeweiligen nationalen eHealth-Kontaktstellen bedarf der vorherigen Einwilligung durch den Versicherten in die Nutzung des Übermittlungsverfahrens. [2]Zusätzlich ist erforderlich, dass der Versicherte zum Zeitpunkt der Einlösung der Verordnung die Übermittlung an die nationale eHealth-Kontaktstelle des Mitgliedstaats, in dem die Verordnung eingelöst wird, durch eine eindeutige bestätigende Handlung technisch freigibt. [3]Abweichend von den Absätzen 1 bis 4 sowie von § 339 finden für die Verarbeitung der Daten durch einen Leistungserbringer in einem anderen Mitgliedstaat der Europäischen Union die Bestimmungen des Mitgliedstaats Anwendung, in dem die Verordnung eingelöst wird. [4]Hierbei finden die gemeinsamen europäischen Vereinbarungen zum grenzüberschreitenden Austausch von Gesundheitsdaten Berücksichtigung. [5]Der Spitzenverband Bund der Krankenkassen, Deutsche Verbindungsstelle Krankenversicherung – Ausland hat die Versicherten über die Voraussetzungen und das Verfahren bei der Übermittlung und Nutzung von Daten der elektronischen Verordnung zum grenzüberschreitenden Austausch von Gesundheitsdaten über die nationale eHealth-Kontaktstelle zu informieren.

§ 361a Einwilligungsbasierte Übermittlung von Daten aus vertragsärztlichen elektronischen Verordnungen; Verordnungsermächtigung

(1) [1]Über Schnittstellen in den Diensten nach § 360 Absatz 1 müssen Daten aus elektronischen Verordnungen von verschreibungspflichtigen Arzneimitteln an folgende an die Telematikinfrastruktur angeschlossene und mit den Mitteln der Telematikinfrastruktur authentifizierte Berechtigte übermittelt werden können:

1. Hersteller von digitalen Gesundheitsanwendungen nach § 33a, sofern die Daten für den bestimmungsgemäßen Gebrauch der digitalen Gesundheitsanwendung durch die jeweiligen Versicherten erforderlich sind und die jeweiligen Versicherten diese digitale Gesundheitsanwendung nutzen,

2. Krankenkassen der jeweiligen Versicherten, soweit dies für individuelle Angebote zur Verbesserung der Versorgung der jeweiligen Versicherten sowie zur Bewilligung von Leistungen vor einer Inanspruchnahme verordneter Leistungen erforderlich ist,

3. Unternehmen der privaten Krankenversicherung der jeweiligen Versicherten, soweit dies für individuelle Angebote zur Verbesserung der Versorgung oder zu Abrechnungszwecken erforderlich ist,

4. Apotheken, sofern die Daten im Rahmen des Apothekenbetriebs zur Unterstützung der Versorgung der Patienten erforderlich sind,

5. Vertragsärzte und Vertragszahnärzte, die in einem Behandlungsverhältnis mit den jeweiligen Versicherten stehen, soweit dies zur Unterstützung der Behandlung erforderlich ist,

6. Krankenhäuser, die in einem Behandlungsverhältnis mit den jeweiligen Versicherten stehen, soweit dies zur Unterstützung der Behandlung erforderlich ist,

7. Vorsorgeeinrichtungen und Rehabilitationseinrichtungen, die in einem Behandlungsverhältnis mit dem jeweiligen Versicherten stehen, soweit dies zur Unterstützung der Behandlung erforderlich ist.

[2]Die elektronischen Zugangsdaten, die die Einlösung einer elektronischen Verordnung von verschreibungspflichtigen Arzneimitteln ermöglichen, dürfen nicht über die Schnittstellen nach Satz 1 übermittelt werden.

(2) Die Übermittlung von Daten aus einer vertragsärztlichen elektronischen Verordnung von verschreibungspflichtigen Arzneimitteln an einen Berechtigten nach Absatz 1 und die weitere Verarbeitung durch diesen Berechtigten bedarf der Einwilligung des Versicherten.

(3) [1]Die Daten nach Absatz 1 dürfen von den dort genannten Berechtigten nur zu den dort genannten Zwecken verarbeitet werden. [2]Diese Verarbeitung darf die Wirksamkeit der Maßnahmen zur Gewährleistung von Datensicherheit und Datenschutz sowie die Verfügbarkeit und Nutzbarkeit der vertragsärztlichen elektronischen Verordnung nicht beeinträchtigen. [3]Die Gesellschaft für Telematik veröffentlicht im Einvernehmen mit dem Bundesamt für Sicherheit in der Informationstechnik und der oder dem Bundesbeauftragten für den Datenschutz und die Informationsfreiheit die durch die Berechtigten nach Absatz 1 zu erfüllenden Vorgaben bezüglich Datensicherheit und Datenschutz.

(4) Unmittelbar nach einer Übermittlung von Daten nach Absatz 1 wird den jeweiligen Versicherten eine umfassende Dokumentation der Datenübermittlung barrierefrei zur Verfügung gestellt.

(5) [1]Die Gesellschaft für Telematik betreibt die Schnittstelle nach Absatz 1 und stellt sie den dort genannten Berechtigten diskriminierungsfrei und kostenfrei zur Verfügung. [2]Zu diesem Zweck stellt sie die erforderlichen Informationen zur technischen Beschaffenheit der Schnittstelle sowie über die Möglichkeit zu deren Nutzung auf ihrer Internetseite allgemein zugänglich bereit.

(6) Das Bundesministerium für Gesundheit wird ermächtigt, im Einvernehmen mit der oder dem Bundesbeauftragten für den Datenschutz und die Informationsfreiheit und dem Bundesamt für Sicherheit in der Informationstechnik durch Rechtsverordnung ohne Zustimmung des Bundesrats Folgendes zu regeln:

1. die Fristen, zu denen die Schnittstellen nach Absatz 1 bereitgestellt werden müssen,
2. welche Daten nach den Absätzen 1 bis 3 zu welchen Verarbeitungszwecken übermittelt werden dürfen,
3. zu welchen Zwecken welche Daten von den Empfangsberechtigten nach Absatz 1 verarbeitet werden dürfen,
4. die Informationen, die den Versicherten barrierefrei zur Verfügung zu stellen sind,
5. die Anforderungen an die Abgabe, die Änderung und den Widerruf der Einwilligungserklärung nach Absatz 2 einschließlich der Möglichkeit, die Einwilligung auf bestimmte Zeiträume, bestimmte elektronische Verordnungen oder bestimmte Datenfelder der elektronischen Verordnung zu beschränken,
6. die technischen Einzelheiten der Datenübermittlung und
7. die Dokumentation der Datenübermittlung nach Absatz 4.

Siebter Titel

Nutzung der Telematikinfrastruktur durch weitere Kostenträger und durch das Zentrale Vorsorgeregister

§ 362 Nutzung von elektronischen Gesundheitskarten oder digitalen Identitäten für Versicherte von Unternehmen der privaten Krankenversicherung, der Postbeamtenkrankenkasse, der Krankenversorgung der Bundesbahnbeamten, für Polizeivollzugsbeamte der Bundespolizei oder für Soldaten der Bundeswehr

(1) Werden von Unternehmen der privaten Krankenversicherung, der Postbeamtenkrankenkasse, der Krankenversorgung der Bundesbahnbeamten, der Bundespolizei oder von der Bundeswehr elektronische Gesundheitskarten oder digitale Identitäten für die Verarbeitung von Daten einer Anwendung nach § 334 Absatz 1 Satz 2 an ihre Versicherten, an Polizeivollzugsbeamte der Bundespolizei oder an Soldaten zur Verfügung gestellt, sind die § 291a Absatz 5 bis 7, §§ 334 bis 337, 339, 341 Absatz 1 bis 4, § 342 Absatz 2

und 3, § 343 Absatz 1, die §§ 344, 345, 352, 353, 356 bis 359 und 361 entsprechend anzuwenden.

(2) [1]Für den Einsatz elektronischer Gesundheitskarten oder digitaler Identitäten nach Absatz 1 können Unternehmen der privaten Krankenversicherung, der Postbeamtenkrankenkasse, der Krankenversorgung der Bundesbahnbeamten, die Bundespolizei oder die Bundeswehr als Versichertennummer den unveränderbaren Teil der Krankenversichertennummer nach § 290 Absatz 1 Satz 2 nutzen. [2]§ 290 Absatz 1 Satz 4 bis 7 ist entsprechend anzuwenden. [3]Die Vergabe der Versichertennummer erfolgt durch die Vertrauensstelle nach § 290 Absatz 2 Satz 2 und hat den Vorgaben der Richtlinien nach § 290 Absatz 2 Satz 1 für den unveränderbaren Teil der Krankenversichertennummer zu entsprechen.

(3) Die Kosten zur Bildung der Versichertennummer und, sofern die Vergabe einer Rentenversicherungsnummer erforderlich ist, zur Vergabe der Rentenversicherungsnummer tragen jeweils die Unternehmen der privaten Krankenversicherung, die Postbeamtenkrankenkasse, die Krankenversorgung der Bundesbahnbeamten, die Bundespolizei oder die Bundeswehr.

§ 362a Nutzung der elektronischen Gesundheitskarte bei Krankenbehandlung der Sozialen Entschädigung nach dem Vierzehnten Buch

[1]Wird die Telematikinfrastruktur für Anwendungen im Bereich der Krankenbehandlung der Sozialen Entschädigung nach dem Vierzehnten Buch unter Nutzung elektronischer Gesundheitskarten oder hiermit technisch kompatibler Karten zum Zweck des Nachweises der Leistungsberechtigung und der Abrechnung von Leistungen in diesem Bereich verwendet, gilt § 327 entsprechend. [2]§ 291a bleibt unberührt.

§ 362b Nutzung der Telematikinfrastruktur durch das Zentrale Vorsorgeregister

Wird die Telematikinfrastruktur zur Erteilung von Auskunft aus dem Zentralen Vorsorgeregister nach § 78b Absatz 1 Satz 1 der Bundesnotarordnung verwendet, gilt § 327 entsprechend.

Achter Titel

Verfügbarkeit von Daten aus Anwendungen der Telematikinfrastruktur für Forschungszwecke

§ 363 Verarbeitung von Daten der elektronischen Patientenakte zu Forschungszwecken

(1) Versicherte können die Daten ihrer elektronischen Patientenakte freiwillig für die in § 303e Absatz 2 Nummer 2, 4, 5 und 7 aufgeführten Forschungszwecke freigeben.

(2) [1]Die Übermittlung der freigegebenen Daten nach Absatz 1 erfolgt an das Forschungsdatenzentrum nach § 303d und bedarf als Verarbeitungsbedingung einer informierten Einwilligung des Versicherten. [2]Die Einwilligung erklärt der Versicherte über die Benutzeroberfläche eines geeigneten Endgeräts. [3]Den Umfang der Datenfreigabe können Versicherte frei wählen und auf bestimmte Kategorien oder auf Gruppen von Dokumenten und Datensätzen oder auf spezifische Dokumente und Datensätze beschränken. [4]Die Freigabe wird in der elektronischen Patientenakte dokumentiert.

(3) [1]Die nach § 341 Absatz 4 für die Datenverarbeitung in der elektronischen Patientenakte Verantwortlichen pseudonymisieren und verschlüsseln die mit der informierten Einwilligung nach den Absätzen 1 und 2 freigegebenen Daten, versehen diese mit einer Arbeitsnummer und übermitteln

1. an das Forschungsdatenzentrum die pseudonymisierten und verschlüsselten Daten samt Arbeitsnummer,
2. an die Vertrauensstellen nach § 303c das Lieferpseudonym zu den freigegebenen Daten und die entsprechende Arbeitsnummer.

[2]Die Vertrauensstelle überführt die Lieferpseudonyme in periodenübergreifende Pseudonyme und übermittelt dem Forschungsdatenzentrum die periodenübergreifenden Pseudonyme mit den dazugehörigen Arbeitsnummern. [3]Mit dem periodenübergreifenden Pseudonym und der bereits übersandten Arbeitsnummer verknüpft das Forschungsdatenzentrum die freigegebenen Daten mit den im Forschungsdatenzentrum vorliegenden Daten vorheriger Übermittlungen.

(4) [1]Die an das Forschungsdatenzentrum freigegebenen Daten dürfen von diesem für die Erfüllung seiner Aufgaben verarbeitet und auf Antrag den Nutzungsberechtigten nach § 303e Absatz 1 Nummer 6, 7, 8, 10, 13, 14, 15 und 16 bereitgestellt werden. [2]§ 303a Absatz 3, § 303c Absatz 1 und 2, die §§ 303d, 303e Absatz 3 bis 6 sowie § 303f gelten entsprechend.

(5) [1]Vor Erteilung der informierten Einwilligung ist der Versicherte umfassend nach Maßgabe des § 343 Absatz 1 Satz 1 über die Freiwilligkeit der Datenfreigabe, die pseudonymisierte Datenübermittlung an das Forschungsdatenzentrum, die möglichen Nutzungsberechtigten, die Zwecke, die Aufgaben des Forschungsdatenzentrums, die Arten der Datenbereitstellung an Nutzungsberechtigte, das Verbot der Re-Identifizierung von Versicherten und Leistungserbringern sowie die Widerrufsmöglichkeiten zu informieren. [2]Diese Informationen sind gemäß § 343 Absatz 1 Satz 3 Nummer 16 Bestandteile des geeigneten Informationsmaterials der Krankenkassen.

(6) [1]Im Fall des Widerrufs der informierten Einwilligung nach Absatz 2 werden die entsprechenden Daten, die bereits an das Forschungsdatenzentrum übermittelt wurden, im Forschungsdatenzentrum gelöscht. [2]Das Löschverfahren erfolgt analog zur Datenübermittlung und Verknüpfung in Absatz 3. [3]Die bis zum Widerruf der Einwilligung nach Absatz 2 übermittelten und für konkrete Forschungsvorhaben bereits verwendeten Daten dürfen weiterhin für diese Forschungsvorhaben verarbeitet werden. [4]Die Rechte der betroffenen Person nach den Artikeln 17, 18 und 21 der Verordnung (EU) 2016/679 sind insoweit für diese Forschungsvorhaben ausgeschlossen. [5]Der Widerruf der Einwilligung kann ebenso wie deren Erteilung über die Benutzeroberfläche eines geeigneten Endgeräts erfolgen.

(7) Das Bundesministerium für Gesundheit wird ermächtigt, im Benehmen mit dem Bundesministerium für Bildung und Forschung ohne Zustimmung des Bundesrates durch Rechtsverordnung das Nähere zu regeln zu

1. den angemessenen und spezifischen Maßnahmen zur Wahrung der Interessen der betroffenen Person im Sinne von Artikel 9 Absatz 2 Buchstabe i und j in Verbindung mit Artikel 89 der Verordnung (EU) 2016/679,
2. den technischen und organisatorischen Einzelheiten der Datenfreigabe, der Datenübermittlung und der Pseudonymisierung nach den Absätzen 2 und 3.

(8) Unbeschadet der nach den vorstehenden Absätzen vorgesehenen Datenfreigabe an das Forschungsdatenzentrum können Versicherte die Daten ihrer elektronischen Patientenakte auch auf der alleinigen Grundlage einer informierten Einwilligung für ein bestimmtes Forschungsvorhaben oder für bestimmte Bereiche der wissenschaftlichen Forschung zur Verfügung stellen.

Sechster Abschnitt

Telemedizinische Verfahren

§ 364 Vereinbarung über technische Verfahren zur konsiliarischen Befundbeurteilung von Röntgenaufnahmen

(1) Die Kassenärztliche Bundesvereinigung vereinbart mit dem Spitzenverband Bund der Krankenkassen im Benehmen mit der Gesellschaft für Telematik die Anforderungen an die technischen Verfahren zur telemedizinischen Erbringung der konsiliarischen Befundbeurteilung von Röntgenaufnahmen in der vertragsärztlichen Versorgung, insbesondere Einzelheiten hinsichtlich der Qualität und der Sicherheit, und die Anforderungen an die technische Umsetzung.

(2) Kommt die Vereinbarung nach Absatz 1 nicht zustande, so ist auf Antrag eines der Vereinbarungspartner ein Schlichtungsverfahren nach § 370 bei der Schlichtungsstelle nach § 319 einzuleiten.

§ 365 Vereinbarung über technische Verfahren zur Videosprechstunde in der vertragsärztlichen Versorgung

(1) [1]Die Kassenärztliche Bundesvereinigung vereinbart mit dem Spitzenverband Bund der Krankenkassen im Benehmen mit der Gesellschaft für Telematik die Anforderungen an die technischen Verfahren zu Videosprechstunden, insbesondere Einzelheiten hinsichtlich der Qualität und der Sicherheit, und die Anforderungen an die technische Umsetzung. [2]Die Kassenärztliche Bundesvereinigung und der Spitzenverband Bund der Krankenkassen berücksichtigen in der Vereinbarung nach Satz 1 die sich ändernden Kommunikationsbedürfnisse der Versicherten,

insbesondere hinsichtlich der Nutzung digitaler Kommunikationsanwendungen auf mobilen Endgeräten. [3]Bei der Fortschreibung der Vereinbarung ist vorzusehen, dass für die Durchführung von Videosprechstunden Dienste der Telematikinfrastruktur genutzt werden können, sobald diese zur Verfügung stehen. [4]§ 630e des Bürgerlichen Gesetzbuchs ist zu beachten.

(2) Kommt die Vereinbarung nach Absatz 1 nicht zustande, so ist auf Antrag eines der Vereinbarungspartner ein Schlichtungsverfahren nach § 370 bei der Schlichtungsstelle nach § 319 einzuleiten.

§ 366 Vereinbarung über technische Verfahren zur Videosprechstunde in der vertragszahnärztlichen Versorgung

(1) [1]Die Kassenzahnärztliche Bundesvereinigung vereinbart mit dem Spitzenverband Bund der Krankenkassen im Benehmen mit der Gesellschaft für Telematik die Anforderungen an die technischen Verfahren zu Videosprechstunden, insbesondere Einzelheiten hinsichtlich der Qualität und der Sicherheit, und die Anforderungen an die technische Umsetzung. [2]Die Kassenzahnärztliche Bundesvereinigung und der Spitzenverband Bund der Krankenkassen berücksichtigen in der Vereinbarung nach Satz 1 die sich ändernden Kommunikationsbedürfnisse der Versicherten, insbesondere hinsichtlich der Nutzung digitaler Kommunikationsanwendungen auf mobilen Endgeräten. [3]Bei der Fortschreibung der Vereinbarung ist vorzusehen, dass für die Durchführung von Videosprechstunden Dienste der Telematikinfrastruktur genutzt werden können, sobald diese zur Verfügung stehen. [2]§ 630e des Bürgerlichen Gesetzbuchs ist zu beachten.

(2) Kommt die Vereinbarung nach Absatz 1 nicht zustande, so ist auf Antrag eines der Vereinbarungspartner ein Schlichtungsverfahren nach § 370 bei der Schlichtungsstelle nach § 319 einzuleiten.

§ 367 Vereinbarung über technische Verfahren zu telemedizinischen Konsilien

(1) Die Kassenärztlichen Bundesvereinigungen und die Deutsche Krankenhausgesellschaft vereinbaren bis zum 31. März 2020 mit dem Spitzenverband Bund der Krankenkassen in Abstimmung mit dem Bundesamt für Sicherheit in der Informationstechnik und der Gesellschaft für Telematik die Anforderungen an die technischen Verfahren zu telemedizinischen Konsilien, insbesondere Einzelheiten hinsichtlich der Qualität und der Sicherheit, und die Anforderungen an die technische Umsetzung.

(2) Kommt die Vereinbarung nach Absatz 1 nicht zustande, so ist auf Antrag eines der Vereinbarungspartner ein Schlichtungsverfahren nach § 370 bei der Schlichtungsstelle nach § 319 einzuleiten.

§ 367a Vereinbarung über technische Verfahren bei telemedizinischem Monitoring

(1) [1]Die Kassenärztliche Bundesvereinigung und der Spitzenverband Bund der Krankenkassen vereinbaren bis zum 31. März 2022 im Benehmen mit der oder dem Bundesbeauftragten für den Datenschutz und die Informationsfreiheit, dem Bundesamt für die Sicherheit in der Informationstechnik und der Gesellschaft für Telematik die Anforderungen an technische Verfahren zum datengestützten zeitnahen Management von Krankheiten über eine räumliche Distanz (telemedizinisches Monitoring). [2]In der Vereinbarung sind insbesondere festzulegen die

1. technischen Anforderungen an die einzusetzenden Anwendungen,
2. Vorgaben für die Interoperabilität der einzusetzenden Anwendungen,
3. Anforderungen an den Datenschutz und die Informationssicherheit sowie
4. Verwendung von Diensten und Anwendungen der Telematikinfrastruktur.

[3]In der Vereinbarung nach Satz 1 ist vorzusehen, dass den Versicherten therapierelevante Daten in einem interoperablen Format nach § 355 Absatz 2d zur Verfügung gestellt werden.

(2) Kommt die Vereinbarung nach Absatz 1 nicht zustande, so ist auf Antrag eines der Vereinbarungspartner ein Schlichtungsverfahren nach § 370 bei der Schlichtungsstelle nach § 319 einzuleiten

§ 368
Vereinbarung über ein Authentifizierungsverfahren im Rahmen der Videosprechstunde

(1) [1]Die Kassenärztliche Bundesvereinigung und der Spitzenverband Bund der Krankenkassen vereinbaren im Benehmen mit der Gesellschaft für Telematik und dem Bundesamt für Sicherheit in der Informationstechnik ein technisches Verfahren zur Authentifizierung der Versicherten im Rahmen der Videosprechstunde in der vertragsärztlichen Versorgung. [2]Zur Durchführung der Authentifizierung ist die Nutzung der Dienste und Anwendungen der Telematikinfrastruktur vorzusehen.

(2) Kommt die Vereinbarung nach Absatz 1 nicht zustande, so ist auf Antrag eines der Vereinbarungspartner ein Schlichtungsverfahren nach § 370 bei der Schlichtungsstelle nach § 319 einzuleiten.

§ 369
Prüfung der Vereinbarungen durch das Bundesministerium für Gesundheit

(1) Die Vereinbarung über die technischen Verfahren zur telemedizinischen Erbringung der konsiliarischen Befundbeurteilung nach § 364, die Vereinbarung über technische Verfahren zu Videosprechstunden nach den §§ 365 und 366 sowie die Vereinbarung über technische Verfahren zu telemedizinischen Konsilien nach § 367, die Vereinbarung über technische Verfahren bei telemedizinischem Monitoring nach § 367a und die Vereinbarung zum Authentifizierungsverfahren im Rahmen der Videosprechstunde nach § 368 sind dem Bundesministerium für Gesundheit jeweils zur Prüfung vorzulegen.

(2) [1]Bei der Prüfung einer Vereinbarung nach Absatz 1 hat das Bundesministerium für Gesundheit der oder dem Bundesbeauftragten für den Datenschutz und die Informationsfreiheit und dem Bundesamt für Sicherheit in der Informationstechnik Gelegenheit zur Stellungnahme zu geben. [2]Das Bundesministerium für Gesundheit kann für die Stellungnahme eine angemessene Frist setzen.

(3) Das Bundesministerium für Gesundheit kann die Vereinbarung innerhalb von einem Monat beanstanden.

§ 370
Entscheidung der Schlichtungsstelle

(1) Wird auf Antrag eines Vereinbarungspartners nach den §§ 364 bis 368 ein Schlichtungsverfahren bei der Schlichtungsstelle nach § 319 eingeleitet, so hat die Schlichtungsstelle innerhalb von vier Wochen nach Einleitung des Schlichtungsverfahrens einen Entscheidungsvorschlag vorzulegen.

(2) Vor ihrem Entscheidungsvorschlag hat die Schlichtungsstelle den jeweiligen Vereinbarungspartnern nach den §§ 364 bis 368 und der Gesellschaft für Telematik Gelegenheit zur Stellungnahme zu geben.

(3) Kommt innerhalb von zwei Wochen nach Vorlage des Entscheidungsvorschlags keine Entscheidung der Vereinbarungspartner nach den §§ 364 bis 368 zustande, entscheidet die Schlichtungsstelle anstelle der Vereinbarungspartner innerhalb von zwei Wochen.

(4) [1]Die Entscheidung der Schlichtungsstelle ist für die Vereinbarungspartner nach den §§ 364 bis 368 und für die Leistungserbringer und Krankenkassen sowie für ihre Verbände nach diesem Buch verbindlich. [2]Die Entscheidung der Schlichtungsstelle kann nur durch eine alternative Entscheidung der Vereinbarungspartner nach Absatz 1 in gleicher Sache ersetzt werden.

§ 370a
Unterstützung der Kassenärztlichen Vereinigungen bei der Vermittlung telemedizinischer Angebote durch die Kassenärztliche Bundesvereinigung, Verordnungsermächtigung

(1) [1]Im Rahmen ihrer Aufgaben nach § 75 Absatz 1a Satz 16 errichtet und betreibt die Kassenärztliche Bundesvereinigung ein Portal zur Vermittlung telemedizinischer Leistungen an Versicherte. [2]Das Portal muss mit den von den Kassenärztlichen Vereinigungen nach § 75 Absatz 1a Satz 17 bereitgestellten digitalen Angeboten kompatibel sein. [3]Die Kassenärztlichen Vereinigungen übermitteln der Kassenärztlichen Bundesvereinigung hierzu die nach § 75 Absatz 1a Satz 21 gemeldeten Termine.

(2) [1]Die Kassenärztliche Bundesvereinigung ermöglicht die Nutzung der in dem Portal nach Absatz 1 bereitgestellten Informationen durch Dritte. [2]Hierzu veröffentlicht sie eine Schnittstel-

le auf Basis international anerkannter Standards und beantragt deren Aufnahme in das Interoperabilitätsverzeichnis nach § 385. [3]Die Vertragsärzte können der Weitergabe ihrer Daten an Dritte nach Satz 1 widersprechen.

(3) [1]Die Kassenärztliche Bundesvereinigung regelt das Nähere zu der Nutzung der in dem Portal bereitgestellten Informationen durch Dritte in einer Verfahrensordnung. [2]Die Verfahrensordnung bedarf der Genehmigung des Bundesministeriums für Gesundheit.

(4) [1]Die Nutzung der in dem Portal bereitgestellten Informationen durch Dritte ist gebührenpflichtig. [2]Das Bundesministerium für Gesundheit wird ermächtigt, durch Rechtsverordnung ohne Zustimmung des Bundesrates die gebührenpflichtigen Tatbestände zu bestimmen und dabei feste Sätze oder Rahmensätze vorzusehen sowie Regelungen über die Gebührenentstehung, die Gebührenerhebung, die Erstattung von Auslagen, den Gebührenschuldner, Gebührenbefreiungen, die Fälligkeit, die Stundung, die Niederschlagung, den Erlass, Säumniszuschläge, die Verjährung und die Erstattung zu treffen. [3]In der Rechtsverordnung kann eine Gebührenbefreiung der Nutzung der in dem Portal bereitgestellten Informationen durch gemeinnützige juristische Personen des Privatrechts, insbesondere medizinische Fachgesellschaften, vorgesehen werden. [4]Das Bundesministerium für Gesundheit kann die Ermächtigung nach den Sätzen 2 und 3 durch Rechtsverordnung auf die Kassenärztliche Bundesvereinigung übertragen.

Siebter Abschnitt

Anforderungen an Schnittstellen in informationstechnischen Systemen

§ 371 Integration offener und standardisierter Schnittstellen in informationstechnische Systeme

(1) In informationstechnische Systeme in der vertragsärztlichen Versorgung, in der vertragszahnärztlichen Versorgung und in Krankenhäusern, die zur Verarbeitung von personenbezogenen Patientendaten eingesetzt werden, sind folgende offene und standardisierte Schnittstellen zu integrieren:

1. Schnittstellen zur systemneutralen Archivierung von Patientendaten sowie zur Übertragung von Patientendaten bei einem Systemwechsel,
2. Schnittstellen für elektronische Programme, die nach § 73 Absatz 9 Satz 1 für die Verordnung von Arzneimitteln zugelassen sind,
3. Schnittstellen zum elektronischen Melde- und Informationssystem nach § 14 des Infektionsschutzgesetzes und
4. Schnittstellen für die Anbindung vergleichbarer versorgungsorientierter informationstechnischer Systeme, insbesondere ambulante und klinische Anwendungs- und Datenbanksysteme nach diesem Buch.

(2) Absatz 1 Nummer 1 und 4 gilt entsprechend für informationstechnische Systeme, die zur Verarbeitung von personenbezogenen Daten zur pflegerischen Versorgung von Versicherten nach diesem Buch oder in einer nach § 72 Absatz 1 des Elften Buches zugelassenen Pflegeeinrichtung eingesetzt werden.

(3) Die Integration der Schnittstellen muss spätestens zwei Jahre nachdem die jeweiligen Festlegungen nach den §§ 372 und 373 erstmals in das Interoperabilitätsverzeichnis nach § 385 aufgenommen worden sind, erfolgt sein.

(4) Bei einer Fortschreibung der Schnittstellen kann in den Festlegungen nach den §§ 372 und 373 in Verbindung mit der nach § 375 zu erlassenden Rechtsverordnung eine Frist vorgegeben werden, die von der in Absatz 3 genannten Frist abweicht.

§ 372 Festlegungen zu den offenen und standardisierten Schnittstellen für informationstechnische Systeme in der vertragsärztlichen und vertragszahnärztlichen Versorgung

(1) [1]Für die in der vertragsärztlichen und vertragszahnärztlichen Versorgung eingesetzten informationstechnischen Systeme treffen die Kassenärztlichen Bundesvereinigungen im Benehmen mit der Gesellschaft für Telematik sowie mit den für die Wahrnehmung der Interessen der Industrie maßgeblichen Bundesverbänden aus dem Bereich der Informationstechnologie im Gesundheitswesen die erforderlichen Festlegungen zu den offenen und standardisierten Schnittstellen nach § 371 sowie nach Maßgabe der nach

§ 375 zu erlassenden Rechtsverordnung. [2]Über die Festlegungen nach Satz 1 entscheidet für die Kassenärztliche Bundesvereinigung der Vorstand. [3]Bei den Festlegungen zu den offenen und standardisierten Schnittstellen nach § 371 Absatz 1 Nummer 2 sind die Vorgaben nach § 73 Absatz 9 und der Rechtsverordnung nach § 73 Absatz 9 Satz 2 zu berücksichtigen.

(2) Die Festlegungen nach Absatz 1 sind in das Interoperabilitätsverzeichnis nach § 385 aufzunehmen.

(3) [1]Für die abrechnungsbegründende Dokumentation von vertragsärztlichen und vertragszahnärztlichen Leistungen dürfen Vertragsärzte und Vertragszahnärzte ab dem 1. Januar 2021 nur solche informationstechnischen Systeme einsetzen, die von den Kassenärztlichen Bundesvereinigungen in einem Bestätigungsverfahren nach Satz 2 bestätigt wurden. [2]Die Kassenärztlichen Bundesvereinigungen legen im Einvernehmen mit der Gesellschaft für Telematik die Vorgaben für das Bestätigungsverfahren so fest, dass im Rahmen des Bestätigungsverfahrens sichergestellt wird, dass die vorzunehmende Integration der offenen und standardisierten Schnittstellen in das jeweilige informationstechnische System innerhalb der Frist nach § 371 Absatz 3 und nach Maßgabe des § 371 sowie nach Maßgabe der nach § 375 zu erlassenden Rechtsverordnung erfolgt ist. [3]Die Kassenärztlichen Bundesvereinigungen veröffentlichen die Vorgaben zu dem Bestätigungsverfahren sowie eine Liste mit den nach Satz 1 bestätigten informationstechnischen Systemen.

§ 373
Festlegungen zu den offenen und standardisierten Schnittstellen für informationstechnische Systeme in Krankenhäusern und in der pflegerischen Versorgung; Gebühren und Auslagen; Verordnungsermächtigung

(1) [1]Für die in den Krankenhäusern eingesetzten informationstechnischen Systeme trifft die Gesellschaft für Telematik im Benehmen mit der Deutschen Krankenhausgesellschaft sowie mit den für die Wahrnehmung der Interessen der Industrie maßgeblichen Bundesverbänden aus dem Bereich der Informationstechnologie im Gesundheitswesen die erforderlichen Festlegungen zu den offenen und standardisierten Schnittstellen nach § 371 sowie nach Maßgabe der nach § 375 zu erlassenden Rechtsverordnung. [2]Bei den Festlegungen zu den offenen und standardisierten Schnittstellen nach § 371 Absatz 1 Nummer 2 sind die Vorgaben nach § 73 Absatz 9 und der Rechtsverordnung nach § 73 Absatz 9 Satz 2 zu berücksichtigen.

(2) Im Rahmen der Festlegungen nach Absatz 1 definiert die Deutsche Krankenhausgesellschaft auch, welche Subsysteme eines informationstechnischen Systems im Krankenhaus die Schnittstellen integrieren müssen.

(3) Für die informationstechnischen Systeme nach § 371 Absatz 2 trifft die Gesellschaft für Telematik im Benehmen mit den Vereinigungen der Träger der Pflegeeinrichtungen auf Bundesebene sowie der Verbände der Pflegeberufe auf Bundesebene sowie den für die Wahrnehmung der Interessen der Industrie maßgeblichen Bundesverbänden aus dem Bereich der Informationstechnologie im Gesundheitswesen und in der pflegerischen Versorgung die erforderlichen Festlegungen zu den offenen und standardisierten Schnittstellen nach § 371 sowie nach Maßgabe der nach § 375 zu erlassenden Rechtsverordnung.

(4) Die Festlegungen nach den Absätzen 1 bis 3 sind in das Interoperabilitätsverzeichnis nach § 385 aufzunehmen.

(5) [1]Der Einsatz von informationstechnischen Systemen nach den Absätzen 1 bis 3, die von der Gesellschaft für Telematik in einem Bestätigungsverfahren nach Satz 2 bestätigt wurden, ist wie folgt verpflichtend:

1. für Krankenhäuser ab dem 30. Juni 2021;
2. für die in § 312 Absatz 2 genannten Leistungserbringer sowie die zugelassenen Pflegeeinrichtungen im Sinne des § 72 Absatz 1 Satz 1 des Elften Buches zwei Jahre nachdem die jeweiligen Festlegungen nach den §§ 372 und 373 erstmals in das Interoperabilitätsverzeichnis nach § 385 aufgenommen worden sind.

[2]Die Gesellschaft für Telematik legt die Vorgaben für das Bestätigungsverfahren so fest, dass im Rahmen des Bestätigungsverfahrens sichergestellt wird, dass die vorzunehmende Integration der offenen und standardisierten Schnittstellen in das jeweilige informationstechnische System innerhalb der Frist nach § 371 Absatz 3 und nach

Maßgabe des § 371 sowie nach Maßgabe der nach § 375 zu erlassenden Rechtsverordnung erfolgt ist; sie veröffentlicht bis zum 30. April 2021 Einzelheiten zum Bestätigungsverfahren. [3]Die Gesellschaft für Telematik veröffentlicht eine Liste mit den nach Satz 1 bestätigten informationstechnischen Systemen.

(6) Abweichend von Absatz 5 ist in der vertragsärztlichen Versorgung in Krankenhäusern eine Bestätigung für eine offene und standardisierte Schnittstelle nach § 371 Absatz 1 Nummer 2 entbehrlich, wenn hierfür ein Nachweis einer Bestätigung nach § 372 Absatz 3 vorliegt.

(7) [1]Die Gesellschaft für Telematik kann für die Bestätigungen nach Absatz 5 Gebühren und Auslagen erheben. [2]Die Gebührensätze sind so zu bemessen, dass sie den auf die Leistungen entfallenden durchschnittlichen Personal- und Sachaufwand nicht übersteigen.

(8) Das Bundesministerium für Gesundheit wird ermächtigt, durch Rechtsverordnung ohne Zustimmung des Bundesrates die gebührenpflichtigen Tatbestände zu bestimmen und dabei feste Sätze oder Rahmensätze vorzusehen sowie Regelungen über die Gebührenentstehung, die Gebührenerhebung, die Erstattung von Auslagen, den Gebührenschuldner, Gebührenbefreiungen, die Fälligkeit, die Stundung, die Niederschlagung, den Erlass, Säumniszuschläge, die Verjährung und die Erstattung zu treffen.

§ 374
Abstimmung zur Festlegung sektorenübergreifender einheitlicher Vorgaben

[1]Die Kassenärztliche Bundesvereinigung, die Kassenzahnärztliche Bundesvereinigung, die Deutsche Krankenhausgesellschaft, die Gesellschaft für Telematik und die Vereinigungen der Träger der Pflegeeinrichtungen auf Bundesebene sowie der Verbände der Pflegeberufe auf Bundesebene stimmen sich bei den Festlegungen für offene und standardisierte Schnittstellen nach den §§ 371 bis 373 mit dem Ziel ab, bei inhaltlichen Gemeinsamkeiten der Schnittstellen sektorenübergreifende einheitliche Vorgaben zu treffen. [2]Betreffen die Festlegungen nach Satz 1 pflegerelevante Inhalte, so sind die Vereinigungen der Träger der Pflegeeinrichtungen auf Bundesebene sowie der Verbände der Pflegeberufe auf Bundesebene mit einzubeziehen.

§ 374a
Integration offener und standardisierter Schnittstellen in Hilfsmitteln und Implantaten

(1) [1]Hilfsmittel oder Implantate, die zu Lasten der gesetzlichen Krankenversicherung an Versicherte abgegeben werden und die Daten über den Versicherten elektronisch über öffentlich zugängliche Netze an den Hersteller oder Dritte übertragen, müssen ab dem 1. Juli 2025 ermöglichen, dass die von dem Hilfsmittel oder dem Implantat verarbeiteten Daten auf der Grundlage einer Einwilligung des Versicherten in geeigneten interoperablen Formaten in eine in das Verzeichnis nach § 139e Absatz 1 aufgenommene digitale Gesundheitsanwendung übermittelt und dort weiterverarbeitet werden können, soweit die Daten von der digitalen Gesundheitsanwendung zum bestimmungsgemäßen Gebrauch durch denselben Versicherten benötigt werden. [2]Hierzu müssen die Hersteller der Hilfsmittel und Implantate nach Satz 1 interoperable Schnittstellen anbieten und diese für die digitalen Gesundheitsanwendungen, die in das Verzeichnis nach § 139e aufgenommen sind, öffnen. [3]Die Beeinflussung des Hilfsmittels oder des Implantats durch die digitale Gesundheitsanwendung ist unzulässig und technisch auszuschließen.

[4]Als interoperable Formate gemäß Satz 1 gelten in nachfolgender Reihenfolge:

1. Festlegungen für Inhalte der elektronischen Patientenakte nach § 355,
2. empfohlene Standards und Profile im Interoperabilitätsverzeichnis nach § 385,
3. offene international anerkannte Standards oder
4. offengelegte Profile über offene international anerkannte Standards, deren Aufnahme in das Interoperabilitätsverzeichnis nach § 385 beantragt wurde.

(2) [1]Das Bundesinstitut für Arzneimittel und Medizinprodukte errichtet und veröffentlicht ein elektronisches Verzeichnis für interoperable Schnittstellen von Hilfsmitteln und Implantaten. [2]Die Hersteller der Hilfsmittel und Implantate melden die von den jeweiligen Geräten verwendeten interoperablen Schnittstellen nach Absatz 1 zur Veröffentlichung in dem Verzeichnis nach Satz 1

an das Bundesinstitut für Arzneimittel und Medizinprodukte.

(3) Abweichend von Absatz 1 kann über den 1. Juli 2025 hinaus eine Versorgung mit Hilfsmitteln oder Implantaten erfolgen, welche die Anforderungen nach Absatz 1 nicht erfüllen, wenn dies aus medizinischen Gründen erforderlich ist oder die regelmäßige Versorgung der Versicherten mit Hilfsmitteln oder Implantaten andernfalls nicht gewährleistet wäre.

(4) [1]Die Gesellschaft für Telematik hat bis zum 31. Oktober 2023 im Einvernehmen mit dem Bundesamt für Sicherheit in der Informationstechnik und im Benehmen mit der oder dem Bundesbeauftragten für den Datenschutz und die Informationsfreiheit sowie dem Bundesinstitut für Arzneimittel und Medizinprodukte die erforderlichen technischen Festlegungen für die Übermittlung von Daten nach Absatz 1 Satz 1, insbesondere zur sicheren gegenseitigen Identifizierung der Produkte bei der Datenübertragung, zu treffen. [2]Die Gesellschaft für Telematik darf technische Dienste zur sicheren gegenseitigen Identifizierung der Produkte nach Maßgabe der technischen Festlegungen nach Satz 1 betreiben.

§ 375 Verordnungsermächtigung

(1) [1]Das Bundesministerium für Gesundheit wird ermächtigt, durch Rechtsverordnung ohne Zustimmung des Bundesrates zur Förderung der Interoperabilität zwischen informationstechnischen Systemen nähere Vorgaben für die Festlegung der offenen und standardisierten Schnittstellen für informationstechnische Systeme nach den §§ 371 bis 373 sowie von der in § 371 Absatz 3 genannten Frist abweichende verbindliche Fristen für deren Integration und Fortschreibung festzulegen; insbesondere soll es vorgeben, welche Standards, Profile und Leitfäden, die im Interoperabilitätsverzeichnis nach § 385 verzeichnet sind, bei der Festlegung der offenen und standardisierten Schnittstellen nach den §§ 371 bis 373 berücksichtigt werden müssen. [2]In der Rechtsverordnung nach Satz 1 können auch Festlegungen zu offenen und standardisierten Schnittstellen für informationstechnische Systeme nach den §§ 371 bis 373 getroffen werden, die zur Meldung und Vermittlung von Videosprechstunden genutzt werden.

(2) Das Bundesministerium für Gesundheit kann in der Rechtsverordnung nach § 73 Absatz 9 Satz 2 für die Integration von Schnittstellen nach § 371 Absatz 1 Nummer 2 eine Frist festlegen, die von der in § 371 Absatz 3 genannten Frist abweicht.

(3) Das Bundesministerium für Gesundheit kann in der Rechtsverordnung nach § 14 Absatz 8 Satz 1 des Infektionsschutzgesetzes für die Integration von Schnittstellen nach § 371 Absatz 1 Nummer 3 eine Frist festlegen, die von der in § 371 Absatz 3 genannten Frist abweicht.

Achter Abschnitt

Finanzierung und Kostenerstattung

§ 376 Finanzierung

Nach den §§ 377 bis 382 werden den Leistungserbringern folgende Kosten erstattet:

1. die Kosten der aufgrund von Anforderungen nach diesem Gesetz erforderlichen Ausstattung, die den Leistungserbringern in der Festlegungs-, Erprobungs- und Einführungsphase der Telematikinfrastruktur entstehen, und

2. die erforderlichen Betriebskosten, die den Leistungserbringern im laufenden Betrieb der Telematikinfrastruktur entstehen.

§ 377 Finanzierung der den Krankenhäusern entstehenden Ausstattungs- und Betriebskosten

(1) Zum Ausgleich der in § 376 genannten Ausstattungs- und Betriebskosten erhalten die Krankenhäuser einen Zuschlag von den Krankenkassen (Telematikzuschlag).

(2) [1]Der Telematikzuschlag ist in der Rechnung des Krankenhauses gesondert auszuweisen. [2]Der Telematikzuschlag geht nicht in den Gesamtbetrag oder die Erlösausgleiche nach dem Krankenhausentgeltgesetz oder der Bundespflegesatzverordnung ein.

(3) [1]Das Nähere zur Höhe und Abrechnung des Telematikzuschlags regelt der Spitzenverband Bund der Krankenkassen gemeinsam mit der Deutschen Krankenhausgesellschaft in einer gesonderten Vereinbarung. [2]In der Vereinbarung ist

mit Wirkung zum 1. Oktober 2020 insbesondere ein Ausgleich vorzusehen

1. für die Nutzung der elektronischen Patientenakte im Sinne des § 334 Absatz 1 Satz 2 Nummer 1 durch die Krankenhäuser und

2. für die Nutzung elektronischer vertragsärztlicher Verordnungen im Sinne des § 334 Absatz 1 Satz 2 Nummer 6 für apothekenpflichtige Arzneimittel durch die Krankenhäuser.

(4) [1]Kommt eine Vereinbarung nach Absatz 3 innerhalb einer vom Bundesministerium für Gesundheit gesetzten Frist nicht oder nicht vollständig zustande, legt die Schiedsstelle nach § 18a Absatz 6 des Krankenhausfinanzierungsgesetzes auf Antrag einer Vertragspartei oder des Bundesministeriums für Gesundheit innerhalb einer Frist von zwei Monaten den Vereinbarungsinhalt fest. [2]Die Klage gegen die Festlegung der Schiedsstelle hat keine aufschiebende Wirkung.

(5) Die Absätze 1 bis 4 gelten auch für Leistungserbringer, wenn sie Leistungen nach §115b Absatz 2 Satz 1, § 116b Absatz 2 Satz 1 und § 120 Absatz 2 Satz 1 erbringen sowie für Notfallambulanzen in Krankenhäusern, wenn sie Leistungen für die Versorgung im Notfall erbringen.

§ 378 Finanzierung der den an der vertragsärztlichen Versorgung teilnehmenden Leistungserbringern entstehenden Ausstattungs- und Betriebskosten

(1) Zum Ausgleich der in § 376 genannten Kosten der Ausstattung und Betriebskosten erhalten die an der vertragsärztlichen Versorgung teilnehmenden Leistungserbringer ab dem 1. Juli 2023 eine monatliche Pauschale (TI-Pauschale) von den Krankenkassen.

(2) [1]Das Nähere zur Höhe und zu den der Berechnung zugrunde zu legenden Komponenten und Diensten sowie zur Abrechnung der TI-Pauschale vereinbaren der Spitzenverband Bund der Krankenkassen und die Kassenärztlichen Bundesvereinigungen bis zum 30. April 2023 in den Bundesmantelverträgen. [2]Kommt eine Vereinbarung nach Satz 1 nicht oder nicht vollständig bis zum 30. April 2023 zustande, legt das Bundesministerium für Gesundheit den Vereinbarungsinhalt innerhalb von zwei Monaten nach Ablauf der in Satz 1 genannten Frist fest.

(3) [1]In der Vereinbarung nach Absatz 2 Satz 1 ist auch das Nähere zum Umfang und Nachweis der Ausstattung mit den aufgrund der Anforderungen nach diesem Gesetz erforderlichen Komponenten und Diensten zu regeln. [2]Ebenso ist zu vereinbaren, welche Komponenten und Dienste nach Satz 1 zum jeweiligen Monat, für den die TI-Pauschale gezahlt wird, vorhanden sein müssen.

(4) Die Vertragsparteien nach Absatz 2 Satz 1 legen in der Vereinbarung nach Absatz 2 Satz 1 auch die Einzelheiten hinsichtlich des Übergangs zu der erstmaligen Anwendung der TI-Pauschale fest.

(5) [1]Die Vertragsparteien nach Absatz 2 Satz 1 vereinbaren im Abstand von jeweils zwei Jahren, erstmals zum 29. Dezember 2024 Anpassungen der Höhe der TI-Pauschale, sofern diese erforderlich sind. [2]Wird eine Änderung nach Satz 1 nicht innerhalb dieser Frist vereinbart, gilt die jeweils bestehende Vereinbarung zur Höhe der TI-Pauschale bis zur Vereinbarung einer Änderung nach Satz 1 fort.

§ 379 Finanzierung der den Apotheken entstehenden Ausstattungs- und Betriebskosten

(1) Zum Ausgleich der in § 376 genannten Kosten der Ausstattung und Betriebskosten erhalten Apotheken ab dem 1. Juli 2023 eine monatliche Pauschale (TI-Pauschale) von den Krankenkassen.

(2) [1]Das Nähere zur Höhe und zu den der Berechnung zugrunde zu legenden Komponenten und Diensten sowie zur Abrechnung der TI-Pauschale vereinbaren der Spitzenverband Bund der Krankenkassen und die für die Wahrnehmung der wirtschaftlichen Interessen gebildete maßgebliche Spitzenorganisation der Apotheker auf Bundesebene bis zum 30. April 2023. [2]Kommt eine Vereinbarung nach Satz 1 nicht oder nicht vollständig bis zum 30. April 2023 zustande, legt das Bundesministerium für Gesundheit den Vereinbarungsinhalt innerhalb von zwei Monaten nach Ablauf der in Satz 1 genannten Frist fest. [3]§ 378 Absatz 3 bis 5 gilt entsprechend.

§ 380
Finanzierung der den Hebammen, Physiotherapeuten und anderen Heilmittelerbringern, Hilfsmittelerbringern, zahntechnischen Laboren, Erbringern von Soziotherapie nach § 37a sowie weiteren Leistungserbringern entstehenden Ausstattungs- und Betriebskosten

(1) Zum Ausgleich der in § 376 genannten Ausstattungs- und Betriebskosten erhalten Hebammen, für die gemäß § 134a Absatz 2 Satz 1 die Verträge nach § 134a Absatz 1 Rechtswirkung haben, sowie Physiotherapeuten, die nach § 124 Absatz 1 zur Abgabe von Leistungen berechtigt sind, ab dem 1. Juli 2021 und von Hebammen geleitete Einrichtungen, für die die Verträge nach § 134a Absatz 1 Rechtswirkung haben, ab dem 1. Oktober 2021 die in der jeweils geltenden Fassung der Vereinbarung nach § 378 Absatz 2 für die an der vertragsärztlichen Versorgung teilnehmenden Leistungserbringer vereinbarten Erstattungen von den Krankenkassen.

(2) Zum Ausgleich der in § 376 genannten Ausstattungs- und Betriebskosten erhalten folgende Leistungserbringer die in der jeweils geltenden Fassung der Vereinbarung nach § 378 Absatz 2 für die an der vertragsärztlichen Versorgung teilnehmenden Leistungserbringer vereinbarten Erstattungen von den Krankenkassen:

1. ab dem 1. Juli 2024 die übrigen Heilmittelerbringer, die nach § 124 Absatz 1 zur Abgabe von Leistungen berechtigt sind, die Hilfsmittelerbringer, die im Besitz eines Zertifikates nach § 126 Absatz 1a Satz 2 sind, sowie die Leistungserbringer, die zur Abgabe der weiteren in § 360 Absatz 7 Satz 1 genannten Leistungen berechtigt sind,
2. ab dem 1. Juli 2024 zahntechnische Labore,
3. ab dem 1. Juli 2024 Erbringer soziotherapeutischer Leistungen nach § 37a und
4. ab dem 1. Juli 2023 Leistungserbringer, die Leistungen nach den §§ 24g, 37, 37b, 37c, 39a Absatz 1 und § 39c erbringen, sofern sie nicht zugleich Leistungserbringer nach dem Elften Buch sind.

(3) [1]Das Nähere zur Abrechnung der Erstattungen nach Absatz 1 vereinbaren bis zum 31. März 2021

1. für die Hebammen die Vertragspartner nach § 134a Absatz 1 Satz 1 und
2. für die Physiotherapeuten der Spitzenverband Bund der Krankenkassen mit den für die Wahrnehmung der wirtschaftlichen Interessen maßgeblichen Spitzenorganisationen der Physiotherapeuten auf Bundesebene.

[2]Das Nähere zur Abrechnung der Erstattung vereinbaren für die von Hebammen geleiteten Einrichtungen die Vereinbarungspartner nach § 134a Absatz 1 Satz 1 bis zum 1. Oktober 2021.

(4) Das Nähere zur Abrechnung der Erstattungen nach Absatz 2 vereinbaren

1. bis zum 1. Januar 2024 für die Heilmittelerbringer nach Absatz 2 Nummer 1 der Spitzenverband Bund der Krankenkassen mit den für die Wahrnehmung der Interessen der Heilmittelerbringer maßgeblichen Spitzenorganisationen auf Bundesebene,
2. bis zum 1. Januar 2024 für die Leistungserbringer nach Absatz 2 Nummer 1, die Hilfsmittel oder die weiteren in § 360 Absatz 7 Satz 1 genannten Mittel abgeben, die Verbände der Krankenkassen und die für die Wahrnehmung der Interessen dieser Leistungserbringer maßgeblichen Spitzenorganisationen auf Bundesebene,
3. bis zum 1. Januar 2024 für die zahntechnischen Labore nach Absatz 2 Nummer 2 der Spitzenverband Bund der Krankenkassen und der Verband Deutscher Zahntechniker-Innungen,
4. bis zum 1. Januar 2024 für die in Absatz 2 Nummer 3 genannten Leistungserbringer die Krankenkassen oder die Landesverbände der Krankenkassen mit den soziotherapeutischen Leistungserbringern nach § 132b und
5. bis zum 1. Januar 2023 für die in Absatz 2 Nummer 4 genannten Leistungserbringer der Spitzenverband Bund der Krankenkassen und die Vereinigungen der Träger der Pflegeeinrichtungen auf Bundesebene.

§ 381
Finanzierung der den Vorsorgeeinrichtungen und Rehabilitationseinrichtungen entstehenden Ausstattungs- und Betriebskosten

(1) Zur Finanzierung der in § 376 genannten Ausstattungs- und Betriebskosten erhalten

1. die Einrichtungen, mit denen ein Versorgungsvertrag nach § 111 Absatz 2 Satz 1, § 111a Absatz 1 Satz 1 oder § 111c Absatz 1 besteht, ab dem 1. Januar 2021 einen Ausgleich von den Krankenkassen und

2. die Rehabilitationseinrichtungen der gesetzlichen Rentenversicherung, die Leistungen nach den §§ 15, 15a oder § 31 Absatz 1 Nummer 2 des Sechsten Buches erbringen, ab dem 1. Januar 2021 einen Ausgleich von den Trägern der gesetzlichen Rentenversicherung.

(2) [1]Das Nähere zum Ausgleich der Kosten nach Absatz 1 vereinbaren der Spitzenverband Bund der Krankenkassen, die Deutsche Rentenversicherung Bund, die für die Wahrnehmung der Interessen der Vorsorgeeinrichtungen und Rehabilitationseinrichtungen nach diesem Buch maßgeblichen Bundesverbände und die für die Wahrnehmung der Interessen der Rehabilitationseinrichtungen maßgeblichen Vereinigungen der gesetzlichen Rentenversicherung bis zum 1. Oktober 2020. [2]Dabei gilt sowohl für die Rehabilitationseinrichtungen der gesetzlichen Rentenversicherung als auch für die von den Krankenkassen zu finanzierenden Einrichtungen das Verfahren zur Verhandlung und Anpassung von Vergütungssätzen. [3]Für Rehabilitationseinrichtungen, die ambulante Leistungen zur medizinischen Rehabilitation bei Abhängigkeitserkrankungen erbringen, kann ein von Satz 2 abweichendes Verfahren vereinbart werden.

(3) Über die Aufteilung der Kosten zwischen den Krankenkassen und den Trägern der gesetzlichen Rentenversicherung treffen der Spitzenverband Bund der Krankenkassen und die Deutsche Rentenversicherung Bund eine gesonderte Vereinbarung bis zum 1. Januar 2021.

(4) [1]Die Absätze 1 bis 3 gelten für die Landwirtschaftliche Alterskasse, die Leistungen nach § 10 Absatz 1 des Gesetzes über die Alterssicherung der Landwirte erbringt, entsprechend mit der Maßgabe, dass die Landwirtschaftliche Alterskasse den Vereinbarungen nach den Absätzen 2 und 3 nach vorheriger Verständigung mit dem Spitzenverband Bund der Krankenkassen und der Deutschen Rentenversicherung Bund beitreten kann. [2]Die Einrichtungen nach Absatz 1 erhalten den Ausgleich nach Absatz 1 von der Landwirtschaftlichen Alterskasse ab dem Zeitpunkt ihres Beitritts zu den Vereinbarungen nach den Absätzen 2 und 3.

§ 382
Erstattung der dem Öffentlichen Gesundheitsdienst entstehenden Ausstattungs- und Betriebskosten

(1) Zum Ausgleich der in § 376 Satz 1 genannten Ausstattungs- und Betriebskosten erhalten die Rechtsträger der für den Öffentlichen Gesundheitsdienst zuständigen Behörden ab dem 1. Januar 2021 die in der Vereinbarung nach § 378 Absatz 2 in der jeweils geltenden Fassung für die an der vertragsärztlichen Versorgung teilnehmenden Leistungserbringer vereinbarten Erstattungen von den Krankenkassen.

(2) Das Nähere zur Abrechnung der Erstattungen vereinbart der Spitzenverband Bund der Krankenkassen mit den obersten Landesbehörden oder den von ihnen jeweils bestimmten Stellen bis zum 1. Oktober 2020.

§ 383
Erstattung der Kosten für die Übermittlung elektronischer Briefe in der vertragsärztlichen Versorgung

(1) [1]Die Erstattung nach § 378 Absatz 1 erhöht sich um eine Pauschale pro Übermittlung eines elektronischen Briefes zwischen den an der vertragsärztlichen Versorgung teilnehmenden Leistungserbringern, wenn

1. die Übermittlung durch sichere elektronische Verfahren erfolgt und dadurch der Versand durch Post-, Boten- oder Kurierdienste entfällt,

2. der an der vertragsärztlichen Versorgung teilnehmende Leistungserbringer gegenüber der Abrechnungsstelle den Nachweis einer Bestätigung nach Absatz 4 erbringt und

3. der elektronische Brief mit einer qualifizierten elektronischen Signatur versehen worden ist, die mit einem elektronischen Heilberufsausweis erzeugt wurde.

[2]Die Höhe der Pauschale wird durch die Vertragspartner nach § 378 Absatz 2 Satz 1 vereinbart. [3]Ein sicheres elektronisches Verfahren erfordert, dass der elektronische Brief durch geeignete technische Maßnahmen entsprechend dem aktuellen Stand der Technik gegen unberechtigte Zugriffe

geschützt wird. [4]Der Wegfall des Versands durch Post-, Boten- oder Kurierdienste ist bei der Anpassung des Behandlungsbedarfes nach § 87a Absatz 4 zu berücksichtigen.

(2) Die Kassenärztliche Bundesvereinigung regelt im Benehmen mit dem Spitzenverband Bund der Krankenkassen, der Gesellschaft für Telematik und dem Bundesamt für Sicherheit in der Informationstechnik in einer Richtlinie Einzelheiten zu den Anforderungen an ein sicheres elektronisches Verfahren sowie an informationstechnische Systeme für an der vertragsärztlichen Versorgung teilnehmende Leistungserbringer sowie das Nähere

1. über Inhalt und Struktur des elektronischen Briefes,
2. zur Abrechnung der Pauschale und
3. zur Vermeidung einer nicht bedarfsgerechten Mengenausweitung.

(3) [1]In der Richtlinie ist festzulegen, dass für die Übermittlung des elektronischen Briefes die nach § 311 Absatz 6 Satz 1 festgelegten sicheren Verfahren genutzt werden, sobald diese zur Verfügung stehen. [2]Die Richtlinie ist dem Bundesministerium für Gesundheit zur Prüfung vorzulegen. [3]Bei der Prüfung der Richtlinie hat das Bundesministerium für Gesundheit der oder dem Bundesbeauftragten für den Datenschutz und die Informationsfreiheit und dem Bundesamt für Sicherheit in der Informationstechnik Gelegenheit zur Stellungnahme zu geben. [4]Das Bundesministerium für Gesundheit kann für die Stellungnahme eine angemessene Frist setzen. [5]Das Bundesministerium für Gesundheit kann die Richtlinie innerhalb von einem Monat beanstanden und eine Frist zur Behebung der Beanstandungen setzen.

(4) [1]Die Kassenärztliche Bundesvereinigung bestätigt auf Antrag eines Anbieters eines informationstechnischen Systems für an der vertragsärztlichen Versorgung teilnehmende Leistungserbringer, dass sein System die Vorgaben der Richtlinie erfüllt. [2]Die Kassenärztliche Bundesvereinigung veröffentlicht eine Liste mit denjenigen informationstechnischen Systemen, für die die Anbieter eine Bestätigung nach Satz 1 erhalten haben.

(5) [1]Durch den Bewertungsausschuss nach § 87 Absatz 1 ist durch Beschluss festzulegen, dass die für die Versendung eines Telefax im einheitlichen Bewertungsmaßstab für ärztliche Leistungen vereinbarte Kostenpauschale folgende Beträge nicht überschreiten darf:

1. mit Wirkung zum 31. März 2020 die Hälfte der Vergütung, die für die Versendung eines elektronischen Briefes nach Satz 1 vereinbart ist und
2. mit Wirkung zum 31. März 2021 ein Viertel der Vergütung, die für die Versendung eines elektronischen Briefes nach Satz 1 vereinbart ist.

[2]Abweichend von Satz 1 darf die Pauschale bis zum 30. Juni 2020 auch für den Fall vereinbart werden, dass für die Übermittlung des elektronischen Briefes ein Dienst genutzt wird, der von der Kassenärztlichen Bundesvereinigung angeboten wird.

(6) Die Absätze 1 bis 5 gelten nicht für die Vertragszahnärzte.

Zwölftes Kapitel

Förderung von offenen Standards und Schnittstellen; Nationales Gesundheitsportal

§ 384 Begriffsbestimmungen

Im Sinne dieses Buches bezeichnet der Ausdruck

1. Interoperabilität die Fähigkeit zweier oder mehrerer informationstechnischer Anwendungen,
   a) Informationen auszutauschen und diese für die korrekte Ausführung einer konkreten Funktion ohne Änderung des Inhalts der Daten zu nutzen,
   b) miteinander zu kommunizieren,
   c) bestimmungsgemäß zusammenzuarbeiten;
2. Standard diejenigen Dokumente, die dem aktuellen Stand der Technik mit Anforderungs- und Lösungsdefinitionen entsprechen, wobei der Entstehungsprozess des Dokuments bekannt und dokumentiert ist, inklusive der Prozesse der Veröffentlichung, Nutzung und Versionierung;
3. Profil diejenigen Dokumente, die aus einem oder mehreren Standards bestehen, die für

eine spezifische Anwendung zusammengestellt sind; Profile enthalten den aktuellen Stand der Technik mit Anforderungs- und Lösungsdefinitionen;

4. Leitfaden diejenigen Dokumente, die mindestens eine Anforderung an die Informationsübertragung enthalten; sie erläutern oder dokumentieren die Nutzung einer oder mehrerer Standards oder Profile.

§ 385
Interoperabilitätsverzeichnis

(1) [1]Die Gesellschaft für Telematik hat ein elektronisches Interoperabilitätsverzeichnis zu pflegen und zu betreiben, in dem technische und semantische Standards, Profile und Leitfäden für informationstechnische Systeme im Gesundheitswesen aufgeführt werden. [2]Das elektronische Interoperabilitätsverzeichnis umfasst auch technische und semantische Standards, Profile und Leitfäden der Pflege. [3]Die Gesellschaft für Telematik betreibt das Interoperabilitätsverzeichnis ab dem 1. Februar 2023 über die Wissensplattform nach § 7 Absatz 1 der IOP-Governance-Verordnung.

(2) Das Interoperabilitätsverzeichnis dient der Förderung der Interoperabilität zwischen informationstechnischen Systemen.

(3) Als Bestandteil des Interoperabilitätsverzeichnisses hat die Gesellschaft für Telematik ein Informationsportal nach § 392 aufzubauen.

(4) Das Interoperabilitätsverzeichnis ist für die Nutzung öffentlich zur Verfügung zu stellen.

(5) Die Gesellschaft für Telematik hat die Fachöffentlichkeit über den Stand der Pflege und der Weiterentwicklung des Interoperabilitätsverzeichnisses auf der Internetseite des Interoperabilitätsverzeichnisses zu informieren.

§ 386
Beratung durch Experten

(1) [1]Die Gesellschaft für Telematik benennt Experten, die über Fachwissen im Bereich der Gesundheitsversorgung und im Bereich der Informationstechnik und Standardisierung im Gesundheitswesen verfügen. [2]Die Experten können der Gesellschaft für Telematik für die Pflege und die Weiterentwicklung des Interoperabilitätsverzeichnisses Empfehlungen geben. [3]Die Gesellschaft für Telematik hat die Empfehlungen in ihre Entscheidungen einzubeziehen.

(2) Die Gesellschaft für Telematik wählt die zu benennenden Experten aus folgenden Gruppen aus:

1. Anwender informationstechnischer Systeme,
2. für die Wahrnehmung der Interessen der Industrie maßgebliche Bundesverbände aus dem Bereich der Informationstechnologie im Gesundheitswesen,
3. Länder,
4. fachlich betroffene Bundesbehörden,
5. fachlich betroffene nationale und internationale Standardisierungs- und Normungsorganisationen,
6. fachlich betroffene Fachgesellschaften sowie
7. Vertreter wissenschaftlicher Einrichtungen.

(3) Die Gesellschaft für Telematik erstattet den Experten die ihnen durch die Mitarbeit entstehenden Kosten.

§ 387
Aufnahme von Standards, Profilen und Leitfäden der Gesellschaft für Telematik

(1) Technische und semantische Standards, Profile und Leitfäden, die die Gesellschaft für Telematik nach den §§ 291, 291a, 312 und 334 Absatz 1 Satz 2 festgelegt hat (Interoperabilitätsfestlegungen), sind frühestmöglich in das Interoperabilitätsverzeichnis aufzunehmen, jedoch spätestens dann, wenn sie für den flächendeckenden Wirkbetrieb der Telematikinfrastruktur freigegeben sind.

(2) [1]Bevor die Gesellschaft für Telematik eine Festlegung nach Absatz 1 trifft, hat sie den Experten nach § 386 Gelegenheit zur Stellungnahme zu geben. [2]In ihren Stellungnahmen können die Experten weitere Empfehlungen zur Umsetzung und Nutzung der in das Interoperabilitätsverzeichnis aufzunehmenden Inhalte sowie zu anwendungsspezifischen Konkretisierungen und Ergänzungen abgeben. [3]Die Gesellschaft für Telematik hat die Stellungnahmen in ihre Entscheidung einzubeziehen.

(3) Die Stellungnahmen der Experten nach § 386 sind auf der Internetseite des Interoperabilitätsverzeichnisses zu veröffentlichen.

§ 388
Aufnahme von Standards, Profilen und Leitfäden für informationstechnische Systeme im Gesundheitswesen

(1) Technische und semantische Standards, Profile und Leitfäden für informationstechnische Systeme, die im Gesundheitswesen angewendet werden und die nicht von der Gesellschaft für Telematik festgelegt werden, nimmt die Gesellschaft für Telematik auf Antrag in das Interoperabilitätsverzeichnis auf.

(2) [1]Für die Aufnahme von technischen und semantischen Standards, Profilen und Leitfäden nach Absatz 1 in das Interoperabilitätsverzeichnis kann die Gesellschaft für Telematik Entgelte verlangen. [2]Hierfür hat die Gesellschaft für Telematik einen Entgeltkatalog zu erstellen.

(3) Einen Antrag nach Absatz 1 können folgende Personen, Verbände, Einrichtungen und Organisationen stellen:

1. die Anwender von informationstechnischen Systemen, die im Gesundheitswesen angewendet werden,
2. die Interessenvertretungen der Anwender von informationstechnischen Systemen, die im Gesundheitswesen angewendet werden,
3. die Anbieter informationstechnischer Systeme, die im Gesundheitswesen angewendet werden,
4. wissenschaftliche Einrichtungen,
5. fachlich betroffene Fachgesellschaften sowie
6. Standardisierungs- und Normungsorganisationen.

(4) Anbieter einer elektronischen Anwendung im Gesundheitswesen nach § 306 Absatz 1 Satz 2 Nummer 2 oder einer elektronischen Anwendung, die aus Mitteln der gesetzlichen Krankenversicherung ganz oder teilweise finanziert wird, sind verpflichtet, einen Antrag nach Absatz 1 zu stellen.

(5) Vor Aufnahme in das Interoperabilitätsverzeichnis bewertet die Gesellschaft für Telematik, inwieweit die technischen und semantischen Standards, Profile und Leitfäden nach Absatz 1 den Interoperabilitätsfestlegungen nach § 387 Absatz 1 entsprechen.

(6) [1]Nach der Bewertung nach Absatz 5 gibt die Gesellschaft für Telematik den Experten nach § 386 Gelegenheit zur Stellungnahme. [2]In ihren Stellungnahmen können die Experten weitere Empfehlungen zur Umsetzung und Nutzung der in das Interoperabilitätsverzeichnis aufgenommenen Inhalte sowie zu anwendungsspezifischen Konkretisierungen und Ergänzungen abgeben. [3]Die Gesellschaft für Telematik hat die Stellungnahmen der Experten nach § 386 in ihre Entscheidung einzubeziehen.

(7) Die Stellungnahmen der Experten nach § 386 sowie das Ergebnis der Prüfung der Gesellschaft für Telematik sind auf der Internetseite des Interoperabilitätsverzeichnisses zu veröffentlichen.

§ 389
Empfehlung von Standards, Profilen und Leitfäden von informationstechnischen Systemen im Gesundheitswesen als Referenz

(1) Die Gesellschaft für Telematik kann die Zusammenarbeit der Standardisierungs- und Normungsorganisationen unterstützen und in das Interoperabilitätsverzeichnis aufgenommene technische und semantische Standards, Profile und Leitfäden nach § 388 Absatz 1 als Referenz für informationstechnische Systeme im Gesundheitswesen empfehlen.

(2) [1]Vor ihrer Empfehlung hat die Gesellschaft für Telematik den Experten nach § 386 sowie bei Empfehlungen zur Datensicherheit und zum Datenschutz auch dem Bundesamt für Sicherheit in der Informationstechnik sowie der oder dem Bundesbeauftragten für den Datenschutz und die Informationsfreiheit Gelegenheit zur Stellungnahme zu geben. [2]Die Gesellschaft für Telematik hat die Stellungnahmen und Vorschläge in ihre Entscheidung einzubeziehen.

(3) Die Stellungnahmen und Vorschläge der Experten nach § 386 sowie die Empfehlungen der Gesellschaft für Telematik sind auf der Internetseite des Interoperabilitätsverzeichnisses zu veröffentlichen.

§ 390
Beachtung der Festlegungen und Empfehlungen bei Finanzierung aus Mitteln der gesetzlichen Krankenversicherung

Elektronische Anwendungen im Gesundheitswesen dürfen aus Mitteln der gesetzlichen Krankenversicherung nur ganz oder teilweise finanziert werden, wenn die Anbieter der elektronischen Anwendungen die Empfehlungen und verbindlichen Festlegungen nach § 394a Absatz 1 Satz 2 Nummer 2 und Satz 3 beachten.

§ 391
Beteiligung der Fachöffentlichkeit

(1) Die Gesellschaft für Telematik hat die Fachöffentlichkeit mittels elektronischer Informationstechnologien zu beteiligen bei

1. Festlegungen nach § 387 Absatz 1,
2. Bewertungen nach § 388 Absatz 5 und
3. Empfehlungen nach § 389 Absatz 1.

(2) [1]Zur Beteiligung der Fachöffentlichkeit hat die Gesellschaft für Telematik die Entwürfe der Festlegungen nach § 387 Absatz 1, die Entwürfe der Bewertungen nach § 388 Absatz 5 und die Entwürfe der Empfehlungen nach § 389 Absatz 1 auf der Internetseite des Interoperabilitätsverzeichnisses zu veröffentlichen. [2]Die Entwürfe sind mit dem Hinweis zu veröffentlichen, dass Stellungnahmen während der Veröffentlichung abgegeben werden können.

(3) Die eingegangenen Stellungnahmen hat die Gesellschaft für Telematik auf der Internetseite des Interoperabilitätsverzeichnisses zu veröffentlichen.

(4) [1]Die Gesellschaft für Telematik stellt sicher, dass die Stellungnahmen bei der weiteren Prüfung der Entwürfe angemessen berücksichtigt werden. [2]Dabei berücksichtigt die Gesellschaft für Telematik insbesondere diejenigen Anforderungen an elektronische Informationstechnologien, die die Interoperabilität sowie einen standardkonformen nationalen und internationalen Austausch von Daten und Informationen betreffen.

§ 392
Informationsportal

(1) [1]Als Bestandteil des Interoperabilitätsverzeichnisses hat die Gesellschaft für Telematik ein barrierefreies Informationsportal zu pflegen und zu betreiben. [2]In das Informationsportal werden auf Antrag von Projektträgern oder von Anbietern elektronischer Anwendungen insbesondere Informationen über den Inhalt, den Verwendungszweck und die Finanzierung von elektronischen Anwendungen im Gesundheitswesen, insbesondere von telemedizinischen Anwendungen, sowie von elektronischen Anwendungen in der Pflege aufgenommen.

(2) Projektträger und Anbieter einer elektronischen Anwendung, die ganz oder teilweise aus Mitteln der gesetzlichen Krankenversicherung finanziert wird, sind verpflichtet, einen Antrag auf Aufnahme der Informationen nach Absatz 1 in das Informationsportal zu stellen.

(3) Das Nähere zu den Inhalten des Informationsportals und zu den Mindestinhalten des Antrags nach Absatz 2 legt die Gesellschaft für Telematik in der Geschäfts- und Verfahrensordnung für das Interoperabilitätsverzeichnis fest.

§ 393
Geschäfts- und Verfahrensordnung für das Interoperabilitätsverzeichnis

[1]Die Gesellschaft für Telematik erstellt für das Interoperabilitätsverzeichnis eine Geschäfts- und Verfahrensordnung. [2]Die Geschäfts- und Verfahrensordnung regelt das Nähere

1. zur Pflege und zum Betrieb sowie zur Nutzung des Interoperabilitätsverzeichnisses,
2. zur Benennung der Experten und zu deren Kostenerstattung nach § 386,
3. zum Verfahren der Aufnahme von Informationen nach den §§ 387 bis 389 in das Interoperabilitätsverzeichnis und
4. zum Verfahren der Aufnahme von Informationen in das Informationsportal nach § 392.

§ 394
Bericht über das Interoperabilitätsverzeichnis

(1) [1]Die Gesellschaft für Telematik legt dem Bundesministerium für Gesundheit alle zwei Jahre,

erstmals zum 2. Januar 2018, einen Bericht vor. [2]Der Bericht enthält

1. Informationen über den Aufbau des Interoperabilitätsverzeichnisses,
2. Anwendungserfahrungen,
3. Vorschläge zur Weiterentwicklung des Interoperabilitätsverzeichnisses,
4. eine Einschätzung zur Standardisierung im Gesundheitswesen und
5. Empfehlungen zur Harmonisierung der Standards.

(2) Das Bundesministerium für Gesundheit kann weitere Inhalte für den Bericht bestimmen.

(3) Das Bundesministerium für Gesundheit leitet den Bericht an den Deutschen Bundestag weiter.

§ 394a
Verordnungsermächtigung

(1) [1]Das Bundesministerium für Gesundheit wird ermächtigt, durch Rechtsverordnung ohne Zustimmung des Bundesrates zur Förderung der Interoperabilität und von offenen Standards und Schnittstellen, die Einrichtung und Organisation einer bei der Gesellschaft für Telematik unterhaltenen Koordinierungsstelle für Interoperabilität im Gesundheitswesen sowie eines von der Koordinierungsstelle eingesetzten Expertengremiums und deren jeweils notwendige Arbeitsstrukturen zu regeln sowie Regelungen zu treffen für die Erhebung von Gebühren und Auslagen für individuell zurechenbare öffentliche Leistungen, die durch die Koordinierungsstelle oder das Expertengremium erbracht werden. [2]Die Koordinierungsstelle und das Expertengremium haben die Aufgabe, für informationstechnische Systeme, die im Gesundheitswesen eingesetzt werden,

1. einen Bedarf an technischen, semantischen und syntaktischen Standards, Profilen und Leitfäden zu identifizieren, zu priorisieren und diese gegebenenfalls selbst zu entwickeln,
2. technische, semantische und syntaktische Standards, Profile und Leitfäden für bestimmte Bereiche oder das gesamte Gesundheitswesen zu empfehlen und
3. technische, semantische und syntaktische Standards, Profile und Leitfäden auf einer Plattform, die aus dem elektronischen Interoperabilitätsverzeichnis nach § 385 weiterzuentwickeln und zu betreiben ist, zu veröffentlichen.

[3]Das Bundesministerium für Gesundheit kann in der Anlage zu der Rechtsverordnung nach Satz 1 Empfehlungen nach Satz 2 Nummer 2 für bestimmte Bereiche oder das gesamte Gesundheitswesen verbindlich festlegen.

(2) In der Rechtsverordnung nach Absatz 1 Satz 1 ist das Nähere zu regeln zu

1. der Zusammensetzung der Gremien nach Absatz 1 Satz 1,
2. dem Verfahrensablauf zur Benennung von Experten sowie den fachlichen Anforderungen an die zu benennenden Experten,
3. den Abstimmungsmodalitäten, einschließlich der Beschlussfähigkeit,
4. der Einrichtung von Arbeitskreisen aus dem Kreis der Mitglieder des Expertengremiums,
5. der Aufwandsentschädigung für die Experten,
6. den Einzelheiten der Aufgabenwahrnehmung nach Absatz 1 Satz 2 sowie den hierbei anzuwendenden Verfahren,
7. den Zuständigkeiten der Koordinierungsstelle und des Expertengremiums sowie der Pflicht der Koordinierungsstelle, dem Bundesamt für Sicherheit in der Informationstechnik und der oder dem Bundesbeauftragten für den Datenschutz und die Informationsfreiheit Gelegenheit zur Stellungnahme zu geben,
8. den Fristen für einzelne Aufgaben nach Absatz 1 Satz 2,
9. dem Inhalt, Betrieb und der Pflege der Plattform nach Absatz 1 Satz 2 Nummer 3 und
10. den Berichtspflichten der Koordinierungsstelle und des Expertengremiums gegenüber dem Bundesministerium für Gesundheit sowie den Berichtsinhalten.

§ 395
Nationales Gesundheitsportal

(1) Das Bundesministerium für Gesundheit errichtet und betreibt ein elektronisches, über allgemein zugängliche Netze sowie über die Telematikinfrastruktur nach § 306 aufrufbares Informationsportal, das gesundheits- und pflegebezogene Informationen barrierefrei in allgemein verständlicher Sprache zur Verfügung stellt (Nationales Gesundheitsportal).

(2) [1]Die Kassenärztlichen Bundesvereinigungen haben die Aufgabe, auf Suchanfragen der Nutzer nach bestimmten vertragsärztlichen Leistungserbringern über das Nationale Gesundheitsportal die in Satz 3 Nummer 1 bis 6 genannten, für die Suchanfrage relevanten arztbezogenen Informationen an das Nationale Gesundheitsportal zu übermitteln. [2]Die Suchergebnisse werden im Nationalen Gesundheitsportal dargestellt. [3]Die Kassenärztlichen Vereinigungen übermitteln ihrer jeweiligen Bundesvereinigung zu diesem Zweck regelmäßig aus den rechtmäßig von ihnen erhobenen Daten folgende Angaben:

1. den Vor- und Zunamen des Arztes und dessen akademischen Grad,
2. die Adresse, Telefonnummer und E-Mail-Adresse der Praxis oder der an der Versorgung teilnehmenden Einrichtung, in der der Arzt tätig ist,
3. die Fachgebiets-, Schwerpunkt- und Zusatzbezeichnungen,
4. die Sprechstundenzeiten,
5. die Zugangsmöglichkeit von Menschen mit Behinderung (Barrierefreiheit) zu der vertragsärztlichen Praxis oder der an der vertragsärztlichen Versorgung teilnehmenden Einrichtung, in der der Arzt tätig ist, sowie
6. das Vorliegen von Abrechnungsgenehmigungen für besonders qualitätsgesicherte Leistungsbereiche in der vertragsärztlichen Versorgung.

(3) Die Übermittlungspflicht nach Absatz 2 Satz 3 gilt auch für ermächtigte Einrichtungen, jedoch mit der Maßgabe, dass die Angaben nach Absatz 2 Satz 3 Nummer 2 bis 5 ohne Arztbezug einrichtungsbezogen übermittelt werden.

(4) Das Bundesministerium für Gesundheit legt in Abstimmung mit den Kassenärztlichen Bundesvereinigungen bis zum 31. Dezember 2021 das Nähere fest

1. zur Struktur und zum Format der Daten sowie
2. zum technischen Übermittlungsverfahren.

(5) Soweit sich die Vorschriften dieses Kapitels auf Ärzte und Kassenärztliche Vereinigungen beziehen, gelten sie entsprechend für Psychotherapeuten, Zahnärzte und Kassenzahnärztliche Vereinigungen, sofern nichts Abweichendes bestimmt ist.

Dreizehnte Kapitel

Straf- und Bußgeldvorschriften

§ 396
Zusammenarbeit zur Verfolgung und Ahndung von Ordnungswidrigkeiten

[1]Zur Verfolgung und Ahndung von Ordnungswidrigkeiten arbeiten die Krankenkassen insbesondere mit der Bundesagentur für Arbeit, den Behörden der Zollverwaltung, den Rentenversicherungsträgern, den Trägern der Sozialhilfe, den in § 71 des Aufenthaltsgesetzes genannten Behörden, den Finanzbehörden, den nach Landesrecht für die Verfolgung und Ahndung von Ordnungswidrigkeiten nach dem Schwarzarbeitsbekämpfungsgesetz zuständigen Behörden, den Trägern der Unfallversicherung und den für den Arbeitsschutz zuständigen Landesbehörden zusammen, wenn sich im Einzelfall konkrete Anhaltspunkte ergeben für

1. Verstöße gegen das Schwarzarbeitsbekämpfungsgesetz,
2. eine Beschäftigung oder Tätigkeit von nichtdeutschen Arbeitnehmern ohne den erforderlichen Aufenthaltstitel nach § 4 Abs. 3 des Aufenthaltsgesetzes, eine Aufenthaltsgestattung oder eine Duldung, die zur Ausübung der Beschäftigung berechtigen, oder eine Genehmigung nach § 284 Abs. 1 des Dritten Buches,
3. Verstöße gegen die Mitwirkungspflicht nach § 60 Abs. 1 Satz 1 Nr. 2 des Ersten Buches gegenüber einer Dienststelle der Bundesanstalt für Arbeit, einem Träger der gesetzlichen Unfall- oder Rentenversicherung oder einem Träger der Sozialhilfe oder gegen die Melde-

pflicht nach § 8a des Asylbewerberleistungsgesetzes,

4. Verstöße gegen das Arbeitnehmerüberlassungsgesetz,

5. Verstöße gegen die Vorschriften des Vierten und des Siebten Buches über die Verpflichtung zur Zahlung von Beiträgen, soweit sie im Zusammenhang mit den in den Nummern 1 bis 4 genannten Verstößen stehen,

6. Verstöße gegen Steuergesetze,

7. Verstöße gegen das Aufenthaltsgesetz.

[2]Sie unterrichten die für die Verfolgung und Ahndung zuständigen Behörden, die Träger der Sozialhilfe sowie die Behörden nach § 71 des Aufenthaltsgesetzes. [3]Die Unterrichtung kann auch Angaben über die Tatsachen enthalten, die für die Einziehung der Beiträge zur Kranken- und Rentenversicherung erforderlich sind. [4]Die Übermittlung von Sozialdaten, die nach §§ 284 bis 302 sowie nach dem Elften Kapitel von Versicherten erhoben werden, ist unzulässig.

§ 397 Bußgeldvorschriften

(1) Ordnungswidrig handelt, wer

1. entgegen § 332a Absatz 1 Satz 2 die dort genannte Einbindung beschränkt,

2. entgegen § 335 Absatz 1 einen Zugriff auf dort genannte Daten verlangt,

3. entgegen § 335 Absatz 2 eine Vereinbarung abschließt oder

4. entgegen § 339 Absatz 3 Satz 1 oder Absatz 5 Satz 1 oder § 361 Absatz 2 Satz 1 oder Absatz 3 Nummer 1 auf dort genannte Daten zugreift.

(2) Ordnungswidrig handelt, wer vorsätzlich oder leichtfertig

1. a) als Arbeitgeber entgegen § 204 Abs. 1 Satz 1, auch in Verbindung mit Absatz 2 Satz 1, oder

   b) entgegen § 204 Abs. 1 Satz 3, auch in Verbindung mit Absatz 2 Satz 1, oder § 205 Nr. 3 oder

   c) als für die Zahlstelle Verantwortlicher entgegen § 202 Absatz 1 Satz 1

   eine Meldung nicht, nicht richtig, nicht vollständig oder nicht rechtzeitig erstattet,

2. entgegen § 206 Abs. 1 Satz 1 eine Auskunft oder eine Änderung nicht, nicht richtig, nicht vollständig oder nicht rechtzeitig erteilt oder mitteilt oder

3. entgegen § 206 Abs. 1 Satz 2 die erforderlichen Unterlagen nicht, nicht vollständig oder nicht rechtzeitig vorlegt.

(2a) Ordnungswidrig handelt, wer vorsätzlich oder fahrlässig

1. ohne Zulassung oder Bestätigung nach § 326 die Telematikinfrastruktur nutzt,

2. entgegen § 329 Absatz 2 Satz 1 eine Meldung nicht, nicht richtig, nicht vollständig oder nicht rechtzeitig macht oder

3. einer vollziehbaren Anordnung nach § 329 Absatz 3 Satz 2 oder § 333 Absatz 3 zuwiderhandelt.

(3) Die Ordnungswidrigkeit kann in den Fällen des Absatzes 2a mit einer Geldbuße bis zu dreihunderttausend Euro, in den Fällen des Absatzes 1 mit einer Geldbuße bis zu fünfzigtausend Euro, in den übrigen Fällen mit einer Geldbuße bis zu Zweitausendfünfhundert Euro geahndet werden.

(4) Verwaltungsbehörde im Sinne des § 36 Absatz 1 Nummer 1 des Gesetzes über Ordnungswidrigkeiten ist in den Fällen des Absatzes 2a das Bundesamt für Sicherheit in der Informationstechnik.

§ 398 Strafvorschriften

(1) Mit Freiheitsstrafe bis zu drei Jahren oder mit Geldstrafe wird bestraft, wer entgegen § 160 Absatz 2 Satz 1 die Zahlungsunfähigkeit oder die Überschuldung nicht, nicht richtig oder nicht rechtzeitig anzeigt.

(2) Handelt der Täter fahrlässig, so ist die Strafe Freiheitsstrafe bis zu einem Jahr oder Geldstrafe.

§ 399
Strafvorschriften

(1) Mit Freiheitsstrafe bis zu einem Jahr oder mit Geldstrafe wird bestraft, wer

1. entgegen § 64e Absatz 11 Satz 2 Nummer 2 oder § 303e Absatz 5 Satz 1 Nummer 2, auch in Verbindung mit § 363 Absatz 4 Satz 2, Daten weitergibt,
2. entgegen § 64e Absatz 11 Satz 5 oder § 303e Absatz 5 Satz 4, auch in Verbindung mit § 363 Absatz 4 Satz 2, dort genannte Daten verarbeitet oder
3. entgegen § 352, § 356 Absatz 1 oder 2, § 357 Absatz 1, 2 Satz 1 oder Absatz 3, § 359 Absatz 1 oder § 361 Absatz 1 auf dort genannte Daten zugreift.

(2) Handelt der Täter gegen Entgelt oder in der Absicht, sich oder einen Anderen zu bereichern oder einen Anderen zu schädigen, so ist die Strafe Freiheitsstrafe bis zu drei Jahren oder Geldstrafe.

(3) [1]Die Tat wird nur auf Antrag verfolgt. [2]Antragsberechtigt sind der Betroffene, der Bundesbeauftragte für den Datenschutz oder die zuständige Aufsichtsbehörde.

(4) (aufgehoben)

Vierzehntes Kapitel

Überleitungsregelungen aus Anlass der Herstellung der Einheit Deutschlands

§ 400
Versicherter Personenkreis

(1) Soweit Vorschriften dieses Buches

1. an die Bezugsgröße anknüpfen, gilt vom 1. Januar 2001 an die Bezugsgröße nach § 18 Abs. 1 des Vierten Buches auch in dem in Artikel 3 des Einigungsvertrages genannten Gebiet,
2. an die Beitragsbemessungsgrenze in der allgemeinen Rentenversicherung anknüpfen, gilt von dem nach Nummer 1 maßgeblichen Zeitpunkt an die Beitragsbemessungsgrenze nach § 159 des Sechsten Buches auch in dem in Artikel 3 des Einigungsvertrages genannten Gebiet.

(2) Die im Beitrittsgebiet bestehenden ärztlich geleiteten kommunalen, staatlichen und freigemeinnützigen Gesundheitseinrichtungen einschließlich der Einrichtungen des Betriebsgesundheitswesens (Polikliniken, Ambulatorien, Arztpraxen) sowie diabetologische, nephrologische, onkologische und rheumatologische Fachambulanzen, die am 31. Dezember 2003 zur vertragsärztlichen Versorgung zugelassen waren, nehmen weiterhin an der vertragsärztlichen Versorgung teil.

(3) (aufgehoben)

(4) (aufgehoben)

(5) [1]Zeiten der Versicherung, die in dem in Artikel 3 des Einigungsvertrages genannten Gebiet bis zum 31. Dezember 1990 in der Sozialversicherung oder in der Freiwilligen Krankheitskostenversicherung der Staatlichen ehemaligen Versicherung der Deutschen Demokratischen Republik oder in einem Sonderversorgungssystem (§ 1 Abs. 3 des Anspruchs- und Anwartschaftsüberführungsgesetzes) zurückgelegt wurden, gelten als Zeiten einer Pflichtversicherung bei einer Krankenkasse im Sinne dieses Buches. [2]Für die Anwendung des § 5 Abs. 1 Nr. 11 gilt Satz 1 vom 1. Januar 1991 an entsprechend für Personen, die ihren Wohnsitz und ihre Versicherung im Gebiet der Bundesrepublik Deutschland nach dem Stand vom 2. Oktober 1990 hatten und in dem in Artikel 3 des Einigungsvertrages genannten Gebiet beschäftigt waren, wenn sie nur wegen Überschreitung der in diesem Gebiet geltenden Jahresarbeitsentgeltgrenze versicherungsfrei waren und die Jahresarbeitsentgeltgrenze nach § 6 Abs. 1 Nr. 1 nicht überschritten wurde.

(6) (aufgehoben)

§ 401
Leistungen

(1) (aufgehoben)

(2) (aufgehoben)

(3) Die erforderlichen Untersuchungen gemäß § 30 Abs. 2 Satz 2 und Abs. 7 gelten für den Zeitraum der Jahre 1989 bis 1991 als in Anspruch genommen.

(Abs. 4 bis Abs. 11 aufgehoben)

§ 402
Beziehungen der Krankenkassen zu den Leistungserbringern

(1) (aufgehoben)

(2) [1]Die im Beitrittsgebiet bestehenden ärztlich geleiteten kommunalen, staatlichen und freigemeinnützigen Gesundheitseinrichtungen einschließlich der Einrichtungen des Betriebsgesundheitswesens (Polikliniken, Ambulatorien, Arztpraxen) sowie diabetologische, nephrologische, onkologische und rheumatologische Fachambulanzen nehmen in dem Umfang, in dem sie am 31. Dezember 2003 zur vertragsärztlichen Versorgung zugelassen sind, weiterhin an der vertragsärztlichen Versorgung teil. [2]Im Übrigen gelten für die Einrichtungen nach Satz 1 die Vorschriften dieses Buches, die sich auf medizinische Versorgungszentren beziehen, entsprechend.

(2a) (aufgehoben)

(3) (aufgehoben)

(4) (aufgehoben)

(5) § 83 gilt mit der Maßgabe, dass die Verbände der Krankenkassen mit den ermächtigten Einrichtungen oder ihren Verbänden im Einvernehmen mit den Kassenärztlichen Vereinigungen besondere Verträge schließen können.

(6) (aufgehoben)

(7) Bei Anwendung des § 95 gilt das Erfordernis des Absatzes 2 Satz 3 dieser Vorschrift nicht

a) für Ärzte, die bei Inkrafttreten dieses Gesetzes in dem in Artikel 3 des Einigungsvertrages genannten Gebiet die Facharztanerkennung besitzen,

b) für Zahnärzte, die bereits zwei Jahre in dem in Artikel 3 des Einigungsvertrages genannten Gebiet zahnärztlich tätig sind.

(8) Die Absätze 5 und 7 gelten nicht in dem in Artikel 3 des Einigungsvertrages genannten Teil des Landes Berlin.

(Abs. 9 bis Abs. 11 aufgehoben)

Fünfzehntes Kapitel

Weitere Übergangsvorschriften

§ 403
Beitragszuschüsse für Beschäftigte

(1) Versicherungsverträge, die den Standardtarif nach § 257 Absatz 2a in der bis zum 31. Dezember 2008 geltenden Fassung zum Gegenstand haben, werden auf Antrag der Versicherten auf Versicherungsverträge nach dem Basistarif gemäß § 152 Absatz 1 des Versicherungsaufsichtsgesetzes umgestellt.

(2) [1]Zur Gewährleistung der in § 257 Absatz 2a Satz 1 Nummer 2 bis 2c in der bis zum 31. Dezember 2008 geltenden Fassung genannten Begrenzung bleiben im Hinblick auf die ab dem 1. Januar 2009 weiterhin im Standardtarif Versicherten alle Versicherungsunternehmen, die die nach § 257 Absatz 2 zuschussberechtigte Krankenversicherung betreiben, verpflichtet, an einem finanziellen Spitzenausgleich teilzunehmen, dessen Ausgestaltung zusammen mit den Einzelheiten des Standardtarifs zwischen der Bundesanstalt für Finanzdienstleistungsaufsicht und dem Verband der privaten Krankenversicherung mit Wirkung für die beteiligten Unternehmen zu vereinbaren ist und der eine gleichmäßige Belastung dieser Unternehmen bewirkt. [2]Für in § 257 Absatz 2a Satz 1 Nummer 2c in der bis 31. Dezember 2008 geltenden Fassung genannte Personen, bei denen eine Behinderung nach § 4 Absatz 1 des Schwerbehindertengesetzes festgestellt worden ist, wird ein fiktiver Zuschlag von 100 Prozent auf die Bruttoprämie angerechnet, der in den Ausgleich nach Satz 1 einbezogen wird.

§ 404
Standardtarif für Personen ohne Versicherungsschutz

(1) [1]Personen, die weder

1. in der gesetzlichen Krankenversicherung versichert oder versicherungspflichtig sind,

2. über eine private Krankheitsvollversicherung verfügen,

3. einen Anspruch auf freie Heilfürsorge haben, beihilfeberechtigt sind oder vergleichbare Ansprüche haben,

4. Anspruch auf Leistungen nach dem Asylbewerberleistungsgesetz haben noch

5. Leistungen nach dem Dritten, Vierten, Sechsten und Siebten Kapitel des Zwölften Buches beziehen,

können bis zum 31. Dezember 2008 Versicherungsschutz im Standardtarif gemäß § 257 Absatz 2a in der bis zum 31. Dezember 2008 geltenden Fassung verlangen; in den Fällen der Nummern 4 und 5 begründen Zeiten einer Unterbrechung des Leistungsbezugs von weniger als einem Monat keinen entsprechenden Anspruch. [2]Der Antrag darf nicht abgelehnt werden. [3]Die in § 257 Absatz 2a Satz 1 Nummer 2b in der bis zum 31. Dezember 2008 geltenden Fassung genannten Voraussetzungen gelten für Personen nach Satz 1 nicht; Risikozuschläge dürfen für sie nicht verlangt werden. [4]Abweichend von Satz 1 Nummer 3 können auch Personen mit Anspruch auf Beihilfe nach beamtenrechtlichen Grundsätzen, die bisher nicht über eine auf Ergänzung der Beihilfe beschränkte private Krankenversicherung verfügen und auch nicht freiwillig in der gesetzlichen Krankenversicherung versichert sind, eine die Beihilfe ergänzende Absicherung im Standardtarif gemäß § 257 Absatz 2a Satz 1 Nummer 2b in der bis zum 31. Dezember 2008 geltenden Fassung verlangen.

(2) [1]Der Beitrag von im Standardtarif nach Absatz 1 versicherten Personen darf den durchschnittlichen Höchstbeitrag der gesetzlichen Krankenversicherung gemäß § 257 Absatz 2a Satz 1 Nummer 2 in der bis zum 31. Dezember 2008 geltenden Fassung nicht überschreiten; die dort für Ehegatten oder Lebenspartner vorgesehene besondere Beitragsbegrenzung gilt für nach Absatz 1 versicherte Personen nicht. [2]§ 152 Absatz 4 des Versicherungsaufsichtsgesetzes, § 26 Absatz 1 Satz 1 und Absatz 2 Satz 1 Nummer 2 des Zweiten Buches sowie § 32 Absatz 5 des Zwölften Buches gelten für nach Absatz 1 im Standardtarif versicherte Personen entsprechend.

(3) [1]Eine Risikoprüfung ist nur zulässig, soweit sie für Zwecke des finanziellen Spitzenausgleichs nach § 257 Absatz 2b in der bis zum 31. Dezember 2008 geltenden Fassung oder für spätere Tarifwechsel erforderlich ist. [2]Abweichend von § 257 Absatz 2b in der bis zum 31. Dezember 2008 geltenden Fassung sind im finanziellen Spitzenausgleich des Standardtarifs für Versicherte nach Absatz 1 die Begrenzungen gemäß Absatz 2 sowie die durch das Verbot von Risikozuschlägen gemäß Absatz 1 Satz 3 auftretenden Mehraufwendungen zu berücksichtigen.

(4) Die gemäß Absatz 1 abgeschlossenen Versicherungsverträge im Standardtarif werden zum 1. Januar 2009 auf Verträge im Basistarif nach § 152 Absatz 1 des Versicherungsaufsichtsgesetzes umgestellt.

§ 405 Übergangsregelung für die knappschaftliche Krankenversicherung

[1]Die Regelung des § 13 Absatz 2 der Risikostruktur-Ausgleichsverordnung ist nicht anzuwenden, wenn die Deutsche Rentenversicherung Knappschaft-Bahn-See die Verwaltungsausgaben der knappschaftlichen Krankenversicherung abweichend von § 71 Absatz 1 Satz 2 des Vierten Buches getrennt im Haushaltsplan ausweist sowie die Rechnungslegung und den Jahresabschluss nach § 77 des Vierten Buches für die Verwaltungsausgaben der knappschaftlichen Krankenversicherung getrennt durchführt. [2]Satz 1 gilt nur, wenn das Bundesamt für Soziale Sicherung rechtzeitig vor Durchführung des Jahresausgleichs nach § 18 der Risikostruktur-Ausgleichsverordnung auf der Grundlage eines von der Deutschen Rentenversicherung Knappschaft-Bahn-See erbrachten ausreichenden Nachweises feststellt, dass die Rechnungslegung und der Jahresabschluss nach § 77 des Vierten Buches für die Verwaltungsausgaben der knappschaftlichen Krankenversicherung getrennt durchgeführt wurden.

§ 406 Übergangsregelung zum Krankengeldwahltarif

(1) Wahltarife, die Versicherte auf der Grundlage der bis zum 31. Juli 2009 geltenden Fassung des § 53 Absatz 6 abgeschlossen haben, enden zu diesem Zeitpunkt.

(2) [1]Versicherte, die am 31. Juli 2009 Leistungen aus einem Wahltarif nach § 53 Absatz 6 bezogen haben, haben Anspruch auf Leistungen nach Maßgabe ihres Wahltarifs bis zum Ende der Arbeitsunfähigkeit, die den Leistungsanspruch ausgelöst hat. [2]Aufwendungen nach Satz 1 bleiben bei der Anwendung des § 53 Absatz 9 Satz 1 unberücksichtigt.

(3) [1]Die Wahlerklärung nach § 44 Absatz 2 Satz 1 Nummer 2 oder Nummer 3 kann bis zum 30. September 2009 mit Wirkung vom 1. August 2009 abgegeben werden. [2]Wahltarife nach § 53 Absatz 6 können bis zum 30. September 2009 oder zu einem in der Satzung der Krankenkasse festgeleg-

ten späteren Zeitpunkt mit Wirkung vom 1. August 2009 neu abgeschlossen werden. [3]Abweichend von den Sätzen 1 und 2 können Versicherte nach Absatz 2 innerhalb von acht Wochen nach dem Ende des Leistungsbezugs rückwirkend zu dem Tag, der auf den letzten Tag des Leistungsbezugs folgt, die Wahlerklärung nach § 44 Absatz 2 Satz 1 Nummer 2 oder Nummer 3 abgeben oder einen Wahltarif wählen.

§ 407 Übergangsregelung für die Anforderungen an die strukturierten Behandlungsprogramme nach § 137g Absatz 1

[1]Die in § 28b Absatz 1, den §§ 28c und 28e sowie in den Anlagen der Risikostruktur-Ausgleichsverordnung in der jeweils bis zum 31. Dezember 2011 geltenden Fassung geregelten Anforderungen an die Zulassung von strukturierten Behandlungsprogrammen nach § 137g Absatz 1 für Diabetes mellitus Typ 2, Brustkrebs, koronare Herzkrankheit, Diabetes mellitus Typ 1 und chronisch obstruktive Atemwegserkrankungen gelten jeweils weiter bis zum Inkrafttreten der für die jeweilige Krankheit vom Gemeinsamen Bundesausschuss nach § 137f Absatz 2 zu erlassenden Richtlinien. [2]Dies gilt auch für die in den §§ 28d und 28f der Risikostruktur-Ausgleichsverordnung in der bis zum 31. Dezember 2011 geltenden Fassung geregelten Anforderungen, soweit sie auf die in Satz 1 genannten Anforderungen verweisen. [3]Die in § 28f Absatz 1 Nummer 3 und Absatz 1a und § 28g der Risikostruktur-Ausgleichsverordnung in der jeweils bis zum 31. Dezember 2011 geltenden Fassung geregelten Anforderungen an die Aufbewahrungsfristen gelten weiter bis zum Inkrafttreten der in den Richtlinien des Gemeinsamen Bundesausschusses nach § 137f Absatz 2 Satz 2 Nummer 5 zu regelnden Anforderungen an die Aufbewahrungsfristen. [4]Die in § 28g der Risikostruktur-Ausgleichsverordnung in der bis zum 31. Dezember 2011 geltenden Fassung geregelten Anforderungen an die Evaluation gelten weiter bis zum Inkrafttreten der in den Richtlinien des Gemeinsamen Bundesausschusses nach § 137f Absatz 2 Satz 2 Nummer 6 zu regelnden Anforderungen an die Evaluation.

§ 408 Bestandsbereinigung bei der freiwilligen Versicherung

(1) Die Krankenkassen haben ihren Mitgliederbestand für den Zeitraum vom 1. August 2013 bis zum 1. Januar 2019 nach Maßgabe der folgenden Absätze zu überprüfen und ihn bis zum 15. Juni 2019 zu bereinigen.

(2) Mitgliedschaften, die nach dem Ausscheiden aus der Versicherungspflicht oder nach dem Ende der Familienversicherung als freiwillige Mitgliedschaften fortgesetzt wurden, sowie davon abgeleitete Familienversicherungen sind mit Wirkung ab dem Tag ihrer Begründung aufzuheben, wenn seit diesem Zeitpunkt die Krankenkasse keinen Kontakt zum Mitglied herstellen konnte, für die Mitgliedschaft keine Beiträge geleistet wurden und das Mitglied und familienversicherte Angehörige keine Leistungen in Anspruch genommen haben.

(3) [1]Für das Verfahren nach Absatz 4 und die Prüfung nach Absatz 5 melden die Krankenkassen dem Bundesamt für Soziale Sicherung und den mit der Prüfung nach § 274 befassten Stellen versichertenbezogen und je Berichtsjahr

1. die Versichertentage der Mitgliedschaften und der davon abgeleiteten Familienversicherungen, die nach Absatz 2 aufgehoben wurden, und
2. die Versichertentage der Mitgliedschaften und der davon abgeleiteten Familienversicherungen, die seit der letzten Datenmeldung nach § 30 Absatz 4 Satz 2 zweiter Halbsatz der Risikostruktur-Ausgleichsverordnung in der bis zum 31. März 2020 geltenden Fassung des betreffenden Berichtsjahres aufgehoben wurden und die die Kriterien des Absatzes 2 erfüllen.

[2]Für die Prüfung nach Absatz 5 melden die Krankenkassen den mit der Prüfung nach § 274 befassten Stellen außerdem die Mitgliedschaften und die davon abgeleiteten Familienversicherungen je Berichtsjahr, die die Kriterien des Absatzes 2 insoweit erfüllen, als die Mitglieder keine Beiträge geleistet und die Mitglieder und ihre familienversicherten Angehörigen keine Leistungen in Anspruch genommen haben. [3]Die Datenmeldungen haben bis zum 15. Juni 2019 zu erfolgen. [4]§ 268 Absatz 3 Satz 3, 4, 7 und 9 in der bis zum 31. März 2020 geltenden Fassung gilt für die nach den Sätzen 1 und 2 zu meldenden Daten entsprechend. [5]Die Herstellung des Versichertenbezugs ist zulässig, sofern dies für die Prüfung nach Absatz 5 erforderlich ist. [6]Das Nähere zum Verfahren der Datenmeldung nach Satz 1 für das Verfahren

nach Absatz 4 bestimmt das Bundesamt für Soziale Sicherung nach Anhörung des Spitzenverbandes Bund der Krankenkassen. [7]Das Nähere zum Verfahren der Datenmeldung nach den Sätzen 1 und 2 für die Prüfung nach Absatz 5 regelt das Bundesamt für Soziale Sicherung nach Anhörung der mit der Prüfung nach § 274 befassten Stellen und des Spitzenverbandes Bund der Krankenkassen.

(4) [1]Für Ausgleichsjahre, für die der korrigierte Jahresausgleich bereits durchgeführt oder die Datenmeldung nach § 30 Absatz 4 Satz 2 zweiter Halbsatz der Risikostruktur-Ausgleichsverordnung in der bis zum 31. März 2020 geltenden Fassung durch die Krankenkassen bereits abgegeben wurde, ermittelt das Bundesamt für Soziale Sicherung einen Bereinigungsbetrag und macht diesen durch Bescheid geltend. [2]§ 6 der Risikostruktur-Ausgleichsverordnung gilt entsprechend. [3]Die Einnahmen nach diesem Absatz fließen in den Gesundheitsfonds und werden im nächsten Jahresausgleich bei der Ermittlung nach § 18 Absatz 2 der Risikostruktur-Ausgleichsverordnung zu dem Wert nach § 17 Absatz 2 der Risikostruktur-Ausgleichsverordnung hinzugerechnet. [3]Klagen bei Streitigkeiten nach diesem Absatz haben keine aufschiebende Wirkung.

(5) [1]Die mit der Prüfung nach § 274 befassten Stellen überprüfen nach Abschluss der Bestandsbereinigung in einer Sonderprüfung, ob die Vorgaben nach den Absätzen 1 und 2 eingehalten worden sind, und teilen dem Bundesamt für Soziale Sicherung und der Krankenkasse das Ergebnis ihrer Prüfung mit. [2]Das Bundesamt für Soziale Sicherung ermittelt auf Grundlage dieser Mitteilung einen Korrekturbetrag, der mit einem Aufschlag in Höhe von 25 Prozent zu versehen ist, und macht diesen durch Bescheid geltend. [3]Absatz 4 Satz 2 bis 4 gilt entsprechend. [4]Die Prüfung ist spätestens bis zum 31. Dezember 2020 durchzuführen. [5]Die Krankenkassen sind verpflichtet, die Daten nach § 7 Absatz 2 Satz 3 der Risikostruktur-Ausgleichsverordnung für das Berichtsjahr 2013 bis zum 31. Dezember 2020 aufzubewahren.

§ 409
Übergangsregelung zur Neuregelung der Verjährungsfrist für die Ansprüche von Krankenhäusern und Krankenkassen

Die Geltendmachung von Ansprüchen der Krankenkassen auf Rückzahlung von geleisteten Vergütungen ist ausgeschlossen, soweit diese vor dem 1. Januar 2017 entstanden sind und bis zum 9. November 2018 nicht gerichtlich geltend gemacht wurden.

§ 410
Übergangsregelung zur Vergütung der Vorstandsmitglieder der Kassenärztlichen Bundesvereinigungen, der unparteiischen Mitglieder des Beschlussgremiums des Gemeinsamen Bundesausschusses, der Vorstandsmitglieder des Spitzenverbandes Bund der Krankenkassen und des Geschäftsführers des Medizinischen Dienstes des Spitzenverbandes Bund der Krankenkassen sowie von dessen Stellvertreter

(1) [1]§ 79 Absatz 6 Satz 5, § 91 Absatz 2 Satz 15, § 217b Absatz 2 Satz 8 und § 282 Absatz 2d Satz 6 in der jeweils bis zum 31. Dezember 2019 gültigen Fassung gelten auch für die Verträge, denen die Aufsichtsbehörde bereits bis zum 10. Mai 2019 zugestimmt hat, sofern diesen Verträgen nicht bereits eine Zusage über konkrete Vergütungserhöhungen zu entnehmen ist. [2]§ 79 Absatz 6 Satz 6 bis 9, § 91 Absatz 2 Satz 16 bis 19, § 217b Absatz 2 Satz 9 bis 12 und § 282 Absatz 2d Satz 7 bis 10 in der jeweils bis zum 31. Dezember 2019 gültigen Fassung gelten nicht für die Verträge, denen die Aufsichtsbehörde bereits bis zum 10. Mai 2019 zugestimmt hat. [3]Die zur Zukunftssicherung vertraglich vereinbarten nicht beitragsorientierten Zusagen, denen die Aufsichtsbehörde bereits bis zum 10. Mai 2019 zugestimmt hat, dürfen auch bei Abschluss eines neuen Vertrages mit derselben Person in dem im vorhergehenden Vertrag vereinbarten Durchführungsweg und Umfang fortgeführt werden.

(2) [1]Abweichend von § 79 Absatz 6 Satz 6, § 91 Absatz 2 Satz 16, § 217b Absatz 2 Satz 9 und § 282 Absatz 4 Satz 6 kann bis zum 31. Dezember 2027 keine höhere Vergütung vereinbart werden. [2]Zu Beginn der darauffolgenden Amtszeiten kann bei der Erhöhung der Grundvergütung nur die Entwicklung des Verbraucherpreisindexes ab dem 1. Januar 2028 berücksichtigt werden.

§ 411
Übergangsregelung für die Medizinischen Dienste der Krankenversicherung und den Medizinischen Dienst des Spitzenverbandes Bund der Krankenkassen

(1) [1]Für die Medizinischen Dienste der Krankenversicherung gelten die §§ 275 bis 283 in der bis zum 31. Dezember 2019 gültigen Fassung mit Ausnahme des § 275 Absatz 1c und 5, § 276 Absatz 2 und 4 und § 281 Absatz 2 bis zu dem nach § 412 Absatz 1 Satz 4 bekannt zu machenden Datum fort. [2]Bis zu diesem Zeitpunkt nehmen die am 31. Dezember 2019 bestehenden Organe der Medizinischen Dienste der Krankenversicherung nach diesen Vorschriften die Aufgaben des Medizinischen Dienstes wahr. [3]Die §§ 275 bis 283a in der ab dem 1. Januar 2020 geltenden Fassung finden mit Ausnahme des § 275 Absatz 3b und 5, der §§ 275c, 275d, 276 Absatz 2 und 4 und des § 280 Absatz 3 bis zu dem nach § 412 Absatz 1 Satz 4 bekannt zu machenden Datum keine Anwendung. [4]Bis zu dem nach § 412 Absatz 1 Satz 4 bekannt zu machenden Datum findet für die Aufgaben des Medizinischen Dienstes nach den §§ 275c und 275d die Regelung des § 281 Absatz 1 in der bis zum 31. Dezember 2019 geltenden Fassung entsprechende Anwendung.

(2) [1]Für den Medizinischen Dienst des Spitzenverbandes Bund der Krankenkassen sowie für den Spitzenverband Bund der Krankenkassen gelten die §§ 275 bis 283 und § 326 Absatz 2 Satz 1 in der jeweils bis zum 31. Dezember 2019 geltenden Fassung mit Ausnahme des § 275 Absatz 5 bis zum 31. Dezember 2021 fort; nach diesen Vorschriften nehmen ihre am 31. Dezember 2019 bestehenden Organe ihre Aufgaben bis zu diesem Zeitpunkt wahr. [2]Die §§ 275 bis 283a in der am 1. Januar 2020 geltenden Fassung sind für den Medizinischen Dienst des Spitzenverbandes Bund der Krankenkassen mit Ausnahme des § 275 Absatz 5, der §§ 275c und 281 Absatz 2 Satz 5 bis zum 31. Dezember 2021 nicht anwendbar. [3]§ 283 Absatz 2 Satz 1 Nummer 3 und 5 zweite Alternative in der am 1. Januar 2020 geltenden Fassung ist mit der Maßgabe anwendbar, dass der Medizinische Dienst des Spitzenverbandes Bund der Krankenkassen die Richtlinie nach § 283 Absatz 2 Satz 1 Nummer 3 bis zum 28. Februar 2021 und die Richtlinie nach § 283 Absatz 2 Satz 1 Nummer 5 zweite Alternative bis zum 31. Dezember 2020 erlässt. [4]Diese Richtlinien bedürfen der Genehmigung des Bundesministeriums für Gesundheit.

(3) [1]§ 283 Absatz 2 Satz 1 Nummer 4 in der am 1. Januar 2020 geltenden Fassung ist mit der Maßgabe anwendbar, dass der Medizinische Dienst des Spitzenverbandes Bund der Krankenkassen die Richtlinie nach § 283 Absatz 2 Satz 1 Nummer 4 bis zum 31. Dezember 2021 erlässt. [2]In der Richtlinie ist eine bundeseinheitliche Methodik und Vorgehensweise nach angemessenen und anerkannten Methoden der Personalbedarfsermittlung vorzugeben. [3]Hierfür sind geeignete Gruppen der Aufgaben der Medizinischen Dienste (Begutachtungsaufträge) zu definieren. [4]Die für den Erlass der Richtlinie nach Satz 1 erforderlichen Daten sind von allen Medizinischen Diensten unter Koordinierung des Medizinischen Dienstes des Spitzenverbandes Bund der Krankenkassen nach einer bundeseinheitlichen Methodik und Vorgehensweise spätestens ab dem 1. März 2021 zu erheben und für alle Medizinischen Dienste einheitlich durch den Medizinischen Dienst des Spitzenverbandes Bund der Krankenkassen unter fachlicher Beteiligung der Medizinischen Dienste anonymisiert auszuwerten. [5]Die Richtlinie hat mindestens aufgabenbezogene Richtwerte für die Aufgabengruppen der Begutachtungen von Krankenhausleistungen nach § 275c, Arbeitsunfähigkeit nach § 275 Absatz 1 Satz 1 Nummer 3 Buchstabe b sowie von Rehabilitations- und Vorsorgeleistungen nach § 275 Absatz 2 Nummer 1 einzubeziehen. [6]Sie bedarf der Genehmigung des Bundesministeriums für Gesundheit.

(4) [1]Endet die Amtszeit eines bestehenden Verwaltungsrates eines Medizinischen Dienstes der Krankenversicherung vor dem Zeitpunkt des § 412 Absatz 1 Satz 4, verlängert sie sich bis zu diesem Zeitpunkt. [2]Die Verwaltungsräte der Medizinischen Dienste der Krankenversicherung werden mit Wirkung zum Zeitpunkt des § 412 Absatz 1 Satz 4 aufgelöst, der Verwaltungsrat des Medizinischen Dienstes des Spitzenverbandes Bund der Krankenkassen wird mit Wirkung zum Zeitpunkt des § 412 Absatz 5 Satz 9 in Verbindung mit Absatz 1 Satz 4 aufgelöst.

§ 412
Errichtung der Medizinischen Dienste und des Medizinischen Dienstes Bund

(1) [1]Die für die Sozialversicherung zuständige oberste Verwaltungsbehörde des Landes hat die Vertreter des Verwaltungsrates nach § 279 Absatz 5 bis zum 31. Dezember 2020 gemäß den Vorgaben des § 279 Absatz 3, 5 und 6 zu benennen; die Verwaltungsräte oder Vertreterversamm-

lungen der in § 279 Absatz 4 Satz 1 genannten Krankenkassenverbände und Krankenkassen haben bis zum 31. Dezember 2020 ihre Vertreter gemäß den Vorgaben des § 279 Absatz 3, 4 und 6 zu wählen. [2]Der gemäß Satz 1 besetzte Verwaltungsrat hat bis zum 31. März 2021 die Satzung nach § 279 Absatz 2 Satz 1 Nummer 1 und Satz 2 zu beschließen. [3]Die für die Sozialversicherung zuständige oberste Verwaltungsbehörde des Landes hat über die Genehmigung der Satzung bis zum 30. Juni 2021 zu entscheiden und das Datum der Genehmigung öffentlich bekannt zu machen. [4]Sie hat das Datum des Ablaufs des Monats, in dem die Genehmigung erteilt wurde, öffentlich bekannt zu machen. [5]Die oder der amtierende Vorsitzende des Verwaltungsrates des Medizinischen Dienstes der Krankenversicherung lädt zur konstituierenden Sitzung ein und regelt das Nähere. [6]In der konstituierenden Sitzung des Verwaltungsrates des Medizinischen Dienstes sind die oder der Vorsitzende und die oder der stellvertretende Vorsitzende zu wählen. [7]Der jeweils amtierende Geschäftsführer des Medizinischen Dienstes der Krankenversicherung und sein Stellvertreter gelten bis zum 31. Dezember 2021 als durch den neu konstituierten Verwaltungsrat gewählter Vorstand.

(2) [1]Die Medizinischen Dienste, die als eingetragene Vereine organisiert sind, werden im Zeitpunkt des Absatzes 1 Satz 4 als Körperschaften des öffentlichen Rechts neu konstituiert. [2]Die jeweiligen eingetragenen Vereine erlöschen mit Wirkung zum Zeitpunkt des Absatzes 1 Satz 4.

(3) [1]Die Rechte und Pflichten einschließlich des Vermögens der Medizinischen Dienste nach Absatz 2 gehen im Zeitpunkt des nach Absatz 1 Satz 4 bekannt gemachten Datums auf die in den jeweiligen Bezirken als Körperschaften des öffentlichen Rechts errichteten Medizinischen Dienste über. [2]Die Körperschaften des öffentlichen Rechts treten in diesem Zeitpunkt in die Rechte und Pflichten der eingetragenen Vereine aus den Arbeits- und Ausbildungsverhältnissen mit den bei ihnen beschäftigten Personen ein. [3]Die Arbeitsbedingungen der einzelnen Arbeitnehmer und Auszubildenden dürfen bis zum 31. Dezember 2022 nicht verschlechtert werden. [4]Die Arbeits- oder Ausbildungsverhältnisse können bis zum 31. Dezember 2022 nur aus einem in der Person oder im Verhalten des Arbeitsnehmers oder Auszubildenden liegenden wichtigen Grund gekündigt werden. [5]Die bestehenden Tarifverträge gelten fort. [6]Der bei dem jeweiligen Medizinischen Dienst bestehende Betriebsrat nimmt ab dem nach Absatz 1 Satz 4 bekannt gemachten Zeitpunkt übergangsweise die Aufgaben eines Personalrats nach dem jeweiligen Personalvertretungsrecht wahr. [7]Im Rahmen seines Übergangsmandats hat der Betriebsrat insbesondere die Aufgabe, unverzüglich den Wahlvorstand zur Einleitung der Personalratswahl zu bestellen. [8]Das Übergangsmandat des jeweiligen Betriebsrates endet, sobald ein Personalrat gewählt und das Wahlergebnis bekannt gegeben worden ist, spätestens jedoch zwölf Monate nach dem in Absatz 1 Satz 4 bestimmten Zeitpunkt. [9]Die in dem nach Absatz 1 Satz 4 bekannt gemachten Zeitpunkt bestehenden Betriebsvereinbarungen gelten längstens für die Dauer von zwölf Monaten als Dienstvereinbarungen fort, soweit sie nicht durch eine andere Regelung ersetzt werden. [10]Auf die bis zum nach Absatz 1 Satz 4 bekannt gemachten Datum förmlich eingeleiteten Beteiligungsverfahren finden bis zu deren Abschluss die Bestimmungen des Betriebsverfassungsgesetzes sinngemäß Anwendung. [11]Gleiches gilt für Verfahren vor der Einigungsstelle und den Arbeitsgerichten. [12]Die Sätze 2 bis 4 gelten für Ausbildungsverhältnisse entsprechend. [13]Die Sätze 6 bis 8 gelten für die Jugend- und Auszubildendenvertretung entsprechend mit der Maßgabe, dass der das Übergangsmandat innehabende Betriebsrat unverzüglich einen Wahlvorstand und seine vorsitzende Person zur Wahl einer Jugend- und Auszubildendenvertretung zu bestimmen hat.

(4) [1]Die Medizinischen Dienste, die gemäß § 278 Absatz 1 Satz 2 in Verbindung mit Artikel 73 Absatz 4 des Gesundheits-Reformgesetzes Körperschaften des öffentlichen Rechts mit Dienstherrenfähigkeit sind, verlieren ihre Dienstherrenfähigkeit, wenn die Notwendigkeit hierfür nach Artikel 73 Absatz 4 Satz 1 und Absatz 5 des Gesundheits-Reformgesetzes nicht mehr besteht. [2]Die für die Sozialversicherung zuständige oberste Verwaltungsbehörde des Landes stellt den Zeitpunkt fest, zu dem die Dienstherrenfähigkeit entfällt, und macht ihn öffentlich bekannt.

(5) [1]Der Medizinische Dienst Bund tritt als Körperschaft des öffentlichen Rechts an die Stelle des Medizinischen Dienstes des Spitzenverbandes Bund der Krankenkassen. [2]Die Verwaltungsräte der Medizinischen Dienste haben nach § 282 Absatz 2 die Vertreter des Verwaltungsrates des Medizinischen Dienstes Bund, die von den jeweils Wahlberechtigten nach § 282 Absatz 2 Satz 2 vorgeschlagen werden, bis zum 31. März

2021 zu wählen. [3]Der amtierende Vorsitzende des Verwaltungsrates des Medizinischen Dienstes des Spitzenverbandes Bund der Krankenkassen sammelt die Vorschläge für die Wahl nach Satz 2 in nach Vertretergruppen gemäß § 279 Absatz 4 Satz 1 und Absatz 5 Satz 1 und nach Geschlecht getrennten Listen und versendet diese an die jeweiligen Vertretergruppen der Medizinischen Dienste. [4]Jede Vertretergruppe eines Medizinischen Dienstes entsendet einen Vertreter, der die Stimmen jedes Mitglieds der Vertretergruppe entsprechend dessen Weisungen abgibt. [5]Der amtierende Vorsitzende des Verwaltungsrates des Medizinischen Dienstes des Spitzenverbandes Bund der Krankenkassen lädt zur Wahl, leitet die Wahl und regelt das Nähere. [6]Gewählt ist, wer die meisten Stimmen auf sich vereinigt; bei Stimmengleichheit entscheidet das Los. [7]Der amtierende Vorsitzende des Verwaltungsrates des Medizinischen Dienstes des Spitzenverbandes Bund der Krankenkassen lädt zur konstituierenden Sitzung des Verwaltungsrates des Medizinischen Dienstes Bund und leitet diese. [8]In der konstituierenden Sitzung sind die oder der Vorsitzende und die oder der stellvertretende Vorsitzende zu wählen. [9]Absatz 1 Satz 2 bis 4 und 7 und die Absätze 2 und 3 gelten entsprechend mit der Maßgabe, dass die Frist nach Absatz 1 Satz 7 am 30. Juni 2022 endet, die Frist nach Absatz 1 Satz 2 am 30. September 2021 endet, die Frist nach Absatz 1 Satz 3 am 31. Dezember 2021 endet und die Satzung vom Bundesministerium für Gesundheit zu genehmigen ist.

§ 413 Übergangsregelung aus Anlass des Gesetzes zur Regelung des Sozialen Entschädigungsrechts

Für Personen, die Leistungen nach dem Soldatenversorgungsgesetz in der Fassung der Bekanntmachung vom 16. September 2009 (BGBl. I S. 3054), das zuletzt durch Artikel 19 des Gesetzes vom 4. August 2019 (BGBl. I S. 1147) geändert worden ist, in Verbindung mit dem Bundesversorgungsgesetz in der Fassung der Bekanntmachung vom 22. Januar 1982 (BGBl. I S. 21), das zuletzt durch Artikel 1 der Verordnung vom 13. Juni 2019 (BGBl. I S. 793) geändert worden ist, erhalten, gelten die Vorschriften des § 5 Absatz 1 Nummer 6, des § 49 Absatz 1 Nummer 3, des § 55 Absatz 2 Satz 2 Nummer 2 und 3 sowie Satz 4, des § 62 Absatz 2 Satz 4 sowie Satz 5 Nummer 2, des § 192 Absatz 1 Nummer 3, des § 235 Absatz 1 Satz 4 und Absatz 2 Satz 1, des § 242 Absatz 3 Satz 1 Nummer 5, des § 251 Absatz 1 und des § 294a Absatz 1 Satz 1 in der am 31. Dezember 2023 geltenden Fassung weiter.

§ 414 Übergangsregelung für am 1. April 2020 bereits geschlossene Krankenkassen

Auf die am 1. April 2020 bereits geschlossenen Krankenkassen sind die §§ 155 und 171d Absatz 2 in der bis zum 31. März 2020 geltenden Fassung anwendbar.

§ 415 Übergangsregelung zur Zahlungsfrist von Krankenhausrechnungen, Verordnungsermächtigung

[1]Die von den Krankenhäusern bis zum 30. Juni 2021 erbrachten und in Rechnung gestellten Leistungen sind von den Krankenkassen innerhalb von fünf Tagen nach Rechnungseingang zu bezahlen. [2]Als Tag der Zahlung gilt der Tag der Übergabe des Überweisungsauftrages an ein Geldinstitut oder der Übersendung von Zahlungsmitteln an das Krankenhaus. [3]Ist der Fälligkeitstag ein Samstag, Sonntag oder gesetzlicher Feiertag, so verschiebt er sich auf den nächstfolgenden Arbeitstag. [4]Das Bundesministerium für Gesundheit kann durch Rechtsverordnung ohne Zustimmung des Bundesrates die in Satz 1 genannte Frist verlängern.

§ 416 Übergangsregelung zur Versicherungspflicht bei praxisintegrierter Ausbildung

[1]§ 5 Absatz 4a Satz 1 Nummer 3 findet grundsätzlich nur Anwendung auf Ausbildungen, die nach dem 30. Juni 2020 begonnen werden. [2]Wurde die Ausbildung vor diesem Zeitpunkt begonnen und wurden

1. Beiträge gezahlt, gilt § 5 Absatz 4a Satz 1 Nummer 3 ab Beginn der Beitragszahlung,
2. keine Beiträge gezahlt, gilt § 5 Absatz 4a Satz 1 Nummer 3 ab dem Zeitpunkt, zu dem der Arbeitgeber mit Zustimmung der Teilnehmerin oder des Teilnehmers Beiträge zahlt.

§ 417
Versicherung nach § 9 für Ausländerinnen und Ausländer mit Aufenthaltserlaubnis nach § 24 Absatz 1 des Aufenthaltsgesetzes oder mit entsprechender Fiktionsbescheinigung

(1) [1]Ergänzend zu § 9 können innerhalb von sechs Monaten nach Aufenthaltnahme im Inland Personen der Versicherung beitreten,

1. die gemäß § 49 des Aufenthaltsgesetzes erkennungsdienstlich behandelt worden sind und denen eine Aufenthaltserlaubnis nach § 24 des Aufenthaltsgesetzes erteilt oder eine entsprechende Fiktionsbescheinigung nach § 81 Absatz 5 in Verbindung mit Absatz 3 des Aufenthaltsgesetzes für einen Aufenthaltstitel nach § 24 des Aufenthaltsgesetzes ausgestellt wurde und
2. die nicht nach § 7 Absatz 1 Satz 1 Nummer 3 des Zweiten Buches oder § 19 des Zwölften Buches hilfebedürftig sind.

(2) [1]Absatz 1 ist bei Personen, denen nach dem 24. Februar 2022 und vor dem 1. Juni 2022 eine Aufenthaltserlaubnis nach § 24 Absatz 1 des Aufenthaltsgesetzes erteilt oder eine entsprechende Fiktionsbescheinigung nach § 81 Absatz 5 in Verbindung mit Absatz 3 oder Absatz 4 des Aufenthaltsgesetzes ausgestellt worden ist, mit der Maßgabe anzuwenden, dass anstelle der erkennungsdienstlichen Behandlung die Speicherung der Daten nach § 3 Absatz 1 des AZR-Gesetzes erfolgt ist. [2]Eine nicht durchgeführte erkennungsdienstliche Behandlung nach § 49 des Aufenthaltsgesetzes oder nach § 16 des Asylgesetzes ist in diesen Fällen durch die zuständige Behörde bis zum Ablauf des 31. Oktober 2022 nachzuholen.

(3) [1]Das Erfordernis des Nachholens einer erkennungsdienstlichen Behandlung nach Absatz 2 gilt nicht, soweit eine erkennungsdienstliche Behandlung nach § 49 des Aufenthaltsgesetzes nicht vorgesehen ist.

§ 418
Übergangsregelung zum Antragsverfahren zur Ausnahme vom Preismoratorium

[1]Für Arzneimittel, die bei Inkrafttreten der Regelung des § 130a Absatz 3c in der Fassung des GKV-Finanzstabilisierungsgesetzes vom 7. November 2022 (BGBl. I S. 1990) bereits im Geltungsbereich dieses Gesetzes in Verkehr gebracht waren und zum Zeitpunkt ihres erstmaligen Inverkehrbringens nach Inkrafttreten dieser Regelung die Voraussetzungen des § 130a Absatz 3c Satz 3 erfüllten, kann der pharmazeutische Unternehmer den Antrag nach § 130a Absatz 3c Satz 1 bis zum 1. Februar 2023 stellen. [2]In der Vereinbarung nach § 130a Absatz 3c Satz 6 kann von § 130a Absatz 3c Satz 7 abgewichen werden, sofern Verträge nach § 130a Absatz 8 eine wirtschaftliche Versorgung sicherstellen.

§ 419
Übergangsregelung zur Besetzung der Vorstände der Kassenärztlichen Vereinigungen und Kassenärztlichen Bundesvereinigungen

§ 79 Absatz 4 Satz 1 zweiter Halbsatz und Satz 2 zweiter Halbsatz findet keine Anwendung auf Vorstände, deren Mitglieder vor dem 3. Dezember 2022 von der Vertreterversammlung wirksam gewählt wurden.

§ 420
Übergangsregelung zur Novellierung der vermögensrechtlichen Vorschriften

[1]Bis zum 31. Dezember 2024 dürfen Vermögensgegenstände, die vor dem 1. Januar 2023 nach § 78 Absatz 5 Satz 2, Absatz 6, § 91a Absatz 1 Satz 6, § 208 Absatz 2 Satz 2, § 217d Absatz 2 Satz 3, § 220 Absatz 3 Satz 2 und § 280 Absatz 3 Satz 5 in Verbindung mit den jeweils in Bezug genommenen Vorschriften der §§ 80 bis 86 des Vierten Buches in der bis dahin geltenden Fassung zulässigerweise erworben wurden, auch dann im Vermögen gehalten werden, wenn die Anlage in diese Vermögensgegenstände nach den §§ 80 bis 86 des Vierten Buches in der ab dem 1. Januar 2023 geltenden Fassung nicht mehr zulässig ist.

§ 421
Übergangsregelung zur Vergütung von pharmazeutischem Großhandel und von Apotheken für die Abgabe von COVID-19-Impfstoff

(1) [1]Apotheken erhalten für die Abgabe von vom Bund beschafftem COVID-19-Impfstoff im Zeitraum vom 1. Januar 2023 bis zum 31. Dezember 2027 eine Vergütung in Höhe von 7,58 Euro zuzüglich Umsatzsteuer je abgegebener Durchstechflasche. [2]Satz 1 findet auch Anwendung auf COVID-19-Impfstoff, den Apotheken selbst verabreichen.

(2) [1]Pharmazeutische Großhändler erhalten für die Abgabe von vom Bund beschafftem COVID-19-Impfstoff an die Apotheken im Zeitraum vom 1. Januar 2023 bis zum 31. Dezember 2027 eine Vergütung in Höhe von 7,45 Euro zuzüglich Umsatzsteuer je abgegebener Durchstechflasche. [2]Für die Abgabe von durch den pharmazeutischen Großhandel selbst beschafftem Impfbesteck und -zubehör für Schutzimpfungen gegen das Coronavirus SARS-CoV-2 an Apotheken im Zeitraum vom 1. Januar 2023 bis zum 7. April 2023 erhalten pharmazeutische Großhändler eine Vergütung in Höhe von 3,72 Euro zuzüglich Umsatzsteuer je abgegebener Durchstechflasche.

(3) [1]Apotheken erhalten für die nachträgliche Erstellung eines COVID-19-Impfzertifikats im Sinne des § 22a Absatz 5 des Infektionsschutzgesetzes im Zeitraum vom 1. Januar 2023 bis zum 30. Juni 2023 eine Vergütung in Höhe von 6 Euro je Erstellung. [2]Ein Anspruch auf die Vergütung nach Satz 1 besteht nur, wenn das COVID-19-Impfzertifikat anlässlich eines unmittelbaren persönlichen Kontakts zwischen der Apotheke und der geimpften Person, einem Elternteil oder einem anderen Sorgeberechtigten einer minderjährigen geimpften Person erstellt wird. [3]Ist für die geimpfte Person ein Betreuer bestellt, dessen Aufgabenkreis diese Angelegenheit umfasst, so ist auch ein unmittelbarer persönlicher Kontakt zu diesem ausreichend. [4]Eine Vergütung nach Satz 1 ist ausgeschlossen, sofern das COVID-19-Impfzertifikat durch einen anderen Leistungserbringer bereits ausgestellt wurde.

(4) [1]Apotheken erhalten für die Nachtragung einer Schutzimpfung gegen das Coronavirus SARS-CoV-2 in einem Impfausweis nach § 22 Absatz 2 Satz 3 des Infektionsschutzgesetzes im Zeitraum vom 1. Januar 2023 bis zum 30. Juni 2023 je Nachtragung eine Vergütung in Höhe von 2 Euro. [2]Eine Vergütung nach Satz 1 ist ausgeschlossen, wenn eine Eintragung einer Schutzimpfung gegen das Coronavirus SARS-CoV-2 in einem Impfausweis bereits durch einen anderen Leistungserbringer vorgenommen wurde.

(5) [1]Die Apotheken rechnen die sich aus den Absätzen 1 bis 4 ergebenden Vergütungen monatlich, spätestens bis zum Ende des dritten auf den Abrechnungszeitraum folgenden Monats, über ein von ihnen für die Abrechnung in Anspruch genommenes in § 300 Absatz 2 Satz 1 genanntes Rechenzentrum ab. [2]Für in den Absätzen 1 bis 4 genannte Leistungen, die nach dem 31. Dezember 2027 erbracht werden, darf eine Vergütung nicht abgerechnet werden. [3]Jedes Rechenzentrum übermittelt monatlich, letztmalig bis zum 31. März 2028 , den Betrag, der sich aus den in Satz 1 genannten Abrechnungen jeweils ergibt, an das Bundesamt für Soziale Sicherung und an den Verband der Privaten Krankenversicherung e. V.. [4]Sachliche oder rechnerische Fehler in dem übermittelten Gesamtbetrag sind durch die Rechenzentren in der nächsten Übermittlung zu berichtigen; sachliche oder rechnerische Fehler in dem letztmalig übermittelten Gesamtbetrag sind bis zum 30. April 2028 zu berichtigen. [5]Das Bundesamt für Soziale Sicherung zahlt 93 Prozent der nach Satz 3 übermittelten Beträge aus der Liquiditätsreserve des Gesundheitsfonds an das jeweilige Rechenzentrum. [6]Der Verband der Privaten Krankenversicherung zahlt 7 Prozent der nach Satz 3 übermittelten Beträge an das jeweilige Rechenzentrum. [7]Die Rechenzentren leiten die nach Satz 1 abgerechneten Beträge an die Apotheken weiter. [8]Die Apotheken leiten die an sie ausgezahlte in Absatz 2 genannte Vergütung an die pharmazeutischen Großhändler weiter. [8]Das Bundesamt für Soziale Sicherung bestimmt das Nähere zum Verfahren nach den Sätzen 3 bis 5. [9]Das Bundesamt für Soziale Sicherung informiert den Verband der Privaten Krankenversicherung e. V. über das Verfahren. [10]An das Bundesministerium für Gesundheit übermittelt monatlich das Bundesamt für Soziale Sicherung eine Aufstellung der nach Satz 5 ausgezahlten Beträge und der Verband der Privaten Krankenversicherung e. V. eine Aufstellung der nach Satz 6 ausgezahlten Beträge.

(6) [1]Zur Finanzierung der in Absatz 5 Satz 6 genannten Zahlungen erhebt der Verband der Privaten Krankenversicherung e. V. eine Umlage gegenüber den privaten Krankenversicherungsunternehmen entsprechend dem Anteil der jeweiligen Versicherten. [2]Das Nähere zum Umlageverfahren nach Satz 1 bestimmt der Verband der Privaten Krankenversicherung e. V.

(7) Auf Anforderung haben pharmazeutische Großhändler dem Paul-Ehrlich-Institut zur Abwendung von versorgungsrelevanten Lieferengpässen von COVID-19-Impfstoffen Daten zum Bezug, zur Abgabe und zu verfügbaren Beständen dieser Impfstoffe mitzuteilen.

§ 422
Übergangsregelung zur Vergütung und Abrechnung von Leistungen im Zusammenhang mit der Abgabe von antiviralen Arzneimitteln zur Behandlung von COVID-19-Erkrankungen

(1) Pharmazeutische Großhändler erhalten für die Abgabe von vom Bund beschafften antiviralen Arzneimitteln zur Behandlung von COVID-19-Erkrankungen an Apotheken im Zeitraum vom 8. April 2023 bis zum 30. Juni 2024 eine Vergütung in Höhe von 20 Euro zuzüglich Umsatzsteuer je abgegebener Packung.

(2) [1]Apotheken erhalten für die Abgabe von vom Bund beschafften antiviralen Arzneimitteln zur Behandlung von COVID-19-Erkrankungen im Zeitraum vom 8. April 2023 bis zum 30. Juni 2024 eine Vergütung in Höhe von 30 Euro zuzüglich Umsatzsteuer je abgegebener Packung. [2]Abweichend von Satz 1 erhalten Apotheken im Zeitraum vom 8. April 2023 bis zum 30. Juni 2024 eine Vergütung in Höhe von 15 Euro zuzüglich Umsatzsteuer je abgegebener Packung, wenn die Abgabe an Ärztinnen und Ärzte oder an nach § 72 des Elften Buches zugelassene vollstationäre Pflegeeinrichtungen erfolgt. [3]Sofern die in Satz 1 oder Satz 2 genannte Abgabe im Wege des Botendienstes erfolgt, erhalten Apotheken eine zusätzliche Vergütung in Höhe von 8 Euro einschließlich Umsatzsteuer je Lieferort und Tag.

(3) [1]Die abgebende Apotheke rechnet die sich aus den Absätzen 1 und 2 ergebenden Vergütungen ab. [2]Für in den Absätzen 1 und 2 genannten Leistungen, die nach dem 30. Juni 2024 erbracht werden, darf eine Vergütung nicht abgerechnet werden. [3]Der Gesamtbetrag der Vergütungen nach den Absätzen 1 und 2 ist bei Personen, die in der gesetzlichen Krankenversicherung versichert sind, über ein von den Apotheken für die Abrechnung in Anspruch genommenes in § 300 Absatz 2 Satz 1 genanntes Rechenzentrum gegenüber der jeweiligen Krankenkasse und bei Personen, die in der privaten Krankenversicherung versichert sind, sowie bei Selbstzahlern gegenüber der jeweiligen Person abzurechnen. [4]Bei Personen, die weder in der gesetzlichen Krankenversicherung noch in der privaten Krankenversicherung versichert sind und für deren Gesundheitskosten eine andere Kostenträgerschaft besteht, ist gegenüber dem jeweiligen Kostenträger abzurechnen, sofern nicht für diesen Personenkreis eine Abrechnung über die jeweils zuständige Krankenkasse vorgesehen ist. [5]Die Vergütung für in Absatz 1 und 2 genannte Leistungen, die bis zum 30. Juni 2024 erbracht worden sind, ist bis zum 30. September 2024 abzurechnen.

§ 423
Rückwirkende Herabsetzung nach § 240 Absatz 4a Satz 4 festgesetzter Beiträge

In Fällen, in denen die Krankenkasse für Zeiträume ab dem 1. Januar 2018 die Beiträge nach § 240 Absatz 4a Satz 3 in Verbindung mit Satz 4 in der bis zum 15. Dezember 2023 geltenden Fassung festgesetzt hat, sind die Beiträge für das jeweilige Kalenderjahr neu festzusetzen, für das das Mitglied die tatsächlichen Einnahmen durch Vorlage eines Einkommensteuerbescheides bis zum Ablauf des 16. Dezember 2024 oder, falls ein Einkommensteuerbescheid für ein Kalenderjahr bis zum Ablauf des 16. Dezember 2023 noch nicht erlassen wurde, innerhalb von zwölf Monaten nach Bekanntgabe des jeweiligen Einkommensteuerbescheides nachweist.

§ 424
Übergangsregelung aus Anlass des Arzneimittel-Lieferengpassbekämpfungs- und Versorgungsverbesserungsgesetzes

(1) [1]Auf Vereinbarungen nach § 130a Absatz 8 Satz 1, die bis zum 26. Juli 2023 abgeschlossen worden sind, ist § 130a Absatz 8 Satz 10 in der bis zu diesem Tag geltenden Fassung anzuwenden. [2]Auf diese Vereinbarungen ist § 130a Absatz 8 Satz 13 nicht anzuwenden.

(2) Auf Vereinbarungen nach § 130a Absatz 8 Satz 1, für die vor dem 27. Juli 2023 eine Ausschreibung im Supplement zum Amtsblatt der Europäischen Union bekannt gemacht worden ist oder die bis zum 26. Juli 2023 abgeschlossen worden sind, findet § 130a Absatz 8 Satz 10 bis 12 und Absatz 8a keine Anwendung.

§ 425
Evaluierung des Arzneimittel-Lieferengpassbekämpfungs- und Versorgungsverbesserungsgesetzes

(1) Der Spitzenverband Bund der Krankenkassen hat dem Bundesministerium für Gesundheit bis zum 31. Dezember 2025 einen Bericht zur Umsetzung der durch das Arzneimittel-Lieferengpassbekämpfungs- und Versorgungsverbesserungsgesetz vom 19. Juli 2023 (BGBl. 2023 I Nr. 197)

eingeführten, der Verbesserung der Arzneimittelversorgung dienenden Maßnahmen durch den Spitzenverband Bund der Krankenkassen, die Krankenkassen oder ihre Verbände sowie zu den Auswirkungen der durch die Artikel 1 bis 4 des Arzneimittel-Lieferengpassbekämpfungs- und Versorgungsverbesserungsgesetzes eingeführten Änderungen des Arzneimittelgesetzes, dieses Gesetzes, des Apothekengesetzes und der Apothekenbetriebsordnung auf die Ausgaben der Krankenkassen, die Zusammensetzung der Lose nach § 130a Absatz 8a und auf die Auswirkungen der Änderungen der Freistellung von der Zuzahlung vorzulegen.

(2) [1]Das Bundesinstitut für Arzneimittel und Medizinprodukte hat dem Bundesministerium für Gesundheit bis zum 31. Dezember 2025 einen Bericht darüber vorzulegen, wie sich die durch die Artikel 1 bis 4 des Arzneimittel-Lieferengpassbekämpfungs- und Versorgungsverbesserungsgesetzes eingeführten Änderungen des Arzneimittelgesetzes, dieses Gesetzes, des Apothekengesetzes und der Apothekenbetriebsordnung auf die Versorgungslage mit Arzneimitteln ausgewirkt haben. [2]Soweit Arzneimittel im Zuständigkeitsbereich des Paul-Ehrlich-Instituts betroffen sind, ist der Bericht im Einvernehmen mit dem Paul-Ehrlich-Institut zu erstellen.

(3) Abweichend von den Absätzen 1 und 2 sind die dort genannten Berichte hinsichtlich der Änderungen des § 130a Absatz 8 bis 8b jeweils bis zum 31. Dezember 2025 und bis zum 31. Dezember 2028 vorzulegen.

Anlage
(zu § 307 Absatz 1 Satz 3 SGB V)

Datenschutz-Folgenabschätzung

Inhaltsverzeichnis

1 Zusammenfassung

Diese Anlage enthält die Datenschutz-Folgenabschätzung nach Artikel 35 Absatz 10 der Verordnung (EU) 2016/679 (DSGVO) gemäß § 307 Absatz 1 Satz 3 des Fünften Buches Sozialgesetzbuch (SGB V).

Die Datenschutz-Folgenabschätzung dieser Anlage betrachtet ausschließlich die von der Gesellschaft für Telematik zugelassenen Komponenten der dezentralen Telematikinfrastruktur (TI) nach § 306 Absatz 2 Nummer 1 SGB V. Da diese dezentralen Komponenten jedoch nur einen Teilbereich der gesamten IT-Unterstützung beim Leistungserbringer darstellen und der Leistungserbringer regelmäßig weitere Betriebsmittel nutzen wird, hat der Leistungserbringer zu prüfen, ob nach Artikel 35 DSGVO für diese weiteren Betriebsmittel eine ergänzende Datenschutz-Folgenabschätzung durchzuführen ist.

Ergebnis der Datenschutz-Folgenabschätzung (§ 307 Absatz 1 Satz 3 SGB V):

Die korrekte Nutzung einer von der Gesellschaft für Telematik gemäß § 325 SGB V zugelassenen Komponente der dezentralen Infrastruktur der TI nach § 306 Absatz 2 Nummer 1 SGB V ist geeignet, ein Schutzniveau zu gewährleisten, das dem hohen Risiko entspricht, welches aus der Datenverarbeitung für die Rechte und Freiheiten der Betroffenen folgt, sofern die Komponenten vom Leistungserbringer gemäß Betriebshandbuch betrieben werden und der Leistungserbringer für seine Ablauforganisation sowie die weiteren genutzten dezentralen Betriebsmittel (z. B. IT-gestützter Arbeitsplatz, aktive Netzwerkkomponenten) die Vorschriften zum Schutz personenbezogener Daten einhält.

Die technischen Maßnahmen der Komponenten der dezentralen Infrastruktur der TI zur Gewährleistung der Datensicherheit werden gemäß § 311 Absatz 2 SGB V im Einvernehmen mit dem Bundesamt für Sicherheit in der Informationstechnik (BSI) und der oder dem Bundesbeauftragten für den Datenschutz und die Informationsfreiheit (BfDI) festgelegt und wirken den Risiken für die Rechte und Freiheiten der Betroffenen angemessen entgegen. Die korrekte Implementierung dieser Maßnahmen in den Komponenten der dezentralen Infrastruktur der Hersteller wird der Gesellschaft für Telematik im Rahmen des Zulassungsprozesses gemäß § 325 SGB V nachgewiesen.

Die in dieser Anlage betrachteten Verarbeitungsvorgänge der dezentralen Komponenten der TI entsprechen den konkreten Verarbeitungsvorgängen in den Komponenten der dezentralen TI eines Leistungserbringers. Die Komponenten der dezentralen TI stellen technisch sicher, dass Leistungserbringer mit diesen Komponenten ausschließlich die in dieser Anlage betrachteten Verarbeitungsvorgänge durchführen können. Es ist mit diesen Komponenten nicht möglich, darüber hinausgehende oder abweichende Verarbeitungsvorgänge durchzuführen. Zur Verhinderung einer negativen Beeinflussung der Verarbeitungen in den Komponenten besitzen die Komponenten geprüfte Schutzmaßnahmen. Die konkrete Einsatzumgebung der Komponenten der dezentralen TI ist spezifisch für den jeweiligen Leistungserbringer; für diese hat der Leistungserbringer daher erforderlichenfalls eine eigene ergänzende Datenschutz-Folgenabschätzung durchzuführen.

2 Datenschutz-Folgenabschätzung (§ 307 Absatz 1 Satz 3 SGB V)

Die Datenschutz-Folgenabschätzung für die Komponenten der dezentralen Infrastruktur der TI gemäß § 306 Absatz 2 Nummer 1 SGB V basiert auf den Kriterien der „Leitlinien zur Datenschutz-Folgenabschätzung (DSFA) und Beantwortung der Frage, ob eine Verarbeitung im Sinne der Verordnung 2016/679 ‚wahrscheinlich ein hohes Risiko mit sich bringt' (Artikel 29 WP 248 Rev. 1)" der Datenschutzgruppe nach Artikel 29 (nun Europäischer Datenschutzausschuss; der Europäische Datenschutzausschuss hat die mit der Datenschutz-Grundverordnung zusammenhängenden Leitlinien der Artikel-29-Datenschutzgruppe – darunter die soeben genannte – bei seiner ersten Plenarsitzung bestätigt, so dass diese fortgelten).

2.1 Systematische Beschreibung der Verarbeitungsvorgänge (Artikel 35 Absatz 7 Buchstabe a DSGVO)

Mittels der Komponenten der dezentralen TI nutzen Leistungserbringer Anwendungen der TI, Dienste der zentralen TI oder der Anwendungsinfrastruktur der TI sowie über die TI erreichbare Anwendungen bzw. Dienste. Die Komponenten bieten den Leistungserbringern zudem Funktionen zur Ver- bzw. Entschlüsselung und Signatur von Daten.

Die Gesellschaft für Telematik und die Krankenkassen stellen Informationsmaterial öffentlich zur Verfügung, in dem die Funktionsweise der Anwendungen der TI erklärt wird. Zudem veröffentlicht die Gesellschaft für Telematik auf ihrer Internetseite die Spezifikationen, auf deren Basis die Komponenten und Dienste der TI entwickelt und zugelassen werden müssen.

2.1.1 Kategorien von Verarbeitungsvorgängen

Die Verarbeitungsvorgänge in der dezentralen Infrastruktur lassen sich in drei Kategorien unterteilen:

- Kategorie 1: (ausschließlich) Transport von Daten ohne weitere Verarbeitung
- Kategorie 2: Weitere Verarbeitung (betrifft ausschließlich Verschlüsselung, Signatur, Authentifizierung)
- Kategorie 3: Verarbeitungen, die über jene in den Kategorien 1 und 2 hinausgehen.

Kategorie 1: (ausschließlich) Transport von Daten ohne weitere Verarbeitung

Diese Kategorie umfasst alle Verarbeitungsvorgänge, in denen einer Komponente der dezentralen Infrastruktur personenbezogene Daten übergeben werden (z. B. vom Primärsystem) und in denen die Komponente der dezentralen Infrastruktur die übergebenen Daten unverändert an die vorgesehene Empfängerkomponente weiterleitet.

Empfängerkomponenten können Teil der zentralen TI, der Anwendungsinfrastruktur der TI oder eines an die TI angeschlossenen Netzes sein. Empfängerkomponenten können selbst Teil der dezentralen Infrastruktur sein (z. B. Kartenterminals).

Die Komponente der dezentralen Infrastruktur übernimmt für diese Verarbeitungsvorgänge lediglich eine Weiterleitungsfunktion. Eine weitere Verarbeitung der transportierten Daten erfolgt nicht.

Zu dieser Kategorie gehören insbesondere Verarbeitungsvorgänge

- der weiteren Anwendungen nach § 327 SGB V,
- der sicheren Übermittlungsverfahren nach § 311 Absatz 1 Nummer 5 SGB V sowie
- der Anwendungen nach § 334 Absatz 1 Satz 2 Nummer 2, 6 und 7 SGB V.

Kategorie 2: Weitere Verarbeitung (Verschlüsselung, Signatur, Authentifizierung)

Zu dieser Kategorie gehören die Ver- und Entschlüsselungen sowie die Signaturoperationen, die mittels der Verschlüsselungs- und Signaturfunktionen der dezentralen Infrastruktur durchgeführt werden. Hier werden die zu verschlüsselnden bzw. zu entschlüsselnden Daten sowie die zu signierenden Daten übergeben. Es erfolgt keine über die Ver- bzw. Entschlüsselung bzw. Signatur hinausgehende Verarbeitung in den Komponenten der dezentralen Infrastruktur.

Die Funktionen zur Ver- und Entschlüsselung sowie der Signatur können durch Anwendungen der Kategorie 1 und 3 genutzt werden.

Kategorie 3: Verarbeitungen, die über jene in den Kategorien 1 und 2 hinausgehen

In diesen Verarbeitungsvorgängen werden die einer Komponente der dezentralen Infrastruktur übergebenen Daten in der dezentralen Infrastruktur anwendungsspezifisch verarbeitet, d. h. die Verarbeitung ist im Gegensatz zu den bisherigen Kategorien nicht auf den Transport, die Ver- und Entschlüsselung oder die Signatur beschränkt.

Zu dieser Kategorie gehören die Verarbeitungsvorgänge

- des Versichertenstammdatenmanagements nach § 291b SGB V sowie
- der Anwendungen nach § 334 Absatz 1 Satz 2 Nummer 1 und 3 bis 5 SGB V.

2.1.2 Systematische Beschreibung

Die systematische Beschreibung hat nach Erwägungsgrund (ErwG) 90 sowie Artikel 35 Absatz 7 Buchstabe a und Absatz 8 DSGVO sowie nach den „Leitlinien zur Datenschutz-Folgenabschätzung (DSFA) und Beantwortung der Frage, ob eine Verarbeitung im Sinne der Verordnung 2016/679 ‚wahrscheinlich ein hohes Risiko mit sich bringt'" der Artikel-29-Datenschutzgruppe (WP 248) zu enthalten:

Kriterium	Beschreibung
Art der Verarbeitung: **(ErwG 90 DSGVO)**	siehe Abschnitt 2.1.1
Umfang der Verarbeitung: **(ErwG 90 DSGVO)**	Die Komponenten der dezentralen Infrastruktur der TI verarbeiten insbesondere besondere Kategorien personenbezogener Daten gemäß Artikel 9 Absatz 1 DSGVO, nämlich Gesundheitsdaten natürlicher Personen (Versicherter) i.S.v. Artikel 4 Nummer 15 DSGVO. Dies sind beispielsweise elektronische Arztbriefe, medizinische Befunde und Diagnosen, der elektronische Medikationsplan nach § 31a SGB V, die elektronischen Notfalldaten, elektronische Impfdokumentation oder elektronische Verordnungen. Es werden zudem insbesondere Daten gemäß § 291a Absatz 2 und 3 SGB V (Versichertenstammdaten) verarbeitet. Zum ordnungsgemäßen Betrieb der Komponenten der dezentralen Infrastruktur der TI erfolgt eine Protokollierung innerhalb der Komponenten. Diese Protokolle enthalten keine personenbezogenen Daten gemäß Artikel 9 Absatz 1 DSGVO. Sie können personenbezogene Daten des Leistungserbringers enthalten, bei denen es sich regelmäßig nicht um besondere Kategorien personenbezogener Daten handelt. In den Komponenten werden die Benutzernamen der berechtigten Administratoren hinterlegt. Die Benutzernamen werden vom Leistungserbringer oder vom beauftragten Dienstleister frei gewählt. Die Benutzernamen der Administratoren können auch Pseudonyme sein, sofern die Administratoren eindeutig unterschieden werden können. Personenbezogene Daten von Versicherten können in Protokollen nur im Falle eines Fehlers zum Zwecke der Behebung des Fehlers temporär gespeichert werden. Zum Zwecke der netztechnischen Adressierung besitzen Komponenten der dezentralen Infrastruktur IP-Adressen. Von der Verarbeitung betroffene Personen sind: - Versicherte, - Leistungserbringer sowie - ggf. Administratoren der Komponenten.

Kriterium	Beschreibung
Umstände bzw. Kontext der Verarbeitung: **(Artikel-29-Datenschutzgruppe, WP 248, 21)**	Kategorie 1: Die Verarbeitung erfolgt im Kontext einer Anwendung bzw. der Nutzung eines Dienstes durch den Leistungserbringer, die bzw. der über die dezentrale Infrastruktur der TI technisch erreichbar ist (z. B. Nutzung einer weiteren Anwendung nach § 327 SGB V). Kategorie 2: Die Verarbeitung erfolgt im Rahmen einer vom Leistungserbringer gewünschten Ver- bzw. Entschlüsselung oder Signatur von Daten, die der Leistungserbringer auswählt. Kategorie 3: Die Verarbeitung der personenbezogenen Daten in den dezentralen Komponenten der TI erfolgt im Rahmen der Versorgung von Versicherten gemäß den im SGB V festgelegten Zwecken.
Zweck der Verarbeitung: **(Artikel 35 Absatz 7 Buchstabe a DSGVO)**	Kategorie 1: Der Zweck beschränkt sich auf die Weiterleitung der Daten an den korrekten Empfänger. Es erfolgt keine darüber hinausgehende Verarbeitung der Daten in den Komponenten der dezentralen Infrastruktur der TI. Kategorie 2: Zweck ist die Ver- bzw. Entschlüsselung bzw. Signatur der übergebenen Daten. Kategorie 3: Die Zwecke der Verarbeitungen sind gesetzlich im SGB V festgelegt. - Den Zweck des Versichertenstammdatenmanagements legt § 291b Absatz 1 und 2 SGB V fest. - Die Anwendungen nach § 334 Absatz 1 Satz 2 SGB V dienen gemäß § 334 Absatz 1 Satz 1 SGB V der Verbesserung der Wirtschaftlichkeit, der Qualität und der Transparenz der Versorgung. Der Zweck der einzelnen Anwendungen ist in § 334 Absatz 1 Satz 2 SGB V festgelegt und wird für einzelne Anwendungen in weiteren Paragraphen des SGB V konkretisiert (z. B. für die elektronische Patientenakte in § 341 SGB V).

Kriterium	Beschreibung
Empfängerinnen und Empfänger: **(Artikel-29-Datenschutzgruppe, WP 248, 21)**	Kategorie 1: Die der dezentralen Komponente übergebenen Daten werden an die gewählte Empfängerkomponente weitergeleitet. Die Empfänger der Daten in den Empfängerkomponenten sind abhängig von der Anwendung bzw. dem Dienst, zu der bzw. zu dem die Empfängerkomponente gehört. Kategorie 2: Empfänger der ver- bzw. entschlüsselten bzw. signierten Daten ist der Leistungserbringer, der die Daten der Komponenten zur Ver- bzw. Entschlüsselung bzw. Signatur übergeben hat. Kategorie 3: Die in der dezentralen Komponente verarbeiteten Daten einer Anwendung können an die berechtigten Empfänger dieser Anwendung weitergeleitet werden. Die für die Anwendungen dieser Kategorie berechtigten Empfänger sind im SGB V gesetzlich festgelegt; ihnen wird durch Gesetz eine Berechtigung zum Zugriff auf die Daten der Anwendungen erteilt.
Speicherdauer: **(Artikel-29-Datenschutzgruppe, WP 248, 21)**	In den Komponenten der dezentralen Infrastruktur der TI werden keine personenbezogenen Daten gemäß Artikel 9 Absatz 1 DSGVO persistent gespeichert. Sie werden nur temporär für den erforderlichen Zweck verarbeitet und danach sofort gelöscht. Eine persistente Speicherung von personenbezogenen Daten kann in den Protokollen der Komponenten erfolgen. Die Protokolle mit Personenbezug werden dabei nach einem festgelegten Turnus durch die Komponente automatisch gelöscht bzw. können aktiv vom Administrator der Komponente gelöscht werden. Die nach außen sichtbaren IP-Adressen der Komponenten werden regelmäßig gewechselt.
Funktionelle Beschreibung der Verarbeitung: **(Artikel 35 Absatz 7 Buchstabe a DSGVO)**	Kategorie 1: Hier erfolgt nur eine Weiterleitung übergebener Daten. Es erfolgt keine weitere Verarbeitung der Daten. Kategorie 2: Es handelt sich ausschließlich um Funktionen zur Ver- und Entschlüsselung sowie Signatur. Kategorie 3: Die Funktionalität dieser Anwendungen ist gesetzlich festgelegt. Die Konkretisierung dieser Funktionen in den Komponenten erfolgt in den Spezifikationen der Gesellschaft für Telematik, die auf deren Internetseite veröffentlicht werden.

Kriterium	Beschreibung
Beschreibung der Anlagen (Hard- und Software bzw. sonstige Infrastruktur): **(Artikel-29-Datenschutzgruppe, WP 248, 21)**	Die Komponenten der dezentralen Infrastruktur werden von der Gesellschaft für Telematik spezifiziert. Die Spezifikationen sind von der Gesellschaft für Telematik auf ihrer Internetseite veröffentlicht. Bei der Spezifikation werden die technischen und organisatorischen Maßnahmen zum Schutz der verarbeiteten personenbezogenen Daten gemäß Artikel 25 und 32 DSGVO berücksichtigt.
Eingehaltene, gemäß Artikel 40 DSGVO genehmigte Verhaltensregeln: **(Artikel-29-Datenschutzgruppe, WP 248, 21)**	Es wurden keine Verhaltensregeln gemäß Artikel 40 DSGVO berücksichtigt.

2.2 Notwendigkeit und Verhältnismäßigkeit (Artikel 35 Absatz 7 Buchstabe b DSGVO)

Im Rahmen der Bewertung der Notwendigkeit und Verhältnismäßigkeit der Verarbeitungsvorgänge müssen nach den ErwGen 90 und 96, nach Artikel 35 Absatz 7 Buchstabe b und d DSGVO sowie nach den „Leitlinien zur Datenschutz-Folgenabschätzung (DSFA) und Beantwortung der Frage, ob eine Verarbeitung im Sinne der Verordnung 2016/679 ‚wahrscheinlich ein hohes Risiko mit sich bringt'" der Artikel-29-Datenschutzgruppe (WP 248) Maßnahmen zur Einhaltung der Verordnung bestimmt werden, wobei Folgendes berücksichtigt werden muss:

- Maßnahmen im Sinne der Verhältnismäßigkeit und Notwendigkeit der Verarbeitung (Artikel 5 und 6 DSGVO) sowie
- Maßnahmen im Sinne der Rechte der Betroffenen (Artikel 12 bis 21, 28, 36 und Kapitel V DSGVO).

Kriterium	Beschreibung
Festgelegter Zweck: **(Artikel 5 Absatz 1 Buchstabe b DSGVO)**	Kategorie 1: Der Zweck ist die Weiterleitung der Daten ohne sonstige Verarbeitung der Daten. Kategorie 2: Der Zweck ist durch die Funktionen Ver- bzw. Entschlüsselung und Signatur festgelegt. Kategorie 3: Die Zwecke der Anwendungen dieser Kategorie sind gesetzlich im SGB V festgelegt.
Eindeutiger Zweck: **(Artikel 5 Absatz 1 Buchstabe b DSGVO)**	Die Zwecke sind eindeutig. Für die Anwendungen nach den §§ 291b, 334 und 311 SGB V sind die Zwecke im SGB V eindeutig festgelegt; eine zweckfremde Verarbeitung unterliegt den Straf- und Bußgeldvorschriften der §§ 397 und 399 SGB V.

Kriterium	Beschreibung
Legitimer Zweck: **(Artikel 5 Absatz 1 Buchstabe b DSGVO)**	Kategorie 1: Die Verarbeitung in der dezentralen Infrastruktur der TI erfolgt im Rahmen einer Anwendung, die der Leistungserbringer über die dezentrale Infrastruktur technisch erreicht. Im Rahmen der Nutzung dieser Anwendung (die selbst einem legitimen Zweck unterliegen muss) ist die Weiterleitung der Daten durch die dezentrale Infrastruktur nur ein technisches Hilfsmittel zur Nutzung der vom Leistungserbringer gewählten Anwendung und für die Nutzung der Anwendung erforderlich. Kategorie 2: Der Leistungserbringer verarbeitet die Daten für seine eigenen Zwecke. Er bestimmt den Zeitpunkt der Ver- bzw. Entschlüsselung bzw. Signatur und die Daten, die ver- bzw. entschlüsselt bzw. signiert werden sollen. Kategorie 3: Die Zwecke der Verarbeitung der Daten in den Anwendungen dieser Kate- gorie sind legitim, da sie der Verbesserung der Wirtschaftlichkeit, der Qualität und der Transparenz der Versorgung im deutschen Gesundheitswesen dienen.
Rechtmäßigkeit der Verarbeitung: **(Artikel-29-Datenschutzgruppe, WP 248, 21 i.V.m. Artikel 6 DSGVO**	Kategorie 1: Die Rechtmäßigkeit basiert auf der Rechtmäßigkeit der Verarbeitung der Daten in der Anwendung, die der Leistungserbringer nutzt und an die die dezentrale Infrastruktur der TI die Daten technisch weiterleitet. Kategorie 2: Der Leistungserbringer verarbeitet die Daten für seine eigenen Zwecke, wobei es sich regelmäßig um Behandlungszwecke handelt, deren gesetzliche Verarbeitungsgrundlagen sich in § 22 Absatz 1 BDSG bzw. – im Falle der Verarbeitung durch Krankenhäuser oder Landeseinrichtungen – in speziellen Rechtsgrundlagen finden. Der Leistungserbringer bestimmt den Zeitpunkt der Verbzw. Entschlüsselung bzw. Signatur und die Daten, die ver- bzw. entschlüsselt bzw. signiert werden sollen. Kategorie 3: Die Rechtmäßigkeit ergibt sich aus – Artikel 6 Absatz 1 Buchstabe c DSGVO i.V.m. § 291b SGB V beim Versichertenstammdatenmanagement bzw. – einer Einwilligung des Versicherten nach Artikel 9 Absatz 2 Buchstabe a DSGVO und § 339 SGB V bei Anwendungen nach § 334 SGB V.

Kriterium	Beschreibung
Angemessenheit und Erheblichkeit der Verarbeitung, Beschränktheit der Verarbeitung auf das notwendige Maß: **(Artikel-29-Datenschutzgruppe, WP 248, 21 i.V.m. Artikel 5 Absatz 1 Buchstabe c DSGVO)**	Kategorie 1: Die Verarbeitung ist auf die Weiterleitung von Daten an die vom Leistungserbringer gewünschte Empfängerkomponente beschränkt. Eine weitere Verarbeitung der Daten erfolgt nicht. Die Weiterleitung der Daten ist notwendig, damit der Leistungserbringer die zur Empfängerkomponente gehörende Anwendung nutzen kann. Da neben der Weiterleitung keine weitere Verarbeitung der Daten in den Komponenten der dezentralen Infrastruktur erfolgt, ist die Verarbeitung mit Blick auf ihren Zweck minimal. Kategorie 2: Um Daten ver- bzw. entschlüsseln bzw. signieren zu können, müssen diese Daten verarbeitet werden. Eine darüber hinausgehende Verarbeitung der Daten erfolgt nicht, so dass die Datenverarbeitung mit Blick auf ihren Zweck minimal ist. Kategorie 3: Die Verarbeitung setzt die gesetzlichen Vorgaben des SGB V um. Es erfolgen keine Verarbeitungen, die über den gesetzlichen Zweck hinausgehen. - Der Umfang der Versichertenstammdaten ist in § 291a SGB V festgelegt. - Die in den Anwendungen nach § 334 SGB V verarbeiteten medizinischen Daten sind im SGB V abstrakt gesetzlich festgelegt. Die Konkretisierung dieser Daten erfolgt in den Spezifikationen der Gesellschaft für Telematik, die diese auf ihrer Internetseite veröffentlicht. Die Festlegungen in den Spezifikationen werden nach § 311 Absatz 2 SGB V im Einvernehmen mit dem BSI und dem BfDI getroffen. Die Protokolldaten in den Komponenten der dezentralen Infrastruktur dienen der Analyse von Fehlern und Sicherheitsvorfällen sowie der Analyse der Performanz. Die Protokolle sind für einen sicheren und ordnungsgemäßen Betrieb des Konnektors notwendig. In den Protokollen werden keine personenbezogenen Daten gemäß Artikel 9 Absatz 1 DSGVO gespeichert. Die IP-Adresse des Konnektors ist für die Kommunikation mit der zentralen TI technisch notwendig. Es wird bei jedem Neuaufbau einer Verbindung zur zentralen TI zufällig eine IP-Adresse zugewiesen.
Speicherbegrenzung: **(Artikel-29-Datenschutzgruppe, WP 248, 21 i.V.m. Artikel 5 Absatz 1 Buchstabe e DSGVO)**	siehe Speicherdauer in Abschnitt 2.1.2

Kriterium	Beschreibung
Informationspflicht gegenüber Betroffenem: **(Artikel-29-Datenschutzgruppe, WP 248, 21 i.V.m. Artikel 12, 13 und 14 DSGVO)**	Kategorie 1: Die Verarbeitung in der dezentralen Infrastruktur der TI erfolgt im Rahmen einer Anwendung, die der Leistungserbringer über die dezentrale Infrastruktur technisch erreicht. Der Verantwortliche für die Anwendung hat die Informationspflichten gemäß DSGVO zu erfüllen. Kategorie 2: Der Leistungserbringer verarbeitet seine eigenen Daten zu eigenen Zwecken. Eine Information von betroffenen Personen ist nicht erforderlich. Kategorie 3: Der Leistungserbringer ist gemäß § 307 Absatz 1 Satz 1 SGB V Verantwortlicher für die Verarbeitung personenbezogener Daten mittels der Komponenten der dezentralen Infrastruktur und hat somit die Informationspflichten gegenüber den Betroffenen zu erfüllen. Begleitend werden Versicherten generelle Informationen zur TI zur Verfügung gestellt. Diesbezügliche gesetzliche Informationspflichten ergeben sich insbesondere aus den folgenden Normen: – § 314 SGB V verpflichtet die Gesellschaft für Telematik, auf ihrer Internetseite Informationen für die Versicherten in präziser, transparenter, verständlicher, leicht zugänglicher und barrierefreier Form zur Verfügung zu stellen. – Die §§ 291, 342, 343 und 358 SGB V verpflichten die Krankenkassen zur Information von Versicherten: Gemäß § 291 Absatz 5 SGB V informiert die Krankenkasse den Versicherten spätestens bei der Versendung der elektronischen Gesundheitskarte an diesen umfassend und in allgemein verständlicher, barrierefreier Form über die Funktionsweise der elektronischen Gesundheitskarte und über die Art der personenbezogenen Daten, die nach § 291a SGB V mittels der elektronischen Gesundheitskarte zu verarbeiten sind. Gemäß § 343 SGB V haben Krankenkassen umfassendes, geeignetes Informationsmaterial über die elektronische Patientenakte in präziser, transparenter, verständlicher und leicht zugänglicher Form in einer klaren und einfachen Sprache und barrierefrei zur Verfügung zu stellen. Zur Unterstützung der Informationspflichten der Krankenkassen nach § 343 SGB V hat der Spitzenverband Bund der Krankenkassen im Einvernehmen mit dem BfDI geeignetes Informationsmaterial, auch in elektronischer Form, zu erstellen und den Krankenkassen zur verbindlichen Nutzung zur Verfügung zu stellen. Jede Krankenkasse richtet zudem nach § 342 Absatz 3 SGB V eine Ombudsstelle ein, an die sich Versicherte mit ihren Anliegen im Zusammenhang mit der elektronischen Patientenakte wenden können.

Kriterium	Beschreibung
	Mit der Einführung der elektronischen Notfalldaten, der elektronischen Patientenkurzakte und des elektronischen Medikationsplans haben die Krankenkassen den Versicherten auch hierzu nach § 358 Absatz 8 SGB V geeignetes Informationsmaterial in präziser, transparenter, verständlicher und leicht zugänglicher Form in einer klaren und einfachen Sprache barrierefrei zur Verfügung zu stellen. Auch dieses Informationsmaterial ist gemäß § 358 Absatz 9 SGB V im Einvernehmen mit dem BfDI zu erstellen.
Auskunftsrecht der betroffenen Personen: **(Artikel-29-Datenschutzgruppe, WP 248, 21 i.V.m. Artikel 15 DSGVO)**	Diese Anlage i.V.m. den Informationen gemäß den §§ 314 und 343 SGB V gibt den Versicherten Auskunft über die in Artikel 15 DSGVO geforderten Informationen. Die Informationen nach § 314 Satz 1 Nummer 7 und 8 SGB V enthalten insbesondere die Benennung der Verantwortlichen für die Daten im Hinblick auf die verschiedenen Datenverarbeitungsvorgänge und die Pflichten der datenschutzrechtlich Verantwortlichen sowie die Rechte des Versicherten gegenüber den datenschutzrechtlich Verantwortlichen nach der DSGVO. In den Komponenten der dezentralen Infrastruktur werden zudem keine Daten von Versicherten persistent gespeichert.
Recht auf Berichtigung und Löschung: **(Artikel-29-Datenschutzgruppe, WP 248, 21 i.V.m. Artikel 16, 17 und 19)**	In den Komponenten der dezentralen Infrastruktur werden Daten von Versicherten nur temporär verarbeitet und dann sofort gelöscht. Es erfolgt keine persistente Speicherung von Daten der Versicherten.
Recht auf Datenübertragbarkeit: **(Artikel 20 DSGVO)**	Es werden in den Komponenten der dezentralen Infrastruktur keine Daten von Versicherten persistent gespeichert, so dass keine Daten übertragen werden könnten.
Auftragsverarbeiterinnen und Auftragsverarbeiter: **(Artikel 28 DSGVO)**	Der Leistungserbringer ist nach § 307 Absatz 1 Satz 1 SGB V Verantwortlicher für die Verarbeitung personenbezogener Daten mittels der Komponenten der dezentralen Infrastruktur. Falls der Leistungserbringer einen Auftragsverarbeiter mit dem Betrieb der dezentralen Komponenten der TI beauftragt, hat der Leistungserbringer die Einhaltung der Vorgaben gemäß Artikel 28 DSGVO zu gewährleisten.

Kriterium	Beschreibung
Schutzmaßnahmen bei der Übermittlung in Drittländer: **(Kapitel V DSGVO)**	Kategorie 1: Die Verarbeitung in der dezentralen Infrastruktur der TI erfolgt im Rahmen einer Anwendung, die der Leistungserbringer über die dezentrale Infrastruktur technisch erreicht. Der Verantwortliche für die Anwendung hat bei der Übermittlung in Drittländer die Schutzmaßnahmen gemäß DSGVO zu berücksichtigen. Kategorie 2: Es erfolgt keine Übermittlung an Drittländer. Kategorie 3: Es erfolgt keine Übermittlung an Drittländer, da die Dienste innerhalb der EU bzw. des EWR betrieben werden müssen.
Vorherige Konsultation: (Artikel 36 und ErwG 96 DSGVO)	Gemäß § 311 Absatz 2 SGB V hat die Gesellschaft für Telematik die Festlegungen und Maßnahmen für die TI nach § 311 Absatz 1 Nummer 1 SGB V im Einvernehmen mit dem BSI und dem BfDI zu treffen. Dies umfasst insbesondere auch die Erstellung der funktionalen und technischen Vorgaben der Komponenten der dezentralen Infrastruktur der TI.

2.3 Risiken für die Rechte und Freiheiten der betroffenen Personen (Artikel 35 Absatz 7 Buchstabe c DSGVO)

Die Risiken für die Rechte und Freiheiten der betroffenen Personen sind nach ihrer Ursache, Art, Besonderheit, Schwere und Eintrittswahrscheinlichkeit zu bewerten (ErwGe 76, 77, 84 und 90 DSGVO). Nach den ErwGen 75 und 85 DSGVO sind unter anderem die potentiellen Risiken dieses Abschnitts genannt.

Risikoquellen sind

- beim Leistungserbringer tätige Personen inklusive des Leistungserbringers als Verantwortlicher, die unbeabsichtigt und unbewusst den zulässigen Rahmen der Verarbeitung überschreiten könnten,
- Angreifer, die bewusst aus der Umgebung des Leistungserbringers in die Verarbeitungsvorgänge der Komponenten der dezentralen TI eingreifen wollen,
- Angreifer, die bewusst von außerhalb der Leistungserbringerumgebung in die Verarbeitungsvorgänge der Komponenten der dezentralen TI eingreifen wollen,
- Hersteller der Komponenten der dezentralen TI sowie
- technische Fehlfunktionen der Komponenten der dezentralen TI.

Da in den Komponenten der dezentralen TI besondere Kategorien personenbezogener Daten verarbeitet werden, besteht ein hohes Ausgangsrisiko für die Rechte und Freiheiten natürlicher Personen. Das hohe Ausgangsrisiko wird durch die Abhilfemaßnahmen in Abschnitt 2.4 auf ein angemessenes Risiko gesenkt, falls die dezentralen Komponenten vom Leistungserbringer gemäß Betriebshandbuch betrieben werden. Durch die Anwendung der in § 75b SGB V geforderten Richtlinie zur IT-Sicherheit und die Anforderungen an die Wartung von Diensten gemäß § 332 SGB V werden Risiken im Betrieb der dezentralen Komponenten der TI wesentlich gesenkt.

Da die Maßnahmen der Komponenten der dezentralen TI zur Gewährleistung der Datensicherheit in gleicher Weise auf alle in den Komponenten verarbeiteten personenbezogenen Daten wirken und nicht spezifisch für einzelne Verarbeitungsvorgänge sind, erfolgt die Bewertung der Angemessenheit der Abhilfemaßnahmen der Komponenten hinsichtlich der Daten, deren Verarbeitung die höchsten Risiken für die Betroffenen bedeutet, nach dem Maximum-Prinzip. Es handelt sich hierbei um die personenbezogenen Daten nach Artikel 9 Absatz 1 DSGVO der Versicherten. Nach diesen Daten bestimmen sich die in den Komponenten zu treffenden Abhilfemaßnahmen. Die Abhilfemaßnahmen sind dann ebenfalls angemessen für die Verarbeitung der weniger sensiblen Daten.

Die Risikobewertung orientiert sich am Standard-Datenschutzmodell (SDM) der Aufsichtsbehörden für den Datenschutz und den dort definierten Gewährleistungszielen. Die Schadens- und Eintrittswahrscheinlichkeitsstufen sowie die Risikomatrix orientieren sich am DSK-Kurzpapier Nummer 18 „Risiko für die Rechte und Freiheiten natürlicher Personen" i.V.m. der ISO/IEC 29134:2017 zum Privacy Impact Assessment. In der folgenden Tabelle werden die einzelnen Risiken identifiziert, inklusive Schadenshöhe, Schadensereignissen, betroffenen Gewährleistungszielen des Standard-Datenschutzmodells und Eintrittswahrscheinlichkeit. Die Bewertung der Eintrittswahrscheinlichkeit erfolgt unter Berücksichtigung der referenzierten Abhilfemaßnahmen, die detailliert in Abschnitt 2.4 beschrieben sind.

Schaden	Beschreibung der Schadensereignisse	Eintrittswahrscheinlichkeit (EWS) mit Abhilfemaßnahmen (Abschnitt 2.4)
Physische, materielle oder immaterielle Schäden, finanzielle Verluste, erhebliche wirtschaftliche Nachteile: **(ErwG 90 i.V.m. 85 DSGVO)** **Schadenshöhe: groß**	Durch die unbefugte, unrechtmäßige oder zweckfremde Verarbeitung sowie eine unbefugte Offenlegung oder Änderung der in den Komponenten der dezentralen TI verarbeiteten Gesundheitsdaten der Versicherten können Versicherte große immaterielle Schäden erleiden. Bei einer unbefugten Offenlegung der Gesundheitsdaten ihrer Patienten können Leistungserbringer materielle, immaterielle, finanzielle bzw. wirtschaftliche Schäden erleiden, da Leistungserbringer dem Berufsgeheimnis mit zugehörigen Straf- und Bußgeldvorschriften, insbesondere dem Straftatbestand des § 203 StGB, unterliegen. Zusätzlich können Geldbußen gemäß Artikel 83 DSGVO verhängt werden. Die Nutzung der Komponenten der dezentralen Infrastruktur der TI und die Anbindung an die TI dürfen nicht dazu führen, dass Leistungserbringer gegen das Berufsgeheimnis oder die Vorgaben der DSGVO verstoßen. Betroffene Gewährleistungsziele (SDM): Datenminimierung, Nichtverkettung, Vertraulichkeit, Integrität	EWS: geringfügig Minimierung der Verarbeitung personenbezogener Daten Schnellstmögliche Pseudonymisierung Datensicherheitsmaßnahmen
Verlust der Kontrolle über personenbezogene Daten: **(ErwG 90 i.V.m. 85 DSGVO)** **Schadenshöhe: groß**	Ein Angreifer (insbesondere auch der Hersteller) könnte die Komponenten der dezentralen TI manipulieren, was zu einer für den Versicherten oder den Leistungserbringer intransparenten Datenverarbeitung führen würde. Es könnte das Risiko bestehen, dass eine Verarbeitung von personenbezogenen Daten in den Komponenten der dezentralen Infrastruktur für die Versicherten im Nachhinein nicht erkannt werden kann und dass er nicht in diese Datenverarbeitung intervenieren (z. B. ihr widersprechen) kann. Betroffene Gewährleistungsziele (SDM): Transparenz, Intervenierbarkeit	EWS: geringfügig Transparenz in Bezug auf die Funktionen und die Verarbeitung personenbezogener Daten Überwachung der Verarbeitung personenbezogener Daten durch die betroffenen Personen Datensicherheitsmaßnahmen

Schaden	Beschreibung der Schadensereignisse	Eintrittswahrscheinlichkeit (EWS) mit Abhilfemaßnahmen (Abschnitt 2.4)
Diskriminierung, Rufschädigung, erhebliche gesellschaftliche Nachteile: **(ErwG 90 i.V.m. 85 DSGVO)** **Schadenshöhe: groß**	Die Verarbeitung von Daten besonderer Kategorien personenbezogener Daten gemäß Artikel 9 Absatz 1 DSGVO birgt Risiken einer Diskriminierung oder Rufschädigung für Versicherte, falls Gesundheitsdaten über den Versicherten offengelegt, unbefugt oder unrechtmäßig verarbeitet werden. Dies kann zu erheblichen gesellschaftlichen Nachteilen für den Versicherten führen. Falls Gesundheitsdaten, die ein Leistungserbringer verarbeitet, unberechtigt offengelegt werden und der Leistungserbringer somit sein Berufsgeheimnis verletzt, kann dies zu einer Rufschädigung des Leistungserbringers führen. Betroffene Gewährleistungsziele (SDM): Datenminimierung, Nichtverkettung, Vertraulichkeit, Integrität	EWS: geringfügig Minimierung der Verarbeitung personenbezogener Daten Schnellstmögliche Pseudonymisierung Datensicherheitsmaßnahmen Überwachung der Verarbeitung personenbezogener Daten durch die betroffenen Personen
Identitätsdiebstahl oder -betrug: **(ErwG 90 i.V.m. 85 DSGVO)** **Schadenshöhe: groß**	In den Komponenten der dezentralen Infrastruktur der TI werden kryptographische Identitäten von Versicherten und Leistungserbringern verarbeitet. Ein Missbrauch dieser Identitäten durch eine unbefugte oder unrechtmäßige Nutzung muss verhindert werden, um Schäden für den Versicherten oder Leistungserbringer abzuwehren. Hierdurch könnte z. B. unter der Identität des Versicherten oder Leistungserbringers gehandelt werden, um medizinische Daten zu lesen, zu ändern oder weiterzugeben. Betroffene Gewährleistungsziele (SDM): Datenminimierung, Nichtverkettung, Vertraulichkeit, Integrität	EWS: geringfügig Minimierung der Verarbeitung personenbezogener Daten Datensicherheitsmaßnahmen

Schaden	Beschreibung der Schadensereignisse	Eintrittswahrscheinlichkeit (EWS) mit Abhilfemaßnahmen (Abschnitt 2.4)
Verlust der Vertraulichkeit bei Berufsgeheimnissen: **(ErwG 90 i.V.m. 85 DSGVO)** **Schadenshöhe: groß**	In den Komponenten der dezentralen Infrastruktur der TI werden Daten verarbeitet, die unter das Berufsgeheimnis fallen. Der Verlust der Vertraulichkeit dieser Daten durch eine unbefugte Offenlegung muss verhindert werden, damit Leistungserbringer ihren Geheimhaltungspflichten nachkommen können. Neben einer Rufschädigung können den Leistungserbringer Straf- und Bußgeldvorschriften (insbesondere § 203 StGB) treffen. Betroffene Gewährleistungsziele (SDM): Datenminimierung, Vertraulichkeit, Integrität	EWS: geringfügig Minimierung der Verarbeitung personenbezogener Daten Schnellstmögliche Pseudonymisierung Datensicherheitsmaßnahmen
Beeinträchtigung/Verlust der Verfügbarkeit **Schadenshöhe: geringfügig**	Eine Beeinträchtigung bzw. der Verlust der Verfügbarkeit der Komponenten der dezentralen TI durch technische Fehlfunktionen könnte dazu führen, dass Dienste in der zentralen TI, der Anwendungsinfrastruktur der TI oder eines an die TI angeschlossenen Netzes oder lokale Funktionen (insbesondere Verschlüsselung, Signatur, Authentifizierung) vom Leistungserbringer nicht mehr genutzt werden können. Durch eine beeinträchtige Verfügbarkeit der Komponenten der dezentralen TI ergeben sich nur geringfügige Schäden für Versicherte oder Leistungserbringer, da die Verarbeitungen nicht zeitkritisch sind bzw. es Ersatzverfahren gibt. Es ist zudem nur eine Leistungserbringerumgebung betroffen. Betroffene Gewährleistungsziele (SDM): Verfügbarkeit	EWS: überschaubar Ein Ausfall einer Komponente kann nicht ausgeschlossen werden. Zusätzliche Abhilfemaßnahmen zur Verfügbarkeit der Komponenten der dezentralen TI sind aufgrund des geringen Risikos nicht erforderlich.

2.4 Abhilfemaßnahmen (Artikel 35 Absatz 7 Buchstabe d DSGVO)

Gemäß Artikel 35 Absatz 7 Buchstabe d DSGVO sind zur Bewältigung der Risiken Abhilfemaßnahmen, einschließlich Garantien, Sicherheitsvorkehrungen und Verfahren, umzusetzen, durch die die Risiken für die Rechte der Betroffenen eingedämmt werden und der Schutz personenbezogener Daten sichergestellt wird.

Als Maßnahmen, Garantien und Verfahren zur Eindämmung von Risiken werden insbesondere in den ErwGen 28, 78 und 83 DSGVO genannt:

Kriterium	Beschreibung
Minimierung der Verarbeitung personenbezogener Daten: **(ErwG 78 DSGVO)**	Kategorie 1: Die Verarbeitung ist mit Blick auf den Zweck der Weiterleitung von Daten minimal. Eine über den Transport hinausgehende Verarbeitung erfolgt nicht. Der Umfang der transportierten Daten ist abhängig von der über die dezentrale Infrastruktur genutzten Anwendung. Der Verantwortliche dieser Anwendung hat entsprechende Maßnahmen zur Minimierung zu ergreifen. Dies liegt jedoch nicht in der Verantwortung des Leistungserbringers als Nutzer der Anwendung. Kategorie 2: Die Verarbeitung ist minimal, da sie nur die zum Zwecke der Ver- bzw. Entschlüsselung bzw. Signatur benötigten Daten verarbeitet. Kategorie 3: Die Verarbeitung ist minimal, da in den Anwendungen dieser Kategorie ausschließlich die Daten verarbeitet werden, die zur Erfüllung des gesetzlich vorgegebenen Zweckes erforderlich sind. Zudem werden Anwendungsdaten in den Komponenten der dezentralen Infrastruktur nach der Verarbeitung sofort gelöscht und nicht persistent gespeichert. Die Spezifikationen zu diesen Anwendungen sowie Art und Umfang der verarbeiteten Daten werden im Einvernehmen mit dem BfDI erstellt und sind öffentlich für eine Prüfung verfügbar.
Schnellstmögliche Pseudonymisierung personenbezogener Daten **(ErwG 28 und 78 DSGVO)**	Kategorie 1: Die Daten werden unverändert weitergeleitet. Es erfolgt keine weitere Verarbeitung in den Komponenten der dezentralen Infrastruktur, d. h. auch keine Pseudonymisierung. Der Verantwortliche der Anwendung, zu der die transportierten Daten gehören, hat entsprechende Maßnahmen zur Pseudonymisierung zu ergreifen. Dies liegt jedoch nicht in der Verantwortung des Leistungserbringers als Nutzer der Anwendung.

Kriterium	Beschreibung
	Kategorie 2: Zweck ist die Ver- bzw. Entschlüsselung bzw. Signatur der übergebenen Daten. Eine Pseudonymisierung und damit Veränderung der Daten ist nicht gewünscht. Kategorie 3: Eine Pseudonymisierung der personenbezogenen Daten in den Anwendungen dieser Kategorie erfolgt, sofern es für den gesetzlich vorgegebenen Zweck möglich ist. Bei der Gestaltung der Anwendungen werden die Artikel 25 und 32 DSGVO berücksichtigt. Die Spezifikationen zu diesen Anwendungen sowie Art und Umfang der verarbeiteten Daten werden im Einvernehmen mit dem BfDI erstellt und sind öffentlich für eine Prüfung verfügbar.
Transparenz in Bezug auf die Funktionen und die Verarbeitung personenbezogener Daten **(ErwG 78 DSGVO):**	Durch die Veröffentlichung der Spezifikationen der Komponenten der dezentralen Infrastruktur auf der Internetseite der Gesellschaft für Telematik können die Funktionen und die generelle Verarbeitung personenbezogener Daten in den Komponenten der dezentralen Infrastruktur der TI von der Öffentlichkeit kostenlos nachvollzogen werden. Experten für Datenschutz und Sicherheit können die Spezifikationen auf die Einhaltung der Vorschriften des Datenschutzes prüfen. Die Gesellschaft für Telematik und die Krankenkassen sind gemäß den §§ 314 und 343 SGB V verpflichtet, für die Versicherten in präziser, transparenter, verständlicher, leicht zugänglicher und barrierefreier Form Informationen zur TI zur Verfügung zu stellen. Hierzu gehören insbesondere auch Informationen zum Datenschutz. Zur Unterstützung der Informationspflichten der Krankenkassen nach § 343 SGB V hat der Spitzenverband Bund der Krankenkassen im Einvernehmen mit dem BfDI geeignetes Informationsmaterial, auch in elektronischer Form, zu erstellen und den Krankenkassen zur verbindlichen Nutzung zur Verfügung zu stellen.

Kriterium	Beschreibung
Überwachung der Verarbeitung personenbezogener Daten durch die betroffenen Personen **(ErwG 78 DSGVO)**	Kategorie 1: Von den Verantwortlichen der Anwendungen, die über die Komponenten der dezentralen Infrastruktur für den Leistungserbringer erreichbar sind, sind Maßnahmen nach ErwG 78 DSGVO zu treffen. Kategorie 2: In den Komponenten der dezentralen Infrastruktur erfolgt eine Protokollierung der Nutzung der Funktionen, die eine Überwachung der Verarbeitung ermöglicht. Kategorie 3: Für die Anwendungen dieser Kategorie bestehen gesetzliche Protokollierungspflichten gemäß § 309 SGB V zum Zwecke der Datenschutzkontrolle für den Versicherten. Die Protokollierungspflichten richten sich dabei an den Verantwortlichen der Anwendung und nicht an den Leistungserbringer. Der Versicherte kann sich nach Einsicht der Protokolldaten nach § 309 SGB V im Rahmen von Artikel 15 DSGVO an den Leistungserbringer wenden, um nähere Auskünfte über die den Leistungserbringer betreffenden Protokolleinträge nach § 309 SGB V zu erhalten. Für die Auskunft kann der Leistungserbringer auch die in den Komponenten der dezentralen Infrastruktur erfolgte Protokollierung nutzen.
Datensicherheitsmaßnahmen: **(ErwG 78 und 83 DSGVO)**	Die an der vertragsärztlichen und vertragszahnärztlichen Versorgung teilnehmenden Leistungserbringer sind verpflichtet, die Vorgaben der Richtlinie zur IT-Sicherheit gemäß § 75b SGB V zu beachten. Diese Richtlinie umfasst auch Anforderungen an die sichere Installation und Wartung von Komponenten und Diensten der TI, die in der vertragsärztlichen und vertragszahnärztlichen Versorgung genutzt werden, d. h. insbesondere auch die Komponenten der dezentralen Infrastruktur der TI. Die Anforderungen in der Richtlinie werden u. a. im Einvernehmen mit dem BSI sowie im Benehmen mit dem BfDI festgelegt. Wenn ein Leistungserbringer einen Dienstleister mit der Herstellung und der Wartung des Anschlusses von informationstechnischen Systemen der Leistungserbringer an die TI einschließlich der Wartung hierfür benötigter Komponenten sowie der Anbindung an Dienste der TI beauftragt, muss dieser Dienstleister gemäß § 332 SGB V besondere Sorgfalt walten lassen und über die notwendige Fachkunde verfügen. Die technischen Maßnahmen der Komponenten der dezentralen Infrastruktur der TI zur Gewährleistung der Datensicherheit hat die Gesellschaft für Telematik gemäß § 311 Absatz 2 SGB V im Einvernehmen mit dem BSI und dem BfDI zu treffen, so dass Fragen der Sicherheit und des Datenschutzes bei der Gestaltung der Komponenten berücksichtigt werden, insbesondere auch die Vorgaben der Artikel 25 und 32 DSGVO.

Kriterium	Beschreibung
	Darüber hinaus erfolgt der Nachweis der vollständigen Umsetzung der technischen Maßnahmen zur Gewährleistung der Datensicherheit in einer Komponente der dezentralen Infrastruktur eines Herstellers gemäß § 325 Absatz 3 SGB V im Rahmen der Zulassung der Komponente bei der Gesellschaft für Telematik durch eine Sicherheitszertifizierung nach den Vorgaben des BSI bzw. durch eine im Einvernehmen mit dem BSI festgelegte abweichende Form des Nachweises der Sicherheit. Auch die Hersteller von Komponenten der dezentralen Infrastruktur können gemäß § 325 Absatz 5 SGB V von der Gesellschaft für Telematik zugelassen werden, um insbesondere eine ausreichende Qualität der Herstellerprozesse bei der Entwicklung, dem Betrieb, der Wartung und der Pflege der Komponenten zu gewährleisten. Um die Wirksamkeit der technischen Maßnahmen der Komponenten der dezentralen Infrastruktur der TI zur Gewährleistung der Datensicherheit kontinuierlich aufrechtzuerhalten, werden diese Maßnahmen kontinuierlich von der Gesellschaft für Telematik und dem BSI bewertet. Insbesondere ist die Gesellschaft für Telematik gemäß § 333 SGB V dazu verpflichtet, dem BSI auf Verlangen Unterlagen und Informationen u. a. zu den Zulassungen von Komponenten der dezentralen Infrastruktur einschließlich der zugrundeliegenden Dokumentation sowie festgestellten Sicherheitsmängeln vorzulegen. Die Gesellschaft für Telematik kann zudem für die Komponenten der dezentralen Infrastruktur gemäß § 331 Absatz 1 SGB V im Benehmen mit dem BSI solche Maßnahmen zur Überwachung des Betriebs treffen, die erforderlich sind, um die Sicherheit, Verfügbarkeit und Nutzbarkeit der TI zu gewährleisten. Soweit von den Komponenten der dezentralen Infrastruktur der TI eine Gefahr für die Funktionsfähigkeit oder Sicherheit der TI ausgeht, kann die Gesellschaft für Telematik gemäß § 329 SGB V unverzüglich die erforderlichen technischen und organisatorischen Maßnahmen treffen. Das BSI ist hierüber von der Gesellschaft für Telematik zu informieren.

Die Abhilfemaßnahmen sind für alle Risikoquellen anwendbar. Technischen Fehlfunktionen der Komponenten der dezentralen TI wird im Rahmen der Zulassung durch funktionale Tests und Sicherheitsüberprüfungen entgegengewirkt.

2.5 Einbeziehung betroffener Personen

Gemäß § 311 Absatz 2 SGB V hat die Gesellschaft für Telematik die Festlegungen und Maßnahmen nach § 311 Absatz 1 Nummer 1 SGB V im Einvernehmen mit dem BSI und dem BfDI zu treffen. Die Aufgaben der Gesellschaft für Telematik nach § 311 Absatz 1 Nummer 1 SGB V umfassen hierbei insbesondere auch die Erstellung der funktionalen und technischen Vorgaben und die Zulassung der Komponenten der dezentralen Infrastruktur der TI.

Vertreter der Leistungserbringer sind als Gesellschafter der Gesellschaft für Telematik ebenfalls in die Erstellung der Vorgaben der dezentralen Infrastruktur der TI einbezogen.

Die Spezifikationen der Komponenten der dezentralen Infrastruktur der TI werden auf der Internetseite der Gesellschaft für Telematik veröffentlicht. Dadurch wird auch die Öffentlichkeit (u. a. Experten für Sicherheit und Datenschutz sowie Landesdatenschutzbehörden) einbezogen, so dass jederzeit die Möglichkeit der Prüfung der festgelegten Maßnahmen besteht.